KB198155

11th

행정법 강론

김남철 저

Administrative Law

박영사

제11판 머 리 말

이 책의 저자이신 김남철 교수님께서 2024년 5월 28일 갑작스럽게 작고하셨습니다. 제자들이 교수님에 대한 마땅한 도리로서, 그리고 교수님의 학문을 계승해 나가기 위해 제11판 간행 작업을 진행하게 되었습니다.

제11판을 출간할 수 있게 된 것은 지난 한 해에도 독자분들이 이 책에 많은 관심을 가져 주신 덕분입니다. 이에 대해 진심으로 독자 여러분들께 감사드립니다.

제11판은 작고하신 김남철 교수님께서 저술하신 기존 교과서 목차와 내용을 최대한 유지하면서, 2024년의 최신 판례 및 법령 개정 사항을 반영하는 것으로 하여, 변함없이 행정법을 공부하거나 각종 수험에 대비하는 데에도 부족함이 없도록 노력하였습니다.

대법원은 행정재판 3심제화 25주년을 맞이하여, 행정재판의 편의성을 높이고, 실무상 운영되는 제도의 근거를 마련하여 행정재판의 적정성을 제고하고자 「행정소송규칙」을 제정하였습니다. 이에 따라 재판관할 명확화, 피고경정 기한 명시, 답변서 기재사항 및 제출의무 명문화, 처분사유 추가·변경 요건 명문화, 집행정지 결정의 종기 명문화, 당사자소송 대상 구체화, 피해자 의견 청취절차 마련 등 「행정소송규칙」 관련 규정들을 모두 반영하였습니다. 그 밖에 여러 법률들이 개정되기는 하였지만 일부 개정되는 데 그쳤습니다. 「경찰관 직무집행법」이 비교적 제·개정 사항이 많았고, 「문화재보호법」의 제명이 「문화유산의 보존 및 활용에 관한 법률」로 변경되어 제·개정 사항을 모두 반영하였습니다.

행정판례의 경우 기존 판례의 변경은 없었고, 지난해에 이어 새로운 판례 중 주요 판례(행정법의 일반원칙·행정행위의 하자·개인정보·국가배상·손실보상·처분사유교환변경·부작위위법확인 등)도 새로 추가하였습니다. 새로 치러진 변호사시험 등의 수험정보도 추가하였습니다.

제11판은 제자들이 중심이 되어 간행위원회를 조직하여 총괄팀(부산대학교 방동희 교수, 대한민국시도지사협의회 김희진 박사), 판례팀(부산대학교 노기현 박사, 부산광역시청 김경준 박사, 명지대학교 임현종 교수), 법령팀(한국법령정보원 정주영 박사, 부산대학교 장호정 박사, 국립재난안전연구원 조영진 박사수료)에 의해 개정작업을 진행하였습니다.

이 책을 출간해 주신 박영사 안종만 회장님, 안상준 대표님, 조성호 이사님, 그리고 변함없이 출간·편집·교정의 전 과정에서 큰 도움을 주고 계시는 한두희 과장님께 진심으로 감사드립니다.

무엇보다도 김남철 교수님의 사모님과 자제분께 진심으로 감사드립니다.

끝으로 이 책을 존경하고 사랑하는 김남철 교수님께 바칩니다. 이 책이 계속해서 독자에게 사랑을 받을 수 있도록 노력하겠습니다.

2025년 1월

고 김남철 교수님 행정법 간행위원회 일동

머 리 말

대학시절 처음으로 행정법에 흥미를 가지게 되면서 무려 30년이라는 세월 동안 행정법을 공부하고 있지만, 행정법은 여전히 연구할 것도 많고 배울 것도 많다. 몇 해 전 로스쿨제도가 도입되면서 이젠 행정법 교과서가 필요하겠다고 생각하면서도 집필을 차일피일 미룬 것도 이런 이유에서였다. 그러던 중 연세대학교 김성수 교수께서 강력하게 권유한 것이 이 책을 쓴 직접적인 계기가 되었다. 애초에는 둘이 공동으로 집필하려고 하였으나 여러 사정으로 인하여 저자 단독으로 이 책을 출간하게 되었다. 여러모로 부족한 저자가 이 책을 출간하도록 이끌어 주신 김성수 교수께 진심으로 감사드린다.

행정법은 통칙 없이 다양한 행정분야의 많은 단행법률들을 연구대상으로 하고 있어 총론과 각론의 두 권으로 구성하는 것이 일반적이다. 그런데 얼마 전부터 행정법도 두 책을 합치는 통권화가 추세가 되었다. 사실상 각론의 경우 대학에서 제대로 강의가 이루어지지 않고 또한 각론에서 많은 법률들의 내용을 세세하게 다 담을 수 없는 것이 현실이고 보면, 통권화된 교과서는 총·각론을 함께 보면서 방대한 행정법을 보다 쉽고 체계적으로 이해하는 데 큰 도움이 된다고 생각한다. 이 책도 이러한 의도에서 단권으로 구성하게 되었다.

이 책은 주로 강의교재 및 각종 시험의 수험서로 활용될 것이라는 점에서, 무엇보다도 독자들의 가독성을 높이는 데 많은 노력을 기울였다. 이를 위해서 가급적 문장을 짧고 쉽게 쓰려고 노력하였다. 그러나 지나치게 축약하면 오히려 난해해질 수 있으므로, 이해에 꼭 필요한 설명은 충분히 하였다. 이에 따라 이 책은 기본서로서 갖추어야 할 내용이 요약되어 있으면서도 빠지지 않게 설명되어 있어 이 책만으로도 행정법을 처음 공부하는 경우는 물론, 각종의 시험에 대비하는 데에도 아무런 부족함이 없다고 생각한다. 목차들도 세분화하기 보다는 가급적 내용이해 및 답안작성 등에 꼭 필요한 목차들로 줄이려 하였다. 서로 내용이 다른 경우에는 단락을 바꾸어 설명하였고, 이해를 돕기 위하여 단락에 번호를 붙이기도 하였으며, 이에 필요한 판례도 실었다. 다만 수험정보와 관련하여 기출문제와 그 풀이까지 한꺼번에 싣는 것이 오히려 가독성을 떨어뜨릴 수 있다고 생각하여 각주의 형태로 수험정보만 제공함으로써 어느 분야에서 출제가 되었는지를 쉽게 파악할 수 있도록 하였다. 행정법의 이해를 위해서는 사례문제를 많이 풀면서 논점을 파악하는 연습을 많이 하여야 하는데, 이를 위해서는 기본서가 아니라 사례연습을 위한 별책들을 활용하는 것이 바람직하다. 판례는 가급적 최신판례를 제시하였고, 판례의 이해를 위해 주요부분은 밑줄로 표시하였다. 법령명이 긴 경우에는 줄여서 표기했는데, 이는 첨부된 법령약어표를 참고해 주기 바란다.

아무쪼록 독자들께서는 이와 같이 문장을 쉽고 간결하게 요약하면서도 그 내용을 빠지지 않게 구성하려고 했던 저자의 생각을 잘 헤아려 주기 바란다. 이제 이 책은 시작에 불과하다. 앞으로 독자들의 고견과 질책을 토대로 이 책을 계속해서 발전시키기 위해 최선의 노력을 다할 것을 약속드린다.

행정법강론이 세상의 빛을 보는 데에는 많은 분들의 도움이 있었다. 먼저 행정법 교과서를 집필하신 선학들께 존경과 감사를 표한다. 책을 쓴다는 것은 고통과 인내의 연속이었다. 앞서 이런 고통을 견뎌내셨을 것을 생각하니 집필하신 교과서의 소중함이 남달라 보였고, 또한 이분들의 노력 덕분에 이 책을 집필하는 게 한결 수월했다는 것은 분명한 사실이다. 이 책에서 일일이 언급하지는 못했지만 이 책은 선배·동료·후배학자분들의 훌륭한 연구성과들을 바탕으로 한 것임은 두말할 여지가 없다. 행정법을 연구하는 학자분들께도 머리 숙여 감사드린다.

이 책의 출간과정에서 제자들과 노기현 박사의 헌신적인 노력이 있었다. 이들이 아니었다면 출간은 한없이 연기되었을 것이다. 특히 박사학위 논문을 쓰고 있는 전은수 양은 출간의 전체과정을 총괄하며 모든 시간을 여기에 다 쏟아 부었고, 석사과정에 있는 김희진 양과 이창엽 군은 각주·수험정보·교정작업을 도와주었다. 논문작성·강의 등으로 바쁜 노기현 박사와 법령정보관리원의 정주영 전문연구원도 바쁜 시간을 쪼개어 책의 기획과 교정작업을 도와주었다. 이들의 학운을 빌며 이 자리를 빌어 다시 한번 진심으로 고마움을 표한다.

이 책을 출간해주신 박영사 안종만 회장님, 출간·편집·교정을 위해 애써주신 조성호 부장님, 우석진 부장님, 최준규 과장님 그리고 이재홍 선생님께도 진심으로 감사드린다.

끝으로 부모님과 가족들에게도 감사의 마음을 전하고 싶다. 특히 늘 용기와 지혜, 그리고 마음의 안식을 주시며 저자가 이 자리에 설 수 있도록 헌신적으로 노력하신, 지금은 하늘나라에 계신 어머니께 머리 숙여 감사드린다. 어머니께 당신은 늘 저자의 마음속에 계시다고 말씀드리고 싶다. 그리고 오랜 기간 동안 힘든 과정을 묵묵히 견뎌내 준 사랑하는 아내 오문경과 두 아들 석민, 석환에게 미안함과 함께 각별한 고마움을 전하고 싶다. 이 책은 가족들의 희생과 이해로 탄생했다. 이 책을 그리운 어머니와 사랑하는 나의 아내, 두 아들에게 바친다.

2014년 2월
금정산자락의 연구실에서

김 남 철 씀

차 례

제1부 행정법 총론

제1편 행정법 서론

제 2 편 행정작용법

제 2 부 행정구제법

제 1 편 행정구제의 관념

제 2 편 행정상 손해전보

제 3 편 행정쟁송

제 3 부 행정법각론

제 1 편 행정조직법

제 2 편 지방자치법

제 3 편 공무원법

제 4 편 경찰행정법

제 5 편 공물법 · 영조물법 · 공기업법

제 6 편 공용부담법

제 7 편 건축행정법

제 8 편 환경행정법

제 9 편 재무행정법

제10편 경제행정법

법령약어

2025. 1. 기준

감염병예방법	감염병의 예방 및 관리에 관한 법률
감정평가법	감정평가 및 감정평가사에 관한 법률
개발이익환수법	개발이익 환수에 관한 법률
개발제한구역법	개발제한구역의 지정 및 관리에 관한 특별조치법
경공법	경찰공무원법
경직법	경찰관 직무집행법
경찰법	국가경찰과 자치경찰의 조직 및 운영에 관한 법률
공간정보법	공간정보의 구축 및 관리 등에 관한 법률
공무원노조법	공무원의 노동조합 설립 및 운영 등에 관한 법률
공무원직협법	공무원직장협의회의 설립·운영에 관한 법률
공공기관운영법	공공기관의 운영에 관한 법률
공유수면법	공유수면 관리 및 매립에 관한 법률
공유재산법	공유재산 및 물품 관리법
공정거래법	독점규제 및 공정거래에 관한 법률
교원노조법	교원의 노동조합 설립 및 운영 등에 관한 법률
교육자치법	지방교육자치에 관한 법률
국가계약법	국가를 당사자로 하는 계약에 관한 법률
국가소송법	국가를 당사자로 하는 소송에 관한 법률
국토계획법	국토의 계획 및 이용에 관한 법률
국배법	국가배상법
국토법	국토기본법
군소음보상법	군용비행장·군사격장 소음 방지 및 피해 보상에 관한 법률
댐건설관리법	댐건설·관리 및 주변지역지원 등에 관한 법률
도시재생법	도시재생 활성화 및 지원에 관한 특별법
도시재정비법	도시재정비 촉진을 위한 특별법
도시정비법	도시 및 주거환경정비법
문화유산법	문화유산의 보존 및 활용에 관한 법률
물가안정법	물가안정에 관한 법률
민소법	민사소송법
민원처리법	민원 처리에 관한 법률
발전소주변지역법	발전소주변지역 지원에 관한 법률

법령공포법	법령 등 공포에 관한 법률
병역공개법	공직자 등의 병역사항 신고 및 공개에 관한 법률
보조금법	보조금 관리에 관한 법률
부담금관리법	부담금관리 기본법
부동산거래법	부동산 거래신고 등에 관한 법률
부동산공시법	부동산 가격공시에 관한 법률
부패방지권익위법	부패방지 및 국민권익위원회의 설치와 운영에 관한 법률
산업입지법	산업입지 및 개발에 관한 법률
상고심법	상고심절차에 관한 특례법
석유사업법	석유 및 석유대체연료 사업법
송전설비주변법	송·변전설비 주변지역의 보상 및 지원에 관한 법률
약관법	약관의 규제에 관한 법률
자원재활용법	자원의 절약과 재활용촉진에 관한 법률
정보공개법	공공기관의 정보공개에 관한 법률
정보보호법	개인정보 보호법
제주특별법	제주특별자치도 설치 및 국제자유도시 조성을 위한 특별법
주민소환법	주민소환에 관한 법률
주민조례발안법	주민조례발안에 관한 법률
중앙지방협력회의법	중앙지방협력회의의 구성 및 운영에 관한 법률
즉결심판법	즉결심판에 관한 절차법
지방분권균형발전법	지방자치분권 및 지역균형발전에 관한 특별법
지자법	지방자치법
집시법	집회 및 시위에 관한 법률
총포화약법	총포·도검·화약류 등의 안전관리에 관한 법률
청탁금지법	부정청탁 및 금품등 수수의 금지에 관한 법률
토지보상법	공익사업을 위한 토지 등의 취득 및 보상에 관한 법률
폐기물시설촉진법	폐기물처리시설 설치촉진 및 주변지역지원 등에 관한 법률
헌재법	헌법재판소법
형소법	형사소송법
행소법	행정소송법
행심법	행정심판법
행정위임위탁규정	행정권한의 위임 및 위탁에 관한 규정
행정업무규정	행정업무의 운영 및 혁신에 관한 규정
환경기본법	환경정책기본법
환경영향법	환경영향평가법
회계직원책임법	회계관계직원 등의 책임에 관한 법률

제 1 부

행정법총론

- 제 1 편 행정법 서론
- 제 2 편 행정작용법(행정의 행위형식)

제 1 편

행정법 서론

제1장 행정법의 대상으로서의 행정

제1절 행정의 개념

Ⅰ. 현대적 의미의 행정 관념의 형성

행정법은 행정에 관한 법이다. 따라서 행정법을 이해하기 위해서는 먼저 행정의 개념을 이해할 필요가 있다.

공동체 전체의 이익을 실현하는 행정작용의 존재는 인류사회의 형성과 그 역사를 같이하는 것이다. 그러나 오늘날 행정법의 대상으로서 현대적 의미의 행정이라는 관념은 근대국가의 성립과 더불어 국가권력이 입법, 사법, 행정으로 분화되면서 자유주의적 법치주의 통치이념의 근간을 이루는 권력분립의 원칙이 일반화된 이후의 행정을 가리킨다. 즉 현대적 의미의 행정은 근대국가에 들어서면서 새로운 시민세력이 형성됨에 따라 군주의 통치권 중 입법권, 사법권이 분화·독립되었고, 이와 같이 분화된 국가권력을 제외한 그 나머지를 '행정'이라고 파악하게 된 데에서 비롯된 것이다. 이와 같이 행정의 관념이 권력분립제도를 전제로 하고 있다는 점은 행정 및 행정법을 이해하는 데 매우 중요한 요소이다.

그런데 행정이라는 개념은 매우 다양성을 띤 개념이어서 이를 한 마디로 정의한다는 것은 매우 어려운 일이다. 일반적으로 행정의 개념 파악을 위해 두 가지 관점에서 접근하고 있는데, 하나는 제도적·형식적 개념으로서 권력분립을 바탕으로 입법권·사법권·행정권 중 행정권이 행하는 국가작용으로 파악하려는 입장이고, 다른 하나는 이론적·실질적 개념으로서 실질적인 국가작용의 성질에 착안하려는 입장이다.

Ⅱ. 형식적 의미의 행정

형식적 의미의 행정은 형식적인 제도로서 행정을 파악하려는 입장이다. 이에 따라 삼권분립 중 행정부가 담당하고 있는 작용을 행정으로 이해한다.

그러나 행정의 개념은 이와 같은 형식적 개념만으로는 설명할 수 없다. 실질적으로는 행정부의 경우에도 시행령·시행규칙 등의 행정입법과 같은 입법작용을 하기도 하고, 또한 행정쟁송제도인 행정심판과 같은 사법작용을 하기도 한다. 이와 같이 행정부가 행하는 작용 가운데에는 실제로는 입법작용이나 사법작용이 포함되어 있고 이들은 법치행정 하에서 행정의 효율성을 도모하면서, 다른 한편으로 국민의 권익을 보호하는 것을 목적으로 하는 행정법학의 중요한 연구대상이기도 하다. 이러한 점에서 행정의 개념은 단지 제도적 의미나 형식적 의미에서만 설명하기는 어렵다고 하겠다.

Ⅲ. 실질적 의미의 행정

실질적 의미의 행정은 국가작용의 성질상의 차이에 착안하여 행정의 실질적인 의미를 파악하고자 하는 것이다. 먼저 국가작용을 그 실질적 기능에 따라, 입법은 '법정립작용'으로, 사법은 '법선언작용'으로, 그리고 행정은 '법집행작용'으로 요약해서 정의할 수 있겠는데, 실질적 의미의 행정은 이와 같은 기능상의 차이를 전제로 이 가운데 행정을 보다 구체적으로 정의하고자 하는 것으로 이에는 다음의 몇 가지 학설들이 있다.

1. 긍정설

(1) 소극설

이 설은 국가작용 중 입법과 사법작용을 제외한 나머지 작용이 행정이라고 하는 견해이다. 이를 공제설(控除說)이라고도 한다. 이 설은 연혁적으로 절대군주의 통치권 가운데 입법권·사법권이 분화·독립된 과정을 잘 설명하고 있다는 장점은 있으나, 행정개념의 전제가 되는 입법과 사법작용 또한 명확하게 정의하기 어렵다는 점에서 순환논법에 빠지기 쉽고, 또한 오늘날 행정의 개념은 단지 국가작용 가운데 입법과 사법작용을 제외하는 것만으로는 설명되기 어렵다는 단점이 있다.

(2) 적극설

적극설은 위 소극설의 문제를 극복하고 적극적으로 행정의 개념을 설명하고자 하는 견해이다. 이에는 다음과 같은 학설이 있다.

① 목적실현설

독일 행정법의 아버지라 불리는 오토 마이어(Otto Mayer)는 행정을 국가가 법질서 아래서 국가목적을 실현하기 위하여 행하는 작용이라고 보았다. 혹자는 목적설 또는 국가목적실현설이라고도 한다. 이 견해는 행정을 국가목적을 실현하는 작용으로 적극적으로 정의하고 있지만, 입법이나 사법도 국가목적실현작용이라는 점에서 구분하기 어렵다는 문제가 있고, 또한 국가목적이라는 개념 자체가 이른바 그 의미를 일의적(一義的)으로 확정하기 어려운 '불확정개념'으로 매우 모호하다는 점이 문제로 지적되고 있다.

② 양태설(樣態說)

포르스트호프(Forsthoff)는 행정을 법률의 범위 내에서 법에 의거하여 행하여지는 장래에 대한 계속적인 사회형성활동으로 정의하고 있다. 이와 같은 견해는 행정을 사회형성작용이라고 파악하고 있는 점에서 행정 개념에서의 법적인 측면을 경시하는 경향이 있으나, 다른 학설에 비하여 상당히 구체적으로 행정의 개념에 대한 정의를 내리고 있다. 혹자는 이 견해를 결과실현설 또는 결과실현양태설이라고도 부른다.

2. 부정설(기관차이설, 기관양태설)

이 견해는 켈센(Kelsen), 메르클(Merkl) 등 19세기 법실증주의의 한 지파인 순수법학파의 입장이다. 켈센은 법을 근본규범(권력) → 헌법 → 법률 → 명령 등으로 구체화된다는 법단계설을 주장하면서 근본규범이 헌법을 창출하는 과정은 정치적 과정으로 법학은 헌법이 점차 개별·구체화되는 과정만을 연구대상으로 하였다. 따라서 모든 국가작용은 이와 같은 법단계의 구체화과정으로 여기에는 법정립·법선언·법집행으로서의 성질을 아울러 가지고 있다고 보아 입법·사법·행정의 구별이 없다고 보았다. 그래서 이 견해를 행정개념에 대한 부정설이라고 한다.

이 설은 이와 같이 행정은 따로 존재하지 않는다고 보면서도, 다만 법을 구체화하는 기관의 성질이 차이가 있을 뿐이라고 한다. 예컨대 행정을 담당하는 기관은 상하복종적이고, 사법기관은 독립적·병렬적이라는 것이다. 이 점에서 이 설을 기관양태설 또는 기관차이설이라고도 한다. 그러나 이 설은 국가작용의 차이를 부인하면서도 담당기관의 성질상의 차이를 인정하는 것은 비논리적이라는 점에서 탁상공론에 불과하다는 비판을 받고 있다. 오늘날 이 설을 지지하는 입장은 거의 없다.

3. 결어

행정은 긍정설의 여러 견해에도 불구하고 그 개념을 정확하게 정의하기는 어렵다. 사실 행정의 현상이 워낙 복잡하고 다양하기 때문에, 마우러(Maurer)가 지적하듯, 그 개념을 일의적으로 정의하는 것은 불가능하다고 말 할 수 있다. 그래서 포르스트호프의 '행정은 이를 묘사하거나 설명할 수는 있지만 정의할 수 없다'는 말이 종종 인용되고 있는 것이다.

행정을 정확하게 정의하기는 어렵다 하더라도 그 특징을 다음과 같이 세 가지로 요약해 볼 수는 있을 것이다.

첫째, 행정은 공익을 실현하는 작용이다.

행정은 우리 사회에 필요한 질서를 유지하거나 생활에 필수적인 공공재화 등의 급부를 제공하는 작용을 한다. 이와 같은 작용은 사회공동체 전체의 이익을 실현하는 것이라는 점에서 공익실현작용이라 할 수 있다. 물론 공익이라는 개념은 그 개념 자체가 매우 추상적이고 또한 시대의 변천에 따라 그 개념이 변할 수 있는 다의적인 개념이지만, 일반적으로는 단순히 사익(私益)만을 추구하는 경우와 구별하여, 예컨대 질서유지나 공공복리와 같은 우리 사회공동체 전체의 이익을 공익이라 할 수 있을 것이다. 이와 같이 행정이 공익을 실현하는 것이라는 점에서 행정에는 일방적으로 의무를 부과한다거나, 행정법상의 의무를 이행하지 않은 경우에 이를 직접 강제하는 등의 우월적인 권한이나 지위가 인정된다.

둘째, 행정은 장래에 대한 능동적인 사회형성작용이다.

행정은 장래를 향하여 능동적으로 법을 집행함으로서 법질서, 도로교통, 건축, 재정, 경찰, 경제, 교육, 문화, 복지 등의 다양한 사회영역을 형성하는 작용이다. 이와 같이 장래에 대한 능동적인 법집행이라는 점에서 행정은 당사자간의 '과거'에 발생한 분쟁이 법원에 소송으로 제기되어야 비로소 법의 해석과 적용이라는 소극적 집행작용으로 이어지는 사법작용과 구별된다.

셋째, 행정은 일반·추상적인 법을 구체적으로 집행하는 작용이다.

일반적으로 행정은 구체적 처분이나 조치 등에 의하여 그 목적을 실현하게 된다. 입법은 일반성·추상성[1]을 띠는 법을 정립하는 작용이고, 행정은 이와 같은 법을 개별·구체적[2]인 상황에 적용하여 집행하는 작용이라는 점에서 행정은 입법과 구별된다. 물론 행정이 시행령이나 시행규칙과 같은 법규명령을 제정하기도 하지만 이는 예외적으로 법률이 입법권을 수권(授權)하는 경우에만 가능한 것이지 행정이 일반적으로 입법권을 가지는 것은 아니다.

제 2 절 통치행위

행정은 공익실현을 위하여 법을 집행하는 작용으로서 법에 엄격하게 구속되는 것이 원칙이다. 그런데 행정의 개념에는 포함되지만 이와 같은 원칙이 엄격하게 적용되지 않는 영역이 있다. 이 가운데 특히 고도의 정치적 성격을 지닌 국가 최고기관의 행위 또는 고도의 정치성으로 인하여 사법심사의 대상에서 제외되는 행위를 통치행위라 하여 행정의 개념과 구별하고 있다.

1) 일반성은 불특정다수를 대상으로 한다는 의미이고, 추상성은 수회에 걸쳐 반복하여 발생 가능한 사안을 의미한다. 일반적으로 법은 불특정다수를 대상으로 모든 경우를 포섭하여야 한다.
2) 개별성은 대상이 특정되어 있음을 의미하고, 구체성은 사안이 일회적(一回的)인 경우를 의미한다. 처분은 통상 특정대상을 상대로 어느 특정된 사안에 법을 적용하여 내리는 결정이다.

Ⅰ. 통치행위의 개념

일반적으로 통치행위는 역사적으로 법으로부터 자유로운 행정영역으로 인식되어 온 것으로 실정법상 인정된 개념이라기보다는 각국의 학설과 판례를 통하여 성립된 것이다. 따라서 그 개념 자체도 명확하지 않지만, 대체로 '고도의 정치적 의미를 지닌 국가기관의 행위에 대하여 사법심사가 가능함에도 재판통제에서 제외되는 행위'라고 말할 수 있다. 통치행위는 법치주의가 적용되지 않는 예외적인 경우로서 헌법을 비롯한 성문법규정의 위반 여부를 문제 삼을 수 없으며 개인의 권리제한도 법률의 형식에 의존할 필요 없이 긴급권발동이나 행정명령 등을 통하여 이루어진다. 또한 통치행위에 대하여 행정소송을 제기하거나 헌법재판을 청구한다 하더라도 이에 대한 사법적 심사는 이루어질 수 없다. 종래 통치행위의 예로 거론되어온 것으로는 대통령의 외교행위, 선전포고, 전쟁수행행위, 사면, 영전수여, 국무총리임명, 국민투표부의, 긴급명령발포 등이 있다.

※ 참고: 각국의 통치행위

1. 프랑스: 국참사원(Conseil d'Etat)의 판례에 의해 인정. 오늘날 그 인정범위는 국제관계 및 대 의회관계에서 몇 가지 정도로 많이 축소됨
2. 영 국: 판례를 중심으로 국왕의 대권행사("국왕은 소추의 대상이 되지 않는다.") 및 의회 내부문제("의회의 각 원은 그 특권에 관한 유일한 법관이다.")에 대해 인정되어 옴
3. 미 국: 국제조약체결·해석, 대통령의 군사행위 등에 대해 통치행위 인정
4. 독 일: 제2차 세계대전 전까지는 행정소송사항을 제한적으로 열거하는 열기주의(列記主義)[3]를 채택하여 판례상 통치행위가 인정될 소지가 없었고, 주로 학설상의 문제였음. 전후 행정소송사항을 개괄적으로 규정하는 개괄주의를 채택하면서 오늘날 수상선거, 국회해산, 조약체결 등에 통치행위 인정
5. 일 본: 전후 행정소송에 개괄주의를 채택하면서, 통치행위가 문제되기 시작함. 오늘날 학설·판례가 미일안보조약의 해석 및 중의원해산행위 등에서 통치행위 인정

---

3) 아래 각주 4) 참조.

Ⅱ. 통치행위에 관한 학설

1. 긍정설

(1) 내재적 제약설(권력분립설)

삼권분립의 원칙에서 보더라도 정치적 의미를 갖는 국가행위를 정치적 책임이 없는 사법이 판단하는 것보다는 정부나 국회가 국민의 감시와 비판하에 처리하는 것이 바람직하다는 견해이다. 이 설은 고도의 정치적 행위에 대하여 판단하는 데에는 권력분립에 따른 사법내재적 한계가 있다고 주장하는 것이다. 이 점에서 이를 권력분립설이라고 하기도 한다. 이 설은 다소의 정치적 성격의 사안임에도 불구하고 법률적 판단이 필요한 경우에 이루어지는 재판작용은 오히려 본연의 사법권행사로서, 행정부에 대한 견제라는 점을 간과하는 측면이 있다.

(2) 사법자제설

이 설은 고도의 정치적 성격을 띤 국가행위에 대하여 사법부가 이를 심사함으로써 오히려 정치적 부담을 떠맡게 되거나 정치문제에 휘말리게 되는 결과를 가져올 수 있으므로 사법부가 위법을 감수하여서라도 방지해야할 보다 큰 위해의 발생을 막기 위하여 재판권의 행사를 자제하는 것이라는 입장이다. 이 설에 대해서는 사법부가 사법자제를 내세우며 고의적으로 심사를 포기하고 있다는 비판이 가해지기도 한다.

(3) 재량행위설

이 설은 통치행위를 국가기관의 정치적 재량행위로 이해하여 사법심사가 불가능한 것으로 보는 입장이다. 그러나 이 설에 대해서는 통치행위가 사법심사의 대상에서 제외되는 것은 고도의 정치적 성격 때문인데 이를 사법심사의 범위와 관련된 재량행위로 잘못 이해하고 있다는 비판이 있다. 또한 오늘날 재량행위라 할지라도 재량권을 일탈·남용하는 경우에는 사법심사의 대상이 되고 있다는 점(행소법 27)에서도 이 설은 오늘날에는 거의 논의의 실익이 없다.

2. 부정설

이 설은 실질적으로 인권을 보장하기 위한 법치주의가 확립되어 있고, 헌법과 법률에 의하여 국민의 재판청구권이 보장되고 있으며, 행정소송의 개괄주의[4]를 취하고 있는 현대적 법치국가에서는 모든 국가작용은 법률적 판단이 가능한 한 사법심사의 대상이 되어야 한다는 입장이다.

4) 개괄(槪括)주의는 행정소송의 대상을 포괄적으로 규정하는 입법방식이고, 열기(列記)주의는 행정소송의 대상이 되는 사항을 제한적으로 열거하고 있는 입법방식을 말한다. 제2차 세계대전 이전의 독일은 행정소송사항과 관련 열기주의를 채택하였으나, 전후 개괄주의로 전환하여 오늘에 이르고 있다.

Ⅲ. 결어

현대행정에 있어서도 고도의 정치적 성격을 띤 통치행위라는 개념이 실제로는 존재할 수 있을 것이다. 그러나 그 인정범위가 넓으면 그만큼 국민의 재판청구권의 범위가 반비례해서 좁아짐에 유의하여야 할 것이다.

우리나라 학자들은 대체로 통치행위의 존재를 인정하지 않지만, 현실적으로는 통치행위를 인정하더라도 그 범위는 매우 제한적이어야 하고, 적어도 통치행위가 법률적 쟁송에 해당하는 한 법원 또는 헌법재판소의 심사대상이 되어야 한다고 보는 입장이다.

우리나라 대법원은 과거 비상계엄선포나 긴급조치[5]를 사법심사의 대상에서 제외한 바 있다.

> [판례1] 계엄선포행위에 대한 사법심사의 한계
>
> "사법기관인 법원이 계엄선포의 요건 구비여부나, 선포의 당, 부당을 심사하는 것은 사법권의 내재적인 본질적 한계를 넘어서는 것이 되어 적절한 바가 못된다(대법원 1979.12.7. 자 79초70 재정)."

그러나 대법원은 최근 들어 남북교류협력에 관한 법률 위반 사건에서 통치행위의 존재를 인정하면서도 그 인정을 매우 신중하게 하여야 한다는 입장을 보인 바 있다[판례2]. 나아가 대통령의 서훈취소에 대하여 법원이 사법심사를 자제하여야 할 고도의 정치성을 띤 행위라고 볼 수는 없다고 하여 통치행위성을 부인하였다[판례3].

> [판례2] 통치행위 인정의 신중성과 한계
>
> "통치행위의 개념을 인정한다고 하더라도 과도한 사법심사의 자제가 기본권을 보장하고 법치주의 이념을 구현하여야 할 법원의 책무를 태만히 하거나 포기하는 것이 되지 않도록 그 인정을 지극히 신중하게 하여야 하며, 그 판단은 오로지 사법부만에 의하여 이루어져야 한다(대판 2004.3.26, 2003도7878)."

> [판례3] 서훈취소가 고도의 정치성을 띤 행위인지 여부
>
> "서훈취소가 대통령이 국가원수로서 행하는 행위라고 하더라도 법원이 사법심사를 자제하여야 할 고도의 정치성을 띤 행위라고 볼 수는 없다(대판 2015.4.23, 2012두26920)."

한편 헌법재판소도 통치행위와 관련하여 대통령의 긴급재정경제명령,[6] 사면, 이라크파병결정

5) 대판 1978.5.23, 78도813.
6) 헌재결 1996.2.29, 93헌마186.

을 통치행위로 본 바 있다.

> [판례4] 사면행위의 통치행위성
>
> “사면은 형의 선고의 효력 또는 공소권을 상실시키거나, 형의 집행을 면제시키는 국가원수의 고유한 권한을 의미하며, 사법부의 판단을 변경하는 제도로서 권력분립의 원리에 대한 예외가 된다(헌재결 2000.6.1, 97헌바74).”

> [판례5] 외국에의 파병의 통치행위성
>
> “외국에의 국군의 파견결정은 … 고도의 정치적 결단이 요구되는 사안이다. 따라서 그와 같은 결정은 그 문제에 대해 정치적 책임을 질 수 있는 국민의 대의기관이 관계분야의 전문가들과 광범위하고 심도 있는 논의를 거쳐 신중히 결정하는 것이 바람직하며 우리 헌법도 그 권한을 국민으로부터 직접 선출되고 국민에게 직접 책임을 지는 대통령에게 부여하고 그 권한행사에 신중을 기하도록 하기 위해 국회로 하여금 파병에 대한 동의여부를 결정할 수 있도록 하고 있는바, 현행 헌법이 채택하고 있는 대의민주제 통치구조 하에서 대의기관인 대통령과 국회의 그와 같은 고도의 정치적 결단은 가급적 존중되어야 한다(헌재결 2004.4.29, 2003헌마814).”

그러나 헌법재판소는 통치행위와 기본권과의 관계에 관한 의미 있는 결정을 한 바 있다. 즉 헌법재판소는 대통령의 긴급재정경제명령에 관한 헌법소원사건에서 긴급재정경제명령의 통치행위성을 인정하면서도 이와 같은 고도의 정치적 성격을 띠는 국가작용이라 할지라도 국민의 기본권을 직접 침해하는 경우에는 사법심사의 대상이 됨을 판시하였다.

> [판례6] 통치행위가 헌법재판소의 심판대상이 되는지 여부
>
> “대통령의 긴급재정경제명령은 국가긴급권의 일종으로서 고도의 정치적 결단에 의하여 발동되는 행위이고 그 결단을 존중하여야 할 필요성이 있는 행위라는 의미에서 이른바 통치행위에 속한다고 할 수 있으나, 통치행위를 포함하여 모든 국가작용은 국민의 기본권적 가치를 실현하기 위한 수단이라는 한계를 반드시 지켜야 하는 것이고, 헌법재판소는 헌법의 수호와 국민의 기본권 보장을 사명으로 하는 국가기관이므로 비록 고도의 정치적 결단에 의하여 행해지는 국가작용이라고 할지라도 그것이 국민의 기본권 침해와 직접 관련되는 경우에는 당연히 헌법재판소의 심판대상이 된다(헌재결 1996.2.29, 93헌마186).”

이상의 통치행위에 관한 학설이나 판례의 입장을 종합해 보면, 적어도 법이론적 또는 법제도적인 측면에서 오늘날과 같은 민주적 법치국가에서 통치행위의 관념을 인정하지 않는 것이 타당

하지만, 현실적으로는 고도의 정치적 결단에 의한 국가행위의 존재를 완전히 부인하기는 어려운 것으로 보인다. 그렇지만 대법원 판례에 나타난 바와 같이, 통치행위에 대한 '사법심사의 자제가 기본권을 보장하고 법치주의 이념을 구현하여야 할 법원의 책무를 태만히 하거나 포기하는 것이 되지 않도록 그 인정을 지극히 신중하게' 하여야 하고, 또한 헌법재판소의 결정에서 언급되고 있는 바와 같이, '비록 고도의 정치적 결단에 의하여 행해지는 국가작용이라고 할지라도 그것이 국민의 기본권 침해와 직접 관련되는 경우에는' 사법심사의 대상이 되어야 한다.

이렇게 볼 때, 각국의 추세도 그러하듯이 통치행위의 인정범위는 점차 축소·제한되고 있다고 할 수 있다. 요컨대 현실적으로 정치적 성격을 지닌 행위의 존재를 부인하기 어렵다 할지라도, 그것이 법적 해결가능성을 띠고 있는 한, 사법통제로부터 자유로울 수는 없다고 할 것이다. 그렇다면 법의 지배를 받지 않는 선법치국가적(先法治國家的) 통치행위개념은 원천적으로 존재하지 않는다고 보아야 할 것이다.

제 3 절 행정의 분류

행정은 워낙 복잡하고 다양해서 그 관점이나 기준을 어떻게 설정하느냐에 따라 여러 가지로 분류할 수 있다. 대체로 행정은 주체나 성질, 법적 효과, 내용, 대상 등에 따라 분류할 수 있는데, 이와 같은 분류는 연구의 편의 또는 행정에 대한 이해를 위한 것으로서 절대적인 것은 아니다. 아울러 분류된 내용들이 서로 중복되는 경우들도 있다.

Ⅰ. 주체에 의한 분류

행정은 주체에 따라 국가에 의한 직접국가행정과 공공단체에 의한 간접국가행정, 그리고 위임행정으로 구분할 수 있다.

1. 직접국가행정(국가에 의한 행정)

국가가 직접 그 기관을 통하여 행하는 행정을 말한다. 본래 행정권은 국가의 통치권 가운데 하나이기 때문에 국가가 직접 행정을 담당하고 수행하는 것이 원칙이다.

2. 간접국가행정(공공단체에 의한 행정)

경우에 따라서는 국가 이외의 공공단체를 통하여 행정을 수행하도록 하기도 한다. 공공단체에는 지방자치단체, 공공조합, 영조물법인, 공법상의 재단이 있다. 국가가 직접 국가행정을 수행하는 것을 직접국가행정이라 하고, 공공단체들이 국가행정을 수행하는 것을 간접국가행정이라 한다.

3. 위임행정

국가 또는 공공단체가 자기의 사무를 다른 공공단체나 그 기관 또는 사인(私人)에게 위임 또는 위탁하여 수행하도록 하는 것을 말한다. 특히 사인이 공무를 위탁받아 처리하는 경우에 그 사인을 공무수탁사인(公務受託私人)이라고 한다.

Ⅱ. 성질에 의한 분류

행정은 그 성질에 따라 권력행정, 비권력행정, 국고행정으로 구분할 수 있다.

1. 권력행정

행정주체가 공권력을 행사하여 행정의 상대방을 일방적으로 명령하거나 강제하는 행정을 말한다. 시설에 대한 개선명령이나 조세의 부과와 같이 일방적으로 개인에게 의무를 부과하거나 각종 경찰상의 처분과 같이 개인의 권리를 제한하는 경우 등이 여기에 속한다. 권력행정은 공권력을 행사하는 것이므로 여기에는 공법이 적용된다.

2. 비권력행정(단순고권행정)

비권력행정은 공익을 실현하는 행정작용이기는 하지만 공권력행사라는 실체가 없는 행정으로서, 개인에게 필요한 각종 급부를 행하거나(급부행정) 공물 등을 관리하는 행정(관리행정)을 말한다. 비권력행정은 공권력(고권)을 행사하여 일방적으로 명령하는 관계가 아니라는 점에서 단순고권행정(schlichte Hoheitsverwaltung)이라고도 한다.

비권력행정도 공행정작용이므로 공법이 적용되지만, 이 영역에서는 그 성질상 행정주체에게 행정의 법형식을 선택할 수 있는 자유가 인정되므로, 행정주체는 비권력행정을 공법의 형식으로 또는 사법의 형식으로 수행할 수 있다. 후자의 경우를 행정주체의 행정사법적(行政私法的) 활동이라고 한다.

3. 국고행정

형식은 행정주체이지만 실질적으로는 행정주체가 사경제주체의 지위에서 행정기관의 필요한 물품을 조달하거나 일반재산을 임대나 매각하는 행위 등을 말한다. 국고행정에서는 행정주체가 사인의 지위에서 행위하는 것이므로 여기에는 사법이 적용된다.

Ⅲ. 법적 효과에 따른 분류

행정은 그 법적 효과에 따라 침익적 행정, 수익적 행정, 복효적 행정으로 구분할 수 있다.

1. 침익적 행정과 수익적 행정

침익적 행정이란, 예컨대 금지명령, 납세처분 등과 같이, 상대방의 자유와 권리를 제한하고 의무를 과하는 등 국민의 권익을 침해하는 행정을 말한다.

수익적 행정은, 예컨대 보조금 지급이나 건축허가와 같이, 국민의 자유와 권리를 신장시키고 부과된 의무를 해제하는 등 국민에게 유리한 법적 효과를 발생시키는 행정이다.

침익적 행정과 수익적 행정의 구별은 법률유보의 범위, 수익적 행정행위의 취소와 철회시 상대방의 신뢰보호를 위한 취소권 및 철회권의 제한과 같은 문제에서 중요한 의미를 갖는다.

2. 복효적 행정(이중효과적 행정)

어떠한 행정작용이 침익적 성질과 수익적 성질을 동시에 가지고 있는 경우를 복효적 행정 또는 이중효과적 행정(Verwaltung mit Doppelwirkung)이라고 부른다.

이중효과적 행정은 다시 ① 혼합효과적 행정(Verwaltung mit Mischwirkung)과 ② 제3자효 행정(Verwaltung mit Drittwirkung)으로 나뉜다.

혼합효과적(혼효적) 행정은 하나의 행정에 침익적 효과와 수익적 효과가 동시에 발생하는 행정을 말하는데, 예컨대 일정한 행위를 제한하는 부관이 붙어 있는 허가가 여기에 해당한다. 제3자효 행정은 행정작용의 상대방에게는 수익적인 효과가 발생하나 다른 제3자에게는 침익적 성질을 갖는 행정을 말한다. 예컨대 폐기물처리업에 대한 허가가 허가의 상대방에게는 수익적 성질을, 허가의 제3자인 인근 주민에게는 침익적 성질을 갖는 경우가 여기에 해당한다.

보통 행정심판에서의 청구인적격이나 행정소송(특히 항고소송)에서의 원고적격의 문제는 제3자효 행정에서의 제3자의 경우에 발생한다. 따라서 제3자효 행정은 개인적 공권과 행정쟁송에서의 청구인적격 및 원고적격과 매우 밀접한 관련이 있다.

Ⅳ. 내용에 따른 분류

행정은 그 내용에 따라 질서행정, 급부행정, 유도행정, 재무행정, 조달행정 등으로 구분할 수 있다.

1. 질서행정

질서행정은 공동체의 안녕과 질서를 유지하는 것을 내용으로 하는 행정활동이다. 질서행정의 전형은 경찰권의 행사이지만, 널리 전염병의 예방, 영업활동에 대한 위생점검, 환경침해에 대한 지도와 감독 등 전반적인 공공의 안녕과 질서의 유지를 위한 행정활동이 포함된다.

2. 급부행정

급부행정은 국민에게 일정한 공공서비스(public service)를 제공하는 것을 내용으로 하는 행정활동이다. 급부행정영역에는 학교나 도로 등 사회기반시설의 건설과 운영, 수도·전기·가스 등 공공재화의 공급, 오물수거 등과 같이 생활에 필수불가결한 공공서비스의 제공뿐만 아니라, 나아가 사회적 약자에 대한 국가의 지원과 배려, 각종 사회보장제도 등도 포함된다.

오늘날 이와 같은 행정주체가 국민에게 제공하는 다양한 내용의 급부활동은 행정작용의 중요한 부분을 차지하고 있다. 그러나 다른 한편으로 급부행정은 최근 국가재정능력의 한계와 비효율 등으로 중대한 문제에 직면해 있기도 하다. 이에 따라 국가의 급부활동을 사인에게 위임·위탁하거나(민영화, 행정사법 등), 공공부문과 민간부문이 서로 협력하여 위의 문제를 극복하려는 민관협력적 모델이 제시되기도 한다.

3. 유도행정

유도행정은 일정한 규제나 지원 등의 조치에 의하여 일정한 방향으로 유도하기 위하여 행하여지는 활동을 말한다. 유도행정의 전형적인 수단은 행정계획이나 보조금의 지급 등을 들 수 있다. 법규위반행위에 대하여 사후에 제재를 가하는 것만으로는 행정목적을 달성하기 어려우므로, 다양한 행정계획이나 보조금 등의 금전적인 지원 등을 통하여 사전에 법규위반행위를 방지하도록 유도하는 작용은 실제적으로 행정목적을 달성하는 데 중요한 의미를 가진다.

4. 재무행정

재무행정은 국가가 업무수행에 필요한 조세 등 각종의 공과금을 부과하고 징수하는 것을 내용으로 하는 행정활동을 말한다. 넓은 의미에서의 재무행정에는 예산의 편성, 집행을 포함하여 행정주체의 재산관리, 국공채의 발행, 수익사업 등 다양한 내용이 포함된다. 재무행정은 질서행정과 더불어 국가가 존립하기 위한 최소한의 행정작용이라고 말할 수 있다.

현재 우리나라에는 약 30여 가지의 국세와 지방세가 국가와 지방자치단체에 의하여 부과되고 있다. 또한 조세 이외에도 사용료와 수수료[7]와 같은 수익자부담금, 도로 등의 건설을 통하여 인근

7) 행정기본법 제35조(수수료 및 사용료) ① 행정청은 특정인을 위한 행정서비스를 제공받는 자에게 법령으로

토지소유자 등에게 발생한 불로의 경제적 이익을 상쇄하는 분담금과 같은 공과금도 부과된다.

5. 조달행정

조달행정이란 국가나 지방자치단체 또는 공공단체가 그의 업무를 수행하기 위하여 필요한 재화와 용역을 조달하는 내용의 행정작용이다. 따라서 조달행정은 그 자체로서 특정한 행정목적을 실현하기 위한 작용이라기보다는 행정의 고유활동을 지원하고 준비하는 보조적 기능을 수행한다. 조달행정은 행정의 업무수행에 필요한 재화와 용역을 충족하기 위하여 이를 매입·임대하는 등 주로 사법상의 법적 수단을 통하여 이루어진다.

조달행정은 계약 등 사법상의 형태로 수행되기는 하지만 국가의 예산이 지출되고 행정의 상대방인 관련 사업자들의 영업의 자유 등 기본권 행사와도 깊은 관련을 맺고 있다. 그러므로 조달행정작용은 '국가를 당사자로 하는 계약에 관한 법률(국가계약법)' 등에 의하여 일정한 규제를 받고, 공정한 경쟁, 차별금지, 기회균등, 투명성의 원칙을 준수하여야 한다.

V. 대상에 따른 분류

행정은 분야도 다양하고 그 대상이 광범위하다는 특징을 가지고 있다. 따라서 그 대상을 특정하거나 유형화하는 것도 용이하지는 않다. 그러나 행정은 대체로 그 대상에 따라 경찰행정·환경행정·사회복지행정·교육행정·문화행정·건축행정·국토개발행정·교통행정·재무행정·경제행정·조세행정 등으로 유형화해볼 수는 있을 것이다. 이와 같은 행정영역은 사회의 변화에 따라 달라질 수 있음은 물론이다.

정하는 바에 따라 수수료를 받을 수 있다.
② 행정청은 공공시설 및 재산 등의 이용 또는 사용에 대하여 사전에 공개된 금액이나 기준에 따라 사용료를 받을 수 있다.
③ 제1항 및 제2항에도 불구하고 지방자치단체의 경우에는 「지방자치법」에 따른다.

제 2 장 행정법의 관념

제 1 절 행정법의 의의

행정법은 행정에 관한 고유한 국내공법으로서, 구체적으로는 행정주체의 행정조직법·행정작용법 및 행정구제법을 그 내용으로 한다.

Ⅰ. 행정에 관한 법

먼저 행정법은 행정에 관한 법이다. 구체적으로는 행정조직법, 행정작용법, 행정구제법으로 구성되어 있다. 행정조직법은 국가·공공단체 등의 행정주체의 기관의 설치, 권한, 기관상호간의 관계에 관한 법이고, 행정작용법은 국가·공공단체 등의 행정주체가 공익을 실현하기 위한 행정의 행위형식(예컨대 행정행위, 행정입법, 행정계획, 사실행위 등과 같은 행정의 수단)에 관한 법이다. 행정구제법은 위법·부당한 작용으로 인하여 권익침해를 주장하는 사인의 권리구제에 관한 법으로서 행정상 손해전보(손해배상과 손실보상)와 행정쟁송(행정심판과 행정소송)으로 구성되어 있다.

행정법이 행정에 관한 법이라는 점에서, 입법·사법·행정을 포괄하는 국가통치권 전반을 대상으로 국가의 근본조직과 작용에 관한 법인 헌법, 입법권이나 사법권의 조직과 작용에 관한 법인 입법법(국회법, 국회사무처법 등)·사법법(법원조직법, 민사소송법, 형사소송법 등)과 구별된다.

그러나 행정법이 헌법과 구분된다고 하여 헌법과 분리된 법영역이라 할 수 없다. 과거 독일의 오토마이어는 행정법의 기술적 성격을 강조하면서 "헌법은 변해도 행정법은 존속한다(Verfassungsrecht vergeht, Verwaltungsrecht besteht)"고 하였지만, 오늘날은 베르너의 "구체화된 헌법으로서의 행정법(Verwaltungsrecht als konkretisiertes Verfassungsrecht)"이라는 표현이 헌법과 행정법의 관계를 더 잘 표현하고 있는 것으로 이해되고 있다. 즉 행정법은 헌법이 제시하고 있는 기본적인 원리와 추상적인 원칙들을 행정법 규범을 통하여 구체화시키는 법영역이라는 것이다. 이러한 점에서 헌법과 행정법은 상호 매우 밀접한 관계를 가지고 있다고 할 수 있다.

입법법이나 사법법도 그 형식에 있어서는 행정법과 구분된다고 할지라도, 입법부나 사법부에도 행정은 존재하고, 또한 행정쟁송의 대상이 되는 처분을 행하는 행정청[1)]의 개념에는 법원이나 국회의 기관도 포함될 수 있다는 점 등을 고려하면 행정법과 엄격하게 구분되는 것은 아니다.

행정법은 헌법전·민법전·형법전 등과 같은 통일적인 법전이 없고, 개별 행정법분야에 수많은 단행법률들로 구성되어 있다는 점이 특징이다. 다만 행정기본법과 행정절차법이 각각 행정의 실체와 절차에 관한 일반적인 규정을 두고 있기는 하다. 아무튼 행정법은 아직 통일적인 법전 없이 단행법률이 산재해 있는 상황이지만, 행정법 규범들은 내용적으로는 공통적인 원리에 의하여 규율되는 통일적인 법체계를 이루고 있다. 산재해 있는 개별법에서 이와 같은 공통적인 원리를 규명하는 것은 행정법학의 중요한 과제이기도 하다.

Ⅱ. 공법

행정법은 공법이다. 따라서 사법(私法)과는 구별된다. 여기에서 공법으로서의 행정법의 개념을 파악하고 그 범위를 확정하기 위해서 공·사법의 구별이 문제된다.

한편 영미법은 법의 지배(rule of law)를 기본이념으로 하고 있고, 여기에서의 법은 보통법(common law)이라 불리는 판례법을 일컫는 것으로, 영미에서는 공·사법의 구별 없이 모두 보통법의 지배를 받는다. 이러한 점에서 영미에서는 원칙적으로 공·사법의 구별이 문제되지 않는다.

1. 공·사법의 구별*

(1) 제도적 구별

역사적으로 행정법은 대륙법국가에서 사법의 적용이 배제되는 특권적 지위를 보장하기 위한 법영역으로서 성립하게 되었다. 즉, 대륙법국가에서는 이와 같은 역사적인 상황을 바탕으로 공·사법을 구별해 온 것이다. 따라서 공·사법의 이원적 구조는 법이론적인 구분이라기보다는 역사적 상황을 바탕으로 하는 실정제도상의 불가피한 구별이라고 할 수 있다.

전통적으로 행정법영역에서는 이와 같은 공·사법의 구별을 전제로 하여 행정주체의 의사적 우월성을 바탕으로 하는 공법관계와 국고관계를 중심으로 하는 사법관계가 구분되어 왔다. 그러나 19세기 후반에 이르러 공법관계에서 비권력행정의 영역이 분화되었고, 또한 20세기 후반에 이르면서 공법관계와 사법관계의 중간영역으로 행정사법(行政私法)의 형식이 등장하면서 공·사법이 혼

* 법원행정고시(2009년).

1) 행정기본법 제2조(정의)

2. "행정청"이란 다음 각 목의 자를 말한다.

가. 행정에 관한 의사를 결정하여 표시하는 국가 또는 지방자치단체의 기관

나. 그 밖에 법령등에 따라 행정에 관한 의사를 결정하여 표시하는 권한을 가지고 있거나 그 권한을 위임 또는 위탁받은 공공단체 또는 그 기관이나 사인(私人)

재하는 영역이 생겨나는 등의 변화를 겪고 있다.

(2) 공·사법의 구별 필요성

공·사법의 구분이 항상 명확한 것은 아니지만, 그럼에도 공·사법을 구별하는 것은 다음과 같은 실익이 있기 때문이다.

1) 재판관할과 소송절차의 기준

공·사법의 구별은 법률관계에 있어서의 분쟁처리를 어떠한 소송절차에 의하여 해결할 것인가 하는 것에 기준이 된다는 점에서 의의가 있다. 즉 사법관계에 대한 분쟁은 민사소송의 대상이 되고, 공법관계에 대한 분쟁은 행정소송의 대상이 되므로, 이 점에서 공·사법의 구분은 행정법의 범위를 확정하는 실익이 있다. 이는 특히 행정재판소제도가 있는 대륙법국가들에서 재판관할을 구분한다는 점에서 커다란 의의가 있다. 우리나라의 경우 이와 같은 행정재판제도는 따로 없지만, 행정사건에 특유한 행정소송제도와 지방법원급의 전문법원으로서 행정법원이 있기 때문에 공·사법을 구분할 실익은 존재한다.

2) 적용법리의 결정

구체적 사안에 적용할 법규나 법원칙을 결정하기 위해서도 공·사법의 구별이 필요하다. 사법은 기본적으로 개인간의 법률관계를 규율하는 법체계로서 사적자치의 원칙에 따라 개인 의사의 자율성을 존중하지만, 반면에 공법은 공익을 실현하기 위하여 행정주체에게 일방적으로 강제하고 명령하는 우월적인 지위가 인정되는 등 사법관계에서는 찾아볼 수 없는 특성이 있다. 따라서 이와 같은 적용법리의 특성상 당해 사안이 공법이 적용되어야 하는지, 사법이 적용되어야 하는지를 구분할 필요가 있는 것이다.

3) 행정강제 및 소멸시효

그 밖에도 행정상 의무위반에 대해서는 행정주체가 직접 행정강제수단을 통해 의무이행을 확보할 수 있지만(자력강제), 사법상의 의무위반의 경우에는 제3자인 법원을 통하지 않고는 당사자가 직접 의무이행을 확보할 수 없다(타력강제)는 차이가 있다.

아울러 행정법의 영역에서는 공익의 실현이라는 점에서 법률관계를 조속하게 확정하여야 할 필요가 존재하므로, 예컨대 금전채권의 소멸시효가 사법의 경우와는 달리 단기로 규정되어 있다.[2)]

---

2) 예컨대, 민법상 금전채권소멸시효는 10년(민법 162)이지만, 지방재정법에서는 5년으로 규정하고 있다(지방재정법 82).

2. 구별기준

공법과 사법의 구별기준에 대해서는 많은 학설이 제시되고 있으나 그 어떤 이론이나 학설도 공사법이원체계를 명확히 구별하는 기준을 제시하고 있지는 못하다. 따라서 구별기준으로 제시되는 학설들이 실제로는 별로 중요한 의미를 가지지 못한다. 오히려 실제에 있어서는 여러 구체적인 정황들을 고려하여 공·사법의 적용 여부를 결정하게 된다. 아래에서는 대표적인 학설들을 간략히 소개한다.

(1) 주체설

이 설은 법률관계의 주체 내지 당사자를 기준으로 하여, 그 일방 당사자가 국가 또는 공공단체인 경우에는 공법관계이며, 당사자가 모두 일반사인인 경우에는 사법관계라고 본다.

그러나 이 설에 따르면, 예컨대 국가의 물품구매행위와 같은 국고행위는 국가가 법률관계의 일방 당사자이지만 사법이 적용되는 사법관계이고, 또한 상선의 선장과 같은 사인이 일정한 범위 내에서 경찰권을 행사하는 경우(공무수탁사인)에는 사인간의 법률관계이지만 공법관계로 보는 것과 같은 문제를 설명하지 못하게 된다.

(2) 이익설

이익설은 공익의 실현을 위한 법질서 내지 법관계를 공법관계로, 사익의 실현을 위한 법질서를 사법관계로 파악하는 견해이다.

그러나 이익설은 공익의 개념이 추상적이고 불확정적이어서 이를 토대로 공·사법을 구별하기 어렵다는 비판을 받고 있다. 아울러 이 설은 많은 행정법규들이 공익과 사익을 함께 보호하고 있는 점을 간과하고 있다. 예를 들어 관련 법규에서 용도지역제에 따라 주거지역을 지정하면서 주거와 친숙한 일부 건축물만 건축이 가능하도록 규정하는 것은 건축질서라는 공익뿐 아니라 주거지역 주민의 생활권이라는 사익도 보호하고자 하는 것이다.

(3) 복종설(종속설, 지배설, 성질설 등)

이 설은 전통적으로 사법관계는 대등한 지위를 갖는 사인간의 수평적인 법률관계임에 반해서, 공법관계는 행정주체 의사의 우월성을 바탕으로 하는 행정주체와 객체간의 수직적인 불평등 종속관계라고 본다.

이 설은 행정작용이 경찰·조세 등의 권력적인 작용에 한정되어 있던 시대에는 통설이었으나, 급부행정과 같은 비권력적 행위형식이 증대되고 있는 오늘날의 실정에는 맞지 않는다. 특히 공법상의 계약의 경우에는 대등관계이지만 공법관계인 점, 친자관계는 지배복종관계이지만 사법관계인 점을 설명하기 어렵다.

(4) 귀속설(신주체설, 특별법설)

귀속설은 법규범의 귀속주체가 누구인가에 따라 공법과 사법체계를 구별하려는 견해이다. 즉 권리의무의 귀속주체가 국가 또는 공공단체 등 공권력 담당자인 경우에는 공법관계이고, 공권력의 주체뿐 아니라 모든 권리의무의 주체인 경우에는 사법관계로 본다. 이러한 의미에서 사법은 만인(萬人)에 대한 것으로서 일반법이고, 공법은 그 귀속주체가 한정되어 있다는 점에서 사법에 대한 특별법의 체계라는 것이다. 이 점에서 이 설을 특별법설이라고도 부른다. 이 설은 종래 주체설의 단점을 보완하였다는 점에서 수정주체설이라고 부른다.

이 설은 공권력주체에 관한 법을 공법으로 보게 됨으로써 국고행위를 공법관계에서 배제하게 되고, 또한 공법상의 계약이나 공무수탁사인의 행위를 공법관계에 포섭할 수 있게 되는 장점이 있다. 그러나 귀속설도 지나치게 형식논리적이며 공사법의 구별에 있어서 실체적인 기준을 제시하지 못하고 있다는 비판이 가해진다.

(5) 결어

위에서 언급한 공사법구별기준 외에도 중요설(국가공동체의 중요사항), 관리자설(공익의 관리자), 관할권설(국가행위의 관할권) 등 다수의 학설과 이론이 제기되고 있으나 어느 하나의 기준으로 명확하게 공법과 사법을 구별한다는 것은 어렵다.

실제로 이론적인 기준에 의하여 공사법을 구별하는 것은 실제적 의의가 그리 큰 것은 아니다. 왜냐하면 공사법의 체계는 이론적인 측면보다 각국의 역사적·현실적 여건을 반영하여 제도화되는 것이기 때문이다. 실제에 있어서도 어떤 법규범의 공·사법적인 성질은 일반적으로 거의 문제되지 않는다. 즉, 권리구제방법을 결정함에 있어서도, 문제는 관련법규의 법적 성격이 공법인가, 사법인가 하는 것이 문제되는 것이 아니라, 오히려 구체적 사안이 어떤 법영역에 귀속되어야 하는가가 문제되는 것이 대부분이다. 따라서 공·사법을 구별하는 문제는 실제로는 법적 성질결정(Qualifikationsproblem)의 문제가 아니라, 귀속의 문제(Zuordnungsproblem)라 할 수 있다.

그러므로 결론적으로는 위에서 언급한 학설 중에서 '공익', '국가', '공권력' 등 모든 실체적인 요소를 종합적으로 고려하면서 관련된 법규범과 법률관계를 검토하여 개별적으로 문제된 구체적인 사안에 적용할 법영역을 정할 수밖에 없을 것이다.

3. 공법과 사법의 실질적 구별기준

우리나라에서는 원칙적으로 공사법의 이원적 체계를 형성하고 있으나 실정법에 의하여 실질적으로 다음과 같은 기준에 의하여 공사법의 체계가 구별된다고 볼 수 있다.

첫째, 행정상 법률관계에서 사인에게는 인정되지 않는 우월한 지위가 인정되는 경우이다. 대표적인 것으로 법령등[3]에 의하여 부과된 의무의 불이행에 대한 행정강제나 행정벌을 규정하고 있는 경우이다.

둘째, 행정주체에게 공권력행사의 근거가 되는 관할권을 창설하는 규범으로서 조직규범, 행정작용규범 등이 존재하는 경우이다. 예컨대 국가나 공공단체 등의 공법상의 조직형태를 규정하고 있거나, 허가·인가·승인·과태료부과 등을 규정하고 있는 경우이다.

셋째, 국가 공권력행사에 대하여 국가배상이나 손실보상 등을 규정하는 경우도 공법체계의 징표가 된다.

넷째, 행정상 법률관계에서의 다툼에 대하여 행정쟁송을 제기할 수 있도록 규정하고 있는 경우도 공법관계에 해당한다고 볼 수 있다.

4. 관련 판례

판례도 여러 견해와 법규정, 구체적인 법률관계 등을 고려하여 종합적으로 판단하고 있다.

<공법관계로 본 판례>

공립유치원 전임강사의 근무관계(대판 1991.5.10, 90다10766)·국가나 지방자치단체에 근무하는 청원경찰의 근무관계(대판 1993.7.13, 92다47564)·행정재산의 사용·수익에 대한 허가(대판 1998.2.27, 97누1105)·국유재산법상 국유재산 무단점유자에 대한 변상금부과(대판 2014.7.16, 2011다76402 전원합의체), 총포화약법상 총포·화약안전기술협회(공법상 재단)의 회비 부과(대판 2021.12.30, 2018다241458)·국가철도공단이 철도시설 건설사업 부지의 취득에 관한 계약 체결과 이에 따른 권리를 행사할 권한(대판 2022.11.10, 2022다242250)

<사법관계로 본 판례>

종합유선방송위원회 소속 직원의 근로관계(대판 2001.12.24, 2001다54038)·전화가입계약의 해지(대판 1982. 12.28, 82누441)·지방자치단체가 당사자가 되어 체결하는 계약(대판 1996.12.20, 96누14708)·(구) 예산회계법[4]에 따른 입찰보증금의 국고귀속(대판 1983.12.27, 81누366)·국유잡종재산[5] 대부행위(=사법상 계약) 및 그 대부료 납부고지(=사법상 이행청구) (대판 2000.2.11, 99다61675)·징발재산환매(대판 1992.4.24, 92다4673)

그 밖에도 판례는 국가배상법상의 손해배상청구(대판 1972.10.10, 69다701), 조세부과처분의 무

3) '법령등'이란 법률, 법규명령, 자치법규(조례·규칙)를 모두 포함하여 부르는 말이다(행정기본법 2 1호).
4) 2007.1.1. 폐지
5) 법개정으로 일반재산으로 명칭 변경(국유재산법 6 ③).

효를 이유로 한 부당이득반환청구(대판 1995.4.28, 94다55019)의 법률관계를 사법관계로 보아 민사소송절차에 의하여야 한다고 보고 있다. 그러나 2013.3.20. 입법예고된 행정소송법 개정안에서는 성질상 행정소송이지만 편의상 민사소송으로 다루어지던 행정상 손해배상·부당이득반환 등 공법상 원인으로 발생하는 법률관계에 관한 소송을 행정소송의 대상으로 명시하고 있다.

Ⅲ. 국내법

행정은 행정에 관한 국내공법이라는 점에서 국제법과 구별된다. 그러나 헌법 제6조 제1항은 "헌법에 의해 체결·공포된 조약과 일반적으로 승인된 국제법규는 국내법과 같은 효력을 가진다." 라고 하고 있으므로, 이 범위 내에서 행정에 관한 국제법은 행정법의 일부를 구성하게 된다.

제 2 절 행정법의 성립과 발전

행정법은 근대에 들어 행정도 법의 지배를 받아야 한다는 근대적 법치국가가 탄생하면서 성립하게 되었다. ① 근대적 법치국가의 법률의 지배원칙에 따라 행정도 법에 의거하여서만 행할 수 있게 되면서, ② 행정을 규율하는 법의 정립이 필요하게 된 것이 행정법 성립의 원인이 되었다.

영·미의 '법의 지배(rule of law)'원칙은 국가를 포함한 모든 이는 보통법(common law)이라 불리는 판례법의 지배를 받는다는 것이므로, 이에 따라 국가의 행정활동에 대한 특별한 법이 따로 성립하지 않았다.

반면 유럽의 대륙국가들은 '행정에 특수한 법체계'와 '행정재판소제도' 등의 '행정제도'를 가지고 있었는데, 이러한 행정제도가 행정법 성립의 직접적인 요인이 되었다. 이러한 행정제도는 사법권에 대항하여 행정권을 보장하려는 취지에서 비롯된 것이다. 프랑스에서 행정재판제도가 도입된 것도 사법의 간섭으로부터 벗어나고자 한 것이었다.

이와 같이 행정부에 독립한 행정재판제도가 있는 국가를 행정제도국가라 하고, 행정재판이 사법부로 일원화되어 있는 국가를 사법제도국가라 한다.

Ⅰ. 프랑스의 행정법

행정제도가 가장 일찍 발전한 나라는 프랑스이다. 프랑스 행정제도는 사법권으로부터의 행정권의 독립을 의미하는 것이다. 프랑스의 사법재판소(parlement)는 세습적 지위를 가지는 법관들로 구성되어 있었는데, 사법재판소의 특권적 지위를 유지하기 위하여 행정과 대립·반목이 심하였고,

이에 왕실에서는 국왕고문회의를 설치하게 되었다. 이를 통해 사법재판소의 국왕의 행정활동에 관한 관여를 배제하게 되었다.

1799년에는 행정권의 자문기관으로서 국참사원(Conseil d' Etat)과 도참사원(Conseil de prèfecture)을 설치하였고, 1872년 이후 국참사원은 행정사건에 대한 재판권을 행사하게 되었다. 1872년에는 국참사원과 최고사법재판소와의 관할분쟁해결을 위한 관할재판소를 설치하였는데, 1873년 관할재판소의 블랑꼬판결[6]은 프랑스행정법에 매우 중요한 의미를 가진다. 이 판결에서 관할재판소는 담배의 공급업무는 사기업의 활동과 유사한 성격이 있는 것을 부인할 수 없으나 그것은 재정조직을 구성하는 다른 역무와 마찬가지로 공역무(service public)이고, 그의 관리에 있어서 국가는 공권력을 가지고 행동한다고 밝힘으로써 공역무도 국참사원의 관할임을 분명히 하였다.

요컨대 프랑스행정법은 기본적으로 국참사원의 판례를 통하여 정립·발전되었다. 프랑스행정법의 기본관념은 '공역무'이다.

Ⅱ. 독일의 행정법

독일은 19세기에 이르러서 법치주의의 기본구도가 자리잡아감에 따라 행정법이론도 발전하게 되었다. 이 시기에 독일행정법의 아버지로 불리는 오토 마이어(Otto Mayer)는 행정행위론을 중심으로 하여 19세기의 자유주의적 법치주의의 행정법이론을 집대성하였다. 독일은 전통적으로 국가권력과 이에 복종하는 국민과의 지배복종관계를 중심으로 행정법이 성립·발전하였다. 이는 행정권의 우월적 지위가 강조되면서, 다른 한편으로 이에 대한 국민의 자유와 권리의 구제수단을 강구하는 것이었다. 내용적으로는 전통적인 국고이론의 영향아래 국가의 사경제주체로서의 작용을 의미하는 국고작용은 사법(私法)이 적용되고 행정주체의 공권력행사작용인 권력작용에는 공법이 적용되는 것으로 이해하였다. 독일 행정법의 중심개념은 행정행위이다. 그러나 현대에 와서는 권력작용 외에도 비권력작용인 급부행정이나 관리행정과 같은 단순공행정도 중요한 행정법의 한 분야를 형성하고 있다.

독일도 프랑스와 마찬가지로 행정재판제도를 가지고 있었다. 독일의 행정재판소들은 19세기 후반부터 각 주 행정부에 설치되었으며, 제2차 세계대전 이후 현재의 기본법체제에 들어와서부터는 모든 재판소는 사법부로 통일되었다. 독일의 경우 헌법재판소 아래 5개 전문분야의 연방대법원(연방일반대법원, 연방노동재판소, 연방사회재판소, 연방재정재판소, 연방행정재판소)이 있는데, 행정재판

6) Blanco라는 소녀가 보르도 담배공장 근로자의 담배운반차에 치어 부상하자, 부친이 보르도 민사재판소에 손해배상청구 소송을 제기하였다. 그러자 도지사는 관할위반을 항변하였고, 이에 재판소는 이를 각하하면서 관할분쟁이 문제되었다. 관할재판소는 판결에서 '공역무(公役務)'에 관하여 생기는 국가와 국민간의 관계는 민법에 의해 규율되는 것이 아니라고 판결하였다. 이 판결은 행정법의 기초로 제시되었고, 공역무개념을 중심으로 행정법의 범위, 행정재판소의 관할권결정 등의 이론적 기준을 확립하게 되었다.

과 관련하여 대법원 차원에서도 전문적인 행정재판소가 설치·운영되고 있다는 점이 우리나라와 크게 다르다.

Ⅲ. 영·미의 행정법

국가와 국민관계도 사인 상호간의 관계와 동일하게 원칙적으로 보통법(common law)이 지배하고 그 다툼도 보통재판소가 재판하는 법의 지배(rule of law) 원칙이 적용되어, 국가작용에 대한 특수한 법의 발달이 없었다.

따라서 행정의 독자성을 바탕으로 행정법체계가 성립되었던 대륙법계와는 달리 영미의 행정법 발전은 20세기에 비로소 본격화되었다. 그 발전의 계기는 가속화되는 행정국가화 현상과 이에 따르는 수많은 행정법규의 탄생이라고 할 수 있다. 즉 근대에 들어 행정분야의 전문적·기술적 문제를 해결하기 위하여 독립규제위원회를 비롯한 각종 행정위원회가 설치되었는데, 행정위원회는 행정권한 뿐 아니라, 경우에 따라서는 준사법적·준입법적 권한까지 가지기도 하였다. 이와 같은 행정위원회의 활동을 중심으로 이와 관련된 법들이 제정되면서 행정법이 성립·발달하게 되었다. 하지만 영미법계는 기본적으로 보통법 국가라는 점에서 특수한 행정제도를 갖고 있는 대륙법체계와는 많은 점에서 차이가 있다는 것을 부인하기는 어려울 것이다.

제 3 절 법치행정의 원리

Ⅰ. 개설

행정법은 헌법구체화법으로서 행정법의 원리 또한 헌법으로부터 도출되는 것이다. 법치행정의 원리는 헌법의 법치주의원리가 행정법으로 구체화된 것이다.

법치주의는 모든 국가작용은 법에 의거해서 행하여져야 한다는 원리로서 인권보장을 그 목적으로 한다. 법치행정은 헌법상 원리인 법치주의의 행정법적 표현으로서, 행정이 헌법과 법률을 포함하는 의미에서의 법에 의해 이루어져야 한다는 것을 의미한다. 법치행정은 기본권보장을 목적으로 하는 것으로서 권력분립사상을 그 조직원리로 한다. 법치행정이 이루어지기 위해서는 절차적 보장으로서 법원에 의한 권리구제제도, 즉 행정재판제도의 확립이 요구된다. 법치행정은 아래에서 보는 바와 같이 '법률의 우위', '법률의 유보'를 핵심적인 요소로 한다.

하지만 이 법치행정의 원리는 국가에 따라 그 내용을 달리하면서 형성·발전되어 왔는데, 크게는 이를 ① 독일을 중심으로 하는 행정의 법률적합성의 원리(Gesetzmäßigkeitsprinzip der Verwaltung)와

② 영미법계의 법의 지배(rule of law)로 대별할 수 있다.

Ⅱ. 독일 등의 법치행정의 원리

1. 근대적 법치행정의 등장

유럽의 17세기와 18세기의 절대주의국가는 절대권력을 장악한 절대군주의 '사람에 의한 지배' 형식을 특징으로 한다. 절대군주제가 붕괴되면서 점차 근대적 시민국가가 형성되기는 하였지만, 군주는 여전히 막강한 권력을 소유하고 있었기 때문에, 군주로 대표되는 국가와 시민사회가 서로 이원적으로 구분되어 대립되었다. 그러나 19세기에 이르러 부상하는 시민계급은 그들의 경제활동의 결과로 축적한 재산권을 수호하고 자유로운 시민으로서의 활동을 보장받기 위하여 시민의 대표로 구성된 의회를 통해 법률을 제정하고 그 법률로써 행정을 규제하려 함으로써 시민들의 권익을 보호하려 하였다. 이로써 '사람에 의한 지배'가 의회가 정립한 '법률에 의한 지배(Herrschaft des Gesetzes)'로 변모된 근대적인 법치행정이 등장하게 된 것이다.

2. 법치행정의 원리

법치행정의 원리는 국가의 행정활동은 의회가 정립한 법률에 의거하고 행해지며 법률에 위배될 수 없다는 '법률에 의한 행정'의 원리를 의미하는 것으로, 이는 '행정의 법률적합성(Gesetzmäßigkeit der Verwaltung)의 원칙'으로 구체화된다. 이 원칙은 19세기 시민적·자유주의적 법치국가 시대의 산물로서 오토 마이어(Otto Mayer)에 의하여 체계화된 것이다. 구체적으로는 다음의 3개 원칙을 그 내용으로 한다.

(1) 법률의 법규창조력(rechtssatzschaffende Kraft des Gesetzes)

법률의 법규창조력이란 국민의 대표기관인 의회만이 국민의 권리의무관계를 규율하는 형식적 의미의 법률을 창조할 수 있다는 것이다. 즉 국민의 대표기관인 의회가 만든 법률이라는 국가최고의 의사만이 국민의 권리의무관계를 규율하는 법규를 창조할 수 있다는 것이다. 오늘날 '입법권은 국회에 속한다는 것(헌법 40)'과 '법규명령은 입법권의 수권(授權)에 의해서만 가능하다는 것(헌법 75, 95)'도 법률의 법규창조력에 의한 것이다.

(2) 법률의 우위(Vorrang des Gesetzes)

법률의 우위는 법률로 표현되는 국가의사는 법적으로 다른 모든 국가작용보다 상위에 있으므로 법률이 행정이나 사법보다 우위에 있다는 것을 의미한다. 따라서 행정은 법률에 저촉(위반)될 수 없다는 것이다. 여기에서의 법률은 국회가 제정한 형식적 의미의 법률을 말하나 일반적으로 법률의 위임을 받은 법규명령과 조례 등 자치법규를 포함하는 법규범을 의미한다. 법률의 우위원칙은 후술하는 법률유보원칙과는 달리 '모든 행정작용'이 법률에 적합하여야 함을 요구한다.

(3) 법률의 유보(Vorbehalt des Gesetzes)

법률의 유보란 행정권의 발동에 개별적인 법률의 근거 또는 법률의 수권을 요한다는 원칙이다. 이와 같이 국가의 행정작용에 법률의 근거를 요구하는 이유는 국가의 행정작용은 국민의 대표로서의 입법적 의사에 종속하는 것이기 때문이다. 법률유보의 원칙의 이론적 근거는 더 구체적으로 민주주의의 원리, 법치국가원리 그리고 국민의 기본권보호라는 헌법적 근거에 의하여 뒷받침되고 있다.

법률유보의 원칙과 법률우위의 원칙은 법치행정의 원리를 구성하는 중요한 원칙이면서도 다음과 같은 차이가 있다. 즉 법률우위의 원칙은 소극적으로 성문법 위반행위를 금하는 것인데 반하여, 법률유보의 원칙은 행정작용을 함에 있어 적극적으로 이에 대한 법적 근거를 요구하는 것이다. 또한 법률우위의 원칙은 국가의 '모든 행정작용'을 대상으로 적용되는 반면, 법률유보의 원칙은 반드시 모든 행정작용에 요구되는 것은 아니다. 이 때문에 법률유보의 그 적용범위에 대해서는 후술하는 바와 같이 여러 견해가 나뉜다.

3. 형식적 법치주의

(1) 형식적 법치주의

원래 법치국가는 국민의 인권보장이라는 목적을 위한 수단으로서 행정도 법률에 구속되도록 하는 것이었다. 그러나 19세기적 법치주의는 행정작용이 의회가 제정한 법률에 적합하여야 한다는 소위 의회동의 형식으로서의 법률에 중점을 두었을 뿐 법률의 내용이 헌법원리나 국민의 실질적인 권리보장을 지향하는가 등은 문제 삼지 않았다. 이에 따라 독일의 법치국가는 19세기말에 이르러서는 '국가목적실현수단'으로 이해되어, 단순히 법률에 의한 행정 및 그 보장제도로서의 행정재판제도만이 법치국가관념의 내용을 형성하고 있었다. 이러한 의미에서 19세기의 시민적·자유주의적 법치주의를 형식적 법치주의라 부른다.

형식적 법치주의는 입헌주의의 원리에 입각하고는 있지만 법치의 '형식'만이 문제되었던 이른바 외견적 입헌군주제(外見的 立憲君主制)하의 산물로, 국가목적실현의 형식·절차만을 문제 삼았을 뿐, 실질적으로는 법치행정의 본질적 목적인 국민의 자유·권리보장과는 거리가 멀었다. 이 시대에는 행정재판의 소송사항도 열기주의(列記主義) 방식을 취하고 있었다.

(2) 형식적 법치주의 하에서의 법치행정의 특징

형식적 법치주의 하에서는 법치행정의 원리가 대폭 제한되었다.

법률의 법규창조력은 사실상 대폭 제한을 받았다. 즉 군주의 독립명령권, 긴급명령권 등이 인정되어 군주는 의회로부터 독립하여 법규의 정립이 가능했다. 그 밖에도 행정권에의 포괄적인 입법권 수권 내지 일반조항[7]에 의한 광범한 재량권 부여 등이 인정되었다.

법률의 우위의 경우에도 비상조치(바이마르헌법 48)나 긴급칙령에는 적용되지 않았다.

법률의 유보도 그 적용범위가 매우 제한적이어서 단지 국민의 자유권·재산권에 대한 제한 내지 침해의 경우에만 법률의 근거를 요했다. 그 결과 이를 제외한 나머지, 예컨대 행정조직이나 공무원의 근무관계 등을 포함한 광범한 행정작용들은 법치행정의 원리로부터 그 적용이 배제되었다.

4. 실질적 법치주의로의 전환

제2차 세계대전 이후 종래 형식적 법치주의에 대한 비판과 반성이 있었고, 이에 따라 '실질적 인권보장'을 위하여, 예컨대 헌법에 상당히 포괄적인 기본권을 규정한다든지, 법률의 합헌성보장제도로서 헌법재판제도를 도입한다든지, 행정재판소를 사법기구화하는 등 실질적인 법치주의로의 전환 노력이 있었다.

(1) 법치행정원리의 적용 확대

과거 형식적 법치주의에서는 행정조직 내지 공무원 근무관계에 법치행정원리가 적용되지 않았으나, 오늘날에는 행정각부의 설치·조직과 직무범위는 법률로 정한다는 행정조직법정주의가 확립되어 있고(헌법 96), 또한 공무원의 근무관계나 영조물의 이용관계는 종래 특별권력관계로서 특별권력주체에 포괄적인 지배권이 부여되어 개별적 법률의 근거 없이도 일방적으로 강제·명령이 가능하다고 보았으나, 오늘날에는 그 이론적 근거가 부인됨에 따라 원칙적으로 법치행정의 원리가 적용된다고 보는 것이 일반적이다.

(2) 법률의 법규창조력의 강화

과거 형식적 법치주의에서는 행정권의 독립명령권, 긴급명령권을 인정하여 독자적인 법규창조력을 인정하였으나, 오늘날에는 독립명령권은 부인되고 있고, 긴급명령권은 예외적으로만 인정되고 있다(헌법 76).

그리고 행정권이 정립하는 법규명령과 같은 행정입법은 원칙적으로 법률의 구체적 수권이 있

7) 일반조항(Generalklausel): 법률의 규정이 매우 추상적이고 일반적인 내용만을 규정하고 있는 것을 의미한다. 일반적으로 일반조항에 의하여 행정청은 법률을 집행함에 있어 더 넓은 재량을 가질 수 있게 된다.

는 경우에만 인정되고, 이 경우에도 입법권의 위임은 그 내용과 범위 등을 구체적으로 정하여 위임하여야 한다(헌법 75). 따라서 포괄적인 입법권의 수권이나 백지수권은 위임의 한계를 벗어난 것으로서 위헌·위법이 된다. 이를 통하여 법규창조력은 원칙적으로 입법권에 있다는 원칙이 보다 강화되었다.

그러나 그럼에도 불구하고 법규개념의 변화, 행정입법의 양적 증가 등으로 오늘날 법률의 법규창조력의 의미가 많이 퇴색되고 있는 것이 사실이다. 즉 19세기의 자유주의적 법치국가에서는 법규가 '국민의 자유와 권리에 관계되는 사항을 일반적으로 규율하는 법형식'을 의미하였으므로, 법률만이 법규를 창조한다는 것이 의미가 있었으나, 오늘날에는 법규의 범위가 법률뿐 아니라 행정입법 등으로 확대됨에 따라[8] 국회의 형식적 의미의 법률만이 법규로서의 효력을 갖는다는 이론은 더 이상 설득력을 갖기 어렵게 된 측면이 있다. 이러한 이유에서 '법률의 법규창조력'은 '법률의 유보'나 '법률의 우위' 개념에 충분히 포함될 수 있는 것으로 보아, 오늘날에는 법치행정의 원리로 '법률의 우위'와 '법률의 유보'만을 드는 것이 일반적이다.

(3) 합헌적 법률의 우위

과거 형식적 법치주의에서는 법률의 형식만을 문제 삼은 결과, 실제로는 위헌적인 법률의 우위가 용인될 수도 있었다. 그러나 오늘날의 자유민주주주의적 법치국가에서는 헌법에 대한 법률의 합헌성 여부를 심사하는 위헌법률심사제도[9]를 도입하여 합헌적 법률의 우위가 보장되게 되었는데, 이와 같은 제도적인 노력도 실질적 법치주의를 실현하고자 하는 의지라고 할 수 있다.

(4) 법률유보 범위의 확대

형식적 법치주의에서는 법률의 유보의 적용범위가 단지 국민의 자유와 재산에 대한 침해의 경우에로만 한정되었었는데, 오늘날 개인의 법적 지위의 강화·행정작용의 양적·질적 확대 등과 더불어 법률의 근거를 요구하는 범위가 점차 확대되었다. 그러나 구체적으로 어떠한 행정작용에 대하여 어떠한 경우에 법적 근거를 요하는가에 관하여는 여러 학설이 나뉘고 있다.

1) 전통적 침해유보설

침해유보설은 행정작용 중 국민의 자유와 권리를 제한 또는 침해하거나 새로운 의무를 부과하는 침익적 행정작용은 반드시 법률에 근거하여야 한다는 이론으로 과거 독일과 일본의 통설이었다.

---

8) 법규와 법규범 개념: 일반적으로 법규(Rechtssatz)는 내부법(예: 행정규칙)과 외부법(예: 법률)을 모두 포함하는 개념이고, 법규범(Rechtsnorm)은 대외적 구속력 있는 외부법만을 의미한다. 이에 관한 상세는 아래 '행정법의 법원' 참조.

9) 위헌법률의 심사방법: ① 헌법 제107조 - 구체적 규범통제, ② 헌법재판소법(헌재법) 제68조 제2항 - 헌법소원형 위헌심판제청(당해 소송에서 위헌심판신청이 기각된 경우).

그러나 국민의 권익침해가 아닌 다른 행정영역, 특히 수익적 행정작용이나 특별권력관계에는 별도의 법적 근거를 요하지 않게 되어 행정의 독자적 활동을 인정하게 된다.[10] 이에 따라, 예컨대 국가의 보조금지급과 같은 수익적 행정작용은 법률의 근거 없이도 행정의 독자적 판단에 따라 행할 수 있게 된다. 그런데 이와 같은 보조금의 지급행위를 포함한 수익적 행정영역은 경제적 상황에 따라 급부의 가능성이나 범위 등이 달라질 수 있어 여기에 법적 근거를 요구하는 것이 법률개정의 어려움 등을 고려하면 오히려 국민에게 불리한 결과를 초래할 수도 있다는 점(이른바 급부의 탄력성 보장)에서 침해유보가 타당할 수도 있지만, 반대로 '급부의 형평성 보장'이라는 관점에서 보면 법적 근거가 없는 경우 상당한 문제가 야기될 수도 있다.

요컨대 침해유보설은 19세기 외견적 입헌군주제 하의 독일의 역사적 상황, 즉 국가·사회이원론이 팽배하고, 기본권을 국가의 권리침해에 대한 단순한 방어권으로 인식하던 상황에서 의의를 갖는 것이었다. 하지만 오늘날과 같은 질서행정 이외의 급부행정·계획행정 등의 비중이 날로 증가하는 현대국가에서는 이와 같은 행정작용에 대하여서도 법적 근거를 요구하는 것이 점차 일반화되고 있는 실정을 감안할 때, 침해유보설로만 이와 같은 문제를 해결하기 어렵게 되었다.

그러나 그럼에도 침해유보설이 여전히 중요한 의미를 가지는 것은, 법률유보에 관한 여하한 논란이 있더라도, 침익적 행정작용에는 법적 근거가 요구된다는 침해유보가 법률유보의 최하한이 된다는 점이다.

2) 권력행정유보설

권력행정유보설은 국민의 권리·의무를 결정하는 모든 권력적 행정작용은 침익적인 것이든 수익적인 것이든 구별 없이 법률에 근거하여야 한다는 학설이다. 이 설은 행정의 우월적 지위는 국민대표로서의 의회의 법률에 의한 수권이 있기 때문에 가능한 것이므로 모든 공권력행사에는 법적 근거가 있어야 한다는 점을 논거로 하고 있다.

3) 급부행정유보설

급부행정유보설은 침해행정 뿐 아니라 급부행정영역도 법률유보의 원칙이 적용되어야 한다는 학설이다. 이 설은 오늘날의 급부국가에서 국가의 공정한 급부나 배려의 확보가 중요하므로 이에 대해서도 법률의 근거가 요구된다는 점을 논거로 들고 있다. 학자에 따라서는, 특히 각종 사회보장연금청구권 등을 포함하는 사회보장행정영역에서 법적 근거가 필요한 것을 사회적 유보설이라 하여 급부행정유보설과 구분하기도 한다.

그러나 이 설에 대해서는 급변하는 경제적 동향에 좌우될 수 있는 급부행정영역에서는 급부의 탄력성을 확보하는 것도 중요한데, 그러려면 이 영역의 모든 국가작용에 법적 근거를 요구하기

---

10) 그런데 오센뷜(Ossenbühl)은 이 가운데 '특별권력관계'에는 법적 근거가 필요하다고 한다. 이를 혹자는 침해유보설과 구별하여 '新침해유보설'이라 부르기도 한다.

힘들다는 비판이 제기되기도 한다. 예를 들면, 필요한 급부를 제공하고자 하여도 법이 정한 바에 따라서만 급부를 제공할 수밖에 없는 경우도 있겠고, 국가의 재정상황에 따라 급부를 제공하기 어렵더라도 법이 정한 바에 따라 급부를 하여야 하는 경우도 발생할 수 있을 것이다. 반면에 급부의 형평성이라는 관점에서 보면 법적 근거가 필요하다고 보는 것이 합리적일 것이다. 예컨대 국민에게 어느 경우에 연금청구권이 발생하는가 하는 문제는 모든 국민들에 대하여 법에서 일정한 요건을 정해놓아야 형평성에 시비가 없게 될 것이다. 이와 같이 급부행정영역은 급부의 탄력성이 보다 중요한 경우, 급부의 형평성이 보다 중요한 경우 등 다양한 경우가 있을 수 있다는 점에서 법률유보가 필수적이라고 하기는 어려울 것 같다. 따라서 이 영역에서의 법률유보의 문제는 관련된 여러 가지 정황을 고려해서 개별적으로 판단하여야 할 것이다.

4) 전부유보설

전부유보설은 국가의 모든 행정작용에 법적 근거를 요구하는 이론이다. 전부유보설의 이론적 근거는 역사적으로 군주제가 폐지되고 법치주의원칙이 뿌리내림에 따라서 행정부에 대한 의회의 절대적 우위가 국가의 모든 행정작용에 법적 근거를 요구한다는 데서 찾고 있다. 또한 현대 국가에서 개인이 누리는 자유의 개념이 변화된 것도 전부유보설의 이론적 근거로 제시되고 있다.

그러나 행정의 양적 범위나 다양성을 고려하면, 모든 행정작용에 법적 근거를 마련한다는 것은 실제로는 불가능한 일이다. 또한 입법부뿐 아니라 행정부도 고유한 민주적 정당성을 갖고 있기 때문에 전부유보설은 모든 행정은 법률에 근거해야만 한다고 하게 되어 행정의 입법에 대한 기속을 넘어서는 전면적 종속을 의미하게 된다는 비판이 제기되기도 한다.

5) 본질성이론(Wesentlichkeitstheorie, 중요사항유보설)

본질성이론은 국가의 행정작용 중에서 공익의 실현이나 국민의 기본권과 관련하여 중요하고도 본질적인 사항은 반드시 법적 근거가 요구된다는 것으로서 이를 중요사항유보설이라고도 한다. 본질성이론은 독일 연방헌법재판소의 판례를 통해 확립된 이론이다.[11)]

본질성이론에 따르면 특정한 행정작용이 공익에 심대한 영향을 미치거나, 혹은 국가사회공동체 내에서 갈등의 소지가 많은 문제이거나, 개인의 기본권실현을 위하여 중대하고 본질적인 사안일수록 의회가 직접 제정한 형식적 의미의 법률적 근거가 요구된다. 이와 같이 중요하고 본질적인 사항으로서 이를 법규명령에 위임할 수 없는 사항은 반드시 법률에서 이를 규율하여야 한다는 것을 의회유보(Parlamentsvorbehalt)라고 부른다.

무엇이 '본질적'인 것인가 하는 것은 당해 사항에 대해 법률이 가지는 의미·효과·중요성, 기본

11) 재소자결정(BVerfGE 33, 1ff.) 이래, 원자력발전소결정(BVerfGE 49, 89ff.), 교육법상의 학생의 기본권실현과 관련된 결정(예컨대 BVerfGE 34, 165(192ff.); 41, 251(259ff.); 45, 400(417ff.); 47, 46(78ff.); 58, 257(264ff.)) 참조.

권관련성 등에 따라 판단하여야 할 것인데, 이에 대해서는 '본질적'인 것과 '비본질적'인 것에 대한 구체적 기준이 불명확하다는 비판이 제기되기도 한다. 그러나 이러한 비판에도 불구하고 본질성이론은 법률유보의 필요성을 기본권 실현과 결부하여 판단한다는 중요한 기준을 제공하고 있다는 점에서 그 의의가 매우 크다고 할 수 있다. 헌법재판소와 대법원도 본질성이론을 받아들이고 있다.

[판례] 헌법상 법치주의의 핵심적 내용인 법률유보원칙에 내포된 의회유보원칙에서 어떠한 사안이 국회가 형식적 법률로 스스로 규정하여야 하는 본질적 사항에 해당하는지 결정하는 방법 / 국민의 권리·의무에 관한 기본적이고 본질적인 사항 및 헌법상 보장된 국민의 자유나 권리를 제한할 때 그 제한의 본질적인 사항에 관하여 국회가 법률로써 스스로 규율하여야 하는지 여부(적극)

"헌법상 법치주의는 법률유보원칙, 즉 행정작용에는 국회가 제정한 형식적 법률의 근거가 요청된다는 원칙을 핵심적 내용으로 한다. 나아가 오늘날의 법률유보원칙은 단순히 행정작용이 법률에 근거를 두기만 하면 충분한 것이 아니라, 국가공동체와 그 구성원에게 기본적이고도 중요한 의미를 갖는 영역, 특히 국민의 기본권 실현에 관련된 영역에 있어서는 행정에 맡길 것이 아니고 국민의 대표자인 입법자 스스로 그 본질적 사항에 대하여 결정하여야 한다는 요구, 즉 의회유보원칙까지 내포하는 것으로 이해되고 있다. 여기서 어떠한 사안이 국회가 형식적 법률로 스스로 규정하여야 하는 본질적 사항에 해당되는지는, 구체적 사례에서 관련된 이익 내지 가치의 중요성, 규제 또는 침해의 정도와 방법 등을 고려하여 개별적으로 결정하여야 하지만, 규율대상이 국민의 기본권과 관련한 중요성을 가질수록 그리고 그에 관한 공개적 토론의 필요성 또는 상충하는 이익 사이의 조정 필요성이 클수록, 그것이 국회의 법률에 의하여 직접 규율될 필요성은 더 증대된다. 따라서 국민의 권리·의무에 관한 기본적이고 본질적인 사항은 국회가 정하여야 하고, 헌법상 보장된 국민의 자유나 권리를 제한할 때에는 적어도 그 제한의 본질적인 사항에 관하여 국회가 법률로써 스스로 규율하여야 한다(대판 2020.9.3, 2016두32992 전원합의체[법외노조통보처분취소])."

[판례] 직업안정법 제33조 등 위헌소원

"국민의 헌법상 기본권 및 기본의무와 관련된 중요한 사항 내지 본질적인 내용에 대한 정책형성기능은 원칙적으로 주권자인 국민에 의하여 선출된 대표자들로 구성되는 입법부가 담당하여 법률의 형식으로 이를 수행하여야 하고, 이와 같이 입법화된 정책을 집행하거나 적용함을 임무로 하는 행정부나 사법부에 그 기능을 넘겨서는 아니 된다(헌재결 1998.11.26, 97헌바31)."

[판례] 토지초과이득세법에 대한 위헌소원

"토초세법상의 기준시가는 국민의 납세의무의 성부 및 범위와 직접적인 관계를 가지고 있는 중요한 사항이므로 이를 하위법규에 백지위임하지 아니하고 그 대강이라도 토초세법 자체에서 직접 규정해 두어야만 함에도 불구하고, 토초세법 제11조 제2항이 그 기준시가를 전적으로 대통령령에 맡겨 두고 있는 것은 헌법상의 조세법률주의 혹은 위임입법의 범위를 구체적으로 정하도록 한 헌법 제75조의 취지에 반하는 것이다(헌재결 1994.7.29, 92헌바49, 52(병합)).”

[관련 판례]

양도소득세와 관련한 소득세법 제23조 제2항, 제23조 제4항 제1호에 대한 위헌소원, 헌재결 1995.11.30, 94헌바40, 95헌바13(병합); TV 수신료 부과와 관련한 한국방송공사법 제35조 등 위헌소원, 헌재결 1999.5.27, 98헌바70.

6) 결어

행정작용에 법적 근거를 요하는가 하는 법률유보의 문제는 위에서 살펴본 여러 가지 학설 중 어느 특정 학설에만 의존해서는 해결할 수 없다. 이는 결론적으로 말하면, 법률유보의 문제는 모든 행정영역에 반드시 적용되어야 하는 것은 아니기 때문에 어떠한 행정작용에 법적인 근거가 필요한가 하는 것은 행정작용의 성질, 구체적 내용, 효과, 기본권과의 관련성 등 여러 사정들을 종합적으로 검토하여 개별적으로 결정할 수밖에 없다는 것을 의미한다.

오늘날 독일 헌법인 기본법은 우리와 달리 생존권적 기본권이나 환경권과 같은 기본권 규정이 없고 자유권적 기본권만 규정하고 있다. 따라서 국가의 행정작용이 개인의 자유권에 대한 침해인가 아닌가 하는 것이 중요하다. 이와 같은 이유에서 독일에서는 침해유보설이 여전히 중요한 의미를 가지고 있다. 그러나 우리나라와 같이 사회권적 기본권을 규정하고 있는 경우에는 법률의 규정을 통하여 이와 같은 기본권이 구체화되는 경우가 많아서 이러한 영역에 대한 법률의 유보가 매우 중요한 의미를 가진다. 따라서 우리나라의 경우에는 침해유보는 법률유보에 대한 최하한이 된다는 점에서는 중요한 의미를 가지나, 침해유보만으로는 법치행정을 실현하기에 부족하다고 할 수 있다.

결론적으로는 국민의 권익보호 차원에서 보면 본질성이론이 타당하나, 앞으로도 무엇이 본질적인가에 대한 기준을 보다 구체화하는 것은 여전히 과제로 남아있다고 할 수 있다.

※ 참고: 행정유보(Verwaltungsvorbehalt)

행정유보는 법률에 근거하지 않아도 되는 일정한 행정의 고유영역을 인정하는 이론이다. 즉, 법률유보 하에서도 법률유보의 사각지대에 남게 되는 영역에 대해서는 행정이 독자적으로 규범적 규율을 할 수 있다는 것을 의미한다. 이 개념에 대해서는 행정권이 독자적 규범제정권을 가지는가, 행정권이 입법권과는 무관하게 독자적으로 판단할 수 있는 영역을 가지는가 등에 관하여 논란이 있다.

Ⅲ. 영·미에서의 법의 지배

영미의 법치주의의 특징은, 독일이 형식적 법치주의를 거쳐 실질적 법치주의로 전환한 것과는 달리 처음부터 실질적 법치주의로 발전하여 왔다는 점이다.

영국에서의 법의 지배의 원칙은 자의적 권력의 지배에 대한 정당한 법의 지배를 의미하는 법의 절대적 우위, 행정권도 일반 사인과 같이 보통법에 구속되고 일반법원의 재판을 받는다는 법적 평등원칙, 개인의 권리에 관한 일반법원의 판결의 결과가 인권에 관한 헌법원칙이라는 것으로 실질적 법치주의를 구현하는 것이었다.

미국의 법의 지배는 헌법의 기본권규정과 법원의 위헌법률심사제도를 중심으로 발전되어 왔는데, 미국의 이러한 제도도 영국과 마찬가지로 실질적 법치주의를 구현한 것이었다.

Ⅳ. 행정기본법 규정

행정기본법은 제8조에서 법치행정이라는 행정법의 원리를 행정법의 일반원칙으로서 '법치행정의 원칙'으로 표현하면서, "행정작용은 법률에 위반되어서는 아니 되며, 국민의 권리를 제한하거나 의무를 부과하는 경우와 그 밖에 국민생활에 중요한 영향을 미치는 경우에는 법률에 근거하여야 한다(행정기본법 8)."고 규정하고 있다. 여기에서 전단은 법률우위의 원칙을, 후단은 법률유보원칙을 규정한 것이다.

제 4 절 행정법의 법원

Ⅰ. 법원의 의의

행정법은 행정과 관련된 무수하고도 다양한 법규들로 이루어져 있다. 이들을 분류하여 일정한 질서를 부여하는 것이 '법원론'의 과제이다.

하지만 법원의 개념에 대해서는 이를 일반적으로 '법의 존재형식'으로 이해하고 있으나, 다른 한편 '법의 인식근거'라는 의미로도 파악되기도 한다. 법원을 어떻게 이해할 것인가 하는 문제는 사실상 행정과 관련된 사건을 행정법적으로 인식하고 파악하여 최종적인 법적인 판단을 하는 과정과 매우 밀접한 관련을 가지고 있다. 다시 말해서 행정청의 과세처분이나 건축불허가처분 등을 이해하고 파악하기 위해서는 우선 관련되는 법률이나 법규명령, 조례 등을 검토해보고, 관련 판례나 관습이 존재하는지, 관련 법령등이 헌법에 위배되는지 등을 파악해 보아야 한다. 이와 같이 행정청의 구체적인 법집행행위와 관련하여 이에 관련된 법의 존재형식, 또는 이와 같은 행위를 법적으로 이해하고 파악하기 위한 인식의 근거를 법원이라 한다. 이렇게 이해할 때, 법의 존재형식인가 법의 인식근거인가 하는 문제는 법원의 개념을 논하는데 아무런 차이가 없다.

이와 같이 법원을 법의 존재형식 또는 법의 인식근거라고 할 때, 여기서 '법'은 무엇을 의미하는가 하는 것이 문제인데, 이는 이른바 법규범(Rechtsnorm)과 법규(Rechtssatz)의 개념에 관한 문제이다. 일반적으로 행정에 관한 법은 행정과 행정외부에 있는 국민과의 관계를 규율하고 있는가 아니면 행정내부간의 관계를 규율하고 있는가에 따라 이를 외부법과 내부법[12]으로 구분하고 있다. 이 경우 법규는 내부법과 외부법을 모두 포함하는 개념이고, 법규범은 이 가운데 행정외부를 규율하는 외부법만을 의미한다.[13] 법규와 법규범의 개념을 구분하는 문제가 중요한 이유는 법원은 법규를 대상으로 할 것인가 아니면 법규범을 대상으로 하는 것인가 하는 법원의 범위를 결정하는 문제와 밀접한 관련이 있기 때문이다.

아무튼 법규와 법규범을 위와 같이 이해할 때, 법원의 대상을 행정규칙을 포함한 일체의 내·외부법이라 이해하는 것을 넓은 의미의 법원개념이라 하고, 단순히 외부법만을 의미하는 것으로 이해하는 경우를 좁은 의미의 법원개념이라고 한다. 이 중 어느 개념에 입각하느냐 하는 것은 행정규칙에 법원성을 인정할 것인가 하는 문제인데, 이 문제는 행정규칙편에서 상론하기로 한다.

Ⅱ. 행정법의 성문법주의와 불문법원에 의한 보완

1. 성문법주의의 채택

현재 대다수 국가들은 행정법의 성문법주의를 채택하고 있다. 그 이유는 기본적으로 개인의 의사를 존중하고 사인 상호간에서 이루어지는 사법관계와는 달리 국가권력의 행사를 중심으로 형성·발전되어 온 행정법관계는 행정작용의 예측가능성과 법적 안정성의 요구가 강하기 때문이다.

우리 헌법도 여러 규정을 통하여 행정법 차원에서 이루어지는 국가 공권력의 행사에 성문법주의를 요구하고 있다. 예를 들면 행정조직법정주의(헌법 96), 기본권제한의 법률형식(헌법 37 ②), 조세법률주의(헌법 59) 등이 이에 해당한다.

하지만 행정의 양적·질적 확대에 따라 행정법은 그 규율대상이 매우 광범하고 다양하며 또한

12) 내부법은 대표적으로 행정규칙을 의미한다. 행정규칙은 행정조직 내부의 조직 및 권한에 관한 사항을 규율하고 있는 것으로서 단지 행정내부에서만 효력을 가질 뿐, 원칙적으로는 이른바 국민을 구속하는 대외적 구속력이 있는 법이 아니다. 이에 관한 상세는 '행정규칙'편 참조.

13) 학자들에 따라서는 법규와 법규범의 개념을 동일한 용어로 보는 경우도 있고, 법규범을 내·외부법으로, 법규를 외부법으로 이해하고 있는 경우도 있다.

유동적이라는 특성이 있어 모든 행정현상을 성문법으로 규율하기가 매우 어려운 것이 현실이다. 따라서 행정법의 경우에는 민·상법과 같은 통일법전이 없다.

2. 행정절차법

독일이나 미국, 스페인 등 여러 나라는 부분적으로나마 행정법의 통칙으로서의 역할을 하는 행정절차법이 있으나, 우리나라의 경우에는 1987년 입법예고된 행정절차법안에는 이러한 행정법의 법전화작업이 일부 시도되었지만, 1996년 제정된 행정절차법은 순수한 행정절차에 관한 규정을 중심으로 하고 있어 실체법적인 규정까지 포함하는 행정법의 법전화문제를 고려하지는 않았다.

3. 행정기본법의 제정

우리나라 행정절차법은 '행정절차'에 관한 일반법이다. 이로써 행정절차에 관한 통칙을 마련하기는 하였지만, 여기에는 행정의 실체에 관한 규정(예: 행정법의 일반원칙, 행정행위·행정계획·공법상 계약 등 행정작용에 관한 일반규정)이 없어, -독일이나 스페인 같이- 행정법의 통칙으로서의 역할을 기대하기는 어려웠다.

이에 행정법 학계의 오랜 염원을 담아 2021년 3월 23일 '행정의 실체'에 관한 일반법인 행정기본법이 제정되었다. 행정기본법은 총 4장 40개 조문으로 구성되어 있는데, '행정의 법 원칙(행정법의 일반원칙), 처분·인허가의제·공법상계약·과징금·행정상 강제·신고 등 행정작용, 행정의 입법활동 등에 관한 규정을 두고 있다.

이로써 우리나라에는 행정절차에 관한 일반법(행정절차법)과 행정실체에 관한 일반법(행정기본법)이 모두 마련되게 되었다. 하지만, 행정기본법은 행정의 실체에 관하여 필요 최소한의 규정만 담고 있기 때문에 향후 행정의 실체 규정들이 더욱 보완되어야 하고, 궁극적으로는 행정절차와 행정실체에 관한 일반규정이 통합된 '단일 행정법전'으로 나아가야 할 과제를 안고 있다고 하겠다.

4. 불문법에 의한 성문법 흠결의 보완

아무튼 행정법이 성문법주의를 채택하고 있고 행정절차법·행정기본법이 있다 하여도 행정법은 여전히 무수히 많은 개별적인 행정법령들의 집합으로 구성되어 있고, 또한 모든 행정작용에 대하여 성문의 법규로 규율하는 것은 매우 어려운 것이어서, 이와 같은 이유로 성문법규의 흠결이 있는 부분은 불문법에 의하여 보완될 수밖에 없다. 행정법의 법원으로서의 불문법원은 성문법규의 흠결을 보완하는 것이지만 실제로는 행정법의 최후의 해석기준이 되는 '행정법의 일반원칙'[14]으로

14) 학자에 따라서는 이를 행정법의 일반'원리'로 표현하기도 하는데, 사전적 의미로 원리(Prinzip)는 '사물의 근본이 되는 이치'를, 원칙(Grundsatz)은 '어떤 행동이나 이론 따위에서 일관되게 지켜야 하는 기본적인 규칙

서 기능한다는 점에서 매우 중요한 의미를 가진다.

Ⅲ. 성문법원

1. 헌법

헌법규범은 한 나라 국법질서의 최고에 위치하여 국가권력을 조직하고 국민의 기본적 권리와 의무를 규율한다. 헌법은 행정권발동의 근거가 되는 법률에 대한 합헌성심사의 척도로서 중요한 기능을 수행하고 있다. 이러한 의미에서 헌법은 행정법의 으뜸법원이자 행정활동의 범위와 기준과 방향을 제시해 주고 있다. 그러나 헌법은 단순히 법률의 해석기준만을 제공하는 것은 아니며 법률과 마찬가지로 행정상 법률관계를 해석하고 적용함에 있어서 직접적인 법원으로 기능한다.

과거 오토 마이어(Otto Mayer)는 "헌법은 변해도 행정법은 존속한다."고 하여 정치적 성격의 헌법과 기술적 성격의 행정법의 차이를 강조했지만, 베르너(F. Werner)의 말처럼 오늘날 행정법은 "헌법의 구체화법"으로서 헌법과 밀접한 관련을 가진다. 헌법은 비례·평등원칙과 같은 '행정법의 일반원칙'의 도출근거이기도 하고, 또한 헌법상의 기본권침해를 이유로 행정소송에서의 원고적격이 인정되기도 한다.

2. 법률

법률은 행정법관계의 가장 중요한 법원이다. 여기에서 법률은 국회가 제정한 형식적 의미의 법률을 말한다. 법률은 스스로 행정법관계에 직접적으로 해석·적용되는 법원으로서의 기능과 더불어 하위법규인 법규명령과 자치법규 등에 대한 합법성심사의 기준을 제공한다. 따라서 하위법규범인 법규명령이나 조례·규칙은 법률에 저촉될 수 없다. 다만 예외적으로 대통령의 긴급명령(헌법 76 ②), 긴급재정경제명령(헌법 76 ①)은 명령이라는 행정입법의 형식이지만 헌법의 규정에 따라 법률과 동일한 효력이 인정된다.

3. 명령

여기서 명령이란 행정권이 정립하는 법규범인 법규명령을 의미한다. 법규명령은 법률로부터 입법권을 위임받아 법률의 내용을 구체화하는 것으로서 형식적으로는 대통령령·총리령·부령이 있다. 또한 국회규칙, 대법원규칙, 헌법재판소규칙, 중앙선거관리위원회규칙 등도 그 명칭에도 불구하고 법규명령으로 이해되고 있다.

이나 법칙'을 말한다. 따라서 헌법상 대한민국의 기본이념인 민주주의, 법치주의 등은 '원리'로, 이 원리를 구체화하는 법칙은 '원칙'으로 표현하는 것이 타당하다고 생각하고, 이에 따라 비례원칙·평등원칙 등은 헌법원리를 구체화하는 행정법의 일반원칙이라고 표현하는 것이 사전적 의미에 부합한다.

행정법은 고도의 전문적이고 기술적인 국가작용을 그 규율대상으로 하기 때문에 국회의 입법에만 의존하기 어려운 측면이 있다. 이에 따라 입법사항의 상당 부분이 법규명령에 위임되고 있는 실정이다. 실제로 오늘날 대부분의 행정과 관련된 법률은 법률을 구체화하는 시행령이나 시행규칙이 마련되어 있어, 분량면에서 보면 시행령과 시행규칙과 같은 법규명령이 법률을 훨씬 압도하고 있다. 이에 따라 행정법의 법원으로서의 법규명령의 중요성이 부각되고 있다.

다만 행정법의 법원으로서의 법규명령의 기능이 중요하다고 하더라도, 이는 어디까지나 국회입법원칙에 대한 중대한 예외를 구성하는 것이므로 원칙적으로 위임입법으로서의 한계를 준수할 것이 엄격하게 요구된다. 위임입법의 한계를 일탈한 법규명령은 헌법 제107조 제2항의 규범통제를 통하여 무효가 된다.

한편, 전술한 바와 같이, 행정규칙의 법원성을 인정할 것인가 하는 문제가 논란이 되고 있는데, 이는 행정규칙이 법규범으로서의 성질을 가지는가 하는 것과도 관련이 있다. 이에 대해서는 법규범성과 법원성을 모두 인정하거나, 법규범성은 부정하지만 법원성을 인정하거나, 또는 법규범성과 법원성을 모두 부인하는 견해 등 다양한 견해가 있는데, 행정규칙은 원칙적으로 행정내부에 대한 규율이므로 대국민적인 구속력을 인정하기 어렵다. 이러한 점에서는 법원성도 원칙적으로는 부인되어야 할 것이다. 다만 행정규칙의 형식을 띠고 있지만 실제로는 법규명령인 경우와 같이 예외적으로 행정규칙이 법규범성을 가지는 경우에는 법원성을 인정할 수 있을 것이다.

4. 국제조약·국제법규

조약은 우리나라가 당사자가 되어 다른 나라 혹은 국제기구 등과 체결한 쌍무 또는 다자간의 문서에 의한 합의로서 법적 구속력이 인정되는 것을 말하며, 국제법규는 우리나라가 당사자는 아니라 하더라도 국제사회에서 일반적으로 통용력이 인정되는 국제규범과 국제관습법 등을 말한다. 따라서 원칙적으로 조약 및 국제법규에서 규범의 수신인(受信人, Normadressat)은 국가이지만 그 규율내용이 국내행정에 관련되는 경우에는 행정상 법률관계에서 법원이 된다.

조약 및 국제법규의 효력에 관하여 우리 헌법은 제6조 제1항에서 "헌법에 의하여 체결·공포된 조약과 일반적으로 승인된 국제법규는 국내법과 같은 효력을 가진다."고 규정하고 있으므로, 이 범위 내에서 조약과 국제법규도 행정법의 법원이 될 수 있다.

5. 자치입법(자치법규)

헌법 제117조 제1항은 "지방자치단체는… 법령의 범위 안에서 자치에 관한 규정을 제정할 수 있다."고 규정하고 있는데, 이와 같은 헌법상의 지방자치권 보장에 의하여 지방자치단체가 자치에 관한 규정을 제정할 수 있는 권한을 '자치입법고권'이라고 한다. 자치입법에는 지방의회가 제정하는 지역법인 조례와 지방자치단체의 장이 그 권한에 속하는 사무에 관하여 제정하는 규칙이 있다.[15] 이 가운데 특히 지방의회가 조례를 제정하는 권한을 조례고권이라 한다.

조례고권과 관련하여 헌법 제117조 제1항은 "법령의 범위 안에서 자치에 관한 규정을 제정할 수 있다."고 규정하고 있고, 지방자치법 제28조 제1항은 "지방자치단체는 법령의 범위에서 그 사무에 관하여 조례를 제정할 수 있다."고 규정하고 있는데, 이와 같은 규정들은 조례제정에 대한 일반적 수권 규정으로 지방자치단체는 지방자치단체의 사무[16]에 대하여 별도의 법률의 특별한 수권 근거가 없더라도 조례를 제정할 수 있다.

지방자치단체는 법령의 범위에서 조례를 제정할 수 있는데, 여기에서 '법령의 범위에서'의 의미가 무엇인지에 대해서는 논란이 있다. 우선 '법령의 범위에서'가 지방자치단체의 조례가 상위 법령에 반하지 않을 것을 요구하는 '법률의 우위'를 의미한다는 데 대하여는 논란이 없다. 그런데 더 나아가 조례에 별도의 법적 근거가 필요한가 하는 법률의 유보까지 의미하는가에 대해서는 학설의 대립이 있다.

이와 관련하여 지방자치법 제28조 제1항 단서는 "다만, 주민의 권리 제한 또는 의무 부과에 관한 사항이나 벌칙을 정할 때에는 법률의 위임이 있어야 한다."라고 하여 단서에 해당하는 사항을 조례로 정할 때에는 별도의 법률유보를 요구하고 있다.

이 지방자치법 제28조 단서조항에 대해서는 그 동안 위헌설과 합헌설이 대립되어 왔다. 그런데 지방자치법 제28조 제1항 단서의 규정은 기본권제한에 있어서의 법률의 형식을 요구하는 헌법 제37조 제2항과 맥락을 같이하는 것이라는 점에서 적어도 주민의 기본권을 제한하거나 침해하는 내용의 침익적 조례를 비롯한 국가작용은 법률유보의 최소한인 침해유보설의 입장에서도 법적 근거가 요구된다고 보는 것이 합리적일 것이다. 따라서 '법령의 범위 안에서'의 의미에는 법률유보도 당연히 포함된다고 볼 것이다.

다만 조례가 지방자치권에 근거한 자주법임을 고려할 때, 위 단서조항에 해당하는 조례의 경우 근거법에서 조례에 대한 위임근거만 있으면 족하고 법규명령과 같이 구체적으로 범위를 정하여 위임할 필요는 없다고 할 것이다.

---

15) 행정기본법은 조례와 규칙을 합쳐 '자치법규로, 법률·법규명령·자치법규를 합쳐 '법령등'으로 정의하고 있다.

행정기본법 제2조(정의) 이 법에서 사용하는 용어의 뜻은 다음과 같다.

1. "법령등"이란 다음 각 목의 것을 말한다.
   가. 법령: 다음의 어느 하나에 해당하는 것
      1) 법률 및 대통령령·총리령·부령
      2) 국회규칙·대법원규칙·헌법재판소규칙·중앙선거관리위원회규칙 및 감사원규칙
      3) 1) 또는 2)의 위임을 받아 중앙행정기관(「정부조직법」 및 그 밖의 법률에 따라 설치된 중앙행정기관을 말한다. 이하 같다)의 장이 정한 훈령·예규 및 고시 등 행정규칙
   나. 자치법규: 지방자치단체의 조례 및 규칙

16) 자치사무와 단체위임사무를 말한다. 기관위임사무는, 별도의 법률의 규정이 없는 한, 조례의 제정대상이 아니라 규칙의 제정대상이 될 뿐이다.

Ⅳ. 불문법원

1. 관습법

(1) 의의와 성립요건

행정에 관하여 오랜 기간에 걸쳐 동일한 관행이 반복되고, 이 관행이 국민의 법적 확신을 얻어 법규범으로서 구속력을 가진 것으로 승인된 것을 관습법이라 한다. 이와 같이 관습법의 성립에는 오래 반복된 관행과 법적 확신이 필요하다는 점에서 법적 확신에 의하여 법규범으로서 승인될 정도에 이르지 못한 '사실인 관습'과는 구별된다.

관습법의 성립요건에서 법적 확신 외에 별도의 국가의 명시적·묵시적 승인이라는 성립요건이 필요한가에 대해서는 긍정설(국가승인설)과 부정설(법적 확신설, 법력내재설)이 대립된다. 그런데 관습법의 가치는 성문법과는 달리 국가기관의 명시적 법정립행위나 인정 여부와는 관계없이 관행에 대한 국민의 법적 확신만으로 존재하는 데 있으므로 관습법의 성립 그 자체는 국가적 승인과는 무관하다고 보는 것이 옳을 것이다. 이것이 우리나라의 지배적 견해이자 판례[17]의 입장이다.

(2) 관습법의 법원성

관습법의 법원성에 대해서는 학설이 나뉜다. 먼저 소극설은 행정의 법률적합성원칙을 근거로 성문법규가 관습법을 허용하는 경우에 제한된 범위에서 공통된 이해관계를 지닌 자 간의 내부관계에서만 예외적으로 법원성을 인정하려는 입장이다. 이에 반해 적극설은 현대행정의 역동성과 가변성 등을 고려할 때 성문의 규정으로 모든 행정현상을 규율하기는 어렵기 때문에 성문법규가 정비되어 있지 않은 행정영역에서의 관습법의 성립을 인정한다.

생각건대 관습법은 일반국민이 성문법이 아님에도 불구하고 그러한 관행에 대하여 법적 확신을 갖고 적어도 그들 사이에서는 법으로 취급되는 것이므로 그 법원성을 인정하는 것이 타당하다. 다만 오늘날과 같이 다변적인 현대사회에서 관습법 성립요건인 오랜 관행과 법적 확신이 충족되기 어려운 측면도 없지 않다.

(3) 관습법의 효력

관습법을 행정법의 법원으로 인정한다 하더라도 성문법과의 관계에서 그 효력이 문제될 수 있다. 관습법을 행정법의 법원으로 인정한다면 성문법과 동일한 효력을 부여하는 것이 논리적이기는 하지만 관습법은 성문법이 결여되는 경우에 한하여 적용되는 보충적 효력을 갖는다고 보는 것이 합리적일 것이다. 판례 또한 보충적 효력을 인정하는 입장으로 보인다.

---

17) 대판 1983.6.14, 80다3231.

(4) 관습법의 종류

행정관습법으로는 행정선례법과 민중적 관습법이 있다. 행정선례법은 오랫동안 계속되어 온 행정청의 관행에 대하여 일반국민이 법적 확신을 갖게 됨으로써 성립한다. 행정청의 선례는 통상적으로 유사한 사안의 처리를 위하여 정해놓은 예규 등의 행정규칙에 따라 사무처리관행이 반복적으로 시행됨으로써 형성된다. 행정선례법을 명문으로 인정하고 있는 예로는 행정절차법 제4조 제2항과 국세기본법 제18조 제3항을 들 수 있다.[18)]

행정선례법과 더불어 행정관습법의 하나인 민중적 관습법은 흔히 자연공물의 이용관계를 둘러싸고 오랫동안 관습으로 굳어진 것으로서 성문법이 정비되지 않았던 때에는 공물이용의 법률관계를 해석하는 법원으로 기능하였다. 그 예로는 입어권(入漁權)(수산업법 2), 하천과 호수의 용수권 등을 들 수 있으나 그 예는 많지 않다. 그러나 이러한 민중적 관습법은 자연공물의 이용관계를 규율하는 실정법규범들이 양산되면서 점차 그 인정범위가 협소해지고 있다.

2. 판례법

행정사건에 대한 사법(司法) 내지 재판작용은 행정법을 적용하는 작용으로 궁극에는 판결을 통하여 무엇이 법인가 선언하는 것이다. 그러나 판단과정에서 관계법령이 흠결·미비되어 있거나 또는 법령의 규정이 다의적·불확정적인 경우에, 법관은 이에 대하여 스스로 판단기준을 설정하여 판단하게 된다. 이러한 판단은 이후 같은 종류의 사건에 대한 재판의 준거가 되기도 하는데, 이 때 이렇게 형성된 판례법의 법원성이 문제된다.

영미법계 국가에서는 판례법의 법적 구속력을 인정하는 선례구속의 원칙(doctrine of stare decisis)이 확립되어 유사사건에서 상급심의 판결은 하급심을 구속한다. 따라서 판례법은 영미법계 국가에서는 가장 중요한 법원이라고 하여도 과언이 아니다.

그러나 대륙법계 국가에서는 선례구속성의 원칙이 인정되지 않는다. 대륙법계 국가에서는 최고법원도 자신의 판례를 변경할 수 있으며, 최고법원의 판례는 하급법원에 대해서도 법적 구속력 없고, 단지 사실상의 구속력을 가질 뿐이다.

우리나라도 기본적으로 대륙법체계를 채택하고 있으므로 판례의 선례구속성이 인정되지 않는다. 법원조직법은 상급법원의 재판에 있어서의 판단은 해당 사건에 관하여 하급심을 기속한다(법

18) 행정절차법 제4조(신의성실 및 신뢰보호) ② 행정청은 법령등의 해석 또는 행정청의 관행이 일반적으로 국민들에게 받아들여진 때에는 공익 또는 제3자의 정당한 이익을 현저히 해할 우려가 있는 경우를 제외하고는 새로운 해석 또는 관행에 의하여 소급하여 불리하게 처리하여서는 아니된다.
국세기본법 제18조(세법 해석의 기준 및 소급과세의 금지) ③ 세법의 해석이나 국세행정의 관행이 일반적으로 납세자에게 받아들여진 후에는 그 해석이나 관행에 의한 행위 또는 계산은 정당한 것으로 보며, 새로운 해석이나 관행에 의하여 소급하여 과세되지 아니한다.

원조직법 8)고 규정하고 있으나, 이는 당해 사건에 한정되는 것이고, 같은 종류의 다른 사건에 대하여는 기속력이 인정되지 않는다. 또한 법원조직법은 판례의 변경은 대법원 전원합의체에서 판결하도록 규정하고 있는데(법원조직법 7 ① 3호), 이는 대법원판례의 계속성·통일성을 고려한 규정일 뿐, 판례의 법원성을 인정한 것은 아니다. 이렇게 볼 때, 우리나라의 경우 원칙적으로 판례의 법원성을 인정하기 어렵다고 할 것이다.

그러나 판례의 사실상의 구속력이라는 측면을 고려하면, 판례의 법원성을 완전히 부인할 수는 없을 것이다. 실질적으로 하급법원 내지 행정청은, 뚜렷한 이유가 없는 한, 판례를 통해 확립된 원칙이나 기준들을 준수하게 된다. 이러한 점에서 판례는 사실상의 구속력을 가진다고 볼 것이다. 사실상 이러한 범위 내에서는 우리나라의 경우도 판례의 법원성이 인정되고 있다고 보아야 할 것이다.

V. 행정법의 일반원칙

1. 개설

(1) 조리의 의의와 기능

일반적으로 불문법원으로 관습법과 판례법 이외에 조리를 들고 있다. 조리(條理, Natur der Sache)는 통상 '사물의 본질적 법칙' 내지 '정의의 관념상 반드시 그러해야 할 것으로 인정되는 것'을 말한다.

조리는 법해석의 기본원리가 되고, 성문법·관습법·판례법이 모두 없는 경우에 최후의 보충적인 법원이 된다는 데에 존재의의가 있다.

조리의 내용으로는 종래 비례원칙·평등원칙·신의성실원칙 등을 들고 있었으나. 오늘날에는 다양한 행정법영역에서 신뢰보호원칙·부당결부금지원칙[19]·수인가능성의 원칙·배려의 원칙·협력의 원칙 등등으로 그 내용이 점차 확대되고 있다.

(2) 조리에서 '행정법의 일반원칙'으로

이에 최근 들어서는 조리의 연원의 다양성을 들어 조리의 효력을 재검토하려는 견해가 일반화되고 있다. 예컨대 조리의 내용들은 성문법·불문법의 보충적인 법원으로서만 기능하는 것이 아니라 성문법의 해석·적용에도 마찬가지로 적용되고 있고, 또한 비례원칙이나 평등원칙은 이미 조리를 넘어 헌법원칙이 되고 있다는 점 등에서 종래의 조리의 관념을 포괄적으로 '행정법의 일반원칙(allgemeine Grundsätze des Verwaltungsrechts)'이라고 이해하는 것이다. 이에 따라 본서에서도 제3

19) 부당결부금지원칙은 비례원칙 중 적합성의 원칙과 같은 의미이다.

의 불문법원을 조리 대신 행정법의 일반원칙이라고 이해하기로 한다.

행정법의 일반원칙은 성문법원은 아니지만 행정상 법률관계에 직접적으로 해석·적용되는 불문법원으로서 성문법원과 동일한 지위를 갖는다. 행정법의 일반원칙은 독일의 학설·판례를 통하여 생성·발전되었는데, 그 이론적 근거로 관습법상의 원칙, 헌법의 구체화, 성문법규범의 유추적용, 법과 정의의 일반원칙 등이 제시되고 있다. 이와 같이 행정법의 일반원칙의 도출근거가 다양함에 따라 그 내용도 몇 가지의 원칙으로 확정되어 있는 것이 아니라 매우 다양하게 발전할 수 있다. 그러다보니 학자들 간에는 그 구체적 내용에 대하여 적지 않은 이견이 존재하는 것이 사실이다. 그러나 일반적으로 학설과 판례는 평등의 원칙, 비례의 원칙, 신뢰보호의 원칙을 행정법의 일반원칙의 내용으로 들고 있다.

(3) 행정기본법: '행정의 법 원칙' 규정

행정기본법은 제2장에서 '행정의 법 원칙(=행정법의 일반원칙)'으로, 법치행정의 원칙(8), 평등의 원칙(9), 비례의 원칙(10), 성실의무 및 권한남용금지의 원칙(11), 신뢰보호의 원칙(12), 부당결부금지의 원칙(13)을 규정하고 있다. 이 원칙들은 행정기본법에 명문화됨으로써 더 이상 불문법원이 아니라, 실정법적 근거가 있는 법원칙이 되었다. 이를 제외한 원칙들은 여전히 불문의 '행정법의 일반원칙'으로서 기능을 하고 있다.

(4) 행정법의 일반원칙 위반 효과

성문법이든 불문법이든 행정법의 일반원칙에 위반되는 경우에는 성문법규범에 위배되는 경우와 마찬가지로 위헌·위법의 효과가 발생한다.

이하에서는 평등원칙, 비례원칙, 신뢰보호원칙을 중심으로 살펴보기로 한다.

2. 평등원칙과 행정의 자기구속의 원칙*

(1) 의의

평등원칙은 행정청이 행정작용을 행하면서 달리 보아야 할 정당한 사유가 없는 한 모두를 동등하게 처우하여야 한다는 원칙이다. 다시 말해서 행정청이 합리적 차별의 근거가 없음에도 불구하고 특정 개인을 다른 개인에 비하여 차별하여서는 안 된다는 원칙이다(행정기본법 9).[20] 평등원칙은 결국 같은 것은 같게, 다른 것은 다르게 취급하여야 한다는 원칙으로, 달리 취급하여야 할 정당한 사유가 있는 경우에는 달리 취급하는 것이 평등한 것이고, 그와 같은 사유가 없는 경우에는 같게 취급하는 것이 평등하다는 것이다.

---

* 입법고시(2011년), 행정고시(2005년).

20) 행정기본법 제9조(평등의 원칙) 행정청은 합리적 이유 없이 국민을 차별하여서는 아니 된다.

[판례1] 지방의회의 조사·감사를 위해 채택된 증인의 불출석 등에 대한 과태료를 그 사회적 신분에 따라 차등 부과할 것을 규정한 조례의 효력(무효)

"조례안이 지방의회의 감사 또는 조사를 위하여 출석요구를 받은 증인이 5급 이상 공무원인지 여부, 기관(법인)의 대표나 임원인지 여부 등 증인의 사회적 신분에 따라 미리부터 과태료의 액수에 차등을 두고 있는 경우, 그와 같은 차별은 증인의 불출석이나 증언거부에 대하여 과태료를 부과하는 목적에 비추어 볼 때 그 합리성을 인정할 수 없고 지위의 높고 낮음만을 기준으로 한 부당한 차별대우라고 할 것이어서 헌법에 규정된 평등의 원칙에 위배되어 무효이다(대판 1997.2.25, 96추213)."

[판례2] 정신건강증진법 및 의료법이 정신병원 등의 개설을 허가제로, 정신과의원 개설을 신고제로 규정하고 있는 것이 헌법상 평등원칙 및 국가의 기본권 보호의무를 위반하는 것인지 여부(소극)

"헌법상 평등원칙은 본질적으로 같은 것을 자의적으로 다르게 취급함을 금지하는 것으로서, 일체의 차별적 대우를 부정하는 절대적 평등을 뜻하는 것이 아니라 입법을 하고 법을 적용할 때에 합리적인 근거가 없는 차별을 하여서는 아니 된다는 상대적 평등을 뜻하므로, 합리적 근거가 있는 차별 또는 불평등은 평등의 원칙에 반하지 아니한다. 또한 헌법상 기본권 보호의무란 기본권적 법익을 기본권 주체인 사인에 의한 위법한 침해 또는 침해의 위험으로부터 보호하여야 하는 국가의 의무를 말하며, 주로 사인인 제3자에 의한 개인의 생명이나 신체의 훼손에서 문제 되는 것이다.

이러한 법리에 비추어 살펴보면, 관련 법령이 정신병원 등의 개설에 관하여는 허가제로, 정신과의원 개설에 관하여는 신고제로 각 규정하고 있는 것은 각 의료기관의 개설 목적 및 규모 등 차이를 반영한 합리적 차별로서 평등의 원칙에 반한다고 볼 수 없다. 또한 신고제 규정으로 사인인 제3자에 의한 개인의 생명이나 신체 훼손의 위험성이 증가한다고 할 수 없어 기본권 보호의무에 위반된다고 볼 수도 없다(대판 2018.10.25, 2018두44302[의료기관개설신고불수리처분취소])."

(2) 근거

평등원칙의 헌법적 근거는 헌법 제11조 제1항[21]이다. 다만 동 조항은 '법 앞의 평등원칙'만을 규정하고 있어서. 평등원칙은 헌법 제11조로부터 도출되는 법 원칙이라고 이해하는 것이 일반적이고 또한 타당하다. 평등원칙의 실정법적 근거는 행정기본법 제9조이다.

평등원칙은 헌법과 행정기본법을 근거로 법적 효력을 가지므로, 평등원칙을 위반한 국가작용은 위헌·위법한 것이 된다.

21) 헌법 제11조 ① 모든 국민은 법 앞에 평등하다. 누구든지 성별·종교 또는 사회적 신분에 의하여 정치적·경제적·사회적·문화적 생활의 모든 영역에 있어서 차별을 받지 아니한다.

(3) 평등원칙과 관련된 '행정의 자기구속의 원칙'

1) 행정의 자기구속의 원칙의 의의

평등원칙은 행정규칙의 반복적 적용에 의하여 구체화됨으로써 예외적으로 행정규칙 위반행위의 위법성을 뒷받침해 주는 근거가 되기도 한다. 원래 행정규칙은 행정내부적인 규율로서 대외적 구속력이 없기 때문에 행정규칙을 위반하여도 행정내부적으로 징계의 대상이 될 수는 있어도 위법의 효과가 발생하지는 않는다. 즉 행정규칙은 내부법일뿐, 법령과 같이 국민의 권리의무관계를 직접적으로 규율하는 외부법은 아닌 것이다.

그런데 행정규칙이 오랜 기간 계속해서 반복적으로 적용됨에 따라 경우에 따라서는 균일한 행정실무관행이 성립할 수도 있다. 이 경우 평등원칙에 따르면 행정청은 특별한 사유 없이 유사사안에서 이 관행에 어긋나는 차별적인 결정을 해서는 안 된다. 이와 같이 행정규칙의 오랜 반복 적용에 따라 형성된 관행이 있으면, 행정청은 정당한 사유가 없다면 기존의 행정실무관행에 실질적으로 구속된다는 것이 행정의 자기구속(Selbstbindung der Verwaltung)의 원칙이다.

2) 재량준칙과 행정의 자기구속의 원칙

행정의 자기구속의 원칙은 행정규칙 가운데 주로 재량행위[22]에 대한 업무처리지침인 '재량준칙'과 관련하여 문제가 된다. 기속행위[23]의 경우에는 재량의 여지가 없어 문제가 없으나, 재량행위의 경우에는 업무처리의 효율성·통일성 등을 위하여 행정규칙으로 재량준칙을 마련하여 시행하는 경우가 있다. 이와 같은 재량준칙이 반복적으로 시행되다보면 재량행위에 대한 행정청의 일정한 관행이 형성될 수 있는데, 행정청은 이러한 관행과 달리 취급할만한 정당한 사유가 없는 경우에는 평등원칙에 따라 이 관행에 따라 조치하여야 할 자기구속을 받게 된다.

3) 행정의 자기구속의 원칙의 기능

이러한 관점에서 행정의 자기구속의 원칙은 재량행위와 관련하여 의미가 있는 것으로, 재량행위에 대한 자기구속으로 말미암아 행정청의 재량의 여지를 축소시킨다는 의미도 있다. 또 다른 측면에서 행정의 자기구속의 원칙은 행정규칙에 의하여 형성된 관행에 기속되게 하는 것으로 이 원칙을 위반하는 행정작용은 위법하게 되므로, 이를 통하여 원래 대외적 구속력이 없는 행정규칙을 간접적으로 대외적 구속력을 가지게 한다는 의미도 있다. 이러한 의미에서 평등원칙을 근거로

---

22) 재량행위는 법령이 규정한 효과를 부여할 것인지(결정재량), 어떠한 효과를 부여할 것인지(선택재량)를 행정청이 판단할 수 있는 행위를 말한다. 예컨대 식품위생법 제75조는 식품의약품안전처장 등은 영업자가 식품위생법에 위반하는 경우 영업허가를 취소하거나 6개월 이내의 기간을 정하여 그 영업을 정지하거나 영업소 폐쇄를 명할 수 있다고 규정하고 있는데, 행정청은 이에 따라 구체적인 경우에 이와 같은 제재처분을 할 것인가(결정재량), 또는 정지를 할 것인가 취소를 할 것인가(선택재량)를 정할 수 있다.

23) 기속행위는 법령의 규정에 기속되어 행정청은 이를 단지 기계적으로 적용하게 되는 행위를 말한다.

한 행정의 자기구속의 법리는 행정규칙을 대외적 구속력이 있는 법규범으로 전환시키는 전환규범(Umschaltnorm)의 기능을 수행한다고 한다. 그러나 이 경우에도 행정규칙이 대외적 구속력이 있는 법규범으로 전환된다는 의미가 아니라 행정규칙의 위반행위가 행정의 자기구속의 원칙을 위반하여 위법으로 전환된다는 의미라고 보아야 할 것이다. 따라서 이 경우 행정규칙에 근거한 행정작용이 위법하게 되는 것은 이른바 법규범으로 전환된 행정규칙을 위반하였기 때문이 아니라, 행정의 자기구속의 원칙이라는 행정법의 일반원칙을 위반하였기 때문이다.[24)]

4) 판례

헌법재판소와 대법원 모두 평등원칙과 신뢰보호원칙을 근거로 행정의 자기구속의 원칙을 인정하고 있다.

[판례1] 전라남도교육위원회의 1990학년도 인사원칙(중등)에 대한 헌법소원

"행정규칙이 법령의 규정에 의하여 행정관청에 법령의 구체적 내용을 보충할 권한을 부여한 경우, 또는 재량권행사의 준칙인 규칙이 그 정한 바에 따라 되풀이 시행되어 행정관행이 이룩되게 되면, 평등의 원칙이나 신뢰보호의 원칙에 따라 행정기관은 그 상대방에 대한 관계에서 그 규칙에 따라야 할 자기구속을 당하게 되고, 그러한 경우에는 대외적인 구속력을 가지게 된다 할 것이다(헌재결 1990.9.3, 90헌마13)."

[판례2] 상급행정기관이 하급행정기관에 발하는 이른바 '행정규칙이나 내부지침'을 위반한 행정처분이 위법하게 되는 경우

"상급행정기관이 하급행정기관에 대하여 업무처리지침이나 법령의 해석적용에 관한 기준을 정하여 발하는 이른바 '행정규칙이나 내부지침'은 일반적으로 행정조직 내부에서만 효력을 가질 뿐 대외적인 구속력을 갖는 것은 아니므로 행정처분이 그에 위반하였다고 하여 그러한 사정만으로 곧바로 위법하게 되는 것은 아니다. 다만, 재량권 행사의 준칙인 행정규칙이 그 정한 바에 따라 되풀이 시행되어 행정관행이 이루어지게 되면 평등의 원칙이나 신뢰보호의 원칙에 따라 행정기관은 그 상대방에 대한 관계에서 그 규칙에 따라야 할 자기구속을 받게 되므로, 이러한 경우에는 특별한 사정이 없는 한 그를 위반하는 처분은 평등의 원칙이나 신뢰보호의 원칙에 위배되어 재량권을 일탈·남용한 위법한 처분이 된다(대판 2009.12.24, 2009두7967)."

[판례3] 이성 동반자와 달리 동성 동반자를 피부양자로 인정하지 않은 것이 합리적 이유 없이 불이익을 주어 사실상 혼인관계에 있는 사람과 차별하는 것으로 헌법상 평등원칙을 위반하였는지 여부

"[1] 행정청이 내부준칙을 제정하여 그에 따라 장기간 일정한 방향으로 행정행위를 함으로써 행

24) 홍정선, 행정법특강, 28면도 같은 의견임.

정관행이 확립된 경우, 그 내부준칙이나 확립된 행정관행을 통한 행정행위에 대해 헌법상 평등원칙이 적용되는지 여부(적극)

[2] 행정청의 행정행위가 합리적 이유 없는 차별대우에 해당하여 헌법상 평등원칙을 위반했는지 판단하는 방법

[3] 특수공익법인인 국민건강보험공단은 사적 단체 또는 사인과 달리 차별처우의 위법성이 더 폭넓게 인정될 수 있는지 여부(적극)

[1] 헌법 제11조 제1항 은 "모든 국민은 법 앞에 평등하다. 누구든지 성별·종교 또는 사회적 신분에 의하여 정치적·경제적·사회적·문화적 생활의 모든 영역에 있어서 차별을 받지 아니한다."라고 규정하고 있다. 헌법상 평등원칙은 본질적으로 같은 것을 자의적으로 다르게 취급함을 금지하는 것으로서, 일체의 차별적 대우를 부정하는 형식적·절대적 평등을 뜻하는 것이 아니라 입법을 하고 법을 적용할 때에 합리적인 근거가 없는 차별을 해서는 안 된다는 실질적·상대적 평등을 뜻한다. 행정기본법 제9조 는 "행정청은 합리적 이유 없이 국민을 차별하여서는 아니 된다."라고 규정하여, 행정청에 헌법상 평등원칙에 따라 합리적 이유가 없는 한 모든 국민을 동등하게 처우해야 할 의무를 부과하고 있다. 따라서 행정청이 내부준칙을 제정하여 그에 따라 장기간 일정한 방향으로 행정행위를 함으로써 행정관행이 확립된 경우, 그러한 내부준칙이나 확립된 행정관행을 통한 행정행위에 대해서도 헌법상 평등원칙이 적용된다.

[2] 행정청의 행정행위가 합리적 이유 없는 차별대우에 해당하여 헌법상 평등원칙을 위반하였는지를 확정하기 위해서는 먼저 행위의 근거가 된 법규의 의미와 목적을 통해 행정청이 본질적으로 같은 것을 다르게 대우했는지, 즉 다른 대우를 받아 비교되는 두 집단 사이에 본질적인 동일성이 존재하는지를 확정해야 한다. 다음으로 그러한 차별대우가 확인되면 비례의 원칙에 따라 행위의 정당성 여부를 심사하여 헌법상 평등원칙을 위반하였는지를 판단해야 한다.

[3] 국가와 지방자치단체는 국가 발전수준에 부응하고 사회환경의 변화에 선제적으로 대응하며 지속가능한 사회보장제도를 확립하고 매년 이에 필요한 재원을 조달하여야 하고(사회보장기본법 제5조 제3항), 사회보장제도의 급여 수준과 비용 부담 등에서 형평성을 유지할 의무가 있다(제25조 제2항). 사회보장제도인 건강보험의 보험자로서 가입자와 피부양자의 자격 관리 등의 업무를 집행하는 특수공익법인인 국민건강보험공단은 공권력을 행사하는 주체이자 기본권 보장의 수범자로서의 지위를 갖는다. 그 결과 사적 단체 또는 사인의 경우 차별처우가 사회공동체의 건전한 상식과 법감정에 비추어 볼 때 도저히 용인될 수 없는 경우에 한해 사회질서에 위반되는 행위로서 위법한 행위로 평가되는 것과 달리, 국민건강보험공단은 평등원칙에 따라 국민의 기본권을 보호 내지 실현할 책임과 의무를 부담하므로, 그 차별처우의 위법성이 보다 폭넓게 인정될 수 있다.(대판 2024.7.18, 2023두36800 전원합의체[보험료부과처분취소])"

(4) 불법에 있어서의 평등

불법에 있어서의 평등(Gleichheit im Unrecht)은 객관적으로 위헌·위법한 행정규칙에 의하여 위법한 행정관행이 형성되었을 때 평등원칙을 근거로 동일한 위법적인 행정작용을 요구할 권리가 인정될 수 있겠는가 하는 문제이다. 불법에 있어서의 평등권 주장은 국가에게 위법행위를 요구하는 것이므로 행정의 법률적합성의 원리에 위배되는 것으로서 인정될 수 없는 것으로 보는 것이 타당하다.

3. 비례원칙*

(1) 의의

비례원칙(Grundsatz der Verhältnismäßigkeit)은 특정 행정목적의 달성을 위하여 일정한 수단을 활용함에 있어서 목적과 수단 간에 합리적인 비례관계가 있어야 한다는 원칙이다. 비례원칙은 행정법의 일반원칙으로서 행정법의 전 분야에 걸쳐 널리 적용되는 매우 중요한 원칙이다. 비례원칙을 과잉금지의 원칙(Grundsatz der Übermaßverbot)이라고 하는 경우도 있다.

(2) 근거와 적용범위

비례원칙은 이론적으로는 법치국가원리를 비롯한 기타 일반적인 법원칙 등에서 그 근거를 찾을 수 있을 것이다. 실정법적으로는 "국민의 모든 자유와 권리는… 필요한 경우에 한하여 법률로 제한할 수 있으며, 제한하는 경우에도 자유와 권리의 본질적인 내용을 침해할 수 없다."는 헌법 제37조 제2항을 비례원칙의 근거로 들 수 있다. 기본권에 대한 최소한의 침해를 요구하는 것은 비례원칙상의 요구라 할 수 있으며, 본질적인 내용에 대한 과잉제한인가 아닌가 하는 심사에 있어 비례원칙이 중요한 기준이 되고 있다. 이렇게 볼 때 비례원칙은 단순한 조리의 차원을 넘어 헌법적 근거를 가지는 헌법원칙이라고도 할 수 있다.

[판례] 서울광장 통행제지행위 위헌확인

"서울광장에서 개최될 여지가 있는 일체의 집회를 금지하고 일반시민들의 통행을 <u>전면적으로 제지한 것은 침해의 최소성을 충족한다고 할 수 없다</u>.

또한 대규모의 불법·폭력 집회나 시위를 막아 시민들의 생명·신체와 재산을 보호한다는 공익은 중요한 것이지만, 당시의 상황에 비추어 볼 때 … <u>비교적 덜 제한적인 수단에 의하여도 상당 부분 달성될 수 있었던 것으로 보여 일반 시민들이 입은 실질적이고 현존하는 불이익에 비하여 결코 크다고 단정하기 어려우므로 법익의 균형성 요건도 충족하였다고 할 수 없다</u>.

* 사법시험(2001년), 행정고시(일반행정)(2005년).

따라서 이 사건 통행제지행위는 과잉금지원칙을 위반하여 청구인들의 일반적 행동자유권을 침해한 것이다(헌재결 2011.6.30, 2009헌마406)."

비례원칙에 대한 실정법적 근거로는 행정기본법 제10조[25]가 있고, 개별법적 근거로는 "경찰관의 직권은 그 직무수행에 필요한 최소한도에서 행사되어야 하며 남용되어서는 아니 된다."고 규정하고 있는 경찰관 직무집행법 제1조 제2항, "행정청의 재량에 속하는 처분이라도 재량권의 한계를 넘거나 그 남용이 있는 때에는 법원은 이를 취소할 수 있다."고 규정하고 있는 행정소송법 제27조를 들 수 있다. 필요 최소한도의 경찰권행사는 비례원칙적인 요구이며, 경찰권의 남용이나 재량권행사의 일탈·남용 여부를 판단하는 데 있어서 비례원칙은 매우 중요한 기준이 되고 있다.

[판례] 운전면허를 취소한 처분이 재량권을 일탈한 위법이 있다고 본 사례

"원고의 음주정도, 이와 같은 음주운전으로 인하여 다른 범행을 야기하지 아니한 점, 음주 후의 운행거리, 위 운전면허취소처분으로 인하여 원고가 입게될 불이익 등 여러사정을 참작하여 보면 음주운전을 이유로 원고의 운전면허를 취소한 것은 도로교통법에 의하여 달하고자 하는 공익적 목적의 실현보다는 원고가 입게될 불이익이 훨씬 더 커서 이익교량의 원칙에 위배되어 재량권을 일탈한 위법이 있다(대판 1991.5.10, 91누1417)."

(3) 내용

비례원칙은 구체적으로는 적합성의 원칙, 필요성의 원칙, 상당성의 원칙으로 구성되어 있다.

1) 적합성의 원칙(Grundsatz der Geeignetheit)

적합성의 원칙은 행정작용으로 사용된 수단이 행정이 의도하는 목적달성에 적합한 것이어야 한다는 원칙이다(행정기본법 10 1호). 즉 특정한 목적달성을 위해서는 이와 사물적 관련성이 있는 수단을 활용하여야 한다는 것이다. 예컨대 건축법에 위반한 건축물에 대해서는 건축법이 정하고 있는 건축허가 등의 취소, 시정명령 등의 필요한 조치를 하는 것이 건축질서를 유지하고자 하는 공익목적에 사물적 관련성이 있는 적합한 수단이라 할 것이다. 그런데 만약 여기에 단전·단수조치를 하였다면 이는 건축법위반과는 사물적 관련성이 없는 조치라는 점에서 달성하려는 행정목적과 관련 없는 수단을 부당하게 결부시킨 것이 되어 적합성의 원칙에 반하는 위법한 조치가 될 수 있다.

이와 같이 적합성의 원칙은 목적달성과 관련 없는 수단을 부당하게 결부해서는 안 된다는 의

25) 행정기본법 제10조(비례의 원칙) 행정작용은 다음 각 호의 원칙에 따라야 한다.
1. 행정목적을 달성하는 데 유효하고 적절할 것
2. 행정목적을 달성하는 데 필요한 최소한도에 그칠 것
3. 행정작용으로 인한 국민의 이익 침해가 그 행정작용이 의도하는 공익보다 크지 아니할 것

미이므로, 이러한 점에서 행정작용을 함에 있어서 그것과 실체적으로 관련이 없는 반대급부를 결부시켜서는 안 된다는 부당결부금지의 원칙(Koppelungsverbot)은 적합성의 원칙과 같은 의미다.

2) 필요성의 원칙(Grundsatz der Erforderlichkeit)

필요성의 원칙은 행정조치는 설정된 목적달성을 위해 필요 최소한의 한도 내에서 이루어져야 한다는 원칙이다(행정기본법 10 2호). 즉 일정한 행정목적달성을 위해 여러 가지 수단들이 존재한다면, 이 가운데 개인의 권리침해가 가장 최소한이 되는 수단부터 활용하여야 한다는 것이다. 이러한 의미에서 이를 최소침해의 원칙이라고도 한다. 예컨대 건축법에 위반되는 건축물에 대하여 건축법이 시정명령, 이행강제금, 대집행의 수단을 규정하고 있는데, 위반건축물의 시정을 통하여 건축질서를 다시 확립할 수 있다면 시정명령을 하는 것이 필요성의 원칙에 부합하는 것이 된다. 이 경우 시정명령으로도 목적을 달성할 수 있음에도 이행강제금 부과처분을 하게 되면 이는 필요성의 원칙에 반하는 위법한 처분이 된다.

3) 상당성의 원칙(Grundsatz der Angemessenheit)

상당성의 원칙은 위 두 원칙이 충족되더라도 당해 조치에 의한 침해의 정도와 그 추구하는 목적 사이에 적정한(angemessen) 비례관계가 있어야 한다는 원칙으로, 이를 좁은 의미의 비례원칙이라고도 한다. 즉 상당성의 원칙은 '당해 조치로 얻어지는 공익'과 '그로 인해 초래된 개인의 불이익'을 비교형량(比較衡量)하여 후자보다 전자가 더 커야 한다는 원칙이다(행정기본법 10 3호). 예컨대 도로교통법에서는 주취 중 운전을 하면 운전면허를 취소할 수 있다고 규정하고 있는데, 화물차 운전자가 도로교통법령이 정한 기준을 초과한 음주운전으로 면허가 취소된 경우에, 이 면허취소처분이 적법한지의 여부를 판단하기 위해서는 상당성의 원칙에 따라 음주의 동기·정도·운전거리·사고관련성 여부·직업과 운전면허와의 관련성·생계곤란 여부 등을 종합적으로 검토하여 운전면허취소로 얻어지는 공익이 면허취소로 개인이 입게 되는 불이익보다 현저한지를 판단해 보아야 할 것이다.[26)]

> [판례] 합격취소 처분이 비례원칙을 위반하여 위법한지 여부
>
> "(갑 대학교 총장이 갑 대학교 법학전문대학원에 입학하여 3학년에 재학 중인 을에 대하여 을이 학사학위 미취득으로 입학자격 미달이라는 이유로 합격취소를 통보한 사안에서) … <u>합격처분을 취소함으로써 실현되는 대학원 입학시험의 형평성, 대학원 입학제도의 공정한 운영의 이익, 대학원의 자율성 등의 공익보다 처분으로 말미암아 침해되는 을의 법익이 훨씬 더 중대하므로, 합격취소 처분이 현저하게 비례원칙을 위반하여 재량권을 일탈·남용한 것으로서 위법하다</u>(광주고등법원 2015.4.16. 선고 2014누6226 판결)."

26) 위 대판 1991.5.10, 91누1417 참조.

4) 세 원칙의 상호관계

위의 세 가지 원칙은 비례원칙의 내용을 이루는 것이므로 어느 하나의 원칙에 대한 위반이 이루어져도 즉시 비례원칙에 대한 위반으로서 위법의 효과가 발생한다.

4. 신뢰보호원칙 *

(1) 의의

신뢰보호원칙은 행정청의 일정한 명시적이거나 묵시적인 언동의 정당성 또는 존속성에 대한 개인의 보호가치 있는 신뢰는 보호해 주어야 한다는 원칙을 말한다. 신뢰보호원칙은 불문법원칙으로 독일의 학설·판례를 통하여 정립·발전되어 오다가, 1976년 독일연방행정절차법에서 위법한 행정행위의 취소(48)와 적법한 행정행위의 철회(49)가 제한되는 근거로 명문으로 규정되기에 이르렀다. 영미법상의 금반언(禁反言)의 법리(Estoppel)도 신뢰보호원칙과 유사한 이념을 가진 것으로 일종의 fair play의 한 표현이라고 할 수 있다. 행정기본법 제12조[27]도 신뢰보호원칙을 규정하고 있다.

과거에는 행정의 법률적합성의 원리의 관점에서 행정청은 위법한 행정행위를 자유롭게 직권으로 취소할 수 있는 것으로 보았다. 그러나 경우에 따라서는 수익적 행정행위의 경우에 그 행정행위가 위법하다 하여 직권취소가 가능하다고 하게 되면 이를 신뢰한 개인의 법적 안정성을 해칠 수 있으며, 이는 법의 목적인 정의의 실현에도 부합하지 않는 것이다. 이에 따라 오늘날에는 위법한 행정행위의 직권취소는 신뢰보호원칙에 의하여 제한을 받는다는 것이 일반화되었다.

이와 같이 신뢰보호원칙은 궁극적으로 법치국가의 요청이라 볼 수 있다. 예컨대 과세관청의 언동에 의해 납세자가 과세가 없으리라 믿은 데 충분한 이유가 이었음에도 불구하고, 나중에 과세처분이 발급된 경우, 그 과세처분이 비록 '합법적'일지라도 그로 인해 납세자의 권익침해가 실제로 발생하게 된다는 문제가 있다. 따라서 이 경우에는 형식적 합법성을 희생시켜서라도 납세자의 신뢰를 보호해 주는 것이 실질적 법치주의가 목적으로 하는 인권보장에 부합하는 것이 될 것이다. 이러한 의미에서 신뢰보호원칙은 정의의 이념을 바탕으로 실질적 법치주의를 실현하는 원칙이라고 할 수 있다.

---

* 사법시험(1993년), 사법시험(1999년), 사법시험(2011년), 입법고시(2009년), 행정고시(2002년), 변호사시험(2019년), 5급 공채(2022년).

27) 행정기본법 제12조(신뢰보호의 원칙) ① 행정청은 공익 또는 제3자의 이익을 현저히 해칠 우려가 있는 경우를 제외하고는 행정에 대한 국민의 정당하고 합리적인 신뢰를 보호하여야 한다.
② 행정청은 권한 행사의 기회가 있음에도 불구하고 장기간 권한을 행사하지 아니하여 국민이 그 권한이 행사되지 아니할 것으로 믿을 만한 정당한 사유가 있는 경우에는 그 권한을 행사해서는 아니 된다. 다만, 공익 또는 제3자의 이익을 현저히 해칠 우려가 있는 경우는 예외로 한다.

(2) 근거

1) 이론적 근거

신뢰보호원칙의 이론적 근거에 대해서는 민법상의 신의성실원칙의 한 적용 예로 보는 신의칙설을 비롯하여 사회국가원리설, 기본권설, 독자적 원칙설 등 다양한 견해가 제시되고 있으나, 오늘날은 신뢰보호원칙은 법치국가원리의 구성내용인 행정의 법률적합성의 원칙과 법적 안정성 중 법적 안정성에 근거한 것이라는 법적 안정성설이 다수설 및 판례의 입장이다.[28]

2) 실정법적 근거

신뢰보호원칙의 실정법적 근거로 종래 '국세기본법 제18조 제3항과 행정절차법 제4조 제2항'[29]을 들고 있었는데, 이들은 행정관행의 '평등적' 적용에 관한 규정으로 이를 신뢰보호원칙의 직접적·구체적 내용으로 보기는 어려웠다.

한편 행정기본법 제12조 제1항은 '행정청은 행정에 대한 국민의 정당하고 합리적인 신뢰를 보호하여야 한다'고 규정하여 신뢰보호원칙을 명문으로 규정하고 있다. 다만 요건이나 한계에 관한 구체적인 내용은 여전히 학설·판례에 맡겨져 있다.

(3) 신뢰보호원칙의 적용요건

1) 선행조치

행정청의 일정한 선행조치가 있어야 한다. 판례에 따르면 선행조치로서 공적인 견해표명이 있어야 한다. 공적인 견해표명인 이상 행정청의 특정한 행위형식을 요구하는 것은 아니다. 따라서 적극적이든 소극적이든, 명시적이든 묵시적이든 어떠한 공적인 견해표명이 있으면 된다.

[판례1] 개발제한구역법령에 따라 수립한 충전소 등 배치계획에 주변 도로가 포함되어 있는 것을 충전소 설치 허가를 거부하지는 않겠다는 공적 견해를 표명한 것으로 볼 수 있는지 여부

"(이 사건 고시에서 액화석유가스충전소 배치계획 수립기준으로 개발제한구역의 보전, 교통량 및 시설 이용 편리성 등을 고려하도록 정하고 있을 뿐인 점 등을 고려하면) <u>이 사건 고시에서 액화석유가스 충전소의 설치 허가 대상으로 정한 도로 구간에 이 사건 시장을 둘러싼 도로 구간이 모두 포함되어 있다는 사정만으로, 피고가 '이 사건 시장에 인접한 장소라는 이유로 자동차용 액화석유가스 충전소의 설치 허가를 거부하지는 않겠다'는 의사를 공적으로 표명한 것이라고 보기 어렵다</u>(대판 2016.1.28, 2015두52432)."

28) 헌재결 1996.4.25, 94헌마119; 1997.7.16, 97헌마38 등; 대판 2006.11.16, 2003두12899 등 참조.
29) 앞의 행정선례법 참조.

[판례2] 행정청이 공적인 견해를 표명한 후 사정이 변경됨에 따라 그 견해표명에 반하는 처분을 한 경우, 신뢰보호의 원칙에 위반되는지 여부(원칙적 소극)

"신뢰보호의 원칙은 행정청이 공적인 견해를 표명할 당시의 사정이 그대로 유지됨을 전제로 적용되는 것이 원칙이므로, 사후에 그와 같은 사정이 변경된 경우에는 그 공적 견해가 더 이상 개인에게 신뢰의 대상이 된다고 보기 어려운 만큼, 특별한 사정이 없는 한 행정청이 그 견해표명에 반하는 처분을 하더라도 신뢰보호의 원칙에 위반된다고 할 수 없다(대판 2020.6.25, 2018두34732[관리처분계획인가처분취소])."

2) 보호가치 있는 신뢰

선행조치의 정당성 또는 존속성에 대한 개인의 신뢰가 보호가치 있는 것이어야 한다. 즉 선행조치의 성립에 사기·강박·수뢰·부정신고 등의 부정행위가 있었거나, 선행조치의 위법성에 대한 인식이 있었거나 또는 과실로 위법성을 인식하지 못한 경우에는 신뢰의 보호가치성이 부인된다.[30] 요컨대 선행조치가 정당하다고 신뢰한 데 대하여 개인에게 귀책사유가 없어야 한다.

3) 관계인의 조치

행정청의 선행조치를 신뢰한 이해관계인이 그 신뢰를 바탕으로, 예컨대 투자조치 또는 건축개시 등과 같은 일정한 조치를 하여야 한다.

4) 인과관계

행정청의 선행조치와 이를 신뢰한 이해관계인의 조치 간에는 인과관계가 있어야 한다. 즉 행정청의 선행조치로 인하여 개인의 신뢰가 성립하고 이를 기초로 개인의 특정한 행위가 있어야 한다.

5) 선행조치에 반하는 행정처분의 존재

신뢰보호원칙이 적용되기 위해서는 행정청이 선행조치에 반하는 처분을 함으로써 이를 신뢰한 개인의 이익이 침해되는 결과가 초래되어야 한다. 여기에서 개인의 신뢰에 반하는 행정청의 행

---

30) 독일 연방행정절차법 제48조 제2항

(2) 일회적·계속적 금전급부나 가분적 현물급부를 내용으로 하거나 또는 이를 전제로 하고 있는 위법한 행정행위는, 이해관계인이 행정행위의 존재를 신뢰하였고 그의 신뢰가 취소하여야할 공익과의 형량에서 보호가치가 있는 한, 이를 취소할 수 없다. 일반적으로 이해관계인이 자신에게 보장된 급부를 사용하였거나 또는 이미 지급된 금전이나 현물을 더 이상 되돌릴 수 없거나 또는 그렇게 하기 위해서는 기대하기 어려운 손해를 감수하여야 하는 경우에 신뢰가 보호가치가 있다. 이해관계인이

1. 사기, 강박, 수뢰로 행정행위를 성취하였거나,
2. 부정확하고 불완전한 사실에 기인하여 행정행위를 성취하였거나,
3. 행정행위의 위법성을 알고 있었거나 또는 중대한 과실로 이를 알지 못하였을 때에는, 이해관계인은 신뢰를 증명할 수 없다.

제3문의 경우에는 행정행위는 통상 소급하여 취소된다.

정작용으로서 처분이 존재하여야 하는 것은 현행 행정심판법과 행정소송법상 처분만이 이른바 항고쟁송의 대상이 되는 것과 관련이 있다. 다시 말해서 처분을 통하여 개인의 신뢰이익이 구체적으로 침해되어야 행정쟁송(항고쟁송)을 통하여 권리구제가 가능하게 된다는 의미이다.

6) 기타

대법원은 신뢰보호원칙의 소극적 적용요건으로 선행조치에 따른 행정처분을 할 경우 '공익 또는 제3자의 정당한 이익을 현저히 해할 우려가 없을 것'을 제시하고 있다. 행정기본법 제12조 제1항도 이를 명문으로 규정하고 있다.

그러나 신뢰보호원칙은 법치국가원리를 구성하는 행정의 법률적합성과 법적 안정성 가운데 법적 안정성을 근거로 한 것이라고 이해하면, 이 원칙이 적용되기 위해서는 당연히 행정의 합법성에 대한 이익, 관계인의 신뢰이익 기타 관계되는 이익들 간의 이익형량이 필요한 것이므로, 이를 신뢰보호의 소극적인 '적용요건'으로 이해할 필요는 없다고 판단된다.

[판례] 행정청의 행위에 대하여 신뢰보호의 원칙이 적용되기 위한 요건과 그 요건인 행정청의 공적 견해표명이 있었는지 여부의 판단 기준 및 개인의 귀책사유의 의미

"일반적으로 행정상의 법률관계에 있어서 행정청의 행위에 대하여 신뢰보호의 원칙이 적용되기 위하여는, 첫째 행정청이 개인에 대하여 신뢰의 대상이 되는 공적인 견해표명을 하여야 하고, 둘째 행정청의 견해표명이 정당하다고 신뢰한 데에 대하여 그 개인에게 귀책사유가 없어야 하며, 셋째 그 개인이 그 견해표명을 신뢰하고 이에 기초하여 어떠한 행위를 하였어야 하고, 넷째 행정청이 위 견해표명에 반하는 처분을 함으로써 그 견해표명을 신뢰한 개인의 이익이 침해되는 결과가 초래되어야 하는바, 어떠한 행정처분이 이러한 요건을 충족하는 때에는 공익 또는 제3자의 정당한 이익을 현저히 해할 우려가 있는 경우가 아닌 한 신뢰보호의 원칙에 반하는 행위로서 위법하다(대법원 1999.3.9. 선고 98두19070 판결, 대법원 2006.6.9. 선고 2004두46 판결 등 참조). 한편, 행정청의 공적 견해표명이 있었는지의 여부를 판단함에 있어서는, 반드시 행정조직상의 형식적인 권한분장에 구애될 것은 아니고, 담당자의 조직상의 지위와 임무, 당해 언동을 하게 된 구체적인 경위 및 그에 대한 상대방의 신뢰가능성에 비추어 실질에 의하여 판단하여야 하고(대법원 1997.9.12. 선고 96누18380 판결 등 참조), 그 개인의 귀책사유라 함은 행정청의 견해표명의 하자가 상대방 등 관계자의 사실은폐나 기타 사위의 방법에 의한 신청행위 등 부정행위에 기인한 것이거나 그러한 부정행위가 없더라도 하자가 있음을 알았거나 중대한 과실로 알지 못한 경우 등을 의미한다고 해석함이 상당하고, 귀책사유의 유무는 상대방과 그로부터 신청행위를 위임받은 수임인 등 관계자 모두를 기준으로 판단하여야 한다(대법원 2000.11.8. 선고 2001두1512 판결 등 참조) (대판 2008.1.17, 2006두10931)."

(4) 행정의 법률적합성의 원칙과 신뢰보호원칙과의 관계

신뢰보호원칙의 적용요건을 모두 구비하였다고 하더라도, 신뢰보호원칙이 바로 적용되는 것은 아니다. 최종적으로 신뢰보호가 적용되기 위해서는 행정의 법률적합성과 신뢰보호의 충돌문제가 해결되어야 한다.

이에 관하여는 법치행정의 기본원리인 행정의 법률적합성이 신뢰보호보다 우위에 있다는 법률적합성우위설과 양자가 동위·동가치라는 동위설이 있는데, 신뢰보호원칙은 법치국가원리의 구성내용인 법률적합성과 법적 안정성 중에서 법적 안정성을 근거로 하는 것으로 이해하면, 동위설이 타당하다. 동위설이 지배적인 견해이다.

결국 동위설의 입장에서 행정의 법률적합성과 신뢰보호가 동위라면, 구체적인 경우에 '적법상태의 실현에 의하여 달성되는 공익'과 '행정작용의 계속성·존속성에 대한 개인의 신뢰이익' 간의 이익형량을 통하여 문제를 해결하여야 할 것이다. 판례도 이와 같은 이익형량을 통하여 신뢰보호원칙의 적용 여부를 결정하고 있다.

[판례1] 이익형량을 통한 신뢰보호원칙의 적용 사례

"비록 지방자치단체장이 당해 토지형질변경허가를 하였다가 이를 취소·철회하는 것은 아니라 하더라도 지방자치단체장이 토지형질변경이 가능하다는 공적 견해표명을 함으로써 이를 신뢰하게 된 당해 종교법인에 대하여는 그 신뢰를 보호하여야 한다는 점에서 형질변경허가 후 이를 취소·철회하는 경우를 유추·준용하여 그 형질변경허가의 취소·철회에 상당하는 당해 처분으로써 지방자치단체장이 달성하려는 공익 즉, 당해 토지에 대하여 그 형질변경을 불허하고 이를 우량농지로 보전하려는 공익과 위 형질변경이 가능하리라고 믿은 종교법인이 입게 될 불이익을 상호 비교·교량하여 만약 전자가 후자보다 더 큰 것이 아니라면 당해 처분은 비례의 원칙에 위반되는 것으로 재량권을 남용한 위법한 처분이라고 봄이 상당하다(대판 1997.9.12, 96누18380)."

[판례2] 교육환경평가승인신청을 반려하는 처분이 신뢰보호원칙에 반하는지 여부

"(갑 주식회사가 교육환경보호구역에 해당하는 사업부지에 콘도미니엄을 신축하기 위하여 교육환경평가승인신청을 한 데 대하여, 관할 교육지원청 교육장이 갑 회사에 '관광진흥법에 따른 휴양 콘도미니엄업이 교육환경법에 따른 금지행위 및 시설로 규정되어 있지는 않으나 성매매 등에 대한 우려를 제기하는 민원에 대한 구체적인 예방대책을 제시하시기 바람'이라고 기재된 보완요청서를 보낸 후 교육감으로부터 '콘도미니엄업에 관하여 교육환경법 제9조 제27호를 적용하라'는 취지의 행정지침을 통보받고 갑 회사에 교육환경평가승인신청을 반려하는 처분을 한 사안에서) 교육장이 보완요청서에서 '휴양 콘도미니엄업이 교육환경법 제9조 제27호에 따른 금지행위 및 시설로 규정되어 있지 않다'는 의견을 밝힌 바 있으나, 이는 교육장이 최종적으로 교육환경평가를 승인해 주겠다는 취지의 공적 견해를 표명한 것이

라고 볼 수 없고 오히려 수차례에 걸쳐 갑 회사에 보낸 보완요청서에 의하면 현 상태로는 교육환경평가승인이 어렵다는 취지의 견해를 밝힌 것에 해당하는 점, 갑 회사는 위 처분으로 침해받는 이익이 그다지 크다고 보기 어려운 반면 학생들의 학습권과 교육환경에 미치는 부정적 영향이 매우 큰 점 등에 비추어, 위 처분은 신뢰의 대상이 되는 교육장의 공적 견해표명이 있었다고 보기 어렵고, 교육장의 교육환경평가승인이 공익 또는 제3자의 정당한 이익을 현저히 해할 우려가 있는 경우에 해당하므로 신뢰보호원칙에 반하지 않는다(대판 2020.4.29, 2019두52799[교육환경평가승인반려처분취소])."

이러한 이익형량과 관련하여 제3자의 이익도 형량에 포함되어야 할 것이다(제3자 보호의 문제). 즉 신뢰보호원칙은 제3자의 정당한 이익을 침해하면서까지 적용될 수 있는 것은 아니다. 이 경우 제3자의 이익이 어느 정도 고려되어야 하는가 하는 것은 구체적인 정황들을 종합적으로 고려하여 판단하여야 할 것이다.

(5) 존속보호와 보상보호의 문제

헌법상의 재산권보장과 마찬가지로 신뢰보호는 '존속보호'가 원칙이고, '보상보호'는 보충적으로 가능하다. 따라서 우선적으로는 개인이 신뢰한 바를 존속시킴으로써 개인의 신뢰를 보호하는 것이 원칙이고, 이익형량을 통하여 공익이나 제3자의 이익이 우선되어 개인의 신뢰를 보호하기 어려울 때에는 이로 인한 손해나 손실을 전보함으로써 개인의 침해된 권익이 보상되어야 한다.

(6) 신뢰보호원칙의 적용례

1) 위법한 수익적 행정행위의 직권취소의 제한

과거에는 행정청은 행정의 법률적합성의 원칙상 위법한 행정행위는 자유로이 직권으로 취소할 수 있다고 이해되었다. 그러나 오늘날에는 신뢰보호원칙에 의하여, 특히 수익적 행정행위는 비록 위법하다 하더라도 그 취소가 신뢰보호원칙에 의하여 제한을 받게 되었다(행정기본법 18 ②).

독일의 연방행정절차법은 제48조 제2항에서 행정행위가 금전급부와 가분적 현물급부를 대상으로 하고 수익자가 이러한 내용의 급부를 이미 소비하거나 그의 재산권의 일부분으로 체화되어 신뢰보호원칙의 구성요건이 충족되는 경우에는 이러한 행정행위를 취소할 수 없도록 규정하고 있다(신뢰보호를 통한 권리의 존속보호). 반면에 동조 제3항은 여타의 위법한 수익적 행정행위의 경우에는 원칙적으로 취소가 가능하지만 상대방이 이러한 행정행위의 존속을 신뢰하여 신뢰보호원칙의 요건이 충족되는 한 재산적 손실에 대한 조절적 보상을 인정하고 있다(신뢰보호를 통한 권리의 보상보호).

2) 적법한 수익적 행정행위의 철회권의 제한

상대방의 신뢰보호를 위한 위법한 수익적 행정행위 직권취소권 제한의 법리는 철회의 경우에도 그대로 적용된다(행정기본법 19 ②). 독일 연방행정절차법은 새로운 사정의 발생, 법률의 변경, 중대한 공익의 보호필요 등의 이유로 수익적 행정행위가 철회되는 경우에는 신뢰보호에 따라 이로 인하여 발생한 재산상의 불이익을 보상하도록 규정하고 있다.

3) 실권(Verwirkung) *

수익적 행정행위의 경우에 상대방은 그러한 처분이 언제라도 제한 없이 취소될 수 있다면 법적 불안정을 면할 수 없게 된다. 그러므로 직권취소권의 경우에도 일정 기간 동안 취소권을 행사하지 않으면 취소권이 상실되는데 이를 실권(失權)의 법리라고 한다.

독일 연방행정절차법은 행정청이 위법한 행정행위의 취소사유를 알게 된 때부터 1년 이내에 직권취소권을 행사하도록 규정하고 있다(48 ④).

한편 우리 판례도 이 법리를 인정하고 있다.

[판례] 실권 또는 실효의 법리의 의미

"실권 또는 실효의 법리는 법의 일반원리인 신의성실의 원칙에 바탕을 둔 파생원칙인 것이므로 공법관계 가운데 관리관계는 물론이고 권력관계에도 적용되어야 함을 배제할 수 없다 하겠으나, 그것은 본래 권리행사의 기회가 있음에도 불구하고 권리자가 장기간에 걸쳐 그의 권리를 행사하지 아니하였기 때문에 의무자인 상대방은 이미 그의 권리를 행사하지 아니할 것으로 믿을 만한 정당한 사유가 있게 되거나 행사하지 아니할 것으로 추인케 할 경우에 새삼스럽게 그 권리를 행사하는 것이 신의성실의 원칙에 반하는 결과가 될 때 그 권리행사를 허용하지 않는 것을 의미하는 것이다(대판 1988.4.27, 87누915)."

행정기본법 제12조 제2항은 신뢰보호원칙의 파생원칙으로 실권을 규정하고 있는데, 다만 여기에는 −독일의 경우와 달리− 기간이 명문화되어 있지 않다. 한편 행정기본법 제23조는 제재처분의 경우에는 '위반행위가 종료된 날로부터 5년이 지나면 할 수 없다'고 하여 '제재처분의 제척(除斥)기간'을 규정하고 있는데, 이도 실권의 법리를 적용한 것이다.

4) 확약(Zusicherung)

행정청이 장차 상대방에게 일정한 행정행위를 하거나 하지 않을 것을 약속하는 것을 확약이라고 한다. 신뢰보호원칙과 관련하여 확약은 일종의 행정청의 선행조치에 해당하는 것이 된다. 행정청이 확약을 하게 되면, 별도의 사정 및 법변경이 없는 한, 신뢰보호원칙에 의하여 확약을

* 5급공채(행정)(2016년).

이행하여야 할 구속을 받게 된다. 독일 연방행정절차법은 확약에 대하여 명문의 규정을 두고 있다(38).

5) 계획변경

계획이 폐지되거나 변경되는 경우에 이를 신뢰한 개인이 손해를 입을 가능성이 크다. 그러므로 경우에 따라서는 계획의 폐지·변경 등에 따르는 개인의 신뢰보호가 문제될 수 있다. 독일에서는 이와 관련하여 계획보장청구권(Plangewährleistung)의 법리가 논의되었으나 일반적으로, 특수한 경우를 제외하고는, 계획보장청구권의 인정 문제에 대해서는 부정적인 견해가 지배적이다.

6) 처분사유의 추가·변경

판례는 행정처분의 취소를 구하는 항고소송에서 처분청이 당초 처분의 근거로 삼은 사유와 기본적 사실관계가 동일성이 있다고 인정되는 한도 내에서만 다른 사유를 추가하거나 변경할 수 있다고 보면서, 그 이유는 행정처분의 상대방의 방어권을 보장함으로써 실질적 법치주의를 구현하고 행정처분의 상대방에 대한 신뢰를 보호하고자 함이라고 하고 있다(대판 2003.12.11, 2001두8827).

7) 소급효

법령이 소급하여 효력을 발생하게 되면, 기존의 법상태를 신뢰한 개인의 법적 지위를 침해할 수 있다. 따라서 소급효로 인한 개인의 법적 불안정을 방지하기 위하여 원칙적으로 소급효는 금지된다. 여기에서 원칙적으로 금지되는 소급효는 이미 종료한 법률관계나 사실관계에 법령의 효력이 미치는 진정소급효의 경우이다. 그러나 이미 종료하지 않고 아직 진행 중인 법률 및 사실관계에 법령의 효력이 미치게 되는 부진정소급효의 경우에는 원칙적으로는 법령의 부진정소급에 대한 이익이 개인의 신뢰보호이익 보다 우선한다고 볼 수 있다(대판 2000.3.10, 97누13818). 그렇지만 부진정소급효의 경우에도 항상 부진정소급의 이익이 우선되는 것만은 아니고, 구체적인 경우에 신뢰보호이익과의 비교형량에 따라 결정되어야 할 것이다.

5. 기타 원칙

(1) 성실의무 및 권한남용금지의 원칙

행정기본법 제11조 제1항은 "행정청은 법령등에 따른 의무를 성실히 수행하여야 한다."고 하여 성실의무를 규정하고 있다. 이는 종래 학설·판례로도 인정되어 오던 '법의 일반원칙'을 규정한 것이기도 하고, 행정절차법 제4조 제1항, 국세기본법 제15조에 규정되어 있는 신의성실의 원칙을 규정한 것이기도 하다. 다만 '신의성실의 원칙'이라는 용어 때문에 사법상 원칙으로 오해될 소지가 있어 '성실의무의 원칙'으로 용어를 변경한 것이다.

행정기본법 제11조 제2항은 "행정청은 행정권한을 남용하거나 그 권한의 범위를 넘어서는 아니 된다."고 하여 권한남용금지의 원칙을 규정하고 있다. 이는 법령에 규정된 공익목적에 반하여 행정권한을 행사하는 것을 금지한다는 원칙이다. 따라서 사적 목적이나 법령이 정한 바와는 다른 행정목적으로 행정권한을 행사하면 권한남용금지의 원칙에 반하는 것이 된다. 판례도 권한남용금지를 법치국가원리에서 파생된 일반원칙으로 이해하고 있다.

[판례]

"국세기본법은 제81조의4 제1항에서 "세무공무원은 적정하고 공평한 과세를 실현하기 위하여 필요한 최소한의 범위에서 세무조사를 하여야 하며, 다른 목적 등을 위하여 조사권을 남용해서는 아니 된다."라고 규정하고 있다. 이 사건 조항은 세무조사의 적법 요건으로 객관적 필요성, 최소성, 권한 남용의 금지 등을 규정하고 있는데, 이는 법치국가원리를 조세절차법의 영역에서도 관철하기 위한 것으로서 그 자체로서 구체적인 법규적 효력을 가진다. 따라서 세무조사가 과세자료의 수집 또는 신고내용의 정확성 검증이라는 그 본연의 목적이 아니라 부정한 목적을 위하여 행하여진 것이라면 이는 세무조사에 중대한 위법사유가 있는 경우에 해당하고 이러한 세무조사에 의하여 수집된 과세자료를 기초로 한 과세처분 역시 위법하다고 보아야 한다. 세무조사가 국가의 과세권을 실현하기 위한 행정조사의 일종으로서 과세자료의 수집 또는 신고내용의 정확성 검증 등을 위하여 필요불가결하며, 종국적으로는 조세의 탈루를 막고 납세자의 성실한 신고를 담보하는 중요한 기능을 수행한다 하더라도 만약 그 남용이나 오용을 막지 못한다면 납세자의 영업활동 및 사생활의 평온이나 재산권을 침해하고 나아가 과세권의 중립성과 공공성 및 윤리성을 의심받는 결과가 발생할 것이기 때문이다(대판 2016.12.15, 2016두47659[증여세등부과처분취소])."

(2) 부당결부금지의 원칙

행정기본법 제13조는 "행정청은 행정작용을 할 때 상대방에게 해당 행정작용과 실질적인 관련이 없는 의무를 부과해서는 아니 된다."고 하여 부당결부금지의 원칙을 규정하고 있다. 부당결부금지의 원칙(Koppelungsverbot)은 행정작용과 실체적으로 관련이 없는 반대급부를 결부시켜서는 안 된다는 원칙으로 비례원칙 중 적합성의 원칙과 같은 의미다.

부당결부금지의 원칙은 주로 행정행위의 부관과 관련하여 논의되고 행정기본법도 이에 관하여 규정하고 있지만(행정기본법 17 ④ 1호), 이 원칙은 비례원칙의 일부로서 행정행위뿐 아니라 공법상 계약을 포함한 모든 행정작용에 적용되는 원칙이다.

제5절 행정법의 효력

Ⅰ. 시간적 효력

1. 효력발생

(1) 공포

헌법개정·법률·조약·대통령령·총리령 및 부령의 공포와 헌법개정안·예산 및 예산 외 국고부담계약의 공고는 관보(官報)에 게재함으로써 한다. 국회법 제98조 제3항 전단에 따라 하는 국회의장의 법률 공포는 서울특별시에서 발행되는 둘 이상의 일간신문에 게재함으로써 한다(법령 등 공포에 관한 법률(법령공포법) 11 ①, ②).

지방자치법 제33조에 따른 조례와 규칙의 공포는 해당 지방자치단체의 공보에 게재하는 방법으로 한다. 다만, 지방자치법 제32조 제6항에 따라 지방의회의 의장이 공포하는 경우에는 공보나 일간신문에 게재하거나 게시판에 게시한다(지자법 33 ①).

(2) 공포일

법령 등의 공포일 또는 공고일은 해당 법령 등을 게재한 관보 또는 신문이 발행된 날로 한다(법령공포법 12). 여기에서 '발행된 날'이 언제인가가 문제된다. 이에 관하여는 관보일자시설·발송절차완료시설·최초구독가능시설 등이 있는데, 최초구독가능시설이 통설과 판례의 입장이다.

(3) 시행일

시행일은 효력발생일을 의미한다. 법령과 조례·규칙은 그 시행일에 관하여 특별한 규정이 없으면 공포한 날로부터 20일을 경과함으로써 효력을 발생한다(헌법 53 ⑦, 법령공포법 13, 지자법 32 ⑧). 행정법규범은 일반적으로 강행규범이 대부분이므로 이를 국민들에게 주지시킬 일정한 시간적 간격이 필요하다. 이에 따라 특별한 규정이 없는 한 공포일과 시행일간에 20일간의 간격을 두도록 하고 있는 것이다. 이를 주지기간이라 한다. 과거에는 공포일을 시행일로 하는 경우도 있었으나, 오늘날 대부분의 법령은 시행일을 따로 규정하고 있다.

행정기본법은 훈령·예규·고시·지침 등을 포함한 법령등의 시행일을 정하거나 계산할 때에는 ① 법령등을 공포한 날부터 시행하는 경우에는 공포한 날을 시행일로 하고, ② 법령등을 공포한 날부터 일정 기간이 경과한 날부터 시행하는 경우 법령등을 공포한 날을 첫날에 산입하지 아니하며, ③ 법령등을 공포한 날부터 일정 기간이 경과한 날부터 시행하는 경우 그 기간의 말일이 토요일 또는 공휴일인 때에는 그 말일로 기간이 만료한다고 규정하고 있다(행정기본법 7).

2. 소급적용금지의 원칙과 예외*

(1) 소급적용의 의의

새로운 법령이 과거에 종결된 법률관계나 사실관계에 적용되는 것을 법령의 소급적용이라 한다. 법령의 소급적용에는 법령의 시행 이전에 이미 종결된 사실이나 법관계에 적용되는 진정소급과 법령의 시행 이전에 시작되었으나 현재에도 진행 중인 사실이나 법관계에 적용되는 부진정소급이 있다.

(2) 소급적용금지의 원칙

법령은 기본적으로 소급적용을 하지 않는 것이 원칙인데, 이를 불소급의 원칙 또는 소급적용금지의 원칙이라고 한다. 그 근거로는 법적 안정성과 개인의 신뢰보호를 내용으로 하는 법치국가원리를 들 수 있다. 우리 헌법도 소급입법에 의하여 참정권의 제한을 받거나 재산권을 박탈당하지 아니한다고 규정하고 있다(헌법 13 ②).

(3) 진정소급의 경우

여기에서 불소급의 원칙은 본래 진정소급의 금지를 의미하는 것이다. 따라서 진정소급적용은 원칙적으로 금지된다. 행정기본법도 "새로운 법령등은 법령등에 특별한 규정이 있는 경우를 제외하고는 그 법령등의 효력 발생 전에 완성되거나 종결된 사실관계 또는 법률관계에 대해서는 적용되지 아니한다."고 규정하고 있다(행정기본법 14 ①).

다만 헌법재판소는 소급입법과 관련하여 소급입법을 예상할 수 있는 경우, 소급입법에 의한 당사자의 손실이 매우 경미한 경우, 소급입법을 정당화하는 중대한 공익상의 사유가 존재하는 경우 등에는 예외적으로 진정소급이 허용될 수 있다고 하고 있는데[판례2], 법령의 진정소급적용의 경우에도 이에 준하여 판단하면 될 것이다.

(4) 부진정소급의 경우

부진정소급은 현재에도 진행 중인 사건에 새 법령을 적용하는 것이므로 원칙적으로 허용된다. 이 경우 통상 부진정소급에 대한 공익이 개인의 신뢰보호이익 보다 우선한다고 볼 수 있겠으나, 경우에 따라서는 신뢰보호의 이익 때문에 부진정소급이 제한되는 경우도 있을 것이다[판례3]. 이와 같은 문제로 인하여 부진정소급의 경우에는 신구관계의 조정을 위하여 새로운 법령에 경과규

---

* 사법시험(2003년), 행정고시(재경)(2009년), 변호사시험(2019년).

정을 두는 것이 일반적이다.

[판례1] 헌법불합치결정에 따라 개선입법이 이루어졌을 때, 헌법불합치결정 이후에 제소된 일반사건에 관하여 개선입법이 소급하여 적용될 수 있는 경우

"위헌으로 결정된 법률 또는 법률의 조항은 형벌에 관한 것이 아닌 한 그 결정이 있는 날로부터 효력을 상실하고(헌법재판소법 제47조 제2항), 어떠한 법률조항에 대하여 헌법재판소가 헌법불합치결정을 하여 입법자에게 법률조항을 합헌적으로 개정 또는 폐지하는 임무를 입법자의 형성 재량에 맡긴 이상, 개선입법의 소급적용 여부와 소급적용의 범위는 원칙적으로 입법자의 재량에 달린 것이다. 따라서 어느 법률 또는 법률조항에 대한 적용중지의 효력을 갖는 헌법불합치결정에 따라 개선입법이 이루어진 경우 헌법불합치결정 이후에 제소된 일반사건에 관하여 개선입법이 소급하여 적용될 수 있는지 여부는, 그와 같은 입법형성권 행사의 결과로 만들어진 개정법률의 내용에 따라 결정되어야 하므로, 개정법률에 소급적용에 관한 명시적인 규정이 있는 경우에는 그에 따라야 하고, 개정법률에 그에 관한 경과규정이 없는 경우에는 다른 특별한 사정이 없는 한 헌법불합치결정 전의 구법이 적용되어야 할 사안에 관하여 개정법률을 소급하여 적용할 수 없는 것이 원칙이다(대판 2015.5.29, 2014두35447)."

☞ 해설: 이 사안은 군인의 연금지급과 관련된 것으로, 헌법불합치결정 이후에 제소된 일반사건에 대해서는 개선입법에 소급규정이 있는 경우에만 소급이 가능하다는 기준을 정립하였다는 점에서 의의가 있다.

[판례2] 종래 인정되던 관행어업권에 대하여 2년 이내에 등록하여야 입어할 수 있도록 한 법률조항이 소급입법에 의하여 재산권을 박탈하는 규정에 해당하는지 여부

"소급입법은 새로운 입법으로 이미 종료된 사실관계 또는 법률관계에 작용케 하는 진정소급입법과 현재 진행중인 사실관계 또는 법률관계에 작용케 하는 부진정소급입법으로 나눌 수 있는바, 부진정소급입법은 원칙적으로 허용되지만 소급효를 요구하는 공익상의 사유와 신뢰보호의 요청 사이의 교량과정에서 신뢰보호의 관점이 입법자의 형성권에 제한을 가하게 되는데 반하여, 기존의 법에 의하여 형성되어 이미 굳어진 개인의 법적 지위를 사후입법을 통하여 박탈하는 것 등을 내용으로 하는 진정소급입법은 개인의 신뢰보호와 법적 안정성을 내용으로 하는 법치국가원리에 의하여 특단의 사정이 없는 한 헌법적으로 허용되지 아니하는 것이 원칙이고, …
다만 일반적으로 국민이 소급입법을 예상할 수 있었거나 법적 상태가 불확실하고 혼란스러워 보호할 만한 신뢰이익이 적은 경우와 소급입법에 의한 당사자의 손실이 없거나 아주 경미한 경우 그리고 신뢰보호의 요청에 우선하는 심히 중대한 공익상의 사유가 소급입법을 정당화하는 경우 등에는 예외적으로 진정소급입법이 허용된다(헌재결 1999.7.22, 97헌바76)."

[판례] 토지보상법 시행규칙 시행일 전에 사업인정고시가 이루어졌으나 시행 후 보상계획의 공고·통지가 이루어진 공익사업에 대해서도 위 시행규칙을 적용하도록 규정한 위 시행규칙 부칙이 진정소급입법에 해당하는지 여부(소극)

"사업인정고시일 전부터 해당 토지를 소유하거나 사용권원을 확보하여 적법하게 농업에 종사해 온 농민은 사업인정고시일 이후에도 수용개시일 전날까지는 해당 토지에서 그간 해온 농업을 계속할 수 있다. 그러나 사업인정고시일 이후에 수용개시일 전날까지 농민이 해당 공익사업의 시행과 무관한 어떤 다른 사유로 경작을 중단한 경우에는 손실보상의 대상에서 제외될 수 있다. 사업인정고시가 이루어졌다는 점만으로 농민이 구체적인 영농보상금 청구권을 확정적으로 취득하였다고는 볼 수 없으며, 보상협의 또는 재결절차를 거쳐 협의성립 당시 또는 수용재결 당시의 사정을 기준으로 구체적으로 산정되는 것이다.

또한 토지보상법 시행규칙 제48조에 따른 영농보상은 수용개시일 이후 편입농지에서 더 이상 영농을 계속할 수 없게 됨에 따라 발생하는 손실에 대하여 장래의 2년간 일실소득을 예측하여 보상하는 것이므로, 수용재결 당시를 기준으로도 영농보상은 아직 발생하지 않은 장래의 손실에 대하여 보상하는 것이다.

따라서 토지보상법 시행규칙 부칙(2013.4.25.) 제4조 제1항이 영농보상금액의 구체적인 산정방법·기준에 관한 2013.4.25. 국토교통부령 제5호로 개정된 토지보상법(이하 '개정 시행규칙'이라 한다) 제48조 제2항 단서 제1호를 개정 시행규칙 시행일 전에 사업인정고시가 이루어졌으나 개정 시행규칙 시행 후 보상계획의 공고·통지가 이루어진 공익사업에 대해서도 적용하도록 규정한 것은 진정소급입법에 해당하지 않는다(대판 2020.4.29, 2019두32696[손실보상금])."

[판례3] 행정처분의 근거가 되는 개정 법령의 적용이 소급입법에 의한 재산권 침해인지 여부 및 법령불소급원칙의 적용범위

"행정처분은 근거 법령이 개정된 경우에도 경과규정에서 달리 정함이 없는 한 처분 당시 시행되는 법령과 그에 정한 기준에 의하는 것이 원칙이다. 개정 법령이 기존의 사실 또는 법률관계를 적용대상으로 하면서 국민의 재산권과 관련하여 종전보다 불리한 법률효과를 규정하고 있는 경우에도 그러한 사실 또는 법률관계가 개정 법령이 시행되기 이전에 이미 완성 또는 종결된 것이 아니라면 개정 법령을 적용하는 것이 헌법상 금지되는 소급입법에 의한 재산권 침해라고 할 수는 없다. 다만 개정 전 법령의 존속에 대한 국민의 신뢰가 개정 법령의 적용에 관한 공익상의 요구보다 더 보호가치가 있다고 인정되는 경우에 그러한 국민의 신뢰를 보호하기 위하여 적용이 제한될 수 있는 여지가 있을 따름이다.

법령불소급의 원칙은 법령의 효력발생 전에 완성된 요건 사실에 대하여 당해 법령을 적용할 수 없다는 의미일 뿐, 계속 중인 사실이나 그 이후에 발생한 요건 사실에 대한 법령적용까지를 제한하

는 것은 아니다(대판 2014.4.24, 2013두26552)."

☞ 해설: 공무원연금공단이 공무원으로 재직하다가 명예퇴직한 후 재직 중의 범죄사실로 징역형의 집행유예를 선고받고 확정된 갑에게 헌법재판소의 헌법불합치결정에 따라 개정된 공무원연금법 시행 직후 퇴직연금 급여제한처분 등을 하였고, 위 처분에 대한 취소소송 계속 중 다시 헌법재판소가 위 개정된 공무원연금법의 시행일 및 경과조치에 관한 부칙 규정에 대하여 위헌결정을 한 사안에서, 위 처분은 소급입법에 의한 재산권 침해가 문제 되지 않고 갑의 신뢰보호를 위하여 위 개정된 공무원연금법의 적용을 제한할 여지가 없다고 본 사례

[판례4] 현존하는 고속국도에 유료도로법 개정에 따라 통행료를 부과할 수 있는지 여부

"1977년 유료도로법에 따라 통행료를 징수할 수 없게 된 고속국도라 하더라도 1980년 유료도로법 또는 2001년 유료도로법에 따른 유료도로의 요건을 갖추었다면 그 시행 이후 도로를 통행하는 차량에 대하여 통행료를 부과할 수 있다고 해석하는 것이 타당하고, 이러한 해석이 헌법상 소급입법에 의한 재산권 침해 금지 원칙에 반한다고 볼 수 없다(대판 2015.10.15, 2013두2013)."

[판례5] 헌법재판소의 위헌결정의 효력이 미치는 범위 및 법적 안정성의 유지나 당사자의 신뢰보호를 위하여 불가피한 경우 위헌결정의 소급효를 제한할 수 있는지 여부(적극)* 31)

"[1] 헌법재판소의 위헌결정의 효력은 위헌제청을 한 '당해사건', 위헌결정이 있기 전에 이와 동종의 위헌 여부에 관하여 헌법재판소에 위헌여부심판제청을 하였거나 법원에 위헌여부심판제청신청을 한 '동종사건'과 따로 위헌제청신청은 아니하였지만 당해 법률 또는 법률 조항이 재판의 전제가 되어 법원에 계속 중인 '병행사건'뿐만 아니라, 위헌결정 이후 같은 이유로 제소된 '일반사건'에도 미친다. 하지만 위헌결정의 효력이 미치는 범위가 무한정일 수는 없고, 다른 법리에 의하여 그 소급효를 제한하는 것까지 부정되는 것은 아니며, 법적 안정성의 유지나 당사자의 신뢰보호를 위하여 불가피한 경우에 위헌결정의 소급효를 제한하는 것은 오히려 법치주의의 원칙상 요청된다.

[2] (사립학교교직원 연금법 제42조 제1항에 따라 사립학교 교직원에 준용되는 '재직 중의 사유로 금고 이상의 형을 받은 경우' 퇴직급여 등의 지급을 제한하는 구 공무원연금법 제64조 제1항 제1호에 대하여 2008.12.31.을 효력시한으로 한 헌법불합치결정이 내려졌으나 위 시한까지 개정되지 않은 상황에서 사립학교 교원 갑이 재직 중 고의범으로 집행유예의 형을 받고 퇴직하자, 사립학교 교직원연금공단이 갑에게 퇴직수당과 퇴직일시금을 지급하였고, 2009.12.31. 위 조항이 '직무와 관련이 없는 과실로 인한 경우' 등에는 퇴직급여 등의 지급 제한에서 제외한다는 내용으로 개정되면서 부칙 제1조 단서로 '제64조의 개정 규정은 2009.1.1.부터 적용한다'고 규정하자, 공단이 갑에 대하여 이미 지급한 돈의 일부를 환수하였는데, 그 후 위 부칙 제1조 단서 중 제64조의 개정 규정에 관한 부분이 소급입법 금지의 원칙에 반한

* 변호사시험(2018년).

31) 헌재결 1993.5.13, 92헌가10 참조.

다는 이유로 위헌결정을 받자, 갑이 공단을 상대로 환수금 상당의 부당이득반환을 구한 사안에서) 일반 사건에 대해서까지 위헌결정의 소급효를 인정함으로써 보호되는 갑의 권리구제라는 구체적 타당성 등의 요청이 이미 형성된 법률관계에 관한 법적 안정성의 유지와 당사자의 신뢰보호의 요청보다 현저히 우월하다고 단정하기 어렵다(대판 2017.3.9, 2015다233982[부당이득반환청구])."

[판례] 헌법재판소의 위헌결정의 효력이 국가배상청구소송이 위헌결정 당시까지 법원에 계속되어 있는 경우에도 미치는지 여부(적극) 및 위 손해배상청구권에 대하여 민법 제166조 제1항, 제766조 제2항이나 국가재정법 제96조 제2항에 따른 '객관적 기산점을 기준으로 하는 소멸시효'가 적용되는지 여부(소극)

"헌법재판소는 2018.8.30. 민법 제166조 제1항, 제766조 제2항 중 진실·화해를 위한 과거사정리 기본법(이하 '과거사정리법'이라 한다) 제2조 제1항 제3호의 '민간인 집단 희생사건', 같은 항 제4호의 '중대한 인권침해사건·조작의혹사건'에 적용되는 부분은 헌법에 위반된다는 결정을 선고하였다.

헌법재판소 위헌결정의 효력은 위헌제청을 한 당해 사건만 아니라 위헌결정이 있기 전에 이와 동종의 위헌 여부에 관하여 헌법재판소에 위헌여부심판제청이 되어 있거나 법원에 위헌여부심판제청신청이 되어 있는 경우의 당해 사건과 별도의 위헌제청신청 등은 하지 않았지만 당해 법률 또는 법조항이 재판의 전제가 되어 법원에 계속된 모든 일반 사건에까지 미친다.

따라서 위 위헌결정의 효력은 과거사정리법 제2조 제1항 제3호의 '민간인 집단 희생사건'이나 같은 항 제4호의 '중대한 인권침해사건·조작의혹사건'에서 공무원의 위법한 직무집행으로 입은 손해에 대한 배상을 청구하는 소송이 위헌결정 당시까지 법원에 계속되어 있는 경우에도 미친다고 할 것이어서, 그 손해배상청구권에 대해서는 민법 제166조 제1항, 제766조 제2항에 따른 '객관적 기산점을 기준으로 하는 소멸시효'는 적용되지 않고, 국가에 대한 금전 급부를 목적으로 하는 권리의 소멸시효기간을 5년으로 규정한 국가재정법 제96조 제2항(구 예산회계법 제96조 제2항) 역시 이러한 객관적 기산점을 전제로 하는 경우에는 적용되지 않는다(대판 2019.11.14, 2018다233686[손해배상(기)])."

[판례] 헌법재판소가 2021.5.27. 선고한 '구 광주민주화운동 관련자 보상 등에 관한 법률 제16조 제2항의 광주민주화운동과 관련하여 입은 피해 중 정신적 손해 부분은 헌법에 위반된다.'는 결정이 법원에 대하여 기속력이 있는지 여부(적극) 및 위 일부 위헌결정의 효력이 그 결정이 있기 전에 위 조항의 위헌 여부가 재판의 전제가 되어 법원에 계속 중이던 사건에 미치는지 여부(적극)

"헌법재판소는 2021.5.7. 구 광주민주화운동보상법 제16조 제2항의 '광주민주화운동과 관련하여 입은 피해' 중 '정신적 손해' 부분은 헌법에 위반된다는 결정을 선고하였다. 그 결정은 위와 같이 '광주민주화운동과 관련하여 입은 피해' 중 일부인 '정신적 손해' 부분을 위헌으로 선언함으로써 그 효력을 상실시켜 구 광주민주화운동보상법 제16조 제2항의 일부가 폐지되는 것과 같은 결과를 가져오는 일부 위헌결정으로서 법원에 대한 기속력이 있다.

이러한 위헌결정의 효력은 그 위헌결정이 있기 전에 구 광주민주화운동보상법 제16조 제2항의 위헌 여부가 재판의 전제가 되어 법원에 계속 중이던 사건에 미치므로, 구 광주민주화운동보상법에 따른 보상금 등을 받더라도 불법행위로 인한 정신적 손해에 대해서는 재판상 화해가 성립된 것으로 볼 법률상 근거가 사라지게 되었다(대판 2021.7.29, 2016다259363[손해배상(기)])."

(5) 처분시 적용법령(행위시법 또는 처분시법)의 문제

1) 문제의 소재

예컨대 법령에서 일정한 법령위반행위에 대하여 영업정지나 취소와 같은 제재처분[32]을 규정하고 있는데, 법령위반행위가 있은 후 경과규정 등 특별규정 없이 법령이 개정된 경우, 행정청은 위반행위시의 법(행위시법) 또는 처분시의 법 중 어느 법에 따라 제재처분을 하여야 하는가 하는 것이 문제이다.[33]

2021년 행정기본법이 제정되면서 이에 대한 규정을 두어 현재 이 문제는 입법적으로 해결되었으나, 그 이전에는 이에 대한 논란이 있었다.

2) 행정기본법 이전의 논의

가. 판례의 입장

① 판례는 과세처분이나 제재처분(면허취소, 과징금부과 등)의 경우 원칙적으로 행위시법이 적용된다고 하고 있다[판례1,2].[34] ② 그러나 수익처분의 신청에 대한 거부처분을 포함한 일반적인 행정처분의 경우에는 처분 당시에 시행되는 법령이 적용된다는 입장이다. 다만 이 경우 예외적으로 신청인의 신뢰보호를 이유로 처분시법 적용이 제한될 수 있다고 하고 있다[판례3,4].[35] 이 경우는 수익처분의 신청 등이 법령이 개정된 시점까지 계속되고 있는 경우로 보아야 하므로, 위의 경우와는 달리 부진정소급 여부가 문제되는 경우이다. ③ 한편 판례는 면허취소나 과징금부과처

32) "제재처분"이란 법령등에 따른 의무를 위반하거나 이행하지 아니하였음을 이유로 당사자에게 의무를 부과하거나 권익을 제한하는 처분을 말한다. 다만, 행정기본법 제30조 제1항 각 호에 따른 행정상 강제는 제외한다(행정기본법 2 5호).

33) 이에 대한 문헌으로는 졸고, 처분시 적용법령(행위시법·처분시법)의 문제, 공법학연구 제20권 제3호(2019.8), 한국비교공법학회, 383면 이하; 김주석, 판례평석: 행정법령에 있어서 해석에 의한 소급적용의 가능성, 법조 제57권 제5호(2008.5), 법조협회, 231면 이하; 박정훈, 처분사유발생 후 행정처분기준의 변경과 법적용관계, 경희법학 제50권 제4호(2015.12), 경희법학연구소, 131면 이하; 배정범, 법령의 변경과 행정처분 시의 적용법령, 법조 제67권 제6호(2018.12), 법조협회, 420면 이하; 이상수, "행정상 제재처분기준 변경시 신·구법간의 법적용관계", 법제(2002.5), 법제처, 67면 이하 등이 있다.

34) 대판 1962.7.26, 62누35; 대판 1982.12.28, 82누1; 대판 1983.12.13, 83누383; 대판 2002.12.10, 2001두3228.

35) 대판 2000.3.10, 97누13818; 대판 2005.7.29, 2003두3550; 대판 2014.7.14, 2012두23501.

분과 같은 제재처분의 경우에도 부진정소급에 해당하는 경우에는 처분시법이 적용된다고 하고 있다[판례5,6]. 이 경우는 위반사실이 현재까지 진행 중이어서 부진정소급의 경우라는 특징이 있다.

나. 학설

① 학설들은 대체로 행정처분의 경우에는 법령개정시 신법이 적용되는 것이 원칙이지만, 과세처분, 제재처분, 그 외에 장해등급결정처분 등은 예외적으로 행위시법이 적용되어야 한다는 견해인데,[36] 행위시법주의와 처분시법주의는 특히 행정처분의 주된 목적이 과거의 법위반행위에 대한 응보에 있는지 아니면 처분 당시 및 가까운 장래에 적법하고 합목적적인 행정질서를 유지하고 형성하는데 있는지를 기준으로 삼아 판단하여야 한다는 견해[37]도 있다. ② 관련문제로, 제재처분시 그 제재가 완화되는 내용의 개정법령을 적용할 수 있는가에 대해서는 '제재의 응보적 성격', '제재의 형평성' 등의 문제로 형법 제1조 제2항[38]과 같은 명문의 규정이 없는 한 불가능하다는 견해가 다수인데, 행정상 제재와 형벌은 본질적으로 다르기 때문에 이를 일률적으로 부정할 것이 아니라 유리한 법령의 소급적용 여부는 관계 법령 및 여러 구체적 정황을 고려하여 개별적으로 판단할 수 있는 것 아닌가 생각된다.

3) 행정기본법의 규정

가. 신청에 따른 처분(수익적 처분)의 경우

행정기본법은 "당사자의 신청에 따른 처분은 법령등에 특별한 규정이 있거나 처분 당시의 법령등을 적용하기 곤란한 특별한 사정이 있는 경우를 제외하고는 처분 당시의 법령등에 따른다(행정기본법 14 ②)."고 하여 수익적 행정행위의 경우에는 처분시법이 적용됨을 원칙으로 규정하고 있다.

나. 법령위반행위의 성립과 제재처분의 경우

반면에 "법령등을 위반한 행위의 성립과 이에 대한 제재처분은 법령등에 특별한 규정이 있는 경우를 제외하고는 법령등을 위반한 행위 당시의 법령등에 따른다. 다만, 법령등을 위반한 행위 후 법령등의 변경에 의하여 그 행위가 법령등을 위반한 행위에 해당하지 아니하거나 제재처분 기준이 가벼워진 경우로서 해당 법령등에 특별한 규정이 없는 경우에는 변경된 법령등을 적용한다(행정기본법 14 ③)."고 하여, '법령위반행위의 성립'과 '제재처분'의 경우는 행위시법을 적용하는 것을 원칙으로 하되, 다만 처분시법에서 더 이상 위반행위가 되지 않거나 제재가 완화된 경우에는 처분시법을 따르도록 하고 있다.

36) 김주석, 전게논문, 238면 이하; 박균성, 행정법론(상), 402면 이하; 박정훈, 전게논문, 143면 이하.
37) 배정범, 전게논문, 439면 이하.
38) 형법 제1조(범죄의 성립과 처벌) ① 범죄의 성립과 처벌은 행위 시의 법률에 따른다.
② 범죄후 법률이 변경되어 그 행위가 범죄를 구성하지 아니하게 되거나 형이 구법보다 가벼워진 경우에는 신법에 따른다.

4) 평가[39)]

① 행정기본법 제정 이전의 판례의 입장은 '법령개정시 적용법령의 문제'를 '법령의 소급적용에 관한 일반적인 논리'에 따라 판단하는 것으로 이해된다. 즉 일반적인 처분이든 제재처분이든, 해당 처분이 과거의 종결된 사안을 대상으로 하는 경우에는 행위시법을 적용하고, 현재까지 진행되는 사안을 대상으로 하는 경우에는 처분시법을 적용하여야 한다는 입장으로 이해된다. 이와 같이 판례가 '처분시 적용법령'의 문제를 '법령의 소급적용이 가능한가'하는 문제와 관련시켜 판단하는 것은 원칙적으로는 타당하다.

② 대부분의 학설은 개정법령의 적용 문제를 처분의 성질에 따라, 즉 '제재적 성질의 처분'은 행위시법, '그 밖의 처분'은 처분시법이 적용된다는 입장인데, '법령의 적용' 문제는 처분의 성질에 따라 그 적용이 달라지는 것이 아니고, 또한 행정상 '법령위반행위'나 '이에 대한 제재'는 '형벌'과는 본질적으로 다르기 때문에, 형벌의 응보적 특성이 제재처분에도 반드시 적용되어야 하는 것은 아니다. 따라서 단순하게 법령의 소급적용의 법리에 따라 판단하는 것이 합리적이고, 이러한 점에서 '제재처분의 경우 유리하게 개정된 법령의 소급적용 여부'도 '제재'라는 성질에 초점을 두기 것보다는 '부진정소급에서의 이익형량의 문제'로 판단하는 것이 법치행정의 이념에 보다 부합하는 것이라 생각한다.

③ 이에 따라 행정기본법의 규정도 −처분의 성질에 따라 구분할 것이 아니라− '법령의 소급적용에 관한 원칙'을 세우고 이 원칙이 적용되는 것으로 하는 것이 보다 타당하겠다.

[판례1] 건설업법위반 행위에 관한 법령의 변경과 행정상의 제재처분시 적용할 법령(=행위시 규정)

"위반행위를 이유로 한 행정상의 제재처분(행위당시에는 필요적 취소사유)을 하려면 그 위반행위 이후 법령의 변경에 의하여 처분의 종류를 달리(영업정지 사유로) 규정하였다 하더라도 그 법률적용에 관한 특별한 규정이 없다면 위반행위 당시에 시행되던 법령을 근거로 처분을 하여야 마땅하다(대판 1983.12.13, 83누383[영업정지처분무효확인])."

[판례2] 경과규정 등의 특별규정 없이 법령이 변경된 경우, 그 변경 전에 발생한 사항에 대하여 적용할 법령(=구 법령)

"법령이 변경된 경우 신 법령이 피적용자에게 유리하여 이를 적용하도록 하는 경과규정을 두는 등의 특별한 규정이 없는 한 헌법 제13조 등의 규정에 비추어 볼 때 그 변경 전에 발생한 사항에 대하여는 변경 후의 신 법령이 아니라 변경 전의 구 법령이 적용되어야 한다(대판 2002.12.10, 2001두3228[과징금부과처분취소])."

39) 졸고, 전게논문(공법학연구 제20권 제3호), 401면 이하 참조.

[판례3] 인·허가신청 후 처분 전에 관계 법령이 개정 시행된 경우, 변경된 법령 및 허가기준에 따라서 한 불허가처분의 위법 여부

"행정행위는 처분 당시에 시행중인 법령과 허가기준에 의하여 하는 것이 원칙이고, 인·허가신청 후 처분 전에 관계 법령이 개정 시행된 경우 신법령 부칙에 그 시행 전에 이미 허가신청이 있는 때에는 종전의 규정에 의한다는 취지의 경과규정을 두지 아니한 이상 당연히 허가신청 당시의 법령에 의하여 허가 여부를 판단하여야 하는 것은 아니며, 소관 행정청이 허가신청을 수리하고도 정당한 이유 없이 처리를 늦추어 그 사이에 법령 및 허가기준이 변경된 것이 아닌 한 변경된 법령 및 허가기준에 따라서 한 불허가처분은 위법하다고 할 수 없다(대판 2005.7.29, 2003두3550)."

[판례] 행정처분의 근거 법령이 개정된 경우, 처분의 기준이 되는 법령 / 행정청이 신청을 수리한 후 정당한 이유 없이 처리를 지연하여 그 사이에 법령 및 보상 기준이 변경된 경우, 그 변경된 법령 및 보상 기준에 따라서 한 처분이 위법한지(적극) 및 이때 정당한 이유 없이 처리를 지연하였는지 판단하는 방법

"행정처분은 그 근거 법령이 개정된 경우에도 경과 규정에서 달리 정함이 없는 한 처분 당시 시행되는 개정 법령과 거기에서 정한 기준에 의하는 것이 원칙이고, 개정 법령의 적용과 관련하여 개정 전 법령의 존속에 대한 국민의 신뢰가 개정 법령의 적용에 관한 공익상의 요구보다 더 보호가치가 있다고 인정되는 경우에 국민의 신뢰를 보호하기 위하여 개정 법령의 적용이 제한될 수 있는 여지가 있다. 행정청이 신청을 수리하고도 정당한 이유 없이 처리를 지연하여 그 사이에 법령 및 보상 기준이 변경된 경우에는 그 변경된 법령 및 보상 기준에 따라서 한 처분은 위법하고, '정당한 이유 없이 처리를 지연하였는지'는 법정 처리기간이나 통상적인 처리기간을 기초로 당해 처분이 지연되게 된 구체적인 경위나 사정을 중심으로 살펴 판단하되, 개정 전 법령의 적용을 회피하려는 행정청의 동기나 의도가 있었는지, 처분지연을 쉽게 피할 가능성이 있었는지 등도 아울러 고려할 수 있다(대판 2023.2.2, 2020두43722[건축허가신청불허가처분취소])."

[판례4] 보상금 신청 후 처분 전에 보상 기준과 대상에 관한 관계 법령의 규정이 개정된 경우 보상금지급 여부를 결정하는 기준이 되는 법령 / 행정청이 정당한 이유 없이 처리를 지연하여 변경된 법령 및 보상 기준에 따라서 한 처분이 적법한지 여부(소극) 및 판단방법

"보상금 신청 후 처분 전에 보상 기준과 대상에 관한 관계 법령의 규정이 개정된 경우 처분 당시에 시행되는 개정 법령에 정한 기준에 의하여 보상금지급 여부를 결정하는 것이 원칙이지만, 행정청이 신청을 수리하고도 정당한 이유 없이 처리를 지연하여 그 사이에 법령 및 보상 기준이 변경된 경우에는 변경된 법령 및 보상 기준에 따라서 한 처분은 위법하다. 여기에서 '정당한 이유 없이 처리를 지연하였는지'는 법정 처리기간이나 통상적인 처리기간을 기초로 당해 처분이 지연되게 된 구

체적인 경위나 사정을 중심으로 살펴 판단하되, 개정 전 법령의 적용을 회피하려는 행정청의 동기나 의도가 있었는지, 처분지연을 쉽게 피할 가능성이 있었는지 등도 아울러 고려할 수 있다(대판 2014.7.24, 2012두23501[보상금청구기각처분취소])."

[판례5] 행정처분의 근거 법령이 개정 시행된 경우, 개정된 법령 및 기준에 따른 처분의 적부(한정 적극)

"행정처분은 그 근거 법령이 개정된 경우에도 경과 규정에서 달리 정함이 없는 한 처분 당시 시행되는 개정 법령과 그에서 정한 기준에 의하는 것이 원칙이고, 그 개정 법령이 기존의 사실 또는 법률관계를 적용대상으로 하면서 종전보다 불리한 법률효과를 규정하고 있는 경우에도 그러한 사실 또는 법률관계가 개정 법률이 시행되기 이전에 이미 종결된 것이 아니라면 이를 헌법상 금지되는 소급입법이라고 할 수는 없으며, 그러한 개정 법률의 적용과 관련하여서는 개정 전 법령의 존속에 대한 국민의 신뢰가 개정 법령의 적용에 관한 공익상의 요구보다 더 보호가치가 있다고 인정되는 경우에 그러한 국민의 신뢰보호를 보호하기 위하여 그 적용이 제한될 수 있는 여지가 있을 따름이다(대판 2001.10.12, 2001두274[의사면허취소처분취소])."

[판례] 여러 개의 부당공동행위를 1개의 행위로 보아 개정법의 과징금부과기준율을 적용할 수 있는지 여부(대판 2010.3.11, 2008두15176[과징금부과처분취소])

☞ 사업자들이 여러 차례에 걸쳐 부당한 공동행위를 할 것을 합의하고 각각 실행하였는데, 최초의 합의 및 실행행위와 마지막 합의 및 실행행위 사이에 법령이 변경된 사안에서 공정거래위원회는 여러 차례에 걸친 부당 공동행위에 대한 합의와 실행이 전체적으로 1개의 부당한 공동행위에 해당하는 것으로 보아 여러 부당공동행위에 대하여 일률적으로 신법상 과징금 부과기준율을 적용하였다. 이에 대하여 대법원은 부당한 공동행위를 규제하는 공정거래법의 입법 취지 등에 비추어 볼 때 원고의 구법에 대한 신뢰가 신법의 적용에 대한 공익상의 요구와 비교·형량하여 더 보호가치 있는 신뢰에 해당한다고 볼 수 없는 점 등을 이유로 이 사건 부당한 공동행위의 전 기간에 대하여 일률적으로 3.5%의 부과기준율을 적용한 것은 헌법상 소급적용 금지의 원칙이나 비례·형평의 원칙에 반한다고 할 수 없다고 하였다. 위 사안의 경우도 사업자들의 여러 차례에 걸친 부당공동행위가 법개정시까지 진행된, 부진정소급의 경우라는 점에서 신법을 적용하는 것이 타당하다.

[참고 판례] 과태료 부과의 근거 법률이 개정되어 행위 시의 법률에 의하면 과태료 부과대상이었지만 재판 시의 법률에 의하면 과태료 부과대상이 아니게 된 경우, 과태료를 부과할 수 있는지 여부(원칙적 소극)

"[1] 과태료 부과에 관한 일반법인 질서위반행위규제법에 의하면, 질서위반행위의 성립과 과태료 처분은 원칙적으로 행위 시의 법률에 따르지만(제3조 제1항), 질서위반행위 후 법률이 변경되어 그 행위가 질서위반행위에 해당하지 아니하게 되거나 과태료가 변경되기 전의 법률보다 가볍게 된 때에는 법률에 특별한 규정이 없는 한 변경된 법률을 적용하여야 한다(제3조 제2항).

따라서 질서위반행위에 대하여 과태료 부과의 근거 법률이 개정되어 행위 시의 법률에 의하면 과태료 부과대상이었지만 재판 시의 법률에 의하면 과태료 부과대상이 아니게 된 때에는 개정 법률의 부칙에서 종전 법률 시행 당시에 행해진 질서위반행위에 대해서는 행위 시의 법률을 적용하도록 특별한 규정을 두지 않은 이상 재판 시의 법률을 적용하여야 하므로 과태료를 부과할 수 없다.

[2] (국가경찰공무원으로서 경감 직위에서 퇴직한 갑이 '철도건널목 안전관리 및 경비' 등의 업무를 담당하는 경비사업소장으로 을 주식회사에 취업한 후 취업제한 여부 확인요청서를 제출하였는데, 갑에 대하여 취업 전에 취업제한 여부 확인요청을 하지 않았다는 이유로 과태료가 부과되었고, 이에 갑이 항고하였으나 항고심법원이 2019.12.3. 법률 제16671호로 개정된 공직자윤리법이 공포된 상태임에도 시행일까지 기다리지 아니한 채 항고기각 결정을 한 사안에서) 과태료 재판 계속 중에 개정·시행된 공직자윤리법령에 의하면 갑이 취업제한 여부 확인요청대상자의 범위에서 제외될 여지가 있으므로 이 경우 재판 시의 법률에 따라 과태료를 부과할 수 없게 된다는 이유로 원심결정을 파기한 사례(대결 2020.11.3, 2020마5594[공직자윤리법위반])."

3. 효력의 소멸

일반적으로 법령은 신법에 의한 명시적 폐지, 상호 저촉되는 내용의 신법의 제정, 한시법에서의 유효기간의 도래 등에 의하여 효력을 상실하게 된다.

한편 비형벌조항에 대하여 잠정 적용하는 또는 적용을 중지하는 헌법불합치결정이 선고되었으나 위헌성이 제거된 개선입법이 이루어지지 않은 채 개정시한이 지난 경우, 그 법률조항의 효력이 상실되는 시점이 언제인가 하는 문제가 있는데, 판례는 ① 잠정적용의 경우는 그 법률조항의 효력이 상실되었다고 하더라도 그 효과는 장래에 향해서만 미칠 뿐이고, 당해 사건이라고 하여 이와 달리 취급할 이유는 없지만, ② 적용중지의 경우에는 헌법불합치결정 시점과 법률조항의 효력이 상실되는 시점 사이에 아무런 규율도 존재하지 않는 법적 공백을 방지할 필요가 있으므로 헌법불합치결정이 있었던 때로 소급하여 효력을 상실한다고 한다(대판 2020.1.30, 2018두49154[세무대리업무등록취소처분취소등]).

Ⅱ. 지역적 효력

행정법규범은 그 규범의 제정권자의 권한이 미치는 지역에 대해서만 효력을 가진다. 따라서 법률이나 법규명령은 그 지역적 효력이 전국에 미치지만, 조례는 당해 지방자치단체의 관할구역에만 미친다.

다만 법령의 경우에도 특정 지역에만 적용되는 것으로 그 적용지역을 한정하는 경우에는 예외적으로 해당 지역에 대해서만 효력을 미친다.

Ⅲ. 대인적 효력

행정법규범은 속지주의 원칙에 따라 당해 지역 안에 있는 모든 자에게 적용된다. 이때 자연인·법인·내국인·외국인 여하는 불문한다.

다만 국제법상 치외법권이 인정되는 외국원수 또는 외교사절에 대하여는 국내행정법규범이 적용되지 않는다.

국내에 주둔하는 외국군대의 구성원에 대하여는 협정체결(예: 한미행정협정)을 통해 국내행정법규범의 적용이 제한되기도 한다.

외국인에 대하여는 국내행정법규범이 적용되는 것이 원칙이나 경우에 따라서는 상호주의가 적용되는 경우도 있다(예: 국배법 7).

국내행정법규범은 국외의 한국인에 대하여도 효력이 미친다.

제 3 장 행정상 법률관계

제 1 절 행정상 법률관계의 의의

법률관계란 권리주체 상호간의 권리의무관계를 말하는 것으로, 일방 당사자가 다른 쪽 당사자에 대하여 일정한 작위·부작위·급부·수인을 요구할 수 있는 권리를 가지고, 다른 쪽 당사자는 이에 따른 의무를 부담하는 관계를 말한다.

따라서 행정상 법률관계란 행정주체인 국가 또는 공공단체와 그 상대방간의 권리의무관계를 말한다. 일반적으로 행정상 법률관계는 좁은 의미로 이와 같은 행정작용법적인 관계를 의미한다. 일반적으로 행정상 법률관계는 다시 행정상 공법관계와 행정상 사법관계로 구분된다. 여기에서 행정상 공법관계만을 행정법관계라고 한다.

행정상 법률관계는 전통적으로 행정주체의 우월성을 바탕으로 하는 권력관계를 중심으로 발전하였다. 그리하여 행정상 법률관계는 전통적인 권력관계와 국고관계를 내용으로 하는 행정상 사법관계로 대별되는 것으로 이해되어 왔다. 이러한 권력관계와 국고관계를 중심으로 하는 행정상 법률관계는 19세기 후반에 이르러 소위 비권력관계의 출현으로 커다란 변화를 경험하게 되었다. 이에 따라 공법관계는 권력관계와 비권력관계로 분화되게 되었다. 또 다른 한편 공물의 관리나 공공재화의 제공 등을 내용으로 하는 비권력관계의 특성에서 기인하여 20세기 후반에 이르면서는 공법관계와 사법관계의 중간영역으로 소위 행정사법(行政私法)의 형식이 등장하게 되었다.

제 2 절 행정상 법률관계의 종류

넓은 의미로 행정상 법률관계는 행정조직법적 관계와 행정작용법적 관계로 나뉜다. 좁은 의미로는 행정작용법적 관계만을 행정상 법률관계로 파악한다.

행정작용법적 관계는 공법의 영역인 행정상 공법관계와 사법의 영역인 행정상 사법관계로 구분된다. 행정상 공법관계는 공권력행사와 관련된 권력관계와 공물의 관리·공공재화의 공급과 같이 공권력행사의 실체가 없는 비권력관계로 나뉜다. 행정상 사법관계는 일반적으로 국고관계를 의미한다.

행정상 법률관계: 행정에 관한 법률관계의 총칭

행정조직법적 관계

행정작용법적 관계

행정상 공법관계

행정상 사법관계(국고관계, 행정사법관계)

권력관계
(침해관계)

비권력관계
(관리관계 · 급부관계)

Ⅰ. 행정조직법적 관계

행정조직법적 관계는 '행정조직내부관계'와 '행정주체상호간의 관계'로 나누어 볼 수 있다.

행정조직내부관계란, 예컨대 국가의 내부기관(예: 행정안전부와 기획재정부), 지방자치단체의 내부기관(예: 집행기관과 의결기관) 간의 관계와 같이, 행정주체의 내부관계를 말한다. 행정내부기관은 독립한 권리주체성이 없으므로, 별도의 규정(예: 기관소송)이 없는 한, 분쟁이 발생하더라도 행정소송의 대상이 되지 아니한다.

행정주체 상호간의 관계란 국가 간, 국가와 지방자치단체 간 또는 지방자치단체 간의 관계를 말한다. 국가와 지방자치단체는 독립한 권리주체이므로 권리의무관계가 성립될 수 있고, 따라서 법적 분쟁이 발생하면 항고소송과 같은 행정소송을 제기하거나, 권한쟁의와 같은 헌법소송을 청구할 수 있다.

Ⅱ. 행정작용법적 관계

행정작용법적 관계는 전통적으로 권력관계와 비권력관계(행정상 공법관계) 그리고 국고관계(행정상 사법관계)로 구분할 수 있다.

1. 권력관계

권력관계는 행정상 법률관계의 중심적인 것으로서, 예컨대 시정명령, 과세처분 등과 같이, 행정주체가 공권력의 주체로서 우월적 지위에서 국민에 대하여 일방적으로 공권력을 행사하는 관계이다. 이는 대등한 사인간의 관계인 사법관계와는 근본적으로 구별되는 것으로서, 여기에는 공법이 적용되며 순수한 사법규정은 적용되지 않는다. 권력관계에서는 행정주체의 행정행위에 공정력·존속력·강제력 등의 우월한 효력이 인정된다. 권력관계에서의 분쟁에 대해서는 민사소송이 아니라, 항고쟁송을 제기하여야 한다.

2. 비권력관계(관리관계·급부관계)

비권력관계는 행정주체가 공물(公物)을 유지·관리하거나 공공재화나 서비스를 제공·공급하거나 사인들을 일정한 방향으로 유도하는 관계를 말한다. 이와 같이 비권력관계는 관리행정·급부행정·유도행정 등으로 구성되는 것으로서 권력관계와는 달리 공권력행사로서의 실체가 없는 관계이다. 이 점에서 이를 단순고권적 관계라고도 한다. 그렇지만 비권력관계는 공법관계라는 점에서 행정상 사법관계인 국고관계와는 본질적인 차이가 있다.

비권력관계는 행정주체가 우월한 지위에서 공권력을 행사하는 것이 아니라, 예컨대 하천의 관리나 전기·수도 등의 공급과 같이, 공물이나 공기업 등의 관리주체의 지위에서 공공서비스를 제공한다는 점에서 성질상 사인의 행위와 유사한 점이 있다. 그러나 그 법률관계의 내용이 공공의 이익과 밀접한 관련이 있기 때문에 이를 위하여 특별한 공법적 규율을 받게 되는 것이다.

이와 같이 비권력관계는 기본적으로는 공법이 적용되는 공법관계이기는 하지만, 이를 규율하는 공법규정이 없는 경우에는 행정주체에게 비권력관계의 법적 형식을 공법으로 할 것인지 사법으로 할 것인지 선택의 자유가 인정되는 영역이기도 하다.

3. 국고관계*

국고관계(國庫關係)는 행정주체가 국고, 즉 사법상의 재산권주체로서 행위하는 법률관계를 말한다. 국고관계는 대체로 행정의 보조활동(조달행정), 재산관리 그리고 행정의 영리활동 등으로 나뉜다. 행정의 보조활동은 행정주체가 업무수행에 필요한 물품구매계약, 건물의 건설도급계약 등을 체결하는 것으로서 이 경우에 행정주체는 개인과 동등한 지위를 가지며 원칙적으로 사법규정이 적용된다.

물론 이러한 법률관계는 국가가 당사자가 되고 국가 등의 예산이 수반되는 것이기 때문에 행정작용의 공정성과 투명성을 보장하기 위하여 국가재정법, 지방재정법, 국유재산법, 공유재산법, 국가계약법 등에 의한 일정한 규제와 제한을 받지만, 그렇다고 해서 기본적으로 사법관계로의 성질이 변하는 것은 아니다.

행정상 사법관계를 좁은 의미로 파악하는 경우에는 국고관계를 행정상 사법관계라고 부르기도 한다.

---

* 사법시험(2016년).

[판례] 지방자치단체가 일반재산을 매각하는 것의 법관계(사법)

"지방자치단체가 일반재산을 입찰이나 수의계약을 통해 매각하는 것은 기본적으로 사경제주체의 지위에서 하는 행위이므로 원칙적으로 사적 자치와 계약자유의 원칙이 적용된다. 지방자치단체를 당사자로 하는 계약에 관한 법률(이하 '지방계약법'이라 한다) 제6조 제1항은 계약자유의 원칙과 신의성실의 원칙이 적용된다는 점을 명시적으로 인정하되, 다만 지방자치단체는 지방계약법 등 관계 법령에 규정된 계약상대자의 계약상 이익을 부당하게 제한해서는 안 된다고 정하고 있다. 공유재산 및 물품 관리법과 그 시행령 및 지방계약법과 그 시행령에서는 일반재산의 매각에 관하여 방법, 절차, 가격 결정 등을 상세히 정하고 있다. 이러한 규정은 사적 자치와 계약자유의 원칙에 일정한 제한을 두어 매각절차의 투명성과 공정성을 확보하고 거래 상대자의 이익을 보호하여 지방자치단체가 체결하는 계약이 공익에 합치되도록 하려는 것이다(대판 2017.11.14, 2016다201395[소유권이전등기말소등])."

[판례] 국유재산법상 일반재산에 관한 관리·처분의 권한을 위임받은 기관의 일반재산 대부 행위의 법적 성질

"국유재산법상 일반재산에 관한 관리·처분의 권한을 위임받은 기관의 일반재산 대부 행위는 국가나 지방자치단체가 사경제 주체로서 상대방과 대등한 위치에서 행하는 사법상 계약이므로 그 권리관계는 사법의 규정이 적용됨이 원칙이다. 다만 계약당사자의 일방이 국가나 지방자치단체이고 그 목적물이 국유재산이라는 공적 특성이 있어서 국유재산법 등 특별법의 규제를 받을 수 있다. 이는 국유재산법상 일반재산에 해당하는 준보전국유림도 마찬가지다. 준보전국유림에 관한 대부계약은 국가가 사경제 주체로서 대부를 받는 자와 대등한 위치에서 체결한 사법상 계약이므로 그에 관한 권리관계를 특별히 규제하는 법령이 없는 이상 민법상 임대차에 관한 사법상 규정이 적용될 수 있다(대판 2022.10.14, 2020다289163[토지인도])."

4. 행정사법(行政私法)관계

(1) 행정사법의 의의

독일의 볼프(Wolff)와 지버츠(Sieberts)에 의하여 1950년대에 처음 제기된 행정사법(Verwaltungsprivatrecht)이론은 주로 급부행정작용과 유도행정작용과 같은 비권력관계에서의 행정작용을 사법의 형식을 통하여 수행하는 경우를 말한다.

국고관계는, 예컨대 국가가 사경제주체로서 활동하는 법관계로서, 여기에서의 국가는 외형상으로는 국가이지만, 실질은 사인인 것이다. 그러나 비권력관계에서 국가는 국가의 지위에서 일정한 공물이나 공기업을 관리하거나 공공재화를 공급하는 것이다. 이미 언급한 바와 같이 급부행정,

관리행정 등을 포함하는 비권력관계에서는 이들 관계를 규율하는 공법규정이 없는 한 행정주체에게 행위형식의 선택권(Wahlfreiheit der Handlungsformen)이 주어진다.

예를 들어, 행정주체가 일정한 공공재화나 공공서비스를 제공하는 경우에 이에 관한 공법규정이 있는 경우에는 이에 따라야 하지만, 이와 같은 공법규정이 없는 경우에는 재화나 서비스의 공급을 공법의 형식으로 해도 되고 사법의 형식으로 해도 된다.

※ 참고: 서울시의 수도공급관계 ⇒ 공법관계

서울특별시 수도조례 [서울특별시조례 제7782호, 2020.12.31, 타법개정]

제23조(수도요금의 징수) ① 시장은 수도사용자등으로부터 수도요금을 징수한다.

제28조(납기와 징수방법) ① 수도요금의 납기는 해당월 말일까지로 한다.

② 요금은 격월고지, 격월징수를 원칙으로 한다. 다만, 급수의 중지, 급수설비의 폐지 등 시장이 필요하다고 인정할 때에는 따로 납기를 정하여 징수할 수 있다.

제31조(수도요금의 감면) ① 시장은 다음 각 호의 어느 하나에 해당하는 경우에는 수도요금의 일부 또는 전부를 감면할 수 있다.

제48조(사무위임) ① 이 조례에서 규정한 시장의 사무를 서울특별시상수도사업본부장(이하 "본부장"이라 한다)에게 위임한다.

② 본부장은 시장으로부터 위임받은 사무를 별표 5에 따라 서울숲연구원장, 수도사업소장에게 위임한다.

⇒ 이렇게 볼 때, 공법상의 조직형식(서울시가 수도공급) + 공법적 급부관계(서울시가 일방적으로 공급하고 수도요금 징수)

만일 비권력관계에서 행정주체의 급부에 관한 공법규정이 없을 경우, 행정주체가 공법상의 각종 제한을 피하기 위해 사법적 급부관계(예컨대, 재화 또는 서비스의 공급계약)를 택하게 되면, '공법상의 조직형식(국가 또는 공공단체가 공급)'과 '사법적 급부관계(계약에 의한 급부와 이용료)'가 결합하게 되는데, 이를 행정주체의 행정사법적 활동이라 한다.[1)]

행정이 이와 같이 사법의 형식을 취하는 이유는 각종 '공법적 규율'을 피하기 위해서 이다. 즉 비권력행정도 공행정이므로 이러한 업무를 수행함에 있어서는 원칙적으로 관련 규정의 준수, 기본권 존중, 비례·평등원칙과 같은 행정법의 일반원칙의 준수와 같은 공법적인 제한이 따르게 된다. 따라서 이와 같은 공법적인 제한을 피하기 위하여 사법의 형식을 취하게 되는 것이다. 이와 같은

1) 한편 행정사법과 비권력관계의 구별이 어렵다는 이유에서 행정사법의 개념을 부정하는 견해(류지태/박종수, 행정법신론, 120면; 한견우, 현대행정법강의, 390면)가 있으나, 행정사법은 사법의 형식이고 비권력관계는 원칙적으로 공법의 형식이므로, 상호 근본적으로 구별되는 것이다.

현상을 행정의 사법으로의 도피(Flucht in das Privatrecht)라고 부르기도 한다.

행정사법은 원칙적으로 사법이 적용되는 사법관계라는 점에서 넓게는 행정상 사법관계에 속한다. 행정사법관계에서의 분쟁은 원칙적으로 민사소송에 의한다.[2)]

그러나 행정이 사법의 형식으로 행위하여 여기에 사법이 적용된다고 하더라도, 이러한 행정사법적 활동은 어디까지나 '사법형식'에 의하여 '직접적으로 공행정업무'를 수행하는 것이라는 점에서 국고행위와는 구별된다.[3)] 이와 같이 행정사법관계는 공행정의 영역으로서 공익을 실현하는 작용이라는 점에서 이를 순수한 사법의 영역으로 방치할 수는 없는 것이고, 따라서 여기에 일정한 공법적 구속이 필요하다는 것이 행정사법이론인 것이다. 이에 따라 행정사법에는 공법적 규율이 가해진다거나 또는 사법상의 원리가 제한·수정된다.

(2) 공법적 규율 및 사법원리의 제한·수정

1) 공법규정에 의한 작용권한의 부여

공법규정에 의하여 행정주체가 당해 활동을 할 수 있는 권한이 부여되어 있어야 한다. 예컨대 공공재화의 공급을 사법적으로 하는 경우에도 당해 행정주체가 이와 같은 재화를 공급할 수 있는 권한은 공법규정에 의하여 주어져야 한다.

2) 기본권 및 공법원칙의 전면적 기속

행정사법작용은 원천적으로 국가의 비권력적 행정작용이므로 비록 사법관계이기는 하지만 국민의 기본권 및 공법상의 일반원칙이 직접적으로 적용된다. 이것이 행정사법에 대한 기본권 등의 전면적 기속이론이다. 여기에서 가장 핵심이 되는 기본권은 평등권이며, 기타의 공법원칙으로는 비례의 원칙, 신뢰보호의 원칙 등을 들 수 있다. 이는 행정의 사법으로의 도피를 억제하는 의미를 가진다.

3) 사법원리의 제한·수정

행정사법영역에서는 사법상의 행위능력에 관한 규정, 의사표시에 관한 규정 등의 수정이 가능할 수도 있고, 그 밖에도 행정주체에게 계약강제·해약제한·계속적 영업의무 등이 인정될 수 있다.

---

2) 이에 대하여 행정쟁송, 행정상 손해전보로 구제된다는 견해도 있으나(한견우, 현대행정법강의, 390면), 행정사법의 형식이 私法이므로, 이에 대한 분쟁은 사법관계에 관한 분쟁이 되므로 私法的 구제수단에 의하는 것이 타당하다. 독일도 민사소송을 원칙으로 한다.

3) 이에 대하여 행정사법을 '국고행정 중에서 직접 행정목적을 수행하는 경우'로 이해하는 경우도 있고(한견우, 현대행정법강의, 95면), '행정사법은 형식적으로는 국고행위이지만, 실질적으로는 국고행위가 아니'라고 보는 견해도 있다(김동희/최계영 행정법 I, 82면). 그러나 행정사법은 순수한 국고작용과는 관련이 없다. 행정사법은 통상 급부행정이나 유도행정영역과 관련된 문제인데 이들은 국고관계가 아닌 비권력관계에 속하는 것이다.

(3) 적용영역

행정사법은 원칙적으로 당해 작용의 수행에 있어서 행정주체에게 법형식의 선택가능성이 인정되는 경우를 전제로 하고 있다. 이러한 점에서 권력행정영역은 제외된다.

일반적으로 행정사법은 '급부행정영역'[4]이나 '경제유도행정영역'[5]에서 주로 문제가 된다.

Ⅲ. 특별권력관계

특별권력관계이론은 19세기 독일에서 성립된 것으로 법치주의가 적용되지 않는다는 특징을 가지고 있었다. 그러나 오늘날의 실질적 법치국가에서는 과거의 특별권력관계이론은 이미 그 이론적 토대를 상실하게 되었다. 이러한 점에서 아래에서는 전통적인 이론을 살펴보고, 오늘날의 법치주의의 관점에서 특별권력관계의 변화된 내용을 검토해 보기로 한다.

1. 전통적 특별권력관계이론

(1) 특별권력관계의 의의

전통적으로 행정법관계는 권력관계와 비권력관계로 구분되고, 권력관계는 다시 일반권력관계와 특별권력관계로 구분된다. 일반권력관계는 모든 국민이 국가의 통치권에 복종하는 지위에 서게 되는 관계로서 법치주의가 전면 적용되는 관계인데 반하여, 특별권력관계는 특수 행정분야(공무원·군인·재소자 등)에서 공법상의 특별한 원인에 의해 성립하는 국가와 국민간의 특수한 권력관계로서 특별권력을 유지하기 위하여 필요한 한도 내에서는 법치주의가 배제되는 법으로부터 자유로운 관계이다.[6]

일반권력관계는 원칙적으로 국가와 국민간의 행정법관계, 즉 국가와 국민간의 권리의무관계이다. 이에 반하여 특별권력관계에서는 특별권력의 객체에게는 행정법상 공권의 성립 여지는 없으며 행정주체의 특별권력에 대한 복종과 징계권행사의 대상이 될 뿐이다. 다시 말하자면 행정법관계임에도 불구하고 이것은 진정한 권리의무관계는 아니며 특별권력행사의 대상인 행정객체의 의무관계를 규율하는 것에 불과하다.

---

4) 운수사업(시영버스), 공급사업(전기·수도·가스), 우편전신사업, 오물수거사업(쓰레기 등 폐기물), 공영주택 임대 등.

5) 보조금·지불보증 등에 의한 경제유도(자금지원), 경기·토지·고용·수출문제를 위해 국가가 사법형식(매수, 보상보험 등)으로 직접 개입하는 경우 등.

6) 예컨대, 교도소에 수감 중인 자가 외부에 몰래 서신 전달하다 적발되는 경우 법률의 근거 없이 일체의 서신교환을 차단한다거나 감식조치를 하는 경우, 국공립학교에서 부정행위를 한 학생에 대하여 법률에 근거 없는 징계권을 행사하는 경우 등.

(2) 특별권력관계이론의 성립배경

특별권력관계는 19세기 후반 독일의 외견적 입헌군주제하에서 군주의 지배고권을 정당화하고 법치주의를 배제하기 위한 논리로서 성립·발전되었다. 구체적으로 특별권력관계이론은 19세기 후반 외견적 입헌군주제하에서 관리(官吏)관계(행정조직, 공무원근무관계)를 설명하기 위해 정립된 것이다. 관리관계는 초기 군주의 통치권에 속하는 것이었는데, 이에 대한 시민들의 반발이 거세지자, 특별권력관계라는 이론적 근거를 마련하게 되었다. 즉 행정과 시민과의 관계를 행정내부와 외부를 준별하는 내부·외부 이원론에 근거하여 행정외부는 국가·시민간의 일반권리의무관계로서 법치주의가 적용되지만, 행정내부는 내부구성원과 국가가 일체를 이루는 것으로 여기에는 법이 침투하지 못한다고 하였다. 이와 같이 특별권력관계이론은 그 당시 군주의 특권적 지위를 옹호하기 위하여 마련된 이론이었다.

(3) 특별권력관계의 성립원인

특별권력관계는 공법상의 특별한 원인에 의하여 성립하는데, 법률의 규정에 의한 경우(병역법에 의한 강제입대, 감염병의 예방 및 관리에 관한 법률(감염병예방법)에 의한 감염병환자들의 강제입원, 형의 집행 및 수용자의 처우에 관한 법률에 의한 수형자의 교도소 수감 등)와 상대방의 동의에 의한 경우(공무원의 임용, 국공립학교에의 입학, 국공립도서관의 이용 등)가 있다.

(4) 특별권력관계의 종류

일반적으로 특별권력관계는 ① 공법상 근무관계(공무원 근무관계, 군 복무관계 등), ② 공법상 영조물 이용관계(국공립대학 재학관계, 국공립도서관 이용관계, 교도소 재소관계 등), ③ 공법상 특별감독관계(공공조합 등에 대한 국가의 감독관계 등), ④ 공법상 사단관계(공공조합과 조합원의 관계 등)로 구분될 수 있다.

(5) 특별권력관계의 특징

1) 포괄적 지배권

특별권력관계의 가장 큰 특징은 법치주의, 행정의 법률적합성의 원칙이 적용되지 않는다는 것이다. 이에 따라 특별권력주체에게는 포괄적 지배권이 부여되어, 이에 복종하는 자에 대한 특별권력발동에 법적 근거를 요하지 않았다. 즉 법률유보의 원칙이 배제되었다.

포괄적 지배권의 내용은 구체적으로 포괄적인 명령권과 징계권을 의미하였다. 명령권은 일반·추상적인 행정규칙의 형식(예: 영조물규칙) 또는 개별·구체적인 명령·처분의 형식으로(예: 상사의 직무명령) 행사되었다. 징계권은 특별권력관계의 유지를 위하여 개별적인 법률의 근거 없이도 일정한 제재나 강제, 징계를 행사할 수 있는 권한을 의미하였다.

※ 특별명령

위의 특별권력관계에서 발하여지는 행정규칙과 관련하여, 이를 특히 –행정규칙과 구분하여– 특별명령이라 부르기도 한다. 특별명령은 특별권력관계의 규율을 위하여 특별권력주체가 발하는 일반추상적인 규범은 법규범으로서의 효력을 가진다는 것이다. 그러나 이와 같은 특별명령이론은 행정권이 법률의 수권 없이 시원적인 입법권한을 가질 수 있는가 하는 문제가 있다. 오늘날 행정권이 법률의 수권 없이 법규범을 창조하는 것에 대해서는 이를 부정하는 견해가 일반적이다.

요컨대, 특별권력관계 내에서 발하여지는 일반추상적인 규범에 대해서는 이를 특별명령으로 볼 것이 아니라, 구체적인 사안에 따라 법규범, 법규명령, 행정규칙 등으로 개별적인 판단을 하여야 할 것이다.

2) 기본권 제한

특별권력관계를 유지하는 데 필요한 경우에는 그 구성원의 기본권을 법률의 근거 없이 제한할 수 있었다. 예컨대 공무원의 주거제한이나 국공립대학 내에서의 집회제한 등을 법률의 근거 없이도 할 수 있었다.

3) 사법심사의 배제

이미 언급한 바와 같이 특별권력 내에서 발하는 일반·추상적인 명령은 행정규칙으로 보았고, 개별·구체적 명령은 지시(Anweisung)라 보아, 이들의 법규범성·처분성이 부인되었다. 이에 따라 전통적인 특별권력관계에서의 특별권력주체의 행위에 대해서는 사법심사가 미치지 않았다.

2. 특별권력관계의 이론적 재검토

전통적인 특별권력관계이론은 2차 세계대전 이후 많은 비판을 받게 되었다. 특별권력관계이론은 19세기 후반 독일의 외견적 입헌군주제 하에서 생성된 것으로서 오늘날의 민주적 법치국가에서는 그 기반을 이미 상실하게 되었다. 오늘날 특별권력관계이론의 인정 여부에 대해서는 여러 학설이 나뉘고 있다.

(1) 전면적 부정설

오늘날의 실질적 법치국가에서는 공권력발동은 반드시 법률에 근거하여야 하므로 특별권력관계에도 법치주의가 전면적으로 적용되어야 한다는 견해이다. 따라서 헌법·법률에 근거가 없는 한, 특별권력관계라는 개념을 인정할 수 없다는 것이다.

(2) 개별적 부정설

종래 일반적으로 특별권력관계로 파악되었던 관계를 특별권력관계의 종류에 따라 일반권력관계, 공법상의 계약관계, 사법상의 계약관계 등으로 개별적으로 파악하여 그 실질에 따라 법적 성격을 개별적으로 판단하자는 견해이다. 예를 들어, 군복무관계나 교도소의 재소관계는 일반권력관계로, 공무원근무관계나 국공립학교재학관계는 계약관계로 보아 법치주의가 적용된다는 것이다.

(3) 기능적 재구성설

특별권력관계를 부인하면서도, 종래 특별권력관계로 파악되어왔던 관계들의 '부분사회로서의 특수성'을 인정하고, 이에 따른 고유한 법이론을 재구성하려는 입장으로 일부 일본학자들의 견해이다.

(4) 긍정설

전통적으로 특별권력관계를 일반권력관계와 절대적으로 구분하자는 긍정설은 이미 실질적 법치주의가 일반화함에 따라서 극복되었으며 오늘날 단순히 연혁적·역사적 의의를 갖는 데 그친다.

(5) 제한적 긍정설(특별권력관계의 수정이론)

종래 특별권력관계론을 변화된 헌법상황에 맞게 수정하려는 견해로서, 일반권력관계와 특별권력관계의 본질적인 차이를 부정하면서도 특별권력관계에 있어서 특정한 행정목적달성을 위해서는 법치주의가 완화될 수 있는 여지를 인정하는 입장이다.

대표적으로는 울레(Ule)의 견해를 들 수 있는데, 울레는 특별권력관계에서의 법률관계를 기본관계와 업무수행관계로 구분하고, 전자는 법치주의와 사법심사가 가능하고, 후자는 특별권력관계 내부에서 이루어지는 일상적인 관계이므로 법이 침투할 수 없는 영역으로 보았다.

기본관계는 특별권력관계 자체의 성립·변경·소멸을 수반하는 관계 또는 개인의 법적 주체로서의 지위에 영향을 미치는 관계로서 공무원의 임명·해임·전임·파견, 군인의 입대·전역·징계, 국공립학교의 입학·퇴학·정학,[7] 수형자의 입소·퇴소 등이 이에 해당한다.

내부관계는 특별권력관계 내부에서 일상적으로 수행되는 것으로서 공무원의 일상적 근무, 직무상의 명령, 군인의 훈련과 복무, 국공립학교에서의 수업, 수형자의 수형생활 등이 이에 해당한다.

이러한 특별권력관계 수정이론에 대해서는 기본관계와 업무수행관계의 구별이 사실상 애매한

7) 정학을 업무수행관계로 보는 견해도 있으나, 기본관계로 보는 것이 다수의 견해이다.

경우가 많다는 점, 업무수행관계에서의 특별권력의 발동이라 하더라도 경우에 따라서는 처분성이 인정되어야 하는 경우도 있기 때문에 이를 일괄적으로 사법심사에서 제외시킬 수는 없다는 등의 비판이 있다.

(6) 결론

특별권력관계는 그 연혁 자체가 법치주의의 적용배제를 위한 이론으로서 오늘날 보편화된 법치주의 아래에서는 더 이상 그 정당성을 인정하기 어렵다. 종래 특별권력관계에서도 법치주의가 타당하여야 한다는 것이 오늘날 독일의 압도적 다수견해이자 판례의 입장이다. 이와 같이 과거 특별권력관계를 부인하는 견해가 타당하다.

그러나 특별권력관계는 일반권력관계와 본질적으로는 차이가 없고, 따라서 특별권력관계에도 원칙적으로 법치주의가 전면적으로 적용되지만, 종래 특별권력관계로 설명된 것 중 일부는 '자율적 부분법질서'를 형성하고 있고, 이에 대한 특수성을 부인하기 어려운 측면도 있다. 따라서 실제적인 법적용에 있어서는 이와 같은 특수성으로 인하여 일반조항 및 포괄적 위임에 의한 기본권제한이 가능하거나 사법심사가 완화될 여지도 있을 것이다. 이와 같은 관점에서 종래의 특별권력관계라는 용어 대신에 '특별행정법관계' 또는 '특별신분관계'로 부르기도 한다.

하지만 이와 같은 특수성도 다른 법관계에 비하여 특수한 내용을 갖는 법관계로 이해하면 족할 것이고, 이러한 특수성이 존재한다 하더라도, 원칙적으로는 법치행정의 원리에 충실하여야 할 것이다. 특히 특별권력의 발동이 국민의 권익을 침해하는 경우에는 법률유보의 최하한인 침해유보의 관점에서 반드시 법적 근거가 있어야 하며, 행정쟁송법상의 처분개념에 해당하는 경우에는 사법심사의 대상이 된다고 보아야 할 것이다.

3. 특별권력관계와 법치주의

(1) 법률의 유보

특별권력관계는 본질적으로는 일반권력관계와 다르지 않기 때문에 종래의 특별권력관계이론은 부인되어야 한다. 따라서 종래 특별권력관계로 이해하던 영역에도 법률유보원칙이 전면적으로 적용되어야 한다.

다만 '자율적 부분법질서'라는 특수성이 인정되는 경우에는, 구체적 법률유보가 아니라 개괄적·일반적 수권형태인 일반조항에 근거하는 경우도 있을 수 있겠으나, 이는 어디까지나 법률유보원칙의 예외에 해당하는 것으로서 엄격하게 해석·적용하여야 할 것이다.

(2) 기본권 제한

특별권력관계에 있어서도 기본권 제한은 원칙적으로 법률에 근거하여야 한다. 과거에는 '동의는 권리침해의 성립을 조각한다'는 논리가 있었다. 그러나 오늘날 특별권력관계의 성립에 대한 동의를 기본권제한에 대한 동의로 간주하는 것은 잘못된 것이다. 기본권은 동의로도 포기할 수 없다. 따라서 동의를 하더라도 기본권을 제한하는 경우에는 법률의 근거가 필요하다.

이와 관련하여 독일 연방헌법재판소는 재소자결정[8]에서 헌법상 기본권은 재소자의 경우에도 그대로 보장되어야 하며, 그 제한의 요건은 다른 기본권제한에 있어서와 동일하게 법률적 근거에 의하여야 한다고 결정한 바 있다.

[판례] 특수한 신분관계에 있는 사관생도에 대한 기본권 제한의 법리

"사관생도는 군 장교를 배출하기 위하여 국가가 모든 재정을 부담하는 특수교육기관인 육군3사관학교의 구성원으로서, 학교에 입학한 날에 육군 사관생도의 병적에 편입하고 준사관에 준하는 대우를 받는 특수한 신분관계에 있다(육군3사관학교 설치법 시행령 제3조). 따라서 그 존립 목적을 달성하기 위하여 필요한 한도 내에서 일반 국민보다 상대적으로 기본권이 더 제한될 수 있으나, 그러한 경우에도 법률유보원칙, 과잉금지원칙 등 기본권 제한의 헌법상 원칙들을 지켜야 한다(대판 2018.8.30, 2016두60591[퇴학처분취소])."

(3) 사법심사

특별권력관계에서의 특별권력발동에 대한 사법심사에 관하여는 ① 사법심사가 배제된다는 견해, ② 기본관계·업무수행관계 중 기본관계만 사법심사의 대상이 된다는 견해, ③ 사법심사가 전면적으로 적용된다는 견해 등이 있다.

생각건대 전통적 특별권력관계는 그 이론적 근거를 상실하였으므로 전면적인 사법심사의 대상이 된다고 보는 견해가 타당하다. 따라서 특별권력관계 내에서의 행위인가의 여부와 관계없이 행정쟁송법상 처분성이 인정되면 사법심사의 대상이 된다고 보아야 할 것이다.

[판례] 국립교육대학학생에 대한 퇴학처분취소

"행정소송의 대상이 되는 행정처분이란 행정청이 행하는 구체적 사실에 관한 법집행으로서의 공권력의 행사 또는 그 거부와 그 밖에 이에 준하는 행정작용을 말하는 것인바, 국립 교육대학 학생에 대한 퇴학처분은, 국가가 설립·경영하는 교육기관인 동 대학의 교무를 통할하고 학생을 지도

8) 재소자가 외부인사에게 교도소장과 일부의 관계공무원, 교도소 내의 수감생활에 대하여 모욕적인 내용을 담은 서신을 발송하자 교도소장은 행정규칙인 내규(교도소복무 및 집행규칙)에 따라 서신을 검열하고 압류한 데 대한 헌법소원사건(BVerfGE 33, 1).

하는 지위에 있는 학장이 교육목적실현과 학교의 내부질서유지를 위해 학칙 위반자인 재학생에 대한 구체적 법집행으로서 국가공권력의 하나인 징계권을 발동하여 학생으로서의 신분을 일방적으로 박탈하는 국가의 교육행정에 관한 의사를 외부에 표시한 것이므로, 행정처분임이 명백하다(대판 1991.11.22, 91누2144).”

제 3 절 행정법관계의 당사자

Ⅰ. 행정법관계의 당사자로서 행정주체와 행정객체

행정법관계는 행정작용으로 인하여 발생하는 행정주체와 행정객체간의 권리의무관계를 의미한다. 행정주체는 행정상 법률관계에서 공권력을 행사하는 주체이다. 행정주체의 공권력행사는 국가 행정조직상 관할 행정청의 공무원을 통하여 이루어진다. 그러나 공무원 자신은 단순히 행정청의 기관의 지위에 불과할 뿐 권리의무의 주체는 아니다. 행정객체는 행정주체의 행정권발동의 상대방이 되는 자를 말한다. 행정주체에는 국가·공공단체·공무수탁사인이 있는데, 예컨대 국가가 행정주체인 경우에는 공공단체·공무수탁사인·사인(私人)이 행정객체가 될 수 있다.

Ⅱ. 행정주체

1. 국가

국가는 헌법상 국민주권과 권력분립의 원칙에 의하여 입법, 행정, 사법의 공권력을 행사한다. 특히 대통령을 정점으로 하는 행정부는 행정주체로서 정부조직법에 의하여 구체화된 관할권을 근거로 행정작용을 담당한다. 국가는 국가 행정조직을 바탕으로 직접 공권력을 행사하는 행정주체이다(직접국가행정).

2. 공공단체

경우에 따라서는 국가로부터 법적으로 독립한 공공단체가 행정주체가 되기도 하는데, 이를 간접국가행정이라 한다. 공공단체에는 지방자치단체·공공조합·영조물법인·공법상의 재단이 있다.

(1) 지방자치단체

지방자치단체는 헌법과 지방자치법에 근거하여 설립된 국가로부터 독립한 법인으로서 관할지역 내에서 주민을 통치하는 포괄적인 지방자치권을 가지는 행정주체이다.

지방자치단체에는 보통지방자치단체와 특별지방자치단체가 있는데, 보통지방자치단체에는 특별시·광역시·특별자치시·도·특별자치도(광역지방자치단체)와 시·군·구(기초지방자치단체)가 있다. 보통지방자치단체의 기관은 집행기관(시장·도지사 등)과 의결기관(지방의회)으로 분리된 기관대립형을 취하고 있다. 지방자치단체는 자치사무와 국가 또는 광역지방자치단체로부터 위임된 위임사무를 처리한다.

한편 특정한 목적을 수행하기 위하여 필요한 경우에는 별도로 특별지방자치단체를 설치할 수 있다(지자법 2 ③). 특별지방자치단체는 사무범위가 특정한 목적에 국한된 지방자치단체이다. 지방자치법 제176조 이하에서 규정하는 지방자치단체조합도 관념상으로는 이에 해당한다.

(2) 공공조합

특정한 행정목적을 위하여 일정한 자격을 가진 사람의 결합체에 공법상의 법인격이 부여된 단체를 말한다. 따라서 공공조합에는 구성원이 존재한다. 공공조합은 인적 결합체라는 점에서 공법상의 사단법인(社團法人)이라고도 한다. 공공조합으로는 도시개발조합, 재건축정비사업조합,[9] 변호사회·상공회의소 등이 있다.

(3) 영조물법인

영조물법인은 일정한 행정목적을 위하여 설립된 인적·물적 결합체에 법인격이 부여된 것이다. 일반적으로 영조물은 일정한 행정목적수행의 효율성과 합리성을 도모하기 위하여 설치된 인적·물적 종합시설(예컨대, 국공립의 교육·의료·보건·체육·문화시설 등)을 말한다. 영조물법인은 이와 같은 영조물 가운데 법인격이 부여된 것을 말한다. 영조물법인에는 이용자가 있다.

영조물법인에 관한 일반법으로는 공공기관의 운영에 관한 법률(공공기관운영법), 지방공기업법이 있다. 영조물법인으로는 한국도로공사·한국방송공사·한국토지주택공사·한국은행·국립서울대학교 등이 있다.

(4) 공법상의 재단

공법상의 재단은 국가나 지방자치단체가 출연한 재산을 관리하기 위하여 설립된 재단법인인 공공단체를 말한다. 재산의 결합체라는 점에서 인적·물적 결합체인 영조물법인과 구별된다. 공법상의 재단에는, 구성원이나 이용자가 아닌, 수혜자만이 존재한다. 공법상의 재단의 예로는 한국연구재단, 총포화약법상 총포·화약안전기술협회(대판 2021.12.30, 2018다241458) 등을 들 수 있다.

---

9) 도시 및 주거환경정비법에 따른 주택재건축정비사업조합은 관할 행정청의 감독 아래 위 법상의 주택재건축사업을 시행하는 공법인으로서, 그 목적 범위 내에서 법령이 정하는 바에 따라 일정한 행정작용을 행하는 행정주체의 지위를 갖는다(대판 2009.10.15, 2008다93001).

3. 공무수탁사인(公務受託私人)

(1) 공무수탁사인의 개념 및 의의

공무수탁사인(Beliehene)이란 특정한 행정권한을 자기이름으로 고권적(高權的)으로[10] 행사할 수 있도록 위탁받은 사인을 말한다. 여기에서 공무를 위탁받는 자(수탁자)는 일반사인 또는 사법상의 법인이다.[11] 공무수탁사인의 법적 지위는 여전히 사인이지만, 기능적인 측면에서 행정권한이 부여된 제한된 범위 내에서는 고권적으로 행위할 수 있게 되고, 이 범위에서 행정주체의 지위에서 간접국가행정을 담당하게 된다.

공무수탁사인의 권한과 업무 등은 법령에 의하여 정해지게 되는데, 현행법상 공무수탁사인의 예로는 경찰권이 부여된 비행기의 기장이나 선박의 선장, 교정업무를 수행하는 교정법인 또는 민영교도소, 별정우체국의 지정을 받아 체신업무를 수행하는 사인, 토지수용권이 부여된 공익사업의 사업시행자 등을 들 수 있다.

(2) 공무수탁의 법적 근거

공무위탁은 행정권한이 이전되는 것이므로 법률에 의하거나 또는 법률의 수권에 근거해서 이루어져야 한다.

현행법상 공무수탁사인에 대한 일반적인 규정으로는 정부조직법 제6조 제3항과 지방자치법 제117조 제3항을 들 수 있고, 개별적인 법적 근거로는 항공보안법(22), 선원법(6), 사법경찰관리의 직무를 수행할 자와 그 직무범위에 관한 법률(7), 민영교도소 등의 설치·운영에 관한 법률(3), 별정우체국법(3), 토지보상법(4), 도시 및 주거환경정비법(도시정비법)(63), 고등교육법(35), 자동차관리법(44) 등을 들 수 있다.

(3) 공무수탁의 법률관계

공무수탁사인은 공무의 위탁에 관하여 위탁하는 행정주체와 수탁하는 사인간에 공법상 계약이 성립하는 것으로 설명되고 있다.[12] 이러한 계약을 통하여 그 근거가 되는 법률과 구체적인 위탁행위가 보다 상세하게 정해지게 되는 것이다. 이와 같은 계약을 통하여 수탁사인은 자신에게 위탁된 사무권한을 수행할 권한을 가지며 동시에 책임을 지게 되는 것이다. 이를 위하여 경우에 따라서는 수탁사인에게 재정적인 지원요청권이 주어질 수도 있고, 또한 위탁행정주체의 감독에 복종

---

10) 고권(高權)이란 독일어의 Hoheit의 번역어로 통치권, 국가 등의 행정권한을 의미한다. 따라서 고권적이라는 말은 일반 사인보다 우월한 지위에서 국가 등의 공권력을 행사할 수 있는 것을 의미한다.

11) Maurer, Allgemeines Verwaltungsrecht, 18. Aufl., München, 2011, §23 Rn. 56.

12) Maurer, Allgemeines Verwaltungsrecht, §23 Rn. 58 참조.

하여야 한다.

일반적으로 공무수탁사인은 위탁받은 공무를 수행하는 범위 내에서는 행정주체의 지위에 서게 된다고 이해되고 있다. 이에 관해서는 과거 일부 견해는 공무수탁사인은 권한의 범위 내에서 행정기관이 될 뿐이고 이 경우 행정주체는 여전히 공권력을 부여한 국가 또는 지방자치단체라고 보아야 한다는 견해도 있었다. 그러나 공무수탁사인은 단순히 행정사무를 대행하거나 보조하는 것이 아니라는 점에서 권한의 위탁에 따라 행정주체의 지위에서 행위하는 것으로 이해하는 것이 타당하다고 생각되고, 독일의 경우에도 공무수탁사인을 수탁된 공무를 수행하는 범위에서 행정주체로 보는 것이 일반적이다.

이러한 공무수탁사인은 법령에 의하여 행정권을 위탁받아 독립적인 고권주체로서 자신의 이름으로 공권력을 행사하는 것이므로, 수탁된 권한범위 안에서는 행정행위를 할 수도 있고, 비용을 징수하거나 그 밖의 고권적인 조치를 할 수도 있다. 공무수탁사인의 처분 등의 조치에 대한 항고소송은 공무수탁사인을 피고로 하여 제기하면 된다.

아울러 법령에 의하여 수탁된 업무수행 중에 제3자에게 손해를 발생시킨 경우에는 단순한 민법상의 불법행위책임이 아닌 국가배상책임이 문제된다. 국가배상법은 제2조에서 배상책임의 주체를 '공무원 또는 공무를 위탁받은 사인'이라고 명시적으로 규정하고 있다. 따라서 이 경우 공무수탁사인에게 권한을 위탁한 국가나 지방자치단체는 국가배상법에 의한 배상책임을 부담하게 될 수도 있다. 물론 이 경우 국가 등의 배상책임부담과는 별도로 공무수탁사인도 피해자에 대하여 민사상의 손해배상책임을 부담할 수도 있다.

(4) 공무수탁사인과의 구별

사인이 행정주체의 사무를 수행하는 경우에도 다양한 형태가 가능하다. 이 점에서 아래에서 설명하는 경우에는 －비록 사인이 행정사무를 수행한다고 하더라도－ 공무수탁사인과 구별된다.

(i) 먼저 사법상 계약에 의하여 단순히 행정사무를 수행하게 되는 사인은 공무수탁사인이 아니다. 예컨대 경찰과의 사법상의 용역계약에 의하여 주차위반차량을 견인하는 민간사업자의 경우가 그러한다. 이 경우 민간사업자는 경찰과 계약은 했지만 사법상의 계약에 의하여 단지 위반차량을 견인하는 용역만을 수행하고 있는 것이므로, 이 경우 민간사업자는 여전히 사인의 지위에서 행위하는 것이 된다.

(ii) 그 다음으로 행정의 보조자(Verwaltungshelfer)는 행정사무 수행에 있어 행정기관을 도와주는 자로서, 독립적이지 않고 단지 계약이나 지시에 의하여 행정기관의 보조업무를 수행하는 데 그친다는 점에서 공무수탁사인과 구별된다. 예컨대 교통사고현장에서 경찰의 지시에 따라 차량소통을 보조하는 경우가 이에 해당한다. 과거에는 조세원천징수의무자를 공무수탁사인이라고 보기도 하였으나, －여전히 논란은 있지만－ 오늘날에는 원천징수행위는 법령에 의하여 규정된 징세 및

납부의무를 이행하기 위한 것에 불과한 것으로 보아 행정보조인에 해당된다고 보는 것이 일반적이다.[13] 판례도 원천징수의무자의 징수행위는 행정처분에 해당하지 않는다고 판시한 바 있는데,[14] 명확하지는 않지만, 이와 같은 판례의 태도는 원천징수의무자에게 행정주체로서의 지위를 인정하지 않는 것이라고 판단된다. 그렇다면 원천징수의무자는, 행정주체의 지위에서 행정주체의 징수권한을 행사하는 것이 아니라, 단순히 이를 보조하여 납세의무를 이행하도록 하는 데 역할이 있는 것이므로 행정의 보조자라 할 수 있다.

(iii) 그 밖에도 독립적으로 행위하지만 행정주체도 아니고 또한 단순한 행정보조인에도 해당하지 않는 국립대학의 시간강사와 같이 제한된 영역에서의 공법상 근무관계에 있는 자도 공무수탁사인으로 볼 수 없다.

제 4 절 행정법관계의 특색

행정법관계도 다른 법률관계와 마찬가지로 법주체간의 권리의무관계라는 측면에서는 차이가 없다. 그러나 행정법관계는 공익목적을 실현하는 관계라는 점에서 다음과 같은 일정한 특수성을 가진다.

Ⅰ. 행정의 법률적합성

행정은 공익을 실현하는 작용이라는 점에서 엄격하게 법에 기속된다. 사법관계는 사적 자치가 인정되지만, 공법관계에서는 권력의 자의적 집행을 배제하고 국민의 기본권을 실현하여야 하므로, 공법관계에서의 행정은, 행정의 자유로운 의사가 아니라, 법치행정의 원리에 따라 합법적으로 법을 집행하는 것이어야 한다.

Ⅱ. 공정력(公定力)

행정법관계에서는 공익목적의 달성을 위하여 행정주체에게 우월한 지위가 인정되기도 한다. 그 대표적인 것이 공정력인데, 공정력이란 행정행위가 그 적법요건에 하자가 있음에도 불구하고, 그 하자가 중대·명백하여 무효로 되는 것이 아닌 한, 권한 있는 기관에 의하여 취소될 때까지 유효하게 통용되는 효력을 말한다. 즉 행정행위는 공정력 때문에 중대하지 않은 단순한 하자가 있더

13) 김동희/최계영, 행정법Ⅰ, 87면; 김철용, 행정법, 706면.
14) 대판 1990.3.23, 89누4789.

라도 취소될 때까지는 그 효력을 부인하지 못한다. 이는, 행정행위에 하자가 있다고 하여 그 효력을 부인하게 되면 행정의 혼란이 야기되므로, 행정행위에 대한 상대방 및 제3자의 신뢰보호와 법적 안정성을 도모하고 행정의 실효성을 보장하기 위하여 인정되는 행정행위의 우월한 효력이다. 공정력에 관한 상세한 내용은 행정행위의 효력에서 살펴보기로 한다.

Ⅲ. 존속력(확정력)

행정행위가 기간의 경과 등으로 인하여 확정되고 나면 더 이상 그 효력을 부인할 수 없게 되는 경우가 있는데 이를 행정행위의 존속력이라 한다. 사법관계에서는 법률관계의 당사자가 제3자의 이익을 부당하게 침해하지 않는 한 상대방의 동의가 있으면 법률관계를 자유롭게 변경할 수 있는 것에 비하여, 행정법관계는 당사자의 의사와는 관계없이 공익목적에 의하여 행위의 존재가 유지된다. 존속력에는 불가쟁력(不可爭力)과 불가변력(不可變力)이 있다.

불가쟁력(형식적 존속력)은 비록 행정행위가 적법요건에 흠(당연무효가 아닌 취소사유)이 있더라도 불복기간이나 쟁송기간의 경과 등으로 인하여 이를 더 이상 다툴 수 없는 효력을 말한다. 불가쟁력은 위법한 행정행위로 인한 불안정한 행정상 법률관계를 조속히 안정시키고자 하는 공익적 입장에서 인정되는 것이다.

불가변력(실질적 존속력)은 확인·판단 등을 거친 일정 행정행위(일정한 쟁송절차를 거쳐 행하여지는 행정심판위원회·토지수용위원회의 재결 등)의 경우 이를 행정청 스스로도 더 이상 변경하지 못하는 효력을 말한다.

Ⅳ. 강제력

사법관계에서는 채무불이행의 경우 민사소송을 제기하여 급부판결 등을 얻어 이를 집행권원으로 하여 채무자에 대한 강제집행을 할 수 있을 뿐이다(타력집행). 그러나 행정법관계에서 상대방이 행정상 의무를 이행하지 않는 경우에는 행정청 스스로 실력을 행사하여 직접 그 의무이행을 확보하거나, 일정한 제재를 부과함으로써 간접적으로 의무이행을 강제할 수 있다(자력강제). 이와 같은 행정의 강제집행력과 제재력을 강제력이라 하는데, 강제력은 행정법관계에서 행정주체의 우월적 지위를 인정하고 있는 전형적인 경우이다.

Ⅴ. 권리·의무의 특수성

행정법관계에서 개인의 권리는 사법관계에서의 권리와는 달리 공익실현을 위하여 그 행사와 포기가 제한되는 등 권리인 동시에 의무라는 상대적 성질을 가지는 경우가 적지 않다. 또한 금전적 급부를 내용으로 하는 채권이라 하더라도 공권의 경우에는 공익상 단기의 소멸시효가 인정되거나 이전·담보의 제공 등이 제한된다.

Ⅵ. 권리구제의 특수성

행정법관계에서 행정주체의 행정작용으로 인하여 권리나 이익이 침해된 경우에 현행법은 이에 대한 별도의 구제수단들을 규정하고 있다. 대표적인 행정구제수단은 행정상 손해전보와 행정쟁송이다.

1. 행정상 손해전보

행정상 손해전보(損害塡補)는 행정작용으로 인하여 발생한 손해에 대한 금전적인 구제를 의미하는 것으로 여기에는 행정상 손해배상과 행정상 손실보상이 있다.

행정상 손해배상은 위법한 직무행위로 인한 손해를 배상해 주는 제도로 이에 관한 일반법으로 국가배상법이 제정되어 있다.

행정상 손실보상은 적법한 재산권 침해로 인한 손실을 보상해 주는 제도로 헌법 제23조 제3항은 이에 대해 정당한 보상을 할 것을 규정하고 있다. 손실보상에 관하여는 일반법은 없고 토지보상법, 하천법 등의 개별법에 산발적으로 규정되고 있을 뿐이다.

2. 행정쟁송

행정쟁송은 처분을 비롯한 공법상의 법률관계를 다투는 제도로 여기에는 행정심판위원회와 같은 행정기관이 재결로써 판정하는 행정심판과 법원이 판결로써 판정하는 행정소송이 있다.

행정소송제도는 이를 일반법원의 관할로 하는 영미법계 국가와 독립한 행정법원으로 하여금 행정사건을 다루도록 하는 대륙법계 국가로 대별된다. 우리나라는 영미식의 통일관할주의를 채택하여 행정사건도 일반법원의 관할로 하고 있으나, 행정사건에 대하여는 별도의 행정소송법이 마련되어 있고, 이에 따라 행정소송은 일반 민사소송과는 달리 행정심판전치주의·출소기간의 제한·집행부정지의 원칙·사정판결제도 등의 독자적인 특수성을 가지고 있다. 또한 우리나라에서도 행정소송의 전문성과 재판의 효율성을 제고하기 위해 1998년 행정사건의 전문법원으로서 서울에 지방법원급의 서울행정법원이 설치되어 있다.

제 5 절 행정법관계에서의 공권

행정법관계는 행정상 권리의무관계를 말한다. 따라서 행정법관계에서는 행정주체가 권리를 가지고 그 상대방인 개인이 의무를 부담하거나 또는 반대로 개인이 권리를 가지고 행정주체가 의무를 지는 법률관계를 상정할 수 있다. 이처럼 행정법관계에서의 권리를 공권이라 하고, 이에 대하여 상대방이 부담하는 의무를 공의무라 한다.

공권은 다시 국가적 공권과 개인적 공권으로 나뉜다. 먼저 국가적 공권은 원칙적으로 국가를 비롯한 행정주체가 사인에 대하여 가지는 권리를 의미하는데, 예를 들어 국가도 공법상의 계약에 근거하는 등의 방식으로 개인에 대하여 권리를 가질 수 있다. 그러나 이와 같은 경우를 제외하면 국가는 대부분의 경우 국민들에 대하여 각종 지배권(경찰권, 통제권, 과세권 등)을 행사한다. 문제는 이와 같은 지배권을 권리로 볼 수 있겠는가 하는 것이다. 일반적으로 권리란 상대방의 의무를 전제로 하는 개념이고 보면, 국가의 지배권은 개인의 의무이행을 전제로 하고 있다고 보기 어려우므로 권리로 이해하기는 어렵다고 판단된다. 이는 오히려 법적으로 어떠한 행위를 할 수 있는 자격을 의미하는 것이므로 권리(Recht)라기보다는 권한(Kompetenz)으로 보아야 할 것이다.[15)]

국가의 지배권을 이렇게 이해하면 이는 공권과는 구별되는 것이다. 그리고 국가의 각종 지배권행사는 행정작용을 의미하므로 이에 대해서는 행정작용편에서 개별적으로 설명될 것이다. 아울러 공권분야는 개인의 법적 지위와도 매우 밀접한 관련을 가지는 분야라는 점에서 국가가 가지는 개인에 대한 권리 보다는 개인이 국가에 대해서 어떠한 권리를 가지는가 하는 점이 행정법학의 주요 관심사라 할 수 있다. 이상의 이유로 이하에서는 개인적 공권만을 설명하기로 한다.

Ⅰ. 개인적 공권의 의의

일반적으로 권리란 일정한 이익을 향수하기 위하여 법이 인정하는 힘을 의미한다. 이에 따라 개인적 공권은 개인이 자기의 이익을 위하여 국가를 비롯한 행정주체에 대하여 일정한 행위(작위·부작위·급부·수인)를 요구할 수 있는 공법상 개인에게 인정된 법적인 힘으로 정의할 수 있다.

개인적 공권이론은 개인이 단순한 행정객체로서의 피동적인 지위를 넘어 행정주체에게 일정한 행위를 요구할 수 있는 지위를 형성하고 그와 같은 지위를 보호하기 위한 이론적 틀을 제공한다는 점에서 의의가 있다. 공권론의 발생지인 독일에 있어서도 개인의 공권이론이 행정법학에서 차지하는 비중은 심대하며 행정법학이론의 발전에 지대한 공헌을 하였다.

---

15) 혹자는 국가의 지배권을 권리로 이해하기도 하고(홍정선, 행정법특강, 61면 이하), 권한으로서의 성격이 강하다고 표현하기도 한다(박균성, 행정법강의, 85면).

행정심판법 제13조와 행정소송법 제12조는 행정심판의 청구인적격과 취소소송의 원고적격에 관하여 규정하면서 "법률상 이익"이 있는 자가 쟁송을 제기할 수 있음을 규정하고 있다. 여기에서 법률상 이익은 법에 의해서 보호되는 이익을 말하는데, 오늘날 일반적으로 공권과 동의어로 이해되고 있다. 결국 개인에게 공권이 인정되는가 하는 문제는 행정심판의 청구인적격 및 항고소송의 원고적격의 인정과 매우 밀접한 관련을 가지고 있다.

Ⅱ. 개인적 공권의 성립요건

개인적 공권의 성립요건은 뷜러(Bühler)에 의하여 체계화되었고, 오늘날 독일행정법의 일반론으로 되어 있다. 개인적 공권의 성립요건으로는 아래의 세 가지를 드는데, 이를 뷜러의 3요소라고도 한다.

1. 강행규범에 의한 의무의 존재

권리는 의무를 전제로 하는 개념이므로, 개인적 공권이 성립하려면, 먼저 행정법상의 강행규범에 의하여 국가 등 행정주체에게 일정한 의무가 있어야 한다. 여기에서 강행규범은 국회가 제정한 형식적 의미의 법률이며, 그의 위임에 의한 법규명령도 포함된다. 또한 행정청의 행위의무는 작위의무에 한정되지 않고 부작위·수인·급부의무가 모두 포함된다.

강행규범에 의한 의무의 부과는 일반적으로 기속행위의 경우와 관련이 있는 것이다. 기속행위는 법정요건이 충족되면 행정청은 단지 법을 기계적으로 집행하여야 할 의무가 있는 행위이기 때문이다. 재량행위의 경우에는 어떠한 행위를 할 것인지 말 것인지 또는 여러 행위 가운데 어떠한 행위를 선택할 것인지에 대하여 행정청에게 재량권이 인정되는 행위인데, 과거에는 이와 같은 재량권이 인정되는 재량행위에는 행정청의 의무가 존재하지 않기 때문에 공권이 성립할 수 없다고 보았다. 그러나 오늘날에는 재량행위의 경우에도 행정청이 재량권을 일탈·남용하면 위법한 재량권행사가 된다고 보게 되었다. 따라서 재량행위의 경우에도 행정주체에게는 재량권을 일탈·남용하지 말아야 할 의무는 존재하는 것이다. 나아가 만약 재량권이 영으로 수축되면 재량행위는 기속행위로 전환되므로, 이에 따라 행정주체에게는 일정한 행위를 하여야 할 의무가 존재하게 된다.[16)]

2. 강행규범의 사익보호성(개인이익의 보호)

행정주체에게 강행규범에 의하여 의무가 존재한다고 하더라도, 이와 같은 의무가 전적으로 공익목적만을 위하여 부과된 경우에는 그에 대한 개인의 권리가 성립하지 아니한다. 즉, 행정법관

16) 이에 대해서 상세는 무하자재량행사청구권 및 재량행위 참조.

계에서는 의무 없는 권리는 없지만, 권리 없는 의무가 존재할 수 있다.

따라서 개인적 공권이 성립하기 위해서는 강행규범에 의하여 부과된 의무가 공익실현을 목적으로 할 뿐 아니라 나아가 개인의 이익보호도 목적으로 하는 경우이어야 한다. 이와 같이 개인의 이익이 법에 의하여 보호될 때 비로소 권리가 성립되는데, 이를 강행규범의 사익보호성이라 한다. 행정법규범이 공익만을 보호하고 있는 경우에, 그로 인하여 개인이 이익을 받더라도 이것은 공권이 아니라 단순한 반사적 이익에 불과하다. 이와 같이 개인적 공권의 성립 여부를 관계법규범의 보호목적에 따라 결정하는 독일의 이론을 보호규범이론(Schutznormtheorie)이라 한다.[17)]

행정법규범이 사익을 보호하고 있는지의 여부를 판단하기 위해서는 단계적으로 접근하여야 한다(기본권과 개인적 공권의 단계이론). 우선 일차적으로는 해당법규범이나 관련법규범의 실정법규정에서 개인의 이익을 보호하고 있는 내용이 규정되어 있는지를 검토해 보아야 한다(제1단계: 해당법규범 및 관련법규범의 명시적 규정). 여기에서 명문의 법규정상 사익보호 여부가 분명치 않은 경우에는 법규정의 사익보호목적을 고려하여 그에 상응하는 목적론적 해석이 이루어져야 한다(2단계: 목적론적 해석). 그러나 법규범 자체에 제3자의 보호를 위한 목적론적 해석의 여지도 없을 때에는 최후적으로 기본권에 의한 직접적 공권성립을 검토하여야 할 것이다(3단계: 기본권의 직접적용).

3. 의사력(Willenmacht) 내지 법상의 힘(Rechtsmacht)의 존재

뷜러(Bühler)는 개인적 공권의 성립과 관련하여, 강행규범의 행정주체의 의무의 존재, 강행규범의 사익보호성 이외에도 개인에게 강행규범에 의하여 보호되는 개인의 이익을 소송을 통하여 실현할 수 있는 의사력 내지 법률상의 힘이 있어야 한다고 보았다. 이는 강행규범과 사익보호성에 의하여 개인적 공권이 성립한다 하더라도, 이를 실현할 만한 소송수단이 존재하지 않는 경우에는 공권의 성립은 무의미한 것이기 때문이다. 이러한 점에서 이와 같은 의사력은 공권의 성립요건이라기 보다는 공권의 실현수단이라고 할 수 있다.

이와 같은 의사력이라는 공권성립요소는 과거 행정소송사항에 있어서 열기주의를 채택했던 국가에 있어서 의미를 갖는 것이었다. 그러나 오늘날의 현대적 법치국가에서는 모든 국민에게 일반적인 공법상의 재판청구권(헌법 27)이 인정되고 있고 또한 행정소송사항이 개괄주의로 전환되었으므로, 제3요소는 오늘날 그 의미를 상실한 것으로 이해되고 있다.[18)]

---

17) 보호규범이론과 관련하여서는, 특히 '이익개념'이 모호하고, 공·사익의 구별이 어렵다는 점이 문제로 지적될 수 있다. 더욱이 이 이론은 오래된 이론이라는 점에서 그간 반론이 많았다. 하지만 대안의 부재로 말미암아 그 기본은 아직도 그대로 유지되고 있다.

18) 한편 이에 대해서는 우리나라의 경우 독일처럼 다양한 소송유형이 인정되고 있지 않으므로, 제3요소는 우리에게 아직도 의미가 있다는 견해(박윤흔, 최신행정법강의(상), 149면)도 있다.

4. 참고: 기본권과 개인적 공권과의 관계

위에서 사익보호성의 인정 여부와 관련하여 기본권이 공권성립의 직접적인 원인이 될 수 있음을 살펴보았다. 이와 같이 헌법상의 기본권은 공권이 도출되는 근거가 될 수 있는데, 그렇다고 해서 기본권으로부터 항상 공권이 도출될 수 있는 것은 아니다. 그렇다면 기본권과 공권과의 관계는 어떠한 것인지 검토해볼 필요가 있다.

(i) 우선 공권은 관련 법령의 규정에서 그 인정근거를 찾아야 한다. 즉 공권은 원칙적으로 법령에 의하여 구체화된다(공권성립 제1요소는 '강행규범'에 의한 행정주체의 의무가 존재할 것을 내용으로 한다는 점을 참조). 예컨대 헌법상의 사회권적 기본권·청구권적 기본권의 경우에는 적극적 기본권으로서의 그 기본권의 구체적인 내용이 법령에 의하여 구체화되기 이전에는 이를 구체적인 공권으로 보기는 어려울 것이다. 따라서 이들 기본권으로부터 직접 공권이 성립하려면 관련법령의 구체적인 규정이 필요하다. 이러한 점에서 헌법은 타당성면에서는 법률에 우위하나, 구체적 적용면에서는 법률이 헌법보다 우선 적용된다고 할 수 있다.

> [판례] 공무원연금법 제3조 제2항 위헌확인
>
> "사회적 기본권의 성격을 가지는 연금수급권은 국가에 대하여 적극적으로 급부를 요구하는 것이므로 헌법규정만으로는 이를 실현할 수 없고, 법률에 의한 형성을 필요로 한다. 연금수급권의 구체적 내용, 즉 수급요건, 수급권자의 범위, 급여금액 등은 법률에 의하여 비로소 확정된다(헌재결 1999.4.29, 97헌마333)."

(ii) 그러나 경우에 따라서는 법령의 구체적인 규정이 없는 경우에도 기본권으로부터 직접 공권이 성립할 수도 있다. 예컨대 소극적인 방어권인 헌법상의 자유권적 기본권은 법률의 규정에 의하여 비로소 그 내용이 창설되는 것이 아니므로, 이들 기본권은 위의 사회권적 기본권 등과는 달리 법령의 매개가 없더라도 직접 공권이 성립할 수 있다.

> [판례] 특별소비세법시행령 제37조 제3항 등 위헌확인
>
> "행정처분의 직접 상대방이 아닌 제3자라도 당해처분의 취소를 구할 법률상 이익이 있는 경우에는 행정소송을 제기할 수 있다. 이 사건에서 보건대, 설사 국세청장의 지정행위의 근거규범인 이 사건 조항들이 단지 공익만을 추구할 뿐 청구인 개인의 이익을 보호하려는 것이 아니라는 이유로 청구인에게 취소소송을 제기할 법률상 이익을 부정한다고 하더라도, 청구인의 기본권인 경쟁의 자유가 바로 행정청의 지정행위의 취소를 구할 법률상 이익이 된다 할 것이다(헌재결 1998.4.30, 97헌마141)."

※ 자유권적 기본권의 침해와 원고적격(침익적 처분의 상대방이론)

예컨대, 헌법상 재산권보장의 한 내용으로서의 건축의 자유, 그리고 직업선택의 자유의 한 내용으로서의 영업의 자유와 관련하여, 행정청이 건축허가나 영업허가를 거부하는 처분을 한 경우에는 관련법령상의 허가의 신청권이라는 공권이 침해되었다고 주장할 수도 있지만, 관련규정이 명확하지 않더라도 헌법상의 건축의 자유나 영업의 자유의 침해를 이유로 행정심판의 청구인적격이나 취소소송의 원고적격이 인정된다. 이와 같이 침익적 처분의 상대방은 관련법령에 의한 공권의 침해를 이유로 또는 관련규정이 없더라도 침해의 배제를 내용으로 하는 자유권적 기본권의 침해를 이유로 청구인적격이나 원고적격이 인정된다고 하는 이론을 상대방이론이라고 한다.

[판례] 항고소송의 원고적격 및 불이익처분의 상대방에게 원고적격이 인정되는지 여부

"항고소송은 처분 등의 취소 또는 무효확인을 구할 법률상 이익이 있는 자가 제기할 수 있고(행정소송법 제12조, 제35조), 불이익처분의 상대방은 직접 개인적 이익의 침해를 받은 자로서 원고적격이 인정된다(대판 2018.3.27, 2015두47492[교장임용거부처분무효확인의소])."

Ⅲ. 공권과 법적 보호이익·보호가치 있는 이익·반사적 이익의 구별

1. 법적 보호이익

행정심판법 제13조와 행정소송법 제12조는 행정심판의 청구인적격과 취소소송의 원고적격에 관하여 "법률상 이익"이 있는 자가 쟁송을 제기할 수 있음을 규정하고 있다. 판례는 여기에서의 법률상 이익은 법에 의해서 보호되는 이익이라고 보고 있는데, 그렇다면 '공권'과 '법률상 이익', '법적 보호 이익'과의 구별이 문제된다.

1951년 제정된 (구) 행정소송법에는 원고적격에 관한 규정이 없다가, 1984년 제정된 현행 행정소송법에 원고적격에 관한 규정이 신설되었다. 이와 같은 역사적인 배경에서 법률상 이익은 공권과 법적으로 보호되는 이익을 합친 개념으로 이해하는 견해가 있었다. 즉 법률상 이익을 공권보다 넓은 개념으로 이해하는 것이다.

그러나 공권은 본래 법적으로 보호되는 이익이다(공권 성립의 제2요소 사익보호성 참조). 따라서 공권과 법적 보호이익은 내용상 본질적인 차이가 없다. 결국 공권, 법률상 이익, 법적 보호이익은 표현상의 차이일 뿐, 내용적으로는 동일하다고 할 수 있다. 이렇게 보는 것이 다수 학자들의 견해이다.

2. 보호가치 있는 이익

보호가치 있는 이익은 법적으로 보호되고 있는 이익은 아니지만 법적으로 보호할 가치가 있

는 이익을 말하는데, 보호가치 있는 이익이 침해된 경우도 행정소송의 원고적격이 인정되어야 한다는 견해[19]가 있다. 즉 보호가치 있는 이익은 실체법상 법에 의하여 보호되는 이익은 아니지만, 쟁송법적으로 보호할 가치가 있는 이익을 의미한다.

그러나 공권과 보호가치 있는 이익은 엄격히 구분된다. 즉, 공권은 “법적으로 보호되는 이익”이지만, 보호가치 있는 이익은 법에 의해 보호되고 있는 것은 아니기 때문에, 현행 행정소송법이 “법률상 이익”을 규정하고 있는 한, 원고적격이 인정되기 어렵다.

3. 반사적 이익

행정법규범이 공익상의 견지에서 행정주체 또는 제3자에게 일정한 의무를 부과하고 있는 결과로 개인이 향유하는 이익을 반사적 이익(사실상의 이익)이라 한다.

종래 반사적 이익으로 거론되어 온 예로는, ① 영업허가 등에 관한 법적 규제로 인하여 기존의 허가를 받은 자가 받는 이익,[20] ② 특정인에 대한 법적 규제로 인하여 제3자가 받는 이익, ③ 특정인과 관계없는 지역개발조치로 인하여 받는 이익 등이 있었다.

그러나 이와 같은 반사적 이익에 대해서는 후술하는 공권의 확대에 따라 새로운 해석이 가능하다.

개인의 이익이 법에 의하여 보호되는 공권인가 아니면 단순한 사실상의 이익인 반사적 이익인가 하는 문제는 행정심판의 청구인적격·행정소송의 원고적격의 인정문제와 관련하여 중요한 의미를 가진다. 이미 언급한 바와 같이, 행정심판법 제13조와 행정소송법 제12조에 규정된 “법률상 이익”은 적어도 법적으로 보호되는 이익을 의미하므로, 반사적 이익은 여기에 포함되지 않는다. 따라서 반사적 이익이 침해되더라도 청구인적격이나 원고적격이 인정되지 않는다.

Ⅳ. 개인적 공권의 확대화 경향

1. 공권의 인정 범위의 확대

과거 전통적인 견해에 의할 경우 공권이 인정되지 않았던 재량행위에 대해서도 재량행위에 대한 한계이론, 재량권의 수축이론을 통하여 공권이 인정되고 있고, 또한 과거 단순한 반사적 이익으로 보았던 이익들도 사익보호성의 인정 여부와 관련하여 목적론적 해석이나 기본권의 직접 적용 등을 통하여 점차 개인적 공권으로 전환되는 등 오늘날 개인적 공권은 그 인정범위가 점차 확대되고 있다.

---

19) 이상규, 신행정법론(상), 197면.
20) 과거 목욕장업의 허가의 경우 거리제한이 있었다(현재는 없음). 이러한 거리제한은 행정규칙에 의한 것이었다. 그 당시의 판례는 거리제한으로 인한 허가를 받은 자의 이익은 반사적 이익이라고 보았다.

2. 사익보호성에 대한 목적론적 해석을 통한 공권의 인정

이와 같은 공권의 확대화 경향은, 특히 관련 규정의 사익보호성과 관련하여 의미 있는 것인데, 이미 살펴본 바와 같이, 법규범의 사익보호성의 인정 여부와 관련하여 오늘날의 공권이론은 사익보호를 위한 명시적인 법규범의 내용과 더불어 법규범의 취지나 목적을 고려한 목적론적 해석방법을 통하여 개인의 공권성립을 인정하고 있다.

3. 사익보호성의 해석과 제3자보호의 문제

오늘날 개인적 공권과 관련하여 실제에 있어서 중요한 문제로 대두되는 것이 바로 법규범 자체에는 명시적인 사익보호의 내용은 없지만 법규범의 목적상 해석을 통하여 보호가 요구되는 경우이다. 특히 이것은 건축법이나 환경법 기타 경제행정법분야에서 인근주민 혹은 경쟁관계에 있는 자 등 제3자보호의 문제로 나타난다. 즉 공권의 인정 여부는 취소소송에서의 원고적격과 매우 밀접한 관련을 가지는 것인데, 침익적 처분의 상대방의 경우에는 법령상 보호되는 공권의 침해 또는 자유권적 기본권의 침해를 이유로 원고적격을 인정하는 데 문제가 없지만(상대방이론), 제3자효 행정행위에 있어서의 제3자의 경우에는 처분의 직접 상대방이 아니라는 점에서 공권의 인정 여부, 다시 말해서 취소소송의 원고적격의 인정 여부가 문제되는 것이다.

4. 제3자보호의 유형

공권의 확대화 경향과 관련하여 문제되는 제3자보호의 유형으로는 이웃소송, 경쟁자소송, 경원자소송의 유형을 들 수 있다. 이러한 유형의 법적 분쟁에서 제3자가 공권을 가지는가 하는 문제에서는 관련규정의 사익보호성에 대한 해석이 매우 중요한 의미를 가진다. 관련규정의 목적론적 해석에 의하여 제3자의 이익이 법적으로 보호된다고 해석하려고 하는 것이 일반적인 경향이 되고 있지만, 이러한 해석에도 불구하고 관련규정의 목적이 오로지 공익실현을 위한 것이라고 판단되는 경우에는 제3자의 공권이 인정될 수 없음은 물론이다.

(1) 이웃소송

이웃소송은 이웃하는 자들 사이에서 특정인에게 발급된 수익적 행정행위가 제3자에게 침익적인 효과를 가져 오는 경우에 이 제3자는 본인의 권리 또는 이익이 침해되었음을 이유로 특정인에게 발급된 행정행위를 행정소송으로 다투는 유형을 말한다. 이러한 유형의 법적 분쟁을 린인소송(隣人訴訟)이라고도 한다.

과거에는 특정한 행정규제 등으로 인하여 제3자가 누리는 이익을 반사적 이익으로 보는 경향이 일반적이었으나 오늘날은 관련규범의 사익보호성에 대한 목적론적 해석을 통하여 공권을 인정하는 경향이 확대되고 있다.

[판례] 환경영향평가 대상지역 안의 주민에게 공유수면매립면허처분과 농지개량사업 시행인가처분의 무효확인을 구할 원고적격이 인정되는지 여부 및 환경영향평가 대상지역 밖의 주민에게 그 원고적격이 인정되기 위한 요건

"새만금간척종합개발사업을 위한 공유수면매립면허처분과 농지개량사업 시행인가처분의 근거 법규 또는 관련 법규가 되는 (구) 공유수면매립법, (구) 농촌근대화촉진법, (구) 환경보전법, (구) 환경보전법 시행령, (구) 환경정책기본법, (구) 환경정책기본법 시행령의 각 관련 규정의 취지는, 공유수면매립과 농지개량사업시행으로 인하여 직접적이고 중대한 환경피해를 입으리라고 예상되는 환경영향평가 대상지역 안의 주민들이 전과 비교하여 수인한도를 넘는 환경침해를 받지 아니하고 쾌적한 환경에서 생활할 수 있는 개별적 이익까지도 이를 보호하려는 데에 있다고 할 것이므로, 위 주민들이 공유수면매립면허처분 등과 관련하여 갖고 있는 위와 같은 환경상의 이익은 주민 개개인에 대하여 개별적으로 보호되는 직접적·구체적 이익으로서 그들에 대하여는 특단의 사정이 없는 한 환경상의 이익에 대한 침해 또는 침해우려가 있는 것으로 사실상 추정되어 공유수면매립면허처분 등의 무효확인을 구할 원고적격이 인정된다. 한편, 환경영향평가 대상지역 밖의 주민이라 할지라도 공유수면매립면허처분 등으로 인하여 그 처분 전과 비교하여 수인한도를 넘는 환경피해를 받거나 받을 우려가 있는 경우에는, 공유수면매립면허처분 등으로 인하여 환경상 이익에 대한 침해 또는 침해우려가 있다는 것을 입증함으로써 그 처분 등의 무효확인을 구할 원고적격을 인정받을 수 있다(대판 2006.3.16, 2006두330 전원합의체)."

(2) 경쟁자소송

경쟁자소송이란 경쟁관계에 있는 기존업자와 신규업자간의 경쟁자관계에서 기존업자가 신규업자에게 부여된 사업자면허나 각종의 허가 등을 행정소송으로 다투는 유형을 말한다. 이러한 유형에서는 관련법의 규정이 공익뿐만 아니라 기존업자의 이해관계도 보호하고자 하는 취지인가 하는 것이 중요한 판단기준이 된다. 이와 관련하여 대법원은 기존업자의 경영보호가 공익실현과 관련하여 의미가 있는지 여부를 중요한 기준으로 삼고 있다.

[판례] 노선연장인가처분취소소송

"행정소송에서 소송의 원고는 행정처분에 의하여 직접 권리를 침해당한 자임을 보통으로 하나 직접 권리의 침해를 받은 자가 아닐지라도 소송을 제기할 법률상의 이익을 가진 자는 그 행정처분의 효력을 다툴 수 있다고 해석되는 바(1969.12.30 선고 69누106 판결 참조), 자동차 운수사업법 제6조 제1호에서 당해 사업계획이 당해 노선 또는 사업구역의 수송수요와 수송력 공급에 적합할 것

을 면허의 기준으로 한 것은 주로 자동차 운수사업에 관한 질서를 확립하고 자동차운수의 종합적인 발달을 도모하여 공공복리의 증진을 목적으로 하고 있으며, 동시에, 한편으로는 업자간의 경쟁으로 인한 경영의 불합리를 미리 방지하는 것이 공공의 복리를 위하여 필요하므로 면허조건을 제한하여 기존업자의 경영의 합리화를 보호하자는 데도 그 목적이 있다할 것이다. 따라서 이러한 기존업자의 이익은 단순한 사실상의 이익이 아니고, 법에 의하여 보호되는 이익이라고 해석된다(대판 1974.4.9, 73누173)."

(3) 경원자소송

경원자소송은 수익처분을 신청한 수인이 서로 경쟁관계에 있는 경우에 일방에 대한 수익처분의 발급을 수익처분을 얻지 못한 타방이 행정소송으로 다투는 유형을 말한다.

대법원은 경원자소송에서는 경원관계가 존재하면 결과적으로 신청이 거부된 경원자에게 수익처분을 다툴 법률상의 이익이 있는 것으로 보고 있다. 다만 이 경우에도 수익처분이 취소된다 하더라도 경원자가 수익처분을 받지 못한 불이익이 회복된다고 볼 수 없을 때에는 수익처분을 다툴 법률상의 이익을 부인하였다.

[판례] 인가·허가 등 수익적 행정처분을 신청한 여러 사람이 서로 경원관계에 있는 경우, 허가 등 처분을 받지 못한 사람이 자신에 대한 거부처분의 취소를 구할 원고적격과 소의 이익이 있는지 여부(원칙적 적극)

"인가·허가 등 수익적 행정처분을 신청한 여러 사람이 서로 경원관계에 있어서 한 사람에 대한 허가 등 처분이 다른 사람에 대한 불허가 등으로 귀결될 수밖에 없을 때 허가 등 처분을 받지 못한 사람은 신청에 대한 거부처분의 직접 상대방으로서 원칙적으로 자신에 대한 거부처분의 취소를 구할 원고적격이 있고, 취소판결이 확정되는 경우 판결의 직접적인 효과로 경원자에 대한 허가 등 처분이 취소되거나 효력이 소멸되는 것은 아니더라도 행정청은 취소판결의 기속력에 따라 판결에서 확인된 위법사유를 배제한 상태에서 취소판결의 원고와 경원자의 각 신청에 관하여 처분요건의 구비 여부와 우열을 다시 심사하여야 할 의무가 있으며, 재심사 결과 경원자에 대한 수익적 처분이 직권취소되고 취소판결의 원고에게 수익적 처분이 이루어질 가능성을 완전히 배제할 수는 없으므로, 특별한 사정이 없는 한 경원관계에서 허가 등 처분을 받지 못한 사람은 자신에 대한 거부처분의 취소를 구할 소의 이익이 있다(대판 2015.10.29, 2013두27517[주유소운영사업자불선정처분취소])."

Ⅴ. 행정법관계에서의 개인의 지위 강화

오늘날 개인의 행정에 대한 법적 영향력 행사 가능성이 날로 증대되고 있다. 각종 법령의 규정에 의하여 새로운 개인적 공권이 인정되거나 또는 법령의 구체적인 규정이 없더라도 헌법상의 기본권규정의 해석으로부터 개인적 공권이 도출되기도 한다. 이를 통하여, 예컨대 무하자재량행사청구권·행정개입청구권·청문권·정보공개청구권·문서열람청구권·계획보장청구권·기타 각종 참여권 등과 같은 다양한 개인적 공권이 인정되거나 논의되고 있다. 이와 같은 개인적 공권의 확대를 통하여 행정법관계에서 개인의 법적 지위는 점차 강화되고 있는 추세이다. 아래에서는 대표적으로 무하자재량행사청구권과 행정개입청구권에 관하여 살펴보기로 한다.

1. 무하자재량행사청구권

(1) 의의

무하자재량행사청구권을 이해하기 위해서는 재량행위에 대한 기본적인 이해가 필요하다. 법률의 규정이 요건과 효과규정으로 구분되어 있는 경우에,[21] 법이 정한 일정한 요건에 해당하면, 행정청은 요건구비에 따른 법이 정한 효과의 부여 여부를 결정하게 된다. 이 때, 효과규정이 행정청으로 하여금 반드시 효과를 부여하도록 규정하고 있는 경우에는(예: 면허를 취소하여야 한다), 행정청은 이에 기속되어 효과를 부여하여야 하는데 이를 기속행위라 한다. 반면 효과규정이 가능규정으로 되어 있는 경우(예: 면허를 정지하거나 취소할 수 있다), 행정청은 효과의 부여 여부를 결정하거나(결정재량) 또는 복수의 효과 가운데 어느 하나를 선택할 수 있는(선택재량) 형성의 여지를 가지는데 이를 재량행위라 한다.

과거에는 이와 같은 재량행위는 행정청에게 법이 정한 효과를 부여할 의무가 없기 때문에 재량행위에는 공권이 성립할 수 없다고 보았다.

그러나 오늘날은 일반적으로 행정청에 재량권이 인정되는 경우도 재량권을 일탈·남용하지 말아야 하는 '재량권행사의 한계'가 있다고 이해하고 있다. 행정소송법 제27조도 재량권을 일탈·남용한 처분을 취소할 수 있음을 명문으로 규정하여 재량권의 한계를 인정하고 있다. 이와 같은 재량권의 한계로부터 행정청에게는 '하자 없는 재량행사를 하여야 할 법적 의무'가 존재하게 되었고, 이와 같은 의무에 대응하는 개념으로 개인에게는 '하자 없는 재량행사를 청구할 수 있는 권리(공권)'가 인정되게 된 것이다. 이를 (좁은 의미의) 무하자재량행사청구권이라 한다.

무하자재량행사청구권은 독일의 학설·판례를 통해 정립·발전된 법이론으로서, 개인이 행정청에 대하여 하자 없는 재량행사를 청구할 수 있는 공법상의 권리를 말한다. 이 법리는 「재량에는

21) 예컨대, 행정청은 ~한 경우에(요건규정), ~한다(효과규정).

공권 없다」는 과거의 전통적 공식을 무너뜨리고 재량행위에 공권의 성립을 인정하였다는 데에 커다란 의의가 있다.

무하자재량행사청구권은 단지 위법상태의 배제를 요구하는 소극적인 권리가 아니라 하자 없는 적법한 재량처분을 할 것을 요구한다는 점에서 적극적 권리이다. 하지만 이 단계에서의 무하자재량행사청구권은 구체적으로 특정한 처분을 구하는 실체적인 권리가 아니라 그 특정처분의 형성과정에서 재량권의 일탈·남용이 없는 적법한 재량권행사를 요구하는 데 그치는 권리이다. 즉 하천점용허가와 같은 재량행위의 경우에 구체적으로 하천점용허가를 발급해 줄 것을 요구하는 것과 같이 권리의 실체적인 내용이 있는 것이 아니라, 관할행정청이 점용허가 여부를 결정함에 있어서 재량권을 적법하게 행사해 줄 것만을 요구할 수 있는 것이다. 이러한 의미에서 독일에서는 이를 형식적 공권이라 부른다. 여기에서 '형식적'이라는 의미는 권리의 실체적인 내용이 없고, 단지 형식적으로 재량한계의 준수만을 요구한다는 의미이다.

그러나 무하자재량행사청구권은 이와 같은 형식적 권리에만 그치는 것은 아니다. 행정청이 재량권을 가지고 있더라도 중대한 상황이 발생하면 재량권은 없어진다. 이를 '재량권의 0으로의 수축'이론이라 하는데,[22] 재량권이 수축되면 재량행위는 기속행위로 전환되어 어떠한 처분을 하여야 한다. 이 경우 형식적 무하자재량행사청구권은 재량권이 0으로 수축된 그 기속행위를 요구하는 '실체적 청구권으로 전환'된다. 넓은 의미에서 무하자재량행사청구권은 이와 같은 실체적 청구권으로 전환된 무하자재량행사청구권까지를 포함한다.

(2) 인정 여부에 관한 학설

1) 부정설

부정설은 ① 첫째, 재량권의 하자 있는 행사란 결국 재량권의 위법한 행사를 뜻하므로 그로 인한 실체면에서의 권리침해를 인정할 수 있으므로 굳이 실체적 권리와 구별되는 형식적 권리를 따로 인정할 실익이 없다는 점, ② 둘째, 실체적 권리침해가 없음에도 불구하고 형식적 청구권을 인정한다면 행정소송에서의 원고적격을 지나치게 확대하여 민중소송화할 우려가 있다는 점에서 무하자재량행사청구권을 부인하고 있다.[23]

2) 긍정설

오늘날 대다수의 견해는 무하자재량행사청구권이라는 개념을 긍정하고 있다.

긍정설은 대체로 무하자재량행사청구권은 단지 소극적인 방어권에 머무는 것이 아니라 적극적으로 적법한 재량행사를 요구하는 청구권이라는 점, 특히 재량권이 0으로 수축되면 구체적인 처

22) 재량권은 "중대한 상황이 발생한 경우"에 수축되는데, 독일 연방행정재판소의 판례에 의하면 '개인차고앞 주차', '과도한 소음', '비둘기 사육으로 인한 불편초래' 등이 이에 해당한다.

23) 이상규, 신행정법론(상), 200면.

분을 요구할 수 있는 실체적 청구권으로 전환된다는 점에서 충분히 그 개념의 인정실익이 있다고 보고 있다.

그리고 무하자재량행사청구권 또한 공권이라는 점에서 관련법령이나 기본권의 해석을 통하여 당사자의 이익이 법에 의하여 보호되는 경우(사익보호성)에만 인정되는 것이므로 원고적격이 지나치게 확대되어 민중소송화할 이유가 없다는 것이다.

3) 독자성 부인설

일설은 무하자재량행사청구권의 개념은 긍정하면서도, 이 공권은 독립성이 없는 형식적 공권에 불과하다고 주장한다. 따라서 그 자체만으로는 취소소송의 원고적격을 가져다 줄 수 있는 권리가 아니고, 다만 본안요건에서 재량권 일탈·남용으로서 위법성의 문제로 심사된다는 것이다.[24)]

예컨대 재량행위인 하천점용허가의 거부처분에 대한 취소소송에서 처분의 상대방인 원고는 거부처분에 의하여 직업의 자유 등이 침해되었음을 이유로 원고적격이 인정되는 것이지, 무하자재량행사청구권의 침해로 원고적격이 인정되는 것이 아니라는 것이다. 무하자재량행사의 문제는 소송요건판단의 단계에서가 아니라 본안판단의 단계에서 재량하자라는 위법성의 문제로 검토될 수 있을 뿐이라는 것이다. 따라서 이 견해는 무하자재량행사청구권은 이 권리의 침해를 이유로 원고적격이 인정되는 것이 아니므로 그 자체로 독자적인 권리가 아니라고 보고 있다.

4) 결론

(i) 무하자재량행사청구권의 법리는 재량권의 한계이론, 재량권의 0으로의 수축이론을 통하여 재량에 공권을 인정하였다는 점, 그리고 이를 통하여 재량에는 공권이 인정될 수 없다는 과거의 논리를 수정하였다는 점에서 무엇보다도 존재의의가 있다고 보아야 한다. 따라서 긍정설이 타당하다.

(ii) 대법원도 무하자재량행사청구권을 명시적으로 언급하고 있지는 않지만, 긍정설의 입장에서 무하자재량행사청구권의 개념을 수용하고 있는 판례로 다음의 검사임용거부처분취소소송의 판례를 들 수 있다.

[판례] 검사임용거부처분의 항고소송대상 여부

"검사의 임용에 있어서 임용권자가 임용 여부에 관하여 어떠한 내용의 응답을 할 것인지는 임용권자의 자유재량에 속하므로 일단 임용거부라는 응답을 한 이상 설사 그 응답내용이 부당하다고 하여도 사법심사의 대상으로 삼을 수 없는 것이 원칙이나, 적어도 <u>재량권의 한계일탈이나 남용이 없는 위법하지 않은 응답을 할 의무가 임용권자에 있고 이에 대응하여 재량권의 한계일탈이나 남용이 없는 적법한 응답을 요구할 권리가 있다</u>고 할 것이며, <u>이러한 응답의무에 기하여 재량권남용의 위법한 거부처분에 대하여는 항고소송으로써 그 취소를 구할 수 있다고 보아야</u> 하므로 <u>임용신청자가</u>

24) 홍정선, 행정법특강, 69면 이하.

> 임용거부처분이 재량권을 남용한 위법한 처분이라고 주장하면서 그 취소를 구하는 경우에는 법원은 재량권남용 여부를 심리하여 본안에 대한 판단으로서 청구의 인용 여부를 가려야 한다(대판 1991.2.12, 90누5825)."

위 판례에서 대법원이 '재량권의 한계일탈이나 남용이 없는 적법한 응답을 요구할 권리'라고 표현하고 있는 것은 무하자재량행사청구권을 의미한다고 볼 수 있고, '이러한 응답의무에 기하여 재량권남용의 위법한 거부처분에 대하여는 항고소송으로써 그 취소를 구할 수 있다고 보아야 한다'는 것은 무하자재량행사청구권의 침해가 있으면 취소소송의 원고적격이 인정된다고 보고 있는 것이며, '임용신청자가 임용거부처분이 재량권을 남용한 위법한 처분이라고 주장하면서 그 취소를 구하는 경우'라는 표현은 원고가 무하자재량행사청구권의 침해를 주장하고 있다는 의미로 해석된다.

(iii) 한편 긍정설의 입장에 서면서 무하자재량행사청구권의 독자적인 권리성을 부인하는 견해는 재량처분에 대하여 취소소송을 제기하는 경우에 무하자재량행사청구권의 침해를 들지 않더라도 다른 공권의 침해(신청권, 자유권적 기본권 등의 침해)를 들어 원고적격이 인정될 수 있다는 점에서 이 권리의 독자성을 부인하고 있다.

그런데 예컨대 하천점용허가 거부처분의 취소소송에서 법원이 '재량권의 일탈·남용으로 거부처분은 위법하므로 이를 취소한다'라고 판결하면, 행정청은 이 판결의 취지에 따라 다시 재량하자가 없는 판단을 하면 되는 것이지, 거부처분이 위법하니까 거부처분이 아닌 다른 '처분'을 하여야 하는 것은 아니다. 원고의 거부처분 취소청구에는 거부처분 자체의 취소뿐 아니라 '만약 재량하자가 있으면 이를 이유로 취소해달라는 취지(무하자재량행사청구권의 침해)'도 포함되어 있다고 보아야 한다. 따라서 이 경우 원고는 직업의 자유의 침해로만 원고적격이 인정되는 것이 아니라, 원고가 위법사유로 재량권 일탈·남용을 주장하였다면, 무하자재량행사청구권의 침해로도 원고적격이 인정될 수 있는 것이다. 결국 권리는 의무를 전제로 인정되는 것이고 의무 없는 권리는 없는 것이라면, 하자 없는 재량행사 의무에 대응하는 권리가 독자성을 가지지 못할 이유는 없다. 법원이 재량권의 일탈·남용으로 당해 처분이 위법하다고 판단하는 것은 당사자가 재량권의 일탈·남용을 주장하였기 때문이라고 보아야 하고, 이와 같은 주장은 바로 무하자재량행사청구권의 침해를 주장하는 것이라고 이해되어야 한다. 이상의 관점에서 무하자재량행사청구권의 독자적 권리로서의 성질을 인정하는 것이 타당하다.

(3) 성립요건

무하자재량행사청구권도 개인적 공권이므로 공권의 성립요건을 갖추어야 한다.

1) 행정청의 의무의 존재

일반적인 공권의 경우 강행법규에 의하여 행정청에 일정한 의무가 존재하여야 한다. 이 요건은 일반적으로 기속행위와 관련된 것인데, 그러나 이미 언급한 바와 같이 재량행위의 경우에도 재량권을 일탈·남용하지 말아야 할 한계는 있는 것이므로, 여기에서의 행정청의 의무는 '재량권의 한계를 준수하여야 할 법적 의무'로 이해되어야 한다. 이와 같은 의무는 기속행위의 경우에 해당하는 '특정처분을 하여야 할 의무'가 아니라는 점에서 차이가 있다.

2) 사익보호성

무하자재량행사청구권도 공권이므로 재량처분을 규정하고 있는 관계법규범의 목적·취지가 적어도 개인의 이익도 보호하고자 하는 경우에만 인정된다. 따라서 재량규정만 존재하면 어느 누구나 청구권이 인정되는 '(사익보호요건을 요구하지 아니하는) 일반적인 무하자재량행사청구권'은 존재할 수 없다.

(4) 쟁송수단

현행법상 무하자재량행사청구권을 관철시키기 위한 쟁송수단으로는 취소심판·의무이행심판, 취소소송, 부작위위법확인소송 등을 들 수 있다.

2. 행정개입청구권 *

(1) 의의

행정개입청구권의 법리는 무하자재량행사청구권의 법리를 기초로 하여 독일 연방행정재판소의 판례를 통해 확립된 것이다.

법률상 행정청에게 일정한 공권력 발동권이 부여되어 있는 경우에,[25] 행정청은 공권력 발동에 대해 재량을 가지게 된다. 하지만 행정청의 공권력발동에 이해관계 있는 개인은 이에 대하여 무하자재량행사청구권을 가진다. 이 청구권은, 행정청의 재량권이 0으로 수축되면, 구체적인 공권력의 발동 내지 행정규제를 요구하는 권리로 전환되는데, 이를 행정개입청구권이라 한다. 이와 같이 행정개입청구권(경찰개입청구권)은 사인이 행정청에게 자기의 이익을 위하여 법률상 부여된 일정한 행정권의 발동(예컨대, 경찰의 개입, 제3자의 소음·오염행위 등에 대한 규제권 발동 등)을 요구하는 권리를 말한다.

행정개입청구권은 단순히 개인의 권익침해를 배제해 줄 것을 요구하는 소극적 공권이 아니라,

---

* 법원행정고시(2008년), 사법시험(1995년), 사법시험(2013년), 입법고시(2011년), 행정고시(재경)(2006년), 5급공채(행정)(2014년), 5급공채(행정)(2018년).

25) 예컨대 법률이 일반조항(Generalklausel)에 의하여 "공공복리·질서유지를 위해 필요한 경우 경찰권을 발동할 수 있다."는 방식으로 개괄적·일반적으로 행정권의 발동권한을 부여하고 있는 경우.

행정청에 대하여 행정권을 발동해 줄 것을 요구하는 적극적 공권이다.

※ 행정개입청구권과 관련된 독일 판례: 독일 연방행정재판소의 띠톱판결 (Bandsäge－Urteil)

이 판결은 1960년 판결로서, 주거지역에 설치된 석탄제조 및 하역업소에서 띠톱사용으로 먼지와 소음이 심각하자 인근 주민이 건축행정청에 금지처분을 해줄 것을 요청하였으나 행정청이 이 신청을 받아들이지 않아 행정소송을 제기하게 되었다. 이에 대하여 베를린 고등행정재판소에서는 이 청구를 기각하였으나, 연방행정재판소는 경찰법상의 일반수권조항에 따른 경찰권발동은 재량이고, 이에 대하여 인근주민은 무하자재량행사청구권을 갖는데, 재량권이 수축되면 인근주민은 경찰권의 발동을 요구하는 권리를 갖게 된다고 하여, 원고의 청구를 인용하였다.

이 판례는 두 가지 점에서 커다란 의의가 있는데,

첫째, 종래 경찰개입(행정개입)에 의하여 누리는 개인의 이익은 반사적 이익에 불과한 것으로 보아 경찰권의 발동은 경찰의 재량적 판단에 맡겨진 것으로 보는 경찰편의주의가 일반적이었는데, 이 판결에서 경찰관계법규범은 공익 뿐 아니라 사익도 보호할 수 있다는 목적론적 해석을 통하여 개인도 경찰개입을 청구할 수 있는 지위를 가진다는 것을 인정하였다는 점이다.

둘째, 경찰권의 발동 여부는 경찰의 재량적 판단에 의하는 것이어서 이에 대하여 개인은 형식적인 무하자재량행사청구권만 가질 수 있지만, 재량권이 0으로 수축하는 경우에는 오직 하나만의 결정, 즉 경찰개입만이 의무에 합당한 재량이 되는 것이므로, 개인에 이에 대한 경찰의 개입을 요구하는 권리를 가지게 된다는 점, 즉 재량권의 수축이론을 통하여 개인의 공권을 인정하였다는 점이다.

이렇게 볼 때, 행정개입(경찰개입)청구권은, 과거의 경찰편의주의(경찰권발동은 공공안녕·질서유지 등의 공익을 위해서만 이뤄지고, 그 발동여부는 경찰의 재량)를 수정했다는 데 의의가 있다. 즉, 경찰재량을 축소시켜서 개인의 이익을 위한 경찰권의 발동의무를 이끌어 냈다는 점이 의미가 있는 것이다.

(2) 성립요건

행정개입청구권도 개인적 공권이므로 공권의 성립요건을 갖추어야 한다.

첫째, 강행규범에 의한 행정권발동의무가 존재하여야 한다. 행정법규범이 행정권의 발동에 관하여 재량권을 부여하고 있는 경우에는 사인에게는 이에 대한 무하자재량행사청구권만 인정될 수 있을 뿐이다. 행정개입청구권이 인정되기 위해서는 재량권이 수축하여 행정청에게 행정권발동 의무가 있어야 한다. 보통 재량권의 수축은 개인에게 '중대한 상황'이 발생한 경우에 일어나는데, 어떠한 경우가 이에 해당하는지에 대해서는 개별적인 사안마다 여러 정황을 종합적으로 고려하여 판단하여야 할 것이다.

둘째, 당해 강행규범이 공익뿐만 아니라 사익도 아울러 보호하고 있어야 한다(사익보호성). 과거의 경찰편의주의 하에서는 행정권의 발동은 오로지 공익을 위해서만 가능했었는데, 오늘날에는 행정개입청구권의 법리를 통하여 특정한 경우에는 개인의 이익을 위해서도 행정권의 발동이 가능하다고 보게 되었다. 이에 따라 행정권의 발동에 관한 규정이 합목적적 해석에 의하여 개인의 이익도 보호하고 있다고 인정되면 개인은 당해 행정청에 대하여 행정개입청구권을 가지게 된다.

(3) 특성

(i) 행정개입청구권은 (좁은 의미의) 무하자재량행사청구권과는 달리 형식적 청구권이 아니라 실체적 청구권이다. 행정개입청구권이 인정되기 이전 단계, 즉 행정법규범이 행정권의 발동에 재량권을 부여하고 있는 경우에는 개인에게는 무하자재량행사청구권은 인정될 수 있지만, 아직 행정개입청구권이 인정될 수 있는 단계는 아니다. 행정권 발동에 대한 재량권이 0으로 수축하게 되어 행정권 발동의 구체적인 내용(예컨대, 환경규제를 위한 시정명령권의 발동)이 정해지면, 이로써 '실체적 내용'이 있는 행정개입청구권이 성립하게 되는 것이다.

(ii) 행정개입청구권이 성립하기 위해서는 사익보호성이 요구되므로, 일반적인 행정개입청구권은 존재하지 않는다. 따라서 오로지 관계법상의 수권규정의 해석을 통하여 행정권 발동으로 인하여 개인의 이익이 보호되는 경우에만 권리가 인정된다.

(iii) 행정개입청구권은 행정권 발동에 재량권이 부여된 경우와 관련된 것이다. 기속행위의 경우에도 행정개입청구권이 성립할 수는 있지만, 이 경우에는 이미 행정청의 의무가 존재하는 경우이므로 행정개입청구권의 법리를 빌리지 아니하여도 일반공권이론으로 설명이 가능하기 때문이다.

(iv) 행정개입청구권은 무하자재량행사청구권과 관련된 것이다. 즉 행정법규범에 의하여 행정청에 재량권이 부여되어 이에 대하여 개인의 무하자재량행사청구권이 인정되는 경우에, 재량권이 수축되면 행정청은 오직 하나의 결정만을 하여야 할 의무를 지게 되는데, 이러한 의무가 구체적인 행정권의 발동을 내용으로 하고 있는 경우, 이에 대한 개인의 권리를 행정개입청구권이라 하는 것이다. 이렇게 볼 때, 행정개입청구권은 재량수축으로 실체화된 무하자재량행사청구권 가운데 행정권의 개입을 요구하는 청구권이라고 볼 수 있다.

(4) 쟁송수단

행정개입청구권과 관련하여 이 권리가 행정권의 적극적 개입을 요청하는 이행청구라는 점에서 이행소송의 형태가 가장 적절한 소송유형이 될 것이다. 그러나 우리나라는 행정심판법에는 의무이행심판이 있지만 행정소송법상 이행소송을 규정하고 있지 않으므로, 현행법상으로는 의무이행심판, 취소소송, 부작위위법확인소송을 통하여 권리구제를 받을 수밖에 없다.

즉 행정개입을 통한 처분의 발급을 요구하였는데 이에 대하여 행정청의 부작위가 존재하면, 이에 대하여 의무이행심판을 청구하거나 부작위위법확인소송을 제기하여야 할 것이고, 거부처분이 있었다면 이에 대하여 취소심판이나 의무이행심판을 청구하거나 취소소송을 제기하여야 할 것이다.

개인이 요구하는 행정권 발동이 사실행위인 경우에는 일반이행소송유형[26)]으로서 당사자소송을 제기하여야 할 것이고, 행정권발동을 하지 않음으로써 개인에게 손해가 발생하면 국가배상을 청구하면 될 것이다.

제 6 절 행정법관계에서의 사법규정의 적용

Ⅰ. 문제: 행정법관계에 사법규정이 적용될 수 있는지

사법은 오랜 역사를 통하여 형성·발전되어 왔고 민법전·상법전 등으로 법전화되어 있는 등, 비교적 짧은 역사를 가지고 있으며 총칙적인 규정들의 법전화도 이루어지지 않은 행정법에 비하여 상대적으로 정교하고 체계적이다.

이와 같은 상황에서 만약 공법관계인 행정법관계에 적용하여야 할 구체적인 공법규정이 결여되어 있는 경우에 이를 사법규정 또는 사법원리의 적용을 통하여 보완할 수 있겠는가 하는 문제가 제기될 수 있다. 이에 대하여는 다음과 같이 학설이 나뉘고 있다.

Ⅱ. 학설

1. 부정설

이 설은 공·사법은 각각 분리·독립된 법체계이므로 공법규정의 흠결을 사법규정으로 보충할 수 없다는 견해이다. 이 설은 과거 국가우월적 행정법이론의 산물로 오늘날 이 견해를 따르는 입장은 없다.

2. 긍정설

(1) 직접적 적용설(특별사법설)

이 설은 공·사법의 구별을 부인하고 행정법을 사법의 특별법으로 보는 관점에서 행정법관계

26) 이에 관하여 상세는 행정소송편 참조.

에 적용할 공법규정이 흠결되어 있는 경우에 사법규정이 이에 직접 적용된다는 견해이다. 그러나 우리의 법체계는 공·사법을 구별하면서 공·사법 각각의 특수성을 인정하고 있고, 행정법관계에 사법규정이 적용되겠는가 하는 문제는 이와 같은 공·사법의 구별로 인하여 발생하는 문제라는 점에서 이 설을 따르기는 어렵다.

(2) 제한적 적용설(유추적용설)

이 견해는 공법체계와 사법체계는 각각 특수성이 있다는 점을 감안하여 행정법관계에 대한 사법규정의 직접적용을 인정하지 않고, 당해 법률관계의 성질 및 사법규정의 성질에 따라 사법규정의 적용 여부와 적용범위 등이 제한적으로 결정된다고 보는 견해이다. 이 설이 통설·판례의 입장이다.

(3) 개별적 판단설

이 설은 사법규정의 직접 또는 유추적용의 가능성은 행정법관계가 권력관계인지 아니면 비권력관계인지에 따라서 결정된다기보다는 구체적인 법률관계에서 개별적으로 결정되는 것이라는 견해이다.

그러나 이 견해에 대해서는 이 설이 주장하는 구체적인 경우에 개별적으로 사법규정의 적용 여부를 결정하는 것은 위 제한적 적용 또는 유추적용의 경우에 당연히 요구되는 경우라는 점에서 이 견해는 제한적 적용설을 구체화한 데 불과하다는 지적이 있다.

(4) 결론

행정법관계의 특수성을 고려하면, 명문의 규정이 없는 경우에는 행정법관계에 사법규정이 전면적으로 적용될 수는 없다고 보아야 할 것이다. 이러한 점에서 제한적 적용설이 타당하다. 다만 제한적 적용설은 사법규정의 적용과 관련된 일반적인 기준을 제시하고 있는 것이므로 이 설을 취하더라도 사법규정의 적용에 있어 그 적용 여부, 적용범위 등의 문제는 결국에는 구체적인 법률관계마다 개별적으로 결정되게 될 것이다.

Ⅲ. 행정법관계에서의 사법규정의 제한적 적용

이하에서는 행정법관계에 대한 사법규정의 적용 문제를 제한적 적용설의 입장에 따라 정리해 보기로 한다.

행정법관계에서의 사법규정의 제한적 적용과 관련하여 먼저 설명해둘 점은 다음과 같다. ① 우선 당해 법령이 명시적으로 법의 흠결에 관하여 적용규범을 규정하고 있는 경우에는(예: 국가배상법 8, 국세기본법 4 등), 이에 따르면 되므로 별 문제 없다. ② 그 다음으로 행정법관계에 적용할 공법규정이 흠결되어 있는 경우에도 관련 공법규정의 유추적용 여부를 먼저 고려한 후 사법규정의 적용 여부를 검토하여야 한다(사법규정의 보충적 적용).

1. 사법규정의 내용에 따른 제한적 적용

사법체계는 본래 사적 자치 및 계약의 자유원칙을 근간으로 하는 것이지만, 사법규정들을 그 내용에 따라 ① 법의 일반원칙에 관한 규정, ② 법기술적인 규정, ③ 순수 사법규정으로 분류해 볼 수 있다.

일반적으로 신의성실·권리남용금지의 원칙 등과 같은 법의 일반원칙에 관한 규정이나 기간·시효·주소·사무관리·부당이득·불법행위 등의 법기술적인 규정들은 행정법관계에도 적용될 수 있다. 그러나 순수 사법규정은 경우에 따라서 행정법관계에의 적용이 제한될 수 있다.

2. 행정법관계의 유형에 따른 제한적 적용

통설은 행정법관계의 유형에 따라 사법규정의 적용범위가 달라진다고 본다. 그러나 이와 같은 구분은 대체적인 기준을 제시하는 것으로서 확정적인 것은 아니다. 이미 언급한 바와 같이 사법규정의 적용 가능성은 궁극에 있어서는 구체적인 법률관계에서 개별적으로 결정된다고 보아야 할 것이기 때문이다.

(1) 권력관계

권력관계는 행정주체의 우월성이 인정된다는 특성이 있으므로, 사법규정 중 법의 일반원칙, 법기술적 규정들은 권력관계에 적용될 수 있으나 순수 사법규정은 원칙적으로 여기에 적용될 수 없다. 하지만 법률관계의 성질·기능에 반하지 않는 한, 권력관계에서도 순수 사법규정의 유추적용이 인정될 수도 있을 것이다.

(2) 비권력관계

비권력관계는 공물의 관리·공공재화의 공급관계라는 점에서 본질적으로 사법관계와 유사한 측면이 있다. 따라서 공익성 등의 이유로 특별한 공법적인 제한이 존재하지 아니하는 한, 법의 일반원칙, 법기술적 규정은 물론 순수 사법규정까지 전반적으로 유추적용될 수 있다.

제 7 절 행정법관계의 발생 · 변경 · 소멸(법률요건과 법률사실)

제 1 항 법률요건과 법률사실

행정법관계에 변동(발생 · 변경 · 소멸)을 가져오는 사실을 행정법의 법률요건이라 하고, 법률요건을 이루는 개개의 사실을 법률사실이라 한다. 행정법의 법률요건은 하나의 법률사실로 이루어지는 경우도 있으나(예: 권리의 포기), 대체로 여러 개의 법률사실로 이루어져 있다(예: 신청과 허가).

행정법의 법률사실은 공법상의 사건과 공법상의 용태로 구분될 수 있는데, 공법상의 사건은 사람의 정신작용을 요소로 하지 않는 법률사실로서 생사, 시간의 경과와 같은 일정한 사실을 말하고, 공법상의 용태는 사람의 정신작용을 요소로 하는 법률사실로서 여기에는 외부적 용태(행위)와 내부적 용태(내심: 고의 · 과실, 선의 · 악의)가 있다. 공법상의 용태는 외부적 용태로서 공법행위가 중심을 이룬다.

이하에서는 행정법의 법률사실을 공법상의 사건과 공법행위로 나누어서 살펴보기로 한다.

제 2 항 공법상의 사건

Ⅰ. 기간

기간이란 일정 시점에서 다른 시점까지의 시간적 간격을 말한다. 따라서 기간에는 기간계산의 기산점과 종료점이 있다. 기간의 계산에 관한 규정은 법기술적인 규정이므로 공법상 특별한 규정이 없는 한 민법의 기간계산에 관한 규정(민법 156 - 161)이 행정법관계에도 적용되는데, 이와 관련하여 행정기본법은 "행정에 관한 기간의 계산에 관하여는 이 법 또는 다른 법령등에 특별한 규정이 있는 경우를 제외하고는 민법을 준용한다(행정기본법 6 ①)."고 규정하고 있다. 행정기본법은 제6조에서 행정에 관한 기간의 계산을, 제7조에서는 법령등 시행일의 기간 계산을 규정하고 있다.

Ⅱ. 시효

시효란 사법상 일정한 사실상태가 일정기간 계속된 경우에 그 상태가 진실한 권리관계에 합치하는지를 묻지 않고 그 상태를 진실한 권리관계로 인정하여 일정한 법률상의 효과를 부여하는 제도를 말한다. 이러한 시효제도는 일정한 기간 동안 계속된 사실상태를 존중하여 법률생활의 안정을 도모하고자 하는 취지에서 인정된 것이다.

시효에 관한 규정은 법의 일반원칙 또는 법기술적인 규정이므로 공법상 특별한 규정이 없는 한 사법상의 시효에 관한 규정이 행정법관계에도 적용될 수 있다. 시효에는 소멸시효와 취득시효가 있는데, 시효와 관련하여 행정법관계에서의 특수성으로는 다음 두 가지를 들 수 있다.

먼저 소멸시효와 관련하여 민법에서는 채권의 소멸시효를 10년으로 규정하고 있는데(민법 162), 공익의 실현을 내용으로 하는 행정법에서는 법률관계의 조속확정의 필요성 때문에 이를 단기로 규정하는 경우가 있는데, 예컨대 국가재정법 제96조는 금전채권의 소멸시효를 5년으로 규정하고 있다.

[판례] 특별시장 등이 거짓이나 부정한 방법으로 화물자동차 유가보조금을 교부받은 운송사업자 등으로부터 부정수급액을 반환받을 권리에 대한 소멸시효(=5년) 및 유가보조금 부정수급액 반환명령일을 기준으로 5년의 소멸시효가 완성된 부정수급액에 대하여 반환명령을 할 수 있는지 여부(소극)

"화물자동차 운수사업법상 특별시장 등이 거짓이나 부정한 방법으로 화물자동차 유가보조금(이하 '부정수급액'이라 한다)을 교부받은 운송사업자 등으로부터 부정수급액을 반환받을 권리에 대해서는 지방재정법 제82조 제1항에서 정한 5년의 소멸시효가 적용된다. 그 소멸시효는 부정수급액을 지급한 때부터 진행하므로, 반환명령일을 기준으로 이미 5년의 소멸시효가 완성된 부정수급액에 대해서는 반환명령이 위법하다(대판 2019.10.17, 2019두33897[유가보조금반환처분취소청구])."

[판례] 군인연금법상 유족연금청구권에 대하여 동법이 정한 5년의 소멸시효 기간이 적용되는지 여부(적극)

"구 군인연금법(2013.3.22. 법률 제11632호로 개정되기 전의 것, 이하 '법'이라 한다) 제8조 제1항은 '급여를 받을 권리'는 '그 급여의 사유가 발생한 날'로부터 5년간 이를 행사하지 아니할 때에는 시효로 인하여 소멸한다고 규정하고 있고, 이는 군인연금법상 급여를 받을 모든 권리에 대하여 적용되는 것이므로, ① 군인의 공무상 사망으로 선순위 유족이 법 제26조 제1항 제3호 규정에 따라 곧바로 취득하는 추상적 유족연금청구권뿐 아니라, ② 구 군인연금법 시행령(2010. 11. 2. 대통령령 제22467호로 개정되기 전의 것) 제53조에 따른 유족연금 최초 청구를 하여 국방부장관의 지급결정을 거쳐 구체적 유족연금수급권을 취득한 선순위 유족이 망인의 공무상 사망일 다음 달부터 갖게 되는 월별 수급권이나, ③ 선순위 유족에게 법 제29조 제1항 각호에서 정한 사유가 발생하여 구체적 유족연금수급권을 상실함에 따라 법 제29조 제2항 규정에 의하여 곧바로 구체적 유족연금수급권을 취득한 동순위 또는 차순위 유족이 갖게 되는 월별 수급권에 대하여도 5년의 소멸시효 기간이 적용된다. 따라서 법 제8조 제1항에서 소멸시효의 기산점으로 규정한 '급여의 사유가 발생한 날'이란, 추상적 유족연금청구권의 경우에는 '급여를 받을 권리가 발생한 원인이 되는 사실이 발생한 날'

을, 월별 수급권의 경우에는 '매달 연금지급일'을 의미한다(대판 2019.12.27, 2018두46780[유족연금수급권이전대상자불가통보처분취소청구의소])."

그 다음으로 취득시효와 관련하여 민법상 취득시효에 관한 규정이 공물에도 적용되는가 하는 것이다. 민법은 부동산을 20년간 소유의 의사로 평온·공연히 점유를 계속하면 점유자는 그 소유권을 취득한다고 규정하고 있다(민법 245). 그런데 공물과 같은 국·공유재산은 관련법에 의하여 보호·관리·처분되고 있는데, 이와 같은 공물을 평온·공연하게 20년간 점유한다고 하는 것은 국·공유재산의 관리에 관한 관련법의 제정취지에도 부합하지 않는 것이다. 이에 따라 관련법에서는 행정재산은 시효취득의 대상이 되지 않음을 규정하고 있다(국유재산법 7 ②, 공유재산법 6 ②). 만약 그럼에도 이와 같은 경우가 발생한다면 이는 사실상 묵시적 공용폐지가 있다고 보아야 할 것이다.[27] 국·공유재산 중 일반재산은 시효취득의 대상이 될 수 있다.[28]

Ⅲ. 제척기간

제척기간이란 법률관계를 확정하기 위하여 일정한 권리에 대하여 법률이 정한 존속기간을 말한다. 행정심판법·행정소송법상의 심판청구기간·제소기간은 대표적인 제척기간이다.

제척기간은 일정한 기간의 경과로 권리가 소멸된다는 점에서 소멸시효와 동일하나, 시효는 법률생활의 안정성을 도모하려는 것으로서 그 중단이나 정지제도가 있지만, 제척기간은 법률관계의 조속한 확정을 목적으로 하는 것이므로 기간이 짧고 중단제도가 없다는 점에서 차이가 있다.

Ⅳ. 주소

민법은 "생활의 근거되는 곳을 주소로 한다."고 하여(민법 18 ①) 생활의 근거라는 객관적 사실에 의하여 주소를 인정하고 있다.

공법관계에서 주소에 관하여는 주민등록법이 "다른 법률에 특별한 규정이 없으면 이 법에 따른 주민등록지를 공법관계에서의 주소로 한다."고 규정하고 있으므로(주민등록법 23 ①), 공법관계에서의 주소는 주민등록법에 따른 주민등록지가 된다.

민법은 복수의 주소를 명문으로 인정하고 있으나(민법 18 ②), 주민등록법은 이중등록을 허용하지 않고 있으므로 공법상 주소는 1개이다.

---

27) 김동희/최계영, 행정법Ⅰ, 126면.
28) 상세는 제3부 제5편 공물법, 1276면 이하 참조.

제 3 항 공법행위

Ⅰ. 공법행위의 개념과 분류

공법행위는 공법상의 행위로서 공법적 효과를 발생·변경·소멸시키는 행위를 말한다. 공법행위는 넓은 의미로는 입법행위, 사법(司法)행위 및 행정법관계에서의 행위를 모두 포함하는 개념이나 좁은 의미로는 행정법관계에서의 행위만을 의미한다.

공법행위는 여러 기준에 따라 분류할 수 있는데, 행위주체에 따라 행정주체의 공법행위와 사인의 공법행위로 나눌 수 있고, 권력성 유무에 따라 권력행위와 비권력행위로 구분할 수 있다. 또한 당사자를 기준으로 일방당사자의 의사표시로만 성립하는 단독행위(단독행위는 신청·동의 등의 상대방의 협력이 필요 없는 독립적 단독행위와 상대방의 협력을 요하는 쌍방적 단독행위가 있다)와 쌍방당사자의 의사표시의 합치로 성립하는 쌍방행위(공법상 계약·공법상 합동행위)로 구분할 수 있으며, 의사표시의 수에 따라 1인의 의사표시에 의하여 성립하는 단순행위(예: 신고)와 다수인의 공동의 의사표시가 하나의 효과를 완성하는 합성행위(예: 투표)로 구분할 수 있다. 이 가운데 가장 중요한 의미를 가지는 것은 행위주체에 따른 분류인데, 행정주체의 공법행위는 행정작용편에서 설명하므로, 이하에서는 사인의 공법행위만 살펴본다.

Ⅱ. 사인의 공법행위*

1. 의의

사인의 공법행위란 행정법관계에서의 사인의 행위로서 공법적 효과를 발생시키는 행위를 말한다. 사인의 공법행위는 사인의 행위라는 점에서 행정주체의 행위와 구별되고, 공법적 효과를 발생시킨다는 점에서 사법행위와도 구별된다.

오늘날 민주행정의 요청에 따라 행정에 대한 국민의 참여가 확대되고 이에 따라 개인의 법적 지위도 강화되고 있다. 이와 같이 행정법관계에서 사인은 더 이상 단순한 행정객체에 머무는 것이 아니라 행정과정에의 협력 또는 참여 등을 통하여 행정을 형성하는 적극적인 법적 지위가 인정되고 있는 것이다. 사인의 공법행위에 관한 논의는 이와 같은 행정에서의 사인의 법적 지위에 관한 것이라는 점에서 행정법학의 주요관심사이기도 하다.

2. 종류

사인의 공법행위도 공법행위라는 점에서 위에서 살펴본 다양한 분류(단순행위·합성행위, 단독

---

* 5급공채(일반행정)(2012년).

행위·쌍방행위 등)가 가능하다. 여기에서는 행위의 효과에 따른 자기완결적 공법행위와 행위요건적 공법행위의 분류만을 살피기로 한다.

(1) 자기완결적 공법행위

자기완결적 공법행위는 그 행위 자체로서 법률효과를 완성하는 행위를 말한다. 예를 들면 투표·신고·합동행위 등이 이에 해당한다.

투표는 다수의 사인의 공동의사표시가 하나의 효과를 완성하는 합성행위이다.

신고는 일반적으로 사인의 행정청에 대한 일정한 사실·관념의 통지에 의하여 공법적 효과가 발생하는 행위를 말한다(예: 출생신고·혼인신고 등). 신고는 본래 자기완결적 공법행위로서 신고가 행정청에 제출되어 접수된 때에 관계법에서 정하는 법적 효과가 발생하는 것이다. 그러나 오늘날 신고에는 행정청에 대하여 일정한 사항을 통지하고 행정청이 이를 수리함으로써 법적 효과가 발생하는 신고도 있다. 이러한 신고는 행위요건적 신고로서 종래의 신고와는 다른 것이다. 이처럼 신고는 경우에 따라서는 자기완결적이기도 하고 행위요건적이기도 한데 이와 같은 신고의 법적 문제에 대해서는 별도의 목차에서 상세히 설명하기로 한다.

합동행위는 다수인의 같은 방향의 의사표시의 합치로써 법률효과가 완성되는 행위를 말하는데 사인에 의한 공공조합의 설립이 이에 해당한다.

(2) 행위요건적 공법행위

행위요건적 공법행위는 사인의 행위 그 자체로서 법률효과가 완성되는 것이 아니라 사인의 행위가 행정청의 공법행위의 동기 또는 요건이 되는 행위를 말한다. 사인이 행하는 각종 인허가 등의 신청행위·공법상 계약에서의 청약행위·행정심판이나 청원 등의 청구행위·행정행위의 요건으로서의 동의·공법상 계약에 있어서의 승낙·행정절차에서의 협의 등이 이에 해당한다.

3. 사인의 공법행위에 대한 사법규정의 적용

사인의 공법행위에 관한 일반법은 없고, 각 개별법에서 산발적으로 사인의 공법행위에 관한 규정을 두고 있을 뿐이다. 만약 이와 같은 개별규정 조차 없는 경우에는 사인의 공법행위에 사법규정을 적용할 수 있겠는가 하는 문제가 있다.

(1) 의사능력·행위능력

의사능력이나 행위능력에 관한 특별한 공법상의 규정이 없는 경우에 재산관계에 관한 사인의 공법행위에는 원칙적으로 민법규정이 유추적용된다고 보는 것이 일반적인 견해이다. 따라서 의사능력이 없는 자의 행위는 무효로 본다. 행위능력에 관하여는 별도로 특별한 규정을 두고 있는 경우도 있다(우편법 10 등).

(2) 대리

사인의 공법행위 가운데에는 법률의 규정에 의하거나 또는 행위의 일신전속적인 성질(예: 투표)로 인하여 대리가 허용되지 않는 경우가 있다. 그 밖에는 대리가 허용된다고 보고, 이 경우 이에 관한 명문의 규정이 없는 경우에는 민법규정이 유추적용될 수 있다.

(3) 요식행위

사인의 공법행위는 요식행위가 아니다. 따라서 특별한 형식을 갖출 필요는 없지만, 법령에서 일정한 형식을 갖추도록 규정하고 있는 경우에는 이에 따라야 한다. 예컨대 행정절차법은 행정청에 대하여 처분을 구하는 신청은 문서로 하도록 규정하고 있다(행정절차법 17 ①).

(4) 효력발생시기

효력발생시기와 관련하여 발송한 날에 효력이 발생하는 것으로 규정하는 경우도 있으나(예: 국세기본법 5조의2), 이와 같은 경우를 제외하고는 민법에서처럼 원칙적으로 도달주의에 따라 효력이 발생한다고 보아야 할 것이다.

(5) 의사표시*

사인의 공법행위에 있어 의사표시에 하자가 있는 경우에는 원칙적으로는 민법규정이 유추적용된다고 보아야 할 것이다. 그러나 공법행위로서의 특성이 강하게 요구되는 경우에는 민법규정이 그대로 적용된다고 보기 어렵다.

예컨대 판례는 공무원의 사직의 의사표시에 의한 의원면직처분에 있어서 그 의사가 외부에 객관적으로 표시된 이상 그 의사는 표시된 대로 효력을 발하는 것이며 민법 제107조 제1항 단서의 비진의 의사표시의 무효에 관한 규정은 그 성질상 사인의 공법행위에 적용되지 아니한다고 보고 있다.[29)]

(6) 부관

행정법관계의 명확성·안정성·조속확정의 필요 등으로 인하여 사인의 공법행위에는 원칙적으로 부관을 붙일 수 없다.

---

* 5급공채(일반행정)(2012년).

29) 대판 2001.8.24, 99두9971.

(7) 보정·철회

사인의 공법행위는 이에 따른 행정처분이 있거나 법적 효과가 확정되기까지는 자유로이 이를 보완하거나 철회할 수 있다. 그러나 법률의 규정이 이를 제한하고 있는 경우에는 이에 따라야 할 것이고, 또는 공법상의 합성행위(예: 투표)나 합동행위(예: 공공조합의 설립)의 경우에는 행위의 단체적 성질로 인하여 보정이나 철회가 불가능하다고 보아야 할 것이다.

이와 관련하여 행정절차법은 "신청인은 처분이 있기 전에는 그 신청의 내용을 보완하거나 변경 또는 취하할 수 있다. 다만, 다른 법령등에 특별한 규정이 있거나 당해 신청의 성질상 보완·변경 또는 취하할 수 없는 경우에는 그러하지 아니하다."라고 규정하고 있다(행정절차법 17 ⑧).

4. 사인의 공법행위의 효과로서의 행정청의 처리의무

사인의 공법행위 가운데 자기완결적 공법행위는 행위가 있고나면 바로 효력이 발생하므로 행정청의 별도의 조치가 필요 없다. 그러나 행위요건적 공법행위의 경우에는 행정청의 처리의무가 발생한다. 이에 따라 행정청은 관련법이 정하는 적법한 절차를 거치거나 또는 재량행위의 경우 적법하게 재량권을 행사하여 사인의 공법행위에 대하여 일정한 처리를 하여야 한다.

5. 사인의 공법행위의 하자와 후속적 행정행위의 효력*

사인의 공법행위에 하자가 있는 경우 그에 따른 행정행위에 어떠한 영향을 미칠 것인가 하는 것이 문제인데, 통설에 따르면, ① 사인의 공법행위가 행정행위의 단순한 사실상의 동기인 경우에는 그 하자는 행정행위의 효력에 영향이 없고, ② 사인의 공법행위가 행정행위의 요건인 경우에는, 사인의 공법행위에 단순위법의 하자가 있으면 행정행위는 원칙적으로 유효하고, 사인의 공법행위가 무효이거나 적법하게 철회되었다면 이에 대한 행정행위도 무효가 된다고 보고 있다.

> [판례] 사업양도·양수가 무효인 경우 이를 수리한 행위도 무효인지 여부
>
> "사업양도·양수에 따른 허가관청의 지위승계신고의 수리는 적법한 사업의 양도·양수가 있었음을 전제로 하는 것이므로 그 수리대상인 사업양도·양수가 존재하지 아니하거나 무효인 때에는 수리를 하였다 하더라도 그 수리는 유효한 대상이 없는 것으로서 당연히 무효라 할 것이고, 사업의 양도행위가 무효라고 주장하는 양도자는 민사쟁송으로 양도·양수행위의 무효를 구함이 없이 막바로 허가관청을 상대로 하여 행정소송으로 위 신고수리처분의 무효확인을 구할 법률상 이익이 있다(대판 2005.12.23, 2005두3554)."

* 행정고시(일반행정)(2009년).

6. 사인의 공법행위로서의 신고*

(1) 신고의 개념

사인의 공법행위로서의 신고는 일반적으로 사인이 행정청에 대하여 일정한 사실을 알림으로써 공법적 효과가 발생하는 행위를 말한다.

(2) 신고의 종류

그간 정부의 규제개혁 또는 규제완화방침에 따라 종래 허가의 대상이었던 것을 신고의 대상으로 완화하는 경우가 많았다. 이에 따라 현행법상 신고라는 용어가 사용되는 경우에 이를 종래와 같이 하나의 신고개념으로 파악하기 어렵게 되었다.

이에 따라 학설과 판례는 사인의 신고에 대한 행정청의 수리 여부에 따라, ① 행정청에 대하여 일정한 사항을 통지하고 도달함으로써 효과가 발생하는 신고를 자기완결적 공법행위로서의 신고라 하고, ② 행정청에 대하여 일정한 사항을 통지하고 행정청이 이를 수리함으로써 법적 효과가 발생하는 신고를 행위요건적 공법행위로서의 신고로 구분하고 있다. 전자를 수리를 요하지 아니하는 신고로, 후자를 수리를 요하는 신고로 부르기도 한다.

이하에서는 이와 같은 다수견해의 입장에 따라 각각의 신고에 대한 법적 성질과 처분성의 인정 여부에 관하여 검토하기로 한다.

다만 이에 더하여 이와 같은 구분이 갖는 문제점[30]에 대해서도 언급하기로 한다. 사실 다수견해에 따르면 ① 자기완결적 공법행위로서의 신고, ② 행위요건적 공법행위로서의 신고 그리고 ③ 허가가 각각 구분된다는 것인데, 과연 그 구분기준이 명확한지, 그리고 실제로 구분할 필요성이 있는지 등에 관하여 여러 비판적인 의견도 제시되고 있다.[31] 실제로 규제완화로 인하여 종래의 허가대상이 신고대상으로 완화되면서, 경우에 따라서는 질서행정이라는 행정의 중요한 기능을 후퇴시키면서 이로 인하여 오히려 이웃주민들의 생활권 등이 침해되는 경우도 발생하고 있다. 나아가 행정의 실제에서는 허가의 대상이든 신고의 대상이든 실무적으로 이를 심사하는 데 별로 큰 차이가 없다. 이러한 점에서 행위요건적 신고는 사실 허가와 다르지 않다는 견해들이 제시되고 있는 것이다. 이와 같은 신고의 법리에 관한 문제점은 신고의 법리를 이해하기 위해서도 필요한 것이므로 별도의 목차를 구성하여 설명한다.

---

* 사법시험(2012년), 행정고시 약술(2005년), 5급공채(재경)(2011년).

30) 이에 관하여 상세는 졸고, 행정법상 신고의 법리 -이론과 판례의 문제점 및 개선방향-, 경원법학 제3권 제3호, 경원대학교 법학연구소, 2010. 11, 113면 이하 참조.

31) 예컨대 김명길, 신고의 법리, 공법학연구, 제7권 제1호(2006. 2), 469면 이하; 김세규, 행정법상의 신고에 관한 재론, 동아법학 제33호(2003. 12), 53면 이하; 김중권, 건축법상 건축신고의 문제점에 관한 소고, 저스티스 제34권 제3호(2001. 6), 150면 이하 등.

1) 자기완결적 공법행위로서의 신고

가. 의의

자기완결적 공법행위로서의 신고(또는 수리를 요하지 않는 신고)는 행정청에 대한 사인의 일방적인 통고행위로서 신고가 행정청에 제출되어 접수된 때에 관계법에서 정하는 법적 효과가 발생하고 행정청의 별도의 수리행위가 필요한 것은 아니다.[32)]

나. 입법례

예컨대, 별도의 수리행위가 필요하지 아니한 신고임을 분명히 하기 위하여, '일정한 신고가 신고서의 기재사항 및 첨부서류에 흠이 없고 법령 등에 규정된 형식상의 요건을 충족하는 경우에는 신고서가 접수기관에 도달된 때에 신고 의무가 이행된 것으로 본다'는 규정[33)]을 두기도 한다.[34)]

다. 법적 성질과 처분성(권리구제)

수리를 요하지 않는 신고는 행정청에 대하여 일정한 사항을 통지함으로써 의무가 끝나는 신고로서 신고 그 자체로 법적 효과를 발생시킨다. 따라서 행정청의 수리처분이 개입할 여지가 없고, 이에 따라 수리가 존재할 이유가 없으므로 행정청이 사인의 신고를 받아주더라도 이 행위는 단지 사실행위에 불과한 것으로서 행정소송법상의 처분성이 문제될 여지가 없다. 비록 행정청의 신고거부행위가 있다 하더라도 이 또한 마찬가지로 사실상의 행위에 불과하다.

라. 관련 판례

[판례] 체육시설의 설치·이용에 관한 법률에 의한 변경신고

"행정청에 대한 신고는 일정한 법률사실 또는 법률관계에 관하여 관계행정청에 일방적으로 통고를 하는 것을 뜻하는 것으로서 법에 별도의 규정이 있거나 다른 특별한 사정이 없는 한 행정청에 대한 통고로서 그치는 것이고 그에 대한 행정청의 반사적 결정을 기다릴 필요가 없는 것이므로, 체육시설의설치·이용에관한법률 제18조에 의한 변경신고서는 그 신고 자체가 위법하거나 그 신고에

32) 문헌에서는 관련 규정으로 식품위생법 제37조 제4항에 의한 영업신고, 공중위생관리법 제3조에 의한 공중위생영업의 신고, 건축법 제14조에 의한 건축신고 등을 들고 있다.

33) 공간정보의 구축 및 관리 등에 관한 법률 제40조(측량기술자의 신고 등) ① 측량업무에 종사하는 측량기술자(「건설기술 진흥법」 제2조 제8호에 따른 건설기술인인 측량기술자와 「기술사법」 제2조에 따른 기술사는 제외한다. 이하 이 조에서 같다)는 국토교통부령으로 정하는 바에 따라 근무처·경력·학력 및 자격 등(이하 "근무처 및 경력등"이라 한다)을 관리하는 데에 필요한 사항을 국토교통부장관에게 신고할 수 있다. 신고사항의 변경이 있는 경우에도 같다.
⑥ 제1항에 따른 신고가 신고서의 기재사항 및 구비서류에 흠이 없고, 관계 법령 등에 규정된 형식상의 요건을 충족하는 경우에는 신고서가 접수기관에 도달된 때에 신고된 것으로 본다.

34) 이러한 예로는, 유선 및 도선 사업법 7, 화물자동차 운수사업법 3, 항공안전법 85, 항공사업법 62, 해양심층수의 개발 및 관리에 관한 법률 27, 양곡관리법 19 등이 있다.

무효사유가 없는 한 이것이 도지사에게 제출하여 접수된 때에 신고가 있었다고 볼 것이고, 도지사의 수리행위가 있어야만 신고가 있었다고 볼 것은 아니다(대판 1993.7.6, 93마635)."

마. 건축신고에 관한 판례의 변경 *

① 대법원은 종래 건축신고를 수리를 요하지 않는 신고로 보았다.

[판례] 담장설치신고

"건축법상 신고사항에 관하여는 건축을 하고자 하는 자가 적법한 요건을 갖춘 신고만 하면 건축을 할 수 있고, 행정청의 수리처분 등 별단의 조처를 기다릴 필요가 없다(대판 1995.3.14, 94누9962)."

[판례] 건축법상 증축신고수리

"(구) 건축법(1996.12.30. 법률 제5230호로 개정되기 전의 것) 제9조 제1항에 의하여 신고를 함으로써 건축허가를 받은 것으로 간주되는 경우에는 건축을 하고자 하는 자가 적법한 요건을 갖춘 신고만 하면 행정청의 수리행위 등 별다른 조치를 기다릴 필요 없이 건축을 할 수 있는 것이므로, 행정청이 위 신고를 수리한 행위가 건축주는 물론이고 제3자인 인근 토지 소유자나 주민들의 구체적인 권리 의무에 직접 변동을 초래하는 행정처분이라 할 수 없다(대판 1999.10.22, 98두18435)."

② 대법원은 2010년 전원합의체 판결에서 건축신고의 반려행위는 항고소송의 대상이 된다고 하여 종전의 입장을 변경하였다.

[판례] 건축신고 반려행위 또는 수리거부행위가 항고소송의 대상이 되는지 여부(적극)

"건축주 등으로서는 신고제하에서도 건축신고가 반려될 경우 당해 건축물의 건축을 개시하면 시정명령, 이행강제금, 벌금의 대상이 되거나 당해 건축물을 사용하여 행할 행위의 허가가 거부될 우려가 있어 불안정한 지위에 놓이게 된다. 따라서 건축신고 반려행위가 이루어진 단계에서 당사자로 하여금 반려행위의 적법성을 다투어 그 법적 불안을 해소한 다음 건축행위에 나아가도록 함으로써 장차 있을지도 모르는 위험에서 미리 벗어날 수 있도록 길을 열어 주고, 위법한 건축물의 양산과 그 철거를 둘러싼 분쟁을 조기에 근본적으로 해결할 수 있게 하는 것이 법치행정의 원리에 부합한다. 그러므로 이 사건 건축신고 반려행위는 항고소송의 대상이 된다고 보는 것이 옳다(대판 2010.11.18, 2008두167 전원합의체)."

이 판례는 건축신고가 받아들여지지 않는 경우 미신고로 인하여 신고인이 받게 될 건축법상의 불이익으로부터 신고인을 보호하기 위하여, 종래의 판례의 입장을 변경하여, 건축신고의 반려

* 사법시험(2012년).

행위를 항고소송의 대상으로 인정한 것이다.

이 판례에서는 건축신고를 수리를 요하는 신고로 본다는 언급은 없고, 다만 (수리를 요하지 않는 신고로서) 신고의 '반려행위'로 표현하고 있을 뿐이어서, 이 판례가 건축신고를 수리를 요하는 신고로 보고 있는지는 분명하지 않다. 판례의 취지는 건축신고의 반려행위로부터의 보호를 위하여 건축신고 반려행위의 처분성을 인정한다는 것일 뿐, 건축신고를 적극적으로 '수리를 요하는 신고'로 본다는 의미는 아니라고 판단된다. 이는 아래 ③의 인허가의제 효과를 수반하는 건축신고를 적극적으로 '수리를 요하는 신고'로 보아야 한다는 판례를 보면 더욱 분명하다.

대법원은 이와 같은 관점에서 건축착공신고의 반려행위도 항고소송의 대상이 되는 처분으로 보고 있다.[35]

> [판례] 행정청의 착공신고 반려행위가 항고소송의 대상이 되는지 여부
>
> "착공신고 반려행위가 이루어진 단계에서 당사자로 하여금 반려행위의 적법성을 다투어 법적 불안을 해소한 다음 건축행위에 나아가도록 함으로써 장차 있을지도 모르는 위험에서 미리 벗어날 수 있도록 길을 열어 주고, 위법한 건축물의 양산과 철거를 둘러싼 분쟁을 조기에 근본적으로 해결할 수 있게 하는 것이 법치행정의 원리에 부합한다. 그러므로 행정청의 착공신고 반려행위는 항고소송의 대상이 된다고 보는 것이 옳다(대판 2011.6.10, 2010두7321)."

③ 나아가 대법원은 2011년 전원합의체 판결에서 건축법 제14조 제2항에 의한 인허가의제 효과를 수반하는 건축신고는 행정청이 그 실체적 요건에 관한 심사를 한 후 수리하여야 하는 이른바 '수리를 요하는 신고'라고 하였다.

> [판례] [1] 인허가의제 효과를 수반하는 건축신고가, 행정청이 그 실체적 요건에 관한 심사를 한 후 수리하여야 하는 '수리를 요하는 신고'인지 여부(적극)
>
> [2] 국토계획법상의 개발행위허가로 의제되는 건축신고가 개발행위허가의 기준을 갖추지 못한 경우, 행정청이 수리를 거부할 수 있는지 여부(적극)
>
> "[1] 건축법에서 인허가의제 제도를 둔 취지는, 인허가의제사항과 관련하여 건축허가 또는 건축신고의 관할 행정청으로 그 창구를 단일화하고 절차를 간소화하며 비용과 시간을 절감함으로써 국민의 권익을 보호하려는 것이지, 인허가의제사항 관련 법률에 따른 각각의 인·허가 요건에 관한 일체의 심사를 배제하려는 것으로 보기는 어렵다. … 따라서 <u>인허가의제 효과를 수반하는 건축신고는</u>

35) 건축법은 건축신고 및 착공신고와 관련하여, 2017.4.18. 개정으로 각각 제14조 제3항 및 제21조 제3항을 신설하여 "신고를 받은 날로부터 5일(착공신고의 경우 3일) 이내에 <u>신고수리 여부를 당사자에게 통지하여야 한다.</u>"고 규정하고 있다. 이러한 입법적 변화로 건축신고나 착공신고는 '수리를 요하는 신고'라고 보아야 할 것이다.

일반적인 건축신고와는 달리, 특별한 사정이 없는 한 행정청이 그 실체적 요건에 관한 심사를 한 후 수리하여야 하는 이른바 '수리를 요하는 신고'로 보는 것이 옳다.

[2] 국토계획법상의 개발행위허가로 의제되는 건축신고가 국토계획법이 정한 기준을 갖추지 못한 경우 행정청으로서는 이를 이유로 그 수리를 거부할 수 있다고 보아야 한다(대판 2011.1.20, 2010두14954 전원합의체)."

이 판례는 인허가의제 효과를 수반하는 건축신고는 다른 법률상의 인허가의 요건을 충족하고 있는지를 판단한 후 건축신고를 받아 줄 것인지의 여부를 판단하여야 한다는 점에서, 이 경우 건축신고는 타법상의 인허가요건을 충족하지 못한 경우 '인허가의 거부'를 포함하는 것이므로 '수리를 요하는 신고'로 보는 것이 타당하다는 것이다.

이 판례를 통하여 나타난 점은 다수설과 판례가 분류하는 수리를 요하지 않는 신고와 수리를 요하는 신고의 구분이 매우 애매하다는 점과 수리를 요하는 신고와 허가의 구분도 의미가 없다는 점이다. 결국 이 판례는 허가와 수리를 요하는 신고가 근본적으로 같은 성질을 가지고 있음을 인정한 것이다.

2) 행위요건적 공법행위로서의 신고 *

가. 의의

행위요건적 공법행위로서의 신고(또는 수리를 요하는 신고)는, 일반적인 인허가에 적용되는 법리처럼, 행정청이 수리함으로써 신고의 법적 효과가 발생하고, 따라서 이 경우에는 수리 또는 수리거부는 법적인 행위가 된다.

행정기본법은 "법령등으로 정하는 바에 따라 행정청에 일정한 사항을 통지하여야 하는 신고로서 법률에 신고의 수리가 필요하다고 명시되어 있는 경우(행정기관의 내부 업무 처리 절차로서 수리를 규정한 경우는 제외한다)에는 행정청이 수리하여야 효력이 발생한다(행정기본법 34)."고 하여, '수리를 요하는 신고'를 규정하면서, 이 경우 수리를 하여야 신고의 효력이 발생함을 명확히 규정하고 있다.

나. 입법례

예컨대, 수리가 필요한 신고임을 분명히 하기 위하여, '일정 기간 내에 신고의 수리 여부를 당사자에게 통지하도록 하고, 이를 통지하지 않으면 신고를 수리한 것으로 간주'하는 규정[36]을 두기

---

* 사법시험(2015년), 행정고시(일반행정)(2005년), 행정고시(일반행정)(2009년).

36) 여객자동차운수사업법 제10조(사업계획의 변경) ① 제4조제1항에 따라 여객자동차운송사업의 면허를 받은 자가 사업계획을 변경하려는 때에는 국토교통부장관 또는 시·도지사의 인가를 받아야 한다. 다만, 국토교통부령으로 정하는 경미한 사항을 변경하려는 때에는 국토교통부장관 또는 시·도지사에게 신고하여야 한다.

② 제4조제1항 단서에 따라 여객자동차운송사업을 등록한 자가 사업계획을 변경하려는 때에는 시·도지사

도 한다.37)

다. 법적 성질과 처분성(권리구제)

① 일반적으로 수리를 요하는 신고에서 수리는 준법률행위적 행정행위의 하나로서 행정쟁송법상의 처분에 해당한다고 설명하고 있다.38)

② 수리를 요하는 신고도 그 성질상 허가와 다르지 않으므로, 그 법적 성질은 기속행위이다. 판례도 -허가에서와 마찬차지로- '관련 법령에서 정한 신고요건 이외의 다른 사유를 들어 신고수리를 거부할 수 없다'고 하여 수리를 기속행위로 보고 있다(대판 1997.8.29, 96누6646).

[판례1] 시장·군수 또는 구청장의 주민등록전입신고 수리 여부에 관한 심사의 범위와 대상

"주민들의 거주지 이동에 따른 주민등록전입신고에 대하여 행정청이 이를 심사하여 그 수리를 거부할 수는 있다고 하더라도, … 전입신고자가 거주의 목적 이외에 다른 이해관계에 관한 의도를 가지고 있는지 여부, 무허가 건축물의 관리, 전입신고를 수리함으로써 당해 지방자치단체에 미치는 영향 등과 같은 사유는 주민등록법이 아닌 다른 법률에 의하여 규율되어야 하고, 주민등록전입신고의 수리 여부를 심사하는 단계에서는 고려 대상이 될 수 없다(대판 2009.6.18, 2008두10997 전원합의체)."

[판례2] 숙박업 신고의 경우 행정청이 법령이 정한 요건 외의 사유를 들어 수리를 거부할 수 있는 경우

"숙박업을 하고자 하는 자가 법령이 정하는 시설과 설비를 갖추고 행정청에 신고를 하면, 행정청은 공중위생관리법령의 위 규정에 따라 원칙적으로 이를 수리하여야 한다. 행정청이 법령이 정한 요건 이외의 사유를 들어 수리를 거부하는 것은 위 법령의 목적에 비추어 이를 거부해야 할 중대한 공익상의 필요가 있다는 등 특별한 사정이 있는 경우에 한한다(대판 2017.5.30, 2017두34087[숙박업영업신고증교부의무부작위위법확인])."

에게 등록하여야 한다. 다만, 국토교통부령으로 정하는 경미한 사항을 변경하려는 때에는 시·도지사에게 신고하여야 한다.

③ 국토교통부장관 또는 시·도지사는 제1항 단서 또는 제2항 단서에 따른 변경신고를 받은 날부터 국토교통부령으로 정하는 기간 내에 신고수리 여부를 신고인에게 통지하여야 한다.

④ 국토교통부장관 또는 시·도지사가 제3항에서 정한 기간 내에 신고수리 여부 또는 민원 처리 관련 법령에 따른 처리기간의 연장 여부를 신고인에게 통지하지 아니하면 그 기간이 끝난 날의 다음 날에 신고를 수리한 것으로 본다.

37) 이러한 예로는, 석유 및 석유대체연료 사업법 10, 관광진흥법 31, 화물자동차 운수사업법 16, 폐기물관리법 25, 국유림의 경영 및 관리에 관한 법률 9, 건설기계관리법 5, 위생용품 관리법 3, 해양심층수의 개발 및 관리에 관한 법률 20, 내수면어업법 11, 인쇄문화산업 진흥법 12 등이 있다.

38) 수리를 요하는 신고에 관한 규정으로는 외국환거래법 제18조의 외국환거래신고, 농지법 제35조에 의한 농지의 전용신고, 수산업법 제48조에 의한 어업신고, 주민등록법 제8조에 의한 주민등록신고 등을 들 수 있다.

[판례3] 법정 외 사유를 들어 신고의 수리를 거부할 수 있는지 여부(소극)

"가설건축물은 건축법상 '건축물'이 아니므로 건축허가나 건축신고 없이 설치할 수 있는 것이 원칙이지만 일정한 가설건축물에 대하여는 건축물에 준하여 위험을 통제하여야 할 필요가 있으므로 신고 대상으로 규율하고 있다. 이러한 신고제도의 취지에 비추어 보면, 가설건축물 존치기간을 연장하려는 건축주 등이 법령에 규정되어 있는 제반 서류와 요건을 갖추어 행정청에 연장신고를 한 때에는 행정청은 원칙적으로 이를 수리하여 신고필증을 교부하여야 하고, 법령에서 정한 요건 이외의 사유를 들어 수리를 거부할 수는 없다. 따라서 행정청으로서는 법령에서 요구하고 있지도 아니한 '대지사용승낙서' 등의 서류가 제출되지 아니하였거나, 대지소유권자의 사용승낙이 없다는 등의 사유를 들어 가설건축물 존치기간 연장신고의 수리를 거부하여서는 아니 된다(대판 2018.1.25, 2015두35116[가설건축물존치기간연장신고반려처분취소등])."

[판례4] 국제표준무도를 교습하는 학원을 설립·운영하려는 사람이 학원의 설립·운영 및 과외교습에 관한 법률상 학교교과교습학원으로 등록하려고 할 때, 관할 행정청이 위 법률에 따른 등록요건을 갖춘 학원의 등록 수리를 거부할 수 있는지 여부(소극)

"'무용'이나 '댄스스포츠'를 교습하는 학원이 학원의 설립·운영 및 과외교습에 관한 법률(이하 '학원법'이라 한다)에서 규율하는 학원에 해당함은 분명하다. 초·중등교육법 제23조에 따른 학교교육과정에 포함되어 있는 '무용'이나 '댄스스포츠'를 교습하는 학원은 학원법상 학교교과교습학원으로서 예능 분야 내 예능 계열에서 무용을 교습하는 학원에 해당한다. 학교교과교습학원 외에 평생교육이나 직업교육을 목적으로 '무용'이나 '댄스스포츠'를 교습하는 학원은 학원법상 기예 분야 내 기예 계열의 평생직업교육학원에 해당한다.

학원의 설립·운영 및 과외교습에 관한 법률 시행령 제3조의3 제1항 [별표 2] 학원의 종류별 교습과정 중 평생직업교육학원의 교습과정에 속하는 댄스에 관하여 '체육시설의 설치·이용에 관한 법률에 따른 무도학원업 제외'라는 단서 규정은 그 규정의 체계와 위치를 고려하면, 댄스를 교습하는 평생직업교육학원의 범위만을 제한하고 있을 뿐이고 무용을 교습하는 학교교과교습학원의 범위는 제한하지 않고 있다고 볼 수 있다. 따라서 국제표준무도를 교습하는 학원을 설립·운영하려는 자가 학원법상 학교교과교습학원으로 등록하려고 할 때에, 관할 행정청은 그 학원이 학원법에 따른 학교교과교습학원의 등록 요건을 갖춘 이상 등록의 수리를 거부할 수 없다고 보아야 한다(대판 2018.6.28, 2013두15774[학원등록거부처분등취소])."

[판례5] 의료법이 의료기관의 종류에 따라 허가제와 신고제를 구분하여 규정하고 있는 취지 및 정신과의원을 개설하려는 자가 법령에 규정되어 있는 요건을 갖추어 개설신고를 한 경우, 행정청이 법령에서 정한 요건 이외의 사유를 들어 의원급 의료기관 개설신고의 수리를 거부할 수 있는지 여부(소극)

"의료법이 의료기관의 종류에 따라 허가제와 신고제를 구분하여 규정하고 있는 취지는, 신고 대상인 의원급 의료기관 개설의 경우 행정청이 법령에서 정하고 있는 요건 이외의 사유를 들어 신고 수리를 반려하는 것을 원칙적으로 배제함으로써 개설 주체가 신속하게 해당 의료기관을 개설할 수 있도록 하기 위함이다.

관련 법령의 내용과 이러한 신고제의 취지를 종합하면, 정신과의원을 개설하려는 자가 법령에 규정되어 있는 요건을 갖추어 개설신고를 한 때에, 행정청은 원칙적으로 이를 수리하여 신고필증을 교부하여야 하고, 법령에서 정한 요건 이외의 사유를 들어 의원급 의료기관 개설신고의 수리를 거부할 수는 없다(대판 2018.10.25, 2018두44302[의료기관개설신고불수리처분취소])."

[판례6] 산지일시사용신고의 내용이 법령상의 요건을 충족하는 경우 수리를 거부할 수 있는지 여부(원칙적 소극)

"산지일시사용신고를 받은 군수 등은 신고서 또는 첨부서류에 흠이 있거나 거짓 또는 그 밖의 부정한 방법으로 신고를 한 것이 아닌 한, 그 신고내용이 법령에서 정하고 있는 신고의 기준, 조건, 대상시설, 행위의 범위, 설치지역 및 설치조건 등을 충족하는 경우에는 그 신고를 수리하여야 하고, 법령에서 정한 사유 외의 다른 사유를 들어 신고 수리를 거부할 수는 없다(대판 2012.9.27, 2011두31970, 대판 2012.9.27, 2011두31987 등 참조)(대판 2022.11.30, 2022두50588[산지일시사용신고수리불가처분취소])."

③ 다만 판례는 -허가에서와 마찬가지로- 이러한 원칙에 대한 예외로 '중대한 공익상의 필요 등이 존재하면 법이 정한 신고요건 이외에 이러한 요인들을 실질적으로 심사하여 수리를 거부할 수 있다'고 하고 있다.

[판례1] 주유소등록신청을 관계 법령 소정의 제한사유 이외의 사유를 들어 거부할 수 있는지 여부

"주유소등록신청을 받은 행정청은 주유소설치등록신청이 석유사업법, 같은법시행령, 혹은 위 시행령의 위임을 받은 시·지사의 고시 등 관계 법규에 정하는 제한에 배치되지 않고, 그 신청이 법정등록 요건에 합치되는 경우에는 특별한 사정이 없는 한 이를 수리하여야 하고, 관계 법령에서 정하는 제한사유 이외의 사유를 들어 등록을 거부할 수는 없는 것이나, 심사결과 관계 법령상의 제한 이외의 중대한 공익상 필요가 있는 경우에는 그 수리를 거부할 수 있다(대판 1998.9.25, 98두7503)."

[판례] 중대한 공익상 필요가 있는 경우 건축신고의 수리를 거부할 수 있는지 여부(적극)

"건축허가권자는 건축신고가 건축법, 국토의 계획 및 이용에 관한 법률 등 관계 법령에서 정하는 명시적인 제한에 배치되지 않는 경우에도 건축을 허용하지 않아야 할 중대한 공익상 필요가 있는 경우에는 건축신고의 수리를 거부할 수 있다(대판 2019.10.31, 2017두74320[건축신고반려처분취소])."

[판례2] (구) 노인복지법에 의한 유료노인복지주택의 설치신고를 받은 행정관청이 그 수리 여부를 결정하기 위하여 심사할 대상의 범위

"(구) 노인복지법(2005.3.31. 법률 제7452호로 개정되기 전의 것)의 목적과 노인주거복지시설의 설치에 관한 법령의 각 규정들 및 노인복지시설에 대하여 각종 보조와 혜택이 주어지는 점 등을 종합하여 보면, 노인복지시설을 건축한다는 이유로 건축부지 취득에 관한 조세를 감면받고 일반 공동주택에 비하여 완화된 부대시설 설치기준을 적용받아 건축허가를 받은 자로서는 당연히 그 노인복지시설에 관한 설치신고 당시에도 당해 시설이 노인복지시설로 운영될 수 있도록 조치하여야 할 의무가 있고, 따라서 같은 법 제33조 제2항에 의한 유료노인복지주택의 설치신고를 받은 행정관청으로서는 그 유료노인복지주택의 시설 및 운영기준이 위 법령에 부합하는지와 아울러 그 유료노인복지주택이 적법한 입소대상자에게 분양되었는지와 설치신고 당시 부적격자들이 입소하고 있지는 않은지 여부까지 심사하여 그 신고의 수리 여부를 결정할 수 있다(대판 2007.1.11, 2006두14537)."

라. 관련 판례

① 대법원은 법률의 규정취지가 행정청으로 하여금 수리를 하도록 요구하고 있는 경우를 '수리를 요하는 신고'로 구분하고 있다.

[판례1] 수산업법상 어업신고

"어업의 신고에 관하여 유효기간을 설정하면서 그 기산점을 '수리한 날'로 규정하고, 나아가 필요한 경우에는 그 유효기간을 단축할 수 있도록 까지 하고 있는 수산업법 제44조 제2항의 규정 취지 및 어업의 신고를 한 자가 공익상 필요에 의하여 한 행정청의 조치에 위반한 경우에 어업의 신고를 수리한 때에 교부한 어업신고필증을 회수하도록 하고 있는 (구) 수산업법시행령(1996.12.31. 대통령령 제15241호로 개정되기 전의 것) 제33조 제1항의 규정 취지에 비추어 보면, 수산업법 제44조 소정의 어업의 신고는 행정청의 수리에 의하여 비로소 그 효과가 발생하는 이른바 '수리를 요하는 신고'라고 할 것이고, … (대판 2000.5.26, 99다37382)."

[판례2] 납골당설치 신고가 '수리를 요하는 신고'인지 여부

"((구) 장사 등에 관한 법령상) 납골당설치 신고는 이른바 '수리를 요하는 신고'라 할 것이므로, 납골당설치 신고가 구 장사법 관련 규정의 모든 요건에 맞는 신고라 하더라도 신고인은 곧바로 납골당을 설치할 수는 없고, 이에 대한 행정청의 수리처분이 있어야만 신고한 대로 납골당을 설치할 수 있다(대판 2011.9.8, 2009두6766)."

[판례3] 숙박업 신고가 수리를 요하는 신고인지 여부(원칙적 적극)

"숙박업을 하고자 하는 자는 위 법령에 정해진 소독이나 조명기준 등이 정해진 객실·접객대·로비시설 등을 다른 용도의 시설 등과 분리되도록 갖춤으로써 그곳에 숙박하고자 하는 손님이나 위생관리 등을 감독하는 행정청으로 하여금 해당 시설의 영업주체를 분명히 인식할 수 있도록 해야 한다(대판 2017.5. 30, 2017두34087[숙박업영업신고증교부의무부작위위법확인])."

[판례4] 대규모점포의 개설 등록

"(구) 유통산업발전법 제8조 제1항은 대규모점포를 개설하고자 하는 자는 영업을 개시하기 전에 위 대규모점포의 종류에 따라 시장 등에게 개설 등록하도록 규정하고 있는데, … 대규모점포의 개설 등록은 이른바 '수리를 요하는 신고'로서 행정처분에 해당한다 … (대판 2015.11.19, 2015두295 전원합의체[영업시간제한등처분취소])."

[판례5] 악취방지법상 악취배출시설 설치·운영신고

"(악취방지법 제8조 등 관련 규정상) 대도시의 장 등 관할 행정청은 악취배출시설 설치·운영신고의 수리 여부를 심사할 권한이 있다고 봄이 타당하다(대판 2022.9.7, 2020두40327[악취배출시설설치신고반려처분취소])."

※ 나아가 2021.1.5. 악취방지법 제8조 제6항 신설(⑥ 시·도지사 또는 대도시의 장은 제1항 또는 제5항에 따른 신고 또는 변경신고를 받은 경우 그 내용을 검토하여 이 법에 적합하면 신고를 수리하여야 한다.)로 수리를 요하는 신고임이 분명함

② 나아가 대법원은 신고에 관한 규정이 구체적인 권리의무에 직접적인 영향을 미치는 경우에는 신고에 대한 행정청의 별도의 수리행위가 있어야 한다고 판시하고 있다.

[판례1] 건축주명의변경신고

"건축주명의변경신고에 관한 건축법시행규칙 제3조의2의 규정은 단순히 행정관청의 사무집행의 편의를 위한 것에 지나지 않는 것이 아니라, 허가대상건축물의 양수인에게 건축주의 명의변경을 신

고할 수 있는 공법상의 권리를 인정함과 아울러 행정관청에게는 그 신고를 수리할 의무를 지게 한 것으로 봄이 상당하므로, 허가대상건축물의 양수인이 위 규칙에 규정되어 있는 형식적 요건을 갖추어 시장, 군수에게 적법하게 건축주의 명의변경을 신고한 때에는 시장, 군수는 그 신고를 수리하여야지 실체적인 이유를 내세워 그 신고의 수리를 거부할 수는 없다 … (대판 1992.3.31, 91누4911)."

※ 관련 판례: 대판 2015.10.29, 2013두11475

[판례2] 식품위생법상 영업양도에 따른 지위승계 신고를 수리하는 행위의 법률효과

"식품위생법 제39조 제1항, 제3항에 의한 영업양도에 따른 지위승계 신고를 행정청이 수리하는 행위는 단순히 양도·양수인 사이에 이미 발생한 사법상의 영업양도의 법률효과에 의하여 양수인이 그 영업을 승계하였다는 사실의 신고를 접수하는 행위에 그치는 것이 아니라, 양도자에 대한 영업허가 등을 취소함과 아울러 양수자에게 적법하게 영업을 할 수 있는 지위를 설정하여 주는 행위로서 영업허가자 등의 변경이라는 법률효과를 발생시키는 행위이다. 따라서 양수인은 영업자 지위승계 신고서에 해당 영업장에서 적법하게 영업을 할 수 있는 요건을 모두 갖추었다는 점을 확인할 수 있는 소명자료를 첨부하여 제출하여야 하며(식품위생법 시행규칙 제48조 참조), 그 요건에는 신고 당시를 기준으로 해당 영업의 종류에 사용할 수 있는 적법한 건축물(점포)의 사용권원을 확보하고 식품위생법 제36조에서 정한 시설기준을 갖추어야 한다는 점도 포함된다.

영업장 면적이 변경되었음에도 그에 관한 신고의무가 이행되지 않은 영업을 양수한 자 역시 그와 같은 신고의무를 이행하지 않은 채 영업을 계속한다면 시정명령 또는 영업정지 등 제재처분의 대상이 될 수 있다(대판 2020.3.26, 2019두38830[시정명령취소청구])."

[판례] 공중위생관리법에 따른 영업자 지위승계신고를 수리하는 경우, '공중위생영업자 지위 변경'의 공법상 법률효과가 발생하는지 여부(적극)

"관할관청이 양수인의 영업자 지위승계신고를 수리하면 양도인의 기존 영업수행권은 취소되고 양수인에게 새로운 영업수행권이 설정되는 '공중위생영업자 지위 변경'의 공법상 법률효과가 발생한다(대판 2022.1.27, 2018다259565[영업권양도])."

3) '신고종류 구별 법리'의 문제점

가. '수리를 요하지 않는 신고와 수리를 요하는 신고와의 구별'의 문제점

① 구별기준의 부재 또는 모호성 문제

대부분의 학설은 어떠한 기준으로 양자가 구별되는지 언급하고 있는 경우는 거의 없다.[39] 다

39) 박균성, 행정법강의, 116~118면은 이에 관하여 입법자의사설, 신고요건기준설, 심사방식기준설, 복수기준설 등의 학설이 있는 것으로 설명하고 있으나, 사실 양자의 구별에 관한 학문적 논의는 거의 없었다.

만 판례는, 위에서 본 바와 같이, 법률의 규정취지가 '수리를 요하는 경우'라고 해석되는가 하는 점과 신고에 관한 규정이 구체적인 권리의무에 직접적인 영향을 미치는 경우인가 하는 점을 기준으로 하고 있다. 그러나 이러한 기준들은 양자의 구별에 관한 설득력 있는 논거가 될 수 없다. 만약 양자를 구별하여야 한다면 그 규제 정도에서의 차이로 구별하는 것이 타당하다. 즉 공익보호의 측면이 강하면 규제가 강해지고 개인의 기본권실현의 측면이 강하면 규제가 완화되는 것이라는 점에서 수리를 요하는 신고인지 여부를 판단하여야 한다는 것이다. 이러한 기준이 규제완화라는 정책적 취지에도 부합한다고 생각한다.

② 수리 개념의 불인정 문제

그 다음으로 신고를 수리 개념의 존재 여부에 따라 구분하는 것은 합리적이지 않다는 점이다. 이 문제는 '종전의 신고'와 '완화된 허가' 모두 신고라는 동일한 용어를 사용하면서 생긴 문제라고 생각된다. 그런데 모든 신고는 그 신고요건에 대한 심사를 거쳐 수리 여부를 판단하는 절차를 거친다는 점에서 수리라는 개념이 필요하다고 보는 것이 보다 합리적이다. 따라서 '수리가 필요 없는 신고'라는 논리는 지나치게 작위적이다.

③ 신고거부의 처분성 부인 문제

종전의 신고를 수리를 요하지 않는 신고로 보는 것은 신고거부에 대한 처분성이 인정되는가 하는 문제와 관련이 있다. 즉 종전의 신고에 대한 거부에는 처분성을 인정하지 않고, 완화된 허가로서의 신고(수리를 요하는 신고)의 거부에 대해서만 처분성을 인정하려고 한 것이다. 그러나 신고의 거부는 구체적 법집행행위로서의 공권력 행사의 거부에 해당되므로, 모두 처분성을 인정하여야 하고 그래야 국민의 권리구제의 측면에서도 바람직하다. 이와 같이 모든 신고의 거부에 처분성을 인정하면 사실상 수리를 요하는 신고와 요하지 않는 신고를 구분할 이유도 없게 된다.

나. '수리를 요하는 신고와 허가와의 구별'의 문제점

① 구별에 관한 논의

ㄱ. 구별을 긍정하는 견해

이 견해는 수리를 요하는 신고는 허가제에서의 허가와 구별되어야 한다는 입장이다. 그 이유는 수리의 경우에는 요건에 대한 형식적 심사만 거치지만, 허가의 경우에는 형식적 심사 외에 실질적 심사도 거쳐야 하기 때문이라고 한다.[40]

ㄴ. 구별을 부인하는 견해

이 견해는 수리를 요하는 신고는 실질적으로 허가와 같은 성질을 가지고 있으므로 허가와 구별할 실익이 없다는 견해이다.[41] 수리를 요하는 신고에 대하여 형식적 요건심사만이 가능하다는

40) 홍정선, 행정법특강, 96면.

41) 김동희/최계영, 행정법Ⅰ, 130면; 김남진/김연태, 행정법Ⅰ, 140면; 김중권, 건축법상 건축신고의 문제점에 관한 소고, 163면; 류지태/박종수, 행정법신론, 132면; 정하중, 행정법개론, 106면.

구별긍정론에 대하여 형식적인 심사인지 실질적인 심사인지는 관계법령이 정함에 따라서 달라질 수 있고, 수리를 요하는 신고의 경우 실질적 심사가 필요한 요건을 규정하는 경우가 적지 않다는 비판을 제기하기도 한다.42)

ㄷ. 판례의 입장

대법원도 신고제를 허가제와는 관념적으로 구분하고 있다고 판단되지만, 신고요건의 심사와 관련하여 경우에 따라서는 실질적 심사도 가능하다고 하고 있다[판례1].

[판례] 행정관청이 노동조합으로 설립신고를 한 단체가 노동조합 및 노동관계조정법 제2조 제4호 각 목에 해당하는지 여부를 실질적으로 심사할 수 있는지 여부(적극) 및 실질적 심사의 기준

"노동조합 및 노동관계조정법(이하 '노동조합법'이라 한다)이 행정관청으로 하여금 설립신고를 한 단체에 대하여 같은 법 제2조 제4호 각 목에 해당하는지를 심사하도록 한 취지가 노동조합으로서의 실질적 요건을 갖추지 못한 노동조합의 난립을 방지함으로써 근로자의 자주적이고 민주적인 단결권 행사를 보장하려는 데 있는 점을 고려하면, 행정관청은 해당 단체가 노동조합법 제2조 제4호 각 목에 해당하는지 여부를 실질적으로 심사할 수 있다(대판 2014.4.10, 2011두6998)."

앞서 언급한 바와 같이, 판례는 수리를 요하는 신고와 관련하여 '법령상 신고요건 이외의 다른 사유를 들어 신고수리를 거부할 수 없다'고 하면서, 이러한 원칙에 대한 예외로 '중대한 공익상의 필요 등이 존재하면 법이 정한 신고요건 이외에 이러한 요인들을 실질적으로 심사하여 수리를 거부할 수 있다'고 하는 것은 수리를 요하는 신고의 경우도 허가의 경우와 같은 논리구조를 가지고 있음을 전제로 하고 있는 것이라고 판단된다.

② 학설 및 판례에 대한 검토

구별긍정설은 수리의 경우에는 요건에 대한 형식적 심사만을 거치지만, 허가의 경우에는 형식적 심사 외에 실질적 심사도 거쳐야 한다고 설명하지만, 대법원도 신고요건에 대한 실질적 심사를 긍정한 바도 있고, 또한 '행정의 형식적·실질적 요건심사'는 하나의 관념에 불과할 뿐 행정현실에서는 이에 대한 관념조차 없다고 해도 과언이 아니다.

수리를 요하는 신고는 사실상 '완화된 허가'이다. 신고의 수리에 대한 판례의 구조도 허가와 경우와 일치한다.43) 결국 허가나 수리를 요하는 신고나 모두 일정한 행위에 대한 규제(금지)가 필요하다는 점에서도 공통되고, 요건심사에 있어서도 일단 법이 정한 요건에 대한 심사만 하되 중대

42) 정하중, 행정법개론, 106면, 류지태/박종수, 행정법신론, 132면 등 참조.

43) 【건축허가반려처분취소】
"건축허가권자는 건축허가신청이 건축법 등 관계 법규에서 정하는 어떠한 제한에 배치되지 않는 이상 당연히 같은 법조에서 정하는 건축허가를 하여야 하고, 중대한 공익상의 필요가 없음에도 불구하고, 요건을 갖춘 자에 대한 허가를 관계 법령에서 정하는 제한사유 이외의 사유를 들어 거부할 수는 없다고 할 것이고… (대판 2006.11.9, 2006두1227)."

한 공익상의 필요가 있으면 법정 외의 사유도 심사해 보아야 한다는 점도 공통된다. 단지 규제의 강도에서만 차이가 있다.

그렇다면 이러한 차이만 가지고 '수리를 요하는 신고'라는 복잡한 관념을 만들기 보다는, 규제가 덜 필요한 경우는 신고로, 규제가 더 필요한 경우는 허가로 환원하여, 과거와 같이 단일한 개념으로 단순하게 제도화하는 것이 바람직하다.

4) 신고에 관한 최근의 입법적 변화에 따른 구별

최근 일부 법률에서는 신고와 관련하여 ① '신고에 대한 수리'를 규정하거나(수리를 요하는 신고) ② '신고시 신고의 형식상의 요건을 충족하면 신고의무가 이행된 것으로 본다'는 규정(수리를 요하지 않는 신고)을 두는 입법적 개선이 이루어지고 있는데, 이는 신고에 수리를 요하는지 여부가 명확치 않다는 문제에 따라, 수리를 요하는지 아닌지를 보다 명확하게 규정하기 위한 것이다.

우선은 이와 같은 입법례에 따라 수리를 요하는 신고와 수리를 요하지 않는 신고를 구분할 수는 있겠다. 더욱이 행정기본법 제34조가 '법률에서 신고의 수리가 필요하다고 명시되어 있는 경우 행정청이 수리를 하여야 신고의 효력이 발생함'을 규정하고 있으므로, '법률에서 신고의 수리가 필요하다고 규정하는 경우'를 '수리를 요하는 신고'로 볼 수 있겠다.

하지만 수리를 요하는 신고는 허가와 같은 것이라는 점에서 '법률에서 신고의 수리가 필요하다고 규정하면' 이는 곧 '수리를 요하는 신고'인 것인지에 대해서는 여전히 논란이 있다.

(3) 신고의 요건

행정절차법은 '법령등에서 행정청에 대하여 일정한 사항을 통지함으로써 의무가 끝나는 신고'에 관하여 규정하고 있는데, 다수설과 판례의 입장에 따르면 이는 자기완결적 신고를 의미한다. 자기완결적 신고는 행정절차법 제40조 제2항에 따라 '① 신고서의 기재사항에 흠이 없을 것, ② 필요한 구비서류가 첨부되어 있을 것, ③ 기타 법령등에 규정된 형식상의 요건에 적합할 것'이라는 요건을 갖추어야 한다.

행정청은 요건을 갖추지 못한 신고서가 제출된 경우 지체없이 상당한 기간을 정하여 신고인에게 보완을 요구하여야 하고, 신고인이 일정기간내에 보완을 하지 아니한 때에는 그 이유를 명시하여 당해 신고서를 되돌려 보내야 한다(행정절차법 40 ③, ④).

그 밖의 신고요건에 관하여는 각 개별법에서 정하는 바에 따라야 할 것이다.

(4) 신고의 효과

1) 적법한 신고의 경우

다수설과 판례의 입장에 따르면, 자기완결적 신고의 경우에는 관련법령이 정한 요건을 갖춘 적법한 신고서가 접수기관에 도달된 때에 신고의 의무가 이행된 것으로 본다. 행위요건적 신고의 경우에는 행정청이 수리함으로써 신고의 효과가 발생한다.

2) 부적법한 신고의 경우

다수설과 판례의 입장에 따르면, 자기완결적 신고가 부적법한 경우에는 행정청이 이를 수리하였다 하더라도 신고의 효과가 발생하지 않는다. 왜냐하면 자기완결적 신고는 신고를 함으로써 그 신고의무가 이행됨과 동시에 신고의 효과가 발생하는 것으로서 여기에는 행정청의 수리가 필요하지 않기 때문이다. 신고가 부적법한 경우에는 신고가 이루어지지 않은 것이므로 신고의 효과가 발생할 수 없다는 것이다. 따라서 부적법한 영업신고를 하고 영업을 하는 경우에는 무신고영업에 해당된다. 이 경우 행정청의 입장에서는 신고가 없었던 것이므로 신고의 취소는 의미가 없고, 관련법령에 의거하여 영업소폐쇄 등의 조치를 취하면 될 것이다.

행위요건적 신고의 경우 부적법한 신고를 행정청이 수리하였다면, 이러한 수리행위는 하자있는 행정행위가 된다. 수리행위가 무효인 경우에는 신고의 효과가 발생하지 않지만, 수리행위에 취소사유가 있는 경우에는 수리행위가 취소될 때까지는 신고는 유효하게 된다.

Ⅲ. 공법상 사무관리와 부당이득

1. 공법상 사무관리

사무관리란 법률상의 의무 없이 타인의 사무를 관리하는 행위를 말한다(민법 734). 사무관리는 원래 사법상의 개념인데, 공법관계에서도 사무관리의 개념이 인정될 수 있다고 보는 것이 일반적인 견해이다. 공법상 사무관리의 예로는 재난구호, 지방자치단체가 행하는 행려병자의 관리 등을 들 수 있다. 법령상 특별한 규정이 없는 경우에는, 민법의 사무관리에 관한 규정은 공법상 사무관리에도 준용된다.

2. 공법상 부당이득

(1) 의의 및 적용법규

부당이득이라 함은 법률상 원인 없이 타인의 재산 또는 노무로 인하여 이익을 얻고 이로 인하여 타인에게 손해를 끼치는 것을 말한다(민법 741). 부당이득은 본래 사법상의 개념이지만, 공법관계에서도 부당이득은 존재할 수 있다. 예컨대 과세처분에 따라 납세하였으나 후에 과세처분이 취소된 경우(행정주체의 부당이득)나 허위로 요건을 갖추어 국가의 보조금을 수령한 경우(사인의 부당이득) 등이 이에 해당한다.

공법상 부당이득에 관한 일반법은 없다. 개별법령에서 이에 관한 규정을 두고 있는 경우가 있는데(예: 국세기본법 51－54), 이와 같은 별도의 규정이 없는 경우에는 민법의 규정이 준용될 수 있다.

(2) 공법상 부당이득반환청구권의 성질 *

1) 공권설

이 설은 공법상 부당이득반환청구권은 공법상의 원인에 의하여 발생한 결과를 조정하기 위한 것이기 때문에 공권이라고 한다.

2) 사권설

이 설은 공법상 부당이득이 공법상의 원인에 의하여 발생한 것이라고 해도, 부당이득은 그 자체로서 법률상의 원인이 없는 것이고(과세처분의 무효 또는 취소, 허위의 보조금지급요건구비 등), 또한 부당이득제도는 순수하게 경제적 견지에서 인정되는 이해조절적 제도이므로 공법상의 원인에 의한 부당이득반환청구권은 사권이라고 한다.

3) 결론

공법상 부당이득반환청구권은 공법상의 제도로서 이를 공권이라고 보고 이에 관한 소송은 행정소송으로서 당사자소송이 되어야 한다고 보는 것이 타당하나, 판례는 사권설의 입장에서 이에 관한 소송도 민사소송에 의하는 것으로 보고 있다.

그러나 2013.3.20. 입법예고된 행정소송법 개정안에서는 성질상 행정소송이지만 편의상 민사소송으로 다루어지던 행정상 손해배상·부당이득반환 등 공법상 원인으로 발생하는 법률관계에 관한 소송을 행정소송의 대상으로 명시하고 있다.[44]

---

* 변호사시험(2018년), 사법시험(2015년), 5급공채(재경)(2013년), 5급공채(2024년).

44) 상세는 아래 802면 이하 참조.

제 2 편

행정작용법
(행정의 행위형식)

행정작용은 행정주체가 공익을 실현하는 각종 행위를 총칭하는 개념이다. 예컨대 행정주체는 단순한 사실행위에서부터, 일정한 사항에 대한 지도·권고, 계약체결, 계획수립, 법규명령의 제정, 행정처분, 행정강제 등 매우 다양한 방식으로 공익을 실현한다. 이와 같은 다양한 방식들을 행정작용 또는 행정의 행위형식이라고 한다.

행정작용에는 정원개념이 없다. 즉 행정작용은 그 자체로 정형화되어 있는 것이 아니라 공익실현을 위하여 필요한 한 얼마든지 새로운 행정의 행위형식이 등장할 수 있다. 실제로 과거에는 행정의 행위형식으로 주로 행정행위·행정입법·행정강제 등이 논의되었으나, 오늘날 행정현상이 매우 복잡하고 다양함에 따라 행정작용도 행정계획·공법상의 계약·행정지도·비공식적 행정작용·확약 등으로 더욱 다양해지고 있다. 행정작용론은 이와 같은 다양한 행정작용을 법적인 관점에서 일정한 유형으로 분류하고 체계화하는 것이다.

제 1 장 행정행위

제 1 절 행정행위의 개념

Ⅰ. 개설

행정행위(Verwaltungsakt)는 실정법상의 개념이 아니라 학문상·강학상의 개념이다. 실정법에서는 허가·인가·면허·결정 등 다양한 용어가 사용되고 있다. 실무적으로는 행정처분 또는 처분이라고 한다.

행정행위의 개념은 행정재판제도를 가지고 있는 독일·프랑스 등에서 형성된 개념으로서 행정작용 가운데 행정소송의 대상이 되는 행위를 행정행위라고 보게 된 데에서 비롯된 것이다. 행정행위는 독일 행정법의 중심개념이다.

Ⅱ. 행정행위의 개념

행정행위는 학문상의 관념이므로 그 개념에 대해서도 여러 견해가 존재할 수 있으나 오늘날은 일반적으로 최협의의 개념으로 이해하고 있다.

1. 최광의의 개념

행정행위는 최광의로 '행정청이 행하는 모든 작용'으로 정의된다. 그러나 여기에는 사실행위·통치행위·사법행위 등이 모두 포함될 수 있어 개념정립의 실익이 없다.

2. 광의의 개념

행정행위는 광의로는 '행정청에 의한 공법행위'이라고 정의된다. 행정행위를 '(공법적 효과를 발생시키는) 공법행위'로 정의함에 따라, (사실상의 결과만 발생시키는) 사실행위·(사법상의 효과를 발생시키는) 사법행위는 배제되나, 행정입법·권력적 행위·비권력적 행위·통치행위 등이 여전히 포함되어 있어 아직도 너무 넓은 개념이다.

3. 협의의 개념

행정행위는 협의로는 '행정청이 법아래서 구체적 사실에 관한 법집행으로서 행하는 공법행위'라고 정의된다. '법아래서'라는 점에서 통치행위가 배제되고, '구체적 사실에 관한 법집행'이라는 점에서 행정입법이 배제되나, 권력행정의 성질을 가지는 행정행위와는 그 성질에 있어 큰 차이가 있는 공법상 계약과 같은 비권력적 행위가 여전히 남게 된다는 문제가 있다.

4. 최협의의 개념

최협의로 행정행위는 '행정청이 법아래서 구체적 사실에 관한 법집행으로서 행하는 권력적 단독행위인 공법행위'로 정의된다. 이로써 비권력적 쌍방행위인 공법상의 계약이 배제되고 공법행위 가운데 권력적 단독행위만이 남게 된다. 이 설이 통설이다.

▌최협의의 행정행위의 개념요소와 타 행정작용과의 관계▐

최협의의 행정행위의 개념요소	개념에서 제외되는 행정작용
'법아래서'	통치행위
'구체적 사실에 관한 법집행'으로서 행하는	행정입법
'권력적'	비권력적 행위
'단독행위'인	쌍방행위(공법상의 계약, 공법상의 합동행위)
'공법행위'	사법행위·사실행위

Ⅲ. 쟁송법상의 처분개념과의 동일성 문제

1. 쟁송법상의 처분 개념

일반적으로 학문상의 개념인 행정행위는 실무상 처분으로 이해되고 있다. 따라서 행정행위와 처분개념은 사실상 동일한 것이다. 1985년 개정 전의 (구) 행정소송법 하에서 판례는 처분개념을 최협의의 행정행위의 개념과 같은 것으로 보고 있었다.

그런데 1985년 전부개정된 현행 행정소송법은 처분개념을 "행정청이 행하는 구체적 사실에 관한 법집행으로서의 공권력의 행사 또는 그 거부와 그 밖에 이에 준하는 행정작용"이라고 정의하고 있고(행소법 2 ① 1호), 이는 행정심판법의 경우에도 동일하다(행심법 2 1호).[1] 이와 같은 쟁송법상의 처분개념은 '공권력의 행사 또는 그 거부와 그 밖에 이에 준하는 행정작용'이라 규정함으로써 최협의의 행정행위개념에서 말하는 '권력적 단독행위인 공법행위'보다는 처분개념을 더 넓게 정의하고 있다. 즉 처분개념은 공법행위에 국한하지 않고 넓게 '공권력의 행사'로 규정하고 있어, 예컨대 '권력적인 행위'는 법적 행위인가의 여부와 관계없이 처분성이 인정될 수 있으므로, 처분개념이 행정행위의 개념보다 넓은 것이다.

2. 동일성 여부에 관한 학설

위의 쟁송법상의 처분에 관한 정의규정과 관련하여 처분개념과 행정행위의 개념을 동일하게 보아야 할 것인지 아니면 행정소송의 대상을 더 넓히기 위하여 행정행위의 개념과 처분개념을 달리 보아야 할 것인지 논란이 있다.

(1) 일원설(실체법상의 처분개념설)

일원설은 실체법상의 처분개념(행정행위 개념)과 쟁송법상의 처분개념은 일원적으로 파악하여야 하는, 같은 개념이어야 한다는 입장이다. 이 견해는 행정행위에 고유하고 독특한 개념요소를 중심으로 하는 행정법이론체계의 유지를 강조한다. 즉 항고소송의 대상이 되는 처분개념에 행정행위 이외의 다른 이질적인 작용들을 포함시키게 되면 행정행위의 개념을 정립할 실익이 없어지고 행정작용론의 이론적 체계가 무의미해질 수 있다는 것이다.

이 설은 행정행위의 개념을 쟁송법적으로 재구성하는 것은 행정소송의 방식이 지나치게 항고소송 위주로 운영되어야 한다는 고정적인 소송관(항고소송중심주의)에서 벗어나고 있지 못하다는 점을 문제로 제기하면서, 행정행위와 처분개념을 같은 개념으로 하면서 항고소송의 대상이 될 수

---

1) 행정기본법도 "처분이란 행정청이 구체적 사실에 관하여 행하는 법 집행으로서 공권력의 행사 또는 그 거부와 그 밖에 이에 준하는 행정작용을 말한다(행정기본법 2 4호)."고 하여 행정쟁송법상 처분과 사실상 동일하게 정의하고 있다.

없는 사실행위를 포함한 다른 행정작용에 대해서는 이에 상응하는 행정소송의 유형을 개발하는 것이 더 합리적이라는 견해이다. 이러한 소송유형으로는 포괄소송적 성격이 강조되는 공법상 당사자소송을 적극 활용하여야 한다고 주장한다.

(2) 이원설(쟁송법상의 처분개념설)

이원설은 처분개념과 행정행위의 개념을 이원적으로 달리 구성하여야 한다는 입장이다. 이 견해는 행정행위 개념은 항고소송의 대상이 되는 행정처분의 대상과 범위를 지나치게 축소함으로써 개인의 권익구제의 폭을 협소하게 만들었다는 비판을 면하기 어렵다고 하면서, 따라서 행정행위의 개념은 항고소송의 제기를 원활하게 한다는 쟁송법적 차원에서 재구성되어야 한다고 주장한다. 결국 이 견해는 항고소송을 통한 권리구제의 확대에 중점을 두고 이러한 점에서 항고소송의 대상이 되는 처분개념은 행정행위개념과 관계없이 확대되어야 한다는 것이다. 실제로 쟁송법상 처분의 정의가 '공권력의 행사 또는 그 거부와 그 밖에 이에 준하는 행정작용'이라고 하여 행정행위보다 넓은 의미로 규정되어 있고, 따라서 여기에는 행정행위를 포함하여 권력적 사실행위, 구속력이 있는 행정계획, 처분법규 등이 포함될 수 있다고 한다.

(3) 형식적 행정행위론

한편 위의 처분개념에 관한 논의와는 별개로 이러한 논의를 바탕으로 새로이 형식적 행정행위라는 개념을 정립하려는 입장이 있는데 이를 형식적 행정행위론이라 한다.

즉 행정행위를 제외한 행정작용의 경우에 항고소송 이외에 적절히 이를 다툴 만한 권리구제수단이 없다는 문제의식에서 이들 행정작용을 행정쟁송적 측면에서만 처분으로 파악하여 항고쟁송을 인정하자는 것인데, 이처럼 행정쟁송적 측면에서만 처분성이 인정되는 행정작용을 형식적 행정행위라 하자는 것이다.

이 견해는 구체적으로 '공권력행사로서의 실체를 가지고 있지 않아 공정력 등의 효력도 없고 항고소송의 대상이 되는 행위는 아니지만, 국민생활을 일방적으로 규율하는 행위이거나 개인의 법익에 대하여 계속적으로 사실상의 지배력을 미치는 행위'에 대해서는 쟁송법상으로 항고소송의 대상이 되는 처분으로 인정하자는 것이다.

형식적 행정행위론은 일본에서 주장되고 있는데, 형식적 행정행위로는 사실행위·행정규칙·행정지도·행정계획 등이 검토되고 있다.[2)]

형식적 행정행위론은 행정상 권리구제의 폭을 넓히고자 하는 취지에서 주장되는 이론인데, 그 취지에는 공감할 수 있지만 아직은 이론상·제도상으로 받아들이기는 어렵다고 생각된다. 특히 행정작용론의 이론적 체계를 고려하면, 서로 유형이나 성질이 상이한 여러 행정작용을 하나의 새

2) 이에 관하여 상세는 김동희/최계영, 행정법 I, 250면 이하 참조.

로운 개념으로 구성하는 것에는 이론적인 무리가 따른다고 여겨진다. 구체적으로는 쟁송법상의 처분개념이 '공권력의 행사'일 것을 요구하고 있는데, 공권력행사의 실체가 없는 행위에 처분성을 인정할 수 있는 것인지의 문제, 처분으로 의제하는 경우에 행정행위의 특수성을 전제로 한 단기제소기간·집행정지·선결문제 등의 소송법상의 규정들을 어떻게 적용하여야 하는지도 설득력 있게 설명하기 어렵다고 판단된다. 따라서 형식적 행정행위론은 권리구제의 범위를 확대하기 위한 이론적인 시도에 머무르고 있다고 평가할 수 있겠다.

(4) 학설에 대한 평가

일원설과 이원설은 그 근본적인 목적이 권리구제의 확대라는 점에서는 공통된다. 다만 그 수단에 있어서 서로 차이가 있다. 일원설은 항고소송의 대상이 되는 처분은 행정행위이고 그 밖의 행정작용에 대해서는 여기에 적절한 소송유형(예: 당사자소송을 통한 이행소송 등의 소송유형 인정)을 새롭게 개발함으로써 이와 같은 다양한 소송유형을 통하여 권리구제의 폭을 확대하자는 것이고, 이원설은 현실적으로 행정작용에 대해서는 항고소송을 통하여 권리구제가 되고 있음(항고소송중심주의)을 이유로 항고소송의 대상이 되는 행위를 확대하자는 것이다.

궁극적으로 권리구제의 확대는 소송유형을 다양화하면서도 행정소송의 대상이 되는 행위가 확대됨으로써 최종적으로는 모든 행정작용에 대하여 행정소송의 제기가 가능해져야 하는 것이다(이른바 '공백 없는 권리구제'). 이러한 점에서 양 설은 나름대로의 설득력을 가지고 있다고 생각된다.

생각건대 권리구제의 범위를 확대하기 위하여 적절한 소송유형들을 개발하는 것은 의미가 있지만, 처분개념을 확대하여야만 권리구제의 범위가 확대되는 것인지는 의문이다. 즉 행정소송의 대상을 처분과 처분 이외의 행정작용으로 확대할 수 있다면 행정행위와 처분을 같은 개념으로 보는 전통적인 행정법이론체계상 아무런 문제없이 권리구제의 범위를 확대할 수 있지 않겠는가 하는 것이다. 요컨대 종래의 행정행위를 대체할만한 대안적 개념도구가 제시되지 않는 한 행정행위의 독특한 개념적 요소를 순수하게 유지할 필요가 있다는 점, 다양한 행정작용에 대하여 다양한 소송유형을 인정하는 것이 행정법이론체계를 유지하면서도 권리구제의 기회를 획기적으로 확대할 수 있다는 점에서 일원설이 더 합리적이라고 생각한다.

Ⅳ. 행정행위의 개념적 요소

행정행위는 '행정청이 법아래서 구체적 사실에 관한 법집행으로서 행하는 권력적 단독행위인 공법행위'를 말한다. 행정행위의 정의에 따라 행정행위의 개념적 요소를 분설하면 다음과 같다.

1. 행정청

행정행위는 원칙적으로 행정청이 행한다. 여기에서 행정청이란 행정에 관한 의사를 결정하여 표시하는 국가 또는 지방자치단체의 기관과 그 밖에 법령등에 따라 행정에 관한 의사를 결정하여 표시하는 권한을 가지고 있거나 그 권한을 위임 또는 위탁받은 공공단체 또는 그 기관이나 사인(私人)을 말한다(행정기본법 2 2호). 행정청의 행위는 구체적으로 공무원의 행위를 통하여 이루어지지만, 공무원은 행정청의 사무를 분담하는 조직인 행정기관의 구성자로서 공무를 담당할 뿐이지 그 자체로서 행정청이 될 수 없다.

행정청에는 국가와 지방자치단체의 기관뿐 아니라 그 밖의 공공단체, 공무수탁사인도 포함된다. 행정행위는 행정부에 소속한 행정청의 행위가 중심적이지만, 국회와 법원도 소속공무원에 대한 임면과 징계 등 행정권한을 행사하므로 이러한 범위 내에서 국회나 법원도 행정청이 될 수 있다.

2. 공법행위

행정행위는 공법행위이므로 행정청이 행하는 사법행위인 국고작용이나 행정사법활동과는 구별된다. 행정행위에 관한 법적인 분쟁은 공법적 분쟁이므로 민사소송이 아닌 행정소송의 대상이 되는 것이 원칙이다.

3. 법적 규율

행정행위는 '구체적 사실에 관한 법적 규율'을 내용으로 하는 법적 행위이다. 여기에서 법적 규율(Regelung)은 직접 권리·의무관계의 발생·변경·소멸이라는 변동을 가져오는 것을 의미한다.

(1) 외부적 행위

행정행위는 행정조직내부가 아니라 외부적 관계, 즉 대국민적 관계에서 상대방인 개인에게 권리·의무의 변동을 가져오는 행위이다. 따라서 행정조직내부에서의 상관의 지시·명령 등과 같은 개별적인 행위나 행정내부를 규율하는 행정규칙과 같은 일반·추상적 규정은 행정행위가 아니다.

(2) 직접적·법적 효과

행정행위는 직접 권리·의무관계의 발생·변경·소멸을 가져오는 행위이다. 따라서 이러한 법적 효과가 없는 사실행위는 행정행위가 아니다.

(3) 구체적 사실에 관한 법집행행위

'구체적 사실에 관한 법집행행위'라 함은 행정행위가 개별적·구체적인 법집행행위이어야 한다는 것을 의미한다. 예를 들면 A가 건축법을 위반하여 증축한 사실에 대하여 건축법 제79조를 적용하여 A에게 위법증축부분에 대한 철거명령을 부과하는 경우를 말한다.

'개별적'이란 행정행위의 상대방이 특정(A)되어 있다는 것을 의미하고, '구체적'이란 행정행위의 대상이 되는 행위가 일회적인 사건(건축법을 위반하여 증축한 사실)임을 의미한다.

행정행위가 개별성·구체성을 띤다는 점에서 일반적·추상적인 성격의 입법행위와 구별된다. 여기에서 '일반적'이란 상대방이 불특정되어 있다는 것을 의미하고, '추상적'이란 대상이 되는 사안이, 일회적인 특정 사안이 아니라, 수회에 걸쳐 발생가능한 다양한 사안이라는 것을 의미한다. 이를 표로 요약해 보면 아래와 같다.

▌행정행위와 입법행위의 차이▐

사안 / 대상	구체적(일회적)	추상적(수회적)
개별적(특정)	행정행위	행정행위
일반적(불특정)	일반처분	법규

행정행위는 보통 개별·구체성을 띠나(가장 전형적인 행정행위), 경우에 따라서는 특정인이나 특정집단을 대상으로 수회에 걸친 반복적인 법집행행위를 하는 경우도 행정행위로서의 성질이 인정될 수 있다. 예컨대 일정 지역의 거주민에 대하여 눈이 올 때마다 본인 집 앞 도로의 눈을 치울 것을 명령하는 경우가 이에 해당한다.

한편 구체적인 일회적 사건을 대상으로 하지만 행정행위의 상대방이 불특정적인 경우는 전형적인 행정행위의 경우는 아니나 이 경우에도 상대방은 특정할 수 없지만 구체적인 법집행행위는 존재한다는 의미에서 이를 일반처분이라 한다. 이에 관하여는 목차를 별도로 구성하여 설명한다.

(4) 관련문제: 일반처분

1) 의의

일반처분(Allgemeinverfügung)이란 구체적 사실과 관련하여 불특정다수인을 대상으로 하여 발하여지는 행정청의 단독적·권력적 규율행위를 말한다. 즉 일반처분은 일반성(불특정다수)과 구체성(일회적 사건)을 그 특징으로 한다.

독일연방행정절차법 제35조는 "일반처분이란 일반적 표지에 의하여 확정되거나 확정될 수 있는 범위의 사람에 대한 행정행위, 또는 물건의 공법적 성질에 관한 행정행위, 또는 공중에 의한 그러한 물건의 이용에 관한 행정행위를 말한다."라고 규정하고 있다. 우리나라의 경우에도 일반처분의 법적 성질을 행정행위로 보는 것이 통설이다.

2) 종류

일반처분은 다음의 세 가지로 구분해 볼 수 있다. 이러한 구분은 위 독일연방행정절차법의 규정에 따른 것이다.

① 대인적 일반처분

구체적 사안에 대하여 일반적 표지에 의하여 확정되거나 확정될 수 있는 범위의 사람에 대한 행정행위를 말한다. 예컨대 0000년 0월 0일 0시 A장소에 개최되는 집회의 금지, 언제부터 언제까지 B산에 대한 입산금지 등이 이에 해당한다. 대인적 일반처분은 이와 같이 구체적인 사안을 대상으로 한다는 점에서 '구체성'을 띠고, 불특정다수인을 상대로 한다는 점에서 '일반성'을 띤다. 그러나 여기에서의 일반성은, 예컨대 '집회'나 '입산'과 같은 일반적인 표지에 의하여 그 범위가 어느 정도는 확정되거나 확정될 수 있다는 점(예: 집회에 참여하려고 하는 자, 입산하려고 하는 자)에서 '제한된 일반성'이라고 할 수 있다.

② 물적 행정행위

물건의 공법적 성질에 관한 행정행위를 말한다. 예컨대 공물로서 도로의 공용개시행위, 화폐에 가치를 부여하는 행위, 기념물을 관리장부에 등재하는 행위 등이 이에 해당한다. 물적 행정행위는 물건에 공법적 성질을 부여함으로써, 그 이용자의 권리·의무가 설정된다.

③ 이용규율

공중에 의한 공법적 성질이 부여된 물건의 이용관계에 관한 행정행위를 말한다. 예컨대 교통신호기나 교통표지판[3]이 이에 해당한다.[4]

4. 권력적 단독행위

행정행위는 권력적 단독행위이다. 따라서 공권력행사의 실체가 없는 비권력적 행위나 공법상의 계약이나 합동행위와 같은 쌍방행위는 행정행위가 아니다.

제 2 절 행정행위의 종류

행정행위는 ① 주체에 따라 국가·지방자치단체·공무수탁사인의 행정행위 등으로, ② 의사표시를 요소로 하는가에 따라 법률행위적·준법률행위적 행정행위로, ③ 성질에 따라 침익적·수익

3) 이를 일반처분으로 보는 것이 독일의 다수설이다. 일부 소수견해는 이를 법규명령으로 본다.

4) 예컨대, A구청에서 정당의 잦은 집회로 인하여 거주민전용주차구역의 일부에 대하여 주차금지표지판을 설치한 경우, 주차금지표지판은 이용규율로서 일반처분이므로 취소소송의 대상이 되는 처분이므로, 인근 주민은 취소소송을 제기하여 주차금지의 취소를 다툴 수 있다.

적·복효적 행정행위로, ④ 재량권 유무에 따라 기속행위·재량행위로, ⑤ 상대방의 협력을 요하는가에 따라 독립적·쌍방적 단독행위로, ⑥ 그 대상에 따라 대인적·대물적·혼합적 행정행위로, ⑦ 일정한 형식을 요구하는가에 따라 요식행위·불요식행위로, ⑧ 수령을 요하는가에 따라 수령을 요하는 행위· 수령을 요하지 않는 행위로, ⑨ 법률상태의 적극적 변동 여부에 따라 적극적·소극적 행정행위 등으로 다양하게 분류할 수 있는데, 다음에서는 이 중에서 주요한 몇 가지만 살펴보기로 한다. 기속행위와 재량행위에 관하여는 별도로 살펴보므로 여기에서는 설명을 생략한다.

Ⅰ. 법률행위적 행정행위와 준법률행위적 행정행위

이는 의사표시의 유무에 따른 분류로서, 법률행위적 행정행위는 의사표시를 그 구성요소로 하는 행위로서 그 법적 효과가 행정청의 의사의 내용에 따라 발생하는 데 반하여, 준법률행위적 행정행위는 의사표시 이외의 정신작용의 표현을 구성요소로 하는 행위로서 행정청의 단순한 정신작용의 표현에 의하여 그 효과는 법령이 정하는 바에 따라 부여된다는 점에서 양자의 차이가 있다.

이와 같은 분류방식은 법률행위와 준법률행위의 구별이라는 민법의 논리를 차용한 것이다. 그런데 사적 자치가 지배하는 민법의 영역에서의 의사표시의 자유가 행정법에도 그대로 타당한가에 대해서는 많은 의문이 제기되고 있다. 즉 행정법관계에서 행정청의 의사는 자유로운 의사라기보다는 행정행위 근거법령의 내용을 구체화하는 데 불과한 '제한된 의사'이기 때문이다.

종래 양 행위를 구별하는 실익으로 부관을 붙일 수 있는가 하는 점에서 차이가 있다고 설명되어 왔다. 즉 의사표시를 구성요소로 하는 법률행위적 행정행위는 이러한 의사표시에 기초하여 부관을 붙일 수 있으나, 법이 정한 바에 따라 효과가 발생하는 준법률행위적 행정행위에는 부관을 붙일 수 없다는 것이다. 그런데 부관이 가능한지의 여부는 의사표시와는 무관하다는 것이 오늘날의 지배적인 견해이다. 따라서 준법률행위적 행정행위에도 부관이 가능하다. 이러한 점에서 이와 같은 법률행위·준법률행위적 행정행위의 분류는 그 실익이 거의 없다고 볼 수 있다.

Ⅱ. 침익적 행정행위·수익적 행정행위·복효적 행정행위

행정행위는 그 성질에 따라 상대방에게 의무를 부과하거나 권리·이익을 제한·침해하는 등의 침익적 효과를 가져오는 침익적 행정행위와 상대방에게 권리·이익을 부여하는 등의 수익적 효과를 가져오는 수익적 행정행위, 그리고 양 효과가 동시에 나타나는 복효적 행정행위로 분류될 수 있다.

침익적 행정행위(Belastender Verwaltungsakt)는 행정청에 의하여 일방적으로 이루어지는 독립적 단독행위인 것이 보통이다(예: 위법건축물에 대한 시정명령, 과징금의 부과 등). 침익적 행정행위는 상대방의 권익을 침해하는 것이므로 법률유보의 최하한인 침해유보의 관점에서 반드시 법적 근거를 요한다.

수익적 행정행위(Begünstigender Verwaltungsakt)는 그 성질상 상대방의 신청에 의하여 이루어지는 쌍방적 단독행위인 경우가 일반적이다. 수익적 행정행위는 침해유보의 관점에서 보면 법적 근거를 요하지 않는다. 그러나 오늘날은 급부행정의 영역에서도 급부의 공정성이나 형평성 등의 차원에서 법적 근거가 요구되고 있다. 그러나 급부의 탄력성이라는 측면이 강한 경우에는 일률적으로 법적 근거를 요구하기 어려운 측면이 있는 것도 사실이다.

복효적 행정행위(Verwaltungsakt mit Doppelwirkung)는 침익적·수익적 효과가 동시에 있다고 하여 이를 이중효과적 행정행위라고도 한다. 복효적 행정행위는 다시 ① 상대방에게 수익적 효과와 침익적 효과가 동시에 귀속되는 혼합효과적 행정행위(Verwaltungsakt mit Mischwirkung, 예: 부관부 영업허가)와 ② 상대방에게는 수익적이지만 제3자에게는 침익적인 효과를 가져오는 제3자효 행정행위(Verwaltungsakt mit Drittwirkung)로 분류된다.

행정법관계에서 주로 문제가 되는 것은 제3자효 행정행위이다. 이미 개인적 공권과 관련하여 언급한 바와 같이, 침익적 처분의 상대방은 언제나 공권의 침해가 인정되므로 항고소송에서의 원고적격 인정에 별 문제가 없지만(이른바 상대방이론), 처분의 상대방이 아닌 제3자는 법에 의하여 제3자의 이익이 보호되고 있다고 해석되는 경우에만 원고적격이 인정되기 때문이다. 결국 원고적격의 인정 여부와 관련되는 문제상황은 제3자효 행정행위의 경우라고 할 수 있다. 이와 관련하여서는 이미 공권론에서 살펴본 바와 같이, 이웃소송·경원자소송·경쟁자소송 등의 분쟁유형에서 오늘날은 관련 법령의 사익보호성에 대한 목적론적 해석을 통하여 제3자의 원고적격을 점차 넓게 인정하려고 하는 것이 일반적인 추세이다.

그 밖에도 행정쟁송법은 행정쟁송에의 제3자 참가, 제3자의 집행정지신청 등을 통하여 제3자의 권익보호를 위한 기회를 제공하고 있으며, 행정절차법은 행정절차의 당사자를 "행정청의 처분에 대하여 직접 그 상대가 되는 당사자와 행정청이 직권 또는 신청에 의하여 행정절차에 참여하게 된 이해관계인"이라고 정의하여(행정절차법 2 4호) 이해관계인으로서 제3자가 행정절차에 참여할 수 있는 길을 열어놓고 있다.

Ⅲ. 독립적 행정행위와 쌍방적 행정행위

행정청의 의사표시만으로 법적 효과가 발생하는 행위를 단독행위라 하고 여러 의사표시의 합치를 통하여 법적 효과가 발생하는 행위를 쌍방행위라 한다. 단독행위에는 상대방의 협력을 요하는지에 따라 독립적 단독행위와 쌍방적 단독행위가 있는데, 이에 따라 행정행위도 상대방의 협력이 필요 없이 행정청의 일방적 의사결정에 따라 법적 효과가 발생하는 독립적 행정행위(예: 하명)

와 신청·동의 등의 상대방의 협력을 요하는 쌍방적 행정행위로 분류할 수 있다.

한편 법령에서 다른 행정기관의 의결·인가·동의·승인·협의 등을 거치도록 규정하고 있는 경우가 있는데 이를 협력이 요구되는 행정행위라고 부르기도 한다.[5)]

Ⅳ. 대인적 행정행위·대물적 행정행위·혼합적 행정행위*

행정행위는 사람의 주관적 사정을 대상으로 하는 대인적 행정행위(예: 자동차운전면허**·의사면허 등)와 물건의 사물적인 특성이나 상태를 대상으로 하는 대물적 행정행위(예: 건축허가), 그리고 인적 요소와 물적 요소를 동시에 대상으로 하는 혼합적 행정행위(예: 도시가스사업허가·카지노업허가 등은 인적 자격요건과 물적 시설요건을 모두 갖추어야 함)로 구분할 수 있다.

대인적 행정행위는 개인적인 능력이나 특성에 기인하는 것으로 이전이 불가능하다. 그러나 대물적 행정행위는 물건의 특성이나 상황에 대한 것이므로 대인적 행정행위와는 달리 이전이 가능하다. 예를 들어 식품위생법은 제39조에서 영업승계에 관하여 규정하고 있으며 이 경우 승계사실을 관할관청에 신고하도록 하고 있다. 이와 같은 영업승계에 따라 종전 영업자의 지위가 그대로 승계된다. 나아가 식품위생법 제78조[6)]를 비롯한 여러 법률에서는 양수인에게 행정처분 또는 행정제재처분의 효과가 승계됨을 규정하고 있다.

> [판례1] 망인에게 수여된 서훈을 취소하는 경우, 유족이 서훈취소 처분의 상대방이 되는지 여부
>
> "… 서훈은 서훈대상자의 특별한 공적에 의하여 수여되는 고도의 일신전속적 성격을 가지는 것이다. … 서훈은 어디까지나 서훈대상자 본인의 공적과 영예를 기리기 위한 것이므로 비록 유족이라고 하더라도 제3자는 서훈수여 처분의 상대방이 될 수 없고, 구 상훈법 제33조, 제34조 등에 따라 망인을 대신하여 단지 사실행위로서 훈장 등을 교부받거나 보관할 수 있는 지위에 있을 뿐이다. 이러한 서훈의 일신전속적 성격은 서훈취소의 경우에도 마찬가지이므로, 망인에게 수여된 서훈의 취소에서도 유족은 그 처분의 상대방이 되는 것이 아니다(대판 2014.9.26, 2013두2518)."

* 변호사시험(2014년), 사법시험(2015년), 행정고시(일반행정)(2009년), 5급공채(행정)(2016년), 5급공채(2020년).

** 변호사시험(2014년) 공법 제2문.

5) 이에 관하여 상세는 258면 이하 참조.

6) 식품위생법 제78조(행정 제재처분 효과의 승계) 영업자가 영업을 양도하거나 법인이 합병되는 경우에는 제75조제1항 각 호, 같은 조 제2항 또는 제76조제1항 각 호를 위반한 사유로 종전의 영업자에게 행한 행정 제재처분의 효과는 그 처분기간이 끝난 날부터 1년간 양수인이나 합병 후 존속하는 법인에 승계되며, 행정 제재처분 절차가 진행 중인 경우에는 양수인이나 합병 후 존속하는 법인에 대하여 행정 제재처분 절차를 계속할 수 있다. 다만, 양수인이나 합병 후 존속하는 법인이 양수하거나 합병할 때에 그 처분 또는 위반사실을 알지 못하였음을 증명하는 때에는 그러하지 아니하다.

[판례2] 국민건강보험법에 따른 요양기관 업무정지처분의 법적 성격(＝대물적 처분) 및 대상(＝요양기관의 업무 자체) / 속임수나 그 밖의 부당한 방법으로 보험자에게 요양급여비용을 부담하게 한 요양기관이 폐업한 경우, 그 요양기관 및 폐업 후 그 요양기관의 개설자가 새로 개설한 요양기관에 대하여 업무정지처분을 할 수 있는지 여부(소극)

"요양기관이 속임수나 그 밖의 부당한 방법으로 보험자에게 요양급여비용을 부담하게 한 때에 구 국민건강보험법 제85조 제1항 제1호에 의해 받게 되는 요양기관 업무정지처분은 의료인 개인의 자격에 대한 제재가 아니라 요양기관의 업무 자체에 대한 것으로서 대물적 처분의 성격을 갖는다. 따라서 속임수나 그 밖의 부당한 방법으로 보험자에게 요양급여비용을 부담하게 한 요양기관이 폐업한 때에는 그 요양기관은 업무를 할 수 없는 상태일 뿐만 아니라 그 처분대상도 없어졌으므로 그 요양기관 및 폐업 후 그 요양기관의 개설자가 새로 개설한 요양기관에 대하여 업무정지처분을 할 수는 없다(대판 2022.1.27, 2020두39365[업무정지처분취소])."

"이러한 법리는 보건복지부 소속 공무원의 검사 또는 질문을 거부·방해 또는 기피한 경우에 국민건강보험법 제98조 제1항 제2호에 의해 받게 되는 요양기관 업무정지처분 및 의료급여법 제28조 제1항 제3호에 의해 받게 되는 의료급여기관 업무정지처분의 경우에도 마찬가지로 적용된다(대판 2022.4.28, 2022두30546[업무정지처분취소청구의소])."

[판례3] 한 사람이 여러 종류의 자동차 운전면허를 취득한 경우, 이를 취소·정지함에 있어서 서로 별개의 것으로 취급하여야 하는지 여부

"한 사람이 여러 종류의 자동차운전면허를 취득하는 경우뿐 아니라 이를 취소 또는 정지하는 경우에도 서로 별개의 것으로 취급하는 것이 원칙이고, 다만 취소사유가 특정 면허에 관한 것이 아니고 다른 면허와 공통된 것이거나 운전면허를 받은 사람에 관한 것일 경우에는 여러 면허를 전부 취소할 수도 있다(대판 2012.5.24, 2012두1891)."

[판례4] 석유판매업자의 지위를 승계한 자에 대하여 종전의 석유판매업자가 유사석유제품을 판매하는 위법행위를 하였다는 이유로 사업정지 등 제재처분을 취할 수 있는지 여부

"석유판매업 등록은 원칙적으로 대물적 허가의 성격을 갖고, 또 석유판매업자가 같은 법 제26조의 유사석유제품 판매금지를 위반함으로써 같은 법 제13조 제3항 제6호, 제1항 제11호에 따라 받게 되는 사업정지 등의 제재처분은 사업자 개인의 자격에 대한 제재가 아니라 사업의 전부나 일부에 대한 것으로서 대물적 처분의 성격을 갖고 있으므로, 위와 같은 지위승계에는 종전 석유판매업자가 유사석유제품을 판매함으로써 받게 되는 사업정지 등 제재처분의 승계가 포함되어 그 지위를 승계한 자에 대하여 사업정지 등의 제재처분을 취할 수 있다고 보아야 한다(대판 2003.10.23, 2003두8005)."

[판례5] 석유 및 석유대체연료 사업법 제8조에 따른 사업정지처분 효과의 승계 여부

"「석유 및 석유대체연료 사업법」(이하 '법'이라고 한다) 제10조 제5항에 의하여 석유판매업자의 지위 승계 및 처분 효과의 승계에 관하여 준용되는 법 제8조는 "제7조에 따라 석유정제업자의 지위가 승계되면 종전의 석유정제업자에 대한 제13조 제1항에 따른 사업정지처분(제14조에 따라 사업정지를 갈음하여 부과하는 과징금부과처분을 포함한다)의 효과는 새로운 석유정제업자에게 승계되며, 처분의 절차가 진행 중일 때에는 새로운 석유정제업자에 대하여 그 절차를 계속 진행할 수 있다. 다만, 새로운 석유정제업자(상속으로 승계받은 자는 제외한다)가 석유정제업을 승계할 때에 그 처분이나 위반의 사실을 알지 못하였음을 증명하는 경우에는 그러하지 아니하다."라고 규정하고 있다(이하 '이 사건 승계조항'이라고 한다).

이러한 제재사유 및 처분절차의 승계조항을 둔 취지는 제재적 처분 면탈을 위하여 석유정제업자 지위승계가 악용되는 것을 방지하기 위한 것이고, 승계인에게 위와 같은 선의에 대한 증명책임을 지운 취지 역시 마찬가지로 볼 수 있다. 즉 법 제8조 본문 규정에 의해 사업정지처분의 효과는 새로운 석유정제업자에게 승계되는 것이 원칙이고 단서 규정은 새로운 석유정제업자가 그 선의를 증명한 경우에만 예외적으로 적용될 수 있을 뿐이다. 따라서 승계인의 종전 처분 또는 위반 사실에 관한 선의를 인정함에 있어서는 신중하여야 한다(대판 2017.9.7, 2017두41085)."

[판례6] 개발사업 완료 전에 사업시행자의 지위가 승계된 경우 그 지위를 승계한 사람이 개발부담금을 납부할 의무가 있다고 정한 개발이익 환수에 관한 법률 제6조 제1항 제3호의 규정 취지

"개발이익 환수에 관한 법률 제6조 제1항 제3호는 개발사업 완료 전에 사업시행자의 지위가 승계된 경우 그 지위를 승계한 사람이 개발부담금을 납부할 의무가 있다고 정하고 있다. 이 조항은 개발사업이 승계된 경우 그 승계 시까지 발생한 개발이익과 승계 후에 발생한 개발이익을 가려내기가 쉽지 않다는 사정을 고려하여 마련된 규정으로서, 개발사업의 승계 당사자 사이에 개발이익과 개발부담금의 승계에 관한 약정이 가능함을 전제로 그러한 약정이 불가능하다는 등의 특별한 사정이 없는 한 사업시행자의 지위를 승계한 사람으로 하여금 개발부담금의 납부의무를 부담하도록 한 것이다(대판 2021.12.30, 2021두45534[개발부담금부과처분취소])."

☞ 최초 개발행위허가를 받은 개발사업 대상 토지가 이후 여러 필지로 분할되어 필지별로 원고들을 포함한 양수인들에게 양도된 후 원고들 명의로 개발행위변경허가가 이루어지고 개발행위가 완료된 경우에 원고들은 최초 개발행위허가를 받은 사업시행자의 지위를 승계하였다고 볼 수 있으므로 이들에 대한 개발부담금 부과처분이 적법하다고 판단하여 상고기각한 사안

V. 예비결정 · 부분허가 · 잠정적 행정행위

1. 예비결정(Vorbescheid) *

예비결정 또는 사전결정은 전체 사업안에 대한 종국적인 행정행위를 하기 이전에 전체 사업안에 대한 모든 허가요건 가운데 일부 요건에 대하여 종국적이고 구속적으로 확정하는 결정을 말한다. 이러한 예비결정의 예로는 건축법상의 사전결정을 들 수 있는데, 건축법 제10조는 건축허가권자는 당사자의 신청에 의하여 건축허가를 신청하기 전에 그 건축물을 해당 대지에 건축하는 것이 이 법이나 다른 법령에서 허용되는지에 대하여 사전결정을 할 수 있도록 규정하고 있다.

예비결정은, 예컨대 허가대상인 전체 사업안에 대한 최종적인 허가까지는 건축법령뿐 아니라 관련법령에서 요구하는 요건들에 대한 심사 등 많은 시간이 소요되므로, 우선 이 중 일부요건에 대하여 확정적인 결정을 해줌으로써 신청인의 비용과 수고를 덜어주려고 하는 데 의의가 있다. 예비결정은 확약과 같은 장래에 대한 약속이 아니라, 결정의 대상이 된 요건에 대한 확정적 결정이라는 점에서 행정행위로서의 성질을 가진다.

[판례] 건축계획 사전결정 제도의 취지

"건축에 관한 계획의 사전결정은 규정상 결정의 내용이 당해 건축물을 해당 대지에 건축하는 것이 건축법 또는 다른 법률의 규정에 의하여 허용되는지의 여부로 한정되어 있고, 사전결정제도의 목적이 일정 규모 이상의 건축물 등을 신축하고자 하는 자가 건축허가신청에 필요한 모든 준비를 갖추어 허가신청을 하였다가 건축물 입지의 부적법성을 이유로 불허가될 경우 그 불이익이 매우 클 것이므로, 건축허가신청 전에 건축계획서 등에 의하여 그 입지의 적법성 여부에 대한 사전결정을 받을 수 있게 함으로써 경제적 · 시간적 부담을 덜어주려 하는 것이다(대판 1996.3.12, 95누658)."

2. 부분허가(Teilgenehmigung)

부분허가는 전체 허가대상 가운데 그 일부에 대한 종국적인 결정을 말한다. 예를 들면 대규모 단지조성사업에서 그 일부에 대한 건축허가를 하는 경우가 이에 해당한다.

부분허가는 전체 허가대상의 일부분에 대한 허가이기는 하지만, 그 일부분에 대하여는 종국적으로 결정한 것이므로 그 자체로서 행정행위의 성질을 가진다.

3. 잠정적 행정행위(Vorläufiger Verwaltungsakt)

잠정적 행정행위는 가행정행위(假行政行爲)라고도 하는데, 예컨대 최종적인 조세의 확정은 사

* 사법시험(1999년).

후심사를 통하여 사후에 정산하기로 하고 우선은 잠정적인 세액결정에 따라 과세하는 것과 같이, 종국적인 행정행위를 하기에 앞서 잠정적으로 결정하여야 할 필요성 때문에 이에 대한 사후심사의 유보 하에 잠정적으로 행정법관계를 규율하는 행위를 말한다.

잠정적 행정행위는 재정행정법분야나 사회보장행정법분야 등에서 매우 유용한 것이지만, 오늘날은 다양한 영역에서 다양한 형태로 확대되어 가고 있다(예: 국가공무원법상의 최종적인 면직처분에 앞서 징계요구 중인 자에 대한 잠정적인 직위해제 및 대기명령, 먹는물관리법 제10조 제1항의 샘물등의 개발허가 전에 환경영향조사서의 제출을 조건으로 하는 가(假)허가).

잠정적 행정행위는 최종적인 확정결정까지만 효력이 있다. 따라서 최종적인 결정이 있게 되면 잠정적 행정행위는 이에 대체되어 효력을 상실하게 된다.

독일에서는 이와 같은 잠정적 행정행위에 대해서는 그 법이론적 구조, 법적 허용성, 한계 및 현실적인 필요성 등에서 꾸준히 논란이 되고 있고, 특히 행정행위는 '종국적 규율'이기 때문에 이 점에서 잠정적 행정행위의 행정행위로서의 성질에 관해서도 여전히 논란이 있다. 우리나라에서는 행정행위로 보는 견해가 다수이다.

[판례1] 공정거래위원회가 부당한 공동행위를 한 사업자에게 과징금 부과처분(선행처분)을 한 뒤, 다시 자진신고 등을 이유로 과징금 감면처분(후행처분)을 한 경우, 선행처분의 취소를 구하는 소가 적법한지 여부

"공정거래위원회가 부당한 공동행위를 행한 사업자로서 구 독점규제 및 공정거래에 관한 법률(2013.7.16. 법률 제11937호로 개정되기 전의 것) 제22조의2에서 정한 자진신고자나 조사협조자에 대하여 과징금 부과처분(이하 '선행처분'이라 한다)을 한 뒤, 독점규제 및 공정거래에 관한 법률 시행령 제35조 제3항에 따라 다시 자진신고자 등에 대한 사건을 분리하여 자진신고 등을 이유로 한 과징금 감면처분(이하 '후행처분'이라 한다)을 하였다면, <u>후행처분은 자진신고 감면까지 포함하여 처분 상대방이 실제로 납부하여야 할 최종적인 과징금액을 결정하는 종국적 처분이고, 선행처분은 이러한 종국적 처분을 예정하고 있는 일종의 잠정적 처분으로서 후행처분이 있을 경우 선행처분은 후행처분에 흡수되어 소멸한다</u>. 따라서 위와 같은 경우에 선행처분의 취소를 구하는 소는 이미 효력을 잃은 처분의 취소를 구하는 것으로 부적법하다(대판 2015.2.12, 2013두987)."

☞ 해설: 위 판례는 후행처분을 '종국적 처분'으로 보고 있는 점, 선행처분이 후행처분에 흡수되어 소멸되었다고 하고 있는 점에서 '잠정적 처분'의 의미를 강학상 '잠정적 행정행위'로 이해하고 있다고 판단되는데, 논의의 여지는 있지만, 위 판례는 잠정적 처분이라는 용어를 사용한 첫 판례라는 점에서 의의가 있다고 할 수 있다.

[판례2] 공정거래위원회의 처분에 대한 불복의 소에서 청구취지를 추가하는 경우, 추가된 청구취지의 제소기간 준수 여부 판단 기준시점(=청구취지의 추가·변경 신청이 있는 때) / 선행처분 취소소송에서 후행처분의 취소를 구하는 청구취지를 추가하였으나 선행 처분이 잠정적 처분으로서 후행 처분에 흡수되어 소멸되는 경우 후행처분의 취소를 구하는 소의 제소기간 준수 여부 판단 기준시점(=선행 처분의 취소를 구하는 최초의 소가 제기된 때)

"공정거래법 제54조 제1항에 따르면, 공정거래위원회의 처분에 대하여 불복의 소를 제기하고자 할 때에는 처분의 통지를 받은 날 또는 이의신청에 대한 재결서의 정본을 송달받은 날부터 30일 이내에 소를 제기하여야 한다.

청구취지를 추가하는 경우, 청구취지가 추가된 때에 새로운 소를 제기한 것으로 보므로, 추가된 청구취지에 대한 제소기간 준수 등은 원칙적으로 청구취지의 추가·변경 신청이 있는 때를 기준으로 판단하여야 한다.

그러나 선행 처분의 취소를 구하는 소를 제기하였다가 이후 후행 처분의 취소를 구하는 청구취지를 추가한 경우에도, 선행 처분이 종국적 처분을 예정하고 있는 일종의 잠정적 처분으로서 후행처분이 있을 경우 선행 처분은 후행 처분에 흡수되어 소멸되는 관계에 있고, 당초 선행 처분에 존재한다고 주장되는 위법사유가 후행 처분에도 마찬가지로 존재할 수 있는 관계여서 선행 처분의 취소를 구하는 소에 후행 처분의 취소를 구하는 취지도 포함되어 있다고 볼 수 있다면, 후행 처분의 취소를 구하는 소의 제소기간은 선행 처분의 취소를 구하는 최초의 소가 제기된 때를 기준으로 정하여야 한다(대판 2018.11.15, 2016두48737[과징금부과처분취소])."

Ⅵ. 자동화된 행정행위(자동적 행정행위)

오늘날 기계의 발달로 인하여 대량의 불특정 다수를 상대로 하여 반복적으로 행하여지는 동종의 행정행위들을 일련의 프로그램이 입력된 기계에 의하여 자동적으로 처리하는 경우들이 증가하고 있다. 예컨대 교통신호, 각종 조세나 공과금의 부과 결정, 학교의 배정, 시험채점에 따른 합격 여부 결정 등이 이에 해당한다. 이와 같은 행위들을 자동화된 행정행위라고 정의할 수 있다.[7)]

자동화된 행정행위의 경우에도 행정청이 입력한 자동화된 프로그램에 의하여 구체적으로 법을 집행하는 것이므로 행정행위로서의 개념적 요소를 가지고 있다고 보아야 할 것이다. 따라서 그 법적 성질은 행정행위이다. 자동화된 행정행위는 기속행위의 경우 가능함은 물론이다. 재량행위의 경우에는 자동화된 행정행위가 가능할 것인지 문제가 될 수 있으나, 재량처분에 있어 일정한 처분

7) 혹자는 자동화된 행정결정(김동희/최계영, 행정법Ⅰ, 266면), 자동적으로 결정되는 행정행위(홍정선, 행정법특강, 164면), 행정의 자동결정(박균성, 행정법강의, 375면 이하) 등으로 부르기도 한다.

기준이나 처분시 고려할 요소들을 프로그램화하는 것이 가능한 경우에는 재량행위의 경우에도 자동화된 행정행위가 가능하다고 할 것이다. 이와 관련하여, 행정기본법은 "행정청은 법률로 정하는 바에 따라 완전히 자동화된 시스템(인공지능 기술을 적용한 시스템을 포함한다)으로 처분을 할 수 있다. 다만, 처분에 재량이 있는 경우는 그러하지 아니하다(행정기본법 20)."고 하여, 자동화된 행정행위가 가능함을 규정하면서도, 현재로서는 기속행위에만 가능한 것으로 규정하고 있다.

자동화된 행정행위도 행정행위로서의 적법요건을 갖추어야 함은 물론이다. 다만 절차나 형식면에서 자동화된 기계에 의하여 대량적·반복적으로 이루어진다는 특성을 고려하여, 예컨대 행정청의 서명생략·이유부기의 생략·처분절차의 생략 등과 같이 일반 행정행위에 요구되는 요건을 다소 완화하는 것이 필요한데, 우리 행정절차법은 이와 관련하여 별도의 규정을 두고 있지 않다.

제 3 절 불확정개념과 판단여지·기속행위와 재량행위

제 1 항 행정법규범의 구성과 적용과정

Ⅰ. 행정법규범의 구성: 요건규정과 효과규정

행정에 관한 다수의 법규정들은, 예컨대 '~하는 경우에는, ~한다.'의 경우와 같이, 일정한 요건 하에(요건규정) 이에 따른 일정한 법효과(효과규정)를 규정하는 방식으로 구성되어 있다.[8)]

Ⅱ. 행정법규범의 적용과정

행정은 법을 집행하는 작용이므로 법이 정한 바에 따라 이를 해석·적용하여야 한다. 이러한 행정법 규정의 구체적인 집행과정은 단계적으로는, ① 발생한 구체적인 사실을 확정하고, ② 관련 법규정상의 요건규정의 내용을 해석·확정에 따라 발생한 사실이 여기에 해당하는지를 결정한 다음(이를 '포섭(Subsumtion)'이라 한다), ③ 이에 따라 효과규정이 정하고 있는 일정한 법효과를 결정

8) 예컨대 도로교통법 제93조에 의하면 지방경찰청장은 운전면허를 받은 사람이 술에 취한 상태에서 자동차등을 운전한 경우에는 운전면허를 취소하거나 1년 이내의 범위에서 운전면허의 효력을 정지시킬 수 있다. 다만 술에 취한 상태에 있다고 인정할 만한 상당한 이유가 있음에도 불구하고 경찰공무원의 측정에 응하지 아니한 경우에는 운전면허를 취소하여야 한다. 여기에서 '술에 취한 상태에서 자동차등을 운전한 경우', '술에 취한 상태에 있다고 인정할 만한 상당한 이유가 있음에도 불구하고 경찰공무원의 측정에 응하지 아니한 경우'가 요건규정이고, '운전면허를 취소하거나 1년 이내의 범위에서 운전면허의 효력을 정지시킬 수 있다', '운전면허를 취소하여야 한다'가 효과규정이다.

하는 과정을 거치게 된다.

Ⅲ. 요건규정·효과규정의 적용 체계

법치행정의 원리에 따라 행정은 법률에 적합하여야 하는데(행정의 법률적합성의 원칙), 이 경우 법률이 요건과 효과규정을 일의적으로 명확하게 규정하고 있는 경우에는 행정은 이에 따라 법을 기계적으로 집행하기만 하면 되기 때문에 별 문제가 없을 것이다. 그러나 법률이 복잡·다양한 행정현상을 모두 포착하여 이를 규정화한다는 것은 사실상 불가능하다. 이 때문에 법률은 요건규정과 관련하여 모든 관련된 현상들을 포섭하기 위하여 불확정개념을 사용하기도 하고, 또한 효과규정과 관련하여 법을 집행하는 행정에게 일정한 법률효과의 부과에 대하여 가장 합당한 처분을 할 수 있도록 일정한 재량권을 부여하기도 한다.

이와 같이 요건을 규정함에 있어 경우에 따라서는 다의적인 불확정개념을 사용하는 경우가 있는데, 이와 같은 불확정개념의 해석·적용의 문제는 요건규정의 판단 문제이다. 경우에 따라서는 불확정개념의 해석에 있어 행정청에게 판단여지를 인정하는 경우가 있는데, 판단여지도 또한 요건판단과 관련된 문제이다.

한편 법이 정한 요건에 해당되는 경우에, 여기에 어떠한 효과를 부여할 것인가 하는 문제는 효과규정의 적용문제인데, 이와 관련하여 기속행위의 경우에는 법이 정한 효과를 그대로 부여하여야 하지만, 재량행위의 경우에는 효과를 부여 여부(결정재량) 또는 복수의 효과 가운데 어떠한 효과의 선택적 부여(선택재량)에 행정청의 재량권이 인정된다. 이처럼 재량행위인가 기속행위인가 하는 문제는 효과규정과 관련된 문제이다.[9)]

과거에는 불확정개념의 해석문제와 재량문제를 구분하지 아니하고 양자를 모두 재량의 문제로 다루었던 적이 있었다. 그러나 오늘날에는 요건규정의 판단문제는 법적 판단의 문제이므로 이를 재량과 구별하는 것이 일반화되었다. 삼권분립과 법치주의의 입장에서 보더라도 법이 일정한 요건을 규정하고 있는 것은 예견가능성을 부여하고 이를 통해 행정의 적법성과 투명성을 보장하기 위한 것이므로, 이와 같은 요건규정을 행정청이 재량적으로 판단할 수 있다고 한다면 이는 법치국가원리에 반하는 결과가 될 것이다. 따라서 요건규정에는 행정청의 재량이 인정될 수 없다. 따라서 재량행위인가 아닌가 하는 문제는 요건이 아닌 효과규정과 관련된 문제이고, 불확정개념의 해석이나 판단여지의 인정 문제는 요건규정과 관련된 문제라는 점에서 서로 구별되는 것이다.

---

9) 김동희 교수는 재량행위를 "법률이 행정청에게 그 요건의 판단 또는 효과의 결정에 있어 일정한도의 독자적 판단권을 인정하는 행위"라고 하여 요건판단의 문제도 재량행위로 이해하고 있다(김동희/최계영, 행정법Ⅰ, 278면).

▌요건규정과 효과규정의 차이▐

규정	요건규정	효과규정	
	다의적인 불확정개념을 규정하기도 함	기속행위(~한다. ~하여야 한다 등)	재량행위(~할 수 있다 등): 결정재량, 선택재량
결정	오직 하나의 결정 (요건에 해당하는지 아닌지)	오직 하나의 결정 (효과를 부과하든지 하지 않든지)	다수의 결정 가능(효과를 부과할 수도 있고, 안 할 수도 있고, 여러 효과 중 하나를 선택하여 부과할 수도 있음)
사법심사	전면적 사법심사 예외: 판단여지(판단의 기준이나 원칙 등 준수 여부만 심사, 판단 영역은 심사 불가능)	전면적 사법심사	재량판단은 사법심사 불가 재량권 일탈·남용 여부만 심사

제 2 항 불확정개념과 판단여지

Ⅰ. 불확정개념의 의의

법규정상의 요건규정들은 내용적으로 다양한 개념이나 용어들을 내포하고 있다. 이 가운데에는 물(物) 자체의 본성이나 법규범 또는 판례 등에 의하여 그 의미나 내용이 분명한 경우들도 있지만(예: 자동차, 재산권, 병역, 영업 등), 어떤 경우에는 그 의미나 내용을 일반적으로 정하기 어렵고 구체적인 사건과 관련하여서만 정할 수 있을 뿐인 경우(예: 중대한 공익상의 필요, 공공복리, 질서유지, 회복하기 어려운 손해 등)도 있다.

이와 같이 법률요건에 규정된 개념의 의미와 내용이 일의적인 것이 아니라 다의적이어서 구체적인 상황에 따라 그 의미와 내용이 달리 판단될 수 있는 개념을 불확정개념 또는 불확정법개념이라 한다.

요건규정에서 불확정개념을 사용하는 이유는 입법의 특성상 가급적 관련된 모든 경우를 법에 포섭하여야 하는 추상성 때문에 요건규정을 구체적으로만 규율하는 데에는 일정한 한계가 있기 때문이다.

Ⅱ. 불확정개념을 포함한 요건규정의 판단과 사법심사

불확정개념을 포함한 요건규정의 해석·적용은 구체적인 사실이 법이 정한 요건에 해당하는지의 여부에 대한 법적 판단의 문제이다. 따라서 요건규정에 불확정개념이 사용되어 그 의미나 내용이 다의적일 수 있다 하더라도, 발생한 구체적 사실과 관련하여서는 이 사실이 법이 정한 요건에 해당하는지의 여부, 즉 요건규정에 대한 오직 하나의 정당한 결정만이 있게 된다. 이와 같은 행정청의 판단은 법이 정한 효과의 부여와 직접적으로 연결된다는 의미에서 이는 법적 판단의 문제이고, 따라서 이러한 행정청의 판단이 최종적으로 적법한 것인지의 여부는 전면적으로 사법심사의 대상이 된다.10)

Ⅲ. 요건판단에서의 행정청의 판단여지 *

1. 판단여지의 의미

이미 살펴본 바와 같이 불확정개념을 포함한 요건판단의 문제는 법적 판단의 문제로서 사법심사의 대상이 된다. 그런데 제2차 세계대전 이후 독일에서는 불확정개념의 해석·적용과 관련하여 경우에 따라서는 고도의 전문적 지식이 요구되는 등의 이유로 법원의 사법심사가 제한되는 영역이 존재할 수 있다는 견해가 제시되었다.

먼저 바호프(Bachof)는 판단여지설(Lehre vom Beurteilungsspielraum)을 주장하였는데, 그에 의하면, 행정청에게는 불확정개념의 적용에 있어 판단여지가 주어지는데, 행정청 고유의, 법원이 더 이상 심사할 수 없는 가치판단이나 결정영역에서는, 법원은 이 영역에서의 행정청의 결정을 받아들여야 하며, 다만 법원은 행정청이 이 영역에서의 한계를 준수하였는지의 여부만을 심사할 수 있다고 주장하였다.

울레(Ule)의 인정가능성설(Vertretbarkeitslehre)도 유사한 견해인데, 이에 의하면 한계영역에서 인정할만한 여러 가지의 해결방안이 존재할 때 이 가운데에서 행정청이 인정할만하다는 범위를 준수하면서 선택한 결정은 적법한 것으로 볼 수 있다고 하였다.

볼프(Wolff)의 평가특권(Einschätzungsprärogative)도 유사한 견해로서, 볼프는 행정청은 요건판단에서의 평가특권을 가진다고 주장하였다. 즉 불확정개념이, 특히 미래의 발전이라는 관점에서, 법원도 이를 사후에 심사할 수 없는 평가를 요구하는 경우에 이에 대한 행정청의 평가가 그 불확정개념의 판단의 기초가 되어야 한다는 것이다.

---

* 행정고시(2004년), 행정고시(일반행정)(2010년), 5급공채(2019년), 변호사시험(2024년).

10) 예컨대 지방경찰청장은 도로교통법 제93조에 따라 운전자가 술에 취한 상태에 있다고 인정할 만한 상당한 이유가 있음에도 불구하고 경찰공무원의 측정에 응하지 아니한 경우에는 운전면허를 취소하여야 하는데, 여기에서 '술에 취한 상태에 있다고 인정할 만한 상당한 이유가 있는지의 여부'나 '경찰공무원의 측정에 응하지 아니한 경우'가 요건판단의 문제인데, 후자의 경우는 비교적 쉽게 판단할 수 있으나 전자의 경우에는 '상당한 이유'와 같은 불확정개념이 포함되어 있어 행정청은 이에 관한 여러 가지의 구체적인 정황들을 고려해서 판단하여야 할 것이다. 만약 행정청이 이 요건에 해당한다고 판단하여 운전면허취소처분을 하게 되었고, 처분의 상대방이 이 처분의 취소를 구하는 취소소송을 제기한 경우에, 법원의 입장에서는 행정청이 어떠한 상황에서 '상당한 이유'가 있다고 판단하였는지를 심사하여 행정청의 사실인정 및 요건판단에 오류가 없었는지를 심사해 보아야 할 것이다.

결국 위 3인의 견해를 종합하면, 행정청은 요건규정상의 불확정개념에 대하여 사법심사가 제한되는 독자적인 판단권을 가지는데, 이를 판단여지(Beurteilungsspielraum) 또는 평가특권(Einschätzungsprärogative)이라고 한다. 이들은 판단여지가 인정되는 이유는 불확정개념은 다의적으로 해석될 수 있다는 점과 행정청이 더 많은 전문지식과 경험을 보유하며 구체적인 행정문제에 대해서 보다 근접성을 지닌다는 점 때문이라고 보고 있다.

판단여지가 인정되는 경우에는 요건에 대한 행정청의 판단에 대해서는 사법심사가 미치지 아니하고, 법원은 단지 행정청이 그와 같은 판단에 이르는 과정에서 일정한 한계를 준수하였는지의 여부만을 심사할 수 있을 뿐이다.

2. 판단여지의 인정범위

독일의 경우 판단여지설에 대하여는 대부분이 이를 받아들이면서도 사법심사가 제한되는 판단여지는 규범적인 수권이 있는 경우에만 가능하다는 입장이다. 그러나 규범적으로 판단여지에 대한 수권이 명시적으로 규정된다는 것은 사실상 기대하기 어렵다는 점에서 판단여지의 인정여부는 결국 개별 규정의 해석에 의존할 수밖에 없다. 이러한 점에서 구체적인 경우에 판단여지의 인정여부에 대해서는 여전히 논란이 있다. 심지어는 불확정개념의 판단문제를 재량의 문제로 이해하는 견해도 있고, 사법심사가 제한된다는 판단여지 자체를 부인하는 견해도 있다.

독일 연방행정재판소는 초기에는 불확정개념에 대하여 제한적으로만 심사를 하였으나, 오늘날에는 불확정개념은 법원의 전면적 심사가 가능하며, 따라서 행정청은, 몇 가지 예외를 제외하고는, 불확정개념의 판단에 있어 판단여지를 가지지 않는다는 입장이다.

독일 연방헌법재판소도 거의 같은 입장이나 기본권제한과 관련하여서는 판단여지가 인정되는 예외를 더 엄격하게 파악하고 있다. 동 재판소는 불확정개념의 적용 및 구체화를 포함한 모든 행정의 결정은 행정재판소에 의하여 심사될 수 있어야 한다는 것이 확고한 원칙임을 확인하면서, 오로지 사법심사가 어려울 정도의 고도의 복합성이나 특별한 정도의 동적 성격을 띠는 경우에만 예외를 인정하고 있다. 현재로서는 직업과 관련된 심사에 있어서만 판단여지를 인정하고 있는데, 이는 연방행정재판소에 비하여 훨씬 엄격하게 판단여지를 제한하고 있는 것이다.

독일의 판례에서 인정된 판단여지의 예로는, ① 국가시험과 같은 시험평가결정(예: 법학 및 의학 국가고시와 관련된 결정), ② 학교교육영역에서의 시험평가와 유사한 평가결정(예: 상급반으로의 진급, 입학허가와 관련된 특별한 교육적 이익에 대한 판단), ③ 공무원법상의 평가(예: 공무원의 고용에 있어서의 적합성, 능력, 전문성 등의 평가), ④ 전문적인 독립위원회의 가치평가결정(예: 독립전문가위원회에 의한 건축사의 자격심사), ⑤ 환경법, 경제법 등의 영역에서의 예측결정(Prognoseentscheidung)이나 위험평가(Risikobewertung) (예: 특정영업의 경제적 지표의 건전성에 대한 예측결정, 원자력발전소 운영의 위험성에 대한 사전배려 평가), ⑥ 행정정책적 성격을 띤 요소들에 관한 결정(예: 공무원인사를 위한 사전적인 인력수급계획) 등이 있다.

3. 판단여지에 대한 비판론에 대하여

판단여지설에 대하여는 불확정개념의 해석은 사법권의 본래적 기능이다, 판단여지는 행정작용의 전면적 사법심사를 요구하는 기본법 제19조 제4항에 위반된다는 등의 비판이 제기되기도 한다.

그런데 판단여지설의 원래 의도는 행정청의 불확정개념에 대한 판단에 대하여 전면적인 사법심사의 가능성을 인정하는 것이고, 판단여지가 인정되는 분야는 매우 예외적이라는 점을 기억할 필요가 있다. 또한 최근 독일의 학설과 특히 연방헌법재판소의 판례의 경향은 행정청의 판단에 대한 기본권 관련성, 절차법적 기속 등을 통하여 점차 사법심사의 범위를 확장하고 있다. 이로써 판단여지의 인정범위는 더욱 좁아지고 있고, 행정청의 판단여지는 행정청의 요건판단에 자유를 인정하는 탈법치주의적 이론이 아니라 법치국가적 기본구조 하에서 사법심사의 유보 하에 인정되는 법이론임이 분명해지는 것이다.

4. 판단여지의 한계와 통제

판단여지가 인정된다고 해서 이에 대한 사법심사가 무조건 배제되는 것은 아니다. 판단여지가 인정되더라도 행정청의 판단 내용에 대해서만 사법심사가 미치지 아니한다는 것이므로, 행정청이 그와 같은 판단에 이르는 과정에서, ① 판단기관이 적법하게 구성되었는지, ② 절차를 준수하였는지, ③ 정당한 사실관계에 기초하고 있는지, ④ 일반적으로 승인된 평가척도들(행정법의 일반원칙 포함)이 준수되었는지, ⑤ 사안과 무관한 사항을 고려하여 판단한 것은 아닌지 등의 여부는 판단여지의 한계로서 사법심사의 대상이 된다.

5. 우리나라의 학설과 판례

(1) 학설

우리나라의 경우에도 독일과 같이 제한적인 범위 내에서 행정청의 판단여지를 인정하는 것이 대다수의 입장이다. 대체로 요건판단에서의 법인식의 문제인 판단여지와 법률효과의 결정이나 선택의 문제인 재량은 그 인정근거나 내용을 달리하는 것이므로 양자는 서로 구별되어야 한다는 입장이다.

그러나 판단여지를 인정하면서도 판단여지에 재판통제가 미치지 않는다는 점에서는 재량행위와 같은 의미를 가진다고 하여, 판단여지와 재량을 구별할 실익이 없다는 견해도 있다.[11)]

11) 김동희/최계영, 행정법Ⅰ, 282면.

생각건대 사법심사가 제한된다는 공통적인 특성만으로 판단여지와 재량을 동일하게 볼 수는 없다고 생각된다. 판단여지는 요건판단에 대한 전면적 사법심사라는 원칙에 대한 중대한 예외로서 매우 제한된 경우에만 인정될 뿐이지만, 재량은 일단 요건판단과는 무관한 것이라는 점에서도 구별되어야 하지만, 적정한 행정을 위하여 법이 정한 일정한 범위 내에서 법적 효과를 부여하는 데 대한 판단권이므로 이를 예외적인 현상이라고 보기 어렵다는 점에서도 판단여지와는 커다란 차이가 있다. 요컨대 법이 정한 요건을 행정청의 재량으로 그 충족 여부를 판단한다는 것은 행정청의 자의를 배제하여야 한다는 법치행정원리에도 저촉된다는 점에서 양자를 구별하는 견해가 타당하다.

(2) 판례

우리나라 판례는 요건판단의 문제와 효과의 부여 문제를 구별하지 아니하고 이를 모두 재량의 개념으로 파악하고 있다. 따라서 요건판단에 있어서 판단여지가 인정되는가 하는 문제도 재량의 문제로 이해하고 있다.

[판례1] 국립묘지의 영예성 훼손 여부

"(구) 국립묘지의 설치 및 운영에 관한 법률상 영예성 훼손 여부에 대한 심의위원회의 결정이 현저히 객관성을 결여하였다는 등의 특별한 사정이 없는 한 그 심의 결과는 존중함이 옳고(대법원 2012.5.24. 선고 2011두8871 판결 참조), 영예성 훼손 여부의 판단에 이와 같이 재량의 여지가 인정되는 이상 그에 관한 기준을 정하는 것도 행정청의 재량에 속하는 것으로서 마찬가지로 존중되어야 한다(대판 2013.12.26, 2012두19571)."

[판례2] (구) 전염병예방법에 따른 예방접종으로 인한 질병, 장애 또는 사망의 인정 여부 결정이 재량에 속하는지 여부

"… (구) 전염병예방법(2009.12.29. 법률 제9847호 감염병의 예방 및 관리에 관한 법률로 전부 개정되기 전의 것) 제54조의2 제2항에 의하여 보건복지가족부장관에게 예방접종으로 인한 질병, 장애 또는 사망(이하 '장애 등'이라 한다)의 인정 권한을 부여한 것은, 예방접종과 장애 등 사이에 인과관계가 있는지를 판단하는 것은 고도의 전문적 의학 지식이나 기술이 필요한 점과 전국적으로 일관되고 통일적인 해석이 필요한 점을 감안한 것으로 역시 보건복지가족부장관의 재량에 속하는 것이므로, 인정에 관한 보건복지가족부장관의 결정은 가능한 한 존중되어야 한다(대판 2014.5.16, 2014두274)."

[판례3] 행정청이 한 전문적인 판단은 존중되어야 하는지 여부(원칙적 적극) 및 행정청이 전문적인 판단에 기초하여 재량권의 행사로 한 처분은 적법한지 여부(원칙적 적극)

신의료기술의 안전성·유효성 평가나 신의료기술의 시술로 국민보건에 중대한 위해가 발생하거나 발생할 우려가 있는지에 관한 판단은 **고도의 의료·보건상의 전문성**을 요하므로, 행정청이 국민의 건강을 보호하고 증진하려는 목적에서 의료법 등 관계 법령이 정하는 바에 따라 이에 대하여 전문적인 판단을 하였다면, 판단의 기초가 된 사실인정에 중대한 오류가 있거나 판단이 객관적으로 불합리하거나 부당하다는 등의 특별한 사정이 없는 한 존중되어야 한다. 또한 행정청이 전문적인 판단에 기초하여 재량권의 행사로서 한 처분은 비례의 원칙을 위반하거나 사회통념상 현저하게 타당성을 잃는 등 재량권을 일탈하거나 남용한 것이 아닌 이상 위법하다고 볼 수 없다(대판 2016.1.28, 2013두21120)."

"환경오염물질의 배출허용기준이 법령에 정량적으로 규정되어 있는 경우 행정청이 채취한 시료를 전문연구기관에 의뢰하여 배출허용기준을 초과한다는 검사결과를 회신 받아 제재처분을 한 경우, 이 역시 고도의 전문적이고 기술적인 사항에 관한 판단으로서 그 전제가 되는 실험결과의 신빙성을 의심할 만한 사정이 없는 한 존중되어야 함은 물론이다(대판 2022.9.16, 2021두58912[조업정지처분취소])."

[판례4] 구 군사기지 및 군사시설 보호법상 특정 행위가 군사작전에 지장을 초래하거나 초래할 우려가 있는지 등은 고도의 전문적·군사적 판단 사항인지 여부(적극) 및 그 판단에 관하여 행정청의 재량권이 부여되어 있는지 여부(적극)

"[1] (구 군사기지 및 군사시설 보호법령의 관련규정을 종합하면) 협의 요청의 대상인 행위가 군사작전에 지장을 초래하거나 초래할 우려가 있는지, 그러한 지장이나 우려를 해소할 수 있는지, 항공등화의 명료한 인지를 방해하거나 항공등화로 오인될 우려가 있는지 등은 해당 부대의 임무, 작전계획, 군사기지 및 군사시설의 유형과 특성, 주변환경, 지역주민의 안전에 미치는 영향 등을 종합적으로 고려하여 행하는 고도의 전문적·군사적 판단 사항으로서, 그에 관해서는 국방부장관 또는 관할부대장 등에게 재량권이 부여되어 있다.

[2] 행정청의 전문적인 정성적 평가 결과는 판단의 기초가 된 사실인정에 중대한 오류가 있거나 그 판단이 사회통념상 현저하게 타당성을 잃어 객관적으로 불합리하다는 등의 특별한 사정이 없는 한 법원이 당부를 심사하기에 적절하지 않으므로 가급적 존중되어야 하고, 여기에 재량권을 일탈·남용한 특별한 사정이 있다는 점은 증명책임분배의 일반원칙에 따라 이를 주장하는 자가 증명하여야 한다(대판 2020.7.9, 2017두39785[개발행위불허가처분취소])."

[판례] 전문연구기관에 의뢰하여 환경오염물질의 배출허용기준을 초과한다는 검사결과를 회신받아 제재처분을 한 경우, 고도의 전문적이고 기술적인 사항에 관한 행정청의 판단으로서 존중되어야 하는지 여부(원칙적 적극)

"행정청이 관계 법령이 정하는 바에 따라 고도의 전문적이고 기술적인 사항에 관하여 전문적인 판단을 하였다면, 판단의 기초가 된 사실인정에 중대한 오류가 있거나 판단이 객관적으로 불합리하거나 부당하다는 등의 특별한 사정이 없는 한 존중되어야 한다. 환경오염물질의 배출허용기준이 법령에 정량적으로 규정되어 있는 경우 행정청이 채취한 시료를 전문연구기관에 의뢰하여 배출허용기준을 초과한다는 검사결과를 회신받아 제재처분을 한 경우, 이 역시 고도의 전문적이고 기술적인 사항에 관한 판단으로서 그 전제가 되는 실험결과의 신빙성을 의심할 만한 사정이 없는 한 존중되어야 함은 물론이다(대판 2022.9.16, 2021두58912[조업정지처분취소])."

위 판례는 해당 요건에 대한 판단은 행정청이나 위원회의 전문적·정책적 심사나 평가를 거쳐서 확정되는 것으로서 행정청의 재량에 속하는 영역이라고 판시하고 있다. 그러나 이러한 전문적 판단이나 위원회의 심사에 의한 결과는 법적 효과와 관련된 것으로서 이에 대하여 행정청의 재량권이 인정될 수 있지만, 법이 정한 요건에 해당하는지의 여부를 판단하는 것 자체는 재량권행사와는 구별되는 행정청의 판단여지에 관련되는 것이다.

이 밖에도 대법원은 요건판단에 있어서 행정청의 판단여지가 인정되는 경우인가 아닌가 하는 문제를 떠나서, 요건판단의 문제 그 자체를 재량행위로 인식하고 있는 중대한 오류를 범하고 있다.

[판례5] 개발제한구역에서의 자동차용 액화석유가스충전사업 허가 여부를 판단할 때 행정청에 재량권이 부여되어 있는지 여부

"개발제한구역법 및 액화석유가스법 등의 관련 법규에 의하면, 개발제한구역에서의 자동차용 액화석유가스충전사업허가는 그 기준 내지 요건이 불확정개념으로 규정되어 있으므로 그 허가 여부를 판단함에 있어서 행정청에 재량권이 부여되어 있다고 보아야 한다(대판 2016.1.28, 2015두52432)."

[판례6] 국토계획법이 정한 용도지역 안에서의 건축허가 요건에 해당하는지 여부가 행정청의 재량에 속하는지 여부(적극) 및 그에 대한 사법심사의 대상과 판단 기준

"[1] 국토계획법이 정한 용도지역 안에서의 건축허가는 건축법 제11조 제1항에 의한 건축허가와 국토계획법 제56조 제1항의 개발행위허가의 성질을 아울러 갖는데, 개발행위허가는 허가기준 및 금지요건이 불확정개념으로 규정된 부분이 많아 그 요건에 해당하는지 여부는 행정청의 재량판단의 영역에 속한다. 그러므로 그에 대한 사법심사는 행정청의 공익판단에 관한 재량의 여지를 감안하여 원칙적으로 재량권의 일탈이나 남용이 있는지 여부만을 대상으로 하고, 사실오인과 비례·평등의

원칙 위반 여부 등이 그 판단 기준이 된다.

[2] 환경의 훼손이나 오염을 발생시킬 우려가 있는 개발행위에 대한 행정청의 허가와 관련하여 재량권의 일탈·남용 여부를 심사할 때에는, 해당지역 주민들의 토지이용실태와 생활환경 등 구체적 지역 상황과 상반되는 이익을 가진 이해관계자들 사이의 권익 균형 및 환경권의 보호에 관한 각종 규정의 입법 취지 등을 종합하여 신중하게 판단하여야 한다. … 이 경우 행정청의 당초 예측이나 평가와 일부 다른 내용의 감정의견이 제시되었다는 등의 사정만으로 쉽게 행정청의 판단이 위법하다고 단정할 것은 아니다(대판 2017.3.15, 2016두55490[건축허가신청반려처분취소]).”

“‘환경오염 발생 우려’와 같이 장래에 발생할 불확실한 상황과 파급효과에 대한 예측이 필요한 요건에 관한 행정청의 재량적 판단은 그 내용이 현저히 합리성을 결여하였다거나 상반되는 이익이나 가치를 대비해 볼 때 형평이나 비례의 원칙에 뚜렷하게 배치되는 등의 사정이 없는 한 폭넓게 존중하여야 한다(대판 2021.3.25, 2020두51280[건축허가신청반려처분취소]).”

[판례7] 국토계획법 제56조에 따른 개발행위허가와 농지법 제34조에 따른 농지전용허가·협의의 요건에 해당하는지 여부가 행정청의 재량판단의 영역에 속하는지 여부(적극) / 국토계획법이 정한 용도지역 안에서 토지의 형질변경행위·농지전용행위를 수반하는 건축허가 역시 재량행위에 해당하는지 여부(적극) / 그에 대한 사법심사의 대상, 판단 기준 및 이때 재량권 일탈·남용에 관한 주장·증명책임의 소재(=행정행위의 효력을 다투는 사람)

“국토계획법 제56조에 따른 개발행위허가와 농지법 제34조에 따른 농지전용허가·협의는 금지요건·허가기준 등이 불확정개념으로 규정된 부분이 많아 그 요건·기준에 부합하는지의 판단에 관하여 행정청에 재량권이 부여되어 있으므로, 그 요건에 해당하는지 여부는 행정청의 재량판단의 영역에 속한다. 나아가 국토계획법이 정한 용도지역 안에서 토지의 형질변경행위·농지전용행위를 수반하는 건축허가는 건축법 제11조 제1항에 의한 건축허가와 위와 같은 개발행위허가 및 농지전용허가의 성질을 아울러 갖게 되므로 이 역시 재량행위에 해당하고, 그에 대한 사법심사는 행정청의 공익판단에 관한 재량의 여지를 감안하여 원칙적으로 재량권의 일탈이나 남용이 있는지 여부만을 대상으로 하는데, 판단 기준은 사실오인과 비례·평등의 원칙 위반 여부 등이 된다. 이러한 재량권 일탈·남용에 관하여는 행정행위의 효력을 다투는 사람이 주장·증명책임을 부담한다(대판 2017.10.12, 2017두48956[건축허가신청불허가처분취소]).”

☞ 위 재량행위에 대한 사법심사의 대상, 판단기준, 주장·증명책임의 소재에 관한 대법원의 판시사항은 ‘재량행위의 사법적 통제에 대한 판시사항(예: 대판 2021.6.30, 2021두35681)과 동일하다. 즉 대법원은 요건판단에서의 판단여지나 효과부여에서의 재량을 구분하지 않고 모두 재량으로 동일하게 보고 있다.

토지의 형질변경을 위해서는 개발행위허가를 받아야 하는데, 시행령에 규정된 허가요건들은 도시계획조례가 정하는 기준에의 적합성, 주변환경과의 조화, 주변의 교통소통상의 문제 등이어서 이에 대한 행정청의 판단은 일상적인 요건판단의 문제이지 고도의 전문성을 요하는 예외적인 경우라고 볼 수 없어서 여기에는 판단여지가 인정된다고 볼 수 없다. 이와 같은 행정청의 요건판단은 법원의 심사대상이 되어야 하고, 법원은 행정청의 요건판단에 가치판단에서의 오류나 법리오해 등이 없는지 엄격하게 심사하여야 하는 것인데, 위 판례는 요건판단의 문제와 법효과 부여 문제를 전혀 구별하지 않고, 이 요건판단이 행정청의 독자적인 판단권(판단여지)이 인정되는 경우인지 아닌지에 대한 판단 없이 요건판단에 행정청의 재량권을 인정하는 오류를 범하고 있다.

제 3 항 기속행위와 재량행위

Ⅰ. 기속행위

법이 효과규정에서 행정청에게 어떠한 행위를 할 것인가에 대하여 일의적으로 규정하고 있어서 행정청은 이를 단지 기계적으로 적용하는 데 그치는 경우에 이를 기속행위라 한다.

Ⅱ. 재량행위*

1. 개념

법이 효과규정에서 행정청에게 행위여부나 행위내용에 관하여 선택의 여지를 인정하고 있는 경우에 이를 재량행위라 한다. 재량행위는 다시 ① 일정한 행위를 할 것인지 안 할 것인지에 대한 결정재량과 ② 복수의 행위 중 어느 하나를 선택할 수 있는 선택재량으로 나눌 수 있다. 이와 같이 재량행위는 일정한 행위에 대한 재량이라는 측면에서 행위재량으로 이해되며, 또한 법률의 효과규정과 관련하여 일정한 효과의 부여에 대한 재량이라는 측면에서 효과재량이라고 부르기도 한다.

재량행위는 행정청에게 법이 정한 일정한 범위 내에서 구체적인 사정을 고려하여 보다 적정한 행정을 실현할 수 있도록 하기 위하여 인정되는 것이다.

2. 구별

(1) 계획재량

계획재량은 행정청이 계획을 수립함에 있어서 가지는 광범위한 형성의 자유를 말한다. 일반

---

* 사법시험(2012년).

적으로 행정법규범은 일정한 요건하에서 일정한 효과를 규정하는 조건명제식으로 규정되어 있는 것이 보통인데, 계획에 관한 법규정들은 일정한 목적하에 일정한 계획을 수립할 수 있도록 규정하는 목적명제식으로 규정되어 있다. 재량행위는 조건명제식 규정에서 법효과에 관한 판단의 자유를 의미하는 것인데 반하여, 계획재량은 목적에 부합하는 한 계획의 목표와 그 구체적인 내용 등을 광범위하게 형성할 수 있는 자유라는 점에서 차이가 있다.

[판례] 구 도로법 제24조에 의한 구체적인 도로구역을 결정할 때 행정주체가 가지는 재량의 정도

"(구) 도로법(2014.1.14. 법률 제12248호로 전부 개정되기 전의 것, 이하 같다) 제24조에 의한 도로구역의 결정은 행정에 관한 전문적·기술적 판단을 기초로 도로망의 정비를 통한 교통의 발달과 공공복리의 향상이라는 행정목표를 달성하기 위한 행정작용으로서, (구) 도로법과 하위법령에는 추상적인 행정목표와 절차만이 규정되어 있을 뿐 도로구역을 결정하는 기준이나 요건에 관하여는 별다른 규정을 두고 있지 않아 행정주체는 해당 노선을 이루는 구체적인 도로구역을 결정함에 있어서 비교적 광범위한 형성의 자유를 가진다(대판 2015.6.11, 2015두35215)."

☞ 해설: 종래 일반적인 재량과 계획재량을 구분하는 이유는 계획재량의 경우 목적규정만 존재해서 행정주체에게 계획을 통한 광범한 형성의 자유가 인정되기 때문이라고 설명되고 있는데, 위 판례에서는 재량행위의 경우에도 '추상적인 행정목표와 절차만이 규정되어 있을 때에는' 광범위한 형성의 자유가 인정된다고 본 점에 의의가 있다.

(2) 판단여지

이미 검토한 바와 같이, 판단여지는 요건규정상의 불확정개념에 대한 판단에 있어 고도의 전문성·기술성·정책성 등의 이유로 행정청에게 인정되는 독자적인 판단권을 의미하는데, 이에 대한 사법심사가 제한된다는 점에서는 재량행위와 유사한 측면이 있지만, 판단여지는 요건판단과 관련된 문제라는 점, 따라서 오직 하나의 결정만이 가능한 점, 불확정개념의 해석에 있어 예외적인 한계사례의 경우에만 제한적으로 인정된다는 점 등에서 재량행위와는 구별된다.

(3) 이른바 기속재량·공익재량의 구분 문제

과거의 전통적인 견해는 재량행위를 법기술적인 의미에서 기속재량행위(법규재량행위)와 자유재량행위(공익재량행위)로 분류하였다.

이에 따르면 기속재량행위는 무엇이 법인가에 대한 재량으로서, 처분의 내용과 여부는 이미 취지나 조리상 정해져 있고, 행정청은 다만 구체적인 경우에 그 취지나 법칙이 무엇인가를 해석·판단하여 행위할 뿐이라고 한다. 기속재량을 그르치면 기속행위와 마찬가지로 위법한 것이 되어 사법심사의 대상이 된다.

반면 자유재량행위는 무엇이 합목적적인가에 대한 재량으로서 행정청은 일정한 한계 내에서 아무런 기속도 받지 않는 재량행위를 의미한다고 한다. 자유재량을 그르치면 이는 부당한 것이 되어 행정심판의 대상이 되는 데 그친다.

연혁적으로 볼 때 이와 같은 구분은 과거 재판통제가 배제되었던 재량행위에 대하여 재판통제의 범위를 확대하기 위한 데에서 비롯되었다. 이를 통하여 재량행위의 경우에도 기속재량에 해당하게 되면 재판통제의 대상이 되었기 때문에 이 같은 구분은 과거에는 의미가 있었다.

그러나 오늘날에 와서는 양자의 구별이 무의미하다는 것이 일반적인 견해가 되었다. 왜냐하면 ① 오늘날 모든 재량권행사의 일탈·남용 여부는 사법심사의 대상이 되고 있고, ② 기속재량행위는 그 효과가 일의적으로 확정되어 있어 사실상 기속행위와 구별되지 않으므로, 기속재량행위는 기속행위에 통합되는 것으로 보아야 하기 때문이다. ③ 또한 법으로부터 자유로운 재량으로서 인정되던 자유재량론은 이미 그 법리적 기반이 상실된 지 오래이므로 자유재량의 개념은 더 이상 성립할 수 없다.

요컨대 기속재량행위와 자유재량행위는 오늘날에 와서는 그 구별실익이 사라졌다고 보아야 한다. 그럼에도 대법원은 최근까지도 이와 같은 개념을 사용하고 있다.[12]

Ⅲ. 기속행위와 재량행위의 구별*

1. 구별필요성

(1) 행정쟁송과의 관계

과거에는 기속행위에 위반하는 경우에는 위법이 되고, 재량을 그르친 행위는 부당이 된다고 보았다. 우리나라 행정심판법은 위법·부당의 경우를 심판의 대상으로 하고 있으나, 행정소송법은 위법만을 항고소송의 대상으로 하고 있다는 점에서 기속행위와 재량행위의 구별필요성이 있다고 하였다.

그러나 우리나라의 행정소송법은 제27조에서 "행정청의 재량에 속하는 처분이라도 재량권의 한계를 넘거나 그 남용이 있는 때에는 법원은 이를 취소할 수 있다."고 규정하고 있어 재량행위의 경우에도 그 일탈·남용이 있는지의 여부를 판단하기 위해서는 사법심사의 대상이 되어야 하기 때문에 적어도 재판통제의 대상이 되는가 하는 관점에서 기속행위와 재량행위를 구별할 실익은 사

---

* 사법시험(2008년), 5급공채(행정)(2018년), 5급공채(2019년).

12) "행정행위가 재량성의 유무 및 범위와 관련하여 이른바 <u>기속행위 내지 기속재량행위와 재량행위 내지 자유재량행위로 구분된다고 할 때</u>, 그 구분은 당해 행위의 근거가 된 법규의 체재·형식과 문언, 당해 행위가 속하는 행정 분야의 주된 목적과 특성, 당해 행위 자체의 개별적 성질과 유형 등을 모두 고려하여 판단하여야 한다(대판 2018.10.4, 2014두37702[특허권존속기간연장신청불승인처분취소청구])."

실상 없어졌다고 보아야 할 것이다.

다만 재판통제의 범위에서 양자는 여전히 차이가 있다고 할 수 있다. 즉 재량행위의 경우에는 효과규정의 판단에 있어 행정청의 독자적인 판단권이 인정되는 것이므로 이러한 행정청의 판단이 권한의 일탈이나 남용이 없는 한 법원은 행정청이 판단한 내용에 대해서는 심사할 수 없는 것이다. 이러한 의미에서 재량행위에 대한 재판통제의 범위는 기속행위의 경우보다 제한되어 있다고 할 수 있다.

(2) 부관과의 관계

전통적으로 기속행위와 재량행위를 구별하는 견해는 그 이유 중의 하나로 부관의 가능성을 들고 있다. 즉 기속행위는 법이 정한 요건이 충족되면 기계적으로 법적 효과를 부여하여야 할 기속을 받으므로 주된 행정행위의 효과를 제한하거나 보충하는 부관이 불가능하지만, 그 반대의 경우인 재량행위는 가능한 것으로 보았다. 우리나라 판례 중에서 "기속행위에는 부관을 붙일 수 없으며 가사 붙였다 하더라도 이는 무효이다(대판 1995.6.13, 94다56883)."라는 입장은 이를 뒷받침하고 있다.

그러나 부관의 가능성 여부에 의하여 기속행위와 재량행위를 구별하는 견해는 오늘날 상당부분 이론적으로나 실제적으로 그 타당성을 상실하였다. 우선 행정행위의 부관은 일반적으로 수익적 행정행위의 내용이나 효과를 보충·제한하기 위하여 붙여지는 경우가 대부분으로서 부관 자체의 법적 효과는 침익적 성격의 행정작용이다. 그러므로 행정행위에 부관이 부가되기 위해서는 법률유보의 최소한인 침해유보설의 입장에서 본다 하더라도 당연히 법적 근거가 필요하다. 다시 말하자면 재량행위나 기속행위를 막론하고 행정행위의 부관이 침익적 성격을 갖는 경우에는 당연히 법률유보의 원칙상 법적 근거가 요구된다. 만약 이와 같은 법적 근거가 없는 경우에도 기속행위의 경우 그 법정요건을 충족할 것을 내용으로 하는 부관은 가능하다는 것이 다수의 견해이다. 이렇게 본다면 부관을 붙일 수 있는가 하는 관점에서의 재량행위와 기속행위의 구별실익도 그만큼 적어졌다고 할 수 있다.

2. 구별기준에 관한 학설

(1) 요건재량설

전통적인 의미에서 요건재량설은 재량은 어떠한 사실이 법이 정한 요건에 해당하는가에 대한 판단에 존재한다는 견해이다.

이 설은 행정법규가 처분의 수권만 규정하고 처분요건에 관하여는 아무런 규정을 두지 않고 있거나(공백규정), 구체적이며 직접적인 목적의 적시 없이 행위의 종국목적만을 규정하는 경우는 자유재량행위이고, 개개의 행정활동에 특유한 중간목적을 규정하고 있는 경우에는 기속재량행위라고 한다.

이 설에 대해서는 종국목적이나 중간목적의 구별이 불분명하고, 요건인정은 법률문제인데 이를 재량문제로 잘못 판단하고 있다는 등의 비판이 가해지고 있다.

(2) 효과재량설

효과재량설은 재량을 어떠한 법률효과를 발생시킬 것인가에 대한 선택으로 보는 견해이다.

이 설은 행정행위가 상대방에게 어떠한 효과를 가져오는가 하는 행정행위의 성질에 따라 기속행위와 재량행위를 구별한다(이 점에서 이 설을 성질설이라고도 한다). 즉 행정행위가 침익적 성질을 가지는 경우에는 기속행위로 보고, 수익적 성질을 가지는 경우에는 자유재량행위로 보며, 개인의 권익에 아무런 영향을 미치지 아니하는 행위도 자유재량행위로 본다.

연혁적으로 볼 때 이 설은 침익적 행위를 기속행위로 봄으로써 자유재량의 개념을 축소하여 사법심사의 영역을 확대한 점에서는 의의가 있다고 할 수 있으나, 오늘날 수익적 행위도 기속행위인 경우가 있으며 침익적 행위도 재량행위가 있는 것처럼 어떠한 행위가 재량행위인가 기속행위인가 하는 문제는 행위의 성질과는 무관한 것이라는 점에서 이 설에 문제가 있다.

(3) 판단여지설

판단여지설에 관하여는 이미 검토하였다. 혹자들은 판단여지설을 재량행위·기속행위의 구별기준에 관한 학설의 하나로 소개하고 있지만, 재량행위는 효과규정에서의 문제이고 판단여지는 요건규정에서의 문제라는 점에서도 서로 구분되는 것이 타당하며, 이러한 점에서 판단여지는 재량행위와 기속행위를 구별하는 기준이 될 수 없다.

(4) 결론

이상에서 살펴본 요건재량설은 재량을 요건판단에서의 문제로 이해하는 오류가 있고, 효과재량설도 행위의 성질을 기준으로 하고 있다는 점에서 문제가 있어, 위 두 학설은 모두 재량행위와 기속행위에 대한 납득할만한 구별기준을 제시하고 있지 못하다.

결국 재량행위와 기속행위의 구분은 당해 행위의 근거가 된 규정의 형식이나 체재 또는 문언 등에 따라 개별적으로 판단할 수밖에 없다.

3. 구체적인 구별기준

학설에서는 재량행위와 기속행위의 구체적인 구분기준으로 근거법규범의 규정방식, 입법취지·목적, 행위의 특성·성질 등을 제시하며, 이러한 기준들을 종합적으로 고려하여 구체적인 사안마다 개별적으로 판단하여야 한다고 하고 있다. 그러나 여기에 추가적으로 공익이나 기본권과의 관련성이 매우 중요한 구별기준으로 활용되어야 한다.[13)]

이를 부연하면, 먼저 재량행위와 기속행위의 구별은 당해 행위의 근거규정의 표현방식이 기준이 될 수 있다. 즉 효과규정이 '~한다.' 또는 '~하여야 한다.'로 규정되어 있으면 기속행위라 할 수 있고, '~할 수 있다.'로 규정되어 있으면 재량행위라 할 수 있다.

그러나 법문의 표현방식은 절대적인 구별기준은 될 수 없다. 법문에 '~할 수 있다.'고 규정되어 있더라도 규정의 취지나 목적, 행정행위의 특성 등을 고려할 때 기속행위로 이해하여야 하는 경우도 있을 수 있기 때문이다. 특히 이와 같은 해석에 있어서는 공익실현이 우선되어야 하는 경우인지 아니면 개인의 기본권실현이라는 측면이 보다 강한 경우인지에 대한 가치판단이 매우 중요하다. 예컨대 수익적 행정행위의 경우 공익실현에 대한 이익이 강하면 재량행위로, 개인의 기본권실현이라는 측면이 강하면 기속행위로 보아야 할 것이다. 반대로 수익적 행정행위를 거부할 수 있도록 규정하고 있는 경우에도 법문의 표현방식에 따라 이를 재량행위로만 볼 것이 아니라, 수익적 행정행위를 거부할만한 공익상의 필요가 존재하는 경우에는 이를 거부하여야 하는 기속행위로 이해하여야 할 것이고, 개인의 기본권보장이라는 측면이 강한 경우에는 법문대로 재량행위로 이해하는 것이 합리적일 것이다.

[판례] 변상금 연체료 부과처분의 법적 성질(=기속행위)

"(구) 국유재산법(2009.1.30. 법률 제9401호로 전부 개정되기 전의 것) 제51조 제2항은 '변상금을 기한 내에 납부하지 아니하는 때에는 대통령령이 정하는 바에 따라 연체료를 징수할 수 있다'고 규정하고 있으나, (구) 국유재산법 시행령(2009.7.27. 대통령령 제21641호로 전부 개정되기 전의 것) 제56조 제5항에 의하여 준용되는 (구) 국유재산법 시행령 제44조 제3항은 '변상금을 납부기한 내에 납부하지 아니한 경우에는 소정의 연체료를 붙여 납부를 고지하여야 한다'고 규정하고 있고, 변상금 연체료 부과처분은 국유재산의 적정한 보호와 효율적인 관리·처분을 목적으로 하는 행정행위로서 국유재산 관리의 엄정성이 확보될 필요가 있으며, 변상금 납부의무를 지체한 데 따른 제재적 성격을 띠고 있는 침익적 행정행위이고, 연체료는 변상금의 납부기한이 경과하면 당연히 발생하는 것이어서 부과 여부를 임의로 결정할 수는 없으며, (구) 국유재산법 시행령 제56조 제5항, 제44조 제3항은 연체료 산정기준이 되는 연체료율을 연체기간별로 특정하고 있어서 처분청에 연체료 산정에 대한 재량의 여지가 없다고 보이므로, 변상금 연체료 부과처분은 처분청의 재량을 허용하지 않는 기속행위이다(대판 2014.4.10, 2012두16787)."

13) 同旨: 홍정선, 행정법특강, 182~183면.

4. 판례의 입장

판례는 기속행위와 재량행위의 구별은 당해 행위의 근거가 된 법규의 체재·형식과 그 문언, 당해 행위가 속하는 행정 분야의 주된 목적과 특성, 당해 행위 자체의 개별적 성질과 유형 등을 모두 고려하여 판단하여야 한다는 입장이다.

대체로 행정행위는 공익성이 강한 경우는 재량행위로 해석될 여지가 크지만, 반대로 개인의 기본권실현이라는 측면이 강하면 기속행위로 해석될 가능성이 크다고 할 수 있다. 대법원은 공익적 관점에서 상대방에게 권리나 이익을 부여하는 특허의 경우에는 이를 재량행위로 보고 있다.

[판례] 기속행위와 재량행위를 구분하는 방법 및 각 행위에 대한 사법심사 방식

"행정행위가 재량성의 유무 및 범위와 관련하여 이른바 기속행위 내지 기속재량행위와 재량행위 내지 자유재량행위로 구분된다고 할 때, 그 구분은 당해 행위의 근거가 된 법규의 체재·형식과 문언, 당해 행위가 속하는 행정 분야의 주된 목적과 특성, 당해 행위 자체의 개별적 성질과 유형 등을 모두 고려하여 판단하여야 한다. 이렇게 구분되는 양자에 대한 사법심사는, 전자의 경우 그 법규에 대한 원칙적인 기속성으로 인하여 법원이 사실인정과 관련 법규의 해석·적용을 통하여 일정한 결론을 도출한 후 그 결론에 비추어 행정청이 한 판단의 적법 여부를 독자의 입장에서 판정하는 방식에 의하게 된다. 후자의 경우 행정청의 재량에 기한 공익판단의 여지를 감안하여 법원은 독자의 결론을 도출함이 없이 당해 행위에 재량권의 일탈·남용이 있는지 여부만을 심사하게 되고, 이러한 재량권의 일탈·남용 여부에 대한 심사는 사실오인, 비례·평등의 원칙 위배, 당해 행위의 목적 위반이나 동기의 부정 유무 등을 판단 대상으로 한다(대판 2018.10.4, 2014두37702[특허권존속기간연장신청불승인처분취소청구])."

"이러한 법리를 전제로 하여 교육환경 보호에 관한 법령 관련 규정들의 체계와 내용, 교육환경평가서 승인제도의 입법 연혁과 취지, 특성 등을 종합하여 볼 때, 교육환경보호구역에서 건축법 제11조 제1항 단서, 건축법 시행령 제8조 제1항에 따른 건축물(층수가 21층 이상이거나 연면적의 합계가 10만㎡ 이상인 경우)을 건축하려는 자가 제출한 교육환경평가서를 심사한 결과 그 내용 중 교육환경 영향평가 결과와 교육환경 보호를 위한 조치 계획이 교육환경 보호에 관한 법률 시행규칙 제2조 [별표 1]에서 정한 '평가대상별 평가 기준'에 부합하거나 그 이상이 되도록 할 수 있는 구체적인 방안과 대책 등이 포함되어 있다면, 교육감은 원칙적으로 제출된 교육환경평가서를 승인하여야 하고, 다만 교육환경 보호를 위하여 추가로 필요한 사항을 사업계획에 반영할 수 있도록 사업시행자에게 권고하는 한편 사업시행으로 인한 교육환경의 피해를 방지하기 위하여 교육환경평가서의 승인 내용과 권고사항의 이행 여부를 계속적으로 관리·감독할 권한과 의무가 있을 뿐이라고 보아야 한다(대판 2020.10.15, 2019두45739[교육환경평가심의결과(불승인)통보취소])."

[기속행위로 본 경우]

① 허가 관련: (구) 식품위생법상 영업허가(대판 2000.3.24, 97누12532), 건축법상 건축허가(대판 2006.11.9, 2006두1227)

② 인가 관련: 학교법인이사취임승인(대판 1992.9.22, 92누5461)

③ 승인 관련: 교육환경평가서 승인(대판 2020.10.15, 2019두45739)

④ 기타: 국방전력발전업무훈령에서 정한 연구개발확인서 발급(대판 2020.1.16, 2019다264700)

[재량행위로 본 경우]

① 특허 관련: 귀화허가(대판 2010.10.28, 2010두6496), 도로점용허가(대판 2007.5.31, 2005두1329), 여객자동차운수사업법에 의한 개인택시운송사업면허(대판 2010.1.28, 2009두19137), (구) 주택건설촉진법 제33조에 의한 주택건설사업계획의 승인(대판 2007.5.10, 2005두13315),* 비관리청 항만공사 시행허가(대판 2011.1.27, 2010두20508), 공증인 인가·임명(대판 2019.12.13, 2018두41907)

② 인가 관련: (구) 주택건설촉진법상 주택조합설립인가(대판 1995.12.12, 94누12302), 사회복지법인의 정관변경허가(대판 2002.9.24, 2000두5661)

③ 예외적 승인 관련: (구) 도시계획법상의 개발제한구역 내의 건축물의 용도변경허가(대판 2001.2.9, 98두17593), 토지형질변경행위·농지전용행위를 수반하는 건축허가(대판 2017.10.12, 2017두48956), 산림법 부칙 제9조 제1항·제2항에 의한 형질변경허가(대판 1998.9.25, 97누19564), 야생동·식물보호법 제16조 제3항에 의한 용도변경승인(대판 2011.1.27, 2010두23033)

④ 계획 관련: 도시계획법령상 용도지역지정·변경행위(대판 2005.3.10, 2002두5474), 도로법상 도로구역 결정행위(대판 2015.6.11, 2015두35215)

⑤ 기타 공익상 필요: 건설폐기물처리사업계획서의 적합 여부 결정(대판 2017.10.31, 2017두46783), 폐기물처리종합재활용업사업계획서 적합통보(대판 2019.12.24, 2019두45579), 여객자동차 운송사업법령상 휴업허가에 관한 기준 설정(대판 2018.2.28, 2017두51501), 가축분뇨배출시설변경허가(대판 2021.6.30, 2021두35681), 악취방지계획의 적정 여부 판단(대판 2022.9.7, 2020두40327), 폐기물처리사업계획서의 적합 여부 판단(대판 2023.7.27, 2023두35661), 학교용지부담금 부과(대판 2022.12.29, 2020두49041)

* 사법시험(2008년).

Ⅳ. 재량권의 한계와 재량권행사의 하자*

1. 재량권의 한계와 의무에 합당한 재량

재량권은 행정의 자유나 자의를 의미하는 것이 아니므로, 법으로부터 완전히 자유로운 재량권행사는 있을 수 없다. 오히려 재량권은 법치행정의 원리에 내재하는 일정한 한계 내에서 행사되어야 한다. 만약 행정이 재량권을 행사함에 있어 이와 같은 법적인 한계를 준수하지 않으면 이는 하자 있는 재량권행사이다. 이러한 의미에서 재량권행사는 법적인 한계를 준수하여야 할 의무가 있는데, 이러한 의미에서 행정청의 모든 재량은 '법적으로 기속되는 재량(rechtlich gebundenes Ermessen)' 또는 '의무에 합당한 재량(pflichtgemäßes Ermessen)'을 의미한다.

2. 재량행위의 하자(Ermessensfehler)

행정기본법은 재량행사의 기준으로 "행정청은 재량이 있는 처분을 할 때에는 관련 이익을 정당하게 형량하여야 하며, 그 재량권의 범위를 넘어서는 아니 된다(행정기본법 21)."고 규정하고 있어, 재량행위는 이 기준을 준수하지 않으면 하자 있는 재량권 행사가 된다.

재량권행사가 법적 한계를 벗어나면 이는 하자있는 재량행사로 위법한 것(rechtwidrig)이 된다. 만약 재량권행사가 법적 한계 내에 있지만 합목적적이지 못한 경우(unzweckmäßig)로서 그 보다 더 합리적인 결정을 할 수 있었던 경우에 이는 부당한 경우로서 행정심판의 대상은 되지만 행정소송의 대상이 되지는 않는다.

오늘날 재량권행사의 법적 한계로는 재량권의 일탈·남용·불행사를 드는 것이 일반적이다.

(1) 재량권의 일탈·유월(Ermessensüberschreitung)

재량권의 일탈이란 재량권의 한도를 넘은 것을 말한다. 예를 들어 행정처분의 근거법령이 사업자가 법령상의 의무를 위반한 경우에는 "6개월 이내의 기간을 정하여 영업의 전부 또는 일부를 정지할 수 있다"고 규정하고 있는데 영업 자체를 취소하는 경우이다. 이러한 재량권행사는 법률우위 원칙에도 위배되어 위법하다.

(2) 재량권의 남용(Ermessensmißbrauch)

재량권의 남용은 재량권행사가 법규정상의 목적을 위배하거나, 평등원칙·비례원칙·신뢰보호원칙과 같은 행정법의 일반원칙에 위배되는 경우로서 현실적으로 가장 많이 발생하는 재량하

* 변호사시험(2014년), 변호사시험(2016년), 변호사시험(2023년), 사법시험(2008년), 사법시험(2011년), 행정고시(일반행정)(2005년), 행정고시(일반행정)(2010년), 5급공채(일반행정)(2012년), 5급공채(행정)(2016년), 5급공채(행정)(2018년), 5급공채(2019년).

자의 유형이다. 예를 들어 공무원이 직무를 수행함에 있어서 개인적인 감정이나 편견으로 인하여 당사자에게 불리한 처분을 하여 법이 재량권을 부여한 목적에 위배된다는지 또는 공무원의 직무수행상의 경미한 과실에 대하여 중한 징계권행사를 하여 비례원칙에 위반되는 경우를 들 수 있다.

[판례1] 징계권자가 재량권의 행사로서 한 징계처분이 재량권의 한계를 벗어난 처분으로서 위법한 경우

"징계권의 행사가 공익적 목적을 위하여 징계권을 행사하여야 할 공익의 원칙에 반하거나 일반적으로 징계사유로 삼은 비행의 정도에 비하여 균형을 잃은 과중한 징계처분을 선택함으로써 비례의 원칙에 반하거나 또는 같은 정도의 비행에 대하여 일반적으로 적용하여 온 기준에 비추어 합리적인 이유 없이 공평을 잃은 징계처분을 선택함으로써 평등의 원칙을 위반한 경우 이러한 징계처분은 재량권의 한계를 벗어난 처분으로서 위법하다. 그리고 지방의회에서의 의원에 대한 징계에 관하여도 위와 같은 법리가 적용된다(대판 2015.1.29, 2014두40616)."

[판례2] 법무부장관이 난민인정 결정의 취소 여부를 결정할 재량이 있는지 여부(적극) 및 재량의 한계

"(구) 출입국관리법(2012. 2. 10. 법률 제11298호로 개정되기 전의 것) 제76조의3 제1항 제3호의 문언·내용 등에 비추어 보면, 비록 그 규정에서 정한 사유가 있더라도, 법무부장관은 난민인정 결정을 취소할 공익상의 필요와 취소로 당사자가 입을 불이익 등 여러 사정을 참작하여 취소 여부를 결정할 수 있는 재량이 있다. 그러나 그 취소처분이 사회통념상 현저하게 타당성을 잃거나 비례·평등의 원칙을 위반하였다면 재량권을 일탈·남용한 것으로서 위법하다. 다만 구 출입국관리법 제76조의3 제1항 제3호는 거짓 진술이나 사실은폐 등으로 난민인정 결정을 하는 데 하자가 있음을 이유로 이를 취소하는 것이므로, 당사자는 애초 난민인정 결정에 관한 신뢰를 주장할 수 없음은 물론 행정청이 이를 고려하지 않았다고 하더라도 재량권을 일탈·남용하였다고 할 수 없다(대판 2017.3.15, 2013두16333[난민인정불허결정처분취소])."

[판례3] (구) 건설산업기본법 시행령 제80조 제1항 [별표 6] '1. 일반기준'에 따른 감경과 같은 조 제2항에 따른 감경이 별개의 감경에 해당하여, 피고가 건설산업기본법 제83조에 따라 영업정지처분을 하면서 전자에 따른 감경을 한 후 별도로 후자에 따른 감경을 하지 않은 것이 재량권 일탈·남용에 해당하는지 여부(소극)

"시행령 제80조 제1항 [별표 6]은 제2항의 감경 기준인 '위반행위의 동기·내용 및 횟수'를 구체화하여 이에 해당하는 개별적인 감경 사유를 규정한 것이라고 보아야 하므로, 위 [별표 6]에 따라 '위반행위의 동기·내용 및 횟수' 등이 고려되어 감경이 이루어진 이상 이에 해당하는 사정들에 대하여 같은 조 제2항에 따른 감경이 고려되지 않았다고 볼 수는 없다. 따라서 행정청이 '위반행위의

동기·내용 및 횟수'에 관한 참작 사유에 대하여 [별표 6]에 따른 감경만을 검토하여 영업정지의 기간을 정하였다 하더라도 그 처분이 '감경 사유가 있음에도 이를 전혀 고려하지 않거나 감경 사유에 해당하지 않는다고 오인한 경우'로서 재량권을 일탈·남용한 경우에 해당한다고 볼 수 없다(대판 2016.8.29, 2014두45956[건설산업기본법에 따른 영업정지처분 취소])."

(3) 재량권의 불행사(Ermessensnichtgebrauch)

재량권의 불행사는 행정청이 법령상 재량권이 있음에도 과실로 또는 법령의 규정을 잘못 해석하여 부작위의무가 있다고 판단함에 따라 재량권을 행사하지 않는 경우를 말한다. 이와 같은 재량권의 불행사에는 재량권을 충분히 행사하지 아니한 경우인 재량행사의 미달(Ermessensunterschreitung)도 포함된다.

V. 재량권의 0으로의 수축

재량행위는 효과규정상의 법효과에 대한 선택권을 의미하는데, 경우에 따라서는 이와 같은 재량권이 오직 하나의 결정만을 선택할 수 있는 경우로 축소되기도 한다. 이 경우에는 오직 하나의 결정만이 하자 없는 재량권행사가 되어 행정청으로서는 이를 선택하여야 할 의무가 있다. 이러한 경우를 "재량권의 0으로의 수축(Ermessensreduzierung auf Null)" 또는 "재량수축(Ermessensschrumpfung)"이라고 한다. 재량권이 수축되면 행정청은 오직 하나의 결정만을 선택하여야 하므로, 재량행위는 결국 그 행위를 선택하여야 할 기속행위로 전환된다.

어떠한 경우에 재량권이 수축하는가에 관하여는 확립된 이론이나 기준은 없고 구체적인 사안마다 개별적으로 결정하여야 하지만, 독일에서는 대체로 중요한 법익에 대한 중대한 침해의 경우에 재량권이 수축할 수 있다고 보고 있다.[14] 그러나 법익의 중요성이 엄격하게 요구되지는 않는다.[15]

VI. 재량행위의 통제

현대사회에서 복잡다기한 행정현상을 모두 법률화한다는 것은 기대하기 어렵다. 이에 따라 법률에서는 구체적인 경우에 보다 적정한 결정을 할 수 있도록 일정한 법률효과의 부여에 있어 행정의 재량권을 부여하게 되는 것이다. 이와 같은 행정재량의 필요성에도 불구하고 행정의 재량권이 법이 정한 범위를 벗어나거나 자의적으로 남용되는 경우에는 법치행정의 원리에 반하는 결과를 야기하게 된다. 따라서 행정의 재량권을 인정하는 경우에도 어떻게 그 재량권이 적정하게 행사

14) Peine, Allgemeines Verwaltungsrecht, 7. Aufl., RN 71.
15) 홍준형, 행정법총론, 132면.

될 수 있도록 통제할 것인가 하는 것도 매우 중요하다.

재량행위의 통제는 삼권분립에 따라 입법적·행정적·사법적 통제로 구분해 볼 수 있다.

1. 입법적 통제

입법적 통제로는 우선 법률의 제·개정시 가능한 한 법규정을 구체적이고 명확하게 규정한다든지, 또는 재량권을 부여하더라도 그 목적·범위를 구체적으로 정하거나 재량권행사시의 고려사항을 규정하는 방법 등을 생각해 볼 수 있을 것이다. 그러나 모든 행정현상을 입법화하는 것이 사실상 불가능하다는 점에서 이와 같은 입법적 통제에도 일정한 한계가 있는 것이 사실이다. 그 밖에도 정치적 통제방법으로 국회의 국정감사, 질문, 해임건의, 탄핵소추 등의 간접적인 통제방안을 들 수 있다.

2. 행정적 통제

행정적 통제로는 감사원의 감사나 상급행정청의 직무감독과 같은 직무감독권에 의한 통제와 행정절차에 의한 통제가 있다. 특히 행정절차는 매우 실질적인 재량통제수단으로 작용하고 있는데, 이와 관련하여 우리 행정절차법에 규정되어 있는 의견청취, 처분의 기준공표, 처분의 이유제시 등의 절차는 재량통제에 있어 매우 중요한 기능을 수행한다.

다른 한편 위법·부당한 처분은 행정심판의 대상이 되므로, 행정청의 재량처분으로 인하여 자신의 권리·이익이 침해되었다고 주장하는 자는 관할 행정심판위원회에 행정심판을 청구함으로써 재량처분의 위법·부당 여부에 관하여 심판을 받을 수 있다. 실제에 있어 행정심판은 재량행위에 대한 매우 실효적인 통제수단으로 기능하고 있다. 위에서 검토한 재량의 한계와 하자에 관한 이론은 행정심판에도 그대로 활용됨은 물론이다.

3. 사법적 통제

사법적 통제는 법원에 의한 통제와 헌법재판소에 의한 통제로 구분할 수 있는데, 먼저 법원에 의한 통제와 관련하여 행정소송법 제27조는 "행정청의 재량에 속하는 처분이라도 재량권의 한계를 넘거나 그 남용이 있는 때에는 법원은 이를 취소할 수 있다."고 규정하고 있으므로 재량행위에 대해서는 행정소송을 통하여 위에서 검토한 재량권의 한계를 벗어났는지의 여부를 심사함으로써 통제할 수 있다.

한편 공권력의 행사 또는 불행사로 인하여 헌법상 보장된 기본권을 침해받은 자는 헌법재판소에 헌법소원심판을 청구할 수 있으므로(헌재법 68 ①), 재량권행사로 인하여 기본권이 침해된 경우에는 헌법소원심판을 청구하면 될 것이다.

[판례] 여객자동차 운수사업법 제23조 제1항에 따른 개선명령의 법적 성격 및 이에 대한 사법심사의 기준과 방법

"「여객자동차 운수사업법」 제23조 제1항에 따라 운송사업자에 대하여 사업계획의 변경이나 노선의 연장·단축 또는 변경 등을 명하는 개선명령은 여객을 원활히 운송하고 서비스를 개선해야 할 공공복리상 필요가 있다고 인정될 때 행정청이 직권으로 행하는 재량행위이다(대판 2002.10.11, 2002두3768 등 참조). 이러한 개선명령의 결과로 동일노선을 운행하는 다른 운송사업자의 운행수익이 종전보다 감소될 것이 예상된다 하더라도 개선명령의 목적과 경위, 그로 인해 관련 운송사업자의 수익변동에 미치는 영향, 당해 노선을 운행하는 자동차를 이용하는 주민들의 편익 등 관련 당사자의 사익과 공익을 비교 형량하여 볼 때 공익상의 필요가 우월하고 합리성이 있다고 인정된다면 이는 재량권의 범위 내에 속하는 것으로서 적법하다(대판 2012.5.10, 2011두13484 등 참조).

재량행위에 대한 사법심사는 행정청의 재량에 기초한 공익 판단의 여지를 감안하여 법원이 독자적인 결론을 내리지 않고 해당 처분에 재량권 일탈·남용이 있는지 여부만을 심사하게 되고, 사실오인과 비례·평등의 원칙 위반 여부 등이 그 판단기준이 된다(대판 2020.9.3, 2019두60899 등 참조). 행정청이 행정행위를 함에 있어 이익형량을 전혀 하지 아니하거나 이익형량의 고려대상에 마땅히 포함시켜야 할 사항을 누락한 경우 또는 이익형량을 하였으나 정당성·객관성이 결여된 경우 그 행정행위는 재량권을 일탈·남용하여 위법하다고 할 수 있다(대판 2020.6.11, 2020두34384 등 참조). 이러한 재량권 일탈·남용에 관해서는 그 행정행위의 효력을 다투는 사람이 증명책임을 진다(대판 2019.7.4, 2016두47567 등 참조) (대판 2022.9.7, 2021두39096[여객자동차운송사업계획변경개선명령취소])."

[판례] 식품의 규격과 기준의 설정 및 위반식품에 대한 조치에 관하여 행정청이 갖는 재량권한의 내용 및 심사방법

"구 식품위생법(2022.6.10. 법률 제18967호로 개정되기 전의 것) 제7조 등의 규정 내용과 형식, 체계 등에 비추어 보면, 식품위생법 관련규정은 식품의 위해성을 평가하면서 관련 산업 종사자들의 재산권이나 식품산업의 자율적 시장질서를 부당하게 해치지 않는 범위 내에서 적정한 식품의 규격과 기준을 설정하고, 그러한 규격과 기준을 위반한 식품에 대하여 식품으로 인한 국민의 생명·신체에 대한 위험을 예방하기 위한 조치를 취할 수 있는 합리적 재량권한을 식품의약품안전처장 및 관련 공무원에게 부여한 것이라고 봄이 상당하다(대법원 2010.11.25, 선고 2008다67828 판결 참조). 나아가, 장래에 발생할 불확실한 상황과 파급효과에 대한 예측이 필요한 요건에 관한 행정청의 재량적 판단은, 그 내용이 현저히 합리성을 결여하였다거나 상반되는 이익이나 가치를 대비해 볼 때 형평이나 비례의 원칙에 뚜렷하게 배치되는 등의 사정이 없는 한 존중하여야 한다(대법원 2017.3.15, 선고 2016두55490 판결, 대법원 2021.2.25, 선고 2019두53389 판결 등 참조) (대판 2022.9.7, 2022두40376[시정명령취소])."

[판례] 제재적 행정처분이 재량권의 범위를 일탈·남용하였는지 판단하는 방법

"제재적 행정처분이 재량권의 범위를 일탈하였거나 남용하였는지는, 처분사유인 위반행위의 내용과 그 위반의 정도, 그 처분에 의하여 달성하려는 공익상의 필요와 개인이 입게 될 불이익 및 이에 따르는 제반 사정 등을 객관적으로 심리하여 공익침해의 정도와 처분으로 인하여 개인이 입게 될 불이익을 비교·교량하여 판단하여야 한다(대판 2021.10.28, 2020두41689[과징금부과처분취소청구])."

Ⅶ. 참고: 불확정개념과 재량의 연결규정

법규정 가운데 요건규정에서는 불확정개념을 사용하고, 효과규정에서는 행정청에 재량권을 부여하고 있는 경우가 있는데 이를 연결규정(Koppelungsvorschriften) 또는 혼합요건(Mischtatbestände)이라고 한다.

이 경우 불확정개념에 대한 행정청의 판단은 어떠한 방식으로든 행정청의 재량결정과 연결되게 된다. 예컨대 일정한 자격요건을 갖춘 경우에 한하여 공무원을 선발할 수 있는 경우, 공무원선발에 대한 재량적 결정은 추상적으로 규정되어 있는 자격요건을 충족하고 있는가에 대한 판단에 영향을 받게 된다는 것이다. 이 경우 요건규정의 측면과 효과규정의 측면은 서로 영향을 미칠 수 있다.

먼저 불확정개념을 판단함에 있어 재량적 판단에 필요한 모든 관점들이 고려된 경우에는 더 이상 재량권행사의 여지가 남지 않게 된다. 이를 재량의 소멸(Ermessensschwund)이라 한다. 예컨대 건축법 제11조 제4항은 제1호와 관련하여 "허가권자는 위락시설이나 숙박시설의 용도·규모 또는 형태가 주거환경이나 교육환경 등 주변 환경을 고려할 때 부적합하다고 인정되는 경우, 건축허가를 하지 아니할 수 있다."고 규정하고 있는데, 숙박시설이 주변환경에 적합한지의 여부를 판단함에 있어 모든 재량적 요소들을 고려하였고, 그 결과 부적합하다고 판단한 경우에는 재량소멸로 인하여 허가권자는 반드시 건축허가를 하지 말아야 한다.

또 다른 한편으로는 일정한 경우에 요건규정에 규정되어 있는 불확정개념이 실제로는 재량규정에 속하는 경우도 생각해 볼 수 있다. 즉 이 경우 불확정개념은 재량에 흡수('aufgesogen')된다. 예컨대 법규정에서 요건규정에 '부당하다고 판단되는 경우'라고 규정한 경우, 경우에 따라서는 여기에서의 '부당'에 대한 결정은 단순한 요건판단의 문제가 아니라 재량의 문제가 될 수 있다는 것이다. 그러나 이 문제는 이 사례가 문제되었던 독일의 1919년 세법규정의 특수성에 기인한 것으로 이를 일반화해서는 안 된다는 것이 일반적인 판단이다.[16)]

16) Maurer, Allgemeines Verwaltungsrecht, §7 RN 48ff. 참조.

제 4 절 행정행위의 내용

종래 통설에 따르면 행정행위는 그 내용에 따라 의사표시를 요소로 하는 법률행위적 행정행위와 의사표시 이외의 다른 정신작용을 요소로 하는 준법률행위적 행정행위로 구별된다. 이는 민법상의 법률행위 개념으로부터 차용한 결과로서, 오늘날 행정청의 의사표시는 단지 법에 구체화된 입법권자의 의사일 뿐이라는 점에서 의사표시 여부에 따라 행정행위의 내용을 위와 같이 구별하는 것은 의미가 없다는 합리적인 비판도 있으나, 이에 대한 적절한 대안이 없으므로, 여기에서는 전통적인 견해에 따라 위의 구별방법을 따르기로 한다.

제 1 항 법률행위적 행정행위

법률행위적 행정행위는 명령적 행위와 형성적 행위로 나뉜다.

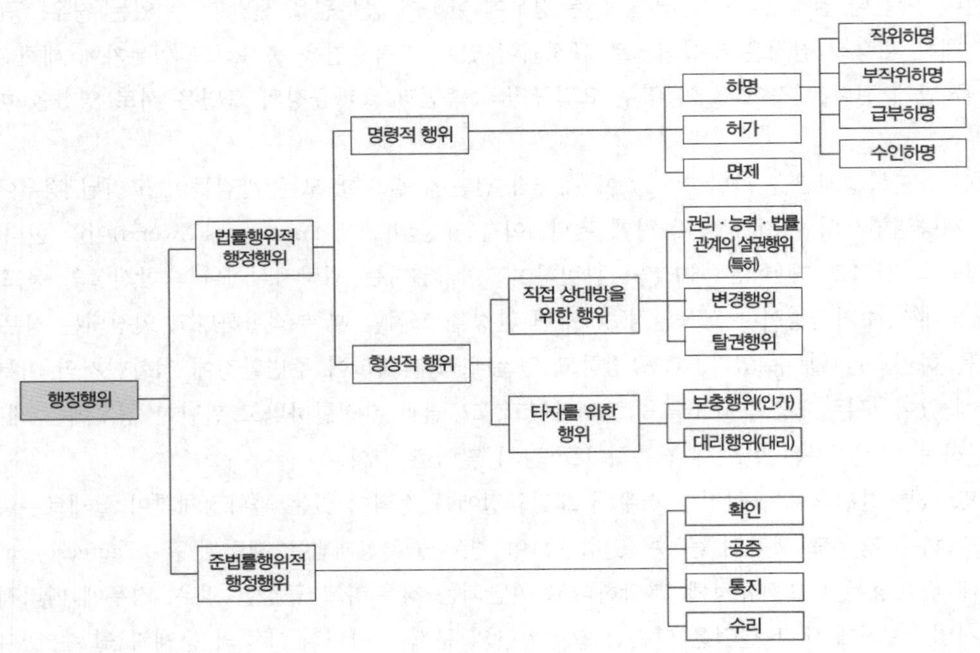

▌행정행위의 내용 체계도▐

제1. 명령적 행정행위

명령적 행위는 상대방에 대하여 작위·부작위·급부·수인 등의 의무를 부과하거나 이러한 의무를 해제하는 행정행위이다. 명령적 행위에는 하명, 허가, 면제가 있는데, 하명은 상대방에게 의무를 부과하는 것이고, 허가와 면제는 이러한 의무를 해제하는 행위이다.

통설에 따르면 명령적 행위는 일정한 의무의 부과나 그러한 의무의 해제를 내용으로 하는 점에서 상대방에 대한 일정한 권리나 능력의 형성(발생·변경·소멸)을 내용으로 하는 형성적 행위와 구별된다.

Ⅰ. 하명

1. 하명의 개념과 법적 근거

하명은 작위(시설개선명령)·부작위(심야영업의 금지)·급부(납부고지)·수인(강제접종결정) 등의 의무를 부과하는 행정행위이다. 특히 하명 중에서 부작위하명을 금지라고 부르기도 한다. 한편 법규범에 의하여 직접 의무를 부과하는 경우를 법규하명이라 하는데, 이는 행정행위로서의 하명은 아니므로 여기에서 말하는 하명과는 구별된다.

하명은 국민의 권리를 제한하거나 의무를 부과하는 침익적 행정행위이므로 법률유보의 최소한인 침해유보의 입장에서 보더라도 반드시 법적 근거가 필요하다.

2. 하명의 종류

하명은 위에서 그 내용에 따라 작위하명·부작위하명·급부하명·수인하명으로 구분할 수 있으며, 그 적용분야에 따라 경찰하명·재정하명·군정하명·건축법 등 공간규제상의 하명 등으로 나눌 수 있다.

3. 하명의 대상

하명은 일반적으로 사실행위를 대상으로 하지만(예: 위법한 시설에 대한 철거명령 등), 법률행위를 대상으로 하기도 한다(예: 불량식품에 대한 판매금지).

4. 하명의 상대방

하명은 특정인을 대상으로 하는 경우와 불특정 다수인을 대상으로 하는 경우(예: 집회금지·심야영업금지 등)가 있다.

5. 하명의 효과

하명의 효과는 그 내용에 따라 일정한 행위를 하거나 하지 아니할 의무를 부담하는 것이다. 대인적 하명의 경우에는 그 효과가 수명자(受命者)에게만 미치지만, 대물적 하명의 경우에는 대상이 되는 물건을 승계한 자에게도 그 효과가 승계된다고 보아야 할 것이다.

6. 하명위반의 효과

하명에 의하여 부과된 의무를 이행하지 아니하는 경우에는 행정상 강제집행에 의하여 강제되고, 행정벌 등의 제재가 가하여 질 수 있다.

그러나 하명을 위반하여 행하여진 행위의 법률상의 효과에는 직접 영향이 없는 것이 원칙이다(예: 불량식품판매금지를 위반하여 판매한 경우 이에 대한 행정벌 등의 제재를 받는 것과는 별도로 판매행위 그 자체는 유효하다). 다만 경우에 따라서는 법률이 행위 자체를 무효로 규정하는 경우도 있다.

7. 위법한 하명에 대한 구제

위법한 하명으로 권리·이익이 침해된 자는 행정쟁송을 제기하여 하명의 취소 또는 무효를 구하거나, 국가 등을 상대로 손해배상을 청구할 수 있다.

Ⅱ. 허가*

1. 허가의 개념

허가는 법령에 의한 일반적·상대적 금지를 일정한 경우에 해제하여 적법하게 일정한 행위를 할 수 있게 하여주는 행정행위이다. 허가는 상대적 금지를 해제하여 자연적 자유를 회복시켜준다는 점에서 금지의 해제라고도 한다.

일반적으로 금지는 행위가 가지고 있는 반사회적·반윤리적 성격 때문에 절대로 금지하는 절대적 금지와 본래 헌법상의 자유권적 기본권에 근거하여 누구나 자유롭게 할 수 있는 행위를 공공복리·질서유지·위험방지 등의 차원에서 잠정적으로 금지하는 상대적 금지가 있다. 허가의 대상이 되는 금지는 상대적 금지이다. 즉 헌법상의 자유권에 근거하여 원칙적으로 자유로운 행위(예: 영업의 자유, 건축의 자유 등)를 질서유지나 위험방지 때문에 허가라는 규제수단을 통하여 제한하는 것이다. 따라서 질서유지·위험방지에 반하지 않는다면 이러한 상대적 제한은 원래대로 회복

---

* 사법시험(2012년), 행정고시(일반행정)(재경)(2009년).

되어야 한다. 결국 허가는 위험방지 등의 이유에서 법령에 의한 상대적 금지를 법령이 정한 일정한 요건을 구비하면 이를 해제함으로서 본래적인 자연적 자유를 회복시켜주는 행위이다. 이러한 의미에서 허가에 전제되어 있는 금지는 상대적 금지로서, 이는 결국 '허가유보부 금지(Verbot mit Erlaubnisvorbehalt)'라고 할 수 있다.

허가는 강학상 용어로서 실정법에서는 허가·면허·승인·특허·인가 등으로 다양하게 표현되고 있다. 그러므로 당해 행정행위가 강학상 허가에 해당하는지는 관계 법령의 규정이나 취지를 검토해 보아야 한다.

2. 허가의 성질

(1) 명령적 행위인가 형성적 행위인가

1) 명령적 행위로 이해하는 견해

전통적으로 허가는 상대적 금지의 해제를 통하여 자연적 자유를 회복시켜주는 것이라는 점에서 명령적 행위로 이해되고 있다. 이 점에서 허가는 특정인에게 권리 또는 포괄적 법률관계를 설정해 주는 형성적 행위와 구별된다.

2) 형성적 행위로서의 성질을 인정하는 견해

그러나 이러한 전통적 견해에 대하여는 허가는 단순한 자연적 자유의 회복에 그치는 것이 아니라 헌법상의 자유권을 적법하게 행사할 수 있게 해 주는, 일정한 법적 지위의 설정행위라는 점에서 형성적 행위로서의 성질을 가진다는 견해,[17] 허가로 인한 이익이 단순한 반사적 이익이 아니라 금지를 해제함으로써 특정인에게 일정한 범위의 권리가 발생하는 것이므로 허가의 형성적 성격이 인정되어야 한다는 견해[18] 등이 제시되고 있다. 이러한 견해들은 허가와 특허의 구분이 점차 상대화되어 가고 있다는 점, 그리고 독일의 다수의 견해가 허가를 형성적 행위로 보고 있는 점 등을 논거로 제시하기도 한다.

3) 결론

생각건대 명령적 행위와 형성적 행위의 구분체계를 유지하는 한, 허가는 '금지의 해제'라는 점에서 명령적 행위이라는 점은 분명하다. 이러한 허가 그 자체가 상대방에게 권리나 능력을 설정해 주는 것은 아니므로, 금지의 해제를 통하여 권리가 설정된다는 견해에는 동의하기 어렵다.

문제는 '자연적 자유의 회복'을 통하여 '적법하게 헌법상의 자유권을 행사할 수 있는 법적 지위가 설정'되는 것을 어떻게 이해할 것인가 하는 점이다. 이와 관련하여서는 형성적 행위의 개념을 어떻게 설정할 것인가 하는 점이 선행적으로 정해져야 한다고 생각한다. 즉 형성적 행위를 구체적인

17) 김동희/최계영, 행정법 I, 294면; 홍정선, 행정법특강, 193면.
18) 박윤흔, 최신행정법강의(상), 359면.

권리나 능력을 설정하는 행위로 이해한다면 허가는 형성적 성질을 가지고 있다고 보기 어렵다. 그러나 넓은 의미에서 일정한 법적 지위의 형성도 포함하는 개념으로 이해하면 허가가 형성적 성질도 가지고 있다고 이해할 수 있다. 독일의 경우도 이와 같은 이해를 바탕으로 허가를 형성적 행위로 이해하고 있다고 판단된다. 그러나 중요한 점은, 허가가 형성적 성질도 가진다고 이해하더라도 이를 통하여 허가 자체가 권리나 능력을 설정해 주는 행위로 이해되어서는 안 된다는 점이다.

허가와 특허의 구별이 점차 상대화되고 있다는 주장은 일리가 있지만, 그래도 공익성이 강한 공공사업의 경우에는 특허의 대상이 되고, 개인의 영업의 자유·건축의 자유 등의 성질이 강한 행위들은 허가의 대상이 된다는 일반적인 기준은 여전히 유효하고, 또한 유효하여야 한다고 본다.

(2) 기속행위인가 재량행위인가

효과재량설에 따르면, 허가는 상대적 금지의 해제를 통하여 상대방에게 수익적인 효과를 가져다주므로 그 법적 성질을 재량행위로 보게 된다. 그러나 허가는 적극적으로 권리를 설정해 주는 행위가 아니다. 허가는 상대적 금지를 해제하여 공익목적에서 제한되었던 자유를 회복시켜 주는 행위이다. 이와 같이 허가의 대상이 되는 행위는 원래 헌법상의 자연적 자유이므로 헌법상 기본권으로서 보호를 받는다. 따라서 법이 정한 허가요건을 충족한 경우에는 행정청은 반드시 허가를 함으로써 기본권을 실현시켜주어야 할 기속을 받는다고 이해되어야 한다. 따라서 허가는 기속행위이다.

혹자는 재량행위인 허가도 있을 수 있다고 하고 있으나,[19] 허가는 기본적으로 시민의 권리영역을 확장시키는 수익적 행정행위와는 그 본질에 있어 차이가 있다. 비록 허가가 수익적 행정행위의 형식을 취하고는 있지만, 자연적 자유를 회복시켜주는 것이지, 이를 통하여 일정한 권리나 능력이 설정되는 것은 아니기 때문이다. 공익성이 강한 수익적 행정행위의 경우 판단 여하에 따라 행정청이 이를 거부할 수도 있지만(재량행위이기 때문에 가능함), 허가의 경우에는 허가요건을 구비하였음에도 허가를 하지 않는 것은 자연적 자유에 대한 침해로서 허용될 수 없다(따라서 기속행위로 이해되어야 함).

허가는 이와 같이 법정요건을 충족하면 허가를 발급하여야 하는 기속행위로서, 법정요건 이외에 기존업자의 이익이나 시설에 대한 사용권 등과 같은 사법상의 권리의 유무 등을 허가요건으로 고려할 필요가 없다.

[판례1] (구) 식품위생법상 대중음식점영업허가를 기속행위로 본 판례

"식품위생법상의 대중음식점영업허가는 그 성질상 일반적 금지에 대한 해제에 불과하므로 허가

19) 예컨대 홍정선, 행정법특강, 192면.

권자는 허가신청이 법에서 정한 요건을 구비한 때에는 반드시 허가하여야 하며, 관계법규에서 정하는 사유 이외의 사유를 들어 허가신청을 거부할 수는 없다(대판 1993.5.27, 93누2216)."

[판례2] 건축허가를 기속행위로 본 판례

"건축허가권자는 건축허가신청이 건축법 등 관계 법규에서 정하는 어떠한 제한에 배치되지 않는 이상 당연히 같은 법조에서 정하는 건축허가를 하여야 하고, 중대한 공익상의 필요가 없는데도 관계 법령에서 정하는 제한사유 이외의 사유를 들어 요건을 갖춘 자에 대한 허가를 거부할 수는 없다(대판 2009.9.24. 2009두8946)."

☞ 건축허가의 법적 성질을 기속행위로 보는 것이 대법원의 기본적이고 원칙적인 입장이다.

다만 대법원은 건축허가와 관련하여 '중대한 공익상의 필요가 있으면 관계 법령에서 정하는 제한사유 이외의 사유를 들어 허가를 거부할 수도 있다'는 예외를 인정하고 있다.

이와 관련하여, 건축허가는 원칙적으로 기속행위이지만 경우에 따라서는 재량행위일 수도 있다고 이해하는 견해도 있다. 그러나 '중대한 공익상의 필요'는 허가'요건'에 관한 것으로, '허가의 발급' 여부에 관한 재량과 혼동해서는 안 된다. 따라서 중대한 공익상의 필요가 존재하는지의 여부는 일종의 불문형식의 허가요건에 관한 규정으로 이해하여야 하고, 이에 대한 판단도 요건판단의 문제로서 오직 하나의 결정만이 가능한 법적 문제이고, 이에 대해서는 법원의 전면적인 사법심사가 가능하다고 보아야 한다.

[관련 판례1] 토지의 형질변경행위를 수반하는 건축허가를 재량행위로 본 판례

"국토의 계획 및 이용에 관한 법률(이하 '국토계획법'이라 한다)에 따른 토지의 형질변경허가는 그 금지요건이 불확정개념으로 규정되어 있어 그 금지요건에 해당하는지 여부를 판단함에 있어서 행정청에 재량권이 부여되어 있다고 할 것이므로, 국토계획법에 따른 토지의 형질변경행위를 수반하는 건축허가는 재량행위에 속한다(대판 2013.10.31, 2013두9625)."

☞ 건축허가 이전 단계에서 토지의 형질변경(개발행위)이 선행되어야 하는 경우가 있다. 즉 건축을 위하여 해당 건축부지에 대한 토지형질변경(예: 임야→대지)이라는 개발행위허가가 있어야 비로소 건축물의 건축이 가능하게 되는 경우이다.

대법원은 이 경우의 건축허가를 '개발행위허가가 동반된 건축허가'라는 하나의 개념으로 묶어서 보면서 개발행위허가가 재량행위이기 때문에 이 경우의 건축허가도 재량행위라고 보는 오류를 범하고 있다. 개발행위허가와 건축허가는 각각 분리하여 그 법적 성질을 판단하여야 한다.

한편 개발행위허가가 재량행위인가 하는 것도 문제이다. 국토계획법관련 법령상 개발행위허가의 요건규정을 살펴보면 개발행위 자체가 억제적으로 금지되는 것은 아니라는 점에서 개발행위허가는 원적으로 기속행위로 보아야 할 것이다. 다만, 건축허가와 같이 '중대한 공익상의 필요'가 있는 경우에는 법이 정한 허가기준을 충족하더라도 허가를 하지 않을 수 있다고 보면 되고, 이 경우 '중대한 공익상의 필요'는 불문의 허가요건으로 보면 될 것이다.

판례의 또 다른 문제점은 '개발행위허가의 요건이 불확정개념으로 규정되어 있어 그 요건판단에

행정청의 재량이 인정된다'고 보고 있는 점이다. 요건판단은 법적 문제로서 오직 하나의 결정만이 가능하고, 예외적으로 행정청의 판단여지가 인정될 뿐인데, 판례는 이 판단여지를 재량으로 이해하는 오류를 범하고 있을 뿐 아니라 요건규정에서의 불확정개념의 판단에 항상 판단여지가 인정되는 것 같이 표현하고 있는 점도 문제이다. 판단여지는 행정청의 고도의 전문적·기술적 판단 등이 요구되는 매우 제한된 영역에서만 인정되는 것인데, 위 토지형질변경의 모든 요건판단에 이와 같은 판단여지가 인정된다고 볼 수 없다.

[관련 판례2] 토지분할이 관계 법령상 불가능하다고 판단되는 경우, 토지분할 조건부 건축허가를 거부하여야 하는지 여부(적극) / 토지분할이 재량행위인 개발행위허가의 대상이 되는 경우에는 토지분할 조건부 건축허가를 거부할 수 있는지 여부(적극) / 행정청이 건축법 등 관계 법령에서 정하는 제한사유 이외의 사유를 들어 요건을 갖춘 자에 대한 건축허가를 거부할 수 있는지 여부(원칙적 소극)

"[1] 건축행정청은 하나 이상의 필지의 일부를 하나의 대지로 삼아 건축공사를 완료한 후 사용승인을 신청할 때까지 토지분할절차를 완료할 것을 조건으로 건축허가를 할 수 있다(토지분할 조건부 건축허가).

토지분할 조건부 건축허가는, 건축허가 신청에 앞서 토지분할절차를 완료하도록 하는 대신, 건축허가 신청인의 편의를 위해 건축허가에 따라 우선 건축공사를 완료한 후 사용승인을 신청할 때까지 토지분할절차를 완료할 것을 허용하는 취지이다. … 건축행정청은 신청인의 건축계획상 하나의 대지로 삼으려고 하는 '하나 이상의 필지의 일부'가 관계 법령상 토지분할이 가능한 경우인지를 심사하여 토지분할이 관계 법령상 제한에 해당되어 명백히 불가능하다고 판단되는 경우에는 토지분할 조건부 건축허가를 거부하여야 한다. 다만 예외적으로 토지분할이 재량행위인 개발행위허가의 대상이 되는 경우, 개발행위에 해당하는 토지분할을 허가할지에 관한 처분권한은 개발행위허가 행정청에 있고, 토지분할 허가 가능성에 관한 건축행정청의 판단이 개발행위허가 행정청의 판단과 다를 여지도 있으므로, 건축행정청은 자신의 심사 결과 토지분할에 대한 개발행위허가를 받기 어렵다고 판단되는 경우에는 개발행위허가 행정청의 전문적인 판단을 먼저 받아보라는 의미에서 건축허가 신청인이 먼저 토지분할절차를 거쳐야 한다는 이유로 토지분할 조건부 건축허가를 거부할 수는 있다. 그러나 이러한 사유가 아니라면 건축행정청은 건축허가신청이 건축법 등 관계 법령에서 정하는 어떠한 제한에 해당되지 않는 이상 같은 법령에서 정하는 건축허가를 하여야 하고, 중대한 공익상의 필요가 없음에도 요건을 갖춘 자에 대한 허가를 관계 법령에서 정하는 제한사유 이외의 사유를 들어 거부할 수는 없다.

[2] 지적소관청은 토지분할신청이 건축법령이나 국토계획법령 등 관계 법령에서 정하는 어떠한 제한에 해당되지 않는 이상 신청내용에 따라 토지분할 등록을 하여야 하고, 관계 법령에서 정하는 제한사유 이외의 사유를 들어 거부할 수는 없다(대판 2018.6.28, 2015두47737).

☞ 원고가 00마트 구내 주차장 부지를 일부 분할하여 주유소를 신축하기 위한 건축허가를 신청하였는

데, 피고는 주차장 내 사고위험 증가, 집단민원 등을 이유로 거부처분을 하였고, 소송에서 '토지분할 조건부 건축허가는 재량행위로 보아야 하고, 따라서 건축행정청에게 (중대하지 않은) 보통의 공익을 이유로도 거부처분을 할 수 있는 재량이 있다고 보아야 한다'는 취지로 주장하였다.

이에 대하여 위 판례는 토지분할조건부 건축허가를 일반적인 재량행위로 보고 있지 않고, 오히려 건축허가의 기속성을 강조하고 있다. 즉 토지분할이 법적으로 불가능하다고 판단되는 경우에는 건축허가를 거부할 수 있지만, 그 외의 다른 사유로 거부할 수 없다는 것이다.

그러나 판례가 개발행위허가를 재량행위로 보고 있는 점, 이를 동반한 토지분할조건부 건축허가를 재량행위인 것처럼 설명하고 있는 점에는 오류가 있다. 건축허가 그 자체는 기속행위이고, 다만 중대한 공익상의 사유가 있는 경우에만 허가를 거부할 수 있다.

3. 허가와 출원(신청)

허가는 통상 상대방의 신청에 의하여 행하여지나, 신청이 허가의 필요요건인지, 또한 수정허가가 가능한지의 여부가 논란이 되고 있다.

이에 대하여는 ① 신청이 허가의 필요요건이고, 따라서 신청한 대로만 허가를 하여야 하므로 수정허가는 인정되지 않는다는 견해도 있으나, ② 신청은 허가의 필요요건은 아니므로 신청 없는 허가(예: 통행금지해제)나 수정허가가 가능하다는 견해가 일반적이다.

일반적으로 신청 없는 허가나 수정허가는 그 효력이 일정기간 유동상태에 있다가 상대방의 동의가 있으면 효력이 완성된다.

4. 허가의 종류

허가는 대상에 따라 대인적 허가(운전면허, 의사면허), 대물적 허가(건축허가), 혼합적 허가(총포 등의 제조업허가)로 분류된다. 이러한 분류는 허가의 이전가능성을 기준으로 하는 것인데, 원칙적으로 대인적 허가는 그 효과가 일신전속적이므로 이전성이 없으나, 대물적 허가는 이전성이 인정된다. 따라서 대물적 허가에 대한 행정처분의 효력도 양수인에게 미치는 것이 일반적이다.

[판례] 공중위생영업에 있어 그 영업을 정지할 위법사유가 있는 경우, 그 영업이 양도·양수되었다 하더라도 양수인에 대하여 영업정지처분을 할 수 있는지 여부

"공중위생법상 영업정지나 영업장폐쇄명령 모두 대물적 처분으로 보아야 할 이치이다. … 만일 어떠한 공중위생영업에 대하여 그 영업을 정지할 위법사유가 있다면, 관할 행정청은 그 영업이 양도·양수되었다 하더라도 그 업소의 양수인에 대하여 영업정지처분을 할 수 있다고 봄이 상당하다 (대판 2001.6.29, 2001두1611)."

혼합적 허가의 경우는 이전성이 제한되는데, 대인적 허가로서의 성격이 포괄승계되는 경우(이 경우에도 승계사실을 관할관청에 신고하도록 규정하는 경우도 있다)가 아니면 이전성이 인정되지 않는다.

5. 허가의 효과

(i) 허가는 상대적 금지의 해제를 통하여 자연적 자유를 회복시켜줌으로써 헌법상의 자유권을 적법하게 행사할 수 있도록 해주는 행위이다. 그러나 허가를 통하여 새로운 권리나 능력이 설정되는 것은 아니다.

(ii) 허가를 자연적 자유의 회복이라는 관점에서 보면, 허가를 통하여 얻게 되는 이익은 단순한 반사적 이익에 불과하다. 따라서 기존의 허가를 받은 자는 타인에 대한 동종의 신규허가를 행정쟁송으로 다툴 수 있는 법률상 이익(청구인적격·원고적격)이 인정되지 않는다.

(iii) 한편 영업허가의 요건으로 거리제한규정이 있는 경우에는(담배판매영업의 허가에 해당하는 담배판매소매인 지정의 경우 담배사업법령에 의하여 소매인 영업소 간 거리가 50미터 이상이어야 한다), 관계 법령이 공익뿐만 아니라 사익도 보호하는 취지로 해석되는 경우에는, 당해 구역 안에서 허가를 통하여 누리는 독점적 지위는 법률상 이익이라고 볼 수 있다. 이러한 거리제한규정이 있는 경우, 허가를 통하여 제한된 거리 내에서는 독점적으로 영업할 수 있는 법적 지위가 부여되는 것이므로, 예컨대 기 지정자는 제한된 동일 구역 내에서의 타인에 대한 담배판매소매인지정을 취소소송으로 다툴 원고적격이 인정된다. 이와 같이 거리제한규정이 있는 경우의 허가에 대해서는 허가와 특허의 성질을 공유하는 합체행위로서의 성질을 가진다는 견해[20]도 있으나, 강학상 허가와 특허를 구별하는 한, 이러한 경우는 특허에 해당한다고 보아야 할 것이다.

(iv) 허가는 당해 법령상의 금지만 해제하는 것이지, 타법상의 제한까지 해제하는 것은 아니다. 예컨대 공무원에 대한 영업허가는 당해 영업에 대한 금지의 해제이지 공무원법상의 영리업무 금지까지 해제하는 것은 아니다. 이와 같은 문제를 해결하기 위하여 법령에서 이른바 인허가의제를 규정하고 있는 경우가 있다. 예를 들어 A법상의 허가를 받으면, B법이나 C법상의 허가를 받은 것으로 의제하는 것이다. 이는 행정규제의 완화를 통하여 행정의 복잡성을 해소하고자 하는 취지에서 인정되고 있다.

6. 요허가행위를 무허가로 한 경우

필요한 허가를 받지 아니하고 한 사인의 행위는 행정강제나 행정벌의 대상은 되지만, 행위 그 자체의 법률적 효력은 부인되지 않는 것이 원칙이다. 이 점이 형성적 행위인 인가와 다르다. 그러나 법령에 의하여 무허가행위를 무효로 규정하는 경우도 있다.

20) 김동희/최계영, 행정법Ⅰ, 297면.

7. 허가신청 이후의 법령개정시의 처분기준

허가는 기속행위이므로 행정청은 허가신청이 법령상의 요건을 구비하고 있는지의 여부를 판단하여 허가 여부를 결정하게 된다. 그런데 허가신청 중에 법령의 개정으로 인하여 경과규정 없이 허가의 기준이 더 강화되는 경우에 행정청은 허가신청 시의 구법의 기준에 따라야 하는가 아니면 변경된 기준에 따라야 하는가 하는 것이 문제이다.

신뢰보호의 원칙을 원용하여 허가의 기속적 성격을 강조하는 경우에는 구법상의 기준에 따를 수 있겠으나, 행정의 법률적합성에 의하여 허가의 기속적 성격을 인정하는 경우에는 새로운 기준에 의한 처분이 요구된다. 이 문제는 개별적인 사안에서 신뢰보호원칙과 행정의 법률적합성원칙과의 이익형량에 의하여 결정될 문제이나 판례는 후자의 입장을 지지하고 있다.

[판례] 허가신청 후 법령개정시 신법의 허가기준에 따라서 한 처분의 적부
"행정행위는 처분 당시에 시행중인 법령 및 허가기준에 의하여 하는 것이 원칙이고, 인, 허가신청 후 처분 전에 관계 법령이 개정 시행된 경우 신법령 부칙에서 신법령 시행 전에 이미 허가신청이 있는 때에는 종전의 규정에 의한다는 취지의 경과규정을 두지 아니한 이상 당연히 허가신청 당시의 법령에 의하여 허가 여부를 판단하여야 하는 것은 아니며, 소관 행정청이 허가신청을 수리하고도 정당한 이유 없이 처리를 늦추어 그 사이에 법령 및 허가기준이 변경된 것이 아닌 한 새로운 법령 및 허가기준에 따라서 한 불허가처분이 위법하다고 할 수 없다(대판 1992.12.8, 92누13813)."

Ⅲ. 면제와 예외적 승인

1. 면제

면제는 법령에 의하여 일반적으로 부과된 작위의무, 급부의무, 수인의무를 특정한 경우에 해제하는 행정행위이다. 면제는 명령적 행위이나 의무의 해제라는 점에서 그 법적 효과는 수익적이다. 그러나 면제가 수익적 행정행위임에도 불구하고 경쟁관계에 있는 제3자와의 관계를 고려하여 대부분 법적 근거가 요구된다(예: 조세특례제한법에 의한 조세면제).

면제는 작위의무의 해제라는 점에서 부작위의무의 해제인 허가와 구별되나, 의무의 해제라는 점에서는 허가와 같으므로, 허가에 관한 논의가 면제에도 그대로 타당하다.

2. 예외적 승인*

허가는 본래 자연적 자유에 해당하는 행위를 질서유지·위험방지 등의 공익상의 이유에서

* 사법시험(2013년).

이를 잠정적으로 제한하는 이른바 상대적 금지를 해제하는 것을 내용으로 하는데 반하여, 법령이 일정한 행위를 사회적으로 유해하거나 바람직하지 않은 것으로 금지하면서 특별한 경우에 한하여 예외적으로 이러한 금지를 해제해 주는 행정행위를 예외적 승인(Ausnahmebewilligung)이라 한다.

예외적 승인은 그 전제된 금지에서 허가와 차이가 있다. 즉 허가는 자연적 자유에 속하는 행위에 대한 질서유지·위험방지 차원에서의 금지와 같은 상대적 금지, 즉 허가유보부 예방적 금지(präventives Verbot mit Erlaubnisvorbehalt)를 전제로 하고 있는 데 반하여, 예외적 승인은 반사회적·반윤리적 성격의 행위에 대한 절대적 금지, 즉 면제유보부 억제적 금지(repressives Verbot mit Befreiungsvorbehalt)를 전제로 하고 있다. 예외적 승인이 면제를 유보로 한다는 점에서 독일에서는 면제를 예외적 승인으로 이해하고 있다.

예외적 승인은 법령의 일반추상성 때문에 생기는 예기치 못한 사정의 발생에 합리적으로 대처하기 위한 취지를 가지고 있다.

예외적 승인은 절대적 금지 또는 억제적 금지를 전제로 하고 있어 예외적인 경우가 아닌 한 금지의 해제를 허용하지 않는 것이므로 행정청에게 금지의 해제시 재량권이 인정되는 재량행위이다. 아울러 예외적 승인을 통하여 허용되지 않았던 행위에 대한 독점적인 권리나 법적 지위가 형성된다. 이러한 점에서 예외적 승인은 엄격히 말해서 특허에 해당한다고 볼 수 있다.

> [판례] (구) 도시계획법상의 개발제한구역 안에서의 개발행위의 법적 성질
>
> "도시의 무질서한 확산을 방지하고 도시주변의 자연환경을 보전하여 도시민의 건전한 생활환경을 확보하기 위하여 지정되는 <u>개발제한구역 안에서는 구역 지정의 목적상 건축물의 건축 등의 개발행위는 원칙적으로 금지되고, 다만 구체적인 경우에 이와 같은 구역 지정의 목적에 위배되지 아니할 경우 예외적으로 허가에 의하여 그러한 행위를 할 수 있게 되어 있음</u>이 그 규정의 체제와 문언상 분명하고, 이러한 예외적인 건축허가는 그 상대방에게 수익적인 것에 틀림이 없으므로 <u>그 법률적 성질이 재량행위 내지 자유재량행위에 속하는 것이라고 할 것</u>이다(대판 2003.3.28, 2002두11905)."

제2. 형성적 행정행위

형성적 행위는 상대방에게 새로운 권리·권리능력·행위능력·기타 포괄적 법률관계를 발생·변경·소멸시키는 행정행위이다.

형성적 행위에는 상대방을 위한 행위로서 권리·능력·포괄적 법률관계 등을 설정하는 설권행위(예: 특허, 공무원의 임명), 이를 변경하는 변경행위(예: 광업법상 광구변경), 이를 박탈하는 탈권행위(예: 광업허가의 취소)가 있으며, 타인을 위한 행위로서 타인을 위한 보충행위인 인가와 타인을

대신하는 공법상의 대리가 있다.

형성적 행위는 일정한 의무를 명하거나 해제하는 명령적 행위와는 달리, 행정행위를 통하여 특정한 권리나 법률관계가 형성된다. 따라서 형성적 행위의 부여 여부를 결정함에 있어서 행정청이 상당한 재량을 갖는다는 특징이 있다.

Ⅰ. 특허*

1. 특허의 개념

넓은 의미에서 특허는 ① 특정 상대방에게 권리를 설정하는 행위(예: 특허기업의 특허, 광업허가, 어업면허), ② 능력을 설정하는 행위(예: 공법인의 설립행위), ③ 포괄적인 법률관계를 설정하는 행위(예: 공무원의 임명, 귀화허가)를 포함하며, 이 가운데 특정 상대방에게 권리를 설정하는 행위만을 가리켜 좁은 의미의 특허라 한다.

좁은 의미의 특허에는 특허된 권리내용이 공권의 성질을 가지는 것(예: 특허기업의 특허, 공물사용권의 특허)과 사권의 성질을 가지는 것(예: 광업권, 어업권)이 있다. 그 밖에도 판례상 인정된 특허로는 보세구역의 설영특허(대판 1989.5.9, 88누4188), 공유수면매립면허(대판 1989.9.12, 88누9206), 자동차운송사업면허(대판 1998.2.13, 97누13061), 마을버스운송사업면허(대판 2002.6.28, 2001두10028) 등이 있다.

특허의 대상이 되는 행위는 대체로 공익성이 강한 것으로 특허 여부는 행정청의 재량적 판단에 의하여 이루어진다. 물론 기속행위인 경우도 있을 수 있겠지만, 이러한 경우는 오히려 특허보다는 허가에 가까운 것으로 보아야 할 것이다.

[판례] 출입국관리법상 체류자격 변경허가가 설권적 처분의 성격을 가지는지 여부(적극) 및 허가권자가 허가 여부를 결정할 재량을 가지는지 여부(적극) / 이때 재량 행사의 한계

"출입국관리법상 체류자격 변경허가는 신청인에게 당초의 체류자격과 다른 체류자격에 해당하는 활동을 할 수 있는 권한을 부여하는 일종의 설권적 처분의 성격을 가지므로, 허가권자는 신청인이 관계 법령에서 정한 요건을 충족하였더라도, 신청인의 적격성, 체류 목적, 공익상의 영향 등을 참작하여 허가 여부를 결정할 수 있는 재량을 가진다. 다만 재량을 행사할 때 판단의 기초가 된 사실인정에 중대한 오류가 있는 경우 또는 비례·평등의 원칙을 위반하거나 사회통념상 현저하게 타당성을 잃는 등의 사유가 있다면 이는 재량권의 일탈· 남용으로서 위법하다(대판 2016.7.14, 2015두48846[체류기간연장등불허가처분취소])."

---

* 사법시험(2008년), 5급공채(재경)(2012년).

2. 특허와 출원

특허는 상대방의 출원(신청)을 필요로 한다. 허가의 경우 상대방의 신청이 없는 허가도 가능하다는 점에서 특허와 차이가 있다.

공법인의 설립과 같은 경우에는 출원이 없는 특허인데, 이는 법률의 규정에 의한 특허로서 여기에서 논의하는 행정행위로서의 특허가 아니다.

특허는 언제나 특정인을 상대방으로 한다. 따라서 불특정인을 상대방으로 할 수 있는 허가(예: 일반처분)와 차이가 있다.

3. 특허의 효과

특허는 특정인에게 특정한 권리를 설정하는 행정행위이다. 그 결과 특허의 상대방은 제3자에게 대항할 수 있는 새로운 법률상의 힘을 가지게 된다. 이 점이 반사적 이익만을 누릴 뿐인 허가와 다른 점이다.

따라서 기존 특허자는 제3자에게 동일한 특허가 발급되면 특허로 인하여 설정된 기존 특허자의 권리가 침해되는 것이므로 취소소송에서 제3자에 대한 특허를 다툴 수 있는 원고적격이 인정되는데 반하여, 기존 허가자는 제3자에 대한 동일한 허가가 있다 하더라도 이로 인하여 기존 허가자의 반사적 이익만이 침해될 뿐이어서 제3자에 대한 허가를 다툴 수 없다.

4. 특허와 허가의 비교

(i) 허가는 상대적 금지의 해제라는 점에서 명령적 행위이고(이 점에 대해서는 논란이 있음), 특허는 권리·능력 등의 설정행위라는 점에서 형성적 행위이다.

(ii) 허가는 자연적 자유의 회복이라는 점에서 허가요건이 갖추어지면 반드시 허가를 하여야 하는 기속행위이지만, 특허는 새로운 권리·능력 등을 설정한다는 점에서 특허 여부에 대해서는 행정청이 공익적 견지에서 재량적 판단을 하게 되는 재량행위임이 원칙이다.

(iii) 허가는 자연적 자유의 회복이라는 점에서 상대방은 허가를 통하여 반사적 이익을 누리게 될 뿐이지만, 특허는 형성적 행위로서 권리·능력 등이 설정된다.

Ⅱ. 인가

1. 인가의 개념

인가는 타인의 법률행위를 보충하여 그 법률적 효력을 완성시켜 주는 행정행위이다. 이를 보충행위라고도 한다. 본래 법률행위는 행정주체의 관여 없이도 효력을 발생하는 것이 원칙이다. 그러나 공익적 관점에서 일정한 법률행위에 행정청이 동의함으로써 효력을 발생하도록 하는 경우가 있다. 이러한 행정청의 동의를 인가라 한다.

인가는 공익적 견지에서 행정청이 타인의 법률행위에 관여하는 것이므로, 소정의 법적 요건을 갖추는 경우에는 원칙적으로 인가하여야 하는 기속행위적 성격이 강하다고 할 수 있다. 그러나 최종적으로 인가의 기속행위성 여부는 관련 법령의 규정 및 입법취지 등을 고려하여 개별적으로 판단하여야 할 것이다.

[판례] (구) 자동차관리법상 자동차관리사업자로 구성하는 사업자단체인 조합 또는 협회 설립인가 처분의 법적 성격

"자동차관리법상 자동차관리사업자로 구성하는 사업자단체인 조합 또는 협회(이하 '조합 등'이라고 한다)의 설립인가처분은 국토해양부장관 또는 시·도지사(이하 '시·도지사 등'이라고 한다)가 자동차관리사업자들의 단체결성행위를 보충하여 효력을 완성시키는 처분에 해당한다. 그리고 자동차관리법이 자동차관리사업자들로 하여금 시·도지사 등의 설립인가를 거쳐 조합 등을 설립하도록 한 취지는 … 조합 등이 수행하는 업무의 특수성을 고려하여 공익적 차원에서 최소한의 사전적 규제를 하고자 함에 있다.

자동차관리법상 '조합 등 설립인가 제도의 입법 취지, 조합 등에 대하여 인가권자가 가지는 지도·감독 권한의 범위 등과 아울러 자동차관리법상 조합 등 설립인가에 관하여 구체적인 기준이 정하여져 있지 않은 점에 비추어 보면, 인가권자인 시·도지사 등은 조합 등의 설립인가 신청에 대하여 자동차관리법 제67조 제3항에 정한 설립요건의 충족 여부는 물론, 나아가 조합 등의 사업내용이나 운영계획 등이 자동차관리사업의 건전한 발전과 질서 확립이라는 사업자단체 설립의 공익적 목적에 부합하는지 등을 함께 검토하여 설립인가 여부를 결정할 재량을 가진다. 다만 이러한 재량을 행사할 때 기초가 되는 사실을 오인하였거나 비례·평등의 원칙을 위반하는 등의 사유가 있다면 이는 재량권의 일탈·남용으로서 위법하다(대판 2015.5.29, 2013두635)."

인가의 예로는 공공조합의 설립인가(도시개발법 13), 지방자치단체조합의 설립인가(지자법 176), 사립대학 설립인가(고등교육법 4), 학교법인임원승인(대판 2007.12.27, 2005두9651) 등을 들 수 있다.

2. 인가의 대상

인가의 대상은 타인의 행위로서, 허가와는 달리 반드시 법률행위이어야 한다. 왜냐하면 인가는 법적 효력의 발생요건이기 때문이다. 인가의 대상은 법률행위인 한, 공법행위이든(공법인의 정관변경) 사법행위이든(비영리법인의 설립) 가리지 아니한다.

3. 인가와 출원

인가는 그 대상이 되는 법률행위 당사자의 신청에 의하여 행하여진다. 따라서 행정청은 신청에 따른 인가 여부를 결정할 뿐, 신청 내용을 적극적으로 변경하는 수정인가는 법령의 명문의 규정이 없는 한 허용되지 않는다.

4. 인가의 효과

인가는 타인의 법률행위의 효력을 완성시켜주는 행위이다. 즉 인가는 타인의 법률행위의 효력발생요건이다. 따라서 무인가행위는 원칙적으로 무효이지만 행정강제나 행정벌의 대상이 되지는 않는다. 반면 허가는 행위의 적법요건으로서 무허가행위는 행정강제나 행정벌의 대상이 되지만 행위의 효력에는 영향이 없다는 점에서 인가와 차이가 있다.

인가는 법률행위를 대상으로 하므로 그 효과는 당해 법률행위에 한하여 발생한다. 따라서 인가는 이전성이 없는 것이 원칙이다.

5. 인가와 기본행위와의 관계*

인가는 타인의 법률행위(기본행위)에 대한 보충행위이므로, 양자 가운데 어디에 하자가 있는가와 관련하여 기본행위와 인가행위와의 관계가 문제된다. 이를 유형별로 검토해 보면 다음과 같다.

① 기본행위와 인가가 모두 적법하면 당해 행위는 유효하다. ② 기본행위가 부존재 또는 무효, 또는 사후에 효력을 상실한 경우에는 인가가 적법하다 하더라도 그 대상을 결여한 경우이므로 당해 행위는 무효이다.[21] ③ 기본행위는 적법하나 인가가 무효인 경우는 무인가행위로서 무효이다.

6. 기본행위와 인가에 대한 쟁송방법

기본행위에 하자가 있고 인가는 적법한 경우에는 기본행위의 효력을 다툴 수 있는데, 이 경우 기본행위를 다투어야 하는 것이지, 기본행위에 하자가 있음을 이유로 인가를 다툴 수는 없다. 기본행위에 하자가 있음을 이유로 인가를 다투게 되면, (소송의 실익이 없으므로) 인가의 취소 또는

* 행정고시(2000년).

21) "사립학교법 제20조 제2항에 의한 학교법인의 임원에 대한 감독청의 취임승인은 학교법인의 임원선임행위를 보충하여 그 법률상의 효력을 완성케하는 보충적 행정행위로서 성질상 기본행위를 떠나 승인처분 그 자체만으로는 법률상 아무런 효력도 발생할 수 없으므로 기본행위인 학교법인의 임원선임행위가 불성립 또는 무효인 경우에는 비록 그에 대한 감독청의 취임승인이 있었다 하여도 이로써 무효인 그 선임행위가 유효한 것으로 될 수는 없다(대판 1987.8.18, 86누152)."

무효확인을 구할 협의의 소익이 부인된다.

> [판례] 사업시행계획에 대한 인가처분에 하자가 없는 경우, 기본행위인 사업시행계획의 무효를 들어 보충행위인 사업시행계획 인가처분의 취소 또는 무효를 구할 수 있는지 여부
>
> “기본행위인 사업시행계획이 무효인 경우 그에 대한 인가처분이 있다고 하더라도 그 기본행위인 사업시행계획이 유효한 것으로 될 수 없으며, 기본행위가 적법·유효하고 보충행위인 인가처분 자체에만 하자가 있다면 그 인가처분의 무효나 취소를 주장할 수 있다고 할 것이지만, 인가처분에 하자가 없다면 기본행위에 하자가 있다고 하더라도 따로 그 기본행위의 하자를 다투는 것은 별론으로 하고 기본행위의 무효를 내세워 바로 그에 대한 인가처분의 취소 또는 무효확인을 구할 수 없다(대법원 2001.12.11. 선고 2001두7541 판결 등 참조) (대판 2014.2.27, 2011두25173).”

Ⅲ. 공법상 대리

공법상의 대리는 제3자가 행하여야 할 행위를 행정청이 대신하여 행하고 그 행위가 제3자가 행한 것과 같은 법적 효과를 발생하는 행정행위이다. 대리행위는 행정청의 행위가 제3자에게 일정한 법적 효과를 귀속·발생시킨다는 점에서 일종의 형성적 행위로 분류된다.

공법상 대리는 ① 감독적 입장에서(예: 감독청에 의한 공법인의 임원 임명), ② 당사자 사이의 협의의 불성립을 이유로(예: 토지수용위원회의 토지수용재결), ③ 행정의 실효성확보를 위해서(예: 국세징수법상 강제징수절차로서의 공매와 청산행위) 행하여진다.

제 2 항 준법률행위적 행정행위

법률행위적 행정행위가 의사표시를 요소로 하는 행정행위임에 반하여, 준법률행위적 행정행위는 행정청의 인식, 판단과 같은 단순한 정신작용을 요소로 한다. 준법률행위적 행정행위로는 확인·공증·통지·수리가 있다.

Ⅰ. 확인

1. 의의

확인은 특정한 법률관계나 사실관계의 존재 여부 또는 진위 여부에 대하여 의문이 제기되는 경우에 공적으로 이를 판단하여 선언하는 행정행위를 말한다. 실정법상으로 재결·재정·특허 등 여러 용어가 사용되고 있다.

확인행위의 예로는 당선인의 결정·국가시험합격자결정·발명권특허·교과서검인정·행정심판재결·소득금액결정 등을 들 수 있다.

2. 성질

확인행위는 법률관계나 사실관계의 존부 또는 진위 여부에 대한 공적인 판단과 선언을 하는 준사법적 작용이다. 그러나 확인을 통하여 법률관계 등이 형성되는 것은 아니다.

행정청은 일정한 요건이 존재하는 경우에 특정한 법률관계의 존재나 진위 여부만을 가려야 하므로 확인행위는 성질상 기속행위로 보아야 한다.

3. 법적 효과

일반적으로 확인행위는 준사법적 행정행위로서 확인행위를 통하여 선언된 법률관계나 사실관계를 임의로 변경할 수 없는 불가변력이 발생된다. 이와 같은 불가변력 이외의 확인행위의 개별적인 법적 효과는 개별법이 정한 바에 따라 발생한다.

Ⅱ. 공증

1. 의의

공증은 특정 사실 또는 법률관계의 존부를 공적으로 증명하는 행정행위이다. 일반적으로 확인행위가 법률적·사실적 관계에 대한 의문이나 분쟁을 전제로 하는 데 반하여, 공증행위는 의문이나 분쟁이 없는 사실이나 법률관계의 존부를 공적으로 증명해 주는 행위이다.

2. 성질

공증은 단순한 정신작용이므로 특정한 사실이나 법률관계가 존재하거나 존재하지 않으면 이를 공증하여야 할 기속을 받는다 할 것이다. 따라서 공증은 기속행위이다.

3. 공증의 종류와 처분성

공증의 예로는 ① 각종 등기부나 등록부에 대한 등재, 등기, 기재 등(부동산등기·토지대장에 등재), ② 합격증의 교부, ③ 여권의 발급, ④ 영수증의 교부 등을 들 수 있다.

이들 행위 그 자체는 사실행위이다. 그러나 이러한 행위에 일정한 법적 효과가 부여되면 이는 준법률행위적 행정행위가 된다. 따라서 위의 공증의 예에 해당하는 행위라 하더라도 이와 같은 법적 효과를 동반하지 못하는 경우는 사실행위일 뿐이다.

이와 관련하여 대법원은 대장에 일정한 사항을 등재하는 행정청의 공증행위라 할지라도 실체상의 권리관계에 어떤 변동을 가져오는 것은 아니라 행정청이 행정사무의 편의와 사실증명의 자료로 삼기 위한 것인 경우에는 항고소송의 대상이 되는 행정처분이 아니라고 보고 있다.

[판례1] 자동차운전면허대장상의 등재행위가 행정처분인지 여부

"자동차운전면허대장에 일정한 사항의 등재행위는 운전면허행정사무집행의 편의와 사실증명의 자료로 삼기 위한 것일 뿐 그 등재행위로 인하여 당해 운전면허 취득자에게 새로이 어떠한 권리가 부여되거나 변동 또는 상실되는 효력이 발생하는 것은 아니므로 이는 행정소송의 대상이 되는 독립한 행정처분으로 볼 수 없다 할 것이다(대판 1991.9.24, 91누1400)."

[판례2] 무허가건물을 무허가건물관리대장에서 삭제하는 행위가 행정처분인지 여부

"무허가건물을 무허가건물관리대장에 등재하거나 등재된 내용을 변경 또는 삭제하는 행위로 인하여 당해 무허가 건물에 대한 실체상의 권리관계에 변동을 가져오는 것이 아니고, 무허가건물의 건축시기, 용도, 면적 등이 무허가건물관리대장의 기재에 의해서만 증명되는 것도 아니므로, 관할관청이 무허가건물의 무허가건물관리대장 등재 요건에 관한 오류를 바로잡으면서 당해 무허가건물을 무허가건물관리대장에서 삭제하는 행위는 다른 특별한 사정이 없는 한 항고소송의 대상이 되는 행정처분이 아니다(대판 2009.3.12, 2008두11525)."

그러나 공증행위가 공법상의 규제, 과세, 보상가액산정 등과 같은 공법상의 법률관계에 영향을 미칠 뿐만 아니라, 국민의 권리관계에 영향을 미치는 경우에는 처분성을 인정하고 있다.

[판례3] 건축물대장을 직권말소한 행위가 행정처분에 해당하는지 여부

"건축물대장은 건축물의 소유권을 제대로 행사하기 위한 전제요건으로서 건축물 소유자의 실체적 권리관계에 밀접하게 관련되어 있으므로, 이러한 건축물대장을 직권말소한 행위는 국민의 권리관계에 영향을 미치는 것으로서 항고소송의 대상이 되는 행정처분에 해당한다(대판 2010.5.27, 2008두22655)."

다만, 과거 대법원은 토지대장에의 등재행위 또는 변경행위의 처분성을 부인하였으나(대판 1980.7.8, 79누309), 헌법재판소가 지적공부상의 지목은 토지의 실체적 권리관계에 밀접히 관련되어 있으므로 지목에 관한 등록이나 등록변경 또는 등록의 정정신청에 대한 반려행위는 거부처분으로서 헌법재판소법 제68조 제1항 소정의 공권력의 행사에 해당한다고 하였고(헌재결 1999.6.24, 97헌마315), 그 이후 전원합의체 판결을 통하여 지적공부 소관청의 지목변경신청 반려행위가 항고소송의 대상이 되는 행정처분에 해당한다고 하면서 이와 관련된 기존의 판례를 변경하였다(대판 2004.4.22,

2003두9015).

> [판례4] 지적공부 소관청의 지목변경신청 반려행위가 항고소송의 대상이 되는 행정처분에 해당하는지 여부
>
> "지목은 토지소유권을 제대로 행사하기 위한 전제요건으로서 토지소유자의 실체적 권리관계에 밀접하게 관련되어 있으므로 지적공부 소관청의 지목변경신청 반려행위는 국민의 권리관계에 영향을 미치는 것으로서 항고소송의 대상이 되는 행정처분에 해당한다(대판 2004.4.22, 2003두9015 전원합의체)."

4. 법적 효과

공증의 공통적 효과는 반증이 없는 한 공적인 증거력을 가진다는 것이다. 이 외의 공증의 효과는 개별법에서 정하는 바에 따라 발생하는데, 공증은 권리설정요건(부동산등기부에의 등기)인 경우도 있고, 권리행사요건(선거인명부에의 등재)인 경우도 있다.

Ⅲ. 통지

1. 의의

통지는 특정인 또는 불특정의 다수인에게 어떠한 사실을 알리는 행위이다.

준법률행위적 행정행위로서의 통지는 이와 같은 통지행위에 일정한 법적 효과가 결부되는 경우를 말한다. 따라서 법적 효과가 없는 통지는 단순한 사실행위로서 준법률행위적 행정행위로서의 통지와 구분된다.

통지는 그 자체로서 독립한 하나의 행정행위이므로, 이미 성립한 행정행위의 효력발생요건으로서의 통지(예: 행정처분의 교부·송달)와도 구별된다.

통지에는 어떠한 사실에 관한 관념의 통지인 경우도 있고(예: 특허출원의 공고·귀화고시), 의사의 통지인 경우도 있다(예: 사업인정의 고시·대집행의 계고, 납세독촉).

2. 법적 성질

통지는 준법률행위적 행정행위로서 행정쟁송법상 처분에 해당하므로 항고소송의 대상이 된다. 그러나 법적 효과를 동반하지 아니하는 단순한 사실행위로서의 통지(예: 당연퇴직의 통보)는 항고소송의 대상이 되는 처분에 해당하지 않는다.

[판례] 당연퇴직처분이 행정소송의 대상인 행정처분인지 여부

"국가공무원법 제69조에 의하면 공무원이 제33조 각 호의 1에 해당할 때에는 당연히 퇴직한다고 규정하고 있으므로, 국가공무원법상 당연퇴직은 결격사유가 있을 때 법률상 당연히 퇴직하는 것이지 공무원관계를 소멸시키기 위한 별도의 행정처분을 요하는 것이 아니며, 당연퇴직의 인사발령은 법률상 당연히 발생하는 퇴직사유를 공적으로 확인하여 알려주는 이른바 관념의 통지에 불과하고 공무원의 신분을 상실시키는 새로운 형성적 행위가 아니므로 행정소송의 대상이 되는 독립한 행정처분이라고 할 수 없다(대판 1995.11.14, 95누2036)."

판례는 대학교원의 임용기간만료통지(재임용거부통지)에 대하여 과거에는 '임기만료로 당연퇴직됨을 확인하고 알려주는 데 지나지 아니하여 행정처분이라고 할 수 없다(대판 1997.6.27, 96누4305)'는 입장이었으나, 아래의 판결로 종래의 입장을 변경하여 교수재임용거부통지의 처분성을 인정하고 있다. *

[판례] 대학교원에 대한 임용기간만료통지의 통지가 행정소송의 대상이 되는 처분에 해당하는지 여부

"기간제로 임용되어 임용기간이 만료된 국·공립대학의 조교수는 교원으로서의 능력과 자질에 관하여 합리적인 기준에 의한 공정한 심사를 받아 위 기준에 부합되면 특별한 사정이 없는 한 재임용되리라는 기대를 가지고 재임용 여부에 관하여 합리적인 기준에 의한 공정한 심사를 요구할 법규상 또는 조리상 신청권을 가진다고 할 것이니, 임용권자가 임용기간이 만료된 조교수에 대하여 재임용을 거부하는 취지로 한 임용기간만료의 통지는 위와 같은 대학교원의 법률관계에 영향을 주는 것으로서 행정소송의 대상이 되는 처분에 해당한다(대판 2004.4.22, 2000두7735 전원합의체)."

3. 효과

통지에 따르는 법적 효과는 개별법이 정한 바에 따른다. 예컨대 국세징수법상 독촉이 있으면 이는 징수권의 소멸시효중단의 사유가 되는 동시에 강제징수의 요건으로서 통지 후에 행정상 강제징수의 법적 절차가 시작되는 효과를 발생시킨다. 통지행위에 아무런 법적 효과가 결부되어 있지 않으면 이는 단순한 사실행위일 뿐이다.

Ⅳ. 수리

수리는 타인의 행위를 유효한 것으로 받아들이는 행위를 말한다. 다수설 및 판례의 입장에 따

* 사법시험(2008년).

르면, 신고에는 수리를 요하지 않는 신고와 수리를 요하는 신고가 있는데, 여기에서 말하는 준법률행위적 행정행위로서의 수리는 수리를 요하는 신고에서의 수리를 의미한다. 이 경우 수리의 거부행위는 처분성이 인정되어 항고소송의 대상이 된다.[22)]

수리는 그 자체로서 하나의 독립한 행정행위이므로, 단순한 사실행위인 도달이나 접수와 구별된다.

수리의 예로는 각종 신고서·행정심판청구서의 수리 등을 들 수 있다.

수리에 어떠한 법적 효과가 발생하는가는 개별법이 정한 바에 따른다. 수리를 함으로써 행정청의 처리의무가 발생하기도 하고(예: 행정심판청구서의 수리), 일정한 부작위의무가 해제되기도 한다(예: 수산업법 제47조에 의한 어업신고).

제 5 절 행정행위의 부관

Ⅰ. 부관의 관념

1. 부관의 개념

행정행위의 부관이란 행정행위의 효과를 제한하거나 일정한 의무를 부과하기 위하여 주된 행정행위에 부가된 종된 규율(부대적 규율)을 말한다.

부관은 주로 영업허가나 건축허가와 같은 수익적 행정행위에 일정한 조건을 붙이거나 의무를 부과하는 것으로서, 이는 결국 주된 행정행위의 효과를 수정·변경·보완하기 위하여 붙여지는 부대적인 규율이다. 부관은 법령상 또는 실무상 주로 조건이라고 불린다.

한편 부관의 정의와 관련하여 전통적인 견해는 부관을 「행정행위의 효과를 제한하기 위하여 주된 '의사표시'에 부가된 종된 '의사표시'」라고 정의하였다. 이러한 '의사표시' 중심의 개념정의는 의사표시 유무에 따라 법률행위적·준법률행위적 행정행위를 구분하는 종래의 이론에 따른 것이다. 이에 따르면 준법률행위적 행정행위는 의사표시를 요소로 하지 않으므로 부관을 붙일 수 없다고 보게 된다. 그러나 법률행위적·준법률행위적 행정행위의 구분론에도 많은 비판이 있고, 또한 준법률행위적 행정행위에도 부관이 가능하다는 점에서 부관을 의사표시를 중심으로 정의하는 종래의 견해는 문제가 있다.

---

22) 따라서 수리를 요하지 않는 신고의 경우 신고의 거부행위는 처분성이 인정되지 않는다는 것이 다수설과 판례의 입장이다. 다만 최근 대법원은 수리를 요하지 않는 신고로 보아왔던 건축신고와 관련하여 전원합의체 판결을 통하여 건축신고의 반려행위의 처분성을 인정한 바 있다(대판 2010.11.18, 2008두167 전원합의체). 이에 관하여는 위 '사인의 공법행위로서의 신고' 참조.

무엇보다도 부관은 '법적 규율(Regelung)'이라는 점에 착안하여야 한다. 즉 부관은 행정행위의 주된 규율(Hauptregelung)에 부가하여 행정행위의 효과를 제한하거나 새로운 의무를 부과하는 종된 규율(Zusätzliche Regelung)이다. 따라서 부관의 개념을 종된 '의사표시'가 아니라 종된 '규율'로 정의하는 것이 타당하다.

부관은 행정행위의 주된 규율에 '부가'된 종된 규율이라는 점에서, 부관은 주된 행정행위에 종속되는 부종성(附從性, Abhängigkeit)을 가진다. 물론 후술하는 바와 같이 부담의 경우에는 그 자체로 독립한 행정행위로 보고 있지만, 이 경우에도 주된 행정행위와의 관련성이 없다는 것을 의미하는 것은 아니고 또한 실제로 주된 행정행위의 효력에 부담의 존속여부를 의존하고 있으므로 부종성을 부인할 수는 없다.

2. 부관의 기능

일반적으로 부관은 허가 등을 발급하는 데 지장을 주는 법적·사실적 장애를 제거하기 위하여 이용된다. 즉 행정청이 허가를 발급하는 데 문제가 있어 이를 거부하는 것 보다, 일정한 의무이행을 조건으로 허가를 발급하는 것이 보다 합목적적이라 판단되면, 부관을 붙여 허가를 발급할 수 있게 되는 것이다. 다시 말해서 엄격한 거절(Nein)보다는 유보부 승인(Ja, aber)을 가능하게 하는 것이 부관의 기능이다. 이를 통하여 행정의 탄력성이 높아지고 국민의 입장에서도 수익적 행정행위의 발급을 받을 수 있게 된다는 장점이 있다. 반면 무분별하게 부관을 남용하게 되면, 과도한 규제·후견의 위험성이 있다.

부관은 행정청에 의하여 일방적으로 부가되는 것이 일반적이나, 상대방과의 협의나 협상(이른바 비공식적 행정작용)을 통하여 붙여지기도 한다.

3. 구별개념

(1) 법정부관

행정행위의 부관은 행정청에 의하여 붙여지는 것이므로, 법령의 규정에 의하여 직접 행정행위의 효과를 제한하거나 의무를 부과하는 법정부관과는 구별된다. 법정부관의 예로는 어업신고의 유효기간이 법정되어 있는 경우(수산업법 48 ④), 광업허가의 효력발생에 등록이 조건으로 법정되어 있는 경우(광업법 28) 등이 있다.

법정부관은 법령의 규정내용이므로, 법정부관에 대한 통제는 법률 및 법규명령에 대한 통제의 문제이다.

(2) 행정행위의 내용제한

행정행위의 부관은 부가적인 규율을 통하여 행정행위의 주된 규율에 대한 제한 또는 보충을 하는 것이므로, 행정행위의 '내용' 그 자체를 신청된 내용과 달리 결정하거나 제한하는 행정행위의 내용제한과 구별된다.

내용적 제한의 예로 영업구역의 설정이나 영업시간의 제한을 드는 경우도 있고, 신청보다 낮은 층수로 건축허가하는 수정부담을 드는 경우도 있다.[23)]

행정행위의 내용제한은 행정행위의 부관은 주된 행정행위에 대한 '추가적'인 규율이지 행정행위 '내용 자체에 대한 제한'은 아니라는 이해를 전제로 하고 있다. 이러한 점에서 행정행위의 내용제한에는 후술하는 수정부담이나 법률효과의 일부배제가 포함된다고 할 수 있다. 요컨대 어떠한 경우가 행정행위의 내용제한인지 부관인지 논란의 여지는 있지만 행정행위의 내용제한은 행정행위의 부관이 아니다.

4. 행정기본법 규정

행정기본법 제17조는 부관에 관하여 규정하고 있다. ① 제1항은 부관의 종류를 '조건, 기한, 부담, 철회권의 유보 등'으로 예시하면서, 재량행위에 부관을 붙일 수 있다는 점, ② 제2항은 재량행위가 아니면 법적 근거가 있어야 부관이 가능하다는 점, ③ 제3항은 사후부관, ④ 제4항은 부관의 (내용상) 한계를 규정하고 있다.

Ⅱ. 부관의 종류 *

1. 기한(Befristung)

기한은 행정행위의 효과의 발생·소멸 또는 계속을 시간적으로 정한 부관이다. 여기에는 ① 행정행위의 효력이 발생하게 되는 시기(정지적 기한) (예: ~부터 허가한다)와 ② 행정행위의 효력이 소멸되는 종기(해제적 기한) (예: ~까지 허가한다)가 있으며, ③ 시기와 종기가 동시에 정해진 기간도 있다.

기한은 확정기한이든 불확정기한이든 도래가 확실하다는 점에서 장래의 불확실한 사실에 의존하는 조건과 구별된다.

행정행위가 그 내용상 장기계속성이 예상되는 데 비추어 그 유효기간이 지나치게 단기로 정해진 경우에는 그 유효기간을 당해 행정행위의 존속기간이 아니라 유효기간을 포함하는 조건의

---

* 변호사시험(2012년), 변호사시험(2016년), 행정고시(일반행정)(2007년), 5급공채(행정)(2017년).

23) 김동희/최계영, 행정법Ⅰ, 312면; 홍정선, 행정법원론(상), 517면.

존속기간(갱신기간)으로 보아야 한다. 그러나 이 경우에도 유효기간을 연장하기 위해서는 그 종기가 도래하기 전에 연장신청을 하여야 한다.

이와 같은 조건의 존속기간이 아닌 행정행위 자체의 존속기간의 경우에는 종기의 도래로 주된 행정행위의 효력이 당연히 소멸되고, 당사자는 기간연장에 있어 기득권을 주장할 수 없다. 이 경우 기간연장신청은 새로운 행정행위를 신청하는 것이 된다.

> [판례] 허가에 붙은 기한이 허가조건의 존속기간인 경우에 허가기간이 연장되기 위해서는 그 종기 도래 이전에 연장에 관한 신청이 있어야 하는지 여부
>
> "일반적으로 행정처분에 효력기간이 정하여져 있는 경우에는 그 기간의 경과로 그 행정처분의 효력은 상실되고, 다만 허가에 붙은 기한이 그 허가된 사업의 성질상 부당하게 짧은 경우에는 이를 그 허가 자체의 존속기간이 아니라 그 허가조건의 존속기간으로 보아 그 기한이 도래함으로써 그 조건의 개정을 고려한다는 뜻으로 해석할 수는 있지만, 그와 같은 경우라 하더라도 그 허가기간이 연장되기 위하여는 그 종기가 도래하기 전에 그 허가기간의 연장에 관한 신청이 있어야 하며, 만일 그러한 연장신청이 없는 상태에서 허가기간이 만료하였다면 그 허가의 효력은 상실된다(대판 2007.10.11, 2005두12404)."

2. 조건(Bedingung)

조건은 행정행위의 효과의 발생 또는 소멸을 장래의 불확실한 사실에 의존시키는 부관이다. 조건에는 조건의 성취에 의하여 행정행위의 효과가 발생하는 정지조건(예: 주차장설치를 조건으로 하는 여객자동차운송사업면허)과 조건의 성취 또는 미이행으로 행정행위의 효력이 상실되는 해제조건(예: 일정한 기간 내에 공사에 착수할 것을 조건으로 하는 공유수면매립면허)이 있다.

조건은 행정행위의 효과가 장래의 불확실한 사실발생에 의존하는 점에서 기한과 구별되는데, 이러한 불확실성으로 인하여 조건이 성취될 때까지 행정법관계가 불안정하다는 것은 조속확정을 이념으로 하는 행정법관계와 부합하지 못하는 측면이 있다. 따라서 실제로 조건을 붙이는 경우는 드물고, 실무상 조건이라고 해도 사실상 부담인 경우가 많다. 또한 어떠한 부관이 조건인지 아니면 부담인지 불분명한 경우에는 행정법관계의 조속확정에도 부합하고 상대방에게도 덜 침익적인 부담으로 보는 것이 더 합리적이다.

3. 부담(Auflage)

부담은 수익적 행정행위에 작위·부작위·급부·수인 등의 의무를 결부시키는 부관이다(예: 도로점용허가시 점용료부과·영업허가시 주차시설설치의무부과).

부담은 조건이나 기한과 달리 행정행위의 일부분이 아니라 추가적으로 부가된 의무로서 그

자체가 독립된 행정행위이다. 그러나 주된 행정행위로부터 독립된 것이라 하더라도 주된 행정행위와의 부종성을 부인할 수는 없다.

이와 같은 부담의 특성은 조건과의 비교에서 보다 명확해진다. 예컨대 영업허가시 주차시설설치의무가 부과된 경우, 이를 부담으로 보면 주차시설설치의무는 독립한 행정행위로서 영업허가의 효력발생요건이 아니므로 부담의 이행 여부와 관계없이 영업허가는 허가시 즉시 효력을 발생하지만, 이를 정지조건으로 보면 주차시설을 설치하여야 영업허가의 효력이 발생된다. 한편 해제조건의 경우 조건의 성취 또는 미이행으로 주된 행정행위의 효력이 상실되지만, 부담의 경우 부담을 이행하지 않더라도 주된 행정행위가 소멸되는 것이 아니라, 부담의 불이행을 이유로 주된 행정행위를 철회하거나 또는 부담의 불이행에 대하여 독립해서 행정상 강제집행에 의하여 강제되거나 행정벌 등의 제재가 가하여 질 수 있다.

4. 철회권유보(Wiederrufsvorbehalt) *

철회권의 유보란 주된 행정행위를 하면서 이에 부가하여 일정한 사유(법령에서 규정되거나 부관으로 정하는 사유)가 존재하는 경우에 주된 행정행위를 철회할 수 있는 권한을 유보하는 부관이다. 행정행위가 장기간에 걸쳐 계속되는 경우에는 사후에 발생한 공익적 사유에 의하여 행정행위의 효력을 더 이상 지속시키기 어려운 상황을 예상할 수 있으므로 이러한 경우에 주로 철회권의 유보가 사용된다.

> [판례] 행정청이 종교단체에 대하여 기본재산전환인가를 함에 있어 인가조건을 부가하고 그 불이행시 인가를 취소할 수 있도록 한 경우, 인가조건의 의미는 철회권을 유보한 것이라고 본 사례
>
> "이 사건 기본재산전환인가의 인가조건으로 되어 있는 사유들은 모두 위 인가처분의 효력이 발생하여 기본재산 처분행위가 유효하게 이루어진 이후에 비로소 이행할 수 있는 것들이고, 인가처분 당시에 그 처분에 그와 같은 흠이 존재하였던 것은 아니므로, 위 법리에 의하면, 위 사유들은 모두 인가처분의 철회사유에 해당한다고 보아야 하고, <u>인가처분을 함에 있어 위와 같은 철회사유를 인가조건으로 부가하면서 비록 철회권 유보라고 명시하지 아니한 채 조건불이행시 인가를 취소할 수 있다는 기재를 하였다 하더라도 위 인가조건의 전체적 의미는 인가처분에 대한 철회권을 유보한 것이라고 봄이 상당하다</u>(대판 2003.5.30, 2003다6422)."

철회권유보는 행정행위의 효력소멸의 원인이 되는 점에서 해제조건의 한 특수한 형태라고 할 수 있으나, 해제조건은 어떤 사실의 발생으로 행정행위의 효력이 소멸되는데 반하여 철회권유보는 행정청에 의한 철회권행사가 있어야 행정행위의 효력이 소멸한다는 점에서 차이가 있다.

철회권유보는 사후적인 철회가능성을 사전에 예고함으로써 관계인의 신뢰보호를 차단하는 효

* 사법시험(2013년).

과가 있다는 점에서 그 유용성이 있다.

그러나 철회권유보에 의하여 예정된 철회사유가 발생하더라도 철회권행사가 항상 자유로운 것은 아니고, 이 경우에도 철회의 일반원칙에 따라 일정한 제한을 받는다.

5. 사후부담의 유보(Auflagenvorbehalt)

사후부담의 유보는 사후에 행정행위에 부담을 부가하거나 이미 부과된 부담의 내용을 보충·변경할 수 있는 권한을 유보하는 부관이다. 사후변경권의 유보, 부담권유보, 부담의 사후변경의 유보라고도 한다. 예컨대 수입업자에게 특정국가로부터의 농산물수입허가를 하면서 사후에 수입국을 변경할 수도 있는 권한을 유보하는 경우이다.

사후부담의 유보는 장기간에 걸치는 행정행위의 내용을 사후에 변경하여 기존의 행정행위를 폐기하고 또 다른 내용의 행정행위를 하는데 따르는 번거로움을 피하면서 예기치 못한 상황발생에 탄력적인 대응이 가능하다는 점에서 유용하다.

사후부담의 유보를 행정행위 철회권의 한 형태로 보는 견해도 있으나,[24] 철회권의 유보는 철회사유가 존재하는 경우 행정행위 자체를 철회하는 것임에 비하여 사후부담의 유보는 주된 행정행위를 유지하면서 부담의 내용을 변경하는 것이므로 양자를 구별하는 것이 타당하다.

6. 법률효과의 일부배제

법률효과의 일부배제는 본체인 행정행위에 대하여 법령이 정한 효과의 일부를 배제하는 부관이다. 법률효과의 일부배제의 예로는 통상 택시운송사업면허에서의 격일제 또는 부제운행, 영업허가에서의 영업구역설정 또는 영업시간제한 등을 들고 있다.

우리나라의 다수견해와 판례는 법률효과의 일부배제를 부관의 한 종류로 설명하고 있지만, 이미 살펴본 바와 같이, 법률효과의 일부배제는 부관이라기보다는 행정행위의 내용제한이라고 볼 여지가 있다. 왜냐하면 법률효과의 일부배제는 본체인 행정행위의 주된 규율에 대한 부가적인 규율(zusätzliche Regelungen)이라기보다는 본체인 행정행위의 내용 그 자체를 정하는 것(Inhaltsbestimmungen des Verwaltungsaktes)이기 때문이다. 문헌에서, 예컨대 영업구역의 설정을 법률효과의 일부배제로 보는 견해도 있고,[25] 내용제한의 예로 소개하기도 하고,[26] 또한 운전면허에 제한을 두는 것(예: 2종운전면허[27])을 내용제한으로 보기도 하고,[28] 법률효과의 일부배제로 보기도 하는 것은[29]

---

24) 이상규, 신행정법론(상), 384면.
25) 박균성, 행정법강의, 261면.
26) 김동희/최계영, 행정법 I, 313면.
27) 이러한 제한은 사실 도로교통법령에 의한 것으로 법정부관으로 보아야 할 것이다.
28) 홍정선, 행정법원론(상), 517면.
29) 박균성, 행정법강의, 261면.

행정행위의 내용제한과 법률효과의 일부배제를 구별하기 어렵기 때문이라고 생각한다. 따라서 법률효과의 일부배제는 그 자체로 하나의 독립된 행정행위로 이해하는 것이 타당하다.

법률효과의 일부배제는 법률로 정한 효과를 행정행위를 통하여 일부 배제하는 것이므로 법률의 근거가 있는 경우에만 허용된다.

판례는 법률효과의 일부배제를 부관으로 보고, 따라서 독립하여 취소소송의 대상으로 할 수 없다고 하고 있다. 그러나 법률효과의 일부배제는 법이 정한 행정행위의 '효과 자체를 제한'하는 것인데 이를 부관으로 보는 것은 문제가 있고, 또한 이를 독립하여 다투지 못하게 할 이유도 없다고 판단된다. 이는 국민의 권리구제라는 측면에서도 부당한 결과가 되는 것이므로 법률효과 자체를 배제하는 행정행위는 독립한 행정행위로서 취소소송의 대상이 된다고 보아야 한다.

예컨대 유통산업발전법 제8조는 대규모점포의 등록을 규정하면서, 동법 제12조의2 제1항, 제2항, 제3항에서 대형마트와 준대규모점포의 영업시간 제한과 의무휴업일 지정에 관하여 규정하고 있는데, 이는 법이 정한 영업의 효과를 제한하는 것이라는 점에서 행정행위의 내용제한으로 보는 것이 타당하다고 생각되나, 판례는 이를 법률효과의 일부배제로서 부관으로 볼 것이라고 판단되는데, 한편 최근 판례에서는 유통산업발전법에 따른 행정청의 영업시간제한 및 의무휴업일 지정이 처분임을 전제로 그 재량권의 일탈·남용 여부를 판단하고 있어(대판 2015.11.19, 2015두295 전원합의체), 법률효과를 배제하는 것을 부관으로 보는 판례의 입장이 과연 일관된 것인지 의문이 든다.

> [판례] 공유수면매립준공인가처분 중 매립지 일부에 대하여 한 국가 및 지방자치단체에의 귀속처분만이 독립하여 행정소송 대상이 될 수 있는지 여부
>
> "행정행위의 부관은 부담의 경우를 제외하고는 독립하여 행정소송의 대상이 될 수 없는 것인바, 지방국토관리청장이 <u>일부 공유수면매립지에 대하여 한 국가 또는 직할시 귀속처분은</u> 매립준공인가를 함에 있어서 매립의 면허를 받은 자의 매립지에 대한 소유권취득을 규정한 <u>공유수면매립법 제14조의 효과 일부를 배제하는 부관을 붙인 것이고, 이러한 행정행위의 부관은 위 법리와 같이 독립하여 행정소송 대상이 될 수 없다</u>(대판 1993.10.8, 93누2032)."

7. 이른바 수정부담의 문제

수정부담(modifizierende Auflage)은 행정행위에 부가하여 새로운 의무를 부과하는 것이 아니라 상대방이 신청한 것과는 다른 행정행위를 발급하는 것을 말한다. 예컨대 4층 건물의 건축허가 신청에 대하여 3층 건물의 건축을 조건으로 허가를 하는 경우가 그 예이다.

이러한 수정부담은 통상의 부관이 "Ja, aber"의 구조인데 반하여, 상대방의 신청을 거부하면서 그 내용수정을 조건으로 행정행위를 발급하는 것이므로 "Nein, aber"의 구조이다.

그러나 수정부담에 대하여는 행정행위의 부관이라기보다는 신청된 행정행위에 대한 변경된 행정행위, 즉 수정허가로 보는 견해가 다수이다. 독일의 경우에도 수정부담이 부관인가에 대하여는 논란이 있지만, 수정부담의 경우는 부가적인 규율을 의미하는 부관의 문제라기보다는 신청된 행정행위에 대한 행정행위의 내용제한 또는 변경의 문제로 이해하고 있다.30)

수정부담은 행정행위 내용변경에 대한 법적 근거가 존재하고 신청인이 동의하는 경우에 그 효력이 발생한다. 독일에서는 신청인이 수정부담에 대하여 불복하는 경우에 이에 대한 쟁송은 수정부담에 대한 무효확인이나 취소가 아닌 신청내용에 따르는 부작위위법확인 또는 의무이행을 구하는 것이라고 보는 견해가 일반적이다.

Ⅲ. 부관의 한계 *

1. 부관의 허용성(가능성)

(1) 종래의 견해 및 판례

어떠한 행정행위에 부관을 붙일 수 있는가에 관하여 전통적인 견해는, 부관은 ① 법률행위적 행정행위에 한하여, 그리고 ② 재량행위에만 붙일 수 있다고 보고 있다. 준법률행위적 행정행위는 의사표시를 요소로 하지 않고 있고, 기속행위에 대한 부관은 기속행위에 대한 공권을 침해하는 것이기 때문에 부관을 붙일 수 없다는 것이다. 판례도 같은 입장이다.

[판례1] 재량행위에 부관을 붙일 수 있는지 여부

"재량행위에 있어서는 관계 법령에 명시적인 금지규정이 없는 한 행정목적을 달성하기 위하여 조건이나 기한, 부담 등의 부관을 붙일 수 있고, 그 부관의 내용이 이행 가능하고 비례의 원칙 및 평등의 원칙에 적합하며 행정처분의 본질적 효력을 저해하지 아니하는 이상 위법하다고 할 수 없다(대판 2009.10.29, 2008두9829)."

"재량행위에 있어서는 법령상의 근거가 없다고 하더라도 부관을 붙일 수 있는데, 그 부관의 내용은 적법하고 이행 가능하여야 하며 비례의 원칙 및 평등의 원칙에 적합하고 행정처분의 본질적 효력을 해하지 아니하는 한도의 것이어야 한다(대판 1997.3.14, 96누16698)."

[판례2] 기속행위에 부관이 허용되는지 여부

"일반적으로 기속행위나 기속적 재량행위에는 부관을 붙일 수 없고 가사 부관을 붙였다 하더라도 무효이며, 건축법 소정의 건축허가권자는 건축허가신청이 건축법, 도시계획법 등 관계법규에서

* 변호사시험(2012년), 변호사시험(2016년), 5급공채(행정)(2016년), 5급공채(행정)(2017년), 5급공채(2020년).

30) Maurer, Allgemeines Verwaltungsrecht, §12 RN 16 참조.

> 정하는 어떠한 제한에 배치되지 않는 이상 당연히 같은 법조 소정의 건축허가를 하여야 하므로, 법률상의 근거없이 그 신청이 관계법규에서 정한 제한에 배치되는지의 여부에 대한 심사를 거부할 수 없고, 심사결과 그 신청이 법정요건에 합치하는 경우에는 특별한 사정이 없는 한 이를 허가하여야 하며, 공익상 필요가 없음에도 불구하고 요건을 갖춘 자에 대한 허가를 관계법령에서 정하는 제한사유 이외의 사유를 들어 거부할 수는 없다고 하는 것이 이 법원의 확립된 견해인바, 이 사건 허가조건 제20항은 부관을 붙일 수 없는 기속행위 내지 기속적 재량행위인 건축허가에 붙인 부담이거나 또는 법령상 아무런 근거가 없는 부관이어서 무효라고 할 것이다(대판 1995.6.13, 94다56883)."

(2) 비판적 견해

전통적인 견해에 대하여는 다음과 같은 비판적 견해들이 있다.

(i) 준법률행위적 행정행위의 경우에도 확인·공증의 경우에는 기한이라는 부관이 가능하고, 또한 법적 근거가 있다면 법률행위적 행정행위와 준법률행위적 행정행위를 가리지 않고 부관을 붙일 수 있다.[31)]

(ii) 법률행위적 행정행위의 경우에도 부관을 붙일 수 없는 경우도 있는데, 그 예로는 포괄적 신분설정행위로서의 특허에 해당하는 귀화허가의 경우는 법적 안정성의 견지에서 부관을 붙일 수 없다.

(iii) 기속행위의 경우에도 법적 근거가 있으면 부관을 붙일 수 있다. 부관의 가능성 문제는 법률행위적 행정행위인가 준법률행위적 행정행위인가 또는 재량행위인가 기속행위인가에 의하여 결정되는 것이 아니라, 행정행위의 부관이 수익적 행정행위에 부가된 침익적 행정작용이라는 관점에서 행정의 법률적합성, 특히 법률유보의 관점에서 판단되어야 하므로, 법적 근거가 있으면 어떠한 행정행위인가와 관련 없이 부관이 가능하다. 실제로 영업허가와 같은 기속행위의 경우에도 법적 근거(식품위생법 37 ②)에 의하여 부관이 붙여지고 있다. 이러한 점에서 재량행위의 경우에도 부관을 붙이려면 침해유보의 관점에서 법적 근거가 필요하다.

(iv) 기속행위의 경우 별도의 법적 근거가 없더라도 법정요건을 충족할 것을 조건으로 하는 '법률요건충족적 부관'은 가능하다.[32)][33)] 독일연방행정절차법 제36조 제1항은 기속행위에는 부관

---

31) 예컨대 여권법 제5조는 여권에 유효기간을 붙일 수 있음을 규정하고 있고, 국외에 체류하는 국가보안법 제2조에 따른 반국가단체의 구성원으로서 대한민국의 안전보장, 질서유지 및 통일·외교정책에 중대한 침해를 야기할 우려가 있는 사람의 경우 1년부터 5년까지의 범위에서 침해 우려의 정도에 따라 외교통상부장관이 정하는 기준에 따른 기간을 여권의 유효기간으로 정할 수 있다(여권법시행령 6 ② 5호)고 하여 준법률행위적 행정행위인 공증에도 기간과 같은 부관은 가능하다.

32) 예컨대, 법정요건으로 요구되는 일정시설이 갖추어지지 않은 경우, 이와 같은 시설의 완비를 조건으로 건축허가를 발급하는 경우.

33) 법률요건충족적 부관을 규정하고 있는 입법례도 있다. 예컨대 도로교통법 제100조 제1항은 "시·도경찰청장은 제99조에 따라 학원 등록을 할 경우 대통령령으로 정하는 기간에 제101조에 따른 시설 및 설비 등을 갖출 것을 조건으로 하여 학원의 등록을 받을 수 있다."고 규정하고 있다.

이 법령에 의하여 허용되거나, 행정행위의 법적 요건의 충족을 보장하는 경우에 한하여 가능함을 규정하고 있다.

(3) 행정기본법 규정

행정기본법은 재량행위에는 법적 근거 없이도 부관을 붙일 수 있지만(행정기본법 17 ①), 재량행위 이외에는 법적 근거가 있어야 부관을 붙일 수 있다(행정기본법 17 ②)고 규정하고 있다.

(4) 결론

부관의 가능성은 행정행위의 종류에 의하여 결정되는 것이라기보다는 개개의 행정행위의 성질에 따라 개별적으로 결정되는 것이 합리적이다. 이러한 점에서 비판적인 견해들과 행정기본법 규정을 바탕으로 결론을 요약해 본다.

(i) 법적 근거가 있으면 행정행위의 종류에 관계없이 부관을 붙일 수 있다.

(ii) 그러나 법적 근거가 없는 경우에는 재량행위에는 부관을 붙일 수 있지만 기속행위에는 부관을 붙일 수 없다. 부관의 침익적 성질 때문에 침해유보의 관점에서 재량행위에 대한 부관에도 법적 근거를 요하도록 하는 것이 원칙이나 행정의 실제에 있어 모든 부관에 법적 근거를 요구하는 것이 어렵다는 점을 감안하면 행정행위의 효과를 결정할 수 있는 행정청의 입장에서 재량권의 한계를 준수하는 범위 내에서 부관을 통한 법적 효과의 합리적인 제한은 가능하다고 보아야 할 것이다.

[판례] 보조금 교부결정에 관하여 행정청에 광범위한 재량이 부여되어 있는지 여부(적극) 및 행정청이 보조금을 교부할 때 조건을 붙일 수 있는지 여부(적극) / 법원은 행정청이 설정한 심사기준을 존중해야 하는지 여부(원칙적 적극)

"재량행위에는 법령상 근거가 없더라도 그 내용이 적법하고 이행가능하며 비례의 원칙 및 평등의 원칙에 적합하고 행정처분의 본질적 효력을 해하지 아니하는 한도 내에서 부관을 붙일 수 있다(대판 2002.1.25, 2001두3600 등 참조). 일반적으로 보조금 교부결정에 관해서는 행정청에 광범위한 재량이 부여되어 있고, 행정청은 보조금 교부결정을 할 때 법령과 예산에서 정하는 보조금의 교부 목적을 달성하는 데에 필요한 조건을 붙일 수 있다(보조금법 18 ①, 「담양군 지방보조금 관리조례」 16 ① 참조). 또한 행정청의 광범위한 재량과 자율적인 정책 판단에 맡겨진 사항과 관련하여 행정청이 설정한 심사기준이 상위법령에 위배된다거나 객관적으로 불합리하다고 평가할 만한 특별한 사정이 없는 이상, 법원은 이를 존중하여야 한다(대판 2019.1.10, 2017두43319 참조) (대판 2021.2.4, 2020두48772[시공업체선정처분취소])."

(iii) 행정기본법에 규정은 없지만, 기속행위의 경우 법적 근거가 없더라도 법률요건충족적 부관은 가능하다고 할 수 있다. 다만 이 점은 독일과 같은 규정이 없는 우리나라의 경우 논란의 여지는 있는데, 이와 관련하여 –판례가 재량행위로 보는 '개발행위허가가 의제되는 건축허가'의 경우이기는 하지만– 판례는 건축허가를 하면서 의제되는 '개발행위허가의 요건을 갖출 것을 조건으로 하여' 건축허가를 발급하는 것이 위법하다고 볼 수 없다고 하여 (기속행위인) 건축허가에도 법률요건충족적 부관이 가능하다고 판단하고 있다.

[판례] 행정청은 건축주의 건축계획이 마땅히 갖추어야 할 '부지 확보' 요건을 충족하지 못하였음을 이유로 이미 발급한 건축허가를 직권으로 취소할 수 있는지(적극)

"건축주가 '부지 확보' 요건을 완비하지는 못한 상태이더라도 가까운 장래에 '부지 확보' 요건을 갖출 가능성이 높다면, 건축행정청이 추후 별도로 국토계획법상 개발행위(토지형질변경) 허가를 받을 것을 명시적 조건으로 하거나 또는 당연히 요청되는 사항이므로 묵시적인 전제로 하여 건축주에 대하여 건축법상 건축허가를 발급하는 것이 위법하다고 볼 수는 없다. 그러나 건축주가 건축법상 건축허가를 발급받은 후에 국토계획법상 개발행위(토지형질변경) 허가절차를 이행하기를 거부하거나, 그 밖의 사정변경으로 해당 건축부지에 대하여 국토계획법상 개발행위(토지형질변경) 허가를 발급할 가능성이 사라졌다면, 건축행정청은 건축주의 건축계획이 마땅히 갖추어야 할 '부지 확보' 요건을 충족하지 못하였음을 이유로 이미 발급한 건축허가를 직권으로 취소·철회하는 방법으로 회수하는 것이 필요하다(대판 2020.7.23, 2019두31839[건축허가취소처분취소])."

[판례] 일괄심사 대상인 토지형질변경에 대한 심사 없이 이루어진 건축신고 수리처분이 적법한지 여부(소극)

"건축행정청이 추후 별도로 국토계획법상 개발행위(토지형질변경)허가를 받을 것을 명시적 조건으로 하거나 또는 묵시적인 전제로 하여 건축주에 대하여 건축법상 건축신고 수리처분을 한다면, 이는 가까운 장래에 '부지 확보' 요건을 갖출 것을 전제로 한 경우이므로 그 건축신고 수리처분이 위법하다고 볼 수는 없지만(대법원 2020.7.23. 선고 2019두31839 판결 참조), '부지 확보' 요건을 완비하지 못한 상태에서 건축신고 수리처분이 이루어졌음에도 그 처분 당시 건축주가 장래에도 토지형질변경허가를 받지 않거나 받지 못할 것이 명백하였다면, 그 건축신고 수리처분은 '부지 확보'라는 수리요건이 갖추어지지 않았음이 확정된 상태에서 이루어진 처분으로서 적법하다고 볼 수 없다(대판 2023.9.21, 2022두31143[건축신고수리처분취소])."

2. 부관의 자유성(내용상의 한계)

부관도 행정작용이므로 행정작용의 적법요건(주체·내용·형식·절차)을 준수하여야 한다. 특히 내용요건과 관련하여 부관에는 다음과 같은 한계가 있다.

(1) 행정의 법률적합성의 원칙, 특히 법률우위의 원칙과 관련하여 부관은 법령에 위반되어서는 안 된다.

(2) 부관은 비례원칙·평등원칙·이익형량의 원칙 등 행정법의 일반원칙을 준수하여야 하고,[34] 특히 주된 행정행위의 목적에 위배되지 말아야 한다(부당결부금지의 원칙).[35]

이와 관련하여 행정기본법은 부관은 ① 해당 처분의 목적에 위배되지 아니하고, ② 해당 처분과 실질적인 관련이 있어야 하며, ③ 해당 처분의 목적을 달성하기 위하여 필요한 최소한의 범위일 것이라는 요건에 적합하여야 한다고 규정하고 있는데(행정기본법 17 ④), 이 중 ①과 ②는 부당결부금지의 원칙을, ③은 비례원칙(특히 필요성의 원칙)을 구체적으로 표현한 것이다.

(3) 그 밖에도 부관의 내용이 명확하고 실현가능한 것이어야 한다.

3. 사후부관의 문제 *

행정행위의 부관은 원칙적으로 주된 행정행위와 동시에 부가되는 것이 일반적인데, 주된 행정행위 발령 이후에 부관을 붙일 수 있는가 하는 것이 사후부관의 문제이다.

(1) 행정기본법 이전의 학설과 판례

1) 학설

사후부관에 관하여는 ① 부관의 부종성으로 인하여 부관의 독자성을 인정할 수 없으므로 사후부관은 불가능하다고 하는 부정설, ② 부담만은 독립한 행정행위이므로 사후부관이 가능하다는 견해, ③ 법적인 근거가 있거나, 상대방의 동의가 있거나, 행정행위 자체에 사후부관의 가능성이 유보되어 있는 경우에는 사후부관이 가능하다는 제한적 긍정설(다수설)이 나뉘어 있다.

2) 판례

판례는 사후부담은 법률에 명문의 규정이 있거나 그것이 미리 유보되어 있는 경우 또는 상대방의 동의가 있는 경우에 허용되는 것이 원칙이라고 하여 제한적 긍정설과 같은 입장이면서, 나아가 사정변경으로 인하여 당초에 부담을 부가한 목적을 달성할 수 없게 된 경우에도 그 목적달성에 필요한 범위 내에서 예외적으로 허용된다는 입장이다.

[판례1] 부관의 사후변경이 허용되는 경우

"행정처분이 발하여진 후 새로운 부담을 부가하거나 이미 부가되어 있는 부담의 범위 또는 내용

* 변호사시험(2016년), 5급공채(일반행정)(2013년).

34) 대판 2004.3.25, 2003두12837.

35) 대판 2009.2.12, 2005다65500.

등을 변경하는 이른바 사후부담은, 법률에 명문의 규정이 있거나 그것이 미리 유보되어 있는 경우 또는 상대방의 동의가 있는 경우에 허용되는 것이 원칙이다(대판 2009.11.12, 2008다98006)."

"부관은 면허 발급 당시에 붙이는 것뿐만 아니라 면허 발급 이후에 붙이는 것도 법률에 명문의 규정이 있거나 변경이 미리 유보되어 있는 경우 또는 상대방의 동의가 있는 경우 등에는 특별한 사정이 없는 한 허용된다. 따라서 관할 행정청은 면허 발급 이후에도 운송사업자의 동의하에 여객자동차운송사업의 질서 확립을 위하여 운송사업자가 준수할 의무를 정하고 이를 위반할 경우 감차명령을 할 수 있다는 내용의 면허 조건을 붙일 수 있고, 운송사업자가 조건을 위반하였다면 여객자동차법 제85조 제1항 제38호에 따라 감차명령을 할 수 있으며, 감차명령은 행정소송법 제2조 제1항 제1호가 정한 처분으로서 항고소송의 대상이 된다(대판 2016.11.24, 2016두45028)."

[판례2] 부관의 사후변경이 허용되는 범위

"본체인 행정처분에 이미 부담이 부가되어 있는 상태에서 그 의무의 범위 또는 내용 등을 변경하는 부관의 사후변경은, 법률에 명문의 규정이 있거나 그 변경이 미리 유보되어 있는 경우 또는 상대방의 동의가 있는 경우에 한하여 허용되는 것이 원칙이지만, 사정변경으로 인하여 당초에 부담을 부가한 목적을 달성할 수 없게 된 경우에도 그 목적달성에 필요한 범위 내에서 예외적으로 허용된다고 볼 것이다(대판 1997.5.30, 97누2627)."

(2) 행정기본법 규정

행정기본법은 '행정청은 ① 법률에 근거가 있거나, ② 당사자의 동의가 있거나, ③ 사정이 변경되어 부관을 새로 붙이거나 종전의 부관을 변경하지 아니하면 해당 처분의 목적을 달성할 수 없다고 인정되는 경우에는 사후부관 또는 기존 부관의 변경이 가능하다(행정기본법 17 ③)'고 하여, 기존 학설과 판례의 입장을 반영한 규정을 두고 있다.

(3) 결론

사후부관은 기존의 행정행위를 부관이 붙은(또는 기존의 부관이 변경된) 새로운 행정행위로 변경하는 것이므로 법률의 명시적인 근거가 없는 한 원칙적으로 허용될 수 없다.

그러나 행정행위를 취소하는 것 보다 부관이 붙은 새로운 행정행위로 전환하는 것이 당사자에게 유리한 경우에는 예외적으로 사후부관이 허용될 수 있을 것이다. 이러한 점에서 사후부관을 부정하는 것 보다는 예외적으로 인정하는 제한적 긍정설 및 판례의 입장이 타당하다.

다만 사후부관은 기존 행정행위를 부분적으로 취소·철회하는 것을 의미하므로, 이러한 점에서 여기에는 신뢰보호의 원칙·비례원칙 등에 의한 제한과 같은 행정행위의 취소·철회의 제한에 관한 법리가 적용되어야 함은 물론이다. 이러한 점에서 애초에 부관을 부과한 목적의 범위 내에서는 예외적으로 부관의 사후변경이 허용된다고 하는 판례 및 이를 수용한 행정기본법 규정이 타당하다.

Ⅳ. 하자있는 부관과 행정행위의 효력*

부관의 위법사유가 중대하고 명백하여 당연무효인 경우 주된 행정행위의 효력에 관하여는 학설이 나뉜다. 이에 대하여 ① 부관이 무효인 경우 부관 없이 주된 행정행위만이 남는다는 견해(즉 부관만 무효), ② 부관이 무효이면 주된 행정행위도 무효가 된다는 견해(즉 전부 무효), ③ 부관만이 무효가 되는 것이 원칙이나, 부관이 없었다면 주된 행정행위를 하지 않았을 것이라 인정되는 경우에 한하여 부관의 무효로 인한 주된 행정행위의 무효를 인정하는 견해가 있는데, 제3설이 현재의 통설이며, 판례도 같은 입장이다.

> [판례] 부관이 위법한 경우 주된 행정행위의 위법 여부
> "도로점용허가의 점용기간은 행정행위의 본질적인 요소에 해당한다고 볼 것이어서 부관인 점용기간을 정함에 있어서 위법사유가 있다면 이로써 도로점용허가처분 전부가 위법하게 된다(대판 1985.7.9, 84누604)."

그런데 통설에 따를 경우, 문제는 부관이 주된 행정행위의 중요요소 또는 본질적인 요소인가를 어떤 기준으로 판단할 것인가 하는 것이다. 결국 이 문제는 행정청이 무효인 부관 없이도 동일한 행정행위를 했을 것으로 인정되는가 하는 관점에서 파악하여야 할 것이다.

Ⅴ. 위법한 부관에 대한 행정쟁송**

부관이 위법하면 이를 행정쟁송으로 다툴 수 있다. 그런데 문제는 이 경우 위법한 부관만 독립하여 행정쟁송의 대상으로 할 수 있는가, 그리고 법원은 부관만을 독립적으로 취소할 수 있는가 하는 것이다. 소송의 심리단계로 구분하자면, 전자는 소송의 요건심리단계에서의 문제이고, 후자는 소송의 본안심리단계에서의 문제이다. 이에 따라 이하에서는 이를 구분하여 설명한다.

1. 부관의 독립쟁송가능성

부관의 독립쟁송가능성은 쟁송제기시 부관만 독립하여 쟁송의 대상으로 할 수 있는가의 문제

---

* 입법고시(2007년).

** 법원행정고시(2007년), 변호사시험(2012년), 사법시험(2011년), 행정고시(2001년), 행정고시(일반행정)(2008년), 5급공채(일반행정)(2013년).

이다. 이에 대하여는 학설이 나뉘고 있다.

(1) 부담만 독립하여 쟁송의 대상으로 할 수 있다는 견해

이 견해는 부담은 그 자체 독립한 행정행위이므로 부담은 독립하여 쟁송의 대상으로 할 수 있고, 부담 이외의 부관은 부관만 독립쟁송의 대상이 될 수 없으므로, 부관부 행정행위 전체를 쟁송의 대상으로 하여 부관의 효력을 다툴 수 있을 뿐이라고 한다.

이 경우 소송형태는, 부담의 경우 부담만 독립하여 소송의 대상으로 하면서 부담만 취소해 줄 것을 요구하는 경우 이는 '진정일부취소청구'가 되고, 부담 이외의 부관의 경우 형식적으로는 부관부 행정행위 전체를 쟁송의 대상으로 하면서 내용적으로는 일부취소의 형태로 부관만의 취소를 구하는 경우는 '부진정일부취소청구'가 될 것이다.

이 설이 다수설 및 판례의 입장이다.

[판례1] 부담을 제외한 부관은 독립하여 행정소송의 대상이 될 수 없다는 판례

[1] "어업면허처분을 함에 있어 그 면허의 유효기간을 1년으로 정한 경우, 위 면허의 유효기간은 행정청이 위 어업면허처분의 효력을 제한하기 위한 행정행위의 부관이라 할 것이고 이러한 행정행위의 부관은 독립하여 행정소송의 대상이 될 수 없는 것이므로 위 어업면허처분 중 그 면허유효기간만의 취소를 구하는 청구는 허용될 수 없다(대판 1986.8.19, 86누202)."

[2] "행정행위의 부관은 부담의 경우를 제외하고는 독립하여 행정소송의 대상이 될 수 없는 것인바, 행정청이 한 공유수면매립준공인가 중 매립지 일부에 대하여 한 국가귀속처분은 매립준공인가를 함에 있어서 매립의 면허를 받은 자의 매립지에 대한 소유권취득을 규정한 공유수면매립법 제14조의 효과 일부를 배제하는 부관을 붙인 것이므로 이러한 행정행위의 부관에 대하여는 독립하여 행정소송의 대상으로 삼을 수 없다(대판 1991.12.13, 90누8503)."

[3] "행정행위의 부관은 부담인 경우를 제외하고는 독립하여 행정소송의 대상이 될 수 없는바, 기부채납받은 행정재산에 대한 사용·수익허가에서 공유재산의 관리청이 정한 사용·수익허가의 기간은 그 허가의 효력을 제한하기 위한 행정행위의 부관으로서 이러한 사용·수익허가의 기간에 대해서는 독립하여 행정소송을 제기할 수 없다(대판 2001.6.15, 99두509)."

[판례2] 부담은 독립하여 행정소송의 대상이 될 수 있다는 판례

"행정행위의 부관은 행정행위의 일반적인 효력이나 효과를 제한하기 위하여 의사표시의 주된 내용에 부가되는 종된 의사표시이지 그 자체로서 직접 법적 효과를 발생하는 독립된 처분이 아니므로 현행 행정쟁송제도 아래서는 부관 그 자체만을 독립된 쟁송의 대상으로 할 수 없는 것이 원칙이나 행정행위의 부관 중에서도 행정행위에 부수하여 그 행정행위의 상대방에게 일정한 의무를 부과하

는 행정청의 의사표시인 부담의 경우에는 다른 부관과는 달리 행정행위의 불가분적인 요소가 아니고 그 존속이 본체인 행정행위의 존재를 전제로 하는 것일 뿐이므로 부담 그 자체로서 행정쟁송의 대상이 될 수 있다(대판 1992.1.21, 91누1264)."

판례는 부담은 본체인 행정행위로부터의 독립성이 인정되어 부담만이 행정쟁송의 대상이 될 수 있다고 보고 있는데, 문제는 판례는 부담 이외의 부관은 독립된 처분이 아니라고 보고 있다는 점이다. 즉 판례는 부담은 독립쟁송이 가능하고 다른 부관은 불가능한 이유를 부담은 처분이고 다른 부관은 주된 의사표시에 부과된 종된 의사표시로서 단지 행정행위의 일부일 뿐 그 자체로서 직접 법적 효과를 발생하는 독립된 처분이 아니기 때문이라고 하고 있다. 학자들 가운데에도 부담 이외의 부관에는 취소소송의 대상으로서의 처분성이 인정되지 않는다고 보는 견해도 있다.[36)]

그러나 부관은 주된 행정행위에 붙은 －효과를 제한하는 것이든 보충하는 것이든－ 권리를 제한하거나 의무를 부과하는 침익적 내용의 종된 '행정행위'이다. 부관의 부과는 상대방에게 권리를 제한하거나 일정한 의무를 부담하게 하는 '법적 효과'를 발생시킨다. 이러한 점에서 부관을 처분이 아니라고 하는 판례의 입장에는 동의할 수 없다.

아울러 부담은 독립쟁송이 가능하고 그 외의 부관은 불가능한 이유는 －부관의 처분성 때문이 아니라－ 부관과 주된 행정행위와의 관계 때문이라고 보아야 한다. 즉 부관의 부종성이라는 관점에서, 부종성이 상대적으로 약한 부담의 경우는 어느 정도의 '독립성'이 인정되므로 진정일부취소가 가능한 것이지만, 그 외의 부관은 주된 행정행위가 없었더라면 부관도 없었을 정도로 부관의 부종성이 강하기 때문에 부관만을 취소소송의 대상으로 하는 것이 의미가 없는 것이다.

아무튼 판례는 부담 이외의 부관은 독립해서 행정소송의 대상이 될 수 없다는 입장으로 그 이유는 부담 이외의 부관은 그 자체로서 직접 법적 효과를 발생하는 독립된 처분이 아니기 때문이라고 하고 있다. 따라서 부담 이외의 부관에 대해서는 진정일부취소청구든 부진정일부취소청구든 일부취소청구를 할 수 없고, 만약 일부취소청구를 하면 그 소는 부적법하여 각하된다. 후술하는 부관의 독립취소가능성과 관련하여서도 판례는 부관이 '행정행위의 본질적인 요소에 해당하는 경우에는' 부관의 위법으로 전체 행정행위가 위법하게 되어 전체 행정행위를 취소하여야 한다고 하여 부관에 대한 부진정일부취소를 인정하지 않고 있는데,[37)] 그 이유도 부담을 제외한 부관은 처분

36) 김동희/최계영, 행정법Ⅰ, 318~319면.

37) "위 도로점용허가의 점용기간은 행정행위의 본질적인 요소에 해당한다고 볼 것이어서 부관인 점용기간을 정함에 있어서 위법사유가 있다면 이로써 도로점용허가 처분 전부가 위법하게 된다고 할 것이다(대판 1985.7.9, 84누604)"의 원심판결:

"이 사건 도로점용허가처분의 부관만의 취소를 구하는 원고의 주위적 청구에 관한 소는 부적법하므로 이를 각하하고, 이 사건 도로점용허가처분 전부가 위법하다 하여 그의 취소를 구하는 원고의 예비적 청구는 이유 있어 이를 인용한다(대구고법 1984.8.9, 선고 83구122 제2특별부판결)."

이 아니어서 일부취소의 대상이 될 수 없다고 보고 있기 때문이다.

그런데 이와 같은 판례의 태도는 이해하기 어렵다. 부관이 그 자체로서 법적 규율로서 처분성이 있는 경우라면 부관에 대한 부진정일부취소청구 자체를 허용하지 말아야 할 이유가 없고, 또한 위법한 부관이 본체인 행정행위의 본질적인 요소가 아니라면, 다시 말해서 부관이 없더라도 주된 행정행위를 하였을 것으로 판단되는 경우에는, 위법한 부관만 취소하는 부진정일부취소를 인정하는 것이 합리적이라 판단되기 때문이다.

(2) 위법한 부관 등은 독립하여 쟁송의 대상으로 할 수 있다는 견해

이 설은 부관이 위법하면 그 종류를 불문하고 모두 독립쟁송가능성을 인정하거나, 소의 이익이 있는 한 모든 부관에 대하여 독립하여 쟁송의 대상이 될 수 있다고 한다.[38] 이 견해에 의하면 적어도 이론적으로는 모든 부관에 대하여 진정일부취소소송이 가능하여야 하나, 이 견해는 부관에 관한 쟁송은 성질상 모두가 부진정일부취소청구의 형태를 취할 수밖에 없다고 한다.[39] 이 견해는 부담을 포함한 모든 부관의 행정행위로서의 성질을 부인하고 있는 것으로 보인다.

(3) 분리가능성을 기준으로 하는 견해

이 견해는 부관의 독립쟁송가능성의 문제는 부관의 종류나 부관의 처분성 여부가 중요한 것이 아니라 당해 부관이 주된 행정행위와 분리하여 독자적으로 다툴 수 있는 정도의 분리가능성을 가지고 있는가 하는 것이 중요하다고 한다.

그런데 부관은 주된 행정행위에 붙여진 종된 규율이라는 점에서 논리적으로 모든 부관은 주된 행정행위로부터 분리가능한 것이므로, 사실상 원칙적으로 모든 부관은 논리적으로 독립하여 다투어질 수 있다고 한다. 즉 독립쟁송가능성의 문제는 소송요건의 문제이므로 비교적 이를 넓게 인정하자는 것이다. 부관이 주된 행정행위 없이는 존속할 수 없는 것인가 하는 문제는 요건판단이 아닌 본안판단의 문제이므로 독립취소가능성의 문제로 검토되어야 한다고 한다.[40]

이 견해는 결국 논리적인 관점에서 모든 부관은 분리가능한 것으로 봄으로써, 모든 부관에 대한 독립쟁송가능성을 인정하자는 것이다.

(4) 결론

(i) 부관에 대한 독립쟁송가능성과 관련하여 다수설과 판례는 부담을 제외하고는 부관만을 독립하여 쟁송의 대상으로 할 수 없다는 입장인데, 그 이유를 부관의 부종성에 찾는 것이 아니라 부

38) 김남진/김연태, 행정법Ⅰ, 270면; 박윤흔, 최신행정법강의(상), 396면.
39) 김남진/김연태, 행정법Ⅰ, 272면.
40) 류지태/박종수, 행정법신론, 276면.

관의 처분성과 관련시키고 있다는 점에서 문제가 있다. 특히 판례는 부담을 제외한 부관을 행정쟁송법상의 처분이 아니라고 보고 있는데 과연 부관을 일률적으로 처분이 아니라고 볼 수 있는지 의문이다.

(ii) 위법한 부관이나 소의 이익이 있으면 모든 부관에 대한 독립쟁송가능성을 인정하는 견해는 부관의 '위법성' 판단은 본안판단의 문제라는 점, 그리고 소의 이익과 부관의 독립쟁송가능성은 상호 논리적으로 연결되는 문제가 아니라는 점을 간과하고 있다.

(iii) 분리가능성을 기준으로 하는 견해는 결국 모든 부관의 독립쟁송가능성을 인정하는 견해인데, 이 견해에 의하면 취소소송에서 부관에 대한 진정일부취소청구가 기각되면 부관부 전체행정행위를 대상으로 다투는 방법을 강구하면 될 것이라고 하고 있는데,[41] 이는 결국 권리구제의 우회를 의미하거나 또는 진정일부취소청구와 부진정일부취소청구를 동시에 또는 순차적으로 제기하도록 하는 것이므로, 결국 결론적으로는 부진정일부취소를 인정하는 견해와 다를 것이 없다.

(iv) 생각건대 부관의 독립쟁송가능성의 문제와 관련하여서는 부관의 의의와 기능의 관점에서 부담의 경우는 독립쟁송이 가능하고 그 외의 부관의 경우에는 독립쟁송이 가능하지 않다고 보는 것이 합리적이라고 생각한다.

그러나 모든 부관은 법적 규율로서 일정한 법적 효과를 발생시키는 것인 한 쟁송법상의 처분으로 보아야 한다. 이 점에서 부담 이외의 부관에 대한 처분성이 부인되기 때문에 독립하여 쟁송대상이 되지 않는다는 판례의 입장은 이해하기 어렵다.

결국 부관의 독립쟁송가능성은 어떤 부관이 부담인지 또는 부관 없이는 본체인 행정행위를 하지 않을 정도로 상호 밀접한 관련이 있는지에 대한 판단에 따라 결정되어야 하는 문제라고 생각한다. 물론 이 경우 부관이 본체인 행정행위와 밀접한 관련이 있는지는 본안판단의 문제라는 비판이 있을 수 있으나, 결국 이 문제는 부관의 독립쟁송가능성은 본안에서의 독립취소가능성 판단의 전제를 이루고 있다는 점에서 판단하여야 할 것이다.

2. 부관의 독립취소가능성

부관의 독립취소가능성은 쟁송에서 부관만 독립하여 취소될 수 있는가의 문제이다. 이에 관하여도 학설과 판례는 복잡한 양상을 보이고 있다. 이를 요약하여 정리하면 다음과 같다.

(1) 재량행위와 기속행위를 구분하는 견해

부관의 독립취소가능성의 문제를 기속행위와 재량행위로 구분하여 판단하는 견해이다. 이 견해는 기속행위의 경우 부관을 붙일 수 없는 것이 원칙이라는 점에서 법률의 명시적 근거가 없는 기속행위에 대한 부관은 위법하므로 독립하여 취소될 수 있다고 본다. 그러나 법률요건충족적 부

41) 류지태/박종수, 행정법신론, 281면.

관의 경우는 부관만 취소하면 행정행위가 요건을 결여하는 것이 되어 위법하게 되는 결과로 되기 때문에 예외적인 경우를 제외하고는 독립취소가 인정되지 않는다고 본다.

반면 재량행위의 경우에는 행정청이 부관을 붙일 수 있다는 점에서 부관만의 취소를 인정하기 어렵다고 본다. 즉 재량행위의 경우 처분청이 부관을 부가하지 아니하고도 당해 처분을 했으리라고 판단되는 경우는 부관만의 취소가 의미가 있을 수 있지만, 반대로 부관을 부가하지 않고서는 당해 처분을 하지 않았을 것으로 판단되는 경우에는 부관만의 취소가 인정되지 않는다는 것이다.[42]

(2) 중요성을 기준으로 하는 견해

위법한 부관이 주된 행정행위의 중요한 요소가 아닌 경우에는 부관만을 취소할 수 있지만, 부관 없이는 주된 행정행위를 하지 않았을 것으로 인정되는 것과 같이 위법한 부관이 주된 행정행위의 중요한 요소인 경우에는 부관부 행정행위 전체를 취소하여야 한다는 견해이다.[43]

(3) 분리가능성을 기준으로 하는 견해

이 견해는 논리적 분리가능성의 관점에서 모든 부관은 주된 행정행위와 분리가능하므로 부관만 독립해서 쟁송의 대상이 될 수 있다고 보면서, 독립취소가능성의 문제는 부관과 주된 행정행위의 '실질적 분리가능성'의 문제로 파악한다. 그리하여 실질적 분리가능성이 인정되면 부관의 독립취소가 인정된다고 한다. 이 견해는 ① 법원에 의하여 당해 부관이 취소되더라도 주된 행정행위가 적법하게 존속할 수 있을 때에는 실질적 분리가능성이 인정되고, ② 주된 행정행위가 재량행위인 경우에는 일반적으로 부관의 실질적 분리가능성이 부정된다고 한다.

이 설은 실질적 분리가능성의 판단기준으로 ① 부관이 없어도 주된 행정행위가 적법하게 존속할 수 있을 것과 ② 부관이 없어도 주된 행정행위가 달성하려는 일정한 정도의 공익상의 장애가 발생하지 않을 것을 제시하고 있다.[44]

(4) 위법성을 기준으로 하는 견해

부관이 위법하면 부관에 대한 독립취소가능성을 인정하는 견해이다. 이 견해는 취소소송의 소송물을 부관 자체의 위법성으로 본다. 주된 행정행위의 위법성은 원고의 청구취지에 속하지 않기 때문에 법원은 이에 대하여 판단할 필요가 없다고 한다.[45]

---

42) 김동희/최계영, 행정법Ⅰ, 320면.
43) 이일세, 행정행위의 부관과 행정쟁송, 공법학의 현대적 지평(계희열교수환갑기념논문집), 1995, 655면.
44) 류지태/박종수, 행정법신론, 280면.
45) 정하중, 행정법개론, 235면.

(5) 판례

판례는 부진정일부취소를 인정하지 않고 있다. 따라서 부담의 경우만 독립취소가 가능하고, 그 외의 부관은 독립하여 취소되지 않으므로 전체 행정행위를 취소하여야 한다는 입장이다(대판 1985.7.9, 84누604).

(6) 결어

부담의 경우 학설·판례 모두 주된 행정행위로부터의 독립성이나 부담 그 자체의 처분성을 인정하고 있어 독립하여 취소할 수 있다는 데 이견이 없다.

그러나 부담 이외의 부관의 경우 부관만 독립하여 취소할 수 있는가 하는 문제와 관련하여서는 여러 견해가 제시되고 있으나 이 문제는 결국 부관과 주된 행정행위와의 관계에 따라 판단할 문제이다.

학설들은 대체로 부관이 주된 행정행위와의 관계에서 중요한 요소인가 아닌가를 주요한 판단기준으로 삼고 있다는 점에서는 어느 정도 공통성을 보이고 있다. 그런데 그 이외에 주된 행정행위가 기속행위인가 재량행위인가는 결정적인 기준이 되기 어렵다고 판단된다. 나아가 위법성을 기준으로 하는 견해는 취소소송의 소송물은 부관의 위법성이 아니라 부관이 위법하다는 당사자의 소송상의 청구라는 점을 오인함으로써 위법한 부관은 모두 독립하여 취소된 결과 행정청의 입장에서는 부관 없이는 하지 않았을 처분만 남을 수 있게 되는 불합리한 결과를 초래하게 된다는 문제가 있다. 아울러 판례의 입장은 부관의 독립쟁송가능성이나 독립취소가능성 문제를 부관의 처분성 여부와 관련시키고 있다는 점에서 문제가 있다.

부관의 독립취소 문제는 부관의 종류, 부관의 처분성, 주된 행정행위의 성질 등과는 관련이 없는 부담을 포함한 모든 부관의 주된 행정행위와의 '법상·사실상의 분리가능성'의 문제로 보아야 한다. 따라서 부관이 없었더라면 주된 행정행위가 법적으로나 사실상으로나 가능했을 것인지의 여부를 기준으로 하여 주된 행정행위와 부관과의 분리가능성이 인정되면 독립취소를 인정하는 것이 합리적일 것이다. 이러한 점에서 중요성이나 분리가능성을 기준으로 하는 견해가 타당하다.

Ⅵ. 하자 있는 부관의 이행으로 한 사법상 법률행위의 효력

부관부 행정행위에 있어 부관의 이행으로 사법상의 법률행위가 이루어지는 경우(예: 토지소유자가 토지형질변경행위허가에 붙은 기부채납의 부관에 따라 토지를 기부채납(증여)한 경우), 부관에 하자가 있으면 부관의 이행으로 한 사법상의 법률행위의 효력은 어떻게 되는가가 문제이다. 이에 관하여는 학설이 대립된다.

1. 학설

(1) 독립설

이 견해는 부관과 그 부관의 이행으로 행한 사법상의 법률행위는 상호 별개의 독립된 행위로서 그 효력도 별개로 판단되어야 한다는 입장이다.

(2) 부관종속설

이 견해는 부관의 이행으로 행한 사법상의 법률행위는 부관과 무관한 것이 아니라 부관의 이행행위에 불과하다는 입장이다. 이 견해는 부관이 무효이거나 취소되면 부관의 이행으로 행한 사법상의 법률행위는 취소될 수 있지만, 부관에 단순위법의 하자만 있는 경우에는 행정행위의 공정력으로 인하여 부담의 효력이 유지되고 있으므로 부담으로 인한 사법상의 법률행위를 취소할 수 없다고 한다.[46)]

2. 판례

판례는 부관(기부체납)이 무효이거나 취소되지 않은 이상 부관의 이행으로 한 사법상 법률행위(증여계약)를 취소할 수 없다고 하여 부관종속설에 유사한 입장을 취한 바 있다.

> [판례] 기부채납의 부관이 당연무효이거나 취소되지 않은 상태에서 그 부관으로 인하여 증여계약에 착오가 있음을 이유로 증여계약을 취소할 수 있는지 여부
>
> "토지소유자가 토지형질변경행위허가에 붙은 기부채납의 부관에 따라 토지를 국가나 지방자치단체에 기부채납(증여)한 경우, 기부채납의 부관이 당연무효이거나 취소되지 아니한 이상 토지소유자는 위 부관으로 인하여 증여계약의 중요부분에 착오가 있음을 이유로 증여계약을 취소할 수 없다(대판 1999.5.25, 98다53134)."

그러나 최근에는 부관과 그 이행행위로 이루어진 사법상의 법률행위를 별개의 것으로 보아 독립설을 취하고 있는 경우도 있다.

> [판례] 행정처분에 붙인 부담인 부관이 무효가 되면 그 부담의 이행으로 한 사법상 법률행위가 당연히 무효가 되는지 여부
>
> "부담의 이행으로서 하게 된 사법상 매매 등의 법률행위는 부담을 붙인 행정처분과는 어디까지나 별개의 법률행위이므로 그 부담의 불가쟁력의 문제와는 별도로 법률행위가 사회질서 위반이나

46) 박정훈, 행정법의 체계와 방법론, 317면.

강행규정에 위반되는지 여부 등을 따져보아 그 법률행위의 유효 여부를 판단하여야 한다(대판 2009.6.25, 2006다18174)."

3. 결어

논리적으로 부관의 이행으로 행한 사법상의 법률행위는 부관의 이행행위이지만, 사법상의 법률행위의 효력은 부관의 유효 여부에만 전적으로 의존하는 것이 아니라, 그 외에도 사법상의 법률행위 자체의 하자에 따라서도 사법행위가 취소될 수 있다고 보는 것이 합리적이라는 점에서 독립설이 타당해 보인다.

제 6 절 행정행위의 성립요건 · 적법요건 · 유효요건

Ⅰ. 개설: 행정행위의 성립요건 · 적법요건 · 유효요건과 그 구별

행정행위는 행정행위로서 성립하고 그 효력발생에 필요한 요건을 갖추어야 행정행위로서 효력이 발생된다. 그러나 이런 각 단계들은 명확히 구분되는 것이 아니라 거의 동시에 이루어지는 것이 보통이지만, 개념적으로 각 요건들을 구분하여 살펴볼 필요가 있다. 이와 관련하여 대부분의 경우는 성립요건과 효력요건으로만 구분하여 설명하고 있으나, 각 요건의 결여시의 법률효과나 실체법적 효과가 다르다는 점을 고려하면 이를 성립요건 · 적법요건 · 효력발생요건으로 구분하여 검토하는 것이 보다 논리적이다.

▌행정행위의 요건과 요건을 구비하지 못한 경우의 효과▐

법률요건	결여시의 법률효과	실체법적 효과
성립요건	행정행위의 불성립	행정행위의 부존재
적법요건	행정행위의 부적법	위법한 행정행위 (흠 있는 행정행위)
효력발생요건	행정행위의 불발효	행정행위의 무효

Ⅱ. 행정행위의 성립요건

행정행위의 성립요건은 행정행위의 부존재를 가리기 위한 기준이 된다. 행정행위는 행정주체에 의한 내부적인 결정이 외부에 표시되어야 성립한다. 이를 부연하면 다음과 같다.

첫째, 행정에 관한 의사결정능력을 가진 행정기관의 행위이어야 한다.

둘째, 행정권의 발동으로 볼 수 있는 행위가 있어야 한다. 단순한 권유나 희망표시는 행정권한을 집행하는 것으로 보기 어렵다.

셋째, 이러한 행정청의 내부적 의사결정은 외부에 표시되어야 한다.

이 요건 중 어느 하나만 결여하여도 행정행위의 부존재가 된다.

[판례] 행정처분의 성립요건 및 처분의 외부적 성립 여부를 판단하는 기준

"일반적으로 행정처분이 주체·내용·절차와 형식이라는 내부적 성립요건과 외부에 대한 표시라는 외부적 성립요건을 모두 갖춘 경우에는 행정처분이 존재한다고 할 수 있다. 행정처분의 외부적 성립은 행정의사가 외부에 표시되어 행정청이 자유롭게 취소·철회할 수 없는 구속을 받게 되는 시점을 확정하는 의미를 가지므로, 어떠한 처분의 외부적 성립 여부는 행정청에 의해 행정의사가 공식적인 방법으로 외부에 표시되었는지를 기준으로 판단하여야 한다(대판 2017.7.11, 2016두35120 [사업시행계획인가처분취소])."

* 유사판례: 대판 2019.7.11, 2017두38874[사증발급거부처분취소]; 대판 2021.12.16, 2019두45944 [보훈급여지급정지처분등무효확인]

[판례] 과세관청이 납세의무자의 기한 후 신고에 대한 내부적인 결정을 납세의무자에게 공식적인 방법으로 통지하지 않은 경우, 항고소송의 대상이 되는 처분으로서 기한 후 신고에 대한 결정이 외부적으로 성립하였다고 볼 수 있는지 여부(소극)

"과세관청이 납세의무자의 기한 후 신고에 대하여 내부적인 결정을 하였다 하더라도 이를 납세의무자에게 공식적인 방법으로 통지하지 않은 경우에는 기한 후 신고에 대한 결정이 외부적으로 성립하였다고 볼 수 없으므로, 항고소송의 대상이 되는 처분이 존재한다고 할 수 없다(대판 2020.2.27, 2016두60898[양도소득세등무효확인의소])."

Ⅲ. 행정행위의 적법요건

행정행위가 성립하면 이 행정행위는 적법요건을 갖추어야 적법한 행위가 된다. 적법요건을 결여하면 '하자(흠) 있는 위법한 행정행위'가 된다.

적법요건을 갖춘 행정행위는 효력을 발생하게 되지만, 꼭 적법요건을 갖추어야만 유효한 행정행위가 되는 것은 아니다. 적법요건에 중대·명백한 하자가 있으면 행정행위는 무효가 되지만, 적법요건에 그 정도에 이르지 않는 단순위법의 하자가 있더라도 행정행위의 공정력으로 인하여 권한 있는 기관에 의하여 취소되기 전까지는 유효한 행정행위일 수 있기 때문이다.

적법요건은 구체적으로 주체 · 내용 · 형식 · 절차요건으로 구분할 수 있다.

1. 주체에 관한 요건

행정행위는 법령상 정당한 권한을 가진 행정청이 자신의 권한의 범위 내에서 정상적인 의사에 의하여 발령하여야 한다.

[판례] 시 · 도지사가 직행형 시외버스운송사업의 면허를 부여한 후 사실상 고속형 시외버스운송사업에 해당하는 운송사업을 할 수 있도록 사업계획변경을 인가하는 것이 위법한 처분인지 여부 (적극)

"여객자동차 운수사업법령의 규정을 종합하면, 시외버스운송사업은 고속형, 직행형, 일반형 등으로 구분되는데, … 고속형 시외버스운송사업의 면허에 관한 권한과 운행시간 · 영업소 · 정류소 및 운송부대시설의 변경을 넘는 사업계획변경인가에 관한 권한은 국토해양부장관에게 유보되어 있는 반면, 고속형 시외버스운송사업을 제외한 나머지 시외버스운송사업의 면허 및 사업계획변경인가에 관한 권한은 모두 시 · 도지사에게 위임되어 있다.

따라서 개별 시 · 도지사가 관할 지역의 운송업체에 대하여 직행형 시외버스운송사업의 면허를 부여한 후 사실상 고속형 시외버스운송사업에 해당하는 운송사업을 할 수 있도록 사업계획변경을 인가하는 것은 시 · 도지사의 권한을 넘은 위법한 처분에 해당한다.

또한 이러한 위법한 인가처분이 존속하게 된 결과, 사실상 고속형 시외버스운송사업을 하고 있게 된 직행형 시외버스운송사업자에 대하여 그러한 위법상태의 일부라도 유지하는 내용의 새로운 사업계획변경을 재차 인가하는 시 · 도지사의 처분은 원칙적으로 권한을 넘는 위법한 처분으로 봄이 타당하다. … 나아가 이러한 변경인가 처분은 전체적 관점에서 각 노선별 교통수요 등을 예측하여 이루어지는 것이어서 내용상 불가분적으로 연결되어 있다고 볼 수 있으므로, 이는 전체적으로 위법하다고 볼 수 있다(대판 2018.4.26, 2015두53824[여객자동차운송사업계획변경인가처분취소소송])."

2. 내용에 관한 요건

행정행위는 법치행정의 원리, 즉 법률우위의 원칙과 법률유보의 원칙을 준수하여야 한다. 따라서 행정행위는 상위 법령에 반하지 아니하여야 하고, 법률유보가 요구되는 경우에는 반드시 법적 근거가 있어야 한다. 그리고 행정행위는 비례원칙 · 평등원칙 · 신뢰보호원칙 등 행정법의 일반원칙을 준수하여야 한다.

그 밖에도 행정행위는 내용이 명확하고 실현가능하여야 한다.

[법률우위]

[판례1] 장애인복지법상 장애인에 해당함이 분명함에도 동법 시행령 별표에 규정되어 있지 않다는 이유만으로 장애인등록신청을 거부할 수 있는지 여부(소극)

"[1] 어느 특정한 장애가 장애인복지법 시행령 제2조 제1항 [별표 1]에 명시적으로 규정되어 있지 않다고 하더라도, 그 장애를 가진 사람이 장애인복지법 제2조에서 정한 장애인에 해당함이 분명할 뿐 아니라, 모법과 위 시행령 조항의 내용과 체계에 비추어 볼 때 위 시행령 조항이 그 장애를 장애인복지법 적용대상에서 배제하려는 전제에 서 있다고 새길 수 없고 단순한 행정입법의 미비가 있을 뿐이라고 보이는 경우에는, 행정청은 그 장애가 시행령에 규정되어 있지 않다는 이유만으로 장애인등록신청을 거부할 수 없다. 이 경우 행정청으로서는 위 시행령 조항 중 해당 장애와 가장 유사한 장애의 유형에 관한 규정을 찾아 유추 적용함으로써 위 시행령 조항을 최대한 모법의 취지와 평등원칙에 부합하도록 운용하여야 한다.

[2] (초등학교 때 운동 틱과 음성 틱 증상이 모두 나타나는 '뚜렛증후군(Tourette's Disorder)' 진단을 받고 10년 넘게 치료를 받아왔으나 증상이 나아지지 않아 상당한 제약을 받던 갑이 장애인복지법 제32조에 따른 장애인등록신청을 하였으나, 갑이 가진 장애가 장애인복지법 시행령 제2조 제1항 [별표 1]에 규정되지 않았다는 이유로 장애인등록신청을 거부하는 처분을 한 사안에서) 갑이 뚜렛증후군이라는 내부기관의 장애 또는 정신 질환으로 발생하는 장애로 오랫동안 일상생활이나 사회생활에서 상당한 제약을 받는 사람에 해당함이 분명하므로 … 행정청은 갑의 장애가 위 시행령 조항에 규정되어 있지 않다는 이유만을 들어 갑의 장애인등록신청을 거부할 수는 없으므로 관할 군수의 위 처분은 위법하고, 관할 군수로서는 위 시행령 조항 중 갑이 가진 장애와 가장 유사한 종류의 장애 유형에 관한 규정을 유추 적용하여 갑의 장애등급을 판정함으로써 갑에게 장애등급을 부여하는 등의 조치를 취하여야 한다(대판 2019.10.31, 2016두50907[반려처분취소청구의소])."

[판례] 사업자들이 (구) 수질 및 수생태계 보전에 관한 법률[47] 시행규칙에 따라 제출한 '공동방지시설의 운영에 관한 규약'에서 정해진 '사업장별 배출부과금 부담비율'에 근거하여 부과한 배출부과금 부과처분이 위법한지 여부(원칙적 소극)

"(구) 수질 및 수생태계 보전에 관한 법령의 취지는 폐수배출시설로부터 배출되는 수질오염물질의 공동처리를 위한 공동방지시설을 설치할 경우 각 사업장별 폐수배출량 및 수질오염물질 농도를 정확하게 측정하기가 어려울 수 있으므로, 사업자들이 자율적으로 배출부과금 부담비율을 정할 경우 행정청이 이를 존중하여, 공동방지시설에서 배출된 총 수질오염물질에 대하여 산정한 배출부과금을 사업자들이 정한 부담비율에 따라 각 사업자별로 분담시켜 부과금을 부과할 수 있도록 함으로써, 배출부과금 산정에서의 편의와 적정성을 도모하려는 것으로 볼 수 있다.

47) 현행 물환경보전법.

따라서 사업자들이 폐수배출시설로부터 배출되는 수질오염물질의 공동처리를 위하여 공동방지시설을 설치하였고, 사업장별 폐수배출량 및 수질오염물질 농도를 측정할 수 없는 경우, 행정청이 사업자들이 제출한 '공동방지시설의 운영에 관한 규약'에서 정해진 '사업장별 배출부과금 부담비율'에 근거하여 각 사업자들에게 배출부과금을 부과하였다면, 그 규약에서 정한 분담기준이 현저히 불합리하다는 등 특별한 사정이 없는 이상, 이러한 배출부과금 부과처분이 위법하다고 볼 수는 없다(대판 2017.11.29, 2014두13232[수질초과배출부과금부과처분취소])."

[법률유보]

[판례2] 수요기관이 기타공공기관인 요청조달계약의 경우에 관하여 조달청장이 국가계약법에 따라 계약상대방에 대하여 입찰참가자격 제한 처분을 할 수 있는지 여부(소극)

"조달청장이 조달사업에 관한 법률 제5조의2 제1항 또는 제2항에 따라 수요기관으로부터 계약 체결을 요청받아 그에 따라 체결하는 계약(이하 '요청조달계약'이라 한다)에 있어 조달청장은 수요기관으로부터 요청받은 계약 업무를 이행하는 것에 불과하므로, 조달청장이 수요기관을 대신하여 국가계약법 제27조 제1항에 규정된 입찰참가자격 제한 처분을 할 수 있기 위해서는 그에 관한 수권의 취지가 포함된 업무 위탁에 관한 근거가 법률에 별도로 마련되어 있어야 한다.

그런데 공공기관운영법 제44조 제2항은 "공기업·준정부기관은 필요하다고 인정하는 때에는 수요물자 구매나 시설공사계약의 체결을 조달청장에게 위탁할 수 있다."라고 규정함으로써, 공기업·준정부기관에 대해서는 입찰참가자격 제한 처분의 수권 취지가 포함된 업무 위탁에 관한 근거 규정을 두고 있는 반면, 기타공공기관은 여기에서 제외하고 있음을 알 수 있다.

따라서 수요기관이 기타공공기관인 요청조달계약의 경우에 관하여는 입찰참가자격 제한 처분의 수권 등에 관한 법령상 근거가 없으므로, 조달청장이 국가계약법 제27조 제1항에 의하여서는 계약상대방에 대하여 입찰참가자격 제한 처분을 할 수는 없고, 그 밖에 그러한 처분을 할 수 있는 별도의 법적 근거도 없다(대판 2017.6.29, 2014두14389)."

[판례] 고용노동부장관(피고)의 전국교직원노동조합(원고)에 대한 법외노조 통보처분의 적법 여부(소극)

"법외노조 통보는 이미 법률에 의하여 법외노조가 된 것을 사후적으로 고지하거나 확인하는 행위가 아니라 그 통보로써 비로소 법외노조가 되도록 하는 형성적 행정처분이다. 이러한 법외노조 통보는 단순히 노동조합에 대한 법률상 보호만을 제거하는 것에 그치지 않고 헌법상 노동3권을 실질적으로 제약한다. 그런데 노동조합법은 법상 설립요건을 갖추지 못한 단체의 노동조합 설립신고서를 반려하도록 규정하면서도, 그보다 더 침익적인 설립 후 활동 중인 노동조합에 대한 법외노조 통보에 관하여는 아무런 규정을 두고 있지 않고, 이를 시행령에 위임하는 명문의 규정도 두고 있지 않다. 더욱이 법외노조 통보 제도는 입법자가 반성적 고려에서 폐지한 노동조합 해산명령 제도와 실질적으로 다를 바 없다. 결국 이 사건 시행령 조항은 법률이 정하고 있지 아니한 사항에 관하여, 법률의 구체적이고 명시적인 위임도 없이 헌법이 보장하는 노동3권에 대한 본질적인 제한을 규정한 것으로서 법률유보원칙에 반한다.

피고는 이 사건 시행령 조항이 유효함을 전제로 이에 근거하여 이 사건 법외노조 통보를 하였다. 앞서 본 바와 같이 이 사건 시행령 조항은 헌법상 법률유보원칙에 위반되어 그 자체로 무효이다. 따라서 이 사건 시행령 조항에 기초한 이 사건 법외노조 통보는 그 법적 근거를 상실하여 위법하다고 보아야 한다(대판 2019.9.3, 2016두32992[법외노조통보처분취소])."

[판례] 화물자동차법 시행령 별표의 '과징금을 부과하는 위반행위의 종류와 과징금의 금액'에 열거되지 않은 위반행위의 종류에 대해서 사업정지처분을 갈음하여 과징금을 부과할 수 있는지 여부(소극)

"화물자동차 운수사업법(이하 '화물자동차법') 제21조는 화물자동차 운송사업자에 대하여 사업정지처분을 하는 것이 운송사업의 이용자에게 불편을 주거나 그 밖에 공익을 해칠 우려가 있으면 대통령령으로 정하는 바에 따라 사업정지처분을 갈음하여 과징금을 부과할 수 있도록 허용하고 있다. 이처럼 입법자는 대통령령에 단순히 '과징금의 산정기준'을 구체화하는 임무만을 위임한 것이 아니라, 사업정지처분을 갈음하여 과징금을 부과할 수 있는 '위반행위의 종류'를 구체화하는 임무까지 위임한 것이라고 보아야 한다. 따라서 구 화물자동차법 시행령(2017.1.10. 대통령령 제27782호로 개정되기 전의 것) 제7조 제1항 [별표 2] '과징금을 부과하는 위반행위의 종류와 과징금의 금액'에 열거되지 않은 위반행위의 종류에 대해서 사업정지처분을 갈음하여 과징금을 부과하는 것은 허용되지 않는다고 보아야 한다(대판 2020.5.28, 2017두73693[위반차량감차처분취소])."

[판례] 교원이 초·중등 학생에게 법령상 명문의 규정이 없는 징계처분을 한 경우, 그 효력을 긍정함에 있어 법령과 학칙에 대한 엄격한 해석이 필요한지 여부(적극)

"의무교육대상자인 초등학교·중학교 학생의 신분적 특성과 학교교육의 목적에 비추어 교육의 담당자인 교원의 학교교육에 관한 폭넓은 재량권을 존중하더라도, 법령상 명문의 규정이 없는 징계처분의 효력을 긍정함에 있어서는 그 처분 내용의 자발적 수용성, 교육적·인격적 측면의 유익성, 헌법적 가치와의 정합성 등을 종합하여 엄격히 해석하여야 할 필요가 있다(대판 2022.12.1, 2022두39185[징계처분취소청구])."

[판례3] 침익적 행정행위의 근거가 되는 행정법규의 해석 방법

"침익적 행정행위의 근거가 되는 행정법규는 엄격하게 해석·적용하여야 하고 그 행정행위의 상

대방에게 불리한 방향으로 지나치게 확장해석하거나 유추해석해서는 안 되며, 그 입법 취지와 목적 등을 고려한 목적론적 해석이 전적으로 배제되는 것은 아니라고 하더라도 그 해석이 문언의 통상적인 의미를 벗어나서는 아니 된다(대법원 2013.12.12, 선고 2011두3388 판결 등 참조).

사회복지사업법 제40조 제1항 제4호에 의하면 후원금의 용도 외 사용에 대하여는 개선명령 등 침익적 처분을 할 수 있고, 같은 법 제54조 제5호에 의하면 이러한 개선명령 등을 받은 자가 이를 이행하지 아니하면 형사처벌까지 받게 되므로, 용도 외 사용에 관한 규정은 엄격하게 해석하여야 하고, 상대방에게 불리한 방향으로 확장해석하여서는 아니 된다(대판 2017.6.29, 2017두33824)."

"공기업·준정부기관이 입찰을 거쳐 계약을 체결한 상대방에 대해 위 규정들에 따라 계약조건 위반을 이유로 입찰참가자격제한처분을 하기 위해서는 입찰공고와 계약서에 미리 계약조건과 그 계약조건을 위반할 경우 입찰참가자격 제한을 받을 수 있다는 사실을 모두 명시해야 한다. 계약상대방이 입찰공고와 계약서에 기재되어 있는 계약조건을 위반한 경우에도 공기업·준정부기관이 입찰공고와 계약서에 미리 계약조건을 위반할 경우 입찰참가자격이 제한될 수 있음을 명시해 두지 않았다면, 위 규정들을 근거로 입찰참가자격제한처분을 할 수 없다(대판 2021.11.11, 2021두43491[입찰참가자격제한처분취소])."

"하수도법 제61조 제2항, 제3항, 제4항, 구 김포시 하수도 사용 조례(2019. 6. 26. 경기도김포시 조례 제1610호로 개정되기 전의 것, 이하 같다) 제21조 제1항, 제2항 제2호의 규정 내용 및 체제 등에 비추어 보면, 하수도법 제61조 제2항에 따라 사업시행자에게 부담시킬 수 있는 '타 행위로 인하여 필요하게 된 공공하수도에 관한 공사에 소요되는 비용'에 주민친화시설 설치비용은 포함되지 않는다고 해석된다(대판 2022.8.25, 2019두58773[하수도원인자부담금부과처분취소])."

"산업집적법 제42조 제1항은 "관리기관은 입주기업체 또는 지원기관이 다음 각호의 어느 하나에 해당하는 경우에는 대통령령으로 정하는 기간 내에 그 시정을 명하고 이를 이행하지 아니하는 경우 그 입주계약을 해지할 수 있다."라고 규정하면서, 그 해지사유 중의 하나로 제1호에서 '입주계약을 체결한 후 정당한 사유 없이 산업통상자원부령으로 정하는 기간 내에 그 공장 등의 건설에 착수하지 아니한 경우'를 들고 있다. 산업집적법 시행령 제54조는 "법 제42조 제1항 각호 외의 부분에서 대통령령으로 정하는 기간이란 6개월을 말한다."라고 규정하고 있다.

침익적 행정처분의 근거가 되는 행정법규는 엄격하게 해석·적용하여야 하고 행정처분의 상대방에게 불리한 방향으로 지나치게 확장해석하거나 유추해석해서는 아니 되나, 이는 단순히 행정실무상의 필요나 입법정책적 필요만을 이유로 문언의 가능한 범위를 벗어나 처분상대방에게 불리한 방향으로 확장해석하거나 유추해석해서는 아니 된다는 것이지, 처분상대방에게 불리한 내용의 법령해석이 일체 허용되지 않는다는 취지가 아니며, 문언의 가능한 범위 내라면 체계적 해석과 목적론적 해석이 허용됨은 당연하다(대판 2018.11.29, 2018두48601, 대판 2020.5.14, 2019두63515 등 참조).

위와 같은 관련 규정들의 내용과 산업집적법에 시정명령제도를 둔 취지 등을 종합하면, 입주기업체 등이 입주계약을 체결하였음에도 정당한 사유 없이 2년 내에 공장 등의 건설에 착수하지 아니한 경우에 산업집적법상의 관리기관이 입주기업체 등에 그 시정을 명하면서 부여하는 시정기간은 '6개월이라는 고정된 기간'이 아니라 '6개월의 범위 내에서 입주기업체 등이 시정명령을 이행함에 필요한 상당한 기간'이라고 봄이 타당하다(대판 2023.6.29, 2023두30994[입주계약해지처분무효확인의소])."

[판례4] 공정거래위원회의 시정명령이 그 대상이 되는 행위들의 내용이 구체적으로 명확하게 특정되었다고 할 수 없어 위법하다고 한 사례

"공정거래위원회가 공정거래법 제24조 소정의 시정명령 등 행정처분을 하기 위해서는 그 대상이 되는 '이익제공강요' 및 '불이익제공'의 내용이 구체적으로 명확하게 특정되어야 하고, 그러하지 아니한 상태에서 이루어진 그 시정명령 등 행정처분은 위법하다고 할 것이다(대판 2007.1.12, 2004두7146)."

[판례5] 납세자 아닌 제3자의 재산을 대상으로 한 압류처분의 효력

"체납처분(현 강제징수)으로서 압류의 요건을 규정한 국세징수법 제24조 각 항의 규정을 보면 어느 경우에나 압류의 대상을 납세자의 재산에 국한하고 있으므로, 납세자가 아닌 제3자의 재산을 대상으로 한 압류처분은 그 처분의 내용이 법률상 실현될 수 없는 것이어서 당연무효이다(대판 2012.4.12, 2010두4612)."

[판례] 대지 또는 건축물의 위법상태를 시정할 수 있는 법률상 또는 사실상의 지위에 있지 않은 자가 구 건축법 제79조 제1항에 따른 시정명령의 상대방이 될 수 있는지 여부(소극)

"건축법상 위법상태의 해소를 목적으로 하는 시정명령 제도의 본질상, 시정명령의 이행을 기대할 수 없는 자, 즉 대지 또는 건축물의 위법상태를 시정할 수 있는 법률상 또는 사실상의 지위에 있지 않은 자는 시정명령의 상대방이 될 수 없다고 보는 것이 타당하다. 시정명령의 이행을 기대할 수 없는 자에 대한 시정명령은 위법상태의 시정이라는 행정목적 달성을 위한 적절한 수단이 될 수 없고, 상대방에게 불가능한 일을 명령하는 결과밖에 되지 않기 때문이다(대판 2022.10.14, 2021두45008[시정명령처분취소])."

[판례6] 행정청이 문서로 처분을 한 경우, 처분서의 문언만으로도 행정청이 어떤 처분을 하였는지 분명함에도 문언과 달리 다른 처분까지 포함되어 있는 것으로 해석할 수 있는지 여부(소극)

"행정청이 문서에 의하여 처분을 한 경우 처분서의 문언이 불분명하다는 등의 특별한 사정이 없는 한, 문언에 따라 어떤 처분을 하였는지를 확정하여야 하고, 처분서의 문언만으로도 행정청이 어떤 처분을 하였는지가 분명함에도 처분 경위나 처분 이후의 상대방의 태도 등 다른 사정을 고려하

여 처분서의 문언과는 달리 다른 처분까지 포함되어 있는 것으로 확대해석하여서는 아니 된다(대판 2016.10.13, 2016두42449)."

3. 절차에 관한 요건

행정행위는 행정에 관한 일반법인 행정기본법·행정절차법이나 관련 개별법령이 정하고 있는 절차에 관한 규정을 준수하여야 한다.

이와 관련하여 행정절차법은 처분의 사전통지, 의견청취 등의 절차를 규정하고 있으며, 개별법에서도 타 기관의 동의·승인·협의 등의 절차를 거치도록 규정하고 있는 경우도 있다.

4. 형식에 관한 요건

행정행위는 행정에 관한 일반법인 행정기본법·행정절차법 및 관련 개별법상의 행정행위의 형식에 관한 규정을 준수하여야 한다. 예컨대 행정절차법은 행정청이 처분을 하는 때에는 당사자에게 그 근거와 이유를 제시하도록 하고 있고(처분의 이유제시), 행정청이 처분을 하는 때에는 다른 법령등에 특별한 규정이 있는 경우를 제외하고는 문서로 하여야 하며, 전자문서로 하는 경우에는 당사자 등의 동의가 있어야 한다고 하고 있다(처분의 방식).

Ⅳ. 행정행위의 효력발생요건

행정행위가 효력을 발생하기 위해서는 ① 상대방에게 고지될 것과 ② 적법요건에 중대·명백한 하자가 없을 것이 요구된다.

1. 상대방에게 고지될 것

상대방에게 통지(또는 고지)를 요하는 행정행위는 외부적 표시 이외에도 행정행위를 상대방이 알 수 있는 상태에 둠으로써 비로소 효력을 발생하게 된다. 이러한 고지는 ① 수령을 요하는 경우에는 송달의 방법에 의하고, ② 상대방이 불특정 다수인 경우에는 공고 또는 고시의 방법에 의한다.

송달의 방법과 관련하여 행정절차법은 우편·교부 또는 정보통신망 이용 등의 방법에 의하여 송달받을 자의 주소·거소·영업소·사무소 또는 전자우편주소로 송달하는 것으로 규정하고 있다(행정절차법 14 ①). 교부에 의한 송달은 수령확인서를 받고 문서를 교부함으로써 하며, 송달하는 장소에서 송달받을 자를 만나지 못한 때에는 그 사무원·피용자 또는 동거인으로서 사리를 분별할 지능이 있는 사람에게 문서를 교부할 수 있다(행정절차법 14 ②). 정보통신망을 이용한 송달은 송달받을 자가 동의하는 경우에 한한다. 이 경우 송달받을 자는 송달받을 전자우편주소 등을 지정하여야 한다(행정절차법 14 ③).

송달의 효력과 관련하여 행정절차법은 다른 법령 등에 특별한 규정이 있는 경우를 제외하고는 송달받을 자에게 도달됨으로써 그 효력이 발생하는 것으로 규정하고 있다(행정절차법 15 ①). 이를 도달주의라 한다. 정보통신망을 이용하여 전자문서로 송달하는 경우에는 송달받을 자가 지정한 컴퓨터 등에 입력된 때에 도달된 것으로 본다(행정절차법 15 ②).

만약 송달받을 자의 주소를 통상의 방법으로 확인할 수 없거나 송달 자체가 불가능한 경우에는 송달받을 자가 알기 쉽도록 관보·공보·게시판·일간신문 중 하나 이상에 공고하고 인터넷에도 공고하여야 한다(행정절차법 14 ④). 이 경우에는 다른 법령 등에 특별한 규정이 있는 경우를 제외하고는 공고일부터 14일이 경과한 때에 그 효력이 발생한다. 다만, 긴급히 시행하여야 할 특별한 사유가 있어 효력발생시기를 달리 정하여 공고한 경우에는 그에 따른다(행정절차법 15 ③).

[판례1] 행정처분의 효력발생요건으로서 도달의 의미

"행정처분의 효력발생요건으로서의 도달이란 처분상대방이 처분서의 내용을 현실적으로 알았을 필요까지는 없고 처분상대방이 알 수 있는 상태에 놓임으로써 충분하며, 처분서가 처분상대방의 주민등록상 주소지로 송달되어 처분상대방의 사무원 등 또는 그 밖에 우편물 수령권한을 위임받은 사람이 수령하면 처분상대방이 알 수 있는 상태가 되었다고 할 것이다(대판 2017.3.9, 2016두60577)."

[판례2] 가축사육제한구역 지정의 효력발생요건

"가축분뇨법에 따라 가축의 사육을 제한하기 위해서는 원칙적으로 시장·군수·구청장이 조례가 정하는 바에 따라 일정한 구역을 가축사육 제한구역으로 지정하여 토지이용규제 기본법에서 정한 바에 따라 지형도면을 작성·고시하여야 하고, 이러한 지형도면 작성·고시 전에는 가축사육 제한구역 지정의 효력이 발생하지 아니한다(대판 2017.5.11, 2013두10489)."

2. 적법요건에 중대·명백한 하자가 없을 것

행정행위는 적법요건에 단순위법의 하자가 있더라도, 행정행위의 공정력에 의하여, 권한 있는 기관에 의하여 취소되기 전까지는 유효하게 통용된다. 하지만 적법요건에 중대·명백한 하자가 있으면 행정행위가 무효이기 때문에, 행정행위가 유효하려면 이와 같은 하자가 없어야 한다.

제 7 절 행정행위의 효력

행정행위가 성립·적법·유효요건을 충족하면 행정행위의 내용에 따라 일정한 법적 효력이 발생한다. 행정행위의 효력을 개별·구체적으로 살펴보면, 이는 크게 (내용적) 구속력, 공정력, 존속력, 강제력 등으로 나누어 볼 수 있다.

제 1 항 (내용적)구속력

행정행위의 구속력이란 행정행위가 그 내용에 따라 일정한 법적 효과를 발생시키는 힘을 말한다. 예컨대 과세처분에 따라 상대방에게 급부의무가 발생하게 되는 경우이다. 이러한 행정행위의 내용적 구속력은 행정행위의 가장 본래적인 효력 또는 행정행위에 당연히 인정되는 실체법상의 효력으로서, 그 내용에 따라, 예컨대 하명의 경우는 일정한 의무를 발생시키고, 형성적 행위의 경우는 권리 등의 형성을 가져오게 된다.

제 2 항 공정력*

Ⅰ. 공정력의 개념

1. 전통적 견해

전통적으로 공정력이란「행정행위가 적법요건에 하자가 있더라도, 그 흠이 중대·명백하여 당연무효가 아닌 한, 권한 있는 기관에 의하여 취소될 때까지는 유효한 것으로 통용되어 누구든지 행정행위의 효력을 부인하지 못하는 힘」으로 이해되고 있다.

이와 관련하여 행정기본법은 '처분은 권한이 있는 기관이 취소 또는 철회하거나 기간의 경과 등으로 소멸되기 전까지는 유효한 것으로 통용된다(행정기본법 15 본문).'고 하여 학설·판례에 의하여 인정되어 왔던 공정력을 명문으로 규정하고 있다.

공정력은 행정행위의 실효성을 확보하기 위하여 행정법관계에서 행정주체에게 부여하는 일종의 특권적 효력이다. 즉 사법상의 법률행위에서와는 달리, 공익실현을 목적으로 하는 행정법관계에서는 행정행위가 무효가 아닌 한 행정행위의 상대방이 적법요건의 흠을 이유로 그 효력을 부인하지 못하도록 함으로써 행정의 실효성을 확보할 수 있도록 한 것이다.

과거에는 공정력이 행정행위가 취소될 때까지 '적법·유효'하게 통용되는 효력이라고 설명되

---

* 5급 공채(2021년).

어 왔으나, 행정행위가 적법요건에 단순위법의 하자가 있는 경우 실효성 확보를 위하여 취소될 때까지 일단 유효하게 본다는 것은 의미가 있을 지라도, 하자 있는 행위가 적법한 것으로까지 추정된다고 하는 것은 지나치게 국가우월적인 것이라는 점에서, 오늘날 공정력을 적법성 추정으로까지 이해하는 견해는 없어 보인다.

공정력을 행정행위가 취소되기 전까지 유효하게 통용되는 효력으로 이해한다면, 행정행위의 내용적 구속력은 실체법상의 효력이고, 공정력은 이 실체법상의 효력을 승인시키는 절차적·잠정적 효력이라고 할 수 있다.

[판례] 구 사회복지사업법상 관할 행정청의 임시이사 선임에 하자가 존재하더라도 그 하자가 중대·명백하지 않은 경우, 임시이사 해임처분이 있기 전까지는 임시이사의 지위가 유효하게 존속하는지 여부(적극)

"구 사회복지사업법상 관할 행정청의 임시이사 선임행위는 행정처분에 해당한다. 따라서 임시이사 선임에 하자가 존재하더라도 그 하자가 중대·명백하지 않은 이상 이를 당연무효라고 볼 수는 없고, 임시이사 해임처분이 있기 전까지는 임시이사의 지위가 유효하게 존속한다(대판 2020.10.29, 2017다269152[이사회결의무효확인의소])."

2. 전통적 견해에 대한 반론

전통적인 공정력 개념에 대해서는 오래 전부터 반론이 제기되었다. 특히 공정력을 취소소송제도의 반사적 효과로 보는 입장에서는 행정행위가 공정력을 가지는 것은 취소소송에 의하여 취소될 때까지 잠정적으로 유효한 반사적 효과에 불과하다고 본다. 즉 공정력은 취소소송제도를 둘러싼 '처분청·처분의 상대방·당해 처분에 대한 취소소송의 수소법원'간의 행정행위의 효력에 관한 문제일 뿐이라는 것이다. 이러한 점에서 행정행위의 효력을 이들 이외의 다른 국가기관이 존중하여야 하는 문제는 공정력과는 무관한 '행정행위의 구성요건적 효력'으로 보아야 한다는 것이다.[48]

3. 결론

공정력의 이념적 토대였던 국가우위사상이 퇴조한 오늘날에는 과거의 공정력개념은 그 이념적 기반을 상실하게 되었다. 이에 따라 공정력은 사실상 행정행위에 단순위법사유가 있다 하더라도 취소되지 않는 한 상대방, 이해관계인, 수소법원 등 처분과 관련된 당사자들에게 잠정적으로 유효하게 통용되는 효력이라고 이해하는 것이 타당하고, 그 밖에 행정행위의 구속력이 그 이외의 다른 국가기관에 미치는 것은 이를 구성요건적 효력이라는 확장된 의미의 구속력 개념으로 이해

48) 김남진/김연태, 행정법Ⅰ, 281면.

하는 것이 합리적이라 생각한다.

다만 다른 국가기관이 행정행위의 효력에 구속되는 것을 종래의 공정력으로 볼 것인가, 아니면 구성요건적 효력으로 볼 것인가 하는 것은 후술하는 이른바 '민사법원이나 형사법원의 선결문제 판단권의 문제'와 관련하여 문제가 되는데, 이 문제를 공정력의 범위 문제로 보느냐, 아니면 구성요건적 효력의 내용으로 보느냐 하는 것은 결론에 있어서 사실상 아무런 차이가 없다.[49]

그렇지만 행정행위의 구속력이 제3의 국가기관에 미치는 것은, 공정력의 문제가 아니라 기관 상호간의 권한존중의 차원에서 인정되는 구성요건적 효력이라고 보는 것이 타당하므로, 선결문제 판단권의 문제는 구성요건적 효력과 관련된 문제로 이해하는 것이 보다 논리적이라고 생각된다.

Ⅱ. 공정력의 근거

1. 이론적 근거

(1) 자기확인설

오토 마이어(Otto Mayer)는 행정청이 권한 내에서 행한 행정행위는 그 유효성이 행정청에 의하여 확인된 것이므로, 행정청이 당해 행정행위에 대한 그 스스로의 확인을 유지하는 한 상대방을 구속하는 힘을 가진다고 하였다. 이와 같이 행정행위는 법원의 판결과 같거나 유사하다고 보는 것이 자기확인설이다.

(2) 국가권위설

포르스트호프(Forsthoff)는 행정행위는 위법성이나 흠의 유무를 불문하고 언제나 국가권위의 표명이며 그 자체로서 존중받을 권리를 가진다고 하였다. 이처럼 행정행위의 효력이 국가권위에서 나온다고 보는 것이 국가권위설이다.

(3) 예선적 특권설

공정력의 근거를 프랑스의 예선적 특권(豫先的 特權)에 관한 이론에서 찾는 견해이다. 프랑스 행정법의 예선적 효력은 행정행위가 권한 있는 기관에 의하여 취소되기 전까지 누리는 적법성의 추정이며 이에 대한 입증책임의 전환을 인정한다. 따라서 행정행위의 상대방은 소송에서 행정행위의 위법성을 증명할 책임을 부담하게 되는 것이다.

그러나 공정력을 적법성추정으로 이해하는 것은 지나치게 행정주체에게 우월한 특권적 지위

---

49) 김동희/최계영, 행정법Ⅰ, 337면; 홍준형, 행정법총론, 276면.

를 부여하는 것으로 오늘날의 공정력 개념과는 거리가 멀다고 하겠다.

(4) 취소소송의 배타적 관할에 의한 반사적 효과설

행정소송법상 행정행위의 취소는 취소소송에 의하여서만 할 수 있도록 되어 있는데, 행정행위의 공정력은 이와 같은 현행 행정소송법상의 취소소송의 배타적 관할에 따라 취소소송에 의하여 취소되기 전까지 유효하게 통용되는 효력, 즉 취소소송제도의 반사적 효과로 인정되는 효력이라고 보는 견해이다.

이 설은 공정력이 국가권위에서 나오는 효력이 아니라는 점을 밝히고 있다는 점에서 긍정적으로 평가할 수 있으나, 이 설은 취소소송은 행정행위의 공정력을 인정하기 위한 것이 아니라 이를 배제하기 위한 제도라는 점을 간과하고 있다.

(5) 법적 안정성설

이상에서 살펴본 견해들은 오늘날과는 거리가 먼 국가우월적 사고를 배경으로 하고 있거나 취소소송제도에 대한 잘못된 이해를 바탕으로 하고 있는 것으로서 공정력의 이론적 근거로 보기에는 어려운 점이 있다. 오늘날 공정력의 이론적 근거로는 법적 안정성을 드는 것이 일반적이다.

행정행위가 하자가 있다고 해서 누구나 그 효력을 부인하면 행정의 실효성을 확보할 수 없게 되어 행정법관계의 안정을 저해하게 된다. 따라서 행정의 실효성과 행정행위의 상대방 및 제3자의 행정행위에 대한 신뢰보호를 위해서 행정행위의 공정력이 인정되는 것이다. 취소소송제도도 바로 이러한 행정의 실효성과 신뢰보호의 취지에서 비롯된 것이다.

2. 실정법적 근거

행정기본법 제15조가 공정력을 포함한 처분의 효력을 명문으로 규정하고 있으므로 실정법적인 근거가 된다.

행정기본법 이전에는 종래 공정력을 명시적으로 인정하는 실정법적 근거가 없었고, 다만 개별법상 행정행위의 직권취소에 관한 규정이나, 취소쟁송에 관한 규정, 집행부정지에 관한 규정 등이 공정력에 대한 간접적인 근거로 제시되고 있었다.

그런데 집행부정지제도는, 쟁송제기로 인하여 처분의 집행이 정지되지 않는다는 것으로서 행정행위의 공정력과 서로 관련이 있는 것처럼 보이지만, 쟁송제기에 처분의 집행정지효과를 부여할 것인가 하는 것은 각국의 입법정책의 문제이지 공정력과는 논리적으로 직접적인 관련이 없다.

Ⅲ. 공정력의 범위와 한계

1. 무효인 행정행위

공정력은 무효인 행정행위에는 인정되지 않는다. 중대·명백한 흠이 있음에도 공정력을 인정하는 것은 법적 안정성이라는 공정력의 인정 취지에도 어긋나기 때문이다.

2. 공정력과 입증책임

과거에는 행정행위의 공정력으로 인하여 적법성이 추정된다고 보았다. 이와 같이 적법성이 추정됨에 따라 행정행위의 위법성은 이를 주장하는 자가 입증책임을 부담하게 된다.

그러나 오늘날에는 공정력은 적법성까지 추정되는 것이 아니라, 단지 법적 안정성을 위하여 잠정적으로 유효하게 통용되는 효력에 불과하다고 보고 있다. 따라서 공정력은 입증책임의 소재와는 무관하다고 하는 것이 통설의 견해이다.

따라서 입증책임에 관하여는 민사소송상의 입증책임분배의 원칙에 따라 판단하면 될 것이다. 즉 권리발생사실(처분의 적법요건 충족 사실)은 행정청이 입증책임을 부담하고, 권리장애사실(처분의 위법성)은 원고가 입증책임을 부담하게 될 것이다.

3. 공정력과 선결문제판단권의 문제

일반적으로 선결문제판단권의 문제는 종래 공정력의 문제로 다루어져 왔다. 그러나 이미 언급한 바와 같이, 행정행위의 구속력이 다른 국가기관에 미치는 것은 공정력 때문이 아니라 구성요건적 효력 때문으로 보는 것이 합리적이기 때문에, 이에 따라 본서에서는 이를 구성요건적 효력에서 설명하기로 한다.

제 3 항 구성요건적 효력*

Ⅰ. 구성요건적 효력의 개념

구성요건적 효력이란 유효한 행정행위가 모든 행정기관이나 법원 등 국가기관을 구속하는 힘을 말한다.

구성요건적 효력은 본래 독일 행정재판소법상 형성판결의 효력의 하나로 인정된 구성요건적 효력 내지 형성판결의 구속력에서 유래된 것이다. 즉 어느 법원이 판결을 하면 다른 법원들도 그 결과를 존중해서 이에 기속되어야 한다는 것이다(법원간의 상호 구속). 이러한 구속은 구성요건적

* 사법시험(2002년), 행정고시(1999년).

효력을 행사할 수 있는 형성판결에만 존재한다. 예컨대 법원이 취소소송에 의하여 다투어진 행정행위를 취소하면 다른 법원과 행정청은 이 확정판결의 구성요건적 효력에 의하여 그 행정행위의 취소사실을 자기 결정이나 처분의 기초로 삼아야 할 구속을 받게 되는데, 여기에서 행정행위의 구성요건적 효력이 유래한 것이다.

Ⅱ. 근거

구성요건적 효력은 국가기관 상호간의 권한 및 관할권존중을 근거로 한다. 즉 특정행정청이 법령상 자신의 권한에 속하는 행위를 적법하게 하였다면 다른 국가기관은 이를 기성화된 사실로서 존중하여야 하며 여기에 구속되어야 한다는 것이다. 구성요건적 효력이라는 용어는 바로 이미 기성화된 사실(vollendete Tatsache)을 존중하여 행정적 결정을 내려야 함을 의미하는 것이다.

Ⅲ. 구성요건적 효력과 선결문제 판단권*

1. 문제의 소재

선결문제(Vorfrage)란 민사소송·형사소송 등에서 본안판결의 전제로서 제기되는 행정행위의 위법성 또는 유효 여부에 관한 문제를 말한다. 선결문제 판단권의 문제는 이처럼 민사소송이나 형사소송의 본안판단의 전제가 된 행정행위의 위법성이나 유효 여부를 민사법원이나 형사법원이 판단할 수 있는가 하는 문제이다.

행정소송법은 제11조 제1항에서 선결문제에 관하여 규정하고 있으나, 준용되는 규정만 언급하고 있을 뿐, 선결문제에 대한 민사법원 등의 판단권에 관하여는 규정하고 있지 않으므로, 이 문제는 여전히 학설·판례에 맡겨져 있다.

2. 민사사건과 선결문제

예컨대 철거명령으로 건물이 철거당한 자가 철거명령의 위법을 주장하며 국가배상청구소송을 제기한 경우 수소법원인 민사법원[50)]이 국가배상 여부를 판단하는 데 대한 선결문제로서 철거명령의 위법성을 스스로 판단할 수 있는가 하는 것이 문제된다.

---

* 변호사시험(2016년), 변호사시험(2018년), 사법시험(2010년), 행정고시(일반행정)(2006년), 5급공채(2020년), 5급공채(2021년).

50) 판례(대판 1972.10.10, 69다701)는 국가배상청구소송을 민사법원 관할로 본다.

(가) 부정설

부정설은 행정행위가 당연무효가 아닌 한 민사법원은 행정행위의 위법성을 판단할 수 없다고 본다. 부정설은 그 논거로 ① 행정행위의 공정력 때문에 권한 있는 기관만이 행정행위를 취소할 수 있고, ② 취소소송의 배타적 관할권 때문에 민사법원은 행정행위를 취소할 수 없으며, ③ 취소소송은 민사소송에 대한 특수성이 있고, ④ 행정소송법 제11조 제1항은 '처분 등의 효력 유무 또는 존재 여부가 민사소송의 선결문제로 되는 경우'만을 언급하고 있고 '위법 여부'는 규정에 없다는 점을 들고 있다. 요컨대 부정설은 공정력을 행정행위의 적법성 추정까지 포함하는 것으로 본다.

(나) 긍정설

긍정설은 공정력을 단순한 절차적 효력으로 이해할 뿐, 적법성까지 추정되는 것은 아니라고 본다. 따라서 공정력, 즉 단순위법의 하자가 있지만 권한 있는 기관에 의하여 취소되기 전까지는 유효한 행정행위의 효력을 부인(취소)하지 않는 한, 그 위법성을 심리·판단할 수 있다고 본다. 긍정설이 다수설이다.

(다) 판례

판례는 부당이득반환청구소송에서 행정행위의 효력 유무에 대한 판단과 관련하여 행정행위가 당연무효가 아닌 한, 민사법원은 행정행위의 효력을 부인할 수 없다는 입장이다[판례1]. 즉 행정행위의 하자가 중대·명백한 경우에는 공정력이 인정되지 않으므로 이 경우 민사법원은 당연무효임을 판단할 수 있지만[판례2], 단순위법의 하자가 있는 경우에는 공정력에 의하여 유효하게 통용되고 있으므로 권한 있는 기관에 의하여 취소되지 않는 한 민사법원에서 이를 취소하거나 행정행위의 효력을 부인하는 판단을 할 수 없다는 것이다.

그러나 국가배상청구소송에서 민사법원은 행정행위의 위법 여부에 대하여 스스로 판단할 수 있다는 입장이다[판례3].

이러한 판례의 입장은 긍정설의 입장과 같다고 볼 수 있다.

[판례1] 부당이득반환청구소송에서의 민사법원의 선결문제 판단권

"조세의 과오납이 부당이득이 되기 위하여는 납세 또는 조세의 징수가 실체법적으로나 절차법적으로 전혀 법률상의 근거가 없거나 과세처분의 하자가 중대하고 명백하여 당연무효이어야 하고, 과세처분의 하자가 단지 취소할 수 있는 정도에 불과할 때에는 과세관청이 이를 스스로 취소하거나 항고소송절차에 의하여 취소되지 않는 한 그로 인한 조세의 납부가 부당이득이 된다고 할 수 없다 (대판 1994.11.11, 94다28000)."

[판례2] 행정행위가 당연무효인 경우 민사법원의 선결문제 판단권

"민사소송에 있어서 어느 행정처분의 당연무효 여부가 선결문제로 되는 때에는 이를 판단하여 당연무효임을 전제로 판결할 수 있고 반드시 행정소송 등의 절차에 의하여 그 취소나 무효확인을 받아야 하는 것은 아니며… (대판 2010.4.8, 2009다90092)."

[판례3] 국가배상청구소송에서의 민사법원의 선결문제 판단권

"위법한 행정대집행이 완료되면 그 처분의 무효확인 또는 취소를 구할 소의 이익은 없다 하더라도, 미리 그 행정처분의 취소판결이 있어야만, 그 행정처분의 위법임을 이유로 한 손해배상 청구를 할 수 있는 것은 아니다(대판 1972.4.28, 72다337)."

㈑ 소결

오늘날 공정력은 절차적으로 유효하게 통용되는 효력일 뿐, 공정력에 의하여 적법성까지 추정되는 것은 아니므로, 구성요건적 효력과 관련된 민사법원의 선결문제 판단권도 행정행위의 공정력으로 인하여 당해 행정행위가 취소되지 않는 한, 그 효력을 부인할 수는 없지만, 공정력은 적법성을 추정하는 것은 아니므로 민사법원은 행정행위의 위법성을 스스로 판단할 수 있다고 보아야 한다. 이러한 의미에서 긍정설 및 판례의 입장이 타당하다.

그러나 이와 같은 민사법원의 행정행위의 위법 여부 판단권이 논란이 되는 것은 항고소송과 민사소송이 서로 관할이 나뉘고 있기 때문이다. 그러므로 이러한 경우에 행정소송법상의 당사자소송을 적극 활용하거나 관련청구가 병합된다면 이와 같은 어려움은 없을 것이다.

3. 형사사건과 선결문제

행정처분의 위법성이 전제로 된 형사소송사건에서 법원은 당해 행정처분의 위법성을 독자적으로 심리·판단할 수 있는가에 대해서도 마찬가지로 공정력을 근거로 하는 부정설과 긍정설이 대립하고 있다.

부정설은 공정력을 적법성추정으로 이해하여 형사법원은 행정행위의 위법 여부를 스스로 판단하지 못한다는 입장이고, 긍정설은 공정력은 적법성의 추정이 아니므로, 행정행위의 효력을 부인하지 않는 한, 위법성 판단은 가능하다는 입장이다. 긍정설이 다수설이다.

판례도 긍정설과 마찬가지로, 행정행위가 당연무효가 아닌 한, 형사법원은 행정행위의 효력 유무를 판단할 수 없지만, 행정행위의 위법 여부는 판단할 수 있다는 입장이다.

대법원은 온천법상 온천수를 사용하는 여관 또는 목욕탕에서 계량기가 달린 양수기를 설치 사용하라는 시설개선명령을 이행하지 않아 기소된 자에 대한 판결에서 당해 시설개선명령은 적법

한 처분이라고 판단하여 범죄의 성립을 인정한 바 있다[판례1].

그리고 대법원은 나이를 속여 발급받은 운전면허로 운전한 것이 무면허운전에 해당하는지와 관련하여, 운전면허는 위법하다고 보았으나, 운전면허가 취소되지 않는 한 그 효력이 있다고 하여 무면허운전에 해당하지 않는다고 보았다[판례2].

다수설 및 판례의 입장이 타당하다.

[판례1] 시설개선명령의 적법성을 전제로 범죄의 성립을 인정한 판례

"동래구청장의 시설개선명령은 온천수의 효율적인 수급으로 온천의 적절한 보호를 도모하기 위한 조치로서 위 온천법 제15조가 정하는 온천의 이용증진을 위하여 특히 필요한 명령이라 할 것이니 이를 이행하지 아니하여 이에 위반한 피고인등의 소위는 온천법 제26조 제1호, 제15조의 구성요건을 충족하였다고 할 것이다(대판 1986.1.28, 85도2489)."

[판례] 시정명령을 받은 자를 처벌하기 위해서는 시정명령이 적법하여야 하는지 여부(적극) / 시정명령이 당연무효는 아니지만 위법한 것으로 인정되는 경우, 죄가 성립하는지 여부(소극)

"[1] 개발제한구역의 지정 및 관리에 관한 특별조치법(개발제한구역법) 제30조 제1항에 의하여 행정청으로부터 시정명령을 받은 자가 이를 위반한 경우, 그로 인하여 개발제한구역법 제32조 제2호에 정한 처벌을 하기 위하여는 시정명령이 적법한 것이라야 하고, 시정명령이 당연무효가 아니더라도 위법한 것으로 인정되는 한 개발제한구역법 제32조 제2호 위반죄가 성립될 수 없다.

[2] (피고인 갑 주식회사의 대표이사 피고인 을이 개발제한구역 내에 무단으로 고철을 쌓아 놓은 행위 등에 대하여 관할관청으로부터 원상복구를 명하는 시정명령을 받고도 이행하지 아니하였다고 하여 개발제한구역법 위반으로 기소된 사안에서) 관할관청이 침해적 행정처분인 시정명령을 하면서 피고인 을에게 행정절차법 제21조, 제22조에 따른 적법한 사전통지를 하거나 의견제출 기회를 부여하지 않았고 이를 정당화할 사유도 없으므로 시정명령은 절차적 하자가 있어 위법하고, 시정명령이 당연무효가 아니더라도 위법한 것으로 인정되는 이상 피고인 을이 시정명령을 이행하지 아니하였더라도 피고인 을에 대하여 개발제한구역법 제32조 제2호 위반죄가 성립하지 아니함에도, 이와 달리 보아 피고인들에게 유죄를 인정한 원심판단에 행정행위의 공정력과 선결문제, 개발제한구역법 제32조의 시정명령위반죄에 관한 법리오해의 위법이 있다(대판 2017.9.21, 2017도7321[개발제한구역의지정및관리에관한특별조치법위반·폐기물관리법위반])."

[판례] 자동차관리법 제24조의2 제2항에 따른 운행정지명령의 적법 요건 및 같은 법 제82조 제2호의2에 따른 처벌을 하기 위해서는 운행정지명령이 적법한 것이어야 하는지 여부(적극) 및 운행정지명령이 위법한 처분으로 인정되는 경우, 같은 법 제82조 제2호의2 위반죄가 성립할 수

> 있는지 여부(소극)
>
> "시장 등이 한 운행정지명령을 위반하여 자동차를 운행하였다는 이유로 같은 법 제82조 제2호의2에 따른 처벌을 하기 위해서는 그 운행정지명령이 적법한 것이어야 하고, 그 운행정지명령이 당연무효는 아니더라도 위법한 처분으로 인정된다면 같은 법 제82조 제2호의2 위반죄는 성립할 수 없다(대판 2023.4.27, 2020도17883[자동차관리법위반 · 자동차손해배상보장법위반])."

> [판례2] 사위로 발급받은 운전면허에 대한 형사법원의 위법성 및 효력 유무 판단권
>
> "피고인이 위와 같은 (형의 이름으로 시험에 응시하여 합격하는) 방법에 의하여 받은 운전면허는 비록 위법하다 하더라도 도로교통법 제65조 제3호의 허위 기타 부정한 수단으로 운전면허를 받은 경우에 해당함에 불과하여 취소되지 않는 한 그 효력이 있는 것이라 할 것이므로 같은 취지에서 피고인의 원판시 운전행위가 도로교통법 제38조의 무면허운전에 해당하지 아니한다고 본 원심판단은 정당하고… (대판 1982.6.8, 80도2646)."

제4항 존속력

유효하게 성립한 행정행위는 제소기간의 경과 등의 이유로 행정행위의 상대방이 더 이상 그 효력을 다투지 못하게 되는 경우가 있고, 또한 일정한 경우 행정청 자신도 이를 취소·철회하지 못하게 되는 경우도 있다. 전자를 행정행위의 불가쟁력(不可爭力)이라 하고, 후자를 불가변력(不可變力)이라 한다. 양자를 합쳐서 존속력(Bestandskraft)이라 한다.

존속력을 확정력(Rechtskraft)이라 부르는 경우도 있는데, 확정력은 소송법상의 개념이므로 개념의 혼동을 피하기 위하여 존속력이라는 용어가 성립하게 된 것이다. 존속력은 행정상 법률관계의 안정성을 도모하기 위하여 인정되는 행정행위의 효력이다.

Ⅰ. 불가쟁력(형식적 존속력, Unanfechtbarkeit)

불가쟁력은 행정행위가 무효인 경우를 제외하고 쟁송기간 경과나 당사자의 쟁송포기 등의 사유로 인하여 상대방이 통상의 쟁송절차에 의해서는 더 이상 행정행위를 다툴 수 없는 효력이다.

불가쟁력은 상대방이나 이해관계인에 대한 구속력이다. 따라서 처분청이나 기타 국가기관을 구속하는 것이 아니므로, 행정청은 행정행위에 불가쟁력이 발생하더라도 직권에 의한 취소·변경을 할 수 있다. 다만 신뢰보호의 원칙상 행정청의 취소권행사에는 한계가 따른다.

불가쟁력을 인정하는 이유는 행정행위를 일정한 기간 내에만 다투게 하여 행정법관계의 조속한 안정을 이루기 위한 공익상의 요구 때문이다. 따라서 불가쟁력이 발생한 행정행위에 대하여 행

정쟁송을 제기하면 부적법 각하된다.

무효인 행정행위는 쟁송제기기간의 제한을 받지 않으므로(행심법 27 ⑦, 행소법 38 ①) 불가쟁력이 발생하지 않는다.

한편 독일 연방행정절차법 제51조는 확정판결에 대하여 재심의 기회를 부여하는 것처럼 일정한 경우 불가쟁력이 발생한 행정행위에 대하여 일정한 요건 하에서 재심사를 허용하고 있다. 우리나라의 경우 과거 1987년의 행정절차법안에는 이와 유사한 규정이 있었으나, 현행 행정절차법에는 반영되지 않고, 2021년 제정된 행정기본법 제37조에서 처분의 재심사를 규정하고 있다. 불가쟁력에 대한 예외로서, 불가쟁력이 발생한 행정행위의 하자가 후행 행정행위에 승계되는 경우가 있다. 이 경우 처분의 당사자는 후행 행정행위를 대상으로 행정쟁송을 제기하면서 불가쟁력이 발생한 선행 행정행위의 하자를 다툴 수 있게 된다.

불가쟁력은 불가쟁력이 발생한 행정행위를 쟁송을 통하여 더 이상 다툴 수 없다는 것으로 당해 행정행위의 위법성 여부를 판단하는 것을 방해하지 않는다. 따라서 불가쟁력이 발생한 행정행위로 인하여 손해를 입은 자는 국가배상청구소송을 제기할 수 있다. 판례의 입장도 같다(대판 1979.4.10, 79다262).

[판례] 행정처분이 불복기간의 경과로 확정될 경우, 그 효력으로서 확정력의 의미

"어떤 행정처분을 위법하다고 판단하여 취소하는 판결이 확정되면 행정청은 취소판결의 기속력에 따라 그 판결에서 확인된 위법사유를 배제한 상태에서 다시 처분을 하거나 그 밖에 위법한 결과를 제거하는 조치를 할 의무가 있다(행정소송법 제30조). 그리고 행정처분이 불복기간의 경과로 인하여 확정될 경우 그 확정력은, 처분으로 인하여 법률상 이익을 침해받은 자가 해당 처분이나 재결의 효력을 더 이상 다툴 수 없다는 의미일 뿐, 더 나아가 판결에 있어서와 같은 기판력이 인정되는 것은 아니어서 처분의 기초가 된 사실관계나 법률적 판단이 확정되고 당사자들이나 법원이 이에 기속되어 모순되는 주장이나 판단을 할 수 없게 되는 것은 아니다(대판 2019.10.17, 2018두104[도로점용허가처분무효확인등])."

Ⅱ. 불가변력(실질적 존속력, Unabänderlichkeit)

1. 개념

행정행위가 부당하거나 위법하면 행정청 스스로 이를 취소하거나 철회할 수 있다. 그러나 일정한 경우에는 행정청 자신도 행정행위를 임의로 취소하거나 철회할 수 없는 구속을 받게 되는데 이와 같은 행정행위의 효력을 불가변력이라 한다.

법원의 판결의 경우 상소기간의 경과 등으로 판결이 형식적으로 확정되면 실질적 확정력이

발생하여 법원은 동일 소송물에 관한 동일 당사자간의 후소에서 형식적으로 확정된 판결에 구속되지만, 행정행위의 경우 제소기간의 경과 등으로 행정행위가 형식적으로 확정되더라도 행정청이 당해 행정행위를 취소·철회하지 못하는 것은 아니다. 다만 일부 몇 가지의 경우에 예외적으로 행정행위를 취소·철회할 수 없는 불가변력이 인정되고 있을 뿐이다. 이와 같이 행정행위의 실질적 존속력(불가변력)은 판결의 실질적 확정력과는 다르다.

2. 불가변력이 인정되는 행위

불가변력은 모든 행정행위에 공통하는 효력이 아니고 예외적으로 특별한 경우에만 인정된다. 불가변력이 인정되는 행정행위로 거론되는 것으로는 ① 확인행위로서 행정심판의 재결과 같은 준사법적 행정행위, ② 수익적 행정행위와 같이 취소·철회권이 제한되는 경우, ③ 법률의 규정이 행정청의 결정에 확정판결과 같은 효력을 부여하는 경우(예: 토지보상법 제86조 제1항의 토지수용위원회의 이의신청에 대한 재결) 등이 있다.

이 가운데 ①의 경우는 불가변력이 인정되는 경우로 학자들간에 이론이 없지만, ②의 경우는 이를 불가변력이 인정되는 경우로 보는 일부 견해도 있지만, 대부분의 경우는 수익적 행정행위의 경우 취소·철회권이 제한되는 것은 불가변력이 인정되기 때문이 아니라 신뢰보호의 원칙에 의하여 취소나 철회권이 제한되는 것으로 보고 있다.[51] ③의 경우도 행정행위의 효력이라기보다는 법률에 의하여 인정되는 효력이다.

혹자는 사정재결이나 사정판결이 예상되는 경우와 같이 공공복리의 요청이 중대한 경우도 불가변력이 인정되는 경우로 보고 있으나, 사정판결과 사정재결의 경우는 불가변력이 인정되어서가 아니라 공공복리를 위하여 처분의 취소가 제한되는 경우라고 보는 것이 합리적이다.[52]

3. 불가쟁력과 불가변력과의 관계

(i) 불가쟁력은 상대방 및 이해관계인에 대한 구속이지만, 불가변력은 처분청 등 행정청에 대한 구속이다.

(ii) 불가쟁력이 있는 행정행위는 당연히 불가변력이 있는 행정행위가 아니다. 따라서 행정청은 행정행위를 취소하거나 변경할 수 있다.

(iii) 불가변력이 있는 행정행위는 당연히 불가쟁력이 있는 행정행위가 아니다. 따라서 쟁송기간이 경과하지 않은 한 행정쟁송에 의한 취소가 가능하다.

(iv) 불가쟁력은 절차법적 효력인 반면, 불가변력은 실체법적 효력이다.

---

51) 김남진/김연태, 행정법Ⅰ, 292면; 김동희/최계영, 행정법Ⅰ, 340면; 김성수, 일반행정법, 286면; 류지태/박종수, 행정법신론, 209면; 석종현/송동수, 일반행정법(상), 288면; 홍정선, 행정법특강, 236면.

52) 김남진/김연태, 행정법Ⅰ, 291면; 홍정선, 행정법특강, 236면.

제 5 항 강제력

일정한 의무를 부과하는 행정행위에 대하여 상대방이 부과된 의무를 이행하지 않은 때에는 행정벌 등의 일정한 행정상의 제재를 가하거나(제재력), 일정한 요건 하에서 행정청 스스로 그 이행을 강제할 수 있다(집행력). 이와 같은 제재력과 집행력을 합하여 강제력이라 한다.

강제력은 종래 행정행위에 내재하는 당연한 속성으로 파악되어 그 강제에 별도의 법적 근거를 요하지 않는 것으로 이해되었다. 그러나 오늘날 강제력은 행정목적 달성을 위하여 특별히 법적으로 인정되는 효력으로 이해됨에 따라 의무의 강제에는 별도의 법적 근거가 있어야 한다는 것이 통설이 되었다.

제 8 절 행정행위의 하자

제 1 항 하자의 의의와 형태

Ⅰ. 행정행위의 하자(흠)

행정행위가 적법하기 위해서는 적법요건을 갖추어야 하는데, 적법요건을 못 갖추면 행정행위는 '적법요건에 하자가 있는 위법한 행정행위'가 된다. 이와 같이 행정행위의 하자(흠)는 '적법요건을 갖추지 못한 경우'를 의미한다.

한편 행정행위의 하자에 '위법한 경우'만을 포함시키는 경우 이를 좁은 의미의 하자 개념이라 하는데, 일반적으로 행정행위의 하자는 좁은 의미의 하자를 의미한다. 위법한 경우 이외에 '부당한 경우'도 하자의 개념에 포함시키는 경우 이를 넓은 의미의 하자 개념이라 한다. 그런데 여기에서 '부당'은 위법의 정도에 이르지 않는 경우로서 단순히 재량을 그르치거나 공익을 위반한 경우로 설명되고 있지만, 실제로는 부당한 경우의 예를 찾아보기는 쉽지 않다. 여기에서 '부당'이란 최선의 합리적인 결정을 의미하는 '타당'에 반대되는 개념으로, 행정행위가 적법하기는 하지만 최선의 결정은 아니었다는 의미로 이해되고 있다. 그런데 행정행위의 '하자'란 '적법요건을 못 갖춘 경우'를 의미하고 이와 같은 적법요건을 결하고 있는 행정행위는 '위법'한 것이기 때문에, 적법한 행위인 부당한 행정행위를 '적법요건을 결하고 있는' 하자 있는 행정행위라고 보기 어렵다는 문제가 있다.

따라서 행정행위의 하자는 ① 적법요건을 결하고 있는 ② 위법한 경우를 의미한다고 할 수 있다.

▌적법·위법, 타당·부당의 체계▐

적법		위법
타당	부당	

한편 행정행위에 오기(誤記), 오산(誤算) 또는 그 밖에 이에 준하는 명백한 표현상의 오류 등은 행정청이 직권으로 또는 당사자의 신청에 따라 지체 없이 정정하면 되므로(행정절차법 25) 행정행위의 하자라고 할 수 없다.

행정행위의 하자에 관하여는 일반법이 없으므로, 행정행위의 하자와 그 효과의 문제는 학설·판례에 맡겨져 있다.

Ⅱ. 하자의 법적 효과

행정행위가 적법요건을 결여하면 그 흠의 효과는 크게 무효와 취소라는 두 가지 유형으로 구분된다. 즉 적법요건의 흠이 객관적으로 명백하고 흠의 정도가 중대한 경우 행정행위는 무효로서 처음부터 전혀 법적 효과가 발생하지 않는다.[53] 그러나 흠이 이에 이르지 않는 단순위법의 하자가 있는 경우 행정행위는 행정청의 직권으로 또는 행정쟁송에 의하여 취소될 수 있을 뿐이다.

이와 같이 흠의 효과를 무효 또는 취소할 수 있는 경우로 구별하는 것은 결국 무효사유와 취소사유를 구별하는 문제로 귀착된다. 따라서 흠의 효과의 문제는 무효와 취소의 구별필요성이 있는가, 그리고 무효사유와 취소사유의 구별기준은 무엇인가 하는 것이다. 무효사유와 취소사유를 구체적으로 규정한 실정법규범은 없으므로, 이 문제 또한 전적으로 학설·판례에 맡겨져 있다.

Ⅲ. 행정행위의 부존재를 하자로 볼 것인가의 문제

한편 일부 학자들은 무효·취소 이외에도 행정행위의 부존재를 행정행위의 흠의 효과로 보기도 한다. 일반적으로 행정행위의 부존재는 행정행위가 성립요건을 결여한 경우를 말하는 것으로 적법요건의 결여를 의미하는 행정행위의 흠과는 구별되는 것인데, 그럼에도 불구하고 학자들 간에는 행정행위의 부존재의 개념, 무효와 부존재가 구별 가능한지 또는 가능하다면 구별의 실익은 있는지에 대하여 논란이 있다.

---

53) 행정기본법 제15조(처분의 효력) 처분은 권한이 있는 기관이 취소 또는 철회하거나 기간의 경과 등으로 소멸되기 전까지는 유효한 것으로 통용된다. 다만, 무효인 처분은 처음부터 그 효력이 발생하지 아니한다.

1. 종래 통설의 견해

행정행위의 부존재는 행정행위의 성립요건의 중요한 요소를 결함으로써 외관상으로도 행정행위라 할 만한 행위가 존재하지 않는 경우를 말한다. 즉 행정행위가 성립조차 하지 못한 경우이다.

통설이 들고 있는 행정행위 부존재의 예로는 ① 명백히 행정청이 아닌 사인의 행위, ② 행정청의 행위일지라도 행정권의 발동으로 볼 수 없는 행위, ③ 행정청의 내부적 의사결정만 있을 뿐 외부에 표시되지 아니하여 행정행위로서 성립하지 못한 행위, ④ 해제조건의 성취, 기한의 도래, 취소·철회 등으로 행정행위가 실효된 경우 등을 들 수 있다.

이와 같은 통설에 대하여는, ①, ②를 이른바 비(非)행정행위라 하면서 ③, ④만이 협의의 부존재라고 보는 견해,[54] ④는 엄격히 행정행위의 실효의 문제이므로 ③의 경우만을 부존재로 보는 견해[55] 등이 있다.

그러나 행정행위의 부존재는 행정행위의 성립요건을 결여하여 행정행위로서 성립조차 하지 못한 행위를 의미하는 것이라고 보는 것이 합리적이다. 따라서 성립요건에 비추어 이를 결여한 ①, ②, ③의 경우가 행정행위의 부존재의 경우이고, 일단 성립한 행정행위의 실효에 관한 ④의 경우는 부존재가 아니라고 보아야 할 것이다.

2. 무효·부존재의 구별실익에 관한 논의

종래 부존재 개념의 인정 실익은 무효와 부존재를 구별하려는 데 있다고 이해되어 왔다. 즉 무효는 행정행위의 외관이 존재하므로 무효확인소송의 대상이 되나, 부존재의 경우에는 행정소송의 대상이 존재하지 아니하므로 각하된다고 보았다.

그러나 현행 행정소송법 제4조 제2호는 항고소송의 한 종류로서 무효등확인소송을 처분 등의 효력 유무 또는 존재 여부를 확인하는 소송으로 규정하였고, 이에 따라서 부존재가 무효등확인소송의 대상에 포함될 수 있게 되었다. 이에 따라 이러한 점에서 무효와 부존재의 구별을 논할 실익이 없게 되었다고 보는 견해가 있었다.

이에 대하여는 무효는 행정행위로서의 외형이 있으나 부존재는 그러한 외형조차 없다는 점, 무효인 행정행위는 전환이 인정되나 부존재의 경우는 전환이 인정되지 않는다는 점, 무효의 경우에는 무효확인을 구하는 취소소송이 허용되나 부존재의 경우는 이러한 소송이 허용되지 않는다는 점 등을 들어 무효와 부존재의 구별을 긍정하는 견해가 다수의 입장이다.[56]

---

54) 박윤흔, 최신행정법강의(상), 413면.

55) 김동희/최계영, 행정법 I, 345면.

56) 김남진/김연태, 행정법 I, 297면; 박균성, 행정법강의, 298~299면; 정하중, 행정법개론, 262면; 홍정선, 행정법특강, 241면.

한편 일설은 행정행위의 부존재를 처분 또는 행정행위의 외관이 있는 경우에만 인정되는 것으로 보고, 따라서 부존재를 행정행위의 하자의 한 유형으로 파악하기도 한다. 이 견해에 따르면 부존재는 내용적으로 위법성의 정도가 무효인 경우보다 더 중대한 경우에 인정될 수 있는 관념이라고 이해한다. 이와 같이 부존재를 하자의 한 유형으로 파악한다면 아무런 법적 효력을 발생하지 않는다는 점에서 무효와 부존재의 구별실익은 없게 된다고 보는 것이다.[57]

3. 학설에 대한 평가 및 결론

무효는 ① 일단 성립요건을 충족하여 성립한 행정행위가 ② 적법요건에 하자가 있어 위법한 행정행위가 되고 ③ 그 하자의 효과로서 그 하자의 정도가 중대하고 명백하여 효력을 발생하지 못하는 경우를 말한다. 그러나 부존재는 행정행위로 성립조차 하지 못한 행위이므로 흠의 효과 이전 단계의 문제이다. 즉 부존재란 '행정행위가 존재하지는 않는다'는 것을 의미하는 것으로 행정행위의 흠의 효과와는 무관한 개념이다. 따라서 부존재를 행정행위의 외관이 '존재'하는 경우에 인정되는 관념으로 이해하고, 이를 무효보다 더 중대한 행정행위의 하자로 보는 견해는 '성립요건과 적법요건의 결여(흠)의 효과'를 혼동하고 있다고 판단된다. 요컨대 행정행위의 부존재는 행정행위로 성립하지 못했다는 것으로 이를 행정행위의 흠의 한 형태로 볼 수는 없다.

이와 같이 무효와 부존재는 서로 다른 개념이므로 현행 행정소송법상 무효등확인소송이라는 한 종류의 소송에 같이 규정되어 있다는 것만으로 양 개념이 서로 구별할 필요가 없는, 같은 개념이 될 수는 없다. 특히 무효인 행위에 대해서는 무효확인을 구하는 취소소송이 인정되지만 부존재의 경우에는 행정행위가 존재하지 않기 때문에 취소소송을 제기할 대상이 없는 것이므로 이와 같은 소송을 허용할 이유가 없다 할 것이다.

제 2 항 행정행위의 무효와 취소 *

Ⅰ. 의의

통설과 판례는 적법요건에 하자가 있는 행정행위를 무효인 행위와 취소할 수 있는 행위로 구분하고 있다.

무효인 행정행위는 행정행위로서의 외형을 갖추고 있으나 행정행위로서의 효력이 전혀 없는(nichtig) 행정행위(행정기본법 15 단서)로서, 행정행위로서의 외형이 없는(unvorhanden) 부존재와 구별된다.

---

* 법원행정고시(2009년), 사법시험(2004년), 사법시험(2007년), 행정고시(2002년), 행정고시(2003년).

57) 김동희/최계영, 행정법Ⅰ, 345면.

취소할 수 있는 행정행위는 행정행위에 흠이 있음에도 불구하고 권한 있는 기관이 이를 취소함으로써 비로소 행정행위로서의 효력을 상실하게 되는(aufhebbar, anfechtbar) 행위를 말한다. 취소할 수 있는 행정행위는 행정의 실효성 확보 요청·법적 안정성·신뢰보호의 견지에서 인정되는 것이다.

Ⅱ. 무효·취소의 구별실익

무효와 취소의 구별기준은 상대적이고 이에 대한 실정법적 규정도 존재하지 않지만, 전통적으로 다음과 같은 이유로 양자를 구별하여 왔다.

1. 행정쟁송형태

무효는 무효등확인심판·무효등확인소송의 형태로 제기되는 반면, 취소는 취소심판·취소소송의 형식으로 제기된다. 다만 무효의 경우 무효선언을 구하는 취소소송의 형태가 판례상 인정되고 있다는 점에서 이러한 쟁송형태상의 구별은 어느 정도 상대화되었다고 할 수 있다.

한편 무효확인소송은 취소소송과는 달리 행정심판전치주의가 적용되지 않고 또한 제소기간에도 제한이 없다(행소법 38). 다만 판례는 무효선언을 구하는 취소소송의 경우 여기에는 행정심판전치주의가 적용된다고 보고 있는데,[58] 그렇다면 이는 소송에서 소구하는 내용은 처분의 무효확인인데도 소송형태에 따라서 행정심판전치주의의 적용 여부가 달라진다는 것을 의미하므로, 이 점에서도 무효와 취소의 구별은 그만큼 완화되고 있다고 볼 수 있다.

2. 선결문제

민사법원이나 형사법원이 재판의 전제가 된 행정행위의 위법성 또는 효력 유무를 스스로 판단할 수 있는가 하는 것이 선결문제 판단권의 문제이다. 이는 행정행위의 공정력과 관련이 있다. 행정행위의 공정력은 무효인 행정행위에는 인정되지 않고, 취소할 수 있는 행정행위에만 인정된다. 따라서 민사법원이나 형사법원은 재판의 전제가 된 행정행위의 무효를 스스로 판단할 수 있다.

다만 취소할 수 있는 행정행위의 경우에는 공정력 때문에 민사법원이나 형사법원이 행정행위의 위법 여부를 스스로 판단할 수 있는가 하는 문제와 관련해서는 학설의 대립이 있다. 공정력을 적법성의 추정으로 이해하는 부정설에 의하면 위법 여부를 판단할 수 없다고 보지만, 공정력을 취소될 때까지 잠정적으로 유효하게 통용되는 효력으로 이해하는 다수설과 판례의 입장에서는 위법 여부를 스스로 판단할 수 있다고 본다. 그러나 어느 학설에 따르든 민사법원이나 형사법원은 행정

58) 대판 1987.9.22, 87누482.

행위의 효력을 부인할 수는 없다.

이와 같이 당연무효의 경우 민사법원 등의 선결문제판단권이 인정되나, 취소할 수 있는 단순위법의 하자가 있는 경우에는 공정력으로 인하여 행정행위의 효력을 부인하지 못한다는 점에서 무효·취소의 차이가 있다고 할 수 있다.

3. 사정재결·사정판결

당사자의 청구가 이유가 있어도 처분을 취소하는 것이 현저히 공공복리에 적합하지 않다고 인정하는 경우에는 당사자의 청구를 기각할 수 있다. 이러한 기각결정을 사정재결(행심법 44 ①)·사정판결(행소법 28 ①)이라 한다.

다수설과 판례는 무효인 경우는 사정재결이나 사정판결에 의하여 유지시킬 유효한 행정행위가 처음부터 존재하지 않기 때문에, 사정재결·사정판결은 취소할 수 있는 행정행위에 한하여 인정된다고 보고 있다. 행정심판법도 사정재결에 관한 규정은 무효등확인심판에는 적용하지 않는다는 명문의 규정을 두고 있으며(행심법 44 ③), 행정소송법도 사정판결에 관한 규정을 무효등확인소송에 준용하지 않고 있다(행소법 38 ①).

이에 대하여는 사정판결 등이 인정되는 취지가 기성사실의 원상회복이 공익적 관점에서 유익한가 아닌가 하는 데 있으므로, 기성사실의 원상회복이 결과적으로 현저히 공공복리에 적합하지 않으면 무효인 행정행위라 하더라도 사정판결 등이 인정되어야 한다는 반론도 있다.[59]

4. 행정행위의 효력

무효인 행정행위는 처음부터 행정행위로서의 효력이 발생하지 않는다. 따라서 무효인 행위에는 공정력·불가쟁력·강제력 등의 효력이 인정될 여지가 없다. 취소할 수 있는 행정행위는 공정력으로 인하여 권한 있는 기관에 의하여 취소될 때까지 유효하다.

5. 하자의 승계

행정쟁송에서 후행 행정행위를 다투면서 선행 행정행위의 하자를 주장할 수 있는가 하는 것이 하자의 승계 문제인데, 하자의 승계는 행정법관계의 조속확정·법적 안정성 등의 견지에서 인정되지 않는 것이 원칙인데, 예외적으로 선행 행정행위의 흠이 승계될 것인가 하는 문제는 선행 행정행위가 취소할 수 있는 행정행위인 경우에 문제되는 것으로, 무효인 행정행위의 경우 무효인 흠은 하자의 승계 문제와 관계없이 언제든지 후행 행정행위에 승계된다.

59) 김남진/김연태, 행정법 I, 300면.

6. 하자의 치유·전환

행정행위의 하자의 치유는 취소할 수 있는 행정행위에만 인정되고, 하자의 전환은 무효인 행정행위에만 인정된다고 보는 것이 일반적인 견해이나, 이에 대해서는 무효인 행위에도 흠의 치유를 인정하자는 견해,[60] 취소인 행위에도 전환을 인정하자는 견해[61]가 있다.

Ⅲ. 무효·취소의 구별기준*

1. 구별기준에 관한 학설

(1) 중대명백설**

이 설은 행정행위의 하자가 중대한 법 위반이고 그것이 외관상 명백한 경우에는 무효이고, 이에 이르지 않는 경우에는 취소할 수 있는 데 그친다는 견해이다. 이 설이 통설이다.

본래 취소할 수 있는 행정행위라는 법리는 행정의 법률적합성이라는 법치행정의 원리에 반하는 것이다. 왜냐하면 행정행위의 적법요건에 흠이 있으면 효력을 발생하지 못하도록 하여야 하는데, 그 흠에도 불구하고 그 흠이 취소할 수 있는 것인 경우에는 권한 있는 기관에 의하여 취소될 때까지 잠정적으로 유효하게 통용되기 때문이다. 이는 행정의 실효성 확보·법적 안정성·신뢰보호 등을 위한 것이다.

그런데 행정행위의 흠이 중대하고 명백한 경우에까지 행정의 실효성을 보장하거나 법적 안정성을 고려할 이유는 없다. 따라서 이와 같은 경우는 취소사유와 구별하여 이를 무효로 하는 것이 행정의 법률적합성을 보장하는 법치행정의 취지에 보다 부합한다.

여기에서 하자의 중대성이란 행정행위의 근거가 되는 법령의 중대성을 의미하는 것이 아니라, 오히려 당해 행정행위가 지닌 흠의 중대성을 의미하는 것으로서, 결국 법침해의 심각성을 말한다. 따라서 중대성을 판단함에 있어서는 법령의 목적·성질·종류·기능, 기타 그 위반의 정도도 함께 고려되어야 한다.

그리고 하자의 명백성은 당사자의 주관적 판단 또는 법률전문가의 판단이 아니라, 일반인의 정상적인 인식능력을 기준으로 하여 객관적으로 판단되어야 한다.

---

* 변호사시험(2017년), 사법시험(2015년), 5급공채(행정)(2018년).

** 사법시험(2012년).

60) 김철용, 행정법, 228면.

61) 김남진/김연태, 행정법Ⅰ, 299면; 홍준형, 행정법총론, 326면.

[판례1] 과세처분이 당연무효라고 하기 위한 요건 및 과세처분의 하자가 중대하고 명백한지 판별하는 방법 / 어느 법률관계나 사실관계에 대하여 어느 법령의 규정을 적용할 수 없다는 법리가 명백히 밝혀지지 않아 해석에 다툼의 여지가 있는 상태에서 과세관청이 이를 잘못 해석하여 과세처분을 한 경우, 그 하자가 명백하다고 할 수 있는지 여부(소극)

"[1] 과세처분이 당연무효라고 하기 위하여는 그 처분에 위법사유가 있다는 것만으로는 부족하고 그 하자가 법규의 중요한 부분을 위반한 중대한 것으로서 객관적으로 명백한 것이어야 하며, 하자가 중대하고 명백한지를 판별할 때에는 과세처분의 근거가 되는 법규의 목적·의미·기능 등을 목적론적으로 고찰함과 동시에 구체적 사안 자체의 특수성에 관하여도 합리적으로 고찰하여야 한다. 그리고 어느 법률관계나 사실관계에 대하여 어느 법령의 규정을 적용하여 과세처분을 한 경우에 그 법률관계나 사실관계에 대하여는 그 법령의 규정을 적용할 수 없다는 법리가 명백히 밝혀져서 해석에 다툼의 여지가 없음에도 과세관청이 그 법령의 규정을 적용하여 과세처분을 하였다면 그 하자는 중대하고도 명백하다고 할 것이나, 그 법률관계나 사실관계에 대하여 그 법령의 규정을 적용할 수 없다는 법리가 명백히 밝혀지지 아니하여 해석에 다툼의 여지가 있는 때에는 과세관청이 이를 잘못 해석하여 과세처분을 하였더라도 이는 과세요건사실을 오인한 것에 불과하여 그 하자가 명백하다고 할 수 없다(대판 2018.7.19, 2017다242409 전원합의체 참조).

[2] 과세관청이 법령 규정의 문언상 과세처분 요건의 의미가 분명함에도 합리적인 근거 없이 그 의미를 잘못 해석한 결과, 과세처분 요건이 충족되지 아니한 상태에서 해당 처분을 한 경우에는 법리가 명백히 밝혀지지 아니하여 그 해석에 다툼의 여지가 있다고 볼 수 없다(대판 2014.5.16, 2011두27094 참조) (대판 2019.4.23, 2018다287287[부당이득금])."

☞ 구 지방세특례제한법 제84조 제2항은 법문상 그 의미가 명확하여 해석에 다툼의 여지가 없고, 이 사건 토지는 위 조항이 규정하는 감경요건을 모두 갖추었으므로 이에 대하여는 위 조항에 따라 재산세 등의 100분의 50이 경감되어야 함에도, 이 사건 부과처분은 위 조항을 적용하지 아니한 채 재산세 등을 부과하였으므로, 중대하고 명백한 하자가 존재한다는 이유로, 이 사건 부과처분의 하자가 취소사유에 불과하다고 본 원심판결을 파기한 사례

[판례] 행정처분이 당연무효라 하기 위한 요건 및 법령 규정의 문언만으로는 처분 요건의 의미가 분명하지 않지만 그에 관하여 법원이나 헌법재판소의 분명한 판단이 있고, 행정청이 판단 내용에 따라 법령 규정을 해석·적용하는 데에 아무런 법률상 장애가 없는데도 합리적 근거 없이 사법적 판단과 어긋나게 행정처분을 한 경우, 하자가 객관적으로 명백한지 여부(적극)

"행정처분이 당연무효라고 하기 위해서는 처분에 위법사유가 있다는 것만으로는 부족하고 그 하자가 법규의 중요한 부분을 위반한 중대한 것으로서 객관적으로 명백한 것이어야 한다.

특히 법령 규정의 문언만으로는 처분 요건의 의미가 분명하지 아니하여 그 해석에 다툼의 여지가 있었더라도 해당 법령 규정의 위헌 여부 및 그 범위, 법령이 정한 처분 요건의 구체적 의미 등에

관하여 법원이나 헌법재판소의 분명한 판단이 있고, 행정청이 그러한 판단 내용에 따라 법령 규정을 해석·적용하는 데에 아무런 법률상 장애가 없는데도 합리적 근거 없이 사법적 판단과 어긋나게 행정처분을 하였다면 그 하자는 객관적으로 명백하다고 봄이 타당하다(대판 2017.12.28, 2017두30122[학교용지부담금부과처분무효확인])."

[판례2] 도시계획시설사업에 관한 실시계획의 인가 요건을 갖추지 못한 인가처분의 경우, 그 하자가 중대한지 여부

"… 법령 규정의 문언상 처분 요건의 의미가 분명함에도 행정청이 합리적인 근거 없이 그 의미를 잘못 해석한 결과, 처분 요건이 충족되지 아니한 상태에서 해당 처분을 한 경우에는 법리가 명백히 밝혀지지 아니하여 그 해석에 다툼의 여지가 있다고 볼 수는 없다(대법원 2014.5.16. 선고 2011두27094 판결 참조).

… (국토계획법상 도시계획시설사업에 관한) 실시계획의 인가 요건을 갖추지 못한 인가처분은 공공성을 가지는 도시계획시설사업의 시행을 위하여 필요한 수용 등의 특별한 권한을 부여하는 데 정당성을 갖추지 못한 것으로서 법규의 중요한 부분을 위반한 중대한 하자가 있다고 할 것이다(대판 2015.3.20, 2011두3746)."

[판례3] [1] 국토계획법령이 정한 도시계획시설사업의 대상 토지의 소유와 동의 요건을 갖추지 못하였는데도 사업시행자로 지정한 경우, 하자가 중대한지 여부(적극)

[2] 도시·군계획시설사업의 대상인 토지를 제3자에게 매각하고 제3자로 하여금 해당 시설을 설치하도록 하는 내용의 실시계획을 인가하는 처분은 하자가 중대한지 여부(원칙적 적극)

"[1] 국토계획법령이 정한 도시계획시설사업의 대상 토지의 소유와 동의 요건을 갖추지 못하였는데도 사업시행자로 지정하였다면, 이는 국토계획법령이 정한 법규의 중요한 부분을 위반한 것으로서 특별한 사정이 없는 한 그 하자가 중대하다고 보아야 한다.

[2] 사인인 사업시행자가 도시·군계획시설사업의 대상인 토지를 사업시행기간 중에 제3자에게 매각하고 제3자로 하여금 해당 시설을 설치하도록 하는 내용이 포함된 실시계획은 국토계획법상 도시·군계획시설사업의 기본원칙에 반하여 허용되지 않고, 특별한 사정이 없는 한 그와 같은 실시계획을 인가하는 처분은 그 하자가 중대하다고 보아야 한다(대판 2017.7.11, 2016두35120)."

[판례4] 도시정비법 제11조 제1항 본문의 법적 성격(=강행규정) 및 위 조항을 위반하여 경쟁입찰의 방법이 아닌 방법으로 이루어진 입찰과 시공자 선정결의의 효력(무효)

"(구) 도시 및 주거환경정비법(2013.3.23. 법률 제11690호로 개정되기 전의 것, '구 도시정비법')

제11조 제1항 본문의 내용과 입법 취지, 이 규정을 위반한 행위를 유효로 한다면 정비사업의 핵심적 절차인 시공자 선정에 관한 조합원 간의 분쟁을 유발하고 그 선정 과정의 투명성 · 공정성이 침해됨으로써 조합원들의 이익을 심각하게 침해할 것으로 보이는 점, 구 도시정비법 제84조의3 제1호에서 위 규정을 위반한 경우에 형사처벌을 하고 있는 점 등을 종합하면, 구 도시정비법 제11조 제1항 본문은 강행규정으로서 이를 위반하여 경쟁입찰의 방법이 아닌 방법으로 이루어진 입찰과 시공자 선정결의는 당연히 무효라고 보아야 한다(대판 2017.5.30, 2014다61340[조합총회결의무효확인])."

(2) 중대설

이 설은 행정행위에 중대한 하자가 있으면 무효로 보는 견해로 이 설에 의하면 하자의 명백성은 무효판단의 기준이 아니다. 이 설은 능력규정이나 강행규정을 위반하면 중대한 하자로 보아 무효이고, 명령규정이나 비(非)강행규정을 위반하면 취소사유가 된다고 본다.

이 설에 대하여는 규정들간의 차이를 구분하는 것이 불가능하다는 점, 이 설에 의하면 무효사유를 넓게 인정하게 되어 침익적 행정행위의 경우 국민의 권리보호에 유리할 수 있으나 수익적 행정행위나 복효적 행정행위의 경우 상대방이나 이해관계인에게 불리하게 작용할 수 있다는 비판이 있다.

(3) 조사의무설

이 설은 중대명백설의 입장에서 서면서도 하자의 명백성을 완화하여, 공무원의 직무수행상 당연히 요구되는 조사에 의하여 당해 처분의 위법성이 명백히 인정될 수 있는 경우에도 하자의 명백성이라는 요건이 충족된다고 봄으로써 무효사유를 넓히려는 견해이다.

(4) 명백성보충설

이 설은 행정행위의 무효사유로서 하자의 중대성은 필수적인 요건이지만, 하자의 명백성은 법적 안정성이나 제3자의 신뢰보호의 요청이 있는 등의 경우에만 요구되는 보충적인 가중요건에 불과하다고 본다.

이 설에 따르면 법적 안정성이나 제3자 신뢰보호의 문제가 없는 경우에는 무효 판단의 기준으로서 명백성이 요구되지 않게 되므로 그 만큼 무효의 범위가 넓어지게 된다.

(5) 구체적 가치형량설

이 설은 무효사유와 취소사유의 일반적인 기준을 정립하는 것이 어렵다는 점에서 구체적인 사안마다 권리구제의 요청과 행정의 법적 안정성의 요청 및 제3자의 이익 등을 구체적이고 개별적으로 이익형량하여 무효인지 취소할 수 있는 경우인지를 결정하여야 한다는 견해이다.

일반적으로 적법요건의 하자가 무효사유인지 취소사유인지를 판단하기 위해서는 이 설이 주장하는 바와 같은 이해관계 있는 다양한 가치들에 대한 구체적인 형량이 필요한 것이므로, 이 점에서 이 설은 구체적인 이익형량의 중요성을 강조하는 의미 이외에는 무효·취소의 객관적 구별기준이라고 하기는 어렵다.

(6) 판례

대법원은 원칙적으로 중대명백설을 취하고 있지만, 소수견해로서 명백성보충설을 취한 바도 있다.

> [판례] 하자 있는 행정처분이 당연무효인지를 판별하는 기준
>
> "[다수의견] 하자 있는 행정처분이 당연무효가 되기 위하여는 그 하자가 법규의 중요한 부분을 위반한 중대한 것으로서 객관적으로 명백한 것이어야 하며 하자가 중대하고 명백한 것인지 여부를 판별함에 있어서는 그 법규의 목적, 의미, 기능 등을 목적론적으로 고찰함과 동시에 구체적 사안 자체의 특수성에 관하여도 합리적으로 고찰함을 요한다.
>
> [반대의견] 행정행위의 무효사유를 판단하는 기준으로서의 명백성은 행정처분의 법적 안정성 확보를 통하여 행정의 원활한 수행을 도모하는 한편 그 행정처분을 유효한 것으로 믿은 제3자나 공공의 신뢰를 보호하여야 할 필요가 있는 경우에 보충적으로 요구되는 것으로서, 그와 같은 필요가 없거나 하자가 워낙 중대하여 그와 같은 필요에 비하여 처분 상대방의 권익을 구제하고 위법한 결과를 시정할 필요가 훨씬 더 큰 경우라면 그 하자가 명백하지 않더라도 그와 같이 중대한 하자를 가진 행정처분은 당연무효라고 보아야 한다(대판 1995.7.11, 94누4615 전원합의체)."

(7) 결어

행정행위의 무효를 인정하는 것은, 취소할 수 있는 하자가 있더라도 법적 안정성 차원에서 그 효력을 인정하지만, 취소할 수 있는 하자 보다 더 큰 하자가 있는 경우에도 그 효력을 유지시키는 것은 행정법관계의 안정을 해칠 수 있고 또한 행정의 법률적합성의 관점에서도 문제가 있다고 보기 때문이다. 그런데 중대설이나 명백성보충설에 의하면 무효의 범위가 넓어져 법적 안정성의 측면에서 문제가 있을 수 있으므로, 통설·판례인 중대명백설을 원칙으로 하되 경우에 따라서는 명백성보충설로 보충할 수 있다고 보는 것이 합리적이라 판단된다.

2. 무효사유에 대한 입법론

이상의 학설과 판례에 의하더라도 사실상 행정행위의 무효와 취소사유를 구별하기가 매우 어

려운 것이 사실이다. 이와 관련하여 무효가 되는 경우와 무효가 되지 않는 경우를 규정하고 있는 입법례가 있다.

독일 연방행정절차법은 제44조 제1항에서 행정행위의 흠이 중대하고 명백한 경우를 무효로 규정하면서, 제2항에서는 행정청의 불명확, 법정 서면형식의 불이행, 무권한의 행위, 사실상 불능인 행위, 형벌 또는 범칙금의 구성요건에 해당하는 위법한 행위를 요구하는 행정행위, 선량한 풍속에 반하는 행위를 무효사유로, 제3항에서는 권한 위반, 일정한 제척사유 있는 자의 관여, 위원회나 행정청의 협력의 결여를 무효가 아닌 사유로 규정하고 있다.

이와 같이 독일의 경우는 명백한 무효사유와 무효로 인정되지 않는 사유를 규정함으로써 비교적 쉽게 무효사유와 취소사유를 구별할 수 있다. 이러한 입법례는 특히 국민의 입장에서 무효 및 취소사유가 명확하게 규정됨으로써 행정법관계에서의 안정을 도모하고 권리구제를 용이하게 하는 장점이 있다. 그러므로 우리의 경우에도 현재와 같이 무효와 취소의 구별이 모호한 문제를 해결하기 위해서는 행정절차법에 무효사유를 규정하는 입법적 개선이 필요하다.

Ⅳ. 하자의 구체적 유형

아래에서는 학설과 판례상 무효의 사유로 제시되고 있는 구체적인 유형을 행정행위의 적법요건인 주체, 내용, 형식, 절차의 개별적인 요건별로 나누어서 설명한다.

1. 주체에 관한 흠

행정행위는 정당한 권한을 가진 행정청이 법령에 의하여 부여된 권한의 범위 내에서 정상적인 의사에 따라 행해져야 하며, 그렇지 못한 경우에는 무효 또는 취소사유가 된다.

(1) 정당한 권한이 없는 행정청의 행위*

(가) 공무원이 아닌 것이 명백한 사인이 공무원을 사칭하여 한 행위는 행정행위로서 성립조차 하지 못한 행위로서 부존재에 해당한다. 그 밖에 적법하게 선임되지 아니한 공무원, 적법하게 선임되었다 하더라도 행위 당시에 선임행위가 취소, 임기만료 등으로 공무원이 아닌 자의 행위는 원칙적으로 무효이다. 그러나 이러한 경우에도 공무원의 외관을 신뢰한 상대방보호를 위하여 사실상의 공무원(de facto Beamten)의 행위로서 유효한 행정행위로 인정하여야 하는 경우도 있다.

(나) 행정청의 대리권이 없는 자가 행한 행위는 원칙적으로 무효이다. 다만 상대방이 행위자가 대리권이 있는 것으로 믿을 만한 상당한 이유가 있는 경우에는 표현대리(表見代理)가 성립될 수

* 5급공채(재경)(2013년).

도 있다(대판 1963.12.5, 63다519).

(다) 적법하게 구성되지 않은 합의제 행정기관의 행위는 원칙적으로 무효이다. 그러나 그러한 처분이 발령되어 이를 신뢰한 개인이 있는 경우에는 유효한 것으로 인정하여야 하는 경우도 있을 것이다.

(2) 무권한의 행위*

행정청이 법령에 의하여 사항적·인적·지역적으로 제한된 권한을 갖고 있는 경우 이러한 한계를 넘어서는 행정행위는 무권한의 행위로서 원칙적으로 무효이다. 판례도 권한유월(ultra vires)의 행위를 무권한의 행위로서 역시 무효사유로 보고 있다(대판 1996.6.28, 96누4374).

다만 무권한의 행위라도 당사자의 신뢰보호나 법적 안정성 등의 이유에서 유효라고 보아야 하는 경우도 있을 것이다.

(3) 행정청의 정상적인 의사에 의하지 않은 행위

(가) 공무원이 의사무능력 상태에서 행한 행위나 물리적 강제에 의한 행위는 무효이다.

(나) 피성년후견인이나 피한정후견인과 같은 행위무능력자의 행위는 사법에서와는 달리 상대방의 신뢰보호의 견지에서 그 효력에 영향이 없다는 것이 통설이다.

(다) 행정행위가 착오로 이루어진 경우 착오는 법적 안정성이나 신뢰보호의 견지에서 독립된 무효사유나 취소사유가 되지 않고 착오에 의하여 표시된 대로 효력을 발생한다는 것이 통설이다(표시설). 즉 오기·오산 등의 단순한 표시상의 착오 또는 그 밖에 이에 준하는 명백한 잘못이 있을 때에는 행정청은 이를 직권으로 또는 신청에 따라 지체 없이 정정하면 되므로(행정절차법 25) 이 경우 행정행위의 효력은 정정된 진의에 따라 발생하게 되고, 그렇지 않으면 표시된 대로 효력이 발생하게 되지만, 다만 착오로 인한 행정행위의 내용이 위법한 경우에는 그 행정행위는 무효 또는 취소가 된다는 것이다.

이에 대하여는 착오로 인한 행정행위의 경우 착오가 독립한 무효 또는 취소사유가 된다고 보는 견해(의사설)가 대립되고 있다.

판례는 의사설을 취하고 있는 것으로 보이는데, 착오로 인한 행정행위를 무효로 본 경우도 있고(대판 1983.8.23, 83누179130), 취소할 수 있는 경우로 본 경우도 있으며(대판 1982.11.23, 81누21), 또한 경우에 따라서는 착오만을 가지고 행정처분을 취소할 수 없다고 한 판례도 있어(대판 1976.5.11, 75누214; 대판 1979.6.26, 79누43), 판례가 어느 한 학설에 따르고 있다고 단정하기는 어렵다고 판단된다.

(라) 사기·강박·증수뢰 등에 의한 행정행위에 대해서는 다른 원인에 의하여 무효가 되는 경

* 사법시험(2015년).

우를 제외하고는 취소할 수 있는 행정행위가 될 뿐이라는 것이 다수설이다.

2. 내용에 관한 흠 *

(1) 법 또는 행정법의 일반원칙 위반

행정행위는 법치행정의 원리에 따라 법률우위의 원칙과 법률유보의 원칙을 준수하여야 하고, 그 밖에도 행정법의 일반원칙을 준수하여야 한다. 이에 위반하면 무효·취소의 구별기준에 따라 무효 또는 취소할 수 있는 행정행위가 된다. 예컨대 침익적 행정행위가 그 법적 근거를 명백히 결여한 경우에는 무효가 된다고 볼 것이다.

(2) 내용의 불명확·실현불가능

행정행위는 내용이 명확하고 실현가능하여야 한다. 따라서 목적물이나 범위가 불확정된 계고처분, 비영리법인에 대한 소득세부과처분, 사자(死者)에 대한 과세처분 등과 같이 행정행위의 내용이 불명확하거나 사실적·법적으로 실현불가능한 행위는 무효이다.

> [판례] 감사기관과 수사기관에서 비위 조사나 수사 중임을 사유로 한 명예전역 선발취소 결정은 아직 명예전역이나 전역을 하지 않은 상태에 있는 명예전역 대상자를 처분 대상으로 하는지 여부(원칙적 적극)
>
> "군인사법, 군인 명예전역수당지급 규정, 국방 인사관리 훈령 등을 종합하면, 감사기관과 수사기관에서 비위 조사나 수사 중임을 사유로 한 명예전역 선발취소 결정은 특별한 사정이 없는 한 아직 명예전역이나 전역을 하지 않은 상태에 있는 명예전역 대상자가 그 처분 대상임을 전제한다고 보는 것이 타당하다(대판 2019.5.30, 2016두49808[명예전역선발취소무효확인])."

(3) 위헌·위법인 법령에 근거한 처분의 효력 **

(가) 문제의 소재

법령이 위헌 또는 위법으로 결정된 이후에 그 법령에 근거하여 발한 처분은 그 하자가 중대·명백하여 당연무효가 될 것이다. 그러나 처분을 한 후에 그 처분의 근거가 된 법령이 위헌 또는 위법으로 결정되는 경우 이 무효인 법령에 근거한 처분은 하자 있는 처분임은 분명하나 그 하자가 무효사유인지 취소사유인지가 문제이다.

---

* 행정고시(1999년), 행정고시(2006년), 행정고시(재경)(2010년).

** 변호사시험(2018년), 사법시험(2014년).

㈏ 대법원의 견해

대법원은 처분 이후에 처분의 근거법령에 대하여 헌법재판소 또는 대법원이 위헌 또는 위법하다는 결정을 하게 되면, 당해 처분은 법적 근거가 없는 처분으로 하자 있는 처분이고 그 하자는 중대한 것이지만, 위헌 또는 위법하다는 결정이 있기 전에는 객관적으로 명백하다고 보기 어려우므로 취소사유에 그치는 것으로 보고 있다.

[판례] 시행령의 무효를 선언한 대법원판결이 없는 상태에서 그에 근거하여 이루어진 처분을 당연무효라 할 수 있는지 여부

"일반적으로 시행령이 헌법이나 법률에 위반된다는 사정은 그 시행령의 규정을 위헌 또는 위법하여 무효라고 선언한 대법원의 판결이 선고되지 아니한 상태에서는 그 시행령 규정의 위헌 내지 위법 여부가 해석상 다툼의 여지가 없을 정도로 명백하였다고 인정되지 아니하는 이상 객관적으로 명백한 것이라 할 수 없으므로, 이러한 시행령에 근거한 행정처분의 하자는 취소사유에 해당할 뿐 무효사유가 되지 아니한다(대판 2007.6.14, 2004두619)."

[판례] 처분의 근거 법률이 위헌이라는 사정이 당연무효사유인지 여부(원칙적 소극)

"일반적으로 법률이 헌법에 위반된다는 사정은 헌법재판소의 위헌결정이 있기 전에는 객관적으로 명백한 것이라고 할 수 없으므로 특별한 사정이 없는 한 이러한 하자는 행정처분의 취소사유에 해당할 뿐 당연무효사유는 아니다(대판 2021.12.30, 2018다241458[채무부존재확인])."

㈐ 헌법재판소의 견해

헌법재판소도 기본적으로는 처분의 근거가 된 법률이 처분 이후에 위헌으로 선고되었다 하더라도 이는 이미 집행된 처분의 취소사유일 뿐 당연무효는 아니라고 보고 있다[판례1].

다만 행정처분이 근거 법률의 위헌의 정도가 심각하여 그 하자가 중대하다고 인정되는 경우, 그리고 그 때문에 국민의 기본권 구제의 필요성이 큰 반면에 법적 안정성의 요구는 비교적 적은 경우에는 예외적으로 당연무효사유가 될 수 있다고 보고 있다[판례2].

[판례1] 처분의 근거법률이 사후에 위헌으로 선고된 경우 이는 처분의 취소사유가 된다고 본 사례

"국회에서 헌법과 법률이 정한 절차에 의하여 제정·공포된 법률이 헌법에 위반된다는 사정은 헌법재판소의 위헌결정이 있기 전에는 객관적으로 명백한 것이라고 할 수 없으므로 행정처분의 근거법률이 위헌으로 선고된다고 하더라도 이는 이미 집행이 종료된 행정처분의 취소사유에 해당할 뿐 당연무효사유는 아니다(헌재결 2010.12.28, 2009헌바429)."

[판례2] 예외적으로 당연무효가 된다고 본 사례

"행정처분 자체의 효력이 쟁송기간 경과 후에도 존속 중인 경우, 특히 그 처분이 위헌법률에 근거하여 내려진 것이고 그 행정처분의 목적달성을 위하여서는 후행(後行) 행정처분이 필요한데 후행 행정처분은 아직 이루어지지 않은 경우, 그 행정처분을 무효로 하더라도 법적 안정성을 크게 해치지 않는 반면에 그 하자가 중대하여 그 구제가 필요한 경우에 대하여서는 그 예외를 인정하여 이를 당연무효사유로 보아서 쟁송기간 경과 후에라도 무효확인을 구할 수 있는 것이라고 봐야 할 것이다. 학설상으로도 중대명백설 외에 중대한 하자가 있기만 하면 그것이 명백하지 않더라도 무효라고 하는 중대설도 주장되고 있고, 대법원의 판례로도 반드시 하자가 중대명백한 경우에만 행정처분의 무효가 인정된다고는 속단할 수 없기 때문이다(헌재결 1994.6.30, 92헌바23)."

위헌·위법인 법령에 근거한 처분이 무효인가 취소할 수 있는 경우인가 하는 논의의 실익은 처분에 대한 제소기간이 경과하여 불가쟁력이 발생하였을 때 쟁송에 의한 권리구제가 가능한가에 있다. 즉 무효로 보는 경우에는 처분에 대한 무효확인소송을 제기하여 권리구제가 가능할 수 있으나, 취소로 보는 경우에는 취소소송을 제기하여 권리구제를 받아야 하는데 제소기간 경과로 더 이상 취소소송을 제기할 수 없다는 문제가 있다. 다만 이 경우 후행처분이 있는 경우 후행처분에 대한 취소소송에서 하자의 승계를 주장하여 위헌·위법인 법령에 근거한 선행처분의 위법을 주장할 수는 있을 것이다.

(4) 위헌결정의 소급효와 불가쟁력이 발생한 처분에 위헌결정의 소급효가 미치는지 여부*

헌법재판소법은 "위헌으로 결정된 법률 또는 법률의 조항은 그 결정이 있는 날부터 효력을 상실한다."고 규정하고 있다(헌재법 47 ②). 이에 따라 헌법재판소의 위헌결정에는 원칙적으로 장래효만 인정되나, 예외적으로 구체적 규범통제의 실효성 보장을 위하여 ① 위헌제청을 한 당해 사건, ② 위헌결정이 있기 전에 이와 동종의 위헌 여부에 관하여 헌법재판소에 위헌여부심판제청을 하였거나 법원에 위헌여부심판제청신청을 한 경우의 당해 사건, ③ 따로 위헌제청신청은 아니하였지만 당해 법률 또는 법률의 조항이 재판의 전제가 되어 법원에 계속 중인 사건, ④ 위헌결정 이후에 위와 같은 이유로 제소된 일반사건에는 소급효가 인정되고 있다.

[판례] 위헌결정의 예외적 소급효 인정범위

"헌법재판소의 위헌결정의 효력은 위헌제청을 한 당해 사건, 위헌결정이 있기 전에 이와 동종의 위헌 여부에 관하여 헌법재판소에 위헌여부심판제청을 하였거나 법원에 위헌여부심판제청신청을

* 변호사시험(2018년), 변호사시험(2024년).

한 경우의 당해 사건과 따로 위헌제청신청은 아니하였지만 당해 법률 또는 법률의 조항이 재판의 전제가 되어 법원에 계속중인 사건뿐만 아니라 위헌결정 이후에 위와 같은 이유로 제소된 일반사건에도 미친다(대판 1993.1.15, 91누5747)."

"구체적 규범통제의 실효성의 보장의 견지에서 법원이 제청·헌법소원 청구 등을 통하여 헌법재판소에 법률의 위헌결정을 위한 계기를 부여한 당해 사건, 위헌결정이 있기 전에 이와 동종의 위헌 여부에 관하여 헌법재판소에 위헌제청을 하였거나 법원에 위헌제청신청을 한 경우의 당해 사건, 그리고 따로 위헌제청신청을 아니하였지만 당해 법률 또는 법률의 조항이 재판의 전제가 되어 법원에 계속 중인 사건에 대하여는 소급효를 인정하여야 할 것이다(헌재결 1993.5.13, 92헌가10, 91헌바7, 92헌바24, 92헌바50)."

[판례] 어느 법률조항의 개정이 자구만 형식적으로 변경된 데 불과하여 개정 전후 법률조항들의 동일성이 그대로 유지되고 있는 경우, '개정 전 법률조항'에 대한 위헌결정의 효력이 '개정 법률조항'에 대하여도 미치는지 여부(적극)

"어느 법률조항의 개정이 해당 조항의 한글화, 어려운 법률 용어의 순화, 한글맞춤법 등 어문 규범의 준수 및 정확하고 자연스러운 법 문장의 구성 등의 방식으로 그 자구만이 형식적으로 변경된 데 불과하여 개정 전후 법률조항들 자체의 의미내용에 아무런 변동이 없고, 개정 법률조항이 해당 법률의 다른 조항이나 관련 다른 법률과의 체계적 해석에서도 개정 전 법률조항과 다른 의미로 해석될 여지가 없어 양자의 동일성이 그대로 유지되고 있는 경우에는, '개정 전 법률조항'에 대한 위헌결정의 효력은 그 주문에 개정 법률조항이 표시되어 있지 아니하더라도 '개정 법률조항'에 대하여도 미친다고 볼 수 있다(대판 2022.10.27, 2022다4199, 4205[손해배상(기)·손해배상(기)])."

한편 대법원은 위헌인 법률에 근거한 처분에 불가쟁력이 발생한 경우에는 위헌결정의 소급효를 인정하지 않는다. 따라서, 예컨대 과세처분에 따라 납부하였고 과세처분에 대해서는 이미 쟁송기간이 경과하여 불가쟁력이 발생한 경우, 과세처분의 근거가 된 법률이 위헌으로 결정되었다 하더라도 이미 납부한 세금의 반환청구가 인정되지 않는다.

[판례] 불가쟁력이 발생한 처분에 위헌결정의 소급효가 미치는지 여부(소극)

"일반적으로 법률이 헌법에 위반된다는 사정은 헌법재판소의 위헌결정이 있기 전에는 객관적으로 명백한 것이라고 할 수 없으므로 특별한 사정이 없는 한 이러한 하자는 행정처분의 취소사유에 해당할 뿐 당연무효사유는 아니다. 위헌결정의 소급효가 인정된다고 해서 위헌인 법률에 근거한 행정처분이 당연무효가 된다고는 할 수 없고, 이미 취소소송의 제기기간을 경과하여 불가쟁력이 발생한 행정처분에는 위헌결정의 소급효가 미치지 않는다(대판 2021.12.30, 2018다241458[채무부존재확인])."

(5) 위헌인 법률에 근거한 처분의 집행력*

예컨대 과세처분 이후 과세의 근거가 되었던 법률규정에 대하여 위헌결정이 있은 경우 그 조세채권의 집행을 위한 강제징수가 허용되는지가 문제이다.

(가) 집행력부정설

대법원의 다수의견은 국가기관 및 지방자치단체는 위헌으로 선언된 법률규정에 근거하여 새로운 행정처분을 할 수 없음은 물론이고, 위헌결정 전에 이미 형성된 법률관계에 기한 후속처분이라도 그것이 새로운 위헌적 법률관계를 생성·확대하는 경우라면 이를 허용할 수 없다는 입장이다. 따라서 위헌결정 이후에 조세채권의 집행을 위한 새로운 강제징수에 착수하거나 이를 속행하는 것은 더 이상 허용되지 않고, 나아가 이러한 위헌결정의 효력에 위배하여 이루어진 강제징수는 그 사유만으로 하자가 중대하고 객관적으로 명백하여 당연무효라고 본다.

(나) 집행력긍정설

반면 위헌·위법결정의 효력은 불가쟁력이 발생한 처분에 대해서는 소급효가 인정되지 않고, 불가쟁력이 발생한 유효한 처분에 따라 존재하는 적법한 의무에 대한 강제집행이므로, 처분의 후속적 집행이 가능하다고 보아야 한다는 견해가 있다.[62] 대법원의 소수의견도 선행처분에 해당하는 과세처분에 당연무효 사유가 없고, 과세처분에 따른 강제징수의 근거규정이 유효하게 존속하며, 외국의 일부 입법례와 같이 위헌법률의 집행력을 배제하는 명문의 규정이 없는 이상, 과세처분의 근거규정에 대한 헌법재판소의 위헌결정이 있었다는 이유만으로 강제징수가 위법하다고 볼 수 없다는 입장으로 집행력을 긍정하는 입장이라고 할 수 있다.

(다) 결어

불가쟁력이 발생하였다 하더라도 위헌결정된 법률에 근거한 처분의 후속처분을 집행하는 것은 위헌인 법률을 연장하여 집행하는 것이라 보는 것이 합리적이므로 집행력부정설의 입장이 타당하다.

> [판례] 과세처분 이후 조세 부과의 근거가 되었던 법률규정에 대하여 위헌결정이 내려진 경우, 그 조세채권의 집행을 위한 체납처분이 당연무효인지 여부
>
> "[다수의견] 위헌결정의 기속력과 헌법을 최고규범으로 하는 법질서의 체계적 요청에 비추어 국가기관 및 지방자치단체는 위헌으로 선언된 법률규정에 근거하여 새로운 행정처분을 할 수 없음은 물론이고, 위헌결정 전에 이미 형성된 법률관계에 기한 후속처분이라도 그것이 새로운 위헌적 법률관계를 생성·확대하는 경우라면 이를 허용할 수 없다. 따라서 … 위헌결정 이후에 조세채권의 집행

* 사법시험(2014년).

62) 박균성, 행정법강의, 315~317면.

을 위한 새로운 체납처분에 착수하거나 이를 속행하는 것은 더 이상 허용되지 않고, 나아가 이러한 위헌결정의 효력에 위배하여 이루어진 체납처분은 그 사유만으로 하자가 중대하고 객관적으로 명백하여 당연무효라고 보아야 한다.

[반대의견] … 선행처분에 해당하는 과세처분에 당연무효 사유가 없고, 과세처분에 따른 체납처분의 근거규정이 유효하게 존속하며, 외국의 일부 입법례와 같이 위헌법률의 집행력을 배제하는 명문의 규정이 없는 이상, 과세처분의 근거규정에 대한 헌법재판소의 위헌결정이 있었다는 이유만으로 체납처분이 위법하다고 보는 다수의견에는 찬성할 수 없다(대판 2012.2.16, 2010두10907 전원합의체)."

(6) 위헌으로 판명된 내용의 침익처분을 할 수 있는지 여부

판례는 헌법재판소의 헌법불합치 결정이후 추가적 개선입법이 없는 상황에서 행정청이 법률에 규정된 요건에 따라 침익적 처분을 하는 경우 이미 위헌으로 판명된 내용과 동일한 취지로 처분을 하여서는 안 된다고 하였다. 즉 행정청에 위헌 법률을 계속 적용할 의무가 있다고 볼 수 없다(위헌 법률의 계속 적용이 허용되지 않는다)는 것이다. 이는 위헌법률의 연장 집행은 법치국가원리에 반한다는 점에서 타당한 결론이다.

[판례] 침익적 처분의 근거 법령에 대한 헌법불합치결정이 있은 후 개선입법이 없는 경우, 행정청이 위헌이라고 판명된 내용과 동일한 취지로 처분을 하여서는 안 되는지 여부(적극) / 행정청에 위헌적 내용의 법령을 계속 적용할 의무가 있는지 여부(소극) 및 행정청이 위와 같이 부담금 처분을 하지 않는 데에 법률상 장애가 있는지 여부(소극)

"수익적 처분의 근거 법령이 특정한 유형의 사람에 대한 지급 등 수익처분의 근거를 마련하고 있지 않다는 점이 위헌이라는 이유로 헌법불합치 결정이 있더라도, 행정청은 그와 관련한 개선입법이 있기 전에는 해당 유형의 사람에게 구체적인 수익적 처분을 할 수는 없을 것이다. 그러나 이와 달리 <u>법률상 정해진 처분 요건에 따라 부담금을 부과·징수하는 침익적 처분을 하는 경우에는, 어떠한 추가적 개선입법이 없더라도 행정청이 사법적 판단에 따라 위헌이라고 판명된 내용과 동일한 취지로 부담금 부과처분을 하여서는 안 된다는 점은 분명하다. 나아가 이러한 결론은 법질서의 통일성과 일관성을 확보하려는 법치주의의 당연한 귀결이므로, 행정청에 위헌적 내용의 법령을 계속 적용할 의무가 있다고 볼 수 없고, 행정청이 위와 같은 부담금 처분을 하지 않는 데에 어떠한 법률상 장애가 있다고 볼 수도 없다</u>(대판 2017.12.28, 2017두30122[학교용지부담금부과처분무효확인])."

3. 절차에 관한 흠*

법령에서 처분을 위한 절차를 규정하는 경우에 이러한 규정을 준수하지 않으면 절차상 하자 있는 위법한 처분이 된다. 행정절차에 관한 일반법인 행정절차법은 불이익처분과 관련하여 사전통지, 청문 등의 의견청취, 처분에 대한 이유제시 등의 절차를 규정하고 있고, 개별법령에서도 처분에 상대방의 신청·동의를 요하거나 행정조직내부에서의 협의·심의·자문·동의 등의 절차를 규정하고 있는 경우가 많다.

절차상 하자의 효과에 관하여 명문의 규정을 두고 있는 경우도 있지만(예: 국가공무원법 13 ②), 실제로는 명문의 규정이 없는 경우가 일반적이다. 명문의 규정이 없는 경우에 절차상 하자로 인하여 처분이 위법하다고 할지라도 그것이 처분의 무효사유인지 취소사유인지 단언하기 어렵다. 이 문제는 결국 중대명백설을 기준으로 하여 개별적으로 판단하여야 할 것이다.

절차상 하자의 유형으로는 일반적으로 법이 정한 협력절차의 결여, 사전통지나 의견청취절차의 결여, 이유제시의 결여, 송달방법의 하자 등을 들 수 있다.

이 가운데 특히 법령상 타 행정청의 의결·인가·동의·승인·협의 등의 협력이 요구되는 경우** 이를 거치지 않은 행정행위는 원칙적으로 무효라 할 것인데, 다만 다른 행정기관의 심의나 자문을 거치도록 한 경우에 이를 거치지 않은 행위에 대해서는 논란의 여지가 있을 수 있다. 이 경우 심의나 자문이 요구되는 취지가 당사자의 권익보호와 밀접한 관련이 있다고 인정되는 경우에는 무효사유로 보아야 할 것이나, 행정의 전문적이고 신중한 판단을 보완하기 위한 것으로 해석되는 경우이고 내용적으로 이러한 심의나 자문을 거치지 않은 결정에 별도의 하자가 없다면 이를 취소사유로 볼 수 있을 것이다.

판례는 원칙적으로 사전통지 또는 의견제출절차 결여(대판 2004.5.28, 2004두1254), 청문절차 결여(대판 2007.11.16, 2005두15700), 심의절차 누락(대판 2007.3.15, 2006두15806), 협의절차 불이행(대판 2000.10.13, 99두653), 이유제시 결여(대판 1985.5.28, 84누289)[63] 등의 절차하자의 경우에는 취소사유로 보고, 다만 법령에 위배되어 임의로 구성된 의결기관에 의한 처분의 경우와 같은 중대·명백한 하자가 있는 경우에는 무효로 보고 있다(대판 2007.4.12, 2006두20150).

4. 형식에 관한 흠

원칙적으로 행정행위에는 특별한 형식이 요구되는 것은 아니지만, 법령상 문서(예: 행정절차법 24 ①) 또는 기타의 형식(예: 행정절차법 23의 이유제시)이 요구되는 경우에 이를 준수하지 않으면

* 입법고시(2003년), 행정고시(재경)(2011년).

** 행정고시(일반행정)(2006년).

63) 이유제시는 행정절차의 문제로 보기도 하고 행정형식의 문제로 보기도 한다. 절차요건이든 형식요건이든 적법요건을 준수하지 못하면 위법하다는 의미에서 어느 영역에 속하는가는 문제되지 않는다.

무효 또는 취소사유가 된다.

형식 하자의 효과는 일률적으로 말하기 어렵지만, 일반적으로 형식요건의 하자가 법령이 형식을 요구하는 취지를 완전히 저해하는 정도이면 무효사유에 해당되고, 그 밖에 이에 이르지 않는 형식상의 하자는 취소사유에 해당한다. 경미한 형식의 하자는 경우에 따라서는 행정행위의 효력에 아무런 영향을 미치지 아니한다.[64)]

형식하자로 인하여 무효인 행위의 예로는, 재결서에 의하지 않은 행정심판 재결, 독촉장에 의하지 않은 납세독촉과 같이 법정 문서형식을 준수하지 않은 행위, 법령이 요구하는 행정청의 서명날인이 결여된 행위 등을 들 수 있다.

[판례] 문자메시지로 통지된 행정처분의 효력

"폐기물관리법 제48조 제1항 제1호는 관할 행정청으로 하여금 부적정처리폐기물을 발생시킨 자에 대하여 기간을 정하여 폐기물의 처리를 명하는 등의 조치명령을 취할 수 있도록 하고 있고, 같은 법 시행규칙 제68조의3 제1항은 위와 같은 조치명령이 서면으로 이루어져야 한다고 규정하고 있다.

한편 「전자문서 및 전자거래 기본법」(이하 '전자문서법'이라 한다) 제2조 제1호는 정보처리시스템에 의하여전자적 형태로 작성·변환되거나 송신·수신 또는 저장된 정보를 전자문서로 정의하고 있는데, 같은 법 제4조의2는전자문서의 내용이 열람 가능하고, 전자문서가 작성·변환되거나 송신·수신 또는 저장된 때의 형태 또는 그와 같이 재현될 수 있는 형태로 보존되어 있으면, 그 전자문서를 '서면'으로 본다고 규정하고 있다. 위와 같은 전자문서법의 규정에 비추어 보면, 전자우편은 물론 휴대전화 문자메시지도 전자문서에 해당한다고 할 것이므로, 휴대전화 문자메시지가 전자문서법 제4조의2에서 정한 요건을 갖춘 이상 폐기물관리법 시행규칙 제68조의3 제1항에서 정한 서면의 범위에 포함된다고 할 것이다.

다만 행정청이 폐기물관리법 제48조 제1항, 같은 법 시행규칙 제68조의3 제1항에서 정한 폐기물 조치명령을 전자문서로 하고자 할 때에는 구 행정절차법(2022. 1. 11. 법률 제18748호로 개정되기 전의 것, 이하 같다) 제24조 제1항에 따라 당사자의 동의가 필요하다(대판 2024.5.9, 2023도3914 [폐기물관리법위반])."

Ⅴ. 무효의 효과 및 무효를 주장하는 방법

무효인 행정행위는 처음부터 행정행위로서의 아무런 효력이 발생하지 않는다. 따라서 누구도 무효인 행정행위를 준수할 필요가 없다. 요컨대 무효는 처음부터 무효이고 언제든지 무효이다.

64) 박균성, 행정법강의, 309면.

무효인 행정행위는 누구나 주장할 수 있지만, 이와 관련하여 당사자간에 분쟁이 있는 경우에는 권리보호를 위하여 무효를 유권적으로 확인하는 절차가 필요하게 된다. 현행법상 인정되고 있는 무효확인쟁송으로는 무효등확인심판·무효등확인소송이 있다. 무효등확인쟁송에는 행정심판청구나 행정소송제기기간의 제한이 없다. 무효인 행정행위에는 공정력이 인정되지 않으므로 행정행위의 무효가 전제된 민사소송이나 형사소송에서 당해 법원은 처분의 무효를 선결적으로 판단할 수 있다. 판례는 무효확인을 구하는 의미의 취소소송의 형식으로 무효를 주장하는 것을 인정하고 있다. 다만 이 경우에는 취소소송의 형식으로 제기되는 것이므로 제소기간의 제한 등 취소소송의 제기요건을 구비하여야 한다.

[판례] 무효확인을 구하는 의미의 취소소송과 취소소송의 제소요건 구비 여부
"행정처분의 당연무효를 선언하는 의미에서 취소를 구하는 행정소송을 제기한 경우에도 제소기간의 준수 등 취소소송의 제소요건을 갖추어야 한다(대판 1993.3.12, 92누11039)."

제3항 하자(흠)의 승계*

Ⅰ. 문제의 소재

(1) 하자의 승계의 의의

하자의 승계 문제는 두 개 이상의 행정행위가 연속적으로 행하여지는 경우(예: 철거명령과 이를 전제로 한 대집행 계고처분), 선행행정행위의 하자가 후행행정행위에 승계되는가, 즉 선행행정행위의 흠을 이유로 후행행정행위를 다툴 수 있는가 하는 것이다.

본래 행정행위 상호 간에는 하자의 승계가 안 되는 것이 원칙이다. 이는 행정법관계를 조속하게 확정지어야 할 실익과 법적 안정성을 고려한 것이다. 그러나 개인의 권익보호라는 차원에서 이에 대한 예외적인 상황이 존재할 수 있는데, 하자의 승계는 이와 같은 예외적인 상황에서 개인의 권리구제를 위하여 선행행정행위의 하자를 후행행정행위에 승계할 것인가 하는 문제이다.

(2) 논의의 전제조건

하자의 승계 문제를 논의하기 위해서는 일정한 전제조건이 필요하다. 예컨대 하자 있는 선행과세처분(A)이 있고 이를 전제로 한 후행 강제징수(B)가 있은 경우, ① A에 대한 제소기간이 경

* 변호사시험(2017년), 변호사시험(2020년), 사법시험(2000년), 사법시험(2015년), 입법고시(2011년), 행정고시(일반행정)(2005년), 5급공채(일반행정) (2012년), 5급공채(일반행정)(2015년), 5급공채(행정)(2020년), 5급공채(행정)(2023년).

과하지 않았다면 A를 대상으로 취소소송을 제기하면 된다. ② A의 흠이 중대·명백하여 당연무효라면 언제라도 A의 무효를 주장할 수 있다(따라서 B의 원인무효를 언제든지 주장할 수 있다). 그러나 ③ A의 흠이 단순위법에 불과하고, A에 대한 쟁송기간이 경과한 경우에는 A에 불가쟁력이 발생하여 더 이상 A를 다툴 수 없게 된다. 이 때 A의 흠이 B에 승계되어 B를 다툴 수 있는가 하는 것이 문제되는데 이것이 흠의 승계 문제이다.

결국 흠의 승계는 선행행위가 무효이거나 불가쟁력이 발생하지 않은 경우에는 논의할 실익이 없다. 오로지 ① 선행행정행위에 단순위법의 하자가 있고, ② 쟁송기간이 경과한 경우에만 하자의 승계가 문제되는 것이다.

[판례] 선행처분인 도시계획시설사업 시행자 지정 처분이 처분 요건을 충족하지 못하여 당연무효인 경우, 후행처분인 도시계획시설사업의 시행자가 작성한 실시계획을 인가하는 처분도 무효인지 여부(적극)

"선행처분과 후행처분이 서로 독립하여 별개의 법률효과를 목적으로 하는 때에도 선행처분이 당연무효이면 선행처분의 하자를 이유로 후행처분의 효력을 다툴 수 있다. 도시계획시설사업의 시행자가 작성한 실시계획을 인가하는 처분은 도시계획시설사업 시행자에게 도시계획시설사업의 공사를 허가하고 수용권을 부여하는 처분으로서 선행처분인 도시계획시설사업 시행자 지정 처분이 처분 요건을 충족하지 못하여 당연무효인 경우에는 사업시행자 지정 처분이 유효함을 전제로 이루어진 후행처분인 실시계획 인가처분도 무효라고 보아야 한다(대판 2017.7.11, 2016두35120)."

Ⅱ. 하자의 승계에 관한 학설

1. 종래의 견해

전통적 견해 및 판례는 하자의 승계의 유형을 두 가지로 구분하고 있다.

① 선행행정행위와 후행행정행위가 상호 독립하여 별개의 효과를 발생하는 경우에는, 선행행위가 당연무효가 아닌 한 그 흠이 후행행위에 승계되지 않는다고 본다. 예컨대 과세처분과 강제징수의 경우, 과세처분은 납세의무를 확정하는 것이고, 강제징수는 확정된 조세채무에 기한 강제집행이라는 점에서 상호 별개의 법률효과를 목적으로 하고 있으므로, 선행 과세처분의 흠은 후행 강제징수에 승계되지 않는다.

[판례] [1] 선행처분과 후행처분이 서로 독립하여 별개의 법률효과를 발생시키는 때에 선행처분에 불가쟁력이 생겨 그 효력을 다툴 수 없게 된 경우, 선행처분의 하자를 이유로 후행처분의 효력을 다툴 수 있는지 여부(원칙적 소극)

[2] 선행처분인 도시·군계획시설결정에 하자가 있는 경우, 그 하자가 후행처분인 실시계획인가에 승계되는지 여부(원칙적 소극)

"[1] 2개 이상의 행정처분이 연속적 또는 단계적으로 이루어지는 경우 선행처분과 후행처분이 서로 합하여 1개의 법률효과를 완성하는 때에는 선행처분에 하자가 있으면 그 하자는 후행처분에 승계된다. 이러한 경우에는 선행처분에 불가쟁력이 생겨 그 효력을 다툴 수 없게 되더라도 선행처분의 하자를 이유로 후행처분의 효력을 다툴 수 있다. 그러나 선행처분과 후행처분이 서로 독립하여 별개의 법률효과를 발생시키는 경우에는 선행처분에 불가쟁력이 생겨 그 효력을 다툴 수 없게 되면 선행처분의 하자가 당연무효인 경우를 제외하고는 특별한 사정이 없는 한 선행처분의 하자를 이유로 후행처분의 효력을 다툴 수 없는 것이 원칙이다.

[2] 도시·군계획시설결정과 실시계획인가는 도시·군계획시설사업을 위하여 이루어지는 단계적 행정절차에서 별도의 요건과 절차에 따라 별개의 법률효과를 발생시키는 독립적인 행정처분이다. 그러므로 선행처분인 도시·군계획시설결정에 하자가 있더라도 그것이 당연무효가 아닌 한 원칙적으로 후행처분인 실시계획인가에 승계되지 않는다(대판 2017.7.18, 2016두49938)."

"표준지로 선정된 토지의 표준지공시지가를 다투기 위해서는 처분청인 국토교통부장관에게 이의를 신청하거나 국토교통부장관을 상대로 공시지가결정의 취소를 구하는 행정심판이나 행정소송을 제기해야 한다. 그러한 절차를 밟지 않은 채 토지 등에 관한 재산세 등 부과처분의 취소를 구하는 소송에서 표준지공시지가결정의 위법성을 다투는 것은 원칙적으로 허용되지 않는다(대법원 1995.11.10, 선고 93누16468 판결, 대법원 1997.9.26, 선고 96누7649 판결 참조) (대판 2022.5.13, 2018두50147[재산세부과처분취소])."

[판례] 하자의 승계를 부인한 판례

건물철거명령과 대집행계고처분(대판 1998.9.8, 97누20502), 과세처분과 체납처분(대판 1997.7.12, 76누51), 토지등급의 설정 또는 수정처분과 과세처분(대판 1995.3.28, 93누23565), 공무원직위해제처분과 면직처분(대판 1984.9.1, 84누191), 액화석유가스판매사업허가와 사업개시신고반려처분(대판 1991.4.23, 90누8756), 택지개발예정지구지정과 택지개발계획승인(대판 1996.3.22, 95누10075), 도시계획결정과 수용재결(대판 1990.1.23, 87누947), 사업인정처분과 재결처분(대판 1992.3.13, 91누4324), 표준지공시지가결정과 개별공시지가결정(대판 1995.3.28, 94누12920), 보충역편입처분과 공익근무요원소집처분(대판 2002.12.10, 2001두5422), 표준지공시지가와 재산세 등 부과처분(대판 2022.5.13, 2018두50147) 등

② 선행행정행위와 후행행정행위가 서로 결합하여 하나의 법적 효과를 완성하는 경우에는 선행행위의 흠이 후행행위에 승계된다고 본다. 예컨대 독촉과 강제징수절차(압류·매각·청산)의 각

행위 간, 대집행절차인 계고·대집행영장에 의한 통지·대집행 실행의 각 행위 간에는 선행행위의 하자가 후행행위에 승계된다.

> [판례] 하자의 승계를 인정한 판례
>
> 계고처분과 대집행비용납부명령(대판 1993.11.9, 93누14271), 계고처분과 대집행영장발부통보처분(대판 1996.2.9, 95누12507), 독촉과 가산금·중가산금징수처분(대판 1986.10.28, 86누147), 암매장분묘개장명령과 후행 계고처분(대판 1961.2.28, 4293행상31), 귀속재산의 임대처분과 후행 매각처분(대판 1963.2.7, 62누215), 한지의사시험자격인정과 한지의사면허처분(대판 1975.12.9, 75누123), 안경사시험합격취소와 안경사면허취소처분(대판 1993.2.29, 92누4567) 등

2. 규준력이론

우리나라나 일본의 다수견해는 두 개 이상의 행정행위가 연속해서 행하여진 경우 양 행위가 서로 독립된 행위인가 결합된 행위인가의 여하에 따라 하자의 승계 여부를 결정하고 있는데, 이는 선행행위의 불가쟁력과의 관계에서 행정의 실효성 보장을 위주로 하는 문제해결방안이라고 할 수 있다.

그러나 독일의 경우에는 흠의 승계문제를 이미 불가쟁력이 발생한 선행처분이 후행처분에 미치는 구속력, 즉 규준력(規準力, Maßgeblichkeit) 또는 기판력(旣判力, präjudizielle Wirkung)의 문제로 이해하고 있는데, 이와 같은 독일의 이해처럼, 하자의 승계 문제를 불가쟁력이 발생한 선행행정행위의 후행행정행위에 대한 구속력의 문제로 이해하려는 견해[65]를 규준력이론이라 한다.

선행행정행위에 불가쟁력이 발생하였으나 후행행정행위를 다투면서 선행행정행위의 흠을 다툴 수 있도록 한다면 행정의 실효성을 담보하기 위하여 불가쟁력을 인정하고 있는 제도가 사실상 무의미하게 된다. 따라서 당사자에게 가혹한 일부 예외적인 경우를 제외하고는 원칙적으로는 선행행정행위가 확정되고 나면 선행행정행위는 그 확정된 효력이 후행행정행위를 구속하는 규준력을 가지게 됨으로써 선행행정행위의 흠을 이유로 후행행정행위를 다툴 수 없게 된다(원칙적인 흠의 승계 부인).

규준력이론에 의하면, 선행행정행위의 후행행정행위에 대한 규준력이 인정되려면, ① 양 행위가 동일한 사안과 목적을 추구하여야 하고(대물적 한계), ② 양 행위에서의 상대방, 이해관계인, 유관기관 등이 일치하여야 하며(대인적 한계), ③ 선행행정행위의 사실 및 법상태(Sach–und Rechtslage)가 후행행정행위에 그대로 유지되고 있는 경우이어야 한다(시간적 한계). ④ 다만 위 세 가지 한계를 모두 준수하였다 하더라도, 규준력을 인정하는 것이 상대방에게 가혹하거나 예측가능성(또는 수인가능성)이 없었던 경우에는 예외적으로 규준력이 부인된다(규준력의 추가적 요건).

65) 김남진/김연태, 행정법 I, 294면.

3. 학설 및 판례에 대한 평가

행정행위의 불가쟁력의 관점에서 불가쟁력이 발생한 선행처분의 하자를 후행처분을 다투면서 주장할 수 없는 것이 원칙이다. 이러한 점에서 하자의 승계 문제는 어떠한 관점에서 이와 같은 원칙에 대한 예외로서 선행처분의 하자가 후행처분에 승계된다고 볼 것인가 하는 문제이다. 이러한 점에서 하자의 승계 문제는 한편으로는 '불가쟁력을 인정하여 행정의 실효성을 확보하여야 한다는 가치'와 다른 한편으로는 '개인의 권리구제라는 가치'를 어떻게 조화시킬 것인가 하는 관점에서 접근하여야 한다.

이러한 관점에서 종래의 통설적 견해는 개인의 권리보호를 위하여 필요한가 하는 관점 보다는 어떤 경우에 하자가 승계되고 어떤 경우에는 승계되지 않는가 하는 관점에 보다 중점을 두고 있다고 판단된다.

한편 규준력이론은 종래 하자의 승계로 다루어져온 문제를 행정행위의 구속력의 문제로 이해하면서, 원칙적으로 선행행정행위의 규준력을 인정하여 불가쟁력 제도를 유지하게 하면서도 예외적으로 개인의 권리보호를 위하여 필요한 경우에는 규준력이 부인된다고 함으로써 일단은 종래 견해에 비하여 행정의 실효성과 개인의 권리구제 사이의 조화점을 찾아야 하는 하자의 승계 취지에 보다 잘 부합된다고 볼 수 있다.

그러나 규준력이론에 대해서는 행정행위의 구속력을 판결의 기판력과 같은 것으로 이해하기 어렵기 때문에 구체적인 논거 없이 판결의 기판력의 한계에 관한 논의를 행정행위에 그대로 차용할 수 없다는 점, 이 이론이 들고 있는 철거명령과 대집행, 과세처분과 강제징수는 양 행위가 동일한 효과를 발생하고 있다고 보기 어려운 점, 그리고 추가적 요건으로 들고 있는 수인가능성은 규준력에 특유한 요건이라기보다는 일반적인 법원리로서도 설명될 수 있다는 점 등의 비판[66]이 있다.

그런데 판례 가운데에는 종래 견해에 따르면 흠의 승계가 부인되는 경우인데 수인한도를 넘는 가혹한 경우에는 흠의 승계를 인정한 판례가 있어 주목된다.

[판례1] 선행처분과 후행처분이 서로 독립하여 별개의 효과를 목적으로 하는 경우에도 선행처분의 하자를 이유로 후행처분의 효력을 다툴 수 있는 경우

선행처분과 후행처분이 서로 독립하여 별개의 법률효과를 목적으로 하는 때에는 선행처분에 불가쟁력이 생겨 그 효력을 다툴 수 없게 된 경우에는 선행처분의 하자가 중대하고 명백하여 당연무효인 경우를 제외하고는 선행처분의 하자를 이유로 후행처분의 효력을 다툴 수 없는 것이 원칙이나 선행처분과 후행처분이 서로 독립하여 별개의 효과를 목적으로 하는 경우에도 선행처분의 불가쟁

66) 김동희/최계영, 행정법Ⅰ, 356면.

력이나 구속력이 그로 인하여 불이익을 입게 되는 자에게 수인한도를 넘는 가혹함을 가져오며, 그 결과가 당사자에게 예측가능한 것이 아닌 경우에는 국민의 재판받을 권리를 보장하고 있는 헌법의 이념에 비추어 선행처분의 후행처분에 대한 구속력은 인정될 수 없다.

개별공시지가결정은 이를 기초로 한 과세처분 등과는 별개의 독립된 처분으로서 서로 독립하여 별개의 법률효과를 목적으로 하는 것이나, … 토지소유자 등으로 하여금 결정된 개별공시지가를 기초로 하여 장차 과세처분 등이 이루어질 것에 대비하여 항상 토지의 가격을 주시하고 개별공시지가 결정이 잘못된 경우 정해진 시정절차를 통하여 이를 시정하도록 요구하는 것은 부당하게 높은 주의 의무를 지우는 것이라고 아니할 수 없고, 위법한 개별공시지가결정에 대하여 그 정해진 시정절차를 통하여 시정하도록 요구하지 아니하였다는 이유로 위법한 개별공시지가를 기초로 한 과세처분 등 후행 행정처분에서 개별공시지가결정의 위법을 주장할 수 없도록 하는 것은 수인한도를 넘는 불이익을 강요하는 것으로서 국민의 재산권과 재판받을 권리를 보장한 헌법의 이념에도 부합하는 것이 아니라고 할 것이므로, 개별공시지가결정에 위법이 있는 경우에는 그 자체를 행정소송의 대상이 되는 행정처분으로 보아 그 위법 여부를 다툴 수 있음은 물론 이를 기초로 한 과세처분 등 행정처분의 취소를 구하는 행정소송에서도 선행처분인 개별공시지가결정의 위법을 독립된 위법사유로 주장할 수 있다고 해석함이 타당하다(대판 1994.1.25, 93누8542)."

이 판례에 대하여 규준력이론의 입장에서는 규준력이론이 적용된 판례라고 주장할 수도 있겠으나, 위 판례에서도 보듯이, 판례는 선행 개별공시지가와 후행 과세처분은 서로 별개의 독립된 처분으로 보고 있고, 따라서 원칙적으로 양 행위간의 하자의 승계를 인정하지 않는 것이 기본입장이다. 다만 이 판례의 의의는 기존의 입장을 유지하면서도 '불가쟁력·구속력(행정의 실효성)'과 '개인의 권리구제(수인가능성·재판받을 권리)'라는 양 가치를 형량하여 개인의 권리보호를 위하여 예외적으로 하자의 승계를 인정하였다는 점이다. 종래의 견해에 입각해 있으면서도 구체적인 사안별로 개인의 권리보호라는 관점에서 하자의 승계 여부를 판단하는 대법원의 입장은 이후에도 계속되고 있다.

[판례2] 개별토지가격 결정에 대한 재조사 청구에 따른 감액조정에 대하여 더 이상 불복하지 아니한 경우, 이를 기초로 한 양도소득세 부과처분 취소소송에서 다시 개별토지가격 결정의 위법을 당해 과세처분의 위법사유로 주장할 수 없다고 한 사례

"원심은, 원고가 이 사건 토지를 매도한 이후에 그 양도소득세 산정의 기초가 되는 1993년도 개별공시지가 결정에 대하여 한 재조사청구에 따른 조정결정을 통지받고서도 더 이상 다투지 아니한 경우까지 선행처분인 개별공시지가 결정의 불가쟁력이나 구속력이 수인한도를 넘는 가혹한 것이거나 예측불가능하다고 볼 수 없어, 위 개별공시지가 결정의 위법을 이 사건 과세처분의 위법사유로

주장할 수 없다고 판단하고 있다. 기록과 위에서 본 법리에 비추어 살펴보면, 원심의 위와 같은 판단은 정당하고, 거기에 상고이유로 지적하는 바와 같은 법리오해 등의 위법이 있다고 할 수 없다(대판 1998.3.13, 96누6059)."

[판례3] 수용보상금의 증액을 구하는 소송에서 선행처분으로서 그 수용대상 토지 가격 산정의 기초가 된 비교표준지공시지가결정의 위법을 독립한 사유로 주장할 수 있는지 여부

"표준지공시지가결정은 이를 기초로 한 수용재결 등과는 별개의 독립된 처분으로서 서로 독립하여 별개의 법률효과를 목적으로 하지만, … 인근 토지소유자 등으로 하여금 결정된 표준지공시지가를 기초로 하여 장차 토지보상 등이 이루어질 것에 대비하여 항상 토지의 가격을 주시하고 표준지공시지가결정이 잘못된 경우 정해진 시정절차를 통하여 이를 시정하도록 요구하는 것은 부당하게 높은 주의의무를 지우는 것이고, 위법한 표준지공시지가결정에 대하여 그 정해진 시정절차를 통하여 시정하도록 요구하지 않았다는 이유로 위법한 표준지공시지가를 기초로 한 수용재결 등 후행 행정처분에서 표준지공시지가결정의 위법을 주장할 수 없도록 하는 것은 수인한도를 넘는 불이익을 강요하는 것으로서 국민의 재산권과 재판받을 권리를 보장한 헌법의 이념에도 부합하는 것이 아니다. 따라서 표준지공시지가결정이 위법한 경우에는 그 자체를 행정소송의 대상이 되는 행정처분으로 보아 그 위법 여부를 다툴 수 있음은 물론, 수용보상금의 증액을 구하는 소송에서도 선행처분으로서 그 수용대상 토지 가격 산정의 기초가 된 비교표준지공시지가결정의 위법을 독립한 사유로 주장할 수 있다(대판 2008.8.21, 2007두13845)."

이상의 판례를 볼 때, 판례의 입장은 양 행위가 서로 독립한 처분인 경우에는 하자의 승계를 부인하는 것이 원칙이지만, 불가쟁력이 발생한 선행처분의 하자를 후행 처분에서 다툴 수 있도록 할 것인가의 여부는 개인의 권리보호의 관점에서 수인가능성이 있는지의 여부를 개별적으로 검토하여 결정하고 있다고 할 수 있다. 이와 같이 하자의 승계 여부와 관련하여 종래의 견해를 취하면서도 개별적인 사안에 있어 개인의 권리보호를 위한 고려를 한다면 종래의 견해나 규준력이론 모두 근본적인 관점의 차이가 있는 것은 아니라고 판단된다.

제 4 항 행정행위의 하자의 치유와 전환

행정행위 적법요건에 하자가 있으면 그 행정행위는 무효이거나 취소할 수 있는 것이 원칙이다. 그러나 경우에 따라서는 행정행위에 흠이 있더라도 이를 유지시키거나 다른 행위로 전환하는 것이 행정의 효율성, 상대방에 대한 신뢰보호 및 법적 안정성에 더 적합할 수도 있는데, 이에 관한 이론이 행정행위의 하자의 치유와 전환이다.

[판례] 행정행위의 하자의 치유 및 전환범위

"하자있는 행정행위의 치유나 전환은 행정행위의 성질이나 법치주의의 관점에서 볼 때 원칙적으로 허용될 수 없는 것이지만, 행정행위의 무용한 반복을 피하고 당사자의 법적 안정성을 위해 이를 허용하는 때에도 국민의 권리와 이익을 침해하지 않는 범위에서 구체적 사정에 따라 합목적적으로 인정해야 할 것이다(대판 1983.7.26, 82누420)."

민법에는 흠 있는 법률행위의 추인(민법 143, 145)·전환(민법 138)에 관한 규정이 있고, 독일의 경우 연방행정절차법에 행정행위의 흠의 치유(독일 연방행정절차법 45)·전환(독일 연방행정절차법 47)에 관한 규정이 있지만, 우리나라 행정법분야에는 이와 같은 규정이 없어, 행정행위의 하자의 치유·전환은 학설·판례를 통하여 인정되고 있다.

Ⅰ. 행정행위 하자의 치유*

1. 의의

행정행위 하자의 치유(Heilung)는 적법요건에 흠이 있는 행정행위라 하더라도 그 흠의 원인이 되었던 법적 요건을 사후에 보완하거나 그 흠이 취소원인이 될 만한 가치를 상실함으로써 행위의 효력을 유지하도록 하는 것을 말한다.

2. 허용성

종래 통설·판례는 하자의 치유는 취소할 수 있는 행정행위의 경우에만 인정되고, 무효인 행정행위는 처음부터 효력이 없기 때문에 치유를 통하여 없는 효력을 인정할 수는 없다는 점에서 하자의 치유를 인정하지 않는다.

[판례] 당연무효인 징계처분의 하자가 치유되지 않는다고 본 사례

"징계처분이 중대하고 명백한 흠 때문에 당연무효의 것이라면 징계처분을 받은 자가 이를 용인하였다 하여 그 흠이 치료되는 것은 아니다(대판 1989.12.12, 88누8869)."

3. 치유의 사유

하자의 치유사유로는 일반적으로 ① 흠결된 요건의 사후보완(허가·요건의 사후충족, 요식행위의 형식추완 등), ② 장기간 방치로 인한 법률관계의 확정(흠 있는 행정행위의 내용실현), ③ 취소할 수

* 행정고시(1998년), 행정고시(2003년), 행정고시(재경)(2008년).

없는 공익상의 필요가 발생한 경우(예: 흠 있는 토지수용에 의한 댐건설), ④ 사실상의 공무원·표현대리(表見代理)를 들고 있다.

그러나 ②, ③의 경우는 엄격히 행정행위의 취소의 제한사유라고 할 수 있다.[67] ④의 경우 또한 하자의 치유보다는 신뢰보호의 견지에서 인정되는 것으로 보아야 한다.[68] 이렇게 볼 때 하자의 치유는 ①의 경우만을 의미한다(다수설).

한편 흠결된 요건의 사후보완과 같은 치유사유와 관련하여, 요건의 사후보완 이외에 실체법상의 하자(내용상의 하자)도 사후보완의 대상이 되는가가 문제이다. 이에 대하여는 내용상의 하자도 치유될 수 있다는 견해[69]와 내용상의 하자는 치유의 대상이 되지 않는다는 견해[70]가 있으나, 판례는 내용상의 하자에 대해서는 치유를 인정하지 않는다.

> [판례] 행정처분의 내용에 관한 하자의 치유를 인정하지 않은 사례
>
> "행정행위의 성질이나 법치주의의 관점에서 볼 때 하자있는 행정행위의 치유는 원칙적으로 허용될 수 없을 뿐만 아니라 이를 허용하는 경우에도 국민의 권리와 이익을 침해하지 않는 범위에서 구체적 사정에 따라 합목적적으로 가려야 할 것인 바, 이 사건 처분에 관한 하자가 행정처분의 내용에 관한 것이고 새로운 노선면허가 이 사건 소 제기 이후에 이루어진 사정 등에 비추어 하자의 치유를 인정치 않은 원심의 판단은 정당하다(대판 1991.5.28, 90누1359)."

4. 치유의 효과

하자의 치유가 인정되면, 당해 행정행위는 소급적으로 행위의 효력을 유지하게 된다. 즉 하자 이전의 상태로 돌아가 처음부터 적법한 행위와 같은 효과를 가지게 된다.

5. 치유의 시한

하자의 치유의 시간적 한계와 관련하여, ① 행정쟁송 제기 이전까지만 하자의 치유가 가능하다는 견해(다수설)와 ② 독일연방행정절차법 제45조 제2항에서 행정소송의 사실심 종결시까지 하자의 치유를 인정하고 있음을 들어 행정소송절차의 종결시까지 하자의 치유가 가능하다고 하여야 한다는 견해[71]가 대립하고 있다. ③ 판례는 절차상 하자는 행정쟁송제기 전까지 치유되어야 한다는 입장이다.

---

67) 김남진/김연태, 행정법 I, 31면; 김동희/최계영, 행정법 I, 358면.
68) 홍준형, 행정법총론, 324면.
69) 박균성, 행정법강의, 327면.
70) 홍준형, 행정법총론, 320면.
71) 김남진/김연태, 행정법 I, 319면; 홍정선, 행정법특강, 260면.

[판례1] 하자치유의 시간적 한계에 관한 판례

"세액산출근거가 누락된 납세고지서에 의한 과세처분의 하자의 치유를 허용하려면 늦어도 과세처분에 대한 불복여부의 결정 및 불복신청에 편의를 줄 수 있는 상당한 기간내에 하여야 한다고 할 것이므로 위 과세처분에 대한 전심절차가 모두 끝나고 상고심의 계류중에 세액산출근거의 통지가 있었다고 하여 이로써 위 과세처분의 하자가 치유되었다고는 볼 수 없다(대판 1984.4.10, 83누393)."

[판례2] 도로점용료 부과처분에 취소사유에 해당하는 흠이 있는 경우, 그 처분에 대한 취소소송 제기 이후에 도로관리청이 당초 처분을 취소하고 흠을 보완하여 새로운 부과처분을 하거나 흠 있는 부분에 해당하는 점용료를 감액하는 처분을 할 수 있는지 여부(원칙적 적극)

"행정청은 행정소송이 계속되고 있는 때에도 직권으로 그 처분을 변경할 수 있고, 행정소송법 제22조 제1항은 이를 전제로 처분변경으로 인한 소의 변경에 관하여 규정하고 있다. 점용료 부과처분에 취소사유에 해당하는 흠이 있는 경우 도로관리청으로서는 당초 처분 자체를 취소하고 흠을 보완하여 새로운 부과처분을 하거나, 흠 있는 부분에 해당하는 점용료를 감액하는 처분을 할 수 있다(대판 2006.3.9, 2003두2861, 대판 2008.2.15, 2006두3957 참조). 한편 흠 있는 행정행위의 치유는 원칙적으로 허용되지 않을 뿐 아니라(대판 2014.5.16, 2011두13736 참조), 흠의 치유는 성립 당시에 적법한 요건을 갖추지 못한 흠 있는 행정행위를 그대로 존속시키면서 사후에 그 흠의 원인이 된 적법 요건을 보완하는 경우를 말한다. 그런데 앞서 본 바와 같은 흠 있는 부분에 해당하는 점용료를 감액하는 처분은 당초 처분 자체를 일부 취소하는 변경처분에 해당하고, 그 실질은 종래의 위법한 부분을 제거하는 것으로서 흠의 치유와는 차이가 있다.

그러므로 이러한 변경처분은 흠의 치유와는 성격을 달리하는 것으로서, 변경처분 자체가 신뢰보호 원칙에 반한다는 등의 특별한 사정이 없는 한 점용료 부과처분에 대한 취소소송이 제기된 이후에도 허용될 수 있다. 이에 따라 특별사용의 필요가 없는 부분을 도로점용허가의 점용장소 및 점용면적으로 포함한 흠이 있고 그로 인하여 점용료 부과처분에도 흠이 있게 된 경우, 도로관리청으로서는 도로점용허가 중 특별사용의 필요가 없는 부분을 직권취소하면서 특별사용의 필요가 없는 점용장소 및 점용면적을 제외한 상태로 점용료를 재산정한 후 당초 처분을 취소하고 재산정한 점용료를 새롭게 부과하거나, 당초 처분을 취소하지 않고 당초 처분으로 부과된 점용료와 재산정된 점용료의 차액을 감액할 수도 있다(대판 2019.1.17, 2016두56721, 56738[도로점용료부과처분취소])."

☞ 당초 도로점용허가 당시 점용부분은 건물부지와 공원부지에 접하고 있음에도 피고가 건물부지만을 기준으로 위법하게 점용료를 산정하여 부과하자, 원고가 점용료부과처분 취소소송에서 그 위법을 다투고 피고가 소송 중 특별사용의 필요가 없는 공원부지에 접한 부분을 도로점용허가 대상에서 소급적으로 제외하는 변경허가처분을 한 사안에서, 이러한 변경허가처분은 장래를 향하여만 효력이 있다고 판단한 원심을 파기하고 그에 대하여 소급적 직권취소의 효력이 인정될 수 있다고 본 사례

Ⅱ. 하자있는 행정행위의 전환

1. 의의

하자있는 행정행위의 전환(Umdeutung)이란 하자있는 행정행위를 하자가 없는 다른 행정행위로 유지시키는 것을 말한다. 예컨대 사망자에 대한 과세처분을 상속인에 대한 처분으로 전환하는 경우가 이에 해당한다.

하자의 치유와 비교하면, 행정행위의 전환은 하자 있는 행정행위가 하자 없는 행정행위로 된다는 점에서는 하자의 치유와 같지만, 하자 없는 '다른 행정행위'로 유효하게 된다는 점에서 하자 없는 '본래의 행정행위'로 적법하게 되는 하자의 치유와 다르다.

2. 허용성

종래 통설과 판례는 하자 있는 행정행위의 전환은 무효인 행정행위에 한하여 인정된다고 본다.

그러나 이에 대하여는 법적 안정성이나 행정의 무용한 반복 회피라는 취지에서 보면 행정행위의 전환을 무효인 행정행위에 국한할 필요가 없고, 따라서 취소할 수 있는 행정행위의 경우에도 전환을 인정하여야 한다는 반론[72]이 제기되고 있다.

독일 연방행정절차법은 취소할 수 있는 행정행위에 한하여 하자의 치유를 인정하고 있지만(독일 연방행정절차법 45), 하자있는 행정행위의 전환의 경우에는 반드시 무효사유에 국한하고 있지 않아(독일 연방행정절차법 47) 취소할 수 있는 행정행위에도 전환을 인정하고 있고, 아울러 취소할 수 있는 행정행위를 다른 행정행위로 전환하는 것이 당사자에게 유리한 경우도 있을 수 있으므로, 행정행위의 전환을 무효인 행정행위의 경우로만 제한할 이유는 없다고 본다.

3. 전환의 요건

일반적으로 하자있는 행정행위의 전환은 ① 양 행위 사이에 요건·목적·효과에 있어 실질적 공통성이 있어야 하고, ② 다른 행정행위의 성립·적법·유효요건을 갖추고 있어야 하며, ③ 하자 있는 행정행위를 한 행정청의 의도에 반하는 것이 아니어야 하고, ④ 당사자가 그 전환을 의욕하는 것으로 인정되며, ⑤ 제3자의 이익을 침해하지 아니하는 경우에 인정된다.

참고로 독일의 연방행정절차법은 제47조 제1항에서 전환의 요건으로 ① 전환의 대상이 되는 행정행위가 동일한 목적을 지향할 것, ② 처분청이 동일한 방법과 절차를 통하여 전환되는 행정행위를 적법하게 할 수 있는 경우일 것, ③ 전환되는 행정행위의 요건을 충족할 것을 규정하고 있다.

72) 김남진/김연태, 행정법Ⅰ, 219면; 홍정선, 행정법특강, 261~262면; 홍준형, 행정법총론, 326면.

아울러 동조 제2항에서는 전환이 제한되는 경우를 규정하고 있는데, 즉 ① 전환이 처분청의 의도에 명확히 반하는 경우, ② 이해관계인에게 본래 행정행위보다 불이익하게 되는 경우, ③ 하자있는 행정행위의 취소가 허용되지 않는 경우에는 행정행위의 전환이 허용되지 아니한다. 동조 제3항은 나아가 기속행위를 재량행위로 전환하는 것은 금지된다고 규정하고 있다.

4. 효과

하자있는 행정행위는 전환으로 인하여 새로운 행정행위가 된다. 이 새로운 행정행위는 그 자체 독립한 행정행위로 볼 수 있으므로, 전환에 대하여 불복이 있는 경우에는 행정쟁송으로 다툴 수 있다.

> [판례] 전환된 행정행위를 새로운 행정처분으로 본 사례
>
> "귀속재산을 불하받은 자가 사망한 후에 그 수불하자 대하여 한 그 불하처분은 사망자에 대한 행정처분이므로 무효이지만 그 취소처분을 수불하자의 상속인에게 송달한 때에는 그 송달시에 그 상속인에 대하여 다시 그 불하처분을 취소한다는 새로운 행정처분을 한 것이라고 할 것이다(대판 1969.1.21, 68누190)."

제 9 절 행정행위의 폐지(취소·철회·실효)

제 1 항 행정행위의 폐지와 그 체계

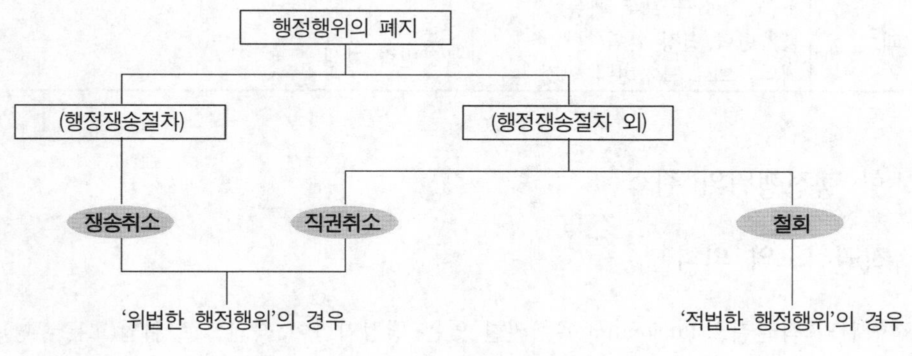

▌행정행위 폐지의 체계▐

행정행위의 폐지(Aufhebung)란 행정청 또는 법원의 결정에 의하여 행정행위의 효력을 제거하는 것을 말한다. 행정행위의 효력은, ① 행정행위에 흠이 있으면 직권취소나 쟁송취소에 의하여 효력이 제거될 수 있고(행정행위의 취소), ② 흠이 없더라도 사후에 새로운 사정이 발생하여 그 효력을 유지하기 어려운 경우 그 효력의 전부 또는 일부를 상실시킬 수도 있다(행정행위의 철회). 행정행위의 폐지는 이와 같은 행정행위의 취소와 철회를 의미한다.

행정행위의 취소는 위법[73]한 행정행위에 대한 것으로서 '위법의 시정'을 의미하는 것이고, 철회는 적법한 행정행위에 대한 것으로서 '새로 변화된 사정에 적응'을 의미한다.

행정행위의 취소에는 행정청이 직권으로 취소하는 직권취소와 당사자의 쟁송제기에 의하여 권한 있는 행정기관이나 법원이 취소하는 쟁송취소가 있는데, 쟁송취소는 행정구제편에서 상세히 논의되므로, 여기에서는 직권취소만을 다루게 된다. 다만 이해의 편의를 위하여 직권취소와 쟁송취소를 간략히 비교해 보면 다음과 같다.

▌직권취소와 쟁송취소의 비교▐

	직권취소	쟁송취소
목적	행정목적실현(합목적성) 중점	(행정의 적법성통제를 통한) 개인의 권리구제 중점
취소권자	행정청(처분청 · 감독청)	행정청(처분청 · 감독청 · 제3의 기관) · 법원
대상	수익적 행위 · 침익적 행위	침익적 행위 · 제3자효 행위
법적 근거	행정기본법 18 개별법 규정	일반법: 행정심판법 · 행정소송법 개별법 규정
절차개시	행정청의 독자적 판단	상대방의 쟁송제기
기간제한	없음	쟁송제기기간에 제한 있음
취소범위	적극적 변경도 가능	행심: 적극적 변경도 가능 행소: 소극적 변경(일부취소)만 가능
효과	소급 · 불소급 모두 가능 불가변력 인정 안됨(원칙) 예외적으로 불가변력 인정	소급 원칙 불가변력 발생

제 2 항 행정행위의 취소 *

Ⅰ. 직권취소의 의의

행정행위의 직권취소(Rücknahme)는 권한 있는 행정기관이 직권으로 위법(또는 부당)한 행정행위의 효력을 소멸시키는 것을 말한다.

* 5급공채(행정)(2014년), 5급공채(행정)(2018년), 변호사시험(2023년).

73) 여기에서는 부당을 포함하는 개념이다.

행정기본법은 “행정청은 위법 또는 부당한 처분의 전부나 일부를 소급하여 취소할 수 있다. 다만, 당사자의 신뢰를 보호할 가치가 있는 등 정당한 사유가 있는 경우에는 장래를 향하여 취소할 수 있다(행정기본법 18 ①).”고 하여 직권취소를 규정하고 있다.

직권취소는 ‘일단 유효한’ 행정행위의 효력을 소멸시킨다는 점에서 ‘처음부터 효력이 없음’을 공적으로 확인하는 무효선언과 구별된다. 직권취소는 ‘흠 있는 행정행위’의 효력을 소멸시킨다는 점에서 ‘적법한 행정행위’의 효력을 소멸시키는 철회와 구분된다.

Ⅱ. 취소권자와 법적 근거

1. 처분청의 경우

처분청이 행정행위를 할 수 있는 권한 중에는 취소권도 포함된다고 보는 것이 통설과 판례의 입장이다. 위법한 행정행위에 대한 시정권은 행정의 법률적합성의 원칙에도 부합하기 때문이다. 따라서 처분청의 직권취소에는 별도의 법적 근거가 필요 없다. 행정기본법 제18조 제1항은 직권취소를 규정하고 있으므로, 이 점은 논란의 여지가 없다. 다만 이 경우에도 취소의 이익과 신뢰보호의 이익과의 비교형량은 필요하다.

> [판례] 법적 근거 없더라도 직권취소가 가능하다고 한 사례
>
> “행정행위를 한 처분청은 그 행위에 하자가 있는 경우에 별도의 법적 근거가 없더라도 스스로 이를 취소할 수 있는 것이며, 다만 그 행위가 국민에게 권리나 이익을 부여하는 이른바 수익적 행정행위인 때에는 그 행위를 취소하여야 할 공익상의 필요와 그 취소로 인하여 당사자가 입을 기득권과 신뢰보호 및 법률생활안정의 침해 등 불이익을 비교형량한 후 공익상의 필요가 당사자의 기득권 침해 등 불이익을 정당화할 수 있을 만큼 강한 경우에 한하여 취소할 수 있다고 보아야 할 것이다(대판 1986.2.25, 85누664).”

2. 감독청의 경우

법령상 명문의 규정이 있는 경우(정부조직법 11 ②, 18 ②, 지자법 188 ①)에는 문제가 없으나, 명문의 규정이 없는 경우 감독청이 처분청의 행정행위를 직접 취소할 수 있는가에 관하여는 견해가 대립된다.

(1) 소극설

감독청은 처분청에 대하여 행정청의 내부적인 감독권 등을 근거로 취소를 명할 수 있을 뿐,

스스로 처분을 직접 취소할 수 없다는 견해이다. 왜냐하면 감독청의 취소는 처분청의 권한을 침해하는 것이기 때문이다.[74)]

(2) 적극설

행정부 내의 조직은 상하 위계적인 구조를 취하고 있고 감독청에 의한 취소는 교정적·사후적 통제수단으로서의 의미도 있으므로, 감독청은 감독목적을 달성하기 위하여 당연히 취소권을 가진다는 견해이다.[75)]

(3) 결론

원칙적으로 행정청의 권한은 권한배분의 원칙에 따라 행정청 간 명확히 배분되어야 한다. 독일의 경우에도 상급관청은 별도의 규정이 없는 한 하급관청의 권한에 대하여 스스로 결정할 수 없다고 하는 것이 일반적인 견해이다. 이러한 점에서 명문의 규정이 없는 한, 감독청의 감독권에는 명령권과 징계권이 포함될 뿐 처분청의 처분을 취소할 권한까지 포함되지 않는다고 보는 것이 타당하다. 그러나 이러한 논의는 정부조직법 제11조 제2항, 제18조 제2항, 지방자치법 제188조 제1항 등의 일반적 규정으로 인하여 별다른 실익이 없다.

Ⅲ. 취소의 사유

법령이 명문으로 직권취소사유를 규정하고 있으면(예컨대, 개별법상의 각종 인허가 등의 취소에 관한 규정) 이에 따르면 되므로 별 문제가 없다. 이와 같은 규정이 없더라도 일반적으로 ① 흠이 중대·명백하지 않은 '단순위법'의 행정행위뿐 아니라 ② 공익위반·합목적성 결여 등의 '부당'한 행정행위도 직권취소의 대상이 된다는 것이 통설·판례의 입장이자 행정기본법의 규정이다(행정기본법 18 ①). 판례는 이와 같이 행정행위에 하자가 있으면 직권취소의 대상이 된다고 보고, 이 경우 취소에 있어서는 당사자의 신뢰보호의 이익 등이 고려되어야 한다는 입장이다[판례1]. 한편 처분의 상대방이 아닌 제3자는 직권취소사유가 존재하더라도 처분청에 대하여 직권취소를 할 것을 요구할 신청권은 인정되지 않는다[판례2].

[판례1] 하자 있는 행정행위는 직권취소가 가능하고 이 경우 신뢰보호이익과 형량이 필요하다는 판례

"행정행위를 한 처분청은 그 행위에 하자가 있는 경우에는 별도의 법적 근거가 없더라도 스스로

74) 김성수, 일반행정법, 313면; 김철용, 행정법, 248면; 박윤흔, 최신행정법강의(상), 445면; 석종현/송동수, 일반행정법(상), 316면; 홍준형, 행정법총론, 331면 등.

75) 김동희/최계영, 행정법 Ⅰ, 363~364면; 이상규, 신행정법론(상), 450면; 홍정선, 행정법원론(상), 494면 등.

이를 취소할 수 있고, 다만 수익적 행정처분을 취소할 때에는 이를 취소하여야 할 공익상의 필요와 그 취소로 인하여 당사자가 입게 될 기득권과 신뢰보호 및 법률생활 안정의 침해 등 불이익을 비교·교량한 후 공익상의 필요가 당사자가 입을 불이익을 정당화할 만큼 강한 경우에 한하여 취소할 수 있으며… (대판 2006.5.25, 2003두4669)."

[판례2] 처분청에 대한 제3자의 직권취소신청권을 부인한 판례

"원래 행정처분을 한 처분청은 그 처분에 하자가 있는 경우에는 원칙적으로 별도의 법적 근거가 없더라도 스스로 이를 직권으로 취소할 수 있지만, 그와 같이 직권취소를 할 수 있다는 사정만으로 이해관계인에게 처분청에 대하여 그 취소를 요구할 신청권이 부여된 것으로 볼 수는 없다(대판 2006.6.30, 2004두701)."

학설 및 판례에 나타난 취소사유들로는 ① 권한초과, ② 행위능력 결여, ③ 사기·강박·증수뢰 등에 의한 경우, ④ 착오의 결과 위법·부당하게 된 경우, ⑤ 공서양속 등에 위배되는 경우, ⑥ 단순한 법령 위반, 절차·형식 위반, 행정법의 일반원칙 위반 등을 들 수 있다.

Ⅳ. 취소권의 제한

1. '취소의 자유'에서 '취소의 제한'으로

과거에는 행정행위에 흠이 있으면 처분청은 언제든지 취소할 수 있다고 보았다. 왜냐하면 과거에는 행정의 법률적합성이 행정법의 최고의 원칙이었으므로 이러한 점에서 흠이 있는 행정행위에 대해서는 '직권취소의 자유'가 원칙이었다.

그러나 오늘날은 취소의 '자유'란 결국 직권취소의 '재량'을 의미하는 것으로서 여기에는 재량권의 일탈·남용이 없어야 한다는 한계가 있다고 보게 되었고, 아울러 행정의 법률적합성만큼이나 중요한 것이 관계인의 신뢰보호라는 점이 일반화되었다.

이에 따라 오늘날에는 수익적 행정행위의 직권취소는 신뢰보호원칙에 의하여 강력한 제한을 받게 되었다. 행정기본법도 "행정청은 제1항에 따라 당사자에게 권리나 이익을 부여하는 처분을 취소하려는 경우에는 취소로 인하여 당사자가 입게 될 불이익을 취소로 달성되는 공익과 비교·형량(衡量)하여야 한다(행정기본법 18 ②)."고 하여 이를 명백히 하고 있다. 따라서 수익적 행정행위의 직권취소에 있어서는 취소를 통하여 얻는 공익과 관계인의 신뢰보호의 이익이나 법적 안정성의 이익 등을 비교·형량하여 관계인의 이익이 더 강하면 행정청의 직권취소권은 제한된다. 이렇게 볼 때, 결국 과거의 '취소의 자유'는 오늘날 신뢰보호원칙에 의한 '취소의 제한'으로 변화되었다고 할 수 있다.

2. 침익적 행정행위의 경우

위법한 침익적 행정행위를 취소하는 것은 상대방에게 유리할 뿐 아니라 행정행위가 적법해지는 것이므로 행정청은 자유로이 취소할 수 있다(재량취소의 원칙). 다만 상대방에게 매우 심각한 부담을 주는 경우 등과 같은 일정한 경우에는 재량권이 0으로 수축되어 반드시 취소하여야 하는 경우도 있을 수 있다.

3. 수익적 행정행위의 경우

(1) 취소권제한의 원칙

위법한 수익적 행정행위의 취소는 과거에는 취소가 자유로웠지만, 오늘날에는 상대방에 대한 신뢰의 보호, 행정법관계에서의 법적 안정성 보장이라는 법치국가적 요청에 의하여 취소권행사가 제한되게 되었다.

(2) 취소권제한의 근거

취소권제한의 근거는 신뢰보호원칙이다. 즉 취소권제한의 문제는 ① 행정의 법률적합성에 따른 이익과 ② 법적 안정성 및 신뢰보호의 이익을 비교·형량하여 결정되어야 한다.

독일의 경우 이러한 취소권제한의 법리는 판례를 통하여 정착되다가 연방행정절차법 제48조에 명문화되었다. 우리나라 경우 행정절차법에는 이와 같은 규정이 없어 그 동안 이 문제는 학설·판례에 맡겨져 있었는데, 2021년 제정된 행정기본법(18 ②)에서 이를 규정하게 되었다.

> [판례1] 보상금 등을 받은 당사자로부터 잘못 지급된 부분을 환수하는 처분을 할 수 있는 경우
>
> "특수임무수행자 보상에 관한 법률(보상법)의 내용과 취지 등을 종합해 보면, … 잘못 지급된 보상금 등에 해당하는 금액을 징수하는 처분을 해야 할 공익상 필요와 그로 인하여 당사자가 입게 될 기득권과 신뢰의 보호 및 법률생활 안정의 침해 등의 불이익을 비교·교량한 후, 공익상 필요가 당사자가 입게 될 불이익을 정당화할 만큼 강한 경우에 한하여 보상금 등을 받은 당사자로부터 잘못 지급된 보상금 등에 해당하는 금액을 환수하는 처분을 하여야 한다고 봄이 타당하다(대판 2014. 10.27, 2012두17186)."

> [판례2] [1] 국민연금법에 따라 급여를 받은 당사자로부터 잘못 지급된 급여액에 해당하는 금액을 환수하는 처분을 하기 위한 요건
>
> [2] 국민연금법이 정한 수급요건을 갖추지 못하였음에도 연금 지급결정이 이루어진 경우, 이미 지급된 급여 부분에 대한 환수처분과 별도로 지급결정을 취소할 수 있는지 여부

(적극) 및 그 취소권 행사가 위법한 경우 / 연금 지급결정을 취소하는 처분이 적법한 경우 그에 기초한 환수처분도 반드시 적법하다고 판단해야 하는지 여부(소극)

"[1] (구) 국민연금법(2016.5.29. 법률 제14214호로 개정되기 전의 것) 제57조 제1항, 부칙(2007. 7.23.) 제9조 제1항 제1호의 내용과 취지, 사회보장 행정영역에서 수익적 행정처분 취소의 특수성 등을 종합하여 보면, … 잘못 지급된 급여액에 해당하는 금액을 환수하는 처분을 하여야 할 공익상 필요와 그로 인하여 당사자가 입게 될 기득권과 신뢰의 보호 및 법률생활 안정의 침해 등의 불이익을 비교·교량한 후, 공익상 필요가 당사자가 입게 될 불이익을 정당화할 만큼 강한 경우에 한하여 잘못 지급된 급여액에 해당하는 금액을 환수하는 처분을 하여야 한다.

[2] 행정처분을 한 처분청은 처분의 성립에 하자가 있는 경우 별도의 법적 근거가 없더라도 직권으로 이를 취소할 수 있다고 봄이 원칙이므로, 국민연금법이 정한 수급요건을 갖추지 못하였음에도 연금 지급결정이 이루어진 경우에는 이미 지급된 급여 부분에 대한 환수처분과 별도로 지급결정을 취소할 수 있다. 이 경우에도 이미 부여된 국민의 기득권을 침해하는 것이므로 취소권의 행사는 지급결정을 취소할 공익상의 필요보다 상대방이 받게 될 불이익 등이 막대한 경우에는 재량권의 한계를 일탈한 것으로서 위법하다고 보아야 한다. 다만 이처럼 연금 지급결정을 취소하는 처분과 그 처분에 기초하여 잘못 지급된 급여액에 해당하는 금액을 환수하는 처분이 적법한지를 판단하는 경우 비교·교량할 각 사정이 동일하다고는 할 수 없으므로, 연금 지급결정을 취소하는 처분이 적법하다고 하여 환수처분도 반드시 적법하다고 판단하여야 하는 것은 아니다(대판 2014.7.24, 2013두27159 참조) (대판 2017.3.30, 2015두43971)."

[판례3] [1] 산업단지관리공단의 변경계약의 취소가 항고소송의 대상이 되는 행정처분에 해당하는지 여부(적극)

[2] 종전의 수익적 행정처분을 직권으로 취소하는 처분을 할 수 있는 경우 및 종전 처분의 하자나 취소해야 할 필요성에 관한 증명책임의 소재(=행정청)

"[1] 산업단지관리공단의 지위, 입주계약 및 변경계약의 효과, 입주계약 및 변경계약 체결 의무와 그 의무를 불이행한 경우의 형사적 내지 행정적 제재, 입주계약해지의 절차, 해지통보에 수반되는 법적 의무 및 그 의무를 불이행한 경우의 형사적 내지 행정적 제재 등에 관한 규정들을 종합적으로 고려하면, 입주변경계약 취소는 행정청인 관리권자로부터 관리업무를 위탁받은 산업단지관리공단이 우월적 지위에서 입주기업체들에게 일정한 법률상 효과를 발생하게 하는 것으로서 항고소송의 대상이 되는 행정처분에 해당한다.

[2] 일정한 행정처분으로 국민이 일정한 이익과 권리를 취득하였을 경우에 종전 행정처분에 하자가 있음을 전제로 직권으로 이를 취소하는 행정처분은 이미 취득한 국민의 기존 이익과 권리를 박탈하는 별개의 행정처분으로, 취소될 행정처분에 하자가 있어야 하고, 나아가 행정처분에 하자가

있다고 하더라도 취소해야 할 공익상 필요와 취소로 당사자가 입게 될 기득권과 신뢰보호 및 법률생활 안정의 침해 등 불이익을 비교·교량한 후 공익상 필요가 당사자가 입을 불이익을 정당화할 만큼 강한 경우에 한하여 취소할 수 있는 것이며, 하자나 취소해야 할 필요성에 관한 증명책임은 기존 이익과 권리를 침해하는 처분을 한 행정청에 있다. 이러한 신뢰보호와 이익형량의 취지는 구 산업집적활성화 및 공장설립에 관한 법률(2013.3.23. 법률 제11690호로 개정되기 전의 것)에 따른 입주계약 또는 변경계약을 취소하는 경우에도 마찬가지로 적용될 수 있다(대판 2017.6.15, 2014두46843[입주변경계약취소처분등취소])."

[판례4] 행정청이 관광농원 개발사업의 사업시행자 변경으로 인한 사업계획 변경승인을 취소할 수 있는지 여부

"[1] 농어촌정비법 제83조 제1항은 "관광농원은 농업·농촌 및 식품산업 기본법 제3조 제2호에 따른 농업인, 수산업·어촌 발전 기본법 제3조 제3호에 따른 어업인, 한국농어촌공사, 그 밖에 대통령령으로 정하는 농업인 및 어업인 단체가 개발할 수 있다."라고 규정하고 있다. …

[2] 농어촌정비법 제83조 제2항은 "관광농원을 개발하려는 자는 사업계획을 세워 대통령령으로 정하는 바에 따라 시장 등의 승인을 받아야 한다. 승인을 받은 사항 중 대통령령으로 정하는 중요한 사항을 변경하려는 때에도 또한 같다."라고 규정하고 있다. 이에 따라 농어촌정비법 시행령 제72조 제2항은 농어촌정비법 제83조 제2항 후단에 따라 변경승인을 받아야 하는 사항의 하나로 "사업시행자의 명의 변경"을 규정하고 있으나, 관광농원 개발사업의 사업시행자 명의가 변경되는 경우 새로운 사업시행자가 종전 사업시행자의 지위를 승계하는지 여부 등에 관하여는 명시적 규정을 두고 있지 않다. 이러한 지위 승계 관련 규정이 없는 이상 사업계획 변경승인의 의미를 사업권 양도·양수에 대한 '인가'로서의 성격을 가진다고 볼 수 없는 것이 원칙이다. …

이러한 관련 규정의 내용, 체계 및 취지에 비추어 볼 때, 종전 사업시행자가 농업인 등에 해당하지 않음에도 부정한 방법으로 사업계획승인을 받음으로써 그 승인에 대한 취소 사유가 있더라도, 행정청이 사업시행자 변경으로 인한 사업계획 변경승인 과정에서 변경되는 사업시행자가 농업인 등에 해당하는지 여부에 관하여 새로운 심사를 거쳤다면, 지위 승계 등에 관한 별도의 명문 규정이 없는 이상, 종전 사업시행자가 농업인 등이 아님에도 부정한 방법으로 사업계획승인을 취득하였다는 이유만을 들어 변경된 사업시행자에 대한 사업계획 변경승인을 취소할 수는 없다(대판 2018.4.24, 2017두73310[관광농원개발사업승인취소처분등취소청구의소])."

[판례5] 도로점용허가는 목적 달성에 필요한 한도로 제한되어야 하는지 여부(적극) / 도로관리청이 도로점용허가를 하면서 특별사용의 필요가 없는 부분을 점용장소 및 점용면적에 포함한 경우, 도로점용허가 중 위 부분은 위법한지 여부(적극) / 이 경우 도로관리청이 위와 같은 흠

이 있다는 이유로 유효하게 성립한 도로점용허가 중 특별사용의 필요가 없는 부분을 직권취소할 수 있는지 여부(원칙적 적극) / 이때 행정청이 소급적 직권취소를 할 수 있는 경우 / 도로관리청이 도로점용허가 중 특별사용의 필요가 없는 부분을 소급적으로 직권취소한 경우, 이미 징수한 점용료 중 취소된 부분의 점용면적에 해당하는 점용료를 반환해야 하는지 여부(적극)

"도로점용허가는 도로의 일부에 대한 특정사용을 허가하는 것으로서 도로의 일반사용을 저해할 가능성이 있으므로 그 범위는 점용목적 달성에 필요한 한도로 제한되어야 한다. 도로관리청이 도로점용허가를 하면서 특별사용의 필요가 없는 부분을 점용장소 및 점용면적에 포함하는 것은 그 재량권 행사의 기초가 되는 사실인정에 잘못이 있는 경우에 해당하므로 그 도로점용허가 중 특별사용의 필요가 없는 부분은 위법하다.

이러한 경우 도로점용허가를 한 도로관리청은 위와 같은 흠이 있다는 이유로 유효하게 성립한 도로점용허가 중 특별사용의 필요가 없는 부분을 직권취소할 수 있음이 원칙이다. 다만 이 경우 행정청이 소급적 직권취소를 하려면 이를 취소하여야 할 공익상 필요와 그 취소로 당사자가 입을 기득권 및 신뢰보호와 법률생활 안정의 침해 등 불이익을 비교 교량한 후 공익상 필요가 당사자의 기득권 침해 등 불이익을 정당화할 수 있을 만큼 강한 경우여야 한다(대판 2006.5.25, 2003두4669 참조). 이에 따라 도로관리청이 도로점용허가 중 특별사용의 필요가 없는 부분을 소급적으로 직권취소하였다면, 도로관리청은 이미 징수한 점용료 중 취소된 부분의 점용면적에 해당하는 점용료를 반환하여야 한다(대판 2019.1.17, 2016두56721, 56738[도로점용료부과처분취소])."

(3) 취소가 제한되는 경우

신뢰보호원칙에 의하여 취소가 제한되려면 일반적으로 ① 관계자가 행정행위의 존속을 신뢰했을 것, ② 그의 신뢰가 보호가치가 있을 것, ③ 그의 신뢰를 보호하여야 할 이익이 행정의 법률적합성을 준수하여야 할 이익보다 크다고 판단될 것 등의 요건이 필요하다.

학설 및 판례에 나타난 취소권제한의 구체적인 경우를 살펴보면 다음과 같다.

(i) 금전급부·가분적 현물급부를 내용으로 하는 경우는 성질상 되돌리기 어려운 특성이 있으므로 상대방이 당해 위법한 행정행위의 존속을 신뢰하였고 이러한 신뢰가 보호가치가 있다면 취소권이 제한된다.

(ii) 포괄적 신분설정행위(귀화허가·공무원임명 등)는 법적 안정성의 관점에서 취소권이 제한된다.

(iii) 인가 등의 사인의 법률행위의 효력을 완성시켜주는 행위도 법적 안정성의 관점에서 취소권이 제한된다.

(iv) 불가변력이 있는 준사법적 행위 또는 합의제 행정기관의 행위·확인적 행위(당선인의 결정·국가시험합격자 결정 등)·하자의 치유나 다른 행정행위로의 전환이 인정되는 행위 등도 취소권

이 제한된다.

(v) 취소권의 실권(失權)과 관련하여 취소기간이 정해져 있는 경우 이 기간이 경과되면 취소할 수 없게 된다. 독일 연방행정절차법은 이와 같은 실권의 법리를 명문화하여 행정청은 행정행위의 취소를 정당화하는 사실을 안 날로부터 1년이 지나면 취소할 수 없다는 규정을 두고 있다(독일 연방행정절차법 48 ④). 우리 행정절차법에는 이와 같은 규정이 없었는데, 행정기본법은 '장기간 권한을 행사하지 아니하여 국민이 그 권한이 행사되지 아니할 것으로 믿을 만한 정당한 사유가 있는 경우에는 그 권한을 행사해서는 아니 된다(행정기본법 12 ②)'고 하여 실권의 법리를 규정하게 되었다. 판례는 실권의 법리를 신의성실의 원칙의 파생원칙으로 보고 있다. 판례는 실권의 법리를 적용함에 있어 행정청이 취소권을 행사하지 않으리라고 신뢰할 여지가 있는지의 여부를 중요한 기준으로 삼고 있다고 판단된다.

[판례] 실권 또는 실효의 법리의 의미

"실권 또는 실효의 법리는 법의 일반원리인 신의성실의 원칙에 바탕을 둔 파생원칙인 것이므로 공법관계 가운데 관리관계는 물론이고 권력관계에도 적용되어야 함을 배제할 수는 없다 하겠으나 그것은 본래 권리행사의 기회가 있음에도 불구하고 권리자가 장기간에 걸쳐 그의 권리를 행사하지 아니하였기 때문에 의무자인 상대방은 이미 그의 권리를 행사하지 아니할 것으로 믿을 만한 정당한 사유가 있게 되거나 행사하지 아니할 것으로 추인케 할 경우에 새삼스럽게 그 권리를 행사하는 것이 신의성실의 원칙에 반하는 결과가 될 때 그 권리행사를 허용하지 않는 것을 의미한다(대판 1988.4.27, 87누915)."

(vi) 행정기본법 제23조[76]에 따라 수익적 행정행위의 취소를 내용으로 하는 제재처분의 경우 그 제척기간(위반행위가 종료된 날로부터 5년)이 경과하면 이를 취소할 수 없다.

(4) 취소가 제한되지 않는 경우

신뢰보호원칙에 의하여 취소권이 제한되다 하더라도, ① 관계자가 부정한 수단(사기·강박·증수뢰 등)으로 행정행위를 발급받았거나, ② 행정행위의 위법성을 알았거나 또는 알 수 있었음에도 불구하고 중대한 과실로 알지 못하였거나, ③ 행정행위의 위법성에 관계인에게 귀책사유가 있는 경우에는 신뢰의 보호가치가 부정되어 취소가 제한되지 않는다. 이와 관련하여 행정기본법은 '① 거짓이나 그 밖의 부정한 방법으로 처분을 받거나 ② 당사자가 처분의 위법성을 알고 있었거나 중

76) 행정기본법 제23조(제재처분의 제척기간) ① 행정청은 법령등의 위반행위가 종료된 날부터 5년이 지나면 해당 위반행위에 대하여 제재처분(인허가의 정지·취소·철회, 등록 말소, 영업소 폐쇄와 정지를 갈음하는 과징금 부과를 말한다. 이하 이 조에서 같다)을 할 수 없다. [시행일: 2023. 3. 24.]

대한 과실로 알지 못한 경우'에는 취소가 제한되지 않는다고 규정하고 있다(행정기본법 18 ② 단서).

[판례1] 수익적 행정처분의 하자가 당사자의 사실은폐나 기타 사위의 방법에 의한 신청행위에 기인한 경우, 당사자의 처분에 관한 신뢰이익을 고려해야 하는지 여부

"… 수익적 행정처분의 하자가 당사자의 사실은폐나 기타 사위의 방법에 의한 신청행위에 기인한 것이라면 당사자는 처분에 의한 이익이 위법하게 취득되었음을 알아 취소가능성도 예상하고 있었다 할 것이므로, 그 자신이 처분에 관한 신뢰이익을 원용할 수 없음은 물론 행정청이 이를 고려하지 아니하였더라도 재량권의 남용이 되지 아니한다(대판 2014.11.27, 2013두16111)."

[판례2] 사위의 방법에 의한 하사관 지원의 하자를 이유로 33년이 경과한 후에 행한 하사관 및 준사관 임용취소처분이 적법하다고 한 사례

"… 원고가 허위의 고등학교 졸업증명서를 제출하는 사위의 방법에 의하여 하사관을 지원하여 입대한 이상, 원고로서는 자신에 대한 하사관 임용이 소정의 지원요건을 갖추지 못한 자에 대하여 위법하게 이루어진 것을 알고 있어 그 취소가능성도 예상할 수 있었다 할 것이므로, 피고가 33년이 경과한 후 뒤늦게 원고에 대한 하사관 및 준사관 임용을 취소함으로써 원고가 입는 불이익이 적지 않다 하더라도 위 취소행위가 신뢰이익을 침해하였다고 할 수 없음은 물론 비례의 원칙에 위배하거나 재량권을 남용하였다고 볼 수 없어, 결국 원고에 대한 하사관 및 준사관 임용을 취소한 이 사건 처분은 적법하다… (대판 2002.2.5, 2001두5286)."

Ⅴ. 취소의 절차

직권취소에 관하여는 일반적인 규정은 없다. 따라서 직권취소의 절차와 관련하여 개별법에 이에 관한 특별한 규정이 있으면 이에 따르고, 그 밖에는 행정절차에 관한 일반법인 행정절차법이 정하는 바에 따르면 된다.

행정절차법은 수익적 행정행위의 취소와 같은 불이익처분의 경우 처분의 사전통지(행정절차법 21), 의견청취(행정절차법 22), 이유제시(행정절차법 23) 등의 형식과 절차에 관한 규정을 두고 있으며, 각 개별법에서도 수익적 행정행위의 취소와 관련하여 상대방 보호·취소의 공정성 및 신중성 확보 등을 위하여 청문 등의 절차를 규정하고 있는 입법례가 많다.

Ⅵ. 취소의 효과

직권취소는 그 성립상의 하자를 이유로 그 효력을 소멸시키는 행위이므로, 직권취소의 효과

는 소급하는 것이 원칙이다. 따라서 취소의 원인이 당사자에게 있거나, 과거에 완결된 법률관계나 법률사실을 반드시 제거하여야 하는 경우에는 취소의 효과가 소급되어야 할 것이다. 그러나 그 밖의 경우에는 법적 안정성 또는 신뢰보호의 관점에서 취소의 효과가 소급되지 않고 장래에 향해서만 발생한다고 보아야 할 것이다. 이렇게 볼 때, 취소의 효과는 소급적일 수도 있고, 장래에 행한 것일 수도 있다.

행정기본법도 "행정청은 위법 또는 부당한 처분의 전부나 일부를 소급하여 취소할 수 있다. 다만, 당사자의 신뢰를 보호할 가치가 있는 등 정당한 사유가 있는 경우에는 장래를 향하여 취소할 수 있다(행정기본법 18 ①)."고 규정하여 소급효와 장래효를 모두 인정하고 있다.

Ⅶ. 하자있는 취소의 취소*

행정행위를 직권으로 취소한 후에 그 취소행위에 하자가 있음을 이유로 이를 다시 직권취소하여 원 행정행위를 소생시킬 수 있는가 하는 것이 문제이다.

1. 무효사유인 경우

직권취소에 중대·명백한 하자가 있는 경우 취소는 무효이므로, 이에 따라 원 행정행위도 그대로 존속한다. 따라서 이 경우에는 별 문제가 없다.

2. 취소사유인 경우

직권취소에 단순위법의 하자가 있는 경우 이를 다시 직권으로 취소할 수 있는가에 대하여는 견해가 나뉜다.

(1) 소극설은, 명문의 규정이 없는 한, 취소에 의하여 이미 소멸한 행정행위의 효력을 다시 소생시킬 수 없다고 한다. 따라서 직권취소처분을 취소하여 원 행정행위를 소생시키려면, 원 행정행위와 같은 내용의 행위를 다시 할 수밖에 없다고 한다.

(2) 적극설은 직권취소도 역시 취소이므로 이에 하자가 있으면 행정행위의 취소의 일반원칙에 따라 취소하여 원 행정행위를 소생시킬 수 있다고 본다. 이 설이 통설이다.

(3) 판례의 경우는 원 처분이 수익처분인 경우에는 적극설의 입장을 취하고[판례1], 원 처분이 침익처분인 경우에는 소극설의 입장을 취하고 있는 것으로 보인다[판례2]. 이와 같이 처분의 성질에 따라 원 처분의 소생 여부를 판단하는 판례의 태도는 침익적 행정에 있어서의 엄격한 법치행정의 요구 및 처분의 상대방의 보호라는 관점에서 합리적이라고 판단된다.

---

* 입법고시(2009년).

[판례1] 이사취임승인취소처분을 직권취소한 경우 소급하여 이사지위가 회복되는지 여부

"행정처분이 취소되면 그 소급효에 의하여 처음부터 그 처분이 없었던 것과 같은 효과를 발생하게 되는바, 행정청이 의료법인의 이사에 대한 이사취임승인취소처분(제1처분)을 직권으로 취소(제2처분)한 경우에는 그로 인하여 이사가 소급하여 이사로서의 지위를 회복하게 되고, 그 결과 위 제1처분과 제2처분 사이에 법원에 의하여 선임결정된 임시이사들의 지위는 법원의 해임결정이 없더라도 당연히 소멸된다(대판 1997.1.21, 96누3401)."

[판례2] 과세관청이 부과의 취소를 다시 취소함으로써 원부과처분을 소생시킬 수 있는지 여부

"국세기본법 제26조 제1호는 부과의 취소를 국세납부의무 소멸사유의 하나로 들고 있으나, 그 부과의 취소에 하자가 있는 경우의 부과의 취소의 취소에 대하여는 법률이 명문으로 그 취소요건이나 그에 대한 불복절차에 대하여 따로 규정을 둔 바도 없으므로, 설사 부과의 취소에 위법사유가 있다고 하더라도 당연무효가 아닌 한 일단 유효하게 성립하여 부과처분을 확정적으로 상실시키는 것이므로, 과세관청은 부과의 취소를 다시 취소함으로써 원부과처분을 소생시킬 수는 없고 납세의무자에게 종전의 과세대상에 대한 납부의무를 지우려면 다시 법률에서 정한 부과절차에 좇아 동일한 내용의 새로운 처분을 하는 수밖에 없다(대판 1995.3.10, 94누7027)."

제 3 항 행정행위의 철회 *

Ⅰ. 의의

행정행위의 철회(Widerruf)는 적법·유효하게 성립한 행정행위에 대하여 사후에 그 효력을 존속시킬 수 없는 새로운 사정이 발생하였음을 이유로 장래에 향하여 그 효력을 소멸시키는 행위를 말한다(행정기본법 19 ①).

행정행위의 철회는 무효나 취소와는 달리 원시적인 하자를 이유로 그 효력을 부인하는 것이 아니기 때문에 행정행위의 하자론과는 무관한 제도이지만, 직권취소와 유사한 점이 있으므로 편의상 하자론에서 논의되고 있는 것이다.

철회는 적법한 행정행위의 효력을 사후에 소멸시킨다는 점에서 처음부터 효력이 없음을 선언하는 무효선언과 구별된다. 철회는 적법한 행정행위의 효력을 소멸시키는 점에서 위법한 행정행위의 효력을 소멸시키는 취소와 구분된다. 철회는 행정청의 철회권행사에 의하여 효력이 소멸된다는 점에서 일정 사실의 발생에 의하여 효력이 소멸되는 실효와도 구분된다.

철회는 실정법상으로는 대부분 취소라 불린다.

---

* 행정고시(일반행정)(2007년), 행정고시(일반행정)(2008년), 5급공채(행정)(2014년).

[판례] 행정행위의 '취소'와 '철회'의 구별 / '취소'가 있더라도 취소사유의 내용, 경위 기타 제반 사정을 종합하여 행정행위의 '철회'에 해당하는지 살펴보아야 하는지 여부(적극)

"행정행위의 취소는 일단 유효하게 성립한 행정행위를 성립 당시 존재하던 하자를 사유로 소급하여 효력을 소멸시키는 행정처분이고, 행정행위의 철회는 적법요건을 구비하여 유효한 행정행위를 행정행위 성립 이후 새로이 발생한 사유로 행위의 효력을 장래에 향해 소멸시키는 행정처분이다. 행정청의 행정행위 취소가 있더라도 취소사유의 내용, 경위 기타 제반 사정을 종합하여 명칭에도 불구하고 행정행위의 효력을 장래에 향해 소멸시키는 행정행위의 철회에 해당하는지 살펴보아야 한다(대결 2022.9.29, 2022마118[부동산강제경매])."

Ⅱ. 철회권자

직권취소의 경우와는 달리, 행정행위의 철회는 적법한 행정행위를 후발적 원인에 의하여 그 효력을 부인하는 것이므로 처분청만이 할 수 있다. 법령에 규정이 없는 한, 감독청은 철회권이 없다.

Ⅲ. 철회권의 근거 *

행정행위의 철회에 별도의 법적 근거가 필요한가 하는 것이 문제인데, 이에 대하여는 학설이 대립되고 있다.

1. 근거불요설(철회자유설·소극설)

행정행위의 철회는 공익상 처분의 효력을 지속시킬 수 없는 사유에 의하여 이루어지게 되므로 철회에는 어느 정도의 처분청의 재량과 정책적 판단이 필요하다는 점에서, 명문의 규정이 없더라도 처분청이 행정행위를 할 수 있는 권한에는 철회권도 포함된다는 견해이다. 따라서 별도로 철회에 대한 법적 근거를 요하지 않는다는 것이다.[77] 이 견해는 이로 인하여 발생하는 개인의 권리보호문제는 철회권제한의 법리로 해결하자는 것이다. 판례도 철회에 별도의 법적 근거를 요하지 않는다는 입장이다. 그러나 철회의 효력을 과거로 소급하여 상실시키는 경우는 별도의 법적 근거가 필요하다고 보고 있다(대판 2018.6.28, 2015두58195).[78]

* 행정고시(1997년).

77) 김동희/최계영, 행정법 Ⅰ, 371면; 박윤흔, 최신행정법강의(상), 459면.

78) 아래 "Ⅶ. 철회의 효과" 참조.

> [판례] 별도의 법적 근거 없이도 철회하거나 변경할 수 있는지 여부
> "행정행위를 한 처분청은 그 처분 당시에 그 행정처분에 별다른 하자가 없었고 또 그 처분 후에 이를 취소할 별도의 법적 근거가 없다 하더라도 원래의 처분을 그대로 존속시킬 필요가 없게 된 사정변경이 생겼거나 또는 중대한 공익상의 필요가 발생한 경우에는 별개의 행정행위로 이를 철회하거나 변경할 수 있다(대판 1992.1.17, 91누3130; 대판 2017.3.15, 2014두41190; 대판 2021.1.14, 2020두46004)."

2. 근거필요설(철회제한설 · 적극설)

일반적으로 행정행위의 철회는 허가·특허 등 개인에게 부여된 수익적 행정행위의 효력을 부인하는 침익적 성격의 행정행위이므로, 법률유보의 최소한인 침해유보설의 입장에서 본다 하더라도 원칙적으로 법적 근거가 요구된다는 견해이다.[79)]

3. 결론

행정행위의 철회는, 취소의 경우와는 달리, 적법한 행정행위를 사후에 효력을 소멸시키는 것이고, 또한 특히 수익적 행정행위의 철회의 경우에는 개인의 신뢰보호와 매우 밀접한 관련을 가지므로, 원칙적으로 수익적 행정행위의 철회에는 법적 근거가 필요하다고 보아야 할 것이다.

그러나 철회는 사후에 발생하는 사유에 의하여 이루어지는 점, 법령이 모든 현상을 예측하여 규정하기 어려운 점 등을 고려하면, 상대방의 귀책사유에 기인하는 경우이거나, 철회권이 유보되어 있거나 또는 그 밖에 중대한 공익상의 필요가 있는 경우에는 예외적으로 법적 근거가 없더라도 철회가 가능한지 여부가 논란이 되었던 것이다.

그러나 이에 대해서 행정기본법이 '행정청은 적법한 처분이 ① 법률에서 정한 철회 사유에 해당하게 된 경우, ② 법령등의 변경이나 사정변경으로 처분을 더 이상 존속시킬 필요가 없게 된 경우, 또는 ③ 중대한 공익을 위하여 필요한 경우에는 그 처분의 전부 또는 일부를 장래를 향하여 철회할 수 있다(행정기본법 19 ①)'고 규정하여 철회에 대한 일반적인 규정을 마련하였으므로, 이제 이 문제는 입법적으로 해결되었다.

Ⅳ. 철회사유

행정기본법 제19조 제1항은 철회사유로 "① 법률에서 정한 철회 사유에 해당하게 된 경우,

---

79) 김남진/김연태, 행정법Ⅰ, 345면; 김성수, 일반행정법, 322면; 석종현/송동수, 일반행정법(상), 324면; 홍정선, 행정법특강, 269면 이하; 홍준형, 행정법총론, 343면.

② 법령등의 변경이나 사정변경으로 처분을 더 이상 존속시킬 필요가 없게 된 경우, ③ 중대한 공익을 위하여 필요한 경우"를 규정하고 있다.

학설과 판례를 종합하면, 대체로 위 행정기본법의 철회사유는, ① 법령에 철회사유가 규정되어 있는 경우, ② 의무위반 등의 사정변경이 있는 경우, ③ 철회권의 유보 및 부담의 불이행의 경우, ④ 근거법령이 개정된 경우, ⑤ 중대한 공익상의 필요가 발생한 경우 등으로 구체화해 볼 수 있다. 다만 이러한 철회사유가 존재하여도 수익적 행정행위의 경우에는 신뢰보호원칙에 의하여 철회권이 제한될 수 있다(행정기본법 19 ②).

[판례] 행정행위의 부관으로 철회권을 유보한 경우, 그 철회사유는 법령에 규정이 있는 것에 한하는지 여부

"행정행위의 부관으로 취소권이 유보되어 있는 경우, 당해 행정행위를 한 행정청은 그 취소사유가 법령에 규정되어 있는 경우뿐만 아니라 의무위반이 있는 경우, 사정변경이 있는 경우, 좁은 의미의 취소권이 유보된 경우, 또는 중대한 공익상의 필요가 발생한 경우 등에도 그 행정처분을 취소할 수 있는 것이다(대판 1984.11.13, 84누269)."

1. 법령에 철회사유가 규정되어 있는 경우

예컨대 하천법 제70조와 같이 개별법령에서 허가·면허·승인 등의 행정행위와 관련하여 명문으로 철회사유를 규정하고 있는 경우 이러한 사유가 발생하면 철회가 가능하다.

2. 의무위반 등의 사정변경이 있는 경우

행정행위가 행하여진 이후에 상대방이 의무를 위반하거나 이행하지 않는 등의 새로운 사실이 발생하여 공익상 그 행정행위를 철회하지 않을 수 없는 경우가 있을 수 있다. 개별법령에서는 이와 같은 사정변경을 철회사유로 규정하기도 한다(예: 식품위생법 75, 도로교통법 93, 하천법 69 등).

3. 철회권유보의 경우 및 부담의 불이행의 경우

행정행위의 부관으로 부과된 철회권유보와 관련하여 유보된 사실이 발생하거나 또는 부관으로 부과된 부담을 이행하지 않으면 수익적 행정행위가 철회될 수 있다.

[판례] 부담부 행정처분의 상대방이 그 부담을 이행하지 않음을 이유로 한 처분의 취소

"부담부행정처분에 있어서 처분의 상대방이 부담을 이행하지 아니한 경우에 처분행정청으로서는 이를 들어 당해 처분을 취소(철회)할 수 있으므로, 이 사건에서 원고가 소정기간 내에 공사를 완료하지 못했다 하더라도 이로 말미암아 긴급한 위난이 예상되거나 긴급한 사정이 없는 한 허가받은 자의

이익을 번복하는 처분은 할 수 없다는 소론은 받아들일 수 없고… (대판 1989.10.24, 89누2431).”

[판례] 행정청은 건축주의 건축계획이 마땅히 갖추어야 할 ‘부지 확보’ 요건을 충족하지 못하였음을 이유로 이미 발급한 건축허가를 직권으로 취소할 수 있는지(적극)

“건축주가 ‘부지 확보’ 요건을 완비하지는 못한 상태이더라도 가까운 장래에 ‘부지 확보’ 요건을 갖출 가능성이 높다면, 건축행정청이 추후 별도로 국토계획법상 개발행위(토지형질변경) 허가를 받을 것을 명시적 조건으로 하거나 또는 당연히 요청되는 사항이므로 묵시적인 전제로 하여 건축주에 대하여 건축법상 건축허가를 발급하는 것이 위법하다고 볼 수는 없다. 그러나 건축주가 건축법상 건축허가를 발급받은 후에 국토계획법상 개발행위(토지형질변경) 허가절차를 이행하기를 거부하거나, 그 밖의 사정변경으로 해당 건축부지에 대하여 국토계획법상 개발행위(토지형질변경) 허가를 발급할 가능성이 사라졌다면, 건축행정청은 건축주의 건축계획이 마땅히 갖추어야 할 ‘부지 확보’ 요건을 충족하지 못하였음을 이유로 이미 발급한 건축허가를 직권으로 취소·철회하는 방법으로 회수하는 것이 필요하다(대판 2020.7.23, 2019두31839[건축허가취소처분취소]).”

다만 이 경우 철회사유가 존재한다 하더라도 실제로 철회권을 행사함에 있어서는 당사자의 신뢰보호이익과의 형량을 하여야 한다.

4. 근거법령의 개정의 경우

근거법령의 개정으로 원 행정행위가 위법하게 되어 원 행정행위를 유지할 수 없게 된 경우에도 철회가 가능하다. 그러나 이 경우는 기득권존중, 신뢰보호 등의 이유에서 수익적 행정행위의 철회가 제한되는 경우가 많을 것이다.

5. 중대한 공익상의 필요가 발생한 경우

이미 살펴본 바와 같이, 행정행위를 철회할 별도의 법적 근거가 없다 하더라도 중대한 공익상의 필요가 발생한 경우에는 별개의 행정행위로 이를 철회할 수 있다는 것이 판례의 입장이다(대판 2017.3.15, 2014두41190).

V. 철회권의 제한*

1. 침익적 행정행위의 철회

침익적 행정행위의 철회는 상대방에게는 수익적 효과를 가져다주므로, 원칙적으로 처분청의

* 변호사시험(2016년), 사법시험(2011년), 5급공채(일반행정)(2011년).

재량이다. 그러나 재량권이 0으로 수축되는 경우에는 처분청은 이를 철회하여야 할 의무가 있다. 또한 제3자효 행정행위의 경우 제3자의 이익을 고려하여야 하는 경우에는 침익적 행정행위라 하더라도 그 철회가 제한된다.

2. 수익적 행정행위의 철회

(1) 철회제한의 원칙

행정행위의 취소의 경우와 마찬가지로 행정행위를 철회함에 있어서는 상대방의 신뢰보호와 법적 안정을 위하여 철회권행사가 제한된다(철회제한의 원칙). 특히 철회가 적법한 행위의 효력을 소멸시키는 것이라는 점에서 신뢰보호의 원칙은 직권취소의 경우보다 더 존중되어야 한다. 그동안 이에 관한 명문의 규정은 없었지만, 수익적 행정행위의 철회의 경우 철회를 요하는 공익, 상대방의 신뢰보호, 법적 안정성 등을 비교·형량해서 철회 여부를 결정하여야 한다는 것이 학설·판례의 확립된 입장이었다. 행정기본법은 "행정청은 제1항에 따라 처분을 철회하려는 경우에는 철회로 인하여 당사자가 입게 될 불이익을 철회로 달성되는 공익과 비교·형량하여야 한다(행정기본법 19②)."고 하여 기존의 철회제한의 원칙을 명문으로 규정하였다.

(2) 철회의 제한

수익적 행정행위의 철회는 상대방의 입장에서는 매우 침익적인 수단이다. 따라서 이 경우에는 비례원칙을 엄격하게 준수하여야 한다. 즉 철회보다 경미한 침해를 가져오는 다른 방법(예: 개선명령 등)이 있으면 이를 우선하여야 하고(철회의 보충적 적용), 일부철회가 가능하면 전부철회보다는 일부철회를 하여야 한다.

[판례1] 수익적 행정행위를 취소 또는 철회하거나 중지시키는 것이 허용되는 경우

"수익적 행정행위를 취소 또는 철회하거나 중지시키는 경우에는 이미 부여된 국민의 기득권을 침해하는 것이 되므로, 비록 취소 등의 사유가 있다고 하더라도 그 취소권 등의 행사는 기득권의 침해를 정당화할 만한 중대한 공익상의 필요 또는 제3자의 이익을 보호할 필요가 있고, 이를 상대방이 받는 불이익과 비교·교량하여 볼 때 공익상의 필요 등이 상대방이 입을 불이익을 정당화할 만큼 강한 경우에 한하여 허용될 수 있다(대판 2012.3.15, 2011두27322 등 참조) (대판 2017.3.15, 2014두41190; 대판 2021.1.14, 2020두46004; 대판 2021.9.30, 2021두34732)."

[판례2] 난민인정결정의 취소

"(구) 출입국관리법 제76조의3 제1항 제3호의 문언·내용 등에 비추어 보면, 비록 그 규정에서 정한 사유가 있더라도, 법무부장관은 난민인정 결정을 취소할 공익상의 필요와 취소로 당사자가 입

을 불이익 등 여러 사정을 참작하여 취소 여부를 결정할 수 있는 재량이 있다. 그러나 그 취소처분이 사회통념상 현저하게 타당성을 잃거나 비례·평등의 원칙을 위반하였다면 재량권을 일탈·남용한 것으로서 위법하다. 다만 (구) 출입국관리법 제76조의3 제1항 제3호는 거짓 진술이나 사실은폐 등으로 난민인정 결정을 하는 데 하자가 있음을 이유로 이를 취소하는 것이므로, 당사자는 애초 난민인정 결정에 관한 신뢰를 주장할 수 없음은 물론 행정청이 이를 고려하지 않았다고 하더라도 재량권을 일탈·남용하였다고 할 수 없다(대판 2017.3.15, 2013두16333)."

(3) 실권의 법리

이미 언급한 바와 같이, 위법한 행정행위의 취소와 관련하여 독일 연방행정절차법은 행정행위의 취소를 정당화하는 사실을 안 날로부터 1년이 지나면 취소할 수 없다는 규정을 두고 있는데(독일 연방행정절차법 48 ④), 이와 같은 취소권의 실권에 관한 규정은 철회의 경우에도 적용된다고 규정하고 있다(독일 연방행정절차법 49 ②). 우리 행정절차법에는 이와 같은 규정은 없으나, 판례는 실권의 법리를 신의성실의 원칙의 파생원칙으로 인정하고 있고(대판 1988.4.27, 87누915), 행정기본법 제12조 제2항도 실권의 법리를 명문으로 인정하고 있으므로, 상당한 기간이 지나도록 행정청이 철회권을 행사하지 않았고, 상대방에게 행정청이 철회권을 행사하지 않으리라고 신뢰할 만한 여지가 있었다면, 행정청은 당해 행위를 철회할 수 없다고 보아야 할 것이다.

판례는 운전면허취소사유가 발생하였으나 아무런 조치 없이 3년간 방치하고 있다가 면허취소처분을 한 경우에는 신뢰보호 및 법적 안정성의 관점에서 철회권의 제한을 인정한 바 있다.

[판례] 3년 전의 위반행위를 이유로 한 운전면허취소처분의 당부

"택시운전사가 1983.4.5 운전면허정지기간중의 운전행위를 하다가 적발되어 형사처벌을 받았으나 행정청으로부터 아무런 행정조치가 없어 안심하고 계속 운전업무에 종사하고 있던 중 행정청이 위 위반행위가 있은 이후에 장기간에 걸쳐 아무런 행정조치를 취하지 않은 채 방치하고 있다가 3년여가 지난 1986.7.7에 와서 이를 이유로 행정제재를 하면서 가장 무거운 운전면허를 취소하는 행정처분을 하였다면 이는 행정청이 그간 별다른 행정조치가 없을 것이라고 믿은 신뢰의 이익과 그 법적안정성을 빼앗는 것이 되어 매우 가혹할 뿐만 아니라 비록 그 위반행위가 운전면허취소사유에 해당한다 할지라도 그와 같은 공익상의 목적만으로는 위 운전사가 입게 될 불이익에 견줄 바 못 된다 할 것이다(대판 1987.9.8, 87누373)."

(4) 제재처분의 제척기간

행정기본법 제23조는 제재처분의 제척기간(위반행위가 종료된 날로부터 5년)을 규정하고 있으므

로, 위반행위로 인한 수익적 행정행위의 철회는 제23조 제2항의 사유가 존재하지 않는 한, 제척기간이 경과하면 철회할 수 없다.

(5) 불가변력이 발생한 행위

불가변력이 발생한 행정행위는 성질상 철회하지 못한다는 것이 다수의 견해이다. 그러나 이에 대하여 철회는 사후에 생긴 사정에 의하여 행하여지는 점, 새로운 행정행위라는 점을 들어 불가변력이 있어도 철회가 가능할 수 있다는 견해[80]도 있다. 물론 그럴 수도 있겠지만, 일반적으로는 행정행위에 불가변력이 발생하면 행정청 스스로도 이를 변경할 수 없는 것이므로, 중대한 공익상의 필요가 있는 등의 예외적인 상황을 제외하고는, 철회가 제한된다고 보아야 할 것이다.

Ⅵ. 철회의 절차

행정행위의 철회에는 특정한 절차와 형식이 요구되지 않는 것이 원칙이다. 그러나 각 개별법에서는 수익적 행정행위의 철회의 경우 상대방의 권익보호·철회의 공정성 및 신중성확보를 위하여 청문 등의 절차를 규정하고 있는 경우가 있다. 절차에 관한 일반법인 행정절차법도 처분의 사전통지(행정절차법 21), 의견청취(행정절차법 22), 이유제시(행정절차법 23) 등의 형식과 절차에 관한 규정을 두고 있다.

Ⅶ. 철회의 효과

철회의 효과는 장래에 향하여 발생하는 것이 원칙이다. 철회의 경우 예외적인 경우가 아니면 소급효가 인정되지 않는다. 예외적으로 소급효가 인정되려면, 특별한 사정이 없는 한, 별도의 법적 근거가 필요하다.

철회의 부수적 효과로 원상회복·시설개수 등의 명령이 행하여질 수 있다. 그러나 이 경우 이에 대한 별도의 법적 근거가 필요함은 물론이다.

수익적 행정행위의 철회는 상대방의 귀책사유가 없는 한 그로 인한 손실을 보상해 주는 것이 원칙이다(예: 도로법 99 ①, 하천법 77 ①).

철회되는 행정행위와 관련된 문서나 물건의 반환을 요구할 수 있다(독일 연방행정절차법 52).

80) 김동희/최계영, 행정법Ⅰ, 374면.

[판례] [1] 행정행위의 '취소'와 '철회'의 구별 및 행정행위의 '취소 사유'와 '철회 사유'의 구별
[2] 영유아보육법상 평가인증 취소의 법적 성격(=평가인증의 철회) 및 행정청이 평가인증을 철회하는 처분을 하면서, 법적 근거 없이 평가인증의 효력을 소급하여 상실시킬 수 있는지 여부(원칙적 소극)

"[1] 행정행위의 '취소'는 일단 유효하게 성립한 행정행위를 그 행위에 위법한 하자가 있음을 이유로 소급하여 효력을 소멸시키는 별도의 행정처분을 의미함이 원칙이다. 반면, 행정행위의 '철회'는 적법요건을 구비하여 완전히 효력을 발하고 있는 행정행위를 사후적으로 효력의 전부 또는 일부를 장래에 향해 소멸시키는 별개의 행정처분이다. 그리고 행정행위의 '취소 사유'는 원칙적으로 행정행위의 성립 당시에 존재하였던 하자를 말하고, '철회 사유'는 행정행위가 성립된 이후에 새로이 발생한 것으로서 행정행위의 효력을 존속시킬 수 없는 사유를 말한다.

[2] 영유아보육법 제30조 제5항 제3호에 따른 평가인증의 취소는 평가인증 당시에 존재하였던 하자가 아니라 그 이후에 새로이 발생한 사유로 평가인증의 효력을 소멸시키는 경우에 해당하므로, 법적 성격은 평가인증의 '철회'에 해당한다. 그런데 행정청이 평가인증을 철회하면서 그 효력을 철회의 효력발생일 이전으로 소급하게 하면, 철회 이전의 기간에 평가인증을 전제로 지급한 보조금 등의 지원이 그 근거를 상실하게 되어 이를 반환하여야 하는 법적 불이익이 발생한다. 이는 장래를 향하여 효력을 소멸시키는 철회가 예정한 법적 불이익의 범위를 벗어나는 것이다. 이처럼 행정청이 평가인증이 이루어진 이후에 새로이 발생한 사유를 들어 영유아보육법 제30조 제5항에 따라 평가인증을 철회하는 처분을 하면서도, 평가인증의 효력을 과거로 소급하여 상실시키기 위해서는, 특별한 사정이 없는 한 영유아보육법 제30조 제5항과는 별도의 법적 근거가 필요하다(대판 2018.6.28, 2015두58195[평가인증취소처분취소]).

☞ 피고가 별도의 법적 근거나 특별한 사정없이 원고의 보조금 부정수급을 이유로 원고가 운영하는 어린이집에 대한 평가인증의 유효기간을 취소사유 발생일(부정수급일)부터 소급하여 중단시켜 그 평가인증을 취소한 것은 위법하다고 판단한 사례이다.

Ⅷ. 하자있는 철회의 취소

행정행위의 철회 역시 행정행위이므로, 하자에 관한 일반원리가 그대로 적용된다. 다만 철회에 단순위법의 사유가 있는 경우 이를 직권취소하여 원 행정행위를 다시 소생시킬 수 있는가 하는 것이 문제인데, 이에 관하여는 취소의 경우와 동일한 문제이므로 '하자있는 취소의 취소'에 준하여 판단하면 될 것이다.

제4항 행정행위의 실효

Ⅰ. 행정행위의 실효의 의의

행정행위의 실효란 적법·유효한 행정행위가 사후에 발생한 일정한 사정으로 인하여 그 효력이 소멸되는 것을 말한다.

행정행위의 실효는 일단 유효한 행정행위의 효력이 소멸되는 것이라는 점에서 처음부터 무효인 행정행위와 구별되고, 행정청의 의사와 무관하게 일정한 사실의 발생으로 효력이 소멸된다는 점에서 행정청의 별개의 행정행위를 통하여 그 효력이 상실되는 취소·철회와도 구별된다.

Ⅱ. 실효사유

실효사유로는 ① 대상의 소멸, ② 목적의 달성, ③ 상대방의 사망, ④ 부관의 성취 등을 들 수 있다.

Ⅲ. 실효의 효과

실효사유가 발생하면, 행정청의 별도의 행위 없이 그때부터 장래에 향하여 행정행위의 효력이 소멸된다. 실효된 행정행위는 다시 되살아날 수 없다. 실효 여부에 관한 분쟁에 대해서는 실효확인소송을 제기하면 된다.

[판례1] 종전의 영업을 자진폐업하고 새로운 영업허가 신청을 한 경우 소멸한 영업허가권이 되살아날 수 없다고 한 판례

"종전의 결혼예식장영업을 자진폐업한 이상 위 예식장영업허가는 자동적으로 소멸하고 위 건물 중 일부에 대하여 다시 예식장영업허가신청을 하였다 하더라도 이는 전혀 새로운 영업허가의 신청임이 명백하므로 일단 소멸한 종전의 영업허가권이 당연히 되살아난다고 할 수는 없는 것이니 여기에 종전의 영업허가권이 새로운 영업허가신청에도 그대로 미친다고 보는 기득권의 문제는 개재될 여지가 없다(대판 1985.7.9, 83누412)."

[판례2] 선행처분의 내용을 변경하는 후행처분이 있는 경우, 선행처분의 효력 존속 여부

"선행처분의 주요 부분을 실질적으로 변경하는 내용으로 후행처분을 한 경우에 선행처분은 특별한 사정이 없는 한 효력을 상실하지만, 후행처분이 선행처분의 내용 중 일부만을 소폭 변경하는 정

도에 불과한 경우에는 선행처분은 소멸하는 것이 아니라 후행처분에 의하여 변경되지 아니한 범위 내에서는 그대로 존속한다.

(피고가 A업체에 대한 도선사업면허를 A업체에게 유리하게 변경하여 주는 내용의 1차 변경처분을 하자, 경업자관계에 있던 B업체가 A업체에 대한 1차 변경처분의 취소소송을 제기하였는데, 소송계속 중에 피고가 A업체에 대한 1차 변경처분의 내용 중 일부를 A업체에게 불리하게 직권으로 감축하는 내용의 2차 변경처분을 한 사안에서) 2차 변경처분은 1차 변경처분을 완전히 대체하거나 그 주요 부분을 실질적으로 변경하는 것이 아니라, 다만 ◎◎◎호의 정원 부분만 일부 감축하는 것에 불과하다. ◎◎◎호의 정원 부분은 성질상 1차 변경처분의 나머지 부분과 불가분적인 것이 아니므로, 1차 변경처분 중 2차 변경처분에 의하여 취소되지 않고 남아 있는 부분은 여전히 항고소송의 대상이 된다(대판 2020.4.9, 2019두49953[도선사업면허변경처분취소])."

제 2 장 행정입법*

제 1 절 개설

Ⅰ. 행정입법의 의의와 종류

행정입법은 행정기관이 일반적·추상적인 법규를 정립하는 작용 또는 그에 의하여 정립된 법규를 의미한다. 여기에서 '일반적'이란 불특정 다수에게 적용된다는 것을 의미하고, '추상적'이란 불특정 다수의 사례에 적용된다는 것을 의미한다. 이와 같이 행정입법은 일반성과 추상성을 띤다는 점에서 개별적·구체적인 법집행행위인 행정행위와 구별된다.

행정입법에는 국가에 의한 행정입법과 지방자치단체에 의한 행정입법이 있다. 자치입법에는 조례와 규칙이 있으나, 이에 관하여는 지방자치법 편에서 다루기로 한다.

국가에 의한 행정입법에는 일반적으로 대외적(외부적) 구속력[1]을 가지는가의 여부에 따라 대외적 구속력이 있는 법규명령과 행정내부적인 효력만 가지는 행정규칙으로 구분한다. 다만 예외적으로 행정규칙 가운데에는 법규명령의 성질을 가지는 경우도 있다.

Ⅱ. 행정입법의 필요성

엄격한 권력분립원칙에 따라 입법권은 국회에 속한다(헌법 40). 따라서 입법권은 국회의 전속적 권한이다. 그러나 행정의 기능이 양적·질적으로 확대됨에 따라 행정의 복잡성과 전문성 등으로 인하여 국회입법원칙에 대한 예외로서 행정기관에 의한 입법이 불가피하게 되었다. 이에 헌법

* 행정고시(재경)(2006년).

1) 일반적으로 '대외적(혹은 외부적) 구속력'이라는 표현보다는 '법규성'이라는 표현을 더 많이 사용하고 있는데, 이미 지적한 바와 같이, 법규(Rechtsatz)라는 개념은 법규범(Rechtsnorm)보다 넓은 개념으로, 법규범은 외부법을 의미하지만, 법규는 외부법과 내부법을 모두 포함하는 개념으로 사용된다. 그러나 우리나라 일부 학자들은 이를 반대로 사용하기도 하면서 법규의 개념이 사용하는 학자들마다 일정치 않아 혼동되고 있다. '법규성이 있는가'라는 표현보다는 '대외적 구속력이 있는가'라는 표현이 더 정확한 표현이다.

도 행정기관에 의한 입법의 형식을 스스로 규정하고 있다(헌법 75, 76, 95 등).

오늘날 행정입법은 ① 전문적·기술적 입법사항의 증대, ② 행정현상의 변화에 따르는 탄력성 있는 입법필요성 증대, ③ 지방적·지역적 다양성에 대한 입법적 고려의 필요성, ④ 국회의 입법부담 경감 등의 이유에서 그 필요성이 인정되고 있다.

Ⅲ. 행정입법의 문제점

그러나 이상과 같은 행정입법의 필요성이 인정된다 하더라도, 현실적으로는 거의 모든 법률에 시행령과 시행규칙이 존재하고, 또한 이러한 법령을 집행하기 위하여 행정규칙들이 만들어져 시행되는 등 행정입법의 분량이 상당히 증가하고 있다는 문제가 있다.

이 가운데에는 법률의 불필요한 입법권 위임에 따라 제정된 행정입법도 있고, 행정편의주의에 따라 제정된 행정입법도 있다. 특히 행정규칙의 경우는 법적 근거가 없더라도 제정할 수 있다는 점을 이용하여 법규명령이 아닌 행정규칙의 형식으로 행정입법이 이루어지는 경우도 상당히 많다('행정규칙으로의 도피' 현상). 이와 같이 불필요한 행정입법이 증가하게 되면 국회의 입법권을 무의미하게 할 수도 있고, 나아가 국민생활의 법적 안정성을 저해할 수도 있다(법치국가에 대한 위협).

따라서 행정입법에 대한 엄격한 통제를 통하여 가급적이면 법률에서 규정하고, 법규명령에의 위임은 반드시 필요한 경우에 한정되어야 하며, 불필요한 행정규칙들은 폐지하고, 국민에 대한 실질적인 구속력이 있는 행정규칙들은 법령으로 전환되도록 하여야 한다.

제 2 절 법규명령

Ⅰ. 의의 및 성질

법규명령이란 행정권이 정립하는 일반적·추상적 법규범으로서 대외적 구속력을 가지는 것을 말한다. 법규명령은 광범위한 불특정다수를 대상으로 유사한 사안을 통일적으로 규율하기 위하여 활용되는 행정의 수단이다. 보통 법규명령은 법률보다 구체적이고 상세한 내용을 규정하고 있기 때문에 양적으로 법률의 비중에 못지않다. 이 점에서 법규명령은 행정법의 법원으로서의 비중도 제법 크다고 할 수 있다.

법규명령은 대외적 구속력을 가지는 법이라는 점에서 행정내부적 효력만 가지는 행정규칙과 구별되고, 일반성과 추상성을 띤다는 점에서 개별·구체적인 행정행위나 일반·구체적인 일반처분과 구별된다.

한편 경우에 따라서는 법률이나 법규명령이 행정행위와 같이 개별성과 구체성을 띠는 경우, 즉 구체적인 법집행행위 없이도 그 자체로서 직접 국민의 구체적인 권리의무나 법적 이익에 영향을 미치는 등의 법률상 효과를 발생하는 경우도 있는데, 이를 처분법규(Maßnahmegesetz)라 한다. 법규명령이 이와 같은 처분법규로서의 성질이 있는 경우에는 행정쟁송법상 처분성이 인정되어 항고소송의 대상이 된다.

> [판례] 조례가 항고소송의 대상이 되는 행정처분에 해당되는 경우
>
> "조례가 집행행위의 개입 없이도 그 자체로서 직접 국민의 구체적인 권리의무나 법적 이익에 영향을 미치는 등의 법률상 효과를 발생하는 경우 그 조례는 항고소송의 대상이 되는 행정처분에 해당하고…
>
> … 경기 가평군 가평읍 상색국민학교 두밀분교를 폐지하는 내용의 이 사건 조례는 위 두밀분교의 취학아동과의 관계에서 영조물인 특정의 국민학교를 구체적으로 이용할 이익을 직접적으로 상실하게 하는 것이므로 항고소송의 대상이 되는 행정처분이다… (대판 1996.9.20, 95누8003)."

Ⅱ. 종류

1. 수권의 범위·근거에 따른 분류

(1) 비상명령

비상명령이란 비상사태를 수습하기 위하여 행정권이 발하는 헌법적 효력을 갖는 독립적 명령이다. 바이마르헌법 제48조의 비상명령권, 프랑스 제5공화국헌법 제16조의 한 비상조치 등이 이에 해당한다. 우리나라도 과거 1972년 유신헌법에 긴급조치, 1980년 헌법에 비상조치가 규정되어 있었으나 현행 헌법에는 비상명령권에 관한 규정이 없다.

(2) 법률대위명령

법률대위(代位)명령은 헌법적 근거에 의거하여 법률과 동위의 효력을 갖는 법규명령을 말한다. 우리 헌법 제76조의 긴급명령, 긴급재정·경제명령이 이에 해당한다. 이 규정에 의하여 지난 1993년 금융실명제실시를 위한 금융실명거래 및 비밀보장에 관한 긴급재정경제명령(1993.8.12. 대통령긴급재정명령 제16호)이 발령된 바 있다.

(3) 법률종속명령

법률종속명령은 법률보다 하위의 효력을 가지는 법규명령으로서 이와 같은 법률종속명령이 가장 전형적인 법규명령의 형태이다. 통설에 따르면 법률종속명령은 다시 위임명령과 집행명령으로 구분된다.

① 위임명령

위임명령은 상위 법령에서 위임된 사항에 관하여 발하는 명령으로서, 위임된 범위 내에서 새로운 입법사항을 정할 수 있다.

② 집행명령

집행명령은 법률의 범위 내에서 이를 시행하기 위하여 필요한 세부적·기술적 사항을 정하기 위하여 발하는 명령으로서, 통설에 따르면 헌법 제95조에 의하여 직권으로 발하는 법규명령을 집행명령으로 본다. 통설에 의하면, 행정은 본래 법집행작용이므로 법률의 수권 없이도 집행명령을 발할 수 있으나 위임명령과는 달리 새로운 입법사항을 정할 수는 없다고 한다.

그러나 위임명령과 집행명령의 규정내용상의 차이는 상대적인 것이고, 또한 실제에 있어서는 위임명령과 집행명령이 구분되기보다는 서로 혼재되어 있는 경우가 오히려 일반적이라는 점에서 보더라도, 모든 법규명령은 모법의 위임에 따르는 행정작용으로서 위임명령인 동시에 집행적 성격이 있음을 부인할 수 없다. 그러므로 헌법 제95조에서 말하는 직권에 의한 명령이 비록 집행명령이라고 하더라도 이는 근본적으로 위임명령으로서 법률의 수권이 필요하다고 보아야 한다.

2. 현행 헌법상 발령권한의 소재에 따른 분류

현행법상 법규명령은 발령권자에 따라 ① 대통령의 긴급명령·긴급재정·경제명령(헌법 76), ② 대통령령(헌법 75), ③ 총리령·부령(헌법 95), ④ 중앙선거관리위원회규칙(헌법 114 ⑥)[2]으로 분류할 수 있다.

일반적으로 대통령령은 시행령, 총리령·부령은 시행규칙이라고 한다. 중앙선거관리위원회규칙 이외에도 대법원규칙(헌법 108), 헌법재판소규칙(헌법 113 ②)도 있으나, 엄격히 구분하자면 이들은 사법부의 입법이라고 할 수 있다.

3. 관련문제

(1) 국무총리직속기관의 명령

법제처, 국가보훈처, 국무조정실과 같은 국무총리직속기관의 장이 법규명령을 발할 수 있는가

2) 중앙선거관리위원회규칙은 법규명령의 성질을 가진다(대판 1996.7.12, 96우16).

하는 것이 문제인데, 통설에 따르면, 이들은 행정각부가 아니므로 부령을 발할 수 없고, 따라서 행정입법이 필요한 경우에는 총리령에 의하여야 한다.

(2) 총리령과 부령의 효력상 우열관계

헌법 제95조는 국무총리 또는 행정각부의 장은 소관사무에 관하여 법률이나 대통령령의 위임 또는 직권으로 총리령 또는 부령을 발할 수 있다고만 규정하여 총리령과 부령 간의 우열관계가 문제될 수 있는데, 학자들은 총리령과 부령이 헌법과 정부조직법 등에 따라서 분배된 관할권 내에서 행사되는 것이므로 형식적으로 동위의 효력을 가진다고 하는 견해도 있고, 헌법상 국무총리는 행정에 관하여 대통령의 명을 받아 행정각부를 통할하는 것이므로 실질적으로 총리령이 우위라는 견해도 있다.[3] 후자의 견해가 합리적이라 판단된다.

(3) 감사원규칙의 문제 *

우리 헌법은 감사원에 관한 규정은 두고 있으나 감사원이 규칙을 제정할 수 있다는 규정은 없다. 감사원의 규칙제정권은 감사원법에 의하여 인정되고 있는데, 감사원법 제52조는 "감사원은 감사에 관한 절차, 감사원의 내부규율과 감사사무처리에 관하여 필요한 규칙을 제정할 수 있다"고 규정하고 있다. 이에 따라 감사원규칙이 법규명령인지 행정규칙인지 견해가 나뉘고 있다.

① 법규명령설은 헌법이 정하고 있는 행정입법의 법형식(대통령령·총리령·부령)을 반드시 제한적으로 볼 필요가 없고, 따라서 법률이 위임한 범위 내에서 법을 정립하는 것은 국회입법원칙에 어긋나지 않는다는 점 등을 들어 감사원법 제52조에 의한 감사원규칙을 법규명령으로 보는 견해이다.[4] 이 설이 다수설이다.

② 행정규칙설은 국회입법원칙의 예외로서의 행정입법형식은 헌법이 명문으로 인정하고 있는 경우에 한하여야 하며, 법률이 행정입법의 형식을 창설할 수 없다는 점 등을 들어 감사원규칙은 행정규칙이라는 견해이다.[5]

③ 생각건대 감사원규칙과 같이 헌법적 근거는 없지만 법률에 근거를 둔 행정입법들의 예는 여러 군데에서 발견할 수 있다.[6] 이와 같은 규칙이 필요한 현실적인 이유는 이해가 되지만, 헌법

---

* 행정고시(일반행정)(2007년).

3) 김동희/최계영, 행정법Ⅰ, 148면; 홍정선, 행정법특강, 109면 등.

4) 김남진/김연태, 행정법Ⅰ, 156면; 김동희/최계영, 행정법Ⅰ, 146면; 박윤흔, 최신행정법강의(상), 220면; 석종현/송동수, 일반행정법(상), 137면; 홍정선, 행정법특강, 110면 등.

5) 홍준형, 행정법총론, 357면.

6) 공정거래위원회규칙(독점규제 및 공정거래에 관한 법률(공정거래법 71) ②), 금융위원회규칙(금융위원회의 설치 등에 관한 법률 16, 22), 금융통화위원회규칙(한국은행법 30), 방송통신위원회규칙(방송통신위원회의 설치 및 운영에 관한 법률 12 27호), 중앙노동위원회규칙(노동위원회법 25).

이 중앙선거관리위원회규칙·대법원규칙·헌법재판소규칙과는 달리 감사원규칙에 대하여 규정을 두고 있지 않다는 점에서 보면, 법률에 단지 규칙제정에 대한 근거조항만 있다는 것으로 법규명령으로 보기는 어렵다고 생각된다. 따라서 원칙적으로는 행정규칙으로서의 성격을 가진다고 보는 것이 타당하다고 생각된다.

다만 이와 관련하여, 행정기본법은 '법령'을 정의하면서 감사원규칙을 여기에 포함시키고 있다[행정기본법 2 1호 가목 2)].

Ⅲ. 법규명령의 근거와 한계*

1. 위임명령의 근거와 한계

(1) 위임범위

1) 법률유보의 원칙

위임명령은 본래 법률로 규정할 사항을 법률의 위임에 의하여 행정기관이 규정하는 것이므로, 반드시 법률에 의한 입법권의 수권(授權), 즉 법적 근거가 필요하다(법률유보의 원칙). 위임명령의 제정은 헌법상의 국회입법원칙에 대한 중대한 예외를 인정하는 것이므로 반드시 법률에 의한 입법권의 수권이 있는 경우에만 가능하다.

2) 특별수권의 원칙

위임명령을 위해서는 단순히 수권의 근거가 있다는 것만으로는 부족하고, 법률이 구체적으로 그 위임명령의 제정에 관하여 내용·목적·적용기준·범위 등을 명확히 정하여 수권하여야 한다(특별수권의 원칙). 따라서 구체적인 내용을 정하지 않고 포괄적으로 입법권을 수권하는 것은 금지된다(포괄적 위임(백지위임) 금지의 원칙).

사회가 점차 복잡다기하고 빠른 속도로 변화해감에 따라 이와 같은 특별수권의 원칙을 엄격하게 요구하기 어려운 경우도 있다. 특히 경제·개발·사회행정 등의 영역에서 사회의 변화에 따라 일일이 법개정을 하기 어려운 분야에서는 광범한 형태로 수권이 이루어지기도 한다(예컨대 영업허가가 금지되는 영업의 종류를 법규명령에서 정하도록 위임하는 경우 등). 이와 같은 특수성이 인정되어 예외적으로 위임입법의 한계가 완화된다고 하더라도 구체적으로 범위를 정하여 위임하여야 한다는 일정한 한계는 반드시 준수되어야 한다.

* 사법시험(2008년), 입법고시(2010년), 행정고시(일반행정)(2007년), 행정고시(재경)(2010년), 변호사시험(2015년), 변호사시험(2022년).

3) 본질성이론

포괄위임의 금지는 법률유보이론 중 본질성이론(중요사항유보설)과도 매우 밀접한 관련이 있다. 즉 일정한 범위의 행정작용에 법적인 근거가 요구된다고 할 때 그 규율밀도(Regelungsdichte)를 결정하는 것이 본질성이론이기 때문이다. 따라서, 특히 의회유보의 관점에서, 개인의 기본권실현에 중요하고 본질적인 사항은 반드시 법률로 직접 규정하여야 하며, 나머지 기술적인 사항만이 위임입법의 대상이 되어야 한다.

4) 명확성의 원칙

법령의 용어는 명확하여야 한다(명확성의 원칙).

(i) 의의와 목적

명확성의 원칙은 법령은 국민의 신뢰를 보호하고 법적 안정성을 확보하기 위하여 되도록 명확한 용어로 규정되어야 한다는 것을 말한다(헌재결 1992.4.28, 90헌바27). 국민과 행정기관에게 객관적 판단지침을 주어 차별적이거나 자의적인 법해석을 예방하기 위한 것이다.

(ii) 근거

명확성원칙은 헌법상 내재하는 법치국가원리로부터 파생될 뿐만 아니라, 국민의 기본권보장으로부터도 도출된다. 따라서 헌법 제37조 제2항에 따라 국민의 기본권을 제한하는 법령은 명확하게 규정되어야 한다(헌재결 2001.6.28, 99헌바34).

(iii) 판단기준

당해 규정이 명확한지 여부는 그 규정의 문언만으로 판단할 것이 아니라 관련 조항을 유기적·체계적으로 종합하여 판단하여야 한다(헌재결 1999.9.16, 97헌바73).

(iv) 내용

법치국가원리의 한 표현인 명확성의 원칙은 기본적으로 모든 기본권 제한 입법에 요구된다. 수범자가 규범이 금지하는 행위와 허용하는 행위를 알 수 없다면 법적 안정성과 예측가능성이 보장되지 않은 것이고, 또한 행정의 자의적인 법집행이 가능하게 될 것이기 때문이다(헌재결 1999.9.16, 97헌바73).

명확성의 정도는 모든 법률에 동일한 정도로 요구되는 것은 아니고, 개별 법률이나 조항의 성격에 따라 차이가 있을 수 있으며, 각 구성요건의 특수성과 법률의 제정배경이나 상황에 따라 달라질 수 있다. 일반적으로 침익적 성질을 가지는 규정이 수익적 성질을 가지는 경우에 비하여 명확성의 원칙이 더욱 엄격하게 요구되고, 죄형법정주의가 지배하는 형사관련 법령에서는 명확성의 정도가 강화되어 더 엄격한 기준이 적용되지만, 일반적인 법령에서는 명확성의 정도가 그리 강하게 요구되지 않기 때문에 상대적으로 완화된 기준이 적용된다고 할 수 있다(헌재결 2002.7.18, 2000헌바57).

[판례] 명확성의 원칙의 의미와 판단기준

"법치국가의 원리에서 파생되는 명확성의 원칙은 국민의 자유와 권리를 제한하는 법령의 경우 그 구성요건을 명확하게 규정하여야 한다는 것을 의미한다. 어떠한 법규범이 명확한지 여부는 그 법규범이 수범자에게 법규의 의미내용을 알 수 있도록 공정한 고지를 하여 예측가능성을 주고 있는지 여부 및 그 법규범이 법을 해석·집행하는 기관에게 충분한 의미내용을 규율하여 자의적인 법해석이나 법집행이 배제되는지 여부, 다시 말해 예측가능성 및 자의적 법집행 배제가 확보되는지 여부에 따라 판단할 수 있다. 그리고 법규범의 의미내용은 그 문언뿐만 아니라 입법 목적이나 취지, 연혁, 그리고 법규범의 체계적 구조 등을 종합적으로 고려하는 해석 방법에 의하여 구체화되는 것이므로, 결국 법규범이 명확성 원칙에 위반되는지 여부는 위와 같은 해석 방법에 의하여 그 의미내용을 합리적으로 파악할 수 있는 해석 기준을 얻을 수 있는지 여부에 달려 있다(대판 2007.12.27, 2005두9651 등 참조) (대판 2020.6.25, 2019두39048[투기폐기물제거조치명령취소])."

[판례] 법관의 보충적인 가치판단을 통해서 법문언의 의미 내용을 확인할 수 있고 그러한 보충적 해석이 해석자의 개인적인 취향에 따라 좌우될 가능성이 없는 경우, 명확성원칙에 반한다고 할 수 있는지 여부(소극)

"법치국가 원리의 한 표현인 명확성원칙은 모든 기본권제한 입법에 대하여 요구되나, 명확성원칙을 산술적으로 엄격히 관철하도록 요구하는 것은 입법기술상 불가능하거나 현저히 곤란하므로 입법기술상 추상적인 일반조항과 불확정개념의 사용은 불가피하다. 따라서 법문언에 어느 정도의 모호함이 내포되어 있다고 하더라도 법관의 보충적인 가치판단을 통해서 법문언의 의미 내용을 확인할 수 있고 그러한 보충적 해석이 해석자의 개인적인 취향에 따라 좌우될 가능성이 없다면 명확성원칙에 반한다고 할 수 없다.

지방자치법 제17조 제1항 중 '재산의 취득·관리·처분에 관한 사항' 부분은 명확성원칙에 반하지 아니한다(대판 2019.10.17, 2018두104[도로점용허가처분무효확인등])."

[판례] [1] 부담금에 관한 법령 규정이 명확성을 결여했는지 판단하는 방법

[2] 구 학교용지 확보 등에 관한 특례법 제5조 제1항 제5호, 제5조의2 제1항, 제2항 제1호에서 정한 학교용지부담금 부과요건과 산정기준이 헌법상 명확성의 원칙에 위배되거나 부담금관리 기본법 제4조에 저촉되는지 여부(소극)

"[1] 부담금의 부과요건과 징수절차를 법률로 규정하였더라도 그 규정 내용이 지나치게 추상적이고 불명확하면 부과관청의 자의적인 해석과 집행을 초래할 염려가 있으므로 법률 또는 그 위임에 따른 명령·규칙의 규정은 일의적이고 명확해야 하나, 법률규정은 일반성, 추상성을 가지는 것이어서 법관의 법 보충작용으로서의 해석을 통하여 그 의미가 구체화, 명확화될 수 있으므로, 부담금에

관한 규정이 관련 법령의 입법 취지와 전체적 체계 및 내용 등에 비추어 그 의미가 분명해질 수 있다면 이러한 경우에도 명확성을 결여했다고 할 수 없다.

[2] 구 학교용지법 제5조 제1항 제5호, 제5조의2 제1항, 제2항 제1호에서 정한 학교용지부담금 부과요건과 산정기준이 부과관청에 자의적인 해석과 집행의 여지를 주거나 수범자의 예견가능성을 해할 정도로 불명확하여 명확성의 원칙에 위배된다고 볼 수 없고, 이에 관한 법적 규율에 어떠한 공백이 있다고 보기 어렵다(대판 2022.12.29, 2020두49041[기타부담금부과처분취소]).”

5) 법률우위의 원칙

위임명령은 상위법령과 저촉되는 내용을 규정하거나 위임의 범위를 벗어나는 등으로 상위법령에 반할 수 없다(법률우위의 원칙).

6) 기타

그밖에 위임명령은 행정법의 일반원칙을 준수하여야 하고, 기본권을 존중하여야 하며, 국민주권원리·권력분립원리 등의 한계·국제법상의 한계 등 입법권의 일반적 한계를 준수하여야 한다.

7) 행정기본법 제38조[7)]

행정기본법 제38조 제1항은 ‘법률우위의 원칙’을 규정하고 있다. 이에 따라 위임명령은 헌법과 상위법령을 위반할 수 없다. 제2항은 일종의 입법지침으로서 행정입법의 기준을 정한 것으로 이해하면 될 것이다.

[위임하는 법률의 경우 그 위임의 범위와 기준]

[판례] 대통령령으로 정할 사항에 관한 법률의 위임의 범위 및 판단 기준

“헌법 제75조의 규정상 대통령령으로 정할 사항에 관한 법률의 위임은 구체적으로 범위를 정하

7) 제38조(행정의 입법활동) ① 국가나 지방자치단체가 법령등을 제정·개정·폐지하고자 하거나 그와 관련된 활동(법률안의 국회 제출과 조례안의 지방의회 제출을 포함하며, 이하 이 장에서 “행정의 입법활동”이라 한다)을 할 때에는 헌법과 상위 법령을 위반해서는 아니 되며, 헌법과 법령등에서 정한 절차를 준수하여야 한다.
② 행정의 입법활동은 다음 각 호의 기준에 따라야 한다.
1. 일반 국민 및 이해관계자로부터 의견을 수렴하고 관계 기관과 충분한 협의를 거쳐 책임 있게 추진되어야 한다.
2. 법령등의 내용과 규정은 다른 법령등과 조화를 이루어야 하고, 법령등 상호 간에 중복되거나 상충되지 아니하여야 한다.
3. 법령등은 일반 국민이 그 내용을 쉽고 명확하게 이해할 수 있도록 알기 쉽게 만들어져야 한다.
③ 정부는 매년 해당 연도에 추진할 법령안 입법계획(이하 “정부입법계획”이라 한다)을 수립하여야 한다.
④ 행정의 입법활동의 절차 및 정부입법계획의 수립에 관하여 필요한 사항은 정부의 법제업무에 관한 사항을 규율하는 대통령령으로 정한다.

여 이루어져야 하고, 이 때 구체적으로 범위를 정한다고 함은 위임의 목적·내용·범위와 그 위임에 따른 행정입법에서 준수하여야 할 목표·기준 등의 요소가 미리 규정되어 있는 것을 가리키고, 이러한 위임이 있는지 여부를 판단함에 있어서는 직접적인 위임 규정의 형식과 내용 외에 당해 법률의 전반적인 체계와 취지·목적 등도 아울러 고려하여야 하고, 규율 대상의 종류와 성격에 따라서는 요구되는 구체성의 정도 또한 달라질 수 있으나, 국민의 기본권을 제한하거나 침해할 소지가 있는 사항에 관한 위임에 있어서는 위와 같은 구체성 내지 명확성이 보다 엄격하게 요구된다(대판 2000.10.19, 98두6265)."

[법률의 위임입법의 한계 준수 여부]

[판례] (구) 조세감면규제법 제55조 제1항 제1호가 헌법상 포괄위임금지 및 조세법률주의에 위반되지 않는다고 한 판례

"(구) 조세감면규제법(1998.12.28. 법률 제5584호 조세특례제한법으로 전문 개정되기 전의 것) 제55조 제1항 제1호는 조세면제의 대상을 "8년 이상 계속하여 직접 경작한 토지로서 농지세의 과세대상이 되는 토지"라고 구체적으로 한정한 뒤, 그 범위 내에서 개별적인 면제대상을 대통령령으로 정하도록 위임하고 있으므로 면제 대상의 주요 범위를 이미 법률에서 확정하고 있고, 나아가 농업의 보호와 지원을 위한 위 법률조항의 입법 목적 및 조세감면의 우대조치의 한정된 범위를 고려하면 위 법률조항에 따라 대통령령에서 양도소득세 또는 특별부과세가 면제되는 것으로 규정될 내용은 "8년 이상 계속하여 직접 경작한 토지로서 농지세의 과세대상이 되는 토지" 중에서도 육농정책의 필요성에 부합하는 경우로만 한정되리라는 것이 쉽게 예측될 수 있으므로, 위 법률조항은 포괄위임입법을 금지하는 헌법 제75조를 벗어난 것이라 볼 수 없고 조세감면의 근거도 명확하게 법률에서 정하고 있으므로 조세법률주의에도 위배된 것이라 할 수 없다(대판 2004.12.9, 2003두4034)."

[판례] 기준시가의 산정방법을 대통령령에 위임한 토지초과이득세법 제11조 제2항이 위임입법의 범위와 한계를 정한 헌법규정에 위반되는지 여부

"헌법 제75조는 … 법률에 미리 대통령령으로 규정될 내용 및 범위의 기본사항을 구체적으로 규정하여 둠으로써 누구라도 당해 법률로부터 대통령령에 규정될 내용의 대강을 예측할 수 있도록 하여, 행정권에 의한 자의적인 법률의 해석과 집행을 방지하고 의회입법의 원칙과 법치주의를 달성하려는 데 그 의의가 있다(헌재 1991.7.8, 선고 91헌가4 결정 참조). 그리고 이와 같은 위임입법의 구체성·명확성의 요구정도는 그 규제대상의 종류와 성격에 따라 달라질 것이지만, 특히 처벌법규나 조세법규 등 국민의 기본권을 직접적으로 제한하거나 침해할 소지가 있는 법규에서는 일반적인 급부행정법규에서와는 달리, 그 위임의 요건과 범위가 보다 엄격하고 제한적으로 규정되어야 한다(헌재 1991.2.11, 선고 90헌가27 결정 참조). …

… 토초세법 제11조 제2항이 지가를 산정하는 기준과 방법을 직접 규정하지 아니하고 이를 전적으로 대통령령에 위임하고 있는 것은, 헌법 제38조 및 제59조가 천명하고 있는 조세법률주의 혹은 위임입법의 범위를 구체적으로 정할 것을 지시하고 있는 헌법 제75조에 반하는 것이다(헌재결 1994.7.29, 92헌바49, 52(병합)).”

[판례] 한국방송공사법 제36조 제1항이 법률유보원칙에 위반되는지 여부

“법률유보원칙은 단순히 행정작용이 법률에 근거를 두기만 하면 충분한 것이 아니라, 국가공동체와 그 구성원에게 기본적이고도 중요한 의미를 갖는 영역, 특히 국민의 기본권실현과 관련된 영역에 있어서는 국민의 대표자인 입법자가 그 본질적 사항에 대해서 스스로 결정하여야 한다는 요구까지 내포하고 있다(의회유보원칙). 그런데 텔레비전방송수신료는 대다수 국민의 재산권 보장의 측면이나 한국방송공사에게 보장된 방송자유의 측면에서 국민의 기본권실현에 관련된 영역에 속하고, 수신료금액의 결정은 납부의무자의 범위 등과 함께 수신료에 관한 본질적인 중요한 사항이므로 국회가 스스로 행하여야 하는 사항에 속하는 것임에도 불구하고 한국방송공사법 제36조 제1항에서 국회의 결정이나 관여를 배제한 채 한국방송공사로 하여금 수신료금액을 결정해서 문화관광부장관의 승인을 얻도록 한 것은 법률유보원칙에 위반된다(헌재결 1999.5.27, 98헌바70).”

[판례] 공정거래법 제22조의2 제3항이 과징금 등의 감면 혜택을 받는 자진신고자 등의 범위를 직접 정하지 않은 채 대통령령에 위임한 것이 포괄위임금지의 원칙에 위반되는지 여부(소극)

“공정거래법 제22조의2의 입법 취지, 규정 형식과 내용 등을 유기적·체계적으로 종합해 보면, ‘부당한 공동행위에 대한 시정명령 및 과징금 감면을 받을 수 있는 자진신고자 또는 조사협조자의 범위’는 자진신고자 등에 대하여 단순히 과징금 등을 부과하기보다 감면 혜택을 부여하는 것이 부당한 공동행위에 대한 중지 또는 예방효과가 큰 경우를 중심으로 시행령에 정해질 것이라고 실질적 기준의 대강을 예측할 수 있고, 시행령으로 정하는 사항에는 부당한 공동행위의 유형과 개별 사정에 따라 감면 혜택을 받을 수 있는 자진신고자 등의 범위를 제한하는 내용이 마련될 수 있다는 것도 예상할 수 있다. 따라서 공정거래법 제22조의2 제3항이 과징금 등의 감면 혜택을 받는 자진신고자 등의 범위를 직접 정하지 않은 채 이를 대통령령에 위임한 것이 포괄위임금지의 원칙에 위반된다고 볼 수 없다(대판 2017.1.12, 2016두35199[과징금납부명령및감면신청기각처분취소]).”

[판례] 구 도시정비법 제11조 제1항 본문이 법률유보의 원칙, 포괄위임금지의 원칙 또는 명확성의 원칙에 위배되거나 과잉금지의 원칙에 반하는지 여부(소극)

“[1] 구 도시 및 주거환경정비법(2013.3.23. 법률 제11690호로 개정되기 전의 것, ‘구 도시정비법’) 제11조 제1항 본문은 계약 상대방 선정의 절차와 방법에 관하여 조합총회에서 ‘경쟁입찰’의 방

법으로 하도록 규정함으로써, 계약 상대방 선정의 방법을 법률에서 직접 제한하고 제한의 내용을 구체화하고 있다. 다만 경쟁입찰의 실시를 위한 절차 등 세부적 내용만을 국토해양부장관이 정하도록 규정하고 있을 뿐이고, 이것이 계약의 자유를 본질적으로 제한하는 사항으로서 입법자가 반드시 법률로써 규율하여야 하는 사항이라고 보기 어렵다. 또한 '경쟁입찰'은 경쟁의 공정성을 유지하는 가운데 입찰자 중 입찰 시행자에게 가장 유리한 입찰참가인을 낙찰자로 하는 것까지를 포괄하는 개념이므로 위 규정이 낙찰자 선정 기준을 전혀 규정하지 않고 있다고 볼 수 없다. 따라서 위 규정은 법률유보의 원칙에 반하지 않는다.

[2] 구 도시정비법 제11조 제1항 본문은 정비사업의 시공자 선정과정에서 공정한 경쟁이 가능하도록 하는 절차나 그에 관한 평가와 의사결정 방법 등의 세부적 내용에 관하여 국토해양부장관이 정하도록 위임하고 있는데, 이는 전문적·기술적 사항이자 경미한 사항으로서 업무의 성질상 위임이 불가피한 경우에 해당한다. 그리고 입찰의 개념이나 민사법의 일반 원리에 따른 절차 등을 고려하면, 위 규정에 따라 국토해양부장관이 규율할 내용은 경쟁입찰의 구체적 종류, 입찰공고, 응찰, 낙찰로 이어지는 세부적인 입찰절차와 일정, 의사결정 방식 등의 제한에 관한 것으로서 공정한 경쟁을 담보할 수 있는 방식이 될 것임을 충분히 예측할 수 있으므로 포괄위임금지의 원칙에 반하지 않는다. 따라서 구 도시정비법 제11조 제1항 본문이 시공자 선정에 관해 매우 추상적인 기준만을 정하여 명확성 원칙에 위배된다고 볼 수도 없다.

또한 위 규정은 정비사업의 시공자 선정절차의 투명성과 공정성을 제고하기 위한 것으로서, 달리 시공자 선정의 공정성을 확보하면서도 조합이나 계약 상대방의 자유를 덜 제한할 수 있는 방안을 찾기 어렵고, 그로 인하여 사업시행자인 조합 등이 받는 불이익이 달성되는 공익보다 크다고 할 수 없으므로 과잉금지의 원칙에 반하여 계약의 자유를 침해한다고 볼 수 없다(대판 2017.5.30, 2014다61340[조합총회결의무효확인])."

[위임명령의 한계: 법령우위의 원칙 관련]

[판례] 상위법령에 합치되는 하위법령의 해석 방법

"하위법령은 그 규정이 상위법령의 규정에 명백히 저촉되어 무효인 경우를 제외하고는 관련 법령의 내용과 입법 취지 및 연혁 등을 종합적으로 살펴서 그 의미를 상위법령에 합치되는 것으로 해석하여야 한다(대법원 2012.10.25. 선고 2010두3527 판결 등 참조). 국가유공자법 시행령 [별표 3] 상이등급구분표의 7급 8122호('한 다리의 3대 관절 중 1개 관절에 경도의 기능장애가 있는 사람')의 장애내용을 구체적으로 정한 같은 법 시행규칙 제8조의3 [별표 4]의 규정(적절한 치료에도 불구하고 연골판 손상에 의한 외상 후 변화가 엑스선 등의 검사에서 퇴행성이 명백히 나타나는 사람)과 관련하여, 연골판 손상에 의한 외상 후 변화가 명백하게 나타나는 것은 인정되지만 기능장애가 없는 경우에도 시행규칙의 문언을 근거로 7급 8122호에 해당한다고 해석할 수 없다(대판 2016.6.10,

2016두33186[재판정신체검사 등급판정처분 취소청구])."

[판례] 시행령이나 조례의 규정이 모법에 저촉되어 무효인지 판단하는 기준

"어느 시행령이나 조례의 규정이 모법에 저촉되는지가 명백하지 않는 경우에는 모법과 시행령 또는 조례의 다른 규정들과 그 입법 취지, 연혁 등을 종합적으로 살펴 모법에 합치된다는 해석도 가능한 경우라면 그 규정을 모법위반으로 무효라고 선언해서는 안 된다. 이러한 법리는, 국가의 법체계는 그 자체 통일체를 이루고 있는 것이므로 상·하규범 사이의 충돌은 최대한 배제되어야 한다는 원칙과 더불어, 민주법치국가에서의 규범은 일반적으로 상위규범에 합치할 것이라는 추정원칙에 근거하고 있을 뿐만 아니라, 실제적으로도 하위규범이 상위규범에 저촉되어 무효라고 선언되는 경우에는 그로 인한 법적 혼란과 법적 불안정은 물론, 그에 대체되는 새로운 규범이 제정될 때까지의 법적 공백과 법적 방황은 상당히 심각할 것이므로 이러한 폐해를 회피하기 위해서도 필요하다(대판 2014.1.16, 2011두6264)."

[판례] 하위법령의 규정이 상위법령의 규정에 저촉되는지 명백하지 않지만 하위법령의 의미를 상위법령에 합치되는 것으로 해석하는 것이 가능한 경우, 하위법령이 상위법령에 위반된다는 이유로 무효를 선언할 수 있는지 여부(소극) / 구 산업표준화법 시행규칙 제17조 [별표 9] 제5호, 제2호 (가)목 단서가 모법의 위임 범위를 벗어나 새로운 시판품조사의 방법을 창설한 것인지 여부(소극) 및 그 의미

"하위법령의 규정이 상위법령의 규정에 저촉되는지 여부가 명백하지 아니한 경우에, 관련 법령의 내용과 입법 취지 및 연혁 등을 종합적으로 살펴 하위법령의 의미를 상위법령에 합치되는 것으로 해석하는 것도 가능한 경우라면, 하위법령이 상위법령에 위반된다는 이유로 쉽게 무효를 선언할 것은 아니다(대판 2001.8.24, 2000두2716, 대판 2016.12.15, 2014두44502 등 참조).

이러한 법리를 기초로 구 산업표준화법 시행규칙 제17조 [별표 9] 제5호, 제2호 (가)목 단서를 관련 산업표준화법령 해석에 비추어 살펴보면, 위 시행규칙 조항은 모법의 위임 범위를 벗어나 새로운 시판품조사의 방법을 창설한 것이 아니라, 제품제조공장에서 시료 채취가 곤란한 경우 시판품조사로서가 아니라 현장조사로서 제품의 생산과 관련된 서류의 비교·분석을 통하여 제품의 품질을 심사할 수 있음을 규정한 것이다(대판 2019.5.16., 2017두45698[표시정지및판매정지처분취소])."

☞ 피고가 레미콘의 자동계량기록지 비교·분석을 통한 품질시험검사를 이 사건 시행규칙 조항에 근거한 '시판품조사'에 해당한다고 보아 제재처분한 사안에서, 원심은 이 사건 시행규칙 조항이 서류조사라는 새로운 시판품조사 방법을 창설한 것으로서 상위법령의 위임범위를 벗어나 무효라고 보았는데, 위와 같이 상위법령에 합치적으로 해석할 수 있으므로 이 부분 원심의 판단은 적절하지 않으나, 다만 시판품조사임을 전제로 한 제재처분이 위법하다는 결론에 있어서는 정당하다는 이유로 상고기각한 사례

[판례] 구 건설산업기본법 시행령 제79조의2 각호에 해당하지 않으나 등록기준에 일시적으로 경미하게 미달한 경우, 동법 제83조 제3호 단서에 따른 등록말소 또는 1년 이내의 영업정지 대상에서 제외된다고 보는 것이 법령해석의 원칙에 부합하는지 여부(적극)

"구 건설산업기본법 시행령(2016.8.4. 대통령령 제27440호로 개정되기 전의 것, 이하 '시행령') 제79조의2 각호는 건설산업기본법(이하 '법') 제83조 제3호 단서의 위임 취지에 따라 법 제83조 제3호 본문에 의한 제재처분의 대상이 되지 않는 경우를 구체화하여 예시적으로 규정한 것이므로, 시행령 제79조의2 각호에 해당하지 않더라도 건설업자가 건설업 등록기준에 일시적으로 경미하게 미달한 것으로 볼 수 있는 경우에는 법 제83조 제3호 단서에 따라 등록말소 또는 1년 이내의 영업정지라는 제재처분의 대상에서 제외된다고 해석함이 정당하다. 이로써 하위법령은 최대한 헌법과 모법에 합치되도록 해석하여야 한다는 법령해석의 원칙에도 부합하게 된다(대판 2020.1.9, 2018두47561[영업정지처분취소])."

[판례] 하위 법령의 규정이 상위 법령의 규정에 저촉되는지가 명백하지 않고 하위 법령의 의미를 상위 법령에 합치하도록 해석하는 것이 가능한 경우, 하위 법령이 상위 법령에 위반된다는 이유로 무효를 선언할 수 있는지 여부(소극)

"국가의 법체계는 그 자체로 통일체를 이루고 있으므로 상위 규범과 하위 규범 사이의 충돌은 최대한 배제하여야 한다. 그리고 하위 법령의 규정이 상위 법령의 규정에 저촉되는지 여부가 명백하지 않고 법령의 해석방법을 통하여 하위 법령의 의미를 상위 법령에 합치하도록 해석하는 것이 가능한 경우에는 하위 법령이 상위 법령에 위반된다는 이유로 무효를 선언할 것은 아니다.

구 보훈보상자법 시행령 제2조 제1항 제1호, [별표 1] 제15호의 '자유로운 의지가 배제된 상태', '의학적으로 인정된 사람'이라는 문언에 대하여 상위 법률이 정한 상당인과관계의 범위 안에서 충분히 해석할 수 있다는 점에서 상위 법률에 위반되어 무효라고 보기 어렵다(대판 2020.3.26, 2017두41351[국가유공자등록거부처분등취소청구])."

[판례] [1] 특정 사안과 관련하여 법률에서 하위 법령에 위임을 한 경우, 하위 법령이 위임의 한계를 준수하고 있는지 판단하는 기준

[2] 입찰 참가자격의 제한을 받은 자가 법인이나 단체인 경우 그 대표자에 대해서도 입찰 참가자격을 제한하도록 규정한 구 지방계약법 시행령 제92조 제4항이 구 지방계약법 제31조 제1항의 위임범위를 벗어났는지 여부(소극)

"[1] 특정 사안과 관련하여 법률에서 하위 법령에 위임을 한 경우 하위 법령이 위임의 한계를 준수하고 있는지를 판단할 때는 법률 규정의 입법 목적과 규정 내용, 규정의 체계, 다른 규정과의 관계 등을 종합적으로 살펴보아야 한다. 위임 규정 자체에서 그 의미 내용을 정확하게 알 수 있는 용

어를 사용하여 위임의 한계를 분명히 하고 있는데도 그 문언적 의미의 한계를 벗어났는지, 또한 수권 규정에서 사용하고 있는 용어의 의미를 넘어 그 범위를 확장하거나 축소하여서 위임 내용을 구체화하는 단계를 벗어나 새로운 입법을 하였는지 등도 아울러 고려되어야 한다.

[2] (구 지방자치단체를 당사자로 하는 계약에 관한 법률(이하 '지방계약법') 시행령 제92조 제1항부터 제3항까지의 규정에 따라 입찰 참가자격의 제한을 받은 법인이나 단체의 대표자도 입찰 참가자격 제한 대상에 포함되는 것으로 규정하고 있는) 지방계약법 시행령(2018.7.24. 대통령령 제29059호로 개정되기 전의 것, 이하 '시행령'이라 한다) 제92조 제4항은 구 지방자치단체를 당사자로 하는 계약에 관한 법률(2018.12.24. 법률 제16042호로 개정되기 전의 것, 이하 '법'이라 한다) 제31조 제1항의 위임범위를 벗어났다고 할 수 없다(대판 2022.7.14, 2022두37141[입찰참가자격제한처분취소])."

[법규명령의 위임입법의 한계 준수 여부]

[판례] [1] 법률의 시행령이 법률에 의한 위임 없이 법률이 규정한 개인의 권리·의무에 관한 내용을 변경·보충하거나 법률에 규정되지 아니한 새로운 내용을 규정할 수 있는지 여부(소극)

[2] 노동조합 및 노동관계조정법 시행령 제9조 제2항이 법률의 위임 없이 법률이 정하지 아니한 법외노조 통보에 관하여 규정함으로써 헌법상 노동3권을 본질적으로 제한하여 그 자체로 무효인지 여부(적극)

"[1] 법률의 시행령은 모법인 법률에 의하여 위임받은 사항이나 법률이 규정한 범위 내에서 법률을 현실적으로 집행하는 데 필요한 세부적인 사항만을 규정할 수 있을 뿐, 법률에 의한 위임이 없는 한 법률이 규정한 개인의 권리·의무에 관한 내용을 변경·보충하거나 법률에 규정되지 아니한 새로운 내용을 규정할 수는 없다.

[2] [다수의견] 법외노조 통보는 적법하게 설립된 노동조합의 법적 지위를 박탈하는 중대한 침익적 처분으로서 원칙적으로 국민의 대표자인 입법자가 스스로 형식적 법률로써 규정하여야 할 사항이고, 행정입법으로 이를 규정하기 위하여는 반드시 법률의 명시적이고 구체적인 위임이 있어야 한다. 그런데 노동조합 및 노동관계조정법 시행령(이하 '노동조합법 시행령'이라 한다) 제9조 제2항은 법률의 위임 없이 법률이 정하지 아니한 법외노조 통보에 관하여 규정함으로써 헌법상 노동3권을 본질적으로 제한하고 있으므로 그 자체로 무효이다.

[3] (고용노동부장관이 전국의 국공립학교와 사립학교 교원을 조합원으로 하여 설립된 갑 노동조합의 노동조합 설립신고를 수리하고 신고증을 교부하였는데, 그 후 갑 노동조합에 대하여 '두 차례에 걸쳐 해직자의 조합원 가입을 허용하는 규약을 시정하도록 명하였으나 이행하지 않았고, 실제로 해직자가 조합원으로 가입하여 활동하고 있는 것으로 파악된다'는 이유로 해당 규약 조항의 시정 등의 조치를 요구하였으나 갑 노동조합이 이를 이행하지 않자 교원의 노동조합 설립 및 운영 등에 관한 법률 제14조 제1항, 노동조합 및 노동관계조정법 제12조 제3항 제1호, 제2조 제4호 (라)목 및 교원의 노동조합 설립 및 운영

등에 관한 법률 시행령 제9조 제1항, 노동조합 및 노동관계조정법 시행령 제9조 제2항에 따라 갑 노동조합을 '교원의 노동조합 설립 및 운영 등에 관한 법률에 의한 노동조합으로 보지 아니함'을 통보한 사안에서) 노동조합 및 노동관계조정법 시행령 제9조 제2항은 법률의 구체적이고 명시적인 위임 없이 법률이 정하고 있지 아니한 법외노조 통보에 관하여 규정함으로써 헌법이 보장하는 노동3권을 본질적으로 제한하는 것으로 법률유보의 원칙에 위반되어 그 자체로 무효이므로 그에 기초한 위 법외노조 통보는 법적 근거를 상실하여 위법하다고 한 사례(대판 2020.9.3, 2016두32992 전원합의체[법외노조통보처분취소])."

[판례] 모법의 위임범위를 확정하거나 하위 법령이 위임의 한계를 준수하고 있는지 판단하는 방법 / 이 경우 위임명령에 규정될 내용의 대강을 예측할 수 있어야 하는지 여부(적극)

"[1] 특정 사안과 관련하여 법률에서 하위 법령에 위임을 한 경우에 모법의 위임범위를 확정하거나 하위 법령이 위임의 한계를 준수하고 있는지를 판단할 때에는, 하위 법령이 규정한 내용이 입법자가 형식적 법률로 스스로 규율하여야 하는 본질적 사항으로서 의회유보의 원칙이 지켜져야 할 영역인지와 함께, 당해 법률 규정의 입법 목적과 규정 내용, 규정의 체계, 다른 규정과의 관계 등을 종합적으로 고려하여야 하고, 위임 규정 자체에서 의미 내용을 정확하게 알 수 있는 용어를 사용하여 위임의 한계를 분명히 하고 있는데도 문언적 의미의 한계를 벗어났는지 여부나 하위 법령의 내용이 모법 자체로부터 위임된 내용의 대강을 예측할 수 있는 범위 내에 속한 것인지, 수권 규정에서 사용하고 있는 용어의 의미를 넘어 범위를 확장하거나 축소하여서 위임 내용을 구체화하는 단계를 벗어나 새로운 입법을 한 것으로 평가할 수 있는지 등을 구체적으로 따져 보아야 한다.

구체적인 위임의 범위는 규제하고자 하는 대상의 종류와 성격에 따라 달라지는 것이어서 일률적 기준을 정할 수는 없지만, 적어도 위임명령에 규정될 내용과 범위의 기본사항이 구체적으로 규정되어 있어서 누구라도 해당 법률이나 상위법령으로부터 위임명령에 규정될 내용의 대강을 예측할 수 있어야 한다. 이 경우 예측가능성의 유무는 위임조항 하나만을 가지고 판단할 것이 아니라 위임조항이 속한 법률의 전반적인 체계, 취지와 목적, 위임조항의 규정형식과 내용, 관련 법규를 유기적·체계적으로 종합하여 판단하여야 하며, 나아가 규제 대상의 성질에 따라 구체적·개별적으로 검토할 필요가 있다.

[2] '항만공사가 징수하는 사용료 및 임대료의 세부 구분 등에 관한 규정'(2013.5.6. 해양수산부 고시 제2013-28호) 조항에 규정될 화물입출항료의 징수대상시설에는 적어도 항로나 정박지 등과 같은 수역시설이 포함될 것임을 충분히 예측할 수 있다. 따라서 위 해양수산부 고시 제3조 제1항 제1호 (나)목, 제2항 [별표 1]의 화물입출항료 징수대상시설 중 수역시설에 관한 부분[1. 나. (1)]이 항만공사법령으로부터 위임받은 범위를 일탈하여 위임입법의 한계를 벗어났다고 볼 수 없다(대판 2020.2.27, 2017두37215[항만시설사용료요율변경등취소청구])."

[판례] '공기업·준정부기관 계약사무규칙' 제15조 제1항이 상위법령의 위임 없이 규정된 것인지 여부

"공공기관운영법 제39조 제2항, 제3항 및 그 위임에 따라 기획재정부령으로 제정된 '공기업·준정부기관 계약사무규칙' 제15조 제1항('이 사건 규칙 조항')의 내용을 대비해 보면, 입찰참가자격 제한의 요건을 공공기관운영법에서는 '공정한 경쟁이나 계약의 적정한 이행을 해칠 것이 명백할 것'을 규정하고 있는 반면, 이 사건 규칙 조항에서는 '경쟁의 공정한 집행이나 계약의 적정한 이행을 해칠 우려가 있거나 입찰에 참가시키는 것이 부적합하다고 인정되는 자'라고 규정함으로써, 이 사건 규칙 조항이 법률에 규정된 것보다 한층 완화된 처분요건을 규정하여 그 처분대상을 확대하고 있다. 그러나 공공기관운영법 제39조 제3항에서 부령에 위임한 것은 '입찰참가자격의 제한기준 등에 관하여 필요한 사항'일 뿐이고, 이는 그 규정의 문언상 입찰참가자격을 제한하면서 그 기간의 정도와 가중·감경 등에 관한 사항을 의미하는 것이지 처분의 요건까지를 위임한 것이라고 볼 수는 없다. 따라서 이 사건 규칙 조항에서 위와 같이 처분의 요건을 완화하여 정한 것은 상위법령의 위임 없이 규정한 것이므로 이는 행정기관 내부의 사무처리준칙을 정한 것에 지나지 않는다(대판 2013.9.12, 2011두10584)."

※ 참고: 이 판결 이후 관련 규정이 개정되었음

[판례] '입찰참가자격을 제한받은 자가 법인이나 단체인 경우에는 그 대표자'에 대하여도 입찰참가자격 제한을 할 수 있도록 규정한 (구) 공기업·준정부기관 계약사무규칙 제15조 제4항의 대외적 효력을 인정할 수 있는지 여부(소극)

"공공기관운영법 제39조 제2항은 입찰참가자격 제한 대상을 '공정한 경쟁이나 계약의 적정한 이행을 해칠 것이 명백하다고 판단되는 사람·법인 또는 단체 등'으로 규정하여 입찰참가자격 제한 처분 대상을 해당 부정당행위에 관여한 자로 한정하고 있다. 반면, (구) 공기업·준정부기관 계약사무규칙(2016.9.12. 기획재정부령 제571호로 개정되기 전의 것, '계약사무규칙') 제15조 제4항('위 규칙 조항')은 '입찰참가자격을 제한받은 자가 법인이나 단체인 경우에는 그 대표자'에 대하여도 입찰참가자격 제한을 할 수 있도록 규정하여, 부정당행위에 관여하였는지 여부와 무관하게 법인 등의 대표자 지위에 있다는 이유만으로 입찰참가자격 제한 처분의 대상이 될 수 있도록 함으로써, 법률에 규정된 것보다 처분대상을 확대하고 있다.

그러나 공공기관운영법 제39조 제3항에서 부령에 위임한 것은 '입찰참가자격의 제한기준 등에 관하여 필요한 사항'일 뿐이고, 이는 규정의 문언상 입찰참가자격을 제한하면서 그 기간의 정도와 가중·감경 등에 관한 사항을 의미하는 것이지 처분대상까지 위임한 것이라고 볼 수는 없다. 따라서 위 규칙 조항에서 위와 같이 처분대상을 확대하여 정한 것은 상위법령의 위임 없이 규정한 것이므로 이는 위임입법의 한계를 벗어난 것으로서 대외적 효력을 인정할 수 없다. 이러한 법리는 계약사무규칙 제2조 제5항이 '공기업·준정부기관의 계약에 관하여 계약사무규칙에 규정되지 아니한 사항에 관하여는 국가를 당사자로 한 계약에 관한 법령을 준용한다.'고 규정하고 있다고 하여 달리 볼

수 없다(대판 2017.6.15, 2016두52378)."

[판례] 적법하게 건축된 점포에 한하여 담배소매인 지정을 받을 수 있도록 정한 담배사업법 시행규칙 규정이 위임입법의 한계를 일탈하였는지 여부

"(구) 담배사업법의 전체적인 입법 취지 및 소매인 지정과 영업장소에 관한 구체적인 규정 내용들을 종합할 때, 행정청은 소매인 지정 여부를 결정하면서 소매인지정을 받으려는 자의 영업장소가 담배판매업을 영위하는 데 적합한지 여부를 고려할 수도 있다고 보아야 하므로, (구) 담배사업법 제16조 제4항이 기획재정부령에 위임한 소매인의 지정기준·지정절차 기타 지정에 관하여 필요한 사항에는 이와 같은 영업장소의 적합성에 관한 사항도 포함된다고 해석함이 타당하다. 따라서 이 사건 규정이 담배소매업 영위에 적합한 점포로서 관계 법령에 따라 적법하게 건축된 점포에 한하여 담배소매인 지정을 받을 수 있도록 정하였다고 하여 모법의 위임 범위를 일탈한 것으로 볼 수 없다(대판 2015.11.26, 2013두25146)."

[판례] 조세나 부담금의 부과요건과 징수절차를 규정한 법률 또는 그 위임에 따른 명령·규칙의 규정은 일의적이고 명확해야 하는지 여부(적극) / 조세나 부담금에 관한 규정이 관련 법령의 입법 취지와 전체적 체계 및 내용 등에 비추어 의미가 분명해질 수 있는 경우, 명확성을 결여하였다고 하여 위헌이라 할 수 있는지 여부(소극)

"조세나 부담금의 부과요건과 징수절차를 법률로 규정하였다고 하더라도 규정 내용이 지나치게 추상적이고 불명확하면 부과관청의 자의적인 해석과 집행을 초래할 염려가 있으므로 법률 또는 그 위임에 따른 명령·규칙의 규정은 일의적이고 명확해야 한다. 그러나 법률규정은 일반성, 추상성을 가지는 것이어서 법관의 법 보충작용으로서의 해석을 통하여 의미가 구체화되고 명확해질 수 있으므로, 조세나 부담금에 관한 규정이 관련 법령의 입법 취지와 전체적 체계 및 내용 등에 비추어 그 의미가 분명해질 수 있다면 이러한 경우에도 명확성을 결여하였다고 하여 위헌이라고 할 수는 없다(대판 2017.10.12, 2015두60105[폐기물처리시설설치비용부담금처분취소])."

☞ 서울특별시 강남구 폐기물처리시설 설치비용 징수와 기금설치 및 운용에 관한 조례 제6조 제2항 제3호은 부과관청에게 자의적 해석과 집행의 여지를 주거나 수범자의 예견가능성을 해할 정도로 불명확하여 명확성 원칙에 위배된다고 볼 수 없고, 위 조례 제7조 제2항에서 규정한 '당해 연도'와 관련하여 통상의 해석 방법에 따른 해석이 가능하므로 위 조례 조항이 명확성의 원칙에 위배된다고 볼 수도 없다고 본 판례이다.

[판례] 준농림지역 안에서 '대기환경보전법에 의한 특정대기유해물질 배출시설'의 설치를 금지한 구 국토이용관리법 시행령 제14조 제1항 제1호가 위헌·무효인지 여부(소극)

"구 국토이용관리법 시행령(2002.12.26. 대통령령 제17816호로 폐지) 제14조 제1항 제1호에 따

르면, 준농림지역 안에서는 특정대기유해물질 배출시설의 설치가 금지되었기 때문에, 그 범위에서 특정대기유해물질이 발생하는 공장시설을 설치하여 운영하려는 자의 직업수행의 자유, 준농림지역 안에서 토지나 건물을 소유하고 있는 자의 재산권이 제한받을 수 있다. 그러나 위 규정이 헌법 제37조 제2항의 과잉금지원칙을 위반하였다고 볼 수는 없다(대판 2020.4.9, 2019두51499[폐쇄명령처분취소청구의소]."

[판례] 토지보상법 시행규칙 제48조 제2항 단서 제1호가 헌법상 정당보상원칙, 비례원칙에 위반되거나 위임입법의 한계를 일탈한 것인지 여부(소극)

"토지보상법 제77조 제4항은 농업손실 보상액의 구체적인 산정 및 평가 방법과 보상기준에 관한 사항을 국토교통부령으로 정하도록 위임하고 있다. 그 위임에 따라 2013.4.25. 국토교통부령 제5호로 개정된 토지보상법 시행규칙(이하 '개정 시행규칙'이라 한다) 제48조 제2항 단서 제1호가 실제소득 적용 영농보상금의 예외로서, 농민이 제출한 입증자료에 따라 산정한 실제소득이 동일 작목별 평균소득의 2배를 초과하는 경우에 해당 작목별 평균생산량의 2배를 판매한 금액을 실제소득으로 간주하도록 규정함으로써 실제소득 적용 영농보상금의 '상한'을 설정하였다.

이와 같은 개정 시행규칙 제48조 제2항 단서 제1호는, 영농보상이 장래의 불확정적인 일실소득을 보상하는 것이자 농민의 생존배려·생계지원을 위한 보상인 점, 실제소득 산정의 어려움 등을 고려하여, 농민이 실농으로 인한 대체생활을 준비하는 기간의 생계를 보장할 수 있는 범위 내에서 실제소득 적용 영농보상금의 '상한'을 설정함으로써 나름대로 합리적인 적정한 보상액의 산정방법을 마련한 것이므로, 헌법상 정당보상원칙, 비례원칙에 위반되거나 위임입법의 한계를 일탈한 것으로는 볼 수 없다(대판 2020.4.29, 2019두32696[손실보상금])."

[판례] [1] 특정 사안과 관련하여 법령에서 위임을 한 경우, 위임의 한계를 준수하고 있는지 판단하는 기준

[2] 구 직장어린이집 등 설치·운영 규정 제36조 제1항 제3호 및 [별표 3]이 고용보험법 제26조, 고용보험법 시행령 제38조 제5항의 위임범위 내에 있는지 여부(적극)

"[1] 특정 사안과 관련하여 법령에서 위임을 한 경우 위임의 한계를 준수하고 있는지를 판단할 때는 당해 법령 규정의 입법 목적과 규정 내용, 규정의 체계, 다른 규정과의 관계 등을 종합적으로 살펴야 하고, 수권 규정에서 사용하고 있는 용어의 의미를 넘어 그 범위를 확장하거나 축소하여 위임 내용을 구체화하는 단계를 벗어나 새로운 입법을 하였는지 등도 아울러 고려해야 한다.

[2] 구 직장어린이집 등 설치·운영 규정(2020.7.8. 고용노동부예규 제173호로 개정되기 전의 것) 제36조 제1항 제3호 및 [별표 3]은 고용보험법 제26조, 고용보험법 시행령 제38조 제5항의 위임범위 내에 있다고 보는 것이 타당하다(대판 2023.8.18, 2021두41495[지원금교부결정취소처분취소])."

[판례] 「재병역판정검사 규정」 제5조 제2항 제4호 및 제6조 제1항 제4호가 상위법령의 구체적 위임 없이 정한 것이어서 대외적 구속력이 없는지 여부(적극)

"구 「재병역판정검사 규정」(2020.1.30. 병무청훈령 제1665호로 개정되기 전의 것) 제5조 제2항 제4호 및 제6조 제1항 제4호(이하 '이 사건 규정')는 '군간부후보생 등의 병적에서 제적되어 현역병입영 대상자 또는 보충역으로 신분이 변경된 사람'의 재병역판정검사 대상기간은 병역처분을 받은 다음 해부터 계산하고, 각종 병적에 편입된 사람을 재병역판정검사 대상에서 제외하도록 규정하고 있다. 그러나 병역법 제14조의2 제2항은 재병역판정검사의 제외 대상과 재병역판정검사의 시기 등에 관하여 시행령에 위임하고, 같은 법 시행령 제18조의2 제1항은 재병역판정검사의 제외 대상을, 같은 조 제2항은 재병역판정검사의 시기를 규정하면서 병역법 제14조의2 제2항에서 규정된 내용을 구체화하고 있을 뿐이며, 병역법이나 그 하위법령은 위 병역법령 조항들에서 정한 범위를 뛰어넘어 추가적인 제외 대상 혹은 시기를 정할 수 있도록 위임한 바 없다. 따라서 이 사건 규정이 병역법령에서 규정한 제외 대상이 아닌 '법무사관후보생 병적에 편입된 사람'을 재병역판정검사 제외 대상에 포함하여 규정한 것은 상위법령의 구체적 위임 없이 정한 것이어서 대외적 구속력이 있다고 볼 수 없다(대판 2023.8.18, 2020두53293[현역병입영처분취소])."

(2) 헌법상 입법사항

헌법이 명문으로 일정한 사항을 반드시 법률로써 정하도록 규정한 사항, 즉 전속적 법률사항(국적취득의 요건(헌법 2 ①), 공용침해의 요건과 손실보상 (헌법 23 ③), 국가배상의 요건과 절차(헌법 29 ①), 죄형법정주의(헌법 12 ①), 조세법률주의(헌법 59) 등)은 법규명령에 위임할 수 없다.

그러나 이에 대해서는 위 헌법규정은 당해 사항을 전적으로 법률로만 정하라는 의미는 아니므로 그 기본적 내용을 법률로 정하고 일정한 범위에서의 행정입법에 대한 위임이 허용된다는 견해도 있다.[8]

(3) 처벌규정의 위임

죄형법정주의(헌법 12 ①)의 원칙상 범죄의 구성요건과 처벌은 반드시 법률로 정해야 한다. 다만 구성요건의 구체적 기준과 처벌의 최고한도를 정하고 그 범위 내에서 세부적 사항을 법규명령에서 정하도록 위임하는 것은 허용된다(통설·판례).

[판례] 형사처벌에 관한 위임입법이 허용되기 위한 요건

"사회현상의 복잡다기화와 국회의 전문적·기술적 능력의 한계 및 시간적 적응능력의 한계로 인하여 형사처벌에 관련된 모든 법규를 예외 없이 형식적 의미의 법률에 의하여 규정한다는 것은 사

8) 김동희/최계영, 행정법 Ⅰ, 151면.

실상 불가능할 뿐만 아니라 실제에 적합하지도 아니하기 때문에, 특히 긴급한 필요가 있거나 미리 법률로써 자세히 정할 수 없는 부득이한 사정이 있는 경우에 한하여 수권법률(위임법률)이 구성요건의 점에서는 처벌대상인 행위가 어떠한 것인지 이를 예측할 수 있을 정도로 구체적으로 정하고, 형벌의 점에서는 형벌의 종류 및 그 상한과 폭을 명확히 규정하는 것을 전제로 위임입법이 허용된다(대판 2000.10.27, 2000도1007).”

(4) 재위임의 문제

법률에 의하여 위임된 입법권의 전부 또는 일부를 다시 위임할 수 있는가 하는 것이 문제인데, 일반적으로는 전면적 재위임은 입법권을 위임한 법률 그 자체의 내용을 권한 없이 변경하는 결과를 초래하므로 허용되지 않으나, 세부사항의 보충을 하위명령에 위임하는 것은 가능하다.

[판례] 위임입법과 재위임의 한계

“법률에서 위임받은 사항을 전혀 규정하지 않고 재위임하는 것은 위임금지의 법리에 반할 뿐 아니라 수권법의 내용변경을 초래하는 것이 되고, 부령의 제정·개정절차가 대통령령에 비하여 보다 용이한 점을 고려할 때 재위임에 의한 부령의 경우에도 위임에 의한 대통령령에 가해지는 헌법상의 제한이 당연히 적용되어야 할 것이므로 법률에서 위임받은 사항을 전혀 규정하지 않고 그대로 재위임하는 것은 허용되지 않으며 위임받은 사항에 대하여 대강을 정하고 그 중의 특정 사항을 범위를 정하여 하위법령에 위임하는 경우에만 재위임이 허용된다(헌재결 1996.9.26, 94헌마213).”

(5) 조례에 대한 위임 문제

지방자치법 제28조 제1항은 “지방자치단체는 법령의 범위에서 그 사무에 관하여 조례를 제정할 수 있다. 다만, 주민의 권리 제한 또는 의무 부과에 관한 사항이나 벌칙을 정할 때에는 법률의 위임이 있어야 한다.”고 규정하고 있는데, 지방자치단체의 조례가 지방자치권에 근거한 자주법이라 하더라도 위 단서조항에 해당하는 경우에는 법률의 위임이 있어야 한다(법률유보의 원칙).

다만 위 단서조항에 해당하는 조례의 경우에도 조례가 자주법이라는 점에서 법규명령에서와 같이 특별수권의 원칙이 엄격하게 요구되지는 않는다. 따라서 조례제정에 대한 포괄적 수권으로도 족하다(특별수권원칙의 완화).

[판례] 조례제정권에 대한 법률의 위임 정도

“조례의 제정권자인 지방의회는 선거를 통해서 그 지역적인 민주적 정당성을 지니고 있는 주민의 대표기관이고 헌법이 지방자치단체에 포괄적인 자치권을 보장하고 있는 취지로 볼 때, 조례에 대한 법률의 위임은 법규명령에 대한 법률의 위임과 같이 반드시 구체적으로 범위를 정하여 할 필요가 없으며 포괄적인 것으로 족하다(헌재결 1995.4.20, 92헌마264, 279(병합))."

2. 집행명령의 근거와 한계

일반적으로 집행명령은 법령의 집행을 위하여 필요한 사항을 정하는 것으로서 새로운 입법사항을 정하는 것이 아니므로 법률의 명시적 수권 없이도 발할 수 있다고 설명되고 있다. 다만 집행명령은 위임명령과는 달리 새로운 입법사항을 정할 수는 없다.

[판례] (구) 법인세법 시행령 제162조의2 제3항이 모법에서 정한 지급명세서 제출의무자를 위임 없이 확장한 위헌무효의 규정인지 여부(소극)

"법률의 시행령은 그 법률에 의한 위임이 없으면 개인의 권리·의무에 관한 내용을 변경·보충하거나 법률에 규정되지 아니한 새로운 내용을 정할 수는 없지만, 시행령의 내용이 모법의 입법 취지와 관련 조항 전체를 유기적·체계적으로 살펴 보아 모법의 해석상 가능한 것을 명시한 것에 지나지 아니하거나 모법 조항의 취지에 근거하여 이를 구체화하기 위한 것인 때에는 모법의 규율 범위를 벗어난 것으로 볼 수 없으므로, 모법에 이에 관하여 직접 위임하는 규정을 두지 않았다고 하더라도 이를 무효라고 볼 수 없다(대판 2009.6.11, 2008두13637 등 참조).

(구) 법인세법(2008.12.26. 법률 제9267호로 개정되기 전의 것) 제98조 제6항, 제120조의2 제1항 본문, (구) 법인세법 시행령(2010.2.18. 대통령령 제22035호로 개정되기 전의 것) 제162조의2 제3항(이하 '이 사건 시행령 조항')의 문언 및 체계에 더하여, 지급명세서 제출의무는 … 원천징수의무자에게 지우는 것이 합리적인 점, (구) 법인세법 제120조는 내국법인의 경우 지급명세서 제출의무를 원천징수의무자에게 지우고 있는 점 등을 고려하여 보면, (구) 법인세법 제93조에 정한 외국법인의 국내원천소득에 관하여 (구) 법인세법 제120조의2 제1항 본문에 따른 지급명세서 제출의무를 부담하는 자 또한 제98조에 정한 해당 소득의 원천징수의무자를 의미한다고 보아야 할 것이다. (구) 법인세법 제98조 제6항 단서는 '증권거래법에 의하여 주식을 상장하는 경우로서 이미 발행된 주식을 양도하는 경우'에 해당 주식을 발행한 법인을 원천징수의무자로 규정하고 있으므로 이 경우 (구) 법인세법 제120조의2 제1항 본문에 따라 지급명세서 제출의무를 부담하는 자는 원천징수의무자인 해당 주식의 발행법인이고, 이와 동일한 취지를 규정한 이 사건 시행령 조항은 (구) 법인세법 관련규정의 의미를 명시한 것에 지나지 아니하므로 이를 무효로 볼 수 없다(대판 2016.12.1, 2014두8650)."

그러나 실제로는 위임명령과 집행명령이 혼재되어 이러한 한계를 구분하는 것이 어려운 경우가 많다는 점에서 위의 설명은 사실상 큰 의미는 없다고 생각된다. 아울러 집행명령도 법규명령이라는 점에서 보면 법률의 수권 없이 발령될 수 있는 것인지도 의문이다.

Ⅳ. 법규명령의 적법요건

1. 주체

제정권자에 따라 대통령령·총리령·부령 등의 법규명령은 정당한 권한이 있는 기관이 제정하여야 한다.

2. 내용

법규명령은 상위법령에 저촉될 수 없고(법률우위), 상위법령에 그 근거가 있어야 하며(법률유보), 행정법의 일반원칙을 포함하여 위에서 검토한 위임입법으로서의 한계를 준수하여야 한다. 그리고 그 내용이 명확하고 실현가능한 것이어야 한다.

[판례] 법령의 위임이 없음에도 법령에 규정된 처분 요건에 해당하는 사항을 부령에서 변경하여 규정한 경우, 부령 규정의 법적 성격

"법령에서 행정처분의 요건 중 일부 사항을 부령으로 정할 것을 위임한 데 따라 시행규칙 등 부령에서 이를 정한 경우에 그 부령의 규정은 국민에 대해서도 구속력이 있는 법규명령에 해당한다고 할 것이지만, 법령의 위임이 없음에도 법령에 규정된 처분 요건에 해당하는 사항을 부령에서 변경하여 규정한 경우에는 그 부령의 규정은 행정청 내부의 사무처리 기준 등을 정한 것으로서 행정조직 내에서 적용되는 행정명령의 성격을 지닐 뿐 국민에 대한 대외적 구속력은 없다고 보아야 한다(대판 2013.9.12, 2011두10584)."

3. 절차

법규명령은 법령이 정한 일정한 절차에 따라 제정되어야 한다. 대통령령은 법제처의 심사(정부조직법 23 ①)와 국무회의의 심의(헌법 89 3호)를 거쳐야 하고, 총리령과 부령은 법제처의 심사(정부조직법 23 ①)를 거쳐야 한다.

한편 행정절차법은 제4장에서 행정상 입법예고에 관하여 규정하고 있으므로, 국민의 권리·의무 또는 일상생활과 밀접한 관련이 있는 법령 등을 제정·개정 또는 폐지하고자 할 때에는 당해 입법안을 마련한 행정청은 이를 예고하여야 한다(행정절차법 41－45).

4. 형식

법규명령은 문서로 제정하여야 한다(행정업무규정 4 1호).

5. 공포(성립요건)

법규명령은 대외적 구속력이 있는 법이므로 법률과 마찬가지로 공포되어야 한다. 공포는 관보에 게재하는 것이 원칙이며(법령공포법 11 ①), 공포일은 관보의 발행일이다.

6. 효력발생(발효요건)

적법하게 공포된 법규명령은 시행함으로써 효력이 발생된다. 시행일은 보통 당해 명령의 부칙에서 규정되지만, 특별한 규정이 없으면 공포한 날로부터 20일이 경과한 후 효력이 발생한다(법령공포법 13).[9)]

V. 법규명령의 흠과 그 효과

법규명령의 적법요건에 하자가 있으면 위법한 것이 된다. 위법한 법규명령은 무효가 된다. 왜냐하면 현행 헌법 및 행정소송법상 법규명령은 원칙적으로 처분이 아니어서 취소소송의 대상이 되지 않으므로 법규명령에 대한 취소가능성이 존재하지 않기 때문이다.

이에 대해서는 법의 공백을 막기 위하여 위법한 법규명령이 폐지되거나 항고소송에 의하여 취소 또는 무효확인되기 전에는 효력을 유지하는 것으로 보는 것이 타당하다는 견해도 있다.[10)]

그러나 일반·추상적인 법규명령이 구체적 법집행작용인 행정행위와 같을 수 있는지 의문이고, 또한 행정행위와 같은 공정력을 인정하여야 할 논리적 이유가 있는지도 의문이다. 따라서 취소가능성이 존재하지 않는 현행법 하에서는 법규명령의 하자의 효과를 무효로 보는 것이 타당하다.

다만 예외적으로 처분법규의 경우에는 처분성이 인정되어 항고소송의 대상이 될 수 있으므로 취소가능성이 있다고 하겠다.

Ⅵ. 법규명령의 소멸

① 법규명령은 그 효력을 장래에 향하여 소멸시키려는 행정권의 명시적·직접적 의사표시, 즉 폐지에 의하여 소멸된다.

---

9) 법령등의 시행일의 기간계산에 관하여는 행정기본법 제7조 참조.
10) 박균성, 행정법강의, 147~148면.

② 또한 내용상 충돌되는 동위 내지 상위의 법령의 제정(간접적 폐지)이나 법정부관의 성취(한시법의 경우 종기의 도래), 근거법령의 소멸 등에 의하여 실효됨으로써 소멸될 수도 있다.

③ 다만 집행명령의 경우 상위법령이 폐지된 것이 아니라 개정된 것에 불과하고 성질상 개정법령과 모순·저촉되지 않는 경우에는 실효되지 않을 수도 있다.

> [판례] 상위법령이 개정된 경우 종전 집행명령의 효력 유무
>
> "상위법령의 시행에 필요한 세부적 사항을 정하기 위하여 행정관청이 일반적 직권에 의하여 제정하는 이른바 집행명령은 근거법령인 상위법령이 폐지되면 특별한 규정이 없는 이상 실효되는 것이나, 상위법령이 개정됨에 그친 경우에는 개정법령과 성질상 모순, 저촉되지 아니하고 개정된 상위법령의 시행에 필요한 사항을 규정하고 있는 이상 그 집행명령은 상위법령의 개정에도 불구하고 당연히 실효되지 아니하고 개정법령의 시행을 위한 집행명령이 제정, 발효될 때까지는 여전히 그 효력을 유지한다(대판 1989.9.12, 88누6962)."

Ⅶ. 법규명령의 통제*

현대 국가의 행정현상이 복잡하고 다양하여 법규명령의 필요성이 인정되고 있지만, 국회입법원칙에 대한 예외를 형성하는 것인 만큼 이에 대한 적절한 통제가 매우 중요하다.

법규명령에 대한 통제는 권력분립에 따라 정치적·행정적·사법적 통제로 구분해 볼 수 있다.

1. 정치적 통제

(1) 의회에 의한 통제

① 간접통제

국회는 법규명령의 제정과정에 직접적인 관여를 하지 못하고, 대부분 행정부에 대한 견제의 일환으로 국무위원 등에 대한 해임건의·국정감사와 조사·탄핵·예산심의 등의 수단을 통하여 간접적인 통제를 할 수 있다.

② 직접통제

법규명령에 대한 의회의 동의·승인권 유보 등의 방법에 의하여 의회가 법규명령을 직접 통제할 수 있다. 독일의 동의권유보, 영국의 의회제출절차, 미국의 입법적 거부권이 대표적으로 이에 해당한다.

우리나라의 경우 현행법상 이와 같은 직접통제제도로 헌법상의 긴급명령·긴급재정·경제명령에 대한 적극적 결의인 '승인제도'가 있지만(헌법 76 ③, ④), 대통령령·총리령·부령 및 훈령·예

* 사법시험(2004년), 입법고시(2005년), 행정고시(일반행정)(2007년).

규·고시 등이 제정·개정 또는 폐지되었을 때에는 10일 이내에 이를 국회 소관 상임위원회에 제출하도록 하는 '국회제출제도'가 규정되어 있을 뿐이다(국회법 98조의2).

이러한 국회제출제도는 소관 중앙행정기관이 제출한 대통령령 등에 대하여 법률에의 위헌 여부 등을 검토하여 당해 대통령령 등이 법률의 취지 또는 내용에 합치되지 아니한다고 판단되는 경우에는 소관중앙행정기관의 장에게 그 내용을 통보할 수 있도록 하는 데 그치고 있어, 결의는 의회가 하는 영국의 의회제출절차제도와 비교할 때 직접통제로서의 실효성이 약하다고 할 수 있다.

(2) 국민통제

행정입법에 대한 국민의 감시와 통제수단으로는 법규명령 제정과정에의 참여·자문·여론조성·청원 등의 간접적인 수단을 들 수 있다. 행정절차법은 행정상 입법예고절차를 규정하고 있으므로, 동법에 따라 누구든지 예고된 입법안에 대하여 그 의견을 제출할 수 있다.

2. 행정적 통제

행정부 내에는 법규명령의 제정과정에서 행정상 입법예고제도(행정절차법 41), 국무회의의 심의(헌법 89 3호), 법제처의 심사(정부조직법 23 ①) 등의 절차적 통제수단이 있다.

법규명령에 대한 행정적 통제는 주로 상급행정청의 감독권행사를 통하여 이루어진다. 상급행정청은 하급행정청의 법규명령 제정권 행사에 일정한 기준이나 방향을 지시할 수 있고, 직접 상위법규명령의 제정이나 폐지로 하위법규명령의 효력을 소멸시킬 수도 있다. 법제처장의 행정법제 개선조치권고(행정기본법 39, 동법 시행령 14 ③), 중앙행정심판위원회의 법령개선요청권(행심법 59), 국민권익위원회의 법령개선권고와 의견표명(부패방지권익위법 28 ①, 47)도 행정적 통제수단이라고 볼 수 있다.

3. 사법적 통제*

(1) 법원에 의한 통제

우리 헌법 제107조는 법률의 위헌심사권은 헌법재판소에(헌법 107 ①), 명령·규칙 또는 처분의 위헌·위법심사권은 대법원(헌법 107 ②)에 부여하고 있다.

그런데 헌법 제107조는 이와 같은 법령의 심사는 '재판의 전제가 되는 경우'에 할 수 있도록 규정하고 있다. 여기에서 '재판의 전제가 되는 경우'란 예컨대, 법령에 근거한 처분을 대상으로 하는 취소소송에서 처분의 위법성을 판단하기 위한 전제로 처분의 근거가 된 법령의 위헌·위법 여부가 문제되는 경우를 의미한다.

---

* 변호사시험(2014년), 행정고시(일반행정)(2006년), 행정고시(재경)(2010년).

이와 같이 법령에 대해서는 선결문제 심리방법에 의한 간접적 통제만을 인정하는 통제방식을 구체적 규범통제라 한다. 반대로 법규범의 위헌·위법성 그 자체를 소송을 통하여 다툴 수 있는 방식을 추상적 규범통제라 한다. 우리 헌법 제107조는 헌법정책적으로 구체적 규범통제를 택하고 있다. 이에 따라 법규명령의 위헌·위법성이 재판의 전제가 된 경우에 한하여 부수적으로 통제될 뿐이고, 독립하여 법규명령의 효력을 소송을 통하여 다툴 수 없다.

다만 법규명령이 그 자체로서 직접 국민의 구체적인 권리의무나 법적 이익에 영향을 미치는 등의 법률상 효과를 발생하는 처분적 성격이 인정되는 경우에는(이른바 처분법규), 예외적으로 항고소송의 대상이 될 수 있다.

법규명령에 대한 구체적 규범통제의 결과 위법한 법규명령으로서 무효로 확정되더라도, 당해 법규명령은 당해 사건에서만 적용이 배제될 뿐 공식절차에 의하여 폐지되지 않는 한 형식적으로는 유효한 것으로 남게 된다(구체적 규범통제의 한계).

다만 실제로 대법원이 법규명령의 위헌·위법을 최종적으로 판단하면 다른 사건에서도 이를 적용하지 않는 것이 보통이다. 이러한 취지에서 행정소송법 제6조는 행정소송에 대한 대법원판결에 의하여 명령·규칙이 헌법 또는 법률에 위반된다는 것이 확정된 경우에는 대법원은 지체 없이 그 사유를 행정안전부장관에게 통보하여야 하고, 통보를 받은 행정안전부장관은 지체 없이 이를 관보에 게재하도록 하고 있다.

[판례] 법원이 명령·규칙·조례 등이 위헌·위법인지를 심사하기 위한 요건으로서 '재판의 전제성'의 의미 및 법원이 구체적 규범통제를 통해 위헌·위법으로 선언할 심판대상은 재판의 전제성이 인정되는 조항에 한정되는지 여부(원칙적 적극)

"법원이 법률 하위의 법규명령, 규칙, 조례, 행정규칙 등(이하 '규정')이 위헌·위법인지를 심사하려면 그것이 '재판의 전제'가 되어야 한다. 여기에서 '재판의 전제'란 구체적 사건이 법원에 계속 중이어야 하고, 위헌·위법인지가 문제 된 경우에는 규정의 특정 조항이 해당 소송사건의 재판에 적용되는 것이어야 하며, 그 조항이 위헌·위법인지에 따라 그 사건을 담당하는 법원이 다른 판단을 하게 되는 경우를 말한다. 따라서 법원이 구체적 규범통제를 통해 위헌·위법으로 선언할 심판대상은, 해당 규정의 전부가 불가분적으로 결합되어 있어 일부를 무효로 하는 경우 나머지 부분이 유지될 수 없는 결과를 가져오는 특별한 사정이 없는 한, 원칙적으로 해당 규정 중 재판의 전제성이 인정되는 조항에 한정된다(대판 2019.6.13, 2017두33985[급수공사비등부과처분취소청구의소])."

☞ 이 사건 고시 조항을 적용하여 한 급수공사비 부과처분의 부과금액이 실제 공사비의 약 12배에 달한 사안에서, 원심이 구체적 규범통제의 심판대상을 재판의 전제성이 인정되는 '이 사건 고시 조항'에 한정하지 않고 '이 사건 고시 전체'가 위법하다고 판단한 것은 적절하지 않으나, 이 사건 고시 조항을 적용한 급수공사비 부과처분이 위법하다고 판단한 것은 정당하다는 이유로 피고(울산광역시 상수도사업본부 동부사업소장)의 상고를 기각한 사례

(2) 헌법재판소에 의한 통제

헌법 제107조 제2항이 법규명령의 위헌·위법 여부에 대한 최종적인 심사권을 대법원에 부여하고 있는 결과, 헌법재판소에 대한 위헌명령심사제청권은 존재하지 않는다. 그렇다면 위헌·위법인 법규명령을 통하여 기본권이 침해된 경우 헌법소원이 가능한가, 다시 말해서 헌법재판소가 헌법소원을 통하여 법규명령에 대한 심사권을 가질 수 있는가 하는 것이 문제이다.

이에 관하여는 (구) 법무사법시행규칙(대법원규칙)에 대한 헌법소원사건이 있었다. 이 사건에서 심판청구의 대상이 된 것은 "법원행정처장은 법무사를 보충할 필요가 있다고 인정되는 경우에는 대법원장의 승인을 얻어 법무사시험을 실시할 수 있다."고 규정한 (구) 법무사법시행규칙 제3조 제1항이다. 이 조항은 법무사시험을 반드시 정기적으로 실시하도록 한 (구) 법무사법 제4조 제1항 제2호의 취지에 반하여 법무사시험의 실시여부를 전적으로 법원행정처장의 재량에 맡김으로써 법원행정처장이 법무사시험을 실시하지 아니할 수도 있게 하였고, 이 때문에 법원행정처장은 법정기간 이상을 근무하고 퇴직한 법원공무원이나 검찰공무원만으로도 법무사 충원에 지장이 없다는 이유로 법무사시험을 실시하지 아니하여, 결국 (구) 법무사법시행규칙 제3조 제1항은 본법인 (구) 법무사법 제4조 제1항 제2호에 의하여 법무사가 되고자 하는 사람들에게 부여된 법무사시험 응시의 기회를 박탈함으로써 평등권을 침해한다는 이유로 헌법소원이 청구된 것이다.

이 사건에서 헌법재판소는 명령·규칙 그 자체에 의하여 직접 기본권이 침해되었음을 이유로 하여 헌법소원심판을 청구할 수 있다고 판단하였다.

> [판례] 법무사법시행규칙에 대한 헌법소원
>
> "헌법 제107조 제2항이 규정한 명령·규칙에 대한 대법원의 최종심사권이란 구체적인 소송사건에서 명령·규칙의 위헌여부가 재판의 전제가 되었을 경우 법률의 경우와는 달리 헌법재판소에 제청할 것 없이 대법원이 최종적으로 심사할 수 있다는 의미이며, <u>명령·규칙 그 자체에 의하여 직접 기본권이 침해되었음을 이유로 하여 헌법소원심판을 청구하는 것은 위 헌법규정과는 아무런 상관이 없는 문제</u>이다.
>
> 따라서 <u>입법부·행정부·사법부에서 제정한 규칙이 별도의 집행행위를 기다리지 않고 직접 기본권을 침해하는 것일 때에는 모두 헌법소원심판의 대상이 될 수 있는 것</u>이다.
>
> … 법령자체에 의한 직접적인 기본권침해 여부가 문제되었을 경우 그 법령의 효력을 직접 다투는 것을 소송물로 하여 일반 법원에 구제를 구할 수 있는 절차는 존재하지 아니하므로 이 사건에서는 다른 구제절차를 거칠 것 없이 바로 헌법소원심판을 청구할 수 있는 것이다.
>
> 법무사법시행규칙 제3조 제1항은 법원행정처장이 법무사를 보충할 필요가 없다고 인정하면 법무사시험을 실시하지 아니해도 된다는 것으로서 상위법인 법무사법 제4조 제1항에 의하여 모든 국민

에게 부여된 법무사 자격취득의 기회를 하위법인 시행규칙으로 박탈한 것이어서 평등권과 직업선택의 자유를 침해한 것이다(헌재결 1990.10.15, 89헌마178)."

이와 관련하여 학설은 적극설과 소극설로 대립되고 있다.

① 적극설(긍정설)

적극설은 (i) 헌법 제107조 제2항은 재판의 전제가 된 경우에 한한 것이므로, 재판의 전제가 될 수 없는 상황에서 명령·규칙이 직접 국민의 기본권을 침해한 경우에 그에 대한 헌법소원을 인정하는 것은 헌법 제107조 제2항에 반하지 않는다는 점, (ii) 헌법소원의 요건인 '공권력의 행사 또는 불행사'에는 명령·규칙의 제정 등도 포함된다는 점을 논거로 하여 헌법재판소도 명령·규칙에 대한 위헌심사권을 가진다고 한다.

② 소극설(부정설)

소극설은 (i) 헌법은 명문으로 명령의 최종심사권을 대법원에 부여하고 있고, (ii) 헌법재판소의 주장과 같이 법무사법시행규칙이 별도의 집행행위를 기다리지 아니하고 기본권을 침해하는 처분적 법규명령이라면 헌법소원의 보충성에 따라 항고소송으로 먼저 다투었어야 한다는 점에서 행정소송으로 먼저 다투지 아니한 헌법소원심판의 청구는 헌재법 제68조 제1항에 의한 보충성의 요건을 결하고 있으므로 당연히 각하되어야 한다고 주장한다.

③ 결론

다수의 학자들은 적극설의 입장을 지지하고 있다. 위 법무사법시행규칙에 관한 헌법소원사건과 같이, 동 시행규칙의 관련조항 자체를 처분법규로 보기도 매우 어렵고, 구체적 처분마저 기대할 수도 없는 경우에는, 기본권에 대한 직접적 침해 및 헌법소원의 보충성을 인정하지 않으면 달리 권리구제의 길이 없게 된다. 특히 소극설이 주장하는 헌법소원의 보충성과 관련하여 법무사법시행규칙 제3조 제1항이 과연 처분적 법규명령에 해당하는지 의문이다. 이러한 점에서 적극설이 타당하다.

④ 처분적 법규명령의 문제*

위 헌법소원에 의한 법규명령 심사권의 핵심적인 쟁점 가운데 하나는 당해 법규명령이 처분적 성격을 가지고 있는 경우에도 헌법소원을 통하여 명령의 위헌 여부가 심리·판단될 수 있는가 하는 것이다. 법규명령이 처분적 성격을 가지는 경우에는 항고소송의 대상이 될 수 있어 권리구제수단의 보충성을 요구하는 헌법소원의 대상이 될 수 없기 때문이다.

과거 대법원은 법규명령의 처분법규성의 인정에 있어 매우 소극적이었지만, 요즘에는 '그 형식이 비록 고시이기는 하지만 법규명령적 성격을 가지고 처분성이 인정되는 경우에는 항고소송의 대상이 된다'는 입장이다.

* 변호사시험(2019년).

요컨대 법규명령이 처분적 성격을 가지는 처분법규인 경우에는 항고소송의 대상이 될 수 있어 항고소송을 거치지 않으면 헌법소원을 청구할 수 없으나, 처분법규성이 인정되지 않으면 헌법소원의 보충성을 충족하여 헌법소원의 대상이 된다고 할 수 있다.

[판례] 고시가 항고소송의 대상이 되는 행정처분에 해당하기 위한 요건

"어떠한 고시가 일반적·추상적 성격을 가질 때에는 법규명령 또는 행정규칙에 해당할 것이지만, 다른 집행행위의 매개 없이 그 자체로서 직접 국민의 구체적인 권리의무나 법률관계를 규율하는 성격을 가질 때에는 행정처분에 해당한다고 할 것이다(대법원 2003.10.9. 자 2003무23 결정 참조).

보건복지부 고시인 약제급여·비급여목록 및 급여상한금액표(보건복지부 고시 제2002-46호로 개정된 것)는 다른 집행행위의 매개 없이 그 자체로서 국민건강보험가입자, 국민건강보험공단, 요양기관 등의 법률관계를 직접 규율하는 성격을 가지므로 항고소송의 대상이 되는 행정처분에 해당한다(대판 2006.9.22, 2005두2506)."

⑤ 법규명령의 입법부작위의 문제

법규명령에 대한 입법부작위가 처분의 부작위를 다투는 부작위위법확인소송의 대상이 될 수 있는가 하는 것이 문제인데, 대법원은 일반추상적인 법규명령은 그 자체로서 국민의 구체적인 권리의무에 직접적 변동을 초래하는 것이 아니어서 그 소송의 대상이 될 수 없다고 하고 있다.

[판례] 추상적인 법령의 제정 여부 등이 부작위위법확인소송의 대상이 될 수 있는지 여부

행정소송은 구체적 사건에 대한 법률상 분쟁을 법에 의하여 해결함으로써 법적 안정을 기하자는 것이므로 부작위위법확인소송의 대상이 될 수 있는 것은 구체적 권리의무에 관한 분쟁이어야 하고 추상적인 법령에 관하여 제정의 여부 등은 그 자체로서 국민의 구체적인 권리의무에 직접적 변동을 초래하는 것이 아니어서 그 소송의 대상이 될 수 없다(대판 1992.5.8, 91누11261).

그러나 헌법재판소는 행정입법의 부작위에 대해서도 다른 구제절차가 없는 경우 헌법소원을 인정하고 있다(헌재결 1998.7.16, 96헌마246 전원재판부).

제 3 절 행정규칙

Ⅰ. 개설

1. 행정규칙의 의의

행정규칙(Verwaltungsvorschrift) 또는 행정명령(Verwaltungsverordnung)이란 대체로 상급행정기관 또는 상급자가 하급행정기관 또는 그 구성원에 대하여 행정조직내부에서 행정조직의 운영, 행정사무의 처리 등을 규율하기 위하여 발하는 일반·추상적 규정을 말한다.

넓은 의미로는 특별권력관계 내부에서 효력을 가지는 일반·추상적 규율도 포함되지만, 이 경우는 수범자가 특별권력관계의 구성원으로서의 사람(Person)이라는 점에서 행정조직 내부에서 그의 기관 또는 구성원을 수범자로 하는 행정규칙의 경우와는 속성이나 법적 성질이 다르다. 따라서 특별권력관계에서의 일반·추상적 규율은 행정규칙의 개념에서는 제외하는 것이 일반적이다.

실정법상 행정규칙은 운영지침·규정·예규·통첩·훈령·고시 등 다양한 용어로 불리고 있다.

행정규칙은 일반적으로 행정내부법으로서 외부적(대외적) 구속력이 없는 것이 원칙이지만, 예외적으로 대외적 구속력이 인정되는 경우도 있다.

2. 행정규칙의 성질*

일반적으로 행정규칙은 법규명령과 비교하여 다음과 같은 차이가 있다.

① 법적 근거

일반적으로 행정규칙은 법집행이라는 행정권의 고유권한 또는 상급기관이 하급기관에 대하여 가지는 지휘·감독권에 근거하여 제정하는 것이므로 법률의 수권을 요하지 않는다. 그러나 법규명령, 특히 위임명령은 대외적 구속력이 있는 입법사항을 규율한다는 점에서 상위 법령의 수권이 필요하다.

② 규율의 대상과 범위

법규명령은 대외적 구속력이 있는 법규범이므로 일반 국민을 수범자로 하지만, 행정규칙은 행정조직 내부에서 그의 기관 또는 구성원을 수범자로 한다.

또한 법규명령은 대체로 국민의 법적 지위에 영향을 미치는 입법적 사항을 규율하지만, 행정규칙은 주로 행정내부의 조직운영이나 사무처리 등을 규율한다.

---

* 5급공채(행정)(2023년).

③ 재판규범성

법규명령은 원칙적으로 대외적 구속력이 있는 법규범으로서 재판규범으로서의 성질이 인정된다. 물론 예외적으로 재판규범성이 부인되는 경우도 있다(법규명령 형식의 행정규칙의 문제).

행정규칙은 대외적 구속력이 인정되지 않는 것이 원칙이므로 대 국민관계에서 재판규범이 되지 않는다. 대법원과 헌법재판소도 행정규칙의 재판규범성을 일반적으로 부인한다. 그러나 예외적으로 행정규칙 가운데에도 대외적 구속력이 인정되는 경우가 있다(행정규칙 형식의 법규명령의 문제).

④ 행정규칙 위반의 효과

행정규칙은 대외적 구속력이 있는 법규범이 아니므로 행정규칙을 위반하여도 위법의 문제가 발생하지 않는다. 행정규칙은 상급행정기관의 하급행정기관에 대한 일반·추상적 형태의 명령이므로, 공무원이 행정규칙을 위반하는 경우에는 징계의 원인이 될 수 있다.

> [판례] 국립환경과학원 고시에서 정한 절차를 위반한 경우, 그에 기초하여 내려진 행정처분이 위법한지 판단하는 방법
>
> "구 수질오염공정시험기준(2019.12.24. 국립환경과학원고시 제2019－63호로 개정되기 전의 것)은 형식 및 내용에 비추어 행정기관 내부의 사무처리준칙에 불과하므로 일반 국민이나 법원을 구속하는 대외적 구속력은 없다. 따라서 시료채취의 방법 등이 위 고시에서 정한 절차에 위반된다고 하여 그러한 사정만으로 곧바로 그에 기초하여 내려진 행정처분이 위법하다고 볼 수는 없고, 관계 법령의 규정 내용과 취지 등에 비추어 절차상 하자가 채취된 시료를 객관적인 자료로 활용할 수 없을 정도로 중대한지에 따라 판단되어야 한다(대판 2022.9.16, 2021두58912[조업정지처분취소])."

다만 행정규칙이 예외적으로 대외적 구속력을 가지는 경우에는, 이에 위반되면 위법한 행정이 된다. 또한 행정규칙의 적용과 관련하여 평등원칙(행정의 자기구속의 원칙)이나 신뢰보호원칙 위반 등의 결과를 초래함으로써 이와 같은 행정법의 일반원칙 위반으로 위법이 될 수도 있다.

3. 필요성

오늘날 행정의 다양성·전문성·유동성으로 인하여 모든 행정현상을 법령으로 규율하는 것은 사실상 불가능하다. 특히 행정의 특수한 분야 또는 미처 법령으로 규율하지 못하고 있는 행정영역에서는 행정규칙이 매우 중요한 역할을 수행하고 있다. 예컨대 보조금지급과 관련하여 경제적인 유동성과 예산사정, 보조금 액수산정의 전문성 등과 같은 사항을 개폐가 용이하지 않은 법령으로만 규율하기에는 곤란한 측면이 많다. 이에 따라 보조금지급지침과 같은 행정규칙으로 그때그때의 변화에 탄력적으로 대응하며 업무를 수행하게 되는 것이다.

또한 행정규칙을 통하여 상급기관이 하급기관에 대하여 법률해석·재량판단·사무처리의 범위를 설정함으로써 행정이 전체적으로 통일성을 유지할 수 있게 된다.

그러나 이와 같은 필요성만큼이나 문제점도 많다. 특히 법령에서는 원칙이나 기준들이 추상적으로만 규정되어 있고, 국민의 권리의무와 밀접한 관련이 있는 세부적인 중요한 사항들이 행정규칙으로 규정되어 있는 경우들이 증가하고 있는 것은 법생활의 안정성이라는 측면에서도 바람직하지 못한 것이다. 실제로 행정조직의 운영이나 사무처리를 위하여 필요한 행정규칙 이외에도, 예컨대 법규명령으로 규정되어야 할 입법적 사항들이 그 제정에 있어 절차·형식 등에서 여러 규제가 있는 법규명령 형식보다는 행정규칙으로 정해지고 있는 경우들이 증가하고 있다(행정규칙으로의 도피 현상). 이와 같은 문제에 대해서는 우선적으로 입법에 책임이 있다고 볼 것이다. 법령이 규정할 사항을 정하고 있는 행정규칙들은 원칙적으로 법령으로 환원되어야 한다.

Ⅱ. 행정규칙의 종류

1. 법관계의 종류에 따른 분류

(1) 조직규칙·근무규칙

조직규칙은 행정기관이 기관의 설치·조직·내부적 권한배분 등에 관하여 정하고 있는 행정규칙을 말하고(예: 행정기관 내부의 사무분장규정, 사무처리규정 등), 근무규칙은 상급기관이 하급기관이나 그 구성원의 근무에 관하여 정하고 있는 행정규칙을 말한다(예: 행정내부의 사무관리규정 등).

(2) 영조물규칙 *

영조물규칙은 영조물의 관리청이 그 조직·관리·이용관계 등을 규율하기 위하여 발하는 행정규칙을 말한다. 종래 영조물규칙은 특별권력관계의 내부적인 법관계를 규율하는 형식으로 이해되었다(예: 국공립학교의 학칙, 재소자복무규율, 국공립도서관·박물관 등의 이용규칙 등). 그러나 영조물규칙은 특별권력관계이론의 수정 또는 해체에 따라 매우 제한된 범위 내에서만 존재한다.

2. 형식에 따른 분류

(1) 행정업무의 운영 및 혁신에 관한 규정에 따른 분류

대통령령인 행정업무의 운영 및 혁신에 관한 규정(행정업무규정) 제4조 제2호는 공문서의 한 종류로서 지시문서를 훈령·지시·예규·일일명령으로 나누고 있다.

훈령은 상급행정기관이 하급행정기관에 대하여 상당히 장기간에 걸쳐 그 권한을 일반적으로

---

* 행정고시(재경)(2007년).

지휘·감독하기 위하여 발하는 행정규칙이다.

지시는 상급행정기관이 직권 또는 하급행정기관의 문의에 의하여 개별적·구체적으로 발하는 명령이다. 개별·구체적이라는 점에서 행정규칙으로 보기 어렵다.

예규는 행정의 통일성을 기하기 위하여 반복적 행정사무의 기준을 제시하는 행정규칙이다.

일일명령은 당직·출장·시간외 근무 등의 일일업무에 관한 명령이다. 일일명령도 개별·구체적인 것이면 행정규칙이라기 보다는 단순 직무명령으로 보아야 할 것이다.

(2) 고시·공고

고시·공고(행정업무규정 4 3호)는 행정기관이 법령이 정하는 바에 따라 특정한 사실을 불특정 다수의 일반인에게 알리는 행정규칙이라는 것이 일반적인 설명이다.

이와 같은 고시 또는 공고는 일반적으로 행정규칙의 형식이지만, 고시나 공고의 법적 성질이 항상 행정규칙인 것만은 아니다. 따라서 고시나 공고에 관한 관련 법령의 규정, 내용 등에 따라 개별적으로 그 성질이 결정되어야 한다.

예컨대 공익사업의 사업시행자에 대한 사업인정의 고시(토지보상법 22)와 같이 행정행위로서의 성질을 가지고 있는 경우도 있고, 법령의 위임에 따라 법령을 보충하여 전문적·기술적 사항 등을 정하고 있는 고시(행정규제기본법 4 ②)와 같이 법규명령으로서의 성질이 인정되는 경우도 있다(이른바 법령보충규칙의 문제).

공고문서는 그 문서에서 효력발생 시기를 구체적으로 밝히고 있지 않으면 그 고시 또는 공고 등이 있은 날부터 5일이 경과한 때에 효력이 발생한다(행정업무규정 6 ③).

3. 행위통제적 행정규칙의 종류

(1) 규범해석규칙(Norminterpretierende Verwaltungsvorschrift)

규범해석규칙은 불확정적인 법령의 통일적 적용을 가능하게 하기 위하여 규범해석의 지침을 정하는 행정규칙이다. 규범해석규칙은 하급기관에게 법의 해석·적용의 일관된 준거를 제공함으로써 법의 통일적인 적용을 보장하는 기능을 한다.

(2) 재량준칙(Ermessensrichtlinie)

재량준칙은 재량권행사의 일반적 기준을 정해주기 위하여 발하는 행정규칙이다. 재량준칙은 통일적인 재량권행사를 가능하게 하고, 아울러 자의적인 재량권행사를 방지하고 행정에 대한 예측가능성을 확보하는 기능도 한다.

(3) 간소화지침(Vereinfachungsanweisung)

간소화지침은 대량적 행정처분에 대하여 통일적인 처분기준을 설정하기 위하여 발하는 행정규칙이다.

(4) 법률대체적 또는 법률보충적 행정규칙

이는 적용할 법령이 존재하지 않거나 개괄적으로만 규정되어 있어 구체화가 필요한 경우 이를 대체 또는 보충하기 위하여 발하는 행정규칙을 말한다. 독일에서는 대표적으로 보조금지급규칙, 대기환경기준, 상수원보호구역지침 등이 그 예로 거론되고 있다.

(5) 이른바 규범구체화행정규칙

한편 법률대체적 또는 법률보충적 행정규칙과 관련하여, 독일에서는 이러한 규범을 구체화하는 기능을 하는 행정규칙이 대외적 구속력을 가지는가 하는 것이 문제된 바 있다.

규범구체화행정규칙(Normkonkretisierende Verwaltungsvorschrift)의 법리는 1985년 독일 연방행정재판소의 뷜판결(Wyhl－Urteil, BVerwGE 72, 300)을 통하여 인정되었다. 즉 동 재판소는 원자력발전으로 인한 대기와 지표수의 오염을 방지하기 위하여 연방내무부장관이 제정한 행정규칙인 '방사선유출량에 관한 일반적 산출기준'에 대하여, 이 준칙은 규범구체화적 기능을 가지는 것으로서 단지 규범해석규칙인 일반 행정규칙과는 달리 규범에 의하여 설정된 한계 내에서 법원에 대하여 구속력이 인정된다고 하였다.

독일의 일부 학자들은 위 판례의 입장을 지지하였는데, 그러면서도 뷜판결을 통한 행정권의 규범구체화권한을 일반적으로 적용할 수 있는가에 대해서는 유보적인 입장을 보였다. 왜냐하면 규범구체화행정규칙은 기술의 동적 성격 때문에 이른바 기술적 안전법분야에서는 법률유보가 사실상 불가능하다는 데에서 기인하는 것이므로 이 법리는 이와 같은 기술적 안전법분야에만 한정적으로 적용되는 것이지 이를 행정법 전 영역에 일반화하기는 어렵다는 것이다.

그런데 그 이후 판결에서 연방행정재판소도 이 법리에 대하여 명백한 후퇴의 입장을 보였고, 연방헌법재판소도 행정규칙은 기본법상의 법률이 아니므로 법원의 심사대상이지 그 기준이 되지는 못한다고 하여 뷜판결의 일반화에 대하여는 소극적 입장을 취하였다.

생각건대, 규범구체화행정규칙이 예외적으로 대외적 구속력을 가진다고 한다면, 과연 그 수권의 근거가 무엇인가 하는 것이 문제이다. 그런데 독일에서 논의되는 이 법리는 행정의 독자적인 규범정립권에 근거하여 규범구체화행정규칙의 대외적 구속력이 인정된다는 것이다. 과연 이와 같은 행정규칙의 수권의 근거를 행정부의 시원적인 행정입법권이라고 보는 것을 쉽게 받아들일 수 있을지는 의문이다. 이와 같은 이유에서 독일에서도 규범구체화행정규칙의 법리가 아직 완전히 규명되지 못한 상태라고 볼 수 있다.

국내에서 일부 학자는 행정규칙에 관한 우리나라의 일부 판례(재산제세사무처리규정, 개별토지가격합동조사지침을 법규명령으로 본 판례)[11]를 들어 이와 같은 행정규칙이 법령을 구체화하거나 보충하는 기능을 가진다면 이를 규범구체화행정규칙 또는 법률대체적 행정규칙으로 부르자는 견해[12]도 있지만, 규범구체화행정규칙은 그 수권의 근거를 설명할 수 없을 뿐 아니라 법률유보가 불가능한 기술적 안전법분야와 같은 지극히 국한된 영역에서만 인정 여부가 논의되는 것으로 이를 일반화하기 어렵다는 이유에서 대다수 학자는 이 법리에 부정적이다.

Ⅲ. 형식과 내용의 불일치

본래적 의미에서 보면, 법규명령은 입법사항을 규정하는 외부법이고, 행정규칙은 행정내부적 사항을 규정하는 내부법이다. 그런데 입법의 실제에서는 법형식과 그 내용이 서로 일치하지 않는 경우가 있어 매우 커다란 혼동을 초래하고 있다. 이와 같은 형식과 내용의 불일치의 문제는 ① 형식은 법규명령이지만 내용은 행정규칙인 경우와 ② 형식은 행정규칙인데 내용은 법규명령인 경우로 구분된다.

1. 법규명령형식의 행정규칙*

형식은 대통령령·총리령·부령과 같은 법규명령의 형식이지만 내용은 행정내부적인 업무처리에 관한 사항을 규정하고 있는 경우(형식의 과잉), 이를 법규명령으로 볼 것인가 행정규칙으로 볼 것인가 문제이다.

법규명령형식의 행정규칙 문제는 본래 다양한 행정영역에서 발생할 수 있는 문제이나, 실제로 이와 같은 문제는 주로 식품위생법·공중위생관리법·청소년보호법 등의 다수의 법률에서 '영업정지나 취소를 할 수 있다' 또는 '과징금을 부과·징수할 수 있다'고 규정하면서 대통령령이나 부

---

* 변호사시험(2014년), 변호사시험(2023년), 사법시험(2006년), 행정고시(1998년), 행정고시(2000년), 행정고시(2004년), 행정고시(일반행정)(2005년), 행정고시(일반행정)(2006년).

11) "재산제세사무처리규정이 국세청장의 훈령형식으로 되어 있다 하더라도 이에 의한 거래지정은 소득세법시행령의 위임에 따라 그 규정의 내용을 보충하는 기능을 가지면서 그와 결합하여 대외적 효력을 발생하게 된다 할 것이므로 그 보충규정의 내용이 위 법령의 위임한계를 벗어났다는 등 특별한 사정이 없는 한 양도소득세의 실지거래가액에 의한 과세의 법령상의 근거가 된다(대판 1987.9.29, 86누484)."

"국가 지방자치단체 등 행정기관이 토지가격을 조사함에 있어서 관계 행정기관의 합동작업체계와 가격결정절차 등에 관하여 필요한 사항을 정함을 목적으로 한 개별토지가격합동조사지침(1990.4.14. 국무총리훈령 제241호로 제정되어 1991.4.2. 국무총리훈령 제248호로 개정된 것)은 지가공시및토지등의평가에관한법률 제10조의 시행을 위한 집행명령으로서 법률보충적인 구실을 하는 법규적 성질을 가지고 있는 것으로 보아야 할 것이다(대판 1995.11.10, 95누863)."

12) 김남진, 행정법Ⅰ, 194면 참조.

령에서 그 구체적인 '제재처분기준이나 과징금부과기준'을 정하고 있는 경우에 발생하고 있다. 이에 관하여는 학설이 나뉘고 있다.

(1) 적극설(법규명령설)

공권력을 근거로 제정된 법규명령은 법의 형식으로 제정된 것이고 또한 국무회의 심의·법제처 심사·공포와 같은 일정한 제정절차를 거친 것이므로 그 내용에 관계없이 일반국민을 구속하는 것이기 때문에 이를 법규명령으로 보아야 한다는 견해이다.

적극설은 이러한 제재처분기준에는 개별적인 기준 이외에도 구체적 사정에 따라 가중 또는 감경할 수 있는 일반적인 기준도 있으므로 이를 사정에 따라 탄력적으로 적용할 수 있어 재량행위의 통제와 관련하여 큰 문제가 없다는 입장이다. 이 견해가 다수설이다.

(2) 소극설(행정규칙설)

법규명령 형식으로 제정된 행정규칙은, 그 내용이 행정규칙에 해당함이 명백하다면 그 형식에도 불구하고 행정규칙으로서의 성질이 변하는 것이 아니라는 견해이다.

소극설은 제재처분기준을 법규명령으로 보게 되면 재량통제의 범위가 축소된다는 입장이다.

(3) 수권여부기준설

법령의 수권 여부를 기준으로 판단하는 견해이다. 즉 이 견해는 법령에 수권근거가 있는 대통령령·총리령·부령은 법규명령이고, 수권근거가 없는 경우는 행정규칙이라고 본다.

(4) 판례

법규명령형식의 행정규칙과 관련된 대부분의 판례는 제재처분의 기준을 정한 대통령령·부령에 관한 것이다.[13] 이와 관련하여 판례는 부령으로 처분기준을 정하고 있는 경우와 대통령령으로

13) 따라서 판례는 '제재처분의 기준'이 아닌 '절차나 인허가기준' 등을 규정하고 있는 부령에 관하여는 '제재처분기준을 정하고 있는 부령을 행정규칙으로 보는 것'과는 달리 법규명령으로 보고 있다.
"(구) 여객자동차 운수사업법 시행규칙(2000.8.23. 건설교통부령 제259호로 개정되기 전의 것) 제31조 제2항 제1호, 제2호, 제6호는 (구) 여객자동차 운수사업법(2000.1.28. 법률 제6240호로 개정되기 전의 것) 제11조 제4항의 위임에 따라 시외버스운송사업의 사업계획변경에 관한 절차, 인가기준 등을 구체적으로 규정한 것으로서, 대외적인 구속력이 있는 법규명령이라고 할 것이고, 그것을 행정청 내부의 사무처리준칙을 규정한 행정규칙에 불과하다고 할 수는 없다(대판 2006.6.27, 2003두4355)."
"운전면허정지처분의 경우 면허관청으로 하여금 일정한 서식의 통지서에 의하여 처분집행일 7일 전까지 발송하도록 한 도로교통법시행규칙 제53조 제2항의 규정은 단순한 훈시규정이 아니라 법규적 효력을 가지는 규정인바 … (대판 1997.5.16, 97누2313)."

처분기준을 정하고 있는 경우로 구분하고 있다.

① 부령으로 제재처분의 기준을 정하고 있는 경우*

제재처분의 기준을 정하고 있는 부령의 법적 성질에 대하여 과거부터 판례는 그 성질에 따라 이를 행정청 내의 사무처리준칙을 규정한 것에 불과한 행정규칙으로 보는 입장이다.

그러나 이러한 '처분기준이 현저히 부당하다고 인정할 만한 합리적인 이유가 없는 한 섣불리 이러한 처분기준에 따른 처분이 재량권을 일탈·남용하였다고 판단해서는 안 된다'고 하여 당해 처분기준을 존중하여야 한다고 하고 있다.

[판례1] 제재적 행정처분이 재량권의 범위를 일탈하였거나 남용하였는지 판단하는 방법 및 제재적 행정처분의 기준이 부령의 형식으로 되어 있는 경우, 그 기준에 따른 처분이 적법한지 판단하는 방법

"[1] 제재적 행정처분이 재량권의 범위를 일탈하였거나 남용하였는지는, 처분사유인 위반행위의 내용과 위반의 정도, 처분에 의하여 달성하려는 공익상의 필요와 개인이 입게 될 불이익 및 이에 따르는 여러 사정 등을 객관적으로 심리하여 공익침해의 정도와 처분으로 개인이 입게 될 불이익을 비교·교량하여 판단하여야 한다. 이러한 제재적 행정처분의 기준이 부령 형식으로 규정되어 있더라도 그것은 행정청 내부의 사무처리준칙을 규정한 것에 지나지 않아 대외적으로 국민이나 법원을 기속하는 효력이 없다. 따라서 그 처분의 적법 여부는 처분기준만이 아니라 관계 법령의 규정 내용과 취지에 따라 판단하여야 한다. 그러므로 처분기준에 부합한다 하여 곧바로 처분이 적법한 것이라고 할 수는 없지만, 처분기준이 그 자체로 헌법 또는 법률에 합치되지 않거나 그 기준을 적용한 결과가 처분사유인 위반행위의 내용 및 관계 법령의 규정과 취지에 비추어 현저히 부당하다고 인정할 만한 합리적인 이유가 없는 한, 섣불리 그 기준에 따른 처분이 재량권의 범위를 일탈하였다거나 재량권을 남용한 것으로 판단해서는 안 된다.

[2] 구 근로자직업능력 개발법(2020.3.31. 법률 제17186호로 개정되기 전의 것, 이하 '구 직업능력개발법'이라 한다)이 직업능력개발훈련과정의 인정을 받은 사람이 '거짓이나 그 밖의 부정한 방법으로 비용을 지급받은 경우' 부정수급액의 반환명령 및 추가징수를 통한 환수 외에 '시정명령·훈련과정 인정취소·인정제한'을 할 수 있도록 규정한 취지는, 부정수급자를 엄중하게 제재하여 부정수급 행위를 방지하고 직업능력개발훈련에 대한 건전한 신뢰와 법질서를 확립하며 직업능력개발훈련 지원금 예산의 재정건전성을 유지하고자 함에 있다. 이와 같은 구 직업능력개발법 제24조 제2항, 제3항의 입법 취지나 목적, 그에 따른 인정취소 및 위탁·인정제한의 세부기준을 정한 구 근로자직

"국토의 계획 및 이용에 관한 법률 시행령(이하 '국토계획법 시행령'이라 한다) 제56조 제1항 [별표 1의2] '개발행위허가기준'은 국토계획법 제58조 제3항의 위임에 따라 제정된 대외적으로 구속력 있는 법규명령에 해당한다(대판 2023.2.2, 2020두43722)."

* 행정고시(일반행정)(2006년).

업능력 개발법 시행규칙(2020.7.14. 고용노동부령 제288호로 개정되기 전의 것) 조항들의 구체적인 내용 등에 비추어 보면, 같은 시행규칙 제8조의2 [별표 2]에서 정한 기준이 그 자체로 헌법 또는 법률에 합치되지 않는다거나 그 처분기준을 적용한 결과가 현저히 부당하다고 보이지 않는다(대판 2022.4.14, 2021두60960[인정취소처분등취소청구의소])."

[판례2] 입찰참가자격 제한기준을 정하고 있는 (구) 공기업·준정부기관 계약사무규칙 등의 법적 성질 및 입찰참가자격 제한처분이 적법한지 판단하는 방법

"공공기관운영법 제39조 제2항, 제3항에 따라 입찰참가자격 제한기준을 정하고 있는 (구) 공기업·준정부기관 계약사무규칙(2013.11.18. 기획재정부령 제375호로 개정되기 전의 것) 제15조 제2항, 국가를 당사자로 하는 계약에 관한 법률 시행규칙 제76조 제1항 [별표 2], 제3항 등은 비록 부령의 형식으로 되어 있으나 규정의 성질과 내용이 공기업·준정부기관이 행하는 입찰참가자격 제한처분에 관한 행정청 내부의 재량준칙을 정한 것에 지나지 아니하여 대외적으로 국민이나 법원을 기속하는 효력이 없으므로, 입찰참가자격 제한처분이 적법한지 여부는 이러한 규칙에서 정한 기준에 적합한지 여부만에 따라 판단할 것이 아니라 공공기관운영법상 입찰참가자격 제한처분에 관한 규정과 그 취지에 적합한지 여부에 따라 판단하여야 한다(대판 2014.11.27, 2013두18964)."

[판례3] 업종별 시설기준에 관한 구 식품위생법 시행규칙 제36조 [별표 14]에서 '유흥주점 외의 영업장에 무도장을 설치한 것'을 금지하고 있는지 여부 및 일반음식점 내 무도장의 설치·운영 행위가 위 시행규칙 조항에 정한 업종별 시설기준 위반에 해당하여 시설개수명령의 대상이 되는지 여부

"(구) 식품위생법 시행규칙(2014.3.6. 총리령 제1068호로 개정되기 전의 것, 이하 '시행규칙') 제36조 [별표 14](이하 '시행규칙 조항')에 규정된 업종별 시설기준의 위반은 시설개수명령[식품위생법(이하 '법') 제74조 제1항]이나 영업정지 및 영업소폐쇄 등(법 제75조 제1항 제6호) 행정처분의 대상이 될 뿐만 아니라 곧바로 형사처벌의 대상도 되므로(법 제97조 제4호), 업종별 시설기준은 식품위생법상 각 영업의 종류에 따라 필수적으로 요구되는 시설의 기준을 제한적으로 열거한 것이다. 그리고 시행규칙 조항은 침익적 행정행위의 근거가 되는 행정법규에 해당하므로 엄격하게 해석·적용하여야 하고 행정행위의 상대방에게 불리한 방향으로 지나치게 확장해석하거나 유추해석해서는 안 되며, 입법 취지와 목적 등을 고려한 목적론적 해석이 전적으로 배제되는 것은 아니라고 하더라도 해석이 문언의 통상적인 의미를 벗어나서는 아니 된다.

그런데 시행규칙 조항에는 일반음식점에서 손님들이 춤을 출 수 있도록 하는 시설(이하 '무도장')을 설치해서는 안 된다는 내용이 명시적으로 규정되어 있지 않고, 다만 시행규칙 제89조가 법 제74조에 따른 행정처분의 기준으로 마련한 [별표 23] 제3호 8. 라. 1)에서 위반사항을 '유흥주점 외의 영업장에 무도장을 설치한 경우'로 한 행정처분 기준을 규정하고 있을 뿐이다. 그러나 이러한 행정처분 기준은 행정청 내부의 재량준칙에 불과하므로, 재량준칙에서 위반사항의 하나로 '유흥주점 외의 영업장에 무도장을 설치한 경우'를 들고 있다고 하여 이를 위반의 대상이 된 금지의무의 근거규정이라고 해석할 수는 없다(대판 2015.7.9, 2014두47853)."

② 대통령령으로 제재처분의 기준을 정하고 있는 경우*

(i) 대법원은, 부령의 경우와는 달리, 제재처분의 기준을 정하고 있는 (구) 주택건설촉진법시행령의 법적 성질을 법규명령으로 보고 있다[판례1].

[판례1] 주택건설촉진법 제7조 제2항의 위임에 터잡아 행정처분의 기준을 정한 같은법시행령 제10조의3 제1항 [별표 1]이 법규명령에 해당하는지 여부

"이 사건 처분의 기준이 된 시행령 제10조의3 제1항 [별표 1]은 법 제7조 제2항의 위임규정에 터잡은 규정형식상 대통령령이므로 그 성질이 부령인 시행규칙이나 또는 지방자치단체의 규칙과 같이 통상적으로 행정조직 내부에 있어서의 행정명령에 지나지 않는 것이 아니라 대외적으로 국민이나 법원을 구속하는 힘이 있는 법규명령에 해당한다고 할 것이다(대법원 1995.10.17, 94누14148; 대판 1997.12.26, 97누15418).

(ii) 한편 대법원은 이와 같이 대통령령으로 정한 제재처분기준에 관하여는 그 법적 성질을 법규명령으로 보면서도, 일부 판례에서는 재량권행사의 여지를 인정하기 위하여 대통령령으로 정한 과징금처분기준을 처분의 최고한도액이라고 보고 있다[판례2].**

(구) 청소년보호법 제24조는 청소년유해업소에서의 청소년고용을 금지하고, 제49조에서는 이를 위반한 경우에는 1천만원 이하의 과징금을 부과할 수 있다고 규정하고 있었으며, 동법 시행령 제40조 별표6 제8호는 청소년고용금지의무를 위반한 때에는 과징금액을 800만원으로 규정하고 있었다. 이 사건은 청소년 2명을 유해업소에 고용하여 과징금 1,600만원 부과처분에 대하여 취소소송이 제기된 경우이다.

이 사건에서 대법원은 유흥업소에 청소년 2명을 고용한 것은 결코 가벼운 위반행위는 아니지만, 그 고용기간이 7일로 비교적 짧고 그로 인하여 얻은 이익이 실제 많지 아니하며, 원고는 동일한 위반행위로 인하여 식품위생법에 따른 15일간의 영업정지처분을 받은 점 등 제반 사정에 비추어 보면 1,600만원의 과징금을 부과한 것은 재량권의 한계를 일탈한 것으로 위법하다고 판단하면서, 시행령에 규정된 과징금의 수액을 정액이 아니라 최고한도액으로 해석하고 있다.

---

* 변호사시험(2022년), 행정고시(일반행정)(2005년), 5급공채(행정)(2016년).

** 사법시험(2006년).

[판례2] (구) 청소년보호법 제49조 제1항, 제2항의 위임에 따른 같은법시행령 제40조 [별표 6]의 위반행위의종별에따른과징금처분기준의 법적 성격(=법규명령) 및 그 과징금 수액의 의미(=최고한도액)

"(구) 청소년보호법(1999.2.5. 법률 제5817호로 개정되기 전의 것) 제49조 제1항, 제2항에 따른 같은법시행령(1999.6.30. 대통령령 제16461호로 개정되기 전의 것) 제40조 [별표 6]의 위반행위의종별에따른과징금처분기준은 법규명령이기는 하나 모법의 위임규정의 내용과 취지 및 헌법상의 과잉금지의 원칙과 평등의 원칙 등에 비추어 같은 유형의 위반행위라 하더라도 그 규모나 기간·사회적 비난정도·위반행위로 인하여 다른 법률에 의하여 처벌받은 다른 사정·행위자의 개인적 사정 및 위반행위로 얻은 불법이익의 규모 등 여러 요소를 종합적으로 고려하여 사안에 따라 적정한 과징금의 액수를 정하여야 할 것이므로 그 수액은 정액이 아니라 최고한도액이다(대판 2001.3.9, 99두5207)."

(5) 결론

법규명령형식의 행정규칙의 법적 성질은 법규명령으로 보는 적극설의 입장이 타당하다. 일단 상위 법령의 위임에 따라 제정되었고, 또한 대 국민관계에서 보더라도 법규명령이라는 법의 형식으로 제정되었으며, 일련의 법제정절차를 거쳐서 제정되는 것이라는 점에서 입법권 행사에 의미와 취지를 존중하는 것이 바람직하다.

아울러 내용이 행정규칙적인 사항을 규정한 것이라고는 하지만, 위 제재처분기준을 단지 행정의 내부적인 업무처리기준에 불과한 것으로만 보기도 어렵다. 왜냐하면 이러한 처분기준은 궁극적으로는 국민의 권리의무관계에 직접적인 영향을 미치는 것이라는 점에서 입법적 사항으로 이해될 수도 있기 때문이다. 또한 이러한 제재처분기준에는 개별적인 구체적 기준이외에도 여러 사정에 따라 가중 또는 감경할 수 있다는 일반적인 기준이 있는 경우도 있으므로, 이를 사정에 따라 탄력적으로 적용할 수 있어 재량권 행사의 여지도 있다. 따라서 상위법령의 위임에 따라 제정된 제재처분기준은 이를 법규명령으로 보아야 할 것이다.

이러한 의미에서 보면, 판례가 대통령령으로 정한 제재처분기준을 법규명령으로, 그리고 부령으로 정한 제재처분기준을 행정규칙으로 보는 것은 이해하기 어렵다. 결정적으로 판례에는 어떠한 논거에서 같은 제재처분기준을 대통령령으로 정한 경우와 부령으로 정한 경우가 차이가 있는지를 밝히지 않고 있다. 부령도 법규명령의 형식이라면, 같은 내용의 제재처분기준을 정하고 있는 부령도 법규명령으로 보는 것이 타당하다.

대법원은 또 다른 판결에서는 대통령령에 규정되어 있는 과징금의 액수를 최고한도액으로 해석하고 있는데(대판 2001.3.9, 99두5207), 이러한 판례의 입장은 처분기준을 탄력적으로 운용하여 행정의 타당성을 높이고 국민의 권리구제에도 기여할 수 있도록 하기 위함이라고 이해되어 일면 수긍이 되면서도, 다른 한편으로는 청소년보호법과 그 시행령에서 청소년에게 유해한 행위에 대한 제재의 강도를 높여서 청소년보호의 중요성을 인식시키도록 하고자 하는 입법취지를 고려하면 이와 같은 대법원의 해석으로 인하여 청소년보호법의 입법취지가 희석될 수 있다고 생각된다. 다시 말해서 청소년을 유해업소에 고용하면 과징금이 800만원이라는 규정은 그만큼 청소년보호의 중요성을 강조하기 위한 입법이었는데, 법원에서 이를 최고한도액으로 해석함으로 인하여 과징금이 '800만원 이하'로 되게 되어 결국 법원의 판단이 새로운 입법행위를 한 결과가 된다는 것이다. 이와 같은 시행령의 기준이 지나치게 과다하다 하더라도 법령의 내용을 변경하는 것과 같은 법해석보다는, 궁극적으로는 시행령을 개정하여 문제를 해결하는 것이 바람직하다.

결국 법의 형식과 내용의 불일치 문제는 법의 기능론으로 정당화하려고 노력하기보다는 내용에 맞는 법형식을 되찾는 입법적 노력으로 해결되어야 한다.

2. 행정규칙형식의 법규명령(법령보충규칙) *

행정기관이 상위법령의 위임에 따라 고시·훈령 등의 행정규칙의 형식으로 상위법령의 내용을 보충하는 경우(형식의 부족), 이러한 고시·훈령 등의 법적 성질을 행정규칙으로 볼 것인가 법규명령으로 볼 것인가 문제이다. 이러한 행정규칙을 법령보충규칙이라고 부르기도 한다. 이에 대하여는 학설이 나뉜다.

(가) 법규명령설

상위법령의 구체적 위임에 근거하여 발하여지는 것이므로 그 실질적 내용에 따라 법규명령으로 보는 견해이다.

(나) 행정규칙설

헌법이 규정하는 법규명령의 형식은 대통령령·총리령·부령으로 한정되어 있으므로, 이러한 형식이 아닌 법령보충규칙은 행정규칙으로 보아야 한다는 견해이다.

(다) 규범구체화행정규칙설

이러한 행정규칙이 법률을 구체화 또는 보충하는 기능을 지니는 경우에는 이를 규범구체화행정규칙 또는 법률대체적 행정규칙으로 부르자는 견해이다.[14)]

(라) 판례

대법원은 1987년 재산제세조사사무처리규정이라는 국세청장의 훈령을 법규명령으로 본 이래 [판례1], 행정규칙의 형식으로 제정된 것이라도 ① 상위법령의 위임이 있고 ② 상위법령의 내용을 보충하는 기능을 가지는 경우에는 법규명령으로서의 효력을 인정하고 있다.

---

* 사법시험(2008년), 행정고시(일반행정)(2007년), 행정고시(재경)(2008년), 행정고시(재경)(2010년), 입법고시(2024년), 변호사시험(2015년), 변호사시험(2019년), 변호사시험(2022년).

14) 김남진, 행정법 I, 194면.

이와 같은 대법원의 입장은 대판 1994.4.26, 93누21668(주류도매면허제도개선업무처리지침), 대판 1994.3.8, 92누1728(식품제조업허가기준), 대판 1994.3.8, 92누1728(생수판매제한고시), 대판 1996.4.12, 95누7727(노인복지지침), 대판 1998.9.25, 98두7503(주유소등록요건에관한고시), 대판 2008.3.27, 2006두3742, 3759(택지개발업무처리지침), 대판 2011.9.8, 2009두23822(산업입지의 개발에 관한 통합지침) 등 이후의 판례에서도 계속되고 있다.

헌법재판소도 헌법상 위임입법의 형식을 예시적인 것이라 하면서 대법원의 입장과 마찬가지로 법령보충규칙의 대외적 구속력을 인정하고 있다. 다만 헌법재판소는 이와 같은 행정규칙에 대한 위임입법은 제한적으로 인정될 수 있는 것이라 하였다[판례2,3].

[판례1] 행정규칙(재산제세사무처리규정)의 대외적 구속력

"상급행정기관이 하급행정기관에 대하여 업무처리지침이나 법령의 해석적용에 관한 기준을 정하여서 발하는 이른바 행정규칙은 일반적으로 행정조직 내부에서만 효력을 가질뿐 대외적인 구속력을 갖는 것은 아니지만, 법령의 규정이 특정행정기관에게 그 법령내용의 구체적 사항을 정할 수 있는 권한을 부여하면서 그 권한행사의 절차나 방법을 특정하고 있지 아니한 관계로 수임행정기관이 행정규칙의 형식으로 그 법령의 내용이 될 사항을 구체적으로 정하고 있다면 그와 같은 행정규칙, 규정은 행정규칙이 갖는 일반적 효력으로서가 아니라, 행정기관에 법령의 구체적 내용을 보충할 권한을 부여한 법령규정의 효력에 의하여 그 내용을 보충하는 기능을 갖게 된다 할 것이므로 이와 같은 행정규칙, 규정은 당해 법령의 위임한계를 벗어나지 아니하는 한 그것들과 결합하여 대외적인 구속력이 있는 법규명령으로서의 효력을 갖게 된다.

… 재산제세사무처리규정이 국세청장의 훈령형식으로 되어 있다 하더라도 이에 의한 거래지정은 소득세법시행령의 위임에 따라 그 규정의 내용을 보충하는 기능을 가지면서 그와 결합하여 대외적 효력을 발생하게 된다 할 것이므로 그 보충규정의 내용이 위 법령의 위임한계를 벗어났다는 등 특별한 사정이 없는 한 양도소득세의 실지거래가액에 의한 과세의 법령상의 근거가 된다(대판 1987.9.29, 86누484)."

[판례2] '청소년유해매체물의 표시방법'에 관한 정보통신부고시의 법적 성질

" '청소년유해매체물의 표시방법'에 관한 정보통신부고시는 청소년유해매체물을 제공하려는 자가 하여야 할 전자적 표시의 내용을 정하고 있는데, 이는 정보통신망이용촉진및정보보호등에관한법률 제42조 및 동법시행령 제21조 제2항, 제3항의 위임규정에 의하여 제정된 것으로서 국민의 기본권을 제한하는 것인바 상위법령과 결합하여 대외적 구속력을 갖는 법규명령으로 기능하고 있는 것이므로 헌법소원의 대상이 된다(헌재결 2004.1.29, 2001헌마894)."

[판례3] 법률이 고시로 위임하는 형식이 헌법에 위반되는지 여부

"헌법이 인정하고 있는 위임입법의 형식은 예시적인 것으로 보아야 할 것이고, 규율의 밀도와 규율영역의 특성에 따라 입법자의 상세한 규율이 불가능한 것으로 보이는 영역에서 행정규칙에 대한 위임입법이 제한적으로 인정될 수 있으며, (구) '음반·비디오물 및 게임물에 관한 법률' 제32조 제3호는 경품의 종류와 경품제공방식을 규율하려는 것으로 그 규율영역의 전문적·기술적 특성상 소관부처인 문화관광부의 고시로 위임함이 요구되는 사항이라고 볼 수 있으므로 법 제32조 제3호의 위임형식은 헌법에 반하지 않는다(헌재결 2009.2.26, 2005헌바94, 2006헌바30(병합) 전원재판부)."

[판례4] (구) 지방공무원보수업무 등 처리지침이 법규명령으로서의 효력을 갖는지 여부(적극)

"(구) 지방공무원보수업무 등 처리지침(2014.8.8. 안전행정부 예규 제104호로 개정되기 전의 것, 이하 '지침'이라 한다) [별표 1] '직종별 경력환산율표 해설'이 정한 민간근무경력의 호봉 산정에 관한 부분은 지방공무원법 제45조 제1항과 구 지방공무원 보수규정(2014.11.19. 대통령령 제25751호로 개정되기 전의 것) 제8조 제2항, 제9조의2 제2항, [별표 3]의 단계적 위임에 따라 행정자치부장관이 행정규칙의 형식으로 법령의 내용이 될 사항을 구체적으로 정한 것이고, 달리 지침이 위 법령의 내용 및 취지에 저촉된다거나 위임 한계를 벗어났다고 보기 어려우므로, 지침은 상위법령과 결합하여 대외적인 구속력이 있는 법규명령으로서의 효력을 갖게 된다(대판 2016.1.28, 2015두53121 [호봉정정신청거부처분취소])."

[판례5] (구) 석유 및 석유대체연료의 수입·판매부과금의 징수, 징수유예 및 환급에 관한 고시(산업자원부 고시)와 (구) 소요량의 산정 및 관리와 심사(관세청 고시)가 법규명령으로서의 효력을 가지는지 여부(적극)

"(구) 석유 및 석유대체연료 사업법령, (구) 석유 및 석유대체연료의 수입·판매부과금의 징수, 징수유예 및 환급에 관한 고시(2007.12.28. 산업자원부고시 제2007－154호로 개정되기 전의 것) 및 (구) 소요량의 산정 및 관리와 심사(2008.11.3. 관세청고시 제2008－36호로 개정되기 전의 것) 규정의 내용, 형식 및 취지 등을 종합하면, (구) 산자부 고시와 (구) 관세청 고시의 각 규정들은 '환급금의 환급기준 내지 환급의 대상·규모·방법 등'을 장관으로 하여금 정하여 고시하도록 규정한 구 석유사업법과 구 석유사업법 시행령의 위임에 따른 것으로서, 법령 규정의 내용을 보충하면서 그와 결합하여 대외적인 구속력이 있는 법규명령으로서의 효력을 가지는 것으로 보아야 한다(대판 2016.10.27, 2014두12017)."

[판례6] '2014년도 건물 및 기타물건 시가표준액 조정기준'이 법규명령으로서의 효력을 가지는지 여부(적극) 및 그중 '증·개축 건물 등에 대한 시가표준액 산출요령'의 규정들도 마찬가지인지 여부(적극)

"건축법 제80조 제1항 제2호, 지방세법 제4조 제2항, 지방세법 시행령 제4조 제1항 제1호의 내용, 형식 및 취지 등을 종합하면, '2014년도 건물 및 기타물건 시가표준액 조정기준'의 각 규정들은 일정한 유형의 위반 건축물에 대한 이행강제금의 산정기준이 되는 시가표준액에 관하여 행정자치부장관으로 하여금 정하도록 한 위 건축법 및 지방세법령의 위임에 따른 것으로서 그 법령 규정의 내용을 보충하고 있으므로, 그 법령 규정과 결합하여 대외적인 구속력이 있는 법규명령으로서의 효력을 가지고, 그중 증·개축 건물과 대수선 건물에 관한 특례를 정한 '증·개축 건물 등에 대한 시가표준액 산출요령'의 규정들도 마찬가지라고 보아야 한다(대판 2017.5.31, 2017두30764[건축이행강제금부과처분취소])."

[판례7] 금융위원회법에 따라 금융위원회가 고시한 '금융기관 검사 및 제재에 관한 규정' 제18조 제1항이 대외적으로 구속력이 있는 법규명령의 효력을 가지는지 여부(적극)

"[1] 신용협동조합법 및 시행령, 금융위원회의 설치 등에 관한 법률(이하 '금융위원회법'), 금융위원회 고시 '금융기관 검사 및 제재에 관한 규정' 등을 종합하면, 위 고시 제18조 제1항은 금융위원회법의 위임에 따라 법령의 내용이 될 사항을 구체적으로 정한 것으로서 금융위원회 법령의 위임 한계를 벗어나지 않으므로 그와 결합하여 대외적으로 구속력이 있는 법규명령의 효력을 가진다.

[2] 신용협동조합의 임직원이 고의로 중대한 위법행위를 하여 금융질서를 크게 문란시키거나 금융기관의 공신력을 크게 훼손하였다면 금융위원회법 제60조의 위임에 따라 금융위원회가 고시한 '금융기관 검사 및 제재에 관한 규정' 제18조 제1항 제1호 (가)목에서 정한 해임권고의 사유가 될 수 있다. 그가 퇴임이나 퇴직을 하였다가 다시 동일한 신용협동조합의 임원이 된 경우에도 신용협동조합법 제84조 제1항 제1호에서 정한 조치 요구의 대상이 된다고 보아야 한다. 왜냐하면 신용협동조합의 임직원이 고의로 중대한 위법행위를 저지른 후 다시 동일한 신용협동조합의 임원으로 취임한 경우 신용협동조합의 공신력을 크게 훼손할 수 있기 때문이다(대판 2019.5.30, 2018두52204[제재처분취소])."

[판례8] 고시가 법령에 근거를 두었으나 규정 내용이 법령의 위임 범위를 벗어난 경우, 법규명령으로서의 대외적 구속력을 인정할 수 있는지 여부(소극) 및 고시가 위임의 한계를 준수하고 있는지 판단하는 방법

"[1] 일반적으로 행정 각부의 장이 정하는 고시라도 그것이 특히 법령의 규정에서 특정 행정기관에 법령 내용의 구체적 사항을 정할 수 있는 권한을 부여함으로써 법령 내용을 보충하는 기능을 가

질 경우에는 형식과 상관없이 근거 법령 규정과 결합하여 대외적으로 구속력이 있는 법규명령으로서의 효력을 가지나 이는 어디까지나 법령의 위임에 따라 법령 규정을 보충하는 기능을 가지는 점에 근거하여 예외적으로 인정되는 효력이므로 특정 고시가 비록 법령에 근거를 둔 것이더라도 규정 내용이 법령의 위임 범위를 벗어난 것일 경우에는 법규명령으로서의 대외적 구속력을 인정할 여지는 없다.

그리고 특정 고시가 위임의 한계를 준수하고 있는지를 판단할 때에는, 법률 규정의 입법 목적과 규정 내용, 규정의 체계, 다른 규정과의 관계 등을 종합적으로 살펴야 하고, 법률의 위임 규정 자체가 의미 내용을 정확하게 알 수 있는 용어를 사용하여 위임의 한계를 분명히 하고 있는데도 고시에서 문언적 의미의 한계를 벗어났다든지, 위임 규정에서 사용하고 있는 용어의 의미를 넘어 범위를 확장하거나 축소함으로써 위임 내용을 구체화하는 단계를 벗어나 새로운 입법을 한 것으로 평가할 수 있다면, 이는 위임의 한계를 일탈한 것으로서 허용되지 아니한다.

[2] (구) 화물자동차 운수사업법(2015.6.22. 법률 제13382호로 개정되기 전의 것, 이하 '(구) 화물자동차법')이 정한 … 유가보조금제도의 목적과 관련 규정의 취지 등에 비추어 보면, 구 화물자동차법 제43조 제2항 후단의 위임에 따라 국토교통부장관이 유가보조금 지급대상에서 제외되는 것으로 정할 수 있는 사유는, (구) 화물자동차법 등 관계 법령에 따른 적법한 화물자동차 운행으로 볼 수 없거나 또는 유가보조금의 지급과 관련하여 부정이 개입된 경우 등과 같이 유가보조금제도의 목적에 반하는 사유에 국한되고, 이와 달리 국토교통부장관이 유가보조금제도의 목적에 반하지 아니하거나 유가보조금제도와 무관한 사유를 지급대상에서 제외되는 사유로 정하였다면, 이는 (구) 화물자동차법의 위임 범위를 벗어났다고 보아야 한다(대판 2016.8.17, 2015두51132)."

㈐ 실정법 규정

① 행정규제기본법

행정규제기본법은 제4조 제2항 본문에서 "규제는 법률에 직접 규정하되, 규제의 세부적인 내용은 법률 또는 상위법령에서 구체적으로 범위를 정하여 위임한 바에 따라 대통령령·총리령·부령 또는 조례·규칙으로 정할 수 있다."고 하여 규제법정주의를 원칙으로 규정하면서도, 단서에서 "다만, 법령에서 전문적·기술적 사항이나 경미한 사항으로서 업무의 성질상 위임이 불가피한 사항에 관하여 구체적으로 범위를 정하여 위임한 경우에는 고시 등으로 정할 수 있다."고 하여 예외적으로 제한된 범위 내에서 법령이 고시에 입법사항을 위임하는 것을 인정하고 있다.

② 행정기본법

행정에 관한 기본법으로 2021년 제정된 행정기본법은 정의규정에서 "법령등"을 정의하면서, '법령'에 법률, 법규명령 이외에 '감사원규칙'과 '법령의 위임을 받아 중앙행정기관의 장이 정한 훈령·예규 및 고시 등 행정규칙'을 포함시키고 있다(행정기본법 2 1호 가목). 전자는 감사원·공정거래위원회·금융위원회 등과 같은 독립위원회의 -헌법이 아닌- 법률에 근거한 규칙의 대외적 구속력이 문제되는 경우이고, 후자는 위에서 언급한 법령보충규칙의 문제이다. 행정기본법이 이와 같이 다수설이나 판례에서 대외적 구속력을 인정하는 행정규칙도 '법령'에 포함시킨 이유는 이들이 행정의 실제에 있어서 법령으로 작용하고 있는 현실을 고려하였기 때문인 것으로 이해된다.

(바) 결론

원론적인 관점에서 보면, 법규명령으로 정할 사항을 행정규칙으로 정하는 것은 법규명령에 일정한 법형식을 요구하고 일련의 제정절차와 형식을 준수하도록 하는 헌법 및 관련 법률의 입법취지에 반하는 것이므로 결코 바람직한 현상은 아니다.

그러나 다른 한편으로는 이와 같은 법령보충규칙은 상위법령의 위임에 따라 제정되는 것이고, 그 규정내용이 법령에서 정하기 곤란한 사항들을 정하고 있는 것이라면, 이러한 정도의 제한된 범위 내에서 대외적 구속력을 인정하여야 할 현실적인 필요성이 인정된다고 생각된다. 또한 법령보충규칙은 입법의 불비로 인한 행정의 공백을 방지하는 순기능도 있다고 할 것이다. 이러한 점에서 법원 및 헌법재판소의 입장이 잘못되었다고 할 수는 없다. 다만 이와 같은 예외는 현실적으로만 인정하면 되는 것으로, 이를 행정기본법상 '법령'의 범주에까지 포함시켜 정의하는 것이 바람직한 것인지는 여전히 논란이 있다고 생각된다.

아무튼 법령보충규칙은 제한된 범위 내에서 예외적으로 인정되는 법규명령이라는 점에서 위임입법으로서의 한계를 엄격히 준수하여야 한다.

Ⅳ. 행정규칙의 법적 성질*

1. 법적 성질의 문제

행정규칙의 법적 성질의 문제를 대다수의 문헌들은 '행정규칙이 법규성을 가지는가'의 문제로 설명하고 있다. 그런데, 이미 살펴본 바와 같이, 이와 같은 표현은 법규의 개념을 어떻게 이해하는가에 따라 달라질 수 있어 문제이다.

법규(Rechtsatz)라는 개념은 법규범(Rechtsnorm)보다 넓은 개념으로, 법규범은 행정외부에 구속력이 미치는 외부법만을 의미하지만, 법규는 외부법과 내부법을 모두 포함하는 개념으로 사용된다. 혹자는 이와 같은 법규 개념을 광의의 법규개념이라고 설명하고 있다. 이러한 개념에 따르면 행정규칙은 행정내부에서 조직의 운영이나 업무처리지침 등을 규율하는 행정내부법으로서 법규이지만 법규범은 아니다. 그러나 대부분의 국내문헌은 이와 같은 법규의 개념을 외부법만을 의미하는 것으로 이해하고 있다. 이를 협의의 법규개념이라고 부르기도 한다. 이러한 입장에 따르면 행

* 입법고시(2002년).

정규칙은 법규가 아니다.

이와 같이 법규의 개념을 어떻게 이해하느냐에 따라 행정규칙의 법규성이 인정될 수도 있고 부인될 수도 있다. 그런데 이와 같은 법규성 문제는 사실상 행정규칙이 행정외부를 구속하느냐, 즉 대외적인 구속력이 있는가 하는 문제이므로, 혼란을 피하기 위해서 행정규칙의 법적 성질 문제는 대외적 구속력의 인정 여부로 이해하기로 한다. 아래에서는 행정규칙의 법적 성질에 관한 학설과 판례를 검토한다.

2. 학설

(1) 비법규설

19세기 독일에서의 법규 개념은 독립한 법인격 간의 관계를 규율하는 것으로 이해되었고, 이에 따라 행정내부를 규율하는 행정규칙은 법규로서의 성질이 부인되었다.

(2) 법규설

① 내부법으로서의 법규성을 인정하는 견해

오늘날 독일에서는 법규에 대한 개념을 외부법과 내부법을 포함하는 넓은 개념으로 이해하고, 행정외부에 대하여 구속력이 있는 외부법은 법규범이라고 이해하고 있다. 이러한 입장에 따르면 행정규칙은 행정내부를 규율하는 내부법으로서 법규성이 인정되지만, 대외적 구속력이 없으므로 법규범은 아니다.

이 견해의 이해와 표현에 의하면 행정규칙의 대외적 구속력을 부인하는 우리나라의 전통적인 학설의 입장은 행정규칙의 법규범으로서의 성질을 부인하는 것이 된다. 용어의 차이는 있지만, 행정규칙의 법적 성질에 있어 이 견해 또한 우리의 전통적인 견해와 같은 입장이다.

② 외부법으로서의 법규성을 인정하는 견해

이 견해는 독일 오쎈뷜(Ossenbühl) 등의 견해로 행정부도 입법부의 위임과는 관계없이 시원적인 행정입법권을 가질 수 있으며, 이러한 시원적 행정입법권의 행사를 통하여 대외적 구속력을 갖는 행정규칙을 제정할 수 있다는 것이다. 오쎈뷜은 재량준칙은 행정의 고유한 영역에서 행정의 독자적인 입법권에 근거하여 정립되는 것으로서 외부에 대하여 직접 효력을 발생한다고 한다. 그러나 이 설에 대해서는 권력분립의 원칙상 이와 같은 예외는 헌법이 명시적으로 인정하는 경우에만 허용된다는 비판이 있다.[15)]

---

15) 김동희/최계영, 행정법Ⅰ, 178면 이하.

(3) 준법규설

행정규칙 중 재량준칙은 행정의 자기구속의 원칙을 매개로 하여 간접적으로 외부적 효력이 인정된다는 견해이다. 즉 행정청은 헌법상 평등원칙에 따라 재량준칙의 오랜 적용으로 인하여 형성된 관행에 스스로 구속되므로 이러한 관행에 반하는 처분을 하면 위법한 처분이 되는데, 이로써 재량준칙이 평등원칙을 매개로 하여 대외적으로 법적 효력을 가지게 된다는 것이다.

그러나 이 경우는 행정규칙 그 자체가 대외적 구속력이 있는 법으로 전환되는 것이 아니라, 평등원칙 또는 자기구속의 원칙을 위반하였기 때문에 위법이 되는 것이다. 따라서 행정규칙의 법적 성질이 바뀌는 것은 아니다. 이러한 점에서 준법규설을 비법규설의 일종으로 보기도 한다.[16)]

3. 판례 *

① 판례의 기본적인 입장은 행정규칙의 대외적 구속력을 인정하지 않는다. 대법원은 훈령, 법령의 위임 없이 정한 규칙, 재량준칙 등의 행정규칙의 대외적 구속력을 부인하였고 법률에 의하여 보장된 행정청의 재량권을 기속한다고 할 수 없다고 하고 있다[판례1].

② 그렇지만 위에서 검토한 바와 같이, 판례는 상위법령의 위임에 의하여 상위법령을 보충하는 내용의 법령보충규칙의 경우에는 그 법적 성질을 법규명령으로 보아 대외적 구속력을 인정하고 있다.

다만 공정거래법상 과징금의 부과기준(대통령령)에 대한 세부적 기준을 정하고 있는 고시의 경우는 법령의 위임이 있더라도 재량준칙으로 보고 있다. 그러나 이 경우에도 재량준칙이 객관적 합리성을 결여했다는 등의 특별한 사정이 없는 이상 가급적 이를 존중하여야 한다고 하고 있다 [판례2].

③ 헌법재판소와 대법원은 평등원칙, 신뢰보호원칙, 행정의 자기구속의 원칙 등을 매개로 행정규칙의 대외적인 구속력을 인정하기도 한다[판례3].

[판례1] (구) 국립묘지안장대상심의위원회 운영규정의 법적 성격(=행정규칙)

"(구) 국립묘지안장대상심의위원회 운영규정(2010.12.29. 국가보훈처 훈령 제956호로 개정되기 전의 것)은 국가보훈처장이 심의위원회의 운영에 관하여 (구) 국립묘지의 설치 및 운영에 관한 법률(2011.8.4. 법률 제11027호로 개정되기 전의 것) 및 시행령에서 위임된 사항과 그 시행에 필요한 사항을 규정함을 목적으로 하여 국가보훈처 훈령으로 제정된 것으로서, 영예성 훼손 여부 등에 관한 판단의 기준을 정한 행정청 내부의 사무처리준칙이다(대판 2013.12.26, 2012두19571)."

---

* 5급공채(행정)(2023년).

16) 홍정선, 행정법원론(상), 280면.

[판례] 한국수력원자력 주식회사의 '공급자관리지침' 중 등록취소 및 그에 따른 일정 기간의 거래제한조치에 관한 규정들이 대외적 구속력이 없는 행정규칙인지 여부(적극)

"공공기관운영법이나 그 하위법령은 공기업이 거래상대방 업체에 대하여 공공기관운영법 제39조 제2항 및 공기업·준정부기관 계약사무규칙 제15조에서 정한 범위를 뛰어넘어 추가적인 제재조치를 취할 수 있도록 위임한 바 없다. 따라서 한국수력원자력 주식회사가 조달하는 기자재, 용역 및 정비공사, 기기수리의 공급자에 대한 관리업무 절차를 규정함을 목적으로 제정·운용하고 있는 '공급자관리지침' 중 등록취소 및 그에 따른 일정 기간의 거래제한조치에 관한 규정들은 공공기관으로서 행정청에 해당하는 한국수력원자력 주식회사가 상위법령의 구체적 위임 없이 정한 것이어서 대외적 구속력이 없는 행정규칙이다(대판 2020.5.28, 2017두66541[공급자등록취소무효확인등청구])."

[판례] 행정처분이 내부지침 등의 규정에 위배된다는 이유만으로 처분이 위법한지 및 내부지침 등에서 정한 요건에 부합한다고 하여 처분이 반드시 적법한지 여부(소극) / 이때 처분의 적법 여부를 판단하는 기준

"행정처분이 법규성이 없는 내부지침 등의 규정에 위배된다고 하더라도 그 이유만으로 처분이 위법하게 되는 것은 아니고, 또 내부지침 등에서 정한 요건에 부합한다고 하여 반드시 그 처분이 적법한 것이라고 할 수도 없다. 처분의 적법 여부는 그러한 내부지침 등에서 정한 요건에 합치하는지 여부가 아니라 일반 국민에 대하여 구속력을 가지는 법률 등 법규성이 있는 관계 법령의 규정을 기준으로 판단하여야 한다.

(구) 교육과학기술부가 교원자격검정 관련 업무의 시행을 위하여 만든 '2013년도 교원자격검정 실무편람'에는 중등학교 정교사(1급) 자격기준과 관련하여 "현직교원만 취득 가능(기간제 불가)"이라고 기재되어 있으나(이하 '이 사건 규정'이라고 한다), 이는 법령의 위임 없이 교원자격검정 업무와 직접적인 관련이 없는 사항인 '정교사(1급) 자격기준'을 제한하고 있다. 나아가 이 사건 규정은 행정청 내의 사무처리준칙으로서 행정조직 내부지침의 성격을 지닐 뿐 대외적인 구속력을 가진다고 볼 수 없다(대판 2018.6.15, 2015두40248[정교사1급자격증발급신청거부처분취소])."

[판례] 행정규칙이 대외적으로 국민이나 법원을 구속하는 효력이 있는지 여부(원칙적 소극) 및 행정기관의 재량에 속하는 사항에 관한 행정규칙의 경우, 법원은 이를 존중해야 하는지 여부(원칙적 적극)

"행정기관이 소속 공무원이나 하급행정기관에 대하여 세부적인 업무처리절차나 법령의 해석·적용 기준을 정해 주는 '행정규칙'은 상위법령의 구체적 위임이 있지 않는 한 조직 내부에서만 효력을 가질 뿐 대외적으로 국민이나 법원을 구속하는 효력이 없다. 행정규칙이 이를 정한 행정기관의 재량에 속하는 사항에 관한 것인 때에는 그 규정 내용이 객관적 합리성을 결여하였다는 등의 특별한

사정이 없는 한 법원은 이를 존중하는 것이 바람직하다(대판 2020.5.28, 2017두66541[공급자등록취소무효확인등청구])."

[판례] 처분이 행정규칙에 적합한지 여부에 따라 처분의 적법 여부를 판단할 수 있는지 여부(소극)

"(임시이사 체제로 운영되던 학교법인에 관할청이 한 정식이사 선임 처분에 대하여 종전 정식이사가 그 처분의 취소를 구하는 사건에서) 행정기관 내부의 업무처리지침이나 법령의 해석·적용 기준을 정한 행정규칙은 특별한 사정이 없는 한 대외적으로 국민이나 법원을 구속하는 효력이 없다. 처분이 행정규칙을 위반하였다고 해서 그러한 사정만으로 곧바로 위법하게 되는 것은 아니고, 처분이 행정규칙을 따른 것이라고 해서 적법성이 보장되는 것도 아니다. 처분이 적법한지는 행정규칙에 적합한지 여부가 아니라 상위법령의 규정과 입법 목적 등에 적합한지 여부에 따라 판단해야 한다(대판 2019.7.11, 2017두38874 등 참조)(대판 2021.10.14, 2021두39362[정이사 선임처분 취소])."

[법규명령, 행정규칙, 개발행위허가, 처분시 적용법령]

[판례] [1] 국토의 계획 및 이용에 관한 법률 시행령 제56조 제4항에 따라 국토교통부장관이 국토교통부 훈령으로 정한 '개발행위허가운영지침'의 법적 성격(=행정규칙) 및 대외적 구속력이 있는지 여부(소극) / 위 지침에 따라 이루어진 행정처분이 적법한지 판단하는 기준

[2] 국토의 계획 및 이용에 관한 법률 제56조 제1항에 따른 개발행위허가요건에 해당하는지 여부가 행정청의 재량판단 영역에 속하는지 여부(적극) 및 그에 대한 사법심사의 대상과 판단 기준 / 행정규칙이 행정기관의 재량에 속하는 사항에 관한 것인 경우, 법원은 이를 존중해야 하는지 여부(원칙적 적극)

[3] 행정처분의 근거 법령이 개정된 경우, 처분의 기준이 되는 법령 / 행정청이 신청을 수리한 후 정당한 이유 없이 처리를 지연하여 그 사이에 법령 및 보상 기준이 변경된 경우, 그 변경된 법령 및 보상 기준에 따라서 한 처분이 위법한지(적극) 및 이때 정당한 이유 없이 처리를 지연하였는지 판단하는 방법

"[1] 국토계획법 시행령 제56조 제1항 [별표 1의2] '개발행위허가기준'은 국토계획법 제58조 제3항의 위임에 따라 제정된 대외적으로 구속력 있는 법규명령에 해당한다. 그러나 국토계획법 시행령 제56조 제4항은 국토교통부장관이 제1항의 개발행위허가기준에 대한 '세부적인 검토기준'을 정할 수 있다고 규정하였을 뿐이므로, 그에 따라 국토교통부장관이 국토교통부 훈령으로 정한 '개발행위허가운영지침'은 국토계획법 시행령 제56조 제4항에 따라 정한 개발행위허가기준에 대한 세부적인 검토기준으로, 상급행정기관인 국토교통부장관이 소속 공무원이나 하급행정기관에 대하여 개발행위허가업무와 관련하여 국토계획법령에 규정된 개발행위허가기준의 해석·적용에 관한 세부 기준을 정하여 둔 행정규칙에 불과하여 대외적 구속력이 없다. 따라서 행정처분이 위 지침에 따라 이루어

졌더라도, 해당 처분이 적법한지는 국토계획법령에서 정한 개발행위허가기준과 비례 · 평등원칙과 같은 법의 일반원칙에 적합한지 여부에 따라 판단해야 한다(대판 2019.7.11, 2017두38874, 대판 2020.8.27, 2019두60776 등 참조).

[2] 국토의 계획 및 이용에 관한 법률(이하 '국토계획법'이라 한다) 제56조 제1항에 따른 개발행위허가요건에 해당하는지 여부는 행정청의 재량판단의 영역에 속하므로, 그에 대한 사법심사는 행정청의 공익판단에 관한 재량의 여지를 감안하여 원칙적으로 재량권의 일탈이나 남용이 있는지 여부만을 대상으로 하고, 사실오인과 비례 · 평등의 원칙 위반 여부 등이 그 판단 기준이 된다(대법원 2017.3.15, 선고 2016두55490 판결 등 참조). 또한 행정규칙이 이를 정한 행정기관의 재량에 속하는 사항에 관한 것인 때에는 그 규정 내용이 객관적 합리성을 결여하였다는 등의 특별한 사정이 없는 한 법원은 이를 존중하는 것이 바람직하다(대판 2019.1.10, 2017두43319 및 앞서 본 대판 2020.8.27, 2019두60776 참조)(대판 2023.2.2, 2020두43722[건축허가신청불허가처분취소])."

[판례2] '위반사업자 또는 그 소속 임원 · 종업원이 위반행위 조사를 거부 · 방해 또는 기피한 경우' 과징금을 가중할 수 있도록 규정한 구 과징금부과 세부기준 등에 관한 고시 Ⅳ. 3. 나. (4)항의 법적 근거 및 법적 성질(=재량준칙) / 위 고시조항이 가급적 존중되어야 하는지 여부(적극)

"구 독점규제 및 공정거래에 관한 법률(2017.4.18. 법률 제14813호로 개정되기 전의 것) 제55조의3 제1항, 제5항, 구 독점규제 및 공정거래에 관한 법률 시행령(2016.3.8. 대통령령 제27034호로 개정되기 전의 것) 제61조 제1항 [별표 2] 제2호 (다)목, 제3호의 문언 · 내용과 체계에 따르면, 독점규제 및 공정거래에 관한 법령은 과징금 산정에 필요한 참작사유를 포괄적 · 예시적으로 규정하면서 구체적인 고려사항과 세부기준은 공정거래위원회의 고시에 위임하고 있음을 알 수 있다. 공정거래위원회가 구 과징금부과 세부기준 등에 관한 고시(2013.6.5. 공정거래위원회 고시 제2013－2호로 개정되기 전의 것) Ⅳ. 3. 나. (4)항('고시조항')에서 2차 조정을 위한 가중사유로 "위반사업자 또는 그 소속 임원 · 종업원이 위반행위 조사를 거부 · 방해 또는 기피한 경우"를 정한 것은 위와 같은 법령의 규정과 위임에 근거를 두고 있다.

한편 공정거래위원회는 독점규제 및 공정거래에 관한 법령상 과징금 상한의 범위에서 과징금 부과 여부와 과징금 액수를 정할 재량을 가지고 있다. 위 고시조항은 과징금 산정에 관한 재량권 행사의 기준으로 마련된 행정청 내부의 사무처리준칙, 즉 재량준칙이다. 이러한 재량준칙은 그 기준이 헌법이나 법률에 합치되지 않거나 객관적으로 합리적이라고 볼 수 없어 재량권을 남용한 것이라고 인정되지 않는 이상 가급적 존중되어야 한다(대판 2020.11.12, 2017두36212[과징금납부명령취소])."

[판례] (구) '부당한 공동행위 자진신고자 등에 대한 시정조치 등 감면제도 운영고시'의 법적 성질(=재량준칙) 및 이를 위반한 행정처분이 위법하게 되는 경우

"(구) '부당한 공동행위 자진신고자 등에 대한 시정조치 등 감면제도 운영고시'(2009.5.19. 공정

거래위원회 고시 제2009-9호로 개정되기 전의 것) 제16조 제1항, 제2항은 그 형식 및 내용에 비추어 재량권 행사의 기준으로 마련된 행정청 내부의 사무처리준칙 즉 재량준칙이라 할 것이고, … 이러한 재량준칙은 일반적으로 행정조직 내부에서만 효력을 가질 뿐 대외적인 구속력을 갖는 것은 아니므로 행정처분이 이를 위반하였다고 하여 그러한 사정만으로 곧바로 위법하게 되는 것은 아니고, 다만 그 재량준칙이 정한 바에 따라 되풀이 시행되어 행정관행이 이루어지게 되면 평등의 원칙이나 신뢰보호의 원칙에 따라 행정기관은 상대방에 대한 관계에서 그 규칙에 따라야 할 자기구속을 받게 되므로, 이러한 경우에는 특별한 사정이 없는 한 그에 반하는 처분은 평등의 원칙이나 신뢰보호의 원칙에 어긋나 재량권을 일탈·남용한 위법한 처분이 된다(대판 2013.11.14, 2011두28783)."

[판례3] 행정의 자기구속의 원칙에 의하여 대외적인 구속력을 인정한 결정

"행정규칙은 일반적으로 행정조직 내부에서만 효력을 가지는 것이나, 행정규칙이 법령의 규정에 의하여 행정관청에 법령의 구체적 내용을 보충할 권한을 부여한 경우나 재량권행사의 준칙인 규칙이 그 정한 바에 따라 되풀이 시행되어 행정관행이 이룩되게 되면, 평등의 원칙이나 신뢰보호의 원칙에 따라 행정기관은 그 상대방에 대한 관계에서 그 규칙에 따라야 할 자기구속을 당하게 되는 경우에는 대외적인 구속력을 가지게 되는바, 이러한 경우에는 헌법소원의 대상이 될 수도 있다(헌재결 2001.5.31, 99헌마413 전원재판부)."

[판례] 공기업·준정부기관 내부의 재량준칙에 반하는 행정처분이 위법하게 되는 경우

"공공기관운영법 제39조 제2항, 제3항에 따라 입찰참가자격 제한기준을 정하고 있는 (구) 공기업·준정부기관 계약사무규칙(2013.11.18. 기획재정부령 제375호로 개정되기 전의 것) 제15조 제2항, 국가를 당사자로 하는 계약에 관한 법률 시행규칙 제76조 제1항 [별표 2], 제3항 등은 비록 부령의 형식으로 되어 있으나 규정의 성질과 내용이 공기업·준정부기관(이하 '행정청'이라 한다)이 행하는 입찰참가자격 제한처분에 관한 행정청 내부의 재량준칙을 정한 것에 지나지 아니하여 대외적으로 국민이나 법원을 기속하는 효력이 없다 … 다만 그 재량준칙이 정한 바에 따라 되풀이 시행되어 행정관행이 이루어지게 되면 평등의 원칙이나 신뢰보호의 원칙에 따라 행정청은 상대방에 대한 관계에서 그 규칙에 따라야 할 자기구속을 받게 되므로, 이러한 경우에는 특별한 사정이 없는 한 그에 반하는 처분은 평등의 원칙이나 신뢰보호의 원칙에 어긋나 재량권을 일탈·남용한 위법한 처분이 된다(대판 2014.11.27, 2013두18964)."

4. 결론

(i) 법규명령은 입법적 사항을 정한 것으로서 대외적 구속력이 인정되지만, 행정규칙은 '상위법령의 위임과 관계없이' 행정 스스로 '행정내부적인 사항'을 정한 것이므로 원칙적으로는 대외적

구속력이 인정되지 않는다고 보아야 한다.

(ii) 다만 판례는 법률유보가 어려운 영역에서 '상위법령의 위임'에 따라 '입법적 사항'을 규율하고 있는 법령보충규칙의 경우 법규명령으로서의 성질을 인정하고 있다. 그러나 법규명령이든 법령보충규칙이든 —그 내용이 입법적 사항인가 행정내부적 사항인가에 관계없이— 상위법령의 위임이 없으면 —법규명령이 아니라— 행정규칙으로 보고 있다.

(iii) 한편 판례는 '제재처분(또는 과징금 부과처분)의 구체적 기준'을 정하고 있는 경우에는 그 기준이 상위법령의 위임에 따른 것이라 하더라도 부령의 형식이든 고시 등 행정규칙의 형식이든 모두 행정규칙으로 보고 있다. 이는 '구체적인 제재기준(예: 영업정지 2개월, 과징금 600만원 등)'을 '법규범'으로 보는 경우 행정에서나 재판에서나 이 기준을 완화 또는 강화하여야 하는 구체적 사정이 있어도 이를 고려할 수 없게 된다는 문제(예: 정지기간 2개월이 과도하다고 판단되더라도 기준에 따른 처분을 위법하다고 볼 수 없는 문제) 때문이라고 판단된다.

(iv) 이상과 같이 현실적으로 행정입법은 관념대로만 실현되기 어려운 측면이 있는 것을 부인할 수는 없으나, 그래도 그 내용이 입법적 사항인지 행정내부적 사항인지에 따라 이에 맞는 법형식을 맞추는 입법적 개선은 필요하다.

V. 행정규칙의 효력*

1. 내부적 효력

행정규칙은 행정조직내부에서 행정권의 고유권한 또는 상급기관이 하급기관에 대하여 가지는 지휘·감독권에 근거하여 제정하는 명령이므로 행정내부를 구속하는 효력을 가진다(내부법). 따라서 행정규칙의 수범자는 직무상 복종의무에 따라 행정규칙을 준수하고 이를 적용하여야 한다.

법규명령은 발령기관뿐 아니라 상대방도 구속하는 양면적 구속력이 있으나, 행정규칙은 그 상대방만을 구속하는 일방적·편면적(片面的) 구속력을 가지므로, 발령기관은 이에 구속되지 않는다.

행정규칙에는 작용법적인 근거는 요구되지 않지만, 조직법적인 근거는 필요하다. 따라서 행정규칙의 효력범위는 행정조직법상 지휘·감독권 또는 소관사무의 범위와 일치한다.

2. 외부적 효력

(1) 원칙

행정규칙은 대외적 구속력이 인정되지 않는 것이 원칙이다. 이미 설명한 바와 같이 판례의 기본적인 입장도 이와 같다. 다만 이른바 법령보충규칙의 경우 판례는 법규명령으로서의 성질을 인

* 행정고시(일반행정)(2009년).

정하고 있다.

(2) 예외: 간접적인 대외적 구속력의 인정

이는 주로 재량준칙과 관련하여 논의되는 문제인데, 행정규칙은 원칙적으로 대외적 구속력이 없지만, 예외적으로 평등원칙, 신뢰보호원칙 등을 매개로 하여 간접적으로 대외적 구속력이 인정되기도 한다는 것이 지배적인 견해이다.

다만 여기에서 주의할 점은 행정규칙이 평등원칙 등을 매개로 법규명령으로 전환되기 때문에 행정규칙위반이 위법하게 되는 것이 아니라, 행정규칙위반이 평등원칙 등을 위반한 것이 되어 위법하게 된다는 점이다.

Ⅵ. 행정규칙의 성립·적법·발효요건

행정규칙도 행정작용이므로 법치행정의 원리에 따라 적법요건을 갖추어야 한다.

1. 주체

행정규칙은 행정조직법상 정당한 권한 있는 기관이 직무명령에 따를 의무가 있는 기관이나 그 구성원에 대하여 발하여야 한다.

2. 내용

① 행정규칙은 법령 또는 상위 행정규칙에 반하지 않아야 한다(법률우위). ② 그러나 행정규칙은 행정의 고유권한 또는 상급기관의 지휘·감독권에 근거하여 제정하는 것이므로 법률의 수권을 요하지 않는다. ③ 그렇지만 행정작용이라는 점에서 행정규칙은 비례원칙 등의 행정법의 일반원칙을 준수하여야 한다. 따라서 행정규칙이 그 복종의무의 한계를 넘어서 수명자에 대하여 필요이상으로 자유를 제한하는 내용을 규정할 수 없다. ④ 그 밖에도 행정규칙은 그 내용이 명확하고 실현가능하여야 한다.

3. 형식·절차

행정규칙은 요식행위는 아니지만, 일반적으로 법조의 형식으로 문서로써 발한다. 행정규칙의 제정과 관련된 일반적 규정은 없지만, 제정과 관련된 개별법령상의 절차규정이 있으면 이를 거쳐야 한다. 예컨대 행정규칙이 국민의 국민생활에 큰 영향을 주는 경우에는 행정예고절차(행정절차법 46)를 거쳐야 한다.

4. 성립·발효요건

행정규칙은 원칙적으로 대외적 구속력이 없으므로 공포절차를 성립요건으로 하지 않는다. 따라서 특별히 규정이 없는 한, 수명기관에 도달된 때부터 구속력을 발생한다.

Ⅶ. 행정규칙의 흠과 그 효과

행정규칙이 적법요건을 갖추지 못하면 하자있는 행정규칙이 된다. 하자있는 행정규칙은 위법한 행정규칙으로서 그 효과는 무효이다. 이미 법규명령 편에서 설명한 바와 같이, 행정규칙과 같은 일반·추상적 행정작용은 항고소송의 대상이 되지 못하므로 하자의 효과로는 무효만 존재한다.

> [판례] 상위법령이나 법의 일반원칙을 위반한 행정규칙의 효력(당연무효) 및 이 경우 법원이 위 행정규칙에 따라 행정기관이 한 조치의 당부를 판단하는 방법
>
> "행정규칙의 내용이 상위법령이나 법의 일반원칙에 반하는 것이라면 법치국가원리에서 파생되는 법질서의 통일성과 모순금지 원칙에 따라 그것은 법질서상 당연무효이고, 행정내부적 효력도 인정될 수 없다. 이러한 경우 법원은 해당 행정규칙이 법질서상 부존재하는 것으로 취급하여 행정기관이 한 조치의 당부를 상위법령의 규정과 입법 목적 등에 따라서 판단하여야 한다(대판 2019.10.31, 2013두20011[공무원지위확인]; 대판 2020.5.28, 2017두66541[공급자등록취소무효확인등청구])."

Ⅷ. 행정규칙의 통제 *

1. 행정적 통제

상급행정청은 감독권행사를 통하여 하급행정청의 행정규칙을 통제할 수 있다. 법규명령과 마찬가지로 법제처장의 행정법제 개선조치권고(행정기본법 39, 동법 시행령 14 ③), 중앙행정심판위원회의 법령개선요청권(행심법 59), 국민권익위원회의 법령개선권고와 의견표명(부패방지권익위법 28 ①, 47)도 행정규칙에 대한 행정적 통제수단이 될 수 있다.

2. 정치적 통제

행정규칙은 원칙적으로 행정내부를 규율하는 것이라는 점에서 정부불신임·탄핵·예산심의 등의 간접통제나 국회의 동의·승인권 유보 등의 직접통제가 인정되지 않는다. 다만 국정감사와 조

* 행정고시(재경)(2007년).

사를 통하여 통제할 수는 있을 것이다. 또한 국회법 제98조의2의 국회제출절차는 행정규칙에도 적용되므로, 훈령·예규·고시 등이 제정·개정 또는 폐지되었을 때에는 10일 이내에 이를 국회 소관 상임위원회에 제출하여야 한다.

그 밖에도 청원·압력단체의 활동·여론 등의 국민적 통제방식도 생각해 볼 수 있다.

3. 사법적 통제*

전통적인 견해에 의하면, 행정규칙은 행정내부에서만 효력을 가지는 것일 뿐 대외적 구속력, 재판규범성, 처분성이 모두 부인되므로, 행정규칙에 대한 사법적 통제는 불가능하다.

그러나 행정규칙에 예외적으로 대외적 구속력이 인정되는 경우에는 법원은 이를 재판기준으로 삼을 수 있고, 따라서, 법규명령의 경우와 마찬가지로, 이에 대한 사법적 통제가 가능함은 물론이다.

한편 행정규칙이 기본권을 침해하는 경우 헌법소원의 대상이 될 수 있는가 하는 것이 문제가 될 수 있는데, 이에 대하여 헌법재판소는 원칙적으로 행정규칙은 행정내부적인 지침에 불과한 것으로서 헌법소원의 대상이 되지 않으나, 법령보충규칙의 경우이거나 또는 평등원칙이나 신뢰보호원칙을 매개로 한 재량준칙의 경우는 대외적 구속력을 인정하면서 이러한 행정규칙은 헌법소원의 대상이 된다고 하고 있다.

[판례] 행정규칙의 헌법소원 대상성

"행정규칙은 일반적으로 행정조직 내부에서만 효력을 가지는 것이나, 행정규칙이 법령의 규정에 의하여 행정관청에 법령의 구체적 내용을 보충할 권한을 부여한 경우나 재량권행사의 준칙인 규칙이 그 정한 바에 따라 되풀이 시행되어 행정관행이 이룩되게 되면, 평등의 원칙이나 신뢰보호의 원칙에 따라 행정기관은 그 상대방에 대한 관계에서 그 규칙에 따라야 할 자기구속을 당하게 되는 경우에는 대외적인 구속력을 가지게 되는바, 이러한 경우에는 헌법소원의 대상이 될 수도 있다.

경기도교육청의 1999.6.2.자 「학교장·교사 초빙제 실시」는 학교장·교사 초빙제의 실시에 따른 구체적 시행을 위해 제정한 사무처리지침으로서 행정조직 내부에서만 효력을 가지는 행정상의 운영지침을 정한 것이어서, 국민이나 법원을 구속하는 효력이 없는 행정규칙에 해당하므로 헌법소원의 대상이 되지 않는다(헌재결 2001.5.31, 99헌마413 전원재판부)."

* 행정고시(일반행정)(2006년).

제 4 절 행정의 입법활동 등

Ⅰ. 개설

행정기본법은 제4장에서 행정의 입법활동에 관한 규정을 두고 있다. 우리나라의 법령은 대략 5천 개 가까이 되고, 이 가운데 대부분이 행정에 관한 것이다. 이 행정에 관한 법령 중 대부분은 법률의 위임에 따라 제정된 법규명령들임을 고려하면, 우리나라 행정법제는 사실상 행정입법에 의하여 좌우된다고 해도 과언이 아니다.

그런데 행정입법에 대해서는, 입법적으로는 이른바 국회제출절차(국회법 98조의2)가 있을 뿐 국회의 직접적 통제수단이 없고, 또한 사법적으로도 선결문제 해결방식의 간접적 규범통제(구체적 규범통제)만이 인정될 뿐이어서, 행정입법에 대한 실효적인 통제수단이 미흡하다는 문제가 있다.

이에 따라 행정기본법에서는 행정입법이 준수하여야 할 원칙과 기준, 행정법제의 개선조치, 법령의 해석에 관하여 그 동안 법제업무 운영규정(대통령령)에 규정되어 있던 사항을 행정기본법에 규정함으로써 궁극적으로는 행정의 입법활동이 '법치행정의 원리'에 부합되도록 하고자 한 것이다.

Ⅱ. 행정의 입법활동

'행정의 입법활동'이란 국가나 지방자치단체가 법령등을 제정·개정·폐지하고자 하거나 그와 관련된 활동을 말한다. 행정의 입법활동은 헌법과 상위 법령을 위반해서는 아니 되며(법률우위의 원칙), 헌법과 법령등에서 정한 절차를 준수하여야 한다(행정기본법 38 ①).

행정의 입법활동은 ① 일반 국민 및 이해관계자로부터 의견을 수렴하고 관계 기관과 충분한 협의를 거쳐 책임 있게 추진되어야 하고, ② 법령등의 내용과 규정은 다른 법령등과 조화를 이루어야 하고, 법령등 상호 간에 중복되거나 상충되지 아니하여야 하며, ③ 법령등은 일반 국민이 그 내용을 쉽고 명확하게 이해할 수 있도록 알기 쉽게 만들어져야 한다(행정기본법 38 ②).

정부는 매년 해당 연도에 추진할 법령안 입법계획(정부입법계획)을 수립하여야 한다(행정기본법 38 ③).

행정기본법 제38조는 행정입법활동에 대한 원칙과 기준을 정하고, 정부가 수립하는 정부입법계획에 대한 법률상의 근거를 마련하기 위한 것이다.

Ⅲ. 행정법제의 개선

정부는 권한 있는 기관에 의하여 위헌으로 결정되어 법령이 헌법에 위반되거나 법률에 위반되는 것이 명백한 경우 등 대통령령으로 정하는 경우에는 해당 법령을 개선하여야 한다(행정기본법 39 ①).

정부는 행정 분야의 법제도 개선 및 일관된 법 적용 기준 마련 등을 위하여 필요한 경우 대통령령으로 정하는 바에 따라 관계 기관 협의 및 관계 전문가 의견 수렴을 거쳐 개선조치를 할 수 있으며, 이를 위하여 현행 법령에 관한 분석을 실시할 수 있다(행정기본법 38 ③). 이에 대한 자문을 위하여 법제처에 국가행정법제위원회를 둔다(동법 시행령 14 ①).

Ⅳ. 법령해석

누구든지 법령등의 내용에 의문이 있으면 법령을 소관하는 중앙행정기관의 장(법령소관기관)과 자치법규를 소관하는 지방자치단체의 장에게 법령해석을 요청할 수 있다(행정기본법 40 ①).

법령소관기관과 자치법규를 소관하는 지방자치단체의 장은 각각 소관 법령등을 헌법과 해당 법령등의 취지에 부합되게 해석·집행할 책임을 진다(행정기본법 40 ②).

법령소관기관이나 법령소관기관의 해석에 이의가 있는 자는 대통령령으로 정하는 바에 따라 법령해석업무를 전문으로 하는 기관에 법령해석을 요청할 수 있다(행정기본법 40 ③).

제 3 장 행정계획

Ⅰ. 행정계획의 의의 및 성립배경*

행정계획은 행정의 전 분야에 걸쳐 광범위하게 존재하고 있고, 그 형식이나 내용·성질 등이 매우 다양하고 이질적이어서 그 개념을 한 마디로 정의하기 어렵지만, 대체로 '장래 일정 시점에 있어서의 일정한 질서를 실현하기 위하여 목표를 설정하고 이를 위하여 서로 관련되는 행정수단을 종합·조정하는 작용(Planung), 또는 그 결과로 설정된 활동기준(Plan)'으로 정의할 수 있다.[1)]

일반적으로 행정계획의 개념적 특징은 목표설정, 행정수단의 종합·조정, 행정과 국민 간의 매개로 요약할 수 있다.

과거에도 행정계획이라는 행위형식은 존재하였지만, 행정계획의 필요성이 강조된 것은 제2차 세계대전 이후의 일이다. 오늘날은 행정계획의 시대라고 해도 과언이 아닐 만큼 모든 행정분야에서 행정계획이 중요한 행위형식으로 활용되고 있는데 그 배경으로 다음의 세 가지를 드는 것이 일반적이다.

1) 오늘날 행정기능이 단순한 질서유지에만 머물지 않고 장기성·종합성을 요하는 급부작용이나 관리작용으로 그 기능이 확대됨에 따라 행정계획이 빈번하게 활용되게 되었다.
2) 행정기능의 확대에 따라 다양해진 행정수요에 효율적으로 대응하기 위해서도 장기적·종합적 계획이 필요하게 되었다.
3) 행정계획을 통한 장래예측이 과학기술의 발달로 인하여 그 정확도를 더하게 되었다. 이와 같이 기술조건의 향상은 행정계획을 중요한 행정수단으로 활용하게 하는 배경이 되었다.

---

* 행정고시(재경)(2010년).

1) "행정계획이라 함은 행정에 관한 전문적·기술적 판단을 기초로 하여 도시의 건설·정비·개량 등과 같은 특정한 행정목표를 달성하기 위하여 서로 관련되는 행정수단을 종합·조정함으로써 장래의 일정한 시점에 있어서 일정한 질서를 실현하기 위한 활동기준으로 설정된 것으로서…(대판 1996.11.29, 96누8567)."

Ⅱ. 행정계획의 종류

행정계획은 성격, 대상 및 범위, 구속성 여부 등 여러 가지 기준에 의하여 다양하게 분류될 수 있다.

1. 공간계획·비공간계획

행정계획 중, 예컨대 국토계획, 도시계획 등과 같이 공간을 대상으로 하는 계획을 공간계획(Raumplanung)이라 한다. 행정계획에는 공간과 관련이 없는 일반 행정분야에서의 계획(예: 경제·사회·교육행정분야에서의 계획)도 무수히 많다.

2. 종합계획·전문계획

종합계획과 전문계획은 주로 공간계획과 관련된 것이다. 종합계획(Gesamtplanung)은 산업구조, 취락구조, 인구증가, 교통문제, 환경문제 등 일정한 지역의 구조를 형성하는 종합적인 관계를 그 대상으로 하는 계획을 말하고, 전문계획(Fachplanung)은, 넓은 의미로는, 전문행정기관에 의하여 수립되고 시행되는 공간과 관련된 계획이나 조치를 의미하지만, 좁은 의미로는, 특정 시설의 설치와 같은 전문계획을 규율하는 법률에 근거하여 수립·시행되는 계획을 말한다.

3. 국가계획·지역계획·지방자치단체의 계획

공간계획은 주체에 따라 국가계획과 지방자치단체 계획으로 분류할 수 있다. 이는 특히 지방자치단체의 계획고권(Planungshoheit)과 관련된 분류로서 독일의 공간계획의 체계와도 밀접한 관련이 있다.

독일의 공간계획은 연방의 연방공간계획(Bundesraumordnungsprogramm), 주의 주(州)계획(Landesplanung), 주 내부의 광역단위 지역의 지역계획(Regionalplanung), 지방자치단체의 건설기본계획(Bauleitplanung)으로 체계화되어 있다. 한편 공간계획은 지방자치단체를 기준으로 계획의 영향력이 지방자치단체의 구역을 초과하는 초지역적(überörtlich) 계획과 지방자치단체의 구역과 일치하는 지역적(örtlich) 계획으로도 분류할 수 있는데, 대체로 지역적 계획은 지방자치단체 계획을 의미하고, 초지역적 계획은 국가의 공간계획으로서 연방공간계획, 주계획, 지역계획을 의미한다.

우리나라의 경우 공간계획의 기본적 체계는 전 국토를 대상으로 수립되는 국토계획(국토법 6), 광역계획권에서 수립되는 광역도시계획(국토계획법 2장), 지방자치단체의 관할구역을 대상으로 수립되는 도시·군계획(도시·군계획은 다시 도시·군기본계획과 도시·군관리계획으로 구분된다)으로 구성되어 있다(국토계획법 3, 4장). 한편 국토기본법은 국토계획을 다시 국토종합계획, 도종합계획, 시·군종합계획, 지역계획 및 부문별계획으로 구분하고 있는데, 이 가운데 시·군종합계획을 지방자치단체에서 수립하는 도시·군계획이라고 규정하고 있고, 또한 지역계획을 특정 지역을 대상으로 특별한 정책목적을 달성하기 위하여 수립하는 계획으로 규정하면서 이를 국토계획의 한 종류로 설명하고 있다. 그런데 이러한 국토기본법의 규정에 의하면 지방자치단체의 계획도 국가계획이고, 지역계획도 국가계획인 것이 되어 매우 비체계적이라는 문제가 있다.

따라서 국토계획은 국가계획, 광역도시계획은 지역계획, 도시·군계획은 지방자치단체의 계획으로 체계화하는 것이 바람직하고, 또한 독일과 비교하여 볼 때, 각 계획주체들의 계획권한이 이러한 체계에 부합되도록 명확하게 배분되어 있지 않다는 점이 우리 법제의 문제이므로 초지역적 계획은 국가가, 지역적 계획은 지방자치단체가 계획권한을 가지는 것으로 명확하게 배분하여야 한다.

4. 상위계획·하위계획

행정계획은 다른 계획의 기준이 되는가의 여부에 따라 상위계획과 하위계획으로 구분할 수 있다. 예컨대 "국토종합계획은 초광역계획, 도종합계획 및 시·군종합계획의 기본이 되며, 부문별 계획과 지역계획은 국토종합계획과 조화를 이루어야 하는데(국토법 7 ①)", 이러한 의미에서 국토종합계획은 도종합계획 등의 상위계획이라고 할 수 있다.

5. 비구속적 계획·구속적 계획

행정계획은 법적인 구속력이 있는가에 따라 비구속적 계획과 구속적 계획으로 구분할 수 있다. 여기에서 구속력이라 함은 국민을 구속하는 대외적 구속력을 의미한다.

예컨대 국토계획법상의 도시·군계획 가운데 '도시·군기본계획'은 관할 구역의 기본적인 공간구조와 장기발전방향을 제시하는 예비적·지침적 계획으로서 비구속적 계획인데 반하여, '도시·군관리계획'은 도시·군기본계획을 구체화하여 관할 구역 내의 토지이용을 구속력 있게 획정하는 구속적 계획이다.

[판례] (구) 도시계획법상 도시기본계획이 직접적 구속력이 있는지 여부

"(구) 도시계획법(1999.2.8. 법률 제5898호로 개정되기 전의 것) 제10조의2, 제16조의2, 같은법 시행령(1999.6.16. 대통령령 제16403호로 개정되기 전의 것) 제7조, 제14조의2의 각 규정을 종합하면, <u>도시기본계획</u>은 도시의 기본적인 공간구조와 장기발전방향을 제시하는 종합계획으로서 그 계획에는 토지이용계획, 환경계획, 공원녹지계획 등 장래의 도시개발의 일반적인 방향이 제시되지만, 그 계획은 <u>도시계획입안의 지침이 되는 것에 불과하여 일반 국민에 대한 직접적인 구속력은 없는 것이다</u>(대판 2002.10.11, 2000두8226)."

6. 명령적·유도적·정보제공적 계획

행정계획의 구속력의 차이 또는 그 내용에 따라 명령적·유도적·정보제공적 계획으로 구분되기도 한다.

명령적 계획은 대외적 구속력을 가지는 구속적 계획을 말한다. 혹자는 명령적 계획에 행정내부적인 구속력만을 가지는 계획과 대외적인 구속력을 가지는 계획이 모두 포함된다고 보기도 한다.

유도적 계획이란 직접적인 구속력은 없지만 일정한 수익적 조치나 또는 불이익조치 등을 통하여 관계자들을 일정한 방향으로 유도하는 계획을 말한다(예: 고용장려계획).

정보제공적 계획은 단순히 행정에 관한 자료나 정보를 제공하는 것을 내용으로 하는 계획으로서 아무런 법적 구속력이 없는 계획을 말한다.

Ⅲ. 행정계획의 법적 성질*

1. 특히 구속적 계획의 법적 성질에 대한 견해

행정계획은 워낙 종류가 다양하고 상호 이질적인 경우도 많아서 그 법적 성질을 어떻게 이해하여야 할 것인가에 대하여는 다양한 견해가 제시되고 있다. 아래에서는 특히 구속적 계획에 한하여 그 법적 성질에 대한 견해들을 개관한다.

(1) 입법행위설

입법행위설은 행정계획은 향후에 일정한 행정질서의 형성이라는 목표를 설정하고 이를 달성하기 위한 수단을 동원하는 활동의 기준을 설정하는 것이므로 일종의 일반·추상적 성격을 갖는 규범의 정립작용이라고 한다.

(2) 행정행위설

행정행위설은 행정계획 중에서도 직접적으로 국민의 권리의무관계에 변동을 가져오는 행정행위로서의 성질을 가지는 경우도 있다는 견해이다.

(3) 복수성질설

행정계획 중에는 법규명령의 성질을 가지는 것도 있고, 행정행위의 성질을 가지는 것도 있을 수 있다는 견해이다.

---

* 사법시험(2009년), 행정고시(재경)(2011년).

(4) 독자성설

행정계획은 법규범도 아니고 행정행위도 아닌 특수한 성질의 이물(異物, Aliud)로서 여기에 구속력이 인정되는 것이라는 견해이다.

(5) 결어

행정계획은 그 종류가 매우 다양하여 그 법적 성질을 위 어느 하나의 견해에 따라 확정적으로 설명할 수 없다. 결론적으로는 행정계획의 법적 성질은 그 근거법과 관련하여 개별적으로 판단할 수밖에 없다. 예컨대 법령에서 행정계획의 법형식을 지정하고 있는 경우라면 이에 따르면 되고, 그와 같은 규정이 없다면 계획주체·계획의 내용·구속력의 유무와 정도 등에 따라 개별적으로 법적 성질을 판단하여야 할 것이다.

2. 도시·군관리계획의 법적 성질(처분성 여부에 관한 문제) *

행정계획의 법적 성질과 관련하여, 특히 (구) 도시계획법상의 도시계획(현행법상 도시·군계획)이 항고소송의 대상이 되는 처분인가 하는 점에서 문제된 바 있다.

도시·군계획 가운데 도시·군기본계획은 도시의 장기적인 발전방향을 제시하는 예비적·지침적인 비구속적 계획으로서 행정행위 또는 처분이라고 보기 어렵다. 문제는 구속력이 있는 도시·군관리계획이 행정쟁송법상의 처분에 해당하는가 하는 것이다. 이에 관하여는 과거 판례상으로도 견해가 엇갈린 바 있었다.

(1) 소극설

이 견해는 서울고등법원의 원심의 입장으로 원심에서는 "(구) 도시계획법에 기한 도시계획(현행법상의 도시·군관리계획)결정은 도시계획사업의 기본이 되는 일반적·추상적인 도시계획의 결정으로서, 특히 개인에게 구체적인 권리의무관계가 발생한다고 볼 수 없다."고 하여 도시·군관리계획이 행정입법으로서의 성질을 가지는 것으로서 처분성은 부인된다고 하였다(서울고판 1980.1.29, 79구416).

(2) 적극설

이 사건에서 대법원은 원심을 파기하고 도시계획결정의 처분성을 인정하였다. 즉 대법원은 "도시계획법 제12조 소정의 도시계획(현행법상의 도시·군관리계획)결정이 고시되면 도시계획구역안의 토지나 건물소유자의 토지형질변경, 건축물의 신축·개축 또는 증축 등 권리행사가 일정한

* 입법고시(2005년).

제한을 받게 되는 바, 이런 점에서 볼 때 고시된 도시계획결정은 특정 개인의 권리 내지 법률상의 이익을 개별적이고 구체적으로 규제하는 효과를 가져오게 하는 행정청의 처분이라 할 것이고, 이는 행정소송의 대상이 되는 것이라 할 것이다."고 하였다(대판 1982.3.9, 80누105).

(3) 결어

독일의 경우 우리나라의 도시·군관리계획에 비교되는 지구상세계획(Bebauungsplan)과 관련하여 독일 건축법전에서 "지방자치단체는 지구상세계획을 조례로서 결정한다."고 규정하고 있으므로(독일 건축법전 10 ①), 독일의 지구상세계획은 그 법형식이 조례이다. 따라서 법적 성질은 행정입법이다. 더욱이 독일 행정재판소법은 이와 같이 건축법전에 의하여 제정된 조례에 대하여 규범통제의 길을 열어 놓고 있으므로 권리구제에도 아무런 문제가 없다(독일 행정재판소법 47).

그러나 우리의 경우에는 독일과 같은 도시계획의 법형식에 관한 규정이나 규범통제와 같은 권리구제에 관한 별도의 규정이 없으므로, 도시·군관리계획의 법적 성질을 어떻게 볼 것인지 문제가 될 수 있고, 또한 이 문제는 도시·군관리계획에 대한 권리구제와도 직결되는 문제이다. 생각건대 이와 같은 도시·군관리계획은 구체적인 구속력 있는 계획이라는 점에서 이를 구체적 법집행 행위로 보기에 충분하며, 또한 우리의 법제상 도시·군관리계획의 처분성이 인정되지 않는다면 이에 대한 권리구제가 매우 제한된다는 측면에서 보더라도 도시·군관리계획의 처분성을 인정하는 대법원의 입장이 타당하다.

Ⅳ. 행정계획의 절차

행정계획의 절차에 관한 일반법은 없다. 과거 1987년도 입법예고된 행정절차법안은 행정계획의 확정절차에 관하여 규정을 두고 있었지만, 현행 행정절차법은 행정계획에 관하여 아무런 규정을 두고 있지 않고 있기 때문에, 행정계획의 절차는 각 개별법에 맡겨져 있다.

개별법에서는 행정계획의 수립과 관련하여 여러 절차들을 규정하고 있는데, ① 행정의 전문성·신중성을 담보하기 위하여 각종 합의제 행정기관(예: 도시계획위원회)의 자문이나 심의를 거치도록 하는 경우(예: 국토계획법 16 ②, 30 ③, 도시정비법 6), ② 계획의 전체적인 통일성 등을 담보하기 위하여 관계행정기관과의 협의를 거치도록 하는 경우(예: 국토계획법 16 ②), ③ 지방의회의 의견을 듣도록 하는 경우(예: 국토계획법 21, 도시정비법 6 ②), ④ 이해관계인의 권익보호를 위하여 이해관계인의 의견제출권(도시개발법 29 ④), 주민설명회(도시정비법 15 ①), 공청회(국토계획법 14), 계획의 입안제안권(국토계획법 26) 등 이해관계인의 참여를 보장하고 있는 경우 등 다양한 절차규정들을 두고 있다.

V. 계획확정절차와 행정계획의 집중효 및 인·허가 의제

독일은 우리나라와는 달리 독일 연방행정절차법에 계획확정절차라는 통일적인 절차규정을 두고 있다. 계획확정절차를 통하여 최종적으로 계획이 확정되면 다른 관련된 인허가를 모두 받은 것으로 하는 이른바 집중효를 인정하고 있는 점도 특이한 점이다.

1. 독일의 계획확정절차

(1) 계획확정절차의 의의

독일의 계획확정절차(Planfeststellungsverfahren)란 특정한 시설을 설치하는 계획인 전문계획(Fachplanung)의 수립·확정과 관련하여 발생하는 수많은 공·사익의 갈등을 조정하기 위한 행정계획절차를 말한다. 계획확정절차는 1976년 제정된 독일 연방행정절차법에 규정됨으로써 일반법의 형식으로 제도화되었다.

계획확정절차는 구체적인 사업계획(Vorhaben)의 허용성 여부를 확정하기 위한 절차로서 여기에서는 사업자와 계획에 관련되는 모든 이해관계인 사이의 공법적인 관계에 관하여 권리형성적으로 계획이 확정적으로 규율되고 이렇게 확정된 사업계획에는 일반적으로 허가·인가·승인 등과 같은 타행정기관의 결정을 대체하는 이른바 집중효(Konzentrationswirkung)가 인정된다.

이와 같이 계획확정절차의 의의는, 예컨대 도로·수로·철도·공항·항만·폐기물시설·전기 및 가스시설과 같은 특정한 시설을 설치하는 경우 사업시행자로 하여금 계획을 제출하도록 하고 계획을 확정하는 행정청에 의하여 이 계획이 최종적으로 확정될 때까지의 열람 및 이해관계인의 참여 등과 같은 절차를 규정함으로써 계획의 확정 이전에 각종 이해관계를 계획에 수렴한다는 데 있다.

이와 같이 계획확정절차는 사업자가 수립한 특정시설의 설치에 관한 계획, 즉 전문계획을 확정하는 절차이기 때문에, 일정 지역을 종합적인 관점에서 계획하는 도시·군계획과 같은 이른바 종합계획(Gesamtplanung)은 계획확정절차의 대상에서 제외된다.

(2) 계획확정절차의 내용

계획확정절차는 행정절차에 관한 일반법인 독일 연방행정절차법 제5장(특별절차) 제2절에서 7개 조항에 걸쳐 규정되어 있다. 계획확정절차는 그 자체로서 직접적인 효력을 가지는 것이 아니라, 다른 법령에서 계획확정절차를 거치도록 규정하고 있는 경우에만 적용된다(72 ①).

1) 청문절차

사업시행자는 청문행정청에 사업계획을 제출하고(73 ①), 청문행정청은 이를 당해 사업과 관련된 행정기관에 의견표명을 요구하고 당해 사업계획이 실시될 지방자치단체에 계획을 열람에 부치도록 한다(73 ②). 지방자치단체 차원에서의 열람은 1개월간 하고, 관계 행정청은 최장 3개월 안에 의견을 표명할 수 있다(73 ③, ③a). 계획을 열람에 부쳐야 하는 지방자치단체는 사전에 열람을 고지하여야 한다(73 ⑤). 이해관계인은 열람기간이 경과한 후 2주까지 계획에 대하여 이의를 신청할 수 있다(73 ④). 이의기간이 경과한 후 청문행정청은 3개월 내에 이의기간 내에 제기된 계획에 대한 이의와 행정청의 의견을 사업시행자, 행정기관, 이해관계인 및 이의제기인과 함께 토의(Erörterung)하여야 한다(73 ⑥). 청문행정청은 의견표명에 대한 청문절차의 결과를 제출하고 이를 적어도 토의가 종결된 후 1개월 이내에 계획, 행정기관의 의견표명, 아직 처리되지 않은 이의신청과 함께 계획확정행정청에게 송부한다(73 ⑨).

이러한 토의절차는 계획의 설치와 관련하여 제기된 문제를 이해관계인 모두가 모여 보다 상세하게 문제를 협의하는 절차로서, 토의과정에서 갈등이 조정되어 사후분쟁을 예방할 수 있다는 의미에서 중재적인 요소도 가지고 있다. 이러한 의미에서 계획확정절차는 궁극적으로 사인의 적극적인 참여를 보장함으로써 행정과 사인이 상호 협력한다는 점에서 이른바 협조적 법치주의(Partnerschaftlicher Rechtsstaat)의 이념을 구체적으로 실현하고 있는 제도라고 할 수 있다.

2) 계획확정결정과 집중효

사업계획에 대해서 열람과 이의제기 및 토의가 끝나면, 계획확정행정청은 계획을 확정한다(74 ①). 계획확정결정에서 계획확정행정청은 청문행정청에서 행한 토의에서 합의에 이르지 못한 이의에 대해서 결정한다(74 ②). 만약 확정적인 결정이 불가능한 경우에는, 계획확정결정에서 유보될 수도 있다(74 ③).

계획확정결정을 통하여 사업계획에 대한 허용성이 최종적으로 확정된다. 다시 말해서 계획이 확정되면 그 밖의 행정청의 결정, 특히 승인, 부여, 허가, 인가, 동의 및 계획확정은 이를 받은 것으로 된다(75 ①). 이를 계획확정의 집중효라고 한다. 집중효는 계획의 신속한 집행을 돕기 위한 것이다. 계획확정의 효과는 사업시행자와 이해관계인 사이의 모든 공법관계에 권리형성적으로(rechtsgestaltend) 미치므로(75 ①), 이로써 계획확정결정은 구체적 법집행으로서의 법적 규율이라는 점에서 행정행위로서의 성질을 가진다.

계획확정에 있어서 현저한 형량과오가 있는 경우에는 이를 보충적인 계획 또는 보충적인 절차를 통하여 시정할 수 없는 경우에만 계획확정결정이 취소된다(75 ①a). 계획확정결정을 더 이상 취소할 수 없게 된 경우에는, 사업계획의 중지, 시설의 제거 또는 변경 또는 이용의 중지에 대한 청구권은 인정되지 아니한다(75 ②). 그러나 계획확정결정에 이와 같은 불가쟁력이 발생하고 5년이 경과하도록 계획을 실행하지 아니하는 경우에는 계획은 실효된다(75 ④). 이와 같은 실효에 관한 규정이 명문으로 규정됨으로 인하여 장기미집행계획과 이로 인한 보상문제와 같은 법적 갈등은 사전에 차단되는 셈이다. 이러한 실권규정은 행정법상의 신뢰보호원칙을 구체화한 것이다.

2. 인허가의제*

(1) 의의

우리나라의 경우에는 인허가의제 제도를 독일의 집중효에 비교할 수 있는 제도로 설명하고 있다. 인허가의제 제도란 근거법상의 인허가 등을 받으면 그 근거법에서 정하고 있는 다른 법률에 의한 인허가 등도 받은 것으로 의제하는 제도를 말한다(예: 국토계획법 61). 이와 같이 인허가의제 제도는 어떤 행위를 위하여 필요한 부수적인 인허가사항은 사전협의를 조건으로 인허가를 받은 것으로 의제하여 줌으로써 절차간소화와 처리기간의 단축이라는 효과를 얻고자 하는 것이다. 인허가권은 정부조직법에의 소관업무에 따른 것으로서 어떤 기관의 인허가를 다른 기관의 인허가권에 종속되게 한다는 것은 이러한 업무구분을 벗어나는 것이라고 할 수 있으나 주된 인허가를 하기 전에 소관기관의 사전협의를 얻게 하여 관련기관의견을 반영할 수 있는 기회를 주는 대신 의제하는 것이므로 인허가의제 제도에 있어서 사전협의와 의제는 본질적인 요소라 하겠다.

행정기본법은 "하나의 인허가(주된 인허가)를 받으면 법률로 정하는 바에 따라 그와 관련된 여러 인허가(관련 인허가)를 받은 것으로 보는 것을 말한다."고 정의하고 있다(행정기본법 24 ①).

(2) 집중효와의 비교

인허가의제는 사업의 신속한 진행을 도모한다는 점에서 독일의 집중효와 공통되지만, 행정계획과 관련하여서만 인정되는 것이 아니라는 점에서 독일의 집중효제도와는 비교하기 어렵다. 인허가의제는 특히 다음의 점에서 집중효와 큰 차이가 있다.

① 집중효는 계획확정절차에서 인정되는 효력인데 반하여, 우리나라의 경우는 계획확정과 같은 절차규정이 없고, ② 집중효는 '전문계획'의 확정결정에 인정되는 효력인데 반하여, 인허가의제는 사실상 그 대상에 아무런 제한이 없어 행정계획뿐 아니라 개발행위허가 등 일반 행정행위에도 인정되며, ③ 집중효는 이해관계인의 집중적 참여하에 내려지는 결정에 부여되는 효력인데 반하여, 인허가의제에는 이해관계인의 집중적 참여가 결여되어 있고, ④ 집중효는 계획확정결정과 더불어 '관련되는 모든 인·허가를 받은 것으로 되는데 반하여, 인허가의제는 근거법에서 제한적으로 열거하고 있는 인허가 등에 대해서만 의제효과가 발생한다.

인허가의제 제도에 대해서는 의제되는 인허가의 포괄적 특정방식에 의한 인허가의제의 남용, 타행정청과의 협의절차상의 문제, 구비서류의 감축에 따른 문제, 단순 인허가에의 집중효 인정, 주민참여 미비 및 자치권 침해 등이 문제점으로 지적되고 있다.

---

* 사법시험(2012년), 5급공채(2021년).

(3) 인허가의제의 정도

인허가의제에 있어 주된 인·허가를 통하여 근거법에 규정된 인허가들이 의제되는데, 이 경우 주된 인허가기관은 의제되는 인허가의 요건에 어느 정도까지 구속되는가 하는 것이 문제인데 이에 관하여는 학설이 나뉜다.

가. 관할집중설

이 견해는 주된 인허가기관에 의제되는 인허가기관의 권한만이 이전되는 데 불과하다고 본다. 따라서 주된 인허가를 포함한 의제되는 인허가에 대한 권한은 '주된 인허가기관'이 행사하지만, 의제되는 인허가에 요구되는 절차적·실체적 요건을 모두 준수하여야 한다는 것이다.

나. 절차집중설

이 견해는 인허가의제를 인허가에 관한 절차가 집중되는 것으로 이해하는 입장이다. 따라서 주된 인허가기관은 의제되는 인허가기관이 준수하여야 하는 절차를 준수하지 않아도 되지만, 의제되는 인허가의 실체적 요건에는 의제되는 인허가기관과 마찬가지로 기속된다는 견해이다.[2)]

다. 제한적 절차집중설

이 견해는 인허가의제를 절차집중으로 이해하면서도 이 경우 의제되는 인허가의 절차가 생략되더라도 제3자의 권익보호를 위한 절차는 생략되지 않는다고 보거나,[3)] 절차가 생략되더라도 통합적인 절차를 거쳐야 한다고 하여,[4)] 절차의 집중을 다소 제한적으로 이해하려는 입장이다.

라. 실체집중설

이 견해는 주된 인허가기관에 의제되는 인허가와 관련된 모든 실체적·절차적 요소들이 집중된다고 이해하는 입장이다. 이에 따르면 주된 인허가기관은 의제되는 인허가에 대한 절차적·실체적 요건을 고려하지 않고 독자적으로 의제 여부를 판단할 수 있다는 것이다.

마. 제한적 실체집중설

이 견해는 인허가의제를 절차와 실체 모두의 집중으로 이해하면서도, 이 가운데 실체요건과 관련하여서는 주된 인허가기관은 의제되는 인허가의 실체요건에 구속되지만 실체요건의 일부가 완화된다는 입장이다. 이에 따르면 주된 인허가기관은 의제되는 인허가의 절차요건에는 전혀 구속되지 않고, 실체요건에는 구속되되 엄격하게 구속되지 않는다는 것이다.

바. 판례

판례는 인허가의제시 의제되는 인허가의 절차를 생략할 수 있다고 하여 절차집중을 인정하고 있는 것으로 보인다[판례1]. 그러면서 판례는, 의제되는 인허가의 요건불비를 이유로 주된 인허가

2) 김재광, 행정법상 집중효제도의 검토, 토지공법연구 제9집, 81면.
3) 박윤흔, 최신행정법강의(상), 285면.
4) 박균성, 행정법강의, 507면.

신청을 거부할 수 있다고 하거나, 인허가의제가 목적사업이 관계 법령상 인허가의 실체적 요건을 충족하였는지에 관한 심사를 배제하려는 취지는 아니라고 하여 실체집중을 부인하는 것으로 보인다[판례2,3].

[판례1] 인허가의제시 의제되는 인허가의 절차가 필요한지 여부

"주택건설촉진법(1991.3.8. 법률 제4339호로 개정되기 이전의 것. 이하 '촉진법') 제33조 제1, 4, 6항에 의하면 건설부장관이 주택건설사업계획을 승인하고자 하는 경우에 그 사업계획에 제4항 각호의 1에 해당하는 사항이 포함되어 있는 때에는 관계기관의 장과 협의하여야 하고, 사업주체가 제1항에 의하여 사업계획의 승인을 얻은 때에는 도시계획법 제12조에 의한 도시계획의 결정(같은법 제2조 제1항 제1호 나, 다목의 도시계획결정에 한한다) 등을 받은 것으로 보는바, … 건설부장관이 촉진법 제33조에 따라 관계기관의 장과의 협의를 거쳐 사업계획승인을 한 이상 같은 조 제4항의 허가·인가·결정·승인 등이 있는 것으로 볼 것이고, 그 절차와 별도로 도시계획법 제12조 등 소정의 중앙도시계획위원회의 의결이나 주민의 의견청취 등 절차를 거칠 필요는 없다(대판 1992.11.10, 92누1162)."

[판례2] 채광계획인가로 공유수면 점용허가가 의제될 경우, 공유수면 점용불허사유로써 채광계획을 인가하지 아니할 수 있는지 여부

"광업법(1999.2.8. 법률 제5893호로 개정되기 전의 것) 제47조의2 제5호에 의하여 채광계획인가를 받으면 공유수면 점용허가를 받은 것으로 의제되고, … 공유수면 점용허가를 필요로 하는 채광계획 인가신청에 대하여, 공유수면 관리청이 재량적 판단에 의하여 공유수면 점용을 허가 여부를 결정할 수 있고, 그 결과 공유수면 점용을 허용하지 않기로 결정하였다면, 채광계획 인가관청은 이를 사유로 하여 채광계획을 인가하지 아니할 수 있다(대판 2002.10.11, 2001두151)."

[판례3] 국토계획법상 개발행위허가가 의제되는 건축허가신청이 국토계획법령이 정한 개발행위허가 기준에 부합하지 아니하는 경우, 허가권자가 이를 거부할 수 있는지 여부(적극)

"국토계획법 제56조 제1항, 제57조 제1항, 제58조 제1항 제4호, 국토계획법 시행령 제51조 제1항 제1호, 제56조 제1항 [별표 1의2] 제1호 (라)목, 제2호 (가)목, 건축법 제11조 제1항, 제5항 제3호, 제12조 제1항의 규정 체제 및 내용 등을 종합해 보면, 건축물의 건축이 국토계획법상 개발행위에 해당할 경우 그에 대한 건축허가를 하는 허가권자는 건축허가에 배치·저촉되는 관계 법령상 제한사유의 하나로 국토계획법령의 개발행위허가기준을 확인하여야 하므로, 국토계획법상 건축물의 건축에 관한 개발행위허가가 의제되는 건축허가신청이 국토계획법령이 정한 개발행위허가기준에 부합하지 아니하면 허가권자로서는 이를 거부할 수 있고, 이는 건축법 제16조 제3항에 의하여 개발행

위허가의 변경이 의제되는 건축허가사항의 변경허가에서도 마찬가지이다(대판 2016.8.24, 2016두35762[설계변경불허가처분취소])."

[판례] 건축주가 건축물을 건축하기 위해서는 건축법상 건축허가절차에서 관련 인허가의제 제도를 통해 두 허가의 발급 여부가 동시에 심사·결정되도록 하여야 하는지(적극)

"건축주가 건축물을 건축하기 위해서는 건축법상 건축허가와 국토계획법상 개발행위(건축물의 건축) 허가를 각각 별도로 신청하여야 하는 것이 아니라, 건축법상 건축허가절차에서 관련 인허가의제 제도를 통해 두 허가의 발급 여부가 동시에 심사·결정되도록 하여야 한다. 즉, 건축주는 건축행정청에 건축법상 건축허가를 신청하면서 국토계획법상 개발행위(건축물의 건축) 허가 심사에도 필요한 자료를 첨부하여 제출하여야 하고, 건축행정청은 개발행위허가권자와 사전 협의절차를 거침으로써 건축법상 건축허가를 발급할 때 국토계획법상 개발행위(건축물의 건축) 허가가 의제되도록 하여야 한다. 이를 통해 건축법상 건축허가절차에서 건축주의 건축계획이 국토계획법상 개발행위 허가기준을 충족하였는지가 함께 심사되어야 한다. 건축주의 건축계획이 건축법상 건축허가기준을 충족하더라도 국토계획법상 개발행위 허가기준을 충족하지 못한 경우에는 해당 건축물의 건축은 법질서상 허용되지 않는 것이므로, 건축행정청은 건축법상 건축허가를 발급하면서 국토계획법상 개발행위(건축물의 건축) 허가가 의제되지 않은 것으로 처리하여서는 안 되고, 건축법상 건축허가의 발급을 거부하여야 한다(대판 2020.7.23, 2019두31839[건축허가취소처분취소])."

사. 결어

인허가의제는 행정절차의 간소화를 통하여 국민의 권익을 증진시키기 위한 목적으로 도입된 제도이므로 절차의 간소화를 통하여 절차만이 집중되는 것으로 보는 것이 타당하다. 따라서 주된 인허가기관은 의제되는 인허가의 요건이 충족되고 있는지를 엄격하게 검토하여야 한다.

다만 절차가 집중된다고 하여도 의제되는 인허가의 모든 절차요건이 생략되어도 좋다는 것은 문제가 있다고 판단된다. 국토계획법은 개발행위허가시 의제되는 관련 인허가와 관련해서 개발행위허가시 미리 관련 인허가기관의 장과 협의하도록 하거나, 국토교통부장관으로 하여금 의제되는 인허가 등의 처리기준을 관계 중앙행정기관으로부터 제출받아 통합하여 고시하도록 하고 있다(국토계획법 61 ③, ⑤). 이러한 규정은 인허가의제로 인하여 절차가 집중됨에 따라 발생할 부작용을 최소화하기 위한 것으로 이해된다. 따라서 절차가 집중되더라도 사전협의절차와 같은 절차는 필요하다고 보아야 할 것이다. 이러한 점에서 제한적 절차집중설이 타당하다고 생각된다.

(4) 인허가의제의 절차와 기준[5)]

인허가의제를 받으려면 주된 인허가를 신청할 때 관련 인허가에 필요한 서류를 함께 제출하여야 한다(행정기본법 24 ②). 주된 인허가 행정청은 주된 인허가를 하기 전에 관련 인허가에 관하여 미리 관련 인허가 행정청과 협의하여야 한다(행정기본법 24 ③). 관련 인허가 행정청은 제3항에 따른 협의를 요청받으면 그 요청을 받은 날부터 20일 이내(제5항 단서에 따른 절차에 걸리는 기간은 제외한다)에 의견을 제출하여야 한다. 이 경우 전단에서 정한 기간(민원 처리 관련 법령에 따라 의견을 제출하여야 하는 기간을 연장한 경우에는 그 연장한 기간을 말한다) 내에 협의 여부에 관하여 의견을 제출하지 아니하면 협의가 된 것으로 본다(행정기본법 24 ④). 제3항에 따라 협의를 요청받은 관련 인허가 행정청은 해당 법령을 위반하여 협의에 응해서는 안 된다. 다만, 관련 인허가에 필요한 심의, 의견 청취 등 절차에 관하여는 법률에 인허가의제 시에도 해당 절차를 거친다는 명시적인 규정이 있는 경우에만 이를 거친다(행정기본법 24 ⑤).

한편 행정절차법은 행정기본법 제24조에 따른 인허가의제의 경우 관련 인허가 행정청은 관련 인허가의 처분기준을 주된 인허가 행정청에 제출하여야 하고, 주된 인허가 행정청은 제출받은 관련 인허가의 처분기준을 통합하여 공표하도록 하고 있다(행정절차법 20 ②).

(5) 인허가의제의 효과

행정기본법 제24조 제3항·제4항에 따라 협의가 된 사항에 대해서는 주된 인허가를 받았을 때 관련 인허가를 받은 것으로 본다(행정기본법 25 ①). 인허가의제의 효과는 주된 인허가의 해당 법률에 규정된 관련 인허가에 한정된다(행정기본법 25 ②).

(6) 인허가의제의 사후관리

인허가의제의 경우 관련 인허가 행정청은 관련 인허가를 직접 한 것으로 보아 관계 법령에 따른 관리·감독 등 필요한 조치를 하여야 한다(행정기본법 26 ①). 주된 인허가가 있은 후 이를 변경하는 경우에는 제24조·제25조 및 제25조 제1항을 준용한다(행정기본법 26 ②).

(7) 관련 판례

(i) 인허가의제는 주된 인허가가 있으면 다른 법률에 의한 인허가가 있는 것으로 보는 데 그치는 것이므로, 다른 법률에 의하여 인허가를 받았음을 전제로 하는 그 다른 법률의 모든 규정들까지 적용되는 것은 아니다.

---

5) 행정기본법 제24조, 제25조, 제26조 및 행정절차법 제20조 제2항의 시행일은 2023.3.24.

> **[판례] 인허가의제 규정의 경우, 주된 인허가가 있으면 다른 법률에 의하여 인허가를 받았음을 전제로 하는 그 다른 법률의 모든 규정들이 적용되는지 여부(소극)**
>
> "[1] 주된 인허가에 관한 사항을 규정하고 있는 법률에서 주된 인허가가 있으면 다른 법률에 의한 인허가를 받은 것으로 의제한다는 규정을 둔 경우, 주된 인허가가 있으면 다른 법률에 의한 인허가가 있는 것으로 보는 데 그치고, 거기에서 더 나아가 다른 법률에 의하여 인허가를 받았음을 전제로 하는 그 다른 법률의 모든 규정들까지 적용되는 것은 아니다.
>
> [2] … 공공주택건설법에 따른 단지조성사업은 학교용지법 제2조 제2호에 정한 학교용지부담금 부과대상 개발사업에 포함되지 아니하고, 이와 달리 학교용지부담금 부과대상 개발사업에 포함된다고 해석하는 것은 학교용지부담금 부과에 관한 규정을 상대방에게 불리한 방향으로 지나치게 확장해석하거나 유추해석하는 것이어서 허용되지 아니한다(대판 2016.11.24, 2014두47686[학교용지부담금부과처분취소등])."

(ii) 인허가의제 대상이 되는 처분에 하자가 있다고 하더라도, 이로써 해당 인허가의 의제 효과가 발생하지 않을 수 있을지언정, 이를 주된 인허가의 위법사유로 주장할 수는 없다."

> **[판례] 주된 행정처분인 주택건설사업계획승인처분에 대한 항고소송에서, 선행 지구단위계획결정 및 주된 행정처분에 부수하여 인·허가 의제된 지구단위계획변경결정의 무효사유를 주된 행정처분의 위법사유로 주장할 수 있는지 여부(소극)**
>
> "(주된 행정처분인 주택건설사업계획승인처분에 대한 항고소송에서, 선행 지구단위계획결정 및 주된 행정처분에 부수하여 인·허가 의제된 지구단위계획변경결정이 각 지형도면 고시방법의 하자가 있어 무효라고 주장하면서 이를 주된 행정처분인 주택건설사업계획 승인처분의 무효사유로 주장한 사안에서) (구) 주택법 제17조 제1항에 의하면, 주택건설사업계획 승인권자가 관계 행정기관의 장과 미리 협의한 사항에 한하여 그 승인처분을 할 때에 인·허가 등이 의제될 뿐이고(대법원 2012.2.9, 선고 2009두16305 판결 등 참조), 그 각 호에 열거된 모든 인·허가 등에 관하여 일괄하여 사전협의를 거칠 것을 그 승인처분의 요건으로 하고 있지는 않다. 따라서 인·허가 의제대상이 되는 처분의 공시방법에 관한 하자가 있다고 하더라도, 그로써 해당 인·허가 등 의제의 효과가 발생하지 않을 여지가 있게 될 뿐이고, 그러한 사정이 주택건설사업계획 승인처분 자체의 위법사유가 될 수는 없다고 보아야 한다(대판 2017.9.12, 2017두45131[주택건설사업계획승인처분무효확인])."

(iii) 인허가가 의제된 경우 주된 인허가와 의제된 인허가가 각각 존재하는 것이 된다. 따라서 주된 행정행위가 발급과 더불어 의제된 인허가가 사후에 취소되면서 이와 더불어 주된 행정행위도 취소된 경우 주된 행정행위의 취소와 별도로 의제된 인허가의 취소를 다룰 필요(협의의 소익)가

인정된다.

[관련 문제] 의제되는 인허가에 관하여 일괄하여 사전협의를 거쳐야 하는지 여부

1. 문제의 소재

주된 인허가를 하기 앞서 관련 인허가에 관하여 일괄하여 사전협의를 하여야 하는가 하는 것이 문제이다.

2. 과거의 논의

행정기본법 제정 이전에는 인허가의제와 관련하여 사전협의에 관한 일반법적 규정이 없었기 때문에, 이 문제는 개별입법례와 판례에 맡겨져 있었다. 행정실무상 법이 정하고 있는, 의제되는 인허가를 일괄하여 사전협의를 하는 것이 현실적인 여건상 어려운 경우가 많았다. 이에 따라, 예컨대 '사업계획을 승인할 때 관할관청이 의제되는 인허가의 주무관청과 협의를 한 사항에 대하여는 그 인허를 받은 것으로 본다'는 '부분적인 사전협의'에 관한 입법례들이 있었다.

3. 행정기본법의 규정

행정기본법 제24조는 주된 인허가를 신청할 때 관련 인허가에 필요한 서류를 함께 제출하도록 하고, 관련 인허가에 대하여 사전에 협의하도록 하고 있으며(행정기본법 24 ②, ③, ④), 사전에 협의된 사항에 대해서만 인허가의제의 효과가 발생한다(행정기본법 25 ①)고 규정하고 있다.

4. 결론

행정기본법의 제정으로, 관련 법률에서 관련 인허가에 관하여 일괄하여 사전협의를 규정하도록 하고 있는 경우가 아닌 한, 행정기본법의 규정에 따라 관련 인허가 중 사전협의가 된 부분에 대해서만 인허가의제 효과가 발생하게 되었다.

[판례7] 의제된 인허가가 취소되고 주된 행정행위도 취소된 경우 주된 행정행위의 취소와 별도로 의제된 인허가의 취소를 다툴 필요가 인정되는지 여부(적극)

"[1] (구) 중소기업창업지원법(이하 '중소기업창업법') 및 중소기업청장이 고시한 '창업사업계획의 승인에 관한 통합업무처리지침'(이하 '업무처리지침')에 따른 사업계획승인의 경우 의제된 인허가만 취소 내지 철회함으로써 사업계획에 대한 승인의 효력은 유지하면서 해당 의제된 인허가의 효력만을 소멸시킬 수 있다.

① 중소기업창업법 제35조 제1항에 의하면 사업계획승인권자가 관계 행정기관의 장과 미리 협의한 사항에 한하여 승인 시에 그 인허가가 의제될 뿐이고, 해당 사업과 관련된 모든 인허가의제 사항에 관하여 일괄하여 사전 협의를 거쳐야 하는 것은 아니다. 업무처리지침 제15조 제1항은 협의가 이루어지지 않은 인허가사항을 제외하고 일부만을 승인할 수 있다고 규정함으로써 이러한 취지를 명확히 하고 있다.

② 그리고 사업계획을 승인할 때 의제되는 인허가 사항에 관한 제출서류, 절차 및 기준, 승인조건 부과에 관하여 해당 인허가 근거 법령을 적용하도록 하고 있으므로(업무처리지침 제5조 제1항, 제8조 제5항, 제16조), 인허가의제의 취지가 의제된 인허가 사항에 관한 개별법령상의 절차나 요건 심사를 배제하는 데 있다고 볼 것은 아니다.

③ 사업계획승인으로 의제된 인허가는 통상적인 인허가와 동일한 효력을 가지므로, 그 효력을 제거하기 위한 법적 수단으로 의제된 인허가의 취소나 철회가 허용될 필요가 있다. 특히 업무처리지침 제18조에서는 사업계획승인으로 의제된 인허가 사항의 변경 절차를 두고 있는데, 사업계획승인 후 의제된 인허가 사항을 변경할 수 있다면 의제된 인허가 사항과 관련하여 취소 또는 철회 사유가 발생한 경우 해당 의제된 인허가의 효력만을 소멸시키는 취소 또는 철회도 할 수 있다고 보아야 한다.

④ 이와 같이 사업계획승인으로 의제된 인허가 중 일부를 취소 또는 철회하면, 취소 또는 철회된 인허가를 제외한 나머지 인허가만 의제된 상태가 된다. 이 경우 당초 사업계획승인을 하면서 사업 관련 인허가 사항 중 일부에 대하여만 인허가가 의제되었다가 의제되지 않은 사항에 대한 인허가가 불가한 경우 사업계획승인을 취소할 수 있는 것처럼(업무처리지침 제15조 제2항), 취소 또는 철회된 인허가 사항에 대한 재인허가가 불가한 경우 사업계획승인 자체를 취소할 수 있다.

[2] (군수가 갑 주식회사에 중소기업창업법 제35조에 따라 산지전용허가 등이 의제되는 사업계획을 승인하면서 산지전용허가와 관련하여 재해방지 등 명령을 이행하지 아니한 경우 산지전용허가를 취소할 수 있다는 조건을 첨부하였는데, 갑 회사가 재해방지조치를 이행하지 않았다는 이유로 산지전용허가 취소를 통보하고, 이어 토지의 형질변경 허가 등이 취소되어 공장설립 등이 불가능하게 되었다는 이유로 갑 회사에 사업계획승인을 취소한 사안에서) 산지전용허가 취소는 군수가 의제된 산지전용허가의 효력을 소멸시킴으로써 갑 회사의 구체적인 권리·의무에 직접적인 변동을 초래하는 행위로 보이는 점 등을 종합하면 의제된 산지전용허가 취소가 항고소송의 대상이 되는 처분에 해당하고, 산지전용허가 취소에 따라 사업계획승인은 산지전용허가를 제외한 나머지 인허가 사항만 의제하는 것이 되므로 사업계획승인 취소는 산지전용허가를 제외한 나머지 인허가 사항만 의제된 사업계획승인을 취소하는 것이어서 산지전용허가 취소와 사업계획승인 취소가 대상과 범위를 달리하는 이상, 갑 회사로서는 사업계획승인 취소와 별도로 산지전용허가 취소를 다툴 필요가 있다(대판 2018.7.12, 2017두48734[사업계획승인취소처분취소등])."

[판례] 관련 인허가에 관한 사전 협의가 이루어지지 않은 채 사업계획승인처분이 이루어진 것으로 의제된 경우, 창업자는 관련 인허가를 관계 행정청에 별도로 신청하는 절차를 거쳐야 하는지 여부(적극)

"관련 인허가 사항에 관한 사전 협의가 이루어지지 않은 채 중소기업창업법 제33조 제3항에서 정한 20일의 처리기간이 지난 날의 다음 날에 사업계획승인처분이 이루어진 것으로 의제된다고 하더라도, 창업자는 중소기업창업법에 따른 사업계획승인처분을 받은 지위를 가지게 될 뿐이고 관련 인허가까지 받은 지위를 가지는 것은 아니다. 따라서 창업자는 공장을 설립하기 위해 필요한 관련 인허가를 관계 행정청에 별도로 신청하는 절차를 거쳐야 한다. 만일 창업자가 공장을 설립하기 위해 필요한 국토계획법에 따른 개발행위허가를 신청하였다가 거부처분이 이루어지고 그에 대하여 제소기간이 경과하는 등의 사유로 더 이상 다툴 수 없는 효력이 발생한다면, 시장 등은 공장설립이 객관적으로 불가능함을 이유로 중소기업창업법에 따른 사업계획승인처분을 직권으로 철회하는 것도 가능하다(대판 2021.3.11, 2020두42569[중소기업창업사업계획승인불허가처분취소])."

(iv) 그러나 의제되는 인허가의 요건을 갖추지 못하여 주된 인허가가 거부된 경우에는, 주된 인허가 거부처분 1개만 존재하는 경우이므로, 의제되는 인허가의 요건을 구비하지 못하였다는 처분사유를 다투고자 하는 경우에는 '주된 인허가 거부처분 취소소송'을 제기하여야 한다.

[관련 판례]

"건축불허가처분을 하면서 그 처분사유로 건축불허가 사유뿐만 아니라 형질변경불허가 사유나 농지전용불허가 사유를 들고 있다고 하여 그 건축불허가처분 외에 별개로 형질변경불허가처분이나 농지전용불허가처분이 존재하는 것이 아니므로, 그 건축불허가처분을 받은 사람은 그 건축불허가처분에 관한 쟁송에서 건축법상의 건축불허가 사유뿐만 아니라 같은 도시계획법상의 형질변경불허가 사유나 농지법상의 농지전용불허가 사유에 관하여도 다툴 수 있는 것이지, 그 건축불허가처분에 관한 쟁송과는 별개로 형질변경불허가처분이나 농지전용불허가처분에 관한 쟁송을 제기하여 이를 다투어야 하는 것은 아니며, 그러한 쟁송을 제기하지 아니하였어도 형질변경불허가 사유나 농지전용불허가 사유에 관하여 불가쟁력이 생기지 아니한다(대판 2001.1.16, 99두10988)."

"건축허가권자가 건축불허가처분을 하면서 그 처분사유로 건축불허가 사유뿐만 아니라 소방법에 따른 소방서장의 건축부동의 사유를 들고 있다고 하여 그 건축불허가처분 외에 별개로 건축부동의 처분이 존재하는 것이 아니므로, 그 건축불허가처분을 받은 사람은 그 건축불허가처분에 관한 쟁송에서 건축법상의 건축불허가 사유뿐만 아니라 소방서장의 부동의 사유에 관하여도 다툴 수 있다(대판 2004.10.15, 2003두6573)."

(v) 인허가에 대한 명문의 규정이 없는 이상, 예컨대 공장설립승인이 의제되었다고 해서 건축허가나 개발행위허가가 의제되지는 않는다. 행정기본법 제25조 제2항도 "인허가의제의 효과는 주된 인허가의 해당 법률에 규정된 관련 인허가에 한정된다."고 규정하고 있다.

[판례] 산업집적법상 입주계약체결로 공장설립 승인이 의제된다고 하여 명문의 규정이 없더라도 건축허가 또는 개발행위허가를 받은 것으로 의제되는지 여부(소극)

"(산업단지 관리기관에 아스콘 공장 설립 목적을 밝히고 입주계약을 체결하여 공장 설립승인을 받은 것으로 의제된 아스콘 제조업체가 그 공장 신축을 위해 건축허가 신청을 하였으나, 피고가 건축불허가 처분을 한 사건에서) 「산업집적활성화 및 공장설립에 관한 법률」('산업집적법')에 따르면, 산업단지에서 제조업을 하려는 자가 관리기관과 입주계약을 체결한 때에는 시장·군수 또는 구청장의 공장설립 승인을 받은 것으로 의제된다(제13조 제2항 제2호, 제1항, 제38조 제1항). 그러나 공장설립 승인이 의제된다고 하여 건축법상 건축허가 또는 국토계획법상 개발행위허가를 받은 것으로 의제하는 규정은 없다. 또한 산업집적법상 입주계약은 건축법상 건축허가나 국토계획법상 개발행위허가와는 목적과 취지, 요건과 효과를 달리하는 별개의 제도이다. 따라서 입주계약 체결에 따라 공장설립 승인을 받은 것으로 의제되는 경우에도 그 공장건물을 건축하려면 건축법상 건축허가와 국토계획법상 개발행위허가를 받아야 한다고 보아야 한다(대판 2021.6.24, 2021두33883[건축허가거부처분취소])."

[판례] 대기환경보전법에 따른 대기오염물질배출시설 설치허가를 받은 경우, 악취배출시설 설치·운영신고가 수리된 것으로 볼 수 있는지 여부(소극)

"대기환경보전법에 따른 대기오염물질배출시설 설치허가를 받았다고 하더라도 악취배출시설 설치·운영신고가 수리되어 그 효력이 발생한다고 볼 수 없다.

인허가의제 제도는 관련 인허가 행정청의 권한을 제한하거나 박탈하는 효과를 가진다는 점에서 법률 또는 법률의 위임에 따른 법규명령의 근거가 있어야 한다. 그런데 대기환경보전법령에서는 대기오염물질배출시설 설치허가를 받으면 악취배출시설 설치·운영신고가 수리된 것으로 의제하는 규정을 두고 있지 않다. 나아가 악취방지법은 제24조에서 권한의 위임에 관하여 규정하고 있는데, 대도시의 장의 권한에 관하여는 아무런 규정을 두고 있지 않고, 악취방지법 제8조의2 제2항은 신고할 사항과 방법에 관하여만 환경부령으로 정하도록 위임하였을 뿐 대도시의 장이 부여받은 악취배출시설 설치·운영신고의 수리 여부를 심사할 권한까지 환경부령으로 제한할 수 있도록 위임하고 있지는 않다(대판 2022.9.7, 2020두40327[악취배출시설설치신고반려처분등취소의소])."

Ⅵ. 행정계획의 통제

행정계획에 대한 통제도 권력분립의 관점에서 행정적·정치적·사법적 통제로 구분해 볼 수 있다.

1. 행정적 통제

행정계획은 행정내부적으로 상급행정청의 감독권행사나 행정계획의 수립과정에서의 관계행정기관과의 협의·승인 등의 절차를 통하여 통제될 수 있다.

2. 정치적 통제

행정계획에 대한 국회의 직접적 통제를 규정하고 있는 입법례는 없다. 국회는 예산심의, 국정조사와 감사, 해임건의 등을 통하여 간접적으로 통제할 수 있을 뿐이다. 그 밖에도 주민참여나 청원 등을 통한 민중통제방식을 생각해 볼 수 있다.

3. 사법적 통제*

(1) 계획재량

행정계획에 대한 사법적 통제와 관련하여서는 계획재량이 중요한 의미를 가진다. 일반적으로 행정주체가 계획을 통하여 가지게 되는 광범위한 형성권한을 계획상의 형성의 자유(Planerische Gestaltungsfrieheit) 또는 계획재량(Planungsermessen)이라고 한다.

일반적인 재량은 입법권자가 입법당시의 각종 이해관계의 조정을 통하여 정하여 놓은 요건과 효과를 단지 구체적 사안에 적용하는 것과 관련되어 있는 반면, 계획재량은 계획을 통하여 각종 이해관계를 고려하고 조정하여야 하는 것이기 때문에, 이러한 점에서 계획재량은 일반 재량에 비하여 광범한 형성의 여지가 인정된다.

다시 말해서 일반적인 법규범들은 요건규정에 근거하여 여기에 일정한 법적 효과를 부여하는 조건명제(Wenn－Dann－Schema)식으로 규정되어 있지만, 공간계획에 대한 법적 규율은 단지 일정한 계획의 목적과 개별적인 수단, 그리고 그에 의하여 보호되어야 할 이익만을 규정하는 목적·수단명제(Zweck－Mittel－Schema)식으로 규정되어 있기 때문에, 통상적인 조건명제식 규율에서의 재량행위에 관한 이론은 공간계획에 그대로 타당할 수는 없다. 따라서 목적·수단명제식 규정 하에서 계획을 수립하는 행정청은 어떠한 계획목적을, 어느 정도로, 그리고 어떠한 방법으로 추구할 것인가 하는 문제를 구체적인 상황에 따라 스스로 결정하여야 하는 폭넓은 형성의 여지를 가지게 되는 것이다.

(2) 계획재량에 대한 사법적 통제

계획재량을 통한 광범한 형성권한도 무한하게 인정되는 것이 아니라, 이를 행사함에 있어서

---

* 사법시험(2009년), 입법고시(2007년), 행정고시(2004년).

는 일정한 한계가 존재한다. 계획재량도 헌법과 법률에 의하여 인정된 재량행위의 일종이므로, 이에는 법률의 범위 안에서만 인정되는 일정한 법치국가적 한계가 있다.

구체적으로 행정계획에 있어서도 ① 먼저 계획상의 목표는 근거법에 합치되어야 하고, ② 비례원칙을 비롯한 행정법의 일반원칙을 준수하여야 하며, ③ 근거법이 정한 형식과 절차를 준수하여야 하고, ④ 관계되는 모든 이익을 정당하게 형량하여야 한다(형량명령).

(3) 형량명령

형량명령(Abwägungsgebot)은 계획을 수립함에 있어 관계되는 모든 이익을 정당하게 형량하여야 한다는 행정법의 일반원칙이다. 독일 건축법전은 "건설기본계획의 수립에 있어서 공익과 사익 상호간, 그리고 공익 상호간, 사익 상호간의 정당한 형량을 하여야 한다."고 규정하고 있다(독일 건축법전 1 ⑦). 행정절차법은 2021년 법개정을 통하여 "행정청은 행정청이 수립하는 계획 중 국민의 권리의무에 직접 영향을 미치는 계획을 수립하거나 변경 · 폐지할 때에는 관련된 여러 이익을 정당하게 형량하여야 한다(행정절차법 40의4)"는 규정을 신설하여 형량명령을 명문화하였다. 형량명령은 이와 같은 명문의 규정이 없더라도 법치국가원리에서 파생되는 법원칙으로서 모든 계획에 적용된다고 보아야 할 것이다.

형량명령에 따른 이익형량은 보통 ① 관계되는 이익의 조사, ② 이익에 대한 평가, ③ (좁은 의미의) 이익형량이라는 3단계로 이루어진다.

이러한 이익형량의 과정에서 다음의 경우에는 형량명령에 위반한 하자 있는 이익형량이 된다. 형량명령에 위반한 계획은 위법한 계획이 된다:

① 이익형량을 전혀 행하지 않은 경우(형량의 결여, Abwägungsausfall)
② 이익형량에서 고려하여야 할 이익을 빠뜨린 경우(형량의 결함, Abwägungsdefizit)
③ 이익의 중요성을 잘못 판단한 경우(형량의 과오, Abwägungsfehleinschätzung)
④ 특정 이익을 과도하게 평가하는 경우(형량의 불평등, Abwägungsdisproportionalität)

이상의 계획재량, 계획에 있어서의 형량명령 및 형량명령의 하자에 관한 이론은 판례에도 반영되고 있는데, 특히 1996.11.29, 96누8567 대법원 판결은 처음으로 이러한 이론체계를 반영한 매우 획기적인 판례로 받아들여지고 있다. 이러한 대법원의 입장은 오늘날에도 그대로 이어지고 있다.

[판례1] 행정주체의 행정계획의 입안 · 결정에 관한 재량의 범위와 한계

" … 관계 법령에 추상적인 행정목표와 절차만이 규정되어 있을 뿐 행정계획의 내용에 관하여는 별다른 규정을 두고 있지 아니하는 경우에, 행정주체는 구체적인 행정계획의 입안 · 결정에 관하여

비교적 광범위한 형성의 자유를 가진다. 다만 행정주체가 가지는 이와 같은 형성의 자유는 무제한적인 것이 아니라 그 행정계획에 관련되는 사람들의 이익을 공익과 사익 사이에서는 물론이고 공익 상호 간과 사익 상호 간에도 정당하게 비교교량하여야 한다는 제한이 있으므로, 행정주체가 행정계획을 입안·결정하면서 이익형량을 전혀 하지 아니하거나 이익형량의 고려 대상에 마땅히 포함시켜야 할 사항을 누락한 경우 또는 이익형량을 하였으나 정당성과 객관성을 갖추지 못한 경우에는 그 행정계획결정은 형량에 하자가 있어 위법하다(대판 1996.11.29, 96누8567; 대판 2012.1.12, 2010두5806; 대판 2014.7.10, 2012두2467 등 참조) (대판 2015.12.10, 2011두32515[4대강 살리기 사업 사건]; 대판 2020.9.3, 2020두34346[군관리계획입안제안신청반려처분취소])."

"(도시계획시설인 도시자연공원으로 결정·고시된 이 사건 토지의 일부를 매입하여 그 위에 테니스장을 운영하다 폐업한 원고가 피고에게 이 사건 토지에 대한 도시계획시설결정을 해제해 달라는 입안제안을 하였다가 거부된 사건에서) … 이 사건 토지를 도시자연공원으로 유지할 공익상 필요가 사라졌다거나 원고의 재산권 행사를 과도하게 제한해 왔다고 보기 어렵다. 따라서 이 사건 처분에 이익형량에 하자가 있지 않다(대판 2016.2.18, 2015두53640[공원용지해제거부처분취소])."

"행정주체가 주차장 설치계획을 입안·결정할 때 이러한 이익형량을 전혀 하지 아니하거나 이익형량의 고려 대상에 마땅히 포함시켜야 할 사항을 누락한 경우, 또는 이익형량을 하였으나 정당성·객관성이 결여된 경우에는 그 주차장 설치계획 결정은 재량권을 일탈·남용한 것으로 위법하다고 보아야 한다(대판 2006.4.28, 2003두11056 등 참조) (대판 2018.6.28, 2018두35490, 35506(병합)[도시계획시설결정처분취소, 사업실시계획인가처분취소])."

☞ (피고 구청장이 선거공약이었던 공영주차장건물을 신축하기 위하여 주택 25개동을 수용·철거하겠다는 내용의 도시·군계획시설결정을 한 사안에서) 이 사건의 경우 ① 자치구청장이 그다지 공익적 필요가 크지 않은 선거공약사업을 강행하기 위하여 사기업체에 (그 공익적 필요성을 정당화하는) 타당성조사 용역을 발주하였는데, 그 용역결과에 객관성·공정성·신뢰성을 인정하기 어려운 명백한 사정이 있는 사안이고, ② 그 사익침해성의 정도가 훨씬 중한 사안이어서, 대법원이 '공익사업을 시행하는 과정에서 다수의 주택을 철거하여야 하는 경우에는 주민들의 주거권이 침해되므로, 매우 중대한 공익상 필요가 분명하게 인정되는 경우이어야 공·사익 형량에서 공익이 우월하여 사업인정이 정당화될 수 있다'는 점을 강조하여 판시한 사례이다.

"(계획재량에 관한 법리는) 산업입지 및 개발에 관한 법률상 산업단지개발계획 변경권자가 산업단지 입주업체 등의 신청에 따라 산업단지개발계획을 변경할 것인지를 결정하는 경우에도 마찬가지로 적용된다(대판 2021.7.29, 2021두33593[산업단지개발계획변경신청거부처분취소청구의소])."

[판례2] 안전행정부장관이 매립지가 속할 지방자치단체를 정할 때에 가지는 재량권의 한계

"… 안전행정부장관은 매립지가 속할 지방자치단체를 정할 때에 상당한 형성의 자유를 가지게

되었다. 다만 그 관할 결정은 계획재량적 성격을 지니는 점에 비추어 위와 같은 형성의 자유는 무제한의 재량이 허용되는 것이 아니라 여러 가지 공익과 사익 및 관련 지방자치단체의 이익을 종합적으로 고려하여 비교·교량해야 하는 제한이 있다. 따라서 안전행정부장관이 위와 같은 이익형량을 전혀 행하지 않거나 이익형량의 고려 대상에 마땅히 포함시켜야 할 사항을 누락한 경우 또는 이익형량을 하였으나 정당성·객관성이 결여된 경우에는 그 매립지가 속할 지방자치단체 결정은 재량권을 일탈·남용한 것으로서 위법하다고 보아야 한다(대판 2013.11.14, 2010추73[새만금방조제일부구간귀속지방자치단체결정취소])."

※ 유사판례: 대판 2021.2.4, 2015추528[평택당진항매립지일부구간귀속지방자치단체결정취소]

[판례3] [1] 행정주체가 기반시설을 조성하기 위하여 도시·군계획시설결정이나 실시계획인가처분을 할 때 행사하는 재량권이 통제되는지 여부(적극)

[2] 도시·군계획시설사업에 관한 실시계획인가처분의 법적 성격 및 행정청이 실시계획인가처분시 행사하는 재량권의 한계

"[1] 국토계획법상 기반시설은 도시 공동생활을 위해 기본적으로 공급되어야 하지만 공공성이나 외부경제성이 크기 때문에 시설의 입지 결정, 설치 및 관리 등에 공공의 개입이 필요한 시설을 의미한다.

… 어떤 시설이 국토계획법령이 정하고 있는 기반시설에 형식적으로 해당할 뿐 아니라, 그 시설이 다수 일반 시민들이 행복한 삶을 추구하는 데 보탬이 되는 기반시설로서의 가치가 있고 그 시설에 대한 일반 시민의 자유로운 접근 및 이용이 보장되는 등 공공필요성의 요청이 충족되는 이상, 그 시설이 영리 목적으로 운영된다는 이유만으로 기반시설에 해당되지 않는다고 볼 것은 아니다.

다만 행정주체가 기반시설을 조성하기 위하여 도시·군계획시설결정을 하거나 실시계획인가처분을 할 때 행사하는 재량권에는 한계가 있음이 분명하므로, 이는 재량통제의 대상이 된다.

[2] 도시·군계획시설사업에 관한 실시계획인가처분은 해당 사업을 구체화하여 현실적으로 실현하기 위한 형성행위로서 이에 따라 토지수용권 등이 구체적으로 발생하게 된다. 따라서 행정청이 실시계획인가처분을 하기 위해서는 그 실시계획이 법령이 정한 도시계획시설의 결정·구조 및 설치기준에 적합하여야 함은 물론이고 사업의 내용과 방법에 대하여 인가처분에 관련된 자들의 이익을 공익과 사익 간에서는 물론, 공익 상호 간 및 사익 상호 간에도 정당하게 비교·교량하여야 하며, 그 비교·교량은 비례의 원칙에 적합하도록 하여야 한다(대판 2018.7.24, 2016두48416[수용재결취소등])."

☞ (피고 시장이 토지수용이 가능한 도시계획시설사업으로 대규모점포(복합쇼핑몰) 건립을 진행하기로 하고, 민간사업자인 참가인을 사업시행자로 지정한 뒤, 그에 기초하여 실시계획인가처분 등을 한 사안에서) 토지소유자들인 원고들이 ① 민간사업자를 사업시행자로 지정하기 위한 토지소유자의 동의 절차에 하자가 있어 동의 자체가 무효이고, ② 영리 목적 시설인 복합쇼핑몰은 국토계획

법에 따라 수용이 가능한 '기반시설'에 해당하지 아니하여 사업 자체가 위법하며, ③ 실시계획인가 처분도 있어서도 공익성이 결여되어 위법하다고 주장하였으나, 이를 모두 배척하고 위 각 처분이 적법하다고 본 사례이다.

[판례4] 도시·군관리계획 입안제안 거부처분에 재량권 일탈·남용이 있는지 여부(소극)

"… 이 사건 토지는 국토계획법에 따른 보전관리지역, 계획관리지역으로 지정되어 있으므로, 지정 후의 사정변경으로 인하여 숲과 녹지가 이미 복구 불가능할 정도로 훼손되어 더 이상 기존 계획제한을 유지할 필요를 인정하기 어렵다고 볼 만한 특별한 사정이 없는 한, 그 자연환경을 보전할 필요가 여전히 높다고 보아 이 사건 토지 위에 화장장을 도시·군관리계획시설로서 설치하고자 하는 도시·군관리계획의 입안을 거부한 피고의 재량적 판단은 폭넓게 존중되어야 한다. 또한 원고가 이미 장례식장, 묘지, 납골당 등으로 구성된 추모공원을 운영하고 있는 상황에서, 여기에 화장장까지 추가로 설치·운영함으로써 인근 마을과 군인아파트에 거주하는 주민들의 생활환경에 미칠 총량적·누적적인 영향이 그리 크지 않다고 보기도 어렵다. 따라서 화장장을 설치할 공익상의 필요 등 원심이 판시한 사정을 고려하더라도 원고의 입안 제안을 거부한 이 사건 처분이 정당성과 객관성을 결여하여 재량권을 일탈·남용한 것이라고 단정하기 어렵다(대판 2020.9.3, 2020두34346[군관리계획입안제안신청반려처분취소])."

Ⅶ. 행정계획과 행정구제

1. 행정쟁송

행정쟁송과 관련하여서는 특히 행정계획이 항고쟁송의 대상이 되는 처분인가 하는 점이 중요한 문제이다. 구속적 계획의 경우 계획을 통하여 이해관계인의 권리의무관계에 구체적인 변동을 가져오는 경우에는 처분성이 인정된다고 보아야 할 것이다. 이와 관련하여 도시·군관리계획의 처분성 문제는 이미 행정계획의 성질을 검토하면서 살펴보았다. 판례는 도시·군관리계획의 처분성을 인정하고 있는데, 그 외에도 도시정비법상의 관리처분계획의 처분성도 인정하고 있다.

[판례] (구) 도시재개발법(현 도시 및 주거환경정비법)상의 관리처분계획이 항고소송의 대상이 되는 행정처분인지 여부

"도시재개발법에 의한 재개발조합은 조합원에 대한 법률관계에서 적어도 특수한 존립목적을 부여받은 특수한 행정주체로서 국가의 감독하에 그 존립 목적인 특정한 공공사무를 행하고 있다고 볼 수 있는 범위 내에서는 공법상의 권리의무 관계에 서 있는 것이므로 분양신청 후에 정하여진 관리처분계획의 내용에 관하여 다툼이 있는 경우에는 그 관리처분계획은 토지 등의 소유자에게 구체적

이고 결정적인 영향을 미치는 것으로서 조합이 행한 처분에 해당하므로 항고소송의 방법으로 그 무효확인이나 취소를 구할 수 있다(대판 2002.12.10, 2001두6333).”

2. 행정상 손해전보

적법한 행정계획에 의하여 손실이 발생한 경우 이러한 손실이 '특별한 희생'에 해당하는 경우에는 손실보상이 가능하여야 할 것이나, 현실적으로는 보상규정이 없어 보상이 이루어지지 않는 등의 문제가 있다. 이에 관하여는 행정상 손실보상 편에서 자세히 다루기로 한다.

국가 또는 지방자치단체의 위법한 행정계획으로 손해가 발생한 경우에는 국가 또는 지방자치단체를 대상으로 국가배상법에 따라 손해배상을 청구할 수 있다.

3. 계획보장청구권의 문제*

(1) 의의

행정계획은 그 본질상 '안정성'과 '신축성'의 긴장관계에 놓여 있다. 즉, 행정계획은 한편으로는 계획의 존속에 대한 이해관계인들의 신뢰를 바탕으로 경제적인 이해관계를 포함한 다양한 이해관계들이 관련되기도 하고(계획의 존속에 대한 신뢰보호), 다른 한편으로는 여건의 변화에 따라 당초의 계획을 변경하여야 하는 경우가 발생하기도 한다(계획변경 등의 계획의 신축성). 계획보장청구권(Anspruch auf Plangewährleistung)은 이와 같이 행정계획의 폐지·변경 등의 요구와 신뢰보호의 문제가 충돌하는 문제를 해결하기 위하여 논의되는 문제이다.

(2) 계획보장청구권의 내용

계획보장청구권은 그 자체로서 확정된 내용만을 가지는 법제도가 아니다. 따라서 여기에는 다양한 청구권들이 포함될 수 있다.

일반적으로 계획보장청구권의 내용으로는 계획존속청구권(Anspruch auf Planfortbestand), 계획준수청구권(Anspruch auf Planbefolgung), 계획변경청구권(Anspruch auf Planänderung), 경과조치청구권(Anspruch auf Übergangsregelungen und Anpassungshilfen), 손해전보청구권(Schadenersatz–oder Entschädigungsanspruch)을 들 수 있다.

혹자는 계획보장청구권의 내용을 협의의 계획보장청구권(손실보상청구권)·계획관련행위청구권(계획청구권·계획존속청구권·계획준수청구권·경과조치청구권·계획변경청구권)·전통적 손실보상청구권·손해배상청구권으로 나누고 있는데,[6] 계획보장으로서의 손실보상과 전통적 손실보상에 개념적인

---

* 변호사시험(2013년).

6) 홍정선, 행정법특강, 157면 이하.

차이가 있는 것은 아니라는 점에서 이와 같이 구분할 이유는 없다고 생각된다.

가. 계획존속청구권

계획존속청구권은 행정계획의 폐지·변경에 대하여 계획의 존치를 요구하는 권리이다. 그런데 계획변경이 가지는 공익성을 고려할 때, '일반적 계획존속청구권'은 인정될 수 없다. 왜냐하면 계획변경에 대한 공익을 무시하고 개인의 신뢰보호만을 일방적으로 우월시할 수는 없기 때문이다.

다만 관련 법령에서 특정 개인의 계획존속에 대한 이익을 보호하기 위한 규정을 두고 있는 경우라면 이러한 개인에 대하여 계획존속청구권이 인정될 수는 있을 것이다.

나. 계획준수청구권

계획준수청구권은 계획을 집행하는 행정기관이 계획의 내용에 반하는 행위를 하는 경우에 행정계획의 내용 그대로 계획을 준수해줄 것을 요구하는 권리이다. 구속적 계획은 사인은 물론 행정청도 구속하기 때문에 행정청이 계획에 반하는 처분 등을 할 수 없음은 물론이다. 그러나 사인에게 일반적 법률준수청구권이 인정되지 않는 것과 마찬가지로 '일반적 계획준수청구권'은 인정되지 않는다.

다. 계획수립 · 변경청구권

계획의 수립·변경청구권은 계획의 수립 또는 변경을 요구하는 권리로, 이 경우에도 '일반적 계획수립·변경청구권'은 인정되지 않는다.

계획변경과 관련하여, 판례도 사인에게 계획변경청구권이 인정되지 않는다는 것이 기본 입장이다(대판 1984.10.23, 84누227). 다만 '계획변경신청을 거부하는 것이 실질적으로 처분을 거부하는 결과가 되는 예외적인 경우(대판 2003.9.23, 2001두10936)', '도시계획구역 내 토지 등을 소유하고 있는 사람과 같이 당해 도시계획시설결정에 이해관계가 있는 주민의 경우(대판 2015.3.26, 2014두42742)'에는 계획변경신청권을 인정한 바 있다.

한편 국토계획법은 주민은 도시·군관리계획 입안권자에게 기반시설의 설치·정비 또는 개량에 관한 사항 등에 관하여 도시·군관리계획의 입안을 제안(신청)할 수 있다고 규정하고 있는데(국토계획법 26 ①), 이에 따라 주민에게는 도시·군관리계획의 입안청구권이 인정된다. 판례도 주민들의 도시·군관리계획 입안제안과 관련하여, 주민의 도시계획입안을 요구할 수 있는 법규상 또는 조리상의 신청권(입안제안신청권)을 인정하면서, 이러한 신청에 대한 거부행위는 항고소송의 대상이 되는 처분이라고 하였다.

[판례] 도시계획시설결정에 이해관계가 있는 주민에게 도시시설계획의 입안 내지 변경을 요구할 수 있는 법규상 또는 조리상의 신청권이 있는지 여부(적극) 및 이러한 신청에 대한 거부행위가 항고소송의 대상이 되는 행정처분에 해당하는지 여부(적극)

"도시계획구역 내 토지 등을 소유하고 있는 주민으로서는 입안권자에게 도시계획입안을 요구할 수 있는 법규상 또는 조리상의 신청권이 있다고 할 것이고, 이러한 신청에 대한 거부행위는 항고소송의 대상이 되는 행정처분에 해당한다(대판 2004.4.28, 2003두1806)."

"도시계획구역 내 토지 등을 소유하고 있는 사람과 같이 당해 도시계획시설결정에 이해관계가 있는 주민으로서는 도시시설계획의 입안권자 내지 결정권자에게 도시시설계획의 입안 내지 변경을 요구할 수 있는 법규상 또는 조리상의 신청권이 있고, 이러한 신청에 대한 거부행위는 항고소송의 대상이 되는 행정처분에 해당한다(대판 2015.3.26, 2014두42742[도시계획시설결정폐지신청거부처분취소])."

"이러한 법리는 이미 산업단지 지정이 이루어진 상황에서 산업단지 안의 토지 소유자로서 종전 산업단지개발계획을 일부 변경하여 산업단지개발계획에 적합한 시설을 설치하여 입주하려는 자가 종전 계획의 변경을 요청하는 경우에도 그대로 적용될 수 있다(대판 2017.8.29, 2016두44186[산업단지개발계획변경신청거부처분취소])."

라. 경과조치청구권

계획이 변경·폐지되는 경우에 경과규정이나 일정한 적응지원 등을 요구할 수 있겠는가 하는 것이 문제이다. 만약 이 청구권이 인정되면 계획주체는 계획의 변경가능성과 탄력성을 가질 수 있고, 계획을 신뢰한 개인도 어느 정도 보호가 가능하다는 장점이 있다. 그러나 이러한 청구권 역시 법적으로 그 행사의 요건이 명백히 규정되지 않는 한, 일반적으로 인정된다고 보기는 어렵다.

마. 손해전보청구권

적법한 행정계획의 폐지·변경에 따라 재산상의 손실이 발생한 경우에는 행정상 손실보상을 청구할 수 있다. 그러나 손실보상이 가능하려면 손실보상의 요건과 절차를 규정한 법률적 근거가 있어야 하므로 계획이 폐지·변경되는 경우 손실보상청구권이 당연히 인정되는 것은 아니다. 이와 관련하여 1987년의 행정절차법안은 제58조에서 행정계획의 확정·변경·폐지 또는 실효로 인한 국민의 재산상 손실이 있을 때에는 법률이 정하는 바에 의하여 손실보상 기타 필요한 구제조치를 하도록 규정하고 있었지만 현행 행정절차법에는 이와 같은 규정이 없다.

한편 위법한 계획이 변경·폐지로 인하여 재산상의 손해가 발생하였다면 국가배상법에 따라 손해배상을 청구할 수 있을 것이다. 이 경우 손해배상이 가능하려면 국가배상법이 정하는 요건을 충족하여야 함은 물론이다.

제 4 장 공법상 계약*

Ⅰ. 공법상 계약의 개념

1. 공법상 계약의 의의

공법상 계약이란 공법적 효과 발생을 목적으로 하는 복수당사자 간의 반대방향의 의사표시의 합치에 의하여 성립하는 공법행위를 말한다. 공법상 계약은 공·사법의 이원적 구분 및 독립된 행정재판소를 가진 독일에서 성립된 개념이다.

> [판례] '공법상 계약'의 의미 및 '공법상 계약'에 해당하는지 판단하는 방법
>
> " … 공법상 계약이란 공법적 효과의 발생을 목적으로 하여 대등한 당사자 사이의 의사표시 합치로 성립하는 공법행위를 말한다. 어떠한 계약이 공법상 계약에 해당하는지는 계약이 공행정 활동의 수행 과정에서 체결된 것인지, 계약이 관계 법령에서 규정하고 있는 공법상 의무 등의 이행을 위해 체결된 것인지, 계약 체결에 계약 당사자의 이익만이 아니라 공공의 이익 또한 고려된 것인지 또는 계약 체결의 효과가 공공의 이익에도 미치는지, 관계 법령에서의 규정 내지 그 해석 등을 통해 공공의 이익을 이유로 한 계약의 변경이 가능한지, 계약이 당사자들에게 부여한 권리와 의무 및 그 밖의 계약 내용 등을 종합적으로 고려하여 판단하여야 한다. …
>
> [2] (갑 주식회사 등으로 구성된 컨소시엄과 한국에너지기술평가원은 산업기술혁신 촉진법(이하 '산업기술혁신법') 제11조 제4항에 따라 산업기술개발사업에 관한 협약을 체결하고, 위 협약에 따라 정부출연금이 지급되었는데, 한국에너지기술평가원이 갑 회사가 외부 인력에 대한 인건비를 위 협약에 위반하여 집행하였다며 갑 회사에 정산금 납부 통보를 하자, 갑 회사는 한국에너지기술평가원 등을 상대로 정산금 반환채무가 존재하지 아니한다는 확인을 구하는 소를 민사소송으로 제기한 사안에서) 위 협약은 … 공법상 계약에 해당하고 그에 따른 계약상 정산의무의 존부·범위에 관한 분쟁은 공법상 당사자소송의 대상이다(대판 2023.6.29, 2021다250025[채무부존재확인의소])."

* 입법고시(2008년), 변호사시험(2021년), 5급공채(2021년).

2. 공법상 계약과 행정계약

우리나라 문헌에서는 공법상 계약 이외에 행정계약이라는 개념을 사용하고 있는 경우가 있어 개념상의 혼란이 있다. 우리나라 문헌에서 사용되는 행정계약은 「행정주체 상호간 또는 행정주체와 국민 사이에 행정목적을 수행하기 위하여 체결되는 계약」으로 정의되고 있다.[1] 이와 같은 개념은 행정주체가 계약의 일방당사자라는 점에서 행정주체가 맺는 공법상 계약과 사법상 계약을 모두 포함한다.

이 견해는 공법상 계약과 사법상 계약의 구별기준이 확립되어 있지 않은 점과 공법상 계약에 관한 법리도 아직 정착되지 않고 있다는 점 등을 논거로 들고 있다. 그러나 우리나라 실정법질서가 공·사법을 이원적으로 구분하고 있고, 공법상 계약과 사법상 계약은 적용법리에서도 차이가 있으며, 소송유형도 당사자소송과 민사소송이라는 차이가 있다는 점을 고려하면 행정에 고유한 행위형식으로의 공법상 계약에 행정청이 맺는 사법상 계약까지 포함시키는 것은 무리가 있다고 판단된다. 따라서 본서에서는 공법상 계약만을 고찰대상으로 한다. 대체로 이러한 개념정의는 독일 연방행정절차법 제54조의 규정에 의한 공법상 계약의 개념과 일치하는 것이다.

3. 행정기본법 규정

행정기본법은 공법상 계약이라는 명칭으로, 이를 '행정목적을 달성하기 위하여 체결하는 공법상 법률관계에 관한 계약'으로 정의하고 있다(행정기본법 27 ①).[2]

4. 타 행위와의 구별

(1) 사법상 계약과의 구별

공법상 계약은 계약이라는 점에서는 사법상 계약과 동일하나 공법적 효과발생을 목적으로 하고 공익실현을 위한 것이라는 점에서 사법상 계약과 구별된다.

그러나 공법상 계약과 사법상 계약을 실제로 구별한다는 것은 그렇게 용이한 것은 아니다. 또한 행정주체가 당사자가 되는 경우에는 더욱 구별이 어렵다. 예를 들어 국가 또는 지방자치단체가 예산을 수반하는 매매, 임대차, 도급 등의 계약을 체결하는 경우에는 사법적 효과발생을 목적으로 하는 것이므로 사법상 계약이다. 물론 여기에는 국가나 지방자치단체가 계약의 당사자가 되므로

---

1) 김동희/최계영, 행정법 I, 230면.

2) 제27조(공법상 계약의 체결) ① 행정청은 법령등을 위반하지 아니하는 범위에서 행정목적을 달성하기 위하여 필요한 경우에는 공법상 법률관계에 관한 계약(이하 "공법상 계약"이라 한다)을 체결할 수 있다. 이 경우 계약의 목적 및 내용을 명확하게 적은 계약서를 작성하여야 한다.
② 행정청은 공법상 계약의 상대방을 선정하고 계약 내용을 정할 때 공법상 계약의 공공성과 제3자의 이해관계를 고려하여야 한다.

국가예산에 의한 구속을 받는다는 점에서 국가를 당사자로 하는 계약에 관한 법률이나 지방재정법 등이 적용된다. 그럼에도 불구하고 계약 자체의 법적 성질은 사법상 계약이며, 계약의 체결과 이행을 둘러싼 법적 분쟁은 민사소송절차에 의한다.

(2) 행정행위와의 구별

공법적 효과를 발생시킨다는 점에서 공법상 계약은 행정행위와 공통점이 있다. 그러나 공법상 계약은 의사의 대등성을 전제로 복수당사자간의 의사표시의 합치로 성립하는 쌍방행위인데 반해서, 행정행위는 행정주체의 우월한 일방적 의사결정에 의하여 행하여지는 단독행위라는 점에서 차이가 있다.

이와 관련하여 상대방의 신청이나 동의에 의하여 이루어지는 행정행위(예: 공물사용의 특허·공무원의 임명)는 표면적으로는 계약과 유사한 측면이 있다. 그러나 이러한 경우에도 신청이나 동의는 행정행위의 요건에 불과할 뿐 신청이나 동의에 따르는 행정행위는 행정주체의 일방적인 의사표시에 의하므로 그 법적 성질은 행정행위이다(쌍방적 단독행위).

[판례1] 행정청이 일방적인 의사표시로 자신과 상대방 사이의 법률관계를 종료시킨 경우, 의사표시가 처분인지 또는 공법상 계약관계의 의사표시인지 판단하는 방법

"행정청이 자신과 상대방 사이의 법률관계를 일방적인 의사표시로 종료시켰다고 하더라도 곧바로 의사표시가 행정청으로서 공권력을 행사하여 행하는 행정처분이라고 단정할 수는 없고, 관계 법령이 상대방의 법률관계에 관하여 구체적으로 어떻게 규정하고 있는지에 따라 의사표시가 항고소송의 대상이 되는 행정처분에 해당하는지 아니면 공법상 계약관계의 일방 당사자로서 대등한 지위에서 행하는 의사표시인지를 개별적으로 판단하여야 한다(대판 2015.8.27, 2015두41449)."

☞ 중소기업기술정보진흥원장이 갑 주식회사와 중소기업 정보화지원사업 지원대상인 사업의 지원에 관한 협약(공법상 계약)을 체결하였는데, 협약이 갑 회사에 책임이 있는 사업실패로 해지되었다는 이유로 협약에서 정한 대로 지급받은 정부지원금을 반환할 것을 통보한 사안에서, 협약의 해지 및 그에 따른 환수통보는 행정청이 우월한 지위에서 행하는 공권력의 행사로서 행정처분에 해당한다고 볼 수 없다고 한 사례

[판례] [1] 공공기관운영법령에 따른 입찰참가자격제한 조치가 행정처분에 해당하는지 여부(적극)
[2] 공공기관의 어떤 제재조치가 계약에 따른 제재조치에 해당하기 위한 요건

"[1] 공공기관운영법 제39조는 공기업·준정부기관은 공정한 경쟁이나 계약의 적정한 이행을 해칠 것이 명백하다고 판단되는 사람·법인 또는 단체 등에 대하여 2년의 범위 내에서 일정 기간 입찰참가자격을 제한할 수 있고(제2항), 그에 따른 입찰참가자격의 제한기준 등에 관하여 필요한 사항은 기획재정부령으로 정하도록 규정하고 있다(제3항). 그 위임에 따른 '공기업·준정부기관 계약사

무규칙' 제15조는 기관장은 공정한 경쟁이나 계약의 적정한 이행을 해칠 것이 명백하다고 판단되는 자에 대해서는 '국가를 당사자로 하는 계약에 관한 법률' 제27조에 따라 입찰참가자격을 제한할 수 있다고 규정하고 있다. 이와 같이 공공기관운영법 제39조 제2항과 그 하위법령에 따른 입찰참가자격제한 조치는 '구체적 사실에 관한 법집행으로서의 공권력의 행사'로서 행정처분에 해당한다. 공공기관운영법은 공공기관을 공기업, 준정부기관, 기타공공기관으로 구분하고(제5조), 그중에서 공기업, 준정부기관에 대해서는 입찰참가자격제한처분을 할 수 있는 권한을 부여하였다.

[2] 계약당사자 사이에서 계약의 적정한 이행을 위하여 일정한 계약상 의무를 위반하는 경우 계약해지, 위약벌이나 손해배상액 약정, 장래 일정 기간의 거래제한 등의 제재조치를 약정하는 것은 상위법령과 법의 일반원칙에 위배되지 않는 범위에서 허용되며, 그러한 계약에 따른 제재조치는 법령에 근거한 공권력의 행사로서의 제재처분과는 법적 성질을 달리한다.

그러나 공공기관의 어떤 제재조치가 계약에 따른 제재조치에 해당하려면 일정한 사유가 있을 때 그러한 제재조치를 할 수 있다는 점을 공공기관과 그 거래상대방이 미리 구체적으로 약정하였어야 한다. 공공기관이 여러 거래업체들과의 계약에 적용하기 위하여 거래업체가 일정한 계약상 의무를 위반하는 경우 장래 일정 기간의 거래제한 등의 제재조치를 할 수 있다는 내용을 계약특수조건 등의 일정한 형식으로 미리 마련하였다고 하더라도, 약관의 규제에 관한 법률 제3조에서 정한 바와 같이 계약상대방에게 그 중요 내용을 미리 설명하여 계약내용으로 편입하는 절차를 거치지 않았다면 계약의 내용으로 주장할 수 없다(대판 2020.5.28, 2017두66541[공급자등록취소무효확인등청구])."

[판례] [1] 공기업·준정부기관의 계약상대방에 대한 입찰참가자격 제한 조치가 법령에 근거한 행정처분인지 계약에 근거한 권리행사인지 판단하는 방법

[2] 공공기관운영법 제39조 제2항의 규정 취지 및 위 조항이 공기업·준정부기관을 상대로 하는 부정당행위에 대해서만 적용되는지 여부(적극)

"[1] 공기업·준정부기관이 법령 또는 계약에 근거하여 선택적으로 입찰참가자격 제한 조치를 할 수 있는 경우, 계약상대방에 대한 입찰참가자격 제한 조치가 법령에 근거한 행정처분인지 아니면 계약에 근거한 권리행사인지는 원칙적으로 의사표시의 해석 문제이다. 이때에는 공기업·준정부기관이 계약상대방에게 통지한 문서의 내용과 해당 조치에 이르기까지의 과정을 객관적·종합적으로 고찰하여 판단하여야 한다. 그럼에도 불구하고 공기업·준정부기관이 법령에 근거를 둔 행정처분으로서의 입찰참가자격 제한 조치를 한 것인지 아니면 계약에 근거한 권리행사로서의 입찰참가자격 제한 조치를 한 것인지가 여전히 불분명한 경우에는, 그에 대한 불복방법 선택에 중대한 이해관계를 가지는 그 조치 상대방의 인식가능성 내지 예측가능성을 중요하게 고려하여 규범적으로 이를 확정함이 타당하다.

[2] 공공기관의 운영에 관한 법률 제39조 제2항은, 공기업·준정부기관이 공정한 경쟁이나 계약의 적정한 이행을 해칠 것이 명백하다고 판단되는 행위를 한 부정당업자를 향후 일정 기간 입찰에서 배제하는 조항으로서, 공적 계약의 보호라는 일반예방적 목적을 달성함과 아울러 해당 부정당업자를 제재하기 위한 규정이다. 따라서 위 조항이 적용되는 부정당행위는 공기업·준정부기관을 상대로 하는 행위에 한정되는 것으로 해석함이 타당하다(대판 2018.10.25, 2016두33537[입찰참가자격제한처분취소청구])."

[판례] 공공기관운영법 제39조 제2항에 따른 부정당업자 입찰참가자격 제한 처분은 부정당행위 당시에 시행되던 법령에 따라야 하는지 여부(적극)

"공공기관운영법 제39조 제2항은, 공기업·준정부기관이 공정한 경쟁이나 계약의 적정한 이행을 해칠 것이 명백하다고 판단되는 행위를 한 부정당업자를 향후 일정 기간 입찰에서 배제하는 조항으로서, 공적 계약의 보호라는 일반예방적 목적을 달성함과 아울러 해당 부정당업자를 제재하기 위한 규정이다. 따라서 공공기관운영법 제39조 제2항에 따라 부정당업자에 대하여 입찰참가자격 제한 처분을 하려면 그 부정당행위 당시에 시행되던 법령에 의하여야 한다(대판 1987.1.20, 86누63; 대판 2016.2.18, 2015두50474 등 참조) (대판 2019.2.14, 2016두33292[부정당업자제재처분취소])."

[판례2] [1] 조달청장이 수요기관으로부터 계약 체결을 요청받아 그에 따라 체결하는 계약의 성격
[2] 준정부기관으로부터 계약 체결 업무를 위탁받은 조달청장이 국가계약법 제27조 제1항에 따라 계약상대방에 대하여 입찰참가자격 제한 처분을 할 수 있는지 여부(적극)

"[1] 조달청장이 조달사업에 관한 법률 제5조의2 제1항 또는 제2항에 따라 수요기관으로부터 계약 체결을 요청받아 그에 따라 체결하는 계약은, 국가가 당사자가 되고 수요기관은 수익자에 불과한 '제3자를 위한 계약'에 해당한다.

[2] … 국가가 수익자인 수요기관을 위하여 국민을 계약상대자로 하여 체결하는 요청조달계약에는 다른 법률에 특별한 규정이 없는 한 당연히 국가를 당사자로 하는 계약에 관한 법률(이하 '국가계약법')이 적용된다.

그러나 위 법리에 의하여 요청조달계약에 적용되는 국가계약법 조항은 국가가 사경제 주체로서 국민과 대등한 관계에 있음을 전제로 한 사법(私法)관계에 관한 규정에 한정되고, 고권적 지위에서 국민에게 침익적 효과를 발생시키는 행정처분에 관한 규정까지 당연히 적용된다고 할 수 없다. 특히 요청조달계약에 있어 조달청장은 수요기관으로부터 요청받은 계약 업무를 이행하는 것에 불과하므로, 조달청장이 수요기관을 대신하여 국가계약법 제27조 제1항에 규정된 입찰참가자격 제한 처분을 할 수 있으려면 그에 관한 수권의 근거 또는 수권의 취지가 포함된 업무 위탁에 관한 근거가 법률에 별도로 마련되어 있어야 한다.

… 공공기관의 운영에 관한 법률(이하 '공공기관운영법') 제44조 제2항은 국가계약법상의 입찰참

가자격 제한 처분의 수권 취지가 포함된 업무 위탁에 관한 근거 규정에 해당한다.

이러한 법리와 관련 규정의 내용 및 취지에 비추어 보면, 준정부기관으로부터 공공기관운영법 제44조 제2항에 따라 계약 체결 업무를 위탁받은 조달청장은 국가계약법 제27조 제1항에 따라 입찰참가자격 제한 처분을 할 수 있는 권한이 있다고 봄이 타당하다(대판 2017.12.28, 2017두39433[입찰참가자격제한처분취소])."

[판례] 수요기관이 기타공공기관인 요청조달계약의 경우에 관하여 조달청장이 구 국가계약법 제27조 제1항에 따라 계약상대방에 대하여 입찰참가자격 제한 처분을 할 수 있는지 여부(소극)

"… 공공기관의 운영에 관한 법률 제44조 제2항은 "공기업·준정부기관은 필요하다고 인정하는 때에는 수요물자 구매나 시설공사계약의 체결을 조달청장에게 위탁할 수 있다."라고 규정함으로써, 공기업·준정부기관에 대해서는 입찰참가자격 제한 처분의 수권 취지가 포함된 업무 위탁에 관한 근거 규정을 두고 있는 반면, 기타공공기관은 여기에서 제외하고 있음을 알 수 있다.

따라서 수요기관이 기타공공기관인 요청조달계약의 경우에 관하여는 입찰참가자격 제한 처분의 수권 등에 관한 법령상 근거가 없으므로, 조달청장이 국가계약법 제27조 제1항에 의하여서는 계약상대방에 대하여 입찰참가자격 제한 처분을 할 수는 없고, 그 밖에 그러한 처분을 할 수 있는 별도의 법적 근거도 없다(대판 2017.6.29, 2014두14389[입찰참가자격제한처분취소])."

(3) 공법상 합동행위와의 구별

공법상 계약과 공법상 합동행위(예: 조합의 설립)는 복수의 의사표시의 합치로 성립하는 쌍방행위라는 점에서는 공통되나, 공법상 계약은 서로 반대방향의 의사표시의 합치에 의하여 상반되는 법률효과(예: 계약을 통한 권리와 의무발생)를 발생하는 데 반하여, 공법상의 합동행위는 같은 방향의 의사표시의 합치에 의하여 동일한 의미의 법률효과를 발생시킨다는 점에서 구별된다.

Ⅱ. 공법상 계약의 유용성과 문제점

1. 공법상 계약의 유용성

공법상 계약은 오늘날 경제행정, 특히 급부행정, 경제촉진 및 조성행정의 수단으로서 활용가치가 높다. 공법상 계약은 최근에 사회기반시설에 대한 민간투자법이 시행되면서 국가 또는 지방자치단체와 민자를 투자하는 개인 사이에 시설의 유지, 관리, 요금의 징수 및 조세의 감면이나 상업차관의 도입을 대상으로 다양한 협의를 그 대상으로 하여 이루어질 수 있다. 또한 국세기본법에 의하여 주된 조세채무자가 조세채무를 이행하기 어려운 경우 납세보증인을 세우게 되고, 세무서장과 납세보증인간에는 납세보증계약이라는 공법상 계약이 성립하기도 한다. 이 경우 납세보증인이 보증채무를 이행하지 않는 경우에는 국세징수법에 따라 강제징수가 행해지는 공법적 효과가 발생한다.

공법상 계약은 ① 경제행정상 요구되는 구체적인 사정에 탄력적으로 대응할 수 있고, ② 사인을 행정의 파트너로 인식하면서 합의에 의한 행정을 실현할 수 있으며, ③ 사실관계나 법률관계가 불분명할 때 문제해결을 용이하게 할 수 있다는 점 등에서 그 유용성이 있다.

2. 공법상 계약의 문제점

이와 같이 유용성으로 인하여 실무상 적지 않은 공법상 계약이 이미 사용되고 있고 또 앞으로 이에 대한 사회적 수요가 늘어날 것임에도 불구하고 공법상 계약을 규율하는 법적인 근거는 불충분하다는 문제가 있다. 독일의 경우와는 달리 우리나라 행정절차법에는 공법상 계약에 관한 규정이 없고 개별법에도 그 근거를 찾기 어렵다. 그러므로 처음부터 실무상 부딪히는 문제는 과연 어느 정도까지 공법상 계약이 자유롭게 성립할 수 있는가 하는 것이다. 이것은 이론적으로는 공법상 계약과 법률의 유보원칙의 관계이며, 공법상 계약을 둘러싼 법적 제 문제 중에서도 가장 근본적인 것이다.

Ⅲ. 공법상 계약의 종류

1. 주체에 따른 분류

(1) 행정주체간의 공법상 계약

국가와 공공단체 또는 공공단체 상호간에 공법적 효과발생을 목적으로 체결되는 계약이다. 하천이나 도로와 같은 공물의 관리나 경비의 부담을 대상으로 하는 지방자치단체간의 협의가 이에 해당한다(도로법 24, 하천법 9).

(2) 사인 상호간의 공법상 계약

사인 상호간에 체결되는 공법상 계약의 예는 그리 많지 않으나 토지보상법상의 협의를 들 수 있다. 협의는 토지수용의 전 단계이고 이 경우 공익사업시행자는 순수한 사인이 아니라 공무수탁사인으로 보아야 하기 때문에 학설은 이를 공법상 계약으로 보고 있다. 그러나 판례는 이를 사법상 계약으로 보고 있다.

(3) 행정주체와 사인간의 공법상 계약

가. 정부계약, 재산관리계약, 영조물의 이용관계에 관한 계약의 경우

공법상 계약 가운데 가장 중요하고 빈번한 형태는 행정주체와 사인간의 공법상 계약이다. 그

런데 일부 문헌에서 소개되고 있는 행정주체와 사인간의 공법상 계약에는 사법적 성격의 계약이 포함되어 있는데, 그 이유는 행정주체가 당사자가 되는 사법적 성격의 계약을 행정계약 또는 공법상 계약의 범주에서 설명하기 때문이다.

공법상의 계약은 공법적 효과의 발생을 목적으로 하는 계약을 의미하므로, 따라서 국가나 지방자치단체가 주체가 되는 물품조달계약이나 건설도급계약 등은 국가재정법, 지방재정법, 공유재산법, 국가계약법 등에 의하여 공법적인 규제와 통제의 대상이 된다 하더라도 그 성질은 사법상 계약으로 보아야 한다. 또한 국공유재산의 임대차, 매매계약, 영조물의 이용관계도 대부분 사법상 계약이다.

[판례1] 국가계약법에서 정한 '물가의 변동으로 인한 계약금액 조정' 규정이 계약당사자 사이에만 효력이 있는 특수조건 등을 부가하는 것을 금지하거나 제한하는 것인지 여부(소극)

"[다수의견] 국가를 당사자로 하는 계약이나 공공기관운영법의 적용 대상인 공기업이 일방 당사자가 되는 계약(이하 편의상 '공공계약')은 국가 또는 공기업(이하 '국가 등')이 사경제의 주체로서 상대방과 대등한 지위에서 체결하는 사법(私法)상의 계약으로서 본질적인 내용은 사인 간의 계약과 다를 바가 없으므로, 법령에 특별한 정함이 있는 경우를 제외하고는 서로 대등한 입장에서 당사자의 합의에 따라 계약을 체결하여야 하고 당사자는 계약의 내용을 신의성실의 원칙에 따라 이행하여야 하는 등(국가계약법 제5조 제1항) 사적 자치와 계약자유의 원칙을 비롯한 사법의 원리가 원칙적으로 적용된다.

… 위와 같은 공공계약의 성격, 국가계약법령상 물가변동으로 인한 계약금액 조정 규정의 내용과 입법 취지 등을 고려할 때, 위 규정은 국가 등이 사인과의 계약관계를 공정하고 합리적·효율적으로 처리할 수 있도록 계약담당자 등이 지켜야 할 사항을 규정한 데에 그칠 뿐이고, 국가 등이 계약상대자와의 합의에 기초하여 계약당사자 사이에만 효력이 있는 특수조건 등을 부가하는 것을 금지하거나 제한하는 것이라고 할 수 없으며, 사적 자치와 계약자유의 원칙상 그러한 계약 내용이나 조치의 효력을 함부로 부인할 것이 아니다. … (대판 2012.12.27, 2012다15695, 대판 2015.10.15, 2015다206270, 206287 참조)(대판 2017.12.21, 2021다74076 전원합의체[부당이득반환등])."

[판례] 국가가 당사자가 되는 이른바 공공계약에 사적 자치와 계약자유의 원칙 등 사법의 원리가 적용되는지 여부(원칙적 적극)

"국가를 당사자로 하는 계약에 관한 법률에 따라 국가가 당사자가 되는 이른바 공공계약은 사경제 주체로서 상대방과 대등한 위치에서 체결하는 사법상 계약으로서 본질적인 내용은 사인 간의 계약과 다를 바가 없으므로, 그에 관한 법령에 특별한 정함이 있는 경우를 제외하고는 사적 자치와 계약자유의 원칙 등 사법의 원리가 그대로 적용된다(대판 2020.5.14, 2018다298409[매매대금반환])."

[판례2] [1] 지방자치단체가 일방 당사자가 되는 이른바 '공공계약'이 사경제의 주체로서 상대방과 대등한 위치에서 체결하는 사법상 계약에 해당하는 경우, 사적 자치와 계약자유의 원칙 등 사법의 원리가 적용되는지 여부(원칙적 적극)

[2] 민사사건을 행정소송 절차로 진행한 경우, 그 자체로 위법한지 여부(원칙적 소극)

[3] 지방자치단체가 계약의 적정한 이행을 위하여 계약상대방과의 계약에 근거하여 계약당사자 사이에 효력이 있는 계약특수조건 등을 부가하는 것이 금지되거나 제한되는지 여부(원칙적 소극)

"[1] 지방자치단체가 일방 당사자가 되는 이른바 '공공계약'이 사경제의 주체로서 상대방과 대등한 위치에서 체결하는 사법상 계약에 해당하는 경우 그에 관한 법령에 특별한 정함이 있는 경우를 제외하고는 사적 자치와 계약자유의 원칙 등 사법의 원리가 그대로 적용된다.

[2] 행정사건의 심리절차는 행정소송의 특수성을 감안하여 행정소송법이 정하고 있는 특칙이 적용될 수 있는 점을 제외하면 심리절차 면에서 민사소송 절차와 큰 차이가 없으므로, 특별한 사정이 없는 한 민사사건을 행정소송 절차로 진행한 것 자체가 위법하다고 볼 수 없다.

[3] 지방자치단체가 계약의 적정한 이행을 위하여 계약상대방과의 계약에 근거하여 계약당사자 사이에 효력이 있는 계약특수조건 등을 부가하는 것이 금지되거나 제한된다고 할 이유는 없고, 사적 자치와 계약자유의 원칙상 관련 법령에 이를 금지하거나 제한하는 내용이 없는데도 그러한 계약 내용이나 조치의 효력을 함부로 부인할 것은 아니다. … (대판 2018.2.13, 2014두11328[생활폐기물수집운반및가로청소대행용역비반납처분취소])."

[판례] 지방자치단체가 사인과 체결한 시설 위탁운영협약의 법적 성격

"이 사건 협약은 지방자치단체인 피고가 사인인 원고 등에게 이 사건 시설의 운영을 위탁하고 그 위탁운영비용을 지급하는 것을 내용으로 하는 용역계약으로서, 상호 대등한 입장에서 당사자의 합의에 따라 체결한 사법상 계약에 해당한다(대판 2017.1.25, 2015다205796 등 참조). … 이 사건 협약에 따른 위탁운영비용 정산의무의 존부는 민사 법률관계에 해당하므로 이를 소송물로 다투는 소송은 민사소송에 해당한다. 그러나 원심이 이 사건 소송을 행정소송 절차로 진행하였더라도, 행정사건의 심리절차는 행정소송의 특수성을 감안하여 행정소송법이 정하고 있는 특칙이 적용될 수 있는 점을 제외하고는 민사소송 절차와 큰 차이가 없으므로, 특별한 사정이 없는 한 민사사건을 행정소송 절차로 진행한 것 자체가 위법하다고 볼 것은 아니다(대판 2018.2.13, 2014두11328 등 참조)(대판 2019.10.17, 2018두60588[고정비미집행액회수조치통보무효확인등])."

다만 영조물의 이용관계 중에서도 이용관계가 강제되고 이용의 대가를 사용료의 형태로서 부과하여 체납시에는 국세징수법의 예에 따라 강제징수하는 경우에는 공법상 계약으로 보아야 한다.

또한 일부 문헌에서 제시되고 있는 지원에 의한 군입대, 신청에 의한 별정우체국의 지정 등은 신청에 의한 행정행위로 봄이 타당하다.

나. 현행법상 행정주체와 사인간의 공법상 계약

현행법상 인정되는 행정주체와 사인간의 공법상 계약은 비교적 그 수가 경미한데, 대표적으로는 국세기본법 제2조 제12호에 의한 납세보증계약, 국유재산법·지방재정법에 의한 공법상의 증여계약으로서의 기부채납, 사회기반시설에 대한 민간투자법(민간투자법)에 의한 사회간접자본시설의 건설과 운영을 대상으로 하는 실시협약,[3] 지방자치단체와 사인간의 환경관리협약, 과학기술기본법령상의 사업협약(대판 2014.12.11, 2012두28704 참조) 등을 들 수 있다.

2. 성질에 따른 분류

(1) 대등계약

대등계약은 기본적으로 대등한 지위에 있는 계약당사자 사이에 체결되는 공법상 계약이다. 대등계약은 행정행위에 의하여 규율될 수 없는 법률관계를 대상으로 한다. 예컨대 두 개의 지방자치단체가 공동으로 처리하여야 할 사무에 대한 지방자치단체 사이의 협약이 이에 해당한다.

(2) 종속계약

종속계약은 행정주체와 사인간의 공법상의 계약을 말한다. 종속계약은 경우에 따라서 행정행위에 갈음하여 체결되기도 한다. 여기에서의 종속성은 계약상 법률관계의 종속성을 의미하는 것이라기보다는 행정행위로 규율되었을 때의 행정주체의 의사의 우월성을 의미하는 것이다.

---

3) 사회기반시설에 대한 민간투자법은 공법상 계약의 하나인 실시협약을 규정하고 있는데(제2조 제7호), 실시협약이란 주무관청과 민간투자사업을 시행하고자 하는 자 간에 사업시행의 조건 등에 관하여 체결하는 계약을 말한다. 이러한 실시협약을 통하여 계약대상의 명기, 시설의 운영과 사업시행에 관한 일반적 규정, 계약당사자의 주된 의무 및 부수적인 의무, 자금조달 및 수익금의 분배, 사고시의 제3자에 대한 배상책임, 채무불이행에 따르는 책임, 운영과정에서 제3자의 활용문제, 사정변경에 따르는 계약의 변경가능성, 계약의 해지에 관한 규정 등이 포함될 수 있다.

실시협약의 법적 성질에 대해서는 ① 주무관청과 협상대상자가 대등한 지위에서 협약을 체결하고 협약과정에 별도로 주무관청의 행정작용이 필요한 것은 아니라는 점 등에서 사법상 계약으로 보는 견해(사법상 계약설)와 ② 민간투자사업은 기본적으로 공익사업이기 때문에 여기에는 일정한 공법적 규율이 가해진다는 점에서 공법상 계약으로 보는 견해(공법상 계약설)가 대립되는데, 공법상 계약설이 다수설이다. ③ 판례도 실시협약의 체결을 단순한 사법적, 일반적 계약관계라고 할 수 없다고 하여 공법상 계약설의 입장이다(서울고판 2004.6.24, 2003누6483). 상세는 제3부 행정법각론, 제3편 경제행정법 참조.

Ⅳ. 법적 근거와 한계

1. 공법상 계약의 가능성과 자유성

(1) 공법상 계약의 가능성

공법관계에서도 계약이라는 행위형식이 존재할 수 있는가 하는 것이 공법상 계약의 가능성 문제이다. 전통적으로 권력관계가 행정법관계의 중심이었던 시대에는 행정주체의 우위성과 종속적 법률관계를 바탕으로 하는 행정법관계에서 계약의 성립가능성은 인정될 수 없다고 보았다.

그러나 급부행정과 같은 비권력행정이 매우 중요한 의미를 가지게 된 오늘날에는 더 이상 이를 부인하는 견해는 찾아보기 어렵게 되었다. 따라서 오늘날은 공법상 계약의 가능성 문제를 거론할 실익이 없다 하겠다.

행정기본법 제27조 제1항도 '공법상 법률관계에 관한 계약을 체결할 수 있다'고 하여 행정법관계에도 공법상 계약이 가능함을 명문으로 규정하고 있다.

(2) 공법상 계약의 자유성

법률유보원칙의 관점에서 공법상 계약에 법률의 근거가 필요한가 하는 것이 공법상 계약의 자유성 문제이다. 이에 관하여는 학설이 대립되고 있다.

가. 부정설

전부유보설의 관점에서 공법상 계약은 근거법규에 의하여 그 체결과 성립이 명시적으로 수권된 경우에 한하여 가능하다는 견해이다.

나. 긍정설

공법상 계약은 비권력적 행정작용이므로, 공권력 발동에 의하여 이루어지는 행정행위와 다르다는 것이다. 즉 공법상 계약은 당사자의 자유로운 의사표시의 합치에 의하여 성립하는 것이므로 사법상의 계약과 마찬가지로 명시적 법적 근거가 없다 하더라도 성립할 수 있다는 것이다. 이 설이 다수설이다.

다. 절충설

이 설은 공법상 계약의 법적 근거는 일률적으로 논할 수 없고 계약의 종류별로 그 현실적 기능을 고려하여 구체적으로 결정되어야 한다는 입장이다.

라. 결어

계약이라는 특성을 고려하면 공법상 계약은 법적 근거가 없더라도 성립할 수 있다는 긍정설의 입장이 타당하다. 행정기본법 제27조 제1항은 '법령등을 위반하지 아니하는 범위에서 행정목적을 달성하기 위하여 필요한 경우에는 공법상 법률관계에 관한 계약을 체결할 수 있다'고 하여 공법상 계약에 관한 법적 근거를 두고 있다. 그러나 행정기본법 규정은 공법관계에서도 계약이 가능함을 규정한 것이라는 점에서, 이와 같은 규정이 없더라도 공법상 계약이 가능하다고 보아야 할 것이다(긍정설).

다만 공법상 계약이 법적 근거로부터 자유롭다고 하더라도 모든 행정영역에서 아무런 제한 없이 성립할 수 있다는 것으로 이해되어서는 안 된다. ① 행정행위에 갈음하는 공법상 계약의 경우에는 행정행위의 발령에 대한 근거규범이 있어야 하고, ② 또한 공법상 계약은 비권력적 행정작용이나 수익적 행정작용의 경우에는 비교적 자유롭지만 침익적 행정작용의 경우에는 공법상 계약이 인정되기 어렵다.

2. 한계

(i) 공법상 계약은 법령에 위반되어서는 안 된다(법률우위의 원칙).

(ii) 공법상 계약의 대상이 기속행위인 경우에는 계약당사자는 다만 법에서 규정하고 있는 바를 합의할 수밖에 없다는 제약이 있게 된다. 만약 계약의 대상이 재량행위인 경우에는 재량권행사의 한계를 준수하여야 한다.

(iii) 그 밖에도 공법상 계약은 비례의 원칙, 평등의 원칙, 신뢰보호의 원칙 등의 행정법의 일반원칙을 준수하여야 하고, 특히 제3자의 권리를 침해하지 말아야 한다. 이와 관련하여 행정기본법은 '행정청은 공법상 계약의 상대방을 선정하고 계약 내용을 정할 때 공법상 계약의 공공성과 제3자의 이해관계를 고려하여야 한다(행정기본법 27 ②)'고 규정하고 있다.

(iv) 공법상 계약을 체결할 때 계약의 목적 및 내용을 명확하게 적은 계약서를 작성하여야 한다(행정기본법 27 ① 후단).

V. 공법상 계약의 특수성

1. 실체법적 특수성

(1) 계약의 체결·형식·절차

공법상 계약은 다수를 대상으로 하는 경우 행정주체가 계약의 내용을 사전에 일방적으로 정하고 상대방은 계약의 체결 여부만을 정하는 부합계약의 형식을 취하기도 한다.

공법상 계약은 그 계약의 내용이 수도, 전기와 같은 일상생활에 필수적인 공공재화를 제공하는 것인 경우에는 계약의 체결이 강제되기도 한다.

공법상 계약을 체결할 때 계약서를 작성하여야 한다(행정기본법 27 ① 후단).

(2) 계약의 변경 · 해제

공법상 계약은 그 계약내용의 공공성으로 인하여 계약 변경 · 해제에 있어서도 일정한 특수성이 있다. 예컨대 행정주체는 공익상의 사유가 있는 경우에는 일방적으로 계약을 변경하거나 해제할 수 있지만, 상대방의 경우는 공익상의 사유가 아닌 한 계약해제권이 제한되는 경우가 그러하다. 공익상의 사유로 계약이 변경 · 해제되는 경우 신뢰보호의 관점에서 상대방에게는 손실보상청구권이 인정되어야 할 것이다.

2. 절차법적 특수성

(1) 강제절차

계약당사자가 계약상의 의무를 이행하지 않는 경우, 별도의 규정이 없으면, 이에 관하여는 민법상의 규정이 유추적용되어야 할 것이다. 따라서 행정청은 계약상대방의 의무불이행이 있더라도 원칙적으로 법원의 도움 없이는 이를 강제집행 할 수 없다. 다만 예외적으로 명문의 규정이 있으면 법원의 판결 없이도 행정청이 강제집행할 수도 있을 것이다.

(2) 행정쟁송절차

공법상 계약에 관한 쟁송은 공법상의 권리관계에 관한 쟁송인 당사자소송에 의하여야 할 것이다. 판례도 공법상 계약에 관한 분쟁은 공법상 당사자소송으로 다투어야 한다는 입장이다. 종전에는 공법상 계약을 당사자소송이 아닌 민사소송으로 제기한 경우 각하하였으나, 지금은 행정법원에 이송하여 당사자소송으로 계속할 수 있도록 하고 있어서 계약의 성격을 잘못 판단하여 법원에 소를 제기하더라도 그 이유로 소가 각하되는 일은 없게 되었다.

[판례] [1] 공법상 계약의 한쪽 당사자가 다른 당사자를 상대로 하는 소송은 공법상 당사자소송으로 제기하여야 하는지 여부(원칙적 적극)

[2] 행정소송으로 제기하여야 할 사건을 민사소송으로 잘못 제기한 경우, 수소법원이 취하여야 할 조치

“[1] 공법상 당사자소송이란 행정청의 처분 등을 원인으로 하는 법률관계에 관한 소송 그 밖에 공법상의 법률관계에 관한 소송으로서 그 법률관계의 한쪽 당사자를 피고로 하는 소송을 말한다(행정소송법 제3조 제2호). … 공법상 계약의 한쪽 당사자가 다른 당사자를 상대로 그 이행을 청구하는 소송 또는 이행의무의 존부에 관한 확인을 구하는 소송은 공법상 법률관계에 관한 분쟁이므로 분쟁의 실질이 공법상 권리 · 의무의 존부 · 범위에 관한 다툼이 아니라 손해배상액의 구체적인 산정방법 · 금액에 국한되는 등의 특별한 사정이 없는 한 공법상 당사자소송으로 제기하여야 한다.

[2] 원고가 고의 또는 중대한 과실 없이 행정소송으로 제기하여야 할 사건을 민사소송으로 잘못 제기한 경우, 수소법원으로서는 만약 그 행정소송에 대한 관할도 동시에 가지고 있다면 이를 행정소송으로 심리·판단하여야 하고, 그 행정소송에 대한 관할을 가지고 있지 아니하다면 관할법원에 이송하여야 한다(대판 2023.6.29, 2021다250025[채무부존재확인의소])."

[판례] 서울특별시립무용단원의 해촉에 대하여 공법상 당사자소송으로 무효확인을 청구할 수 있는지 여부

"지방자치법 제9조 제2항 제5호 (라)목 및 (마)목 등의 규정에 의하면, 서울특별시립무용단원의 공연 등 활동은 지방문화 및 예술을 진흥시키고자 하는 서울특별시의 공공적 업무수행의 일환으로 이루어진다고 해석될 뿐 아니라, 단원으로 위촉되기 위하여는 일정한 능력요건과 자격요건을 요하고, 계속적인 재위촉이 사실상 보장되며, 공무원연금법에 따른 연금을 지급받고, 단원의 복무규율이 정해져 있으며, 정년제가 인정되고, 일정한 해촉사유가 있는 경우에만 해촉되는 등 서울특별시립무용단원이 가지는 지위가 공무원과 유사한 것이라면, 서울특별시립무용단 단원의 위촉은 공법상의 계약이라고 할 것이고, 따라서 그 단원의 해촉에 대하여는 공법상의 당사자소송으로 그 무효확인을 청구할 수 있다(대판 1995.12.22, 95누4636)."

[판례] 공중보건의사 채용계약의 법적성질과 채용계약 해지에 관한 쟁송방법

"현행 실정법이 전문직공무원인 공중보건의사의 채용계약 해지의 의사표시는 일반공무원에 대한 징계처분과는 달라서 항고소송의 대상이 되는 처분 등의 성격을 가진 것으로 인정되지 아니하고, 일정한 사유가 있을 때에 관할 도지사가 채용계약 관계의 한쪽 당사자로서 대등한 지위에서 행하는 의사표시로 취급하고 있는 것으로 이해되므로, 공중보건의사 채용계약 해지의 의사표시에 대하여는 대등한 당사자간의 소송형식인 공법상의 당사자소송으로 그 의사표시의 무효확인을 청구할 수 있는 것이지, 이를 항고소송의 대상이 되는 행정처분이라는 전제하에서 그 취소를 구하는 항고소송을 제기할 수는 없다(대판 1996.5.31, 95누10617)."

[판례] 시립합창단원에 대한 재위촉 거부가 항고소송의 대상인 처분에 해당하는지 여부

"광주광역시문화예술회관장의 단원 위촉은 광주광역시문화예술회관장이 행정청으로서 공권력을 행사하여 행하는 행정처분이 아니라 공법상의 근무관계의 설정을 목적으로 하여 광주광역시와 단원이 되고자 하는 자 사이에 대등한 지위에서 의사가 합치되어 성립하는 공법상 근로계약에 해당한다고 보아야 할 것이므로, 광주광역시립합창단원으로서 위촉기간이 만료되는 자들의 재위촉 신청에 대하여 광주광역시문화예술회관장이 실기와 근무성적에 대한 평정을 실시하여 재위촉을 하지 아니한 것을 항고소송의 대상이 되는 불합격처분이라고 할 수는 없다(대판 2001.12.11, 2001두7794)."

제 5 장 행정상 사실행위

행정상 사실행위는 아무런 법적 효과를 발생시키지 않는 일체의 행정작용을 총칭하는 개념이다. 사실상 행정작용의 대부분은 사실행위이다. 사실행위는 이와 같이 법적 효과를 발생하지 않는 극히 다양하고 이질적인 내용을 지닌 여러 행위들에 대한 집합개념에 불과한 것이므로 사실행위를 보다 구체적으로 유형화하기가 쉽지 않다.

현재로서는 사실행위와 관련하여 비공식적 행정작용과 행정지도가 사실행위의 유형으로 설명되고 있다. 이에 따라 아래에서는 먼저 사실행위 전반에 대하여 개관해 보고, 사실행위의 유형으로서 비공식적 행정작용을 간략히 설명하고, 비공식적 행정작용의 한 유형이라 할 수 있는 행정지도에 관하여 살펴보기로 한다.

제 1 절 사실행위

Ⅰ. 의의

행정법상의 사실행위(Realakt)는 일정한 법적 효과의 발생을 목적으로 하는 것이 아니라 직접적으로는 사실상의 결과만을 가져오는 행정주체의 행위형식 전체를 말한다. 사실행위는 사실상의 효과발생만을 목적을 하는 행위이므로, 특정한 법적 효과의 발생을 목적으로 하는 행정행위, 기타의 법적 행위와 구별된다.

사실행위는, 예컨대 경찰관의 불심검문, 임의동행, 보호조치, 가택에의 출입, 총기사용 등에서부터 폐기물처리시설의 설치, 대집행의 실행, 도로의 설치와 관리, 단순한 알림 등에 이르기까지 실로 매우 다양하다.

Ⅱ. 종류

사실행위의 종류는 여러 가지 기준에 의하여 분류가 가능하다.

(i) 사실행위가 단순한 물리적 행위인가 아니면 일정한 정신작용을 내용으로 하는가에 따라 물리적 사실행위(예: 공공시설의 설치·관리)와 정신적 사실행위(예: 행정조사, 행정지도)로 구분할 수 있다.

(ii) 사실행위가 행정행위 등의 집행행위로서 행하여지는지 아니면 독자적으로 행하여지는 지에 따라 집행적 사실행위(예: 대집행의 실행)와 독립적 사실행위(예: 불심검문)로 구별된다.

(iii) 사실행위가 행정조직 내부에서 행하여지는 것인지 아니면 국민과의 관계에서 행하여지는 것인지에 따라 내부적 사실행위(예: 행정내부에서의 문서정리)와 외부적 사실행위(예: 도로의 설치)로 구분될 수 있다.

(iv) 사실행위가 공법의 규율대상인지 사법의 규율대상인지에 따라 공법적 사실행위와 사법적 사실행위로 구별되기도 한다.

(v) 사실행위가 공권력의 행사로서 행하여지는가의 여부에 따라 권력적 사실행위(예: 영업소 폐쇄조치, 단수조치, 대집행의 실행)와 비권력적 사실행위(예: 행정지도)로 분류된다. 이러한 분류는 행정구제와 관련하여 매우 중요한 의미를 가진다. 구체적으로는 행정쟁송법상의 처분개념과 관련하여 학설·판례는 권력적 사실행위의 처분성을 인정하지만, 비권력적 사실행위는 처분성이 인정되지 않는다.

Ⅲ. 법적 근거와 한계

1. 법적 근거

사실행위는 사실상의 결과발생을 가져올 뿐 아무런 법적 효과를 발생시키지 않는 행위이다. 따라서 사실행위에 대해서도 법적 근거가 필요한가 하는 것이 문제이다.

물론 사실행위라 하더라도 사실행위에 대한 권한이 문제되므로 조직법상의 근거는 필요하다고 보는 것이 통설의 입장이다. 즉 사실행위가 적법하려면 당해 행정청이 조직법상 정당한 권한 있는 기관이어야 한다.

그렇다면 이러한 조직법상의 근거 이외에 사실행위라는 행정작용에 대한 법적 근거(작용법적 근거)가 필요한가가 문제인데, 우선 집행적 사실행위의 경우는 그 집행대상인 행정행위 등의 법적 근거의 문제가 되므로, 여기에서 문제되는 경우는 독립적 사실행위의 경우이다.

사실행위에 대하여 어디까지 법적 근거를 요구할 것인가에 대해서는 논란이 있을 수 있겠지만, 적어도 법률유보의 최하한인 침해유보의 관점에서 권력적 사실행위나 그 밖에 개인의 권익을 침해하는 사실행위에는 반드시 법적 근거가 요구된다고 보아야 할 것이다.

2. 한계

사실행위도 행정작용의 하나이므로 행정작용의 적법요건을 준수하여야 한다. 즉 사실행위에도 행정의 법률적합성의 원칙이 적용되므로, 사실행위는 법령에 위반할 수 없고(법률우위), 권력적·침익적 사실행위에는 법적 근거가 필요하다(법률유보). 그 밖에도 비례원칙·평등원칙 등의 행정법의 일반원칙을 준수하여야 한다.

Ⅳ. 사실행위에 대한 행정구제*

1. 행정쟁송

사실행위가 행정쟁송, 특히 항고쟁송의 대상이 될 수 있는가 하는 것이 문제이다. 행정심판법과 행정소송법은 항고쟁송의 대상이 되는 '처분'에 대하여 "행정청이 행하는 구체적 사실에 관한 법집행으로서의 공권력의 행사 또는 그 거부와 그 밖에 이에 준하는 행정작용"으로 정의하고 있다. 사실행위가 여기에 포함될 수 있는가 하는 것이 문제이다.

(1) 권력적 사실행위의 경우

이에 관하여 우선 권력적 사실행위가 '구체적 사실에 관한 법집행'으로서 '공권력을 행사'하는 경우에는 처분이라는 것이 학설의 입장이다. 판례도 권력적 사실행위의 처분성을 인정한 바 있다[판례]. 물론 권력적 사실행위이지만, 경찰의 단순한 미행행위와 같이 '구체적 사실에 관한 법집행'행위로 보기 어려운 경우는 처분성이 인정되지 않는다고 하겠다.

일부 견해는 권력적 사실행위의 처분성을 인정하면서도, 권력적 사실행위에 처분성이 인정되는 것은 권력적 사실행위는 사실행위로서의 측면과 수인하명의 요소가 결합된 합성적 행위로서 수인하명의 요소에 의하여 처분성이 인정되는 것이라고 한다.[1)] 그러나 사실행위에 이와 같은 수인의무가 결부된다고 할 수 있는지 의문이다. 권력적 사실행위에 처분성이 인정되는 것은 '구체적 법집행행위로서의 공권력의 행사'라는 처분으로서의 실체가 존재하기 때문이지, 발생하지도 않은 수인의무라는 행정행위적 요소 때문에 처분성이 인정되는 것은 아니라고 본다. 만약 이와 같은 수인의무(예: 대집행의 실행행위를 수인하여야 할 의무)가 존재한다면, 그것은 사실행위 이전의 결정(예:

---

* 행정고시(2002년), 행정고시(일반행정)(2010년).

1) 홍정선, 행정법특강, 305면.

대집행영장에 의한 통지)에 의한 것이지 사실행위(예: 대집행의 물리적 실행) 그 자체에 수인의무가 결합되는 것은 아니라고 본다.

> [판례] 단수조치가 항고소송의 대상이 되는 행정처분인지 여부
> "단수처분은 항고소송의 대상이 되는 행정처분에 해당한다(대판 1979.12.28, 79누218)."

권력적 사실행위에 처분성이 인정되어 이에 대하여 취소소송을 제기할 수는 있으나, 사실행위는 보통 단기에 실행되는 경우가 대부분일 것이므로 취소소송이 제기되더라도 이른바 협의의 소익(권리보호의 필요성, 분쟁의 현실성)이 부인되어 각하되는 경우가 적지 않을 것이다. 따라서 이와 같이 단기간에 종료되는 권력적 사실행위에 대해서는 집행정지를 신청하는 것이 효과적인 권리구제수단이 될 수 있다.

(2) 비권력적 사실행위의 경우

권력적 사실행위에 대해서는 일반적으로 처분성이 인정되는 반면, 비권력적 사실행위는 '공권력 행사'로서의 실체가 없기 때문에 처분개념에 포함된다고 보기 어렵다. 판례는 국민의 구체적 권리의무에 직접적 변동을 초래하지 않는 행위이기 때문에 처분성이 인정되지 않는다는 입장이다.

> [판례] 항고소송의 대상이 되는 행정처분의 의미
> "항고소송의 대상이 되는 행정처분이라 함은 행정청의 공법상 행위로서 특정사항에 대하여 법규에 의한 권리의 설정 또는 의무의 부담을 명하며 기타 법률상 효과를 발생케 하는 등 국민의 구체적 권리의무에 직접적 변동을 초래하는 행위를 말하고 행정권 내부에서의 행위나 알선, 권유, 사실상의 통지 등과 같이 상대방 또는 기타 관계자들의 법률상 지위에 직접적인 법률적 변동을 일으키지 아니하는 행위는 항고소송의 대상이 될 수 없다(대판 1993.10.26, 93누6331)."

한편 비권력적 사실행위도, 이를 취소소송으로 다투게 하는 것이 사인의 적절한 권리구제수단으로 판단되는 경우에는, 쟁송법상의 처분개념에 해당하는 것으로 보아서 이에 대한 취소소송을 인정하여야 한다는 견해가 있다(형식적 행정행위론). 처분 개념에는 '공권력의 행사'뿐 아니라 '그 밖에 이에 준하는 행정작용'도 있으므로 여기에 포함되는 것으로 해석할 수도 있다는 것이다.

그러나 공권력행사의 실체가 없는 비권력적 행위를 처분이라 한다면, 처분개념을 '공권력의 행사'로 정의할 실익이 없게 된다. 그리고 '이에 준한다'고 함은 공권력 행사에 준하는 것을 의미하는 것으로서 비권력 행위를 공권력행사에 준한다고 해석하는 것은 무리라고 생각된다. 비권력적 사실행위에 대해서는 처분의 개념을 무리하게 확장하여 권리구제를 꾀하기 보다는, 오히려 당사자

소송을 활용하여 이에 적절한 소송유형(예: 사실행위에 대한 일반이행소송)을 인정하는 것이 이론적으로도 적합할 뿐 아니라 권리구제에도 훨씬 효과적이라 생각된다.

(3) 경고 등의 처분성 문제

비권력적 사실행위와 관련하여 행정청의 경고·권고·추천·설명 등의 경우에 처분성이 인정되는가 하는 것이 문제이다.

이와 같은 경고 등에 대해서는 확립된 개념도 없고, 따라서 그 법적 성질이 사실행위인지도 불분명하다. 일반적으로 대부분의 경고 등의 행위는 별도의 법적 효과가 결부되어 있지 않고 상대방에 대한 법적 구속력도 없다는 점에서 이를 비권력적 사실행위로 볼 수 있을 것이다. 그러나 경우에 따라서는 특정 상품에 대한 경고가 대외적으로 공표되면 사실상 영업에 치명적인 영향을 미칠 수도 있고 또한 상대방의 권익을 침해하는 요소가 강한 경우도 있을 수 있기 때문에 그 법적 성질을 비권력적 사실행위라고 단정하기 어렵다.

일부에서는 이와 같은 경고 등의 행위를 '그 밖에 이에 준하는 행정작용'에 포함시켜 처분성을 인정하자는 견해[2]도 있으나, 경고 등의 행위에 일률적으로 처분성을 인정하기는 어려울 것으로 보인다.

결국 경고 등의 행위의 처분성 문제는 개별적으로 검토해 보아야 한다고 생각한다. 예컨대 이러한 행위가 단순한 정보의 제공이나 안내·권유의 수준을 넘어 상대방에게 불이익을 줄 목적으로 행사되는 등의 '공권력의 행사'로서의 성질이 인정된다면 권력적 사실행위로 보아 처분성을 인정할 수도 있을 것이다. 이와 관련하여 대법원은 행정규칙에 의한 '불문경고조치'가 비록 법률상의 징계처분은 아니지만 이로 인한 일정한 불이익이 있다는 이유로 항고소송의 대상이 되는 행정처분에 해당한다고 보았다.[3]

2. 행정상 손해배상과 결과제거청구권

사실행위가 위법하게 개인의 권익을 침해한 경우 행정상 손해배상이 문제된다. 사실행위도 행정작용이므로, 국가배상법 제2조의 공무원의 직무상 위법행위나 제5조의 영조물의 설치·관리상의 하자에 해당된다. 따라서 국가배상법상의 요건이 충족되면 손해배상청구가 가능하다.

그 밖에도 행정상 결과제거청구권의 법리에 따라 위법한 결과의 제거나 위법하게 수거된 물건의 반환을 청구할 수도 있다. 다만 이 경우에는 위법한 사실행위로 인한 위법상태가 지속됨을 요한다. 결과제거청구권의 요건이 충족되면 권리의 존속보호의 우선성이라는 관점에서 손해배상보다 우선적으로 결과제거청구권을 통한 권리구제가 이루어져야 할 것이다. 물론 결과제거청구권

2) 김남진, 행정법 I, 407면 이하.
3) 이에 관하여는 제3부 행정법각론, 제3편 공무원법, 제4장 공무원의 책임, 징계의 종류 참조.

을 통하여 원상회복이 불가능한 부분에 대하여는 다시 손해배상청구가 가능하다.

3. 행정상 손실보상

적법한 사실행위로 인하여 생명·신체 또는 재산상의 특별한 희생이 발생한 경우에 관계 법령에 따라 손실보상청구권이 발생할 수 있다.

제 2 절 비공식적 행정작용

Ⅰ. 의의

비공식적 행정작용은 확립된 개념이 아니다. 비공식적 행정작용은 이른바 정형적인 행정작용 이외에 사실행위로서의 성질을 가지는 각종 행위들, 즉 경고·권고·정보제공·상담·협의·협상·조정·지도와 같은 비구속적이며 단순고권적인 행정활동을 의미한다. 비공식적 행정작용은 이와 같이 공식적인 행정작용 이외의 행정작용들을 모두 포함하는 개념이기 때문에 그 성질이나 요건·효과·절차 등을 일의적으로 규명하기 어렵다.

실무에서는 비공식적 행정작용이 자주 활용되고 있다. 예컨대 위반업소에 대하여 영업정지·취소, 과징금과 같은 법이 정한 제재처분으로 대응하는 것보다는 경고나 명단유포와 같은 비공식적 대응이 행정목적 실현에 보다 효과적일 수 있기 때문이다. 비공식적 행정작용에 대한 이론적인 연구는 향후 행정법학의 과제이다.

Ⅱ. 순기능과 역기능

비공식적 행정작용은 ① 정식 행정작용보다 효과적이고, 시간과 경비를 줄일 수 있으며, ② 공식적 행정작용으로 대처하기 곤란한 행정영역에서 탄력적으로 대응할 수 있고, ③ 대립의 완화나 조정 등을 통하여 분쟁의 조기해결가능성이 있다는 점이 장점이다.

그러나 법적용의 우회나 회피 등을 통한 법치행정의 원리와의 갈등 또는 긴장관계를 초래한다는 것이 문제로 지적될 수 있다.

Ⅲ. 허용성·효과·한계

행정의 행위형식에는 제한이 없으므로, 비공식적 행정작용도 원칙적으로 허용된다.

다만 비공식적 행정작용은 비구속적·단순고권적 행정작용으로서 사실행위의 형식을 취하는 것이므로, 법적 구속력이 없다.

그러나 법적 구속력이 없다 하더라도 무제한으로 허용되는 것은 아니다. 비공식적 행정작용도 행정작용인 이상 조직법상의 권한 범위 내에서 행하여져야 하고, 법에 위반되어서는 아니 되며, 비례·평등원칙 등의 행정법의 일반원칙을 준수하여야 한다.

제 3 절 행정지도

Ⅰ. 의의

행정지도란 행정주체가 일정한 행정목적을 실현하기 위하여 조언·권고 등의 방법으로 상대방을 유도하는 비권력적 사실행위를 말한다. 행정절차법은 행정지도를 "행정기관이 그 소관사무의 범위 안에서 일정한 행정목적을 실현하기 위하여 특정인에게 일정한 행위를 하거나 하지 아니하도록 지도·권고·조언 등을 하는 행정작용"으로 정의하고 있다(행정절차법 2 3호).

행정지도는 일본에서 생성되어 발전된 것이다. 행정지도는 법이 정한 공식적인 대응보다는 비공식적인 지도를 통하여 행정목적을 효과적으로 달성할 수 있다는 점 때문에 내용과 정도의 차이는 있으나 많은 나라에서 행정의 행위형식으로 사용되고 있다.

Ⅱ. 행정지도의 필요성과 문제점

1. 필요성(순기능)

행정지도는 ① 법률공백 영역에서 효과적·탄력적으로 대응할 수 있고, ② 비권력적 사실행위로서 법적 근거를 요하지 않고, 또한 공권력발동으로 인하여 야기될 수 있는 마찰이나 저항을 방지할 수 있다는 점에서 규제의 편의와 효율을 도모할 수 있으며, ③ 다양한 정보를 제공할 수 있고, ④ 공식적인 권력행정에 대한 국민의 저항을 행정지도를 통한 국민의 협조로 대체할 수 있다는 장점이 있다.

2. 문제점(역기능)

그러나 ① 행정지도에 법적 근거를 요하지 않고, 또한 행정지도는 비권력적 행위이지만 실제로 사실상의 구속력을 동반하는 경우도 많다는 점 때문에 행정기관들은 공식적인 행정행위 대신에 비공식적인 행정지도를 선호하게 됨으로써 자칫 법치주의가 공동화(空洞化)될 우려가 있고, ② 법적 근거를 요하지 않음에 따라 행정지도의 기준 내지 책임이 불명확한 경우가 많으며, ③ 비권력적 사실행위로서 처분성이 인정되지 않고, 손해배상에서 인과관계를 인정하기 어려운 점 등 행정지도에 대한 행정구제가 상당히 어렵다는 문제가 있다.

Ⅲ. 종류

1. 성질에 의한 분류

(1) 조성적 행정지도

행정주체가 행정이 의도하는 목표를 달성하기 위하여 이와 관련된 지식·정보·기술 등을 제공하는 것을 말한다(예: 영농지도).

(2) 조정적 행정지도

각종 이해관계의 대립이나 과당경쟁 등을 조정하기 위하여 행하여지는 행정지도를 말한다. 예컨대 대기업과 중소기업 간의 불합리한 경쟁을 피하고 대기업과 중소기업 간의 상생협력을 촉진하기 위하여 행하는 사업조정의 권고(대·중소기업 상생협력 촉진에 관한 법률 33 ①)가 이에 해당한다.

(3) 규제적 행정지도

행정지도의 성격과 효과가 대체로 일정한 행위를 규제하는 것을 내용으로 하는 경우이다. 예컨대 행정청이 유흥업소에 대하여 청소년들의 출입을 금하는 지도를 하거나 생필품에 대한 가격인상 억제를 위한 지도가 이에 해당한다.

2. 법적 근거의 유무에 따르는 분류

(1) 법령의 근거에 의한 행정지도

행정지도에 반드시 법적 근거가 있어야 하는 것은 아니지만, 법령에서 행정지도에 관한 규정을 두고 있는 경우가 있다. 예컨대 농촌진흥법에 의한 농촌지도사업(농촌진흥법 15), 중소기업기본법에 의한 중소기업에 대한 경영 및 기술의 지도(중소기업기본법 6) 등이 이에 해당한다.

한편 법령상 행정지도에 관한 직접적인 근거규정은 없으나, 행정처분에 대한 근거규정을 바탕으로 행정지도가 행하여지기도 한다.

(2) 법령에 근거가 없는 행정지도

행정지도 자체에 대한 법령상 근거 없이 행정조직법상의 권한규정에 따라 행하여지는 행정지도를 말한다. 대부분의 행정지도는 여기에 해당한다.

3. 행정지도의 상대방에 따른 분류

행정지도는 그 상대방에 따라 행정주체·행정기관에 대한 행정지도와 사인에 대한 행정지도로 구분할 수 있다. 전자의 예로는 국가가 지방자치단체의 자치사무나 기관위임사무에 대하여 행하는 지도(지자법 184, 185)를 들 수 있다.

Ⅳ. 행정지도의 원칙과 방식

행정절차법은 제6장에서 행정지도의 원칙과 방식 등에 관하여 규정하고 있다.

1. 행정지도의 원칙: 과잉금지·비강제성·불이익조치결부금지

먼저 행정지도는 그 목적 달성에 필요한 최소한도에 그쳐야 하며, 행정지도의 상대방의 의사에 반하여 부당하게 강요하여서는 아니 된다(행정절차법 48 ①).

행정기관은 행정지도의 상대방이 행정지도에 따르지 아니하였다는 것을 이유로 불이익한 조치를 하여서는 아니 된다(행정절차법 48 ②).

2. 행정지도의 방식: 행정지도의 명확성 및 행정지도 실명제·서면교부청구

행정지도를 하는 자는 그 상대방에게 그 행정지도의 취지 및 내용과 신분을 밝혀야 하고, 행정지도가 말로 이루어지는 경우에 상대방이 그 내용을 적은 서면의 교부를 요구하면 그 행정지도를 하는 자는 직무 수행에 특별한 지장이 없으면 이를 교부하여야 한다(행정절차법 49).

3. 의견제출권 보장

행정지도의 상대방은 해당 행정지도의 방식·내용 등에 관하여 행정기관에 의견제출을 할 수 있다(행정절차법 50).

4. 다수인을 대상으로 하는 행정지도의 경우 공통사항 공표

행정기관이 같은 행정목적을 실현하기 위하여 많은 상대방에게 행정지도를 하려는 경우에는 특별한 사정이 없으면 행정지도에 공통적인 내용이 되는 사항을 공표하여야 한다(행정절차법 51).

Ⅴ. 법적 근거

행정지도도 행정작용이라는 점에서 조직법적 근거가 필요함은 물론이다. 그 외에 행정지도에 작용법적 근거도 필요한가 하는 것이 문제이다.

전부유보설의 관점에서는 행정지도에도 법적 근거가 필요하다고 보게 되겠지만, 전부유보설은 행정의 실제에 부합하지 않는 견해이므로 타당하다 할 수 없다.

오늘날 대부분의 견해는 행정지도에 따를 것인가는 상대방이 임의적으로 정하는 것이라는 점에서 행정지도에는 법적 근거를 요하지 않는다고 보고 있다. 이 견해가 통설적 견해이자 타당하다.

일부 학자들은 규제적 행정지도에는 법적 근거가 필요하다는 견해도 있고,[4] 행정지도가 사실상 강제력을 가지는 경우에는 법적 근거가 필요하다는 견해도 있다.[5] 그러나 행정지도는 원래 법률의 불비상황을 보완하여 신속하게 대응하기 위한 행정수단이고, 상대방의 임의적 협력을 바탕으로 하는 것이라는 점에서 법적 근거를 요구하기는 어렵다고 판단된다. 경우에 따라서는, 예컨대 이행명령에 앞서 이행을 권고하는 경우 이와 같은 권고가 사실상의 강제력을 가질 수는 있으나, 이 경우에도 이행명령에 대한 권한규정이 있으면 이를 근거로 권고에 대한 별도의 법적 근거가 없더라도 사전에 이행을 권고할 수 있다고 보아야 할 것이므로, 이 경우 권고 그 자체에 별도의 법적 근거가 필요한 것은 아니다.

Ⅵ. 한계

(i) 행정지도에 법적 근거가 필요 없다고 하더라도, 조직법상 당해 행정기관의 소관사무 범위 내에서 행해져야 한다.

(ii) 행정지도도 행정작용의 하나이므로 법치행정의 원리에 따라 법령에 반해서는 아니 된다.

(iii) 그 밖에도 비례·평등·신뢰보호원칙 등의 행정법의 일반원칙을 준수하여야 한다.

(iv) 특히 행정절차법은 제6장에서 행정지도의 원칙과 방식 등을 규정하고 있으므로 이를 준수하여야 한다.

---

4) 김남진/김연태, 행정법Ⅰ, 402면.
5) 박균성, 행정법강의, 395면.

Ⅶ. 행정지도에 대한 행정구제*

1. 행정쟁송**

행정쟁송과 관련하여 행정지도가 항고쟁송의 대상이 될 수 있는가 하는 것이 문제이다.

이와 관련하여 통설과 판례는 행정지도는 비권력적 사실행위로서 행정쟁송법상의 처분성이 인정되지 않는다는 입장이다.

[판례] 세무당국의 거래중지요청 행위가 항고소송의 대상이 될 수 있는지 여부

"항고소송의 대상이 되는 행정처분은 행정청의 공법상의 행위로서 상대방 또는 기타 관계자들의 법률상 지위에 직접적으로 법률적인 변동을 일으키는 행위를 말하는 것이므로 세무당국이 소외 회사에 대하여 원고와의 주류거래를 일정기간 중지하여 줄 것을 요청한 행위는 권고 내지 협조를 요청하는 권고적 성격의 행위로서 소외 회사나 원고의 법률상의 지위에 직접적인 법률상의 변동을 가져오는 행정처분이라고 볼 수 없는 것이므로 항고소송의 대상이 될 수 없다(대판 1980.10.27, 80누395)."

한편 일부 견해는 사실상의 강제력을 가지는 행정지도는 행정쟁송법상의 처분개념과 관련하여 '그 밖에 이에 준하는 행정작용'으로 보아 행정지도의 처분성을 인정할 수 있다고 한다. 그러나 사실상의 강제력이 있다고 하더라도 행정지도 그 자체는 법적 행위가 아니고 또한 이를 공권력의 행사 또는 이에 준하는 행위로 이해하기는 어렵다고 판단되므로 통설 및 판례의 입장이 타당하다.

한편 헌법재판소는 과거 고등교육법 제6조 제2항, 동법시행령 제4조 제3항에 따른 교육인적자원부장관의 학칙시정요구의 법적 성격을 행정지도로 보면서도 이에 따르지 않을 경우 일정한 불이익조치를 예정하고 있어 단순한 행정지도로서의 한계를 넘어 규제적·구속적 성격을 강하게 갖는 것으로서 헌법소원의 대상이 되는 공권력의 행사라고 볼 수 있다고 하였는데(헌재결 2003.6.26, 2002헌마337, 2003헌마7·8(병합)), 이는 헌법재판소가 '학칙시정요구' 자체를 '행정지도'로 보는 데에서 비롯된 잘못된 판단이라 생각된다. 관련 규정을 보면 학칙시정요구는 단순한 '비권력적인' 권고나 지도가 아니라, 법령이 정한 바에 부합하도록 학칙을 시정하라는 '공권력행사로서의' 명령으로 이해되기 때문이다.

2. 행정상 손해배상

위법한 행정지도로 손해가 발생한 경우 국가 등을 상대로 손해배상을 청구할 수 있으나, 이 경우 국가배상법 제2조가 정한 배상책임의 요건을 갖추어야 한다. 특히 문제가 되는 것은 행정지

* 법원행정고시(2006년), 사법시험(2000년).

** 5급공채(행정)(2018년).

도는 상대방의 임의적인 동의나 협력을 전제로 하는 것이므로, 「동의는 불법행위의 성립을 조각한다」는 법언에 따라 행정지도와 발생한 손해 사이의 인과관계가 단절되어 국가 등의 배상책임을 인정하기 어려운 경우가 대부분이라는 점이다.

그러나 상대방이 행정지도에 따를 수밖에 없었던 경우, 즉 상대방에게 선택의 임의성이 없는 경우라고 판단되는 경우에는 행정지도와 손해 사이에 인과관계를 인정하여 국가 등의 배상책임이 성립한다고 보아야 할 것이다.

[판례] 적법한 행정지도와 부당하게 강요하는 위법한 행정지도에서의 행정주체의 손해배상책임

"피고가 1995.1.3. 이전에 원고에 대하여 행한 행정지도는 원고의 임의적 협력을 얻어 행정목적을 달성하려고 하는 비권력적 작용으로서 강제성을 띤 것이 아니지만, 1995.1.3. 행한 행정지도는 그에 따를 의사가 없는 원고에게 이를 부당하게 강요하는 것으로서 행정지도의 한계를 일탈한 위법한 행정지도에 해당하여 불법행위를 구성하므로, 피고는 1995.1.3.부터 원고가 피고로부터 "원고의 어업권은 유효하고 향후 어장시설공사를 재개할 수 있으나 어업권 및 시설에 대한 보상은 할 수 없다"는 취지의 통보를 받은 1998.4.30.까지 원고가 실질적으로 어업권을 행사할 수 없게 됨에 따라 입은 손해를 배상할 책임이 있다.

1995.1.3. 이전의 피고의 행정지도가 강제성을 띠지 않은 비권력적 작용으로서 행정지도의 한계를 일탈하지 아니하였다면 그로 인하여 원고에게 어떤 손해가 발생하였다 하더라도 피고는 그에 대한 손해배상책임이 없다(대판 2008.9.25, 2006다18228)."

3. 행정상 손실보상

적법한 행정지도로 인하여 개인에게 재산상의 특별한 희생이 발생한 경우에 이에 대한 손실보상청구가 가능한지가 문제이다.

그러나 행정상 손실보상은 법령에 보상규정이 없는 경우 인정되기가 어렵고, 손실보상제도는 적법한 공권력 행사로 입은 손실을 보상해 주는 것인데 행정지도는 비권력작용이므로 보상요건을 결여하고 있으며, 행정지도의 경우 이에 대한 상대방의 임의적 동의에 의하여 불이익을 수인한 것으로 되는 점 등으로 인하여 손실보상청구권이 인정되기 어렵다.

이에 대하여는 행정지도가 사실상의 강제력을 가지는 경우에는 예외적으로 수용적 침해이론을 활용하여 보상이 가능하다는 견해도 있으나,[6] 아직 판례는 이러한 이론을 받아들이고 있지 않다. 또 다른 한편 행정지도가 상대방의 신뢰에 위배하여 예측할 수 없는 손해를 야기한 경우에는 신뢰보호원칙에 따른 손실보상을 요구할 수 있다는 견해도 있다.[7] 행정지도에 대한 손실보상의 문제는 궁극적으로는 입법적으로 해결되는 것이 가장 바람직하다.

---

6) 김남진/김연태, 행정법Ⅰ, 403면; 홍정선, 행정법특강, 313면.
7) 정하중, 행정법개론, 352면.

제6장 확 약

Ⅰ. 개념

확약(Zusicherung)이란 일정한 행정행위를 하거나 하지 않을 것을 내용으로 하는 행정청의 구속력 있는 약속을 말한다(예: 인·허가의 발급 약속).

확약은 독일의 확약에 관한 법리를 수용한 것인데, 본래 독일에서 학설·판례로 인정되어 왔던 것은 확언(Zusage)의 법리였다. 확언이란 '특정한 행정조치를 하거나 하지 않겠다는 행정청의 구속적 약속'으로, 확언의 대상은 행정행위를 포함한 모든 행정작용이다. 확약은 확언의 한 유형으로서 오로지 '행정행위의 발급 또는 불발급에 대한 확언'을 확약이라고 하는 것이다.

독일 연방행정절차법은 종래 학설·판례로 인정되어 오던 확언 가운데 확약에 대해서만 규정을 두고 있다. 즉 동법 제38조 제1항은 "권한 있는 행정기관이 장래에 특정 행정행위를 발급하거나 발급하지 않겠다는 확언(확약)은 그 효력발생을 위하여 문서의 형식을 요한다."라고 하여 확언 가운데 행정행위에 대한 확언인 '확약'에 대해서만 규정하고 있다.

이로써 논의의 중심은 확약으로 국한되고 있지만, 예컨대 사실행위에 대한 약속도 매우 유용한 것이므로 확언에 대한 논의도 매우 중요한 의미를 가진다 하겠다.

행정절차법은 "법령등에서 당사자가 신청할 수 있는 처분을 규정하고 있는 경우 행정청은 당사자의 신청에 따라 장래에 어떤 처분을 하거나 하지 아니할 것을 내용으로 하는 의사표시(이하 "확약"이라 한다)를 할 수 있다(행정절차법 40의2 ①)."고 하여, 확약을 '처분의 발급 또는 미발급에 대한 행정청의 약속'으로 규정하고 있다.

Ⅱ. 확약의 법적 성질

확약을 행정행위로 볼 수 있는가 하는 것이 확약의 법적 성질의 문제이다. 독일의 경우 확약의 행정행위로서의 성질에 관하여 오래 전부터 논란이 되고 있는데, 확약은 단지 스스로를 구속하는 효력만을 가지고 있을 뿐 행정행위로서의 특성을 결여하고 있다는 점에서 행정행위로서의 성질을 부인하는 견해가 많다.

우리나라에서도 확약의 법적 성질이 논란이 되고 있는데, ① 다수의 견해는 확약은 자기구속적 약속을 통하여 장래에 일정한 의무를 부담하게 된다는 점에서 법적 규율(Regelung)이라는 행정행위로서의 개념적 요소를 구비하고 있다고 보아 이를 행정행위의 일종으로 보고 있으나, ② 행정청은 결국 행정행위를 통하여 종국적인 법적 규율(endgültige Regelung)을 하는 것이므로 확약은 이와 같은 종국적 규율로서의 성질을 결여하고 있으므로 행정행위가 아니라는 소수의 견해도 있다. ③ 판례는 확약의 행정행위로서의 성질을 부인하는 입장이다.

[판례] 어업권면허처분에 선행하는 우선순위결정의 성질

"어업면허권에 선행하는 우선순위결정은 행정청이 우선권자로 결정된 자의 신청이 있으면 어업권면허처분을 하겠다는 것을 약속하는 행위로서 강학상의 확약에 불과하고 행정처분은 아니므로, 우선순위결정에 공정력이나 불가쟁력과 같은 효력은 인정되지 아니하며 … (대판 1995.1.20, 94누6529)."

생각건대 최종적인 행정행위에 의하여 확약은 소멸되고, 또한 사정변경이 있으면 확약의 구속력이 소멸되는 등 확약 그 자체는 자기구속력 이외에 행정행위의 개념적 요소를 구비하고 있다고 보기 어렵다고 생각한다. 또한 확약의 처분성이 인정되지 않더라도 종국적 결정을 다툴 수 있다는 점에서도 권리구제 차원에서의 확약의 행정행위성을 인정할 실익도 적다고 생각된다.

Ⅲ. 유사개념과의 구별

(i) 확약은 행정행위에 대한 구속력 있는 약속이라는 점에서 구속력이 없는 법적 견해의 표명과 같은 단순한 알림(Auskunft)과 구분된다.

(ii) 확약은 단독적 행위이므로 쌍방행위인 공법상 계약과 구분되나, 확약에 의한 급부의 약속이나 계약에 의한 급부의 약속은 실질적으로 동일한 성질을 가진다고 볼 수도 있다.

(iii) 확약은 종국적인 결정이 아니라는 점에서 전체 사업안에 대한 모든 허가요건 가운데 일부 요건에 대하여 종국적이고 구속적으로 확정하는 예비결정이나 전체 허가대상 가운데 그 일부에 대한 종국적인 결정인 부분허가와 구분된다.

(iv) 확약은 구체적인 법률관계를 형성하지 않는다는 점에서 잠정적 행정행위와도 구분된다. 잠정적 행정행위(가행정행위)는 종국적인 행정행위를 하기에 앞서 잠정적으로 결정하여야 할 필요성 때문에 이에 대한 사후심사의 유보 하에 잠정적으로 행정법관계를 규율하는 행위를 말한다. 이러한 잠정적인 결정이 행정행위인가에 대하여는 논란이 있지만, 잠정적이나마 법률관계를 구속력 있게 형성하고 있으므로, 이러한 점에서 종국적·구체적으로 형성되는 법률관계가 존재하지 않는

확약과 구별된다고 할 수 있다.

Ⅳ. 확약의 근거와 한계

1. 확약의 허용성과 근거

확약이라는 행위형식이 허용될 수 있는가 하는 것이 문제인데, 이를 부정하는 견해는 없다. 행정절차법도 이를 명문으로 규정하고 있다(행정절차법 40의2 ①). 다만 확약의 허용성을 인정한다 하더라도 그 근거에 대해서는 견해가 나뉜다.

확약의 법리는 독일의 학설·판례에 의하여 정립된 것인데, ① 독일의 판례는 확약의 근거를 신의성실의 원칙 또는 신뢰보호원칙에서 구하고 있으나, ② 다수의 학설은 본 처분권한 속에 확약에 대한 권한도 포함되어 있다고 본다.

생각건대 신뢰보호원칙은 확약의 허용성의 근거가 아니라 확약이 구속력을 가지는 근거로 보아야 한다. 그리고 행정청이 처분권한을 부여받으면 그 권한 내에서 행위형식의 선택의 자유가 있으므로 처분권한 안에 처분에 앞서 확약을 할 수 있는 권한도 포함된다고 보아야 할 것이다. 이러한 점에서 다수설의 입장이 타당하다.

2. 확약의 한계

확약도 행정작용이라는 점에서 행정작용으로서의 적법요건을 갖추어야 한다.

(1) 주체요건: 확약은 확약의 대상이 되는 행정행위에 대한 정당한 권한이 있는 행정기관이 그 권한범위 내에서 행하여야 한다.

(2) 내용요건: 확약은 법령에 반하지 말아야 하고, 행정법의 일반원칙을 준수하여야 하며, 확약의 대상이 실현가능하고 명확하여야 한다.

(3) 형식·절차요건: 행정절차법은 "확약은 문서로 하여야 한다(행정절차법 40의2 ②). 행정청은 다른 행정청과의 협의 등의 절차를 거쳐야 하는 처분에 대하여 확약을 하려는 경우에는 확약을 하기 전에 그 절차를 거쳐야 한다(행정절차법 40의2 ③)."고 규정하고 있다. 독일 연방행정절차법 제38조 제1항도 확약에 문서형식을 요구하고 있고, 확약을 하기 전에 이해관계인의 청문이나 관계행정청의 협력을 거치도록 하는 규정이 있는 경우 이를 반드시 거치도록 규정하고 있다.

(4) 확약의 대상과 관련하여, 확약은 재량행위뿐 아니라 기속행위에 대해서도 가능한가에 대하여 논란이 있는데, 기속행위의 경우에도 법적 불안정을 제거할 필요성(예지이익·대처이익)은 있는 것이므로 확약이 가능하다고 보는 것이 다수견해이다.

(5) 행정행위로서의 요건을 모두 갖춘 경우에도 확약이 가능한가에 대하여, 이 경우에는 처분

을 하여야 한다는 견해도 있지만, 확약을 통하여 재량권행사를 구속한다는 점에서 확약의 실익이 있고, 또한 기속행위의 경우에도 처분시기에 대한 재량권은 있으므로 처분에 대한 법적 불안정을 제거할 필요성은 이 경우에도 인정된다는 점에서 확약이 가능하다고 보는 것이 다수의 입장이다.

Ⅴ. 확약의 효과

1. 구속력

확약의 효과는 행정청이 상대방에 대하여 확약된 대로의 행정행위를 하거나 하지 않아야 할 의무를 부담하는 것이다. 이러한 구속력은 신뢰보호원칙에 의하여 인정되는 것이다. 따라서 상대방은 당해 행정청에 대하여 그 확약에 따를 것을 요구할 수 있으며, 나아가서는 그 이행을 청구할 수 있다.

이와 같은 청구는 확약의 대상이 된 행정행위에 대한 것으로, 이에 대하여는 현행법상의 쟁송수단으로는 취소심판·의무이행심판, 취소소송·부작위위법확인소송을 생각해 볼 수 있다. 현행법상 행정에 대한 적극적 이행을 구하는 소송(예: 의무이행소송)은 인정되지 않고 있다.

2. 사정변경에 의한 구속력의 상실

확약은 확약의 기초가 되었던 사실적·법적 상황이 변경되면, 사정변경에 따라 확약의 구속력이 상실된다. 이와 관련하여 행정절차법은 "행정청은 ① 확약을 한 후에 확약의 내용을 이행할 수 없을 정도로 법령등이나 사정이 변경되거나 ② 확약이 위법한 경우에는 확약에 기속되지 아니한다(행정절차법 40의2 ④)."고 규정하고 있다. 독일 연방행정절차법 제38조 제3항도 "확약의 전제가 되었던 사실 및 법적 상황이 변경되어 행정청이 사후에 발생한 사실을 알았더라면 확약을 하지 않았을 것으로 인정되는 경우 또는 확약이 법적으로 허용되지 않는 경우에는 행정청은 더 이상 확약에 구속되지 아니한다."고 규정하고 있다. 사정변경에 의한 구속력의 상실이라는 점에서 확약의 구속력은 행정행위의 경우보다 약하고 불안정적이라 할 수 있다.

제 7 장 행정절차와 행정정보

제 1 절 행정절차법

제 1 항 개설

Ⅰ. 행정절차의 개념

행정절차는 행정청이 의사결정을 함에 있어서 거치는 일련의 절차이다. 행정절차는 법적으로 확립된 개념이 아니다. 현행 행정절차법에도 행정절차의 개념에 대한 정의는 규정되고 있지 않다. 따라서 행정절차의 개념은 시각에 따라 다양하게 파악될 수 있는데, 일반적으로는 넓은 의미와 좁은 의미로 나누고 있다.

광의의 행정절차는 입법절차와 사법절차에 대응하는 개념으로서 행정작용에 있어 행정청이 밟아야 하는 모든 절차를 말한다. 여기에는 행정입법절차, 행정계획절차, 제1차적 행정처분절차, 행정계약절차 등의 사전절차와 행정집행절차, 행정심판절차 등의 사후절차가 모두 포함된다.

협의의 행정절차는 사전절차만을 의미한다. 즉 행정청이 행정에 관한 제1차적 결정을 함에 있어서 밟아야 할 일련의 외부와의 교섭과정만을 행정절차로 파악하는 것이다. 이 개념이 일반적으로 통용되는 행정절차 개념이다. 협의의 행정절차는 행정청이 밟는 절차라는 점에서 입법절차, 사법절차와 구분되고, 사전절차라는 점에서 행정심판절차나 행정집행절차와 구분되며, 대외적 절차라는 점에서 행정내부적인 행위에 국한된 절차와 구분된다.

Ⅱ. 행정절차의 이념과 기능

행정절차는 자기방어기회를 사전에 제공함으로써 헌법 제10조가 보장하는 인간의 존엄성을 추구하는 것을 궁극적인 이념으로 한다. 구체적으로 행정절차는 다음과 같은 기능을 수행한다.

1. 민주주의의 실현(행정의 민주화)

행정절차는 국민의 행정참여를 보장하고 이를 통하여 국민의 의사가 행정과정에 반영될 수 있다는 점에서 민주주의원리를 실현하는 기능을 한다. 특히 현대 행정의 특색이 국가와 개인간의 협조적 관계에 바탕을 둔 법치주의를 지향하는 것이라는 점에서 행정절차는 이와 같은 협조적 관계의 구축에 기여하는 법제도이다.

2. 법치주의의 보장(행정의 공정성·적정성 보장)

행정절차는 행정의 투명성·예측가능성을 부여하고, 행정권 발동의 남용을 방지하는 역할을 한다. 행정절차는 이와 같이 행정의 공정성과 적정성을 보장하는 제도로서 궁극적으로는 법치주의의 이념을 실현시키는 기능을 한다.

3. 행정의 능률성 제고

행정절차는 일견 행정의 의사결정을 지연시키는 요소로 오해될 수 있지만, 오히려 일방적인 의사결정에 대하여 이의가 제기되는 등 법적 분쟁화되는 것 보다는 사전절차를 통하여 의견이 수렴되면서 분쟁을 미연에 방지할 수 있어 행정절차를 통하여 행정의 능률성이 향상될 수 있다. 그리고 행정절차를 법제화함으로써 행정과정이 어느 정도 표준화되는 점도 신속하고 능률적인 행정을 가능하게 한다.

4. 사전적 권리구제(사법부담의 경감)

행정절차는 행정청의 일방적인 의사결정에 대하여 발생하는 사후적인 법적 분쟁을 사전에 방지하는 사전적·예방적 권리구제절차로도 기능한다. 따라서 법원에 도달하기 전에 행정절차에서 분쟁이 해결될 수 있기 때문에 법원의 부담이 경감된다.

또한 법원에 의하여 사법적으로 통제하기 어려운 전문적·기술적 행정영역의 경우 행정절차에 의한 이해관계인의 참여는 권리보호의 관점에서 매우 중요한 의미를 가질 수 있다.

제2항 외국의 행정절차

행정절차는 본래 영·미에서 발달한 제도이다. 즉 영국의 자연적 정의의 원칙과 미국의 적법절차에 기초하여 행정의 적정화를 위하여 행정절차가 발달되었다. 한편 대륙법계 국가에서는 주로 행정의 능률화의 요청에 기인하여 행정절차가 발달되었다. 그러나 오늘날 대륙법계 국가들도 실질적 법치주의를 실현하기 위하여 다양한 행정절차제도를 법제화하고 있다.

Ⅰ. 영미법계 국가

영국은 판례법인 보통법(common law)의 기본원리인 자연적 정의(natural justice)에 입각하여 행정절차가 발달해 왔는데, 자연적 정의는 "누구도 자신의 사건에 대한 심판관이 될 수 없다(No one shall be a judge in his own case)"는 편견배제의 원칙과 "누구든 변명의 기회 없이 비난당하지 아니한다(No one shall be condemned unheard)" 또는 "양당사자로부터 들어야 한다(Both sides must be heard)"라는 쌍방청문의 원칙으로 구성되어 있다. 이러한 절차적 원칙은 1958년 행정심판소 및 심사에 관한 법률(The Tribunals and Inquiries Act)이 제정됨으로써 재결절차의 공정성·통일성에 대한 제도적 보장으로 확립되었다.

미국은 수정헌법 제5조와 제14조에 규정된 적법절차조항(due process of law)에 의거하여 행정절차법이 정립·발전하였다. 미국은 1946년 행정절차법(Administrative Procedure Act)을 제정하였는데, 미국 행정절차법은 ① 규칙제정(rulemaking)절차, ② 우리나라의 행정처분에 해당하는 재결(adjudication)절차, ③ 사법심사에 관한 규정으로 구성되어 있고, 행정절차로는 정식절차인 ① 통지(notice), ② 청문(hearing), ③ 결정절차가 있으면서, 동시에 약식절차도 광범하게 인정하고 있다. 미국의 행정절차법은 1967년 미국법전(U.S.code)에 편입되어 형식적으로는 단행법전으로 존재하지 않지만, 미국법전에 편입된 행정절차조항을 현재에도 행정절차법이라고 부르고 있다.

Ⅱ. 대륙법계 국가

유럽대륙에서 행정절차가 최초로 법제화된 것은 1925년 오스트리아의 일반행정절차법이다. 뒤이어 스페인, 스위스, 스웨덴이 행정절차법을 제정하였으나 행정절차법에 대한 주목할 만한 입법례는 1976년 제정된 독일 연방행정절차법(Verwaltungsverfahrensgesetz)이다.

1. 독일 연방행정절차법

독일 연방행정절차법은 전문 103개에 이르는 방대한 조항으로, ① 공식절차(고지·청문·구술변론·결정), ② 비공식절차(일반절차), ③ 계획확정절차, ④ 대량절차, ⑤ 행정행위, ⑥ 공법상 계약, ⑦ 권리구제절차로 구성되어 있다.

여기에서 비공식절차(일반절차)란 법령에 의하여 다른 특별한 절차가 규정되지 않는 경우 적용되는 행정절차로서, 특별한 형식을 요구하는 것도 아니며 가능한 한 단순하고 합목적적인 절차의 진행이 요구되는 행정절차이다. 따라서 이러한 절차에는 행정절차법상의 다른 규정이 적용될 가능성은 별로 없다.

공식절차는 상대방의 서면에 의한 신청 혹은 행정청의 기록에 의하여 개시된다. 공식절차에는 비공식절차와는 달리 관계인의 청문, 증인과 전문가의 참여가 인정되며 원칙적으로 구술변론에 의한 절차가 진행된다. 또한 최종적인 결정은 서면의 형식에 의거하여 결정이유가 명시되며 관계인에게 송달된다. 이러한 비공식 또는 공식절차의 대상은 대부분 행정처분의 발령과 관계되는 것이다.

독일 연방행정절차법의 특징은 이와 같은 행정절차에 관한 규정뿐만 아니라 행정행위, 공법상 계약과 같은 행정과정과 밀접하게 연관된 실체적 규정도 아울러 두고 있다는 점이다. 이러한 점에서 독일 연방행정절차법은 실제로 행정법의 통칙으로서의 역할을 수행하고 있다.

2. 네덜란드의 일반행정법

1994년부터 시행된 네덜란드의 일반행정법은 일종의 행정절차법이라고 평가할 수 있다. 네덜란드의 경우에는 독일과는 달리 행정절차법이나 행정소송법이 단행법률로 규정되지 못하고 관련 법률에 산재하고 있어서 오래 전부터 이에 대한 법적 정비가 요청되었다. 그러나 이 법은 행정절차적 규정과 행정쟁송에 관련되는 조항 외에도 행정법의 기본개념에 관한 규정을 포함하는 일종의 '행정법분야의 법전화'를 어느 정도 이루었다는 점에서 관심의 대상이 되고 있다.

3. 일본의 행정수속법(行政手續法)

일본의 경우 1950년대부터 행정절차법의 제정논의가 있어 오다가 1993년 11월 행정절차법이 제정·공포됨으로써 우리나라의 행정절차법의 제정에 많은 영향을 미쳤다. 일본 행정절차법은 행정처분절차를 중심으로 신청에 의한 수익처분과 불이익처분을 구별하고, 주로 후자를 중심으로 처분의 기준, 불이익처분절차 및 이유부기 등에 대하여 규정하고 있다. 일본 행정절차법에서 주목할 점은 일본 행정작용의 특징 중 하나인 행정지도에 대한 규정을 두고 있다는 점이다. 전체적으로 일본 행정절차법은 행정절차에 관한 최소한의 규율을 하는 데 그치고 있다고 평가받고 있다.

제3항 행정절차의 일반적 내용

이상에서 본 바와 같이 각국의 행정절차와 행정절차법의 내용은 상당한 차이를 보이고 있다. 그러한 차이에도 불구하고 각국의 행정절차법제가 가지고 있는 공통적인 내용으로는 대체로 (불이익처분의) 사전통지, 청문, 결정 및 결정이유의 제시 등을 들 수 있다.

Ⅰ. 사전통지(notice, Bekanntgabe)

사전통지란 행정주체가 불이익한 행정결정 전에 그 상대방이나 이해관계인에게 당해 결정의 내용·근거 및 청문의 일시·장소 등을 알리는 행위를 말한다. 이로써 관계인은 의견진술이나 권리주장, 자료제출 등이 가능해 지게 된다. 통지는 특별한 규정이 없는 한 송달 또는 공고의 방법에 의한다. 우리 행정절차법 제21조도 사전통지를 규정하고 있다.

Ⅱ. 청문(hearing, Anhörung)

청문이란 행정작용을 하기 전에 관계인에게 자기에게 유리한 증거를 제출하게 하고 의견을 진술하게 함으로써 사실심사를 하는 절차를 말한다. 우리 행정절차법 제27조 이하에도 규정되어 있다. 청문은 행정결정의 적정성을 확보하기 위한 공정한 절차의 핵심이다. 청문은 "누구든 변명의 기회 없이 비난당하지 않는다."는 자연적 정의 원칙의 한 요소이다.

청문의 방법을 어떻게 할 것인가 하는 것은 각국의 입법정책의 문제인데, 크게 나누어 당사자에게 의견진술이나 증거자료 등을 제출할 수 있는 기회가 주어지는 데 그치는 진술형 청문(argument type hearing)의 경우도 있고, 이에 그치지 않고 사법절차에 준하는 구술변론의 기회가 부여되는 사실심형 청문(trial type hearing)의 경우도 있다. 일반적으로 진술형 청문이 통상의 청문 형태이다.

Ⅲ. 결정 및 결정이유의 제시

청문이 종결되면 행정절차의 최종단계로서 결정(decision, Entscheidung)을 하게 된다. 여기에는 그 결정의 근거가 되는 사실적·법적 근거에 대한 이유를 제시하여야 할 의무가 부과되는 것이 원칙이다. 우리 행정절차법도 제23조에서 이유제시를 규정하고 있다. 이러한 이유제시(Begründung) 또는 이유부기(理由附記)란 확인적 성질이나 침익적 성질의 결정을 하는 경우 그 행위를 하게 된 근거를 명시하는 것을 말하는데, 이로써 행정의 자의적 결정이 배제되고 관계인은 이를 기초로 사후의 권리구제절차에 대처할 수 있게 된다.

Ⅳ. 기타

그 밖에도 행정절차의 일반적인 내용으로는 ① 청문절차와 관련하여 행정청이 보유하고 있는 당해 사안에 관한 문서 등의 기록을 열람할 수 있도록 하는 기록열람, ② 행정청이 처분의 기준을 스스로 결정하여 공표하는 처분기준의 설정·공표, ③ 다양한 이해관계와 관련된 각종 행정결정에의 이해관계인의 참가절차 등을 들 수 있다.

제 4 항 행정절차의 법적 근거

Ⅰ. 헌법적 근거

우리 헌법에는 미국 수정헌법 제5조나 제14조와 같은 적법절차조항이 없어 행정절차의 헌법적 근거에 대해서는 견해가 나뉜다. 혹자는 헌법 제10조(인간의 존엄성), 제37조(기본권의 포괄성 및 제한의 법률유보) 기타 법치국가·민주국가원리 등에서 헌법상의 행정절차보장의 근거를 찾는 견해도 있으나, 대다수의 학자 및 헌법재판소는 행정절차의 헌법적 근거를 헌법 제12조에서 찾고 있다. 즉 이 견해는 헌법 제12조는 형사사법권의 발동에 대한 적법절차조항이지만 행정절차에도 유추적용된다고 보고 있다.

[판례] 헌법 제12조의 적법절차원리가 행정절차에도 적용된다는 헌법재판소 결정

"헌법 제12조 제3항 본문은 동조 제1항과 함께 적법절차원리의 일반조항에 해당하는 것으로서, 형사절차상의 영역에 한정되지 않고 입법·행정 등 국가의 모든 공권력의 작용에는 절차상의 적법성뿐만 아니라 법률의 실체적 내용도 합리성과 정당성을 갖춘 실체적인 적법성이 있어야 한다는 적법절차의 원칙을 헌법상의 기본원리로 명시하고 있는 것이므로…(헌재결 1992.12.24, 92헌가8; 헌재결 1994.7.29, 90헌바35)."

Ⅱ. 행정절차법

행정절차에 관한 일반법으로 행정절차법이 있다. 행정절차법은 1996년 12월 31일 제정되었다.

이 행정절차법은 1960년대 중반부터 시작하여 1987년 총 7개장 71개조 및 부칙으로 구성된 행정절차법안을 거치면서 약 30여 년간 많은 우여곡절을 겪은 끝에 제정된 것이다. 그러나 행정절차법은 그간 학계의 요구에도 불구하고, 실체법적 규정들은 제외하고 일본 행정절차법과 유사하게 최소한의 절차규정만을 규정하고 있는데, 이에 대해서는 긍정적인 평가도 있지만 법의 적용범위가 한정되고 국민참여의 폭도 제한적이라는 부정적인 평가가 더 많았다. 만약 행정절차법에 행정계획확정절차, 공법상 계약뿐 아니라 재량·부관·처분의 취소·철회 등과 같은 실체법적 규정들이 포함되었더라면 독일 행정절차법과 같이 실제로 행정법의 통칙이 마련될 수 있었을 것이다.

한편 행정절차법은 그동안 15차례에 걸쳐 부분적으로만 개정되었는데, 2021년 12월에는 확약, 위반사실의 공표, 행정계획, 인허가의제와 같은, 실체법적으로도 중요한 의미를 가지는 행정작용의 '절차'규정을 신설하는 것 등을 내용으로 개정되는 중요한 변화가 있었다.[1] 위 행정작용들은 애초에 행정기본법에 포함시키려다가 추가적인 논의를 거쳐 추후 보완하기로 하고 제외한 것인데, 행정작용의 실체에 대한 정의 없이 그 절차만을 규정하는 것은 논리적으로 그 순서가 바뀐 것이 아닌가 생각된다.

Ⅲ. 행정절차에 관한 개별법 규정

행정절차법 이외에도 여러 개별법에서도 통지·의견청취·진술기회부여·청문·협의·조정 등 다양한 절차에 관한 규정을 두고 있는 경우가 점차 늘고 있다. 이들은 행정절차법과의 관계에서 특별법적 지위를 가진다. 따라서 개별법상의 절차규정이 우선하여 적용되고, 이와 같은 규정이 없으면 일반법으로서 행정절차법의 규정이 적용된다.

Ⅳ. 그 밖의 관계법령

그 밖에도 행정절차와 직간접으로 관련된 법령으로는 민원사무처리에 관한 일반법인 민원처리에 관한 법률, 규제의 신설·강화를 위한 의견수렴이나 기존규제의 폐지 또는 개선에 관한 의견제출 등을 규정하고 있는 행정규제기본법, 행정업무의 간소화·표준화·과학화 및 정보화를 도모하기 위한 행정효율과 협업 촉진에 관한 규정 등이 있다.

제 5 항 행정절차법의 내용

Ⅰ. 행정절차법의 구성

행정절차법은 총칙, 처분절차, 신고·확약·위반사실의 공표 등의 절차, 행정상 입법예고절차, 행정예고절차, 행정지도, 국민참여의 확대 및 보칙으로 총 8장 70개조로 구성되어 있다.

우리 행정절차법은 독일 연방행정절차법과는 달리 행정행위 등에 관한 실체법적 규정이 없이 주로 절차규정으로만 구성되어 있다.

---

* 5급공채(행정)(2018년).

1) 개정 행정절차법은 공포 후 6개월 후에 시행되고, 다만 인허가의제 절차규정(20 ②~④)은 2023.3.24.부터 시행된다(개정 행정절차법 부칙 1).

행정절차에는 사전절차와 사후절차가 있는데, 우리 행정절차법은 규율대상을 사전절차에 한정하고 있다.

Ⅱ. 총칙: 목적, 용어의 정의, 적용범위, 신뢰보호의 원칙

1. 목적과 용어의 정의

행정절차법은 국민의 행정참여를 도모함으로써 행정의 공정성·투명성 및 신뢰성을 확보하고 국민의 권익을 보호하는 것을 목적으로 한다(행정절차법 1).

용어의 정의에서 행정절차법은 '처분'을 행정심판법, 행정소송법과 마찬가지로 '행정청이 행하는 구체적 사실에 관한 법집행으로서 공권력의 행사 또는 그 거부와 이에 준하는 행정작용'으로 정의하고 있다(행정절차법 2 2호).

2. 적용범위*

행정절차법은 제3조 제1항에서 이 법이 정하고 있는 처분, 신고, 확약, 위반사실 등의 공표, 행정계획, 행정상 입법예고, 행정예고 및 행정지도 절차에 관하여 다른 법률에 특별한 규정이 있는 경우를 제외하고는 이 법에서 정한 바에 따른다고 하여 이 법이 행정절차에 관한 일반법임을 명확히 하고 있다.

행정절차법은 국가행정뿐 아니라 지방자치행정에도 그대로 적용됨은 물론이다. 다만 동법은 조례와의 관계에 관하여 아무런 규정을 두고 있지 않은데, 그렇다 하더라도 지방자치단체는 사무수행을 위하여 필요한 경우에는 국가 차원에서의 행정절차법을 보다 구체화하거나 이와는 다른 내용을 담은 행정절차조례를 제정하여 시행할 수 있다.

행정절차법은 동법의 적용이 제외되는 사항으로 9개의 사항을 규정하고 있는데, 구체적으로는 ① 국회 또는 지방의회의 의결을 거치거나 동의 또는 승인을 받아 행하는 사항, ② 법원 또는 군사법원의 재판에 의하거나 그 집행으로 행하는 사항, ③ 헌법재판소의 심판을 거쳐 행하는 사항, ④ 각급 선거관리위원회의 의결을 거쳐 행하는 사항, ⑤ 감사원이 감사위원회의 결정을 거쳐 행하는 사항, ⑥ 형사·행형 및 보안처분 관계법령에 의하여 행하는 사항, ⑦ 국가안전보장·국방·외교 또는 통일에 관한 사항 중 행정절차를 거칠 경우 국가의 중대한 이익을 현저히 저해할 우려가 있는 사항, ⑧ 심사청구·해양안전심판·조세심판·특허심판·행정심판, 그 밖의 불복절차에 따른 사항, ⑨ 병역법에 따른 징집·소집, 외국인의 출입국·난민인정·귀화, 공무원 인사 관계 법령에 따른 징계와 그 밖의 처분, 이해 조정을 목적으로 하는 법령에 따른 알선·조정·중재(仲裁)·재정

* 5급공채(행정)(2018년).

(裁定) 또는 그 밖의 처분 등 해당 행정작용의 성질상 행정절차를 거치기 곤란하거나 거칠 필요가 없다고 인정되는 사항과 행정절차에 준하는 절차를 거친 사항으로서 대통령령으로 정하는 사항이다. 이에 따라 행정절차법 시행령 제2조는 ① 병역법, 예비군법, 민방위기본법, 비상대비자원 관리법, 대체역의 편입 및 복무 등에 관한 법률에 따른 징집·소집·동원·훈련에 관한 사항, ② 외국인의 출입국·난민인정·귀화·국적회복에 관한 사항, ③ 공무원 인사관계법령에 의한 징계 기타 처분에 관한 사항 등 총 11개 항목의 적용제외사항을 규정하고 있다.

[판례1] 공무원 인사관계 법령에 의한 처분에 관한 사항에 대하여 행정절차법의 적용이 배제되는 범위

"행정과정에 대한 국민의 참여와 행정의 공정성, 투명성 및 신뢰성을 확보하고 국민의 권익을 보호함을 목적으로 하는 행정절차법의 입법목적과 행정절차법 제3조 제2항 제9호의 규정 내용 등에 비추어 보면, 공무원 인사관계 법령에 의한 처분에 관한 사항 전부에 대하여 행정절차법의 적용이 배제되는 것이 아니라 성질상 행정절차를 거치기 곤란하거나 불필요하다고 인정되는 처분이나 행정절차에 준하는 절차를 거치도록 하고 있는 처분의 경우에만 행정절차법의 적용이 배제되는 것으로 보아야 할 것이다. …

군인사법 및 그 시행령에 이 사건 처분과 같이 진급예정자 명단에 포함된 자의 진급선발을 취소하는 처분을 함에 있어 행정절차에 준하는 절차를 거치도록 하는 규정이 없을 뿐만 아니라 위 처분이 성질상 행정절차를 거치기 곤란하거나 불필요하다고 인정되는 처분이라고 보기도 어렵다고 할 것이어서 이 사건 처분이 행정절차법의 적용이 제외되는 경우에 해당한다고 할 수 없으며, 나아가 원고가 수사과정 및 징계과정에서 자신의 비위행위에 대한 해명기회를 가졌다는 사정만으로 이 사건 처분이 행정절차법 제21조 제4항 제3호, 제22조 제4항에 따라 원고에게 사전통지를 하지 않거나 의견제출의 기회를 주지 아니하여도 되는 예외적인 경우에 해당한다고 할 수 없으므로, 피고가 이 사건 처분을 함에 있어 원고에게 의견제출의 기회를 부여하지 아니한 이상, 이 사건 처분은 절차상 하자가 있어 위법하다고 할 것이다(대판 2007.9.21, 2006두20631)."

[판례] 지방공무원의 정규공무원임용취소처분이 행정절차법의 적용이 배제되는 경우인지 여부(소극)

"(정규공무원으로 임용된 사람에게 시보임용처분 당시 지방공무원법 제31조 제4호에 정한 공무원임용결격사유가 있어 시보임용처분을 취소하고 그에 따라 정규임용처분을 취소한 사안에서) 정규임용처분을 취소하는 처분은 성질상 행정절차를 거치는 것이 불필요하여 행정절차법의 적용이 배제되는 경우에 해당하지 않으므로, 그 처분을 하면서 사전통지를 하거나 의견제출의 기회를 부여하지 않은 것은 위법하다(대판 2009.1.30, 2008두16155[정규임용취소처분취소])."

[판례2] 공무원 인사관계 법령에 의한 처분에 관한 사항에 대하여 행정절차법의 적용이 배제되는 법리가 별정직 공무원에 대한 직권면직 처분에도 적용되는지 여부(적극)

"… 이러한 법리는 '공무원 인사관계 법령에 의한 처분'에 해당하는 별정직 공무원에 대한 직권면직 처분의 경우에도 마찬가지로 적용된다(대판 2013.1.16, 2011두30687)."

[판례] [1] 행정청이 징계심의대상자가 선임한 변호사가 징계위원회에 출석하여 징계심의대상자를 위하여 필요한 의견을 진술하는 것을 거부할 수 있는지 여부(원칙적 소극)

[2] 행정절차법의 적용이 제외되는 공무원 인사관계 법령에 의한 처분에 관한 법리가 육군3사관학교 생도에 대한 퇴학처분에도 적용되는지 여부(적극)

"[1] 행정절차법 제12조 제1항 제3호, 제2항, 제11조 제4항 본문에 따르면, 당사자 등은 변호사를 대리인으로 선임할 수 있고, 대리인으로 선임된 변호사는 당사자 등을 위하여 행정절차에 관한 모든 행위를 할 수 있다고 규정되어 있다. 위와 같은 행정절차법령의 규정과 취지, 헌법상 법치국가원리와 적법절차원칙에 비추어 징계와 같은 불이익처분절차에서 징계심의대상자에게 변호사를 통한 방어권의 행사를 보장하는 것이 필요하고, 징계심의대상자가 선임한 변호사가 징계위원회에 출석하여 징계심의대상자를 위하여 필요한 의견을 진술하는 것은 방어권 행사의 본질적 내용에 해당하므로, 행정청은 특별한 사정이 없는 한 이를 거부할 수 없다.

[2] … 행정절차법의 적용이 제외되는 공무원 인사관계 법령에 의한 처분에 관한 사항이란 성질상 행정절차를 거치기 곤란하거나 불필요하다고 인정되는 처분이나 행정절차에 준하는 절차를 거치도록 하고 있는 처분에 관한 사항만을 말하는 것으로 보아야 한다. 이러한 법리는 '공무원 인사관계 법령에 의한 처분'에 해당하는 육군3사관학교 생도에 대한 퇴학처분에도 마찬가지로 적용된다. …

[3] 육군3사관학교의 사관생도에 대한 징계절차에서 징계심의대상자가 대리인으로 선임한 변호사가 징계위원회 심의에 출석하여 진술하려고 하였음에도, 징계권자나 그 소속 직원이 변호사가 징계위원회의 심의에 출석하는 것을 막았다면 징계위원회 심의·의결의 절차적 정당성이 상실되어 그 징계의결에 따른 징계처분은 위법하여 원칙적으로 취소되어야 한다. 다만 징계심의대상자의 대리인이 관련된 행정절차나 소송절차에서 이미 실질적인 증거조사를 하고 의견을 진술하는 절차를 거쳐서 징계심의대상자의 방어권 행사에 실질적으로 지장이 초래되었다고 볼 수 없는 특별한 사정이 있는 경우에는, 징계권자가 징계심의대상자의 대리인에게 징계위원회에 출석하여 의견을 진술할 기회를 주지 아니하였더라도 그로 인하여 징계위원회 심의에 절차적 정당성이 상실되었다고 볼 수 없으므로 징계처분을 취소할 것은 아니다(대판 2018.3.13, 2016두33339[퇴교처분취소])."

이상의 판례와 관련하여 대법원은 국가공무원법상 직위해제처분은 행정절차법 제3조 제2항 제9호, 동법 시행령 제2조 제3호에 의하여 당해 행정작용의 성질상 행정절차를 거치기 곤란하거나 불필요하다고 인정되는 사항 또는 행정절차에 준하는 절차를 거친 사항에 해당하기 때문에 처분의 사전통지 및 의견청취 등에 관한 행정절차법의 규정이 적용되지 않는다고 한다[판례3].

[판례3] 국가공무원법상 직위해제처분에 처분의 사전통지 및 의견청취 등에 관한 행정절차법 규정이 적용되는지 여부(소극)

"국가공무원법 제73조의3 제1항에 규정한 직위해제는 … 일시적인 인사조치로서 당해 공무원에게 직위를 부여하지 아니함으로써 직무에 종사하지 못하도록 하는 잠정적이고 가처분적인 성격을 가진 조치이다. 따라서 그 성격상 과거공무원의 비위행위에 대한 공직질서 유지를 목적으로 행하여지는 징벌적 제재로서의 징계 등에서 요구되는 것과 같은 동일한 절차적 보장을 요구할 수는 없는 바(대판 2003.10.10, 2003두5945, 대판 2013.5.9, 2012다64833, 헌재결 2006.5.25, 2004헌바12 전원재판부 등 참조), … 국가공무원법 등은 직위해제와 관련하여 … 해당 공무원에게 방어의 준비 및 불복의 기회를 보장하고 … 사후적으로 소청이나 행정소송을 통하여 충분한 의견진술 및 자료제출의 기회를 보장하고 있다. …

그렇다면 국가공무원법상 직위해제처분은 구 행정절차법 제3조 제2항 제9호, 동법 시행령 제2조 제3호에 의하여 당해 행정작용의 성질상 행정절차를 거치기 곤란하거나 불필요하다고 인정되는 사항 또는 행정절차에 준하는 절차를 거친 사항에 해당하므로, 처분의 사전통지 및 의견청취 등에 관한 행정절차법의 규정이 별도로 적용되지 아니한다고 봄이 상당하다(대판 2014.5.16, 2012두26180)."

[판례4] 공정거래위원회의 시정조치 및 과징금납부명령에 행정절차법 소정의 의견청취절차 생략사유가 존재하는 경우, 공정거래위원회가 행정절차법을 적용하여 의견청취절차를 생략할 수 있는지 여부

"행정절차법 제3조 제2항, 같은법시행령 제2조 제6호에 의하면 공정거래위원회의 의결·결정을 거쳐 행하는 사항에는 행정절차법의 적용이 제외되게 되어 있으므로, 설사 공정거래위원회의 시정조치 및 과징금납부명령에 행정절차법 소정의 의견청취절차 생략사유가 존재한다고 하더라도, 공정거래위원회는 행정절차법을 적용하여 의견청취절차를 생략할 수는 없다(대판 2001.5.8, 2000두10212)."

[판례5] 어린이집 평가인증의 취소절차에 관하여 특별한 절차규정이 있음을 이유로 행정절차법의 적용이 배제되는지 여부(소극)

"영유아보육법 제30조 제7항은 어린이집 평가인증의 실시 및 유효기간 등에 필요한 사항에 관해서만 보건복지부령으로 정하도록 위임하고 있는 점, 구 영유아보육법 시행규칙 제31조도 '운영체계,

평가지표, 수수료 등 어린이집의 평가인증에 필요한 사항'(제1항), '평가인증의 절차 및 서식 등에 관한 구체적인 사항'(제4항)만을 보건복지부장관이 정하도록 위임하고 있는 점 등을 종합하면, 보건복지부장관이 작성한 「보육사업안내」에 평가인증취소의 절차에 관한 사항을 일부 정하고 있다 하더라도 이러한 사정만으로 행정절차법 제3조 제1항이 정한 '다른 법률에 특별한 규정이 있는 경우'에 해당하여 평가인증취소에 행정절차법 적용이 배제된다고 보기 어렵다(대판 2016.11.9, 2014두1260)."

[판례6] 국가에 대한 행정처분을 함에 있어서도 사전통지, 의견청취, 이유제시와 관련한 행정절차법 제21조 내지 제23조가 적용되는지 여부(적극)

"행정절차법 제2조 제4호의 '당사자 등'에서 국가를 제외하지 않고 있고, 또한 행정절차법 제3조 제2항에서 행정절차법이 적용되지 아니하는 사항을 열거하고 있는데, '국가를 상대로 하는 행정행위'는 그 예외사유에 해당하지 않는다.

위와 같은 행정절차법의 규정과 행정의 공정성·투명성 및 신뢰성 확보라는 행정절차법의 입법취지 등을 고려해보면, 행정기관의 처분에 의하여 불이익을 입게 되는 국가를 일반 국민과 달리 취급할 이유가 없다. 따라서 국가에 대한 행정처분을 함에 있어서도 사전통지, 의견청취, 이유제시와 관련한 행정절차법이 그대로 적용된다고 보아야 한다(대판 2023.9.21, 2023두39724[텔레비전방송수신료부과처분취소])."

3. 신뢰보호, 행정의 투명성, 행정업무혁신

행정절차법은 행정절차법의 목적규정과 관련하여 신뢰보호와 행정의 투명성에 관한 별도의 규정을 두고 있다. 먼저 제4조 제2항은 "행정청은 법령등의 해석 또는 행정청의 관행이 일반적으로 국민들에게 받아들여진 때에는 공익 또는 제3자의 정당한 이익을 현저히 해칠 우려가 있는 경우를 제외하고는 새로운 해석 또는 관행에 따라 소급하여 불리하게 처리하여서는 아니 된다."고 규정하고 있는데, 이 조항은 일반적으로 국세기본법 제18조 제3항과 더불어 신뢰보호원칙의 실정법적 근거로 언급되고 있다. 다만 이 조항은 신뢰보호의 이념을 구체화하는 규정을 두는 데 그치고 있을 뿐, 신뢰보호원칙의 의의나 요건·효과 등을 정면으로 규정하고 있는 것은 아니라는 점에서 아쉬움이 있다.

행정절차법 제5조는 투명성과 관련하여 "행정청이 행하는 행정작용은 그 내용이 구체적이고 명확하여야 한다(제1항). 행정작용의 근거가 되는 법령등의 내용이 명확하지 아니한 경우 상대방은 당해 행정청에 그 해석을 요청할 수 있으며, 해당 행정청은 특별한 사유가 없으면 그 요청에 따라야 한다(제2항). 행정청은 상대방에게 행정작용과 관련된 정보를 충분히 제공하여야 한다(제3항)."고 규정하고 있는데, 동조의 투명성은 엄격하게는 명확성을 의미하는 것으로 판단된다.

행정절차법은 2021년 법개정으로 '제5조의2'를 신설하여, 균등하고 질 높은 행정서비스, 정보통신기술의 활용을 통한 행정절차의 적극적 혁신, 행정청이 생성하거나 취득하여 관리하고 있는 데이터의 행정과정에의 활용 등을 내용을 하는 '행정업무의 혁신'을 규정하고 있다.

4. 행정청의 관할 및 협조

행정절차법은 행정청이 그 관할에 속하지 아니하는 사안을 접수하였거나 이송받은 경우에는 지체 없이 이를 관할 행정청에 이송하여야 하고 그 사실을 신청인에게 통지하도록 하고 있다(행정절차법 6 ①). 그리고 행정청의 관할이 분명하지 아니한 경우에는 해당 행정청을 공통으로 감독하는 상급 행정청이 그 관할을 결정하며, 공통으로 감독하는 상급 행정청이 없는 경우에는 각 상급 행정청이 협의하여 그 관할을 결정하도록 하고 있다(행정절차법 6 ②).

한편 행정절차법은 행정절차의 원활한 수행을 위하여 행정협업의 방식을 통한 행정청 간의 협조(행정절차법 7)와 응원(행정절차법 8)에 대하여 규정하고 있다.

5. 송달

송달은 행정절차에서 하나의 기술적인 과정이지만 당사자는 행정청의 의사결정과정에 대한 통지를 통하여 절차의 진행을 알 수 있는 것이므로 중요한 의미를 갖는다. 송달의 방법과 관련하여 행정절차법은 우편·교부 또는 정보통신망 이용의 방법에 의하여 송달받을 자의 주소·거소·영업소·사무소 또는 전자우편주소로 송달하는 것으로 규정하고 있다(행정절차법 14 ①). 교부에 의한 송달은 수령확인서를 받고 문서를 교부함으로써 하며, 송달하는 장소에서 송달받을 자를 만나지 못한 경우에는 그 사무원·피용자(被傭者) 또는 동거인으로서 사리를 분별할 지능이 있는 사람에게 문서를 교부할 수 있다. 다만 문서를 송달받을 자 또는 그 사무원등이 정당한 사유 없이 송달받기를 거부하는 때에는 그 사실을 수령확인서에 적고, 문서를 송달할 장소에 놓아둘 수 있다(행정절차법 14 ②). 정보통신망을 이용한 송달은 송달받을 자가 동의하는 경우에 한한다. 이 경우 송달받을 자는 송달받을 전자우편주소 등을 지정하여야 한다(행정절차법 14 ③). 주소 등을 확인할 수 없거나 송달이 불가능한 경우에는 송달받을 자가 알기 쉽도록 관보, 공보, 게시판, 일간신문 중 하나 이상에 공고하고 인터넷에도 공고하여야 하는데, 이 경우 개인정보법에 따라 개인정보를 보호하여야 한다(행정절차법 14 ④, ⑤). 송달의 효력과 관련하여 행정절차법은 다른 법령 등에 특별한 규정이 있는 경우를 제외하고는 해당 문서가 송달받을 자에게 도달됨으로써 그 효력이 발생하는 것으로 규정하고 있다(행정절차법 15 ①). 또한 정보통신망을 이용하여 전자문서로 송달하는 경우에는 송달받을 자가 지정한 컴퓨터 등에 입력된 때에 도달된 것으로 본다(행정절차법 15 ②). 만약 송달받을 자의 주소를 통상의 방법으로 확인할 수 없거나 송달 자체가 불가능한 경우에는 송달받을 자가 알기 쉽도록 관보·공보·게시판·일간신문 중 하나 이상에 공고하고 인터넷에도 공고하여야 한다(행정절차법 14 ④). 이 경우에는 다른 법령등에 특별한 규정이 있는 경우를 제외하고는 공고일부터 14일이 지난 때에 그 효력이 발생한다. 다만, 긴급히 시행하여야 할 특별한 사유가 있어 효력 발생 시기를 달리 정하여 공고한 경우에는 그에 따른다(행정절차법 15 ③).

Ⅲ. 처분절차*

처분절차는 행정절차법의 중심을 이루고 있다. 처분절차는 3개절 30개조에 걸쳐 처분의 사전통지·처분의 이유제시·의견제출·청문·공청회로 이루어져 있다. 행정절차법은 이러한 처분을 신청에 의한 처분(수익처분)과 당사자에게 의무를 부과하거나 권익을 제한하는 처분(불이익처분)으로 구분하여 먼저 양자의 절차에 공통되는 사항을 정하고 그 다음으로 각자에 고유한 절차를 규정하고 있다.

1. 공통사항

수익처분과 불이익처분에 공통적인 사항으로 처분기준의 설정·공표(행정절차법 20), 처분의 이유 제시(행정절차법 23), 처분의 방식(행정절차법 24), 처분의 정정(행정절차법 25), 고지(행정절차법 26)가 있다.

(1) 처분기준의 설정·공표

① 행정절차법 규정

행정청의 자의적인 법집행을 방지하고 처분에 대한 국민의 예측가능성을 부여하기 위하여 처분기준을 설정하여 공표하도록 하고 있다. 이에 따라 행정청은 필요한 처분기준을 해당 처분의 성질에 비추어 되도록 구체적으로 정하여 공표하여야 한다(행정절차법 20 ①). 행정기본법 제24조에 따른 인허가의제의 경우 관련 인허가 행정청은 관련 인허가의 처분기준을 주된 인허가 행정청에 제출하여야 하고, 주된 인허가 행정청은 제출받은 관련 인허가의 처분기준을 통합하여 공표하여야 한다. 처분기준을 변경하는 경우에도 또한 같다(행정절차법 20 ②). 다만 해당 처분의 성질상 현저히 곤란하거나 공공의 안전 또는 복리를 현저히 해치는 것으로 인정될 만한 상당한 이유가 있는 경우에는 처분기준을 공표하지 아니할 수 있다(행정절차법 20 ③). 당사자등은 공표된 처분기준이 명확하지 아니한 경우 해당 행정청에 그 해석 또는 설명을 요청할 수 있고, 이 경우 해당 행정청은 특별한 사정이 없으면 그 요청에 따라야 한다(행정절차법 20 ④).

* 사법시험(1996년), 입법고시(2003년), 입법고시(2006년), 입법고시(2024년).

[판례] 처분기준을 구체적으로 정하여 공표할 의무를 부과한 취지 및 예외를 정한 제20조 제2항에 따라 처분기준을 따로 공표하지 않거나 개략적으로만 공표할 수 있는 경우

"행정청으로 하여금 처분기준을 구체적으로 정하여 공표하도록 한 것은 해당 처분이 가급적 미리 공표된 기준에 따라 이루어질 수 있도록 함으로써 해당 처분의 상대방으로 하여금 결과에 대한 예측가능성을 높이고 이를 통하여 행정의 공정성, 투명성, 신뢰성을 확보하며 행정청의 자의적인 권한행사를 방지하기 위한 것이다. 그러나 처분의 성질상 처분기준을 미리 공표하는 경우 행정목적을 달성할 수 없게 되거나 행정청에 일정한 범위 내에서 재량권을 부여함으로써 구체적인 사안에서 개별적인 사정을 고려하여 탄력적으로 처분이 이루어지도록 하는 것이 오히려 공공의 안전 또는 복리에 더 적합한 경우도 있다. 그러한 경우에는 행정절차법 제20조 제2항에 따라 처분기준을 따로 공표하지 않거나 개략적으로만 공표할 수도 있다(대판 2019.12.13, 2018두41907[인가공증인인가신청반려처분취소])."

② 처분기준의 법형식 및 재판규범성 문제

처분기준의 설정과 관련하여, 행정절차법은 그 법형식에 관하여 아무런 규정을 두고 있지 않다. 따라서 처분기준의 법형식은 법령이 될 수도 있고 행정규칙이 될 수도 있다.[2] 이와 관련하여 처분기준은 내용상으로는 재량준칙 또는 해석규칙 등의 행정규칙이 될 것이라는 견해[3]도 있으나, 여러 법령에서는 처분기준(예: 국토계획법 시행령 56)이나 이른바 제재처분기준(예: 청소년보호법 시행령 39 ② 별표 9, 식품위생법 시행규칙 89 별표 23)을 대통령령이나 부령의 형식으로 규정하고 있는 예도 있다. 전자의 경우는 법규명령이나, 제재처분기준이 법령으로 설정되는 경우에도 부령에 규정되고 있는 경우 판례는 이를 행정규칙으로 보고 있다.

한편 판례는 '해당 처분의 근거 법령에서 구체적 위임을 받아 제정·공포되었다는 특별한 사정이 없는 한, 원칙적으로 대외적 구속력이 없는 행정규칙에 해당한다'고 보고 있다(대판 2020.12.24, 2018두45633).

③ 처분기준을 설정하지 않은 것이 독립적인 위법사유가 되는지의 문제

처분기준을 설정하지 아니한 상태에서 행하여진 처분의 경우 처분기준설정을 하지 않은 것이 처분의 독립적인 위법사유가 될 것인가에 관하여는 논란이 있다.

(i) 부정설로는, 기준을 설정하여야 할 경우와 그렇지 않은 경우의 구분이 불분명하고, 처분기준이 설정되지 않았다고 하여 처분을 할 수 없는 것도 아니므로 처분의 효력에 영향이 없다는 견해[4]와 이는 성실의무를 규정한 것으로 그 자체로 독립적 위법사유가 되지 않는다는 견해[5]가 있다.

* 행정고시(재경)(2006년).

2) 박균성, 행정법강의, 474면.

3) 김동희/최계영, 행정법 I, 395면.

(ii) 긍정설은 기준의 설정·공표가 의무규정으로 되어 있으므로 이를 행하지 않은 경우 독자적인 위법사유가 된다는 견해[6]이다.

(iii) 처분기준을 설정하지 않은 것은 행정절차법이 규정하고 있는 처분기준의 설정·공표 규정을 위반한 것이므로 위법하다고 보아야한다는 점에서 긍정설의 입장이 타당하다.

(iv) 이와 관련하여 판례는 '행정청이 처분기준 사전공표 의무를 위반하여 미리 공표하지 아니한 기준을 적용하여 처분을 하였다고 하더라도, 그러한 사정만으로 곧바로 해당 처분에 취소사유에 이를 정도의 흠이 존재한다고 볼 수는 없다'는 입장이다(대판 2020.12.24, 2018두45633).

④ 설정된 처분기준과 다른 기준으로 처분한 것이 독립한 위법사유인지의 문제*

처분기준과 다른 기준으로 처분한 경우 이것이 독립한 위법사유가 될 것인가에 관하여는 ① 공표된 기준과 다른 기준으로 처분하는 경우 행정청은 그 합리적 근거를 제시할 의무를 진다고 할 것이며, 특히 재량준칙의 경우에는 평등원칙과 관련하여 일정한 경우 그 법적 구속력이 인정될 수 있을 것이라는 견해,[7] ② 공표된 기준과 다른 기준으로 처분하는 경우 재량하자의 법리, 행정의 자기구속의 원칙 등에 따라 위법 여부를 판단하게 될 것이라는 견해[8] 등이 제시되고 있다. ③ 대체로 학자들은 처분기준의 행정규칙성을 전제로 하여, 이러한 처분기준과 다른 기준으로 처분하는 경우 위법하다고 볼 수 없으나, 이 기준들이 예외적으로 평등원칙·신뢰보호원칙을 매개로 하는 경우 기준위반행위가 이와 같은 행정법의 일반원칙을 위반한 것으로서 위법하다고 볼 수 있다는 입장이다. 그러나 처분기준이 대통령령이나 부령에 규정된 경우에는 이와 다른 기준으로 처분하는 경우는 적법한 재량권행사와 같은 정당한 사유가 없는 한 법령위반으로 위법하다고 보아야 할 것이다.

[판례] [1] 행정청이 처분기준 사전공표 의무를 위반하여 미리 공표하지 아니한 기준을 적용하여 처분한 경우 취소사유의 흠이 존재하는지 여부(소극) / 해당 처분에 적용한 기준이 위법하다고 볼 수 있는 구체적인 사정이 있는 경우, 해당 처분이 위법한지 여부(적극)
[2] 행정청이 이른바 '갱신제'를 채택하여 운용하는 경우, 사전에 공표한 심사기준을 심사대상기간이 이미 경과하였거나 상당 부분 경과한 시점에서 처분상대방의 갱신 여부를 좌우할 정도로 중대하게 변경하는 것이 허용되는지 여부(원칙적 소극)

"[1] 행정청이 행정절차법 제20조 제1항의 처분기준 사전공표 의무를 위반하여 미리 공표하지 아니한 기준을 적용하여 처분을 하였다고 하더라도, 그러한 사정만으로 곧바로 해당 처분에 취소사유에 이를 정도의 흠이 존재한다고 볼 수는 없다. 다만 해당 처분에 적용한 기준이 상위법령의 규정이나

4) 박윤흔, 최신행정법강의(상), 507면.
5) 정하중, 행정법개론, 367면 이하.
6) 박균성, 행정법강의, 474면; 홍정선, 행정법특강, 327면.
7) 김동희/최계영, 행정법 I, 395면.
8) 박균성, 행정법강의, 457면; 정하중, 행정법개론, 367면 이하; 홍정선, 행정법원론(상), 615면.

신뢰보호의 원칙 등과 같은 법의 일반원칙을 위반하였거나 객관적으로 합리성이 없다고 볼 수 있는 구체적인 사정이 있다면 해당 처분은 위법하다고 평가할 수 있다. 구체적인 이유는 다음과 같다.

① 행정청이 행정절차법 제20조 제1항에 따라 정하여 공표한 처분기준은, 그것이 해당 처분의 근거 법령에서 구체적 위임을 받아 제정·공포되었다는 특별한 사정이 없는 한, 원칙적으로 대외적 구속력이 없는 행정규칙에 해당한다.

② 처분이 적법한지는 행정규칙에 적합한지 여부가 아니라 상위법령의 규정과 입법 목적 등에 적합한지 여부에 따라 판단해야 한다. …

③ 행정청이 정하여 공표한 처분기준이 과연 구체적인지 또는 행정절차법 제20조 제2항에서 정한 처분기준 사전공표 의무의 예외사유에 해당하는지는 일률적으로 단정하기 어렵고, 구체적인 사안에 따라 개별적으로 판단하여야 한다. …

[2] 행정청이 관계 법령의 규정이나 자체적인 판단에 따라 처분상대방에게 특정한 권리나 이익 또는 지위 등을 부여한 후 일정한 기간마다 심사하여 갱신 여부를 판단하는 이른바 '갱신제'를 채택하여 운용하는 경우에는, 처분상대방은 합리적인 기준에 의한 공정한 심사를 받아 그 기준에 부합되면 특별한 사정이 없는 한 갱신되리라는 기대를 가지고 갱신 여부에 관하여 합리적인 기준에 의한 공정한 심사를 요구할 권리를 가진다.

…

사전에 공표한 심사기준 중 경미한 사항을 변경하거나 다소 불명확하고 추상적이었던 부분을 명확하게 하거나 구체화하는 정도를 뛰어넘어, 심사대상기간이 이미 경과하였거나 상당 부분 경과한 시점에서 처분상대방의 갱신 여부를 좌우할 정도로 중대하게 변경하는 것은 갱신제의 본질과 사전에 공표된 심사기준에 따라 공정한 심사가 이루어져야 한다는 요청에 정면으로 위배되는 것이므로, 갱신제 자체를 폐지하거나 갱신상대방의 수를 종전보다 대폭 감축할 수밖에 없도록 만드는 중대한 공익상 필요가 인정되거나 관계 법령이 제·개정되었다는 등의 특별한 사정이 없는 한, 허용되지 않는다(대판 2020.12.24, 2018두45633[중국전담여행사지정취소처분취소])."

(2) 처분의 이유제시*

① 의의

행정청은 처분을 할 때에는 ① 신청 내용을 그대로 인정하는 처분인 경우, ② 단순·반복적인 처분 또는 경미한 처분으로서 당사자가 그 이유를 명백하게 알 수 있는 경우, ③ 긴급히 처분을 할 필요가 있는 경우를 제외하고는 당사자에게 그 근거와 이유를 제시하여야 한다(행정절차법 23 ①). 그러나 ②와 ③의 경우에도 당사자의 요청이 있는 경우에는 그 근거와 이유를 제시하여야 한다(행정절차법 23 ②).

* 사법시험(2015년), 5급공채(재경)(2012년), 5급공채(재경)(2013년), 5급공채(2021년).

② 이유제시의 기능

이유제시 또는 이유부기(理由附記)는 처분의 근거와 이유를 제시하도록 함으로써 ① 상대방에 대한 설득기능, ② 쟁점정리를 통한 권리구제기능, ③ 행정의 신중성과 투명성을 제고함으로써 행정 스스로의 통제기능을 수행한다.

③ 이유제시의 하자와 그 효과

이유제시의 하자는 독자적인 위법사유가 된다. 따라서 이유제시에 하자가 있는 처분은 위법하다. 판례의 입장도 동일하다.

[판례] 이유제시 결여를 절차위반의 위법사유로 본 판례

"과세표준과 세율, 세액, 세액산출근거 등의 필요한 사항을 납세자에게 서면으로 통지하도록 한 세법상의 제 규정들은 단순히 세무행정의 편의를 위한 훈시규정이 아니라 조세행정에 있어 자의를 배제하고 신중하고 합리적인 처분을 행하게 함으로써 공정을 기함과 동시에 납세의무자에게 부과처분의 내용을 상세히 알려서 불복여부의 결정과 불복신청에 편의를 제공하려는 데서 나온 강행규정으로서 납세고지서에 그와 같은 기재가 누락되면 그 과세처분 자체가 위법한 처분이 되어 취소의 대상이 된다(대판 1985.5.28, 84누289)."

다만 이유제시의 하자로 인한 위법의 효과는 중대명백설에 따라 개별적으로 판단하여야 할 것이다. 이유제시 자체를 결여한 하자가 중대명백하다면 무효사유가 될 것이고, 이유제시를 결여하더라도 그 하자가 중대하다고 볼 수 없거나 이유제시는 하였지만 기재사항이 불충분한 경우 등은 취소사유가 될 것이다.

④ 이유제시의 방법과 정도

이유제시는 처분을 받은 자가 어떠한 근거와 이유에서 당해 처분이 있었는지를 알 수 있을 정도로 그 근거와 이유를 구체적으로 제시하여야 한다[판례1]. 그러나 처분서의 기재내용과 관계법령 등을 통하여 처분 당시 당사자가 어떠한 근거와 이유로 처분이 이루어진 것인지를 충분히 알 수 있는 경우에는 처분서에 처분의 근거와 이유가 구체적으로 명시되어 있지 않았다 하여 그 처분이 위법한 것으로 된다고 할 수는 없다[판례2,3].

[판례1] 이유제시에서 위반사실을 특정하지 아니하여 위법하다고 한 사례

면허의 취소처분에는 그 근거가 되는 법령이나 취소권 유보의 부관 등을 명시하여야 함은 물론 처분을 받은 자가 어떠한 위반사실에 대하여 당해 처분이 있었는지를 알 수 있을 정도로 사실을 적시할 것을 요하며, 이와 같은 취소처분의 근거와 위반사실의 적시를 빠뜨린 하자는 피처분자가 처분 당시 그 취지를 알고 있었다거나 그 후 알게 되었다 하여도 치유될 수 없다고 할 것인바, 세무서

장인 피고가 주류도매업자인 원고에 대하여 한 이 사건 일반주류도매업면허취소통지에 "상기 주류도매장은 무면허 주류판매업자에게 주류를 판매하여 주세법 제11조 및 국세법사무처리규정 제26조에 의거 지정조건위반으로 주류판매면허를 취소합니다"라고만 되어 있어서 원고의 영업기간과 거래상대방 등에 비추어 원고가 어떠한 거래행위로 인하여 이 사건 처분을 받았는지 알 수 없게 되어 있다면 이 사건 면허취소처분은 위법하다(대판 1990.9.11, 90누1786).

[판례2] 행정청이 처분의 근거와 이유를 구체적으로 명시하지는 않았으나 당사자가 그 근거를 알 수 있을 정도로 이유를 제시한 경우, 그 처분이 위법한지 여부(소극)

"당사자가 신청하는 허가 등을 거부하는 처분을 하면서 당사자가 그 근거를 알 수 있을 정도로 이유를 제시한 경우에는 처분의 근거와 이유를 구체적으로 명시하지 않았더라도 그로 말미암아 그 처분이 위법하다고 볼 수는 없다. 이때 '이유를 제시한 경우'는 처분서에 기재된 내용과 관계 법령 및 당해 처분에 이르기까지의 전체적인 과정 등을 종합적으로 고려하여, 처분 당시 당사자가 어떠한 근거와 이유로 처분이 이루어진 것인지를 충분히 알 수 있어서 그에 불복하여 행정구제절차로 나아가는 데 별다른 지장이 없었다고 인정되는 경우를 뜻한다.

기존 산업단지개발계획의 변경을 구하는 이 사건 신청에 대해 피고가 거부처분을 하면서 이유를 제시하였다고 하려면, 신청을 인용하는 것이 법령 위반이라거나 종전 계획을 변경할 사정변경이 인정되지 않는다는 등 거부의 실질적인 이유를 당사자가 알 수 있도록 했어야 한다.

앞에서 보았듯이 이 사건 처분서는 아무런 실질적인 내용 없이 단순히 신청을 불허한다는 결과만을 통보한 것이다. 기록에 나타나 있는 이 사건 처분에 이르기까지 전체적인 과정 등을 살펴보더라도 원고가 이 사건 신청이 거부된 정확한 이유를 알았거나 또는 알 수 있었다는 정황을 확인할 수 없다. 그리하여 원고가 이 사건 소송에서 처분사유를 잘못 확정하여 주장하였고 법원도 원심에 이르기까지 잘못 확정된 처분사유를 바탕으로 심리를 진행하게 되었다는 점에서 원고가 처분에 불복하여 행정구제절차로 나아가는 데에도 지장이 있었다고 볼 수 있다. 사정이 이러하다면 이 사건 처분은 근거와 이유를 제시하지 않은 것으로서 위법하다고 보아야 한다(대판 2017.8.29, 2016두44186[산업단지개발계획변경신청거부처분취소])."

[판례] 처분의 근거와 이유제시에 관한 행정절차법 제23조 제1항의 규정 취지 및 처분서에 근거와 이유가 구체적으로 명시되어 있지 않더라도 처분을 취소해야 할 절차상 하자로 볼 수 없는 경우

"행정절차법 제23조 제1항은 행정청의 자의적 결정을 배제하고 당사자로 하여금 행정구제절차에서 적절히 대처할 수 있도록 하는 데 그 취지가 있다. 따라서 처분서에 기재된 내용, 관계 법령과 해당 처분에 이르기까지 전체적인 과정 등을 종합적으로 고려하여, 처분 당시 당사자가 어떠한 근

거와 이유로 처분이 이루어진 것인지를 충분히 알 수 있어서 그에 불복하여 행정구제절차로 나아가는 데 별다른 지장이 없었던 것으로 인정되는 경우에는 처분서에 처분의 근거와 이유가 구체적으로 명시되어 있지 않았더라도 이를 처분을 취소하여야 할 절차상 하자로 볼 수 없다(대판 2019.12.13, 2018두41907[인가공증인인가신청반려처분취소])."

[판례3] 상당한 이유가 제시되면 구체적인 조항까지 명시하지 않아도 위법하지 않다는 사례

"[1] 행정절차법 제23조 제1항은 행정청은 처분을 하는 때에는 당사자에게 그 근거와 이유를 제시하여야 한다고 규정하고 있는바, 일반적으로 당사자가 근거규정 등을 명시하여 신청하는 인·허가 등을 거부하는 처분을 함에 있어 당사자가 그 근거를 알 수 있을 정도로 상당한 이유를 제시한 경우에는 당해 처분의 근거 및 이유를 구체적 조항 및 내용까지 명시하지 않았더라도 그로 말미암아 그 처분이 위법한 것이 된다고 할 수 없다.

[2] 행정청이 토지형질변경허가신청을 불허하는 근거규정으로 '도시계획법시행령 제20조'를 명시하지 아니하고 '도시계획법'이라고만 기재하였으나, 신청인이 자신의 신청이 개발제한구역의 지정목적에 현저히 지장을 초래하는 것이라는 이유로 (구) 도시계획법시행령(2000.7.1. 대통령령 제16891호로 전문 개정되기 전의 것) 제20조 제1항 제2호에 따라 불허된 것임을 알 수 있었던 경우, 그 불허처분은 위법하지 아니하다(대판 2002.5.17, 2000두8912)."

[판례4] 행정절차법 제23조 제1항의 규정 취지 및 처분서에 처분의 근거와 이유가 구체적으로 명시되어 있지 않은 처분이라도 절차상 위법하지 않은 경우

"… 처분서에 기재된 내용과 관계 법령 및 당해 처분에 이르기까지 전체적인 과정 등을 종합적으로 고려하여, 처분 당시 당사자가 어떠한 근거와 이유로 처분이 이루어진 것인지를 충분히 알 수 있어서 그에 불복하여 행정구제절차로 나아가는 데에 별다른 지장이 없었던 것으로 인정되는 경우에는 처분서에 처분의 근거와 이유가 구체적으로 명시되어 있지 않았다고 하더라도 그로 말미암아 그 처분이 위법한 것으로 된다고 할 수는 없다(대판 2009.12.10, 2007두20348 참조) (대판 2013.11.14, 2011두18571)."

⑤ 이유제시 하자의 치유

이유제시 하자에 대한 사후추완이 가능한가와 관련하여 ① 이유제시 하자의 치유는 원칙적으로 허용될 수 없다는 견해(부정설)가 있으나, ② 다수설과 판례는 원칙적으로는 허용될 수 없고, 다만 예외적으로, 행정행위의 불필요한 반복을 피하고 국민의 권리를 침해하지 않는 범위에서 구체적 사정에 따라 합목적적으로 인정될 수 있다(대판 2002.7.9, 2001두10684)는 입장이다(제한적 긍정설).

판례는 이와 같은 제한적 긍정설의 입장에서, 납세의무자가 전심절차에서 이유제시의 하자를

주장하지 아니하였거나, 그 후 부과된 세금을 자진납부하였다거나, 또는 조세채권의 소멸시효기간이 만료되었다는 사정, 그리고 납세의무자가 그 나름대로 산출근거를 알고 있다거나 사실상 이를 알고서 쟁송에 이르렀다는 사정만으로는 이유제시의 하자가 치유되는 경우는 아니라고 보고 있다[판례1,2].

> [판례1] 세금자진납부 등이 이유제시 하자의 치유사유가 되는지 여부
>
> "세액산출근거가 기재되지 아니한 납세고지서에 의한 부과처분은 강행법규에 위반하여 취소대상이 된다 할 것이므로 이와 같은 하자는 납세의무자가 전심절차에서 이를 주장하지 아니하였거나, 그 후 부과된 세금을 자진납부하였다거나, 또는 조세채권의 소멸시효기간이 만료되었다 하여 치유되는 것이라고는 할 수 없다(대판 1985.4.9, 84누431)."

> [판례2] 납세의무자가 납세의 산출근거를 알고 있었던 것이 기재사항누락의 하자를 치유하는 사유가 되는지 여부
>
> "납세고지서에 세액산출근거 등의 기재사항이 누락되었거나 과세표준과 세액의 계산명세서가 첨부되지 않았다면 적법한 납세의 고지라고 볼 수 없으며, 위와 같은 납세고지의 하자는 납세의무자가 그 나름대로 산출근거를 알고 있다거나 사실상 이를 알고서 쟁송에 이르렀다 하더라도 치유되지 않는다(대판 2002.11.13, 2001두1543)."

⑥ 하자치유의 시간적 한계

하자의 치유는 행정쟁송 제기 이전까지만 가능하다는 견해와 그 후에도 가능하다는 견해가 있는데, 전자가 다수설이자 판례의 입장이다.

> [판례] 세액산출근거가 누락된 납세고지서에 의한 과세처분의 하자의 치유시기
>
> "세액산출근거가 누락된 납세고지서에 의한 과세처분의 하자의 치유를 허용하려면 늦어도 과세처분에 대한 불복여부의 결정 및 불복신청에 편의를 줄 수 있는 상당한 기간내에 하여야 한다고 할 것이므로 위 과세처분에 대한 전심절차가 모두 끝나고 상고심의 계류중에 세액산출근거의 통지가 있었다고 하여 이로써 위 과세처분의 하자가 치유되었다고는 볼 수 없다(대판 1984.4.10, 83누393)."

(3) 처분의 방식

다른 법령등에 특별한 규정이 있는 경우를 제외하고는 처분은 문서로 하여야 하며, 당사자등의 동의가 있거나 당사자가 전자문서로 처분을 신청한 경우에는 전자문서로 할 수 있다(행정절차법 24 ①). 다만 공공의 안전 또는 복리를 위하여 긴급히 처분을 할 필요가 있거나 사안이 경미한 경우에

는 말, 전화, 휴대전화를 이용한 문자 전송, 팩스 또는 전자우편 등 문서가 아닌 방법으로 처분을 할 수 있다. 이 경우 당사자가 요청하면 지체 없이 처분에 관한 문서를 주어야 한다(행정절차법 24 ②).

행정절차법이 문서형식의 처분을 원칙으로 하는 것은 처분의 명확성과 책임성을 제고하기 위한 것이다. 특히 후자를 위하여 처분을 하는 문서에는 그 처분 행정청 및 담당자의 소속·성명과 연락처를 적도록 하고 있다(행정절차법 24 ③).

[판례] 행정처분의 처분 방식에 관한 행정절차법 제24조 제1항을 위반한 처분이 무효인지 여부(적극)

"행정절차법 제24조 제1항은 처분내용의 명확성을 확보하고 처분의 존부에 관한 다툼을 방지하여 처분상대방의 권익을 보호하기 위한 것이므로, 이를 위반한 처분은 하자가 중대·명백하여 무효이다(대판 2019.7.11, 2017두38874[사증발급거부처분취소])."

[판례] 처분서의 문언만으로는 행정처분의 내용이 불분명한 경우 처분서의 문언과 달리 처분의 내용을 해석할 수 있는지 여부(적극) 및 행정청이 의사표시를 명시적으로 하지 않았으나 행정청의 추단적 의사에도 부합하고 상대방도 이를 알 수 있는 경우, 위와 같은 의사표시가 묵시적으로 포함된 것으로 볼 수 있는지 여부(적극)

"행정절차법 제24조 제1항은 행정청이 처분을 할 때에는 다른 법령 등에 특별한 규정이 있는 경우, 신속히 처리할 필요가 있거나 사안이 경미한 경우를 제외하고는 원칙적으로 문서로 하여야 한다고 정하고 있다. 이는 처분 내용의 명확성을 확보하고 처분의 존부에 관한 다툼을 방지하여 처분 상대방의 권익을 보호하기 위한 것이므로, 행정청이 문서로 처분을 한 경우 원칙적으로 처분서의 문언에 따라 어떤 처분을 하였는지 확정하여야 한다. 그러나 처분서의 문언만으로는 행정청이 어떤 처분을 하였는지 불분명한 경우에는 처분 경위와 목적, 처분 이후 상대방의 태도 등 여러 사정을 고려하여 처분서의 문언과 달리 처분의 내용을 해석할 수 있다. 특히 행정청이 행정처분을 하면서 논리적으로 당연히 수반되어야 하는 의사표시를 명시적으로 하지 않았다고 하더라도, 그것이 행정청의 추단적 의사에도 부합하고 상대방도 이를 알 수 있는 경우에는 행정처분에 위와 같은 의사표시가 묵시적으로 포함되어 있다고 볼 수 있다(대판 2021.2.4, 2017다207932[부당이득금])."

(4) 처분의 정정

행정절차법은 처분에 오기(誤記), 오산(誤算) 또는 그 밖에 이에 준하는 명백한 잘못이 있을 때에는 행정청은 직권으로 또는 신청에 따라 지체 없이 정정하고 그 사실을 당사자에게 통지하도록 하고 있는데(행정절차법 25), 이는 오기·오산과 같은 단순 오류임이 명백한 경우까지 형식적 하자로 보아 처분을 취소하는 것은 행정의 무용한 반복과 낭비를 초래하는 불합리한 것이므로, 이와 같은 단순한 오류는 바로 정정할 수 있도록 한 것이다.

(5) 고지

행정청이 처분을 할 때에는 당사자에게 그 처분에 관하여 행정심판 및 행정소송을 제기할 수 있는지 여부, 그 밖에 불복을 할 수 있는지 여부, 청구절차 및 청구기간, 그 밖에 필요한 사항을 알려야 한다(행정절차법 26). 이와 같은 불복고지는 효과적인 권리구제를 위하여 매우 중요한 의미를 가진다. 행정심판법 제58조도 불복고지에 관한 규정을 두고 있는데, 동법은 행정심판에 관한 사항만 고지하도록 규정하고 있는데 비하여, 행정절차법은 행정심판·행정소송·그 밖의 불복절차에 관한 사항을 폭넓게 규정하고 있는 점이 다르다.

2. 신청에 의한 처분(수익처분)의 절차

(1) 신청의 방식

행정청의 수익처분절차는 상대방의 신청에 의하여 개시된다. 신청은 법령등에 특별한 규정이 있거나 행정청이 미리 다른 방법을 정하여 공시한 경우를 제외하고는 문서로 하여야 한다(행정절차법 17 ①). 신청인이 전자문서로서 신청하는 경우에는 행정청의 컴퓨터 등에 입력된 때에 신청한 것으로 본다(행정절차법 17 ②). 행정청은 신청에 필요한 구비서류·접수기관·처리기간 기타 필요한 사항을 게시(인터넷 포함)하거나 이에 대한 편람을 갖추어 두고 누구나 열람할 수 있도록 하여야 한다(행정절차법 17 ③).

(2) 행정청의 신청접수 및 처리의무

행정청은 신청을 받았을 때에는 다른 법령에 특별한 규정이 있는 경우를 제외하고는 그 접수를 보류 또는 거부하거나 부당하게 되돌려 보내서는 아니 되며, 신청을 접수한 경우에는 신청인에게 접수증을 주어야 한다. 다만, 대통령령이 정하는 경우에는 접수증을 주지 아니할 수 있다(행정절차법 17 ④).

행정청은 신청에 구비서류의 미비 등 흠이 있는 경우에는 보완에 필요한 상당한 기간을 정하여 지체 없이 신청인에게 보완을 요구하여야 하고, 신청인이 이 기간 내에 보완을 하지 아니하였을 때에는 그 이유를 구체적으로 밝혀 접수된 신청을 되돌려 보낼 수 있다(행정절차법 17 ⑤, ⑥).

행정청은 다수의 행정청이 관여하는 처분을 구하는 신청을 접수한 경우에는 관계 행정청과의 신속한 협조를 통하여 그 처분이 지연되지 아니하도록 하여야 한다(행정절차법 18).

(3) 처리기간의 설정·공표

행정절차법은 신청인의 편의를 도모하고 처분이 지연되는 것을 방지하기 위하여 처분의 처리기간을 종류별로 미리 정하여 공표하도록 하고 있다(행정절차법 19 ①). 다만 부득이한 사유로 공표된 처리기간 내에 처분을 처리하기 곤란한 경우에는 해당 처분의 처리기간의 범위에서 한 번만 그 기간을 연장할 수 있데, 이 경우 행정청은 처리기간의 연장 사유와 처리 예정 기한을 지체 없이 신청인에게 통지하여야 한다(행정절차법 19 ②, ③). 행정청이 정당한 처리기간 내에 처리하지 아니하였을 때에는 신청인은 해당 행정청 또는 그 감독 행정청에 신속한 처리를 요청할 수 있다(행정절차법 19 ④).

행정절차법은 처리기간 설정의 법형식에 대하여 아무런 언급이 없다. 그러나 업무처리의 특성을 고려하면 그 기간을 법적으로 확정한다는 것은 기대하기 어렵다. 따라서 처리기간의 설정은 행정규칙의 형식으로 행하여질 것으로 보인다. 그렇다면 이와 같은 처리기간은 행정쟁송법상 부작위의 인정에 있어 합리적인 판단기준이 될 수는 있겠으나,[9] 부작위 인정의 절대적 기준은 될 수 없다고 보아야 할 것이다.[10] 처리기간을 준수하지 않은 것이 독자적인 위법사유가 될 수는 없다고 보아야 할 것이다.[11] 판례도 같은 입장이다.

> [판례] 행정절차법이나 민원 처리에 관한 법률상 처분·민원의 처리기간에 관한 규정이 강행규정인지 여부(소극) / 행정청이 처리기간을 지나 처분을 한 경우 절차상 하자로 볼 수 있는지 여부(소극)
>
> "처분이나 민원의 처리기간을 정하는 것은 신청에 따른 사무를 가능한 한 조속히 처리하도록 하기 위한 것이다. 처리기간에 관한 규정은 훈시규정에 불과할 뿐 강행규정이라고 볼 수 없다. 행정청이 처리기간이 지나 처분을 하였더라도 이를 처분을 취소할 절차상 하자로 볼 수 없다. 민원처리법 시행령 제23조에 따른 민원처리진행상황 통지도 민원인의 편의를 위한 부가적인 제도일 뿐, 그 통지를 하지 않았더라도 이를 처분을 취소할 절차상 하자로 볼 수 없다(대판 2019.12.13, 2018두41907[인가공증인인가신청반려처분취소])."

3. 불이익처분의 절차 *

불이익처분절차는 처분의 사전통지와 의견청취절차(의견제출·청문·공청회)로 구성되어 있다. 그러나 처분기준의 설정, 이유제시, 고지 등의 절차는 처분의 공통절차로서 불이익처분에도 적용됨은 물론이다.

---

* 변호사시험(2013년), 변호사시험(2014년), 변호사시험(2021년), 변호사시험(2022년), 사법시험(2008년), 사법시험(2011년), 행정고시(일반행정)(2010년), 5급공채(재경)(2013년), 5급공채(행정)(2018년), 5급공채(행정)(2021년), 5급공채(행정)(2023년).

9) 김동희/최계영, 행정법 I, 400면.

10) 박균성, 행정법강의, 479면.

11) 김동희/최계영, 행정법 I, 400면.

(1) 행정절차법상의 불이익처분의 개념

행정절차법상 불이익처분은 "당사자에게 의무를 부과하거나 권익을 제한하는 처분"을 말한다(행정절차법 21 ①). 불이익처분은 특정당사자를 대상으로 하는 것이므로 불특정다수를 대상으로 하는 일반처분은 여기에 해당되지 않는다. 여기에서 당사자란 행정청의 처분에 대하여 직접 그 상대가 되는 자를 의미한다(행정기본법 2 3호; 행정절차법 2 4호 가목).

[판례] 행정청이 유원시설업자 또는 체육시설업자 지위승계신고를 수리하는 처분을 하는 경우, 종전 유원시설업자 또는 체육시설업자에 대하여 사전통지를 하여야 하는지 여부

"… 행정청이 당사자에게 의무를 과하거나 권익을 제한하는 처분을 할 때에는 당사자 등에게 처분의 사전통지를 하고 의견제출의 기회를 주어야 하며, 여기서 당사자란 행정청의 처분에 대하여 직접 그 상대가 되는 자를 의미한다. 한편 … 공매 등의 절차에 따라 문화체육관광부령으로 정하는 주요한 유원시설업 시설의 전부 또는 체육시설업의 시설 기준에 따른 필수시설을 인수함으로써 유원시설업자 또는 체육시설업자의 지위를 승계한 자가 관계 행정청에 이를 신고하여 행정청이 수리하는 경우에는 종전 유원시설업자에 대한 허가는 효력을 잃고, 종전 체육시설업자는 적법한 신고를 마친 체육시설업자의 지위를 부인당할 불안정한 상태에 놓이게 된다. 따라서 행정청이 구 관광진흥법 또는 구 체육시설법의 규정에 의하여 유원시설업자 또는 체육시설업자 지위승계신고를 수리하는 처분은 종전 유원시설업자 또는 체육시설업자의 권익을 제한하는 처분이고, 종전 유원시설업자 또는 체육시설업자는 그 처분에 대하여 직접 그 상대가 되는 자에 해당한다고 보는 것이 타당하므로, 행정청이 그 신고를 수리하는 처분을 할 때에는 행정절차법 규정에서 정한 당사자에 해당하는 종전 유원시설업자 또는 체육시설업자에 대하여 위 규정에서 정한 행정절차를 실시하고 처분을 하여야 한다(대판 2012.12.13, 2011두29144)."

한편 수익적 행정행위의 거부처분도 불이익처분에 해당하는가에 관하여는 논란이 있다. ① 일부 학자들은 거부처분도 당사자의 권익을 제한하는 처분이라는 점에서 행정절차법상의 불이익처분에 해당한다는 입장이지만, ② 다수학자들과 판례는 행정절차법은 '당사자에게 의무를 부과하거나 권익을 제한하는 처분'이라고 명시하고 있고, 수익적 행정행위의 거부의 경우 신청에 따라 아직 권익이 부여된 것이 아니므로 신청에 대한 거부처분을 직접 '당사자의 권익을 제한하는 처분'에 해당한다고 할 수 없다는 입장이다. ③ 생각건대 현실적으로 보더라도 처분의 사전통지나 의견제출과 같은 불이익처분절차에 단순한 신청의 거부까지 포함한다고 하기에는 무리가 있다고 판단되고, 또한 수익적 행정행위의 경우 신청과정에서 행정청과 의견을 주고받을 수 있어 사전통지의 대상이라고 볼 실익도 적다는 점에서 다수설 및 판례의 입장이 타당하다고 생각한다.

[판례] 신청에 대한 거부처분이 행정절차법 제21조 제1항 소정의 처분의 사전통지대상이 되는지 여부

"행정절차법 제21조 제1항은 행정청은 당사자에게 의무를 과하거나 권익을 제한하는 처분을 하는 경우에는 미리 처분의 제목, 당사자의 성명 또는 명칭과 주소, 처분하고자 하는 원인이 되는 사실과 처분의 내용 및 법적 근거, 그에 대하여 의견을 제출할 수 있다는 뜻과 의견을 제출하지 아니하는 경우의 처리방법, 의견제출기관의 명칭과 주소, 의견제출기한 등을 당사자 등에게 통지하도록 하고 있는바, 신청에 따른 처분이 이루어지지 아니한 경우에는 아직 당사자에게 권익이 부과되지 아니하였으므로 특별한 사정이 없는 한 신청에 대한 거부처분이라고 하더라도 직접 당사자의 권익을 제한하는 것은 아니어서 신청에 대한 거부처분을 여기에서 말하는 '당사자의 권익을 제한하는 처분'에 해당한다고 할 수 없는 것이어서 처분의 사전통지대상이 된다고 할 수 없다(대판 2003.11.28, 2003두674)."

(2) 처분의 사전통지

행정청이 당사자에게 의무를 부과하거나 권익을 제한하는 처분을 하는 경우에는 ① 처분의 제목, ② 당사자의 성명 또는 명칭과 주소, ③ 처분하려는 원인이 되는 사실과 처분의 내용 및 법적 근거, ④ 이에 대하여 의견을 제출할 수 있다는 뜻과 의견을 제출하지 아니하는 경우의 처리방법, ⑤ 의견제출기관의 명칭과 주소, ⑥ 의견제출기한, ⑦ 그 밖에 필요한 사항을 미리 당사자등에게 통지하여야 한다(행정절차법 21 ①).

이와 같은 사전통지는 행정절차법상 정식의견청취절차인 청문절차와 약식절차인 의견제출절차에 모두 적용되어야 하는 것이지만, 행정절차법은 의견제출절차를 일반절차로 하고 청문은 개별법에 이에 관한 규정이 있는 등의 경우에만 실시하도록 규정하고 있기 때문에, 제1항에서는 이와 같은 사정을 고려하여 의견제출절차와 관련된 사전통지에 관하여 규정하고 있는 것이다.

행정절차법은 청문과 관련된 사전통지의 경우 청문에 필요한 사항이 포함되어야 하므로 제1항의 내용을 일부 수정하여 제1항과는 별도로 제2항에서 규정하고 있다. 즉 행정청은 청문을 하려면 청문이 시작되는 날부터 10일 전까지 위의 사항을 당사자등에게 통지하여야 하는데, 이 경우 위 ④에서부터 ⑥은 각각 청문 주재자의 소속·직위 및 성명, 청문의 일시 및 장소, 청문에 응하지 아니하는 경우의 처리방법 등 청문에 필요한 사항으로 갈음하도록 하고 있다(행정절차법 21 ②).

한편 사전통지는 ① 공공의 안전 또는 복리를 위하여 긴급히 처분을 할 필요가 있는 경우, ② 법령등에서 요구된 자격이 없거나 없어지게 되면 반드시 일정한 처분을 하여야 하는 경우에 그 자격이 없거나 없어지게 된 사실이 법원의 재판 등에 의하여 객관적으로 증명된 경우, ③ 해당 처분의 성질상 의견청취가 현저히 곤란하거나 명백히 불필요하다고 인정될 만한 상당한 이유가 있는 경우에는 하지 않을 수 있다(행정절차법 21 ④). 특히 ③과 관련하여 판례는 ③의 해당 여부는 당

해 행정처분의 성질에 비추어 판단하여야 하는 것이라고 보고 있다.

[판례1] 행정절차법 제21조 제4항 제3호 소정의 '의견청취가 현저히 곤란하거나 명백히 불필요하다고 인정될 만한 상당한 이유가 있는지 여부'의 판단 기준

"… 여기에서 말하는 '의견청취가 현저히 곤란하거나 명백히 불필요하다고 인정될 만한 상당한 이유가 있는지 여부'는 당해 행정처분의 성질에 비추어 판단하여야 하는 것이지, 청문통지서의 반송 여부, 청문통지의 방법 등에 의하여 판단할 것은 아니며, 또한 행정처분의 상대방이 통지된 청문일시에 불출석하였다는 이유만으로 행정청이 관계 법령상 그 실시가 요구되는 청문을 실시하지 아니한 채 침해적 행정처분을 할 수는 없을 것이므로, 행정처분의 상대방에 대한 청문통지서가 반송되었다거나, 행정처분의 상대방이 청문일시에 불출석하였다는 이유로 청문을 실시하지 아니하고 한 침해적 행정처분은 위법하다(대판 2001.4.13, 2000두3337)."

[판례2] 보조금 반환명령 당시 사전통지 및 의견제출 기회가 부여된 경우 뒤이은 평가인증취소처분에 대해서는 사전통지의 예외를 인정할 수 있는지 여부(소극)

"평가인증취소처분은 이로 인하여 원고에 대한 인건비 등 보조금 지급이 중단되는 등 원고의 권익을 제한하는 처분에 해당하며, 보조금 반환명령과는 전혀 별개의 절차로서 보조금 반환명령이 있으면 피고 보건복지부장관이 평가인증을 취소할 수 있지만 반드시 취소하여야 하는 것은 아닌 점 등에 비추어 보면, 보조금 반환명령 당시 사전통지 및 의견제출의 기회가 부여되었다 하더라도 그 사정만으로 이 사건 평가인증취소처분이 구 행정절차법 제21조 제4항 제3호에서 정하고 있는 사전통지 등을 하지 아니하여도 되는 예외사유에 해당한다고도 볼 수 없으므로, 구 행정절차법 제21조 제1항에 따른 사전통지를 거치지 않은 이 사건 평가인증취소처분은 위법하다(대판 2016.11.9, 2014두1260)."

처분의 전제가 되는 사실이 법원을 재판 등에 의하여 객관적으로 증명된 경우 등 제4항에 따른 사전 통지를 하지 아니할 수 있는 구체적인 사항은 대통령령에 정하도록 하여(행정절차법 21 ⑤), 불이익처분의 사전통지 생략사유를 대통령령에서 구체화할 수 있도록 하였다.

[판례] 사전통지 예외사유로서의 행정절차법 시행령 제13조 제2호의 의미

"행정절차법 시행령 제13조 제2호에서 정한 "법원의 재판 또는 준사법적 절차를 거치는 행정기관의 결정 등에 따라 처분의 전제가 되는 사실이 객관적으로 증명되어 처분에 따른 의견청취가 불필요하다고 인정되는 경우"는 법원의 재판 등에 따라 처분의 전제가 되는 사실이 객관적으로 증명되면 행정청이 반드시 일정한 처분을 해야 하는 경우 등 의견청취가 행정청의 처분 여부나 그 수위 결정에 영향을 미치지 못하는 경우를 의미한다고 보아야 한다. 처분의 전제가 되는 '일부' 사실만

증명된 경우이거나 의견청취에 따라 행정청의 처분 여부나 처분 수위가 달라질 수 있는 경우라면 위 예외사유에 해당하지 않는다(대판 2020.7.23, 2017두66602[조치명령무효확인]).”

(3) 의견제출

① 의의

행정절차법은 의견청취제도로서 의견제출·청문·공청회를 규정하고 있다. 여기에서 의견제출은 “행정청이 어떠한 행정작용을 하기 전에 당사자등이 의견을 제시하는 절차로서 청문이나 공청회에 해당하지 아니하는 절차”로 정의되고 있다(행정절차법 2 7호).

행정절차법은 청문이나 공청회의 경우 다른 법령에 이에 관한 규정이 있거나 행정청이 필요하다고 인정하는 경우 또는 인허가 등의 취소, 신분·자격의 박탈, 법인이나 조합 등의 처분을 하는 경우에 이를 실시하도록 규정하고 있는 데 대하여(행정절차법 22 ①, ②), 불이익처분을 할 때 청문이나 공청회를 거치지 아니하는 경우에는 당사자 등에게 의견제출의 기회를 주어야 한다고 규정하고 있으므로(행정절차법 22 ③), 의견제출절차는 일반적인 의견청취절차라고 할 수 있다. 따라서 불이익처분시 관련 법령상 청문이나 공청회에 관한 규정이 없더라도, 행정절차법상의 의견제출절차는 반드시 거쳐야 한다.

다만 의견제출절차는 서면심리방식에 의한다는 점에서 청문절차에 비하여 약식절차라고 할 수 있다.

② 의견제출의 예외

행정절차법 제21조 제4항 각 호(사전통지를 하지 않아도 되는 예외적 사항)의 어느 하나에 해당하는 경우[판례]와 당사자가 의견진술의 기회를 포기한다는 뜻을 명백히 표시한 경우에는 의견청취를 하지 아니할 수 있다(행정절차법 22 ④).

[판례] 퇴직연금의 환수결정시 당사자에게 의견진술의 기회를 주지 아니한 경우, 행정절차법 제22조 제3항이나 신의칙에 위반되는지 여부

“퇴직연금의 환수결정은 당사자에게 의무를 과하는 처분이기는 하나, 관련 법령에 따라 당연히 환수금액이 정하여지는 것이므로, 퇴직연금의 환수결정에 앞서 당사자에게 의견진술의 기회를 주지 아니하여도 행정절차법 제22조 제3항이나 신의칙에 어긋나지 아니한다(대판 2000.11.28, 99두5443).”

③ 사전통지 또는 의견제출절차 위반의 효과

행정청이 불이익처분을 하면서 사전통지를 하지 않거나 의견제출의 기회를 부여하지 않으면, 이는 절차상 하자 있는 위법한 처분이 된다 할 것이다.

[판례] 사전통지 또는 의견제출절차의 결여를 절차위반의 위법사유로 본 판례

"[1] … 행정청이 침해적 행정처분을 함에 있어서 당사자에게 위와 같은 사전통지를 하거나 의견제출의 기회를 주지 아니하였다면 사전통지를 하지 않거나 의견제출의 기회를 주지 아니하여도 되는 예외적인 경우에 해당하지 아니하는 한 그 처분은 위법하여 취소를 면할 수 없다.

[2] 건축법상의 공사중지명령에 대한 사전통지를 하고 의견제출의 기회를 준다면 많은 액수의 손실보상금을 기대하여 공사를 강행할 우려가 있다는 사정이 사전통지 및 의견제출절차의 예외사유에 해당하지 아니한다고 한 사례(대판 2004.5.28, 2004두1254)."

④ 의견제출의 방법 및 제출된 의견의 반영

행정절차법은 제27조에서 의견제출의 방법을 규정하고 있다. 즉 당사자등은 처분 전에 그 처분의 관할 행정청에 서면이나 말로 또는 정보통신망을 이용하여 의견제출을 할 수 있고(행정절차법 27 ①), 이 경우 그 주장을 입증하기 위한 증거자료 등을 첨부할 수 있다(행정절차법 27 ②). 당사자등이 정당한 이유 없이 의견제출기한까지 의견제출을 하지 아니한 경우에는 의견이 없는 것으로 본다(행정절차법 27 ④). 행정청은 처분을 할 때에 당사자등이 제출한 의견이 상당한 이유가 있다고 인정하는 경우에는 이를 반영하여야 하고(행정절차법 27조의2 ①), 의견을 반영하지 아니하고 처분을 한 경우 당사자등이 처분이 있음을 안 날부터 90일 이내에 그 이유의 설명을 요청하면 서면으로 그 이유를 알려야 한다. 다만, 당사자등이 동의하면 말, 정보통신망 또는 그 밖의 방법으로 알릴 수 있다(행정절차법 27조의2 ②).

(4) 청문

① 의의

청문이란 "행정청이 어떠한 처분을 하기 전에 당사자등의 의견을 직접 듣고 증거를 조사하는 절차"를 말한다(행정절차법 2 5호). 청문은 행정처분의 사유에 대하여 당사자에게 변명과 유리한 자료를 제출할 기회를 부여함으로써 위법사유의 시정가능성을 고려하고 처분의 신중과 적정을 기하려는 데 그 취지가 있다(대판 2007.11.16, 2005두15700). 청문은 의견청취절차 가운데 정식절차로서 행정절차법은 청문에 관하여 많은 규정을 두고 있다.

② 청문의 실시

가. 청문의 실시요건

청문은 ① 다른 법령 등에서 청문을 하도록 규정하고 있는 경우, ② 행정청이 필요하다고 인정하는 경우, 또는 ③ 인허가 등의 취소, 신분·자격의 박탈, 법인이나 조합 등의 설립허가의 취소를 하는 경우에 실시한다(행정절차법 22 ①). 따라서 청문은 불이익처분의 경우에 반드시 실시되는

필요적 행정절차는 아니며 위의 사유에 해당하지 않는 한 단순한 의견제출로 의견청취가 이루어진다. 다만, 과거에는 ①, ②의 경우만을 규정하고 있어, 불이익 처분임에도 법률 등의 규정이 없으면 청문실시의 대상이 될 수 없었고, 행정청의 재량에 의하여 청문실시의 필요성이 판단되어 행정청의 직권에 의한 청문은 실제로 거의 이루어지지 않았다. 이를 개선하고자 행정절차법은 2014. 1.28. 일부개정을 통하여 불이익 처분을 받을 당사자의 청문 신청권을 신설하였다.

나. 청문의 개시

행정청이 청문을 실시하고자 하는 경우에는 청문기일의 10일 전까지 불이익처분의 내용에 대하여 당사자등에게 통지하여야 한다(행정절차법 21 ②).

다만 의견제출의 경우와 마찬가지로, 제21조 제4항 각 호(사전통지를 하지 않아도 되는 예외적 사항)의 어느 하나에 해당하는 경우와 당사자가 의견진술의 기회를 포기한다는 뜻을 명백히 표시한 경우에는 의견청취를 하지 아니할 수 있다(행정절차법 22 ④).

[판례] '의견청취가 현저히 곤란하거나 명백히 불필요하다고 인정될 만한 상당한 이유가 있는 경우'에 해당하는지 판단하는 기준 및 이때 처분상대방이 이미 행정청에 위반사실을 시인하였다거나 처분의 사전통지 이전에 의견을 진술할 기회가 있었다는 사정을 고려하여야 하는지 여부(소극)

"행정절차법 제22조 제4항, 제21조 제4항 제3호…에서 '의견청취가 현저히 곤란하거나 명백히 불필요하다고 인정될 만한 상당한 이유가 있는 경우'에 해당하는지는 해당 행정처분의 성질에 비추어 판단하여야 하며, 처분상대방이 이미 행정청에 위반사실을 시인하였다거나 처분의 사전통지 이전에 의견을 진술할 기회가 있었다는 사정을 고려하여 판단할 것은 아니다(대판 2016.10.27, 2016두41811; 대판 2017.4.7, 2016두63224)."

[판례] 협약을 체결하면서 관계 법령 및 행정절차법에 규정된 청문의 실시 등 의견청취절차를 배제하는 조항을 둔 경우, 청문의 실시에 관한 규정의 적용이 배제되거나 청문을 실시하지 않아도 되는 예외적인 경우에 해당하는지 여부

"<u>행정청이 당사자와 사이에 도시계획사업의 시행과 관련한 협약을 체결하면서 관계 법령 및 행정절차법에 규정된 청문의 실시 등 의견청취절차를 배제하는 조항을 두었다고 하더라도</u>, 국민의 행정참여를 도모함으로써 행정의 공정성·투명성 및 신뢰성을 확보하고 국민의 권익을 보호한다는 행정절차법의 목적 및 청문제도의 취지 등에 비추어 볼 때, 위와 같은 <u>협약의 체결로 청문의 실시에 관한 규정의 적용을 배제할 수 있다고 볼 만한 법령상의 규정이 없는 한, 이러한 협약이 체결되었다고 하여 청문의 실시에 관한 규정의 적용이 배제된다거나 청문을 실시하지 않아도 되는 예외적인 경우에 해당한다고 할 수 없다</u>(대판 2004.7.8, 2002두8350)."

다. 청문 주재자

행정청은 소속 직원 또는 대통령령으로 정하는 자격을 가진 사람 중에서 청문 주재자를 공정하게 선정하여야 한다(행정절차법 28 ①). 다수 국민의 이해에 관계되는 등 행정청이 필요가 있다고 인정하는 경우에는 청문주재자를 2명 이상으로 선정할 수 있다(행정절차법 28 ②). 행정청은 청문이 시작되는 날부터 7일 전까지 청문 주재자에게 청문과 관련한 필요한 자료를 미리 통지하여야 한다(행정절차법 28 ③).청문 주재자는 독립하여 공정하게 직무를 수행하며, 그 직무수행상의 이유로 본인의 의사에 반하여 신분상 어떠한 불이익도 받지 아니한다(행정절차법 28 ④). 행정절차법은 청문의 공정성을 위하여 청문 주재자에 대하여 일정한 제척사유와 그 기피 및 회피에 관한 규정을 두고 있다(행정절차법 29).

라. 청문의 진행

청문은 당사자가 공개를 신청하거나 청문 주재자가 필요하다고 인정하는 경우 공개할 수 있다. 다만, 공익 또는 제3자의 정당한 이익을 현저히 해칠 우려가 있는 경우에는 공개하여서는 아니 된다(행정절차법 30).

청문 주재자가 청문을 시작할 때에는 먼저 예정된 처분의 내용, 그 원인이 되는 사실 및 법적 근거 등을 설명하여야 한다(행정절차법 31 ①). 당사자등은 의견을 진술하고 증거를 제출할 수 있으며, 참고인이나 감정인 등에게 질문할 수 있다(행정절차법 31 ②). 당사자등이 의견서를 제출한 경우에는 그 내용을 출석하여 진술한 것으로 본다(행정절차법 31 ③).

마. 증거조사

청문 주재자는 당사자에 의하여 제출된 증거뿐 아니라 직권으로 또는 당사자의 신청에 따라 필요한 조사를 할 수 있으며, 당사자 등이 주장하지 아니한 사실에 대하여도 조사할 수 있다(행정절차법 33 ①). 조사의 대상과 방법은 문서·장부·물건 등 증거자료의 수집, 참고인·감정인 등에 대한 질문, 검증 또는 감정·평가, 기타 필요한 조사 등이다(행정절차법 33 ②). 또한 청문 주재자는 필요하다고 인정하는 때에는 관계 행정청에 필요한 문서의 제출 또는 의견의 진술을 요구할 수 있다. 이 경우 관계 행정청은 직무 수행에 특별한 지장이 없으면 그 요구에 따라야 한다(행정절차법 33 ③).

바. 청문조서와 청문 주재자의 의견서

청문 주재자는 청문조서를 작성하여야 하는데, 여기에는 ① 제목, ② 청문 주재자의 소속·성명 등 인적 사항, ③ 당사자 등의 주소·성명 또는 명칭 및 출석 여부, ④ 청문의 일시 및 장소, ⑤ 당사자 등의 진술의 요지 및 제출된 증거, ⑥ 청문의 공개 여부 및 공개 또는 비공개의 이유, ⑦ 증거조사를 한 경우에는 그 요지 및 첨부된 증거, ⑧ 기타 필요한 사항이 기재되어야 한다(행정절차법 34 ①).

청문 주재자는 ① 청문의 제목, ② 처분의 내용·주요사실 또는 증거, ③ 종합의견, ④ 그 밖에 필요한 사항을 기재한 의견서를 작성하여야 한다(행정절차법 34조의2).

사. 청문의 종결 및 재개

청문 주재자는 해당 사안에 대하여 당사자등의 의견진술, 증거조사가 충분히 이루어졌다고 인정하는 경우에는 청문을 마칠 수 있다(행정절차법 35 ①). 청문 주재자는 당사자 등이 청문기일에 출석하지 않거나 의견서를 제출하지 않는 경우에는 이러한 절차 없이 청문을 종결할 수 있으나, 정당한 사유가 있는 경우에는 10일 이상의 기간을 정하여 이들에게 의견진술과 증거제출의 기회를 준 후 청문을 마칠 수 있다(행정절차법 35 ②, ③). 청문 주재자가 청문을 종결하는 경우 지체 없이 청문조서를 비롯한 관계 서류를 행정청에 제출하여야 한다(행정절차법 35 ④). 행정청은 처분을 행함에 있어서 청문주재자가 제출한 청문조서, 청문주재자의 의견서, 그 밖의 관계 서류 등을 충분히 검토하고 상당한 이유가 있다고 인정하는 경우에는 청문결과를 반영하여야 한다(행정절차법 35조의 2). 청문이 종결된 이후에도 행정청은 청문을 마친 후 처분을 할 때까지 새로운 사정이 발견되어 청문을 재개할 필요가 있다고 인정하는 경우에는 청문의 재개를 명할 수 있다(행정절차법 36).

③ 청문절차의 위반 *

가. 청문절차 결여의 하자와 그 효과

청문절차를 결여한 처분은 절차상 하자 있는 위법한 처분이 된다[판례1]. 위법의 효과는 중대명백설에 따라 개별적으로 판단해 보아야 할 것이다. 판례는 청문절차의 결여를 취소사유로 보고 있다[판례2].

[판례1] 청문절차의 결여를 절차위반의 위법사유로 보면서, 이 경우 법정 청문서 도달기간을 준수하지 아니한 경우도 절차위반의 위법사유로 본 판례

"가. 식품위생법 제64조, 같은법시행령 제37조 제1항의 규정에 의한 청문제도의 취지에 비추어 볼 때 행정청이 영업정지처분을 하려면 반드시 사전에 청문절차를 거쳐야 함은 물론 청문서 도달기간 등을 엄격히 지켜 영업자로 하여금 의견진술과 변명의 기회를 보장하여야 하는 것이고 가령 같은 법 제58조의 사유가 분명히 존재하는 경우라도 위와 같은 청문절차를 제대로 준수하지 아니하고 한 영업정지처분은 위법하다.

나. 행정청이 영업정지처분을 함에 있어 식품위생법시행령 제37조 제1항 소정의 청문서 도달기간인 7일을 준수하지 아니한 채 청문서를 청문일로부터 5일 전에야 발송하였다면 처분을 함에 있어서 취한 위 청문절차는 위법하며, 위법한 청문절차를 거쳐 내린 위 영업정지처분 역시 위법하다고 한 사례(대판 1992.2.11, 91누11575)."

[판례2] 청문절차 결여의 위법사유로 보면서 이를 취소사유에 해당한다고 본 판례

"[3] … 행정청이 특히 침해적 행정처분을 할 때 그 처분의 근거 법령 등에서 청문을 실시하도록

* 입법고시(2009년).

규정하고 있다면, 행정절차법 등 관련 법령상 청문을 실시하지 않아도 되는 예외적인 경우에 해당하지 않는 한 반드시 청문을 실시하여야 하며, 그러한 절차를 결여한 처분은 위법한 처분으로서 취소사유에 해당한다.

[4] 행정청이 (구) 주택건설촉진법(2002.12.30. 법률 제6582호로 개정되기 전의 것) 제48조의2 제6호에 따른 청문을 실시하지 않은 채 주택조합의 설립인가를 취소하는 처분을 한 것은 위법하다고 한 사례(대판 2007.11.16, 2005두15700)."

나. 훈령상 청문절차의 결여

판례는 과거 훈령에 규정된 청문절차를 결여한 경우 위법하다고 판시한 예도 있지만(대판 1984.9.11, 82누166), 그 이후에는 위법하지 않다고 하는 것이 판례의 일관된 입장이었다(대판 1994.8.9, 94누3414). 그런데 청문은 법령에 규정이 없더라도 법치국가원리에서 도출되는 '일종의 불문법원리'로 볼 수 있다는 점에서 이러한 판례의 태도는 문제가 있었다. 하지만 행정절차법이 제정된 이후에는 불이익처분시 의견청취절차를 거쳐야 하므로, 현재에는 이와 같은 문제는 발생하지 않는다고 하겠다.

(5) 문서의 열람 및 비밀유지

행정절차법은 불이익처분에 대한 정보에 접근할 수 있도록 함으로써 관계인의 방어권을 보장해 주기 위하여 문서열람청구권을 규정하고 있다. 즉 당사자 등은 의견제출의 경우에는 처분의 사전 통지가 있는 날부터 의견제출기한까지, 청문의 경우에는 청문의 통지가 있는 날로부터 청문이 끝날 때까지 행정청에 대하여 해당 사안의 조사결과에 관한 문서 기타 해당 처분과 관련되는 문서의 열람 또는 복사를 요청할 수 있다. 이 경우 행정청은 다른 법령에 따라 공개가 제한되는 경우를 제외하고는 그 요청을 거부할 수 없으며, 거부시에는 그 이유를 소명하여야 한다(행정절차법 37 ①, ③). 이와 관련하여 과거에는 이 규정이 청문절차에서만 인정되는 것처럼 규정되어 논란이 있었는데, 2021년 법개정을 통하여 의견제출절차에도 적용되는 것임을 명백히 하였다.

누구든지 의견제출 또는 청문을 통하여 알게 된 사생활이나 경영상 또는 거래상의 비밀을 정당한 이유 없이 누설하거나 다른 목적으로 사용하여서는 아니 된다(행정절차법 37 ⑥).

(6) 공청회*

① 공청회의 의의와 실시요건

공청회란 "행정청이 공개적인 토론을 통하여 어떠한 행정작용에 대하여 당사자등, 전문지식과 경험을 가진 사람, 기타 일반인으로부터 의견을 널리 수렴하는 절차"를 말한다(행정절차법 2 6호).

---

* 행정고시(1998년).

공청회는 ① 다른 법령 등에서 공청회를 개최하도록 규정하고 있는 경우, ② 해당 처분의 영향이 광범위하여 널리 의견을 수렴할 필요가 있다고 행정청이 인정하는 경우 또는 ③ 국민생활에 큰 영향을 미치는 처분으로서 대통령령으로 정하는 처분에 대하여 대통령령으로 정하는 수 이상의 당사자등이 공청회 개최를 요구하는 경우에 개최한다(행정절차법 22 ②).

공청회는 특정인의 권리보호를 위한 절차로서 보다는 처분의 객관성이나 공정성을 확보하기 위한 의견수렴의 의미가 더 크다고 하겠다.

② 공청회의 통지·공고

행정청이 공청회를 개최하고자 하는 경우에는 공청회 개최 14일 전까지 ① 제목, ② 일시 및 장소, ③ 주요내용, ④ 발표자에 관한 사항, ⑤ 발표신청 방법 및 신청기한, ⑥ 정보통신망을 통한 의견제출, ⑦ 기타 공청회 개최에 필요한 사항을 당사자등에게 통지하고, 관보·공보, 인터넷 홈페이지 또는 일간신문 등에 공고하는 등의 방법으로 널리 알려야 한다. 다만, 공청회 개최를 알린 후 예정대로 개최하지 못하여 새로 일시 및 장소 등을 정한 경우에는 공청회 개최 7일 전까지 알려야 한다(행정절차법 38).

③ 온라인공청회

행정청은 위의 공청회와 병행하여서만 정보통신망을 이용한 공청회(온라인공청회)를 실시할 수 있다(행정절차법 38조의2 ①). 다만 국민의 안전·권익보호 등의 사유로 온라인공청회를 단독으로 개최할 수 있다(행정절차법 38조의2 ②). 온라인공청회를 실시하는 경우에는 누구든지 정보통신망을 이용하여 의견을 제출하거나 제출된 의견 등에 대한 토론에 참여할 수 있다(행정절차법 38조의2 ④).

④ 공청회의 진행

행정청은 해당 공청회의 사안과 관련된 분야에 전문적 지식이 있거나 그 분야에 종사한 경험이 있는 사람으로서 대통령령으로 정하는 자격을 가진 사람 중에서 공청회의 주재자를 선정한다(행정절차법 38조의3 ①). 공청회의 주재자는 공청회를 공정하게 진행하여야 하며, 공청회의 원활한 진행을 위하여 발표 내용을 제한할 수 있고, 질서유지를 위하여 발언 중지 및 퇴장 명령 등 필요한 조치를 할 수 있다(행정절차법 39 ①). 발표자는 공청회의 내용과 직접 관련된 사항에 대하여만 발표하여야 한다(행정절차법 39 ②). 공청회의 주재자는 발표자의 발표가 끝난 후에는 발표자 상호간에 질의 및 답변을 할 수 있도록 하여야 하며, 방청인에게도 의견을 제시할 기회를 주어야 한다(행정절차법 39 ③).

⑤ 공청회 결과의 반영 및 재개최

행정청은 처분을 할 때에 공청회, 온라인공청회 및 정보통신망 등을 통하여 제시된 사실 및 의견이 상당한 이유가 있다고 인정하는 경우에는 이를 반영하여야 한다(행정절차법 39조의2).

행정청은 공청회를 마친 후 처분을 할 때까지 새로운 사정이 발견되어 공청회를 다시 개최할 필요가 있다고 인정할 때에는 공청회를 다시 개최할 수 있다(행정절차법 39조의3).

Ⅳ. 신고, 확약 및 위반사실 등의 공표 등의 절차

1. 신고절차

(1) 행정절차법이 적용되는 신고의 대상

신고는 행정청에 대하여 일정한 사항을 통지하는 사인의 공법행위를 말하는데, 행정절차법은 “법령 등에서 행정청에 대하여 일정한 사항을 통지함으로써 의무가 끝나는 신고를 규정하고 있는 경우”, 즉 자기완결적 공법행위로서의 신고(수리를 요하지 않는 신고)만을 대상으로 하고 있다(행정절차법 40 ①).

(2) 신고사항의 게시

신고를 관장하는 행정청은 신고에 필요한 구비서류와 접수기관 기타 법령 등에 의하여 신고에 필요한 사항을 게시(인터넷 등을 포함한 게시)하거나 이에 대한 편람을 갖추어 두고 누구나 열람할 수 있도록 하여야 한다(행정절차법 40 ①).

(3) 신고의 요건

한편 행정절차법은 ① 신고서의 기재사항에 흠이 없고, ② 필요한 구비서류가 첨부되어 있으며, ③ 기타 법령 등에 규정된 형식상의 요건에 적합한 경우에는 신고서가 접수기관에 도달된 때에 신고 의무가 이행된 것으로 본다고 규정하고 있다(행정절차법 40 ②). 일반적으로 자기완결적 공법행위로서의 신고는 행정청에 대한 사인의 일방적인 통고행위로서 신고가 행정청에 제출되어 접수된 때에 관계법에서 정하는 법적 효과가 발생하고 행정청의 별도의 수리행위가 필요한 것은 아니라고 설명되고 있다. 이러한 의미에서 행정절차법 제40조 제2항은 불필요한 조항이라고도 볼 수 있다. 그러나 이는 행정의 실제에 있어 부당하게 신고가 반려되는 등의 문제가 발생하지 않도록 하기 위하여 일정한 요건을 갖춘 신고의 경우 접수기관에 도달될 때 신고의무가 이행됨을 분명히 하고 있는 것이라 할 수 있겠다.

(4) 흠의 보완요구 및 신고의 반려

행정청은 신고의 요건을 갖추지 못한 신고서가 제출된 경우에는 지체 없이 상당한 기간을 정하여 신고인에게 보완을 요구하여야 하고, 신고인이 이 기간 내에 보완을 하지 아니하였을 때에는 그 이유를 구체적으로 밝혀 해당 신고서를 되돌려 보내야 한다(행정절차법 40 ③, ④). 이 경우 신고서를 되돌려 보내는 행위, 즉 반려행위는 거부처분의 성질을 가진다고 보아야 할 것이나, 다수설과 판례는 수리를 요하지 않는 신고의 경우 행정청의 수리처분이 개입할 여지가 없기 때문에 행정청이 사인의 신고를 받아주더라도 이 행위는 단지 사실행위에 불과한 것으로서 행정소송법상의 처분성이 인정되지 않는다고 보고 있다. 그러나 대법원은 건축법상의 건축신고에 대하여 종전의 입장을 바꿔 건축신고의 반려행위는 항고소송의 대상이 된다고 하였다(대판 2010.11.18, 2008두167).

2. 확약

행정절차법은 "법령등에서 당사자가 신청할 수 있는 처분을 규정하고 있는 경우 행정청은 당사자의 신청에 따라 장래에 어떤 처분을 하거나 하지 아니할 것을 내용으로 하는 의사표시(이하 "확약"이라 한다)를 할 수 있다(행정절차법 40의2 ①)."고 하여, 확약을 '처분의 발급 또는 미발급에 대한 행정청의 약속'으로 규정하고 있다.

확약은 문서로 하여야 한다(행정절차법 40의2 ②). 행정청은 다른 행정청과의 협의 등의 절차를 거쳐야 하는 처분에 대하여 확약을 하려는 경우에는 확약을 하기 전에 그 절차를 거쳐야 한다(행정절차법 40의2 ③).

행정청은 ① 확약을 한 후에 확약의 내용을 이행할 수 없을 정도로 법령등이나 사정이 변경되거나 ② 확약이 위법한 경우에는 확약에 기속되지 아니한다(행정절차법 40의2 ④). 행정청은 확약이 제4항 각 호의 어느 하나에 해당하여 확약을 이행할 수 없는 경우에는 지체 없이 당사자에게 그 사실을 통지하여야 한다(행정절차법 40의2 ⑤).

3. 위반사실 등의 공표

행정절차법은 "행정청은 법령에 따른 의무를 위반한 자의 성명·법인명, 위반사실, 의무 위반을 이유로 한 처분사실 등(이하 "위반사실등"이라 한다)을 법률로 정하는 바에 따라 일반에게 공표할 수 있다(행정절차법 40의3 ①)."고 규정하고 있는데, 이는 공표에 관한 일반법적 근거라 할 수 있다.

행정청은 위반사실 등의 공표를 하기 전에 사실과 다른 공표로 인하여 당사자의 명예·신용 등이 훼손되지 아니하도록 객관적이고 타당한 증거와 근거가 있는지를 확인하여야 한다(행정절차법 40의3 ②).

행정청은 위반사실 등의 공표를 할 때에는 미리 당사자에게 그 사실을 통지하고 의견제출의 기회를 주어야 한다. 다만, ① 공공의 안전 또는 복리를 위하여 긴급히 공표를 할 필요가 있는 경우, ② 해당 공표의 성질상 의견청취가 현저히 곤란하거나 명백히 불필요하다고 인정될 만한 타당한 이유가 있는 경우 또는 ③ 당사자가 의견진술의 기회를 포기한다는 뜻을 명백히 밝힌 경우에는 그러하지 아니하다(행정절차법 40의3 ③). 제3항에 따라 의견제출의 기회를 받은 당사자는 공표

전에 관할 행정청에 서면이나 말 또는 정보통신망을 이용하여 의견을 제출할 수 있다(행정절차법 40의3 ④).

위반사실등의 공표는 관보, 공보 또는 인터넷 홈페이지 등을 통하여 한다(행정절차법 40의3 ⑥).

행정청은 위반사실 등의 공표를 하기 전에 당사자가 공표와 관련된 의무의 이행, 원상회복, 손해배상 등의 조치를 마친 경우에는 위반사실 등의 공표를 하지 아니할 수 있다(행정절차법 40의3 ⑦).

행정청은 공표된 내용이 사실과 다른 것으로 밝혀지거나 공표에 포함된 처분이 취소된 경우에는 그 내용을 정정하여, 정정한 내용을 지체 없이 해당 공표와 같은 방법으로 공표된 기간 이상 공표하여야 한다. 다만, 당사자가 원하지 아니하면 공표하지 아니할 수 있다(행정절차법 40의3 ⑧).

4. 행정계획

행정절차법은 "행정청은 행정청이 수립하는 계획 중 국민의 권리의무에 직접 영향을 미치는 계획을 수립하거나 변경·폐지할 때에는 관련된 여러 이익을 정당하게 형량하여야 한다(행정절차법 40의4)."고 규정하고 있는데, 이는 행정계획에서의 형량명령이라는 일반원칙을 명문화한 것이다.

V. 행정상 입법예고절차

1. 행정상 입법예고의 의의 및 대상

행정상 입법예고는 국민의 권리와 의무 또는 일상생활과 밀접한 관련이 있는 법령 등을 제정하거나 개정하는 경우 행정청으로 하여금 이를 예고하도록 하여 국민의 의견을 널리 구하고 이를 입법에 반영하기 위한 제도이다.

행정절차법은 '법령 등'을 제정·개정 또는 폐지하려는 경우에는 해당 입법안을 마련한 행정청으로 하여금 이를 예고하도록 하여(행정절차법 41 ①), 입법예고의 대상은 '법령 등이 제정·개정 또는 폐지'가 된다. 여기에서 '법령 등'에 법률과 법규명령이 포함되는 것은 물론이겠지만, 이 경우에도 중앙선거관리위원회규칙·대법원규칙·헌법재판소규칙 등도 여기에 포함되는가에 대하여는 논란이 있다. 이 문제는 입법예고의 예외를 규정하고 있는 제41조 제1항 단서조항의 해석과 관련된 문제라고 생각된다.

즉 행정절차법은 입법예고의 예외로서 ① 신속한 국민의 권리 보호 또는 예측 곤란한 특별한 사정의 발생 등으로 입법이 긴급을 요하는 경우, ② 상위 법령등의 단순한 집행을 위한 경우, ③ 입법내용이 국민의 권리·의무 또는 일상생활과 관련이 없는 경우, ④ 단순한 표현·자구를 변경하는 경우 등 입법내용의 성질상 예고의 필요가 없거나 곤란하다고 판단되는 경우, ⑤ 예고함이 공공의 안전 또는 복리를 현저히 해칠 우려가 있는 경우에는 예고를 하지 아니할 수 있다고 규정하고 있다(행정절차법 41 ① 단서).

2. 예고의 방법

행정청은 입법안의 취지, 주요 내용 또는 전문(全文)을 ① 법령의 입법안을 입법예고하는 경우에는 관보 및 법제처장이 구축·제공하는 정보시스템을 통하여, ② 자치법규의 입법안을 입법예고하는 경우에는 공보를 통하여 공고하여야 하며, 추가로 인터넷, 신문 또는 방송 등을 통하여 공고할 수 있다(행정절차법 42 ①).

행정청은 대통령령을 입법예고하는 경우 국회 소관 상임위원회에 이를 제출하여야 한다(행정절차법 42 ②). 그리고 입법예고를 할 때에 입법안과 관련이 있다고 인정되는 중앙행정기관, 지방자치단체, 그 밖의 단체 등이 예고사항을 알 수 있도록 예고사항을 통지하거나 그 밖의 방법으로 알려야 한다(행정절차법 42 ③).

행정청은 예고된 입법안에 대하여 온라인공청회 등을 통하여 널리 의견을 수렴할 수 있다(행정절차법 42 ④).

행정청은 예고된 입법안의 전문에 대한 열람 또는 복사를 요청받았을 때에는 특별한 사유가 없으면 그 요청에 따라야 한다(행정절차법 42 ⑤).

3. 예고기간과 의견제출 및 처리 등

입법예고기간은 예고할 때 정하되, 특별한 사정이 없으면 40일(자치법규는 20일) 이상으로 한다(행정절차법 43).

누구든지 예고된 입법안에 대하여 의견을 제출할 수 있다(행정절차법 44 ①). 행정청은 해당 입법안에 대한 의견이 제출된 경우 특별한 사유가 없으면 이를 존중하여 처리하여야 하며, 의견을 제출한 자에게 그 제출된 의견의 처리결과를 통지하여야 한다(행정절차법 44 ③, ④).

행정청은 입법안에 관하여 공청회를 개최할 수 있다(행정절차법 45).

Ⅵ. 행정예고절차

행정청은 정책, 제도 및 계획("정책등")을 수립·시행하거나 변경하려는 경우에는 이를 예고하여야 한다. 다만 ① 신속하게 국민의 권리를 보호하여야 하거나 예측이 어려운 특별한 사정이 발생하는 등 긴급한 사유로 예고가 현저히 곤란한 경우, ② 법령등의 단순한 집행을 위한 경우, ③ 정책등의 내용이 국민의 권리·의무 또는 일상생활과 관련이 없는 경우 또는 ④ 정책등의 예고가 공공의 안전 또는 복리를 현저히 해칠 우려가 상당한 경우에는 예고하지 아니할 수 있다(행정절차법 46 ①).

법령 등의 입법을 포함하는 행정예고는 입법예고로 갈음할 수 있다(행정절차법 46 ②). 행정예고기간은 예고 내용의 성격 등을 고려하여 정하되, 20일 이상으로 한다(행정절차법 46 ③). 제3항에도 불구하고 행정목적을 달성하기 위하여 긴급한 필요가 있는 경우에는 행정예고기간을 단축할 수 있다. 이 경우 단축된 행정예고기간은 10일 이상으로 한다(행정절차법 46 ④).

행정청은 매년 자신이 행한 행정예고의 실시 현황과 그 결과에 관한 통계를 작성하고, 이를 관보·공보 또는 인터넷 등의 방법으로 널리 공고하여야 한다(행정절차법 46조의2).

행정청은 정책등안(案)의 취지, 주요 내용 등을 관보·공보나 인터넷·신문·방송 등을 통하여 공고하여야 한다. 행정예고의 방법, 의견제출 및 처리, 공청회 및 온라인공청회에 관하여는 공청회 및 행정상 입법예고에 관한 규정들을 준용한다(행정절차법 47 ①, ②).

Ⅶ. 행정지도절차

이에 관하여는 '행정지도'편에서 설명하였으므로 여기에서는 생략한다.

Ⅷ. 국민참여 활성화 등

행정청은 행정과정에서 국민의 의견을 적극적으로 청취하고 이를 반영하도록 노력하여야 하고, 행정청은 국민에게 다양한 참여방법과 협력의 기회를 제공하도록 노력하여야 하며, 구체적인 참여방법을 공표하여야 한다(행정절차법 52 ①, ②).

행정청은 정부시책이나 행정제도 및 그 운영의 개선에 관한 국민의 창의적인 의견이나 고안(국민제안)을 접수·처리하여야 한다(행정절차법 52의2 ①).

행정청은 주요 정책 등에 관한 국민과 전문가의 의견을 듣거나 국민이 참여할 수 있는 온라인 또는 오프라인 창구를 설치·운영할 수 있다(행정절차법 52의3).

행정청은 국민에게 영향을 미치는 주요 정책 등에 대하여 국민의 다양하고 창의적인 의견을 널리 수렴하기 위하여 정보통신망을 이용한 정책토론(온라인 정책토론)을 실시할 수 있다(행정절차법 53 ①).

제6항 절차상 하자 있는 행정행위의 효력*

1. 절차상 하자의 독자적 위법성 여부의 문제

절차상 하자는 처분의 적법요건(주체·내용·형식·절차) 중 절차요건에 흠이 있는 경우를 말한다.

절차상 하자는 다양한 형태로 나타날 수 있으나, 대체로 절차상 하자의 유형으로는 법이 정한 협력절차의 결여, 사전통지나 의견청취절차의 결여, 이유제시의 결여, 송달방법의 하자 등을 들 수 있다.

일반적으로 적법요건을 결여한 행정행위는 하자 있는 행정행위로서 위법하고 그 하자의 정도에 따라 무효 또는 취소가 된다. 그런데 행정행위가 단지 절차상 하자가 있다는 이유만으로 위법한 행정행위로서 무효 또는 취소가 되는가에 대하여는 논란이 있다. 이는 행정절차의 특성과 관련이 있는데, 즉 행정절차는 그 자체가 목적이 아니라 궁극적으로는 행정결정의 실체적 적법성과 합목적성을 보장하려는 것이기 때문에, 행정행위가 실체적으로는 적법하나 단지 절차상 하자만 있는 경우 이러한 절차상 하자만을 이유로 무효 또는 취소가 될 수 있는지가 문제되는 것이다.

이는 특히 기속행위와 관련하여 문제가 된다. 재량행위의 경우에는 절차상 하자를 이유로 행정행위를 취소한 이후 적법한 절차를 거치면서 기존 결정과는 다른 결론에 이르게 될 수도 있다. 그러나 기속행위의 경우 법이 정한 요건을 모두 구비하면 법이 정한 효과를 부여하여야 하기 때문에, 실체적으로 적법한 기속행위가 절차상 하자를 이유로 취소되더라도 결국 적법한 절차를 거쳐 동일한 행정행위를 하게 될 것이다. 특히 이와 같은 경우 절차상 하자가 행정행위의 독자적인 위법사유가 되는가 하는 것이 문제되는 것인데, 이에 관하여는 학설이 대립되고 있다.

2. 학설

(1) 소극설(부정설)

소극설은 ① 행정절차에 관한 규정은 적정한 행정결정을 확보하기 위한 것이라는 점, ② 행정청이 적법한 절차를 거쳐 다시 처분하더라도 결국 동일한 처분을 하게 되는 경우 절차상 하자만으로 당해 처분을 취소하는 것은 행정경제·소송경제에 반한다는 점(행정비능률·법원부담가중)을 논거로 하고 있다.

이 입장은 독일 연방행정절차법이 취하고 있는 입장으로, 동법 제46조는 "행정행위는, 행정행위가 제44조에 따라 무효사유에 해당하지 않는 한, 행정행위의 절차, 형식, 지역적 관할권 위반이 당해 행정행위의 실체적 결정에 영향을 미치지 않음이 명백한 경우에는 이와 같은 절차, 형식, 지

* 법원행정고시(2008년), 사법시험(2006년), 사법시험(2008년), 사법시험(2009년), 사법시험(2015년), 행정고시(일반행정)(2010년), 5급공채(재경)(2011년), 5급공채(재경)(2012년), 5급공채(재경)(2013년), 5급공채(행정)(2014년), 5급공채(행정)(2018년), 5급공채(2021년).

역적 관할권 위반만을 이유로 행정행위의 폐지를 요구할 수 없다."고 규정하고 있다. 그러나 이 조항의 해석에 대해서는 독일에서도 논란이 있다.

(2) 적극설(긍정설)

적극설은 ① 적정한 절차는 적정한 결정을 하기 위한 전제가 되어야 하는 것이고, ② 법이 정한 절차를 거치게 되는 경우, 반드시 동일한 결정에만 도달하는 것이 아니라, 이와는 다른 결정에 도달할 수도 있으며, ③ 법정 절차를 준수하지 않아도 행정처분이 적법한 것으로 인정된다면 이는 법치행정의 원리에 정면으로 위배되고, ④ 행정소송법 제30조 제3항이 "제2항의 규정은 신청에 따른 처분이 절차의 위법을 이유로 취소되는 경우에 준용한다."고 규정하고 있는 것은 절차 위반이 취소사유가 됨을 전제로 하는 것이며, ⑤ 소극설에 따를 경우 기속행위의 경우에는 절차적 규제를 담보할 수단이 없어지게 된다는 점 등을 논거로 들고 있다.

절차상의 하자만을 이유로 행정행위의 위법성이 인정된다는 적극설이 타당하며, 우리나라의 지배적 견해이다.

3. 판례

판례는 사전통지 또는 의견제출절차의 결여(대판 2004.5.28, 2004두1254), 청문절차의 결여(대판 2007.11.16, 2005두15700), 이유제시의 결여(대판 1985.5.28, 84누289), 심의절차의 누락(대판 2007.3.15, 2006두15806), 도시관리계획 변경시 주민의견청취절차의 누락(대판 2015.1.29, 2012두11164), 법인세부과처분시 과세전적부심사 기회의 미부여(대판 2016.4.15, 2015두52326)를 절차위반의 위법사유로 인정하고 있어 적극설의 입장이라고 할 수 있다.

[판례] 행정청이 침해적 행정처분을 하면서 당사자에게 행정절차법상의 사전통지를 하거나 의견제출의 기회를 주지 않은 경우, 그 처분이 위법한지 여부(원칙적 적극)

"행정절차에 관한 일반법인 행정절차법 제21조, 제22조에서 사전통지와 의견청취에 관하여 정하고 있다. … 따라서 행정청이 침해적 행정처분을 하면서 당사자에게 행정절차법상의 사전 통지를 하거나 의견제출의 기회를 주지 않았다면, 사전통지를 하지 않거나 의견제출의 기회를 주지 않아도 되는 예외적인 경우에 해당하지 않는 한, 그 처분은 위법하여 취소를 면할 수 없다(대판 2020.7.23, 2017두66602[조치명령무효확인])."

4. 절차적 하자의 위법성 정도

절차상 하자에 어떠한 효과(무효 또는 취소)를 부여할 것인가는 기본적으로 입법자가 정할 사항이다. 우리나라의 경우 절차상 하자의 효과에 관하여 명문의 규정을 두고 있는 경우도 있지만(예: 국가공무원법 13 ②), 실제로는 명문의 규정이 없는 경우가 일반적이다.

명문의 규정이 없는 경우에 절차상 하자로 인하여 처분이 위법하다고 할지라도 그것이 처분의 무효사유인지 취소사유인지 단언하기 어렵다. 이 문제는 결국 중대명백설에 따라 판단하여야 할 것이다.

대법원 판례의 경우 대부분 절차적 하자가 있는 행정처분에 대하여 취소사유로 인정하나[판례1,2,3], 절차위반으로 인하여 그 절차가 지향하는 목적을 형해화할 정도의 하자가 있는 경우 중대하고 명백한 하자로서 무효로 보고 있다[판례4].

한편 대법원은 해당 처분의 근거 법령이 정한 절차가 아닌, 해당 처분과는 별개의 행정작용을 위한 절차를 결여한 경우, 이는 별개 행정작용 자체의 하자일 뿐, 해당 처분의 하자가 될 수 없다고 보았다[판례5].

그리고 위원회의 구성, 심의누락, 위원회 회의일정 미통보 등의 경우에도 해당 법령의 입법목적·규정·입법취지 등을 종합하면 절차적 하자에 이르지 않는 경우도 있을 수 있다[판례6,7,8,9,10].

[판례1] 청문절차 결여를 취소사유로 본 판례

"행정청이 특히 침해적 행정처분을 할 때 그 처분의 근거 법령 등에서 청문을 실시하도록 규정하고 있다면, 행정절차법 등 관련 법령상 청문을 실시하지 않아도 되는 예외적인 경우에 해당하지 않는 한 반드시 청문을 실시하여야 하며, 그러한 절차를 결여한 처분은 위법한 처분으로서 취소사유에 해당한다(대판 2007.11.16, 2005두15700)."

[판례2] 심의절차 누락을 절차위반의 위법사유(취소사유)로 본 판례

"행정청이 (구) 학교보건법(2005.12.7. 법률 제7700호로 개정되기 전의 것) 소정의 학교환경위생정화구역 내에서 금지행위 및 시설의 해제 여부에 관한 행정처분을 함에 있어 학교환경위생정화위원회의 심의를 거치도록 한 취지는 그에 관한 전문가 내지 이해관계인의 의견과 주민의 의사를 행정청의 의사결정에 반영함으로써 공익에 가장 부합하는 민주적 의사를 도출하고 행정처분의 공정성과 투명성을 확보하려는 데 있고, 나아가 그 심의의 요구가 법률에 근거하고 있을 뿐 아니라 심의에 따른 의결내용도 단순히 절차의 형식에 관련된 사항에 그치지 않고 금지행위 및 시설의 해제 여부에 관한 행정처분에 영향을 미칠 수 있는 사항에 관한 것임을 종합해 보면, <u>금지행위 및 시설의 해제 여부에 관한 행정처분을 하면서 절차상 위와 같은 심의를 누락한 흠이 있다면 그와 같은 흠을 가리켜 '위 행정처분의 효력에 아무런 영향을 주지 않는다거나 경미한 정도에 불과하다고 볼 수는 없으므로,' 특별한 사정이 없는 한 이는 행정처분을 위법하게 하는 취소사유가 된다</u>(대판 2007.3.15, 2006두15806)."

[판례3] 협력절차불이행을 절차위반의 위법사유로 보면서 사례의 경우는 취소사유에 해당하는 것으로서 무효사유의 정도는 아니라고 한 판례

"(구) 택지개발촉진법(1999.1.25. 법률 제5688호로 개정되기 전의 것) 제3조에서 건설부장관이 택지개발예정지구를 지정함에 있어 미리 관계중앙행정기관의 장과 협의를 하라고 규정한 의미는 그의 자문을 구하라는 것이지 그 의견을 따라 처분을 하라는 의미는 아니라 할 것이므로 이러한 협의를 거치지 아니하였다고 하더라도 이는 위 지정처분을 취소할 수 있는 원인이 되는 하자 정도에 불과하고 위 지정처분이 당연무효가 되는 하자에 해당하는 것은 아니다(대판 2000.10.13, 99두653)."

[판례4] 입지선정위원회가 법령을 위배하여 임의로 구성되어 의결한 경우, 그 의결의 하자는 중대·명백하여 무효사유에 해당한다고 한 사례

"입지선정위원회는 폐기물처리시설의 입지를 선정하는 의결기관이고, 입지선정위원회의 구성방법에 관하여 일정 수 이상의 주민대표 등을 참여시키도록 한 것은 폐기물처리시설 입지선정 절차에 있어 주민의 참여를 보장함으로써 주민들의 이익과 의사를 대변하도록 하여 주민의 권리에 대한 부당한 침해를 방지하고 행정의 민주화와 신뢰를 확보하는 데 그 취지가 있는 것이므로, 주민대표나 주민대표 추천에 의한 전문가의 참여 없이 의결이 이루어지는 등 입지선정위원회의 구성방법이나 절차가 위법한 경우에는 그 하자 있는 입지선정위원회의 의결에 터잡아 이루어진 폐기물처리시설 입지결정처분도 위법하게 된다. (구) 폐기물처리시설 설치촉진 및 주변지역 지원 등에 관한 법률에 정한 입지선정위원회가 그 구성방법 및 절차에 관한 같은 법 시행령의 규정에 위배하여 군수와 주민대표가 선정·추천한 전문가를 포함시키지 않은 채 임의로 구성되어 의결을 한 경우, 그에 터잡아 이루어진 폐기물처리시설 입지결정처분의 하자는 중대한 것이고 객관적으로도 명백하므로 무효사유에 해당한다(대판 2007.4.12, 2006두20150)."

[판례5] 하천공사시행계획 및 각 실시계획승인처분에 (구) 국가재정법 제38조 등에서 정한 예비타당성조사를 하지 않은 절차상 하자가 있다는 이유로 각 처분에 취소사유에 이를 정도의 하자가 존재하는지 여부

"('4대강 살리기 마스터플랜'에 따른 '4대강 살리기 사업' 중 한강 부분에 관한 각 하천공사시행계획 및 각 실시계획승인처분에 국가재정법령이 정한 예비타당성조사를 하지 않은 절차상 하자가 있다는 이유로 각 처분의 취소를 구한 사안에서) … (구) 국가재정법 제38조 및 (구) 국가재정법 시행령 제13조에 규정된 예비타당성조사는 각 처분과 형식상 전혀 별개의 행정계획인 예산의 편성을 위한 절차일 뿐 각 처분에 앞서 거쳐야 하거나 근거 법규 자체에서 규정한 절차가 아니므로, 예비타당성조사를 실시하지 아니한 하자는 원칙적으로 예산 자체의 하자일 뿐, 그로써 곧바로 각 처분의 하자가 된다고 할 수 없어, 예산이 각 처분 등으로써 이루어지는 '4대강 살리기 사업' 중 한강 부분을 위한

재정 지출을 내용으로 하고 있고 예산의 편성에 절차상 하자가 있다는 사정만으로 각 처분에 취소 사유에 이를 정도의 하자가 존재한다고 보기 어렵다(대판 2015.12.10, 2011두32515)."

[판례6] 의정비심의위원회의 위원 선정절차가 위 규정에 엄격히 부합하지 않는 경우 위원회의 의결이나 이를 기초로 한 조례가 위법한지 여부 및 위원회가 관계 법령에서 정한 절차에 의하여 구성되고 자율적으로 '의정활동비 등의 상한액'을 결정하였으나 결정 과정에서 주민들의 정서나 여론조사 결과에 일부 부합하지 아니한 부분이 있는 경우 그 결정이 위법한지 여부

"((구) 지방자치법 시행령 제34조 제1항에서 정한 의정비심의위원회(심의회) 규정과 관련하여)심의위원 선정절차가 위 규정에 엄격히 부합하지 아니하더라도 심의회의 구성에 관한 위와 같은 입법 취지를 실질적으로 훼손하였다고 평가할 정도에 이르지 아니하는 한 해당 심의회의 의결이 위법하다거나 이를 기초로 한 의정활동비 등에 관한 조례가 위법하다고 판단할 수는 없다.

심의회가 관계 법령에서 정한 절차에 의하여 구성되고 자율적으로 '의정활동비 등의 상한액'을 결정한 경우에는 결정 과정에서 주민들의 정서나 여론조사 결과에 일부 부합하지 아니한 부분이 있다고 하더라도 법령에서 심의회의 의결을 반영하는 절차를 둔 입법 취지를 달성할 수 없을 정도로 형식적인 절차를 거친 것에 불과하여 실질적으로 절차를 거치지 아니한 것과 다름없다고 볼 정도에 이르지 아니한다면, 심의회가 행한 '의정활동비 등의 상한액' 결정이 위법하다고 볼 수는 없다(대판 2014.2.27, 2011두7489)."

[판례7] 도시계획위원회의 심의를 거치지 않았다는 사정만으로 곧바로 불허가처분에 취소사유에 이를 정도의 절차상 하자가 있다고 볼 수 있는지 여부

"개발행위허가에 관한 사무를 처리하는 행정기관의 장이 일정한 개발행위를 허가하는 경우에는 국토계획법 제59조 제1항에 따라 도시계획위원회의 심의를 거쳐야 할 것이나, 개발행위허가의 신청 내용이 허가 기준에 맞지 않는다고 판단하여 개발행위허가신청을 불허가하였다면 이에 앞서 도시계획위원회의 심의를 거치지 않았다고 하여 이러한 사정만으로 곧바로 그 불허가처분에 취소사유에 이를 정도의 절차상 하자가 있다고 보기는 어렵다. 다만 행정기관의 장이 도시계획위원회의 심의를 거치지 아니한 결과 개발행위 불허가처분을 함에 있어 마땅히 고려하여야 할 사정을 참작하지 아니하였다면 그 불허가처분은 재량권을 일탈·남용한 것으로서 위법하다고 평가할 수 있을 것이다(대판 2015.10.29, 2012두28728)."

[판례8] 토석채취허가신청에 대하여 시장·군수·구청장이 지방산지관리위원회 심의를 거치지 않은 채 불허가할 수 있는 경우

"산지관리법 시행령 제32조 제2항 본문은 토석채취 허가권자인 시장 등이 현지조사를 거쳐 신청

인이 제출한 자료를 심사하여 신청이 산지관리법 제28조에 따른 토석채취허가기준에 적합한지를 1차적으로 검토한 결과 허가기준에 적합하지 아니함이 객관적으로 명백한 경우에는 지방산지관리위원회 심의를 거치지 않은 채 불허가할 수 있으나, 그렇지 않은 경우에는 지방산지관리위원회의 심의를 거쳐야 한다고 해석하는 것이 타당하며, 심의를 거치지 아니하고 처분을 한 때에는 법령에 규정된 절차의 흠결로 처분은 위법하다(대판 2015.11.26, 2013두765)."

[판례9] 민원조정위원회를 개최하면서 민원인에게 회의일정 등을 사전에 통지하지 않은 경우, 민원사항에 대한 행정기관의 장의 거부처분에 취소사유에 이를 정도의 흠이 존재하는지 여부

"… 민원조정위원회를 개최하면서 민원인에게 회의일정 등을 사전에 통지하지 아니하였다 하더라도, 이러한 사정만으로 곧바로 민원사항에 대한 행정기관의 장의 거부처분에 취소사유에 이를 정도의 흠이 존재한다고 보기는 어렵다. 다만 행정기관의 장의 거부처분이 재량행위인 경우에, 위와 같은 사전통지의 흠결로 민원인에게 의견진술의 기회를 주지 아니한 결과 민원조정위원회의 심의과정에서 고려대상에 마땅히 포함시켜야 할 사항을 누락하는 등 재량권의 불행사 또는 해태로 볼 수 있는 구체적 사정이 있다면, 거부처분은 재량권을 일탈·남용한 것으로서 위법하다(대판 2015.8.27, 2013두1560)."

[판례10] 수용·보상절차를 거치지 않은 토지를 한국농어촌공사가 관리권한을 보유하는 농업생산기반시설로 보아 개발행위허가시 한국농어촌공사의 협의를 거쳐야 하는지 여부

"(피고가 원고 소유 토지는 농어촌정비법상 농업생산기반시설에 해당하여 개발행위허가에 한국농어촌공사의 농업생산기반시설 목적 외 사용의 승인이 필요하다는 이유로 한 거부처분의 취소를 구하는 사안에서) 농어촌정비법상 '농업생산기반시설'은 농어촌정비법 제16조에 따라 관리권한을 취득한 경우에 한하는 것으로 해석함이 타당하다. 따라서 농어촌정비법 제23조 제1항에 따라 한국농어촌공사로부터 농업생산기반시설의 '목적 외 사용'에 대하여 승인을 받아야 하는 경우는, ① 한국농어촌공사가 농업생산기반 정비사업 시행자로서 정비사업을 완료한 후 그 사업으로 설치된 농업생산기반시설을 관리하는 경우와 ② 한국농어촌공사가 농림축산식품부장관의 결정에 따라 국가, 지방자치단체 또는 토지소유자로부터 그가 설치하였거나 관리하는 농업생산기반시설의 관리권한을 인수한 경우에 한정된다(대판 2017.10.12, 2015두36836[개발행위불허가처분취소])."

☞ 한국농어촌공사가 농어촌정비법 제16조에서 정한 방식으로 토지의 관리권한을 취득하지 못하였다면 그 토지는 농어촌정비법 제23조 제1항에 따라 한국농어촌공사로부터 농업생산기반시설 목적 외 사용의 승인을 받아야 할 대상이 되지 않고, 따라서 개발행위허가를 할 때 국토계획법 제61조 제1항 제4호에 따라 미리 관계행정기관의 장과 협의하여야 할 대상이 되는 것도 아니므로, 한국농어촌공사가 그 협의를 거부하였다는 이유만으로 개발행위허가를 거부한 처분은 위법하다고 판단한 사례

제7항 절차상 하자의 치유*

하자의 치유에 관한 논의가 절차상 하자에도 적용될 수 있는가 하는 것이 절차상 하자의 치유 문제이다. 절차상 하자의 치유는 개인의 권리보호와 행정능률이라는 두 가지 요청을 조화시키는 것을 목적으로 한다.

1. 학설

이에 관하여는 행정결정의 신중성의 확보와 자의배제를 이유로 절차상 하자의 치유를 인정하지 않는 견해(부정설)도 있지만, 국민의 권익을 침해하지 않는 범위 내에서 합목적적·제한적으로 하자의 치유를 인정하는 견해(제한적 긍정설)가 통설이다.

2. 판례

판례는 하자 있는 행정행위의 치유는 원칙적으로 허용되지 않으나, 예외적으로 국민의 권리나 이익을 침해하지 않는 범위에서만 인정하고 있어(대판 2002.7.9, 2001두10684) 제한적 긍정설의 입장이다.

이러한 관점에서 판례는 하자의 치유를 인정한 경우도 있지만[판례1], 납세의무자가 전심절차에서 이유제시의 하자를 주장하지 아니하였거나, 그 후 부과된 세금을 자진납부하였다거나, 또는 조세채권의 소멸시효기간이 만료되었다는 사정, 그리고 납세의무자가 그 나름대로 산출근거를 알고 있다거나 사실상 이를 알고서 쟁송에 이르렀다는 사정만으로는 이유제시의 하자가 치유되는 경우는 아니라고 보고 있다[판례2,3].

> [판례1] 청문절차 결여의 하자 치유를 인정한 판례
>
> "… 행정청이 청문서 도달기간을 다소 어겼다하더라도 영업자가 이에 대하여 이의하지 아니한 채 스스로 청문일에 출석하여 그 의견을 진술하고 변명하는 등 방어의 기회를 충분히 가졌다면 청문서 도달기간을 준수하지 아니한 하자는 치유되었다고 봄이 상당하다(대판 1992.10.23, 92누2844)."

> [판례2] 세금자진납부 등이 이유제시 하자의 치유사유가 되지 않는다고 한 판례
>
> "세액산출근거가 기재되지 아니한 납세고지서에 의한 부과처분은 강행법규에 위반하여 취소대상이 된다 할 것이므로 이와 같은 하자는 납세의무자가 전심절차에서 이를 주장하지 아니하였거나, 그 후 부과된 세금을 자진납부하였다거나, 또는 조세채권의 소멸시효기간이 만료되었다 하여 치유되는 것이라고는 할 수 없다(대판 1985.4.9, 84누431)."

* 변호사시험(2014년).

[판례3] 납세의무자가 납세의 산출근거를 알고 있었던 것이 기재사항누락의 하자를 치유하는 사유가 되지 않는다는 판례

납세고지서에 세액산출근거 등의 기재사항이 누락되었거나 과세표준과 세액의 계산명세서가 첨부되지 않았다면 적법한 납세의 고지라고 볼 수 없으며, 위와 같은 납세고지의 하자는 납세의무자가 그 나름대로 산출근거를 알고 있다거나 사실상 이를 알고서 쟁송에 이르렀다 하더라도 치유되지 않는다(대판 2002.11.13, 2001두1543).

3. 하자치유의 시간적 한계

하자의 치유시기와 관련하여 행정쟁송 제기 이전까지만 가능하다는 견해와 쟁송제기 이후에도 가능하다는 견해가 있는데, 전자의 입장이 다수설이자 판례의 입장이다.

[판례] 세액산출근거가 누락된 납세고지서에 의한 하자있는 과세처분의 치유요건

세액산출근거가 누락된 납세고지서에 의한 과세처분의 하자의 치유를 허용하려면 늦어도 과세처분에 대한 불복여부의 결정 및 불복신청에 편의를 줄 수 있는 상당한 기간내에 하여야 한다고 할 것이므로 위 과세처분에 대한 전심절차가 모두 끝나고 상고심의 계류중에 세액산출근거의 통지가 있었다고 하여 이로써 위 과세처분의 하자가 치유되었다고는 볼 수 없다(대판 1984.4.10, 83누393).

제 8 항 민원처리제도

행정절차에 관한 일반법인 행정절차법 이외에도 특별한 행정절차를 규정하고 있는 개별법들이 있다. 예컨대 정보공개법에 의한 정보공개절차, 부패방지권익위법에 의한 고충민원처리절차, 행정규제기본법에 의한 행정규제심사절차, 민원 처리에 관한 법률(민원처리법)에 의한 민원처리절차 등이 그것이다. 아래에서는 민원처리절차에 대해서만 간략히 검토하기로 한다.

Ⅰ. 의의

민원처리제도는 민원의 공정한 처리와 민원행정제도의 합리적 개선을 도모함으로써 국민의 권익을 보호하는 것을 목적으로 한다(민원처리법 1).

여기에서 민원은 "민원인이 행정기관에 대하여 처분 등 특정한 행위를 요구하는 것"을 말하며, 그 종류는 다음과 같다.

(1) 일반민원

1) 법정민원: 법령·훈령·예규·고시·자치법규 등(이하 "관계법령등"이라 한다)에서 정한 일정 요건에 따라 인가·허가·승인·특허·면허 등을 신청하거나 장부·대장 등에 등록·등재를 신청 또는 신고하거나 특정한 사실 또는 법률관계에 관한 확인 또는 증명을 신청하는 민원

2) 질의민원: 법령·제도·절차 등 행정업무에 관하여 행정기관의 설명이나 해석을 요구하는 민원

3) 건의민원: 행정제도 및 운영의 개선을 요구하는 민원

4) 기타민원: 법정민원, 질의민원, 건의민원 및 고충민원 외에 행정기관에 단순한 행정절차 또는 형식요건 등에 대한 상담·설명을 요구하거나 일상생활에서 발생하는 불편 사항에 대하여 알리는 등 행정기관에 특정한 행위를 요구하는 민원

(2) 고충민원: 부패방지권익위법 제2조 제5호에 따른 고충민원

Ⅱ. 민원처리의 원칙

민원을 처리하는 담당자는 담당 민원을 신속·공정·친절·적법하게 처리하여야 한다(민원처리법 4).

행정기관은 관계법령등에서 정한 처리기간이 남아 있다거나 그 민원사무와 관련 없는 공과금 등을 미납하였다는 이유로 민원사무의 처리를 지연시켜서는 아니 된다(민원처리법 6 ①).

행정기관의 장은 법령의 규정 또는 위임이 있는 경우를 제외하고는 민원 처리의 절차 등을 강화하여서는 아니 된다(민원처리법 6 ②).

Ⅲ. 민원의 처리

1. 민원의 신청 등

민원의 신청은 문서(전자문서 포함)로 하여야 한다. 다만, 기타민원은 구술(口述) 또는 전화로 할 수 있다.(민원처리법 8).

행정기관의 장은 민원 관련 법령·편람과 민원의 처리 기준과 절차 등 민원의 신청에 필요한 사항을 게시하고 이를 인터넷 홈페이지를 통하여 제공하는 등 민원인에게 편의를 제공하여야 한다(민원처리법 13).

2. 민원의 접수

행정기관의 장은 민원의 신청을 받았을 때에는 다른 법령에 특별한 규정이 있는 경우를 제외하고는 그 접수를 보류하거나 거부할 수 없으며, 접수된 민원문서를 부당하게 되돌려 보내서는 아니 된다(민원처리법 9 ①).

행정기관의 장은 민원을 접수·처리할 때에 민원인에게 관계법령등에서 정한 구비서류 외의 서류를 추가로 요구하여서는 아니 된다(민원처리법 10 ①).

행정기관의 장은 동일한 민원서류 또는 구비서류를 복수로 받는 경우에는 특별한 사유가 없으면 원본과 함께 그 사본의 제출을 허용하여야 한다(민원처리법 10 ②).

행정기관의 장은 민원을 접수·처리할 때에 ① 민원인이 소지한 주민등록증·여권·자동차운전면허증 등 행정기관이 발급한 증명서로 그 민원사무의 처리에 필요한 내용을 확인할 수 있는 경우, ② 해당 행정기관의 공부(公簿) 또는 행정정보로 그 민원사무의 처리에 필요한 내용을 확인할 수 있는 경우, ③ 전자정부법 제36조 제1항에 따른 행정정보의 공동이용을 통하여 그 민원사무의 처리에 필요한 내용을 확인할 수 있는 경우의 어느 하나에 해당하는 경우에는 민원인에게 관련 증명서류 또는 구비서류의 제출을 요구할 수 없으며, 그 민원을 처리하는 담당자가 직접 이를 확인·처리하여야 한다(민원처리법 10 ③).

행정기관의 장은 원래의 민원의 내용 변경 또는 갱신 신청을 받았을 때에는 특별한 사유가 없으면 이미 제출되어 있는 관련 증명서류 또는 구비서류를 다시 요구하여서는 아니 된다(민원처리법 10 ⑦).

행정기관의 장은 민원인의 편의를 위하여 그 행정기관이 접수·교부하여야 할 민원을 다른 행정기관이나 특별법에 따라 설립되고 전국적 조직을 가진 법인 중 대통령령으로 정하는 법인으로 하여금 접수·교부하게 할 수 있다(민원처리법 14 ①).

행정기관의 장은 접수한 민원이 다른 행정기관의 소관인 경우에는 지체 없이 소관 기관에 이송하여야 한다(민원처리법 16 ①).

3. 민원의 처리기간·처리방법 등

행정기관의 장은 법정민원을 신속히 처리하기 위하여 행정기관에 법정민원의 신청이 접수된 때부터 처리가 완료될 때까지 소요되는 처리기간을 법정민원의 종류별로 미리 정하여 공표하여야 한다(민원처리법 17 ①).

질의민원·건의민원·기타민원 및 고충민원의 처리기간 및 처리절차 등에 관하여는 대통령령으로 정한다(민원처리법 18).

행정기관의 장은 접수한 민원문서에 보완이 필요한 경우에는 상당한 기간을 정하여 지체 없이 민원인에게 보완을 요구하여야 한다(민원처리법 22 ①). 민원인은 해당 민원의 처리가 종결되기 전에는 그 신청의 내용을 보완하거나 변경 또는 취하할 수 있다. 다만, 다른 법률에 특별한 규정이 있거나 그 민원의 성질상 보완·변경 또는 취하할 수 없는 경우에는 그러하지 아니하다(민원처리법 22 ②).

행정기관의 장은 민원인이 동일한 내용의 민원(법정민원을 제외한다. 이하 이 조에서 같다)을 정당한 사유 없이 3회 이상 반복하여 제출한 경우에는 2회 이상 그 처리결과를 통지하고, 그 후에 접수되는 민원에 대하여는 종결처리할 수 있다(민원처리법 23 ①).

다수인관련민원을 신청하는 민원인은 연명부(連名簿)를 원본으로 제출하여야 한다(민원처리법 24 ①). 행정기관의 장은 다수인관련민원이 발생한 경우에는 신속·공정·적법하게 해결될 수 있도록 조치하여야 한다(민원처리법 24 ②).

행정기관의 장은 민원 처리상황의 확인·점검 등을 위하여 소속 직원 중에서 민원심사관을 지정하여야 한다(민원처리법 25).

4. 민원 처리결과의 통지 등

행정기관의 장은 접수된 민원에 대한 처리를 완료한 때에는 그 결과를 민원인에게 문서로 통지하여야 한다. 다만, 기타민원의 경우와 통지에 신속을 요하거나 민원인이 요청하는 등 대통령령으로 정하는 경우에는 구술, 전화, 문자메시지, 팩시밀리 또는 전자우편 등으로 통지할 수 있다(민원처리법 27 ①). 행정기관의 장은 제1항에 따라 민원의 처리결과를 통지할 때에 민원의 내용을 거부하는 경우에는 거부 이유와 구제절차를 함께 통지하여야 한다(민원처리법 27 ③).

5. 법정민원

(1) 사전심사청구 등

민원인은 법정민원 중 신청에 경제적으로 많은 비용이 수반되는 민원 등 대통령령으로 정하는 민원에 대하여는 행정기관의 장에게 정식으로 민원을 신청하기 전에 미리 약식의 사전심사를 청구할 수 있는데, 행정기관의 장은 사전심사 결과를 민원인에게 통보하여야 하며, 가능한 것으로 통지한 민원의 내용에 대하여는 민원인이 나중에 정식으로 민원을 신청한 경우에도 동일하게 결정을 내릴 수 있도록 노력하여야 한다(민원처리법 30 ①, ③).

(2) 복합민원의 처리

행정기관의 장은 복합민원을 처리할 주무부서를 지정하고 그 부서로 하여금 관계 기관·부서 간의 협조를 통하여 민원을 한꺼번에 처리하게 할 수 있다(민원처리법 31 ①).

(3) 민원 1회방문 처리제의 시행

행정기관의 장은 복합민원을 처리할 때에 그 행정기관의 내부에서 할 수 있는 자료의 확인, 관계 기관·부서와의 협조 등에 따른 모든 절차를 담당 직원이 직접 진행하도록 하는 민원 1회방문 처리제를 확립함으로써 불필요한 사유로 민원인이 행정기관을 다시 방문하지 아니하도록 하여야 한다(민원처리법 32 ①).

(4) 민원후견인의 지정·운영

행정기관의 장은 민원 1회방문 처리제의 원활한 운영을 위하여 민원 처리에 경험이 많은 소속 직원을 민원후견인으로 지정하여 민원인을 안내하거나 민원인과 상담하게 할 수 있다(민원처리법 33).

(5) 민원조정위원회의 설치·운영

행정기관의 장은 ① 장기 미해결 민원, 반복 민원 및 다수인관련민원에 대한 해소·방지 대책, ② 거부처분에 대한 이의신청, ③ 민원처리 주무부서의 법규적용의 타당성 여부와 제32조제3항제4호에 따른 재심의, ④ 그 밖에 대통령령으로 정하는 사항의 사항을 심의하기 위하여 민원조정위원회를 설치·운영하여야 한다(민원처리법 34).

(6) 거부처분에 대한 이의신청

법정민원에 대한 행정기관의 장의 거부처분에 불복하는 민원인은 그 거부처분을 받은 날부터 60일 이내에 그 행정기관의 장에게 문서로 이의신청을 할 수 있다(민원처리법 35 ①).

행정기관의 장은 이의신청을 받은 날부터 10일 이내에 그 이의신청에 대하여 결정하고 그 결과를 민원인에게 지체 없이 문서로 통지하여야 한다. 다만, 부득이한 사유로 정하여진 기간 이내에 결정할 수 없을 때에는 그 기간의 만료일 다음 날부터 기산하여 10일 이내의 범위에서 연장할 수 있으며, 연장 사유를 민원인에게 통지하여야 한다(민원처리법 35 ②).

민원인은 이의신청 여부와 관계없이 행정심판법에 따른 행정심판 또는 행정소송법에 따른 행정소송을 제기할 수 있다(민원처리법 35 ③).

Ⅳ. 민원제도의 개선 등

행정안전부장관은 민원인의 편의를 위하여 관계법령등에 규정되어 있는 민원의 처리기관, 처리기간, 구비서류, 처리절차, 신청방법 등에 관한 사항을 종합한 민원처리기준표를 작성하여 관보에 고시하고 통합전자민원창구에 게시하여야 한다(민원처리법 36 ①).

행정안전부장관은 제36조에 따라 민원처리기준표를 작성·고시할 때에 민원의 간소화를 위하여 필요하다고 인정하는 경우에는 관계 행정기관의 장과 협의를 거쳐 관계법령등이 개정될 때까지 잠정적으로 관계법령등에 규정되어 있는 처리기간과 구비서류를 줄이거나 처리절차·신청방법을 변경할 수 있다(민원처리법 37 ①).

행정안전부장관은 매년 민원행정 및 제도개선에 관한 기본지침을 작성하여 행정기관의 장에게 통보하여야 한다(민원처리법 38 ①). 여러 부처와 관련된 민원제도 개선사항을 심의·조정하기 위하여 국무총리 소속으로 민원제도개선조정회의를 둔다(민원처리법 40).

제 2 절 행정정보공개와 개인정보보호

제 1 항 개설

오늘날 우리 사회가 정보화사회로 발전하면서 개인생활이 매우 편리해진 점도 있지만, 다른 한편으로는 정보의 독점이나 정보로부터의 소외, 사생활침해와 같은 부정적인 현상을 낳기도 한다. 이와 같은 정보화사회의 진전에 따라 일정한 공법적 대응이 필요한데, 이는 크게 두 가지 방향으로 검토될 수 있는 것으로, 하나는 행정기관이 보유하고 있는 정보를 공개하는 문제이고, 다른 하나는 개인정보에 대한 보호 문제이다.

오늘날 정보가 가지는 사회적 중요성으로 인하여 행정정보공개나 개인정보보호의 문제와 관련하여서는 이들을 규율하는 각각의 단행법률들이 제정되어 시행되고 있다.

제 2 항 정보공개제도

Ⅰ. 정보공개제도의 의의

정보공개제도는 행정청을 비롯한 공공기관이 보유·관리하는 각종의 정보를 일정한 요건하에 공개하는 것을 말하며, 이를 실현하기 위한 법제를 정보공개법이라 한다. 정보공개제도는 정보화사회에서 행정이 보유한 정보에 대하여 개인의 자유로운 접근권을 보장하고, 이를 통하여 행정의 공정화·민주화를 실현하려는 데 그 기본목적이 있다. 따라서 정보공개제도는 개인의 알 권리를 실현함과 동시에, 정부에 의한 정보독점을 방지하고 개인에게 정보의 공유를 가능하게 하여 정보의 평등화를 지향한다.

우리나라에서는 1996년 정보공개에 관한 일반법으로 공공기관의 정보공개에 관한 법률을 제정하여 1998년부터 시행하고 있다.

Ⅱ. 정보공개법 제정이전의 정보공개에 관한 논의

정보공개법 제정 이전에는 정보공개에 관한 법률의 규정 없이도 헌법 또는 관련 법령을 근거로 하여 정보공개청구권이 인정될 수 있는지에 대한 논의가 있었다. 특히 지방자치단체의 정보공개조례에 대한 대법원의 판례는 정보공개법의 제정을 촉진시키는 계기가 되기도 하였다.

1. 정보공개청구권의 법적 근거

(1) 헌법적 근거

개인의 정보공개청구권은 국민의 '알 권리'에서 도출된다고 보는 것이 일반적인 견해이다. 헌법상의 알 권리는 개인이 적법·타당한 절차를 거쳐 정보를 수집함에 있어서 국가의 부당한 간섭을 배제하는 소극적 측면과 더불어 국가 등에 필요한 정보의 공개를 요구하는 적극적 성격을 모두 포함하고 있다.

이와 같은 알 권리의 헌법적 근거에 대해서는 ① 헌법 제21조의 표현의 자유로 보는 견해, ② 헌법 제10조의 행복추구권으로 보는 견해, ③ 표현의 자유(헌법 21)·국민주권(헌법 1)·행복추구권(헌법 10)·인간다운 생활을 할 권리(헌법 34) 등으로 보는 견해 등이 있으나, 헌법재판소는 표현의 자유로 본다.

> [판례] 법률의 제정이 없이도 서류에 대한 열람·복사 민원의 처리가 가능한지 여부
> "알 권리는 표현의 자유에 당연히 포함되는 것으로 보아야 하는 것이다. … 알 권리의 핵심은 정부가 보유하고 있는 정보에 대한 국민의 알권리 즉, 국민의 정부에 대한 일반적 정보공개를 구할 권리(청구권적 기본권)라고 할 것이다. … 알 권리의 법적 성질을 위와 같이 해석한다고 하더라도 헌법 규정만으로 이를 실현할 수 있는가 구체적인 법률의 제정이 없이는 불가능한 것인가에 대하여서는 다시 견해가 갈릴 수 있지만, 본건 서류에 대한 열람·복사 민원의 처리는 법률의 제정이 없더라도 불가능한 것이 아니라 할 것이고, …(헌재결 1989.9.4, 88헌마22)."

(2) 정부공문서규정

대법원도 법률에 근거가 없더라도 일반적으로 정보공개청구권이 인정될 수 있으며, 또한 (구) 사무관리규정도 정보공개청구권의 법적 근거가 될 수 있다고 보았다. 헌법재판소와 같은 입장이라고 할 수 있다.

[판례] 국가기관이 보관하는 문서에 대한 국민의 열람 및 복사신청권 유무

"일반적으로 국민은 국가기관에 대하여 기밀에 관한 사항 등 특별한 경우 이외에는 보관하고 있는 문서의 열람 및 복사를 청구할 수 있고, 정부공문서규정 제36조 제2항의 규정도 행정기관으로 하여금 일반국민의 문서열람 및 복사신청에 대하여 기밀 등의 특별한 사유가 없는 한 이에 응하도록 하고 있으므로 그 신청을 거부한 것은 위법하다(대판 1989.10.24, 88누9312)."

2. 정보공개조례

정보공개법의 제정을 위한 움직임은 이미 1970년대 후반부터 활발하게 있어 왔지만, 정보공개법의 제정은 정보공개에 따른 부작용에 대한 우려 등의 현실적인 이유로 보류되어 왔다. 이에 대하여 청주시의회는 1991년 전격적으로 정보공개조례를 통과시켰고, 청주시장은 이 조례가 법령의 근거 없이 제정되어 조례의 제정범위를 일탈한 것이라는 점 등을 이유로 대법원에 조례안의 재의결을 취소하는 소송을 제기하게 되었다.

지방자치법 제28조 제1항은 "지방자치단체는 법령의 범위에서 그 사무에 관하여 조례를 제정할 수 있다. 다만, 주민의 권리 제한 또는 의무 부과에 관한 사항이나 벌칙을 정할 때에는 법률의 위임이 있어야 한다."고 규정하고 있는데, 이는 지방자치단체는 조례를 제정할 수 있는 헌법상의 권한, 즉 조례고권(Satzungshoheit)을 확인하고 보장하는 규정이다. 따라서 지방자치단체는 조례고권의 보장에 따라 그 사무에 관하여 법률의 위임이 없더라도 조례를 제정할 수 있다. 다만 지방자치단체의 조례고권도 무제한 인정되는 것은 아니므로, 국민의 기본권을 제한하는 내용의 조례를 제정하는 경우에는 헌법 제37조 제2항에 따른 제한을 받게 되므로, 최소한 법률의 근거가 필요하다. 지방자치법 제28조 제1항 단서는 이와 같은 제한을 구체화하여 '주민의 권리 제한 또는 의무 부과에 관한 사항이나 벌칙을 정하는 경우'에는 조례제정에 법률의 근거가 있어야 한다고 규정하고 있는 것이다.

이러한 이론적인 토대를 바탕으로 이 사건에서 대법원은 정보공개조례는 주민의 권리를 제한하거나 의무를 부과하는 내용이 아니라는 점에서 법령의 위임이 있어야 하는 것은 아니라고 하여 정보공개조례를 적법하다고 판단하였다.

[판례] 청주시의회에서 의결한 청주시행정정보공개조례안이 주민의 권리를 제한하거나 의무를 부과하는 조례라고는 단정할 수 없어 그 제정에 있어서 반드시 법률의 개별적 위임이 따로 필요한 것은 아니라고 한 사례

"(구) 지방자치법 제15조(현행 제28조 제1항)에 의하면, 지방자치단체는 법령의 범위 안에서 그 사무에 관하여 조례를 제정할 수 있되 주민의 권리제한 또는 의무의 부과에 관한 사항이나, 벌칙을

정할 때에는 법률의 위임이 있어야 한다고 규정하고 있으므로 지방자치단체는 그 내용이 주민의 권리의 제한 또는 의무의 부과에 관한 사항이거나 벌칙에 관한 사항이 아닌 한 법률의 위임이 없더라도 조례를 제정할 수 있다 할 것인데(당원 1970.2.10. 선고 69다2121 판결 참조), 이 사건 정보공개조례안은 앞에서 본 바와 같이 행정에 대한 주민의 알 권리의 실현을 그 근본내용으로 하면서도 이로 인한 개인의 권익침해 가능성을 배제하고 있으므로 이를 들어 주민의 권리를 제한하거나 의무를 부과하는 조례라고는 단정할 수 없고 따라서 그 제정에 있어서 반드시 법률의 개별적 위임이 따로 필요한 것은 아니라 할 것이다(대판 1992.6.23, 92추17)."

이 대법원 판결에 따라 각 지방자치단체에서 정보공개조례를 제정하여 시행하게 되었고, 정보공개조례는 정보공개법이 제정되기 이전에 지방자치단체 차원에서 정보공개청구권의 법적 근거로 중요한 기능을 수행하였다. 정보공개조례가 주는 시사점은 정보공개에 관하여는 지방자치단체가 국가보다 먼저 법제화를 이루었고, 이러한 지방자치단체의 노력이 뒤늦게나마 정보공개법을 제정하는 데 커다란 영향을 미쳤다는 점일 것이다.

Ⅲ. 공공기관의 정보공개에 관한 법률*

정보공개법은 1996년 11월에 제정되어 1998년부터 시행되었다. 이 법은 처음에는 전문 25개조였으나, 여러 차례의 개정을 거쳐 현재에는 전문 29개조로 구성되어 있다.

1. 목적과 정의

정보공개법은 공공기관이 보유·관리하는 정보에 대한 국민의 공개 청구 및 공공기관의 공개의무에 관하여 필요한 사항을 정함으로써 국민의 알권리를 보장하고 국정(國政)에 대한 국민의 참여와 국정 운영의 투명성을 확보함을 목적으로 하고 있다(정보공개법 1).

여기에서 '정보'란 공공기관이 직무상 작성 또는 취득하여 관리하고 있는 문서(전자문서 포함) 및 전자매체를 비롯한 모든 형태의 매체에 기록된 사항을 말하고, '공개'란 공공기관이 정보를 열람하게 하거나 그 사본·복제물을 교부하는 것 또는 전자정부법 제2조 제10호의 규정에 의한 정보통신망을 통하여 정보를 제공하는 것 등을 말한다(정보공개법 2 1호, 2호).

[판례] 정보공개법이 예정하고 있지 아니한 방법으로 공개된 것이 정보공개법에 의한 공개라고 볼 수 있는지 여부(소극)

"… 청구인이 정보공개거부처분의 취소를 구하는 소송에서 공공기관이 청구정보를 증거 등으로

* 사법시험(2006년), 행정고시(일반행정)(2009년), 5급공채(일반행정)(2011년).

법원에 제출하여 법원을 통하여 그 사본을 청구인에게 교부 또는 송달되게 하여 결과적으로 청구인에게 정보를 공개하는 셈이 되었다고 하더라도, 이러한 우회적인 방법은 정보공개법이 예정하고 있지 아니한 방법으로서 정보공개법에 의한 공개라고 볼 수는 없으므로, 당해 정보의 비공개결정의 취소를 구할 소의 이익은 소멸되지 않는다(대판 2004.3.26, 2002두6583 참조) (대판 2016.12.15, 2012두11409, 11416(병합))."

2. 정보공개의 주체와 정보공개의 원칙

정보공개의 주체는 공공기관이다. 이와 관련하여 정보공개법은 '공공기관'을 국가기관, 지방자치단체, 공공기관운영법 제2조에 따른 공공기관, 지방공기업법에 따른 지방공사 및 지방공단, 그 밖에 대통령령으로 정하는 기관으로 규정하고 있다(정보공개법 2 3호). 여기에서 대통령령으로 정하는 기관이란 ① 유아교육법, 초·중등교육법 및 고등교육법에 따른 각급 학교 또는 그 밖의 다른 법률에 따라 설치된 학교, ② 지방자치단체 출자·출연 기관의 운영에 관한 법률 제2조 제1항에 따른 출자기관 및 출연기관, ③ 특별법에 따라 설립된 특수법인, ④ 사회복지사업법 제42조 제1항에 따라 국가나 지방자치단체로부터 보조금을 받는 사회복지법인과 사회복지사업을 하는 비영리법인, ⑤ ④ 외에 보조금 관리에 관한 법률 제9조 또는 지방재정법 제17조 제1항 각 호 외의 부분 단서에 따라 국가 또는 지방자치단체로부터 연간 5천만 원 이상의 보조금을 받는 기관 또는 단체를 말한다(정보공개법 시행령 2).

이처럼 정보공개법은 정보공개의 주체를 행정부에 한정하지 않고 국회와 대법원, 헌법재판소 등 사법부, 중앙선거관리위원회, 다수의 공공기관·국·공영 공기업·사회복지법인 등 폭넓게 규정하고 있다.

이러한 공공기관이 보유·관리하는 정보는 이 법이 정하는 바에 따라 적극적으로 공개함을 원칙으로 한다(정보공개법 3).

[판례1] 정보를 공개할 의무가 있는 '특별법에 의하여 설립된 특수법인' 해당 여부의 판단 기준과 한국방송공사가 정보공개기관인지 여부

"어느 법인이 정보공개법 제2조 제3호, 같은 법 시행령 제2조 제4호에 따라 정보를 공개할 의무가 있는 '특별법에 의하여 설립된 특수법인'에 해당하는지 여부는 국민의 알 권리를 보장하고 국정에 대한 국민의 참여와 국정운영의 투명성을 확보하고자 하는 위 법의 입법 목적을 염두에 두고, 해당 법인에게 부여된 업무가 국가행정업무이거나 이에 해당하지 않더라도 그 업무 수행으로써 추구하는 이익이 해당 법인 내부의 이익에 그치지 않고 공동체 전체의 이익에 해당하는 공익적 성격을 갖는지 여부를 중심으로 개별적으로 판단하되, 해당 법인의 설립근거가 되는 법률이 법인의 조직구성과 활동에 대한 행정적 관리·감독 등에서 민법이나 상법 등에 의하여 설립된 일반 법인과

달리 규율한 취지, 국가나 지방자치단체의 해당 법인에 대한 재정적 지원·보조의 유무와 그 정도, 해당 법인의 공공적 업무와 관련하여 국가기관·지방자치단체 등 다른 공공기관에 대한 정보공개청구와는 별도로 해당 법인에 대하여 직접 정보공개청구를 구할 필요성이 있는지 여부 등을 종합적으로 고려하여야 한다(대법원 2010.4.29, 선고 2008두5643 판결 참조).

위와 같은 법리에 비추어 볼 때, 원심이 방송법이라는 특별법에 의하여 설립·운영되는 특수법인인 피고(한국방송공사)는 정보공개법 시행령 제2조 제4호의 '특별법에 의하여 설립된 특수법인'으로서 정보공개의무가 있는 공공기관에 해당한다고 판단한 것은 정당하고, 거기에 상고이유에서 주장하는 바와 같은 정보공개법 제2조 제3호의 '공공기관'에 관한 법리오해 등의 위법이 없다(대판 2010.12.23, 2008두13392)."

[판례2] '한국증권업협회'는 '특별법에 의하여 설립된 특수법인'에 해당한다고 보기 어렵다고 한 사례

"'한국증권업협회'는 증권회사 상호간의 업무질서를 유지하고 유가증권의 공정한 매매거래 및 투자자보호를 위하여 일정 규모 이상인 증권회사 등으로 구성된 회원조직으로서, 증권거래법 또는 그 법에 의한 명령에 대하여 특별한 규정이 있는 것을 제외하고는 민법 중 사단법인에 관한 규정을 준용 받는 점, 그 업무가 국가기관 등에 준할 정도로 공동체 전체의 이익에 중요한 역할이나 기능에 해당하는 공공성을 갖는다고 볼 수 없는 점 등에 비추어, 정보공개법 시행령 제2조 제4호의 '특별법에 의하여 설립된 특수법인'에 해당한다고 보기 어렵다(대판 2010.4.29, 2008두5643)."

[판례3] 정보공개법 시행령이 정보공개의무를 지는 공공기관의 하나로 사립대학교를 들고 있는 것이 모법의 위임 범위를 벗어났다거나 사립대학교가 국비의 지원을 받는 범위 내에서만 공공기관의 성격을 가진다고 볼 수 없다는 사례

"… 사립대학교에 대한 국비 지원이 한정적·일시적·국부적이라는 점을 고려하더라도, 정보공개법 시행령(2004.3.17. 대통령령 제18312호로 개정되기 전의 것) 제2조 제1호가 정보공개의무를 지는 공공기관의 하나로 사립대학교를 들고 있는 것이 모법인 (구) 공공기관의 정보공개에 관한 법률의 위임 범위를 벗어났다거나 사립대학교가 국비의 지원을 받는 범위 내에서만 공공기관의 성격을 가진다고 볼 수 없다(대판 2006.8.24, 2004두2783)."

한편 대법원은 정보공개제도가 공공기관이 보유·관리하는 정보를 그 상태대로 공개하는 제도라는 점에서 공공기관이 그 정보를 보유·관리하고 있지 아니한 경우에는 정보공개 거부처분의 취소를 구할 법률상 이익(협의의 소익)이 없다는 입장이다.

[판례4] 공공기관이 공개를 구하는 정보를 보유·관리하고 있지 아니한 경우, 정보공개거부처분의 취소를 구할 법률상의 이익이 있는지 여부(소극)

"정보공개제도는 공공기관이 보유·관리하는 정보를 그 상태대로 공개하는 제도라는 점 등에 비추어 보면, 정보공개를 구하는 자가 공개를 구하는 정보를 행정기관이 보유·관리하고 있을 상당한 개연성이 있다는 점을 입증함으로써 족하다 할 것이지만, 공공기관이 그 정보를 보유·관리하고 있지 아니한 경우에는 특별한 사정이 없는 한 정보공개거부처분의 취소를 구할 법률상의 이익이 없다(대판 2006.1.13, 2003두9459)."

[판례5] 정보공개청구자가 특정한 것과 같은 정보를 공공기관이 보유·관리하고 있지 않은 경우, 해당 정보에 대한 공개거부처분에 대하여 취소를 구할 법률상 이익이 있는지 여부(원칙적 소극) 및 공개를 구하는 정보를 공공기관이 보유·관리하는 점에 대한 증명책임의 소재

"… 만일 공개청구자가 특정한 바와 같은 정보를 공공기관이 보유·관리하고 있지 않은 경우라면 특별한 사정이 없는 한 해당 정보에 대한 공개거부처분에 대하여는 취소를 구할 법률상 이익이 없다. 이와 관련하여 <u>공개청구자는 그가 공개를 구하는 정보를 공공기관이 보유·관리하고 있을 상당한 개연성이 있다는 점에 대하여 입증할 책임이 있으나, 공개를 구하는 정보를 공공기관이 한때 보유·관리하였으나 후에 그 정보가 담긴 문서들이 폐기되어 존재하지 않게 된 것이라면 그 정보를 더 이상 보유·관리하고 있지 않다는 점에 대한 증명책임은 공공기관에 있다</u>(대판 2013.1.24, 2010두18918)."

3. 적용범위

정보공개법은 정보공개에 관하여는 다른 법률에 특별한 규정이 있는 경우를 제외하고는 이 법이 정하는 바에 따른다고 하여(정보공개법 4 ①), 이 법이 행정정보공개에 관한 일반법임을 명시하고 있다.

[판례] [1] (구) 정보공개법 제4조 제1항에서 정한 '정보공개에 관하여 다른 법률에 특별한 규정이 있는 경우'에 해당하여 위 법의 적용을 배제하기 위한 요건

[2] 형사소송법 제59조의2가 '정보의 공개에 관하여 다른 법률에 특별한 규정이 있는 경우'에 해당하는지 여부(적극) 및 형사재판확정기록의 공개에 관하여 (구) 정보공개법에 의한 공개청구가 허용되는지 여부(소극)

"[1] <u>'정보공개에 관하여 다른 법률에 특별한 규정이 있는 경우'에 해당한다고 하여 정보공개법의 적용을 배제하기 위해서는, 특별한 규정이 '법률'이어야 하고, 나아가 내용이 정보공개의 대상 및 범위, 정보공개의 절차, 비공개대상정보 등에 관하여 정보공개법과 달리 규정하고 있는 것이어야 한</u>

다(대법원 2007.6.1, 선고 2007두2555 판결 등 참조).

[2] 형사소송법 제59조의2의 내용·취지 등을 고려하면, 형사소송법 제59조의2는 형사재판확정기록의 공개 여부나 공개 범위, 불복절차 등에 대하여 정보공개법과 달리 규정하고 있는 것으로 정보공개법 제4조 제1항에서 정한 '정보의 공개에 관하여 다른 법률에 특별한 규정이 있는 경우'에 해당한다. 따라서 형사재판확정기록의 공개에 관하여는 정보공개법에 의한 공개청구가 허용되지 아니한다(대판 2016.12.15, 2013두20882)."

다만 국가안전보장에 관련되는 정보 및 보안 업무를 관장하는 기관에서 국가안전보장과 관련된 정보의 분석을 목적으로 수집하거나 작성한 정보에 대해서 이 법을 적용하지 아니한다(정보공개법 4 ③).

정보공개법은 이 법과 조례와의 관계에 관하여 "지방자치단체는 그 소관 사무에 관하여 법령의 범위에서 정보공개에 관한 조례를 정할 수 있다."고 규정하고 있는데(정보공개법 4 ②), 이는 이 법의 제정에 앞서 제정된 지방자치단체들의 정보공개조례를 추인하는 의미도 있다고 할 것이다.

4. 정보공개청구권자

모든 국민은 정보의 공개를 청구할 권리를 가진다(정보공개법 5 ①). 여기에서의 국민에는 자연인은 물론 법인, 권리능력 없는 사단·재단도 포함된다[판례1].

외국인의 경우 ① 국내에 일정한 주소를 두고 거주하거나 학술·연구를 위하여 일시적으로 체류하는 자이거나 ② 국내에 사무소를 두고 있는 법인 또는 단체인 경우에는 정보공개를 청구할 수 있다(정보공개법 5 ②).

[판례1] 정보공개법 제6조 제1항 소정의 국민의 범위(시민단체도 포함되는지 여부)

"(구) 정보공개법 제6조 제1항은 "모든 국민은 정보의 공개를 청구할 권리를 가진다."고 규정하고 있는데, 여기에서 말하는 국민에는 자연인은 물론 법인, 권리능력 없는 사단·재단도 포함되고, 법인, 권리능력 없는 사단·재단 등의 경우에는 설립목적을 불문하며, 한편 정보공개청구권은 법률상 보호되는 구체적인 권리이므로 청구인이 공공기관에 대하여 정보공개를 청구하였다가 거부처분을 받은 것 자체가 법률상 이익의 침해에 해당한다.

원심은 이유는 다르지만 권리능력 없는 사단인 원고(충주환경운동연합)에게 이 사건 정보공개를 청구할 수 있는 당사자능력과 이 사건 정보공개거부처분의 취소를 구할 법률상 이익이 있다고 판단한 결론은 정당하고, 거기에 상고이유에서 주장하는 바와 같은 정보공개청구에 있어서의 당사자능력이나 당사자적격 등에 관한 법리를 오해한 위법이 없다(대판 2003.12.12, 2003두8050)."

[판례2] 국민의 정보공개청구가 권리의 남용에 해당하는 것이 명백한 경우, 정보공개청구권의 행사를 허용해야 하는지

"… 국민의 정보공개청구는 정보공개법 제9조에 정한 비공개 대상 정보에 해당하지 아니하는 한 원칙적으로 폭넓게 허용되어야 하지만, 실제로는 해당 정보를 취득 또는 활용할 의사가 전혀 없이 정보공개 제도를 이용하여 사회통념상 용인될 수 없는 부당한 이득을 얻으려 하거나, 오로지 공공기관의 담당공무원을 괴롭힐 목적으로 정보공개청구를 하는 경우처럼 권리의 남용에 해당하는 것이 명백한 경우에는 정보공개청구권의 행사를 허용하지 아니하는 것이 옳다(대판 2014.12.24, 2014두9349)."

5. 비공개대상정보 *

정보공개법은 공공기관이 보유하고 있는 정보에 대하여 공개를 원칙으로 하면서도, 이에 대한 예외로서 8가지의 비공개대상정보는 이를 공개하지 않을 수 있다고 규정하고 있다(정보공개법 9 ①).

이러한 비공개대상정보는 ① 다른 법률 또는 법률이 위임한 명령(국회규칙 · 대법원규칙 · 헌법재판소규칙 · 중앙선거관리위원회규칙 · 대통령령 및 조례)에 따라 비밀 또는 비공개 사항으로 규정된 정보[판례1], ② 국가안전보장 · 국방 · 통일 · 외교관계 등에 관한 사항으로서 공개될 경우 국가의 중대한 이익을 현저히 해할 우려가 있다고 인정되는 정보[판례2], ③ 공개될 경우 국민의 생명 · 신체 및 재산의 보호에 현저한 지장을 초래할 우려가 있다고 인정되는 정보, ④ 진행 중인 재판에 관련된 정보[판례3]와 범죄의 예방, 수사, 공소의 제기 및 유지, 형의 집행, 교정, 보안처분에 관한 사항으로서 공개될 경우 그 직무수행을 현저히 곤란하게 하거나 형사피고인의 공정한 재판을 받을 권리를 침해한다고 인정할 만한 상당한 이유가 있는 정보[판례3], ⑤ 감사 · 감독 · 검사 · 시험 · 규제 · 입찰계약 · 기술개발 · 인사관리 · 의사결정 과정 또는 내부검토 과정에 있는 사항 등으로서 공개될 경우 업무의 공정한 수행이나 연구 · 개발에 현저한 지장을 초래한다고 인정할 만한 상당한 이유가 있는 정보[판례4,5,6,7,8], ⑥ 해당 정보에 포함되어 있는 이름 · 주민등록번호 등 개인에 관한 사항으로서 공개될 경우 개인의 사생활의 비밀 또는 자유를 침해할 우려가 있다고 인정되는 정보[판례9](다만, (i) 법령이 정하는 바에 따라 열람할 수 있는 정보, (ii) 공공기관이 공표를 목적으로 작성하거나 취득한 정보로서 개인의 사생활의 비밀과 자유를 부당하게 침해하지 않는 정보, (iii) 공공기관이 작성하거나 취득한 정보로서 공개하는 것이 공익 또는 개인의 권리 구제를 위하여 필요하다고 인정되는 정보[판례10], (iv) 직무를 수행한 공무원의 성명 · 직위, (v) 공개하는 것이 공익을 위하여 필요한 경우로써 법령에 따라 국가 또는 지방자치단체가 업무의 일부를 위탁 또는 위촉한 개인의 성명 · 직업에 관한 정보는 제외), ⑦ 법인 · 단체 또는 개인의 경영 · 영업상 비밀에 관한 사항으로서 공개될 경우 이들의 정당한 이익을

* 사법시험(2006년), 행정고시(일반행정)(2009년), 5급공채(일반행정)(2011년), 5급공채(행정)(2015년).

현저히 해할 우려가 있다고 인정되는 정보[판례11](다만 (i) 사업활동에 의하여 발생하는 위해로부터 사람의 생명·신체 또는 건강을 보호하기 위하여 공개할 필요가 있는 정보, (ii) 위법·부당한 사업활동으로부터 국민의 재산 또는 생활을 보호하기 위하여 공개할 필요가 있는 정보는 제외), ⑧ 공개될 경우 부동산 투기·매점매석 등으로 특정인에게 이익 또는 불이익을 줄 우려가 있다고 인정되는 정보이다.

공공기관은 위의 사유에 해당하는 정보가 기간의 경과 등으로 인하여 비공개의 필요성이 없어진 경우에는 당해 정보를 공개 대상으로 하여야 한다(정보공개법 9 ②).

[판례1] 정보공개법 제9조 제1항 제1호의 비공개대상정보

[1] "국가정보원의 조직·소재지 및 정원에 관한 정보는 특별한 사정이 없는 한 국가안전보장을 위하여 비공개가 필요한 경우로서 (구) 국가정보원법 제6조에서 정한 비공개 사항에 해당하고, 결국 정보공개법 제9조 제1항 제1호에서 말하는 '다른 법률에 의하여 비공개 사항으로 규정된 정보'에도 해당한다고 보는 것이 타당하다(대판 2013.1.24, 2010두18918)."

[2] "국가정보원법 제12조가 국회에 대한 관계에서조차 국가정보원 예산내역의 공개를 제한하고 있는 것은, 정보활동의 비밀보장을 위한 것으로서, 그 밖의 관계에서도 국가정보원의 예산내역을 비공개 사항으로 한다는 것을 전제로 하고 있다고 볼 수 있고, 예산집행내역의 공개는 예산내역의 공개와 다를 바 없어, 비공개 사항으로 되어 있는 '예산내역'에는 예산집행내역도 포함된다고 보아야 하며, 국가정보원이 그 직원에게 지급하는 현금급여 및 월초수당에 관한 정보는 국가정보원 예산집행내역의 일부를 구성하는 것이므로, 위 현금급여 및 월초수당에 관한 정보는 국가정보원법 제12조에 의하여 비공개 사항으로 규정된 정보로서 정보공개법 제9조 제1항 제1호의 비공개대상정보인 '다른 법률에 의하여 비공개 사항으로 규정된 정보'에 해당한다고 보아야 하고, 위 현금급여 및 월초수당이 근로의 대가로서의 성격을 가진다거나 정보공개청구인이 해당 직원의 배우자라고 하여 달리 볼 것은 아니다(대판 2010.12.23, 2010두14800)."

[3] "학교폭력예방 및 대책에 관한 법률(이하 '학교폭력예방법') 제21조 제1항, 제2항, 제3항 및 같은 법 시행령 제17조 규정들의 내용, 학교폭력예방법의 목적, 입법 취지, 특히 학교폭력예방법 제21조 제3항이 학교폭력대책자치위원회[12]의 회의를 공개하지 못하도록 규정하고 있는 점 등에 비추어, 학교폭력대책자치위원회의 회의록은 정보공개법 제9조 제1항 제1호의 '다른 법률 또는 법률이 위임한 명령에 의하여 비밀 또는 비공개 사항으로 규정된 정보'에 해당한다(대판 2010.6.10, 2010두2913)."

[판례] 이 사건 국제중재 사건에서 신청인들이 주장·청구하는 손해액 중 대한민국이 부과한 세액의 합계액과 이를 청구하는 신청인들의 명단이 과세정보에 해당하는지 여부(소극)

"원심은, 구 국세기본법 제81조의13 제1항 본문의 과세정보는 정보공개법 제9조 제1항 제1호의

12) 2019.8.30. 법개정으로 '학교폭력대책심의위원회'로 개정.

'다른 법률에 의하여 비밀 또는 비공개 사항으로 규정한 정보'에 해당하지만(대판 2004.3.12, 2003두11544 참조), 이 사건 국제중재 사건에서 중재신청인들이 주장·청구하는 손해액 중 대한민국이 중재신청인들에게 부과한 과세·원천징수세액의 총 합계액과 이를 청구하는 중재신청인들의 명단(이하 '쟁점 정보'라 한다)은 이 사건 국제중재 사건에서 신청인들이 주장·청구하는 손해액 중 대한민국이 신청인들에게 부과한 과세·원천징수세액의 총 합계액과 이를 청구하는 신청인들의 명단일 뿐 신청인별 과세·원천징수세액은 아니어서 신청인별 과세·원천징수세액의 총 합계액을 공개하더라도 납세자인 신청인들에 대한 개별 과세·원천징수세액은 알 수 없다는 등의 이유로 쟁점 정보가 과세정보에 해당한다고 보기 어렵고, 달리 쟁점 정보가 과세정보에 해당한다는 점에 관한 증거가 없다고 판단하였다.

관련 법리와 기록에 비추어 살펴보면, 원심의 이유 설시에 다소 부적절한 부분이 있으나 정보공개법 제9조 제1항 제1호의 적용을 부정한 결론은 정당하고, 구 국세기본법 제81조의13 제1항 본문의 과세정보에 관한 법리 등을 오해한 잘못이 없다(대판 2020.5.14, 2017두49652[정보공개거부처분취소])."

[판례2] 보안관찰법 소정의 보안관찰 관련 통계자료가 정보공개법 제7조 제1항 제2호, 제3호 소정의 비공개대상정보에 해당하는지 여부

"[다수의견] 보안관찰처분을 규정한 보안관찰법에 대하여 헌법재판소도 이미 그 합헌성을 인정한 바 있고, 보안관찰법 소정의 보안관찰 관련 통계자료는 우리나라 53개 지방검찰청 및 지청관할지역에서 매월 보고된 보안관찰처분에 관한 각종 자료로서, 보안관찰처분대상자 또는 피보안관찰자들의 매월별 규모, 그 처분시기, 지역별 분포에 대한 전국적 현황과 추이를 한눈에 파악할 수 있는 구체적이고 광범위한 자료에 해당하므로 '통계자료'라고 하여도 그 함의(含意)를 통하여 나타내는 의미가 있음이 분명하여 가치중립적일 수는 없고, 그 통계자료의 분석에 의하여 대남공작활동이 유리한 지역으로 보안관찰처분대상자가 많은 지역을 선택하는 등으로 위 정보가 북한정보기관에 의한 간첩의 파견, 포섭, 선전선동을 위한 교두보의 확보 등 북한의 대남전략에 있어 매우 유용한 자료로 악용될 우려가 없다고 할 수 없으므로, 위 정보는 정보공개법 제7조 제1항 제2호 소정의 공개될 경우 국가안전보장·국방·통일·외교관계 등 국가의 중대한 이익을 해할 우려가 있는 정보, 또는 제3호 소정의 공개될 경우 국민의 생명·신체 및 재산의 보호 기타 공공의 안전과 이익을 현저히 해할 우려가 있다고 인정되는 정보에 해당한다(대판 2004.3.18, 2001두8254 전원합의체)."

[판례] 일본군위안부 피해자 합의를 위한 협상 과정에서 일본군과 관헌에 의한 위안부 '강제연행'의 존부 및 사실인정 문제에 대해 협의한 정보를 공개하지 않은 처분이 적법한지 여부(적극)

"(갑이 외교부장관에게 '2015.12.28. 일본군위안부 피해자 합의와 관련하여 한일 외교장관 공동 발표

문의 문안을 도출하기 위하여 진행한 협의 협상에서 일본군과 관헌에 의한 위안부 강제연행의 존부 및 사실인정 문제에 대해 협의한 협상 관련 외교부장관 생산 문서'에 대한 공개를 청구하였으나, 외교부장관이 갑에게 '공개 청구 정보가 공공기관의 정보공개에 관한 법률 제9조 제1항 제2호에 해당한다.'는 이유로 비공개 결정을 한 사안에서) 12·28 일본군위안부 피해자 합의와 관련된 협의가 비공개로 진행되었고, 대한민국과 일본 모두 그 협의 관련 문서를 비공개문서로 분류하여 취급하고 있는데 우리나라가 그 협의 내용을 일방적으로 공개할 경우 우리나라와 일본 사이에 쌓아온 외교적 신뢰관계에 심각한 타격이 있을 수 있는 점, 이에 따라 향후 일본은 물론 다른 나라와 협상을 진행하는 데에도 큰 어려움이 발생할 수 있는 점, 12·28 일본군위안부 피해자 합의에 사용된 표현이 다소 추상적이고 모호하기는 하나 이는 협상 과정에서 양국이 나름의 숙고와 조율을 거쳐 채택된 표현으로서 그 정확한 의미에 대한 해석이 요구된다기보다 오히려 표현된 대로 이해하는 것이 적절한 점 등을 종합하여, 위 합의를 위한 협상 과정에서 일본군과 관헌에 의한 위안부 '강제연행'의 존부 및 사실인정 문제에 대해 협의한 정보를 공개하지 않은 처분이 적법하다고 본 원심판단이 정당하다고 한 사례(대판 2023.6.1, 2019두41324[정보비공개처분취소의소])."

[판례3] '진행 중인 재판에 관련된 정보'의 범위

"정보공개법은 제9조 제1항 제4호가 정한 '진행 중인 재판에 관련된 정보'에 해당한다는 사유로 정보공개를 거부하기 위하여는 반드시 그 정보가 진행 중인 재판의 소송기록 그 자체에 포함된 내용의 정보일 필요는 없으나, 재판에 관련된 일체의 정보가 그에 해당하는 것은 아니고 진행 중인 재판의 심리 또는 재판결과에 구체적으로 영향을 미칠 위험이 있는 정보에 한정된다고 봄이 상당하다.

원심은 '론스타 측이 제출한 동일인 현황 등 자료' 및 '금융감독원의 심사결과보고서' 등 원심판시 제3정보는 이 사건 처분 당시 진행 중인 대법원 2007두11412호 사건의 쟁점과 관련이 없는 점 등에 비추어 정보공개법 제9조 제1항 제4호 소정의 비공개대상정보인 '진행 중인 재판에 관련된 정보'에 해당하지 아니한다는 취지로 판단하였다. 원심의 이러한 판단은 위 법리에 따른 것으로서 정당하고, 거기에 위 규정 소정의 비공개대상정보의 의미나 그 포섭에 관한 법리오해 등의 위법이 없다(대판 2011.11.24, 2009두19021)."

[판례] '수사에 관한 사항으로서 공개될 경우 직무수행을 현저히 곤란하게 한다고 인정할 만한 상당한 이유가 있는 정보'의 취지와 요건

"… '수사에 관한 사항으로서 공개될 경우 그 직무수행을 현저히 곤란하게 한다고 인정할 만한 상당한 이유가 있는 정보'를 비공개대상정보로 규정한 취지는 수사의 방법 및 절차 등이 공개되어 수사기관의 직무수행에 현저한 곤란을 초래할 위험을 막고자 하는 것으로서, … 수사의 방법 및 절

차 등이 공개됨으로써 수사기관의 직무수행을 현저히 곤란하게 한다고 인정할 만한 상당한 이유가 있어야만 위 비공개대상정보에 해당한다. 여기에서 '공개될 경우 그 직무수행을 현저히 곤란하게 한다고 인정할 만한 상당한 이유가 있는 정보'란 당해 정보가 공개될 경우 수사 등에 관한 직무의 공정하고 효율적인 수행에 직접적이고 구체적으로 장애를 줄 고도의 개연성이 있고 그 정도가 현저한 경우를 의미하며 … (대판 2017.9.7, 2017두44558[불기소사건기록등열람등사불허가처분취소])."

[판례4] 정보공개법 제9조 제1항 제5호의 대상정보, 의미와 판단기준 등

"[1] 정보공개법상 비공개대상정보의 입법 취지에 비추어 살펴보면, 같은 법 제7조 제1항 제5호에서의 '감사·감독·검사·시험·규제·입찰계약·기술개발·인사관리·의사결정과정 또는 내부검토과정에 있는 사항'은 비공개대상정보를 예시적으로 열거한 것이라고 할 것이므로 의사결정과정에 제공된 회의관련자료나 의사결정과정이 기록된 회의록 등은 의사가 결정되거나 의사가 집행된 경우에는 더 이상 의사결정과정에 있는 사항 그 자체라고는 할 수 없으나, 의사결정과정에 있는 사항에 준하는 사항으로서 비공개대상정보에 포함될 수 있다.

[2] 정보공개법 제7조 제1항 제5호에서 규정하고 있는 '공개될 경우 업무의 공정한 수행에 현저한 지장을 초래한다고 인정할 만한 상당한 이유가 있는 경우'라 함은 같은 법 제1조의 정보공개제도의 목적 및 같은 법 제7조 제1항 제5호의 규정에 의한 비공개대상정보의 입법 취지에 비추어 볼 때 공개될 경우 업무의 공정한 수행이 객관적으로 현저하게 지장을 받을 것이라는 고도의 개연성이 존재하는 경우를 의미한다고 할 것이고, 여기에 해당하는지 여부는 비공개에 의하여 보호되는 업무수행의 공정성 등의 이익과 공개에 의하여 보호되는 국민의 알권리의 보장과 국정에 대한 국민의 참여 및 국정운영의 투명성 확보 등의 이익을 비교·교량하여 구체적인 사안에 따라 신중하게 판단되어야 한다.

[3] 학교환경위생구역 내 금지행위(숙박시설) 해제결정에 관한 학교환경위생정화위원회의 회의록에 기재된 발언내용에 대한 해당 발언자의 인적사항 부분에 관한 정보는 정보공개법 제7조 제1항 제5호 소정의 비공개대상에 해당한다(대판 2003.8.22, 2002두12946)."

[판례] 외국 또는 외국 기관으로부터 비공개를 전제로 정보를 입수하였다는 이유만으로 이를 공개할 경우 업무의 공정한 수행에 현저한 지장을 받을 것이라고 단정할 수 있는지 여부(소극)

"외국 또는 외국 기관으로부터 비공개를 전제로 정보를 입수하였다는 이유만으로 이를 공개할 경우 업무의 공정한 수행에 현저한 지장을 받을 것이라고 단정할 수는 없다. 다만 위와 같은 사정은 정보 제공자와의 관계, 정보 제공자의 의사, 정보의 취득 경위, 정보의 내용 등과 함께 업무의 공정한 수행에 현저한 지장이 있는지를 판단할 때 고려하여야 할 형량 요소이다(대판 2018.9.28, 2017두69892[정보공개거부처분취소])."

[판례5] 정보공개법상 비공개대상정보인 '시험에 관한 사항으로서 공개될 경우 업무의 공정한 수행에 현저한 지장을 초래하는 정보'의 판단 기준

"[1] 정보공개법 제9조 제1항 제5호는 시험에 관한 사항으로서 공개될 경우 업무의 공정한 수행에 현저한 지장을 초래한다고 인정할 만한 상당한 이유가 있는 정보는 공개하지 아니할 수 있도록 하고 있는바, 여기에서 시험정보로서 공개될 경우 업무의 공정한 수행에 현저한 지장을 초래하는지 여부는 같은 법 및 시험정보를 공개하지 아니할 수 있도록 하고 있는 입법 취지, 당해 시험 및 그에 대한 평가행위의 성격과 내용, 공개의 내용과 공개로 인한 업무의 증가, 공개로 인한 파급효과 등을 종합하여 개별적으로 판단되어야 한다.

[2] 치과의사 국가시험에서 채택하고 있는 문제은행 출제방식이 출제의 시간·비용을 줄이면서도 양질의 문항을 확보할 수 있는 등 많은 장점을 가지고 있는 점, 그 시험문제를 공개할 경우 발생하게 될 결과와 시험업무에 초래될 부작용 등을 감안하면, 위 시험의 문제지와 그 정답지를 공개하는 것은 시험업무의 공정한 수행이나 연구·개발에 현저한 지장을 초래한다고 인정할 만한 상당한 이유가 있는 경우에 해당하므로, 정보공개법 제9조 제1항 제5호에 따라 이를 공개하지 않을 수 있다(대판 2007.6.15, 2006두15936)."

[판례6] 의사결정과정 중에 있는 회의관련자료는 비공개대상이나 결정이 대외적으로 공표된 후에는 공개대상이라는 사례

"위원회의 심의 후 그 심의사항들에 대한 시장 등의 결정의 대외적 공표행위가 있기 전까지는 위 위원회의 회의관련자료 및 회의록은 정보공개법 제7조 제1항 제5호에서 규정하는 비공개대상정보에 해당한다고 할 것이고, 다만 시장 등의 결정의 대외적 공표행위가 있은 후에는 이를 의사결정과정이나 내부검토과정에 있는 사항이라고 할 수 없고 위 위원회의 회의관련자료 및 회의록을 공개하더라도 업무의 공정한 수행에 지장을 초래할 염려가 없으므로, 시장 등의 결정의 대외적 공표행위가 있은 후에는 위 위원회의 회의관련자료 및 회의록은 같은 법 제7조 제2항에 의하여 공개대상이 된다고 할 것이다(대판 2000.5.30, 99추85)."

[판례7] 대학수학능력시험 원데이터가 비공개대상정보에 해당하는지 여부

"'2002년도 및 2003년도 국가 수준 학업성취도평가 자료'는 표본조사 방식으로 이루어졌을 뿐만 아니라 학교식별정보 등도 포함되어 있어서 그 원자료 전부가 그대로 공개될 경우 학업성취도평가 업무의 공정한 수행이 객관적으로 현저하게 지장을 받을 것이라는 고도의 개연성이 존재한다고 볼 여지가 있어 공공기관의 정보공개에 관한 법률 제9조 제1항 제5호에서 정한 비공개대상정보에 해당하는 부분이 있으나, '2002학년도부터 2005학년도까지의 대학수학능력시험 원데이터'는 연구 목적으로 그 정보의 공개를 청구하는 경우, 공개로 인하여 초래될 부작용이 공개로 얻을 수 있는 이

익보다 더 클 것이라고 단정하기 어려우므로 그 공개로 대학수학능력시험 업무의 공정한 수행이 객관적으로 현저하게 지장을 받을 것이라는 고도의 개연성이 존재한다고 볼 수 없어 위 조항의 비공개대상정보에 해당하지 않는다(대판 2010.2.25, 2007두9877)."

[판례8] 독립유공자서훈 공적심사위원회의 회의록을 비공개대상정보라고 본 사례

"… 독립유공자 등록에 관한 신청당사자의 알권리 보장에는 불가피한 제한이 따를 수밖에 없고 관계 법령에서 제한을 다소나마 해소하기 위해 조치를 마련하고 있는 점, 독립유공자서훈 공적심사위원회의 심사에는 심사위원들의 전문적·주관적 판단이 상당 부분 개입될 수밖에 없는 심사의 본질에 비추어 공개를 염두에 두지 않은 상태에서의 심사가 그렇지 않은 경우보다 더 자유롭고 활발한 토의를 거쳐 객관적이고 공정한 심사 결과에 이를 개연성이 큰 점 등 위 회의록 공개에 의하여 보호되는 알권리의 보장과 비공개에 의하여 보호되는 업무수행의 공정성 등의 이익 등을 비교·교량해 볼 때, 위 회의록은 정보공개법 제9조 제1항 제5호에서 정한 '공개될 경우 업무의 공정한 수행에 현저한 지장을 초래한다고 인정할 만한 상당한 이유가 있는 정보'에 해당한다(대판 2014.7.24, 2013두20301)."

[판례9] 불기소처분 기록이나 내사기록 중 피의자신문조서 등 조서에 기재된 피의자 등의 인적사항 이외의 진술내용이 개인의 사생활의 비밀 또는 자유를 침해할 우려가 인정되는 경우 비공개대상정보에 해당하는지 여부(적극)

"정보공개법 제9조 제1항 제6호의 … 비공개대상정보에는 성명·주민등록번호 등 '개인식별정보' 뿐만 아니라 그 외에 정보의 내용에 따라 '개인에 관한 사항의 공개로 인하여 개인의 내밀한 내용의 비밀 등이 알려지게 되고, 그 결과 인격적·정신적 내면생활에 지장을 초래하거나 자유로운 사생활을 영위할 수 없게 될 위험성이 있는 정보'도 포함된다. 따라서 불기소처분 기록이나 내사기록 중 피의자신문조서 등 조서에 기재된 피의자 등의 인적사항 이외의 진술내용 역시 개인의 사생활의 비밀 또는 자유를 침해할 우려가 인정되는 경우에는 위 비공개대상정보에 해당한다(대판 2017.9.7, 2017두44558)."

[판례] 심리생리검사에서 질문한 질문내용문서가 비공개대상정보인지 여부(적극)

"(원고가 심리생리검사 관련 자료 일체와 제3자에 대한 검찰피의자신문문조서 영상녹화 CD의 공개를 요구함에 대하여 피고가 정보비공개결정을 한 사안에서) 원심이 '이 사건 심리생리검사에서 질문한 질문내용문서'를 공개하는 것은 심리생리검사업무에 현저한 지장을 초래한다고 인정할 만한 상당한 이유가 있다고 보아 이에 대한 비공개결정이 적법하다고 판단한 것은 정당하다(대판 2016.12.15, 2012두11409, 11416(병합))."

[판례10] '공개하는 것이 공익 또는 개인의 권리 구제를 위하여 필요하다고 인정되는 정보'에 해당하는지 여부의 판단 방법

"정보공개법 제9조 제1항 제6호는 비공개 대상 정보의 하나로 '당해 정보에 포함되어 있는 이름·주민등록번호 등 개인에 관한 사항으로서 공개될 경우 개인의 사생활의 비밀 또는 자유를 침해할 우려가 있다고 인정되는 정보'를 규정하면서, 같은 호 단서 (다)목으로 '공공기관이 작성하거나 취득한 정보로서 공개하는 것이 공익 또는 개인의 권리 구제를 위하여 필요하다고 인정되는 정보'는 제외된다고 규정하고 있다. 그런데 여기에서 '공개하는 것이 공익 또는 개인의 권리 구제를 위하여 필요하다고 인정되는 정보'에 해당하는지 여부는 비공개에 의하여 보호되는 개인의 사생활의 비밀 등 이익과 공개에 의하여 보호되는 국정운영의 투명성 확보 등의 공익 또는 개인의 권리 구제 등 이익을 비교·교량하여 구체적 사안에 따라 신중히 판단하여야 한다.

고속철도 역의 유치위원회에 지방자치단체로부터 지급받은 보조금의 사용 내용에 관한 서류 일체 등의 공개를 청구한 사안에서, 공개청구한 정보 중 개인의 성명은 비공개에 의하여 보호되는 개인의 사생활 등의 이익이 국정운영의 투명성 확보 등의 공익보다 더 중요하여 비공개대상정보에 해당한다(대판 2009.10.29, 2009두14224)."

[판례11] '법인 등의 경영·영업상 비밀'의 의미 및 그에 해당하는 정보인지 판단하는 방법

"정보공개법 제9조 제1항 제7호에서 정한 '법인 등의 경영·영업상 비밀'은 '타인에게 알려지지 아니함이 유리한 사업활동에 관한 일체의 정보' 또는 '사업활동에 관한 일체의 비밀사항'을 의미하는 것이고 공개 여부는 공개를 거부할 만한 정당한 이익이 있는지에 따라 결정되어야 하는데, 그러한 정당한 이익이 있는지는 정보공개법의 입법 취지에 비추어 엄격하게 판단해야 한다(대판 2011.11.24, 2009두19021; 대판 2020.5.14, 2020두31408, 2020두31415(병합))."

6. 정보공개절차

(1) 정보공개의 청구

정보의 공개를 청구하는 자는 해당 정보를 보유하거나 관리하고 있는 공공기관에 ① 청구인의 성명·생년월일·주소 및 연락처(전화번호·전자우편주소 등). 다만, 청구인이 법인 또는 단체인 경우에는 그 명칭, 대표자의 성명, 사업자등록번호 또는 이에 준하는 번호, 주된 사무소의 소재지 및 연락처, ② 청구인의 주민등록번호(본인임을 확인하고 공개 여부를 결정할 필요가 있는 정보를 청구하는 경우로 한정), ③ 공개를 청구하는 정보의 내용 및 공개방법을 적은 정보공개청구서를 제출하거나 말로써 정보의 공개를 청구할 수 있다(정보공개법 10 ①).

(2) 공공기관의 결정

공공기관은 제10조의 규정에 따라 정보공개의 청구를 받으면 그 청구를 받은 날부터 10일 이내에 공개 여부를 결정하여야 한다. 그러나 부득이한 사유로 이 기간 이내에 공개 여부를 결정할 수 없는 때에는 그 기간이 끝나는 날의 다음 날부터 기산하여 10일의 범위에서 공개 여부 결정기간을 연장할 수 있다. 이 경우 공공기관은 연장된 사실과 연장사유를 청구인에게 지체 없이 문서로 통지하여야 한다(정보공개법 11 ①, ②).

공개 청구된 공개 대상 정보의 전부 또는 일부가 제3자와 관련이 있다고 인정할 때에는 그 사실을 제3자에게 지체 없이 통지하여야 하며, 필요한 경우에는 그의 의견을 들을 수 있다(정보공개법 11 ③).

공공기관은 제11조에도 불구하고 제10조 제1항 및 제2항에 따른 정보공개 청구가 ① 정보공개를 청구하여 정보공개 여부에 대한 결정의 통지를 받은 자가 정당한 사유 없이 해당 정보의 공개를 다시 청구하는 경우이거나 ② 정보공개 청구가 제11조 제5항에 따라 민원으로 처리되었으나 다시 같은 청구를 하는 경우에는 정보공개 청구 대상 정보의 성격, 종전 청구와의 내용적 유사성·관련성, 종전 청구와 동일한 답변을 할 수밖에 없는 사정 등을 종합적으로 고려하여 해당 청구를 종결 처리할 수 있다. 이 경우 종결 처리 사실을 청구인에게 알려야 한다(정보공개법 11의2 ①). 공공기관은 제11조에도 불구하고 제10조 제1항 및 제2항에 따른 정보공개 청구가 ① 제7조 제1항에 따른 정보 등 공개를 목적으로 작성되어 이미 정보통신망 등을 통하여 공개된 정보를 청구하는 경우에는 해당 정보의 소재(所在)를 안내하고, ② 다른 법령이나 사회통념상 청구인의 여건 등에 비추어 수령할 수 없는 방법으로 정보공개 청구를 하는 경우에는 수령이 가능한 방법으로 청구하도록 안내하여, 해당 청구를 종결 처리할 수 있다(정보공개법 11의2 ②).

한편 (구) 정보공개법은 "정보공개를 청구한 날부터 20일 이내에 공공기관이 공개여부를 결정하지 아니한 때에는 비공개의 결정이 있는 것으로 본다((구) 정보공개법 11 ⑤)."고 규정하고 있었으나, 2013.11.7. 법개정으로 이 조항을 삭제하였다. 이 조항의 삭제로 '정보공개신청에 대한 간주거부'는 더 이상 존재하지 않게 되었으나, 이는 권리구제의 측면에서는 문제가 있는 것으로, 정보공개법은 이의신청·행정심판·행정소송에 관한 규정을 모두 개정하여 '정보공개 청구 후 20일이 경과하도록 정보공개 결정이 없는 때'에도 불복을 할 수 있도록 규정하고 있다(정보공개법 18 ①, 19, ①, 20 ①).

[판례] 정보공개 청구권자의 권리구제 가능성 등이 정보의 공개 여부 결정에 영향을 미치는지 여부 (소극)

"정보공개법은 … 정보공개 청구권자가 공개를 청구하는 정보와 어떤 관련성을 가질 것을 요구하거나 정보공개청구의 목적에 특별한 제한을 두고 있지 아니하므로 정보공개 청구권자의 권리구제 가능성 등은 정보의 공개 여부 결정에 아무런 영향을 미치지 못한다(대판 2017.9.7, 2017두44558[불기소사건기록등열람등사불허가처분취소])."

7. 정보공개의 방법

(1) 공개결정의 통지 및 공개방법*

공공기관은 정보의 공개를 결정한 경우에는 공개일시·공개장소 등을 분명히 밝혀 청구인에게 통지하여야 한다(정보공개법 13 ①).

공공기관은 청구인이 사본 또는 복제물의 교부를 원하는 경우에는 이를 교부하여야 한다. 다만, 공개 대상 정보의 양이 너무 많아 정상적인 업무수행에 현저한 지장을 초래할 우려가 있는 경우에는 해당 정보를 일정 기간별로 나누어 제공하거나 사본·복제물의 교부 또는 열람과 병행하여 제공할 수 있다(정보공개법 13 ②, ③).

[판례1] 청구인에게 특정한 정보공개방법을 지정하여 청구할 수 있는 법령상 신청권이 있는지 여부(적극) / 공공기관이 청구인이 신청한 공개방법 이외의 방법으로 공개하기로 하는 결정을 한 경우 일부 거부처분을 한 것인지 여부(적극) 및 이에 대하여 항고소송으로 다툴 수 있는지 여부(적극)

"(구) 정보공개법(2013.8.6. 법률 제11991호로 개정되기 전의 것)은, 정보공개 청구인이 정보공개방법도 아울러 지정하여 정보공개를 청구할 수 있도록 하고 있고, 전자적 형태의 정보를 전자적으로 공개하여 줄 것을 요청한 경우에는 공공기관은 원칙적으로 요청에 응할 의무가 있고, 나아가 비전자적 형태의 정보에 관해서도 전자적 형태로 공개하여 줄 것을 요청하면 재량판단에 따라 전자적 형태로 변환하여 공개할 수 있도록 하고 있다. 이는 정보의 효율적 활용을 도모하고 청구인의 편의를 제고함으로써 (구) 정보공개법의 목적인 국민의 알 권리를 충실하게 보장하려는 것이므로, 청구인에게는 특정한 공개방법을 지정하여 정보공개를 청구할 수 있는 법령상 신청권이 있다.

따라서 공공기관이 공개청구의 대상이 된 정보를 공개는 하되, 청구인이 신청한 공개방법 이외의 방법으로 공개하기로 하는 결정을 하였다면, 이는 정보공개청구 중 정보공개방법에 관한 부분에 대하여 일부 거부처분을 한 것이고, 청구인은 그에 대하여 항고소송으로 다툴 수 있다(대판 2016.11.10, 2016두44674)."

* 5급공채(행정)(2015년).

[판례2] 정보공개 청구인이 정보의 사본 또는 출력물의 교부의 방법으로 공개방법을 선택하여 공개 청구를 한 경우, 공공기관이 그 공개방법을 선택할 재량권이 있는지 여부

"정보공개를 청구하는 자가 공공기관에 대해 정보의 사본 또는 출력물의 교부의 방법으로 공개방법을 선택하여 정보공개청구를 한 경우에 공개청구를 받은 공공기관으로서는 법 제8조 제2항에서 규정한 정보의 사본 또는 복제물의 교부를 제한할 수 있는 사유에 해당하지 않는 한 정보공개청구자가 선택한 공개방법에 따라 정보를 공개하여야 하므로 그 공개방법을 선택할 재량권이 없다고 해석함이 상당하다(대판 2003.3.11, 2002두2918 참조) (대판 2004.8.20, 2003두8302)."

공공기관은 정보를 공개하는 경우에 그 정보의 원본이 더럽혀지거나 파손될 우려가 있거나 그 밖에 상당한 이유가 있다고 인정할 때에는 그 정보의 사본·복제물을 공개할 수 있다(정보공개법 13 ④).

공공기관은 정보의 비공개 결정을 한 경우에는 그 사실을 청구인에게 지체 없이 문서로 통지하여야 하고, 이 경우 비공개 이유와 불복의 방법 및 절차를 구체적으로 밝혀야 한다(정보공개법 13 ⑤).

(2) 부분공개

공개 청구한 정보가 이 법이 정하는 비공개 대상 정보에 해당하는 부분과 공개 가능한 부분이 혼합되어 있는 경우로서 공개 청구의 취지에 어긋나지 아니하는 범위에서 두 부분을 분리할 수 있는 경우에는 비공개 대상 정보에 해당하는 부분을 제외하고 공개하여야 한다(정보공개법 14).

[판례] 공개가 가능한 정보에 한하여 일부취소를 명할 수 있는지 여부 및 정보의 부분 공개가 허용되는 경우의 의미

"법원이 행정기관의 정보공개거부처분의 위법 여부를 심리한 결과 공개를 거부한 정보에 비공개사유에 해당하는 부분과 그렇지 않은 부분이 혼합되어 있고, 공개청구의 취지에 어긋나지 않는 범위 안에서 두 부분을 분리할 수 있음을 인정할 수 있을 때에는 공개가 가능한 정보에 국한하여 일부취소를 명할 수 있다. 이러한 정보의 부분 공개가 허용되는 경우란 그 정보의 공개방법 및 절차에 비추어 당해 정보에서 비공개대상정보에 관련된 기술 등을 제외 혹은 삭제하고 나머지 정보만을 공개하는 것이 가능하고 나머지 부분의 정보만으로도 공개의 가치가 있는 경우를 의미한다(대판 2009.12.10, 2009두12785)."

(3) 정보의 전자적 공개

공공기관은 전자적 형태로 보유·관리하는 정보에 대하여 청구인이 전자적 형태로 공개하여 줄 것을 요청하는 경우에는 그 정보의 성질상 현저히 곤란한 경우를 제외하고는 청구인의 요청에 따라야 한다(정보공개법 15 ①).

공공기관은 전자적 형태로 보유·관리하지 아니하는 정보에 대하여 청구인이 전자적 형태로 공개하여 줄 것을 요청한 경우에는 정상적인 업무수행에 현저한 지장을 초래하거나 그 정보의 성질이 훼손될 우려가 없으면 그 정보를 전자적 형태로 변환하여 공개할 수 있다(정보공개법 15 ②).

(4) 즉시공개

정보공개법은 ① 법령 등에 따라 공개를 목적으로 작성된 정보, ② 일반국민에게 알리기 위하여 작성된 각종 홍보자료, ③ 공개하기로 결정된 정보로서 공개에 오랜 시간이 걸리지 아니하는 정보, ④ 그 밖에 공공기관의 장이 정하는 정보로서 즉시 또는 말로 처리가 가능한 정보에 대해서는 제11조에 따른 정보공개 절차를 거치지 아니하고 공개하도록 하고 있다(정보공개법 16).

8. 비용부담

정보의 공개 및 우송 등에 소요되는 비용은 실비의 범위에서 청구인이 부담한다. 다만 공개를 청구하는 정보의 사용 목적이 공공복리의 유지·증진을 위하여 필요하다고 인정되는 경우에는 그 비용을 감면할 수 있다(정보공개법 17 ①, ②).

9. 불복구제절차

(1) 청구인의 권리보호

정보공개법은 청구인의 불복구제절차로서 이의신청·행정심판·행정소송을 규정하고 있다. 정보공개법 제5조 제1항은 모든 국민을 정보공개청구권자로 규정하고 있으므로 정보공개와 관련된 행정쟁송에서 청구인적격이나 원고적격을 인정하는 데에는 어려움이 없지만, 청구인의 권리보호를 명확하게 하고, 행정쟁송에서 정보와 관련된 특성을 고려하기 위하여 불복구제에 관한 별도의 규정을 둔 것으로 이해된다.

① 이의신청

청구인이 정보공개와 관련한 공공기관의 비공개 또는 부분 공개의 결정에 대하여 불복이 있거나 정보공개 청구 후 20일이 경과하도록 정보공개 결정이 없는 때에는 공공기관으로부터 정보공개 여부의 결정 통지를 받은 날 또는 정보공개 청구 후 20일이 경과한 날부터 30일 이내에 해당 공공기관에 문서로 이의신청을 할 수 있다(정보공개법 18 ①).

국가기관등은 제1항에 따른 이의신청이 있는 경우에는 심의회를 개최하여야 한다. 다만, ① 심의회의 심의를 이미 거친 사항, ② 단순·반복적인 청구, ③ 법령에 따라 비밀로 규정된 정보에 대한 청구 중 어느 하나에 해당하는 경우에는 심의회를 개최하지 아니할 수 있으며 개최하지 아니하는 사유를 청구인에게 문서로 통지하여야 한다(정보공개법 18 ②).

공공기관은 이의신청을 받은 날부터 7일 이내에 그 이의신청에 대하여 결정하고 그 결과를 청구인에게 지체 없이 문서로 통지하여야 한다. 다만, 부득이한 사유로 정하여진 기간 이내에 결정할 수 없을 때에는 그 기간이 끝나는 날의 다음 날부터 기산하여 7일의 범위에서 연장할 수 있으며, 연장사유를 청구인에게 통지하여야 한다(정보공개법 18 ③).

공공기관은 이의신청을 각하 또는 기각하는 결정을 한 경우에는 청구인에게 행정심판 또는 행정소송을 제기할 수 있다는 사실을 결과 통지와 함께 알려야 한다(정보공개법 18 ④).

② 행정심판

청구인이 정보공개와 관련한 공공기관의 결정에 대하여 불복이 있거나 정보공개 청구 후 20일이 경과하도록 정보공개 결정이 없는 때에는 행정심판법에서 정하는 바에 따라 행정심판을 청구할 수 있다. 이 경우 국가기관 및 지방자치단체 외의 공공기관의 결정에 대한 감독행정기관은 관계 중앙행정기관의 장 또는 지방자치단체의 장으로 한다(정보공개법 19 ①). 청구인은 이의신청 절차를 거치지 아니하고 행정심판을 청구할 수 있다(정보공개법 19 ②).

③ 행정소송

청구인이 정보공개와 관련한 공공기관의 결정에 대하여 불복이 있거나 정보공개 청구 후 20일이 경과하도록 정보공개 결정이 없는 때에는 행정소송법에서 정하는 바에 따라 행정소송을 제기할 수 있다(정보공개법 20 ①).

재판장은 필요하다고 인정하면 당사자를 참여시키지 아니하고 제출된 공개 청구 정보를 비공개로 열람·심사할 수 있다(정보공개법 20 ②).

재판장은 행정소송의 대상이 정보공개법상 비공개 대상 정보 중 국가안전보장·국방 또는 외교관계에 관한 정보의 비공개 또는 부분 공개 결정처분인 경우에 공공기관이 그 정보에 대한 비밀 지정의 절차, 비밀의 등급·종류 및 성질과 이를 비밀로 취급하게 된 실질적인 이유 및 공개를 하지 아니하는 사유 등을 입증하면 해당 정보를 제출하지 아니하게 할 수 있다(정보공개법 20 ③).

(2) 제3자의 권리보호

공공기관이 보유·관리하는 정보 중에는 제3자와 관련된 것도 많다. 따라서 제3자와 관련된 정보가 공개됨으로써 그의 권익을 부당하게 침해할 수도 있기 때문에 이에 대한 입법적 배려가 필요하다. 이러한 취지에서 정보공개법은 제3자의 권리보호에 관한 규정을 두고 있다.

먼저 제3자는 자신과 관련된 정보가 공개 청구된 사실을 통지받은 날부터 3일 이내에 해당 공공기관에 대하여 자신과 관련된 정보를 공개하지 아니할 것을 요청할 수 있다(정보공개법 21 ①).

제3자의 비공개 요청에도 불구하고 공공기관이 공개 결정을 한 때에는 공개 결정 이유와 공개실시일을 분명히 밝혀 지체 없이 문서로 통지하여야 하며, 제3자는 해당 공공기관에 문서로 이의신청을 하거나 행정심판 또는 행정소송을 제기할 수 있다. 이 경우 이의신청은 통지를 받은 날부터 7일 이내에 하여야 한다(정보공개법 21 ②).

공공기관은 제3자의 비공개요청에도 불구하고 정보공개를 결정한 때에는 공개 결정일과 공개실시일 사이에 최소한 30일의 간격을 두어야 한다(정보공개법 21 ③).

제3자의 권리보호와 관련하여 제3자가 행정쟁송을 제기하는 경우에 집행정지를 명문화하자는 견해가 있다.[13] 그 이유는 제3자의 비공개 요청에도 불구하고 정보가 공개되는 경우 정보의 속성상 회복하기가 어렵기 때문이다. 이를 위하여 정보공개법에 제3자의 행정쟁송제기와 관련하여 집행을 정지하는 것을 원칙으로 하는 규정을 두는 것은 제3자의 권리보호를 위하여 바람직해 보인다.

10. 기타 제도

(1) 정보의 사전적 공개

공공기관은 ① 국민생활에 매우 큰 영향을 미치는 정책에 관한 정보, ② 국가의 시책으로 시행하는 공사 등 대규모의 예산이 투입되는 사업에 관한 정보, ③ 예산집행의 내용과 사업평가 결과 등 행정감시를 위하여 필요한 정보, ④ 그 밖에 공공기관의 장이 정하는 정보에 대해서 공개의 구체적 범위, 주기, 시기 및 방법 등을 미리 정하여 정보통신망 등을 통하여 알리고, 이에 따라 정기적으로 공개하여야 한다(정보공개법 7 ①).

(2) 정보목록의 작성·비치 등

공공기관은 그 기관이 보유·관리하는 정보에 대하여 국민이 쉽게 알 수 있도록 정보목록을 작성하여 갖추어 두고, 그 목록을 정보통신망을 활용한 정보공개시스템 등을 통하여 공개하여야 한다(정보공개법 8 ①).

공공기관 중 중앙행정기관 및 대통령령으로 정하는 기관은 전자적 형태로 보유·관리하는 정보 중 공개대상으로 분류된 정보를 국민의 정보공개 청구가 없더라도 정보통신망을 활용한 정보공개시스템 등을 통하여 공개하여야 한다(정보공개법 8조의2).

13) 김동희/최계영, 행정법 I, 440면.

제3항 개인정보보호제도 *

Ⅰ. 개인정보보호제도의 의의 및 외국의 입법례

오늘날의 정보화사회에서는 개인의 사생활 보호를 위하여 공공기관이나 금융기관을 비롯한 사인이 개인정보를 수집·저장·유출·공개하는 등의 행위를 일정한 목적 하에서만 할 수 있도록 제한하거나 또는 개인에게도 자기 정보에 관하여 스스로 통제할 수 있는 권리가 보장될 필요가 있다. 개인정보보호제도는 이와 같은 필요성에 따라 헌법상 보장된 개인의 사생활의 비밀과 자유라는 기본권실현의 관점에서 개인정보를 보호하기 위하여 개인정보의 처리·관리, 정보주체의 권리보장 등을 정하고 있는 법제도이다.

개인의 사생활 또는 프라이버시의 보호는 오늘날의 정보화사회에서 매우 커다란 문제로 대두되고 있는데, 구미 각국에서는 이미 오래 전부터 개인의 프라이버시를 보호하기 위한 법률을 제정하여 시행하고 있었다. 대표적인 것으로는 미국의 프라이버시법(1973), 스웨덴의 데이터보호법(1973), 프랑스의 행정과 국민 간의 관계개선에 관한 법률(1978), 영국의 개인정보보호법(1984), 일본의 개인정보보호법(1989) 등이 있다.

독일의 경우는 1983년 연방헌법재판소가 인구조사법의 일부 규정을 위헌으로 판단한 인구조사판결(Volkszählungsurteil)을 통하여 개인이 자신의 정보를 보호하고 사용방법을 스스로 정하는 권리를 가지고 있다고 판시한 바 있다. 독일 기본법 제2조 제1항(인격의 자유로운 발현에 관한 기본권)에 근거한 "정보의 자기결정권(das Recht auf informationelle Selbstbestimmung)"이라는 공권은 정보주체인 개인이 자신의 정보가 언제, 어떠한 방법과 조건 하에 수집·저장·처리·공개될 수 있는가를 스스로 결정하는 권리를 말한다.[14] 독일 연방의회는 이 결정 이후 1977년에 제정된 "행정정보처리에 있어 개인과 관련된 자료의 남용보호를 위한 법률"을 폐기하고 1990년 연방개인정보보호법(Bundesdatenschutzgesetz)을 제정하였다.

Ⅱ. 개인정보보호의 법적 근거

우리 헌법 제17조는 "모든 국민은 사생활의 비밀과 자유를 침해받지 아니한다."고 규정하여

---

* 5급공채(행정)(2014년).

14) 우리 헌법재판소는 "개인정보자기결정권은 자신에 관한 정보가 언제 누구에게 어느 범위까지 알려지고 또 이용되도록 할 것인지를 그 정보주체가 스스로 결정할 수 있는 권리, 즉 정보주체가 개인정보의 공개와 이용에 관하여 스스로 결정할 권리"라고 정의하고 있다(헌재결 2005.5.26, 99헌마513 등). 대법원도 "헌법 제10조의 인간의 존엄과 가치, 행복추구권과 헌법 제17조의 사생활의 비밀과 자유에서 도출되는 개인정보자기결정권은 자신에 관한 정보가 언제 누구에게 어느 범위까지 알려지고 또 이용되도록 할 것인지를 정보주체가 스스로 결정할 수 있는 권리라고 정의하고 있다"(대판 2016.3.10, 2012다105482).

사생활보호를 위한 명문의 규정을 두고 있다. 그러나 프라이버시권은 헌법 제17조뿐만 아니라, 헌법 제10조의 인간의 존엄과 가치 및 행복, 자유민주주의적 기본질서 규정, 국민주권원리 등에 의하여 포괄적으로 보장되는 권리라고 할 것이다.

대법원은 개인의 사생활보호의 헌법적 근거로 헌법 제10조와 제17조를 들면서, 이 헌법규정들은 개인의 사생활이 침해되는 것을 배제하는 소극적 권리뿐 아니라 자기정보를 자율적으로 통제할 수 있는 적극적 권리도 보장하는 것으로 해석하고 있다[판례1].

한편 헌법재판소는 헌법 제17조와 제10조, 자유민주주의적 기본질서 규정, 국민주권원리 등을 이념적 기초로 하는 독자적 기본권으로서 헌법에 명시되지 아니한 기본권으로 보고 있다[판례2].

[판례1] 헌법 제10조 및 제17조에 의한 사생활의 비밀과 자유의 보호 범위

"헌법 제10조는 "모든 국민은 인간으로서의 존엄과 가치를 가지며, 행복을 추구할 권리를 가진다. 국가는 개인이 가지는 불가침의 기본적 인권을 확인하고 이를 보장할 의무를 진다."고 규정하고, 헌법 제17조는 "모든 국민은 사생활의 비밀과 자유를 침해받지 아니한다."라고 규정하고 있는바, 이들 헌법 규정은 개인의 사생활 활동이 타인으로부터 침해되거나 사생활이 함부로 공개되지 아니할 소극적인 권리는 물론, 오늘날 고도로 정보화된 현대사회에서 자신에 대한 정보를 자율적으로 통제할 수 있는 적극적인 권리까지도 보장하려는 데에 그 취지가 있는 것으로 해석된다(대판 1998.7.24, 96다42789)."

[판례2] 개인정보자기결정권의 헌법상 근거

"개인정보자기결정권의 헌법상 근거로는 헌법 제17조의 사생활의 비밀과 자유, 헌법 제10조 제1문의 인간의 존엄과 가치 및 행복추구권에 근거를 둔 일반적 인격권 또는 위 조문들과 동시에 우리 헌법의 자유민주적 기본질서 규정 또는 국민주권원리와 민주주의원리 등을 고려할 수 있으나, 개인정보자기결정권으로 보호하려는 내용을 위 각 기본권들 및 헌법원리들 중 일부에 완전히 포섭시키는 것은 불가능하다고 할 것이므로, 그 헌법적 근거를 굳이 어느 한두 개에 국한시키는 것은 바람직하지 않은 것으로 보이고, 오히려 개인정보자기결정권은 이들을 이념적 기초로 하는 독자적 기본권으로서 헌법에 명시되지 아니한 기본권이라고 보아야 할 것이다(헌재결 2005.5.26, 99헌마513 등)."

그러나 이러한 헌법규정들에도 불구하고 개인정보 보호에 관한 일반법은 없었고, "전산처리되는 개인정보보호를 위한 관리지침"이라는 국무총리훈령만 존재하였다. 그러다가 1994년 1월 7일 "공공기관의 개인정보보호에 관한 법률"이 제정되어 1995년 1월 8일부터 시행되었다. 이 법은 공공기관에 의한 개인정보 처리에 대해서만 그 보호를 규율하고 있었고, 민간부분에서의 개인

정보 보호를 위하여 "정보통신망 이용촉진 및 정보보호 등에 관한 법률"이 따로 제정되어 있어, 우리나라의 개인정보 보호는 공공부문과 민간부문이 구분되는 이원화된 법제를 가지고 있었다. 이에 대해서는 개인정보 보호에 미흡하다는 지적이 꾸준히 있어왔고, 이에 따라 개인정보 보호를 통일적으로 규율하기 위하여 2011년 3월 29일 개인정보 보호법이 제정되어 2011년 9월 30일부터 시행되었고, 이에 따라 공공기관의 개인정보보호에 관한 법률은 폐지되었다.

개인정보 보호법(정보보호법)은 개인정보 보호에 관한 일반법으로서의 성격을 가진다. 이외에도 정보통신망 이용촉진 및 정보보호 등에 관한 법률, 신용정보의 이용 및 보호에 관한 법률, 통신비밀보호법 등의 여러 법률에서 개인정보보호에 관한 규정을 두고 있다. 이하에서는 개인정보 보호법에 관하여만 검토하기로 한다.

Ⅲ. 개인정보 보호법

1. 개인정보의 의의 및 개인정보 보호법의 지위

먼저 개인정보 보호법의 보호대상인 '개인정보'란 살아 있는 개인에 관한 정보로서 (가) 성명, 주민등록번호 및 영상 등을 통하여 개인을 알아볼 수 있는 정보, (나) 해당 정보만으로는 특정 개인을 알아볼 수 없더라도 다른 정보와 쉽게 결합하여 알아볼 수 있는 정보(이 경우 쉽게 결합할 수 있는지 여부는 다른 정보의 입수 가능성 등 개인을 알아보는 데 소요되는 시간, 비용, 기술 등을 합리적으로 고려하여야 한다), 또는 (다) 가목 또는 나목을 제1호의2에 따라 가명처리함으로써 원래의 상태로 복원하기 위한 추가 정보의 사용·결합 없이는 특정 개인을 알아볼 수 없는 정보(가명정보)를 말한다(정보보호법 2 1호). '가명처리'란 개인정보의 일부를 삭제하거나 일부 또는 전부를 대체하는 등의 방법으로 추가 정보가 없이는 특정 개인을 알아볼 수 없도록 처리하는 것을 말한다(정보보호법 2 1호의2).

판례는 '개인정보자기결정권의 보호대상이 되는 개인정보는 개인의 신체, 신념, 사회적 지위, 신분 등과 같이 개인의 인격주체성을 특징짓는 사항으로서 그 개인의 동일성을 식별할 수 있게 하는 일체의 정보라고 할 수 있고, 반드시 개인의 내밀한 영역이나 사사(私事)의 영역에 속하는 정보에 국한되지 않고 공적 생활에서 형성되었거나 이미 공개된 개인정보까지 포함한다'고 하여 개인정보의 범위를 폭넓게 인정하고 있다.[15)]

'개인정보처리자'란 업무를 목적으로 개인정보파일을 운용하기 위하여 스스로 또는 다른 사람을 통하여 개인정보를 처리하는 공공기관, 법인, 단체 및 개인 등을 말한다(정보보호법 2 5호).

'개인정보파일'이란 개인정보를 쉽게 검색할 수 있도록 일정한 규칙에 따라 체계적으로 배열

15) 헌재결 2005.7.21, 2003헌마282 등; 대판 2016.3.10, 2012다105482.

하거나 구성한 개인정보의 집합물을 말한다(정보보호법 2 4호).

그리고 '공공기관'이란 ① 국회, 법원, 헌법재판소, 중앙선거관리위원회의 행정사무를 처리하는 기관, 중앙행정기관(대통령 소속 기관과 국무총리 소속 기관 포함) 및 그 소속 기관, 지방자치단체, ② 그 밖의 국가기관 및 공공단체로서 (i) 국가인권위원회법 제3조에 따른 국가인권위원회, (ii) 고위공직자범죄수사처 설치 및 운영에 관한 법률 제3조 제1항에 따른 고위공직자범죄수사처, (iii) 공공기관운영법 제4조에 따른 공공기관, (iv) 지방공기업법에 따른 지방공사와 지방공단, (v) 특별법에 따라 설립된 특수법인, (vi) 초·중등교육법, 고등교육법, 그 밖의 다른 법률에 따라 설치된 각급 학교를 말한다(정보보호법 2 6호, 동법 시행령 2).

개인정보 보호법은 개인정보의 처리 및 보호에 관하여 다른 법률에 특별한 규정이 있는 경우를 제외하고는 이 법에서 정하는 바에 따른다고 하여 개인정보 보호법이 개인정보 보호에 관한 일반법임을 명시하고 있다(정보보호법 6 ①).

> [판례] 공공기관이 보유·관리하고 있는 개인정보의 공개에 관하여 정보공개법 제9조 제1항 제6호가 적용되는지(적극)
>
> "정보공개법과 개인정보 보호법의 각 입법목적과 규정 내용, 정보공개법 제9조 제1항 제6호의 문언과 취지 등에 비추어 보면, <u>정보공개법 제9조 제1항 제6호는 공공기관이 보유·관리하고 있는 개인정보의 공개 과정에서의 개인정보를 보호하기 위한 규정으로서 개인정보 보호법 제6조에서 말하는 '개인정보 보호에 관하여 다른 법률에 특별한 규정이 있는 경우'에 해당한다. 따라서 공공기관이 보유·관리하고 있는 개인정보의 공개에 관하여는 정보공개법 제9조 제1항 제6호가 개인정보 보호법에 우선하여 적용된다</u>(대판 2021.11.11, 2015두53770[정보공개거부처분취소])."

2. 개인정보 보호 원칙

개인정보처리자는 개인정보의 처리 목적을 명확하게 하여야 하고 그 목적에 필요한 범위에서 최소한의 개인정보만을 적법하고 정당하게 수집하여야 한다(정보보호법 3 ①).

개인정보처리자는 개인정보의 처리 목적에 필요한 범위에서 적합하게 개인정보를 처리하여야 하며, 그 목적 외의 용도로 활용하여서는 아니 된다(정보보호법 3 ②).

개인정보처리자는 개인정보의 처리 목적에 필요한 범위에서 개인정보의 정확성, 완전성 및 최신성이 보장되도록 하여야 한다(정보보호법 3 ③).

개인정보처리자는 개인정보의 처리 방법 및 종류 등에 따라 정보주체의 권리가 침해받을 가능성과 그 위험 정도를 고려하여 개인정보를 안전하게 관리하여야 한다(정보보호법 3 ④).

개인정보처리자는 개인정보 처리방침 등 개인정보의 처리에 관한 사항을 공개하여야 하며, 열람청구권 등 정보주체의 권리를 보장하여야 한다(정보보호법 3 ⑤).

개인정보처리자는 정보주체의 사생활 침해를 최소화하는 방법으로 개인정보를 처리하여야 한다(정보보호법 3 ⑥).

개인정보처리자는 개인정보를 익명 또는 가명으로 처리하여도 개인정보 수집목적을 달성할 수 있는 경우 익명처리가 가능한 경우에는 익명에 의하여, 익명처리로 목적을 달성할 수 없는 경우에는 가명에 의하여 처리될 수 있도록 하여야 한다(정보보호법 3 ⑦).

개인정보처리자는 이 법 및 관계 법령에서 규정하고 있는 책임과 의무를 준수하고 실천함으로써 정보주체의 신뢰를 얻기 위하여 노력하여야 한다(정보보호법 3 ⑧).

3. 개인정보의 처리

(1) 개인정보의 수집, 이용, 제공 등

① 개인정보의 수집·이용·제공

개인정보처리자는 정보주체의 동의를 받거나, 법률에 특별한 규정이 있거나 법령상 의무를 준수하기 위하여 불가피하거나, 공공기관이 법령 등에서 정하는 소관 업무의 수행을 위하여 불가피한 경우 등 제15조 제1항이 정하는 요건 중 어느 하나에 해당하는 경우에는 개인정보를 수집할 수 있으며 그 수집 목적의 범위에서 이용할 수 있다(정보보호법 15 ①).

이 경우 동의를 받을 때에는 개인정보의 수집·이용 목적, 수집하려는 개인정보의 항목, 개인정보의 보유 및 이용 기간, 동의를 거부할 권리가 있다는 사실 및 동의 거부에 따른 불이익이 있는 경우에는 그 불이익의 내용을 정보주체에게 알려야 한다(정보보호법 15 ②).

개인정보처리자는 당초 수집 목적과 합리적으로 관련된 범위에서 정보주체에게 불이익이 발생하는지 여부, 암호화 등 안전성 확보에 필요한 조치를 하였는지 여부 등을 고려하여 대통령령으로 정하는 바에 따라 정보주체의 동의 없이 개인정보를 이용할 수 있다(정보보호법 15 ③).

개인정보처리자는 정보주체의 동의를 받거나, 개인정보를 수집한 목적 범위에서 개인정보를 제공하는 경우에는 정보주체의 개인정보를 제3자에게 제공(공유 포함)할 수 있다(정보보호법 17 ①).

이 경우 동의를 받을 때에는 개인정보를 제공받는 자, 개인정보를 제공받는 자의 개인정보 이용 목적, 제공하는 개인정보의 항목, 개인정보를 제공받는 자의 개인정보 보유 및 이용 기간, 동의를 거부할 권리가 있다는 사실 및 동의 거부에 따른 불이익이 있는 경우에는 그 불이익의 내용을 정보주체에게 알려야 한다(정보보호법 17 ②).

② 개인정보의 수집·이용·제공의 제한

개인정보처리자는 개인정보를 수집하는 경우 그 목적에 필요한 최소한의 개인정보를 수집하여야 한다. 이 경우 최소한의 개인정보 수집이라는 입증책임은 개인정보처리자가 부담한다(정보보호법 16 ①).

개인정보처리자는 개인정보를 법에 규정된 범위를 초과하여 이용하거나 제3자에게 제공하여서는 아니 된다(정보보호법 18 ①). 다만 정보주체로부터 별도의 동의를 받거나 다른 법률에 특별한 규정이 있는 등 제18조 제2항이 정하는 요건 중 어느 하나에 해당하는 경우에는 정보주체 또는 제3자의 이익을 부당하게 침해할 우려가 있을 때를 제외하고는 개인정보를 목적 외의 용도로 이용하거나 이를 제3자에게 제공할 수 있다(정보보호법 18 ②).

개인정보처리자로부터 개인정보를 제공받은 자는 정보주체로부터 별도의 동의를 받거나 다른 법률에 특별한 규정이 있는 경우를 제외하고는 개인정보를 제공받은 목적 외의 용도로 이용하거나 이를 제3자에게 제공하여서는 아니 된다(정보보호법 19).

③ 개인정보의 파기

개인정보처리자는 보유기간의 경과, 개인정보의 처리 목적 달성, 가명정보의 처리 기간 경과 등 그 개인정보가 불필요하게 되었을 때에는 지체 없이 그 개인정보를 파기하여야 한다. 다만, 다른 법령에 따라 보존하여야 하는 경우에는 그러하지 아니하다(정보보호법 21 ①).

개인정보를 파기할 때에는 복구 또는 재생되지 아니하도록 조치하여야 한다(정보보호법 21 ②). 그리고 개인정보를 파기하지 아니하고 보존하여야 하는 경우에는 해당 개인정보 또는 개인정보파일을 다른 개인정보와 분리하여서 저장·관리하여야 한다(정보보호법 21 ③).

④ 동의를 받는 방법

개인정보처리자는 개인정보의 처리에 대하여 정보주체(제22조의2 제1항에 따른 법정대리인 포함)의 동의를 받을 때에는 각각의 동의 사항을 구분하여 정보주체가 이를 명확하게 인지할 수 있도록 알리고 각각 동의를 받아야 한다(정보보호법 22 ①). 그리고 정보주체의 동의 없이 처리할 수 있는 개인정보에 대해서는 그 항목과 처리의 법적 근거를 정보주체의 동의를 받아 처리하는 개인정보와 구분하여 제30조 제2항에 따라 공개하거나 전자우편 등의 방법으로 정보주체에게 알려야 한다(정보보호법 22 ③).

개인정보처리자는 정보주체가 동의를 하지 아니한다는 이유로 정보주체에게 재화 또는 서비스의 제공을 거부하여서는 아니 된다(정보보호법 22 ⑤).

[판례] 정보통신서비스 제공자가 이용자에게서 개인정보 수집·제공에 관하여 적법한 동의를 받기 위한 요건

"[1] … 정보통신서비스 제공자가 이용자에게서 개인정보 수집·제공에 관하여 정보통신망법에 따라 적법한 동의를 받기 위하여는, 이용자가 개인정보 제공에 관한 결정권을 충분히 자유롭게 행사할 수 있도록, 정보통신서비스 제공자가 미리 인터넷 사이트에 통상의 이용자라면 용이하게 '개인정보를 제공받는 자, 개인정보를 제공받는 자의 개인정보 이용 목적, 제공하는 개인정보의 항목, 개인정보를 제공받는 자의 개인정보 보유 및 이용 기간'(이하 통틀어 '법정 고지사항'이라 한다)의 구

체적 내용을 알아볼 수 있을 정도로 법정 고지사항 전부를 명확하게 게재하여야 한다. 아울러, 법정 고지사항을 게재하는 부분과 이용자의 동의 여부를 표시할 수 있는 부분을 밀접하게 배치하여 이용자가 법정 고지사항을 인지하여 확인할 수 있는 상태에서 개인정보의 수집·제공에 대한 동의 여부를 판단할 수 있어야 하고, 그에 따른 동의의 표시는 이용자가 개인정보의 수집·제공에 동의를 한다는 명확한 인식하에 행하여질 수 있도록 실행 방법이 마련되어야 한다.

[2] ((구) 정보통신망법에 따른 정보통신서비스 제공자인 갑 주식회사가 오픈마켓 등 웹사이트의 배너 및 이벤트 광고 팝업창을 통하여 개인정보 수집 항목 및 목적, 보유기간에 대한 안내 없이 '확인'을 선택하면 동의한 것으로 간주하는 방법으로 명시적인 동의를 받지 않고 이용자 개인정보를 수집하여 보험사 등에 제공하였다는 이유로 방송통신위원회가 갑 회사에 시정조치 등을 한 사안에서) 갑 회사가 … 이벤트 화면을 통하여 이용자의 개인정보 수집 등을 하면서 정보통신망법에 따른 개인정보의 수집·제3자 제공에 필요한 이용자의 적법한 동의를 받지 않았다고 본 원심판단이 정당하다(대판 2016.6.28, 2014두2638[시정조치등취소])."

(2) 개인정보의 처리 제한

① 민감정보, 고유식별정보 및 주민등록번호의 처리 제한

개인정보처리자는 사상·신념, 노동조합·정당의 가입·탈퇴, 정치적 견해, 건강, 성생활 등에 관한 정보, 그 밖에 정보주체의 사생활을 현저히 침해할 우려가 있는 유전자검사 등의 결과로 얻어진 유전정보, 형의 실효 등에 관한 법률 제2조 제5호에 따른 범죄경력자료에 해당하는 정보, 개인의 신체적, 생리적, 행동적 특징에 관한 정보로서 특정 개인을 알아볼 목적으로 일정한 기술적 수단을 통해 생성한 정보, 인종이나 민족에 관한 정보(민감정보)를 처리하여서는 아니 된다. 다만, 개인정보의 처리에 대한 동의와 별도로 동의를 받거나 법령에서 민감정보의 처리를 요구하거나 허용하는 경우에는 그러하지 아니하다(정보보호법 23, 동법 시행령 18).

개인정보처리자는 개인정보의 처리에 대한 동의와 별도로 동의를 받거나 법령에서 구체적으로 고유식별정보의 처리를 요구하거나 허용하는 경우를 제외하고는 법령에 따라 개인을 고유하게 구별하기 위하여 부여된 식별정보로서 ① 주민등록번호, ② 여권번호, ③ 운전면허의 면허번호, ④ 외국인등록번호(고유식별정보)를 처리할 수 없다(정보보호법 24 ①, 동법 시행령 19).

제24조 제1항에도 불구하고 개인정보처리자는 ① 법률·대통령령·국회규칙·대법원규칙·헌법재판소규칙·중앙선거관리위원회규칙 및 감사원규칙에서 구체적으로 주민등록번호의 처리를 요구하거나 허용한 경우, ② 정보주체 또는 제3자의 급박한 생명, 신체, 재산의 이익을 위하여 명백히 필요하다고 인정되는 경우 또는 ③ 제1호 및 제2호에 준하여 주민등록번호 처리가 불가피한 경우로서 개인정보 보호위원회(이하 보호위원회)가 고시로 정하는 경우의 어느 하나에 해당하는 경우를 제외하고는 주민등록번호를 처리할 수 없다(정보보호법 24조의2 ①). 개인정보처리자는 제24

조 제3항에도 불구하고 주민등록번호가 분실·도난·유출·위조·변조 또는 훼손되지 아니하도록 암호화 조치를 통하여 안전하게 보관하여야 한다. 이 경우 암호화 적용 대상 및 대상별 적용 시기 등에 관하여 필요한 사항은 개인정보의 처리 규모와 유출 시 영향 등을 고려하여 대통령령으로 정한다(정보보호법 24조의2 ②). 개인정보처리자는 제1항 각 호에 따라 주민등록번호를 처리하는 경우에도 정보주체가 인터넷 홈페이지를 통하여 회원으로 가입하는 단계에서는 주민등록번호를 사용하지 아니하고도 회원으로 가입할 수 있는 방법을 제공하여야 한다(정보보호법 24조의2 ③).

② **영상정보처리기기의 설치·운영 제한**

(ⅰ) 고정형 영상정보처리기기의 설치·운영 제한

누구든지 ① 법령에서 구체적으로 허용하고 있는 경우, ② 범죄의 예방 및 수사를 위하여 필요한 경우, ③ 시설의 안전 및 관리, 화재 예방을 위하여 정당한 권한을 가진 자가 설치·운영하는 경우, ④ 교통단속을 위하여 정당한 권한을 가진 자가 설치·운영하는 경우, ⑤ 교통정보의 수집·분석 및 제공을 위하여 정당한 권한을 가진 자가 설치·운영하는 경우, ⑥ 촬영된 영상정보를 저장하지 아니하는 경우로서 대통령령으로 정하는 경우를 제외하고는 공개된 장소에 고정형 영상정보처리기기를 설치·운영하여서는 아니 된다(정보보호법 25 ①).

누구든지 불특정 다수가 이용하는 목욕실, 화장실, 발한실(發汗室), 탈의실 등 개인의 사생활을 현저히 침해할 우려가 있는 장소의 내부를 볼 수 있도록 고정형 영상정보처리기기를 설치·운영하여서는 아니 된다. 다만, 교도소, 정신보건 시설 등 법령에 근거하여 사람을 구금하거나 보호하는 시설로서 대통령령으로 정하는 시설에 대하여는 그러하지 아니하다(정보보호법 25 ②).

고정형 영상정보처리기기를 설치·운영하려는 공공기관의 장과 제2항 단서에 따라 고정형 영상정보처리기기를 설치·운영하려는 자는 공청회·설명회의 개최 등의 절차를 거쳐 관계 전문가 및 이해관계인의 의견을 수렴하여야 한다(정보보호법 25 ③).

고정형 영상정보처리기기를 설치·운영하는 자(고정형영상정보처리기기운영자)는 정보주체가 쉽게 인식할 수 있도록 ① 설치 목적 및 장소, ② 촬영 범위 및 시간, ③ 관리책임자의 연락처 등이 포함된 안내판을 설치하는 등 필요한 조치를 하여야 한다(정보보호법 25 ④).

고정형영상정보처리기기운영자는 고정형 영상정보처리기기의 설치 목적과 다른 목적으로 고정형 영상정보처리기기를 임의로 조작하거나 다른 곳을 비춰서는 아니 되며, 녹음기능은 사용할 수 없다(정보보호법 25 ⑤).

고정형영상정보처리기기운영자는 개인정보가 분실·도난·유출·위조·변조 또는 훼손되지 아니하도록 제29조에 따라 안전성 확보에 필요한 조치를 하여야 하며(정보보호법 25 ⑥), 고정형 영상정보처리기기 운영·관리 방침을 마련하여야 한다. 다만, 제30조에 따른 개인정보 처리방침을 정할 때 고정형 영상정보처리기기 운영·관리에 관한 사항을 포함시킨 경우에는 고정형 영상정보처리기기 운영·관리 방침을 마련하지 아니할 수 있다(정보보호법 25 ⑦).

(ii) 이동형 영상정보처리기기의 운영 제한

업무를 목적으로 이동형 영상정보처리기기를 운영하려는 자는 ① 제15조제1항 각 호의 어느 하나에 해당하는 경우, ② 촬영 사실을 명확히 표시하여 정보주체가 촬영 사실을 알 수 있도록 하였음에도 불구하고 촬영 거부 의사를 밝히지 아니한 경우 등을 제외하고는 공개된 장소에서 이동형 영상정보처리기기로 사람 또는 그 사람과 관련된 사물의 영상(개인정보에 해당하는 경우로 한정)을 촬영하여서는 아니 된다(정보보호법 25조의2 ①).

누구든지 불특정 다수가 이용하는 목욕실, 화장실, 발한실, 탈의실 등 개인의 사생활을 현저히 침해할 우려가 있는 장소의 내부를 볼 수 있는 곳에서 이동형 영상정보처리기기로 사람 또는 그 사람과 관련된 사물의 영상을 촬영하여서는 아니 된다. 다만, 인명의 구조·구급 등을 위하여 필요한 경우에는 그러하지 아니하다(정보보호법 25조의2 ②).

이동형 영상정보처리기기로 사람 또는 그 사람과 관련된 사물의 영상을 촬영하는 경우에는 불빛, 소리, 안내판 등 대통령령으로 정하는 바에 따라 촬영 사실을 표시하고 알려야 한다(정보보호법 25조의2 ③).

③ **업무위탁에 따른 개인정보의 처리 제한**

개인정보처리자가 제3자에게 개인정보의 처리 업무를 위탁하는 경우에는 ① 위탁업무 수행 목적 외 개인정보의 처리 금지에 관한 사항, ② 개인정보의 기술적·관리적 보호조치에 관한 사항 등이 포함된 문서에 의하여야 한다(정보보호법 26 ①).

수탁자는 개인정보처리자로부터 위탁받은 해당 업무 범위를 초과하여 개인정보를 이용하거나 제3자에게 제공하여서는 아니 된다(정보보호법 26 ⑤).

④ **영업양도 등에 따른 개인정보의 이전 제한**

개인정보처리자는 영업의 전부 또는 일부의 양도·합병 등으로 개인정보를 다른 사람에게 이전하는 경우에는 미리 ① 개인정보를 이전하려는 사실, ② 개인정보를 이전받는 자(영업양수자 등)의 성명(법인의 경우에는 법인의 명칭), 주소, 전화번호 및 그 밖의 연락처, ③ 정보주체가 개인정보의 이전을 원하지 아니하는 경우 조치할 수 있는 방법 및 절차를 서면 등의 방법으로 해당 정보주체에게 알려야 한다(정보보호법 27 ①, 동법 시행령 29 ①).

영업양수자등은 영업의 양도·합병 등으로 개인정보를 이전받은 경우에는 이전 당시의 본래 목적으로만 개인정보를 이용하거나 제3자에게 제공할 수 있다. 이 경우 영업양수자등은 개인정보처리자로 본다(정보보호법 27 ③).

⑤ **가명정보**

(i) 가명정보의 처리 등

개인정보처리자는 통계작성, 과학적 연구, 공익적 기록보존 등을 위하여 정보주체의 동의 없이 가명정보를 처리할 수 있다(정보보호법 28조의2 ①). 개인정보처리자는 가명정보를 제3자에게 제공하는 경우에는 특정 개인을 알아보기 위하여 사용될 수 있는 정보를 포함해서는 아니 된다(정보보호법 28조의2 ②).

(ii) 가명정보의 결합 제한

제28조의2에도 불구하고 통계작성, 과학적 연구, 공익적 기록보존 등을 위한 서로 다른 개인정보처리자 간의 가명정보의 결합은 보호위원회 또는 관계 중앙행정기관의 장이 지정하는 전문기관이 수행한다(정보보호법 28조의3 ①). 결합을 수행한 기관 외부로 결합된 정보를 반출하려는 개인정보처리자는 가명정보 또는 제58조의2에 해당하는 정보로 처리한 뒤 전문기관의 장의 승인을 받아야 한다(정보보호법 28조의3 ②).

(iii) 가명정보에 대한 안전조치의무 등

개인정보처리자는 가명정보를 처리하는 경우에는 원래의 상태로 복원하기 위한 추가 정보를 별도로 분리하여 보관·관리하는 등 해당 정보가 분실·도난·유출·위조·변조 또는 훼손되지 않도록 대통령령으로 정하는 바에 따라 안전성 확보에 필요한 기술적·관리적 및 물리적 조치를 하여야 한다(정보보호법 28조의4 ①). 개인정보처리자는 가명정보를 처리하고자 하는 경우에는 가명정보의 처리 목적, 제3자 제공 시 제공받는 자, 가명정보의 처리 기간 등 가명정보의 처리 내용을 관리하기 위하여 대통령령으로 정하는 사항에 대한 관련 기록을 작성하여 보관하여야 하며, 가명정보를 파기한 경우에는 파기한 날부터 3년 이상 보관하여야 한다(정보보호법 28조의4 ③).

(iv) 가명정보 처리 시 금지의무 등

가명정보를 처리하는 자는 특정 개인을 알아보기 위한 목적으로 가명정보를 처리해서는 아니 된다(정보보호법 28조의5 ①). 개인정보처리자는 가명정보를 처리하는 과정에서 특정 개인을 알아볼 수 있는 정보가 생성된 경우에는 즉시 해당 정보의 처리를 중지하고, 지체 없이 회수·파기하여야 한다(정보보호법 28조의5 ②).

(v) 가명정보 처리에 대한 과징금 부과 등

보호위원회는 개인정보처리자가 제28조의5 제1항을 위반하여 특정 개인을 알아보기 위한 목적으로 정보를 처리한 경우 전체 매출액의 100분의 3을 초과하지 아니하는 범위에서 과징금을 부과할 수 있다. 다만, 매출액이 없거나 매출액의 산정이 곤란한 경우로서 대통령령으로 정하는 경우에는 20억 원을 초과하지 아니하는 범위에서 과징금을 부과할 수 있다(정보보호법 64조의2 ①).

4. 정보주체의 권리

(1) 개인정보 열람청구권

정보주체는 개인정보처리자가 처리하는 자신의 개인정보에 대한 열람을 해당 개인정보처리자에게 요구할 수 있다(정보보호법 35 ①). 정보주체가 자신의 개인정보에 대한 열람을 공공기관에 요구하고자 할 때에는 공공기관에 직접 열람을 요구하거나 보호위원회를 통하여 열람을 요구할 수 있다(정보보호법 35 ②).

개인정보처리자는 열람을 요구받았을 때에는 10일 이내에 정보주체가 해당 개인정보를 열람할 수 있도록 하여야 한다. 이 경우 해당 기간 내에 열람할 수 없는 정당한 사유가 있을 때에는 정보주체에게 그 사유를 알리고 열람을 연기할 수 있으며, 그 사유가 소멸하면 지체 없이 열람하게 하여야 한다(정보보호법 35 ③, 동법 시행령 41 ④).

개인정보처리자는 ① 법률에 따라 열람이 금지되거나 제한되는 경우, ② 다른 사람의 생명·신체를 해할 우려가 있거나 다른 사람의 재산과 그 밖의 이익을 부당하게 침해할 우려가 있는 경우, ③ 공공기관이 (i) 조세의 부과·징수 또는 환급에 관한 업무, (ii) 초·중등교육법 및 고등교육법에 따른 각급 학교, 평생교육법에 따른 평생교육시설, 그 밖의 다른 법률에 따라 설치된 고등교육기관에서의 성적 평가 또는 입학자 선발에 관한 업무, (iii) 학력·기능 및 채용에 관한 시험, 자격 심사에 관한 업무, (iv) 보상금·급부금 산정 등에 대하여 진행 중인 평가 또는 판단에 관한 업무, (v) 다른 법률에 따라 진행 중인 감사 및 조사에 관한 업무를 수행할 때 중대한 지장을 초래하는 경우에는 정보주체에게 그 사유를 알리고 열람을 제한하거나 거절할 수 있다(정보보호법 35 ④).

(2) 개인정보 전송요구권

정보주체는 개인정보 처리 능력 등을 고려하여 대통령령으로 정하는 기준에 해당하는 개인정보처리자에 대하여 (i) 정보주체가 전송을 요구하는 개인정보가 정보주체 본인에 관한 개인정보일 것, (ii) 전송을 요구하는 개인정보가 개인정보처리자가 수집한 개인정보를 기초로 분석·가공하여 별도로 생성한 정보가 아닐 것, (iii) 전송을 요구하는 개인정보가 컴퓨터 등 정보처리장치로 처리되는 개인정보일 것의 요건을 모두 충족하는 개인정보를 자신에게로 전송할 것을 요구할 수 있다(정보보호법 35조의2 ①).

정보주체는 매출액, 개인정보의 보유 규모, 개인정보 처리 능력, 산업별 특성 등을 고려하여 대통령령으로 정하는 기준에 해당하는 개인정보처리자에 대하여 제1항에 따른 전송 요구 대상인 개인정보를 기술적으로 허용되는 합리적인 범위에서 개인정보관리 전문기관 또는 제29조에 따른 안전조치의무를 이행하고 대통령령으로 정하는 시설 및 기술 기준을 충족하는 자에게 전송할 것을 요구할 수 있다(정보보호법 35조의2 ②).

개인정보처리자는 전송 요구를 받은 경우에는 시간, 비용, 기술적으로 허용되는 합리적인 범위에서 해당 정보를 컴퓨터 등 정보처리장치로 처리 가능한 형태로 전송하여야 한다(정보보호법 35조의2 ③).

(3) 개인정보 정정·삭제청구권

자신의 개인정보를 열람한 정보주체는 개인정보처리자에게 그 개인정보의 정정 또는 삭제를 요구할 수 있다. 다만, 다른 법령에서 그 개인정보가 수집 대상으로 명시되어 있는 경우에는 그 삭제를 요구할 수 없다(정보보호법 36 ①).

개인정보처리자는 정보주체의 개인정보의 정정 또는 삭제 요구를 받았을 때에는 다른 법령에 특별한 절차가 규정되어 있는 경우를 제외하고는 지체 없이 그 개인정보를 조사하여 정보주체의 요구에 따라 정정·삭제 등 필요한 조치를 한 후 그 결과를 정보주체에게 알려야 한다(정보보호법 36 ②).

(4) 개인정보 처리정지청구권

정보주체는 개인정보처리자에 대하여 자신의 개인정보 처리의 정지를 요구하거나 개인정보 처리에 대한 동의를 철회할 수 있다. 이 경우 공공기관에 대하여는 제32조에 따라 등록 대상이 되는 개인정보파일 중 자신의 개인정보에 대한 처리의 정지를 요구할 수 있다(정보보호법 37 ①).

개인정보처리자는 개인정보 처리의 정지를 요구를 받았을 때에는 지체 없이 개인정보 처리의 전부를 정지하거나 일부를 정지하여야 한다. 다만, ① 법률에 특별한 규정이 있거나 법령상 의무를 준수하기 위하여 불가피한 경우, ② 다른 사람의 생명·신체를 해할 우려가 있거나 다른 사람의 재산과 그 밖의 이익을 부당하게 침해할 우려가 있는 경우, ③ 공공기관이 개인정보를 처리하지 아니하면 다른 법률에서 정하는 소관 업무를 수행할 수 없는 경우, ④ 개인정보를 처리하지 아니하면 정보주체와 약정한 서비스를 제공하지 못하는 등 계약의 이행이 곤란한 경우로서 정보주체가 그 계약의 해지 의사를 명확하게 밝히지 아니한 경우에는 정보주체의 처리정지 요구를 거절할 수 있다(정보보호법 37 ②).

5. 권리보호

(1) 손해배상

정보주체는 개인정보처리자가 개인정보 보호법을 위반한 행위로 손해를 입으면 개인정보처리자에게 손해배상을 청구할 수 있다. 이 경우 그 개인정보처리자는 고의 또는 과실이 없음을 입증하지 아니하면 책임을 면할 수 없다(정보보호법 39 ①).

개인정보처리자의 고의 또는 중대한 과실로 인하여 개인정보가 분실·도난·유출·위조·변조 또는 훼손된 경우로서 정보주체에게 손해가 발생한 때에는 법원은 그 손해액의 5배를 넘지 아니하는 범위에서 손해배상액을 정할 수 있다. 다만, 개인정보처리자가 고의 또는 중대한 과실이 없음을 증명한 경우에는 그러하지 아니하다(정보보호법 39 ③). 법원은 제3항의 배상액을 정할 때에는 ① 고의 또는 손해 발생의 우려를 인식한 정도, ② 위반행위로 인하여 입은 피해 규모, ③ 위법행위로 인하여 개인정보처리자가 취득한 경제적 이익, ④ 위반행위에 따른 벌금 및 과징금, ⑤ 위반행위의 기간·횟수 등, ⑥ 개인정보처리자의 재산상태, ⑦ 개인정보처리자가 정보주체의 개인정보 분실·도난·유출 후 해당 개인정보를 회수하기 위하여 노력한 정도, ⑧ 개인정보처리자가 정보주체의 피해구제를 위하여 노력한 정도를 고려하여야 한다(정보보호법 39 ④).

제39조 제1항에도 불구하고 정보주체는 개인정보처리자의 고의 또는 과실로 인하여 개인정보가 분실·도난·유출·위조·변조 또는 훼손된 경우에는 300만원 이하의 범위에서 상당한 금액을 손해액으로 하여 배상을 청구할 수 있다. 이 경우 해당 개인정보처리자는 고의 또는 과실이 없음을 입증하지 아니하면 책임을 면할 수 없다(정보보호법 39조의2 ①). 제39조에 따라 손해배상을 청구한 정보주체는 사실심(事實審)의 변론이 종결되기 전까지 그 청구를 제1항에 따른 청구로 변경할 수 있다(정보보호법 39조의2 ③).

[판례] 「개인정보 보호법」 제39조 제1항에 따라 손해배상을 청구하는 경우 개인정보처리자가 「개인정보 보호법」을 위반한 행위를 하였다는 사실의 주장·증명책임 소재(=정보주체)

"한편, 「개인정보 보호법」 제39조 제1항은 "정보주체는 개인정보처리자가 이 법을 위반한 행위로 손해를 입으면 개인정보처리자에게 손해배상을 청구할 수 있다. 이 경우 그 개인정보처리자는 고의 또는 과실이 없음을 입증하지 아니하면 책임을 면할 수 없다."라고 규정하고 있다. 이 규정은 정보주체가 개인정보처리자의 「개인정보 보호법」 위반행위로 입은 손해의 배상을 청구하는 경우에 개인정보처리자의 고의나 과실을 증명하는 것이 곤란한 점을 감안하여 그 증명책임을 개인정보처리자에게 전환하는 것일 뿐이고, 개인정보처리자가 「개인정보 보호법」을 위반한 행위를 하였다는 사실 자체는 정보주체가 주장·증명하여야 한다(대판 2024.5.17, 2018다262103)."

(2) 개인정보에 관한 분쟁조정

개인정보에 관한 분쟁의 조정을 위하여 개인정보 분쟁조정위원회를 둔다(정보보호법 40 ①). 개인정보와 관련한 분쟁의 조정을 원하는 자는 분쟁조정위원회에 분쟁조정을 신청할 수 있다(정보보호법 43 ①). 분쟁조정위원회는 분쟁조정 신청을 받은 날부터 60일 이내에 이를 심사하여 조정안을 작성하여야 한다. 다만, 부득이한 사정이 있는 경우에는 분쟁조정위원회의 의결로 처리기간을 연장할 수 있다(정보보호법 44 ①). 국가 및 지방자치단체, 개인정보 보호단체 및 기관, 정보주체, 개인정보처리자는 정보주체의 피해 또는 권리침해가 다수의 정보주체에게 같거나 비슷한 유형으로 발생하는 경우로서 대통령령으로 정하는 사건에 대하여는 분쟁조정위원회에 일괄적인 분쟁조정(집단분쟁조정)을 의뢰 또는 신청할 수 있다(정보보호법 49 ①).

(3) 행정쟁송

개인정보처리자가 행정심판법 또는 행정소송법상의 행정청인 경우 개인정보처리자의 처분에 대하여 행정심판을 청구하거나 행정소송을 제기할 수 있다.

(4) 개인정보 단체소송

① 개인정보 단체소송의 의의

개인정보 단체소송이란 개인정보처리자가 개인정보 보호법에 따른 집단분쟁조정을 거부하거나 집단분쟁조정의 결과를 수락하지 아니한 경우에는 법원에 권리침해 행위의 금지·중지를 구하는 소송을 말한다(정보보호법 51).

② 원고

개인정보 단체소송은 집단분쟁에 참여한 다수의 자가 제기하는 소송이 아니라 개인정보 보호법이 정하는 일정한 '단체'가 이들을 위하여 소송을 제기하도록 규정하고 있다.

즉 개인정보 단체소송의 원고는 ① 소비자기본법 제29조에 따라 공정거래위원회에 등록한 소비자단체로서 (i) 정관에 따라 상시적으로 정보주체의 권익증진을 주된 목적으로 하는 단체이고 (ii) 단체의 정회원수가 1천명 이상이며 (iii) 소비자기본법 제29조에 따른 등록 후 3년이 경과한 경우이거나, ② 비영리민간단체 지원법 제2조에 따른 비영리민간단체로서 (i) 법률상 또는 사실상 동일한 침해를 입은 100명 이상의 정보주체로부터 단체소송의 제기를 요청받았고 (ii) 정관에 개인정보 보호를 단체의 목적으로 명시한 후 최근 3년 이상 이를 위한 활동실적이 있으며 (iii) 단체의 상시 구성원수가 5천명 이상이고 (iv) 중앙행정기관에 등록되어 있는 단체이다(정보보호법 51).

이와 같은 단체들은 단체 자신의 고유한 권리침해를 다투는 것이 아니라 다수 정보주체의 권리침해를 다투는 것이라는 점에서 이러한 단체소송을 이타적 단체소송이라 할 수 있다. 만약 이러한 단체소송의 피고가 행정주체인 경우에는 이 이타적 단체소송은 행정소송으로서의 객관소송의 성질을 가지는 것인데, 우리나라의 경우 민중소송과 같은 객관소송은 법률이 정한 경우에 법률에 정한 자에 한하여 제기할 수 있다는 것이 행정소송법의 규정이므로(행소법 45), 이러한 행정소송법의 규정에 따라서 보면, 행정주체를 상대로 하는 개인정보 단체소송은 행정소송법 제45조에 의하여 예외적으로 허용되는 객관소송이라고 할 수 있다. 다만 개인정보 보호법은 이와 같은 분쟁의 공·사법적 성질을 구분하지 아니하고 개인정보 단체소송을 아래에 보는 바와 같이 민사법원의 관할로 하고 있다.

단체소송의 원고는 변호사를 소송대리인으로 선임하여야 한다(정보보호법 53).

③ 전속관할

단체소송의 소는 피고의 주된 사무소 또는 영업소가 있는 곳, 주된 사무소나 영업소가 없는 경우에는 주된 업무담당자의 주소가 있는 곳의 지방법원 본원 합의부의 관할에 전속한다(정보보호법 52 ①). 이를 외국사업자에 적용하는 경우 대한민국에 있는 이들의 주된 사무소·영업소 또는 업무담당자의 주소에 따라 정한다(정보보호법 52 ②).

④ 소송허가

단체소송을 제기하는 단체는 소장과 함께 원고 및 그 소송대리인, 피고, 정보주체의 침해된 권리의 내용을 기재한 소송허가신청서를 법원에 제출하여야 한다(정보보호법 54 ①).

법원은 개인정보처리자가 분쟁조정위원회의 조정을 거부하거나 조정결과를 수락하지 아니하였고, 소송허가신청서의 기재사항에 흠결이 없을 경우에 한하여 결정으로 단체소송을 허가한다(정보보호법 55 ①). 단체소송을 허가하거나 불허가하는 결정에 대하여는 즉시항고할 수 있다(정보보호법 55 ②).

⑤ 확정판결의 효력

원고의 청구를 기각하는 판결이 확정된 경우 이와 동일한 사안에 관하여는 다른 단체는 단체소송을 제기할 수 없다. 다만, 판결이 확정된 후 그 사안과 관련하여 국가·지방자치단체 또는 국가·지방자치단체가 설립한 기관에 의하여 새로운 증거가 나타난 경우이거나 기각판결이 원고의 고의로 인한 것임이 밝혀진 경우에는 그러하지 아니하다(정보보호법 56).

⑥ 민사소송법 등의 적용

단체소송에 관하여 개인정보 보호법에 특별한 규정이 없는 경우에는 민사소송법을 적용한다(정보보호법 57 ①). 단체소송의 허가결정이 있는 경우에는 민사집행법 제4편에 따른 보전처분을 할 수 있다(정보보호법 57 ②). 단체소송의 절차에 관하여 필요한 사항은 대법원규칙으로 정한다(정보보호법 57 ③).

제 8 장 행정의 실효성확보

제 1 절 개설

행정주체는 공익을 실현하기 위하여 상대방에게 일정한 의무를 부과하기도 하는데, 상대방이 이러한 의무를 이행하지 않거나 이를 위반하게 되면 행정은 그 목적을 실현할 수 없게 된다. 따라서 행정목적을 달성하기 위해서는 행정주체에게 의무이행을 강제하거나 의무위반행위에 대하여 제재할 수 있는 수단이 주어질 필요가 있는데, 이와 같은 수단을 행정의 실효성 확보수단(의무이행확보수단)이라고 한다.

독일은 1953년부터 행정강제에 관한 일반법으로서 행정집행법을 제정하여 시행하고 있는데, 우리나라의 경우 이와 같은 행정의 실효성확보에 관한 '통합'일반법이 없어, 전체 실효성확보수단들을 유형별로 체계화하는 것은 여전히 학설·판례에 맡겨져 있다.

종래 행정의 실효성확보의 수단은 ① 의무이행을 강제하는 행정강제와 ② 의무불이행에 대한 제재를 가하는 행정벌로 대별되었다. 양자는 의무이행의 '강제'라는 점과 의무불이행에 대한 '제재'라는 점에서 차이가 있지만, 의무이행을 확보하는 수단이라는 점에서 공통된다. 다만 행정강제는 이를 통하여 '직접적'으로 의무이행을 실현시키지만, 행정벌은 제재를 부과함으로써 심리적 압박 등을 통하여 '간접적'으로 의무를 이행하도록 강제하는 수단이라는 점에서 차이가 있다. ③ 한편 이러한 전통적인 수단들은 사회의 발전에 따른 사회현상의 다양화로 인하여 일정한 한계에 부딪히게 되었다. 이에 따라 금전적인 제재를 가한다든지, 일정한 재화의 공급을 중지한다든지 또는 인·허가를 제한하는 등의 방법으로 '간접적'으로 의무이행을 하도록 하는 새로운 수단들이 등장하게 되었다. 이와 같은 과징금, 공급거부, 인·허가의 제한 등과 같은 수단들을 일반적으로 '새로운 의무이행확보수단'이라고 부른다.

▌실효성 확보수단의 체계▐

	전통적 수단	새로운 수단
직접적 강제수단	행정상 강제집행 ┌ 대집행 ├ 강제금(집행벌) ├ 직접강제 └ 행정상 강제징수 행정상 즉시강제 행정조사	
간접적 강제수단	행정벌 ┌ 행정형벌 └ 행정질서벌	금전적 수단 ┌ 과징금 · 부과금 └ 가산금 · 가산세 비금전적 수단 ┌ 공급거부 ├ 공표 ├ 관허사업의 제한 └ 제재처분

행정의 실효성확보수단과 관련하여, 대집행에 관한 일반법으로 행정대집행법, 행정상 강제징수의 일반법 역할을 하는 국세징수법, 행정조사에 관한 일반법인 행정조사기본법, 행정질서벌에 관한 일반법인 질서위반행위규제법이 있다.

2021년 제정된 행정기본법은 이와 같이 현존하는 분야별 일반법들과의 관계를 고려하여, 제30조에서 행정상 강제집행과 즉시강제를 합하여 '행정상 강제'라 하고 여기에 속하는 5가지 강제수단의 유형을 정의하면서, 기존의 일반법이 없는 이행강제금·직접강제·즉시강제·과징금에 관하여 규정을 두고 있는 것이다(행정기본법 28, 31−33).

향후에는 −독일의 행정집행법과 같이− 행정의 실효성 확보수단에 관한 통합일반법을 제정하는 것이 과제이다.

제 2 절 행정상 강제집행 *

제 1 항 행정상 강제집행의 의의

I. 의의

행정상 강제집행(Verwaltungsvollstreckung)은 행정법상의 의무불이행에 대하여 행정기관이 장

---

* 5급공채(재경)(2012년).

래에 향하여 그 의무자에게 심리적인 압박을 가하거나 또는 직접 그 신체·재산에 실력을 가하여 그 의무를 이행하게 하거나 이행된 것과 같은 상태를 실현하는 작용을 말한다.

Ⅱ. 다른 제도와의 구분

1. 행정상 즉시강제와의 구별

행정상 강제집행은 의무의 존재와 그 불이행을 전제로 하고 있는 점에서 이를 전제로 하지 않고도 행하여지는 행정상 즉시강제와 구별된다.

2. 사법상 강제집행과의 구별

사법관계에서는 상대방의 의무불이행이 있는 경우 권리자가 직접 의무를 강제할 수 없고, 민사소송을 제기하여 법원으로부터 집행할 권리의 확인을 구한 다음 그 집행명의에 근거하여 집행기관이 강제집행을 하게 된다(타력집행). 그러나 행정법관계에서는 행정상 의무불이행에 대하여 행정주체는 직접 행정상 강제집행을 통하여 의무를 강제적으로 실현시킬 수 있다(자력집행).

3. 행정벌과의 구별

행정상 강제집행은 '장래'에 대한 의무이행확보수단인데 반하여 행정벌은 '과거'의 의무불이행에 대한 제재라는 점에서 차이가 있고, 또한 행정상 강제집행은 직접 의무이행을 강제할 수 있다는 점에서 직접적 강제수단이지만, 행정벌은 제재라는 심리적 압박을 통하여 의무이행으로 나아가게 하는 간접적 강제수단이라는 점에서도 차이가 있다.

제 2 항 행정상 강제집행의 근거

법률이 행정주체에게 일정한 의무를 부과할 수 있는 권한을 부여하고 있는 경우에, 이러한 권한에 의무불이행에 대한 행정상 강제집행에 관한 권한도 포함되는가 하는 것이 문제이다. 과거 초기의 행정행위론에서는 행정행위의 권한에 강제집행권도 포함되는 것으로 보았다. 그러나 오늘날에는 행정상 강제집행에 별도의 법적 근거가 필요하다는 것이 일반적인 견해가 되었다. 이는 법률유보의 최하한인 침해유보의 관점에서도 당연히 요구되는 것이다.

오늘날 우리나라에서는 행정상 강제의 유형·이행강제금·직접강제·즉시강제·과징금 등을 규정하고 있는 행정기본법이 있고(행정기본법 28, 30−33), 개별적으로는 ① 대집행에 관한 일반법으로서 행정대집행법, ② 행정상 강제징수의 일반법으로서의 지위를 가지고 있는 국세징수법이 있으며, ③ 그 밖에도 토지보상법, 출입국관리법 등과 같은 개별법에서도 행정상 강제집행에 관한 규정을 두기도 한다.

제 3 항 행정상 강제집행의 수단

행정상 강제집행의 수단으로는 대집행, 강제금(집행벌), 직접강제와 행정상 강제징수가 있다. 이 가운데 대집행과 행정상 강제징수가 일반적인 수단이고, 강제금과 직접강제는 일부 소수의 개별법에 규정되고 있다. 이 가운데 어느 수단을 활용할 것인가는 행정청의 재량이지만, 이 경우에도 비례원칙상 적합성·필요성·상당성에 대한 고려가 있어야 할 것이다.

제1. 대집행*

Ⅰ. 대집행의 의의와 법적 근거

대집행(Ersatzvornahme)이란 의무자가 행정상 의무(법령등에서 직접 부과하거나 행정청이 법령등에 따라 부과한 의무)로서 타인이 대신하여 행할 수 있는 의무를 이행하지 아니하는 경우 … 행정청이 의무자가 하여야 할 행위를 스스로 하거나 제3자에게 하게 하고 그 비용을 의무자로부터 징수하는 것(행정기본법 30 ① 1호)을 말한다.

행정기본법은 "행정상 강제 조치에 관하여 이 법에서 정한 사항 외에 필요한 사항은 따로 법률로 정한다(행정기본법 30 ②)."고 규정하고 있고, 대집행을 위한 일반법으로 행정대집행법이 있다.

행정대집행법은 "법률에 의하여 직접 명령되었거나 또는 법률에 의거한 행정청의 명령에 의한 행위로서 타인이 대신하여 행할 수 있는 행위를 의무자가 이행하지 아니하는 경우 … 행정청은 스스로 의무자가 하여야 할 행위를 하거나 또는 제3자로 하여금 이를 하게 하여 그 비용을 의무자로부터 징수할 수 있다(행정대집행법 2)."고 규정하고 있다.

대집행은 이른바 대체적 작위의무의 불이행에 대한 행정상 강제수단이다.

Ⅱ. 대집행의 주체와 대집행의 법률관계

1. 대집행의 주체

대집행에 대한 권한을 가진 주체는 법령에 의하여 부과된 명령 또는 법령에 의거한 명령에

---

* 행정고시(재경)(2005년).

대하여 권한 있는 당해 행정청이다. 당해 행정청의 위임이 있으면 다른 행정청도 대집행주체가 될 수 있다.

2. 대집행의 법률관계

한편 대집행의 실행은 행정청이 직접 할 수도 있고(자기집행), 제3자로 하여금 이를 하게 할 수도 있다(제3자 집행).

제3자 집행의 경우 대집행주체인 행정청, 대집행실행자인 제3자, 의무자의 3자 간의 관계가 형성된다. ① 먼저 행정청과 제3자 사이에는 통상 대집행에 대한 계약이 체결되는데, 이를 사법상 계약으로 보는 것이 일반적이다. 행정청은 제3자의 계약상 용역에 대한 비용을 지급하여야 하고 제3자는 행정청에 대하여 사법상의 비용지급청구권을 갖는다. 계약상 분쟁은 민사소송에 의한다(다수설). 다만 이를 공법상 계약이나 공무수탁사인과의 관계에 있는 공법관계로 보는 견해도 있다.[1) ② 제3자와 의무자간에는 원칙적으로 아무런 법률관계도 성립하지 않는다. ③ 행정청과 의무자의 관계는 공법관계이다. 의무자는 행정청에게 대집행비용을 납부하여야 하고 행정청은 의무자에 대하여 대집행비용에 대한 공법상 비용상환청구권을 가지며 이에 근거하여 지급명령을 할 수도 있다. 행정청은 의무자가 이를 이행하지 않으면 행정상 강제징수를 할 수도 있다. 이에 관한 분쟁은 행정쟁송에 의한다.

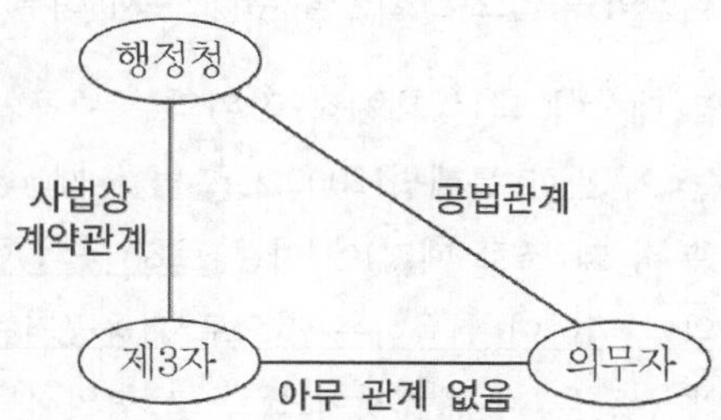

▌대집행의 법률관계▐

Ⅲ. 대집행의 요건*

행정대집행법 제2조는 대집행의 요건으로 ① 법령 또는 법령에 의거하여 부과된 대체적 작위의무의 불이행이 있을 것, ② 다른 수단으로써 그 이행을 확보하기 곤란할 것, ③ 그 불이행을 방치함이 심히 공익을 해할 것으로 인정될 것을 규정하고 있다.

---

* 행정고시(일반행정)(2011년).

1) 박균성, 행정법강의, 416면; 한견우, 현대행정법강의, 261면.

행정기본법도 "타인이 대신하여 행할 수 있는 의무를 이행하지 아니하는 경우 법률로 정하는 다른 수단으로는 그 이행을 확보하기 곤란하고 그 불이행을 방치하면 공익을 크게 해칠 것으로 인정될 때(행정기본법 30 ① 1호)"라고 하여 행정대집행법과 동일하게 규정하고 있다.

1. 대체적 작위의무의 불이행

(1) 의무의 불이행

대집행의 대상이 되는 의무는 법령에 의하여 직접 부과되었거나 또는 법령에 근거한 행정청의 처분에 의하여 부과된 의무이다. 법령에 의하여 구체적인 의무가 부과되는 경우도 있으나, 대부분의 경우는 행정청이 처분에 의하여 의무가 부과될 것이다.

대집행이 가능하기 위해서는 이와 같은 의무는 공법상의 의무이어야 하고, 그 의무를 이행하지 않은 것이어야 한다.

[판례] [1] (구) 공공용지의 취득 및 손실보상에 관한 특례법에 의한 협의취득시 건물소유자가 매매대상 건물에 대한 철거의무를 부담하겠다는 취지의 약정을 한 경우, 그 철거의무가 행정대집행법에 의한 대집행의 대상이 되는지 여부

[2] 협의취득시 건물소유자가 협의취득대상 건물에 대하여 약정한 철거의무의 강제적 이행을 행정대집행법상 대집행의 방법으로 실현할 수 있는지 여부

"[1] 행정대집행법상 대집행의 대상이 되는 대체적 작위의무는 공법상 의무이어야 할 것인데, (구) 공공용지의 취득 및 손실보상에 관한 특례법(2002.2.4. 법률 제6656호 공익사업을 위한 토지 등의 취득 및 보상에 관한 법률 부칙 제2조로 폐지)에 따른 토지 등의 협의취득은 공공사업에 필요한 토지 등을 그 소유자와의 협의에 의하여 취득하는 것으로서 공공기관이 사경제주체로서 행하는 사법상 매매 내지 사법상 계약의 실질을 가지는 것이므로, 그 협의취득시 건물소유자가 매매대상 건물에 대한 철거의무를 부담하겠다는 취지의 약정을 하였다고 하더라도 이러한 철거의무는 공법상의 의무가 될 수 없고, 이 경우에도 행정대집행법을 준용하여 대집행을 허용하는 별도의 규정이 없는 한 위와 같은 철거의무는 행정대집행법에 의한 대집행의 대상이 되지 않는다.

[2] (구) 공공용지의 취득 및 손실보상에 관한 특례법에 의한 협의취득시 건물소유자가 협의취득대상 건물에 대하여 약정한 철거의무는 공법상 의무가 아닐 뿐만 아니라, 공익사업을 위한 토지 등의 취득 및 보상에 관한 법률 제89조에서 정한 행정대집행법의 대상이 되는 '이 법 또는 이 법에 의한 처분으로 인한 의무'에도 해당하지 아니하므로 위 철거의무에 대한 강제적 이행은 행정대집행법상 대집행의 방법으로 실현할 수 없다(대판 2006.10.13, 2006두7096)."

(2) 대체적 작위의무*

대집행의 대상이 되는 의무는 대체적(代替的) 작위의무이다. 따라서 타인이 대신하여 행할 수 없는 비대체적인 의무나 부작위의무는 대집행의 대상이 될 수 없다.

이와 같이 대집행의 대상이 되는 의무가 ① 대체적 의무이어야 하고 ② 작위의무이어야 한다는 점에서 다음과 같은 점이 문제가 된다.

(i) 먼저 대체적 의무와 관련하여, '토지·건물 등의 인도의무' 자체가 대집행의 대상이 되는 의무인가 하는 점이 문제이다. 이 경우 ① 존치된 물건의 반출은 대체적 작위의무로 보아 대집행의 대상이 될 수 있으나, ② 토지·건물 등의 점유자로부터 점유를 배제하고 그 점유를 이전받는 것은 점유자의 퇴거라는 일신전속적 행위에 의하여야 한다는 점에서 대체적 작위의무에 해당한다고 볼 수 없다. 따라서 토지·건물 등의 인도의무의 불이행은 대집행의 대상이 될 수 없고, 이에 대해서는 직접강제, 경찰관 직무집행법상의 위험발생방지조치(경직법 5), 형법상의 공무집행방해죄의 적용 등의 다른 수단을 통하여 의무이행을 확보할 수밖에 없다[판례1].

그러나 행정청이 건물철거의무의 불이행과 같은 대체적 작위의무의 불이행이 이미 존재하여 행정대집행이 가능한 경우에는 더 이상 토지·건물의 인도의무가 문제되지 않는다. 따라서 대집행 과정에서 부수적으로 그 토지·건물의 점유자들에 대한 퇴거 조치를 할 수 있다[판례2].

[판례1] 점유자의 퇴거 및 명도의무가 행정대집행법에 의한 대집행의 대상인지 여부

"도시공원시설인 매점의 관리청이 그 공동점유자 중의 1인에 대하여 소정의 기간 내에 위 매점으로부터 퇴거하고 이에 부수하여 그 판매 시설물 및 상품을 반출하지 아니할 때에는 이를 대집행하겠다는 내용의 계고처분은 그 주된 목적이 매점의 원형을 보존하기 위하여 점유자가 설치한 불법 시설물을 철거하고자 하는 것이 아니라, 매점에 대한 점유자의 점유를 배제하고 그 점유이전을 받는 데 있다고 할 것인데, 이러한 의무는 그것을 강제적으로 실현함에 있어 직접적인 실력행사가 필요한 것이지 대체적 작위의무에 해당하는 것은 아니어서 직접강제의 방법에 의하는 것은 별론으로 하고 행정대집행법에 의한 대집행의 대상이 되는 것은 아니다(대판 1998.10.23, 97누157)."

[판례2] 행정청이 행정대집행의 방법으로 건물철거의무의 이행을 실현할 수 있는 경우에, 대집행을 실시하기에 앞서 철거의무자를 해당 건물에서 퇴거시키기 위해 별도로 퇴거를 명하는 집행권원(민사판결)을 확보하여 민사집행을 실시하여야 하는지 여부(소극)

"관계법령상 행정대집행의 절차가 인정되어 행정청이 행정대집행의 방법으로 건물의 철거 등 대체적 작위의무의 이행을 실현할 수 있는 경우에는 따로 민사소송의 방법으로 그 의무의 이행을 구

* 사법시험(2010년).

할 수 없다(대판 1990.11.13, 90다카23448, 대판 2000.5.12, 99다18909 등 참조). 한편, 건물의 점유자가 철거의무자일 때에는 건물철거의무에 퇴거의무도 포함되어 있는 것이어서 별도로 퇴거를 명하는 집행권원이 필요하지 않다(대판 2008.12.24, 2007다75099 참조).

따라서 행정청이 행정대집행의 방법으로 건물철거의무의 이행을 실현할 수 있는 경우에는 건물철거 대집행 과정에서 부수적으로 그 건물의 점유자들에 대한 퇴거 조치를 할 수 있는 것이고, 그 점유자들이 적법한 행정대집행을 위력을 행사하여 방해하는 경우 형법상 공무집행방해죄가 성립하므로(대판 2011.4.28, 2007도7514 참조), 필요한 경우에는 「경찰관 직무집행법」에 근거한 위험발생 방지조치 또는 형법상 공무집행방해죄의 범행방지 내지 현행범체포의 차원에서 경찰의 도움을 받을 수도 있다(대판 2017.4.28, 2016다213916)."

☞ (행정청이 건물 소유자들을 상대로 건물철거 대집행을 실시하기에 앞서, 건물 소유자들을 건물에서 퇴거시키기 위해 별도로 퇴거를 구하는 민사소송을 제기한 사안에서) 적법한 건물에서 처분상대방의 점유를 배제하고 그 점유이전을 받기 위하여 행정대집행 계고처분을 한 경우는 그 계고처분의 주된 목적이 건물의 인도라는 비대체적 작위의무의 이행을 실현하고자 하는 경우이어서 행정대집행의 대상이 될 수 없지만, 이 사건의 사안은 위법한 건물에 대한 철거 대집행의 과정에서 부수적으로 점유자에 대한 퇴거조치를 실현할 수 있는 경우이어서 사안을 달리함을 지적한 사례임

(ii) 한편 토지·건물 등의 인도의무와 관련하여 토지보상법 제43조는 '토지 또는 물건의 이전의무'를 규정하고 있고, 제89조는 '토지보상법상 의무불이행에 대한 대집행'을 규정하고 있는데, 여기에서 물건의 이전의무는 대체적 작위의무이므로 문제가 없는데, 토지의 이전의무는 비대체적 작위의무인데 대집행의 대상이 될 수 있는지가 문제이다.

이에 관하여는 ① 대집행은 대체적 작위의무에만 가능하므로 위 조항들을 근거로 대집행을 할 수 없다는 견해,[2] ② 위 조항들을 행정대집행법 제2조의 예외로 보는 견해,[3] ③ 토지의 인도의무 불이행을 토지보상법 제89조에 따라 대집행을 할 수 없다고 본다면 이 규정을 전혀 무의미하게 만드는 것이므로, 이 규정의 합리적·목적론적 해석이 필요하다는 견해[4]가 있다. ④ 판례는 부정적인 입장이다[판례1,2]. ⑤ 생각건대 토지의 인도의무 불이행에 대하여 토지보상법 제89조에 따른 대집행이 허용되는지 여부는 구체적인 경우마다 개별적으로 판단해 보아야 한다. 예컨대 비대체적 작위의무인 '토지의 인도의무' 그 자체가 대집행의 대상인 경우는 허용될 수 없겠지만, 예컨대 토지소유자가 토지수용위원회의 수용재결 이후에 보상금을 이미 수령하였다면 이로써 토지의 인도의무를 이행하였다고 보아야 할 것이므로 이 경우는 대집행이 가능하다고 보아야 할 것이다.

2) 박윤흔, 최신행정법강의(상), 603면.
3) 류지태/박종수, 행정법신론, 382면.
4) 김동희, 행정법Ⅱ, 406면.

[판례1] (구) 토지수용법상 피수용자 등이 기업자에 대하여 부담하는 수용대상 토지의 인도의무가 행정대집행법에 의한 대집행의 대상이 될 수 있는지 여부

"피수용자 등이 기업자에 대하여 부담하는 수용대상 토지의 인도의무에 관한 (구) 토지수용법(2002.2.4. 법률 제6656호 토지보상법 부칙 제2조로 폐지) 제63조, 제64조, 제77조 규정에서의 '인도'에는 명도도 포함되는 것으로 보아야 하고, 이러한 명도의무는 그것을 강제적으로 실현하면서 직접적인 실력행사가 필요한 것이지 대체적 작위의무라고 볼 수 없으므로 특별한 사정이 없는 한 행정대집행법에 의한 대집행의 대상이 될 수 있는 것이 아니다(대판 2005.8.19, 2004다2809)."

[판례2] (구) 공유재산 및 물품 관리법 제83조가 '대체적 작위의무'가 아닌 의무에 대하여도 대집행을 허용하는 취지인지 여부

"(구) 공유재산 및 물품 관리법(2010.2.4. 법률 제10006호로 개정되기 전의 것) 제83조는 "정당한 사유 없이 공유재산을 점유하거나 이에 시설물을 설치한 때에는 행정대집행법 제3조 내지 제6조의 규정을 준용하여 철거 그 밖의 필요한 조치를 할 수 있다."라고 정하고 있는데, 위 규정은 대집행에 관한 개별적인 근거 규정을 마련함과 동시에 행정대집행법상의 대집행 요건 및 절차에 관한 일부 규정만을 준용한다는 취지에 그치는 것이고, 대체적 작위의무에 속하지 아니하여 원칙적으로 대집행의 대상이 될 수 없는 다른 종류의 의무에 대하여서까지 강제집행을 허용하는 취지는 아니다(대판 2011.4.28, 2007도7514)."

[판례3] 도시개발사업의 시행자가 사업시행에 방해가 되는 지장물에 관하여 토지보상법 제75조 제1항 단서 제2호에 따라 지장물의 가격으로 보상한 경우, 지장물의 소유자는 같은 법 제43조에 따라 사업시행자에게 지장물을 인도할 의무가 있는지 여부(원칙적 적극)

"(도시개발사업 시행자인 원고가 지장물에 관하여 토지보상법 제75조 제1항 단서 제2호에 따라 지장물의 가격으로 보상한 후 지장물 소유자인 피고를 상대로 퇴거청구를 하였다가 2심에서 주위적으로 지장물 인도청구를 추가한 사안에서) 도시시개발법 제22조 제1항에 따라 준용되는 토지보상법 제43조는, "토지소유자 및 관계인과 그 밖에 토지소유자나 관계인에 포함되지 아니하는 자로서 수용하거나 사용할 토지나 그 토지에 있는 물건에 관한 권리를 가진 자는 수용 또는 사용의 개시일까지 그 토지나 물건을 사업시행자에게 인도하거나 이전하여야 한다."라고 규정하고 있다.

도시개발사업의 시행자가 사업시행에 방해가 되는 지장물에 관하여 토지보상법 제75조 제1항 단서 제2호에 따라 물건의 가격으로 보상한 경우, 사업시행자가 당해 물건을 취득하는 제3호와 달리 수용의 절차를 거치지 아니한 이상 사업시행자가 그 보상만으로 당해 물건의 소유권까지 취득한다고 보기는 어렵지만, 지장물의 소유자가 토지보상법 시행규칙 제33조 제4항 단서에 따라 스스로의 비용으로 철거하겠다고 하는 등 특별한 사정이 없는 한 사업시행자는 자신의 비용으로 이를 제거할

수 있고, 지장물의 소유자는 사업시행자의 지장물 제거와 그 과정에서 발생하는 물건의 가치 상실을 수인하여야 할 지위에 있다.

따라서 사업시행자가 지장물에 관하여 토지보상법 제75조 제1항 단서 제2호에 따라 지장물의 가격으로 보상한 경우 특별한 사정이 없는 한 지장물의 소유자는 사업시행자에게 지장물을 인도할 의무가 있다(대판 2022.11.17, 2022다242342[퇴거청구])."

(iii) 부작위의무는 대집행의 대상이 될 수 없다. 부작위의무에 대해서 대집행이 가능하기 위해서는, 부작위의무를 부과한 근거법령에서 부작위의무 위반에 대하여 일정한 조치를 명하는 등의 작위의무를 부과하는 규정(전환규범)에 따라 작위의무가 부과되고, 그 후 이러한 작위의무의 불이행이 있어야 한다. 예컨대 도로법은 정당한 사유 없이 도로에 토석, 입목·죽(竹) 등 장애물을 쌓아놓는 행위를 금지(부작위의무)하고 있고(도로법 75), 이 의무를 위반한 경우 물건의 이전, 그 밖에 필요한 처분을 하거나 조치를 명할 수 있다(전환규범)고 규정하고 있다(도로법 96). 이러한 도로법 제96조에 의하여 부과된 장애물을 제거하라는 명령(부작위의무를 작위의무로 전환)을 불이행하면 이에 대하여 대집행이 가능한 것이다. 판례도 같은 입장이다.

[판례] 금지규정에서 작위의무 명령권이 당연히 도출되는지 여부

"대집행계고처분을 하기 위하여는 법령에 의하여 직접 명령되거나 법령에 근거한 행정청의 명령에 의한 의무자의 대체적 작위의무 위반행위가 있어야 한다. 따라서 단순한 부작위의무의 위반, 즉 관계 법령에 정하고 있는 절대적 금지나 허가를 유보한 상대적 금지를 위반한 경우에는 당해 법령에서 그 위반자에 대하여 위반에 의하여 생긴 유형적 결과의 시정을 명하는 행정처분의 권한을 인정하는 규정(예컨대, 건축법 제69조, 도로법 제74조, 하천법 제67조, 도시공원법 제20조, 옥외광고물등관리법 제10조 등)을 두고 있지 아니한 이상, 법치주의의 원리에 비추어 볼 때 위와 같은 부작위의무로부터 그 의무를 위반함으로써 생긴 결과를 시정하기 위한 작위의무를 당연히 끌어낼 수는 없으며, 또 위 금지규정(특히 허가를 유보한 상대적 금지규정)으로부터 작위의무, 즉 위반결과의 시정을 명하는 권한이 당연히 추론(추론)되는 것도 아니다.

(구) 주택건설촉진법 제38조 제2항은 공동주택 및 부대시설·복리시설의 소유자·입주자·사용자 등은 부대시설 등에 대하여 도지사의 허가를 받지 않고 사업계획에 따른 용도 이외의 용도에 사용하는 행위 등을 금지하고, 그 위반행위에 대하여 위 (구) 주택건설촉진법 제52조의2 제1호에서 1천만 원 이하의 벌금에 처하도록 하는 벌칙규정만을 두고 있을 뿐, 건축법 제69조 등과 같은 부작위의무 위반행위에 대하여 대체적 작위의무로 전환하는 규정을 두고 있지 아니하므로 위 금지규정으로부터 그 위반결과의 시정을 명하는 원상복구명령을 할 수 있는 권한이 도출되는 것은 아니다. 결국 행정청의 원고에 대한 원상복구명령은 권한 없는 자의 처분으로 무효라고 할 것이고, 위 원상복

구명령이 당연무효인 이상 후행처분인 계고처분의 효력에 당연히 영향을 미쳐 그 계고처분 역시 무효로 된다(대판 1996.6.28, 96누4374)."

2. 다른 수단으로는 이행확보가 곤란할 것

대집행이 인정되기 위해서는 대집행 이외의 다른 수단으로는 의무이행확보가 곤란하여야 한다. 여기에서 다른 수단이란 비례원칙상 대집행보다 의무자에 대한 권익침해의 정도가 적은 수단을 의미한다. 따라서 이와 같은 침익성이 덜한 수단이 존재하는 경우에는 대집행을 할 수 없다.

3. 그 불이행을 방치하는 것이 심히 공익을 해하는 것일 것

대집행은 대체적 작위의무의 불이행만으로 가능한 것이 아니라, 이를 방치하는 것이 심히 공익을 해하는 것인 경우에 비로소 가능해 진다. 여기에서 '심히 공익을 침해하는 것'은 요건판단의 문제이므로 행정청의 재량이 인정되지 않는다. 따라서 이러한 요건충족 여부에 대한 행정청의 판단은 전면적으로 사법심사의 대상이 된다. 이러한 요건판단은 고도의 전문적인 지식이 요구되는 것은 아니므로 판단여지가 인정되지 않는다. 판례도 이를 전면적 사법심사의 대상으로 삼고 있다. 다만 어떠한 경우가 이에 해당할 것인가 하는 문제는 구체적인 정황들을 고려하여 개별적으로 판단하여야 할 것이다.

[판례1] 당초 허가내용과 달리 증·개축한 건물을 그대로 방치함이 심히 공익을 해하는 것이 아니라는 사례

"대수선 및 구조변경허가의 내용과 다르게 건물을 증·개축하여 그 위반결과가 현존하고 있다고 할지라도, 그 공사결과 건물모양이 산뜻하게 되었고, 건물의 안정감이 더하여진 반면 그 증평부분을 철거함에는 많은 비용이 소요되고 이를 철거하여도 건물의 외관만을 손상시키고 쓰임새가 줄 뿐인 경우라면 건축주의 철거의무불이행을 방치함이 심히 공익을 해하는 것으로 볼 수 없다(대판 1987.3.10, 86누860)."

[판례2] 개발제한구역 내에 허가 없이 묘지를 설치한 불법형질변경을 방치하는 것이 심히 공익을 해하는 것이라는 사례

"(원고가 도시계획구역 내의 이 사건 임야에 피고로부터 허가를 받지도 아니한 채 묘지를 설치하여 토지의 형질을 변경한) 원고의 토지의 형질변경행위를 용인하는 것은 도시의 건전한 발전을 도모하고 공공의 안녕질서와 공공복리의 증진을 위하여 제정된 도시계획법 특히 도시의 무질서한 확산을 방지하고 도시 주변의 자연환경을 보전하여 도시민의 건전한 생활환경의 확보 유지를 목적으

로 한 개발제한구역 지정의 취지가 몰각되고 불법형질변경을 단속하는 당국의 권능을 무력화시켜 도시계획행정의 원활한 수행을 위태롭게 하며, 개발제한구역 안에서의 불법형질변경의 제한규정을 위반하는 것을 사전에 예방한다는 보다 더 큰 공익을 해칠 우려가 있다(대판 1993.5.11, 92누8279)."

Ⅳ. 대집행의 절차

대집행절차는 계고, 대집행영장에 의한 통지, 대집행의 실행, 비용징수로 이루어진다(행정대집행법 3).

1. 계고(戒告)*

대집행을 하려면 상당한 이행기한을 정하여 그 기한까지 이행되지 아니할 때에는 대집행을 한다는 뜻을 미리 문서로써 계고하여야 한다(행정대집행법 3 ①).

다만 비상시 또는 위험이 절박하여 계고를 할 여유가 없을 때에는 계고절차를 거치지 아니하고 대집행을 할 수 있다(행정대집행법 3 ③).

대집행 계고의 법적 성질은 준법률행위적 행정행위로서의 통지에 해당한다(통설·판례). 따라서 항고쟁송의 대상이 되는 처분이다(대판 1962.10.18, 62누117). 계고가 반복적으로 부과된 경우 제1차 계고가 처분이고 그 후에 같은 내용이 반복된 계고는 새로운 의무를 부과하는 것이 아니어서 행정처분이 아니다[판례].

[판례] 제2차, 제3차로 행한 계고처분이 행정처분인지 여부
"행정대집행법상의 건물철거의무는 제1차 철거명령 및 계고처분으로서 발생하였고 제2차, 제3차의 계고처분은 새로운 철거의무를 부과한 것이 아니고 다만 대집행기한의 연기통지에 불과하므로 행정처분이 아니다(대판 1994.10.28, 94누5144)."

어느 정도의 기간이 '상당한 기간'인가는 사회통념에 따라 상대방의 의무이행이 객관적으로 가능한 기간이라고 하여야 할 것이다.

대집행의 모든 요건은 계고를 할 때 이미 충족되어 있어야 하므로, 원칙적으로 의무를 명하는 처분과 계고는 별개로 독립하여 이루어져야 한다. 다만 사정에 따라서는 예외적으로 양자가 동시에 행하여질 수도 있다[판례].

---

* 5급공채(일반행정)(2012년).

[판례] 계고서라는 명칭의 1장의 문서로 행해진 철거명령과 계고처분의 적부

"계고서라는 명칭의 1장의 문서로서 일정기간 내에 위법건축물의 자진철거를 명함과 동시에 그 소정기한 내에 자진철거를 하지 아니할 때에는 대집행할 뜻을 미리 계고한 경우라도 건축법에 의한 철거명령과 행정대집행법에 의한 계고처분은 독립하여 있는 것으로서 각 그 요건이 충족되었다고 볼 것이다.

위의 경우 철거명령에서 주어진 일정기간이 자진철거에 필요한 상당한 기간이라면 그 기간 속에는 계고시에 필요한 '상당한 이행기간'도 포함되어 있다고 보아야 할 것이다(대판 1992.6.12, 91누13564)."

한편 대집행의 계고를 함에 있어서는 의무자가 이행하여야 할 행위와 그 의무불이행시 대집행할 행위의 내용 및 범위가 구체적으로 특정되어야 할 것이지만, 그 행위의 내용과 범위는 반드시 철거명령서나 대집행계고서에 의하여서만 특정되어야 하는 것은 아니고, 그 처분 전후에 송달된 문서나 기타 사정을 종합하여 이를 특정할 수 있으면 족하다(대판 1990.1.25, 89누4543).

2. 대집행영장에 의한 통지

의무자가 계고를 받고 지정기한까지 그 의무를 이행하지 아니할 때에는 당해 행정청은 대집행영장으로써 대집행을 할 시기, 대집행을 시키기 위하여 파견하는 집행책임자의 성명과 대집행에 요하는 비용의 개산에 의한 견적액을 의무자에게 통지하여야 한다(행정대집행법 3 ②).

대집행영장에 의한 통지의 법적 성질도 또한 준법률행위적 행정행위로서 통지이다. 따라서 항고쟁송의 대상이 되는 처분이다.

또한 대집행영장에 의한 통지도 위험이 절박하거나 기타 신속한 실시가 요구되는 경우에는 예외적으로 생략될 수 있다(행정대집행법 3 ③).

3. 대집행의 실행

대집행영장에 의하여 지정된 기간까지 의무의 이행이 이루어지지 않는 경우에는 대집행이 실행된다.

대집행 실행은 공권력을 행사하여 물리적으로 대집행행위를 하는 것이므로 그 법적 성질은 권력적 사실행위이다. 혹자는 이를 수인하명과 사실행위가 결합된 합성행위로 보기도 한다.[5] 그러나 권력적 사실행위도 항고쟁송의 대상이 되는 처분성이 인정되는 점에서 논의의 실익은 적다고 생각된다.

5) 홍정선, 행정법특강, 411면.

대집행을 하기 위하여 현장에 파견되는 집행책임자는 그가 집행책임자라는 것을 표시한 증표를 휴대하여 대집행시에 이해관계인에게 제시하여야 한다(행정대집행법 4 ③).

대집행의 실행시 의무자가 이에 저항하는 경우 이를 실력으로 배제할 수 있는가 하는 것이 문제이다. 독일 행정집행법 제15조 제2항은 대집행주체의 물리력사용을 명문으로 규정하고 있으나 우리나라에는 이러한 명문규정이 없다. 원칙적으로는 의무자에 대하여 물리력을 행사할 수 없다고 보아야 하겠으나, 다만 부득이한 경우에는 대집행에 수반된 기능이라고 판단되는 정도의 최소한의 실력행사는 가능하다고 보아야 할 것이다.[6)]

4. 비용징수

대집행이 종료되면 대집행에 소요된 비용과 납부기간을 의무자에게 문서로써 통지하여 그 납부를 명하고(행정대집행법 5), 일정한 기간까지 비용의 납부가 이루어지지 않는 경우에는 국세징수법의 예에 따라 강제징수한다(행정대집행법 6 ①). 비용의 납부명령은 금전급부의무를 부과하는 하명으로서의 성질을 가진다.

Ⅴ. 대집행에 대한 구제[*]

1. 행정심판

행정대집행법은 "대집행에 대하여는 행정심판을 제기할 수 있다."고 규정하고 있는데(행정대집행법 7), 계고, 대집행영장에 의한 통지, 비용납부명령은 행정행위로서 처분성이 인정되므로 이와 같은 규정이 없더라도 위 행위에 대하여 행정심판을 청구할 수 있음은 물론이다. 대집행의 실행행위에 대해서는 아래의 대집행에 대한 항고소송에서 설명하기로 한다.

2. 행정소송

(1) 행정심판의 전치 문제

행정대집행법은 행정심판의 청구가 법원에 대한 출소의 권리를 방해하지 아니한다고 규정하고 있는데(행정대집행법 8), 행정심판전치주의를 취하였던 (구) 행정소송법 하에서 판례는 이 규정을 행정심판을 청구하지 아니하고 취소소송을 제기할 수 있음을 규정한 것은 아니라고 보았다(대판 1993.6.8, 93누6164). 그러나 1994년 행정소송법 개정으로 행정심판은 임의적 전심절차가 되었으므로 제8조의 해석을 둘러싼 과거의 논의는 무의미하게 되었다. 따라서 대집행의 경우에도 행정심

* 입법고시(2008년), 5급공채(일반행정)(2012년).

6) 김동희/최계영, 행정법Ⅰ, 470면; 류지태/박종수, 행정법신론, 384면; 박윤흔, 최신행정법강의(상), 607면; 홍정선, 행정법특강, 412면.

판을 거치지 않고 바로 행정소송을 제기할 수 있게 되었다.

(2) 대집행에 대한 항고소송

① 계고·대집행영장에 의한 통지·비용납부명령은 행정행위로서 처분성이 인정되므로 항고소송의 대상이 되는 데 아무런 문제가 없다. 다만 대집행이 완료된 경우에는 계고나 대집행영장에 의한 통지는 취소소송을 통하여 그 취소를 구할 권리보호의 필요성(협의의 소익)이 없으므로 취소소송을 제기하더라도 부적법 각하될 것이다. 이 경우에는 위법한 대집행으로 인한 손해배상청구를 통하여 권리구제를 도모하여야 할 것이다.

② 대집행의 실행행위가 항고소송의 대상이 되는 처분인가 하는 것이 문제인데, 행정소송법은 처분을 '행정청이 행하는 구체적 사실에 관한 법집행으로서의 공권력의 행사'로 규정하고 있으므로, 여기에는 권력적 사실행위가 포함된다고 보는 것이 통설이다. 따라서 대집행의 실행도 권력적 사실행위이므로 처분성이 인정된다(통설). 혹자는 권력적 사실행위가 상대방에 대한 수인의무를 수반하기 때문에 처분성이 인정된다고 보기도 한다.[7)]

다만 처분성이 인정된다고 하더라도 대집행의 실행은 단기간에 완료되는 경우가 대부분이기 때문에 권리보호의 필요성(협의의 소익)이 부인되는 경우가 많을 것이다. 이 경우 대집행의 실행이 완료되기 전이라면 집행정지제도를 활용하는 것이 의미 있을 것이다.

제2. 강제금(집행벌)

Ⅰ. 강제금의 의의

강제금(Zwangsgeld)은 행정법상 의무를 이행하지 않는 경우에 그 이행을 강제하기 위하여 부과하는 금전부담이다. 이를 집행벌(Zwangsstrafe)이라고도 하는데, 강제금은 처벌을 하는 것이 아니라 의무이행을 강제하는 것이기 때문에 강제금이 더 적절한 용어이다. 실정법상 이행강제금이라고도 하는데, 특히 행정기본법은 "이행강제금의 부과: 의무자가 행정상 의무를 이행하지 아니하는 경우 행정청이 적절한 이행기간을 부여하고, 그 기한까지 행정상 의무를 이행하지 아니하면 금전급부의무를 부과하는 것(행정기본법 30 ① 2호)."으로 규정하면서 '이행강제금'이라는 용어를 사용하고 있다.[8)]

7) 홍정선, 행정법특강, 413면.

8) '행정기본법상 이행강제금'은 '강제금'과 동의어이다. '강제금'이라는 용어 자체가 의무이행을 강제한다는 의미를 이미 포함하고 있다는 점에서 '이행강제금'보다는 '강제금'이 더 정확한 용례라고 생각된다.

[판례1] 이행강제금 및 이행강제금 부과 예고의 법적 성격

"이행강제금은 행정법상의 부작위의무 또는 비대체적 작위의무를 이행하지 않은 경우에 '일정한 기한까지 의무를 이행하지 않을 때에는 일정한 금전적 부담을 과할 뜻'을 미리 '계고'함으로써 의무자에게 심리적 압박을 주어 장래를 향하여 의무의 이행을 확보하려는 간접적인 행정상 강제집행 수단이고, 노동위원회가 근로기준법 제33조에 따라 이행강제금을 부과하는 경우 그 30일 전까지 하여야 하는 이행강제금 부과 예고는 이러한 '계고'에 해당한다(대판 2015.6.24, 2011두2170)."

[판례2] (구) 건축법상 이행강제금의 법적 성격

"(구) 건축법상 이행강제금은 시정명령의 불이행이라는 과거의 위반행위에 대한 제재가 아니라, 시정명령을 이행하지 않고 있는 건축주·공사시공자·현장관리인·소유자·관리자 또는 점유자(이하 '건축주 등'이라 한다)에 대하여 다시 상당한 이행기한을 부여하고 기한 안에 시정명령을 이행하지 않으면 이행강제금이 부과된다는 사실을 고지함으로써 의무자에게 심리적 압박을 주어 시정명령에 따른 의무의 이행을 간접적으로 강제하는 행정상의 간접강제 수단에 해당한다(대판 2016.7.14, 2015두46598[이행강제금부과처분무효확인 등])."

Ⅱ. 강제금의 성질 및 행정벌과의 동시부과 가능성

대집행이나 직접강제는 직접 의무이행을 실현하는 직접적 강제수단이지만, 강제금은 금전급부의무의 부과를 통하여 심리적 압박을 가함으로써 의무를 이행하도록 하는 간접적 강제수단이다.

그러나 행정상 강제집행의 수단 가운데 하나인 강제금은 장래에 대한 의무이행을 확보하는 수단이라는 점에서, 과거의 의무불이행에 대한 제재인 행정벌과 구분된다. 이와 같이 강제금과 행정벌은 목적·성질 등을 달리 하는 것이므로 같은 의무위반행위에 대하여 양자가 모두 부과될 수 있다.

[판례] 형벌과 건축법상의 이행강제금이 이중처벌이 아니라고 본 사례

"이 사건 법률조항에서 규정하고 있는 이행강제금은 일정한 기한까지 의무를 이행하지 않을 때에는 일정한 금전적 부담을 과할 뜻을 미리 계고함으로써 의무자에게 심리적 압박을 주어 장래에 그 의무를 이행하게 하려는 행정상 간접적인 강제집행 수단의 하나로서 과거의 일정한 법률위반 행위에 대한 제재로서의 형벌이 아니라 장래의 의무이행의 확보를 위한 강제수단일 뿐이어서 범죄에 대하여 국가가 형벌권을 실행한다고 하는 과벌에 해당하지 아니하므로 헌법 제13조 제1항이 금지하는 이중처벌금지의 원칙이 적용될 여지가 없을 뿐 아니라, 건축법 제108조, 제110조에 의한 형사처벌의 대상이 되는 행위와 이 사건 법률조항에 따라 이행강제금이 부과되는 행위는 기초적 사실관

계가 동일한 행위가 아니라 할 것이므로 이런 점에서도 이 사건 법률조항이 헌법 제13조 제1항의 이중처벌금지의 원칙에 위반되지 아니한다(헌재결 2011.10.25, 2009헌바140).”

Ⅲ. 강제금의 부과대상인 의무

강제금은 의무불이행이나 의무위반행위에 대하여 일정한 금전부담을 부과함으로써 심리적 압박을 가하여 장래에 향하여 의무이행을 강제하기 위한 것이므로, 이러한 강제금의 목적을 고려하면 그 의무가 작위의무이든 부작위의무이든 불문한다고 보아야 할 것이다.

그런데 이와 관련하여서는 대체적 작위의무를 이행하지 않는 경우 대집행이라는 효과적인 강제수단이 있으므로, 이에 대하여 강제금을 부과할 수 있는지가 문제이다.

이에 대하여는 ① 대체적 작위의무의 경우 대집행이 가능하므로 이에 대하여 강제금을 인정할 필요가 없다는 견해도 있을 수 있으나, ② 경우에 따라서는 강제금이 대집행보다 의무이행확보에 보다 실효적인 수단이 될 수 있으므로 대체적 작위의무의 경우에도 강제금을 인정하는 것이 타당하다(다수설). ③ 헌법재판소는 다수설과 같은 입장이다. 이에 관한 대법원 판례는 없으나, 최근 대법원은 건축법상 이행강제금을 시정명령 불이행에 대한 강제수단으로 정의하고 있어 다수설과 같은 입장이라고 볼 수 있다(대판 2016.7.14, 2015두46598). ④ 건축법 제80조도 대체적 작위의무인 시정명령의 불이행에 대하여 이행강제금을 부과하도록 규정하고 있고, 행정기본법 제30조 제1항 제2호도 '행정상 의무를 이행하지 않는 경우 이행강제금을 부과'하는 것으로 규정하고 있다. ⑤ 대체적 작위의무의 불이행에 대하여 언제나 대집행이 가능한 것만은 아니고, 또한 대집행이 현실적으로 어려운 경우도 있으므로, 건축정책적 관점에서도 강제금을 통하여 대체적 작위의무를 이행하도록 하는 것이 바람직하다.

[판례] 이행강제금은 대체적 작위의무의 위반에 대하여도 부과될 수 있다고 본 사례

“전통적으로 행정대집행은 대체적 작위의무에 대한 강제집행수단으로, 이행강제금은 부작위의무나 비대체적 작위의무에 대한 강제집행수단으로 이해되어 왔으나, 이는 이행강제금제도의 본질에서 오는 제약은 아니며, 이행강제금은 대체적 작위의무의 위반에 대하여도 부과될 수 있다. 현행 건축법상 위법건축물에 대한 이행강제수단으로 대집행과 이행강제금(제83조 제1항)이 인정되고 있는데, 양 제도는 각각의 장·단점이 있으므로 행정청은 개별사건에 있어서 위반내용, 위반자의 시정의지 등을 감안하여 대집행과 이행강제금을 선택적으로 활용할 수 있으며, 이처럼 그 합리적인 재량에 의해 선택하여 활용하는 이상 중첩적인 제재에 해당한다고 볼 수 없다(헌재결 2004.2.26, 2001헌바80·84·102·103, 2002헌바26(병합) 전원재판부).”

Ⅳ. 강제금의 법적 근거

강제금은 침익적인 수단이므로 침해유보의 관점에서 보더라도 법적 근거가 필요하다. 이와 관련하여 강제금에 관한 일반법은 없고, 일부 개별법에서 규정되고 있는데, 그 예로는 건축법 제80조, 농지법 제63조, 부동산 실권리자명의 등기에 관한 법률 제6조 등이 있다.

> [판례] 건축법 제19조 제2항에 따른 용도변경에서 국토계획법 제54조를 위반한 경우, 시정명령과 그 불이행에 따른 이행강제금 부과처분을 할 수 있는지 여부(적극) 및 건축법 제19조 제3항에 따른 용도변경의 경우, '국토계획법상 지구단위계획에 맞지 아니한 용도변경'이라는 이유로 시정명령과 그 불이행에 따른 이행강제금 부과처분을 할 수 있는지 여부(소극)
>
> "건축법 제19조 제2항, 제3항, 제4항, 제7항, 제79조 제1항, 제80조 제1항, 건축법 시행령 제14조 제4항, 국토의 계획 및 이용에 관한 법률(이하 '국토계획법'이라 한다) 제54조의 내용과 체계 및 취지를 종합하면, 건축법 제19조 제7항에 따라 국토계획법 제54조가 준용되는 용도변경 즉, 건축법 제19조 제2항에 따라 관할 행정청의 허가를 받거나 신고하여야 하는 용도변경의 경우에는 국토계획법 제54조를 위반한 행위가 곧 건축법 제19조 제7항을 위반한 행위가 되므로, 이에 대하여 건축법 제79조, 제80조에 근거하여 시정명령과 그 불이행에 따른 이행강제금 부과처분을 할 수 있다. 그러나 국토계획법 제54조가 준용되지 않는 용도변경 즉, 건축법 제19조 제3항에 따라 건축물대장 기재 내용의 변경을 신청하여야 하는 경우나 임의로 용도변경을 할 수 있는 경우에는 국토계획법 제54조를 위반한 행위가 건축법 제19조 제7항을 위반한 행위가 된다고 볼 수는 없으므로 '국토계획법상 지구단위계획에 맞지 아니한 용도변경'이라는 이유만으로 건축법 제79조, 제80조에 근거한 시정명령과 그 불이행에 따른 이행강제금 부과처분을 할 수는 없다(대판 2017.8.23, 2017두42453[이행강제금부과처분취소])."

Ⅴ. 강제금의 부과

1. 강제금의 부과

(1) 부과횟수, 부과금액의 상한 제한에 관한 논의

강제금은 장래에 대한 의무이행확보를 목적으로 하는 것이라는 점에서 의무를 이행할 때까지 계속하여 부과할 수 있는 것으로 여기에 총 부과횟수나 총 부과금액에 대한 제한이 반드시 필요한 것은 아니다. 이와 관련하여 헌법재판소도 "이행강제금은 위법건축물의 원상회복을 궁극적인 목적으로 하고, 그 궁극적인 목적을 달성하기 위해서는 위법건축물이 존재하는 한 계속하여 부과할 수밖에 없으며, 만약 통산 부과횟수나 통산 부과상한액의 제한을 두면 위반자에게 위법건축물의 현상을 고착할 수 있는 길을 열어 주게 됨으로써 이행강제금의 본래의 취지를 달성할 수 없게 되므로 건축법에서 이행강제금의 통산 부과횟수나 통산 부과상한액을 제한하는 규정을 두고 있지 않다고 하여 침해 최소성의 원칙에 반한다고 할 수는 없다(헌재결 2011.10.25, 2009헌바140)."고 하였다.

그러나 경우에 따라서는 강제금의 반복적 부과가 상대방에게 가혹할 수 있으므로 강제금을 규정하는 법률에서는 부과횟수에 대한 일정한 제한을 두기도 한다. 예컨대 건축법 제80조는 허가권자로 하여금 건축법상의 시정명령 불이행에 대하여 이행강제금을 부과하도록 규정하면서(건축법 80 ①), 최초의 시정명령이 있었던 날을 기준으로 하여 '1년에 2회 이내의 범위'에서 해당 지방자치단체의 조례로 정하는 횟수만큼 그 시정명령이 이행될 때까지 반복하여 이행강제금을 부과·징수할 수 있다고 규정하고 있다(건축법 80 ⑤).

(2) 행정기본법 규정

행정기본법은 이행강제금 부과의 근거가 되는 법률에는 이행강제금에 관하여 ① 부과·징수 주체, ② 부과 요건, ③ 부과 금액, ④ 부과 금액 산정기준 및 ⑤ 연간 부과 횟수나 횟수의 상한을 명확하게 규정하여야 한다고 규정하고 있다. 다만, 제4호 또는 제5호를 규정할 경우 입법목적이나 입법취지를 훼손할 우려가 크다고 인정되는 경우로서 (1) 합의제행정기관의 의결로 부과금액이 결정되거나 (2) 법률에서 직접 부과상한을 규정하는 경우에는 제외한다(행정기본법 31 ①). 따라서 －단서에 해당하는 경우가 아닌 한－ 이행강제금 부과를 규정하는 법률에서는 '부과 횟수'에 관한 사항을 규정하게 되었다.

2. 가중 · 감경사유

행정청은 ① 의무 불이행의 동기, 목적 및 결과, ② 의무 불이행의 정도 및 상습성, ③ 그 밖에 행정목적을 달성하는 데 필요하다고 인정되는 사유를 고려하여 이행강제금의 부과 금액을 가중하거나 감경할 수 있다(행정기본법 31 ②).

3. 부과절차

행정청은 이행강제금을 부과하기 전에 미리 의무자에게 적절한 이행기간을 정하여 그 기한까지 행정상 의무를 이행하지 아니하면 이행강제금을 부과한다는 뜻을 문서로 계고(戒告)하여야 한다(행정기본법 31 ③).

행정청은 의무자가 제3항에 따른 계고에서 정한 기한까지 행정상 의무를 이행하지 아니한 경우 이행강제금의 부과 금액·사유·시기를 문서로 명확하게 적어 의무자에게 통지하여야 한다(행정기본법 31 ④).

4. 반복부과

행정청은 의무자가 행정상 의무를 이행할 때까지 이행강제금을 반복하여 부과할 수 있다. 다만, 의무자가 의무를 이행하면 새로운 이행강제금의 부과를 즉시 중지하되, 이미 부과한 이행강제금은 징수하여야 한다(행정기본법 31 ⑤).

이와 관련하여 판례는 이행명령을 받은 의무자가 그 명령을 이행한 경우라면 이행명령에서 정한 기간을 지나서 이행한 경우라도 강제금을 부과할 수 없다고 하고 있다.

[판례1] 이행명령을 받은 의무자가 이행명령에서 정한 기간을 지나서 그 명령을 이행한 경우, 이행명령 불이행에 따른 최초의 이행강제금을 부과할 수 있는지 여부

"국토계획법 제124조의2 제5항이 이행명령을 받은 자가 그 명령을 이행하는 경우에 새로운 이행강제금의 부과를 즉시 중지하도록 규정한 것은 이행강제금의 본질상 이행강제금 부과로 이행을 확보하고자 한 목적이 이미 실현된 경우에는 그 이행강제금을 부과할 수 없다는 취지를 규정한 것으로서, 이에 의하여 부과가 중지되는 '새로운 이행강제금'에는 국토계획법 제124조의2 제3항의 규정에 의하여 반복 부과되는 이행강제금뿐만 아니라 이행명령 불이행에 따른 최초의 이행강제금도 포함된다. 따라서 이행명령을 받은 의무자가 그 명령을 이행한 경우에는 이행명령에서 정한 기간을 지나서 이행한 경우라도 최초의 이행강제금을 부과할 수 없다(대판 2014.12.11, 2013두15750)."

[판례2] 부동산 실권리자명의 등기에 관한 법률상 장기미등기자가 같은 법 제6조 제2항에 규정된 기간이 지나서 등기신청의무를 이행한 경우, 이행강제금을 부과할 수 있는지 여부(소극)

"부동산 실권리자명의 등기에 관한 법률상 … 장기미등기자가 이행강제금 부과 전에 등기신청의무를 이행하였다면 이행강제금의 부과로써 이행을 확보하고자 하는 목적은 이미 실현된 것이므로 부동산실명법 제6조 제2항에 규정된 기간이 지나서 등기신청의무를 이행한 경우라 하더라도 이행강제금을 부과할 수 없다(대판 2016.6.23, 2015두36454[이행강제금부과처분취소])."

※ 참고: 공정거래법상 이행강제금

판례는 이행강제금에 관한 일반법이 존재하지 않는 상황에서 개별법률에서 제각각으로 정한 이행강제금의 법적 성질은 각 개별법률의 규정 형식과 내용, 체계 등을 종합적으로 고려하여 판단하여야 한다고 하면서, 공정거래법상 이행강제금은 종래의 과징금 제도를 폐지하고 과거의 의무위반행위에 대한 제재와 장래 의무 이행의 간접강제를 통합하여 시정조치 불이행기간에 비례하여 제재금을 부과하도록 하는 제도라고 보고 있다. 따라서 공정거래법상 이행강제금이 부과되기 전에 시정조치를 이행하거나 부작위 의무를 명하는 시정조치 불

이행을 중단한 경우 과거의 시정조치 불이행기간에 대하여 이행강제금을 부과할 수 있다고 하고 있다.

[판례] 공정거래법상 이행강제금이 부과되기 전에 시정조치를 이행하거나 부작위 의무를 명하는 시정조치 불이행을 중단한 경우 과거의 시정조치 불이행기간에 대하여 이행강제금을 부과할 수 있는지 여부(적극)

"공정거래법은 1999.2.5. 법률 제5813호로 개정되면서 공정거래법상 기업결합 관련 시정조치에 '기업결합에 따른 경쟁제한의 폐해를 방지할 수 있는 영업방식 또는 영업범위의 제한'이 추가되었고(제16조 제1항 제7호), 기업결합 관련 이행강제금 제도(제17조의3)가 새로 도입되었다. 위 개정 전 공정거래법은 경쟁제한적인 기업결합을 한 자에 대하여 시정조치 외에 과징금 제도(제17조 제3항)를 두고 있었으나, 위 개정으로 과징금 규정을 삭제하고, 기업결합에 대한 제재조치가 시정조치로 일원화되었으며, 그 시정조치의 실효성을 제고하기 위하여 이행강제금 제도가 신설되었다.

이러한 공정거래법상 기업결합 제한 위반행위자에 대한 시정조치 및 이행강제금 부과 등에 관한 위 각 규정을 종합적·체계적으로 살펴보면, 공정거래법 제17조의3은 같은 법 제16조에 따른 시정조치를 그 정한 기간 내에 이행하지 아니하는 자에 대하여 이행강제금을 부과할 수 있는 근거 규정이고, 시정조치가 공정거래법 제16조 제1항 제7호에 따른 부작위 의무를 명하는 내용이더라도 마찬가지로 보아야 한다. 나아가 이러한 이행강제금이 부과되기 전에 시정조치를 이행하거나 부작위 의무를 명하는 시정조치 불이행을 중단한 경우 과거의 시정조치 불이행기간에 대하여 이행강제금을 부과할 수 있다고 봄이 타당하다. 그 이유는 다음과 같다.

1) 현행 법질서에서 이행강제금의 법적 성질은 각 개별법률의 규정 형식과 내용, 체계 등을 종합적으로 고려하여 판단하여야 한다.

2) 공정거래법 제17조의3에 따른 이행강제금은 반복하여 부과할 수 있도록 규정하고 있지 않고 매 1일당 일정 금액을 불이행기간에 비례하여 부과할 수 있도록 규정하고 있을 뿐, 시정명령(또는 이행명령)을 받은 자가 그 명령을 이행하는 경우에 새로운 이행강제금의 부과를 즉시 중지한다는 취지의 규정[건축법 제80조 제6항, 구 국토계획법(2016.1.19. 법률 제13797호로 개정되기 전의 것) 제124조의2 제5항] 또는 이미 의무 불이행이라는 과거의 사실에 대한 제재인 과징금이 부과된 행위를 대상으로 재차 이행강제금을 부과할 수 있도록 하는 규정[부동산실명법 제6조 제2항] 등을 두고 있지 않다.

3) 만약 일정한 기간 동안의 부작위 의무를 불이행한 후 의무 불이행을 중단하였다고 하여 불이행기간에 대하여 이행강제금을 부과할 수 없다고 해석한다면, 공정거래법 제7조 제1항을 위반하여 같은 법 제16조 제1항 제7호에 따라 일정한 부작위 의무를 명하는 시정조치를 받은 사업자는 피고의 시정조치에 따른 부작위 의무를 이행하지 않고 있다가 공정거래위원회가 이행강제금 부과처분

을 위한 심사에 착수하면 그때 불이행을 중단함으로써 이행강제금 부과를 면할 수 있게 되고, 그 경우 공정거래법상 이행강제금 규정은 규제의 실효성을 가지지 못하게 된다.

4) 공정거래법 제17조의3에 따른 이행강제금은 기업결합과 관련하여 종래의 과징금 제도를 폐지하고 과거의 의무위반행위에 대한 제재와 장래 의무 이행의 간접강제를 통합하여 시정조치 불이행 기간에 비례하여 제재금을 부과하도록 하는 제도라고 보아야 한다(대판 2019.12.12, 2018두63563 [이행강제금부과처분취소])."

5. 강제징수

행정청은 이행강제금을 부과받은 자가 납부기한까지 이행강제금을 내지 아니하면 국세강제징수의 예 또는 지방행정제재·부과금의 징수 등에 관한 법률에 따라 징수한다(행정기본법 31 ⑥).

6. 관련 판례

(i) 판례는 위와 같은 강제금제도(=행정상 간접강제)의 취지상 시정명령을 받은 의무자가 그 의무이행을 위하여 적법한 신청 또는 신고를 하였으나 행정청이 이를 위법하게 거부한 경우에는, 별도의 특별한 사정이 없는 한, 그 시정명령의 불이행을 이유로 강제금을 부과할 수 없다고 보고 있다.

[판례] 시정명령을 받은 의무자가 정당한 방법으로 신청 또는 신고를 하였으나 행정청이 위법하게 이를 거부 또는 반려함으로써 그 처분이 취소된 경우, 시정명령의 불이행을 이유로 이행강제금을 부과할 수 있는지 여부(원칙적 소극)

"시정명령을 받은 의무자가 그 시정명령의 취지에 부합하는 의무를 이행하기 위한 정당한 방법으로 행정청에 신청 또는 신고를 하였으나 행정청이 위법하게 이를 거부 또는 반려함으로써 결국 그 처분이 취소되기에 이르렀다면, 특별한 사정이 없는 한 그 시정명령의 불이행을 이유로 이행강제금을 부과할 수는 없다고 보는 것이 위와 같은 이행강제금 제도의 취지에 부합한다(대판 2018.1.25, 2015두35116[가설건축물존치기간연장신고반려처분취소등])."

☞ [용산국제업무지구 개발사업 관련 공사를 위해 가설건축물을 축조한 업자들이 용산구청장을 상대로 위 가설건축물 존치기간 연장신고 반려처분 및 철거명령 불이행을 이유로 한 이행강제금 부과처분의 취소를 구하는 사건] 공사용 가설건축물의 철거명령(시정명령)에 대하여 원고들이 그 불법상태를 해소하기 위한 방법으로 '가설건축물 존치기간 연장신고'를 하였으나, 피고가 토지 공유자 전원의 대지사용승낙서가 제출되지 않았다는 이유로 위 연장신고의 수리를 반려한 사안에서, ① 가설건축물 존치기간 연장신고는 '대지사용승낙서'의 미제출을 이유로 이를 반려할 수는 없고, ② '공사의 종료에 따라 연장의 필요성이 소멸되었다'는 처분사유를 소송에서 새로 추가할 수는 없으며, ③ 시정명령의 취지에 부합하는 의무를 이행하기 위한 정당한 방법으로, 의무자가 한 정당한

신고를 행정청이 위법하게 반려하여 법원이 이를 취소하기에 이른 이상, 시정명령의 불이행을 이유로 이행강제금을 부과할 수는 없다고 한 사례이다.

(ii) 그리고 이행하여야 할 의무의 내용을 초과하는 것을 '불이행의 내용'으로 하여 강제금을 부과할 수 없다.

[판례] 의무의 내용을 초과하는 것을 '불이행 내용'으로 한 이행강제금 부과 예고 및 이행강제금 부과처분이 위법한지 여부

"사용자가 이행하여야 할 행정법상 의무의 내용을 초과하는 것을 '불이행 내용'으로 기재한 이행강제금 부과 예고서에 의하여 이행강제금 부과 예고를 한 다음 이를 이행하지 않았다는 이유로 이행강제금을 부과하였다면, 초과한 정도가 근소하다는 등의 특별한 사정이 없는 한 이행강제금 부과 예고는 이행강제금 제도의 취지에 반하는 것으로서 위법하고, 이에 터 잡은 이행강제금 부과처분 역시 위법하다(대판 2015.6.24, 2011두2170)."

(iii) 강제금은 행정상 강제수단이라는 점에서 시정명령의 이행 기회가 제공되지 아니하였다가 뒤늦게 시정명령의 이행 기회가 제공된 경우라면 시정명령의 이행 기회가 제공되지 아니한 과거의 기간에 대한 강제금까지 한꺼번에 부과할 수는 없다.

[판례] 시정명령의 이행 기회가 제공되지 아니하였다가 뒤늦게 이행 기회가 제공된 경우, 이행 기회가 제공되지 아니한 과거의 기간에 대한 이행강제금까지 한꺼번에 부과할 수 있는지 여부(소극) 및 이를 위반하여 이루어진 이행강제금 부과처분의 하자가 중대·명백한지 여부(적극)

"… (구) 건축법 제80조 제1항, 제4항에 의하면 문언상 최초의 시정명령이 있었던 날을 기준으로 1년 단위별로 2회에 한하여 이행강제금을 부과할 수 있고, 이 경우에도 매 1회 부과 시마다 (구) 건축법 제80조 제1항 단서에서 정한 1회분 상당액의 이행강제금을 부과한 다음 다시 시정명령의 이행에 필요한 상당한 이행기한을 정하여 그 기한까지 시정명령을 이행할 수 있는 기회(이하 '시정명령의 이행 기회'라 한다)를 준 후 비로소 다음 1회분 이행강제금을 부과할 수 있다.

따라서 비록 건축주 등이 장기간 시정명령을 이행하지 아니하였더라도, 그 기간 중에는 시정명령의 이행 기회가 제공되지 아니하였다가 뒤늦게 시정명령의 이행 기회가 제공된 경우라면, 시정명령의 이행 기회 제공을 전제로 한 1회분의 이행강제금만을 부과할 수 있고, 시정명령의 이행 기회가 제공되지 아니한 과거의 기간에 대한 이행강제금까지 한꺼번에 부과할 수는 없다. 그리고 이를 위반하여 이루어진 이행강제금 부과처분은 과거의 위반행위에 대한 제재가 아니라 행정상의 간접강제 수단이라는 이행강제금의 본질에 반하여 구 건축법 제80조 제1항, 제4항 등 법규의 중요한 부분

을 위반한 것으로서, 그러한 하자는 중대할 뿐만 아니라 객관적으로도 명백하다(대판 2016.7.14, 2015두46598[이행강제금부과처분무효확인 등])."

Ⅵ. 강제금에 대한 구제

강제금에 불복하는 자는 강제금을 규정하는 개별법이 정하는 바에 따라 다툴 수 있다. 이와 관련하여서는 두 가지의 불복유형이 있다.

① 먼저 개별법에서 강제금에 대한 불복방법을 과태료의 경우에 준하는 것으로 규정하고 있는 경우이다. 예컨대 농지법 제63조는 이행강제금 부과처분에 불복하는 자는 처분을 고지받은 날부터 30일 이내에 시장·군수 또는 구청장에게 이의를 제기할 수 있도록 하고(농지법 63 ⑥), 이행강제금 부과처분을 받은 자가 이의를 제기하면 시장·군수 또는 구청장은 지체 없이 관할 법원에 이 사실을 통보하여야 하며, 통보를 받은 관할 법원은 비송사건절차법에 따른 과태료 재판에 준하여 재판을 하도록 규정하고 있다(농지법 63 ⑦).

2005년 11월 8일 개정 전까지의 (구) 건축법도 제83조 제6항에서 농지법과 마찬가지로 이행강제금의 징수를 과태료 징수에 준하는 것으로 규정하고 있었다.

그 당시 판례는 "(구) 건축법 제83조의 규정에 의하여 부과된 이행강제금 부과처분의 당부는 최종적으로 비송사건절차법에 의한 절차에 의하여만 판단되어야 한다고 보아야 할 것이므로 위와 같은 이행강제금 부과처분은 행정소송의 대상이 되는 행정처분이라고 볼 수 없다."고 보았다(대판 2000.9.22, 2000두5722). 따라서 농지법상 이행강제금 부과'처분'이라는 용어를 사용한다 하더라도 과태료재판의 대상으로 규정되어 있는 이상 이를 행정쟁송법상의 처분이라 할 수 없다.

[판례] 농지법상 이행강제금 부과처분에 대한 불복절차(=비송사건절차법에 따른 재판) 및 이행강제금 부과처분이 행정소송법상 항고소송의 대상이 되는지 여부(소극) / 관할청이 이행강제금 부과처분을 하면서 행정심판을 청구하거나 행정소송을 할 수 있다고 잘못 안내한 경우, 행정법원의 항고소송 재판관할이 생기는지 여부(소극)

"농지법은 농지 처분명령에 대한 이행강제금 부과처분에 불복하는 자가 그 처분을 고지받은 날부터 30일 이내에 부과권자에게 이의를 제기할 수 있고, 이의를 받은 부과권자는 지체 없이 관할 법원에 그 사실을 통보하여야 하며, 그 통보를 받은 관할 법원은 비송사건절차법에 따른 과태료 재판에 준하여 재판을 하도록 정하고 있다(제62조 제1항, 제6항, 제7항). 따라서 농지법 제62조 제1항에 따른 이행강제금 부과처분에 불복하는 경우에는 비송사건절차법에 따른 재판절차가 적용되어야 하고, 행정소송법상 항고소송의 대상은 될 수 없다(건축법상 이행강제금 부과처분에 관한 대판 2000.9.22, 2000두5722 등 참조).

농지법 제62조 제6항, 제7항이 위와 같이 이행강제금 부과처분에 대한 불복절차를 분명하게 규정하고 있으므로, 이와 다른 불복절차를 허용할 수는 없다. 설령 관할청이 이행강제금 부과처분을 하면서 재결청에 행정심판을 청구하거나 관할 행정법원에 행정소송을 할 수 있다고 잘못 안내하거나 관할 행정심판위원회가 각하재결이 아닌 기각재결을 하면서 관할 법원에 행정소송을 할 수 있다고 잘못 안내하였다고 하더라도, 그러한 잘못된 안내로 행정법원의 항고소송 재판관할이 생긴다고 볼 수도 없다(대판 2019.4.11, 2018두42955[기타이행강제금부과처분취소])."

② 그러나 현행 건축법 제80조는 이 규정을 삭제하여 강제금에 대한 불복수단에 관하여 아무런 규정을 두고 있지 않다. 이와 같이 개별법에 강제금의 불복수단에 관한 별도의 규정이 없으면, 행정심판법·행정소송법이 정하는 바에 따라 행정쟁송을 제기할 수 있다. 건축법상 이행강제금의 부과는 금전급부명령(하명)으로서 처분에 해당하므로, 이에 대하여 불복이 있는 경우 항고쟁송을 제기하면 된다.

제3. 직접강제*

Ⅰ. 직접강제의 의의

행정상 직접강제는 "의무자가 행정상 의무를 이행하지 아니하는 경우 행정청이 의무자의 신체나 재산에 실력을 행사하여 그 행정상 의무의 이행이 있었던 것과 같은 상태를 실현하는 것(행정기본법 30 ① 3호)"을 말한다.

행정상 직접강제는 행정법상의 의무불이행에 대하여 행정청이 직접 의무자의 재산이나 신체에 실력을 가하여 행정법상의 의무를 실현시키는 강제수단이다.

직접강제는 작위의무·부작위의무·수인의무 등 모든 의무를 대상으로 할 수 있다(예: 폐쇄명령의 불이행에 대한 영업소폐쇄조치·감염병방지를 위한 강제예방접종 등).

직접강제는 선행의무의 위반이라는 요건이 존재하므로 목전의 긴급한 위해를 제거하기 위하여 사용되는 행정상 즉시강제와 구별된다.

Ⅱ. 직접강제의 법적 근거

직접강제는 직접 의무자의 재산이나 신체에 실력을 가하여 의무를 실현시킨다는 점에서 매우 실효적인 수단이지만, 다른 한편으로는 개인에 대한 권익침해요소가 강하다. 이 때문에 행정강제

* 변호사시험(2021년).

의 일반적인 수단으로 인정되지 않고, 다만 소수의 개별법에서만 규정되고 있을 뿐인데, 그 예로는 식품위생법 제79조(폐쇄조치)·공중위생관리법 제11조(공중위생영업소의 폐쇄)·출입국관리법 제46조(강제퇴거)·군사기지 및 군사시설 보호법 제11조(장애물 등에 대한 조치)·먹는물관리법 제46조(폐쇄조치)·학원의 설립·운영 및 과외교습에 관한 법률 제19조(학원 등에 대한 폐쇄) 등이 있다. 하지만 기존 강제수단의 한계 때문에 직접강제를 도입하는 입법례가 증가하고 있다.

한편 행정기본법은 직접강제를 행정상 강제의 한 유형으로 규정하고(행정기본법 30 ① 3호), 그 요건과 절차를 규정하여(행정기본법 32), 직접강제에 관한 일반적인 법적 근거를 마련하였다.

Ⅲ. 직접강제의 요건과 절차

직접강제는 행정대집행이나 이행강제금 부과의 방법으로는 행정상 의무이행을 확보할 수 없거나 그 실현이 불가능한 경우에 실시하여야 한다(행정기본법 32 ①).

직접강제를 실시하기 위하여 현장에 파견되는 집행책임자는 그가 집행책임자임을 표시하는 증표를 보여 주어야 한다(행정기본법 32 ②).

직접강제의 계고 및 통지에 관하여는 행정기본법 제31조 제3항 및 제4항을 준용한다(행정기본법 32 ③).

Ⅳ. 직접강제의 내용과 한계

직접강제의 구체적 내용이나 절차는 개별법이 정하는 바에 따라 다르다. 대표적으로 식품위생법의 경우를 살핀다.

식품위생법은 직접강제로서 폐쇄조치를 규정하고 있다. 즉 무허가·무등록·무신고영업을 하는 경우 또는 허가 또는 등록이 취소되거나 영업소 폐쇄명령을 받은 후에도 계속하여 영업을 하는 경우에는 관할 행정청은 해당 영업소를 폐쇄하기 위하여 관계 공무원에게 ① 해당 영업소의 간판 등 영업 표지물의 제거나 삭제, ② 해당 영업소가 적법한 영업소가 아님을 알리는 게시문 등의 부착, ③ 해당 영업소의 시설물과 영업에 사용하는 기구 등을 사용할 수 없게 하는 봉인(封印)의 조치를 하게 할 수 있다(식품위생법 79 ①).

한편 직접강제를 규정하는 개별법에서 행정기본법상 절차 이외에 별도의 절차규정을 두고 있으면 이를 반드시 준수하여야 한다.

직접강제는 개인의 권익에 대한 침익적 성질 때문에 강제권을 발동함에 있어서는 비례원칙과 같은 행정법의 일반원칙을 보다 엄격하게 준수하여야 한다. 이와 관련하여 식품위생법은 폐쇄조치는 그 영업을 할 수 없게 하는 데에 '필요한 최소한의 범위에 그쳐야 한다'고 하여 비례원칙에 근거한 직접강제의 한계를 규정하고 있다(식품위생법 79 ④).

Ⅴ. 직접강제에 대한 구제*

폐쇄조치, 강제퇴거 등의 직접강제수단은 권력적 사실행위로서 행정쟁송법상의 처분에 해당하므로, 행정쟁송의 대상이 된다.

또한 위법한 직접강제로 인하여 손해가 발생한 경우에는 국가배상법이 정하는 바에 따라 국가배상청구가 가능하다.

제4. 행정상 강제징수

Ⅰ. 행정상 강제징수의 의의

행정상 강제징수란 "의무자가 행정상 의무 중 금전급부의무를 이행하지 아니하는 경우 행정청이 의무자의 재산에 실력을 행사하여 그 행정상 의무가 실현된 것과 같은 상태를 실현하는 것(행정기본법 30 ① 4호)"을 말한다.

Ⅱ. 행정상 강제징수의 법적 근거

행정상 강제징수와 관련된 대표적인 법률로는 국세징수법이 있다. 국세징수법은 본래 국세징수에 관한 일반법이지만, 대부분의 법률들이 동법상의 금전급부의무의 강제징수는 국세징수법의 예에 의한다고 규정하고 있어서 국세징수법은 행정상 강제징수에 관한 실질적인 일반법으로서 기능하고 있다.

Ⅲ. 행정상 강제징수의 절차

국세징수법이 정하는 행정상 강제징수의 절차는 독촉 및 강제징수(압류, 매각, 청산)로 구성되어 있다.

1. 독촉

관할 세무서장은 납세자가 국세를 지정납부기한까지 완납하지 아니한 경우 지정납부기한이

* 5급공채(재경)(2012년).

지난 후 10일 이내에 체납된 국세에 대한 독촉장을 발급하여야 한다(국세징수법 10 ①). 관할 세무서장은 제1항 본문에 따라 독촉장을 발급하는 경우 독촉을 하는 날부터 20일 이내의 범위에서 기한을 정하여 발급한다(국세징수법 10 ②).

독촉장의 발부 없이 압류를 하였다면, 그 압류처분은 절차상 하자가 있어 위법하다(대판 1984.9.25, 84누107). 그러나 독촉절차 없이 압류처분을 하였다고 하더라도 중대하고 명백한 하자가 되지 아니한다(대판 1988.6.28, 87누1009).

2. 강제징수

(1) 강제징수

관할 세무서장은 납세자가 제10조에 따른 독촉 또는 제9조 제2항에 따른 납부기한 전 징수의 고지를 받고 지정된 기한까지 국세 또는 체납액을 완납하지 아니한 경우 재산의 압류, 압류재산의 매각·추심 및 청산의 절차에 따라 강제징수를 한다(국세징수법 24).

(2) 압류

압류는 체납액의 징수를 확보하기 위하여 체납자가 재산을 사실상 또는 법률상으로 처분하는 것을 금지하는 강제행위이다.

① 압류요건

관할 세무서장은 ① 납세자가 제10조에 따른 독촉을 받고 독촉장에서 정한 기한까지 국세를 완납하지 아니하거나 ② 제9조 제2항에 따라 납부고지를 받고 단축된 기한까지 국세를 완납하지 아니한 경우에는 납세자의 재산을 압류한다(국세징수법 31 ①).

관할 세무서장은 납세자에게 제9조 제1항의 납부기한 전 징수의 사유가 있어 국세가 확정된 후 그 국세를 징수할 수 없다고 인정할 때에는 국세로 확정되리라고 추정되는 금액의 한도에서 납세자의 재산을 압류할 수 있다(국세징수법 31 ②).

② 압류금지·제한

재산압류의 대상은 원칙적으로 조세채무자의 일반재산이다. 그러나 체납자 또는 그와 생계를 같이 하는 가족의 생활에 필수불가결한 일정 재산은 압류가 금지 또는 제한된다. 즉 체납자 또는 그와 생계를 같이 하는 가족의 생활에 필요한 의복·침구·가구·식료품·연료, 체납자와 그 동거가족의 학업에 필요한 서적과 기구, 법령에 따라 급여하는 사망급여금과 상이급여금 등은 압류가 금지되고(국세징수법 41), 급료·연금·임금·봉급·세비·퇴직연금 그 밖에 이와 비슷한 성질을 가진 급여채권은 압류가 제한된다(국세징수법 42).

세무서장은 국세를 징수하기 위하여 필요한 재산 외의 재산을 압류할 수 없다(국세징수법 32).

③ 압류의 효력

압류의 효력은 압류된 재산을 사실상·법률상으로 처분하는 것을 금지하는 데 있다. 세무공무원이 재산을 압류한 경우 체납자는 압류한 재산에 관하여 양도, 제한물권의 설정, 채권의 영수, 그 밖의 처분을 할 수 없다(국세징수법 43). 그리고 압류의 효력은 압류재산으로부터 발생하는 천연과실 또는 법정과실에도 미친다(국세징수법 44). 체납자의 재산에 대하여 강제징수를 시작한 후 체납자가 사망하였거나 체납자인 법인이 합병으로 소멸된 경우에도 그 재산에 대한 강제징수는 계속 진행하여야 한다(국세징수법 27 ①).

④ 압류해제

관할 세무서장은 압류와 관계되는 체납액의 전부가 납부 또는 충당되거나, 국세 부과의 전부를 취소하거나, 여러 재산을 한꺼번에 공매(公賣)하는 경우로서 일부 재산의 공매대금으로 체납액 전부를 징수하거나, 총 재산의 추산(推算)가액이 강제징수비를 징수하면 남을 여지가 없어 강제징수를 종료할 필요가 있는 경우 등에는 압류를 즉시 해제하여야 한다(국세징수법 57 ①).

관할 세무서장은 압류 후 재산가격이 변동하여 체납액 전액을 현저히 초과하거나, 압류와 관계되는 체납액의 일부가 납부 또는 충당되거나, 국세 부과의 일부를 취소하거나, 체납자가 압류할 수 있는 다른 재산을 제공하여 그 재산을 압류한 경우 압류재산의 전부 또는 일부에 대하여 압류를 해제할 수 있다(국세징수법 57 ②).

⑤ 교부청구·참가압류

교부청구와 참가압류는 압류에 상당하거나 또는 이에 갈음하는 수단이다. 교부청구는 일정한 사유로 인하여 다른 체납절차가 개시된 경우 미리 재산을 압류함이 없이 해당 관서, 공공단체, 집행법원, 집행공무원, 강제관리인, 파산관재인 또는 청산인에 대하여 체납액의 교부를 청구하는 제도를 말한다(국세징수법 59). 한편 참가압류는 압류하려는 재산을 이미 다른 기관에서 압류하고 있을 때 교부청구를 갈음하여 참가압류 통지서를 그 재산을 이미 압류한 기관에 송달함으로써 그 압류에 참가하는 제도이다(국세징수법 61).

[판례] 국세징수법상 교부청구의 법적 성질 및 교부청구 당시 해당 조세의 체납을 요하는지 여부(적극) 및 체납 상태에 있는 경우 과세관청이 독촉장을 발급하거나 이미 발급한 독촉장에 기재된 납부기한의 도과를 기다릴 필요 없이 교부청구를 할 수 있는지 여부(적극)

"<u>국세징수법 제56조에 규정된 교부청구는</u> 과세관청이 이미 진행 중인 강제환가절차에 가입하여 체납된 조세의 배당을 구하는 것으로서 <u>강제집행에 있어서의 배당요구와 같은 성질의 것이므로, 해당 조세는 교부청구 당시 체납되어 있음을 요한다</u>.

국세징수법 제56조, 제14조 제1항 제1호 내지 제6호의 문언과 체계, 교부청구 제도의 취지와 성격, 교부청구를 하여야 하는 사유 등을 종합하면, <u>납세자에게 국세징수법 제14조 제1항 제1호 내지</u>

제6호의 사유가 발생하였고 납부고지가 된 국세의 납부기한도 도과하여 체납 상태에 있는 경우라면, 과세관청은 독촉장을 발급하거나 이미 발급한 독촉장에 기재된 납부기한의 도과를 기다릴 필요 없이 해당 국세에 대하여 교부청구를 할 수 있다고 보아야 한다(대판 2019.7.25, 2019다206933[손해배상(기)])."

(2) 매각

매각은 통화를 제외한 압류재산을 금전으로 환가하는 것을 말한다. 압류재산은 공매 또는 수의계약으로 매각한다(국세징수법 65 ①).

공매는 경쟁입찰 또는 경매의 방법으로 한다(국세징수법 65 ②). 공매의 법적 성격과 관련하여 판례는 우월한 공권력의 행사로서 행정소송의 대상이 되는 처분이라고 보고 있다(대판 1984.9.25, 84누201). 그러나 공매통지와 재공매결정은 그 자체로서는 처분성을 인정하기 어렵다고 하고 있다[판례1,2].

한편 공매통지와 관련하여 공매통지가 공매의 요건인가 하는 것이 문제이다. 종전의 판례는 공매통지는 공매의 요건이 아니라고 보았지만(대판 1971.2.23, 70누161; 1996.9.6, 95누12026), 전원합의체 판결을 통하여 입장을 변경하면서 공매통지는 공매처분의 절차적 요건이므로 공매통지를 하지 않았거나 위법한 공매통지를 한 경우 그 공매처분은 절차상의 하자로 위법한 처분이 된다고 하였다[판례3].

[판례1] 재공매(입찰)결정 및 공매통지가 항고소송의 대상이 되는 행정처분인지 여부

"한국자산공사가 당해 부동산을 인터넷을 통하여 재공매(입찰)하기로 한 결정 자체는 내부적인 의사결정에 불과하여 항고소송의 대상이 되는 행정처분이라고 볼 수 없고, 또한 한국자산공사가 공매통지는 공매의 요건이 아니라 공매사실 자체를 체납자에게 알려주는 데 불과한 것으로서, 통지의 상대방의 법적 지위나 권리·의무에 직접 영향을 주는 것이 아니라고 할 것이므로 이것 역시 행정처분에 해당한다고 할 수 없다(대판 2007.7.27, 2006두8464)."

[판례2] 공매통지 자체가 항고소송의 대상이 되는 행정처분인지 여부

"공매통지 자체가 그 상대방인 체납자 등의 법적 지위나 권리·의무에 직접적인 영향을 주는 행정처분에 해당한다고 할 것은 아니므로 다른 특별한 사정이 없는 한 체납자 등은 공매통지의 결여나 위법을 들어 공매처분의 취소 등을 구할 수 있는 것이지 공매통지 자체를 항고소송의 대상으로 삼아 그 취소 등을 구할 수는 없다(대판 2011.3.24, 2010두25527)."

[판례3] 체납자 등에 대한 공매통지가 공매의 절차적 요건인지 여부
"… 체납자 등에 대한 공매통지는 국가의 강제력에 의하여 진행되는 공매에서 체납자 등의 권리 내지 재산상의 이익을 보호하기 위하여 법률로 규정한 절차적 요건이라고 보아야 하며, 공매처분을 하면서 체납자 등에게 공매통지를 하지 않았거나 공매통지를 하였더라도 그것이 적법하지 아니한 경우에는 절차상의 흠이 있어 그 공매처분은 위법하다(대판 2008.11.20, 2007두18154 전원합의체)."

(3) 청산

압류한 금전, 채권·유가증권·그 밖의 재산권의 압류에 따라 체납자 또는 제3채무자로부터 받은 금전, 압류재산의 매각대금 및 그 매각대금의 예치 이자, 교부청구에 따라 받은 금전은 압류재산과 관계되는 체납액, 교부청구를 받은 체납액·지방세 또는 공과금, 압류재산과 관계되는 전세권·질권·저당권 또는 가등기담보권에 의하여 담보된 채권, 주택임대차보호법 또는 상가건물임대차보호법에 따라 우선변제권이 있는 임차보증금 반환채권, 근로기준법 또는 근로자퇴직급여보장법에 따라 우선변제권이 있는 임금, 퇴직금, 재해보상금 및 그 밖에 근로관계로 인한 채권, 압류재산과 관계되는 가압류채권, 집행문이 있는 판결정본에 의한 채권에 배분한다(국세징수법 94, 96). 금전을 배분하고 남은 금액이 있는 경우 체납자에게 지급한다(국세징수법 96 ③). 매각대금이 체납액과 채권의 총액보다 적을 경우 민법이나 그 밖의 법령에 따라 배분할 순위와 금액을 정하여 배분하여야 한다(국세징수법 96 ④).

국세 관련 채권의 징수순위는 강제징수비·국세(가산세 제외)·가산세의 순서에 따른다(국세징수법 3).

3. 압류 · 매각의 유예

관할 세무서장은 체납자가 국세청장이 성실납세자로 인정하는 기준에 해당하거나, 재산의 압류나 압류재산의 매각을 유예함으로써 체납자가 사업을 정상적으로 운영할 수 있게 되어 체납액의 징수가 가능하게 될 것이라고 관할 세무서장이 인정하는 경우 체납자의 신청 또는 직권으로 그 체납액에 대하여 강제징수에 따른 재산의 압류 또는 압류재산의 매각을 유예할 수 있다(국세징수법 105 ①).

Ⅳ. 행정상 강제징수에 대한 구제

행정상 강제징수에 대하여 불복이 있는 경우에는 국세기본법·행정심판법·행정소송법이 정한 바에 따라 행정쟁송을 제기할 수 있다.

조세법상의 행정심판은 일반행정심판과는 달리 국세기본법 제55조 이하에서 특별한 절차를 규정하고 있다. 국세기본법 또는 세법에 따른 처분으로서 위법 또는 부당한 처분을 받거나 필요한 처분을 받지 못하여 권익을 침해당한 자는 이의신청(임의적 절차)·심사청구(국세심사위원회) 또는 심판청구(조세심판원) (이상 행정소송의 필요적 전심절차)를 할 수 있고, 이러한 불복절차를 거친 후에 최종적으로 행정소송을 제기할 수 있다.

독촉 및 강제징수(압류·매각·청산)는 처분성이 인정되므로 항고쟁송의 대상이 될 수 있다.*

특히 강제징수를 구성하는 절차 상호간에는 선행행위의 단순위법의 흠이 후행행위에 승계된다는 것이 전통적 견해 및 판례의 입장이다.

행정쟁송과 더불어 과세공무원의 고의 또는 과실로 손해를 입은 경우에 국가 등을 상대로 손해배상을 청구할 수 있음은 물론이다.

제 3 절 새로운 의무이행확보수단

Ⅰ. 개설

오늘날 대집행·행정상 강제징수·행정벌과 같은 전형적인 수단만으로는 적절하게 의무이행을 확보하기 어려운 경우가 적지 않다. 예컨대 도심중심의 대형건축물의 경우 대집행하기 어려운 측면이 있고, 행정상 강제징수의 경우도 법제의 정비에도 불구하고 제대로 납부되지 못하는 경우가 많고 또한 체납자의 신용이나 명예에 대한 침해가 강해 이를 일반적으로 사용하기 어려운 점이 있다. 그리고 행정벌의 경우에도 철저한 단속도 현실적으로 어렵지만 행정형벌의 부과를 통하여 전과자를 양산한다는 문제가 있다.

따라서 이와 같은 전형적인 수단들의 문제점을 보완하기 위하여 과징금·공급거부·관허사업의 제한 등 다양한 새로운 수단들이 등장하게 되었다.

Ⅱ. 과징금**

1. 의의

과징금이란 행정법상의 의무불이행에 대하여 이로 인하여 발생한 경제적 이익을 박탈하기 위하여 부과하거나 또는 의무불이행에 대하여 행정처분(예: 영업의 취소·정지)에 갈음하여 부과하는

* 5급공채(행정)(2016년).

** 사법시험(2006년).

금전적 제재를 말한다.

대법원은 과징금을 "행정법상의 의무를 위반한 자에 대하여 당해 위반행위로 얻게 된 경제적 이익을 박탈하기 위한 목적으로 부과되는 금전적인 제재(대판 1999.5.28, 99두1517)"라고 하면서도 "위반행위에 대한 제재의 성격과 함께 위반행위에 따르는 불법적인 경제적 이익을 박탈하기 위한 부당이득 환수로서의 성격도 가지고" 있는 것(대판 2023.10.12, 2022두68923)으로 이해하고 있고, 헌법재판소는 "행정법상의 의무위반행위에 대하여 행정청이 의무위반행위로 인한 불법적인 이익을 박탈하거나, 혹은 당해 법규상의 일정한 행정명령의 이행을 강제하기 위하여 의무자에게 부과·징수하는 금전(헌재결 2001.5.31, 99헌가18)"으로 이해하고 있다.

행정기본법은 "행정청은 법령등에 따른 의무를 위반한 자에 대하여 법률로 정하는 바에 따라 그 위반행위에 대한 제재로서 과징금을 부과할 수 있다(행정기본법 28 ①)"고 하여, -불법적 이익의 발탈 등과 같은 제한 없이- '의무위반에 대한 제재로서' 과징금을 부과할 수 있다는, 과징금 부과의 일반적인 법적 근거를 규정하고 있다.

2. 유형

과징금의 유형은 크게 두 가지로 분류할 수 있다.

(i) 첫째는, 주로 경제법상의 의무위반행위로 얻은 불법적인 이익 자체를 박탈하기 위하여 부과되는 유형의 과징금으로, 이를 처음 도입한 것은 공정거래법(102조 이하)이다. 이 유형의 과징금은 부당 또는 불법의 이득을 환수 내지 박탈한다는 측면과 위반행위자에 대한 제재로서의 측면을 함께 가지고 있다. 이를 '본래적 의미의 과징금'이라고 부르기도 한다.

(ii) 둘째는, 다수 국민이 이용하는 사업이나 공공에 중대한 영향을 미치는 사업을 시행하는 자가 행정법상의 의무를 위반하여 이에 대하여 사업정지 등을 하여야 하나 공익적 관점에서 사업을 계속하게 하고 사업정지 등에 갈음하여 계속 사업함으로 인하여 얻게 되는 이익을 박탈하는 내용의 과징금으로, 그 예로는 여객자동차 운수사업법(88), 석유 및 석유대체연료 사업법(14), 식품위생법(82), 주차장법(24조의2), 건설산업기본법(82), 대기환경보전법(37), 물환경보전법(66) 등이 있다. 이 유형에 속하는 과징금은 '불법적 이익의 박탈'이라는 과징금의 성격을 띠고 있으나, 예컨대 사업정지가 주민의 생활 그 밖의 공익에 현저한 지장을 초래할 우려가 있다고 인정되는 경우에는 사업정지처분에 갈음하여 부과된다는 점에서 이를 '변형된 과징금'으로 부르기도 한다.

(iii) 입법례에 따라서는 '의무불이행에 따른 금전적 제재로서 과징금'을 규정하기도 하는데, 행정기본법에서는 따로 과징금의 유형을 규정하고 있지 않아서, 이러한 유형의 과징금을 제3의 과징금 유형으로 볼 수 있는지, 그렇게 보는 것이 바람직한지에 대해서 논란이 있다. 행정기본법에서 과징금을 위 두 가지 유형으로만 규정함으로써, 그 외의 과징금은 입법적으로 허용되지 않도록 함으로써 과징금 유형이 남발되지 않도록 하여야 할 것이다.

(iv) 과징금과 관련하여 이에 유사한 경우로서 부과금제도가 있다. 부과금은 주로 환경관계법에서 일정한 환경기준을 초과하여 오염물질을 배출하는 업소에 대하여 부과되는 금전적 제재이다. 그 예로는 대기환경보전법 제35조(배출부과금), 물환경보전법 제41조(배출부과금) 등을 들 수 있다. 부과금도 넓은 의미에서는 일종의 과징금으로 볼 수 있으나, 과징금은 본래 '불법적 이익을 박탈'하기 위한 것인데 비하여, 부과금은, 예컨대 '오염물질로 인한 환경상의 피해를 방지하거나 또는 감소'시키기 위한 목적으로 궁극적으로는 '오염물질의 배출기준을 준수'하도록 하기 위한 것이라는 점에서 차이가 있다. 헌법재판소는 부과금도 과징금의 한 유형으로 파악하고 있다(헌재결 2001.5.31, 99헌가18).

3. 과징금에 대한 입법기준 등

(1) 과징금에 대한 입법기준

과징금의 근거가 되는 법률은 ① 과징금의 부과·징수 주체, ② 부과 사유, ③ 상한액, ④ 가산금을 징수하려는 경우 그 사항, ⑤ 과징금 또는 가산금 체납 시 강제징수를 하려는 경우 그 사항을 명확하게 규정하여야 한다(행정기본법 28 ②).

(2) 과징금의 납부기한 연기 및 분할 납부

과징금은 한꺼번에 납부하는 것을 원칙으로 한다. 다만 ① 재해 등으로 재산에 현저한 손실을 입은 경우, ② 사업 여건의 악화로 사업이 중대한 위기에 처한 경우, ③ 과징금을 한꺼번에 내면 자금 사정에 현저한 어려움이 예상되는 경우, ④ 그 밖에 이에 준하는 경우로서 대통령령으로 정하는 사유가 있는 경우에는 납부기한을 연기하거나 분할 납부하게 할 수 있으며, 이 경우 필요하다고 인정하면 담보를 제공하게 할 수 있다(행정기본법 29).

4. 과징금에 대한 구제

과징금이나 부과금의 부과는 제재적 또는 강제적 성격의 급전급부하명으로서, 항고쟁송의 대상이 되는 처분이다.

Ⅲ. 가산금·가산세

가산금은 행정법상 금전급부의무의 불이행에 대하여 금전적 제재를 말한다.

가산세는 세법에서 규정하는 의무의 성실한 이행을 확보하기 위하여 세법에 따라 산출한 세액에 가산하여 징수하는 금액을 말한다(국세기본법 2 4호). 가산세는 개별 세법이 과세의 적정을 기하기 위하여 정한 의무의 이행을 확보할 목적으로 그 의무 위반에 대하여 세금의 형태로 가하는 행정벌의 성질을 가진 제재이다(대판 1992.4.28, 91누9848). 그러나 가산세는 행정벌의 성질을 가지고 있다고 하더라도 세법상의 의무이행확보를 위한 제재일 뿐 행정법상의 의무위반에 대하여 형벌이 과하여지는 행정형벌은 아니다. 따라서 이론상으로는 양자의 병과가 가능하다.

Ⅳ. 공급거부

1. 의의

공급거부는 행정법상의 의무위반자에 대하여 일정한 공공재화나 행정서비스의 공급을 거부하는 것을 말한다. 전기·전화·수도·도시가스와 같이 행정에 의하여 공급되는 각종 재화나 서비스는 일상생활에 필수불가결한 것이라는 점에서 이와 같은 서비스의 공급을 거부하는 것은 의무위반자로 하여금 의무를 이행하도록 압박하는 매우 실효적인 수단이 될 수 있다.

2. 법적 근거와 그 한계

각종 공공재화의 공급은 비권력적 행정인 급부행정영역에 속한다. 이와 같은 공공재화는 사람의 생존에 필수적인 것이라는 점에서 그 공급을 거부하는 것은 침익적인 성질이 매우 강하다. 따라서 법률유보의 최하한인 침해유보의 관점에서 보더라도 공급거부에는 반드시 법적 근거가 필요하다.

그리고 법적 근거가 있더라도 공급이 거부되는 재화는 생활필수재라는 점에서 공급거부에 관한 법률의 규정은 비례원칙·평등원칙 등의 행정법의 일반원칙을 엄격하게 준수하여야 한다. 특히 공급거부와 관련하여 문제될 수 있는 것은, '비례원칙 가운데 적합성의 원칙(부당결부의 금지)'의 관점에서 '공급을 거부하는 사유'와 '공급이 거부되는 재화나 서비스' 사이에 상당한 정도의 객관적 관련성(sachlicher Zusammenhang)이 존재하여야 한다는 점이다. 따라서 이와 같은 객관적 관련성 없이 서로 부당하게 결부되어서는 안 된다.

이와 관련하여 과거 (구) 건축법 제69조(2006.5.9, 법률 제7696호로 개정되기 전의 것)는 건축허가권자로 하여금 건축법 또는 건축법상의 의무를 위반한 건축물에 대하여 전기·전화·수도의 공급자, 도시가스사업자 또는 관계행정기관의 장에게 전기·전화·수도 또는 도시가스공급시설의 설치 또는 공급의 중지를 요청할 수 있도록 하고, 이러한 요청을 받은 자는 특별한 이유가 없는 한 이에 응하도록 규정하고 있었다.

이 규정을 통하여 법률유보의 관점에서 공급거부에 관한 법적 근거는 마련되었으나, 논란이 된 것은 '건축법상의 의무위반'과 '전기·전화·수도·도시가스의 공급거부'가 상호 객관적 관련성이 있는가 하는 점이었다. 이 문제는 결국 '공공재화의 공급을 거부하여야 할 정당한 사유가 있는가'하는 문제로, 이 때 재화의 공급중단사유는 제공되는 공공재화의 공급과 밀접한 관련이 있는 사유라고 보아야 할 것이다. 이러한 점에서 (구) 건축법이 건축법위반과 아무런 관련이 없는 '다른 법령에 의하여 공급되는 전기·전화·수도·도시가스의 공급을 중지'해줄 것을 요청하는 것은 부당결부로서 비례원칙, 특히 적합성의 원칙(부당결부금지의 원칙)에 반하는 것으로서 위헌·위법의 소지가 있다는 것이 대다수의 견해였고, 동 조항의 공급거부에 관한 내용은 2005.11.8. 건축법 개정으로 삭제되었다.

3. 공급거부에 대한 구제

(1) 공급거부의 처분성

공급거부에 대하여 행정쟁송이 가능한가 하는 것이 문제이다. 이론적으로 공급거부행위는 권력적 사실행위로서 '공권력의 행사'에 해당하므로 항고쟁송의 대상이 되는 처분이라고 보아야 할 것이고, 따라서 항고쟁송을 제기하여 공급거부의 위법·부당성을 다툴 수 있다고 보아야 할 것이다.

(2) 단수조치의 처분성

공급거부의 처분성과 관련하여 ① 대법원은 "단수처분은 항고소송의 대상이 된다(대판 1979.12.28, 79누218)."고 하여 단수조치의 처분성을 인정하였다. ② 그 이후 서울고등법원에서는 '단전·단수·단전화조치를 단순한 행정처분 위배에 대한 사실상의 조치에 불과하다(서울고법 1992.10.13, 91구24191)'고 한 바 있으나, 이는 '행정청이 이와 같은 조치를 의뢰한 사실을 단지 건축주 등에게 통보하는 데 불과하다는 점 등'을 이유로 한 것으로 보인다. ③ 그 이후 시점에서 대법원은 단수처분취소소송에서 단수조치가 처분임을 전제로 하여 판시하고 있어(대판 1985.12.24, 84누598), 여전히 단수조치의 처분성을 인정하고 있다.

(3) 공급거부 요청행위의 처분성

한편 공급거부의 '요청행위'가 항고소송의 대상이 되는 처분인가 하는 것이 문제인데, ① 일부 이를 요청받은 자는 별다른 사정이 없으면 응해야할 의무가 있다는 점에서 이를 처분으로 보는 견해도 있지만, ② 이는 단순한 '권고적 행위'에 불과한 것이므로 이를 처분으로 보기는 어렵다는 것이 다수의 견해이다. ③ 판례도 다수설과 같은 입장이다.

[판례] 위법 건축물에 대한 단전 및 전화통화 단절조치 요청행위가 항고소송의 대상이 되는 행정처분인지 여부

"건축법 제69조 제2항, 제3항의 규정에 비추어 보면, 행정청이 위법 건축물에 대한 시정명령을

하고 나서 위반자가 이를 이행하지 아니하여 전기·전화의 공급자에게 그 위법 건축물에 대한 전기·전화공급을 하지 말아 줄 것을 요청한 행위는 권고적 성격의 행위에 불과한 것으로서 전기·전화공급자나 특정인의 법률상 지위에 직접적인 변동을 가져오는 것은 아니므로 이를 항고소송의 대상이 되는 행정처분이라고 볼 수 없다(대판 1996.3.22, 96누433)."

V. 공표 *

1. 의의

공표란 행정법상의 의무불이행이나 의무위반에 대하여 행정청이 그 불이행 또는 위반사실을 널리 일반에게 공개하여 의무자에게 간접적·심리적 압박을 가함으로써 필요한 의무이행을 확보하는 수단이다. 행정절차법은 "법령에 따른 의무를 위반한 자의 성명·법인명, 위반사실, 의무위반을 이유로 한 처분사실 등(이하 "위반사실등"이라 한다)을 법률로 정하는 바에 따라 일반에게 공표"하는 것으로 규정하고 있고, 이를 '위반사실 등의 공표'로 명명하고 있다(행정절차법 40의3 ①).

공표는 그에 따른 사회적 비난과 의무자의 불명예·불이익이라는 간접적·심리적 강제를 통하여 비교적 단기간 내에 저렴한 비용으로 행정목적을 달성할 수 있다는 장점이 있다. 그러나 이는 개인의 사생활이나 명예·신용 등에 대한 심각한 침해를 야기할 수도 있다는 점에서 비례원칙과 같은 행정법의 일반원칙을 엄격하게 준수하여야 할 것이다.

2. 법적 성질

(i) 공표는 그 자체로는 어떠한 법률효과를 발생시키지도 않고, 행정청이 우월한 입장에서 일방적으로 명령하거나 강제하는 권력작용으로 볼 수도 없다. 따라서 공표 그 자체의 법적 성질은 비권력적 사실행위라고 보아야 할 것이다.

(ii) 일설은 공표 이전에 공표결정이 통보되는가의 여부에 따라 공표하기로 한 결정을 사전에 통보하지 않는 경우는 행정청의 일방적 공표로 인하여 개인의 사생활이 침해되므로 권력적 사실행위라고 한다.[9)]

(iii) 그러나 사실행위의 '권력성' 유무는 '행정결정의 사전통보' 여부와 관련이 있다고 보기는 어렵다고 생각된다. 위반사실 등의 '공표'는 그 자체로서 일방적인 강제행위라고 보기 어렵기 때문에 그 법적 성질을 비권력적 사실행위로 이해하는 것이 타당하다.

---

* 입법고시(2010년), 행정고시(2001년).

9) 박균성, 행정법강의, 453면.

3. 법적 근거

공표는 비권력적 사실행위이지만, 실제로 개인의 인격이나 사생활을 심각하게 침해할 수도 있기 때문에 이와 같은 경우에는 침해유보의 관점에서 보더라도 법적 근거가 요구된다고 하겠다. 다만 공표행위에 이와 같은 침익적인 요소가 없는 경우라면 법적 근거 없이도 공표가 가능하다고 생각된다. 요컨대 공표에 대한 법률유보의 요구는 공표의 내용, 개인의 권익침해의 내용과 정도, 국민의 알권리와의 관계 등을 고려하여 개별적으로 결정하여야 할 것이다.

과거에는 공표에 관한 법적 근거가 많지 않았으나, 최근에는 여러 개별법에서 공표에 관한 규정을 두고 있는데, 그 예로는 고액·상습체납자의 명단공개(국세징수법 114), 석유사업법 위반사실의 공표(석유사업법 39조의2), 식품위생법 위반사실의 공표(식품위생법 84), 부당한 공동행위의 금지규정을 위반하여 시정명령을 받은 사실의 공표(공정거래법 42, 49) 등을 들 수 있다. 한편 2021년 법개정으로 행정절차법 제40조의3 제1항이 신설되면서 위반사실 등에 관하여 공표할 수 있다고 규정하고 있으므로, 이 규정은 공표에 관한 일반적 법적 근거라 할 수 있고, 이로써 공표에 관한 법률유보의 문제는 입법적으로 해결되었다고 할 수 있겠다.

4. 공표의 절차

행정절차법은 위반사실 등의 공표를 할 때에는 미리 당사자에게 그 사실을 통지하고 의견제출의 기회를 주어야 하고, 위반사실 등의 공표는 관보, 공보 또는 인터넷 홈페이지 등을 통하여 하도록 하는 등 공표에 관한 절차를 규정하고 있다(행정절차법 40의3 ③~⑧).

5. 공표에 대한 구제

행정쟁송과 관련하여 공표가 항고소송의 대상이 되는 처분인가 하는 것이 문제이다. ① 공표는 비권력적 사실행위로서 행정쟁송법상의 처분에 해당하지 않는다고 보아야 할 것이다. ② 이에 대하여 (i) 공표를 '공권력 행사에 준하는 행정작용' 또는 '형식적 행정행위'로 보아 처분성을 인정하자는 견해와 (ii) 공표를 권력적 사실행위로 보아 처분성이 인정된다는 견해 등이 있다. ③ 그러나 공표를 강제력을 동반한 권력적 행위 또는 이에 준하는 행위로 보기는 어렵다고 생각된다. 행정쟁송과 관련하여서는 공표 그 자체를 다툴 수 없더라도 공표결정이나 공표명령 등과 같은 처분이 있다면 이를 항고쟁송으로 다툴 수 있음은 물론이다.

사실 공표 자체의 취소는 큰 의미가 없을 수 있다. 권리구제 측면에서는 오히려 위법한 공표로 인하여 침해된 권익의 회복이나 손해배상청구가 보다 실질적일 것이다. ① 먼저 위법한 공표로 인하여 손해가 발생한 경우에는 국가 등을 상대로 국가배상을 청구할 수 있다. 그리고 ② 공표로 인하여 훼손된 명예나 신용의 회복을 위하여 공법상의 결과제거청구권의 법리에 따라 당사자소송의 형태로 위법한 공표의 철회 또는 명예회복을 위한 적절한 조치 등(예: 정정공고)을 요구할 수 있을 것이다. 그러나 우리나라에서는 이와 같은 권리구제방식은 아직 받아들여지지 않고 있으므로, 현실적으로는 이 경우에 민사소송으로 민법 제764조에 규정된 '명예회복에 적당한 처분'을 청구하여야 할 것이다.[10)]

Ⅵ. 관허사업의 제한*

1. 의의

관허사업의 제한이란 행정법상의 의무이행을 간접적으로 강제하기 위하여 당해 의무 위반과 직접 관련이 없는 인허가 등을 제한하는 것을 말한다.

2. 법적 근거

관허사업의 제한은 침익적 행위이므로 반드시 법적 근거가 필요하다. 관련 법률의 관허사업 제한의 유형은 크게 두 가지로 구분해 볼 수 있다.

(1) 의무위반대상물에 대한 관허사업의 제한

이는 행정법상의 의무위반에 해당되는 대상물에 대하여 관련되는 인허가 등을 제한하는 경우이다. 대표적으로 건축법은 허가권자로 하여금 허가나 승인이 취소된 건축물 또는 시정명령을 받고 이행하지 아니한 건축물에 대하여 다른 법령에 따른 영업이나 그 밖의 행위를 허가하지 아니하도록 요청할 수 있도록 하고, 이러한 요청을 받은 자는 특별한 이유가 없으면 요청에 따르도록 규정하고 있다(건축법 79 ②, ③).

이는, 예컨대 위법한 대형건축물의 경우 대집행에 의하여 철거하는 데 사실상의 어려움이 있다는 점을 고려하여, 대집행이라는 강제수단의 난점을 보완하는 의미에서, 건축법을 위반한 건축물에 대하여는 영업허가 등을 발급해 주지 않음으로써 간접적으로 의무를 이행하도록 강제하려는 것이다.

(2) 의무위반자에 대한 관허사업의 제한

이는 행정법상의 의무를 위반한 자에 대하여 관련되는 인·허가 등을 제한하는 경우이다. 대표적인 것으로서는 국세징수법 제112조에 규정된 사업에 관한 허가등의 제한 규정이다. 이에 따

---

* 행정고시(1999년).

10) 이와 관련하여 민법상의 '명예회복에 적당한 처분'에는 사죄광고가 포함되지 않는다는 것이 헌법재판소의 입장이다(헌재결 1991.4.1, 89헌마160).

르면 관할 세무서장은 납세자가 허가·인가·면허 및 등록(이하 "허가등")을 받은 사업과 관련된 소득세, 법인세 및 부가가치세를 체납한 경우 해당 사업의 주무관청에 그 납세자에 대하여 허가등의 갱신과 그 허가등의 근거 법률에 따른 신규 허가등을 하지 아니할 것을 요구할 수 있고(국세징수법 112 ①), 또한 허가등을 받아 사업을 경영하는 자가 해당 사업과 관련된 소득세, 법인세 및 부가가치세를 3회 이상 체납하고 그 체납액이 500만원 이상인 경우 그 주무관청에 사업의 정지 또는 허가등의 취소를 요구할 수 있다(국세징수법 112 ②). 이러한 관할 세무서장의 요구가 있는 경우 해당 주무관청은 정당한 사유가 없으면 요구에 따라야 한다(국세징수법 112 ④).

이와 같은 국세징수법상의 관허사업의 제한은 국세체납자의 다른 사업 자체를 제한함으로써 납세의무를 이행하도록 강제하는 것이다. 관허사업의 제한도 행정상 강제징수라는 전형적인 강제수단을 보완하기 위한 제도라고 할 수 있다.

이와 같은 유형으로는 병역법 제76조 제2항, 질서위반행위규제법 제52조가 있다.

3. 문제점

관허사업의 제한과 관련하여서는, 공급거부의 경우와 마찬가지로, 비례원칙상 적합성의 원칙(부당결부금지의 원칙)에 위반하는 것인지가 문제된다.

① 예컨대 비례원칙의 관점에서 위법한 건축물과 그 건축물에서의 영업, 그리고 납부의무를 불이행한 체납자와 그 체납자의 영업활동과는 서로 객관적 관련성이 인정된다고 하기 어렵다는 점에서 관허사업의 제한은 부당결부의 문제가 있고, 나아가 직업의 자유에 대한 과잉제한으로 위헌의 소지가 있다는 것이 일반적인 견해이다. ② 한편 국세징수법 제112조는 과거에는 단순히 국세체납자의 허가등을 제한하는 것으로만 규정하고 있어 부당결부의 문제가 제기되었으나, 2019년 법개정을 통하여 '체납의 원인이 되는 사업에 대한 허가등만 제한'하는 것으로 변경하였다. 이로써 부당결부의 문제를 어느 정도는 회피할 수 있게 되었으나, 근본적으로 국세체납과 그 원인이 되는 사업의 제한과의 '사물적 관련성' 문제는 여전히 남아있다. 다만 현실적으로 이와 같은 강제가 불가피한 경우라면 위헌으로 보기는 어려울 것이다. 이와 관련하여 과거 국세징수법 규정에 대하여 국가재정의 안정을 위하여 입법정책상 불가피한 최소한을 규정하고 있는 것으로 보아야 할 것이므로 합헌으로 보아야 한다는 견해[11]도 있었다.

11) 홍정선, 행정법특강, 443면.

Ⅶ. 제재처분(인허가의 취소·정지 등)

1. 의의

제재처분이란 법령등에 따른 의무를 위반하거나 이행하지 아니하였음을 이유로 당사자에게 의무를 부과하거나 권익을 제한하는 처분을 말한다. 다만, 행정기본법 제30조 제1항 각 호에 따른 행정상 강제는 제외한다(행정기본법 2 5호). 대체로 제재처분은 행정법상 의무불이행에 대한 제재로서 인허가의 취소·정지, 과징금 등의 불이익을 부과하는 처분을 의미한다. 제재처분은 '의무불이행에 대한 제재'로서 부과되는 경우로서 '간접적인 의무이행 확보수단'으로 오늘날 대다수 법률들이 제재처분을 규정하고 있다.

[판례] 현실적인 행위자가 아닌 법령상 책임자로 규정된 자에게 행정법규 위반에 대한 제재조치를 부과할 수 있는지 여부(적극) 및 행정법규 위반자에게 고의나 과실이 없어도 제재조치를 부과할 수 있는지 여부(원칙적 적극)

"행정법규 위반에 대한 제재조치는 행정목적의 달성을 위하여 행정법규 위반이라는 객관적 사실에 착안하여 가하는 제재이므로, 반드시 현실적인 행위자가 아니라도 법령상 책임자로 규정된 자에게 부과되고, 특별한 사정이 없는 한 위반자에게 고의나 과실이 없더라도 부과할 수 있다. 이러한 법리는 구 대부업 등의 등록 및 금융이용자 보호에 관한 법률 제13조 제1항이 정하는 대부업자 등의 불법추심행위를 이유로 한 영업정지 처분에도 마찬가지로 적용된다(대판 2017.5.11, 2014두8773)."

2. 법적 근거

제재처분은 침익적 처분이므로 반드시 법적 근거가 있어야 한다. 보통 행정청의 인허가나 등록 등에 관한 규정을 두고 있는 대부분의 법률들은 이와 더불어 인허가나 등록 등의 취소·정지나 영업소폐쇄명령과 같은 제재처분을 규정하고 있는데(예: 식품위생법 75, 공중위생관리법 11, 음악산업진흥에 관한 법률 27, 도로교통법 93 등), 이와 관련하여 행정기본법은 "제재처분의 근거가 되는 법률에는 제재처분의 주체, 사유, 유형 및 상한을 명확하게 규정하여야 한다. 이 경우 제재처분의 유형 및 상한을 정할 때에는 해당 위반행위의 특수성 및 유사한 위반행위와의 형평성 등을 종합적으로 고려하여야 한다(행정기본법 22 ①)."고 하여 제재처분에 대한 침해유보, 명확성의 원칙, 중요사항의 의회유보, 제재처분을 정하는 법률에 대한 입법지침을 규정하고 있다.

[판례] 여러 처분사유 중 나머지 처분사유들만으로도 처분의 정당성이 인정되는 경우, 그 처분을 위법하다고 보아 취소할 수 있는지 여부(소극)

"여러 처분사유에 관하여 하나의 제재처분을 하였을 때 그 중 일부가 인정되지 않는다고 하더라도 나머지 처분사유들만으로도 처분의 정당성이 인정되는 경우에는 그 처분을 위법하다고 보아 취소하여서는 아니 된다(대판 2020.5.14, 2019두63515[영업정지처분취소])."

3. 제재처분시 고려사항*

행정청은 재량행위인 제재처분을 하는 경우 ① 위반행위의 동기, 목적 및 방법, ② 위반행위의 결과, ③ 위반행위의 횟수, ④ 그 밖에 제1호부터 제3호까지에 준하는 사항으로서 대통령령으로 정하는 사항을 고려하여야 한다(행정기본법 22 ②). 이는 재량행위인 제재처분의 위법·부당을 판단하는 기준으로 작용하게 된다.

4. 제재처분의 제척기간

행정청은 법령등의 위반행위가 종료된 날부터 5년이 지나면 해당 위반행위에 대하여 제재처분(인허가의 정지·취소·철회, 등록 말소, 영업소 폐쇄와 정지를 갈음하는 과징금 부과를 말한다. 이하 이 조에서 같다)을 할 수 없다(행정기본법 23 ①). 이는 제재처분의 제척기간에 관한 규정으로, '위반행위가 종료된 날부터 5년'이 지나면 행정청의 제재처분권한이 소멸된다. 또한 여기에서 괄호 안의 제재처분의 종류는, 인허가의 경우 인허가의 취소·정지, 등록의 경우 등록말소, 신고의 경우 영업소폐쇄, 그리고 인허가의 정지에 갈음하는 과징금을 의미하는 것으로, 제척기간과 관련한 제재처분은 이와 같은 유형으로 제한된다는 것을 규정한 것이다.[12)]

다만 ① 거짓이나 그 밖의 부정한 방법으로 인허가를 받거나 신고를 한 경우, ② 당사자가 인허가나 신고의 위법성을 알고 있었거나 중대한 과실로 알지 못한 경우, ③ 정당한 사유 없이 행정청의 조사·출입·검사를 기피·방해·거부하여 제척기간이 지난 경우, ④ 제재처분을 하지 아니하면 국민의 안전·생명 또는 환경을 심각하게 해치거나 해칠 우려가 있는 경우에는 제1항의 제척기간에 관한 규정이 적용되지 않는다(행정기본법 23 ②). 이는 상대방에게 귀책사유로 인허가 등에 대한 상대방의 신뢰를 보호할 가치가 없거나 중대한 공익을 위하여 제재처분이 필요한 경우 등을 규정한 것이다.

행정청은 제1항에도 불구하고 행정심판의 재결이나 법원의 판결에 따라 제재처분이 취소·철회된 경우에는 재결이나 판결이 확정된 날부터 1년(합의제행정기관은 2년)이 지나기 전까지는 그 취지에 따른 새로운 제재처분을 할 수 있는데(행정기본법 23 ③), 이는 제재처분이 행정쟁송에서

---

* 변호사시험(2023년).

12) 행정기본법 제2조에서 제재처분을 정의하면서 그 유형에 대한 언급이 없다가 제23조에서만 언급하는 이유는, '제척기간의 대상이 되는 제재처분'의 종류를 제한하여야 할 필요성이 있었기 때문이다.

취소된 경우에는 그 재결이나 판결이 확정된 날부터 1년까지로 새로운 제재처분의 제척기간을 제한한 것이다. 합의제행정기관의 경우는 처분까지 소요되는 시간이 일반적으로 더 긴 점을 고려하여 2년까지로 한 것이다.

행정기본법은 위의 제척기간에 관한 규정에도 불구하고 다른 법률에서 짧거나 긴 기간을 규정하고 있으면 그 법률에서 정하는 바에 따른다고 하여(행정기본법 23 ④), 다른 법률의 특칙을 인정하고 있다.

5. 관련문제

제재처분들은 대개 법률에서 제재처분의 근거를 규정하고, 그 구체적인 처분기준은 시행령이나 시행규칙으로 정하고 있다. 이 경우 시행령이나 시행규칙은 대체로 별표로 처분기준을 매우 구체적으로 규정하고 있는데, 대부분의 처분기준은 일반기준과 개별기준으로 구분되고, 일반기준에서는 개별기준의 가중 또는 감경사유와 그 범위 등을 규정하고 개별기준에서는 구체적인 위반사유와 위반횟수에 따른 구체적인 확정적 기준(예: 1차 위반시 영업정지 1개월)을 규정하는 것이 일반적이다.

이와 같은 제재처분에 관한 규정은 ① 부령에 규정된 제재처분 기준의 법적 성질 문제와 ② 가중적 제재처분의 협의의 소익 인정 문제와 관련이 있다.

(i) 먼저 판례는 ① 부령에 규정된 제재처분기준은 그 법적 성질을 행정규칙으로, ② 대통령령에 규정된 것은 법규명령으로 보고 있다(대판 1984.2.28, 83누551; 대판 1997.12.26, 97누15418). 특히 판례가 부령에 규정된 경우를 행정규칙으로 보는 것은, 이를 법규명령으로 보게 되면 재판의 준거가 되어야 하므로, 원처분이 부령의 기준에 따른 경우, 이 보다 더 감경하는 것이 적법하다고 판단되더라도 원 처분을 위법이라고 하기 어렵기 때문인 것으로 생각된다.

(ii) 제재처분이 가중적으로 규정되어 있는 경우, 예컨대 1차 위반으로 1개월 영업정지처분을 받았지만 그 정지기간이 이미 경과한 이후에도 이에 대한 취소소송이 가능한가 하는 것이 문제인데, 이 문제는 1차 위반에 따른 영업정지처분이 취소되지 않으면 다음 위반시 이보다 더 가중된 제재처분을 받게 되므로 이와 같은 불이익을 제거할 필요성, 즉 협의의 소익(권리보호의 필요성)의 인정 문제이다. 이와 관련하여 판례는 가중적 처분기준이 ① 법률이나 대통령령으로 규정되어 있는 경우에는 협의의 소익을 인정하고 있으나(대판 1990.10.23, 90누3119), ② 부령으로 규정된 경우는 종래 협의의 소익을 부인하였다가(대판 1993.9.14, 93누4755) 2006년 입장을 변경하여 협의의 소익을 인정하고 있다(대판 2006.6.22, 2003두1684 전원합의체).

(iii) 한편 가중적 제재처분기준이 적용되기 위해서는 실제 선행 '위반행위'가 있고 그에 대하여 유효한 제재처분이 이루어졌음에도 다시 '같은 내용의 위반행위'가 적발된 경우이면 족하다. 따라서 선행 제재처분이 반드시 법령에 명시된 내용대로 이루어져야 한다거나 재량권의 일탈·남용이 없는 적법한 처분이어야 하는 것은 아니다.

[판례] [1] 화물자동차법 시행령 제5조 제1항 [별표 1]의 '위반행위의 횟수에 따른 가중처분기준'이 적용되기 위해서는 선행 제재처분이 반드시 위 [별표 1] 제재처분기준 제2호에 명시된 처분내용대로 이루어진 경우이어야 하는지 여부(소극)

[2] 화물자동차법 시행령 별표의 '과징금을 부과하는 위반행위의 종류와 과징금의 금액'에 열거되지 않은 위반행위의 종류에 대해서 사업정지처분을 갈음하여 과징금을 부과할 수 있는지 여부(소극)

"[1] 구 화물자동차법) 시행령(2017.1.10. 대통령령 제27782호로 개정되기 전의 것, 이하 '구 시행령') 제5조 제1항 [별표 1] 제재처분기준 제2호 및 비고 제4호에서 정한 '위반행위의 횟수에 따른 가중처분기준'은 위반행위에 따른 제재처분을 받았음에도 또다시 같은 내용의 위반행위를 반복하는 경우에 더욱 중하게 처벌하려는 데에 취지가 있다. … '위반행위의 횟수에 따른 가중처분기준'이 적용되려면 실제 선행 위반행위가 있고 그에 대하여 유효한 제재처분이 이루어졌음에도 그 제재처분일로부터 1년 이내에 다시 같은 내용의 위반행위가 적발된 경우이면 족하다고 보아야 한다. 선행 위반행위에 대한 선행 제재처분이 반드시 구 시행령 [별표 1] 제재처분기준 제2호에 명시된 처분내용대로 이루어진 경우이어야 할 필요는 없으며, 선행 제재처분에 처분의 종류를 잘못 선택하거나 처분양정에서 재량권을 일탈·남용한 하자가 있었던 경우라고 해서 달리 볼 것은 아니다.

[2] 화물자동차법 제21조는 화물자동차 운송사업자에 대하여 사업정지처분을 하는 것이 운송사업의 이용자에게 불편을 주거나 그 밖에 공익을 해칠 우려가 있으면 대통령령으로 정하는 바에 따라 사업정지처분을 갈음하여 과징금을 부과할 수 있도록 허용하고 있다. 이처럼 입법자는 대통령령에 단순히 '과징금의 산정기준'을 구체화하는 임무만을 위임한 것이 아니라, 사업정지처분을 갈음하여 과징금을 부과할 수 있는 '위반행위의 종류'를 구체화하는 임무까지 위임한 것이라고 보아야 한다. 따라서 구 시행령 제7조 제1항 [별표 2] '과징금을 부과하는 위반행위의 종류와 과징금의 금액'에 열거되지 않은 위반행위의 종류에 대해서 사업정지처분을 갈음하여 과징금을 부과하는 것은 허용되지 않는다고 보아야 한다(대판 2020.5.28, 2017두73693[위반차량감차처분취소])."

☞ 피고 행정청은 이 사건 1차 위반행위에 대해 구 화물자동차 운수사업법 시행령 [별표 1]의 처분기준인 위반차량의 운행정지 대신 과징금을 부과하는 1차 제재처분을 함. 1차 제재처분일로부터 1년 이내에 원고는 2차 위반행위를 범하다 적발되었고, 피고는 위 법 시행령 [별표 1]의 위반행위의 횟수에 따른 가중처분규정에 따라 위반차량 감차 조치인 이 사건 처분을 함

☞ 대법원은 위반행위에 따른 가중처분기준을 규정한 구 시행령 [별표 1]의 규정을 상위법 합치적으로 해석하여 2차 제재처분을 하기 위해서는 선행 위반행위와 그에 대한 '유효한 제재처분'이 이루어지면 족하다고 봄. 나아가 비록 과징금의 법령상 근거가 없어서 이 사건 1차 제재처분이 위법하기는 하지만 여전히 유효하고, 달리 이 사건 처분이 재량권을 일탈·남용했다고 보기도 어렵다는 이유로 이 사건 처분이 구 시행령 [별표 1]의 기준에 반하여 위법하다고 한 원심판결을 파기함

(iv) 행정법상 의무위반이 행정상 제재조치의 대상이자 행정형벌의 부과대상이기도 한 경우 형사판결의 확정이 있어야만 제재처분을 할 수 있는 것은 아니기 때문에, 형사판결의 확정에 앞서 제재처분을 하였다고 하더라도 이를 절차적 하자가 있다고 할 수 없다[판례]."

[판례] 일정한 법규 위반 사실이 행정처분의 전제사실이자 형사법규의 위반 사실이 되는 경우, 형사판결 확정에 앞서 일정한 위반사실을 들어 행정처분을 하였다고 하여 절차적 위반이 있다고 할 수 있는지 여부(원칙적 소극)

"행정처분과 형벌은 각각 그 권력적 기초, 대상, 목적이 다르다. 일정한 법규 위반 사실이 행정처분의 전제사실이자 형사법규의 위반 사실이 되는 경우에 동일한 행위에 관하여 독립적으로 행정처분이나 형벌을 부과하거나 이를 병과할 수 있다. 법규가 예외적으로 형사소추 선행 원칙을 규정하고 있지 않은 이상 형사판결 확정에 앞서 일정한 위반사실을 들어 행정처분을 하였다고 하여 절차적 위반이 있다고 할 수 없다(대판 2017.6.19, 2015두59808[감사결과통보처분취소])."

(v) 효력기간이 정해진 제재처분의 경우 그 효력기간이 경과하면 이로써 처분의 효력이 소멸되므로, 그 후 동일한 사유로 다시 제재처분을 하는 것은 위법한 이중처분이 된다.

[판례] 효력기간이 정해져 있는 제재적 행정처분의 효력이 발생한 이후 행정청이 상대방에 대한 별도의 처분으로 효력기간의 시기와 종기를 다시 정할 수 있는지 여부(적극) / 위와 같은 후속 변경처분서에 당초 행정처분의 집행을 특정 소송사건의 판결 시까지 유예한다고 기재한 경우, 처분의 효력기간은 판결 선고 시까지 진행이 정지되었다가 선고되면 다시 진행하는지 여부(적극) / 당초의 제재적 행정처분에서 정한 효력기간이 경과한 후 동일한 사유로 다시 제재적 행정처분을 하는 것이 위법한 이중처분에 해당하는지 여부(적극)

"효력기간이 정해져 있는 제재적 행정처분의 효력이 발생한 이후에도 행정청은 특별한 사정이 없는 한 상대방에 대한 별도의 처분으로써 효력기간의 시기와 종기를 다시 정할 수 있다. 이는 당초의 제재적 행정처분이 유효함을 전제로 그 구체적인 집행시기만을 변경하는 후속 변경처분이다. 이러한 후속 변경처분도 특별한 규정이 없는 한 의사표시에 관한 일반법리에 따라 상대방에게 고지되어야 효력이 발생한다. 위와 같은 후속 변경처분서에 효력기간의 시기와 종기를 다시 특정하는 대신 당초 제재적 행정처분의 집행을 특정 소송사건의 판결 시까지 유예한다고 기재되어 있다면, 처분의 효력기간은 원칙적으로 그 사건의 판결 선고 시까지 진행이 정지되었다가 판결이 선고되면 다시 진행된다. 다만 이러한 후속 변경처분 권한은 특별한 사정이 없는 한 당초의 제재적 행정처분의 효력이 유지되는 동안에만 인정된다. 당초의 제재적 행정처분에서 정한 효력기간이 경과하면 그로써 처분의 집행은 종료되어 처분의 효력이 소멸하는 것이므로(행정소송법 제12조 후문 참조), 그 후 동일한 사유로 다시 제재적 행정처분을 하는 것은 위법한 이중처분에 해당한다(대판 2022.2.11, 2021두40720[위반차량운행정지취소등])."

제4절 행정상 즉시강제*

I. 개설

1. 행정상 즉시강제의 의의

행정상 즉시강제란 행정법상의 의무의 존재를 전제함이 없이 목전의 급박한 위험을 제거하기 위하여 또는 그 성질상 의무를 명해서는 그 목적을 달성하기 어려운 경우에 직접 상대방의 신체나 재산에 실력을 가하여 행정상 필요한 상태를 실현하는 작용을 말한다.

행정기본법은 '현재의 급박한 행정상의 장해를 제거하기 위한 경우로서 ① 행정청이 미리 행정상 의무 이행을 명할 시간적 여유가 없는 경우 또는 ② 그 성질상 행정상 의무의 이행을 명하는 것만으로는 행정목적 달성이 곤란한 경우에 행정청이 곧바로 국민의 신체 또는 재산에 실력을 행사하여 행정목적을 달성하는 것'이라고 정의하고 있다(행정기본법 30 ① 5호).

본래 행정은 일정한 행정목적을 달성하기 위하여 상대방에게 의무를 부과하고 상대방이 이 의무를 이행하지 않았을 때 이를 강제하여 목적을 실현하는 것이 일반적인데, 행정상 즉시강제는 성질상 이와 같은 일반적인 절차로서는 행정목적을 달성할 수 없을 때 사전에 의무를 부과하지 않고 직접 강제력을 행사하는 강제수단이다(예: 긴급시 위해를 받을 우려가 있는 자의 억류 또는 피난, 긴급한 소방활동에 방해가 되는 물건의 제거 등).

2. 행정상 강제집행과의 구별

행정상 즉시강제는 행정상 필요한 상태를 강제한다는 점에서는 행정상 강제집행과 같으나, 행정상 강제집행은 사전에 구체적인 의무부과와 이의 불이행이 전제되어 있지만 행정상 즉시강제에는 의무부과와 의무불이행이 반드시 전제되어 있지 않다는 점에서 차이가 있다.

물론 행정상 즉시강제도 행정강제작용이라는 점에서 어떠한 형태로든 의무의 존재와 그의 불이행이 전제되어 있다고 볼 수도 있다. 이러한 점에서 혹자는 행정상 강제집행과 즉시강제는 계고 등의 절차를 거치는 경우와 이와 같은 절차가 생략된 경우의 절차상의 차이에 불과한 것으로 이해하기도 한다.[13]

---

* 법원행정고시(2007년), 변호사시험(2021년).

13) 홍정선, 행정법특강, 424면.

그러나 즉시강제의 경우는 행정상 강제집행의 경우에서와 같은 '사전에 구체적인 의무가 부과되는 과정'이 생략되어 있다는 점에서 행정상 강제집행과 차이가 있는 것이다. 즉시강제는 구체적인 의무를 부과하고 그 불이행을 기다릴 시간적 여유가 없는 급박한 경우에 이와 같은 행위를 생략하고 '법령에 의하여 일반·추상적인 형태로 부과된 의무'를 즉시 강제하는 것이다. 따라서 즉시강제의 경우 이와 같은 일반·추상적인 의무가 즉시강제의 실행시 구체화된다고 할 수 있다.

3. 기타 다른 개념과의 구별

행정상 즉시강제는 행정상 필요한 상태를 실현하는 것을 목적으로 하지만, 행정조사는 필요한 정보 또는 자료의 수집 자체를 목적으로 한다는 점에서 차이가 있다. 그러나 권력적인 행정조사의 경우에는 즉시강제와 구별이 어려운 경우도 많다.

행정상 즉시강제는 장래에 대하여 행정상 필요한 상태를 실현하는 작용이라는 점에서 과거의 행정상 의무불이행에 대한 제재인 행정벌과 구별된다.

Ⅱ. 행정상 즉시강제의 법적 성질

행정상 즉시강제는 행정상 필요한 상태를 일방적으로 강제한다는 점에서 그 법적 성질은 권력적 사실행위이다.

행정상 즉시강제의 경우 법령에 의한 일반·추상적 의무가 즉시강제의 실행시 구체화된다는 점에서, 이를 구체적인 의무를 부과하는 행정행위와 의무이행의 강제적 실현행위인 사실행위가 결합된 것으로 파악하는 견해도 있다.[14)]

이 견해에 의하면 항고쟁송에 의한 권리구제와 관련하여 행정상 즉시강제의 처분성을 인정하기에 용이한 점이 있으나, 오늘날 행정쟁송법상 '공권력의 행사'도 처분이므로 행정상 즉시강제를 권력적 사실행위로 보더라도 처분성을 인정하는 데 무리가 없다고 생각한다. 아울러 즉시강제시 추상적 의무가 구체화된다 하더라도 즉시강제 자체는 구체화된 의무에 대한 권력적인 사실행위에 불과할 뿐, 즉시강제 그 자체를 통하여 구체적인 의무가 부과되는 것은 아니라고 생각된다.

Ⅲ. 행정상 즉시강제의 법적 근거

행정상 즉시강제는 의무의 존재를 전제로 하지 않고 상대방의 신체나 재산에 실력을 가하여 행정상 필요한 상태를 실현한다는 점에서 개인에 대한 권익침해적 요소가 매우 강하므로 법률유보의 최하한인 침해유보설의 입장에서도 당연히 법적 근거가 요구된다. 행정상 즉시강제에 대한

14) 정하중, 행정법개론, 472면; 홍정선, 행정법특강, 424면.

일반적 규정으로는 행정기본법 제30조 제1항 제5호, 제33조가 있고, 즉시강제를 규정하고 있는 법률로는 일반법적 성질을 가지는 경찰관 직무집행법, 그 외에 소방기본법·감염병예방법·도로교통법·재난 및 안전관리 기본법 등 여러 개별법들이 있다.

Ⅳ. 행정상 즉시강제의 수단

1. 대인적 강제

(1) 경찰관 직무집행법상의 수단

경찰관 직무집행법상 대인적 강제수단으로는 보호조치(경직법 4 ①), 위험발생의 방지를 위한 피난 또는 억류조치(경직법 5 ① 2호), 범죄의 예방과 제지(경직법 6) 등이 있다.

> [판례] 구 경찰관직무집행법 제6조 제1항에 따른 경찰관의 제지 조치가 범죄의 예방을 위한 경찰 행정상 즉시강제에 해당하는지 여부(적극)
>
> "구 경찰관 직무집행법(2014.5.20. 법률 제12600호로 개정되기 전의 것) 제6조 제1항 … 중 경찰관의 제지에 관한 부분은 범죄의 예방을 위한 경찰 행정상 즉시강제, 즉 눈앞의 급박한 경찰상 장해를 제거해야 할 필요가 있고 의무를 명할 시간적 여유가 없거나 의무를 명하는 방법으로는 그 목적을 달성하기 어려운 상황에서 의무불이행을 전제로 하지 않고 경찰이 직접 실력을 행사하여 경찰상 필요한 상태를 실현하는 권력적 사실행위에 관한 근거조항이다(대판 2021.10.28, 2017다219218 [손해배상(기)])."

대부분의 문헌들은 그 밖에도 경찰장비·경찰장구·분사기 등·무기의 사용·경찰착용기록장치의 사용(경직법 10, 10의2, 10의3, 10의4, 10의5)을 즉시강제의 수단의 예로 설명하고 있으나, 이와 같은 장비들이나 총기는 사전 의무부과나 경고 없이 사용하기는 어렵다고 판단되므로, 이들은 즉시강제라기 보다는 직접강제의 수단으로 보는 것이 합리적이다.[15]

(2) 개별법상의 수단

문헌에서는 감염병예방법상 감염병환자에 대한 강제치료나 강제입원(감염병예방법 42), 감염병환자 등에 대한 강제 건강진단 또는 예방접종(감염병예방법 46), 감염병병원체에 감염되었다고 의심되는 사람에 대한 일정기간 입원 또는 격리(감염병예방법 47, 49), 출입국관리법상의 강제퇴거(출입국관리법 46), 보호조치(출입국관리법 51), 소방기본법상의 원조강제(소방기본법 24 ①) 등을 대인적

15) 정하중, 행정법개론, 473면.

즉시강제의 예로 설명하고 있다. 그러나 이들 가운데 대부분은 상대방이 이행하여야 할 구체적인 의무가 전제되어 있다고 보아야 한다는 점에서 행정상 즉시강제 보다는 직접강제의 수단이라고 보아야 할 것이다. 물론 긴급시에 사전에 구체적인 의무 부과할 시간적 여유 없이 즉시 강제력을 행사한 경우라면 행정상 즉시강제에 해당된다고 할 것이다.

2. 대물적 강제

경찰관 직무집행법상의 대물적 강제의 예로는 보호조치에 의하여 피보호자가 휴대하고 있는 무기·흉기 등 위험을 야기할 수 있는 것으로 인정되는 물건을 경찰관서에 임시영치하는 것을 들 수 있다(경직법 4 ③).

개별법상의 대물적 강제로는, 예컨대 소방활동을 위한 긴급출동시 소방자동차의 통행과 소방활동에 방해가 되는 주차 또는 정차된 차량 및 물건 등의 제거 또는 이동(소방기본법 25 ③), 재난시 응급조치를 하여야 할 급박한 사정에 따른 장애물의 변경 또는 제거(재난 및 안전관리 기본법 45), 도로의 위법 인공구조물에 대한 조치(도로교통법 71 ②), 도로의 지상 인공구조물 등에 대한 위험방지 조치(도로교통법 72 ②), 나무·흙·돌 그 밖의 장애물의 변경 또는 제거(자연재해대책법 11 ①) 등을 들 수 있다.

3. 대가택(對家宅) 강제

대가택 강제란 소유자나 점유자의 의사와 관계없이 가택이나 영업소 등에 출입하여 행정상 필요한 상태를 실현하는 작용을 말한다.

이러한 수단으로 경찰관 직무집행법상의 위험방지를 위한 출입(경직법 7), 식품위생법상의 출입·검사(식품위생법 22), 총포화약법상의 출입·검사(총포화약법 44) 등을 들 수 있다.

이에 대해서는, ① 독일의 직접강제에 관한 법률에서는 대가택강제를 직접강제의 수단으로 규정하고 있다고 하면서 이와 같은 출입이나 검사가 목전의 급박한 위험을 제거 또는 방지하기 위한 경우를 제외하고는 대부분 수인하명을 전제로 한 직접강제라고 보는 견해[16]도 있고, ② 행정조사의 한 형태로 보는 견해[17]도 있다. ③ 일률적으로 판단하기는 어렵지만, 법률상으로는 바로 출입하거나 검사하도록 규정하면서 다만 증표만 제시하도록 규정하고 있다는 점, 출입이나 검사이전에 그 사실을 미리 통보함으로써 사전에 수인의무를 부과하고 있다고 보기는 어렵다는 점, 대부분의 출입·검사가 위험방지 또는 단속을 위하여 예고 없이 행하여지는 점 등을 고려하면, 즉시강제로 보더라도 별 무리는 없다고 생각된다. 오히려 권력적으로 행하여지는 이러한 출입·검사가 그 자체가 목적이 아니라 어떠한 행정결정을 하기 위한 준비과정으로 행하여지는 것이라면 이를

16) 정하중, 행정법개론, 474면.
17) 김동희/최계영, 행정법 I, 499면.

권력적 행정조사로 볼 수는 있을 것이다.

Ⅴ. 행정상 즉시강제의 한계

행정상 즉시강제도 행정작용으로서 주체·내용·형식·절차의 적법요건을 준수하여야 한다. 특히 행정상 즉시강제는 공권력을 행사하는 침익적 작용이라는 점에서 내용요건과 관련하여 법치행정의 원리(법률우위·법률유보)와 행정법의 일반원칙을 매우 엄격하게 준수하여야 한다.

따라서 행정상 즉시강제는 개인의 신체와 재산에 대한 심대한 침해를 의미하므로 법적 근거가 요구되며, 현행 법령에 위배될 수 없다. 또한 행정상 즉시강제권에 행정청의 재량이 주어진다 하더라도, 즉시강제의 목적이나 성질 등과 관련하여, ① 목전에 급박한 위험을 제거하기 위한 것이어야 하고(급박성), ② 이와 같은 위험을 제거하기 위한 소극적인 목적을 위한 것이어야 하며(소극성), ③ 다른 수단으로는 그 목적달성이 곤란하고 즉시강제를 하더라도 그 필요 최소한도에 그쳐야 한다(비례원칙)는 행정법의 일반원칙상의 한계가 있다. 이와 관련하여 행정기본법은 "즉시강제는 다른 수단으로는 행정목적을 달성할 수 없는 경우에만 허용되며, 이 경우에도 최소한으로만 실시하여야 한다(행정기본법 33 ①)."고 규정하고 있다.

절차요건과 관련하여, 즉시강제를 실시하기 위하여 현장에 파견되는 집행책임자는 그가 집행책임자임을 표시하는 증표를 보여 주어야 하며, 즉시강제의 이유와 내용을 고지하여야 한다(행정기본법 33 ②).

[판례] 행정상 즉시강제의 한계

"행정강제는 행정상 강제집행을 원칙으로 하며, 법치국가적 요청인 예측가능성과 법적 안정성에 반하고, 기본권 침해의 소지가 큰 권력작용인 행정상 즉시강제는 어디까지나 예외적인 강제수단이라고 할 것이다. 이러한 행정상 즉시강제는 엄격한 실정법상의 근거를 필요로 할 뿐만 아니라, 그 발동에 있어서는 법규의 범위 안에서도 다시 행정상의 장해가 목전에 급박하고, 다른 수단으로는 행정목적을 달성할 수 없는 경우이어야 하며, 이러한 경우에도 그 행사는 필요 최소한도에 그쳐야 함을 내용으로 하는 조리상의 한계에 기속된다(헌재결 2002.10.31, 2000헌가12)."

"행정상 즉시강제는 그 본질상 행정 목적 달성을 위하여 불가피한 한도 내에서 예외적으로 허용되는 것이므로, 위 조항에 의한 경찰관의 제지 조치 역시 그러한 조치가 불가피한 최소한도 내에서만 행사되도록 그 발동·행사 요건을 신중하고 엄격하게 해석하여야 하고, 그러한 해석·적용의 범위 내에서만 우리 헌법상 신체의 자유 등 기본권 보장 조항과 그 정신 및 해석 원칙에 합치될 수 있다(대판 2008.11.13, 2007도9794)."

Ⅵ. 행정상 즉시강제와 영장주의

헌법 제12조 제3항은 "체포·구속·압수 또는 수색을 할 때에는 적법한 절차에 따라 검사의 신청에 의하여 법관이 발부한 영장을 제시하여야 한다."고 규정하고 있고, 동법 제16조는 "주거에 대한 압수나 수색을 할 때에는 검사의 신청에 의하여 법관이 발부한 영장을 제시하여야 한다."고 규정하고 있는데, 즉시강제의 절차요건과 관련하여 행정상 즉시강제에 이와 같은 헌법상의 영장주의가 적용되는가에 대하여 견해가 나뉜다.

1. 영장불요설

헌법상의 영장주의는 원래 범죄수사절차에서 국가 형사사법권의 남용으로부터 개인의 인신을 보호하기 위하여 마련된 제도이고, 또한 행정상 즉시강제는 의무를 명할 시간적인 여유가 없는 급박한 경우를 전제로 하는 것이어서 법관의 영장을 기다려서는 그 목적을 달성하기 어렵다 할 것이므로, 행정상 즉시강제에는 원칙적으로 영장주의가 적용되지 않는다고 한다.

2. 영장필요설

헌법상 영장주의를 형사작용에 한정한다는 명문의 규정이 없는 이상 이를 형사작용에 한정하여 적용하는 것은 헌법규정을 부당하게 축소하여 기본권을 침해하는 것이라는 점, 그리고 형사사법권의 발동과 행정상 즉시강제는 그 목적에서는 차이가 있지만 신체·재산에 대한 공권력의 행사라는 점에서 공통되고 양자가 결부되어 행사되는 경우가 많다는 점에서 헌법상의 영장주의는 형사사법권의 발동에 국한되지 않고 행정상 즉시강제에도 적용된다고 한다.

3. 절충설

헌법상 영장주의는 형사사법권의 발동뿐 아니라 행정상 즉시강제에도 적용되는 것이 원칙이지만, 행정목적을 달성하기 위하여 불가피하다고 인정되는 경우에는 예외적으로 영장주의의 적용이 배제된다고 한다. 이 견해가 통설적 견해이자 판례의 입장이다.

[판례1] (구) 사회안전법 제11조 소정의 동행보호규정이 사전영장주의를 규정한 헌법 규정에 반하는지 여부

"사전영장주의는 인신보호를 위한 헌법상의 기속원리이기 때문에 인신의 자유를 제한하는 모든 국가작용의 영역에서 존중되어야 하지만, 헌법 제12조 제3항 단서도 사전영장주의의 예외를 인정하고 있는 것처럼 사전영장주의를 고수하다가는 도저히 행정목적을 달성할 수 없는 지극히 예외적인 경우에는 형사절차에서와 같은 예외가 인정되므로, (구) 사회안전법(1989.6.16. 법률 제4132호에

의해 '보안관찰법'이란 명칭으로 전문 개정되기 전의 것) 제11조 소정의 동행보호규정은 재범의 위험성이 현저한 자를 상대로 긴급히 보호할 필요가 있는 경우에 한하여 단기간의 동행보호를 허용한 것으로서 그 요건을 엄격히 해석하는 한, 동 규정 자체가 사전영장주의를 규정한 헌법규정에 반한다고 볼 수는 없다(대판 1997.6.13, 96다56115)."

[판례2] 불법게임물의 영장 없는 수거를 인정하는 것이 영장주의에 위배되는지 여부

"불법게임물은 불법현장에서 이를 즉시 수거하지 않으면 증거인멸의 가능성이 있고, 그 사행성으로 인한 폐해를 막기 어려우며, 대량으로 복제되어 유통될 가능성이 있어, 불법게임물에 대하여 관계당사자에게 수거·폐기를 명하고 그 불이행을 기다려 직접강제 등 행정상의 강제집행으로 나아가는 원칙적인 방법으로는 목적달성이 곤란하다고 할 수 있으므로 …

이 사건 법률조항은 앞에서 본바와 같이 급박한 상황에 대처하기 위한 것으로서 그 불가피성과 정당성이 충분히 인정되는 경우이므로, 이 사건 법률조항이 영장 없는 수거를 인정한다고 하더라도 이를 두고 헌법상 영장주의에 위배되는 것으로는 볼 수 없다(헌재결 2002.10.31, 2000헌가12)."

4. 결어

행정상 즉시강제가 개인의 신체나 재산에 대한 침해작용이라는 점에서 원칙적으로는 절충설의 입장이 타당하다고 판단된다. 그러나 행정상 즉시강제는 목전의 위험을 제거하여 행정목적을 달성하는 제도라는 점에서 '예외적으로 영장주의의 적용이 배제되는 경우'가 오히려 대부분이라는 것이 문제이다. 그렇지만 그렇다하더라도 행정상 즉시강제의 강제성이나 침익성을 고려하면, 영장주의가 원칙적으로 적용된다고 보는 것이 합리적이다. 다만 '영장주의의 적용이 배제되는 예외적인 경우'인가 하는 것은 구체적인 경우에 따라 개별적으로 판단해 보아야 할 것이다.

우선 긴급을 요하는 위험의 제거 또는 방지조치와 같은 대부분의 즉시강제수단들은 성질상 영장주의가 적용되기 어렵다.

또한 가택이나 영업소 등에 출입·검사하는 경우에도 영장주의를 요구하는 경우 출입이나 검사의 목적을 달성할 수 없는 경우가 대부분이다. 이와 같은 이유에서 각 개별법에서는 출입·검사하는 공무원으로 하여금 그 신분을 표시하는 증표를 제시하도록 규정하여 영장주의의 적용에 대신하는 경우가 많다(예: 총포화약법 44 ②).

그러나 행정상 즉시강제가 장기간에 걸쳐 계속되거나 개인의 신체나 재산에 대한 침해가 중대한 경우 등에는 반드시 영장주의가 적용되어야 할 것이다. 이 경우 긴급을 요한다면 사후에라도 영장을 발부받도록 하여야 할 것이다(예: 조세범 처벌절차법 9).

Ⅶ. 행정상 즉시강제에 대한 구제*

1. 행정쟁송

행정상 즉시강제는 그 법적 성질이 권력적 사실행위이므로 행정쟁송법상의 처분에 해당한다는 것이 일반적인 견해이다. 따라서 항고쟁송의 대상이 된다. 혹자는 행정상 즉시강제는 상대방의 수인의무가 결합된 권력적 사실행위이므로 처분성이 인정된다고 보기도 한다.[18] 그러나 즉시강제행위 그 자체를 의무부과행위로 보기는 어렵다는 점은 이미 설명하였다.

행정상 즉시강제가 처분성이 인정되어 항고쟁송의 대상이 된다고 하더라도 대부분의 즉시강제는 단기간에 종료되기 때문에 협의의 소익(권리보호의 필요성)이 부인되는 경우가 많을 것이다.

2. 행정상 손해배상

위법한 행정상 즉시강제로 인하여 손해가 발생한 경우에는 국가배상법에 따라 국가 등을 상대로 손해배상을 청구할 수 있다.

3. 행정상 손실보상

적법하게 행하여진 행정상 즉시강제로 인하여 재산상의 손실이 발생한 경우 그와 같은 손실이 특별한 희생에 해당되는 경우에는 정당한 보상을 하여야 한다. 이와 관련하여 개별법에서 손실보상에 관한 규정을 두고 있는 경우도 있다(소방기본법 49의2 ① 3호, 재난 및 안전관리 기본법 64, 자연재해대책법 68 등).

4. 인신보호법상의 구제

행정상 즉시강제로 인하여 인신의 자유가 부당하게 제한되는 경우에는 인신보호법에 따라 법원에 구제를 청구할 수 있다.

인신보호법은 자유로운 의사에 반하여 국가, 지방자치단체, 공법인 또는 개인, 민간단체 등이 운영하는 의료시설·복지시설·수용시설·보호시설에 수용·보호 또는 감금되어 있는 자에 대한 수용이 위법하게 개시되거나 적법하게 수용된 후 그 사유가 소멸되었음에도 불구하고 계속 수용되어 있는 때에는 피수용자, 그 법정대리인, 후견인, 배우자, 직계혈족, 형제자매, 동거인, 고용주 또는 수용시설 종사자는 동법으로 정하는 바에 따라 법원에 구제를 청구할 수 있다고 규정하고 있다(인신보호법 2 ①, 3). 법원은 구제청구사건을 심리한 결과 그 청구가 이유가 있다고 인정되는 때에는 결정으로 피수용자의 수용을 즉시 해제할 것을 명하여야 한다(인신보호법 13 ①).

---

* 행정고시(일반행정)(2010년).

18) 정하중, 행정법개론, 477면; 홍정선, 행정법특강, 427면.

제 5 절 행정조사

I. 행정조사의 의의

행정조사란 행정기관이 정책을 결정하거나 직무를 수행하는 데 필요한 정보나 자료를 수집하기 위하여 현장조사·문서열람·시료채취 등을 하거나 조사대상자에게 보고요구·자료제출요구 및 출석·진술요구를 행하는 활동을 말한다(행정조사기본법 2 1호).

행정조사에는 강제성을 띠는 권력적인 행정조사도 있고, 인구조사와 같이 임의적인 방법에 의한 비권력적인 행정조사도 있다. 권력적인 조사의 경우 과거 행정상 즉시강제의 한 유형으로 다루어지기도 하였으나, 최근에는 행정조사를 독립적인 행정작용의 한 유형으로 고찰하는 것이 일반화되면서 권력적인 조사를 행정조사의 종류로 파악하기도 한다. 그런데 행정조사는 일반적으로 조사 그 자체를 목적으로 하는 것이 아니라, 궁극적으로 일정한 행정작용을 사전적으로 보조하기 위하여 행하여진다는 점에서 급박한 위험의 제거를 통하여 행정목적을 달성하는 행정상 즉시강제와 구별된다고 하는 것이 일반적인 설명이다.

한편 행정조사는 권력적이든 비권력적이든 인권침해적 요소가 있고, 또한 행정의 자의적 조사행위와 같은 남용의 우려도 있다. 이에 따라 2007.5.17. 행정의 공정성·투명성 및 효율성을 높이고 국민의 권익을 보호하기 위하여 행정조사에 관한 기본원칙·행정조사의 방법 및 절차 등에 관한 공통적인 사항을 규정한 행정조사기본법이 제정되었다.

II. 행정조사의 법적 근거

행정조사 가운데 개인의 주거나 신체 또는 재산에 대하여 이루어지는 권력적 조사작용은 법률유보의 최하한인 침해유보의 관점에서도 반드시 법적 근거가 요구된다. 그러나 비권력적 조사의 경우에는 반드시 법적 근거를 요하는 것은 아니다. 행정조사기본법도 이와 같은 취지에서 "행정기관은 법령등에서 행정조사를 규정하고 있는 경우에 한하여 행정조사를 실시할 수 있다. 다만, 조사대상자의 자발적인 협조를 얻어 실시하는 행정조사의 경우에는 그러하지 아니하다."라고 규정하고 있다(행정조사기본법 5).

행정조사의 실정법적 근거로는 이미 언급한 바와 같이 행정조사에 관한 일반법으로 행정조사기본법이 있고, 그 외에 개별법상 근거로서 국세기본법상의 세무조사(국세기본법 81의4 이하),* 경찰관 직무집행법상의 불심검문(경직법 3), 공정거래법상의 위반행위의 조사(공정거래법 81), 토

* 사법시험(2014년).

지보상법상의 사업준비를 위한 토지의 조사(토지보상법 9), 국세징수법상의 질문·검사(국세징수법 36), 감염병예방법상의 조사(감염병예방법 42) 등을 들 수 있다.

Ⅲ. 행정조사의 종류

행정조사는 권력적 요소의 존재 여부에 따라서 권력적 조사(예: 공정거래위원회의 위반행위에 대한 조사)와 비권력적 조사(예: 인구총조사)로, 대상에 따라 대인적 조사(예: 불심검문)·대물적 조사(예: 시설물에 대한 검사)·대가택적 조사(예: 토지에의 출입·조사)로 구분할 수 있다.

그 밖에도 조사를 직접 강제하는 실효성확보수단의 유무에 따라 직접 개인의 신체나 재산에 대한 실력행사를 가하여 필요한 자료를 수집하는 직접적 조사(예: 강제출입)와 출입이나 조사를 거부하거나 방해한 경우 이에 대한 벌칙이나 기타의 제재수단(예: 행정형벌의 부과)을 통하여 조사의 실효성을 확보하는 간접적 조사로 구분할 수 있다. 하나의 법률에서 양자가 모두 규정되어 있는 경우도 많이 있다. 예컨대 공정거래법은 위반행위에 대한 조사를 위하여 강제출입 및 조사에 관한 규정을 두면서(공정거래법 81 ②) 동시에 조사 시 폭언·폭행, 고의적인 현장진입 저지·지연 등을 통하여 조사를 거부·방해 또는 기피한 자에 대하여는 3년 이하의 징역 또는 2억원 이하의 벌금에 처하도록 하고 있다(공정거래법 124 ① 13호).

Ⅳ. 행정조사의 방법

1. 조사의 방법

행정조사기본법은 행정조사의 방법으로 대인적 조사로서 출석·진술 요구(행정조사기본법 9), 보고요구와 자료제출요구(행정조사기본법 10), 대물적 조사로서 현장조사(행정조사기본법 11)·시료채취(행정조사기본법 12)를 규정하고 있다. 한편 인터넷 등 정보통신망을 통하여 자료의 제출 등을 하게 하는 등의 정보통신수단을 통한 행정조사도 가능하다(행정조사기본법 28).

2. 공동조사

행정기관의 장은 ① 당해 행정기관 내의 2 이상의 부서가 동일하거나 유사한 업무분야에 대하여 동일한 조사대상자에게 행정조사를 실시하는 경우 또는 ② 서로 다른 행정기관이 대통령령으로 정하는 분야에 대하여 동일한 조사대상자에게 행정조사를 실시하는 경우에는 공동조사를 하여야 한다(행정조사기본법 14 ①).

3. 중복조사의 제한

정기조사 또는 수시조사를 실시한 행정기관의 장은 동일한 사안에 대하여 동일한 조사대상자를 재조사 하여서는 아니 된다. 다만, 당해 행정기관이 이미 조사를 받은 조사대상자에 대하여 위법행위가 의심되는 새로운 증거를 확보한 경우에는 그러하지 아니하다(행정조사기본법 15 ①).

Ⅴ. 행정조사의 실시

1. 개별조사계획의 수립

행정조사를 실시하고자 하는 행정기관의 장은 사전통지를 하기 전에 개별조사계획을 수립하여야 한다. 다만, 행정조사의 시급성으로 행정조사계획을 수립할 수 없는 경우에는 행정조사에 대한 결과보고서로 개별조사계획을 갈음할 수 있다. 개별조사계획에는 조사의 목적·종류·대상·방법 및 기간 등이 포함되어야 한다(행정조사기본법 16).

2. 조사의 사전통지

행정조사를 실시하고자 하는 행정기관의 장은 제9조에 따른 출석요구서, 제10조에 따른 보고요구서·자료제출요구서 및 제11조에 따른 현장출입조사서를 조사개시 7일 전까지 조사대상자에게 서면으로 통지하여야 한다. 다만, ① 행정조사를 실시하기 전에 관련 사항을 미리 통지하는 때에는 증거인멸 등으로 행정조사의 목적을 달성할 수 없다고 판단되는 경우, ② 통계법에 따른 지정통계의 작성을 위하여 조사하는 경우, ③ 조사대상자의 자발적인 협조를 얻어 실시하는 행정조사의 경우에는 행정조사의 개시와 동시에 출석요구서등을 조사대상자에게 제시하거나 행정조사의 목적 등을 조사대상자에게 구두로 통지할 수 있다(행정조사기본법 17 ①).

3. 제3자에 대한 보충조사

행정기관의 장은 조사대상자에 대한 조사만으로는 당해 행정조사의 목적을 달성할 수 없거나 조사대상이 되는 행위에 대한 사실 여부 등을 입증하는 데 과도한 비용 등이 소요되는 경우로서 ① 다른 법률에서 제3자에 대한 조사를 허용하고 있는 경우 또는 ② 제3자의 동의가 있는 경우에는 제3자에 대하여 보충조사를 할 수 있다(행정조사기본법 19 ①).

4. 자발적인 협조에 따라 실시하는 행정조사

행정기관의 장이 제5조 단서에 따라 조사대상자의 자발적인 협조를 얻어 행정조사를 실시하고자 하는 경우 조사대상자는 문서·전화·구두 등의 방법으로 당해 행정조사를 거부할 수 있다(행정조사기본법 20 ①). 조사대상자가 조사에 응할 것인지에 대한 응답을 하지 아니하는 경우에는 법령등에 특별한 규정이 없는 한 그 조사를 거부한 것으로 본다(행정조사기본법 20 ②).

5. 의견제출

조사대상자는 제17조에 따른 사전통지의 내용에 대하여 행정기관의 장에게 의견을 제출할 수 있다(행정조사기본법 21 ①). 행정기관의 장은 제1항에 따라 조사대상자가 제출한 의견이 상당한 이유가 있다고 인정하는 경우에는 이를 행정조사에 반영하여야 한다(행정조사기본법 21 ②).

6. 조사권 행사의 제한

조사원은 제9조부터 제11조까지에 따라 사전에 발송된 사항에 한하여 조사대상자를 조사하되, 사전통지한 사항과 관련된 추가적인 행정조사가 필요할 경우에는 조사대상자에게 추가조사의 필요성과 조사내용 등에 관한 사항을 서면이나 구두로 통보한 후 추가조사를 실시할 수 있다(행정조사기본법 23 ①). 조사대상자는 법률·회계 등에 대하여 전문지식이 있는 관계 전문가로 하여금 행정조사를 받는 과정에 입회하게 하거나 의견을 진술하게 할 수 있다(행정조사기본법 23 ②). 조사대상자와 조사원은 조사과정을 방해하지 아니하는 범위 안에서 행정조사의 과정을 녹음하거나 녹화할 수 있다. 이 경우 녹음·녹화의 범위 등은 상호 협의하여 정하여야 한다(행정조사기본법 23 ③). 조사대상자와 조사원이 제3항에 따라 녹음이나 녹화를 하는 경우에는 사전에 이를 당해 행정기관의 장에게 통지하여야 한다(행정조사기본법 23 ④).

7. 조사결과의 통지

행정기관의 장은 법령등에 특별한 규정이 있는 경우를 제외하고는 행정조사의 결과를 확정한 날부터 7일 이내에 그 결과를 조사대상자에게 통지하여야 한다(행정조사기본법 24).

8. 자율신고 및 자율관리에 대한 혜택 부여

행정기관의 장은 법령등에서 규정하고 있는 조사사항을 조사대상자로 하여금 스스로 신고하도록 하는 제도를 운영할 수 있다(행정조사기본법 25 ①). 행정기관의 장은 조사대상자가 제1항에 따라 신고한 내용이 거짓의 신고라고 인정할 만한 근거가 있거나 신고내용을 신뢰할 수 없는 경우를 제외하고는 그 신고내용을 행정조사에 갈음할 수 있다(행정조사기본법 25 ②). 또한 이 법에 의한 자율신고를 장려하기 위해서 행정기관의 장은 제25조에 따라 자율신고를 하는 자와 제26조에 따라 자율관리체제를 구축하고 자율관리체제의 기준을 준수한 자에 대하여는 법령등으로 규정한 바에 따라 행정조사의 감면 또는 행정·세제상의 지원을 하는 등 필요한 혜택을 부여할 수 있다

(행정조사기본법 27).

Ⅵ. 행정조사의 한계

1. 행정조사의 내용적 한계

행정조사도 행정작용이므로 법치행정의 원리와 행정법의 일반원칙에 의한 한계를 준수하여야 한다.

이와 관련하여 행정조사기본법은 제4조에서 행정조사의 기본원칙을 규정하고 있는데, 이에 따르면 행정조사는 조사목적을 달성하는 데 필요한 최소한의 범위 안에서 실시하여야 하며, 다른 목적 등을 위하여 조사권을 남용하여서는 아니 된다(행정조사기본법 4 ①) 행정기관은 조사목적에 적합하도록 조사대상자를 선정하여 행정조사를 실시하여야 한다(행정조사기본법 4 ②). 행정기관은 유사하거나 동일한 사안에 대하여는 공동조사 등을 실시함으로써 행정조사가 중복되지 아니하도록 하여야 한다(행정조사기본법 4 ③). 행정조사는 법령 등의 위반에 대한 처벌보다는 법령 등을 준수하도록 유도하는 데 중점을 두어야 한다(행정조사기본법 4 ④). 다른 법률에 따르지 아니하고는 행정조사의 대상자 또는 행정조사의 내용을 공표하거나 직무상 알게 된 비밀을 누설하여서는 아니 된다(행정조사기본법 4 ⑤). 행정기관은 행정조사를 통하여 알게 된 정보를 다른 법률에 따라 내부에서 이용하거나 다른 기관에 제공하는 경우를 제외하고는 원래의 조사목적 이외의 용도로 이용하거나 타인에게 제공하여서는 아니 된다(행정조사기본법 4 ⑥).

2. 행정조사와 실력행사

행정조사와 관련하여 상대방이 출입이나 검사와 같은 행정조사를 거부하거나 방해하는 경우에 행정조사를 행하는 공무원은 이에 관한 명시적인 규정이 없음에도 불구하고 이에 대하여 실력을 행사하여 필요한 조사를 할 수 있는가 하는 것에 관하여는 학설이 나뉜다.

① 부정설은 행정조사의 거부나 방해 등의 행위에 대하여 실력을 행사할 수 있다는 명문의 규정이 없는 한 행정청은 실력으로 상대방의 저항을 배제하고 필요한 조사를 할 수 없다는 입장이다.[19] 이 견해는 조사의 거부 등에 대하여 실정법에서 대부분의 경우 실력행사와 같은 직접적 강제수단에 관한 규정을 두지 않고 벌칙을 포함한 불이익처분 등만을 규정하고 있는 취지는 행정조사의 실효성을 간접적으로 확보하려는 데 있다고 보아야 한다는 점을 논거로 하고 있다.

② 긍정설은 출입이나 검사와 같은 행정조사는 그 자체가 상대방의 의사여부를 불문하고 행하여지는 강제조사이고 이러한 강제조사에는 조사방해를 배제하는 것도 포함되는 것으로 이해하

19) 김동희/최계영, 행정법Ⅰ, 502면; 류지태/박종수, 행정법신론, 416면; 박균성, 행정법강의, 405면.

는 것이 합리적이므로 상대방이 조사를 거부하거나 방해하는 경우에 비례원칙의 한계 내에서 실력행사를 할 수 있다고 본다.[20]

③ 긍정설이 실력행사가 가능하다고 본다 하더라도 이 경우 실력행사는 '비례원칙의 한계 내에서'만 가능하다는 제한적인 입장이므로, 행정조사 이외에 별 다른 수단이 없고 또한 행정조사를 실시하여야 할 급박하고 합리적인 사유가 존재한다면, 정당한 행정조사를 위하여 필요최소한도의 거부나 방해행위의 배제는 허용된다고 보아야 할 것이다. 긍정설이 타당하다.

Ⅶ. 행정조사와 영장주의

헌법 제12조 제3항 및 제16조의 영장주의가 행정조사에도 적용되는가 하는 것이 문제인데, 이와 관련하여 학설은 영장불요설, 영장필요설, 절충설로 나뉘는데, 현재 대다수의 견해는 절충설의 입장을 취하고 있다.

절충설은 대체로 ① 행정조사가 형사소추절차로 이행되는 경우에는 당연히 영장이 필요하고 (예컨대 조세범 처벌절차법 제9조처럼 영장주의를 규정하고 있는 경우도 있다), ② 그 밖에도 권력적인 행정조사의 경우에는 원칙적으로 영장주의가 적용되어야 하지만, 다만 긴급을 요하거나 행정조사의 성질상 영장주의를 요구하기 어렵다고 판단되는 등의 불가피한 사정이 있는 경우에는 그 예외가 인정된다는 입장이다. 판례의 입장도 같다.

> [판례] 긴급을 요하는 경우에 한하여 예외적으로 사후영장이 필요하다는 사례
>
> "세관공무원이 밀수품을 싣고 왔다는 정보에 의하여 정박중인 선박에 대하여 수색을 하려면 선박의 소유자 또는 점유자의 승낙을 얻거나 법관의 압수 수색영장을 발부 받거나 또는 관세법 212조 1항 후단에 의하여 긴급을 요하는 경우에 한하여 수색압수를 하고 사후에 영장의 교부를 받아야 할 것이다(대판 1976.11.9, 76도2703)."

Ⅷ. 위법한 행정조사에 따른 행정결정의 효과 *

행정조사는 필요한 정보나 자료수집을 하는 작용으로 어떠한 행정정책이나 결정을 위한 준비작용으로 행하여지는 것이 일반적이다. 따라서 행정조사는 행정결정에 선행하여 이루어지지만, 행정절차와는 달리, 법령의 특별한 규정이 없는 한, 행정조사와 행정결정은 상호 별개의 독자적 제도이지, 양자가 하나의 절차를 구성하고 있다고 할 수는 없다. 다시 말해서 행정조사가

* 변호사시험(2018년), 변호사시험(2022년), 사법시험(2014년), 법원행정고시(2024년).

20) 정하중, 행정법개론, 481면; 홍정선, 행정법특강, 434면.

행정결정에 선행하여 이루어지더라도 행정조사는 행정결정의 필수적인 전제절차는 아니라는 것이다.

그런데 문제는 행정조사과정에의 실체법적·절차법적 위법사유가 있는 경우, 즉 행정조사가 비례원칙을 위반하여 실시되었다거나 또는 행정조사에 절차상의 하자가 있는 경우에, 이 조사에 근거한 행정결정도 위법하게 되는가 하는 것이다. 이에 관하여는 학설이 대립된다.

① 먼저 적극설은 행정조사와 행정결정은 하나의 과정을 구성하는 것이므로 적정절차의 관점에서 행정조사에 중대한 위법사유가 있는 때에는 이를 기초로 한 행정결정도 위법하게 된다는 견해이다.[21] 적극설의 입장을 취하면서도 이 경우 행정조사가 위법하다는 것은 '행정결정의 절차상의 하자'로 볼 수 있다는 견해도 있다.[22]

② 소극설은 행정조사가 법령에서 특히 행정행위의 전제요건으로 규정되어 있는 경우를 제외하고는 양자는 서로 별개의 제도로 볼 수 있는 것이고, 따라서 이 경우 조사의 위법이 행정행위를 위법하게 만들지 않는다는 견해이다.[23]

③ 판례는 적극설과 같은 입장이다.

④ 행정조사의 위법성은 행정조사가 행정결정과 하나의 절차를 구성하고 있는가 아닌가와는 관계없이 이를 근거로 한 행정결정의 위법사유가 된다고 보는 것이 법치행정의 원리에 부합한다는 점에서 적극설과 판례의 입장이 타당하다.

[판례1] 위법한 세무조사에 기초하여 이루어진 과세처분이 위법하다고 한 사례

"이 사건 부가가치세부과처분은 이미 피고가 1998.11.경에 한 세무조사(부가가치세 경정조사)와 같은 세목 및 같은 과세기간에 대하여 중복하여 실시한 서울지방국세청장의 위법한 중복조사에 기초하여 이루어진 것이므로 위법하다(대판 2006.6.2, 2004두12070)."

[판례2] 세무조사가 과세자료의 수집 또는 신고내용의 정확성 검증이라는 본연의 목적이 아니라 부정한 목적을 위하여 행하여진 경우, 세무조사에 의하여 수집된 과세자료를 기초로 한 과세처분이 위법한지 여부(적극)

"세무조사가 과세자료의 수집 또는 신고내용의 정확성 검증이라는 본연의 목적이 아니라 부정한 목적을 위하여 행하여진 것이라면 이는 세무조사에 중대한 위법사유가 있는 경우에 해당하고 이러한 세무조사에 의하여 수집된 과세자료를 기초로 한 과세처분 역시 위법하다. …(대판 2016.12.15, 2016두47659)."

21) 김동희/최계영, 행정법Ⅰ, 504면; 김남진/김연태, 행정법Ⅰ, 459면; 홍정선, 행정법특강, 435면 이하.
22) 박균성, 행정법강의, 410면.
23) 박윤흔, 최신행정법강의(상), 634면.

[판례3] (구) 국세기본법 제81조의4 제2항에 따라 재조사가 금지되는 '세무조사' / 위법한 재조사에 기초하여 이루어진 과세처분의 위법 여부(적극)

"세무공무원의 조사행위가 (구) 국세기본법 제81조의4 제2항이 적용되는 '세무조사'에 해당하는지는 조사의 목적과 실시경위, 질문조사의 대상과 방법 및 내용, 조사를 통하여 획득한 자료, 조사행위의 규모와 기간 등을 종합적으로 고려하여 구체적 사안에서 개별적으로 판단하며, 납세자 등을 접촉하여 상당한 시일에 걸쳐 질문검사권을 행사하여 과세요건사실을 조사·확인하고 일정한 기간 과세에 필요한 직접·간접의 자료를 검사·조사하고 수집하는 일련의 행위를 한 경우에는 특별한 사정이 없는 한 '세무조사'로 보아야 한다.

한편 과세처분이 구 국세기본법 제81조의4 제2항을 위반한 위법한 재조사에 기초하여 이루어졌다면 위법하다고 보아야 한다(대판 2017.12.13, 2015두3805[증여세부과처분취소])."

[판례4] (구) 국세기본법에 따라 금지되는 재조사에 기하여 과세처분을 하는 것이 그 자체로 위법한지 여부(원칙적 적극) 및 이는 과세관청이 그러한 재조사로 얻은 과세자료를 과세처분의 근거로 삼지 않았다거나 이를 배제하고서도 동일한 과세처분이 가능한 경우에도 마찬가지인지 여부(적극)

"… 국세기본법은 재조사가 예외적으로 허용되는 경우를 엄격히 제한하고 있는바, 그와 같이 한정적으로 열거된 요건을 갖추지 못한 경우 같은 세목 및 같은 과세기간에 대한 재조사는 원칙적으로 금지되고, 나아가 이러한 중복세무조사금지의 원칙을 위반한 때에는 과세처분의 효력을 부정하는 방법으로 통제할 수밖에 없는 중대한 절차적 하자가 존재한다고 보아야 한다.

… (구) 국세기본법 제81조의4 제2항에 따라 금지되는 재조사에 기하여 과세처분을 하는 것은 단순히 당초 과세처분의 오류를 경정하는 경우에 불과하다는 등의 특별한 사정이 없는 한 그 자체로 위법하고, 이는 과세관청이 그러한 재조사로 얻은 과세자료를 과세처분의 근거로 삼지 않았다거나 이를 배제하고서도 동일한 과세처분이 가능한 경우라고 하여 달리 볼 것은 아니다(대판 2017.12.13, 2016두55421[양도소득세부과처분취소])."

[판례5] 음주운전 여부에 대한 조사 과정에서 운전자 본인의 동의를 받지 아니하고 법원의 영장도 없이 한 혈액 채취 조사 결과를 근거로 한 운전면허 정지·취소 처분이 위법한지 여부(원칙적 적극)

"음주운전 여부에 대한 조사 과정에서 운전자 본인의 동의를 받지 아니하고 또한 법원의 영장도 없이 채혈조사를 한 결과를 근거로 한 운전면허 정지·취소 처분은 도로교통법 제44조 제3항을 위반한 것으로서 특별한 사정이 없는 한 위법한 처분으로 볼 수밖에 없다(대판 2016.12.27, 2014두46850[자동차운전면허취소처분취소])."

Ⅸ. 행정조사에 대한 구제 *

1. 행정쟁송

(1) 권력적 행정조사의 경우

권력적 행정조사는 권력적 사실행위이고, 권력적 사실행위는 행정쟁송법상의 처분성이 인정된다고 하는 것이 일반적인 견해이므로, 권력적 조사에 대해서는 항고쟁송을 통하여 이를 다툴 수 있다. 다만 권력적 조사가 단기간에 종료되는 경우에는 협의의 소익(권리보호의 필요성)이 부인되어 쟁송이 각하될 것이다.

(2) 관련문제: 세무조사결정의 처분성**

한편 세무조사가 공권력행사의 일환으로 이루어지는 경우에는 이를 권력적 행정조사로 볼 수 있을 것인데, 이와 관련하여 국세기본법은 세무조사를 하는 경우 조사를 받을 납세자에게 조사를 시작하기 15일 전에 조사대상 세목, 조사기간 및 조사 사유, 그 밖에 대통령령으로 정하는 사항을 통지하도록 규정하고 있다(국세기본법 81의7 ①). 대법원은 이러한 세무조사결정이 있게 되면 조사를 수인하여야 할 의무가 발생하는 점, 조사 종료 후의 과세처분에 대하여만 다툴 수 있는 것보다는 그에 앞서 세무조사결정에 대하여 다툼으로써 분쟁을 조기에 근본적으로 해결할 수 있는 점 등을 들어 세무조사결정은 납세의무자의 권리·의무에 직접 영향을 미치는 공권력의 행사에 따른 행정작용으로서 항고소송의 대상이 된다고 하였다[판례]. 이에 대하여 다수설은 이와 같은 판례의 입장을 지지하고 있다.[24)]

> [판례] 세무조사결정이 항고소송의 대상이 되는 행정처분에 해당하는지 여부
>
> "부과처분을 위한 과세관청의 질문조사권이 행해지는 세무조사결정이 있는 경우 납세의무자는 세무공무원의 과세자료 수집을 위한 질문에 대답하고 검사를 수인하여야 할 법적 의무를 부담하게 되는 점, 세무조사는 기본적으로 적정하고 공평한 과세의 실현을 위하여 필요한 최소한의 범위 안에서 행하여져야 하고, 더욱이 동일한 세목 및 과세기간에 대한 재조사는 납세자의 영업의 자유 등 권익을 심각하게 침해할 뿐만 아니라 과세관청에 의한 자의적인 세무조사의 위험마저 있으므로 조세공평의 원칙에 현저히 반하는 예외적인 경우를 제외하고는 금지될 필요가 있는 점, 납세의무자로 하여금 개개의 과태료 처분에 대하여 불복하거나 조사 종료 후의 과세처분에 대하여만 다툴 수 있도록 하는 것보다는 그에 앞서 세무조사결정에 대하여 다툼으로써 분쟁을 조기에 근본적으로 해결

* 사법시험(2015년).

** 변호사시험(2018년), 사법시험(2014년).

24) 이동식, 세무조사 결정통지의 처분성, 행정판례연구 제17권 제1호, 143면 이하.

> 할 수 있는 점 등을 종합하면, 세무조사결정은 납세의무자의 권리·의무에 직접 영향을 미치는 공권력의 행사에 따른 행정작용으로서 항고소송의 대상이 된다(대판 2011.3.10, 2009두23617[세무조사결정처분취소·종합소득세등부과처분취소])."

2. 행정상 손해배상

위법한 행정조사로 인하여 손해를 입은 자는 국가배상법이 정한 바에 따라 국가나 지방자치단체를 상대로 손해배상을 청구할 수 있다.

3. 행정상 손실보상

적법한 행정조사로 인하여 재산상의 특별한 희생이 발생한 경우에는 이에 대한 손실을 보상해 주어야 한다. 이와 관련하여 개별법에서는 이러한 손실보상에 관한 규정을 두고 있는 경우가 있다(국토계획법 131, 행정조사기본법 12 ② 등).

제 6 절 행정벌

제1. 행정벌의 의의

행정벌이란 행정법상의 의무위반행위에 대하여 일반통치권에 의거하여 과하는 제재로서의 벌을 말한다. 대체로 행정목적을 실현하기 위하여 행정법상의 각종 의무를 부과하고 있는 법률들은 의무규정과 함께 이러한 의무를 위반한 경우에 대하여 형벌이나 과태료를 부과하는 벌칙규정을 두고 있다. 이와 같은 벌칙들을 행정벌이라 하고, 행정벌이 과하여지는 의무위반행위를 행정범(行政犯)이라 한다.

행정벌은 '과거'의 의무위반에 대하여 제재를 가함으로써 심리적 압박을 통하여 행정법상의 의무를 이행하도록 강제하는 '간접적' 강제수단이라는 점에서, 행정법상의 의무불이행에 대하여 '직접적으로' '장래'의 의무이행을 강제하는 행정상 강제집행과 구별된다.

비록 행정벌이 간접적인 강제수단이기는 하지만, 행정상 강제집행의 일반적인 수단으로 대집행만이 존재하고(행정대집행법) 강제금이나 직접강제는 법률의 규정이 있는 경우에만 허용된다는 점에서, 사실상 행정상 강제집행보다는 행정벌이 보편적으로 활용되고 있는 강제수단으로 기능하고 있다.

그럼에도 행정벌에는 다음과 같은 문제가 있다. ① 행정벌은 벌칙을 부과하는 것이므로 이중처벌금지의 원칙에 따라 반복하여 부과될 수 없고, ② 벌금형의 경우 부과되는 벌금의 액수보다

위반행위로 얻게 되는 경제적인 이익이 더 큰 경우에는 제재부과의 실효성이 떨어지며, ③ 행정벌의 경우 행정상의 의무부과나 의무위반에 대한 제재처분은 행정청이 하고, 의무위반에 대한 행정형벌은 검찰이나 법원이 과함으로써, 위반행위에 대한 행정청의 판단과 검찰·법원의 판단이 엇갈릴 수도 있으며, 또한 검찰이나 법원의 판단이 사실상 행정청의 판단을 기속할 수도 있고, ④ 의무위반행위에 대하여 빠짐없이 단속하는 것이 사실상 불가능하며, 또한 행정벌에 관한 규정이 늘어나고 이에 따라 행정형벌이 과하여지는 경우가 증가함으로써 이에 따른 전과자의 수도 아울러 늘어나게 된다.

이러한 문제와 관련하여 행정벌이 의무이행확보수단으로서의 기능을 보다 실효적으로 수행할 수 있도록 하기 위해서는 무엇보다도 행정벌과 관련된 규정들의 정비가 시급히 요구되는데, 이를 통하여 중대한 의무위반행위는 지금보다 훨씬 엄격하게 처벌하도록 기준을 상향조정하고, 비교적 경미한 정도의 위반행위는 행정벌이 아니라 이른바 '범칙행위'로서 범칙금을 부과하거나 과태료를 부과하는 것으로 전환할 필요가 있다.

제2. 다른 개념과의 구별

Ⅰ. 행정벌과 징계벌

징계벌은 특별권력관계(특별행정법관계로서 공무원의 근무관계) 내부에서 그 내부질서를 유지하기 위하여 특별권력에 근거하여 내부의 질서문란행위에 대하여 과하는 제재인 반면, 행정벌은 일반권력관계에서 일반통치권에 의거하여 행정법상의 의무위반에 대하여 과하는 제재이다. 양자는 목적이나 대상 등에서 차이가 있기 때문에 병과될 수 있다.

Ⅱ. 행정벌과 집행벌(강제금)

행정벌은 과거의 의무위반에 대하여 과하는 제재인 반면, 집행벌(강제금)은 행정법상 의무위반에 대하여 장래의 의무이행을 확보하기 위하여 부과되는 금전적 제재로서 행정상 강제집행의 수단이다.

Ⅲ. 행정벌과 형사벌

행정벌에는 행정형벌과 행정질서벌이 있는데, 전자는 행정법상의 의무위반에 대하여 과해지는 형법상의 형벌이고, 후자는 행정법상의 단순한 질서문란행위에 대하여 부과되는 과태료이다.

문제는, 행정형벌이나 형사벌 모두 형벌을 제재로서 과한다는 점에서, 양자를 구별할 필요가 있는가, 그리고 필요가 있다면 어떠한 기준으로 구별할 것인가 하는 것인데, 이에 대하여는 견해가 나뉘고 있다.

1. 부정설

행정형벌이나 형사벌 모두 형벌을 제재로서 과한다는 점에서 서로 질적인 차이가 없고, 다만 행정범은 경미사범이고 형사범은 중대사범이라는 양적인 차이밖에 없다는 견해로 일부 형법학자들의 견해이다.

2. 긍정설

행정범과 형사범은 실질적으로 성질상의 차이가 있으므로 구별되어야 한다는 것이 행정법학자들의 일반적인 견해이다. 긍정설의 경우에도 구별기준에 대해서는 견해가 다시 나뉜다.

(1) 피침해이익의 성질을 기준으로 하는 견해

이 견해는 침해되는 이익의 성질에 따라 형사범은 '법익침해행위로서의 위법행위'이고, 행정범은 '행정상의 의무위반행위'라고 한다.

이 설에 대하여는 행정상의 의무위반도 각종 법익으로 보호하고 있는 실정법을 위반하는 행위이고, 행정상의 의무도 법이 보호하는 법익에 해당한다는 비판이 제기되고 있다.

(2) 피침해규범의 성격을 기준으로 하는 견해

이 견해는 침해되는 규범의 성질에 따라 형사범은 반도덕성·반사회성이 국가의 명령이나 금지를 기다릴 필요가 없는 자연범이고, 행정범은 그 자체로서는 반도덕성·반사회성은 없으나 실정법에 규정을 둠으로써 비로소 범죄로 처벌되는 법정범이라고 한다.

3. 결어

대체로 피침해규범의 성질에 따라 행정범과 형사범이 구별된다고 보는 것이 일반적인 견해이다. 일반적으로 말하자면 형사범은 이를 금지하는 규정이 없더라도 그 범행의 반윤리성이나 반사회성이 사회적으로 널리 인식되어 있는 데 반하여, 행정범의 경우 그 행위의 범죄성과 처벌성을 법으로 규정하기 이전에는 그 행위가 법적으로 비난받아 마땅한 행위인지 알기 어려운 경우가 대부분이다.

이러한 점에서 양자는 구별된다고 할 수 있지만, 행정범도 시대의 변화와 사회적 인식의 변화에 따라 반도덕성·반사회성을 가지는 경우도 있을 것이고, 형사범의 경우도 법률로 처벌규정을 두지 않는 한 그 비행의 반도덕성·반사회성을 인정하기 어려운 경우도 있을 것이라는 점에서, 양자의 구분은 절대적인 것이 아니라, 상대적·유동적인 구분에 지나지 않는다.[25] 이렇게 보는 것이 일반적인 견해이기도 하다.

제3. 행정벌의 근거

행정벌은 행정형벌이든 행정질서벌이든 처벌이라는 점에서는 형사벌과 다르지 않으므로, 죄형법정주의에 따라 행정벌에도 반드시 법률의 근거가 있어야 한다.

우리나라에는 행정벌에 관한 일반법은 없고, 대부분의 단행법률에서 벌칙에 관하여 개별적으로 규정하고 있다.

그러나 행정질서벌인 과태료의 경우에는 2007년 12월 21일 행정질서벌의 일반법인 질서위반행위규제법이 제정되어 현재 시행되고 있다. 동법은 질서위반행위의 성립과 과태료 처분에 관한 법률관계를 명확히 하여 국민의 권익을 보호하고, 개별 법령에서 통일되지 못하고 있던 과태료의 부과·징수 절차를 일원화하며, 행정청이 재판에 참여할 수 있도록 하고, 지방자치단체가 부과한 과태료는 지방자치단체의 수입이 되도록 하는 등 과태료 재판과 집행절차를 개선·보완함으로써 과태료가 의무이행확보수단으로서의 기능을 효과적으로 수행할 수 있도록 하려는 목적으로 제정되었다.

법률이 벌칙규정을 법규명령에 위임할 수 있는가 하는 문제와 관련하여, 죄형법정주의의 원칙상 행위의 구성요건과 처벌은 반드시 법률로 정하여야 하지만, 법률에서 구성요건의 구체적 기준과 형의 최고한도를 정하여 위임하는 것은 허용된다는 것이 통설·판례의 입장이다.

지방자치단체가 조례로 행정벌을 규정하기 위해서도 법률의 근거가 필요한데, 이와 관련하여 지방자치법은 지방자치단체로 하여금 조례위반행위 또는 공공시설부정사용자 등에 대하여 조례로써 과태료를 정할 수 있도록 하고 있다(지자법 34, 156).

제4. 행정벌의 종류

행정벌은 여러 기준에 따라 다양하게 분류할 수 있지만, 그 내용에 따라 행정형벌과 행정질서벌로 나누는 것이 통설적인 입장이다.

한편 과징금이나 가산세 등도 행정법상의 의무위반에 대한 제재로서 부과되는 것이라는 점에서 행정벌적인 성격도 있으나, 이를 행정벌로 분류하기보다는 새로운 의무이행확보수단으로 검토하는 것이 학설의 일반적인 태도이다.

---

25) 김동희/최계영, 행정법Ⅰ, 516면; 정하중, 행정법개론 490면.

Ⅰ. 행정형벌

행정형벌은 행정법상의 의무위반에 대하여 형법에 형명이 있는 형벌(사형·징역·금고·자격상실·자격정지·벌금·구료·과료·몰수)을 과하는 행정벌을 말한다. 행정형벌은 형법상의 형벌이 과하여 지는 것이므로 원칙적으로 형법총칙이 적용되며, 그 과벌절차도 형사소송절차에 의하는 것이 원칙이다. 다만 예외적으로 간이절차인 즉결심판이나 통고처분절차에 의하는 경우도 있다.

Ⅱ. 행정질서벌*

행정질서벌이란 행정질서를 유지하기 위하여 요구되는 의무에 위반하는 자에 대하여 형법상의 형벌이 아닌 과태료가 과하여지는 행정벌을 말한다. 행정형벌은 행정법상의 의무위반이 직접적으로 행정목적을 침해하는 경우에 과하여지는 데 비하여, 행정질서벌인 과태료는 신고·등록·서류비치 등의 의무를 태만히 하는 것과 같이 간접적으로 행정상의 질서에 장해를 줄 위험성이 있는 정도의 단순한 의무태만에 대한 제재로서 과하여지는 것이다(대결 1969.7.29, 69마400). 과태료에는 국가의 법령에 의한 것과 지방자치단체의 조례에 의한 것이 있다.

과태료는 형벌이 아니므로 형법총칙이 적용되지 않으며, 과태료의 부과절차는 질서위반행위규제법에 따라 행정청에 의한 부과절차와 법원의 비송사건절차에 의한 재판으로 구분된다.

헌법재판소는 행정법상의 의무위반행위에 대하여 행정형벌을 과할 것인가 아니면 행정질서벌을 과할 것인가 하는 것은 기본적으로 입법권자가 제반사정을 고려하여 결정할 입법재량에 속하는 문제라고 보고 있다(헌재결 1994.4.28, 91헌바14).

Ⅲ. 관련문제

1. 행정형벌과 행정질서벌의 병과가능성

행정형벌과 행정질서벌을 병과(倂科)할 수 있는가 하는 문제와 관련하여 학설이 나뉜다.

① 부정설은 행정형벌과 행정질서벌은 과벌절차는 다르지만 모두 행정벌이라는 점에서 동일한 의무위반행위에 대하여 일사부재리의 원칙 또는 이중처벌금지의 원칙에 따라 양자를 병과할 수 없다는 입장으로, 다수설이다.[26)]

② 긍정설은 부정설의 입장에 원칙적으로 동의하면서도, 동일인이라도 그 대상행위가 다른

---

* 사법시험(2005년).

26) 김남진/김연태, 행정법Ⅰ, 542면; 박윤흔, 최신행정법강의(상), 646면; 정하중, 행정법개론, 492면; 홍준형, 행정법총론, 759면.

경우 양자를 각각 부과하는 것은 그 보호법익과 목적에서 차이를 갖게 되므로 이중처벌에 해당하지 않는다고 한다.[27]

③ 판례는 행정질서벌과 행정형벌은 그 성질이나 목적을 달리하는 별개의 것이고, 또한 동일한 위반행위라 할지라도 처벌 내지 제재대상이 되는 기본적 사실관계로서의 행위를 달리할 수도 있다는 점에서 행정형벌과 행정질서벌의 병과는 일사부재리의 원칙에 반하는 것이라고 할 수 없다는 입장이다.

[판례1] 과태료의 제재와 형사처벌이 일사부재리의 원칙에 반하는 것인지 여부

"행정법상의 질서벌인 과태료의 부과처분과 형사처벌은 그 성질이나 목적을 달리하는 별개의 것이므로 행정법상의 질서벌인 과태료를 납부한 후에 형사처벌을 한다고 하여 이를 일사부재리의 원칙에 반하는 것이라고 할 수는 없으며, … 만일 임시운행허가기간을 넘어 운행한 자가 등록된 차량에 관하여 그러한 행위를 한 경우라면 과태료의 제재만을 받게 되겠지만, 무등록 차량에 관하여 그러한 행위를 한 경우라면 과태료와 별도로 형사처벌의 대상이 된다(대판 1996.4.12, 96도158)."

[판례2] 무허가건축행위로 형벌을 받은 자가 그 위법건축물에 대한 시정명령에 위반한 경우 그에 대한 과태료부과규정이 이중처벌금지원칙에 위배되는지 여부

"(구) 건축법 제54조 제1항에 의한 형사처벌의 대상이 되는 범죄의 구성요건은 당국의 허가 없이 건축행위 또는 건축물의 용도변경행위를 한 것이고 이 사건 규정에 의한 과태료는 건축법령에 위반되는 위법건축물에 대한 시정명령을 받고도 건축주 등이 이를 시정하지 아니할 때 과하는 것이므로, 양자는 처벌 내지 제재대상이 되는 기본적 사실관계로서의 행위를 달리하는 것이다. 그리고 전자가 무허가 건축행위를 한 건축주 등의 행위 자체를 위법한 것으로 보아 처벌하는 것인 데 대하여, 후자는 위법건축물의 방치를 막고자 행정청이 시정조치를 명하였음에도 건축주 등이 이를 이행하지 아니한 경우에 행정명령의 실효성을 확보하기 위하여 제재를 과하는 것이므로 양자는 그 보호법익과 목적에서도 차이가 있고, 또한 무허가 건축행위에 대한 형사처벌시에 위법건축물에 대한 시정명령의 위반행위까지 평가된다고 할 수 없으므로 시정명령 위반행위를 무허가 건축행위의 불가벌적 사후행위라고 할 수도 없다. 뿐만 아니라, 현실적으로도 무허가 건축행위에 대한 벌금 등 형사처벌만으로 제재가 끝나 더 이상 이를 시정할 수 없다면 건축법이 추구하는 건축물의 안전·기능 및 미관을 향상시킴으로써 공공복리의 증진을 도모한다는 목적을 달성할 수 없게 된다. … 이러한 점에 비추어 (구) 건축법 제54조 제1항에 의한 무허가 건축행위에 대한 형사처벌과 이 사건 규정에 의한 시정명령 위반에 대한 과태료의 부과는 헌법 제13조 제1항이 금지하는 이중처벌에 해당한다고 할 수 없다(헌재결 1994.6.30, 92헌바38)."

27) 류지태/박종수, 행정법신론, 394면.

④ 생각건대, 행정형벌과 행정질서벌 모두 행정벌이라는 관점에서 동일한 의무위반행위에 대하여 행정형벌이든 행정질서벌이든 어느 하나의 제재를 받도록 하는 것이 이중처벌을 금지하는 근본적인 취지에도 부합한다고 생각한다. 일반적으로 대다수의 법률은 벌칙규정에서 행정형벌의 대상과 행정질서벌의 대상을 서로 중복되지 않게 구분하고 있다.

그러나 행정형벌은 형벌이 부과되는 것이지만 과태료는 형벌이 아니라는 점에서 양자간의 성질상의 차이가 있는 것도 사실이다. 그리고 동일한 위반행위라 할지라도 법이 추구하는 목적이나 보호법익의 관점에서 제재의 필요성·강도 등에서 차이가 있을 수도 있다. 이러한 점에서 판례의 입장이 타당하다고 생각한다.

이와 같은 문제가 논란이 되는 근본적인 원인은 행정형벌 이외에 이와는 성질을 달리하는 과태료를 제도화하고 있기 때문이다. 따라서 입법적으로는 과태료제도를 폐지하고 단순한 질서위반행위도 결국 범칙행위이므로 과태료 부과대상을 모두 약식행정형벌인 통고처분(범칙금)의 대상으로 통합(과태료와 범칙금을 범칙금으로 통합)하는 개선이 필요하다고 생각한다.

2. 행정형벌의 행정질서벌화

행정형벌을 행정질서벌로 전환하자는 논의는 오래 전부터 있어왔다. 거의 모든 법률들이 행정형벌규정을 두고 있고 또한 행정범은 법정범으로서의 성격이 강하다는 점을 고려하면, 행정형벌로 인하여 많은 수의 국민들이 전과자가 되는 문제가 발생하기 때문이다. 현재 우리나라의 법률들이 행정형벌을 남발하여 규정하는 경향이 있다는 점도 문제이다. 따라서 이와 같은 문제를 해결하기 위해서는 비교적 경미한 의무위반행위에 대하여 단기의 징역형이나 벌금형보다는 가급적 과태료를 부과하는 것으로 전환하는 것이 필요하다. 이와 같은 행정형벌의 행정질서벌화는 세계적인 추세이기도 하다.

다만 이와 관련하여 과태료는 행정형벌이 아니라 행정질서벌에 해당되는 것이므로 여기에는 형사법의 기본원칙이 적용되지 않기 때문에, 예컨대 과태료가 실제에 있어서는 행정형벌을 능가하는 제재적 효과를 가진 것으로 규정되는 경우에는 오히려 행정형벌로 규정되어 있는 경우보다 국민의 권익이 더 많이 보호된다고 할 수 없다는 문제가 지적되기도 한다. 따라서 행정형벌을 무조건 행정질서벌로 전환하는 것만이 능사는 아니다. 이와 관련하여 중요한 점은 위반행위의 유형을 세분화하고 위반으로 인한 법익침해의 정도를 고려하여 행정형벌이나 행정질서벌의 부과에 이와 같이 차이가 반드시 반영되도록 제도화하여야 한다는 점이다. 더 나아가 차제에 과태료제도를 질서위반행위에 대한 범칙금으로 통합하고 이러한 통합 범칙금에 대한 일반법을 제정하는 방안도 고려할 필요가 있다.

제5. 행정벌의 특수성

Ⅰ. 행정형벌과 형법총칙

행정형벌에 대해서는 원칙적으로 형법총칙이 적용된다. 그러나 행정범과 형사범과는 성질상의 차이가 있으므로 형법총칙을 적용함에 있어서 행정형벌의 특수성을 고려하지 않을 수 없다.

이 문제와 관련하여 형법 제8조는 "본법 총칙은 타법령에 정한 죄에 적용된다. 단, 그 법령에 특별한 규정이 있는 때에는 예외로 한다."고 규정하고 있는데, 이에 따라 행정형벌에도 원칙적으로 형법총칙이 적용되나, 행정형벌을 정하고 있는 근거법령에 특별한 규정이 있는 경우에는 형법총칙의 적용이 배제된다. 여기에서 '특별한 규정'이 무엇을 의미하는가에 관하여는 학설이 나뉜다.

이와 관련하여서는 ① '특별한 규정'은 명문규정에 한정된다고 보는 견해, ② 형벌규정의 해석에 있어 지나치게 형벌을 확장해석하거나 유추해석하는 것은 죄형법정주의·유추적용금지에 반하는 것으로 허용되지 않으나, 다만 형벌의 축소·경감은 이에 반하지 않으므로 이 경우에 한정하여 당해 규정의 해석상 형법총칙의 적용이 배제되는 것으로 인정되는 경우도 '특별한 규정'에 포함된다는 견해, ③ '특별한 규정'에는 명문규정뿐 아니라 법령의 취지나 목적 등을 고려하여 조리상 형법총칙의 적용이 배제되는 것으로 인정되는 경우도 포함된다는 견해가 있다. ②설이 통설이다.

Ⅱ. 행정형벌의 특수성

행정형벌에 관하여 명문의 규정상 또는 규정의 해석상 형법총칙의 적용이 배제되는 경우를 구체적으로 살펴본다.

1. 고의

형법 제13조는 "죄의 성립요소인 사실을 인식하지 못한 행위는 벌하지 아니한다."고 하여, 죄의 성립에 원칙적으로 고의가 있음을 요건으로 하고 있다. 이는 형법의 기본원칙인 책임주의상 당연히 요구되는 것인데, 행정범의 경우도 범죄의 성립을 위해서는 고의의 성립요소인 사실에 대한 인식이 있어야 한다.

다만 행정범의 경우 고의의 성립에 사실의 인식 이외에 위법성의 인식이 필요한가 하는 것이 문제이다. 이와 관련하여 형법 제16조는 "자기의 행위가 법령에 의하여 죄가 되지 아니하는 것으로 오인한 행위는 그 오인에 정당한 이유가 있는 때에 한하여 벌하지 아니한다."고 규정하여 법률의 착오(금지착오)가 있더라도 원칙적으로 처벌되는 것으로 규정하고 있다.

이와 관련하여서는 크게 위법성인식불요설, 위법성인식필요설, 위법성인식가능성설 등의 학설이 있는데, 먼저 ① 위법성인식필요설의 입장에서는 행정범은 법정범의 성격이 강하기 때문에, 형사범과는 달리, 위법성에 대한 인식이 없으면 원칙적으로 처벌되지 않는다고 할 수 있다. 그러나 행정은 공익실현을 위하여 객관적 질서를 창설하고 유지하는 행위라는 점에서 경우에 따라서는 법령의 존재를 몰랐다는 등의 이유로 위법성에 대한 주관적 인식이 결여되어 있더라도 행정범의 성립을 인정할 필요도 있다. 따라서 결국 행정범의 성립에 위법성의 인식이 필요한가 하는 문제는 필요설과 불요설 어느 하나의 입장만으로는 해결하기 어렵다고 생각된다. ② 위법성인식가능성설에 따르면 위법성인식의 가능성이 없는 경우에는 범죄가 성립되지 않는다고 보게 되는데, 이 설이 행정형벌의 특수성과 관련하여 가장 합리적인 해결책을 제시하고 있다고는 생각되지만, ③ 행정범의 경우에도 위법성의 인식이 없더라도 처벌의 필요성이 인정되는 경우가 있다는 점에서 이 문제는 위법성인식가능성설을 기준으로 하면서도 구체적인 사안마다 개별적으로 판단해야 할 문제라고 생각된다.

개별법 가운데에는 행정형벌의 특수성을 고려하여 명문으로 형법 제16조의 적용을 배제하는 규정을 두고 있는 경우도 있다(담배사업법 31).

2. 과실

형법 제14조는 과실 있는 행위는 법률에 특별한 규정이 있는 경우에 한하여 처벌한다고 규정하고 있다.

(i) 여기에서 '특별한 규정'과 관련하여, 개별법에서 과실 있는 행위를 처벌한다는 명문의 규정이 있는 경우에는 이에 따르면 되므로 별 문제가 없다. 행정범과 관련하여 개별법에서 이와 같은 과실범 처벌규정을 두고 있는 경우가 적지 않다(부정수표 단속법 2 ③, 도로교통법 151 등).

(ii) 과실범 처벌에 관한 명문의 규정이 없더라도 과실범을 처벌한다는 취지가 명백한 경우 이를 '특별한 규정이 있는 경우'에 해당한다고 볼 것인지 문제이다. 이와 관련하여 원칙적으로는 과실범 처벌규정이 없음에도 과실 있는 행위를 처벌하는 것은 죄형법정주의에 반하는 것으로서 허용되지 않는다 할 것이다.[28] 다만 행정형벌의 특수성을 고려하여 당해 규정 자체의 해석에 의하여 과실범의 가벌성이 인정되는 경우라면 과실범을 처벌할 수 있다고 보는 것이 판례의 입장이다.

[판례] (구) 대기환경보전법 제57조 제6호 규정이 과실범도 처벌하는 규정인지 여부

"(구) 대기환경보전법(1992.12.8. 법률 제4535호로 개정되기 전의 것)의 입법목적이나 제반 관계 규정의 취지 등을 고려하면, 법정의 배출허용기준을 초과하는 배출가스를 배출하면서 자동차를 운행하는 행위를 처벌하는 위 법 제57조 제6호의 규정은 자동차의 운행자가 그 자동차에서 배출되는 배출가스가 소정의 운행 자동차 배출허용기준을 초과한다는 점을 실제로 인식하면서 운행한 고의

28) 김남진/김연태, 행정법 I, 535면; 김동희/최계영, 행정법 I, 520면.

범의 경우는 물론 과실로 인하여 그러한 내용을 인식하지 못한 과실범의 경우도 함께 처벌하는 규정이다(대판 1993.9.10, 92도1136)."

이 판례는 화물자동차의 매연이 대기환경보전법상의 배출허용기준을 초과하여 벌금형으로 기소된 사건과 관련된 것인데, 이 판례에 대하여는 ① 과실범 처벌에 관한 '특별한 규정'의 해석을 명문규정 이외에 공익이나 행정목적의 달성에까지 확대할 수는 없다는 엄격한 죄형법정주의의 관점에서 볼 때 문제가 없지 않다는 비판적인 견해도 있으나,[29] ② 다른 한편으로는 행정범의 경우에도 이미 '그 자체로서 반사회적 행위'로서 사회적 폐해의 범위나 법익의 침해 정도가 통상의 형사범에 비하여 큰 경우도 있으므로 이러한 경우에는 가벌성의 요건도 이에 상응하여 완화되어야 한다는 지적도 있다. ③ 배출가스를 규제하는 법의 취지나 보호법익 등을 고려하고, 또한 적어도 화물차운전자라면 배출가스의 배출허용기준을 초과해서는 안 된다는 기본적인 인식은 있었다고 보아야 한다는 점에서 판례의 입장이 타당하다고 생각한다. 그러나 이와 같은 예외는 죄형법정주의의 관점에서 반드시 과실범 처벌의 취지가 명백한 경우로만 한정되어야 할 것이다.

3. 법인의 책임

형사범의 경우 법인의 범죄능력을 부인하는 것이 통설과 판례의 입장이다. 그런데 행정범의 경우에는 행정의 실효성을 확보하기 위하여 개별법에서 행위자와 법인을 모두 처벌하는 양벌규정을 두기도 한다(소방기본법 55, 건축법 112, 문화유산법 102 등). 이와 같이 명문의 규정이 있는 경우에는 형사범의 경우와 달리 법인에 대한 처벌이 가능하다. 그러나 명문의 규정이 없는 경우에는 죄형법정주의의 관점에서 법인에 대한 처벌은 허용되지 아니한다.

[판례] 폐기물관리법 제67조 양벌규정의 취지 및 위 양벌규정이 폐기물처리시설의 설치·운영자가 아니면서 그러한 업무를 실제로 집행하는 자에 대한 처벌의 근거 규정이 되는지 여부(적극)

"폐기물관리법 제67조는 "법인의 대표자나 법인 또는 개인의 대리인, 사용인, 그 밖의 종업원이 그 법인 또는 개인의 업무에 관하여 제63조부터 제66조까지의 어느 하나에 해당하는 위반행위를 하면 그 행위자를 벌하는 외에 그 법인 또는 개인에게도 해당 조문의 벌금형을 과한다."라고 정하고 있다. 이 규정의 취지는 위 제66조 등의 벌칙 규정이 적용되는 폐기물처리시설의 설치·운영자가 아니면서 그러한 업무를 실제로 집행하는 자가 있을 때 벌칙 규정의 실효성을 확보하기 위하여 적용대상자를 해당 업무를 실제로 집행하는 자까지 확장하여 그 행위자도 아울러 처벌하려는 데 있다. 이러한 양벌규정은 해당 업무를 실제로 집행하는 자에 대한 처벌의 근거 규정이 된다(대판 2017.11.14, 2017도7492[자원의절약과재활용촉진에관한법률위반·폐기물관리법위반])."

29) 김동희/최계영, 행정법Ⅰ, 520면.

※ 건설산업기본법 제98조 제2항 양벌규정에 관한 동일 취지의 판례: 대판 2017.12.5, 2017도11564

법인을 처벌하는 경우 법인에 대한 형벌은 성질상 벌금·과료·몰수 등의 금전벌이다. 법인의 대표자의 행위에 대한 책임은 법인 자신의 직접적인 책임인 데 대하여, 법인의 대리인 기타 종업원의 행위에 대한 책임은 법인의 기관이 대리인 기타 종업원에 대한 주의·감독의무를 게을리 한 데 대한 과실책임이라 할 것이다.[30)]

지방자치단체도 자치사무를 처리하는 경우는 국가로부터 독립한 공법상의 법인의 지위에서 행위하는 것이므로 양벌규정에 따라 처벌대상이 되는 법인에 해당한다(대판 2005.11.10, 2004도2657).

한편 헌법재판소는 과거 법인의 처벌을 규정한 양벌규정에 대하여 위헌이라고 선언한 바 있다. 이는 과거 양벌규정이 '위반행위에 대하여 행위자(예컨대 종업원)를 벌할 뿐 아니라 그 법인도 해당 조문의 벌금형을 과한다.'고 하여 귀책사유가 없는 법인에 대하여 행위자와 같은 형벌을 부과하는 것은 '책임없는 자에게 형벌을 부과할 수 없다'는 형사법의 기본원리인 책임주의에 반한다는 것이다. 이에 따라 현재 법인의 처벌규정에는 '다만, 법인이 그 위반행위를 방지하기 위하여 해당 업무에 관하여 상당한 주의와 감독을 게을리하지 아니한 경우에는 그러하지 아니하다.'는 단서조항이 추가되었다.

[판례] '사행행위 등 규제 및 처벌특례법' 제31조 중 "법인에 대하여도 동조의 벌금형을 과한다."는 부분이 책임주의에 반하여 헌법에 위반되는지 여부

"이 사건 법률조항은 법인이 고용한 종업원 등이 업무에 관하여 같은 법 제30조 제2항 제1호를 위반한 범죄행위를 저지른 사실이 인정되면, 법인이 그와 같은 종업원 등의 범죄에 대해 어떠한 잘못이 있는지를 전혀 묻지 않고 곧바로 그 종업원 등을 고용한 법인에게도 종업원 등에 대한 처벌조항에 규정된 벌금형을 과하도록 규정하고 있는바, 오늘날 법인의 반사회적 법익침해활동에 대하여 법인 자체에 직접적인 제재를 가할 필요성이 강하다 하더라도, 입법자가 일단 "형벌"을 선택한 이상, 형벌에 관한 헌법상 원칙, 즉 법치주의와 죄형법정주의로부터 도출되는 책임주의원칙이 준수되어야 한다. 그런데 이 사건 법률조항에 의할 경우 법인이 종업원 등의 위반행위와 관련하여 선임·감독상의 주의의무를 다하여 아무런 잘못이 없는 경우까지도 법인에게 형벌을 부과될 수밖에 없게 되어 법치국가의 원리 및 죄형법정주의로부터 도출되는 책임주의원칙에 반하므로 헌법에 위반된다(헌재결 2009.7.30, 2008헌가14)."

30) 석종현/송동수, 일반행정법(상), 490면.

▌신구 사행행위 등 규제 및 처벌 특례법 제31조 비교▐

구법(2006.3.24. 법률 제7901호)	현행법
제31조 (양벌규정) 법인의 대표자나 법인 또는 개인의 대리인·사용인 기타의 종업원이 그 법인 또는 개인의 업무에 관하여 제30조의 규정에 의한 위반행위를 한 때에는 행위자를 벌하는 외에 그 법인 또는 개인에 대하여도 동조의 벌금형을 과한다.	제31조(양벌규정) 법인의 대표자나 법인 또는 개인의 대리인, 사용인, 그 밖의 종업원이 그 법인 또는 개인의 업무에 관하여 제30조의 위반행위를 하면 그 행위자를 벌하는 외에 그 법인 또는 개인에게도 해당 조문의 벌금형을 과(科)한다. <u>다만, 법인 또는 개인이 그 위반행위를 방지하기 위하여 해당 업무에 관하여 상당한 주의와 감독을 게을리하지 아니한 경우에는 그러하지 아니하다.</u>

4. 타인의 행위에 대한 책임

형사범의 경우 행위자 이외의 자를 처벌하는 경우는 없으나, 행정범의 경우는 자기의 감독 하에 있는 타인의 비행에 대하여 감독자로서의 책임을 묻기 위하여 행위자 이외에도 감독자를 처벌하는 규정을 두는 경우가 있다(예: 식품위생법 100).

이 경우 타인의 행위에 대하여 감독자 등이 지는 책임의 성질에 대하여는 종래 ① 타인에 갈음하여 지는 대위책임 또는 무과실책임이라는 견해도 있었으나, 이는 형법의 기본원리인 책임주의에 반하는 것이라 할 수 있다. ② 따라서 오늘날은 타인에 대한 업무상 감독에 상당한 주의와 감독을 하지 아니하였다는 과실책임 또는 자기책임이라고 하는 것이 통설 및 판례의 입장이다.

[판례] 양벌규정에서 영업주의 책임의 성질

"<u>양벌규정에 의한 영업주의 처벌은 금지위반행위자인 종업원의 처벌에 종속하는 것이 아니라 독립하여 그 자신의 종업원에 대한 선임감독상의 과실로 인하여 처벌되는 것</u>이므로 영업주의 위 과실책임을 묻는 경우 금지위반행위자인 종업원에게 구성요건상의 자격이 없다고 하더라도 영업주의 범죄성립에는 아무런 지장이 없다(대판 1987.11.10, 87도1213)."

한편 헌법재판소는 타인의 위반행위에 대한 양벌규정에 대하여 위헌결정을 한 바 있는데, 이는, 위 '법인의 책임'에서와 마찬가지로, 영업주가 고용한 종업원 등의 업무에 관한 범법행위에 대하여 영업주도 함께 처벌하는 양벌규정이 '종업원이 그 개인의 업무에 관하여 위반행위를 한 때에는 그 개인에 대하여도 해당 조의 벌금형을 과한다.'고 규정하는 것은 책임주의에 반하여 헌법에 위반된다고 한 것이다. 이에 따라 오늘날 개별법상의 양벌규정에는 형법상의 책임주의를 고려하여 '다만, 법인 또는 개인이 그 위반행위를 방지하기 위하여 해당 업무에 관하여 상당한 주의와 감독을 게을리하지 아니한 경우에는 그러하지 아니하다.'라는 단서조항이 추가되고 있다.

[판례] 청소년보호법 제54조 중 "개인에 대하여도 해당 조의 벌금형을 과한다."는 부분이 책임주의에 반하여 헌법에 위반되는지 여부

"… '책임없는 자에게 형벌을 부과할 수 없다'는 형벌에 관한 책임주의는 형사법의 기본원리로서, 헌법상 법치국가의 원리에 내재하는 원리인 동시에, 헌법 제10조의 취지로부터 도출되는 원리이다.

이 사건 법률조항은 영업주가 고용한 종업원 등이 그 업무와 관련하여 위반행위를 한 경우에, 그와 같은 종업원 등의 범죄행위에 대해 영업주가 비난받을 만한 행위가 있었는지 여부와는 전혀 관계없이 종업원 등의 범죄행위가 있으면 자동적으로 영업주도 처벌하도록 규정하고 있다. 한편, 이 사건 법률조항을 '영업주가 종업원 등에 대한 선임감독상의 주의의무를 위반한 과실 기타 영업주의 귀책사유가 있는 경우에만 처벌하도록 규정한 것'으로 해석할 수 있는지가 문제될 수 있으나, 합헌적 법률해석은 법률조항의 문언과 목적에 비추어 가능한 범위 안에서의 해석을 전제로 하는 것이므로 위와 같은 해석은 허용되지 않는다. 결국, 이 사건 법률조항은 아무런 비난받을 만한 행위를 한 바 없는 자에 대해서까지, 다른 사람의 범죄행위를 이유로 처벌하는 것으로서 형벌에 관한 책임주의에 반하므로 헌법에 위반된다(헌재결 2009.7.30, 2008헌가10)."

5. 책임능력

형사범의 경우에는 심신장애인, 청각 및 언어 장애인의 행위는 벌하지 아니하거나 그 벌을 감경하며(형법 10, 11), 14세 미만의 자의 행위는 벌하지 아니한다(형법 9). 그러나 행정범의 경우에는 이들 규정의 적용을 배제하거나 제한하는 규정을 두는 경우가 있다(예: 담배사업법 31).

6. 공범

(1) 명문의 규정이 있는 경우

행정범의 경우 형법의 공범에 관한 규정 중 공동정범(형법 30)·교사범(형법 31)·종범(형법 32) 등에 관한 규정의 적용을 배제하거나(선박법 39), 종범감경규정(형법 32 ②)을 배제하는 등(담배사업법 31) 명문으로 형법의 공범규정에 대한 특별규정을 두고 있는 경우가 있다.

(2) 명문의 규정이 없는 경우

행정범에 대하여 형법상 공범에 대한 특별규정이 없는 경우 형법상의 공범규정이 행정범에 그대로 적용되는가 하는 것이 문제이다.

(i) 우선 행정법상의 의무가 일반인에 대한 것인 때에는 형법상의 공범에 관한 규정이 행정범에도 적용된다고 할 것이다.

(ii) 그러나 행정법상의 의무가 특정인에 한정된 것인 때에는 견해가 나뉜다. ① 적극설은 의

무가 없는 자라 할지라도 행정법상의 의무위반행위를 교사·방조하는 행위는 사회적 비난을 받아 마땅하고, 또한 그 자를 처벌하는 것은 단속목적을 위해서도 합리적이라는 견해이다. ② 이에 반하여 소극설은 행정범은 행정법상의 의무를 위반하는 죄이므로, 그 의무자가 아닌 자가 이를 교사·방조하여도 공범으로서의 책임은 지지 않는다는 견해이다. 소극설이 다수설이다.

7. 누범·경합범·작량감경

행정범에 대하여 형법상의 경합범에 관한 규정의 적용을 배제하거나(담배사업법 31, 조세범 처벌법 20, 관세법 278) 작량감경에 관한 규정의 적용을 배제하는 경우도 있다(담배사업법 31).

Ⅲ. 행정질서벌의 특수성

1. 행정질서벌에 관한 일반법으로서의 질서위반행위규제법의 적용

종래 행정질서벌에 대해서는 각 개별법에서 개별적으로 과태료 부과·징수에 관한 규정들을 두고 있었을 뿐 이를 통일적으로 규율하는 일반법이 없었다. 그러나 2007년 12월 21일 행정질서벌의 일반법인 질서위반행위규제법이 제정됨으로써 과태료의 부과·징수, 재판 및 집행 등의 절차에 관하여는 동법이 우선하여 적용되게 되었다(질서위반행위규제법 5).

과태료는 형벌이 부과되는 제재가 아니므로 형법총칙이 적용되지 않는다. 질서위반행위규제법은 제2장에서 형법총칙과 유사하게 행정질서벌에 필요한 총칙적 규정들을 마련하고 있다.

2. 행정질서벌에 관한 총칙규정

(1) 고의·과실

질서위반행위규제법은 고의 또는 과실이 없는 질서위반행위는 과태료를 부과하지 아니한다고 규정하고 있다(질서위반행위규제법 7).

이와 관련하여 과거에는 과태료는 단순한 질서위반행위에 대하여 부과되는 제재라는 점에서 고의·과실과 같은 행위자의 주관적 요건을 불문하고 객관적인 질서위반에 대하여 과벌되는 것으로 이해되어 왔고, 판례도 같은 취지였다(대판 1994.8.26, 94누6949).

그러나 이제는 질서위반행위규제법이 행정질서벌의 성립에 고의 또는 과실을 요구하고 있으므로 과태료부과에 있어서 행위자에게 고의 또는 과실이 있는지를 검토해 보아야 한다.

[판례] 과태료부과와 관련하여 행위자의 고의 또는 과실 유무의 검토

"질서위반행위규제법은 과태료의 부과대상인 질서위반행위에 대하여도 책임주의 원칙을 채택하

여 제7조에서 "고의 또는 과실이 없는 질서위반행위는 과태료를 부과하지 아니한다."고 규정하고 있으므로, 질서위반행위를 한 자가 자신의 책임 없는 사유로 위반행위에 이르렀다고 주장하는 경우 법원으로서는 그 내용을 살펴 행위자에게 고의나 과실이 있는지를 따져보아야 한다(대결 2011.7. 14, 2011마364)."

(2) 위법성의 착오

자신의 행위가 위법하지 아니한 것으로 오인하고 행한 질서위반행위는 그 오인에 정당한 이유가 있는 때에 한하여 과태료를 부과하지 아니한다(질서위반행위규제법 8).

(3) 책임연령과 심신장애

① 14세가 되지 아니한 자의 질서위반행위는 과태료를 부과하지 아니한다. 다만, 다른 법률에 특별한 규정이 있는 경우에는 그러하지 아니하다(질서위반행위규제법 9).

② 심신장애 및 심신미약자의 질서위반행위는 과태료를 부과하지 않거나 감경한다. 그러나 스스로 심신장애 상태를 일으켜 질서위반행위를 한 자에 대하여는 그러하지 아니하다(질서위반행위규제법 10).

(4) 법인의 처리 등

법인의 대표자, 법인 또는 개인의 대리인·사용인 및 그 밖의 종업원이 업무에 관하여 법인 또는 그 개인에게 부과된 법률상의 의무를 위반한 때에는 법인 또는 그 개인에게 과태료를 부과한다(질서위반행위규제법 11).

(5) 다수인의 질서위반행위 가담

2인 이상이 질서위반행위에 가담한 때에는 각자가 질서위반행위를 한 것으로 본다(질서위반행위규제법 12 ①). 신분에 의하여 성립하는 질서위반행위에 신분이 없는 자가 가담한 때에는 신분이 없는 자에 대하여도 질서위반행위가 성립한다(질서위반행위규제법 12 ②). 신분에 의하여 과태료를 감경 또는 가중하거나 과태료를 부과하지 아니하는 때에는 그 신분의 효과는 신분이 없는 자에게는 미치지 아니한다(질서위반행위규제법 12 ③).

(6) 수개의 질서위반행위의 처리

하나의 행위가 2 이상의 질서위반행위에 해당하는 경우에는 각 질서위반행위에 대하여 정한 과태료 중 가장 중한 과태료를 부과한다(질서위반행위규제법 13 ①). 전항의 경우를 제외하고, 다른 법령에 특별한 규정이 없는 한, 2 이상의 질서위반행위가 경합하는 경우에는 각 질서위반행위에 대하여 정한 과태료를 각각 부과한다(질서위반행위규제법 13 ②).

(7) 과태료의 산정

행정청 및 법원은 과태료를 정함에 있어서 ① 질서위반행위의 동기·목적·방법·결과, ② 질서위반행위 이후의 당사자의 태도와 정황, ③ 질서위반행위자의 연령·재산상태·환경, ④ 그 밖에 과태료의 산정에 필요하다고 인정되는 사유를 고려하여야 한다(질서위반행위규제법 14).

(8) 과태료의 소멸시효

과태료는 행정청의 과태료 부과처분이나 법원의 과태료 재판이 확정된 후 5년간 징수하지 아니하거나 집행하지 아니하면 시효로 인하여 소멸한다(질서위반행위규제법 15 ①).

3. 행정질서벌과 제재처분의 병과가능성

행정법상의 의무위반행위에 대하여 과태료를 부과하는 것과는 별도로 영업정지와 같은 제재처분을 부과할 수 있는가 하는 문제와 관련하여, 행정질서벌은 행정벌로서 과거의 비행에 대한 처벌을 의미하지만, 제재처분은 처벌은 아니므로 병과가 가능하다고 할 것이다. 예컨대 식품위생법 제75조(허가취소 등)와 제101조(과태료)에는 동일한 위반행위에 대하여 제재처분과 과태료를 모두 부과하는 것으로 규정하고 있다.

제6. 행정벌의 과벌절차

Ⅰ. 행정형벌의 과벌절차

1. 일반적인 과벌절차

행정형벌은 원칙적으로 형사소송법이 정하는 바에 따라 형사소송절차에서 법원이 과한다. 이와 같은 일반적인 과벌절차에 대하여 통고처분이라는 약식 과벌절차도 있다.

2. 통고처분

(1) 통고처분의 의의

통고처분이라 함은 일반적인 형사소송절차에 앞서 경미한 범법행위에 대하여 형벌대신 범칙금의 납부를 명하고 이를 납부하면 당해 범법행위에 대한 처벌이 종료되는 과형절차를 말한다.

본래 통고처분의 대상이 되는 행위는 범죄행위로서 형사소송절차에 의하여 처벌되는 것이 원칙이나, 조세범·관세범·출입국사범·교통사범 등과 같이 비교적 경미한 범칙행위에 대해서는 형사사법절차를 진행하지 않는 대신 행정청이 범칙금이라는 금전적인 제재를 통고하고 이를 납부하면 당해 위반행위에 대한 형사소추를 면제해줌으로써, 대량의 실정법 위반사건들을 간편하고 신속하게 처리할 수 있고, 나아가 형사법원도 과중한 업무부담을 줄일 수 있게 된다. 이러한 의미에서 범칙금제도는 결과적으로 비범죄화의 정신에 접근하는 것이다.

> [판례] 통고처분의 의미와 합헌성
> "… 통고처분 제도는 경미한 교통법규 위반자로 하여금 형사처벌절차에 수반되는 심리적 불안, 시간과 비용의 소모, 명예와 신용의 훼손 등의 여러 불이익을 당하지 않고 범칙금 납부로써 위반행위에 대한 제재를 신속·간편하게 종결할 수 있게 하여주며, 교통법규 위반행위가 홍수를 이루고 있는 현실에서 행정공무원에 의한 전문적이고 신속한 사건처리를 가능하게 하고, 검찰 및 법원의 과중한 업무 부담을 덜어 준다. 또한 통고처분제도는 형벌의 비범죄화 정신에 접근하는 제도이다. 이러한 점들을 종합할 때, 통고처분 제도의 근거규정인 도로교통법 제118조 본문이 적법절차원칙이나 사법권을 법원에 둔 권력분립원칙에 위배된다거나, 재판청구권을 침해하는 것이라 할 수 없다(헌재결 2003.10.30, 2002헌마275)."

(2) 통고처분의 절차

통고처분에 관한 일반법이 없기 때문에, 통고처분절차는 각 개별법에서 정한 바에 따르는데, 일반적으로 통고처분은 일정한 범칙행위에 대하여 행정청이 범칙금 납부통고서로 범칙금을 낼 것을 통고한다(출입국관리법 102). 이에 따라 범칙금을 납부하면 동일한 사건에 대하여 다시 처벌받지 아니한다(출입국관리법 106). 만약 범칙자가 통고처분을 이행하지 않으면 행정청은 고발할 수 있고, 이로써 일반적 과벌절차인 형사소송절차로 이행되게 된다.

(3) 통고처분에 대한 불복

통고처분은 항고소송의 대상이 되는 처분이 아니다. 일정기간 내에 통고처분을 이행하지 않으면 통고처분은 그 효력이 소멸되면서, 통고처분절차는 형사소송절차로 이행되기 때문이다. 따라서 통고처분에 대한 위법·부당 여부는 형사소송절차에서 다투어야 한다. 판례의 입장도 같다.

> [판례1] 도로교통법상 통고처분의 취소를 구하는 행정소송이 가능한지 여부
> "도로교통법 제118조에서 규정하는 경찰서장의 통고처분은 행정소송의 대상이 되는 행정처분

이 아니므로 그 처분의 취소를 구하는 소송은 부적법하고, 도로교통법상의 통고처분을 받은 자가 그 처분에 대하여 이의가 있는 경우에는 통고처분에 따른 범칙금의 납부를 이행하지 아니함으로써 경찰서장의 즉결심판청구에 의하여 법원의 심판을 받을 수 있게 될 뿐이다(대판 1995.6.29, 95누4674)."

[판례2] 통고처분을 행정심판이나 행정소송의 대상에서 제외하고 있는 관세법 제38조 제3항 제2호가 재판청구권을 침해하였거나 적법절차에 위배되어 위헌인지 여부

"통고처분은 상대방의 임의의 승복을 그 발효요건으로 하기 때문에 그 자체만으로는 통고이행을 강제하거나 상대방에게 아무런 권리의무를 형성하지 않으므로 행정심판이나 행정소송의 대상으로서의 처분성을 부여할 수 없고, 통고처분에 대하여 이의가 있으면 통고내용을 이행하지 않음으로써 고발되어 형사재판절차에서 통고처분의 위법·부당함을 얼마든지 다툴 수 있기 때문에 관세법 제38조 제3항 제2호가 법관에 의한 재판받을 권리를 침해한다든가 적법절차의 원칙에 저촉된다고 볼 수 없다(헌재결 1998.5.28, 96헌바4)."

한편 이에 대하여 통고처분을 범칙금의 납부 없이 법정기간이 경과한 것을 해제조건으로 하는 행정행위로 보는 견해도 있다.[31]

3. 즉결심판

20만원 이하의 벌금, 구류 또는 과료에 해당하는 행정형벌은 즉결심판에 관한 절차법(즉결심판법)에 따라 즉결심판에 의하여 과하여질 수 있다. 즉결심판은 지방법원, 지원 또는 시·군법원의 판사가 심리·판결하며(즉결심판법 2), 경찰서장이 이를 청구·집행한다(즉결심판법 3 ①). 즉결심판에 불복하는 자는 즉결심판의 선고·고지를 받은 날부터 7일 이내에 정식재판청구서를 경찰서장에게 제출하고, 경찰서장은 이를 지체없이 판사에게 송부하여야 한다(즉결심판법 14 ①). 이로써 형사소송절차가 개시된다.

즉결심판은 20만원 이하의 벌금 또는 구류나 과료에 처할 범죄사건을 심판하는 절차로서(법원조직법 34 ③) 일반형사범에 대하여도 적용되는 절차이므로, 행정형벌에만 특수한 과벌절차는 아니다.

Ⅱ. 행정질서벌의 과벌절차

질서위반행위규제법 시행 이전에는 과태료의 과벌절차는 각 개별법이 정한 바에 따랐는데,

31) 박균성, 행정법강의, 443면.

개별법상의 과태료 과벌절차는 대체로 두 가지 방식이 있었다. ① 하나는 법원이 부과하는 방식이다. 즉 행정청이 위반사실을 적발하여 법원에 통보하면 범법자의 주소지를 관할하는 지방법원이 비송사건절차법에 따라 과태료를 부과하고, 이에 대하여 이의가 있으면 즉시항고를 할 수 있으며, 과태료의 재판은 검사의 명령으로써 집행하였다(비송사건절차법 247－250). ② 다른 하나는 1차로 주무행정청이 부과하고, 이에 대하여 상대방이 이의를 제기하면 행정청의 과태료부과는 효력을 상실하고, 주무행정청의 통보에 따라 비송사건절차법에 따라 법원이 부과하는 방식이다.

후자의 방식을 채택하는 입법례가 점차로 일반화되어가는 상황에서 과태료의 부과·징수, 재판 및 집행 등의 절차에 관한 일반법인 질서위반행위규제법이 제정됨으로써 행정질서벌인 과태료의 부과절차는 통일적으로 동법에 따르게 되었다.

1. 과태료 부과·징수절차

(1) 사전통지 및 의견제출

행정청이 질서위반행위에 대하여 과태료를 부과하고자 하는 때에는 미리 당사자에게 이를 통지하고, 10일 이상의 기간을 정하여 의견을 제출할 기회를 주어야 한다(질서위반행위규제법 16 ①). 당사자는 의견 제출 기한 이내에 대통령령으로 정하는 방법에 따라 행정청에 의견을 진술하거나 필요한 자료를 제출할 수 있다(질서위반행위규제법 16 ②). 행정청은 당사자가 제출한 의견에 상당한 이유가 있는 경우에는 과태료를 부과하지 아니하거나 통지한 내용을 변경할 수 있다(질서위반행위규제법 16 ③).

(2) 과태료의 부과

행정청은 의견 제출 절차를 마친 후에 서면(당사자가 동의하는 경우에는 전자문서 포함)으로 과태료를 부과하여야 한다(질서위반행위규제법 17 ①). 서면에는 질서위반행위, 과태료 금액, 그 밖에 대통령령으로 정하는 사항을 명시하여야 한다(질서위반행위규제법 17 ②).

(3) 과태료 부과의 제척기간

행정청은 질서위반행위가 종료된 날(다수인이 질서위반행위에 가담한 경우에는 최종행위가 종료된 날)부터 5년이 경과한 경우에는 해당 질서위반행위에 대하여 과태료를 부과할 수 없다(질서위반행위규제법 19 ①). 그러나 법원의 과태료부과결정이 있는 경우에는 그 결정이 확정된 날부터 1년이 경과하기 전까지는 과태료를 정정부과 하는 등 해당 결정에 따라 필요한 처분을 할 수 있다(질서위반행위규제법 19 ②).

(4) 이의제기 및 법원에의 통보

행정청의 과태료 부과에 불복하는 당사자는 과태료 부과 통지를 받은 날부터 60일 이내에 해당 행정청에 서면으로 이의제기를 할 수 있다(질서위반행위규제법 20 ①). 이의제기가 있는 경우 행정청의 과태료 부과처분은 그 효력을 상실한다(질서위반행위규제법 20 ②).

이의제기를 받은 행정청은 이의제기를 받은 날부터 14일 이내에 이에 대한 의견 및 증빙서류를 첨부하여 관할 법원에 통보하여야 한다(질서위반행위규제법 21 ①).

2. 질서위반행위의 재판 및 집행

행정청의 통보에 따라 과태료 사건은 과태료 재판절차로 이행된다(질서위반행위규제법 26). 과태료 사건의 관할법원은 별도의 규정이 없는 한 당사자의 주소지의 지방법원 또는 그 지원이 된다(질서위반행위규제법 25). 법원은 행정청의 통보가 있는 경우 이를 즉시 검사에게 통지하여야 한다(질서위반행위규제법 30).

법원은 심문기일을 열어 당사자의 진술을 들어야 한다(질서위반행위규제법 31 ①). 법원은 검사의 의견을 구하여야 하고, 검사는 심문에 참여하여 의견을 진술하거나 서면으로 의견을 제출하여야 한다(질서위반행위규제법 31 ②). 법원은 상당하다고 인정하는 때에는 이러한 심문 없이 과태료 재판을 할 수 있는데(질서위반행위규제법 44), 이를 약식재판이라 한다. 당사자와 검사는 약식재판의 고지를 받은 날부터 7일 이내에 이의신청을 할 수 있다(질서위반행위규제법 45 ①). 만약 법원이 이의신청이 적법하다고 인정하면 약식재판은 그 효력을 잃게 되고, 이 경우 법원은 제31조 제1항에 따른 심문을 거쳐 다시 재판하여야 한다(질서위반행위규제법 50).

과태료 재판은 이유를 붙인 결정으로써 한다(질서위반행위규제법 36조 ①). 결정은 당사자와 검사에게 고지함으로써 효력이 생긴다(질서위반행위규제법 37 ①). 당사자와 검사는 과태료 재판에 대하여 즉시항고를 할 수 있다. 이 경우 항고는 집행정지의 효력이 있다(질서위반행위규제법 38 ①). 과태료 재판은 검사의 명령으로써 집행한다. 이 경우 그 명령은 집행력 있는 집행권원과 동일한 효력이 있다(질서위반행위규제법 42 ①). 과태료 재판의 집행절차는 민사집행법에 따르거나 국세 또는 지방세 체납처분의 예에 따른다(질서위반행위규제법 42 ②).

제 2 부

행정구제법

- 제 1 편　행정구제의 관념
- 제 2 편　행정상 손해전보
- 제 3 편　행정쟁송

제 1 편

행정구제의 관념

Ⅰ. 행정구제의 의의

행정구제라 함은 행정작용으로 인한 개인의 권리·이익의 침해에 대하여 행정작용의 취소·변경·이행·손해배상·손실보상·원상회복·기타 피해구제 등을 통하여 그 침해된 권익을 구제해주는 일련의 절차를 말하고, 이에 관한 법을 총칭하여 행정구제법이라 한다.

이와 같은 행정상의 권익구제는 법치주의를 실질적으로 구현하는 제도이다. 법치국가는 인권보장을 목적으로 하는 것이므로, 개인의 권익을 침해하였을 때에는 이에 대한 구제수단이 반드시 마련되어 있어야 한다. 따라서 행정작용으로 인하여 침해된 개인의 권익을 실질적으로 구제해주는 수단을 마련하는 것은 법치국가의 본질적 구성요소라 할 수 있다. 영국법언에 「권리구제가 권리에 선행한다」는 말이 있듯이 행정법체계에서 행정구제가 가지는 의미는 실로 매우 크다고 할 수 있다.

행정구제는 '국민의 권익보호(법치국가의 목적)'와 '행정의 법적 통제(법치국가의 수단)'에 기여하는 제도이다. 양자는 서로 불가분의 관계에 있으면서도, 경우에 따라서는 상호 대립적인 관계가 될 수도 있다. 즉 행정의 적법성을 통제하는 것은 대부분의 경우 국민의 권익보호를 위한 것이지만, 경우에 따라 행정의 합법성만을 고집하면 국민의 권익이 오히려 침해되는 결과가 되기도 한다. 양자 중 어느 가치가 우선하는가 하는 문제는 답하기 매우 어려운 문제이지만, 행정구제의 주된 목표는 국민의 권익보호가 되어야 하고, 행정의 법적 통제는 국민의 권익보호를 위한 부수적이고 기능적인 목표라고 이해하여야 할 것이다.

Ⅱ. 행정구제법의 체계*

행정구제는 이를 사전구제와 사후구제로 구분해 볼 수 있다.

사전구제란 행정작용으로 인하여 권익침해가 발생하기 이전에 이를 예방하는 권익구제절차를 말한다. 사전구제는 행정작용이 행하여지기 이전에 행정의 의사결정과정에서 개인의 참여, 의견개진, 위법·부당한 제도·법령·개별 행정작용 등에 대한 민원 등의 방법을 통하여 이루어진다. 이러한 사전구제수단으로는 행정절차, 청원, 민원처리제도를 들 수 있다. 행정절차는 행정의 공정성·투명성 및 신뢰성을 확보하기 위한 목적도 있지만 행정절차를 통한 국민의 권익보호도 목적으로 하고 있으므로, 이러한 점에서 사전구제적 기능도 수행하고 있다.

사후구제란 행정작용으로 인하여 권익이 침해된 경우 이를 시정하거나 그로 인한 손해를 전보하여 주는 권익구제절차를 말한다. 행정구제는 일반적으로 사후구제가 중심적 위치를 차지하고 있으며, 행정구제는 통상 사후구제를 의미하기도 한다. 사후구제는 행정쟁송제도(행정심판·행정소

* 행정고시(재경)(2010년), 사법시험(2008년).

송)와 행정상 손해전보제도(행정상 손해배상·행정상 손실보상)로 구성되어 있다. 행정쟁송제도는 행정심판위원회를 비롯한 행정기관이 판정하는 행정심판과 법원이 판정하는 행정소송을 통하여 행정작용으로 인하여 침해된 권익을 회복시켜주는 제도이다. 행정상 손해배상제도는 위법한 행정작용으로 인하여 발생한 손해를 배상해 주는 제도이고, 행정상 손실보상은 적법한 공권력행사로 인하여 발생한 개인의 특별한 희생을 전보하여 주는 제도이다. 행정쟁송제도는 행정작용으로 인하여 침해된 권리의 원상회복에 중점을 두는 반면, 손해전보제도는 권리침해에 대한 금전적 배상·보상을 내용으로 한다는 점에서, 전자는 권리의 존속보호수단이고, 후자는 권리의 보상보호수단이라고 할 수 있다. 한편 2021년 행정기본법이 제정되면서 처분의 재심사(37)를 규정하고 있다. 이는 처분을 쟁송으로 다툴 수 없게 된 경우에도 법이 정한 일정한 재심사 사유가 있을 경우 처분의 취소 등을 신청할 수 있게 하는 제도이다. 이 제도도 '처분' 이후에 이루어지는 구제수단이라는 점에서 사후구제라 할 수 있다. 이상의 사후구제수단에 대하여는 편을 바꾸어 설명하기로 한다.

이하에서는 사전구제제도를 설명하는데, 행정절차와 민원처리제도는 '행정절차'편[1]에서 이미 검토하였으므로, 여기에서는 고충민원처리제도에 대해서만 살펴본다.

Ⅲ. 국민권익위원회에 의한 고충민원처리제도

우리나라에서는 감사원, 대통령비서실, 국무총리비서실, 기타 행정기관도 각 기관에 제출된 민원을 처리하기도 하지만, 현재 민원사무처리에 대하여 가장 중요한 역할을 수행하고 있는 것은 국민권익위원회에 의한 고충민원처리제도라 할 수 있다. 동 위원회는 부패방지권익위법에 의하여 설치되었다.

1. 설치

국민권익위원회는 고충민원의 처리와 이에 관련된 불합리한 행정제도를 개선하고, 부패의 발생을 예방하며 부패행위를 효율적으로 규제하기 위한 목적으로 국무총리 소속으로 설치되었다(부패방지권익위법 1, 11).

여기에서 고충민원이란 행정기관 등의 위법·부당하거나 소극적인 처분(사실행위 및 부작위 포함) 및 불합리한 행정제도로 인하여 국민의 권리를 침해하거나 국민에게 불편 또는 부담을 주는 사항에 관한 민원(현역장병 및 군 관련 의무복무자의 고충민원 포함)을 말한다(부패방지권익위법 2 5호).

2. 구성 및 운영

국민권익위원회는 위원장 1명을 포함한 15명의 위원(부위원장 3명과 상임위원 3명 포함)으로 구

1) 제1부 제2편 제7장.

성한다. 이 경우 부위원장은 각각 고충민원, 부패방지 업무 및 중앙행정심판위원회의 운영업무로 분장하여 위원장을 보좌한다(부패방지권익위법 13 ①).

위원회는 재적위원 과반수의 출석으로 개의하고 출석위원 과반수의 찬성으로 의결한다. 다만, 종전 의결례를 변경할 필요가 있는 사항은 재적위원 과반수의 찬성으로 의결한다(부패방지권익위법 19 ①).

위원회는 고충민원의 처리와 관련하여 3인의 위원으로 구성하는 '소위원회'를 둘 수 있다(부패방지권익위법 20 ①).

3. 기능

부패방지권익위법 제12조는 국민권익위원회의 기능과 관련하여 21개의 업무를 규정하고 있는데, 이 가운데 고충민원처리와 관련하여서 동 위원회는 ① 고충민원의 조사와 처리 및 이와 관련된 시정권고 또는 의견표명, ② 고충민원을 유발하는 관련 행정제도 및 그 제도의 운영에 개선이 필요하다고 판단되는 경우 이에 대한 권고 또는 의견표명, ③ 위원회가 처리한 고충민원의 결과 및 행정제도의 개선에 관한 실태조사와 평가, ④ 민원사항에 관한 안내·상담 및 민원사항 처리실태 확인·지도, ⑤ 온라인 국민참여포털의 통합 운영과 정부민원안내콜센터의 설치·운영, ⑥ 시민고충처리위원회의 활동과 관련한 협력·지원 및 교육, ⑦ 다수인 관련 갈등 사항에 대한 중재·조정 및 기업애로 해소를 위한 기업고충민원의 조사·처리 등의 기능을 수행한다.

4. 시민고충처리위원회

지방자치단체 및 그 소속 기관에 관한 고충민원의 처리와 행정제도의 개선 등을 위하여 각 지방자치단체에 시민고충처리위원회를 둘 수 있다(부패방지권익위법 32 ①).

시민고충처리위원회는 ① 지방자치단체 및 그 소속 기관에 관한 고충민원의 조사와 처리, ② 고충민원과 관련된 시정권고 또는 의견표명, ③ 고충민원의 처리과정에서 관련 행정제도 및 그 제도의 운영에 개선이 필요하다고 판단되는 경우 이에 대한 권고 또는 의견표명, ④ 시민고충처리위원회가 처리한 고충민원의 결과 및 행정제도의 개선에 관한 실태조사와 평가, ⑤ 민원사항에 관한 안내, 상담 및 민원처리 지원, ⑥ 시민고충처리위원회의 활동과 관련한 교육 및 홍보, ⑦ 시민고충처리위원회의 활동과 관련된 국제기구 또는 외국의 권익구제기관 등과의 교류 및 협력, ⑧ 시민고충처리위원회의 활동과 관련된 개인·법인 또는 단체와의 협력 및 지원, ⑨ 그 밖에 다른 법령에 따라 시민고충처리위원회에 위탁된 사항을 그 업무로서 수행한다(부패방지권익위법 32 ②).

시민고충처리위원회는 매년 그 시민고충처리위원회의 운영상황을 지방자치단체의 장과 지방의회에 보고하고 이를 공표하여야 한다(부패방지권익위법 37 ①). 시민고충처리위원회는 제1항에 따른 보고 외에 필요하다고 인정하는 경우에는 지방자치단체의 장과 지방의회에 특별보고를 할 수 있다(부패방지권익위법 37 ②).

5. 고충민원의 처리

(1) 고충민원의 신청 및 접수

누구든지(국내에 거주하는 외국인 포함) 국민권익위원회 또는 시민고충처리위원회에 고충민원을 신청할 수 있다. 이 경우 하나의 위원회에 대하여 고충민원을 제기한 신청인은 다른 위원회에 대하여도 고충민원을 신청할 수 있다(부패방지권익위법 39 ①).

고충민원을 신청하고자 하는 자는 ① 신청인의 이름과 주소(법인 또는 단체의 경우에는 그 명칭 및 주된 사무소의 소재지와 대표자의 이름), ② 신청의 취지·이유와 고충민원신청의 원인이 된 사실내용, ③ 그 밖에 관계 행정기관의 명칭 등 대통령령으로 정하는 사항을 기재하여 문서(전자문서 포함)로 이를 신청하여야 한다. 다만, 문서에 의할 수 없는 특별한 사정이 있는 경우에는 구술로 신청할 수 있다(부패방지권익위법 39 ②).

(2) 고충민원의 조사와 조사방법

위원회는 고충민원을 접수한 경우에는 지체 없이 그 내용에 관하여 필요한 조사를 하여야 한다. 다만, ① 각하사유에 해당하는 사항, ② 고충민원의 내용이 거짓이거나 정당한 사유가 없다고 인정되는 사항, ③ 그 밖에 고충민원에 해당하지 아니하는 경우 등 위원회가 조사하는 것이 적절하지 아니하다고 인정하는 사항에 해당하는 경우에는 조사를 하지 아니할 수 있다(부패방지권익위법 41 ①).

위원회는 고충민원을 조사를 함에 있어서 필요하다고 인정하는 경우에는 ① 관계 행정기관 등에 대한 설명요구 또는 관련 자료·서류 등의 제출요구, ② 관계 행정기관 등의 직원·신청인·이해관계인이나 참고인의 출석 및 의견진술 등의 요구, ③ 조사사항과 관계있다고 인정되는 장소·시설 등에 대한 실지조사, ④ 감정의 의뢰 등의 조치를 할 수 있다(부패방지권익위법 42 ①).

(3) 고충민원의 각하

위원회는 접수된 고충민원이 ① 고도의 정치적 판단을 요하거나 국가기밀 또는 공무상 비밀에 관한 사항, ② 국회·법원·헌법재판소·선거관리위원회·감사원·지방의회에 관한 사항, ③ 수사 및 형집행에 관한 사항으로서 그 관장기관에서 처리하는 것이 적당하다고 판단되는 사항 또는 감사원의 감사가 착수된 사항, ④ 행정심판, 행정소송, 헌법재판소의 심판이나 감사원의 심사청구 그 밖에 다른 법률에 따른 불복구제절차가 진행 중인 사항, ⑤ 법령에 따라 화해·알선·조정·중재 등 당사자 간의 이해조정을 목적으로 행하는 절차가 진행 중인 사항, ⑥ 판결·결정·재결·화해·조정·중재 등에 따라 확정된 권리관계에 관한 사항 또는 감사원이 처분을 요구한 사항, ⑦ 사인간의 권리관계 또는 개인의 사생활에 관한 사항, ⑧ 행정기관등의 직원에 관한 인사행정상의 행위에 관한 사항, ⑨ 그 밖에 관계 행정기관 등에서 직접처리하는 것이 타당하다고 판단되는 사항 중 어느 하나에 해당하는 경우에는 그 고충민원을 관계 기관 등에 이송할 수 있다. 다만 관계 행정기관 등에 이송하는 것이 적절하지 아니하다고 인정하는 경우에는 그 고충민원을 각하할 수 있다(부패방지권익위법 43 ①).

(4) 합의의 권고 및 조정

위원회는 조사 중이거나 조사가 끝난 고충민원에 대한 공정한 해결을 위하여 필요한 조치를 당사자에게 제시하고 합의를 권고할 수 있다(부패방지권익위법 44).

위원회는 다수인이 관련되거나 사회적 파급효과가 크다고 인정되는 고충민원의 신속하고 공정한 해결을 위하여 필요하다고 인정하는 경우에는 당사자의 신청 또는 직권에 의하여 조정을 할 수 있다(부패방지권익위법 45 ①). 조정은 당사자가 합의한 사항을 조정서에 기재한 후 당사자가 기명날인하거나 서명하고 권익위원회가 이를 확인함으로써 성립한다(부패방지권익위법 45 ②). 제2항에 따른 조정은 민법상의 화해와 같은 효력이 있다(부패방지권익위법 45 ③).

(5) 시정권고, 제도개선권고 및 의견표명

위원회는 고충민원에 대한 조사결과 처분 등이 위법·부당하다고 인정할 만한 상당한 이유가 있는 경우에는 관계 행정기관 등의 장에게 적절한 시정을 권고할 수 있다(부패방지권익위법 46 ①). 위원회는 고충민원에 대한 조사결과 신청인의 주장이 상당한 이유가 있다고 인정되는 사안에 대하여는 관계 행정기관 등의 장에게 의견을 표명할 수 있다(부패방지권익위법 46 ②).

권익위원회는 고충민원을 조사·처리하는 과정에서 법령 그 밖의 제도나 정책 등의 개선이 필요하다고 인정되는 경우에는 관계 행정기관 등의 장에게 이에 대한 합리적인 개선을 권고하거나 의견을 표명할 수 있다(부패방지권익위법 47).

(6) 처리결과의 통보 등

위원회의 권고 또는 의견을 받은 관계 행정기관 등의 장은 이를 존중하여야 하며, 그 권고 또는 의견을 받은 날부터 30일 이내에 그 처리결과를 권익위원회에 통보하여야 한다(부패방지권익위법 50 ①).

제1항에 따른 권고를 받은 관계 행정기관 등의 장이 그 권고내용을 이행하지 아니하는 경우에는 그 이유를 권익위원회에 문서로 통보하여야 한다(부패방지권익위법 50 ②).

(7) 감사의뢰

고충민원의 조사·처리과정에서 관계 행정기관 등의 직원이 고의 또는 중대한 과실로 위법·부당하게 업무를 처리한 사실을 발견한 경우 국민권익위원회는 감사원 또는 관계 행정기관 등의 감독기관(감독기관이 없는 경우에는 해당 행정기관 등)에, 시민고충처리위원회는 해당 지방자치단체에 감사를 의뢰할 수 있다(부패방지권익위법 51 ①).

(8) 공표

위원회는 ① 위원회의 권고 또는 의견표명의 내용, ② 위원회의 권고 또는 의견에 따른 관계 행정기관의 장의 처리결과, ③ 권고내용의 불이행사유를 공표할 수 있다. 다만, 다른 법률의 규정에 따라 공표가 제한되거나 개인의 사생활의 비밀이 침해될 우려가 있는 경우에는 그러하지 아니하다(부패방지권익위법 53).

6. 고충민원처리제도의 운영성과와 평가

고충민원처리제도는 1994년 국민고충처리위원회 설치와 함께 도입된 것인데, 가장 큰 장점은 그 대상이 매우 넓고 또한 신청자격에 제한이 없다는 점이다. 고충민원의 대상은 위법·부당한 처분뿐만 아니라 사실행위나 부작위를 포함하는 소극적인 행정, 나아가 불합리한 행정제도를 포함하는 등 행정작용 전체를 포괄하고 있고, 신청인적격도 경제적·정신적 이해관계만으로도 인정되는 등 그 인정범위가 매우 넓다. 심사기준도 위법성과 부당성만이 아니라 '신청인의 주장이 상당한 이유가 있는 경우'까지를 포함한다. 위법성과 부당성에 대해서는 시정권고를, 신청인의 주장이 상당한 이유가 있는 경우에는 의견표명을 할 수 있으며, 그 밖에 관련 법령이나 제도·정책에 대하여 제도개선의 권고 또는 의견표명도 할 수 있다. 물론 이와 같은 권고나 의견표명에 구속력이 인정되는 것은 아니지만, 사실상 행정청의 수용률이 평균 90퍼센트 정도라는 점에서 실제로 구속력에 버금가는 효과가 있다고 평가할 수 있다. 2008년 국민고충처리위원회가 국민권익위원회로 통합되어 현재까지 연평균 20,000건 이상의 사건이 접수·처리되고 있다는 점에서도 고충민원처리제도는 국민의 권익보호를 위하여 매우 긍정적인 역할을 수행하고 있다고 할 수 있다.

최근에는 고충민원과 행정심판의 발전적 개혁방안으로 고충민원과 행정심판의 통합방안을 주장하는 견해도 있다.[2)]

7. 고충민원의 신청과 행정심판과의 관계

고충민원은 '행정 전반'에 걸친 민원을 제기하는 것이라는 점에서, 행정청의 '처분이나 부작위'

2) 국민권익위원회, 행정심판·행정소송·행정절차 제도의 조화방안 연구 최종보고서, 2012년, 79면 이하.

에 대한 불복수단인 행정심판과 구별된다. 이러한 점에서 판례는 고충민원을 신청한 것이 행정소송의 전심절차로서 요구되는 행정심판청구로 보지 아니한다. 다만 예외적으로 신청서가 행정심판과 관련된 행정청(처분청 또는 재결기관)에 보내진 경우에는 행정심판이 청구된 것으로 본다.

[판례] '국민고충처리위원회에 대한 고충민원의 신청을 행정심판청구로 볼 수 있는지 여부'와 '국민고충처리위원회에 대한 고충민원신청서의 제출을 예외적으로 행정심판청구로 볼 수 있는 경우'

"… 국민고충처리제도는 … 행정심판법에 의한 행정심판 내지 다른 특별법에 따른 이의신청, 심사청구, 재결의 신청 등의 불복구제절차와는 제도의 취지나 성격을 달리하고 있으므로 국민고충처리위원회에 대한 고충민원의 신청이 행정소송의 전치절차로서 요구되는 행정심판청구에 해당하는 것으로 볼 수는 없다.

다만 국민고충처리위원회에 접수된 신청서가 행정기관의 처분에 대하여 시정을 구하는 취지임이 내용상 분명한 것으로서 국민고충처리위원회가 이를 당해 처분청 또는 그 재결청에 송부한 경우에 한하여 행정심판법 제17조 제2항, 제7항의 규정에 의하여 그 신청서가 국민고충처리위원회에 접수된 때에 행정심판청구가 제기된 것으로 볼 수 있다(대판 1995.9.29, 95누5332)."

제 2 편

행정상 손해전보

제1장 개 설

I. 행정상 손해전보: 행정상 손해배상과 손실보상

행정상 손해전보(損害塡補)란 국가 작용으로 인하여 발생한 손해나 손실을 전보하여 주는 것으로, 일반적으로 행정상 손해배상과 행정상 손실보상을 통칭하는 개념으로 사용되고 있다. 행정상 손해배상은 국가 또는 공공단체의 위법한 직무행위에 의하여 발생한 손해를 배상(賠償)해 주는 제도이고, 행정상 손실보상은 공공필요에 의한 적법한 공권력행사로 인하여 발생한 손실을 보상(補償)하여 주는 제도이다.

일반적으로 행정상 손해배상과 손실보상은 성질이 다른 제도로 이해되고 있다. 행정상 손해배상은 법치주의의 관점에서 국가 또는 공공단체의 불법행위로 인하여 발생한 개인의 피해를 구제해 주는 제도로서 여기에는 행위자의 고의·과실과 같은 주관적 책임과 행위의 위법성이 그 요건으로 요구되는 데 반하여, 행정상 손실보상은 사회국가의 관점에서 공공의 필요에 의한 공익사업 등으로 인하여 개인의 재산권을 침해하고 이로 인하여 발생한 개인의 희생을 공평부담의 관점에서 갚아주는 제도로서 여기에는 행위자의 주관적 책임이나 행위의 위법성은 문제되지 않고 다만 공공의 이익을 위하여 불평등하게 부과된 개인의 희생을 전보하여 주는 제도라는 점에서 성질을 달리한다고 보는 것이다.

※ 참고: 국가책임제도의 연혁

역사적으로 손실보상제도가 국가배상제도보다 더 먼저 형성·발전되었다. 국가배상은 주권면책사상 등으로 제도발전에 장애요인이 있었으나, 손실보상제도에는 이러한 문제가 없었다.

독일의 손실보상제도는 2차 세계대전이 끝날 때까지 국가배상과는 무관하게 발전하였다. 특히 토지소유권의 박탈에 대한 보상문제가 결정적인 역할을 하였다. 1794년 프로이센 일반국가법(ALP: Allgemeines Landrecht für die preußischen Staaten) 서장(Einleitung)의 제74조, 제75조는 전체의 이익이 개인의 이익에 우선됨으로써 발생한 특별한 희생에 대한 보상을 규정하고 있었다. 그 이후 바이마르헌법에서 손실보상이 헌법상의 제도로 정착하게 되었다. 미국의 경우도 손실보상은 국가배상이 정비되기 이전에 이미 헌법에 의하여 보장되고 있었다(미국 수정헌법 제5조).

한편 독일의 손해배상제도는 과거 공무원 개인의 민사상의 불법행위책임으로만 인식되었다. 그러나 이와 같은 논리만으로는 피해자구제에 충분치 못하다는 이유에서 프로이센(1909), 독일제국(1910)에서 공무원이 독일 민법 제839조에 의한 불법행위책임을 지는 때에는 국가가 대신 책임을 부담한다는 '대위책임제도'가 창설되었고, 이를 배경으로 바이마르헌법 제131조는 공무원의 불법행위에 대하여 국가가 원칙적으로 책임지도록 규정하였고, 현재에는 현행 기본법 제34조에서 공무원의 직무책임을 규정하기에 이르고 있다. 이와 같은 독일의 행정상 손해배상제도는 단순한 손해배상의 차원을 넘어 국민의 기본권보장을 위한 것으로서 불법행위는 용인될 수 없다는 법치국가원리를 실현하는 제도로 발전되었다.

이상과 같이 행정상 손실보상과 손해배상은 역사적인 발전과정에서 보더라도 개념적·제도적으로 구분되어 별도의 제도로 성립·발전하였다.

Ⅱ. 양 제도의 접근 경향

그러나 양 제도는 최근 들어 상호 접근하는 경향을 보이고 있다. 예컨대 행위자의 과실과 같은 주관적 책임을 엄격하게 적용하는 경우 피해자의 구제가 불충분할 수 있다는 문제 때문에 오늘날 위험이 있는 곳에 책임이 있다는 위험책임의 법리나 과실의 객관화나 입증책임의 전환 등을 통하여 과실책임이 점차 무과실책임으로 접근하는 경향이 등장하고 있다.

그 밖에도 양 제도를 엄격하게 구별한 결과 위법·과실의 행정상 손해배상제도와 적법·무과실의 손실보상제도의 사이에 존재하는 중간영역(위법·무과실)의 경우에는 권리구제가 불가능하게 되는 문제가 있는데, 이에 대하여 독일의 연방대법원(BGH)은 수용유사침해와 수용적 침해라는 판례이론을 통하여 손실을 보상하고 있다. 이러한 판례이론은 국가행위의 위법 또는 적법성의 기준보다는 개인에게 주어진 특별한 희생의 전보라는 데 그 초점을 맞추고 있어서 양 제도의 통합적 접근이 가능함을 보여주고 있다. 실제로 독일은 이러한 문제를 해결하고자, 많은 논란에도 불구하고 1981년 국가의 책임을 통합적으로 규정하는 국가책임법(Staatshaftungsgesetz)을 제정하였다. 그러나 연방국가인 독일에서 일부 주들이 연방에 이에 관한 입법권이 없음을 이유로 연방헌법재판소에 제소하여 이 법에 대한 위헌결정이 내려지게 되었다. 이로써 국가책임법은 좌절되었지만 이는 어디까지나 법의 내용이 아닌 법에 대한 입법권의 문제였다는 점에서 이 법의 제정은 국가책임을 통합적으로 고찰하는 것이 이론적으로 가능함을 시사해 주었다고 할 수 있다.

이와 같이 행정상 손해배상과 손실보상은 상호 접근하여 양 제도의 통합이 어느 정도 가능하다고 할 수 있다. 그러나 행정상 손해배상은 비교적 용이하게 단행법규로 존재할 수 있는 것과는 달리 손실보상의 대상과 내용은 매우 다양하여 이를 단행 법전화하는 것이 결코 용이하지 않다는 점에서 양 제도의 통합이 용이한 것만은 아니다. 물론 향후 양 제도의 통합에 대한 연구와 통합입법의 제정노력이 지속되어야 하겠으나, 사실상 양 제도 사이에는 완전한 접근과 통합을 사실상 어렵게 하는 일정한 간격이 있음을 부인할 수 없다.

우리나라는 실정법상 행정상 손해전보로서 손해배상과 손실보상제도가 구분되고 있으므로, 아래에서는 제도의 구분을 전제로 설명하기로 한다.

제 2 장 행정상 손해배상

제 1 절 행정상 손해배상제도의 의의

행정상 손해배상제도는 국가 또는 공공단체의 위법한 직무행위로 인하여 개인에게 가하여진 손해를 배상하여 주는 제도이다.

행정상 손해배상은 행위의 위법성과 행위자의 과실을 요건으로 하고 있는 점에서 민사상 불법행위책임과 같다. 그러나 배상주체가 공무원 개인이 아닌 국가 또는 공공단체이고 또한 손해의 발생이 공행정작용에 의한 것이라는 점에서 민사상 불법행위책임과 구별된다.

나라마다 차이는 있지만, 국가의 배상책임은 20세기에 들어와서야 비로소 인정되었다. 그 이전에는 주권면책사상(Sovereign Immunity)으로 인하여 공무원의 위법한 직무행위로 인하여 개인에게 손해가 발생하더라도 공무원 개인의 민사상의 손해배상책임이 문제될 뿐 국가의 배상책임은 인정되지 않았다.

그러나 점차 피해자인 국민을 더 두텁게 보호한다거나 공무원의 소신 있는 직무집행을 보장한다는 실제적·정책적 이유들에 의하여 국가의 배상책임을 인정하는 경향이 일반화되었다. 이와 더불어 국가배상제도를 단순히 국가의 불법행위로 인한 손해의 배상이라는 '국가의 고양된 민사책임'의 차원을 넘어서서 '국가의 불법행위를 시정하여 법치주의와 기본권보장의 이념을 실현하는 제도'로 인식하기에 이르렀다.

제 2 절 각국의 손해배상제도

1. 영·미

오랫동안 공법과 사법의 구별이 행하여지지 않았던 영미법계 국가에서는 국가의 불법행위책임을 민법상의 불법행위책임과 구별하여 다룰 제도나 실익을 찾지 못하였다. 특히 "국왕은 악을 행할 수 없다(The king can do no wrong)."는 전통과 주권면책(sovereign immunity)사상이 지배하여 국가배상책임이 인정되지 않았다.

그러나 제2차 세계대전 이후 미국에서는 1946년 연방불법행위청구법(The Federal Tort Claims Act)이, 영국에서는 1947년 국왕소추법(The Crown Proceedings Act)이 각각 제정되어 국가의 배상책임이 인정되었다.

2. 프랑스

프랑스 국가배상제도는 국참사원(Conseil d'Etat)의 판례를 통하여 발전하였다. 프랑스 국가배상제도에서 주목할 만한 것은 1873년 관할재판소의 블랑꼬판결을 통하여 공역무행정작용에까지 국가배상책임이 확대되었다는 점이다. 프랑스 국가배상제도는 과실책임에 근거한 국가의 배상책임과는 별도로 －매우 제한적이기는 하나－ 국가가 운영하는 위험한 시설들에 의하여 발생한 손해에 대하여 무과실배상책임의 유형으로서 위험책임의 법리를 판례를 통하여 발전시켰다.

3. 독일

독일에서는 행정작용에 대한 국가의 배상책임은 20세기 초에 들어서야 인정되었다. 1896년의 독일 민법 제839조는 공무원의 개인책임만을 규정하고 있었다. 그러다가 1910년 독일제국공무원책임법은 민사상의 공무원의 책임에 대한 국가의 대위책임을 인정하였고, 이어서 바이마르헌법은 공무원의 불법행위에 대한 국가의 배상책임원칙을 헌법에 규정하였으며, 현재의 독일 기본법 제34조는 이를 계승하여 공무원이 직무상 의무(Amtspflicht)를 위반한 경우 국가의 직무책임(Amtshaftung)을 규정하기에 이르고 있다.

한편 독일에서는 1981년 국가의 책임을 통합적으로 규정하는 국가책임법을 제정한 바 있었으나 동법이 주의 입법권을 침해하였다는 이유로 1982년 연방헌법재판소의 위헌결정을 받았음은 이미 언급하였다.

이로써 독일에서의 국가배상책임은 현재 민법 제839조와 기본법 제34조에 의하여 이루어지고 있다. 이에 따라 독일에서의 국가배상은 위법·과실을 대상으로 하게 되는데, 그 결과 '위법·무과실'의 경우에는 국가책임이 인정되지 않는다는 문제가 생기게 되었고, 이미 언급한 바와 같이, 이에 대하여 독일의 연방대법원(BGH)은, 적법·무과실의 행위에 대하여 국가의 손실보상책임이 인정된다면 위법·무과실의 경우에는 당연히 국가의 책임이 인정되어야 한다는 해석을 통하여 '수용유사침해'의 법리를 인정하여 손실을 보상하고 있다.

제 3 절 우리나라의 행정상 손해배상제도

Ⅰ. 국가배상청구권의 헌법적 근거

국가배상청구권은 우리나라 제헌헌법 제27조 제2항에서부터 규정되어 오늘에 이르고 있다. 현행 헌법 제29조 제1항은 "공무원의 직무상 불법행위로 손해를 받은 국민은 법률이 정하는 바에 의하여 국가 또는 공공단체에 정당한 배상을 청구할 수 있다. 이 경우 공무원 자신의 책임은 면제되지 아니한다."고 규정하여 공무원의 불법행위로 인한 국가배상책임을 헌법적으로 명시하고 있다.

Ⅱ. 국가배상법

1. 국가배상법의 지위

헌법규정에 따라 1951.9.8. 국가배상법이 제정되었다. 국가배상법은 제8조에서 "국가나 지방자치단체의 손해배상 책임에 관하여는 이 법에 규정된 사항 외에는 민법에 따른다. 다만, 민법 외의 법률에 다른 규정이 있을 때에는 그 규정에 따른다."고 하여 국가나 지방자치단체의 손해배상 책임에 관한 일반법임을 명시하고 있다. 이에 따라 ① 민법 이외의 특별규정이 있는 경우에는(예: 우편법 제5장, 원자력손해배상법 3) 이 규정에 의하고, ② 특별규정이 없으면 국가배상법이 적용되며, ③ 국가배상법에 규정이 없으면 민법이 적용된다.

외국인이 피해자인 경우에는 해당 국가와 상호 보증이 있는 경우에만 국가배상법이 적용된다(국배법 7). 여기에서 상호 보증이란 외국인의 본국법에 우리의 국가배상법과 같은 규정이 있어야 하고, 이에 따라 우리 국민이 해당 외국에서 국가배상청구를 할 수 있는 경우여야 한다는 것을 의미한다(한·일 사이에 상호보증을 인정한 사례. 대판 2015.6.11, 2013다208388).

※ 배상책임의 주체 문제

헌법은 배상책임의 주체를 '국가 또는 공공단체'로 규정하고 있는 데 대하여, 국가배상법은 '국가나 지방자치단체'로만 규정하고 있다. 이에 따라 지방자치단체 이외의 공공단체(공공조합, 영조물법인, 공법상의 재단 등)의 경우 소속 구성원의 불법행위에 대하여는 국가배상법이 적용되지 않고 민법에 따라 해결하여야 한다는 문제가 있다. 이에 관하여는 국가배상법이 배상책임의 주체를 국가와 지방자치단체로만 한정한 것이 헌법에 반하다는 견해도 있고, 헌법의 취지는 소속직원의 불법행위에 대하여는 당해 공공단체 스스로 배상하여야 한다는 데 있는 것이지 모든 공공단체의 배상책임을 국가배상법이라는 동일한 법률에 의하여 규율하여야 한다는 것은 아니라고 보아 헌법상 문제없다는 견해도 있다. 배상책임의 주체에 지방자치단체 이외의 공공단체도 포함시킬 것인가 하는 문제는 국가재정이라는 측면도 고려할 필요가 있다. 이 점에서 일단 국가배상을 국가나 지방자치단체의 '공무원'의 불법행위로 국한할 현실적인 필요성은 있는 것으로 판단된다.

2. 국가배상법의 법적 성격

국가배상법의 성격에 관하여는 사법설과 공법설이 나뉘어 있다.

(1) 사법설

이 견해는 국가배상법을 손해배상에 관한 민법의 특별법으로 본다. 즉 헌법은 국가에게 사인과 동일한 지위에서 배상책임을 지도록 하고 있으므로 국가배상책임은 불법행위책임의 한 유형에 불과하고, 또한 국가배상법 제8조가 국가배상법에 규정된 사항 외에는 민법에 따르도록 규정하고 있는 것도 국가배상법의 민사특별법적 지위를 의미하는 것이라는 것이다.

사법설에 따를 경우 국가배상청구소송은 민사소송의 형태로 제기되어야 하며 민사법원의 관할사항이 된다.

(2) 공법설

공법설은 실정법이 공·사법의 이원적 체계에 입각하고 있고, 국가배상법은 국가의 불법행위라는 공법적 원인에 의거하여 발생하는 국가의 배상책임을 규율하고 있으므로 공법적 성격을 갖는다고 본다. 우리나라의 다수설이다.

공법설에 따를 경우 국가배상청구소송은 당사자소송의 형태로 제기되어야 하며 행정법원의 관할사항이 된다.

(3) 판례

판례는 국가배상법이 사법이며 민법의 특별법이라는 입장이다(대판 1972.10.10, 69다701).

(4) 결론

국가배상제도가 민법상의 불법행위책임을 바탕으로 사법상의 제도로 출발한 것은 사실이지만, 오래 전부터 소송실무상 국가배상사건이 민사사건으로 다루어져 온 사실이 국가배상청구권의 사법적 성격을 규정지을 수는 없다.

오늘날 국가의 손해배상책임을 인정하는 것은 공무원의 개인적인 배상책임의 문제에 불과하였던 초기와는 달리, 국가의 불법행위를 시정하고 피해자를 더욱 두텁게 보호함으로써 행정의 법률적합성원칙을 보장하고 나아가 법치국가원리를 실현하기 위한 것으로 보아야 한다. 따라서 국가배상사건은 공법적 원인에 의한 행정사건으로 보아야 하고 이에 대한 소송은 당사자소송으로 보는 공법설이 타당하다.

지난 2013년 입법예고된 행정소송법개정안 제3조 제2호는 행정상 손해배상청구소송을 당사자소송으로 규정한 바 있다.

3. 배상책임의 유형

국가배상법은 배상책임의 유형으로 ① 동법 제2조의 공무원의 위법행위로 인한 손해배상책임과 ② 제5조의 공공시설의 설치·관리상의 하자로 인한 손해배상책임을 규정하고 있다.

제 4 절 공무원의 위법행위로 인한 손해배상

국가배상법 제2조는 제1항에서 "국가나 지방자치단체는 공무원 또는 공무를 위탁받은 사인이 직무를 집행하면서 고의 또는 과실로 법령을 위반하여 타인에게 손해를 입히거나, 자동차손해배상 보장법에 따라 손해배상의 책임이 있을 때에는 이 법에 따라 그 손해를 배상하여야 한다."고 하고, 제2항에서는 "제1항 본문의 경우에 공무원에게 고의 또는 중대한 과실이 있으면 국가나 지방자치단체는 그 공무원에게 구상(求償)할 수 있다."고 하여 공무원의 위법한 직무집행으로 인한 국가와 지방자치단체의 손해배상책임을 명시적으로 규정하고 있다.

Ⅰ. 배상책임의 요건*

국가배상법 제2조에 따라 국가나 지방자치단체의 배상책임이 성립하기 위해서는 ① 공무원의 행위일 것, ② 직무행위일 것, ③ 직무를 집행하면서 행한 행위일 것, ④ 고의·과실이 있을 것, ⑤ 위법할 것, ⑥ 타인에게 손해가 발생할 것이라는 요건이 충족되어야 한다.

1. 공무원

국가배상법 제2조에서 말하는 공무원은 넓은 의미로 파악하여 국가공무원법·지방공무원법상의 공무원뿐 아니라 널리 공무를 위탁받아 이에 종사하는 자를 포함한다고 보는 것이 통설·판례의 입장이다(대판 2001.1.5, 98다39060).

* 사법시험(2009년), 행정고시(2006년), 5급공채(2024년), 변호사시험(2019년).

여기에서의 공무원에는 행정부 및 지방자치단체 소속의 공무원뿐 아니라, 입법부 및 사법부 소속의 모든 공무원이 포함된다. 따라서 검사,[1] 국회의원,[2] 판사, 헌법재판소 재판관[3]도 이에 포함된다.

한편 공무수탁사인이 국가배상법 제2조의 공무원에 포함되는가에 관하여는 그 동안 논란이 있었으나 대다수의 견해는 공무원에 포함된다고 보았었다. 국가배상법은 법개정을 통하여 '공무원 또는 공무를 위탁받은 사인'을 위법행위의 주체로 명시적으로 규정함으로써 이와 같은 논란은 불식되었다. 따라서 사인이라도 공무를 위탁받아 수행하는 한 여기에서의 공무원에 해당한다. 위탁받은 공무가 일시적인 것이라도 여기에서의 공무원에 포함된다.[4] 그 밖에도 판례는 집행관,[5] 소집중인 향토예비군[6] 등을 공무원으로 보고 있으나, 소방서장의 소방업무를 보조하기 위하여 설치된 의용소방대에 속한 의용소방대원은 공무원이 아니라고 보고 있다.[7] 그러나 국가배상을 인정하는 취지가 국민의 권리를 두텁게 보호하고자 하는 것임을 고려하면, 여기에서의 공무원은 법적인 의미의 공무원이라기보다는 기능상의 공무원으로 보는 것이 타당하다는 점에서, 의용소방대원을 국가배상법상의 공무원으로 보아야 할 것이다.

공무원이 특정되어야 하는가 하는 문제와 관련하여서는 반드시 특정될 필요는 없다고 보는 것이 학설과 판례의 입장이다.

2. 직무

(1) 직무의 범위

국가배상법 제2조에서 말하는 '직무'의 범위에 관하여는 ① 권력작용만을 의미한다는 협의설, ② 권력작용과 국가배상법 제5조에 규정된 것을 제외한 비권력작용을 포함한다는 광의설, ③ 권력작용과 비권력작용 이외에 사경제작용도 포함된다는 최광의설이 있다.

판례는 광의설을 취하고 있다. 따라서 국가 또는 지방자치단체는 권력작용이나 비권력작용에 대하여 국가배상법에 의하여 배상책임을 지게 되는 것이고, 국가나 지방자치단체가 사인의 지위에서 행하는 사경제작용(이른바 국고작용)은 제외된다. 이에 대한 손해배상책임은 민법에 의하여야 할 것이다(대판 2004.4.9, 2002다10691).

---

1) 대판 2002.2.22, 2001다23447.
2) 대판 2008.5.29, 2004다33469.
3) 대판 2003.7.11, 99다24218.
4) 대판 2001.1.5, 98다39060.
5) 대판 1966.7.26, 66다854.
6) 대판 1970.5.6, 70다471.
7) 대판 1978.7.11, 78다584.

[판례] 국가의 철도운행사업 관련 발생 사고로 인한 손해배상청구에 관하여 적용될 법규
"국가 또는 지방자치단체라 할지라도 공권력의 행사가 아니고 단순한 사경제의 주체로 활동하였을 경우에는 그 손해배상책임에 국가배상법이 적용될 수 없고 민법상의 사용자책임 등이 인정되는 것이고 국가의 철도운행사업은 국가가 공권력의 행사로서 하는 것이 아니고 사경제적 작용이라 할 것이므로, 이로 인한 사고에 공무원이 간여하였다고 하더라도 국가배상법을 적용할 것이 아니고 일반 민법의 규정에 따라야 하므로, 국가배상법상의 배상전치절차를 거칠 필요가 없으나, 공공의 영조물인 철도시설물의 설치 또는 관리의 하자로 인한 불법행위를 원인으로 하여 국가에 대하여 손해배상청구를 하는 경우에는 국가배상법이 적용되므로 배상전치절차를 거쳐야 한다(대판 1999.6.22, 99다7008)."

생각건대 광의설이 타당하다. ① 사경제작용은 원래 민법상의 불법행위책임이 성립하므로 공행정작용으로 인한 손해에 대한 국가배상책임과는 구별되고, ② 최광의설은 사경제작용에 대하여 민법만을 적용할 경우 민법상 사용자의 면책규정(민법 756 ① 단서)이 적용되어 국가는 공무원의 사용자로서 그 선임과 감독을 태만히 하지 않은 경우 면책될 우려가 있다고 하지만, 동조의 사용자책임은 무과실책임·위험책임·보상책임의 성질을 가진 것으로 국가에 대하여 면책사유가 적용될 여지는 거의 없고, 또한 최근의 민법이론과 판례는 이러한 면책을 거의 인정하지 않고 있으며, ③ 공법이 적용되는 공행정작용에 대하여 국가배상법이 적용되는 것처럼, 사법이 적용되는 국가 등의 사경제작용에 대하여는 그로 인한 손해도 민법이 적용되는 것이 합리적이다.

다만 광의설을 취하는 경우에도 공무원의 행위가 직무에 해당되는가 하는 것은 권력작용이나 비권력작용이라는 객관적인 기준뿐 아니라 그 작용의 성질이나 실질적 기능 또는 직무와의 실질적 관련성 등을 종합적으로 고려하여 판단하여야 할 것이다.

(2) 직무행위의 내용

이상과 같이 광의설에 따르면 국가배상법 제2조의 직무행위의 내용은 권력작용과 비권력작용이 된다. 비권력작용 가운데 국가배상법 제5조에 규정된 공공시설의 설치·관리작용의 경우 설치·관리상의 하자로 인한 손해의 경우 국가배상법 제5조가 적용되므로 여기에서는 제외된다.

또한 권력작용이나 비권력작용인 한, 행정작용뿐 아니라 입법작용이나 사법(司法)작용도 여기에 포함된다.

이와 같은 '직무'와 관련하여, 특히 부작위, 입법작용, 사법작용으로 인한 손해에 대한 국가의 배상책임이 문제되는데, 이에 대하여는 아래에서 따로 살펴보기로 한다.

(3) 부작위(권한의 불행사 · 권한해태 · 직무소홀) *

공무원의 직무행위에는 적극적인 작위뿐 아니라 작위의무가 존재함에도 불구하고 고의 또는 과실로 권한을 행사하지 않거나 직무를 소홀히 하는 등의 넓은 의미에서의 부작위가 포함된다. 예컨대 화재사건과 관련하여 공무원이 소방 관련법상 부과된 소방검사의무라는 직무를 제대로 수행하지 않았을 경우 이와 같은 공무원의 직무소홀 또는 부작위도 직무행위에 포함된다.

이러한 부작위로 인하여 손해가 발생한 경우 국가 등의 배상책임이 인정되는가 하는 것이 문제인데, 이와 관련하여서는 법적 보호이익과 반사적 이익의 구별을 적용할 것인가 하는 것이 문제이다. 즉 국가배상법은 제2조에서 '법령을 위반하여'라고만 규정하고 있으므로, 예컨대 화재사건과 관련하여 공무원은 소방검사를 하여야 할 직무를 소홀히 한 것일 뿐 적극적인 작위로 피해를 발생시킨 것은 아니기 때문이다.

1) 학설

직무소홀과 관련하여 해당 직무를 규율하고 있는 법규정이 공익뿐 아니라 사익도 보호하고 있는가 하는 문제(사익보호성), 즉 직무와 관련된 규정에 의하여 보호되는 이익이 반사적 이익인지 법적 보호이익인지를 구별할 것인가와 관련하여서는 학설이 나뉜다. 이와 관련하여 ① 직무의 사익보호성은 항고소송의 원고적격의 문제이므로 국가배상에는 적용되지 않고, 공무원은 피해자에 대하여 피해발생을 방지할 직무상 의무를 부담하지 않으므로 직무의 사익보호성을 적용할 필요가 없다는 견해도 있으나, ② 부작위로 인한 손해배상의 경우 공무원에게 부과된 직무상 의무의 내용이 공공의 이익뿐 아니라 개인의 이익도 보호하기 위한 것인 경우에는 국가 등의 배상책임을 인정하여야 한다는 것이 다수의 견해이다. ③ 국가배상청구권도 공권이므로 그 성립에는 사익보호성이 요구된다는 점, 국가배상에 있어 직무의 사익보호성을 적용함으로써 국가 등의 배상책임이 인정되는 범위가 확대될 수 있다는 점에서 ②의 견해가 타당하다.

2) 판례

판례도 국가배상에 있어 법적 보호이익과 반사적 이익의 구별을 적용하고 있다. 따라서 공무원에게 부과된 직무의무가 공익뿐 아니라 사익도 보호하는 경우에는 그 의무를 위반하여 개인에게 손해가 발생하면 국가 등이 손해배상책임을 지지만, 공익일반만을 위한 경우에는 배상책임을 지지 않게 된다.

---

* 사법시험(2013년), 5급공채(재경)(2011년).

[판례] 국가배상에서의 직무의 사익보호성, 직무상 의무 위반과 손해의 발생 사이의 상당인과관계의 판단기준

"공무원에게 부과된 직무상 의무의 내용이 단순히 공공 일반의 이익을 위한 것이거나 행정기관 내부의 질서를 규율하기 위한 것이 아니고 전적으로 또는 부수적으로 사회구성원 개인의 안전과 이익을 보호하기 위하여 설정된 것이라면, 공무원이 그와 같은 직무상 의무를 위반함으로써 피해자가 입은 손해에 대해서는 상당인과관계가 인정되는 범위에서 국가가 배상책임을 진다. 이때 상당인과관계의 유무는 일반적인 결과 발생의 개연성은 물론 직무상 의무를 부과하는 법령을 비롯한 행동규범의 목적, 가해행위의 양태와 피해의 정도 등을 종합적으로 고려하여 판단하여야 한다(대판 2021.6.10, 2017다286874[손해배상(기)]).

선박안전법이나 유선및도선업법의 각 규정은 공공의 안전 외에 일반인의 인명과 재화의 안전보장도 그 목적으로 하는 것이라고 할 것이므로 국가 소속 선박검사관이나 시 소속 공무원들이 직무상 의무를 위반하여 시설이 불량한 선박에 대하여 선박중간검사에 합격하였다 하여 선박검사증서를 발급하고, 해당 법규에 규정된 조치를 취함이 없이 계속 운항하게 함으로써 화재사고가 발생한 것이라면, 화재사고와 공무원들의 직무상 의무위반행위와의 사이에는 상당인과관계가 있다(대판 1993.2.12, 91다43466)."

"(부산2저축은행 발행의 후순위사채에 투자한 원고들이 사채발행회사, 외부감사인, 증권회사, 신용평가회사, 금융감독원, 대한민국 등을 상대로 손해배상을 청구한 사안에서) 금융위원회의 설치 등에 관한 법률의 입법취지 등에 비추어 볼 때, 피고 금융감독원에 금융기관에 대한 검사·감독의무를 부과한 법령의 목적이 금융상품에 투자한 투자자 개인의 이익을 직접 보호하기 위한 것이라고 할 수 없으므로, 피고 금융감독원 및 그 직원들의 위법한 직무집행과 부산2저축은행의 후순위사채에 투자한 원고들이 입은 손해 사이에 상당인과관계가 있다고 보기 어렵다(대판 2015.12.23, 2015다210194)."

이상의 판례의 입장은 현재에도 그대로 이어지고 있다. 다만 판례는 사익보호성의 인정 문제를 국가 등의 배상책임과의 인과관계의 문제로 보고 있다. 즉 판례에서는 공무원의 직무가 '개인의 안전과 이익'을 보호하는 경우, 이와 같은 '직무를 위반한 행위'가 손해와 '상당인과관계가 인정되는 범위 내에서' 국가 등이 배상책임을 진다고 하고 있다.

그런데, 표현의 차이일지는 몰라도, 국가가 배상책임을 지는 이유는 '개인의 이익을 보호하여야 할 공무원의 직무소홀'때문이지, 직무위반행위가 손해와 '상당인과관계'가 있기 때문은 아니다. 즉 국가가 배상책임을 부담하는 이유는 개인의 이익을 보호하여야 할 국가로서의 책무를 제대로

수행하지 못했기 때문이다. 따라서 직무의 사익보호성이 인정되면 당연히 발생된 피해와의 인과관계가 인정되어야 한다. 따라서 판례의 표현은 '사익보호성이 인정되는 직무를 소홀히 했기 때문에 국가 등이 배상책임을 진다'고 하여야 하고, 이때 '배상책임의 범위는 직무소홀과 발생된 손해 사이의 '상당한' 인과관계가 인정되는 범위에서 책임을 진다'고 하여야 한다. 결국 상당인과관계라는 판례상의 용어는 배상책임의 인정과 관련된 문제가 아니라 배상책임의 범위와 관련된 문제이다.

참고로 아래에서는 판례상 사익보호성이 긍정되거나 부인된 몇 가지 경우를 소개한다.

〈사익보호성을 긍정한 판례〉

[1] 오동도 관리사무소 근무자가 태풍경보시 위 사무소의 '95재해대책업무세부추진실천계획'에 위배하여 차량과 사람의 통제를 제대로 하지 아니함으로 인해 발생한 손해에 대하여 지방자치단체의 배상책임을 인정한 사례(대판 1997.9.9, 97다12907)

[2] 주민등록사무를 담당하는 공무원이 개명으로 인한 주민등록상 성명정정을 본적지 관할관청에 통보하지 아니한 직무상 의무위배행위와 갑과 같은 이름으로 개명허가를 받은 듯이 호적등본을 위조하여 주민등록상 성명을 위법하게 정정한 을이 갑의 부동산에 관하여 불법적으로 근저당권설정등기를 경료함으로써 갑이 입은 손해 사이에는 상당인과관계가 있다(대판 2003.4.25, 2001다59842).

[3] 유흥주점에 감금된 채 윤락을 강요받으며 생활하던 여종업원들이 유흥주점에 화재가 났을 때 미처 피신하지 못하고 유독가스에 질식해 사망한 사안에서, 소방공무원이 위 유흥주점에 대하여 화재 발생 전 실시한 소방점검 등에서 구 소방법상 방염 규정 위반에 대한 시정조치 및 화재 발생시 대피에 장애가 되는 잠금장치의 제거 등 시정조치를 명하지 않은 직무상 의무 위반은 현저히 불합리한 경우에 해당하여 위법하고, 이러한 직무상 의무 위반과 위 사망의 결과 사이에 상당인과관계가 존재한다(대판 2008.4.10, 2005다48994).

〈사익보호성을 부정한 판례〉

[1] 국가 또는 지방자치단체가 법령이 정하는 상수원수 수질기준 유지의무를 다하지 못하고, 법령이 정하는 고도의 정수처리방법이 아닌 일반적 정수처리방법으로 수돗물을 생산·공급하였다는 사유만으로 그 수돗물을 마신 개인에 대하여 손해배상책임을 부담하지 않는다(대판 2001.10.23, 99다36280).

[2] 토지구획정리사업에서 피고 지방자치단체의 예산집행이 비록 법령에 위배된다 할지라도 원고들에 대한 불법행위가 되지 아니한다(대판 2002.3.12, 2000다55225, 55232).

[3] 유흥주점에 감금된 채 윤락을 강요받으며 생활하던 여종업원들이 유흥주점에 화재가 났을 때 미처 피신하지 못하고 유독가스에 질식해 사망한 사안에서, 지방자치단체의 담당 공무원이 위 유흥

주점의 용도변경, 무허가 영업 및 시설기준에 위배된 개축에 대하여 시정명령 등 식품위생법상 취하여야 할 조치를 게을리 한 직무상 의무위반행위와 위 종업원들의 사망 사이에 상당인과관계가 존재하지 않는다(대판 2008.4.10, 2005다48994).

[4] 구 산업기술혁신 촉진법령이 공공기관에 부과한 신제품 인증을 받은 제품(인증신제품) 구매의무는 기업에 신기술개발제품의 판로를 확보하여 줌으로써 산업기술개발을 촉진하기 위한 국가적 지원책의 하나로 국민경제의 지속적인 발전과 국민의 삶의 질 향상이라는 공공 일반의 이익을 도모하기 위한 것이고, 공공기관이 구매의무를 이행한 결과 신제품 인증을 받은 자가 재산상 이익을 얻게 되더라도 이는 반사적 이익에 불과할 뿐 위 법령이 보호하고자 하는 이익으로 보기는 어렵다(대판 2015.5.28, 2013다41431).

(4) 입법작용

1) 법률에 근거한 처분에 의한 손해의 경우

처분이 있은 이후 처분의 근거법이 위헌·무효가 되었다면, 당해 처분은 법률상 근거가 없는 처분이 되므로 위법한 처분이라 할 것이다.

그러나 국가배상법 제2조에 따른 국가의 배상책임이 인정되려면 공무원의 법집행행위에 과실이 있어야 하는데, 이 경우 과실요건은 충족되지 않는다고 보아야 할 것이다. 왜냐하면 법률을 집행하는 공무원에게는 법률의 위헌 여부를 심사할 권한이 없기 때문에, 공무원에게 위헌 여부가 의심되는 법령을 적용하지 않아야 한다고 기대할 가능성이 없는 것이 일반적이다. 따라서 이 경우 공무원에게 법률집행상의 과실을 물을 수 없다.

2) 법률에 의하여 직접 손해가 발생한 경우

법률에 의하여 직접 개인의 권익이 침해되고 손해가 발생하는 경우 당해 법률의 위헌성을 주장하여 위법성을 인정하는 데에는 별 문제가 없으나, 당해 법률의 입법과정상의 과실을 인정하는 데에는 어려움이 있다. 특히 입법과정에 참여한 전체 국회의원 개개인의 입법상의 과실을 입증하는 것은 사실상 불가능하다 할 것이다.

[판례] 국회의 입법행위가 위법한 경우와 입법행위에 고의·과실이 있는 경우

"… 국회의원의 입법행위는 그 입법 내용이 헌법의 문언에 명백히 위배됨에도 불구하고 국회가 굳이 당해 입법을 한 것과 같은 특수한 경우가 아닌 한 국가배상법 제2조 제1항 소정의 **위법행위**에 해당한다고 볼 수 없고, 같은 맥락에서 국가가 일정한 사항에 관하여 헌법에 의하여 부과되는 구체적인 입법의무를 부담하고 있음에도 불구하고 그 입법에 필요한 상당한 기간이 경과하도록 **고의 또는 과실**로 이러한 입법의무를 이행하지 아니하는 등 극히 예외적인 사정이 인정되는 사안에 한정하

여 국가배상법 소정의 배상책임이 인정될 수 있으며, 위와 같은 구체적인 입법의무 자체가 인정되지 않는 경우에는 애당초 부작위로 인한 불법행위가 성립할 여지가 없다(대판 2008.5.29, 2004다33469)."

위 판례에서 대법원은 ① '위법성'과 관련하여, 입법내용이 헌법에 명백히 반하는 경우 국회의원의 입법행위가 위법하다는 것과, ② '고의·과실'과 관련하여, '구체적'인 입법의무를 고의·과실로 이행하지 아니하는 '극히 예외적인 경우'에만 입법행위에 대한 과실이 인정될 수 있다는 것을 판시하고 있다. 따라서 여기에서 설명하는 내용은 위 판례의 ②에 해당하는 것이다. 결국 판례에 의하면 입법과정에서의 국회의원의 과실을 입증하는 것은 '극히 예외적인 것'으로서 사실상 불가능함을 의미하는 것이다.

(5) 사법(司法)작용

재판작용도 국가배상법 제2조의 직무에 해당함은 물론이다. 따라서 위법한 재판작용으로 인하여 개인에게 손해를 발생시킨 경우에는 국가에 대하여 손해배상을 청구할 수 있다. 그러나 판결이 상소나 재심에 의하여 번복되는 경우에 관계 법관의 재판작용에 대하여 국가배상을 청구할 수 있는가에 대해서는 논란이 있다.

1) 학설

이와 관련하여 학설은 ① 확정판결에 대한 국가배상책임을 인정하는 것은 판결의 기판력을 침해하는 것이 된다는 견해, ② 재판작용에 국가배상책임을 인정하여도 확정판결의 기판력을 침해하는 것은 아니라는 견해, ③ 법적 안정성의 요구와 권리구제의 요구를 적절히 조화시키는 의미에서 재판작용에 대한 국가배상책임을 제한적으로 인정하자는 견해 등이 있다.

생각건대 재판작용도 국가의 직무행위이므로 이에 대한 국가배상책임이 가능하여야 한다는 점에서 국가배상책임을 인정하는 것이 확정판결의 기판력을 침해한다고 볼 수 없다. 다만 재판작용의 특수성, 법관의 독립성 등을 고려할 때, 재판작용에 대한 국가배상책임은 재판행위가 명백히 위법하다고 볼만한 특별한 사정이 있는 경우이거나 당사자의 권리구제를 위하여 불가피하게 요구되는 특수한 사정이 있는 경우 등으로 제한하여 인정하는 것이 적절해 보인다는 점에서 ③설이 타당하다.

2) 판례

판례는 재판작용과 다른 국가작용을 구분하지 않고 국가배상책임을 인정하고 있지만, 재판작용에 대한 국가배상책임은 법관이 재판에 관한 권한을 명백하게 어긋나게 행사하였다고 할 만한 특별한 사정이 있는 경우로만 제한하여 인정하고 있다. 재판에 대한 불복절차나 시정절차가 없는 경우에는 부당한 재판에 대한 국가배상책임을 인정할 수 있지만(대판 2003.7.11, 99다24218), 그와 같은 절차가 마련되어 있는 경우라면, 부득이한 사정이 없는 한, 이와 같은 절차를 통하여 시정을 구하지 않는 경우에는 그러하지 아니하다.

[판례] 법관의 재판에 대한 국가배상책임이 인정되기 위한 요건 / 재판에 대하여 불복절차 또는 시정절차가 마련되어 있는 경우, 이를 통한 시정을 구하지 않은 사람이 국가배상에 의한 권리구제를 받을 수 있는지 여부(원칙적 소극)

"법관의 재판에 법령 규정을 따르지 않은 잘못이 있더라도 이로써 바로 재판상 직무행위가 국가배상법 제2조 제1항에서 말하는 위법한 행위로 되어 국가의 손해배상책임이 발생하는 것은 아니다. 법관의 오판으로 인한 국가배상책임이 인정되려면 법관이 위법하거나 부당한 목적을 가지고 재판을 하였다거나 법이 법관의 직무수행상 준수할 것을 요구하고 있는 기준을 현저하게 위반하는 등 법관이 그에게 부여된 권한의 취지에 명백히 어긋나게 이를 행사하였다고 인정할 만한 특별한 사정이 있어야 한다는 것이 판례이다.

특히 재판에 대하여 불복절차 또는 시정절차가 마련되어 있는 경우, 법관이나 다른 공무원의 귀책사유로 불복에 의한 시정을 구할 수 없었다거나 그와 같은 시정을 구할 수 없었던 부득이한 사정이 없는 한, 그와 같은 시정을 구하지 않은 사람은 원칙적으로 국가배상에 의한 권리구제를 받을 수 없다(대판 2022.3.17, 2019다226975[손해배상(기)])."

"사법보좌관이 법원조직법 규정에 기초하여 민사집행법 제254조 및 제256조로 준용되는 제149조에 따라 배당표원안을 작성하고 확정하는 업무를 행하는 것은 배당절차를 관할하는 집행법원의 업무에 해당한다. 나아가 채권자는 사법보좌관이 작성한 배당표에 대해 이의하고 배당이의의 소를 제기하는 등의 불복절차를 통하여 이를 시정할 수 있다. 따라서 배당표원안을 작성하고 확정하는 사법보좌관의 행위는 재판상 직무행위에 해당하고, 사법보좌관의 이러한 재판상 직무행위에 대한 국가의 손해배상책임에 대하여도 위 법리가 마찬가지로 적용된다고 할 것이다(대판 2023.6.1, 2021다202224[손해배상(국)])."

3. 직무를 집행하면서 *

'직무를 집행하면서'란 ① 직무행위 자체는 물론이고, ② 객관적으로 직무행위의 외형을 갖추고 있는 행위를 포함한다고 보는 것이 통설과 판례의 입장이다(외형설).

판례는 ① 퇴근 중 사고, 출장후 귀대 중 사고, 상관의 명령에 의한 이사짐운반, 훈련 중인 군인의 휴식 중 총기사고 등을 외형상 직무행위로 보고 있지만, ② 결혼식 참석을 위한 군용차운행, 개인감정에 의한 총기사고, 휴식 중인 군인의 총기사고 등은 외형상 직무행위로 인정하지 않

* 사법시험(2004년), 입법고시(2001년).

고 있다.

4. 고의·과실*

(1) 의미

국가배상법 제2조는 과실책임주의에 입각하고 있으므로 국가배상책임의 성립에 공무원의 고의·과실을 요한다. 여기에서 고의란 일정한 결과가 발생할 것을 알고 있는 경우이고, 과실이란 공무원으로서 일반적으로 요구되는 주의의무를 게을리 한 경우를 의미한다.

판례도 공무원의 직무집행상의 과실을 그 직무를 수행함에 있어 평균적 공무원에게 기대할 수 있을 정도의 주의의무를 게을리 하는 것으로 보고 있다.

[판례1] 공무원의 직무집행상 과실의 의미

"공무원의 직무집행상 과실이란 공무원이 직무를 수행하면서 해당 직무를 담당하는 평균인이 통상 갖추어야 할 주의의무를 게을리한 것을 말한다(대판 2021.6.10, 2017다286874[손해배상(기)])."

[판례] 관계 법령에 대한 해석에 대한 공무원의 직무상 과실 인정 여부

"행정청이 관계 법령의 해석이 확립되기 전에 어느 한 견해를 취하여 업무를 처리한 것이 결과적으로 위법하게 되어 그 법령의 부당집행이라는 결과를 빚었다고 하더라도 처분 당시 그와 같은 처리방법 이상의 것을 성실한 평균적 공무원에게 기대하기 어려웠던 경우라면 특별한 사정이 없는 한 이를 두고 공무원의 과실로 인한 것이라고 볼 수는 없다 할 것이지만(대법원 1995.10.13. 선고 95다32747 판결, 2004.6.11. 선고 2002다31018 판결 등 참조), 대법원의 판단으로 관계 법령의 해석이 확립되고 이어 상급 행정기관 내지 유관 행정부서로부터 시달된 업무지침이나 업무연락 등을 통하여 이를 충분히 인식할 수 있게 된 상태에서, 확립된 법령의 해석에 어긋나는 견해를 고집하여 계속하여 위법한 행정처분을 하거나 이에 준하는 행위로 평가될 수 있는 불이익을 처분상대방에게 주게 된다면, 이는 그 공무원의 고의 또는 과실로 인한 것이 되어 그 손해를 배상할 책임이 있다(대판 2007.5.10, 2005다31828)."

[판례2] 행정입법에 관여한 공무원의 과실이 있는지 여부

"행정입법에 관여한 공무원이 입법 당시의 상황에서 다양한 요소를 고려하여 나름대로 합리적인 근거를 찾아 어느 하나의 견해에 따라 경과규정을 두는 등의 조치 없이 새 법령을 그대로 시행하거나 적용하였다면, 그와 같은 공무원의 판단이 나중에 대법원이 내린 판단과 같지 아니하여 결과적으로 시행령 등이 신뢰보호의 원칙 등에 위배되는 결과가 되었다고 하더라도, 이러한 경우에까지 국

* 사법시험(2009년), 변호사시험(2019년).

가배상법 제2조 제1항에서 정한 국가배상책임의 성립요건인 공무원의 과실이 있다고 할 수는 없다(대판 2013.4.26, 2011다14428).”

[판례3] 행정처분을 행함에 있어 공무원의 과실과 법령위반 판단기준

“어떠한 행정처분이 후에 항고소송에서 취소되었다고 할지라도 그 기판력에 의하여 당해 행정처분이 곧바로 공무원의 고의 또는 과실로 인한 것으로서 불법행위를 구성한다고 단정할 수는 없는 것이고, 그 행정처분의 담당공무원이 보통 일반의 공무원을 표준으로 하여 볼 때 객관적 주의의무를 결하여 그 행정처분이 객관적 정당성을 상실하였다고 인정될 정도에 이른 경우에 국가배상법 제2조가 정한 국가배상책임의 요건을 충족하였다고 봄이 상당할 것이며, 이때에 객관적 정당성을 상실하였는지 여부는 피침해 이익의 종류 및 성질, 침해행위가 되는 행정처분의 태양 및 그 원인, 행정처분의 발동에 대한 피해자 측의 관여의 유무, 정도 및 손해의 정도 등 제반 사정을 종합하여 손해의 전보책임을 국가 또는 지방자치단체에 부담시켜야 할 실질적인 이유가 있는지 여부에 의하여 판단하여야 한다(대판 2012.5.24, 2012다11297).”

※ 유사판례: 대판 2021.10.28, 2017다219218

“긴급조치 제9호는 위헌·무효임이 명백하고 긴급조치 제9호 발령으로 인한 국민의 기본권 침해는 그에 따른 강제수사와 공소제기, 유죄판결의 선고를 통하여 현실화되었다. 이러한 경우 긴급조치 제9호의 발령부터 적용·집행에 이르는 일련의 국가작용은, 전체적으로 보아 공무원이 직무를 집행하면서 객관적 주의의무를 소홀히 하여 그 직무행위가 객관적 정당성을 상실한 것으로서 위법하다고 평가되고, 긴급조치 제9호의 적용·집행으로 강제수사를 받거나 유죄판결을 선고받고 복역함으로써 개별 국민이 입은 손해에 대해서는 국가배상책임이 인정될 수 있다(대판 2022.8.30, 2018다212610 전원합의체 참조)(대판 2022.8.31, 2019다298482).”

“법령에 따라 국가가 시행과 관리를 담당하는 시험에서 시험문항의 출제나 정답결정에 대한 오류 등의 위법을 이유로 시험출제에 관여한 공무원이나 시험위원의 고의 또는 과실에 따른 국가배상책임을 인정하기 위해서는, … 여러 사정을 종합하여 시험출제에 관여한 공무원이나 시험위원이 객관적 주의의무를 소홀히 하여 시험문항의 출제나 정답결정에 대한 오류 등에 따른 행정처분이 객관적 정당성을 상실하였다고 판단되어야 한다(대판 2022.4.28, 2017다233061).”

[판례4] 법적 근거가 있다고 잘못 판단한 공무원의 직무상 과실 인정 여부

“숙박업법 제5조 제2호는 숙박업자에 대하여 미성년자인 남녀의 혼숙을 금지하는 규정이라 볼 수 없고, 보건사회부훈령 제211호는 숙박업법에 따른 명령 또는 처분이라고 볼 수 없을 뿐만 아니라 이 건 혼숙행위 후에 제정된 훈령이므로 위 법 규정이나 위 훈령을 적용하여 한 영업허가처분

취소 처분은 위법하다.

법령에 대한 해석이 복잡, 미묘하여 워낙 어렵고, 이에 대한 학설, 판례조차 귀일되어 있지 않는 등의 특별한 사정이 없는 한 일반적으로 공무원이 관계법규를 알지 못하거나 필요한 지식을 갖추지 못하고 법규의 해석을 그르쳐 행정처분을 하였다면 그가 법률전문가 아닌 행정직 공무원이라고 하여 과실이 없다고는 할 수 없는바, 서울특별시 중구청장이 미성년자인 남녀의 혼숙행위를 이유로 숙박업 영업허가를 취소하였다면 서울특별시는 국가배상법상의 손해배상 책임이 있다(대판 1981.8.25, 80다1598)."

[판례] 국가가 구 농지개혁법에 따라 농지를 매수하였으나 분배하지 않아 그 농지가 원소유자의 소유로 환원되었는데도 담당 공무원이 이를 제대로 확인하지 않은 채 제3자에게 처분하여 원소유자에게 손해를 입힌 경우, 공무원의 고의 또는 과실에 의한 위법행위에 해당하는지 여부(원칙적 적극)

"국가가 구 농지개혁법(1994.12.22. 법률 제4817호 농지법 부칙 제2조 제1호로 폐지)에 따라 농지를 매수하였으나 분배하지 않아 원소유자의 소유로 환원된 경우에 국가는 이를 임의로 처분할 수 없고 원소유자에게 반환해야 한다. 만일 이러한 의무를 부담하는 국가의 담당공무원이 농지가 원소유자의 소유로 환원되었음을 제대로 확인하지 않은 채 제3자에게 농지를 처분한 다음 소유권보존등기를 하고 소유권이전등기를 해줌으로써 제3자의 등기부취득시효가 완성되어 원소유자에게 손해를 입혔다면, 이는 특별한 사정이 없는 한 국가배상법 제2조 제1항에서 정한 공무원의 고의 또는 과실에 의한 위법행위에 해당한다(대판 2016.11.10, 2014다229009, 대판 2017.3.15, 2013다209695 등 참조)(대판 2019.10.31, 2016다243306[손해배상(기)])."

위 [판례1]에서 대법원은 법령해석에 대한 공무원의 직무상 과실을 인정함에 있어 원칙적으로는 주관적인 주의의무위반을 기준으로 하면서도, '평균적 공무원'이라는 다소 객관화된 기준을 활용하여 기대하기 어려운 경우인가 이에 못 미치는 경우인가를 판단하고 있다. 나아가 [판례3]에서는 '객관적 주의의무'라는 표현을 사용함으로써 적극적으로 과실을 보다 객관화하려는 경향을 보이고 있다고 할 수 있다. [판례4]는 법적 근거가 없음에도 있다고 잘못 판단하여 영업허가를 취소한 것은 평균적 공무원이라면 알고 있어야 할 통상적인 수준의 법률지식을 갖추지 못한 경우로서 법률적용의 과실을 인정한 사례이다.

(2) 과실의 객관화 경향

이상과 같이 국가배상법 제2조가 과실책임주의에 입각하여 배상책임의 요건으로 공무원의 과실을 요하나, 이 경우 과실의 인정 여부를 공무원 개인의 주관적인 요소에만 의존하도록 하는 것은 피해자구제의 측면에서 바람직하지 못하다. 판례에서도 나타나 있는 바와 같이, 최근에는 과실을 객관화하려는 다양한 시도들이 이루어지고 있다.

예컨대 ① 과실을 주관적 심리상태가 아니라 '평균적 공무원의 주의력'을 기준으로 하는 객관적인 주의의무 위반으로 파악하려는 견해, ② 과실을 '공무원의 위법행위로 인한 국가작용의 흠' 정도로 완화시키려는 견해, ③ 위법성과 과실을 통합하여 일원적 관념으로 보아, 위법성과 과실 중 어느 하나가 입증되면 다른 요건도 인정된다고 보는 견해 등이 있다. ④ 독일의 경우 가해공무원을 특정할 필요 없이 그 가해공무원이 속한 조직의 과실을 인정하는 조직과실(Organisationsverschulden)[8]의 관념도 과실의 객관화와 관련된 것이다.

(3) 입증책임의 완화

고의 또는 과실의 입증책임은 원칙적으로 피해자인 원고가 부담하는 것이 일반적이다. 그러나 공무원의 직무행위는 전문적인 영역에 속하는 경우가 많고 공무원 개인의 주관적 심리상태에 따르는 주의의무 위반을 피해자가 입증하는 것은 용이한 일이 아니다. 따라서 피해구제의 공정성과 실효성을 높이기 위해서는 과실의 객관화와 더불어 인과관계의 추정을 통한 입증책임의 완화가 필요하다. 즉 피해자가 공무원의 위법행위로 인한 손해의 발생을 입증하면 인과관계가 추정되어 국가 등이 이에 대한 반증을 하지 못하면 배상책임을 부담하여야 한다는 것이다. 생각건대 피해자를 보다 두텁게 보호하기 위해서는 입증책임의 적절한 분배와 피고에로의 전환을 통하여 원고의 입증부담을 경감시켜줄 것이 요구된다.

(4) 가해공무원의 특정

공무원의 과실을 인정하는 데 있어서 가해공무원이 반드시 특정되어야 하는 것은 아니다. 발생된 손해의 상황에 비추어 공무원의 직무행위에 의한 것이라고 인정되는 것이라면 가해공무원이 특정되지 않더라도 과실 여부를 판단할 수 있다.

5. 법령위반 *

공무원의 직무행위는 '법령을 위반'한 것이어야 한다. 법령위반의 관념에 관하여는 학설의 대립이 있다.

---

* 사법시험(1996년), 사법시험(2009년), 변호사시험(2019년), 5급공채(2021년).

8) 예컨대 교통표지판 담당자의 휴가로 인하여 필요한 교통표지판이 제때 설치되지 않음으로써 교통사고가 발생하였다면 담당공무원이 속한 행정청의 과실을 인정하는 것이다.

(1) 법령위반의 관념에 관한 학설 및 판례

1) 결과불법설

결과불법설은 국가배상법상의 법령위반을 가해행위의 결과인 손해의 불법성을 의미한다고 보는 견해이다. 따라서 이 견해는 직무를 집행하는 공무원의 직무행위가 법령에 위반하는가의 여부는 고려할 필요가 없고, 국민이 받은 손해(결과)가 시민법상의 원리에 비추어 결과적으로 수인되어야 할 것인가의 여부를 기준으로 하는 견해이다. 결과불법설에 의하면 위법성의 개념이 상당한 정도로 확장될 가능성이 크다.

2) 상대적 위법성설

상대적 위법성설은 공무원의 직무집행행위가 법령에 위반한 것뿐 아니라, 피침해이익의 성격, 침해의 정도, 가해행위의 태양 등 손해발생과 관련한 여러 가지 정황적 요소를 종합적으로 고려하여 위법성을 판단하는 견해이다. 상대적 위법성설은 취소소송에서의 위법 개념과는 달리 피해자와의 관계에서의 침해행위의 태양을 기준으로 위법성을 인정하는 견해로서 일본의 다수설 및 판례의 입장이다(위법성 개념의 상대화).

3) 행위위법설

행위위법설은 법치행정의 원리 또는 행정의 적법성통제라는 관점에서 공무원의 직무행위의 행위규범에의 적합 여부를 기준으로 위법성 여부를 판단하여야 한다는 견해이다.

법령위반의 관념과 관련하여 행위위법설은 다시 협의와 광의의 행위위법설로 나뉘는데, ① 협의의 행위위법설은 국가배상에서의 위법의 개념은 취소소송에서의 위법의 개념과 동일하다고 보는 관점에서 엄격한 의미에서의 법령위반만을 위법으로 보는 견해이고, ② 광의의 행위위법설은 국가의 배상책임을 인정하고 있는 취지를 고려하여, 국가배상에서의 위법은 엄격한 의미에서의 법령위반뿐 아니라 널리 신의성실·공서양속·권력남용금지 등의 위반도 포함되는 것으로 보는 견해이다. 광의의 행위위법설이 종래의 통설이다.

4) 직무의무위반설

이 견해는 국가배상에서의 법령위반을 공무원의 직무의무의 위반(Amtspflichtverletzung)으로 보는 견해이다.

5) 판례

판례는 국가배상책임에 있어 법령위반의 의미를 엄격한 의미의 법령위반뿐 아니라 널리 신의성실·공서양속·권력남용금지 등의 위반도 포함되는 것으로 보고 있어 광의의 행위위법설의 입장으로 판단된다.

[판례1] 국가배상책임에서 '법령 위반'의 의미

"국가배상책임에 있어 공무원의 가해행위는 법령을 위반한 것이어야 하고, 법령을 위반하였다 함은 엄격한 의미의 법령 위반뿐 아니라 인권존중, 권력남용금지, 신의성실과 같이 공무원으로서 마땅히 지켜야 할 준칙이나 규범을 지키지 않고 위반한 경우를 포함하여 널리 그 행위가 객관적인 정당성을 결여하고 있음을 뜻하는 것이므로, 수사기관이 범죄수사를 하면서 지켜야 할 법규상 또는 조리상의 한계를 위반하였다면 이는 법령을 위반한 경우에 해당한다(대판 2020.4.29, 2015다224797[손해배상(기)])."

"교정시설 수용행위로 인하여 수용자의 인간으로서의 존엄과 가치가 침해되었다면 그 수용행위는 공무원의 법령을 위반한 가해행위가 될 수 있다(수용자 1인당 도면상 면적이 2㎡ 미만인 거실에 수용되었는지를 위법성 판단의 기준으로 삼아 국가배상책임을 인정한 사례)(대판 2022.7.14, 2017다266771[손해배상(기)])."

※ 유사판례: 대판 2022.7.14, 2020다253287[손해배상(기)]

"헌법상 과잉금지의 원칙 내지 비례의 원칙을 위반하여 국민의 기본권을 침해한 국가작용은 국가배상책임에 있어 법령을 위반한 가해행위가 된다(대판 2022.9.29, 2018다224408[손해배상(국)])."

보다 구체적으로 판례는 법령위반의 의미를 원칙적으로 현행 법령에 위반되는 것으로 이해하면서도, 여기에 공무원의 직무집행이 현저히 합리성을 결여하고 있다고 판단되는 특별한 사정이 있는지의 여부를 추가적인 위법판단의 기준으로 삼고 있다. 이 점에서 판례는 광의의 행위위법설을 취하고 있다고 판단된다.

[판례2] 국가배상책임의 성립요건으로서의 '법령 위반'

"국가배상책임은 공무원의 직무집행이 법령에 위반한 것임을 요건으로 하는 것으로서, 공무원의 직무집행이 법령이 정한 요건과 절차에 따라 이루어진 것이라면 특별한 사정이 없는 한 이는 법령에 적합한 것이고 그 과정에서 개인의 권리가 침해되는 일이 생긴다고 하여 그 법령 적합성이 곧바로 부정되는 것은 아니라고 할 것인바, 불법시위를 진압하는 경찰관들의 직무집행이 법령에 위반한 것이라고 하기 위하여는 그 시위진압이 불필요하거나 또는 불법시위의 태양 및 시위 장소의 상황 등에서 예측되는 피해 발생의 구체적 위험성의 내용에 비추어 시위진압의 계속 수행 내지 그 방법 등이 현저히 합리성을 결하여 이를 위법하다고 평가할 수 있는 경우이어야 한다(대판 1997.7.25, 94다2480)."

"직무수행 중 특정한 경찰장비를 필요한 최소한의 범위를 넘어 관계 법령에서 정한 통상의 용법과 달리 사용함으로써 타인의 생명·신체에 위해를 가하였다면, 불법적인 농성의 진압을 위하여 그러한 방법으로라도 해당 경찰장비를 사용할 필요가 있고 그로 인하여 발생할 우려가 있는 타인의 생명·신체에 대한 위해의 정도가 통상적으로 예견되는 범위 내에 있다는 등의 특별한 사정이 없는 한 그 직무수행은 위법하다고 보아야 한다(대판 2022.11.30, 2016다26662,26679,26686[손해배상(기)])."

"갑이 국가의 의뢰로 도라산역사 내 벽면 및 기둥들에 벽화를 제작·설치하였는데, 갑은 벽화가 상당 기간 전시되고 보존되리라고 기대하였고, 국가도 단기간에 이를 철거할 경우 갑이 예술창작자로서 갖는 명예감정 및 사회적 신용이나 명성 등이 침해될 것을 예상할 수 있었음에도, 국가가 벽화 설치 이전에 이미 알고 있었던 사유를 들어 적법한 절차를 거치지 아니한 채 철거를 결정하고 원형을 크게 손상시키는 방법으로 철거 후 소각한 행위는 현저하게 합리성을 잃은 행위로서 객관적 정당성을 결여하여 위법하다(대판 2015.8.27, 2012다204587)."

"(해군본부가 해군 홈페이지 자유게시판에 집단적으로 게시된 '제주해군기지 건설사업에 반대하는 취지의 항의글' 100여 건을 삭제하는 조치를 취하자, 항의글을 게시한 갑 등이 위 조치가 위법한 직무수행에 해당하며 표현의 자유 등이 침해되었다고 주장하면서 국가를 상대로 손해배상을 구한 사안에서) 해군 홈페이지 자유게시판이 정치적 논쟁의 장이 되어서는 안 되는 점, 위와 같은 항의글을 게시한 행위는 정부정책에 대한 반대의사 표시이므로 '해군 인터넷 홈페이지 운영규정'에서 정한 게시글 삭제 사유인 '정치적 목적이나 성향이 있는 경우'에 해당하는 점, 해군본부가 집단적 항의글이 위 운영규정 등에서 정한 삭제 사유에 해당한다고 판단한 것이 사회통념상 합리성이 없다고 단정하기 어려운 점, 반대의견을 표출하는 항의 시위의 1차적 목적은 달성되었고 현행법상 국가기관으로 하여금 인터넷 공간에서의 항의 시위의 결과물인 게시글을 영구히 또는 일정 기간 보존하여야 할 의무를 부과하는 규정은 없는 점 등에 비추어 위 삭제 조치가 객관적 정당성을 상실한 위법한 직무집행에 해당한다고 보기 어렵다(대판 2020.6.4, 2015다233807[손해배상(기)])."

"[다수의견] 구 국가안전과 공공질서의 수호를 위한 대통령긴급조치(1975.5.13. 대통령긴급조치 제9호, 이하 '긴급조치 제9호'라고 한다)는 위헌·무효임이 명백하고 긴급조치 제9호 발령으로 인한 국민의 기본권 침해는 그에 따른 강제수사와 공소제기, 유죄판결의 선고를 통하여 현실화되었다. 이러한 경우 긴급조치 제9호의 발령부터 적용·집행에 이르는 일련의 국가작용은, 전체적으로 보아 공무원이 직무를 집행하면서 객관적 주의의무를 소홀히 하여 그 직무행위가 객관적 정당성을 상실한 것으로서 위법하다고 평가되고, 긴급조치 제9호의 적용·집행으로 강제수사를 받거나 유죄판결을 선고받고 복역함으로써 개별 국민이 입은 손해에 대해서는 국가배상책임이 인정될 수 있다(대판 2022.8.30, 2018다212610 전원합의체[손해배상(기)])."

"대통령긴급조치 제1호(1974.1.8. 대통령긴급조치 제1호), 제4호(1974.4.3. 대통령긴급조치 제4호)는 위헌·무효임이 명백하고 긴급조치 제1호, 제4호 발령으로 인한 국민의 기본권 침해는 그에 따른 강제수사와 공소제기, 유죄판결의 선고를 통하여 현실화되었다. 이러한 경우 긴급조치 제1호, 제4호의 발령부터 적용·집행에 이르는 일련의 국가작용은 전체적으로 보아 공무원이 직무를 집행하면서 객관적 주의의무를 소홀히 하여 그 직무행위가 객관적 정당성을 상실한 것으로서 위법하다고 평가되고, 긴급조치 제1호, 제4호의 적용·집행으로 강제수사를 받거나 유죄판결을 선고받고 복역함으로써 개별 국민이 입은 손해에 대해서는 국가배상책임이 인정될 수 있다(대판 2023.1.12, 2021다201184[손해배상])."

"국가 산하 안기부가 관련자들에 대한 불법구금, 가혹행위 등 위법하게 증거를 수집하였고 이에 기초하여 이루어진 수사발표 및 보도자료 배포, 원고 1에 대한 지명수배는 모두 원고 1에 대한 수사절차의 일환으로서 전체적으로 보아 공무원이 직무를 집행하면서 객관적 주의의무를 소홀히 하여 그 직무행위가 객관적 정당성을 상실한 것으로서 위법하다고 평가할 수 있다(대판 2023.3.9, 2021다202903[손해배상(기)])."

다만 판례는 법령위반을 궁극적으로 공무원의 직무행위가 '객관적인 정당성'을 결여하고 있음을 의미한다고 하면서, 객관적 정당성을 결여하고 있는지는 피침해이익의 종류 및 성질, 침해행위가 되는 행정처분의 태양 및 그 원인 등의 사정을 종합적으로 고려하여 판단하여야 한다는 입장인데, 이는 법령위반의 여부를 판단할 때 당연히 고려하여야 할 제반 사정을 의미하는 것으로서 이를 구체적으로 표현하였을 뿐이지, 판례가 현행법령의 위반행위 없이도 피침해이익이나 손해의 정도 등의 제반사정만을 가지고 위법을 판단할 수 있다는 의미는 아니라고 본다. 따라서 일부 문헌[9]에서 이러한 판례[아래 판례]를 상대적 위법성설을 취하고 있는 판례로 소개하고 있는 것은 판례에 대한 오해의 소지가 있는 것으로 보인다. 요컨대 상대적 위법성설은 '현행법령위반'이거나 또는 '피해자와의 관계에서의 종합적 정황에서의 행위의 객관적 정당성 결여'를 모두 '위법'으로 보는 견해이다. 따라서 일반적인 위법개념으로부터 보다 확대된 국가배상에서의 위법개념을 상대화하려는 입장인 것이다. 그러나 판례는 현행법령위반 여부를 판단할 때 제반사정을 고려하여야 한다는 취지이므로 상대적 위법성설을 취했다기 보다는 광의의 행위불법설의 입장이라고 보는 것이 타당하다고 생각된다.

[판례3] 객관적 정당성을 상실하였는지 여부의 판단기준

"행정처분의 담당공무원이 보통 일반의 공무원을 표준으로 하여 볼 때 객관적 주의의무를 결하여 그 행정처분이 객관적 정당성을 상실하였다고 인정될 정도에 이른 경우에 국가배상법 제2조 소정의 국가배상책임의 요건을 충족하였다고 봄이 상당할 것이며, 이때에 객관적 정당성을 상실하였는지 여부는 피침해이익의 종류 및 성질, 침해행위가 되는 행정처분의 태양 및 그 원인, 행정처분의 발동에 대한 피해자측의 관여의 유무, 정도 및 손해의 정도 등 제반 사정을 종합하여 손해의 전보책임을 국가 또는 지방자치단체에 부담시켜야 할 실질적인 이유가 있는지 여부에 의하여 판단하여야 한다(대판 2007.5.10, 2005다31828; 대판 2012.5.24, 2012다11297; 대판 2015.11.27, 2013다6759; 대판 2021.10.28, 2017다219218)."

9) 박균성, 행정법강의, 564면.

6) 결어

(i) 직무의무위반설은 국가배상법상의 '법령에 위반하여'라는 규정을 독일의 직무의무위반으로 해석할 수 없다는 점에서 동의하기 어렵다.

(ii) 결과불법설은 발생된 결과를 불법의 기준으로 삼는다는 점에서 객관적 법질서위반이라는 기존의 위법개념과는 거리가 있고, 또한 이 설에 따를 경우 위법의 범위가 지나치게 확장될 가능성이 있다는 문제도 있다.

(iii) 결국 공법관계에서의 위법의 판단은 당해 행위가 근거법령에 위반하였는지의 여부가 기준이 되어야 한다는 점에서 행위위법설이 타당하다. 다만, 국가에 배상책임을 부담하도록 하는 취지는 피해자인 국민을 보다 두텁게 보호함으로써 법치국가원리를 실현하고자 하는 데 있다는 점을 고려할 때, 법령위반의 의미를 엄격하게만 해석할 것이 아니라 법의 일반원칙 위반 등도 넓게 포함하는 것이 합리적이라는 점에서 광의의 행위위법설과 판례의 입장이 타당하다.

상대적 위법성설이 현행법령위반 이외에 손해발생과 관련한 여러 정황을 종합적으로 고려하여 위법성을 판단함으로써 위법의 개념을 확장하였다는 점은 피해자구제에 보다 충실하다는 점에서 의미가 있으나, 현실적으로 법을 적용함에 있어서는 법령위반 여부를 판단할 때 고려하여야 할 요소들이라 할 것이므로, 결국 이 견해는 광의의 행위위법설과 별 차이가 없다고 판단된다.

(iv) 결론적으로는 광의의 행위위법설이 타당하지만, 이 견해도 협의의 행위위법설과 큰 차이는 없다고 생각된다. 왜냐하면 일반적으로 위법이라 함은 적법요건을 결여한 경우를 말하는 것으로 여기에는 법령위반뿐 아니라 비례원칙·평등원칙 등의 행정법의 일반원칙을 위반하는 경우도 포함되기 때문이다. 이렇게 본다면 결론적으로 취소소송에서의 위법의 개념과 국가배상에서의 위법의 개념은 사실상 별 차이가 없다고 할 것이다.

(2) 법령위반의 의미

1) 법령

공무원의 직무상 불법행위는 법령에 위반한 것이어야 한다. 여기에서의 법령이란 현행 법령 이외에도 행정법의 일반원칙도 포함된다. 광의의 행위위법설에서 말하는 '인권존중, 권력남용금지, 신의성실, 공서양속 등'도 넓은 의미에서 행정법의 일반원칙으로 이해할 수 있다는 점에서 보면, 광의설과 협의설은 실제로 차이가 없다.

2) 위반

위반이라 함은 현행 법령이나 행정법의 일반원칙에 위배됨을 말한다. 이와 관련하여 몇 가지 관련사항을 검토해 보기로 한다.

① 부당한 재량권행사

공무원의 재량권행사가 재량권의 일탈·남용과 같은 한계를 벗어나는 경우에는 위법하지만, 재량권의 한계 내에서 단순히 재량을 그르친 경우에는 부당한 행위가 된다. 이러한 부당한 재량권행사가 국가배상법상 '법령위반'에 해당하는가 하는 것이 문제이다.

그러나 부당행위는 합목적성을 결여한 행위이기는 하지만 여전히 '적법한 행위'이고, 또한 위법과 부당은 사실상 구별하기 어렵다는 점에서 부당한 재량권행사를 '위법'하다고 보기는 어려울 것이다.

② 행정규칙 위반

행정규칙 위반을 국가배상법상 '법령위반'으로 볼 것인가가 문제인데, 행정규칙이 예외적으로 대외적 구속력을 가지는 경우(예: 법령보충규칙)에는 그 위반이 법령위반에 해당됨은 물론이지만, 일반적으로 행정규칙은 대외적 구속력이 인정되지 않으므로, 위와 같은 예외를 제외하고는, 행정규칙 위반은 법령위반에 해당하지 않는다.

③ 부작위에 의한 위반 *

위반행위는 적극적인 작위뿐 아니라 소극적인 부작위에 의해서도 가능하다. 다만 부작위에 의한 위반의 경우 작위의무가 존재하여야 한다.

이와 관련하여 공무원의 작위의무에 관한 명문의 법적 근거가 없더라도 작위의무의 존재를 인정할 수 있을 것인가 하는 것이 문제이다. 이에 대해서는 명문의 규정이 필요하다는 견해도 가능하겠지만, 국민의 생명·신체·재산 등은 기본권에 포함되는 것으로서 국가 등의 행정주체는 이를 당연히 보호할 의무가 있는 것이므로, 공무원의 보호의무는 명문의 규정에 의해서만이 아니라 헌법 및 행정법의 일반원칙으로부터도 당연히 도출될 수 있는 것이다[판례1]. 예컨대, 행정입법의 경우에는 법률규정 자체 또는 헌법재판소의 위헌결정으로부터 행정청의 입법의무가 바로 도출된다고 보기는 어렵다[판례2].

[판례1] 명문의 규정 없이도 공무원의 작위의무가 도출되는지 여부

"공무원의 부작위로 인한 국가배상책임을 인정하기 위하여는 공무원의 작위로 인한 국가배상책임을 인정하는 경우와 마찬가지로 '공무원이 그 직무를 집행함에 당하여 고의 또는 과실로 법령에 위 반하여 타인에게 손해를 가한 때'라고 하는 국가배상법 제2조 제1항의 요건이 충족되어야 할 것인바, 여기서 '법령에 위반하여'라고 하는 것이 엄격하게 형식적 의미의 법령에 명시적으로 공무원의 작위의무가 규정되어 있는데도 이를 위반하는 경우만을 의미하는 것은 아니고, 국민의 생명, 신체, 재산 등에 대하여 절박하고 중대한 위험상태가 발생하였거나 발생할 우려가 있어서 국

* 사법시험(1997년), 사법시험(2009년), 사법시험(2013년), 입법고시(2001년), 5급공채(재경)(2011년), 5급공채(2021년).

민의 생명, 신체, 재산 등을 보호하는 것을 본래적 사명으로 하는 국가가 초법규적, 일차적으로 그 위험 배제에 나서지 아니하면 국민의 생명, 신체, 재산 등을 보호할 수 없는 경우에는 형식적 의미의 법령에 근거가 없더라도 국가나 관련 공무원에 대하여 그러한 위험을 배제할 작위의무를 인정할 수 있을 것이지만, 그와 같은 절박하고 중대한 위험상태가 발생하였거나 발생할 우려가 있는 경우가 아니라면 원칙적으로 공무원이 관련 법령을 준수하여 직무를 수행하였다면 그와 같은 공무원의 부작위를 가지고 '고의 또는 과실로 법령에 위반'하였다고 할 수는 없을 것이므로, 공무원의 부작위로 인한 국가배상책임을 인정할 것인지 여부가 문제되는 경우에 관련 공무원에 대하여 작위의무를 명하는 법령의 규정이 없다면 공무원의 부작위로 인하여 침해된 국민의 법익 또는 국민에게 발생한 손해가 어느 정도 심각하고 절박한 것인지, 관련 공무원이 그와 같은 결과를 예견하여 그 결과를 회피하기 위한 조치를 취할 수 있는 가능성이 있는지 등을 종합적으로 고려하여 판단하여야 할 것이다(대판 2005.6.10, 2002다53995; 대판 2021.7.21, 2021두33838[건축허가신청반려처분취소])."

"(다수의 성폭력범죄로 여러 차례 처벌을 받은 뒤 위치추적 전자장치를 부착하고 보호관찰을 받고 있던 갑이 을을 강간하였고, 그로부터 13일 후 병을 강간하려다 살해하였는데, 병의 유족들이 경찰관과 보호관찰관의 위법한 직무수행을 이유로 국가를 상대로 손해배상을 구한 사안에서) … 경찰관이 … 갑의 높은 재범의 위험성과 반사회성을 인식하였음에도 적극적 대면조치 등 이를 억제할 실질적인 조치를 하지 않은 것은 … 국민의 생명·신체에 관하여 절박하고 중대한 위험상태가 발생할 우려가 있어 그 위험 배제에 나서지 않으면 이를 보호할 수 없는 상황에서 그러한 위험을 배제할 공무원의 작위의무를 위반한 것으로 인정될 여지가 있으며 … (대판 2022.7.14, 2017다290538[손해배상(기)])."

[판례2] 작위의무가 인정되지 않는 경우

[판례] 법률규정 자체 또는 헌법재판소의 위헌결정으로부터 행정입법 의무가 바로 인정되는지 여부(소극)

"(종전 수료자에 대한 치과의사전문의 자격시험 응시자격 미부여를 이유로 한 국가배상청구 사건에서) (구) 의료법 및 (구) 전문의의 수련 및 자격 인정 등에 관한 규정(이하 '(구) 전문의 규정') 관련 … 규정의 문언과 취지를 고려하면, 관련 법률 자체로 보건복지부장관에게 원고들에 대한 치과의사전문의 자격시험 응시자격 부여 등 경과조치에 관한 사항과 관련한 행정입법 의무가 곧바로 도출된다고 보기는 어렵다.

헌법재판소 96헌마246 결정(이하 '이 사건 위헌결정'이라고 한다)은 보건복지부장관에게 (구) 의료법 및 (구) 전문의 규정의 위임에 따라 치과의사전문의 자격시험제도를 실시하기 위하여 필요한 시행규칙의 개정 등 절차를 마련하여야 할 헌법상 입법의무가 부과되어 있다고 판시하였을 뿐, 사실상 전공의 수련과정을 수료한 치과의사들에게 그 수련경력에 대한 기득권을 인정하는 경과조치를 마련하지 아니한 보건복지부장관의 행정입법부작위가 위헌·위법하다고까지 판시한 것은 아니다. 따라서 이 사건 위헌결정의 기속력이 곧바로 위와 같은 경과조치 마련에 대하여까지 미친다고는 볼 수 없다(대판 2018.6.15, 2017다249769[손해배상(기)])."

[판례] 개발제한구역법 시행령 제22조 [별표 2] 제4호 (마)목을 관련 공무원에 대하여 건축물 이축에 있어 종전 토지의 지목을 건축물의 건축을 위한 용도가 아닌 지목으로 변경하여야 할 적극적인 작위의무를 명하는 규정으로 볼 수 있는지 여부(소극)

"구 개발제한구역의 지정 및 관리에 관한 특별조치법 시행령(2018.2.9. 대통령령 제28635호로 개정되기 전의 것) 제22조 [별표 2] 제4호 (마)목은 "이주단지를 조성한 후 또는 건축물을 이축한 후의 종전 토지는 다른 사람의 소유인 경우와 공익사업에 편입된 경우를 제외하고는 그 지목을 전·답·과수원, 그 밖에 건축물의 건축을 위한 용도가 아닌 지목으로 변경하여야 한다."라고 규정하면서 그 변경 주체와 절차에 대해서는 아무런 규정을 두고 있지 않다. 따라서 위 규정을 관련 공무원에 대하여 건축물 이축에 있어 종전 토지의 지목을 건축물의 건축을 위한 용도가 아닌 지목으로 변경하여야 할 적극적인 작위의무를 명하는 규정으로 볼 수 없고, 관련 법령에 그와 같은 작위의무 규정을 찾아볼 수도 없다(대판 2021.7.21, 2021두33838[건축허가신청반려처분취소])."

④ '작위의무의 불이행(권한의 불행사)'이 위법하게 되는 경우

공무원이 작위의무를 이행하지 않는 경우, 이러한 공무원의 '권한의 불행사(부작위)'가 '현저하게 불합리하다고 인정되는 경우'이거나 '현저하게 합리성을 잃어 사회적 타당성이 없는 경우'에는 직무상 의무를 위반한 것으로서 위법하게 된다[판례3].

[판례3] 경찰관의 권한의 불행사가 직무상의 의무를 위반하여 위법한지 여부(적극)

"경찰은 범죄의 예방, 진압 및 수사와 함께 국민의 생명, 신체 및 재산의 보호 기타 공공의 안녕과 질서유지를 직무로 하고 있고, 직무의 원활한 수행을 위하여 경찰관 직무집행법, 형사소송법 등 관계 법령에 의하여 여러 가지 권한이 부여되어 있으므로, 구체적인 직무를 수행하는 경찰관으로서는 제반 상황에 대응하여 자신에게 부여된 여러 가지 권한을 적절하게 행사하여 필요한 조치를 취할 수 있는 것이고, 그러한 권한은 일반적으로 경찰관의 전문적 판단에 기한 합리적인 재량에 위임되어 있는 것이나, 경찰관에게 권한을 부여한 취지와 목적에 비추어 볼 때 구체적인 사정에 따라 경찰관이 권한을 행사하여 필요한 조치를 취하지 아니하는 것이 현저하게 불합리하다고 인정되는 경우에는 그러한 권한의 불행사는 직무상의 의무를 위반한 것이 되어 위법하게 된다(대판 2017.11.9, 2017다228083; 대판 2022.7.14, 2017다290538)."

"(주점에서 발생한 화재로 사망한 갑 등의 유족들이 을 광역시를 상대로 손해배상을 구한 사안에서) 소방공무원들이 … 업주들에 대한 시정명령이나 행정지도, 소방안전교육 등 적절한 지도·감독을 하지 아니한 것은 구체적인 소방검사 방법 등이 소방공무원의 재량에 맡겨져 있음을 감안하더라도 현저하게 합리성을 잃어 사회적 타당성이 없는 경우에 해당하고 … (대판 2016.8.25, 2014다225083)."

"보호관찰관이 구체적인 상황에서 위치추적 전자장치(이하 '전자장치') 피부착자에 대한 지도·감독과 원호 업무를 어떻게 수행할 것인지는 원칙적으로 보호관찰관의 전문적, 합리적 재량에 위임되었지만, 전자장치 피부착자의 재범을 효과적으로 방지하기 위해서는 전자장치 피부착자의 성향이나 환경 및 개별 관찰 결과에 맞추어 재범 방지에 유효한 실질적인 조치를 선택하여 적극적으로 수행하여야 한다. 만약 보호관찰관이 이러한 조치를 하지 아니한 것이 현저하게 불합리하다면 직무상의 의무를 위반한 것이어서 위법하다고 보아야 한다(대판 2022.7.14, 2017다290538)."

⑤ 기타 법령위반 관련 판례

[판례1] 국가가 한센병을 앓은 적이 있는 甲 등에 대하여 행한 의료시술이 법령위반행위로 국가배상책임이 인정되는지 여부

"(한센병을 앓은 적이 있는 甲 등이 국가가 한센병 환자의 치료 및 격리수용을 위하여 운영·통제해 온 국립 소록도병원 등에 입원해 있다가 위 병원 등에 소속된 의사 등으로부터 정관절제수술 또는 임신중절수술을 받았음을 이유로 국가를 상대로 손해배상을 구한 사안에서) 의사 등이 한센인인 甲 등에 대하여 시행한 정관절제수술과 임신중절수술은 법률상 근거가 없거나 적법 요건을 갖추었다고 볼 수 없는 점 … 등을 종합해 보면, 국가는 소속 의사 등이 행한 위와 같은 행위로 甲 등이 입은 손해에 대하여 국가배상책임을 부담한다(대판 2017.2.15, 2014다230535)."

[판례2] 수익적 처분을 신청한 사안에서 공무원이 안내나 배려 등을 하지 않았다는 사정만으로 직무집행에 있어 위법한 행위를 한 것이라고 볼 수 있는지 여부(소극)

"국가배상법에 따른 손해배상책임을 부담시키기 위한 전제로서, 공무원이 행한 행정처분이 위법하다고 하기 위하여서는 법령을 위반하는 등으로 행정처분을 하였음이 인정되어야 하므로, 수익적 행정처분인 허가 등을 신청한 사안에서 행정처분을 통하여 달성하고자 하는 신청인의 목적 등을 자세하게 살펴 목적 달성에 필요한 안내나 배려 등을 하지 않았다는 사정만으로 직무집행에 있어 위법한 행위를 한 것이라고 보아서는 아니 된다(대판 2017.6.29, 2017다211726)."

[판례3] 행정청의 조사·단속행위가 객관적 정당성을 상실한 것으로서 원고의 손해의 전보책임을 부담할 만한 실질적 이유가 있는지 여부

"행정기관이 사업자의 영업권과 국민의 환경권 사이의 이해관계를 조정하기 위하여 대기환경보전법, 악취방지법 등 환경관련 법령에 따른 행정활동을 한 결과 사업자의 영업활동에 불이익이 발생했다는 사정만으로 행정활동이 비례의 원칙을 위반한다고 단정할 수 없다(대판 2022.9.7, 2020다270909)."

[판례4] 변호인의 접견교통권 침해로 인한 국가배상책임이 성립하는지 여부

"변호인의 접견교통권은 피의자 등이 변호인의 조력을 받을 권리를 실현하기 위한 것으로서, 피의자 등이 헌법 제12조 제4항에서 보장한 기본권의 의미와 범위를 정확히 이해하면서도 이성적 판단에 따라 자발적으로 그 권리를 포기한 경우까지 피의자 등의 의사에 반하여 변호인의 접견이 강제될 수 있는 것은 아니다.

그러나 변호인이 피의자 등에 대한 접견신청을 하였을 때 위와 같은 요건이 갖추어지지 않았는데도 수사기관이 접견을 허용하지 않는 것은 변호인의 접견교통권을 침해하는 것이고, 이 경우 국가는 변호인이 입은 정신적 고통을 배상할 책임이 있다(대판 2018.12.27, 2016다266736[손해배상(기)])."

※ 유사판례: 대판 2021.11.25, 2019다235450

[판례5] 절차적 권리를 침해하였더라도 이로 인한 정신적 고통에 대한 배상이 인정되지 않는 경우 / 이로 인한 정신적 고통이 여전히 남아 있다고 볼 특별한 사정이 있는 경우, 국가 등의 손해배상책임이 있는지 여부(적극)

행정절차상 권리의 성격이나 내용 등에 비추어 볼 때, 국가나 지방자치단체가 행정절차를 진행하는 과정에서 주민들의 의견제출 등 절차적 권리를 보장하지 않은 위법이 있다고 하더라도 그 후 이를 시정하여 절차를 다시 진행한 경우, 종국적으로 행정처분 단계까지 이르지 않거나 처분을 직권으로 취소하거나 철회한 경우, 행정소송을 통하여 처분이 취소되거나 처분의 무효를 확인하는 판결이 확정된 경우 등에는 주민들이 절차적 권리의 행사를 통하여 환경권이나 재산권 등 사적 이익을 보호하려던 목적이 실질적으로 달성된 것이므로 특별한 사정이 없는 한 절차적 권리 침해로 인한 정신적 고통에 대한 배상은 인정되지 않는다. 다만 이러한 조치로도 주민들의 절차적 권리 침해로 인한 정신적 고통이 여전히 남아 있다고 볼 특별한 사정이 있는 경우에 국가나 지방자치단체는 그 정신적 고통으로 인한 손해를 배상할 책임이 있다(대판 2021.7.29, 2015다221668[손해배상(기)])."

3) 선결문제로서의 위법 여부의 판단

위법한 처분으로 인하여 손해를 입은 개인이 국가배상청구소송을 제기한 경우에 수소법원인 민사법원이 당해 처분의 위법 여부를 스스로 판단할 수 있는가 하는 문제가 행정행위의 구성요건적 효력과 관련하여 문제된다. 전통적으로는 공정력과 관련된 문제로 보아왔다.

이와 관련하여 부정설은 행정행위가 당연무효가 아닌 한 민사법원은 행정행위의 위법성을 판단할 수 없다고 본다. 그러나 공정력을 단순한 절차적 효력일 뿐 적법성까지 추정되는 것은 아니므로, 민사법원이 행정행위의 효력을 부인(취소)하지 않는 한, 그 위법성을 스스로 심리·판단할 수 있다고 보는 긍정설(다수설 및 판례)이 타당하다.

4) 국가배상법상의 법령위반과 취소소송에서의 위법성*

① 동일성 여부

이미 언급한 바와 같이, 위법의 개념과 관련하여 취소소송에서의 위법의 개념과 국가배상에서의 위법의 개념을 동일한 것으로 보는 견해(위법성 동일설)와 국가배상에서의 위법의 개념이 취소소송에서의 위법보다 넓다고 보는 견해(위법성 상대화설)가 있다. 대체로 전자에 해당되는 경우가 행위위법설이고 후자에 해당되는 경우가 상대적 위법성설과 결과불법설이다. 행위위법설은 위법의 개념은 동일하게 보지만 법령위반의 범위를 엄격하게 해석하느냐의 여부에 따라 협의설과 광의설로 나뉜다.

② 취소소송의 기판력이 후소인 국가배상소송에 미치는지 여부

위법의 개념이 취소소송과 국가배상에서 동일한가의 문제는 처분에 대한 취소소송이 확정된 후에 국가배상청구소송을 제기한 경우 취소소송의 판결의 기판력이 후소인 국가배상소송에 미치는가 하는 문제와 관련되어 있다.

㈎ 기판력부정설

이 설은 위법성 상대화설의 입장으로, 취소소송에서의 위법과 국가배상에서의 위법은 서로 다른 개념이므로, 취소소송에서의 판결의 기판력은 국가배상소송에 영향을 미치지 않는다는 견해이다.

판례는 '행정처분이 나중에 항고소송에서 위법하다고 판단되어 취소되더라도 그것만으로 행정처분이 공무원의 고의나 과실로 인한 불법행위를 구성한다고 단정할 수 없다(대판 2021.6.30, 2017다249219; 대판 2022.4.28, 2017다233061)'고 하여 기판력부정설의 입장으로 보인다.

㈏ 기판력긍정설

위법성 동일설의 입장 가운데 법령의 범위를 엄격하게 해석하는 협의의 행위위법설의 입장에서는 취소소송에서의 위법과 국가배상에서의 위법은 동일하므로, 취소소송의 판결의 기판력은 국가배상소송에 영향을 미친다고 본다.

---

* 사법시험(2010년), 5급공채(일반행정)(2013년), 5급공채(2024년), 변호사시험(2015년), 변호사시험(2018년), 변호사시험(2023년).

㈐ 제한적 긍정설

위법성 동일설의 입장 가운데 법령의 범위를 넓게 해석하는 광의의 행위위법설의 입장에서는 취소소송에서의 위법과 국가배상에서의 위법은 차이가 있을 수 있으므로, 취소소송에서 인용판결의 기판력은 국가배상소송에 영향을 미치지만, 기각판결의 기판력은 미치지 않는다고 본다.

㈑ 취소소송의 소송물을 근거로 한 제한적 긍정설

이상의 세 견해는 모두 취소소송의 소송물(Streitgegenstand)을 '처분의 위법성'으로 보고 있지만, 그러나 취소소송은 주관소송이기 때문에 처분의 객관적인 위법성뿐만 아니라, '당해 처분이 위법하여 본인의 권리를 침해하고 있다는 당사자의 법적 주장'을 다투는 것이라고 보고, 취소소송의 소송물을 이와 같이 '당사자의 법적 주장'으로 이해하면, 취소소송과 국가배상에서의 위법개념이 동일한가의 여부와 관계없이, 취소소송의 인용판결은 국가배상소송에 영향을 미치지만 기각판결은 미치지 않는다고 보게 된다. 이 견해가 타당하다.

6. 타인

타인이란 가해행위를 한 공무원과 이에 가담한 자 이외의 모든 자를 말한다. 가해행위를 한 공무원과 함께 직무를 수행하다 피해를 입은 다른 공무원도 타인에 해당한다. 다만 피해자가 군인, 군무원 또는 경찰공무원 등의 경우에는 일정한 요건 하에 특례가 인정되고 있는데, 이에 관하여는 후술한다.

7. 손해의 발생과 인과관계

(i) 손해란 법익침해의 결과로 발생한 불이익을 말하는 것으로서, 적극적 손해·소극적 손해, 재산적 손해, 생명·신체·정신적 손해를 모두 포함한다.

(ii) 국가배상청구권이 성립하려면 가해행위와 손해의 발생 사이에 상당인과관계가 있어야 한다. 여기에서 상당인과관계의 유무를 판단함에 있어서는 일반적인 결과 발생의 개연성은 물론이고 직무상 의무를 부과하는 법령 등의 목적이나 가해행위의 태양 및 피해의 정도 등을 종합적으로 고려하여야 한다(대판 2017.11.9, 2017다228083).

Ⅱ. 배상책임

1. 배상책임자

(1) 배상책임의 주체

국가배상법상 배상책임의 주체는 국가 또는 지방자치단체이다. 헌법은 배상책임의 주체를

"국가 또는 공공단체"로 규정하고 있으나, 국가배상법은 이를 "국가 또는 지방자치단체"로 한정하고 있으므로, 지방자치단체 이외의 공공단체(공공조합, 영조물법인 등)의 배상책임은 민법에 의하여야 한다.

이와 같이 국가배상법이 배상책임의 주체를 공공단체가 아닌 지방자치단체로 한정한 것과 관련하여 ① 헌법 제29조에 위반된다는 견해도 있고, ② 헌법의 취지는 소속직원의 불법행위에 대하여는 당해 공공단체 스스로 배상하여야 한다는 데 있는 것이라는 점에서 헌법상 문제없다는 견해도 있다. ③ 논리적으로는 위헌으로 보는 것이 타당하겠지만, 재정정책적 측면을 고려하면 국가배상책임의 주체를 국가와 지방자치단체로 한정하여야 할 현실적인 필요성도 있다고 볼 수 있겠다.

(2) 사무의 귀속주체로서의 배상책임자

국가배상법 제2조 제1항이 국가 또는 지방자치단체가 배상책임을 진다고 하는 것은 사무의 귀속주체에 따라 국가사무는 국가가, 지방자치단체의 사무는 지방자치단체가 배상책임을 진다는 것을 의미한다.

따라서 지방자치단체의 집행기관인 지방자치단체의 장에게 위임된 기관위임사무의 경우에는 당해 사무를 위임한 행정주체가 사무의 귀속주체로서 배상책임을 진다.

> [판례] 지방자치단체장 간의 기관위임의 경우, 위임사무처리상의 불법행위에 대한 사무귀속 주체로서의 손해배상책임 주체
>
> "지방자치단체장 간의 기관위임의 경우에 위임받은 하위 지방자치단체장은 상위 지방자치단체 산하 행정기관의 지위에서 그 사무를 처리하는 것이므로 사무귀속의 주체가 달라진다고 할 수 없고, 따라서 <u>하위 지방자치단체장을 보조하는 하위 지방자치단체 소속 공무원이 위임사무처리에 있어 고의 또는 과실로 타인에게 손해를 가하였더라도 상위 지방자치단체는 여전히 그 사무귀속 주체로서 손해배상책임을 진다</u>(대판 1996.11.8, 96다21331)."

(3) 비용부담자로서의 배상책임자

국가배상법 제6조 제1항은 "제2조·제3조 및 제5조에 따라 국가나 지방자치단체가 손해를 배상할 책임이 있는 경우에 공무원의 선임·감독 또는 영조물의 설치·관리를 맡은 자와 공무원의 봉급·급여, 그 밖의 비용 또는 영조물의 설치·관리 비용을 부담하는 자가 동일하지 아니하면 그 비용을 부담하는 자도 손해를 배상하여야 한다."고 규정하고 있다.

예컨대 국가가 관할권을 가지고 있지만 지방자치단체가 비용을 부담하는 '국영공비(國營公費) 사업'이나 '지방자치단체의 공무원이 기관위임사무를 처리하는 경우' 배상책임자가 누구인가 하는 문제와 관련하여, 국가배상법은 피해자구제의 관점에서 사무의 귀속주체와 사무의 비용부담자가

다를 경우 피해자가 양자 중 선택하여 배상청구를 할 수 있도록 규정하고 있는 것이다.

이 경우 손해를 배상한 자는 내부관계에서 그 손해를 배상할 책임이 있는 자에게 구상할 수 있는데(국배법 6 ②), 여기에서 '내부관계에서 그 손해를 배상할 책임이 있는 자'는 '공무원의 선임·감독 또는 영조물의 설치·관리를 맡은 자'라고 보는 것이 일반적이나, '공무원의 봉급·급여, 그 밖의 비용 또는 영조물의 설치·관리 비용을 부담하는 자'로 보는 견해도 있다. 이에 관한 상세는 국가배상법 제5조 부분에서 설명한다.

2. 배상액

(1) 배상기준

손해배상액은 원칙적으로 공무원의 가해행위와 상당인과관계가 있는 모든 생명·신체·재산·정신적인 손해를 정당한 가격으로 환산한 금액이어야 한다.

이와 관련하여 국가배상법은 제3조에서 배상액 산정의 구체적인 기준들을 규정하고 있다. 구체적으로 국가배상법은 생명·신체에 대한 손해와 물건의 멸실·훼손으로 인한 손해에 대한 배상액 기준을 정해 놓고 있으며(국배법 3 ①-③), 그 밖의 손해는 불법행위와 상당한 인과관계가 있는 범위에서 배상하도록 하고 있다(국배법 3 ④). 그 밖에도 생명·신체에 대한 손해에 따른 정신적 고통에 대한 위자료도 배상하도록 하고 있다(국배법 3 ⑤).

다만 국가배상법은 생명·신체에 대한 유족배상·장해배상 및 장래에 필요한 요양비 등을 한꺼번에 신청하는 경우에는 단할인법(單割引法)인 호프만 방식에 의하여 중간이자를 빼도록 하고 있다(국배법 3의2 ②, 동법 시행령 6 ③).[10]

(2) 배상기준의 성질

국가배상법 제3조의 배상기준의 성질과 관련하여서는 ① 이는 단순한 기준에 불과하며 구체적인 경우에 따라 배상액을 증감할 수 있다는 기준액설, ② 배상액의 상한기준을 정한 제한규정이라는 한정액설이 대립하고 있다. ③ 배상기준을 한정액으로 보게 되면 민사상의 불법행위책임에 훨씬 못 미치게 되어 피해자에게 불리하며 이는 정당한 보상을 규정한 헌법 제29조에도 반한다. 따라서 기준액설이 타당하다. 기준액설이 다수설 및 판례의 입장이다. 이와 같은 판례의 입장에 따라 손해배상액이 민법규정에 의하여 산정될 수 있는 것이다.

---

10) 구법에서는 복할인법(複割引法)인 라이프니츠 방식에 의하여 중간이자를 공제하도록 하였는데, 이 경우 중간이자액이 높아져 피해자에게 불리하다는 문제가 있어, 이에 국가배상법과 시행령을 개정하여 단할인법으로 공제하도록 한 것이다. 이에 따라 배상액이 법원판결수준으로 상향조정되었으나, 여전히 민사상의 불법행위책임에는 미치지 못하고 있다.

[판례] 국가배상법 제3조 제1항 제3항의 성질

"(구) 국가배상법 제3조 제1항과 제3항의 손해배상의 기준은 배상심의회의 배상금지급기준을 정함에 있어서 하나의 기준을 정한 것에 지나지 아니하는 것이고, 이로써 배상액의 상한을 제한한 것으로 볼 수 없다 할 것이며, 따라서 법원이 국가배상법에 의한 손해배상액을 산정함에 있어서는 그 기준에 구애되는 것이 아니라 할 것이다(대판 1970.1.29, 69다1203)."

3. 군인·군무원 등에 대한 특례

(1) 국가배상법의 규정

공무원의 위법한 직무행위로 인하여 손해를 입은 자는 누구나 국가배상을 청구할 수 있는 것이 원칙이다. 따라서 공무원은 가해자의 지위에 있을 수도 있지만, 경우에 따라서는 피해자가 될 수도 있다.

이와 관련하여 헌법 제29조와 국가배상법 제2조 제1항 단서는 공무원 가운데 군인·군무원·경찰공무원·향토예비군대원에 대하여는 특례를 두어 이들이 전투·훈련 등 직무 집행과 관련하여 전사(戰死)·순직(殉職)하거나 공상(公傷)을 입은 경우 본인이나 그 유족이 다른 법령에 따라 재해보상금·유족연금·상이연금 등의 보상을 지급받을 수 있을 때에는 국가배상법과 민법에 따른 손해배상을 청구할 수 없도록 하고 있다.

이러한 특례규정의 취지는 위와 같은 위험성이 높은 직무에 종사하는 공무원에 대하여는 사회보장차원에서 별도의 보상 또는 지원제도가 마련되어 있으므로, 이와 중복되는 국가배상을 이중으로 청구하지 못하도록 하는 데 있다.

문헌에서는 이와 같은 중복적인 의미의 배상청구를 금지하고 있는 것을 '이중배상금지'라고 표현하기도 하는데, 엄격히 말하면, 사회보장측면에서의 보상과 위법한 직무행위로 인한 배상은 서로 제도의 취지가 다른 것이므로, 보상이나 지원을 청구하여 받았다고 해서 그 후 국가배상을 청구하는 것은 '이중'으로 '배상'을 청구하는 것은 아니다. 따라서 '이중배상'이라는 용어가 적절하지는 않지만, 문헌에서 사용되는 이중배상은 '보상이 있는 경우에는 이와 중복되는 의미의 배상은 금지된다'는 의미라고 보아야 할 것이다.

(2) 특례규정에 대한 논란

군인 등에 대한 특례규정은 월남전 이후 국가배상소송이 늘어나자 법개정을 통하여 마련된 것이었다. 이에 대하여는 헌법적 근거 없이 국가배상청구권을 배제하는 것이라는 점에서 위헌 논란이 있었고, 결국 1971년 대법원은 이 규정을 위헌으로 판결하였다(대판 1971.6.22, 70다1010). 그 후 위헌문제를 해결하기 위하여 1972년에 헌법개정을 하면서 유신헌법에 이와 같은 특례규정을 신설하게 되었다. 이로써, 논란은 있지만, 헌법과 국가배상법에 같은 취지의 특례규정이 존재함으로써 국가배상법의 특례규정은 적어도 형식적으로는 위헌시비를 벗어나게 되었다.

이와 같은 특례규정에 대해서는 국가배상법에 의한 손해배상을 위법한 직무행위로 인한 손해에 대한 배상이라는 점에서 사회보장이나 국가헌신에 대한 공로에 대한 보상과는 서로 목적과 취지가 다르다는 것을 논거로 이와 같은 이중배상금지규정은 법논리적으로 문제가 있다고 보는 것이 일반적인 견해이다. 그러나 현실적으로 다른 법령을 통하여 사회보장적 보상이나 지원을 충분히 받을 수 있다는 점, 국가의 재정정책적 측면도 고려하여야 한다는 점 등에서 이와 같이 보상과 경합하는 국가배상청구를 배제하는 것이 현실적으로 불가피해 보이는 측면도 있다.

대법원은 특례규정의 취지를 과다한 재정지출과 피해 군인 등 사이의 불균형을 방지하는 데 있다고 보고 있다.

[판례] 헌법 제29조 제2항 및 국가배상법 제2조 제1항 단서 규정의 입법 취지 및 다른 법령에 의한 보상금청구권이 시효로 소멸된 경우 국가배상법 제2조 제1항 단서 규정이 적용되는지 여부

"헌법 제29조 제2항 및 이를 근거로 한 국가배상법 제2조 제1항 단서 규정의 입법 취지는, 국가 또는 공공단체가 위험한 직무를 집행하는 군인·군무원·경찰공무원 또는 향토예비군대원에 대한 피해보상제도를 운영하여, 직무집행과 관련하여 피해를 입은 군인 등이 간편한 보상절차에 의하여 자신의 과실 유무나 그 정도와 관계없이 무자력의 위험부담이 없는 확실하고 통일된 피해보상을 받을 수 있도록 보장하는 대신에, 피해 군인 등이 국가 등에 대하여 공무원의 직무상 불법행위로 인한 손해배상을 청구할 수 없게 함으로써, 군인 등의 동일한 피해에 대하여 국가 등의 보상과 배상이 모두 이루어짐으로 인하여 발생할 수 있는 과다한 재정지출과 피해 군인 등 사이의 불균형을 방지하고, 또한 가해자인 군인 등과 피해자인 군인 등의 직무상 잘못을 따지는 쟁송이 가져올 폐해를 예방하려는 데에 있고, 또 군인, 군무원 등 이 법률 규정에 열거된 자가 전투, 훈련 기타 직무집행과 관련하는 등으로 공상을 입은 데 대하여 재해보상금, 유족연금, 상이연금 등 별도의 보상제도가 마련되어 있는 경우에는 이중배상의 금지를 위하여 이들의 국가에 대한 국가배상법 또는 민법상의 손해배상청구권 자체를 절대적으로 배제하는 규정이므로, 이들은 국가에 대하여 손해배상청구권을 행사할 수 없는 것인바, 따라서 국가배상법 제2조 제1항 단서 규정은 다른 법령에 보상제도가 규정되어 있고, 그 법령에 규정된 상이등급 또는 장애등급 등의 요건에 해당되어 그 권리가 발생한 이상, 실제로 그 권리를 행사하였는지 또는 그 권리를 행사하고 있는지 여부에 관계없이 적용된다고 보아야 하고, 그 각 법률에 의한 보상금청구권이 시효로 소멸되었다 하여 적용되지 않는다고 할 수는 없다(대판 2002.5.10, 2000다39735)."

헌법재판소는 국가배상법 제2조 제1항 단서의 특례규정에 대하여 합헌이라고 결정하였다(헌재결 2001.2.22, 2000헌바38 전원재판부).

(3) 특례규정의 적용요건*

1) 군인·군무원·경찰공무원·향토예비군대원일 것

이와 관련하여 판례는 공익근무요원(대판 1997.3.28, 97다4036), 현역병으로 입대하였으나 교도소 경비교도로 전임 임용된 자(대판 1998.2.10, 97다45914)는 국가배상법 제2조 제1항 단서의 군인 등에 해당하지 않는다고 하였다. 반면 전투경찰순경은 여기의 경찰공무원에 해당된다고 보았다(헌재결 1996.6.13, 94헌마118). 헌법 제29조에 규정되지 아니한 향토예비군대원을 국가배상법에서 특례대상자로 규정한 것과 관련하여 위헌 여부에 대한 논란이 있으나, 헌법재판소는 향토예비군대원도 고도의 위험성을 내포하는 공공적 성격의 직무라는 점에서 이를 합헌으로 보았다(헌재결 1996.6.13, 94헌바20).

2) 전투·훈련 등 직무 집행과 관련하여 전사·순직하거나 공상을 입은 경우일 것

이와 관련하여 판례는 '전투·훈련 등 직무집행과 관련하여' 순직 등을 한 경우 국가배상법 및 민법에 의한 손해배상책임을 청구할 수 없다고 정한 국가배상법 제2조 제1항 단서의 면책조항은 전투·훈련 또는 이에 준하는 직무집행뿐만 아니라 '일반 직무집행'에 관하여도 국가나 지방자치단체의 배상책임을 제한하는 것이라고 판시하고 있다(대판 2011.3.10, 2010다85942).

3) 본인이나 그 유족이 다른 법령에 따라 재해보상금·유족연금·상이연금 등의 보상을 지급받을 수 있을 것

따라서 이러한 별도의 국가보상을 받을 수 없는 경우에는 국가배상법에 따라 국가배상을 청구할 수 있다(대판 1996.2.14, 96다28066).

[판례1] 군인 등이 직무집행과 관련하여 공상을 입는 등의 이유로 보훈보상자법이 정한 보훈보상대상자 요건에 해당하여 보상금 등 보훈급여금을 지급받을 수 있는 경우, 국가를 상대로 국가배상을 청구할 수 있는지 여부(소극)

"국가배상법 제2조 제1항 단서는 헌법 제29조 제2항에 근거를 둔 규정이고, 보훈보상대상자 지원에 관한 법률(이하 '보훈보상자법')이 정한 보상에 관한 규정은 국가배상법 제2조 제1항 단서가 정한 '다른 법령'에 해당하므로, 보훈보상자법에서 정한 보훈보상대상자 요건에 해당하여 보상금 등 보훈급여금을 지급받을 수 있는 경우는 보훈보상자법에 따라 '보상을 지급받을 수 있을 때'에 해당한다. 따라서 <u>군인·군무원·경찰공무원 또는 향토예비군대원이 전투·훈련 등 직무집행과 관련하여</u>

* 변호사시험(2019년).

공상을 입는 등의 이유로 보훈보상자법이 정한 보훈보상대상자 요건에 해당하여 보상금 등 보훈급여금을 지급받을 수 있을 때에는 국가배상법 제2조 제1항 단서에 따라 국가를 상대로 국가배상을 청구할 수 없다(대판 2017.2.3, 2015두60075[보훈급여금지급정지처분등취소])."

[판례2] [1] 업무용 자동차종합보험계약의 관용차 면책약관은 군인 등의 피해자가 다른 법령에 의하여 보상을 지급받을 수 있어 국가나 지방자치단체가 국가배상법 제2조 제1항 단서에 따라 손해배상책임을 부담하지 않는 경우에 한하여 적용되는 것인지 여부(적극)

[2] 경찰공무원인 피해자가 구 공무원연금법에 따라 공무상 요양비를 지급받는 것이 국가배상법 제2조 제1항 단서에서 정한 '다른 법령의 규정'에 따라 보상을 지급받는 것에 해당하는지 여부(소극)

[3] 직무수행 중 상이를 입은 군인 등이 전역하거나 퇴직하지 않은 경우, 업무용 자동차종합보험계약의 관용차 면책약관이 적용될 수 있는지 여부(소극)

"[1] 업무용 자동차종합보험계약의 보험약관 중 일부인 관용자동차 특별약관에서는 "군인, 군무원, 경찰공무원 또는 향토예비군대원이 전투, 훈련 등 직무 집행과 관련하여 전사, 순직 또는 공상을 입은 경우, 이들에 대하여 대인배상Ⅰ 및 대인배상Ⅱ에 대하여는 보상하지 않는다."라고 규정하고 있다(이하 '관용차 면책약관'). 관용차 면책약관은 국가배상법 제2조 제1항 단서에 따라 군인 등의 피해자가 국가 또는 지방자치단체에 대하여 손해배상을 청구할 수 없는 경우에 국가 또는 지방자치단체를 피보험자로 하여 보험자에 대하여도 그 보상을 청구할 수 없도록 하는 데에 취지가 있다. 위 국가배상법 규정의 내용이나 관용차 면책약관의 취지 등을 고려하면, 관용차 면책약관은 군인 등의 피해자가 다른 법령에 의하여 보상을 지급받을 수 있어 국가나 지방자치단체가 국가배상법 제2조 제1항 단서에 의해 손해배상책임을 부담하지 않는 경우에 한하여 적용된다고 봄이 타당하다.

[2] 경찰공무원인 피해자가 구 공무원연금법의 규정에 따라 공무상 요양비를 지급받는 것은 국가배상법 제2조 제1항 단서에서 정한 '다른 법령의 규정'에 따라 보상을 지급받는 것에 해당하지 않는다. … 한편 군인연금법과 구 공무원연금법은 취지나 목적에서 유사한 면이 있으나, 별도의 규정체계를 통해 서로 다른 적용대상을 규율하고 있는 만큼 서로 상이한 내용들로 규정되어 있기도 하므로, 군인연금법이 국가배상법 제2조 제1항 단서에서 정한 '다른 법령'에 해당한다고 하여, 구 공무원연금법도 군인연금법과 동일하게 취급되어야 하는 것은 아니다.

[3] 국가유공자법은 국가배상법 제2조 제1항 단서의 '다른 법령'에 해당할 수 있다. 다만 국가유공자법은 군인, 경찰공무원 등이 국민의 생명·재산 보호와 직접적인 관련이 있는 직무수행 중 상이(傷痍)를 입고 전역하거나 퇴직하는 경우 그 상이 정도가 국가보훈처장이 실시하는 신체검사에서 상이등급으로 판정된 사람을 공상군경으로 정하고(제4조 제1항 제6호) 이러한 공상군경에게 각종

급여가 지급되도록 규정하고 있다.
이에 의하면, … 군인 등이 전역하거나 퇴직하지 않은 경우에는 … 객관적으로 공상군경의 요건을 갖추지 못하여 국가유공자법에 따른 보상을 지급받을 수 없으므로, '다른 법령에 따라 재해보상금 등의 보상을 지급받을 수 있을 때'의 요건을 갖추지 못하여 업무용 자동차종합보험계약의 관용차 면책약관도 적용될 수 없다. 이는 국민의 생명·재산 보호와 직접적인 관련이 없는 직무수행 중 상이를 입은 군인 등이 전역하거나 퇴직하지 않은 경우에도 마찬가지이다(대판 2019.5.30, 2017다16174[보험금청구])."

판례는 (구) 국가배상법 제2조 제1항 단서가 (구) 국가유공자법 등에 의한 보상을 받을 수 있는 경우 추가로 국가배상법에 따른 손해배상청구를 하지 못한다는 것이지, 이를 넘어 국가배상법상 손해배상금을 받은 경우 일률적으로 국가유공자법상 보상금 등 보훈급여금의 지급을 금지하는 취지로까지 해석하기는 어렵다고 보고 있다[판례3,4].

[판례3] 직무집행과 관련하여 공상을 입은 군인 등이 국가배상법에 따라 손해배상금을 지급받은 다음 (구) 국가유공자법이 정한 보훈급여금의 지급을 청구하는 경우 보훈급여금의 지급을 거부할 수 있는지 여부(소극)

"… 전투·훈련 등 직무집행과 관련하여 공상을 입은 군인 등이 먼저 국가배상법에 따라 손해배상금을 지급받은 다음 「국가유공자 등 예우 및 지원에 관한 법률」(2013.5.22. 법률 제11817호로 개정되기 전의 것, 이하 '(구) 국가유공자법')이 정한 보상금 등 보훈급여금의 지급을 청구하는 경우 피고로서는 … 국가배상법에 따라 손해배상을 받았다는 사정을 들어 보상금 등 보훈급여금의 지급을 거부할 수 없다고 보아야 한다.
… 국가배상법 제2조 제1항 단서의 입법취지, (구) 국가유공자법이 정한 보상과 국가배상법이 정한 손해배상의 목적과 산정방식의 차이 등을 고려하면, (구) 국가배상법 제2조 제1항 단서가 (구) 국가유공자법 등에 의한 보상을 받을 수 있는 경우 추가로 국가배상법에 따른 손해배상청구를 하지 못한다는 것을 넘어 국가배상법상 손해배상금을 받은 경우 일률적으로 (구) 국가유공자법상 보상금 등 보훈급여금의 지급을 금지하는 취지로까지 해석하기는 어렵다(대판 2017.2.3, 2014두40012[보훈급여지급비대상결정처분취소])."

[판례4] 직무집행과 관련하여 공상을 입은 군인 등이 먼저 국가배상법에 따라 손해배상금을 지급받은 다음 보훈보상자법이 정한 보상금 등 보훈급여금의 지급을 청구하는 경우 그 지급을 거부할 수 있는지 여부(소극)

"전투·훈련 등 직무집행과 관련하여 공상을 입은 군인·군무원·경찰공무원 또는 향토예비군대원이 먼저 국가배상법에 따라 손해배상금을 지급받은 다음 보훈보상자법이 정한 보상금 등 보훈급여금의 지급을 청구하는 경우, 국가배상법 제2조 제1항 단서가 명시적으로 '다른 법령에 따라 보상을 지급받을 수 있을 때에는 국가배상법 등에 따른 손해배상을 청구할 수 없다'고 규정하고 있는 것과 달리 보훈보상자법은 국가배상법에 따른 손해배상금을 지급받은 자를 보상금 등 보훈급여금의 지급대상에서 제외하는 규정을 두고 있지 않은 점, 국가배상법 제2조 제1항 단서의 입법 취지 및 보훈보상자법이 정한 보상과 국가배상법이 정한 손해배상의 목적과 산정방식의 차이 등을 고려하면 국가배상법 제2조 제1항 단서가 보훈보상자법 등에 의한 보상을 받을 수 있는 경우 국가배상법에 따른 손해배상청구를 하지 못한다는 것을 넘어 국가배상법상 손해배상금을 받은 경우 보훈보상자법상 보상금 등 보훈급여금의 지급을 금지하는 것으로 해석하기는 어려운 점 등에 비추어, 국가보훈처장은 국가배상법에 따라 손해배상을 받았다는 사정을 들어 보상금 등 보훈급여금의 지급을 거부할 수 없다(대판 2017.2.3, 2015두60075[보훈급여금지급정지처분등취소])."

(4) 관련문제: 공동불법행위와 구상 문제

국가와 일반사인이 공동불법행위로 다른 군인 등에게 손해를 입힌 경우, 공동불법행위책임자인 사인이 피해자인 군인 등에게 손해배상을 하였다면, 그 사인은 국가에 대하여 구상해 줄 것을 요구할 수 있는가 하는 것이 문제이다. 다시 말해서 이 문제는 국가배상법 제2조 제1항 단서의 특례규정이 일반 사인의 국가에 대한 구상권행사에도 적용되는가 하는 것이다. 이 경우 피해자인 군인 등은 다른 법률에 의하여 보상이 가능할 것이므로 -비록 피해자이기는 하지만- 이러한 경우에도 국가배상을 청구할 수 없다는 국가배상법상의 특례규정이 적용된다면 국가와 공동불법행위책임이 있는 사인이 피해자에게 손해배상을 하였다 하더라도 국가에 대한 구상권은 인정되지 않게 된다.

(i) 이와 관련하여 과거 대법원은, 국가와 사인의 공동불법행위로 인하여 육군부대에 설치된 조립식막사에 고압전류가 흘러 군인들이 사망하거나 부상하였고 이에 이 사건 공동불법행위책임자인 사인이 피해자인 군인 등에게 손해를 배상한 후 국가의 부담부분 상당액의 구상금을 청구한 사건에서, 국가배상법상의 특례규정을 이유로 국가와 공동불법행위책임이 있는 사인의 국가에 대한 구상권행사를 부인하였다.

[판례1] 공동불법행위자의 국가에 대한 구상권행사에도 국가배상법 제2조 제1항 단서를 적용할 것인지 여부

"헌법 제28조 제2항에 근거를 둔 국가배상법 제2조 제1항 단서의 규정은 군인, 군무원등 위 규정에 열거된 자에 대하여 재해보상금, 유족연금, 상여연금등 별도의 보상제도가 마련되어 있는 경우에는 2중배상금지를 위하여 이들의 국가에 대한 국가배상법상 또는 민법상의 손해배상청구권을 배

제한 규정이므로, 국가와 공동불법행위책임이 있는 자가 피해자에게 그 배상채무를 변제하였음을 이유로 국가에 대하여 구상권을 행사하는 것도 허용되지 않는다(대판 1983.6.28, 83다카500)."

(ii) 그러나 헌법재판소는, 사인이 운전하는 승용차와 육군중사가 운전하는 오토바이의 충돌사고로 오토바이의 뒷좌석에 타고 있던 군인이 상해를 당하여 사인의 손해보험회사가 피해자인 군인에게 배상을 한 후 국가부담금 상당액의 구상금을 청구한 사건에서, 이 경우 사인의 국가에 대한 구상권행사를 허용하지 않는 것은 사인을 국가에 대하여 합리적인 이유 없이 차별하는 것인 동시에 국가에 대한 구상권이라는 국민의 재산권을 과잉으로 제한하는 것이라는 이유로 한정위헌을 선고하였다.

[판례2] 국가배상법 제2조 제1항 단서 중 군인에 관련되는 부분의 위헌 여부

"국가배상법 제2조 제1항 단서 중 군인에 관련되는 부분을, 일반국민이 직무집행 중인 군인과의 공동불법행위로 직무집행 중인 다른 군인에게 공상을 입혀 그 피해자에게 공동의 불법행위로 인한 손해를 배상한 다음 공동불법행위자인 군인의 부담부분에 관하여 국가에 대하여 구상권을 행사하는 것을 허용하지 않는다고 해석한다면, 이는 위 단서 규정의 헌법상 근거규정인 헌법 제29조가 구상권의 행사를 배제하지 아니하는데도 이를 배제하는 것으로 해석하는 것으로서 합리적인 이유 없이 일반국민을 국가에 대하여 지나치게 차별하는 경우에 해당하므로 헌법 제11조, 제29조에 위반된다. 또한 국가에 대한 구상권은 헌법 제23조 제1항에 의하여 보장되는 재산권이고 위와 같은 해석은 그러한 재산권의 제한에 해당하며 재산권의 제한은 헌법 제37조 제2항에 의한 기본권 제한의 한계 내에서만 가능한데, 위와 같은 해석은 헌법 제37조 제2항에 의하여 기본권을 제한할 때 요구되는 비례의 원칙에 위배하여 일반국민의 재산권을 과잉 제한하는 경우에 해당하여 헌법 제23조 제1항 및 제37조 제2항에도 위반된다고 할 것이다(헌재결 1994.12.29, 93헌바21)."

(iii) 그 후 대법원은, 사인이 운전하는 트럭과 의무경찰대원이 운전하는 오토바이의 충돌사고로 오토바이의 뒷좌석에 타고 있던 의무경찰대원이 상해를 당하여 사인의 손해보험회사가 피해자인 의무경찰대원에게 배상을 한 후 국가부담금 상당액의 상환을 청구한 사건에서, 전원합의체 판결을 통하여 종전의 입장을 일부 변경하였다. 이 판결에서 대법원은 공동불법행위책임자인 사인의 국가에 대한 구상권을 인정하지 않는 종래의 입장은 그대로 유지하되, 이 경우 사인은 종전처럼 피해자의 손해 전부를 배상할 의무가 있는 것이 아니라 국가가 구상의무를 부담하였다면 부담하게 되었을 부분을 제외한 나머지 부분에 대해서만 손해배상의무가 있는 것이라고 하였다(민간인의 손해배상의무만 일부 감축).

[판례3] 국가와 공동불법행위책임이 있는 민간인의 피해 군인 등에 대한 손해배상의 범위 및 민간인이 피해 군인 등에게 자신의 귀책부분을 넘어서 배상한 경우 국가 등에게 구상권을 행사할 수 있는지 여부

"[다수의견] 피해 군인 등은 위 헌법 및 국가배상법 규정에 의하여 국가 등에 대한 배상청구권을 상실한 대신에 자신의 과실 유무나 그 정도와 관계 없이 무자력의 위험부담이 없는 확실한 국가보상의 혜택을 받을 수 있는 지위에 있게 되는 특별한 이익을 누리고 있음에 반하여 민간인으로서는 손해 전부를 배상할 의무를 부담하면서도 국가 등에 대한 구상권을 행사할 수 없다고 한다면 부당하게 권리침해를 당하게 되는 결과가 되는 것과 같은 각 당사자의 이해관계의 실질을 고려하여, 위와 같은 경우에는 공동불법행위자 등이 부진정연대채무자로서 각자 피해자의 손해 전부를 배상할 의무를 부담하는 공동불법행위의 일반적인 경우와 달리 예외적으로 민간인은 피해 군인 등에 대하여 그 손해 중 국가 등이 민간인에 대한 구상의무를 부담한다면 그 내부적인 관계에서 부담하여야 할 부분을 제외한 나머지 자신의 부담부분에 한하여 손해배상의무를 부담하고, 한편 국가 등에 대하여는 그 귀책부분의 구상을 청구할 수 없다고 해석함이 상당하다 할 것이고, 이러한 해석이 손해의 공평·타당한 부담을 그 지도원리로 하는 손해배상제도의 이상에도 맞는다 할 것이다(대판 2001.2.15, 96다42420 전원합의체)."

4. 배상청구권의 양도 등의 금지

생명·신체의 침해로 인한 국가배상을 받을 권리는 이를 양도하거나 압류하지 못한다(국배법 4). 이는 사회보장적 관점에서 배상금청구권자를 보호하기 위한 것이다.

5. 배상청구권의 소멸시효

국가배상법에는 이에 대하여 별도의 규정이 없으므로, 국가배상법 제8조의 규정에 의하여 민법 제766조의 규정이 적용되어, 피해자나 그 법정대리인이 손해 및 그 가해자를 안 날로부터 3년이 지나면 배상청구권은 시효로 소멸한다(민법 766 ①).

민법은 피해자나 그 법정대리인이 손해와 그 가해자를 알지 못한 경우에는 불법행위를 한 날로부터 10년간 이를 행사하지 않으면 배상청구권이 시효로 소멸된다고 규정하고 있으나(민법 766 ②), 이에 대하여는 민법 이외의 법률에 다른 규정이 있으면 그 규정에 따르게 되어 있고(국배법 8 단서), 이러한 다른 규정으로 국가재정법은 국가에 대한 금전의 급부를 목적으로 하는 권리는 소멸시효를 5년으로 규정하고 있으므로(국가재정법 96 ②), 이에 따라 불법행위를 한 날로부터 5년이 경과하면 배상청구권이 소멸된다.

소멸시효의 주장이 신의성실의 원칙에 반하는 권리남용에 해당되는 경우에는 국가배상청구권

은 시효로 소멸되지 않는다(대판 2011.1.13, 2009다103950).

[판례] 국가를 상대로 불법구금이나 고문을 원인으로 한 손해배상청구를 할 것을 기대할 수 없는 장애사유가 존재하는지 여부

"수사과정에서 불법구금이나 고문을 당한 사람이 그에 이은 공판절차에서 유죄 확정판결을 받고 수사관들을 직권남용, 감금 등 혐의로 고소하였으나 검찰에서 '혐의 없음' 결정까지 받았다가 나중에 재심절차에서 범죄의 증명이 없는 때에 해당한다는 이유로 형사소송법 제325조 후단에 따라 무죄판결을 선고받은 경우, 이러한 무죄판결이 확정될 때까지는 국가를 상대로 불법구금이나 고문을 원인으로 한 손해배상청구를 할 것을 기대할 수 없는 장애사유가 있었다고 보아야 한다. 이처럼 불법구금이나 고문을 당하고 공판절차에서 유죄 확정판결을 받았으며 수사관들을 직권남용, 감금 등 혐의로 고소하였으나 '혐의 없음' 결정까지 받은 경우에는 재심절차에서 무죄판결이 확정될 때까지 국가배상책임을 청구할 것을 기대하기 어렵고, 채무자인 국가가 그 원인을 제공하였다고 볼 수 있기 때문이다(대판 2019.1.31, 2016다258148[손해배상(기)])."

☞ 원고 1.이 수사과정에서 불법구금과 고문을 당하였고, 수사관들을 직권남용, 감금 등 혐의로 고소하였으나 검찰에서 '혐의 없음' 결정을 받았으며, 공판절차에서는 유죄의 확정판결까지 받았다가 그 후 공소의 기초가 된 수사에 관여한 사법경찰관들이 그 직무에 관한 죄를 범하였다는 이유로 재심이 개시되었고, 재심법원은 '원고 1.이 공소사실 기재와 같이 발언함으로써 국가의 존립·안전을 위태롭게 하거나 자유민주적 기본질서에 위해를 줄 명백한 위험이 초래되었다고 보기 어렵다.'는 이유로 무죄판결을 선고하였음. 대법원은 이러한 경우, 무죄판결이 확정될 때까지는 국가를 상대로 손해배상청구를 할 것을 기대할 수 없는 장애사유가 있었다고 보아야 한다는 이유로 이와 달리 국가의 소멸시효 완성 주장을 받아들인 원심을 파기 환송함

Ⅲ. 국가배상의 청구절차

1. 임의적 결정전치주의

(구) 국가배상법은 "이 법에 의한 손해배상의 소송은 배상심의회의 배상금지급 또는 기각의 결정을 거친 후에 한하여 이를 제기할 수 있다."고 규정하여 배상소송의 제기하기 이전에 배상심의회의 결정을 거쳐야 하는 필요적 결정전치주의를 취하고 있었다.

그러나 2000년 개정된 국가배상법은 "이 법에 의한 손해배상 소송은 배상심의회에 배상신청을 하지 아니하고도 이를 제기할 수 있다(국배법 9)."고 규정하여 배상심의회의 결정을 임의적인 전치절차로 변경하였다.

국가배상법에 따른 손해배상소송에 앞서 배상심의회의 결정절차를 거치도록 하는 것은 시간과 비용을 절약하고 신속하고 효과적으로 피해를 구제하며 법원의 부담을 경감하기 위한 것이다.

과거 필요적 결정전치제도에 대해서는 이와 같은 목적에 부합하기 보다는 부당히 소송만을 지연시키는 역기능을 한다는 문제가 꾸준히 지적되었고, 이에 따라 법개정을 통하여 임의적 결정전치주의로 변경되기에 이른 것이다.

2. 배상심의회

배상심의회는 국가나 지방자치단체에 대한 배상신청사건을 심의·결정하는 합의제행정기관이다.

배상심위회는 법무부에 설치되는 본부심의회, 군인이나 군무원이 타인에게 입힌 손해에 대한 배상신청사건을 심의하기 위하여 국방부에 설치되는 특별심의회가 있으며, 본부심의회와 특별심의회 밑에 지구심의회가 있다(국배법 10).

본부심의회와 특별심의회는 지구심의회로부터 송부받은 사건, 재심신청사건, 그 밖에 법령에 따라 그 소관에 속하는 사항을 심의·처리한다(국배법 11 ①). 각 지구심의회는 그 관할에 속하는 국가나 지방자치단체에 대한 배상신청사건을 심의·처리한다(국배법 11 ②).

3. 배상금의 지급신청

배상금을 지급받으려는 자는 그 주소지·소재지 또는 배상원인 발생지를 관할하는 지구심의회에 배상신청을 하여야 한다(국배법 12 ①).

손해배상의 원인을 발생하게 한 공무원의 소속 기관의 장은 피해자나 유족을 위하여 제1항의 신청을 권장하여야 한다(국배법 12 ②).

배상심의회의 위원장은 배상신청이 부적법하지만 보정(補正)할 수 있다고 인정하는 경우에는 상당한 기간을 정하여 보정을 요구하여야 한다(국배법 12 ③).

4. 심의와 결정

지구심의회는 배상신청을 받으면 지체 없이 증인심문·감정·검증 등 증거조사를 한 후 그 심의를 거쳐 4주일 이내에 배상금 지급결정, 기각결정 또는 각하결정을 하여야 한다(국배법 13 ①).

지구심의회는 배상신청사건을 심의한 결과 그 사건이 배상금의 개산액이 대통령령으로 정하는 금액 이상인 사건이거나 그 밖에 대통령령으로 본부심의회나 특별심의회에서 심의·결정하도록 한 사건에 해당한다고 인정되면 지체 없이 사건기록에 심의 결과를 첨부하여 본부심의회나 특별심의회에 송부하여야 한다(국배법 13 ⑥).

배상심의회는 ① 신청인이 이전에 동일한 신청원인으로 배상신청을 하여 배상금 지급 또는 기각의 결정을 받은 경우, ② 신청인이 이전에 동일한 청구원인으로 이 법에 따른 손해배상의 소송을 제기하여 배상금지급 또는 기각의 확정판결을 받은 경우, 또는 ③ 그 밖에 배상신청이 부적법하고 그 잘못된 부분을 보정할 수 없거나 보정 요구에 응하지 아니한 경우에 해당하면 배상신청을 각하한다(국배법 13 ⑧).

배상심의회는 배상결정을 하면 그 결정을 한 날부터 1주일 이내에 그 결정정본을 신청인에게 송달하여야 한다(국배법 14 ①).

5. 신청인의 동의와 배상금지급

배상결정을 받은 신청인은 지체 없이 그 결정에 대한 동의서를 첨부하여 국가나 지방자치단체에 배상금 지급을 청구하여야 한다(국배법 15 ①). 배상결정을 받은 신청인이 배상금 지급을 청구하지 아니하거나 지방자치단체가 대통령령으로 정하는 기간 내에 배상금을 지급하지 아니하면 그 결정에 동의하지 아니한 것으로 본다(국배법 15 ③).

6. 재심신청

지구심의회에서 배상신청이 기각 또는 각하된 신청인은 결정정본이 송달된 날부터 2주일 이내에 그 심의회를 거쳐 본부심의회나 특별심의회에 재심을 신청할 수 있다(국배법 15조의2 ①).

본부심의회나 특별심의회는 재심신청에 대하여 심의를 거쳐 4주일 이내에 다시 배상결정을 하여야 한다(국배법 15조의2 ③).

본부심의회나 특별심의회는 배상신청을 각하한 지구심의회의 결정이 법령에 위반되면 사건을 그 지구심의회에 환송할 수 있다(국배법 15조의2 ④).

본부심의회나 특별심의회는 배상신청이 각하된 신청인이 잘못된 부분을 보정하여 재심신청을 하면 사건을 해당 지구심의회에 환송할 수 있다(국배법 15조의2 ⑤).

7. 배상결정의 효력

(구) 국가배상법(법률 제3464호, 1981.12.17.) 제16조는 “심의회의 배상결정은 신청인이 동의하거나 지방자치단체가 배상금을 지급한 때에는 민사소송법의 규정에 의한 재판상의 화해가 성립된 것으로 본다.”고 규정하고 있었다. 재판상의 화해가 성립되면 당사자도 이에 반하는 주장을 못하고, 타 행정청이나 법원도 이에 모순되는 판단을 할 수 없게 된다.

이와 관련하여 헌법재판소는 “심의회의 제3자성·독립성이 희박한 점, 심의절차의 공정성·신중성도 결여되어 있는 점, 심의회에서 결정되는 배상액이 법원의 그것보다 하회하는 점 및 불제소합의(不提訴合意)의 경우와는 달리 신청인의 배상결정에 대한 동의에 재판청구권을 포기할 의사까지 포함되는 것으로 볼 수도 없는 점을 종합하여 볼 때, 이는 신청인의 재판청구권을 과도하게 제한하는 것”으로서 위헌이라고 결정하였다(헌재결 1995.5.25, 91헌가7). 이에 따라 위 규정은 삭제되었고, 따라서 신청인은 배상심의회의 배상금결정에 동의하였다 하더라도, 손해배상소송을 제기할 수 있게 되었다.

Ⅳ. 배상책임의 성질*

국가배상법 관계는 배상책임자(국가 또는 지방자치단체), 가해자(공무원), 피해자로 구성된다. 국가나 지방자치단체는 피해자에 대하여 국가배상법에 의한 배상책임이 있고, 가해자는 피해자에 대하여 민법에 의한 배상책임이 있다. 이 경우 피해자는 어느 법에 의하여 누구를 상대로 손해배상을 청구할 것인가(선택적 청구권의 문제), 가해자의 불법행위에 대하여 국가나 지방자치단체가 손해를 배상한 경우, 국가 등은 가해자에 대하여 구상권을 행사할 수 있는가(국가에 대한 구상책임 문제) 하는 것이 문제인데, 이는 배상책임의 성질에 대한 이해와 관련이 있다. 이에 관하여는 견해가 나뉜다.

1. 학설

(1) 대위책임설

이 설은 국가배상책임은 국가의 자기책임이 아니라 공무원의 책임을 국가가 대신하여 지는 대위책임이라고 본다. 대위책임설은 과거 독일의 입법례를 바탕으로 국가의 기관인 공무원은 국가의 대리인이며, 따라서 수권에 위반하여 행한 대리인의 행위가 수권자의 행위로 될 수 없는 것과 마찬가지로 공무원의 위법행위는 국가 등의 행위가 될 수 없으므로 국가가 직접 책임을 질 수 없다는 데 근거를 두고 있다. 그런데도 국가가 공무원을 대신하여 책임을 지는 것은 상대적으로 자력이 풍부한 국가로 하여금 배상을 하도록 함으로써 피해자를 보다 두텁게 보호할 수 있게 된다는 것이다. 이 설이 종래 통설이었고 현재에도 다수설이다.

이 설에 의하면, 국가가 공무원을 대신하여 손해를 배상하는 것이므로, 피해자는 국가에 대해서만 국가배상을 청구할 수 있을 뿐, 공무원 개인에 대하여 민사상의 손해배상을 청구할 수 없게 된다(선택적 청구권의 부인).

한편 이 설에 의하면 국가는 공무원을 대신하여 배상을 하였으므로, 국가는 공무원에게 구상권을 행사할 수 있다(구상권 인정). 다만 국가배상법은 “공무원이 고의 또는 중대한 과실이 있는 때에는 국가 또는 지방자치단체는 그 공무원에게 구상할 수 있다(국배법 2 ②).”고 규정함으로써 경과실의 경우에는 공무원의 구상책임을 면책하고 있는데, 이는 공무원의 사기저하를 방지하기 위한 정책적인 고려에 따른 것이라 할 수 있다.

---

* 사법시험(2016년), 5급공채(재경)(2011년), 5급공채(2020년).

(2) 자기책임설

이 설은 국가의 배상책임은 공무원의 책임을 대신하여 지는 것이 아니라 행정기관(공무원)의 행위라는 점에서 국가 자신이 직접 부담하게 되는 자기책임이라고 본다.

자기책임설의 입장에서 국가는 스스로 자신의 책임을 부담하는 것이므로, 공무원 개인의 민사책임은 이와는 무관하게 양립할 수 있게 된다. 따라서 피해자의 입장에서는 국가를 상대로 국가배상을 청구하거나 공무원 개인을 상대로 민사상의 손해배상을 청구할 수 있다(선택적 청구권의 인정).

이 설에 의하면 공무원의 불법행위에 대하여 기관의 행위라는 형식으로 국가가 자기책임을 지는 것이므로, 국가가 손해를 배상하더라도 이는 자기책임에 기한 배상이므로 공무원에 대한 구상권은 인정되지 않는다(구상권의 부인).

자기책임설 가운데에는 공무원이 직무행위는 상대방에게 손해를 야기할 위험을 내포하고 있으므로 국가는 공무원의 위험의 야기로 인하여 발생한 손해에 대하여 까지 배상책임을 부담하여야 한다는 '위험책임설적 자기책임설'도 있다. 그러나 여기에서의 위험책임은 무과실책임을 포함하는 것이므로 과실책임주의에 입각하고 있는 국가배상법 제2조에 의한 국가배상에는 적합하지 않다.

(3) 중간설

중간설은 공무원의 위법행위가 경과실에 의한 경우에는 국가의 배상책임을 자기책임으로 보고, 고의·중과실에 의한 경우에는 당해 행위는 국가기관의 행위로서의 지위를 넘어서는 것이므로 이에 대하여 국가가 배상책임을 지더라도 이는 대위책임으로 본다. 중간설은 피해자의 선택적 청구권은 인정되지 않는다고 본다.

국가의 구상권과 관련하여, 경과실의 경우에는 자기책임이므로 구상권이 인정되지 않지만, 고의·중과실의 경우에는 대위책임으로 보므로 구상권이 인정된다.

(4) 절충설

절충설은 국가배상에 있어 피해자보호·공무원의 위법행위 억제·안정된 공무수행 보장·국고의 안정 등의 다양한 관점을 고려하여 국가의 배상책임을 대위책임설과 자기책임설을 절충적으로 이해하는 견해이다.[11)]

즉 이 설에 의하면 공무원의 위법행위가 경과실에 의한 경우에는 그 행위의 효과는 국가에 귀속되는 것으로 보아 자기책임으로 본다. 그러나 경미한 과실에 의한 경우 공무원의 사기저하를

11) 김동희/최계영, 행정법 I, 578면.

방지할 정책적인 필요가 있다는 점에서 피해자의 선택적 청구권(대위책임설의 입장)과 국가의 구상권(자기책임설의 입장)을 모두 부인한다.

한편 공무원의 위법행위가 고의·중과실에 의한 경우 이는 이미 국가기관의 행위로서의 품위를 상실한 것이므로 이 경우 배상책임은 원칙적으로 공무원 개인의 책임이지만, 그러나 이러한 불법행위도 국가의 직무행위로서의 외형을 갖추고 있는 것이므로, 피해자를 두텁게 보호하기 위하여 국가가 일종의 자기책임을 지는 것으로 본다. 그러나 이 경우 내용적으로는 공무원의 불법행위책임에 대한 배상을 국가가 자기책임으로 하는 것이므로, 공무원의 민사상의 책임(자기책임설의 입장)과 국가에 대한 구상책임(대위책임설의 입장)을 모두 인정한다.

▌배상책임의 성질에 관한 학설 요약▐

	대위책임설	자기책임설	중간설	절충설
선택적 청구권 (공무원의 민사책임)	부인	인정	부인	경과실: 부인 (자기책임) 고의·중과실: 인정 (자기책임)
국가의 구상권 (공무원의 구상책임)	인정	부인	경과실: 부인 (자기책임) 고의·중과실: 인정 (대위책임)	경과실: 부인 (자기책임) 고의·중과실: 인정 (자기책임)

2. 판례

배상책임의 성질에 관한 문제는 판례상으로는 공무원 개인의 배상책임의 인정 여부의 문제로 다루어지고 있다.

이에 관하여 과거에는 공무원의 직무상 불법행위로 손해를 받은 국민은 공무원 개인에 대하여도 직접 민사상의 손해배상을 청구할 수 있다는 판결(대판 1972.10.10, 69다701)도 있었고, 국가를 상대로 손해배상을 청구할 수 있을 뿐 공무원 개인을 상대로 손해배상을 청구할 수 없다는 판결(대판 1994.4.12, 93다11807)도 있었다.

그러다가 대법원은 전원합의체판결을 통하여 이 문제에 대한 종래의 판례의 입장을 정리하였다. 이에 따르면 ① 공무원의 위법행위가 경과실에 기한 경우에는 국가의 기관행위로 보아 이에 대한 손해배상책임을 전적으로 국가에게만 귀속시키고 공무원에게는 책임(민사상의 손해배상책임 및 구상책임)을 부담시키지 아니하며, ② 고의·중과실에 기한 경우에는 기관행위로서의 품격을 상실한 것이어서 국가에게 그 책임을 귀속시킬 수 없으므로 공무원 개인에게 불법행위로 인한 손해배상책임을 부담시키되, 다만 그 행위가 공무원의 직무집행행위로서의 외관을 갖추고 있는 한, 피해자인 국민을 두텁게 보호하기 위하여 국가와 공무원 개인이 중첩적으로 배상책임을 부담하고, 국가가 배상을 한 경우에는 공무원 개인에게 구상할 수 있다고 보고 있다.

판례는 이와 같은 견해를 제한적 긍정설이라 하고 있는데, 이와 같은 견해의 명칭은 국가배상사건에서 공무원 개인의 민사상의 배상책임이 인정되는가 하는 것을 문제로 하였기 때문이다. 판례의 제한적 긍정설은 위 절충설과 같은 견해라고 이해하는 것이 대다수의 견해이다.

[판례] 공무원 개인의 손해배상책임 유무(제한적 긍정설)

국가배상법 제2조 제1항 본문 및 제2항의 입법 취지는 공무원의 직무상 위법행위로 타인에게 손해를 끼친 경우에는 변제자력이 충분한 국가 등에게 선임감독상 과실 여부에 불구하고 손해배상책임을 부담시켜 국민의 재산권을 보장하되, 공무원이 직무를 수행함에 있어 경과실로 타인에게 손해를 입힌 경우에는 그 직무수행상 통상 예기할 수 있는 흠이 있는 것에 불과하므로, 이러한 공무원의 행위는 여전히 국가 등의 기관의 행위로 보아 그로 인하여 발생한 손해에 대한 배상책임도 전적으로 국가 등에만 귀속시키고 공무원 개인에게는 그로 인한 책임을 부담시키지 아니하여 공무원의 공무집행의 안정성을 확보하고, 반면에 공무원의 위법행위가 고의·중과실에 기한 경우에는 비록 그 행위가 그의 직무와 관련된 것이라고 하더라도 그와 같은 행위는 그 본질에 있어서 기관행위로서의 품격을 상실하여 국가 등에게 그 책임을 귀속시킬 수 없으므로 공무원 개인에게 불법행위로 인한 손해배상책임을 부담시키되, 다만 이러한 경우에도 그 행위의 외관을 객관적으로 관찰하여 공무원의 직무집행으로 보여질 때에는 피해자인 국민을 두텁게 보호하기 위하여 국가 등이 공무원 개인과 중첩적으로 배상책임을 부담하되 국가 등이 배상책임을 지는 경우에는 공무원 개인에게 구상할 수 있도록 함으로써 궁극적으로 그 책임이 공무원 개인에게 귀속되도록 하려는 것이라고 봄이 합당하다.

공무원이 직무수행 중 불법행위로 타인에게 손해를 입힌 경우에 국가 등이 국가배상책임을 부담하는 외에 공무원 개인도 고의 또는 중과실이 있는 경우에는 불법행위로 인한 손해배상책임을 진다고 할 것이지만, 공무원에게 경과실뿐인 경우에는 공무원 개인은 손해배상책임을 부담하지 아니한다고 해석하는 것이 헌법 제29조 제1항 본문과 단서 및 국가배상법 제2조의 입법취지에 조화되는 올바른 해석이다(대판 1996.2.15, 95다38677 전원합의체).

판례는 '공무원의 중과실이란 거의 고의에 가까운 현저한 주의를 결여한 상태를 의미한다'고 하고 있다.

[판례] 공무원의 '중과실'의 의미

"[1] 공무원의 중과실이란 공무원에게 통상 요구되는 정도의 상당한 주의를 하지 않더라도 약간의 주의를 한다면 손쉽게 위법·유해한 결과를 예견할 수 있는 경우임에도 만연히 이를 간과한 경우와 같이, 거의 고의에 가까운 현저한 주의를 결여한 상태를 의미한다.

[2] (갑 등이 세월호 진상규명 등을 촉구하는 기자회견을 한 후 청와대에 서명지 박스를 전달하기 위한 행진을 시도하였으나 관할 경찰서장인 을 등이 해산명령과 통행차단 조치를 하였고, 이에 갑 등이 을 등을 상대로 손해배상을 구한 사안에서) 기자회견 및 행진으로 인하여 타인의 법익이나 공공의 안녕질서에 대한 직접적인 위험이 명백하게 초래되었다고 보기 어려우므로 갑 등에 대한 해산명령 및 통행차단 조치는 위법하지만, … 을 등은 당시 갑 등에게 내린 해산명령 및 통행차단 조치가 집회 및 시위에 관한 법률 및 경찰관 직무집행법에서 허용되는 범위를 넘어선다는 것을 인식하지 못하였다고 볼 여지가 있고, 나아가 위와 같이 인식하지 못한 데에 고의에 가까울 정도로 현저히 주의를 결여하였다고 단정하기 어려운데도, 을 등에게 중과실이 있다고 보아 을 등의 손해배상책임을 인정한 원심판단에 법리오해의 잘못이 있다(대판 2021.11.11, 2018다288631[손해배상(기)]).”

3. 결어

국가배상법 제2조는 공무원 개인의 주관적인 책임(고의·과실)을 배상책임의 요건으로 하고 있고(과실책임주의), 공무원에 대한 국가의 구상권을 규정하고 있는 점에서 기본적으로 대위책임을 근본으로 하고 있다고 할 수 있다.

다만 헌법 제29조 제1항 단서의 “공무원 자신의 책임은 면제되지 아니한다.”는 규정을 어떻게 해석할 것인가 하는 것이 문제인데, 중요한 점은 위의 어느 설을 취하는가에 따라 논리필연적으로 어떠한 결과가 도출되어야 하는 것은 아니라는 점이다. 즉 국가배상에서는 법치국가원리에 따른 피해자의 권리구제, 공무원의 불법행위 억제, 안정된 공무수행 보장, 국고의 안정 등의 다양한 가치들을 조화적으로 고려하여야 하기 때문이다. 최근에는 이와 같이 공무원 개인책임의 인정 및 선택적 청구의 가능성 여부는 대위책임·자기책임간의 논쟁과는 논리필연적인 관계는 없다는 견해가 지배적이다. 이러한 관점에서 위 대법원 판결도 이와 같은 가치들의 조화를 도모하고 있는 것이다.

생각건대 국가배상의 법관계를 ‘국가의 피해자에 대한 손해배상관계를 내용으로 하는 공법관계’로 이해하면, 공무원의 구상책임은 인정하지만 공무원 개인의 민사상의 배상책임을 부인하는 것이 타당하지만, 국가배상에서 고려하여야 할 다양한 요소들을 감안하면 절충설(제한적 긍정설)이 현실적인 대안이라고 판단된다.

Ⅴ. 공무원의 구상책임

(i) 국가배상법은 “공무원에게 고의 또는 중대한 과실이 있으면 국가나 지방자치단체는 그 공무원에게 구상할 수 있다(국배법 2 ②).”고 하여 국가 등의 공무원에 대한 구상권을 규정하고 있다.

이는 '손해부담의 공평'을 기하기 위하여 구상을 유보한 것으로서, 공무원의 불법행위를 억제하고 국가재정의 부담을 완화하는 기능을 한다.

(ii) 구상권은 재량행위로 규정되어 있어, 공무원의 위법행위로 인하여 국가가 배상한 경우 국가는 구상권을 행사할 수 있는 것이지, 반드시 행사하여야 하는 것은 아니다. 국가가 구상권을 행사하는 경우 이 범위 내에서 당해 공무원은 구상책임을 지게 된다.

(iii) 구상책임의 범위는 공무원에게 '고의·중과실'이 있는 경우이다. 따라서 경과실이 있는 경우 공무원은 구상책임을 부담하지 않는데, 이는 소신 있는 직무행위를 담보하기 위한 것이다.

(iv) 국가배상법이 고의·중과실의 경우 공무원에게 구상할 수 있다고 규정하고 있는 것은 국가배상책임을 유발시킨 공무원에게 공평부담·예산보전 차원에서 일정한 책임을 부담시키고자 하는 취지라고 해석된다. 한편 경과실이 있는 가해공무원이 배상을 한 경우 국가에 대한 구상권을 취득한다.*

[판례] 공무원이 직무수행 중 불법행위로 타인에게 손해를 입힌 경우, 피해자에게 손해를 직접 배상한 경과실이 있는 공무원이 국가에 대하여 구상권을 취득하는지 여부

"… 경과실이 있는 공무원이 피해자에 대하여 손해배상책임을 부담하지 아니함에도 피해자에게 손해를 배상하였다면 그것은 채무자 아닌 사람이 타인의 채무를 변제한 경우에 해당하고, 이는 민법 제469조의 '제3자의 변제' 또는 민법 제744조의 '도의관념에 적합한 비채변제'에 해당하여 피해자는 공무원에 대하여 이를 반환할 의무가 없고, 그에 따라 피해자의 국가에 대한 손해배상청구권이 소멸하여 국가는 자신의 출연 없이 채무를 면하게 되므로, 피해자에게 손해를 직접 배상한 경과실이 있는 공무원은 특별한 사정이 없는 한 국가에 대하여 국가의 피해자에 대한 손해배상책임의 범위 내에서 공무원이 변제한 금액에 관하여 구상권을 취득한다고 봄이 타당하다(대판 2014.8.20, 2012다54478)."

(v) 판례는 국가 등은 손해의 공평분담이라는 견지에서 신의칙상 상당하다고 인정되는 한도 내에서만 구상권을 행사할 수 있다는 입장이다.

[판례] 구상권행사의 범위, 국가의 배상책임이 소멸시효남용을 이유로 긍정되는 경우 국가가 가해공무원에게 구상을 할 수 있는지 여부

"(과거사 사건에서 피해자에 대하여 손해를 배상한 국가가 가해 공무원에 대하여 구상금을 청구하는 사건에서) … 국가나 지방자치단체는 해당 공무원의 직무내용, 불법행위의 상황과 손해발생에 대한 해당 공무원의 기여 정도, 평소 근무태도, 불법행위의 예방이나 손실분산에 관한 국가 또는 지

* 사법시험(2016년).

방자치단체의 배려의 정도 등 제반 사정을 참작하여 손해의 공평한 분담이라는 견지에서 신의칙상 상당하다고 인정되는 한도 내에서 구상권을 행사할 수 있다(대법원 2008.3.27. 선고 2006다70929 판결 등 참조).

한편 공무원의 직무상 불법행위로 손해를 입은 피해자가 국가배상청구를 하였을 때, 비록 그 소멸시효 기간이 경과하였다고 하더라도 국가가 소멸시효의 완성 전에 피해자의 권리행사나 시효중단을 불가능 또는 현저히 곤란하게 하였거나 객관적으로 피해자가 권리를 행사할 수 없는 장애사유가 있었다는 등의 사정이 있어 국가에게 채무이행의 거절을 인정하는 것이 현저히 부당하거나 불공평하게 되는 등 특별한 사정이 있는 경우에는, 국가가 소멸시효 완성을 주장하는 것은 신의성실 원칙에 반하여 권리남용으로서 허용될 수 없다(대법원 2011.10.13. 선고 2011다36091 판결 등 참조).

이와 같이 공무원의 불법행위로 손해를 입은 피해자의 국가배상청구권의 소멸시효 기간이 지났으나 국가가 소멸시효 완성을 주장하는 것이 신의성실의 원칙에 반하는 권리남용으로 허용될 수 없어 배상책임을 이행한 경우에는, 그 소멸시효 완성 주장이 권리남용에 해당하게 된 원인행위와 관련하여 해당 공무원이 그 원인이 되는 행위를 적극적으로 주도하였다는 등의 특별한 사정이 없는 한, 국가가 해당 공무원에게 구상권을 행사하는 것은 신의칙상 허용되지 않는다고 봄이 상당하다 (대판 2016.6.9, 2015다200258)."

Ⅵ. 국가와 지방자치단체의 자동차손해배상책임

1. 관련 규정 및 규정의 적용

국가배상법은 "국가나 지방자치단체는 … 자동차손해배상 보장법에 따라 손해배상의 책임이 있을 때에는 이 법에 따라 그 손해를 배상하여야 한다(국배법 2 ①)."고 규정하고 있고, 자동차손해배상보장법은 "자기를 위하여 자동차를 운행하는 자는 그 운행으로 다른 사람을 사망하게 하거나 부상하게 한 경우에는 그 손해를 배상할 책임을 진다(자동차손해배상보장법 3)."고 규정하고 있다. 한편 국가배상법은 "국가나 지방자치단체의 손해배상 책임에 관하여는 이 법에 규정된 사항 외에는 민법에 따른다. 다만, 민법 외의 법률에 다른 규정이 있을 때에는 그 규정에 따른다(국배법 8)." 고 규정하고 있으므로, 공무원이 자동차를 운행하다가 인적 피해를 일으킨 경우에는, 우선 자동차손해배상 보장법 제3조가 적용되고, 이에 따라 자동차손해배상책임이 있으면 그 손해배상은 국가배상법에 따르게 된다.

2. 자동차손해배상책임의 성립요건

자동차손해배상보장법 제3조는 '자기를 위하여 자동차를 운행하는 자'가 '그 운행으로 다른 사람을 사망하게 하거나 부상하게 하는 경우'를 배상책임의 요건으로 하고 있다.

먼저 동법은 제2조에서 '운행'과 '운전'의 개념을 구분하고 있다. 이에 따르면 '운행'이란 사람 또는 물건의 운송 여부와 관계없이 자동차를 그 용법에 따라 사용하거나 관리하는 것이고, '운전자'란 다른 사람을 위하여 자동차를 운전하거나 운전을 보조하는 일에 종사하는 자로 정의하고 있다. 따라서 '자기를 위하여 자동차를 운행하는 자'라는 요건과 관련하여 공무원이 운전자이어야 할 필요는 없다. 일단 공무원이 차량을 사용하게 되면 자동차를 운행하는 것이 된다.

다만 '자기를 위하여' 운행한다는 요건과 관련하여 국가의 배상책임이 인정되기 위해서는 공무원이 개인의 이익이 아닌 '공무를 위하여' 차량을 운행한 것이어야 한다. 이와 관련하여 판례는 공무원이 공무를 집행하기 위하여 관용차를 운행하는 경우는 그 운행지배나 운행이익이 공무원이 속한 국가 또는 지방자치단체에 귀속된다고 하여 이 경우 차량을 운행한 공무원은 동법 제3조상의 배상책임의 주체가 될 수 없다고 보고 있다(대판 1994.12.27, 94다31860). 그러나 공무원이 직무수행을 위하여 자기 소유의 자동차를 운행하다가 사고를 일으킨 경우에는, 국가가 공무원의 자동차운행에 관하여 어떤 지시나 관리를 하는 등 그 운행을 지배하였다거나 그로 인한 운행이익을 향유하였다는 점을 인정할 만한 증거가 없으면 국가가 자동차손해배상보장법 소정의 운행자의 지위에 있다고 할 수 없다고 보았다(대판 1994.5.27, 94다6741). 이 경우 공무원은 '공무원 개인을 위하여 차량을 운행한 것'이 되어 공무원 개인이 자동차손해배상책임을 지게 된다.

3. 공무원의 자동차손해배상책임의 내용과 범위의 적용법

(i) 국가가 '국가의 이익을 위하여 자동차를 운행한 자'인 경우에는, 국가가 자동차손해배상보장법상의 배상책임을 부담하게 되므로, 실제로 차량을 운행한 공무원 개인은 자동차손해배상책임을 부담하지 아니한다. 이 경우 배상책임의 내용과 범위는 국가배상법에 따른다.

(ii) 그런데 공무원이 '자기의 이익을 위하여 자동차를 운행한 경우'에는, 운행에 대한 책임이 국가가 아닌 공무원에게 귀속되므로, 공무원 개인이 자동차손해배상보장법상의 배상책임을 부담하여야 한다. 이때 공무원의 개인적인 자동차손해배상책임의 부담 여부를 결정하는 데에는 자동차손해배상보장법이 민법이나 국가배상법에 우선하여 적용되고, 따라서 자동차손해배상책임의 내용과 범위도 자동차손해배상보장법이 정하는 바에 의하게 된다. 따라서 공무원이 '자기의 이익을 위하여 자동차를 운행한 자'에 해당하면, 공무원의 자동차의 운행이 경과실에 의한 것인지 고의 또는 중과실에 의한 것인지 가리지 않고 배상책임을 부담하게 된다(대판 1996.3.8, 94다23876).

[판례] 공무원이 직무상 자기 소유의 자동차를 운전하다가 사고를 일으킨 경우, 공무원 개인의 손해배상책임 유무(적극)

"…헌법 제29조 제1항 및 국가배상법 제2조를 그 각 입법취지에 비추어 합리적으로 해석하면 공무원이 공무집행상의 위법행위로 인하여 타인에게 손해를 입힌 경우에는 공무원에게 고의 또는 중과실이 있는 때에는 공무원 개인도 불법행위로 인한 손해배상책임을 진다고 할 것이지만 공무원에게 경과실뿐인 때에는 공무원 개인은 손해배상책임을 부담하지 아니한다고 할 것이다. 그러나 공무원이 자동차를 운행하여 공무집행을 하던 중 사고로 다른 사람을 사망하게 하거나 부상하게 하여서 공무원 개인이 자동차손해배상보장법상의 손해배상책임을 지게 되는 경우는 이와 달리 보아야 할 것이다…(중략)…공무원이 직무상 자동차를 운전하다가 사고를 일으켜 다른 사람에게 위와 같은 손해를 입힌 경우에는 그 사고가 자동차를 운전한 공무원의 경과실에 의한 것인지 중과실 또는 고의에 의한 것인지를 가리지 않고, 그 공무원이 자배법 제3조 소정의 '자기를 위하여 자동차를 운행하는 자'에 해당하는 한 자배법상의 손해배상책임을 부담하는 것이라고 할 것이다.(대판 1996.3.8., 94다23876[손해배상(자)]).”

제 5 절 공공시설 등의 하자로 인한 손해배상

Ⅰ. 국가배상법 제5조의 제도적 의의

국가배상법 제5조는 “도로·하천, 그 밖의 공공의 영조물(營造物)의 설치나 관리에 하자가 있기 때문에 타인에게 손해를 발생하게 하였을 때에는 국가나 지방자치단체는 그 손해를 배상하여야 한다.”고 규정하고 있다.

이러한 공공시설 등의 하자로 인한 국가의 손해배상책임은, 국가배상법 제2조가 공무원의 주관적 책임을 요구하는 과실책임주의에 입각하고 있는 것과는 달리, 국가의 무과실책임을 규정하고 있는 것이다(통설).

오늘날 공공시설 또는 국가의 관리 하에 있는 사회간접자본 등의 시설이 증가하고 또한 점차 대형화함에 따라 그에 비례하여 이로부터 야기되는 위험의 정도가 확대되고 있다는 점에서 국가배상법 제5조의 국가의 배상책임은 그 제도적 가치가 더욱 부각되고 있다.

Ⅱ. 배상책임의 요건 *

국가배상법 제5조에 의하여 국가 등의 배상책임이 성립하려면 공공의 영조물, 설치 또는 관리상의 하자, 손해의 발생이라는 요건이 충족되어야 한다.

* 사법시험(2001년), 사법시험(2010년), 입법고시(1998년), 행정고시(1995년), 5급공채(2019년).

1. 도로·하천 그 밖의 공공의 영조물

일반적으로 영조물(營造物, Öffentliche Anstalt)이란 일정한 행정목적수행의 효율성과 합리성을 도모하기 위하여 설치된 인적·물적 종합시설(예: 국공립의 교육·의료·보건·체육·문화시설 등)을 말한다. 그런데 국가배상법 제5조는 도로나 하천을 공공의 영조물의 예로 규정하고 있는 것으로 보아, 동조상의 영조물은 도로나 하천과 같은 공공의 목적에 제공된 유체물을 의미하는 것으로서, 강학상으로는 공물(公物)에 해당한다.

> [판례1] 국가배상법 제5조 제1항 소정의 "공공의 영조물"의 의미
>
> "국가배상법 제5조 제1항 소정의 "공공의 영조물"이라 함은 국가 또는 지방자치단체에 의하여 특정 공공의 목적에 공여된 유체물 내지 물적 설비를 지칭하며, 특정 공공의 목적에 공여된 물이라 함은 일반공중의 자유로운 사용에 직접적으로 제공되는 공공용물에 한하지 아니하고, 행정주체 자신의 사용에 제공되는 공용물도 포함하며 국가 또는 지방자치단체가 소유권, 임차권 그 밖의 권한에 기하여 관리하고 있는 경우뿐만 아니라 사실상의 관리를 하고 있는 경우도 포함한다(대판 1995. 1.24, 94다45302)."

따라서 본조의 공공의 영조물에는 인공공물(도로·상하수도·관공서의 청사·발전설비·철도 등), 자연공물(하천·호수·해변 등), 동산(자동차·항공기·선박 등) 및 동물(경찰견·군견 등) 등이 포함된다.

이와 관련하여 영조물을 '설치 또는 관리'한다는 의미에서 보면 자연공물이 본조의 공공의 영조물에 포함될 수 있는가에 대하여 의문이 제기될 수 있는데, 본조는 하천과 같은 자연공물을 영조물의 예로 규정하고 있고, 또한 본조는 영조물의 설치뿐만 아니라 '관리'도 규정하고 있는데 자연공물인 경우에도 준설공사 등과 같은 최소한의 관리는 이루어져야 한다는 점에서 공공의 영조물에 포함되어야 한다.[12)]

> [판례2] 국유재산법상 행정재산의 범위
>
> "국유 하천부지는 자연의 상태 그대로 공공용에 제공될 수 있는 실체를 갖추고 있는 이른바 자연공물로서 별도의 공용개시행위가 없더라도 행정재산이 되고 그 후 본래의 용도에 공여되지 않는 상태에 놓여 있더라도 국유재산법령에 의한 용도폐지를 하지 않은 이상 당연히 잡종재산으로 된다고는 할 수 없으며, 농로나 구거와 같은 이른바 인공적 공공용 재산은 법령에 의하여 지정되거나 행정처분으로 공공용으로 사용하기로 결정한 경우, 또는 행정재산으로 실제 사용하는 경우의 어느 하나에 해당하면 행정재산이 된다(대판 2007.6.1, 2005도7523)."

12) 김동희/최계영, 행정법 I, 582면 각주 1).

본조의 공공의 영조물은 국유재산법상의 행정재산을 포함하는 개념이다. 행정재산에는 국가나 지방자치단체가 직접 사용하기 위한 공용재산(예: 정부청사), 직접 일반공중이 사용하기 위한 공공용재산(예: 도로), 정부기업이 직접 그 사무용·사업용 또는 당해 기업에 종사하는 직원의 주거용으로 사용하거나 사용하기로 결정한 기업용재산 및 법령이나 그 밖의 필요에 따라 국가가 보존하는 보존용재산이 포함된다(국유재산법 6 ②). 따라서 행정재산의 설치 또는 관리상의 하자로 발생한 손해에 대하여는 국가와 지방자치단체의 배상책임이 성립한다. 다만 국유재산 중 일반재산은 행정재산을 제외한 모든 국유재산을 말하는데(국유재산법 6 ③), 이러한 일반재산에 관한 국가의 행위는 이른바 국고행위에 해당되므로 위의 공공의 영조물의 범위에서도 제외된다. 따라서 일반재산의 설치·관리상의 하자로 발생한 손해에 대해서는 민법규정에 의한다.

[판례3] 국가의 철도운행사업과 관련하여 발생한 사고로 인한 손해배상청구에 관하여 적용될 법규 (공무원의 직무상 과실을 원인으로 한 경우=민법, 영조물 설치·관리의 하자를 원인으로 한 경우=국가배상법)

"국가 또는 지방자치단체라 할지라도 공권력의 행사가 아니고 단순한 사경제의 주체로 활동하였을 경우에는 그 손해배상책임에 국가배상법이 적용될 수 없고 민법상의 사용자책임 등이 인정되는 것이고 국가의 철도운행사업은 국가가 공권력의 행사로서 하는 것이 아니고 사경제적 작용이라 할 것이므로, 이로 인한 사고에 공무원이 간여하였다고 하더라도 국가배상법을 적용할 것이 아니고 일반 민법의 규정에 따라야 하나…, 공공의 영조물인 철도시설물의 설치 또는 관리의 하자로 인한 불법행위를 원인으로 하여 국가에 대하여 손해배상청구를 하는 경우에는 국가배상법이 적용된다 …(대판 1999.6.22, 99다7008)."

2. 설치 또는 관리의 하자

(1) 의의

'영조물의 설치 또는 관리상의 하자'란 영조물을 설치하거나 관리하는 데 있어서 영조물이 일반적으로 갖추어야 할 안전성을 결여한 것을 의미한다.

이와 같은 안전성의 결여를 판단하는 데 있어서는 당해 영조물의 종류·구조·규모·이용 현황·환경·위치 등의 여러 사정들이 종합적으로 고려되어야 할 것인데, 이에 더하여 안전성의 결여를 판단하는 데 관리자의 주의의무위반이라는 주관적인 귀책사유도 고려하여야 하는가 하는 것이 문제이다. 이에 관하여는 다음과 같은 견해들이 제시되고 있다.

(2) 학설

1) 객관설

객관설은 영조물의 하자를 객관적으로 판단하는 견해이다. 이 설에 따르면 영조물의 하자 발생에 있어 관리자의 주의의무 위반이라는 과실의 유무는 문제되지 아니한다고 본다. 따라서 통상적으로 공물이 갖추고 있어야 하는 안전성에 객관적인 하자가 있으면 관리자의 통상적인 안전관리행위와 관계없이 국가는 배상책임을 지게 된다. 이와 같이 객관설은 주관설과는 달리 국가배상법 제5조의 배상책임을 순수한 무과실책임으로 이해한다. 이 설이 종래 통설이다.

2) 주관설(의무위반설)

주관설은 영조물의 설치 또는 관리상의 하자를 관리자의 주의의무(안전확보의무 내지 사고방지의무) 위반에 기인한 물적 위험상태로 본다.[13] 이러한 의미에서 주관설은 의무위반설이라고도 한다. 이 설은 국가배상법 제5조에 의한 국가의 배상책임은 절대적인 무과실책임이 아니고, 적어도 하자의 존재를 요건으로 하고 있는 이상, 하자의 발생에 관리자의 주의의무위반이라는 주관적 귀책사유가 요구된다는 인식을 배경으로 하고 있다. 이 설에 따르면 영조물에 하자가 있어 손해가 발생하더라도 관리자의 주의의무위반이나 귀책사유가 없으면 국가의 배상책임은 성립하지 않는다. 이와 같이 주관설은 영조물의 하자로 인한 국가의 배상책임을 일종의 과실책임으로 이해한다.

주관설이 하자의 판단에 주관적 요소를 도입하는 것에 대하여는 국가배상책임을 축소시켜 피해자구제의 관점에서 바람직하지 않다는 비판이 제기될 수 있는데, 이와 관련하여 주관설의 입장에 서면서도 관리자의 주의의무를 고도화·객관화된 주의의무로 파악할 경우 이와 같은 문제가 실질적으로 해소될 수 있다고 주장하기도 한다.[14]

3) 절충설

절충설은 국가배상법 제5조상의 하자를 영조물 자체의 물적 결함상태뿐 아니라, 관리자의 안전관리의무위반도 포함시켜 이해하는 입장이다. 즉 영조물 자체의 통상적인 안전성에 객관적인 결함이 존재하거나, 이와 같은 결함이 존재하지 않더라도 관리자의 주의의무위반이 있으면 하자의 존재를 인정하는 것이다.

이 설에 의하면, 예컨대 도로에 농무(濃霧)와 같은 자연현상의 발생으로 인하여 사고가 발생한 경우 도로 자체에는 객관적인 결함이 없으나 관리자가 교통표지판이나 교통정보시설 등을 이용하여 기상상황을 사전에 알리는 등의 방법으로 사고예방을 위한 적절한 조치를 취하지 않은 경우에

13) 김동희/최계영, 행정법 I, 583면.
14) 김동희/최계영, 행정법 I, 583면 이하.

는 영조물의 설치·관리상의 하자를 인정하는 것이다.

결국 절충설은 영조물과 관련하여 피해가 발생한 경우 이것이 영조물에 물적 결함에 기인한 것이거나 관리자의 안전관리의무위반에 기인한 것이면 모두 '설치 또는 관리상의 하자'로 보는 것이다. 이러한 의미에서 절충설은 엄격하게 보면 주관적 요소와 객관적 요소를 서로 가감하는 절충이 아니며 이를 모두 합쳐서 국가의 무거운 배상책임을 인정하는 것이므로 용어상 병합설로 부르는 것이 더 정확하다.

4) 위법·무과실책임설

이 설은 영조물의 물적 상태에 초점을 두는 객관설과는 달리 국가배상법 제5조의 책임을 행위책임으로 보고 이를 위법·무과실의 책임으로 이해한다.[15]

즉 이 설은 국가배상법 제5조의 책임은 영조물 자체의 하자가 아닌 설치 또는 관리상의 하자를 요건으로 하고 있는 점에서 이는 상태책임이 아니라 행위책임이라고 보면서, 동조는 제2조와는 달리 공무원의 고의·과실을 요건으로 하고 있지 않다는 점에서 설치·관리행위에 있어 공무원 개인의 주관적인 고의·과실이 작용할 수 없고 따라서 공무원 개인의 고의·과실이 있었는지의 여부와 무관하게 안전확보의무라는 국가의 의무를 제대로 이행하지 않은 행위책임은 국가가 부담한다고 본다. 결국 국가는 공공시설물에 대해서 시설물의 안전을 확보하여야 할 의무를 부담하게 되는데, 이러한 의무를 위반하여 손해가 발생하면 그 책임은 국가가 져야 하는 것이고, 따라서 영조물의 설치·관리상의 하자란 이와 같은 '관리주체'의 '안전의무위반'을 의미한다고 본다.

(3) 판례

(i) 판례는 '영조물의 설치 또는 관리의 하자'를 '영조물이 그 용도에 따라 통상 갖추어야 할 안전성을 갖추지 못한 상태에 있음을 말하는 것'으로 보면서 국가배상법 제5조의 배상책임을 무과실책임으로 보아, 기본적으로는 객관설의 입장을 취하고 있다.

[판례] 국가배상법 제5조 제1항에 규정된 '영조물 설치·관리상의 하자'의 의미와 그 판단 기준

"국가배상법 제5조 제1항에 규정된 '영조물 설치·관리상의 하자'는 공공의 목적에 공여된 영조물이 그 용도에 따라 통상 갖추어야 할 안전성을 갖추지 못한 상태에 있음을 말한다. … 영조물이 그 설치 및 관리에 있어 완전무결한 상태를 유지할 정도의 고도의 안전성을 갖추지 아니하였다고 하여 하자가 있다고 단정할 수는 없고, 영조물 이용자의 상식적이고 질서 있는 이용 방법을 기대한 상대적인 안전성을 갖추는 것으로 족하다(대판 2022.7.28, 2022다225910[손해배상(자)])."

15) 정하중, 행정법개론, 563면 이하.

(ii) 한편 대법원은 일부 판례에서 영조물의 설치·관리상의 하자의 인정과 관련하여 '설치·관리자가 사회통념상 일반적으로 요구되는 정도의 방호조치의무를 다하였는지 여부'와 '영조물의 기능상 결함으로 인한 손해발생의 예견가능성과 회피가능성이 있었는지의 여부'를 판단의 기준으로 삼고 있다.

[판례] '영조물의 설치 또는 관리의 하자'의 판단 기준

"[1] … 위와 같은 안전성의 구비 여부를 판단함에 있어서는 당해 영조물의 용도, 그 설치장소의 현황 및 이용 상황 등 제반 사정을 종합적으로 고려하여 설치 관리자가 그 영조물의 위험성에 비례하여 사회통념상 일반적으로 요구되는 정도의 방호조치의무를 다하였는지 여부를 그 기준으로 삼아야 할 것이며, 객관적으로 보아 시간적·장소적으로 영조물의 기능상 결함으로 인한 손해발생의 예견가능성과 회피가능성이 없는 경우, 즉 그 영조물의 결함이 영조물의 설치관리자의 관리행위가 미칠 수 없는 상황 아래에 있는 경우에는 영조물의 설치·관리상의 하자를 인정할 수 없다.

… 만일 가변차로에 설치된 두 개의 신호기에서 서로 모순되는 신호가 들어오는 고장을 예방할 방법이 없음에도 그와 같은 신호기를 설치하여 그와 같은 고장을 발생하게 한 것이라면, … 설령 적정전압보다 낮은 저전압이 원인이 되어 위와 같은 오작동이 발생하였고 그 고장은 현재의 기술 수준상 부득이한 것이라고 가정하더라도 그와 같은 사정만으로 손해발생의 예견가능성이나 회피가능성이 없어 영조물의 하자를 인정할 수 없는 경우라고 단정할 수 없다(대판 2001.7.27, 2000다56822)."

"… 위와 같은 안전성의 구비 여부는 영조물의 설치자 또는 관리자가 그 영조물의 위험성에 비례하여 사회통념상 일반적으로 요구되는 정도의 방호조치의무를 다하였는지를 기준으로 판단하여야 하고, 아울러 그 설치자 또는 관리자의 재정적·인적·물적 제약 등도 고려하여야 한다. …

[2] (갑 등이 원동기장치자전거를 운전하던 중 'ㅑ' 형태의 교차로에서 유턴하기 위해 신호를 기다리게 되었고, 위 교차로 신호등에는 유턴 지시표지 및 그에 관한 보조표지로서 '좌회전 시, 보행신호 시 / 소형 승용, 이륜에 한함'이라는 표지가 설치되어 있었으나, 실제 좌회전 신호 및 좌회전할 수 있는 길은 없었는데, 갑이 위 신호등이 녹색에서 적색으로 변경되어 유턴을 하다가 맞은편 도로에서 직진 및 좌회전 신호에 따라 직진 중이던 차량과 충돌하는 사고가 발생하자, 갑 등이 위 교차로의 도로관리청이자 보조표지의 설치·관리주체인 지방자치단체를 상대로 손해배상을 구한 사안에서) 위 표지에 위 신호등의 신호체계 및 위 교차로의 도로구조와 맞지 않는 부분이 있더라도 거기에 통상 갖추어야 할 안전성이 결여된 설치·관리상의 하자가 있다고 보기 어렵다(대판 2022.7.28, 2022다225910[손해배상(자)])."

대법원은 도로에 낙하물이 떨어져 발생한 사고의 경우 그와 같은 결함을 제거하여 원상으로 복구할 수 있었는지의 여부에 따라 하자의 유무를 판단하고 있다.

[판례] 도로에 떨어진 쇠파이프로 인하여 발생한 사고의 경우 도로의 보존상의 하자의 판단기준

"… 도로의 설치 후 제3자의 행위에 의하여 그 본래 목적인 통행상의 안전에 결함이 발생한 경우에는 도로에 그와 같은 결함이 있다는 것만으로 성급하게 도로의 보존상 하자를 인정하여서는 안되고, 당해 도로의 구조, 장소적 환경과 이용상황 등 제반 사정을 종합하여 그와 같은 결함을 제거하여 원상으로 복구할 수 있는데도 이를 방치한 것인지 여부를 개별적, 구체적으로 심리하여 하자의 유무를 판단하여야 한다.

승용차 운전자가 편도 2차선의 국도를 진행하다가 반대차선 진행차량의 바퀴에 튕기어 승용차 앞유리창을 뚫고 들어온 쇠파이프에 맞아 사망한 경우, 국가의 손해배상책임을 부정한 사례(대판 1997.4.22, 97다3194)."

대법원은 하천의 범람으로 인한 침수사고와 관련하여서 하천정비계획 등에서 정한 계획홍수량이나 계획홍수위가 잘못 책정되거나 변경을 하여야 함에도 이를 해태하였다는 특별한 사정이 있었는지의 여부를 기준으로 삼아, 이와 같은 사정이 없이 계획에서 정한 홍수량에 따라 하천이 관리되고 있다면 그 하천은 관리상의 하자가 없다고 판단하고 있다.

[판례] 하천정비기본계획 등에서 정한 계획홍수량 등을 충족하여 관리되고 있는 경우, 그 안전성을 인정할 수 있는지 여부

"관리청이 하천법 등 관련 규정에 의해 책정한 하천정비기본계획 등에 따라 개수를 완료한 하천 또는 아직 개수 중이라 하더라도 개수를 완료한 부분에 있어서는, 위 하천정비기본계획 등에서 정한 계획홍수량 및 계획홍수위를 충족하여 하천이 관리되고 있다면 당초부터 계획홍수량 및 계획홍수위를 잘못 책정하였다거나 그 후 이를 시급히 변경해야 할 사정이 생겼음에도 불구하고 이를 해태하였다는 등의 특별한 사정이 없는 한, 그 하천은 용도에 따라 통상 갖추어야 할 안전성을 갖추고 있다고 봄이 상당하다(대판 2007.9.21, 2005다65678)."

이와 같이 대법원이 영조물의 설치·관리상의 하자와 관련하여 객관설의 입장을 취하면서도 설치·관리자의 '방호조치의무'나 '손해발생의 예견가능성 또는 회피가능성'을 하자 판단의 기준으로 삼고 있는 것과 관련하여 주관설[16] 또는 위법·무과실책임설[17]을 취하고 있는 것으로 이해하기도 한다.

그러나 판례가 일관되게 영조물의 설치·관리상의 하자를 '영조물이 통상 갖추어야 할 안전성의 결여'로 봄으로써 기본적으로는 객관설의 입장을 취하면서도, 다만 이와 같은 하자에 일정한

16) 김동희/최계영, 행정법 I, 583면 이하.
17) 정하중, 행정법개론, 564면.

주관적인 사정을 고려하는 것이라는 점에서 이를 '수정된(변형된) 객관설'로 보아야 한다는 견해도 있다.[18]

(4) 결어

(i) 국가배상법 제5조의 영조물의 '설치 또는 관리'상의 하자를 객관적 하자로 판단하더라도 그 판단에 있어서 주관적인 요소를 전적으로 배제하기 어려울 것이다. 실제로 공공시설물에 어떠한 객관적 하자가 존재하였는지의 여부를 판단하려면, 적어도 공공시설이 입지한 제반여건과 공물주체의 관리상태 등을 종합적으로 고려하여야 한다는 것은 법의 해석과 적용에서 요구되는 일반적인 법원칙이라고 할 수 있다.

(ii) 이러한 의미에서, 반대로, 영조물의 하자를 판단함에 있어 설치·관리자의 방호조치의무 등의 존재 여부를 판단기준으로 삼고 있는 대법원의 판례가 종래의 객관설의 입장에서 주관설 또는 위법·무과실책임설의 입장으로 전환한 것으로 보이지는 않는다. 국가배상법의 체계와 목적상 제2조의 과실책임과 제5조의 무과실책임을 근본적으로 구별하고자 한 것이 입법자의 명백한 의도였으며, 판례도 이러한 입장을 일관되게 유지하고 있다고 판단된다.

(iii) 다만 판례가 시설물관리자의 주의의무나 손해발생의 예견가능성을 '시설물의 하자를 판단하는 기준'으로 삼고 있는데, 생각해 보아야 할 점은, 이와 같은 관점들을 '하자'의 판단기준으로 활용하는 것이, 피해자의 권리구제, 나아가 국민의 안전에 대한 기본권(Grundrecht auf Sicherheit)을 실현시켜주는 국가배상법 제5조의 제도적 취지에서 바람직한가 하는 점이다. 이러한 점에서 보면 방호조치의무나 손해발생의 예견가능성은 '하자의 판단기준'이라기보다는 '하자와 발생된 손해 사이의 인과관계'의 문제로 파악함이 타당하다.

예컨대 도로에 하자가 발생하여 차량의 안전한 통행에 장애가 발생한다면 이는 도로라는 공공시설에 야기된 객관적인 안전성의 결여라고 보아야 한다. 따라서 객관적 하자가 존재하는 것이다. 그러므로 이와 같은 하자의 제거 또는 하자로 인한 사고를 사전에 예방하는 것을 기대할 수 있는지의 여부는 일단 발생한 도로의 하자와 이로 인한 손해발생과의 진행과정에서 문제되는 것이다. 만약 위와 같은 사건에서 관리주체의 배상책임이 부정된다면 이는 도로의 하자가 존재하지 않아서가 아니라 도로의 하자와 관리자의 불가항력적인 사유로 인하여 발생된 손해 간에 인과관계가 존재하지 않기 때문이다.

(iv) 따라서 결론적으로 공공의 영조물의 설치·관리상의 하자는 관리자의 주의의무와 관계없이 그 발생 여부를 객관적으로 판단하여 무과실배상책임을 인정하는 객관설이 더 타당하다.

(v) 다만 이 경우 객관설을 취하더라도 여기에서의 하자를 영조물의 '물적 결함'으로 오해해서는 안 된다 할 것이다. 객관설이 주장하는 영조물의 하자는 '物' 그 자체에만 국한된 것이 아

18) 홍정선, 행정법특강, 494면 이하.

니라, 영조물의 '안전성'의 결함을 의미하는 것이다. 따라서 이와 같은 안전성이 결여되어 있는지를 판단하기 위해서는 판례가 들고 있는 영조물과 관련된 제반 사정들이 고려되어야 하는 것이다.

더 나아가 여기에는 '안전하게 작동되고 있는가'와 같은 '기능상·작동상의 안전성 결여'도 포함된다고 보아야 할 것이다. 예컨대 수문이 제때에 잠기지 않음으로써 침수사고가 발생한 경우, 물적 결함 상태만으로 객관설을 이해하는 경우 하자가 없다고 보게 될 것이지만, 안전성의 결여로 이해하는 경우에는 기능상의 안전성이 결여된 것으로 보아 하자의 존재를 인정할 수 있게 된다.

(vi) 이상과 같이 방호조치의무와 같은 주관적 요소든 물적인 결함이든 영조물의 기능이나 작동이든, 이와 같은 여러 요소들을 종합적으로 판단하여 결론적으로 '객관적으로 영조물이 그 안전성에 하자가 있는가' 하는 것을 판단하자는 것이 객관설의 입장이라고 이해되고, 또한 국가배상법 제2조가 공무원이라는 '사람'의 행위를 다루고 있는 것이라면 제5조는 영조물이라는 '시설물'을 다루고 있다는 점에서도 시설의 객관적 하자를 기준으로 하는 객관설이 타당하다.

(5) 관련문제: 영조물의 설치·관리상 하자로서 '이용상 하자'의 문제*

1) 문제의 배경

예컨대, 공공시설물(예: 공항, 군용비행장, 군 사격장 등)에서 발생하는 소음으로 인하여 인근주민에게 피해가 발생하는 경우 이와 같은 공공시설물의 경우에도 넓은 의미에서 '영조물의 관리상의 하자'로 보아 '국가배상법에 따른 손해배상'이 가능한가 하는 것이 문제이다.

사실 이 문제는 '행정상 손실보상의 문제'로 접근하는 것이 타당하다. 즉, 심각한 소음이 발생하리라는 것을 충분히 예상할 수 있는 공공시설물의 경우는, 그 시설의 설치·관리가 적법한 것인 한, 이를 설치할 때 주변의 수인한도를 넘는 피해에 대하여 보상을 하여야 하는 것이다(이른바 간접손실 보상). 그런데 이에 대한 보상규정이 없는 등의 사정으로 손실보상이 이루어지지 않은 경우, 인근 주민들의 소음피해에 대한 구제를 위하여 부득이하게 '공공시설물의 관리상 하자'로 보아 국가배상을 통한 권리구제를 도모한 것으로 보인다.

우리 판례는 이러한 경우를 '영조물이 공공의 목적에 이용되는 경우'로 표현하고 있어, 이를 편의상 '이용상 하자'로 부르기도 한다. 요컨대 '이용상 하자의 문제'는 '공항, 군용 비행장이나 사격장과 같이 공공시설물의 이용시 주변에 소음피해를 야기하는 경우에 대한 권리구제'의 문제이다.

---

* 5급공채(2019년).

2) 종래의 판단기준

영조물의 '이용상 하자'는 영조물이 공공의 목적에 이용됨에 있어 그 이용상태 및 정도가 일정한 한도를 초과하여 제3자에게 사회통념상 참을 수 없는 피해를 입히는 것을 말한다. 판례는 사회통념상 참을 수 있는 피해인지의 여부는 그 영조물의 공공성, 피해의 내용과 정도, 이를 방지하기 위하여 노력한 정도 등을 종합적으로 고려하여 판단하여야 한다고 한다.

3) 위험지역으로 이주한 경우 가해자의 면책 등

판례는 피해자가 소음 등 공해의 위험지역으로 이주한 경우 그 위험의 존재를 인식하고 그로 인한 피해를 용인하면서 접근한 것으로 볼 수 있다면 가해자의 면책을 인정할 수도 있지만, 여러 사정에 비추어 위험의 존재를 인식하고 그로 인한 피해를 용인하면서 접근한 것으로 볼 수 없는 경우에는 가해자의 면책을 인정할 수 없고 손해배상액의 산정에 있어 형평의 원칙상 이와 같은 사정을 과실상계에 준하여 감액사유로 고려할 수 있을 뿐이라는 입장이다.

[판례1] [1] 영조물의 이용상 하자(매향리사격장 사건)와 판단기준
[2] 소음 등을 포함한 공해 등의 위험지역으로 이주하여 거주하는 경우, 가해자의 면책 여부에 대한 판단 기준

"[1] 국가배상법 제5조 제1항에 정하여진 '영조물의 설치 또는 관리의 하자'라 함은 … 그 영조물이 공공의 목적에 이용됨에 있어 그 이용상태 및 정도가 일정한 한도를 초과하여 제3자에게 사회통념상 참을 수 없는 피해를 입히는 경우까지 포함된다고 보아야 할 것이고, 사회통념상 참을 수 있는 피해인지의 여부는 그 영조물의 공공성, 피해의 내용과 정도, 이를 방지하기 위하여 노력한 정도 등을 종합적으로 고려하여 판단하여야 한다.

[2] 소음 등을 포함한 공해 등의 위험지역으로 이주하여 들어가서 거주하는 경우와 같이 위험의 존재를 인식하면서 그로 인한 피해를 용인하며 접근한 것으로 볼 수 있는 경우에, 그 피해가 직접 생명이나 신체에 관련된 것이 아니라 정신적 고통이나 생활방해의 정도에 그치고 그 침해행위에 고도의 공공성이 인정되는 때에는 … 특별한 사정이 없는 한 가해자의 면책을 인정하여야 하는 경우도 있을 수 있을 것이나, 일반인이 공해 등의 위험지역으로 이주하여 거주하는 경우라고 하더라도 위험에 접근할 당시에 그러한 위험이 문제가 되고 있지 아니하였고, 그러한 위험이 존재하는 사실을 정확하게 알 수 없었으며, 그 밖에 위험에 접근하게 된 경위와 동기 등의 여러 가지 사정을 종합하여 그와 같은 위험의 존재를 인식하면서 굳이 위험으로 인한 피해를 용인하였다고 볼 수 없는 경우에는 그 (가해자의) 책임이 감면되지 아니한다고 봄이 상당하다(대판 2004.3.12, 2002다14242)."

[판례2] 소음 등을 포함한 공해 등의 위험지역으로 이주하여 거주하는 경우, 가해자의 면책 여부 및 손해배상액 감액에 대한 판단 기준

"소음 등을 포함한 공해 등의 위험지역으로 이주하여 들어가서 거주하는 경우 … 라고 하더라도 위험에 접근할 당시에 그러한 위험이 존재하는 사실을 정확하게 알 수 없는 경우가 많고, 그 밖에 위험에 접근하게 된 경위와 동기 등의 여러 가지 사정을 종합하여 그와 같은 위험의 존재를 인식하면서 굳이 위험으로 인한 피해를 용인하였다고 볼 수 없는 경우에는 손해배상액의 산정에 있어 (가해자 면책이 아니라) 형평의 원칙상 과실상계에 준하여 감액사유로 고려하는 것이 상당하다(대판 2005.1.27, 2003다49566)."

4) 공항소음방지법, 군소음보상법의 제정

가. 공항소음 방지 및 소음대책지역 지원에 관한 법률의 제정

공항소음을 방지하고 소음대책지역의 공항소음대책사업 및 주민지원사업을 효율적으로 추진하기 위하여 2010년 공항소음 방지 및 소음대책지역 지원에 관한 법률(공항소음방지법)이 제정되었다. 공항소음방지법은 소음대책지역을 지정·고시하고, 손실보상을 포함한 사업계획을 수립하여, 손실보상, 토지매수, 주민지원사업을 하는 것을 주요내용으로 하고 있다.

나. 군용비행장·군사격장 소음 방지 및 피해 보상에 관한 법률의 제정

군용비행장 및 군사격장의 운용으로 발생하는 소음으로 인한 피해를 보상하는 내용 등을 담고 있는 "군용비행장·군사격장 소음 방지 및 피해 보상에 관한 법률(군소음보상법)"이 2019.11.26. 제정되어 2020.11.27.부터 시행되고 있다. 군소음보상법은 군용비행장 및 군사격장과 관련하여 소음대책지역을 지정·고시하고, 소음피해보상에 관한 기본계획을 수립하여 보상금을 지급하는 것을 주요내용으로 하고 있다(군소음보상법 5, 9, 14, 16 등).

다. 보상 등의 규정에 따른 손실보상 등의 가능

위와 같이 소음이 충분히 예상되는 공공시설물의 경우는 소음피해에 대한 손실보상이나 주민지원 등이 가능하게 되었다. 이로써 종래 '이용상 하자'로 다루어지던 문제들의 상당부분은 '행정상 손실보상'의 문제로 전환할 수 있게 되었다. 다만, 위 시설물에서 야기된 소음피해가 설치·관리상 하자로 발생한 경우에는 여전히 국가배상의 문제로 다투어질 수 있을 것이다.

3. 손해의 발생과 인과관계

영조물의 설치·관리상의 하자와 발생된 손해 사이에 상당인과관계가 있어야 한다. 따라서 국가는 이와 같은 상당인과관계가 있는 범위 내에서만 배상책임을 지게 된다.

4. 면책사유

(1) 불가항력

영조물이 통상 갖추어야 할 안전성을 갖춘 이상 천재지변과 같은 불가항력적 사유로 인하여 발생된 손해에 대해서는 국가의 배상책임이 면책된다.

> [판례] 600년 또는 1,000년 발생빈도의 강우량에 의한 하천의 범람은 예측가능성 및 회피가능성이 없는 불가항력적인 재해로서 관리청에게 책임이 없다고 본 사례
>
> "이 사건 사고지점의 제방은 100년 발생빈도를 기준으로 책정된 계획홍수위보다 30cm 정도 더 높았던 사실, 이 사건 사고 당시 사고지점 상류지역의 강우량은 600년 또는 1,000년 발생빈도의 강우량이어서 이 사건 사고지점의 경우 계획홍수위보다 무려 1.6m 정도가 넘는 수위의 유수가 흘렀다고 추정되는 사실 및 이 사건 사고 이전에는 위 사고지점에 하천이 범람한 적이 없었던 사실을 인정할 수 있는바, 위와 같은 사실에 의하면, 특별히 계획홍수위를 정한 이후에 이를 상향조정할 만한 사정이 없는 한, 계획홍수위보다 높은 제방을 갖춘 위 사고지점을 들어 그 용도에 따라 통상 갖추어야 할 안전성을 갖추지 못한 하자가 있다고 볼 수 없고, 위와 같이 계획홍수위를 훨씬 넘는 유수에 의한 범람은 예측가능성 및 회피가능성이 없는 불가항력적인 재해로 보아 그 영조물의 관리청에게 책임을 물을 수 없다 할 것이다(대판 2003.10.23, 2001다48057)."

그러나 위와 같은 사회통념상 기대가능성이 전혀 없는 경우를 제외하고는, 영조물이 갖추어야 할 통상적인 안전성을 결여한 경우에는 사회적인 수인한도를 넘은 것으로 국가의 배상책임이 인정되어야 한다. 이와 관련하여 판례는 우리나라의 기상상황에서 집중호우와 같은 자연현상은 예상하기 어려운 정도의 기상이변에 해당한다고 보기 어렵다는 점에서 면책사유가 될 수 없다고 보고 있다.

> [판례1] 집중호우로 국도변 산비탈이 무너져 내려 일어난 교통사고에 대하여 국가의 책임을 인정한 사례
>
> "… 매년 비가 많이 오는 장마철을 겪고 있는 우리나라와 같은 기후의 여건 하에서 위와 같은 집중호우가 내렸다고 하여 전혀 예측할 수 없는 천재지변이라고 보기는 어렵다(대판 1993.6.8, 93다11678)."

> [판례2] 집중호우로 제방도로가 유실되면서 보행자가 익사한 사고를 불가항력에 기인한 것이라고 할 수 없다고 본 사례
>
> "사고 당일 50년 빈도의 최대강우량에 해당하는 집중호우가 내렸다는 사실만으로는 앞에서 인정

한 바와 같이 이전에도 이 사건 사고 당시와 같은 정도로 이 사건 하천이 범람하고, 제방도로가 유실된 바가 있었던 점과 우리나라의 경우 여름철 집중호우가 예상하기 어려운 정도의 기상이변에 해당한다고 보기는 어려운 점에 비추어 이 사건 사고가 예상할 수 없는 불가항력에 기인한 것이라고 할 수는 없으며…(대판 2000.5.26, 99다53247)."

(2) 예산부족

영조물의 설치·관리상의 하자와 관련하여 예산부족은 배상액 산정의 참작사유는 될 수 있으나 국가배상책임의 면책사유가 될 수 없는 것이 원칙이다.

다만 도로나 건축물과 같은 시설물과는 달리, 자연공물의 관리에 사회통념상 기대가능성이 없는 정도의 막대한 예산이 소요되는 예외적인 경우에는 국가의 배상책임이 인정되지 않을 수도 있을 것이다.

5. 입증책임

영조물에 대한 하자의 발생 여부와 이로 인한 손해간의 인과관계에 대한 입증책임은 원고가 부담하는 것이 원칙이다. 그러나 일반 국민들이 공공의 시설물의 안전성에 관한 전문적인 지식이 있다는 것은 일반적으로 기대하기 어렵다는 점에서 영조물의 기술적 하자와 이로 인한 손해의 발생에 대하여 원고가 입증책임을 지는 것은 피해자에게 가혹한 결과가 될 수 있다. 따라서 이러한 경우에는 피고인 국가 등에게 입증책임을 전환시키거나 인과관계에 대한 추정을 인정할 필요가 있다.

6. 제2조와의 경합 문제

영조물의 설치·관리상의 하자와 공무원의 위법한 직무행위 모두에 의하여 손해가 발생한 경우 피해자는 국가배상법 제5조나 제2조 중 어느 규정에 의하여 국가배상을 청구할 수 있는가 하는 것이 문제이다.

이에 관하여는 ① 제2조의 책임과 제5조의 책임을 경합관계로 보아 이 중 어느 하나를 선택하여 청구하여야 한다는 견해도 있으나, ② 발생된 손해 전체가 제2조와 제5조의 요건을 모두 충족한 경우에는 이 중 어느 하나를 선택하여 청구하면 되지만, 제2조의 책임과 제5조의 책임이 손해발생에 부분적으로 기여한 경우에는 손해 전체에 대하여 배상을 받기 위해서는 제2조에 의한 배상과 제5조에 의한 배상을 모두 청구하여야 한다고 보아야 할 것이다.

한편 제2조와 제5조의 책임의 경합을 법조(法條)경합으로 볼 것인지, 청구권의 경합으로 볼 것인지 학설이 나뉘는데, ① 법조경합설에 따르면 원고가 제2조에 의한 배상청구를 하였지만 제5조에 의한 배상책임에 해당하는 경우 또는 그 반대의 경우라 하더라도 법원은 인용판결을 하여야 한다. ② 청구권경합설에 따르면 제2조에 의한 배상청구와 제5조에 의한 배상청구는 별개의 청구이므로 원고가 제2조에 의한 배상청구를 하였지만 제5조에 의한 배상책임에 해당하는 경우 또는 그 반대의 경우 법원은 기각판결을 하여야 한다고 본다. ③ 피해자의 권리구제와 소송경제의 관점에서 법조경합설이 타당하다.

Ⅲ. 배상책임 *

1. 배상책임자 **

(1) 국가와 지방자치단체

국가배상법 제5조에 의한 배상책임의 주체는 공공의 영조물의 관리주체인 국가와 지방자치단체이다. 배상책임의 주체에 관한 설명은 제2조에서 기술한 바와 같다.

제2조에서와 마찬가지로, 국가는 국가사무에 대하여, 지방자치단체는 자치사무에 대하여 배상책임을 진다.

> [판례] 서울특별시장이 국가로부터 기관위임받아 업무를 집행하는 자동차운전면허 시험장의 설치 및 보존의 하자로 인한 손해배상책임의 주체
>
> "자동차운전면허시험 관리업무는 국가행정사무이고 지방자치단체의 장인 서울특별시장은 국가로부터 그 관리업무를 기관위임받아 국가행정기관의 지위에서 그 업무를 집행하므로, 국가는 면허시험장의 설치 및 보존의 하자로 인한 손해배상책임을 부담한다(대판 1991.12.24, 91다34097)."

국가가 지방하천공사를 대행하던 중 지방하천의 관리상 하자로 손해가 발생한 경우, 하천관리청이 속한 지방자치단체는 국가배상법 제5조 제1항에 따라 지방하천의 관리자로서 손해배상책임을 부담한다.

> [판례] (구) 하천법에 따라 국토해양부장관이 하천공사를 대행하던 중 지방하천의 관리상 하자로 손해가 발생한 경우, 하천관리청이 속한 지방자치단체가 지방하천의 관리자로서 손해배상책임을 부담하는지 여부(적극)
>
> "(구) 하천법(2012. 1. 17. 법률 제11194호로 개정되기 전의 것) 제28조 제1항에 따라 국토해양부장관이 하천공사를 대행하더라도 이는 국토해양부장관이 하천관리에 관한 일부 권한을 일시적으로 행사하는 것으로 볼 수 있을 뿐 하천관리청이 국토해양부장관으로 변경되는 것은 아니므로, 국토해양부장관이 하천공사를 대행하던 중 지방하천의 관리상 하자로 인하여 손해가 발생하였다면

* 5급공채(2019년).

** 입법고시(2001년), 입법고시(2004년).

하천관리청이 속한 지방자치단체는 국가와 함께 국가배상법 제5조 제1항에 따라 지방하천의 관리자로서 손해배상책임을 부담한다(대판 2014.6.26, 2011다85413)."

(2) 비용부담자로서의 배상책임자

1) 국가배상법의 규정

국가배상법 제6조는, 제2조와 제5조의 (사무의 귀속주체, 영조물의 관리주체로서의) 배상책임자와는 별도로, "제2조·제3조 및 제5조에 따라 국가나 지방자치단체가 손해를 배상할 책임이 있는 경우에 공무원의 선임·감독 또는 영조물의 설치·관리를 맡은 자와 공무원의 봉급·급여, 그 밖의 비용 또는 영조물의 설치·관리 비용을 부담하는 자가 동일하지 아니하면 그 비용을 부담하는 자도 손해를 배상하여야 한다(국배법 6 ①)."고 규정하여, 비용부담자도 배상책임자가 될 수 있음을 규정하고 있다.

이와 같이 사무귀속주체나 관리주체 이외에도 비용부담주체도 배상책임을 부담할 수 있도록 한 것은 피해자가 손해배상청구의 상대방을 잘못 선택함으로 인한 불이익을 당하지 않도록 함으로써 피해자를 보다 실효적으로 구제하기 위해서이다.

2) 공무원의 선임·감독자 등의 의미

학설과 판례는 '공무원의 선임·감독 또는 영조물의 설치·관리를 맡은 자'를 '사무의 귀속주체 또는 영조물의 관리주체(예: 사무를 위임한 국가)'로 이해하고, '공무원의 봉급·급여, 그 밖의 비용 또는 영조물의 설치·관리 비용을 부담하는 자'를 '사무 또는 영조물의 비용부담자(예: 사무를 위임받아 처리하는 지방자치단체)'로 이해한다.

국가배상법 제6조 제1항에서 말하는 공무원의 선임·감독자와 비용부담자가 동일하지 않은 경우란 국가가 관할권을 가지고 있지만 지방자치단체가 비용을 부담하는 '국영공비(國營公費)사업'이나 '지방자치단체의 공무원이 기관위임사무를 처리하는 경우'를 말한다. 여기에는 반대로 지방자치단체의 사무를 국가가 위임받아 처리하는 경우도 포함된다.[19]

이와 관련하여 단체위임사무의 경우에는 학설의 대립이 있다. 지방자치단체가 처리하는 위임사무에는 단체위임사무와 기관위임사무가 있는데, 기관위임사무는 국가(또는 광역지방자치단체)가 지방자치단체의 특정기관(통상 집행기관)에게 사무를 위임하는 것으로서 수임 지방자치단체는 사무처리의 자율권이 전혀 없이 위임자의 지시에 엄격하게 기속되지만, 단체위임사무의 경우에는 지방자치단체에게 위임되는 사무로서 어느 정도의 사무처리의 자율성이 인정되기 때문이다. 이와 관련하여 일설은 단체위임사무의 사무귀속주체는 지방자치단체라고 보기도 하지만,[20] 단체위임사무도

19) 예컨대 지방자치단체장이 교통신호기를 설치하여 그 관리권한을 도로교통법규정에 의하여 시·도경찰청장에게 위임한 경우를 말한다.

20) 박균성, 행정법강의, 606~607면.

위임사무로서 그 사무수행의 효과는 위임주체에게 귀속되고 또한 위임주체는 위임사무에 대한 합법성의 감독뿐 아니라 합목적성의 감독도 할 수 있으므로 그 사무귀속주체는 사무를 위임한 국가(또는 광역지방자치단체)로 보는 견해[21]가 타당하다. 따라서 국가배상법 제6조 제1항의 '공무원의 선임·감독자와 비용부담자가 동일하지 않은 경우'는 단체위임사무의 경우에도 해당된다. 다만 현실적으로 단체위임사무의 예는 거의 없다.

3) 비용의 범위

'공무원의 봉급·급여, 그 밖의 비용 또는 영조물의 설치·관리 비용을 부담하는 자'와 관련하여, 여기에서의 '비용'에는 봉급·급여뿐 아니라 당해 사무집행에 소요되는 일체의 비용을 말한다.

4) 공무원의 봉급·급여 등의 비용부담자 등

① 학설

국가배상법 제6조 제1항에서 말하는 비용부담자의 의미와 관련하여서는, ① 대외적으로 비용을 부담하는 자를 의미한다는 형식적 비용부담자설, ② 실질적·궁극적 비용부담자를 의미한다는 실질적 비용부담자설, ③ 형식적 비용부담자와 실질적 비용부담자를 모두 포함한다고 보는 병합설이 있는데, 병합설이 다수설이다.

② 판례

판례는 형식적 비용부담자의 배상책임을 인정하기도 하고, 실질적 비용부담자의 배상책임을 인정하기도 하여, 병합설을 취하고 있는 것으로 보인다.

[판례1] 지방자치단체의 장이 기관위임사무를 처리하는 경우, 지방자치단체의 비용부담자(형식적 비용부담자)로서의 배상책임을 인정한 사례

"국가배상법 제6조 제1항 소정의 '공무원의 봉급·급여 기타의 비용'이란 공무원의 인건비만을 가리키는 것이 아니라 당해사무에 필요한 일체의 경비를 의미한다고 할 것이고, 적어도 대외적으로 그러한 경비를 지출하는 자는 경비의 실질적·궁극적 부담자가 아니더라도 그러한 경비를 부담하는 자에 포함된다.

(구) 지방자치법(1988.4.6. 법률 제4004호로 전문 개정되기 전의 것) 제131조(현행 제132조), (구) 지방재정법(1988.4.6. 법률 제4006호로 전문 개정되기 전의 것) 제16조 제2항(현행 제18조 제2항)의 규정상, 지방자치단체의 장이 기관위임된 국가행정사무를 처리하는 경우 그에 소요되는 경비의 실질적·궁극적 부담자는 국가라고 하더라도 당해 지방자치단체는 국가로부터 내부적으로 교부된 금원으로 그 사무에 필요한 경비를 대외적으로 지출하는 자이므로, 이러한 경우 지방자치단체는 국가배상법 제6조 제1항 소정의 비용부담자로서 공무원의 불법행위로 인한 같은 법에 의한 손해를 배

21) 홍정선, 행정법특강, 502면.

상할 책임이 있다(대판 1994.12.9, 94다38137)."

[판례2] 서울특별시 영등포구가 여의도광장에서 차량진입으로 일어난 인신사고에 관하여 국가배상법 제6조의 비용부담자(실질적 비용부담자)로서의 배상책임을 인정한 사례

"… 서울특별시는 여의도광장 … 관리사무 중 일부를 영등포구청장에게 권한위임하고 있어, … 여의도광장의 관리비용부담자는 그 위임된 관리사무에 관한 한 관리를 위임받은 영등포구청장이 속한 영등포구가 되므로, 영등포구는 여의도광장에서 차량진입으로 일어난 인신사고에 관하여 국가배상법 제6조 소정의 비용부담자로서의 손해배상책임이 있다(대판 1995.2.24, 94다57671)."

[판례3] 지방자치단체장이 설치하여 관할 지방경찰청장에게 관리권한이 위임된 교통신호기의 고장으로 인하여 교통사고가 발생한 경우, 지방자치단체뿐만 아니라 국가(형식적 비용부담자)의 배상책임도 인정한 사례

"지방자치단체장이 교통신호기를 설치하여 그 관리권한이 도로교통법 제71조의2 제1항의 규정에 의하여 관할 지방경찰청장에게 위임되어 지방자치단체 소속 공무원과 지방경찰청 소속 공무원이 합동근무하는 교통종합관제센터에서 그 관리업무를 담당하던 중 위 신호기가 고장난 채 방치되어 교통사고가 발생한 경우, 국가배상법 제2조 또는 제5조에 의한 배상책임을 부담하는 것은 지방경찰청장이 소속된 국가가 아니라, 그 권한을 위임한 지방자치단체장이 소속된 지방자치단체라고 할 것이나, 한편 국가배상법 제6조 제1항은 같은 법 제2조, 제3조 및 제5조의 규정에 의하여 … 교통신호기를 관리하는 지방경찰청장 산하 경찰관들에 대한 봉급을 부담하는 국가도 국가배상법 제6조 제1항에 의한 배상책임을 부담한다(대판 1999.6.25, 99다11120)."

③ 결어

생각건대 국가배상법 제6조 제1항은 피해자가 국가배상청구의 상대방을 잘못 선택함으로써 입게 되는 불이익을 방지하여 피해자구제에 충실하기 위한 취지이고, 또한 일반 국민의 입장에서는 실질적 비용부담자인지 형식적 부담자인지를 구별하기가 용이하지 않으므로, 양자 모두 배상책임을 부담한다고 보는 병합설이 타당하다.

5) 최종적 배상책임자

국가배상법 제6조 제2항은 "제1항의 경우에 손해를 배상한 자는 내부관계에서 그 손해를 배상할 책임이 있는 자에게 구상할 수 있다."고 규정하고 있다. 이 규정은 내부적인 구상권에 관한 규정이다. 이 규정만으로는 '공무원의 선임·감독 또는 영조물의 설치·관리를 맡은 자'와 '공무원의 봉급·급여, 그 밖의 비용 또는 영조물의 설치·관리 비용을 부담하는 자' 사이에 누가 최종적인

배상책임자인지 불분명하다. 이에 관하여는 학설이 나뉜다.

① **사무귀속자설**(관리자설, 관리자책임설)

이 설은 사무를 관리하는 자가 속하는 행정주체가 발생한 손해의 최종적인 배상책임자가 된다는 견해이다. 어떠한 사무가 특정 행정주체에 귀속된다는 것은 그 사무에 관한 권한 뿐 아니라 책임도 당해 주체에 속하는 것이므로, 손해배상에 대한 최종적인 책임도 사무의 귀속주체가 부담하여야 한다는 것이다. 우리나라의 다수설이다.

② **비용부담자설**

이 설은 비용부담자가 부담하는 비용에는 손해배상금도 포함되어 있다는 것을 논거로 당해 사무의 비용부담자가 최종적인 배상책임자가 된다는 견해이다. 이 설에 따르면, 공무원의 선임·감독자와 비용부담자가 서로 다른 경우에는 실질적인 비용부담자가 최종적인 배상책임자라고 하게 된다. 예컨대 국도와 같은 국영공비사업의 경우와 같이 국가와 지방자치단체가 공동으로 관리하여야 할 필요성이 있는 사업도 있는데, 이 경우 실질적으로 비용을 부담하는 자가 최종 배상책임자가 되는 것이다. 일본의 다수설이다.[22)]

③ **기여도설**

이 설은 손해발생의 기여정도에 따라 최종적인 배상책임자가 정하여져야 한다는 견해이다.[23)] 따라서 최종적인 배상책임은 손해발생에 대한 각자의 기여정도에 따라 분담하게 된다는 입장이다. 이 설은 손해발생에 기여한 만큼 배상책임을 지게 된다는 점에서 책임의 원칙에 합치한다는 장점이 있는 반면, 기여 정도의 판단기준이 불명확하여 최종분담액의 결정에 어려움이 있다는 단점이 있다.

④ **판례**

최종적 배상책임자에 관한 판례의 입장은 명확치 않은데, 사무귀속자설을 원칙으로 하면서 [판례1], 다만 관리자와 비용부담자의 지위가 중첩되는 경우에는 기여도설을 취한 것으로 보인다 [판례2].

[판례1] 지방자치단체장이 경찰서장에게 교통신호기 설치·관리권한을 위임한 후 교통신호기 고장으로 교통사고가 발생한 경우 최종적인 배상책임자

"(안산시장이 국가에 구상금을 청구한 사건에서) … 교통신호기의 관리사무는 원고(안산시장)가 안산경찰서장에게 그 권한을 기관위임한 사무로서 피고(대한민국) 소속 경찰공무원들은 원고의 사무를 처리하는 지위에 있으므로, **원고가 그 사무에 관하여 선임·감독자에 해당**하고, 그 교통신호기 시설은 지방자치법 제132조 단서의 규정에 따라 원고의 비용으로 설치·관리되고 있으므로, 그 신호기의 설치·관리의 비용을 실질적으로 부담하는 비용부담자의 지위도 아울러 지니고 있는 반면, 피고는 단

22) 홍정선, 행정법특강, 500~501면 참조.
23) 박균성, 행정법강의, 607~610면.

지 그 소속 경찰공무원에게 봉급만을 지급하고 있을 뿐이므로, 원고와 피고 사이에서 이 사건 손해배상의 궁극적인 책임은 전적으로 원고에게 있다고 봄이 상당하다(대판 2001.9.25, 2001다41865)."

이 판례는 원고인 지방자치단체장이 이 사건 사무에 관한 사무귀속자라는 점에 초점을 두고 있다고 판단된다. 대법원은, 원고인 지방자치단체장은 신호기의 설치·관리에 대한 비용부담자이고 피고인 국가는 소속 경찰공무원에 대한 비용부담자이지만, 원고가 이 사건 손해배상의 최종적인 책임자인 이유는 '사무귀속자'의 지위에 있기 때문이라고 판단한 것으로 보인다. 따라서 이 판례는 사무귀속자설을 취한 것으로 판단된다.

[판례2] 국가배상법 제6조 소정의 사무귀속자와 비용부담자로서의 지위가 두 행정 주체 모두에 중첩된 경우, 내부적 부담 부분의 결정 기준

"(광주광역시가 국가에 구상금을 청구한 사건에서) 원래 광역시가 점유·관리하던 일반국도 중 일부 구간의 포장공사를 국가가 대행하여 광역시에 도로의 관리를 이관하기 전에 교통사고가 발생한 경우, 광역시는 그 도로의 점유자 및 관리자, 도로법 제56조, 제55조, 도로법시행령 제30조에 의한 도로관리비용 등의 부담자로서의 책임이 있고, 국가는 그 도로의 점유자 및 관리자, 관리사무귀속자, 포장공사비용 부담자로서의 책임이 있다고 할 것이며, 이와 같이 **광역시와 국가 모두가 도로의 점유자 및 관리자, 비용부담자로서의 책임을 중첩적으로 지는 경우에는, 광역시와 국가 모두가 국가배상법 제6조 제2항 소정의 궁극적으로 손해를 배상할 책임이 있는 자라고 할 것**이고, 결국 광역시와 국가의 내부적인 부담 부분은, 그 도로의 인계·인수 경위, 사고의 발생 경위, 광역시와 국가의 그 도로에 관한 분담비용 등 제반 사정을 종합하여 결정함이 상당하다할 것이며, 원고(광주광역시)는 그가 지급한 손해배상액 중 원고의 부담 부분을 초과하는 금액에 한하여 피고(대한민국)에게 구상할 수 있다 할 것이다(대판 1998.7.10, 96다42819)."

이 판례는 광역시와 국가 모두 도로에 대한 관리자(사무귀속자)이자 비용부담자로서의 지위를 가지는 경우에는, 이 중 누가 최종적 책임자인가를 가릴 것 없이, 모두가 최종적 책임자가 된다고 본 판례이다. 판례는 이 경우 최종적인 책임은 종합적인 사정을 고려하여 손해발생의 기여도에 따라 결정한다고 보고 있으므로, 이 점에서 기여도설을 취한 것으로 판단된다. 그러나 이 판례는 사무귀속자와 비용부담자의 지위가 중복되는 '예외적인 경우'에 관한 것으로 보아야 하고, 따라서 이 판례가 대법원의 기본적인 입장이라고 보기는 어렵다고 생각한다. 다만 판례에서 원·피고의 중복적인 지위를 인정하면서도 구체적으로 어느 지위, 즉 사무귀속자의 지위인지 비용부담자의 지위인지에 대한 구별 없이, 양 지위의 중복만을 언급하고 있다는 점에서 판례가 사무귀속자설을 원칙으로 하고 있는 것인지, 아니면 비용부담자설을 원칙으로 하고 있는지의 여부

도 사실 불분명하다.

⑤ 결어

결론적으로 사무의 귀속주체와 비용의 부담주체는 결부되어야 한다는 원칙(견연성(牽連性)의 원칙, Konnexitätsprinzip)에 비추어 보더라도 사무귀속자가 최종적인 비용부담자(배상책임자)가 되는 것이 타당하다. 더욱이 위임주체는 위임한 사무에 필요한 비용을 부담하는 것이 일반적인 원칙인데, 법률의 규정 등에 의하여 사무에 대한 권한은 없이 비용만을 부담하는 자가 최종적인 배상책임자가 된다는 것은 이와 같은 비용부담의 일반적 원칙에도 부합하지 않는 해석이라 할 것이다. 따라서 최종적인 배상책임자는 사무권한의 귀속주체가 되는 것이 원칙이 되어야 한다. 다만 이와 같은 사무귀속자의 지위가 수인에게 중복적으로 인정되는 경우에는 이들 모두 공동으로 최종적 배상책임자가 된다고 보아야 하고, 이 경우 최종적인 배상은 손해발생의 기여도에 따라 결정되도록 하는 것이 합리적일 것이다.

6) 원인책임자에 대한 구상

공공시설 등의 하자로 인하여 국가나 지방자치단체가 국가배상법 제5조 제1항에 의하여 손해를 배상한 경우, 손해의 원인에 대하여 책임을 질 자가 따로 있으면 국가나 지방자치단체는 그 자에게 구상할 수 있다(국배법 5 ②).

여기에서 '손해의 원인에 대하여 책임을 질 자'는 공공시설 등의 설치·관리상의 하자를 야기한 자를 의미한다. 예컨대, 공공시설의 설치상 하자를 야기한 공공시설 시공자나 공공시설을 손괴한 자 등이 이에 해당한다.

[판례] 국가배상법 제5조 제2항에 의한 구상

"(갑 주식회사 등이 시공한 도로공사구간에서 침수사고가 발생하자, 국가가 이로 인해 피해를 입은 피해자 을에게 손해를 배상한 사안에서) 제반 사정에 비추어 갑 회사 등의 시공상 과실과 공사구간의 도로를 설치·관리하는 국가의 영조물 설치·관리상의 하자가 경합하여 침수사고가 발생하였으므로 국가와 갑 회사 등은 을에게 공동불법행위 책임을 부담하고, 다만 원고(국가)가 영조물 설치·관리상의 하자로 인하여 손해를 배상한 경우, 손해의 원인에 대하여 책임을 질 자가 따로 있으면 그 자에게 구상할 수 있는바(국가배상법 제5조 제2항), 국가와 갑 회사 등의 내부 구상관계에서 국가에 침수사고 발생에 어떠한 과실이 있다고 보기 어려우므로 국가로서는 갑 회사 등에 배상액 전액을 구상할 수 있다고 본 원심판단을 정당하다고 한 사례(대판 2012.3.15, 2011다52727)."

2. 배상액 등

배상액, 배상청구권의 양도, 배상청구권의 주체와 시효 등은 국가배상법 제2조의 경우와 같다.

제 3 장 행정상 손실보상

제 1 절 행정상 손실보상제도의 개관*

1. 행정상 손실보상의 의의

행정상 손실보상이란 공공필요에 따른 적법한 공권력행사에 의하여 개인의 재산권에 특별한 희생이 발생하였을 때 재산권보장과 전체적인 공평부담의 견지에서 행하여지는 조절적 보상을 말한다. 예컨대 국가 등의 행정주체가 공익사업(택지조성·도로건설 등)을 수행하기 위하여 법률의 규정에 의하여 토지 등의 개인재산을 강제로 수용(박탈)·사용·제한하는 경우에, 이와 같은 재산권의 침해행위는 당사자의 귀책사유 없이 공익사업을 위하여 이루어진 것으로서, 이와 같은 침해행위가 수인한도를 벗어나 특정개인들에게 요구되는 특별한 희생에 해당하는 경우에는, 그로 인한 손실은 전체적인 공평부담이라는 관점에서 적절히 보상해 주어야 하는 것이다.

헌법 제23조 제3항도 "공공필요에 의한 재산권의 수용·사용 또는 제한 및 그에 대한 보상은 법률로써 하되, 정당한 보상을 지급하여야 한다."고 규정하여, 국가는 공공의 필요에 따른 재산권 침해행위로 인하여 손실을 입은 개인에게 법률이 정하는 바에 의하여 정당한 보상을 하여야 함을 명시하고 있다.

국가는 헌법상 사회국가원리에 따라 공공복리를 달성하고 사회 전체의 이익을 실현하기 위하여 불가피하게 개인의 재산권에 대한 다양한 침해행위를 하게 되는데, 이로 인한 개인의 재산적 희생은 법치국가원리에 의하여 정당하게 보상하여야 하는 것이다. 이렇게 볼 때 헌법 제23조 제3항에 의한 손실보상제도는 헌법상 사회국가원리에 의한 적극적 국가활동과 그로 인한 개인의 권리침해를 법치국가원리로 조절하는 가교로서의 역할을 한다고 볼 수 있다.

2. 구분

(i) 행정상 손실보상은 적법한 공권력행사로 인한 손실을 보상하는 제도라는 점에서 위법한

* 변호사시험(2020년).

행정작용으로 인한 재산상의 피해를 배상해주는 행정상 손해배상과 구별된다.

(ii) 행정상 손실보상은 공공필요에 따라 공법에 근거한 공권력행사로 인한 손실을 보상하는 제도라는 점에서 사인간의 불법행위로 인한 민사상의 손해배상과도 구별된다.

3. 손실보상청구권의 성질

(1) 학설

(i) 공권설은 행정상 손실보상청구권은 공공필요에 의한 공권력행사라는 공법적 원인에 의한 것이므로 이를 공권으로 보아야 한다는 견해이다. 이에 따르면 이에 대한 소송은 행정소송으로서 당사자소송이 된다.

(ii) 반면 사권설은 손실보상의 원인이 공법적인 것이라 하더라도 그 내용은 금전지급이라는 사법적인 것이므로 사법상의 금전지급청구권과 다르지 않다는 견해이다. 이에 따르면 이에 대한 소송은 민사소송이 된다.

(2) 판례

이에 대한 판례의 입장은 기본적으로 세 가지로 구분해 볼 수 있다.

① 우선 판례는 손실보상의 원인이 공법적인 것이라 하더라도 손실의 내용이 사법상의 권리라면 그 보상청구권도 사법상의 권리이므로 이에 대한 소송은 민사소송으로 하여야 한다는 입장이다[판례1].

② 한편 판례는 공익사업으로 인한 손실보상청구권은 공익사업의 시행 등 적법한 공권력의 행사에 의한 재산상의 특별한 희생에 대하여 전체적인 공평부담의 견지에서 공익사업의 주체가 그 손실을 보상하여 주는 손실보상의 일종으로 공법상의 권리로 보아 이에 관한 소송은 행정소송에 의하여야 한다고 보고 있다[판례2, 3].

③ 판례는 '대법원 2006.5.18. 선고 2004다6207 전원합의체 판결'을 통하여 하천법 부칙과 이에 따른 특별조치법에 의한 손실보상청구를 민사소송의 대상이라고 하던 종전의 입장을 변경하여 이는 하천법 본칙이 원래부터 규정하고 있던 하천구역에의 편입에 의한 손실보상청구권과 하등 다를 바가 없는 것이어서 공법상의 권리임이 분명하고 따라서 행정소송법상 당사자소송의 대상이라고 보았다. 이 판례를 통하여 하천법 부칙과 이에 따른 특별조치법에 의한 손실보상청구와 관련된 종전의 판례는 모두 변경되었다[판례4].

[판례1] (구) 수산업법 제81조 소정의 손실보상청구권의 법적 성질 및 그 행사 방법

"(구) 수산업법(1995.12.30. 법률 제5131호로 개정되기 전의 것)상 … 어업면허에 대한 처분 등이 행정처분에 해당된다 하여도 이로 인한 손실은 사법상의 권리인 어업권에 대한 손실을 본질적

내용으로 하고 있는 것으로서 그 보상청구권은 공법상의 권리가 아니라 사법상의 권리이고, 따라서 같은 법 제81조 제1항 제1호 소정의 요건에 해당한다고 하여 보상을 청구하려는 자는 행정관청이 그 보상청구를 거부하거나 보상금액을 결정한 경우라도 이에 대한 행정소송을 제기할 것이 아니라 면허어업에 대한 처분을 한 행정관청(또는 그 처분을 요청한 행정관청)이 속한 권리 주체인 지방자치단체(또는 국가)를 상대로 민사소송으로 직접 손실보상금지급청구를 하여야 하고, 이러한 법리는 농어촌진흥공사가 농업을 목적으로 하는 매립 또는 간척사업을 시행함으로 인하여 같은 법 제41조의 규정에 의한 어업의 허가를 받은 자가 더 이상 허가어업에 종사하지 못하여 입게 된 손실보상청구에도 같이 보아야 한다(대판 1998.2.27, 97다46450)."

[판례2] (구) 토지보상법에서 정한 농업손실보상청구권에 관한 쟁송

"(구) 공익사업을 위한 토지 등의 취득 및 보상에 관한 법률(2007.10.17. 법률 제8665호로 개정되기 전의 것, 이하 '(구) 토지보상법') 제77조 제2항, 같은 조 제4항 (구) 토지보상법 시행규칙(2007.4.12. 건설교통부령 제556호로 개정되기 전의 것) 제48조(농업의 손실에 대한 보상), 제49조(축산업의 손실에 대한 평가), 제50조(잠업의 손실에 대한 평가) 규정들에 따른 농업손실보상청구권은 공익사업의 시행 등 적법한 공권력의 행사에 의한 재산상의 특별한 희생에 대하여 전체적인 공평부담의 견지에서 공익사업의 주체가 그 손해를 보상하여 주는 손실보상의 일종으로 공법상의 권리임이 분명하므로 그에 관한 쟁송은 민사소송이 아닌 행정소송절차에 의하여야 할 것이다(대판 2011.10.13, 2009다43461)."

[판례3] (구) 토지보상법 제79조 제2항 등에 따른 사업폐지 등에 대한 보상청구권에 관한 쟁송

"(구) 토지보상법 제79조 제2항, 토지보상법 시행규칙 제57조에 따른 사업폐지 등에 대한 보상청구권은 공익사업의 시행 등 적법한 공권력의 행사에 의한 재산상 특별한 희생에 대하여 전체적인 공평부담의 견지에서 공익사업의 주체가 손해를 보상하여 주는 손실보상의 일종으로 공법상 권리임이 분명하므로 그에 관한 쟁송은 민사소송이 아닌 행정소송절차에 의하여야 한다(대판 2012.10.11, 2010다23210)."

[판례4] '법률 제3782호 하천법 중 개정법률 부칙 제2조의 규정에 의한 보상청구권의 소멸시효가 만료된 하천구역 편입토지 보상에 관한 특별조치법' 제2조 제1항에서 정하고 있는 손실보상청구권의 법적 성질과 그 쟁송 절차

" … 하천구역으로 편입된 토지에 대한 하천법 본칙(本則)에 의한 손실보상청구는 행정소송에 의하는 것으로 규정되어 왔거나 해석되어 왔고, 실무상으로도 계속하여 행정소송 사건으로 처리하여 왔다(대법원 1994.6.28, 선고 93다46827 판결, 2003.4.25. 선고 2001두1369 판결 등 참조).

그런데 개정 하천법은 그 부칙 제2조 제1항, 특별조치법 제2조에 의한 손실보상청구권은 모두 종전의 하천법 규정 자체에 의하여 하천구역으로 편입되어 국유로 되었으나 그에 대한 보상규정이 없었거나 보상청구권이 시효로 소멸되어 보상을 받지 못한 토지들에 대하여, 국가가 반성적 고려와 국민의 권리구제 차원에서 그 손실을 보상하기 위하여 규정한 것으로서, 그 법적 성질은 하천법 본칙(本則)이 원래부터 규정하고 있던 하천구역에의 편입에 의한 손실보상청구권과 하등 다를 바가 없는 것이어서 공법상의 권리임이 분명하므로 그에 관한 쟁송도 행정소송절차에 의하여야 할 것이다.

한편, 개정 하천법 부칙 제2조와 특별조치법 제2조, 제6조의 각 규정들을 종합하면, 위 규정들에 의한 손실보상청구권은 1984.12.31.전에 토지가 하천구역으로 된 경우에는 당연히 발생되는 것이지, 관리청의 보상금지급결정에 의하여 비로소 발생하는 것은 아니므로, 위 규정들에 의한 손실보상금의 지급을 구하거나 손실보상청구권의 확인을 구하는 소송은 행정소송법 제3조 제2호 소정의 당사자소송에 의하여야 할 것이다(대판 2006.5.18, 2004다6207 전원합의체; 대판 2016.8.24, 2014두46966)."

(3) 결어

행정상 손실보상제도는 손실보상의 원인행위가 공법에 근거한 공권력행사이기 때문에 인정되는 공법에 특유한 권리구제라는 점에서 손실의 내용이 공법상의 권리인가 사법상의 권리인가 하는 것은 행정상 손실보상의 쟁송형태를 구분하는 기준이 될 수 없다. 따라서 모든 행정상 손실보상청구권은 공권으로 보아 당사자소송의 대상이 되는 것으로 이해하는 공권설이 타당하다.

제 2 절 행정상 손실보상의 이론적 근거

1. 기득권설

이 설은 가장 오래된 학설로서 자연법적인 기득권불가침사상에 근거하여 기득권은 원칙적으로 침해할 수 없는 것이나 예외적으로 긴급한 필요에 의한 침해는 허용되는 것으로 보고 이 경우에도 이에 대한 보상을 하여야 한다는 견해이다. 오늘날은 기득권불가침이 인정되지 않으므로 이 설은 타당성을 상실하였다.

2. 은혜설

이 설은 국가권력을 절대시하는 사상에 근거하여 국가의 공공필요에 의한 적법한 공권력행사로 인한 재산권 침해에 대해서는 당연히 보상이 주어지는 것은 아니라고 보고, 개별법에 의하여 보상이 이루어지는 경우에도 이는 국가의 은혜로서 보상하는 것이라는 견해이다. 이 설도 오늘날과 같은 민주적 법치국가에서는 용인되기 어렵다.

3. 특별희생설

이 설은 공공필요에 의한 재산권의 침해행위로 인하여 개인에게 특별한 희생이 발생하면 이를 전체의 부담으로 하여 보상하여야 한다는 견해이다.

우리 헌법은 제23조에서 국민의 재산권을 기본권으로 보장하고 있고, 또한 제11조에서 규정하는 평등원칙에는 이른바 '공적 부담 앞에서의 평등원칙'도 포함되는 것으로 볼 수 있으므로, 공공의 필요에 따른 재산권침해로 인하여 개인에게 발생한 특별한 희생은 이와 같은 '재산권보장'과 '공적 부담 앞에서의 평등원칙'에 따라 보상이 이루어져야 한다는 것이다.

특별희생사상은 헌법적 관습법으로 불리는 프로이센일반국가법에 명문으로 규정되었다. 동법 제74조는 공공복리가 개인의 이익에 우선함을 규정하면서 제75조는 이로 인하여 희생된 권리에 대한 보상을 규정하고 있었다.

이와 같이 손실보상을 개인에게 주어진 특별한 희생에 대한 보상으로 보는 특별희생설이 오늘날의 통설이다.

제 3 절 행정상 손실보상의 법적 근거*

Ⅰ. 헌법적 근거

1. 행정상 손실보상의 근거로서의 헌법 제23조

행정상 손실보상의 헌법적 근거는 헌법 제23조이다. 동조는 제1항에서 국민의 재산권을 보장하면서 법률로써 보장되는 재산권의 내용과 그에 대한 제한 등을 정하도록 규정하고 있다. 제3항에서는 공용수용·공용사용·공용제한(공용침해)[1]과 이에 대한 보상을 법률로 규정하도록 하면서, 보상을 하는 경우 정당한 보상을 하도록 하고 있다.

---

* 입법고시(2006년), 입법고시(2011년), 사법시험(1998년), 행정고시(1996년), 변호사시험(2020년).

1) 수용은 재산권의 박탈을, 사용은 재산권의 일시적 사용을, 제한은 재산권의 사용·수익 등의 제한을 의미한다. 공공의 필요에 의한 수용·사용·제한을 각각 공용수용·공용사용·공용제한이라 하고, 편의상 이를 합하여 공공의 필요에 의한 재산권침해(공용침해)라고 한다.

헌법 제23조

① 모든 국민의 재산권은 보장된다. 그 내용과 한계는 법률로 정한다.

② 재산권의 행사는 공공복리에 적합하도록 하여야 한다.

③ 공공필요에 의한 재산권의 수용·사용 또는 제한 및 그에 대한 보상은 법률로써 하되, 정당한 보상을 지급하여야 한다.

[판례] 댐사용권 변경처분이 있을 경우 댐사용권자가 납부한 부담금의 반환을 규정한 댐건설관리법 제34조 제1항이 댐사용권의 제한 내지 침해에 따른 정당한 보상을 정한 법률조항인지 여부(소극)

"댐 사용권을 그대로 유지하는 것이 곤란하다고 인정되는 경우 댐 사용권에 대한 취소·변경의 처분을 할 수 있도록 규정한 구 댐건설관리법 제31조 제4항 제2호가 헌법 제23조 제1항 및 제2항에 따른 재산권의 내용과 한계를 규정한 조항인 이상, 위 조항에 따라 댐 사용권을 변경·취소하는 경우에 댐 사용권에 관한 투자비용에 해당하는 부담금이나 납부금의 일부를 국가가 댐 사용권자에게 반환하도록 규정한 구 댐건설관리법 제34조 제1항 역시 구 댐건설관리법 제31조 제4항 제2호와 일체를 이루어 재산권인 댐 사용권의 내용과 한계를 정하는 동시에 공익적 요청에 따른 재산권의 사회적 제약을 구체화하는 규정이라고 봄이 타당하다(헌재결 2022.10.27, 2019헌바44 참조)(대판 2023.8.31, 2019다206223[손실보상약정금 지급청구])."

2. 경계이론에 의한 손실보상

(1) 경계이론에 따른 손실보상의 인정

예컨대 어떤 법률이 헌법 제23조 제1항에 따라 재산권을 제한하는 규정을 두고 있는데, 이와 같은 제한이 재산권의 내재적 제약의 범위 내에 있는 경우에는 이를 수인하여야 하는 것이므로 이에 대한 보상이 필요 없게 되지만, 만약 이러한 제한이 수인한도를 벗어나는 경우에는 특별한 희생이 존재한다고 보아 동조 제3항에 따라 보상할 수 있는가 하는 것이 문제이다.

독일의 경우 재산권보장 및 보상에 관하여 기본법 제14조에서 규정하고 있는데, 우리 헌법 제23조와 매우 유사한 구조를 취하고 있다. 크게 다른 점이 있다면, 우리 헌법은 제23조 제3항에서 '수용·사용·제한'을 규정하고 있지만, 기본법 제14조 제3항은 '수용'만을 규정하고 있다는 점이다.[2)]

독일 연방대법원(BGH)은 재산권의 내용규정(제1항)과 공용수용에 따른 보상규정(제3항)은 정도의 차이가 있을 뿐 다른 제도가 아니라는 점에서, 제1항의 한계를 벗어나 특별한 희생이 존재하

2) 독일 기본법 제14조 제3항이 '수용'만을 규정하고 있다는 점에서 우리 헌법 제23조 제3항의 경우와 다르다고 보는 견해(예: 정하중, 행정법개론, 591면 이하)도 있지만, 독일 기본법상의 수용에는 사용과 제한도 포함되는 것으로 이해하는 견해(예: 홍정선, 행정법특강, 508면)도 있다. 본서는 전자의 입장이다.

면 제3항에 의한 보상이 가능하다고 보았다. 즉 제1항의 경계를 벗어나면 제3항에 의한 보상이 가능하다는 것이다. 이를 경계이론이라 한다. 경계이론은 재산권의 가치보장에 중점을 두는 것으로서 어떠한 재산권침해행위가 특별한 희생에 해당되어 보상이 주어져야 하는가의 여부를 중요시한다고 할 수 있다. 우리나라 대법원도 경계이론을 취하고 있다고 할 수 있다.

(2) 공용침해행위의 다양성

공공필요에 의한 재산권침해(공용침해)는 실제에 있어서는 다양한 형태로 이루어지고 있다. 예컨대 법률에서 공용침해행위를 규정하면서 이에 대한 보상규정을 두고 있는 경우에는 손실보상에 아무런 문제가 없다. 그러나 이와 같은 전형적인 손실보상의 경우와는 달리, 공용침해에 관한 규정을 두면서도 이에 대한 별도의 보상규정이 없는 경우도 있고(예: 개발제한구역의 지정으로 인한 행위제한을 규정하면서 별도의 보상규정이 없는 경우), 또는 전통적인 의미에서 공용침해행위는 직접 재산권에 대한 의도적이며 고권적인 침해를 의미하지만 공공의 필요에 의하여 공익사업을 시행하는 과정에서 사업지 밖에서 의도하지 않았던 재산권 침해행위가 이루어지는 경우(예: 지하철공사로 인근 건물에 균열이 생긴 경우)도 있다. 경우에 따라서는 이와 같은 공용침해행위가 공공필요에 의한 적법한 의도로 시작되었지만 결과적으로 위법한 경우도 있다.

이와 같이 전형적인 공용침해와 손실보상의 문제 이외에도 다양한 공용침해행위에 대하여도 권리구제가 필요함은 물론이다. 그러나 이론상으로는 행정상 손해배상(위법·과실책임)과 손실보상(적법·무과실) 사이에는 일정한 권리구제의 공백이 있어서, 예컨대 위법·무과실의 경우 또는 비의도적인 적법행위의 부수적 결과로서의 재산권침해행위의 경우에는 권리구제의 가능성이 없었다.

(3) 당연해석을 통한 수용유사침해, 수용적 침해법리의 인정과 확대

위와 같은 문제를 해결하기 위하여 독일 연방대법원은 '적법한 재산권 침해가 보상된다면, 위법한 재산권 침해는 당연히 구제되어야 한다'는 당연해석을 통하여 이른바 수용유사침해(enteignungsgleicher Eingriff)[3]와 수용적 침해(enteignender Eingriff)[4] 이론을 정립하여 이에 대한 손실보상을 인정하였다.

이들 법리는 재산적 가치가 없는 권리에 대한 침해에 대해서도 그대로 인정되었다. 즉 재산적 가치에 대한 적법한 침해를 공용수용, 위법한 침해를 수용유사침해라 한다면, 비재산적 가치에 대한 적법한 침해를 희생보상, 위법한 침해를 희생유사침해라 하여 이에 대한 손실보상도 인정하였다.

---

3) 수용유사침해는 위법·무과실의 재산권 침해로서, 만약 적법하였더라면 공용수용에 해당되었을 재산권침해를 말한다.

4) 수용적 침해란 사업지 밖에서 발생하는 비의도적·비정형적인 재산권 침해를 말한다.

3. 분리이론과 불가분조항

(1) 연방헌법재판소의 자갈채취결정

이와 같은 권리구제의 흠결을 보완하기 위한 독일 연방대법원의 판례이론은 계속하여 확대되다가 독일 연방헌법재판소의 자갈채취결정[5)]을 통하여 그 인정범위가 축소되기에 이르렀다.

자갈채취사건은 구 물관리법에 의하여 자기 토지에서 골재채취업을 하던 자가 자기 토지가 수도보호구역에 위치함으로 인하여 관할행정청에 신법의 규정에 따라 다시 골재채취허가를 신청하였다가 거부되자 법원에 손실보상을 청구한 사건이다. 연방대법원은 이 사건의 물관리법 규정의 합헌성 여부가 문제되므로 당해 조항의 위헌여부심사를 연방헌법재판소에 제청하였다.

이에 대하여 연방헌법재판소는 '수용을 규정하는 법률에 보상규정이 없는 경우 당해 법률은 위헌이고 이에 근거한 처분은 위법한 처분'이라고 하였다. 그러나 '보상규정이 없으므로 관계인은 이 경우 보상을 청구할 수 없고, 다만 당해 처분의 취소만을 구할 수 있을 뿐'이라고 하였다.

(2) 분리이론과 불가분조항이론

자갈채취결정에서 연방헌법재판소는 독일 기본법 제14조 제3항에 의한 보상은 '수용을 규정하고 있는 법률에서 이에 대한 보상규정을 두고 있는 경우 이에 따라 이루어지는 보상'으로 공용수용의 개념을 한정하였다. 즉 연방대법원이 제14조 제1항에 의한 재산권에 대한 침해가 내재적 제약을 벗어나 특별한 희생에 해당하는 경우에는 제14조 제3항을 근거로 손실보상을 인정해온 데 대하여(경계이론), 연방헌법재판소는 제14조 제3항에 의한 손실보상은 수용법률에 규정된 보상규정에 의하여 보상이 되는 경우만을 의미한다고 보아 제14조 제1항과 동조 제3항은 서로 관련이 없다고 본 것이다(분리이론).

나아가 연방헌법재판소는 '수용을 규정하는 법률'에는 '보상규정'이 반드시 있어야 한다, 즉 수용규정과 보상규정은 불가분의 관계에 있다는 불가분조항(부대조항)이론에 따라 보상규정이 없는 수용처분은 위법한 처분으로서 이에 대해서는 제14조 제3항에 의한 보상이 아니므로 이를 근거로 보상할 수는 없고, 따라서 1차적 권리구제수단인 취소소송으로 이를 다투어야 하고, 그 다음 -제14조 제3항이 아닌- 다른 법원칙이나 근거규정을 통하여 손실보상을 청구하여야 한다고 하였다.

요컨대 분리이론은 재산권의 내용규정(제1항)은 재산에 대한 권리와 의무를 일반·추상적으로 확정하는 것이고, 공용수용 규정(제3항)은 공공필요에 따라 재산권을 박탈하는 것이므로 서로 별개의 제도라고 본다. 분리이론은 재산권의 존속보장에 중점을 두는 것으로, 예컨대 내재적 제약을 벗어나는 재산권침해의 경우 이에 대하여 보상규정을 두지 않은 것이 헌법에 반하는지의 여부, 즉

5) Naßauskiesungsbeschluß, BverfGE 58, 300(제2편 제4장 제1절 I 참조).

위헌적 침해의 배제를 통한 재산권의 존속보호 여부에 중점을 두고 있다. 우리나라 헌법재판소도 분리이론을 취하고 있는 것으로 판단된다.

> [판례] (구) 도시계획법 제21조에 대한 위헌소원
>
> "도시계획법 제21조에 규정된 개발제한구역제도 그 자체는 원칙적으로 합헌적인 규정인데, 다만 개발제한구역의 지정으로 말미암아 일부 토지소유자에게 사회적 제약의 범위를 넘는 가혹한 부담이 발생하는 예외적인 경우에 대하여 보상규정을 두지 않은 것에 위헌성이 있는 것이고, 보상의 구체적 기준과 방법은 헌법재판소가 결정할 성질의 것이 아니라 광범위한 입법형성권을 가진 입법자가 입법정책적으로 정할 사항이므로, 입법자가 보상입법을 마련함으로써 위헌적인 상태를 제거할 때까지 위 조항을 형식적으로 존속케 하기 위하여 헌법불합치결정을 하는 것인바, 입법자는 되도록 빠른 시일내에 보상입법을 하여 위헌적 상태를 제거할 의무가 있고, 행정청은 보상입법이 마련되기 전에는 새로 개발제한구역을 지정하여서는 아니되며, 토지소유자는 보상입법을 기다려 그에 따른 권리행사를 할 수 있을 뿐 개발제한구역의 지정이나 그에 따른 토지재산권의 제한 그 자체의 효력을 다투거나 위 조항에 위반하여 행한 자신들의 행위의 정당성을 주장할 수는 없다(헌재결 1998. 12.24, 89헌마214, 90헌바16, 97헌바78(병합) 전원재판부)."

(3) 자갈채취결정 이후

자갈채취결정으로 분리이론과 불가분조항이론에 의하여 수용개념이 축소되면서 더 이상 제14조 제3항을 근거로 수용유사침해와 수용적 침해에 의한 보상을 인정할 수 없어 그 인정범위가 축소되게 되었다. 그러나 연방대법원은 프로이센일반국가법 총칙편 제74조·제75조의 희생보상을 근거로 하여 계속하여 수용유사침해·수용적 침해이론을 견지하고 있다. 이로써 수용유사침해·수용적 침해는 기본법 제14조 제3항과는 독립적으로 존재하는 보상법리가 되었다.

4. 우리나라 헌법의 경우

우리나라 헌법 제23조의 경우에도 독일 연방헌법재판소의 입장과 같이 분리이론과 불가분조항의 이론에 따라 판단할 수 있는가 하는 것이 논란이 되고 있다. 이와 같은 이론은 재산권의 존속보장을 우선하는 헌법해석에 충실한 이론이라고 판단되지만, 결론적으로는 우리 헌법구조상 이를 그대로 채택하기는 어렵다고 생각된다. 왜냐하면 독일 기본법 제14조 제3항은 재산권을 박탈하는 '수용'에 관해서만 규정하고 있어, 이와 같은 중대한 재산권 침해행위에는 반드시 보상규정이 있어야 한다는 것(불가분조항)이 합리적으로 요구되지만, 우리 헌법 제23조는 수용뿐 아니라 사용·제한도 규정하고 있는데, 수용의 경우 중대한 재산권 침해라는 사실이 명백하지만, 사용이나 제한의 경우는 매우 다양한 형태로 나타날 수 있어 이에 대하여 항상 보상이 요구된다고 단정하기 어

렵기 때문이다. 따라서 우리나라의 경우 불가분조항 이론을 엄격하게 적용하는 데에는 일정한 한계가 있다고 생각한다.

같은 맥락에서 분리이론에 따라 제1항의 재산권내용규정과 제3항의 공용침해규정이 분리되어 있다고 보기에도 권리구제에서의 어려운 점이 있다. 즉 분리이론에 따르면 공용침해행위에 보상규정이 없는 경우 제3항에 의한 보상이 불가능하므로, 손실보상을 청구하려면 다른 헌법적 근거가 필요한데, 우리나라의 경우에는 독일의 헌법적 관습법으로 불리는 프로이센일반국가법상의 희생보상과 같은 손실보상의 헌법적 근거가 없기 때문에 사실상 손실보상이 불가능해 진다는 문제가 있다. 이러한 점에서 보면, 우리나라의 헌법구조상 경계이론의 입장이 권리구제의 측면에서 보다 타당하지 않을까 생각된다.

Ⅱ. 실정법적 근거*

우리 헌법 제23조 제3항은 "공공필요에 의한 재산권의 수용·사용 또는 제한 및 그에 대한 보상은 법률로써 하되, 정당한 보상을 지급하여야 한다."고 규정하고 있다. 이에 따라 여러 개별법에서는 공용침해에 관하여 규정하면서 손실보상에 관한 규정을 두고 있다. 이러한 경우는 재산권침해로 인하여 개인에게 손실이 발생하면 그 개인은 관련규정에 따라 손실보상청구권이 인정된다.

그러나 법률이 공용침해에 관하여 규정하면서 이에 따른 손실보상에 관한 규정을 두고 있지 않은 경우에, 공용침해에 따른 손실보상을 규정하고 있는 헌법 제23조 제3항과 관련하여, 공용침해를 받은 개인이 이에 대한 손실보상을 청구할 수 있는지 문제이다. 이에 관하여는 학설이 대립되고 있다.

1. 학설

(1) 방침규정설

이 설은 헌법 제23조 제3항의 규정은 보상입법에 대한 방침규정(Programmvorschrift)에 불과하다고 보아, 공용침해행위에 대하여 보상규정을 둘 것인가 하는 문제는 입법자의 재량이라고 본다. 따라서 법률에 의한 공용침해행위가 있더라도 이에 대한 보상규정이 없으면 침해를 입은 개인은 이로 인한 손실을 수인할 수밖에 없다고 한다.

(2) 직접효력설

직접효력설은 공용침해를 규정하는 법률이 이에 따른 손실보상규정을 결여하는 경우에는 헌

* 입법고시(2006년), 입법고시(2011년).

법 제23조 제3항이 직접 국민에 대하여 효력을 가진다고 보아, 헌법 제23조 제3항을 근거로 손실보상을 청구할 수 있다고 본다. 즉 이 견해에 의하면 헌법상의 재산권보장규정 및 이에 근거한 손실보상규정으로부터 손실보상청구권이라는 공권이 직접 발생한다는 것이다.

직접효력설은 "보상은 법률로써 하되, 정당한 보상을 지급하여야 한다."는 헌법 제23조 제3항의 규정은 보상 여부까지 법률에 유보한다는 의미(불가분조항)가 아니라 보상의 구체적인 내용이나 방법 등을 법률에 유보하는 것으로 본다. 따라서 보상규정이 없더라도, 직접 헌법 제23조 제3항을 근거로 손실보상청구권을 도출할 수 있다고 한다.

(3) 위헌무효설

위헌무효설은 손실보상청구권이 인정되려면 법률의 보상규정에 근거하여야 한다는 점(불가분조항)을 전제로 하여, 공용침해를 규정하는 법률에 보상규정이 없다면 이는 헌법에 위반되는 위헌법률로서 무효이지만, 법률에 보상규정이 없으므로 이에 대한 손실보상을 청구할 수 없다고 본다. 그러나 이 경우 공용침해행위는 위헌법률에 근거한 위법한 것이므로 이로 인하여 피해가 발생한 경우에는 국가 등을 상대로 손해배상을 청구할 수 있다고 한다.

(4) 유추적용설

유추적용설 혹은 간접효력설은 공용침해를 규정하는 법률이 손실보상에 관한 규정을 두지 않고 있는 경우에는 헌법 제23조 제1항의 재산권보장, 헌법 제11조의 평등권, 헌법 제23조 제3항 및 관계 법률의 손실보상규정 등을 유추적용하여 손실보상을 청구할 수 있다고 보는 견해이다.

유추적용설의 내용이 명확하지는 않지만, 여기에는 독일 연방대법원의 판례이론인 수용유사침해의 법리와 유사하게 손실보상청구권이 인정되는 것이 바람직하다고 보는 견해[6]도 포함된다고 할 수 있다.

2. 학설에 대한 평가 및 결론

(i) 헌법 제23조 제3항 규정을 단순한 프로그램규정으로 보는 방침규정설은 오늘날과 같이 기본권이 실질적으로 보장되는 법치국가에서는 그 근거를 상실하였다고 보아야 할 것이다.

(ii) 위헌무효설은 보상규정이 없는 공용침해법률은 위헌법률이므로 이에 근거한 공용침해행위는 위법하고 이로 인한 손해에 대해서는 국가배상을 청구하면 된다고 보고 있는데, 이 설은 근본적으로 헌법 제23조 제3항은 불가분조항이라는 이해를 전제로 하고 있다고 할 수 있다. 그러나 우리 헌법은 독일과 달리 동 조항에서 수용뿐 아니라 사용과 제한까지 규정하고 있기 때문에 이와 같은 다양한 공용침해행위를 일률적으로 법률에 의한 보상이 요구되는 행위로 보기는 어렵기 때

6) 홍정선, 행정법원론(상), 890~891면.

문에 이를 불가분조항으로 보기 어렵다.

아울러 이 설이 주장하는 것처럼 국가배상을 청구한다고 하여도, 국가배상청구권의 성립요건 가운데 공무원의 과실을 입증하기 어렵다는 문제도 있다. 즉 법률이 보상규정을 두지 않은 것 자체를 위헌적 입법부작위로 본다 하더라도 입법과정에서의 입법자의 고의를 입증하기 곤란하고, 그 위헌적 법률을 집행한 공무원의 행위가 위법하다고 하더라도, 법집행 당시 위헌이 확정된 것이 아닌 한, 이를 집행한 공무원에게 과실이 있다고 보기 어렵다는 것이다.

요컨대 위헌무효설은 우리 헌법 제23조 제3항을 불가분조항으로 이해할 수 있는가 하는 문제와 과실의 입증이 어렵다는 점에서 국가배상으로 권리구제가 곤란하다는 문제가 있다.

(iii) 유추적용설은 헌법 및 관계 법률의 유추적용을 통하여 손실보상청구권을 인정하자는 것으로 매우 설득력이 있는 견해이지만, 그러나 손실보상의 구체적인 기준과 방법에 대한 법률의 규정이 없는데도 불구하고 현실적으로 어떠한 기준과 방법에 의한 보상을 청구할 수 있는지가 문제이다. 예컨대 법원이 유추적용에 의한 손실보상을 인정하려 하여도 보상의 기준이나 방법 등에 관한 구체적인 규정이 없기 때문에 이를 어떠한 기준으로 어느 정도를 보상할 것인지를 구체적으로 판단하기 어렵다는 것이다. 이 경우 법원이 손실보상을 인정하게 되면 법원에 법형성의 여지를 인정하는 것이 되어 권력분립의 원칙상 문제가 될 수 있다(司法의 입법권 행사).

유추적용설과 관련하여 수용유사침해의 법리와 유사한 법리를 통하여 재산권이 침해된 자의 권리를 구제하자는 견해는 국민의 권리구제의 관점에서 매우 설득력이 있으나, 우리 판례상 이와 같은 법리가 인정되고 있지 않다는 문제가 있다. 과거 한 때 대법원에서는 국가에 의한 문화방송 주식 강제증여사건에서 수용유사침해를 언급한 바는 있으나 이 법리의 채택 여부에 대해서는 판단을 유보한 바 있었다[판례]. 그러나 그 이후의 판례에서 대법원은 위법·무과실의 경우 여전히 국가의 배상책임을 부인하고 있으므로, 수용유사침해이론은 아직까지는 우리 판례상 채택되고 있지 않다고 보아야 할 것이다.

[판례] 사인 소유의 방송사 주식을 강압적으로 국가에 증여하게 한 것이 수용유사행위에 해당되는지 여부

"원심이 들고 있는 위와 같은 수용유사적 침해의 이론은 국가 기타 공권력의 주체가 위법하게 공권력을 행사하여 국민의 재산권을 침해하였고 그 효과가 실제에 있어서 수용과 다름없을 때에는 적법한 수용이 있는 것과 마찬가지로 국민이 그로 인한 손실의 보상을 청구할 수 있다는 내용으로 이해되는데, 과연 우리 법제하에서 그와 같은 이론을 채택할 수 있는 것인가는 별론으로 하더라도 위에서 본 바에 의하여 이 사건에서 피고 대한민국의 이 사건 주식취득이 그러한 공권력의 행사에 의한 수용유사적 침해에 해당한다고 볼 수는 없다(대판 1993.10.26, 93다6409)."

(iv) 직접효력설의 경우에도, 유추적용설의 경우와 마찬가지로, 법률에 보상규정이 없는 경우 이러한 헌법규정을 근거로 법원에 보상청구를 하였을 때 법원이 이를 어떻게 판단할 것인가 하는 문제가 여전히 남는다.

(v) 결론적으로 손실보상의 문제는 궁극적으로는 헌법 제23조 제3항에 따라 보상입법을 마련하여 문제를 해결하는 것이 가장 바람직하겠지만, 이와 같은 입법자의 헌법적 의무가 해태되는 경우에는 수용유사침해이론과 같은 판례이론을 통하여서라도 사법부에 의하여 문제가 해결되도록 하는 것이 공백 없는 권리구제를 추구하는 법치국가의 이념에 부합하는 것이 될 것이다.

그러나 우리 헌법 제23조 제3항을 독일과 같이 절대적 의미의 불가분조항으로 보기에는 공용침해의 범위가 매우 넓고, 또한 우리 대법원은 아직까지 수용유사침해와 같은 판례이론을 채택하고 있지 않고 있다는 점을 고려하면, 결국 보상규정이 없는 공용침해행위에 대해서는 직접효력설에 따라 헌법 제23조 제3항의 '정당한 보상'을 근거로 손실보상청구권을 인정할 수밖에 없는 것 아닌가 생각된다.

3. 관련 판례

(1) 대법원

대법원은 대체로 경계이론에 입각하고 있다고 할 수 있다[판례1,2]. 헌법 제23조 제3항이 직접효력을 가지는가에 관하여 아직 대법원의 판례가 없지만, 대법원은 공용침해로 인한 재산권침해의 경우에 '관련보상규정을 유추'[7]하여 손실보상을 인정하려는 경향이 있는 것으로 판단된다[판례3,4]. 그러나 이와 같은 관련보상규정이 없는 경우에도 손실보상을 인정한 경우도 있다[판례5]. 한편, 이미 언급한 바와 같이, 문화방송주식 강제증여사건에서 수용유사침해법리가 언급된 바도 있으나, 이 이론의 채택 여부에 대한 판단은 유보하였다.

[판례1] 개발제한구역 지정에 관한 도시계획법 제21조의 위헌 여부

"도시계획법 제21조의 규정에 의하여 개발제한구역 안에 있는 토지의 소유자는 재산상의 권리행사에 많은 제한을 받게 되고 그 한도 내에서 일반 토지소유자에 비하여 불이익을 받게 됨은 명백하지만, '도시의 무질서한 확산을 방지하고 도시주변의 자연환경을 보전하여 도시민의 건전한 생활환경을 확보하기 위하여 또는 국방부장관의 요청이 있어 보안상 도시의 개발을 제한할 필요가 있다고 인정되는 때'(도시계획법 제21조 제1항)에 한하여 가하여지는 그와 같은 제한으로 인한 토지소유자의 불이익은 공공의 복리를 위하여 감수하지 아니하면 안 될 정도의 것이라고 인정되므로, 그

7) 박균성 교수는 '관련보상규정'을 유추적용한다는 점에서 이를 '보상법률규정유추적용설'이라고도 부르며, 헌법 제23조 제1항·제11조 등의 헌법적 근거를 토대로 수용유사침해와 같은 보상법리에 의한 손실보상을 인정하는 유추적용설(간접효력설)과는 구별된다고 한다(박균성, 행정법강의, 628면 이하).

에 대하여 손실보상의 규정을 두지 아니하였다 하여 도시계획법 제21조의 규정을 헌법 제23조 제3항, 제11조 제1항 및 제37조 제2항에 위배되는 것으로 볼 수 없다(대판 1996.6.28, 94다54511).”

[판례2] [1] (구) 수산업법에서 허가·신고 어업에 대하여 ‘국방상 필요하다고 인정하여 국방부장관으로부터 요청이 있을 때’에 손실보상 없이 제한할 수 있도록 정한 것이 헌법에 위배되는지 여부(소극)

[2] (구) 수산업법상 어업제한사유가 ‘국방상 필요하다고 인정하여 국방부장관으로부터 요청이 있을 때’의 요건과 ‘국방·군사에 관한 사업’의 요건을 동시에 충족하는 경우, 손실보상청구권이 발생하는지 여부(원칙적 소극)

“[1] … (구) 수산업법 제81조 제1항 제1호 단서에서 허가·신고 어업에 대하여 ‘국방상 필요하다고 인정하여 국방부장관으로부터 요청이 있을 때’((구) 수산업법 제34조 제1항 제3호)에는 ‘공익사업을 위한 토지 등의 취득 및 보상에 관한 법률 제4조의 공익사업상 필요한 때’((구) 수산업법 제34조 제1항 제5호)와 달리 손실보상 없이 이를 제한할 수 있도록 정한 것이 **재산권자가 수인하여야 하는 사회적 제약의 한계**를 넘어 가혹한 부담을 발생시키는 등 비례의 원칙을 위반하였다고 보기 어려우므로 위 단서 조항이 헌법에 위배된다고 볼 수 없다.

[2] (구) 수산업법 제34조 제1항이 어업제한사유로 제5호에서 ‘공익사업을 위한 토지 등의 취득 및 보상에 관한 법률 제4조의 공익사업상 필요한 때’를 정하여 ‘국방 및 군사에 관한 사업’에 관한 포괄적인 규정을 마련하였음에도, 이와 별도로 제3호에서 ‘국방상 필요하다고 인정하여 국방부장관으로부터 요청이 있을 때’를 정하여 손실보상 여부에 관하여 달리 취급하는 취지에 비추어 보면, (구) 수산업법 제34조 제1항에 따른 어업제한사유가 제3호의 요건을 충족하는 이상 제5호에서 정한 공익사업의 하나인 ‘국방·군사에 관한 사업’의 요건을 동시에 충족할 수 있더라도, 특별한 사정이 없는 한 제3호가 우선 적용되어 손실보상청구권이 발생하지 아니한다(대판 2016.5.12, 2013다62261[손실보상등]).”

[판례3] 하천법상 국유화된 제외지의 소유자에 대한 손실보상의 유무

“하천법(1971.1.19 법률 제2292호로 개정된 것) 제2조 제1항 제2호, 제3조에 의하면 제외지는 하천구역에 속하는 토지로서 법률의 규정에 의하여 당연히 그 소유권이 국가에 귀속된다고 할 것인바 한편 동법에서는 위 법의 시행으로 인하여 국유화가 된 제외지의 소유자에 대하여 그 손실을 보상한다는 직접적인 보상규정을 둔 바가 없으나 동법 제74조의 손실보상요건에 관한 규정은 보상사유를 제한적으로 열거한 것이라기보다는 예시적으로 열거하고 있으므로 국유로 된 제외지의 소유자에 대하여는 위 법조를 유추적용하여 관리청은 그 손실을 보상하여야 한다(대판 1987.7.21, 84누126).”

[판례] 국가가 토지를 20년간 점유하여 취득시효가 완성된 경우, 토지 소유자가 하천편입토지 보상 등에 관한 특별조치법에 따른 손실보상청구권을 행사할 수 있는지 여부(적극) / 위 법리가 하천구역 편입 당시 이미 국가가 토지의 소유권을 취득한 경우에도 적용되는지 여부(소극)

"국가가 토지를 20년간 점유하여 취득시효가 완성된 경우, 토지의 소유자는 국가에 이를 원인으로 하여 소유권이전등기절차를 이행하여 줄 의무를 부담하므로 국가에 대하여 소유권을 행사할 지위에 있다고 보기 어려우나, 한편 보상청구권의 소멸시효 만료로 보상을 받지 못한 하천편입토지 소유자에 대한 보상을 목적으로 제정된 하천편입토지 보상 등에 관한 특별조치법(이하 '특별조치법'이라고 한다)의 입법 취지 등에 비추어 보면, 점유취득시효기간이 경과하였다는 사정은 토지 소유자가 국가를 상대로 소유권에 기초한 물권적 청구권을 행사하는 데에 지장이 될 수는 있으나, 토지 소유자가 소유권의 상실을 전제로 하여 특별조치법에 터 잡은 금전적인 손실의 보상을 청구하는 데에 장애로 작용하지는 않는다(대판 2016.6.9, 2014두1369[손실보상금])."

"한편 위 법리는 국가가 토지에 대한 취득시효의 완성에도 그에 따른 등기를 하지 아니하여 소유권을 취득하지 못한 상태에서 토지가 하천구역에 편입됨에 따라 국유로 되었고, 그 결과 소유명의자가 소유권을 상실한 경우에 적용되는 것으로서, 하천구역 편입 당시 이미 국가가 토지의 소유권을 취득한 경우에는 적용될 수 없다(대판 2016.6.28, 2016두35243[하천편입토지손실보상금])."

[판례] 하천 관리청에 의하여 보상대상자로 결정되려면 보상청구인이 편입토지가 하천구역으로 편입된 당시의 소유자 또는 그 승계인에 해당하여야 하는지 여부(적극)

"(구) 하천법(1999.2.8. 법률 제5893호로 전부 개정되기 전의 것) 부칙(1984.12.31.) 제2조 제1항과 제4항에 근거를 둔 (구) '법률 제3782호 하천법 중 개정 법률 부칙 제2조의 규정에 의한 하천편입토지의 보상에 관한 규정'(2000.3.28. 대통령령 제16767호 법률 제3782호 하천법 중 개정 법률 부칙 제2조의 규정에 의한 보상청구권의 소멸시효가 만료된 하천구역 편입토지 보상에 관한 특별조치법 시행령 부칙 제2조로 폐지) 제2조 제3호를 비롯한 관련 규정에 의하면, 관리청에 의하여 보상대상자로 결정되려면 보상청구인이 편입토지가 하천구역으로 편입된 당시의 소유자 또는 그 승계인에 해당하여야 한다(대판 2016.8.24, 2014두15580[손실보상금])."

[판례4] (구) 수산업법상 어업허가를 받고 허가어업에 종사하던 어민이 공유수면매립사업의 시행으로 피해를 입게 된 경우, 손실보상청구권이 있는지 여부

"… 적법한 어업허가를 받고 허가어업에 종사하던 중 공유수면매립사업의 시행으로 피해를 입게 되는 어민들이 있는 경우 그 공유수면매립사업의 시행자로서는 위 (구) 공공용지의취득및손실보상에관한특례법시행규칙(1991.10.28. 건설부령 제493호로 개정되기 전의 것) 제25조의2의 규정을 유추적용하여 위와 같은 어민들에게 손실보상을 하여 줄 의무가 있다(대판 1999.11.23, 98다11529)."

[판례5] 보상규정이 없는 경우 손실보상의 인정 여부

"토지구획정리사업으로 말미암아 본 건 토지에 대한 환지를 교부하지 않고 그 소유권을 상실케 한데 대한 본 건과 같은 경우에 손실보상을 하여야 한다는 규정이 본법에 없다 할지라도 이는 법리상 그 손실을 보상하여야 할 것이다(대판 1972.11.28, 72다1597)."

위 [판례3,4,5]의 경우 소유권이 박탈되거나 생업에 대한 피해 등과 같은 중대한 재산권침해의 경우이다. 이와 같은 경우에는 '특별한 희생'이 존재하는 경우로서 ① 법률에 보상규정을 두어 손실을 보상하는 것이 가장 바람직한 해결방안이고, ② 보상규정을 마련할 수 없다면 수용유사침해법리를 통하여서라도 손실보상을 인정하여야 한다. ③ 그러나 보상규정도 없고 수용유사침해법리도 인정되지 않는다면, 관련된 보상규정을 유추하거나 또는 보상규정이 없더라도 직접 헌법 제23조 제3항을 근거해서라도 보상을 해주는 것이 '공적 부담 앞에서의 평등원칙'이라는 손실보상의 이념에 부합하는 것이다. 우리 대법원 판례는 ③의 입장이라고 할 수 있다.

(2) 헌법재판소

헌법재판소는 독일 연방헌법재판소와 마찬가지로 분리이론과 불가분조항이론에 입각하고 있는 것으로 판단된다. 헌법재판소는 우리 헌법은 재산의 수용·사용 또는 제한에 대한 보상금을 지급하도록 규정하면서 이를 법률이 정하도록 위임함으로써 국가에게 명시적으로 수용 등의 경우 그 보상에 관한 입법의무를 부과하고 있다는 입장이다. 따라서 이러한 입법의무를 불이행한 것에 대하여 위헌결정을 하거나[판례1] 또는 헌법불합치결정을 통하여 보상입법을 촉구하고 있다[판례2].

[판례1] 헌법상 명시된 입법의무가 있으나 보상입법을 하지 않은 것이 위헌인지 여부

"우리 헌법은 제헌 이래 현재까지 일관하여 재산의 수용, 사용 또는 제한에 대한 보상금을 지급하도록 규정하면서 이를 법률이 정하도록 위임함으로써 국가에게 명시적으로 수용 등의 경우 그 보상에 관한 입법의무를 부과하여 왔는바, 해방 후 사설철도회사의 전 재산을 수용하면서 그 보상절차를 규정한 군정법령 제75호에 따른 보상절차가 이루어지지 않은 단계에서 조선철도의통일폐지법률에 의하여 위 군정법령이 폐지됨으로써 대한민국의 법령에 의한 수용은 있었으나 그에 대한 보상을 실시할 수 있는 절차를 규정하는 법률이 없는 상태가 현재까지 계속되고 있으므로, 대한민국은 위 군정법령에 근거한 수용에 대하여 보상에 관한 법률을 제정하여야 하는 입법자의 헌법상 명시된 입법의무가 발생하였으며, 위 폐지법률이 시행된 지 30년이 지나도록 입법자가 전혀 아무런 입법조치를 취하지 않고 있는 것은 입법재량의 한계를 넘는 입법의무불이행으로서 보상청구권이 확정된 자의 헌법상 보장된 재산권(財産權)을 침해하는 것이므로 위헌이다(헌재결 1994.12.29, 89헌마2)."

[판례2] 도시계획법 제21조의 위헌 여부

"도시계획법 제21조에 규정된 개발제한구역제도 그 자체는 원칙적으로 합헌적인 규정인데, 다만 개발제한구역의 지정으로 말미암아 일부 토지소유자에게 사회적 제약의 범위를 넘는 가혹한 부담이 발생하는 예외적인 경우에 대하여 보상규정을 두지 않은 것에 위헌성이 있는 것이고, 보상의 구체적 기준과 방법은 헌법재판소가 결정할 성질의 것이 아니라 광범위한 입법형성권을 가진 입법자가 입법정책적으로 정할 사항이므로, 입법자가 보상입법을 마련함으로써 위헌적인 상태를 제거할 때까지 위 조항을 형식적으로 존속케 하기 위하여 헌법불합치결정을 하는 것인바, 입법자는 되도록 빠른 시일 내에 보상입법을 하여 위헌적 상태를 제거할 의무가 있고, 행정청은 보상입법이 마련되기 전에는 새로 개발제한구역을 지정하여서는 아니되며, 토지소유자는 보상입법을 기다려 그에 따른 권리행사를 할 수 있을 뿐 개발제한구역의 지정이나 그에 따른 토지재산권의 제한 그 자체의 효력을 다투거나 위 조항에 위반하여 행한 자신들의 행위의 정당성을 주장할 수는 없다.

입법자가 도시계획법 제21조를 통하여 국민의 재산권을 비례의 원칙에 부합하게 합헌적으로 제한하기 위해서는, 수인의 한계를 넘어 가혹한 부담이 발생하는 예외적인 경우에는 이를 완화하는 보상규정을 두어야 한다. 이러한 보상규정은 입법자가 헌법 제23조 제1항 및 제2항에 의하여 재산권의 내용을 구체적으로 형성하고 공공의 이익을 위하여 재산권을 제한하는 과정에서 이를 합헌적으로 규율하기 위하여 두어야 하는 규정이다. 재산권의 침해와 공익간의 비례성을 다시 회복하기 위한 방법은 헌법상 반드시 금전보상만을 해야 하는 것은 아니다. 입법자는 지정의 해제 또는 토지매수청구권 제도와 같이 금전보상에 갈음하거나 기타 손실을 완화할 수 있는 제도를 보완하는 등 여러 가지 다른 방법을 사용할 수 있다(헌재결 1998.12.24, 89헌마214, 90헌바16, 97헌바78(병합) 전원재판부)."

제 4 절 손실보상청구권의 요건(공용침해의 요건) *

Ⅰ. 공공의 필요 **

1. '공공의 필요'의 의미

손실보상청구권을 발생시키는 공용침해행위는 공공의 필요에 의한 것이어야 한다. '공공의 필요'는 전형적인 불확정개념으로서 명확한 개념정의는 사실상 불가능하지만, 일반적으로 공공복리를 실현하기 위하여 필요한 경우로서, 예컨대 인구밀집으로 인하여 택지개발·도로개설 등과 같은 공익사업이 요구되는 경우를 말한다.

* 변호사시험(2020년).
** 사법시험(2007년).

그러나 공공의 필요는 단순한 공익이나 국가의 이익을 의미하는 것이 아니라, 개인의 재산권 침해를 정당화할 수 있을 정도로 '고양된 의미의 중대한 공익(qualifiziertes öffentliches Interesse)'으로 이해되어야 한다. 따라서 공공의 필요는 반드시 특정 공익사업과 관련하여 특정인의 재산권 침해가 불가피한 경우에 인정되며, 국가의 재정적 수요나 단순한 미래의 개발욕구를 충족시키기 위한 재산권 침해행위는 공공의 필요가 존재한다고 볼 수 없어 허용되지 않는다고 보아야 할 것이다.

구체적으로 공공의 필요가 존재하는가 하는 것은 공용침해를 통하여 추구하는 공익과 사인의 재산권 사이의 이익형량을 통하여 판단되어야 할 것이다.

[판례] 지역균형개발 및 지방중소기업 육성에 관한 법률 제18조 제1항 등 위헌소원

"헌법 제23조 제3항에서 규정하고 있는 '공공필요'는 "국민의 재산권을 그 의사에 반하여 강제적으로라도 취득해야 할 공익적 필요성"으로서, '공공필요'의 개념은 '공익성'과 '필요성'이라는 요소로 구성되어 있는바, '공익성'의 정도를 판단함에 있어서는 공용수용을 허용하고 있는 개별법의 입법목적, 사업내용, 사업이 입법목적에 이바지 하는 정도는 물론, 특히 그 사업이 대중을 상대로 하는 영업인 경우에는 그 사업 시설에 대한 대중의 이용·접근가능성도 아울러 고려하여야 한다. 그리고 '필요성'이 인정되기 위해서는 공용수용을 통하여 달성하려는 공익과 그로 인하여 재산권을 침해당하는 사인의 이익 사이의 형량에서 사인의 재산권침해를 정당화할 정도의 공익의 우월성이 인정되어야 하며, 사업시행자가 사인인 경우에는 그 사업 시행으로 획득할 수 있는 공익이 현저히 해태되지 않도록 보장하는 제도적 규율도 갖추어져 있어야 한다.

그런데 이 사건에서 문제된 지구개발사업의 하나인 '관광휴양지 조성사업' 중에는 고급골프장, 고급리조트 등(이하 '고급골프장 등'이라 한다)의 사업과 같이 입법목적에 대한 기여도가 낮을 뿐만 아니라, 대중의 이용·접근가능성이 작아 공익성이 낮은 사업도 있다. 또한 고급골프장 등 사업은 그 특성상 사업 운영 과정에서 발생하는 지방세수 확보와 지역경제 활성화는 부수적인 공익일 뿐이고, 이 정도의 공익이 그 사업으로 인하여 강제수용 당하는 주민들의 기본권침해를 정당화할 정도로 우월하다고 볼 수는 없다.

따라서 이 사건 법률조항은 공익적 필요성이 인정되기 어려운 민간개발자의 지구개발사업을 위해서까지 공공수용이 허용될 수 있는 가능성을 열어두고 있어 헌법 제23조 제3항에 위반된다(헌재결 2014.10.30, 2011헌바129·172(병합))."

2. '사인을 위한 수용' 문제

공공필요와 관련하여 문제가 되는 것은 기업도시개발과 같이 사인이 수행하는 공익사업의 경우에도 공공필요성이 인정되어 개인에 대한 재산권침해가 허용될 수 있는가 하는 것이다. 이를 사

인을 위한 수용(Enteignung zugunsten Privater)이라고 한다. 사인을 위한 수용을 법으로 규정하고 있는 예로는 사회기반시설에 대한 민간투자법 제20조, 경제자유구역의 지정 및 운영에 관한 특별법 제13조 등을 들 수 있다.

개인이나 사기업이라 하더라도 이윤의 추구와 함께 공익사업을 수행한다는 사실이 객관적으로 담보될 수 있는 한 사인을 위한 수용은 가능하다고 할 수 있다. 그러나 공공성이 떨어지고 이윤추구의 목적이 기업경영의 전면에 나서는 경우에도 사인에게 수용권한을 허용할 것인가 하는 것은 논란의 여지가 크다. 이러한 경우 원칙적으로는 부정적으로 보아야 하겠으나, 부득이하게 예외적으로 수용권한을 허용하여야 하는 경우라 하더라도, 당해 사기업이 의무적으로 공익사업을 계속적으로 실현하도록 하는 특별한 법적·제도적 보장책을 마련하는 등의 엄격한 요건 하에서만 가능하다고 하여야 할 것이다.

[판례1] 민간기업이 도시계획시설사업의 시행자로서 도시계획시설사업에 필요한 토지 등을 수용할 수 있도록 규정한 국토계획법 규정이 헌법 제23조 제3항의 공공필요성을 결여하는지 여부

"도시계획시설사업은 도로·철도·항만·공항·주차장 등 교통시설, 수도·전기·가스공급설비 등 공급시설과 같은 도시계획시설을 설치·정비 또는 개량하여 공공복리를 증진시키고 국민의 삶의 질을 향상시키는 것을 목적으로 하고 있으므로, 도시계획시설사업은 그 자체로 공공필요성의 요건이 충족된다(헌재결 2007.11.29, 2006헌바79). 또한 이 사건 수용조항은 도시계획시설사업의 원활한 진행을 위한 것이므로 정당한 입법목적을 가진다. 민간기업도 일정한 조건하에서는 헌법상 공용수용권을 행사할 수 있고, 이 사건 수용조항은 헌법 제23조 제3항 소정의 공공필요성 요건을 결여하거나 과잉금지원칙을 위반하여 재산권을 침해한다고 볼 수 없다(헌재결 2011.6.30, 2008헌바166, 2011헌바35(병합))."

[판례2] 민간 주택건설사업 시행자에게 매도청구권을 인정한 구 주택법 규정의 위헌 여부

"이 사건 법률조항이 민간사업자에게 주택건설사업에 필요한 토지를 매수할 수 있게 한 것은 지구단위계획에 따라 승인받은 주택건설사업을 가능하게 하는 공공복리를 달성하기 위한 것으로서 입법목적의 정당성이 인정되고, 공용수용의 효과를 부여하기 위하여 필요한 공공필요성의 요건도 갖추었다고 할 것이다. …(헌재결 2009.11.26, 2008헌바133)."

Ⅱ. 재산권

공용침해는 재산권에 대한 것이어야 한다(비재산적 가치에 대한 침해의 경우에는 희생보상·희생유사침해가 문제된다). 여기에서의 재산권은 원칙적으로 현재 법적으로 보호받는 재산적 가치 있는 권

리로서, 민법상의 재산권보다 넓은 개념이다. 재산적 가치 있는 권리인 한, 물권인지 채권인지, 공법상의 권리인지 사법상의 권리인지를 가리지 않는다. 그러나 '현재의 재산적 가치'만을 의미하므로 '기대이익'은 여기에 포함되지 않는다.

Ⅲ. 침해

행정상 손실보상이 성립하기 위해서는 공공필요에 의하여 개인 재산권에 대한 고권적 침해행위, 즉 공용침해행위가 있어야 한다.

1. 침해의 유형

헌법 제23조 제3항은 침해의 유형으로 "공공필요에 의한 재산권의 수용·사용 또는 제한"을 규정하고 있는데, 여기에서 수용이란 재산권의 박탈행위를, 사용이란 재산권의 박탈에는 이르지 아니하는 일시적 사용을 그리고 제한이란 소유자 기타 권리자에 의한 재산권의 사용 및 수익을 제한하는 것을 의미하며, 이러한 공용수용·공용사용·공용제한을 모두 포괄하여 공용침해라고 부르기도 한다.

2. 적법성·의도성

손실보상에서의 공용침해행위는 공공의 필요에 의한 적법한 것이어야 한다(만약 침해행위가 공공의 필요에 의한 것이기는 하지만 위법한 경우에는 수용유사침해가 문제된다). 또한 공용침해행위는 특정한 재산적 가치를 지닌 대상에 대한 의도적인 침해행위(gezielter Eingriff)여야 한다(비의도적 침해의 경우에는 수용적 침해가 문제된다).

3. 재산권에 대한 직접적·고권적 침해

공용침해행위는 원칙적으로 개인의 재산권에 대한 직접적이고 고권적인 침해(unmittelbarer hoheitlicher Eingriff)여야 한다. 이와 같이 공용침해는 공권력의 행사로서 재산권을 직접 침해하는 행위이므로 공법적인 성질을 가지게 된다.

Ⅳ. 특별한 희생*

공용침해행위가 재산권의 내용과 한계를 규정하는 데 그치거나 재산권의 내재적 제약의 한계 내에서 이루어진 경우 상대방은 이를 수인하여야 하므로 손실보상의 문제는 발생하지 않는다. 손

* 사법시험(1998년), 행정고시(1996년).

실보상이 인정되기 위해서는 재산권에 대한 공용침해로 인하여 개인에게 수인한도를 벗어나는 '특별한 희생'이 발생하여야 한다.

어떠한 경우가 재산권의 내재적 제약을 넘어서는 특별한 희생에 해당하는가 하는 구별기준은 오랫동안 논쟁이 되어왔는데, 이를 대별하면 형식설과 실질설로 구분할 수 있다.

1. 형식설

형식설은 평등원칙을 형식적으로 해석하여, '특정된 자'에게 재산권 침해가 가해졌는가 하는 것을 기준으로 하는 견해이다.

(1) 개별행위설

개별행위설은 특별한 희생과 재산권의 내재적 제약을 구별하려는 최초의 시도로서, 이 설은 공권력주체가 공익을 위하여 개별행위에 의하여 특정인 또는 한정된 범위의 사람의 재산권을 침해하면 특별한 희생에 해당한다고 본다. 만약 이와 같은 침해행위가 일반적으로 행하여지면 이는 재산권의 내재적 제약에 해당한다.

(2) 특별희생설

특별희생설은 독일 연방대법원이 개별행위설을 수정하여 발전시킨 견해로, 특정인 또는 특정한 집단에 대하여 다른 자들에게는 요구되지 아니하는 희생이 불평등하게 강제되는 경우에 특별한 희생이 있다고 본다.

(3) 형식설의 문제점

형식설은 재산권 침해를 받는 자가 특정되어 있는가 하는 형식적 기준에 의해서 특별한 희생인지의 여부를 구별하기 때문에 보상을 요하는 침해행위를 구별하기가 쉽다는 장점은 있으나, ① 개별행위설의 경우 특별한 희생에 해당하는 공용침해행위는 반드시 개별행위에 의해서만 이루어지는 것이 아니라 법령에 의하여 이루어지기도 한다는 점, ② 국민 모두에게 일반적으로 부과된 재산권 제한이라 할지라도 경우에 따라서는 특별한 희생이라 볼 수도 있는 점, ③ 평등원칙의 형식적 해석과 관련하여 어느 집단과 비교할 때 특별한 희생인가 여부를 판단하여야 하는데 이 경우 비교대상의 선정이 쉽지 않다는 점 등의 문제가 있다.

이러한 문제로 인하여 특별한 희생의 존재 여부를 판단하는 데 있어서 형식적인 기준만으로는 부족하고, 재산권 침해행위의 성질이나 정도 등을 바탕으로 하는 여러 실질적인 기준들이 제시되게 되었다.

2. 실질설

실질설은 재산권 침해의 중대성, 재산권의 보호가치성·효용성 등의 실질적인 기준으로 특별한 희생 여부를 판단하는 견해이다. 실질설에는 중대성설을 비롯하여 다양한 견해들이 제시되고 있다.

(1) 중대성설

중대성설은 재산권 침해의 중대성(Eingriffsschwere)과 정도(Eingriffstiefe)를 기준으로 특별한 희생 여부를 판단하는 견해로서, 독일연방행정재판소의 견해이다.

(2) 기타

① 보호가치성설은 재산적 보호가치 있는 권리에 대한 침해는 특별한 희생의 요건을 충족한다고 보는 견해이다.

② 보호가치성설과 맥을 같이하는 실체감소설은 법령이나 행정행위 등을 통하여 특정인의 재산권 전부가 박탈되거나 또는 그 실체가 감소하는 경우 및 공익상 특정인의 재산권의 실체적 내용이 제한되는 경우에는 특별한 희생이 있다고 본다.

③ 수인가능성설은 침해행위의 중대성·정도 등을 바탕으로 그것이 재산권주체에게 수인가능한 것인지의 여부에 따라 특별한 희생 여부를 판단하는 견해이다.

④ 목적위배설은 재산권 침해행위가 재산권이 본래 가지고 있던 목적과 기능에 위배되는 경우에는 특별한 희생이 발생한 것으로 본다.

⑤ 사적 효용설은 고권적인 재산권침해가 재산권의 사적 효용을 박탈하는 경우에는 특별한 희생을 동반하는 공용침해로 본다. 이 설은 목적위배설과 유사하다.

⑥ 상황구속성설은 재산권마다 그 처한 위치나 상황이 서로 다를 수 있으므로 보상 여부의 결정에 있어서도 이와 같은 구체적인 상황을 고려하여야 한다는 견해이다.

⑦ 사회적 구속성설은 재산권 침해행위가 보상을 요하는지의 여부를 재산권의 사회적 구속성을 기준으로 판단하는 견해이다.

⑧ 사회적 비용설[8)]은 손실보상을 실시하는 데 소요되는 사회적 비용의 관점에서 보상 여부를 판단하는 견해이다. 즉 '재산권 침해로 달성하려는 공익(또는 이로 인한 개인들의 특별한 희생)'과 '보상과 관련하여 필요한 사회적 비용'을 비교하여 전자가 크면 클수록 보상이 수월해진다는 견해이다.

8) 김성수, 일반행정법, 717면 이하.

3. 결어

특별희생과 재산권의 내용과 한계, 내재적 제약을 구별하려는 위의 견해들은 나름대로 문제해결을 위한 타당성 있는 단서를 제공하고는 있지만, 어느 하나의 기준만으로 구별하는 것 보다는 구체적인 사안별로 형식적 기준과 실질적 기준을 보완적으로 적용하여 구별하여야 할 것이다.

독일 연방대법원은 형식설(특별희생설)과 실질설(중대성설), 상황구속성설 등을 상호 연결하여 판단하는 경향에 있다.

※ 참고판례

[판례1] 역사문화미관지구 내의 건축제한이 사회적 제약의 범위를 벗어나는 재산권 침해인 지 여부

"'역사문화미관지구' 내에 나대지나 건물을 소유한 자들이 아무런 층수 제한이 없는 건축물을 건축, 재축, 개축하는 것을 보장받는 것까지 재산권의 내용으로 요구할 수는 없는데다가, 이 사건 법률조항들에 의하더라도 일정한 층수 범위 내에서의 건축은 허용되고, 기존 건축물의 이용이나 토지사용에 아무런 제약을 가하고 있지 않다. 따라서 이 사건 법률조항들로 인하여 부과되는 재산권의 제한 정도는 사회적 제약 범위를 넘지 않고 공익과 사익 간에 적절한 균형이 이루어져 있으므로, 비례의 원칙에 반하지 아니한다(헌재결 2012.7.26, 2009헌바328)."

[판례2] 국립공원지정에 따른 토지재산권의 제한에 대하여 손실보상규정을 두지 않은 (구) 자연공원법 제4조가 토지소유자의 재산권을 과도하게 침해하는지 여부

"토지재산권의 강한 사회성·공공성으로 인하여 다른 재산권에 비하여 보다 강한 제한과 의무가 부과될 수 있으나, 토지재산권에 대한 제한입법 역시 다른 기본권에 대한 제한입법과 마찬가지로 과잉금지의 원칙을 준수해야 하고 재산권의 본질적 내용인 사적유용성(私的有用性)과 원칙적인 처분권(處分權)을 부인해서는 안된다. 토지에 대한 사용제한이 언제 토지재산권의 내재적 한계로서 허용되는 사회적 제약의 범위를 넘어 특별한 재산적 손해를 발생시키는가의 문제를 판단함에 있어서, 다음의 2가지 관점이 유용한 기준을 제공한다(헌재결 1998.12.24, 89헌마214 등, 판례집 10-2, 927, 953-954 참조).

첫째, 토지소유자가 종래 합법적으로 허용된 사용가능성을 이미 현실적으로 행사했는가 하는 점이 중요한 의미를 가진다. …

둘째, 사용제한으로 인하여 토지소유자에게 법적으로 허용되는 사적 효용을 가져오는 사용방법이 없기 때문에 토지재산권의 사적 효용성이 폐지된 경우에도, 사회적 제약의 한계를 넘는 특별한 재산적 손해가 발생하였다고 보아 수용적 효과를 인정해야 한다.

국립공원구역지정 후 토지를 종래의 목적으로 사용할 수 있는 원칙적인 경우의 토지소유자에게 부

과하는 현상태의 유지의무나 변경금지의무는, 토지재산권의 제한을 통하여 실현하고자 하는 공익의 비중과 토지재산권의 침해의 정도를 비교해 볼 때, 토지소유자가 자신의 토지를 원칙적으로 종래 용도대로 사용할 수 있는 한 재산권의 내용과 한계를 비례의 원칙에 부합하게 합헌적으로 규율한 규정이라고 보아야 한다. 그러나 입법자가, 국립공원구역지정 후 토지를 종래의 목적으로도 사용할 수 없거나 토지를 사적으로 사용할 수 있는 방법이 없이 공원구역내 일부 토지소유자에 대하여 가혹한 부담을 부과하면서 아무런 보상규정을 두지 않은 경우에는 비례의 원칙에 위반되어 당해 토지소유자의 재산권을 과도하게 침해하는 것이라고 할 수 있다(헌재결 2003.4.24, 99헌바110, 2000헌바46(병합)).”

제 5 절 행정상 손실보상의 내용

Ⅰ. 손실보상의 기준

헌법 제23조 제3항은 “재산권의 수용·사용 또는 제한 및 그에 대한 보상은 법률로써 하되, 정당한 보상을 지급하여야 한다.”고 규정하고 있는데, 여기에서 “정당한 보상”의 의미와 관련하여 완전보상설과 상당보상설이 대립하고 있다.

1. 완전보상설

완전보상설은 ‘정당한 보상’은 피침해재산의 객관적 재산가치를 완전하게 보상하여야 한다는 완전보상을 의미하는 것이라고 본다. 대법원과 헌법재판소의 입장이다[판례1,2].

완전보상설 가운데에는 완전보상설을 주장하면서도 피침해재산권의 완전한 객관적 가치를 보상하는 것 이외에 재산권 침해로 인한 부대적 손실(예컨대 영업상 손실의 보상, 이전료보상 등)의 완전한 보상까지를 포함한다는 견해도 제시되고 있다.[9]

[판례1] 헌법 제23조 제3항의 정당한 보상의 의미

“수용에 따른 손실보상액 산정의 경우 헌법 제23조 제3항에 따른 정당한 보상이란 원칙적으로 피수용재산의 객관적인 재산가치를 완전하게 보상하여야 한다는 완전보상을 뜻하는 것이다(대판 2001.9.25, 2000두2426).”

[판례2] 정당보상의 원칙

“헌법이 규정한 ‘정당한 보상’이란 이 사건 소원의 발단이 된 소송사건에서와 같이 손실보상의 원

9) 김동희/최계영, 행정법 I, 616면.

인이 되는 재산권의 침해가 기존의 법질서 안에서 개인의 재산권에 대한 개별적인 침해인 경우에는 그 손실 보상은 원칙적으로 피수용재산의 객관적인 재산가치를 완전하게 보상하는 것이어야 한다는 완전보상을 뜻하는 것으로서 보상금액 뿐만 아니라 보상의 시기나 방법 등에 있어서도 어떠한 제한을 두어서는 아니된다는 것을 의미한다고 할 것이다.

재산권의 객체가 갖는 객관적 가치란 그 물건의 성질에 정통한 사람들의 자유로운 거래에 의하여 도달할 수 있는 합리적인 매매가능가격 즉 시가에 의하여 산정되는 것이 보통이다. …(헌재결 1990.6.25, 89헌마107).”

2. 상당보상설

상당보상설은 ‘정당한 보상’은 반드시 피침해재산의 완전한 객관적 가치보상을 의미한다기보다는 피침해재산의 성질 및 정도, 침해행위의 공익성, 사회적·경제적 여건 등을 고려하여 사회통념에 비추어 객관적으로 타당한 보상을 의미한다고 본다. 따라서 손실보상의 기준은 피침해재산권자의 평등권·재산권 등의 본질적 내용을 침해하지 않는 범위 내에서 국가의 재정여건, 사회·경제적인 요인 등을 감안하여 결정된다. 그러므로 개별법령상의 보상기준이 헌법적으로 객관·타당한 것이라면 비록 재산권의 시장가치를 하회한다 하더라도 위헌은 아니라는 견해이다.

상당보상은 독일 바이마르 헌법 제153조가 대표적인 예인데, 현행 기본법 제14조 제3항도 “보상은 공공과 이해관계인의 이익을 정당하게 형량하여 결정되어야 한다.”고 규정하여 이를 계승하고 있다.

3. 절충설

절충설은 손실보상의 기준은 원칙적으로 피침해재산권의 객관적 시장가격을 기준으로 하는 완전보상이지만 합리적인 사유가 있다면 상당한 보상으로 족할 수도 있다는 견해이다.

4. 결어

행정상 손실보상은 공공의 필요에 의하여 특정인의 재산권을 침해하여 야기된 특별한 희생을 조절하는 제도이므로 피침해재산권의 객관적 가치를 기준으로 하는 것이 원칙이 되어야 할 것이다. 그러나 재산권은 절대적으로 보장되는 것이 아니라 일정한 사회적 구속 하에 인정되는 것이므로 보상기준에서도 이와 같은 재산권의 특성이 반영되어야 한다. 즉 손실보상은 법치국가원리에 의하여 제도화된 것이지만, 보상제도의 구체적 내용과 기준을 정하는 것은 사회국가원리를 실현하여야 하는 입법의 과제이다. 그러므로 재산권의 본질적 내용을 침해하지 않는 한 입법자가 정한 보상기준이 시가를 하회한다 하더라도 사회적 합리성이 인정되는 경우에는 합헌으로 보아야 한다.

따라서 이러한 상당한 기준 하에서만 다양한 부대적 손실의 보상이 고려될 수 있으며 완전보상을 넘어서는 부대적 손실의 보상은 손실보상제도의 취지에 반하는 것으로 보아야 한다. 또한 생활보상의 결과 손실보상의 액수가 완전보상을 상회하는 경우도 있을 수 있지만 이를 손실보상의 기준으로 설명하는 것은 타당하지 않다. 왜냐하면 생활보상의 내용을 이루는 생활재건조치 등은 '손실에 대한 가치보상'이라는 전통적인 손실보상제도와는 거리가 있는 것으로, 이는 오히려 재산권 침해로 상실된 생활관계의 회복을 위하여 이루어지는 '재산권의 존속보장 또는 필요한 국가적 과제의 실현'이라는 차원에서 이해되어야 하기 때문이다.

Ⅱ. 손실보상의 원칙 및 보상의 방법과 지급

손실보상의 원칙 및 보상의 방법 등에 대하여는 토지보상법 제61조 이하에서 규정하고 있다.

1. 사업시행자보상의 원칙

손실보상에 있어 보상권자는 재산권이 침해된 자이고, 보상의무자는 공용침해행위를 통하여 직접 수익한 자이다. 이와 관련하여 토지보상법은 공익사업에 필요한 토지 등의 취득 또는 사용으로 인하여 토지소유자나 관계인이 입은 손실은 직접 수익자인 사업시행자가 보상하도록 하고 있다(토지보상법 61).

2. 사전보상(선급)의 원칙

사업시행자는 해당 공익사업을 위한 공사에 착수하기 이전에 토지소유자와 관계인에게 보상액 전액을 지급하여야 한다. 다만, 천재지변 시의 토지 사용과 시급한 토지 사용의 경우 또는 토지소유자 및 관계인의 승낙이 있는 경우에는 그러하지 아니하다(토지보상법 62).

[판례] 공익사업의 시행자가 보상액을 지급하지 않고 공사에 착수하여 손해를 끼친 경우, 사업시행자가 손해배상책임을 지는지 여부(적극)

"공익사업의 시행자가 토지소유자와 관계인에게 보상액을 지급하지 않고 승낙도 받지 않은 채 공사에 착수함으로써 토지소유자와 관계인이 손해를 입은 경우, 토지소유자와 관계인에 대하여 불법행위가 성립할 수 있고, 사업시행자는 그로 인한 손해를 배상할 책임을 진다(대판 2021.11.11, 2018다204022[손해배상(기)])."

3. 현금보상의 원칙과 예외

손실보상은 현금으로 지급하는 것이 원칙이다. 토지보상법도 다른 법률에 특별한 규정이 있는 것을 제외하고는 현금으로 지급하여야 한다고 규정하고 있다(토지보상법 63 ①).

그러나 예외적으로 현물보상이 이루어지기도 하는데, 예컨대 공익사업의 시행으로 조성한 토지로 보상하는 대토보상(토지보상법 63 ① 단서)을 하기도 하고, 환지의 제공이나 건축물로 보상이 이루어지기도 한다(도시개발법 40).

한편 손실보상은 채권으로 보상될 수도 있고(토지보상법 63 ⑦), 증권으로도 보상되는 경우도 있다(징발법 22조의2). 채권보상과 관련하여 토지보상법은 토지소유자 및 관계인이 원하거나, 부재부동산소유자의 토지에 대한 보상금이 일정금액을 초과하는 경우 그 초과하는 금액에 대하여 채권으로 보상할 수 있다고 규정하고 있는데, 이와 관련하여 이는 부재지주나 비업무용부동산을 소유한 자에 대한 차별적 조치로서 평등원칙에 반한다는 위헌론이 주장되기도 하지만, 이들에 대한 통상적인 수익은 보장하고 있고 그 초과분에 대한 채권보상은 토지투기로 인한 불로소득의 제한이라는 의미도 있으므로 차별에 대한 정당한 사유가 존재한다고 보아 합헌으로 보아야 할 것이다.

한편 금전보상의 변형된 형태로서 매수보상이 이루어지기도 한다. 매수보상은 공용침해로 인하여 토지 등의 재산을 종래의 목적에 사용하는 것이 현저히 곤란한 경우 당해 재산권자에게 매수청구권을 인정하여 보상에 갈음하는 제도이다(토지보상법 72, 74, 개발제한구역의 지정 및 관리에 관한 특별조치법(개발제한구역법) 17, 국토계획법 47 등). 매수청구제도는 손실을 보상하기 위한 것이라기보다는 손실을 완화하기 위한 제도로 보아야 할 것이다.

4. 개인별 보상과 일시급의 원칙

손실보상은 토지소유자나 관계인에게 개인별로 하여야 한다(대판 2000.1.28, 97누11720). 다만, 개인별로 보상액을 산정할 수 없을 때에는 그러하지 아니하다(토지보상법 64).

손실보상의 지급방법으로는 ① 선불과 후불, ② 개별불과 일괄불, ③ 일시불과 분할불의 방법을 예정할 수 있으나, 원칙적으로 선불·개별불·일시불의 원칙에 의한다.

다만 동일한 사업지역에 보상시기를 달리하는 동일인 소유의 토지 등이 여러 개 있는 경우 토지소유자나 관계인이 요구할 때에는 한꺼번에 보상금을 지급하도록 하여야 한다(토지보상법 65).

5. 보상액의 가격시점과 보상액의 산정

보상액 산정의 기준이 되는 시점을 가격시점이라 하는데(토지보상법 2 6호), 보상액의 가격시점은 협의에 의한 경우에는 협의 성립 당시의 가격을, 재결에 의한 경우에는 수용 또는 사용의 재결 당시의 가격을 기준으로 한다(토지보상법 67 ①).

사업시행자는 토지 등에 대한 보상액을 산정하려는 경우에는 감정평가법인등 3인(시·도지사와 토지소유자가 모두 감정평가법인등을 추천하지 아니하거나 시·도지사 또는 토지소유자 어느 한쪽이 감정평가법인등을 추천하지 아니하는 경우에는 2인)을 선정하여 토지 등의 평가를 의뢰하여야 한다. 다만, 사업시행자가 국토교통부령으로 정하는 기준에 따라 직접 보상액을 산정할 수 있을 때에는 그러하지 아니하다(토지보상법 68 ①). 사업시행자가 감정평가법인등을 선정할 때 해당 토지를 관할하는 시·도지사와 토지소유자는 대통령령으로 정하는 바에 따라 감정평가법인등을 각 1인씩 추천할 수 있다. 이 경우 사업시행자는 추천된 감정평가법인등을 포함하여 선정하여야 한다(토지보상법 68 ②).

Ⅲ. 현행법상 손실보상의 기준 및 내용

1. 개설

현행 헌법 제23조 제3항에서는 "보상은 법률로써 하되 정당한 보상을 지급하여야 한다."고 규정하여 보상이 정당하여야 함을 명시하면서도 보상의 구체적인 내용이나 절차 등은 법률에 유보하고 있다. 이에 따라 도로법·하천법·산림보호법·수산업법을 비롯한 다수의 개별법에서는 각각 개별적으로 보상의 기준이나 방법 등을 규정하고 있다. 이 가운데에는 산림보호법(10)이나 수산업법(81), 경직법(11의2)*과 같이 보상기준이나 방법 등을 대통령령에 위임하는 경우도 있고, 공유수면법(57)이나 도로법(99)과 같이 손실보상에 관하여 구체적인 사항은 토지보상법의 규정을 준용하도록 하는 경우도 있다. 그런데 대부분의 개별법들이 후자의 방식을 채택하고 있어서 토지보상법은 손실보상에 관한 일반법으로서의 기능을 하고 있다. 이러한 이유에서 이하에서는 토지보상법이 규정하고 있는 손실보상의 기준 및 내용을 살펴본다.

2. 재산권 보상

(1) 취득하는 토지의 보상

1) 일반적 보상기준

협의나 재결에 의하여 취득하는 토지에 대하여는 부동산 가격공시에 관한 법률(부동산공시법)에 따른 공시지가를 기준으로 하여 보상하되, 그 공시기준일부터 가격시점까지의 관계 법령에 따른 그 토지의 이용계획, 해당 공익사업으로 인한 지가의 영향을 받지 아니하는 지역의 대통령령으로 정하는 지가변동률, 생산자물가상승률과 그 밖에 그 토지의 위치·형상·환경·이용상황 등을 고려하여 평가한 적정가격으로 보상하여야 한다(토지보상법 70 ①).

이와 같이 토지수용에 있어 일반적인 보상기준은 공시지가인데, 여기에서 공시지가란 부동산공시법에 의하여 국토교통부장관이 토지이용상황이나 주변환경 기타 자연적·사회적 조건이 유사한 일단의 토지 중에서 선정한 표준지에 대하여 매년 공시기준일 현재의 적정가격을 조사·평가하

---

* 사법시험(2016년).

고 중앙부동산평가위원회의 심의를 거쳐 공시하는 표준지의 단위면적당 가격(부동산공시법 2 5호), 즉 표준지공시지가를 말한다.[10] 이와 같은 표준지공시지가는 토지시장의 지가정보를 제공하고 일반적인 토지거래의 지표가 되며, 국가·지방자치단체 등의 기관이 그 업무와 관련하여 지가를 산정하거나 감정평가업자가 개별적으로 토지를 감정평가하는 경우에 그 기준이 된다(부동산공시법 10).

사업인정 전 협의에 의한 취득의 경우 공시지가는 해당 토지의 가격시점(협의성립) 당시 공시된 공시지가 중 가격시점(협의성립)과 가장 가까운 시점에 공시된 공시지가로 하고(토지보상법 70 ③), 사업인정 후의 취득의 경우 공시지가는 사업인정고시일 전의 시점을 공시기준일로 하는 공시지가로서, 해당 토지에 관한 협의의 성립 또는 재결 당시 공시된 공시지가 중 그 사업인정고시일과 가장 가까운 시점에 공시된 공시지가로 한다(토지보상법 70 ④). 이와 같이 토지의 보상가격을 사업인정고시일 전의 공시가격을 기준으로 하는 것은 개발이익을 배제하기 위함이다. 공익사업이 공개되고 나면 지가가 상승하는 것이 일반적이므로 토지에 대한 보상에 있어 지가의 자연적인 상승분 이외에 추가적인 상승분이 포함되지 않도록 하는 것이 합리적이다. 헌법재판소는 이러한 보상기준에 대하여 합헌결정을 한 바 있다.

[판례1] 보상액 산정시 개발이익을 배제하는 것이 헌법상의 '정당한 보상'에 반하는지 여부

"… (구) 토지수용법 제46조 제2항이 보상액을 산정함에 있어 개발이익을 배제하고, 기준지가의 고시일 이후 시점보정을 인근토지의 가격변동률과 도매물가상승률 등에 의하여 행하도록 규정한 것은 헌법 제23조 제3항에 규정한 정당보상원리에 어긋나지 않는다(헌재결 1990.6.25, 89헌마107)."

[판례2] 도시정비법상 최초의 사업시행인가 고시가 이루어지고 그 후 최초 사업시행인가의 주요 내용을 실질적으로 변경하는 인가가 있는 경우, 손실보상금을 산정하는 기준일(=최초 사업시행인가 고시일)

"… 도시정비법령과 토지보상법령의 체계와 취지에 비추어 보면, <u>특정한 토지를 사업시행 대상부지로 삼은 최초의 사업시행인가 고시로 의제된 사업인정이 효력을 유지하고 있다면, 최초의 사업시행인가 고시일을 기준으로 보상금을 산정함이 원칙이다. 만일 이렇게 보지 않고 사업시행변경인가가 있을 때마다 보상금 산정 기준시점이 변경된다고 보게 되면, 최초의 사업시행인가 고시가 있을 때부터 수용의 필요성이 유지되는 토지도 그와 무관한 사정으로 보상금 산정 기준시점이 매번 바뀌게 되어 부당할 뿐 아니라, 사업시행자가 자의적으로 보상금 산정 기준시점을 바꿀 수도 있게 되어 합리적이라고 볼 수 없다</u>(대판 2018.7.26, 2017두33978[손실보상금증액])."

10) 개별공시지가는 개발이익환수에 관한 법률에 의한 개발부담금의 부과 그 밖의 다른 법령이 정하는 목적을 위한 지가산정에 사용하도록 하기 위하여 시장·군수 또는 구청장이 시·군·구부동산평가위원회의 심의를 거쳐 결정·공시하는 매년 공시지가의 공시기준일 현재 관할구역 안의 개별토지의 단위면적당 가격을 말한다(부동산공시법 11 ①).

☞ 최초 사업시행계획의 건물층수, 건물동수, 세대수, 건폐율, 용적율, 연면적 등 그 주요내용이 변경되었으나 시행면적과 대지면적은 거의 차이가 없는 경우, 최초의 사업시행인가 고시로 의제된 사업인정이 그 효력을 유지하고 있는 것으로 보아 보상금 산정 기준일을 최초의 사업시행인가 고시일로 본 사안이다.

2) 개발이익의 환수

토지가 수용된 자는 그 보상에 있어 공시지가제에 의하여 개발이익이 배제되지만, 인근지역의 토지소유자나 개발사업자는 당해 공익사업으로 인하여 지가상승에 따른 부당한 이익을 누리게 된다는 불합리한 결과가 야기될 수 있다.

이러한 문제를 시정하기 위하여 토지의 양도차액에 대하여 양도소득세를 부과하거나, 개발이익환수에 관한 법률에 따라 개발이익의 일정 부분을 개발부담금으로 납부하도록 하고 있다(개발이익 환수에 관한 법률 제2장).

(2) 사용하는 토지의 보상

협의 또는 재결에 의하여 사용하는 토지에 대하여는 그 토지와 인근 유사토지의 지료(地料), 임대료, 사용방법, 사용기간 및 그 토지의 가격 등을 고려하여 평가한 적정가격으로 보상하여야 한다(토지보상법 71 ①).

토지의 사용과 관련하여 사업인정고시가 된 후 ① 토지를 사용하는 기간이 3년 이상인 경우, ② 토지의 사용으로 인하여 토지의 형질이 변경되는 경우, ③ 사용하려는 토지에 그 토지소유자의 건축물이 있는 경우에는 해당 토지소유자는 사업시행자에게 해당 토지의 매수를 청구하거나 관할 토지수용위원회에 그 토지의 수용을 청구할 수 있다. 이 경우 관계인은 사업시행자나 관할 토지수용위원회에 그 권리의 존속을 청구할 수 있다(토지보상법 72).

(3) 제한하는 토지의 보상

토지보상법은 취득하는 토지 및 사용하는 토지에 대한 보상을 규정하면서 토지에 대한 제한에 관하여는 아무런 보상규정을 두고 있지 않다. 그러나 동법 시행규칙 제23조 제1항은 공법상 제한을 받는 토지에 대하여는 제한받는 상태대로 평가하고, 다만, 그 공법상 제한이 당해 공익사업의 시행을 직접 목적으로 하여 가하여진 경우에는 제한이 없는 상태를 상정하여 평가하도록 하고 있다.[11]

11) 토지보상법 시행규칙 제23조(공법상 제한을 받는 토지의 평가) ① 공법상 제한을 받는 토지에 대하여는 제한받는 상태대로 평가한다. 다만, 그 공법상 제한이 당해 공익사업의 시행을 직접 목적으로 하여 가하여진 경우에는 제한이 없는 상태를 상정하여 평가한다.
② 당해 공익사업의 시행을 직접 목적으로 하여 용도지역 또는 용도지구 등이 변경된 토지에 대하여는 변경되기 전의 용도지역 또는 용도지구 등을 기준으로 평가한다.

[판례] 군립공원 지정 및 군립공원 용도지구의 지정에 따른 토지에 관한 계획제한이 토지보상법 시행규칙 제23조 제1항 단서에서 정한 '당해 공익사업의 시행을 직접 목적으로 하여 가하여진 공법상 제한', 즉 개별적 계획제한에 해당하여 제한이 없는 상태를 상정하여 손실보상금을 산정하여야 하는지, 아니면 같은 항 본문에서 정한 일반적 계획제한에 해당하여 제한받는 상태대로 손실보상금을 산정하여야 하는지 여부

"자연공원법의 입법목적, 관련 규정들의 내용과 체계를 종합하면, 자연공원법에 의한 '자연공원 지정' 및 '공원용도지구계획에 따른 용도지구 지정'은, 그와 동시에 구체적인 공원시설을 설치·조성하는 내용의 '공원시설계획'이 이루어졌다는 특별한 사정이 없는 한, 그 이후에 별도의 '공원시설계획'에 의하여 시행 여부가 결정되는 구체적인 공원사업의 시행을 직접 목적으로 한 것이 아니므로 토지보상법 시행규칙 제23조 제1항 본문에서 정한 '일반적 계획제한'에 해당한다고 보아야 한다(대판 2019.9.25, 2019두34982[손실보상금])."

☞ 1983.12.2. 신불산 군립공원 지정 및 1987.9.7. 신불산 군립공원 용도지구 지정과 동시에 이 사건 각 토지에 구체적인 공원시설을 설치·조성하겠다는 내용의 '공원시설계획'이 수립·결정된 바 없고, 그로부터 약 28년이 경과한 2015.5.20.에 이르러서야 비로소 신불산 군립공원 구역 전부가 아니라 그 중 일부에 국한하여 이 사건 시설의 설치·조성을 위한 공원시설계획이 비로소 수립·결정되었으므로, 1983.12.2. 신불산 군립공원 지정 및 1987.9.7. 신불산 군립공원 용도지구 지정은 이 사건 시설 조성사업의 시행을 직접 목적으로 하는 것이 아닌 일반적 계획제한에 해당한다고 보아야 한다는 이유로, 이를 개별적 계획제한에 해당한다고 판단한 원심을 파기한 사례

토지에 대한 제한과 관련하여 특히 문제가 되는 것은 개발제한구역과 장기미집행도시계획의 경우이다. 이에 관하여는 개발제한구역법 제17조, 국토계획법 제47조에서 손실을 완화하는 조치로서 토지의 매수청구권을 규정하고 있을 뿐이다.

한편 도로법(99)·철도안전법(46) 등과 같은 개별법에서 토지에 대한 공용제한행위에 대한 보상을 규정하고 있는 경우도 있다.

(4) 토지 이외의 재산권보상

1) 잔여지에 대한 수용청구권*

사업시행자는 동일한 소유자에게 속하는 일단의 토지의 일부가 취득되거나 사용됨으로 인하여 잔여지의 가격이 감소하거나 그 밖의 손실이 있을 때 또는 잔여지에 통로·도랑·담장 등의 신설이나 그 밖의 공사가 필요할 때에는 그 손실이나 공사의 비용을 보상하여야 한다. 다만, 잔여지의 가격 감소분과 잔여지에 대한 공사의 비용을 합한 금액이 잔여지의 가격보다 큰 경우에는 사업

* 5급공채(행정)(2015년).

시행자는 그 잔여지를 매수할 수 있다(토지보상법 73 ①).

동일한 소유자에게 속하는 일단의 토지의 일부가 협의에 의하여 매수되거나 수용됨으로 인하여 잔여지를 종래의 목적에 사용하는 것이 현저히 곤란할 때에는 해당 토지소유자는 사업시행자에게 잔여지를 매수하여 줄 것을 청구할 수 있으며, 사업인정 이후에는 관할 토지수용위원회에 수용을 청구할 수 있다(토지보상법 74 ①).

> [판례] 잔여지 가치하락에 대한 손실보상이 가능한 경우
>
> "토지보상법 제73조 제1항 … 특정한 공익사업의 사업시행자가 보상하여야 하는 손실은, 동일한 소유자에게 속하는 일단의 토지 중 일부를 사업시행자가 그 공익사업을 위하여 취득하거나 사용함으로 인하여 잔여지에 발생하는 것임을 전제로 한다. 따라서 이러한 잔여지에 대하여 현실적 이용상황 변경 또는 사용가치 및 교환가치의 하락 등이 발생하였더라도, 그 손실이 토지의 일부가 공익사업에 취득되거나 사용됨으로 인하여 발생하는 것이 아니라면 특별한 사정이 없는 한 토지보상법 제73조 제1항 본문에 따른 잔여지 손실보상 대상에 해당한다고 볼 수 없다(대판 2017.7.11, 2017두40860[잔여지가치하락손실보상금청구])."

2) 지상물건에 대한 보상

토지를 제외한 건축물·입목·공작물 기타 토지에 정착한 물건에 대하여는 이전에 필요한 비용으로 보상하여야 한다. 다만, 다음의 경우에는 ① 건축물 등의 이전이 어렵거나 그 이전으로 인하여 건축물 등을 종래의 목적대로 사용할 수 없게 된 경우, ② 건축물 등의 이전비가 그 물건의 가격을 넘는 경우, ③ 사업시행자가 공익사업에 직접 사용할 목적으로 취득하는 경우 당해 물건의 가격으로 보상하여야 한다(토지보상법 75 ①).

> [판례] 공익사업의 시행자가 사업시행에 방해가 되는 지장물에 관하여 토지보상법 제75조 제1항 단서 제2호에 따라 이전에 드는 실제 비용에 못 미치는 물건의 가격으로 보상한 경우, 사업시행자가 해당 물건의 소유권을 취득하는지 여부(원칙적 소극) 및 이때 지장물의 소유자에 대하여 철거 등을 요구할 수 있는지 여부(원칙적 소극)
>
> "토지보상법 제75조 제1항 각호, 토지보상법 시행규칙 제33조 제4항, 제36조 제1항의 내용을 토지보상법에 따른 지장물에 대한 수용보상의 취지와 정당한 보상 또는 적정가격 보상의 원칙에 비추어 보면, 사업시행자가 사업시행에 방해가 되는 지장물에 관하여 토지보상법 제75조 제1항 단서 제2호에 따라 이전에 드는 실제 비용에 못 미치는 물건의 가격으로 보상한 경우, 사업시행자가 해당 물건을 취득하는 제3호와 달리 수용의 절차를 거치지 않은 이상 사업시행자가 그 보상만으로 해당 물건의 소유권까지 취득한다고 보기는 어렵다. 또한 사업시행자는 지장물의 소유자가 토지보상법

시행규칙 제33조 제4항 단서에 따라 스스로의 비용으로 철거하겠다고 하는 등의 특별한 사정이 없는 한 지장물의 소유자에 대하여 그 철거 등을 요구할 수 없고 자신의 비용으로 직접 이를 제거할 수 있을 뿐이다(대판 2021.5.7, 2018다256313[손해배상(기)])."

※ 유사판례: 대판 2022.11.17, 2022다253243

[판례] 도시개발사업의 시행자가 사업시행에 방해가 되는 지장물에 관하여 토지보상법 제75조 제1항 단서 제2호에 따라 지장물의 가격으로 보상한 경우, 지장물의 소유자는 같은 법 제43조에 따라 사업시행자에게 지장물을 인도할 의무가 있는지 여부(원칙적 적극)

"(도시개발사업 시행자인 원고가 지장물에 관하여 토지보상법 제75조 제1항 단서 제2호에 따라 지장물의 가격으로 보상한 후 지장물 소유자인 피고를 상대로 퇴거청구를 하였다가 2심에서 주위적으로 지장물 인도청구를 추가한 사안에서) 사업시행자가 지장물에 관하여 토지보상법 제75조 제1항 단서 제2호에 따라 지장물의 가격으로 보상한 경우 특별한 사정이 없는 한 지장물의 소유자는 사업시행자에게 지장물을 인도할 의무가 있다(대판 2022.11.17, 2022다242342[퇴거청구])."

※ 유사판례: 대판 2023.8.18, 2021다249810

사업시행자는 동일한 소유자에게 속하는 일단의 건축물의 일부가 취득되거나 사용됨으로 인하여 잔여 건축물의 가격이 감소하거나 그 밖의 손실이 있을 때에는 그 손실을 보상하여야 한다. 다만, 잔여 건축물의 가격 감소분과 보수비를 합한 금액이 잔여 건축물의 가격보다 큰 경우에는 사업시행자는 그 잔여 건축물을 매수할 수 있다(토지보상법 75조의2 ①).

동일한 소유자에게 속하는 일단의 건축물의 일부가 협의에 의하여 매수되거나 수용됨으로 인하여 잔여 건축물을 종래의 목적에 사용하는 것이 현저히 곤란할 때에는 그 건축물소유자는 사업시행자에게 잔여 건축물을 매수하여 줄 것을 청구할 수 있으며, 사업인정 이후에는 관할 토지수용위원회에 수용을 청구할 수 있다(토지보상법 75조의2 ②).

3) 권리에 대한 보상

광업권·어업권·양식업권 및 물(용수시설을 포함한다) 등의 사용에 관한 권리에 대하여는 투자비용, 예상 수익 및 거래가격 등을 고려하여 평가한 적정가격으로 보상하여야 한다(토지보상법 76 ①). 광업권·어업권은 각각 광업법 시행규칙·수산업법 시행령에 따라 보상한다(동법 시행규칙 43, 44).

[판례] [1] 물을 사용하여 사업을 영위하는 지위가 독립하여 재산권으로 평가될 수 있는 경우 손실보상의 대상이 되는 '물의 사용에 관한 권리'에 해당하는지 여부(적극)

[2] 하천법 제50조에 따른 하천수 사용권이 '물의 사용에 관한 권리'에 해당하는지 여부(적극)

[3] 물건 또는 권리 등에 대한 손실보상액 산정의 기준이나 방법에 관하여 구체적으로 정하

고 있는 법령의 규정이 없는 경우, 유사한 관련 법령을 유추적용할 수 있는지 여부(적극)

"[1] 물을 사용하여 사업을 영위하는 지위가 독립하여 재산권, 즉 처분권을 내포하는 재산적 가치 있는 구체적인 권리로 평가될 수 있는 경우에는 댐건설법 제11조 제1항, 제3항 및 토지보상법 제76조 제1항에 따라 손실보상의 대상이 되는 '물의 사용에 관한 권리'에 해당한다고 볼 수 있다.

[2] 하천법 제50조에 의한 하천수 사용권은 하천법 제33조에 의한 하천의 점용허가에 따라 해당 하천을 점용할 수 있는 권리와 마찬가지로 특허에 의한 공물사용권의 일종으로서, 양도가 가능하고 이에 대한 민사집행법상의 집행 역시 가능한 독립된 재산적 가치가 있는 구체적인 권리라고 보아야 한다. 따라서 하천법 제50조에 의한 하천수 사용권은 토지보상법 제76조 제1항이 손실보상의 대상으로 규정하고 있는 '물의 사용에 관한 권리'에 해당한다.

[3] 물건 또는 권리 등에 대한 손실보상액 산정의 기준이나 방법에 관하여 구체적으로 정하고 있는 법령의 규정이 없는 경우에는, 그 성질상 유사한 물건 또는 권리 등에 대한 관련 법령상의 손실보상액 산정의 기준이나 방법에 관한 규정을 유추적용할 수 있다.

[4] (갑 주식회사가 한탄강 일대 토지에 수력발전용 댐을 건설하고 한탄강 하천수에 대한 사용허가를 받아 하천수를 이용하여 소수력발전사업을 영위하였는데, 한탄강 홍수조절지댐 건설사업 등의 시행자인 한국수자원공사가 댐 건설에 필요한 위 토지 등을 수용하면서 지장물과 영업손실에 대하여는 보상을 하고 갑 회사의 하천수 사용권에 대하여는 별도로 보상금을 지급하지 않자 갑 회사가 재결을 거쳐 하천수 사용권에 대한 별도의 보상금을 산정하여 지급해 달라는 취지로 보상금증액 소송을 제기한 사안에서) 토지보상법 및 그 시행령, 시행규칙에 '물의 사용에 관한 권리'의 평가에 관한 규정이 없고, 하천법 제50조에 의한 하천수 사용권과 면허어업의 성질상 유사성, 면허어업의 손실액 산정 방법과 환원율 등에 비추어 볼 때, 갑 회사의 하천수 사용권에 대한 '물의 사용에 관한 권리'로서의 정당한 보상금액은 토지보상법 시행규칙 제44조(어업권의 평가 등) 제1항이 준용하는 수산업법 시행령 제69조 [별표 4](어업보상에 대한 손실액의 산출방법·산출기준 등) 중 어업권이 취소되거나 어업면허의 유효기간 연장이 허가되지 않은 경우의 손실보상액 산정 방법과 기준을 유추적용하여 산정하는 것이 타당하다(대판 2018.12.27, 2014두11601[보상금증액])."

(5) 일실손실의 보상

1) 영업의 휴업·폐지에 따르는 보상

영업을 폐업하거나 휴업함에 따른 영업손실에 대하여는 영업이익과 시설의 이전비용 등을 고려하여 보상하여야 한다(토지보상법 77 ①).

공익사업의 시행으로 인하여 영업을 폐지하는 경우의 영업손실은 2년간의 영업이익에 영업용 고정자산·원재료·제품 및 상품 등의 매각손실액을 더한 금액으로 평가한다(동법 시행규칙 46 ①).

공익사업의 시행으로 인하여 영업장소를 이전하여야 하는 경우의 영업손실은 휴업기간에 해당하는 영업이익과 영업장소 이전 후 발생하는 영업이익감소액에 ① 휴업기간중의 영업용 자산에 대한 감가상각비·유지관리비와 인건비 등 고정적 비용, ② 영업시설·원재료·제품 및 상품의 이전에 소요되는 비용 및 그 이전에 따른 감손상당액, ③ 이전광고비 및 개업비 등 영업장소를 이전함으로 인하여 소요되는 부대비용을 합한 금액으로 평가한다(동법 시행규칙 47 ①).

[판례] 산업단지개발사업의 경우 산업단지 지정 고시일을 손실보상 여부 판단의 기준시점으로 보아야 하는지 여부(적극)

"손실보상의 대상인지 여부는 토지소유자와 관계인, 일반인이 특정한 지역에서 공익사업이 시행되리라는 점을 알았을 때를 기준으로 판단하여야 하는데, 산업입지법에 따른 산업단지개발사업의 경우 "수용·사용할 토지·건축물 또는 그 밖의 물건이나 권리가 있는 경우에는 그 세부 목록"이 포함된 산업단지개발계획을 수립하여 산업단지를 지정·고시한 때에 토지소유자와 관계인, 일반인이 특정한 지역에서 해당 산업단지개발사업이 시행되리라는 점을 알게 되므로 산업단지 지정 고시일을 손실보상 여부 판단의 기준시점으로 보아야 하고, 그 후 실시계획 승인 고시를 하면서 지형도면을 고시한 때를 기준으로 판단하여서는 아니 된다(대판 2019.12.12, 2019두47629[영업휴업보상등])."

☞ 원고가 산업입지법에 따른 산업단지개발사업이 실시됨을 이유로 영업손실보상을 청구하였는데, 피고가 원고의 사업이 산업단지 지정·고시일 이후에 사업자등록이 되었음을 이유로 거부한 사안에서, 영업손실보상 대상 여부는 산업단지 지정·고시일이 아니라 실시계획 승인·고시를 하면서 지형도면을 고시한 때를 기준으로 하여야 한다는 이유로 원고의 청구를 인용한 원심판결을 파기한 사례

2) 농업의 폐지·이전에 따르는 보상

농업의 손실에 대하여는 농지의 단위면적당 소득 등을 고려하여 실제 경작자에게 보상하여야 한다. 다만, 농지소유자가 해당 지역에 거주하는 농민인 경우에는 농지소유자와 실제 경작자가 협의하는 바에 따라 보상할 수 있다(토지보상법 77 ②).

농업의 폐지·이전에 따르는 보상은 농업·축산업·잠업별로 보상한다(동법 시행규칙 48-50).

[판례] 영농손실액 보상의 성격

"토지보상법 시행규칙 제48조에서 정한 영농손실액 보상(이하 '영농보상')은 편입토지 및 지장물에 관한 손실보상과는 별개로 이루어지는 것으로서, 농지가 공익사업시행지구에 편입되어 공익사업의 시행으로 더 이상 영농을 계속할 수 없게 됨에 따라 발생하는 손실에 대하여 같은 시행규칙 제46조에서 정한 폐업보상과 마찬가지로 장래의 2년간 일실소득을 보상함으로써, 농민이 대체 농지를 구입하여 영농을 재개하거나 다른 업종으로 전환하는 것을 보장하기 위한 것이다. 영농보상은 농민

이 기존 농업을 폐지한 후 새로운 직업 활동을 개시하기까지의 준비기간 동안에 농민의 생계를 지원하는 간접보상이자 생활보상으로서의 성격을 가진다(대판 1996.12.23, 96다33051, 33068 참조)(대판 2020.4.29, 2019두32696[손실보상금])."

※ 유사판결: 대판 2023.8.18, 2022두34913

☞ 판례는 영농보상을 장래의 2년간 일실소득을 보상한다는 점에서 간접보상이자 생활보상이라 하고 있다. 하지만 동조의 영농보상은 농지가 공익사업시행지구에 포함됨에 따른 보상이라는 점에서 기본적으로는 재산권보상이다. 장래의 소득에 대한 보상이 포함된다는 점에서 생활보상적인 성격도 가지고 있다고 할 수는 있겠다.

3) 근로자에 대한 보상

휴직하거나 실직하는 근로자의 임금손실에 대하여는 근로기준법에 따른 평균임금 등을 고려하여 보상하여야 한다(토지보상법 77 ③).

사업인정고시일등 당시 공익사업시행지구안의 사업장에서 3월 이상 근무한 근로자에 대하여는 ① 근로장소의 이전으로 인하여 일정기간 휴직을 하게 된 경우에는 휴직일수(최고 120일)에 평균임금의 70퍼센트에 해당하는 금액을 곱한 금액으로, ② 근로장소의 폐지 등으로 인하여 직업을 상실하게 된 경우에는 평균임금의 120일분에 해당하는 금액으로 보상하여야 한다(동법 시행규칙 51).

(6) 실비변제적 보상

토지보상법은 재산권의 박탈 등으로 인하여 비용이 지출되는 경우 그 비용을 보상하는 규정을 두기도 하는데, 잔여지의 공사비(토지보상법 73)·건축물 등의 이전비(토지보상법 75 ①)·과수 등의 이식료(동법 시행규칙 37 ②)·묘목의 임시이전료(동법 시행규칙 38 ②)·가축의 이전비(동법 시행규칙 49 ④) 등의 보상이 이에 해당된다.

Ⅳ. 생활보상*

1. 개설

(1) 대인적 보상과 대물적 보상

대인적 보상은 피침해자가 침해대상물에 대하여 가지는 주관적 가치를 보상해 주는 것을 말한다. 역사적으로 19세기 영국의 법제가 대인적 보상을 하였다고 하나, 대인적 보상은 보상액산정의 기준을 설정하기가 매우 어렵기 때문에 오늘날 대인적 보상을 취하는 입법례는 찾아보기 어렵다.

오늘날 대부분의 국가들은 시장에서의 객관적 교환가치를 보상액으로 하는 대물적 보상을 취

* 행정고시(재경)(2005).

하고 있다. 예컨대, 토지보상법은 "토지에 대한 보상액은 가격시점에서의 현실적인 이용상황과 일반적인 이용방법에 의한 객관적 상황을 고려하여 산정하되, 일시적인 이용상황과 토지소유자나 관계인이 갖는 주관적 가치 및 특별한 용도에 사용할 것을 전제로 한 경우 등은 고려하지 아니한다(토지보상법 70 ②)."고 규정하여 보상에서 주관적 가치를 배제하는 대물적 보상을 원칙으로 하고 있다.

(2) 손실보상의 새로운 국면

전형적인 손실보상은 도로·공원 등의 도시계획시설을 설치하면서 여기에 해당되는 토지 등을 수용하고 이에 대한 객관적 가치를 보상하는 것이다. 이 경우 수용의 규모도 비교적 적은 편이고, 토지 등에 대한 객관적인 가치를 평가하여 보상하게 되므로 보상을 통하여 종전 재산과 동등하거나 유사한 재산을 다시 취득하여 종전대로의 생활을 계속할 수 있게 된다.

그러나 오늘날 댐·공항·항만·산업단지·대규모 택지 등과 같이 공익사업의 규모가 대형화하면서 수용의 규모도 대규모화됨에 따라 마을 전체나 대부분이 수용되는 경우들이 발생하게 되었다. 이러한 경우에는 마을 전체 주민들의 이주 문제, 생활재건 문제, 소수 잔존자들에 대한 생활대책 문제, 마을 공동체의 복원 문제 등 종래의 전형적인 손실보상제도만으로는 해결하기 어려운 새로운 문제들을 야기하게 되었는데, 이와 관련하여 논의되는 것이 생활보상의 문제이다.

2. 생활보상

(1) 생활보상의 개념

이와 같이 생활보상의 문제는 종래의 전형적인 재산권 침해에 대한 보상을 넘어서, 생활기반의 상실 등과 같은 생활에 대한 침해에 대하여 침해 이전의 생활상태와 동등하거나 유사한 생활상태를 실현해 주는 것을 의미하는 것이다. 따라서 재산권 침해가 없던 상태와 동일한 재산상태를 실현하는 것을 목적으로 하는 재산권보상과는 구별된다.

예컨대, 댐의 건설로 인하여 한 마을이 모두 수몰된 경우, 이로 인하여 침해된 재산권에 대한 종전의 보상(토지·지상물건에 대한 보상, 이전비 보상, 농업이나 영업에 대한 보상 등)은 재산권보상으로도 해결되는 문제들이다. 그런데 마을 주민 모두가 이주하여야 하는 문제, 이주로 인한 정착 문제, 강제적인 이주에 따른 직업전환의 문제 등은 침해된 재산권을 보상하는 문제와는 또 다른 문제인 것이다. 이와 같이 생활보상은 생활기반이 상실된 개인의 생활재건을 위한 총액보상이라는 의미에서 종래의 대물적 보상을 넘어서는 대인적 보상이라고 할 수 있다.

물론 재산권보상과 생활보상이 엄격하게 구분되는 것은 아니고, 또한 구분한다 하더라도 보상이 주어진다는 점에서 구분의 실익이 크지 않으며, 생활보상이라는 개념조차도 법적으로 확립된 개념은 아니지만, 그럼에도 생활보상이라는 개념을 별도의 개념으로 하여 논의하는 이유는, '종전의 재산권보상'과 '종전의 재산권보상만으로는 권리구제가 불충분한 경우에 대한 보상'을 구분하는 것이 합리적이라고 판단되기 때문이다.

학자들 간에는 대체로 생활보상을 ① 좁은 의미로, 재산권보상으로 메워지지 않는 생활이익의 상실에 대한 보상으로 이해하기도 하고, ② 넓은 의미로, 수용 전의 생활상태의 회복을 구하는 보상으로 대물적 보상과 생활배려차원의 보상이 모두 포함되는 것으로 이해하기도 하는 등 상당한 차이를 보이고 있다.

① 생활보상을 좁은 의미로 보게 되면, 재산권보상에 해당되는 내용들을 제외한, 이주정착금·이농비 등과 같은 생활비보상·이주대책을 포함하는 생활재건조치·소수잔존자보상 등이 생활보상이라고 보게 되지만, ② 넓은 의미로 보게 되면, 여기에 -위에서 검토한- 일실손실보상이나 실비변제적 보상을 포함하여 모두 생활보상으로 보게 된다.

생각건대 생활보상의 문제가 새롭게 등장하게 된 것은 종래의 재산권보상만으로는 권리구제가 불충분하기 때문이었고, 이러한 점에서 생활보상은 종래의 재산권보상과는 다른 제도로 이해되어야 한다는 점에서, 생활보상을 좁은 의미로 파악하는 견해가 타당하다고 생각된다.

(2) 법적 근거

1) 헌법적 근거

생활보상의 헌법적 근거에 대하여는, ① 헌법 제23조 제3항의 재산권 보상과 제34조의 인간다운 생활을 할 권리의 보장이 결합하여 생활보상의 헌법적 근거가 된다고 이해하는 견해(헌법 제34조·제23조 결합설, 다수설)와 ② 헌법 제23조 제3항은 재산권 보상에 관한 것으로 재산권보상으로 메워지지 않는 생활이익의 상실에 대한 보상은 헌법 제34조가 그 근거가 되어야 한다는 견해(헌법 제34조설)가 대립된다. ③ 이러한 견해의 대립은 생활보상의 개념을 협의로 생활이익의 상실에 대한 보상으로 이해하는가 아니면 광의로 생활기반의 상실에 따른 재산권 보상과 생활이익의 보상을 모두 포함하는 개념으로 이해하는가에 따른 것이다. 생활보상의 개념을 협의로 파악하는 입장에서는 헌법 제34조가 근거라는 견해가 타당하다. ④ 헌법재판소는 토지보상법상의 이주대책은 헌법 제23조 제3항에 의한 보상에 포함되는 것이 아니라고 보아 헌법 제34조설을 취하고 있는 것으로 보인다[판례1]. 대법원도 수용·사용에 따른 보상규정이 재산권 보호를 목적으로 하는 것이라면 이주대책은 종전 생활상태의 회복을 통한 인간다운 생활을 보장하는 제도라고 하여 헌법 제34조설을 취하고 있다고 판단된다[판례2]. 그러나 대법원의 입장이 결합설을 취한 것으로 보는 견해도 있다.[12)]

12) 박균성, 행정법강의, 653~654면.

[판례1] 이주대책의 의미

"이주대책은 헌법 제23조 제3항에 규정된 정당한 보상에 포함되는 것이라기보다는 이에 부가하여 이주자들에게 종전의 생활상태를 회복시키기 위한 생활보상의 일환으로서 국가의 정책적인 배려에 의하여 마련된 제도라고 볼 것이다(헌재결 2006.2.23, 2004헌마19)."

[판례2] 이주대책의 의미

"(구) 토지보상법은 공익사업에 필요한 토지 등을 협의 또는 수용에 의하여 취득하거나 사용함에 따른 손실 보상에 관한 사항을 규정함으로써 공익사업의 효율적인 수행을 통하여 공공복리의 증진과 재산권의 적정한 보호를 도모함을 목적으로 하고 있고, 위 법에 의한 이주대책은 공익사업의 시행에 필요한 토지 등을 제공함으로 인하여 생활의 근거를 상실하게 되는 이주대책대상자들에게 종전 생활상태를 원상으로 회복시키면서 동시에 인간다운 생활을 보장하여 주기 위하여 마련된 제도이다(대판 2011.6.23, 2007다63089, 63096 전원합의체)."

2) 법적 근거

생활보상과 관련된 일반법적인 규정을 두고 있는 예는 없다. 이에 관해서는 토지보상법·동법 시행령 및 시행규칙에 이주정착금·이주대책 등에 관한 여러 규정이 있고, 그 밖에도 산업입지 및 개발에 관한 법률(산업입지법), 댐건설 및 주변지역지원 등에 관한 법률(댐건설법)에도 이주대책 등에 관하여 일부 규정하는 등 여러 법률에 산재해 있다.

(3) 생활보상의 내용 *

생활보상의 내용은 협의의 개념에 따라 -일실손실보상이나 실비변제적 보상과 같이 재산권보상의 범주에 속하는 내용들을 제외한- 이주정착금·이농비 등과 같은 생활비보상·소수잔존자보상·이주대책을 포함하는 생활재건조치·주민지원사업 등이다.

1) 이주정착금

토지보상법은 사업시행자로 하여금 공익사업의 시행으로 인하여 주거용 건축물을 제공함에 따라 생활의 근거를 상실하게 되는 자(이주대책대상자)를 위하여 이주대책을 수립·실시하지 아니하는 경우이거나 이주대책대상자가 이주정착지가 아닌 다른 지역으로 이주하려는 경우에는 이주정착금을 지급하도록 하고 있다(토지보상법 78 ①, 동법 시행령 41, 동법 시행규칙 53).

이주정착금과 관련하여 댐건설법은 댐건설사업시행자로 하여금 수몰이주민 중 이주정착지에 이주하지 아니하는 자와 세입자 또는 무허가건축물의 소유자로서 기본계획의 고시일 3년 전부터

* 사법시험(2006년).

해당 지역에 계속 거주하는 자에게 댐건설로 인한 실향 및 생활기반 상실 등을 고려하여 대통령령으로 정하는 바에 따라 이주정착 지원금 및 생활안정 지원금을 지급할 수 있도록 하고 있다(댐건설법 39, 동법 시행령 31).

2) 주거이전비·동산의 이전비 보상

토지보상법은 주거이전비 보상과 관련하여, 공익사업시행지구에 편입되는 주거용 건축물의 소유자에 대하여는 당해 건축물에 대한 보상을 하는 때에 가구원수에 따라 2월분의 주거이전비를 보상하도록 하고 있다(동법 시행규칙 54 ①). 아울러 공익사업의 시행으로 인하여 이주하게 되는 주거용 건축물의 세입자(무상으로 사용하는 거주자를 포함하되, 토지보상법 제78조제1항에 따른 이주대책대상자인 세입자는 제외한다)로서 사업인정고시일등 당시 또는 공익사업을 위한 관계법령에 따른 고시등이 있은 당시 해당 공익사업시행지구안에서 3개월 이상 거주한 자에 대해서는 가구원수에 따라 4개월분의 주거이전비를 보상해야 한다(동법 시행규칙 54 ②).

또한 동법은 동산의 이전비 보상과 관련하여, 토지 등의 취득 또는 사용에 따라 이전하여야 하는 동산에 대하여 이전에 소요되는 비용 및 그 이전에 따른 감손상당액을 보상하도록 하고(동법 시행규칙 55 ①), 공익사업시행지구에 편입되는 주거용 건축물의 거주자가 해당 공익사업시행지구 밖으로 이사를 하거나 사업시행자가 지정하는 해당 공익사업시행지구 안의 장소로 이사를 하는 경우에도 이사비를 보상하도록 하고 있다(동법 시행규칙 55 ②).

[판례1] 이사비 보상대상자는 공익사업시행지구에 편입되는 주거용 건축물의 거주자로서 공익사업의 시행으로 인하여 이주하게 되는 자인지 여부(적극) 및 이는 도시정비법에 따른 정비사업의 경우에도 마찬가지인지 여부(적극)

"[1] 도시 및 주거환경정비법(이하 '도시정비법')상 주거용 건축물의 소유자에 대한 주거이전비의 보상은 주거용 건축물에 대하여 정비계획에 관한 공람공고일부터 해당 건축물에 대한 보상을 하는 때까지 계속하여 소유 및 거주한 주거용 건축물의 소유자를 대상으로 한다.

[2] (주택재개발정비사업구역 지정을 위한 공람공고 당시 사업구역에 위치한 자신 소유의 주거용 건축물에 거주하던 중 분양신청을 하고 그에 따른 이주의무를 이행하기 위해 정비구역 밖으로 이주한 후 乙 주택재개발정비사업조합과의 분양계약 체결을 거부함으로써 현금청산대상자가 된 甲이 乙 조합을 상대로 이주정착금의 지급을 청구한 사안에서) 甲은 조합원으로서 정비사업의 원활한 진행을 위하여 정비구역 밖으로 이주하였다가 자신의 선택으로 분양계약 체결신청을 철회하고 현금청산대상자가 된 것에 불과하므로, 도시정비법 시행령 제44조의2 제1항에서 정한 '질병으로 인한 요양, 징집으로 인한 입영, 공무, 취학 그 밖에 이에 준하는 부득이한 사유로 인하여 거주하지 아니한 경우'에 해당한다고 보기 어려워 甲이 도시정비법상 이주정착금 지급자로서의 요건을 갖추지 않았음에도, 이와 달리 본 원심판단에 법리를 오해한 잘못이 있다.

[3] 토지보상법 제78조 제5항, 구 토지보상법 시행규칙 제55조 제2항의 각 규정 및 공익사업의 추진을 원활하게 함과 아울러 주거를 이전하게 되는 거주자들을 보호하려는 이사비 제도의 취지에 비추어 보면, 이사비 보상대상자는 공익사업시행지구에 편입되는 주거용 건축물의 거주자로서 공익사업의 시행으로 인하여 이주하게 되는 자로 보는 것이 타당하다. 이러한 취지는 도시정비법에 따른 정비사업의 경우에도 마찬가지이다(대판 2016.12.15, 2016두49754)."

[판례2] 주택재개발정비사업의 사업구역 내 주거용 건축물을 소유하는 주택재개발정비조합원이 세입자일 경우 '세입자로서의 주거이전비' 지급대상인지 여부(소극)

"(구) 도시정비법 제40조 제1항, 토지보상법 제78조 제5항, 제9항, 토지보상법 시행규칙 제54조 제1항, 제2항의 내용, 체계, 취지 등에 비추어 보면, (구) 도시정비법이 적용되는 주택재개발정비사업의 사업구역 내 주거용 건축물을 소유하는 주택재개발정비조합원이 사업구역 내의 타인의 주거용 건축물에 거주하는 세입자일 경우(이하 '소유자 겸 세입자'라 한다)에는 (구) 도시정비법 제40조 제1항, (구) 토지보상법 시행규칙 제54조 제2항에 따른 '세입자로서의 주거이전비(4개월분)' 지급대상은 아니라고 봄이 타당하다(대판 2017.10.31, 2017두40068[주거이전비등])."

[판례3] 구 토지보상법 시행규칙 제54조 제2항에 따른 주거이전비 지급요건인 '정비사업의 시행으로 인하여 이주하게 되는 경우'에 해당하는지 판단하는 기준 및 이에 대한 증명책임의 소재(=주거이전비의 지급을 구하는 세입자)

" … '정비사업의 시행으로 인하여 이주하게 되는 경우'에 해당하는지는 세입자의 점유권원의 성격, 세입자와 건축물 소유자와의 관계, 계약기간의 종기 및 갱신 여부, 실제 거주기간, 세입자의 이주시점 등을 종합적으로 고려하여 판단하여야 한다. 이러한 주거이전비 지급요건을 충족하는지는 주거이전비의 지급을 구하는 세입자 측에 주장·증명책임이 있다고 할 것이나, 세입자에 대한 주거이전비의 보상 방법 및 금액 등의 보상내용은 원칙적으로 사업시행계획 인가고시일에 확정되므로, 세입자가 사업시행계획 인가고시일까지 해당 주거용 건축물에 계속 거주하고 있었다면 특별한 사정이 없는 한 정비사업의 시행으로 인하여 이주하게 되는 경우에 해당한다고 보는 것이 타당하다(대판 2023.7.27, 2022두44392[주거이전비등])."

3) 이농비·이어비 보상

토지보상법은 공익사업의 시행으로 인하여 영위하던 농업·어업을 계속할 수 없게 되어 다른 지역으로 이주하는 농민·어민이 받을 보상금이 없거나 그 총액이 국토교통부령으로 정하는 금액에 미치지 못하는 경우에는 그 금액 또는 그 차액을 보상하도록 하고 있다(토지보상법 78 ⑦, 동법 시행규칙 56).

4) 사업폐지 등에 대한 보상

토지보상법은 공익사업의 시행으로 인하여 건축물의 건축을 위한 건축허가 등 관계법령에 의한 절차를 진행 중이던 사업 등이 폐지·변경 또는 중지되는 경우 그 사업 등에 소요된 법정수수료 그 밖의 비용 등의 손실을 보상하도록 하고 있다(동법 시행규칙 57).

5) 소수잔존자에 대한 보상

토지보상법은 공익사업의 시행으로 인하여 1개 마을의 주거용 건축물이 대부분 공익사업시행지구에 편입됨으로써 잔여 주거용 건축물 거주자의 생활환경이 현저히 불편하게 되어 이주가 부득이한 경우에는 당해 건축물 소유자의 청구에 의하여 그 소유자의 토지 등을 공익사업시행지구에 편입되는 것으로 보아 보상하도록 하고 있다(동법 시행규칙 61).

6) 생활재건조치

생활재건조치는 공익사업의 시행으로 인하여 생활의 기반을 상실하게 되는 자들에 대하여 생활재건을 지원하기 위한 각종 조치를 말한다. 혹자는 생활재건조치 그 자체로서는 생활보상과 직접적인 관련이 없다고 보기도 하지만,[13] 생활보상은 침해된 재산권에 대한 금전적 보상과는 다른 관념이고, 삶의 터전을 상실한 데 대하여 종전과 같은 생활상태로의 회복을 목적으로 하는 것이므로, 반드시 보상금이 주어지지 않더라도 이와 같은 목적에 부합하는 지원 등의 각종 조치들은 생활보상의 한 형태로 볼 수 있다. 헌법재판소가 이주대책과 같은 생활재건조치를 생활보상의 일환으로 파악하고 있음은 이미 살펴보았다.

① 이주대책 *

생활재건조치의 대표적인 것이 이주대책인데, 이주대책에 관하여는 토지보상법의 규정이 일반적인 규정이라고 할 수 있다.

사업시행자는 공익사업의 시행으로 인하여 주거용 건축물을 제공함에 따라 생활의 근거를 상실하게 되는 자(이주대책대상자)를 위하여 이주대책을 수립·실시하여야 한다(토지보상법 78 ①). 이주대책은 ① 공익사업시행지구의 인근에 택지 조성에 적합한 토지가 없는 경우 또는 ② 이주대책에 필요한 비용이 당해 공익사업의 본래의 목적을 위한 소요비용을 초과하는 등 이주대책의 수립·실시로 인하여 당해 공익사업의 시행이 사실상 곤란하게 되는 경우를 제외하고는 이주대책대상자 중 이주정착지에 이주를 희망하는 자의 가구 수가 10호 이상인 경우에 수립·실시한다(동법 시행령 40 ②, 동법 시행규칙 53 ①).

이주대책대상자에서 제외되는 자는 ① 허가를 받거나 신고를 하고 건축 또는 용도변경을 하

* 사법시험(2007년).

13) 김동희/최계영, 행정법 I, 622면.

여야 하는 건축물을 허가를 받지 아니하거나 신고를 하지 아니하고 건축 또는 용도변경을 한 건축물의 소유자, ② 해당 건축물에 공익사업을 위한 관계 법령에 따른 고시 등이 있은 날부터 계약체결일 또는 수용재결일까지 계속하여 거주하고 있지 아니한 건축물의 소유자, ③ 타인이 소유하고 있는 건축물에 거주하는 세입자이다(동법 시행령 40 ⑤).

[판례1] [1] 토지보상법 제78조 제1항에서 정한 이주대책대상자에 해당하기 위해서는 같은 법 제4조 각호의 어느 하나에 해당하는 공익사업의 시행으로 인하여 주거용 건축물을 제공함에 따라 생활의 근거를 상실하게 되어야 하는지 여부(적극)

[2] '근린공원 조성사업'이 토지보상법 제4조 제7호의 공익사업에 포함되는지 여부(적극)

"[1] 이주대책대상자에 해당하기 위해서는 구 토지보상법 제4조 각호의 어느 하나에 해당하는 공익사업의 시행으로 인하여 주거용 건축물을 제공함에 따라 생활의 근거를 상실하게 되어야 한다.

[2] (갑 지방자치단체가 시범아파트를 철거한 부지를 기존의 근린공원에 추가로 편입시키는 내용의 '근린공원 조성사업'을 추진함에 따라 도시계획시설사업의 실시계획이 인가·고시되었고, 을 등이 소유한 각 시범아파트 호실이 수용대상으로 정해지자 갑 지방자치단체가 을 등과 공공용지 협의취득계약을 체결하여 해당 호실에 관한 소유권을 취득한 사안에서) 도시계획시설사업 실시계획의 인가에 따른 고시가 있으면 도시계획시설사업의 시행자는 사업에 필요한 토지 등을 수용 및 사용할 수 있게 되고, 을 등이 각 아파트 호실을 제공한 계기가 된 '근린공원 조성사업' 역시 국토계획법에 따라 사업시행자에게 수용권한이 부여된 도시계획시설사업으로 추진되었으므로, 이는 적어도 구 토지보상법 제4조 제7호(현 제8호)의 공익사업, 즉 '그 밖에 다른 법률에 의하여 토지 등을 수용 또는 사용할 수 있는 사업'에 포함된다고 볼 여지가 많은데도, 이와 달리 본 원심판단에 법리오해 등의 잘못이 있다(대판 2019.7.25, 2017다278668[부당이득금])."

[판례2] 이주대책의 대상자에서 세입자를 제외하고 있는 것이 세입자의 재산권을 침해하는지 여부

"이주대책의 실시 여부는 입법자의 입법정책적 재량의 영역에 속하므로 공익사업을위한토지등의취득및보상에관한법률시행령 제40조 제3항 제3호(이하 '이 사건 조항'이라 한다)가 이주대책의 대상자에서 세입자를 제외하고 있는 것이 세입자의 재산권을 침해하는 것이라 볼 수 없다(헌재결 2006.2.23, 2004헌마19)."

☞ 위 헌법재판소 결정에서 '이주대책의 실시 여부'라 하는 것은 '이주대책제도를 입법화할 것인지의 여부'를 의미하는 것이다. 즉 입법권자가 이주대책을 입법화할 것인지, 입법하는 경우 이를 어떻게 설계할 것인지는 입법자의 재량에 속한다는 것이다. 토지보상법은 '이주대책대상자를 위하여 이주대책을 수립·실시하여야 한다'고 규정하여 이주대책의 수립·실시는 사업시행자의 의무이다. 다만 사업시행자는 동법 제78조에 반하지 않는 범위 내에서 이주대책의 내용을 형성하는 데 일정한 재량(계획재량)을 가질 수 있을 것이다.

[판례3] 이주대책대상자들의 부당이득반환청구권에 상사 소멸시효(5년)가 적용되는지 여부(소극)

"(구) 토지보상법은 …에 의한 이주대책은 공익사업의 시행에 필요한 토지 등을 제공함으로 인하여 생활의 근거를 상실하게 되는 이주대책대상자들에게 종전의 생활상태를 원상으로 회복시키면서 동시에 인간다운 생활을 보장하여 주기 위하여 마련된 제도인 점(대법원 2011.6.23. 선고 2007다63089 전원합의체 판결 등 참조)에 비추어, 이주대책의 일환으로 위 원고들에게 이 사건 아파트를 특별공급하기로 하는 내용의 분양계약은 영리를 목적으로 하는 상행위라고 단정하기 어려울 뿐만 아니라, 피고가 이 사건 아파트에 관한 특별공급계약에서 강행규정인 (구) 토지보상법 제78조 제4항에 위배하여 생활기본시설 설치비용을 분양대금에 포함시킴으로써 특별공급계약 중 그 부분이 무효가 되었음을 이유로 위 원고들이 민법의 규정에 따라 피고에게 이미 지급하였던 분양대금 중 그 부분에 해당하는 금액의 반환을 구하는 부당이득반환청구의 경우에도 상거래 관계와 같은 정도로 거래관계를 신속하게 해결할 필요성이 있다고 볼 수 없으므로 위 부당이득반환청구권에는 상법 제64조가 적용되지 아니하고, 그 소멸시효기간은 민법 제162조 제1항에 따라 10년으로 보아야 한다(대판 2016.9.28, 2016다20244[부당이득금반환])."

사업시행자는 이주대책을 수립하려면 미리 관할 지방자치단체의 장과 협의하여야 한다(토지보상법 78 ②).

이주대책의 내용에는 이주정착지에 대한 도로, 급수시설, 배수시설, 그 밖의 공공시설 등 통상적인 수준의 생활기본시설이 포함되어야 하며, 이에 필요한 비용은 사업시행자가 부담한다. 다만, 행정청이 아닌 사업시행자가 이주대책을 수립·실시하는 경우에 지방자치단체는 비용의 일부를 보조할 수 있다(토지보상법 78 ④).

한편 산업입지법도 사업시행자로 하여금 산업단지의 개발로 인하여 생활의 근거를 상실하게 되는 자(이주자)에 대한 이주대책 등을 수립·시행하도록 하고 있다. 동법은 이 경우 토지보상법이 정하는 바에 따르도록 하고 있다(산업입지법 36 ①).

② 기타 생활재건조치

이주대책 이외에도 생활재건을 지원하기 위한 다양한 대책들이 강구되고 있다. 현행법상으로는 ① 이주대책대상자·댐건설로 인한 수몰이주민에 대한 주택도시기금의 우선적 지원(토지보상법 78 ③, 댐건설법 40 ①), ② 이주대책대상자·이주자 등의 우선적 고용 또는 고용알선(토지보상법 78조 ⑧, 산업입지법 36 ②), ③ 수몰이주민을 위한 직업훈련 등 생계지원을 위한 조치(댐건설법 40 ③) 등이 있다.

③ 주민지원사업

최근 들어 특정지역의 지정이나 특정시설의 설치와 관련하여 해당 지역 또는 주변지역 주민들에 대한 일종의 생활보상 차원에서 각종 지원사업을 규정하는 입법례가 늘고 있다. 이들은 개법

법률에서 개별적으로 규정되기도 하고(예: 개발제한구역법 16), 지원사업 자체를 내용으로 하는 단행법률의 형태로 규정되기도 한다[예: 댐건설관리법·발전소주변지역 지원에 관한 법률(발전소주변지역법)·폐기물처리시설 설치촉진 및 주변지역지원 등에 관한 법률(폐기물시설촉진법)·송·변전설비 주변지역의 보상 및 지원에 관한 법률(송전설비주변법)]. 지원사업의 내용은 각 법률마다 차이가 있지만, 대체로 주민지원사업·주민복지사업·지역정비나 개발 또는 소득증대사업 등으로 이루어져 있다.

Ⅴ. 간접손실(사업손실)의 보상*

1. 의의

간접손실(사업손실)이란 공익사업의 시행 또는 완성 후의 시설이 간접적으로 사업지 밖의 재산권 등에 미치는 손실을 말한다. 이와 같은 간접손실은 소유하고 있는 토지의 대부분이 공익사업에 편입됨으로써 그 잔여지에 발생한 손실, 공사 중의 소음·진동으로 인한 사업지 밖에서의 피해, 장기간의 공사에 따르는 교통불편이나 인근 상점의 영업손실 등 매우 다양하다.

최근 군용비행장 및 군사격장의 운용으로 발생하는 소음으로 인한 피해를 보상하는 내용 등을 담고 있는 "군용비행장·군사격장 소음 방지 및 피해 보상에 관한 법률(군소음보상법)"이 제정되어 시행되고 있는데, 동법은 소음의 정도에 따라 제1종 구역, 제2종 구역 및 제3종 구역으로 소음대책지역을 지정·고시하고, 이를 보상기준 중 하나로 하여 보상금을 지급하는 것을 주요내용으로 하고 있다(군소음보상법 5, 14 등). 동법은 군용비행장·군사격장 주변에서의 소음피해에 대한 보상을 규정하고 있다는 점에서 간접손실보상의 입법례라 할 수 있다.

이와 같은 간접손실에 대한 보상의 성격과 관련하여 이를 재산권보상으로 보는 견해, 생활보상으로 보는 견해, 생활보상과 더불어 손실보상의 새로운 문제로 보는 견해 등 다양한 견해가 존재한다. 이와 같은 간접손실의 보상 문제는 공익사업과 관련하여 '사업지 밖에서 손실이 발생한 경우' 이를 특별한 희생으로 보아 그 손실을 보상할 것인가 하는 것이 주된 관심사이다. 이와 같은 '사업지 밖에서의 손실'은 재산적 가치에 대한 손실(예: 지하철 공사로 인근 건물에 균열이 생긴 경우)일 수도 있고 생활이익의 상실(예: 수몰지역의 발생으로 인한 주변지역주민들에 대한 생활지원)일 수도 있으므로, 이를 일률적으로 볼 것은 아니다.

2. 토지보상법의 규정

간접손실보상과 관련하여서는 토지보상법에서 잔여지에 대한 보상·잔여지에 대한 매수청구·기타 토지에 관한 비용보상 등을 규정하고 있다.

---

* 사법시험(2006년).

(1) 잔여지에 대한 보상

공익사업으로 인하여 잔여지의 가격이 감소하거나 그 밖의 손실이 있거나 공사가 필요한 경우 이에 대한 손실을 보상하거나 공사의 비용을 보상하며, 잔여지를 종래의 목적에 사용하는 것이 현저히 곤란할 때에는 토지소유자에게 잔여지의 매수청구권이 인정된다(토지보상법 73, 74).

[판례] 토지보상법 제73조 제1항에 따른 잔여지 손실보상금에 대한 지연손해금 지급의무의 발생 시기

"토지보상법이 잔여지 손실보상금 지급의무의 이행기를 정하지 않았고, 그 이행기를 편입토지의 권리변동일이라고 해석하여야 할 체계적, 목적론적 근거를 찾기도 어려우므로, 잔여지 손실보상금 지급의무는 이행기의 정함이 없는 채무로 보는 것이 타당하다. 따라서 잔여지 손실보상금 지급의무의 경우 잔여지의 손실이 현실적으로 발생한 이후로서 잔여지 소유자가 사업시행자에게 이행청구를 한 다음 날부터 그 지연손해금 지급의무가 발생한다(민법 제387조 제2항 참조) (대판 2018.3.13, 2017두68370[잔여지가치하락손실보상금청구])."

(2) 기타 토지에 관한 비용보상

1) 잔여지 외의 토지에 필요한 공사비의 보상

사업시행자는 공익사업의 시행으로 인하여 취득하거나 사용하는 토지 외의 토지에 통로·도랑·담장 등의 신설이나 그 밖의 공사가 필요할 때에는 그 비용의 전부 또는 일부를 보상하여야 한다(토지보상법 79 ①).

2) 공익사업시행지구 밖의 대지 등의 보상

공익사업시행지구 밖의 대지(조성된 대지를 말한다)·건축물·분묘 또는 농지(계획적으로 조성된 유실수단지 및 죽림단지를 포함한다)가 공익사업의 시행으로 인하여 산지나 하천 등에 둘러싸여 교통이 두절되거나 경작이 불가능하게 된 경우에는 그 소유자의 청구에 의하여 이를 공익사업시행지구에 편입되는 것으로 보아 보상하여야 한다(토지보상법 시행규칙 59).

[판례] 실질적으로 같은 내용의 손해에 관하여 토지보상법에 따른 손실보상과 환경정책기본법에 따른 손해배상청구권이 동시에 성립하는 경우, 영업자가 두 청구권을 동시에 행사할 수 있는지 여부(소극) 및 '해당 사업의 공사완료일로부터 1년'이라는 손실보상 청구기간이 지나 손실보상청구권을 행사할 수 없는 경우에도 손해배상청구가 가능한지 여부(적극)

"토지보상법 제79조 제2항(그 밖의 토지에 관한 비용보상 등)에 따른 손실보상과 환경정책기본법 제44조 제1항(환경오염의 피해에 대한 무과실책임)에 따른 손해배상은 근거 규정과 요건·효과를 달리하는 것으로서, 각 요건이 충족되면 성립하는 별개의 청구권이다. 다만 손실보상청구권에는

이미 '손해 전보'라는 요소가 포함되어 있어 실질적으로 같은 내용의 손해에 관하여 양자의 청구권을 동시에 행사할 수 있다고 본다면 이중배상의 문제가 발생하므로, 실질적으로 같은 내용의 손해에 관하여 양자의 청구권이 동시에 성립하더라도 영업자는 어느 하나만을 선택적으로 행사할 수 있을 뿐이고, 양자의 청구권을 동시에 행사할 수는 없다. 또한 '해당 사업의 공사완료일로부터 1년'이라는 손실보상 청구기간(토지보상법 제79조 제5항, 제73조 제2항)이 도과하여 손실보상청구권을 더 이상 행사할 수 없는 경우에도 손해배상의 요건이 충족되는 이상 여전히 손해배상청구는 가능하다 (대판 2019.11.28, 2018두227[보상금])."

3) 공익사업시행지구 밖의 건축물에 대한 보상

소유농지의 대부분이 공익사업시행지구에 편입됨으로써 건축물(건축물의 대지 및 잔여농지를 포함한다. 이하 이 조에서 같다)만이 공익사업시행지구 밖에 남게 되는 경우로서 그 건축물의 매매가 불가능하고 이주가 부득이한 경우에는 그 소유자의 청구에 의하여 이를 공익사업시행지구에 편입되는 것으로 보아 보상하여야 한다(토지보상법 시행규칙 60).

4) 소수잔존자에 대한 보상

공익사업의 시행으로 인하여 소수의 잔여 주거용 건축물 거주자의 이주가 부득이한 경우 당해 건축물 소유자의 청구에 의하여 그 소유자의 토지 등을 공익사업시행지구에 편입되는 것으로 보아 보상하여야 한다(토지보상법 시행규칙 61).

5) 공익사업시행지구 밖의 공작물 등에 대한 보상

공익사업시행지구 밖에 있는 공작물 등이 공익사업의 시행으로 인하여 그 본래의 기능을 다할 수 없게 되는 경우에는 그 소유자의 청구에 의하여 이를 공익사업시행지구에 편입되는 것으로 보아 보상하여야 한다(토지보상법 시행규칙 62).

6) 공익사업시행지구 밖의 어업의 피해에 대한 보상

공익사업의 시행으로 인하여 해당 공익사업시행지구 인근에 있는 어업에 피해가 발생한 경우 사업시행자는 실제 피해액을 확인할 수 있는 때에 그 피해에 대하여 보상하여야 한다(토지보상법 시행규칙 63 ①).

7) 공익사업시행지구 밖의 영업손실에 대한 보상

공익사업시행지구 밖에서 영업손실의 보상대상이 되는 영업을 하고 있는 자가 공익사업의 시행으로 인하여 ① 배후지의 3분의 2 이상이 상실되어 그 장소에서 영업을 계속할 수 없는 경우 또는 ② 진출입로의 단절, 그 밖의 부득이한 사유로 인하여 일정한 기간 동안 휴업하는 것이 불가피한 경우에는 그 영업자의 청구에 의하여 당해 영업을 공익사업시행지구에 편입되는 것으로 보아 보상하여야 한다(토지보상법 시행규칙 64 ①).

[판례] '공익사업의 시행으로 인한 그 밖의 부득이한 사유로 일정 기간 동안 휴업이 불가피한 경우'에 공익사업의 시행 결과로 휴업이 불가피한 경우가 포함되는지 여(적극)

"토지보상법 제79조 제2항에 따른 손실보상의 기한을 공사완료일부터 1년 이내로 제한하면서도 영업자의 청구에 따라 보상이 이루어지도록 규정한 것[토지보상법 시행규칙(이하 '시행규칙') 제64조 제1항]이나 손실보상의 요건으로서 공익사업시행지구 밖에서 발생하는 영업손실의 발생원인에 관하여 별다른 제한 없이 '그 밖의 부득이한 사유'라는 추상적인 일반조항을 규정한 것(시행규칙 제64조 제1항 제2호)은 간접손실로서 영업손실의 이러한 특성을 고려한 결과이다.

위와 같은 공익사업시행지구 밖 영업손실보상의 특성과 헌법이 정한 '정당한 보상의 원칙'에 비추어 보면, 공익사업시행지구 밖 영업손실보상의 요건인 '공익사업의 시행으로 인한 그 밖의 부득이한 사유로 일정 기간 동안 휴업이 불가피한 경우'란 공익사업의 시행 또는 시행 당시 발생한 사유로 휴업이 불가피한 경우만을 의미하는 것이 아니라 공익사업의 시행 결과, 즉 그 공익사업의 시행으로 설치되는 시설의 형태·구조·사용 등에 기인하여 휴업이 불가피한 경우도 포함된다고 해석함이 타당하다(대판 2019.11.28, 2018두227[보상금])."

☞ 토지보상법상 공익사업시행지구 밖 영업손실보상대상에 공익사업의 시행으로 설치되는 시설의 형태·구조·사용 등에 기인하여 발생한 손실도 포함된다고 판단하고, 이를 토대로 원고가 주장하는 토지보상법상 손실보상청구권이 성립하였고 그에 관한 쟁송이 공법상 당사자소송 절차에 의하여야 한다고 본 원심의 결론을 수긍하여 상고기각한 사례

8) 공익사업시행지구 밖의 농업의 손실에 대한 보상

경작하고 있는 농지의 3분의 2 이상에 해당하는 면적이 공익사업시행지구에 편입됨으로 인하여 당해지역에서 영농을 계속할 수 없게 된 농민에 대하여는 공익사업시행지구 밖에서 그가 경작하고 있는 농지에 대하여도 영농손실액을 보상하여야 한다(토지보상법 시행규칙 65).

3. 명문의 규정이 없는 경우의 보상*

사업지 밖에서 발생한 간접손실에 대하여 명문의 규정이 없는 경우에도 보상이 가능한가 하는 것이 문제인데, 이는 독일 연방대법원의 수용적 침해 법리와도 관련이 있는 문제이다. 우리 대법원은, 수용적 침해 법리를 채택하지는 않고 있지만, 보상에 관한 명문의 규정이 없다 하더라도, ① 공공사업의 시행으로 인하여 그러한 손실이 발생하리라는 것을 쉽게 예견할 수 있고, ② 그 손실의 범위도 구체적으로 특정할 수 있는 경우에는, ③ 관련 규정 등을 유추적용하여 보상할 수 있다고 하고 있다.

---

* 사법시험(2006년).

[판례] 간접손실이 발생한 경우, 명문의 규정이 없더라도 관련 보상규정을 유추적용할 수 있는지 여부

"… 공공사업의 시행 결과 공공사업시행지구 밖에서 발생한 간접손실에 관하여 그 피해자와 사업시행자 사이에 협의가 이루어지지 아니하고, 그 보상에 관한 명문의 근거 법령이 없는 경우라고 하더라도 … 공공사업의 시행으로 인하여 그러한 손실이 발생하리라는 것을 쉽게 예견할 수 있고, 그 손실의 범위도 구체적으로 이를 특정할 수 있는 경우에는 그 손실의 보상에 관하여 (구) 공공용지의취득및손실보상에관한특례법시행규칙의 관련 규정 등을 유추적용할 수 있다(대판 2004.9.23, 2004다25581)."

Ⅵ. 보상액의 결정 및 불복절차

1. 보상액의 결정

보상액의 결정에 관하여는 통칙적인 규정이 없고 각 개별법에서 다양하게 규정하고 있으나, 토지보상법이 일반법으로서의 역할을 하고 있으므로, 이하에서는 토지보상법의 규정을 중심으로 살피기로 한다.

(1) 협의에 의한 보상액의 결정

토지보상법은 사업시행자로 하여금 토지 등에 대한 보상에 관하여 토지소유자 및 관계인과의 협의절차를 거치도록 하고 있다(토지보상법 16, 26). 따라서 토지수용과 같은 공용수용행위에 앞서 일차적으로 당사자 간의 협의를 통하여 보상액이 결정될 수 있다. 사업시행자와 토지소유자 및 관계인 간에 협의가 성립된 경우 사업시행자는 관할 토지수용위원회에 협의 성립의 확인을 신청할 수 있고(토지보상법 29 ①), 동 위원회가 이를 수리함으로써 협의성립은 확인된 것으로 본다(토지보상법 29 ③). 제1항 및 제3항에 따른 확인은 동법에 따른 재결로 보며, 사업시행자, 토지소유자 및 관계인은 그 확인된 협의의 성립이나 내용을 다툴 수 없다(토지보상법 29 ④).

토지보상법 이외에도, 예컨대 하천법(76 ②), 도로법(99 ②), 공유수면법(32 ②) 등에서도 재결의 신청에 앞서 당사자와의 협의를 거치도록 하고 있다.

[판례1] 토지보상법상 협의취득의 성질[14]

"토지보상법에 따른 손실보상의 협의는 공공기관이 사경제주체로서 행하는 사법상 계약의 실질을 가지는 것으로서, 당사자 간의 합의로 공익사업법 소정의 손실보상의 요건을 완화하는 약정을 하거나 공익사업법 소정의 손실보상의 기준에 구애받지 아니하고 매매대금을 정할 수 있는 …

14) 강론, 1337면 이하 참조.

(대법원 2000.9.8. 선고 99다26924 판결 등 참조) (대판 2014.4.24, 2013다218620)."

한편 판례는 협의취득이 사법상 계약의 성질을 가진다는 관점에서 수용재결이 있을 후에도 협의취득절차가 가능하다는 입장이다[판례2].

[판례2] 현행 토지보상법 하에서 수용재결이 있은 후 수용개시일 전에 토지소유자와 사업시행자가 취득협의를 하는 것이 허용되는지(적극)

"(수용재결 후 수용개시일 전에 토지소유자와 사업시행자 사이에 취득협의가 성립하고 그에 따른 소유권이전등기까지 마친 경우에, 토지소유자가 수용재결의 무효확인을 구할 소의 이익이 있는지가 다투어진 사건에서) 토지보상법은 사업시행자로 하여금 우선 협의취득 절차를 거치도록 하고, 그 협의가 성립되지 않거나 협의를 할 수 없을 때에 수용재결취득 절차를 밟도록 예정하고 있기는 하다. 그렇지만 ① 일단 토지수용위원회가 수용재결을 하였더라도 사업시행자로서는 수용 또는 사용의 개시일까지 토지수용위원회가 재결한 보상금을 지급 또는 공탁하지 아니함으로써 그 재결의 효력을 상실시킬 수 있는 점, ② 토지소유자 등은 수용재결에 대하여 이의를 신청하거나 행정소송을 제기하여 보상금의 적정 여부를 다툴 수 있는데, 그 절차에서 사업시행자와 보상금액에 관하여 임의로 합의할 수 있는 점, ③ 공익사업의 효율적인 수행을 통하여 공공복리를 증진시키고, 재산권을 적정하게 보호하려는 토지보상법의 입법목적(제1조)에 비추어 보더라도 수용재결이 있은 후에 사법상 계약의 실질을 가지는 협의취득 절차를 금지해야 할 별다른 필요성을 찾기 어려운 점 등을 종합해 보면, 토지수용위원회의 수용재결이 있은 후라고 하더라도 토지소유자 등과 사업시행자가 다시 협의하여 토지 등의 취득이나 사용 및 그에 대한 보상에 관하여 임의로 계약을 체결할 수 있다고 보아야 한다(대판 2017.4.13, 2016두64241[수용재결 무효확인])."

(2) 재결에 의한 보상액의 결정

(i) 당사자 간의 협의가 성립되지 아니하거나 협의를 할 수 없을 때에는 사업시행자는 사업인정고시가 된 날부터 1년 이내에 관할 토지수용위원회에 재결을 신청할 수 있다(토지보상법 28 ①). 재결신청은 사업시행자가 하는 것으로, 피수용자는 이를 신청할 수 없다. 다만 사업인정고시가 된 후 협의가 성립되지 아니하였을 때에는 토지소유자와 관계인은 서면으로 사업시행자에게 재결을 신청할 것을 청구할 수 있고(토지보상법 30 ①), 사업시행자는 제1항에 따른 청구를 받았을 때에는 그 청구를 받은 날부터 60일 이내에 관할 토지수용위원회에 재결을 신청하여야 한다(토지보상법 30 ②).

사업시행자의 재결신청에 대하여 토지수용위원회는 ① 수용결정과 동시에 ② 손실보상액도 결정하여 재결한다(토지보상법 50 ①). 이 수용재결은 일종의 당사자심판으로서 행정청의 심판을 통하여 행정상 법률관계가 처음으로 형성된다는 점에서 시심적(始審的) 쟁송의 성질을 가진다.

[판례] 토지보상법 제30조 제1항의 '협의가 성립되지 아니하였을 때'의 의미

"토지보상법 제30조 제1항의 … '협의가 성립되지 아니한 때'에는 사업시행자가 토지소유자 등과 공익사업법 제26조에서 정한 협의절차를 거쳤으나 보상액 등에 관하여 협의가 성립하지 아니한 경우는 물론 토지소유자 등이 손실보상대상에 해당한다고 주장하며 보상을 요구하는데도 사업시행자가 손실보상대상에 해당하지 아니한다며 보상대상에서 이를 제외한 채 협의를 하지 않아 결국 협의가 성립하지 않은 경우도 포함된다고 보아야 한다(대판 2011.7.14, 2011두2309[보상제외처분취소등])."

☞ 이 사례는 토지소유자가 토지 위의 지장물에 대하여 보상을 요구하면서 사업시행자에게 토지보상법 제30조 제1항에 따라 위원회에 대한 재결신청을 할 것을 청구하였으나, 사업시행자가 보상대상이 아니라고 하여 소유자의 청구를 거부한 사건으로, 여기서 대법원은 당사자의 보상요구에 대하여 이를 보상대상에서 제외한 것을 처분(보상제외처분, 재결신청거부처분)으로 보고, 당사자의 보상요구에도 불구하고 이를 보상대상에서 제외하는 것도 '협의가 성립되지 아니 하였을 때'에 해당한다고 판단하여 궁극적으로는 당사자의 사업시행자에 대한 재결신청권을 인정한 것이다.

(ii) 한편 위와 같이 토지수용위원회에서 수용결정과 보상액을 동시에 하는 경우도 있지만, 재산권 침해행위는 선행되어 있고, 따라서 토지수용위원회에서는 보상액만 결정하는 경우도 있다(하천법 76 ③, 도로법 99 ③, 공유수면법 32 ③).

(iii) 근거 법령에 보상액결정에 관하여 아무런 규정이 없는 경우에는 당사자의 보상금청구소송 제기에 의하여 법원이 보상액을 결정하게 될 것이다. 이 경우 판례는 ① 손실보상의 원인이 공법적이더라도 손실의 내용이 사법상의 권리면 민사소송으로 하여야 한다는 입장이지만, ② 공익사업으로 인한 손실보상청구권은 공법상의 권리로 보아 당사자소송에 의하여야 한다고 본다. ③ 대법원은 '대법원 2006.5.18. 선고 2004다6207 전원합의체 판결'을 통하여 하천법 부칙과 이에 따른 특별조치법에 의한 손실보상청구를 민사소송의 대상이라고 하던 종전의 입장을 변경하여 당사자소송의 대상이라고 보았다.[15)]

2. 보상액결정에 대한 불복절차*

(1) 이의신청(재결에 대한 불복절차)

1) 이의의 신청

중앙토지수용위원회의 제34조에 따른 재결에 이의가 있는 자는 중앙토지수용위원회에 이의를 신청할 수 있다(토지보상법 83 ①). 지방토지수용위원회의 제34조에 따른 재결에 이의가 있는 자는 해당 지방토지수용위원회를 거쳐 중앙토지수용위원회에 이의를 신청할 수 있다(토지보상법

* 사법시험(2007년), 사법시험(2010년), 입법고시(2001년), 변호사시험(2020년), 5급공채(행정)(2023년).

15) 이에 관하여는 위 '손실보상청구권의 성질' 참조.

83 ②). 과거에는 이의신청을 행정소송을 제기하기 위한 필요적 전심절차로 규정하고 있었으나(이의신청전치주의), 토지보상법은 이를 임의절차화하였다. 이의신청은 행정심판의 일종(특별행정심판)으로 이미 행하여진 행정결정을 다툰다는 의미에서 복심적(覆審的) 쟁송의 성질을 가진다. 제1항 및 제2항에 따른 이의의 신청은 재결서의 정본을 받은 날부터 30일 이내에 하여야 한다(토지보상법 83 ③).

2) 이의신청에 대한 재결

중앙토지수용위원회는 제83조에 따른 이의신청을 받은 경우 제34조에 따른 재결이 위법하거나 부당하다고 인정할 때에는 그 재결의 전부 또는 일부를 취소하거나 보상액을 변경할 수 있다(토지보상법 84 ①).

3) 이의신청에 대한 재결의 효력

제85조 제1항에 따른 기간 이내에 소송이 제기되지 아니하거나 그 밖의 사유로 이의신청에 대한 재결이 확정된 때에는 민사소송법상의 확정판결이 있은 것으로 보며, 재결서 정본은 집행력 있는 판결의 정본과 동일한 효력을 가진다(토지보상법 86 ①).

4) 집행부정지

제83조에 따른 이의의 신청은 사업의 진행 및 토지의 수용 또는 사용을 정지시키지 아니한다(토지보상법 88).

(2) 행정소송*

1) 행정소송의 제기

사업시행자, 토지소유자 또는 관계인은 제34조에 따른 재결에 불복할 때에는 재결서를 받은 날부터 90일 이내에, 이의신청을 거쳤을 때에는 이의신청에 대한 재결서를 받은 날부터 60일 이내에 각각 행정소송을 제기할 수 있다. 이 경우 사업시행자는 행정소송을 제기하기 전에 이의신청에 대한 재결에 따라 늘어난 보상금을 공탁하여야 하며, 보상금을 받을 자는 공탁된 보상금을 소송이 종결될 때까지 수령할 수 없다(토지보상법 85 ①).

판례는 행정소송을 제기하기 위해서는 최초의 수용재결절차는 반드시 거쳐야 한다는 입장인데, 이는 소송으로 다툴 법률관계가 존재하여야 한다는 점에서 지극히 당연한 판결이다[판례1,2].

위 행정소송의 제소기관과 관련하여 판례는 제소기간에 관한 행정심판법 제27조와 행정소송법 제20조의 규정이 적용되지 아니한다는 입장이다(대판 1989.3.28, 88누5198).

헌법재판소는 1개월의 단기출소기간에 대하여 헌법위반이 아니라고 하였다[판례3].

---

* 5급공채(행정)(2015년), 5급공채(행정)(2023년).

[판례1] 영업을 폐지하거나 휴업하는 자가 수용재결절차를 거치지 않고 영업손실보상청구소송을 할 수 있는지 여부

"공익사업으로 인하여 영업을 폐지하거나 휴업하는 자가 사업시행자에게서 (구) 토지보상법 제77조 제1항에 따라 영업손실에 대한 보상을 받기 위해서는 (구) 토지보상법 제34조, 제50조 등에 규정된 (수용)재결절차를 거친 다음 재결에 대하여 불복이 있는 때에 비로소 (구) 공익사업법 제83조 내지 제85조에 따라 권리구제를 받을 수 있을 뿐, 이러한 (수용)재결절차를 거치지 않은 채 곧바로 사업시행자를 상대로 손실보상을 청구하는 것은 허용되지 않는다고 보는 것이 타당하다(대판 2011.9.29, 2009두10963)."

[판례2] 건축물 소유자가 재결절차를 거치지 않은 채 잔여 건축물 가격감소 등으로 인한 손실보상을 청구할 수 있는지 여부

"토지보상법 제75조의2 제1항, 제34조, 제50조, 제61조, 제83조 내지 제85조의 내용 및 입법 취지 등을 종합하면, 건축물 소유자가 사업시행자로부터 토지보상법 제75조의2 제1항에 따른 잔여 건축물 가격감소 등으로 인한 손실보상을 받기 위해서는 토지보상법 제34조, 제50조 등에 규정된 재결절차를 거친 다음 재결에 대하여 불복이 있는 때에 비로소 토지보상법 제83조 내지 제85조에 따라 권리구제를 받을 수 있을 뿐, 재결절차를 거치지 않은 채 곧바로 사업시행자를 상대로 손실보상을 청구하는 것은 허용되지 않고, 이는 수용대상 건축물에 대하여 재결절차를 거친 경우에도 마찬가지이다(대판 2015.11.12, 2015두2963)."

[판례3] 1개월 단기 제소기간이 재판청구권을 침해하여 헌법에 위배되는지 여부

"… 토지수용에 관한 법률관계를 신속하게 확정하는 것이 공익사업을 신속·원활하게 수행하기 위하여 매우 요긴하다. 또한 … 이미 오랜 시간에 걸쳐 보상 등이 적정한지에 관하여 서로 다투어 온 당사자로서는 재결의 의미와 이에 대하여 불복할 것인지 여부에 관하여 생각할 충분한 시간이 주어진 바이므로 중앙토지수용위원회의 재결에 대하여 행정소송을 제기할 것인지 여부의 결정이나 제소에 따른 준비에 많은 시간이 필요한 경우가 아닌 점에 비추어 볼 때 위 제소기간 1개월은 결코 그 기간이 지나치게 짧아 국민의 재판청구권 행사를 불가능하게 하거나 현저히 곤란하게 한다고 말할 수 없다(헌재결 1996.8.29, 93헌바63, 95헌바8(병합))".

2) 소송의 대상(원처분주의와 재결주의)

(i) (구) 토지수용법 제75조의2 제1항은 "이의신청의 재결에 대하여 불복이 있을 때에는 재결서가 송달된 날로부터 1월 이내에 행정소송을 제기할 수 있다."고 규정하고 있었는데, 판례는 이

규정에 의한 소송이 원처분(수용재결)이 아니라 재결(이의신청에 대한 재결)을 대상으로 한다고 보아(대판 1990.6.12, 89누8187), 원처분주의와 재결주의에 대한 논란이 있었다.

(ii) 그러나 토지보상법 제85조 제1항은 '제34조에 따른 재결에 불복할 때'와 '이의신청을 거쳤을 때' 각각 행정소송을 제기할 수 있다고 규정하여 원처분(수용재결)에 대하여 행정소송을 제기할 수 있음은 분명해졌다.

(iii) 여기에서 '이의신청을 거쳐 제기하는 행정소송'의 경우에 소송의 대상이 원처분인가 재결인가 하는 것이 문제가 될 수 있는데, 이 경우에도 원처분주의의 예외를 인정하여 재결주의가 적용되어야 할 특수한 사정이 있다고 보기 어려우므로 원처분을 대상으로 하여야 하고, 이의신청에 대한 재결은 재결 그 자체에 고유의 위법사유가 있는 경우로 한정된다고 보아야 할 것이다. 판례도 같은 입장이다.

> [판례] 수용재결에 불복하여 이의신청을 거친 후 취소소송을 제기하는 경우 피고적격(=수용재결을 한 토지수용위원회) 및 소송대상(=수용재결)
>
> "… 수용재결에 불복하여 취소소송을 제기하는 때에는 이의신청을 거친 경우에도 수용재결을 한 중앙토지수용위원회 또는 지방토지수용위원회를 피고로 하여 수용재결의 취소를 구하여야 하고, 다만 이의신청에 대한 재결 자체에 고유한 위법이 있음을 이유로 하는 경우에는 그 이의재결을 한 중앙토지수용위원회를 피고로 하여 이의재결의 취소를 구할 수 있다고 보아야 한다(대판 2010.1.28, 2008두1504)."

3) 집행부정지

제85조에 따른 행정소송의 제기는 사업의 진행 및 토지의 수용 또는 사용을 정지시키지 아니한다.

(3) 보상금증감소송*

1) 보상금증감소송의 의의

토지보상법 제85조 제1항에 따라 제기하려는 행정소송이 보상금의 증감(增減)에 관한 소송인 경우 그 소송을 제기하는 자가 토지소유자 또는 관계인일 때에는 사업시행자를, 사업시행자일 때에는 토지소유자 또는 관계인을 각각 피고로 한다(토지보상법 85 ②). 이는 수용재결 자체를 다투는 것이 아니라, 수용재결 중 보상금에 관한 결정과 관련하여 보상액의 증액 또는 감액을 다투는 것으로서 이를 보상금증감소송이라고 부르기도 한다.

---

* 변호사시험(2020년), 5급공채(행정)(2023년).

2) 보상금증감소송의 성질

① 형식적 당사자소송

(i) (구) 토지수용법 제75조의2 제2항은 '이의신청의 재결에 대하여 불복하는 행정소송이 보상금의 증감에 관한 소송인 경우, 당해 소송을 제기하는 자가 토지소유자 또는 관계인인 경우에는 재결청 외에 기업자를, 기업자인 경우에는 재결청 외에 토지소유자 또는 관계인을 각각 피고로 하도록' 하여, 이 소송은 재결청이 항상 공동피고가 되는 필요적 공동소송이었다.

그러나 토지보상법은 보상금증감소송은 1인의 원고와 1인의 피고를 당사자로 하는 단일소송으로 규정하고 있다.

(ii) 보상금증감소송은 형식적으로는 대등당사자인 사업시행자와 토지소유자(또는 관계인) 간의 보상금의 증감을 둘러싼 다툼이라는 점에서 당사자소송이지만, 실질적으로는 처분청(토지수용위원회)의 처분(수용재결)을 다툰다는 점에서 항고소송의 성질도 가진다. 이와 같이 대립하는 대등당사자 간에 실질적으로는 행정청의 처분을 다투면서도 직접 처분의 효력을 다투는 것이 아니라 그로 인하여 형성된 법률관계만을 다투는 것을 형식적 당사자소송이라 하는데, 보상금증감소송이 이에 해당한다.

② 소송의 성질

보상금증감소송의 성질과 관련하여서는, ① 이 소송의 실질은 재결에서 결정한 보상액의 취소·변경을 구하는 것으로 법원이 재결을 취소하고 보상액을 확정함으로써 구체적인 손실보상청구권이 형성되는 것으로 보아야 한다는 점에서 이를 형성소송이라고 보는 견해(형성소송설)와 ② 보상금증감소송은 법에 의하여 객관적으로 발생된 보상금 지급의무의 이행 또는 확인을 구하는 소송이라고 보는 견해(확인 및 이행소송설)가 대립되고 있다. ③ 생각건대 구체적인 손실보상청구권은 보상금증감소송의 결정에 따라 비로소 형성되는 것이 아니라 법률의 규정에 의하여 이미 인정된 것이고, 이 소송에서는 청구권의 인정 여부를 다투는 것이 아니라 단지 보상금의 증감만을 다투는 것이라는 점, 처분청인 토지수용위원회가 피고에서 제외되고 있는 점을 고려하면 확인 및 이행소송설이 타당하다.[16)]

3) 보상금증감소송의 범위

보상금증감소송은 보상금의 증감을 다투는 소송으로, 예컨대 손실보상의 방법(금전보상·현물보상 등), 보상항목의 인정(잔여지에 대한 보상 여부), 이전이 곤란한 물건의 수용, 보상면적을 다투는 경우 등이 그 대상이 될 수 있다.

판례는 잔여지 수용청구를 받아들이지 않은 토지수용위원회의 재결에 불복하여 제기하는 소송도 보상금증감소송에 해당한다고 본다.

---

16) 同旨: 박균성, 행정법강의, 673면; 홍정선, 행정법특강, 529면.

[판례1] 잔여지 수용청구를 받아들이지 않은 토지수용위원회의 재결에 대하여 토지소유자가 불복하여 제기하는 소송의 성질 및 그 상대방

"(구) 토지보상법(2007.10.17. 법률 제8665호로 개정되기 전의 것) 제74조 제1항에 규정되어 있는 잔여지 수용청구권은 손실보상의 일환으로 토지소유자에게 부여되는 권리로서 그 요건을 구비한 때에는 잔여지를 수용하는 토지수용위원회의 재결이 없더라도 그 청구에 의하여 수용의 효과가 발생하는 형성권적 성질을 가지므로, 잔여지 수용청구를 받아들이지 않은 토지수용위원회의 재결에 대하여 토지소유자가 불복하여 제기하는 소송은 위 법 제85조 제2항에 규정되어 있는 '보상금의 증감에 관한 소송'에 해당하여 사업시행자를 피고로 하여야 한다(대판 2010.8.19, 2008두822)."

[판례2] [1] 토지보상법상 보상항목들 중 일부에 대해서만 개별적으로 사유를 주장하여 행정소송을 제기할 수 있는지 여부(적극)

[2] 사업시행자가 피보상자의 보상금 증액 청구소송을 통해 감액청구권을 실현하려는 기대에서 제소기간 내에 별도의 보상금 감액 청구소송을 제기하지 않았는데 피보상자가 위와 같은 의사표시를 하는 경우, 사업시행자는 법원 감정 결과를 적용하여 과다 부분과 과소 부분을 합산하여 처음 불복신청된 보상항목들 전부에 관하여 정당한 보상금액을 산정하여 달라는 소송상 의사표시를 할 수 있는지 여부(적극)

[1] "하나의 재결에서 피보상자별로 여러 가지의 토지, 물건, 권리 또는 영업(이처럼 손실 보상대상에 해당하는지, 나아가 그 보상금액이 얼마인지를 심리·판단하는 기초 단위를 이하 '보상항목'이라고 한다)의 손실에 관하여 심리·판단이 이루어졌을 때, 피보상자 또는 사업시행자가 반드시 재결 전부에 관하여 불복하여야 하는 것은 아니며, 여러 보상항목들 중 일부에 관해서만 불복하는 경우에는 그 부분에 관해서만 개별적으로 불복의 사유를 주장하여 행정소송을 제기할 수 있다. 이러한 보상금 증감 소송에서 법원의 심판범위는 하나의 재결 내에서 소송당사자가 구체적으로 불복신청을 한 보상항목들로 제한된다.

[2] 한편 사업시행자가 특정 보상항목에 관해 보상금 감액을 청구하는 권리는 공익사업을 위한 토지 등의 취득 및 보상에 관한 법률 제85조 제1항 제1문에서 정한 제소기간 내에 보상금 감액 청구소송을 제기하는 방식으로 행사함이 원칙이다. 그런데 사업시행자에 대한 위 제소기간이 지나기 전에 피보상자가 이미 위 보상항목을 포함한 여러 보상항목에 관해 불복하여 보상금 증액 청구소송을 제기한 경우에는, 사업시행자로서는 보상항목 유용 법리에 따라 위 소송에서 과다 부분과 과소 부분을 합산하는 방식으로 위 보상항목에 대한 정당한 보상금액이 얼마인지 판단 받을 수 있으므로, 굳이 중복하여 동일 보상항목에 관해 불복하는 보상금 감액 청구소송을 별도로 제기하는 대신 피보상자가 제기한 보상금 증액 청구소송을 통해 자신의 감액청구권을 실현하는 것이 합리적이라고 생각할 수도 있다. 이와 같이 보상금 증감 청구소송에서 보상항목 유용을 허용하는 취지와 피보

상자의 보상금 증액 청구소송을 통해 감액청구권을 실현하려는 기대에서 별도의 보상금 감액 청구소 송을 제기하지 않았다가 그 제소기간이 지난 후에 특정 보상항목을 심판범위에서 제외해 달라는 피보상자의 일방적 의사표시에 의해 사업시행자가 입게 되는 불이익 등을 고려하면, 사업시행자가 위와 같은 사유로 그에 대한 제소기간 내에 별도의 보상금 감액 청구소송을 제기하지 않았는데, 피보상자가 법원에서 실시한 감정평가액이 재결절차의 그것보다 적게 나오자 그 보상항목을 법원의 심판범위에서 제외하여 달라는 소송상 의사표시를 하는 경우에는, 사업시행자는 그에 대응하여 법원이 피보상자에게 불리하게 나온 보상항목들에 관한 법원의 감정 결과가 정당하다고 인정하는 경우 이를 적용하여 과다하게 산정된 금액을 보상금액에서 공제하는 등으로 과다 부분과 과소 부분을 합산하여 당초 불복신청 된 보상항목들 전부에 관하여 정당한 보상금액을 산정하여 달라는 소송상 의사표시를 할 수 있다고 봄이 타당하다(대판 2018.5.15, 2017두41221[손실보상금증액등])."

[판례3] 공익사업에 건축물의 일부가 편입됨에 따라 잔여 건축물에 손실을 입은 자가 재결절차를 거치지 않은 채 곧바로 사업시행자를 상대로 잔여 건축물 가격감소 또는 보수비에 관한 손실보상을 청구할 수 있는지 여부(소극) 및 이는 수용대상토지에 대하여 재결절차를 거친 경우에도 마찬가지인지 여부(적극) / 이때 재결절차를 거쳤는지는 보상항목별로 판단해야 하는지 여부(적극)

"(생략)...피보상자별로 어떤 토지, 물건, 권리 또는 영업이 손실보상대상에 해당하는지, 나아가 그 보상금액이 얼마인지를 심리·판단하는 기초 단위를 보상항목이라고 할 수 있는데(대법원 2018. 5. 15. 선고 2017두41221 판결 참조), 재결절차를 거쳤는지 여부는 보상항목별로 판단하여야 한다.

토지보상법 시행규칙 제35조 제1항의 잔여 건축물 가격감소에 관한 손실보상은 건축물의 일부가 취득 또는 사용됨으로 인하여 잔여 건축물의 가격이 감소된 경우를 요건으로 하여 공익사업시행지구에 편입되기 전 잔여 건축물의 가격에서 공익사업시행지구에 편입된 후의 잔여 건축물의 가격을 뺀 금액을 손실보상하는 것이고, 같은 조 제2항의 잔여 건축물 보수비에 관한 손실보상은 잔여 건축물에 보수가 필요한 경우를 요건으로 하여 건축물의 잔여부분을 종래의 목적대로 사용할 수 있도록 그 유용성을 동일하게 유지하는 데 통상 필요하다고 볼 수 있는 공사에 사용되는 비용을 손실보상하는 것으로, 그 법률상 근거, 요건, 손실보상의 대상 및 범위, 평가방법이 다르고, 잔여 건축물 가격감소에 관한 손실보상은 소극적 손실을, 잔여 건축물 보수비에 관한 손실보상은 적극적 손실을 각 보상하는 것으로서 그 보상의 성질이 관념적으로도 구분되므로, 토지보상법 시행규칙 제35조 제1항의 잔여 건축물 가격감소에 관한 손실보상과 같은 조 제2항의 잔여 건축물 보수비에 관한 손실보상은 보상항목을 달리하는 것이라고 봄이 상당하다.

따라서 잔여 건축물 보수비에 관한 손실보상을 받으려는 건축물 소유자는 잔여 건축물 보수비에 관한 손실보상청구의 소를 제기하기 전에 그에 관한 적법한 재결을 거쳐야 한다. 잔여 건축물 가격감소에 관한 손실보상에 관한 재결만을 받은 이후 제기한 잔여 건축물 가격감소에 관한 손실보상청구의 소에서 잔여 건축물 보수비에 관한 손실보상청구를 구하는 것은 적법한 재결절차를 거치지 못한 것으로 부적법하여 허용되지 않는다고 보아야 한다.(대법원 2024. 1. 25, 2023두49172[손실보상금])."

4) 보상금증감소송의 당사자적격 및 소송대상

(i) 보상금증감소송의 당사자적격은 '토지소유자 또는 관계인' 또는 '사업시행자'이다. 즉 보상금증감소송은 소송을 제기하는 자가 '토지소유자 또는 관계인'일 때에는 '사업시행자'를, '사업시행자'일 때에는 '토지소유자 또는 관계인'을 각각 피고로 한다. 보상금증감소송은 항고소송이 아니라 형식적 당사자소송이므로 재결청인 토지수용위원회는 피고가 될 수 없다. 그리고 사업시행자가 국가 또는 지방자치단체인 경우에는 '국가 또는 지방자치단체'가 피고가 되는 것이지 행정청이 피고가 되는 것은 아니다.

(ii) 보상금증감소송의 대상은 재결이 아니라 보상금에 관한 법률관계이다. 보상금증감소송은 항고소송이 아니다. 따라서 재결 그 자체의 효력을 다투는 것이 아니다. 보상금증감소송에서는 보상금에 관한 재결을 전제로 하면서 보상금의 증감만을 다투는 것으로 이 소송의 대상은 보상금에 관한 법률관계라고 보아야 할 것이다.

[판례] [1] 잔여 영업시설에 손실을 입은 자가 재결절차를 거치지 않은 채 곧바로 사업시행자를 상대로 잔여 영업시설의 손실에 대한 보상을 청구할 수 있는지 여부(소극)

[2] 어떤 보상항목이 토지보상법상 손실보상대상에 해당함에도 관할 토지수용위원회가 사실을 오인하거나 법리를 오해함으로써 손실보상대상에 해당하지 않는다고 잘못된 내용의 재결을 한 경우, 피보상자가 제기할 소송과 그 상대방

"[1] 공익사업에 영업시설 일부가 편입됨으로 인하여 잔여 영업시설에 손실을 입은 자가 사업시행자로부터 토지보상법 시행규칙 제47조 제3항에 따라 잔여 영업시설의 손실에 대한 보상을 받기 위해서는, 토지보상법 제34조, 제50조 등에 규정된 재결절차를 거친 다음 그 재결에 대하여 불복이 있는 때에 비로소 토지보상법 제83조 내지 제85조에 따라 권리구제를 받을 수 있을 뿐이다. 이러한 재결절차를 거치지 않은 채 곧바로 사업시행자를 상대로 손실보상을 청구하는 것은 허용되지 않는다.

[2] 어떤 보상항목이 토지보상법상 손실보상대상에 해당함에도 관할 토지수용위원회가 사실을 오인하거나 법리를 오해함으로써 손실보상대상에 해당하지 않는다고 잘못된 내용의 재결을 한 경우에는, 피보상자는 관할 토지수용위원회를 상대로 그 재결에 대한 취소소송을 제기할 것이 아니라, 사업시행자를 상대로 토지보상법 제85조 제2항에 따른 보상금증감소송을 제기하여야 한다(대판 2018.7.20, 2015두4044; 대판 2019.11.28, 2018두227)."

제 4 장 수용유사침해·수용적 침해·희생보상·결과제거청구권

제 1 절 수용유사침해·수용적 침해·희생보상청구권

Ⅰ. 이론적 배경

손실보상의 헌법적 근거와 관련하여 기술한 바와 같이, 국가책임제도가 위법·과실의 손해배상책임과 적법·무과실의 손실보상책임으로 이원화되어 있음에 따라 위법·무과실의 재산권침해, 적법행위의 부수적 결과로서의 재산권침해, 비재산적 가치에 대한 침해 등과 같이 손해배상과 손실보상의 사이에 놓여 있는 영역에 대해서는 권리구제의 공백이 발생하게 된다.

이러한 문제를 해결하기 위하여 독일 연방대법원은 헌법상의 손실보상규정에 대한 당연해석을 통하여 손실보상을 인정하였다. 즉 헌법이 정한 손실보상이 적법한 행위로 인한 손실을 보상하여야 한다는 것이라면 위법한 행위로 인한 손실은 당연히 보상되어야 한다는 것이다. 이를 통하여 위법한 공용침해행위로 인한 수용유사침해, 사업지 밖에서의 비의도적인 수용적 침해에 대한 보상이 인정되었다. 이러한 법리는 비재산적 가치에 대한 침해에 대해서도 그대로 적용되었다. 즉 적법·무과실의 비재산적 가치에 대한 침해에 대해서는 희생보상을 인정하고 위법·무과실의 비재산적 가치에 대해서는 희생유사침해라 하여 보상을 인정하였다.

이와 같이 수용유사침해·수용적 침해·희생보상청구권의 법리는 전통적인 손해배상제도와 손실보상제도의 이원화로 인한 권리구제의 공백을 보완하기 위하여 판례를 통하여 정립된 이론이다. 한편 위법한 행정작용으로 인하여 야기된 위법상태의 제거를 요청할 수 있는 권리인 결과제거청구권도 계속되는 권리침해의 제거를 통한 권리구제를 목적으로 한다는 점에서 전통적인 국가책임제도를 보완하기 위한 것이라 할 수 있다.

한편 1981년 독일 연방헌법재판소의 자갈채취결정을 통하여 확대되어 오던 수용유사침해와 수용적 침해이론은 중대한 위기를 맞게 되었다. 즉 동 재판소의 ① 재산권의 내용 및 한계규정(기본법 14 ①)과 수용보상규정(기본법 14 ③)은 다른 것이라는 분리이론과 ② 기본법 제14조 제3항에 의한 수용처분은 그에 대한 보상의 규모와 방법을 규정한 법적 근거가 있는 경우에 한하여 허용될 수 있다는 수용규정과 보상규정의 불가분조항이론에 의하여 그 인정범위가 축소되었으나, 그 이후 독일 연방대법원은 프로이센일반국가법 총칙편 제74조·제75조의 희생보상을 근거로 하여 계속하여 수용유사침해·수용적 침해이론을 유지하고 있다.

[독일 연방헌법재판소의 자갈채취결정]

1. 자갈채취사건의 개요와 헌법재판소의 판시내용

자갈채취사건은 (구) 물관리법에 의하여 자기 토지에서 골재채취업을 하던 자가 자기 토지가 수도보호구역에 위치함으로 인하여 관할행정청에 신법의 규정에 따라 다시 골재채취허가를 신청하였다가 거부되자 법원에 손실보상을 청구한 사건이다. 연방대법원은 이 사건의 물관리법 규정의 합헌성 여부가 문제되므로 당해 조항의 위헌여부심사를 연방헌법재판소에 제청하였다.

이에 대하여 연방헌법재판소는 "기본법 제14조 제3항에 의한 수용처분은 그에 대한 보상의 규모와 방법을 규정한 법적 근거가 있는 경우에 한하여 허용될 수 있다. 만약 보상의 근거가 결여된다면 수용처분을 규율하는 법률은 위헌이며 이에 근거한 수용처분은 위법하다. 다만 이 경우에 관계인은 보상규정이 없으므로 손실의 보상을 구하는 소송을 제기할 수 없으며 수용처분의 취소를 구하는 소송을 관할행정법원에 제기할 수 있을 뿐이다."라고 판시하였다.

2. 헌법재판소의 결정에 대한 평가

(1) 공용수용 개념의 축소

연방헌법재판소는 연방대법원이 확장해 온 공용수용의 개념을 축소하였다. 즉 연방대법원은 수용유사침해에서의 공용침해를 재산권에 대하여 결과적으로 야기되는 직접적 피해로 이해하여 왔지만, 연방헌법재판소는 공용수용의 개념을 엄격히 해석하여 재산적 가치를 갖는 법적 지위의 의도적·직접적 박탈이라고 하였다.

(2) 재산권의 내용 및 한계와 공용수용과의 준별

연방헌법재판소는 공용수용행위는 있으나 보상규정이 결여되는 경우는 기본법 제14조 제3항에 의한 손실보상에 해당하는 것이 아니라 기본법 제14조 제1항의 재산권의 내용 및 한계를 규정하는 법률의 의미에서 그 합헌성 여부를 가려야 한다고 보았다.

즉 공용침해를 허용하면서도 보상규정이 없는 법률은 그 원래적 의도가 단순히 재산권의 내용과 한계를 규정하려고 한 것에 불과하므로, 이러한 법률이 재산권의 본질적인 내용을 침해하여 위헌이라 하더라도, 처음부터 손실보상을 예정하고 공공의 필요에 의하여 타인의 재산권을 박탈하는 공용수용을 허용하는 법률과는 구별되어야 한다는 것이다. 따라서 위헌적인 법률을 근거로 발령된 수용처분은 위법하며 행정쟁송을 통하여 그 효력이 부인될 수 있을 뿐 손실보상을 인정하는 기본법 제14조 제3항의 본래적 공용수용행위는 아니라는 것이다.

이를 통하여 연방대법원의 기본법 제14조의 구조를 재산권의 내용 및 한계와 이를 넘어서는 공용수용을 상대적인 것으로 보는 연속성 모델(경계이론)이 연방헌법재판소에 의하여 불연속성

모델 또는 단절된 모형(분리이론)으로 변화하였다고 평가할 수 있다.

(3) 일차적 권리보호의 우월성

연방헌법재판소는 또한 자갈채취사건에서 위법한 고권적 처분에 대한 행정쟁송과 손실보상간의 선택적 청구권을 부인하였다. 따라서 이 경우에 관계인이 행사할 수 있는 유일한 권리구제의 수단은 위법한 처분에 대한 취소를 구하는 항고소송을 제기하는 것이다.

이로써 연방헌법재판소는 손실보상을 통한 권리구제수단에 비하여 위법한 국가작용을 제거함으로써 완전한 재산권행사를 회복하는 일차적 권리구제수단의 우월성을 강조하였다. 이는 재산권보호를 비롯한 기본권침해에 대한 구제로서 원칙적으로 존속보호 수단이 보상보호 수단에 우선한다는 것을 의미한다.

우리나라의 경우에도 수용유사적 침해와 수용적 침해이론은 공용침해행위에 대한 권리구제이론으로 오랫동안 논의의 대상이 되어왔다. 다만 판례와 더불어 학설상으로도 이러한 독일판례이론을 수용할 것인가에 대하여는 여전히 논란이 계속되고 있다.

Ⅱ. 수용유사침해

1. 개념

수용유사침해이론은 초기에는 적법한 공권력 행사로 인하여 재산권에 그 내재적 제약을 넘어서는 특별한 희생이 가하여졌으나 당해 법률에 보상규정이 결여되어 있는 경우에 그 손실을 전보해 주기 위하여 독일 연방대법원에 의하여 정립된 이론이었다.

그러나 연방헌법재판소의 자갈채취결정을 계기로 수용유사침해의 개념은 독일 기본법 제14조 제3항과 결별하게 됨으로써 수정되기에 이르렀다.

이에 따르면 수용유사침해(Enteignungsgleicher Eingriff)는 공공필요에 의한 공권력행사에 의하여 직접 재산권에 가하여진 위법한 침해를 말한다. 즉 수용유사침해는 위법하게 재산권에 직접적으로 가해진 침해로서, 만약 적법했더라면 공용수용에 해당되었을 침해를 말한다. 독일 연방대법원은 적법한 공용수용에 따른 재산권 침해에 대하여 보상이 주어진다면, 위법한 재산권 침해는 수용에 유사한 침해로서 당연히 보상되어야 한다는 당연해석을 기초로 이 법리를 인정하고 있다.

2. 수용·국가배상·희생보상과의 구별

① 수용유사침해는 위법한 재산권 침해를 요건으로 하지만, 수용은 적법한 침해를 요건으로 하는 점에서 차이가 있다.

② 수용유사침해는 공공필요에 의한 재산권 침해(위법·무과실)에 대한 것이지만, 국가배상은

법이 의도하지 않은 불법행위(위법·과실)에 대한 것이라는 점에서 차이가 있다.

③ 수용유사침해는 재산권에 대한 침해를 요건으로 하지만, 희생보상은 생명·신체와 같은 비재산적 가치에 대한 침해를 요건으로 하는 점에서 차이가 있다.

3. 법적 근거

수용유사침해에 대한 보상의 법적 근거로 초기에는 독일 기본법 제14조 제3항의 유추적용이 제시되었으나, 독일 연방헌법재판소의 자갈채취결정에서 불가분조항·분리이론을 채택함으로 인하여 수용유사침해는 기본법 제14조 제3항을 근거로 인정되기 어렵게 되었다. 이로써 수용유사침해 법리의 존립에 의문이 제기되기도 하였으나, 독일 연방대법원은 기본법 제14조 제3항의 유추적용 대신, 헌법적 관습법인 프로이센 일반국가법 총칙편 제74조, 제75조의 희생보상을 근거로 계속해서 수용유사침해를 인정하고 있다.

4. 성립요건

수용유사침해는 침해의 위법성을 제외하면 공용수용의 경우와 크게 다른 점이 없다. 수용유사침해는 일반적으로 ① 공공의 필요, ② 재산권에 대한 고권적·직접적 침해, ③ 특별한 희생, ④ 침해의 위법성을 성립요건으로 한다.

(1) 공공의 필요

수용유사침해도 공공의 필요에 의한 것이어야 함은 일반적인 공용침해의 경우와 같다. 따라서 여기에서의 '공공의 필요'는, 공용침해에 대한 손실보상의 경우와 마찬가지로, 공공복리를 실현하기 위하여 필요한 경우를 의미한다.

(2) 재산권에 대한 고권적·직접적 침해

수용유사침해는 공공의 필요에 의한 재산권 침해이어야 한다. 여기에서 개인의 재산권은, 일반적인 공용침해의 경우와 마찬가지로, 재산적 가치를 갖는 개인의 법적 지위를 총칭하는 개념이다.

침해행위는 공권력의 행사, 즉 고권적인 침해여야 한다. 침해행위는 법적 행위로도 가능하고 사실행위로도 가능하다. 수용유사침해가 사실행위로도 가능하다는 점에서 법적 행위로만 침해가 가능한 일반적인 공용침해행위와 구별된다.

이와 같은 침해행위는 의도적이거나 목적지향적일 필요는 없다. 다만 재산권에 대한 직접적인 침해여야 한다. 따라서 수용유사침해는 의도적인 것은 아니더라도 결과적으로 개인의 재산권에 직접적으로 피해를 주는 것으로 족하다.

(3) 특별한 희생

특별한 희생은 공용침해에 대한 손실보상에서의 특별한 희생과 같다.

(4) 침해의 위법성

수용유사침해는 위법한 침해여야 한다. 여기에서 위법한 경우는 ① 침해가 법적 근거 없이 이루어졌거나, ② 공용침해와 보상을 규정하고 있는 법률을 위법하게 집행하였거나, ③ 공용침해는 규정하면서 보상규정이 없는 경우의 침해 등을 들 수 있다.

5. 손실보상과 손실보상청구권의 행사

수용유사침해의 성립요건이 충족되면 취소소송 등을 통한 권리보호와는 관계없이 손실보상청구권이 인정된다. 손실보상의 종류·범위 등은 손실보상의 일반원리에 따른다.

독일의 경우 수용유사침해로 인한 손실보상청구권은 공권적 성질을 가지는 것으로 이해하나, 통상 독일 행정재판소법 제40조 제2항에 따라 민사법원의 관할로 본다. 우리나라의 경우 손실보상청구권의 행사는 당사자소송에 의하면 될 것이다.

6. 수용유사침해와 국가배상

수용유사침해에서는 과실이 문제되지 않는다. 따라서 '위법·무과실'의 경우뿐 아니라 '위법·과실'의 경우에도 수용유사침해가 성립할 수 있다. 이에 따라 수용유사침해로 인한 손실보상청구권과 손해배상청구권은 중첩적으로 성립하므로 각각의 성립요건을 충족하면 양 청구권을 병행적으로 청구할 수 있다.

7. 수용유사침해의 인정 여부

(i) 우리나라에 수용유사침해이론을 도입할 수 있는가 하는 문제와 관련하여 ① 독일의 프로이센 일반국가법상의 희생보상과 같은 관습법적인 근거가 없는 우리나라의 경우에 이러한 관습법적인 근거를 도외시하고 수용유사침해법리만을 수용하기는 어렵다는 부정설과 ② 우리나라의 경우 공용침해행위에 해당하지만 손실보상규정이 없는 경우 권리구제에 공백이 발생할 수 있다는 점에서 수용유사침해이론은 우리에게 유용하다는 긍정설이 있다.

(ii) 판례는 과거 1980년 6월말경의 비상계엄 당시 국군보안사령부 정보처장이 언론통폐합조치의 일환으로 사인 소유의 방송사 주식을 강압적으로 국가에 증여하게 한 'MBC주식 강제증여사건'에서 수용유사침해이론을 언급한 바 있었다. 이 사건에서 원심인 서울고등법원은 "이 사건 주식수용은 명백히 개인의 자유로운 동의와 법률의 근거 없이 이루어진 것으로서 개인에 재산권에

대한 위법한 침해이고, 이는 결국 법률의 근거 없이 개인의 재산권을 수용함으로써 발생한 수용유사적 침해이므로 이로 인하여 특별한 희생을 당한 자는 그 손실보상을 청구할 권리가 있다(서울고등법원 1992.12.24. 선고 92나20073 판결)."고 하였으나, 대법원은 공무원이 강박으로 사인 소유의 방송사 주식을 국가에 증여하게 한 것을 수용으로 볼 수 없다는 점을 전제로 하여 이 사건 '주식강제증여'는 공권력의 행사에 의한 수용유사적 침해에 해당하지 않는다고 보았다. 이 판결에서 대법원은 수용유사적 침해라는 용어를 사용하고는 있지만, "우리 법제하에서 그와 같은 이론을 채택할 수 있는 것인가는 별론으로 하더라도 …"라고 하여 이 이론의 채택 여부에 대하여는 판단하지 않았다.

[판례] 공무원이 강박으로 사인 소유의 방송사 주식을 국가에 증여하게 한 것을 수용으로 볼 수 있는지 여부, 이와 같은 행위가 수용유사침해에 해당하는지 여부

"수용이라 함은 공권력의 행사에 의한 행정처분의 일종인데, 비록 증여계약의 체결과정에서 국가 공무원의 강박행위가 있었다 하더라도 그것만으로 증여계약의 체결이나 그에 따른 주식의 취득이 국가의 공권력의 행사에 의한 행정처분에 해당한다고 볼 수는 없고 어떤 법률관계가 불평등한 것이어서 민법의 규정이 배제되는 공법적 법률관계라고 하기 위하여는 그 불평등이 법률에 근거한 것이라야 할 것이고, 당사자간의 불평등이 공무원의 위법한 강박행위에 기인한 것일 때에는 이러한 불평등은 사실상의 문제에 불과하여 이러한 점만을 이유로 당사자 사이의 관계가 민법의 규정이 배제되는 공법적 법률관계라고 할 수는 없다.

원심이 들고 있는 수용유사적 침해의 이론은 국가 기타 공권력의 주체가 위법하게 공권력을 행사하여 국민의 재산권을 침해하였고 그 효과가 실제에 있어서 수용과 다름없을 때에는 적법한 수용이 있는 것과 마찬가지로 국민이 그로 인한 손실의 보상을 청구할 수 있다는 내용으로 이해되는데, 과연 우리 법제하에서 그와 같은 이론을 채택할 수 있는 것인가는 별론으로 하더라도 위에서 본 바에 의하여 이 사건에서 피고 대한민국의 이 사건 주식취득이 그러한 공권력의 행사에 의한 수용유사적 침해에 해당한다고 볼 수는 없다(대판 1993.10.26, 93다6409)."

(iii) 생각건대 우리나라에는 독일과 같은 헌법적 관습법으로서 희생보상과 같은 근거는 없으나, ① 우리 헌법의 재산권보장규정·보상규정·평등권규정 등의 유기적인 해석을 통하여 손실보상을 인정할 수 있을 뿐 아니라,[1] ② 또한 독일 기본법상의 수용개념보다 우리 헌법의 공용침해의 개념이 넓기 때문에 독일 기본법에서와 같은 분리이론이나 불가분이론을 우리에게 그대로 적용하기 어렵다는 점에서 보면 보상규정이 없는 공용침해행위의 경우 권리구제의 공백이 여전히 존재한다는 문제가 있으므로, 이와 같은 문제를 해결하기 위해서는 수용유사침해이론이 매우 유용하다고 판단된다.

1) 홍정선, 행정법특강, 536면.

Ⅲ. 수용적 침해

1. 개념

수용적 침해(Eenteignender Eingriff)란 공공의 필요에 의하여 이루어진 적법한 행정작용의 부수적 결과로서 의도되지 않은, 비정형적인 재산권 침해를 말한다. 예컨대 장기간의 지하철공사로 인하여 인근 상점의 매상이 격감하는 경우, 폐기물처리시설을 설치·운영하는 과정에서 인근주민에게 예상치 못한 재산상의 피해가 발생하는 경우 등이 이에 해당한다.

이와 같은 재산상의 피해는 본래 보상 없는 재산권의 내재적 제약에 속하는 것으로서 수인되어야 하는 것으로 보았다. 그러나 이러한 침해가 예외적으로 관계인에게 수인한도를 넘는 특별한 희생에 해당하는 경우에는 손실보상이 요구될 수도 있을 것이다. 그러나 이와 같은 경우는 예외적인 경우라 일반적으로 관계 법률에 보상규정이 없게 마련이다. 이에 따라 독일 연방대법원은 이러한 경우를 수용적 침해라 하여, 보상규정이 없더라도, 관계인에게 특별한 희생이 발생하면 이에 대한 보상을 하여야 한다는 법리를 정립하게 된 것이다.

2. 구별

① 수용적 침해는 예상할 수 없는 특별한 희생이 발생한 경우라는 점에서 예상할 수 있는 특별한 희생이 발생하는 공용침해와 구별되고, ② 수용적 침해는 침해의 적법성이 전제되어 있다는 점에서 침해의 위법성을 전제로 하는 수용유사침해와 구별된다.

3. 수용적 침해 이론의 변천

(1) '보상과 조절을 요하는 재산권의 내용 및 한계규정'과 '보상'

수용적 침해이론은 독일 연방헌법재판소의 '보상과 조절을 요하는 재산권의 내용 및 한계 규정(ausgleichspflichtige Inhalts-und Schrankenbestimmung)'이라는 판례이론을 통하여 그 존립 자체에 커다란 위협을 받게 되었다. 이 판례이론은 독일 연방헌법재판소의 '출판물 의무납본결정'에서 비롯된 것으로 오늘날 독일의 학설 및 판례에서 일반적으로 받아들여지고 있는 이론이다.[2)]

독일 연방헌법재판소는, 독일 헤쎈주 출판법이 예외 없이 모든 출판물의 견본품 1부를 무상으로 국가도서관에 납부하도록 규정한 것이 헌법에 합치하는지 여부가 문제된 '출판물 의무납본사건'에서, '납본의무는 수용(기본법 제14조 제3항)이 아니고 재산권의 내용규정(동조 제1항)과 관련된 것이고, 예외 없이 모든 출판물을 보상 없이 의무적으로 납본하도록 하는 것은 비례원칙과 평등원칙에 반하는 부담으로 기본법 제14조 제1항에 합치하지 않는다'고 판시하였다.

---

2) Maurer, Allgemeines Verwaltungsrecht, §26 RN 80.

이 이론의 의미는 재산권 침해행위가 기본법 제14조 제1항 제2문에 해당하는 재산권의 내용과 한계를 규정하는 범주에 머무는 경우에 국가의 보상의무는 없지만, 그것이 예외적으로 재산권 주체의 수인한도를 넘어서는 경우에는 법률에 의한 보상의무가 요구된다는 것이다. 다시 말해서 재산권 침해행위가 처음부터 특정인의 재산권에 대한 특별한 희생을 발생시킬 의도가 없었다는 점에서 일반적인 공용침해와 이에 대한 손실보상과는 구별되지만, 다만 그 침해행위가 개인의 수인한도와 재산권의 내용과 한계를 규정하는 정도를 넘어서는 것이 예상되는 경우에는, 법률에 의한 손실보상의무가 발생된다는 것이다. 예컨대 장기간의 도로공사로 인한 인근 주민의 수인한도를 넘는 피해가 사전에 충분히 예상이 가능한 것이라면 이 경우는 법률에 보상규정을 두어 보상을 하도록 하는 것이 피해자구제를 위하는 것이 된다는 것이다(이른바 구제적 보상규정).

이렇게 볼 때, '보상을 요하는 재산권의 내용규정'과 '수용적 침해'는 다음과 같은 차이가 있다. 즉 수용적 침해는 공권력행사의 결과로 발생한 비정형적인 재산권 침해에 대하여 보상규정의 존재와 관계없이 보상을 요한다는 이론이지만, 보상을 요하는 재산권의 내용규정은 재산권침해와 이로 인한 특별한 희생이 충분히 예상되는 경우에는 보상규정을 마련하여 이에 의하여 보상이 되어야 한다는 이론으로, 만약 이 경우 보상규정이 없으면 재산권침해를 규정한 법률은 기본법 제14조 제1항(우리 헌법 23 ①)에 반하는 위헌이 된다.

(2) 인정범위의 축소

종래 독일 연방대법원에 의하여 인정되어 왔던 수용적 침해는 위의 '보상을 요하는 재산권의 내용규정'이라는 독일 연방헌법재판소의 판례이론에 의하여 그 인정범위가 대폭 축소되게 되었다. 즉 단순히 비의도적이고 비정형적인 침해행위라 하더라도 이로 인하여 '재산권의 내용 및 한계규정'을 넘어서는 특별한 희생이 예상되는 경우에는 보상규정을 두어 보상하여야 하는 것으로 이에 대해서는 수용적 침해가 인정되지 않게 되었다.

그러나 비록 그 존립기반이 협소해지기는 하였지만, 예컨대 하수도공사로 인하여 인근 건물에 균열 등의 손상이 발생한 경우와 같이, 객관적으로도 사전에 예상이 불가능한 피해에 대하여는 여전히 수용적 침해에 따른 손실보상이 인정될 수 있다.

4. 법적 근거

수용적 침해에 대한 보상의 법적 근거는 수용유사침해의 경우와 같다.

5. 성립요건

수용적 침해가 성립하기 위해서는 다음의 요건을 갖추어야 한다.

① 공공필요에 의한 재산권 침해가 있어야 한다. 수용적 침해도 공공의 필요에 의한 재산권

침해이어야 함은 일반적인 공용침해의 경우와 같다.

② 적법한 행정작용의 부수적 결과로 인한 손해이어야 한다. 수용적 침해에서의 공권력행사는 그 자체로는 적법한 것이어야 한다. 그리고 적법한 행정작용의 부수적인 결과로 인하여 손해가 발생하여야 한다. 따라서 여기에서의 재산권 침해행위는 비의도적·비정형적인 침해이어야 한다.

③ 예컨대 공사로 인하여 인근 건물에 균열이 생기는 것과 같이 재산권에 대한 직접적 침해여야 한다.

④ 특별한 희생이 있어야 한다. 특별한 희생은 개인의 수인한도를 넘어서는 재산권에 대한 직접적인 피해를 말한다. 다만 이와 같은 특별한 희생이 충분히 예견될 수 없는 경우여야 한다. 충분히 예견될 수 있는 경우에는 '보상을 요하는 재산권의 내용규정'이론에 따라 별도의 보상규정을 마련하여 권리구제를 하여야 하므로 수용적 침해가 인정되지 않을 것이다.

6. 손실보상과 손실보상청구권의 행사

수용적 침해에 대한 보상은 수용유사침해의 경우와 같다.

7. 수용적 침해의 인정 여부

우리나라에서의 수용적 침해 법리의 인정 여부와 관련하여서는 ① 우리 헌법 제23조 제3항은 의도적인 공용침해와 이에 대한 보상을 규정하는 것이어서 수용적 침해에 직접 적용되거나 유추적용될 수 없고 이에 대해서는 별도의 손실보상규정을 마련하여 해결하여야 한다는 견해(수용적 침해 부정설), ② 공권력행사로 인하여 발생한 손실이라는 점에서 헌법 제23조 제3항에 따라 보상이 가능하다는 견해(직접적용설), ③ 헌법 제11조의 평등의 원리, 제23조 제1항의 재산권보장, 제23조 제3항의 특별희생에 대한 손실보상 등의 규정들을 종합적으로 고려하여 수용적 침해에 대한 보상이 가능할 수 있다는 견해(간접적용설) 등이 있다. ④ 한편 판례는 공익사업의 시행 또는 완료 후에 사업지 밖에서 발생한 간접손실에 대하여 별도의 보상규정이 없는 경우에도 예외적으로 공공사업의 시행으로 인하여 그러한 손실이 발생하리라는 것을 쉽게 예견할 수 있고, 그 손실의 범위도 구체적으로 이를 특정할 수 있는 경우에는, 관련 규정 등을 유추적용하여 보상할 수 있다고 하고 있다(대판 2004.9.23, 2004다25581).

생각건대 공익사업의 시행으로 인하여 주변에서 전혀 예상할 수 없었던 수인하기 어려운 피해가 발생할 가능성은 점차 많아지고 있지만, 이와 관련하여서는 토지보상법 등에 규정된 간접손실에 대한 보상규정에 해당하지 않으면 사실상 헌법 제23조 제3항에 따른 손실보상이나 국가배상법에 다른 손해배상으로 권리구제가 어렵다는 문제가 있다. 이에 대해서는 보상입법을 통한 권리구제가 가장 바람직한 것이겠으나, '예상하기 어려운 부수적 결과로 인한 피해'라는 점에서 이에 대한 적절한 보상입법을 기대하기 어렵다고 생각된다. 따라서 이러한 경우에는 간접적용설이 주장하는 바와 같이 여러 헌법 규정들을 종합적으로 고려하거나 또는 관련 규정들을 유추하여 수용적 침해에 대한 보상을 인정하는 것이 바람직하다.

Ⅳ. 희생보상청구권*

1. 의의

희생보상청구권(Aufopferungsanspruch)이란 공익실현을 위하여 공권력을 행사하는 과정에서 발생한 개인의 비재산적 가치에 대한 특별한 희생을 보상하는 것을 말한다(예: 예방접종으로 인한 감염·장애·사망에 대한 보상).

수용·수용유사침해·수용적 침해 모두 재산적 가치 있는 권리나 법적 지위에 대한 침해에만 관계되어 있어 그 밖에도 생명·신체·건강·명예·자유와 같은 비재산적 가치에 대한 침해에는 적용되지 않는다. 그러나 이러한 비재산적 가치들도 기본권보장·법치국가원리·사회국가원리 등에 비추어 볼 때 당연히 보장되어야 하는데, 이러한 취지에서 인정되는 것이 희생보상청구권이다.

2. 법적 근거

희생보상청구권의 법리는 판례에 의하여 발전된 것으로, 오늘날 헌법적 관습법으로서의 효력을 지닌 프로이센일반국가법 총칙편 제74조, 제75조에 표현된 희생보상원리를 근거로 인정되고 있다.

3. 성립요건

희생보상청구권이 성립하기 위해서는 다음의 요건을 갖추어야 한다.

① 행정주체의 공공의 필요에 의한 공권력행사가 있어야 한다. 희생보상청구권도 비재산적 가치에 대하여 발생한 특별한 희생에 대한 손실보상이므로 감염병의 예방·소방·산불방지와 같은 '공공의 필요'가 있어야 한다. 여기에서 공권력행사는 주로 사실행위이다. 따라서 침해행위가 대부분 집행 즉시 종료됨으로써 항고쟁송과 같은 일차적 권리구제수단의 우월성은 인정될 여지가 거의 없게 된다. 이 점에서 희생보상청구권이 권리구제수단으로서 매우 유용하다. ② 생명·신체 등의 비재산적 가치에 대한 침해가 있어야 한다. 그리고 ③ 침해행위가 적법하여야 하고, ④ 특별한 희생이 있어야 한다. 특별한 희생의 판단에 있어서는 당해 침해행위와 더불어 침해행위로 인한 영향이나 피해 등도 종합적으로 고려되어야 할 것이다.

---

* 변호사시험(2021년).

4. 보상

이상의 요건을 충족하는 경우 비재산적 가치가 침해된 자는 손실보상청구가 가능하다. 그러나 그 보상은 당해 침해행위로 인한 재산적 손해(의료비·간호비·소득상실분 등)만을 내용으로 하고, 정신적 손해는 이에 포함되지 않는다는 것이 독일 연방대법원의 입장이다.

5. 희생유사침해

수용의 경우 적법한 침해로 인한 수용보상과 위법한 침해로 인한 수용유사침해에 대한 보상을 인정하고 있는 것과 마찬가지로, 독일의 학설과 판례는 비재산적 가치의 희생에 대한 보상에 있어서도 적법한 침해로 인한 희생보상을 확장하여 위법한 침해로 인한 희생유사침해에 대한 보상을 인정하고 있다.

6. 희생보상청구권의 인정 여부

우리나라에서의 희생보상청구권의 인정 여부와 관련하여서는 ① 비재산적 가치의 침해에 대한 명문의 보상규정이 없는 한 보상청구가 허용될 수 없다는 견해(입법보상설)와 ② 헌법의 여러 규정들에 의하여 희생보상청구권을 인정하자는 견해(간접적용설)이 있다. 간접적용설은 그 근거와 관련하여 (a) 헌법 제23조 제3항을 유추적용하는 견해 (b) 헌법 제23조 제3항의 유추적용하면서 기본권보장과 평등조항을 직접 근거로 하는 견해, (c) 헌법 제23조 제3항의 특별희생보상 법리·법치국가원리·평등원칙을 근거로 하는 견해, (d) 헌법 제10조·제12조·제37조 등을 근거로 하는 견해 등 다양한 견해가 있다.

생각건대 우리나라에는 독일과 같은 헌법적 관습법으로서의 희생보상원리가 없다 하더라도, 기본권규정·평등원칙·법치국가원리·손실보상 등에 관한 헌법규정들을 근거로 하여 희생보상청구권을 도출할 수 있다고 보는 것이 합리적이다. 따라서 간접적용설이 타당하다.

우리나라의 경우 현행법상 ① 예방접종 등에 따른 피해의 국가보상(감염병예방법 71), ② 명령에 따른 소방활동으로 인한 사망·부상에 대한 보상(소방기본법 49의2 ① 2호), ③ 산불방지작업 또는 인명구조작업으로 인한 사망·부상에 대한 보상(산림보호법 44) 등은 희생보상청구권의 법리와 관련하여 매우 의미 있는 규정이라고 할 수 있다.

[판례] (구) 전염병예방법 제54조의2에 따른 국가보상

"(구) 전염병예방법(2009.12.29. 법률 제9847호 감염병의 예방 및 관리에 관한 법률로 전부 개정되기 전의 것, 이하 '(구) 전염병예방법'이라 한다) 제54조의2의 규정에 의한 <u>국가의 보상책임은 무과실책임</u>이기는 하지만, 책임이 있다고 하기 위해서는 질병, 장애 또는 사망(이하 '장애 등'이라 한

다)이 당해 예방접종으로 인한 것임을 인정할 수 있어야 한다.
… (구) 전염병예방법에 의한 피해보상제도가 수익적 행정처분의 형식을 취하고는 있지만, (구) 전염병예방법의 취지와 입법 경위 등을 고려하면 실질은 피해자의 특별한 희생에 대한 보상에 가까우므로 … (대판 2014.5.16, 2014두274)."

제 2 절 공법상 결과제거청구권*

Ⅰ. 의의

결과제거청구권(Folgenbeseitigungsanspruch)은 실체법상의 권리로서 위법한 행정작용의 결과로 계속 남아 있는 위법상태로 인하여 자기의 법률상의 이익이 침해받고 있는 자가 행정청에 대하여 이를 제거해 줄 것을 요청할 수 있는 권리이다. 예컨대 토지수용처분의 취소 후 행정청이 수용된 토지를 반환하지 않고 있는 경우 이를 반환해 줄 것을 청구하거나, 또는 공직자가 공식석상에서 명예훼손발언을 한 경우 이를 취소해 줄 것을 요구하는 경우가 이에 해당한다. 이러한 의미에서 결과제거청구권은 위법한 결과의 제거를 통하여 위법 이전의 원상을 회복해 줄 것을 요구하는 원상회복청구권(Wiederherstellungsanspruch)이다. 결과제거청구권의 법리는 독일에서 학설을 통하여 성립·발전되다가 판례에 의하여 수용된 것이다.

다만 결과제거청구권은 초기에는 이미 집행된 행정행위가 나중에 위법함을 이유로 취소되고 난 이후에 남아 있는 사실상의 결과를 제거하는 것, 즉 행정행위의 집행결과의 제거를 요청하는 권리(집행결과제거청구권)를 내용으로 하였다. 그러나 그 이후 그 적용범위가 점차 확대되어 그 밖의 위법한 행정작용(특히 사실행위)에도 적용되게 되었다.

이 법리는 민법상의 소유권에 기한 방해배제청구권과 유사하다.

Ⅱ. 성질

결과제거청구권은 원상회복을 내용으로 하지만, 예컨대 개인의 명예훼손에도 인정된다는 점에서 반드시 물권적 청구권에 국한되지 않는다. 또한 공행정작용의 결과로 야기된 위법상태의 제거를 요청한다는 점에서 공법상의 권리로서의 성질을 가진다(다수설).

결과제거청구권은 원상회복을 내용으로 한다는 점에서, 금전적 전보를 내용으로 하는 행정상 손해배상·손실보상·수용유사침해·희생보상 등과 구별된다. 이러한 의미에서 결과제거청구권은

* 행정고시(재경)(2005년).

손해배상청구권은 아니지만, 손해배상청구의 성질을 가지면서 손해배상제도의 결함을 보완하기 위한 제도라고 할 수 있다.

Ⅲ. 법적 근거

독일에서는 공법상 결과제거청구권의 법적 근거로 기본법상의 법치국가원리·자유권적 기본권 규정·민법상의 방해배제청구권의 유추·기타 관습법 등을 들고 있다. 이들 다양한 근거는 상호 배척관계가 아니라 보완적 관계에 있다고 할 수 있다. 그러나 기본적인 근거는 법치국가원리·자유권적 기본권규정(불법에서의 강제를 수인하지 않을 권리)이라 할 수 있다.

우리나라에서도 법치행정의 원리·기본권규정·민법상 방해배제청구권 규정의 유추·헌법 제10조·헌법 제23조 제1항 전단·헌법 제29조 등 다양한 근거가 제시되고 있지만, 이러한 다양한 법적 근거는 상호 배척하는 것이 아니며 상호간의 보완을 통하여 결과제거청구권의 법적 근거를 형성한다고 보아야 할 것이다.

Ⅳ. 요건

결과제거청구권은 ① 행정주체의 행정작용, ② 권리침해, ③ 침해의 위법성, ④ 위법한 침해상태의 계속, ⑤ 인과관계, ⑥ 결과제거의 가능성을 요건으로 한다.

1. 행정주체의 행정작용

결과제거청구권은 행정작용을 전제로 한다. 따라서 행정주체의 사법적 활동으로 인한 경우에는 민법상의 방해배제청구권이 문제된다.

행정작용은 권력작용인 경우가 일반적이겠으나, 권력작용뿐 아니라 비권력작용의 경우에도 결과제거청구권이 인정된다.

2. 권리침해

재산적 가치 또는 개인의 신용·명예 등의 비재산적 가치에 대한 개인의 권리에 대한 침해가 있어야 한다.

3. 침해의 위법성

행정작용으로 인한 권리침해가 위법하여야 한다. 이와 관련하여 행정작용에 의한 침해행위가 처음부터 위법한 경우일 수도 있고, 행위 당시에는 적법하였으나 사후에 발생한 사정으로 위법한 경우도 있을 수 있다.

위법한 침해행위는 통상 작위임이 원칙이다. 부작위의 경우에는 원상회복하여야 할 위법상태가 없으므로 결과제거청구권의 문제가 발생하지 않는다. 그러나 당초에는 적법한 행위가 사후에 발생한 사정으로 인하여 위법하게 되는 경우에는 부작위로도 위법한 침해행위가 가능하다. 예컨대 행정청이 적법하게 압류한 물건이 기간의 경과 등으로 압류해제되었음에도 불구하고 행정청이 압류한 물건을 반환하지 않는 경우에는 부작위로 인하여 위법상태가 발생한 것이고, 이러한 경우에도 결과제거청구권의 성립이 가능하다고 보아야 할 것이다. 그러나 이에 대해서는 부작위로서는 결과제거청구권을 발생시키지 못한다는 반론도 있다.

행정행위에 대한 집행결과제거청구권의 경우에는 집행된 행정행위가 취소되었거나 처음부터 무효이어야 한다. 그렇지 않으면 행정행위가 공정력에 의하여 유효하게 존속하는 것이어서 '위법상태의 발생'이 없어 결과제거청구권이 성립하지 않는다. 예컨대 압류처분이 있는 경우 압류물건에 대한 반환청구를 하려면, ① 압류처분이 취소된 이후에 하든지, ② 압류처분에 대한 취소청구와 동시에 하여야 한다.

4. 위법한 침해상태의 계속

위법한 침해가 결과제거청구권의 행사시까지 계속되어야 한다. 따라서 이미 위법상태가 종료하여 침해 이전의 상태의 회복이 불가능하다면 손해배상이나 손실보상만이 문제될 뿐이다.

5. 인과관계

행정작용과 발생된 결과 사이에 인과관계가 존재하여야 한다.

6. 결과제거의 가능성 및 기대가능성

결과제거청구권은 침해 이전의 상태를 회복하는 것이므로, 그러한 원상회복이 가능하고, 법적으로 허용되어야 하며, 또한 결과제거의무자에 있어서 기대가능한 것이어야 한다. 예컨대 원상회복에 막대한 비용이 소요된다든지, 신의칙에 반하는 경우에는 기대가능성이 없다고 보아야 할 것이다. 이 경우에는 결과제거요구 대신 손해배상으로 만족하여야 할 것이다(다수설).

V. 결과제거청구권의 내용과 범위(한계)

(i) 결과제거청구권은 행정작용으로 인하여 야기된 위법한 결과를 제거하여 본래의 상태로 회복하는 것을 목적으로 하는 원상회복청구권이다. 그러나 결과제거청구권에 있어서의 원상회복은 민법상의 소유권에 기한 반환청구권이나 방해배제청구권처럼 하나의 가설적인 상태로의 완벽한

회복을 대상으로 하는 것이 아니라, 행정작용에 의한 권리침해가 있기 전 또는 그와 동등한 정도의 상태로의 회복을 그 내용으로 한다. 예컨대 마당이 도로로 편입되면서 1년생 과실수가 제거되었으나, 도로편입이 1년이 지나 위법하게 되어 결과제거를 청구한 경우 2년생 과실수가 아니라 침해 이전 상태인 1년생 과실수를 식재하면 된다는 것이다. 이러한 점에서 결과제거청구권은 민법상의 방해배제청구권에 비하여 어느 정도 축소된 청구권이라 할 수 있다.

(ii) 결과제거청구권은 위법한 행정작용으로 인하여 직접 야기된 위법한 결과만을 제거하는 것이다. 따라서 간접적인 결과, 특히 제3자의 개입을 통하여 초래된 결과의 제거를 내용으로 하지 않는다. 예컨대 행정청이 무주택자를 사회복지시설에 일정기간 입주시키도록 하였으나 그 기간이 지나도록 아무런 조치를 취하지 않고 있는 경우에, 이에 대한 결과제거청구는 무주택자가 퇴소하게 해 줄 것을 내용으로 하는 것이지, 무주택자가 야기한 손해에 대한 원상회복까지 요구할 수는 없는 것이다.

Ⅵ. 쟁송절차

결과제거청구권을 공법상의 권리로 보는 다수설의 입장에서는 결과제거청구권의 쟁송절차는 공법상의 당사자소송에 의하여야 할 것이다. 경우에 따라서는 처분의 취소소송에 당사자소송으로서의 결과제거청구소송을 병합하여 제기할 수도 있을 것이다(행소법 10).

그러나 실제로는 공법상의 당사자소송에 대한 이해부족과 결과제거청구권과 물권적 청구권과의 혼동으로 인하여 민사소송에 의하는 경우가 대부분이다.

[판례] 대지소유자가 그 소유권에 기하여 대지의 불법점유자인 시에 대하여 권원 없이 그 대지의 지하에 매설된 상수도관의 철거를 요구하는 소송을 민사소송으로 다루고 있는 사례(대판 1987.7.7, 85다카1383).

[판례] 인접 대지 위의 건물의 건축 등으로 토지나 건물 소유자의 객관적으로 인정된 생활이익이 침해되는 경우 소유권에 기하여 건물의 건축 금지 등 방해제거 및 예방을 위한 청구소송을 민사소송으로 다루고 있는 사례(대판 1999.7.27, 98다47528).

제 3 편

행정쟁송

제1장 개 설

제 1 절 행정쟁송의 의의와 기능

행정쟁송(行政爭訟)은 행정에 관한 분쟁에 대한 법적 심판을 말한다. 행정쟁송은 법치주의를 실현하기 위한 행정상의 권리구제절차이다.

행정쟁송은 주관적 측면에서 '국민의 권리보호'와 객관적 측면에서 '행정에 대한 법적 통제'를 목적으로 한다.

오늘날의 법치국가에서는 행정에 대한 법의 지배, 행정의 법률적합성을 원칙으로 한다. 이러한 원칙들이 유지되기 위해서는, 예컨대 독립한 기관에 의한 법적인 통제가 필요하다. 행정쟁송제도는 이러한 필요성에 따라 행정에 대한 적법성을 통제하는 것을 그 기능으로 한다. 이와 같은 행정에 대한 통제는 궁극적으로는 잘못된 행정으로 인하여 침해된 개인의 권리를 구제하여 주기 위한 것이다. 따라서 행정쟁송은 행정에 대한 법적 통제를 통하여 국민의 권리구제를 실현하는 법치주의의 구현수단이라고 할 수 있다.

이와 같이 행정쟁송제도에는 개인의 권리구제기능과 행정에 대한 법적 통제기능이 공존하고 있다. 구체적인 쟁송의 종류에 따라서는 양 기능 가운데 어느 하나의 기능이 보다 중시될 수는 있지만, 그렇다고 해서 어느 하나의 기능이 전적으로 배제되는 것은 아니다. 요컨대 행정쟁송에는 개인의 권리보호와 행정에 대한 법적 통제라는 두 이념이 상호 조화를 이루면서 융합되어 있다고 할 수 있다.

제 2 절 행정쟁송의 종류

Ⅰ. 정식쟁송과 약식쟁송

당사자에서 구술변론의 기회가 주어지고 독립한 제3자적 기관이 판정하는 경우를 정식쟁송이라 하고, 그렇지 못한 경우를 약식쟁송이라 한다. 행정소송은 정식쟁송이지만, 행정심판은 구술변론의 기회가 충분치 못하고 판정기관의 독립성도 완전하지 못하다는 점에서 약식쟁송이라 할 수 있다.

Ⅱ. 시심적(始審的) 쟁송과 복심적(覆審的) 쟁송

시심적 쟁송은 법률관계의 형성·존부에 관한 1차적인 행정결정 그 자체가 쟁송의 형식으로 이루어지는 경우로서, 예컨대 수용여부 및 수용액을 결정하는 토지수용위원회의 수용재결이 이에 해당한다. 복심적 쟁송은 이미 존재하는 행정작용에 대하여 그 하자를 다투는 쟁송으로 처분이나 부작위에 대하여 불복하는 항고쟁송이 이에 해당한다.

Ⅲ. 주관적 쟁송과 객관적 쟁송

주관적 쟁송은 개인의 권리구제를 주된 목적으로 하는 쟁송이고, 객관적 쟁송은 행정의 객관적인 적법·타당성 통제를 주된 목적으로 하는 쟁송이다. 주관적 쟁송에는 항고쟁송과 당사자쟁송이 있고, 객관적 쟁송에는 기관쟁송과 민중쟁송이 있다.

Ⅳ. 항고쟁송과 당사자쟁송

항고쟁송은 이미 행하여진 처분 등에 대하여 위법 또는 부당을 다투어 이를 취소·변경하는 쟁송절차이고, 당사자쟁송은 대등한 두 당사자 사이의 공법상 법률관계에 대한 다툼을 심판하는 쟁송절차이다.

Ⅴ. 민중쟁송과 기관쟁송

민중쟁송은 공직선거법상의 선거쟁송과 같이 직접적 이해관계를 가지지 않는 다수에 의하여 제기되는 쟁송을 말하고, 기관쟁송은 국가 또는 공공단체의 기관 상호간에 제기되는 쟁송을 말한다. 기관쟁송의 예로는 지방자치단체의 장(집행기관)이 지방의회(의결기관)의 의결을 다투는 소송(지자법 120 ③, 192 ④)을 들 수 있다.

Ⅵ. 행정심판과 행정소송

행정심판은 행정에 관한 분쟁을 '행정기관이' 판정하는 절차이고, 행정소송은 '법원이' 판정하는 절차이다. 이와 관련하여 각각 행정심판법과 행정소송법이 제정되어 시행되고 있다.

(구) 행정소송법은 행정소송을 제기하기에 앞서 반드시 행정심판을 거쳐야 하는 행정심판전치주의를 규정하고 있었으나, 현행 행정소송법은 법개정을 통하여 일부의 예외를 제외하고는 행정심판을 거치지 않고도 행정소송을 제기할 수 있도록 하여 행정심판을 임의적 전심절차로 규정하고 있다. 일반적으로 행정쟁송은 행정심판과 행정소송을 총칭하는 개념이다.

제 2 장 행정심판

제 1 절 개설

Ⅰ. 행정심판의 개념

행정심판은 행정기관이 행하는 행정법상의 분쟁에 대한 심리·판정절차를 말한다. 행정심판은 법원이 아닌 행정기관이 심판의 주체라는 점에서 약식쟁송이지만, 헌법적 근거가 있는 행정구제제도이다. 즉 헌법 제107조 제3항은 "재판의 전심절차로서 행정심판을 할 수 있다. 행정심판의 절차는 법률로 정하되, 사법절차가 준용되어야 한다."고 하여 행정심판의 권리구제절차로서의 기능을 분명히 하고 있다.

이와 같이 행정심판은 일반적으로 분쟁에 대한 권리구제절차로서 사법작용이기도 하지만, 다른 한편으로는 넓은 의미에서의 사후적인 행정절차로서 행정심판의 재결은 그 자체가 행정행위라는 점에서 행정작용이라고 하는 이중적인 성격을 가지고 있다.

행정심판은 헌법적 근거에도 나타나 있듯이 사법절차가 준용되는 심판작용이지만, 다른 한편으로는 행정의 자율적인 통제를 위한 수단이기도 하다. 따라서 행정심판은 위법·부당한 행정작용으로 인하여 침해된 개인의 권리를 구제해 주는 수단이기도 하지만, 다른 한편으로는 법치행정의 원리를 실현하기 위하여 행정부 스스로 행정에 대한 적법·타당성 통제를 하기 위한 수단이기도 하다.

① 행정심판은 광의로는 행정기관에 의한 분쟁해결절차 일반을 의미한다. 이를 실질적 의미의 행정심판이라고 한다. 광의의 행정심판은 행정심판법상의 행정심판뿐 아니라 각 개별법상의 이의신청, 심사청구, 심판청구 등 다양한 명칭과 형태의 행정분쟁해결절차를 포함한다. ② 행정심판은 협의로는 행정심판법상의 행정심판만을 의미한다. 이를 형식적 의미의 행정심판이라고 한다.

Ⅱ. 행정심판의 기능

행정심판은 재판의 전심절차로서 행하여지는 약식쟁송에 불과하지만, 그럼에도 ① 행정의 자율적인 자기통제 및 행정감독, ② 행정심판을 통한 행정의 전문적 지식활용으로 사법기능의 보충, ③ 행정심판을 통한 권리구제로 사법부담의 경감, ④ 권리구제의 신속성과 비용절감 등의 매우 중요한 기능을 수행한다는 점에서 존재의의가 충분하다.

행정심판은 대체로 '행정의 자율적 통제'와 '국민의 권리구제'가 그 주요 기능인데, 최근 들어 법원의 판결에 비하여 행정심판 재결에 소요되는 기간이 상대적으로 짧고 또한 심판청구에 비용이 들지 않는다는 점에서 행정심판청구가 점차 증가하고 있는 추세이다. 이와 더불어 행정심판의 기능에 있어서도 '국민의 권리구제'라는 기능이 점차 더욱 강조되고 있다.

Ⅲ. 행정심판의 유형

1. 쟁송분류기준에 따른 행정심판의 분류

행정심판도 관념적으로는 일반적인 쟁송분류기준에 따라 그 심판유형을 구분해 볼 수 있을 것이다. 즉 행정심판은 ① 주관적 권리보호를 목적으로 하는 주관적 심판과 행정의 적법성·합목적성 통제를 목적으로 하는 객관적 심판으로, ② 주관적 심판은 다시 처분의 위법·부당을 다투어 이를 취소·변경하는 쟁송절차인 항고심판(예: 행정심판법상의 행정심판)과 대등한 당사자 사이의 행정상 법률관계에 대한 다툼을 심판하는 쟁송절차인 당사자심판(예: 토지수용위원회의 수용재결)으로, 그리고 ③ 객관적 심판은 다시 다수에 의하여 청구하는 민중심판과 행정기관 상호간에 청구하는 기관심판으로 구분할 수 있다.

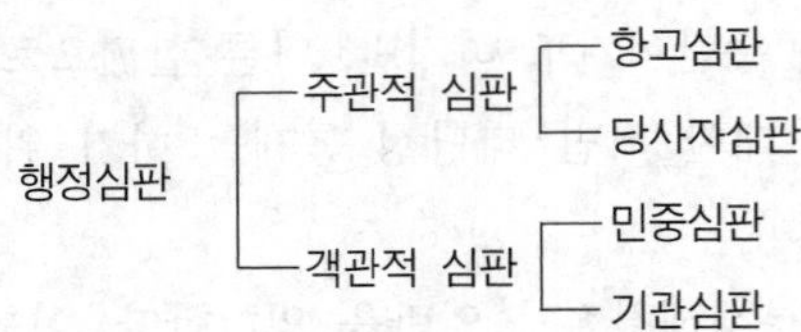

2. 특별행정심판

(1) 행정심판법상 행정심판의 특례의 제한

행정심판법은 행정심판에 관한 일반법이다. 행정심판법은 "사안의 전문성과 특수성을 살리기 위하여 특히 필요한 경우 외에는 행정심판법에 따른 행정심판을 갈음하는 특별한 행정불복절차(특별행정심판)나 이 법에 따른 행정심판 절차에 대한 특례를 다른 법률로 정할 수 없다(행심법 4 ①)." 고 하고 있다. 행정심판법은 관계 행정기관의 장이 특별행정심판 또는 행정심판법에 따른 행정심판 절차에 대한 특례를 신설하거나 변경하는 법령을 제정·개정할 때에는 미리 중앙행정심판위원회와 협의하도록 하여(행심법 4 ③), 가급적이면 특별행정심판절차를 별도로 구성하지 않도록 제한하고 있다.

(2) 특별행정심판과 문제점

그러나 위와 같은 특례제한규정에도 불구하고 현실적으로는 전문성과 특수성이 있다고 인정되는 분야에서는 개별법에 의하여 특별행정심판절차가 규정되고 있다. 이와 같은 예는 조세심판(조세심판원), 특허심판(특허심판원), 토지수용재결에 대한 이의신청(중앙토지수용위원회), 공무원의 징계처분에 대한 불복(소청심사위원회) 등을 비롯하여 상당수에 이르고 있다. 그러나 이와 같은 특별행정심판의 경우에도 전문성이나 특수성이라는 관점에서 보면 이를 특별행정심판으로 볼 것인지 애매한 경우가 많다는 문제가 있다.

Ⅳ. 다른 행정상 불복방법과의 구별

1. 이의신청

(1) 의의

이의신청은 위법·부당한 행정작용으로 인하여 권리가 침해된 자가 처분청에 대하여 그러한 행위의 취소를 구하는 절차를 말한다. 행정심판법상 행정심판이 처분청의 직근 상급행정청 등에 소속된 행정심판위원회에 불복을 청구하는 것인데 반하여, 이의신청은 행정불복을 처분청에 제기한다는 점에서 차이가 있다.

(2) 행정기본법 이전의 논의

1) 개별법상 이의신청제도의 불일치 문제

행정기본법은 이의신청에 관한 일반적인 규정을 두고 있는데, 그 이전에는 이러한 일반적 규정이 없었기 때문에, 개별법에서 이의신청을 규정하지 않는 한, 이의신청은 인정될 수 없었다. 이에 따라 각 개별법에서는 이의신청을 규정하고 있는 경우가 있었는데, 문제는 이의신청은 용어도 일치되지 않고, 또한 각 개별법이 규정하는 기간·절차·형식 등이 워낙 다양하여 이를 파악하기가 용이하지 않다는 점이다.

2) 이의신청과 행정심판과의 관계

이의신청절차의 성질이나 행정심판법에 의한 행정심판과의 관계에 대하여는 사실 정하여진 바가 없다. 여기에서 특히 문제가 되는 것은 이의신청을 거친 이후에 행정심판을 청구할 수 있는가 하는 것이다. 실제로 개별법상의 이의신청이 행정심판에 갈음하는 특별행정심판인지, 아니면 행정심판과는 별도의 이의신청인지 항상 명확한 것만은 아니다. 전자의 경우는 행정심판이 허용되지 않고 후자의 경우는 허용되기 때문에 권리구제수단의 활용이라는 관점에서 양자의 구별은 매우 중요하다.

요컨대, 이의신청을 거친 당사자가 이의신청에 대한 결정에 불복하여 행정심판을 청구할 수 있는가 하는 문제는, 이를 허용하는 명문의 규정이 없는 한, 이의신청을 규정하고 있는 취지(행정의 전문성·특수성 등의 이유로 행정심판의 특례로서 이의신청이 필요한 경우인지 여부 등), 이의신청절차가 행정구제절차로서의 객관성·공정성·전문성 등을 갖추고 있는지 여부, 행정심판을 허용하는 것이 행정에 대한 적법성통제 및 개인의 권익구제의 측면에서 의미가 있는지의 여부(이의신청과의 중복 여부, 신속한 권리구제의 필요 여부 등) 등을 종합적으로 검토하여 판단할 수밖에 없다.

[판례] [1] 국가유공자법상 이의신청을 받아들이지 아니하는 결정이 항고소송의 대상이 되는지 여부(소극)

[2] 국가유공자법상 이의신청을 받아들이지 아니하는 결과를 통보받은 자가 통보받은 날부터 90일 이내에 행정심판 또는 취소소송을 제기할 수 있는지 여부(적극)

"[1] 국가유공자 등 예우 및 지원에 관한 법률(이하 '국가유공자법'이라 한다) 제74조의18 제1항이 정한 이의신청을 받아들이지 아니하는 결정은 이의신청인의 권리·의무에 새로운 변동을 가져오는 공권력의 행사나 이에 준하는 행정작용이라고 할 수 없으므로 원결정과 별개로 항고소송의 대상이 되지는 않는다.

[2] 국가유공자 비해당결정 등 원결정에 대한 이의신청이 받아들여지지 아니한 경우에도 이의신청인으로서는 원결정을 대상으로 항고소송을 제기하여야 하고, 국가유공자법 제74조의18 제4항이 이의신청을 하여 그 결과를 통보받은 날부터 90일 이내에 행정심판법에 따른 행정심판의 청구를 허용하고 있고, 행정소송법 제18조 제1항 본문이 "취소소송은 법령의 규정에 의하여 당해 처분에 대한 행정심판을 제기할 수 있는 경우에도 이를 거치지 아니하고 제기할 수 있다."라고 규정하고 있는 점 등을 종합하면, 이의신청을 받아들이지 아니하는 결과를 통보받은 자는 통보받은 날부터 90일 이내에 행정심판법에 따른 행정심판 또는 행정소송법에 따른 취소소송을 제기할 수 있다(대판 2016.7.27, 2015두45953[국가유공자(보훈보상대상자)비해당처분취소])."

(3) 행정기본법의 이의신청 규정

1) 이의신청에 관한 일반적 규정

먼저 행정기본법은 "행정청의 처분(행정심판법 제3조에 따라 같은 법에 따른 행정심판의 대상이 되는 처분을 말한다. 이하 이 조에서 같다)에 이의가 있는 당사자는 처분을 받은 날부터 30일 이내에 해당 행정청에 이의신청을 할 수 있다(행정기본법 36 ①)."고 규정하여 이의신청에 관한 일반적인 규정을 마련하였다.[1] 이에 따라 개별법령에 이의신청에 관한 규정이 없더라도 행정기본법에 따라 이의신청을 할 수 있게 되었다. 그리고 여기에서의 이의신청은 '처분의 해당 행정청(처분청)'에 이의를 제기하는 것을 말한다.

2) 이의신청 절차 및 행정쟁송과의 관계

행정청은 제1항에 따른 이의신청을 받으면 그 신청을 받은 날부터 14일 이내에 그 이의신청에 대한 결과를 신청인에게 통지하여야 한다. 다만, 부득이한 사유로 14일 이내에 통지할 수 없는 경우에는 그 기간을 만료일 다음 날부터 기산하여 10일의 범위에서 한 차례 연장할 수 있으며, 연장 사유를 신청인에게 통지하여야 한다(행정기본법 36 ②).

제1항에 따라 이의신청을 한 경우에도 그 이의신청과 관계없이 행정심판법에 따른 행정심판 또는 행정소송법에 따른 행정소송을 제기할 수 있다(행정기본법 36 ③). 따라서 처분청에 대한 이의신청인 한, 이의신청을 거친 후에도 행정심판을 청구할 수 있다.

이의신청에 대한 결과를 통지받은 후 행정심판 또는 행정소송을 제기하려는 자는 그 결과를 통지받은 날부터 90일 이내에 행정심판 또는 행정소송을 제기할 수 있다(행정기본법 36 ④). 다른 법률에서 이의신청과 이에 준하는 절차에 대하여 정하고 있는 경우에도 그 법률에서 규정하지 아니한 사항에 관하여는 이 조에서 정하는 바에 따른다(행정기본법 36 ⑤).

> [판례] 청구인이 공공기관의 비공개 결정 또는 부분 공개 결정에 대한 이의신청을 하여 공공기관으로부터 이의신청에 대한 결과를 통지받은 후 취소소송을 제기하는 경우, 제소기간의 기산점 (=이의신청에 대한 결과를 통지받은 날)
>
> "공공기관의 정보공개에 관한 법률 제18조 제1항, 제3항, 제4항, 제20조 제1항, 행정소송법 제20조 제1항의 규정 내용과 그 취지 등을 종합하여 보면, 청구인이 공공기관의 비공개 결정 또는 부분 공개 결정에 대한 이의신청을 하여 공공기관으로부터 이의신청에 대한 결과를 통지받은 후 취소소송을 제기하는 경우 그 제소기간은 이의신청에 대한 결과를 통지받은 날부터 기산한다고 봄이 타당하다(대판 2023.7.27, 2022두52980[정보공개거부처분취소])."

1) 2023.3.24. 시행.

☞ 원고가 피고로부터 정보공개청구에 대한 비공개 결정을 받은 후 이의신청을 하였으나 이의신청을 각하하는 결정을 통지받고 비공개 결정의 취소를 구하는 소를 제기하였는데, 위 소 제기 시점이 이의신청을 각하하는 결정을 받은 날부터는 90일(제소기간)을 도과하지 않았으나 비공개 결정을 받은 날부터는 90일을 도과한 사안임

☞ 원심은, 비공개 결정이 있음을 안 날부터 제소기간이 진행한다고 보아 소를 각하하였음

☞ 대법원은, 청구인이 공공기관의 비공개 결정 등에 대한 이의신청을 하여 공공기관으로부터 이의신청에 대한 결과를 통지받은 후 취소소송을 제기하는 경우 그 제소기간은 이의신청에 대한 결과를 통지받은 날부터 기산한다고 봄이 타당하다고 보아, 원심의 판단에 정보공개법상 이의신청을 거쳐 행정소송을 제기한 경우 제소기간의 기산점에 관한 법리를 오해하여 판결에 영향을 미친 잘못이 있다는 이유로 원심판결을 파기·환송함

☞ 이 문제는 행정기본법 제36조 제4항 및 제5항에 따라 입법적으로 해결된 것으로 판단됨

다만 ① 공무원 인사 관계 처분에 관한 사항, ② 국가인권위원회의 결정, ③ 노동위원회의 의결을 거쳐 행하는 사항, ④ 형사, 행형 및 보안처분 관계 법령에 따라 행하는 사항, ⑤ 외국인의 출입국·난민인정·귀화·국적회복에 관한 사항, ⑥ 과태료 부과 및 징수에 관한 사항에 관하여는 행정기본법 제36조를 적용하지 아니한다(행정기본법 36 ⑦). 따라서 이 사항들에 대한 이의신청은 각 개별법이 정하는 바에 따라야 한다.

(4) 지방자치법 제157조의 경우

지방자치법은 제157조 제4항에서 "사용료·수수료 또는 분담금의 부과나 징수에 대하여 행정소송을 제기하려면 제3항에 따른 결정을 통지받은 날부터 90일 이내에 처분청을 당사자로 하여 소를 제기하여야 한다."고 규정하면서, 제6항에서 "이의신청의 방법과 절차 등에 관하여는 지방세기본법 제90조와 제94조부터 제100조까지의 규정을 준용한다."고 하고 있다. 이에 따라 준용되는 지방세기본법 제98조 제1항은 "이 법 또는 지방세관계법에 따른 이의신청의 대상이 되는 처분에 관한 사항에 대하여는 행정심판법을 적용하지 아니한다."고 규정하고 있다.[2)]

위 규정들을 문리적으로 해석하면, 지방자치법상의 이의신청에 따른 결정에 대해서는 명문으로 소송을 제기하라고 규정하고 있고, 또한 준용규정인 지방세기본법도 이의신청에 대해서 행정심판법을 적용하지 않는다고 하고 있으므로, 지방자치법상의 이의신청에 따른 결정은 행정심판의 대

2) 행정기본법은 수수료와 사용료에 관한 일반적인 규정을 두면서도, 지방자치법의 사용료·수수료 등에 관한 규정을 고려하여 지방자치단체의 경우에는 지방자치법에 따른다고 규정하고 있다.

행정기본법 제35조(수수료 및 사용료) ① 행정청은 특정인을 위한 행정서비스를 제공받는 자에게 법령으로 정하는 바에 따라 수수료를 받을 수 있다.

② 행정청은 공공시설 및 재산 등의 이용 또는 사용에 대하여 사전에 공개된 금액이나 기준에 따라 사용료를 받을 수 있다.

③ 제1항 및 제2항에도 불구하고 지방자치단체의 경우에는 「지방자치법」에 따른다.

상이 되지 않는다고 할 수 있다. 이 문제는, 지방자치법은 사용료·수수료 등의 문제를 지방세에 준하는 것으로 보아 지방세기본법 규정을 준용하려는 취지인데 조세의 경우는 특별행정심판이 있고 행정심판전치주의가 적용된다는 특수성이 있어 발생한 문제로 보인다.

생각건대 위 지방자치법상의 이의절차는 고도의 전문적 지식이 요구되는 절차로 보기 어렵기 때문에 특별행정심판이라고 볼 수 없다. 따라서 행정심판청구에 관한 규정이 없더라도 행정심판이 가능하다고 보아야 한다. 그렇다면 위 지방자치법 제157조에서 이의신청에 관한 준용규정을 삭제함으로써, 사용료·수수료 등의 부과·징수에 대해서는 행정기본법에 따라 이의신청을 할 수 있도록 하는 것이 바람직해 보인다.

2. 청원

헌법 제26조 및 청원법에 의한 청원도 행정에 대한 권리구제절차라는 점에서는 행정심판과 같으나, 행정심판은 청구권자·청구기간·대상 등에 관하여 행정심판법상의 제한이 있지만, 청원은 헌법 및 청원법상의 문서요건·청원사항 등에 관한 제한 이외에는 행정심판과 같은 제한이 없다는 점에서 차이가 있다. 또한 행정심판의 재결에는 법적 구속력이 인정되지만, 청원에 대한 결정에는 구속력이 없다는 점에서도 차이가 있다.

3. 고충민원

고충민원은 '행정 전반'에 걸친 민원을 제기하는 것이라는 점에서, 행정청의 '처분이나 부작위'에 대한 불복수단인 행정심판과 구별된다. 또한 고충민원의 조사결과 처분 등이 위법·부당하다고 인정할 만한 상당한 이유가 있는 때에는 관계행정기관의 장에게 적절한 시정조치를 권고할 수 있을 뿐이어서, 재결의 법적 구속력이 인정되는 행정심판과는 그 성격을 달리한다. 이러한 점에서 판례는 고충민원을 신청한 것이 행정소송의 전심절차로서 요구되는 행정심판청구로 보지 아니한다. 다만 예외적으로 신청서가 행정심판과 관련된 행정청(처분청 또는 재결기관)에 보내진 경우에는 행정심판이 청구된 것으로 본다(대판 1995.9.29, 95누5332).[3]

제 2 절 행정심판법과 행정심판의 종류

Ⅰ. 행정심판법의 일반법적 지위

행정심판법은 과거의 소원법(1951.8.3, 법률 제221호)을 대체한 것으로 행정심판에 관한 일반법

3) 위 제2부 제1편 행정구제의 관념, 고충민원처리제도 참조.

의 지위를 가진다. 행정심판법 제3조 제1항은 "행정청의 처분 또는 부작위에 대하여는 다른 법률에 특별한 규정이 있는 경우 외에는 이 법에 따라 행정심판을 청구할 수 있다."고 규정하고 있고, 제4조 제1항은 특별행정심판이나 행정심판법에 따른 행정심판 절차에 대한 특례를 제한하고 있으며, 제4조 제2항에서는 "다른 법률에서 특별행정심판이나 이 법에 따른 행정심판 절차에 대한 특례를 정한 경우에도 그 법률에서 규정하지 아니한 사항에 관하여는 이 법에서 정하는 바에 따른다."고 하여, 행정청의 처분이나 부작위에 대한 행정불복에 관해서는 행정심판법이 일반법임을 명시하고 있다.

Ⅱ. 행정심판법의 개정

(i) 행정심판법 이전에는 소원법이 있었다. 소원법은 총 14개의 조문으로 구성된 간단한 법으로 취소심판만을 인정하고 있었다.

(ii) 1985.10.1. 소원법을 대체하여 행정심판법이 새로 제정되었다. 총 43개 조문으로 구성된 행정심판법의 주요특징은 ① 행정심판의 대상을 행정청의 위법·부당한 처분이나 부작위로 하고, ② 행정심판의 종류로 세 가지의 항고심판(취소심판·무효등확인심판·의무이행심판)을 규정하였으며, ③ 행정심판기관을 재결청(재결기능)과 행정심판위원회(심리·의결기능)로 구분하여 규정하였고, ④ 청구인적격·피청구인적격을 규정하였으며, ⑤ 사정재결제도를 도입한 것 등이다.

(iii) 행정심판법은 약 10여년간 시행되다가 행정편의 위주로 운영되어 국민의 권익구제수단으로서의 기능이 미흡하다는 문제가 있어 대폭 개정되어 1996.4.1.부터 시행되었다. 주요 개정내용은 ① 중앙행정기관의 장이 재결청이 되는 심판청구를 국무총리소속하의 행정심판위원회에서 심리·의결하도록 하였고, ② 행정심판위원회의 위원수를 증가시키고 민간인위원이 과반수가 되도록 하였으며, ③ 심판청구를 처분청을 경유하여 하도록 하였던 것(경유제도)을 직접 재결청에 제출할 수 있게 하였고, ④ 심판청구기간을 종전 처분이 있음을 안 날부터 60일 이내에서 90일 이내로 연장하였으며, ⑤ 행정심판의 심리에서 당사자가 구술심리를 신청한 경우 서면심리가 필요하다고 인정되는 경우 외에는 구술심리를 하도록 하여 구술심리를 확대하였고, ⑥ 행정청이 의무이행심판의 인용재결에 따르지 않을 경우 재결청이 직접 처분할 수 있는 직접처분제도를 도입하였다는 것 등이다.

(iv) 2008년 부패방지권익위법이 제정되어 종래 국민의 권익보호를 위한 기능을 수행하던 행정심판위원회, 국민고충처리위원회, 국가청렴위원회를 통합하는 국민권익위원회가 구성되었다. 이에 따라 행정심판법도 2008.2.29. 개정되었다. 주요내용은 ① 국무총리행정심판위원회를 국민권익위원회에 두고, ② 국민권익위원회의 부위원장 중 1인이 국무총리행정심판위원회의 위원장이 되도록 하며, ③ 종래의 재결청 제도를 폐지하고 행정심판의 심리·재결을 모두 행정심판위원회가

말도록 한 것 등이다. 특히 종래에는 행정심판기관이 재결청과 재결청 소속의 행정심판위원회로 이원화되어 행정심판위원회는 심리·의결만을 담당하고 —비록 의결된 대로 재결하는 형식적인 권한이기는 하지만— 재결청이 재결하는 기능을 수행하였었는데, 행정심판의 재결청이 누구인가 하는 것이 매우 복잡하여 국민들에게도 불편을 초래했을 뿐 아니라 행정심판의 처리기간이 늦어져 권리구제가 지연된다는 지적이 있어왔다. 이에 따라 개정법에서는 재결청 제도를 폐지하고, 행정심판기관을 행정심판위원회로 단일화하게 된 것이다.

(v) 행정심판법은 2010.1.25.에 전부개정되었다. 행정심판청구사건이 매년 큰 폭으로 증가하고, 행정심판의 준사법절차화에 따라 국민의 권익구제를 강화하기 위한 것이 주요 개정이유이다. 주요내용은 ① 국무총리행정심판위원회의 명칭을 중앙행정심판위원회로 변경하고, ② 특별행정심판의 남설을 방지하기 위하여 관계 행정기관의 장이 개별법에 특별행정심판을 신설하거나 국민에게 불리한 내용으로 변경하고자 하는 경우 미리 중앙행정심판위원회와 협의하도록 하였으며, ③ 행정심판위원회의 회의 정원을 7명에서 9명으로 늘리고 회의시 위촉위원의 비중도 4명 이상에서 6명 이상으로 늘렸고, ④ 중앙행정심판위원회는 위원장 1명을 포함한 50명의 위원으로 구성하되, 위원 중 상임위원은 4명 이내로 하였으며, ⑤ 청구인의 신속한 권리구제를 위하여 심판청구사건 중 자동차운전면허행정처분과 관련한 사건은 4명의 위원으로 구성하는 소위원회에서 심리·의결할 수 있도록 하였고, ⑥ 절차적 사항에 대한 행정심판위원회의 결정에 대해 이의신청 제도를 도입하였으며, ⑦ 행정청의 처분이나 부작위 때문에 발생할 수 있는 당사자의 중대한 불이익이나 급박한 위험을 막기 위하여 당사자에게 임시지위를 부여할 수 있는 임시처분제도를 도입한 것 등이다.

(vi) 2016.3.29.에는 행정심판위원회 운영의 전문성 및 효율성을 제고하기 위하여 중앙행정심판위원회의 위원을 50명 이내에서 70명 이내로, 기타 행정심판위원회의 위원을 30명 이내에서 50명 이내로 각각 증원하는 등 현행 제도의 운영상 나타난 일부 미비점을 개선·보완하는 개정이 있었고, 2017.4.18.에는 ① 재결의 실효성을 높이기 위하여 거부처분에 대한 취소재결이나 무효등확인재결에 따르는 재처분의무 규정을 신설하고, ② 재처분의무에 대한 실효성 확보를 위하여 간접강제제도를 도입하였다. 그리고 2017.10.31.에는 ③ 경제적 사유로 대리인 선임이 곤란한 청구인 등 사회적 약자에게 행정심판위원회가 대리인을 선임하여 지원하는 규정(행심법 18조의2)과 ④ 양당사자 간의 합의가 가능한 사건의 경우 행정심판위원회가 개입·조정하는 규정(행심법 43조의2)을 신설하였다.

Ⅲ. 행정심판법상 행정심판의 종류*

행정심판법은 모든 종류의 행정심판을 규정하고 있지는 않고, 항고심판만을 규정하고 있다. 현행 행정심판법에 규정된 행정심판으로는 취소심판, 무효등확인심판, 의무이행심판이 있다.

1. 취소심판

(1) 의의

취소심판이란 행정청의 위법 또는 부당한 처분을 취소하거나 변경하는 행정심판을 말한다(행심법 5 1호). 취소심판은 이미 행하여진 처분을 취소하거나 변경하는 것을 목적으로 하는 것이므로 복심적 쟁송이며 동시에 항고쟁송이다. 여기에서의 '변경'의 의미**는 행정소송상 취소소송에서의 '변경'이 일부취소를 의미하는 것과는 달리 '적극적 변경'이 가능하다고 보는 것이 일반적인데, 이는 행정소송과는 달리 행정심판에 있어서는 '적극적 변경'이 권력분립원칙에 반하지 않기 때문이다. 취소심판은 행정심판의 가장 대표적인 유형이고, 행정심판법도 취소심판을 중심적으로 규정하고 있다.

취소심판은 청구기간의 제한이 있고(행심법 27), 집행부정지의 원칙(행심법 30)·사정재결(행심법 44) 등이 적용된다.

(2) 성질

취소심판의 성질에 관하여는 형성적 쟁송설과 확인적 쟁송설이 대립한다. ① 형성적 쟁송설은 취소심판은 처분의 취소·변경을 통해 법률관계의 변경·소멸을 가져온다는 점에서 형성적 성질을 가지는 것이라는 견해이고, ② 확인적 쟁송설은 취소심판은 다만 처분의 위법·부당함을 확인하는 것이라는 견해이다. ③ 취소심판은 유효한 처분의 효력을 제거하는 것을 목적으로 하는 것이라는 점에서 형성적 쟁송설이 타당하다.

(3) 재결

취소심판의 청구가 부적법한 경우에는 각하재결, 이유가 없는 경우에는 기각재결을 한다. 취소심판의 청구가 이유가 있으면 인용재결을 하는데, 구체적으로는 ① 처분을 취소·변경하는 재결(형성재결)을 하거나 ② 처분을 다른 처분으로 변경할 것을 피청구인에게 명하는 재결(이행재결)을 한다(행심법 43 ③).

한편 심판청구가 이유 있어도 이를 인용하는 것이 공공복리에 크게 위배된다고 인정되는 경

* 5급공채(일반행정)(2011년), 사법시험(2012년).

** 변호사시험(2022년).

우에는 심판청구를 기각하는 재결을 할 수 있는데, 이를 사정재결이라 한다(행심법 44 ①).

2. 무효등확인심판

(1) 의의

무효등확인심판이란 행정청의 처분의 효력 유무 또는 존재 여부를 확인하는 행정심판을 말한다(행심법 5 2호).

본래 처분의 흠이 중대·명백하면 별도의 행위 없이 당연무효이나, 무효와 취소의 구별이 명백한 것은 아니고, 또한 처분이 무효 또는 부존재여도 처분의 외관으로 인해 행정청이 이를 집행할 우려도 있으며, 유효한 처분인데도 행정청이 이를 무효나 부존재로 간주하여 개인의 법률상의 이익이 침해될 우려도 있으므로, 무효등확인심판을 통하여 처분의 효력 유무 또는 존재 여부를 유권적으로 확인할 필요가 있다.

무효등확인심판은 취소심판과는 달리, 청구기간이나 사정재결에 관한 규정이 적용되지 않는다(행심법 27 ⑦, 44 ③). 이에 대하여는 무효·취소의 구별이 명확치 않으므로 무효등확인심판에도 사정재결이 적용될 수 있다는 반론이 있다.[4]

무효등확인심판은 그 내용에 따라 유효확인심판·무효확인심판·실효확인심판·존재확인심판·부존재확인심판으로 구분될 수 있다.

(2) 성질

무효등확인심판의 성질에 대해서는 확인적 쟁송설·형성적 쟁송설·준형성적 쟁송설이 대립한다.

① 확인적 쟁송설은 무효등확인심판은 처분의 효력 유무·존재 여부를 유권적으로 확인·선언하는 것이라는 견해이고, ② 형성적 쟁송설은 무효·취소 구별의 상대성을 전제로 처분의 무효 여부에 대한 확정을 통하여 결국 처분의 효력을 다투는 것이라는 견해이며, ③ 통설인 준형성적 쟁송설은 무효등확인심판은 실질적으로는 확인적 쟁송이지만 형식적으로는 처분의 효력을 다투므로 형성적 쟁송의 성질도 아울러 가진다는 견해이다. ④ 무효등확인심판은 처분의 효력 유무를 다투는 성질도 있으므로 준형성적 쟁송설이 타당하다.

(3) 재결

무효등확인심판의 청구가 이유 있다고 인정되면 행정심판위원회는 처분의 효력 유무 또는 처분의 존재 여부를 확인하는 재결을 한다(행심법 43 ④). 여기에는 유효확인재결·무효확인재결·실

---

4) 김남진, 행정법 I, 665면.

효확인재결·존재확인재결·부존재확인재결이 있게 된다.

3. 의무이행심판 *

(1) 의의

의무이행심판이란 당사자의 신청에 대한 행정청의 위법 또는 부당한 거부처분이나 부작위에 대하여 일정한 처분을 하도록 하는 행정심판을 말한다(행심법 5 3호). 행정청의 소극적 행위로 인한 침해도 적극적 행위로 인한 침해 못지않다. 의무이행심판은 행정청의 거부처분이나 부작위와 같이 소극적인 행위로 인한 권익침해에 대한 권리구제수단이라는 점에서 매우 중요한 의미를 가진다.

현행 행정소송법상 항고소송에는 소극적 처분에 대한 의무이행소송이 규정되어 있지 않고 부작위에 대한 부작위위법확인소송만 규정되어 있다. 이는 우리 행정소송법이 권력분립원칙을 고려한 사법소극주의를 취하고 있기 때문이다. 그러나 행정심판은 권력분립의 문제를 야기하지 않기 때문에 의무이행심판이 규정되고 있는 것이다.

나아가 의무이행심판이 거부처분과 부작위를 대상으로 하고 있는 것도 특기할 만한 점이다. 예컨대, 거부처분에 대한 의무이행심판을 거쳐 소송을 제기하는 경우에는 취소소송을 제기하여야 하고, 부작위에 대한 의무이행심판을 거쳐 소송을 제기하는 경우에는 부작위위법확인소송을 제기하여야 하는데, 이는 행정심판의 종류에 있어서 행정소송에서와는 다른 구조를 취하고 있음을 의미한다. 특히 의무이행심판은 행정소송에서와는 달리 거부처분과 부작위를 반드시 달리 취급할 이유가 없음을 보여준다.

행정심판법상 행정심판	행정소송법상 항고소송
취소심판(처분) 무효등확인심판(처분) 의무이행심판(거부처분, 부작위)	취소소송(처분) 무효등확인소송(처분) 부작위위법확인소송(부작위)

한편 행정심판법상의 처분개념(행심법 2 제1호)에는 거부처분도 포함된다고 볼 것이므로, 거부처분의 경우 당사자는 본인의 선택에 따라 취소심판이나 의무이행심판 중 어느 하나, 또는 양자를 동시에 청구할 수 있다. 과거에는 거부처분에 대해서는 의무이행심판만이 허용되는 것으로 보는 견해도 있었으나,[5] 처분에는 당연히 거부처분도 포함되고 있으므로 그렇게 제한하여야 할 이유는 없다고 판단된다.** 그리고 행정심판법은 2017.4.18. 법개정을 통하여 거부처분에 대한 취소재결이나 무효등확인재결에 따르는 재처분의무 규정을 신설하여(행심법 49 ②) 거부처분에 대한 취소

* 사법시험(2007년), 5급공채(행정)(2018년).

** 사법시험(2012년).

5) 홍정선, 행정법특강 제16판, 520면.

심판이 가능함을 명시적으로 규정함으로써 이 문제는 입법적으로 해결되었다.

거부처분에 대한 의무이행심판의 경우에는 이미 처분이 존재하므로 심판청구기간의 제한을 받지만, 부작위에 대한 의무이행심판의 경우에는 청구기간의 제한이 없다(행심법 27 ⑦). 의무이행심판에도 취소심판과 같이 사정재결에 관한 규정이 적용된다(행심법 44 ③).

(2) 성질

의무이행심판은 행정청으로 하여금 일정한 처분을 할 것을 명하는 재결을 구하는 것이므로 이행쟁송의 성질을 가진다. 다만 의무이행심판은 이미 발생된 거부나 부작위에 대한 현재의 이행을 구하는 데 그치는 것이므로, 장래의 이행을 구하는 의무이행심판은 허용되지 아니한다.

(3) 재결

의무이행심판의 청구가 이유가 있으면 행정심판위원회는 지체 없이 ① 신청에 따르는 처분을 하는 재결을 하거나(처분재결, 형성재결), ② 처분을 할 것을 피청구인에게 명하는 재결을 한다(처분명령재결, 이행재결).

당사자의 신청을 거부하거나 부작위로 방치한 처분의 이행을 명하는 재결이 있으면 행정청은 지체 없이 이전의 신청에 대하여 재결의 취지에 따라 처분을 하여야 한다(재결의 기속력, 행심법 49 ③).

이행재결이 있음에도 피청구인이 아무런 처분을 하지 않을 경우에는 행정심판위원회는 당사자가 신청하면 기간을 정하여 서면으로 시정을 명하고 그 기간에 이행하지 아니하면 직접 처분을 하거나 간접강제를 할 수 있다(행심법 50 ①, 50조의2 ①).

제 3 절 행정심판의 청구

제 1 항 개설

행정심판은 청구인이 행정심판을 청구함으로써 절차가 개시된다. 행정심판절차는 크게 ① 청구인의 심판청구, ② 행정심판위원회의 심리, ③ 행정심판위원회의 재결로 구성된다.

행정심판의 청구단계는 다음과 같이 구성된다. (a) 먼저 행정청은 처분을 할 때 처분의 상대방에게 해당 처분에 대하여 행정심판을 청구할 수 있는지, 행정심판을 청구하는 경우의 심판청구절차 및 심판청구기간을 알려야 한다(불복고지). 행정심판은 (b) 청구인이 관계 행정청을 피청구인으로 하여(행정심판의 당사자), (c) 행정청의 처분이나 부작위에 대하여(행정심판의 대상), (d) 행정심판위원회(행정심판기관)나 처분청에, (e) 청구기간 내에 행정심판을 청구함으로써 그 절차가 개시되고, 행정심판위원회가 심리하여 재결한다. 이하에서는 이와 같은 행정심판의 절차에 따라 설명하기로 한다.

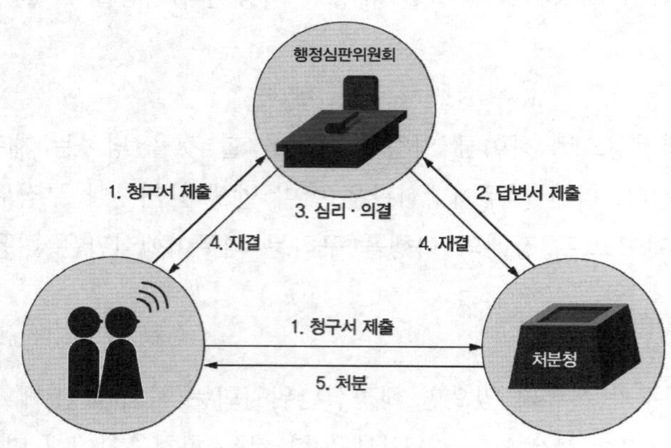

▌행정심판업무 흐름도▐

제 2 항 불복고지*

I. 불복고지의 의의와 필요성

행정심판법 제58조는 행정청이 처분을 할 때에는 처분의 상대방에게 해당 처분에 대하여 행정심판을 청구할 수 있는지, 행정심판을 청구하는 경우의 심판청구 절차 및 심판청구 기간을 알리도록 하고, 또한 이해관계인이 요구하면 해당 처분이 행정심판의 대상이 되는 처분인지, 행정심판의 대상이 되는 경우 소관 위원회 및 심판청구 기간을 지체 없이 알려 주도록 하고 있는데, 이를 불복고지라 한다.

불복고지는 국민의 권리구제에 충실하기 위한 것이다. 일반적으로 행정심판을 잘 알지 못하는 국민들이 많으므로 처분시 행정심판에 관한 사항을 알리도록 함으로써 국민의 권리구제에 만전을 기하고자 하는 것이다. 아울러 행정청으로서도 불복고지를 하게 됨으로써 처분을 보다 신중하고 합리적으로 결정하려고 노력하게 될 것이다. 이로써 불복고지는 국민의 권리구제·행정의 민주화·행정의 신중성 및 합리성 등에 기여하는 제도이다.

* 변호사시험(2022년), 5급공채(2022년).

Ⅱ. 다른 법률에 의한 고지제도와의 관계

행정심판법 이외에도 행정절차법과 정보공개법에도 고지제도가 규정되어 있다. 행정심판법 제58조는 행정심판의 가능 여부, 가능한 경우 심판청구절차와 기간 등 행정심판에 관한 상세한 사항을 알리도록 규정하고 있는 반면, 행정절차법 제26조는 '행정심판 및 행정소송을 제기할 수 있는지 여부, 그 밖에 불복을 할 수 있는지 여부, 청구절차 및 청구기간, 그 밖에 필요한 사항'을 알리도록 규정하고 있으며, 정보공개법 제18조 제4항은 '이의신청을 각하 또는 기각하는 결정을 한 경우에는 청구인에게 행정심판 또는 행정소송을 제기할 수 있다는 사실'을 알리도록 규정하고 있을 뿐이다.

Ⅲ. 불복고지의 성질

불복고지는 행정심판에 관한 사항을 알리는 데 불과하므로 비권력적 사실행위이다. 따라서 불복고지 그 자체는 행정쟁송의 대상이 되지 않는다.

그러나 불복고지를 결여한 처분이 있는 경우, 그 처분을 대상으로 행정쟁송을 제기할 수 있을 것이다. 그러나 판례는 고지의무를 이행하지 아니하였다고 하더라도 그 처분이 위법하다고 할 수 없다는 입장이다.

> [판례] 고지의무의 불이행과 면허취소처분의 하자유무
>
> "자동차운수사업법 제31조 등의 규정에 의한 사업면허의 취소 등의 처분에 관한 규칙(교통부령) 제7조 제3항의 고지절차에 관한 규정은 행정처분의 상대방이 그 처분에 대한 행정심판의 절차를 밟는데 있어 편의를 제공하려는데 있으며 처분청이 위 규정에 따른 고지의무를 이행하지 아니하였다고 하더라도 경우에 따라서는 행정심판의 제기기간이 연장될 수 있는 것에 그치고 이로 인하여 심판의 대상이 되는 행정처분에 어떤 하자가 수반된다고 할 수 없다(대판 1987.11.24, 87누529)."

한편 불복고지에 관한 행정심판법 제58조의 규정의 성질에 관하여 이를 훈시규정으로 보는 견해[6]도 있으나, 불복고지가 수행하는 권리구제 기능, 그리고 행정심판법이 불고지나 오고지에 대한 절차상에 제재효과를 규정하고 있는 점(행심법 27 ⑤, ⑥)을 고려하여 이를 강행규정으로 보는 견해가 다수설이다. 다수설이 타당하다.

---

6) 박윤흔, 최신행정법강의(상), 869면 각주 2).

Ⅳ. 불복고지의 종류

불복고지에는 ① 직권에 의한 고지와 ② 이해관계인의 요구에 의한 고지가 있다.

1. 직권에 의한 고지

행정청이 처분을 할 때에는 처분의 상대방에게 ① 해당 처분에 대하여 행정심판을 청구할 수 있는지, ② 행정심판을 청구하는 경우의 심판청구 절차 및 심판청구 기간을 알려야 한다(행심법 58 ①).

(1) 고지의 주체와 상대방

고지의 주체는 행정청이다. 행정청은 행정에 관한 의사를 결정하여 표시하는 국가 또는 지방자치단체의 기관, 그 밖에 법령 또는 자치법규에 따라 행정권한을 가지고 있거나 위탁을 받은 공공단체나 그 기관 또는 사인(私人)을 말한다(행심법 2 4호).

고지의 상대방은 처분의 상대방이다. 따라서 행정청은 처분의 상대방이 아닌 이해관계인에 대해서는 불복고지를 하여야 할 의무는 없다. 그러나 처분의 이해관계인도 행정심판의 청구인적격이 인정될 수 있으므로 가급적 이들에게도 고지하는 것이 바람직하다.

(2) 고지의 대상이 되는 처분

행정심판법은 처분의 형식에 제한을 두고 있지 않으므로, 고지의 대상이 되는 처분에는 서면에 의한 처분뿐만 아니라 구두에 의한 처분도 포함된다.

그리고 고지의 대상이 되는 처분에는 행정심판법상 행정심판의 대상이 되는 처분뿐 아니라 다른 법령에 의한 행정심판(예: 국세기본법상의 심사청구·이의신청·심판청구)의 대상이 되는 처분도 포함한다는 것이 통설이다. 고지는 행정절차 일반에 걸쳐 인정되고 있는 제도로서 행정절차법은 처분시 '행정심판 및 행정소송을 제기할 수 있는지 여부, 그 밖에 불복을 할 수 있는지 여부, 청구절차 및 청구기간, 그 밖에 필요한 사항'을 알리도록 하고 있기 때문이다(행정절차법 26).

수익처분, 예컨대 신청에 따른 처분의 경우에는 이를 다툴 이유가 없으므로 고지를 요하지 않는다.

(3) 고지의 내용

고지의 내용은 ① 해당 처분에 대하여 행정심판을 청구할 수 있는지, 그리고 행정심판 전치주의가 적용되는 경우이지만 행정심판을 청구하지 않고도 행정소송을 제기할 수 있는 경우인지(행소법 18 ③)의 여부, ② 행정심판을 청구하는 경우 소관 행정심판위원회를 포함한 심판청구절차 및 ③ 심판청구기간이다.

(4) 고지의 방법 및 시기

고지의 방법에 관하여는 명문의 규정이 없으므로, 고지를 서면뿐 아니라 구두로 하는 것도 가능하다. 그러나 가급적 문서로 고지하는 것이 바람직할 것이다.

고지의 시기에 관하여도 명문의 규정이 없지만, 원칙적으로 처분과 동시에 고지되어야 할 것이다. 처분시에 고지하지 않은 경우라 하더라도 행정심판청구에 지장이 없는 한도 내에서 고지되면 고지가 있은 것으로 보아야 될 것이다.

2. 이해관계인의 요구에 의한 고지

행정청은 이해관계인이 요구하면 ① 해당 처분이 행정심판의 대상이 되는 처분인지, ② 행정심판의 대상이 되는 경우 소관 위원회 및 심판청구 기간을 지체 없이 알려 주어야 한다. 이 경우 서면으로 알려 줄 것을 요구받으면 서면으로 알려 주어야 한다(행심법 58 ②).

(1) 고지의 요구권자

고지의 요구권자는 처분의 이해관계인이다. 이해관계인은 통상 제3자효 행정행위의 제3자일 것이지만, 직권에 의한 고지를 받지 못한 처분의 상대방도 포함될 수 있다고 보아야 할 것이다.

(2) 고지요구의 대상이 되는 처분

직권에 의한 고지의 경우와 같다.

(3) 고지의 내용

고지의 내용은 ① 해당 처분이 행정심판의 대상이 되는 처분인지, ② 행정심판의 대상이 되는 경우 소관 위원회 및 ③ 심판청구 기간이다. ④ 명문의 규정은 없으나, 행정심판법 제58조 제1항에 비추어 이해관계인이 요구하면 심판청구절차도 고지해 주어야 할 것이다.

(4) 고지의 방법 및 시기

고지의 방법에 관하여는 특별한 제한이 없으나, 이해관계인이 서면으로 알려줄 것을 요구한 경우에는 서면으로 알려 주어야 한다.

고지를 요구받은 행정청은 '지체 없이' 알려주어야 한다. '지체 없이'란 사회통념상 인정될 수 있는 범위 내에서의 신속한 시간을 의미한다고 보아야 할 것이다.

V. 불고지(不告知)·오고지(誤告知)의 효과

행정청이 고지를 하지 않거나 잘못 고지한 경우, 이와 같은 불고지 또는 오고지가 당해 처분의 효력에는 영향을 미치지 않으나(대판 1987.11.24, 87누529), 행정심판법은 이에 대하여 일정한 절차상의 제재를 규정하고 있다.

1. 심판청구서 제출기관의 불고지·오고지

행정청이 제58조에 따른 고지를 하지 아니하거나 잘못 고지하여 청구인이 심판청구서를 다른 행정기관에 제출한 경우에는 그 행정기관은 그 심판청구서를 지체 없이 정당한 권한이 있는 피청구인에게 보내야 하고, 심판청구서를 보낸 행정기관은 지체 없이 그 사실을 청구인에게 알려야 한다(행심법 23 ②, ③).

행정심판법 제27조에 따른 심판청구 기간을 계산할 때에는 피청구인이나 위원회 또는 다른 행정기관에 심판청구서가 제출되었을 때에 행정심판이 청구된 것으로 본다(행심법 23 ④).

2. 심판청구 기간의 불고지·오고지

행정심판은 처분이 있음을 알게 된 날부터 90일 이내에 청구하여야 하고(행심법 27 ①), 처분이 있었던 날부터 180일이 지나면 청구하지 못한다(행심법 27 ③).

행정청이 심판청구 기간을 제1항에 규정된 기간보다 긴 기간으로 잘못 알린 경우 그 잘못 알린 기간에 심판청구가 있으면 그 행정심판은 제1항에 규정된 기간에 청구된 것으로 본다(행심법 27 ⑤).

행정청이 심판청구 기간을 알리지 아니한 경우에는 제3항에 규정된 기간에 심판청구를 할 수 있다(행심법 27 ⑥).

판례는 개별법이 정한 이의제출기간이 행정심판법이 정한 심판청구기간보다 짧은 경우에도 개별법상의 이의제출기간을 고지하지 않은 경우에는 행정심판법이 정한 청구기간 내에 이의를 제출할 수 있다고 보고 있다.

[판례] 도로관리청이 이의제출기간을 고지하지 않은 경우의 이의제출기간(＝처분일로부터 180일)

"도로점용료 상당 부당이득금의 징수 및 이의절차를 규정한 지방자치법에서 이의제출기간을 행정심판법 제18조 제3항 소정기간 보다 짧게 정하였다고 하여도 같은법 제42조 제1항 소정의 고지의무에 관하여 달리 정하고 있지 아니한 이상 도로관리청인 피고가 이 사건 도로점용료 상당 부당이득금의 징수고지서를 발부함에 있어서 원고들에게 이의제출기간 등을 알려주지 아니하였다면 원고들은 지방자치법상의 이의제출기간에 구애됨이 없이 행정심판법 제18조 제6항, 제3항의 규정에 의하여 징수고지처분이 있은 날로부터 180일 이내에 이의를 제출할 수 있다고 보아야 할 것이다

(대판 1990.7.10, 89누6839)."

판례는 행정심판법 제27조 제5항의 규정은 행정심판 청구에 관하여 적용되는 규정이지, 행정소송 제기에도 당연히 적용되는 규정이라고 할 수는 없다는 입장이다.

[판례] 행정심판청구기간에 관한 행정심판법 제18조 제5항(현행 제27조 제5항)의 규정이 행정소송 제기에도 당연히 적용되는지 여부

"… 행정심판 제기기간에 관하여 법정 심판청구기간보다 긴 기간으로 잘못 통지받은 경우에 보호할 신뢰 이익은 그 통지받은 기간 내에 행정심판을 제기한 경우에 한하는 것이지 행정소송을 제기한 경우에까지 확대된다고 할 수 없으므로, 당사자가 행정처분시나 그 이후 행정청으로부터 행정심판 제기기간에 관하여 법정 심판청구기간보다 긴 기간으로 잘못 통지받아 행정소송법상 법정 제소기간을 도과하였다고 하더라도, 그것이 당사자가 책임질 수 없는 사유로 인한 것이라고 할 수는 없다(대판 2001.5.8, 2000두6916)."

제 3 항 행정심판의 대상

Ⅰ. 개설

행정심판법 제3조 제1항은 "행정청의 처분 또는 부작위에 대하여는 다른 법률에 특별한 규정이 있는 경우 외에는 이 법에 따라 행정심판을 청구할 수 있다."고 규정하여 행정심판의 대상을 '위법·부당한 처분이나 부작위'로 명시하고 있다.

이에 관하여는 행정심판법은 심판의 대상을 특정하여 열거하지 아니하고 포괄적으로 '위법·부당한 처분이나 부작위'를 대상으로 규정하고 있는 점에서 행정심판사항에 관하여 열기주의가 아니라 개괄주의를 채택하고 있다는 것이 일반적인 평가이다.

그러나 이에 대해서는 진정한 의미에서의 개괄주의를 채택하였다고 하려면 '모든 공법상의 다툼'을 행정심판의 대상으로 하여야 하는데, 현행 행정심판법은 '위법·부당한 처분이나 부작위'만을 대상으로 하고 있으므로, 엄격하게 말하면 '처분개괄주의'에 불과하다는 비판이 있다.[7)]

이는 행정소송법이 항고소송 이외에 포괄적 성격을 갖는 당사자소송을 규정하고 있는 반면, 행정심판법은 항고심판의 성격을 갖는 취소심판, 무효등확인심판, 의무이행심판 외에 당사자심판에 관한 규정이 없는 것과 관련된다. 입법적으로는 당사자심판의 도입 등을 통하여 행정심판사항을 확대하고 이를 행정소송사항과 연계하는 방안을 검토할 필요가 있다.

---

7) 홍준형, 행정구제법, 317면.

아무튼, 현행 행정심판법은 '처분과 부작위'를 대상으로 하는데, 행정소송이 위법한 경우만을 대상으로 하는 데 비하여, 행정심판은 위법뿐 아니라 부당한 경우도 포함하고 있다. 이는 행정심판이 행정의 자기통제의 수단이라는 점에서 그러하다. 그러나 대상을 부당의 경우까지 확대한 것은 국민의 권리구제의 측면에서도 의미가 있는 것이다.

Ⅱ. 행정청의 처분 또는 부작위

'처분'이란 행정청이 행하는 구체적 사실에 관한 법집행으로서의 공권력의 행사 또는 그 거부, 그 밖에 이에 준하는 행정작용을 말한다(행심법 2 1호).[8)]

'부작위'란 행정청이 당사자의 신청에 대하여 상당한 기간 내에 일정한 처분을 하여야 할 법률상 의무가 있는데도 처분을 하지 아니하는 것을 말한다(행심법 2 2호).

행정심판법상 처분이나 부작위 개념은 행정소송법상 처분이나 부작위 개념과 동일하므로 이에 관한 상세한 설명은 행정소송법에서 하기로 한다.

Ⅲ. 예외사항

행정심판이 행정청의 처분이나 부작위를 대상으로 한다고 하더라도, ① 대통령의 처분 또는 부작위에 대하여는 다른 법률에서 행정심판을 청구할 수 있도록 정한 경우 외에는 행정심판을 청구할 수 없다(행심법 3 ②). 또한 ② 행정심판은 재심청구를 인정하고 있지 않으므로, 심판청구에 대한 재결이 있으면 그 재결 및 같은 처분 또는 부작위에 대하여 다시 행정심판을 청구할 수 없다(행심법 51).

제 4 항 행정심판기관

Ⅰ. 개설

행정심판기관이란 행정심판청구를 심리·재결하는 권한을 가진 행정기관을 말한다.

2008년 2월 29일 개정 전 (구) 행정심판법에서는 행정심판기관이 심판청구사건에 대하여 심리·의결하는 권한을 가진 행정심판위원회와 위원회의 의결에 따라 재결만 하는 권한을 가진 재결

8) 행정기본법도 "처분이란 행정청이 구체적 사실에 관하여 행하는 법 집행으로서 공권력의 행사 또는 그 거부와 그 밖에 이에 준하는 행정작용을 말한다(행정기본법 2 4호)."고 하여 행정심판법상 처분과 사실상 동일하게 정의하고 있다.

청으로 이원화되어 있었다. 그러나 2008.2.29. 개정 행정심판법은 행정심판과 관련된 기관의 구조가 복잡하고 행정심판사건의 처리기간만 늘어나는 문제가 있어 재결청 제도를 폐지하고 행정심판위원회가 심리와 재결을 모두 하도록 하였다. 이에 따라 현행 행정심판법상 행정심판기관은 행정심판위원회이다.

Ⅱ. 행정심판위원회

1. 종류

(1) 해당 행정청 소속 행정심판위원회

다음의 행정청 또는 그 소속 행정청(행정기관의 계층구조와 관계없이 그 감독을 받거나 위탁을 받은 모든 행정청을 말하되, 위탁을 받은 행정청은 그 위탁받은 사무에 관하여는 위탁한 행정청의 소속 행정청으로 본다)의 처분 또는 부작위에 대한 심판청구에 대하여는 다음의 행정청에 두는 행정심판위원회에서 심리·재결한다(행심법 6 ①).

① 감사원, 국가정보원장, 그 밖에 대통령령으로 정하는 대통령 소속기관의 장
② 국회사무총장·법원행정처장·헌법재판소사무처장 및 중앙선거관리위원회사무총장
③ 국가인권위원회, 그 밖에 지위·성격의 독립성과 특수성 등이 인정되어 대통령령으로 정하는 행정청

(2) 중앙행정심판위원회

다음 각 호의 행정청의 처분 또는 부작위에 대한 심판청구에 대하여는 국민권익위원회에 두는 중앙행정심판위원회에서 심리·재결한다(행심법 6 ②).

① 제6조 제1항에 따른 행정청 외의 국가행정기관의 장 또는 그 소속 행정청
② 특별시장·광역시장·특별자치시장·도지사·특별자치도지사(특별시·광역시·특별자치시·도 또는 특별자치도의 교육감 포함) 또는 특별시·광역시·특별자치시·도·특별자치도의 의회(의장, 위원회의 위원장, 사무처장 등 의회 소속 모든 행정청 포함)
③ 지방자치법에 따른 지방자치단체조합 등 관계 법률에 따라 국가·지방자치단체·공공법인 등이 공동으로 설립한 행정청. 다만, 제6조 제3항 제3호에 해당하는 행정청은 제외한다.

(3) 시·도지사 소속 행정심판위원회

다음 각 호의 행정청의 처분 또는 부작위에 대한 심판청구에 대하여는 시·도지사 소속으로 두는 행정심판위원회에서 심리·재결한다(행심법 6 ③).

① 시·도 소속 행정청
② 시·도의 관할구역에 있는 시·군·자치구의 장, 소속 행정청 또는 시·군·자치구의 의회 (의장, 위원회의 위원장, 사무국장, 사무과장 등 의회 소속 모든 행정청 포함)
③ 시·도의 관할구역에 있는 둘 이상의 지방자치단체(시·군·자치구)·공공법인 등이 공동으로 설립한 행정청

(4) 직근 상급행정기관에 두는 행정심판위원회

제6조 제2항 제1호에도 불구하고 법무부 및 대검찰청 소속 특별지방행정기관(직근 상급행정기관이나 소관 감독행정기관이 중앙행정기관인 경우 제외)의 장의 처분 또는 부작위에 대한 심판청구에 대하여는 해당 행정청의 직근 상급행정기관에 두는 행정심판위원회에서 심리·재결한다(행심법 6 ④, 동법시행령 3).

(5) 특별행정심판위원회

개별법에 따라서는 제3의 기관을 행정심판기관으로 규정하고 있는 경우도 있다. 예컨대 국세기본법상의 조세심판원, 국가공무원법상의 소청심사위원회, 특허법상의 특허심판원, 토지보상법상의 토지수용위원회 등이 이에 해당한다. 그러나 이와 같은 특별행정심판의 경우 전문성이나 특수성이라는 관점에서 특별행정심판으로 볼 것인지 애매한 경우도 있음은 이미 언급하였다.

2. 구성 및 회의

(1) 행정심판위원회

행정심판위원회(중앙행정심판위원회 제외)는 위원장 1명을 포함하여 50명 이내의 위원으로 구성한다(행심법 7 ①).

행정심판위원회의 회의는 위원장과 위원장이 회의마다 지정하는 8명의 위원(그중 제7조 제4항에 따른 위촉위원은 6명 이상으로 하되, 제7조 제3항에 따라 위원장이 공무원이 아닌 경우에는 5명 이상)으로 구성한다. 다만, 국회규칙, 대법원규칙, 헌법재판소규칙, 중앙선거관리위원회규칙 또는 대통령령(제6조 제3항에 따라 시·도지사 소속으로 두는 행정심판위원회의 경우에는 해당 지방자치단체의 조례)으로 정하는 바에 따라 위원장과 위원장이 회의마다 지정하는 6명의 위원(그중 제7조 제4항에 따른 위촉위원은 5명 이상으로 하되, 제7조 제3항에 따라 공무원이 아닌 위원이 위원장인 경우에는 4명 이상)으로 구성할 수 있다(행심법 7 ⑤).

행정심판위원회는 제7조 제5항에 따른 구성원 과반수의 출석과 출석위원 과반수의 찬성으로 의결한다(행심법 7 ⑥).

행정심판위원회의 조직과 운영, 그 밖에 필요한 사항은 국회규칙, 대법원규칙, 헌법재판소규칙, 중앙선거관리위원회규칙 또는 대통령령으로 정한다(행심법 7 ⑦).

(2) 중앙행정심판위원회

중앙행정심판위원회는 위원장 1명을 포함하여 70명 이내의 위원으로 구성하되, 위원 중 상임위원은 4명 이내로 한다(행심법 8 ①).

중앙행정심판위원회의 위원장은 국민권익위원회의 부위원장 중 1명이 되며, 위원장이 없거나 부득이한 사유로 직무를 수행할 수 없거나 위원장이 필요하다고 인정하는 경우에는 상임위원(상임으로 재직한 기간이 긴 위원 순서로, 재직기간이 같은 경우에는 연장자 순서)이 위원장의 직무를 대행한다(행심법 8 ②).

중앙행정심판위원회의 회의(제8조 제6항에 따른 소위원회 회의 제외)는 위원장, 상임위원 및 위원장이 회의마다 지정하는 비상임위원을 포함하여 총 9명으로 구성한다(행심법 8 ⑤).

중앙행정심판위원회는 심판청구사건 중 도로교통법에 따른 자동차운전면허 행정처분에 관한 사건(소위원회가 중앙행정심판위원회에서 심리·의결하도록 결정한 사건 제외)을 심리·의결하게 하기 위하여 4명의 위원으로 구성하는 소위원회를 둘 수 있다(행심법 8 ⑥).

중앙행정심판위원회 및 소위원회는 각각 제8조 제5항 및 제6항에 따른 구성원 과반수의 출석과 출석위원 과반수의 찬성으로 의결한다(행심법 8 ⑦).

중앙행정심판위원회는 위원장이 지정하는 사건을 미리 검토하도록 필요한 경우에는 전문위원회를 둘 수 있다(행심법 8 ⑧).

중앙행정심판위원회, 소위원회 및 전문위원회의 조직과 운영 등에 필요한 사항은 대통령령으로 정한다(행심법 8 ⑨).

3. 제척·기피·회피

공정한 심판을 위하여 위원장은 직권 또는 당사자의 신청에 따라 위원회의 위원이 ① 위원 또는 그 배우자나 배우자이었던 사람이 사건의 당사자이거나 사건에 관하여 공동 권리자 또는 의무자인 경우, ② 위원이 사건의 당사자와 친족이거나 친족이었던 경우, ③ 위원이 사건에 관하여 증언이나 감정을 한 경우, ④ 위원이 당사자의 대리인으로서 사건에 관여하거나 관여하였던 경우, ⑤ 위원이 사건의 대상이 된 처분 또는 부작위에 관여한 경우 중 어느 하나에 해당하는 경우에는 그 사건의 심리·의결에서 제척(除斥)된다(행심법 10 ①).

당사자는 위원에게 공정한 심리·의결을 기대하기 어려운 사정이 있으면 위원장에게 기피신청을 할 수 있다(행심법 10 ②).

위원회의 회의에 참석하는 위원이 제척사유 또는 기피사유에 해당되는 것을 알게 되었을 때에는 스스로 그 사건의 심리·의결에서 회피할 수 있다(행심법 10 ⑦).

사건의 심리·의결에 관한 사무에 관여하는 위원 아닌 직원에게도 제척·기피·회피에 관한 규정을 준용한다(행심법 10 ⑧).

4. 권한과 의무

(1) 권한

행정심판위원회는 심판청구사건을 심리·재결하는 권한을 가진다.

행정심판의 심리와 관련하여 행정심판위원회는 선정대표자 선정권고권(행심법 15 ②), 청구인 지위 승계 허가권(행심법 16 ⑤), 피청구인 경정권(행심법 17 ③), 대리인 선임권(행심법 18 ① 5호), 이해관계 있는 제3자나 행정청에 대한 행정심판 참가요구권(행심법 21 ①), 청구변경 허가권(행심법 29 ⑥), 집행정지 결정 및 취소권(행심법 30 ②, ④), 심판청구 보정요구권(행심법 32 ①), 자료제출 요구권(행심법 35 ①), 증거조사권(행심법 36 ①), 심리권(행심법 39, 40) 등의 권한을 가진다.

행정심판의 재결과 관련하여 행정심판위원회는 재결권(행심법 43), 사정재결권(행심법 44 ①) 등의 권한을 가진다.

한편 행정심판위원회는 재결의 기속력을 담보하기 위하여 피청구인이 재처분의무를 이행하지 아니하는 경우 직접 처분할 수 있는 권한과 간접강제를 할 수 있는 권한을 가진다(행심법 50 ①, 50조의2 ①).

(2) 의무

행정심판위원회는 피청구인에 대한 심판청구서 부본 송부의무(행심법 26 ①), 청구인에 대한 답변서 부본 송달의무(행심법 26 ②), 제3자의 심판청구를 처분의 상대방에게 알릴 의무(행심법 24 ②), 당사자가 제출한 증거서류의 부본을 다른 당사자에게 송달할 의무(행심법 34 ③), 재결서 정본 송달의무(행심법 48 ①), 증거서류 등의 반환의무(행심법 55) 등을 부담한다.

(3) 권한의 승계

당사자의 심판청구 후 위원회가 법령의 개정·폐지 또는 제17조 제5항에 따른 피청구인의 경정 결정에 따라 그 심판청구에 대하여 재결할 권한을 잃게 된 경우에는 해당 위원회는 심판청구서와 관계 서류, 그 밖의 자료를 새로 재결할 권한을 갖게 된 위원회에 보내야 한다(행심법 12 ①).

이 경우 송부를 받은 위원회는 지체 없이 그 사실을 청구인, 피청구인 및 참가인에게 알려야 한다(행심법 12 ②).

제 5 항 행정심판의 당사자와 관계인

행정심판은 대심구조를 취하고 구술심리제도를 도입하는 등 헌법 제107조 제3항에 따라 사법절차에 준하는 절차를 마련하고 있다. 이에 따라 행정심판은 청구인과 피청구인이 대립당사자가 되고 여기에 참가인과 대리인과 같은 관계인이 관여할 수 있도록 하고 있다.

Ⅰ. 청구인

1. 의의

행정심판의 청구인이란 행정심판을 청구하는 자를 말한다. 청구인은 원칙적으로 자연인과 법인이지만, 법인 아닌 사단 또는 재단으로서 대표자 또는 관리인이 정하여져 있는 경우에는 그 사단이나 재단의 이름으로 심판청구를 할 수 있다(행심법 14).

2. 선정대표자

여러 명의 청구인이 공동으로 심판청구를 할 때에는 청구인들 중에서 3명 이하의 선정대표자를 선정할 수 있다(행심법 15 ①). 이는 민사소송법상의 선정당사자제도(민소법 53)와 유사한 것으로서 행정심판절차의 원활화를 위한 것이다. 따라서 청구인들이 선정대표자를 선정하지 아니한 경우에 행정심판위원회는 필요하다고 인정하면 청구인들에게 선정대표자를 선정할 것을 권고할 수 있다(행심법 15 ②).

선정대표자는 다른 청구인을 위하여 그 사건에 관한 모든 행위를 할 수 있으나, 다만, 심판청구를 취하하려면 다른 청구인들의 동의를 받아야 하며, 이 경우 동의받은 사실을 서면으로 소명하여야 한다(행심법 15 ③). 다른 청구인들은 그 선정대표자를 통해서만 그 사건에 관한 행위를 할 수 있다(행심법 15 ④). 선정대표자를 선정한 청구인들은 필요하다고 인정하면 선정대표자를 해임하거나 변경할 수 있다(행심법 15 ⑤).

3. 청구인적격*

(1) 행정심판법 규정

청구인적격이란 행정심판의 청구인이 될 수 있는 자격을 말한다. 행정심판법 제13조는 취소심판은 처분의 취소 또는 변경을 구할 법률상 이익이 있는 자, 무효등확인심판은 처분의 효력 유무 또는 존재 여부의 확인을 구할 법률상 이익이 있는 자, 의무이행심판은 처분을 신청한 자로서

---

* 법원행정고시(2006년).

행정청의 거부처분 또는 부작위에 대하여 일정한 처분을 구할 법률상 이익이 있는 자가 청구할 수 있다고 규정하고 있다(행심법 13 ①, ② 및 ③).

한편 행정심판법은 협의의 소익과 관련하여 제13조 제1항 제2문에서 "처분의 효과가 기간의 경과, 처분의 집행 그 밖의 사유로 소멸된 뒤에도 그 처분의 취소로 회복되는 법률상 이익이 있는 자의 경우에도 또한 같다."고 규정하고 있다. 협의의 소의 이익에 관한 상세는 행정소송편에서 다룬다.

(2) 청구인적격에 대한 입법상 과오 여부

1) 문제의 소재

행정심판은 위법한 처분뿐 아니라 부당한 처분도 심판대상으로 하고 있다(행심법 1, 5). 그런데 행정심판법 제13조가 청구인적격과 관련하여 행정소송에서와 마찬가지로 "법률상 이익이 있는 자"라고 규정하고 있는 것이, 부당한 처분도 심판대상으로 하고 있는 행정심판법의 제도적 취지에 반하는 입법상의 과오가 아닌가 하는 것이 논란이 되고 있다.

왜냐하면 '법률상 이익'이란 법에 의하여 보호되는 이익(법적 보호이익)을 의미하는 것으로서 공권과 같은 개념인데, 위법한 처분으로 법률상 이익(공권)이 침해된다는 것은 쉽게 이해되지만, 일반적으로 부당한 처분으로는 법률상 이익이 침해된다고 보기 어렵기 때문이다.

이에 관하여는 과오설과 비과오설이 대립하고 있다.

2) 과오설

이 설은 ① 부당한 행위로는 법률상 이익이 침해되지 않으므로, 행정심판법이 청구인적격을 원고적격과 마찬가지로 법률상 이익이 있는 자로만 규정하고 있는 것은 입법상의 과오라고 보는 견해이다.[9]

② 즉, 법률상 이익은 법적으로 보호되는 이익, 즉 공권을 의미하는 것이므로, 예컨대 반사적 이익의 침해나 향수가 부당한 경우 이에 대한 행정심판청구가 가능하여야 하는데, 행정심판법은 '법률상 이익'만을 규정하고 있기 때문에 반사적 이익은 행정심판에서 제외되는 결과가 된다는 것이다.

③ 이 설은 독일·일본의 경우에도 행정심판의 청구인적격에 관하여 아무런 규정을 두고 있지 않다는 점도 논거로 들고 있다.

3) 비과오설

이 설은 과오설에 대한 반론으로 제기된 견해로, ① 이 설은 먼저 위법과 부당의 개념구별이 어려워 「행정심판=위법·부당 통제, 행정소송=위법 통제」라는 전통적인 공식이 무너지고 있다

9) 김남진, 행정법 I, 668면 이하; 류지태/박종수, 행정법신론, 601면; 홍준형, 행정구제법, 411면 이하.

는 점을 전제로 하면서, ② 부당한 행위에 의해서도 권리가 침해될 수 있고, ③ 청구인적격 문제는 요건심리단계에서의 문제이고, 처분의 위법·부당 여부는 본안심리단계에서의 문제이므로, 청구인적격을 '법률상 이익이 있는 자'로 규정하더라도, '부당' 통제가 가능하다는 점에서 행정심판법 제13조의 청구인적격 규정은 입법상의 과오가 아니라는 견해이다.[10)]

4) 결어

결론적으로 '청구인적격 문제'와 '처분의 위법·부당 여부'는 구별되어야 한다는 점에서 과오설은 양자를 상호 관련된 문제로 혼동하고 있다고 생각된다. 법률상 이익(공권)은 위법하게 침해될 수도 있고 부당하게 침해될 수도 있다. 행정심판은 법률상 이익의 부당한 침해도 심판의 대상으로 삼겠다는 취지이므로, 청구인적격이 '법률상 이익이 있는 자'로 제한되더라도 행정심판의 대상에서 '부당한 처분'이 제외되는 것은 아니다. 따라서 행정심판의 청구인적격을 '법률상 이익'으로 제한하는 것이 입법적인 과오라고 볼 수는 없다.

다만, 행정심판의 대상 문제와는 별도로, 행정심판이 행정의 자기통제라는 목적도 가지고 있으므로 청구인적격을 보다 확대하거나 또는 아무런 제한을 두지 않을 것인가 하는 문제는 입법정책적으로 판단할 문제로서, 개인적으로는 청구인적격에 아무런 제한을 두지 않는 입법적 개선은 필요하다고 생각한다.

4. 청구인의 지위승계

청구인이 사망한 경우에는 상속인이나 그 밖에 법령에 따라 심판청구의 대상에 관계되는 권리나 이익을 승계한 자가 청구인의 지위를 승계한다(행심법 16 ①). 법인인 청구인이 합병에 따라 소멸하였을 때에는 합병 후 존속하는 법인이나 합병에 따라 설립된 법인이 청구인의 지위를 승계한다(행심법 16 ②).

심판청구의 대상과 관계되는 권리나 이익을 양수한 자는 위원회의 허가를 받아 청구인의 지위를 승계할 수 있다(행심법 16 ⑤).

Ⅱ. 피청구인

1. 피청구인적격

행정심판은 처분을 한 행정청(의무이행심판의 경우에는 청구인의 신청을 받은 행정청)을 피청구인으로 하여 청구하여야 한다. 다만, 심판청구의 대상과 관계되는 권한이 다른 행정청에 승계된 경우에는 권한을 승계한 행정청을 피청구인으로 하여야 한다(행심법 17 ①).

10) 김동희/최계영, 행정법 I, 671면 이하; 홍정선, 행정법특강, 574면 등.

여기에서 '행정청'이란 "행정에 관한 의사를 결정하여 표시하는 국가 또는 지방자치단체의 기관, 그 밖에 법령 또는 자치법규에 따라 행정권한을 가지고 있거나 위탁을 받은 공공단체나 그 기관 또는 사인"을 말한다(행심법 2 4호).

행정심판법이 행정심판의 피청구인을 권리의 귀속주체인 국가나 지방자치단체로 하지 않고 처분청으로 한 것은 행정심판의 편의성과 분쟁해결의 적정성을 도모하기 위한 것이다.

2. 피청구인의 경정(更正)

청구인이 피청구인을 잘못 지정한 경우에는 위원회는 직권으로 또는 당사자의 신청에 의하여 결정으로써 피청구인을 경정할 수 있다(행심법 17 ②). 이는 청구인의 편의를 도모하기 위한 것이다. 이러한 결정이 있으면 종전의 피청구인에 대한 심판청구는 취하되고 종전의 피청구인에 대한 행정심판이 청구된 때에 새로운 피청구인에 대한 행정심판이 청구된 것으로 본다(행심법 17 ④).

행정심판이 청구된 후에 권한이 다른 행정청에 승계되는 경우에는 직권으로 또는 당사자의 신청에 의하여 결정으로써 피청구인을 경정한다(행심법 17 ⑤).

Ⅲ. 행정심판의 관계인

1. 참가인

(1) 의의

행정심판의 결과에 이해관계가 있는 제3자나 행정청은 해당 심판청구에 대한 위원회나 소위원회의 의결이 있기 전까지 그 사건에 대하여 심판참가를 할 수 있는데(행심법 20 ①), 이에 따라 행정심판에 참가하는 자를 참가인이라 한다. 심판참가제도는 행정심판의 적정성·공정성 등을 도모하기 위한 것뿐 아니라 참가인의 권익보호를 위한 것이다.

(2) 이해관계의 의미

참가인은 행정심판의 결과에 이해관계가 있어야 하는데, 여기에서 이해관계를 ① 권리침해에 한하지 않고 사실상 이해관계나 반사적 이해관계로도 족하다고 보아야 한다는 견해가 있으나, ② 행정심판의 결과로 직접 자기의 법률상 이익이 침해되는 경우를 의미한다고 보는 것이 다수설 및 판례의 입장이다.

(3) 심판참가의 종류

심판참가에는 ① 심판참가를 하려는 자가 참가신청을 하고 이에 대하여 위원회가 허가함에 따라 참가하는 '참가인의 신청에 의한 심판참가(행심법 20 ②, ⑤)'와 ② 위원회가 필요하다고 인정하여 그 행정심판 결과에 이해관계가 있는 제3자나 행정청에 그 사건 심판에 참가할 것을 요구함에 따라 참가하는 '위원회의 요구에 따른 심판참가(행심법 21)'가 있다.

(4) 참가인의 지위

참가인은 행정심판 절차에서 당사자가 할 수 있는 심판절차상의 행위를 할 수 있다(행심법 22 ①).

행정심판법에 따라 당사자가 위원회에 서류를 제출할 때에는 참가인의 수만큼 부본을 제출하여야 하고, 위원회가 당사자에게 통지를 하거나 서류를 송달할 때에는 참가인에게도 통지하거나 송달하여야 한다(행심법 22 ②).

참가인의 대리인 선임과 대표자 자격 및 서류 제출에 관하여는 제18조(대리인의 선임), 제19조(대표자 등의 자격) 및 제22조 제2항을 준용한다.

2. 대리인

청구인은 법정대리인 외에 ① 청구인의 배우자, 청구인 또는 배우자의 사촌 이내의 혈족, ② 청구인이 법인이거나 제14조에 따른 청구인 능력이 있는 법인이 아닌 사단 또는 재단인 경우 그 소속 임직원, ③ 변호사, ④ 다른 법률에 따라 심판청구를 대리할 수 있는 자, ⑤ 그 밖에 위원회의 허가를 받은 자 중 어느 하나에 해당하는 자를 대리인으로 선임할 수 있다(행심법 18 ①).

피청구인은 그 소속 직원 또는 위 ③부터 ⑤까지의 어느 하나에 해당하는 자를 대리인으로 선임할 수 있다(행심법 18 ②).

한편 청구인이 경제적 능력으로 인해 대리인을 선임할 수 없는 경우에는 위원회에 국선대리인을 선임하여 줄 것을 신청할 수 있다(행심법 18조의2).

제 6 항 심판청구기간

취소심판이나 거부처분에 대한 의무이행심판을 청구하는 경우에는 행정심판법이 정한 일정한 기간 안에 청구하여야 한다. 이와 같이 행정심판 청구기간을 제한하는 것은 공익을 실현하는 것을 내용으로 하는 행정법관계를 조속하게 확정함으로써 법률관계의 안정성을 도모하여야 할 필요가 있기 때문이다.

다만 무효등확인심판이나 부작위에 대한 의무이행심판을 청구하는 경우에는 행정심판기간에 관한 행정심판법의 규정이 적용되지 않는데(행심법 27 ⑦), 이는 무효나 부존재, 부작위의 성질을 고려한 것이다.

Ⅰ. 심판청구기간의 원칙

(i) 행정심판은 처분이 있음을 알게 된 날부터 90일 이내에 청구하여야 한다(행심법 27 ①). 이 기간은 불변기간이고(행심법 27 ④), 이 기간의 준수 여부는 위원회의 직권조사사항이다. 여기에서 '처분이 있음을 알게 된 날'이란 처분이 있음을 현실적으로 알게 된 날을 의미한다.

> [판례] (구) 행정심판법 제18조 제1항 소정의 '처분이 있음을 안 날'의 의미
>
> "국세기본법의 적용을 받는 처분과 달리 행정심판법의 적용을 받는 처분인 과징금부과처분에 대한 심판청구기간의 기산점인 행정심판법 제18조 제1항 소정의 '처분이 있음을 안 날'이라 함은 당사자가 통지·공고 기타의 방법에 의하여 당해 처분이 있었다는 사실을 현실적으로 안 날을 의미하고, 추상적으로 알 수 있었던 날을 의미하는 것은 아니라 할 것이며, 다만 처분을 기재한 서류가 당사자의 주소에 송달되는 등으로 사회통념상 처분이 있음을 당사자가 알 수 있는 상태에 놓여진 때에는 반증이 없는 한 그 처분이 있음을 알았다고 추정할 수는 있다(대판 2002.8.27, 2002두3850)."

(ii) 행정심판은 처분이 있었던 날부터 180일이 지나면 청구하지 못한다(행심법 27 ③). 이와 같은 180일의 기간을 둔 것은 법적 안정성을 고려한 것이다. 여기에서 '처분이 있은 날'이란 처분이 효력이 발생한 날을 말한다.

> [판례] 행정처분이 있은 날의 의미
>
> "건축허가처분과 같이 상대방이 있는 행정처분에 있어서는 달리 특별한 규정이 없는 한 그 처분을 하였음을 상대방에게 고지하여야 그 효력이 발생한다고 할 것이어서 위의 행정처분이 있은 날이라 함은 위와 같이 그 행정처분의 효력이 발생한 날을 말한다(대판 1977.11.22, 77누195)."

(iii) '처분이 있음을 알게 된 날부터 90일'과 '처분이 있었던 날부터 180일' 중 어느 하나라도 경과하면 행정심판을 청구할 수 없다. 명문의 규정이 없더라도, 위 심판청구기간에 관한 규정들은 처분의 상대방뿐 아니라 제3자에게도 그대로 적용된다고 보아야 할 것이다.

Ⅱ. 심판청구기간의 예외

1. 90일에 대한 예외

청구인이 천재지변, 전쟁, 사변, 그 밖의 불가항력으로 인하여 처분이 있음을 알게 된 날부터 90일 이내에 심판청구를 할 수 없었을 때에는 그 사유가 소멸한 날부터 14일 이내에 행정심판을

청구할 수 있다. 다만, 국외에서 행정심판을 청구하는 경우에는 그 기간을 30일로 한다(행심법 27 ②). 이 기간은 불변기간이다(행심법 27 ④).

2. 180일에 대한 예외

정당한 사유가 있는 경우에는 처분이 있었던 날부터 180일이 지나도 행정심판을 청구할 수 있다(행심법 27 ③ 단서). 여기에서 무엇이 '정당한 사유'인가 하는 것은 건전한 사회통념에 따라 판단하여야 할 것이다.

판례는 개별토지가격결정의 통지가 없는 경우 '정당한 사유'가 있는 경우에 해당한다고 보았으나[판례1], 도시계획결정을 뒤늦게 알았다는 사유는 '정당한 사유'에 해당하지 않는다고 보았다[판례2]. 정당한 사유의 인정 여부는, 특히 제3자효 행정행위의 제3자의 경우에 문제가 될 수 있다. 왜냐하면 이 경우 제3자는 처분이 있음을 알기가 쉽지 않은 것이 일반적이기 때문이다. 이와 관련하여 판례는 제3자가 처분이 있음을 알았거나 알 수 있었다고 볼만한 특별한 사정이 없는 한 '정당한 사유'가 있다고 보았으나, 제3자가 처분이 있음을 안 이상은 '정당한 사유'가 있는지 여부는 문제되지 않는다고 보고 있다[판례3].

[판례1] 개별토지가격결정에 대한 행정심판의 청구기간

"개별토지가격합동조사지침(국무총리훈령 제241호, 제248호) …에 따른 개별토지가격결정의 경우에 있어서와 같이 그 처분의 통지가 없는 경우에는 그 개별토지가격결정의 대상토지 소유자가 심판청구기간 내에 심판청구가 가능하였다는 특별한 사정이 없는 한 행정심판법 제18조 제3항 단서 소정의 정당한 사유가 있는 때에 해당한다(대판 1995.8.25, 94누13121)."

[판례2] 도시계획결정을 개별통지하지 않은 경우 정당한 사유에 해당하는지 여부

"도시계획결정을 토지소유자에게 개별통지하여야 한다는 규정이 없으므로 개별통지해 주지 아니하여 뒤늦게 도시계획결정 사실을 알고서 행정심판을 제기하였다는 사유만으로는 심판청구기간을 지키지 못한 데에 행정심판법 제18조 제3항 단서에서 규정하는 정당한 사유가 있는 경우에 해당한다고 볼 수 없다(대판 1993.3.23, 92누8613)."

[판례3] 행정처분의 상대방이 아닌 제3자가 행정처분이 있음을 안 때의 심판청구기간

"행정처분의 상대방이 아닌 제3자는 일반적으로 처분이 있는 것을 바로 알 수 있는 처지에 있지 아니하므로 처분이 있은 날로부터 180일이 경과하더라도 특별한 사유가 없는 한 구 행정심판법(1995.12.6. 법률 제5000호로 개정되기 전의 것) 제18조 제3항 단서 소정의 정당한 사유가 있는 것으로 보아 심판청구가 가능하다고 할 것이나, 그 제3자가 어떤 경위로든 행정처분이 있음을 알았거

나 쉽게 알 수 있는 등 행정심판법 제18조 제1항 소정의 심판청구기간 내에 심판청구가 가능하였다는 사정이 있는 경우에는 그 때로부터 60일 이내에 행정심판을 청구하여야 한다(대판 1997.9.12, 96누14661).”

3. 심판기간의 오고지(誤告知)와 불고지(不告知)

행정청이 심판청구 기간을 제1항에 규정된 기간(처분이 있음을 알게 된 날부터 90일)보다 긴 기간으로 잘못 알린 경우 그 잘못 알린 기간에 심판청구가 있으면 그 행정심판은 제1항에 규정된 기간에 청구된 것으로 본다(행심법 27 ⑤).

행정청이 심판청구 기간을 알리지 아니한 경우에는 제3항에 규정된 기간(처분이 있었던 날부터 180일)에 심판청구를 할 수 있다(행심법 27 ⑥).

이와 같은 오고지·불고지에 대한 절차상의 제재는 불복고지(행심법 58)의 실효성을 확보하고 또한 이를 신뢰한 국민의 권익을 보호하기 위한 것이다.

Ⅲ. 심판청구일자

행정심판법 제27조에 따른 심판청구 기간을 계산할 때에는 피청구인이나 위원회 또는 다른 행정기관에 심판청구서가 제출되었을 때에 행정심판이 청구된 것으로 본다(행심법 23 ④).

Ⅳ. 특별법상의 심판청구기간

개별법에 따라서는 행정심판법이 정한 바와는 달리 심판청구기간을 정하고 있는 경우도 있다. 예컨대 소청심사청구기간은 처분이 있은 것을 안 날부터 30일 이내이고(국가공무원법 76 ①), 토지수용재결에 대한 이의신청기간도 재결서의 정본을 받은 날부터 30일 이내이다(토지보상법 83 ③).

제 7 항 심판청구의 방식과 절차

Ⅰ. 심판청구의 방식

심판청구는 서면으로 하여야 한다(행심법 28 ①). 처분에 대한 심판청구의 경우에는 심판청구서에 ① 청구인의 이름과 주소 또는 사무소(그 외의 장소에서 송달받기를 원하면 송달장소를 추가로 적어야 한다), ② 피청구인과 위원회, ③ 심판청구의 대상이 되는 처분의 내용, ④ 처분이 있음을 알게 된 날, ⑤ 심판청구의 취지와 이유, ⑥ 피청구인의 행정심판 고지 유무와 그 내용이 포함되어야 한다(행심법 28 ②). 부작위에 대한 심판청구의 경우에는 위 ①, ②, ⑤의 사항과 그 부작위의 전제가 되는 신청의 내용과 날짜를 적어야 한다(행심법 28 ③).

이와 같이 행정심판법이 심판청구방식으로 서면주의를 취하고 있는 이유는 심판청구의 명확성과 통일성을 기하고, 이로써 구술로 하는 경우의 지체와 번잡을 피하기 위한 것이다.

그러나 서면주의를 취한다 하더라도 서면주의가 엄격하게 요구되는 것은 아니다. 따라서 위원회는 심판청구가 적법하지 아니하나 보정할 수 있다고 인정하면 기간을 정하여 청구인에게 보정할 것을 요구할 수 있고, 경미한 사항은 직권으로 보정할 수 있다(행심법 32 ①).

판례도 심판청구의 방식을 엄격한 형식을 요하지 아니하는 서면행위로 해석하고 있다. 따라서 그 서면의 표제가 '행정심판의 청구'가 아니더라도, 위법·부당한 행정처분으로 인하여 권리나 이익을 침해당한 자로부터 그 처분의 취소나 변경을 요하는 서면이 제출되었을 때에는 그 표제와 제출기관의 여하를 불문하고 이를 행정심판청구로 보아야 한다고 한다.

[판례] '진정서'라는 제목의 서면 제출이 행정심판청구로 볼 수 있다고 한 사례

"행정심판법 제19조, 제23조의 규정 취지와 행정심판제도의 목적에 비추어 보면 행정소송의 전치요건인 행정심판청구는 엄격한 형식을 요하지 아니하는 서면행위로 해석되므로, … 행정청으로서는 그 서면을 가능한 한 제출자의 이익이 되도록 해석하고 처리하여야 한다.

비록 제목이 '진정서'로 되어 있고, 재결청의 표시, 심판청구의 취지 및 이유, 처분을 한 행정청의 고지의 유무 및 그 내용 등 행정심판법 제19조 제2항 소정의 사항들을 구분하여 기재하고 있지 아니하여 행정심판청구서로서의 형식을 다 갖추고 있다고 볼 수는 없으나, 피청구인인 처분청과 청구인의 이름과 주소가 기재되어 있고, 청구인의 기명이 되어 있으며, 문서의 기재 내용에 의하여 심판청구의 대상이 되는 행정처분의 내용과 심판청구의 취지 및 이유, 처분이 있은 것을 안 날을 알 수 있는 경우, 위 문서에 기재되어 있지 않은 재결청, 처분을 한 행정청의 고지의 유무 등의 내용과 날인 등의 불비한 점은 보정이 가능하므로 위 문서를 행정처분에 대한 행정심판청구로 보는 것이 옳다(대판 2000.6.9, 98두2621)."

Ⅱ. 심판청구서의 제출과 처리

1. 심판청구의 선택주의

행정심판을 청구하려는 자는 제28조(심판청구의 방식)에 따라 심판청구서를 작성하여 피청구인이나 위원회에 제출하여야 한다. 이 경우 피청구인의 수만큼 심판청구서 부본을 함께 제출하여야 한다(행심법 23 ①).

과거에는 반드시 피청구인을 거쳐서 심판청구서를 제출하도록 하였었다. 이와 같이 피청구인을 필요적으로 경유하도록 한 것은 피청구인인 행정청에 재고의 기회를 부여하여 신속한 권리구제가 가능하도록 하기 위함이었다. 그러나 실제로 피청구인에 의하여 권리구제가 되기보다는 절차를 지연시키는 역기능이 문제됨에 따라 오늘날 이를 임의적 경유절차로 개정하게 된 것이다.

2. 피청구인의 처리

(1) 심판청구서 등의 접수·처리

피청구인이 제23조(심판청구서의 제출) 제1항·제2항 또는 제26조(위원회의 심판청구서 등의 접수·처리) 제1항에 따라 심판청구서를 접수하거나 송부받으면 10일 이내에 심판청구서(제23조 제1항·제2항의 경우만 해당)와 답변서를 위원회에 보내야 한다. 다만, 청구인이 심판청구를 취하한 경우에는 그러하지 아니하다(행심법 24 ①).

피청구인은 처분의 상대방이 아닌 제3자가 심판청구를 한 경우에는 지체 없이 처분의 상대방에게 그 사실을 알려야 한다. 이 경우 심판청구서 사본을 함께 송달하여야 한다(행심법 24 ④).

피청구인은 제24조 제1항 본문에 따라 답변서를 보낼 때에는 청구인의 수만큼 답변서 부본을 함께 보내되, 답변서에는 ① 처분이나 부작위의 근거와 이유, ② 심판청구의 취지와 이유에 대응하는 답변, ③ 제3자가 심판청구를 한 경우에는 처분의 상대방의 이름·주소·연락처와 의무 이행 여부를 명확하게 적어야 한다(행심법 24 ⑥).

(2) 피청구인의 직권취소 등

제23조(심판청구서의 제출) 제1항·제2항 또는 제26조(위원회의 심판청구서 등의 접수·처리) 제1항에 따라 심판청구서를 받은 피청구인은 그 심판청구가 이유 있다고 인정하면 심판청구의 취지에 따라 직권으로 처분을 취소·변경하거나 확인을 하거나 신청에 따른 처분을 할 수 있다. 이 경우 서면으로 청구인에게 알려야 한다(행심법 25 ①).

행정심판이 청구되면 행정심판위원회가 심리·재결하는 것이 원칙이다. 그러나 그에 앞서 행정의 자기통제의 관점에서 피청구인이 심판청구서를 받았을 때의 단계에서 심판청구가 이유가 있다고 판단되면 보다 신속하고 효과적으로 시정할 수 있도록 하기 위한 것이다. 나아가 이와 같은 피청구인의 구제결정은 신속한 국민의 권리구제에도 기여한다. 피청구인이 심판청구를 인용하여 직권취소 등을 하는 경우에는 행정심판절차는 종료된다. 이 경우 피청구인의 직권취소 등은 단순히 원처분을 변경하는 것일 뿐, 행정심판위원회의 재결과는 아무런 관련이 없다.

(3) 위원회의 심판청구서 등의 접수·처리

위원회는 제23조(심판청구서의 제출) 제1항에 따라 심판청구서를 받으면 지체 없이 피청구인에게 심판청구서 부본을 보내야 한다(행심법 26 ①).

위원회는 제24조(피청구인의 심판청구서 등의 접수·처리) 제1항 본문 또는 제3항에 따라 피청구인으로부터 답변서가 제출되면 답변서 부본을 청구인에게 송달하여야 한다(행심법 26 ②).

Ⅲ. 심판청구의 변경

1. 의의

심판청구의 변경이란 심판청구의 계속 중에 청구의 취지나 이유를 변경하는 것을 말하는데, 청구인은 청구의 기초에 변경이 없는 범위에서 청구의 취지나 이유를 변경할 수 있다(행심법 29 ①). 여기에서 '청구의 기초에 변경이 없는 범위'란 사건의 동일성을 깨뜨리지 않는 범위를 말한다.

행정심판이 청구된 후에 피청구인이 새로운 처분을 하거나 심판청구의 대상인 처분을 변경한 경우에는 청구인은 새로운 처분이나 변경된 처분에 맞추어 청구의 취지나 이유를 변경할 수 있다(행심법 29 ②).

2. 절차

청구의 변경은 서면으로 신청하여야 한다. 이 경우 피청구인과 참가인의 수만큼 청구변경신청서 부본을 함께 제출하여야 한다(행심법 29 ③). 위원회는 제29조 제3항에 따른 청구변경신청서 부본을 피청구인과 참가인에게 송달하여야 한다(행심법 29 ④).

제29조 제4항의 경우 위원회는 기간을 정하여 피청구인과 참가인에게 청구변경 신청에 대한 의견을 제출하도록 할 수 있으며, 피청구인과 참가인이 그 기간에 의견을 제출하지 아니하면 의견이 없는 것으로 본다(행심법 29 ⑤).

위원회는 제29조 제1항 또는 제2항의 청구변경 신청에 대하여 허가할 것인지 여부를 결정하고, 지체 없이 신청인에게는 결정서 정본을, 당사자 및 참가인에게는 결정서 등본을 송달하여야 한다(행심법 29 ⑥).

신청인은 제29조 제6항에 따라 송달을 받은 날부터 7일 이내에 위원회에 이의신청을 할 수 있다(행심법 29 ⑦).

3. 효과

청구의 변경결정이 있으면 처음 행정심판이 청구되었을 때부터 변경된 청구의 취지나 이유로 행정심판이 청구된 것으로 본다(행심법 29 ⑧).

Ⅳ. 전자정보처리조직을 통한 심판청구

행정심판법에 따른 행정심판 절차를 밟는 자는 심판청구서와 그 밖의 서류를 전자문서화하고 이를 정보통신망을 이용하여 위원회에서 지정·운영하는 전자정보처리조직(행정심판 절차에 필요한 전자문서를 작성·제출·송달할 수 있도록 하는 하드웨어, 소프트웨어, 데이터베이스, 네트워크, 보안요소 등을 결합하여 구축한 정보처리능력을 갖춘 전자적 장치)을 통하여 제출할 수 있다(행심법 52 ①).

제 8 항 심판청구의 효과

행정심판이 청구되면 행정심판위원회는 행정심판을 심리·재결할 의무를 부담하고(행심법 6, 43 이하), 청구인은 행정심판을 받을 권리를 가지게 된다.

그 밖에도 행정심판이 청구되면 처분의 집행이 정지되는 집행정지효과가 있으나, 행정심판법은 심판청구가 있더라도 처분의 효력이나 그 집행 또는 절차의 속행에 영향을 주지 아니한다고 규정하여 집행부정지를 원칙으로 하고 있다(행심법 30). 이에 관하여는 아래 가구제에서 설명한다.

제 9 항 심판청구의 취하

청구인은 심판청구에 대하여 제7조 제6항 또는 제8조 제7항에 따른 의결이 있을 때까지 서면으로 심판청구를 취하할 수 있다(행심법 42 ①). 심판청구의 취하는 위원회에 대하여 심판청구를 철회하는 청구인의 일반적인 의사표시로서, 심판청구의 취하로 심판청구는 소급하여 소멸된다.

참가인은 심판청구에 대하여 제7조 제6항 또는 제8조 제7항에 따른 의결이 있을 때까지 서면으로 참가신청을 취하할 수 있다(행심법 42 ②).

제10항 가구제

행정심판의 재결 이전에 잠정적으로 청구인의 권리를 보전할 수 있는 일정한 조치를 가구제라 한다.

행정심판에서의 가구제제도로는 ① 침익적 처분(예: 영업정지·취소)에 대한 집행정지제도와 ② 수익처분의 신청을 거부하는 처분이나 부작위에 대한 임시처분제도가 있다.

특히 임시처분제도는 행정심판의 청구인이 처분이나 부작위에 의하여 회복하기 어려운 손해를 입게 되는 경우 종전의 집행정지제도만으로는 청구인의 권익을 구제하기가 어렵다는 문제가 있어 집행정지에 비하여 보다 적극적으로 당사자의 임시적 권익보호를 기할 목적으로 2010.7.26. 법개정을 통하여 도입한 것이다. 행정소송에서는 집행정지 이외에 임시처분과 같은 적극적 형태의 가구제제도가 없다.

Ⅰ. 집행정지

1. 집행부정지의 원칙

행정심판법은 심판청구가 있더라도 처분의 효력이나 그 집행 또는 절차의 속행에 영향을 주지 아니한다고 규정하여 집행부정지를 원칙으로 하고 있다(행심법 30 ①).

과거에는 이와 같은 집행부정지는 행정행위의 공정력이 행정쟁송에도 영향을 미치기 때문이라고 보는 견해도 있었으나, 오늘날 행정심판의 청구에 처분의 집행이 정지되는가 아닌가 하는 것은 국민의 권리구제나 행정운영의 원활성 중 어느 쪽에 우선순위를 두느냐에 따른 입법정책적인 판단의 문제로 보는 것이 일반적이다. 우리나라는 집행부정지를 원칙으로 하면서도 예외적으로 집행정지를 인정하고 있고, 반대로 독일은 집행정지를 원칙으로 하면서 예외적으로 집행부정지를 인정하고 있다.

2. 집행정지 *

(1) 의의

행정심판법은 심판청구와 관련하여 처분의 집행이 정지되지 않는 것을 원칙으로 하면서도, 처분의 집행으로 인한 중대한 손해의 발생을 예방하기 위하여 예외적으로 집행정지를 인정하고 있다.

이와 관련하여 행정심판법은 "위원회는 처분, 처분의 집행 또는 절차의 속행 때문에 중대한 손해가 생기는 것을 예방할 필요성이 긴급하다고 인정할 때에는 직권으로 또는 당사자의 신청에 의하여 처분의 효력, 처분의 집행 또는 절차의 속행의 전부 또는 일부의 정지를 결정할 수 있다(행심법 30 ②)."고 규정하고 있다.

---

* 사법시험(2012년).

(2) 요건

집행정지의 요건은 크게 적극적 요건과 소극적 요건으로 구분된다. 적극적 요건으로 ① 처분의 존재, ② 심판청구의 계속, ③ 중대한 손해의 예방, ④ 긴급한 필요성의 존재가 요구되고, 소극적 요건으로 ⑤ 집행정지가 공공복리에 중대한 영향을 미칠 우려가 없어야 한다(행심법 30 ②, ③).

(3) 대상

집행정지결정의 대상은 처분의 효력, 처분의 집행 또는 절차의 속행의 전부 또는 일부의 정지이다. 다만 처분의 효력정지는 처분의 집행 또는 절차의 속행을 정지함으로써 그 목적을 달성할 수 있는 때에는 허용되지 아니한다(행심법 30 ②).

(4) 절차

집행정지 신청은 심판청구와 동시에 또는 심판청구에 대한 제7조 제6항 또는 제8조 제7항에 따른 위원회나 소위원회의 의결이 있기 전까지, 집행정지 결정의 취소신청은 심판청구에 대한 제7조 제6항 또는 제8조 제7항에 따른 위원회나 소위원회의 의결이 있기 전까지 신청의 취지와 원인을 적은 서면을 위원회에 제출하여야 한다(행심법 30 ⑤).

집행정지결정은 위원회가 한다(행심법 30 ②). 그러나 위원회의 심리·결정을 기다릴 경우 중대한 손해가 생길 우려가 있다고 인정되면 위원장은 직권으로 위원회의 심리·결정을 갈음하는 결정을 할 수 있다. 이 경우 위원장은 지체 없이 위원회에 그 사실을 보고하고 추인을 받아야 하며, 위원회의 추인을 받지 못하면 위원장은 집행정지에 관한 결정을 취소하여야 한다(행심법 30 ⑥).

(5) 집행정지의 취소

위원회는 집행정지를 결정한 후에 집행정지가 공공복리에 중대한 영향을 미치거나 그 정지사유가 없어진 경우에는 직권으로 또는 당사자의 신청에 의하여 집행정지 결정을 취소할 수 있다(행심법 30 ④).

제4항에도 불구하고 위원회의 심리·결정을 기다릴 경우 중대한 손해가 생길 우려가 있다고 인정되면 위원장은 직권으로 위원회의 심리·결정을 갈음하는 결정을 할 수 있다. 이 경우 위원장은 지체 없이 위원회에 그 사실을 보고하고 추인을 받아야 하며, 위원회의 추인을 받지 못하면 위원장은 집행정지 취소에 관한 결정을 취소하여야 한다(행심법 30 ⑥).

Ⅱ. 임시처분 *

1. 의의

임시처분은 처분 또는 부작위가 위법·부당하다고 상당히 의심되는 경우로서 처분 또는 부작위 때문에 당사자가 받을 우려가 있는 중대한 불이익이나 당사자에게 생길 급박한 위험을 막기 위하여 임시지위를 정해주는 가구제 수단이다(행심법 31 ①).

가구제제도로서 집행정지는 소극적으로 침익적 처분의 집행을 정지하여 현상을 유지시키는 기능만 할 뿐이어서 잠정적인 권리구제수단으로서 일정한 한계가 있었다. 이에 따라 행정심판법은 수익처분의 신청을 거부하는 처분이나 부작위에 대한 임시처분제도를 도입함으로써 적극적으로 당사자의 임시적 권익보호를 할 수 있도록 한 것이다.

2. 요건

(1) 적극적 요건

1) 심판청구의 계속

이에 관한 명문의 규정은 없으나, 임시처분의 경우는 본안청구와 관련된 것이므로, 집행정지의 경우와 마찬가지로, 심판청구가 계속 중이어야 한다.

2) 처분 또는 부작위가 위법·부당하다고 상당히 의심되는 경우일 것

집행정지의 경우에는 처분의 위법·부당 여부에 관하여는 명시적인 규정을 두고 있지 않지만, 임시처분의 경우에는 본안판단에 앞서 -잠정적이나마- 처분이 있은 것과 같은 상태를 실현하는 것이라는 점에서, 집행정지보다는 보다 엄격하게, '처분 또는 부작위가 위법·부당하다고 상당히 의심되는 경우'를 요건으로 요구하고 있는 것이다.

3) 당사자가 받을 우려가 있는 중대한 불이익이나 당사자에게 생길 급박한 위험을 막기 위한 것일 것

이 요건은 집행정지의 경우와 유사하다고 판단되므로, 집행정지에서의 '중대한 손해가 생기는 것을 예방할 필요성이 긴급하다고 인정할 때'에 준하여 판단하면 될 것이다.

(2) 소극적 요건

임시처분에 관하여는 집행정지에 관한 제30조 제3항부터 제7항까지의 규정이 준용되므로(행심법 31 ②), 임시처분이 공공복리에 중대한 영향을 미칠 우려가 있을 때에는 허용되지 아니한다.

---

* 사법시험(2012년), 5급공채(행정)(2018년).

3. 임시처분의 보충성

임시처분은 제30조 제2항에 따른 집행정지로 목적을 달성할 수 있는 경우에는 허용되지 아니한다(행심법 31 ③).

4. 임시처분의 결정 및 취소

위원회는 직권 또는 당사자의 신청에 의하여 임시처분을 결정할 수 있다(행심법 31 ①).

위원회는 임시처분을 결정한 후에 임시처분이 공공복리에 중대한 영향을 미치거나 그 처분사유가 없어진 경우에는 직권으로 또는 당사자의 신청에 의하여 임시처분 결정을 취소할 수 있다(행심법 31 ②, 30 ④).

위원회의 심리·결정을 기다릴 경우 중대한 불이익이나 급박한 위험이 생길 우려가 있다고 인정되면 위원장은 직권으로 위원회의 심리·결정을 갈음하는 결정을 할 수 있다. 이 경우 위원장은 지체 없이 위원회에 그 사실을 보고하고 추인을 받아야 하며, 위원회의 추인을 받지 못하면 위원장은 임시처분 또는 임시처분 취소에 관한 결정을 취소하여야 한다(행심법 31 ②, 30 ⑥).

제 4 절 행정심판의 심리

행정심판의 심리라 함은 심판청구에 대한 재결을 하기 위하여 관계인의 주장 및 증거·자료를 수집·조사하는 일련의 절차를 말한다.

행정심판은 행정부 내에서 이루어지는 행정쟁송절차이지만, 헌법 제107조 제3항의 요청에 따라 재판에 준하는 심리절차로 구성되어 있다. 행정심판법은 국민의 권익구제를 강화하기 위하여 행정심판의 심리에 있어 당사자주의에 입각한 대심구조를 취하고 구술주의를 강화하고 있다.

심리기일은 위원회가 직권으로 지정한다(행심법 38 ①).

Ⅰ. 요건심리와 본안심리

행정심판의 심리는 단계적으로 심판청구에 대한 요건심리와 본안심리로 구분된다. ① 요건심리는 행정심판의 청구요건(청구인적격·피청구인적격·처분이나 부작위의 존재·심판청구기간·심판청구서의 구비 등)을 구비하였는가에 관한 심리이다. 요건이 불비되어 심판청구가 부적법하지만 보정할 수 있다고 인정하면 보정할 것을 요구하거나 직권으로 보정하고, 그렇지 않은 경우에는 각하재결을 한다. ② 행정심판의 청구요건이 모두 구비되어 심판청구가 행정심판이 적법하게 청구된 경우에는 본안심리로 청구인의 주장이 이유가 있는지의 여부를 심리한다. 본안심리의 결과 청구인의 청구가 이유 있는 경우에는 그 청구를 인용하는 재결을 하고, 이유가 없는 경우에는 기각하는 재결을 한다.

Ⅱ. 심리의 범위

행정심판의 심리는 처분이나 부작위의 위법 여부(법률문제)뿐 아니라 타당·부당 여부를 포함한 사실문제에까지 미친다.

그 밖에 심판범위와 관련하여 불고불리(不告不理)의 원칙과 불이익변경금지의 원칙이 적용된다.

Ⅲ. 심리의 절차

1. 심리절차의 기본원칙

(1) 대심주의(對審主義)

행정심판은 심리에 있어 대립하는 당사자 쌍방에게 공격·방어방법을 제출할 대등한 기회를 보장하는 대심구조를 바탕으로 하고 있다. 이에 따라 청구인과 피청구인이 행정심판위원회에서 서로 공격과 방어를 하는 구조로 심리가 진행된다.

(2) 직권심리주의

위원회는 사건을 심리하기 위하여 필요하면 직권으로 증거조사를 할 수 있고(행심법 36 ①), 당사자가 주장하지 아니한 사실에 대하여도 심리할 수 있다(행심법 39).

행정심판법이 대심구조와 당사자주의의 원칙에도 불구하고 증거조사와 심리에 있어 직권탐지주의(Untersuchungsmaxime)를 채택한 것은 행정심판의 기능이 국민의 권익구제 뿐만 아니라 행정작용의 적법·타당성 통제에도 있기 때문이다. 다만 직권심리도 불고불리원칙에 의하여 심판청구의 대상이 되는 처분 또는 부작위 외의 사항에 미칠 수 없다.

(3) 서면심리주의와 구술심리주의

과거에는 행정심판의 심리는 서면심리를 원칙으로 하되 당사자의 신청이 있거나 위원회가 필요하다고 인정할 경우에는 구술심리를 할 수 있도록 하고 있었다. 이에 대해서는 당사자의 구술심리를 받을 권리가 충분히 보장되지 못하고 있다는 비판이 있었다.

이에 현행 행정심판법은 "행정심판의 심리는 구술심리나 서면심리로 한다(행심법 40 ①)."고 하여 서면심리와 구술심리를 동등한 심리방식으로 규정하고 있다. 다만, "당사자가 구술심리를 신청한 경우에는 서면심리만으로 결정할 수 있다고 인정되는 경우 외에는 구술심리를 하여야 한다(행심법 40 ① 단서)."고 하여 당사자가 구술심리를 신청한 경우 원칙적으로 구술심리를 받을 권리를 부여하면서도 위원회가 '서면심리만으로 결정할 수 있다고 인정하는 경우'에는 구술심리를 받을 권리가 제한될 수 있도록 하고 있다.

이와 같은 제한은 무분별한 구술심리에 따른 심리지연, 행정심판위원회의 회의구성 및 운영상황 등을 고려하면 현실적으로 그 제한의 필요성이 인정된다고 보아야 할 것이다. 다만 실제로 위원회가 '서면심리의 필요'에 대한 판단권을 어떻게 행사하느냐에 따라 구술심리를 받을 권리가 부당하게 제한받을 수도 있으므로, 제도운영에 있어 구술심리를 받을 권리를 보장하려는 법의 취지가 반드시 반영되도록 하는 것도 매우 중요하다.

요컨대 행정심판은 서면심리주의를 원칙으로 하면서 구술심리가 제한적인 범위 내에서 보장되고 있다고 할 수 있다.

(4) 비공개주의

행정심판법에는 심리의 공개 여부에 대한 명문의 규정이 없다. 그러나 행정심판의 심리에 있어 서면심리주의를 원칙으로 하고 있고, 또한 직권심리가 인정되고 있는 점을 고려하면 심리의 비공개를 원칙으로 하고 있다고 이해된다. 실제 운영상 행정심판의 심리는 비공개로 진행되는 것이 일반적이다. 그러나 명문의 규정은 없지만, 위원회가 필요하다고 인정하면 이를 공개하여 진행할 수도 있을 것이다.

2. 답변서의 제출 및 주장의 보충

피청구인이 제23조(심판청구서의 제출) 제1항·제2항 또는 제26조(위원회의 심판청구서 등의 접수·처리) 제1항에 따라 심판청구서를 접수하거나 송부받으면 10일 이내에 심판청구서(제23조 제1항·제2항의 경우만 해당)와 답변서를 위원회에 보내야 한다. 다만, 청구인이 심판청구를 취하한 경우에는 그러하지 아니하다(행심법 24 ①).

당사자는 심판청구서·보정서·답변서·참가신청서 등에서 주장한 사실을 보충하고 다른 당사자의 주장을 다시 반박하기 위하여 필요하면 위원회에 보충서면을 제출할 수 있다. 이 경우 다른 당사자의 수만큼 보충서면 부본을 함께 제출하여야 한다(행심법 33 ①).

3. 증거서류 등의 제출 및 증거조사

당사자는 심판청구서·보정서·답변서·참가신청서·보충서면 등에 덧붙여 그 주장을 뒷받침하는 증거서류나 증거물을 제출할 수 있다(행심법 34 ①).

위원회는 사건을 심리하기 위하여 필요하면 직권으로 또는 당사자의 신청에 의하여 ① 당사자나 관계인을 위원회의 회의에 출석하게 하여 신문하는 방법, ② 당사자나 관계인이 가지고 있는 문서·장부·물건 또는 그 밖의 증거자료의 제출을 요구하고 영치하는 방법, ③ 특별한 학식과 경험을 가진 제3자에게 감정을 요구하는 방법, ④ 당사자 또는 관계인의 주소·거소·사업장이나 그 밖의 필요한 장소에 출입하여 당사자 또는 관계인에게 질문하거나 서류·물건 등을 조사·검증하는 방법에 따라 증거조사를 할 수 있다(행심법 36 ①).

4. 심리의 병합과 분리

위원회는 필요하면 관련되는 심판청구를 병합하여 심리하거나 병합된 관련 청구를 분리하여 심리할 수 있다(행심법 37).

5. 당사자의 절차적 권리

당사자에게는 ① 위원에 대한 기피신청권(행심법 10 ②), ② 당사자의 절차적 권리에 중대한 영향을 미치는 위원회의 결정에 대한 이의신청권(행심법 16 ⑧, 17 ⑥, 20 ⑥, 29 ⑦), ③ 보충서면제출권(행심법 33), ④ 증거서류 등의 제출권(행심법 34), ⑤ 증거조사신청권(행심법 36 ①), ⑥ 구술심리신청권(행심법 40 ①) 등의 절차적 권리가 보장되고 있다.

제 5 절 행정심판의 재결

Ⅰ. 재결의 의의

재결이란 심판청구에 대한 심리를 거쳐 행정심판위원회가 내리는 결정을 말한다. 재결은 행정심판위원회의 행정행위이면서 동시에 재판작용에 준하는 성질을 가진다. 먼저 재결은 다툼이 있는 행정법상의 법률관계나 사실관계에 대해서 공적으로 판단하여 선언하는 것으로서 준법률행위적 행정행위인 확인행위에 해당한다. 다른 한편으로 재결은 헌법 제107조 제3항에 근거하여 행정법상의 분쟁을 해결하는 쟁송절차에서 내려진 결정이라는 점에서 준사법적 작용이다. 이에 따라 재결에는 불가변력이 인정된다. 요컨대 재결은 준사법적 행정행위이다.

Ⅱ. 재결기간

재결은 제23조에 따라 피청구인 또는 위원회가 심판청구서를 받은 날부터 60일 이내에 하여야 한다. 다만, 부득이한 사정이 있는 경우에는 위원장이 직권으로 30일을 연장할 수 있다(행심법 45 ①).

위원장은 제1항 단서에 따라 재결 기간을 연장할 경우에는 재결 기간이 끝나기 7일 전까지 당사자에게 알려야 한다(행심법 45 ②).

Ⅲ. 재결방식

재결은 서면으로 한다(행심법 46 ①). 재결서에는 ① 사건번호와 사건명, ② 당사자·대표자 또는 대리인의 이름과 주소, ③ 주문, ④ 청구의 취지, ⑤ 이유, ⑥ 재결한 날짜가 포함되어야 한다(행심법 46 ②). 재결서에 적는 이유에는 주문 내용이 정당하다는 것을 인정할 수 있는 정도의 판단을 표시하여야 한다(행심법 46 ③).

Ⅳ. 재결의 범위

재결의 범위도 심리의 범위와 마찬가지로 불고불리의 원칙과 불이익변경금지의 원칙이 적용된다. 즉 위원회는 심판청구의 대상이 되는 처분 또는 부작위 외의 사항에 대하여는 재결하지 못하고(행심법 47 ①), 심판청구의 대상이 되는 처분보다 청구인에게 불리한 재결을 하지 못한다(행심법 47 ②).

Ⅴ. 재결의 송달과 효력발생

위원회는 지체 없이 당사자에게 재결서의 정본을 송달하여야 한다. 이 경우 중앙행정심판위원회는 재결 결과를 소관 중앙행정기관의 장에게도 알려야 한다(행심법 48 ①). 재결은 청구인에게 제1항 전단에 따라 송달되었을 때에 그 효력이 생긴다(행심법 48 ②).

위원회는 재결서의 등본을 지체 없이 참가인에게 송달하여야 한다(행심법 48 ③). 처분의 상대방이 아닌 제3자가 심판청구를 한 경우 위원회는 재결서의 등본을 지체 없이 피청구인을 거쳐 처분의 상대방에게 송달하여야 한다(행심법 48 ④).

Ⅵ. 재결의 종류*

1. 개관

행정심판의 재결에는 ① 심판청구의 요건불비로 심판청구가 적법하지 아니함을 이유로 하는 각하재결(행심법 43 ①), ② 본안심리 결과 청구가 이유 없음을 이유로 하는 기각재결(행심법 43 ②), ③ 청구가 이유가 있어 당사자의 청구를 받아들이는 인용재결이 있다.

한편 기각재결은 청구인의 심판청구를 배척하여 원처분을 시인하는 데 그칠 뿐 처분청에 대하여 원처분의 효력을 확정하는 것이 아니므로, 기각재결이 있은 후에도 처분청은 당해 처분을 직권으로 취소·변경할 수 있다.

한편 위원회는 당사자의 권리 및 권한의 범위에서 당사자의 동의를 받아 심판청구의 신속하고 공정한 해결을 위하여 조정을 할 수 있다. 다만, 그 조정이 공공복리에 적합하지 아니하거나 해당 처분의 성질에 반하는 경우에는 그러하지 아니하다(행심법 43조의2 ①). 위원회는 제1항의 조정을 함에 있어서 심판청구된 사건의 법적·사실적 상태와 당사자 및 이해관계자의 이익 등 모든 사정을 참작하고, 조정의 이유와 취지를 설명하여야 한다(행심법 43조의2 ②). 조정은 당사자가 합의한 사항을 조정서에 기재한 후 당사자가 서명 또는 날인하고 위원회가 이를 확인함으로써 성립한다(행심법 43조의2 ③). 성립한 조정에 대해서는 재결에 관한 행정심판법 제48조부터 제50조까지, 제50조의2, 제51조의 규정이 준용된다(행심법 43조의2 ④).

2. 인용재결

(1) 취소재결

위원회는 취소심판의 청구가 이유가 있다고 인정하면 처분을 취소 또는 다른 처분으로 변경하거나(형성재결) 처분을 다른 처분으로 변경할 것을 피청구인에게 명한다(이행재결) (행심법 43 ③). 따라서 취소심판의 인용재결에는 취소재결·변경재결·변경명령재결이 있다.

취소재결의 경우에는 재결의 형성력으로 인하여 당해 처분은 별도의 취소를 기다릴 것 없이 당연히 취소되어 그 효력이 소멸된다. 취소심판에서의 '취소'에는 전부취소뿐 아니라 일부취소도 포함된다.

취소심판에서의 '변경'의 의미는 소극적인 일부취소뿐 아니라 원처분에 갈음하여 새로운 처분으로 대체하는 적극적인 변경도 포함된다는 것이 다수의 견해이다. 행정소송의 경우에는 권력분립의 원칙상 법원은 원처분에 갈음하는 새로운 처분을 할 수 없기 때문에 취소소송에서의 처분의 변경은 소극적인 일부취소만을 의미한다고 보는 것이 일반적인 견해이다. 그러나 행정심판은 이와

* 법원행정고시(2006년), 사법시험(2007년), 5급공채(일반행정)(2011년), 5급공채(2024년).

같은 권력분립상의 문제를 야기하지 않기 때문에 적극적 변경도 가능한 것이다.*

취소심판에는 변경명령재결과 같은 이행재결이 인정된다는 점에서 이행판결이 인정되지 않는 항고소송과 차이가 있다.

(2) 무효등확인재결

위원회는 무효등확인심판의 청구가 이유가 있다고 인정하면 처분의 효력 유무 또는 처분의 존재 여부를 확인한다(행심법 43 ④). 따라서 무효등확인재결에는 유효확인재결·무효확인재결·존재확인재결·부존재확인재결이 있다. 명문의 규정은 없지만 실효확인재결도 인정된다는 것이 일반적인 견해이다.

(3) 의무이행재결**

위원회는 의무이행심판의 청구가 이유가 있다고 인정하면 지체 없이 신청에 따른 처분을 하거나(형성재결) 처분을 할 것을 피청구인에게 명한다(이행재결) (행심법 43 ⑤). 따라서 의무이행재결에는 처분재결과 처분명령재결이 있다.

이행재결인 처분명령재결은 처분청에게 일정한 처분의무를 부과하는 것이므로, 처분명령재결이 있으면 행정청은 지체 없이 이전의 신청에 대하여 재결의 취지에 따라 처분을 하여야 한다(행심법 49 ③). 이 때 ① 그 처분이 기속행위인 경우에는 당사자가 신청한 특정한 처분을 하는 특정처분의 이행명령이 되지만, ② 재량행위인 경우에는 어떠한 처분이든 재량에 따른 처분을 하도록 명하는 재량행사의 이행명령이 된다. 위원회는 처분청이 제49조 제3항에도 불구하고 처분을 하지 아니하는 경우에는 당사자가 신청하면 기간을 정하여 서면으로 시정을 명하고 그 기간에 이행하지 아니하면 직접 처분을 하거나 간접강제를 할 수 있다(행심법 50 ①, 50조의2 ①).

3. 사정재결

(1) 의의

사정재결이란 심판청구가 이유가 있다고 인정하는 경우에도 이를 인용하는 것이 공공복리에 크게 위배된다고 인정하여 그 심판청구를 기각하는 재결을 말한다(행심법 44 ①).

(2) 인정이유

사정재결은 청구의 인용으로 인한 개인의 권리보호가 결과적으로 공익에 중대한 침해를 가져올 경우 공공의 이익을 우선시킴으로써 이를 시정하기 위한 예외적인 제도이다. 요컨대 사정재결

* 변호사시험(2022년).

** 사법시험(2007년).

은 공익우선이라는 관점에서 공·사익을 조절하기 위하여 예외적으로 인정되는 제도이다(예컨대, '항만설치를 위한 공유수면점용허가'에 대하여 취소심판이 청구된 경우, 허가가 위법하다 하더라고 항만설치가 차지하는 국가적 이익이 크다고 판단하여 기각재결을 하는 경우).

사정재결과 관련하여서는 사법부에 의한 사정판결제도는 인정할 수 있다 하더라도, 재결의 공정성을 위하여 행정심판 단계에서의 사정재결제도는 폐지하는 것이 바람직하다는 견해가 있다.[11)]

(3) 위법·부당의 명시

위원회는 사정재결을 하는 경우에는 재결의 주문에서 그 처분 또는 부작위가 위법하거나 부당하다는 것을 구체적으로 밝혀야 한다(행심법 44 ① 2문).

이는 처분이 위법·부당함에도 공익을 우선적으로 보호하려는 사정재결의 성격을 고려하여, 사정재결을 하더라도 처분의 위법·부당함을 명시하도록 한 것이다. 따라서 이는 위법·부당한 처분은 사정재결이 있더라도 적법한 처분으로 전환되는 것이 아니라 여전히 위법·부당한 처분임을 분명히 한 것이고, 또한 청구인이 처분의 위법·부당을 다시 주장하여야 할 때 재결서만으로도 이를 입증할 수 있도록 한 것이다.

(4) 구제방법·불복

사정재결은 공익을 우선시키는 제도이기는 하지만, 사정재결이 인정된다고 하여 사익이 전혀 보호되지 않는 상태로 방치될 수는 없다. 이에 따라 행정심판법은 위원회가 사정재결을 할 때에는 청구인에 대하여 상당한 구제방법을 취하거나 상당한 구제방법을 취할 것을 피청구인에게 명할 수 있도록 하고 있다(행심법 44 ②).

사정재결에 불복하는 자는 당연히 행정소송을 제기하여 이를 다툴 수 있다.

(5) 사정재결의 적용제한

무효등확인심판에는 사정재결이 인정되지 않는다(행심법 44 ③). 이에 대해서는 무효등확인심판에도 사정재결의 필요가 생길 수 있다는 반론[12)]이 있으나, 사정재결 자체도 예외적인 제도이고, 나아가 무효인 처분에 대해서까지 공익을 우선시켜야 할 이유는 없다고 본다.

11) 김성수, 일반행정법, 805면.
12) 김남진, 행정법 I, 706면.

Ⅶ. 재결의 효력*

행정심판법은 재결의 효력과 관련하여 기속력과 기속력의 실효성을 담보하기 위한 직접처분에 관하여만 규정하고 있지만, 재결도 행정행위이므로, 행정행위가 가지는 효력을 그대로 가진다. 이하에서는 재결의 효력과 관련하여, 형성력·기속력·불가변력을 설명하고, 이와 더불어 기속력을 확보하기 위한 수단으로서 직접처분을 살펴보기로 한다.

1. 형성력

처분을 취소하거나 변경하는 취소·변경재결은 형성력을 가진다. 따라서 위원회가 당해 처분을 취소하거나 변경하면 별도의 취소·변경을 기다릴 것 없이 당해 처분은 처분시에 소급하여 소멸되거나 변경된다(대세효). 판례의 입장도 같다(대판 1998.4.24, 97누17131).

형성력은 형성재결에 인정되는 효력이므로, 이행재결의 경우에는 형성력을 발생시키는 것이 아니라, 후술하는 기속력을 발생시키는 것이다.

2. 기속력

(1) 의의

심판청구를 인용하는 재결은 피청구인과 그 밖의 관계 행정청을 기속하는데(행심법 49 ①), 이를 재결의 기속력이라 한다. 여기에서 '기속'의 의미는 피청구인과 그 밖의 관계 행정청이 재결의 취지에 따라야 할 의무를 부담한다는 것이다.

기속력은 인용재결에 인정되는 효력이므로, 각하재결이나 기각재결에는 기속력이 문제되지 않는다.

기속력은 '행정청'에 대한 것이므로, 피청구인과 관계행정청 이외에 처분의 상대방이나 제3자를 기속하는 효력이 없다. 그러므로 재결의 위법을 이유로 이에 대한 항고소송이 가능함과 동시에 재결의 취지에 따르는 처분의 위법성에 대한 항고소송도 제기할 수 있음은 물론이다.

[판례1] "재결의 기속력"의 의미

"(구) 행정심판법 제37조 제1항의 규정에 의하면 재결은 행정청을 기속하는 효력을 가지므로 재결청이 취소심판의 청구가 이유 있다고 인정하여 처분청에게 처분의 취소를 명하면 처분청으로서는 그 재결의 취지에 따라 처분을 취소하여야 하지만, 그렇다고 하여 그 재결의 취지에 따른 취소처분이 위법할 경우 그 취소처분의 상대방이 이를 항고소송으로 다툴 수 없는 것은 아니다(대판 1993.9.28, 92누15093)."

* 사법시험(2009년), 사법시험(2013년), 5급공채(2024년).

[판례2] 재결이 확정된 경우, 처분의 기초가 되는 사실관계나 법률적 판단이 확정되고 당사자들이나 법원이 이에 기속되어 모순되는 주장이나 판단을 할 수 없는지 여부

"행정심판의 재결은 피청구인인 행정청을 기속하는 효력을 가지므로 재결청이 취소심판의 청구가 이유 있다고 인정하여 처분청에 처분을 취소할 것을 명하면 처분청으로서는 재결의 취지에 따라 처분을 취소하여야 하지만, 나아가 재결에 판결에서와 같은 기판력이 인정되는 것은 아니어서 재결이 확정된 경우에도 처분의 기초가 된 사실관계나 법률적 판단이 확정되고 당사자들이나 법원이 이에 기속되어 모순되는 주장이나 판단을 할 수 없게 되는 것은 아니다(대판 2015.11.27, 2013다6759)."

(2) 기속력의 내용

1) 반복금지의무(소극적 의무)

인용재결이 있으면 피청구인과 그 밖의 관계 행정청은 동일한 상황 하에서 인용재결에 저촉되는 동일한 처분을 반복할 수 없는데, 이를 반복금지의무라 한다.

2) 재처분의무(적극적 의무)

① 의의

재결에 의하여 취소되거나 무효 또는 부존재로 확인되는 처분이 당사자의 신청을 거부하는 것을 내용으로 하는 경우 그 처분을 한 행정청은 재결의 취지에 따라 다시 이전의 신청에 대한 처분을 하여야 하고(행심법 49 ②), 당사자의 신청을 거부하거나 부작위로 방치한 처분의 이행을 명하는 재결이 있으면 행정청은 지체 없이 이전의 신청에 대하여 재결의 취지에 따라 처분을 하여야 하는데(행심법 49 ③), 이를 재처분의무라 한다. 이에 따라 행정청은 '재결의 취지에 따라야 할 의무(재결의 취지에 반해서는 안 될 의무)'와 '재처분을 하여야 할 의무'를 부담하게 된다.[13)]

재처분의무는 이행재결에 인정되는 효력이므로, 취소·변경재결과 같은 형성재결에는 원칙적으로 재처분의무가 문제되지 않으나, 행정심판법은 재결의 실효성을 높이기 위하여 거부처분에 대한 취소재결이나 무효등확인재결과 같은 형성재결과 확인재결의 경우에도 재처분의무를 인정하고 있다.

② 거부처분취소심판의 인용재결에 따른 재처분의무 인정 여부*

(i) 과거의 논의

(구) 행정심판법 제49조 제2항은 거부처분이나 부작위에 대한 처분명령재결(이행재결)의 경

* 사법시험(2014년), 5급공채(일반행정)(2011년).

13) 종래 행정심판법은 의무이행재결에 대한 재처분의무(행심법 49 ③)만 규정하고 있었으나, 2017.4.18. 법개정을 통하여 거부처분에 대한 취소재결이나 무효등확인재결에 대한 재처분의무(행심법 49 ②)를 신설하였다.

우만을 규정하고 있어서, 동 조항이 거부처분에 대한 취소재결(무효등확인재결 포함)의 경우에도 적용되는 것인지(즉 거부처분취소재결에도 재처분의무가 발생하는지)에 대해서는 학설의 대립이 있었다.

(ii) 학설

이와 관련하여서는 ① 행정심판법상 거부처분은 의무이행심판의 대상이므로 거부처분에 대한 취소심판은 허용될 수 없고 따라서 거부처분취소재결에 대해서는 재처분의무가 발생할 수 없다는 견해,[14] ② 거부처분에 대한 취소심판은 허용되지만, 행정심판법 제49조 제2항이 처분명령재결(이행재결)에 대한 재처분의무만을 규정하고 있고 거부처분취소재결에 대해서는 명문의 근거규정이 없으므로 재처분의무가 발생하지 않는다는 견해,[15] ③ 거부처분에 대한 취소심판이 허용되고, 거부처분취소재결이 있으면 처분청은 행정심판법 제49조 제2항에 의하여 재처분의무를 부담한다는 견해가 있었다.

(iii) 판례

판례는 “당사자의 신청을 거부하는 처분을 취소하는 재결이 있는 경우에는 행정청은 그 재결의 취지에 따라 이전의 신청에 대한 처분을 하여야 하는 것이므로 행정청이 그 재결의 취지에 따른 처분을 하지 아니하고 그 처분과는 양립할 수 없는 다른 처분을 하는 것은 위법한 것이라 할 것이고 이 경우 그 재결의 신청인은 위법한 다른 처분의 취소를 소구할 이익이 있다(대판 1988.12.13, 88누7880).”고 하여 ③의 견해와 같이 거부처분취소재결에 대한 재처분의무의 적용을 긍정하는 입장이었다고 평가되었다.

(iv) 결어 및 입법적 해결

행정심판법상 처분개념(행심법 2 1호)에는 거부처분도 포함되므로, 거부처분의 경우 당사자는 본인의 선택에 따라 취소심판이나 의무이행심판 중 어느 하나, 또는 양자를 동시에 청구할 수 있다고 보는 것이 타당하고, 당사자의 권리구제의 관점에서 보더라도 거부처분의 경우 의무이행심판만 허용되는 것으로 제한할 이유가 없다고 판단되므로, (구) 행정심판법 제49조 제2항은 거부처분취소재결에도 당연히 적용된다고 보아야 할 것이므로 ③의 견해와 판례의 입장이 타당하다.

다만 (구) 행정심판법 제49조 제2항이 명문으로 ‘처분의 이행을 명하는 재결이 있으면’이라고 규정하고 있어 거부처분의 취소재결이나 무효등확인재결에 대한 재처분의무부과의 법적 근거가 없다는 점이 문제였었다. 한편 행정소송법도 형성판결인 취소판결에 재처분의무를 인정하고 있어서(행소법 30 ②) 이에 대한 입법적 보완이 요구되던 중, 2017.4.18. 행정심판법 개정을 통하여 거부처분에 대한 취소재결이나 무효등확인재결에 따른 재처분의무 규정이 신설됨으로써 이 문제는 입법적인 해결을 보게 되었다.

14) 홍정선, 행정법특강 제16판, 538면.
15) 박균성, 행정법강의 제14판, 653면.

③ 절차상의 하자를 이유로 처분을 취소하는 재결에 대한 재처분의무

신청에 따른 처분이 절차의 위법 또는 부당을 이유로 재결로써 취소된 경우에도 재처분의무에 관한 규정이 준용되므로(행심법 49 ④), 이 경우 행정청은 지체 없이 이전의 신청에 대하여 재결의 취지에 따라 처분을 하여야 한다.

3) 결과제거의무

취소재결이나 무효확인재결이 있게 되면, 행정청은 위법·부당한 처분에 의하여 야기된 위법한 결과를 제거하여 원상으로 회복할 의무를 부담한다. 예컨대 건축물에 대한 철거명령이 취소재결을 통하여 취소되면 이를 전제로 한 후속행위인 대집행계고처분은 취소되어야 한다.

(3) 기속력의 객관적 범위

기속력은 재결의 주문 및 그 전제가 된 요건사실의 인정과 판단, 즉 처분 등의 구체적 위법사유에 관한 판단에만 미치고, 재결의 결론과 직접 관련이 없는 방론이나 간접사실 등에 대한 판단에는 미치지 않는다.

[판례] 재결의 기속력이 미치는 범위

"재결의 기속력은 재결의 주문 및 그 전제가 된 요건사실의 인정과 판단, 즉 처분의 구체적 위법사유에 관한 판단에만 미친다. 따라서 종전 처분이 재결에 의하여 취소되었더라도 종전 처분 시와는 다른 사유를 들어 처분을 하는 것은 기속력에 저촉되지 아니한다. 여기서 동일한 사유인지 다른 사유인지는 종전 처분에 관하여 위법한 것으로 재결에서 판단된 사유와 기본적 사실관계에서 동일성이 인정되는 사유인지 여부에 따라 판단하여야 한다(대판 2005.12.9, 2003두7705 등 참조).

(압류처분이 재결의 기속력에 반하는 처분이라 하여 그 무효확인을 구하는 사건에서) 토지에 관한 종전 압류처분이 학교법인 재산대장 등에 사립학교 교육용 기본재산으로 등재된 압류금지재산에 대한 것이라는 이유로 재결에 의해 취소된 이후 과세관청이 위 토지는 학교 교육에 직접 사용되지 않고 있어 압류금지재산인 교육용 기본재산이 아니라는 이유로 후행 압류처분을 한 경우, 후행 압류처분은 종전 재결의 사실인정 및 판단과 기본적인 사실관계가 동일하지 아니한 사유를 바탕으로 이루어진 것이므로 재결의 기속력에 저촉되지 않는다(대판 2017.2.9, 2014두40029[압류처분무효확인])."

3. 불가변력

재결은 당사자의 참여와 심리를 거쳐 이루어지는 준사법적 판단이므로 통상적인 행정행위와는 달리 재결을 한 위원회도 이를 취소하거나 변경할 수 없다.

4. 재결의 실효성 확보수단으로서의 직접처분과 간접강제

(1) 직접처분*

1) 집행력과 직접처분

민사소송에서는 강제집행을 할 수 있는 확정판결의 효력을 집행력이라 한다. 행정소송은 이행판결이 없기 때문에 판결의 강제집행이라는 문제가 발생하지 않지만, 행정심판의 경우에는 이행재결이 있기 때문에, 이행재결을 이행하지 않았을 때 이를 강제집행할 수 있는 재결의 효력을 집행력이라 할 수 있다.

그런데 행정심판의 특성상 행정심판기관이 행정청을 상대로 강제집행하기는 어려우므로, 행정심판법은 애초에는 재결의 기속력을 확보하기 위한 수단으로 직접처분만을 규정하고 있었다.

직접처분은 피청구인이 위원회의 이행명령재결에 따르지 않을 경우 위원회가 직접 처분할 수 있도록 하는 제도로서 청구인의 권리구제 강화와 재결의 실효성을 확보하기 위하여 1996년 행정심판법 개정을 통하여 도입되어 오늘에 이르고 있다.[16)]

2) 직접처분의 의의

행정심판법 제50조 제1항은 "위원회는 피청구인이 제49조 제3항에도 불구하고 처분을 하지 아니하는 경우에는 당사자가 신청하면 기간을 정하여 서면으로 시정을 명하고 그 기간에 이행하지 아니하면 직접 처분을 할 수 있다."고 규정하고 있다.

이행재결의 경우는 심판청구가 인용되어도 행정청의 적극적인 작위를 필요로 하기 때문에 비록 재결의 기속력이 있다 하더라도 행정청이 재결의 취지에 따라 적극적인 처분을 하지 않을 경우 청구인의 실질적인 권리보호를 위한 제도적 장치가 없으면 재결의 실효성을 담보할 수 없게 된다. 이에 따라 국민의 권리구제, 사법부의 업무 경감, 재결청의 처분에 대한 감독기능 강화 측면에서 직접처분제도를 두게 된 것이다.

3) 직접처분의 요건과 형식·절차

행정심판법 제50조, 동법 시행령 제33조 및 동법 시행규칙 제4조는 직접처분의 요건 및 형식·절차를 규정하고 있다.

위원회는 피청구인이 제49조 제3항에도 불구하고 처분을 하지 아니하는 경우에는 당사자가 신청하면 기간을 정하여 서면으로 시정을 명하고 그 기간에 이행하지 아니하면 직접 처분을 할 수 있다. 다만, 그 처분의 성질이나 그 밖의 불가피한 사유로 위원회가 직접 처분을 할 수 없는 경우

---

* 5급공채(일반행정)(2011년), 5급공채(행정)(2018년).

16) 직접처분에 관하여는 졸고, 행정심판 재결의 실효성 강화방안 -직접처분과 간접강제를 중심으로-, 공법연구 제41집 제2호(2012.12), 459면 이하 참조.

에는 그러하지 아니하다. 위원회는 직접 처분을 하였을 때에는 그 사실을 해당 행정청에 통보하여야 하며, 그 통보를 받은 행정청은 위원회가 한 처분을 자기가 한 처분으로 보아 관계 법령에 따라 관리·감독 등 필요한 조치를 하여야 한다(행심법 50).

위원회가 직접 처분을 할 경우에는 재결의 취지에 따라야 하며, 직접 처분할 수 없는 경우에는 지체 없이 당사자에게 그 사실 및 사유를 알려야 한다(행심법 시행령 33).

위원회가 직접 처분을 하는 경우 그 처분서에는 법 제50조 제1항 본문에 따라 처분을 한다는 취지와 해당 처분에 관하여 관계 법령에서 정하고 있는 허가증 등 처분증명서에 적혀 있는 사항이 포함되어야 한다(행심법 시행규칙 4).

4) 직접처분의 한계

① 직접처분을 할 수 없는 경우

행정심판법 제50조 제1항은 위원회의 직접처분권을 규정하면서도, 단서에서 "다만, 그 처분의 성질이나 그 밖의 불가피한 사유로 위원회가 직접 처분을 할 수 없는 경우에는 그러하지 아니하다."라고 규정하고 있다.

이 단서조항은, 종래의 재결청 제도가 폐지되고 위원회가 재결을 하게 됨에 따라 위원회가 직접처분을 하게 되었지만, 처분과 관련된 행정조직이 없는 위원회가 처분과 관련된 구체적인 제반 여건을 고려하여 능동적으로 직접처분을 하기에는 일정한 한계가 있는 것이므로 이러한 한계를 고려하여 2010년 2월 행정심판법 개정을 통하여 추가된 것이다.

단서규정에서 말하는 '처분의 성질상 직접처분이 불가능한 경우'로는 '재량권 행사', '자치사무', '정보공개', '예산이 수반되는 경우' 등을 들 수 있고, '그 밖의 불가피한 사유로 직접 처분이 불가능한 경우'로는 '처분당시의 특수한 상황인 민원의 발생', '사업기간의 재설정 필요', '의무이행재결 이후에 사정변경 -법적 또는 사실적 상황의 변경- 이 생긴 경우' 등을 들 수 있다.

② 직접처분권과 지방자치권

위원회의 직접처분이 지방자치단체의 자치권을 침해하는 것인지 논란이 있을 수 있다.[17] 그런데 이 문제는 2010년 행정심판법 전부개정시 행정심판법 제50조 제1항 단서로 추가된 "그 처분의 성질이나 그 밖의 불가피한 사유로 위원회가 직접처분을 할 수 없는 경우에는 그러하지 아니하다."라는 규정으로 일정부분 해결될 수 있다. 즉 지방자치단체의 자치사무로서 이에 관한 처분청의 제1차적 판단을 존중하여야 하는 경우에는 동 조항에 의거하여 처분의 성질상 직접처분을 할 수 없는 경우로 보아 직접처분의 대상이 되지 않는 것으로 해석할 수 있을 것이다. 결국 직접처분 제도와 지방자치권과의 충돌가능상황은 2010년 행정심판법 전부개정을 통하여 거의 해소될 수 있

17) 졸고, 행정심판법 제37조 제2항에 의한 자치권 침해의 가능성 －성남시와 경기도간의 권한쟁의사건을 중심으로－, 행정판례연구V(2000. 9), 425면 이하 참조.

다고 보면 된다.

(2) 간접강제 *

1) 의의

간접강제란 행정청이 거부처분에 대한 취소재결이나 무효등확인재결 또는 거부처분이나 부작위에 대한 의무이행재결에 따른 처분을 하지 아니하는 경우에 위원회가 행정청에게 일정한 배상을 명하는 제도를 말한다(행심법 50의2).

행정심판법은 본래 재결의 실효성을 확보하기 위한 제도로서 직접처분제도만을 규정하고 있었다. 그런데 직접처분은 이행명령재결에 국한된 것이고 또한 직접처분에 일정한 한계가 존재하는 것이 사실이어서 이것만으로는 재결의 실효성을 제대로 확보하기가 어려웠다.

이에 2017.4.18. 행정심판법을 개정하여, 이행재결은 물론 형성재결이나 확인재결에 따른 재처분의무를 이행하지 아니하는 경우를 대상으로 일종의 강제금을 부과함으로써 의무이행을 확보하는 것을 내용으로 하는 간접강제제도를 도입하게 된 것이다.

간접강제는 민사집행법의 간접강제(민사집행법 261)와 유사한 제도로서, 비대체적 작위의무의 이행을 간접적으로 강제하기 위한 것이다. 거부처분이나 부작위에 대한 인용재결로 피청구인인 행정청이 부담하는 재처분의무는 일종의 비대체적 작위의무이므로, 이를 강제하기 위해서, 행정소송법(행소법 34)에서와 마찬가지로, 간접강제제도를 도입하게 된 것이다.

2) 요건

간접강제를 하기 위해서는 ① 재결에 의하여 취소되거나 무효 또는 부존재로 확인되는 처분이 당사자의 신청을 거부하는 것을 내용으로 하는 경우이거나(행심법 49 ②) 또는 당사자의 신청을 거부하거나 부작위로 방치한 처분의 이행을 명하는 재결이 있어야 한다(행심법 49 ③). 또는 신청에 따른 처분이 절차의 위법 또는 부당을 이유로 취소되어야 한다(행심법 49 ④). ② 그리고 그럼에도 행정청이 재처분을 하지 않아야 한다.

3) 절차

행정청이 재처분의무를 이행하지 아니한 때에는 ① 위원회는 청구인의 신청에 의하여 결정으로 상당한 기간을 정하고 피청구인이 그 기간 내에 이행하지 아니하는 경우에는 그 지연기간에 따라 일정한 배상을 하도록 명하거나 즉시 배상을 할 것을 명할 수 있다(행심법 50의2 ①). ② 위원회는 사정의 변경이 있는 경우에는 당사자의 신청에 의하여 제1항에 따른 결정의 내용을 변경할 수 있다(행심법 50의2 ②). ③ 위원회는 제1항 또는 제2항에 따른 결정을 하기 전에 신청 상대방의 의견을 들어야 한다(행심법 50의2 ③). ④ 청구인은 제1항 또는 제2항에 따른 결정에 불복하는 경우

---

* 5급공채(행정)(2018년).

그 결정에 대하여 행정소송을 제기할 수 있다(행심법 50의2 ④). ⑤ 제1항 또는 제2항에 따른 결정의 효력은 피청구인인 행정청이 소속된 국가·지방자치단체 또는 공공단체에 미치며, 결정서 정본은 제4항에 따른 소송제기와 관계없이 「민사집행법」에 따른 강제집행에 관하여는 집행권원과 같은 효력을 가진다. 이 경우 집행문은 위원장의 명에 따라 위원회가 소속된 행정청 소속 공무원이 부여한다(행심법 50의2 ⑤). ⑥ 간접강제 결정에 기초한 강제집행에 관하여 이 법에 특별한 규정이 없는 사항에 대하여는 「민사집행법」의 규정을 준용한다. 다만, 「민사집행법」 제33조(집행문부여의 소), 제34조(집행문부여 등에 관한 이의신청), 제44조(청구에 관한 이의의 소) 및 제45조(집행문부여에 대한 이의의 소)에서 관할 법원은 피청구인의 소재지를 관할하는 행정법원으로 한다(행심법 50의2 ⑥).

4) 배상금의 법적 성격

간접강제결정에 근거한 배상금은 재결의 취지에 따른 재처분의 지연에 대한 제재나 손해배상이 아니라 재처분의 이행에 관한 심리적 강제수단이다. 따라서, 행정소송에서와 마찬가지로, 행정청이 간접강제결정에서 정한 기간이 경과한 후에라도 재처분을 하면 이로써 간접강제의 목적은 달성되는 것이므로 처분상대방이 더 이상 배상금을 추심하는 것은 허용되지 않는다고 보아야 할 것이다.

5. 관련문제: 불합리한 법령 등의 개선 요구

중앙행정심판위원회는 심판청구를 심리·재결할 때에 처분 또는 부작위의 근거가 되는 명령 등(대통령령·총리령·부령·훈령·예규·고시·조례·규칙 등)이 법령에 근거가 없거나 상위 법령에 위배되거나 국민에게 과도한 부담을 주는 등 크게 불합리하면 관계 행정기관에 그 명령 등의 개정·폐지 등 적절한 시정조치를 요청할 수 있다(행심법 59 ①).

제1항에 따른 요청을 받은 관계 행정기관은 정당한 사유가 없으면 이에 따라야 한다(행심법 59 ②).

Ⅷ. 재결에 대한 불복

(i) 행정심판법 제51조는 "심판청구에 대한 재결이 있으면 그 재결 및 같은 처분 또는 부작위에 대하여 다시 행정심판을 청구할 수 없다."고 규정하여 재심판청구를 금지하고 있다. 따라서 행정심판의 재결에 대하여 불복이 있는 자는 원처분 또는 -재결 자체의 위법사유가 있는 경우에는- 재결을 대상으로 행정소송을 제기할 수밖에 없다.

(ii) 위원회의 인용재결에 대하여 피청구인이 행정소송을 제기할 수 있는가 하는 문제가 제기될 수 있는데, 이에 대해서는 ① 심판청구를 인용하는 재결은 피청구인과 그 밖의 관계 행정청을

기속하는 것이므로(행심법 49 ①) 피청구인은 행정심판의 재결에 불복할 수 없다는 견해와 ② 자치사무에 속하는 처분에 대한 인용재결에 대해서는 지방자치단체의 장이 자치권침해를 근거로 행정소송을 제기할 수 있다는 견해가 있다.[18] ③ 생각건대 (a) 인용재결의 기속력에 관한 규정은 지방자치단체의 자치사무에 관한 한 자치권 침해의 소지가 있다. 이러한 점을 고려하여 독일의 경우에는 지방자치단체의 자치사무에 관하여는 당해 지방자치단체가 재결청이 되도록 하고 있다. (b) 가장 소망스러운 것은 입법적인 해결인데, 우리나라의 경우 지방자치단체의 종류나 행정심판제도가 독일과 달라 이를 해결하기 어려운 점도 있다. (c) 현행 제도 하에서 행정심판은 행정 스스로의 통제에 기여하고 이로써 국민의 권리를 구제하기 위한 제도인 점을 고려하면 ①의 견해가 타당하다고 보아야 할 것이다. (d) 인용재결에 대한 지방자치단체의 항고소송을 허용하게 되면 자칫 행정심판제도 자체가 무의미해질 우려도 있다.

18) 박균성, 행정법강의, 736면; 홍정선, 행정법특강, 647면 이하.

제 3 장 행정소송

제 1 절 개설

제 1 항 개설

제1. 행정소송의 의의와 기능

Ⅰ. 행정소송의 의의

행정소송이란 독립한 법원이 행정청의 위법한 행정작용으로 인한 국민의 권익침해를 구제하고, 공법상의 법률관계에 관한 다툼을 해결하는 정식 행정쟁송을 말한다.

행정소송은 행정법상의 법률관계에 관한 분쟁해결절차라는 점에서 같은 사법작용에 속하는 민사소송이나 형사소송과 구별된다.

행정소송은 공법상의 분쟁에 관한 소송이라는 점에서 헌법소송과 공통되나, 헌법소송은 헌법적 분쟁을 대상으로 하고, 행정소송은 법률관계에 관한 분쟁을 대상으로 한다는 점에서 차이가 있다. 그런데 우리 헌법은 헌법소송사항을 열거하고 있으므로(헌법 111 ①), 이렇게 볼 때 행정소송은 공법상의 분쟁 가운데 헌법소송사항을 제외한 분쟁을 대상으로 한다고 할 수 있다. 다만 헌법소송사항 가운데 법률에 의해 부여받은 권한에 관한 권한쟁의는 헌법적 분쟁이라 할 수 없지만 우리 헌법은 이를 헌법재판소의 관장사항으로 규정하고 있어 행정소송사항에서 제외되고 있다.

행정소송은 행정심판과 더불어 행정쟁송제도를 형성하고 있지만, ① 심판기관이 독립한 제3의 기관인 법원이고, ② 대심구조하에서 당사자의 구술변론이 절차적으로 보장되어 있는 정식쟁송이라는 점에서 약식쟁송인 행정심판과 구별된다. 행정심판은 행정부에 의하여 이루어지는 준사법적 행정작용임에 반하여 행정소송은 사법부에 의하여 이루어지는 순수한 사법작용이다.

Ⅱ. 행정소송의 기능

행정소송의 목적은 크게 ① 국민의 권리구제와 ② 행정의 적법성통제라고 할 수 있다. 이와 같은 행정소송의 두 가지 목적은 법치행정의 원리로부터 도출되는 것이다. 즉 행정소송은 법치주의를 구현하는 필수불가결한 구성요소로서 행정의 법률적합성을 통제하고 위법하게 침해된 국민의 권리를 구제해 주는 기능을 수행하는 것이다. 그러나 행정소송의 궁극적인 목적은 국민의 권리구제에 있다고 할 수 있다. 왜냐하면 법치주의는 궁극적으로 인권보장을 목적으로 하고 있으므로, 행정소송을 통하여 행정의 적법성을 통제하는 이유도 궁극에는 국민의 권리를 보호하기 위한 것이라고 이해하여야 하기 때문이다.

제2. 행정소송의 본질

행정소송의 본질에 관하여 과거에는 행정작용인가 사법작용인가 하는 논란이 있었다. 이는 연혁적으로 각국의 행정소송제도가 상이하게 발전되어 온 데 기인한다.

즉 ① 공·사법이 구별되는 대륙법계 국가 중에는 행정재판소가 행정부 내부에 설치된 경우(행정제도국가)가 있었고, ② 반면 '보통법의 지배'에 입각한 영미의 경우에는 공·사법의 구별 없이 모든 쟁송을 사법재판소의 관할에 두는 통일관할주의(사법제도국가)를 취하였으므로, 행정소송의 본질이 행정작용인지 사법작용인지 논란이 있을 수 있었다.

그러나 대륙법계 국가 가운데, 예컨대 독일의 경우에도 2차 세계대전 이후에는 행정재판소가 사법부에 설치되어 사법제도국가화 하였고, 프랑스의 경우에도 행정재판의 기능을 하는 국참사원(Conseil d'Etat)이 여전히 행정부에 속해 있으나 행정소송의 본질을 사법작용으로 이해하고 있으므로, 오늘날에는 행정소송의 본질에 관한 과거의 논란은 큰 의미가 없어지게 되었다.

우리나라의 경우도 별도의 행정소송제도는 있으나, 이에 관한 재판은 사법부의 관할에 속하는 통일관할주의를 취하고 있으므로, 행정소송의 본질이 사법작용이라는 점에 대해서는 논란의 여지가 없다.

제3. 행정소송의 연혁과 특수성

Ⅰ. 행정소송의 헌법적 근거

행정소송은 법치행정의 원리를 실현하는 것이므로, 행정소송의 헌법적 근거는 무엇보다도 헌법상의 법치국가원리라고 할 수 있다.

한편 우리나라는 제헌헌법부터 오늘에 이르기까지 행정사건의 심판권을 사법의 관할로 하고 있다. 현행 헌법 제101조 제1항은 "사법권은 법관으로 구성된 법원에 속한다."고 규정하고 있는데, 여기에서 '사법'의 개념에는 민사소송이나 형사소송뿐 아니라 행정소송도 당연히 포함된다고 보는 것이 일반적이다.

다른 한편 헌법 제107조 제2항은 "명령·규칙 또는 처분이 헌법이나 법률에 위반되는 여부가 재판의 전제가 된 경우에는 대법원은 이를 최종적으로 심사할 권한을 가진다."고 하여 대법원을 비롯한 각급법원에 행정소송의 심리·판단권을 부여하고 있다.

이상을 살피건대 행정소송은 법치국가원리와 헌법 제101조 제1항을 헌법적 근거로 하고 있고, 헌법 제107조 제2항은 이와 같은 헌법적 근거를 전제로 하여 이를 구체화하고 있는 규정으로 이해할 수 있겠다.

Ⅱ. 행정소송제도의 연혁

1. 1951년 행정소송법

행정소송에 관한 일반법인 행정소송법은 1951년 제정되었다. 이 행정소송법은 본문 14개조로 지극히 원칙적인 규정만을 담고 있었다. 1951년 행정소송법은 이후에 다소의 개정이 이루어지기는 하였으나 30여 년간 그 골격을 유지하였다.

2. 1984년 행정소송법 전부개정

행정사건과 행정소송에 대한 수요가 늘어나면서 1984년 행정심판법과 함께 행정소송법의 대폭적인 개정이 이루어졌다. 전부개정된 행정소송법은 총 5개 장 46개 조문으로 구성되었고, 그 골격이 오늘에까지 이르고 있다.

개정의 주요내용은 ① 행정소송의 종류를 항고소송·당사자소송·민중소송·기관소송으로 규정, ② 항고소송의 종류를 취소소송·무효등확인소송·부작위위법확인소송으로 규정, ③ 처분개념과 원고적격의 확대, ④ 명령·규칙의 위헌·위법판결이 대법원에서 확정된 경우 위헌판결 등의 공고, ⑤ 처분의 효과가 기간의 경과, 처분의 집행 등으로 소멸된 후에도 처분의 취소로 인하여 회복되는 법률상 이익(협의의 소익)이 있는 경우에도 취소소송을 제기할 수 있도록 규정, ⑥ 행정심판의 재결서를 송달받은 날부터 60일 이내에 행정소송을 제기할 수 있도록 제소기간 연장, ⑦ 간접강제규정 신설, ⑧ 당사자소송의 재판관할을 항고소송의 경우와 같이 고등법원으로 한다는 명문의 규정을 두어 행정소송간의 심급상 균형을 유지하도록 하고 관계행정청의 소재지를 피고의 소재지로 규정한 것 등이다.

3. 1994년 행정소송법 개정

1994년부터 본격화된 사법제도 개선으로 법원조직법 일부가 개정(1995. 3. 1. 시행)되었고, 상고심절차에 관한 특례법이 제정(1994. 9. 1. 시행)되었다. 이와 함께 행정소송법의 일부개정이 있었고 1998. 3. 1. 시행되었다.

(1) 행정법원의 설치

개정된 법원조직법(법원조직법 40조의4)에 의하여 전문법원으로 지방법원급의 행정법원이 신설되었다. 이로써 우리나라에서도 행정사건만을 전담하는 전문법원이 등장하게 되었다. 이에 따라 행정소송에 대한 심급은 제1심 행정법원, 제2심 고등법원, 제3심 대법원의 단계가 존재하게 되었다. 다만 행정법원은 우선 서울에만 설치하도록 하고, 행정법원이 설치되지 않은 지역에서의 행정법원의 권한에 속하는 사건은 행정법원이 설치될 때까지 해당 지방법원본원이 관할하도록 하였다 (법원조직법(법률 제4765호) 부칙 2).

(2) 행정심판의 임의절차화

행정소송을 제기하려면 행정심판을 거쳐야 했다(행정심판전치주의). 그러나 실제에 있어 행정심판에서의 인용률이 저조하여 국민들에게는 행정심판의 순기능보다는 행정심판전치주의로 인한 권리구제의 지연이 문제가 되었다. 이에 개정 행정소송법은 제18조 제1항에서 "취소소송은 법령의 규정에 의하여 당해 처분에 대한 행정심판을 제기할 수 있는 경우에도 이를 거치지 아니하고 제기할 수 있다. 다만 다른 법률에 당해 처분에 대한 행정심판의 재결을 거치지 아니하면 취소소송을 제기할 수 없다는 규정이 있는 때에는 그러하지 아니하다."고 규정하여 행정심판을 원칙적으로 임의적 전심절차로 규정하였다.

(3) 제소기간의 변경

개정된 행정소송법은 제소기간을 변경하였다. 즉 과거에는 '처분을 있음을 안 날로부터 180일 이내'에 행정소송을 제기하면 되었으나, 개정법은 '처분 등이 있음을 안 날부터 90일 이내'에 제기하도록 하였다. 이는 행정심판의 임의절차화에 따라 제1심부터 소송을 하는 것을 원칙으로 하게 되었으므로 이를 고려하여 행정법관계의 조속한 안정을 기하려는 데 그 취지가 있는 것으로 이해되고 있다.

(4) 심리불속행제도의 채택

행정소송법상의 상고조항((구) 행소법(법률 제3754호) 9 ②)이 삭제됨으로써, 행정소송도 민사소송·가사소송과 더불어 상고심절차에 관한 특례법의 적용을 받게 되었다(상고심법 2). 따라서 동법 제4조(심리의 불속행) 제1항 각호가 규정하는 사유에 해당하지 않으면 상고가 기각된다.

4. 그 이후의 행정소송법 개정작업과 전부개정법률안의 입법예고

행정소송법은 1994년 개정 이후 별다른 변경이 없었으나, 지속적으로 개정의 필요성이 제기됨에 따라 2007년, 2011년 행정소송법 전부개정안을 마련하여 국회에 제출하였지만 제17대, 제18대 국회 임기만료로 폐기되었다.

2013년에는 다시 행정소송법 전부개정법률안을 마련하여 입법예고까지 했었는데 역시 제19대 국회 임기만료로 폐기되었다. 2013년 개정안은 다음과 같은 주목할 만한 내용을 담고 있었다.

(1) 의무이행소송의 도입

현행 권리구제절차(거부처분취소소송이나 부작위위법확인소송)의 불완전성을 해소하고 분쟁의 일회적 해결이 가능하도록, 선진법제에서 대부분 도입하고 있는 의무이행소송을 도입하고, 부작위위법확인소송을 그대로 존치함으로써 국민의 소송유형 선택의 자유를 보장하도록 하였다.

(2) 원고적격 개정

현행 '법률상 이익'(당해 처분의 근거법률 등에 의해 보호되는 직접적·구체적 이익)을 국민의 실질적 권익구제 가능성을 넓히기 위하여 '법적 이익'으로 변경하였다.

(3) 집행정지 요건 완화 및 담보부 집행정지제도 신설

침익적 처분의 '위법성이 명백한 경우' 및 '금전상 손해라도 손해가 중대한 경우'에 집행정지가 가능하도록 요건을 완화하고, 제3자에 대한 수익처분의 취소를 구하는 소송, 이른바 '제3자효 행정처분에 대한 소송'의 경우 제3자 보호를 위하여 담보제공 규정을 신설하였다.

(4) 가처분제도의 도입

가구제절차의 중심인 집행정지제도는 침익적 처분을 중심으로 한 것이고, 수익처분에 대한 가구제절차에 흠결이 있어 이를 보완하기 위하여 가처분제도를 마련하였다. 이에 따라, 예컨대 기한부 처분(어업면허, 체류기간연장 등)에 대한 갱신처분을 거부할 경우, 판결확정시까지 임시로 어업활동, 체류가 가능하도록 할 급박한 사정이 있는 경우 가처분을 허용할 수 있게 된다.

(5) 결과제거의무 규정 신설

현행법은 위법한 행정처분의 집행으로 일정한 위법상태가 발생한 경우, 이에 대한 행정청의 제

거의무는 '취소판결의 기속력'으로 규정되었으나, 행정청이 자발적으로 위법한 결과를 제거하지 않는 경우 별소를 제기하여야 하는 문제점이 있다. 이에 따라 결과제거의무를 명문으로 규정하였다.

(6) 당사자소송 활성화

성질상 행정소송이지만 편의상 민사소송으로 다루어지던 행정상 손해배상·부당이득반환 등 공법상 원인으로 발생하는 법률관계에 관한 소송을 행정소송의 대상으로 명시하였다.

5. 2023년 행정소송규칙 제정

행정재판이 3심제가 된 이후 행정판례가 축적됨으로써 행정소송절차는 발전을 거듭했다. 행정소송법 개정 지연으로 행정소송절차의 발전을 반영되지 못하면서 대법원은 2023년 행정소송규칙을 제정하여 행정소송절차의 개선 사항들을 명문화하였다.

(1) 재판관할 명확화

국가의 사무를 위임 또는 위탁받은 공공단체 또는 그 장에 대하여 그 지사나 지역본부 등 종된 사무소의 업무와 관련이 있는 소를 제기하는 경우에는 그 종된 사무소의 소재지를 관할하는 행정법원에 제기할 수 있음을 규정하고, 「행정소송법」 제9조 제3항의 '기타 부동산 또는 특정의 장소에 관계되는 처분등'의 예시를 열거함으로써 그 의미를 명확히 하였다(제5조).

(2) 피고경정 기한 명시

「행정소송법」 제14조 제1항에 따른 피고경정의 기한을 대법원 판례의 법리에 따라 사실심 변론종결시로 명문화하였다(제6조).

(3) 답변서 기재사항 및 제출의무 명문화

취소소송에서도 민사소송과 같이 소장 부본 송달일로부터 30일 이내에 답변서를 제출할 의무가 있음을 명확히 하고 답변서의 기재사항으로 처분등에 이른 경위와 그 사유 등 취소소송의 특성을 반영한 내용을 포함시켜서 실질적인 답변서를 적시에 제출하도록 하였다(제8조).

(4) 처분사유 추가·변경 요건 명문화

처분사유 추가·변경 제한 법리는 법원의 심판범위를 명확히 하고 이를 통해 처분 상대방의 방어권을 보장하는 기능을 수행한다. 확립된 대법원 판례의 법리에 따라 행정청이 사실심 변론을 종결할 때까지 당초의 처분사유와 기본적 사실관계가 동일한 범위 내에서 처분사유를 추가 또는 변경할 수 있다고 규정을 명시하였다(제9조).

(5) 집행정지 결정의 종기 명문화

집행정지의 근거 조항인 「행정소송법」 제23조는 집행정지 결정의 종기에 관하여는 별도의 규정을 두지 않고 있다. 이에 현재 법원의 재판 실무례에 따라 본안판결 선고일부터 30일 이내의 범위에서 정하도록 하고 당사자의 의사, 회복하기 어려운 손해의 내용 및 그 성질, 본안 청구의 승소가능성 등을 고려하여 달리 정할 수 있도록 하는 근거규정을 두었다(제10조).

(6) 사정판결의 현저히 공공복리에 적합하지 아니한지 여부 판단 기준시점 명시

법원이 「행정소송법」 제28조 제1항에 따른 사정판결을 할 때 그 처분등을 취소하는 것이 현저히 공공복리에 적합하지 아니한지 여부를 판단하는 기준시점을 사실심 변론 종결시로 명문화하였다(제14조).

(7) 당사자소송 예시 나열

「행정소송법」 제3조 제2호에 따른 당사자소송 개념의 불확정성, 행정의 발전에 따른 당사자소송의 확대 경향 등으로 인해, 소송 방법 선택의 착오로 인한 이송, 심리의 중복 등 절차의 낭비나 지연이 발생하고 있었다. 이러한 낭비나 지연을 줄이기 위해 당사자소송의 예시를 손실보상금에 관한 소송, 공법상 법률관계에 관한 소송, 처분에 이르는 절차적 요건의 존부나 효력 유무에 관한 소송, 공법상 계약에 따른 권리·의무의 확인 또는 이행청구 소송으로 나열하였다(제19조).

Ⅲ. 행정소송의 특수성

행정소송도 대립당사자 간의 법적 분쟁을 해결하는 정식소송절차라는 점에서 민사소송과 같다. 행정소송법 제8조 제2항이 행정소송법에 특별한 규정이 없으면 민사소송법을 준용하도록 하고 있는 것도 이와 같은 점을 반영한 것이다.

다만 민사소송은 사법관계에 관한 분쟁을 대상으로 하지만, 행정소송은 권력분립을 전제로 공·사익의 조정 등을 통하여 공익을 실현하는 것을 내용으로 하는 공법관계에 관한 분쟁을 대상으로 하고 있다는 점에서 민사소송과는 상당히 다른 특수성이 있다. 특히 행정청의 처분 등에 불복하는 항고소송이 존재하고, 또한 항고소송의 경우 피고가 행정청이라는 점 등도 민사소송과 구별되는 행정소송의 특유한 점이다.

행정소송법은 이와 같은 행정소송의 특수성을 반영하는 규정을 두고 있는 법이다. 이와 같은 규정으로는, 예컨대 항고소송(행소법 4), 재판관할(행소법 9), 관련청구소송의 이송 및 병합(행소법 10), 피고적격(행소법 13), 행정심판과의 관계(행소법 18), 제소기간(행소법 20), 집행정지(행소법 23),

직권심리(행소법 26), 사정판결(행소법 28), 취소판결 등의 기속력(행소법 30) 등이 있다.

제4. 행정소송의 한계

Ⅰ. 개설

행정소송의 한계란 행정소송에서의 법원의 재판권이 어떠한 행정작용에까지 미치는가 하는 문제이다.

본래 행정소송법은 행정소송사항을 제한적으로 열거(列記主義)하지 않고 널리 위법한 공권력 행사나 공법상의 법률관계를 대상으로 하는 개괄주의를 채택하고 있기 때문에, 이에 해당하는 한 원칙적으로 모든 행정작용에 대하여 행정소송이 가능하여야 한다.

그런데 행정소송법은 항고소송의 경우 '처분'이나 '재결'만을 그 대상으로 하고, 행정소송의 종류도 제한적으로만 규정하고 있어, 이를 과연 개괄주의를 채택하고 있다고 할 수 있는지 의문이 제기되고 있다. 실제로는 처분에 해당하지 않는 행정작용(예: 비권력적 사실행위, 행정입법 등)에 대해서는 행정소송법상의 행정소송만으로는 권리구제가 어렵다는 문제가 있다. 행정소송법이 행정소송사항에 대해여 개괄주의를 취하고 있다고 하려면 '모든 행정작용에 대한 공백 없는 권리구제'의 가능성이 인정되어야 한다. 이를 위해서는 각 행정작용의 유형에 적합한 소송유형들이 인정되는 것이 무엇보다 중요하다.

아무튼 이러한 문제를 포함하여, 행정소송은 사법작용이므로 ① 사법의 본질에서 비롯되는 한계가 있고, 행정소송은 '행정'에 관한 소송이라는 점에서 ② 권력분립의 원칙에서 비롯되는 한계가 있다.

Ⅱ. 사법의 본질에서 나오는 한계

사법은 ① 구체적인 권리의무관계에 대한 분쟁을 ② 재판에서 법적용을 통하여 해결하는 작용이다. 이에 따라 행정소송도 ① 구체적 권리의무관계에 관한 쟁송일 것(구체적 사건성), ② 법적용을 통하여 해결 가능할 것(법적 해결가능성)이라는 사법 본질에서 비롯되는 한계가 있다.

1. 구체적인 권리의무관계에 관한 쟁송으로서의 한계(구체적 사건성)

(1) 단순한 사실문제 및 순수한 학술적·예술적 문제

단순한 사실관계의 확인이나 판단, 순수한 학술적·예술적 차원에서의 논쟁과 같은 행위들은 구체적인 권리의무관계에 관한 것이 아니므로 행정소송의 대상이 되지 않는다(대판 1990.11.23, 90누3553).

(2) 반사적 이익

법률상 이익이 아닌, 사실상의 이익에 불과한 반사적 이익이 침해된 경우에는 행정소송으로 구제받을 수 없다.

(3) 법령의 효력과 해석

일반적으로 법령의 효력과 해석은 구체적인 법률관계가 아니므로 이에 관한 다툼은 행정소송의 대상이 되지 않는다고 이해되고 있다.

이와 관련하여 헌법 제107조는 구체적 규범통제를 규정하고 있는데, 즉 법률의 위헌 여부, 명령·규칙 또는 처분의 위헌·위법 여부가 '재판의 전제가 되는 경우에' 전자는 헌법재판소(헌법 107 ①), 후자는 대법원(헌법 107 ②)에 의하여 심사될 수 있다.

그런데 헌법이 이와 같은 구체적 규범통제를 정책적으로 선택했기 때문에 법령 그 자체가 사법의 심사대상이 되지 않는 것이지, 사법의 본질상 법령의 효력이나 해석 문제를 행정소송의 재판대상으로 삼을 수 없는 것이기 때문은 아니다(예컨대 독일 행정재판소법은 법률하위명령(법규명령이나 조례)에 대한 추상적 규범통제(독일 행정재판소법 47)를 인정하고 있다). 따라서 입법정책적으로 법령의 효력이나 해석 문제를 행정소송의 대상이 될 수 있도록 하더라도 이를 사법본질에 반하는 것이라고 할 수 없다.

(4) 객관소송

행정소송법은 구체적인 법률관계에서 권리가 침해된 자를 구제해 주는, 주관소송을 원칙으로 하고 있으므로, 행정의 적법성 보장을 주된 내용으로 하는 객관소송은 법률이 별도로 정한 경우에만 허용된다(행소법 45).

2. 법적용을 통한 해결가능성에 의한 한계(법적 해결가능성)

행정상 구체적인 권리의무관계에 관한 분쟁이 있다 하더라도 행정소송이 가능하려면 이러한 분쟁이 법적용을 통하여 해결할 수 있는 것이어야 한다. 다시 말해서 법적으로 해결될 수 없는 문제에 대해서는 행정재판권이 미치지 못한다.

(1) 방침규정

방침규정(또는 훈시규정)은 단순히 행정작용에 대한 일정한 방침만을 규정하는 것에 불과하기 때문에 그 규정내용의 준수 또는 실현을 행정청의 의무로 보기 어렵고, 따라서 이를 법적으로 주장할 수 없다고 보아야 할 것이다.

(2) 통치행위

통치행위는 법으로부터 자유로운 행정영역으로 대체로 고도의 정치적 의미를 지닌 국가기관의 행위에 대하여 사법심사가 가능함에도 재판통제에서 제외되는 행위를 말한다.

학자들은 대체로 통치행위의 존재를 인정하지 않지만, 현실적으로는 통치행위를 인정하더라도 그 범위는 매우 제한적이어야 하고, 적어도 통치행위가 법률상의 쟁송에 해당하는 한 법원 또는 헌법재판소의 심사대상이 되어야 한다고 보는 입장이다.

대법원은 과거 비상계엄선포(대판 1979.12.7, 79초70)나 긴급조치(대판 1978.5.23, 78도813)를 사법심사의 대상에서 제외한 바 있으나, 남북교류협력에 관한 법률 위반 사건에서 통치행위의 존재를 인정하면서도 그 인정을 매우 신중하게 하여야 한다고 하였다(대판 2004.3.26, 2003도7878).

헌법재판소도 통치행위와 관련하여 대통령의 긴급재정경제명령(헌재결 1996.2.29, 93헌마186), 사면(헌재결 2000.6.1, 97헌바74), 이라크파병결정(헌재결 2004.4.29, 2003헌마814)을 통치행위로 본 바 있으나, 대통령의 긴급재정경제명령에 관한 헌법소원사건에서 긴급재정경제명령의 통치행위성은 인정하지만, 이와 같이 고도의 정치적 성격을 띠는 국가작용이 국민의 기본권을 직접 침해하는 경우에는 사법심사의 대상이 된다고 하였다(헌재결 1996.2.29, 93헌마186).

(3) 특별권력관계

과거에는 특별권력관계 내부에서의 특별권력발동에 대해서는 사법심사가 배제된다고 보았다. 그러나 오늘날의 법치국가에서 전통적인 특별권력관계는 그 이론적 근거를 상실하였으므로 전면적인 사법심사의 대상이 된다고 보아야 한다. 따라서 특별권력관계 내에서의 행위인가의 여부와 관계없이 행정쟁송법상 처분성이 인정되면 사법심사의 대상이 된다고 보아야 할 것이다(다수설 및 판례).

(4) 재량행위 · 판단여지 · 계획재량

(i) 과거에는 재량행위에는 공권이 인정되지 않는다고 보아 재량행위는 사법심사의 대상이 되지 않는다고 보았다(청구각하설). 그러나 오늘날에는 재량행위라도 재량행위인지의 여부, 재량행위인 경우 재량권행사의 한계를 준수했는지의 여부는 사법심사의 대상이 된다(청구기각설)는 것이 통설과 판례의 입장이다.

(ii) 판단여지는 요건규정상의 불확정개념에 대한 판단에 있어 고도의 전문성 · 기술성 · 정책성 등의 이유로 행정청에게 인정되는 독자적인 판단권을 의미하는 것으로, 판단여지가 인정되면 행정청의 판단 내용에 대해서는 사법심사가 미치지 아니하므로 여기에 행정소송의 한계가 있다. 다만

판단여지가 인정되는 경우인지, 인정되더라도 판단의 일반적인 원칙과 기준을 준수했는지의 여부는 판단여지의 한계로서 사법심사의 대상이 된다.

(iii) 계획재량은 행정청이 계획을 수립함에 있어서 가지는 광범위한 형성의 자유를 말한다. 계획재량의 경우에도 그 재량적 판단에 대해서는 사법심사가 미치지 않으므로 이 범위 내에서 행정재판권의 한계가 있지만, 계획의 원칙과 절차를 준수하였는지 여부, 특히 형량명령을 준수하였는지 여부(형량의 결함·결여·과오·불평등이 없는지)에 대해서는 사법심사가 미친다.

Ⅲ. 권력분립상의 한계

1. 권력분립원칙과 행정소송

행정소송은 권력분립원칙으로 인하여 일정한 한계가 있다는 것이 일반적인 이해이다. 즉 행정소송은 사법부에 의한 사법작용이기 때문에, 권력분립의 원칙상 재판작용으로 인하여 행정부의 고유한 권한을 침해할 수 없다는 한계가 있다.

그렇다면 이와 같은 행정소송의 권력분립상의 한계는 사법작용으로서의 본질에서 비롯되는 작용이기도 하다. 따라서 앞에서 살펴본 행정소송의 사법의 본질에서 비롯되는 한계는 권력분립상의 한계와 별개의 문제가 아니라 상호 불가분의 관계에 있는 것이라 할 수 있다. 예컨대 재량행위에 대한 행정소송의 한계는 사법본질에서 비롯된 것이기도 하지만, 권력분립의 원칙 때문이기도 한 것이다.

2. 행정상 이행소송의 인정 여부 *

(1) 문제의 제기

행정소송의 권력분립적 한계의 문제는 권력분립의 원칙과 관련하여 현행 행정소송법의 해석상 이행소송이 허용되는가 하는 데 있다. 즉 법원이 행정소송에서 행정청에 대하여 이행판결을 하는 것이 권력분립원칙상 허용될 수 있는가 아니면 행정권의 고유한 권한을 침해하는 것으로서 허용될 수 없는가 하는 것이다. 이 문제는 특히 행정상 이행소송[1] 또는 (예방적) 부작위청구소송[2]의

* 사법시험(2008년), 사법시험(2011년).

1) 독일: 행정행위의 발급을 구하는 의무이행소송(Verpflichtungsklage), 행정행위 이외의 행위 또는 급부 등을 구하는 일반이행소송(Allgemeine Leistungsklage) 인정
영미: 직무집행명령(writ of mandamus) 인정
일본: 2004년 법개정으로 의무이행소송 도입

2) 독일: 부작위청구소송(Unterlassungsklage)이 일반이행소송의 한 형태로 인정
영미: 금지명령(injunction) 인정
일본: 2004년 법개정으로 금지소송 도입

허용 문제로 논의되고 있다.

(2) 행정상 이행소송의 허용 여부

현행 행정소송법상 ① 법원이 행정청의 처분을 일부취소함에 그치지 않고 적극적으로 변경하는 적극적 형성판결을 할 수 있는지, ② 행정청이 처분의무가 있음에도 이를 이행하지 않는 경우 법원이 행정청에 대하여 처분의무를 이행하도록 명령하는 의무이행소송이 인정되는지, 나아가 ③ 처분 이외의 행정작용에 대하여 법원이 행정청에게 그 이행을 명령하는 일반이행소송(예: 교통안전시설의 설치와 같은 사실행위의 이행을 명령하는 소송)이 인정되는지가 문제이다. 이에 관하여는 학설이 대립되고 있다.

1) 학설

① 소극설(부정설)

소극설은 권력분립의 원칙상 행정에 대한 1차적인 판단권은 행정권에 있어야 한다는 점에서, (i) 취소소송에서의 처분 등의 취소·변경에서 '변경'의 의미는 소극적 변경, 즉 일부취소만을 의미하는 것으로 보고, (ii) 현행법 행정소송법은 행정심판법과는 달리 부작위위법확인소송만을 규정하고 있으므로, 그 외에 의무이행소송은 허용되지 않는다는 견해이다.

② 적극설(긍정설)

적극설은 권력분립의 원칙을 적극적으로 이해하여 권력 상호간의 적극적인 견제와 균형은 결국 권력남용을 방지하고 개인의 권익을 구제하기 위한 것이라는 입장에서, (i) 취소소송에서의 '변경'의 의미는 일부취소에 그치는 것이 아니라 적극적 변경을 의미하는 것으로 보고, (ii) 행정소송에서 의무이행소송을 인정하는 것은 권력분립의 원칙에 반하는 것이 아니라 오히려 이에 부합하는 것이며, 법치국가원리·헌법상 기본권보장·행정소송의 목적·재판청구권 등에 비추어 행정소송법 제3조 및 제4조의 행정소송 및 항고소송의 종류에 관한 규정을 예시적인 것으로 볼 수 있으므로, 무명항고소송(법정외항고소송)[3]으로서 의무이행소송이 허용된다는 견해이다.

③ 제한적 허용설(절충설)

이 견해는 의무이행소송을 원칙적으로 부인하고 취소소송에서의 '변경'의 의미를 일부취소로 보면서도 예외적으로 부작위위법확인소송만으로는 부작위에 대한 실효성 있는 권리구제를 기대하기 어려운 경우에 한하여 제한적으로 의무이행소송을 허용하자는 입장이다.

우리나라: 이에 관한 명문의 규정 없음

3) 항고소송의 종류(행소법 4)와 관련하여, 확립된 용어는 아니나, 법률에 명시적 규정이 있는 항고소송을 유명(有名)항고소송 또는 법정항고소송, 법률에 규정이 없는 항고소송을 무명(無名)항고소송 또는 비법정(非法定) 또는 법정외(法定外)항고소송이라 부른다.
행정소송의 종류(행소법 3)와 관련하여, 마찬가지로 법률에 규정되어 있는가를 기준으로 유명(또는 법정)행정소송과 무명(또는 비법정 또는 법정외)행정소송으로 구분하여 부른다.

이 설에 따르면 의무이행소송이 인정되려면, (i) 행정청이 제1차적인 판단권을 행사할 것도 없을 정도로 처분요건이 일의적으로 정하여져 있을 것, (ii) 사전에 구제하지 않으면 회복할 수 없는 손해가 발생할 우려가 있을 것, (iii) 다른 구제방법이 없을 것이라는 요건이 충족되어야 한다.[4)]

2) 판례

판례는 소극설의 입장이다. 이에 따라 적극적 형성판결, 의무이행소송, 작위의무확인소송을 모두 부인한다.

[판례] 행정소송법상 이행판결이나 형성판결을 구하는 소송이 허용되는지 여부

"현행 행정소송법상 행정청으로 하여금 일정한 행정처분을 하도록 명하는 이행판결을 구하는 소송이나 법원으로 하여금 행정청이 일정한 행정처분을 행한 것과 같은 효과가 있는 행정처분을 직접 행하도록 하는 형성판결을 구하는 소송은 허용되지 아니한다(대판 1997.9.30, 97누3200)."

[판례] 행정소송법상 장래에 행정청이 일정한 내용의 처분을 할 것 또는 하지 못하도록 할 것을 구하는 소송이 허용되는지 여부(소극)

"(산업화약류 제조·판매·수입업 등을 목적으로 하는 갑 주식회사가 총포·화약안전기술협회를 상대로 총포화약법 제58조 제2항과 같은 법 시행령 제78조 제1항 제3호에 근거한 회비납부의무의 부존재 확인 및 이미 납부한 회비에 대한 부당이득반환을 구한 사안에서) 현행 행정소송법에서는 장래에 행정청이 일정한 내용의 처분을 할 것 또는 하지 못하도록 할 것을 구하는 소송(의무이행소송, 의무확인소송 또는 예방적 금지소송)은 허용되지 않는다(대판 2021.12.30, 2018다241458[채무부존재확인])."

[판례] 행정청의 부작위에 대한 작위의무의 이행이나 확인을 구하는 행정소송이 허용되는지 여부

"행정심판법 제4조 제3호가 의무이행심판청구를 인정하고 있고 항고소송의 제1심 관할법원이 행정청의 소재지를 관할하는 고등법원으로 되어 있다고 하더라도, 행정소송법상 행정청의 부작위에 대하여는 부작위위법확인소송만 인정되고 작위의무의 이행이나 확인을 구하는 행정소송은 허용될 수 없다(대판 1992.11.10, 92누1629)."

4) 이는 과거 의무이행소송 도입 전 일본 판례가 취하고 있는 입장으로, 그 당시 일본에서는 의무이행소송의 허용 여부를 둘러싸고 ① 전면 부정하는 부정설, ② 보충적으로만 인정하는 보충설, ③ 법원은 독립적으로 의무이행판결을 할 수 있다는 독립설이 대립되고 있었고, 판례는 보충설을 취하면서 의무이행소송이 인정되려면 이 세 가지 요건을 충족하여야 한다는 입장이었다(홍준형, 행정구제법, 485면 참조).

3) 결어

결론적으로 권력분립의 원칙과 관련하여, 취소소송에서의 '변경'은 소극적 변경(일부취소)만을 의미한다고 보는 것이 타당하지만, 행정상 이행소송은 허용된다고 보아야 할 것이다.

(i) 먼저 취소소송에서의 '변경'의 의미를 적극적 변경을 의미하는 것으로 보게 되면 법원이 행정청의 처분과는 다른 새로운 처분으로 변경할 수 있게 되는데, 법원이 이미 발급된 처분을 심사하는 것은 문제가 없으나 새로운 처분에 대한 처분권한을 행사하는 것은 이에 대한 행정의 1차적 판단권을 침해하는 것이 되어 권력분립의 원칙에 반하게 된다. 따라서 '변경'의 의미는 소극적 변경만을 의미하는 것으로 보아야 한다. 적극설이 적극적 형성판결이 가능하다고 보는 것은 '행정상 이행소송의 허용 문제'를 '취소소송 안에서도 해결할 수 있는 문제'로 오인한 데 기인한 것으로 판단된다.

(ii) '행정상 이행소송의 허용 문제'는, 취소소송 안에서 해결할 수 있는 문제가 아니라, 별도의 이행소송을 인정함으로써 해결되어야 한다. 부작위의 경우는, 적극적 형성판결의 경우와는 달리, 행정청은 당사자의 신청에 따른 일차적 판단권을 '부작위'의 형태로 행한 것이므로, 법원이 이에 대한 처분이행명령을 내리더라도 이는 행정의 고유한 권한을 침해한 것이 아니다. 오히려 위법한 행정청의 부작위에 대하여 법원이 일정한 처분을 하도록 명령함으로써 '행정의 위법'이 시정될 수 있다는 점에서 행정상 이행소송은 오히려 권력분립을 공고하게 한다.

그리고 적극설이 주장하는 바와 같이, 법치국가원리·헌법상 기본권보장·행정소송의 목적·국민의 재판청구권(헌법 27 ①)으로부터 도출되는 '공백 없는 권리구제의 요구'에 비추어 행정소송법 제3조 및 제4조를 예시규정으로 보아 무명항고소송으로 의무이행소송이 허용된다고 보아야 한다.

(iii) 나아가 행정상 이행소송은 ① 처분의 이행을 구하는 (무명항고소송으로서) 의무이행소송과 ② 처분 이외의 행정작용의 이행을 구하는 (무명행정소송으로서) 일반이행소송을 포함하는 것이다. 항고소송으로서 의무의행소송은 '처분의 발급'에 국한된 것이므로, 의무이행소송의 인정만으로는 처분 이외의 행정작용에 대한 적극적인 권리구제가 불가능하다. 따라서 '공백 없는 권리구제의 관점'에서 행정소송으로서 일반이행소송도 허용하는 것이 바람직하다. 이 경우 일반이행소송은 당사자소송의 한 유형으로 인정하면 될 것이다.[5)]

4) 최근의 입법동향

2013년 입법예고된 행정소송법 전부개정법률안은 항고소송의 종류를 규정한 제4조에서 종래의 취소소송·무효등확인소송·부작위위법확인소송 이외에 제4호로 의무이행소송을 규정하면서 이를 '행정청의 위법한 거부처분이나 부작위에 대하여 처분을 하도록 하는 소송'이라고 정의한 바 있다.

그동안 행정소송법 개정에 관하여는 많은 논의가 있었는데, 여러 논의과정에서도 의무이행소

5) 김성수, 일반행정법, 829면; 홍준형, 행정구제법, 520면.

송의 도입은 공통적으로 포함된 내용이었다. 금번 입법예고된 법률안이 성사되지 못하더라도 적어도 의무이행소송은 조만간 우리 행정소송제도에 도입될 것으로 전망된다.

(3) 행정상 부작위청구소송의 허용 여부*

1) 행정상 부작위청구소송의 의의

행정상 부작위청구소송(부작위소송, 중지소송)이란 어떠한 행정행위나 그 밖의 행정작용을 하지 말아줄 것을 요구하는 행정소송을 말한다. 행정상 부작위청구소송에는 ① 정보제공·경고·공공시설물로부터의 소음·진동·오염물질배출 등의 공해행위 등과 같은 행정청의 사실행위 등을 중지하여 줄 것을 요구하는 중지소송과 ② 회복하기 어려운 권익침해를 사전에 예방할 목적으로 특정한 행정행위나 법규범의 제정을 하지 말아 줄 것을 요구하는 예방적 부작위청구소송이 있다.[6] 우리나라에서는 중지소송에 대한 논의는 제외하고 주로 예방적 부작위청구소송에 국한하여 논의하는 것이 일반적이다.

행정상 부작위청구소송은 특히 행정청에 의한 '장래에 대한 권익침해'를 사전에 방지함으로써 권리구제를 도모한다는 점에 의의가 있는 것으로, 독일 판례를 통하여 성립·발전하였다.

부작위청구소송은 소극적인 형태의 이행소송이라는 점에서 이에 관한 논의는 위에서 설명한 행정상 이행소송의 가부에 관한 논의와 유사하다고 할 수 있다.

2) 학설 및 판례

① 먼저 소극설(부정설)은 행정소송법은 부작위위법확인소송만 규정하고 있고, 행정소송법 제4조는 열거규정으로 보아야 하며, 행정의 1차적 판단권을 행정권에 귀속시켜야 한다는 점에서 예방적 부작위청구소송은 허용되지 않는다는 입장이다. ② 적극설(긍정설)은 '공백 없는 권리구제의 요구'에 따라 행정소송법 제4조를 예시규정으로 보아 예방적 부작위청구소송을 인정하는 것이 권력분립의 원칙에도 부합한다는 견해로 오늘날의 다수설이다. ③ 제한적 허용설은, 의무이행소송의 경우에서와 마찬가지로, 예외적으로 법정항고소송만으로는 효과적인 권리구제를 기대하기 어려운 경우에 한하여 제한적으로 예방적 부작위청구소송을 인정하자는 입장이다. ④ 판례는 이행소송의 경우와 마찬가지로 예방적 부작위청구소송을 부인하는 입장이다.

[판례] 행정소송법상 행정청의 부작위를 구하는 청구가 허용되는지 여부(소극)

"건축건물의 준공처분을 하여서는 아니 된다는 내용의 부작위를 구하는 청구는 행정소송에서 허용되지 아니하는 것이므로 부적법하다(대판 1987.3.24, 86누182)."

"행정소송법상 행정청이 일정한 처분을 하지 못하도록 그 부작위를 구하는 청구는 허용되지 않

* 변호사시험(2012년), 사법시험(2013년), 5급공채(2019년).

6) Hufen, Verwaltungsprozeßrecht, 5. Aufl., S.319ff.

는 부적법한 소송이라 할 것이므로, 피고 국민건강보험공단은 이 사건 고시를 적용하여 요양급여비용을 결정하여서는 아니 된다는 내용의 원고들의 위 피고에 대한 이 사건 청구는 부적법하다 할 것이다(대판 2006.5.25, 2003두11988)."

"현행 행정소송법에서는 장래에 행정청이 일정한 내용의 처분을 할 것 또는 하지 못하도록 할 것을 구하는 소송(의무이행소송, 의무확인소송 또는 예방적 금지소송)은 허용되지 않는다(대판 2021.12.30, 2018다241458)."

3) 결어

부작위청구소송은 회복하기 어려운 장래에 대한 권익침해를 사전에 차단할 수 있는 기회를 제공한다는 점에서 매우 유용한 사전적 권리구제수단이다. 독일에서는 부작위청구소송을 일반이행소송의 한 유형으로서 인정하고 있다.

우리나라의 경우에도 행정소송법 제4조의 규정을 예시규정으로 볼 수 있는 근거가 충분하므로, 이를 바탕으로 일반이행소송의 한 유형으로 부작위청구소송을 인정할 수 있다고 본다. 이 경우 부작위청구소송은 당사자소송의 형태로 제기하면 될 것이고, 그 내용은 ① '비처분적 행정작용'으로 인한 침해를 '장래에 대하여 중지해줄 것'을 요구하는 '중지소송'과 ② 장래에 대한 '처분이나 법규명령의 제정'을 하지 말아 줄 것을 요구하는 '예방적 부작위청구소송'으로 구분하는 것이 '공백 없는 권리구제'의 측면에서 바람직하다.

4) 최근의 입법동향

2007년 행정소송법 개정안에는 예방적 부작위소송에 관한 규정이 있었고, 이를 "행정청이 장래에 위법한 처분을 할 것이 임박한 경우에 그 처분을 금지하는 소송"이라고 정의하여 '처분에 대한 예방적 부작위청구소송'으로 한정하고 있었다. 그러나 2013년 입법예고한 행정소송법 전부개정법률안에는 부작위청구소송에 관한 규정이 포함조차 되어 있지 않았다.

제 2 항 행정소송의 종류 *

행정소송도 사법작용이므로, 소송법상의 일반적인 분류에 따라 그 소송의 성질별로 형성의 소, 확인의 소, 이행의 소로 분류될 수 있다.

또한 행정소송은 그 내용에 따라 행정쟁송에서 설명한 바와 마찬가지의 기준에 따라 그 종류를 분류할 수 있다. ① 먼저 행정소송은 개인의 주관적인 권리의 구제를 주된 목적으로 하는 주관소송과 행정의 객관적인 적법성 보장을 주된 목적으로 하는 객관소송으로 구분할 수 있다. 행정소

* 5급공채(일반행정)(2011년).

송은 주관소송을 원칙으로 하므로, 객관소송의 경우에는 법률이 정한 경우에만 허용된다(행소법 45). 일설은 행정소송을 객관소송으로 이해하기도 하나, 행정소송의 일차적인 존재이유는 행정작용으로 인하여 침해된 개인의 권리구제이므로 주관소송이 원칙이라는 견해가 일반적이다. ② 주관소송은 이미 행하여진 처분 등의 위법을 다투는 항고소송과 대등한 두 당사자 사이의 공법상 법률관계를 다투는 당사자소송으로 구분되고, ③ 객관소송은 직접적 이해관계를 가지지 않는 다수에 의하여 제기되는 민중소송과 국가 또는 공공단체의 기관 상호간에 제기되는 기관소송으로 구분된다.

Ⅰ. 성질에 의한 분류

1. 형성의 소

형성의 소는 행정상 법률관계의 형성(발생·변경·소멸)을 가져오는 판결을 구하는 소를 말한다. 형성판결은 피고의 별도의 행위 없이 판결의 효력에 의하여 법률관계를 형성하는 효과를 직접 발생시킨다. 항고소송의 중심적인 지위를 차지하고 있는 취소소송은 행정청의 위법한 처분 등의 취소·변경을 구하는 소송이므로 전형적인 형성의 소이다.

2. 확인의 소

확인의 소는 특정한 권리 또는 법률관계의 존부를 확인하는 판결을 구하는 소를 말한다. 항고소송으로서 무효등확인소송·부작위위법확인소송, 그리고 공법상 법률관계의 존부 확인을 구하는 당사자소송이 확인의 소에 속한다.

3. 이행의 소

이행의 소는 일정한 행위(작위·부작위·급부·수인)에 대한 명령을 구하는 소를 말한다. 이행의 소는 형성의 소와는 달리 직접 법률관계의 형성을 가져오는 것이 아니라 피고에게 일정한 이행의무를 부과하는 것에 불과하므로, 이행명령의 '집행'의 문제가 남는다.

이행의 소로서는, 행정소송법상 명문의 규정은 없지만, 무명항고소송으로서의 의무이행소송이나 무명행정소송으로서의 일반이행소송이 있다. 당사자소송 가운데 일정한 이행명령을 구하는 것을 내용으로 하는 당사자소송도 이행의 소에 해당된다고 할 수 있다.

Ⅱ. 내용에 의한 분류

행정소송법은 행정소송을 그 내용에 따라 항고소송·당사자소송·민중소송·기관소송으로 나누고(행소법 3), 다시 항고소송을 취소소송 · 무효등확인소송 · 부작위위법확인소송으로 나누고 있다(행소법 4).

1. 항고소송

항고소송은 행정청의 처분 등이나 부작위에 대하여 제기하는 소송이다(행소법 3 1호). 항고소송은 '처분 · 처분에 대한 행정심판 재결 · 처분의무의 부작위'에 대해 불복하는 행정소송으로, 항고소송은 결국 '처분'에 대항하는 행정소송이라는 점이 특징적이다. 따라서 항고소송에서의 피고는 항상 처분과 관련된 '행정청'이 된다는 특징이 있다. 항고소송은 행정에 특유한 소송유형이라고 할 수 있다.

행정소송법은 항고소송의 종류를 취소소송 · 무효등확인소송 · 부작위위법확인소송의 세 가지 유형으로 규정하고 있다.

(1) 취소소송: 행정청의 위법한 처분 등을 취소 또는 변경하는 소송(행소법 4 1호)

(2) 무효등확인소송: 행정청의 처분 등의 효력 유무 또는 존재여부를 확인하는 소송(행소법 4 2호)

(3) 부작위위법확인소송: 행정청의 부작위가 위법하다는 것을 확인하는 소송(행소법 4 3호)

2. 당사자소송

당사자소송은 행정청의 처분 등을 원인으로 하는 법률관계에 관한 소송 그 밖에 공법상의 법률관계에 관한 소송으로서 그 법률관계의 한쪽 당사자를 피고로 하는 소송이다(행소법 3 2호).

당사자소송은 원칙적으로 대등한 당사자 사이에 공법상의 법률관계를 다투는 소송으로, '공법상의 법률관계'를 다툰다는 점에서 '사법상의 법률관계'를 다투는 민사소송과 다를 뿐, '대등당사자간의 법률관계에 관한 다툼이라는 점'에서는 서로 공통되는 점이 많다.

당사자소송에는 형식적 당사자소송과 실질적 당사자소송이 있다. 그동안 행정소송은 취소소송을 중심으로 하여 이해되고 운영되어온 결과(취소소송중심주의), 당사자소송은 거의 활용되지 않았다. 그러다보니 적어도 이론적으로는 당사자소송으로 해결되어야 할 공법문제들이 민사소송으로 해결되는 경우가 매우 많았다. 오늘날 이에 대한 반성으로 당사자소송의 활용론이 매우 활발하게 논의되고 있고, 2023년 제정된 행정소송규칙은 당사자소송으로 손실보상금에 관한 소송, 그 존부 또는 범위가 구체적으로 확정된 공법상 법률관계 그 자체에 관한 소송, 처분에 이르는 절차적 요건의 존부나 효력 유무에 관한 소송, 공법상 계약에 따른 권리 · 의무의 확인 또는 이행청구 소송을 예시로 나열하고 있다.

(1) 손실보상금에 관한 소송(행소규칙 19 1호)

(ㄱ) 「공익사업을 위한 토지 등의 취득 및 보상에 관한 법률」 제78조 제1항 및 제6항에 따른 이주정착금, 주거이전비 등에 관한 소송

(ㄴ) 「공익사업을 위한 토지 등의 취득 및 보상에 관한 법률」 제85조 제2항에 따른 보상금의 증감(增減)에 관한 소송

(ㄷ) 「하천편입토지 보상 등에 관한 특별조치법」 제2조에 따른 보상금에 관한 소송

(2) 그 존부 또는 범위가 구체적으로 확정된 공법상 법률관계 그 자체에 관한 소송(행소규칙 19 2호)

(ㄱ) 납세의무 존부의 확인 소송

(ㄴ) 「부가가치세법」 제59조에 따른 환급청구 소송

(ㄷ) 「석탄산업법」 제39조의3 제1항 및 같은 법 시행령 제41조 제4항 제5호에 따른 재해위로금 지급청구 소송

(ㄹ) 「5 · 18민주화운동 관련자 보상 등에 관한 법률」 제5조, 제6조 및 제7조에 따른 관련자 또는 유족의 보상금 등 지급청구 소송

(ㅁ) 공무원의 보수 · 퇴직금 · 연금 등 지급청구 소송

(ㅂ) 공법상 신분 · 지위의 확인 소송

(3) 처분에 이르는 절차적 요건의 존부나 효력 유무에 관한 소송(행소규칙 19 3호)

(ㄱ) 「도시 및 주거환경정비법」 제35조 제5항에 따른 인가 이전 조합설립변경에 대한 총회결의의 효력 등을 다투는 소송

(ㄴ) 「도시 및 주거환경정비법」 제50조 제1항에 따른 인가 이전 사업시행계획에 대한 총회결의의 효력 등을 다투는 소송

(ㄷ) 도시 및 주거환경정비법」 제74조 제1항에 따른 인가 이전 관리처분계획에 대한 총회결의의 효력 등을 다투는 소송

(4) 공법상 계약에 따른 권리 · 의무의 확인 또는 이행청구 소송(행소규칙 19 3호)

당사자소송은 포괄적인 형태의 행정소송유형이라 할 수 있으므로, 비처분적 행정작용으로 인한 권리구제수단으로 매우 폭넓게 활용될 수 있다. 공백 없는 권리구제를 위해서 행정소송규칙상 당사자소송의 대상은 물론 비처분적 행정작용 전반에 대하여 당사자소송의 활용 폭을 더더욱 넓혀 나갈 필요가 있다.

3. 민중소송

민중소송은 국가 또는 공공단체의 기관이 법률에 위반되는 행위를 한 때에 직접 자기의 법률상 이익과 관계없이 그 시정을 구하기 위하여 제기하는 소송이다(행소법 3 3호).

민중소송 및 기관소송은 객관소송으로서 법률이 정한 경우에 법률에 정한 자에 한하여 제기할 수 있다(행소법 45). 민중소송의 예로는 선거소송(공직선거법 222)과 국민투표무효소송(국민투표

법 92)이 있다.

4. 기관소송

기관소송은 국가 또는 공공단체의 기관상호간에 있어서의 권한의 존부 또는 그 행사에 관한 다툼이 있을 때에 이에 대하여 제기하는 소송이다(행소법 3 4호). 그런데 헌법재판소법 제2조의 규정에 의하여 헌법재판소의 관장사항으로 되는 소송은 제외되는데(행소법 3 4호 단서), 특히 '국가기관 상호간, 국가기관과 지방자치단체 간 및 지방자치단체 상호간의 권한쟁의에 관한 심판'과 같이 독립된 단체 상호간의 다툼은 기관소송에서 제외되는 결과, -논란은 있지만- 기관소송은 독립된 단체의 내부기관 간의 다툼만이 그 대상이 된다. 기관소송의 예로는 지방자치단체의 집행기관인 지방자치단체의 장이 의결기관인 지방의회의 의결에 대하여 대법원에 제소하는 지방자치법 제120조 제3항, 제192조 제4항을 들 수 있다.

제 3 항 행정소송의 일반적 절차

행정소송은 원고가 행정법상의 법률관계에 관한 다툼에 대하여 피고를 상대로 소송을 제기함으로써 절차가 개시되고, 원고의 소송상의 청구에 대하여 요건심리와 본안심리를 거쳐 최종적으로 법원이 판결을 함으로써 절차가 종료된다. 이하에서 행정소송의 각 유형들을 검토함에 있어서는 이와 같은 소송절차에 따라 설명한다.

Ⅰ. 행정소송의 제기

행정소송은 오로지 원고의 소송제기에 의해서만 그 절차가 개시될 수 있다. 이는 사법작용의 본질에서 연유하는 것이다.

행정소송이 제기되면 법원에 당해 사건이 계속(係屬)되게 되고, 법원은 이를 심리·판결할 의무를 부담한다.

그리고 당사자는 동일한 사건에 대하여 다시 소를 제기하지 못하게 된다(중복제소금지).

Ⅱ. 행정소송의 심리

행정소송의 심리는 요건심리와 본안심리로 구분된다.

(i) 법원은 먼저 당사자의 소송제기가 적법한지 여부를 심사하는데, 이는 행정소송을 제기함에 있어 갖추어야 할 요건, 즉 '행정소송의 제기요건(소송요건)'을 구비하였는지를 심사하는 것이다. 이

를 요건심리라 한다. 요컨대 요건심리는 행정소송의 허용성(Zuläßigkeit der Klage)의 문제이다.

행정소송의 제기요건은 개별 소송유형에 따라 특별히 요구되는 특별소송요건이 있지만, 일반적으로는 ① 재판관할, ② 원고적격, ③ 피고적격, ④ 행정소송의 대상, ⑤ 제소기간, ⑥ 행정심판과의 관계, ⑦ 소제기의 형식 등을 소송요건으로 들 수 있다.

(ii) 소송요건을 모두 갖추었다고 판단되면, 소송은 적법하게 제기된 것이므로, 본안심리를 하게 된다. 본안심리는 당사자의 소송상의 청구가 이유가 있는지 여부, 즉 청구의 이유 유무(Begrün-detheit der Klage)에 대한 심리이다.

Ⅲ. 행정소송의 판결

행정소송의 제기요건을 어느 하나라도 구비하지 못하면, 당사자의 소제기는 부적법한 것으로서 각하(却下)된다.

본안심리에서 사건이 종국판결을 내릴 수 있을 정도로 성숙되면 법원은 심리를 종결하고 판결을 내리게 된다. 당사자의 청구가 이유가 있으면 이를 인용하는 판결을 하게 되고, 이유가 없으면 기각하는 판결을 하게 된다. 다만 원고의 청구가 이유 있다고 인정하는 경우에도 처분 등을 취소하는 것이 현저히 공공복리에 적합하지 아니하다고 인정하는 때에는 법원은 원고의 청구를 기각할 수 있다(사정판결, 행소법 28).

처분 등을 취소하는 확정판결은 그 사건에 관하여 당사자인 행정청과 그 밖의 관계행정청을 기속하는 효력이 있다. 특히 판결에 의하여 취소되는 처분이 당사자의 신청을 거부하는 것을 내용으로 하는 경우에는 그 처분을 행한 행정청은 판결의 취지에 따라 다시 이전의 신청에 대한 처분을 하여야 할 재처분의무를 부담하게 된다(행소법 30).

제 2 절 항고소송

제 1 항 취소소송

제1목 개설

Ⅰ. 취소소송의 의의

취소소송이란 행정청의 위법한 처분 등을 취소 또는 변경하는 소송을 말한다(행소법 4 1호).

취소소송은 일반적으로 행정청의 처분 등의 위법을 다투는 것인데, 위법한 거부처분도 취소소송의 대상이 된다. 더 나아가 무효인 행정행위는 본래 무효등확인소송으로 다투어야 하는 것이지만, 무효선언을 구하는 의미의 취소소송도 판례상 취소소송의 유형으로 인정되고 있다.

취소소송의 종류로는 처분취소소송(거부처분취소소송 포함)·처분변경소송·재결취소소송·재결변경소송·판례상 인정되는 무효선언을 구하는 의미의 취소소송이 있다.

취소소송은 행정소송의 중심적 지위를 차지하고 있다.

[판례] 취소소송에 의한 처분의 취소(쟁송취소)에 수익적 행정행위의 취소·철회의 제한에 관한 법리가 적용되는지 여부(소극)

"수익적 행정처분에 대한 취소권 등의 행사는 기득권의 침해를 정당화할 만한 중대한 공익상의 필요 또는 제3자의 이익보호의 필요가 있는 때에 한하여 허용될 수 있다는 법리는, 처분청이 수익적 행정처분을 직권으로 취소·철회하는 경우에 적용되는 법리일 뿐 쟁송취소의 경우에는 적용되지 않는다(대판 2019.10.17, 2018두104[도로점용허가처분무효확인등])."

※ 변경의 의미와 일부취소*

1. 변경의 의미(=일부취소)

취소소송에서 '변경'의 의미와 관련하여 적극적 변경을 의미한다는 견해(적극설)도 있으나, 권력분립의 원칙상 소극적 변경, 즉 일부취소만을 의미한다는 견해(소극설)가 타당하다. 판례도 소극설의 입장이다.[7]

2. 일부취소에 대한 판례의 입장

한편 일부취소와 관련하여 판례는 외형상 하나의 처분이라고 하더라도 가분성이 있거나 그 처분대상의 일부가 특정될 수 있어야 일부취소가 가능하다는 입장이다(대판 2000.2.11, 99두7210).

이에 따라 판례는 한 사람이 여러 종류의 자동차운전면허를 취득하거나 이를 취소 또는 정지하는 경우 이를 서로 별개의 것으로 보아 -취소사유가 다른 면허와 공통되거나 면허를 받은 사람에 관한 것이 아닌 한- 일부취소가 가능하다고 보고 있으나[판례1], 영업정지처분[판례2]이나 과징금처분[판례3]의 경우에는 법원은 재량권의 범위 내에서 어느 정도가 적정한 것인지에 관하여는 판단할 수 없어 그 전부를 취소할 수밖에 없다는 입장이다.

---

* 변호사시험(2022년).

7) 앞 '행정상 이행소송의 인정 여부' 참조.

[판례1] 한 사람이 여러 종류의 자동차운전면허를 취득한 경우 이를 취소 또는 정지할 때 서로 별개의 것으로 취급해야 하는지 여부(적극)

"한 사람이 여러 종류의 자동차운전면허를 취득하는 경우뿐 아니라 이를 취소 또는 정지하는 경우에 있어서도 서로 별개의 것으로 취급하는 것이 원칙이고, 다만 취소사유가 특정의 면허에 관한 것이 아니고 다른 면허와 공통된 것이거나 운전면허를 받은 사람에 관한 것일 경우에는 여러 면허를 전부 취소할 수도 있다(대법원 1995.11.16. 선고 95누8850 전원합의체 판결, 대법원 1998.3.24. 선고 98두1031 판결 등 참조) (대판 2012.5.24, 2012두1891)."

[판례2] 영업정지처분에 대한 일부취소가 가능한지(소극)

"법원으로서는 영업정지처분이 재량권 남용이라고 판단될 때에는 위법한 처분으로서 그 처분의 취소를 명할 수 있을 따름이고 재량권의 한계내에서 어느 정도가 적정한 영업정지기간인지를 가리는 일은 사법심사의 범위를 벗어나는 것이며 그 권한 밖의 일이다(대판 1982.6.22, 81누375)."

[판례3] 과징금 부과처분이 재량권을 일탈·남용하여 위법한 경우, 법원이 적정하다고 인정되는 부분을 초과한 부분만 취소할 수 있는지 여부(소극)

"과징금 부과 관청이 이를 판단하면서 재량권을 일탈·남용하여 과징금 부과처분이 위법하다고 인정될 경우, 법원으로서는 과징금 부과처분 전부를 취소할 수밖에 없고, 법원이 적정하다고 인정되는 부분을 초과한 부분만 취소할 수는 없다(대법원 1998.4.10. 선고 98두2270 판결, 대법원 2007.10.26. 선고 2005두3172 판결 등 참조) (대판 2010.7.15, 2010두7031)."

[판례4] 여러 개의 위반행위에 대한 하나의 제재처분 중 일부의 위반행위에 대한 제재처분 부분만이 위법한 경우 제재처분 전부를 취소할 수 있는지 여부(소극)

"행정청이 여러 개의 위반행위에 대하여 하나의 제재처분을 하였으나, 위반행위별로 제재처분의 내용을 구분하는 것이 가능하고 여러 개의 위반행위 중 일부의 위반행위에 대한 제재처분 부분만이 위법하다면, 법원은 제재처분 중 위법성이 인정되는 부분만 취소하여야 하고 제재처분 전부를 취소하여서는 아니 된다(대판 2020.5.14, 2019두63515[영업정지처분취소])."

Ⅱ. 취소소송의 성질

취소소송은 이미 행하여진 처분 등의 위법을 다투는 것이므로 항고소송이며 복심적 소송이다. 또한 취소소송은 처분 등으로 인하여 침해된 개인의 권리구제를 목적으로 하는 주관소송이다.

취소소송의 성질에 관하여는 ① 유효한 처분 등의 효력을 소멸시키는 소송이라는 형성소송설, ② 처분의 발령 당시의 위법성을 확인하는 소송이라는 확인소송설, ③ 형성소송과 확인소송의 성질을 모두 갖는다는 구제소송설이 대립되나, 취소판결을 통하여 직접 처분 등의 취소·변경이라는 법률관계의 형성을 가져온다는 점에서 형성소송설이 타당하며 형성소송설이 통설 및 판례의 입장이다. 행정소송법 제29조 제1항은 "처분등을 취소하는 확정판결은 제3자에 대하여도 효력이 있다."고 하여 취소판결의 대세효(對世效)를 명문으로 인정하고 있는데, 이는 형성소송에 특유한 것이라 할 수 있다.

Ⅲ. 취소소송의 소송물

1. 의의

소송물(訴訟物, Streitgegenstand)이란 소송에서 원고의 소에 의하여 심리를 행하고 판결을 하여야 하는 구체적 사항, 즉 소송의 객체를 말한다. 이에 따르면 취소소송의 소송물은 원고의 소에 의하여 취소소송에서 다투어 지고 있는 구체적 사항, 즉 원고의 소송상의 청구를 의미한다. 이러한 의미에서 취소소송의 소송물은 취소소송의 대상(Klagegegenstand)과 구별되는 개념이다.

소송물은 특히 소의 병합·변경·기판력의 범위 등에 있어서 매우 중요한 의미를 가진다. 동일한 소송물에 대한 소송은 이중소송이 되고, 하나의 소송절차 중에 두 개의 소송물이 있게 되면 소의 병합이 있는 것으로 되며, 소송물이 변경되는 경우에는 소의 변경이 문제되고, 판결의 기판력의 객관적 범위는 소송물의 범위에 의하여 결정된다.

2. 학설 및 판례

취소소송의 소송물이 무엇인가에 관하여는 실로 다양한 학설들이 존재하나, 대체로 취소소송의 소송물을 ① 처분 등의 위법성 그 자체(처분 등의 위법성 일반)로 보는 견해(다수설), ② 위법한 처분 등으로 인한 위법상태의 배제로 보는 견해, ③ 처분 등의 위법성 및 이를 근거로 처분 등의 취소를 구하는 원고의 법적 주장으로 보는 견해로 집약할 수 있겠다.

판례는 ①설의 입장이다.

> [판례] 과세처분취소소송의 소송물
>
> "원래 과세처분이란 법률에 규정된 과세요건이 충족됨으로써 객관적, 추상적으로 성립한 조세채권의 내용을 구체적으로 확인하여 확정하는 절차로서, 과세처분취소소송의 소송물은 그 취소원인이 되는 위법성 일반이고 그 심판의 대상은 과세처분에 의하여 확인된 조세채무인 과세표준 및 세액의 객관적 존부이므로 …(대판 1990.3.23, 89누5386)."

3. 결어

(i) 취소소송의 소송물을 '처분 등의 위법성 일반'이라고 보는 견해는, 처분 등의 위법성이 인정되면 -원고의 주관적인 권리침해 여부와 관계없이- 청구를 인용하게 된다는 문제가 있다. 즉 이 견해에 의하면 취소소송은 처분 등의 객관적 위법성을 확인하는 소송으로 이해될 수 있다는 문제가 있다는 것이다. 취소소송은 주관적 권리보호를 위한 주관소송이지, 단지 처분 등의 위법성을 확인하기 위한 소송은 아니라는 점에서 이 견해는 타당하다고 볼 수 없다.

(ii) 취소소송의 소송물을 '위법처분 등으로 인한 위법상태의 배제'라고 보는 견해는 취소판결의 효과를 처분의 위법성 확정이 아니라 단순한 '위법상태의 배제'로만 지나치게 제한함으로써, 예컨대 동일한 처분 등의 위법을 근거로 한 국가배상청구소송에서 취소소송의 기판력을 원용할 수 없게 된다는 문제가 있다. 왜냐하면 취소소송을 통하여 -처분 등의 위법성 여부와는 관계없이- 단지 당해 처분 등으로 인한 위법상태만이 제거된 데 불과하기 때문이다.

(iii) 결국 취소소송의 소송물은 취소소송의 본질, 즉 취소소송은 주관소송이면서 위법한 처분 등을 취소·변경하는 형성소송이라는 데에서 찾아야 한다. 결국 취소소송에서 다투어지고 있는 사항은, 단지 위법한 상태를 배제하거나 처분 등의 위법성을 확인해달라는 것이 아니라, '위법한 처분 등으로 인하여 자신의 권리가 침해되었으므로 이를 취소·변경해달라는 원고의 소송상의 청구'이다. 이에 따라 취소소송의 본안에서는 '원고의 청구가 이유가 있는지'를 심리하여야 하는데, 원고는 위법한 처분 등으로 본인의 권리가 침해되었다고 주장하므로, '청구의 이유 유무'를 심리할 때에는 '처분 등의 위법 여부'를 함께 판단하게 되는 것이다. 이에 따라 최종판결에서는 처분 등의 위법 여부와 더불어 원고 청구의 이유 유무가 결정되어야 할 것이다. 이렇게 볼 때 ③설이 타당하다.[8] ③설이 독일의 지배적 견해이며, 우리나라의 유력설이다.

Ⅳ. 다른 소송과의 관계

1. 취소소송과 무효등확인소송과의 관계*

(i) 취소소송과 무효등확인소송은 기본적으로 상호 독립된 별개의 소송유형이다. 따라서 각 소송의 제기요건을 구비하는 한 각각의 소송을 제기하면 된다. 또한 취소소송과 무효등확인소송을 주위적·예비적으로 병합하여 제기할 수도 있다. 다만 취소소송에서 청구가 기각된 확정판결의 기판력은 다시 동일처분에 대한 무효등확인소송에도 미친다(대판 1993.4.27, 92누9777).

(ii) 양 소송은 서로 별개의 소송유형이지만, 취소와 무효의 구별이 상대적으로 어렵다는 점에

8) 김성수, 일반행정법, 836면; 홍정선, 행정법특강, 609면 이하; 홍준형, 행정구제법, 527면.

서, 무효인 처분에 대하여 취소소송이 제기된 경우, 법원은 '무효선언을 구하는 의미의 취소소송'을 인정하기도 한다(대판 1999.4.27, 97누6780). 이 경우 취소소송의 제기요건을 구비하여야 한다(대판 1993.3.12, 92누11039).

(iii) 일반적으로 행정처분의 무효확인을 구하는 소에는 원고가 그 처분의 취소를 구하지 아니한다고 밝히지 아니한 이상 그 처분이 만약 당연무효가 아니라면 그 취소를 구하는 취지도 포함되어 있는 것으로 보아야 한다는 것이 판례의 기본적인 입장이다[판례1]. 이 경우 ① 취소소송의 요건을 갖추고 있으면 법원은 취소판결을 하여야 한다는 견해도 있을 수 있으나,[9] ② 법원은 당사자의 취지가 처분의 취소를 구하는 것이라면 취소소송의 제기요건을 구비하여 취소소송으로 청구취지를 변경하도록 하여야 할 것이다. 왜냐하면 무효확인소송과 취소소송은 그 종류를 달리하는 별개의 소송으로서, 취소소송에서 '무효선언을 구하는 의미의 취소소송'이 인정된다 하더라도 여기에는 무효확인을 구하는 취지까지 포함된 것이 아닌 것처럼, 무효확인소송도 취소를 구하는 취지의 소송으로 볼 수 없기 때문이다.[10] 2023년 행정소송규칙은 무효확인소송에서 법원의 석명권한을 명시적으로 규정하였다. 즉 재판장은 무효확인소송이 취소소송의 제소기간 내에 제기된 경우에는 원고에게 처분등의 취소를 구하지 아니하는 취지인지를 명확히 하도록 촉구할 수 있도록 하였다(행정소송규칙 16).

무효확인청구에 처분의 취소를 구하는 취지가 포함되어 있다고 보는 경우에도 당해 청구는 취소소송의 제기요건을 구비하여야 하고, 그렇지 못한 경우 이는 (취소소송으로서는) 부적법한 것이므로 법원으로서는 그 처분이 당연무효인가 여부만 심리판단하면 족하다[판례2].

[판례1] 행정처분의 무효확인을 구하는 소에는 그 취소를 구하는 취지도 포함되어 있는 것으로 보아야 하는지 여부

"일반적으로 행정처분의 무효확인을 구하는 소에는 원고가 그 처분의 취소를 구하지 아니한다고 밝히지 아니한 이상 그 처분이 만약 당연무효가 아니라면 그 취소를 구하는 취지도 포함되어 있는 것으로 보아야 한다는 것이 대법원의 견해(대법원 1986.9.23. 선고 85누838 판결; 1987.4.28. 선고 86누887 판결 등)임은 상고이유에서 지적한 바와 같다 할 것이므로, 원심으로서는 이 사건 수료처분의 무효확인청구에 그 취소를 구하는 취지도 포함된 것으로 보아 위 수료처분에 취소사유가 있는지 여부에 관하여 심리판단하였어야 할 것이다.

그러나 … 이 사건 수료처분의 무효확인청구에 그 취소를 구하는 취지가 포함되어 있다고 본다 하더라도 이는 행정심판을 거치지 아니하여 부적법함을 면할 수 없다. 따라서 원심이 이에 관하여 판단하지 아니하였다 하여 판결에 영향을 미친 위법이 있다고 할 수 없으므로, 결국 상고이유 중

* 변호사시험(2018년).

9) 이에 대해서는 박균성, 행정법강의, 748면 참조.

10) 사법연수원, 행정구제법 2010, 16면 이하 참조.

이와 관련된 모든 부분도 이유 없음에 귀착된다(대판 1994.12.23, 94누477)."

[판례2] 행정처분의 취소의 소를 무효확인의 소로 변경한 경우에 취소를 구하는 취지도 포함된 것으로 볼 것인지 여부

"일반적으로 행정처분의 무효확인을 구하는 소에는 원고가 그 처분의 취소는 구하지 아니 한다고 밝히고 있지 아니하는 이상 그 처분이 만약 당연무효가 아니라면 그 취소를 구하는 취지도 포함되어 있는 것으로 볼 것이나 행정심판절차를 거치지 아니한 까닭에 행정처분 취소의 소를 무효확인의 소로 변경한 경우에는 무효확인을 구하는 취지속에 그 처분이 당연무효가 아니라면 그 취소를 구하는 취지까지 포함된 것으로 볼 여지가 전혀 없다고 할 것이므로 법원으로서는 그 처분이 당연무효인가 여부만 심리판단하면 족하다고 할 것이다(대판 1987.4.28, 86누887)."

2. 취소소송과 당사자소송과의 관계

행정행위에 단순위법의 하자가 있는 경우에, 취소소송에서 그 행정행위가 취소되지 않는 한, 행정행위의 공정력으로 인하여 당사자소송을 포함한 다른 소송에서 그 행정행위의 효력을 부인할 수 없다. 예컨대 단순위법의 하자가 있는 과징금부과처분은 이를 취소소송을 통해서만 처분의 효력을 소멸시킬 수 있을 뿐이므로, 처분이 취소되지 않는 한, 당사자소송을 통하여 부당이득반환을 청구할 수 없다.

[판례] 행정청에 납부한 돈에 대한 민법상 부당이득반환청구는 민사소송절차를 따라야 하는지 여부(적극) 및 처분에 근거하여 납부한 경우 처분이 취소되거나 당연무효가 아니면 이를 법률상 원인 없는 이득이라고 할 수 있는지 여부(소극)

"행정상대방이 행정청에 이미 납부한 돈이 민법상 부당이득에 해당한다고 주장하면서 그 반환을 청구하는 것은 민사소송절차를 따라야 한다. 그러나 그 돈이 행정처분에 근거하여 납부한 것이라면 행정처분이 취소되거나 당연무효가 아닌 이상 법률상 원인 없는 이득이라고 할 수 없다(대판 2021.12.30, 2018다241458[채무부존재확인])."

제2목 취소소송의 제기

제1. 취소소송의 제기요건

취소소송은 원고가 행정청의 처분 등에 대하여 피고적격을 가진 행정청을 피고로 일정한 제소기간 내에 필요한 전심절차를 거쳐 관할법원에 소장의 형식을 갖추어 제기하여야 한다. 따라서

취소소송은 ① 재판관할, ② 원고적격(협의의 소익 포함), ③ 피고적격, ④ 행정소송의 대상, ⑤ 제소기간, ⑥ 행정심판과의 관계, ⑦ 소제기의 형식 등의 제기요건을 갖추어야 한다. 소송요건(제기요건)을 못 갖추면 소는 부적법 각하되고, 적법하게 충족되면 본안에 대한 심리에서 청구의 이유 유무를 가리게 된다.

Ⅰ. 취소소송의 재판관할

1. 사물관할

취소소송의 제1심 관할법원은 행정법원이다(행소법 9 ①).

과거에는 취소소송의 제1심 관할법원은 피고의 소재지를 관할하는 고등법원으로 하였으나, 1994년 법원조직법(법원조직법 40조의4) 및 행정소송법(행소법 9)의 개정으로 전문법원으로 지방법원급의 행정법원을 신설하면서, 취소소송의 제1심 관할법원을 행정법원으로 변경하였다.

이에 따라 행정소송은 제1심 행정법원, 제2심 고등법원, 제3심 대법원의 3심제로 운영되게 되었다. 다만 행정법원은 우선 서울에만 설치하도록 하고, 행정법원이 설치되지 않은 지역의 경우 행정법원의 권한에 속하는 사건은 행정법원이 설치될 때까지 해당 지방법원 본원이 관할하도록 하였다(법원조직법(법률 제4765호) 부칙 ②).

행정법원의 심판권은 판사 3인으로 구성된 합의부에서 이를 행한다. 다만, 행정법원에 있어서 단독판사가 심판할 것으로 행정법원 합의부가 결정한 사건의 심판권은 단독판사가 이를 행한다(법원조직법 7 ③).

개별법에 따라서는 2심제의 특례를 규정하는 경우도 있다(예: 공정거래법 100, 보안관찰법 23 등).

2. 토지관할

취소소송의 제1심 관할법원은 피고의 소재지를 관할하는 행정법원으로 한다(행소법 9 ①). 다만 ① 중앙행정기관, 중앙행정기관의 부속기관과 합의제행정기관 또는 그 장, 또는 ② 국가의 사무를 위임 또는 위탁받은 공공단체 또는 그 장을 피고로 하여 취소소송을 제기하는 경우에는 대법원소재지를 관할하는 행정법원에 제기할 수 있다(행소법 9 ②). ③ 국가의 사무를 위임 또는 위탁받은 공공단체 또는 그 장에 대하여 그 지사나 지역본부 등 종된 사무소의 업무와 관련이 있는 소를 제기하는 경우에는 그 종된 사무소의 소재지를 관할하는 행정법원에 제기할 수 있다(행정소송규칙 5 ①).

토지의 수용 기타 부동산 또는 특정의 장소에 관계되는 처분 등에 대한 취소소송은 그 부동산 또는 장소의 소재지를 관할하는 행정법원에 이를 제기할 수 있다(행소법 9 ③). '기타 부동산 또는 특정의 장소에 관계되는 처분등'이란 부동산에 관한 권리의 설정, 변경 등을 목적으로 하는 처분, 부동산에 관한 권리행사의 강제, 제한, 금지 등을 명령하거나 직접 실현하는 처분, 특정구역에서 일정한 행위를 할 수 있는 권리나 자유를 부여하는 처분, 특정구역을 정하여 일정한 행위의 제한·금지를 하는 처분 등을 말한다(행정소송규칙 5 ②).

토지관할은 전속관할이 아니다. 따라서 민사소송법상의 합의관할(민소법 29)·변론관할(민소법 30) 등이 적용될 수 있다(행소법 8 ②).

3. 관할법원에의 이송

관할권이 없는 법원에 소송이 제기된 경우에 법원은 결정으로 이를 관할법원에 이송하여야 한다(행소법 7, 민소법 34 ①). 이와 같은 관할이송은 원고의 고의 또는 중대한 과실 없이 행정소송이 심급을 달리하는 법원에 잘못 제기된 경우에도 적용된다(행소법 7).

관할이송의 경우 소제기의 효력발생시기는 관할권 있는 법원이 이송 받은 때이다(대판 1969.3. 18, 64누51).

행정소송사항을 민사소송으로 제기한 경우에도 관할이송이 적용된다.

[판례] 원고가 고의 또는 중대한 과실 없이 행정소송으로 제기하여야 할 사건을 민사소송으로 잘못 제기한 경우, 수소법원이 취하여야 할 조치

"원고가 고의 또는 중대한 과실 없이 행정소송으로 제기하여야 할 사건을 민사소송으로 잘못 제기한 경우, 수소법원으로서는 만약 그 행정소송에 대한 관할을 동시에 가지고 있다면 이를 행정소송으로 심리·판단하여야 하고, 그 행정소송에 대한 관할을 가지고 있지 아니하다면 당해 소송이 이미 행정소송으로서의 전심절차와 제소기간을 도과하였거나 행정소송의 대상이 되는 처분 등이 존재하지도 아니한 상태에 있는 등 행정소송으로서 소송요건을 결하고 있음이 명백하여 행정소송으로 제기되었더라도 어차피 부적법하게 되는 경우가 아닌 이상 이를 부적법한 소라고 하여 각하할 것이 아니라 관할법원에 이송하여야 한다(대판 2018.7.26, 2015다221569[유상매수의무부존재확인])."

※ 유사판결: 대판 2020.10.15, 2020다222382[우선협상대상자지정취소로인한손해배상])

[판례] 원고가 고의나 중대한 과실 없이 행정소송으로 제기하여야 할 사건을 민사소송으로 잘못 제기하고 단독판사가 제1심판결을 선고한 경우, 그에 대한 항소사건이 고등법원의 전속관할인지 여부(적극)

"행정사건 제1심판결에 대한 항소사건은 고등법원이 심판해야 하고(법원조직법 제28조 제1호), 원고가 고의나 중대한 과실 없이 행정소송으로 제기하여야 할 사건을 민사소송으로 잘못 제기하고 단독판사가 제1심판결을 선고한 경우에도 그에 대한 항소사건은 고등법원의 전속관할이다(대판 2022.1.27, 2021다219161[부당이득금반환])."

4. 관련청구소송의 이송 및 병합*

(1) 의의

관련청구소송의 이송 및 병합은 서로 관련성이 있는 여러 개의 청구를 하나의 소송절차에서 심판하도록 함으로써 심리의 중복이나 모순·저촉을 방지하고 당사자나 법원의 부담을 경감하기 위한 것이다.

행정소송법은 취소소송과 관련청구소송이 각각 다른 법원에 계속되고 있는 경우에 이를 취소소송이 계속된 법원으로 이송할 수 있고(행소법 10 ①), 취소소송에 관련청구소송을 병합하거나 피고외의 자를 상대로 한 관련청구소송을 취소소송이 계속된 법원에 병합하여 제기할 수 있다(행소법 10 ②)고 하여 관련청구소송의 이송 및 병합에 관한 규정을 두고 있다.

(2) 관련청구의 내용과 범위

행정소송법은 관련청구소송으로 ① 당해 처분 등과 관련되는 손해배상·부당이득반환·원상회복 등 청구소송, ② 당해 처분 등과 관련되는 취소소송을 규정하고 있다(행소법 10 ①).

여기에서 '당해 처분 등과 관련되는 손해배상, 부당이득반환, 원상회복 등의 청구'는 처분 등 또는 처분의 취소·변경 등을 원인으로 하는 손해배상청구소송, 납부세액의 반환청구소송, 결과제거청구소송 등을 의미한다.

'당해 처분 등과 관련되는 취소소송'은 후행처분에 대한 취소를 구하는 소송에서의 선행처분에 대한 취소소송, 동일한 처분에 대하여 다수인이 제기한 취소소송, 또는 재결에 대한 취소소송에서의 원처분에 대한 취소소송 등을 의미한다.

(3) 관련청구소송의 이송

소송의 이송이란 법원에 계속된 소송을 그 법원의 재판에 의하여 다른 법원으로 옮기는 것을 말한다.

행정소송법 제10조 제1항은 관련청구소송의 이송과 관련하여, ① 취소소송과 관련청구소송이 각각 다른 법원에 계속되고 있는 경우에 ② 관련청구소송이 계속된 법원이 상당하다고 인정하는 때에 ③ 당사자의 신청 또는 직권에 의하여 ④ 관련청구소송을 취소소송이 계속된 법원으로 이송할 수 있다고 규정하고 있다.

관련청구소송의 이송은 무효등확인소송(행소법 38 ①), 부작위위법확인소송(행소법 38 ②), 당사자소송(행소법 44 ②), 기관소송과 민중소송(행소법 46 ①)에도 적용된다.

---

* 입법고시(2010년).

(4) 관련청구소송의 병합

1) 의의

청구의 병합이란 여러 개의 소송을 한 개의 소송으로 심리하는 것을 말하는데, 여기에는 동일 원고의 동일 피고에 대한 수개의 청구를 병합하는 경우(소의 객관적 병합)와 다수의 소송당사자의 청구를 병합하는 경우(소의 주관적 병합)가 있다.

행정소송법은 제10조 제2항에서 "취소소송에는 사실심의 변론종결시까지 관련청구소송을 병합하거나 피고 외의 자를 상대로 한 관련청구소송을 취소소송이 계속된 법원에 병합하여 제기할 수 있다."고 규정하고 있다.

2) 요건

① 관련청구소송의 병합은 관련청구소송을 취소소송에 병합하는 것이므로, 관련청구소송이 병합될 취소소송이 적법한 것이어야 한다. 취소소송이 부적법하여 각하되면 그에 병합된 청구도 소송요건을 흠결한 부적법한 것으로 각하되어야 한다(대판 1997.3.14, 95누13708). ② 병합될 청구는 행정소송법 제10조 제1항이 규정하는 관련청구소송이어야 한다. ③ 관련청구의 병합은 취소소송의 사실심 변론종결시까지 하여야 한다.

3) 형태

① 객관적 병합과 주관적 병합

행정소송법은 동일한 원·피고 사이에서 수개의 관련청구를 병합하는 객관적 병합(행소법 10 ② 전단)과 동일한 하나의 원고가 다수의 피고를 상대로 또는 다수의 원고가 다수의 피고를 상대로 관련청구를 병합하는 주관적 병합(행소법 10 ② 후단)을 모두 인정하고 있다.

민사소송법에서는 객관적 병합의 경우 수개의 청구가 동종의 소송절차에서 심리되는 경우에만 인정되는 데 그친다. 이에 반하여 행정소송법의 위의 규정에 의하여 취소소송에서는 동종의 소송절차에서의 복수의 청구뿐 아니라 취소소송과 손해배상청구소송, 취소소송과 당사자소송의 병합도 가능하다.

② 원시적 병합과 추가적 병합

취소소송의 제기시에 관련청구소송을 병합하여 제기하는 것을 원시적 병합이라 하고, 소송계속 중에 사후적으로 병합하는 것을 추가적 병합이라 하는데, 행정소송법은 사실심의 변론종결시까지 병합하거나(추가적 병합, 행소법 10 ② 전단), 관련청구소송을 취소소송이 계속된 법원에 병합하여 제기할 수 있다고 하여(원시적 병합, 행소법 10 ② 후단), 양자를 모두 인정하고 있다.

③ 예비적 청구

관련청구소송의 병합과 관련하여 주위적 청구가 받아들여지지 않는 경우를 대비하여 예비적 청구를 병합하는 형태로도 소송을 제기할 수 있다. 무효확인청구와 취소청구와 같이 서로 양립할 수 없는 청구는 주위적·예비적 청구로서만 병합이 가능하고, 선택적 청구로서의 병합이나 단순병합은 허용되지 아니한다.

[판례] 행정처분에 대한 무효확인과 취소청구의 병합

"행정처분의 무효확인청구와 취소청구는 그 소송의 요건을 달리하는 것이므로 하자있는 특정의 행정처분에 관하여 그 하자가 중대하고 명백한 것이었음을 주장하여 그 처분의 무효확인을 구함과 동시에 그 하자를 취소사유에 해당하는 것이었다고 주장하여 그 처분의 취소를 구하는 청구를 예비적으로 병합할 수 있다 할 것이고…(대판 1971.2.25, 70누125)."

"행정처분에 대한 무효확인과 취소청구는 서로 양립할 수 없는 청구로서 주위적·예비적 청구로서만 병합이 가능하고 선택적 청구로서의 병합이나 단순 병합은 허용되지 아니한다(대판 1999.8.20, 97누6889)."

4) 병합된 민사소송에 대한 행정소송법 규정의 적용 문제

병합된 관련청구소송이 민사소송인 경우, 그 관련청구의 심리에 있어서 민사사건에 대하여 행정소송법규정, 특히 직권심리주의의 규정이 적용될 것인가에 관하여는 ① 당연히 병합된 행정소송절차에 따라 심판하여야 한다는 견해와 ② 병합된다고 하여 민사사건이 행정사건으로 변하는 것은 아니므로 병합된 민사사건에 대해서는 민사소송법이 적용되어야 한다는 견해가 대립된다. ②설이 타당하다.

Ⅱ. 취소소송의 당사자

1. 당사자

(1) 당사자의 지위

행정소송도 원고와 피고가 대립하는 대심구조를 취한다는 점에서 민사소송과 다를 바 없다. 그러나 소송의 당사자로서 원고와 피고의 지위는 소송의 종류에 따라 차이가 있다.

당사자소송의 경우에는 원고와 피고가 대립하여 서로 자신의 권리를 주장한다는 점에서 민사소송에서와 동일하지만, 항고소송인 취소소송의 경우에는 원고는 자기의 권리를 보호하기 위하여 위법한 처분 등으로 자기의 권리가 침해되었다고 주장하면서 그 취소·변경을 구하지만, 피고인 행정청은 자기의 권리를 주장하는 것이 아니라 법집행의 적법성을 주장하는 데 그친다는 점에서 특수성이 있다.

또한 취소소송을 포함한 항고소송에서의 피고인 처분청은 국가나 지방자치단체의 기관으로서 그 자체로서는 피고의 자격이 없는 것이나 소송수행의 편의상 피고의 지위가 인정되는 점도 취소소송을 비롯한 항고소송의 특수한 점이라 할 수 있다.

(2) 당사자능력과 당사자적격*

(i) 당사자능력이란 소송의 당사자(원고·피고·참가인)가 될 수 있는 능력을 의미한다. 민법 기타 법률에 의하여 권리능력이 있는 자(자연인·법인)는 행정소송에서의 당사자능력을 가진다(행소법 8 ②, 민소법 51). 지방자치단체도 공법상의 법인이므로 이에 포함된다. 법인이 아닌 사단이나 재단도 대표자 또는 관리인이 있는 경우에는 그 사단이나 재단의 이름으로 당사자가 될 수 있다(행소법 8 ②, 민소법 52).

(ii) 당사자적격이란 구체적인 소송사건에서 당사자로서 소송을 수행하고 본안판결을 받을 수 있는 자격을 말한다.

(iii) 원고적격과의 관련문제로서, 국가도, 예컨대 지방자치단체의 장의 자치사무에 대한 처분에 대하여 취소소송의 원고적격이 인정될 수 있겠으나, 지방자치단체의 장의 기관위임사무의 처리에 관하여는 지방자치단체의 장을 상대로 취소소송을 제기하는 것이 허용되지 않는다(대판 2007.9. 20, 2005두6935).

(iv) 행정심판위원회의 인용재결에 대하여 피청구인인 처분청이 항고소송을 제기할 수 있는지가 문제이다. 이는 특히 처분청이 지방자치단체이고, 인용재결이 지방자치단체의 자치사무인 경우에 자치권침해와 관련하여 문제가 된다. 이에 대해서는 ① 인용재결의 기속력(행심법 49 ①) 때문에 재결에 불복할 수 없다는 견해와 ② 자치사무의 경우에는 자치권침해를 이유로 항고소송을 제기할 수 있다는 견해[11]가 대립되는데, ③ 인용재결의 기속력이 지방자치단체의 자치권을 침해하는 문제는 있지만, 입법적으로 제도의 개혁을 감행하지 않는 한, 현재의 행정심판제도 및 지방자치제도에서는 인용재결에 대한 지방자치단체의 항고소송을 허용하는 것은 행정심판의 인정 취지에 부합하지 않는 면이 크므로, ①의 견해가 타당하다고 보아야 할 것이다.

판례는 교원소청심사위원회의 결정에 대하여 피청구인인 학교의 장도 행정소송을 제기할 수 있는 당사자적격이 있다고 하였다. 이는 소청심사는 학교법인과 그 교원 사이의 사법적 분쟁을 해결하기 위한 간이분쟁해결절차이고, 이러한 특수성을 고려하면 분쟁의 당사자이자 재심절차의 피청구인인 학교의 장에게 제소권을 부여하지 않는 것은 헌법이 보장하는 재판청구권을 침해하는 것이 되기 때문이다.

---

* 5급공채(2019년).

11) 홍정선, 행정법특강, 647면 이하.

[판례] 교원소청심사위원회 결정에 대하여 학교의 장도 행정소송을 제기할 수 있는지 여부

"교원지위법 제10조 제3항(현 제4항), 대학교원 기간임용제 탈락자 구제를 위한 특별법 제10조 제2항, 사립학교법 제53조의2 제1항, 제2항 규정들의 내용 및 원래 교원만이 교원소청심사위원회의 결정에 대하여 행정소송을 제기할 수 있도록 한 구 교원지위법(2007.5.11. 법률 제8414호로 개정되기 전의 것) 제10조 제3항이 헌법재판소의 위헌결정(헌재결 2006.2.23. 선고 2005헌가7, 2005헌마1163 전원재판부)에 따라 학교법인 및 사립학교 경영자뿐 아니라 소청심사의 피청구인이 된 학교의 장 등도 행정소송을 제기할 수 있도록 현재와 같이 개정된 경위, 학교의 장은 학교법인의 위임 등을 받아 교원에 대한 징계처분, 인사발령 등 각종 업무를 수행하는 등 독자적 기능을 수행하고 있어 이러한 경우 하나의 활동단위로 특정될 수 있는 점까지 아울러 고려하여 보면, 교원소청심사위원회의 결정에 대하여 행정소송을 제기할 수 있는 자에는 교원지위법 제10조 제3항에서 명시하고 있는 교원, 사립학교법 제2조에 의한 학교법인, 사립학교 경영자뿐 아니라 소청심사의 피청구인이 된 학교의 장도 포함된다고 보는 것이 타당하다.

(사립대학교 총장이 소속 대학교 교원의 임용권을 위임받아 전임강사 갑에 대하여 재임용기간의 경과를 이유로 당연면직의 통지를 하였고, 이에 갑이 총장을 피청구인으로 재임용 거부처분 취소 청구를 하여 교원소청심사위원회가 재임용 거부처분을 취소한다는 결정처분을 한 사안에서) 대학교 총장이 교원소청심사위원회를 상대로 결정처분의 취소를 구하는 행정소송을 제기할 당사자능력 및 당사자적격이 있다(대판 2011.6.24, 2008두9317)."

(3) 취소소송의 당사자

취소소송의 당사자와 관련하여 행정소송법은 원고(행소법 12), 피고(행소법 13), 공동소송인(행소법 15), 참가인(행소법 16, 17)에 관한 규정을 두고 있다. 그 밖에도 명문의 규정은 없으나 민사소송법에 따라 소송대리인으로서 취소소송에의 참가가 허용된다. 원고적격과 피고적격은 별도로 설명한다.

(4) 관련문제: 단체소송*

1) 의의

공법상의 단체나 사법상의 단체가 단체를 위한 취소소송에서의 당사자능력이나 당사자적격이 인정되는지가 문제이다. 단체소송(Verbandsklage)은 단체가 원고로서 다투는 소송으로 여기에는 ① 단체가 구성원의 권리침해를 다투는 소송(이기적 단체소송)과 ② 단체가 일반적 공익(예: 환경보호, 자연보호, 기념물보호 등)의 침해를 다투는 소송(이타적 단체소송)이 있다.

* 행정고시(재경)(2010년), 변호사시험(2019년).

2) 원고적격

이기적 단체소송의 경우에는, 국가가 지방자치단체의 주민의 권리를 침해하는 경우에 지방자치단체가 이를 다툴 수 없는 것과 마찬가지로, 단체는 구성원의 권리침해를 다툴 수 없다.

이타적 단체소송의 경우에는 원칙적으로 단체의 원고적격이 인정되지 않는다.

3) 입법례

이타적 단체소송의 입법례로는 독일의 여러 주의 자연보호법을 들 수 있다. 법에 의하여 인정된 일정한 자연보호단체는 행정절차에 참여하거나, 개인의 이해와 관계없이 일정한 자연침해행위에 대하여 당사자적격을 가진다.

4) 인정가능성

단체소송도 일종의 객관소송이므로 원칙적으로 허용되지 않지만, 법률이 정한 경우에는 허용될 수 있다(행소법 45). 개인정보보호법은 일정한 요건을 갖춘 소비자단체나 비영리민간단체로 하여금 법원에 권리침해 행위의 금지·중지를 구하는 개인정보단체소송을 도입한 바 있다(개인정보보호법 제7장).

5) 집단소송

독일의 단체소송과 유사한 제도로 미국의 집단소송(class action)이 있다. 집단소송은 공동의 이해관계를 가진 집단의 1인 또는 수인이 그 집단의 이익을 위하여 소송을 수행하는 것을 말한다.

2. 공동소송

행정소송법은 “수인의 청구 또는 수인에 대한 청구가 처분 등의 취소청구와 관련되는 청구인 경우에 한하여 그 수인은 공동소송인이 될 수 있다(행소법 15).”고 규정하고 있다. 이는 관련청구소송의 병합에서 언급한 소의 주관적 병합에 관한 규정을 확인하는 것이다. 따라서 동일한 처분에 대하여 수인의 원고가 취소를 구하는 소송의 병합과 더불어 소의 주관적 병합에 있어서는 추가적 병합이나 예비적 병합이 공동소송의 형태로 이루어질 수 있다.

3. 소송참가

(1) 소송참가의 의의

소송참가란 소송의 계속 중에 소송의 결과에 대하여 이해관계를 가지는 소송 외의 제3자가 자기의 이익을 위하여 소송절차에 참가하는 것을 말한다. 취소소송의 경우에는 소송의 대상이 되는 처분 등에 수인의 이해관계가 얽혀 있는 경우가 많을 뿐 아니라, 제3자효 행정행위와 같이 처분의 상대방이 아닌 제3자의 권익에 영향을 미치는 경우가 적지 않고, 나아가 취소판결은 제3자에 대하여 대세효를 가지기 때문에 소송참가의 필요성은 매우 크다고 하겠다.

이에 따라 행정소송법은 제3자의 소송참가를 명문으로 규정함과 동시에 행정청의 소송참가도 규정하고 있다(행소법 16, 17). 소송참가에 관한 규정은 다른 항고소송은 물론(행소법 38), 당사자소송(행소법 44 ①)과 민중소송·기관소송에도 준용된다(행소법 46 ①).

(2) 제3자의 소송참가 *

법원은 소송의 결과에 따라 권리 또는 이익의 침해를 받을 제3자가 있는 경우에는 당사자 또는 제3자의 신청 또는 직권에 의하여 결정으로써 그 제3자를 소송에 참가시킬 수 있다(행소법 16 ①).

제3자의 소송참가는 제3자의 권익보호와 재판의 적정성을 실현하기 위한 제도로서, 제3자에 의한 재심청구(행소법 31)를 사전에 방지한다는 의미도 가지고 있다.

여기에서 제3자란 당해 소송당사자 이외의 자를 의미하는 것으로 여기에는 국가나 공공단체도 포함될 수 있다.

그리고 소송의 결과에 따라 '침해받을 권리 또는 이익'은 법률상 이익을 의미하고, 단순한 반사적 이익이나 사실상의 이익은 여기에 해당하지 않는다.

제3자의 소송참가는 당사자 또는 제3자의 신청 또는 법원의 직권에 의하여 결정함으로써 이루어진다(행소법 16 ①). 법원은 결정을 하고자 할 때에는 당사자 및 당해 행정청의 의견을 들어야 한다(행소법 16 ②). 소송참가신청을 한 제3자는 그 신청을 각하한 결정에 대하여 즉시항고할 수 있다(행소법 16 ③). 이와 관련하여 소송당사자도 참가신청 각하결정에 대하여 즉시항고할 수 있는지가 문제될 수 있는데, 제3자의 소송참가는 제3자의 권익보호를 주된 목적으로 한다는 점에서 소극적으로 보아야 할 것이다.[12)]

소송에 참가한 제3자에 대하여는 민사소송법 제67조의 규정이 준용되기 때문에(행소법 16 ④), 참가인은 피참가인과 필수적 공동소송에서의 공동소송인에 준하는 지위를 가진다. 그러나 제3자는 참가인으로서 소송당사자에 대하여 독자적인 청구를 하지 못한다는 점에서 일종의 공동소송적 보조참가와 유사한 성격을 가지는 것으로 보는 것이 일반적이다.

(3) 행정청의 소송참가

법원은 다른 행정청을 소송에 참가시킬 필요가 있다고 인정할 때에는 당사자 또는 당해 행정청의 신청 또는 직권에 의하여 결정으로써 그 행정청을 소송에 참가시킬 수 있다(행소법 17 ①). 행정청이 처분 등을 함에 있어서 다른 행정청과 관련되어 있는 경우가 많음에도 불구하고 취소소송에서의 피고는 당해 처분청에 국한되므로 다른 행정청이 재판과 관련된 중요한 자료를 가지고

---

* 사법시험(2011년).

12) 정하중, 행정법개론, 733면.

있다 하더라도 이를 활용하기 어렵다. 이에 행정소송법은 취소소송에서의 심리의 적정을 실현하기 위하여 다른 행정청의 소송참가를 명문으로 규정하고 있는 것이다.

여기에서 '다른 행정청'이란 피고인 행정청 이외의 행정청으로서 소송대상인 처분 등과 관련이 있는 행정청을 의미한다고 보아야 할 것이다.

법원은 당사자 또는 참가대상인 당해 행정청의 신청 또는 직권에 의하여 결정으로써 다른 행정청을 소송에 참가시킬 수 있다(행소법 17 ①). 법원은 행정청에 대한 참가결정을 하고자 할 때에는 당사자 및 당해 행정청의 의견을 들어야 한다(행소법 17 ②). 소송에 참가하는 행정청에 대하여는 민사소송법 제76조의 규정이 준용되므로 참가행정청은 보조참가인에 준하는 지위를 가진다(행소법 17 ③). 따라서 당해 행정청은 소송상 공격과 방어 등 일체의 소송행위를 할 수 있으나, 그의 소송행위가 피고인 처분청의 행위와 저촉되는 경우에는 효력이 없다.

(4) 민사소송법에 의한 소송참가[13)]

행정소송에도 민사소송법에 의한 소송참가규정이 준용될 수 있는지 문제가 된다. 행정소송법 제8조 제2항은 행정소송법에 특별한 규정이 없으면 민사소송법의 규정을 준용한다고 규정하고 있으므로, 행정소송의 특수성에 반하지 않는 한, 민사소송법의 규정이 준용될 수 있을 것이다. 이와 관련하여 검토할 민사소송법의 규정은 보조참가(민소법 71) · 공동소송참가(민소법 83) · 독립당사자참가(민소법 79)이다.

1) 보조참가

보조참가란 소송결과에 이해관계가 있는 제3자가 한 쪽 당사자를 돕기 위하여 법원에 계속중인 소송에 참가하는 것을 말한다(민소법 71). 이와 같은 보조참가는 자신의 이름으로 판결을 구하는 것이 아니라 일방의 소송당사자를 돕기 위한 것에 불과하므로, 민사소송법 제71조의 요건을 충족하는 한, 행정소송에도 허용된다고 할 것이다.[14)]

2) 공동소송참가

공동소송참가란 소송목적이 한 쪽 당사자와 제3자에게 합일적으로 확정되어야 할 경우 그 제3자가 계속중인 소송에 공동소송인으로 참가하는 것을 말한다(민소법 83).

행정소송법 제16조에 의한 참가인은 자신의 청구를 별도로 가지고 있는 것이 아닌 데 반하여 민사소송법 제83조에 의한 공동소송참가인은 독자적인 청구를 가질 수 있고, 행정소송법상의 참가인은 공동소송적 보조참가와 유사한 성격을 가지는 데 대하여 민사소송법상의 공동소송참가인은 필수적 공동소송인이라는 점에서 양자의 소송상의 지위에 차이가 있을 수 있다는 점을 고려하

13) 정하중, 행정법개론, 734면.
14) 박윤흔, 최신행정법강의(상), 920면 이하; 정형근, 행정법, 498면; 정하중, 행정법개론, 734면.

면, 민사소송법 제83조의 공동소송참가 규정은 행정소송에도 준용될 수 있다고 할 수 있을 것이다.[15] 다만 이 경우 공동소송참가인은 당사자적격 및 제소기간의 준수 등과 같은 소송요건을 충족하여야 한다.

3) 독립당사자참가

독립당사자참가란 제3자가 소송목적의 전부나 일부가 자기의 권리라고 주장하거나, 소송결과에 따라 권리가 침해된다고 주장하여 당사자의 양 쪽 또는 한 쪽을 상대방으로 하여 당사자로서 소송에 참가하는 것을 말한다(민소법 79).

독립당사자참가는 서로 이해관계가 대립되는 원고·피고·제3자간의 분쟁해결방식을 특색으로 하는 것으로서, 이 경우 참가인은 독립한 당사자로서 소송수행에 제약을 받음이 없이 자신의 권리를 강력하게 주장할 수 있게 된다. 이러한 독립당사자참가는 행정소송에 특유한 소송요건 및 행정소송의 취지에 비추어 볼 때 행정소송에 준용하기는 어렵다고 할 것이다.[16]

4. 대리인

행정소송의 경우에도 민사소송의 경우와 같이 소송대리가 인정됨은 물론이나, 행정소송법에는 소송대리에 관한 명문의 규정이 없으므로 이에 대해서는 원칙적으로 민사소송법의 관련 규정이 준용된다. 다만 국가를 당사자로 하는 소송에 있어서는 국가소송법에 의한 특례가 인정된다. 즉 법무부장관이나 행정청의 장은 국가를 당사자로 하는 소송에서 직원 등을 지정하거나 변호사를 소송대리인으로 선임하여 소송을 수행하게 할 수 있다(국가소송법 3, 5).

Ⅲ. 취소소송의 소의 이익*

1. 취소소송에서의 소의 이익 -원고적격과 협의의 소익-

소익(訴益)이란 법적 분쟁에 대하여 소송을 통하여 구제받을 가치가 있는 이익을 의미한다. 소익은 주관적 관점에서는 원고가 될 수 있는 자격, 즉 원고적격을 의미하지만, 객관적 관점에서는 소송을 제기하여야 할 실익, 즉 분쟁해결의 현실성·권리보호의 필요성을 의미한다. 광의의 소익개념은 전자와 후자를 모두 포함하는 것이지만, 후자만을 지칭할 때에는 이를 협의의 소익이라 한다.

---

* 변호사시험(2012년), 변호사시험(2013년), 변호사시험(2016년), 변호사시험(2019년), 변호사시험(2021년), 사법시험(2006년), 사법시험(2011년), 입법고시(2006년), 행정고시(재경)(2008년), 행정고시(일반행정)(2009년), 행정고시(재경)(2009년), 행정고시(일반행정) (2010년), 5급공채(재경)(2011년), 5급공채(행정)(2017년), 5급공채(2019년).

15) 정하중, 행정법개론, 734면 이하.

16) 정하중, 행정법개론, 735면.

예컨대, A에 대한 7일 영업정지처분에 대하여 취소소송을 제기하는 경우, A가 취소소송을 제기할 자격이 있는가 하는 문제는 '원고적격'의 문제이고, 이미 영업정지일로부터 7일 이상이 지난 경우에도 이를 취소소송으로 다툴 실익이 있는가 하는 것이 '협의의 소익'의 문제이다.

원고적격과 협의의 소익은 이와 같이 서로 구별되는 개념임에도, 행정소송법은 제12조에서 이를 같이 규정하고 있으므로, 이에 따라 이하에서도 '원고적격'과 '협의의 소익'의 문제를 함께 설명한다.

※ 소익(訴益)

소익 ┌ 주관적 관점: 원고적격
　　 └ 객관적 관점: 협의의 소익(권리보호의 필요성·분쟁해결의 현실성)

2. 취소소송의 원고적격

(1) 원고적격의 의의

원고적격이란 취소소송에서의 원고가 될 수 있는 자격을 말한다. 이와 관련하여 행정소송법은 "취소소송은 처분 등의 취소를 구할 법률상 이익이 있는 자가 제기할 수 있다(행소법 12 1문)." 고 규정하고 있다.

(2) '법률상 이익'에 관한 학설

1) 권리구제설(권리회복설)

전통적인 견해로서 취소소송은 위법한 처분으로 인하여 침해된 개인의 권리를 회복하는 소송이라는 점에서 권리를 침해당한 자만이 취소소송을 제기할 수 있다는 견해이다. 여기에서의 권리는 공법상의 권리, 즉 공권을 의미한다.

권리구제설은 행정상 법률관계의 당사자로 '행정청과 상대방'이라는 이원적 관계가 중시되었던 초기의 공권이론을 소송법적으로 표현한 것이며, 제3자의 권리침해와 그에 대한 보호가 일반화되면서 이론적인 수정이 불가피하게 되었다.

2) 법률상 보호이익설

이 설은 전통적인 공권론에서 말하는 공권은 아니라 하더라도 관련법을 목적론적으로 해석하여 '법에 의하여 보호되는 이익'이 침해되면 취소소송의 원고적격이 인정된다는 견해이다.

이 설에서 말하는 '법률상 보호이익(법적 보호이익)'은 전통적인 의미에서 이해되어 오던 공권 개념보다는 더 넓은 개념이다.

3) 보호가치 있는 이익설

이 설은 법에 의하여 보호되는 이익이 아니라 하더라도, 그 이익이 소송을 통하여 보호할 가치가 있다고 판단되는 경우에는 이러한 이익이 침해된 경우에도 취소소송의 원고적격을 인정하자는 견해이다. 법률상 보호이익이 적어도 법에 의하여 보호되고 있는 이익인 반면, 보호가치 있는 이익은 법에 의하여 보호되고 있는 이익은 아니지만, 구제에 대한 사회적 필요성이라는 사실관계의 판단에 따라 원고적격을 인정하는 것이어서 원고적격이 지나치게 확대될 우려가 있다.

4) 적법성보장설

이 설은 법률상 이익을 행정의 적법성에 대한 이해관계로 파악하는 견해이다. 즉 행정의 적법성 보장에 이해관계가 있는 자는 취소소송의 원고적격이 인정된다는 것이다. 그러나 이는 취소소송을 객관소송화하는 것으로서, 주관소송을 원칙으로 하는 현행 행정소송법제하에서는 관철되기 어렵다. 요컨대 이 견해는 취소소송의 주된 기능이 개인의 권리구제에 있음을 간과하고 있다고 할 수 있다.

5) 결어

1985년 개정 이전의 (구) 행정소송법은 총14개조로 구성된 단조로운 법으로서 원고적격에 관한 별도의 규정을 두고 있지 않고 있어, 원고적격의 인정 여부를 행정소송법 제1조(행정청 또는 그 소속기관의 위법에 대한 그 처분의 취소 또는 변경에 관한 소송 기타 공법상의 권리관계에 관한 소송)의 해석에 의존하고 있었다. 그 당시 판례를 보면, "행정소송에서 소송의 원고는 행정처분에 의하여 직접 권리를 침해당한 자임을 보통으로 하나 직접권리의 침해를 받은 자가 아닐지라도 소송을 제기할 법률상의 이익을 가진 자는 그 행정처분의 효력을 다툴 수 있다고 해석된다(대판 1969.12.30, 69누106)."고 판시하여, '권리'와 '법률상 이익'을 구분하고 있었다.

1985년 개정으로 행정소송법은 현행과 같이 원고적격과 관련하여 '법률상 이익'을 명문으로 규정하게 되었다. 이와 관련하여 그 당시에는 이 '법률상 이익'은 '공권'과 '법률상 보호이익'을 합친 것으로 법개정으로 원고적격이 확대되었다고 평가하기도 하였다.

그러나 오늘날 대부분의 학자들은 행정소송법 제12조 전단의 '법률상 이익'은 법적으로 보호되는 이익이라는 점에서 '법률상 보호이익'과 같은 개념이고, 또한 공권도 그 성립요건으로 사익보호성(법에 의하여 개인의 이익이 보호되어야 함)을 요구한다는 점에서 같은 개념으로 이해하고 있다(즉, '법률상 이익'='법률상 보호이익'='공권'). 이와 같이 법률상 이익은 공권과 같은 개념이라는 점에서 원고적격의 인정 문제는 바로 개인적 공권의 인정문제라고 할 수 있다. 요컨대 오늘날 '법률상 이익'은, 권리구제설이나 법률상 보호이익설의 입장과 같이, 적어도 법에 의하여 보호되는 이익을 의미한다고 하겠다.

다만 보호가치 있는 이익은 법에 의하여 보호되는 이익은 아니므로 법률상 이익에는 포함되지 않는다.

(3) 법률상 이익의 내용

법률상 이익은 '법에 의하여 보호되는 개별적·직접적·구체적 이익'이어야 한다(대판 2008.3.27, 2007두23811). 따라서 공익보호의 결과로 국민 일반이 공통적으로 가지는 일반적·간접적·추상적 이익이나, 제3자의 사실상의 간접적인 경제적 이해관계의 경우에는 법률상 보호되는 이익이 있다고 할 수 없다(대판 2007.12.27, 2005두9651; 대판 2002.8.23, 2002추61).

[판례1] 처분의 직접 상대방이 아닌 제3자에게 항고소송으로 다툴 원고적격이 인정되는 경우

"행정처분의 직접 상대방이 아닌 제3자라고 하더라도 당해 행정처분으로 인하여 법률상 보호되는 이익을 침해당한 경우에는 취소소송을 제기하여 그 당부의 판단을 받을 자격이 있다. 여기에서 말하는 법률상 보호되는 이익은 당해 처분의 근거 법규와 관련 법규에 의하여 보호되는 개별적·직접적·구체적 이익이 있는 경우를 말하고, 공익보호의 결과로 국민 일반이 공통적으로 가지는 일반적·간접적·추상적 이익과 같이 사실적·경제적 이해관계를 갖는 데 불과한 경우는 포함되지 아니한다. 또 당해 처분의 근거 법규와 관련 법규에 의하여 보호되는 법률상 이익은 당해 처분의 근거 법규의 명문 규정에 의하여 보호받는 법률상 이익, 당해 처분의 근거 법규에 의하여 보호되지는 아니하나 당해 처분의 행정목적을 달성하기 위한 일련의 단계적인 관련 처분들의 근거 법규에 의하여 명시적으로 보호받는 법률상 이익, 당해 처분의 근거 법규 또는 관련 법규에서 명시적으로 당해 이익을 보호하는 명문의 규정이 없더라도 근거 법규와 관련 법규의 합리적 해석상 그 법규에서 행정청을 제약하는 이유가 순수한 공익의 보호만이 아닌 개별적·직접적·구체적 이익을 보호하는 취지가 포함되어 있다고 해석되는 경우까지를 말한다(대판 2013.9.12, 2011두33044; 대판 2021.2.4, 2020두48772 등 참조).

구 사립학교법(2020.12.22. 법률 제17659호로 개정되기 전의 것) 제70조의2 제1항이 사립학교 직원들의 보수를 정관으로 정하도록 하고, 원고들이 소속된 각 학교법인의 정관이 그 직원들의 보수를 공무원의 예에 따르도록 한 것은, 사립학교 소속 사무직원들의 보수의 안정성 및 예측가능성을 담보하여 사립학교 교육이 공공의 목적에 부합하는 방향으로 원활하게 수행될 수 있도록 하는 한편, 그 사무직원의 경제적 생활안정과 복리향상을 보장하고자 함에 있으므로, 사립학교 사무직원의 이익을 개별적·직접적·구체적으로 보호하고 있는 규정으로 볼 수 있다. 나아가 이 사건 각 명령으로 인하여 원고들은 급여가 실질적으로 삭감되거나 기지급된 급여를 반환하여야 하는 직접적이고 구체적인 손해를 입게 되므로, 원고들은 이 사건 각 명령을 다툴 개별적·직접적·구체적 이해관계가 있다고 볼 수 있다(대판 2023.1.12, 2022두56630[호봉정정명령등취소])."

[판례] 행정처분의 직접 상대방이 아닌 제3자라고 하더라도 법률상 보호되는 이익을 침해당한 경우에는 취소소송의 원고적격이 있는지 여부

"(재단법인 한국연구재단이 갑 대학교 총장에게 연구개발비의 부당집행을 이유로 2단계 두뇌한국(BK)21 사업 협약을 해지하고 연구팀장 을에 대한 국가연구개발사업의 3년간 참여제한 등을 명하는 통보를 하자 을이 통보의 취소를 청구한 사안에서) 기본적으로 국가연구개발사업에 대한 연구개발비의 지원은 대학에 소속된 일정한 연구단위별로 신청한 연구개발과제에 대한 것이지, 그 소속 대학을 기준으로 한 것은 아닌 점 등 제반 사정에 비추어 보면, 을은 위 사업에 관한 협약의 해지 통보의 효력을 다툴 법률상 이익이 있다(대판 2014.12.11, 2012두28704)."

[판례2] 담배소매인의 경영상 이익이 거리제한규정에 의하여 보호되는 이익인지 여부

"… 담배 일반소매인의 지정기준으로서 일반소매인의 영업소 간에 일정한 거리제한을 두고 있는 것은 담배유통구조의 확립을 통하여 국민의 건강과 관련되고 국가 등의 주요 세원이 되는 담배산업 전반의 건전한 발전 도모 및 국민경제에의 이바지라는 공익목적을 달성하고자 함과 동시에 일반소매인 간의 과당경쟁으로 인한 불합리한 경영을 방지함으로써 일반소매인의 경영상 이익을 보호하는 데에도 그 목적이 있다고 보이므로, 일반소매인으로 지정되어 영업을 하고 있는 기존업자의 신규 일반소매인에 대한 이익은 단순한 사실상의 반사적 이익이 아니라 법률상 보호되는 이익이라고 해석함이 상당하다(대판 2008.3.27, 2007두23811)."

[판례3] 침몰선박의 부보(附保) 보험회사가 중앙해양안전심판원의 재결의 취소를 구할 법률상의 이익이 있는지 여부

"중앙해양안전심판원의 재결에 대한 소는 행정처분에 대한 취소소송의 성질을 가지므로, 중앙해양안전심판원의 재결에 대한 취소소송을 제기하기 위하여는 행정소송법 제12조에 따른 원고적격이 있어야 할 것인데, (원고인) 침몰선박의 부보 보험회사는 해양사고의 조사 및 심판에 관한 법률 제2조 제3호에 의한 해양사고관련자도 아니고 재결의 취소로 간접적이거나 사실적, 경제적인 이익을 얻을 뿐, 재결의 근거 법률에 의하여 직접 보호되는 구체적인 이익을 얻는다고 보기도 어렵다고 할 것이므로, 재결의 취소를 구할 법률상 이익이 없어 원고 적격이 없다(대판 2002.8.23, 2002추61)."

[판례4] 기존사업자가 행정청이 사업양수인에 대하여 한 신문사업자 지위승계신고 수리 및 신문사업 변경등록처분의 무효확인 또는 취소를 구할 원고적격이 인정되는지 여부(적극)

"기존사업자와 신규사업자 사이에 명칭 사용 허락과 관련하여 민사상 분쟁이 있는 경우에는 이를 이유로 등록관청이 신규사업자의 신문 등록을 직권으로 취소·철회를 할 수는 없고, 그 다툼에 관한 법원의 판단을 기다려 그에 따라 등록취소 또는 변경등록 등의 행정 조치를 할 수 있을 뿐이

며, 법원의 판단이 있기 전까지 신규사업자의 신문법상 지위는 존속한다고 보아야 한다.

이 사건 처분은 원고가 '제주일보' 명칭으로 신문을 발행할 수 있는 신문법상 지위를 불안정하게 만드는 것이므로, 원고에게는 그 무효확인 또는 취소를 구할 법률상 이익을 인정할 수 있다(대판 2019.8.30, 2018두47189[신문사업자 지위승계신고 수리 및 신문사업변경등록처분 취소])."

(4) 법률상 이익의 판단

1) 판단의 기준시점

법률상 이익의 유무는 그 처분의 성립시나 소제기시가 아니라 사실심의 변론종결시를 기준으로 판단하여야 한다(대판 1992.10.27, 91누9329).

2) 판단기준

① 법률상 이익(사익보호성)이 존재하는지를 판단하는 데에는, (1) 해당 법령 및 관련 법령의 규정 및 그 취지를 검토하고(제1단계: 해당 법령 및 관련 법령의 명시적 규정), (2) 이로써 사익보호 여부가 분명치 않은 경우에는 목적론적 해석을 하고(2단계: 목적론적 해석), (3) 최후로 기본권으로부터 직접 공권이 도출될 수 있는지를 검토하여야 한다(3단계: 기본권의 직접적용)는 견해가 일반적이고 타당하다. ② 판례도 마찬가지이다.

[판례] 당해 처분의 근거 법규 및 관련 법규에 의하여 보호되는 법률상 이익의 의미

"당해 처분의 근거 법규 및 관련 법규에 의하여 보호되는 법률상 이익은 당해 처분의 근거 법규의 명문 규정에 의하여 보호받는 법률상 이익, 당해 처분의 근거 법규에 의하여 보호되지는 아니하나 당해 처분의 행정목적을 달성하기 위한 일련의 단계적인 관련 처분들의 근거 법규에 의하여 명시적으로 보호받는 법률상 이익, 당해 처분의 근거 법규 또는 관련 법규에서 명시적으로 당해 이익을 보호하는 명문의 규정이 없더라도 근거 법규 및 관련 법규의 합리적 해석상 그 법규에서 행정청을 제약하는 이유가 순수한 공익의 보호만이 아닌 개별적·직접적·구체적 이익을 보호하는 취지가 포함되어 있다고 해석되는 경우까지를 말한다.

교육부장관이 사학분쟁조정위원회의 심의를 거쳐 갑 대학교를 설치·운영하는 을 학교법인의 이사 8인과 임시이사 1인을 선임한 데 대하여 갑 대학교 교수협의회와 총학생회 등이 이사선임처분의 취소를 구하는 소송을 제기한 사안에서, 임시이사제도의 취지, 교직원·학생 등의 학교운영에 참여할 기회를 부여하기 위한 개방이사 제도에 관한 법령의 규정 내용과 입법 취지 등을 종합하여 보면, 갑 대학교 교수협의회와 총학생회는 이사선임처분을 다툴 법률상 이익을 가지지만, 전국대학노동조합 갑 대학교지부는 법률상 이익이 없다(대판 2015.7.23, 2012두19496)."

(5) 원고적격의 확대

원고적격은 특히 인근주민 혹은 경쟁관계에 있는 자와 같은 제3자의 보호와 관련하여 문제된다. 침익적 처분의 상대방은 법령상 보호되는 공권의 침해 또는 자유권적 기본권의 침해를 이유로 원고적격을 인정하는 데 문제가 없지만(상대방이론), 제3자효 행정행위의 제3자의 경우에는 처분의 직접 상대방이 아니라는 점에서 관련 법규정의 해석 등을 통한 원고적격의 인정 여부가 문제되는 것이다.

중요한 점은 과거에는 반사적 이익으로 보았던 것도 법령의 목적론적 해석방법 등을 통하여 법률상 이익으로 봄으로써 원고적격이 확대되는 경향을 보이고 있다는 점이다. 제3자보호의 유형으로는 이웃소송, 경쟁자소송, 경원자소송의 유형을 들 수 있데, 이 유형들에 관하여는 개인적 공권 편에서 다루었으므로, 여기에서는 관련 판례들을 추가하여 살펴본다.

1) 이웃소송(린인(隣人)소송) *

㈎ 의의

이웃소송은 특정인에게 발급된 수익처분이 이웃하는 자들 사이에서 제3자에게 침익적인 효과를 가져 오는 경우에 제3자가 본인의 권리가 침해되었음을 이유로 특정인에게 발급된 처분을 행정소송으로 다투는 유형을 말한다.

㈏ 판례의 경향

과거에는 이웃하는 제3자의 이해관계를 반사적 이익으로 보는 경향이 많았으나, 법규범의 목적론적 해석을 통하여 원고적격이 점차 확대되는 경향에 있다. 특히 환경법 영역에서의 원고적격의 확대가 두드러진 현상이다.

[판례1] 인근 주민에게 연탄공장 건축허가의 취소를 구할 법률상의 이익이 있는지 여부

"<u>주거지역 안에서는 도시계획법 19조 1항과 개정전 건축법 32조 1항에 의하여 공익상 부득이 하다고 인정될 경우를 제외하고는 거주의 안녕과 건전한 생활환경의 보호를 해치는 모든 건축이 금지되고 있을 뿐 아니라 주거지역 내에 거주하는 사람이 받는 위와 같은 보호이익은 법률에 의하여 보호되는 이익이라고 할 것</u>이므로 주거지역내에 위 법조 소정 제한면적을 초과한 연탄공장 건축허가 처분으로 불이익을 받고 있는 제3거주자는 비록 당해 행정처분의 상대자가 아니라 하더라도 그 행정처분으로 말미암아 위와 같은 법률에 의하여 보호되는 이익을 침해받고 있다면 당해 행정처분의 취소를 소구하여 그 당부의 판단을 받을 법률상의 자격이 있다(대판 1975.5.13, 73누96, 97)."

---

* 사법시험(2002년), 사법시험(2006년), 사법시험(2015년), 입법고시(1998년), 입법고시(2003년), 입법고시(2006년), 행정고시(재경)(2010년).

[판례2] 토사채취 허가지의 인근 주민들에게 토사채취허가의 취소를 구할 법률상 이익이 있는지 여부

"(구) 산림법(2002.12.30. 법률 제6841호로 개정되기 전의 것) 및 그 시행령, 시행규칙들의 규정 취지는 산림의 보호·육성, 임업생산력의 향상 및 산림의 공익기능의 증진을 도모함으로써 그와 관련된 공익을 보호하려는 데에 그치는 것이 아니라 그로 인하여 직접적이고 중대한 생활환경의 피해를 입으리라고 예상되는 토사채취 허가 등 인근 지역의 주민들이 주거·생활환경을 유지할 수 있는 개별적 이익까지도 보호하고 있다고 할 것이므로, 인근 주민들이 토사채취허가와 관련하여 가지게 되는 이익은 위와 같은 추상적, 평균적, 일반적인 이익에 그치는 것이 아니라 처분의 근거 법규 등에 의하여 보호되는 직접적·구체적인 법률상 이익이라고 할 것이다(대판 1995.9.26, 94누14544; 대판 2003.4.25, 2003두1240 등 참조) (대판 2007.6.15, 2005두9736)."

[판례3] 원자로 시설부지 인근 주민들에게 부지사전승인처분의 취소를 구할 원고적격이 있는지 여부

"원자력법 제12조 제2호(발전용 원자로 및 관계 시설의 위치·구조 및 설비가 대통령령이 정하는 기술수준에 적합하여 방사성물질 등에 의한 인체·물체·공공의 재해방지에 지장이 없을 것)의 취지는 원자로 등 건설사업이 방사성물질 및 그에 의하여 오염된 물질에 의한 인체·물체·공공의 재해를 발생시키지 아니하는 방법으로 시행되도록 함으로써 방사성물질 등에 의한 생명·건강상의 위해를 받지 아니할 이익을 일반적 공익으로서 보호하려는 데 그치는 것이 아니라 방사성물질에 의하여 보다 직접적이고 중대한 피해를 입으리라고 예상되는 지역 내의 주민들의 위와 같은 이익을 직접적·구체적 이익으로서도 보호하려는 데에 있다 할 것이므로, 위와 같은 지역 내의 주민들에게는 방사성물질 등에 의한 생명·신체의 안전침해를 이유로 부지사전승인처분의 취소를 구할 원고적격이 있다(대판 1998.9.4, 97누19588)."

[판례4] 환경상 이익의 침해를 이유로 공장설립승인처분의 취소 등을 구할 원고적격을 인정받기 위한 요건

"… (구) 산업집적활성화 및 공장설립에 관한 법률(2006.3.3. 법률 제7861호로 개정되기 전의 것) 제8조 제4호, 이에 따른 산업자원부 장관의 공장입지기준고시(제2004-98호) 제5조 제1호, 국토계획법 제58조 제3항의 위임에 따른 동법 시행령(2006.8.17. 대통령령 제19647호로 개정되기 전의 것) 제56조 제1항 [별표 1] 제1호 (라)목 (2) 규정 취지는, 공장설립승인처분과 그 후속절차에 따라 공장이 설립되어 가동됨으로써 그 배출수 등으로 인한 수질오염 등으로 직접적이고도 중대한 환경상 피해를 입을 것으로 예상되는 주민들이 환경상 침해를 받지 아니한 채 물을 마시거나 용수를 이용하며 쾌적하고 안전하게 생활할 수 있는 개별적 이익까지도 구체적·직접적으로 보호하려는 데 있다. 따라서 수돗물을 공급받아 이를 마시거나 이용하는 주민들로서는 위 근거 법규 및 관련 법규가 환경상 이익의 침해를 받지 않은 채 깨끗한 수돗물을 마시거나 이용할 수 있는 자신들의 생

활환경상의 개별적 이익을 직접적·구체적으로 보호하고 있음을 증명하여 원고적격을 인정받을 수 있다(대판 2010.4.15, 2007두16127)."

[판례5] 행정처분으로 인하여 환경상 이익이 침해될 것으로 예상되는 영향권의 범위가 관련 법규에 규정되어 있는 경우, 영향권 범위 안 주민들과 범위 밖 주민들에 대한 원고적격 판단 기준

"… 행정처분의 근거 법규 또는 관련 법규에 그 처분으로써 이루어지는 행위나 사업으로 인하여 환경상 이익의 침해를 받으리라고 예상되는 영향권의 범위가 규정되어 있는 경우에는, **그 영향권 내의 주민들에 대하여는** 당해 처분으로 인하여 직접적이고 중대한 환경피해가 발생할 수 있음을 예상할 수 있고, 이와 같은 환경상 이익은 주민 개개인에 대하여 개별적으로 보호되는 직접 적·구체적 이익으로서 그들에 대하여는 특단의 사정이 없는 한 환경상 이익에 대한 침해 또는 침해 우려가 있는 것으로 사실상 추정되어 원고적격이 인정되는 것이고, **그 영향권 밖의 주민들은** 당해 처분으로 그 처분 전과 비교하여 수인한도를 넘는 환경피해를 받거나 받을 우려가 있다는 자신의 환경상 이익에 대한 침해 또는 침해 우려가 있음을 입증하여야만 비로소 원고적격이 인정된다(대판 2006.3.16, 2006두330 전원합의체; 2010.4.15, 2007두16127 등 참조) (대판 2015.12.10, 2011두32515 [4대강 살리기 사업 사건])."

[판례6] [1] 폐기물처리시설 설치기관이 주변영향지역을 결정하면서 정한 유효기간이 만료된 후, 다시 주변영향지역을 결정할 때 거쳐야 할 절차

[2] 폐기물매립시설 경계로부터 2km 이내인 간접영향권 지정 가능 범위 내에 거주하는 원고들에게 주변영향지역 결정을 다툴 원고적격이 인정되는지(적극)

"[1] (폐기물처리시설과 관련하여, 종전 주변영향지역 결정의 유효기간이 만료한 후 다시 종전과 동일한 범위로 주변영향지역을 결정하였을 때, 인근주민의 원고적격 인정 여부가 문제된 사안에서) 종전에 고시한 주변영향지역 결정의 유효기간이 만료되고 환경상 영향에 변동이 있어 주변영향지역의 범위를 다시 결정할 필요가 있는 경우에는, 폐기물처리시설 설치기관은 「폐기물처리시설 설치촉진 및 주변지역지원 등에 관한 법률 시행령」 제18조 제1항 별표2 제2호 나.목에 따라 '주변영향지역이 결정·고시되지 아니한 경우'와 마찬가지로 '폐기물매립시설 부지 경계선으로부터 2킬로미터 이내, 폐기물소각시설 부지 경계선으로부터 300미터 이내에 거주하는 지역주민으로서 해당 특별자치도·시·군·구의회에서 추천한 읍·면·동별 주민대표'로 지원협의체를 다시 구성하여 주변영향지역의 결정에 관하여 협의하여야 한다.

[2] 시행령 제18조 제1항 별표2 제2호 나.목의 취지는, 폐기물매립시설의 부지 경계선으로부터 2킬로미터 이내, 폐기물소각시설의 부지 경계선으로부터 300미터 이내에는 폐기물처리시설의 설치 운영으로 환경상 영향을 미칠 가능성이 있으므로, 그 범위 안에서 거주하는 주민들 중에서 선정한

주민대표로 하여금 지원협의체의 구성원이 되어 환경상 영향조사, 주변영향지역 결정, 주민지원사업의 결정에 참여할 수 있도록 함으로써, 그 주민들이 폐기물처리시설 설치·운영으로 인한 환경상 불이익을 보상받을 수 있도록 하려는 데 있다. 위 범위 안에서 거주하는 주민들이 폐기물처리시설의 주변영향지역 결정과 관련하여 갖는 이익은 주민 개개인에 대하여 개별적으로 보호되는 직접적·구체적 이익으로서 그들에 대하여는 특단의 사정이 없는 한 환경상 이익에 대한 침해 또는 침해 우려가 있는 것으로 사실상 추정되어 원고적격이 인정된다(대판 2018.8.1, 2014두42520[주변영향지역 거주 확인])."

☞ 주변영향지역 결정의 연장 절차에 대한 명시적 규정은 없으나, 종전 주변영향지역 결정의 유효기간이 만료되고 폐기물처리시설로 인한 환경상 영향에 변동이 있을 경우 최초의 주변영향지역 결정에서와 마찬가지의 법령상 절차를 거쳐야 한다고 판시한 사례이다.

2) 경쟁자소송 *

(가) 의의

경쟁자소송이란 경쟁관계에 있는 기존업자와 신규업자간의 경쟁자관계에서 기존업자가 신규업자에게 부여된 사업자면허나 각종의 허가 등을 행정소송으로 다투는 유형을 말한다.

(나) 판례

대법원은 '면허나 인허가 등의 수익처분의 근거가 되는 법률이 해당 업자들 사이의 과당경쟁으로 인한 경영의 불합리를 방지하는 것도 그 목적으로 하고 있는 경우인가'를 원고적격 인정의 중요한 기준으로 삼고 있다.

[판례1] 자동차운송사업면허 경쟁자 또는 경원자의 원고적격 인정 여부

"면허나 인·허가 등의 수익적 행정처분의 근거가 되는 법률이 해당 업자들 사이의 과당경쟁으로 인한 경영의 불합리를 방지하는 것도 그 목적으로 하고 있는 경우 다른 업자에 대한 면허나 인·허가 등의 수익적 행정처분에 대하여 미리 같은 종류의 면허나 인·허가 등의 수익적 행정처분을 받아 영업을 하고 있는 기존의 업자나, 면허나 인·허가 등의 수익적 행정처분을 신청한 수인이 서로 경쟁관계에 있어서 일방에 대한 면허나 인·허가 등의 행정처분이 타방에 대한 불면허·불인가·불허가 등으로 귀결될 수밖에 없는 경우[이른바 경원관계에 있는 경우로서 동일 대상지역에 대한 공유수면매립면허나 도로점용허가 혹은 일정지역에 있어서의 영업허가 등에 관하여 거리제한규정이나 업소개수제한규정 등이 있는 경우를 그 예로 들 수 있다.]에 면허나 인·허가 등의 행정처분을 받지 못한 사람 등은 비록 경업자나 경원자에 대하여 이루어진 면허나 인·허가 등 행정처분의 상대방이 아니라 하더라도 당해 행정처분의 취소를 구할 당사자적격이 있다.

노선버스 한정면허 기준에 관한 구 자동차운수사업법시행규칙(1998.8.20. 건설교통부령 제147호

* 변호사시험(2012년), 사법시험(1998년), 행정고시(재경)(2009년).

여객자동차운수사업법시행규칙으로 전문 개정되기 전의 것)의 규정상 기존의 농어촌버스운송사업계획변경신청을 인가하면 신규의 마을버스운송사업면허를 할 수 없게 되는 경우, 마을버스운송사업면허신청자에게 농어촌버스운송사업계획변경인가처분의 취소를 구할 당사자 적격이 있다(대판 1999.10.12, 99두6026)."

[판례2] 기존의 고속형 시외버스운송사업자에게 직행형 시외버스운송사업자에 대한 사업계획변경인가처분의 취소를 구할 법률상의 이익이 있는지 여부

(구) 여객자동차 운수사업법(2009.2.6. 법률 제9532호로 개정되기 전의 것, 이하 '법'이라 한다) 제5조 제1항 제1호에서 '사업계획이 해당 노선이나 사업구역의 수송수요와 수송력 공급에 적합할 것'을 여객자동차운송사업의 면허기준으로 정한 것은 여객자동차운송사업에 관한 질서를 확립하고 여객자동차운송사업의 종합적인 발달을 도모하여 공공의 복리를 증진함과 동시에 업자 간의 경쟁으로 인한 경영의 불합리를 미리 방지하자는 데 그 목적이 있다 할 것이고, 법 제3조 제1항 제1호와 법 시행령(2008.11.26. 대통령령 제21132호로 개정되기 전의 것) 제3조 제1호, 법 시행규칙(2008.11.6. 국토해양부령 제66호로 전부 개정되기 전의 것) 제7조 제5항 등의 각 규정을 종합하여 보면, 고속형 시외버스운송사업과 직행형 시외버스운송사업은 다 같이 운행계통을 정하고 여객을 운송하는 노선여객자동차운송사업 중 시외버스운송사업에 속하므로, 위 두 운송사업이 사용버스의 종류, 운행거리, 운행구간, 중간정차 여부 등에서 달리 규율된다는 사정만으로 본질적인 차이가 있다고 할 수 없으며, 직행형 시외버스운송사업자에 대한 사업계획변경인가처분으로 인하여 기존의 고속형 시외버스운송사업자의 노선 및 운행계통과 직행형 시외버스운송사업자들의 그것들이 일부 중복되고 기존업자의 수익감소가 예상된다면, 기존의 고속형 시외버스운송사업자와 직행형 시외버스운송사업자들은 경업관계에 있는 것으로 봄이 상당하므로, 기존의 고속형 시외버스운송사업자에게 직행형 시외버스운송사업자에 대한 사업계획변경인가처분의 취소를 구할 법률상의 이익이 있다고 할 것이다(대판 2002.10.25, 2001두4450 참조) (대판 2010.11.11, 2010두4179)."

[판례] [1] 경쟁자소송의 당사자적격

[2] 한정면허를 받은 시외버스운송사업자가 일반면허를 받은 시외버스운송사업자에 대한 사업계획변경 인가처분으로 수익감소가 예상되는 경우, 일반면허 시외버스운송사업자에 대한 사업계획변경인가처분의 취소를 구할 법률상의 이익이 있는지 여부(적극)

"[1] 일반적으로 면허나 인허가 등의 수익적 행정처분의 근거가 되는 법률이 해당 업자들 사이의 과당경쟁으로 인한 경영의 불합리를 방지하는 것도 목적으로 하고 있는 경우, 다른 업자에 대한 면허나 인허가 등의 수익적 행정처분에 대하여 미리 같은 종류의 면허나 인허가 등의 수익적 행정처분을 받아 영업을 하고 있는 기존의 업자는 경업자에 대하여 이루어진 면허나 인허가 등 행정처분의 상대방이 아니라 하더라도 당해 행정처분의 취소를 구할 당사자적격이 있다.

[2] 한정면허를 받은 시외버스운송사업자라고 하더라도 다 같이 운행계통을 정하고 여객을 운송하는 노선여객자동차운송사업을 한다는 점에서 일반면허를 받은 시외버스운송사업자와 본질적인 차이가 없으므로, 일반면허를 받은 시외버스운송사업자에 대한 사업계획변경 인가처분으로 인하여 기존에 한정면허를 받은 시외버스운송사업자의 노선 및 운행계통과 일반면허를 받은 시외버스운송사업자의 그것이 일부 중복되게 되고 기존업자의 수익감소가 예상된다면, 기존의 한정면허를 받은 시외버스운송사업자와 일반면허를 받은 시외버스운송사업자는 경업관계에 있는 것으로 보는 것이 타당하고, 따라서 기존의 한정면허를 받은 시외버스운송사업자는 일반면허 시외버스운송사업자에 대한 사업계획변경인가처분의 취소를 구할 법률상의 이익이 있다(대판 2018.4.26, 2015두53824[여객자동차운송사업계획변경인가처분취소소송])."

[판례3] 기존의 담배 일반소매인의 신규소매인지정처분의 취소를 구할 법률상의 이익

"(구) 담배사업법(2007.7.19. 법률 제8518호로 개정되기 전의 것)과 그 시행령 및 시행규칙의 관계 규정에 의하면, 담배소매인을 일반소매인과 구내소매인으로 구분하여, **일반소매인 사이에서는** 그 영업소 간에 군청, 읍·면사무소가 소재하는 리 또는 동지역에서는 50m, 그 외의 지역에서는 100m 이상의 거리를 유지하도록 규정하는 등 일반소매인의 영업소 간에 일정한 거리제한을 두고 있는데, 이는 담배유통구조의 확립을 통하여 국민의 건강과 관련되고 국가 등의 주요 세원이 되는 담배산업 전반의 건전한 발전 도모 및 국민경제에의 이바지라는 공익목적을 달성하고자 함과 동시에 일반소매인 간의 과당경쟁으로 인한 불합리한 경영을 방지함으로써 일반소매인의 경영상 이익을 보호하는 데에도 그 목적이 있다고 보이므로, 일반소매인으로 지정되어 영업을 하고 있는 기존업자의 신규 일반소매인에 대한 이익은 단순한 사실상의 반사적 이익이 아니라 법률상 보호되는 이익으로서 기존 일반소매인이 신규 일반소매인 지정처분의 취소를 구할 원고적격이 있다고 보아야 할 것이나(대법원 2008.3.27. 선고 2007두23811 판결 참조), **한편 구내소매인과 일반소매인 사이에서는** 구내소매인의 영업소와 일반소매인의 영업소 간에 거리제한을 두지 아니할 뿐 아니라 건축물 또는 시설물의 구조·상주인원 및 이용인원 등을 고려하여 동일 시설물 내 2개소 이상의 장소에 구내소매인을 지정할 수 있으며, 이 경우 일반소매인이 지정된 장소가 구내소매인 지정대상이 된 때에는 동일 건축물 또는 시설물 안에 지정된 일반소매인은 구내소매인으로 보고, 구내소매인이 지정된 건축물 등에는 일반소매인을 지정할 수 없으며, 구내소매인은 담배진열장 및 담배소매점 표시판을 건물 또는 시설물의 외부에 설치하여서는 아니 된다고 규정하는 등 일반소매인의 입장에서 구내소매인과의 과당경쟁으로 인한 경영의 불합리를 방지하는 것을 그 목적으로 할 수 있다고 보기 어려우므로, 일반소매인으로 지정되어 영업을 하고 있는 기존업자의 신규 구내소매인에 대한 이익은 법률상 보호되는 이익이 아니라 단순한 사실상의 반사적 이익이라고 해석함이 상당하므로, 기존 일반소매인은 신규 구내소매인 지정처분의 취소를 구할 원고적격이 없다(대판 2008.4.10, 2008두402)."

3) 경원자소송 *

(가) 의의

경원자소송은 수익처분을 신청한 수인이 서로 경쟁관계에 있는 경우에 일방에 대한 수익처분의 발급을 수익처분을 얻지 못한 타방이 행정소송으로 다투는 유형을 말한다.

(나) 판례

대법원은 경원관계가 존재하는 경우 일방에 대한 허가처분이 타방에 대한 불허가처분이 될 수밖에 없는 경우에 불허가처분을 받은 경원자에게 법률상의 이익이 있다고 보고 있다.

[판례1] 경원관계에 있어서 경원자에 대하여 이루어진 허가 등 처분의 상대방이 아닌 자가 그 처분의 취소를 구할 당사자적격이 있는지 여부

"인허가 등의 수익적 행정처분을 신청한 수인이 서로 경쟁관계에 있어서 일방에 대한 허가 등의 처분이 타방에 대한 불허가 등으로 귀결될 수밖에 없는 때(이른바 경원관계에 있는 경우로서 동일 대상지역에 대한 공유수면매립면허나 도로점용허가 혹은 일정지역에 있어서의 영업허가 등에 관하여 거리제한규정이나 업소개수제한규정 등이 있는 경우를 그 예로 들 수 있다) 허가 등의 처분을 받지 못한 자는 비록 경원자에 대하여 이루어진 허가 등 처분의 상대방이 아니라 하더라도 당해 처분의 취소를 구할 당사자적격이 있다 할 것이고, 다만 구체적인 경우에 있어서 그 처분이 취소된다 하더라도 허가 등의 처분을 받지 못한 불이익이 회복된다고 볼 수 없을 때에는 당해 처분의 취소를 구할 정당한 이익이 없다고 할 것이다.

(액화석유가스충전사업의 허가기준을 정한 전라남도 고시에 의하여 고흥군 내에는 당시 1개소에 한하여 L.P.G. 충전사업의 신규허가가 가능하였는데, 원고가 한 허가신청은 관계 법령과 위 고시에서 정한 허가요건을 갖춘 것이고, 피고보조참가인(이하 참가인이라 부른다)들의 그것은 그 요건을 갖추지 못한 것임에도 피고는 이와 반대로 보아 원고의 허가신청을 반려하는 한편 참가인들에 대하여는 이를 허가하는 이 사건 처분을 하였다는 것인 바) 그렇다면 원고와 참가인들은 경원관계에 있다 할 것이므로 원고에게는 이 사건 처분의 취소를 구할 당사자적격이 있다고 하여야 함은 물론 나아가 이 사건 처분이 취소된다면 원고가 허가를 받을 수 있는 지위에 있음에 비추어 처분의 취소를 구할 정당한 이익도 있다고 하여야 할 것이다(대판 1992.5.8, 91누13274)."

[판례2] 제3자에게 경원자(경원자)에 대한 수익적 행정처분의 취소를 구할 당사자 적격이 있는 경우

"원고를 포함하여 법학전문대학원 설치인가 신청을 한 41개 대학들은 2,000명이라는 총 입학정원을 두고 그 설치인가 여부 및 개별 입학정원의 배정에 관하여 서로 경쟁관계에 있고 이 사건 각 처분이 취소될 경우 원고의 신청이 인용될 가능성도 배제할 수 없으므로, 원고가 이 사건 각 처분의 상대방이 아니라도 그 처분의 취소 등을 구할 당사자적격이 있다(대판 2009.12.10, 2009두8359)."

* 사법시험(2011년), 행정고시(재경)(2008년), 5급공채(행정)(2014년), 5급공채(2024년).

4) 법률상 이익이 부인되는 경우

판례를 유형별로 구분하는 것이 큰 의미는 없지만, 대법원은 대체로 ① 허가에 있어서 신규허가로 인한 기존업자들의 사실적·경제적 불이익[판례1], ② 제3자의 간접적·사실적·경제적 이해관계[판례2,3,4,5,6,7,8,9,10], ③ 환경영향권 내에 토지·건물 등을 소유하거나 환경상 이익을 일시적으로 향유하는 경우[판례11]에는 이를 법률상 이익으로 인정하지 않고 있다.

[판례1] 인근의 숙박업구조변경허가로 인한 기존 숙박업자의 경제적 불이익

"이 사건 건물의 4, 5층 일부에 객실을 설비할 수 있도록 숙박업구조변경허가를 함으로써 그곳으로부터 50미터 내지 700미터 정도의 거리에서 여관을 경영하는 원고들이 받게 될 불이익은 간접적이거나 사실적, 경제적인 불이익에 지나지 아니하므로 그것만으로는 원고들에게 위 숙박업구조변경허가처분의 무효확인 또는 취소를 구할 소익이 있다고 할 수 없다(대판 1990.8.14, 89누7900)."

☞ 위 판례는 숙박업영업허가에 관한 것이다. 허가의 경우 허가로 인하여 허가의 상대방은 반사적 이익만을 누릴 수 있기 때문에, 타인에 대한 동종의 허가로 경제상 손실이 발생하더라도 이는 반사적 이익의 침해일 뿐, 권리의 침해에 해당하지 않아 타인의 신규허가를 다툴 원고적격이 인정되지 않는다. 위 판례는 이와 같은 원고들의 이익은 허가로 인한 반사적 이익에 불과하다는 것을 확인한 것이다.

[판례2] 간접적인 사실상의 경제적 이해관계

"… 제3자가 단지 간접적인 사실상 경제적인 이해관계를 가지는 경우에는 그 처분의 취소나 무효확인을 구할 원고적격이 없다. 같은 취지에서 원심이 원고 세경진흥 주식회사가 이 사건 토지를 원고 학교법인 단국대학으로부터 매수한 후 이 사건 토지에 도시계획상 제한이 가하여졌다고 하더라도 그러한 사정만으로는 이 사건 용도지구변경결정의 무효확인이나 취소를 구할 당사자적격이 없다고 하여 원고 세경진흥 주식회사의 소를 각하한 것은 옳고, 거기에 상고이유의 주장과 같은 당사자적격이나 소의 이익에 관한 법리오해의 위법이 없다(대판 2000.2.8, 97누13337)."

[판례3] 생태·자연도 등급지정으로 인한 이익(반사적 이익)

"생태·자연도는 토지이용 및 개발계획의 수립이나 시행에 활용하여 자연환경을 체계적으로 보전·관리하기 위한 것일 뿐, 1등급 권역의 인근 주민들이 가지는 생활상 이익을 직접적이고 구체적으로 보호하기 위한 것이 아님이 명백하고, 1등급 권역의 인근 주민들이 가지는 이익은 환경보호라는 공공의 이익이 달성됨에 따라 반사적으로 얻게 되는 이익에 불과하므로, 인근 주민에 불과한 갑은 생태·자연도 등급권역을 1등급에서 일부는 2등급으로, 일부는 3등급으로 변경한 결정의 무효 확인을 구할 원고적격이 없다(대판 2014.2.21, 2011두29052)."

[판례4] 상수원보호구역의 설정으로 제3자가 누리는 이익(반사적 이익)

"상수원보호구역 설정의 근거가 되는 수도법 제5조 제1항 및 동 시행령 제7조 제1항이 보호하고자 하는 것은 상수원의 확보와 수질보전일 뿐이고, 그 상수원에서 급수를 받고 있는 지역주민들이 가지는 상수원의 오염을 막아 양질의 급수를 받을 이익은 직접적이고 구체적으로는 보호하고 있지 않음이 명백하여 위 지역주민들이 가지는 이익은 상수원의 확보와 수질보호라는 공공의 이익이 달성됨에 따라 반사적으로 얻게 되는 이익에 불과하므로 지역주민들에 불과한 원고들에게는 위 상수원보호구역변경처분의 취소를 구할 법률상의 이익이 없다(대판 1995.9.26, 94누14544)."

[판례5] 폐지된 도로에 대한 통행의 이익

"… 갑의 폐지된 도로에 대한 통행의 이익은 같은 법에 의한 공익보호의 결과로 국민 일반이 공통적으로 가지는 추상적, 평균적, 일반적 이익과 같이 간접적이거나 사실적, 경제적 이익에 불과하고 이를 같은 법에 의하여 보호되는 직접적이고 구체적인 이익에 해당한다고 보기도 어렵고, 또한 갑이 종전에 갖고 있던 폐지된 도로에 대한 주위토지통행권은 새로운 도로가 개설됨으로써 도로폐지허가처분 당시에는 이미 소멸하였을 뿐만 아니라, 도로폐지허가처분 당시에는 폐지된 도로의 소유자인 을에게 폐지된 도로에 대한 독점적·배타적 사용수익권이 있다고 할 것이어서 그 제한을 전제로 한 갑의 폐지된 도로에 대한 무상통행권도 인정되지 않는다고 할 것이므로, 도로폐지허가처분으로 인하여 갑이 폐지된 도로에 대한 사법상의 통행권을 침해받았다고 볼 수도 없다 할 것이어서 갑에게는 도로폐지허가처분의 취소를 구할 법률상 이익이 없다(대판 1999.12.7, 97누12556)."

[판례6] 입주자나 입주예정자가 사용검사처분의 무효확인 또는 취소를 구할 법률상 이익이 있는지 여부

"사용검사처분은 건축물을 사용·수익할 수 있게 하는 데 그치므로 건축물에 대하여 사용검사처분이 이루어졌다고 하더라도 그 사정만으로는 건축물에 있는 하자나 건축법 등 관계 법령에 위배되는 사실이 정당화되지는 아니하므로 … 구 주택법(2012. 1. 26. 법률 제11243호로 개정되기 전의 것)상 입주자나 입주예정자는 사용검사처분의 무효확인 또는 취소를 구할 법률상 이익이 없다(대판 2015.1.29, 2013두24976)."

[판례7] 도지정문화재 지정처분으로 인하여 침해될 수 있는 특정 개인의 명예 내지 명예감정

"(도지정문화재 지정처분의) 입법목적이나 취지는 지역주민이나 국민 일반의 문화재 향유에 대한 이익을 공익으로서 보호함에 있는 것이지, 특정 개인의 문화재 향유에 대한 이익을 직접적·구체적으로 보호함에 있는 것으로 해석되지 아니하므로 … 위 지정처분으로 인하여 어느 개인이나 그 선

조의 명예 내지 명예감정이 손상되었다고 하더라도, 그러한 명예 내지 명예감정은 위 지정처분의 근거 법규에 의하여 직접적·구체적으로 보호되는 이익이라고 할 수 없으므로 그 처분의 취소를 구할 법률상의 이익에 해당하지 아니한다(대판 2001.9.28, 99두8565)."

[판례8] 약사에게 한약조제권을 인정함에 있어서 한의사의 영업상의 이익

"한의사 면허는 경찰금지를 해제하는 명령적 행위(강학상 허가)에 해당하고, 한약조제시험을 통하여 약사에게 한약조제권을 인정함으로써 한의사들의 영업상 이익이 감소되었다고 하더라도 이러한 이익은 사실상의 이익에 불과하고 약사법이나 의료법 등의 법률에 의하여 보호되는 이익이라고는 볼 수 없으므로, 한의사들이 한약조제시험을 통하여 한약조제권을 인정받은 약사들에 대한 합격처분의 무효확인을 구하는 당해 소는 원고적격이 없는 자들이 제기한 소로서 부적법하다(대판 1998.3.10, 97누4289)."

[판례9] 과징금부과처분에 의한 동종업자의 영업보호이익

"… 과징금부과처분의 근거가 된 자동차운수사업법 제4조 제2항, 같은법시행규칙(1991.9.27. 교통부령 제960호로 개정되기 전의 것) 제7조 제4항이 자동차운송사업면허를 함에 있어서 사업구역을 정하도록 하고, 그 운송사업자로 하여금 면허받은 사업구역외에 상주하여 영업할 수 없다고 규정한 것은 각 지역 국민의 편익을 위한 것이고, 사업구역 위반으로 인한 과징금부과처분에 의하여 다른 사업구역의 동종업자의 영업이 보호되는 결과가 되더라도 그것은 면허의 조건으로 부가되는 사업구역제도의 반사적 이익에 불과하다(대판 1992.12.8, 91누13700)."

[판례10] 외국인에게 사증발급 거부처분의 취소를 구할 법률상 이익이 인정되는지 여부(소극)

"사증발급의 법적 성질, 출입국관리법의 입법 목적, 사증발급 신청인의 대한민국과의 실질적 관련성, 상호주의원칙 등을 고려하면, 우리 출입국관리법의 해석상 외국인에게는 사증발급 거부처분의 취소를 구할 법률상 이익이 인정되지 않는다(대판 2018.5.15, 2014두42506[사증발급거부처분취소])."

[판례11] 영향권 내에 건물·토지를 소유하거나 환경상 이익을 일시적으로 향유하는 사람의 경우

"환경상 이익에 대한 침해 또는 침해 우려가 있는 것으로 사실상 추정되어 원고적격이 인정되는 사람에는 환경상 침해를 받으리라고 예상되는 영향권 내의 주민들을 비롯하여 그 영향권 내에서 농작물을 경작하는 등 현실적으로 환경상 이익을 향유하는 사람도 포함된다. 그러나 단지 그 영향권 내의 건물·토지를 소유하거나 환경상 이익을 일시적으로 향유하는 데 그치는 사람은 포함되지 않는다(대판 2009.9.24, 2009두2825)."

5) 행정기관이 항고소송의 원고가 될 수 있는지 여부

대법원은 행정기관에 대한 처분이 존재하고 이로 인한 불이익도 명확하지만 이를 기관소송이나 권한쟁의심판으로 다툴 수 없는 경우에는 항고소송을 통한 주관적 구제대상이 될 수 있다고 하여 항고소송의 원고적격을 인정하고 있다.

[판례] 법령이 행정기관으로 하여금 다른 행정기관을 상대로 제재적 조치를 할 수 있도록 하면서 이와 관련하여 과태료나 형사처벌을 규정하고 있는 경우, 제재적 조치의 상대방인 행정기관에게 항고소송 원고로서의 당사자능력과 원고적격을 인정할 수 있는지 여부(한정 적극)

"[1] … 법령이 특정한 행정기관 등으로 하여금 다른 행정기관을 상대로 제재적 조치를 취할 수 있도록 하면서, 그에 따르지 않으면 그 행정기관에 대하여 과태료를 부과하거나 형사처벌을 할 수 있도록 정하는 경우가 있다. 이러한 경우에는 단순히 국가기관이나 행정기관의 내부적 문제라거나 권한 분장에 관한 분쟁으로만 볼 수 없다. 행정기관의 제재적 조치의 내용에 따라 '구체적 사실에 대한 법집행으로서 공권력의 행사'에 해당할 수 있고, 그러한 조치의 상대방인 행정기관이 입게 될 불이익도 명확하다. 그런데도 그러한 제재적 조치를 기관소송이나 권한쟁의심판을 통하여 다툴 수 없다면, 제재적 조치는 그 성격상 단순히 행정기관 등 내부의 권한 행사에 머무는 것이 아니라 상대방에 대한 공권력 행사로서 항고소송을 통한 주관적 구제대상이 될 수 있다고 보아야 한다. 기관소송 법정주의를 취하면서 제한적으로만 이를 인정하고 있는 현행 법령의 체계에 비추어 보면, 이 경우 항고소송을 통한 구제의 길을 열어주는 것이 법치국가 원리에도 부합한다. 따라서 이러한 권리구제나 권리보호의 필요성이 인정된다면 예외적으로 그 제재적 조치의 상대방인 행정기관 등에게 항고소송 원고로서의 당사자능력과 원고적격을 인정할 수 있다.

[2] (국민권익위원회가 소방청장에게 인사와 관련하여 부당한 지시를 한 사실이 인정된다며 이를 취소할 것을 요구하기로 의결하고 그 내용을 통지하자 소방청장이 국민권익위원회 조치요구의 취소를 구하는 소송을 제기한 사안에서) 행정기관인 국민권익위원회가 행정기관의 장에게 일정한 의무를 부과하는 내용의 조치요구를 한 것에 대하여 그 조치요구의 상대방인 행정기관의 장이 다투고자 할 경우에 법률에서 행정기관 사이의 기관소송을 허용하는 규정을 두고 있지 않으므로 이러한 조치요구를 이행할 의무를 부담하는 행정기관의 장으로서는 기관소송으로 조치요구를 다툴 수 없고, 위 조치요구에 관하여 정부 조직 내에서 그 처분의 당부에 대한 심사·조정을 할 수 있는 다른 방도도 없으며, 국민권익위원회는 헌법 제111조 제1항 제4호에서 정한 '헌법에 의하여 설치된 국가기관'이라고 할 수 없으므로 그에 관한 권한쟁의심판도 할 수 없고, 별도의 법인격이 인정되는 국가기관이 아닌 소방청장은 질서위반행위규제법에 따른 구제를 받을 수도 없는 점, 부패방지 및 국민권익위원회의 설치와 운영에 관한 법률은 소방청장에게 국민권익위원회의 조치요구에 따라야 할 의무를 부담시키는 외에 별도로 그 의무를 이행하지 않을 경우 과태료나 형사처벌까지 정하고 있으므로 위와 같은 조치요구에 불

복하고자 하는 '소속기관 등의 장'에게는 조치요구를 다툴 수 있는 소송상의 지위를 인정할 필요가 있는 점에 비추어, 처분성이 인정되는 국민권익위원회의 조치요구에 불복하고자 하는 소방청장으로서는 조치요구의 취소를 구하는 항고소송을 제기하는 것이 유효·적절한 수단으로 볼 수 있으므로 소방청장은 예외적으로 당사자능력과 원고적격을 가진다(대판 2018.8.1, 2014두35379[징계처분등])."

3. 협의의 소익(권리보호의 필요성)*

(1) 의의

행정소송법 제12조 제2문은 "처분 등의 효과가 기간의 경과, 처분 등의 집행 그 밖의 사유로 인하여 소멸된 뒤에도 그 처분 등의 취소로 인하여 회복되는 법률상 이익이 있는 자의 경우에는 또한 같다."고 하여 이 경우에도 취소소송을 제기할 수 있음을 규정하고 있다.

동조 제1문에서의 '법률상 이익'이 취소소송에서의 보호대상인 권리(따라서 그 보호대상이 침해된 자에게 소송을 제기할 자격을 인정해 주는 것)라면, 제2문에서의 '법률상 이익'은 취소소송을 통한 '권리보호의 필요성 또는 분쟁의 현실성'을 의미하는 것으로서 이를 '협의의 소익'이라 한다.

취소소송도 다른 소송과 마찬가지로 이와 같이 '분쟁을 소송을 통하여 해결하여야 할 현실적인 필요성'이 있을 때에 한하여 허용된다. 예컨대 영업정지처분에 있어 그 정지기간이 이미 지난 후에는, 그 정지처분을 취소하여야 할 특별한 사정이 존재하지 않는 한, 이를 취소소송으로 취소하는 것이 무의미하기 때문에, 이 경우 분쟁은 현실적인 의미를 상실하였으므로 더 이상 권리보호의 필요성이 없게 되는 것이다(협의의 소익 부인).

이러한 협의의 소익은 과도한 재판청구는 금지되어야 한다는 소송경제의 원칙과 소권이 남용되어서는 안 된다는 소송법상의 신의성실의 원칙에 근거하는 것이다.

(2) 협의의 소익으로서 '법률상 이익'의 의미

행정소송법 제12조 제2문의 '법률상 이익'의 의미와 관련하여, ① 명예·신용 등의 인격적 이익은 포함되지 않는다는 견해, ② 명예·신용 등의 인격적 이익, 금전청구와 같은 재산적 이익, 불이익의 제거와 같은 사회적 이익도 인정될 수 있다는 견해, ③ 위법확인에 대한 정당한 이익으로 보아 원고적격으로서의 법률상 이익보다 넓은 것으로서 정치적·경제적·사회적·문화적 이익까지 포함하는 것으로 보는 견해 등이 주장되고 있다.

생각건대 '협의의 소익'으로서의 '법률상 이익'은 권리보호의 필요성을 의미하는 것이므로, 그 표현에도 불구하고 이를 '원고적격'에서와 같이 '법적으로 보호되는 이익'에 한정할 이유는 없다고

---

* 사법시험(2013년), 5급공채(일반행정)(2013년), 변호사시험(2015년), 변호사시험(2023년), 5급공채(행정)(2017년), 5급공채(2020년), 5급공채(2024년).

판단된다. 따라서 '법적 보호이익' 이외에도, 적어도 각종 제도상의 불이익을 제거하여야 할 이익은 협의의 소익에 포함된다고 보아야 할 것이다.

[판례] 처분이 유효하게 존속하는 경우, 취소소송을 제기할 권리보호의 필요성이 인정되는지 여부 (원칙적 적극)

"[1] … 구체적인 사안에서 권리보호의 필요성 유무를 판단할 때에는 국민의 재판청구권을 보장한 헌법 제27조 제1항의 취지와 행정처분으로 인한 권익침해를 효과적으로 구제하려는 행정소송법의 목적 등에 비추어 행정처분의 존재로 인하여 국민의 권익이 실제로 침해되고 있는 경우는 물론이고 권익침해의 구체적·현실적 위험이 있는 경우에도 이를 구제하는 소송이 허용되어야 한다는 요청을 고려하여야 한다. 따라서 처분이 유효하게 존속하는 경우에는 특별한 사정이 없는 한 그 처분의 존재로 인하여 실제로 침해되고 있거나 침해될 수 있는 현실적인 위험을 제거하기 위해 취소소송을 제기할 권리보호의 필요성이 인정된다고 보아야 한다.

[2] (구) 산업집적활성화 및 공장설립에 관한 법률 제13조 제1항, 제13조의2 제1항 제16호, 제14조, 제50조, 제13조의5 제4호의 규정을 종합하면, 공장설립승인처분이 있고 난 뒤에 또는 그와 동시에 공장건축허가처분을 하는 것이 허용되므로, 공장설립승인처분이 취소된 경우에는 그 승인처분을 기초로 한 공장건축허가처분 역시 취소되어야 하고, 공장설립승인처분에 근거하여 토지의 형질변경이 이루어진 경우에는 원상회복을 해야 함이 원칙이다. 따라서 개발제한구역 안에서의 공장설립을 승인한 처분이 위법하다는 이유로 쟁송취소되었다고 하더라도 그 승인처분에 기초한 공장건축허가처분이 잔존하는 이상, 공장설립승인처분이 취소되었다는 사정만으로 인근 주민들의 환경상 이익이 침해되는 상태나 침해될 위험이 종료되었다거나 이를 시정할 수 있는 단계가 지나버렸다고 단정할 수는 없고, 인근 주민들은 여전히 공장건축허가처분의 취소를 구할 법률상 이익이 있다고 보아야 한다(대판 2018.7.12, 2015두3485[개발제한구역행위(건축)허가취소])."

(3) 협의의 소익이 인정되지 않는 경우

협의의 소익(권리보호의 필요성)이 없는 경우로 행정소송법은 ① 처분 등의 효과가 소멸된 경우(행소법 12 2문)를 규정하고 있지만, 그 외에도 ② 보다 간단한 방법으로 권리보호가 가능한 경우[판례1], ③ 소송으로 다툴 실제적 효용이나 이익이 없는 경우(예: 오로지 이론적 관심에서 소송이 제기된 경우 또는 보다 실효적이고 직접적인 권리구제수단이 있는 경우)[판례2,3], ④ 소권이 남용(예: 피고나 법원에 피해나 불편을 초래할 목적으로 소제기를 한 경우) 또는 실효된 경우[판례4] 등을 들 수 있다.

①의 경우는 별도로 설명한다.

[판례1] 판결이유 중에 명백한 계산상 착오가 있는 경우 상고사유가 되는지 여부

"원심판결이유 중 이의재결시의 보상가액이 아닌 수용재결 보상가액을 공제한 것은 명백한 계산상의 착오로서 판결경정 절차를 통하여 시정될 일이며 상고로 다툴 성질의 것이 아니다(대판 1993. 4.23, 92누17297)."

[판례2] 행정처분의 위법 여부를 다투는 것이 이론적 의미는 있으나 실제적인 효용 내지 실익이 없는 경우, 소의 이익 유무

"위법한 행정처분의 취소를 구하는 소는 위법한 처분에 의하여 발생한 위법상태를 배제하여 원상으로 회복시키고, 그 처분으로 침해되거나 방해받은 권리와 이익을 보호·구제하고자 하는 소송이므로, 어떤 행정처분의 위법 여부를 다투는 것이 이론적인 의미는 있으나 재판에 의하여 해결할 만한 실제적인 효용 내지 실익이 없는 경우에는 그 취소를 구할 소의 이익이 없다고 할 것이다.

현역병입영대상자로서의 병역처분을 받은 자가 현역병징집면제거부처분에 대한 취소소송 도중 모병에 응하여 현역병으로 자진 입대하였는바, 사실관계가 이와 같다면, 원고가 당초에 이 사건 소를 제기한 현실적인 필요는 현역병으로서의 복무가 강제되는 징집을 면하기 위한 데에 있었다고 할 것이나, 소송 도중 원고가 지원에 의하여 현역병으로 채용되었을 뿐만 아니라 이 사건 처분이 취소된다고 하더라도 현역병으로 채용된 효력이 상실되지 아니하여 계속 현역병으로 복무할 수밖에 없으므로 더 이상 재판으로 이 사건 처분의 위법을 다툴 실제적인 효용 내지 실익이 사라졌다고 할 것이어서 이 사건 소는 결국 소의 이익이 없는 부적법한 소라고 할 것이다(대판 1998.9.8, 98두9165)."

[판례3] 당사자의 신청을 받아들이지 않은 거부처분이 재결에서 취소된 경우, 재결의 취소를 구할 법률상 이익이 있는지 여부(소극)

"… 해당 처분 등의 취소를 구하는 것보다 실효적이고 직접적인 구제수단이 있음에도 처분 등의 취소를 구하는 것은 특별한 사정이 없는 한 분쟁해결의 유효적절한 수단이라고 할 수 없어 법률상 이익이 있다고 할 수 없다.

… 거부처분이 재결에서 취소된 경우 재결에 따른 후속처분이 아니라 그 재결의 취소를 구하는 것은 실효적이고 직접적인 권리구제수단이 될 수 없어 분쟁해결의 유효적절한 수단이라고 할 수 없으므로 법률상 이익이 없다(대판 2017.10.31, 2015두45045[주택건설사업계획변경승인신청반려처분취소재결취소])."

[판례4] 20년이 경과한 후에 수용재결의 실효를 주장하는 것 신의칙에 비추어 허용될 수 있는지 여부

"토지를 수용당한 후 20년이 넘도록 수용재결의 실효를 주장하지 아니한 채 보상요구를 한 적도 있다가 수용보상금 중 극히 일부가 미지급되었음을 이유로 수용재결의 실효를 주장하는 것은 신의칙에 비추어 허용될 수 없다(대판 1993.5.14, 92다51433)."

[판례5] 행정처분의 무효확인 또는 취소를 구하는 소송 계속 중 처분청이 다툼의 대상이 되는 행정처분을 직권으로 취소한 경우, 그 처분을 대상으로 한 항고소송이 적법한지 여부(원칙적 소극) 및 예외적으로 그 처분의 취소를 구할 소의 이익을 인정할 수 있는 경우

"행정처분의 무효확인 또는 취소를 구하는 소가 제소 당시에는 소의 이익이 있어 적법하였더라도, 소송 계속 중 처분청이 다툼의 대상이 되는 행정처분을 직권으로 취소하면 그 처분은 효력을 상실하여 더 이상 존재하지 않는 것이므로, 존재하지 않는 그 처분을 대상으로 한 항고소송은 원칙적으로 소의 이익이 소멸하여 부적법하다.

다만 처분청의 직권취소에도 불구하고 완전한 원상회복이 이루어지지 않아 무효확인 또는 취소로써 회복할 수 있는 다른 권리나 이익이 남아 있거나 또는 동일한 소송 당사자 사이에서 그 행정처분과 동일한 사유로 위법한 처분이 반복될 위험성이 있어 행정처분의 위법성 확인 내지 불분명한 법률문제에 대한 해명이 필요한 경우 행정의 적법성 확보와 그에 대한 사법통제, 국민의 권리구제의 확대 등의 측면에서 예외적으로 그 처분의 취소를 구할 소의 이익을 인정할 수 있을 뿐이다(대판 2019.6.27, 2018두49130[인적사항공개처분취소청구])."

☞ 병무청장이 '여호와의 증인' 신도인 원고들을 병역의무 기피자로 판단하여 그 인적사항 등을 인터넷 홈페이지에 게시하자 원고들이 이를 다투는 항고소송을 제기한 사안에서, 병무청장이 대판 2018.11.1, 2016도10912 전원합의체의 취지를 존중하여 상고심 계속 중에 그 공개결정을 직권으로 취소한 이상 소의 이익이 소멸하였으므로 원고들의 소를 각하한 것은 정당하다고 보아 상고기각한 사례

[판례6] 경업자에 대한 처분이 경업자에게 불리한 내용인 경우, 기존 업자가 처분의 무효확인 또는 취소를 구할 이익이 있는지 여부(원칙적 소극)

"일반적으로 면허나 인허가 등의 수익적 행정처분의 근거가 되는 법률이 해당 업자들 사이의 과당경쟁으로 인한 경영의 불합리를 방지하는 것도 목적으로 하고 있는 경우, 다른 업자에 대한 면허나 인허가 등의 수익적 행정처분에 대하여 미리 같은 종류의 면허나 인허가 등의 수익적 행정처분을 받아 영업을 하고 있는 기존의 업자는 경업자에 대하여 이루어진 면허나 인허가 등 행정처분의 상대방이 아니라고 하더라도 당해 행정처분의 무효확인 또는 취소를 구할 이익이 있다. 그러나 경업자에 대한 행정처분이 경업자에게 불리한 내용이라면 그와 경쟁관계에 있는 기존의 업자에게는 특별한 사정이 없는 한 유리할 것이므로 기존의 업자가 그 행정처분의 무효확인 또는 취소를 구할 이익은 없다고 보아야 한다(대판 2020.4.9, 2019두49953[도선사업면허변경처분취소])."

(4) 처분 등의 효과가 소멸된 경우 *

1) 협의의 소익(권리보호의 필요성)이 없는 것이 원칙

처분에 효력기간이 정하여져 있는 경우, 그 기간의 경과로 그 처분의 효력은 상실되므로 그 기간 경과 후에는 그 처분이 외형상 잔존함으로 인하여 어떠한 법률상 이익이 침해되었다고 볼 만한 별다른 사정이 없는 한 그 처분의 취소를 구할 법률상 이익이 없는 것이 원칙이다(대판 2004. 7.8, 2002두1946). 또한 처분을 취소한다 하더라도 원상회복이 불가능한 경우에도 그 처분의 취소를 구할 이익이 없는 것이 원칙이다(대판 2007.1.11, 2004두8538).

2) 협의의 소익(권리보호의 필요성)이 인정되는 경우

처분의 효력이 상실된 경우에도 처분의 취소로 인하여 회복되는 이익이 있는 경우에는 예외적으로 권리보호의 필요성이 인정된다. 이에 따라 행정소송법 제12조 제2문은 처분 등의 효과가 기간의 경과, 처분 등의 집행, 그 밖의 사유로 인하여 소멸된 뒤에도 그 처분 등의 취소로 인하여 회복되는 법률상 이익이 있는 경우에도 취소소송을 제기할 수 있다고 규정하고 있는 것이다.

이와 같은 경우로는 ① 동일한 사유로 위법한 처분이 반복될 구체적인 위험성이 있는 경우[판례1,2], ② 처분의 취소로 당해 법률이나 다른 법률에 의하여 보호되는 직접적·구체적 이익이 있는 경우(예: 세법 등 다른 법률에 의한 혜택을 받을 수 있는 경우, 위반횟수에 따른 가중적 제재처분을 피할 수 있는 경우 등)를 들 수 있다[판례3].

[판례1] [1] 행정소송법 제12조 제2문에서 정한 법률상 이익, 즉 행정처분을 다툴 협의의 소의 이익 유무를 판단하는 방법

[2] 행정처분의 무효 확인 또는 취소를 구하는 소송계속 중 해당 행정처분이 기간의 경과 등으로 효과가 소멸한 때에 처분이 취소되어도 원상회복은 불가능하더라도 예외적으로 처분의 취소를 구할 소의 이익을 인정할 수 있는 경우 및 그 예외 중 하나인 '그 행정처분과 동일한 사유로 위법한 처분이 반복될 위험성이 있는 경우'의 의미

"[1] 행정소송법 제12조 제2문에서 정한 법률상 이익, 즉 행정처분을 다툴 협의의 소의 이익은 개별·구체적 사정을 고려하여 판단하여야 한다.

[2] 행정처분의 무효 확인 또는 취소를 구하는 소가 제소 당시에는 소의 이익이 있어 적법하였는데, 소송계속 중 해당 행정처분이 기간의 경과 등으로 그 효과가 소멸한 때에 처분이 취소되어도 원상회복이 불가능하다고 보이는 경우라도, 무효 확인 또는 취소로써 회복할 수 있는 다른 권리나 이익이 남아 있거나 또는 그 행정처분과 동일한 사유로 위법한 처분이 반복될 위험성이 있어 행정

* 입법고시(2007년), 행정고시(일반행정)(2006년), 행정고시(재경)(2009년).

처분의 위법성 확인 내지 불분명한 법률문제에 대한 해명이 필요한 경우에는 행정의 적법성 확보와 그에 대한 사법통제, 국민의 권리구제 확대 등의 측면에서 예외적으로 그 처분의 취소를 구할 소의 이익을 인정할 수 있다. 여기에서 '그 행정처분과 동일한 사유로 위법한 처분이 반복될 위험성이 있는 경우'란 불분명한 법률문제에 대한 해명이 필요한 상황에 대한 대표적인 예시일 뿐이며, 반드시 '해당 사건의 동일한 소송 당사자 사이에서' 반복될 위험이 있는 경우만을 의미하는 것은 아니다(대판 2020.12.24, 2020두30450[업무정지처분취소청구])."

(세무사 자격 보유 변호사 갑이 관할 지방국세청장에게 조정반 지정 신청을 하였으나 지방국세청장이 '갑의 경우 세무사등록부에 등록되지 않았기 때문에 2015년도 조정반 구성원으로 지정할 수 없다'는 이유로 거부처분을 하자, 갑이 거부처분의 취소를 구하는 소를 제기한 사안에서) 2015년도 조정반 지정의 효력기간이 지났으므로 거부처분을 취소하더라도 갑이 2015년도 조정반으로 지정되고자 하는 목적을 달성할 수 없고 장래의 조정반 지정 신청에 대하여 동일한 사유로 위법한 처분이 반복될 위험성이 있다거나 행정처분의 위법성 확인 또는 불분명한 법률문제에 대한 해명이 필요한 경우도 아니어서 소의 이익을 예외적으로 인정할 필요도 없다(대판 2020.2.27, 2018두67152[조정반지정거부처분취소])."

[판례] 피고의 집회 및 시위 금지 통고가 기간의 경과로 그 효과가 소멸하였음에도 원고가 위 금지 통고의 취소를 구할 법률상 이익이 있는지 여부(소극)

"(기간 도과로 소멸한 집회 및 시위 금지통고 취소청구 사안에서) 위법한 행정처분의 취소를 구하는 소는 그 처분에 의하여 발생한 위법상태를 배제하여 원상으로 회복시키고, 그 처분으로 침해되거나 방해받은 법률상 이익을 보호·구제하고자 하는 소송이므로, 그 위법한 처분을 취소한다고 하더라도 원상회복이 불가능한 경우에는 그 취소를 구할 이익이 없다(대판 1995.7.11, 95누4568 등 참조). 다만 행정처분 자체의 효력기간 경과, 특정기일의 경과 등으로 인하여 그 처분을 취소하여도 원상회복이 불가능해 보이는 경우라도, 같은 소송 당사자 사이에서 그 행정처분과 같은 사유로 위법한 처분이 반복될 위험이 있어 행정처분의 위법성을 확인하거나 불분명한 법률문제를 해명할 필요가 있는 경우 등에는 행정의 적법성 확보와 그에 대한 사법통제, 국민의 권리구제 확대 등의 측면에서 여전히 그 처분의 취소를 구할 법률상 이익이 있다(대판 2007.7.19, 2006두19297 참조) (대판 2018.4.12, 2017두67834[옥외집회금지통고처분취소])."

☞ 피고가 심각한 교통 불편을 줄 것이 명백하다는 이유로 원고에게 집회 및 시위의 금지 통고를 한 후 기간의 경과로 금지 통고의 효과가 소멸한 경우, 원고와 피고 사이에 위와 같은 사유로 위법한 처분이 반복될 위험성이 있어 그 위법성을 확인하거나 불분명한 법률문제를 해명할 필요가 있다고 보기 어렵다는 이유에서 위 금지통고 취소소송이 부적법하다고 본 사례이다.

[판례2] 선행처분의 하자가 후행처분에 승계되는 경우 선행처분의 위법성을 확인하여 줄 필요성*

"제소 당시에는 권리보호의 이익을 갖추었는데 제소 후 취소 대상 행정처분이 기간의 경과 등으로 그 효과가 소멸한 때, 동일한 소송 당사자 사이에서 동일한 사유로 위법한 처분이 반복될 위험성이 있어 행정처분의 위법성 확인 내지 불분명한 법률문제에 대한 해명이 필요하다고 판단되는 경우, 그리고 선행처분과 후행처분이 단계적인 일련의 절차로 연속하여 행하여져 후행처분이 선행처분의 적법함을 전제로 이루어짐에 따라 선행처분의 하자가 후행처분에 승계된다고 볼 수 있어 이미 소를 제기하여 다투고 있는 선행처분의 위법성을 확인하여 줄 필요가 있는 경우 등에는 행정의 적법성 확보와 그에 대한 사법통제, 국민의 권리구제의 확대 등의 측면에서 여전히 그 처분의 취소를 구할 법률상 이익이 있다.

임시이사 선임처분에 대하여 취소를 구하는 소송의 계속 중 임기만료 등의 사유로 새로운 임시이사들로 교체된 경우, 선행 임시이사 선임처분의 효과가 소멸하였다는 이유로 그 취소를 구할 법률상 이익이 없다고 보게 되면, 원래의 정식이사들로서는 계속 중인 소를 취하하고 후행 임시이사 선임처분을 별개의 소로 다툴 수밖에 없게 되며, 그 별소 진행 도중 다시 임시이사가 교체되면 또 새로운 별소를 제기하여야 하는 등 무익한 처분과 소송이 반복될 가능성이 있으므로, 이러한 경우 법원이 선행 임시이사 선임처분의 취소를 구할 법률상 이익을 긍정하여 그 위법성 내지 하자의 존재를 판결로 명확히 해명하고 확인하여 준다면 위와 같은 구체적인 침해의 반복 위험을 방지할 수 있을 뿐 아니라, 후행 임시이사 선임처분의 효력을 다투는 소송에서 기판력에 의하여 최초 내지 선행 임시이사 선임처분의 위법성을 다투지 못하게 함으로써 그 선임처분을 전제로 이루어진 후행 임시이사 선임처분의 효력을 쉽게 배제할 수 있어 국민의 권리구제에 도움이 된다.

그러므로 취임승인이 취소된 학교법인의 정식이사들로서는 그 취임승인취소처분 및 임시이사 선임처분에 대한 각 취소를 구할 법률상 이익이 있고, 나아가 선행 임시이사 선임처분의 취소를 구하는 소송 도중에 선행 임시이사가 후행 임시이사로 교체되었다고 하더라도 여전히 선행 임시이사 선임처분의 취소를 구할 법률상 이익이 있다.

이와 다른 취지로 판시한 종전 대법원판결들 … 은 이 판결의 견해에 배치되는 범위 내에서 이를 변경하기로 한다(대판 2007.7.19, 2006두19297 전원합의체)."

☞ 종래 판례는 선임된 학교법인 임시이사의 재직기간이 지나 다시 임시이사가 선임되었다면 당초의 임시이사선임처분의 취소를 구하는 것은 법률상의 이익이 없다는 입장이었다(대판 2002.11.26, 2001두2874).

그러다가, 학교법인이사의 경우 임원취임승인이 취소되면 5년간 임원이 될 수 없는 결격사유가 있는 점, 임원에게는 민법의 유추적용에 따른 긴급처리권이 있는 점에서 임원취임승인취소처분에 대한 취소소송 중 이사의 임기가 만료되었더라도 취소처분이 취소되는 경우 이와 같은 회복되는 이익이 있다고 보아 판례를 변경한 것이다. 아울러 이와 같은 이유가 아니더라도, 무익한 처분과

* 5급공채(행정)(2017년).

소송의 반복 가능성·구체적인 침해의 반복 위험의 방지, 국민의 권리구제의 관점에서 협의의 소익을 인정하고 있는 것이다.

[판례3] 당해 법률이나 다른 법률에 의하여 보호되는 직접적·구체적 이익이 있는 경우

"일반적으로 공장등록이 취소된 후 그 공장 시설물이 어떠한 경위로든 철거되어 다시 복구 등을 통하여 공장을 운영할 수 없는 상태라면 이는 공장등록의 대상이 되지 아니하므로 외형상 공장등록 취소행위가 잔존하고 있다고 하여도 그 처분의 취소를 구할 법률상의 이익이 없다 할 것이나, 위와 같은 경우에도 유효한 공장등록으로 인하여 공장등록에 관한 당해 법률이나 다른 법률에 의하여 보호되는 직접적·구체적 이익이 있다면, 당사자로서는 공장건물의 멸실 여부에 불구하고 그 공장등록취소처분의 취소를 구할 법률상의 이익이 있다.

공장등록이 취소된 후 그 공장시설물이 철거되었다 하더라도 대도시 안의 공장을 지방으로 이전할 경우 조세특례제한법상의 세액공제 및 소득세 등의 감면혜택이 있고, 공업배치및공장설립에관한법률상의 간이한 이전절차 및 우선 입주의 혜택이 있는 경우, 그 공장등록취소처분의 취소를 구할 법률상의 이익이 있다(대판 2002.1.11, 2000두3306)."

3) 이른바 가중적 제재처분의 경우 협의의 소익에 관한 판례*

① 문제의 소재

가중적 제재처분이란 법령위반횟수에 따라 행정적 제재의 정도가 점차 가중되는 처분을 말한다(예: 식품위생법상 일반음식점에서 청소년 주류제공시 1차위반 영업정지 2개월, 2차위반 영업정지 3개월, 3차위반 영업허가 취소 또는 영업소 폐쇄). 여기에서는 정지기간이 이미 경과하였다 하더라도 정지처분의 취소를 통하여 '제재의 가중을 피할 이익(장래에 불이익하게 취급되지 않을 이익)'이 협의의 소익으로서 인정되겠는가 하는 것이 문제이다.

② 법률 또는 대통령령에 규정된 경우

이와 관련하여 판례는 가중적 제재처분에 관한 행정처분기준이 법률이나 대통령령에 규정된 경우에는 법률상 이익(협의의 소익, 권리보호의 필요성)을 인정하고 있다[판례1].

이러한 경우에도 실제로 가중적 제재처분을 받을 가능성이 없다면 당연히 법률상 이익이 인정되지 않는다고 보아야 할 것이다[판례2].

[판례1] 가중 제재처분규정이 있는 의료법에 의한 의사면허자격정지처분에서 정한 자격정지기간이 지난 후 의사면허자격정지처분의 취소를 구할 소의 이익이 있는지 여부

"의료법 제53조 제1항은 보건복지부장관으로 하여금 일정한 요건에 해당하는 경우 의료인의 면허

* 입법고시(2007년), 사법시험(2003년), 사법시험(2013년), 행정고시(2000년).

자격을 정지시킬 수 있도록 하는 근거 규정을 두고 있고, 한편 같은 법 제52조 제1항 제3호는 보건복지부장관은 의료인이 3회 이상 자격정지처분을 받은 때에는 그 면허를 취소할 수 있다고 규정하고 있는바, 이와 같이 의료법에서 의료인에 대한 제재적인 행정처분으로서 면허자격정지처분과 면허취소처분이라는 2단계 조치를 규정하면서 전자의 제재처분을 보다 무거운 후자의 제재처분의 기준요건으로 규정하고 있는 이상 자격정지처분을 받은 의사로서는 면허자격정지처분에서 정한 기간이 도과되었다 하더라도 그 처분을 그대로 방치하여 둠으로써 장래 의사면허취소라는 가중된 제재처분을 받게 될 우려가 있는 것이어서 의사로서의 업무를 행할 수 있는 법률상 지위에 대한 위험이나 불안을 제거하기 위하여 면허자격정지처분의 취소를 구할 이익이 있다(대판 2005.3.25, 2004두14106)."

[판례2] 실제로 가중된 제재처분을 받을 우려가 없게 된 경우 업무정지처분의 취소를 구할 법률상 이익이 있는지 여부

"업무정지처분을 받은 후 새로운 업무정지처분을 받음이 없이 1년이 경과하여 실제로 가중된 제재처분을 받을 우려가 없어졌다면 위 처분에서 정한 정지기간이 경과한 이상 특별한 사정이 없는 한 그 처분의 취소를 구할 법률상 이익이 없다(대판 2000.4.21, 98두10080)."

③ 시행규칙에 규정된 경우

(i) 판례는 과거에 가중적 제재처분기준이 시행규칙에 규정되어 있는 경우 협의의 소익을 인정하지 않는 것이 기본적인 입장이었다. 그러나 협의의 소익을 인정한 경우도 있었다(대판 1993.12.21, 93누21255).

(ii) 그러나 1995년 전원합의체 판결을 통하여 시행규칙에 규정된 가중적 제재처분의 경우 협의의 소익을 인정하지 않는 것이 대법원의 입장임을 재차 확인하면서, 과거 협의의 소익을 인정하였던 판례를 폐기하였다[판례1]. 이는 대법원도 밝히고 있는 바와 같이, 가중적 제재처분기준을 정하고 있는 시행규칙이 행정청 내부적인 사무처리준칙에 불과하다고 보는 대법원의 입장과 관련된 것이다(이른바 법규명령형식의 행정규칙의 문제).

(iii) 그러다 2006년 전원합의체 판결을 통하여 이러한 경우에도 불이익을 제거할 법률상 이익(권리보호의 필요성)이 인정된다고 입장을 변경하면서 이와 배치되는 기존의 판례들을 모두 변경하였다[판례2]. 이에 따라 오늘날 시행규칙에 규정된 가중적 제재처분의 경우에도 협의의 소익이 인정되게 되었다. 그러나 이 판례에서 대법원은 가중적 제재처분의 기준을 정하고 있는 시행규칙의 법적 성질이 법규명령인지의 여부에 대해서는 언급하지 않았다.

[판례1] 시행규칙상에 규정된 가중적 처분기준의 경우 법률상 이익 인정 여부

"대법원은 규정형식상 부령인 시행규칙 또는 지방자치단체의 규칙(이하 이들을 "규칙"이라고 줄

여 쓴다)으로 정한 행정처분의 기준은 행정처분 등에 관한 사무처리기준과 처분절차 등 행정청 내의 사무처리준칙을 규정한 것에 불과하므로 행정조직 내부에 있어서의 행정명령의 성격을 지닐 뿐 대외적으로 국민이나 법원을 구속하는 힘이 없고, …

위와 같은 토대 위에서 대법원은 행정명령에 불과한 각종 규칙상의 행정처분 기준에 관한 규정에서 위반 횟수에 따라 가중처분하도록 되어 있다고 하더라도 법률상의 이익이 있는 것으로 볼 수는 없다고 판시하여 왔다(대판 1982.3.23, 81누243; 1988.5.24, 87누944; 1992.7.10, 92누3625; 1993.9.14, 93누4755; 1995.7.14, 95누4087 등).

제재적 처분에 있어서 그 제재기간이 경과된 후에도 그 처분의 효력을 다툴 수 있는지 여부에 관한 문제는 앞서 본 바와 같은 법률상 이익의 개념 및 각종 규칙상의 행정처분의 기준에 관한 규정의 법적 성질 등에 관한 판례상의 이론과 유기적으로 관련되는 것일 뿐만 아니라, 행정청이 그 가중요건의 규정에 따라 가중된 제재처분을 하였더라도 법원은 이에 구속됨이 없이 그 근거 법률의 규정 및 취지에 따라 가중된 제재처분의 적법여부를 심리·판단할 수 있는 것이므로 가중된 제재처분이 적법한지 여부를 심리·판단하는 기회에 선행처분상의 사실관계 등을 심리한 후 이를 종합하여 가중된 제재처분의 적법 여부를 판단할 수 있어서 실질적으로 선행 처분 상의 사실관계를 다툴 수 있는 길도 열려 있는 것이다.

따라서 제재적 행정처분에 있어서 그 제재기간이 경과된 후에도 그 처분의 효력을 다툴 소의 이익이 있는지 여부에 관한 대법원의 종전 견해는 그대로 유지되어야 할 것이고, 단순히 쟁송의 문을 열어 두자는 취지만으로 판례상의 이론적 체계를 무너뜨리면서까지 이 사건 사안과 같은 경우에 그 처분의 취소를 구할 법률상 이익이 있다는 취지로 판시한 대판 1993.9.14, 93누12572 및 1993.12.21, 93누21255는 이를 폐기하기로 한다(대판 1995.10.17, 94누14148 전원합의체)."

[판례2] 시행규칙상에 규정된 가중적 처분기준의 경우 법률상 이익 인정 여부(전원합의체 판례변경)

"… 제재적 행정처분의 가중사유나 전제요건에 관한 규정이 법령이 아니라 규칙의 형식으로 되어 있다고 하더라도, 그러한 규칙이 법령에 근거를 두고 있는 이상 그 법적 성질이 대외적·일반적 구속력을 갖는 법규명령인지 여부와는 상관없이, 관할 행정청이나 담당공무원은 이를 준수할 의무가 있으므로 이들이 그 규칙에 정해진 바에 따라 행정작용을 할 것이 당연히 예견되고, 그 결과 행정작용의 상대방인 국민으로서는 그 규칙의 영향을 받을 수밖에 없다. 따라서 그러한 규칙이 정한 바에 따라 선행처분을 받은 상대방이 그 처분의 존재로 인하여 장래에 받을 불이익, 즉 후행처분의 위험은 구체적이고 현실적인 것이므로, 상대방에게는 선행처분의 취소소송을 통하여 그 불이익을 제거할 필요가 있다. …

(환경영향평가대행업무 정지처분을 받은 환경영향평가대행업자가 업무정지처분기간 중 환경영향평가대행계약을 신규로 체결하고 그 대행업무를 한 사안에서) '환경·교통·재해 등에 관한 영향평가법 시행규칙' 제10조 [별표 2] 2. 개별기준 (11)에서 환경영향평가대행업자가 업무정지처분기간 중 신규

계약에 의하여 환경영향평가대행업무를 한 경우 1차 위반시 업무정지 6월을, 2차 위반시 등록취소를 각 명하는 것으로 규정하고 있으므로, 업무정지처분기간 경과 후에도 위 시행규칙의 규정에 따른 후행처분을 받지 않기 위하여 위 업무정지처분의 취소를 구할 법률상 이익이 있다(대판 2006.6.22, 2003두1684 전원합의체)."

④ **판례에 대한 비판**

대법원은 종래 시행규칙은 행정명령에 불과하기 때문에 가중적 제재처분을 규정하고 있다 하더라도 권리보호의 필요성을 인정하지 않았다. 그러다가 2003두1964 전원합의체 판결에서 이러한 입장을 변경하여 권리보호의 필요성을 인정하고 있지만, 여전히 시행규칙의 법적 성질과 관련하여 아무런 언급이 없는 점은 문제이다.

(i) 우선, 가중적 제재처분의 경우 장래에 입게 될 불이익을 제거하여야 할 현실적인 필요성 때문에 권리보호의 필요성이 인정되는 것이지, 가중적 제재처분의 근거규범이 법률·대통령령인가 아니면 부령·지방자치단체 규칙인가, 또는 부령이나 규칙이 법규명령인가 행정규칙인가 하는 것과는 무관하다. 따라서 이러한 논리로 권리보호의 필요성과 관련된 대법원의 입장을 정리하는 것이 가장 바람직하다고 판단된다.

(ii) 그런데도 불구하고 대법원이 시행규칙과 가중적 제재처분의 권리보호 필요성을 관련지으려면, 왜 과거에는 법률이나 시행령에 규정된 경우와 시행규칙에 규정된 경우를 달리 취급하다가 판례변경을 통하여 같이 취급하게 되었는지, 그렇다면 시행규칙도 법률이나 시행령과 마찬가지로 법규범으로서의 성질을 인정하는 것인지에 대하여 설명하였어야 한다고 본다.

이와 관련하여 2003두1964 전원합의체 판결에서 별개의견은 "시행규칙에서 선행처분을 받은 것을 가중사유나 전제요건으로 하여 장래 후행처분을 하도록 규정하고 있는 경우, 부령인 제재적 처분기준의 법규성을 인정하는 이론적 기초 위에서 그 법률상 이익을 긍정하는 것이 법리적으로는 더욱 합당하다."는 의견이 제시되고 있는데, 시행규칙과 가중적 제재처분의 권리보호 필요성을 관련시키려면, 이 별개의견이 타당하다고 생각된다.

"[별개의견] … 다수의견이 제재적 행정처분의 취소를 구할 법률상 이익을 긍정하는 결론에는 찬성하지만, 그 이유에 있어서는 부령인 제재적 처분기준의 법규성을 인정하는 이론적 기초 위에서 그 법률상 이익을 긍정하는 것이 법리적으로는 더욱 합당하다고 생각한다. 상위법령의 위임에 따라 제재적 처분기준을 정한 부령인 시행규칙은 헌법 제95조에서 규정하고 있는 위임명령에 해당하고, 그 내용도 실질적으로 국민의 권리의무에 직접 영향을 미치는 사항에 관한 것이므로, 단순히 행정기관 내부의 사무처리준칙에 지나지 않는 것이 아니라 대외적으로 국민이나 법원을 구속하는 법규명령에 해당한다고 보아야 한다(대판 2006.6.22, 2003두1684 전원합의체)."

(5) 협의의 소익에 관한 판례

1) 협의의 소익을 부인한 경우

① 기간이 경과된 경우

단순하게 정지기간이 경과한 후에는, 별다른 법률상 이익의 침해가 없는 한, 그 정지의 취소를 구할 법률상 이익이 없다(대판 1989.11.14, 89누4833; 대판 1993.7.27, 93누3899).

② 인·허가처분의 효력기간의 경과

공유수면점용허가취소처분취소소송 중에 공유수면점용허가기간이 만료된 경우(대판 1985.5.28, 85누32; 대판 1991.7.23, 90누6651), 토석채취허가취소처분취소소송 중에 토석채취허가기간이 만료된 경우(대판 1993.7.27, 93누3899), 광업권취소처분취소소송 중에 존속기간이 만료된 경우(대판 1995.7.11, 95누4568)와 같이 인·허가처분의 취소를 다투는 과정에서 허가기간의 만료로 처분이 실효된 경우에는 소송에서 취소처분이 취소되더라도 원상회복이 불가능한 경우이므로 취소처분의 취소를 구할 이익이 없다.

③ 처분의 집행 또는 공사완료로 처분의 효력이 소멸된 경우 *

건축허가에 따른 건축공사가 완료된 이후에 건축허가의 취소를 구하는 경우(대판 1992.4.24, 91누11131; 대판 1994.1.14, 93누20481; 대판 1996.11.29, 96누9768; 대판 2007.4.26, 2006두18409), 대집행 완료 이후에 대집행계고처분의 취소를 구한 경우(대판 1993.6.8, 93누6164)와 같이 처분의 집행 또는 공사완료로 처분의 효력이 소멸된 경우에는 처분의 취소를 구할 법률상 이익이 없다.

④ 후행처분이 이미 존재하는 경우

후행처분이 이미 존재하는 상황에서 선행처분을 다투는 것이 의미가 없는 경우에는 선행처분의 취소를 구할 법률상 이익이 없다. 예컨대 사업시행자가 환지계획구역의 전부에 대하여 공사를 완료한 후 환지계획에 따라 환지교부 등을 하는 환지처분이 공고된 이후에 환지예정지지정처분의 취소를 구하는 경우(대판 1990.9.25, 88누2557; 대판 1999.8.20, 97누6889; 대판 1999.10.8, 99두6873), 이미 원자로건설허가처분이 있었는데 원자로부지사전승인처분의 취소를 구하는 경우(대판 1998.9.4, 97누19588), 국가인권위원회의 징계권고결정 이후에 소속 경찰서장의 불문경고처분이 있었는데, 불문경고처분을 다투지 않으면서 징계권고결정에 대한 취소를 구하는 경우(대판 2022.1.27, 2021두40256) 등은 권리보호의 필요성이 인정되지 않는다.

그러나 취임승인이 취소된 학교법인의 정식이사들로서는 그 취임승인취소처분 및 임시이사선임처분에 대한 각 취소를 구할 법률상 이익이 있다(대판 2007.7.19, 2006두19297 전원합의체).

⑤ 병역처분변경·병역의무이행·불합격처분후 합격의 경우

보충역편입처분 및 공익근무요원소집처분의 취소를 구하는 소의 계속 중 병역처분변경신청에

---

* 사법시험(2002년).

따라 제2국민역편입처분으로 병역처분이 변경된 경우 종전 보충역편입처분 및 공익근무요원소집처분의 취소를 구할 소의 이익이 없다(대판 2005.12.9, 2004두6563).

공익근무요원 소집해제신청을 거부당한 자가 계속하여 공익근무요원으로 복무한 후 복무기간 만료를 이유로 소집해제처분을 받은 경우 거부처분의 취소를 구할 소의 이익이 없다(대판 2005.5.13, 2004두4369).

치과의사국가시험 불합격처분 이후 새로 실시된 국가시험에 합격하였거나(대판 1993.11.9, 93누6867), 사법시험 제1차 시험 불합격처분 이후 새로 실시된 사법시험 제1차 시험에 합격한 경우(대판 1996.2.23, 95누2685)에는 불합격처분의 취소를 구할 법률상 이익이 없다.

⑥ 과징금 부과처분(선행처분) 후 자진신고 등을 이유로 과징금 감면처분(후행처분)을 한 경우

후행처분은 실제로 납부하여야 할 최종적인 과징금액을 결정하는 종국적 처분이고 선행처분은 일종의 잠정적 처분으로서, 후행처분이 있을 경우 선행처분은 후행처분에 흡수되어 소멸하므로, 위와 같은 경우 선행처분의 취소를 구하는 소는 이미 효력을 잃은 처분의 취소를 구하는 것으로 부적법하다(대판 2015.2.12, 2013두987).

⑦ 미보유정보에 대한 정보공개청구의 경우

공개청구자가 특정한 바와 같은 정보를 공공기관이 보유·관리하고 있지 않은 경우라면 특별한 사정이 없는 한 해당 정보에 대한 공개거부처분에 대하여는 취소를 구할 법률상 이익이 없다(대판 2013.1.24, 2010두18918).

⑧ 더 이상 존재하지 않는 공원조성계획의 변경을 구하는 입안제안 반려처분의 취소를 구하는 경우

공원조성계획을 변경하여 달라는 변경입안제안(=공원조성계획의 변경신청)이 반려되고 그 후 위 토지가 도시자연공원구역으로 변경·지정된 경우 변경입안제안 반려처분의 취소를 구할 소의 이익이 없다(대판 2015.12.10, 2013두14221).

⑨ 도시개발구역의 지정이 해제되어 도시개발사업 시행자 지정신청을 거부한 처분의 취소를 구하는 경우

도시개발구역이 지정·고시된 날로부터 3년이 되는 날까지 실시계획의 인가가 신청되지 아니하여 그 다음날 지정이 해제된 것으로 간주된 이상 도시개발사업의 시행자로 지정해 달라는 신청을 거부한 처분의 취소를 구할 이익이 없다(대판 2016.2.18, 2015두3362).

⑩ 대지 또는 건축물의 소유권 이전에 관한 고시의 효력이 발생한 후 조합원 등이 정비사업을 위하여 이루어진 수용재결이나 이의재결의 취소 또는 무효확인을 구하는 경우

도시 및 주거환경정비법상 정비사업의 공익적·단체법적 성격과 이전고시에 따라 이미 형성된 법률관계를 유지하여 법적 안정성을 보호할 필요성이 현저한 점 등을 고려할 때, 이전고시의 효력이 발생한 이후에는 조합원 등이 해당 정비사업을 위하여 이루어진 수용재결이나 이의재결의 취소 또는 무효확인을 구할 법률상 이익이 없다(대판 2017.3.16, 2013두11536).

⑪ 무효확인 또는 취소소송 계속 중 행정청이 처분을 직권취소한 경우/기존업자가 경업자에게 불리한 처분의 무효확인 또는 취소를 구하는 경우

소송 계속 중 처분청이 다툼의 대상이 되는 행정처분을 직권으로 취소하면 그 처분은 효력을 상실하여 더 이상 존재하지 않는 것이므로, 존재하지 않는 처분을 대상으로 한 항고소송은 원칙적으로 소의 이익이 소멸하여 부적법하다.

경업자에 대한 행정처분이 경업자에게 불리한 내용이라면 그와 경쟁관계에 있는 기존의 업자에게는 특별한 사정이 없는 한 유리할 것이므로 기존의 업자가 그 행정처분의 무효확인 또는 취소를 구할 이익은 없다(대판 2020.4.9, 2019두49953).

2) 협의의 소익을 인정한 경우 *

① 가중적 제재처분의 경우

행정처분의 전력이 장래에 불이익하게 취급되는 것으로 법에 규정되어 있어 법정의 가중요건으로 되어 있고, 이후 그 법정가중요건에 따라 새로운 제재적인 행정처분이 가해지고 있다면, 선행행정처분의 효력기간이 경과하였다 하더라도 선행행정처분의 취소를 구할 법률상 이익이 있다(대판 2005.3.25, 2004두14106).

② 입영 이후에 현역병입영통지처분의 취소를 구하는 경우

현역병입영통지처분에 따라 현실적으로 입영을 한 경우에는 그 처분의 집행은 종료되지만, 한편 입영으로 그 처분의 목적이 달성되어 실효되었다는 이유로 다툴 수 없도록 한다면, 별달리 이를 다툴 방법이 없으므로, 현역입영대상자가 현실적으로 입영을 하였다고 하더라도 입영 이후의 법률관계에 영향을 미치고 있는 현역병입영통지처분 등을 한 관할지방병무청장을 상대로 위법을 주장하여 그 취소를 구할 법률상 이익이 있다(대판 2003.12.26, 2003두1875).

③ 지방의회의원 임기만료 이후에 제명의결의 취소를 구하는 경우

지방의회 의원에 대한 제명의결 취소소송 계속 중 의원의 임기가 만료된 경우, 제명의결의 취소로 의원의 지위를 회복할 수는 없다 하더라도 제명의결시부터 임기만료일까지의 기간에 대한 월정수당의 지급을 구할 수 있는 등 여전히 그 제명의결의 취소를 구할 법률상 이익이 있다(대판 2009.1.30, 2007두13487).

④ 징계처분·파면처분·직위해제처분의 취소를 구하는 경우

징계처분을 받은 후 근무정년이 초과된 경우 징계처분의 취소로 신분이 회복되는 것은 아니고, 또한 급료청구소송이나 명예침해 등으로 인한 손해배상청구소송에서는 그 전제로서 징계처분의 취소를 주장하여 구제를 받을 수 있다 할 것이므로, 이와 같이 징계처분의 취소판결을 받는 것이 급료청구소송, 명예침해 등으로 인한 손해배상청구소송에 유효적절한 수단이 될 수 없는 경우

---

* 행정고시(일반행정)(2005년), 행정고시(재경)(2009년), 행정고시(일반행정)(2011년).

에는 징계처분의 취소만을 따로 독립하여 소로 다툴 실익이 없다(대판 1984.6.12, 82다카139).

그러나 그 외에 징계처분으로 인한 권리구제를 위하여 징계처분의 취소가 필요하다면 그 징계처분의 위법을 주장하고 그 취소를 구할 실익이 있다고 하여야 할 것이고 그를 위해서 소송이 적절하고 합리적인 방법이라면 단순히 공무원의 신분이 상실되었다는 그것만의 이유로서 소의 이익이 없다고 할 수는 없다(대판 1977.7.12, 74누147).

그리고 파면처분의 경우 일반사면이 있었다고 할지라도 파면처분으로 이미 상실된 공무원 지위가 회복될 수 없으므로, 이러한 경우에는 파면처분의 위법을 주장하여 그 취소를 구할 법률상 이익이 있다(대판 1983.2.8, 81누121).

직위해제처분에 기하여 발생한 효과는 당해 직위해제처분이 실효되더라도 소급하여 소멸하는 것이 아니므로, 인사규정 등에서 직위해제처분에 따른 효과로 승진·승급에 제한을 가하는 등의 법률상 불이익을 규정하고 있는 경우에는 직위해제처분을 받은 근로자는 이러한 법률상 불이익을 제거하기 위하여 그 실효된 직위해제처분에 대한 구제를 신청할 이익이 있다(대판 2010.7.29, 2007두18406).*

⑤ 불합격처분·퇴학처분의 취소를 구하는 경우

대학입학고사 불합격처분의 취소를 구하는 소송 계속 중 당해 연도의 입학시기가 지나고 입학정원에 못 들어가게 된 경우라 할지라도 당해 연도의 합격자로 인정되면 다음년도의 입학시기에 입학할 수도 있다고 할 것이므로 불합격처분의 취소를 구할 법률상 이익이 있다(대판 1990.8.28, 89누8255).

고등학교졸업이 대학입학자격이나 학력인정으로서의 의미밖에 없다고 할 수 없으므로 고등학교졸업학력검정고시에 합격하였다 하여 고등학교 학생으로서의 신분과 명예가 회복될 수 없는 것이므로 퇴학처분을 받은 자로서는 퇴학처분의 위법을 주장하여 그 취소를 구할 법률상 이익이 있다(대판 1992.7.14, 91누4737).

⑥ 수익처분의 경원관계에서 처분을 못 받은 자가 거부처분의 취소를 구하는 경우

취소판결이 확정되는 경우 행정청의 판결의 기속력에 따른 재심사 결과 경원자에 대한 수익적 처분이 직권취소되고 취소판결의 원고에게 수익적 처분이 이루어질 가능성을 완전히 배제할 수는 없으므로, 특별한 사정이 없는 한 경원관계에서 허가 등 처분을 받지 못한 사람은 자신에 대한 거부처분의 취소를 구할 소의 이익이 있다(대판 2015.10.29, 2013두27517).

⑦ 공정거래위원회의 과징금부과처분과 감면기각처분의 취소를 구하는 소를 함께 제기한 경우

공정거래위원회가 시정명령 및 과징금 부과와 감면 여부를 분리 심리하여 별개로 의결한 후 과징금 등 처분과 별도의 처분서로 감면기각처분을 하였다면, 원칙적으로 2개의 처분, 즉 과징금 등 처분과 감면기각처분이 각각 성립한 것이고, 처분의 상대방으로서는 각각의 처분에 대하여 함께 또는 별도로 불복할 수 있다. 따라서 과징금 등 처분과 동시에 감면기각처분의 취소를 구하는

* 5급공채(일반행정)(2011년).

소를 함께 제기했더라도, 특별한 사정이 없는 한 감면기각처분의 취소를 구할 소의 이익이 부정된다고 볼 수 없다(대판 2016.12.27, 2016두43282; 대판 2017.1.12, 2016두35199).

⑧ 기간제 근로자가 신청한 차별적 처우의 시정신청 당시 또는 시정절차 진행 도중에 근로계약기간이 만료한 경우

시정신청 당시에 혹은 시정절차 진행 도중에 근로계약기간이 만료하였다는 이유만으로 기간제근로자가 차별적 처우의 시정을 구할 시정이익이 소멸하지는 아니한다(대판 2016.12.1, 2014두43288[차별시정재심판정취소]).

⑨ 외국인이 타인 명의의 여권으로 난민신청을 한 데 대한 난민불인정처분의 취소를 구하는 경우

외국 국적의 甲이 위명(僞名)인 '乙' 명의의 여권으로 대한민국에 입국한 뒤 乙 명의로 난민 신청을 하였으나 법무부장관이 乙 명의를 사용한 甲을 직접 면담하여 조사한 후 甲에 대하여 난민불인정 처분을 한 경우 처분의 상대방은 허무인이 아니라 '乙'이라는 위명을 사용한 甲이므로 甲은 처분의 취소를 구할 법률상 이익이 있다(대판 2017.3.9, 2013두16852).

⑩ 의제된 인허가가 취소되고 주된 행정행위도 취소된 경우 주된 행정행위의 취소와 별도로 의제된 인허가의 취소를 구하는 경우

의제된 인허가가 사후에 취소되면서 이와 더불어 주된 행정행위도 취소된 경우 주된 행정행위의 취소를 다투는 것과는 별도로 의제된 인허가의 취소를 다툴 필요가 있다(대판 2018.7.12, 2017두48734).

> [판례] 의제된 인허가가 취소되고 주된 행정행위도 취소된 경우 주된 행정행위의 취소와 별도로 의제된 인허가의 취소를 다툴 필요가 인정되는지 여부(적극)
>
> "[1] (구) 중소기업창업지원법(이하 '법') 제35조 제1항, 제33조 제4항, 법 시행령 제24조 제1항, 중소기업청장이 고시한 '창업사업계획의 승인에 관한 통합업무처리지침'(이하 '업무처리지침')의 내용, 체계 및 취지 등에 비추어 보면 다음과 같은 이유로 법에 따른 사업계획승인의 경우 의제된 인허가만 취소 내지 철회함으로써 사업계획에 대한 승인의 효력은 유지하면서 해당 의제된 인허가의 효력만을 소멸시킬 수 있다.
>
> ① 법 제35조 제1항 …에 의하면 사업계획승인권자가 관계 행정기관의 장과 미리 협의한 사항에 한하여 승인 시에 그 인허가가 의제될 뿐이고, 해당 사업과 관련된 모든 인허가의제 사항에 관하여 일괄하여 사전 협의를 거쳐야 하는 것은 아니다. 업무처리지침 제15조 제1항은 협의가 이루어지지 않은 인허가사항을 제외하고 일부만을 승인할 수 있다고 규정함으로써 이러한 취지를 명확히 하고 있다.
>
> ② 그리고 사업계획을 승인할 때 의제되는 인허가 사항에 관한 제출서류, 절차 및 기준, 승인조건 부과에 관하여 해당 인허가 근거 법령을 적용하도록 하고 있으므로(업무처리지침 제5조 제1항, 제8조 제5항, 제16조), 인허가의제의 취지가 의제된 인허가 사항에 관한 개별법령상의 절차나 요건

심사를 배제하는 데 있다고 볼 것은 아니다.

③ 사업계획승인으로 의제된 인허가는 통상적인 인허가와 동일한 효력을 가지므로, 그 효력을 제거하기 위한 법적 수단으로 의제된 인허가의 취소나 철회가 허용될 필요가 있다. 특히 업무처리지침 제18조에서는 사업계획승인으로 의제된 인허가 사항의 변경 절차를 두고 있는데, 사업계획승인 후 의제된 인허가 사항을 변경할 수 있다면 의제된 인허가 사항과 관련하여 취소 또는 철회 사유가 발생한 경우 해당 의제된 인허가의 효력만을 소멸시키는 취소 또는 철회도 할 수 있다고 보아야 한다.

④ 이와 같이 사업계획승인으로 의제된 인허가 중 일부를 취소 또는 철회하면, 취소 또는 철회된 인허가를 제외한 나머지 인허가만 의제된 상태가 된다. 이 경우 당초 사업계획승인을 하면서 사업 관련 인허가 사항 중 일부에 대하여만 인허가가 의제되었다가 의제되지 않은 사항에 대한 인허가가 불가한 경우 사업계획승인을 취소할 수 있는 것처럼(업무처리지침 제15조 제2항), 취소 또는 철회된 인허가 사항에 대한 재인허가가 불가한 경우 사업계획승인 자체를 취소할 수 있다.

[2] (군수가 갑 주식회사에 법 제35조에 따라 산지전용허가 등이 의제되는 사업계획을 승인하면서 산지전용허가와 관련하여 재해방지 등 명령을 이행하지 아니한 경우 산지전용허가를 취소할 수 있다는 조건을 첨부하였는데, 갑 회사가 재해방지조치를 이행하지 않았다는 이유로 산지전용허가 취소를 통보하고, 이어 토지의 형질변경 허가 등이 취소되어 공장설립 등이 불가능하게 되었다는 이유로 갑 회사에 사업계획승인을 취소한 사안에서) 산지전용허가 취소는 군수가 의제된 산지전용허가의 효력을 소멸시킴으로써 갑 회사의 구체적인 권리·의무에 직접적인 변동을 초래하는 행위로 보이는 점 등을 종합하면 의제된 산지전용허가 취소가 항고소송의 대상이 되는 처분에 해당하고, 산지전용허가 취소에 따라 사업계획승인은 산지전용허가를 제외한 나머지 인허가 사항만 의제하는 것이 되므로 사업계획승인 취소는 산지전용허가를 제외한 나머지 인허가 사항만 의제된 사업계획승인을 취소하는 것이어서 산지전용허가 취소와 사업계획승인 취소가 대상과 범위를 달리하는 이상, 갑 회사로서는 사업계획승인 취소와 별도로 산지전용허가 취소를 다툴 필요가 있다(대판 2018.7.12, 2017두48734 [사업계획승인취소처분취소등])."

☞ 원고가 재해 방지 조치를 이행하지 않음을 이유로 산지전용허가권자이자 사업계획승인권자인 피고가 의제된 산지전용허가를 취소하고 그에 뒤이어 사업계획승인도 취소한 사건에서, 의제된 산지전용허가의 취소가 항고소송의 대상이 되는 행정처분이 아니라고 한 원심을 파기하고 의제된 산지전용허가의 취소의 처분성을 인정한 사안이다.

⑪ 공장설립승인처분이 취소되었으나 그 승인처분에 기초한 공장건축허가처분이 잔존하는 경우에 공장건축허가처분의 취소를 구하는 경우

개발제한구역 안에서의 공장설립을 승인한 처분이 위법하다는 이유로 쟁송취소되었다고 하더라도 그 승인처분에 기초한 공장건축허가처분이 잔존하는 이상, 공장설립승인처분이 취소되었다는 사정만으로 인근 주민들의 환경상 이익이 침해되는 상태나 침해될 위험이 종료되었다거나 이

를 시정할 수 있는 단계가 지나버렸다고 단정할 수는 없고, 인근 주민들은 여전히 공장건축허가처분의 취소를 구할 법률상 이익이 있다(대판 2018.7.12, 2015두3485).

⑫ 공공기관에 대하여 정보공개를 청구하였다가 공개거부처분을 받은 청구인이 공개거부처분의 취소를 구하는 경우

국민의 정보공개청구권은 법률상 보호되는 구체적인 권리이므로, 공공기관에 대하여 정보의 공개를 청구하였다가 공개거부처분을 받은 청구인은 행정소송을 통하여 그 공개거부처분의 취소를 구할 법률상의 이익이 있고, 공개청구의 대상이 되는 정보가 이미 공개되어 있다거나 다른 방법으로 손쉽게 알 수 있다는 사정만으로 소의 이익이 없다거나 비공개결정이 정당화될 수 없다(대판 2007.7.13, 2005두8733; 대판 2010.12.23, 2008두13101; 대판 2022.5.26, 2022두33439; 대판 2022.5.26, 2022두34562 등).

Ⅳ. 취소소송의 피고적격 *

1. 처분청

취소소송은 다른 법률에 특별한 규정이 없는 한 그 처분 등을 행한 행정청을 피고로 한다(행소법 13 ①). 따라서 처분의 취소·변경을 구하는 경우에는 처분청이, 재결의 취소·변경을 구하는 경우에는 재결을 한 행정청이 피고가 된다.

본래 피고는 권리의무의 귀속주체인 국가나 지방자치단체가 되는 것이 원칙이나, 행정소송법은 소송수행의 편의를 도모하기 위하여 행정청을 피고로 규정하고 있다.

여기서 '처분 등을 행한 행정청'이란 소송의 대상인 처분을 외부적으로 본인의 명의로 행한 행정청을 말한다(대판 1995.3.14, 94누9962). 그러므로 당해 행정처분을 행하게 된 연유가 타행정청의 지시나 통보에 의한 것이거나 내부위임 또는 대리권을 수여받은 데 불과하여 원행정청의 명의나 대리관계를 밝히지 아니하고 그의 명의로 처분 등을 할 권한이 없는 행정청이 그의 명의로 처분을 하였다 하더라도 외부적으로 처분을 행한 처분명의자인 행정청이 피고가 된다(대판 2001.11.13, 2000두7537).

행정청에는 단독기관(예: 장관, 시·도지사 등)뿐 아니라 합의제 행정기관(예: 토지수용위원회, 공정거래위원회 등)도 포함된다.

행정처분을 하는 범위 내에서 국회의 기관이나 법원의 기관, 지방의회(예: 지방의회의원에 대한 징계의결)도 여기에서의 행정청에 포함된다. 그러나 처분성이 인정되는 처분적 조례(예: 두밀분교폐지조례)에 대한 항고소송의 경우에는 조례를 공포한 지방자치단체의 장(교육·학예에 관한 조례의 경

* 사법시험(2012년), 행정고시(재경)(2007년).

우 교육감)이 피고가 된다[판례].

[판례] 조례가 항고소송의 대상이 되는 행정처분에 해당되는 경우 및 그 경우 조례무효확인 소송의 피고적격(지방자치단체의 장)

"조례가 집행행위의 개입 없이도 그 자체로서 직접 국민의 구체적인 권리의무나 법적 이익에 영향을 미치는 등의 법률상 효과를 발생하는 경우 그 조례는 항고소송의 대상이 되는 행정처분에 해당하고, 이러한 조례에 대한 무효확인소송을 제기함에 있어서 행정소송법 제38조 제1항, 제13조에 의하여 피고적격이 있는 처분 등을 행한 행정청은 … 지방자치단체의 집행기관으로서 조례로서의 효력을 발생시키는 공포권이 있는 지방자치단체의 장이다(대판 1996.9.20, 95누8003)."

2. 처분청에 대한 예외

(1) 다른 법률에 특별한 규정이 있는 경우

개별법 가운데에는 행정조직상의 특수성이나 국가 최고기관으로서의 지위 등을 고려하여 행정소송의 피고에 관하여 행정소송법과 달리 규정하고 있는 경우가 있다.

예컨대, 국가공무원법상 대통령의 국가공무원에 대한 징계처분, 그 밖에 본인의 의사에 반한 불리한 처분에 대한 행정소송의 경우 소속장관이 피고가 된다(국가공무원법 16).

[판례] 검사임용거부처분에 대한 취소소송의 피고적격

"검찰청법 제34조, 국가공무원법 제3조 제2항 제2호, 제16조, 행정심판법 제3조 제2항의 규정취지를 종합하여 보면, 검사임용처분에 대한 취소소송의 피고는 법무부장관으로 함이 상당하다고 할 것이므로 원심이 피고를 대통령으로 경정하여 줄 것을 구하는 원고의 신청을 각하한 조치는 옳다(대결 1990.3.14, 90두4)."

그리고 경찰공무원법상의 처분에 대한 행정소송의 경우에는 경찰청장 또는 해양경찰청장을 피고로 하고(경공법 34), 소방공무원법상의 처분에 대한 행정소송에 있어서는 소방청장을 피고로 한다(소방공무원법 30). 중앙노동위원회의 처분에 대한 소는 중앙노동위원회 위원장을 피고로 한다(노동위원회법 27 ①).

그 밖에도 국회의장의 처분에 대해서는 국회사무총장(국회사무처법 4 ③), 대법원장의 처분에 대해서는 법원행정처장(법원조직법 70), 헌법재판소장의 처분에 대해서는 사무처장(헌재법 17 ⑤)이 각각 피고가 된다.

(2) 권한의 위임·위탁의 경우

행정소송법은 행정소송법을 적용함에 있어 법령에 의하여 행정권한의 위임 또는 위탁을 받은 행정기관, 공공단체 및 그 기관 또는 사인을 행정청에 포함시키고 있다(행소법 2 ②). 따라서 행정권한의 위임 또는 위탁이 있는 경우에는 실제로 처분을 한 수임관청이나 수탁기관이 피고가 된다[판례1]. 행정권한이 공법인(예: 한국도로공사·공무원연금관리공단·근로복지공단 등)에게 위임된 경우 공법인의 대표자가 아니라 공법인 그 자체가 피고가 된다.

행정권한이 단순하게 내부위임된 경우 수임관청이 위임관청의 이름으로 처분을 하는 것이 일반적인데, 이 경우에는 위임관청이 피고가 된다[판례2]. 행정권한이 단순히 내부위임된 것임에도 불구하고 처분권한이 없는 수임관청이 그의 명의로 한 처분의 경우에는 처분명의자인 수임관청이 피고가 된다[판례3].

권한의 대리는 권한의 귀속을 변경하는 것이 아니므로 원칙적으로는 대리권을 수여한 피대리청이 피고가 되어야 한다. 그러나 대리권을 수여받은 대리기관이 대리관계를 밝히지 아니하고 자신의 명의로 처분한 경우에는 대리기관이 피고가 되는 것이 원칙이다. 다만 이 경우에도 대리기관이나 처분의 상대방 모두 대리기관이 피대리청을 대리하여 한 것임을 알고 있는 경우에는 예외적으로 피대리청이 피고가 된다[판례4].

[판례1] 행정권한의 위임 또는 위탁의 경우 취소소송의 피고

"에스에이치공사가 택지개발사업 시행자인 서울특별시장으로부터 이주대책 수립권한을 포함한 택지개발사업에 따른 권한을 위임 또는 위탁받은 경우, 이주대책 대상자들이 에스에이치공사 명의로 이루어진 이주대책에 관한 처분에 대한 취소소송을 제기함에 있어 정당한 피고는 에스에이치공사가 된다(대판 2007.8.23, 2005두3776)."

[판례2] 구청장이 시장의 이름으로 한 처분의 취소소송의 피고

"행정관청이 … 내부적인 사무처리의 편의를 도모하기 위하여 그의 보조기관 또는 하급행정관청으로 하여금 그의 권한을 사실상 행하도록 하는 내부위임의 경우에는 수임관청이 그 위임된 바에 따라 위임관청의 이름으로 권한을 행사하였다면 그 처분청은 위임관청이므로 그 처분의 취소나 무효확인을 구하는 소송의 피고는 위임관청으로 삼아야 한다.

구청장이 서울특별시장의 이름으로 한 직위해제 및 파면의 처분청은 서울특별시장이므로 구청장을 피고로 한 소를 각하한 원심의 판단이 정당하다(대판 1991.10.8, 91누520)."

[판례3] 권한 없는 기관의 명의로 한 처분의 취소소송의 피고

"권한의 위임이나 위탁을 받아 수임행정청이 정당한 권한에 기하여 그 명의로 한 처분에 대하여는 말할 것도 없고, 내부위임이나 대리권을 수여받은 데 불과하여 원행정청 명의나 대리관계를 밝히지 아니하고는 그의 명의로 처분 등을 할 권한이 없는 행정청이 권한 없이 그의 명의로 한 처분에 대하여도 처분명의자인 행정청이 피고가 되어야 할 것이다(대판 1994.6.14, 94누1197 및 1991.2.22, 90누5641 참조).

원고에 대한 이 사건 농지조성비 및 전용부담금의 납입통지는 부산 사하구청장이 농어촌진흥공사에게 농지의 보전 및 이용에 관한 법률 시행규칙 제8조의2, 농어촌발전특별조치법시행규칙 제35조의3 제1항의 규정에 의하여 통지한 내역에 따라 농어촌진흥공사가 한 것으로 인정되는바, 이러한 경우 그 처분을 외부적으로 한 행정청은 농어촌진흥공사라고 보아야 할 것이고, 농어촌진흥공사에게 정당한 권한이 있는지 여부를 불문하고 위 처분의 취소를 구하는 항고소송의 피고는 농어촌진흥공사가 되어야 할 것이다(대판 1995.12.22, 95누14688)."

[판례4] 대리기관이 대리관계를 밝힘이 없이 자신의 명의로 한 처분의 취소소송의 피고

"대리권을 수여받은 데 불과하여 그 자신의 명의로는 행정처분을 할 권한이 없는 행정청의 경우 대리관계를 밝힘이 없이 그 자신의 명의로 행정처분을 하였다면 그에 대하여는 처분명의자인 당해 행정청이 항고소송의 피고가 되어야 하는 것이 원칙이지만, 비록 대리관계를 명시적으로 밝히지는 아니하였다 하더라도 처분명의자가 피대리 행정청 산하의 행정기관으로서 실제로 피대리 행정청으로부터 대리권한을 수여받아 피대리 행정청을 대리한다는 의사로 행정처분을 하였고 처분명의자는 물론 그 상대방도 그 행정처분이 피대리 행정청을 대리하여 한 것임을 알고서 이를 받아들인 예외적인 경우에는 피대리 행정청이 피고가 되어야 한다(대결 2006.2.23, 2005부4)."

(3) 권한승계의 경우

처분 등이 있은 뒤에 그 처분 등에 관계되는 권한이 다른 행정청에 승계된 때에는 이를 승계한 행정청을 피고로 한다(행소법 13 ① 단서).

권한의 승계는 행정조직의 개편 등에 의한 경우뿐만 아니라 처분의 상대방의 지위 변경 등에 따라 행정청의 관할변경으로 권한이 이전된 경우도 포함한다(대판 2000.11.14, 99두5481).

(4) 처분청이 없게 된 경우

처분 등을 행한 행정청이 없게 된 때에는 그 처분 등에 관한 사무가 귀속되는 국가 또는 공공단체를 피고로 한다(행소법 13 ②).

(5) 기타

지방세부과처분 취소소송은 시장·군수를 피고로 하여야 하나, 관련 납세의무자로서는 세무서장을 상대로 한 소송에서 소득세 부과처분의 취소판결을 받으면 족하다는 것이 판례의 입장이다[판례].

> [판례] 지방소득세 소득세분의 취소를 구하는 항고소송의 피고 적격(=납세지를 관할하는 시장·군수) 및 세무서장을 상대로 한 소송에서 취소판결을 받은 경우 별도로 시장·군수를 상대로 취소를 구하는 소를 제기하여야 하는지 여부(소극)
>
> "지방소득세 소득세분의 취소를 구하는 항고소송은 세무서장이 아니라 납세의무자의 소득세 납세지를 관할하는 시장·군수를 상대로 하여야 하나, 관련 납세의무자로서는 세무서장을 상대로 한 소송에서 소득세 부과처분의 취소판결을 받으면 족하고 이와 별도로 지방소득세 소득세분 부과처분의 취소를 구하는 소를 제기할 필요도 없다(대판 2016.12.29, 2014두205)."

3. 피고경정

(1) 의의와 취지

피고경정이란 소송의 계속 중에 피고로 지정된 자를 다른 자로 변경하는 것을 말한다. 행정소송법이 피고경정을 규정하고 있는 이유는, 행정조직이 복잡하여 누가 피고가 되어야 하는 지를 쉽게 파악하기 어렵고, 이와 같은 상황에서 피고를 잘못 지정한 경우 소를 각하하여 새로운 소를 제기하도록 하는 것 보다는 피고를 경정하도록 하는 것이 국민의 권리구제 및 소송경제상으로도 보다 효과적이기 때문이다.

(2) 피고경정의 내용·절차·효과

원고가 피고를 잘못 지정한 때에는 법원은 원고의 신청에 의하여 결정으로써 피고의 경정을 허가할 수 있다(행소법 14 ①). 피고경정은 사실심 변론을 종결할 때까지 할 수 있다(행정소송규칙 6) 법원은 피고경정 결정의 정본을 새로운 피고에게 송달하여야 한다(행소법 14 ②). 피고경정 신청을 각하하는 결정에 대하여는 즉시항고할 수 있다(행소법 14 ③). 피고경정 결정이 있은 때에는 새로운 피고에 대한 소송은 처음에 소를 제기한 때에 제기된 것으로 보고(행소법 14 ④), 종전의 피고에 대한 소송은 취하된 것으로 본다(행소법 14 ⑤). 취소소송이 제기된 후에 행정청의 권한이 승계되거나(행소법 13 ① 단서) 또는 처분을 한 행정청이 없게 된 경우(행소법 13 ②)에는 법원은 당사자의 신청 또는 직권에 의하여 피고를 경정한다(행소법 14 ⑥).

(3) 소의 변경으로 인한 피고경정

당사자를 변경하는 피고경정과 소송의 종류를 변경하는 소의 변경은 서로 엄격히 구별되는 개념이지만, 소의 변경으로 인하여 피고의 경정이 필요한 경우도 있을 수 있다. 이와 같은 필요에 따라 행정소송법은 소의 변경으로 인한 피고경정을 인정하고 있다(행소법 21).

V. 취소소송의 대상적격(처분 등의 존재) *

취소소송을 처분 등의 취소 또는 변경을 구하는 소송이므로, 취소소송을 제기하기 위해서는 처분 등(처분과 재결)이 존재하여야 한다. '처분 등의 존재' 문제는 취소소송의 대상적격에 관한 문제이다.

1. 처분 등의 개념

행정소송법은 "'처분 등'이라 함은 행정청이 행하는 구체적 사실에 관한 법집행으로서의 공권력의 행사 또는 그 거부와 이에 준하는 행정작용 및 행정심판에 대한 재결을 말한다."고 정의하고 있다(행소법 2 ① 2호).[17]

이와 관련하여 행정소송법상 처분에 해당한다고 하더라도 처분의 근거법률에서 당해 처분에 대해서는 행정소송 이외의 다른 절차에 의하여 불복하도록 하고 있는 경우에는 항고소송의 대상이 될 수 없다. 예컨대 검사의 공소제기에 대해서는 형사소송절차에 의하여서만 다툴 수 있도록 하고 있으므로 행정소송의 방법으로 공소의 취소를 구할 수는 없다. 처분 등의 존재 여부는 법원의 직권조사사항이다(대판 2004.12.24, 2003두15195).

[판례] 거부처분 취소소송의 대상인 '거부처분'과 부작위위법확인소송의 대상인 '부작위'의 의미 / 검사의 불기소결정에 대하여 항고소송을 제기할 수 있는지 여부(소극)

"'거부처분'이란 '행정청이 행하는 구체적 사실에 관한 법집행으로서의 공권력의 행사 또는 이에 준하는 행정작용', 즉 적극적 처분의 발급을 구하는 신청에 대하여 그에 따른 행위를 하지 않았다고 거부하는 행위를 말하고, '부작위'란 '행정청이 당사자의 신청에 대하여 상당한 기간 내에 일정한 처

* 변호사시험(2018년), 변호사시험(2021년), 변호사시험(2024년), 사법시험(2008년), 사법시험(2012년), 행정고시(일반행정)(2006년), 행정고시(일반행정)(2008년), 5급공채(일반행정·재경)(2011년), 5급공채(재경)(2013년), 5급공채(행정)(2018년).

17) 행정기본법도 "처분이란 행정청이 구체적 사실에 관하여 행하는 법 집행으로서 공권력의 행사 또는 그 거부와 그 밖에 이에 준하는 행정작용을 말한다(행정기본법 2 4호)."고 하여 행정소송법상 처분과 사실상 동일하게 정의하고 있다.

분을 하여야 할 법률상 의무가 있음에도 불구하고 이를 하지 아니하는 것'을 말한다(제2조 제1항 제1호, 제2호). 여기에서 '처분'이란 행정소송법상 항고소송의 대상이 되는 처분을 의미하는 것으로서, 행정소송법 제2조의 처분의 개념 정의에는 해당한다고 하더라도 그 처분의 근거 법률에서 행정소송 이외의 다른 절차에 의하여 불복할 것을 예정하고 있는 처분은 항고소송의 대상이 될 수 없다. 검사의 불기소결정에 대해서는 검찰청법에 의한 항고와 재항고, 형사소송법에 의한 재정신청에 의해서만 불복할 수 있는 것이므로, 이에 대해서는 행정소송법상 항고소송을 제기할 수 없다(대판 2018.9.28, 2017두47465[부작위위법확인])."

2. 처분개념과 행정행위 개념의 동일성 여부에 관한 학설

행정소송법상 처분개념이 학문상 행정행위의 개념과 동일한가에 대하여 논란이 있다.[18] ① 일원설(실체법상의 처분개념설)은 실체법상의 처분(행정행위)과 쟁송법상의 처분(행정쟁송법상 처분)은 동일한 개념이어야 한다는 견해다. 이 견해는 행정행위와 처분을 같은 개념으로 이해하면서 '항고소송의 대상이 될 수 없는 여타의 행정작용(비처분적 행정작용)'에 대해서는 이에 대한 별도의 행정소송제도를 마련하여야 한다고 주장한다. ② 이원설(쟁송법상의 처분개념설)은 '항고소송을 통한 권리구제의 확대'에 중점을 두어 항고소송의 대상이 되는 처분개념은 행정행위개념과 관계없이 확대되어야 한다는 입장으로, 처분개념이 행정행위 개념보다 넓어야 한다고 주장한다. ③ 이원설의 주장을 더 확장하여 '형식적 행정행위론'은 '공권력행사로서의 실체를 가지고 있지 않지만 국민생활을 일방적으로 규율하거나 개인의 법익에 대하여 계속적으로 사실상의 지배력을 미치는 행위'에 대해서는 쟁송법상 처분으로 인정하자고 주장한다. ④ 생각건대, 이론적 관점에서는, 권리구제를 확대하려면 별도의 소송유형을 마련하는 것이 바람직하므로, 일원설이 타당하다. 그렇지만 실제에 있어서는 행정소송법이 처분을 '공권력의 행사·거부·그 밖에 이에 준하는 행정작용'으로 정의하여, '권력적 단독행위인 공법행위(행정행위)'보다 더 넓다. 실제로 판례도 종래의 행정행위뿐 아니라 도시·군관리계획과 같은 행정계획(대판 1982.3.9, 80누105)이나 단수조치(대판 1979.12.28, 79누218)와 같은 권력적 사실행위, 처분법규(대판 1996.9.20, 95누8003)의 경우에도 처분성을 인정하고 있다. 이하에서 처분개념을 요소별로 나누어 검토해 보기로 한다.

3. 처분의 개념적 요소

(1) 행정청의 행위

행정소송법상 처분은 행정청이 행한다. 여기에서 행정청이란 행정에 관한 의사를 결정하여

18) 이에 관하여는 행정행위편에서 이미 검토하였으므로, 여기에서는 간략하게만 언급한다.

표시하는 국가 또는 지방자치단체의 기관과 그 밖에 법령등에 따라 행정에 관한 의사를 결정하여 표시하는 권한을 가지고 있거나 그 권한을 위임 또는 위탁받은 공공단체 또는 그 기관이나 사인(私人)을 말한다(행정기본법 2 2호).

① 행정청에는 단독기관뿐 아니라 합의제기관(공정거래위원회·노동위원회 등)도 포함된다. ② 행정청에는 법령에 의하여 행정권한의 위임 또는 위탁을 받은 행정기관, 공공단체 및 그 기관 또는 사인이 포함된다(행소법 2 ②). ③ 행정청은 행정부에 소속한 행정청이 중심적이지만, 국회와 법원도 소속공무원에 대한 임면과 징계 등 행정권한을 행사하는 범위 내에서 행정청이 될 수 있다. ④ 지방자치단체는 행정부에 속하는 공법상의 법인이므로 지방자치단체의 기관인 지방의회도 행정청에 포함된다.

[판례1] 항고소송을 제기할 수 있는 상대가 되는 행정청의 의의

"… 행정청에는 … 특정한 공공사무를 행하는 공법인인 특수행정조직 등이 이에 해당한다. 대한주택공사가 관계법령에 따른 사업을 시행하는 경우 법률상 부여받은 행정작용권한을 행사하는 것으로 보아야 할 것이므로 같은 공사가 시행한 택지개발사업 및 이에 따른 이주대책에 관한 처분은 항고소송의 대상이 된다(대판 1992.11.27, 92누3618)."

[판례2] 행정소송의 대상이 되는 행정처분의 의의

"상대방의 권리를 제한하는 행위라 하더라도 행정청 또는 그 소속기관이나 권한을 위임받은 공공단체의 행위가 아닌 한 이를 행정처분이라고 할 수는 없다(대결 2010.11.26, 2010무137)."

[판례3] 한전의 입찰참가자격제한이 행정처분인지 여부

"한국전력공사는 한국전력공사법의 규정에 의하여 설립된 정부투자법인일 뿐 행정소송법 소정의 행정청 또는 그 소속기관이거나 이로부터 위 제재처분의 권한을 위임받았다고 볼 만한 아무런 법적 근거가 없다고 할 것이므로, 위 공사가 … 행한 부정당업자제재처분은 행정소송의 대상이 되는 행정처분이 아니…다(대결 1999.11.26, 99부3)."

[판례4] 지방의회의 의장선임의결이 행정처분으로서 항고소송의 대상이 되는지 여부

"지방의회의 의사를 결정공표하여 그 당선자에게 이와 같은 의장으로서의 직무권한을 부여하는 지방의회의 의장선거는 행정처분의 일종으로서 항고소송의 대상이 된다고 할 것이다(대판 1995.1.12, 94누2602)."

[판례5] 한국철도시설공단의 부정당업제재조치가 행정처분인지 여부

"피고(한국철도시설공단)가 원고에 대하여 한 이 사건 감점조치는 행정청이나 그 소속 기관 또는 그 위임을 받은 공공단체의 공법상의 행위가 아니라 … 사법상의 효력을 가지는 통지행위에 불과하다 할 것이므로, … 피고의 이 사건 감점조치는 행정소송의 대상이 되는 행정처분이라고 할 수 없다(대판 2014.12.24, 2010두6700)."

[판례6] 한국수력원자력 주식회사가 법령에 따라 행정처분권한을 위임받은 공공기관으로서 행정청에 해당하는지 여부(적극)

"한국수력원자력 주식회사는 한국전력공사법에 의하여 설립된 공법인인 한국전력공사가 종래 수행하던 발전사업 중 수력·원자력 발전사업 부문을 전문적·독점적으로 수행하기 위하여 '전력산업 구조개편 촉진에 관한 법률'에 의하여 한국전력공사에서 분할되어 설립된 회사로서, 한국전력공사가 그 주식 100%를 보유하고 있으며, 공공기관운영법 제5조 제3항 제1호에 따라 '시장형 공기업'으로 지정·고시된 '공공기관'이다. 한국수력원자력 주식회사는 공공기관운영법에 따른 '공기업'으로 지정됨으로써 공공기관운영업 제39조 제2항에 따라 입찰참가자격제한처분을 할 수 있는 권한을 부여받았으므로 '법령에 따라 행정처분권한을 위임받은 공공기관'으로서 행정청에 해당한다(대판 2020.5.28, 2017두66541[공급자등록취소무효확인등청구])."

(2) 법적 규율

1) 처분의 개념적 요소로서 '법적 규율'의 문제

'법적 규율(Regelung)'이란 법률관계의 발생·변경·소멸을 가져오는 것을 의미한다. 행정소송법은 처분을 '법적 효과를 가져오는 행위'로 명시하지 않고 '공권력의 행사 또는 그 거부'라고만 규정하고 있어, '법적 규율'이 처분의 개념적 요소인가 논란이 있을 수 있다. 그러나 판례는 처분을 행정청의 '공법상 행위'로서 국민의 권리의무에 직접 영향을 미치는 행위로 이해함으로써 '법적 규율'을 처분의 개념적 요소로 파악하고 있다[판례].

이러한 판례의 입장에 대해서는 행정소송법상 '공권력의 행사'의 개념을 부당하게 축소한다는 비판이 가해질 수 있으나, 행정행위와 처분은 같은 개념이어야 한다는 실체법상의 처분개념설의 입장에서는 타당한 결론이라고 할 수 있다.

[판례] ① 행정처분의 의미, ② 행정규칙에 근거한 처분이라도 상대방의 권리의무에 직접 영향을 미치는 경우 항고소송의 대상이 되는 행정처분에 해당하는지 여부 및 ③ 행정청의 어떤 행위가 항고소송의 대상이 될 수 있는지 판단하는 기준

"항고소송의 대상이 되는 행정처분이란 원칙적으로 행정청의 공법상 행위로서 특정 사항에 대하

여 법규에 의한 권리 설정 또는 의무 부담을 명하거나 기타 법률상 효과를 발생하게 하는 등으로 일반 국민의 권리의무에 직접 영향을 미치는 행위를 가리키는 것이지만, 어떠한 처분의 근거가 행정규칙에 규정되어 있다고 하더라도, 그 처분이 상대방에게 권리 설정 또는 의무 부담을 명하거나 기타 법적인 효과를 발생하게 하는 등으로 상대방의 권리의무에 직접 영향을 미치는 행위라면, 이 경우에도 항고소송의 대상이 되는 행정처분에 해당한다고 보아야 한다(대판 2012.9.27, 2010두3541).”

[판례] 검찰총장이 검사에 대하여 하는 '경고조치'가 항고소송의 대상이 되는 처분인지 여부(적극)

검사에 대한 경고조치 관련 규정을 위 법리에 비추어 살펴보면, 검찰총장이 사무검사 및 사건평정을 기초로 대검찰청 자체감사규정 제23조 제3항, 검찰공무원의 범죄 및 비위 처리지침 제4조 제2항 제2호 등에 근거하여 검사에 대하여 하는 '경고조치'는 일정한 서식에 따라 검사에게 개별 통지를 하고 이의신청을 할 수 있으며, 검사가 검찰총장의 경고를 받으면 1년 이상 감찰관리 대상자로 선정되어 특별관리를 받을 수 있고, 경고를 받은 사실이 인사자료로 활용되어 복무평정, 직무성과금 지급, 승진·전보인사에서도 불이익을 받게 될 가능성이 높아지며, 향후 다른 징계사유로 징계처분을 받게 될 경우에 징계양정에서 불이익을 받게 될 가능성이 높아지므로, 검사의 권리 의무에 영향을 미치는 행위로서 항고소송의 대상이 되는 처분이라고 보아야 한다(대판 2021.2.10, 2020두47564[경고처분취소]).”

2) '법적 규율'의 내용

① 외부적 행위

'법적 규율'은 행정조직 내부가 아니라 행정 외부적 관계, 즉 대국민적 관계에서 상대방에게 권리·의무의 변동을 가져오는 것을 의미한다.

[판례] 행정결정이 내부전산망에 입력되었으나 당사자에게 통보하지 않은 경우 '처분'에 해당하지 않는지 여부(소극)

“(병무청장이 법무부장관에게 '가수 갑이 공연을 위하여 국외여행허가를 받고 출국한 후 미국 시민권을 취득함으로써 사실상 병역의무를 면탈하였으므로 재외동포 자격으로 재입국하고자 하는 경우 국내에서 취업, 가수활동 등 영리활동을 할 수 없도록 하고, 불가능할 경우 입국 자체를 금지해 달라'고 요청함에 따라 법무부장관이 갑의 입국을 금지하는 결정을 하고, 그 정보를 내부전산망인 '출입국관리정보시스템'에 입력하였으나, 갑에게는 통보하지 않은 사안에서) 행정청이 행정의사를 외부에 표시하여 행정청이 자유롭게 취소·철회할 수 없는 구속을 받기 전에는 '처분'이 성립하지 않으므로 법무부장관이 출입국관리법 제11조 제1항 제3호 또는 제4호, 출입국관리법 시행령 제14조 제1항, 제2항에 따라 위 입국금지결정을 했다고 해서 '처분'이 성립한다고 볼 수는 없고, 위 입국금지결정은 법무부장관의 의사가 공식적인 방법으로 외부에 표시된 것이 아니라 단지 그 정보를 내부전산망인 '출입국관리정보시스템'에 입력하여 관리한 것에 지나지 않으므로, 위 입국금지결정은 항고소송의 대상이 될 수 있는 '처분'에 해당하지 않는다(대판 2019.7.11, 2017두38874[사증발급거부처분취소])."

☞ 이 사례는 행정행위의 성립요건, 통보하지 않은 행정결정의 처분성, 행정규칙을 위반한 처분의 위법성, 행정절차(문서요건), 재량행위와 비례원칙에 따른 재량권의 일탈·남용 등이 쟁점이 되었던 사례이다.

② 직접적·법적 효과

'법적 규율'은 직접 권리·의무관계의 발생·변경·소멸을 가져오는 행위이다. 따라서 이러한 법적 효과가 없는 순수한 사실행위는 처분이 아니다(대판 1993.10.26, 93누6331).

(3) 구체적 사실에 관한 법집행으로서의 공권력의 행사 또는 그 거부

1) 구체적 사실에 관한 법집행

'구체적 사실에 관한 법집행'행위라 함은 그 행위가 '개별적'·'구체적'인 '법집행'행위이어야 한다는 것을 의미한다. '개별적'이란 처분의 상대방이 특정되어 있는 것을 의미하고, '구체적'이란 처분의 대상이 되는 행위가 특정의 사건임을 의미한다.

처분이 개별성·구체성을 띠는 '법집행'행위라는 점에서 일반적·추상적인 법정립행위인 입법은 처분이 아니다. 그러나 처분법규의 경우에는 예외적으로 처분성이 인정된다(예: 두밀분교폐지조례).

한편 구체적인 사건을 대상으로 하지만 그 상대방이 불특정적인 경우를 일반처분이라 하는데, 일반처분도 처분에 해당한다.

2) 공권력의 행사

공권력의 행사의 의미는 분명하지 않지만, 대체로 행정주체가 상대방에 대하여 우월한 지위에서 고권적·일방적으로 행하는 행위(권력작용)를 의미한다. 따라서 행정청의 비권력작용이나 국고작용, 대등한 관계에서 이루어지는 공법상 계약 등은 처분이 아니다.

[판례1] 행정청이 일방적인 의사표시로 자신과 상대방 사이의 법률관계를 종료시킨 경우 항고소송의 대상이 되는 행정처분인지 여부

"행정청이 자신과 상대방 사이의 법률관계를 일방적인 의사표시로 종료시켰다고 하더라도 곧바로 의사표시가 행정청으로서 공권력을 행사하여 행하는 행정처분이라고 단정할 수는 없고, 관계 법령이 상대방의 법률관계에 관하여 구체적으로 어떻게 규정하고 있는지에 따라 의사표시가 항고소송의 대상이 되는 행정처분에 해당하는지 아니면 공법상 계약관계의 일방 당사자로서 대등한 지위에서 행하는 의사표시인지를 개별적으로 판단하여야 한다(대판 2015.8.27, 2015두41449)."

[판례] 공공기관운영법령에 따른 입찰참가자격제한조치가 처분에 해당하는지 여부(적극)

"공공기관운영법 제39조 제2항과 그 하위법령에 따른 입찰참가자격제한 조치는 '구체적 사실에 관한 법집행으로서의 공권력의 행사'로서 행정처분에 해당한다. 공공기관운영법은 공공기관을 공기업, 준정부기관, 기타공공기관으로 구분하고(제5조), 그 중에서 공기업, 준정부기관에 대해서는 입찰참가자격제한처분을 할 수 있는 권한을 부여하였다(대판 2020.5.28, 2017두66541[공급자등록취소무효확인등청구])."

[판례2] 병무청장이 병역법에 따라 병역의무 기피자의 인적사항 등을 인터넷에 게시하는 등의 방법으로 공개한 경우, 병무청장의 공개결정이 항고소송의 대상이 되는 처분인지 여부(적극)

"병무청장이 병역법 제81조의2 제1항에 따라 병역의무 기피자의 인적사항 등을 인터넷 홈페이지에 게시하는 등의 방법으로 공개한 경우 병무청장의 공개결정을 항고소송의 대상이 되는 행정처분으로 보아야 한다. 그 구체적인 이유는 다음과 같다.

① 병무청장의 공개는 병역법에 근거하여 이루어지는 공권력의 행사에 해당한다.

② 병무청장의 공개조치에는 병역의무 기피자에게 불이익을 가한다는 행정결정이 전제되어 있고, 공개라는 사실행위는 행정결정의 집행행위라고 보아야 한다. …

③ 병무청 인터넷 홈페이지에 공개 대상자의 인적사항 등이 게시되는 경우 그의 명예가 훼손되므로, 공개 대상자는 자신에 대한 공개결정이 병역법령에서 정한 요건과 절차를 준수한 것인지를 다툴 법률상 이익이 있다. 재판에서 병무청장의 공개결정이 위법함이 확인되어 취소판결이 선고되는 경우, 병무청장은 취소판결의 기속력에 따라 위법한 결과를 제거하는 조치를 할 의무가 있으므로 공개 대상자의 실효적 권리구제를 위해 병무청장의 공개결정을 행정처분으로 인정할 필요성이 있다. 만약 병무청장의 공개결정을 항고소송의 대상이 되는 처분으로 보지 않는다면 국가배상청구 외에는 침해된 권리 또는 법률상 이익을 구제받을 적절한 방법이 없다.

④ 관할 지방병무청장의 공개 대상자 결정의 경우 이 결정은 병무청장의 최종적인 결정에 앞서 이루어지는 행정기관 내부의 중간적 결정에 불과하다. 가까운 시일 내에 최종적인 결정과 외부적인 표시가 예정된 상황에서, 외부에 표시되지 않은 행정기관 내부의 결정을 항고소송의 대상인 처분으로 보아야 할 필요성은 크지 않다. 관할 지방병무청장이 1차로 공개 대상자 결정을 하고, 그에 따라 병무청장이 같은 내용으로 최종적 공개결정을 하였다면, 공개 대상자는 병무청장의 최종적 공개결정만을 다투는 것으로 충분하고, 관할 지방병무청장의 공개 대상자 결정을 별도로 다툴 소의 이익은 없어진다(대판 2019.6.27, 2018두49130[인적사항공개처분취소청구])."

전형적인 공권력의 행사는 행정행위이지만, 일방적·강제적으로 행하여지는 권력적 사실행위도 이에 해당한다고 할 수 있다.

3) 공권력행사의 거부 *

① 거부처분의 의의

'공권력행사의 거부'는 곧 거부처분을 의미한다. 거부처분은 처분을 구하는 당사자의 신청에 대하여 처분의 발급을 거부하는 행정청의 행정작용을 말한다. 행정소송법상 거부처분은 '공권력의 행사'라는 처분을 거부하는 것이므로, 거부처분이 성립하기 위해서는 당사자가 신청한 행위가 처분일 것이 요구된다.

법령에서 일정기간의 경과에 따라 거부가 있은 것으로 간주하는 간주거부 또는 한정된 경원자 관계에서 일방당사자에 대한 허가 등의 결정이 타방당사자에게는 거부를 의미하는 것으로 알거나 알 수 있었을 경우도 거부처분으로 본다(대판 1991.2.12, 90누5825).

그러나 처분에 대한 당사자의 신청에 대하여 아무런 응답이 없는 부작위의 경우는 거부처분이 아니다.

② 거부처분의 성립요건

㈎ 판례

거부처분의 성립요건과 관련하여 판례는 (1) 신청한 행위가 처분이어야 하고, (2) 그 거부행위가 신청인의 법률관계에 변동을 일으키는 것이어야 하며, (3) 당사자에게 처분의 발급을 요구할 법규상 또는 조리상의 신청권이 있어야 한다는 입장이다. 그러면서 판례는 여기에서 신청권은 '일반 국민에게 인정되는' 추상적 신청권이라고 하고 있다.

[판례1] ① 거부처분의 요건, ② 신청권 존부의 판단기준

"국민의 적극적 신청행위에 대하여 행정청이 그 신청에 따른 행위를 하지 않겠다고 거부한 행위가 항고소송의 대상이 되는 행정처분에 해당하는 것이라고 하려면, 그 신청한 행위가 공권력의 행사 또는 이에 준하는 행정작용이어야 하고, 그 거부행위가 신청인의 법률관계에 어떤 변동을 일으키는 것이어야 하며, 그 국민에게 그 행위발동을 요구할 법규상 또는 조리상의 신청권이 있어야 한다.

거부처분의 처분성을 인정하기 위한 전제요건이 되는 신청권의 존부는 구체적 사건에서 신청인이 누구인가를 고려하지 않고 관계 법규의 해석에 의하여 일반 국민에게 그러한 신청권을 인정하고 있는가를 살펴 추상적으로 결정되는 것이고, 신청인이 그 신청에 따른 단순한 응답을 받을 권리를 넘어서 신청의 인용이라는 만족적 결과를 얻을 권리를 의미하는 것은 아니므로, 국민이 어떤 신청을 한 경우에 그 신청의 근거가 된 조항의 해석상 행정발동에 대한 개인의 신청권을 인정하고 있다고 보이면 그 거부행위는 항고소송의 대상이 되는 처분으로 보아야 하고, 구체적으로 그 신청이 인용될 수 있는가 하는 점은 본안에서 판단하여야 할 사항이다(대판 2009.9.10, 2007두20638)."

---

* 변호사시험(2013년), 변호사시험(2016년), 변호사시험(2020년), 변호사시험(2021년), 사법시험(2008년), 사법시험(2012년), 사법시험(2013년), 행정고시(일반행정)(2008년), 5급공채(행정)(2014년).

[판례2] 주민등록번호 변경신청의 거부가 처분인지 여부(적극)

(갑 등이 인터넷 포털사이트 등의 개인정보 유출사고로 자신들의 주민등록번호 등 개인정보가 불법 유출되자 이를 이유로 관할 구청장에게 주민등록번호를 변경해 줄 것을 신청하였으나 구청장이 '주민등록번호가 불법 유출된 경우 주민등록법상 변경이 허용되지 않는다'는 이유로 주민등록번호 변경을 거부하는 취지의 통지를 한 사안에서) … 피해자의 의사와 무관하게 주민등록번호가 유출된 경우에는 '조리상' 주민등록번호의 변경을 요구할 신청권을 인정함이 타당하고, 구청장의 주민등록번호 변경신청 거부행위는 항고소송의 대상이 되는 행정처분에 해당한다(대판 2017.6.15, 2013두2945[주민등록번호변경신청거부처분취소])."

[신청권을 인정한 판례]

건축물대장의 작성 신청권(대판 2009.2.12, 2007두17359) · 건축물대장의 용도변경신청권(대판 2009.1.30, 2007두7277) · 주택건설업자의 수의계약에 의한 택지공급신청권(대판 2007.12.13, 2006두19068) · 검사임용신청자의 임용신청에 대한 응답을 요구할 권리(대판 1991.2.12, 90누5825) · 도시계획입안신청권(대판 2004.4.28, 2003두1806) · 도시계획시설결정의 변경신청권(대판 2015.3.26, 2014두42742) · 개발사업시행자가 납부한 개발부담금 중 그 부과처분 후에 납부한 학교용지부담금에 해당하는 금액에 대하여 개발부담금의 환급에 필요한 처분을 할 것을 신청할 권리(대판 2016.1.28, 2013두2938), 학교용지부담금 환급신청(대판 2016.1.28, 2013두2938), 건축허가 철회신청(대판 2017.3.15, 2014두41190), 산업단지개발계획 변경신청(대판 2017.8.29, 2016두44186).

[신청권을 부인한 판례]

제소기간이 도과하여 불가쟁력이 생긴 행정처분에 대한 변경신청권(대판 2007.4.26, 2005두11104) · 당연퇴직공무원의 복직 또는 재임용 신청권(대판 2006.3.10, 2005두562) · 산림복구준공통보 취소신청권(대판 2006.6.30, 2004두701) · 도지정문화재 지정처분의 취소 또는 해제 신청권(대판 2001.9.28, 99두8565) · 산림훼손허가를 얻은 자의 산림훼손 용도변경신청권(대판 1998.10.13, 97누13764) · 민원인이 요구하는 행정기관의 행위에 대한 실체적 신청권(대판 1999.8.24, 97누7004) · 주민의 도시계획의 변경을 청구할 권리(대판 1994.1.28, 93누22029) · 철거민의 시영아파트 특별분양 신청권(대판 1993.5.11, 93누2247) · 토지형질변경허가의 철회 또는 변경을 요구할 권리(대판 1997.9.12, 96누6219)* · 행정청에 대한 국민의 제3자에 대한 건축허가의 취소나 준공검사의 취소 또는 제3자 소유의 건축물에 대한 철거 등의 조치를 요구할 권리(대판 1999.12.7, 97누17568) · 중요무형문화재 보유자의 추가인정을 요구할 권리(대판 2015.12.10, 2013두20585), 산재보험적용사업장 변경신청(대판 2016.7.14, 2014두47426).

---

* 행정고시(일반행정)(2008년).

(나) 학설

판례가 거부처분의 성립요건으로 신청권의 존재를 요구하고 있는 것에 대하여, (1) 부작위의 경우와 마찬가지로 신청권을 거부처분의 요건으로 보아야 한다는 견해(대상적격설),[19] (2) 신청권의 존재 여부는 본안판단의 문제라고 보는 견해(본안문제설),[20] (3) 신청권의 존재는 거부처분의 성립요건이 아니라 원고적격의 문제라고 보는 견해(원고적격설)[21]가 있다.

(다) 결어

판례가 거부처분의 성립요건으로 신청권의 존재를 요구하는 것은 소송제기의 남발을 방지하려는 것으로 보인다. 그러나 원고가 신청권이 있는가 하는 것은 원고적격의 문제이고, 이로써도 남소는 얼마든지 통제가 가능하다고 이해되므로, 원고적격설이 타당하다.

③ 관련문제: 반복된 거부처분*

판례는 새로운 신청에 따른 반복된 거부처분은 새로운 거부처분이 있는 것으로 보아야 한다는 입장이다(대판 1992.10.27, 92누1643).

[판례] 수익적 행정행위 신청에 대한 거부처분이 있은 후 당사자가 다시 신청하고 행정청이 이를 다시 거절한 경우, 새로운 거부처분인지 여부(원칙적 적극)

"수익적 행정행위 신청에 대한 거부처분은 당사자의 신청에 대하여 관할 행정청이 거절하는 의사를 대외적으로 명백히 표시함으로써 성립되고, 거부처분이 있은 후 당사자가 다시 신청을 한 경우에는 신청의 제목 여하에 불구하고 그 내용이 새로운 신청을 하는 취지라면 관할 행정청이 이를 다시 거절하는 것은 새로운 거부처분으로 봄이 원칙이다(대판 2019.4.3, 2017두52764[예방접종피해보상거부처분취소]; 대판 2021.1.14, 2020두50324[이주대책대상자제외처분취소])."

"나아가 어떠한 처분이 수익적 행정처분을 구하는 신청에 대한 거부처분이 아니라고 하더라도, 해당 처분에 대한 이의신청의 내용이 새로운 신청을 하는 취지로 볼 수 있는 경우에는, 그 이의신청에 대한 결정의 통보를 새로운 처분으로 볼 수 있다(대판 2022.3.17, 2021두53894[지적재조사사업조정금이의신청기각처분취소청구의소])."

☞ (2017두52764) 원고가 제1차 거부통보에 대하여 이의신청 형식으로 불복하였고 제2차 거부통보의 결론이 제1차 거부통보와 같다고 하더라도, 제2차 거부통보는 실질적으로 새로운 처분에 해당하여 독립한 행정처분으로서 항고소송의 대상이 된다고 볼 수 있다.

☞ (2020두50324) 이주대책대상자 선정을 신청하였다가 제외결정을 받은 자가 관련 서류를 보완하여 이의신청을 하였다가 재차 제외결정을 받은 사안에서, 2번째 제외 결정은 새로운 신청에 따른 거부로서 재거부처분에 해당한다고 판시한 사례이다.

* 변호사시험(2021년).

19) 김남진/김연태, 행정법 I, 796면 이하; 박균성, 행정법강의, 777~778면.

20) 홍준형, 행정구제법, 543면 이하.

21) 정하중, 행정법개론, 738면 이하; 홍정선, 행정법특강, 618면.

☞ (2021두53894) (갑 시장이 을 소유 토지의 경계확정으로 지적공부상 면적이 감소되었다는 이유로 지적재조사위원회의 의결을 거쳐 을에게 조정금 수령을 통지하자(1차 통지), 을이 구체적인 이의신청 사유와 소명자료를 첨부하여 이의를 신청하였으나, 갑 시장이 지적재조사위원회의 재산정 심의·의결을 거쳐 종전과 동일한 액수의 조정금 수령을 통지한(2차 통지) 사안에서) 을이 이의신청을 하기 전에는 조정금 산정결과 및 수령을 통지한 1차 통지만 존재하였고 을은 신청 자체를 한 적이 없으므로 을의 이의신청은 새로운 신청으로 볼 수 있는 점 등에서 2차 통지는 1차 통지와 별도로 행정쟁송의 대상이 되는 처분으로 보는 것이 타당하다.

(4) 그 밖에 이에 준하는 행정작용

'그 밖에 이에 준하는 행정작용'이 구체적으로 무엇인지 명확하게 정해진 바 없다.

쟁송법상의 처분개념설은 취소소송의 대상을 행정행위에 국한시키게 되면 현대 행정에서의 다양한 행정작용에 대한 효과적인 권리구제를 기대하기 어렵다는 점에서 처분 개념의 확대를 주장하고 있다. 더 나아가 형식적 행정행위론은 국민생활을 일방적으로 규율하거나 개인의 법익에 대하여 계속적으로 사실상의 지배력을 미치는 행위도 처분으로 인정하자는 입장이다. 이러한 입장에서는 '그 밖에 이에 준하는 행정작용'으로 권력적 사실행위·행정내부행위·행정지도 일부·행정조사·행정규칙·경고 등을 들고 있다.

반면 실체법상의 처분개념설은 처분과 행정행위는 동일한 개념으로 보기 때문에 '그 밖에 이에 준하는 행정작용'으로 권력적 사실행위·일반처분·처분법규 등을 들고 있다.

요컨대 행정소송이 항고소송을 중심으로 운용되고 있는 현실을 감안하면, 항고소송의 대상이 되는 처분 개념을 확대하는 것이 권리구제의 가능성을 넓히는 방법이 될 것이다. 그러나 그렇다고 처분 개념을 그 성질이 다른 행정작용으로 무작정 확대하는 것은 행정법학 및 소송법의 이론적 체계상 결코 바람직하지 않다. 이렇게 본다면 '그 밖에 이에 준하는 행정작용'은 처분의 정의에 대한 유연한 해석을 통하여 처분의 범주를 확대해 가는 정도로 이해하는 것이 바람직하다. 그 밖에 비처분적 행정작용에 대해서는 '처분의 개념 안에서'가 아니라 '이에 대응하는 다양한 소송유형의 인정'을 통하여 공백 없는 권리구제를 도모하여야 할 것이다. 이러한 소송유형으로는 일반이행소송이나 각종 확인소송 등을 들 수 있으며, 이들은 당사자소송의 형태로 제기하면 될 것이다.

'그 밖에 이에 준하는 행정작용'이 무엇인가와 관련하여 다양한 행정작용들이 여러 판례들과 더불어 검토되기도 하는데, 이와 관련하여서는 아래에서 별도의 목차로 살펴본다.

4. 처분에 관한 판례*

(1) 판례의 기본입장

판례(대판 2012.9.27, 2010두3541)는 기본적으로 "행정처분이란 원칙적으로 행정청의 공법상 행위로서 … 일반 국민의 권리의무에 직접 영향을 미치는 행위"라고 하여 처분을 행정행위의 개념과 거의 동일하게 보고 있는 입장이다.

다만 처분의 판단기준과 관련하여 "구체적인 경우 행정처분은 행정청이 공권력 주체로서 행하는 구체적 사실에 관한 법집행으로서 국민의 권리의무에 직접적으로 영향을 미치는 행위라는 점을 염두에 두고, 관련 법령의 내용과 취지, 행위의 주체·내용·형식·절차, 그 행위와 상대방 등 이해관계인이 입는 불이익과의 실질적 견련성, 그리고 법치행정 원리와 당해 행위에 관련한 행정청 및 이해관계인의 태도 등을 참작하여 개별적으로 결정해야 한다."라고 하여 처분의 개념을 확대할 수 있는 여지를 인정하고 있다.

한편 판례는 처분인지가 불분명한 경우에는 그에 대한 불복방법 선택에 중대한 이해관계를 가지는 상대방의 인식가능성과 예측가능성을 중요하게 고려하여야 한다고 하고 있다.

[판례1] 행정청의 행위가 항고소송의 대상이 되는지 판단하는 기준

"행정청의 행위가 항고소송의 대상이 될 수 있는지는 추상적·일반적으로 결정할 수 없고, 구체적인 경우에 관련 법령의 내용과 취지, 그 행위의 주체·내용·형식·절차, 그 행위와 상대방 등 이해관계인이 입는 불이익 사이의 실질적 견련성, 법치행정의 원리와 그 행위에 관련된 행정청이나 이해관계인의 태도 등을 고려하여 개별적으로 결정하여야 한다(대판 2020.1.16, 2019다264700; 대판 2020.10.15, 2020다222382; 대판 2021.2.4, 2020두48772; 대판 2021.12.30, 2018다241458; 대판 2023.2.2, 2020두48260 등)."

[판례2] 행정청의 행위가 '처분'에 해당하는지 불분명한 경우, 이를 판단하는 방법

"[1] 행정청의 행위가 '처분'에 해당하는지가 불분명한 경우에는 그에 대한 불복방법 선택에 중대한 이해관계를 가지는 상대방의 인식가능성과 예측가능성을 중요하게 고려하여 규범적으로 판단하여야 한다.

[2] 근로복지공단이 사업주에 대하여 하는 '개별 사업장의 사업종류 변경결정'은 행정청이 행하는 구체적 사실에 관한 법집행으로서의 공권력의 행사인 '처분'에 해당한다(대판 2020.4.9, 2019두61137[사업종류변경처분등취소청구의소])."

※ 유사판례: 대판 2021.1.14, 2020두50324[이주대책대상자제외처분취소], 대판 2021.12.30, 2018다241458[채무부존재확인]

* 사법시험(2005년), 행정고시(일반행정)(2009년), 행정고시(재경)(2011년).

> "피고가 2019.1.31. 원고에게 「공공감사에 관한 법률」 제23조에 따라 감사결과 및 조치사항을 통보한 뒤, 그와 동일한 내용으로 2020.10.22. 원고에게 시정명령을 내리면서 그 근거법령으로 유아교육법 제30조를 명시하였다면, 비록 위 시정명령이 원고에게 부과하는 의무의 내용은 같을지라도, 「공공감사에 관한 법률」 제23조에 따라 통보된 조치사항을 이행하지 않은 경우와 유아교육법 제30조에 따른 시정명령을 이행하지 않은 경우에 당사자가 입는 불이익이 다르므로, 위 시정명령에 대하여도 처분성을 인정하여 그 불복기회를 부여할 필요성이 있다(대판 2022.9.7, 2022두42365[시정명령처분 무효확인])."

다음에서는 판례가 처분성을 인정한 경우와 그렇지 않은 경우로 나누어 각각의 구체적 판례를 살펴보기로 한다.

(2) 판례의 구체적 검토

1) 처분성이 인정되는 경우

① 특별행정법관계: (1) 교육대학 장의 학생에 대한 퇴학처분(대판 1991.11.22, 91누2144), (2) 농지개량조합장의 직원에 대한 징계처분(대판 1998.10.9, 97누1198; 대판 1995.6.9, 94누10870).

② 부분허가·사전통보: (1) (구) 원자력법 제11조 제3항에 근거한 원자로 및 관계시설의 부지사전승인(대판 1998.9.4, 97누19588), (2) 폐기물처리업 사업계획의 부적정통보(대판 1998.4.28, 97누21086).

③ 행정행위의 부관: 부담(대판 1994.1.25, 93누13537; 대판 1992.1.21, 91누1264).

④ 거부처분: (1) 주민등록법상 전입신고 미수리처분(대판 2002.7.9, 2002두1748), (2) 건축신고의 반려행위 또는 수리거부행위(대판 2010.11.18, 2008두167), (3) 건축주명의변경 신고수리거부처분(대판 1992.3.31, 91누4911), (4) 건축계획심의신청에 대한 반려처분(대판 2007.10.11, 2007두1316), (5) 지적공부상 분할신청거부처분(대판 1993.3.23, 91누8968), (6) 지목변경신청 반려행위(대판 2004.4.22, 2003두9015 전원합의체), (7) 지적공부 등록사항 정정반려처분(대판 2011.8.25, 2011두3371), (8) 도시계획입안제안의 거부행위(대판 2004.4.28, 2003두1806), (9) 대학교원의 임용권자가 임용기간이 만료된 조교수에 대하여 재임용을 거부하는 취지로 한 임용기간 만료의 통지(교수재임용거부처분)(대판 2004.4.22, 2000두7735), ⑽ 근로복지공단의 평균임금정정신청 거부(대판 2002.10.25, 2000두9717), ⑾ 공무원연금법상 재직기간합산신청 불승인처분(대판 2002.11.8, 2001두7695), ⑿ 학교용지부담금 환급신청의 거부(대판 2016.1.28, 2013두2938), ⒀ 건축허가 철회신청의 거부(대판 2017.3.15, 2014두41190), ⒁ 주민등록번호 변경신청의 거부(대판 2017.6.15, 2013두2945), ⒂ 산업단지개발계획 변경신청의 거부(대판 2017.8.29, 2016두44186), (16) 국방전력발전업무훈령에 의한 연구개발확인서 발급의 거부(대판 2020.1.16, 2019다264700).

⑤ 내부적 행위: (1) (구) 산업재해보상보험법상 장해등급결정(대판 2002.4.26, 2001두8155). (2) (구) 토지수용법, (구) 도시계획법 등의 규정에 의한 사업인정(대판 1995.12.5, 95누4889), (3) 표준지공시지가결정(대판 2008.8.21, 2007두13845), (4) 개별공시지가결정(대판 1993.1.15, 92누12407), (5) 친일반민족행위자재산조사위원회의

재산조사개시결정(대판 2009.10.15, 2009두6513), (6) 지방의회 의원징계의결(대판 1993.11.26, 93누7341),* (7) 결손금 소급공제 환급결정(대판 2016.2.18, 2013다206610), (8) 근로복지공단의 개별 사업장의 사업종류 변경결정(대판 2020.4.9, 2019두61137), (9) 공정거래위원회의 입찰참가자격제한 등 요청 결정(대판 2023.4.27, 2020두47892).

⑥ 반복된 행위: (1) 동일한 내용의 새로운 신청에 대한 반복된 거부처분(대판 2000.3.29, 2000두6084), (2) 감염병예방법상 2차 거부통보(대판 2019.4.3, 2017두52764), (3) 2차 이주대책대상자 제외결정(대판 2021.1.14, 2020두50324), (4) 건축법상 이행강제금 납부의 최초 독촉(대판 2009.12.24, 2009두14507).

⑦ 제재조치·취소: (1) 조달청장의 입찰참가자격정지조치(대판 1983.12.27, 81누366), (2) 건축협의의 취소(대판 2014.2.27, 2012두22980), (3) 한국환경산업기술원장의 연구개발중단조치 및 연구비집행중지조치(대판 2015.12.24, 2015두264), (4) 진주의료원 폐업결정(대판 2016.8.30, 2015두60617), (5) 산업단지관리공단의 입주변경계약의 취소(대판 2017.6.15, 2014두46843), (6) 공공감사법에 근거한 감사결과 및 조치사항 통보 이후에 유아교육법에 근거한 동일 내용의 시정명령(대판 2022.9.7, 2022두42365).

⑧ 처분법규·고시: (1) 두밀분교폐지조례(대판 1996.9.20, 95누8003), (2) 향정신병 치료제의 요양급여에 관한 보건복지부 고시(대판 2003.10.9, 2003무23), (3)보건복지부 고시인 약제급여·비급여목록 및 급여상한금액표(대판 2006.9.22, 2005두2506), (4) 도시 및 주거환경정비법에 따른 이전고시(대판 2016.12.29, 2013다73551).

⑨ 행정규칙에 근거한 처분: (1) 상대방의 권리의무에 직접 영향을 미치는 경우 항고소송의 대상이 되는 행정처분에 해당(대판 2012.9.27, 2010두3541), (2) 국방전력발전업무훈령에 의한 연구개발확인서 발급(대판 2020.1.16, 2019다264700), (3) 공급자관리지침(행정규칙)에 근거한 등록취소 및 그에 따른 일정 기간의 거래제한조치(대판 2020.5.28, 2017두66541).

⑩ 행정계획: (1) (구) 도시계획법상 도시계획결정(대판 1982.3.9, 80누105), (2) (구) 도시재개발법상 관리처분계획(대판 2002.12.10, 2001두6333), (3) 택지개발예정지구지정 및 택지개발사업시행자에 대한 택지개발계획승인(대판 1992.8.14, 91누11582).

⑪ 국·공유재산: (1) 행정재산의 사용허가(대판 2001.6.15, 99두509), (2) 국·공유재산 무단사용자에 대한 변상금부과처분(대판 2014.7.16, 2011다76402).

⑫ 권고·경고·통지: (1) (구) 남녀차별금지 및 구제에 관한 법률 제28조에 따른 국가인권위원회의 성희롱결정과 이에 따른 시정조치의 권고(대판 2005.7.8, 2005두487), (2) 공정거래위원회의 (구) 약관의 규제에 관한 법률에 따른 표준약관 사용권장행위(대판 2010.10.14, 2008두23184), (3) 은행법 등에 따른 금융기관의 임원에 대한 금융감독원장의 문책경고(대판 2005.2.17, 2003두14765), (4) 공정거래위원회의 경고(헌재결 2012.6.27, 2010헌마508), (5) 불문경고(대판 2002.7.26, 2001두3532),** (6) 양도소득세 신고시인결정 통지(대판 2014.10.27, 2013두6633), (7) 요양기관에 대한 입원료 가산 및 별도 보상 적용 제외 통보(대판 2013.11.14, 2013두13631), (8) 과학기술기본법령상 사업협약의 해지통보(대판 2014.12.11, 2012두28704), (9) 검사에 대한 검찰총장의

---

* 행정고시(재경)(2009년).

** 행정고시(일반행정)(2009년).

경고조치(대판 2021.2.10, 2020두47564), ⑽ 총포·화약안전기술협회의 회비납부통지(대판 2021.12.30, 2018다241458).

⑬ 임용제외처분: (1) 교장의 승진임용 제외처분(대판 2018.3.27, 2015두47492), (2) 총장임용제청 제외처분(대판 2018.6.15, 2016두57564).*

⑭ 기타: (1) 병역기피자의 인적 사항 등의 공개결정(대판 2019.6.27, 2018두49130), (2) 군인연금법상 유족연금 수급권 이전 결정(대판 2019.12.27, 2018두46780), (3) 총포화약법상 안정도시험 검사명령(대판 2021.12.30, 2018다241458). (4) 공정거래위원회의 입찰참가자격제한 요청 결정(대판 2023.2.2, 2020두48260; 대판 2023.4.27, 2020두47892)

[판례] 승진후보자 명부에 포함되어 있던 후보자를 승진임용인사발령에서 제외하는 행위가 항고소송의 대상인 처분에 해당하는지 여부(적극)

"교육공무원법 제29조의2 제1항, 제13조, 제14조 제1항, 제2항, 교육공무원 승진규정 제1조, 제2조 제1항 제1호, 제40조 제1항, 교육공무원임용령 제14조 제1항, 제16조 제1항에 따르면 임용권자는 3배수의 범위 안에 들어간 후보자들을 대상으로 승진임용 여부를 심사하여야 하고, 이에 따라 승진후보자 명부에 포함된 후보자는 임용권자로부터 정당한 심사를 받게 될 것에 관한 절차적 기대를 하게 된다. 그런데 임용권자 등이 자의적인 이유로 승진후보자 명부에 포함된 후보자를 승진임용에서 제외하는 처분을 한 경우에, 이러한 승진임용제외처분을 항고소송의 대상이 되는 처분으로 보지 않는다면, 달리 이에 대하여는 불복하여 침해된 권리 또는 법률상 이익을 구제받을 방법이 없다. 따라서 교육공무원법상 승진후보자 명부에 의한 승진심사 방식으로 행해지는 승진임용에서 승진후보자 명부에 포함되어 있던 후보자를 승진임용인사발령에서 제외하는 행위는 불이익처분으로서 항고소송의 대상인 처분에 해당한다고 보아야 한다(대판 2018.3.27, 2015두47492[교장임용거부처분무효확인의소])."

☞ 원심은 원고에게 교장 승진임용을 요구할 법규상 또는 조리상 신청권이 인정되지 않는다고 보아 처분성을 부정하였는데, 대법원은 원심이 거부처분의 신청권 법리를 적용한 것은 잘못이라고 하면서, 본안심사에서 승진임용의 특수성이 고려되어야 함을 판시한 사례이다.

[판례] 교육부장관이 복수의 총장 후보자들 전부 또는 일부를 임용제청에서 제외하는 행위가 처분인지 여부(적극) / 교육부장관이 특정 후보자를 제외하고 다른 후보자를 임용제청하고 대통령이 제청된 자를 총장으로 임용한 경우, 임용제청에서 제외된 후보자가 행정소송으로 다툴 처분(=대통령의 임용 제외처분)

"… 대학의 추천을 받은 총장 후보자는 교육부장관으로부터 정당한 심사를 받을 것이라는 기대를 하게 된다. 만일 교육부장관이 자의적으로 대학에서 추천한 복수의 총장 후보자들 전부 또는 일부를 임용제청하지 않는다면 대통령으로부터 임용을 받을 기회를 박탈하는 효과가 있다. 이를 항고소송의 대상이 되는 처분으로 보지 않는다면, 침해된 권리 또는 법률상 이익을 구제받을 방법이 없

* 5급공채(2019년).

다. 따라서 교육부장관이 대학에서 추천한 복수의 총장 후보자들 전부 또는 일부를 임용제청에서 제외하는 행위는 제외된 후보자들에 대한 불이익처분으로서 항고소송의 대상이 되는 처분에 해당한다고 보아야 한다. 다만 교육부장관이 특정 후보자를 임용제청에서 제외하고 다른 후보자를 임용제청함으로써 대통령이 임용제청된 다른 후보자를 총장으로 임용한 경우에는, 임용제청에서 제외된 후보자는 대통령이 자신에 대하여 총장 임용 제외처분을 한 것으로 보아 이를 다투어야 한다(대통령의 처분의 경우 소속 장관이 행정소송의 피고가 된다. 국가공무원법 제16조 제2항). 이러한 경우에는 교육부장관의 임용제청 제외처분을 별도로 다툴 소의 이익이 없어진다(대판 2018.6.15, 2016두57564[임용제청거부처분취소등])."

☞ (국립대학교 학내 간접선거를 통해 1순위, 2순위 총장후보자를 선출하여 추천하였는데, 교육부장관이 2순위로 추천된 자를 총장으로 임용제청하자, 1순위로 추천된 후보자가 총장임용제청 거부처분 취소소송을 제기하여 처분성 인정 여부가 다투어진 사안에서) 교육부장관의 원고에 대한 총장 임용제청 제외행위가 교육부장관과 대통령 사이의 행정내부적인 의사결정에 불과하다고 보아 처분성을 부인한 원심과는 달리, 처분성을 긍정한 사례이다.

2) 처분성이 인정되지 않는 경우

① 통치행위: 대통령의 계엄선포행위(대판 1997.4.17, 96도3376; 대판 1982.9.14, 82도1847; 대판 1981.4.28, 81도874; 대판 1980.8.26, 80도1278).

② 확약: 어업권면허에 선행하는 우선순위결정(대판 1995.1.20, 94누6529).

③ 행정행위의 부관: 부담을 제외한 부관(대판 2001.6.15, 99두509; 대판 1993.10.8, 93누2032; 대판 1991.12.13, 90누8503).

④ 공부에의 기재 또는 정정행위: 지적도(대판 2002.4.26, 2000두7612; 대판 1990.5.8, 90누554) · 임야도(대판 1989.11.28, 89누3700) · 임야대장(대판 1987.3.10, 86누672) · 측량성과도(대판 1993.12.14, 93누555) · 토지대장(대판 1991.8.27, 91누2199) · 건축물관리대장(대판 2001.6.12, 2000두7777; 대판 1995.5.26, 95누3428; 대판 1989.12.12, 89누5348) · 하천대장(대판 1982.7.13, 81누129) · 공무원연금카드(대판 1980.2.12, 79누121) · 자동차운전면허대장(대판 1991.9.24, 91누1400) · 운전면허 행정처분처리대장(대판 1994.8.12, 94누2190) · 온천관리대장(대판 2000.9.8, 98두13072) 등에의 기재 및 정정행위

⑤ 내부적 행위: (1) 과세표준결정(대판 1996.9.24, 95누12842), (2) 징계위원회의 결정(대판 1983.2.8, 81누35), (3) 국가보훈처 보훈심사위원회의 의결(대판 1989.1.24, 88누3314), (4) 관계 행정기관의 협의(대판 1971.9.14, 71누99), (5) 군의관이 하는 신체등위판정(대판 1993.8.27, 93누3356), (6) 국가유공자예우 등에 관한 법률에 의하여 재심신체검사시 행하는 판정(대판 1993.5.11, 91누9206), (7) 상이등급 재분류(변경) 과정 중에 있는 보훈병원장의 상이등급재분류판정(대판 1998.4.28, 97누13023), (8) 운전면허 행정처분대장상 벌점배점(대판 1994.8.12, 94누2190), (9) 공정거래법상 공정거래위원회의 고발조치 및 고발의결(대판 1995.5.12, 94누13794), (10) 군 참모총장의 수당지급대상자 추천 및 신청자 중 일부를 추천하지 않는 행위(대판 2009.12.10, 2009두14231), (11) 국세환급금결정 및 결정신청에 대한 환급거부결정(대판 2010.2.25, 2007두18284), (12) 감사원의 징계 요구와 재심의결정(대판 2016.12.27, 2014두5637), (13) 보건복지부장관의 의대정원 증원발표(대결 2024.6.19, 2024무689).

⑥ 거부처분: ⑴ 국·공유 잡종재산의 매각·대부·임대기간연장 요청 등에 대한 거부(대판 1998.9.22, 98두7602), ⑵ 제3자에 대한 건축허가 및 준공검사취소 등에 대한 거부(대판 1999.12.7, 97누17568), ⑶ 전통사찰의 등록말소신청의 거부(대판 1999.9.3, 97누13641), ⑷ 당연퇴직 공무원의 복직신청거부행위(대판 2005.11.25, 2004두12421), ⑸ 산재보험적용사업장 변경신청의 거부(대판 2016.7.14, 2014두47426).

⑦ 반복된 행위: ⑴ 행정대집행법상 2차, 3차 계고처분(대판 1994.10.28, 94누5144; 대판 1994.2.22, 93누21156), ⑵ 2차, 3차 자료제출요구(대판 1994.2.22, 93누21156), ⑶ 국세징수법상 2차 독촉(대판 1999.7.13, 97누119), ⑷ 공익근무요원 소집통지를 한 후 그 기일을 연기하여 다시 한 공익근무요원 소집통지(대판 2005.10.28, 2003두14550).

⑧ ⑴ 행정입법: 의료법시행규칙(부령)(대판 2007.4.12, 2005두15168), ⑵ 기획재정부장관이 제정한 일본산 공기압 전송용 밸브에 대한 덤핑방지관세의 부과에 관한 규칙(대판 2022.12.1, 2019두48905).

⑨ 행정계획: ⑴ 환지계획(대판 1999.8.20, 97누6889), ⑵ 하수도정비기본계획(대판 2002.5.17, 2001두10578), ⑶ 도시기본계획(대판 2002.10.11, 2000두8226), ⑷ 혁신도시 최종입지 선정행위(대판 2007.11.15, 2007두10198), ⑸ 4대강 살리기 마스터플랜(대결 2011.4.21, 2010무111 전원합의체).

⑩ 공기업 근무관계(사법관계): ⑴ 서울특별시지하철공사 임직원에 대한 징계처분(대판 1989.9.12, 89누2103). ⑵ 한국조폐공사의 직원에 대한 징계처분(대판 1978.4.25, 78다414), ⑶ 공무원 및 사립학교교직원의료보험관리공단의 임용처분(대판 1993.11.23, 93누15212), ⑷ 한국마사회의 기수에 대한 징계처분(대판 2008.1.31, 2005두8269).

⑪ 비권력적 사실행위: ⑴ 세무당국의 거래중지요청 행위(대판 1980.10.27, 80누395), ⑵ 공무원에 대한 단순서면경고(대판 1991.11.12, 91누2700), ⑶ (구) 건축법 제69조 제2항에 따른 단전요청(대판 1996.3.22, 96누433), ⑷ 재개발조합이 조합원들에게 정해진 기한까지 분양계약에 응해 줄 것을 안내하는 '조합원 분양계약에 대한 안내서'(대판 2002.12.27, 2001두2799), ⑸ 방송통신위원회가 방송사업자에게 한 고지방송명령(대판 2023.7.13, 2016두34257).

⑫ 통지: ⑴ 당연퇴직사유에 따른 퇴직발령(대판 1995.11.14, 95누2036), ⑵ 공매통지(대판 2011.3.24, 2010두25527), ⑶ 대학자체징계요구통보(대판 2014.12.11, 2012두28704), ⑷ 중소기업기술정보진흥원장의 협약해지 및 그에 따른 정부지원금 환수통보(대판 2015.8.27, 2015두41449), ⑸ 보조금지급신청에 대하여 위임행정청인 경기도지사가 한 통보(대판 2023.2.23, 2021두44548).

⑬ 행정질서벌: 과태료부과(대판 2012.10.11, 2011두19369).

⑭ 제재조치: 수도권매립지관리공사의 입찰자격제한조치(사법상의 효력을 가지는 통지에 불과)(대판 2010.11.26, 2010무137).

⑮ 공법상 근무계약: 시립합창단원에 대한 재위촉 거부(대판 2001.12.11, 2001두7794).

⑯ 기타: ⑴ 금융감독위원회의 파산신청(대판 2006.7.28, 2004두13219). ⑵ 국가인권위원회의 진정 각하 또는 기각결정(헌재 2008.11.27, 2006헌마440), ⑶ 법무법인의 공정증서 작성행위(대판 2012.6.14, 2010두19720), ⑷ 법관명예퇴직수당지급거부(대판 2016.5.24, 2013두14863).

[판례] 보조금지급신청에 대한 위임행정청의 통보가 처분인지 여부(소극)

"(여객자동차 운송사업자 갑 주식회사가 시내버스 노선을 운행하면서 환승요금할인 및 청소년요금할인을 시행한 데에 따른 손실을 보전해 달라며 경기도지사와 광명시장에게 보조금 지급신청을 하였으나, 경기도지사가 갑 회사와 광명시장에게 '갑 회사의 보조금 지급신청을 받아들일 수 없음은 기존에 회신한 바와 같고, 광명시에서는 적의 조치하여 주기 바란다.'는 취지로 통보한 사안에서) 경기도 여객자동차 운수사업 관리 조례 제15조에 따른 보조금 지급사무는 광명시장에게 위임되었으므로 위 신청에 대한 응답은 광명시장이 해야 하고, 경기도지사는 갑 회사의 보조금 지급신청에 대한 처분권한자가 아니며, 위 통보는 경기도지사가 갑 회사의 보조금 신청에 대한 최종적인 결정을 통보하는 것이라기보다는 광명시장의 사무에 대한 지도·감독권자로서 갑 회사에 대하여는 보조금 지급신청에 대한 의견을 표명함과 아울러 광명시장에 대하여는 경기도지사의 의견에 따라 갑 회사의 보조금 신청을 받아들일지를 심사하여 갑 회사에 통지할 것을 촉구하는 내용으로 보는 것이 타당하므로, 경기도지사의 위 통보는 갑 회사의 권리·의무에 직접적인 영향을 주는 것이라고 할 수 없어 항고소송의 대상이 되는 처분으로 볼 수 없다(대판 2023.2.23, 2021두44548[손실보전금등지급거부처분취소])."

[판례] 고지방송명령이 항고소송의 대상이 되는 행정처분에 해당하는지 여부(소극)

"행정청의 어떤 행위가 항고소송의 대상이 될 수 있는지는 추상적·일반적으로 결정할 수 없고, 관련 법령의 내용과 취지, 그 행위의 주체·내용·형식·절차, 그 행위와 상대방 등 이해관계인이 입는 불이익과의 실질적 견련성, 법치행정의 원리, 당해 행위에 관련된 행정청과 이해관계인의 태도 등을 참작하여 구체적·개별적으로 결정하여야 한다(대법원 2011.6.10, 선고 2010두7321 판결 등 참조). 행정청 내부에서의 행위나 알선, 권유, 사실상의 통지 등과 같이 상대방 또는 기타 관계자들의 법률상 지위에 직접적인 법률적 변동을 일으키지 아니하는 행위는 항고소송의 대상이 아니다(대법원 2008.4.24, 선고 2008두3500 판결 등 참조).

(방송통신심의위원회는 방송국의 다이빙벨보도사건과 관련하여 2014.8.7. 불명확한 내용을 사실인 것으로 방송하여 시청자를 혼동케 함으로써 구 「방송심의에 관한 규정」(2014.12.30. 방송통신심의위원회 규칙 제109호로 개정되기 전의 것, 이하 '구 심의규정'이라고 한다) 제14조 및 제24조의2 제2항을 위반하였다는 이유로, 이 사건 프로그램에 대하여 '해당 방송프로그램의 관계자에 대한 징계'를 정한다는 의결을 하고 방송통신위원회에 제재조치처분을 요청하였으며, 방송통신위원회는 2014.8.26. 원고에게 '해당 방송프로그램의 관계자에 대한 징계'를 명하는 이 사건 제재조치명령과 구 방송법(2014.5.28. 법률 제12677호로 개정되기 전의 것, 이하 '구 방송법'이라고 한다) 제100조 제4항에 따라 '고지방송' 내용을 고지하여야 한다는 취지의 이 사건 고지방송명령을 한 사안에서) 이 사건 고지방송명령은 권고적 효력만을 가지는 비권력적 사실행위에 해당할 뿐, 항고소송의 대상이 되는 행정처분에 해당하지 않는다(대판 2023.7.13, 2016두34257[방송심의제재조치취소청구])."

(3) 경정처분의 경우 *

1) 문제의 소재

예컨대 행정청이 과세처분을 한 후 이를 감액하거나 증액하는 처분을 하는 경우가 있다. 이 경우 당초처분에 대하여 감액 또는 증액된 처분을 경정처분(更正處分)이라 하는데, 이 경우 당초처분과 경정처분 가운데 어느 것이 항고소송의 대상이 되는가 하는 것이 문제이다.

2) 학설

이에 대하여는 ① 당초처분과 경정처분은 독립된 처분으로 별개의 소송대상이라는 병존설, ② 당초처분은 경정처분에 흡수되어 소멸하고 경정처분만이 소송의 대상이 된다는 흡수설, ③ 당초처분의 효력이 그대로 존속하지만 경정처분만이 대상이 된다는 병존적 흡수설, ④ 경정처분은 당초처분에 흡수되어 경정처분에 의하여 수정된 당초의 처분이 소송의 대상이라는 역흡수설, ⑤ 당초처분과 경정처분은 결합하여 일체로서 병존하나, 소송의 대상은 경정처분으로 수정된 당초처분이라는 역흡수병존설 등이 제시되고 있다.

3) 판례

판례는 ① 감액경정처분은 당초처분의 일부 효력을 취소하는 처분으로서, 소송의 대상은 경정처분으로 인하여 감액되고 남아 있는 당초처분이라고 보고 있다. 이 경우 제소기간의 준수 여부도 당초처분을 기준으로 판단하여야 한다. 이 법리는 행정심판의 이행재결에 따른 감액경정처분의 경우에도 마찬가지이다(대판 2009.5.28, 2006두16403; 대판 2012.9.27, 2011두27247). ② 증액경정처분의 경우, 당초처분은 증액경정처분에 흡수되어 독립한 존재가치를 상실하여 당연히 소멸하고, 증액경정처분만이 소송의 대상이 된다고 하고 있다(대판 2000.9.8, 98두16149). 그러나 증액경정처분이 제척기간 경과 후에 이루어진 경우에는 증액부분만이 무효로 되고 제척기간 경과 전에 있었던 당초 처분은 유효한 것이므로, 납세의무자로서는 그와 같은 증액경정처분이 있었다는 이유만으로 당초 처분에 의하여 이미 확정되었던 부분에 대하여 다시 위법 여부를 다툴 수는 없다(대판 2004.2.13, 2002두9971).

(4) 종전처분을 변경하는 내용의 후속처분의 경우 **

1) 문제의 소재

예컨대 행정청이 영업제한시간 및 의무휴업일 지정처분을 한 후 종전처분에서의 영업제한시간을 일부 연장하는 것을 내용으로 하는 후속처분을 하는 경우에 종전처분과 후속처분 중 어느 것이 항고소송의 대상이 되는가 하는 것이 문제이다.

---

* 변호사시험(2014년).

** 사법시험(2017년).

2) 판례

대법원은 영업시간제한등처분취소 사건에서, 후속처분이 종전처분을 완전히 대체하는 것이거나 주요 부분을 실질적으로 변경하는 내용인 경우가 아닌 한, 후속처분에도 불구하고 종전처분이 여전히 항고소송의 대상이 된다고 하고 있다.

> [판례] 종전처분을 변경하는 내용의 후속처분의 경우 항고소송의 대상
>
> "기존의 행정처분을 변경하는 내용의 행정처분이 뒤따르는 경우, 후속처분이 종전처분을 완전히 대체하는 것이거나 그 주요 부분을 실질적으로 변경하는 내용인 경우에는 특별한 사정이 없는 한 종전처분은 그 효력을 상실하고 후속처분만이 항고소송의 대상이 되지만(대법원 2012.10.11. 선고 2010두12224 판결 등 참조), 후속처분의 내용이 종전처분의 유효를 전제로 그 내용 중 일부만을 추가·철회·변경하는 것이고 그 추가·철회·변경된 부분이 그 내용과 성질상 나머지 부분과 불가분적인 것이 아닌 경우에는, 후속처분에도 불구하고 종전처분이 여전히 항고소송의 대상이 된다고 보아야 한다.
>
> … 2014.8.25.자 처분은 종전처분 전체를 대체하거나 그 주요 부분을 실질적으로 변경하는 내용이 아니라, 의무휴업일 지정 부분을 그대로 유지한 채 영업시간 제한 부분만을 일부 변경하는 것으로서, 2014.8.25.자 처분에 따라 추가된 영업시간 제한 부분은 그 성질상 종전처분과 가분적인 것으로 여겨진다. 따라서 2014.8.25.자 처분으로 종전처분이 소멸하였다고 볼 수는 없고, 종전처분과 그 유효를 전제로 한 2014.8.25.자 처분이 병존하면서 위 원고들에 대한 규제 내용을 형성한다고 할 것이다. 그러므로 이와 다른 전제에서 2014.8.25.자 처분에 따라 종전처분이 소멸하여 그 효력을 다툴 법률상 이익이 없게 되었다는 취지의 피고 동대문구청장의 이 부분 상고이유 주장은 이유 없다(대판 2015.11.19, 2015두295 전원합의체)."

후행처분이 선행처분의 주요 부분을 실질적으로 변경하는 경우 선행처분의 효력은 상실되지만, 선행처분의 일부만 소폭 변경하는 경우에는 선행처분은 후행처분에 의하여 변경되지 아니한 범위 내에서 그대로 존속한다.

> [판례] 선행처분의 내용을 변경하는 후행처분이 있는 경우, 선행처분의 효력 존속 여부
>
> "선행처분의 주요 부분을 실질적으로 변경하는 내용으로 후행처분을 한 경우에 선행처분은 특별한 사정이 없는 한 효력을 상실하지만, 후행처분이 선행처분의 내용 중 일부만을 소폭 변경하는 정도에 불과한 경우에는 선행처분은 소멸하는 것이 아니라 후행처분에 의하여 변경되지 아니한 범위 내에서는 그대로 존속한다(대판 2020.4.9, 2019두49953[도선사업면허변경처분취소])."
>
> ※ 유사판례: 대판 2022.7.28, 2021두60748[정부출연금전액환수등처분취소청구]

5. 재결

(1) 재결의 개념

취소소송의 대상이 되는 '처분 등'은 처분과 행정심판에 대한 재결을 의미한다(행소법 2 ① 1호). 따라서 행정심판에 대한 재결도 취소소송의 대상이 된다. 여기에서 행정심판에 대한 재결에는 행정심판법에 의하여 행정심판위원회가 행하는 재결뿐만 아니라 행정심판법 이외의 개별법률에 의한 각종 이의신청이나 당사자심판에 의한 재결도 포함된다.

(2) 원처분주의 *

행정청의 처분에 대하여 행정심판의 재결을 거쳐 취소소송을 제기하는 경우 원처분을 대상으로 하게 할 것인가 재결을 대상으로 하게 할 것인가 하는 것이 문제이다. 이와 관련하여서는 원처분주의와 재결주의가 있다.

원처분주의는 원처분과 재결 모두 취소소송의 대상이 될 수 있으나, 원처분의 위법은 원처분 취소소송에서만 주장할 수 있고, 재결취소소송에서는 재결 자체의 고유한 위법만을 주장할 수 있는 제도이고, 재결주의는 재결에 대해서만 취소소송을 제기할 수 있도록 하되 재결취소소송에서는 재결의 위법뿐 아니라 원처분의 위법도 주장할 수 있는 제도를 말한다.

행정소송법은 "재결취소소송의 경우에는 재결 자체에 고유한 위법이 있음을 이유로 하는 경우에 한한다(행소법 19 단서)."고 규정하여 원처분주의를 채택하고 있다.

원처분주의에 따라 원처분을 취소소송의 대상으로 하면서도, 재결 자체에 고유한 위법사유가 있는 경우 재결취소소송을 인정하고 있는 이유는, 예컨대 제3자가 건축허가의 취소를 청구한 행정심판에서의 인용재결(건축허가취소)로 인하여 처분의 상대방이 불이익을 입게 되는 경우와 같이, 재결로 인하여 비로소 불이익을 입게 되는 경우를 보호하기 위한 것이다.

※ 참고: 교원징계처분과 원처분주의

교원징계처분에 대하여 취소소송을 제기하는 것과 관련하여 판례는 사립학교교원이나 국공립학교교원의 경우 모두 원처분주의가 적용된다는 입장이다. 이 경우 원처분주의의 적용에 있어 사립학교교원의 경우와 국공립학교교원의 경우에 차이가 있다.

① 즉, 사립학교교원에 대한 학교법인 등의 징계는 항고소송의 대상인 처분이 아니므로 사립학교교원의 경우에는 교원지위법에 의한 교원소청심사위원회의 결정이 원처분으로서 소의 대상이 되고, 만약 학교법인을 상대로 불복하려면 취소소송이 아니라 민사소송절차에 의하여야 한다[판례 1,2]. ② 국공립학교교원의 경우에는 원처분주의에 따라 소청심사위원회의 결정이 아니라 원처분

---

* 5급공채(행정)(2023년).

이 소의 대상이 된다. 물론 소청심사결정에 고유한 위법이 있으면, 재심결정이 소의 대상이 된다(대판 1994.2.8, 93누17874).

[판례1] ① 사립학교 교원에 대한 학교법인의 해임처분을 행정청의 처분으로 볼 수 있는지 여부, ② 학교법인의 해임처분에 대하여 교원지위법에 따라 교육부 내의 교원징계재심위원회에 재심청구를 한 경우 재심위원회의 결정이 행정처분인지 여부

"① 사립학교 교원은 학교법인 또는 사립학교 경영자에 의하여 임면되는 것으로서 사립학교 교원과 학교법인의 관계를 공법상의 권력관계라고는 볼 수 없으므로 사립학교 교원에 대한 학교법인의 해임처분을 취소소송의 대상이 되는 행정청의 처분으로 볼 수 없고, 따라서 학교법인을 상대로 한 불복은 행정소송에 의할 수 없고 민사소송절차에 의할 것이다.

② 사립학교 교원에 대한 해임처분에 대한 구제방법으로 학교법인을 상대로한 민사소송 이외 교원지원법 제7 내지 10조에 따라 교육부 내에 설치된 교원징계재심위원회에 재심청구를 하고 교원징계재심위원회의 결정에 불복하여 행정소송을 제기하는 방법도 있으나, 이 경우에도 행정소송의 대상이 되는 행정처분은 교원징계재심위원회의 결정이지 학교법인의 해임처분이 행정처분으로 의제되는 것이 아니며 또한 교원징계재심위원회의 결정을 이에 대한 행정심판으로서의 재결에 해당되는 것으로 볼 수는 없다(대판 1993.2.12, 92누13707)."

[판례2] 사립학교 교원에 대한 교원지위법에 따른 교원징계재심위원회의 결정에 불복하여 행정소송을 제기하는 경우, 쟁송의 대상과 상대방

"사립학교 교원에 대한 징계처분 등 그 의사에 반한 불리한 처분에 대하여 교원지위법 제9조, 제10조의 규정에 따라 교원징계재심위원회에 재심청구를 하고 이에 불복하여 행정소송을 제기하는 경우, 쟁송의 대상이 되는 행정처분은 학교법인의 징계처분이 아니라 재심위원회의 결정이므로 그 결정이 행정심판으로서의 재결에 해당하는 것은 아니라 할 것이고 이 경우 처분청인 재심위원회가 항고소송의 피고가 되는 것이며, 그러한 법리는 재심위원회의 결정이 있은 후에 당해 사립학교의 설립자가 국가나 지방자치단체로 변경된다고 하여(교육법 제85조 제3항 참조) 달라지지 아니하는 것이다(대판 1994.12.9, 94누6666)."

[판례3] 국공립교원징계처분에 대한 교원징계심사위원회의 재결에 대한 항고소송의 사유

"국공립학교교원에 대한 징계 등 불리한 처분은 행정처분이므로 국공립학교교원이 징계 등 불리한 처분에 대하여 불복이 있으면 교원징계재심위원회에 재심청구를 하고 위 재심위원회의 재심결정에 불복이 있으면 항고소송으로 이를 다투어야 할 것인데, 이 경우 그 소송의 대상이 되는 처분은 원칙적으로 원처분청의 처분이고, 원처분이 정당한 것으로 인정되어 재심청구를 기각한 재결에

> 대한 항고소송은 원처분의 하자를 이유로 주장할 수는 없고 그 재결 자체에 고유한 주체·절차·형식 또는 내용상의 위법이 있는 경우에 한한다고 할 것이므로, 도교육감의 해임처분의 취소를 구하는 재심청구를 기각한 재심결정에 사실오인의 위법이 있다거나 재량권의 남용 또는 그 범위를 일탈한 것으로서 위법하다는 사유는 재심결정 자체에 고유한 위법을 주장하는 것으로 볼 수 없어 재심결정의 취소사유가 될 수 없다(대판 1994.2.8, 93누17874)."

(3) 재결취소소송의 사유

재결취소소송은 재결 자체에 고유한 위법이 있음을 이유로 하는 경우에만 가능하다. 따라서 원처분의 위법을 이유로 하는 재결취소소송은 불가능하다. 여기에서 '재결 자체의 고유한 위법'이란 재결 자체에 주체·형식·절차·내용요건상의 하자가 있는 경우를 의미한다.

1) 주체·형식·절차의 위법

① 주체의 위법은 권한이 없는 기관이 재결하거나, 행정심판위원회의 구성에 하자가 있거나, 의사·의결정족수에 흠결이 있는 경우 등을 말한다. ② 형식의 위법은 재결을 문서에 의하지 아니하거나, 법이 정한 소정의 기재사항이 누락되거나, 이유 기재가 불충분한 경우 등을 말한다. ③ 절차의 위법은 법률이 정한 심판절차를 준수하지 않은 경우를 말한다. 다만 행정심판법 제45조의 재결기간은 훈시규정으로 해석되므로 재결기간을 경과하였다는 것만으로는 절차의 위법이 있다고 볼 수 없다.

2) 내용의 위법

내용의 위법은 재결의 고유한 위법에 포함되지 않는다는 견해도 있으나, 내용의 위법도 포함된다는 것이 일반적인 견해이자 판례의 입장이다. 내용의 위법에는 위법·부당하게 인용재결을 한 경우가 해당한다(대판 1997.9.12, 96누14661).

재결의 내용의 위법을 다툴 수 있는가 하는 문제는 각하재결·기각재결·인용재결로 구분하여 살펴보아야 한다.

① 각하재결의 경우

심판청구가 부적법하지 않음에도 본안심리를 하지 않고 부적법 각하한 경우, 이는 청구인이 본안심리를 받을 권리를 박탈한 것으로서 재결 자체에 고유한 위법이 있는 경우에 해당되고, 따라서 재결취소소송의 대상이 된다(대판 2001.7.27, 99두2970).

② 기각재결의 경우

원처분을 정당하다고 유지하고 심판청구를 기각한 재결에 대해서는 원칙적으로 내용상의 위법을 주장하여 제소할 수 없다. 그러나 재결의 심리범위, 즉 불고불리의 원칙이나 불이익변경금지의 원칙을 벗어나 재결을 한 경우, 또는 사정재결을 함에 있어서 사정재결의 요건을 잘못 판단한 경우에는 내용의 위법을 이유로 재결취소소송을 제기할 수 있다.

③ 인용재결의 경우

심판청구인은 인용재결에 불복할 이유가 없으므로, 인용재결의 내용의 위법을 다투는 것은 심판청구의 제3자(심판청구인이 제3자인 경우 처분의 상대방, 심판청구인이 처분의 상대방인 경우 제3자)의 경우에 문제가 된다.

이 경우 제3자가 제기하는 취소소송이 행정소송법 제19조 단서의 재결취소소송인가에 관하여는 견해의 대립이 있는데, 이에 대하여 ① 일설은 당해 인용재결은 형식적으로는 재결이나 실질적으로는 제3자에게 최초의 처분의 성질을 가지는 것이므로 처분취소소송으로 보아야 한다고 주장하지만,[22] ② 행정심판의 인용재결로 인하여 비로소 불이익을 입게 되는 자에게는 인용재결을 다툴 수 있게 해 주어야 하고, 이 경우 인용재결은 원처분과는 내용이 다른 것이므로 인용재결의 취소소송은 재결 자체의 고유의 위법을 주장하는 재결취소소송이 된다는 견해가 대다수의 견해이자 판례의 입장이다.

[판례] 제3자효 행정행위에 대한 인용재결의 취소를 구하는 소송이 재결취소소송인지 여부

"복효적 행정행위, 특히 제3자효를 수반하는 행정행위에 대한 행정심판청구에 있어서 그 청구를 인용하는 내용의 재결로 인하여 비로소 권리이익을 침해받게 되는 자는 그 인용재결에 대하여 다툴 필요가 있고, 그 인용재결은 원처분과 내용을 달리하는 것이므로 그 인용재결의 취소를 구하는 것은 원처분에는 없는 재결에 고유한 하자를 주장하는 셈이어서 당연히 항고소송의 대상이 된다(대판 2001.5.29, 99두10292)."

(4) 인용재결의 경우, 소송의 대상*

1) 형성재결·이행재결

① 형성재결

형성재결이 있으면 그 자체로 법률관계가 형성되고 처분청의 별도의 행위를 요하는 것이 아니므로, 처분청이 형성재결의 결과를 통보하더라도 이는 사실의 통지에 불과한 것이지 처분이 아니다(대판 1997.5.30, 96누14678). 따라서 형성재결의 경우에는 형성재결 그 자체가 취소소송의 대상이 된다(대판 1997.12.23, 96누10911).

② 이행재결

처분의 이행을 명하는 이행재결에 의하여 행정청이 처분을 하고 이행재결 자체에 고유한 위법이 있는 경우에, 취소소송의 대상이 이행재결인지 이행재결에 따른 처분인지 논란이 있다.

* 사법시험(2011년), 사법시험(2013년), 행정고시(재경)(2009년), 5급공채(일반행정)(2013년).

22) 김용섭, 취소소송의 대상으로서의 행정심판의 재결, 행정법연구 제3호, 226면.

이에 대해서는 ① 이행재결과 처분이 각각 취소소송의 대상이 되어야 한다는 견해(병존설), ② 처분은 이행재결의 기속력에 따른 것이므로 이행재결에 대한 취소가 선행되어야 한다는 견해(재결설), ③ 이행재결이 있더라도 행정청의 처분이 있기 까지는 당사자의 권익이 침해되었다고 볼 수 없으므로 이행재결에 따른 처분만이 취소소송의 대상이 되어야 한다는 견해(처분설)가 대립하고 있다. ④ 판례는 이행재결취소소송과 처분취소소송이 모두 가능하다는 입장이다[판례]. ⑤ 생각건대 이행재결 자체에 고유한 위법이 있는 경우 이에 대한 재결취소소송을 인정하지 않을 이유는 없다고 생각된다. 나아가 이행재결의 기속력에 따라 처분이 이루어지는 것이라고 해서 이행재결이 취소되면 처분도 자동으로 취소되는 것도 아니다. 따라서 이행재결 자체가 위법하고 이에 따른 처분도 위법하다고 판단된다면, 이행재결에 대한 재결취소소송이외에도 처분에 대한 처분취소소송도 허용된다고 보아야 한다. 이러한 점에서 병존설 및 판례의 입장이 타당하다.

[판례] 재결취소소송이 계속 중인 경우 재결 취지에 따른 처분을 항고소송으로 다툴 수 있는지 여부

"행정심판법 제37조 제1항의 규정에 의하면 재결은 피청구인인 행정청을 기속하는 효력을 가지므로 재결청이 취소심판의 청구가 이유 있다고 인정하여 처분청에게 처분을 취소할 것을 명하면 처분청으로서는 그 재결의 취지에 따라 처분을 취소하여야 하는 것이지만, 그렇다고 하여 그 재결의 취지에 따른 취소처분이 위법할 경우 그 취소처분의 상대방이 이를 항고소송으로 다툴 수 없는 것은 아니다(대판 1993.9.28, 92누15093)."

☞ 위 판례는 취소명령재결에 따른 취소처분에 관한 것인데, 현행 행정심판법에서는 취소재결(형성재결)이외에 취소명령재결(이행재결)은 인정되지 않는다.

2) 일부인용재결(일부취소재결)과 변경재결*

일부인용재결(예: 영업정지 2개월을 1개월로 감경)과 변경재결(영업정지처분을 과징금부과처분으로 변경)이 있은 후에도 당사자가 여전히 불복하고자 하는 경우 재결과 원처분 중 어느 것을 취소소송의 대상으로 하여야 하는지 문제이다.

이에 대해서는 ① 일부취소재결이나 변경재결을 구별하지 않고, 재결 자체에 고유한 위법사유가 없는 한 재결은 소의 대상이 되지 않고, 재결로 인하여 '일부취소되고 남은 원처분' 또는 '변경된 원처분'이 소송의 대상이 된다는 견해, ② 일부취소재결이나 변경재결을 구별하여, 일부취소재결의 경우에는 남은 원처분이 소송의 대상이 되나, 변경재결의 경우에는 변경재결로 원처분은 취소되므로 변경재결을 소송의 대상으로 하여야 한다는 견해가 대립되고 있다. ③ 판례는 변경재결과 관련하여 원처분주의 원칙상 재결 자체에 고유한 위법이 없는 한 원처분이 취소소송의 대상이 된다는 입장이다[판례]. 일부취소재결에 대한 판례는 없으나, 원처분주의에 대한 판례의 입장

---

* 사법시험(2013년), 5급공채(2020년).

에서 볼 때 변경재결의 경우와 같은 입장이라고 볼 수 있다. ④ 생각건대 원처분주의는 일부취소재결이나 변경재결의 경우에도 그대로 타당하여야 하고, 변경재결로 원처분이 취소되는 것은 아니므로 논리적으로는 ①의 견해가 타당하다.

[판례] 소청결정이 재량권남용 또는 일탈로서 위법하다는 주장이 소청결정 취소사유가 되는지 여부

"항고소송은 원칙적으로 당해 처분을 대상으로 하나, 당해 처분에 대한 재결 자체에 고유한 주체, 절차, 형식 또는 내용상의 위법이 있는 경우에 한하여 그 재결을 대상으로 할 수 있다고 해석되므로, 징계혐의자에 대한 감봉 1월의 징계처분을 견책으로 변경한 소청결정 중 그를 견책에 처한 조치는 재량권의 남용 또는 일탈로서 위법하다는 사유는 소청결정 자체에 고유한 위법을 주장하는 것으로 볼 수 없어 소청결정의 취소사유가 될 수 없다(대판 1993.8.24, 93누5673)."

☞ 대상판례는 '감봉처분을 견책조치로 변경한 것이 재량권을 남용한 재결의 내용상 하자'라는 원고의 주장에 대하여 '이를 재결취소사유로 주장할 수 없다'고 하여 원고의 청구를 기각한 사건이다. 이 판례는 '변경재결의 경우 취소소송의 대상은 원처분'임을 명시적으로 판시하고 있지는 않지만, 감봉처분을 대상으로 견책조치로의 변경이 재량권의 남용임을 주장했어야 한다는 의미로 해석된다.

3) 관련문제: 원처분과 변경처분 중 취소소송의 대상*

행정청이 원처분 이후에 원처분을 변경하는 변경처분을 한 경우에, 변경처분과 변경된 원처분 중 어느 처분이 취소소송의 대상이 되는지가 문제된다.

이에 대해서는 ① 변경된 원처분과 변경처분은 독립된 처분으로 모두 취소소송의 대상이 된다는 견해, ② 원처분은 변경처분에 흡수되므로 변경처분만이 소송의 대상이 된다는 견해, ③ 변경처분은 원처분에 흡수되므로 원처분만이 소송의 대상이 된다는 견해가 대립하고 있다. ④ 판례는 변경된 내용의 원처분이 취소소송의 대상이 된다는 입장이다[판례1]. 판례는 일부취소처분의 경우에도 일부취소 후 남은 원처분이 취소소송의 대상이 된다고 본다[판례2]. 생각건대 일부취소나 변경처분은 원처분을 변경하는 행위로, 이로써 원처분이 소멸하는 것은 아니라는 점에서 원처분이 소송의 대상이라는 견해가 타당하다.

[판례1] 행정청이 제재처분을 한 후 당초처분을 영업자에게 유리하게 변경하는 처분을 한 경우 취소소송의 대상(=당초 처분)

"행정청이 식품위생법령에 따라 영업자에게 행정제재처분을 한 후 그 처분을 영업자에게 유리하게 변경하는 처분을 한 경우, 변경처분에 의하여 당초 처분은 소멸하는 것이 아니고 당초부터 유리하게 변경된 내용의 처분으로 존재하는 것이므로, 변경처분에 의하여 유리하게 변경된 내용의 행정

* 변호사시험(2017년), 사법시험(2009년), 5급공채(일반행정)(2013년).

제재가 위법하다 하여 그 취소를 구하는 경우 그 취소소송의 대상은 변경된 내용의 당초 처분이지 변경처분은 아니고, 제소기간의 준수 여부도 변경처분이 아닌 변경된 내용의 당초 처분을 기준으로 판단하여야 한다(대판 2007.4.27, 2004두9302)."

[판례2] 감액처분으로도 아직 취소되지 않고 남은 부분을 다투고자 하는 경우 항고소송의 대상과 제소기간 준수 여부의 판단 기준이 되는 처분(=당초 처분)

"감액처분으로도 아직 취소되지 않고 남아 있는 부분이 위법하다 하여 다투고자 하는 경우, 감액처분을 항고소송의 대상으로 할 수는 없고, 당초 징수결정 중 감액처분에 의하여 취소되지 않고 남은 부분을 항고소송의 대상으로 할 수 있을 뿐이며, 그 결과 제소기간의 준수 여부도 감액처분이 아닌 당초 처분을 기준으로 판단해야 한다(대판 2012.9.27, 2011두27247)."

(5) 원처분주의에 반하여 제기된 재결취소소송에 대한 법원의 판결

재결취소소송에서 재결 자체의 고유한 위법이 없는 경우 법원은 각하판결을 하여야 하는지 기각판결을 하여야 하는지 학설의 대립이 있다. ① 일설은 행정소송법 제19조 단서를 소극적 소송요건으로 보아 각하판결을 하여야 한다고 주장하지만,[23] ② 재결 자체의 고유한 위법이 존재하는지 여부는 본안판단의 문제이므로 기각판결을 하여야 한다는 것이 일반적인 견해이자 판례(대판 1994.1.25, 93누16901)의 입장이다.

(6) 원처분주의의 예외*

개별법에서 원처분주의에 대한 예외로 재결을 취소소송의 대상으로 하는 재결주의를 채택하고 있는 경우가 있다. 그 예로 ① 감사원의 변상판정에 대한 재심의판정(감사원법 36 ①, 40 ②), ② 중앙노동위원회의 재심처분(노동위원회법 26 ①), ③ 특허심판원의 심결(특허법 186, 189, 디자인보호법 166, 상표법 162, 실용신안법 33) 등이 있다.

[참고: 중앙토지수용위원회의 이의재결의 경우]

토지보상법 제85조 제1항은 "사업시행자, 토지소유자 또는 관계인은 제34조에 따른 재결에 불복할 때에는 재결서를 받은 날부터 90일 이내에, 이의신청을 거쳤을 때에는 이의신청에 대한 재결서를 받은 날부터 60일 이내에 각각 행정소송을 제기할 수 있다."고 규정하고 있다.

① 여기에서 '제34조에 따른 재결(토지수용위원회의 재결)에 대하여 항고소송을 제기하는 경우'에는 이 수용재결이 원처분이므로 원처분에 대한 행정소송임이 분명하다.

---

* 5급공채(일반행정)(2011년).

23) 김용섭, 행정심판의 재결에 대한 취소소송, 법조 제48권 1호, 191면.

② 그러나 '중앙토지수용위원회의 이의신청에 대한 재결에 대해서 항고소송을 제기하는 경우'에는 원처분(수용재결)과 이의재결 가운데 어느 것이 항고소송의 대상이 되는지 논란의 여지가 있다.

③ 판례는 위 토지보상법 규정이 중앙토지수용위원회에 대한 이의신청을 임의적 절차로 규정하고 있는 점에서 원처분주의에 따라, 이의재결에 고유한 위법이 존재하지 않는 한, 원처분인 수용재결이 항고소송의 대상이 되어야 한다고 보고 있다. 판례의 입장이 타당하다.

[판례] 수용재결에 불복하여 이의신청을 거친 후 취소소송을 제기하는 경우 피고적격(=수용재결을 한 토지수용위원회) 및 소송대상(=수용재결)

"공익사업을 위한 토지 등의 취득 및 보상에 관한 법률 제85조 제1항 전문의 문언 내용과 같은 법 제83조, 제85조가 중앙토지수용위원회에 대한 이의신청을 임의적 절차로 규정하고 있는 점, 행정소송법 제19조 단서가 행정심판에 대한 재결은 재결 자체에 고유한 위법이 있음을 이유로 하는 경우에 한하여 취소소송의 대상으로 삼을 수 있도록 규정하고 있는 점 등을 종합하여 보면, 수용재결에 불복하여 취소소송을 제기하는 때에는 이의신청을 거친 경우에도 수용재결을 한 중앙토지수용위원회 또는 지방토지수용위원회를 피고로 하여 수용재결의 취소를 구하여야 하고, 다만 이의신청에 대한 재결 자체에 고유한 위법이 있음을 이유로 하는 경우에는 그 이의재결을 한 중앙토지수용위원회를 피고로 하여 이의재결의 취소를 구할 수 있다고 보아야 한다(대판 2010.1.28, 2008두1504)."

6. 처분 등의 위법주장

취소소송의 제기요건으로서 처분 등이 존재하는 것만으로는 부족하고, 처분이 위법하다는 당사자의 주장이 있어야 한다. 이는 취소소송의 소송물이 '처분의 위법성과 처분이 위법하다는 당사자의 주장'인 것과 관련이 있다.

여기에서 소송요건으로서의 처분 등의 위법주장은 처분 등으로 인하여 원고의 법률상 이익이 침해되었다는 주장으로 족하다. 처분이 실제로 위법한지의 여부는 요건판단의 문제가 아니라 본안판단의 문제이다.

Ⅵ. 제소기간*

1. 의의

제소기간은 소송제기가 허용되는 기간을 말한다. 행정소송법에서 취소소송은 처분 등이 있음을 안 날부터 90일 이내 또는 처분 등이 있은 날부터 1년 이내에 제기하도록 하고 있는데(행소법

* 사법시험(2009년), 입법고시(2003년), 행정고시(2006년), 변호사시험(2019년), 변호사시험(2021년).

20), 이와 같이 제소기간을 제한하는 것은 공익실현을 내용으로 하는 행정법관계를 조속하게 확정함으로써 법률관계의 안정성을 도모하여야 할 필요가 있기 때문이다.

제소기간의 경과 여부는 법원의 직권조사사항이다.

개별법에 따라서는 제소기간을 30일(예: 공익신고자보호법 21 ①)로 규정하거나, 60일(예: 보안관찰법 23)로 규정하는 등의 특례규정을 두고 있는 경우도 있다.

2. 처분이 있음을 안 날부터 90일

(1) 행정심판을 거치지 않은 경우

취소소송은 처분 등이 있음을 안 날부터 90일 이내에 제기하여야 한다(행소법 20 ① 본문).

'처분이 있음을 안 날'이라 함은 당사자가 통지, 공고 기타의 방법에 의하여 당해 처분이 있었다는 사실을 현실적으로 안 날을 의미하고 구체적으로 그 행정처분의 위법 여부를 판단한 날을 가리키는 것은 아니다(대판 1991.6.28, 90누6521).

[판례1] 특정인에 대한 행정처분을 주소불명 등의 이유로 송달할 수 없어 관보 등에 공고한 경우, 상대방이 그 처분이 있음을 안 날(=현실적으로 안 날)

"특정인에 대한 행정처분을 주소불명 등의 이유로 송달할 수 없어 관보·공보·게시판·일간신문 등에 공고한 경우에는, 공고가 효력을 발생하는 날에 상대방이 그 행정처분이 있음을 알았다고 볼 수는 없고, 상대방이 당해 처분이 있었다는 사실을 현실적으로 안 날에 그 처분이 있음을 알았다고 보아야 한다(대판 2006.4.28, 2005두14851)."

[판례2] 행정소송법 제20조 제1항이 정한 제소기간 기산점인 '처분 등이 있음을 안 날'의 의미 / 사회통념상 처분이 있음을 처분상대방이 알 수 있는 상태에 놓인 때에 처분상대방이 처분이 있음을 알았다고 추정할 수 있는지 여부(원칙적 적극) 및 우편물이 등기취급의 방법으로 발송된 경우 그 무렵 수취인에게 배달되었다고 추정할 수 있는지 여부(원칙적 적극)

"행정소송법 제20조 제1항이 정한 제소기간의 기산점인 '처분 등이 있음을 안 날'이란 통지, 공고 기타의 방법에 의하여 당해 처분 등이 있었다는 사실을 현실적으로 안 날을 의미하므로, 행정처분이 상대방에게 고지되어 상대방이 이러한 사실을 인식함으로써 행정처분이 있다는 사실을 현실적으로 알았을 때 행정소송법 제20조 제1항이 정한 제소기간이 진행한다고 보아야 하고, 처분서가 처분상대방의 주소지에 송달되는 등 사회통념상 처분이 있음을 처분상대방이 알 수 있는 상태에 놓인 때에는 반증이 없는 한 처분상대방이 처분이 있음을 알았다고 추정할 수 있다. 또한 우편물이 등기취급의 방법으로 발송된 경우 그것이 도중에 유실되었거나 반송되었다는 등의 특별한 사정에 대한 반증이 없는 한 그 무렵 수취인에게 배달되었다고 추정할 수 있다(대판 2017.3.9, 2016두60577)."

[판례3] 위헌결정으로 인하여 비로소 취소소송을 제기할 수 있게 된 경우 제소기간의 기산점

"처분 당시에는 취소소송의 제기가 법제상 허용되지 않아 소송을 제기할 수 없다가 위헌결정으로 인하여 비로소 취소소송을 제기할 수 있게 된 경우, 객관적으로는 '위헌결정이 있은 날', 주관적으로는 '위헌결정이 있음을 안 날' 비로소 취소소송을 제기할 수 있게 되어 이때를 제소기간의 기산점으로 삼아야 한다(대판 2008.2.1, 2007두20997)."

[판례4] 고시 또는 공고에 의하여 행정처분을 하는 경우, 그에 대한 취소소송의 제소기간의 기산일 (=고시 또는 공고의 효력발생일)

"통상 고시 또는 공고에 의하여 행정처분을 하는 경우에는 그 처분의 상대방이 불특정 다수인이고, 그 처분의 효력이 불특정 다수인에게 일률적으로 적용되는 것이므로, 그 행정처분에 이해관계를 갖는 자는 고시 또는 공고가 있었다는 사실을 현실적으로 알았는지 여부에 관계없이 고시가 효력을 발생하는 날에 행정처분이 있음을 알았다고 보아야 하고, 따라서 그에 대한 취소소송은 그 날로부터 90일 이내에 제기하여야 한다(대판 2007.6.14, 2004두619)."

(2) 행정심판을 거친 경우

다른 법률에서 당해 처분에 대한 행정심판의 재결을 거치지 아니하면 취소소송을 제기할 수 없다고 규정한 경우(행소법 18 단서)와 그 밖에 행정심판청구를 할 수 있는 경우 또는 행정청이 행정심판청구를 할 수 있다고 잘못 알린 경우에 행정심판청구가 있은 때의 제소기간 또한 90일이며, 그 기간은 재결서의 정본을 송달받은 날부터 기산한다(행소법 20 ① 단서).

여기서 말하는 '행정심판'은 행정심판법에 따른 일반행정심판과 이에 대한 특례로서 다른 법률에서 사안의 전문성과 특수성을 살리기 위하여 특히 필요하여 일반행정심판을 갈음하는 특별한 행정불복절차를 정한 경우의 특별행정심판(행정심판법 제4조)을 뜻한다(대판 2014.4.24, 2013두10809).

처분이 있음을 안 날부터 90일을 넘겨 청구한, 부적법한 행정심판청구에 대한 재결이 있은 후, 재결서를 송달받은 날부터 90일 이내에 원래의 처분에 대하여 취소소송을 제기하였다고 하더라도 취소소송의 제소기간을 준수한 것으로 되는 것은 아니다(대판 2011.11.24, 2011두18786).

또한 이미 제소기간이 지나 불가쟁력이 발생한 이후에는 행정청이 행정심판청구를 할 수 있다고 잘못 알렸다고 하더라도, 그 때문에 처분 상대방이 적법한 제소기간 내에 취소소송을 제기할 수 있는 기회를 상실하게 된 것은 아니므로, 이 경우에 잘못된 안내에 따라 청구된 행정심판 재결서 정본을 송달받은 날부터 다시 취소소송의 제소기간이 기산되는 것은 아니다(대판 2012.9.27, 2011두27247).

(3) 불변기간

이상의 90일의 제소기간은 불변기간으로 한다(행소법 20 ③). 불변기간이라 함은 법정기간으로 법원 등이 이를 변경할 수 없는 기간을 말한다. 이에 관하여는 행정소송법 제8조 제2항에 따라 민사소송법 제170조(기간의 계산), 제172조(기간의 신축, 부가기간), 제173조(소송행위의 추후보완) 등의 규정이 준용된다.

[판례] 행정소송법 제20조 제1항, 제3항에서 정한 소제기기간의 법적 성질(=불변기간) 및 같은 법 제8조에 의하여 소제기행위의 추완에 준용되는 구 민사소송법 제160조 제1항에서 정한 '당사자가 책임질 수 없는 사유'의 의미

"행정소송법 제20조 제1항, 제3항에서 말하는 "취소소송은 처분 등이 있음을 안 날부터 90일 이내에 제기하여야 한다."는 제소기간은 불변기간이고, 다만 당사자가 책임질 수 없는 사유로 인하여 이를 준수할 수 없었던 경우에는 같은 법 제8조에 의하여 준용되는 (구) 민사소송법 제160조 제1항(현 제173조 제1항)에 의하여 그 사유가 없어진 후 2주일 내에 해태된 소송행위(제소행위)를 추완할 수 있다고 할 것이며, 여기서 당사자가 책임질 수 없는 사유란 당사자가 그 소송행위를 하기 위하여 일반적으로 하여야 할 주의를 다하였음에도 불구하고 그 기간을 준수할 수 없었던 사유를 말한다.

위헌결정을 선고받은 법률조항의 합헌성을 신뢰했다는 사정은 행정소송법 제8조에 의하여 소제기행위의 추완에 준용되는 민사소송법 제160조 제1항(현 제173조 제1항)에서 정한 '당사자가 책임질 수 없는 사유'에 해당하지 아니한다(대판 2005.1.13, 2004두9951)."

3. 처분이 있은 날부터 1년

(1) 행정심판을 거치지 않은 경우

취소소송은 처분 등이 있은 날부터 1년을 경과하면 이를 제기하지 못한다(행소법 20 ②). '처분이 있은 날'이라 함은 상대방이 있는 행정처분의 경우는 특별한 규정이 없는 한 의사표시의 일반적 법리에 따라 그 행정처분이 상대방에게 고지되어 효력이 발생한 날을 의미한다(대판 1990.7.13, 90누2284).

'처분이 있음을 안 날'과 '처분이 있은 날' 중 어느 하나의 기간이 만료되면 제소기간이 종료된다.

(2) 행정심판을 거친 경우

다른 법률에서 당해 처분에 대한 행정심판의 재결을 거치지 아니하면 취소소송을 제기할 수

없다고 규정한 경우와 그 밖에 행정심판청구를 할 수 있는 경우 또는 행정청이 행정심판청구를 할 수 있다고 잘못 알린 경우에 행정심판청구가 있은 때(행소법 20 단서)의 제소기간은 재결이 있은 날부터 1년이다(행소법 20 ②).

(3) 정당한 사유가 있는 경우

정당한 사유가 있는 경우에는 1년이 경과하여도 제소할 수 있다(행소법 20 ② 단서). 여기에서 '정당한 사유'란 불확정 개념으로서 그 존부는 사안에 따라 개별적, 구체적으로 판단하여야 하나, 민사소송법 제173조의 '당사자가 그 책임을 질 수 없는 사유'나 행정심판법 제27조 제2항의 '천재지변, 전쟁, 사변 그 밖에 불가항력적인 사유'보다는 넓은 개념이라고 풀이되므로, 제소기간경과의 원인 등 여러 사정을 종합하여 지연된 제소를 허용하는 것이 사회통념상 상당하다고 할 수 있는가에 의하여 판단하여야 한다(대판 1991.6.28, 90누6521).

처분의 직접상대방이 아닌 제3자는 처분이 있음을 곧바로 알 수 없기 때문에 처분이 있은 날부터 1년 이내에 처분이 있음을 알았다는 특별한 사정이 없는 한 '정당한 사유'가 있는 때에 해당한다고 보아야 할 것이다. 판례는 행정심판법 제27조 제3항의 '정당한 사유'와 관련하여 "행정심판법 제27조 제3항 소정의 심판청구의 제척기간 내에 처분이 있음을 알았다는 특별한 사정이 없는 한 그 제척기간의 적용을 배제할 같은 조항 단서 소정의 정당한 사유가 있는 때에 해당한다(대판 1989.5.9, 88누5150)."고 판시한 바 있다.

4. 무효인 처분의 경우

제소기간에 관한 규정은 무효등확인소송에는 준용되지 않는다(행소법 38). 따라서 무효등확인소송의 경우에는 제소기간에 제한이 없다. 처분의 하자가 중대하고 명백한 경우에는 처음부터 효력이 없으므로 언제든지 무효를 주장할 수 있기 때문이다.

그러나 행정처분의 당연무효를 선언하는 의미에서 그 취소를 구하는 행정소송을 제기한 경우에도 제소기간의 준수 등 취소소송의 제소요건을 갖추어야 한다(대판 1993.3.12, 92누11039).

5. 소의 변경·추가적 병합의 경우 제소기간준수의 기준시점

① 소의 종류를 변경하는 경우에는 새로운 소에 대한 제소기간의 준수는 처음에 소를 제기한 때를 기준으로 하여야 한다(행소법 21 ④, 14 ④).

[판례] 원고가 행정소송법상 항고소송으로 제기해야 할 사건을 민사소송으로 잘못 제기하여 항고소송으로 소 변경을 한 경우, 제소기간 준수 여부를 판단하는 기준 시기(=처음 소를 제기한 때)

"행정소송법 제8조 제2항은 "행정소송에 관하여 이 법에 특별한 규정이 없는 사항에 대하여는 법원조직법과 민사소송법 및 민사집행법의 규정을 준용한다."라고 규정하고 있고, 민사소송법 제40조 제1항은 "이송결정이 확정된 때에는 소송은 처음부터 이송받은 법원에 계속된 것으로 본다."라고 규정하고 있다. 한편 행정소송법 제21조 제1항, 제4항, 제37조, 제42조, 제14조 제4항은 행정소송 사이의 소 변경이 있는 경우 처음 소를 제기한 때에 변경된 청구에 관한 소송이 제기된 것으로 보도록 규정하고 있다. 이러한 규정 내용 및 취지 등에 비추어 보면, 원고가 행정소송법상 항고소송으로 제기해야 할 사건을 민사소송으로 잘못 제기한 경우에 수소법원이 그 항고소송에 대한 관할을 가지고 있지 아니하여 관할법원에 이송하는 결정을 하였고, 그 이송결정이 확정된 후 원고가 항고소송으로 소 변경을 하였다면, 그 항고소송에 대한 제소기간의 준수 여부는 원칙적으로 처음에 소를 제기한 때를 기준으로 판단하여야 한다(대판 2022.11.17, 2021두44425[소유권이전등기])."

② 청구취지를 변경하여 종전의 소가 취하되고 새로운 소가 제기된 것으로 보게 되는 경우에 새로운 소에 대한 제소기간의 준수 등은 원칙적으로 소의 변경이 있은 때를 기준으로 하여야 한다(대판 2004.11.25, 2004두7023). 그러나 경우에 따라서는 최초의 소가 제기된 때를 기준으로 정하여야 하거나(대판 2013.7.11, 2011두27544), 제소기간 준수 여부를 따로 따질 필요가 없는 경우(대판 2012.11.29, 2010두7796)도 있다.

③ 청구의 추가적 병합의 경우 제소기간의 준수 여부는 추가·변경신청이 있은 때를 기준으로 한다(대판 2004.12.10, 2003두12257).

④ 동일한 행정처분에 대하여 무효확인소송을 제기하였다가 그 후 취소소송을 추가적으로 병합한 경우, 주된 청구인 무효확인소송이 취소소송의 제소기간 내에 제기되었다면 추가로 병합된 취소소송도 적법하게 제기된 것으로 본다(대판 2005.12.23, 2005두3554).

Ⅶ. 행정심판의 전치(前置)*

1. 개설

(1) 행정심판전치의 의의

행정심판의 전치란 행정소송을 제기함에 앞서 먼저 행정청에 의한 행정심판절차를 거치도록 하는 제도이다. 행정심판의 전치를 필수적으로 요구하는 것을 행정심판전치주의라 한다.

(2) 제도의 취지와 문제점

행정심판의 전치는 ① 행정청으로 하여금 스스로 시정할 수 있는 기회를 부여하고(행정 스스

* 변호사시험(2023년).

로의 통제), ② 행정사건에 대한 행정의 전문성을 활용하며, ③ 행정심판을 통하여 신속하게 권리구제가 될 수 있고, ④ 이를 통하여 법원의 소송부담을 경감하는 데 그 취지가 있다.

그러나 행정심판의 전치는 ① 행정청의 처분에 대하여 행정청이 심판하는 것이라는 점에서 소송에서와 같은 공정성을 담보하기 어렵고, ② 행정심판에서 권리구제가 제대로 이루어지지 않을 경우 오히려 권리구제가 지연될 수 있으며, ③ 심판청구기간이 짧은 경우 자칫 기간경과로 인하여 행정소송제기가 불가능해진다는 등의 문제가 있다.

(3) 현행법 규정(임의적 행정심판전치의 원칙)

행정심판전치의 헌법적 근거는 재판의 전심절차로서 행정심판을 할 수 있도록 규정하고 있는 헌법 제107조 제3항이다. 이를 근거로 행정심판전치에 관하여는 행정소송법 제18조에서 규정하고 있다.

(구) 행정소송법은 행정심판전치주의를 원칙으로 하였으나, 현행법은 "취소소송은 법령의 규정에 의하여 당해 처분에 대한 행정심판을 제기할 수 있는 경우에도 이를 거치지 아니하고 제기할 수 있다. 다만 다른 법률에 당해 처분에 대한 행정심판의 재결을 거치지 아니하면 취소소송을 제기할 수 없다는 규정이 있는 때에는 그러하지 아니하다(행소법 18 ①)."고 규정하여 행정심판을 원칙적으로 취소소송의 임의적 전심절차로 규정하면서, 행정심판전치주의가 요구되는 경우를 예외로 하고 있다.

(4) 행정심판의 범위

행정심판의 전치와 관련하여, 여기에서의 행정심판에는 행정심판법에 따른 행정심판 이외에도 개별법에 의한 행정심판(예: 국세기본법상 이의신청·심사청구·심판청구, 국가공무원법상 소청, 도로교통법상 이의신청 등)도 포함한다.

(구) 감사원법에 의한 심사청구에 대하여 판례는 이를 실질적 의미의 행정심판으로 보지 않았으나(대판 1990.10.26, 90누5528), 현행 감사원법은 심사청구를 거친 처분에 대하여 행정소송을 제기할 수 있는 길을 열어두고 있으므로(감사원법 46조의2), 행정심판에 포함된다.

2. 예외적 행정심판전치주의

(1) 예외적 행정심판전치주의의 내용

다른 법률에 당해 처분에 대한 행정심판의 재결을 거치지 아니하면 취소소송을 제기할 수 없다는 규정이 있는 때에는 행정심판을 거치지 않으면 취소소송을 제기할 수 없다(행소법 18 ① 단서).

현행법상 예외적으로 행정심판전치주의를 규정하고 있는 예로는 국가공무원법 제16조, 지방공무원법 제20조의2, 국세기본법 제56조, 관세법 제120조, 도로교통법 제142조 등이 있다.

(2) 행정심판전치주의의 예외

행정심판전치주의를 적용함으로써 발생할 수 있는 권익침해를 예방하기 위하여 행정소송법은 행정심판전치주의에 대한 일정한 예외를 규정하고 있다. 행정소송법은 그 예외에 해당하는 경우를 ① 행정심판은 청구하되 재결을 거칠 필요가 없는 경우와 ② 행정심판조차 청구하지 않아도 되는 경우로 구분하여 규정하고 있다(행소법 18 ②, ③). 이 경우 원고가 그 사유를 소명하여야 한다(행소법 18 ④).

1) 행정심판의 재결을 거칠 필요가 없는 경우(행소법 18 ②)

① 행정심판청구가 있은 날로부터 60일이 지나도 재결이 없는 때(재결의 부당한 지연으로 인하여 발생하는 당사자의 불이익 방지 취지), ② 처분의 집행 또는 절차의 속행으로 생길 중대한 손해를 예방하여야 할 긴급한 필요가 있는 때, ③ 법령의 규정에 의한 행정심판기관이 의결·재결을 하지 못할 사유가 있을 때(예: 위원회의 미구성), ④ 그 밖의 정당한 사유가 있는 때에는 행정심판의 재결을 거치지 아니하고 취소소송을 제기할 수 있다.

2) 행정심판을 거칠 필요가 없는 경우(행소법 18 ③)

① 동종사건에 관하여 이미 행정심판의 기각재결이 있은 때(절차중복 방지 취지)[판례1], ② 서로 내용상 관련되는 처분 또는 같은 목적을 위하여 단계적으로 진행되는 처분 중 어느 하나가 이미 행정심판의 재결을 거친 때(분쟁사유의 공통성 때문임)[판례2], ③ 행정청이 사실심의 변론종결 후 소송의 대상인 처분을 변경하여 당해 변경된 처분에 관하여 소를 제기하는 때(절차중복·소송지연 방지 취지), ④ 행정청이 행정심판을 거칠 필요가 없다고 잘못 알린 때(신뢰보호)[판례3]에는 행정심판을 제기함이 없이 취소소송을 제기할 수 있다.

[판례1] 행정소송법 제18조 제3항 제1호 소정의 '동종사건'의 의미

"(구) 행정소송법(1994.7.27. 법률 제4770호로 개정되기 전의 것) 제18조 제3항 제1호에서 행정심판의 제기 없이도 행정소송을 제기할 수 있는 경우로 규정하고 있는 '동종사건에 관하여 이미 행정심판의 기각재결이 있은 때'에 있어서의 '동종사건'이라 함은 당해 사건은 물론 당해 사건과 기본적인 점에서 동질성이 인정되는 사건을 가리키는 것이다(대판 2000.6.9, 98두2621)."

[판례2] 부당이득금 부과처분과 가산금 징수처분 중 전자에 대하여만 전심절차를 거친 경우, 후자에 대하여도 부당이득금 부과처분과 함께 행정소송으로 다툴 수 있는지 여부

이 사건 가산금 징수처분은 이 사건 부당이득금 부과처분과 별개의 행정처분이라고 볼 수 있다 할지라도, 이 사건 부당이득금 부과처분의 내용이 구체적으로 확정된 후에 비로소 발생되는 징수권

의 행사이므로(대법원 1986.7.22. 선고 85누297 판결 참조), 서로 내용상 관련되는 처분 또는 같은 목적을 위하여 단계적으로 진행되는 처분 중 어느 하나가 이미 행정심판의 재결을 거친 때에는 행정심판을 제기함이 없이 취소소송을 제기할 수 있다는 행정소송법 제18조 제3항 제2호의 규정 취지에 비추어 보면, 비록 원고가 이 사건 가산금 징수처분에 대하여 이 사건 부당이득금 부과처분과 달리 피고가 안내한 전심절차를 모두 밟지 않았다 하더라도 이 사건 부당이득금 부과처분에 대하여 위와 같은 전심절차를 거친 이상 이 사건 부당이득금 부과처분과 함께 행정소송으로 이를 다툴 수 있다 할 것이다(대판 2006.9.8, 2004두947)."

[판례3] 재결청이 행정심판을 거칠 필요가 없다고 잘못 알린 경우, 행정심판 제기 없이 그 취소소송을 제기할 수 있는지 여부

"… 처분청이 아닌 재결청이 이와 같은 잘못된 고지를 한 경우에도 행정소송법 제18조 제3항 제4호의 규정을 유추·적용하여 행정심판을 제기함이 없이 그 취소소송을 제기할 수 있다고 할 것이고, … (대판 1996.8.23, 96누4671)."

(3) 처분변경으로 인한 소의 변경의 경우

법원은 행정청이 소송의 대상인 처분을 소가 제기된 후 변경한 때에는 원고의 신청에 의하여 결정으로써 청구의 취지 또는 원인의 변경을 허가할 수 있다(행소법 22 ①). 제1항의 규정에 의하여 변경되는 청구는 제18조 제1항 단서의 규정에 의한 요건을 갖춘 것으로 본다(행소법 22 ③). 따라서 행정청에 의하여 변경된 처분은 행정심판전치의 요건을 구비한 것으로 간주된다.

(4) 적용범위

① 행정심판전치주의는 부작위위법확인소송에는 적용되지만, 무효등확인소송에는 적용이 없다(행소법 38 ①, ②).

② 무효선언을 구하는 의미의 취소소송의 경우 (a) 실질적으로는 무효확인을 구하는 소송이라는 점에서 행정심판전치주의가 적용되지 않는다는 견해(부정설)와 (b) 무효선언을 구하는 의미에서 그 취소를 구하는 소송이라도 행정심판전치주의가 적용되어야 한다는 견해(긍정설)가 대립되고 있다. 긍정설이 다수설 및 판례(대판 1990.8.28, 90누1892)의 입장이다.

③ 행정심판은 항고쟁송이므로 행정심판전치주의에 관한 규정은 당사자소송에는 준용되지 않는다(행소법 44). 다만 주위적 청구가 전심절차를 요하지 아니하는 당사자소송이더라도 병합 제기된 예비적 청구가 항고소송이라면 이에 대한 전심절차 등 제소의 적법요건을 갖추어야 한다(대판 1994.4.29, 93누12626).

④ 처분의 상대방이 아닌 제3자가 취소소송을 제기하는 경우 행정심판 청구기간을 준수하기

어렵다는 점에서 행정심판전치주의가 요구되는가 하는 것이 문제이다. 제3자의 행정심판 청구의 경우 행정심판법 제27조 제3항 단서(정당한 사유)에 의하여 청구기간의 특례가 인정될 수 있고, 행정소송법 제18조 제3항에는 제3자의 소제기가 포함되어 있지 않으므로 행정심판전치주의의 적용이 배제된다고 볼 수 없을 것이다. 판례도 "행정처분의 상대방이 아닌 제3자는 행정심판법 제18조 제3항 본문소정의 제척기간에 심판청구가 가능하였다는 특별한 사정이 없는 한 그 제척기간 내에 구애됨이 없이 행정심판을 제기할 수 있으나, 어떠한 경우에도 행정심판을 제기함이 없이 곧바로 행정소송을 제기할 수는 없다고 보아야 할 것이다(대판 1989.5.9, 88누5150)."고 하여 행정심판전치주의의 적용이 배제되지 않는다는 입장이다.

⑤ 2단계 이상의 행정심판절차가 규정되어 있는 경우(예: (구) 국세기본법상 심사청구와 심판청구), 모든 단계의 행정심판을 거치라는 명문의 규정이 없는 한 하나의 행정심판절차를 거치는 것으로 족하다는 것이 일반적인 견해이다.

⑥ 행정심판의 청구기간을 경과한 부적법한 심판에 대하여 행정심판위원회가 부적법을 간과한 채 재결을 하였다 하더라도 행정심판전치주의의 요건을 충족하지 못한 것이 된다(대판 1991.6.25, 90누8091).

⑦ 행정심판전치주의의 요건을 충족하려면, 행정심판의 대상인 처분과 취소소송의 대상인 처분이 동일하여야 하는데, 이 경우 동일한 처분인 한 원고의 인적 동일성이 유지되면 되고(인적 관련성), 청구취지나 청구이유가 기본적으로 일치하는 것으로 족하다(사항적 관련성). 그러나 공격방어방법의 경우 심판에서의 주장과 소송에서의 주장이 전혀 별개의 것이 아닌 한 반드시 일치하여야 하는 것은 아니다. 따라서 당사자는 전심절차에서 미처 주장하지 아니한 사유를 공격방어방법으로 제출할 수 있다(대판 1999.11.26, 99두9407)."

(5) 행정심판전치주의의 요건충족에 대한 판단

행정심판전치주의가 적용되는 경우 행정심판의 전치 요건을 구비하였는지 여부는 소송요건으로서 법원의 직권조사사항에 속한다(대판 1983.11.22, 82누343).

요건충족의 판단시점은 원칙적으로 취소소송의 제기시이다. 그러나 판례는 취소소송의 사실심 변론종결시까지 행정심판을 제기하여 기각결정을 받았다면 전심절차요건의 흠결은 치유된 것으로 본다(대판 1987.4.28, 86누29).

Ⅷ. 소장

행정소송은 법원에 서면형식의 소장을 제출함으로써 제기한다. 소장에 관하여는 행정소송법에 규정이 없으므로 민사소송법이 정하는 바에 따라, 당사자와 법정대리인, 청구의 취지와 원인을 적어야 한다(민소법 249 ①).

제2. 소의 변경*

Ⅰ. 의의

소의 변경이란 소송 중에 원고가 소송의 대상인 청구를 변경하는 것을 말하며, 청구의 변경이라고도 한다. 소의 변경은 청구 그 자체의 변경을 의미하고, 단순한 공격방어방법의 변경은 소의 변경이 아니다.

소의 변경은 원고가 행정소송의 종류를 잘 알지 못하여 잘못된 소송수단을 선택한 것에 대하여 수정하거나 행정청의 처분변경에 대응할 수 있는 기회를 부여하기 위한 것이다.

소의 변경에는 종전의 청구를 취하하고 새로운 청구를 하는 교환적 변경과 종전의 청구를 유지하면서 새로운 청구를 제기하는 추가적 변경이 있다. 소의 변경 후에도 변경 전의 소송절차는 그대로 유지된다.

행정소송법은 소의 변경과 관련하여 ① 소의 종류의 변경과 ② 처분변경으로 인한 소의 변경을 규정하고 있다. 그런데 민사소송법이 청구의 변경만을 허용하고 있는 점(민소법 262, 263)을 고려하면, 이러한 행정소송법의 규정은 민사소송법의 특례가 된다. 이에 따라 ③ 민사소송법에 따른 청구의 변경도 가능하다(행소법 8 ②).

Ⅱ. 소의 종류의 변경

1. 의의

법원은 취소소송을 당해 처분 등에 관계되는 사무가 귀속하는 국가 또는 공공단체에 대한 당사자소송 또는 취소소송외의 항고소송으로 변경하는 것이 상당하다고 인정할 때에는 청구의 기초에 변경이 없는 한 사실심의 변론종결시까지 원고의 신청에 의하여 결정으로써 소의 변경을 허가할 수 있다(행소법 21 ①).

이와 같은 소의 종류의 변경은 피고의 변경을 수반할 수 있다는 점에서 민사소송법에 의한 소의 변경에 대한 특례에 해당한다. 소의 종류의 변경은 교환적 변경의 경우에 한하며 추가적 변경은 허용되지 않는다고 할 것이다.

---

* 법원행정고시(2007년).

2. 요건

① 취소소송이 계속되고 있어야 한다.

② 취소소송을 취소소송외의 항고소송(무효등확인소송 또는 부작위위법확인소송) 또는 당해 처분 등에 관계되는 사무가 귀속하는 국가 또는 공공단체에 대한 당사자소송으로 변경하는 것이어야 한다. '사무가 귀속하는 국가 또는 공공단체'란 처분 등의 효과가 귀속되는 국가 또는 공공단체를 의미한다. 따라서 지방자치단체의 장이 수행하는 국가의 기관위임사무의 경우에는 그 사무가 귀속되는 국가를 피고로 하는 당사자소송으로 변경하여야 한다.

③ 청구의 기초에 변경이 없어야 한다. '청구의 기초'라는 개념은 신·구 청구간의 관련성을 의미한다. '청구의 기초에 변경이 없어야 한다'는 의미는 취소소송에 의하여 구제받으려고 하는 원고의 법률상 이익의 동일성이 유지되고 있는 것을 의미한다는 것이 일반적인 견해이다.

④ 소의 종류의 변경에 상당한 이유가 있어야 한다. 상당한 이유의 존재 여부는 개별적인 경우에 당사자 권리구제의 실효성, 소송경제, 소송자료의 이용가능성, 다른 권리구제수단의 존재 여부 등을 종합적으로 고려하여 판단하여야 할 것이다.

⑤ 사실심의 변론종결시까지 원고의 신청이 있어야 한다.

3. 절차와 효과

소의 변경은 법원이 결정으로써 허가하며, 이로써 피고를 달리하게 되는 경우에는 새로이 피고가 될 자의 의견을 들어야 한다(행소법 21 ②). 의견청취방법에 대해서는 별도의 규정이 없으므로 구두나 서면 어느 것도 무방하다.

법원의 허가결정에 대하여는 즉시항고할 수 있다(행소법 21 ③). 불허가결정에 대하여는 별도의 규정이 없는데, 이 경우 원고는 새로운 피고를 상대로 별도의 소송을 제기하면 될 것이다.

법원은 허가결정의 정본을 새로운 피고에게 송달하여야 한다. 법원의 허가결정이 있으면 새로운 소송은 이전의 소송이 처음 제기된 때 제기된 것으로 보며, 이전의 소는 취하된 것으로 본다(행소법 21 ④).

Ⅲ. 처분변경으로 인한 소의 변경

1. 의의

행정청이 소송의 대상인 처분을 소가 제기된 후 변경한 때에는 법원은 원고의 신청에 의하여 결정으로써 청구의 취지 또는 원인의 변경을 허가할 수 있다(행소법 22 ①).

행정청의 처분변경으로 인한 원고의 소의 변경을 허용하는 취지는 피고 행정청에 의한 처분변경으로 소를 각하하거나 다시 제소하여야 하는 등의 절차의 불합리한 반복을 피하고 원고를 간편하고 신속하게 구제하려는 데 있다.

처분변경에는 처분내용의 동일성이 없는 다른 처분으로 변경하는 실질적 변경(예: 영업허가취소처분을 영업정지처분으로 변경)과 구 처분과 동일성이 있는 다른 처분으로 변경하는 형식적 변경(예: 변상금부과처분을 절차상 하자로 취소한 후 동일한 내용의 변상금부과처분으로 변경)을 모두 포함한다.

2. 요건

① 소송의 대상인 처분이 소가 제기된 후 행정청에 의하여 변경되어야 한다. 이 경우 변경은 소극적·적극적 변경을 불문하고, 또는 처분청에 의한 변경 뿐 아니라 감독청에 의한 변경도 포함한다.

② 원고는 처분의 변경이 있음을 안 날로부터 60일 이내에 신청하여야 한다(행소법 22 ②).

③ 처분변경으로 인한 소의 변경이 있는 경우에는 행정심판전치주의의 요건을 충족한 것으로 본다(행소법 22 ③).

3. 제소기간의 기준시점

소의 종류의 변경에서와 달리, 행정소송법 제21조에는 피고경정(행소법 14 ②, ④, ⑤)규정을 준용하는 규정을 두고 있지 않다.

판례는 취소소송에서 청구취지의 변경으로 소가 변경된 경우 변경된 새로운 소에 대한 제소기간의 준수는 '원칙적으로' 소의 변경이 있은 때를 기준으로 하여야 한다는 입장이다. 다만 일정한 경우 예외를 인정하고 있다[판례1,2 참조].

[판례1] 행정소송법상 취소소송에서 청구취지를 변경하여 구 소가 취소되고 새로운 소가 제기된 것으로 변경된 경우, 새로운 소에 대한 제소기간 준수 여부를 판단하는 기준시점(=소의 변경이 있은 때)

"행정소송법상 취소소송은 처분 등이 있음을 안 날부터 90일 이내에 제기하여야 하고, 처분 등이 있은 날부터 1년을 경과하면 제기하지 못한다(행소법 20 ①, ②). 그리고 청구취지를 변경하여 구 소가 취하되고 새로운 소가 제기된 것으로 변경되었을 때에 새로운 소에 대한 제소기간의 준수 등은 원칙적으로 소의 변경이 있은 때를 기준으로 하여야 한다(대판 2004.11.25, 2004두7023 등 참조).

그러나 선행 처분에 대하여 제소기간 내에 취소소송이 적법하게 제기되어 계속 중에 행정청이 선행처분서 문언에 일부 오기가 있어 이를 정정할 수 있음에도 선행 처분을 직권으로 취소하고 실질적으로 동일한 내용의 후행 처분을 함으로써, 선행 처분과 후행 처분 사이에 밀접한 관련성이 있고 선행

처분에 존재한다고 주장되는 위법사유가 후행 처분에도 마찬가지로 존재할 수 있는 관계인 경우에는 후행 처분의 취소를 구하는 소변경의 제소기간 준수 여부는 따로 따질 필요가 없다(대판 2012.11. 29, 2010두7796 등 참조)(대판 2019.7.4, 2018두58431[국가연구개발사업참여제한처분등취소]).”

[판례2] 선행처분의 취소를 구하는 소가 후속처분의 취소를 구하는 소로 교환적으로 변경되었다가 다시 선행처분의 취소를 구하는 소로 변경되고, 후속처분의 취소를 구하는 소에 선행처분의 취소를 구하는 취지가 그대로 남아 있었던 경우, 선행처분의 취소를 구하는 소의 제소기간 준수 여부의 결정 기준시기

“한편 청구취지를 교환적으로 변경하여 종전의 소가 취하되고 새로운 소가 제기된 것으로 보게 되는 경우에 새로운 소에 대한 제소기간의 준수 등은 원칙적으로 소의 변경이 있은 때를 기준으로 하여 판단된다. 그러나 선행처분의 취소를 구하는 소가 그 후속처분의 취소를 구하는 소로 교환적으로 변경되었다가 다시 선행처분의 취소를 구하는 소로 변경된 경우 후속처분의 취소를 구하는 소에 선행처분의 취소를 구하는 취지가 그대로 남아 있었던 것으로 볼 수 있다면 선행처분의 취소를 구하는 소의 제소기간은 최초의 소가 제기된 때를 기준으로 정하여야 한다(대판 2013.7.11, 2011두27544[주택재건축정비사업조합설립인가처분취소]).”

Ⅳ. 다른 항고소송에의 준용

소의 종류의 변경에 관한 제21조의 규정은 무효등확인소송이나 부작위위법확인소송을 취소소송 또는 당사자소송으로 변경하는 경우에 준용한다(행소법 37).

처분변경으로 인한 소의 변경에 관한 제22조의 규정은 무효등확인소송(행소법 38 ①)과 당사자소송(행소법 44 ①)에 준용된다. 그러나 부작위위법확인소송은 처분이 존재하지 아니하므로 처분변경으로 인한 소의 변경도 인정되지 아니한다(행소법 38 ②).

Ⅴ. 민사소송법상의 소의 변경

1. 민사소송법에 의한 소의 변경

민사소송법은 청구의 변경만을 허용하고 있어(민소법 262, 263), 소의 종류의 변경과 처분변경으로 인한 소의 변경에 관한 행정소송법 규정(행소법 21, 22)은 민사소송법의 특례가 된다.

행정소송법에 별도의 규정이 없으면 민사소송법의 규정이 준용되므로(행소법 8 ②), 이에 따라 행정소송에서도 민사소송법 제262조에 의한 청구의 변경이 가능하다고 할 것이다. 즉 소의 종류를 변경하거나 처분변경으로 소를 변경하는 것이 아니라, 단지 청구를 변경하는 것이 이에 해당한

다(예: 일부취소를 전부취소로 변경).

민사소송법에 의한 청구의 변경은 행정소송법에 규정된 소의 변경에 해당하는 것이 아니어서 행정소송법 제14조 제4항(피고경정)이 준용될 수 없으므로, 처음에 소를 제기한 때에 제소된 것으로 볼 수 없고, 청구변경을 신청한 때에 소를 제기한 것으로 보아야 할 것이다.

2. 행정소송과 민사소송 간의 소의 변경

행정소송법은 행정소송과 민사소송 사이의 소의 변경에 관하여는 아무런 규정을 두고 있지 않아, 이와 같은 소의 변경이 허용되는지에 관하여 견해의 대립이 있다.

(1) 부정설

민사소송법상의 소의 변경은 법원과 당사자의 동일성을 유지하면서 동종의 절차에서 심리될 수 있는 청구 사이에서만 가능한데, ① 민사소송과 행정소송은 동종의 소송절차가 아니고, ② 행정소송의 소의 변경의 경우 피고의 변경을 수반할 수 있다는 점에서, 민사소송과 행정소송 상호간의 소의 변경은 허용되지 않는다는 견해이다.

(2) 긍정설

항고소송을 처분을 원인으로 하는 민사소송으로 변경하는 경우, ① 피고가 처분청에서 국가 등으로 변경되지만 양 당사자는 실제로는 동일성이 유지되고 있고, ② 항고소송과 민사소송은 관할법원을 달리하는 문제가 있지만 행정법원은 사법기관의 하나로 전문법원에 불과한 것이어서 행정법원이 당해 민사사건을 심판하는 것도 가능하다는 점에서, 항고소송과 민사사송 사이의 소의 변경을 허용할 수 있다는 견해이다.[24)]

(3) 판례

판례는 '① 민사소송의 수소법원이 행정소송에 대한 관할을 동시에 가지고 있다면 이를 행정소송으로 변경하여 심리·판단하여야 하고, ② 그 행정소송에 대한 관할을 가지고 있지 아니하다면, 행정소송으로서 부적법한 경우가 아닌 이상, 관할법원에 이송하여야 한다는 입장이다. 다만 항고소송을 민사소송으로 변경하는 것에 대한 판례는 아직 없다.

[판례1] 원고가 고의 또는 중대한 과실 없이 행정소송으로 제기하여야 할 사건을 민사소송으로 잘못 제기한 경우, 수소법원이 취하여야 할 조치

"원고가 고의 또는 중대한 과실 없이 행정소송으로 제기하여야 할 사건을 민사소송으로 잘못 제

24) 박균성, 행정법강의, 925~926면.

기한 경우, 수소법원으로서는 만약 그 행정소송에 대한 관할을 동시에 가지고 있다면 이를 행정소송으로 심리·판단하여야 하고, 그 행정소송에 대한 관할을 가지고 있지 아니하다면 당해 소송이 이미 행정소송으로서의 전심절차와 제소기간을 도과하였거나 행정소송의 대상이 되는 처분 등이 존재하지도 아니한 상태에 있는 등 행정소송으로서 소송요건을 결하고 있음이 명백하여 행정소송으로 제기되었더라도 어차피 부적법하게 되는 경우가 아닌 이상 이를 부적법한 소라고 하여 각하할 것이 아니라 관할법원에 이송하여야 한다(대판 2018.7.26, 2015다221569).”

[판례] 항고소송 사건을 민사소송으로 잘못 제기하였으나 수소법원이 항고소송에 대한 관할도 동시에 가지고 있는 경우 수소법원의 조치

“행정소송법상 항고소송으로 제기하여야 할 사건을 민사소송으로 잘못 제기한 경우에 수소법원이 그 항고소송에 대한 관할도 동시에 가지고 있다면, 전심절차를 거치지 않았거나 제소기간을 도과하는 등 항고소송으로서의 소송요건을 갖추지 못했음이 명백하여 항고소송으로 제기되었더라도 어차피 부적법하게 되는 경우가 아닌 이상, 원고로 하여금 항고소송으로 소 변경을 하도록 석명권을 행사하여 행정소송법이 정하는 절차에 따라 심리·판단하여야 한다(대판 2020.1.16, 2019다264700[연구개발확인서발급절차이행청구의소]).”

☞ 원고는 용역계약에 따라 전력지원체계에 관한 연구개발사업을 수행한 다음 육군본부에 연구개발확인서 발급을 신청하였으나, 육군본부 전력지원체계사업단장은 이를 거부하였음. 이에 원고는 피고 대한민국을 상대로 용역계약에 따른 연구개발확인서발급을 이행하라는 민사소송을 제기하였음

☞ 제1심법원 및 원심법원은, 이 사건 거부회신이 항고소송의 대상인 ‘거부처분’에 해당한다는 점을 간과한 채, 이 사건 소가 용역계약에 따른 의무이행을 청구하는 민사소송에 해당한다는 전제에서, 본안판단으로 나아가 피고 대한민국에게 연구개발확인서 발급의무가 없다고 판단하였음

☞ 대법원은, 이 사건 제1심법원인 대전지방법원 합의부와 원심법원인 대전고등법원 합의부는 이 사건 소가 행정소송법상 항고소송일 경우의 제1심, 항소심 재판의 관할도 동시에 가지고 있으므로 관할위반의 문제는 발생하지 아니하지만, 원심으로서는 원고로 하여금 행정소송법상 취소소송으로 소 변경을 하도록 석명권을 행사하여 행정소송법이 정하는 절차에 따라 이 사건 거부회신이 적법한 거부처분인지 여부를 심리·판단하였어야 한다고 보아 파기환송한 사례임

[판례2] 조합설립행위에 대한 무효 확인을 구하는 소를 민사소송으로 제기한 경우 관할법원인 행정법원으로 이송하여야 하는지 여부(적극)

“… 이러한 사정에 비추어 보면 이 사건 소는 그 실질이 조합설립 인가처분의 효력을 다투는 취지라고 못 볼 바 아니고, 여기에 이 사건 소의 상대방이 행정주체로서 지위를 갖는 피고 조합이라는 점까지 아울러 고려하여 보면, 이 사건 소는 공법상 법률관계에 관한 것으로서 행정소송의 일종인 당사자소송에 해당하는 것으로 봄이 상당하다.

따라서 이 사건 소는 제1심 전속관할법원인 서울행정법원에 제기되었어야 할 것인데 서울중앙지

방법원에 제기되어 심리되었으므로 소의 이익 유무에 앞서 전속관할을 위반한 위법이 있다 할 것인바, 관할법원으로 이송 후 법원의 허가를 얻어 조합설립 인가처분에 대한 무효확인소송 등으로 변경될 수 있음을 고려해 보면 이송하더라도 부적법하게 되어 각하될 것이 명백한 경우에 해당한다고 보기는 어려우므로, 이 사건 소는 관할법원으로 이송함이 마땅하다고 할 것이다(대판 2010.4.8, 2009다27636)."

(4) 결어

항고소송에서의 소의 변경이 피고의 변경을 수반할 수 있지만(처분청에서 처분청이 속한 국가 또는 지방자치단체), 이 경우 피고는 사실상 동일성을 유지하고 있는 것이므로, 원고의 소송수행상의 편의나 소송경제를 위하여 행정소송과 민사사송 사이의 소의 변경을 허용하는 것이 바람직하다.

제3. 취소소송 제기의 효과

Ⅰ. 법원 등에 대한 효과(주관적 효과)

취소소송이 적법하게 제기되면, 사건은 법원에 계속되어 법원은 이를 심리하여 판결할 의무를 부담하게 되고, 당사자는 법원에 계속되어 있는 사건에 대하여 다시 소를 제기하지 못한다(민소법 259).

Ⅱ. 처분에 대한 효과(객관적 효과)

취소소송이 제기되면 처분의 집행이 정지되는 집행정지효과가 있으나, 행정소송법은 취소소송이 제기되더라도 처분 등의 효력이나 그 집행 또는 절차의 속행에 영향을 주지 아니한다고 규정하여 집행부정지를 원칙으로 하면서, 예외적으로 집행정지를 인정하고 있다(행소법 23). 이에 관하여는 아래 가구제에서 설명한다.

제4. 가구제 *

Ⅰ. 개설

일반적으로 취소소송이 판결로써 확정되기 까지는 오랜 기간이 소요된다. 이에 따라 원고가 최종적으로 승소를 하더라도 실질적으로는 권리구제가 이루어지지 않는 경우도 생길 수 있다. 이러한 문제를 예방하기 위해서는 판결이 확정되기 전에 잠정적으로 원고의 권리를 보전하여 승소판결이 원고의 실질적인 권리구제가 될 수 있도록 할 필요가 있는데, 이것이 가구제의 문제이다.

행정소송에서의 가구제제도로는 ① 침익적 처분(예: 영업정지, 인·허가취소, 철거명령 등)에 대한 집행정지제도와 ② 수익처분(예: 인허가의 발급, 급부결정 등)의 신청을 거부하는 처분이나 부작위에 대한 가처분제도를 생각해 볼 수 있다.

현행 행정소송법은 집행정지제도에 관한 규정은 두고 있으나 가처분에 관한 규정은 없어, 민사집행법상의 가처분에 관한 규정이 행정소송에도 준용이 될 수 있는지에 대해 논란이 있다.

Ⅱ. 집행정지제도 **

1. 집행부정지의 원칙

행정소송법은 "취소소송의 제기는 처분 등의 효력이나 그 집행 또는 절차의 속행에 영향을 주지 아니한다(행소법 23 ①)."고 하여 집행부정지를 원칙으로 규정하고 있다.

과거에는 이와 같은 집행부정지는 행정행위의 공정력이 행정소송에도 영향을 미치기 때문이라고 보는 견해도 있었으나, 오늘날 취소소송의 제기에 처분의 집행이 정지되는가 아닌가 하는 것은 국민의 권리구제나 행정운영의 원활성 중 어느 쪽에 우선순위를 두느냐에 따른 입법정책적인 판단의 문제로 보는 것이 지배적이다. 우리나라는 집행부정지를 원칙으로 하면서도 예외적으로 집행정지를 인정하고 있고, 반대로 독일은 집행정지를 원칙으로 하면서 예외적으로 집행부정지를 인정하고 있다.

2. 집행정지의 의의

행정소송법은 "취소소송이 제기된 경우에 처분 등이나 그 집행 또는 절차의 속행으로 인하여 생길 회복하기 어려운 손해를 예방하기 위하여 긴급한 필요가 있다고 인정할 때에는 본안이 계속

---

* 사법시험(2007년), 사법시험(2008년), 사법시험(2011년), 변호사시험(2020년).

** 변호사시험(2013년), 사법시험(1998년), 입법고시(2004년), 행정고시(2002년), 행정고시(일반행정)(2007년), 5급공채(2019년).

되고 있는 법원은 당사자의 신청 또는 직권에 의하여 처분 등의 효력이나 그 집행 또는 절차의 속행의 전부 또는 일부의 정지를 결정할 수 있다(행소법 23 ②).”고 규정하고 있다. 법원이 집행정지를 결정하는 경우 그 종기는 본안판결 선고일부터 30일 이내의 범위에서 정한다. 다만, 법원은 당사자의 의사, 회복하기 어려운 손해의 내용 및 그 성질, 본안 청구의 승소 가능성 등을 고려하여 달리 정할 수 있다(행정소송규칙 10).

행정소송법이 집행부정지를 원칙으로 하면서도 예외적으로 집행정지를 인정하고 있는 것은 원활한 행정운영과 국민의 권리구제라는 요청을 조화시키기 위한 것이다.

집행정지결정의 성질에 관하여 ① 집행정지결정은 실질적으로는 행정작용이지만 형식상 법원이 그 권한을 가지고 있는 데 불과한 것이라는 견해(행정작용설)도 있으나, ② 가구제절차는 본안절차와 더불어 사법절차를 구성하는 것이므로 사법작용으로 보아야 할 것이다(사법작용설·통설).

3. 집행정지의 요건

집행정지가 결정되기 위해서는 ‘적극적 요건’으로서 ① 본안소송이 계속되고, ② 처분 등이 존재하며, ③ 회복하기 어려운 손해를 예방하기 위한 것이어야 하고, ④ 긴급한 필요가 있어야 하며, ‘소극적 요건’으로서 ⑤ 공공복리에 중대한 영향을 미칠 우려가 없어야 한다. 국민의 권리구제라는 측면에서 이와 같은 집행정지요건의 완화된 해석이 필요하다.

(1) 본안소송의 계속

집행정지를 위해서는 본안소송이 계속 중이어야 한다(대결 1988.6.14, 88두6). 행정소송법이 “취소소송이 제기된 경우”, “본안이 계속되고 있는 법원”라고 규정하는 것도 본안소송의 계속을 집행정지의 요건으로 규정하고 있는 것이라 하겠다. 이 점에서 본안소송 제기 전에 가능한 민사소송에서의 가처분과 차이가 있다. 집행정지는 본안소송의 계속과 관련하여 의미 있는 것이기 때문에, 본안소송이 취하되면 집행정지결정도 당연히 효력이 소멸되는 것이고 별도의 취소조치를 필요로 하는 것이 아니다(대판 1975.11.11, 75누97).

집행정지를 위해서는 본안소송이 계속 중이이어야 하므로, 집행정지신청은 취소소송의 제기 후 또는 적어도 소제기와 동시에 하여야 하고, 제소 이전에 집행정지신청을 할 수 없다. 다만 후자의 경우 집행정지결정 이전에 본안소송이 제기되면 그 하자는 보완될 수 있다.

집행정지는 원고의 승소가능성을 전제로 한 권리보호수단이라는 점에서 본안소송이 적법하게 제기된 경우이어야 한다(대결 2010.11.26, 2010무137).

(2) 처분 등의 존재

1) '처분 등'이 존재할 것

집행정지는 본안소송의 대상이 되는 처분 등의 효력에 대한 정지를 구하는 것이므로 처분 등이 존재하여야 한다. 그러므로 부작위, 처분 등의 효력이 발생하기 전, 처분 등이 소멸된 경우에는 집행정지의 대상인 처분이 존재하지 않은 경우이다.

무효인 처분도, 집행정지에 관한 규정이 무효등확인소송에도 준용되고 있으므로(행소법 38 ①), 집행정지와 관련하여 처분이 존재하는 것으로 보아야 할 것이다.

재결, 제3자효 행정행위, 행정행위의 부관 중 부담, 후행처분, 처분의 일부 등은 여기에서의 처분 등에 해당하나, 사실행위나 사법상의 행위는 처분에 해당하지 않는다(대결 2010.11.26, 2010무137 참조).

2) 거부처분 *

집행정지는 소극적으로 처분이 없던 종전의 상태를 유지시키는 것이지 적극적으로 종전의 상태를 변경시키는 것이 아니라는 점에서 신청에 대한 거부처분의 경우 집행정지가 허용되는가 하는 것이 문제이다.

① 학설

(a) 긍정설

집행정지결정에 기속력이 있으므로 거부처분에 대한 집행정지결정에 따라 행정청의 재처분의무가 발생한다고 볼 수 있으므로 거부처분에 대한 집행정지의 이익이 있다는 견해이다.

(b) 부정설

거부처분의 집행을 정지하더라도 거부처분이 없었던 것과 같은 상태로 되돌아가는 데에 불과하고, 행정소송법은 집행정지결정과 관련하여 기속력에 관한 제30조 제1항만 준용할 뿐 재처분의무에 관한 제30조 제2항은 준용하지 않고 있기 때문에 행정청에게 재처분의무가 생기는 것이 아니므로 거부처분에 대한 집행정지의 이익이 없다는 견해이다.

(c) 제한적 긍정설

원칙적으로 부정설의 입장이 타당하지만, 거부처분의 집행정지로 거부처분이 없었던 것과 같은 상태로 되돌아감에 따라 신청인에게 어떠한 법적 이익이 있는 경우도 있을 수 있으므로, 이러한 경우에는 예외적으로 거부처분에 대한 집행정지신청이 허용된다는 견해이다.

---

* 사법시험(2004년), 사법시험(2012년), 행정고시(일반행정)(2007년), 행정고시(재경)(2011년), 변호사시험(2020년).

② 판례

대법원은 부정설의 입장이다.

[판례] 행정청의 거부처분의 효력정지를 구할 이익이 있는지 여부

"신청에 대한 거부처분의 효력을 정지하더라도 거부처분이 없었던 것과 같은 상태, 즉 거부처분이 있기 전의 신청시의 상태로 되돌아가는 데에 불과하고 행정청에게 신청에 따른 처분을 하여야 할 의무가 생기는 것이 아니므로, 거부처분의 효력정지는 그 거부처분으로 인하여 신청인에게 생길 손해를 방지하는 데 아무런 보탬이 되지 아니하여 그 효력정지를 구할 이익이 없다(대결 1995.6.21, 95두26)."

[판례] 당초의 신기술 보호기간 만료 후에 신기술 보호기간 연장신청을 거부한 경우, 그 거부처분의 효력정지를 구할 법률상 이익이 있는지 여부

"… 신청인의 신기술 보호기간 연장신청을 거부한 이 사건 처분의 효력을 정지하더라도 이로 인하여 보호기간이 만료된 신기술 지정의 효력이 회복되거나 행정청에게 보호기간을 연장할 의무가 생기는 것도 아니라고 할 것이다.

그렇다면, 이 사건 처분의 효력을 정지하더라도 이 사건 처분으로 신청인이 입게 될 손해를 방지하는 데에는 아무런 소용이 없고, 따라서 이 사건 처분의 효력정지를 구하는 이 사건 신청은 그 이익이 없어 부적법하다고 할 것이다(대법원 1995.6.21.자 95두26 결정, 1993.2.10.자 92두72 결정 등 참조)(대결 2005.1.17, 2004무48)."

③ 결어

제한적 긍정설의 입장이 타당하다. 예컨대 ① 인·허가에 붙은 기간을 인·허가 자체의 존속기간이 아니라 조건의 존속기간으로 볼 수 있는 경우 기간연장신청거부처분의 집행정지결정으로 인·허가의 효력이 지속되는 이익, ② 외국인체류기간연장신청 거부처분의 집행정지결정으로 강제출국을 당하지 않을 이익 등 거부처분의 집행정지로 신청인에게 법적 이익이 있을 수 있는 경우에는 집행정지신청이 허용된다고 보는 것이 제도의 취지에 부합하는 해석이라 할 것이다.

(3) 회복하기 어려운 손해예방의 필요

처분 등이나 그 집행 또는 절차의 속행으로 인하여 생길 회복하기 어려운 손해를 예방하기 위한 것이어야 한다. 판례는 여기에서의 '회복할 수 없는 손해'란 "특별한 사정이 없는 한 금전으로 보상할 수 없는 손해라 할 것이며 이는 금전보상이 불능한 경우뿐만 아니라 금전보상으로는 사회관념상 행정처분을 받은 당사자가 참고 견딜 수 없거나 참고 견디기가 현저히 곤란한 경우의 유

형·무형의 손해"라고 판시하고 있다(대결 2011.4.21, 2010무111 전원합의체).

판례는 '기업의 이미지나 신용의 훼손'이 '회복하기 어려운 손해'에 해당한다고 하기 위해서는 "그 경제적 손실이나 기업 이미지 및 신용의 훼손으로 인하여 사업자의 자금사정이나 경영 전반에 미치는 파급효과가 매우 중대하여 사업 자체를 계속할 수 없거나 중대한 경영상의 위기를 맞게 될 것으로 보이는 등의 사정이 존재하여야 한다(대결 2003.4.25, 2003무2)."고 보고 있다.

[판례] '회복하기 어려운 손해'의 의미 및 '처분 등이나 그 집행 또는 절차의 속행으로 인하여 생길 회복하기 어려운 손해를 예방하기 위하여 긴급한 필요'가 있는지 판단하는 방법

[1] … '회복하기 어려운 손해'는 특별한 사정이 없는 한 금전으로 보상할 수 없는 손해로서 금전보상이 불가능한 경우 또는 금전보상으로는 사회관념상 행정처분을 받은 당사자가 참고 견딜 수 없거나 참고 견디기가 현저히 곤란한 경우의 유형, 무형의 손해를 일컫는다. 그리고 '처분 등이나 그 집행 또는 절차의 속행으로 인하여 생길 회복하기 어려운 손해를 예방하기 위하여 긴급한 필요'가 있는지는 처분의 성질, 양태와 내용, 처분상대방이 입는 손해의 성질·내용과 정도, 원상회복·금전배상의 방법과 난이도 등은 물론 본안청구의 승소가능성 정도 등을 종합적으로 고려하여 구체적·개별적으로 판단하여야 한다.

[2] (시장이 도시환경정비구역을 지정하였다가 해당구역 및 주변지역의 역사·문화적 가치 보전이 필요하다는 이유로 정비구역을 해제하고 개발행위를 제한하는 내용을 고시함에 따라 사업시행예정구역에서 설립 및 사업시행인가를 받았던 갑 도시환경정비사업조합에 대하여 구청장이 조합설립인가를 취소하자, 갑 조합이 해제 고시의 무효확인과 인가취소처분의 취소를 구하는 소를 제기하고 판결 선고 시까지 각 처분의 효력 정지를 신청한 사안에서) … 처분의 효력을 정지하지 않을 경우 갑 조합에 특별한 귀책사유가 없는데도 정비사업의 진행이 법적으로 불가능해져 갑 조합에 회복하기 어려운 손해가 발생할 우려가 있으므로 이러한 손해를 예방하기 위하여 각 처분의 효력을 정지할 긴급한 필요가 있다(대결 2018.7.12, 2018무600[집행정지])."

[회복하기 어려운 손해라고 본 판례]

[1] 현역병입영처분집행정지(대결 1992.4.29, 92두7)

[2] 농지전용원상복구계고처분효력정지(대결 1995.6.7, 95두22)

[3] 공사중지명령효력정지(대결 1997.2.26, 97두3)

[4] 시정명령등효력정지(대결 1999.4.27, 98무57)

[5] 과징금납부명령효력정지(대결 2001.10.10, 2001무29)

[6] 약제 및 치료재료의 산정기준 등에 관한 보건복지부 고시 집행정지(대결 2004. 5.12, 2003무41)

[회복하기 어려운 손해가 아니라고 본 판례]

[1] 유흥접객영업허가취소처분효력정지(대판 1991.3.2, 91두1)

[2] 항정신병 치료제의 요양급여 인정기준에 관한 보건복지부 고시 집행정지(대결 2003.10.9, 2003무23)

[3] '4대강 살리기 마스터플랜'에 따른 '한강 살리기 사업' 실시계획승인처분 효력정지(대결 2011. 4.21, 2010무111)

[4] 기간통신사업사업폐지 승인처분 효력정지(대결 2012.2.1, 2012무2)

(4) 긴급한 필요

'긴급한 필요'는 회복하기 어려운 손해가 발생할 가능성이 시간적으로 절박하여 이를 예방하기 위하여 본안판결까지 기다릴 시간적인 여유가 없는 경우를 말한다.

'긴급한 필요가 있는지'는 처분의 성질과 태양 및 내용, 처분상대방이 입는 손해의 성질·내용 및 정도, 원상회복·금전배상의 방법 및 난이 등은 물론 본안청구의 승소가능성 정도 등을 종합적으로 고려하여 구체적·개별적으로 판단하여야 한다(대판 2011.4.21, 2010무111).

(5) 공공복리에 중대한 영향을 미칠 우려가 없을 것(소극적 요건)

이상에서의 집행정지의 적극적 요건이 충족되더라도 집행을 정지하는 것이 공공복리에 중대한 영향을 미칠 우려가 없어야 한다(행소법 23 ③). 일반적으로 이 요건은 집행정지의 소극적 요건으로 이해되고 있다. 여기에서의 '공공복리'는 그 처분의 집행과 관련된 구체적이고도 개별적인 공익을 말한다(대결 1999.12.20, 99무42).

[판례] 의대정원 증원에 대한 집행정지신청

"행정소송법 제23조 제3항이 집행정지의 또 다른 요건으로 '공공복리에 중대한 영향을 미칠 우려가 없을 것'을 규정하고 있는 취지는, 집행정지 여부를 결정함에 있어서 신청인의 손해뿐만 아니라 공공복리에 미칠 영향을 아울러 고려해야 한다는 데 있고, 따라서 공공복리에 미칠 영향이 중대한지는 절대적 기준에 의하여 판단할 것이 아니라, 신청인의 '회복하기 어려운 손해'와 '공공복리' 양자를 비교·교량하여, 전자를 희생하더라도 후자를 옹호하여야 할 필요가 있는지에 따라 상대적·개별적으로 판단되어야 한다(대결 2024.6.19, 2024무689)."

☞ 증원배정 처분이 집행됨으로 인해 의대 재학 중인 신청인들이 입을 수 있는 손해에 비하여 증원배정의 집행이 정지됨으로써 공공복리에 중대한 영향이 발생할 우려가 크다는 이유로, 증원배정에 대한 집행정지는 허용되지 않는다고 한 사례.

(6) 본안청구가 이유 없음이 명백하지 아니할 것

본안청구가 이유 없음이 명백하지 아니할 것이 행정소송법상 집행정지의 요건으로 규정되어 있지는 않지만 이를 집행정지의 소극적 요건으로 볼 것인가에 관하여 학설상 논란이 있다.

집행정지제도는 본래 본안에서의 청구의 인용 여부와는 관련이 없다. 따라서 집행정지신청에 대해서는 처분 자체의 적법 여부는 원칙적으로 판단의 대상이 되지 않는다.

그러나 집행정지는 본안에서의 원고의 승소 가능성을 전제로 하는 권리보호수단이고, 행정의 원활한 수행을 보장하여, 집행정지의 남용을 방지하여야 할 필요도 있는 것이므로, 본안청구가 이유 없음이 명백하지 아니할 것을 집행정지의 소극적 요건으로 하는 것이 타당하다는 것이 일반적인 견해이다. 판례도 같은 입장이다.

[판례] 신청인의 본안청구가 이유 없음이 명백하지 않아야 한다는 것이 집행정지의 요건에 포함되는지 여부

"… 효력정지나 집행정지는 신청인이 본안소송에서 승소판결을 받을 때까지 그 지위를 보호함과 동시에 후에 받을 승소판결을 무의미하게 하는 것을 방지하려는 것이어서 본안소송에서 처분의 취소가능성이 없음에도 처분의 효력이나 집행의 정지를 인정한다는 것은 제도의 취지에 반하므로 효력정지나 집행정지사건 자체에 의하여도 신청인의 본안청구가 이유 없음이 명백하지 않아야 한다는 것도 효력정지나 집행정지의 요건에 포함시켜야 한다(대결 1997.4.28, 96두75)."

4. 집행정지요건의 주장책임

판례는 '처분 등이나 그 집행 또는 절차의 속행으로 인한 손해발생의 우려' 등 집행정지의 적극적 요건에 관한 주장·소명책임은 원칙적으로 신청인측에게 있고(대결 2011.4.21, 2010무111), '공공복리에 중대한 영향을 미칠 우려가 없을 것'이라는 집행정지의 소극적 요건에 대한 주장·소명책임은 행정청에게 있다는 입장이다(대결 1999.12.20, 99무42).

5. 집행정지결정의 절차

(1) 절차

집행정지는 법원이 당사자의 신청 또는 직권에 의하여 결정한다. 당사자가 집행정지결정을 신청함에 있어서는 그 이유에 대한 소명이 있어야 한다(행소법 23 ④). 집행정지의 결정 또는 기각의 결정에 대하여는 즉시항고할 수 있다. 이 경우 집행정지의 결정에 대한 즉시항고에는 결정의 집행을 정지하는 효력이 없다(행소법 23 ⑤).

(2) 처분의 일부정지

처분이 재량행위이든 기속행위이든 그 처분의 내용이 가분적(可分的)인 경우에는 그 일부에 대해서만 정지하는 것이 가능하다. 예컨대 압류재산의 일부에 대해서만 압류의 집행을 정지한다든지, 영업정지처분 중 일정기간에 대해서만 그 효력을 정지하는 경우가 이에 해당한다. 공무원면직처분에 대하여 급료에 대한 부분과 그 밖의 공무원으로서의 지위에 관한 부분으로 나누어 급료에 대한 부분만의 정지가 가능한가가 문제될 수 있으나, 공무원의 지위는 불가분적인 것이므로 위와 같은 일부정지는 허용되지 않는다고 한다.[25)]

요컨대 '처분의 내용이 가분적이면' 일부정지가 가능하며, 어떠한 경우가 가분적인가 하는 것은 처분의 구체적 내용에 따라 개별적으로 판단하여야 할 것이다.

6. 집행정지결정의 내용

(1) 처분의 효력정지

처분의 효력정지는 처분이 가지는 효력 자체를 정지시키는 것으로서 처분이 형식적으로 존재하지만 실질적으로는 없는 것과 같은 상태가 된다. 따라서 영업정지처분의 효력이 정지되면 영업을 계속할 수 있게 된다.

다만 처분의 효력정지는 처분의 집행 또는 절차의 속행을 정지함으로써 그 목적을 달성할 수 있는 때에는 허용되지 아니한다(행소법 23 ② 단서). 효력정지는 통상 별도의 집행행위 없이 처분목적이 달성되는 처분(예: 영업허가취소)에 대하여 행하여지는 것이므로, 별도의 집행행위가 필요하거나 절차가 속행되는 행위의 경우 이러한 행위의 정지로 집행정지의 목적을 달성할 수 있는 경우까지 처분의 효력정지를 인정할 필요는 없기 때문이다.

(2) 처분의 집행정지

처분의 집행정지란 처분의 강제적인 집행을 정지하는 것을 의미한다. 예컨대 철거명령에 대한 집행정지신청에서 철거명령을 강제집행하기 위한 대집행을 정지시키는 것이 이에 해당한다.

(3) 절차의 속행정지

절차의 속행정지는 처분에 따르는 후속조치를 정지시키는 것을 말한다. 예컨대 대집행계고에 대한 집행정지신청에서 대집행영장에 의한 통지나 대집행의 실행 등 절차의 속행을 정지하는 경우가 이에 해당한다.

---

25) 사법연수원, 행정구제법 2010, 223면; 박균성, 행정법론(상), 제14판, 박영사, 2015, 1235면 참조.

7. 집행정지결정의 효력

(1) 형성력

형성력이란 처분의 효력이 일시적으로 정지하여 처분이 없었던 것과 같은 상태를 실현하는 집행정지의 효력을 말한다. 물론 집행정지로 인하여 처분의 존재나 효력이 종국적으로 상실되는 것은 아니기 때문에 여기에서의 형성력은 '제한된 의미의 형성력'이라고 할 수 있다. 집행정지결정은 결정 이전에 이미 형성된 법률관계에는 영향을 미치지 않는다.

(2) 기속력

집행정지결정은 당사자인 행정청과 그 밖의 관계행정청을 기속한다(행소법 23 ⑥).

(3) 시간적 효력

집행정지결정은 장래에 향하여 효력을 가지므로, 처분발급시로 소급하는 것이 아니라 정지결정시점부터 효력이 발생한다. 집행정지의 종기는 법원이 본안판결 선고일부터 30일 이내의 범위에서 정한다(행정소송규칙 10 본문). 단, 당사자의 의사, 회복하기 어려운 손해의 내용 및 그 성질, 본안 청구의 승소가능성 등을 고려하여 달리 정할 수 있다(행정소송규칙 10 단서). 집행정지결정의 효력은 결정 주문에서 정한 시기까지 존속하며 그 시기의 도래와 동시에 효력이 당연히 소멸한다(대결 2007.11.30, 2006무14).

[판례1] 제재적 행정처분에 대한 집행정지결정의 시간적 효력 / 처분에서 정해 둔 효력기간의 시기와 종기가 집행정지기간 중에 모두 경과한 경우에도 마찬가지인지 여부(적극) / 이러한 법리는 행정심판법 제30조에 따른 집행정지결정의 경우에도 그대로 적용되는지 여부(적극)

"행정소송법 제23조에 따른 집행정지결정의 효력은 결정 주문에서 정한 종기까지 존속하고, 그 종기가 도래하면 당연히 소멸한다. 따라서 효력기간이 정해져 있는 제재적 행정처분에 대한 취소소송에서 법원이 본안소송의 판결 선고 시까지 집행정지결정을 하면, 처분에서 정해 둔 효력기간(집행정지결정 당시 이미 일부 집행되었다면 그 나머지 기간)은 판결 선고 시까지 진행하지 않다가 판결이 선고되면 그때 집행정지결정의 효력이 소멸함과 동시에 처분의 효력이 당연히 부활하여 처분에서 정한 효력기간이 다시 진행한다. 이는 처분에서 효력기간의 시기(始期)와 종기(終期)를 정해 두었는데, 그 시기와 종기가 집행정지기간 중에 모두 경과한 경우에도 특별한 사정이 없는 한 마찬가지이다. 이러한 법리는 행정심판위원회가 행정심판법 제30조에 따라 집행정지결정을 한 경우에도 그대로 적용된다. 행정심판위원회가 행정심판 청구 사건의 재결이 있을 때까지 처분의 집행을 정지한다고 결정한 경우에는, 재결서 정본이 청구인에게 송달된 때 재결의 효력이 발생하므로(행정심판법 제48조 제2항, 제1항 참조) 그때 집행정지결정의 효력이 소멸함과 동시에 처분의 효력이 부활한다(대판 2022.2.11, 2021두40720[위반차량운행정지취소등])."

[판례2] 집행정지결정과 종전 자격정지처분의 효력

"(실제 보육하지 않은 교사가 보육한 것처럼 허위보고하여 보조금을 부당하게 수령하였다는 이유로 관할 시장이 어린이집 원장 갑에게 15일간 원장 자격정지를 명하는 처분을 하였는데, 갑이 취소소송을 제기하면서 집행정지결정을 받았다가 청구가 기각되자, 시장이 종전의 자격정지처분에서 정한 정지기간이 경과한 후에 동일한 사유를 들어 다시 새로운 자격정지처분을 한 사안에서) 판결선고에 의하여 집행정지결정의 효력은 소멸하고 종전의 자격정지처분에서 정한 정지기간이 다시 진행한다고 할 것이므로, 늦어도 판결 선고일부터 집행정지 없이 15일이 경과한 때에는 종전의 자격정지처분에서 정한 정지기간이 경과하였고, 이후 새롭게 이루어진 자격정지처분은 … 시장이 집행을 게을리하여 자격정지처분의 실효성을 확보하지 못하였다는 이유로 종전의 자격정지처분과 동일한 처분사유에 대하여 동일한 처분을 되풀이한 것으로서 일사부재리의 원칙에 위배되어 위법하다(서울고등법원 2015.3.17. 선고 2014누64157 판결)."

[판례3] 보조금 교부결정의 일부취소처분에 대한 효력정지결정의 효력이 소멸하여 일부취소처분의 효력이 되살아난 경우, 효력정지기간 동안 교부된 보조금의 반환을 명하여야 하는지 여부 (원칙적 적극)

"… 보조금 교부결정의 일부를 취소한 행정청의 처분에 대하여 법원이 효력정지결정을 하면서 주문에서 그 법원에 계속 중인 본안소송의 판결 선고 시까지 처분의 효력을 정지한다고 선언하였을 경우, 본안소송의 판결 선고에 의하여 정지결정의 효력은 소멸하고 이와 동시에 당초의 보조금 교부결정 취소처분의 효력이 당연히 되살아난다.

따라서 <u>효력정지결정의 효력이 소멸하여 보조금 교부결정 취소처분의 효력이 되살아난 경우, 특별한 사정이 없는 한 행정청으로서는 보조금법 제31조 제1항에 따라 취소처분에 의하여 취소된 부분의 보조사업에 대하여 효력정지기간 동안 교부된 보조금의 반환을 명하여야 한다</u>(대판 2017.7.11, 2013두25498[부당이득금반환결정처분취소])."

[판례4] 집행정지결정이 기간만료로 실효되는 경우 행정청이 취하여야 할 조치

"제재처분에 대한 행정쟁송절차에서 처분에 대해 집행정지결정이 이루어졌더라도 본안에서 해당 처분이 최종적으로 적법한 것으로 확정되어 집행정지결정이 실효되고 제재처분을 다시 집행할 수 있게 되면, 처분청으로서는 당초 집행정지결정이 없었던 경우와 동등한 수준으로 해당 제재처분이 집행되도록 필요한 조치를 취하여야 한다. 집행정지는 행정쟁송절차에서 실효적 권리구제를 확보하

기 위한 잠정적 조치일 뿐이므로, 본안 확정판결로 해당 제재처분이 적법하다는 점이 확인되었다면 제재처분의 상대방이 잠정적 집행정지를 통해 집행정지가 이루어지지 않은 경우와 비교하여 제재를 덜 받게 되는 결과가 초래되도록 해서는 안 된다(대판 2017.7.11, 2013두25498 참조). 반대로, 처분상대방이 집행정지결정을 받지 못했으나 본안소송에서 해당 제재처분이 위법함이 확인되어 취소하는 판결이 확정되면, 처분청은 그 제재처분으로 처분상대방에게 초래된 불이익한 결과를 제거하기 위하여 필요한 조치를 취하여야 한다(대판 2019.1.31, 2016두52019 참조; 대판 2020.9.3, 2020두34070[직접생산확인 취소처분 취소])."

8. 집행정지결정의 취소

집행정지의 결정이 확정된 후 집행정지가 공공복리에 중대한 영향을 미치거나 그 정지사유가 없어진 때에는 당사자의 신청 또는 직권에 의하여 결정으로써 집행정지결정을 취소할 수 있다(행소법 24 ①).

[판례] 행정소송법 제24조 제1항에서 정한 집행정지결정 취소사유의 발생시기 및 '집행정지가 공공복리에 중대한 영향을 미치는 때'의 의미

"행정소송법 제24조 제1항에서 규정하고 있는 집행정지 결정의 취소사유는 특별한 사정이 없는 한 집행정지 결정이 확정된 이후에 발생한 것이어야 하고, 그 중 '집행정지가 공공복리에 중대한 영향을 미치는 때'라 함은 일반적·추상적인 공익에 대한 침해의 가능성이 아니라 당해 집행정지 결정과 관련된 구체적·개별적인 공익에 중대한 해를 입힐 개연성을 말하는 것이다.

(학교환경위생정화구역 내 금지행위 및 시설해제신청 거부처분의 취소재결에 대하여 제3자가 제기한 재결취소소송에서 원심법원이 한 재결의 집행정지결정의 취소를 다투는 사건에서) (집행정지결정의 취소사유는) 이 사건 집행정지결정이 확정된 이후에 비로소 발생한 사유가 아님이 분명하므로 특별한 사정이 없는 한 이를 이 사건 집행정지결정의 취소사유로 삼을 수 없다 할 것이고…, 집행정지결정으로 인하여 이 사건 극장 건립이 중단됨으로써 지역경제에 좋지 않은 영향을 미치게 된다고 하더라도 이는 간접적·반사적인 이해관계에 불과할 뿐 이 사건 집행정지결정과 관련된 구체적·개별적인 공익에 중대한 해를 입힐 개연성이 있는 경우에 해당한다고 보기 어렵다(대결 2005.7. 15, 2005무16)."

Ⅲ. 가처분제도*

1. 의의

가처분이란 금전 이외의 특정한 급부를 목적으로 하는 청구권의 집행을 보전하거나 다툼이

* 변호사시험(2013년), 변호사시험(2020년), 사법시험(2013년).

있는 권리관계에 관하여 임시의 지위를 보전하는 것을 목적으로 하는 가구제제도를 말한다.

행정소송법에는 가처분에 관한 규정은 없고 집행정지만을 규정하고 있을 뿐이다. 그런데 집행정지는 침익적 처분의 집행을 정지하여 소극적으로 침익적 처분이 없는 것과 같은 상태가 실현되는 데 불과할 뿐 수익처분의 신청이나 일정한 처분의 금지신청을 거부하는 경우에 이에 대하여 적극적으로 권리를 보전해 주는 것은 불가능하다는 점에서 가구제수단으로서는 일정한 한계를 가지고 있다. 따라서 행정소송의 경우에도 국민의 권리구제의 측면에서 가처분제도를 인정할 필요가 있다.

이와 관련하여 민사집행법에는 가처분에 관하여 규정하고 있는데, 행정소송법상 민사집행법의 가처분을 준용한다는 명문의 규정은 없지만, 이를 행정소송에도 준용할 수 있는지의 여부에 대하여 논란이 있다.

2. 가처분의 항고소송에의 준용 여부

(1) 적극설(긍정설)

행정소송법에는 특별히 민사집행법상의 가처분을 배제하는 규정이 없고, 행정소송법 제8조 제2항은 "행정소송에 관하여 이 법에 특별한 규정이 없는 사항에 대하여는 법원조직법과 민사소송법 및 민사집행법의 규정을 준용한다."고 규정하고 있으므로, 민사집행법상의 가처분규정이 행정소송에 준용될 수 있다는 견해이다.

가처분을 허용함으로써 위법한 행정작용으로부터 국민의 권리를 보호하는 것이 사법의 기능 및 국민의 재판청구권을 규정한 헌법 제27조 제1항에도 부합하는 것이라고 한다.

(2) 소극설(부정설)

권력분립원칙상 사법권에는 일정한 한계가 있다는 것을 전제로 사법권은 행정처분의 적법 여부는 판단할 수 있어도 행정처분에 대한 가처분을 하는 것은 사법권의 범위를 벗어나는 것이고, 또한 행정소송법이 집행정지를 규정하고 있는 것은 행정소송에서 가구제에 관한 민사집행법상의 가처분을 배제하는 특례규정이라고 보아야 하며, 우리 행정소송법은 의무이행소송이나 예방적 부작위청구소송을 인정하고 있지 않으므로, 민사집행법상의 가처분에 관한 규정은 행정소송에 준용될 수 없다는 견해이다.[26)]

(3) 제한적 긍정설

행정소송법이 규정하고 있는 집행정지제도를 통하여 가구제의 목적을 달성할 수 있는 한 민사집행법상의 가처분규정이 적용될 여지가 없지만, 집행정지만으로는 가구제의 목적을 달성할 수

---

26) 박윤흔, 최신행정법강의(상), 973면 이하; 정형근, 행정법, 544면.

없는 경우에는 가처분이 인정될 수 있다는 견해이다.[27)]

(4) 판례

판례는 "민사소송법상의 보전처분은 민사판결절차에 의하여 보호받을 수 있는 권리에 관한 것이므로, 민사소송법상의 가처분으로써 행정청의 어떠한 행정행위의 금지를 구하는 것은 허용될 수 없다(대결 1992.7.6, 92마54)."고 하여 소극설과 같은 입장이다.

(5) 결어

행정소송법이 가구제수단으로서 집행정지를 규정한 것은 원칙적으로 민사소송법이나 민사집행법에 대한 행정소송의 특수성을 고려한 것이라고 할 수 있다. 이러한 점에서는 소극설이나 판례의 논지도 이유가 있다고 생각된다.

그러나 행정소송법이 명문으로 이행소송이나 예방적 금지소송을 규정하고 있지 않을 뿐, 이와 같은 소송유형을 인정하는 것이 전혀 불가능한 것만은 아니라는 점을 고려하면, 행정소송법에 가처분에 관한 규정이 없다고 하더라도 가처분을 허용하는 것이 불가능하지만은 않다고 생각된다.

한편 2013년 입법예고된 행정소송법 개정안에는 수익처분에 대한 사전 권리구제절차로서 가처분에 관한 규정이 있었다. 이 규정이 있으면, 예컨대 기한부 처분(어업면허, 체류기간연장 등)에 대한 갱신처분을 거부할 경우, 긴급한 필요가 인정되면 판결확정시까지 임시로 어업활동, 체류를 할 수 있게 된다. 동 개정안은 국회의 임기만료로 폐기되었지만, 가처분제도는 향후 도입될 가능성이 높아 개정안을 소개해 둔다.

행정소송법 개정안

제26조(가처분) ① 처분 등이나 부작위가 위법하다는 현저한 의심이 있는 경우로서 다음 각 호의 어느 하나에 해당하는 때에는 본안이 계속되고 있는 법원은 당사자의 신청에 따라 결정으로써 가처분을 할 수 있다.

1. 다툼의 대상에 관하여 현상이 바뀌면 당사자가 권리를 실행하지 못하거나 그 권리를 실행하는 것이 매우 곤란할 염려가 있어 다툼의 대상에 관한 현상을 유지할 긴급한 필요가 있는 경우
2. 다툼이 있는 법률관계에 관하여 당사자의 중대한 손해를 피하거나 급박한 위험을 피하기 위하여 임시의 지위를 정하여야할 긴급한 필요가 있는 경우

27) 김남진/김연태, 행정법 I, 828면.

3. 당사자소송과 가처분

당사자소송에는 집행정지에 관한 규정이 준용되지 않는다(행소법 44). 이는 당사자소송의 경우에는 집행정지와 같은 가구제에 관한 별도의 특례규정이 없다는 것을 의미하므로, 행정소송법 제8조 제2항에 따라 민사집행법이 준용될 수 있다(일반적 견해 및 판례).

당사자소송의 경우 가압류가 인정되고, 재산권의 청구를 인용하는 판결을 하는 경우에는 가집행선고를 할 수 있다. 다만 국가를 상대로 하는 당사자소송의 경우에는 가집행선고를 할 수 없다(행소법 43).

제3목 취소소송의 심리

Ⅰ. 개설

소송의 심리란 법원이 판결의 기초가 되는 소송자료를 수집하는 절차를 말한다.

심리에 관한 원칙으로는 당사자주의와 직권주의가 있다. 당사자주의란 소송절차에서 당사자에게 주도권을 부여하는 원칙으로, 여기에는 처분권주의와 변론주의가 있다. 처분권주의는 소송의 개시·종료·범위의 결정을 원고의 의사에 맡기는 원칙을 말하며, 변론주의는 재판의 기초가 되는 자료의 수집·제출을 당사자의 권능과 책임으로 하는 원칙을 말한다. 이에 대하여 직권주의는 소송절차에서 법원의 주도권을 인정하는 원칙을 말한다.

형사소송은 직권주의를 원칙을 한다. 당사자주의는 민사소송의 기본원칙이나 행정소송에도 원칙적으로 적용된다. 다만 행정소송은 공익실현과 밀접한 관련이 있어 직권탐지주의 등 민사소송에 관한 특칙이 인정된다(행소법 25, 26).

Ⅱ. 심리의 내용

1. 요건심리

요건심리란 소송의 제기요건을 구비하여 소송이 적법하게 제기되었는지를 심리하는 것을 말한다. 요건심리결과 소송요건을 갖추지 못하면 소송은 부적법 각하된다.

소송요건은 사실심의 변론종결시까지는 구비되어야 한다. 소송요건은 사실심 변론종결시는 물론 상고심에서도 존속하여야 한다(대판 2007.4.12, 2004두7924). 요건의 구비여부는 법원의 직권조사사항이다.

2. 본안심리

취소소송이 적법하게 제기되면 법원은 본안심리를 한다. 본안심리란 당사자의 소송상의 청구가 이유가 있는지를 심리하는 것을 말한다. 본안심리 결과 청구가 이유 있다고 인정되면 인용판결을 하고, 이유가 없다고 인정되면 기각판결을 한다.

> [판례] 어떠한 처분에 법령상 근거가 있는지, 행정절차법에서 정한 처분 절차를 준수하였는지가 소송요건 심사단계에서 고려할 요소인지 여부(소극)
>
> "어떠한 처분에 법령상 근거가 있는지, 행정절차법에서 정한 처분 절차를 준수하였는지는 본안에서 해당 처분이 적법한가를 판단하는 단계에서 고려할 요소이지, 소송요건 심사단계에서 고려할 요소가 아니다(대판 2016.8.30, 2015두60617 참조)(대판 2020.1.16, 2019다264700; 대판 2020.10.15, 2020다222382; 대판 2021.2.4, 2020두48772; 대판 2021.12.30, 2018다241458)."

Ⅲ. 심리의 범위

1. 법률문제와 사실문제

법원은 행정사건심리에 있어 소송의 대상이 된 처분의 법률문제뿐만 아니라 사실문제도 심리한다. 따라서 법원은 어떠한 사실관계를 바탕으로 어떻게 법을 해석·적용하였는지를 모두 심리할 수 있다.

다만 예외적으로 고도의 전문적·기술적 지식을 요하는 한정된 행정영역에서 사실인정에 행정청의 판단여지가 인정되는 경우에는 이에 대한 법원의 심리가 제한될 수 있다. 이와 관련하여 미국에서의 실질적 증거의 법칙(substantial evidence rule)도 중요한 의미를 가질 수 있는데, 이 법칙은 법원은 원칙적으로 법률문제만을 심리하며 사실문제는 행정청의 사실인정이 실질적 증거에 의하여 뒷받침되고 있는지의 여부에 대해서만 심리할 수 있다는 원칙이다. 이러한 의미에서 판단여지나 실질적 증거의 법칙은 법원의 사실문제심리를 제한하는 법리라고 할 수 있다.

2. 재량문제

행정청의 재량처분도 행정소송의 대상이 됨은 물론이다(행소법 27 참조). 이에 따라 재량처분이 취소소송의 대상이 되면 법원은 이를 각하하여서는 안 되고, 본안에서 재량권의 일탈·남용 여부를 심사하여 인용 여부를 판단하여야 한다(청구기각설). 다만 법원의 심사는 일탈·남용 여부에 대한 심사로 제한되고, 부당 여부는 심사할 수 없다.

3. 불고불리의 원칙과 예외

법원은 소제기가 없으면 재판할 수 없고, 소제기가 있더라도 당사자가 신청한 사항에 대하여 신청의 범위 내에서 심리·판단하여야 한다. 다만 행정소송법은 불고불리원칙에 대한 예외로서 법원의 직권심리를 규정하고 있다(행소법 26).

Ⅳ. 심리의 원칙

1. 민사소송법상 심리원칙의 준용

행정사건의 심리에 있어서도 행정소송법에 특별한 규정이 없는 한 민사소송법과 법원조직법이 준용되므로(행소법 8 ②), 민사소송에서의 심리와 마찬가지로 공개심리주의, 구술심리주의, 변론주의 등이 적용된다.

이에 대하여 행정소송법은 행정소송의 특수한 심리절차로서 법원의 직권심리(행소법 26)와 행정심판기록의 제출명령(행소법 25)에 관하여 규정하고 있다.

2. 변론주의와 직권탐지주의

(1) 의의

변론주의란 재판의 기초가 되는 자료의 수집을 당사자의 권능과 책임으로 하는 원칙을 말한다. 이에 대하여 직권탐지주의란 법원이 직권으로 소송자료를 수집할 수 있는 원칙을 말한다.

변론주의와 직권탐지주의는 행정소송에서의 소송자료의 수집에 대한 책임분배의 원칙이다. 변론주의를 택할 것인지 직권탐지주의를 택할 것인지는 입법정책적 판단의 문제이다. 독일처럼 직권탐지주의를 인정하는 경우도 있고, 일본처럼 직권증거조사를 보충적으로 채택하고 있는 경우도 있다.

우리나라 행정소송법 제26조는 "법원은 필요하다고 인정할 때에는 직권으로 증거조사를 할 수 있고, 당사자가 주장하지 아니한 사실에 대하여도 판단할 수 있다."고 규정하여 법원의 직권심리를 규정하고 있는데, 이 규정의 의미에 대해서는 학설의 대립이 있다.

(2) 학설 및 판례

1) 변론주의보충설

행정소송도 민사소송과 마찬가지로 변론주의를 기본적인 구조로 하면서, 다만 행정소송은 공익과 밀접한 관련이 있으므로 이 점에서 직권탐지주의가 보충적으로 가미될 수 있다는 견해이다. 이 견해는 행정소송법 제26조는 변론주의를 원칙으로 하면서, 법원이 공정·타당한 재판을 위하여 필요하다고 인정하는 경우에 보충적으로 기록에 나타난 사실에 관하여 직권으로 심리·판단을 할 수 있음을 규정한 것에 불과하다고 본다(다수설).

2) 직권탐지주의설

행정소송의 목적이 국민의 권리구제뿐 아니라 행정의 적법성통제에도 있고, 공익 또는 제3자의 이익과 밀접한 관련이 있다는 점에서 법원이 적극적으로 개입하여 재판의 적정·타당을 기할 필요가 있으며, 행정소송법 제26조가 '법원이 당사자가 주장하지 아니한 사실에 대하여도 판단할 수 있다'고 규정하고 있는 점 등을 논거로, 법원은 당사자가 제출한 사실에 관한 보충적 증거조사를 할 수 있는 데 그치지 않고, 당사자가 주장하지 아니한 사실에 대해서도 이를 직권으로 탐지하여 재판의 자료로 할 수 있다는 견해이다.[28)]

3) 판례

판례는 변론주의보충설의 입장이라고 판단된다. 판례는 '행정소송은 변론주의를 기본구조로 하면서 직권주의가 가미되어 있는 것이어서, 행정소송법 제26조의 직권심리는 당사자주의·변론주의에 대한 일부 예외 규정일 뿐'이라는 것이 기본입장이다.

따라서 행정소송에서는 법원이 필요하다고 인정할 때 기록에 나타나 있는 사항에 관하여서만 직권으로 증거조사를 하고 이를 기초로 하여 판단할 수 있을 따름이라고 한다. 다만 기록에 나타나 있다면 당사자가 주장하지 않았더라도 이를 직권으로 심리·판단할 수 있다는 입장이다.

[판례1] 행정소송에서의 직권심리주의와 그 한계

"… 법원으로서는 기록상 현출되어 있는 사항에 관하여 직권으로 증거조사를 하고 이를 기초로 하여 판단할 수 있다. 다만, 행정소송에서도 당사자주의나 변론주의의 기본 구도는 여전히 유지된다고 할 것이므로, 새로운 사유를 인정하여 행정처분의 정당성 여부를 판단하는 것은 당초의 처분사유와 기본적 사실관계에 있어서 동일성이 인정되는 한도 내에서만 허용된다 할 것이다(대법원 2009.5.28. 선고 2008두6394 판결 등 참조) (대판 2013.8.22, 2011두26589)."

[판례2] 행정소송에 있어서 직권심리의 범위

"행정소송법 제26조가 법원은 필요하다고 인정할 때에는 직권으로 증거조사를 할 수 있고, 당사자가 주장하지 아니한 사실에 대하여도 판단할 수 있다고 규정하고 있지만, 이는 행정소송의 특수성에 연유하는 당사자주의, 변론주의에 대한 일부 예외 규정일 뿐 법원이 아무런 제한 없이 당사자가 주장하지 아니한 사실을 판단할 수 있는 것은 아니고, 일건 기록에 현출되어 있는 사항에 관하여서만 직권으로 증거조사를 하고 이를 기초로 하여 판단할 수 있을 따름이고, 그것도 법원이 필요

28) 정하중, 행정법개론, 792면 이하.

하다고 인정할 때에 한하여 청구의 범위내에서 증거조사를 하고 판단할 수 있을 뿐이다(대판 1994. 10.11, 94누4820).”

[판례3] 행정소송에서 기록상 자료가 나타나 있다면 당사자가 주장하지 않더라도 판단할 수 있는지 여부

“행정소송에서 기록상 자료가 나타나 있다면 당사자가 주장하지 않았더라도 판단할 수 있고, 당사자가 제출한 소송자료에 의하여 법원이 처분의 적법 여부에 관한 합리적인 의심을 품을 수 있음에도 단지 구체적 사실에 관한 주장을 하지 아니하였다는 이유만으로 당사자에게 석명을 하거나 직권으로 심리·판단하지 아니함으로써 구체적 타당성이 없는 판결을 하는 것은 행정소송법 제26조의 규정과 행정소송의 특수성에 반하므로 허용될 수 없다(대판 2011.2.10, 2010두20980).”

(3) 결어

행정소송법의 취지는 행정소송도 민사소송과 마찬가지로 변론주의를 기본구조로 하고 있는 것으로 이해된다. 한편 민사소송법 제292조도 보충적 직권증거조사를 규정하고 있는데, 민사소송과는 달리 공익실현작용으로서의 성격이 강한 행정소송의 경우에는 법원의 직권심리권한이 민사소송의 경우보다는 더 넓어야 한다고 이해하는 것이 합리적이다.

요컨대 행정소송법 제26조가 직권탐지주의를 취한 것이라고 보기는 어렵다. 따라서 변론주의 보충설 및 판례의 입장처럼 행정소송법 제26조는 변론주의를 원칙으로 하면서 직권심리주의를 보충적으로 가미하고 있는 것이라는 견해에 수긍이 간다. 그렇지만 이 ‘보충적 가미’라는 문구에 엄격하게 제한될 필요는 없다고 생각된다. 예컨대 법원으로 하여금 당사자가 제출한 기록에 나타나 있지 않고 당사자가 주장하지 않더라도 실체적 진실의 발견과 공정·타당한 재판결과의 도출을 위하여 필요하다고 판단되면 적극적으로 석명권을 행사하거나 직권으로 조사할 수 있도록 하는 것이 민사소송과는 별도로 행정소송제도를 둔 취지에 부합하는 것이라고 판단되기 때문이다.

3. 행정심판기록제출명령

취소소송은 행정청을 상대로 하는 소송이므로, 원고의 입장에서는 행정청의 처분 등에 관한 자료를 수집하는 데 어려움이 있을 수 있다. 따라서 원고의 주장과 입증을 용이하게 하기 위해서는 행정청이 보유하고 있는 자료에 대한 열람 및 복사청구권을 인정하는 것이 의미가 있다. 그러나 행정소송법은 행정심판기록의 제출명령을 규정하는 데 그치고 있다.

행정소송법은 법원으로 하여금 당사자의 신청이 있는 때에는 결정으로써 재결을 행한 행정청에 대하여 행정심판에 관한 기록의 제출을 명할 수 있도록 하고(행소법 25 ①), 제출명령을 받은

행정청은 지체 없이 당해 행정심판에 관한 기록을 법원에 제출하도록 하고 있다(행소법 25 ②). 여기에서 행정심판에 관한 기록이란 행정심판청구서, 답변서, 보충서면, 기타 각종 증거서면, 재결서, 행정심판위원회의 회의자료 등 행정심판을 위하여 원고와 피고인 행정청, 제3자 등이 제출한 모든 증거와 자료를 포괄한다고 할 것이다.

4. 일정한 징계처분에 대한 취소소송에 있어 피해자의 의견청취

취소소송의 적정한 심리를 도모하기 위하여 일정한 징계처분의 취소소송에 있어 그 처분에 이르게 한 사건의 피해자에게 의견을 청취하는 제도를 두었다. 징계처분 사건의 성희롱 피해자·성폭력 피해자, 학교폭력 사건의 피해학생 및 그 보호자는 행정소송의 당사자가 아니지만 해당 처분사유와 밀접한 연관성을 가진다. 따라서 이러한 피해자에게 증인신문에 의하지 않고서도 소송절차에서 그 피해의 정도, 처분에 대한 의견, 그 밖에 해당 사건에 관한 의견을 진술할 수 있는 근거를 마련하여 피해자의 절차 참여 기회를 명문화하였다.

법원은 필요하다고 인정하는 경우에 「성폭력방지 및 피해자보호 등에 관한 법률」 제2조 제3호의 성폭력피해자, 「양성평등기본법」 제3조 제2호의 성희롱으로 인하여 피해를 입은 사람, 「학교폭력예방 및 대책에 관한 법률」 제2조 제4호의 피해학생 또는 그 보호자로부터 해당 처분의 처분사유와 관련하여 그 처분에 관한 의견을 기재한 서면을 제출받는 등의 방법으로 피해자의 의견을 청취할 수 있다(행소규칙 13 ①). 다만 피해자로부터 청취한 의견은 처분사유의 인정을 위한 증거로는 할 수 없다(행정소송규칙 13 ③).

V. 주장책임과 입증책임

1. 주장책임

(1) 의의

주장책임이란 분쟁의 주요사실을 주장하지 않음으로써 자기에게 불리한 법률효과가 인정되는 당사자 일방의 불이익 또는 부담을 말한다(객관적 주장책임). 주장책임은 변론주의 하에서는 주요사실은 당사자가 변론에서 주장하지 않으면 판결의 기초로 삼을 수 없다는 데에서 비롯되는 것이다. 행정소송도 변론주의를 기본구조로 하고 있으므로 당사자에게 주장책임이 있다. 다만 직권심리주의가 보충적으로 가미되고 있으므로 그 범위 내에서 주장책임도 완화된다고 할 수 있다. 직권탐지주의 하에서는 법원은 직권으로 사실을 탐지할 수 있으므로 주장책임이 문제되지 않는다.

※ 참고

주관적 주장책임: 당사자가 패소를 면하기 위하여 법적 효과의 판단에 필요한 사실을 변론에 현출시킬 책임

객관적 주장책임: 어떠한 사실이 변론에 현출되지 않음으로써 이 사실을 법률요건사실로 하는 유리한 법률효과가 인정되지 않는 당사자의 불이익

(2) 내용

변론주의는 주요사실에 대해서만 인정되고 간접사실이나 보조사실에는 그 적용이 없으므로, 주장책임도 주요사실에 한하고 간접사실이나 보조사실은 주장책임의 대상이 아니다. 주요사실이란 법률효과를 규정하는 법규범의 구성요건에 해당하는 사실을 말한다. 간접사실이란 주요사실을 확인하는 데 그치는 사실을 의미하고, 보조사실은 증거능력이나 증거가치에 관한 사실로 이는 간접사실에 준하여 취급된다.[29)]

(3) 주장책임의 분배 문제

취소소송에서 누가 주장책임을 부담하는가를 정하는 문제를 주장책임의 분배라 하는데, 이와 관련하여서는 ① 입증책임의 분배와 주장책임의 분배는 항상 동일한 기준에 의하여 정해지는 것은 아니라는 견해가 있으나,[30)] ② 주장책임은 주요사실에 관하여 입증책임을 지는 자가 부담하는 것이므로 주장책임의 분배는 입증책임의 분배와 일치한다고 보는 견해가 일반적이다. 판례도 같은 입장이다(대판 2001.1.16, 99두8107).

2. 입증책임

(1) 의의

입증책임이란 소송상 증명을 요하는 사실의 존부가 확정되지 않음으로써 판결에서 자기에게 유리한 법률효과가 인정되지 아니하는 당사자 일방의 위험 또는 불이익을 말한다(객관적 입증책임).

입증책임에는 주관적·객관적 입증책임이 있는데, 주관적 입증책임은 변론주의 하에서 당사자가 패소를 면하기 위하여 증거를 제출하여 주장사실을 증명하여야 하는 책임을 말하고, 객관적 입증책임은 증거가 제출되지 않아서 증명을 요하는 사실이 진위불명이 된 결과 자기에게 유리한 법률효과가 인정되지 아니함으로써 불리한 법적 판단을 받게 되는 당사자 일방의 불이익을 말한다. 주관적 입증책임은 객관적 입증책임을 전제로 한다. 주관적 입증책임은 변론주의가 지배하는 소송

29) 박균성, 행정법강의, 944면 이하; 이시윤, 신민사소송법, 310면 참조.
30) 김동희/최계영, 행정법 I, 763~764면.

에서만 인정되는 데 반하여, 객관적 입증책임은 변론주의뿐 아니라 직권주의를 취하는 절차에서도 인정된다. 행정소송은 변론주의를 기본으로 하면서 직권심리주의도 인정되므로, 주관적 입증책임이 인정됨은 물론 객관적 입증책임도 인정된다. 그러나 행정소송과 관련하여서는 주로 취소소송을 중심으로 하는 항고소송에서의 객관적 입증책임의 분배문제가 논의되고 있다.

(2) 취소소송에서의 입증책임의 분배

입증책임의 분배란 어떤 사실의 존부가 증명되지 않은 경우에 그 불이익을 누구에게 부담시킬 것인가 하는 문제이다. 이에 관하여는 학설의 대립이 있다.

1) 학설

① 원고책임설

행정행위는 공정력에 의하여 적법한 것으로 추정되기 때문에 처분의 위법성에 대한 입증책임은 원고에게 있다는 견해이다. 그러나 오늘날은 행정행위가 공정력으로 인하여 적법성까지 추정되는 것은 아니라는 견해가 일반화되었으므로 이 설은 그 타당성의 근거를 상실하였다.

② 피고책임설

행정의 법률적합성원칙상 처분은 적법하여야 하므로, 그 위법 여부에 대한 입증책임은 피고인 행정청이 부담하여야 한다는 견해이다.

③ 입증책임분배설(법률요건분류설)

입증책임에 관한 별도의 규정이 없는 한 민사소송법상의 입증책임분배의 원칙에 따라야 한다는 견해이다.

이 견해는 민사소송법에서 권리의 존재를 주장하는 자가 그 요건인 권리발생사실에 관하여, 그리고 권리의 존재를 부정하는 자가 그 권리의 발생을 방해 또는 소멸시키는 요건사실에 관하여 입증책임을 져야 한다는 입증책임 분배원칙을 근거로 하는 것이다.

이에 따라 취소소송에서는 ① 행정청의 권한행사규정(~한 경우에는 ~한 처분을 할 수 있다)의 경우 권한행사를 주장하는 자가 요건사실에 대한 입증책임을 지고(적극적 처분의 경우는 행정청, 소극적 처분의 경우는 원고), ② 행정청의 권한불행사규정(~한 경우에는 ~한 처분을 할 수 없다)의 경우 권한불행사를 주장하는 자가 요건사실에 대한 입증책임을 진다고 본다(적극적 처분의 경우 원고, 소극적 처분의 경우 행정청).

④ 독자분배설

행정상 법률관계는 민사관계와는 달리 대등한 당사자 간의 권리의무관계로 보기 어렵다는 특수성이 있으므로 취소소송에 있어서 입증책임의 분배기준은 민사소송에서와는 달리 정해져야 한다는 견해이다. 이 견해는 침익적 처분에 대한 입증책임은 피고가, 수익처분과 재량권의 일탈과

남용 여부문제에 대한 입증책임은 원고가 부담한다고 한다.[31)]

2) 판례

판례는 입증책임분배설의 입장을 취하고 있다.

> [판례] 항고소송에 있어서 행정처분의 적법성에 관한 입증책임
>
> "민사소송법의 규정이 준용되는 행정소송에 있어서 입증책임은 원칙적으로 민사소송의 일반원칙에 따라 당사자간에 분배되고 항고소송의 경우에는 그 특성에 따라 당해 처분의 적법을 주장하는 피고에게 그 적법사유에 대한 입증책임이 있다 할 것인바 피고가 주장하는 당해 처분의 적법성이 합리적으로 수긍할 수 있는 일응의 입증이 있는 경우에는 그 처분은 정당하다 할 것이며 이와 상반되는 주장과 입증은 그 상대방인 원고에게 그 책임이 돌아간다(대판 2016.5.27, 2013두1126)."

3) 결어

다수설과 판례의 입장인 입증책임분배설은 기본적으로는 민사소송법상의 입증책임분배의 원칙을 따르면서 항고소송의 특수성을 반영하자는 견해이다. 이에 대해서는 민사소송법상의 원칙을 항고소송에 그대로 적용하는 것은 타당하지 않다는 비판적인 견해도 있지만,[32)] 입증책임분배설에 따르더라도 민사소송법상의 분배원칙이 기계적으로 적용되는 것이 아니라 취소소송의 특수성을 반영할 여지가 충분히 있다고 판단되므로 입증책임분배설이 타당하다고 판단된다.

4) 참고: 소송요건사실에 대한 입증책임

취소소송의 제기요건은 직권조사사항이지만, 그 존부가 불분명할 때에는 소송요건을 결한 부적법한 소로 되어 원고에게 불이익하게 판단되므로 이에 대한 입증책임은 원고가 부담한다.

(3) 구체적 사례

① 당해 행정처분의 적법성에 대해서는 당해 처분청이 이를 주장·입증하여야 한다(대판 2001.10.23, 99두3423).

② 불허가처분의 경우 허가요건구비는 원고가, 허가요건의 미비는 행정청이 입증책임을 부담한다(대판 1986.4.8, 86누107).

③ 수익적 처분의 취소처분의 경우 하자나 취소해야 할 필요성에 관한 입증책임은 기존 이익과 권리를 침해하는 처분을 한 행정청에 있다(대판 2012.3.29, 2011두23375).

④ 과세처분의 경우 처분의 적법성 및 과세요건사실의 존재에 관하여는 원칙적으로 과세관

31) 박윤흔, 최신행정법강의(상), 996면 이하; 석종현/송동수, 일반행정법(상), 897면.
32) 김동희/최계영, 행정법 I, 763~764면; 박윤흔, 최신행정법강의(상), 996면 이하.

청이 그 입증책임을 부담하나, 경험칙상 이례에 속하는 특별한 사정의 존재에 관하여는 납세의무자에게 입증책임이 있다(대판 1996.4.26, 96누1627).

⑤ 과징금부과처분의 경우 과징금의 부과요건에 해당하는 것은 과징금 부과관청에게 입증책임이 있다(대판 2012.5.24, 2011두15718).

⑥ 행정처분의 당연무효를 주장하여 그 무효확인을 구하는 행정소송에 있어서는 원고에게 그 행정처분이 무효인 사유를 주장·입증할 책임이 있다(대판 2010.5.13, 2009두3460).

제4목 취소소송의 판결

제1. 판결의 의의 및 종류

Ⅰ. 의의

판결이란 법원이 구체적인 쟁송을 해결하기 위하여 소송절차를 거쳐 내리는 결정을 말한다.

Ⅱ. 판결의 종류

1. 종국판결과 중간판결

종국판결이란 사건의 전부 또는 일부를 종료시키는 판결을 말한다. 중간판결이란 종국판결을 하기 전에 소송의 진행 중에 발생한 쟁점을 해결하기 위하여 내리는 확인적 성질의 판결을 말한다(예: 피고의 방소항변(妨訴抗辯)을 이유 없다고 하는 판결).

2. 소송판결과 본안판결

소송판결은 요건심리의 결과 당해 소송을 부적법하다 하여 각하하는 판결을 말하고, 본안판결은 본안심리의 결과 청구의 전부 또는 일부를 인용하거나 기각하는 판결을 말한다.

3. 인용판결과 기각판결*

인용판결이란 본안심리의 결과 원고의 청구가 이유 있다고 판단하여 그 청구의 전부 또는 일부를 받아들이는 판결을 말한다. 취소소송의 인용판결은 처분 등을 취소 또는 변경하는 판결인데, 이를 통하여 위법한 처분 등의 취소 또는 변경이라는 형성적 효과가 발생한다.

여기에서 변경의 의미에 관하여는 적극적 변경이 가능하다는 견해도 있으나, 권력분립적 고

* 변호사시험(2014년), 변호사시험(2022년), 사법시험(2006년).

려에 의하여 소극적 변경(일부취소)만을 의미한다고 이해된다. 판례는 일부취소는 외형상 하나의 처분이라고 하더라도 가분성이 있거나 그 처분대상의 일부가 특정될 수 있어야 가능하다는 입장이다(대판 2000.2.11, 99두7210).

[판례] 일부취소가 가능한 경우

"외형상 하나의 행정처분이라 하더라도 가분성이 있거나 그 처분대상의 일부가 특정될 수 있다면 일부만의 취소도 가능하고 그 일부의 취소는 당해 취소부분에 관하여 효력이 생긴다(대법원 1995.11.16. 선고 95누8850 전원합의체 판결 등 참조).

임대사업자가 여러 세대의 임대주택에 대해 분양전환 승인신청을 하여 외형상 하나의 행정처분으로 그 승인을 받았다고 하더라도 이는 승인된 개개 세대에 대한 처분으로 구성되고 각 세대별로 가분될 수 있으므로 이 사건 처분 중 일부만의 취소도 가능하다(대판 2015.3.26, 2012두20304)."

이에 따라 영업정지처분 등이 재량권남용에 해당되어 위법하면 그 처분의 취소를 명할 수 있을 뿐 어느 정도가 적정한 영업정지기간인가를 정하는 것은 행정청의 권한이므로 적정 영업정지기간을 초과하는 부분을 가려서 일부취소 하지 않고 전부를 취소하여야 한다고 한다(대판 1982.6.22, 81누375). 과징금부과처분의 경우에도 법원이 적정하다고 인정되는 부분을 초과한 부분만 취소할 수는 없다고 한다(대판 2010.7.15, 2010두7031). 다만, 한 사람이 여러 종류의 자동차운전면허를 취득하거나 이를 취소 또는 정지하는 경우 이를 서로 별개의 것으로 보아 －취소사유가 다른 면허와 공통되거나 면허를 받은 사람에 관한 것이 아닌 한－ 일부취소가 가능하다고 보고 있다(대판 2012.5.24, 2012두1891).[33]

기각판결은 원고의 청구가 이유 없다 하여 이를 배척하는 판결을 말한다. 다만 원고의 청구가 이유 있는 경우에도 예외적으로 청구를 기각하는 경우가 있는데 이를 사정판결이라 한다.

제2. 위법성 판단의 기준시*

처분은 처분 당시의 사실상태 및 법상태를 기초로 하여 행하여진다. 그런데 처분 이후에 당해 처분의 근거가 된 법령이 개폐되거나 사실상태가 변경된 경우에 법원은 어느 시점의 사실상태 및 법상태를 기준으로 처분의 위법성을 판단하여야 하는지가 문제이다. 이에 관하여는 처분시설과 판결시설이 대립되고 있다.

33) 이에 관하여는 위 '취소소송의 의의' 참조.

1. 처분시설(處分時說)

처분의 위법성판단은 처분시의 법령 및 사실상태를 기준으로 하여야 한다는 견해로, 이 설이 통설이다.

처분시설은 취소소송은 처분의 사후심사를 속성으로 하며, 만약 판결시를 기준으로 하면 행정의 일차적 판단권을 침해하는 것이 되어 권력분립의 원칙에 위배되고 법원이 감독청의 역할을 하는 것이 된다는 점을 논거로 들고 있다.

2. 판결시설(判決時說)

취소소송의 본질을 처분으로 인하여 형성된 위법상태의 배제로 보아 처분의 위법성판단은 판결시의 법령 및 사실상태를 기준으로 하여야 한다는 견해이다.

3. 절충설

원칙적으로 처분시설을 취하면서, 예외적으로 계속적 효력을 가지는 처분(예: 건축물의 사용금지처분)이나 미집행처분(예: 집행되지 않고 있는 철거명령)에 대한 취소소송에서는 처분의 위법성을 판결시의 법상태 및 사실상태를 기준으로 하자는 견해이다.[34)]

특히 거부처분취소소송과 관련하여, 거부처분취소소송의 인용판결은 행정소송법 제30조 제2항에 따라 행정청의 재처분의무를 발생시킨다는 점을 고려하여, 거부처분의 위법성판단은 판결시의 법상태 및 사실상태를 기준으로 하자고 주장하기도 한다.[35)]

4. 판례

판례는 처분시설의 입장이다.

> [판례1] 행정처분의 위법 여부 판단의 기준시점(＝처분시)
>
> "행정소송에서 행정처분의 위법 여부는 행정처분이 있을 때의 법령과 사실상태를 기준으로 하여 판단하여야 하고, 처분 후 법령의 개폐나 사실상태의 변동에 의하여 영향을 받지는 않는다고 할 것이므로, … 이 사건 처분(공사중지명령처분)은 그 처분 당시의 법령과 사실상태를 기준으로 판단할 때 적법하다고 할 것이고, 이 사건 처분 이후의 원심판결에서 인정하고 있는 바와 같은 사실상태의 변동으로 인하여 처분 당시 적법하였던 이 사건 처분이 다시 위법하게 되는 것은 아니라고 할 것이다.(대판 2007.5.11, 2007두1811)."

* 행정고시(재경)(2009년), 행정고시(일반행정)(2010년), 변호사시험(2020년).

34) 박윤흔, 최신행정법강의(상), 1001면; 정하중, 행정법개론, 827면.

35) 정하중, 행정법개론, 803면; 박균성, 행정법강의, 962~966면.

"난민 인정 거부처분의 취소를 구하는 취소소송에서도 그 거부처분을 한 후 국적국의 정치적 상황이 변화하였다고 하여 처분의 적법 여부가 달라지는 것은 아니다(대판 2008.7.24, 2007두3930)."

"과징금 납부명령 등이 재량권 일탈·남용으로 위법한지 여부는 다른 특별한 사정이 없는 한 과징금 납부명령 등이 행하여진 '의결일' 당시의 사실상태를 기준으로 판단하여야 한다(대판 2015.5.28, 2015두36256)."

"영업정지처분은 그 처분 당시의 법령과 사실상태를 기준으로 판단할 때 적법하다고 할 것이고, 따라서 영업정지처분 이후에 간이회생절차 종결 결정을 받아 비로소 건설산업기본법 시행령에서 정한 영업정지 예외사유가 발생하였더라도 … 처분 당시 적법하였던 영업정지처분이 다시 위법하게 된다고 볼 수는 없다(대판 2022.4.28, 2021두61932[영업정지처분취소])."

[판례2] 허가신청 후 허가기준이 변경된 경우 변경된 허가기준에 따라 처분을 하여야 하는지 여부*

"허가 등의 행정처분은 원칙적으로 처분시의 법령과 허가기준에 의하여 처리되어야 하고 허가신청 당시의 기준에 따라야 하는 것은 아니며, 비록 허가신청 후 허가기준이 변경되었다 하더라도 그 허가관청이 허가신청을 수리하고도 정당한 이유 없이 그 처리를 늦추어 그 사이에 허가기준이 변경된 것이 아닌 이상 변경된 허가기준에 따라서 처분을 하여야 한다(대판 2006.8.25, 2004두2974).

[판례3] 항고소송에서 처분의 위법 판단 기준 시기는 처분당시, 신청에 따른 처분도 동일

"항고소송에서 처분의 위법 여부는 특별한 사정이 없는 한 그 처분 당시를 기준으로 판단하여야 한다. 이는 신청에 따른 처분의 경우에도 마찬가지이다. 새로 개정된 법령의 경과규정에서 달리 정함이 없는 한, 처분 당시에 시행되는 개정 법령과 그에서 정한 기준에 의하여 신청에 따른 처분의 발급 여부를 결정하는 것이 원칙이고, 그러한 개정 법령의 적용과 관련하여서는 개정 전 법령의 존속에 대한 국민의 신뢰가 개정 법령의 적용에 관한 공익상의 요구보다 더 보호가치가 있다고 인정되는 경우에 그러한 국민의 신뢰를 보호하기 위하여 그 적용이 제한될 수 있는 여지가 있을 따름이다(대판 2020.1.16, 2019다264700[연구개발확인서발급절차이행청구의소])."

판례는 위법성 판단은 처분시를 기준으로 하지만, 다만 위법 여부를 판단함에 있어서는 처분 당시 존재하였던 자료만이 아니라 사실심 변론종결시까지 제출된 모든 자료를 종합하여 고려할 수 있다고 하고 있다.

* 행정고시(재경)(2009년).

[판례4] 항고소송에서 행정처분의 위법 여부는 처분시의 법령과 사실 상태를 기준으로 판단, 처분시의 위법 여부 판단은 처분 당시 행정청이 알고 있었던 자료뿐만 아니라 사실심 변론종결 시까지 제출된 모든 자료를 종합하여 판단

"항고소송에서 행정처분의 위법 여부는 행정처분이 있을 때의 법령과 사실 상태를 기준으로 판단하여야 한다. 이는 처분 후에 생긴 법령의 개폐나 사실 상태의 변동에 영향을 받지 않는다는 뜻이지, 처분 당시 존재하였던 자료나 행정청에 제출되었던 자료만으로 위법 여부를 판단한다는 의미는 아니다. 따라서 법원은 행정처분 당시 행정청이 알고 있었던 자료뿐만 아니라 사실심 변론종결 당시까지 제출된 모든 자료를 종합하여 처분 당시 존재하였던 객관적 사실을 확정하고 그 사실에 기초하여 처분의 위법 여부를 판단할 수 있다(대판 2018.6.28, 2015두58195[평가인증취소처분취소])."

5. 결어

취소소송은 과거의 위법한 처분으로 인하여 법률상 이익을 침해받은 자가 법률상 이익의 침해를 이유로 그 시정을 구하는 것이므로 위법성의 판단시점은 처분시를 기준으로 하는 것이 타당하다.

판결시를 기준으로 하면, 처분시 기준으로 위법한 처분이 적법하게 되는 경우도 있어 당사자에게 유리하지만은 않다. 그리고 예외적으로 계속적 효력을 가진 처분이든 거부처분이든, 판결시를 기준으로 하여 인용판결을 하게 되면 변경된 상황에서의 행정청의 1차적 판단권을 침해하는 문제가 발생할 수도 있다.

요컨대 처분의 위법성은 처분시를 기준으로 하여 판단하는 것이 국민의 권리구제와 행정에 대한 통제를 목적으로 하는 취소소송의 본질에 부합한다. 예컨대 건축물의 사용금지처분이나 거부처분이 처분시 기준으로 적법한데 이후의 사정변경으로 위법해 지더라도, 소송에서의 편의를 위하여 기준시점을 판결시로 변경하여 인용판결을 하는 것보다는, 처분시를 기준으로 기각판결을 하는 것이 취소소송제도의 취지에 보다 부합한다. 이 경우 원고로서는 본인의 선택에 따라 재신청 여부를 판단하면 되고, 행정청도 변화된 상황에서 고유의 1차적 판단권을 행사할 수 있게 되어 권력분립침해의 문제도 야기하지 않는다. 반대로 처분시 기준으로 위법한데 이후의 사정변경으로 적법해지는 경우에도, 처분시 기준으로 인용판결을 하더라도 행정청의 입장에서는 변경된 사정에 근거하여 다시 거부처분을 하더라도 재처분의무를 이행한 것이 되므로(대판 1998.1.7, 97두22) 문제될 것은 없다고 본다.

제3. 처분사유의 추가·변경*

Ⅰ. 의의

처분사유의 추가·변경이란 처분 당시에 존재하였으나 행정청이 처분사유로 제시하지 않았던 사실상·법률상의 근거를 사후에 행정소송절차에서 처분의 적법성을 유지하기 위하여 새로이 추가하거나 그 내용을 변경하는 것을 말한다. 예컨대 자연경관 훼손 및 민원발생을 사유로 하는 토지형질변경허가신청 거부처분에 대한 취소소송에서 피고인 처분청이 당해 거부처분의 적법성을 유지하기 위하여 경사도 위반 등의 사유를 추가하는 것이 이에 해당된다.

판례를 통해 인정되어 오던 처분사유의 추가·변경은 행정소송규칙의 제정으로 그 근거와 한계가 실정법규범으로 명문화되었다(행정소송규칙 9).

Ⅱ. 구분

① 처분사유의 추가·변경은 이미 '처분시에 존재하였던 사유'를 사후에 추가하는 것이라는 점에서 '처분 이후에 발생한 새로운 사유'는 처분사유의 추가·변경과는 관련이 없다.

② 처분사유의 추가·변경은 '사유의 사후변경'이라는 점에서 '처분의 사후변경(행정행위의 사후변경)'과 구별된다.

③ 처분사유의 추가·변경은 처분시에 이유제시가 되었으나 사후에 처분의 적법성 유지를 위하여 이에 필요한 처분사유를 추가하거나 변경하는 것(Nachschieben von Gründen)이라는 점에서, 처분시에 이유제시가 되지 않았거나 불충분하여 이유제시라는 형식요건에 하자가 있는 것을 사후에 추완함으로써 이유제시의 하자를 치유하는 것(Nachholung von Begründung)과 구별된다.

[판례] 행정청의 주장이 소송에서 새로운 처분사유를 추가한 것이 아니라, 처분서에 다소 불명확하게 기재하였던 '당초 처분사유'를 좀 더 구체적으로 설명한 것이라고 한 사례

"한강유역환경청장은 '갑 회사가 소각시설을 허가받은 내용과 달리 설치하거나 증설하여 폐기물을 과다소각함으로써 위 법령을 위반하였다'는 점을 '당초 처분사유'로 삼아 위 처분을 한 것이고, 갑 회사도 이러한 '당초 처분사유'를 알면서도 이를 인정하고 처분양정이 과중하다는 의견만을 제시하였을 뿐이며, 처분서에 위반행위 방법을 구체적으로 기재하지 않았더라도 그에 불복하여 방어권을 행사하는 데 별다른 지장이 없었으므로, 한강유역환경청장이 갑 회사의 소송상 주장에 대응하여

* 사법시험(2008년), 사법시험(2012년), 행정고시(일반행정)(2009년), 5급공채(행정)(2018년), 입법고시(2024년), 변호사시험(2023년).

> 변론과정에서 한 '갑 회사는 변경허가를 받지 않은 채 소각시설을 무단 증설하여 과다소각하였으므로 위 법령 위반에 해당한다'는 주장은 소송에서 새로운 처분사유를 추가로 주장한 것이 아니라, 처분서에 다소 불명확하게 기재하였던 '당초 처분사유'를 좀 더 구체적으로 설명한 것이다(대판 2020. 6.11, 2019두49359[과징금부과처분취소])."

④ 처분의 위법성 판단의 기준시의 문제는 처분이 행하여진 후 처분의 근거법령이 개정되거나 사실상태가 변화된 경우에 어느 시점을 기준으로 하여 처분의 위법을 판단할 것인가의 문제이므로 처분사유의 추가·변경과는 다른 문제이다. 그런데 위법성 판단의 기준시와 관련하여 처분시설을 취하는 경우 처분사유의 추가·변경이 문제가 되지만, 판결시설을 취하면 피고인 처분청은 처분 이후에도 다른 법적·사실적 상황을 주장할 수 있게 된다는 점에서 양자는 상호 관련되는 측면도 있다.

Ⅲ. 허용성

행정소송규칙 제정 전에는 취소소송의 계속 중에 처분사유의 추가·변경을 허용할 것인지에 관하여 실정법규범에 아무런 규정이 없어 학설·판례에 따랐다.

1. 긍정설

취소소송의 소송물을 처분의 위법성 일반으로 보아 양 당사자는 처분의 적법성 및 위법성에 관한 모든 법적·사실적 주장을 할 수 있기 때문에 처분사유의 추가·변경은 원칙적으로 제한되지 않는다는 견해이다.

이 설에 따르면 이유제시제도의 취지가 몰각되고 신뢰보호에 반하여 원고의 방어권이 부당하게 침해될 수 있다는 문제가 있다.

2. 부정설

취소소송의 소송물을 그 처분사유에 특정된 처분의 위법성으로 보아 처분사유를 추가·변경하려면 별개의 새로운 처분에 의해서 하여야 하기 때문에 처분사유의 추가·변경은 허용되지 않는다는 견해이다.

이 설에 따르면 동일한 처분내용을 가지고 수회에 걸친 소송이 반복될 수 있어 소송경제에 반한다는 문제가 있다.

3. 개별적 결정설

처분사유의 추가·변경은 기속행위·재량행위·제재처분·거부처분 등 행위의 유형 및 취소소송·의무이행소송 등 소송의 유형에 따라 그 허용범위를 달리 정하여야 한다는 견해이다.[36)]

4. 제한적 긍정설

분쟁의 일회적 해결·소송경제 및 원고의 보호를 고려할 때 기본적 사실관계의 동일성이 유지되는 범위 내에서 사실심 변론종결시까지 처분사유의 추가·변경이 가능하다는 견해로, 이 견해가 다수설 및 판례(대판 2011.11.24, 2009두19021)의 입장이다. 2023년 행정소송규칙은 판례의 입장을 명문화하였다(행정소송규칙 9).

5. 결어

처분사유의 추가·변경을 인정하는 취지는, 예컨대 거부처분에 대한 취소소송에서 원고가 승소한 경우 피고 행정청이 처분 당시에는 존재하였으나 미처 제시하지 못했던 다른 사유를 들어 또 다시 동일한 거부처분을 하게 되는 것보다는 당해 취소소송에서 피고 행정청으로 하여금 처분 당시에 존재하였던 사유를 추가하거나 그 내용을 변경할 수 있도록 함으로써 당해 분쟁의 일회적 해결·소송경제·실체적 진실의 발견·공익보장 등에 기여하기 위한 데 있다.

그러나 처분사유의 추가·변경은 이유제시제도의 취지를 훼손하거나 원고의 방어권을 침해할 수 있다는 문제도 있으므로 이를 일정한 한계 내에서만 긍정하는 제한적 긍정설이 타당하다. 결국 처분사유의 추가·변경의 문제는 이를 허용할 것인가 하는 문제보다는 이를 제한적으로 허용하여야 한다는 점에서 그 허용요건과 한계의 문제가 보다 중요하다. 개별적 결정설의 주장도 결국은 처분사유의 추가·변경의 허용 여부에 관한 것이라기보다는 허용요건과 한계에 관한 문제로 이해된다. 2023년 행정소송규칙 제정은 그간의 학설과 판례의 논의를 일목요연하게 정리하였다.

Ⅳ. 허용요건 및 한계

1. 기본적 사실관계의 동일성*

행정청은 사실심 변론을 종결할 때까지 당초의 처분사유와 기본적 사실관계가 동일한 범위 내에서 처분사유를 추가 또는 변경할 수 있다(행정소송규칙 9). 판례는 처분사유의 추가·변경은 기본적 사실관계의 동일성이 인정되는 한도 내에서만 허용되고, 기본적 사실관계의 동일성 유무는 처분

* 법원행정고시(2007년), 행정고시(일반행정)(2009년), 5급공채(행정)(2018년).

36) 박균성, 행정법강의, 934~935면.

사유를 법률적으로 평가하기 이전의 구체적 사실에 착안하여 그 기초인 사회적 사실관계가 기본적인 점에서 동일한지에 따라 결정되어야 한다고 한다[판례1].

기본적 사실관계의 동일성이 인정되지 않아서 처분사유의 추가·변경이 허용되지 않는다면 법원은 당초의 처분사유만을 근거로 심리하여 청구의 인용 여부를 판단하여야 할 것이다.

[판례1] 항고소송에서 행정청이 처분의 근거 사유를 추가하거나 변경하기 위한 요건인 '기본적 사실관계의 동일성' 유무의 판단 방법

"행정처분의 취소를 구하는 항고소송에서 처분청은 당초 처분의 근거로 삼은 사유와 기본적 사실관계가 동일성이 있다고 인정되는 한도 내에서만 다른 사유를 추가 또는 변경할 수 있고, 이러한 기본적 사실관계의 동일성 유무는 처분사유를 법률적으로 평가하기 이전의 구체적 사실에 착안하여 그 기초인 사회적 사실관계가 기본적인 점에서 동일한지에 따라 결정되므로, 추가 또는 변경된 사유가 처분 당시에 이미 존재하고 있었다거나 당사자가 그 사실을 알고 있었다고 하여 당초의 처분사유와 동일성이 있다고 할 수 없다(대판 2011.11.24, 2009두19021)."

[판례2] 기본적 사실관계의 동일성을 요구하는 취지

"… 행정처분의 상대방의 방어권을 보장함으로써 실질적 법치주의를 구현하고 행정처분의 상대방에 대한 신뢰를 보호하고자 함에 그 취지가 있다(대판 2003.12.11, 2001두8827)."

[판례3] 취소소송에서 처분청이 당초 처분의 근거로 제시한 사유와 기본적 사실관계에서 동일성이 없는 별개의 사실을 처분사유로 주장할 수 있는지 여부(소극)

"(공사용 가설건축물의 철거명령(시정명령)에 대하여 원고들이 그 불법상태를 해소하기 위한 방법으로 '가설건축물 존치기간 연장신고'를 하였으나, 피고가 토지 공유자 전원의 대지사용승낙서가 제출되지 않았다는 이유로 위 연장신고의 수리를 반려한 사안에서) … 피고는, 이 사건 가설건축물이 용산역세권 국제업무지구 개발사업에 따른 오염토양 정화조치 명령을 이행하기 위하여 축조되었으나, 위 개발사업이 사실상 무산되고 위 오염토양 정화조치 명령도 철회되는 등 더 이상 공사용으로 사용되고 있지 않으므로 결과적으로 이 사건 반려처분은 적법하다는 취지로 소송 과정에서 주장하고 있다.

그러나 피고가 위와 같이 추가한 "공사용 가설건축물이 더 이상 공사용으로 사용되지 않고 있다."라는 사유는 "대지에 관한 일부 공유지분권자의 대지사용승낙서가 제출되지 않았다."라는 당초의 처분사유와 기본적 사실관계에서 동일성이 인정된다고 보기 어렵다. 따라서 피고가 이를 새로운 처분사유로 추가하는 것은 허용되지 않는다(대판 2018.1.25, 2015두35116[가설건축물존치기간연장신고반려처분취소등]).

[판례4] 추가·변경된 사유를 이미 알고 있었던 경우 당초의 처분사유와 동일성이 인정되는지 여부

"추가 또는 변경된 사유가 처분 당시에 이미 존재하고 있었다거나 당사자가 그 사실을 알고 있었다는 사유만으로는 당초의 처분사유와 (기본적 사실관계의) 동일성이 있다고 할 수 없다(대판 2011. 11.24, 2009두19021)."

[판례5] 새로운 법령에 의한 처분사유가 당초 구법하에서의 처분사유와 기본적 사실관계의 동일성이 인정될 수 있는지 여부

"의료보험요양기관 지정취소처분의 당초의 처분사유인 구 의료보험법(1999.2.8. 법률 제5857호로 개정되기 전의 것) 제33조 제1항이 정하는 본인부담금 수납대장을 비치하지 아니한 사실과 항고소송에서 새로 주장한 처분사유인 같은 법 제33조 제2항이 정하는 보건복지부장관의 관계서류 제출명령에 위반하였다는 사실은 기본적 사실관계의 동일성이 없다(대판 2001.3.23, 99두6392)."

[판례6] 처분청이 처분 당시 적시한 구체적 사실을 변경하지 아니하는 범위 내에서 처분의 근거 법령만의 추가·변경(원칙적 적극) 및 처분의 근거 법령의 변경(소극)

"행정처분이 적법한지는 특별한 사정이 없는 한 처분 당시 사유를 기준으로 판단하면 되고, <u>처분청이 처분 당시 적시한 구체적 사실을 변경하지 아니하는 범위 내에서 단지 처분의 근거 법령만을 추가·변경하는 것은 새로운 처분사유의 추가라고 볼 수 없으므로 이와 같은 경우에는 처분청이 처분 당시 적시한 구체적 사실에 대하여 처분 후 추가·변경한 법령을 적용하여 처분의 적법 여부를 판단하여도 무방하다</u>. 그러나 처분의 근거 법령을 변경하는 것이 종전 처분과 동일성을 인정할 수 없는 별개의 처분을 하는 것과 다름없는 경우에는 허용될 수 없다(대판 2011.5.26, 2010두28106)."

[판례] 처분사유로 기존 '건축법 제11조 위반'에서 '건축법 제20조 제3항 위반'을 추가(소극)

"피고가 원심에 이르러 건축법 제20조 제3항 위반을 처분사유로 추가한 것은 당초의 처분사유와 기본적 사실관계가 동일하지 아니한 새로운 처분사유를 추가하는 것으로서 허용되지 않는다고 봄이 타당하다(대판 2021.7.29, 2021두34756[시정명령 및 계고처분 취소])."

☞ 원고가 부지 지상에 컨테이너를 설치하여 창고임대업을 영위한 것과 관련하여 피고가 '위 컨테이너가 건축법 제2조 제1항 제2호의 건축물에 해당함에도 같은 법 제11조에 따른 건축허가를 받지 아니하고 이를 건축하였다'는 이유로 원상복구 시정명령 및 계고처분을 하였는데, 원심에 이르러 건축법 제20조 제3항 위반을 처분사유로 추가하는 것은 당초의 처분사유와 기본적 사실관계가 동일하지 않아 허용되지 않는다고 보아 이를 허용한 원심판결을 파기한 사례

[기본적 사실관계의 동일성을 인정한 판례]

[1] 주택신축을 위한 산림형질변경허가신청에 대하여 행정청이 거부처분을 하면서 당초 준농림지역에서의 행위제한이라는 사유와 나중에 추가한 자연경관 및 생태계의 교란, 국토 및 자연의 유지와 환경보전 등 중대한 공익상의 필요라는 사유는 기본적 사실관계의 동일성이 인정된다(대판 2004.11.26, 2004두4482).

[2] 토지형질변경 불허가처분의 당초 국립공원에 인접한 미개발지의 합리적인 이용대책 수립시까지 그 허가를 유보한다는 사유와 추가한 국립공원 주변의 환경·풍치·미관 등을 크게 손상시킬 우려가 있으므로 공공목적상 원형유지의 필요가 있는 곳으로서 형질변경허가 금지 대상이라는 사유는 기본적 사실관계의 동일성이 인정된다(대판 2001.9.28, 2000두8684).

[3] 석유판매업허가신청에 대하여 "주유소 건축 예정 토지에 관하여 도시계획법 제4조 및 구 토지의 형질변경 등 행위허가기준 등에 관한 규칙에 의거하여 행위제한을 추진하고 있다."는 당초의 불허가처분사유와 위 신청이 토지형질변경허가의 요건을 갖추지 못하였다는 사유 및 도심의 환경보전의 공익상 필요라는 사유는 기본적 사실관계의 동일성이 있다(대판 1999.4.23, 97누14378).

[4] 폐기물처리사업계획 부적정 통보처분의 당초 사업예정지에 폐기물처리시설을 설치할 경우 인근 농지의 농업경영과 농어촌 생활유지에 피해를 줄 것이 예상되어 농지법에 의한 농지전용이 불가능하다는 사유와 추가한 사업예정지에 폐기물처리시설을 설치할 경우 인근 주민의 생활이나 주변 농업활동에 피해를 줄 것이 예상되어 폐기물처리시설 부지로 적절하지 않다는 사유는 모두 인근 주민의 생활이나 주변 농업활동의 피해를 문제삼는 것이어서 기본적 사실관계가 동일하다(대판 2006.6.30, 2005두364).

[5] 당초의 정보공개거부처분사유인 검찰보존사무규칙 제20조 소정의 신청권자에 해당하지 아니한다는 사유는 새로이 추가된 공공기관의 정보공개에 관한 법률 제7조 제1항 제6호의 사유와 그 기본적 사실관계의 동일성이 있다(대판 2003.12.11, 2003두8395).

[6] '위 토지가 건축법상 도로에 해당하여 건축을 허용할 수 없다'는 사유와 '위 토지가 인근 주민들의 통행에 제공된 사실상의 도로인데, 주택을 건축하여 주민들의 통행을 막는 것은 사회공동체와 인근 주민들의 이익에 반하므로 갑의 주택 건축을 허용할 수 없다'는 사유(대판 2019.10.31, 2017두74320).

[기본적 사실관계의 동일성을 부인한 판례]

[1] 입찰참가자격을 제한시킨 당초의 처분 사유인 정당한 이유 없이 계약을 이행하지 않은 사실과 새로 주장한 계약의 이행과 관련하여 관계 공무원에게 뇌물을 준 사실은 기본적 사실관계의 동일성이 없다(대판 1999.3.9, 98두18565).

[2] 원고의 건축신고와 관련된 행정심판이 계속 중이므로 그 건축신고 건이 종결되지 않은 상황

에서 이 사건 신청을 처리할 수 없다는 당초의 처분사유와 원고가 이 사건 건축물을 건축하면서 사전 허가 없이 토지의 형질변경행위를 하였다거나 이 사건 토지가 하천구역으로 지정·고시될 예정이어서 이 사건 신청을 받아들일 수 없다는 취지로 추가한 사유들 사이에 기본적인 사실관계의 동일성이 인정되지 않는다(대판 2009.2.12, 2007두17359).

[3] 주류면허 지정조건 중 제6호 무자료 주류판매 및 위장거래 항목을 근거로 한 면허취소처분에 대한 항고소송에서, 제2호 무면허판매업자에 대한 주류판매를 새로이 그 취소사유로 주장하는 것은 기본적 사실관계의 동일성이 인정되지 않는다(대판 1996.9.6, 96누7427).

[4] 자동차관리사업불허처분에서 처분사유인 기존 공동사업장과의 거리제한규정에 저촉된다는 사실과 피고 주장의 최소 주차용지에 미달한다는 사실은 기본적 사실관계를 달리하는 것임이 명백하여 이를 새롭게 주장할 수 없다(대판 1995.11.21, 95누10952).

[5] 금융위원회위원장 등이 현재 대법원에 재판 진행 중인 사안이 포함되어 있다는 이유로 정보공개법 제9조 제1항 제4호에 따라 공개를 거부한 사안에서 금융위원회위원장 등이 당초 거부처분사유로 위 정보가 대법원 2007두11412호로 진행 중인 재판에 관련된 정보였다는 취지를 명기하였다면 이와 전혀 별개 사건인 서울중앙지방법원 2006고합1352, 1295, 1351호로 진행 중인 재판에 관련된 정보에도 해당한다며 처분사유를 추가로 주장하는 것은 당초의 처분사유와 기본적 사실관계가 동일하다고 할 수 없다(대판 2011.11.24, 2009두19021).

[6] 갑 등이 관할 구청장에게 재단법인 을의 기본재산 처분에 관한 정보공개를 청구하였으나 해당 정보가 정보공개법 제9조 제1항 제4호, 제7호 등에 해당한다는 이유로 비공개결정을 한 사안에서 제4호, 제5호, 제7호는 입법 취지가 다를 뿐 아니라 내용과 범위 및 요건이 달라 구청장이 처분사유로 추가한 제5호의 사유는 당초 처분사유인 제4호, 제7호의 사유와 기본적 사실관계가 동일하다고 할 수 없다(대판 2012. 4.12, 2010두24913).

[7] 당초의 정보공개거부처분사유인 정보공개법 제7조 제1항 제4호 및 제6호의 사유는 새로이 추가된 같은 항 제5호의 사유와 기본적 사실관계의 동일성이 인정되지 않는다(대판 2003.12.11, 2001두8827).

[8] 피고가 당초 처분의 근거로 제시한 사유가 실질적인 내용이 없다고 보는 경우, '산업단지 안에 새로운 폐기물시설부지를 마련할 시급한 필요가 없다'는 점을 거부처분의 사유로 추가하는 것은 그 기본적 사실관계가 동일한지 여부를 판단할 대상조차 없는 것이므로, 소송단계에서 처분사유를 추가하여 주장할 수 없다(대판 2017.8.29, 2016두44186).

[9] 명의신탁등기 과징금과 장기미등기 과징금은 위반행위의 태양, 부과 요건, 근거 조항을 달리하므로, 각 과징금 부과처분의 사유는 상호 간에 기본적 사실관계의 동일성이 없다(대판 2017.5.17, 2016두53050).

[10] (시외버스(공항버스) 운송사업을 하는 갑 주식회사에게 구 경기도 여객자동차 운수사업 관리 조

례 제18조 제4항을 근거로 보조금 지원 대상 제외처분을 하였다가 처분에 대한 취소소송에서 구 지방재정법 제32조의8 제7항을 처분사유로 추가한 사안에서) 근거 법령의 추가를 통하여 제재처분인 이 사건 제외처분의 성질이 기속행위에서 재량행위로 변경되는 것으로 볼 수 있고, 그로 인하여 위법사유와 당사자들의 공격방어방법 내용, 법원의 사법심사방식 등이 달라지며 … 당초 처분사유와 소송과정에서 피고가 추가한 처분사유는 상호 그 기초가 되는 사회적 사실관계의 동일성이 인정되지 않는다고 보아야 한다(대판 2023.11.30, 2019두38465).

2. 소송물의 동일성(처분의 동일성)

처분사유의 변경은 취소소송의 소송물의 동일성을 유지하는 범위 내에서만 가능하다. 만약 처분사유의 변경으로 소송물이 변경되면, 이는 청구의 변경에 해당되어, 처분사유의 추가·변경이 아닌, 소의 변경이 문제되기 때문이다.

취소소송에서는 당해 처분의 위법성과 당해 처분이 위법하다는 당사자의 주장이 소송물로 다투어지는 것이기 때문에, 소송물의 동일성이란 결국 처분의 동일성을 의미한다.

3. 시간적 한계

(1) 추가·변경사유의 기준시

처분의 위법성 판단의 기준시를 판결시로 보면 피고인 처분청은 판결시까지 존재하는 처분사유를 추가·변경할 수 있지만, 처분시로 보면 처분사유의 추가·변경은 처분시에 존재하는 사유에 한정되게 된다. 일반적 견해 및 판례의 입장인 처분시설에 따라 처분 이후에 발생한 새로운 처분사유는 추가·변경의 대상이 되지 않는다고 보는 것이 타당하다.

(2) 추가·변경의 허용시점

처분사유의 추가·변경은 사실심 변론종결시까지만 허용된다(행정소송규칙 9; 대판 1999.8.20, 98두17043).

4. 기타 한계 문제: 재량행위의 경우

재량행위의 경우 처분사유의 추가·변경이 허용될 것인가 하는 문제와 관련하여, ① 기속행위의 경우 처분사유의 타당성 여부는 처분의 적법성에 원칙적으로 영향을 미치지 않기 때문에 처분사유의 추가·변경이 폭넓게 허용되는 반면, 재량행위의 경우 처분사유(재량고려사항)의 추가·변경은 처분의 동일성을 변경시키기 때문에 원칙적으로 허용되지 않는다는 견해,[37] ② 재량고려사항

37) 정하중, 행정법개론, 829면.

은 처분사유가 아니라는 입장에서, 처분사유의 변경 없이 재량고려사항만 추가·변경하는 것은 처분의 변경이 아니라는 견해,[38] ③ 재량고려사항을 처분사유로 보면서 재량고려사항의 추가·변경을 인정하는 견해[39]가 있다. ④ 생각건대, 재량행위시 고려사항은 재량처분의 사유와 반드시 일치하는 것은 아니라고 보아야 할 것이다. 재량고려사항을 추가하거나 변경하는 것은, 처분사유의 동일성, 즉 기본적 사실관계의 동일성이 인정되는 범위 내라면 허용된다고 보는 것이 처분사유의 추가·변경을 허용하는 취지에 부합한다고 판단된다. 따라서 ②설이 타당하다.

제4. 사정판결*

Ⅰ. 의의

원고의 청구가 이유 있다고 인정하는 경우에도 처분 등을 취소하는 것이 현저히 공공복리에 적합하지 아니하다고 인정하는 때에는 법원은 원고의 청구를 기각할 수 있다(행소법 28 ①). 이에 따라 원고의 청구를 기각하는 판결을 사정판결이라 한다. 법원이 사정판결을 할 때 그 처분등을 취소하는 것이 현저히 공공복리에 적합하지 아니한지 여부는 사실심 변론을 종결할 때를 기준으로 판단한다(행정소송규칙 14).

사정판결은 처분이 위법함에도 공익보호가 보다 중요하다고 판단하여 공익을 우선시키는 것으로서 법치행정의 원리 및 개인의 권리보호에 대한 중대한 예외에 해당한다. 따라서 공익보호를 위하여 예외적으로 불가피한 경우에만 허용되어야 하고, 법률에 의하여 그 대상과 요건도 엄격하게 해석·적용되어야 한다(대판 2000.2.11, 99두7210).

Ⅱ. 요건

1. 원고의 청구가 이유가 있을 것

취소소송의 본안심리를 통하여 처분 등이 위법하다는 원고의 청구가 이유가 있다고 판단되어야 한다.

2. 처분 등을 취소하는 것이 현저히 공공복리에 적합하지 아니할 것

원고의 청구가 이유 있다고 인정하는 경우에도 처분 등을 취소하는 것이 현저히 공공복리에

* 행정고시(재경)(2009년).

38) 박균성, 행정법강의, 940면.

39) 박정훈, 행정소송의 구조와 기능, 482면 이하 참조.

적합하지 아니하다고 인정되어야 한다.

현저히 공공복리에 적합하지 아니한가의 여부를 판단함에 있어서는 위법·부당한 행정처분을 취소·변경하여야 할 필요성과 그로 인하여 발생할 수 있는 공공복리에 반하는 사태 등을 비교·형량하여 그 적용 여부를 판단하여야 한다(대판 2009.12.10, 2009두8359).

사정판결의 경우에도 처분의 위법성 판단은, 다수설과 판례에 따르면, 처분시를 기준으로 판단하여야 할 것이나, 공공복리적합성 여부는 구두변론종결시를 기준으로 하여 판단한다(대판 1970.3.24, 69누29). 행정소송규칙은 판례의 입장을 명문화하여 그 처분등을 취소하는 것이 현저히 공공복리에 적합하지 아니한지 여부는 사실심 변론을 종결할 때를 기준으로 판단한다고 정하였다(행정소송규칙 14).

[판례1] 행정소송법 제28조에서 정한 사정판결의 요건에 해당하는지 판단하는 방법과 기준 / 사정판결의 요건을 갖추었다고 판단되는 경우, 법원이 취할 조치

"행정소송법 제28조의 … 요건에 해당하는지는 위법·부당한 행정처분을 취소·변경하여야 할 필요와 취소·변경으로 발생할 수 있는 공공복리에 반하는 사태 등을 비교·교량하여 엄격하게 판단하되, 처분에 이르기까지의 경과 및 처분 상대방의 관여 정도, 위법사유의 내용과 발생원인 및 전체 처분에서 위법사유가 관련된 부분이 차지하는 비중, 처분을 취소할 경우 예상되는 결과, 특히 처분을 기초로 새로운 법률관계나 사실상태가 형성되어 다수 이해관계인의 신뢰 보호 등 처분의 효력을 존속시킬 공익적 필요성이 있는지 여부 및 정도, 처분의 위법으로 인해 처분 상대방이 입게 된 손해 등 권익 침해의 내용, 행정청의 보완조치 등으로 위법상태의 해소 및 처분 상대방의 피해 전보가 가능한지 여부, 처분 이후 처분청이 위법상태의 해소를 위해 취한 조치 및 적극성의 정도와 처분 상대방의 태도 등 제반 사정을 종합적으로 고려하여야 한다.

나아가 사정판결은 처분이 위법하나 공익상 필요 등을 고려하여 취소하지 아니하는 것일 뿐 처분이 적법하다고 인정하는 것은 아니므로, 사정판결의 요건을 갖추었다고 판단되는 경우 법원으로서는 행정소송법 제28조 제2항에 따라 원고가 입게 될 손해의 정도와 배상방법, 그 밖의 사정에 관하여 심리하여야 하고, 이 경우 원고는 행정소송법 제28조 제3항에 따라 손해배상, 제해시설의 설치 그 밖에 적당한 구제방법의 청구를 병합하여 제기할 수 있으므로, 당사자가 이를 간과하였음이 분명하다면 적절하게 석명권을 행사하여 그에 관한 의견을 진술할 수 있는 기회를 주어야 한다(대판 2016.7.14, 2015두4167[기반시설부담금 부과처분 취소])."

[판례2] 환지예정지지정처분 및 환지예정지변경처분이 위법하지만 이를 취소하는 것이 현저히 공공복리에 적합하지 아니한 경우에 해당하여 사정판결을 할 사유가 있다고 본 사례

"당해 공업용지조성사업은 그 사업면적이 150,000㎡를 초과하고 있어 구 도시계획법(1991.12.14.

법률 제4427호로 개정되기 전의 것) 제86조 제1항 및 같은법시행령(1992.7.1. 대통령령 제13684호로 개정되기 전의 것) 제67조 제2호의 규정상 토지구획정리사업법상의 환지 규정을 준용할 수 없는 사업이므로 그 사업시행자인 지방자치단체장이 위 환지 규정을 준용하여 행한 환지예정지지정처분 및 환지예정지변경처분이 위법하지만, 만약 이를 취소할 경우 이미 환지예정지지정(변경)처분에 불복하지 않고 그 처분에 기하여 사실관계를 형성하여 온 사업지역 내 다수의 이해관계인들에 대한 환지예정지지정(변경)처분까지도 이를 변경하게 됨으로써 기존의 사실관계가 뒤집어지고 새로운 사실관계가 형성되는 혼란이 발생할 수 있게 되는 반면에 위 환지예정지지정(변경)처분을 취소하지 않고 유지함으로써 당해 회사에게 다소의 손해가 발생한다고 하더라도 이는 금전 등으로 전보될 수 있는 것이므로 당해 환지예정지지정처분을 취소하는 것은 현저히 공공복리에 적합하지 아니한 경우에 해당하여서 사정판결을 할 사유가 있다(대판 1997.11.11, 95누4902)."

3. 법원의 직권에 의한 사정판결의 인정 여부

사정판결을 위하여 당사자의 주장이나 항변 없이도 법원이 직권으로 사정판결을 할 수 있는지에 대하여 견해가 대립되고 있다.

① 행정소송법이 제26조(직권심리)를 규정하고 있다 하더라도 행정소송법 제8조 제2항에 따라 민사소송법상의 변론주의가 배제되는 것은 아니므로 당사자의 주장·항변 없이는 법원이 직권으로 사정판결을 할 수 없다는 견해가 다수설이나, ② 판례는 행정소송법 제26조, 제28조 제1항 전단을 근거로 당사자의 명백한 주장이 없는 경우에도 기록에 나타난 사실을 기초로 하여 법원이 직권으로 사정판결을 할 수 있다는 입장이다. ③ 사정판결은 극히 예외적으로 허용되는 것이고, 또한 행정소송법 제26조는 공정·타당한 재판을 위한 것으로서 사정판결의 근거로 보기 어렵다는 점에서 다수설의 입장이 타당하다.

[판례] 행정소송에 있어서 법원이 직권으로 사정판결을 할 수 있는지 여부

"행정소송법 제28조 제1항 전단은 원고의 청구가 이유 있다고 인정하는 경우에도 처분등을 취소하는 것이 현저히 공공복리에 적합하지 아니하다고 인정하는 때에는 법원은 원고의 청구를 기각할 수 있다고 규정하고 있고 한편 같은 법 제26조는 법원은 필요하다고 인정할 때에는 직권으로 증거조사를 할 수 있고 당사자가 주장하지 아니한 사실에 대하여도 판단할 수 있다고 규정하고 있으므로 행정소송에 있어서 법원이 행정소송법 제28조 소정의 사정판결을 할 필요가 있다고 인정하는 때에는 당사자의 명백한 주장이 없는 경우에도 일건 기록에 나타난 사실을 기초로 하여 직권으로 사정판결을 할 수 있다(대판 1992.2.14, 90누9032)."

Ⅲ. 원고의 보호를 위한 조치

1. 사정조사 및 소송비용

법원은 사정판결을 함에 있어서는 미리 원고가 입게 될 손해의 정도와 배상방법 그 밖의 사정을 조사하여야 한다(행소법 28 ②).

사정판결에서의 소송비용에 관한 명문의 규정은 없으나, 사정판결은 원고의 청구가 이유가 있음에도 원고의 청구를 기각하는 것이므로, 피고가 소송비용을 부담한다고 보아야 할 것이다.

2. 주문에서 그 처분 등이 위법함을 명시할 것

사정판결을 하는 경우 법원은 그 판결의 주문에서 그 처분 등이 위법함을 명시하여야 한다(행소법 28 ① 제2문).

사정판결은 공익상의 이유로 원고의 청구가 이유 있음에도 이를 기각하는 것이므로, 사정판결에 의하여 처분은 여전히 위법한 채로 단지 그 효력만 지속하는 것이 된다. 그런데 처분이 존재함으로써 다른 후행처분이 있을 우려도 있고, 또한 원고의 손해배상청구 등의 권리구제에서 처분의 위법성에 대한 입증을 용이하게 해 줄 필요도 있으므로, 이와 같은 사정에 따라 판결주문에 처분이 위법함을 명시하도록 한 것이다.

3. 원고에 대한 권리구제

원고는 피고인 행정청이 속하는 국가 또는 공공단체를 상대로 손해배상, 제해시설의 설치 그 밖에 적당한 구제방법의 청구를 당해 취소소송 등이 계속된 법원에 병합하여 제기할 수 있다(행소법 28 ③). 원고가 사정판결에 대하여 불복하면 당연히 상급법원에 제소가 가능하다.

Ⅳ. 적용범위

사정판결은 취소소송에서만 허용될 뿐 무효등확인소송과 부작위위법확인소송에는 사정판결에 관한 행정소송법 제28조가 준용되지 않는다.

① 과거에 무효등확인소송에도 사정판결을 인정하여야 한다는 견해[40]가 있었으나, ② 무효의 경우에는 유지시켜줄 효력이 처음부터 없어서 무효등확인소송에는 사정판결이 인정되지 않는다는 것이 다수설 및 판례(대판 1996.3.22, 95누5509)의 입장이다.

---

40) 서원우, 사정판결제도, 고시계, 1983.9, 42면 이하.

제5. 판결의 효력

행정소송법은 취소소송의 판결의 효력에 관하여 제3자에 대한 효력(행소법 29)과 기속력(행소법 30)만을 규정하고 있다. 그러나 취소소송도 소송인 이상 취소소송의 판결에는 그 외에도 자박력·확정력·형성력·집행력 등의 효력이 있다.

Ⅰ. 자박력(自縛力)

취소소송에 있어서도 판결이 선고되면 선고법원 자신도 이에 구속되어 판결의 내용을 취소·변경할 수 없게 된다. 이를 판결의 자박력 또는 불가변력이라 한다. 자박력은 선고법원에 대한 효력으로, 재판의 신용과 법적 안정성을 위한 것이다.

Ⅱ. 확정력

확정력에는 형식적 확정력(불가쟁력)과 실질적 확정력(기판력)이 있다.

1. 형식적 확정력

법원이 한 종국판결에 대하여 당사자는 상소를 통하여 그 효력을 다툴 수 있는데, 상소의 포기·모든 심급을 모두 거친 후·상소제기기간의 경과 등으로 상소를 할 수 없을 때에는 판결은 그 소송절차 내에서는 더 이상 다투어질 수 없게 되는데, 이 경우 판결이 가지는 구속력을 형식적 확정력이라 한다. 이를 불가쟁력이라고도 한다. 일반적으로 판결은 형식적으로 확정되어야 기판력이나 형성력이 생기게 된다. 형식적 확정력은 법원의 판결에 불복할 수 있는 자에 대한 효력이다.

2. 실질적 확정력(기판력) *

(1) 기판력(旣判力)의 의의

기판력 또는 실질적 확정력이란 판결이 확정되면 이후의 절차에서 동일사항(동일소송물)이 문제되는 경우에도 당사자(승계인 포함)는 그에 반하는 주장을 할 수 없고 법원도 그와 모순·저촉되는 판단을 할 수 없는 판결의 구속력을 말한다. 이를 확정판결의 내용적 구속력 또는 규준력이라고 표현하기도 한다.

기판력은 소송절차의 반복과 재판에서의 모순을 방지함으로써 법적 안정성을 도모하기 위하

---

* 입법고시(2013년), 5급공채(일반행정)(2013년).

여 인정되고 있는 판결의 효력이다.

판결의 기판력이 발생되면, 당사자는 동일소송물을 대하여 다시 소를 제기할 수 없다(반복금지효). 그리고 당사자는 후소에서 기판력이 있는 전소의 확정판결의 내용에 반하는 주장을 할 수 없고, 법원 또한 이에 모순·저촉되는 판단을 할 수 없다(모순금지효).

이에 반하여 당사자 일방이 동일소송물에 대하여 다시 소를 제기하면 그 상대방은 기판력에 기한 항변에 의하여 각하를 청구할 수 있고, 법원은 기판력에 따라 원고의 청구를 각하하여야 한다.

확정판결의 존부는 직권조사 사항이어서 당사자의 주장이 없더라도 법원이 이를 직권으로 조사하여 판단할 수 있다(대판 2011.5.13, 2009다94384).

(2) 기판력의 범위

1) 주관적 범위

기판력은 당해 소송의 당사자 및 참가인에 대한 효력이다. 따라서 당사자 및 이와 동일시할 수 있는 승계인·보조참가인에게 미친다. 한편 취소소송의 피고는 처분을 행한 행정청이므로 당해 취소소송에서의 기판력은 당해 처분의 효력이 귀속되는 국가 또는 공공단체에도 미친다(대판 1998. 7.24, 98다10854). 제3자에게는 후술하는 형성력이 미치나 기판력은 미치지 않는다.

2) 객관적 범위

기판력은 판결의 주문에 나타난 소송물에 관한 판단에만 미치고, 판결이유에서 제시된 그 전제가 되는 구체적인 위법사유에 관한 판단에는 미치지 않는다(대판 2000.2.25, 99다55472). 취소소송은 소송물인 처분의 위법성을 다투는 것이므로, 처분의 구체적인 위법사유는 공격방법에 지나지 않아 소송물에는 영향을 미치지 않는다.

취소판결의 기판력은 소송물로 된 행정처분의 위법성 존부에 관한 판단 그 자체에만 미치는 것이므로 전소와 후소가 그 소송물을 달리하는 경우에는 전소 확정판결의 기판력이 후소에 미치지 아니한다(대판 2009.1.15, 2006두14926).

그러나 전소와 후소의 소송물이 동일하지 아니하여도 전소의 기판력 있는 법률관계가 후소의 선결적 법률관계가 되는 때에는 전소의 판결의 기판력이 후소에 미쳐 후소의 법원은 전에 한 판단과 모순되는 판단을 할 수 없다(대판 2000.2.25, 99다55472).

취소소송의 인용판결은 처분의 위법성에 기판력을 미치며, 기각판결은 그 적법성에 한하여 기판력을 미친다.

3) 시간적 범위

기판력은 사실심의 변론종결시를 기준으로 하여 효력을 발생한다. 확정판결은 변론종결시까지 제출된 서류 등을 기준으로 내려지는 것이므로 변론종결 이전의 사유에는 일률적으로 기판력이 미친다(대판 1992.2.25, 91누6108).

(3) 기판력과 국가배상청구소송*

취소소송의 기판력이 후소인 국가배상청구소송에 미치는가 하는 것이 문제이다.[41]

1) 기판력부정설

위법성 상대화설의 입장으로, 취소소송에서의 위법과 국가배상에서의 위법은 서로 다른 개념이므로, 취소소송에서의 판결의 기판력은 국가배상소송에 영향을 미치지 않는다는 견해이다.

판례는 "행정처분이 나중에 항고소송에서 위법하다고 판단되어 취소되더라도 그것만으로 행정처분이 공무원의 고의나 과실로 인한 불법행위를 구성한다고 단정할 수 없다(대판 2021.6.30, 2017다249219)."고 하여 기판력부정설의 입장으로 보인다.

[판례] 어떠한 행정처분이 항고소송에서 취소된 경우, 그 기판력으로 곧바로 국가배상책임이 인정되는지 여부(소극) 및 이 경우 국가배상책임이 인정되기 위한 요건과 판단 기준

"어떠한 행정처분이 항고소송에서 취소되었다고 할지라도 그 기판력으로 곧바로 국가배상책임이 인정될 수는 없고, '공무원이 직무를 집행하면서 고의 또는 과실로 법령을 위반하여 타인에게 손해를 입힌 때'라고 하는 국가배상법 제2조 제1항의 요건이 충족되어야 한다(대판 2022.4.28, 2017다233061[손해배상])."

2) 기판력긍정설

위법성 동일설의 입장 가운데 법령의 범위를 엄격하게 해석하는 협의의 행위위법설의 입장에서는 취소소송에서의 위법과 국가배상에서의 위법은 동일하므로, 취소소송의 판결의 기판력은 국가배상소송에 영향을 미친다고 본다.

3) 제한적 긍정설

위법성 동일설의 입장 가운데 법령의 범위를 넓게 해석하는 광의의 행위위법설의 입장에서는 취소소송에서의 위법과 국가배상에서의 위법은 차이가 있을 수 있으므로, 취소소송에서 인용판결의 기판력은 국가배상소송에 영향을 미치지만, 기각판결의 기판력은 미치지 않는다고 본다.

---

* 사법시험(2010년), 5급공채(일반행정)(2013년), 변호사시험(2015년), 변호사시험(2018년), 변호사시험(2023년).

41) 이는 취소소송에서의 위법과 국가배상에서의 위법이 동일한가 하는 문제와 관련이 있다. 이에 관하여는 이미 국가배상편에서 살펴보았고, 내용도 동일하다(국가배상편, 국가배상법상의 법령위반과 취소소송에서의 위법성 참조).

4) 취소소송의 소송물을 근거로 한 제한적 긍정설

이상의 세 견해는 취소소송의 소송물을 '처분의 위법성'으로 보고 있지만, 취소소송의 소송물은 '당해 처분이 위법하여 본인의 권리를 침해하고 있다는 당사자의 법적 주장'이므로, 취소소송과 국가배상에서의 위법개념이 동일한가의 여부와 관계없이, 취소소송의 인용판결은 국가배상소송에 영향을 미치지만 기각판결은 미치지 않는다고 보게 된다. 이 견해가 타당하다.

Ⅲ. 형성력

1. 의의와 근거

판결의 형성력이란 법원의 판결에 따라 법률관계의 발생·변경·소멸을 가져오는 효력을 말한다.

행정소송법에 형성력에 관한 명문의 규정은 없지만, 행정소송법 제29조 제1항(대세효)에서 제3자에 대한 형성력을 규정하고 있다.

2. 내용

(1) 형성효

취소소송은 형성소송이므로 취소판결이 있으면 별도의 행정청의 행위 없이 처분이 취소되는 형성적 효과를 발생시킨다(대판 1991.10. 11, 90누5443).

(2) 소급효

처분을 취소하는 판결이 확정되면 그 처분은 처분시에 소급하여 소멸한다. 따라서 그 뒤에 행정청에서 그 처분을 경정하는 처분을 하였다면 이는 존재하지 않는 처분을 경정한 것으로서 그 하자가 중대·명백한 무효의 처분이 된다(대판 1989.5.9, 88다카16096).

[판례] 영업허가취소처분이 행정쟁송절차에 의하여 취소된 경우와 무허가영업

"영업의 금지를 명한 영업허가취소처분 자체가 나중에 행정쟁송절차에 의하여 취소되었다면 그 영업허가취소처분은 그 처분시에 소급하여 효력을 잃게 되며, 그 영업허가취소처분에 복종할 의무가 원래부터 없었음이 확정되었다고 봄이 타당하고, 영업허가취소처분이 장래에 향하여서만 효력을 잃게 된다고 볼 것은 아니므로 그 영업허가취소처분 이후의 영업행위를 무허가영업이라고 볼 수는 없다(대판 1993.6.25, 93도277)."

이와 같이 취소판결의 효력은 처분시에 소급하는 것이 원칙이지만, 벌칙과 관련되어 있거나, 기타 취소판결의 소급효를 인정하는 것이 법적 안정성을 침해하는 경우에는 소급효가 제한될 수도 있다고 보아야 할 것이다.

(3) 제3자효

1) 의의

처분 등을 취소하는 확정판결은 제3자에 대하여도 효력이 있다(행소법 29 ①). 이와 같이 행정소송법이 취소소송의 확정판결에 제3자에 대한 형성력(대세효)을 인정하고 있는 취지는 소송당사자와 제3자 사이에 소송의 결과가 달라지는 것을 방지하고 그 법률관계를 통일적으로 규율하려는 데 있다. 또한 이로써 승소한 당사자의 권리가 확실하게 보호될 수 있게 된다.

'제3자에 대하여도 효력이 있다'는 의미는 취소소송의 확정판결의 존재와 판결에 의하여 형성되는 법률관계를 소송당사자가 아니었던 제3자라 할지라도 이를 용인하지 않으면 안 된다(대판 1986.8.19, 83다카2022)'는 의미이다. 이와 같이 형성력이 제3자에게도 미치기 때문에, 이에 대하여 제3자를 보호하기 위하여 제3자의 소송참가(행소법 16) 및 재심청구(행소법 31)가 인정되고 있는 것이다.

2) 제3자의 범위

형성력이 미치는 제3자의 범위에 대하여 견해가 대립된다. 이에 관하여는 ① 제3자의 범위를 그 판결과 직접 법적 이해관계가 있는 자로 한정하는 견해(상대적 형성력설)도 있지만, ② 행정법관계의 획일적 규율 및 법률상태변동의 명확성 등의 이유에서 제3자를 모든 일반인으로 보는 견해(절대적 형성력설)가 다수설이다.

3) 제3자의 형성력 원용 문제

절대적 형성력설을 취하는 경우에도, ① 형성력에 의하여 제3자는 소극적으로 취소판결의 효력을 부인하거나 이에 대항할 수 없는 효력만 인정하는 견해(상대적 효력설)와 ② 제3자가 취소판결의 효력을 처분시에 소급하여 적극적으로 원용하고 향수할 수 있는 효력을 인정하는 견해(절대적 효력설)가 대립된다.

예컨대 일반처분이 판결에 의하여 취소된 경우, ① 상대적 효력설에 의하면 취소의 효과가 소송을 제기하여 인용판결을 받은 자에게만 미치게 되지만, ② 절대적 효력설에 의하면 동일한 일반처분을 받았지만 소송을 제기하지 않은 제3자에게도 미친다고 보게 된다.[42]

생각건대, 일반처분의 취소판결이 장래에 대하여 동일한 일반처분을 받은 자에게 모두 미치는 것은 당연하지만, 소송을 제기하지 않은 제3자에게도 소급하여 미친다고 할 것인지는 의

42) 김철용, 행정법, 630면; 박균성, 행정법강의, 970~971면.

문이다. 취소소송은 주관소송으로서 그 효력은 당사자에게만 미치는 것이 원칙이므로, 명문의 규정이 없음에도 제3자가 그 효력을 적극적으로 향수할 수 있다고 보는 데에는 무리가 있기 때문이다.[43)]

3. 형성력에 의한 법률관계의 형성

판결의 형성력에 따라 취소판결이 있으면 당해 처분은 소급하여 취소되므로, 취소된 처분을 전제로 하여 행하여진 처분이나 법률관계도 원칙적으로 소급하여 효력을 상실한다.

[판례] 조합설립인가처분이 법원의 재판에 의하여 취소된 경우, 조합설립인가처분 취소 전에 적법한 행정주체 또는 사업시행자로서 한 결의 등 처분이 소급하여 효력을 상실하는지 여부

"도시 및 주거환경정비법(이하 '도시정비법'이라고 한다)상 주택재개발사업조합의 조합설립인가처분이 법원의 재판에 의하여 취소된 경우 그 조합설립인가처분은 소급하여 효력을 상실하고, 이에 따라 당해 주택재개발사업조합 역시 조합설립인가처분 당시로 소급하여 도시정비법상 주택재개발사업을 시행할 수 있는 행정주체인 공법인으로서의 지위를 상실하므로, 당해 주택재개발사업조합이 조합설립인가처분 취소 전에 도시정비법상 적법한 행정주체 또는 사업시행자로서 한 결의 등 처분은 달리 특별한 사정이 없는 한 소급하여 효력을 상실한다고 보아야 한다. 다만 그 효력 상실로 인한 잔존사무의 처리와 같은 업무는 여전히 수행되어야 하므로, 종전에 결의 등 처분의 법률효과를 다투는 소송에서의 당사자지위까지 함께 소멸한다고 할 수는 없다(대판 2012.3.29, 2008다95885)."

다만 취소된 처분을 기초로 하여 새로운 사법상의 매매계약 등이 있은 경우에는, 형성력에 의하여 새로운 법률행위로 인하여 형성된 제3자의 권리까지 취소된 처분 이전의 상태로 환원되는 것은 아니다.

[판례] 취소판결의 확정으로 인하여 당해 행정처분을 기초로 새로 형성된 제3자의 권리까지 당연히 그 행정처분 전의 상태로 환원되는 것인지 여부

"행정처분을 취소하는 확정판결이 제3자에 대하여도 효력이 있다고 하더라도 일반적으로 판결의 효력은 주문에 포함한 것에 한하여 미치는 것이니 그 취소판결 자체의 효력으로써 그 행정처분을 기초로 하여 새로 (사법상의 매매계약에 의하여) 형성된 제3자의 권리까지 당연히 그 행정처분 전의 상태로 환원되는 것이라고는 할 수 없고, …

그러므로 이 사건에 있어서 위 환지계획변경처분을 취소하는 판결이 확정됨으로써 이 사건 토지들에 대한 원고들 명의의 소유권이전등기가 그 원인없는 것으로 환원되는 결과가 초래되었다 하더

43) 同旨: 김동희/최계영, 행정법 I, 782면.

라도 동 소유권이전등기는 위 취소판결 자체의 효력에 의하여 당연히 말소되는 것이 아니라 소외 이○○가 위 취소판결의 존재를 법률요건으로 주장하여 원고들에게 그 말소를 구하는 소송을 제기하여 승소의 확정판결을 얻어야 비로소 말소될 수 있는 것이며, …(대판 1986.8.19, 83다카2022)."

4. 형성력의 준용

행정소송법 제29조 제1항의 취소판결의 형성력은 집행정지결정 또는 집행정지결정의 취소결정에 준용되고(행소법 29 ②), 무효등확인소송에도 준용된다(행소법 38 ①).

Ⅳ. 기속력*

1. 의의

판결의 기속력이란 취소판결의 취지에 따르도록 당사자인 행정청과 그 밖의 관계행정청을 구속하는 효력을 말한다. 기속력은 행정청에 대하여 판결의 취지에 따를 의무를 부과하는 것이다. 취소판결이 있음에도 행정청이 이에 따르지 않을 경우 취소소송제도의 의미가 없어지게 되기 때문이다. 이러한 의미에서 기속력은 취소판결의 실효성을 확보하기 위한 것이라고 할 수 있다.

행정소송법 제30조 제1항은 "처분 등을 취소하는 확정판결은 그 사건에 관하여 당사자인 행정청과 그 밖의 관계행정청을 기속한다."고 규정하고 있다.

기속력은 인용판결의 실효성을 확보하기 위한 것이므로, 인용판결에만 인정되는 효력이다. 따라서 기각판결의 경우에는 기속력이 없으므로 처분청은 당해 처분을 직권으로 취소해도 된다.

2. 성질

기속력의 성질에 대하여는 기판력설과 특수효력설이 대립되고 있다.

① 기판력설은 기속력은 기판력의 당연한 결과로서 본 규정은 행정의 일체성이라는 점에서 당사자인 행정청 외의 관계행정청에게도 기판력이 미친다는 것을 명시한 것이라는 견해이다.

② 특수효력설은 기속력은 직접적으로 행정청을 구속하는 것으로서 실정법에 의하여 부여된 특수한 효력이라고 본다. 즉 기판력은 이미 판단한 사항에 대하여 당사자를 구속하는 것으로서 기판력만으로는 동일처분의 반복을 금지하거나 판결의 취지에 따라야 할 의무를 발생시키지는 않는다는 점에서, 기속력은 취소판결의 실효성을 확보하기 위하여 실정법이 별도로 인정한 효력으로

* 법원행정고시(2007년), 변호사시험(2013년), 변호사시험(2020년), 변호사시험(2023년), 사법시험(2003년), 사법시험(2007년), 사법시험(2009년), 사법시험(2012년), 입법고시(2008년), 입법고시(2010년), 행정고시(재경)(2005년), 행정고시(일반행정)(2010년), 5급공채(재경)(2012년), 5급공채(행정)(2014년), 5급공채(2022년).

보아야 한다는 것이다. 이 설이 통설이고, 타당하다.

③ 판례의 입장은 분명치 않다. 판례는 기속력과 기판력이라는 용어를 혼동하여 사용하고 있다.

3. 내용

기속력은 소극적 효력으로서 반복금지효와 적극적 효력으로서 재처분의무·결과제거의무를 그 내용으로 한다.

> [판례] 행정처분을 취소하는 판결이 확정된 경우, 취소판결의 기속력에 따른 행정청의 의무
> "어떤 행정처분을 위법하다고 판단하여 취소하는 판결이 확정되면 행정청은 취소판결의 기속력에 따라 그 판결에서 확인된 위법사유를 배제한 상태에서 다시 처분을 하거나 그 밖에 위법한 결과를 제거하는 조치를 할 의무가 있다(대판 2020.4.9, 2019두49953[도선사업면허변경처분취소])."

(1) 반복금지효

취소판결이 확정되면 당사자인 행정청 및 관계행정청은 동일한 사안에서 동일한 당사자에 대하여 동일한 내용의 처분을 반복할 수 없게 되는데, 이를 반복금지효라 한다. 반복금지효에 위반하여 다시 확정판결과 저촉되는 처분을 하는 것은 허용되지 않으므로 이러한 처분은 위법한 것으로서 당연무효가 된다(대판 1990.12.11, 90누3560).

(2) 재처분의무

1) 의의

재처분의무란 행정청이 취소판결의 취지에 따라 일정한 처분을 하여야 할 의무를 말한다. 이에 따라 행정청은 '판결의 취지에 따라야 할 의무(판결의 취지에 반해서는 안 될 의무)'와 '재처분을 하여야 할 의무'를 부담하게 된다.

재처분의무는 취소판결의 실효성 및 원고의 실질적 권리구제를 확보하기 위한 것이다. 행정청이 재처분의무를 이행하지 않는 경우에는 간접강제가 이루어질 수 있다(행소법 34).

2) 거부처분의 취소판결에 따른 재처분의무

행정소송법 제30조 제2항은 "판결에 의하여 취소되는 처분이 당사자의 신청을 거부하는 것을 내용으로 하는 경우에는 그 처분을 행한 행정청은 판결의 취지에 따라 다시 이전의 신청에 대한 처분을 하여야 한다."고 하여 거부처분의 취소판결에 따른 재처분의무를 규정하고 있다.

3) 절차의 하자를 이유로 한 취소판결에 따른 재처분의무

신청에 따른 처분(인용처분)이 절차의 위법을 이유로 취소되는 경우에도 행정청은 재처분의무를 부담한다(행소법 30 ③).

이 규정은 제3자효 행정행위의 제3자가 신청인(처분의 상대방)이 받은 인용처분에 대하여 제기한 취소소송에서 당해 처분이 절차상의 위법을 이유로 취소된 경우의 행정청의 재처분의무를 규정한 것이다.

이 경우, 만약 인용처분이 실체법적인 하자(내용상의 하자)를 이유로 취소된 경우라면, 행정청은 그 판결의 취지에 기속되어 다시는 동일한 내용의 인용처분을 할 수 없게 되므로 이러한 경우에는 재처분의무를 규정할 실익이 없다. 그러나 인용처분이 절차상의 하자만으로 취소된 경우에는 행정청은 판결의 기속력에 따라 절차상의 하자가 없는 동일한 인용처분을 할 여지가 있으므로, 신청인(처분의 상대방)으로서는 재처분의무에 관한 규정이 의미 있게 되는 것이다.

이와 관련하여 행정소송법 제30조 제3항은 당연한 것을 규정한 주의규정에 불과하다는 해석도 있지만, 절차상의 하자도 처분의 독자적인 취소사유가 될 수 있고, 따라서 하자 없는 절차에 따라 처분을 하라는 의미에서 행정절차의 중요성을 강조한 것이라고 보아야 할 것이다.

여기에서 '절차의 위법'이란 절차요건뿐만 아니라 주체·형식요건도 포함하는 것으로 이해하여야 할 것이다.

(3) 결과제거의무

취소판결이 있게 되면, 행정청은 위법한 처분으로 인하여 야기된 상태를 제거하여야 할 의무를 부담한다. 예컨대 압류처분이 취소되면 압류물건을 반환하여야 할 의무를 부담한다. 이러한 의무에 대응하여 상대방은 공법상 결과제거청구권을 가진다.

4. 효력범위

(1) 주관적 범위

취소판결의 기속력은 당사자인 행정청과 그 밖의 관계행정청을 기속한다. 여기에서 관계행정청은 행정조직상의 의미가 아니라 취소된 처분 등에 관련되는 처분 등을 할 수 있는 권한을 가진 행정청을 의미한다.

(2) 객관적 범위

판결의 실효성 확보를 위하여 인정되는 효력으로서 판결의 주문뿐만 아니라 그 전제가 되는 처분 등의 구체적 위법사유에 관한 이유 중의 판단에 대하여도 인정된다.

따라서 취소소송에서 소송의 대상이 된 거부처분을 실체법상의 위법사유에 기하여 취소하는 판결이 확정된 경우에는 당해 거부처분을 한 행정청은 원칙적으로 신청을 인용하는 처분을 하여야 하고, 사실심 변론종결 이전의 사유를 내세워 다시 거부처분을 하는 것은 확정판결의 기속력에 저촉되어 허용되지 아니한다(대판 2001.3.23, 99두5238).

1) 절차 또는 형식에 위법이 있는 경우

절차 내지 형식의 위법을 이유로 처분을 취소하는 판결이 확정된 경우에 그 확정판결의 기속력은 확정판결에 적시된 절차 내지 형식의 위법사유에 한하여 미친다. 따라서 처분권자가 그 확정판결에 적시된 위법사유를 보완하여 행한 새로운 처분은 확정판결에 의하여 취소된 종전의 처분과는 별개의 처분으로서 확정판결의 기속력에 저촉되는 것은 아니다(대판 2005.1.14, 2003두13045).

[판례] 행정청이 확정판결의 취지에 따라 절차, 방법의 위법사유를 보완하여 다시 종전의 신청에 대한 거부처분을 할 수 있는지 여부(적극) 및 그러한 처분도 재처분에 해당하는지 여부(적극)

"… 행정청의 거부처분을 취소하는 판결이 확정된 경우에는 … 그 취소사유가 행정처분의 절차, 방법의 위법으로 인한 것이라면 그 처분 행정청은 그 확정판결의 취지에 따라 그 위법사유를 보완하여 다시 종전의 신청에 대한 거부처분을 할 수 있고, 그러한 처분도 위 조항에 규정된 재처분에 해당한다.

방송위원회가 중계유선방송사업자에게 한 종합유선방송사업 승인거부처분이 심사의 기준시점을 경원자와 달리하여 평가한 것이 위법이라는 사유로 취소하는 확정판결의 취지에 따라 재처분 무렵을 기준으로 재심사한 결과에 따라 이루어진 재승인거부처분도 행정소송법 제30조 제2항에 규정된 재처분에 해당한다(대판 2005.1.14, 2003두13045)."

2) 내용에 위법이 있는 경우

처분시를 기준으로 그 이전에 존재하였던 다른 사유를 근거로 다시 처분할 수 있는가 하는 것이 문제이다.

이는 처분사유의 추가·변경과도 관련이 있으므로, 판결의 기속력은 판결주문 및 이유에서 판단된 위법사유와 기본적 사실관계의 동일성[44])이 인정되는 사유에 미친다고 하여야 할 것이다. 왜냐하면 처분시 존재하였던 다른 사유가 처분사유와 기본적 사실관계의 동일성이 인정되는 사유였다면 처분사유의 추가·변경이 가능하였으므로, 처분에 대한 취소판결 후 동일성이 인정되는 다른 사유로 다시 처분할 수 없다고 보아야 원고의 권리구제에 충실해지기 때문이다. 따라서 동일성이 인정되는 기존의 사유로 사실상 동일한 처분이 반복되는 것을 방지하기 위해서는 이와 같은 기본적 사실관계의 동일성이 인정되는 사유에도 기속력이 미친다고 보아야 한다.

44) 기본적 사실관계의 동일성에 관하여는 처분사유의 추가·변경편 참조.

따라서 행정청은 처분 이전에 존재하였던 사유로서 처분사유와 기본적 사실관계의 동일성이 없는 사유를 근거로 재처분하는 것은 기속력에 저촉되지 않으므로 가능하다.

[판례1] 징계처분의 취소를 구하는 소에서 징계사유가 될 수 없다고 판결한 사유와 동일한 사유를 내세워 다시 징계처분할 수 있는지 여부(소극)

"징계처분의 취소를 구하는 소에서 징계사유가 될 수 없다고 판결한 사유와 동일한 사유를 내세워 행정청이 다시 징계처분을 한 것은 확정판결에 저촉되는 행정처분을 한 것으로서, 위 취소판결의 기속력이나 확정판결의 기판력에 저촉되어 허용될 수 없다(대판 1992.7.14, 92누2912)."

[판례2] 처분사유가 되지 아니하여 판결에서 제외된 부분을 행정청이 그 후 새로이 행한 처분의 새로운 소송에서 다시 주장하는 것이 확정판결의 기속력에 저촉되는지 여부(소극)

"기히 원고의 승소로 확정된 판결은 원고 출원의 광구 내에서의 불석채굴이 공익을 해한다는 이유로 한 피고의 불허가처분에 대하여 그것이 공익을 해한다고는 보기 어렵다는 이유로 이를 취소한 내용으로서 이 소송과정에서 피고가 원고 출원의 위 불석광은 광업권이 기히 설정된 고령토광과 동일광상에 부존하고 있어 불허가대상이라는 주장도 하였으나 이 주장 부분은 처분사유로 볼 수 없다는 점이 확정되어 판결의 판단대상에서 제외되었다면, 피고가 그 후 새로이 행한 처분의 적법성과 관련하여 다시 위 주장을 하더라도 위 확정판결의 기판력(기속력)에 저촉된다고 할 수 없다(대판 1991.8.9, 90누7326)."

(3) 시간적 범위

처분의 위법성판단과 관련하여 처분시설을 따르면, 기속력은 처분시를 기준으로 그때까지 존재하였던 사유에 한하고, 그 이후에 생긴 사유에는 미치지 않는다. 따라서 처분시에 존재하던 사유를 들어 동일한 처분을 하는 것은 기속력에 저촉되는 것으로서 허용될 수 없다.

그러나 처분 이후의 사유를 들어 다시 동일한 처분을 하는 것은 재처분의무를 이행한 것이 된다. 예컨대 거부처분을 취소하는 확정판결이 있었다 하더라도 거부처분 후에 법령이 개정되는 등의 법적·사실적 상황에 변경이 생긴 경우에는 행정청은 이러한 변경된 사유를 들어 다시 거부처분을 하더라도 재처분의무를 이행한 것이 된다.

[판례1] 확정된 거부처분취소 판결의 취지에 따른 재처분으로서 종전 처분 후 발생한 '새로운 사유'를 내세워 다시 거부처분을 할 수 있는지 여부 및 '새로운 사유'인지를 판단하는 기준

"… 행정처분의 적법 여부는 행정처분이 행하여진 때의 법령과 사실을 기준으로 판단하는 것이므로 확정판결의 당사자인 처분 행정청은 종전 처분 후에 발생한 새로운 사유를 내세워 다시 거부

처분을 할 수 있고, 그러한 처분도 위 조항에 규정된 재처분에 해당한다. 여기에서 '새로운 사유'인지는 종전 처분에 관하여 위법한 것으로 판결에서 판단된 사유와 기본적 사실관계의 동일성이 인정되는 사유인지에 따라 판단되어야 하고, 기본적 사실관계의 동일성 유무는 처분사유를 법률적으로 평가하기 이전의 구체적인 사실에 착안하여 그 기초인 사회적 사실관계가 기본적인 점에서 동일한지에 따라 결정되며, 추가 또는 변경된 사유가 처분 당시에 그 사유를 명기하지 않았을 뿐 이미 존재하고 있었고 당사자도 그 사실을 알고 있었다고 하여 당초 처분사유와 동일성이 있는 것이라고 할 수는 없다(대판 2011.10.27, 2011두14401)."

"(고양시장이 갑 주식회사의 공동주택 건립을 위한 주택건설사업계획승인 신청에 대하여 미디어밸리 조성을 위한 시가화예정 지역이라는 이유로 거부하자, 갑 회사가 거부처분의 취소를 구하는 소송을 제기하여 승소판결을 받았고 위 판결이 그대로 확정되었는데, 이후 고양시장이 해당 토지 일대가 개발행위허가 제한지역으로 지정되었다는 이유로 다시 거부하는 처분을 한 사안에서) 재거부처분은 행정소송법 제30조 제2항에서 정한 재처분에 해당하고 종전 거부처분을 취소한 확정판결의 기속력에 반하는 것은 아니라고 본 원심판단을 수긍한 사례(대판 2011.10.27, 2011두14401[건축불허가처분취소])."

[판례2] 거부처분 취소의 확정판결을 받은 행정청이 거부처분 후에 법령이 개정·시행된 경우, 새로운 사유로 내세워 다시 거부처분을 한 경우도 재처분에 해당하는지 여부

"행정처분의 적법 여부는 그 행정처분이 행하여 진 때의 법령과 사실을 기준으로 하여 판단하는 것이므로 거부처분 후에 법령이 개정·시행된 경우에는 개정된 법령 및 허가기준을 새로운 사유로 들어 다시 이전의 신청에 대한 거부처분을 할 수 있으며 그러한 처분도 행정소송법 제30조 제2항에 규정된 재처분에 해당된다(대결 1998.1.7, 97두22)."

한편 도시·군계획의 수립과 같은 계획재량이 인정되는 영역에서는, 도시·군관리계획의 입안제안(입안신청) 거부처분에 대하여 취소판결이 있은 이후에 행정청이 다시 이익형량을 한 결과 당사자가 제안(신청)한 것과는 다른 내용의 계획을 수립하더라도 재처분의무를 이행한 것이 된다.

[판례] 입안제안거부처분에 대한 취소판결 확정 후 새로운 이익형량을 하여 입안제안된 내용과는 달리 도시관리계획을 수립한 경우, 새로운 도시관리계획이 취소판결의 기속력에 위반되는지 여부(소극)

"취소 확정판결의 기속력의 범위에 관한 법리 및 도시관리계획의 입안·결정에 관하여 행정청에게 부여된 재량을 고려하면, 주민 등의 도시관리계획 입안제안을 거부한 처분을 이익형량에 하자가 있어 위법하다고 판단하여 취소하는 판결이 확정되었더라도 행정청에게 그 입안제안을 그대로 수용하는 내용의 도시관리계획을 수립할 의무가 있다고는 볼 수 없고, 행정청이 다시 새로운 이익형량을 하여 적극적으로 도시관리계획을 수립하였다면 취소판결의 기속력에 따른 재처분의무를 이행한 것이라고 보아야 한다(대판 2020.6.25, 2019두56135[도시관리계획결정 무효확인 등 청구]).”

☞ 원고가 학교시설로 도시계획시설이 결정되어 있는 부지를 취득한 후 그 지상에 가설건축물 건축허가를 받고 옥외골프연습장을 축조하여 이를 운영하여 오고 있던 중, 피고에게 위 부지에 관하여 도시계획시설(학교)결정을 폐지하고 가설건축물의 건축용도를 유지하는 내용의 지구단위계획안을 입안 제안함. 이에 대하여 피고가 이를 거부하는 처분을 하자, 원고는 피고를 상대로 한 항고소송을 제기하여 위 거부처분의 취소판결을 확정받음. 이후 피고가 새로운 재량고려사유를 들어 도시계획시설(학교)결정을 폐지하고, 위 부지를 특별계획구역으로 지정하는 내용의 도시관리계획결정을 하였는바, 이러한 새로운 내용의 도시관리계획결정이 피고가 원고의 입안 제안을 그대로 수용하지 않은 것이더라도 기존 취소판결의 기속력에 반하지 않는다고 본 사례

Ⅴ. 집행력과 간접강제*

1. 행정소송과 집행력

집행력이란 이행판결에 의한 이행의무를 강제집행 할 수 있는 효력을 말한다. 집행력은 본래 이행판결에 인정되는 효력인데, 행정소송법은 이행소송을 규정하고 있지 않기 때문에, 취소판결의 실효성을 확보하기 위하여 취소판결에 따른 재처분의무를 규정하고 있고, 다시 이러한 재처분의무의 실효성확보수단으로 간접강제제도를 규정하고 있는 것이다.

2. 간접강제

(1) 의의

간접강제란 행정청이 거부처분취소판결이나 부작위위법확인판결이 확정되었음에도 행정소송법 제30조 제2항의 규정에 의한 처분을 하지 아니하는 경우에 법원이 행정청에게 일정한 배상을 할 것을 명하는 제도를 말한다(행소법 34 ①, 38 ②).

간접강제는 민사집행법의 간접강제(민사집행법 261)와 유사한 제도로서, 이는 비대체적 작위의무의 이행을 간접적으로 강제하기 위한 것이다. 거부처분취소판결이나 부작위위법확인판결의 경우에도 행정청이 부담하는 재처분의무는 비대체적 작위의무이므로, 이를 강제하기 위해서 행정소송법에도 간접강제제도를 도입하게 된 것이다.

(2) 요건

간접강제를 하기 위해서는 ① 거부처분취소판결이나 부작위위법확인판결이 확정되어야 한다.

* 변호사시험(2013년), 사법시험(2013년), 5급공채(일반행정)(2011년), 5급공채(행정)(2014년), 5급공채(2022년).

이 경우 신청에 따른 처분이 절차의 위법을 이유로 취소된 경우를 포함한다. ② 그리고 거부처분 취소판결 등이 확정되었음에도 행정청이 재처분을 하지 않아야 한다. 이와 관련하여 판례는 행정청의 재처분이 무효인 경우에도 재처분이 없는 것과 마찬가지로 보아 '재처분을 하지 않은 경우'에 해당한다고 보고 있다.

[판례] 거부처분취소판결의 간접강제신청에 필요한 요건

"거부처분에 대한 취소의 확정판결이 있음에도 행정청이 아무런 재처분을 하지 아니하거나, 재처분을 하였다 하더라도 그것이 종전 거부처분에 대한 취소의 확정판결의 기속력에 반하는 등으로 당연무효라면 이는 아무런 재처분을 하지 아니한 때와 마찬가지라 할 것이므로 이러한 경우에는 행정소송법 제30조 제2항, 제34조 제1항 등에 의한 간접강제신청에 필요한 요건을 갖춘 것으로 보아야 한다(대결 2002.12.11, 2002무22)."

(3) 절차

행정청이 재처분의무를 이행하지 아니한 때에는 ① 당사자는 제1심수소법원에 간접강제를 신청하여야 한다. ② 제1심수소법원은 당사자의 신청이 이유가 있을 때에는 상당한 기간을 정하고 행정청이 그 기간내에 이행하지 아니하는 때에는 그 지연기간에 따라 일정한 배상을 명하거나 즉시 손해배상을 명하는 결정을 한다. 행정소송법 제33조가 준용됨에 따라 간접강제결정은 피고 또는 참가인이었던 행정청이 소속하는 국가 또는 공공단체에 그 효력을 미친다(행소법 33, 34 ②). ③ 간접강제결정이 있음에도 행정청이 재처분을 하지 않으면, 신청인은 그 간접강제결정을 집행권원으로 하여 집행문을 부여받아 배상금을 추심할 수 있다. ④ 간접강제신청에 따른 인용결정 및 기각결정에 대해서는 즉시항고를 할 수 있다(민사집행법 261 ②).

실무상 간접강제결정에 대하여는 청구이의소송이 허용되고 있는데, 청구이의소송이 제기되면 간접강제결정의 집행이 정지되게 되어 간접강제의 실효성을 떨어뜨린다는 문제가 있다.[45]

(4) 적용범위

간접강제규정은 부작위위법확인소송에도 준용된다(행소법 38 ②). 그러나 무효등확인판결의 경우 판결의 기속력 및 재처분의무에 관한 규정(행소법 30)은 준용되면서도 간접강제를 준용하는 규정이 없어(행소법 38 ①), 무효등확인판결에도 간접강제가 허용되는지에 대하여 논란이 있다.

이에 대하여는 ① 무효등확인판결에 따른 재처분의무는 인정되나 간접강제는 준용규정이

45) 박균성, 행정법강의, 981면.

없어 허용되지 않는다는 부정설과 ② 무효등확인판결도 재처분의무가 인정되고 그 의무불이행을 강제할 필요성은 취소판결의 경우와 다르지 않다는 점에서 간접강제를 허용하여야 한다는 긍정설[46]이 대립된다. 간접강제를 무효등확인소송에 준용하지 않는 것은 입법의 불비라는 견해[47]도 긍정설의 입장이다. ③ 판례는 부정설의 입장이다. ④ 생각건대 거부처분에 단순위법의 하자가 있어 취소된 경우 재처분의무와 간접강제가 모두 가능하다면, 거부처분에 무효의 하자가 있는 경우에는 행정청의 재처분을 통하여 당사자를 보호하여야 할 필요가 더욱 크다고 판단되므로, 무효등확인판결에도 간접강제를 허용하여야 한다고 판단되고 이에 대한 입법적 개선이 필요하다고 본다.

> [판례] 거부처분에 대한 무효확인판결이 간접강제의 대상이 되는지 여부
>
> "행정소송법 제38조 제1항이 무효확인판결에 관하여 취소판결에 관한 규정을 준용함에 있어서 같은 법 제30조 제2항을 준용한다고 규정하면서도 같은 법 제34조는 이를 준용한다는 규정을 두지 않고 있으므로, 행정처분에 대하여 무효확인판결이 내려진 경우에는 그 행정처분이 거부처분인 경우에도 행정청에 판결의 취지에 따른 재처분의무가 인정될 뿐 그에 대하여 간접강제까지 허용되는 것은 아니라고 할 것이다(대결 1998.12.24, 98무37)."

(5) 배상금의 법적 성격

간접강제결정에 근거한 배상금은 확정판결의 취지에 따른 재처분의 지연에 대한 제재나 손해배상이 아니라 재처분의 이행에 관한 심리적 강제수단이다. 따라서 행정청이 간접강제결정에서 정한 기간이 경과한 후에라도 재처분을 하면 이로써 간접강제의 목적은 달성되는 것이므로 처분상대방이 더 이상 배상금을 추심하는 것은 허용되지 않는다.

> [판례] 간접강제결정에 기한 배상금의 성질 및 확정판결의 취지에 따른 재처분이 간접강제결정에서 정한 의무이행기한이 경과한 후에 이루어진 경우, 간접강제결정에 기한 배상금의 추심이 허용되는지 여부
>
> "행정소송법 제34조 소정의 간접강제결정에 기한 배상금은 거부처분취소판결이 확정된 경우 그 처분을 행한 행정청으로 하여금 확정판결의 취지에 따른 재처분의무의 이행을 확실히 담보하기 위한 것으로서, 확정판결의 취지에 따른 재처분의무내용의 불확정성과 그에 따른 재처분에의 해당 여부에 관한 쟁송으로 인하여 간접강제결정에서 정한 재처분의무의 기한 경과에 따른 배상금이 증가될 가능성이 자칫 행정청으로 하여금 인용처분을 강제하여 행정청의 재량권을 박탈하는 결과를 초

46) 홍정선, 행정법특강, 740면.
47) 박균성, 행정법강의, 980면.

래할 위험성이 있는 점 등을 감안하면, 이는 확정판결의 취지에 따른 재처분의 지연에 대한 제재나 손해배상이 아니고 재처분의 이행에 관한 심리적 강제수단에 불과한 것으로 보아야 하므로, 특별한 사정이 없는 한 간접강제결정에서 정한 의무이행기한이 경과한 후에라도 확정판결의 취지에 따른 재처분의 이행이 있으면 배상금을 추심함으로써 심리적 강제를 꾀할 목적이 상실되어 처분상대방이 더 이상 배상금을 추심하는 것은 허용되지 않는다(대판 2004.1.15, 2002두2444)."

제6. 기타사항

Ⅰ. 명령·규칙에 대한 위헌·위법판결의 공고

헌법 제107조 제2항은 명령·규칙의 위헌·위법심사권을 대법원에 부여하면서, 이와 같은 법령심사는 '재판의 전제가 되는 경우'에 할 수 있도록 규정하여, 법령에 대해서는 구체적 사건을 전제로 하여 선결문제 심리방법에 의한 간접적 통제만을 인정하는 구체적 규범통제방식을 채택하고 있다.[48)]

명령·규칙에 대한 구체적 규범통제의 결과 위법한 명령·규칙으로서 무효로 확정되더라도, 당해 명령·규칙은 당해 사건에서만 적용이 배제될 뿐 공식절차에 의하여 폐지되지 않는 한 형식적으로는 유효한 것으로 남게 된다.

다만 실제로 대법원이 명령·규칙의 위헌·위법을 최종적으로 판단하면 다른 사건에서도 이를 적용하지 않는 것이 보통이지만, 행정청이 이를 적용할 가능성이 여전히 남아 있게 된다. 이러한 문제를 방지하고자 하는 취지에서 행정소송법 제6조는 행정소송에 대한 대법원판결에 의하여 명령·규칙이 헌법 또는 법률에 위반된다는 것이 확정된 경우에는 대법원은 지체 없이 그 사유를 행정안전부장관에게 통보하여야 하고, 통보를 받은 행정안전부장관은 지체 없이 이를 관보에 게재하도록 하고 있다(행소법 6). 또한 행정소송규칙 제2조는 대법원은 재판의 전제가 된 명령·규칙이 헌법 또는 법률에 위배된다는 것이 법원의 판결에 의하여 확정된 경우에는 그 취지를 해당 명령·규칙의 소관 행정청에 통보하여야 하고, 대법원 외의 법원이 명령·규칙에 대한 헌법 또는 법률에 위배된다는 판결을 하였을 때에는 해당 재판서 정본을 지체없이 대법원에 송부하도록 하고 있다(행정소송규칙 2).

48) 이에 관하여는 법규명령의 사법적 통제 참조.

Ⅱ. 상고와 재심*

1. 상고

행정법원 및 고등법원의 판결에 대하여는 고등법원 및 대법원에 항소 및 상고를 할 수 있다.

상고와 관련하여 상고심법 제4조는 심리불속행을 규정하고 있는데. 심리불속행이란 상고이유에 관한 주장이 동법 제4조 제1항 각호의 사유를 포함하지 않으면 대법원이 더 나아가 심리를 하지 않고 판결로 심리를 기각하는 것을 말한다.

행정소송과 관련하여 (구) 행정소송법 제9조 제2항은 "고등법원의 재판에 대하여는 대법원에 상고할 수 있다."는 규정이 있었으나, 1994년 행정소송법은 항고소송의 제1심 관할법원을 고등법원에서 지방법원급의 행정법원으로 개정하면서 행정소송도 3심제가 보장되었으므로, 이 상고조항을 폐지하였다. 이에 따라 행정소송도 민사소송·가사소송과 더불어 상고심법의 적용을 받게 되었다(상고심법 2). 따라서 행정사건에서도 상고이유에 상고심법 제4조 제1항이 정하고 있는 각호가 규정하는 사유가 포함되어 있지 않으면 상고가 기각된다. 헌법재판소는 심리불속행제도를 합헌으로 보고 있다(헌재결 2002.6.27, 2002헌마18).

2. 재심

(1) 의의

확정된 종국판결에 재심사유(민소법 451 ①)가 있어 재심사를 구하는 것을 재심이라 한다. 취소소송의 판결에 대해서도 민사소송법을 제451조 이하를 준용하여 일반적인 재심청구가 가능함은 물론이다.

그런데 항고소송의 인용판결은 형성력에 의하여 제3자에게도 미치므로 소송당사자 외의 제3자 또는 행정청은 불이익을 입지 않기 위하여 소송참가를 할 수도 있겠으나, 본인의 귀책사유 없이 소송참가를 할 수 없는 경우도 있을 수 있으므로, 행정소송법은 이러한 경우에 대비하여 제3자에 의한 재심청구를 규정하고 있다.

즉 "처분 등을 취소하는 판결에 의하여 권리 또는 이익의 침해를 받은 제3자는 자기에게 책임 없는 사유로 소송에 참가하지 못함으로써 판결의 결과에 영향을 미칠 공격 또는 방어방법을 제출하지 못한 때에는 이를 이유로 확정된 종국판결에 대하여 재심의 청구를 할 수 있다(행소법 31)."

(2) 재심청구의 원고

재심청구의 원고는 '처분 등을 취소하는 판결에 의하여 권리 또는 이익의 침해를 받은 제3자'

---

* 사법시험(2011년).

이다.

즉 재심청구의 원고는 '① 취소판결의 주문에 의하여 ② 직접 자기의 법률상 이익(권리 또는 이익)이 침해되었음을 주장하는 자로서 ③ 취소소송의 당사자 이외의 자'를 의미한다.

여기에서 '권리 또는 이익의 침해를 받은 제3자'의 범위에 대해서는 논란이 있으나, 제3자의 재심제도와 소송참가제도를 동일한 제도로 파악하여 이는 행정소송법 제16조 제1항에서 소송참가를 할 수 있는 '소송의 결과에 따라 권리 또는 이익의 침해를 받을 제3자'와 같은 의미라고 보는 것이 다수설이다.

(3) 재심사유

① 자기에게 책임 없는 사유로 소송에 참가하지 못하였어야 하고, ② 판결의 결과에 영향을 미칠 공격 또는 방어방법을 제출하지 못하였어야 한다.

(4) 재심청구기간

제3자의 재심청구는 확정판결이 있음을 안 날로부터 30일 이내, 판결이 확정된 날로부터 1년 이내에 제기하여야 하며, 이 기간은 불변기간이다(행소법 31 ②, ③).

3. 행정소송의 확정판결 이후의 처분에 대한 헌법소원

원처분에 대한 행정소송의 확정판결이 있은 후 당사자는 그 판결의 기판력에 의한 기속을 받게 되므로, 별도의 절차에 의하여 위 판결의 기판력이 제거되지 아니하는 한, 처분의 위법성을 주장하는 것은 확정판결의 기판력에 어긋나므로 원처분은 헌법소원심판의 대상이 되지 않는다. 원처분에 대한 헌법소원심판청구를 허용하는 것은, "명령·규칙 또는 처분이 헌법이나 법률에 위반되는 여부가 재판의 전제가 된 경우에는 대법원은 이를 최종적으로 심사할 권한을 가진다."고 규정한 헌법 제107조 제2항이나, 원칙적으로 헌법소원심판의 대상에서 법원의 재판을 제외하고 있는 헌법재판소법 제68조 제1항의 취지에도 어긋난다(헌재결 1998.5.28, 91헌마98, 93헌마253(병합)).

다만 원처분에 대하여 헌법소원심판청구를 받아들여 이를 취소하는 것은, 원처분을 심판의 대상으로 삼았던 법원의 재판이 예외적으로 헌법소원심판의 대상이 되어 그 재판 자체까지 취소되는 경우에 한하고, 법원의 재판이 취소되지 아니하는 경우에는 확정판결의 기판력으로 인하여 원처분은 헌법소원심판의 대상이 되지 아니한다(헌재결 1999.9.16, 97헌마160).

제7. 판결 이외의 취소소송의 종료

취소소송은 법원의 종국판결에 의하여 종료되나, 그 외에도 소의 취하·청구의 포기·인낙, 재판상의 화해와 같은 당사자의 행위 등에 의해서도 종료될 수 있다. 행정소송규칙 제15조는 법원이 신속하고 공정한 분쟁 해결과 국민의 권익 구제를 위하여 필요하다고 인정하는 경우에 소송계속 중인 사건에 대하여 직권으로 소의 취하, 처분등의 취소 또는 변경, 그 밖에 다툼을 적정하게 해결하기 위해 필요한 사항을 서면으로 권고할 수 있다고 정하고 있다(행정소송규칙 15 ①).

Ⅰ. 소의 취하

소의 취하란 원고가 제기한 소의 전부 또는 일부를 철회하는 취지의 법원에 대한 일방적인 의사표시이다. 행정소송도 처분권주의에 따라 소의 취하가 인정된다. 소의 취하에 대해서는 민사소송법 규정이 준용되므로, 피고가 본안에 관하여 준비서면을 제출하거나 변론준비기일에서 진술하거나 변론을 한 뒤에는 피고의 동의를 받아야 한다(민소법 266 ②).

Ⅱ. 청구의 포기·인낙

청구의 포기란 변론 또는 준비절차에서 원고가 자신의 소송상의 청구가 이유 없음을 자인하는 법원에 대한 일방적인 의사표시를 말하고, 청구의 인낙이란 피고가 원고의 소송상 청구가 이유 있음을 자인하는 법원에 대한 일방적인 의사표시를 말한다. 청구의 포기·인낙을 변론조서·변론준비기일조서에 적은 때에는 그 조서는 확정판결과 같은 효력을 가진다(민소법 220). 민사소송에서는 당사자에게 소송물인 권리관계를 자유로이 처분할 수 있는 권한이 인정되기 때문에 청구의 포기나 인락이 가능한 것이다.

그렇다면 취소소송에서도 민사소송법상의 청구의 포기·인락에 관한 규정을 준용할 수 있는가 하는 것에 대해서는 견해의 대립이 있다.

종래 다수설인 부정설은 ① 취소소송의 대상인 처분은 사적 자치원칙이 적용되는 법률행위와 달리 당사자간의 타협에 의하여 법이 인정하지 않는 내용으로 이루어질 수 없고, ② 민사소송에서의 처분권주의와 달리 취소소송에서 처분권주의란 본안에 관한 처분의 자유를 포함하지 않으며, 따라서 원고가 청구를 포기하여도 처분의 적법성이 확정되는 것이 아니고 또한 피고가 인낙할 권한을 갖지도 않는다고 보아야 하며, ③ 행정청의 직권취소와 청구의 인낙은 법률효과가 다른 것이므로 직권취소가 가능하다고 하여 청구의 인낙이 가능한 것은 아니라고 한다.[49)]

49) 김남진/김연태, 행정법 I, 857면; 홍준형, 행정구제법, 675면; 사법연수원, 행정구제법 2010, 262면 이하.

이에 대하여 긍정설은 ① 행정소송도 민사소송과 마찬가지로 변론주의와 처분권주의가 지배하고, ② 행정소송법 제8조 제2항에 따라 민사소송법의 규정이 준용될 수 있으며, ③ 청구의 포기·인낙은 이를 인정하더라도 법치행정에 반하지 않고 오히려 소송경제에 유용하다는 입장이다.[50)]

한편 제한적 긍정설은 ① 취소소송에서의 청구의 포기는 민사소송에서와의 차이가 없고, 청구의 인낙의 경우에는 기속행위와 재량행위를 구분하여 기속행위의 경우에는 청구의 인낙이 허용될 수 없으나 재량행위의 경우에는 가능하다는 입장,[51)] ② 법치행정의 원리와 행정소송의 특수성을 해하지 않는 범위 내에서 제한적으로 청구의 포기·인낙을 허용하자는 입장이다.[52)] 행정의 법률적합성과 당사자의 권리구제에 반하지 않는 한 청구의 포기·인낙은 소송경제상 유용한 제도이므로 이를 행정소송에 준용하지 않을 이유는 없다고 판단된다. 제한적 긍정설이 타당하다.

Ⅲ. 재판상 화해

재판상 화해란 당사자 쌍방이 소송계속 중 소송의 대상인 법률관계에 관한 주장을 서로 양보하여 소송을 종료시키기로 하는 합의를 말한다. 화해를 변론조서·변론준비기일조서에 적은 때에는 그 조서는 확정판결과 같은 효력을 가진다(민소법 220).

청구의 포기·인낙의 경우와 마찬가지로, 취소소송에서도 민사소송법상의 재판상 화해에 관한 규정을 준용할 수 있는가 하는 것에 대해서는 견해의 대립이 있다.

종래 다수설인 부정설은 ① 취소소송의 대상인 처분은 당사자간의 타협에 의하여 법이 인정하지 않는 내용으로 행하여질 수 없고, ② 취소소송에는 제한적이지만 직권탐지주의가 적용되며, ③ 취소소송의 확정판결은 대세효가 있어 당사자간의 합의만으로 대세효를 인정하면 제3자에게 불이익이 발생할 수 있다고 한다.[53)]

이에 대하여 긍정설은 ① 행정소송법에는 별도의 규정이 없어 재판상의 화해에 관한 민사소송법 규정이 준용될 수 있고, ② 공법상의 권리관계라도 재량행위처럼 소송의 대상을 처분할 수 있는 경우에는 화해가 가능하며, ③ 법치행정의 원리는 행정소송에서 화해의 요건이나 방식을 제한하는 원리로 작용할 수는 있어도 화해 자체를 부정하는 이유가 될 수 없다고 한다.[54)] 법치행정의 원리나 행정소송의 특수성에 반하지 않는 한, 행정소송에서도 재판상 화해가 허용되는 것이 바람직하다는 점에서 긍정설의 입장이 타당하다.

50) 류지태/박종수, 행정법신론, 737면 이하.
51) 정하중, 행정법개론, 836면.
52) 홍정선, 행정법특강, 744면.
53) 이상규, 신행정법론(상), 894면; 사법연수원, 행정구제법 2010, 262면 이하.
54) 류지태/박종수, 행정법신론, 737면 이하; 정하중, 행정법개론, 837면; 홍정선, 행정법특강, 744~745면.

제5목 소송비용

행정소송의 비용은 민사소송법 규정에 따라 패소자가 부담하고, 일부패소의 경우에는 각 당사자가 분담하는 것이 원칙이다(민소법 98, 101).

다만 원고의 취소청구가 사정판결로 기각되거나 행정청이 처분 등을 취소 또는 변경함으로 인하여 청구가 각하 또는 기각된 경우에는 소송비용은 피고의 부담으로 한다(행소법 32). 이 경우 실질적으로는 원고가 승소한 것이기 때문이다.

소송비용에 관한 재판이 확정된 때에는 피고 또는 참가인이었던 행정청이 소속하는 국가 또는 공공단체에 그 효력이 미친다(행소법 33).

제 2 항 무효등확인소송*

Ⅰ. 개설

1. 의의 및 종류

무효등확인소송이란 행정청의 처분 등의 효력 또는 존재 여부를 확인하는 소송을 말한다(행소법 4 2호).

처분의 적법요건(주체·내용·형식·절차요건)에 중대하고 명백한 하자가 있으면 그 처분은 무효이다. 처분의 성립요건이 결여되면 그 처분은 존재하지 않는 것이 된다. 이와 같은 무효 또는 부존재의 경우에도 처분의 외형이 남아있음으로 인하여 그 처분의 효력이 지속하거나 존재하는 것으로 오인될 가능성도 있고, 또한 무효와 취소의 구별이 절대적으로 명확한 것은 아니어서 무효인 행위를 유효한 행위로 보고 이를 집행할 수도 있으므로, 이 경우 그 처분의 상대방 또는 이해관계인은 처분 등의 효력 또는 존재 여부를 확인해 둘 필요가 있는 것이다. 이에 무효등확인소송이 독립된 하나의 소송형태로 규정되고 있는 것이다.

무효등확인소송의 종류로는 ① 유효확인소송, ② 무효확인소송, ③ 존재확인소송, ④ 부존재확인소송, 그리고 ⑤ 실효확인소송 등이 있다. ⑥ 한편 취소와 무효의 구별이 상대적으로 어렵다는 점에서 법원은 '무효선언을 구하는 의미의 취소소송'을 인정하기도 한다(대판 1999.4.27, 97누6780). 이 경우 취소소송의 제기요건을 구비하여야 한다(대판 1993.3.12, 92누11039). ⑦ 일반적으로 행정처분의 무효확인을 구하는 소에는 원고가 그 처분의 취소를 구하지 아니한다고 밝히지 아니한 이상 그 처분이 만약 당연무효가 아니라면 그 취소를 구하는 취지도 포함되어 있는 것으로 보아야 한다는 것이 판례의 기본적인 입장이다(대판 1994.12.23, 94누477).

* 변호사시험(2018년), 행정고시(2003년).

2. 성질

(구) 행정소송법은 무효확인소송을 명시적으로 규정하고 있지 않아, 그 당시에는 이 소송의 성질에 관하여 확인소송설, 항고소송설, 준항고소송설 등의 견해가 대립하고 있었다. 그러나 1984년 행정소송법이 전부개정되면서 무효등확인소송을 취소소송 및 부작위위법확인소송과 더불어 항고소송으로 규정하였으므로, 무효확인소송이 항고소송인가 하는 논란은 입법적으로 해결되었다.

무효등확인소송은 주관소송으로서 처분 등의 효력 유무 또는 존재 여부를 확인하는 확인소송이며 무효등확인판결도 형성판결이 아니라 확인판결이다. 다만 무효등확인판결의 효력은 취소판결과 같이 제3자에게도 미치기 때문에 이 점에서는 형성적 성질도 아울러 가지고 있다(준형성소송)고 할 수 있다. 행정심판의 경우에도 무효등확인심판은 실질적으로는 확인적 쟁송이지만 형식적으로는 처분의 효력을 다투므로 형성적 쟁송의 성질도 아울러 가진다는 준형성적 쟁송설이 통설이다.

3. 적용규정

무효등확인소송에도 형성소송적인 성격이 있으므로 취소소송에 관한 행정소송법의 대부분의 규정, 예컨대 재판관할, 피고적격, 집행정지, 소의 변경, 직권심리주의, 판결의 효력 등에 관한 규정들이 준용된다. 그러나 행정심판전치주의, 제소기간, 사정판결에 관한 규정은 준용되지 않는다(행소법 38 ①, 행정소송규칙 18 ①). 이러한 규정들이 준용되지 않는 이유는 무효등확인소송은 무효인 처분을 대상으로 하는 것이기 때문이다.

4. 당사자소송과의 관계

무효확인소송과 당사자소송의 관계에 관하여는 ① 항고소송으로 해결이 가능한 경우에는 항고소송만이 가능하고 당사자소송은 제기할 수 없다는 견해(무효확인소송 우선설)도 있으나, ② 무효인 처분에는 공정력이 인정되지 않으므로, 무효확인소송과 당사자소송은 병렬적으로 제기할 수 있다는 견해가 다수설이다(병렬적 관계설). 다수설에 따르면, 예컨대 무효인 과세처분의 경우, 항고소송으로서 과세처분무효확인소송과 당사자소송으로서 조세채무부존재확인소송이 가능하다.

Ⅱ. 소의 제기

무효등확인소송을 제기하려면, ① 재판관할, ② 원고적격(협의의 소익 포함), ③ 피고적격, ④ 처분 등, ⑤ 제소기간, ⑥ 행정심판과의 관계, ⑦ 소제기의 형식 등의 제기요건을 갖추어야 한다.

이하에서는 취소소송과 중복되는 내용은 생략하거나 간략하게만 언급하기로 한다. 아울러 소의 제기와 관련된 가구제, 관련청구의 이송·병합, 소의 변경 문제도 간략히 검토한다.

1. 재판관할

무효등확인소송의 재판관할도 취소소송의 재판관할에 관한 규정이 준용되므로(행소법 9, 38 ①), 제1심 관할법원은 피고의 소재지를 관할하는 행정법원으로 한다. 다만 중앙행정기관 또는 그 장이 피고인 경우의 관할법원은 대법원소재지의 행정법원으로 한다.

2. 원고적격

무효등확인소송은 처분 등의 효력 유무 또는 존재 여부의 확인을 구할 법률상 이익이 있는 자가 제기할 수 있다(행소법 35).

여기에서의 '법률상 이익'은 무효확인소송의 특수성 때문에 ① '원고적격'뿐 아니라 ② '협의의 소익'도 포함하고 있는 것이다. '협의의 소익'에 관한 문제는 아래에서 별도로 설명한다.

무효등확인소송도 주관소송이므로 여기에서 원고적격으로서의 '법률상 이익'은 취소소송의 경우와 같다. 따라서 무효인 처분 등으로 법적으로 보호되는 이익(공권)이 침해되어야 한다.

[판례1] 처분의 상대방이 아닌 제3자가 처분의 무효확인을 구할 수 있는 요건으로서 '법률상 보호되는 이익'의 의미

"행정처분의 직접 상대방이 아닌 제3자라 하더라도 당해 행정처분으로 인하여 법률상 보호되는 이익을 침해당한 경우에는 그 처분의 무효확인을 구하는 행정소송을 제기하여 그 당부의 판단을 받을 자격이 있다 할 것이며, 여기에서 말하는 법률상 보호되는 이익이라 함은 당해 처분의 근거 법규 및 관련 법규에 의하여 보호되는 개별적·직접적·구체적 이익이 있는 경우를 말하고, 공익보호의 결과로 국민 일반이 공통적으로 가지는 일반적·간접적·추상적 이익이 생기는 경우에는 법률상 보호되는 이익이 있다고 할 수 없다(대판 2006.3.16, 2006두330 전원합의체)."

[판례2] 폐기물소각시설 주변지역주민들이 폐기물소각시설의 입지지역을 결정·고시한 처분의 무효확인을 구할 원고적격을 인정받기 위한 요건

"(구) 폐기물처리시설설치 촉진 및 주변지역 지원 등에 관한 법률(2002.2.4. 법률 제6656호로 개정되기 전의 것) 및 같은 법 시행령의 관계 규정의 취지는 처리능력이 1일 50t인 소각시설을 설치하는 사업으로 인하여 직접적이고 중대한 환경상의 침해를 받으리라고 예상되는 **직접영향권 내에 있는 주민들이나 폐기물소각시설의 부지경계선으로부터 300m 이내의 간접영향권 내에 있는 주민들**이 사업 시행 전과 비교하여 수인한도를 넘는 환경피해를 받지 아니하고 쾌적한 환경에서 생활할 수 있는 개별적인 이익까지도 이를 보호하려는 데에 있다 할 것이므로, 위 주민들이 소각시설입지지역 결정·고시와 관련하여 갖는 위와 같은 환경상의 이익은 주민 개개인에 대하여 개별적으로 보호되

는 직접적·구체적 이익으로서 그들에 대하여는 특단의 사정이 없는 한 환경상의 이익에 대한 침해 또는 침해우려가 있는 것으로 사실상 추정되어 폐기물 소각시설의 입지지역을 결정·고시한 처분의 무효확인을 구할 원고적격이 인정된다고 할 것이고, 한편 폐기물소각시설의 부지경계선으로부터 **300m 밖에 거주하는 주민들**도 위와 같은 소각시설 설치사업으로 인하여 사업 시행 전과 비교하여 수인한도를 넘는 환경피해를 받거나 받을 우려가 있음에도 폐기물처리시설 설치기관이 주변영향지역으로 지정·고시하지 않는 경우 같은 법 제17조 제3항 제2호 단서 규정에 따라 당해 폐기물처리시설의 설치·운영으로 인하여 환경상 이익에 대한 침해 또는 침해우려가 있다는 것을 입증함으로써 그 처분의 무효확인을 구할 원고적격을 인정받을 수 있다(대판 2005.3.11, 2003두13489)."

3. 협의의 소익(권리보호의 필요성) *

(1) 협의의 소익으로서의 '확인의 이익'

행정소송법 제35조는, 제12조 제2문(처분 등의 효과가 기간의 경과, 처분 등의 집행 그 밖의 사유로 인하여 소멸된 뒤에도 그 처분 등의 취소로 인하여 회복되는 법률상 이익이 있는 자의 경우에는 또한 같다)과 같이 별도의 협의의 소익에 관한 규정을 두고 있지는 않지만, 여기에서의 '법률상 이익이 있는 자'는 ① '원고적격이 있는 자(무효인 처분 등으로 본인의 공권이 침해된 자)'뿐만 아니라 ② '소송으로 무효등의 확인을 구할 필요성이 있는 자(확인의 이익이 있는 자)'를 포함하는 의미이다.

여기에서 후자를 협의의 소익(권리보호의 필요성)이라 한다. 무효등확인소송에서의 협의의 소익은 '무효확인을 구할 이익(확인의 이익)'이다.

[판례1] 행정처분에 대한 무효확인의 소에 있어서 확인의 이익의 의미

"행정처분에 대한 무효확인의 소에 있어서 확인의 이익은 그 대상인 법률관계에 관하여 당사자 사이에 분쟁이 있고, 그로 인하여 원고의 권리 또는 법률상의 지위에 불안·위험이 있어 판결로써 그 법률관계의 존부를 확정하는 것이 위 불안·위험을 제거하는 데 필요하고도 적절한 경우에 인정된다 할 것이므로, 원고의 권리가 존재하지 아니하고, 그 판결을 받는다 할지라도 그 권리가 회복될 가능성이 전혀 없다면 그러한 원고의 확인의 소는 그 확인의 이익이 없다(대판 2002.6.14, 2002두1823)."

"행정처분의 무효확인 또는 취소를 구하는 소에서, 비록 행정처분의 위법을 이유로 무효확인 또는 취소 판결을 받더라도 그 처분에 의하여 발생한 위법상태를 원상으로 회복시키는 것이 불가능한 경우에는 원칙적으로 그 무효확인 또는 취소를 구할 법률상 이익이 없고, 다만 원상회복이 불가능하더라도 그 무효확인 또는 취소로써 회복할 수 있는 다른 권리나 이익이 남아있는 경우 예외적으로 법률상 이익이 인정될 수 있을 뿐이다(대법원 2012.2.23. 선고 2011두5001 판결 등 참조) (대판 2016.6.10, 2013두1638)."

* 사법시험(2015년), 입법고시(2010년).

☞ 원고가 제주특별자치도개발공사와 사이에 계약기간의 자동연장조건이 포함된 '제주삼다수 판매협약'을 체결한 상태에서, 피고가 '먹는샘물 판매사업자의 선정을 일반입찰에 의하도록 하되(제20조 제3항), 종전의 사업자는 2012.3.14.까지 이 조례에 따른 먹는샘물 국내판매 사업자로 본다(부칙 제2조).''고 정한 조례를 공포하자, 원고가 위 조례 부칙조항의 무효확인을 구한 사안에서, 원고가 위 판매사업자 지위를 상실한 것은 위 조례 부칙조항에 의한 것이 아니라 판매협약상 계약기간의 자동연장조건을 충족하지 못하였기 때문이라고 볼 여지가 충분하다는 이유로, 위 조례 부칙조항이 무효라고 판단한 원심판결을 파기한 사례

[판례2] 압류처분에 기한 압류등기가 경료된 경우에도 압류처분의 무효확인을 구할 이익이 있는지 여부

"체납처분에 기한 압류처분은 행정처분으로서 이에 기하여 이루어진 집행방법인 압류등기와는 구별되므로 압류등기의 말소를 구하는 것을 압류처분 자체의 무효를 구하는 것으로 볼 수 없고, 또한 압류등기가 말소된다고 하여도 압류처분이 외형적으로 효력이 있는 것처럼 존재하는 이상 그 불안과 위험을 제거할 필요가 있다고 할 것이므로, 압류처분에 기한 압류등기가 경료되어 있는 경우에도 압류처분의 무효확인을 구할 이익이 있다(대판 2003.5.16, 2002두3669)."

[판례3] 환지처분이 공고되어 효력을 발생하게 된 이후에 그 일부에 대하여 취소나 무효확인을 구할 법률상 이익이 있는지 여부

"(구) 토지구획정리사업법(2000.1.28. 법률 제6252호로 폐지되기 전의 것) 제61조에 의한 환지처분은 사업시행자가 환지계획구역의 전부에 대하여 구획정리사업에 관한 공사를 완료한 후 환지계획에 따라 환지교부 등을 하는 처분으로서, 일단 공고되어 효력을 발생하게 된 이후에는 환지 전체의 절차를 처음부터 다시 밟지 않는 한 그 일부만을 따로 떼어 환지처분을 변경할 길이 없으므로, 그 환지확정처분의 일부에 대하여 취소나 무효확인을 구할 법률상 이익은 없다(대판 2013.2.28, 2010두2289)."

[판례4] 수용재결의 무효확인을 구할 소의 이익을 인정하지 않는 경우

"(수용재결 후 수용개시일 전에 토지소유자와 사업시행자 사이에 취득협의가 성립하고 그에 따른 소유권이전등기까지 마친 경우에, 토지소유자가 수용재결의 무효확인을 구할 소의 이익이 있는지가 다투어진 사건에서) 원고와 이 사건 사업시행자가 이 사건 수용재결과는 별도로 '이 사건 토지의 소유권을 이전한다는 점과 그 대가인 보상금의 액수'를 합의하는 계약을 새로 체결하였다고 볼 여지가 충분하고, 만약 이러한 별도의 협의취득 절차에 따라 이 사건 토지에 관하여 참가인 앞으로 소유권이전등기가 마쳐진 것이라면 설령 원고가 이 사건 수용재결의 무효확인 판결을 받더라도 원고로서는 이 사건 토지의 소유권을 회복시키는 것이 불가능하고, 나아가 그 무효확인으로써 회복할 수 있는 다른 권리나 이익이 남아 있다고도 볼 수 없다(대판 2017.4.13, 2016두64241[수용재결 무효확인])."

(2) 확인의 이익과 무효등확인소송의 보충성

행정소송법 제35조에서의 '확인의 이익'을 판단하는 데 '별도의 형성소송이나 이행소송 등을 통하여 보다 효과적인 권리구제가 가능한지 여부'가 그 요건으로 요구되는지가 문제이다. 이는 결국 무효등확인소송에도 민사소송에서와 같이 '형성소송이나 이행소송으로 권리구제가 가능하다면 확인의 이익이 인정되지 않는다'고 하는, '형성소송 또는 이행소송에 대한 확인소송의 보충성'이 무효등확인소송에도 적용되는가 하는 것이다.

1) 학설

① 긍정설(즉시확정이익설)

이 견해는 무효확인소송이 실질적으로 확인소송의 성질을 가지고 있으므로 민사소송에서의 확인의 이익과 같이 무효등확인소송의 경우에도 '즉시확정의 이익'이 필요하다고 한다. 즉 확인소송은 그 확인판결을 받는 것이 유효·적절한 권리구제수단일 때 인정되는 것이므로, 처분의 무효를 전제로 한 이행소송과 같이 보다 효과적인 권리구제수단이 존재하는 경우에는 확인소송이 인정되지 않는다는 것이다. 따라서 무효등확인소송도 무효를 전제로 하는 현재의 법률관계에 관한 소송으로 구제되지 않을 때에만 보충적으로 인정된다고 본다.[55)]

② 부정설

다수설인 부정설은 행정소송법 제35조의 '확인을 구할 법률상 이익'은 민사소송에서의 '확인의 이익'과 다르다는 입장으로 무효등확인소송의 보충적 적용을 부인하는 견해이다. 부정설은 (a) 무효등확인소송도 행정청의 처분을 다투는 '항고소송'이고, (b) 우리 행정소송법은 무효등확인소송과 관련하여 일본과 달리 민사소송의 확인소송에 요구되는 보충성을 규정하고 있지 않으며, (c) 무효등확인소송에서도 취소판결의 기속력이 준용되고 있어 민사소송과 달리 무효등확인판결로도 판결의 실효성을 확보할 수 있으므로 민사소송에서와 같이 분쟁의 궁극적 해결을 위한 확인의 이익 여부를 논할 이유가 없다는 것을 논거로 들고 있다.

2) 판례

① 종전의 판례는 무효확인소송에서 확인의 이익은 원고의 권리 또는 법률상의 지위의 불안·위험을 무효확인소송으로 제거하는 것이 필요하고도 적절한 경우에 인정된다고 하여 별도의 다른 유효한 구제수단이 있는 경우에는 확인의 이익을 인정하지 않았다(무효등확인소송의 보충적 적용).

55) 김남진, 행정법 I, 839면 이하.

[판례] 직접 민사소송으로 부당이득반환 또는 소유권이전등기말소를 구할 수 있는 경우, 행정처분의 무효확인을 구할 소의 이익이 있는지 여부

"… 과세처분과 압류 및 공매처분이 무효라 하더라도 직접 민사소송으로 체납처분에 의하여 충당된 세액에 대하여 부당이득으로 반환을 구하거나 공매처분에 의하여 제3자 앞으로 경료된 소유권이전등기에 대하여 말소를 구할 수 있는 경우에는 위 과세처분과 압류 및 공매처분에 대하여 소송으로 무효확인을 구하는 것은 분쟁해결에 직접적이고 유효·적절한 방법이라 할 수 없어 소의 이익이 없다고 할 것이고, 이러한 법리는 행정처분에 대한 무효선언을 구하는 의미에서 처분취소를 구하는 소에서도 마찬가지라 할 것이다(대판 2006.5.12, 2004두14717)."

② 그러나 대법원은 전원합의체판결로 입장을 변경하여, 부정설과 같은 논거로 무효확인소송의 보충성이 요구되는 것은 아니라고 판시하였다. 이에 따라 무효등확인소송에서 '확인을 구할 법률상 이익'을 판단함에 있어 행정처분의 무효를 전제로 한 이행소송 등과 같은 직접적인 구제수단이 있는지 여부를 따질 필요가 없다고 하고 있다.

[판례1] '무효확인을 구할 법률상 이익'이 있는지를 판단할 때 처분의 무효를 전제로 한 이행소송 등과 같은 직접적인 구제수단이 있는지를 따져보아야 하는지 여부

"행정소송은 … 민사소송과는 목적, 취지 및 기능 등을 달리한다. 또한 행정소송법 제4조에서는 무효확인소송을 항고소송의 일종으로 규정하고 있고, 행정소송법 제38조 제1항에서는 처분 등을 취소하는 확정판결의 기속력 및 행정청의 재처분 의무에 관한 행정소송법 제30조를 무효확인소송에도 준용하고 있으므로 무효확인판결 자체만으로도 실효성을 확보할 수 있다. 그리고 무효확인소송의 보충성을 규정하고 있는 외국의 일부 입법례와는 달리 우리나라 행정소송법에는 명문의 규정이 없어 이로 인한 명시적 제한이 존재하지 않는다. 이와 같은 사정을 비롯하여 행정에 대한 사법통제, 권익구제의 확대와 같은 행정소송의 기능 등을 종합하여 보면, 행정처분의 근거 법률에 의하여 보호되는 직접적이고 구체적인 이익이 있는 경우에는 행정소송법 제35조에 규정된 '무효확인을 구할 법률상 이익'이 있다고 보아야 하고, 이와 별도로 무효확인소송의 보충성이 요구되는 것은 아니므로 행정처분의 무효를 전제로 한 이행소송 등과 같은 직접적인 구제수단이 있는지 여부를 따질 필요가 없다고 해석함이 상당하다(대판 2008.3.20, 2007두6342 전원합의체)."

[판례2] 처분의 근거 법률에 의하여 보호되는 직접적이고 구체적인 이익이 있는 경우 '무효 등 확인을 구할 법률상 이익'이 있는지 여부(적극) 및 이때 처분의 유·무효를 전제로 한 이행소송 등과 같은 직접적인 구제수단이 있는지를 따져보아야 하는지 여부(소극)

"행정처분의 근거 법률에 의하여 보호되는 직접적이고 구체적인 이익이 있는 경우에는 행정소송

> 법 제35조에 규정된 '무효 등 확인을 구할 법률상 이익'이 있다고 보아야 한다. 이와 별도로 무효 등 확인소송의 보충성이 요구되는 것은 아니므로 행정처분의 유·무효를 전제로 한 이행소송 등과 같은 직접적인 구제수단이 있는지 여부를 따질 필요가 없다(대판 2019.2.14, 2017두62587[퇴역대상자지위확인등])."

3) 결어

행정소송은 민사소송에 비하여 특수성이 존재하고, 또한 처분의 무효와 취소사유의 구별이 분명치 않기 때문에, 무효확인소송의 제기를 제한적으로 해석할 이유가 없다는 점에서 부정설이 들고 있는 논거와 결론이 타당하다.

4. 피고적격

피고적격에 관한 취소소송의 규정이 무효등확인소송에 준용되므로, 처분 등을 행한 행정청이 피고가 된다. 처분 등과 관련되는 권한이 승계된 경우에는 이를 승계한 행정청이 피고가 되며, 권한이 폐지된 경우에는 그 처분 등에 관한 사무가 귀속하는 국가 또는 공공단체가 피고가 된다(행소법 13, 38 ①).

5. 처분 등

무효등확인소송도 취소소송에서와 마찬가지로 '처분 등', 즉 처분과 재결을 대상으로 한다. 재결을 대상으로 하는 경우에는 재결 고유의 위법이 있음을 이유로 하는 경우에 한한다(행소법 19, 38 ①).

6. 행정심판·제소기간

무효등확인소송에는 취소소송에 적용되는 예외적 행정심판전치주의나 제소기간에 관한 규정이 준용되지 않는다(행소법 38 ①). 무효인 처분은 기간의 경과 등으로 인하여 불가쟁력이 발생할 여지가 없기 때문이다.

7. 가구제

(1) 집행정지

행정소송법은 무효·취소의 구별이 용이하지 않고 처분의 외관이 존재함으로 인하여 권리가 침해될 수도 있다는 점에서 무효등확인소송에도 집행정지에 관한 규정을 준용하고 있다(행소법 38 ①).

(2) 가처분

무효등확인소송의 경우 민사집행법상의 가처분에 관한 규정이 준용될 수 있는지에 대하여도 취소소송에서의 논란이 그대로 타당할 것이다.

무효인 흠이 취소의 경우보다 더 중대하다는 점을 고려하면 가처분의 유용성은 무효등확인소송의 경우가 보다 크다고 판단된다.

8. 관련청구의 이송·병합

관련청구의 이송과 병합에 관한 취소소송의 규정은 무효등확인소송에도 준용된다(행소법 10, 38 ①). 따라서 무효등확인소송과 관련소송이 각각 다른 법원에 계속되고 있는 경우에는 관련청구소송이 계속된 법원은 관련청구소송을 무효등확인소송이 계속된 법원으로 이송할 수 있고, 무효등확인소송에는 사실심의 변론종결시까지 관련청구소송을 무효등확인소송이 계속된 법원에 병합하여 제기할 수 있다.

9. 소의 변경

소의 변경에 관하여도 취소소송에 관한 규정이 준용되므로(행소법 37), 무효등확인소송을 취소소송 또는 당사자소송으로 변경할 수 있다. 다만 취소소송으로 변경하는 경우에는 제소기간이나 예외적 행정심판전치주의의 요건을 구비하여야 한다. 법원은 원고가 처분등의 취소를 구하지 아니함을 밝힌 경우를 제외하고는 무효확인소송이 취소소송의 제소기간 내에 제기된 경우에 원고에게 처분등의 취소를 구하지 아니하는 취지인지를 명확히 하도록 촉구할 수 있다(행정소송규칙 16).

Ⅲ. 심리

1. 심리의 범위 등

무효등확인소송의 심리에 관하여도 취소소송에 관한 규정을 준용하고 있으므로(행소법 25, 26, 38 ①), 취소소송에서의 심리범위나 심리원칙이 그대로 적용된다. 따라서 변론주의를 기본구조로 하면서도 법원은 필요하다고 인정하는 때에는 직권으로 증거조사를 할 수 있고, 당사자가 주장하지 아니한 사실에 대하여도 판단할 수 있는 등 직권심리주의가 가미된다. 또한 법원은 당사자의 신청에 의하여 결정으로써 재결을 행한 행정청에 대하여 행정심판에 관한 기록의 제출을 명할 수 있다.

2. 입증책임

무효등확인소송에서 유효·무효·존재·부존재의 원인사실에 대한 입증책임을 당사자 간에 어떻게 분배할 것인가에 대하여 견해가 대립된다.

(1) 학설

1) 취소소송의 경우와 동일하게 보는 견해

① 무효등확인소송도 항고소송의 일종으로 처분의 위법성을 다투는 소송이고, ② 위법의 중대·명백성은 법해석 내지 경험칙에 의하여 판단할 사항으로 입증책임의 문제와 직접 관련이 없다는 점에서 취소소송에서와 동일하게 입증책임분배설에 따라야 한다는 입장이다.[56)]

2) 원고책임설

① 무효등확인소송과 취소소송은 형식상의 차이가 있고, ② 하자의 중대·명백성은 특별한 예외적인 사유이며, ③ 무효등확인소송은 제소기간에 제한 없이 언제든지 제기할 수 있어 그 사이에 증거가 없어질 수 있기 때문에 원고가 무효 등의 원인사실에 대한 입증책임을 부담하여야 한다는 입장이다.

3) 피고책임설

무효는 취소에 비하여 처분의 흠이 더욱 중대하며 명백한 경우이므로 이것이 적법하다는 입증책임은 피고인 행정청이 부담하는 것이 원칙이라는 입장이다.[57)]

(2) 판례

판례는 "행정처분의 당연무효를 주장하여 그 무효확인을 구하는 행정소송에 있어서는 원고에게 그 행정처분이 무효인 사유를 주장·입증할 책임이 있다(대판 1992.3.10, 91누6030)."고 하여 원고책임설의 입장이다.

(3) 결어

무효사유에 대한 입증책임을 전적으로 원고에게만 부담하여야 할 이유는 없다고 생각된다. 원고가 무효사유를 주장하더라고 그러한 사유의 존재는 원고가, 부존재는 행정청이 입증을 하도록 하는 것이 행정소송의 취지나 당사자간의 공평이라는 소송의 이념에도 부합한다고 생각되므로, 입증책임의 분배문제를 취소소송의 경우와 달리 볼 이유는 없다고 생각된다.

---

56) 김동희/최계영, 행정법 I, 763면; 홍정선, 행정법특강, 755면.
57) 김성수, 일반행정법, 922면.

Ⅳ. 판결

무효등확인소송의 판결과 그 효력에 대하여는 대체로 취소소송의 판결에서 논한 내용이 그대로 타당하다.

다만 사정판결과 관련하여, 무효등확인소송에는 사정판결을 준용하다는 규정이 없는데, 이와 관련해서 무효등확인소송에도 사정판결이 허용되는지에 대하여 논란이 있다. 다수설과 판례(대판 1996.3.22, 95누5509)는 부정적인 입장이다.

판결의 효력과 관련하여 취소판결의 효력에 관한 규정은 무효등확인소송에도 준용되므로(행소법 29, 38 ①), 제3자에 대하여도 무효등확인판결의 효력이 미친다. 따라서 제3자를 보호하기 위한 소송참가와 재심청구가 인정된다(행소법 16, 31, 38 ①). 또한 무효등확인소송에도 기속력이 인정된다(행소법 30 ①, 38 ①).

다만 간접강제와 관련하여 무효등확인판결의 경우 판결의 기속력 및 재처분의무에 관한 규정(행소법 30)은 준용되면서도 간접강제를 준용하는 규정이 없어(행소법 38 ①), 무효등확인판결에도 간접강제가 허용되는지에 대하여 논란이 있다. 판례는 부정설의 입장이나(대결 1998.12.24, 98무37), 거부처분에 무효의 하자가 있는 경우에는 행정청의 재처분을 통하여 당사자를 보호하여야 할 필요가 취소의 경우보다 더욱 크다고 판단되므로, 무효등확인판결에도 간접강제를 허용하여야 하고 이에 대한 입법적 개선이 필요하다.

Ⅴ. 선결문제

행정소송법은 처분 등의 효력 유무 또는 존재 여부가 민사소송의 선결문제로 되어 당해 민사소송의 수소법원이 이를 심리·판단하는 경우에는 제17조(행정청의 소송참가), 제25조(행정심판기록의 제출명령), 제26조(직권심리) 및 제33조(소송비용에 관한 재판의 효력)의 규정을 준용한다고 규정하고 있다(행소법 11 ①). 그리고 이 경우 당해 수소법원은 그 처분 등을 행한 행정청에게 그 선결문제로 된 사실을 통지하도록 하고 있다(행소법 11 ②).

이 규정의 취지는 민사소송이라 할지라도 그 본안의 선결문제가 행정사건이고, 이에 따라 민사법원이 행정사건에 대하여 심리·판단하는 경우에는 행정소송의 특수성을 반영하여 항고소송에 준하여 심리·판단하도록 하는 데 있다.

다만 행정소송법 제11조 제1항은 '처분 등의 효력 유무 또는 존재 여부가 민사소송의 선결문제로 되는 경우'만을 규정하고 있고 '위법 여부'를 선결문제로 심리할 수 있는지의 여부가 행정행위의 공정력 또는 구성요건적 효력의 문제로 논란이 있으나 '위법 여부'의 경우에도 행정소송법 제11조가 유추적용된다고 볼 것이다.

행정소송법은 '민사소송의 선결문제'로 되는 경우만 규정하고 있으나, 형사소송의 선결문제로 된 경우도 행정소송법 제11조를 준용한다고 보아야 할 것이다.

제 3 항 부작위위법확인소송*

Ⅰ. 개설

1. 의의

부작위위법확인소송이란 행정청의 부작위가 위법하다는 것을 확인하는 소송을 말한다(행소법 4 3호).

행정법관계에서의 권리침해는 행정청의 작위에 의하여 침해되는 것이 일반적이라 생각하기 쉽지만, 부작위로 인한 권리침해도 이에 못지않다. 부작위위법확인소송은 이와 같은 행정청의 부작위가 위법함을 확인함으로써 행정청의 적극적 처분을 신속하게 하도록 하여 소극적인 위법상태를 제거하는 것을 목적으로 한다(대판 2000.2.25, 99두11455).

부작위에 의한 권리침해에 대하여는 원칙적으로 의무이행소송이 인정되어야 권리구제의 실효성이 제대로 담보될 수 있다. 그러나 현행 행정소송법은 권력분립원칙을 고려하여 의무이행소송에 대신하여 부작위위법확인소송을 인정하는 데 그치고 있다(사법소극주의). 이에 대해서는 현행법 하에서도 법해석을 통하여 이행소송이 인정될 수 있는가에 대한 논란이 있지만, 판례는 부정적인 입장이다(대판 1997.9.30, 97누3200).[58]

다만 부작위위법확인소송에는 인용판결의 실효성을 담보하기 위하여 거부처분의 취소에 대한 확정판결시의 재처분의무와 간접강제에 대한 규정이 준용되고 있다.

2. 성질

부작위위법확인소송은 주관소송으로서 행정청의 부작위가 위법함을 확인하는 확인소송이다. 따라서 부작위위법확인소송은 의무이행소송이 적극적으로 행정청에 대하여 처분의무의 이행을 명하는 것을 내용으로 하는 데 반하여 단순히 행정청의 부작위가 위법하다는 것을 확인할 뿐이다.

한편 부작위위법확인소송은 모든 행정청의 부작위를 대상으로 하는 것이 아니라 '처분의 부작위'를 대상으로 하기 때문에 취소소송·무효등확인소송과 함께 항고소송에 속한다(행소법 4).

---

* 행정고시(1999년).

58) 행정소송의 권력분립상의 한계 참조.

3. 소송물

일반적으로 부작위위법확인소송의 소송물을 부작위의 위법성으로 이해하고 있지만, 부작위위법확인소송은 주관소송이라는 점에서 '부작위가 위법하다는 원고의 법적 주장'을 소송물로 한다고 보아야 한다.

4. 적용규정

부작위위법확인소송도 '처분'의 부작위를 대상으로 하는데, 부작위로 인하여 야기된 위법상태를 제거하는 것을 목적으로 하는 항고소송의 일종이라는 점에서 취소소송과 공통되는 점이 많으므로, 취소소송에 관한 대부분의 규정이 부작위위법확인소송에 준용된다.

다만 적극적인 처분을 전제로 하는 처분변경으로 인한 소의 변경(행소법 22), 집행정지(행소법 23, 24), 사정판결(행소법 28), 사정판결로 인한 피고의 소송비용부담(행소법 32) 등은 취소소송의 규정이 준용되지 않는다(행소법 38 ②, 행정소송규칙 18 ②). 또한 법원은 부작위위법확인소송 계속 중 행정청이 당사자의 신청에 대하여 상당한 기간이 지난 후 처분등을 함에 따라 소를 각하하는 경우에는 소송비용의 전부 또는 일부를 피고가 부담하게 할 수 있다(행정소송규칙 17).

Ⅱ. 소의 제기

부작위위법확인소송의 소송요건은 취소소송의 경우와 거의 같다. 그러나 취소소송에서 '처분등의 존재'를 소송요건으로 하는 것 대신 부작위위법확인소송의 경우 '부작위의 존재'를 소송요건으로 하고 있는 점, 무효등확인소송과는 달리 제소기간이나 예외적 행정심판전치주의의 적용이 있는 점이 다르다.

부작위위법확인소송을 제기하려면, ① 재판관할, ② 부작위의 존재, ③ 원고적격, ④ 피고적격, ⑤ 제소기간, ⑥ 행정심판, ⑦ 소제기의 형식 등의 제기요건을 갖추어야 한다.

이하에서는 취소소송과 중복되는 내용은 생략하거나 간략하게만 언급하기로 한다. 아울러 소의 제기와 관련된 가구제, 관련청구의 이송·병합, 소의 변경 문제도 간략히 검토한다.

1. 재판관할

부작위위법확인소송의 재판관할도 취소소송의 재판관할에 관한 규정이 준용되므로(행소법 9, 38 ①), 제1심 관할법원은 피고의 소재지를 관할하는 행정법원으로 한다. 다만 중앙행정기관 또는 그 장이 피고인 경우의 관할법원은 대법원소재지의 행정법원으로 한다.

2. 부작위 *

(1) 부작위의 의의

부작위란 행정청이 당사자의 신청에 대하여 상당한 기간 내에 일정한 처분을 하여야 할 법률상 의무가 있음에도 불구하고 이를 하지 아니하는 것을 말한다(행소법 2 2호).

(2) 부작위의 성립요건

1) 당사자의 신청이 있을 것

① 당사자의 신청행위가 있을 것

행정청의 부작위가 존재하려면 당사자의 신청이 있어야 한다. 부작위의 성립요건으로 요구되는 당사자의 신청은 단지 당사자의 신청행위가 있는 것으로 족하다. 따라서 당사자의 신청이 적법한 것인지는 고려할 필요가 없다.

② 그 외에 당사자의 법규상·조리상의 신청권이 있어야 하는지의 문제

(i) 판례는 거부처분의 성립요건에서와 마찬가지로, 부작위의 성립요건으로 당사자의 법규상 또는 조리상의 신청권이 있어야 한다고 보고 있다. 판례는 신청권의 존재를 '부작위의 존재'라는 대상적격의 문제로 보면서 동시에 원고적격의 문제로 보고 있다(대판 1992. 6.9, 91누11278).

(ii) 이와 같은 판례의 입장에 대하여 학설은 신청권의 존부를 ① 대상적격의 문제로 보는 견해, ② 본안판단의 문제로 보는 견해, ③ 원고적격의 문제로 보는 견해로 나뉜다.

① 대상적격의 문제로 보는 견해는 판례가 '거부처분의 성립요건과 관련하여 신청권의 존부는 구체적 사건에서 신청인이 누구인가를 고려하지 않고 추상적으로 결정된다(대판 2009.9.10, 2007두20638)'고 보고 있는 점, 부작위의 성립에 당사자의 신청에 대하여 처분을 하여야 할 법률상의 의무가 있을 것을 요구하고 있는 점 등에서 부작위의 성립은 당사자의 신청권이 있는 경우에 한정된다고 한다.[59)]

② 본안판단의 문제로 보는 견해는 부작위의 성립에는 단순히 원고의 신청만 있으면 족하고, 신청권의 존재 여부는 본안에서 판단할 문제라고 본다.[60)]

③ 원고적격의 문제로 보는 견해는 '원고에게' 신청권이 있는가 하는 문제는 대상의 문제가 아닌 원고적격의 문제이고, 실제로 '신청권이 존재'하는가 하는 문제는 본안에서 판단할 문제로 본다.[61)]

(iii) 결어: 결론적으로 신청권의 존부 문제는 원고적격과 관련된 문제로 보아야 한다.

---

* 사법시험(2007년), 5급공채(행정)(2016년), 5급공채(행정)(2018년).

59) 김남진/김연태, 행정법 I, 874면; 김동희/최계영, 행정법 I, 789면; 박균성, 행정법강의, 802~803면.

60) 홍준형, 행정구제법, 712면 이하.

61) 정하중, 행정법개론, 851면 이하; 홍정선, 행정법특강, 761면 이하.

우선 원고적격이나 대상적격 모두 소송요건을 구성하는 것으로 어떠한 소송요건을 결하더라도 원고의 청구가 각하된다는 점을 고려하면, 신청권의 존부를 '대상적격 또는 원고적격'으로 이해하는 판례의 입장은 이해하기 어렵다.

그 다음으로 부작위의 존재는 소송대상의 존재 문제라고 보는 것이 합리적이다. 따라서 부작위가 성립하기 위해서는 단순히 '당사자가 신청이 있으면 된다.' 행정소송법도 부작위의 정의규정에서 '당사자의 신청에 대하여'라고만 규정하고 있을 뿐이므로, 이를 신청권까지 요구하는 것으로 확대할 이유가 없다. 만약 남소가 우려된다면, 원고적격 여부를 판단하여 소송에서 배제할 가능성도 충분하다. 그리고 권리보호의 기회확대라는 측면에서도 부작위의 개념을 축소하여 해석하지 말아야 한다.

신청권과 관련하여, '일반국민에게 추상적 신청권이 인정되는지', '원고에게 법규상·조리상의 신청권이 존재하는지'의 문제는 부작위의 성립과 아무런 관련이 없는 원고적격의 인정과 관련된 문제이다. 실제로 그러한 신청권이 있는가 하는 문제는 본안으로 판단하면 된다.

2) 상당한 기간이 지났을 것

상당한 기간이란 사회통념상 신청에 따르는 처리에 소요되는 기간을 의미한다.

한편 행정절차법 제19조(처리기간의 설정·공표), 민원처리법 제36조(민원처리기준표의 고시 등)에 따라 공표 또는 고시된 처리기간이 경과되면, 특별한 사정이 없는 한, 상당한 기간이 경과했다고 볼 것이다. 다만 이 경우 처리기간의 경과로 그 부작위가 위법한 것은 아니다. 왜냐하면 이들 규정은 강행규정이라기 보다는 주의규정으로 보아야 할 것이기 때문이다.

> [판례] 행정절차법이나 민원 처리에 관한 법률상 처분·민원의 처리기간에 관한 규정이 강행규정인지 여부(소극)
>
> "처분이나 민원의 처리기간을 정하는 것은 신청에 따른 사무를 가능한 한 조속히 처리하도록 하기 위한 것이다. 처리기간에 관한 규정은 훈시규정에 불과할 뿐 강행규정이라고 볼 수 없다. 행정청이 처리기간이 지나 처분을 하였더라도 이를 처분을 취소할 절차상 하자로 볼 수 없다(대판 2019. 12.13, 2018두41907[인가공증인인가신청반려처분취소청구의소])."

3) 처분을 하여야 할 법률상 의무가 있을 것

행정청에게 처분을 하여야 할 법률상 의무가 있어야 한다. 여기에서 처분이란 행정소송법상의 처분을 말한다. 따라서 이에 해당하지 않는 행위는 부작위위법확인소송의 대상이 되는 부작위라 할 수 없다(대판 1991.11.8, 90누9391).

법률상 의무는 기속행위에 대하여 뿐 아니라 재량행위에 대하여도 존재할 수 있다. 재량행위의 경우에도 행정청은 하자 없는 재량행사를 하여야 할 의무가 있기 때문이다.

[판례] [1] 검사가 압수 해제된 것으로 간주된 압수물의 환부신청에 대하여 아무런 결정·통지도 하지 아니한 경우, 부작위위법확인소송의 대상이 되는지 여부

[2] 검사에 대한 압수물 환부이행청구소송이 허용되는지 여부

[1] "형사본안사건에서 무죄가 선고되어 확정되었다면 형사소송법 제332조 규정에 따라 검사가 압수물을 제출자나 소유자 기타 권리자에게 환부하여야 할 의무가 당연히 발생한 것이고, 권리자의 환부신청에 대한 검사의 환부결정 등 어떤 처분에 의하여 비로소 환부의무가 발생하는 것은 아니므로 압수가 해제된 것으로 간주된 압수물에 대하여 피압수자나 기타 권리자가 민사소송으로 그 반환을 구함은 별론으로 하고 검사가 피압수자의 압수물 환부신청에 대하여 아무런 결정이나 통지도 하지 아니하고 있다고 하더라도 그와 같은 부작위는 현행 행정소송법상의 부작위위법확인소송의 대상이 되지 아니한다."

[2] "검사에게 압수물 환부를 이행하라는 청구는 행정청의 부작위에 대하여 일정한 처분을 하도록 하는 의무이행소송으로 현행 행정소송법상 허용되지 아니한다"(대판 1995.3.10, 94누14018[부작위위법확인])."

4) 아무런 처분도 하지 않았을 것

부작위가 성립하려면 행정청이 아무런 처분도 하지 않아야 한다. 만약 당사자의 신청을 거부하였다면 부작위가 아니라 거부처분이 문제된다.

3. 원고적격

(1) 부작위위법확인을 구할 법률상 이익

부작위위법확인소송은 처분의 신청을 한 자로서 부작위의 위법의 확인을 구할 법률상 이익이 있는 자만이 제기할 수 있다(행소법 36).

(2) 법률상 이익: 신청권의 존재

여기에서 '처분을 신청한 자의 법률상 이익'과 관련하여 원고의 신청권이 존재하여야 하는가에 대하여 견해가 대립된다. 이 문제는 '부작위의 존재'에서 살펴본 견해대립과 연결된 것으로서, 이에 관하여는 ① 당사자의 신청권의 존재를 대상적격(부작위의 존재)의 문제이자 원고적격의 문제로 보는 견해, ② 원고적격의 문제로 보는 견해, ③ 본안판단의 문제로 보아 단순한 신청만 있으면 족하다는 견해 등이 있다.

생각건대, ① '법률상 이익'이 있는가 하는 문제는 원고적격에 관한 것이다. ② 여기서의 법률

상 이익은 법적 보호이익 또는 공권을 의미하므로, 원고가 단순히 신청한 사실만으로는 부족하고, 적어도 신청할 '권리'가 있어야 한다. ③ 다만 신청권은 법규정의 해석을 통하여 도출될 수 있는 것만으로 충분하고, 신청권이 실제로 존재하는가는 본안에서 판단하여야 할 문제이다.

(3) 제3자의 원고적격

취소소송에서와 마찬가지로, 부작위의 직접상대방이 아닌 제3자라 하더라도 부작위위법확인을 받을 법률상 이익이 있는 경우에는 원고적격이 인정된다.

(4) 권리보호의 필요성(협의의 소익)

부작위위법확인소송의 경우에도 원고적격 이외에 권리보호의 필요성이 있어야 한다[판례1].

부작위 위법 여부의 판단 기준시는 판결시(사실심의 구두변론 종결시)이므로, 부작위위법확인소송 제기의 전후를 통하여 판결시까지 행정청이 그 신청에 대하여 적극 또는 소극의 처분을 함으로써 부작위상태가 해소된 때에는 협의의 소익을 상실하여 당해 소송은 각하된다(대판 1990.9.25, 89누4758).

[판례] 경락기일에 경매법원에 제출할 목적으로 농지취득자격증명발급신청을 하였으나 행정청의 적극적인 처분 없이 경락기일이 도과한 경우, 신청인에게 부작위위법확인을 구할 소의 이익이 있는지 여부

"부동산강제경매사건의 최고가매수신고인이 애당초 농지취득자격증명발급신청을 한 목적이 경락기일에서 경매법원에 이를 제출하기 위한 데에 있고 행정청이 적극적인 처분을 하지 않고 있는 사이 위 경락기일이 이미 도과하였다 하더라도, 위 사실만으로 위 신고인이 부동산을 취득할 가능성이 전혀 없게 되었다고 단정할 수는 없으므로 위 경락기일이 이미 도과함으로써 위 신고인이 농지취득자격증명을 발급받을 실익이 없게 되었다거나 행정청의 부작위에 대한 위법확인을 구할 소의 이익이 없게 되었다고 볼 수는 없으며, 또한 부작위 위법 여부의 판단 기준시는 사실심의 구두변론 종결시이므로 행정청이 원심판결선고 이후에 위 신고인의 위 신청에 대하여 거부처분을 함으로써 부작위 상태가 해소되었다 하더라도 달리 볼 것은 아니다(대판 1999.4.9, 98두12437)."

4. 피고적격

부작위위법확인소송에서의 피고적격은 취소소송에 관한 규정이 준용되므로, 그 처분 등을 행한 행정청을 피고로 한다. 또한 권한의 승계, 권한의 폐지에 따르는 피고의제, 피고경정에 관한 문제에는 모두 취소소송의 규정이 준용된다(행소법 13, 14, 38 ②).

5. 제소기간

취소소송의 제소기간에 관한 규정은 부작위위법확인소송에도 준용된다(행소법 20, 38 ②).

그런데 문제는 행정심판을 거치는 경우에는 재결이 존재하므로 제소기간에 관한 규정을 적용하면 되지만, 행정심판을 거치지 않는 경우에는 처분 등이 존재하지 않아 여기에 제소기간을 적용하는 것이 무의미하다는 점이다.

후자의 문제와 관련하여 ① 당사자의 신청 후 상당한 기간이 지나면 처분이 있는 것으로 보아 행정소송법 제20조 제2항에 따라 그 때부터 1년 내에 제소하여야 한다는 견해와 ② 제소기간에 제한이 없다는 견해(다수설)가 있다. ③ 판례는 부작위상태가 계속되는 한 그 위법확인을 구할 이익이 있다고 보아야 하므로 원칙적으로 제소기간의 제한을 받지 않는다고 하여 다수설과 같은 입장이다(대판 2009.7.23, 2008두10560). ④ '상당한 기간'은 불확정개념으로 제소기간을 여기에 의존할 수 없다는 점에서 다수설 및 판례의 입장이 타당하다.

6. 행정심판

무효등확인소송과는 달리 부작위위법확인소송은 취소소송에서와 동일하게 행정심판과 일정한 관련이 있다. 따라서 행정소송법은 부작위위법확인소송에서 행정심판에 관한 취소소송의 규정을 준용하고 있다(행소법 18, 38 ②).

여기에서 전치되는 행정심판은 의무이행심판이다. 의무이행심판과 부작위위법확인소송은 쟁송의 성질이 다르다는 문제는 있지만, 부작위를 대상으로 한다는 점에서 부작위위법확인소송의 전심절차가 된다.

7. 가구제

(1) 집행정지

행정소송법상 집행정지제도는 처분의 존재를 그 요건으로 하므로 취소소송과 무효등확인소송에만 인정되고 부작위위법확인소송에는 적용되지 않는다.

(2) 가처분

무효등확인소송의 경우 민사집행법상의 가처분에 관한 규정이 준용될 수 있는지에 대하여도 취소소송에서의 논란이 그대로 타당할 것이다.

그런데 부작위위법확인소송의 경우 단지 부작위가 위법함을 확인하는 데 그친다는 점에서 당해 처분을 임시로 발급할 것을 명할 수 있는 가처분이 허용된다고 보기는 어려울 것이다.

8. 관련 청구의 이송·병합

관련청구의 이송과 병합에 관한 취소소송의 규정은 부작위위법확인소송에도 준용된다(행소법 10, 38 ②). 따라서 부작위위법확인소송과 관련소송이 각각 다른 법원에 계속되고 있는 경우에는 관련청구소송이 계속된 법원은 관련청구소송을 부작위위법확인소송이 계속된 법원으로 이송할 수 있고, 부작위위법확인소송에는 사실심의 변론종결시까지 관련청구소송을 부작위위법확인소송이 계속된 법원에 병합하여 제기할 수 있다.

9. 소의 변경

(1) 소의 종류의 변경

취소소송의 소의 종류의 변경에 관한 규정은 부작위위법확인소송에도 준용된다(행소법 21, 38 ②). 따라서 부작위위법확인소송의 수소법원은 부작위위법확인소송을 국가 또는 공공단체에 대한 당사자소송 또는 취소소송 등으로 변경하는 것이 상당하다고 인정할 때에는 청구의 기초에 변경이 없는 한 사실심의 변론종결시까지 원고의 신청에 의하여 결정으로써 소의 변경을 허가할 수 있다.

> [판례] 적법한 제소기간 내에 부작위위법확인소송을 제기한 후 취소소송으로의 소의 변경 및 추가적 병합시 제소기간의 준수 여부
>
> "당사자가 동일한 신청에 대하여 부작위위법확인의 소를 제기하였으나 그 후 소극적 처분이 있다고 보아 처분취소소송으로 소를 교환적으로 변경한 후 여기에 부작위위법확인의 소를 추가적으로 병합한 경우 최초의 부작위위법확인의 소가 적법한 제소기간 내에 제기된 이상 그 후 처분취소소송으로의 교환적 변경과 처분취소소송에의 추가적 변경 등의 과정을 거쳤다고 하더라도 여전히 제소기간을 준수한 것으로 봄이 상당하다(대판 2009.7.23, 2008두10560)."

(2) 처분변경으로 인한 소의 변경 문제

행정소송법은 소의 종류의 변경(행소법 21)은 부작위위법확인소송에도 준용하면서(행소법 37), 처분변경으로 인한 소의 변경(행소법 22)은 준용하지 않고 있다(행소법 38 ②). 이와 관련하여, 예컨대 부작위위법확인소송을 제기한 후 행정청이 거부처분을 한 경우 처분변경으로 인하여 이를 거부처분취소소송으로 변경하는 것이 허용되는지 문제이다.

이에 대해서는 ① 행정소송법 제22조는 부작위위법확인소송에 준용되지 않기 때문에 소의 변경이 허용되지 않는다는 부정설과 ② 행정소송법 제22조가 부작위위법확인소송에 준용되지 않는

것은 입법의 불비이므로 행정소송법 제37조를 확대해석하여 소의 변경을 허용하여야 한다는 긍정설(다수설)이 대립되고 있다. ③ 생각건대 부정설에 따르면 이 경우 원고는 새로 거부처분취소소송을 제기하여야 하는데, 이는 행정청이 부작위로 일관하다가 거부처분으로 변경함에 따른 것으로 원고에게는 지나치게 가혹하다고 판단되므로 긍정설이 타당하다.

Ⅲ. 심리

부작위위법확인소송의 심리에 관하여도 취소소송에 관한 규정이 준용되므로(행소법 25, 26, 38 ②), 취소소송에서의 심리범위나 심리원칙이 그대로 적용된다. 따라서 변론주의를 기본구조로 하면서도 법원은 필요하다고 인정하는 때에는 직권으로 증거조사를 할 수 있고, 당사자가 주장하지 아니한 사실에 대하여도 판단할 수 있는 등 직권심리주의가 가미된다. 또한 법원은 당사자의 신청에 의하여 결정으로써 재결을 행한 행정청에 대하여 행정심판에 관한 기록의 제출을 명할 수 있다.

1. 심리의 범위

행정소송법은 부작위위법확인소송을 "행정청의 부작위가 위법하다는 것을 확인하는 소송"으로 정의하고 있다(행소법 4 3호). 이와 관련하여 부작위위법확인소송에서 법원의 심리범위에 관하여 논란이 있다.

(1) 학설

1) 절차적 심리설

부작위위법확인소송은 그 성질이 확인의 소이므로, 부작위위법확인소송의 수소법원은 부작위의 위법 여부만을 심사하여야 하며, 실체적인 내용을 심사한다면 이는 의무이행소송을 인정하는 것이 되어 허용되지 않는다는 견해이다(다수설).

2) 실체적 심리설

법원은 단순히 행정청의 부작위의 적부에 대한 심리에 그치지 않고, 신청의 실체적 내용이 이유 있는지도 심리하여 그에 대한 적정한 처리방향에 관한 법률적 판단을 하여야 한다는 견해이다. 이 견해는 그렇게 하는 것이 행정청의 '판결의 취지에 따르는(행소법 30 ②)' 처분의무를 이행하는 요건이 된다고 보고 있다. 이는 실체적 심리를 통하여 무용한 소송의 반복을 피함으로써 실효적인 권리구제를 도모하고자 하는 취지이다.

(2) 판례

판례는 부작위위법확인소송을 '행정청의 부작위의 위법함을 확인함으로써 행정청의 응답을 신속하게 하여 부작위 내지 무응답이라고 하는 소극적인 위법상태를 제거하는 것을 목적으로 하는 소송'(대판 1993.4.23, 92누17099)으로 보고 있어 절차적 심리설의 입장이다.

(3) 결어

현행 행정소송법상 부작위위법확인소송은 권력분립원칙의 고려에서 의무이행소송을 포기하고 채택한 제도이다. 이와 같은 제도상의 한계 때문에 부작위위법확인소송에서 실체적 내용심리까지 요구하기는 어렵다고 판단된다.

그러나 이론상 현행 행정소송법 하에서도 명문의 규정이 없더라도 이행소송이 가능하다고 판단되므로, 일정한 한계를 설정하고 이 범위 내에서 실체적 심리를 하는 것은 가능하다고 판단된다. 이는 부작위의 상대방에 대한 권리보호라는 관점에서 매우 중요한 문제이기 때문이다.

2. 위법성 판단의 기준시

부작위의 경우 처분이 존재하지 아니하므로 그 위법판단은 판결시(사실심의 구두변론종결시)를 기준으로 한다(대판 1999.4.9, 98두12437).

Ⅳ. 판결

1. 판결의 종류

부작위위법확인소송의 판결과 그 효력에 대하여는 대체로 취소소송의 경우와 같다. 다만 부작위위법확인소송의 경우에는 사정판결이 문제되지 않는다.

2. 판결의 기속력과 재처분의무

(1) 부작위위법확인소송의 인용판결의 기속력

부작위위법확인판결에 대해서는 취소판결의 기속력에 관한 규정이 준용된다(행소법 30, 38 ②). 따라서 부작위위법확인소송의 청구를 인용하는 판결이 확정된 경우에는 그 판결의 취지에 따라 다시 이전의 신청에 대한 처분을 하여야 한다.

(2) 재처분의무의 의미

판결의 취지에 따르는 이전의 신청에 대한 처분이 무엇을 의미하는가에 대하여는 학설의 대립이 있다.

1) 단순한 응답의무로 보는 견해

다수설 및 판례는 부작위위법확인소송은 행정청의 부작위가 위법함을 확인하는 데 그치는 것이므로 행정청은 판결의 취지에 따라 단순히 신청에 대한 응답의무를 부담하는 데 그치는 것으로 이해하고 있다. 따라서 부작위위법확인판결의 기속력에 따라 행정청은 어떠한 처분을 하기만 하면 되는 것이므로, 기속행위의 경우에도 거부처분을 하여도 판결의 기속력으로서 재처분의무를 이행한 것이 된다고 한다. 이러한 거부처분에 대하여 원고는 다시 거부처분취소소송을 제기하여 행정청의 처분발급의무를 확보할 수 있다고 한다.

[판례] 부작위위법확인의 소의 제도의 취지

"부작위위법확인의 소는 행정청이 국민의 법규상 또는 조리상의 권리에 기한 신청에 대하여 상당한 기간 내에 그 신청을 인용하는 적극적 처분을 하거나 또는 각하 내지 기각하는 등의 소극적 처분을 하여야 할 법률상의 응답의무가 있음에도 불구하고 이를 하지 아니하는 경우 판결시를 기준으로 그 부작위의 위법함을 확인함으로써 행정청의 응답을 신속하게 하여 부작위 내지 무응답이라고 하는 소극적인 위법상태를 제거하는 것을 목적으로 하는 것이고, 나아가 당해 판결의 구속력에 의하여 행정청에게 처분등을 하게 하고, 다시 당해 처분등에 대하여 불복이 있는 때에는 그 처분등을 다투게 함으로써 최종적으로는 국민의 권리이익을 보호하려는 제도이다(대판 1992.7.28, 91누7361)."

2) 적극적 처분을 하여야 한다는 견해

부작위위법확인판결의 기속력으로서 재처분의무는 당초 신청된 특정처분의 발급의무를 의미하는 것으로 이해하는 견해이다.[62] 이 견해는 ① 부작위의 성립요건으로 법규상·조리상의 신청권이 있을 것을 요구하면서 재처분의무를 단순한 응답의무에 불과하다고 보는 것은 균형이 맞지 않고, ② 법규상·조리상의 신청권이 있음에도 이에 대한 부작위가 위법하다면, 이는 곧 신청에 따른 처분을 하여야 적법하다는 의미이며, ③ 응답의무에 따라 다시 거부처분을 하고 이에 대하여 다시 거부처분취소소송을 통하여 권리구제를 받으라는 것은 매우 우회적인 권리구제가 되어 부당하다는 점 등을 논거로 들고 있다.

이 견해에 따르면 재처분의무에 따라, 기속행위의 경우에는 상대방의 신청을 인용하는 처분

62) 김성수, 일반행정법, 935면; 정하중, 행정법개론, 857면; 홍준형, 행정구제법, 725면.

을 하여야 하고, 재량행위의 경우에는 -재처분의무는 하자 없는 재량행사의 의무이므로- 재량권의 한계 내에서 인용처분을 하거나 거부처분을 할 수도 있을 것이다.

3) 결어

부작위위법확인판결의 기속력으로서의 재처분의무를 행정청의 단순응답의무로 보는 것은 지나치게 소극적이라고 생각된다. 당사자의 신청에 따른 행정청의 부작위가 위법하다는 것은 -이를 다시 거부하는 것이 아니라- 일정한 적극적인 처분을 하여야 한다는 의미로 이해하는 것이 자연스러운 해석이고 원고의 권리구제에 보다 충실하다는 점에서, 재처분의무를 적극적 처분의무로 이해하는 견해가 타당하다.

3. 간접강제

부작위위법확인소송에도 거부처분취소판결의 간접강제에 관한 취소소송의 규정이 준용된다(행소법 34, 38 ②).

제 3 절 당사자소송

제 1 항 개설

Ⅰ. 의의

당사자소송이란 행정청의 처분 등을 원인으로 하는 법률관계에 관한 소송, 그 밖에 공법상의 법률관계에 관한 소송으로서 법률관계의 한쪽 당사자를 피고로 하는 소송을 말한다(행소법 3 2호).

항고소송은 행정주체가 우월한 지위에서 일방적으로 행하는 처분을 다투는 소송으로서 행정소송의 특수성을 보여주는 가장 전형적인 경우이지만, 당사자소송은 피고가 반드시 행정청이 아닐 뿐만 아니라 원고와 피고가 대등한 관계에서 공법상의 법률관계를 다툰다는 점에서, 그 대상이 공법상의 법률관계라는 점이 사법상의 법률관계를 다투는 민사소송과 다를 뿐, 민사소송과 매우 유사하다고 할 수 있다.

예컨대 행정청이 과세처분을 부과한 경우, 과세처분 자체를 다투는 것은 항고소송이고, 이 과세처분의 위법을 원인으로 하는 법률관계, 즉 과세처분의 위법을 전제로 이미 납부한 세금의 반환을 요구하는 부당이득반환문제를 다투는 것은 당사자소송이다.

Ⅱ. 당사자소송의 성질과 활용

당사자소송은 개인의 권리구제를 목적으로 하는 주관소송이다. 당사자소송은 공법상의 법률관계를 다투는 소송으로 이로써 법률관계가 최초로 형성된다는 점에서 시심적 소송이다. 당사자소송은 소송물의 내용에 따라 이행의 소, 확인의 소로 구분될 수 있다.

당사자소송은 '포괄적인 성격의 소송'으로 이를 활용하기에 따라서는 비처분적 행정작용에 대해서까지 공백없이 권리구제가 가능한, 매우 유용한 소송유형이다. 하지만 현재의 항고소송, 특히 취소소송 중심인 현실에서 당사자소송이 거의 활용되지 않고 있다.

더 나아가 당사자소송의 대상이 되어야 할 행정상 손해배상·부당이득반환 등이 소송실무상 민사소송의 대상이 되고 있다. 이는 민·형사사건 중심의 우리나라 법조실무 때문이라고 생각된다. 하지만 우리나라 법체계는 공·사법을 이원적으로 구별하고 있고, 공법상 법률관계에는 공익적 요소가 포함되어 있으므로, 이들을 당사자소송의 대상으로 전환하여야 한다. 2013년 입법예고된 행정소송법 개정안도 '성질상 행정소송이지만 편의상 민사소송으로 다루어지던 행정상 손해배상·부당이득반환 등 공법상 원인으로 발생하는 법률관계에 관한 소송을 당사자소송의 대상으로 명시'한 바 있었다.

2023년에 제정된 행정소송규칙은 당사자소송 개념의 불확정성, 행정의 발전에 따른 당사자소송의 확대 경향 등으로 인해, 소송 방법 선택의 착오로 인한 이송, 심리의 중복 등 절차의 낭비나 지연을 줄이기 위하여 당사자소송의 대상과 종류를 상세하게 규정하였다.

Ⅲ. 종류

당사자소송에는 실질적 당사자소송과 형식적 당사자소송이 있는데, 대부분의 당사자소송은 실질적 당사자소송이다. 2023년 행정소송규칙은 법이론이나 재판 실무를 통해 정립된 당사자소송의 대상과 종류를 예시하여 규정하고 있다(행정소송규칙 19).

행정소송규칙

제19조(당사자소송의 대상) 당사자소송은 다음 각 호의 소송을 포함한다.

1. 다음 각 목의 손실보상금에 관한 소송
   가. 「공익사업을 위한 토지 등의 취득 및 보상에 관한 법률」 제78조 제1항 및 제6항에 따른 이주정착금, 주거이전비 등에 관한 소송
   나. 「공익사업을 위한 토지 등의 취득 및 보상에 관한 법률」 제85조 제2항에 따른 보상금의 증감(增減)에 관한 소송

다. 「하천편입토지 보상 등에 관한 특별조치법」 제2조에 따른 보상금에 관한 소송
2. 그 존부 또는 범위가 구체적으로 확정된 공법상 법률관계 그 자체에 관한 다음 각 목의 소송
가. 납세의무 존부의 확인
나. 「부가가치세법」 제59조에 따른 환급청구
다. 「석탄산업법」 제39조의3 제1항 및 같은 법 시행령 제41조 제4항 제5호에 따른 재해위로금 지급청구
라. 「5·18민주화운동 관련자 보상 등에 관한 법률」 제5조, 제6조 및 제7조에 따른 관련자 또는 유족의 보상금 등 지급청구
마. 공무원의 보수·퇴직금·연금 등 지급청구
바. 공법상 신분·지위의 확인
3. 처분에 이르는 절차적 요건의 존부나 효력 유무에 관한 다음 각 목의 소송
가. 「도시 및 주거환경정비법」 제35조 제5항에 따른 인가 이전 조합설립변경에 대한 총회결의의 효력 등을 다투는 소송
나. 「도시 및 주거환경정비법」 제50조 제1항에 따른 인가 이전 사업시행계획에 대한 총회결의의 효력 등을 다투는 소송
다. 「도시 및 주거환경정비법」 제74조 제1항에 따른 인가 이전 관리처분계획에 대한 총회결의의 효력 등을 다투는 소송
4. 공법상 계약에 따른 권리·의무의 확인 또는 이행청구 소송

1. 실질적 당사자소송

실질적 당사자소송이란 처분 등을 원인으로 하는 법률관계에 대한 소송 또는 그 밖에 공법상의 법률관계에 관한 소송으로서 법률관계의 한쪽 당사자를 피고로 하는 소송이다.

(1) 처분 등을 원인으로 하는 공법상의 법률관계에 관한 소송

① 처분 등의 무효를 전제로 하는 공법상의 부당이득반환청구소송, ② 국가배상청구소송 등이 이에 속한다. 실무상으로는 민사소송으로 하고 있다.

(2) 그 밖에 공법상의 법률관계에 관한 소송

① 공법상의 신분·지위·기타 법률관계의 효력 등의 확인소송, ② 공법상 금전지급청구소송, ③ 공법상 계약에 관한 소송, ④ 공법상 결과제거청구소송 등이 이에 속한다.

1) 공법상의 신분·지위·기타 법률관계의 효력 등의 확인소송(행정소송규칙 19 2호 가·바, 19 3호)*

공무원·국·공립학교의 학생·국가유공자·공공조합의 조합원 등의 신분·지위·자격 등의 확인에 관한 소송, 기타 공법상의 법률관계의 확인에 관한 소송이 이에 속한다.

[관련 판례]

① 태극무공훈장을 수여받은 자임의 확인을 구하는 소송(대판 1990.10.23, 90누4440)

② 도시재개발조합에 대하여 조합원 자격 확인을 구하는 소송(대판 1996.2.15, 94다31235 전원합의체)

③ 납세의무부존재확인의 소(대판 2000.9.8, 99두2765)

④ 도시환경정비사업조합에 대한 행정청의 조합설립 인가처분이 있은 후에 그 설립인가처분의 요건에 불과한 조합설립행위에 대한 무효 확인을 구하는 소(대판 2010.4.8, 2009다27636)**

⑤ 주택재건축정비사업조합을 상대로 조합설립변경 결의 또는 사업시행계획 결의의 효력 등을 다투는 소송(대판 2010.7.29, 2008다6328)

⑥ 항만공사시행자인 비관리청의 항만시설 무상사용기간의 산정 기준이 되는 총사업비를 관리청이 법적 기준에 미달하게 부당 산정한 경우, 이에 대한 권리범위 확인의 소(대판 2001.9.4, 99두10148).

⑦ 수신료 징수권한 여부를 다투는 소송(대판 2008.7.24, 2007다25261)

⑧ 고용·산재보험료 납부의무 부존재확인의 소, 이 경우 피고(근로복지공단)(대판 2016.10.13, 2016다221658)

⑨ 갱신기대권을 가지는 기간제 시립교향악단 단원들이 재위촉 거부의 무효를 주장하며 제기하는 단원 지위 확인 등 소송(대판 2017.10.12, 2015두44493)

⑩ 도시계획시설사업 시행자인 원고가 피고들 소유의 토지를 재료적치장, 임시통로로 일시 사용하기 위해 국토계획법 제130조 제3항에 따라 피고들을 상대로 동의의 의사표시를 구하는 소송(대판 2019.9.9, 2016다262550)

⑪ 도시정비법에 따른 정비기반시설의 소유권 귀속에 관한 소송(대판 2018.7.26, 2015다221569)

[판례1] 도시 및 주거환경정비법상의 주택재건축정비사업조합을 상대로 관리처분계획안에 대한 조합 총회결의의 효력을 다투는 소송의 법적 성질(=행정소송법상 당사자소송)

"도시 및 주거환경정비법상 행정주체인 주택재건축정비사업조합을 상대로 관리처분계획안에 대한 조합 총회결의의 효력 등을 다투는 소송은 행정처분에 이르는 절차적 요건의 존부나 효력 유무

* 5급공채(재경)(2013년).

** 사법시험(2014년).

에 관한 소송으로서 그 소송결과에 따라 행정처분의 위법 여부에 직접 영향을 미치는 공법상 법률관계에 관한 것이므로, 이는 행정소송법상의 당사자소송에 해당한다(대판 2009.9.17, 2007다2428 전원합의체).”

[판례2] 도시계획시설사업 시행자인 원고가 피고들 소유의 토지를 재료적치장, 임시통로로 일시 사용하기 위해 국토계획법 제130조 제3항에 따라 피고들을 상대로 동의의 의사표시를 구하는 소송이 공법상 법률관계에 관한 당사자소송인지 여부(적극)

“국토계획법 제130조의 체계와 내용, 입법목적과 함께 공익사업의 성격을 종합하면, 도시·군계획시설사업의 사업시행자가 사업구역에 인접한 특정 토지를 재료적치장 또는 임시통로 용도로 한시적으로 이용할 필요가 있는 경우, 사업시행자는 위 규정에 따라 해당 토지 소유자 등의 동의를 받아야 하고, 토지 소유자 등은 이를 거부할 정당한 사유가 없는 한 사업시행자의 ‘일시 사용’을 수인하고 동의할 의무가 있다고 할 것이다. 토지 소유자 등이 사업시행자의 일시 사용에 대하여 정당한 사유 없이 동의를 거부하는 경우, 사업시행자는 해당 토지의 소유자 등을 상대로 동의의 의사표시를 구하는 소를 제기할 수 있다. 이와 같은 토지의 일시 사용에 대한 동의의 의사표시를 할 의무는 국토계획법에서 특별히 인정한 공법상의 의무이므로, 그 의무의 존부를 다투는 소송은 ‘공법상의 법률관계에 관한 소송으로서 그 법률관계의 한쪽 당사자를 피고로 하는 소송’, 즉 행정소송법 제3조 제2호에서 규정한 당사자소송이라고 보아야 한다(대판 2019.9.9, 2016다262550[토지사용동의의사표시]).”

☞ 군산–새만금 송전선로 건설사업 시행자인 원고가 피고들에 대하여 그들 소유 토지를 임시통로 및 재료적치장으로 일시 사용하는 데 대한 동의의 의사표시를 구한 사건에서, 위 소송은 행정소송법상의 당사자소송에 해당한다는 이유로 이를 민사소송으로 보고 판단한 제1심판결을 전속관할 위반으로 취소하고 사건을 행정소송 관할법원으로 이송한 원심판결이 정당하다고 한 사례

2) 공법상 금전지급청구소송(행정소송규칙 19 1호, 19 2호 나·다·라·마)

손실보상청구권, 공무원의 수당 및 연금지급청구권, 보조금지급청구권, 환급세액지급청구권 및 각종 사회보장급부청구권에 관한 소송 등이 이에 속한다.

특히 판례는 ‘대법원 2006.5.18. 선고 2004다6207 전원합의체 판결’을 통하여 하천법 부칙과 이에 따른 특별조치법에 의한 손실보상청구를 민사소송의 대상이라고 하던 종전의 입장을 변경하여 이는 하천법 본칙이 원래부터 규정하고 있던 하천구역에의 편입에 의한 손실보상청구권과 하등 다를 바가 없는 것이어서 공법상의 권리임이 분명하고 따라서 행정소송법상 당사자소송의 대상이라고 보았다.

또한 판례는 ‘대법원 2013.3.21. 선고 2011다95564 전원합의체 판결’에서 납세의무자에 대한 국가의 부가가치세 환급세액 지급의무에 대응하는 국가에 대한 납세의무자의 부가가치세 환급세

액 지급청구를 민사소송의 대상이라고 보던 종래의 입장을 변경하여 이는 민사소송이 아니라 행정소송법 제3조 제2호에 규정된 당사자소송의 절차에 따라야 한다고 하였다.

[관련 판례]

① 토지보상법령에 의하여 주거용 건축물의 세입자에게 인정되는 주거이전비 보상청구소송(대판 2008.5.29, 2007다8129)

② 하천구역 편입토지 보상에 관한 특별조치법에 정한 하천편입 토지소유자의 보상청구권에 기하여 손실보상금의 지급을 구하거나 손실보상청구권의 확인을 구하는 소송(대판 2006.11.9, 2006다23503)

③ 하천법 부칙(1984.12.31.) 제2조 제1항 및 '법률 제3782호 하천법 중 개정법률 부칙 제2조의 규정에 의한 보상청구권의 소멸시효가 만료된 하천구역 편입토지 보상에 관한 특별조치법' 제2조 제1항 에서 정하고 있는 손실보상청구소송(대판 2006.5.18, 2004다6207 전원합의체)

④ 광주민주화운동관련자보상등에관한법률에 의거하여 관련자 및 유족들의 보상금지급청구소송(대판 1992.12.24, 92누3335)

⑤ 지방소방공무원이 소속 지방자치단체를 상대로 초과근무수당의 지급을 구하는 소송(대판 2013.3.28, 2012다102629)

⑥ 공무원연금관리공단이 공무원연금법령의 개정에 따라 퇴직연금 중 일부 금액에 대하여 지급거부의 의사표시를 한 경우 미지급 퇴직연금의 지급을 구하는 소송(대판 2004.12.24, 2003두15195)*

⑦ 군인연금법상 급여청구소송(대판 1995.9.15, 93누18532)

⑧ 법령의 개정에 따른 국방부장관의 퇴역연금액 감액조치에 의하여 발생한 퇴역연금액과 결정·통지된 퇴역연금액과의 차액의 지급을 구하는 소송(대판 2003.9.5, 2002두3522)

⑨ 보조사업자에 대한 지방자치단체의 보조금반환청구(대판 2011.6.9, 2011다2951)

⑩ 국가에 대한 납세의무자의 부가가치세 환급세액 지급청구(대판 2013.3.21, 2011다95564 전원합의체)

⑪ 법관명예퇴직수당지급청구(대판 2016.5.24, 2013두14863)

⑫ 석탄산업법시행령 제41조 제4항 제5호 소정의 재해위로금 지급청구소송(대판 1999.1.26, 98두12598)

⑬ (구) 석탄산업법상의 석탄가격안정지원금 지급청구의 소(대판 1997.5.30, 95다28960)

⑭ 지방자치단체의 장이 징수위탁에 응하지 아니하는 등의 특별한 사정이 있는 경우에 도시개발사업조합이 환지처분의 공고로 조합원에게 부과된 청산금의 지급을 구하는 소송(대판 2017.4.28, 2013다1211)

* 변호사시험(2013년), 변호사시험(2024년).

성남시장이 시장·군수가 아닌 사업시행자인 원고들의 징수 위탁을 거절함으로써 징수 절차에 의한 이 사건 청산금의 권리실현에 장애가 있게 되는 특별한 사정이 있다고 볼 수 있으므로, 원고들이 피고들을 상대로 공법상 당사자 소송에 의하여 이 사건 청산금의 지급을 구하는 이 사건 소는 허용된다고 봄이 타당하다(대판 2017.1.28, 2016두39498[청산금])."

3) 공법상 계약에 관한 소송(행정소송규칙 19 4호)

공법상 계약에 관한 소송은 당사자소송의 대상이다.

[관련 판례]

① 서울특별시립무용단원의 해촉의 무효확인을 구하는 소송(대판 1995.12.22, 95누4636)
(관련 판례: 시립합창단원에 대한 재위촉 거부가 처분이 아니라고 본 판례(대판 2001.12.11, 2001두7794))
② 공중보건의사 채용계약 해지에 대한 소송(대판 1996.5.31, 95누10617)
③ 지방전문직공무원 채용계약 해지 의사표시에 대한 무효확인청구소송(대판 1993.9.14, 92누4611)
④ 산업기술혁신 촉진법에 따른 산업기술개발사업에 관한 협약(공법상 계약)상 정산의무의 존부·범위에 관한 분쟁(대판 2023.6.29, 2021다250025)

[판례1] 서울특별시립무용단원의 해촉에 대하여 공법상 당사자소송으로 무효확인을 청구할 수 있는지 여부

"… 서울특별시립무용단 단원의 위촉은 공법상의 계약이라고 할 것이고, 따라서 그 단원의 해촉에 대하여는 공법상의 당사자소송으로 그 무효확인을 청구할 수 있다(대판 1995.12.22, 95누4636)."

[판례2] 시립합창단원에 대한 재위촉 거부가 항고소송의 대상인 처분에 해당하는지 여부

"광주광역시문화예술회관장의 단원 위촉은 광주광역시문화예술회관장이 행정청으로서 공권력을 행사하여 행하는 행정처분이 아니라 공법상의 근무관계의 설정을 목적으로 하여 광주광역시와 단원이 되고자 하는 자 사이에 대등한 지위에서 의사가 합치되어 성립하는 공법상 근로계약에 해당한다고 보아야 할 것이므로, 광주광역시립합창단원으로서 위촉기간이 만료되는 자들의 재위촉 신청에 대하여 광주광역시문화예술회관장이 실기와 근무성적에 대한 평정을 실시하여 재위촉을 하지 아니한 것을 항고소송의 대상이 되는 불합격처분이라고 할 수는 없다(대판 2001.12.11, 2001두7794)."

[판례3] 공중보건의사 채용계약의 법적 성질과 채용계약 해지에 관한 쟁송방법

"현행 실정법이 전문직공무원인 공중보건의사의 채용계약 해지의 의사표시는 일반공무원에 대한 징계처분과는 달라서 항고소송의 대상이 되는 처분 등의 성격을 가진 것으로 인정되지 아니하고,

일정한 사유가 있을 때에 관할 도지사가 채용계약 관계의 한쪽 당사자로서 대등한 지위에서 행하는 의사표시로 취급하고 있는 것으로 이해되므로, 공중보건의사 채용계약 해지의 의사표시에 대하여는 대등한 당사자간의 소송형식인 공법상의 당사자소송으로 그 의사표시의 무효확인을 청구할 수 있는 것이지, 이를 항고소송의 대상이 되는 행정처분이라는 전제하에서 그 취소를 구하는 항고소송을 제기할 수는 없다(대판 1996.5.31, 95누10617)."

[판례4] 공법상 계약의 한쪽 당사자가 다른 당사자를 상대로 이행을 청구하는 소송 또는 이행의무의 존부에 관한 확인을 구하는 소송은 공법상 당사자소송으로 제기하여야 하는지 여부(원칙적 적극)

"공법상 당사자소송이란 행정청의 처분 등을 원인으로 하는 법률관계에 관한 소송 그 밖에 공법상의 법률관계에 관한 소송으로서 그 법률관계의 한쪽 당사자를 피고로 하는 소송을 말한다(행정소송법 제3조 제2호). … 공법상 계약의 한쪽 당사자가 다른 당사자를 상대로 그 이행을 청구하는 소송 또는 이행의무의 존부에 관한 확인을 구하는 소송은 공법상 법률관계에 관한 분쟁이므로 분쟁의 실질이 공법상 권리·의무의 존부·범위에 관한 다툼이 아니라 손해배상액의 구체적인 산정방법·금액에 국한되는 등의 특별한 사정이 없는 한 공법상 당사자소송으로 제기하여야 한다(대판 2023.6.29, 2021다250025[채무부존재확인의소])."

4) 공법상 결과제거청구소송

공행정작용으로 인하여 야기된 위법한 결과의 제거를 통하여 위법 이전의 원상을 회복해 줄 것을 요구하는 결과제거청구권은 공법상의 권리이므로 이에 관한 쟁송절차는 당사자소송에 의하여야 할 것이다.

5) 참고: 판례가 민사소송으로 본 경우

① 주택재건축정비사업조합의 매도청구권 행사에 따른 소유권이전등기의무의 존부를 다투는 소송(대판 2010.4.8, 2009다93923)

② (구) 도시 및 주거환경정비법상 도시환경정비사업조합과 시공사 사이의 공사도급계약 등을 둘러싼 법률관계에 관한 소송(대결 2010.4.8, 2009마1026)

③ (구) 도시 및 주거환경정비법상 재개발조합과 조합장 또는 조합임원 사이의 선임·해임 등을 둘러싼 법률관계에 관한 소송(대결 2009.9.24, 2009마168)

④ 청구취지상으로는 거부처분 취소판결의 집행력 배제를 구하고 있지만 그 청구원인에서는 거부처분 취소판결의 취지에 따른 처분을 하였음을 이유로 거부처분 취소판결의 간접강제결정의 집행력 배제를 구하는 소송(=청구이의의 소로서 민사소송)(대판 2001.11.13, 99두2017)

2. 형식적 당사자소송

(1) 의의

형식적 당사자소송이란 행정청의 처분 등에 의하여 형성된 법률관계에 관하여 다툼이 있는 경우에, 당해 처분 등의 효력을 다툼이 없이 직접 그 처분 등에 의하여 형성된 법률관계에 대하여 그 한쪽 당사자를 대상으로 하여 제기하는 소송을 말한다.

형식적 당사자소송은 실질적으로는 처분 등의 효력을 다투는 항고소송의 성질을 가지고 있지만, 형식적으로는 당사자소송의 형식으로 대등당사자 사이에 처분 등에 의하여 형성된 법률관계를 다투는 것이다. 예컨대 토지보상법상 토지수용위원회의 수용재결에 대하여 보상금의 증감을 다투는 소송(토지보상법 85 ②)이 이에 해당한다. 보상금증감소송은 대등당사자인 사업시행자와 토지소유자(또는 관계인) 간의 보상금의 증감을 둘러싼 다툼이라는 점에서 형식상 당사자소송으로 하지만, 외형적으로는 처분청(토지수용위원회)의 처분(수용재결)이 다투어진다는 점에서 항고소송의 성질도 가진다.

이와 같이 형식적 당사자소송은 '외형상'으로는 처분을 다투고 있는 것으로 보이지만 '당사자소송의 형식'으로 처분에 의하여 형성된 법률관계만을 다투게 하는 것이 당사자들 사이에 발생한 분쟁의 해결에 보다 합리적이라는 점에서 인정되는 것이다.

형식적 당사자소송의 성질에 관하여 처분이 다투어진다는 점에서 항고소송의 일종으로 이해하는 견해도 있으나, 처분은 불복의 외형일 뿐 대등당사자가 처분으로 인한 법률관계 그 자체를 다투는 것이므로 당사자소송이라고 보아야 할 것이다.

(2) 법적 근거

1) 토지보상법

토지보상법 제85조 제2항은 동법 제85조 제1항에 따라 제기하려는 행정소송이 보상금의 증감(增減)에 관한 소송인 경우 그 소송을 제기하는 자가 토지소유자 또는 관계인일 때에는 사업시행자를, 사업시행자일 때에는 토지소유자 또는 관계인을 각각 피고로 한다고 규정하고 있다. 이는 수용재결 자체를 다투는 것이 아니라, 수용재결 중 보상금에 관한 결정과 관련하여 보상액의 증액 또는 감액을 다투는 것으로서 이를 보상금증감소송이라고 부르기도 한다.[63]

2) 특허법 등

그 밖에도 특허법 제191조는 특허법에 따른 보상금 또는 대가에 관한 소송에 있어서는 보상금을 지급할 관서 또는 출원인·특허권자 등을 피고로 하여야 한다고 규정하고 있는데, 이는 특허

---

63) 이에 관하여는 행정상 손실보상편 참조.

권수용 등을 다투는 것이 아니라, 이러한 처분에 따른 보상금 등을 다투는 것이므로 이 역시 형식적 당사자소송이라 할 수 있다. 특허법 제191조는 디자인보호법(제166조)·실용신안법(제33조)에도 준용된다.

(3) 일반적 허용성

1) 문제

일반적으로 형식적 당사자소송의 근거로 행정소송법 제3조 제2호(당사자소송의 정의)를 들고 있는데, 이 규정만으로 형식적 당사자소송이 일반적으로 허용되는가 하는 것이 문제이다.[64]

2) 학설

① 긍정설은 (a) 행정소송법 제3조 제2호에 형식적 당사자소송이 포함되고, (b) 행정소송법 제3조 제2호는 '법률이 정한 경우에 법률이 정한 자에 한하여 제기할 수 있다'는 제한규정이 없으며, (c) 행정소송법 제3조 제2호에 따라 형식적 당사자소송을 일반적으로 인정하더라도 처분의 공정력에 반하는 것은 아니라는 점 등을 논거로 행정소송법 제3조 제2호를 근거로 일반적으로 형식적 당사자소송을 인정할 수 있다는 견해이다.[65]

② 부정설은 (a) 공정력이 있는 처분을 그대로 둔 채 당해 처분을 원인으로 하는 법률관계에 관한 소송을 제기하고 법원이 이를 판단하는 것은 공정력에 반하고, (b) 개별법에 명문의 규정이 없는 경우 당사자적격·제소기간 등 소송요건이 불분명하여 소송진행이 어렵다는 점 등을 들어 형식적 당사자소송을 인정하는 명문의 규정이 없는 한, 행정소송법 제3조 제2호의 규정만으로는 일반적으로 인정할 수 없다는 견해이다(다수설).

3) 결론

형식적 당사자소송은 원래 항고소송으로서 처분 등의 효력을 다투는 것임에도 불구하고 소송경제상 예외적으로 당사자소송을 제기할 수 있도록 하는 제도이므로, 형식적 당사자소송을 제기할 수 있는 요건과 절차를 개별법으로 명시하는 것이 필요하다는 점에서 부정설이 타당하다.

Ⅳ. 적용규정

당사자소송에도 취소소송에 관한 규정이 광범위하게 준용된다. 우선 관련청구의 이송과 병합

64) 예컨대 도로법 제99조 제3항은 손실보상금에 관하여 협의가 이루어지지 않는 경우 토지수용위원회에 재결을 신청할 수 있다고 규정하고 있지만, 그 외에 토지보상법 제85조 제2항과 같이 보상금의 증감을 다투는 소송에 관한 별도의 규정이 없는데, 이 경우 행정소송법 제3조 제2호(당사자소송의 정의)를 근거로 형식적 당사자소송이 인정될 수 있는가 하는 것이다.

65) 이상규, 신행정법론(상), 805면; 박균성, 행정법강의, 756~757면.

(행소법 10, 44 ②), 소의 변경(행소법 21, 42)은 당사자소송에도 준용된다. 그 밖에도 피고경정, 공동소송, 제3자의 소송참가, 행정청의 소송참가, 처분변경으로 인한 소의 변경, 행정심판기록의 제출명령, 직권심리주의, 취소판결의 기속력, 소송비용의 부담, 소송비용에 관한 재판의 효력 등에 관한 취소소송의 규정도 당사자소송에 준용된다(행소법 44 ①, 행정소송규칙 20).

반면에 피고적격, 소송대상, 행정심판전치주의, 제소기간, 집행정지, 사정판결, 제3자의 재심청구 등에 관한 규정은 당사자소송의 성격상 준용되지 않는다.

[판례] 당사사소송을 본안으로 하는 가처분에 대하여 민사집행법상 가처분에 관한 규정이 준용되는지 여부*

"당사자소송에 대하여는 행정소송법 제23조 제2항의 집행정지에 관한 규정이 준용되지 아니하므로(행정소송법 제44조 제1항 참조), 이를 본안으로 하는 가처분에 대하여는 행정소송법 제8조 제2항에 따라 민사집행법상의 가처분에 관한 규정이 준용되어야 한다(대결 2015.8.21, 2015무26)."

제 2 항 당사자 및 참가인

Ⅰ. 원고적격

행정소송법은 항고소송과는 달리 당사자소송의 원고적격에 관하여 별도의 규정을 두고 있지 않다. 당사자소송도 민사소송과 유사하므로, 행정소송법 제8조 제2항의 취지에 따라 민사소송의 경우와 같이 권리보호의 이익이 있는 자가 원고가 된다고 보면 될 것이다.

[판례] 급부를 받을 권리가 당사자의 신청에 따른 행정청의 지급결정으로 발생하는 경우, 구체적인 권리가 발생하지 않은 상태에서 당사자소송이나 민사소송으로 급부의 지급을 소구하는 것이 허용되는지 여부(소극)

"관계 법령의 해석상 급부를 받을 권리가 법령의 규정에 의하여 직접 발생하는 것이 아니라 급부를 받으려고 하는 자의 신청에 따라 관할 행정청이 지급결정을 함으로써 구체적인 권리가 발생하는 경우에는, 급부를 받으려고 하는 자는 우선 관계 법령에 따라 행정청에 급부지급을 신청하여 행정청이 이를 거부하거나 일부 금액만 인정하는 지급결정을 하는 경우 그 결정을 대상으로 항고소송을 제기하고, 취소·무효확인판결의 기속력에 따른 재처분을 통하여 구체적인 권리를 인정받은 다음 비로소 공법상 당사자소송으로 급부의 지급을 구하여야 하고, 구체적인 권리가 발생하지 않은 상태에서 곧바로 행정청이 속한 국가나 지방자치단체 등을 상대로 한 당사자소송이나 민사소송으로 급부의 지급을 소구하는 것은 허용되지 않는다(대판 2020.10.15, 2020다222382[우선협상대상자지정

* 5급공채(행정)(2023년).

취소로인한손해배상]).”

※ 유사판례: 대판 2021.12.16, 2019두45944[보훈급여지급정지처분등무효확인]

Ⅱ. 피고적격

당사자소송은 법률관계의 당사자를 직접 피고로 하는 소송이므로 원칙적으로 권리의무의 주체일 것이 요구된다. 따라서 당사자소송은 항고소송과는 달리 국가·공공단체 그 밖의 권리주체를 피고로 한다(행소법 39).

[판례] 행정소송법 제39조에 규정된 ‘그 밖의 권리주체’가 행정주체로 한정되는지 여부(소극)

“행정소송법 제39조는, “당사자소송은 국가·공공단체 그 밖의 권리주체를 피고로 한다.”라고 규정하고 있다. 이것은 당사자소송의 경우 항고소송과 달리 ‘행정청’이 아닌 ‘권리주체’에게 피고적격이 있음을 규정하는 것일 뿐, 피고적격이 인정되는 권리주체를 행정주체로 한정한다는 취지가 아니므로, 이 규정을 들어 사인을 피고로 하는 당사자소송을 제기할 수 없다고 볼 것은 아니다(대판 2019.9.9, 2016다262550[토지사용동의의사표시]).”

국가가 피고가 되는 경우에는 법무부장관이 피고가 된다(국가소송법 2). 법무부장관은 법무부의 직원, 각급 검찰청의 검사 또는 공익법무관에 관한 법률에서 정한 공익법무관을 지정하여 국가소송을 수행하게 할 수 있다(국가소송법 3 ①). 법무부장관은 행정청의 소관사무나 감독사무에 관한 국가소송에서 필요하다고 인정하면 해당 행정청의 장의 의견을 들은 후 행정청의 직원을 지정하여 그 소송을 수행하게 할 수 있다(국가소송법 3 ②). 법무부장관은 변호사를 소송대리인으로 선임하여 국가소송을 수행하게 할 수 있다(국가소송법 3 ④).

지방자치단체가 피고가 되는 경우에는 지방자치단체의 장이 피고가 된다(지자법 114).

제 3 항 소송의 제기

Ⅰ. 재판관할

당사자소송에도 취소소송의 재판관할에 관한 규정이 준용된다. 다만 국가 또는 공공단체가 피고인 경우에는 관계행정청의 소재지를 피고의 소재지로 본다(행소법 9, 40). 따라서 원칙적으로 당사자소송의 제1심 관할법원은 피고의 소재지를 관할하는 행정법원으로 한다. 다만 중앙행정기관 또는 그 장이 피고인 경우의 관할법원은 대법원소재지의 행정법원으로 한다.

원고가 고의 또는 중대한 과실 없이 행정소송으로 제기하여야 할 사건을 민사소송으로 잘못 제기한 경우, 수소법원으로서는 만약 그 행정소송에 대한 관할도 동시에 가지고 있다면 이를 행정소송으로 심리·판단하여야 하고, 그 행정소송에 대한 관할을 가지고 있지 아니하다면 관할법원에 이송하여야 한다.

[판례] 조합설립행위에 대한 무효 확인을 구하는 소를 민사소송으로 제기한 경우 관할법원인 행정법원으로 이송하여야 하는지 여부(적극)

"원고들이 이 사건 소로써 다투고자 하는 대상의 실체는 조합설립의 효력으로서, 이를 위해서는 앞서 본 것처럼 마땅히 조합설립 인가처분에 대한 취소 또는 무효확인을 구하는 방법에 의하여야 할 것이나, 이러한 법리를 제대로 파악하지 못한 채 재건축정비사업조합 등에 대한 설립 인가처분을 보충행위로 보았던 종래 실무관행을 그대로 답습한 나머지 부득이 그 요건에 해당하는 조합설립결의의 무효확인을 구하는 방법을 택한 것으로 보이는바, 이러한 사정에 비추어 보면 이 사건 소는 그 실질이 조합설립 인가처분의 효력을 다투는 취지라고 못 볼 바 아니고, 여기에 이 사건 소의 상대방이 행정주체로서 지위를 갖는 피고 조합이라는 점까지 아울러 고려하여 보면, 이 사건 소는 공법상 법률관계에 관한 것으로서 행정소송의 일종인 당사자소송에 해당하는 것으로 봄이 상당하다.

따라서 이 사건 소는 제1심 전속관할법원인 서울행정법원에 제기되었어야 할 것인데 서울중앙지방법원에 제기되어 심리되었으므로 소의 이익 유무에 앞서 전속관할을 위반한 위법이 있다 할 것인바, 관할법원으로 이송 후 법원의 허가를 얻어 조합설립 인가처분에 대한 무효확인소송 등으로 변경될 수 있음을 고려해 보면 이송하더라도 부적법하게 되어 각하될 것이 명백한 경우에 해당한다고 보기는 어려우므로, 이 사건 소는 관할법원으로 이송함이 마땅하다고 할 것이다(대판 2010.4.8, 2009다27636)."

[판례] 원고가 고의 또는 중대한 과실 없이 행정소송으로 제기하여야 할 사건을 민사소송으로 잘못 제기한 경우, 수소법원이 취하여야 할 조치

"원고가 고의 또는 중대한 과실 없이 행정소송으로 제기하여야 할 사건을 민사소송으로 잘못 제기한 경우, 수소법원으로서는 만약 그 행정소송에 대한 관할도 동시에 가지고 있다면 이를 행정소송으로 심리·판단하여야 하고, 그 행정소송에 대한 관할을 가지고 있지 아니하다면 관할법원에 이송하여야 한다(대판 2023.6.29, 2021다250025[채무부존재확인의소])."

☞ 갑 주식회사 등으로 구성된 컨소시엄과 한국에너지기술평가원이 산업기술혁신 촉진법 제11조 제4항에 따라 체결한 산업기술개발사업에 관한 협약은 공법상 계약에 해당하고 그에 따른 계약상 정산의무의 존부·범위에 관한 갑 회사와 한국에너지기술평가원의 분쟁은 공법상 당사자소송의 대상이라고 한 사례

Ⅱ. 소송의 대상

당사자소송의 대상은 처분 등을 원인으로 하는 법률관계 그 밖에 공법상의 법률관계이다. 이러한 공법상 법률관계는 매우 포괄적이므로, 당사자소송은 포괄적인 소송으로서의 역할을 할 수 있는 것이다. 이에 따라 당사자소송의 활용 여하에 따라서 처분만을 대상으로 하는 항고소송에 비하여 다양한 법률관계를 대상으로 폭넓은 권리구제에 기여할 수 있게 되는 것이다.

Ⅲ. 제소기간

당사자소송은 민사소송과 같이 특별한 제소기간이 없으나 법령에 제소기간이 정하여져 있는 경우에는 그 기간은 불변기간으로 한다(행소법 41).

Ⅳ. 행정심판

당사자소송에는 취소소송의 행정심판에 관한 규정이 준용되지 않는다. 그러나 손실보상청구와 관련하여 행정심판전치주의를 규정하고 있는 경우에는 이를 준수하여야 한다(예: 징발법 24조의2).

Ⅴ. 관련청구의 이송·병합 및 소의 변경

1. 관련청구의 이송·병합

당사자소송과 관련청구소송이 각각 다른 법원에 계속된 경우에 취소소송의 관련청구의 이송·병합에 관한 규정이 준용된다(행소법 10, 44 ②).

[판례] 본래의 당사자소송이 부적법하여 각하되는 경우, 행정소송법 제44조, 제10조에 따라 병합된 관련청구소송도 소송요건 흠결로 부적합하여 각하되어야 하는지 여부

"행정소송법 제44조, 제10조에 의한 관련청구소송 병합은 본래의 당사자소송이 적법할 것을 요건으로 하는 것이어서 본래의 당사자소송이 부적법하여 각하되면 그에 병합된 관련청구소송도 소송요건을 흠결하여 부적합하므로 각하되어야 한다(대판 2011.9.29, 2009두10963)."

2. 소의 변경

취소소송의 소의 변경에 관한 규정(행소법 21)은 당사자소송을 항고소송으로 변경하는 경우에

준용한다. 따라서 법원은 당사자소송을 당해 처분 등에 대한 항고소송으로 변경하는 것이 상당하다고 인정할 때에는 청구의 기초에 변경이 없는 한 사실심의 변론종결시까지 원고의 신청에 의하여 결정으로써 소의 변경을 허가할 수 있다(행소법 21, 42).

[판례] 법원이 국가·공공단체 그 밖의 권리주체를 피고로 하는 당사자소송을 그 처분 등을 한 행정청을 피고로 하는 항고소송으로 변경하는 것이 타당하다고 인정할 경우, 소의 변경을 허가할 수 있는지 여부(원칙적 적극) 및 원고가 고의 또는 중대한 과실 없이 항고소송으로 제기해야 할 것을 당사자소송으로 잘못 제기한 경우, 법원이 취할 조치

"법원은 국가·공공단체 그 밖의 권리주체를 피고로 하는 당사자소송을 그 처분 등을 한 행정청을 피고로 하는 항고소송으로 변경하는 것이 타당하다고 인정할 때에는 청구의 기초에 변경이 없는 한 사실심 변론종결 시까지 원고의 신청에 의하여 결정으로써 소의 변경을 허가할 수 있다(행정소송법 제42조, 제21조). 다만 원고가 고의 또는 중대한 과실 없이 항고소송으로 제기해야 할 것을 당사자소송으로 잘못 제기한 경우에, 항고소송의 소송요건을 갖추지 못했음이 명백하여 항고소송으로 제기되었더라도 어차피 부적법하게 되는 경우가 아닌 이상, 법원으로서는 원고가 항고소송으로 소 변경을 하도록 석명권을 행사하여 행정청의 처분이나 부작위가 적법한지 여부를 심리·판단해야 한다(대판 2021.12.16, 2019두45944[보훈급여지급정지처분등무효확인])."

[판례] 청구의 기초가 바뀌지 않는 경우, 공법상 당사자소송에서 민사소송으로 소 변경이 허용되는지 여부(적극)

"행정소송법은 공법상 당사자소송을 민사소송으로 변경할 수 있는지에 관하여 명문의 규정을 두고 있지 않다. 그러나 공법상 당사자소송에서 민사소송으로의 소 변경이 금지된다고 볼 수 없다. 이유는 다음과 같다.

① 행정소송법 제8조 제2항은 행정소송에 관하여 민사소송법을 준용하도록 하고 있으므로, 행정소송의 성질에 비추어 적절하지 않다고 인정되는 경우가 아닌 이상 공법상 당사자소송의 경우도 민사소송법 제262조에 따라 청구의 기초가 바뀌지 아니하는 한도 안에서 변론을 종결할 때까지 청구의 취지를 변경할 수 있다.

② 한편 대법원은 여러 차례에 걸쳐 행정소송법상 항고소송으로 제기해야 할 사건을 민사소송으로 잘못 제기한 경우 수소법원으로서는 원고로 하여금 항고소송으로 소 변경을 하도록 석명권을 행사하여 행정소송법이 정하는 절차에 따라 심리·판단해야 한다고 판시해 왔다. 이처럼 민사소송에서 항고소송으로의 소 변경이 허용되는 이상, 공법상 당사자소송과 민사소송이 서로 다른 소송절차에 해당한다는 이유만으로 청구기초의 동일성이 없다고 해석하여 양자 간의 소 변경을 허용하지 않을 이유가 없다.

③ 일반 국민으로서는 공법상 당사자소송의 대상과 민사소송의 대상을 구분하기가 쉽지 않고 소

송 진행 도중의 사정변경 등으로 인해 공법상 당사자소송으로 제기된 소를 민사소송으로 변경할 필요가 발생하는 경우도 있다. 소 변경 필요성이 인정됨에도, 단지 소 변경에 따라 소송절차가 달라진다는 이유만으로 이미 제기한 소를 취하하고 새로 민사상의 소를 제기하도록 하는 것은 당사자의 권리 구제나 소송경제의 측면에서도 바람직하지 않다.

따라서 공법상 당사자소송에 대하여도 청구의 기초가 바뀌지 아니하는 한도 안에서 민사소송으로 소 변경이 가능하다고 해석하는 것이 타당하다(대판 2023.6.29, 2022두44262[교부청산금일부부존재확인의소])."

제 4 항 심리 및 판결

Ⅰ. 심리절차의 원칙

당사자소송도 행정소송이라는 점을 감안하여 행정소송법은 행정심판기록의 제출명령과 직권심리주의에 관한 규정을 준용하여 직권주의를 가미하고 있다(행소법 25, 26, 44 ①).

Ⅱ. 판결의 종류와 효력

판결의 종류는 기본적으로는 취소소송의 경우와 같다. 따라서 각하·기각·인용판결이 가능하고, 소송물의 내용에 따라 이행판결과 확인판결이 있게 된다. 다만 당사자소송은 처분을 대상으로 하는 소송이 아니므로 사정판결은 문제되지 않는다.

당사자소송에도 취소소송의 기속력에 관한 규정이 준용되므로, 당사자소송의 확정판결은 그 사건에 관하여 당사자인 행정청과 관계행정청을 기속한다(행소법 30 ①, 44 ①). 당사자소송의 당사자는 국가 또는 공공단체와 같은 행정주체인데, 이들에 속한 행정청이 직접 행정권을 행사하게 되므로, 판결의 실효성을 확보하기 위하여 이들에게도 기속력이 미치게 한 것이다.

Ⅲ. 가집행선고의 제한

국가를 상대로 하는 당사자소송의 경우에는 가집행선고를 할 수 없다(행소법 43). 이 규정은 '(구) 소송 촉진 등에 관한 특례법 제6조 제1항 단서'의 "국가를 상대로 하는 재산권의 청구에는 가집행의 선고를 할 수 없다."는 것과 균형을 맞추기 위한 것으로 이해되었다. 그런데 헌법재판소는 이 단서조항이 합리적인 이유 없이 국가를 우대하는 것으로 위헌이라고 결정하였다[판례1]. 1990년 법개정으로 동법 제6조는 삭제되었다. 이로써 국가가 민사상의 당사자인 경우에도 가집행선고가 가능하게 되었는데, 행정소송법 제8조 제2항에 따라 민사소송법 규정이 준용되므로, 당사자소송의 경우에도 가집행선고가 가능하게 되었다[판례2].

> [판례1] 소송 촉진 등에 관한 특례법 제6조 제1항 중 단서의 위헌여부
>
> "소송 촉진 등에 관한 특례법 제6조 제1항 중 단서 부분은 재산권과 신속한 재판을 받을 권리의 보장에 있어서 합리적 이유 없이 소송당사자를 차별하여 국가를 우대하고 있는 것이므로 헌법 제11조 제1항에 위반된다(헌재결 1989.1.25, 88헌가7)."

> [판례2] 공법상 당사자소송에서 재산권의 청구를 인용하는 판결을 하는 경우, 가집행선고를 할 수 있는지 여부
>
> "행정소송법 제8조 제2항에 의하면 행정소송에도 민사소송법의 규정이 일반적으로 준용되므로 법원으로서는 공법상 당사자소송에서 재산권의 청구를 인용하는 판결을 하는 경우 가집행선고를 할 수 있다(대판 2000.11.28, 99두3416)."

제 4 절 객관소송

제 1 항 객관소송의 개념

행정소송은 개인의 주관적인 권리의 구제를 주된 목적으로 하므로 주관소송을 원칙으로 한다. 따라서 개인의 권리구제와는 관련이 없는 행정의 객관적인 적법성 보장을 위한 행정소송은 허용되지 않는다.

그러나 때로는 공익보호를 위하여 행정의 적법성통제를 위한 행정소송이 허용되는 경우도 있는데, 이와 같이 행정의 객관적인 적법성 보장을 주된 목적으로 하는 행정소송을 객관소송이라 한다. 객관소송은 법률이 정한 경우에만 허용되는데, 행정소송법은 객관소송의 유형으로 민중소송(공익소송)과 기관소송(행소법 45)을 규정하고 있다.

제 2 항 민중소송

Ⅰ. 의의

민중소송이란 국가 또는 공공단체의 기관이 법률에 위반되는 행위를 한 때에 직접 자기의 법

률상 이익과 관계없이 그 시정을 구하기 위하여 제기하는 소송을 말한다(행소법 3 3호).

민중소송은 행정작용에 의하여 침해된 특정인의 법률상 이익을 구제해 주는 소송이 아니라 행정주체의 위법한 법집행을 시정하거나 법집행의 공정성을 담보하기 위한 소송으로서 그 성격은 객관소송이다.

민중소송은 법률이 정한 경우에 법률에 정한 자에 한하여 제기할 수 있다(행소법 45).

Ⅱ. 민중소송의 예

민중소송의 예로는 ① 선거소송(공직선거법 222), ② 당선소송(공직선거법 223), ③ 국민투표무효소송(국민투표법 92), ④ 주민소송(지자법 22), ⑤ 주민투표소송(주민투표법 25 ②) 등을 들 수 있다.

정보공개법 제5조의 일반적 정보공개청구권에 따른 소송이 민중소송인지 논란이 있으나, 이를 행정소송법 제45조에 의한 별도의 법률에 의한 소송이라고 보기 어렵고, 또한 정보공개법상 행정소송(정보공개법 20)은 정보공개청구를 한 자로 국한되므로 이는 주관소송으로 보아야 할 것이다.

[판례] 공직선거법 제222조와 제224조에서 규정하고 있는 선거소송이 행정소송법 제3조 제3호에서 규정한 민중소송에 해당하는지 여부(적극)

"공직선거법 제222조와 제224조에서 규정하고 있는 선거소송은 집합적 행위로서의 선거에 관한 쟁송으로서 선거라는 일련의 과정에서 선거에 관한 규정을 위반한 사실이 있고, 그로써 선거의 결과에 영향을 미쳤다고 인정하는 때에 선거의 전부나 일부를 무효로 하는 소송이다. 이는 선거를 적법하게 시행하고 그 결과를 적정하게 결정하도록 함을 목적으로 하므로, 행정소송법 제3조 제3호에서 규정한 민중소송 즉 국가 또는 공공단체의 기관이 법률을 위반한 행위를 한 때에 직접 자기의 법률상 이익과 관계없이 그 시정을 구하기 위하여 제기하는 소송에 해당한다(대판 2016.11.24, 2016수64[국회의원선거무효])."

Ⅲ. 적용규정

민중소송에 적용될 법규정은 일차적으로는 각 민중소송을 규정하고 있는 법령에서 정한다. 만약 각 법령에 특별한 규정이 없으면, ① 처분 등의 취소를 구하는 소송에는 그 성질에 반하지 아니하는 한 취소소송에 관한 규정을 준용하고, ② 처분 등의 효력 유무 또는 존재 여부나 부작위의 위법 확인을 구하는 소송에는 그 성질에 반하지 아니하는 한 각각 무효등확인소송 또는 부작위위법확인소송에 관한 규정을 준용하며, ③ 그 외의 소송에는 그 성질에 반하지 아니하는 한 당사자소송에 관한 규정을 준용한다(행소법 46 ①, ②, ③).

제 3 항 기관소송

Ⅰ. 의의

기관소송이란 국가 또는 공공단체의 기관 상호간에 있어서의 권한의 존부 또는 그 행사에 관한 다툼이 있는 때에 이에 대하여 제기하는 소송을 말한다. 다만, 헌법재판소법 제2조의 규정에 의하여 헌법재판소의 관장사항으로 되어 있는 소송(권한쟁의심판)은 기관소송에서 제외한다(행소법 3 4호).

기관소송은 개인의 법률상의 이익침해를 다투는 것이 아니라 법령에 의하여 부여된 행정기관의 권한을 다투는 것이므로 그 소송의 성질은 객관소송이다.

따라서 기관소송은 법률이 정한 경우에 법률에 정한 자에 한하여 제기할 수 있다(행소법 45).

[판례] 감사원의 징계 요구와 재심의결정이 항고소송의 대상이 되는 행정처분인지 여부(소극) 및 甲 시장이 제기한 소송이 허용되는지 여부(소극)

"(甲 시장이 감사원으로부터 감사원법 제32조에 따라 乙에 대하여 징계의 종류를 정직으로 정한 징계 요구를 받게 되자 감사원법 제36조 제2항에 따라 감사원에 징계 요구에 대한 재심의를 청구하였고, 감사원이 재심의청구를 기각하자 乙이 감사원의 징계 요구와 그에 대한 재심의결정의 취소를 구하고 甲 시장이 감사원의 재심의결정 취소를 구하는 소를 제기한 사안에서) … 징계 요구 자체만으로는 징계 요구 대상 공무원의 권리·의무에 직접적인 변동을 초래하지도 아니하므로, 행정청 사이의 내부적인 의사결정의 경로로서 '징계 요구, 징계 절차 회부, 징계'로 이어지는 과정에서의 중간처분에 불과하여, 감사원의 징계 요구와 재심의결정이 항고소송의 대상이 되는 행정처분이라고 할 수 없고, 감사원법 제40조 제2항을 甲 시장에게 감사원을 상대로 한 기관소송을 허용하는 규정으로 볼 수는 없고 그 밖에 행정소송법을 비롯한 어떠한 법률에도 甲 시장에게 '감사원의 재심의 판결'에 대하여 기관소송을 허용하는 규정을 두고 있지 않으므로, 甲 시장이 제기한 소송이 기관소송으로서 감사원법 제40조 제2항에 따라 허용된다고 볼 수 없다(대판 2016.12.27, 2014두5637[징계요구취소])."

Ⅱ. 권한쟁의심판과의 관계

행정기관은 각 기관마다 법령에 의하여 고유한 행정권한을 가지고 있으므로, 그 권한을 행사함에 있어 ① 행정주체 상호간뿐만 아니라 ② 각 행정주체의 내부기관 상호간에도 권한다툼이 발생할 수 있다.

이러한 행정기관간의 권한다툼, 즉 기관쟁의(Organstreit)와 관련하여서 헌법재판소법은 헌법재판소의 관장사항으로 권한쟁의심판을 규정하고 있고(헌재법 2 4호), 권한쟁의심판으로 ① 국가기관 상호간의 권한쟁의심판, ② 국가기관과 지방자치단체 간의 권한쟁의심판, ③ 지방자치단체 상호간의 권한쟁의심판을 규정하고 있다(헌재법 62 ①).

행정소송법은 기관소송과 관련하여 헌법재판소의 관장사항으로 되어 있는 소송을 기관소송에서 제외한다고 규정하고 있으므로, 결국 행정소송으로서의 기관소송으로는, 전체 기관쟁의 가운데 권한쟁의심판을 제외하면, 행정주체 내부기관간의 권한다툼만이 남게 된다.

Ⅲ. 권한쟁의심판 및 기관소송의 당사자

독일의 경우 연방헌법재판소는 원칙적으로 헌법적 성질의 분쟁에 대해서만 권한쟁의심판이 가능하고, 그 밖의 비헌법적 성질의 분쟁에 대해서는 법원이 재판관할권을 갖는 것과는 달리, 우리나라의 경우 국가기관 또는 지방자치단체 상호간의 '헌법상 권한'뿐 아니라 '법률에 의해 부여받은 권한'에 관한 다툼에 대해서도 권한쟁의심판이 가능하다(헌재법 61 ②).

이렇게 볼 때 기관소송과 권한쟁의심판은 권한다툼을 해결하는 제도라는 점에서 같은 것인데, 다만 분쟁의 주체에 따라 분쟁을 해결하는 기관이 헌법재판소와 법원으로 이원화되어 있다는 점에서만 차이가 있을 뿐이다.[66]

결국 현행 헌법재판소법 및 행정소송법상 권한쟁의심판은 국가기관 상호간·국가기관과 지방자치단체간·지방자치단체 상호간이 당사자가 될 수 있고, 기관소송은 동일한 법주체의 내부기관 상호간만이 당사자가 될 수 있다(다수설).

이와 관련하여 기관소송을 동일한 법주체 내부기관 상호간의 기관쟁의만으로 한정할 필요 없이 동일 법주체가 아닌 내부기관간의 소송으로 보아야 한다는 견해도 있으나,[67] 이는 현행법의 해석을 지나치게 확대한 것이다.

Ⅳ. 기관소송의 예

현행법상 기관소송의 예로는 지방자치법 제120조 제3항, 제192조 제4항 등에 의한 소송 및 지방교육자치에 관한 법률 제28조 제3항에 의한 소송을 들 수 있다.

---

66) 류지태/신봉기, 국가기관과 지방자치단체간의 권한쟁의, 헌법재판연구 제9권, 헌법재판소, 1997, 176면 이하, 230면 이하, 251면 이하 참조.

67) 박윤흔, 최신행정법강의(상), 1050면.

1. 지방자치법상 기관소송

(1) 지방의회의 재의결에 대한 지방자치단체장의 소송(지자법 120 ③)

지방자치단체의 장은 지방의회가 재의결한 사항이 법령에 위반된다고 인정되면 대법원에 소를 제기할 수 있는데(지자법 120 ③), 이는 지방자치단체의 내부기관인 지방의회(의결기관)와 지방자치단체의 장(집행기관) 상호간의 권한에 관한 다툼이므로 전형적인 기관소송에 속한다.

(2) 감독청의 재의요구에 따른 지방의회의 재의결에 대한 지방자치단체장의 소송(지자법 192 ④)

지방자치단체의 장은 감독청의 재의요구(지자법 192 ①, ②)에 따라 지방의회가 재의결한 사항이 법령에 위반된다고 판단되면 재의결된 날부터 20일 이내에 대법원에 소를 제기할 수 있다(지자법 192 ④).

이 경우의 소송은, 감독청의 재의요구에 따라 지방의회가 재의결한 것이지만, 그 제소 요건상 제120조 제3항의 소송과 동일하므로 기관소송으로 보아야 할 것이다(다수설). 감독청의 재의요구에 따른 것이라는 점에서 이를 감독소송의 일종으로 보는 견해도 있다.[68]

(3) 감독청의 제소지시에 따른 지방자치단체장의 소송(지자법 192 ⑤, ⑥)

감독청의 재의요구에 따라 지방의회가 재의결한 사항이 법령에 위반된다고 판단됨에도 불구하고 해당 지방자치단체의 장이 소를 제기하지 않으면 시·도에 대해서는 주무부장관이, 시·군 및 자치구에 대해서는 시·도지사(제2항에 따라 주무부장관이 직접 재의 요구 지시를 한 경우에는 주무부장관)가 그 지방자치단체의 장에게 제소를 지시할 수 있다. 이에 따라 지방자치단체의 장은 제소지시를 받은 날부터 7일 이내에 제소하여야 한다(지자법 192 ⑤, ⑥).

이 소송은, 감독청의 제소지시가 있다고 하더라도, 다투어지고 있는 것은 감독청의 권한행사가 아니라 지방의회의 재의결에 따른 지방자치단체의 장의 권한이므로, 기관소송으로 이해하는 것이 타당하다. 이에 대하여는 지방자치단체장이 감독청의 제소를 대신한 것이라 하여 특수한 형태의 소송으로서의 성질도 있다는 견해도 있다.[69]

(4) 감독청이 직접 제기하는 소송(지자법 192 ⑤, ⑦)

감독청의 재의요구에 따라 지방의회가 재의결한 사항이 법령에 위반된다고 판단됨에도 불구하고 해당 지방자치단체의 장이 소를 제기하지 않으면 시·도에 대해서는 주무부장관이, 시·군 및 자치구에 대해서는 시·도지사(제2항에 따라 주무부장관이 직접 재의 요구 지시를 한 경우에는 주무부장

68) 정하중, 행정법개론, 873면.
69) 홍정선, 신지방자치법, 651면.

관)는 직접 제소할 수 있다. 이 경우 감독청은 제6항의 기간(재의결된 날부터 20일에 제소지시기간 7일을 더한 기간)이 지난 날부터 7일 이내에 제소할 수 있다(지자법 192 ⑤, ⑦).

이 소송을 기관소송으로 보는 견해도 있으나, 이는 동일 법주체 내부기관간의 소송이 아니므로, 지방자치법상의 특수한 형태의 소송이라고 보아야 할 것이다.

(5) 감독청의 자치사무에 대한 처분에 대한 지방자치단체장의 소송(지자법 188 ⑥)

지방자치단체의 사무에 관한 그 장의 명령이나 처분이 법령에 위반되거나 현저히 부당하여 공익을 해친다고 인정되면 감독청은 지방자치단체에 대하여 기간을 정하여 서면으로 시정할 것을 명하고, 그 기간에 이행하지 아니하면 이를 취소하거나 정지할 수 있다(지자법 188 ①~④). 지방자치단체의 장은 자치사무에 관한 명령이나 처분의 취소 또는 정지에 대하여 이의가 있으면 그 취소처분 또는 정지처분을 통보받은 날부터 15일 이내에 대법원에 소를 제기할 수 있다(지자법 188 ⑥).

이에 대하여 ① 이를 기관소송으로 보는 견해도 있으나, ② 이는 감독청의 감독권행사(취소·정지처분)에 대한 지방자치단체장의 불복소송으로 보아야 하므로 항고소송으로 보는 것이 타당하다.

(6) 감독청의 위임사무에 대한 이행명령에 대한 지방자치단체장의 소송(지자법 189 ⑥)

지방자치단체의 장이 법령의 규정에 따라 그 의무에 속하는 기관위임사무의 관리와 집행을 명백히 게을리 하고 있다고 인정되면 감독청은 지방자치단체에 대하여 기간을 정하여 서면으로 이행할 사항을 명령할 수 있다(지자법 189 ①, ④). 지방자치단체의 장은 이행명령에 이의가 있으면 이행명령서를 접수한 날부터 15일 이내에 대법원에 소를 제기할 수 있다(지자법 189 ⑥).

이에 대하여 ① 기관소송으로 보는 견해, ② 감독청의 명령에 대한 불복소송이라는 점에서 항고소송으로 보는 견해, ③ 특수한 형태의 소송으로 보는 견해 등이 있는데, ④ 이 소송의 대상은, 자치사무에 대한 감독청의 감독'처분'과는 달리, 위임사무에 대한 감독청의 명령인데, 이는 행정내부기관 간의 행위라는 점에서 처분이 아니다. 그러나 지방자치법은 독립한 법인인 지방자치단체에 대한 명령이라는 점에서 별도로 이에 대한 소송을 허용하고 있다고 보아야 하므로, 이 소송은 특수한 형태의 소송으로 보는 것이 타당하다.

[판례] 직무이행명령과 이에 대한 이의소송 제도의 취지

"직무이행명령 및 이에 대한 이의소송 제도의 취지는 … 주무부장관에게는 그 사무집행의 실효성을 확보하기 위하여 지방자치단체의 장에 대한 직무이행명령과 그 불이행에 따른 후속 조치를 할 권한을 부여하는 한편, 해당 지방자치단체의 장에게는 직무이행명령에 대한 이의의 소를 제기할 수

있도록 함으로써, 국가위임사무의 관리·집행에 관한 두 기관 사이의 분쟁을 대법원의 재판을 통하여 합리적으로 해결함으로써 그 사무집행의 적법성과 실효성을 보장하려는 데 있다(대판 2013.6.27, 2009추206).”

2. 지방교육자치에 관한 법률상 기관소송

교육자치법상 기관소송은 지방자치법의 경우에 준하여 판단하면 될 것이다. 즉 ① 동법 제28조 제3항에 의한 소송은 지방의회의 재의결에 따라 교육감이 하는 소송이므로 기관소송으로 보아야 할 것이고, ② 제28조 제4항 및 제5항에 의한 소송은 교육부장관의 제소지시에 따라 교육감이 하는 소송이므로 기관소송으로 보아야 할 것이며, ③ 제28조 제4항 및 제6항에 의한 소송은 교육부장관이 직접 제소하는 것이므로 일종의 특수한 형태의 소송으로 보아야 할 것이다.

V. 적용규정

기관소송에 적용될 법규정은 일차적으로는 각 기관소송을 규정하고 있는 법령에서 정한다. 만약 각 법령에 특별한 규정이 없으면, ① 처분 등의 취소를 구하는 소송에는 그 성질에 반하지 아니하는 한 취소소송에 관한 규정을 준용하고, ② 처분 등의 효력 유무 또는 존재 여부나 부작위의 위법의 확인을 구하는 소송에는 그 성질에 반하지 아니하는 한 각각 무효등확인소송 또는 부작위위법확인소송에 관한 규정을 준용하며, ③ 그 외의 소송에는 그 성질에 반하지 아니하는 한 당사자소송에 관한 규정을 준용한다(행소법 46 ①, ②, ③).

제 4 장 처분의 재심사

1. 의의

처분의 재심사는 처분이 쟁송을 통하여 더 이상 다툴 수 없게 된 경우에도 일정한 사유가 존재하는 경우 처분청에 처분의 취소·변경 등을 신청함으로써 처분청이 이를 재심사하는 제도를 말한다(행정기본법 37).

이는 불가쟁력이 발생한 처분이라 하더라도 합리적인 사유가 존재하는 한 재심사를 통해서라도 국민의 권리를 구제해 주기 위하여 인정된 제도이다. 소송에서의 재심제도와 동일한 취지이다.

2. 재심사 대상과 사유

행정기본법은 처분의 재심사에 관하여 '당사자는 처분(제재처분 및 행정상 강제는 제외한다. 이하 이 조에서 같다)이 행정심판, 행정소송 및 그 밖의 쟁송을 통하여 다툴 수 없게 된 경우(법원의 확정판결이 있는 경우는 제외한다)라도 ① 처분의 근거가 된 사실관계 또는 법률관계가 추후에 당사자에게 유리하게 바뀐 경우, ② 당사자에게 유리한 결정을 가져다주었을 새로운 증거가 있는 경우 또는 ③ 민사소송법 제451조에 따른 재심사유에 준하는 사유가 발생한 경우 등 대통령령으로 정하는 경우에는 해당 처분을 한 행정청에 처분을 취소·철회하거나 변경하여 줄 것을 신청할 수 있다(행정기본법 37 ①)'고 규정하고 있다.

우선 재심사의 대상과 관련하여, (1) 처분의 재심사 대상은 처분으로 하되, 재심사는 '법적 안정성'을 후퇴시켜서라도 '구체적 타당성'을 도모하고자 하는 제도라는 점에서, 일단은 법령위반이나 의무불이행을 이유로 하는 '제재처분과 행정상 강제'는 제외하고 있다. (2) 법원의 확정판결이 있는 경우에도, 이 경우 재심사를 허용하면 판결의 기판력과 충돌될 수 있다는 점을 고려하여, 제외하고 있다.

처분의 재심사 사유는 ① 처분의 근거가 된 사실관계 또는 법률관계가 추후에 당사자에게 유리하게 바뀐 경우, ② 당사자에게 유리한 결정을 가져다주었을 새로운 증거가 있는 경우 또는 ③ 민사소송법 제451조에 따른 재심사유에 준하는 사유가 발생한 경우 등 대통령령으로 정하는 경우이다. 다만 이 사유에 해당된다고 하여 항상 재심사가 허용되는 것은 아니다. 처분의 재심사는 '법적 안정성'보다 '구체적 타당성'에 대한 요구가 더 큰 경우에 고려할 수 있는 제도로 이해하는 것이 타당하기 때문이다. 따라서 '법적 안정성'이 심각하게 침해되는 경우에는 위 재심사 사유에 해당하더라도 재심사가 허용되지 않을 수 있다.

3. 재심사 신청요건

제1항에 따른 신청은 해당 처분의 절차, 행정심판, 행정소송 및 그 밖의 쟁송에서 당사자가 중대한 과실 없이 제1항 각 호의 사유를 주장하지 못한 경우에만 할 수 있다(행정기본법 37 ②). 따라서 고의 또는 중대한 과실로 위 사유를 주장하지 않은 경우에는 재심사가 허용되지 않는다.

제1항에 따른 신청은 당사자가 제1항 각 호의 사유를 안 날부터 60일 이내에 하여야 한다. 다만, 처분이 있은 날부터 5년이 지나면 신청할 수 없다(행정기본법 37 ③).

4. 재심사 절차

제1항에 따른 신청을 받은 행정청은 특별한 사정이 없으면 신청을 받은 날부터 90일(합의제행정기관은 180일) 이내에 처분의 재심사 결과(재심사 여부와 처분의 유지·취소·철회·변경 등에 대한 결정을 포함한다)를 신청인에게 통지하여야 한다. 다만, 부득이한 사유로 90일(합의제행정기관은 180일) 이내에 통지할 수 없는 경우에는 그 기간을 만료일 다음 날부터 기산하여 90일(합의제행정기관은 180일)의 범위에서 한 차례 연장할 수 있으며, 연장 사유를 신청인에게 통지하여야 한다(행정기본법 37 ④).

제4항에 따른 처분의 재심사 결과 중 처분을 유지하는 결과에 대해서는 행정심판, 행정소송 및 그 밖의 쟁송수단을 통하여 불복할 수 없다(행정기본법 37 ⑤).

5. 직권취소 · 철회와의 관계

행정청의 제18조에 따른 취소와 제19조에 따른 철회는 처분의 재심사에 의하여 영향을 받지 아니한다(행정기본법 37 ⑥). 이는 처분의 재심사와 처분의 직권취소·철회는 각각 다른 제도임을 분명히 확인하는 규정이다. 따라서, 예컨대, 처분의 재심사 신청이 받아들여지지 않는 경우라 할지라도 —처분의 재심사와 처분의 직권취소·철회는 다른 제도이므로— 행정청은 직권취소나 철회를 할 수 있다.

6. 적용배제

① 공무원 인사 관계 처분에 관한 사항, ② 노동위원회의 의결을 거쳐 행하는 사항, ③ 형사, 행형 및 보안처분 관계 법령에 따라 행하는 사항, ④ 외국인의 출입국·난민인정·귀화·국적회복에 관한 사항, ⑤ 과태료 부과 및 징수에 관한 사항 또는 ⑥ 개별 법률에서 그 적용을 배제하고 있는 경우에는 이 조를 적용하지 않는다(행정기본법 37 ⑧). 이는 위 사항에 고유한 특수성을 고려하여 재심사 대상에서 제외한 것이다.

제 3 부

행정법각론

- ❖ 제1편 행정조직법
- ❖ 제2편 지방자치법
- ❖ 제3편 공무원법
- ❖ 제4편 경찰행정법
- ❖ 제5편 공물법 · 영조물법 · 공기업법
- ❖ 제6편 공용부담법
- ❖ 제7편 건축행정법
- ❖ 제8편 환경행정법
- ❖ 제9편 재무행정법
- ❖ 제10편 경제행정법

제 1 편

행정조직법

제 1 장 개 설

제 1 절 행정조직법의 개념

Ⅰ. 행정조직법의 의의

행정조직법은 행정조직을 규율하는 법을 말한다.

넓은 의미로 행정조직법은 행정을 담당하는 행정기관에 관한 법을 포함하여 널리 행정기관을 구성하는 인적 요소인 공무원, 물적 요소인 공물, 인적·물적 요소인 영조물에 관한 법으로 이해되기도 한다. 이러한 의미의 행정조직에는 국가행정조직법·지방행정조직법·공무원법·공물법·영조물법이 모두 포함된다.

그러나 오늘날 행정조직법은 이 가운데 행정주체의 조직에 관한 법을 총칭하는 개념으로 이해하는 것이 일반적인 견해이다. 이에 따라 행정조직법에는 국가 및 공공단체의 조직법만이 포함된다.

Ⅱ. 행정주체

여기에서 행정주체란 행정상 법률관계에서 공권력을 행사하는 주체를 의미하는 것으로, 행정주체에는 ① 국가행정조직을 바탕으로 직접 공권력을 행사하는 국가(직접국가행정)와 ② 국가로부터 법적으로 독립하여 국가행정을 담당하는 공공단체(간접국가행정)가 있는데, 공공단체에는 지방자치단체·공공조합·영조물법인·공법상의 재단이 있다. ③ 특정한 행정권한을 자기 이름으로 고권적(高權的)으로 행사할 수 있도록 수탁한 공무수탁사인도 공무를 수탁받은 범위 내에서 행정주체의 지위가 인정된다.

Ⅲ. 행정조직법의 구성

행정조직법은 우선 ① 국가행정조직법과 지방자치행정조직법으로 나뉜다. 지방자치행정조직법은 지방자치법에서 다룬다. ② 국가행정조직법은 직접국가행정조직법과 간접국가행정조직법으로 구분할 수 있다(지방자치행정조직법은 제외). ③ 직접국가행정조직법은 다시 (1) 국가의 중앙행정조직법과 (2) 국가의 지방행정조직법으로 구분할 수 있다. 중앙행정조직은 정부조직이다, 한편 국가도 지방행정조직이 필요한데, 이를 위하여 별도의 지방행정기관을 설치하지 않고 위임사무의 형태로 지방자치단체가 맡고 있으며, 이에 따라 국가의 특수 행정영역에서만 국가의 지방행정기관(특별지방행정기관. 예: 지방국토관리청, 지방해양수산청, 지방산림청 등)이 존재하고 있다.

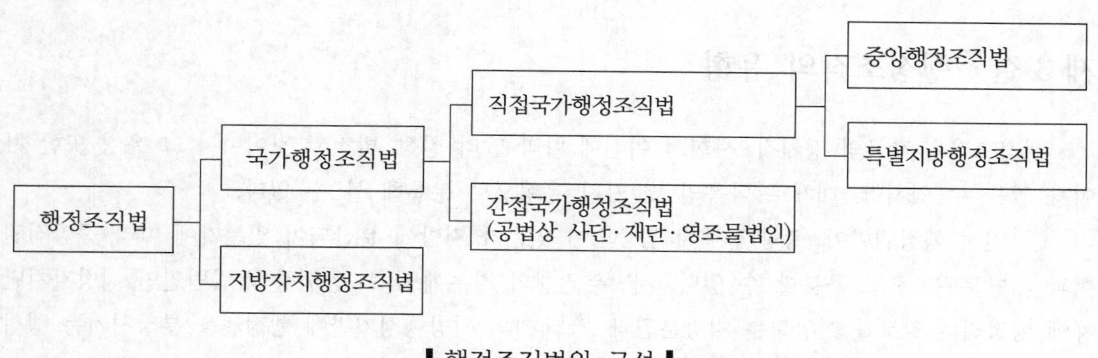

▌행정조직법의 구성▐

제 2 절 행정조직과 법률유보

Ⅰ. 형식적 법치주의에서의 행정조직권

19세기의 형식적 법치주의 하에서는 국민의 자유와 재산을 보호하는 것이 주된 관심사였으므로, 이에 대한 행정권의 발동에는 법적 근거가 있어야 한다고 보았다(침해유보의 관점). 이에 대하여 행정조직권은 군주의 통치권에 속하는 것으로서 법률유보로부터 자유로운 영역으로 이해되었다.

Ⅱ. 행정조직법정주의

그러나 오늘날 대부분의 현대적 법치국가에서는 입법에 의한 행정통제의 관점에서 행정조직에 대해서도 그 기본적인 사항을 법률로 정하도록 하고 있다(행정조직법정주의).

헌법 제96조도 "행정각부의 설치·조직과 직무범위는 법률로 정한다."고 하여 행정조직법정주의를 택하고 있고, 이에 따라 제정된 것이 국가의 중앙행정조직의 일반법인 정부조직법이다.

그 밖에도 헌법은 감사원(헌법 100), 선거관리위원회(헌법 114 ⑦), 국가안전보장회의(헌법 91 ③), 민주평화통일자문회의(헌법 92 ②), 국민경제자문회의(헌법 93 ②) 등의 조직·직무범위 등을 법률로 정하도록 하고 있고, 이에 따라 각 기관에 대한 개별법이 제정되어 있다.

한편 헌법은 지방자치단체의 종류(헌법 117 ②) 및 지방의회의 조직과 운영에 관한 사항(헌법 118 ②)을 법률로 정하도록 하고 있는데, 이에 따라 제정된 것이 지방자치에 관한 일반법인 지방자치법이다.

제 3 절 행정조직의 유형

행정조직은 각국의 정치적·사회적 여건에 따라 달리 형성·발전된 것이어서 그 유형 또한 차이가 있을 수 있지만, 대체로 다음의 몇 가지 유형으로 분류해 볼 수 있다.

① 먼저 행정권한이 (중앙)정부에 집중되어 있는가 지방에 분산되어 있는가에 따라 중앙집권형과 지방분권형으로 구분할 수 있다. 지방분권형의 경우에도 (1) 공법상 독립법인인 지방자치단체에 행정권의 일부를 이양하는 지방분권과 (2) 국가의 지방행정기관에 행정권을 분장시키는 행정권의 (내부적) 분권으로 구분할 수 있다.

② 행정권한이 단일기관에 통합되어 있는가 복수의 기관에 분산되어 있는가에 따라 권력통합형과 권력분산형으로 구분할 수 있다. 권력통합형은 강력하고 통일적인 행정업무수행에 적합하고, 권력분산형은 행정의 전문화와 기관 상호간의 견제와 균형에 적합하다.

③ 행정운영을 국민이나 주민의 직접적인 의사에 따라 하는가 간접적으로 국민이나 주민의 대표자를 통하여 하는가에 따라 직접민주형과 간접민주형으로 구분할 수 있다. 오늘날 일반적으로는 간접민주형을 원칙으로 하면서 직접민주형이 가미되고 있다고 할 수 있다.

④ 행정기관의 의사결정권 및 운영권을 단일의 공무원에게 부여하고 있는가 복수의 사람으로 구성되는 합의체에 부여하고 있는가에 따라 독임형과 합의형으로 구분할 수 있다. 독임형은 책임소재가 명확하고 신속하고 통일적인 사무수행에 적합하고, 합의형은 행정의 신중성·공정성·공평성을 도모하기에 적합하다.

제 2 장 행정기관

Ⅰ. 행정기관의 의의

행정기관이란 행정주체를 위하여 행정을 담당하는 행정주체의 내부조직을 말한다. 행정주체는 법인이므로 실제로 행정을 담당하는 것은 행정기관이며 그 행정기관의 행위의 효과는 행정주체에게 귀속된다.

행정기관은 실정법상으로 두 가지의 의미로 사용된다. ① 하나는 권한배분단위로서, 행정의 최종단계에서 행정의사를 결정하고 이를 대외적으로 표시하는 권한과 책임을 가진 기관, 즉 행정청이라는 의미로 사용되기도 하고, ② 두 번째로는 사무배분단위로서, 행정청을 포함하여 그에 부수된 보조기관 등을 모두 포함하는 의미로 사용되기도 한다.

Ⅱ. 행정기관의 법인격성

행정기관은 행정주체의 기관으로서 일정한 행정권한을 행사하는 데 불과할 뿐 독립적으로 법인격을 가지는 권리주체라고 할 수 없다는 것이 일반적인 견해이다.

행정기관은 행정조직법에 의하여 현실적으로 행정주체의 권한을 행사하는 기관으로서 행정기관의 행위는 자신을 위한 것이 아니라 행정주체를 위한 것이기 때문에 그 자체로 독립한 권리의무의 귀속주체라고 할 수 없다.

다만, 예컨대 행정심판법이나 행정소송법의 피청구인이나 피고를 행정청으로 규정하고 있는 것과 같이 실정법상 행정청을 법률관계의 일방당사자로 규정하고 있는 경우에는 예외적으로 법인격성이 인정된다고 할 수도 있을 것이다. 그러나 이러한 경우에도 엄밀히 말하면, 행정청의 쟁송행위의 법적 효과는 당해 행정청이 아니라 행정청이 속하는 국가 또는 지방자치단체에 귀속된다고 보아야 하기 때문에, 행정청에게 독립한 권리능력을 부여한 것이라고 보기 보다는 행정쟁송의 수행의 편의상 처분을 한 행정청을 당사자로 하고 있을 뿐이라고 보아야 할 것이다.

Ⅲ. 행정기관의 분류

1. 행정청: 행정에 관한 의사를 결정하여 표시하는 국가 또는 지방자치단체의 기관과 그 밖에 법령등에 따라 행정에 관한 의사를 결정하여 표시하는 권한을 가지고 있거나 그 권한을 위임 또는 위탁받은 공공단체 또는 그 기관이나 사인(私人)을 말한다(행정기본법 2 2호) (행정각부의 장관·지방자치단체의 장·행정심판위원회·토지수용위원회 등). 행정청은 독립한 권리주체가 아니지만, 자기의 이름과 책임으로 주어진 권한을 독자적으로 행사한다.
2. 보조기관: 행정에 관한 의사를 결정하거나 표시하는 권한이 없이 행정청의 의사결정을 보조하는 행정기관을 말한다(행정각부의 차관·국장·과장 등, 지방자치단체의 부시장·부지사 등).
3. 보좌기관: 행정청이나 보조기관을 보좌하는 행정기관을 말한다(국무총리비서실·행정각부의 차관보 등).
4. 자문기관: 행정청에 대하여 자문하는 기관을 말한다.
5. 집행기관: 행정청의 의사결정을 집행하는 기관을 말한다(경찰공무원·세무공무원 등). 여기에서의 집행기관은 지방자치법상의 집행기관(예: 지방자치단체의 장)과는 다른 것으로 지방자치단체의 집행기관으로서 지방자치단체의 장은 그 자체로 행정청이다.
6. 의결기관: 행정주체의 의사를 결정함에 그치고 이를 대외적으로 표시할 권한이 없는 행정기관을 말한다(징계위원회·지방의회 등).
7. 감독기관: 다른 행정기관의 행정사무수행을 감독하고 조사하는 권한을 가진 행정기관을 말한다(감사원·감사위원회 등).
8. 공기업기관·공공시설(영조물)기관: 공기업이나 공공시설(영조물)의 관리·운영을 담당하는 행정기관을 말한다(공기업기관: 한국도로공사·한국토지주택공사, 공공시설기관: 국립대학·국립병원 등).
9. 부속기관: 행정기관에 부속하여 이를 지원하는 기관을 말한다. 정부조직법상 부속기관으로는 각종 시험연구기관(국립보건연구원 등)·교육훈련기관(중앙공무원교육원 등)·문화기관(국립박물관 등)·의료기관(국립의료원 등)·제조기관(한국정책방송원 등) 및 자문기관(국토정책위원회 등) 등이 있다(정부조직법 4).

제 3 장 행정청

제 1 절 행정청의 권한

Ⅰ. 권한의 의의

행정청의 권한(Kompetenz)이란 행정청이 행정주체를 위하여 그 의사를 결정하고 이를 대외적으로 표시할 수 있는 법적인 능력 또는 사무범위를 말한다. 행정청의 권한은 법령 등에 의하여 부여된다. 행정청의 권한행사는 행정청의 의무이기도 하다(행정청의 직책·직무).

행정청의 권한은 행정주체를 위하여 행정사무를 수행할 수 있는 법적인 능력을 말하는 것으로서, 국가가 개인에 대하여 가지는 권리(Recht)와는 구별되어야 한다.

Ⅱ. 권한의 한계

① 행정청의 권한은 그 권한이 부여된 행정청만이 행사할 수 있고, 다른 행정청은 이를 행사할 수 없다(사항적 한계). 이와 관련하여 상급행정청은 하급행정청에 대하여 지휘·감독권을 가질 수는 있으나, 별도의 규정이 없는 한, 하급행정청의 권한을 대신 행사할 수는 없다. 행정주체의 일반적 행정사무에 대한 권한을 가지는 행정청을 보통행정청(예: 지방자치단체의 장)이라 하고, 특정한 행정사무에 대한 권한만 가지는 행정청을 특별행정청(예: 지방국토관리청)이라 한다.

② 중앙행정청은 그 권한이 전국에 미치나, 지방행정청은 그 권한이 그 지방에 한정된다(지역적 한계).

③ 행정청의 권한은 그 소관의 인적 범위에 한정된다(대인적 한계). 예컨대 국립대학교총장의 권한은 당해 국립대학교의 교직원 및 학생에 대해서만 미친다.

④ 행정청의 권한행사에 일정한 형식이 요구되는 경우 그 형식에 따라야 한다(형식적 한계).

Ⅲ. 권한의 효과

행정청의 권한행사는 그 행정주체인 국가 또는 지방자치단체의 행위로서의 효과를 가진다. 따라서 그 권한행사의 법적 효력은 행정청의 구성원이 변경되거나 행정청이 변경·폐지되더라도 영향을 받지 아니한다. 행정청이 법령에 의한 권한 외의 권한을 행사한 경우에는 무권한의 행위로서 원칙적으로 무효이다(대판 1996.6.28, 96누4374).

제 2 절 행정청의 권한의 대리

Ⅰ. 대리의 의의 및 구분

1. 대리의 의의

행정청의 권한의 대리란 행정청의 권한의 전부 또는 일부를 다른 행정기관이 대신 행사하게 하는 것을 말한다. 이때 대리기관은 피대리청을 위한 것임을 표시하고 대리기관의 이름으로 권한을 행사하되 그 효과는 피대리청의 행위로서 발생한다. 권한의 대행(헌법 71) 또는 직무대행(정부조직법 7 ②)이라고도 한다.

2. 구별

(1) 권한의 위임

권한의 위임은 행정청의 권한이 다른 행정기관으로 이전되어 행사되는 것인데 반하여, 권한의 대리는 행정청의 권한의 이전이 없다. 권한의 위임은 법률의 근거를 요하나 권한의 대리 중 임의대리는 반드시 법적 근거를 요하는 것이 아니다.

(2) 권한의 내부위임

권한의 내부위임(위임전결·대결)은 수임자가 내부적으로 사실상 행정권한을 대행하는 데 불과한 것으로 대외적으로는 위임관청의 명의로 행위하는 것인데 반하여, 권한의 대리는 법적인 것으로서 대리기관은 대외적으로 대리행위임을 표시하고 자기의 명의로 권한을 행사하는 것이다.

(3) 대표

대표는 대표자의 행위가 바로 대표되는 기관의 행위가 된다는 점에서 권한의 대리와 구별된다. 국가소송법 제2조에 의하여 국가를 대표하는 법무부장관의 행위는 곧 국가의 행위가 된다.

Ⅱ. 대리의 종류

권한의 대리는 대리권의 발생원인에 따라 임의대리와 법정대리로 나누어진다.

1. 임의대리(수권대리 · 위임대리)

(1) 의의와 법적 근거

임의대리란 피대리청이 대리권을 수권함으로써 이루어지는 대리를 말한다. 이를 수권대리 또는 위임대리라고도 한다.

법률의 명시적 규정이 있는 경우 임의대리가 허용됨은 물론이지만, 명문의 규정이 없는 경우에도 허용될 것인가에 대하여는 견해의 대립이 있다. ① 적극설은 법이 행정청의 권한의 전부를 반드시 스스로 행사하도록 요구하는 것이 아니라고 해석되므로 그 일부를 수권하는 것은 가능하다는 견해이다(다수설). ② 이에 대하여 소극설은 임의대리의 경우에도 내부적으로는 행정기관 상호간의 권한배분의 변동을 가져오는 것이므로 법령의 명시적 근거와 공시를 요한다는 견해이다(소수설). ③ 생각건대 권한의 대리는 권한의 이전을 가져오는 것이 아니라는 점에서 임의대리에 반드시 법적 근거를 요하는 것은 아니라고 보는 것이 합리적이라고 판단된다.

(2) 대리권의 제한

임의대리의 경우 대리권의 범위는 수권에 의하여 정해진다. 그러나 법령의 명시적 규정이 있는 경우를 제외하고는 그 성질상 일정한 제한이 따른다. 즉 ① 임의대리는 일반적·포괄적 권한에 대해서만 가능하다. 따라서 법령이 특정행위를 특정행정기관이 하도록 규정하거나 성질상 특정행정기관이 하여야 하는 행위(예: 총리령·부령으로 정하도록 한 사항)는 수권을 할 수 없다. ② 임의대리는 권한의 일부를 수권하는 데 한하는 것이지 그 전부를 수권할 수는 없다. 전부를 수권하는 것은 그 권한을 당해 행정청에 부여한 취지에 반하는 것이기 때문이다.

(3) 대리기관과 피대리청의 지위

임의대리에서 대리기관은 피대리청의 권한을 피대리청을 위하여 행사하는 것임을 표시하면서 자기 이름으로 권한을 행사하게 되며, 이때 대리기관의 행위는 피대리청의 행위로 된다. 항고소송의 피고적격도 피대리청에 있다.

대리기관은 피대리청의 책임 하에서 그 권한을 행사하는 것이므로, 피대리청은 대리기관에 대하여 지휘·감독권을 행사할 수 있다.

2. 법정대리

(1) 의의와 법적 근거

법정대리란 법정사실이 발생하여 직접 법령의 규정에 의하여 이루어지는 대리를 말한다.

법정대리의 근거법으로는 각 개별법상의 규정(예: 정부조직법 7 ②)이 있는 외에 일반법으로서 직무대리규정(대통령령)이 있다.

법정대리는 일반적으로 피대리청의 구성원이 사고로 직무를 수행할 수 없는 경우에 인정되는 것으로, 대리기관은 피대리청의 보조기관이 되는 것이 보통이나, 다른 행정청이 되는 경우도 있다.

(2) 종류

법정대리에는 대리기관의 결정방법에 따라 협의의 법정대리와 지정대리가 있다.

① 협의의 법정대리란 법정사실이 발생하였을 때 법률상 당연히 대리관계가 성립하는 경우를 말한다(예: 정부조직법 7 ②).

② 지정대리란 법정사실이 발생하였을 때 일정한 자가 대리기관을 지정함으로써 비로소 대리관계가 발생하는 경우를 말한다(예: 정부조직법 22).

③ 한편 행정청의 구성원이 궐위(闕位)된 경우 새로운 구성원이 정식으로 임명되기 전에 일시적으로 그 대리기관을 지정하는 경우가 있는데 이를 서리(署理)라고 한다.

권한의 서리, 특히 국무총리서리제도와 관련하여서는, ① 국무총리의 임명에는 국회의 사전동의가 필요하며, 정부조직법 제22조는 국무총리의 직무대행에 관하여 규정하고 있어 서리의 임용이 불필요하다는 점에서 국무총리서리제도를 위헌으로 보는 견해(위헌설), ② 헌법상 국무총리제도가 대통령제에 부합하지 않는 모순에서 생겨난 헌법관례라는 점에서 합헌으로 보는 견해(합헌설), ③ 원칙적으로는 위헌이지만, 예외적으로 국회의 사전동의가 불가능한 경우에는 합헌으로 보는 견해(제한적 합헌설)가 대립되고 있다. ④ 권한의 서리는 기관구성원의 궐위시의 문제로 권한의 대리와 성질상의 차이는 있으나 직무의 대행이라는 점에서 큰 차이는 없으므로 이를 지정대리로 보아도 무방하다는 것이 일반적인 견해이다.

(3) 대리기관과 피대리청의 지위

법정대리의 대리권은 피대리청의 권한의 전부에 미친다. 대리기관의 행위는 피대리청의 행위로 된다. 항고소송의 피고적격도 피대리청에 있다[판례1]. 이와 관련하여 만약 대리기관이 대리관계를 밝히지 않고 자신의 명의로 처분을 하였다면 처분명의자인 당해 대리기관이 항고소송의 피고가 되지만(대판 1994.6.14, 94누1197), 예외적으로 대리기관이 피대리청을 대리한다는 의사로 처분을 하였고 대리기관 및 처분의 상대방도 피대리청을 대리하여 한 것임을 알고 있었던 경우에는 피대리청이 피고가 된다[판례2].

대리기관은 피대리청의 권한을 자기책임 하에 행사한다. 그런데 법정대리는 대리관계가 피대리청의 의사가 아니라 법령에 의하여 이루어지는 것이므로, 피대리청은 대리기관의 선임·지휘·감독에 대하여 책임지지 아니한다.

[판례1] 대리기관이 대리관계를 표시하고 피대리 행정청을 대리하여 행정처분을 한 경우, 행정처분에 대한 항고소송의 피고적격(＝피대리 행정청)

"항고소송은 다른 법률에 특별한 규정이 없는 한 원칙적으로 소송의 대상인 행정처분을 외부적으로 행한 행정청을 피고로 하여야 하고(행정소송법 제13조 제1항 본문), 다만 대리기관이 대리관계를 표시하고 피대리 행정청을 대리하여 행정처분을 한 때에는 피대리 행정청이 피고로 되어야 한다(대판 2018.10.25, 2018두43095[농지보전부담금부과처분취소])."

[판례2] 대리권을 수여받은 행정청이 대리관계를 밝힘이 없이 자신의 명의로 행정처분을 한 경우, 그 행정처분에 대한 항고소송의 피고적격

"대리권을 수여받은 데 불과하여 그 자신의 명의로는 행정처분을 할 권한이 없는 행정청의 경우 대리관계를 밝힘이 없이 그 자신의 명의로 행정처분을 하였다면 그에 대하여는 처분명의자인 당해 행정청이 항고소송의 피고가 되어야 하는 것이 원칙이지만(대판 1994.6.14, 94누1197, 1995.12.22, 95누14688 등 참조), 비록 대리관계를 명시적으로 밝히지는 아니하였다 하더라도 처분명의자가 피대리 행정청 산하의 행정기관으로서 실제로 피대리 행정청으로부터 대리권한을 수여받아 피대리 행정청을 대리한다는 의사로 행정처분을 하였고 처분명의자는 물론 그 상대방도 그 행정처분이 피대리 행정청을 대리하여 한 것임을 알고서 이를 받아들인 예외적인 경우에는 피대리 행정청이 피고가 되어야 한다고 할 것이다(대결 2006.2.23, 2005부4)."

Ⅲ. 복대리의 문제

권한의 대리에 있어서 그 대리기관이 대리권을 다시 다른 자에게 대리하게 할 수 있는지, 즉 복대리(複代理)가 가능한지가 문제이다.

(i) 임의대리의 경우에는 피대리청의 권한의 일부에 대해서만 수권이 가능하고, 대리기관의 구체적인 사정을 감안하여 수권이 이루어진다는 점에서, 복대리는 원칙적으로 부인된다는 것이 일반적인 견해이다.

(ii) 이에 반하여 법정대리의 경우에는 대리기관의 구체적인 사정과 관련없이 법령에 의하여 당연히 대리관계가 발생하고, 대리권은 피대리청의 권한의 전부에 미치며, 대리기관은 대리행위에 대해서 책임을 지게 된다는 점에서 복대리가 가능하다.

Ⅳ. 대리권의 소멸

임의대리는 대리권수여의 철회나 수권행위에서 정한 기간의 경과·조건의 성취 등으로 종료된다. 법정대리의 대리권의 발생원인이 소멸되면 당연히 대리관계는 소멸된다.

제 3 절 행정청의 권한의 위임*

Ⅰ. 권한위임의 의의와 구별

1. 권한위임의 의의

권한의 위임이란 행정청이 그 권한의 일부를 다른 행정기관에 이전하여 그 수임기관의 권한으로 행사하게 하는 것을 말한다(넓은 의미의 권한의 위임).

권한위임이 있으면 그 권한은 수임기관의 권한이 되며 수임기관은 자기의 이름과 책임으로 이를 행사하게 된다(행정위임위탁규정 8).

한편 지휘·감독관계에서의 위임인가 대등관계에서의 위임인가에 따라 '법률에 규정된 행정기관의 장의 권한 중 일부를 그 보조기관 또는 하급행정기관의 장이나 지방자치단체의 장에게 맡겨 그의 권한과 책임 아래 행사하도록 하는 것'을 '위임'이라 하고(좁은 의미의 권한의 위임), '법률에 규정된 행정기관의 장의 권한 중 일부를 다른 행정기관의 장에게 맡겨 그의 권한과 책임 아래 행사하도록 하는 것'을 '위탁'이라고 한다(행정위임위탁규정 2 1호, 2호). 위임과 위탁을 합하여 임탁이라고도 한다. 특히 등기·소송에 관한 사무의 처리를 위탁하는 것을 촉탁이라고 한다(부동산등기법 22).

2. 구별

(1) 권한의 이양

권한의 위임이나 권한의 이양(移讓)은 모두 권한이 이전된다는 점에서는 같으나, 권한의 위임

---

* 변호사시험(2017년), 사법시험 약술(2000년).

은 법령상의 권한은 그대로 두면서 별도의 권한위임규정에 의하여 수임기관에게 그 권한의 행사를 잠정적으로 이전하는 것인데 비하여, 권한의 이양은 행정청의 권한이 다른 행정청으로 확정적으로 이전된다는 점에서 차이가 있다.

(2) 권한의 대리

권한의 대리는 권한의 귀속 자체에 변동이 생기는 것이 아니라 단지 대리기관이 피대리청의 권한을 대신 행사하는 것이라는 점에서 권한이 이전되는 권한의 위임과 구별된다.

(3) 권한의 내부위임*

1) 내부위임의 의의와 종류

권한의 내부위임은 행정관청의 내부적인 사무처리의 편의를 도모하기 위하여 그 보조기관 또는 하급행정관청으로 하여금 그 권한을 사실상 행사하게 하는 것을 말한다.

권한의 내부위임에는 위임전결과 대결이 있다. ① 위임전결이란 행정기관의 장이 업무의 내용에 따라 보조기관 또는 보좌기관이나 해당 업무를 담당하는 공무원으로 하여금 사실상 행사하게 하는 것을 말하고(행정업무규정 10 ②), ② 대결이란 결재권자가 휴가, 출장, 그 밖의 사유로 결재할 수 없을 때 그 직무를 대리하는 사람이 대신 결재하는 것을 말한다(행정업무규정 10 ③). 행정업무의 운영 및 혁신에 관한 규정은 대결의 경우 내용이 중요한 문서는 결재권자에게 사후에 보고하도록 하고 있는데(행정업무규정 10 ③), 이를 후열(後閱)이라고도 한다.

2) 권한위임과의 구별

(i) 권한의 위임은 권한의 법적인 귀속을 변경하는 것이어서 법률이 위임을 허용하고 있는 경우에 한하여 인정되지만, 권한의 내부위임은 행정청의 내부적인 사무처리의 편의를 도모하기 위하여 그 보조기관 또는 하급행정관청으로 하여금 그 권한을 사실상 행사하게 하는 것에 불과하므로 법률이 위임을 허용하고 있지 아니한 경우에도 가능하다[판례1].

(ii) 권한위임의 경우 수임관청은 자기의 이름으로 그 권한을 행사할 수 있지만, 내부위임의 경우 수임관청은 위임관청의 이름으로만 그 권한을 행사할 수 있을 뿐이다[판례1].

(iii) 항고소송의 피고적격과 관련하여 권한의 위임의 경우에는 수임기관이 피고가 되나, 내부위임의 경우에는 위임관청이 피고가 된다[판례2]. 그러나 내부위임의 경우에 수임기관이 자기의 이름으로 처분을 한 경우라면, 항고소송의 피고적격은 외부적으로 그의 명의로 처분 등을 행한 행정청이 되는 것이 원칙이므로, 이 경우에는 수임기관이 피고가 된다[판례3].

* 사법시험(2007년), 사법시험(2014년).

[판례1] 행정권한의 위임과 내부위임의 차이점

"행정권한의 위임은 행정관청이 법률에 따라 특정한 권한을 다른 행정관청에 이전하여 수임관청의 권한으로 행사하도록 하는 것이어서 권한의 법적인 귀속을 변경하는 것이므로 법률의 위임을 허용하고 있는 경우에 한하여 인정된다 할 것이고, 이에 반하여 행정권한의 내부위임은 법률이 위임을 허용하고 있지 아니한 경우에도 행정관청의 내부적인 사무처리의 편의를 도모하기 위하여 그의 보조기관 또는 하급행정관청으로 하여금 그의 권한을 사실상 행사하게 하는 것이므로, 권한위임의 경우에는 수임관청이 자기의 이름으로 그 권한행사를 할 수 있지만 내부위임의 경우에는 수임관청은 위임관청의 이름으로만 그 권한을 행사할 수 있을 뿐 자기의 이름으로는 그 권한을 행사할 수 없는 것이다(대판 1992.4.24, 91누5792)."

[판례2] 수임관청이 내부위임에 따라 위임관청의 이름으로 행한 처분의 취소나 무효확인을 구하는 소송의 피고적격(=위임관청)

"행정관청이 특정한 권한을 법률에 따라 다른 행정관청에 이관한 경우와 달리 내부적인 사무처리의 편의를 도모하기 위하여 그의 보조기관 또는 하급행정관청으로 하여금 그의 권한을 사실상 행하도록 하는 내부위임의 경우에는 수임관청이 그 위임된 바에 따라 위임관청의 이름으로 권한을 행사하였다면 그 처분청은 위임관청이므로 그 처분의 취소나 무효확인을 구하는 소송의 피고는 위임관청으로 삼아야 한다(대판 1991.10.8, 91누520)."

[판례3] 수임기관이 자신의 이름으로 한 처분에 대한 항고소송에서의 피고적격

"항고소송은 원칙적으로 소송의 대상인 행정처분 등을 외부적으로 그의 명의로 행한 행정청을 피고로 하여야 하는 것으로서, … 내부위임이나 대리권을 수여받은 데 불과하여 원행정청 명의나 대리관계를 밝히지 아니하고는 그의 명의로 처분 등을 할 권한이 없는 행정청이 권한 없이 그의 명의로 한 처분에 대하여도 처분명의자인 행정청이 피고가 되어야 한다(대판 1994.6.14, 94누1197)."

3) 내부위임의 위반의 효과

권한의 내부위임을 받은 수임기관이 자신의 명의로 처분을 한 경우에는 권한 없는 자에 의하여 행하여진 처분으로 원칙적으로 무효이다[판례1].

다만 판례는 위임전결의 경우 전결규정에 위반하여 전결권자 아닌 자가 처분권자의 이름으로 처분을 하였다고 하더라도 그 처분이 권한 없는 자에 의하여 행하여진 무효의 처분이라고는 할 수 없다고 하고 있다[판례2]. 이는 전결규정은 행정내부적인 사무처리규정에 불과한 것이고, 또한 전결권자도 본래의 처분권자는 아니므로 전결권자의 행위나 전결권자가 아닌 자의 행위나 국민의 입장에서는 별 차이가 없기 때문인 것으로 판단된다.

[판례1] 시장으로부터 체납취득세에 대한 압류처분권한을 내부위임받은 구청장이 자신의 이름으로 한 압류처분의 효력 유무

"체납취득세에 대한 압류처분권한은 도지사로부터 시장에게 권한위임된 것이고 시장으로부터 압류처분권한을 내부위임받은 데 불과한 구청장으로서는 시장 명의로 압류처분을 대행처리할 수 있을 뿐이고 자신의 명의로 이를 할 수 없다 할 것이므로 구청장이 자신의 명의로 한 압류처분은 권한 없는 자에 의하여 행하여진 위법무효의 처분이다(대판 1993.5.27, 93누6621)."

[판례2] 행정청 내부의 사무처리규정에 불과한 전결규정에 위반하여 원래의 전결권자 아닌 보조기관 등이 처분권자인 행정관청의 이름으로 행정처분을 한 경우, 그 처분이 무효인지 여부

"전결과 같은 행정권한의 내부위임은 법령상 처분권자인 행정관청이 내부적인 사무처리의 편의를 도모하기 위하여 그의 보조기관 또는 하급 행정관청으로 하여금 그의 권한을 사실상 행사하게 하는 것으로서 법률이 위임을 허용하지 않는 경우에도 인정되는 것이므로, 설사 행정관청 내부의 사무처리규정에 불과한 전결규정에 위반하여 원래의 전결권자 아닌 보조기관 등이 처분권자인 행정관청의 이름으로 행정처분을 하였다고 하더라도 그 처분이 권한 없는 자에 의하여 행하여진 무효의 처분이라고는 할 수 없다(대판 1998.2.27, 97누1105)."

(4) 민사상의 위임

민사상의 위임은 수임자가 위임받은 사항을 자기의 명의와 책임으로 수행한다는 점에서 권한의 위임과 같으나, 민사상의 위임은 계약에 의한 것이고 사법상의 제도인 반면, 권한의 위임은 법령 또는 위임청의 일방적인 행위에 의한 것이고 공법상의 제도라는 점에서 차이가 있다.

Ⅱ. 권한위임의 법적 근거*

1. 법적 근거의 필요

권한의 위임은 행정청이 법률에 따라 특정한 권한을 다른 행정관청에 이전하여 수임관청의 권한으로 행사하도록 하는 것이어서 권한의 법적인 귀속을 변경하는 것이므로 법률이 위임을 허용하고 있는 경우에 한하여 인정된다(대판 1992.4.24, 91누5792). 따라서 권한의 위임이나 재위임에는 반드시 법적 근거가 필요하다.

* 행정고시(2003년).

2. 일반법적·개별법적 근거

권한의 위임에 관한 일반법적인 근거로는 정부조직법 제6조(권한의 위임 또는 위탁)와 이에 근거한 행정위임위탁규정(대통령령), 지방자치법 제115조(국가사무의 위임), 제117조(사무의 위임)가 있고, 각 개별법에서도 개별적으로 권한의 위임에 관하여 규정하는 경우도 적지 않다(예: 식품위생법 91).

3. 권한위임규정이 없는 경우

개별법에 권한위임에 관한 규정이 없는 경우에, 정부조직법 제6조·행정위임위탁규정·지방자치법 제117조 등을 근거로 하여 권한을 위임할 수 있는가 하는 것이 문제이다.

이에 관하여는 ① 정부조직법 제6조 등은 권한의 위임가능성에 대한 일반적인 원칙만을 선언한 데 그치는 것으로 권한위임의 근거규정으로 볼 수 없다는 소극설, ② 국민의 권리 또는 의무에 직접적으로 관련이 없는 행정조직에 있어서는 어느 정도 포괄적인 위임도 가능하며, 종래의 개별법령에 의한 위임만으로는 중앙행정기관에 집중된 권한을 지방으로 이전하는 데 한계가 있어 이와 같은 일반적인 권한위임조항에 따라 중앙행정기관의 권한이 보다 수월하게 지방으로 이전될 수 있다는 장점이 있으므로 정부조직법 제6조 등은 권한위임의 근거규정으로 볼 수 있다는 적극설이 있다.

③ 판례는 정부조직법 제6조·행정위임위탁규정 등을 권한위임 및 재위임의 근거조항으로 보는 입장으로 적극설의 입장이다[판례1]. 다만 이들 규정은 국가행정기관의 사무나 지방자치단체의 기관위임사무 등에 대한 권한위임의 근거규정이므로, 지방(교육)자치단체의 사무의 권한위임의 근거규정은 될 수 없다[판례2]. 이 경우에는 지방자치 관련법률의 규정에 따라 조례에 의해서만 권한위임이 가능하다고 할 것이다.

④ 생각건대 법치행정·행정조직법정주의·행정기관 간의 권한분배의 명확성·이를 바탕으로 하는 행정기관 간 권한의 상호존중 등의 관점에서 소극설의 입장이 타당하다. 행정사무는 가급적 위임 없이 수행하는 것이 원칙이고, 따라서 정부조직법 제6조의 '법령으로 정하는 바에 따라' 위임 또는 재위임할 수 있다는 규정을 엄격하게 해석하는 것이 타당하다. 현실적으로 위임사무인지 여부가 다투어지는 문제도 명확하게 해결할 수 있고, 또한 위임사무가 무분별하게 증가하는 것을 통제할 수 있다는 점에서도 어떠한 사무가 위임사무인지를 법령에 분명하게 규정하도록 하는 것이 바람직하다.

[판례1] 영업정지 등 처분권한을 위임받은 시·도지사가 이를 구청장 등에게 재위임할 수 있는지 여부

"건설업법령상 건설부장관의 권한에 속하는 영업정지 등 처분권한은 시·도지사에게 위임되었을 뿐 시·도지사가 이를 시장·군수·구청장(이하 "구청장 등"이라고 한다)에게 재위임할 수 있는 근거

규정은 없으나, 정부조직법 제5조 제1항과 이에 기한 행정위임위탁규정 제4조에 재위임에 관한 일반적인 근거규정이 있으므로 시·도지사는 그 재위임에 관한 일반적인 규정에 따라 위임받은 위 처분권한을 구청장 등에게 재위임할 수 있는 것이다(대판 1995.7.11, 94누4615 전원합의체)."

[판례2] 교육감의 학교법인 임원취임의 승인취소권을 조례가 아닌 규칙에 의하여 교육장에게 권한위임할 수 있는지 여부

"사립학교법상 … 교육감의 학교법인 임원취임의 승인취소권은 교육감이 지방자치단체의 교육·학예에 관한 사무의 특별집행기관으로서 가지는 권한이고 정부조직법상의 국가행정기관의 일부로서 가지는 권한이라고 할 수 없으므로 국가행정기관의 사무나 지방자치단체의 기관위임사무 등에 관한 권한위임의 근거규정인 정부조직법 제5조 제1항, 행정위임위탁규정 제4조에 의하여 교육장에게 권한위임을 할 수 없고, (구) 지방교육자치법 제36조 제1항, 제44조에 의하여 조례에 의하여서만 교육장에게 권한위임이 가능하다 할 것이므로, 권한임탁규정 제4조에 근거하여 교육감의 학교법인 임원취임의 승인취소권을 교육장에게 위임함을 규정한 대전직할시교육감소관행정권한의위임에관한규칙 제6조 제4호는 조례로 정하여야 할 사항을 규칙으로 정한 것이어서 무효이다(대판 1997.6.19, 95누8669 전원합의체)."

Ⅲ. 권한위임의 한계와 재위임

1. 권한위임의 한계

권한의 위임은 행정청의 권한의 일부에 대해서만 인정되고, 전부위임 또는 중요부분의 위임은 허용되지 아니한다. 후자의 경우에는 사실상 위임기관의 권한의 폐지를 의미하는 것이기 때문이다.

2. 재위임

권한위임을 받은 기관은 특히 필요한 경우에는 법령으로 정하는 바에 따라 위임 또는 위탁을 받은 사무의 일부를 보조기관 또는 하급행정기관에 재위임할 수 있다(정부조직법 6 ① 2문). 판례도 이 조항을 위임 및 재위임의 근거규정임이 명백하다고 보고 있다[판례].

한편 지방자치법은 "지방자치단체의 장이 위임받거나 위탁받은 사무의 일부를 제1항부터 제3항까지의 규정에 따라 다시 위임하거나 위탁하려면 미리 그 사무를 위임하거나 위탁한 기관의 장의 승인을 받아야 한다(지자법 117 ④)."고 규정하고 있는데, 따라서 기관위임사무의 경우 지방자치단체의 장은 "수임사무의 일부를 그 위임기관의 장의 승인을 받아 규칙으로 정하는 바에 따라 시장·군수·구청장(교육장을 포함한다) 또는 읍·면·동장, 그 밖의 소속기관의 장에게 다시 위임할

수 있다(행정위임위탁규정 4).”

> [판례] 정부조직법 제5조 제1항을 근거로 하여 도지사가 군수에게 한 권한재위임의 적부
> “정부조직법 제5조 제1항은 법문상 권한의 위임 및 재위임의 근거규정임이 명백하고 … 충청남도지사가 자기의 수임권한을 위임기관인 동력자원부장관의 승인을 얻은 후 충청남도의 사무를 시, 군위임규칙에 따라 군수에게 재위임하였다면 이는 위 조항 후문 및 행정권한의위임및위탁에관한규정 제4조에 근거를 둔 것으로서 적법한 권한의 재위임에 해당하는 것이다(대판 1990.2.27, 89누5287).”

Ⅳ. 권한위임의 형태

1. 보조기관·하급행정기관에 대한 위임

행정기관은 그 권한을 보조기관 또는 하급행정기관에 위임할 수 있는데(정부조직법 6 ①), 이와 같은 권한위임이 가장 보편적인 위임형태이다. 예컨대 국토교통부장관이 보조기관인 국토교통부차관에게 권한을 위임하거나, 국세청장이 하급기관인 세무서장에게 권한을 위임하는 경우이다. 보조기관이나 하급행정기관은 위임받은 사항에 대하여는 그 범위에서 행정기관으로서 그 사무를 수행한다(행정위임위탁규정 8 참조).

2. 다른 행정기관에 대한 위임

행정기관은 그 권한을 지휘·감독관계가 없는 다른 행정기관에 위임할 수 있는데(정부조직법 6 ①), 이를 위탁이라고 한다(정부조직법 6 ①, 행정위임위탁규정 2 2호). 예컨대 국토교통부장관이 환경부장관이나 세무서장에게 권한을 위탁하는 경우이다.

3. 지방자치단체 또는 그 기관에 대한 위임*

행정기관은 그 권한을 지방자치단체나 그 기관에 위임할 수 있다(정부조직법 6 ①). 이 경우 지방자치단체에 대한 위임을 단체위임이라 하고, 그 기관에 대한 위임을 기관위임이라 한다. 단체위임사무는 그 사무의 처리에 어느 정도 지방자치단체의 자율권이 있으나, 기관위임사무는 그 수임기관이 국가의 지방행정기관의 지위에서 사무를 수행하는 것이 되어 국가의 지휘·감독을 받게 된다.

지방자치법은 “시·도와 시·군 및 자치구에서 시행하는 국가사무는 법령에 다른 규정이 없으면 시·도지사와 시장·군수 및 자치구의 구청장에게 위임하여 행한다(지자법 115).”고 규정하여 기관위임은 별도의 규정이 없는 한 집행기관으로서 지방자치단체의 장에게 위임된다.

* 변호사시험(2017년), 사법시험(2016년).

기관위임사무는 조례로 이를 구청장 등에게 재위임할 수 없고, 위임청의 승인을 얻은 후 지방자치단체의 장이 제정한 규칙으로 재위임하여야 한다(행정위임위탁규정 4)[판례].

[판례] 기관위임사무를 지방자치단체의 조례에 의하여 재위임할 수 있는지 여부

"(구) 건설업법 제50조 제2항 제3호 소정의 영업정지 등 처분에 관한 사무는 국가사무로서 지방자치단체의 장에게 위임된 이른바 기관위임사무에 해당하므로 시·도지사가 지방자치단체의 조례에 의하여 이를 구청장 등에게 재위임할 수는 없고 행정위임위탁규정 제4조에 의하여 위임기관의 장의 승인을 얻은 후 지방자치단체의 장이 제정한 규칙이 정하는 바에 따라 재위임하는 것만이 가능하다 (대판 1995.7.11, 94누4615 전원합의체)."

4. 민간위탁

행정기관 또는 지방자치단체의 장은 그 권한에 속하는 사무 중 조사·검사·검정·관리 업무 등 국민이나 주민의 권리·의무와 직접 관계되지 아니하는 사무를 행정기관 또는 지방자치단체가 아닌 법인·단체 또는 그 기관이나 개인에게 위탁할 수 있는데, 이를 민간위탁이라 한다(정부조직법 6 ③, 행정위임위탁규정 2 3호, 지자법 117 ③).

사인에게 행정권한이 위탁된 경우 그 사인을 공무수탁사인이라 한다. 공무수탁사인의 법적 지위는 여전히 사인이지만, 기능적인 측면에서 행정권한이 부여된 제한된 범위 내에서는 고권적으로 행위할 수 있게 되고, 이 범위에서 행정주체의 지위에서 간접국가행정을 담당하게 된다.[1)]

V. 권한위임의 효과와 비용부담

권한의 위임이 있으면 수임기관은 자기의 명의와 책임 하에 권한을 행사한다(행정위임위탁규정 8 참조). 따라서 수임기관이 행정심판의 피청구인 또는 항고소송의 피고가 된다.

수임사무의 처리에 관하여 위임기관은 수임기관에 대하여 사전승인을 받거나 협의를 할 것을 요구할 수 없다(행정위임위탁규정 7).

위임기관이 수임기관의 권한행사를 지휘·감독할 수 있는가 하는 것이 문제인데, 수임기관이 보조기관이나 하급행정기관과 같이 상급행정기관의 본래적인 지휘·감독 하에 있는 경우에는 위임기관은 이와 같은 감독권한에 의하여 수임기관의 위임사무처리를 지휘·감독할 수 있지만, 행정조직법상 지휘·감독관계에 있지 아니한 기관에 대해서는 그와 같은 지휘·감독권이 없다고 보는 것이 일반적인 견해이다. 그러나 이와 관련하여 행정위임위탁규정은 이러한 구분 없이 "위임기관은

1) 이에 관하여 상세는 행정법총론 공무수탁사인 참조.

수임기관의 수임사무 처리에 대하여 지휘·감독하고, 그 처리가 위법하거나 부당하다고 인정될 때에는 이를 취소하거나 정지시킬 수 있다."고 규정하고 있다(행정위임위탁규정 6, 14).

권한의 위임에 따른 위임사무의 수행비용과 관련하여 행정위임위탁규정은 "행정기관의 장은 행정권한을 위임 및 위탁할 때에는 위임 및 위탁하기 전에 수임기관의 수임능력 여부를 점검하고, 필요한 인력 및 예산을 이관하여야 한다(행정위임위탁규정 3 ②)."고 규정하고 있고, 지방재정법도 "국가가 스스로 하여야 할 사무를 지방자치단체나 그 기관에 위임하여 수행하는 경우 그 경비는 국가가 전부를 그 지방자치단체에 교부하여야 한다(지방재정법 21 ②)."고 규정하고 있다.

Ⅵ. 위임의 종료

권한의 위임은 위임의 해제, 위임근거의 소멸, 조건의 성취, 기한의 경과 등으로 종료되고, 위임이 종료되면 위임된 권한은 다시 위임기관의 권한으로 된다.

제 4 절 행정청 상호간의 관계

행정청 상호간의 관계는 크게 ① 동일한 행정주체 내에서의 행정청 상호간의 관계와 ② 상이한 행정주체의 행정청 상호간의 관계로 구분해 볼 수 있다.

동일 행정주체 내의 행정청간에도 그 업무영역과 관련하여, ⑴ 동일 업무영역 내에서의 행정청간의 관계와 ⑵ 서로 업무영역이 다른 행정청간의 관계로 나누어 볼 수 있다.

동일 업무영역에 속하는 행정청간의 관계는 다시 ⒜ 상하행정청간의 관계와 ⒝ 대등행정청간의 관계로 나누어 볼 수 있다.

대체로 행정청 상호간에 있어서 상하행정청간의 관계(①, ⑴, ⒜)에서 상급행정청은 하급행정청에 대한 감독권을 가지지만, 대등하거나(①, ⑴, ⒝), 그 업무영역이 서로 다른 경우(①, ⑵) 또는 소속된 행정주체가 상이한 경우(②)에는 각 행정청은 각자의 권한을 서로 존중하고 상호 협력하는 관계라고 할 수 있다. 소속 행정주체가 서로 다른 행정청간(예: 국토교통부장관과 광역시장)에는 법령상 국가기관에 직무감독권이 인정되기도 한다.

이하에서는 동일 행정주체 내의 동일 업무영역에서의 상하행정청간의 관계와 대등행정청간의 관계를 검토하기로 한다.

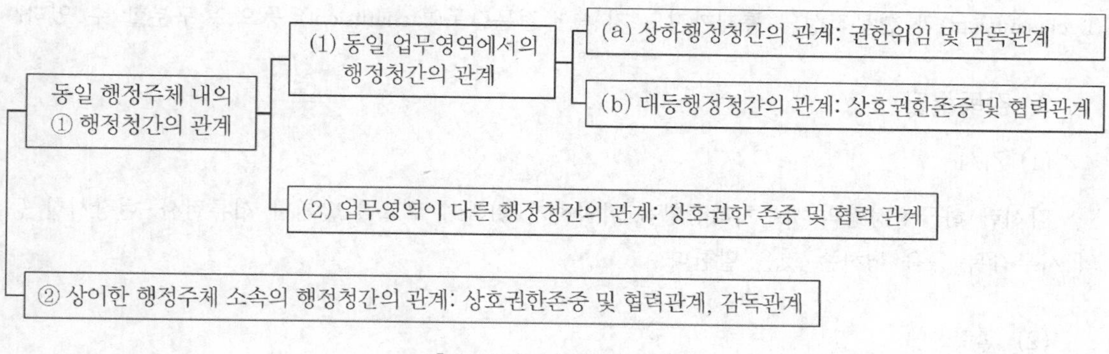

▌행정청 간의 관계▐

제 1 항 상하행정청간의 관계

Ⅰ. 종류

상하행정청간에는 권한위임관계와 권한감독관계가 있는데, 전자는 위에서 설명하였으므로, 여기에서는 후자만을 설명한다.

Ⅱ. 권한의 감독관계

1. 감독의 의의와 근거

권한의 감독이란 상급행정청이 하급행정청의 권한행사의 합법성과 합목적성을 확보하기 위하여 행하는 통제적 작용을 말한다.

행정조직은 행정사무의 통일적 수행을 위하여 행정조직에 있어서 상명하복의 계층적인 구조(hierarchy)가 요구되는데, 이를 위해서는 상급행정청은 하급행정청의 권한행사에 대한 일정한 감독권이 필요하다.

감독권 행사에 있어 개별적인 감독수단에 대한 법적 근거까지 요구되지는 않지만, 적어도 감독권 자체에 대한 일반적인 법적 근거는 필요하다(정부조직법 11, 지방자치법 185, 188, 행정위임위탁규정 등).

2. 감독의 종류

권한의 감독은 ① 감독주체에 따라 행정감독·입법감독·사법감독으로, ② 감독의 성질에 따라 예방적 감독·교정적 감독으로, ③ 감독의 내용에 따라 적법성 여부만을 통제하는 법적 감독

(Rechtsaufsicht)과 합목적성의 통제까지도 가능한 전문감독(Fachaufsicht) 등으로 구분할 수 있다.

3. 감독수단

(1) 감시

감시란 하급행정청의 사무처리상황을 파악하기 위하여 보고를 받거나 서류검사·현장시찰 등의 사무감독 등을 행하는 것을 말한다.

(2) 훈령

1) 의의

훈령이란 상급행정기관이 하급행정기관에 대하여 상당히 장기간에 걸쳐 그 권한을 일반적으로 지휘·감독하기 위하여 발하는 명령을 말한다. 훈령은 예방적 감독의 주된 수단인데, 사후교정적 수단으로 활용되기도 한다.

훈령은 상하행정청간의 관계에 대한 것이므로, 상하공무원간의 관계에서 상급공무원이 부하공무원에게 발하는 직무명령(국가공무원법 57, 지방공무원법 49)과는 구별된다. 훈령은 그 대상인 하급행정기관의 공무원이 변경되더라도 효력을 미치지만, 직무명령은 직무명령과 관련된 특정공무원의 변경으로 효력을 상실한다. 다만 훈령은 하급행정기관의 구성원인 공무원도 구속하므로 직무명령의 성질도 아울러 가지고 있다.

2) 근거

훈령과 관련하여 행정청의 지휘·감독권을 명문으로 규정하고 있는 경우도 있으나(예: 정부조직법 11 ①, 18 ①, 26 ③, 지자법 118 등), 명문의 규정이 없더라도 상급기관의 일반적인 지휘·감독권에 근거하여 훈령을 발할 수 있다.

3) 종류

대통령령인 행정업무규정 제4조 제2호는 공문서의 한 종류로서 지시문서를 훈령·지시·예규·일일명령으로 나누고 있다.

4) 법적 성질

훈령은 일반·추상적인 것이 원칙이나 개별·구체적인 훈령도 있다. 일반·추상적인 훈령은 그 법적 성질이 행정규칙으로서 대외적 구속력이 인정되지 않는다(통설·판례). 그러나 예외적으로 법령보충규칙의 경우에는 법규명령으로서의 성질이 인정된다는 것이 판례의 입장이다(대판 1987.9.29, 86누484 등 참조). 또한 재량준칙의 경우 평등원칙이나 신뢰보호원칙을 매개로 대외적 구속력이 인정되기도 한다(헌재결 2001.5.31, 99헌마413 전원재판부, 대판 2014.11.27, 2013두18964).

5) 적법요건

훈령도 행정작용이므로, ① 훈령의 주체가 권한 있는 상급기관이어야 하고, ② 훈령사항은 하급기관의 권한 내의 사항에 대한 것으로서, ③ 직무상 하급관청의 독립적인 권한에 속하지 않는 사항이어야 한다(이상 형식적 요건). ④ 그 외에도 훈령은 적법·타당하고 그 내용이 명확하고 실현 가능하여야 한다(실질적 요건).

6) 효과

하급행정기관은 훈령에 구속되어 복종하여야 한다. 훈령은 원칙적으로 대외적 구속력이 없으므로 훈령을 위반하여도 위법의 문제가 발생하지 않지만, 훈령은 상급행정기관의 하급행정기관에 대한 명령이라는 점에서 훈령 위반은 징계의 원인이 될 수 있다.

7) 하자 있는 훈령의 효력

훈령에 하자가 있는 경우 하급행정기관이 이에 복종하여야 하는가 하는 문제가 있다. 이 문제는 하급행정기관이 훈령의 하자 여부를 심사할 수 있는 권한이 있는가 하는 문제이기도 하다.

이와 관련하여 형식적 요건에 대해서는 하급행정기관이 심사권을 가진다고 보는 것이 일반적인 견해이나, 실질적 요건에 대해서는 ① 하급행정기관이 심사권이 없으므로 훈령이 위법하여도 이에 복종하여야 한다는 부정설(실질적 요건에 대한 심사권 부정설), ② 훈령이 객관적으로 위법한 것이라면 무효로서 이에 대한 복종의무가 없다고 하는 긍정설(실질적 요건에 대한 심사권 긍정설), ③ 훈령의 하자가 중대명백한 경우 또는 중대명백한 경우에 이르지 않더라도 그 위법성이 명백한 경우에는 복종하지 않을 수 있다는 견해(절충설)가 나뉘고 있다. ④ 생각건대 이 문제에 대해서는 법치주의와 행정조직의 계층적 질서를 함께 고려할 필요가 있다. 즉 전자의 입장에서는 하자 있는 훈령에 대한 복종의무가 없다고 보게 되지만, 후자의 입장에서는 요건에 대한 전면적인 심사권을 인정하는 경우 계층제가 제대로 작동할 수 없다는 문제도 있는 것이다. 따라서 양자의 조화의 측면에서 하자가 명백한 경우에 대한 심사권은 인정하면서도, 그렇지 않은 경우에는 복종의무가 있다고 보는 절충적 견해가 타당하다.

8) 경합

서로 상충되는 둘 이상의 훈령이 경합되는 경우 하급행정기관은 ① 주관상급행정기관의 훈령에 따라야 하고, ② 주관상급행정기관이 불명확한 경우에는 행정의 계층적 질서의 관점에서 직근 상급행정기관의 훈령에 따라야 한다. ③ 주관상급행정기관이 없는 경우에는 주관쟁의의 방법에 따라야 할 것이다.

(3) 인가·승인

하급행정청이 일정한 권한을 행사함에 있어 상급행정청의 허가·인가·승인 등을 받게 하는 것을 말한다. 인가나 승인은 예방적 감독수단으로 행하여지는 것이 일반적이다. 여기에서의 인가나 승인은, 행정행위로서의 인가와는 달리, 행정조직 내부에서 행하여지는 것에 그치므로, 일반적으로 하급행정청이 인가를 받지 않고 행한 행위도 위법한 행위가 되지 아니한다. 그러나 상급행정청의 인가나 승인을 받도록 법령에서 명시적으로 규정한 경우 이를 받지 않고 행한 행위는 법령위반으로 위법한 행위가 되어 경우에 따라서는 무효가 된다고 할 것이다.[2)]

(4) 취소·정지

상급행정청이 하급행정청의 위법·부당한 행위를 취소하거나 정지하는 것을 말한다. 취소나 정지는 상급행정청이 직권으로 또는 당사자의 신청에 의하여 할 수 있다. 취소·정지는 그 성질상 사후적·교정적 감독수단이다.

(5) 주관쟁의결정

행정청 사이에 권한에 관하여 분쟁이 있는 경우에 이를 해결하고 결정하는 절차를 주관쟁의라 한다. 주관쟁의결정권은 이와 같은 주관쟁의를 결정하는 상급행정청의 권한을 말한다. 주관쟁의에는 자신에게 권한이 있다는 적극적 권한쟁의와 권한이 없다는 소극적 권한쟁의가 있다.

이러한 주관쟁의는 원칙적으로 하급행정청의 공통행정청이 결정하고, 공통행정청이 없으면 각 하급행정청의 상급행정청들이 협의하여 결정하는데, 협의가 이루어지지 않을 경우에는 행정각부간의 주관쟁의가 되어 국무회의의 심의를 거쳐 대통령이 결정하게 된다(헌법 89 10호).

주관쟁의는 행정조직 내부의 문제이므로 법률상 쟁송이 아니어서 법원에 제소할 수 없다. 또한 헌법재판소법 제62조 제1항에도 해당되지 않으므로 권한쟁의심판의 대상도 아니다.

제 2 항 대등관청간의 관계

I. 권한존중관계

대등관청간에는 서로 다른 행정기관의 권한을 존중하여야 하고 이를 침해하지 말아야 한다. 행정청의 권한은 법령에서 정해지는 것이기 때문이다. 행정청의 권한범위 내에서의 행정행위는 이에 중대·명백한 하자가 없는 한 권한 있는 기관에 의하여 취소되기 전까지는 유효하므로 다른

2) 홍정선 교수는 법령의 규정이 있는 경우 인가나 승인을 유효요건으로 보고 있다(홍정선, 행정법특강, 813면).

행정청은 이에 구속된다(구성요건적 효력).

Ⅱ. 상호협력관계

1. 협의

어떠한 사항이 대등한 지위에 있는 둘 이상의 행정청의 권한과 관련이 있을 때에는 관계행정청 사이의 협의에 의하여 이를 처리하게 된다.

협의와 관련하여, ① 둘 이상의 행정청이 공동주관행정청으로서 협의하는 경우가 있는데, 이 경우에는 공동명의로 외부에 표시하게 되고, 여기에서의 협의는 당해 행위의 유효요건이므로, 협의를 거치지 않은 행위는 무효가 된다. ② 주관행정청이 관계행정청과 협의하는 경우(예: 국토계획법 18 ③)에는 주관행정청의 명의로 외부에 표시하게 되고, 법령상 의무적으로 협의를 거치도록 규정되어 있는 경우에 협의를 거치지 않은 행위는 경우에 따라서는 무효가 될 수 있다.

2. 사무의 위탁(촉탁)

사무의 위탁이란 권한의 위임의 일종으로 대등행정청간에 이루어지는 권한의 위임을 말한다(행정위임위탁규정 2 2호 참조). 특히 등기·소송에 관한 사무의 위탁을 촉탁이라 한다.

3. 행정응원

행정응원은 대등행정청 사이에서 어떤 행정청이 직무수행에 필요한 협력을 다른 행정청에 요구하는 행위를 말한다.

행정응원에 관한 일반법으로는 행정절차법(8)이 있고, 개별법에서도 행정응원에 관한 규정을 두고 있는 경우도 있다(예: 경찰직무 응원법 1, 소방기본법 11).

제 4 장 국가행정조직법

제 1 절 국가중앙행정조직법

Ⅰ. 개관

국가중앙행정조직은 헌법의 통치구조 또는 정부형태에 의하여 구성된다. 우리 헌법의 통치구조는 대통령제이고, 행정권은 대통령을 수반으로 하는 정부에 속하므로(헌법 66 ④), 우리나라의 중앙행정조직은 대통령을 수반으로 하는 정부조직이 된다.

이에 따라 중앙행정조직은 ① 행정부 수반인 대통령과 그 직속기관(감사원·방송통신위원회·국가인권위원회·국가안전보장회의 등), ② 정부의 권한에 속하는 주요정책을 심의하는 국무회의, ③ 행정각부를 통할하는 국무총리와 그 직속기관(부총리·인사혁신처·법제처·국가보훈처·식품의약품안전처·국민권익위원회·공정거래위원회·금융위원회 등), ④ 행정각부와 그 직속기관, ⑤ 합의제행정기관(선거관리위원회·각종 행정위원회 등) 등으로 구성된다.

중앙행정기관의 설치는 법률로 정한다. 다만 보조기관의 설치와 사무분장은 법률로 정한 것을 제외하고는 대통령령으로 정한다(정부조직법 2 ①, ④).

중앙행정조직에 관한 기본법으로서는 헌법 및 이에 의거하여 제정된 정부조직법이 있으며, 그 외에도 특수한 임무를 담당하는 행정기관이나 합의제행정기관의 설치와 관련된 개별법들이 있다(국가정보원법, 국가안전보장회의법, 부패방지권익위법, 노동위원회법 등).

이 가운데 이하에서는 행정각부와 합의제행정기관에 대해서만 설명한다.

Ⅱ. 행정각부

1. 의의

행정각부란 행정부의 수반인 대통령과 그 명을 받은 국무총리의 통할 하에 국무정부의 권한에 속하는 사무를 부문별로 수행하기 위하여 설치되는 중앙행정기관을 말한다.

행정각부는 헌법기관이다. 헌법은 행정각부의 설치·조직과 직무범위를 법률로 정하도록 하고 있다(헌법 96).

헌법은 행정각부의 수에 관하여는 언급하고 있지 않다. 그러나 행정각부의 장은 국무위원 중에서 임명되는데(헌법 94), 국무위원의 수는 15인 이상 30인 이하로 규정되어 있으므로(헌법 88 ②), 행정각부의 수도 이 범위 내에서 결정되게 된다.

2. 행정각부의 종류 및 조직

현행 정부조직법상 행정각부로는 기획재정부·교육부·과학기술정보통신부·외교부·통일부·법무부·국방부·행정안전부·국가보훈부·문화체육관광부·농림축산식품부·산업통상자원부·보건복지부·환경부·고용노동부·여성가족부·국토교통부·해양수산부·중소벤처기업부의 19개의 부가 있다(정부조직법 26 ①).

행정각부에 장관 1명과 차관 1명을 두되, 장관은 국무위원으로 보하고, 차관은 정무직으로 한다. 다만, 기획재정부·과학기술정보통신부·외교부·문화체육관광부·산업통상자원부·보건복지부·국토교통부에는 차관 2명을 둔다(정부조직법 26 ②).

3. 행정각부장관

(1) 행정각부장관의 지위

행정각부의 장(장관)은 국무위원 중에서 국무총리의 제청으로 대통령이 임명한다(헌법 94). 따라서 행정각부의 장은 국무위원과 행정각부장관으로서의 이중적인 지위를 가진다. 국무위원이 아닌 자는 행정각부의 장이 될 수 없으나, 행정각부의 장이 아니더라도 국무위원이 될 수 있는데, 이를 정무장관이라 한다.

행정각부장관은 정부조직법 기타 법령이 정하는 바에 따라 행정사무를 주관하는 중앙행정청이다. 행정각부장관은 그 소관사무에 관하여 대통령과 국무총리의 지휘·감독을 받는다.

(2) 행정각부장관의 권한

행정각부장관은 소관사무의 통할권 및 소속공무원의 지휘·감독권(정부조직법 7 ①), 소속공무원의 임용 및 임명제청권(국가공무원법 32), 부령발령권(헌법 95), 행정처분권, 지방행정의 장의 지휘·감독권(정부조직법 26 ③) 등의 권한을 가진다. 한편 행정각부장관은 국무위원으로서 법률안·대통령령안 기타 의안들을 국무회의에 제출할 권한을 가진다.

4. 행정각부 소속 중앙행정기관

(1) 행정청

행정각부장관에 소속하면서 그 소관사무의 일부를 독립적으로 관장하는 행정청으로 청이 있다(국세청·관세청·조달청·통계청·우주항공청·재외동포청·검찰청·병무청·방위사업청·경찰청·소방청·국가유산청·농촌진흥청·산림청·특허청·질병관리청·기상청·행정중심복합도시건설청·새만금개발청·해양경찰청). 행정각부장관은 소속청에 대하여는 중요정책수립에 관하여 그 청의 장을 직접 지휘할 수 있다(정부조직법 7 ④).

(2) 기타 행정기관

행정각부장관 소속의 행정기관으로는 청 이외에 각종 시험연구기관·교육훈련기관·문화기관·의료기관 등의 부속기관이 있다.

Ⅲ. 합의제행정기관

1. 합의제행정기관의 의의

합의제행정기관이란 다수의 구성원으로 행정기관이 구성되고, 그 다수의 구성원이 합의에 의하여 의사결정을 하며 이에 대하여 책임지는 행정기관을 말한다. 합의제행정기관은 독임제행정기관에 대비되는 개념으로, 의사결정의 신중성·공정성을 기하기에 적합하다.

2. 법적 근거

합의제행정기관의 설치근거로는 정부조직법 제5조를 들 수 있다. 동조는 행정기관의 소관사무의 일부를 독립하여 수행할 필요가 있는 때에는 법률로 정하는 바에 따라 행정위원회 등 합의제행정기관을 둘 수 있다고 규정하고 있다.

한편 합의제행정기관 가운데에는 헌법 제97조에 근거한 감사원, 헌법 제114조에 근거한 선거관리위원회도 있다.

3. 합의제행정기관과 행정위원회

현행법상 위원회의 명칭을 가진 기관에는 대체로 세 가지 유형이 있는데, ① 합의제행정기관(중앙노동위원회·국민권익위원회·행정심판위원회·공정거래위원회·조세심판원·소청심사위원회·중앙토지수용위원회 등), ② 의결기관(징계위원회·교육위원회 등), ③ 자문기관이 그것이다.

합의제행정기관으로서의 행정위원회는 의결권 뿐 아니라 의결내용을 대외적으로 표시하는 권한을 가진다. 그러나 의결기관으로서의 행정위원회는 의결권만 가질 뿐 이를 대외적으로 표시할 권한이 없다. 자문기관으로서의 행정위원회는 행정청에 대하여 자문하는 권한만 있으므로, 의결권이나 대외적 표시권한이 없다. 행정의 실제에서 대부분의 행정위원회는 자문기관이다.

제 2 절 국가지방행정조직

Ⅰ. 국가지방행정조직의 의의

국가의 지방행정조직은 보통지방행정기관과 특별지방행정기관으로 나뉘다. 전자는 특정 행정청에 속하지 않고 당해 지역 내에서 시행되는 일반적인 국가사무를 관장하고 당해 사무의 소속에 따라 각 주무부장관의 지휘·감독을 받는 국가의 지방행정기관을 말하고, 후자는 특정 중앙행정청에 소속되어 당해 지역 내에서 시행되는 당해 중앙행정청의 사무를 관장하는 국가의 지방행정기관을 말한다.

Ⅱ. 보통지방행정기관

우리나라의 경우 지방 차원에서 국가사무를 수행하는 보통지방행정기관을 별도로 두지 않고, 지방에서 시행하는 국가사무를 별다른 규정이 없는 한 지방자치단체의 장에게 위임하여 수행하게 하고 있다(지자법 115).

이 경우 지방자치단체의 장은 지방자체단체의 집행기관이나 기관위임사무를 처리하는 한도 내에서는 국가의 지방행정기관의 지위에서 사무를 수행하는 것이 된다(대판 1984.7.10, 82누563).

지방자치단체나 그 장이 위임받아 처리하는 국가사무에 관하여 시·도에서는 주무부장관의, 시·군 및 자치구에서는 1차로 시·도지사의, 2차로 주무부장관의 지도·감독을 받는다. 시·군 및 자치구나 그 장이 위임받아 처리하는 시·도의 사무에 관하여는 시·도지사의 지도·감독을 받는다(지자법 185).

Ⅲ. 특별지방행정기관

특별지방행정기관과 관련하여 정부조직법은 “중앙행정기관에는 소관사무를 수행하기 위하여 필요한 때에는 특히 법률로 정한 경우를 제외하고는 대통령령으로 정하는 바에 따라 지방행정기관을 둘 수 있다."고 규정하고 있다(정부조직법 3 ①).

특별지방행정기관으로는 지방국토관리청 · 지방산림청 · 지방국세청 · 지방보훈청 · 세무서 · 세관 · 출입국관리사무소 등이 있다.

한편 경찰법은 국가경찰조직과 관련하여 "경찰의 사무를 지역적으로 분담하여 수행하게 하기 위하여 특별시 · 광역시 · 특별자치시 · 도 · 특별자치도에 시 · 도경찰청을 두고 시 · 도경찰청 소속으로 경찰서를 둔다."고 규정하고 있다(경찰법 13).

제 5 장 간접국가행정조직법

Ⅰ. 의의

국가행정은 국가행정기관에 의하여 수행되지만(직접국가행정), 경우에 따라서는 국가로부터 법적으로 독립한 공공단체가 국가행정을 수행하기도 한다(간접국가행정). 간접국가행정을 담당하는 공공단체에는 지방자치단체·공공조합·영조물법인·공법상의 재단이 있지만, 일반적으로 간접국가행정조직법은 지방자치단체를 제외한 공공조합·영조물법인·공법상의 재단 등의 조직법을 의미한다.

Ⅱ. 공공조합(공법상의 사단)

공공조합이란 특정한 행정목적을 위하여 일정한 자격을 가진 사람의 결합체에 공법상의 법인격이 부여된 단체를 말한다. 따라서 공공조합에는 구성원이 존재한다. 공공조합은 인적 결합체라는 점에서 공법상의 사단법인(社團法人)이라고도 한다. 공공조합으로는 도시개발조합, 재건축정비사업조합, 변호사회, 상공회의소 등이 있다.

공공조합의 성립과 조직은 공법적으로 규율된다. 국가나 지방자치단체도 공법상의 사단이다. 국가나 지방자치단체를 제외한 공법상의 사단은 법령이 정하는 바에 따라 행정권한을 행사하는 범위 내에서 행정주체의 지위를 가진다.

공공조합은 특정한 직업이나 이해관계와 관련하여 국가보다는 이와 밀접한 관련을 가지는 공공조합으로 하여금 이와 관련된 국가행정사무를 수행하도록 하는 것이 효율적이라는 점에서 인정되는 것이다.

공공조합은 구성원의 자격의 강제성 여부에 따라 강제조합과 임의조합으로 구분할 수 있다.

Ⅲ. 영조물법인

영조물법인은 일정한 행정목적을 위하여 설립된 인적·물적 결합체에 법인격이 부여된 것이다. 일반적으로 영조물은 일정한 행정목적수행의 효율성과 합리성을 도모하기 위하여 설치된 인적·물적 종합시설(예컨대, 국공립의 교육·의료·보건·체육·문화시설 등)을 말한다. 영조물법인은 이와 같은 영조물 가운데 법인격이 부여된 것을 말한다. 영조물법인은 행정사무를 수행하는 범위 내에서 행정주체의 지위를 가진다. 영조물법인에는 이용자가 있다.

영조물법인은 법률에 의하여 설립되는데, 영조물법인에 관한 일반법으로는 공공기관의 운영에 관한 법률, 지방공기업법이 있다.

영조물법인으로는 한국도로공사·한국방송공사·한국토지주택공사·한국은행·국립서울대학교 등이 있다.

Ⅳ. 공법상의 재단

공법상의 재단은 국가나 지방자치단체가 출연한 재산을 관리하기 위하여 설립된 재단법인인 공공단체를 말한다. 재산의 결합체라는 점에서 인적·물적 결합체인 영조물법인과 구별된다. 공법상의 재단의 설립과 조직은 공법에 따른다. 공법상의 재단에는, 구성원이나 이용자가 아닌, 수혜자만이 존재한다. 공법상의 재단의 예로는 한국연구재단, 총포화약법상 총포·화약안전기술협회(대판 2021.12.30, 2018다241458) 등을 들 수 있다.

[판례] 총포·화약안전기술협회의 법적 성질(=공법상 재단법인)

"총포·도검·화약류 등의 안전관리에 관한 법률(이하 '총포화약법') 제48조, 제52조, 제62조의 규정 내용과 총포·화약안전기술협회(이하 '협회')가 수행하는 업무, 총포화약류로 인한 위험과 재해를 미리 방지함으로써 공공의 안전을 유지하고자 하는 총포화약법의 입법 취지(제1조)를 고려하면, 협회는 총포화약류의 안전관리와 기술지원 등에 관한 국가사무를 수행하기 위하여 법률에 따라 설립된 '공법상 재단법인'이라고 보아야 한다(대판 2021.12.30, 2018다241458[채무부존재확인])."

제 2 편

지방자치법

제 1 장　지방자치의 개념

제 1 절　지방자치의 의의

지방자치란 독립한 공법상 법인격을 가진 지방자치단체가 자기지역의 사무를 그 구성원의 의사결정에 따라 자기책임 하에서 수행하는 특수한 행정형태를 말한다. 지방자치의 개념은 역사적으로 주민자치와 단체자치의 개념을 중심으로 형성되어 왔다.

Ⅰ. 주민자치(정치적 의미의 지방자치)

주민자치란 주로 영미에서 발달한 자치개념으로서 직업공무원이 아닌 주민이 행정에 참여하는 것을 특징으로 하는 지방자치의 개념을 말한다. 여기에서의 행정에 참여하는 주민은 무보수·명예직으로 활동하는 것이 원칙이다. 주민참여는 주민들의 행정참여를 통하여 사회의 불균형을 시정하고 나아가 국가와 사회의 대립적인 관계를 완화하고자 하는 데에서 비롯된 것이다. 이러한 의미에서 주민자치는 정치적 원리로서의 자치개념이라고 한다.

Ⅱ. 단체자치(법적 의미의 지방자치)

유럽대륙을 중심으로 발달한 단체자치란 독립한 법인격을 가진 지역단체가 그 고유사무를 자기책임으로 수행하는 것을 특징으로 하는 지방자치의 개념을 말한다. 단체자치는 국가의 권한에 대한 일정한 제한을 가하고 공공생활의 일정한 영역을 국가의 영향에서 벗어나게 하려는 의도에서 비롯된 것이다. 단체자치는 주민 중심의 자치행정이라기보다는 지방자치단체의 의사결정기관과 집행기관의 기관자치를 의미한다. 이러한 의미의 단체자치는 법적 의미의 지방자치라고도 한다.

Ⅲ. 양 개념의 결합

지방자치는 그 나라의 상황에 따라 다양한 형태를 띠고 있어 주민자치와 단체자치는 하나의 이상적인 관념에 불과하다. 따라서 실제에 있어서 어느 나라든 양자가 다소간에 상호보완적·융합적인 형태로 결합되는 경향을 보이고 있다.

우리나라는 지방자치단체에게 독립한 법인격을 부여하고 자치권을 보장하는 등 기본적으로는 단체자치에 입각하고 있으면서도, 주민참여와 같은 주민자치적 요소를 가미하고 있다.

제 2 절 지방자치의 본질

Ⅰ. 자치권의 성질

지방자치단체의 자치권의 성질에 관하여는 ① 선국가적(先國家的)인 지방자치단체의 고유한 권한이라는 견해(고유권설), ② 국가로부터 전래(傳來)된 권한이라는 견해(전래권설), ③ 지방자치단체가 가지는 기본권유사의 권리라는 견해(신고유권설)가 있으나, ④ 지방자치단체는 선국가적인 것이 아니라 국가의 구성부분이라는 점에서 지방자치단체의 자치권은 국가로부터 전래된 것이라고 보는 전래권설이 타당하다(통설).

Ⅱ. 간접국가행정으로서의 지방자치

한편 지방자치단체에 의한 행정사무의 수행은 독립한 공법인인 지방자치단체가 국가행정을 수행하는 것이라는 점에서 간접국가행정이라고 할 수 있다. 지방자치단체가 수행하는 행정사무도 궁극적으로는 모두 국가사무라고 할 수 있기 때문이다. 이렇게 볼 때 국가행정과 지방자치행정은 양 영역이 서로 엄격하게 구분되어 대립되는 것이 아니라 상호보완적이면서 통합적인 관계에 있다고 보아야 할 것이다.

제 3 절 지방자치의 기능

지방자치는 다음과 같이 헌법의 기본원리(민주국가원리·법치국가원리·사회국가원리)를 실현하거나 행정을 합리화하는 중요한 기능을 수행한다.

Ⅰ. 민주국가원리의 실현기능

지방자치는 독자적인, 그리고 민주주의원칙에 입각한 선거와 정치적 의사형성을 통하여 민주적 정당성을 획득하고, 이를 통하여 전체적인 통합에 기여함으로써 아래로부터 위로의 민주주의를 구축하는 데 있어서 이를 보충하고 구체화하는 역할을 한다.

1. 주민참여

지방자치는 중앙집권적인 민주주의에서 보다 주민들의 참여를 용이하게 하고, 이를 통하여 해당 지역의 민주주의적 질서를 보다 강화하는 데 기여하는 제도라 할 수 있다.

2. 통합기능

지방자치제도의 주민참여기능은 주민들로 하여금 적극적으로 정치적 의사를 형성할 수 있는 가능성을 확대함으로써 궁극적으로 사회적 통합에 기여한다. 지방자치에 의한 분권화된 사회에서는 국가 전체 차원에서 정치적인 소수자가 지역적인 문제에 관하여는 다수자로서 그 지역문제결정의 주체가 될 수 있는 가능성을 부여한다. 이를 통해 국가 전체 차원에서 소외된 소수자에게 소외를 극복하고 전체로 통합될 수 있는 기회가 주어질 수 있게 된다. 다른 한편 지방자치는 주민과 행정과의 거리를 좁힘으로써 주민들로 하여금 보다 강한 소속감과 동질감을 형성하게 되고, 또 이를 바탕으로 주민들의 참여가 활성화됨으로써 궁극적으로는 전체적인 사회적 통합에 기여하게 된다. 이러한 지방자치의 주민과의 근거리행정을 통해 그 지역의 의사결정 내지 문제해결의 질은 한층 향상될 수 있다.

3. 교육기능

지방자치는 일반적으로 지역적 문제에 대한 주민들의 관심을 고양시키고, 주민으로서의 전체국가에서 책임의식을 심화한다는 점에서 민주주의를 교육하는 기능을 수행한다.

Ⅱ. 법치국가원리와 지방자치

1. 권력분립적 기능

종래의 전통적인 수평적 삼권분립은 사회구조의 변화, 정당국가화 경향으로 인한 입법부와 행정부의 융합현상 등으로 말미암아 오늘날 권력간의 견제와 균형이라는 전통적인 기능을 상당부분 상실하게 되었다. 여기에 지방자치는 행정의 권한을 중앙과 지방간에 수직적으로 분화시킴으로써 종래 수평적 권력분립원칙을 보완하여 권력의 집중으로 인한 권력의 남용을 방지하는 기능을 갖는다.

오늘날 법치국가의 불가결한 요소로 받아들여지고 있는 이러한 권력분립적 기능은 소수자보호 및 권력의 중립화와도 밀접한 관련이 있다. 즉 지방분권을 통하여 다수의 지방자치단체는 자치권을 바탕으로 각종 의사결정을 하게 되므로, 이러한 의사결정주체의 다양화, 다핵화는 다양한 이해관계의 표현으로 이어져서, 이를 통해 궁극적으로는 소수자의 이익이 보호되고, 권력의 집중을 방지할 수 있게 된다.

2. 행정의 법률적합성 보장

지방자치는 선거를 통하여 민주적 정당성을 획득한 지방행정의 결정주체들이 존재하게 되고 이들이 그 지역의 현안들에 대해 훨씬 근접해 있다는 점에서, 이와 같은 결정주체의 다원화를 통하여 행정영역에 있어서 행정의 법률적합성을 보장하는 데 기여한다.

3. 권리보호기능

지방자치의 법치국가적 기능, 즉 권력분립적 기능이나 행정의 합법성보장기능 등은 궁극적으로 주민의 권리보호를 강화한다.

Ⅲ. 사회국가원리와 지방자치

사회국가원리는 사회 내의 갈등과 대립, 사회적 불평등을 극복하고 실질적인 자유와 평등을 실현할 수 있도록 사회를 조정함으로써 궁극적으로는 사회평화와 사회안정을 꾀하는 것을 내용으로 하는 헌법원리이다. 이러한 사회국가원리를 실현하기 위해서는 사회의 다양한 이해관계 속에 나타나 있는 주민들의 구체적인 요구가 만족될 수 있어야 하는데, 이러한 구체적인 주민들의 요구는 지방자치단체를 통하여 그 지역의 범위 안에서 우선적으로, 그리고 보다 용이하게 수렴 또는 통합될 수 있게 된다. 이러한 점에서 지방자치를 통하여 사회국가원리에 입각한 주민들의 생활관계의 동가치성이 보다 용이하게 실현될 수 있다.

Ⅳ. 기본권보장과 지방자치

지방자치는 지역주민들에게 적극적이고 자유롭게, 그리고 자기책임적으로 지방자치행정에 참여할 수 있게 하고, 나아가 지역문제에 대하여 스스로 결정할 수 있는 기회를 제공함으로써 주민들의 개성신장에 크게 기여할 수 있으며, 또 소수자보호기능과 더불어 자아를 실현할 수 있는 개인의 자유영역을 확대시킨다. 이와 같은 지방자치의 기능은 주민의 기본권행사의 중요한 전제조건을 형성하는 것으로서 이를 통해 주민들의 기본권실현에 기여한다.

V. 지방자치의 합리적 문제해결기능

지방자치는 행정의 지방분권을 통하여 문제해결의 효율성을 높일 수 있다. 오늘날 행정의 양적 팽창과 그 문제해결의 복잡성으로 인하여 각종 갈등이나 문제에 대한 국가의 부담이 증가하고 있는데, 이러한 문제를 지역의 특수성이나 여건, 지역정보 등에 가까이 있는 지방자치단체가 우선적으로 해결하는 것이 상대적으로 이들보다 원거리에 있는 중앙정부에 의한 문제해결보다 객관적인 합리성을 가질 수 있다. 또한 지방자치단체에 의하여 문제가 해결되면 그 만큼 중앙의 부담은 줄어들게 될 것이다.

제 4 절 지방자치법의 법원

지방자치의 법원으로는 우선 지방자치에 관하여 규정하고 있는 헌법 제117조·제118조가 최상위의 법원이다. 헌법은 지방자치권의 보장에 관하여 규정하면서, 지방자치단체의 종류 및 지방자치단체의 조직과 운영에 관한 사항을 법률로 정하도록 하고 있다.

지방자치에 관하여는 여러 단행법률들이 존재하는데, 지방자치에 관한 일반법인 지방자치법 이외에도, 지방교육자치에 관한 법률·지방교육재정교부금법·지방재정법·지방세기본법·지방세법·국세와 지방세의 조정 등에 관한 법률·지방교부세법·지방공기업법·지방공무원법·지방자치분권 및 지역균형발전에 관한 특별법(지방분권균형발전법) 등이 있다.

제 2 장 지방자치의 헌법적 보장

제 1 절 지방자치권의 헌법적 보장

헌법 제117조 제1항은 "지방자치단체는 주민의 복리에 관한 사무를 처리하고 재산을 관리하며, 법령의 범위안에서 자치에 관한 규정을 제정할 수 있다."고 규정하고 있는데, 일반적으로 이를 지방자치권에 대한 헌법상의 제도적 보장으로 이해하고 있다. 제도적 보장의 이론적 핵심은, 헌법상 보장되고 있는 지방자치제도는 자의적인 입법권행사로 인하여 그 제도 자체가 완전히 폐지되거나 형해화(形骸化)되어서는 안 된다는 데에 있다. 이 점에서 제도적 보장은 입법권에 대한 제한을 의미한다. 그러나 지방자치제도의 핵심영역(Kernbereich) 또는 본질적 내용(Wesensgehalt)을 침해하지 않는 한도 내에서의 입법에 의한 자치권제한은 허용된다. 오늘날 헌법상 제도적 보장의 내용으로는 지방자치단체의 존립보장, 객관적 법제도보장 그리고 주관적 법적 지위의 보장을 드는 것이 일반적이다.

Ⅰ. 지방자치단체의 존립보장(권리주체성 보장)

지방자치단체의 존립(存立)보장이라 함은 국가조직 내에 '독립된 권리의무의 귀속주체(독립한 법인격 주체)'로서 '지방자치단체'라고 하는 행정유형이 반드시 존재하여야 한다는 것을 의미한다. 이로써 지방자치조직의 존립이 헌법에 의하여 보장되는 것이다. 따라서 국가는 입법으로 지방자치제도 그 자체를 폐지할 수 없다. 다만 존립보장은 개별 지방자치단체의 존립을 보장하는 것은 아니므로, 개별 지방자치단체의 경계변경이나 폐치·분합은 가능하다. 그러나 이러한 조치가 해당 지방자치단체의 의사에 반하는 경우에는 반드시 공익상의 필요에 의해서 그리고 사전에 청문(Anhörung)을 거친 경우에만 허용된다고 보아야 한다.

Ⅱ. 지방자치단체의 객관적 법제도보장

객관적 법제도보장은 제도보장의 가장 핵심적인 내용으로, 지방자치단체에게 '① 자기지역내의 모든 사무를(전권한성), ② 자기책임으로(자기책임성) 처리할 수 있는 권한'을 보장하는 것이다.

1. 전권한성의 보장

객관적 법제도보장은 지방자치단체에게 그 지역의 모든 사무에 대한 권한을 보장해 주는 것을 내용으로 한다. 이를 보편성 또는 전권한성(全權限性)의 원칙이라고 한다. 즉 어떤 사무가 지방자치단체의 사무인가 하는 것은 법률에 따로 규정이 없더라도 그 지역의 모든 사무가 지방자치단체의 사무로 인정된다는 것이다.

다만 여기에서 지역사무, 즉 그 지역과의 긴밀한 관련성이 인정되는 사무와 관련하여 독일 연방헌법재판소는 그 지역에 뿌리를 두고 있거나 그 지역과 특별한 관계가 있는 사무만을 지역사무로 인정하고 있지만,[1] 오늘날과 같이 복잡다기한 사회에서는 사무의 지역관련성만을 가지고 자치사무와 국가사무를 구분하기 어렵다는 비판도 제기된다. 그러나 이러한 비판에도 불구하고, 지방자치의 의의나 기능을 고려해 볼 때 지역관련성을 자치사무와 국가사무의 구분기준으로 하여야 할 현실적인 필요성을 부인하기는 어렵다. 다만 지역관련성을 오늘날의 시대변화에 맞게 탄력적으로 해석할 필요가 있다.

2. 자기책임성의 보장

자기책임성(Eigenverantwortlichkeit)은 일정 사무의 처리여부, 처리시기 및 처리방식에 대하여 지방자치단체가 광범한 재량을 갖는 것을 의미한다. 즉 지방자치단체가 국가의 지시에 기속되지 않고 자기사무를 스스로 합목적적이라고 판단하는 바에 따라 수행하는 것을 말한다. 오늘날의 통설에 따르면 지방자치단체가 자기책임으로 처리할 수 있는 권한으로는 지역고권, 인사고권, 재정고권, 조직고권, 계획고권, 조세고권 그리고 조례고권 등이 있다.

Ⅲ. 주관적 법적 지위의 보장

지방자치단체는 공법상의 사단법인으로서 법인격을 가진 권리주체이므로, 헌법상 지방자치권 보장을 주장할 수 있는 주관적 법적 지위가 인정된다. 따라서 자치권이 침해된 경우 지방자치단체에게는 행정소송·위헌법률심사 및 권한쟁의심판 등의 쟁송수단이 인정된다. 다만 헌법상 보장되는 자치권 침해에 대한 헌법소원은 인정되지 않고 있는데, 헌법상 제도적 보장에 대한 가장 유

1) 예컨대 BVerfGE 79, 127 (151).

效·적절한 권한보호수단이라는 점에서 이의 도입이 시급하다.

제 2 절 지방자치권의 제한 및 그 한계

Ⅰ. 지방자치권의 제한

헌법상 보장되는 자치권은 무한하게 보장되는 것이 아니라 '법령의 범위 안에서'만 보장된다. 이로써 헌법은 한편으로는 자치권을 제도적으로 보장하면서도, 다른 한편으로는 법령을 통한 자치권의 제한을 원칙적으로 인정하고 있는 것이다. 이러한 법률유보는 지방자치단체의 전권한성과 자기책임성 모두에 관련된다. 즉 입법권자는 법률을 통하여 지방자치단체가 수행해야 할 사무의 범위를 정함으로써 지방자치단체의 전권한성을 제한하거나 또는 지방자치단체의 사무수행의 종류나 방법 등에 관한 규정을 둠으로써 지방자치단체의 자기책임성을 제한할 수 있다. 그 밖에도 국가의 감독권, 승인유보, 동의조항 등을 법률로써 규정할 수 있다.

Ⅱ. 지방자치권 제한의 한계

지방자치권의 제한이 가능하다고 하더라도 여기에는 일정한 한계가 있는데, 이 한계로서 오늘날 대다수의 견해는 헌법상의 제도적 보장으로부터 나오는 핵심영역침해금지원칙, 그리고 공법의 일반원칙으로서 공익의 원칙과 비례원칙을 들고 있다. 즉 자치권을 제한하는 법률은 공익과 비례원칙 등 공법의 일반원칙에 부합하여야 하고, 어떠한 경우에도 자치권의 핵심영역(본질적 내용)을 침해해서는 안 된다.

1. 핵심영역침해금지의 원칙

제도적 보장이론의 가장 특징적인 요소는 '자치권의 핵심영역(Kernbereich)'이다. 핵심영역이란 헌법에 의해 절대적으로 보호되는 자치권의 본질적이고도 핵심적인 내용을 말한다. 제도적 보장이론의 기본적인 취지는, 입법권자로 하여금 지방자치의 기본적인 골격을 형성하게 하는 것은 허용하되 불가침의 핵심영역을 인정함으로써 입법권자의 자의적인 자치권침해를 방지하고 이를 통하여 최소한 지방자치제도 그 자체는 보호한다는 것이다.

무엇이 핵심영역인가에 관하여는 ① 지방자치의 역사적 발전과정이나 그 역사적 발현형태(historische Erscheinungsformen)를 고려하여 결정하여야 한다고 하는 독일 연방헌법재판소의 역사적 해석방법론, ② 법률에 의한 자치권의 침해 이후에도 남아있는 지방자치적인 요소가 지방자치의 실현을 위해 여전히 충분하다고 인정될 수 있겠는가의 여부에 따라 결정하는 독일 연방행정재판소의 공제방법론(Subtraktionsmethode), ③ 어떤 제도의 본질적인 진수(Essentiale)에 따라 지방자치권의 핵심영역을 정하려는 견해 등이 있는데, 핵심영역이라는 불확정개념에 속하는가 하는 문제는 어느 하나의 기준에만 의존할 수 없고 위 학설들 및 구체적인 정황 등을 종합적으로 고찰하여 결정하여야 할 것이다.

2. 핵심영역이외의 자치권보장영역에서의 자치권제한의 한계

자치권의 전체 보장영역 중에서 핵심영역을 제외한 나머지 영역을 주변영역(Randbereich)이라 부르는데, 이러한 자치권의 주변영역은 핵심영역처럼 절대적으로 보장되는 것이 아니라 필요에 따라서는 얼마든지 입법적인 제한이 가능한데, 그러나 그 제한이 정당화되기 위해서는 일반적으로 공익 및 비례원칙을 준수하여야 한다. 따라서 법률을 통하여 자치권을 제한하는 경우에는 적어도 초지역적인 국가전체의 이익이 우선되는 경우이어야 하고, 이러한 공익상의 필요가 있는 경우라 할지라도 비례원칙을 준수하여야 한다.

3. 자치권제한의 한계로서 조화의 원칙

지방자치단체는 자치권에 근거하여 그리고 국가는 주권에 근거하여 각자 자주적인 법적 지위를 가지고 있다는 점에서 국가에 의한 자치권제한의 문제는 결국 헌법에 의하여 주어진 자주적인 권한 간의 갈등을 의미하는 것이므로, 이러한 문제는 단순한 이익형량을 통하여 어느 한 쪽을 우선시킴으로써 해결할 것이 아니라, 조화의 원칙에 따라 헌법의 테두리 안에서 양 권한 간의 일정한 조화점을 찾는 방향으로 해결하는 것이 바람직하다. 이러한 점에서 조화의 원칙은 자치권제한에 대한 효과적인 한계가 될 수 있다.

조화의 원칙(Das Prinzip praktischer Konkordanz)은 헌법의 조화적 해석원칙으로서 헌법상 보호되는 양 법익이 서로 충돌되더라도 각자가 모두 효력을 발휘할 수 있도록 상호조정되어야 한다는 원칙이다. 즉 법익 간의 충돌이 생기는 경우에도 성급한 법익형량이나 추상적인 가치형량을 통하여 어느 하나의 법익만이 실현되는 것 보다는, 일정한 한계를 설정하여 그 안에서 양 법익이 최상으로 실현될 수 있도록 하여야 한다는 것이다.

조화의 원칙에 따르면 어떠한 우월한 공공의 이익이 존재한다고 해서 바로 자치권 침해가 정당화되는 것이 아니라, 당해 지방자치단체의 권한을 충분히 고려한 후에도 자치권을 침해할 수밖에 없는 초지역적 공공의 이익이 합리적으로 요구될 때 그 침해가 정당화될 수 있다. 그러나 이 경우에도 지방자치단체의 권한이 완전히 배제되어서는 안 되고, 지방자치단체에게는 전체 헌법체계 안에서 주어진 기능을 실현할 수 있는 최소한의 여지가 남아있어야 한다.

제 3 장　지방자치단체

제 1 절　지방자치단체의 개념

지방자치단체에 관하여 정의하고 있는 명확한 법규정은 없으나, 지방자치단체는 주민에 의하여 선출된 기관으로 하여금 주민의 복리에 관한 사무를 수행하기 위하여 지역적으로 조직된 공법상의 사단법인으로 정의할 수 있다. 지방자치법도 지방자치단체는 법인으로 한다고 규정하고 있다 (지자법 3 ①). 지방자치단체는 구역·주민·자치권을 그 구성요소로 한다.

제 2 절　지방자치단체의 능력

지방자치단체는 공법상의 법인으로서 일정한 공법상의 권리와 의무의 주체가 될 수 있는 권리능력을 가진다. 이 점에서 지방자치단체는 단순히 업무의 집행권한만을 갖는 행정청과는 구별된다.

지방자치단체는 지방자치단체의 장 또는 그 대리인을 통하여 법률행위를 할 수 있는 행위능력을 가진다.

지방자치단체는 권리능력이 있으므로 소송의 일방당사자가 될 수 있는 당사자능력을 가진다. 또한 지방자치단체는 행위능력이 있으므로 그 스스로 또는 대리인을 통하여 소송상의 행위를 할 수 있는 소송능력을 가진다.

지방자치단체는 소속 공무원의 불법행위에 대하여도 피해자에게 배상책임을 부담하는데, 이를 불법행위능력이라고 한다. 반면에 지방자치단체는 자연인이 아니므로 형법상 범죄능력이나 책임능력은 없는 것으로 보는 것이 일반적이다. 다만 질서위반행위와 관련하여 양벌규정이 있는 경우 과태료부과의 대상이 될 수는 있다.

제 3 절 지방자치단체와 기본권

지방자치단체가 기본권의 주체인가 하는 것이 문제인데, 지방자치단체는 행정주체로서 국민의 기본권을 보장하여야 할 의무를 부담하는 것이지, 기본권을 향유할 수 있는 주체가 될 수 없다고 보아야 할 것이다.

지방자치권에 대한 헌법상의 보장과 관련하여 지방자치단체는 일련의 자치고권을 가지는데, 이는 그 지역적인 사무를 자기책임으로 수행할 수 있는 일종의 행정권한을 보장하는 것이지 기본권을 보장하는 것은 아니다. 다만 주관적 법적 지위의 보장과 관련하여 지방자치단체에는 자치권 침해에 대하여 일정한 쟁송수단이 인정되는데 이 범위 내에서 지방자치단체는 헌법상의 재판청구권을 가질 수는 있다.

지방자치단체의 기본권 주체성이 부인됨에 따라 지방자치단체는 헌법소원을 제기할 수 없다(헌재결 1998.3.26, 96헌마345). 다만 독일의 경우는 지방자치단체만 청구할 수 있는 '지방자치단체의 헌법소원'을 인정하고 있다(독일 기본법 제93조 제1항 제4b호).

제 4 절 지방자치단체의 종류

Ⅰ. 보통지방자치단체

보통지방자치단체는 그 조직과 사무가 일반적이고 보편적인 지방자치단체를 말한다. 지방자치법상 보통지방자치단체에는 광역지방자치단체(특별시·광역시·특별자치시·도·특별자치도)와 기초지방자치단체(시·군·자치구)가 있다(지자법 2 ① 1호, 2호).

특별시·광역시·특별자치시·도·특별자치도(통상 '시·도'라 한다)는 정부의 직할로 두고, 시는 도 또는 특별자치도의 관할 구역 안에, 군은 광역시·도 또는 특별자치도의·관할 구역 안에 두며, 자치구는 특별시와 광역시의 관할 구역 안에 둔다(지자법 3 ②). 여기에서 직할 또는 관할구역 안에 둔다는 것은 통제를 의미하는 것이 아니라 그 관할구역 안에 위치한다는 것을 의미한다.

광역지방자치단체와 기초지방자치단체는 모두 독립한 법인으로서(지자법 3 ①) 이들은 별도의 규정이 없는 한 원칙적으로 서로 대등한 관계이며, 상하 또는 감독관계를 구성하는 것은 아니다. 별도의 규정으로는 분쟁조정권(지자법 165), 위임사무 감독권(지자법 185), 자치사무 감사권(지자법 190) 등을 들 수 있다.

Ⅱ. 특별지방자치단체

특별지방자치단체는 특정한 목적을 수행하기 위하여 필요한 경우에 설치되는 지방자치단체이다. 따라서 특별지방자치단체의 자치권은 특정한 목적에 한정된다. 특별지방자치단체는 지방자치법 제2조 제3항에 의하여 설치되는 것과 별도의 법률의 규정(예: 지방자치법 제176조에 의하여 설립되는 지방자치단체조합)에 의하여 설치되는 것으로 구분할 수 있다.

한편 지방자치법은 2021년 법개정으로 특별지방자치단체의 설치 등에 관하여는 제12장에서 정하는 바에 따른다고 규정하면서(지자법 2 ③), 제12장 13개 조문에 걸쳐 특별지방자치단체의 설치, 기관구성, 운영에 관한 규정을 신설하였는데, 그렇다면 －지방자치법 제12장이 아니라－ 지방자치법 제176조에 의하여 설치되는 지방자치단체조합은 특별지방자치단체가 아니라는 것인지 의문이다. 요컨대 특별지방자치단체는 '－광역이든 기초든 상관 없이－ 둘 이상의 지방자치단체가 －보편적인 사무가 아닌－ 특정한 행정사무를 처리하기 위한 지방자치단체'를 의미한다고 이해하는 것이 헌법과 지방자치법에 대한 바른 해석이라고 판단된다.

제 5 절 지방자치단체의 명칭과 구역

Ⅰ. 구역

지방자치단체의 구역이란 지방자치단체의 권한이 미치는 지역적 범위를 말한다. 통상 지방자치단체의 구역은 국가의 행정구역과 일치한다.

[판례] ① 공유수면에 대한 지방자치단체의 관할구역과 자치권한 인정 여부, ② 공유수면에 대한 지방자치단체의 관할구역 경계 및 그 기준

"지방자치법 제4조 제1항에 규정된 지방자치단체의 구역은 주민·자치권과 함께 자치단체의 구성요소이고, 자치권이 미치는 관할구역의 범위에는 육지는 물론 바다도 포함되므로, 공유수면에 대해서도 지방자치단체의 자치권한이 미친다.

… 우리 법체계에서는 공유수면의 행정구역 경계에 관한 명시적인 법령상의 규정이 존재한 바 없으므로, 공유수면에 대한 행정구역 경계가 불문법상으로 존재한다면 그에 따라야 한다. 그리고 만약 해상경계에 관한 불문법도 존재하지 않으면, 주민, 구역과 자치권을 구성요소로 하는 지방자치단체의 본질에 비추어 지방자치단체의 관할구역에 경계가 없는 부분이 있다는 것을 상정할 수 없으므로, 헌법재판소가 지리상의 자연적 조건, 관련 법령의 현황, 연혁적인 상황, 행정권한 행사 내

용, 사무 처리의 실상, 주민의 사회·경제적 편익 등을 종합하여 형평의 원칙에 따라 합리적이고 공평하게 해상경계선을 획정할 수밖에 없다(헌재결 2015.7.30, 2010헌라2)."

Ⅱ. 명칭, 폐치·분합·경계변경 등

제도적 보장으로서 지방자치단체의 존립보장은 개별적인 지방자치단체의 존립까지 보장하는 것은 아니므로, 개별 지방자치단체의 명칭변경, 폐지·설치(폐치)·분리·합체(분합) 및 경계변경이 가능하다.

폐치·분합에는 ① 하나의 지방자치단체를 둘 이상의 지방자치단체로 나누는 분할, ② 하나의 지방자치단체의 일부 구역을 새로운 지방자치단체로 하는 분립, ③ 둘 이상의 지방자치단체를 하나의 지방자치단체로 합치는 합체(신설합병), ④ 하나의 지방자치단체가 다른 지방자치단체로 흡수되는 편입(흡수합병) 등이 있다.

지방자치법은 지방자치단체의 명칭과 구역을 바꾸거나 지방자치단체를 폐지하거나 설치하거나 나누거나 합칠 때에는 법률로 정하도록 하고(지자법 5 ①), 구역변경 중 관할 구역 경계변경과 지방자치단체의 한자 명칭의 변경은 대통령령으로 정하도록 하면서, 이 경우 경계변경의 절차는 제6조에서 정한 절차에 따른다고 규정하고 있다(지자법 5 ②).

지방자치단체의 폐치·분합, 구역변경(경계변경은 제외), 명칭변경 때에는 관계 지방의회의 의견을 들어야 한다. 다만, 주민투표법 제8조에 따라 주민투표를 한 경우에는 그러하지 아니하다(지자법 5 ③).

Ⅲ. 매립지 등이 속할 지방자치단체의 결정

공유수면법에 따른 매립지와 공간정보법상 지적공부에 등록이 누락되어 있는 토지는, 지방자치법 제5조 제1항, 제2항에도 불구하고, 제5조 제5항부터 제8항까지의 규정에 따라 행정안전부장관이 소속 지방자치단체를 결정한다(지자법 5 ④).

매립지의 경우에는 매립면허관청 또는 관련 지방자치단체의 장이, 지적공부 누락토지의 경우에는 지적소관청이 행정안전부장관에게 그 지역이 속할 지방자치단체의 결정을 신청하여야 한다(지자법 5 ⑤). 행정안전부장관은 신청을 받은 후 지체 없이 신청내용을 20일 이상 관보나 인터넷 홈페이지에 게재하는 등의 방법으로 널리 알리고, 이 기간이 끝나면 ① 신청내용에 대하여 이의가 제기된 경우에는 제166조에 따른 지방자치단체중앙분쟁조정위원회의 심의·의결에 따라 매립지 또는 누락토지가 속할 지방자치단체를 결정하고, ② 신청내용에 대하여 이의가 제기되지 아니한 경우에는 위 중앙분쟁조정위원회의 심의·의결을 거치지 아니하고 신청내용에 따라 매립지 또는 누락토지가 속할 지방자치단체를 결정한 후, 그 결과를 면허관청이나 지적소관청, 관계 지방자치단체의 장 등에게 통보하고 공고하여야 한다(지자법 5 ⑥, ⑦). 관계 지방자치단체의 장은 제4항부터 제7항까지의 규정에 따른 행정안전부장관의 결정에 이의가 있으면 그 결과를 통보받은 날부터 15일 이내에 대법원에 소송을 제기할 수 있다(지자법 5 ⑨). 행정안전부장관은 제9항에 따른 소송 결과 대법원의 인용결정이 있으면 그 취지에 따라 다시 결정하여야 한다(지자법 5 ⑩).

[판례] [1] (구)지방자치법 제4조 제3항부터 제7항(현 제5조 제4항부터 제8항)에서 매립지 관할 귀속에 관한 의결·결정의 실체적 결정기준이나 고려요소를 구체적으로 규정하지 않은 것이 지방자치제도의 본질을 침해하거나 명확성원칙, 법률유보원칙에 반하는지 여부(소극)

[2] (구)지방자치법 제4조 제4항(현 제5조 제5항)의 입법 취지 및 위 규정에서 정한 대로 매립면허관청이나 관련 지방자치단체의 장이 준공검사 전까지 관할 귀속 결정을 신청하지 않은 것이 행정안전부장관의 관할 귀속 결정을 취소해야 할 위법사유인지 여부(소극)

[3] 매립지 관할 귀속 결정의 신청권자로 규정한 '관련 지방자치단체의 장'에 기초 지방자치단체의 장이 포함되는지 여부(적극)

[4] 행정안전부장관이 매립지가 속할 지방자치단체를 정할 때 폭넓은 형성의 재량을 가지는지 여부(적극) 및 그 재량의 한계 / 매립지가 속할 지방자치단체를 결정할 때 고려할 사항

"[1] … (구)지방자치법 제4조 제3항부터 제7항(현 제5조 제4항부터 제8항)이 행정안전부장관 및 그 소속 위원회의 매립지 관할 귀속에 관한 의결·결정의 실체적 결정기준이나 고려요소를 구체적으로 규정하지 않았다고 하더라도 지방자치제도의 본질을 침해하였다거나 명확성원칙, 법률유보원칙에 반한다고 볼 수 없다.

[2] … (구)지방자치법 제4조 제4항(현 제5조 제5항)이 정한 대로 신청이 이루어지지 않았다고 하더라도 해당 매립지에 관하여 관할 귀속 결정을 하여야 할 행정안전부장관의 권한·의무에 어떤 영향을 미친다고 볼 수 없다. <u>매립면허관청이나 관련 지방자치단체의 장이 준공검사 전까지 관할 귀속 결정을 신청하지 않았다고 하더라도 그것이 행정안전부장관의 관할 귀속 결정을 취소하여야 할 위법사유는 아니라고 보아야 한다</u>.

[3] 2009년 지방자치법 제4조 개정 전에는 공유수면 매립지의 관할 귀속이 주로 '기초 지방자치단체들 상호 간'의 권한쟁의심판 절차를 통해 결정되었고, 그에 따른 문제점을 해소하기 위하여 지방자치법 제4조가 개정되어 행정안전부장관의 매립지 관할 귀속 결정 절차가 신설된 점, 우리나라에서는 지방자치단체를 두 가지 종류로 구분하여 특별시, 광역시, 특별자치시, 도, 특별자치도와 같은 광역 지방자치단체 안에 시·군·구와 같은 기초 지방자치단체를 두고 있으므로(지방자치법 제2조 제1항, 제3조 제2항), 어떤 매립지가 특정 기초 지방자치단체의 관할구역으로 결정되면 그와 동시에 그 기초 지방자치단체가 속한 광역 지방자치단체의 관할구역에도 포함되는 것으로 보아야 하는 점

등을 고려하면, 지방자치법 제4조 제4항에서 매립지 관할 귀속 결정의 신청권자로 규정한 '관련 지방자치단체의 장'에는 해당 매립지와 인접해 있어 그 매립지를 관할하는 지방자치단체로 결정될 가능성이 있는 '기초 및 광역 지방자치단체의 장'을 모두 포함한다.

[4] 행정안전부장관 및 소속 위원회는 매립지가 속할 지방자치단체를 정할 때 폭넓은 형성의 재량을 가진다. 다만 그 형성의 재량은 무제한적인 것이 아니라, 관련되는 제반 이익을 종합적으로 고려하여 비교·형량하여야 하는 제한이 있다. 행정안전부장관 및 소속 위원회가 그러한 이익형량을 전혀 하지 않았거나 이익형량의 고려 대상에 마땅히 포함해야 할 사항을 누락한 경우 또는 이익형량을 하였으나 정당성·객관성이 결여된 경우에는 그 관할 귀속 결정은 재량권을 일탈·남용한 것으로 위법하다.

위와 같은 (구)지방자치법의 개정 취지 등을 고려하면, 행정안전부장관 및 소속 위원회가 매립지가 속할 지방자치단체를 결정할 때에는 … 일부 구역에 대해서만 관할 귀속 결정을 할 경우에도 해당 매립사업의 전체적 추진계획, 매립지의 구역별 토지이용계획 및 용도, 항만의 조성과 이용계획 등을 종합적으로 고려하여 매립예정지역의 전체적인 관할 구도의 틀을 감안한 관할 귀속 결정이 이루어지도록 하여야 한다. … (대판 2021.2.4, 2015추528[평택당진항매립지일부구간귀속지방자치단체결정취소])."

Ⅳ. 지방자치단체의 관할 구역 경계변경 등

지방자치단체의 장은 관할 구역과 생활권과의 불일치 등으로 인하여 주민생활에 불편이 큰 경우 등 대통령령으로 정하는 사유가 있는 경우에는 행정안전부장관에게 경계변경이 필요한 지역 등을 명시하여 경계변경에 대한 조정을 신청할 수 있다. 이 경우 지방자치단체의 장은 지방의회 재적의원 과반수의 출석과 출석의원 3분의 2 이상의 동의를 받아야 한다(지자법 6 ①).

행정안전부장관은 경계변경에 대한 조정 신청을 받으면 지체 없이 그 신청 내용을 관계 지방자치단체의 장에게 통지하고, 20일 이상 관보나 인터넷 홈페이지에 게재하는 등의 방법으로 널리 알려야 하며, 이 기간이 끝난 후 지체 없이 당사자 간 경계변경에 관한 사항을 효율적으로 협의할 수 있도록 경계변경자율협의체(협의체)를 구성·운영할 것을 관계 지방자치단체의 장에게 요청하여야 한다(지자법 6 ③, ④). 관계 지방자치단체는 지체 없이 협의체를 구성하고, 경계변경 여부 및 대상 등에 대하여 행정안전부장관의 요청을 받은 날부터 120일 이내에 협의를 하여야 한다(지자법 6 ⑤).

행정안전부장관은 ① 관계 지방자치단체가 120일 이내에 협의체를 구성하지 못한 경우 또는 ② 관계 지방자치단체가 120일 이내에 경계변경 여부 및 대상 등에 대하여 합의를 하지 못한 경우에는 중앙분쟁조정위원회의 심의·의결을 거쳐 경계변경에 대하여 조정할 수 있다(지자법 6 ⑦).

행정안전부장관은 ① 협의체의 협의 결과 관계 지방자치단체 간 경계변경에 합의를 하고, 관계 지방자치단체의 장이 제6항에 따라 그 내용을 각각 알린 경우 또는 ② 중앙분쟁조정위원회가 제7항에 따른 심의 결과 경계변경이 필요하다고 의결한 경우 지체 없이 그 내용을 검토한 후 이를 반영하여 경계변경에 관한 대통령령안을 입안하여야 한다(지자법 6 ⑨).

V. 시, 구, 읍·면·동

1. 시의 설치

시는 그 대부분이 도시의 형태를 갖추고 인구 5만 이상이 되어야 한다(지자법 10 ①). 다만 시와 군을 통합한 지역, 인구 5만 이상의 도시 형태를 갖춘 지역이 있는 군 등의 요건을 갖춘 지역은 도농 복합형태의 시로 할 수 있다(지자법 10 ②). 시에는 도시의 형태를 갖춘 지역에는 동을, 그 밖의 지역에는 읍·면을 두되, 자치구가 아닌 구를 둘 경우에는 그 구에 읍·면·동을 둘 수 있다(지자법 3 ④).

특별자치시와 관할 구역 안에 시 또는 군을 두지 아니하는 특별자치도의 하부행정기관에 관한 사항은 따로 법률로 정하는데(지자법 3 ⑤), 제주자치도는 지방자치법 제2조 제1항 및 제3조 제2항의 규정에 불구하고 그 관할구역 안에 지방자치단체인 시와 군을 두지 아니한다(제주특별법 10 ①). 제주도는 이와 같은 제주특별법의 시행에 따라 특별자치도가 되면서, 제주자치도에는 광역지방자치단체만 존재하고 종래의 기초지방자치단체였던 시·군이 폐지되었다. 제주자치도의 관할구역 안에 지방자치단체가 아닌 시(행정시)를 두고, 행정시에는 도시의 형태를 갖춘 지역에는 동을, 그 밖의 지역에는 읍·면을 둔다(제주특별법 10 ②, 16 ①).

2. 자치구의 설치

특별시와 광역시의 관할 구역 안에는 지방자치단체인 구(자치구)를 설치하고(지자법 3 ②), 자치구의 자치권의 범위는 법령으로 정하는 바에 따라 시·군과 다르게 할 수 있다(지자법 2 ②).

3. 자치구가 아닌 구와 읍·면·동의 설치

특별시·광역시 및 특별자치시가 아닌 인구 50만 이상의 시에는 자치구가 아닌 구를 둘 수 있고, 군에는 읍·면을 두며, 시와 구(자치구를 포함한다)에는 동을, 읍·면에는 리를 둔다(지자법 3 ③).

읍은 그 대부분이 도시의 형태를 갖추고 인구 2만 이상이 되어야 한다. 다만, 군사무소 소재지의 면, 읍이 없는 도농 복합형태의 시에서 그 면 중 1개 면은 인구 2만 미만인 경우에도 읍으로 할 수 있다(지자법 10 ③).

자치구가 아닌 구와 읍·면·동의 명칭과 구역은 종전과 같이 하고, 이를 폐지하거나 설치하거나 나누거나 합칠 때에는 행정안전부장관의 승인을 받아 그 지방자치단체의 조례로 정한다. 다만, 명칭과 구역의 변경은 그 지방자치단체의 조례로 정하고, 그 결과를 특별시장·광역시장·도지사에게 보고하여야 한다(지자법 7 ①).

리의 구역은 자연 촌락을 기준으로 하되, 그 명칭과 구역은 종전과 같이 하고, 명칭과 구역을 변경하거나 리를 폐지하거나 설치하거나 나누거나 합칠 때에는 그 지방자치단체의 조례로 정한다(지자법 7 ②).

인구 감소 등 행정여건 변화로 인하여 필요한 경우 그 지방자치단체의 조례로 정하는 바에 따라 2개 이상의 면을 하나의 면으로 운영하는 등 행정 운영상 면(행정면)을 따로 둘 수 있다(지자법 7 ③).

동·리에서는 행정 능률과 주민의 편의를 위하여 그 지방자치단체의 조례로 정하는 바에 따라 하나의 동·리를 2개 이상의 동·리로 운영하거나 2개 이상의 동·리를 하나의 동·리로 운영하는 등 행정 운영상 동·리(행정동·행정리)를 따로 둘 수 있다(지자법 7 ④).

행정동·리에 그 지방자치단체의 조례로 정하는 바에 따라 하부 조직을 둘 수 있다(지자법 7 ⑤, ⑥).

제 4 장 지방자치단체의 주민

제 1 절 주민의 의의

주민은 지방자치단체의 인적 구성요소로서, 지방자치단체의 구역에 주소를 가진 자는 지방자치단체의 주민이 된다(지자법 16). 다른 법률에 특별한 규정이 없으면 주민등록법에 따른 주민등록지를 공법관계에서의 주소로 하므로(주민등록법 23 ①), 지방자치단체의 주민이란 지방자치단체의 구역 안에 주민등록법상의 주민등록지를 가진 자를 말한다.

[판례] 법인이 해당 지방자치단체의 구역 안에 주된 사무소 또는 본점을 두고 있지 않지만 '사업소'를 두고 있는 경우, 구 지방자치법 제138조에 따른 분담금 납부의무자인 '주민'에 해당하는지 여부(적극)

"구 지방자치법(2021.1.12. 법률 제17893호로 전부 개정되기 전의 것, 이하 같다) 제138조에 따른 분담금 납부의무자인 '주민'은 구 지방세법(2020.12.29. 법률 제17769호로 개정되기 전의 것)에서 정한 균등분 주민세의 납부의무자인 '주민'과 기본적으로 동일한 의미이므로, 법인이 해당 지방자치단체의 구역 안에 주된 사무소 또는 본점을 두고 있지 않더라도 '사업소'를 두고 있다면 구 지방자치법 제138조에 따른 분담금 납부의무자인 '주민'에 해당한다(대판 2022.4.14, 2020두58427[상수도시설분담금부과처분무효확인])."

한편 외국인의 경우 출입국관리법에 의하여 외국인등록을 하도록 되어 있기 때문에(출입국관리법 31), 출입국관리법에 따라 외국인등록을 한 외국인은 그 등록지가 속하는 지방자치단체의 주민이 된다.

주민(Einwohner) 가운데 지방자치단체의 선거에서 선거권을 가진 주민을 시민(Bürger)이라고 부르기도 한다.

제 2 절 주민의 권리

Ⅰ. 참여권

주민은 법령으로 정하는 바에 따라 주민생활에 영향을 미치는 지방자치단체의 정책의 결정 및 집행 과정에 참여할 권리를 가진다(지자법 17 ①).

이 규정은 2021년 지방자치법 전부개정에서 신설된 것으로서 지방자치가 가지는 '주민자치'의 관념에 따라 주민이 주민생활에 영향을 미치는 지방행정과정에 참여할 권리가 있음을 명문으로 규정한 것이라는 데 의의가 있다. 주민의 참여권은 '지방자치단체의 정책결정과정 및 정책집행과정'에 참여하는 권리이고, 이 경우 정책은 '주민생활에 영향을 미치는 것'이어야 한다. 다만 이 규정만으로는 구체적으로 어떠한 경우에 참여할 수 있는지를 특정하기 어렵다는 점에서 이 규정은 일단은 추상적·선언적 의미의 규정이라고 할 수 있을 것이다.

Ⅱ. 공공재산·공공시설이용권*

주민은 법령으로 정하는 바에 따라 소속 지방자치단체의 재산과 공공시설을 이용할 권리를 가진다(지자법 17 ②).

여기에서 지방자치단체의 재산이란 현금 외의 모든 재산적 가치가 있는 물건과 권리를 말하고(지자법 159 ①), 공공시설이란 주민의 복지를 증진하기 위하여 설치하는 시설을 말한다(지자법 161 ①).

주민의 공공재산 및 공공시설이용권은 주민의 지방자치단체에 대한 개인적 공권으로서의 성질을 가진다. 따라서 지방자치단체는 법령 등에서 규정한 정당한 사유가 없는 한 주민에게 이러한 공공시설을 이용할 수 있도록 제공하여야 할 의무를 부담한다.

Ⅲ. 균등한 행정혜택을 받을 권리

지방자치단체의 주민은 재산과 공공시설의 이용권 이외에도 당해 지방자치단체로부터 균등하게 행정의 혜택을 받을 권리를 가진다(지자법 17 ②).

여기에서 균등한 행정혜택이란 위에서 언급한 재산이나 공공시설 이외에 지방자치단체가 제공하는 일체의 행정서비스로부터 정당한 사유 없이 불평등한 처우를 받지 아니한다는 것을 의미

* 행정고시(재경)(2007년), 행정고시(재경)(2011년).

한다.

위 규정은 지방자치단체의 주민은 누구나 동일한 자격으로 균등한 행정서비스를 받을 수 있다는 선언적 의미를 가지고 있다. 대법원도 "(구)지방자치법 제13조 제1항은 주민이 지방자치단체로부터 행정적 혜택을 균등하게 받을 수 있다는 권리를 추상적이고 선언적으로 규정한 것으로서, 위 규정에 의하여 주민이 지방자치단체에 대하여 구체적이고 특정한 권리가 발생하는 것이 아닐 뿐만 아니라, 지방자치단체가 주민에 대하여 균등한 행정적 혜택을 부여할 구체적인 법적 의무가 발생하는 것도 아니다(대판 2008.6.12, 2007추42)."고 하고 있다.

그러나 그렇다 하더라도 지방자치단체가 정당한 이유 없이 특정 주민에 대하여 일반적으로 제공되는 보편적인 행정서비스의 제공을 거절하거나 이를 제공함에 있어 부당한 차별을 해서는 안 될 의무는 있다 할 것이다. 적어도 이러한 범위 내에서는 균등한 행정혜택을 받을 권리는 개인적 공권에 해당한다고 할 것이다.

Ⅳ. 선거권 · 피선거권*

1. 선거권

국민인 주민은 법령으로 정하는 바에 따라 그 지방자치단체에서 실시하는 지방의회의원과 지방자치단체의 장의 선거(지방선거)에 참여할 권리를 가진다(지자법 17 ③).

구체적으로 18세 이상으로서 선거인명부작성기준일 현재 ① 주민등록법 제6조 제1항 제1호 또는 제2호에 해당하는 사람으로서 해당 지방자치단체의 관할 구역에 주민등록이 되어 있거나, ② 주민등록법 제6조 제1항 제3호에 해당하는 사람으로서 주민등록표에 3개월 이상 계속하여 올라 있고 해당 지방자치단체의 관할구역에 주민등록이 되어 있거나, ③ 출입국관리법 제10조에 따른 영주의 체류자격 취득일 후 3년이 경과한 외국인으로서 같은 법 제34조에 따라 해당 지방자치단체의 외국인등록대장에 올라 있는 사람은 그 구역에서 선거하는 지방자치단체의 의회의원 및 장의 선거권이 있다(공직선거법 15 ②).

2. 피선거권

선거일 현재 계속하여 60일 이상(공무로 외국에 파견되어 선거일전 60일후에 귀국한 자는 선거인명부작성기준일부터 계속하여 선거일까지) 당해 지방자치단체의 관할구역 안에 주민등록(국내거소신고인명부에 올라 있는 경우 포함)이 되어 있는 주민으로서 18세 이상의 국민은 그 지방의회의원 및 지방자치단체의 장의 피선거권이 있다. 이 경우 60일의 기간은 그 지방자치단체의 설치 · 폐지 · 분할 ·

* 입법고시(2005년).

합병 또는 구역변경(제28조 각 호의 어느 하나에 따른 구역변경 포함)에 의하여 중단되지 아니한다(공직선거법 16 ③).

Ⅴ. 주민투표권

1. 의의

지방자치단체의 장은 주민에게 과도한 부담을 주거나 중대한 영향을 미치는 지방자치단체의 주요 결정사항 등에 대하여 주민투표에 부칠 수 있다(지자법 18 ①). 이에 따라 주민은 주민투표권을 가진다.

지방자치법은 주민투표의 대상·발의자·발의요건, 그 밖에 투표절차 등에 관한 사항은 따로 법률로 정하도록 하고 있고(지자법 18 ②), 이에 따라 주민투표법이 제정되어 있다.

헌법재판소는 "헌법은 법률이 정하는 바에 따른 선거권과 공무담임권 및 국가안위에 관한 중요정책과 헌법개정에 대한 국민투표권만을 헌법상의 참정권으로 보장하고 있으므로, 지방자치법 및 이에 근거한 주민투표법이 정하는 주민투표권은 그 성질상 선거권, 공무담임권, 국민투표권과는 다른 것이어서 이를 법률이 보장하는 참정권이라고 할 수 있을지언정 헌법이 보장하는 참정권이라고 할 수는 없으므로, 주민투표권이 침해되더라고 기본권으로서의 참정권의 침해에 해당하지 않는다(헌재결 2008.12.26, 2005헌마1158)."고 보고 있다.

2. 주민투표권자

18세 이상의 주민 중 투표인명부 작성기준일 현재 ① 그 지방자치단체의 관할 구역에 주민등록이 되어 있는 사람 또는 재외동포의 출입국과 법적 지위에 관한 법률 제6조에 따라 국내거소신고가 되어 있는 재외국민이거나 ② 출입국관리 관계 법령에 따라 대한민국에 계속 거주할 수 있는 자격(체류자격변경허가 또는 체류기간연장허가를 통하여 계속 거주할 수 있는 경우 포함)을 갖춘 외국인으로서 지방자치단체의 조례로 정한 사람에게는 주민투표권이 있다. 다만, 공직선거법 제18조에 따라 선거권이 없는 사람에게는 주민투표권이 없다(주민투표법 5 ①). 주민투표권자의 연령은 투표일 현재를 기준으로 산정한다(주민투표법 5 ②).

3. 주민투표의 대상

주민에게 과도한 부담을 주거나 중대한 영향을 미치는 지방자치단체의 주요결정사항은 주민투표에 부칠 수 있다(주민투표법 7 ①).

그러나 ① 법령에 위반되거나 재판중인 사항, ② 국가 또는 다른 지방자치단체의 권한 또는 사무에 속하는 사항, ③ 지방자치단체가 수행하는 예산 편성·의결 및 집행 또는 회계·계약 및 재산관리 사무처리에 관한 사항, ④ 지방세·사용료·수수료·분담금 등 각종 공과금의 부과 또는 감면에 관한 사항, ⑤ 행정기구의 설치·변경에 관한 사항과 공무원의 인사·정원 등 신분과 보수에 관한 사항, ⑥ 다른 법률에 의하여 주민대표가 직접 의사결정주체로서 참여할 수 있는 공공시설의 설치에 관한 사항(다만, 제9조 제5항의 규정에 의하여 지방의회가 주민투표의 실시를 청구하는 경우에는 그러하지 아니하다), ⑦ 동일한 사항(그 사항과 취지가 동일한 경우를 포함한다)에 대하여 주민투표가 실시된 후 2년이 경과되지 아니한 사항은 주민투표에 부칠 수 없다(주민투표법 7 ②).

4. 국가정책에 관한 주민투표

중앙행정기관의 장은 지방자치단체를 폐지하거나 설치하거나 나누거나 합치는 경우 또는 지방자차단체의 구역을 변경하거나 주요시설을 설치하는 등 국가정책의 수립에 관하여 주민의 의견을 듣기 위하여 필요하다고 인정하는 때에는 주민투표의 실시구역을 정하여 관계 지방자치단체의 장에게 주민투표의 실시를 요구할 수 있다. 이 경우 중앙행정기관의 장은 미리 행정안전부장관과 협의하여야 한다(주민투표법 8 ①). 지방자치단체의 장은 제1항의 규정에 의하여 주민투표의 실시를 요구받은 때에는 지체없이 이를 공표하여야 하며, 공표일 부터 30일 이내에 그 지방의회의 의견을 들어야 한다(주민투표법 8 ②).

헌법재판소는 주민투표법 제8조에 따른 국가정책에 대한 주민투표는 주민의 의견을 묻는 의견수렴으로서의 성격을 갖는 것이라고 보고 있다(헌재결 2008.12.26, 2005헌마1158).

주민투표법은 국가정책에 대한 주민투표의 경우 주민투표소송에 관한 제25조의 규정의 적용을 배제하고 있는데(주민투표법 8 ④), 헌법재판소는 지방자치단체의 주요결정사항에 관한 주민투표와 국가정책사항에 관한 주민투표 사이에는 본질적인 차이가 있다고 보아 이를 합헌으로 보고 있다(헌재결 2009.3.26, 2006헌마99).

5. 주민투표의 실시요건

① 지방자치단체의 장은 주민 또는 지방의회의 청구에 의한 경우에는 주민투표를 실시하여야 하고, 주민의 의견을 듣기 위하여 필요하다고 판단하는 경우에는 주민투표를 실시할 수 있다(주민투표법 9 ①).

② 18세 이상 주민 중 제5조 제1항 각 호의 어느 하나에 해당하는 사람(같은 항 각 호 외의 부분 단서에 따라 주민투표권이 없는 사람 제외. 이하 “주민투표청구권자”)은 주민투표청구권자 총수의 20분의 1 이상 5분의 1 이하의 범위에서 지방자치단체의 조례로 정하는 수 이상의 서명으로 그 지방자치단체의 장에게 주민투표의 실시를 청구할 수 있다(주민투표법 9 ②).

③ 지방의회는 재적의원 과반수의 출석과 출석의원 3분의 2 이상의 찬성으로 그 지방자치단

체의 장에게 주민투표의 실시를 청구할 수 있다(주민투표법 9 ⑤).

④ 지방자치단체의 장은 직권에 의하여 주민투표를 실시하고자 하는 때에는 그 지방의회 재적의원 과반수의 출석과 출석의원 과반수의 동의를 얻어야 한다(주민투표법 9 ⑥).

6. 주민투표결과의 확정

주민투표에 부쳐진 사항은 주민투표권자 총수의 4분의 1 이상의 투표와 유효투표수 과반수의 득표로 확정된다. 다만, ① 전체 투표수가 주민투표권자 총수의 4분의 1에 미달되는 경우이거나 ② 주민투표에 부쳐진 사항에 관한 유효득표수가 동수인 경우에는 찬성과 반대 양자를 모두 수용하지 아니하거나, 양자택일의 대상이 되는 사항 모두를 선택하지 아니하기로 확정된 것으로 본다(주민투표법 24 ①).

지방자치단체의 장 및 지방의회는 주민투표결과 확정된 내용대로 행정·재정상의 필요한 조치를 하여야 한다(주민투표법 24 ⑤). 지방자치단체의 장 및 지방의회는 주민투표결과 확정된 사항에 대하여 2년 이내에는 이를 변경하거나 새로운 결정을 할 수 없다. 다만, 제1항 단서의 규정에 의하여 찬성과 반대 양자를 모두 수용하지 아니하거나 양자택일의 대상이 되는 사항 모두를 선택하지 아니하기로 확정된 때에는 그러하지 아니하다(주민투표법 24 ⑥).

7. 주민투표쟁송

주민투표의 효력에 관하여 이의가 있는 주민투표권자는 주민투표권자 총수의 100분의 1 이상의 서명으로 제24조 제3항에 따라 주민투표결과가 공표된 날부터 14일 이내에 관할선거관리위원회 위원장을 피소청인으로 하여 시·군·구의 경우에는 시·도 선거관리위원회에, 시·도의 경우에는 중앙선거관리위원회에 소청할 수 있다(주민투표법 25 ①).

소청인은 제1항에 따른 소청에 대한 결정에 불복하려는 경우 관할선거관리위원회위원장을 피고로 하여 그 결정서를 받은 날(결정서를 받지 못한 때에는 결정기간이 종료된 날)부터 10일 이내에 시·도의 경우에는 대법원에, 시·군·구의 경우에는 관할 고등법원에 소를 제기할 수 있다(주민투표법 25 ②).

Ⅵ. 조례의 제정·개폐청구권*

1. 의의

주민들은 조례를 제정하거나 개정하거나 폐지할 것을 청구할 수 있는데, 이와 같은 주민의 권

* 변호사시험(2022년).

리를 조례제정·개폐청구권이라 한다(지자법 19 ①).

조례제정·개폐청구권은 지방의회가 주민들의 생활에 필요한 조례제정이나 개폐를 지연하는 것을 시정하는 기능을 한다.

지방자치법은 조례의 제정·개정 또는 폐지 청구의 청구권자·청구대상·청구요건 및 절차 등에 관한 사항은 따로 법률로 정하도록 하고 있고(지자법 19 ②), 이에 따라 주민조례발안에 관한 법률(주민조례발안법)[1]이 제정되었다.

2. 청구의 주체·요건·상대방

18세 이상의 주민으로서 ① 해당 지방자치단체의 관할 구역에 주민등록이 되어 있는 사람, ② 출입국관리법 제10조에 따른 영주(永住)할 수 있는 체류자격 취득일 후 3년이 지난 외국인으로서 같은 법 제34조에 따라 해당 지방자치단체의 외국인등록대장에 올라 있는 사람(공직선거법 제18조에 따른 선거권이 없는 자 제외, 이하 '청구권자')은 해당 지방자치단체의 의회(지방의회)에 조례를 제정하거나 개정 또는 폐지할 것을 청구('주민조례청구')할 수 있다(주민조례발안법 2).

청구권자가 주민조례청구를 하려는 경우에는 주민조례발안법 제5조 제1항 각 호의 구분에 따른 기준 이내에서 해당 지방자치단체의 조례로 정하는 청구권자 수 이상이 연대 서명하여야 한다(주민조례발안법 5 ①).

청구의 상대방은 해당 지방의회이다(주민조례발안법 2).

3. 청구의 대상

조례제정·개폐청구는 지방의회의 조례제정권이 미치는 모든 사항을 청구의 대상으로 하는 것이 원칙이다.

다만 ① 법령을 위반하는 사항, ② 지방세·사용료·수수료·부담금을 부과·징수 또는 감면하는 사항, ③ 행정기구를 설치하거나 변경하는 사항이나 공공시설의 설치를 반대하는 사항은 청구대상에서 제외된다(주민조례발안법 4).

4. 청구절차

청구권자가 주민조례청구를 하려는 경우에는 청구인의 대표자('대표자')를 선정하여야 하고, 선정된 대표자는 대표자 증명서를 발급받아야 한다(주민조례발안법 6). 대표자는 청구권자에게 청구인명부에 서명할 것을 요청할 수 있는데(주민조례발안법 7), 대표자는 제6조 제2항에 따른 대표자증명서발급에 대한 공표가 있은 날부터 시·도의 경우에는 6개월 이내에, 시·군 및 자치구의 경우에는 3개월 이내에 제7조 제1항에 따른 서명과 전자서명을 요청하여야 한다(주민조례발안법 8

1) 2022.1.13. 시행.

①). 대표자는 청구인명부에 서명한 청구권자의 수가 제5조 제1항에 따른 해당 지방자치단체의 조례로 정하는 청구권자 수 이상이 되면 제8조 제1항에 따른 서명요청 기간이 지난 날부터 시·도의 경우에는 10일 이내에, 시·군 및 자치구의 경우에는 5일 이내에 지방의회의 의장에게 청구인명부를 제출하여야 한다(주민조례발안법 10).

지방의회의 의장은 다음 각 호의 어느 하나에 해당하는 경우로서 제4조, 제5조 및 제10조 제1항(제11조 제5항에서 준용하는 경우를 포함한다)에 따른 요건에 적합한 경우에는 주민조례청구를 수리하고, 요건에 적합하지 아니한 경우에는 주민조례청구를 각하하여야 한다(주민조례발안법 12 ①). 지방의회는 제12조 제1항에 따라 주민청구조례안이 수리된 날부터 1년 이내에 주민청구조례안을 의결하여야 한다(주민조례발안법 13 ①).

Ⅶ. 규칙의 제정·개폐 의견제출권

주민은 제29조에 따른 규칙(권리·의무와 직접 관련되는 사항으로 한정한다)의 제정, 개정 또는 폐지와 관련된 의견을 해당 지방자치단체의 장에게 제출할 수 있는데(지자법 20 ①), 이를 주민의 규칙제정·개폐 의견제출권이라 한다. 2021년 법개정으로 신설되었다.

법령이나 조례를 위반하거나 법령이나 조례에서 위임한 범위를 벗어나는 사항은 제1항에 따른 의견 제출 대상에서 제외한다(지자법 20 ②).

지방자치단체의 장은 제1항에 따라 제출된 의견에 대하여 의견이 제출된 날부터 30일 이내에 검토 결과를 그 의견을 제출한 주민에게 통보하여야 한다(지자법 20 ③).

제1항에 따른 의견 제출, 제3항에 따른 의견의 검토와 결과 통보의 방법 및 절차는 해당 지방자치단체의 조례로 정한다(지자법 20 ④).

Ⅷ. 주민감사청구권 *

1. 의의

지방자치단체의 18세 이상의 주민은 일정 수 이상의 주민이 연대 서명하여, 시·도에서는 주무부장관에게, 시·군 및 자치구에서는 시·도지사에게 그 지방자치단체와 그 장의 권한에 속하는 사무의 처리가 법령에 위반되거나 공익을 현저히 해친다고 인정되면 감사를 청구할 수 있는데, 이러한 주민의 권리를 주민감사청구권이라 한다(지자법 21 ①).

---

* 5급공채(일반행정)(2012년).

2. 청구주체·요건·상대방

주민감사청구는 지방자치단체의 18세 이상의 주민이 할 수 있는데, 그 요건은 시·도는 300명, 제198조에 따른 인구 50만 이상 대도시는 200명, 그 밖의 시·군 및 자치구는 150명 이내에서 그 지방자치단체의 조례로 정하는 수 이상의 18세 이상의 주민이 연대 서명하여 할 수 있다. 주민감사청구의 상대방은 시·도에서는 주무부장관, 시·군 및 자치구에서는 시·도지사이다(지자법 21 ①).

3. 청구의 대상

주민감사청구는 지방자치단체와 그 장의 권한에 속하는 사무의 처리가 법령에 위반되거나 공익을 현저히 해친다고 인정되는 사항을 대상으로 한다. 다만 ① 수사나 재판에 관여하게 되는 사항, ② 개인의 사생활을 침해할 우려가 있는 사항, ③ 다른 기관에서 감사하였거나 감사 중인 사항(다만, 다른 기관에서 감사한 사항이라도 새로운 사항이 발견되거나 중요 사항이 감사에서 누락된 경우와 제22조 제1항에 따라 주민소송의 대상이 되는 경우에는 그러하지 아니하다), ④ 동일한 사항에 대하여 제22조 제2항 각 호의 어느 하나에 해당하는 소송이 진행 중이거나 그 판결이 확정된 사항은 감사청구의 대상에서 제외한다(지자법 21 ②).

[판례] 주민감사를 청구할 때 '해당 사무의 처리가 법령에 반하거나 공익을 현저히 해친다고 인정될 것'이 주민감사청구 또는 주민소송의 적법요건인지 여부(소극)

"(구)지방자치법 제16조 제1항에서 규정한 '해당 사무의 처리가 법령에 위반되거나 공익을 현저히 해친다고 인정되면'이란 감사기관이 감사를 실시한 결과 피감기관에 대하여 시정요구 등의 조치를 하기 위한 요건 및 주민소송에서 법원이 본안에서 청구를 인용하기 위한 요건일 뿐이고, 주민들이 주민감사를 청구하거나 주민소송을 제기하는 단계에서는 '해당 사무의 처리가 법령에 반하거나 공익을 현저히 해친다고 인정될 가능성'을 주장하는 것으로 족하며, '해당 사무의 처리가 법령에 반하거나 공익을 현저히 해친다고 인정될 것'이 주민감사청구 또는 주민소송의 적법요건이라고 볼 수는 없다. 왜냐하면 '해당 사무의 처리가 법령에 위반되거나 공익을 현저히 해친다고 인정되는지 여부'는 감사기관이나 주민소송의 법원이 구체적인 사실관계를 조사·심리해 보아야지 비로소 판단할 수 있는 사항이기 때문이다. 만약 이를 주민감사청구의 적법요건이라고 볼 경우 본안의 문제가 본안 전(전) 단계에서 먼저 다루어지게 되는 모순이 발생할 뿐만 아니라, 주민감사를 청구하는 주민들로 하여금 주민감사청구의 적법요건으로서 '해당 사무의 처리가 법령에 위반되거나 공익을 현저히 해친다고 인정될 것'을 증명할 것까지 요구하는 불합리한 결과가 야기될 수 있다(대판 2020.6. 25, 2018두67251[손해배상(기)])."

4. 청구기한

주민감사청구는 사무처리가 있었던 날이나 끝난 날부터 3년이 지나면 제기할 수 없다(지자법 21 ③).

5. 감사절차

주무부장관이나 시·도지사는 감사청구를 받으면 청구를 받은 날부터 5일 이내에 그 내용을 공표하여야 하며, 청구를 공표한 날부터 10일간 청구인명부나 그 사본을 공개된 장소에 갖추어 두어 열람할 수 있도록 하여야 한다(지자법 21 ⑤).

청구인명부의 서명에 관하여 이의가 있는 사람은 열람기간에 해당 주무부장관이나 시·도지사에게 이의를 신청할 수 있고, 주무부장관이나 시·도지사는 이의신청을 받으면 열람기간이 끝난 날부터 14일 이내에 심사·결정하되, 그 신청이 이유 있다고 결정한 경우에는 청구인명부를 수정하고, 그 사실을 이의신청을 한 사람과 청구인의 대표자에게 알려야 하며, 그 이의신청이 이유 없다고 결정한 경우에는 그 사실을 즉시 이의신청을 한 사람에게 알려야 한다(지자법 21 ⑥, ⑦).

주무부장관이나 시·도지사는 이의신청이 없는 경우 또는 이의신청에 대하여 결정이 끝난 경우로서 제1항부터 제3항까지의 규정에 따른 요건을 갖춘 경우에는 청구를 수리하고, 그러하지 아니한 경우에는 청구를 각하하되, 수리 또는 각하 사실을 청구인의 대표자에게 알려야 한다(지자법 21 ⑧).

주무부장관이나 시·도지사는 감사청구를 수리한 날부터 60일 이내에 감사청구된 사항에 대하여 감사를 끝내야 하며, 감사결과를 청구인의 대표자와 해당 지방자치단체의 장에게 서면으로 알리고, 공표하여야 한다. 다만, 그 기간에 감사를 끝내기가 어려운 정당한 사유가 있으면 그 기간을 연장할 수 있다. 이 경우 이를 미리 청구인의 대표자와 해당 지방자치단체의 장에게 알리고, 공표하여야 한다(지자법 21 ⑨).

주무부장관이나 시·도지사는 주민이 감사를 청구한 사항이 다른 기관에서 이미 감사한 사항이거나 감사 중인 사항이면 그 기관에서 실시한 감사결과 또는 감사 중인 사실과 감사가 끝난 후 그 결과를 알리겠다는 사실을 청구인의 대표자와 해당 기관에 지체없이 알려야 한다(지자법 21 ⑩).

주무부장관이나 시·도지사는 주민 감사청구를 처리(각하 포함)할 때 청구인의 대표자에게 반드시 증거 제출 및 의견 진술의 기회를 주어야 한다(지자법 21 ⑪).

주무부장관이나 시·도지사는 제3항에 따른 감사결과에 따라 기간을 정하여 해당 지방자치단체의 장에게 필요한 조치를 요구할 수 있다. 이 경우 그 지방자치단체의 장은 이를 성실히 이행하여야 하고 그 조치결과를 지방의회와 주무부장관 또는 시·도지사에게 보고하여야 한다(지자법 21 ⑫).

주무부장관이나 시·도지사는 제6항에 따른 조치요구내용과 지방자치단체의 장의 조치결과를 청구인의 대표자에게 서면으로 알리고, 공표하여야 한다(지자법 21 ⑬).

Ⅸ. 주민소송권*

1. 의의

지방자치법 제21조 제1항에 따라 공금의 지출에 관한 사항 등을 감사 청구한 주민은 그 감사 청구한 사항과 관련이 있는 위법한 행위나 업무를 게을리한 사실에 대하여 해당 지방자치단체의 장을 상대방으로 하여 소송을 제기할 수 있는데, 이와 같은 주민의 권리를 주민소송권이라 한다(지자법 22 ①).

2. 원고

'지방자치법 제21조 제1항에 따라 공금의 지출에 관한 사항, 재산의 취득·관리·처분에 관한 사항, 해당 지방자치단체를 당사자로 하는 매매·임차·도급 계약이나 그 밖의 계약의 체결·이행에 관한 사항 또는 지방세·사용료·수수료·과태료 등 공금의 부과·징수를 게을리한 사항을 감사 청구한 주민'이 주민소송의 원고가 된다(지자법 22 ①).

그러나 주민소송이 진행 중이면 다른 주민은 같은 사항에 대하여 별도의 소송을 제기할 수 없다(지자법 22 ⑤).

[판례] 주민감사청구가 부적법하다고 오인되어 각하된 경우, 감사청구한 주민은 위법한 각하결정 자체를 별도의 항고소송으로 다툴 필요 없이, 지방자치법이 규정한 다음 단계의 권리구제절차인 주민소송을 제기할 수 있는지 여부(적극)

"(구)지방자치법 제17조 제1항은 주민감사를 청구한 주민에 한하여 주민소송을 제기할 수 있도록 하여 '주민감사청구 전치'를 주민소송의 소송요건으로 규정하고 있으므로, 주민감사청구 전치 요건을 충족하였는지 여부는 주민소송의 수소법원이 직권으로 조사하여 판단하여야 한다. 주민소송이 주민감사청구 전치 요건을 충족하였다고 하려면 주민감사청구가 지방자치법 제16조에서 정한 적법요건을 모두 갖추고, 나아가 (구)지방자치법 제17조 제1항 각호에서 정한 사유에도 해당하여야 한다. (구)지방자치법 제17조 제1항 제2호에 정한 '감사결과'에는 감사기관이 주민감사청구를 수리하여 일정한 조사를 거친 후 주민감사청구사항의 실체에 관하여 본안판단을 하는 내용의 결정을 하는 경우뿐만 아니라, 감사기관이 주민감사청구가 부적법하다고 오인하여 위법한 각하결정을 하는 경우까지 포함한다. 주민감사청구가 지방자치법에서 정한 적법요건을 모두 갖추었음에도, 감사기관이

* 변호사시험(2021년), 사법시험(2010년), 행정고시(일반행정)(2006년), 행정고시(일반행정)(2008년), 5급공채(행정)(2017년).

해당 주민감사청구가 부적법하다고 오인하여 더 나아가 구체적인 조사·판단을 하지 않은 채 각하하는 결정을 한 경우에는, 감사청구한 주민은 위법한 각하결정 자체를 별도의 항고소송으로 다툴 필요 없이, 지방자치법이 규정한 다음 단계의 권리구제절차인 주민소송을 제기할 수 있다고 보아야 한다(대판 2020.6.25, 2018두67251[손해배상(기)])."

3. 소송의 대상 및 제소사유*

소송의 대상은 '공금의 지출에 관한 사항, 재산의 취득·관리·처분에 관한 사항, 해당 지방자치단체를 당사자로 하는 매매·임차·도급 계약이나 그 밖의 계약의 체결·이행에 관한 사항 또는 지방세·사용료·수수료·과태료 등 공금의 부과·징수를 게을리한 사항에 대하여 감사 청구한 사항과 관련이 있는 위법한 행위나 업무를 게을리한 사실'이다.

주민소송은 주민소송의 대상이 되는 감사 청구한 사항에 대하여 ① 주무부장관이나 시·도지사가 감사청구를 수리한 날부터 60일(제21조 제9항 단서에 따라 감사기간이 연장된 경우에는 연장된 기간이 끝난 날)이 지나도 감사를 끝내지 아니한 경우, ② 제21조 제9항 및 제10항에 따른 감사결과 또는 제21조 제12항에 따른 조치 요구에 불복하는 경우, ③ 제21조 제12항에 따른 주무부장관이나 시·도지사의 조치요구를 지방자치단체의 장이 이행하지 아니한 경우 또는 ④ 제21조 제12항에 따른 지방자치단체의 장의 이행 조치에 불복하는 경우에 제기할 수 있다(지자법 22 ①).

[판례1] 주민소송의 대상 판단 기준

"주민감사청구가 '지방자치단체와 그 장의 권한에 속하는 사무의 처리'를 대상으로 하는 데 반하여, 주민소송은 '그 감사청구한 사항과 관련이 있는 위법한 행위나 업무를 게을리한 사실'에 대하여 제기할 수 있는 것이므로, 주민소송의 대상은 주민감사를 청구한 사항과 관련이 있는 것으로 충분하고, 주민감사를 청구한 사항과 반드시 동일할 필요는 없다. 주민감사를 청구한 사항과 관련성이 있는지 여부는 주민감사청구사항의 기초인 사회적 사실관계와 기본적인 점에서 동일한지 여부에 따라 결정되는 것이며 그로부터 파생되거나 후속하여 발생하는 행위나 사실은 주민감사청구사항과 관련이 있다고 보아야 한다(대판 2020.7.29, 2017두63467[주민소송])."

[판례2] 주민소송에서 처분의 위법성을 판단하는 기준 및 처분의 위법성은 해당 처분으로 지방자치단체의 재정에 손실이 발생하였는지만을 기준으로 판단해야 하는지 여부(소극)

"(구)지방자치법 제16조, 제17조 제1항, 제2항 제2호, 제17항의 내용과 체계에다가 주민소송 제도의 입법 취지와 법적 성질 등을 종합하면, 주민소송에서 다툼의 대상이 된 처분의 위법성은 행정소송법상 항고소송에서와 마찬가지로 헌법, 법률, 그 하위의 법규명령, 법의 일반원칙 등 객관적 법

* 5급공채(행정)(2016년).

질서를 구성하는 모든 법규범에 위반되는지 여부를 기준으로 판단하여야 하는 것이지, 해당 처분으로 지방자치단체의 재정에 손실이 발생하였는지만을 기준으로 판단할 것은 아니다(대판 2019.10.17, 2018두104[도로점용허가처분무효확인등])."

[판례3] 주민소송 제도의 목적 및 주민소송의 대상으로 규정한 '재산의 취득·관리·처분에 관한 사항'에 해당하는지 판단하는 기준 *

"주민소송 제도는 지방자치단체 주민이 지방자치단체의 위법한 재무회계행위의 방지 또는 시정을 구하거나 그로 인한 손해의 회복 청구를 요구할 수 있도록 함으로써 지방자치단체의 재무행정의 적법성과 지방재정의 건전하고 적정한 운영을 확보하려는 데 목적이 있다. 그러므로 주민소송은 원칙적으로 지방자치단체의 재무회계에 관한 사항의 처리를 직접 목적으로 하는 행위에 대하여 제기할 수 있고, (구)지방자치법 제17조 제1항에서 주민소송의 대상으로 규정한 '재산의 취득·관리·처분에 관한 사항'에 해당하는지도 그 기준에 의하여 판단하여야 한다. 특히 도로 등 공물이나 공공용물을 특정 사인이 배타적으로 사용하도록 하는 점용허가가 도로 등의 본래 기능 및 목적과 무관하게 그 사용가치를 실현·활용하기 위한 것으로 평가되는 경우에는 주민소송의 대상이 되는 재산의 관리·처분에 해당한다(대판 2016.5.27, 2014두8490)."

[판례4] (구)지방자치법 제17조 제1항 중 '재산의 취득·관리·처분에 관한 사항' 부분이 명확성원칙에 반하는지 여부(소극)

"(구)지방자치법 제17조 제1항 중 '재산의 취득·관리·처분에 관한 사항' 부분이 '재산의 취득·관리·처분'이라는 일반·추상적 용어를 사용하고 있더라도, '재산', '취득', '관리', '처분' 개념은 다수의 법률에서 널리 사용하는 용어이고, 특히 지방자치단체의 재산에 관한 사항을 규율하고 있는 지방자치법과 구 공유재산법(2010.2.4. 법률 제10006호로 개정되기 전의 것) 등 관련 법률의 조항들을 통해 의미를 파악하는 것이 가능하며, 어떤 '재산의 취득·관리·처분'에 관한 행위가 주민소송의 대상이 되는지는 결국 법원이 주민소송 제도의 입법 취지를 고려하여 구체적으로 심리하여 판단해야 할 영역이다.

나아가 대법원은 "도로 등 공물이나 공공용물을 특정 사인이 배타적으로 사용하도록 하는 점용허가가 도로 등의 본래 기능 및 목적과 무관하게 그 사용가치를 실현·활용하기 위한 것으로 평가되는 경우에는 주민소송의 대상이 되는 재산의 관리·처분에 해당한다고 보아야 한다."라고 판시하여 주민소송의 대상에 관하여 구체적인 판단 기준을 제시한 바 있다.

따라서 (구)지방자치법 제17조 제1항 중 '재산의 취득·관리·처분에 관한 사항' 부분은 명확성원칙에 반하지 아니한다(대판 2019.10.17, 2018두104[도로점용허가처분무효확인등])."

---

* 5급공채(행정)(2017년).

[판례5] ① 주민소송의 대상이 되는 '재산의 관리 · 처분에 관한 사항'이나 '공금의 부과 · 징수를 게을리한 사항'의 의미와 범위, ② 이행강제금의 부과 · 징수를 게을리한 행위가 주민소송의 대상이 되는 공금의 부과 · 징수를 게을리한 사항에 해당하는지 여부, ③ 주민소송 요건인 위법하게 공금의 부과 · 징수를 게을리한 사실이 인정되기 위한 전제로 지방자치단체 집행기관 등의 공금에 대한 부과 · 징수가 가능하여야 하는지 여부

"[1] … 주민소송의 대상이 되는 '재산의 관리 · 처분에 관한 사항'이나 '공금의 부과 · 징수를 게을리한 사항'이란 지방자치단체의 소유에 속하는 재산의 가치를 유지 · 보전 또는 실현함을 직접 목적으로 하는 행위 또는 그와 관련된 공금의 부과 · 징수를 게을리한 행위를 말하고, 그 밖에 재무회계와 관련이 없는 행위는 그것이 지방자치단체의 재정에 어떤 영향을 미친다고 하더라도, 주민소송의 대상이 되는 '재산의 관리 · 처분에 관한 사항' 또는 '공금의 부과 · 징수를 게을리한 사항'에 해당하지 않는다.

[2] 이행강제금은 지방자치단체의 재정수입을 구성하는 재원 중 하나로서 '지방세외수입금의 징수 등에 관한 법률'에서 이행강제금의 효율적인 징수 등에 필요한 사항을 특별히 규정하는 등 그 부과 · 징수를 재무회계 관점에서도 규율하고 있으므로, 이행강제금의 부과 · 징수를 게을리한 행위는 주민소송의 대상이 되는 공금의 부과 · 징수를 게을리한 사항에 해당한다.

[3] (구)지방자치법 제17조 제1항, 제2항 제3호의 주민소송 요건인 위법하게 공금의 부과 · 징수를 게을리한 사실이 인정되기 위해서는 전제로서, 관련 법령상의 요건이 갖추어져 지방자치단체의 집행기관 등의 공금에 대한 부과 · 징수가 가능하여야 한다(대판 2015.9.10, 2013두16746)."

4. 피고

해당 지방자치단체의 장(해당 사항의 사무처리에 관한 권한을 소속 기관의 장에게 위임한 경우에는 그 소속 기관의 장)이 주민소송의 피고가 된다(지자법 22 ①).

5. 주민소송의 종류

지방자치법 제22조 제2항은 주민소송을 4가지의 유형으로 구분하고 있다.

(1) 제1호 소송: 중지청구소송

제1호 소송은 해당 행위를 계속하면 회복하기 어려운 손해를 발생시킬 우려가 있는 경우 그 행위의 전부나 일부를 중지할 것을 요구하는 소송(지자법 22 ② 1호)을 말하는데, 이를 중지청구소송(지자법 22 ③)이라 한다.

이 소송은 부작위를 구하는 소극적 형태의 이행소송이다. 제1호 소송의 대상이 되는 행위는

처분에 국한된다고 할 수 없다. 따라서 여기에는 비권력적인 행위도 포함된다고 보아야 할 것이다.

중지청구소송은 해당 행위를 중지할 경우 생명이나 신체에 중대한 위해가 생길 우려가 있거나 그 밖에 공공복리를 현저하게 저해할 우려가 있으면 제기할 수 없다(지자법 22 ③).

(2) 제2호 소송

제2호 소송은 행정처분인 해당 행위의 취소 또는 변경을 요구하거나 그 행위의 효력 유무 또는 존재 여부의 확인을 요구하는 소송을 말한다(지자법 22 ② 2호).

이 소송은 처분의 취소 또는 무효확인을 구하는 소송이다. 다만 제2호 주민소송으로서의 무효확인소송의 경우 행정소송법과는 달리 제소기간의 제한이 있다(지자법 22 ④ 2호).

(3) 제3호 소송

제3호 소송은 게을리한 사실의 위법 확인을 요구하는 소송을 말한다(지자법 22 ② 3호). 이 소송은 부작위의 위법확인을 구하는 소송인데, 행정소송법상 부작위위법확인소송은 '처분의 부작위'로 대상을 한정하고 있지만, 제3호 주민소송에서의 부작위(게을리한 사실)에는 처분에 대한 부작위인가를 불문한다고 보아야 할 것이다. 따라서 사실행위에 대한 부작위도 여기에 포함된다고 볼 것이다.

(4) 제4호 소송

1) 의의

제4호 소송은 해당 지방자치단체의 장 및 직원, 지방의회의원, 해당 행위와 관련이 있는 상대방에게 손해배상청구 또는 부당이득반환청구를 할 것을 요구하는 소송을 말하는데, 다만 그 지방자치단체의 직원이 회계관계직원 등의 책임에 관한 법률(회계직원책임법) 제4조에 따른 변상책임을 져야 하는 경우에는 변상명령을 할 것을 요구하는 소송이다(지자법 22 ② 4호).

2) 제4호 소송의 종류

제4호 소송에는 ① 제4호의 본문에 따른 소송과 ② 단서에 따른 소송이 함께 규정되어 있다. 전자의 경우는 해당 지방자치단체의 장에게 손해배상 또는 부당이득반환청구를 하도록 요구하는 소송이고, 후자의 경우는 변상명령을 하도록 요구하는 소송이다.

3) 인용판결의 효과

㈎ 본문에 따른 소송의 경우

지방자치단체의 장은 제22조 제2항 제4호 본문에 따른 소송에 대하여 손해배상청구나 부당이득반환청구를 명하는 판결이 확정되면 그 판결이 확정된 날부터 60일 이내를 기한으로 하여 당사자에게 그 판결에 따라 결정된 손해배상금이나 부당이득반환금의 지불을 청구하여야 한다(지자법 23 ①). 지방자치단체는 제1항에 따라 지불청구를 받은 자가 같은 항의 기한 내에 손해배상금이나 부당이득반환금을 지불하지 아니하면 손해배상·부당이득반환의 청구를 목적으로 하는 소송을 제기하여야 한다(지자법 23 ②).

㈏ 단서에 따른 소송의 경우

지방자치단체의 장은 제22조 제2항 제4호 단서에 따른 소송에 대하여 변상할 것을 명하는 판결이 확정되면 그 판결이 확정된 날부터 60일 이내를 기한으로 하여 당사자에게 그 판결에 따라 결정된 금액을 변상할 것을 명령하여야 한다(지자법 24 ①). 제1항에 따라 변상할 것을 명령받은 자가 같은 항의 기한 내에 변상금을 지급하지 아니하면 지방세 체납처분의 예에 따라 징수할 수 있다(지자법 24 ②). 제1항에 따라 변상할 것을 명령받은 자는 이에 불복하는 경우 행정소송을 제기할 수 있다. 다만 행정심판법에 따른 행정심판청구는 제기할 수 없다(지자법 24 ③).

[판례] [1] 제4호 주민소송을 제기하는 자는 상대방, 재무회계행위의 내용, 감사청구와의 관련성, 손해배상금 내지 부당이득금 등을 특정하여야 하는지 여부(적극)

[2] 제4호 주민소송에 따른 손해배상청구의 경우, 공무원에게 위법행위에 대한 고의 또는 중과실이 있어야 하는지 여부(적극)

"[1] (구)지방자치법 제17조 제2항 제1호부터 제3호까지의 주민소송은 해당 지방자치단체의 장을 상대방으로 하여 위법한 재무회계행위의 방지, 시정 또는 확인 등을 직접적으로 구하는 것인데 반하여, 제4호 주민소송은 감사청구한 사항과 관련이 있는 위법한 행위나 업무를 게을리 한 사실에 대하여 지방자치단체의 장 및 직원, 지방의회의원, 해당 행위와 관련이 있는 상대방(이하 '상대방'이라고 통칭한다)에게 손해배상청구, 부당이득반환청구, 변상명령 등을 할 것을 요구하는 소송이다. 따라서 제4호 주민소송 판결이 확정되면 지방자치단체의 장인 피고는 상대방에 대하여 그 판결에 따라 결정된 손해배상금이나 부당이득반환금의 지불 등을 청구할 의무가 있으므로, 제4호 주민소송을 제기하는 자는 상대방, 재무회계행위의 내용, 감사청구와의 관련성, 상대방에게 요구할 손해배상금 내지 부당이득금 등을 특정하여야 한다.

[2] 상대방인 지방자치단체의 장이나 공무원은 국가배상법 제2조 제2항, 회계직원책임법 제4조 제1항의 각 규정 내용 및 취지 등에 비추어 볼 때, 그 위법행위에 대하여 고의 또는 중대한 과실이 있는 경우에 제4호 주민소송의 손해배상책임을 부담하는 것으로 보아야 한다(대판 2020.7.29, 2017두63467[주민소송])."

6. 제소기간

주민소송은 ① 제1호 소송은 해당 60일이 끝난 날(제21조 제3항 단서에 따라 감사기간이 연장된 경우에는 연장기간이 끝난 날), ② 제2호 소송은 해당 감사결과나 조치요구내용에 대한 통지를 받은 날, ③ 제3호 소송은 해당 조치를 요구할 때에 지정한 처리기간이 끝난 날, ④ 제4호 소송은 해당 이행 조치결과에 대한 통지를 받은 날부터 90일 이내에 제기하여야 한다(지자법 22 ④).

7. 소송절차의 중단·수계

소송의 계속(繫屬) 중에 소송을 제기한 주민이 사망하거나 제12조에 따른 주민의 자격을 잃으면 소송절차는 중단된다. 소송대리인이 있는 경우에도 또한 같다(지자법 22 ⑥).

감사 청구에 연대 서명한 다른 주민은 제6항에 따른 사유가 발생한 사실을 안 날부터 6개월 이내에 소송절차를 수계(受繼)할 수 있다. 이 기간에 수계절차가 이루어지지 아니할 경우 그 소송절차는 종료된다(지자법 22 ⑦).

법원은 제6항에 따라 소송이 중단되면 감사 청구에 연대 서명한 다른 주민에게 소송절차를 중단한 사유와 소송절차 수계방법을 지체 없이 알려야 한다(지자법 22 ⑧).

8. 관할법원

제2항에 따른 소송은 해당 지방자치단체의 사무소 소재지를 관할하는 행정법원(행정법원이 설치되지 아니한 지역에서는 행정법원의 권한에 속하는 사건을 관할하는 지방법원 본원)의 관할로 한다(지자법 22 ⑨).

9. 소송고지 및 소송참가

해당 지방자치단체의 장은 제2항 제1호부터 제3호까지의 규정에 따른 소송이 제기된 경우 그 소송 결과에 따라 권리나 이익의 침해를 받을 제3자가 있으면 그 제3자에 대하여, 제2항 제4호에 따른 소송이 제기된 경우 그 직원, 지방의회의원 또는 상대방에 대하여 소송고지를 하여 줄 것을 법원에 신청하여야 한다(지자법 22 ⑩).

국가, 상급 지방자치단체 및 감사 청구에 연대 서명한 다른 주민과 제10항에 따라 소송고지를 받은 자는 법원에서 계속 중인 소송에 참가할 수 있다(지자법 22 ⑬).

10. 소의 취하 등

제2항에 따른 소송에서 당사자는 법원의 허가를 받지 아니하고는 소의 취하, 소송의 화해 또는 청구의 포기를 할 수 없다. 이 경우 법원은 허가하기 전에 감사 청구에 연대 서명한 다른 주민에게 이를 알려야 하며, 알린 때부터 1개월 이내에 허가 여부를 결정하여야 한다. 위 통지에 관하여는 제8항 후단을 준용한다(지자법 22 ⑭, ⑮).

11. 비용보상

소송을 제기한 주민은 승소(일부 승소 포함)한 경우 그 지방자치단체에 대하여 변호사 보수 등의 소송비용, 감사청구절차의 진행 등을 위하여 사용된 여비, 그 밖에 실제로 든 비용을 보상할 것을 청구할 수 있다. 이 경우 지방자치단체는 청구된 금액의 범위에서 그 소송을 진행하는 데 객관적으로 사용된 것으로 인정되는 금액을 지급하여야 한다(지자법 22 ⑰).

X. 주민소환권

1. 의의

주민소환이란 주민의 의사에 의하여 공직자를 공직에서 해임시키는 것을 말한다. 주민소환은 주민투표와 더불어 지방자치행정에 대한 강력한 직접민주적 주민참여제도이다.

지방자치법은 "지방자치단체의 주민은 그 지방자치단체의 장 및 지방의회의원(비례대표 지방의회의원은 제외한다)을 소환할 권리를 가진다."고 규정하고 있는데, 이를 주민소환권이라 한다(지자법 25 ①).

지방자치법은 주민소환의 투표 청구권자·청구요건·절차 및 효력 등에 관한 사항은 따로 법률로 정하도록 하고 있고(지자법 25 ②), 이에 따라 주민소환에 관한 법률(주민소환법)이 제정되어 있다.

주민소환제도를 정치적인 절차로 설계할 것인지 아니면 사법적인 절차로 설계할 것인지는 입법자의 정책재량에 속하는 사항인데, 우리나라 주민소환법은 주민소환의 청구사유에 아무런 제한을 두고 있지 않다는 점에서 주민소환을 정치적인 절차로 설정한 것으로 이해할 수 있겠다(헌재결 2009.3.26, 2007헌마843).

2. 주민소환 투표권자·청구요건·대상자·청구제한기간

(1) 투표권자

주민소환투표권자는 주민소환투표인명부 작성기준일 현재 ① 19세 이상의 주민으로서 당해 지방자치단체 관할구역에 주민등록이 되어 있는 자(공직선거법 제18조의 규정에 의하여 선거권이 없는 자 제외) 또는 ② 19세 이상의 외국인으로서 출입국관리법 제10조의 규정에 따른 영주의 체류자격 취득일 후 3년이 경과한 자 중 같은 법 제34조의 규정에 따라 당해 지방자치단체 관할구역의 외국인등록대장에 등재된 자이다(주민소환법 3 ①).

(2) 청구요건

주민소환투표의 실시를 청구하기 위해서는 ① 특별시장·광역시장·도지사(시·도지사)의 경우 당해 지방자치단체의 주민소환투표청구권자 총수의 100분의 10 이상, ② 시장·군수·자치구의 구청장의 경우 당해 지방자치단체의 주민소환투표청구권자 총수의 100분의 15 이상, ③ 지역선거구 시·도의회의원(지역구시·도의원) 및 지역선거구자치구·시·군의회의원(지역구자치구·시·군의원)의 경우 당해 지방의회의원의 선거구 안의 주민소환투표청구권자 총수의 100분의 20 이상에 해당하는 주민의 서명으로 그 소환사유를 서면에 구체적으로 명시하여 관할선거관리위원회에 청구하여야 한다(주민소환법 7 ①).

(3) 대상자

주민소환은 그 지방자치단체의 장 및 지방의회의원(비례대표 지방의회의원 제외)을 대상으로 한다(지자법 25 ①).

(4) 청구제한기간

주민소환법 제7조 제1항 내지 제3항의 규정에도 불구하고 ① 선출직 지방공직자의 임기개시일부터 1년이 경과하지 아니한 때, ② 선출직 지방공직자의 임기만료일부터 1년 미만일 때 또는 ③ 해당선출직 지방공직자에 대한 주민소환투표를 실시한 날부터 1년 이내인 때에는 주민소환투표의 실시를 청구할 수 없다(주민소환법 8).

3. 주민소환투표의 절차

(1) 주민소환투표의 발의

관할선거관리위원회는 제7조 제1항 내지 제3항의 규정에 의한 주민소환투표청구가 적법하다고 인정하는 경우에는 지체 없이 그 요지를 공표하고, 소환청구인대표자 및 해당선출직 지방공직자에게 그 사실을 통지하여야 한다(주민소환법 12 ①).

관할선거관리위원회는 통지를 받은 선출직 지방공직자(주민소환투표대상자)에 대한 주민소환투표를 발의하고자 하는 때에는 제14조 제2항의 규정에 의한 주민소환투표대상자의 소명요지 또는 소명서 제출기간이 경과한 날부터 7일 이내에 주민소환투표일과 주민소환투표안(소환청구서 요지 포함)을 공고하여 주민소환투표를 발의하여야 한다(주민소환법 12 ②).

(2) 주민소환투표의 실시

주민소환투표일은 제12조 제2항의 규정에 의한 공고일부터 20일 이상 30일 이하의 범위 안에서 관할선거관리위원회가 정한다(주민소환법 13 ①).

주민소환투표는 찬성 또는 반대를 선택하는 형식으로 실시한다(주민소환법 15 ①).

지방자치단체의 장에 대한 주민소환투표는 당해 지방자치단체 관할구역 전체를 대상으로 하고, 지역구지방의회의원에 대한 주민소환투표는 당해 지방의회의원의 지역선거구를 대상으로 한다(주민소환법 16 ①, ②).

(3) 소명기회의 보장

관할선거관리위원회는 제7조 제1항 내지 제3항의 규정에 의한 주민소환투표청구가 적법하다고 인정하는 때에는 지체 없이 주민소환투표대상자에게 서면으로 소명할 것을 요청하여야 한다(주민소환법 14 ①).

제1항의 규정에 의하여 소명요청을 받은 주민소환투표대상자는 그 요청을 받은 날부터 20일 이내에 500자 이내의 소명요지와 소명서(필요한 자료를 기재한 소명자료를 포함)를 관할선거관리위원회에 제출하여야 한다. 이 경우 소명서 또는 소명요지를 제출하지 아니한 때에는 소명이 없는 것으로 본다(주민소환법 14 ②).

(4) 주민소환투표운동

주민소환투표운동이라 함은 주민소환투표에 부쳐지거나 부쳐질 사항에 관하여 찬성 또는 반대하는 행위를 말한다. 다만 주민소환투표에 부쳐지거나 부쳐질 사항에 관한 단순한 의견개진 및 의사표시, 주민소환투표운동에 관한 준비행위는 주민소환투표운동으로 보지 아니한다(주민소환법 17).

주민소환투표운동은 제12조 제2항의 규정에 의한 주민소환투표 공고일의 다음날부터 투표일 전일까지 할 수 있으나(주민소환법 18 ①), 다만 제13조 제2항의 규정에 의하여 주민소환투표가 실시될 경우의 주민소환투표운동기간은 주민소환투표일 전 25일부터 투표일 전일까지로 한다(주민소환법 18 ②)

(5) 권한행사의 정지 및 대행

주민소환투표대상자는 관할선거관리위원회가 제12조 제2항의 규정에 의하여 주민소환투표안을 공고한 때부터 제22조 제3항의 규정에 의하여 주민소환투표결과를 공표할 때까지 그 권한행사가 정지된다(주민소환법 21 ①).

제1항의 규정에 의하여 지방자치단체의 장의 권한이 정지된 경우에는 부지사·부시장·부군

수·부구청장(부단체장)이 지방자치법 제124조 제4항의 규정을 준용하여 그 권한을 대행하고, 부단체장이 권한을 대행할 수 없는 경우에는 지방자치법 제124조 제5항의 규정을 준용하여 그 권한을 대행한다(주민소환법 21 ②).

제1항의 규정에 따라 권한행사가 정지된 지방의회의원은 그 정지기간 동안 공직선거법 제111조의 규정에 의한 의정활동보고를 할 수 없다. 다만, 인터넷에 의정활동보고서를 게재할 수는 있다(주민소환법 21 ③).

(6) 주민소환투표결과의 확정 및 효력

주민소환은 제3조의 규정에 의한 주민소환투표권자(주민소환투표권자) 총수의 3분의 1이상의 투표와 유효투표 총수 과반수의 찬성으로 확정된다(주민소환법 22 ①).

전체 주민소환투표자의 수가 주민소환투표권자 총수의 3분의 1에 미달하는 때에는 개표를 하지 아니한다(주민소환법 22 ②).

관할선거관리위원회는 개표가 끝난 때에는 지체 없이 그 결과를 공표한 후 소환청구인대표자, 주민소환투표대상자, 관계중앙행정기관의 장, 당해 지방자치단체의 장(지방자치단체의 장이 주민소환투표대상자인 경우에는 제21조 제2항의 규정에 의하여 권한을 대행하는 당해 지방자치단체의 부단체장 등) 및 당해 지방의회의 의장(지방의회의원이 주민소환투표대상자인 경우에 한하며, 지방의회의 의장이 주민소환투표대상자인 경우에는 당해 지방의회의 부의장)에게 통지하여야 한다. 제2항의 규정에 의하여 개표를 하지 아니한 때에도 또한 같다(주민소환법 22 ③).

제22조 제1항의 규정에 의하여 주민소환이 확정된 때에는 주민소환투표대상자는 그 결과가 공표된 시점부터 그 직을 상실한다(주민소환법 23 ①).

제22조 제1항의 규정에 의하여 그 직을 상실한 자는 그로 인하여 실시하는 이 법 또는 공직선거법에 의한 해당보궐선거에 후보자로 등록할 수 없다(주민소환법 23 ②).

4. 주민소환투표쟁송

(1) 주민소환투표소청

주민소환투표의 효력에 관하여 이의가 있는 해당 주민소환투표대상자 또는 주민소환투표권자(주민소환투표권자 총수의 100분의 1이상의 서명을 받아야 한다)는 제22조 제3항의 규정에 의하여 주민소환투표결과가 공표된 날부터 14일 이내에 관할선거관리위원회 위원장을 피소청인으로 하여 지역구시·도의원, 지역구자치구·시·군의원 또는 시장·군수·자치구의 구청장을 대상으로 한 주민소환투표에 있어서는 특별시·광역시·도선거관리위원회에, 시·도지사를 대상으로 한 주민소환투표에 있어서는 중앙선거관리위원회에 소청할 수 있다(주민소환법 24 ①).

(2) 주민소환투표소송

제1항의 규정에 따른 소청에 대한 결정에 관하여 불복이 있는 소청인은 관할선거관리위원회 위원장을 피고로 하여 그 결정서를 받은 날(결정서를 받지 못한 때에는 공직선거법 제220조 제1항의 규정에 의한 결정기간이 종료된 날)부터 10일 이내에 지역구시·도의원, 지역구자치구·시·군의원 또는 시장·군수·자치구의 구청장을 대상으로 한 주민소환투표에 있어서는 그 선거구를 관할하는 고등법원에, 시·도지사를 대상으로 한 주민소환투표에 있어서는 대법원에 소를 제기할 수 있다(주민소환법 24 ②).

XI. 정보공개청구권

지방자치법은 "지방자치단체는 사무처리의 투명성을 높이기 위하여 '공공기관의 정보공개에 관한 법률(정보공개법)'에서 정하는 바에 따라 지방의회의 의정활동, 집행기관의 조직, 재무 등 지방자치에 관한 정보(지방자치정보)를 주민에게 공개하여야 한다."고 하여, 지방자치단체에 지방자치와 관련된 정보의 공개의무를 부과하고 있다(지자법 26 ①).

따라서 이에 대응하여 주민들은 지방자치단체에 대하여 지방자치정보를 공개할 것을 요구할 수 있는 권리를 가진다고 할 수 있다. 그러나 이와 같은 주민들의 정보공개청구권은 정보공개법에 의해서도 인정되는 것이라는 점에서 이 조항의 의의는 주민들의 권리를 규정한 것이라기 보다는 지방자치단체의 정보공개의무를 규정한 것이라는 데 있다고 할 수 있다.

XII. 청원권*

헌법은 국민의 기본권으로 청원권을 보장하고 있다(헌법 26 ①). 이에 따라 청원권행사의 절차와 청원의 처리에 관한 사항을 규정하기 위하여 청원법이 제정되어 시행되고 있다.

이와는 별도로 지방자치법은 주민들의 청원권에 관한 규정을 두고 있다. 즉 지방자치단체의 주민은 지방의회에 청원할 수 있는데, 이 경우 지방의회의원의 소개를 받아 지방의회에 청원서를 제출하여야 한다(지자법 85 ①). 지방의원의 소개를 청원의 절차로 규정한 것은 지방의회의 의사규칙을 잘 모르는 청원인의 편의를 돕고 신속하며 공정한 청원이 이루어지도록 하기 위함이다.

청원서가 접수된 경우에는 지방의회의 의장은 이를 소관 위원회 또는 본회의에 회부하여 심사하게 한다(지자법 87 ①). 이 때 청원인의 청원을 소개한 지방의회의원은 소관 위원회 또는 본회

* 변호사시험(2022년).

의의 요구가 있을 때에는 청원의 취지를 설명하여야 한다(지자법 87 ②). 또한 소관 위원회가 청원을 심사하여 본회의에 부의할 필요가 없다고 결정한 때에는 그 처리결과를 지방의회의 의장에게 보고하고, 지방의회의 의장은 청원한 자에게 알려야 한다(지자법 87 ③).

지방의회가 채택한 청원으로서 그 지방자치단체의 장이 처리하는 것이 타당하다고 인정되는 청원은 의견서를 첨부하여 지방자치단체의 장에게 이송한다(지자법 88 ①). 지방자치단체의 장은 제1항의 청원을 처리하고 그 처리결과를 지체 없이 지방의회에 보고하여야 한다(지자법 88 ②).

제 3 절 주민의 의무

Ⅰ. 비용분담의무

주민은 법령으로 정하는 바에 따라 소속 지방자치단체의 비용을 분담하여야 하는 의무를 지는데(지자법 27), 구체적으로 주민은 지방세, 사용료 및 수수료, 분담금, 특별부담금 등의 납부의무를 진다. 그 밖에도 주민은 노력·물품제공의무를 부담하기도 한다(예: 도로법 83 재해 발생시 토지 등의 일시 사용 등).

[판례] 법인이 해당 지방자치단체에서 인적·물적 설비를 갖추고 계속적으로 사업을 영위하면서 해당 지방자치단체의 재산 또는 공공시설의 설치로 특히 이익을 받는 경우, 지방자치법 제138조에 따른 분담금 납부의무자가 될 수 있는지 여부(적극)

"지방자치법은 여러 조항에서 권리·의무의 주체이자 법적 규율의 상대방으로서 '주민'이라는 용어를 사용하고 있다. 지방자치법에 '주민'의 개념을 구체적으로 정의하는 규정이 없는데, 그 입법 목적, 요건과 효과를 달리하는 다양한 제도들이 포함되어 있는 점을 고려하면, 지방자치법이 단일한 주민 개념을 전제하고 있는 것으로 보기 어렵다. 자연인이든 법인이든 누군가가 지방자치법상 주민에 해당하는지는 개별 제도별로 제도의 목적과 특성, 지방자치법뿐만 아니라 관계 법령에 산재해 있는 관련 규정들의 문언, 내용과 체계 등을 고려하여 개별적으로 판단할 수밖에 없다.

…

(구)지방자치법 제138조(현 제155조)에 따른 분담금 제도의 취지와 균등분 주민세 제도와의 관계 등을 고려하면, (구)지방자치법 제138조에 따른 분담금 납부의무자인 '주민'은 균등분 주민세의 납부의무자인 '주민'과 기본적으로 동일하되, 다만 '지방자치단체의 재산 또는 공공시설의 설치로 주민의 일부가 특히 이익을 받은 경우'로 한정된다는 차이점이 있을 뿐이다. 따라서 법인의 경우 해당 지방자치단체의 구역 안에 주된 사무소 또는 본점을 두고 있지 않더라도 '사업소'를 두고 있다면

(구)지방자치법 제138조에 따른 분담금 납부의무자인 '주민'에 해당한다.

…

어떤 법인이 해당 지방자치단체에서 인적·물적 설비를 갖추고 계속적으로 사업을 영위하면서 해당 지방자치단체의 재산 또는 공공시설의 설치로 특히 이익을 받는 경우에는 (구)지방자치법 제138조에 따른 분담금 납부의무자가 될 수 있다. 특히 (구)지방자치법 제138조에 근거하여 분담금 제도를 구체화한 조례에서 정한 분담금 부과 요건을 충족하는 경우에는 부담금 이중부과 등과 같은 특별한 사정이 없는 한 조례 규정에 따라 분담금을 납부할 의무가 있다(대판 2021.4.29, 2016두45240 [시설분담금(상수도원인자부담금)부과처분무효확인])."

※ 유사판례: 대판 2022.4.14, 2020두58427[상수도시설분담금부과처분무효확인]

Ⅱ. 연결강제·이용강제

공공의 필요를 위하여 지방자치단체의 구역 내의 주민의 토지를 공공의 사용에 제공하도록 강제될 수 있는데(예: 상하수도 설치를 위한 토지이용강제), 이를 연결강제(또는 이용제공강제)라 한다. 한편 지방자치단체의 주민이 일정한 시설(예: 공설화장시설)을 이용하도록 강제되는 경우 이를 이용강제라 한다.

제 4 절 주민참여

Ⅰ. 주민참여의 의의

주민참여는 지방자치단체의 주민이 직접 또는 간접적인 형태로 지방행정에 참여하는 것을 말한다. 지방자치는 공법상의 법인(지방자치단체)이 그 자치사무에 관하여(전권한성) 그 구성원의 참여를 통한 의사결정에 따라(주민참여) 국가의 간섭 없이 자기책임 하에 사무를 수행하는 것(자기책임성)을 그 개념요소로 하므로, 주민참여는 지방자치의 본질적인 개념요소 중 하나이다.

Ⅱ. 주민참여의 유형

주민참여는 지방행정에서의 ① 의사결정과정에 참여하는 경우와 ② 행정과정에 참여하는 경우로 구분해 볼 수 있다.

① 의사결정에 참여하는 경우는 다시 (1) 주민들이 직접 지방자치단체의 의사결정을 하는 '직

접민주적 주민참여'로서 여기에는 (a) 주민투표, (b) 주민소환, (c) 주민총회와 같은 참여유형이 있다. (2) 그 다음으로 주민들이 선출한 대표자를 통하여 지방자치단체의 의사를 결정하는 '간접민주적 주민참여'로서 이와 같은 유형으로는 오늘날 지방의회제도가 대표적이다. (3) 그 다음으로 주민들이 지방자치단체의 의사결정에 관여하지만 결정은 하지 않는 '부진정 직접민주적 주민참여'로서 여기에는 (a) 주민발안, (b) 주민회합, (c) 주민의견조사, (d) 전문가참여와 같은 유형이 있다.

② 행정과정에 참여하는 유형으로는 (1) 명예직공무원으로서 활동하거나, (2) 명예직활동을 하거나 (3) 자원봉사활동을 통하여 참여하는 경우 등이 있다.[2)]

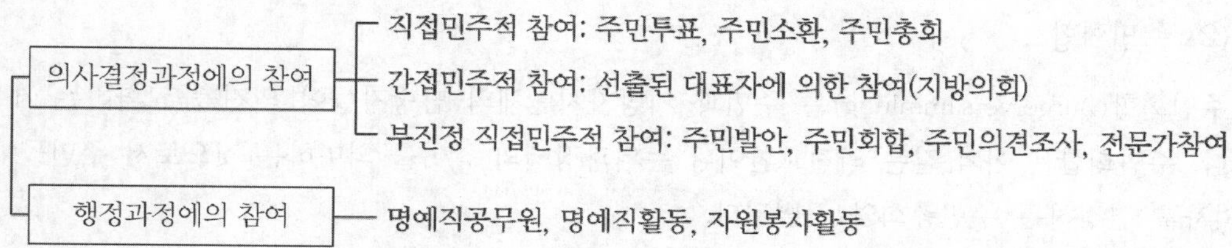

▌주민참여 유형▐

1. 직접민주적 주민참여

(1) 주민투표

주민투표는 직접 주민에게 지방자치단체의 의사결정권을 보장하는 제도이다. 지방자치법은 주민에게 과도한 부담을 주거나 중대한 영향을 미치는 지방자치단체의 주요 결정사항 등에 대하여 주민투표에 부칠 수 있도록 하고 있고(지자법 18), 지방자치법에 의하여 별도로 제정된 주민투표법에서 주민투표의 대상·발의자·발의요건·투표절차 등에 관한 사항을 규정하고 있다.

(2) 주민소환

주민소환(Bürgerabwahl)은 지방자치단체의 장 및 지방의회의원을 임기 전에 해임하도록 주민이 결정하는 제도이다. 지방자치법은 이와 같은 주민의 권리를 규정하고 있으며(지자법 25), 지방자치법에 의하여 별도로 제정된 주민소환법에서 주민소환의 투표 청구권자·청구요건·절차 및 효력 등에 관하여 규정하고 있다.

(3) 주민총회

주민총회는 지방자치단체의 주민이 모두 모여 지방자치단체의 의사를 결정하는 제도이다. 주

2) 이기우, 지방자치이론, 75면 이하.

민총회는 매우 작은 규모의 지방자치단체의 경우에만 가능할 것이다. 우리나라에서 인정하고 있는 예는 없다.

2. 부진정 직접민주적 주민참여

(1) 주민발안

주민발안(Bürgerantrag)은 주민이 지방의회로 하여금 일정한 기간 내에 특정한 안건을 심의하고 의결하도록 하는 제도를 말한다. 우리나라에서는 인정되지 않고 있다.

(2) 주민회합

주민회합(Bürgerversammlung)은 주민과 지방자치단체의 담당자들이 의견을 교환하는 제도를 말한다. 주민회합은 이와 같은 의견교환이나 논의과정에의 참여를 의미하는 것으로서 주민들이 직접 의사를 결정하는 주민총회와 구별된다.

(3) 주민의견조사

주민의견조사는 특정 사안에 대한 의사결정을 위하여 주민들의 의견을 묻는 제도를 말한다. 주민의견조사는 지방자치단체의 의사결정에 조언적인 기능을 하는 제도로서 여기에서의 주민들의 의견은 의사결정을 구속하는 효력이 없다.

(4) 전문가 참여

전문가참여는 의사결정의 전문성을 높이기 위하여 지방자치단체의 주민이 전문가로서 그 의사결정에 참여하는 것을 말한다. 전문가참여를 인정하는 경우 전문가는 조언하거나 심의하는 데 그치고 결정권을 행사하지는 않는 것이 일반적일 것이다.

3. 행정과정에 대한 주민참여

지방행정과정에 참여하는 유형으로는 ① 직업관료가 아닌 자로서 개인적인 직업과 겸하여 공직을 수행하는 명예직공무원으로서의 행정참여와, ② 선거참관활동과 같은 명예직활동을 통한 행정참여, ③ 자원봉사활동을 통한 행정참여 등이 있다.

제 5 장 지방자치단체의 기관

지방자치단체의 기관구성과 관련하여 집행기능과 의결기능을 분리하여 별도의 기관이 담당하게 할 것인지(기관대립형), 양 기능을 하나의 기관이 수행하게 할 것인지(기관통합형) 여부는 그 나라의 입법적 선택의 문제로서 각 나라마다 서로 차이가 있다. 보통 기관대립형의 경우는 집행기관(지방자치단체의 장)과 의결기관(주민대표기관)이 따로 구성되고, 기관통합형의 경우는 주민대표기관(평의회, 지방의회 등 다양한 명칭으로 불림)의 대표가 곧 지방자치단체의 장이 되기도 한다.

우리 헌법은 지방자치단체에는 의회를 두도록 하고 기타 지방자치단체의 조직과 운영에 관한 사항은 법률로 정하도록 하고 있고(헌법 118), 이에 따라 지방자치법은 지방자치단체의 의결기관으로서 지방의회와 집행기관으로서 지방자치단체의 장을 규정하고 있어서 기관대립형을 취하고 있다고 할 수 있다. 한편 지방교육자치에 관한 법률은 교육·학예에 관한 심의·의결기관으로 시·도의회에 두는 교육위원회와 집행기관으로 교육감을 규정하고 있다.

한편 2021년 지방자치법 개정으로 '따로 법률로 정하는 바에 따라 주민투표를 거쳐 지방자치단체의 장의 선임방법을 포함한 지방자치단체의 기관구성 형태를 달리 할 수 있다(지자법 4 ①, ②)'는 규정을 신설하여, 주민들이 기관구성을 선택할 수 있도록 규정하고 있으나, 각 지방자치단체마다 주민들의 선택에 따라 기관구성이 달라질 수 있도록 하는 것이 바람직한지 의문이다.

제 1 절 지방의회

지방의회는 주민의 보통·평등·직접·비밀선거로 선출된 지방의원으로 구성되는 지방자치단체의 의사결정기관이다. 지방의회로는 특별시·광역시·도의회, 시·군·(자치)구의회가 있다.

제 1 항 지방의회의 법적 지위

① 주민의 대표기관 지방의회는 지방자치단체의 주민의 직접선거에 의하여 선출되는 주민

의 대표기관이다. 여기에서 대표기관이란 주민들을 대표한다는 의미이고 법적으로 지방자치단체를 대표한다는 의미는 아니다.

② 의결기관 지방의회는 지방자치단체 내의 최고의사결정기관이다. 따라서 지방의회는 조례의 제정·개정 및 폐지, 예산의 심의·확정, 결산의 승인 등과 같은 지방자치단체의 주요사항들을 의결한다(지자법 47 ①).

③ 집행기관의 통제기관 지방자치법은 지방자치단체의 기관으로 집행기관과 의결기관을 두도록 하여(기관대립형) 의결기관인 지방의회가 집행기관에 대한 통제 기능을 수행하도록 하고 있다.

④ 행정기관 지방의회는 지방자치단체의 최고의사결정기관이지만 헌법상 의미에서의 의회는 아니다. 지방자치는 국가차원에서의 삼권분립 가운데 행정권을 중앙과 지방으로 수직적으로 분권한 것이므로 지방자치단체는 행정부의 한 구성부분이고, 지방의회는 지방자치단체의 내부기관이므로 그 법적 성격은 행정기관이다. 이에 관하여는 지방의회를 입법기관으로 보는 견해도 있어 논란은 있으나, 지방자치단체는 그 자체로서 국가가 아니고 국가로부터 전래된 권한을 행사하는 것이므로 행정기관으로서의 성질을 가지는 것으로 보는 것이 타당하다. 이 점에서 지방의회가 조례를 제정하는 기관이라는 점에서 입법기관으로서의 성질도 아울러 가지고 있지만, 조례제정행위도 넓은 의미에서는 행정입법의 하나로 이해되는 것이다. 다만 지방의회는 주민의 직접선거로 구성되는 기관이므로 조례제정행위에는 일반적인 법규명령과는 달리 법률에 의한 포괄적인 위임도 허용된다.

제 2 항 지방의회의원 및 지방의회의 구성

지방의회는 주민의 선거에 따라 선출된 지방의회의원으로 구성된다. 지방의회에는 의장·부의장과 여러 위원회로 구성된다.

Ⅰ. 지방의회의원

1. 지방의회의원의 지위

① 지방의회의원은 지방의회의 구성원으로서, 주민의 대표자로서의 지위를 가진다. ② 과거에는 지방의회의원의 직은 명예직이었으나, 오늘날 행정의 전문성 및 의원의 직무전념성 등을 고려하여 명예직을 유급직으로 전환하였다.

2. 신분의 발생·소멸*

지방의회의원은 주민이 보통·평등·직접·비밀선거로 선출한다(지자법 38). 지방의회의원의 임기는 4년이다(지자법 39).

지방의회의원은 임기만료·사직(지자법 89)·퇴직사유의 발생(지자법 90)·자격상실의결(지자법 92, 93)·제명(지자법 100 ① 4호)·선거 또는 당선무효판결 등으로 신분이 소멸된다.

3. 지방의회의원의 권리와 의무

(1) 권리

① 기관구성 및 의사참여권　지방의회의원은 지방의회 의장·부의장 등 기관의 선거권과 피선거권을 가진다. 또한 의정활동을 위하여 발의권·질문권·질의권·표결권 등 의사에 참여할 권리를 가진다.

② 의정활동비 등 수급권　지방의회의원은 종래 명예직으로 되어 있었으나, 관련 규정 삭제로 유급직으로 전환되었다. 이에 따라 지방의회의원에게는 (1) 의정(議政) 자료를 수집하고 연구하거나 이를 위한 보조 활동에 사용되는 비용을 보전(補塡)하기 위하여 매월 지급하는 의정활동비, (2) 지방의회의원의 직무활동에 대하여 지급하는 월정수당, (3) 본회의 의결, 위원회의 의결 또는 의장의 명에 따라 공무로 여행할 때 지급하는 여비를 지급한다(지자법 40 ①).

③ 상해·사망 등의 보상금수급권　지방의회의원이 회기 중 직무로 인하여 신체에 상해를 입거나 사망한 경우와 그 상해나 직무로 인한 질병으로 사망한 경우에는 보상금을 지급할 수 있다(지자법 42 ①).

(2) 의무

① 겸직 등 금지　지방의회의원은 국회의원, 다른 지방의회의 의원, 국가공무원·지방공무원 등의 직(職)을 겸할 수 없다(지자법 43 ①). 지방의회의원은 해당 지방자치단체, 제43조 제5항 각 호의 어느 하나에 해당하는 기관·단체 및 그 기관·단체가 설립·운영하는 시설과 영리를 목적으로 하는 거래를 하여서는 아니 된다(지자법 44 ④). 지방의회의원은 소관 상임위원회의 직무와 관련된 영리행위를 하지 못하며, 그 범위는 해당 지방자치단체의 조례로 정한다(지자법 44 ⑤).

② 의원으로서의 의무　지방의회의원은 공공의 이익을 우선하여 양심에 따라 그 직무를 성실히 수행하여야 한다(지자법 44 ①). 지방의회의원은 청렴의 의무를 지며, 지방의회의원으로서의 품위를 유지하여야 한다(지자법 44 ②). 지방의회의원은 지위를 남용하여 재산상의 권리·이익 또

* 행정고시(재경)(2009년).

는 직위를 취득하거나 다른 사람을 위하여 그 취득을 알선해서는 아니 된다(지자법 44 ③).

Ⅱ. 지방의회의 구성

1. 의장과 부의장

(1) 의장·부의장의 선거와 임기

지방의회는 지방의회의원 중에서 시·도의 경우 의장 1명과 부의장 2명을, 시·군 및 자치구의 경우 의장과 부의장 각 1명을 무기명투표로 선거한다(지자법 57 ①). 지방의회의 의장선임의결은 행정처분으로서 항고소송의 대상이 된다[판례]. 의장과 부의장의 임기는 2년이다(지자법 57 ③).

> [판례] 지방의회의 의장선임의결이 행정처분으로서 항고소송의 대상이 되는지 여부
>
> "지방의회의 의장은 (구)지방자치법 제43조, 제44조의 규정에 의하여 의회를 대표하고 의사를 정리하며, 회의장 내의 질서를 유지하고 의회의 사무를 감독할 뿐만 아니라 위원회에 출석하여 발언할 수 있는 등의 직무권한을 가지는 것이므로, 지방의회의 의사를 결정공표하여 그 당선자에게 이와 같은 의장으로서의 직무권한을 부여하는 지방의회의 의장선거는 행정처분의 일종으로서 항고소송의 대상이 된다고 할 것이다(대판 1995.1.12, 94누2602)."

(2) 의장의 직무와 부의장의 직무대리

지방의회의 의장은 의회를 대표하고 의사(議事)를 정리하며, 회의장 내의 질서를 유지하고 의회의 사무를 감독한다(지자법 58). 지방의회의 부의장은 지방의회의 의장이 부득이한 사유로 직무를 수행할 수 없을 때에는 그 직무를 대리한다(지자법 59).

(3) 의장불신임의 의결

지방의회의 의장이나 부의장이 법령을 위반하거나 정당한 사유 없이 직무를 수행하지 아니하면 지방의회는 불신임을 의결할 수 있다(지자법 62 ①). 불신임 의결은 행정처분으로서 항고소송의 대상이 된다[판례]. 제1항의 불신임의결은 재적의원 4분의 1 이상의 발의와 재적의원 과반수의 찬성으로 행한다(지자법 62 ②). 제2항의 불신임 의결이 있으면 의장이나 부의장은 그 직에서 해임된다(지자법 62 ③).

[판례] 지방의회 의장에 대한 불신임 의결이 행정처분의 일종인지 여부

"지방의회를 대표하고 의사를 정리하며 회의장 내의 질서를 유지하고 의회의 사무를 감독하며 위원회에 출석하여 발언할 수 있는 등의 직무권한을 가지는 지방의회 의장에 대한 불신임의결은 의장으로서의 권한을 박탈하는 행정처분의 일종으로서 항고소송의 대상이 된다(대결 1994.10.11, 94두23)."

2. 위원회

지방의회는 조례로 정하는 바에 따라 위원회를 둘 수 있다(지자법 64 ①). 위원회의 종류는 소관 의안과 청원 등을 심사·처리하는 상임위원회와 특정한 안건을 심사·처리하기 위한 특별위원회 두 가지로 한다(지자법 64 ②).

지방의회의원의 윤리강령과 윤리실천규범 준수 여부 및 징계에 관한 사항을 심사하기 위하여 윤리특별위원회를 둔다(지자법 65 ①). 윤리특별위원회는 지방의회의원의 윤리강령과 윤리실천규범 준수 여부 및 지방의회의원의 징계에 관한 사항을 심사하기 전에 제66조에 따른 윤리심사자문위원회의 의견을 들어야 하며 그 의견을 존중하여야 한다(지자법 65 ②).

지방의회의원의 겸직 및 영리행위 등에 관한 지방의회의 의장의 자문과 지방의회의원의 윤리강령과 윤리실천규범 준수 여부 및 징계에 관한 윤리특별위원회의 자문에 응하기 위하여 윤리특별위원회에 윤리심사자문위원회를 둔다(지자법 66 ①).

위원회는 그 소관에 속하는 의안과 청원 등 또는 지방의회가 위임한 특정한 안건을 심사한다(지자법 67).

위원회에는 위원장과 위원의 자치입법활동을 지원하기 위하여 의원이 아닌 전문지식을 가진 위원(전문위원)을 둔다(지자법 68 ①).

Ⅲ. 지방의회의 회의

1. 회의의 원칙

지방의회 회의는 지방의회에 제출된 의안은 회기 중에 의결되지 못한 것 때문에 폐기되지 아니하고(회기계속의 원칙, 지자법 79), 지방의회에서 부결된 의안은 같은 회기 중에 다시 발의하거나 제출할 수 없는 것(일사부재의의 원칙, 지자법 80)이 원칙이다. 지방의회의 회의는 원칙적으로 공개한다(지자법 75 ①).

2. 의안의 발의

지방의회에서 의결할 의안은 지방자치단체의 장이나 조례로 정하는 수 이상의 지방의회의원

의 찬성으로 발의한다(지자법 76 ①). 위원회는 그 직무에 속하는 사항에 관하여 의안을 제출할 수 있다(지자법 76 ②).

지방의회는 심사대상인 조례안에 대하여 5일 이상의 기간을 정하여 그 취지, 주요 내용, 전문을 공보나 인터넷 홈페이지 등에 게재하는 방법으로 예고할 수 있다(지자법 77 ①).

3. 의결

회의는 지방자치법에 특별히 규정된 경우 외에는 재적의원 과반수의 출석과 출석의원 과반수의 찬성으로 의결한다(지자법 73 ①). 지방의회의 의장은 의결에서 표결권을 가지며, 찬성과 반대가 같으면 부결된 것으로 본다(지자법 73 ②).

지방의회의 의결은 일반적으로 외부적으로 직접 법적 효력을 발생하지는 않는다. 따라서 의결은 행정행위가 아니라 지방의회의 내부적 의사결정으로 보아야 할 것이다.

4. 제척

지방의회의 의장이나 지방의회의원은 본인·배우자·직계존비속 또는 형제자매와 직접 이해관계가 있는 안건에 관하여는 그 의사에 참여할 수 없다. 다만, 의회의 동의가 있으면 의회에 출석하여 발언할 수 있다(지자법 82). 제척제도는 의사결정과정의 공정성·투명성·신뢰성을 도모하기 위한 제도이다.

제 3 항 지방의회의 권한

I. 의결권

지방의회는 의결기관이므로, 의결권은 지방의회의 가장 본질적인 권한이다.

지방자치법은 지방의회의 의결사항을 열기주의 방식으로 제한적으로 열거하고 있는데, 이에 따르면 지방의회는 ① 조례의 제정·개정 및 폐지, ② 예산의 심의·확정, ③ 결산의 승인, ④ 법령에 규정된 것을 제외한 사용료·수수료·분담금·지방세[1] 또는 가입금의 부과와 징수, ⑤ 기금의 설치·운용, ⑥ 대통령령으로 정하는 중요 재산의 취득·처분, ⑦ 대통령령으로 정하는 공공시설의 설치·처분, ⑧ 법령과 조례에 규정된 것을 제외한 예산 외의 의무부담이나 권리의 포기, ⑨ 청원

1) 지방자치법은 지방자치단체는 지방세(152)·사용료(153)·수수료(154)·분담금(155)을 징수할 수 있다고 규정하고 있다.
한편 행정기본법은 수수료와 사용료에 관한 일반적인 규정(행정기본법 35)을 두고 있는데, 위 지방자치법의 규정들을 고려하여, 제3항에서 "지방자치단체의 경우에는 지방자치법에 따른다."고 규정하고 있다.

의 수리와 처리, ⑩ 외국 지방자치단체와의 교류·협력에 관한 사항, ⑪ 그 밖에 법령에 따라 그 권한에 속하는 사항과 같은 지방자치단체의 주요사항들을 의결한다(지자법 47 ①).

지방자치단체는 제1항의 사항 외에 조례로 정하는 바에 따라 지방의회에서 의결되어야 할 사항을 따로 정할 수 있다(지자법 47 ②).

Ⅱ. 조례제정권

지방의회는 의결기관으로서 조례제정권을 가지는데, 이에 관하여는 제4항에서 별도로 설명하기로 한다.

Ⅲ. 행정사무감사·조사권

지방의회는 매년 1회 그 지방자치단체의 사무(자치사무)에 대하여 시·도에서는 14일의 범위에서, 시·군 및 자치구에서는 9일의 범위에서 감사를 실시하고, 지방자치단체의 사무 중 특정 사안에 관하여 본회의 의결로 본회의나 위원회에서 조사하게 할 수 있다(지자법 49 ①).

지방자치단체 및 그 장이 위임받아 처리하는 국가사무와 시·도의 사무(단체위임사무 및 기관위임사무)에 대하여 국회와 시·도의회가 직접 감사하기로 한 사무 외에는 그 감사를 각각 해당 시·도의회와 시·군 및 자치구의회가 할 수 있다. 이 경우 국회와 시·도의회는 그 감사 결과에 대하여 그 지방의회에 필요한 자료를 요구할 수 있다(지자법 49 ③). 본래 위임사무, 특히 기관위임사무의 경우 지방의회의 관여가 불가능한 것이 원칙이나, 지방자치법은 자체감사를 존중하고 감사의 중복으로 인한 혼란을 방지하기 위하여 이에 대한 일정한 예외를 규정하고 있는 것이다.

제1항의 감사 또는 조사와 제3항의 감사를 위하여 필요하면 현지확인을 하거나 서류제출을 요구할 수 있으며, 지방자치단체의 장 또는 관계 공무원이나 그 사무에 관계되는 사람을 출석하게 하여 증인으로서 선서한 후 증언하게 하거나 참고인으로서 의견을 진술하도록 요구할 수 있다(지자법 49 ④).

지방의회는 본회의의 의결로 감사 또는 조사 결과를 처리한다(지자법 50 ①). 지방의회는 감사 또는 조사 결과 해당 지방자치단체나 기관의 시정이 필요한 사유가 있을 때에는 시정을 요구하고, 지방자치단체나 기관에서 처리함이 타당하다고 인정되는 사항은 그 지방자치단체나 기관으로 이송한다(지자법 50 ②). 지방자치단체나 기관은 제2항에 따라 시정 요구를 받거나 이송받은 사항을 지체 없이 처리하고 그 결과를 지방의회에 보고하여야 한다(지자법 50 ③).

Ⅳ. 출석·답변 및 서류제출요구권

지방의회의 본회의나 위원회는 그 의결로 안건의 심의와 직접 관련된 서류의 제출을 해당 지방자치단체의 장에게 요구할 수 있고(지자법 48 ①), 지방의회나 그 위원회는 지방자치단체의 장이나 관계 공무원에게 지방의회에 출석·답변하도록 요구할 수 있다(지자법 51 ②).

Ⅴ. 승인권

지방의회는 지방자치단체의 장이 행한 선결처분에 대한 승인권을 가진다. 지방의회에서 승인을 받지 못하면 그 선결처분은 그때부터 효력을 상실한다(지자법 122 ②, ③).

Ⅵ. 선거권

지방의회는 의장·부의장 및 임시의장을 선출하고(지자법 57, 60), 위원회의 위원을 선임하며(지자법 64 ③), 결산검사위원을 선임한다(지자법 150 ①).

Ⅶ. 청원의 수리 및 처리권

지방의회는 의원의 소개를 받아 제출된 청원을 수리하고 처리한다(지자법 87 ①). 지방의회가 채택한 청원으로서 그 지방자치단체의 장이 처리하는 것이 타당하다고 인정되는 청원은 의견서를 첨부하여 지방자치단체의 장에게 이송하고, 이 경우 지방자치단체의 장은 청원을 처리하고 그 처리결과를 지체 없이 지방의회에 보고하여야 한다(지자법 88 ①, ②).

Ⅷ. 자율권*

지방의회는 그 조직·내부운영·의원의 자격 등에 대하여 자주적으로 이를 정할 수 있는 자율권으로서, ① 내부조직권(의장의 선임·위원회의 설치 등), ② 내부운영권(의회규칙·회의규칙 제정권), ③ 내부경찰권(회의의 질서유지권·방청인에 대한 단속권 등), ④ 의원자격심사 및 징계권을 가진다.

* 행정고시(재경)(2009년).

제 4 항 조례제정권*

Ⅰ. 조례의 의의

조례는 독립한 공법상의 법인인 지방자치단체가 헌법을 포함한 법령에 의해 수여된 자치권의 범위 내에서 그 지역주민들을 위하여 제정하는 법규범을 말한다.

조례는 주민들을 구속하는 대외적 구속력을 가진다는 점에서 실질적 의미의 법규범이고, 일정한 지역에서 효력을 가진다는 점에서 지역법이다. 조례는 지방자치단체의 자주적인 자치권에 의하여 제정된 것이라는 점에서 자주법이다.

조례는 그 지역사무에 관하여 각 지방자치단체와 해당지역의 주민들간의 법률관계를 자기책임적으로 규율하는 것을 그 내용으로 하지만, 여기에 한정되지 아니하고 더 나아가 자치사무에 관한 모든 사항을 규율할 수도 있다.

조례는 일반적으로 일반·추상적인 형식의 법규범이지만, 경우에 따라서는 구체적인 사항을 규율할 수도 있고, 또한 행정내부적인 관계를 규율할 수도 있다.

조례는 법규명령과 마찬가지로 행정입법이라는 점에서는 공통되지만, ① 법규명령은 국가의 법령제정권에 의한 것이고, 조례는 지방자치단체의 조례제정권에 의한 것이라는 점, ② 법규명령은 국회입법 원칙에 대한 중대한 예외로서 상위 법령의 위임이 있어야만 제정되는 타율입법이고, 따라서 법규명령의 발령에는 특별수권원칙이 엄격히 요구되지만, 조례는 지방자치단체의 자치권에 따라 제정되는 자율입법이라는 점에서 원칙적으로 조례제정에 일반적인 수권만 있으면 족하고, 특별수권이 요구되더라도 법규명령의 경우처럼 엄격하게 요구되지 않는다는 점에서 차이가 있다.

지방자치단체의 사무에 관한 조례와 규칙 중 조례가 보다 상위규범이라고 할 수 있다(대판 1995.7.11, 94누4615).

Ⅱ. 조례제정권의 근거

헌법 제117조 제1항은 "지방자치단체는 … 법령의 범위 안에서 자치에 관한 규정을 제정할 수 있다."고 규정하여 지방자치단체의 자치입법권을 인정하고 있고, 지방자치법 제28조 제1항은 "지방자치단체는 법령의 범위에서 그 사무에 관하여 조례를 제정할 수 있다. 다만, 주민의 권리 제한 또는 의무 부과에 관한 사항이나, 벌칙을 정할 때에는 법률의 위임이 있어야 한다."고 하여 헌법을 구체화하고 있다.

이처럼 자치입법권의 하나로서 헌법에 의하여 보장되는 지방자치단체의 조례제정권을 특히

* 입법고시(2003년).

조례고권(Satzungshoheit) 또는 조례자치(Satzungsautonomie)라 한다.

한편 지방자치법 제28조 제2항은 2021년 전부개정으로 신설되었는데, "법령에서 조례로 정하도록 위임한 사항은 그 법령의 하위 법령에서 그 위임의 내용과 범위를 제한하거나 직접 규정할 수 없다."고 규정하고 있다. 이는 하위 법령에 의한 지방자치권 침해를 제한하기 위한 것이다. 따라서 하위 법령은 지방자치법 제28조 제2항을 위반할 수 없는데, 이러한 의미에서 동 조항은 법령의 한계로 작용할 수 있게 되었다.

Ⅲ. 조례의 종류

조례는 법령의 위임여부에 따라 자치조례와 위임조례로, 조례제정의 재량여부에 따라 임의조례와 의무조례로 분류할 수 있다. 그 밖에도 조례 중에는 행정내부적 조례, 추가조례, 초과조례 등이 있다.

1. 자치조례와 위임조례

자치조례는 헌법 제117조와 지방자치법 제28조 제1항의 규정에 근거하여 별도의 법령의 위임 없이 지방자치단체의 사무에 대하여 의회의 의결을 거쳐 자주적으로 정하는 조례를 말한다. 즉, 자치조례는 지방자치단체의 권한으로 자기책임 아래 이루어지는 자치입법이다.

위임조례는 법령의 개별적인 위임에 의하여 제정되는 조례를 말한다. 입법의 실제에 있어서는 자치조례보다는 위임조례가 압도적으로 많은데, 그 이유는 지방자치법 제28조 제1항 단서의 "주민의 권리 제한 또는 의무 부과에 관한 사항이나 벌칙을 정할 때에는 법률의 위임이 있어야 한다."는 규정에 의하여 법률의 위임에 의하여 제정되는 조례가 많기 때문이다. 한편 기관위임사무는 원칙적으로 조례의 규율대상이 아니지만, 개별법령에서 조례로 정하도록 규정하고 있는 경우에는 조례의 제정대상이 될 수 있는데, 이와 같은 기관위임사무에 대한 조례도 위임조례라고 할 수 있다.

2. 임의조례와 의무조례

임의조례는 당해 지방자치단체의 사무에 관한 입법재량에 따라 제정하는 조례를 말하고, 의무조례는 법령에 의하여 반드시 제정하여야 하는 조례를 말한다. 주민의 권리의무 및 벌칙에 관한 조례는 원칙적으로 위임조례 또는 의무조례에 해당한다.

3. 행정내부적 조례

조례는 일반·추상적인 형식의 법규범으로서 대외적인 구속력이 있는 것이 원칙이지만, 경우에 따라서는 행정내부적인 관계를 규율하는 조례도 있다.

4. 추가조례 · 초과조례*

조례와 국가법령이 그 입법목적은 동일하지만 국가법령에서 규정하지 아니한 사항을 조례로 정하는 경우 이를 추가조례라고 부르기도 한다.

조례와 국가법령이 그 입법목적도 동일하고 입법사항도 동일하지만 국가법령에서는 일정한 요건이나 기준을 정하고 조례로 이를 보다 강화하는 경우 이러한 조례를 초과조례라고 부르기도 한다.

Ⅳ. 조례의 적법요건**

조례의 제정은 행정작용이라는 점에서 행정작용의 적법요건(주체 · 내용 · 형식 · 절차)을 갖추어야 한다.

1. 주체요건

조례는 지방의회의 의결사항이다(지자법 47 ① 1호). 따라서 조례의 제정주체는 지방의회이다.

2. 형식 및 절차요건

조례는 성문의 법규범이므로 문서의 형식으로 하여야 한다.

조례안은 지방자치단체의 장이나 조례로 정하는 수 이상의 지방의회의원의 찬성으로 발의한다(지자법 76 ①). 위원회도 그 직무에 속하는 사항에 관하여 의안을 제출할 수 있다(지자법 76 ②). 주민은 조례의 제정 · 개폐를 청구할 수 있다(지자법 19 ①).

조례안이 지방의회에서 의결되면 지방의회의 의장은 의결된 날부터 5일 이내에 그 지방자치단체의 장에게 이를 이송하여야 한다(지자법 32 ①). 지방자치단체의 장은 이송받은 조례안에 대하여 이의가 있으면 20일 이내에 이유를 붙여 지방의회로 환부(還付)하고, 재의(再議)를 요구할 수 있다. 이 경우 지방자치단체의 장은 조례안의 일부에 대하여 또는 조례안을 수정하여 재의를 요구할 수 없다(지자법 32 ③). 재의요구를 받은 지방의회가 재의에 부쳐 재적의원 과반수의 출석과 출석의원 3분의 2 이상의 찬성으로 전(前)과 같은 의결을 하면 그 조례안은 조례로서 확정된다(지자법 32 ④). 지방자치단체의 장이 20일 이내에 공포하지 아니하거나 재의요구를 하지 아니하더라도 그

* 행정고시(2006년).

** 사법시험(2006년), 사법시험(2010년), 행정고시(일반행정)(2007년), 5급공채(재경)(2012년), 5급공채(행정)(2023년), 입법고시(2024년), 변호사시험(2015년).

조례안은 조례로서 확정된다(지자법 32 ⑤).

조례에 대한 사후통제수단으로서 조례의 제정에 감독청의 사후승인을 요구할 것인가 하는 것은 입법정책적으로 판단할 문제인데, 우리 지방자치법은 사후보고제도를 채택하고 있다. 이에 의하면 조례를 제정·개정·폐지할 경우 지방의회에서 이송된 날부터 5일 이내에 시·도지사는 행정안전부장관에게, 시장·군수 및 자치구의 구청장은 시·도지사에게 그 전문(全文)을 첨부하여 각각 보고하여야 하며, 보고를 받은 행정안전부장관은 이를 관계 중앙행정기관의 장에게 통보하여야 한다(지자법 35).

[판례] 조례안 재의결 내용 중 일부만 위법한 경우, 대법원이 의결 전부의 효력을 부인하여야 하는지 여부(적극)

"조례안 일부가 법령에 위반되어 위법한 경우에 의결 일부에 대한 효력을 배제하는 것은 결과적으로 전체적인 의결 내용을 변경하는 것으로 의결기관인 지방의회의 고유권한을 침해하는 것이 된다. 뿐만 아니라 일부만의 효력 배제는 자칫 전체적인 의결 내용을 지방의회의 당초 의도와는 다른 내용으로 변질시킬 우려가 있다. 또한 재의요구가 있는 때에는 재의요구에서 지적한 이의사항이 의결 일부에 관한 것이더라도 의결 전체가 실효되고 재의결만이 새로운 의결로서 효력이 생긴다. 따라서 의결 일부에 대한 재의요구나 수정 재의요구는 허용되지 않는다. 이러한 점들을 종합하면, 재의결 내용 전부가 아니라 일부만 위법한 경우에도 대법원은 의결 전부의 효력을 부인하여야 한다(대판 2017.12.5, 2016추5162[조례안재의결무효확인])."

3. 내용요건

(1) 조례제정권의 보장(일반수권)

헌법 제117조와 지방자치법 제28조 제1항은 지방자치단체의 조례제정권을 보장하고 있다. 이들은 일반수권(Generalermächtigung)의 형태로 지방자치단체에게 조례제정권한을 부여하고 있다. 따라서 이 규정에 의하여 지방자치단체는 그 지역사무에 대하여 별도의 구체적인 법령의 위임이 없더라도 조례를 제정할 수 있다.

(2) 조례제정권의 사항적 범위*

지방자치법 제28조 제1항은 "지방자치단체는 '그 사무에 관하여' 조례를 제정할 수 있다."고 규정하고 있는데, 여기에서 '그 사무'가 어떠한 사무를 의미하는가 하는 것이 문제이다.

이와 관련하여 지방자치법 제13조 제1항은 지방자치단체의 사무범위와 관련하여 "지방자치단체는 관할 구역의 '자치사무'와 '법령에 따라 지방자치단체에 속하는 사무(단체위임사무)'를 처리한

* 변호사시험(2017년), 입법고시(2009년), 행정고시(재경)(2009년).

다."고 규정하고 있으므로, 결국 조례의 제정대상은 자치사무와 단체위임사무가 된다.

기관위임사무는 조례의 제정대상이 될 수 없다[판례1]. 그러나 개별법령에서 기관위임사무를 조례로 정하도록 규정하고 있는 경우에는 예외적으로 기관위임사무가 조례의 제정대상이 될 수는 있다[판례2]. 그러나 이와 같은 현상은 지방자치단체의 자치권의 관점에서 결코 바람직한 것은 아니다.

당해 사무가 자치사무인지 기관위임사무인지를 판단함에 있어서는 해당 법령의 규정 형식과 취지를 검토하고, 그 밖에도 그 사무의 성질이 전국적으로 통일적인 처리가 요구되는 사무인지 여부나 그에 관한 경비부담과 최종적인 책임귀속의 주체 등도 아울러 고려하여 판단하여야 한다는 것이 판례의 입장이다[판례1].[2]

[판례1] ① 기관위임사무에 관한 사항을 조례로 제정할 수 있는지 여부(원칙적 소극), ② 지방자치단체의 장이 처리하도록 규정하고 있는 사무가 자치사무 또는 기관위임사무에 해당하는지 여부의 판단 방법

"(구)지방자치법 제22조, 제9조에 의하면, 지방자치단체가 조례를 제정할 수 있는 사항은 … 자치사무와 … 단체위임사무에 한하고, … 기관위임사무에 관한 사항은 원칙적으로 조례의 제정범위에 속하지 않는다. 그리고 법령상 지방자치단체의 장이 처리하도록 규정하고 있는 사무가 자치사무인지 기관위임사무에 해당하는지를 판단함에는 그에 관한 법령의 규정 형식과 취지를 우선 고려하여야 할 것이지만, 그 밖에도 그 사무의 성질이 전국적으로 통일적인 처리가 요구되는 사무인지 여부나 그에 관한 경비부담과 최종적인 책임귀속의 주체 등도 아울러 고려하여 판단하여야 한다(대판 2013.4.11, 2011두12153; 대판 2017.12.5, 2016추5162; 대판 2020.9.3, 2019두58650)."

"이 사건 조례안 제9조 제1항은 납품도매업차량에 대한 주정차위반행정처분이 발생한 경우 해당 차량이 납품이라는 고유의 목적을 위배했다는 증거가 있지 않는 한 해당 행정처분이 자동으로 유예될 수 있도록 시장이 구청장등과 협의하도록 하고 있는데, 도로교통법령의 규정 형식과 내용 및 취지 등에 비추어 보면, 도로교통법상 주정차위반행위에 대한 과태료 부과 관련 사무는 전국적으로 통일적인 규율이 요구되는 국가사무의 성격을 가지고, 이와 관련한 지방자치단체의 장의 사무는 국가행정기관의 지위에서 하는 기관위임사무이므로, 이러한 사무에 대하여 법령의 위임 없이 조례로 정한 것은 조례제정권의 한계를 벗어난 것으로 위법하다(대판 2022.4.28, 2021추5036[조례안재의결무효확인])."

[판례2] 기관위임사무에 관하여 조례를 제정할 수 있는지 여부(한정 소극)

"(구)지방자치법 제15조, 제9조에 의하면, 지방자치단체가 자치조례를 제정할 수 있는 사항은 …

2) 이에 관하여는 아래 1160면 참조.

> 자치사무와 … 단체위임사무에 한하는 것이고, … 기관위임사무는 원칙적으로 자치조례의 제정범위에 속하지 않는다 할 것이고, 다만 기관위임사무에 있어서도 그에 관한 개별법령에서 일정한 사항을 조례로 정하도록 위임하고 있는 경우에는 위임받은 사항에 관하여 개별법령의 취지에 부합하는 범위 내에서 이른바 위임조례를 정할 수 있다(대판 2000.5.30, 99추85)."

(3) 조례제정권과 법치행정의 원리

헌법 제117조와 지방자치법 제28조 제1항은 지방자치단체는 '법령의 범위 안에서' 또는 '법령의 범위에서' 조례를 제정할 수 있다고 규정하고 있다. 여기에서 '법령'은 형식적인 의미에서의 국회가 제정한 법률뿐 아니라 법규명령, 그 밖의 법률하위규범도, 헌법과 헌법상의 자치권보장취지에 합치하고, 위임의 내용이나 목적, 범위 등을 특정하고 있는 수권법률에 기초한 것인 한, 여기에 포함될 수 있다는 것이 일반적인 견해이다.

헌법과 지방자치법이 규정하고 있는 '법령의 범위 안에서' 또는 '법령의 범위에서'[3]는 구체적으로 법치행정의 원리로서의 '법률우위의 원칙'과 '법률유보의 원칙'을 준수하여야 함을 의미하는 것으로 해석되고 있다. 이를 나누어서 살펴보면 다음과 같다.

1) 법률우위

㈎ 의의

지방자치단체의 자치권은, 헌법이 명문으로 규정하고 있는 바와 같이, '법령의 범위 안에서' 보장된다. 여기에서 '법령의 범위 안에서'라고 하는 의미는 우선 법치국가원리에서 비롯되는 원칙으로서 법률우위의 원칙을 의미하는데, 이 점에 대하여는 학설이 일치한다. 즉 지방자치단체는 그 자체로서 독립한 공법인이지만, 다른 한편으로는 국가의 간접행정을 담당하는 행정주체라는 점에서, 지방자치단체에 의한 행정은 엄격한 법의 기속을 받아야 한다는 것이다. 따라서 이들이 제정하는 조례의 경우에, 이에 대한 법적인 근거가 있는가 하는 문제와는 별도로, 상위 법령에 저촉되어서는 안 된다. 법률우위원칙에 반하는 조례는 무효이다[판례1,2].

지방자치법 제28조 제2항은 2021년 전부개정으로 신설된 조항으로, "법령에서 조례로 정하도록 위임한 사항은 그 법령의 하위 법령에서 그 위임의 내용과 범위를 제한하거나 직접 규정할 수 없다."고 규정하고 있다. 이는 하위법령이 상위법령의 근거없이 상위법령이 조례에 위임한 사항을 제한할 수 없음을 규정함으로써 법률우위의 원칙, 조례제정권의 보장을 명확히 한 것이다.

---

3) (구)지방자치법 제22조는 －헌법과 마찬가지로－ '법령의 범위 안에서'라고 규정하고 있었으나, 2021년 전부개정된 지방자치법 제28조 제1항은 이를 '법령의 범위에서'라고 개정하였다. 그 취지는 조례에 대한 법령의 제한의 정도를 다소라도 완화함으로써 궁극적으로는 조례제정권의 범위를 확대하고자 하는 것이다. 하지만 조례는 법령의 범위를 벗어날 수 없는 점, 헌법은 여전히 '법령의 범위 안에서'로 규정하고 있는 점에서 그 의미는 종전의 '법령의 범위 안에서'와 다르지 않다고 판단된다.

한편 법률우위원칙과 관련하여, 특별한 규정이 없는 한, 법령이 정하고 있는 지방자치단체의 집행기관과 지방의회의 고유권한을 침해하는 조례도 법률우위원칙에 반하는 위법한 조례로서 무효가 된다[판례3].

[판례1] (구)지방자치법 제22조에서 정하는 '법령의 범위 안에서'의 의미

"… 여기서 말하는 '법령의 범위 안에서'란 '법령에 위반되지 않는 범위 내에서'를 가리키므로 지방자치단체가 제정한 조례가 법령에 위반되는 경우에는 효력이 없다(대판 2004.7.22, 2003추51)."

[판례] 행정재산인 지하도상가를 제3자에게 사용, 수익하게 하거나 양도하는 것을 금지하는 규정을 신설함과 동시에 마련된 '2년간'의 유예기간 규정에 대하여 이를 '5년간'으로 연장한 인천광역시 지하도상가 관리 운영 조례 일부개정 조례안(이하 '이 사건 조례안') 부칙 제3조 제4항이 공유재산법에 위배되는지 여부(적극)

"공유재산 및 물품을 보호하고 그 취득·유지·보존 및 운용과 처분의 적정을 도모하기 위한 공유재산법의 입법목적, 공유재산 사유화에 따른 사회적 형평의 문제, 공유재산 사용·수익 제한 규정의 취지 등을 종합하면, 제3자에게 행정재산의 사적 이용을 허용할 것인지 여부는 각 지방자치단체의 자율적 규율에 맡겨져 있다고 보기 어려우므로 지방자치단체가 조례 제정을 통해 공유재산법에 반하는 내용으로 행정재산의 제3자 사용·수익을 허용하는 것은 위법하다.

이 사건 조례안 부칙 제3조 제4항이 재의결된 때는 행정재산의 제3자 사용·수익, 양도 금지를 규정한 조례가 시행된 지 이미 2년여가 경과하여 임차인의 종전 조례에 대한 신뢰가 지속되었다고 볼 수 없고, 그에 관한 신뢰가 존재하더라도 보호가치가 있는 정당한 신뢰로 보기 어렵다. 그럼에도 그 유예기간을 연장하는 것은 공유재산법 및 현행 조례의 규범력을 약화시키고, 현행 조례 시행 전후에 사용·수익허가를 받은 임차인들을 합리적 이유 없이 차별하여 지역 간, 주민 간 형평성 논란을 야기할 수 있다. 코로나19 확산의 장기화에 따른 경기침체를 고려하더라도 종전 2년의 유예기간이 임차인 등의 보호에 현저히 짧은 기간이라고 보기 어렵고, 이미 한 차례 유예기간이 주어진 상황에서 그 보다 더 긴 유예기간을 규정하여 법 위반 상태의 지속을 정당화할 만한 특별한 사정도 보이지 아니하므로, 이 사건 조례안 부칙 제3조 제4항은 공유재산법에 위반된다(대판 2022.10.27, 2022추5026[조례안재의결무효확인])."

※ 동일 내용의 판결: 대판 2022.10.27, 2022추5057(행정안전부장관이 이 사건 조례안 부칙 제3조 제4항이 공유재산법 등 상위법령에 위반된다는 이유로 인천광역시장에게 재의 요구를 지시하였으나 인천광역시장이 이에 불응하자, 대법원에 직접 제소한 사건)

[판례] 경상남도 업무협약 체결 및 관리에 관한 조례안 제6조 제1항이 법령에 위반되는지 여부(적극)

"(경상남도지사가 '경상남도 업무협약 체결 및 관리에 관한 조례안' 중 도의회가 지방자치법 제48조,

제49조에 따라 자료를 요구할 경우 도지사는 업무협약에 비밀조항을 둔 경우라도 이를 거부할 수 없도록 규정한 제6조 제1항이 법률유보원칙 등에 위반된다며 재의를 요구하였으나 도의회가 원안대로 재의결함으로써 이를 확정한 사안에서) 지방자치단체의 장이 지방의회의 요구에 따라 지방의회에 제출할 자료 중에 직무상 알게 된 비밀이 포함된 경우, 위 조례안 제6조 제1항에 따르면 지방자치단체의 장이 이를 지방의회에 제출하여야 하는 반면, 지방공무원법 제52조 등에 따르면 지방자치단체의 장이 지방의회의 제출요구를 거부함으로써 직무상 알게 된 비밀을 엄수해야 한다는 측면에서 위 조례안 제6조 제1항이 지방공무원법 제52조 등과 충돌한다고 볼 여지가 큰 점, 공공기관의 정보공개에 관한 법률은 법인 등의 경영상·영업상 비밀에 관한 사항으로서 공개될 경우 법인 등의 정당한 이익을 현저히 해칠 우려가 있다고 인정되는 정보를 비공개 대상 정보로 규정하고(제9조 제1항 제7호), 사회기반시설에 대한 민간투자법 역시 사업시행자의 경영상·영업상 비밀에 해당하는 정보는 비공개하도록 규정하여 사업시행자의 정당한 이익을 보호하는 범위 내에서 정보공개를 의무화하고 있는데(제51조의3 제1항), 위 조례안 제6조 제1항은 서류제출 요구에 응할 경우 기업의 자유 등이 침해될 수 있다는 점에 대한 어떠한 고려도 없이 도지사에게 도의회의 서류제출 요구에 응하도록 하고 있어 기본권에 의한 한계를 규정하고 있는 위 법률조항들과도 충돌하는 점 등을 종합하면, 위 조례안 제6조 제1항은 공무원의 비밀유지의무를 규정한 지방공무원법 제52조, 공공기관의 정보공개에 관한 법률 제9조 제1항 제7호, 사회기반시설에 대한 민간투자법 제51조의3 제1항 등에 위반되므로 조례안에 대한 재의결은 효력이 없다(대판 2023.7.13, 2022추5149[조례안재의결무효확인])."

[판례2] 조례로 규율하고자 하는 특정사항에 관하여 국가의 법령이 이미 존재하는 경우, 조례의 적법 요건

"조례는 … 법령에 위반되지 않는 범위 안에서만 제정할 수 있어서 법령에 위반되는 조례는 그 효력이 없지만 … 조례가 규율하는 특정사항에 관하여 그것을 규율하는 국가의 법령이 이미 존재하는 경우에도 조례가 법령과 별도의 목적에 기하여 규율함을 의도하는 것으로서 그 적용에 의하여 법령의 규정이 의도하는 목적과 효과를 전혀 저해하는 바가 없는 때 또는 양자가 동일한 목적에서 출발한 것이라고 할지라도 국가의 법령이 반드시 그 규정에 의하여 전국에 걸쳐 일률적으로 동일한 내용을 규율하려는 취지가 아니고 각 지방자치단체가 그 지방의 실정에 맞게 별도로 규율하는 것을 용인하는 취지라고 해석되는 때에는 그 조례가 국가의 법령에 위배되는 것은 아니라고 보아야 한다(대판 2007.12.13, 2006추52)."

"공동주택관리법 제93조 제4항은 입주자등의 감사 요청이 없는 경우라 하더라도 '공동주택관리의 효율화'와 '입주자등의 보호'를 위하여 필요하다고 인정하는 경우 지방자치단체의 장이 감사를 실시할 수 있도록 하는데, 이 사건 조례안 제2조 제2항이 공공주택 특별법에 따른 공공주택 임차인 등의 감사 요청이 있거나 이들의 보호를 위하여 필요한 경우를 감사 실시 사유로 규정한 것은 공동

주택관리의 효율화와 무관하다고 볼 수 없으므로, 이 사건 조례안 규정들은 상위법령에 위반되었다고 볼 수 없다(대판 2022.7.28, 2021추5050[조례안재의결무효확인])."

[판례3] 지방자치단체의 자치사무에 관한 조례 제정의 한계

"지방자치단체가 그 자치사무에 관하여 조례로 제정할 수 있다고 하더라도 상위 법령에 위배할 수는 없고, 특별한 규정이 없는 한 지방자치법이 규정하고 있는 지방자치단체의 집행기관과 지방의회의 고유권한에 관하여는 조례로 이를 침해할 수 없고, 나아가 지방의회가 지방자치단체장의 고유권한이 아닌 사항에 대하여도 그 사무집행에 관한 집행권을 본질적으로 침해하는 것은 지방자치법의 관련 규정에 위반되어 허용될 수 없다(대판 2001.11.27, 2001추57)."

[판례4] [1] (구) 지방재정법 제17조 제1항의 규정 취지 및 지방자치단체가 일정한 조건을 충족한 주민 일반을 대상으로 지원을 하는 것이 '개인 또는 단체에 대한 공금 지출'에 해당하는지 여부

[2] 지방의회가 주민의 복지증진을 위해 조례를 제정하는 것을 제한할 수 있는지 여부

"[1] (구) 지방재정법(2013.7.16. 법률 제11900호로 개정되기 전의 것, 이하 같다) 제17조 제1항은 … 지방자치단체의 예산을 특정 개인이나 단체가 아닌 주민 일반에게 골고루 혜택이 돌아가도록 사용하게 함으로써 지방재정이 주민의 복리증진을 위하여 건전하고 효율적으로 사용되게 하려는 데 취지가 있다. 그렇다면 지방자치단체가 지방자치법 제9조 제2항 제2호에 정한 주민의 복지증진에 관한 사무로서 특정 개인이나 단체가 아니라 일정한 조건을 충족한 주민 일반을 대상으로 일정한 지원을 하겠다는 것은 그 조건이 사실상 특정 개인이나 단체를 위해 설정한 것이라는 등의 특별한 사정이 없는 한 (구) 지방재정법 제17조 제1항에서 정한 '개인 또는 단체에 대한 공금 지출'에 해당하지 아니한다.

[2] (구) 지방재정법 제3조 제1항 전단은 지방자치단체는 주민의 복리증진을 위하여 그 재정을 건전하고 효율적으로 운영하여야 한다고 규정함으로써 건전재정운영원칙을 선언하고 있다. 그런데 지방의회가 주민의 복지증진을 위해 조례를 제정·시행하는 것은 지방자치제도의 본질에 부합하므로 이로 인하여 지방자치단체 재정의 건전한 운영에 막대한 지장을 초래하는 것이 아니라면 조례 제정을 무조건 제한할 수는 없다(대판 2016.5.12, 2013추531)."

(나) 광역 및 기초지방자치단체의 조례의 관계

시·군 및 자치구의 조례나 규칙은 시·도의 조례나 규칙을 위반해서는 아니 된다(지자법 30). 따라서 시·도의 조례에 반하는 시·군·구의 조례는 법률우위원칙 위반으로 무효가 된다.

(다) 관련판례

① 법령 위반

[판례1] 조례가 관광진흥법 시행령에 없는 내용을 규정하여 상위 법령에 위배된다고 한 사례

"관광진흥법 제54조 제1항이 조성계획을 변경할 때에는 시·도지사의 승인을 받을 필요가 없는 '경미한 사항'을 대통령령으로 정하도록 규정하고 있고, 같은 법 시행령 제47조 제1항에서 '경미한 사항'을 제1호부터 제3호까지 열거하고 있음에도, 위 조례안이 관광진흥법 시행령 제47조 제1항에 없는 내용을 규정한 것은 상위 법령에 위배되어 효력이 없다(대판 2013.9.27, 2011추94)."

[판례2] 대중교통 소외지역 주민 교통복지 증진에 관한 조례안이 상위법령에 위배되는지 여부

"갑 지방자치단체 내 대중교통 소외지역에 거주하는 주민들의 사전요청에 따른 택시 운행과 해당 주민에 대한 운행요금의 보조 등에 관한 사항을 정한 '갑 지방자치단체 대중교통 소외지역 주민 교통복지 증진에 관한 조례안'의 보조금 지급사무는 자치사무에 해당하고, 위 조례안이 여객자동차 운수사업법령상 합승금지 조항 등에 위배되지 않는다(대판 2015.6.24, 2014추545)."

② 지방자치단체의 장의 고유의 권한 침해*

[판례1] 지방의회가 법령에 규정이 없는데도 집행기관의 고유권한을 침해하는 새로운 견제장치를 만들 수 있는지 여부

"지방의회가 선임한 검사위원이 결산에 대한 검사 결과, 필요한 경우 결산검사의견서에 추징, 환수, 변상 및 책임공무원에 대한 징계 등의 시정조치에 관한 의견을 담을 수 있고, 그 의견에 대하여 시장이 시정조치 결과나 시정조치 계획을 의회에 알리도록 하는 내용의 개정조례안은, 사실상 지방의회가 단체장에 대하여 직접 추징 등이나 책임공무원에 대한 징계 등을 요구하는 것으로서 지방의회가 법령에 의하여 주어진 권한의 범위를 넘어서 집행기관에 대하여 새로운 견제장치를 만드는 것에 해당하여 위법하다(대판 2009.4.9, 2007추103)."

"지방의회가 의결로 집행기관 소속 특정 공무원에 대하여 의원의 자료제출 요구에 성실히 이행하지 않았다는 구체적인 징계사유를 들어 징계를 요구할 수 있다는 취지의 '서울특별시 서초구 행정사무감사 및 조사에 관한 조례 중 일부 개정 조례안' 제12조 제6항은 법령에 없는 새로운 견제장치로서 지방의회가 집행기관의 고유권한을 침해하는 것으로서 위법하다(대판 2011.4.28, 2011추18)."

* 5급공채(행정)(2015년).

"'서울특별시 서초구 장학재단 설립 및 운영에 관한 조례 일부 개정 조례안' 제6조 단서에서 종전 조례에 예산 출연의 기준으로서 출연금의 상한을 추가한 것이 법령에 근거가 없는 새로운 견제장치를 만들어 지방자치단체장의 고유권한인 예산안 편성권을 본질적으로 침해하였다고 볼 수 없다(대판 2014.11.13, 2013추128)."

[판례] '부산광역시 공공기관의 인사검증 운영에 관한 조례안'이 법령에 위배되어 무효인지 여부(적극)

"부산광역시의회가 부산광역시장이 임명 또는 추천하는 지방공기업법에 따라 시에 설립된 공사·공단 또는 정원이 100인 이상인 시에서 출연한 기관의 어느 하나에 해당되는 공공기관의 장에 대한 인사검증을 내용으로 하는 이 사건 조례안은 ① 법령에 의하여 지방자치단체의 장에게 부여된 임명·위촉권을 하위 법규인 조례로써 제약한 경우에 해당하고, ② 출석·진술, 자료제출 등의 내용은 법률의 위임 없이 주민의 의무 부과에 관한 사항을 조례로 규정한 것으로 지방자치법 제28조 제1항 단서에 위반되며, ③ 자료제출 및 제출자료의 공개 등의 내용은 개인정보 보호법 제15조 제1항에 위반되어, 이 사건 조례안에 대한 재의결은 전부 효력이 부인되어야 할 것이다(대판 2016.11.10, 2014추19, 대판 2017.12.5, 2016추5162 참조)고 한 사례이다(대판 2023.3.9, 2022추5118[조례안재의결무효확인])."

[판례2] 조례안이 지방자치단체장의 고유한 집행권을 침해하는 것인지 여부

"… 이 사건 조례안은 지방자치단체장이 경로당에 대한 지원계획을 수립하고, 예산 편성 전까지 그에 대해 군의회와 협의하여야 한다고 규정하고 있기는 하나, 지방자치단체장이 반드시 그 협의 결과에 따라야 하는 등의 법적 구속은 없을 뿐만 아니라, 오히려 지방자치단체 사무의 원활한 집행을 위해서는 집행기관과 입법기관의 협력이 필요하다는 점에 비추어 보면, 이 사건 조례안이 지방자치단체장의 고유한 집행권을 침해하는 것으로 보기는 어렵다(대판 2009.8.20, 2009추77)."

"(화천군의회가 의결한 '화천군 관내 고등학교 학생 교육비 지원 조례안'에 대하여 화천군수가 도의 자치사무에 관한 것이라는 등의 이유로 재의를 요구하였으나 군의회가 조례안을 재의결하여 확정한 사안에서) 위 조례안이 집행기관인 지방자치단체장 고유의 재량권을 침해하였다거나 예산배분의 우선순위 결정에 관한 지방자치단체장의 권한을 본질적으로 침해하여 위법하다고 볼 수 없다(대판 2013.4.11, 2012추22)."

"'서울특별시 중구 사무의 민간위탁에 관한 조례안' 제4조 제3항 등이 지방자치단체 사무의 민간위탁에 관하여 지방의회의 사전 동의를 받도록 한 것과 지방자치단체장이 동일 수탁자에게 위탁사무를 재위탁하거나 기간연장 등 기존 위탁계약의 중요한 사항을 변경하고자 할 때 지방의회의 동의

를 받도록 한 것은, 지방자치단체장의 집행권한을 본질적으로 침해하는 것으로 볼 수 없다(대판 2011.2.10, 2010추11)."

"'순천시 지방공기업단지 조성 및 분양에 관한 조례 일부개정 조례안' 등이 지방자치단체 사무의 민간위탁에 관하여 지방의회의 사전 동의를 받도록 한 것은 지방자치단체장의 민간위탁에 대한 일방적인 독주를 제어하여 민간위탁의 남용을 방지하고 그 효율성과 공정성을 담보하기 위한 장치에 불과하고, 민간위탁 권한을 지방자치단체장으로부터 박탈하려는 것이 아니므로, 지방자치단체장의 집행권한을 본질적으로 침해하는 것으로 볼 수 없다(대판 2009.12.24, 2009추121)."

"(구)지방자치법 제13조의2 제1항에 의하면, 주민투표의 대상이 되는 사항이라 하더라도 주민투표의 시행 여부는 지방자치단체의 장의 임의적 재량에 맡겨져 있음이 분명하므로, 지방자치단체의 장의 재량으로서 투표실시 여부를 결정할 수 있도록 한 법규정에 반하여 지방의회가 조례로 정한 특정한 사항에 관하여는 일정한 기간 내에 반드시 투표를 실시하도록 규정한 조례안은 지방자치단체의 장의 고유권한을 침해하는 규정이다(대판 2002.4.26, 2002추23)."

"지방자치단체의 장으로 하여금 지방자치단체가 설립한 지방공기업 등의 대표에 대한 임명권의 행사에 앞서 지방의회의 인사청문회를 거치도록 한 조례안은 지방자치단체의 장의 임명권에 대한 견제나 제약에 해당하여 법령에 위반된다(대판 2004.7.22, 2003추44)."

"부산광역시장으로 하여금 생활임금 적용대상 전직원을 대상으로 호봉 재산정을 통해 생활임금을 반영하도록 규정한 이 사건 조례안 제11조 제3항이 생활임금 적용대상 전직원을 대상으로 호봉 재산정을 통해 생활임금을 반영하도록 규정한 것이 집행기관으로서의 지방자치단체의 장 고유의 재량권을 침해하였다거나 예산배분의 우선순위 결정에 관한 지방자치단체의 장의 예산안 편성권을 본질적으로 침해하여 위법하다고 볼 수 없다.

이 사건 조례안 제11조 제3항에 의하더라도 어느 정도의 임금을 구체적으로 지급하도록 할 것인지에 대해서는 원고에게 여전히 상당한 재량이 있다. 결국 이 사건 조례안 제11조 제3항은 시 소속 직원의 임금 지급에 있어 호봉 재산정으로 생활임금 반영에 따른 임금 상승 효과를 고르게 누리도록 하라는 지침을 제공함으로써 원고의 권한을 일부 견제하려는 취지일 뿐, 소속 직원에 대하여 특정한 임금을 지급하도록 강제한다거나 임금 조건에 대하여 피고의 사전 동의를 받도록 하는 등으로 원고의 임금 결정에 관한 고유권한에 대하여 사전에 적극적으로 관여하는 것이라고 보기 어렵다.

근로기준법 제4조의 입법취지 및 내용에 비추어 살펴보면, 근로기준법 제4조가 근로자에게 유리한 내용의 근로조건의 기준을 지방의회의 의결로 결정하는 것을 제한하는 취지는 아니라고 할 것이므로, 근로자에게 유리한 내용의 근로조건의 기준을 조례로써 규정하고 그 내용이 사용자의 근로조건 결정에 관한 자유를 일부 제약한다 하더라도 그와 같은 내용을 규정한 조례가 무효라고 볼 수 없다(대판 2023.7.13, 2022추5156[조례안재의결무효확인]).”

[판례3] 지방의회가 집행기관의 고유 권한에 속하는 사항의 행사에 관하여 사전에 적극적으로 개입할 수 있는지 여부(소극) 및 개입이 허용되는 범위

“지방자치법상 지방자치단체의 집행기관과 지방의회는 서로 분립되어 각기 그 고유 권한을 행사하되 상호 견제의 범위 내에서 상대방의 권한 행사에 대한 관여가 허용된다. 지방의회는 집행기관의 고유 권한에 속하는 사항의 행사에 관하여 사전에 적극적으로 개입하는 것은 허용되지 않으나, 견제의 범위 내에서 소극적·사후적으로 개입하는 것은 허용된다.

전라북도의회가 의결한 ‘전라북도교육청 행정기구 설치 조례 일부 개정조례안’은 직속기관들이 전라북도교육청 소속임을 분명하게 하기 위하여 해당 직속기관의 명칭에 ‘교육청’을 추가하거나 지역 명칭을 일부 변경하는 것에 불과한데, … 지방의회가 ‘이미 설치된 교육청의 직속기관’의 명칭을 변경하는 것은 사후적·소극적 개입에 해당하므로, 위 조례 개정안이 ‘지방의회의 포괄적인 조례 제정 권한’의 한계를 벗어난 것이라고 보기는 어렵다(대판 2021.9.16, 2020추5138[조례안재의결무효확인]).”

“… 지방자치단체의 행정기구와 정원기준 등에 관한 규정 제3조 제1항의 규정에 비추어 지방자치단체의 장은 집행기관에 속하는 행정기관 전반에 대하여 조직편성권을 가진다고 해석되는 점을 종합해 보면, 지방자치단체의 장은 합의제 행정기관을 설치할 고유의 권한을 가지며 이러한 고유권한에는 그 설치를 위한 조례안의 제안권이 포함된다고 봄이 상당하므로, 지방의회가 합의제 행정기관의 설치에 관한 조례안을 발의하여 이를 그대로 의결, 재의결하는 것은 지방자치단체장의 고유권한에 속하는 사항의 행사에 관하여 지방의회가 사전에 적극적으로 개입하는 것으로서 관련 법령에 위반되어 허용되지 않는다(대판 2009.9.24, 2009추53).”

“정부업무평가기본법 제18조에서 지방자치단체의 장의 권한으로 정하고 있는 자체평가업무에 관한 사항에 대하여 지방의회가 견제의 범위 내에서 소극적·사후적으로 개입한 정도가 아니라 사전에 적극적으로 개입하는 내용을 지방자치단체의 조례로 정하는 것은 허용되지 않는다(대판 2007.2.9, 2006추45).”

“… 집행기관을 비판·감시·견제하기 위한 의결권·승인권·동의권 등의 권한도 지방자치법상 의결기관인 지방의회에 있는 것이지 의원 개인에게 있는 것이 아니므로, 지방의회가 재의결한 조례안에서 구청장이 주민자치위원회 위원을 위촉함에 있어 동장과 당해 지역 구의원 개인과의 사전 협의

절차가 필요한 것으로 규정함으로써 지방의회 의원 개인이 구청장의 고유권한인 인사권 행사에 사전 관여할 수 있도록 규정하고 있는 것 또한 지방자치법상 허용되지 아니하는 것이다(대판 2000. 11.10, 2000추36)."

[판례3] [1] 상위 법령에서 지방자치단체의 장에게 부여한 기관구성원 임명·위촉권을 하위 법규인 조례로써 제약할 수 있는지 여부(원칙적 소극) 및 지방의회가 위와 같은 제약을 규정하는 조례를 제정할 수 있는지 여부(원칙적 소극)

[2] 지방자치단체가 법률의 위임 없이 주민의 권리제한 또는 의무부과에 관한 사항을 정한 조례의 효력(무효)

"[1] 상위 법령에서 지방자치단체의 장에게 기관구성원 임명·위촉권한을 부여하면서도 임명·위촉권의 행사에 대한 지방의회의 동의를 받도록 하는 등의 견제나 제약을 규정하고 있거나 그러한 제약을 조례 등에서 할 수 있다고 규정하고 있지 아니하는 한, 당해 법령에 의한 임명·위촉권은 지방자치단체의 장에게 전속적으로 부여된 것이라고 보아야 한다. 따라서 하위 법규인 조례로써는 지방자치단체장의 임명·위촉권을 제약할 수 없고, 지방의회의 지방자치단체 사무에 대한 비판, 감시, 통제를 위한 행정사무감사 및 조사권 행사의 일환으로 위와 같은 제약을 규정하는 조례를 제정할 수도 없다.

[2] (구)지방자치법 제22조 단서, 행정규제기본법 제4조 제3항에 따르면 지방자치단체가 조례를 제정할 때 내용이 주민의 권리제한 또는 의무부과에 관한 사항이거나 벌칙인 경우에는 법률의 위임이 있어야 하므로, 법률의 위임 없이 주민의 권리제한 또는 의무부과에 관한 사항을 정한 조례는 효력이 없다(대판 2017.12.13, 2014추644[조례안재의결무효확인])."

☞ 이 판례는 전라북도지사가 도지사 임명 출연기관장 등에 대한 도의회의 인사검증을 내용으로 하는 '전라북도 출연기관 등의 장에 대한 인사검증 조례안'에 대하여 상위 법령에 반하여 자신의 인사권한 행사를 침해한다는 이유를 들어 재의결을 요구하였으나 전라북도의회가 원안대로 재의결한 사안에서, ① 위 조례안 중 도의회의 인사검증에 관한 규정은 상위법령의 위임 없이 지방자치단체의 장의 인사권을 침해한 것으로 위법하고, ② 자료제출에 관한 규정은 별도 법률의 위임 없이 주민의 권리를 제한하는 것으로서 법률유보의 원칙(특별수권의 원칙)에 반하여 위법하며, ③ 또한 개인정보제출에 관한 조례 규정은 개인정보 보호법 제15조 제1항 제3호, 지방자치법 제40조 제1항 및 제41조 제4항의 허용범위를 벗어난 것으로 위법(법령우위의 원칙 위반)하여 조례안에 대한 재의결은 전부의 효력이 부정된다고 한 사례임

③ 지방의회의 고유한 권한 침해

[판례] 지방의회의 행정 감시·통제기능을 제한·박탈하거나 제3의 기관 또는 집행기관 소속의 특정 행정기관에게 일임하는 조례의 효력

"지방자치단체의 집행기관의 사무집행에 관한 감시·통제기능은 지방의회의 고유권한이므로 이

러한 지방의회의 권한을 제한·박탈하거나 제3의 기관 또는 집행기관 소속의 어느 특정 행정기관에 일임하는 내용의 조례를 제정한다면 이는 지방의회의 권한을 본질적으로 침해하거나 그 권한을 스스로 저버리는 내용의 것으로서 지방자치법령에 위반되어 무효이다(대판 1997.4.11, 96추138)."

2) 법률유보 *

헌법 제117조와 지방자치법 제28조 제1항에 규정된 '법령의 범위 안에서' 또는 '법령의 범위에서'는 법률우위뿐만 아니라 '법률유보의 원칙'도 준수하여야 함을 의미한다.

(가) 일반수권

헌법 제117조와 지방자치법 제28조 제1항은 지방자치단체의 조례제정권에 대한 일반수권으로서 지방자치단체는 그 지역사무에 대하여 별도의 법적 근거가 없더라도 조례를 제정할 수 있다.

(나) 특별수권

① 침해유보와 특별수권

조례가 주민의 자유와 재산을 침해하는 것을 내용으로 하는 경우에는 위와 같은 일반수권조항에 의한 위임만으로는 부족하고, 별도의 구체적인 법률의 위임이 있을 것이 요구된다.

특히 법률유보의 최하한인 침해행정의 경우에는 그 행정권의 발동에 법적인 근거가 있어야 하는데, 이러한 침해유보의 원칙은 조례의 제정에도 타당하다. 따라서 주민의 자유와 재산을 침해하는 것을 내용으로 하는 조례의 경우에는 그 침해의 종류와 기본방향을 설정하는 법률의 근거가 있을 것이 요구된다.

이와 관련하여 지방자치법 제28조 제1항 단서는 "주민의 권리 제한 또는 의무 부과에 관한 사항이나 벌칙을 정할 때에는 법률의 위임이 있어야 한다."고 규정하고 있다.

[판례] 지방자치단체가 주민의 권리제한 또는 의무부과에 관한 사항이나 벌칙을 조례로 제정하는 경우 법률의 위임이 있어야 하는지 여부 및 그러한 위임 없이 제정된 조례의 효력

"(구)지방자치법 제22조, 제9조 제1항, 행정규제기본법 제4조 제3항에 의하면 지방자치단체는 그 고유사무인 자치사무와 개별법령에 의하여 지방자치단체에 위임된 단체위임사무에 관하여 자치조례를 제정할 수 있지만 그 경우라도 주민의 권리제한 또는 의무부과에 관한 사항이나 벌칙은 법률의 위임이 있어야 하며 그러한 위임 없이 제정된 조례는 효력이 없다(대판 2014.12.24, 2013추81)."

"이 사건 담배자동판매기설치금지조례들은 담배소매업을 영위하는 주민들에게 자판기 설치를 제한하는 것을 내용으로 하고 있으므로 주민의 직업선택의 자유 특히 직업수행의 자유를 제한하는 것이 되어 지방자치법 제15조(현행 제22조) 단서 소정의 주민의 권리의무에 관한 사항을 규율하는 조

* 행정고시(재경)(2006년), 5급공채(행정)(2014년).

례라고 할 수 있으므로 지방자치단체가 이러한 조례를 제정함에 있어서는 법률의 위임을 필요로 한다(헌재결 1995.4.20, 92헌마264, 279(병합))."

"학생인권조례안은 전체적으로 헌법과 법률의 테두리 안에서 이미 관련 법령에 의하여 인정되는 학생의 권리를 열거하여 그와 같은 권리가 학생에게 보장되는 것임을 확인하고 학교생활과 학교 교육과정에서 학생의 인권 보호가 실현될 수 있도록 내용을 구체화하고 있는 데 불과할 뿐, … 교사나 학생의 권리를 새롭게 제한하는 것이라고 볼 수 없으므로, 국민의 기본권이나 주민의 권리 제한에서 요구되는 법률유보원칙에 위배된다고 할 수 없고, 내용이 법령의 규정과 모순·저촉되어 법률우위원칙에 어긋난다고 볼 수 없다(대판 2015.5.14, 2013추98)."

"건축위원회의 위원이 되려는 자에게 정보공개동의서에 서명하도록 하고, 건축위원회의 회의를 녹취하도록 하며, 행정사무조사 시 위원 전원의 실명으로 회의록을 제출하도록 한「부산광역시 건축조례 일부개정 조례안」규정들은 법률유보원칙, 개인정보 보호법 등 상위법령에 위배되지 않는다(대판 2022.7.28, 2021추5067[조례안재의결무효확인])."

② 지방자치법 제28조 제1항 단서의 위헌 여부

(1) 문제의 소재

지방자치법 제28조 제1항 단서조항이 지방자치단체의 조례제정권을 보장하고 있는 헌법 제117조에 합치되는지의 여부가 문제이다.

(2) 학설

① 위헌설은, 헌법 제117조에 의해 자치입법권이 보장되고 있고, 이에 따라 지방자치단체는 그 고유사무에 대하여 그 내용여하를 불문하고 조례로 정할 수 있는 것이므로, 이러한 점에서 지방자치법 제28조 제1항 단서 규정은 최소한 그 고유사무에 대하여는 헌법 제117조에 반하는 것이라고 한다.[4] ② 반면 합헌설은, 주민의 자유와 권리를 제한하는 조례는, 지방자치법 제28조 제1항 단서조항이 아니더라도, 이미 헌법 제37조 제2항의 기본권제한에 관한 법률유보에 의해 제한을 받는 것이고, 이 점에서 지방자치법 제28조 제1항 단서는 헌법 제37조 제2항을 확인하는데 불과한 것이므로 헌법에 반하는 것은 아니라고 한다.

(3) 판례

대법원과 헌법재판소 모두 합헌이라는 입장이다[대판 1995.5.12, 94추28; 헌재결 1995.4.20, 92헌마264, 279(병합)].

(4) 결어

기본적으로 지방자치단체의 주민은 한편으로는 주민으로서, 다른 한편으로는 국민으로서의 지위를 갖는다는 점에서 주민으로서의 자유와 권리를 제한하는 조례가 곧 국민으로서의 기본권을

4) 박윤흔, 최신행정법강의(하), 130면 이하.

제한하는 것일 때에는 헌법 제37조 제2항을 근거로 그 조례의 제정에 법률의 위임을 요구할 수 있다고 보아야 한다는 점에서 합헌설이 타당하다.

③ 추가조례와 초과조례의 경우

법률유보와 관련하여 법률에서 정하지 않은 사항을 추가하는 조례(추가조례) 및 법률에서 정한 기준을 초과하여 설정하는 조례(초과조례)가 가능한지 문제이다.

먼저 수익적 내용의 조례는 법률의 급부기준을 초과하는 사항도 규율할 수 있을 뿐 아니라 법률에서 규율하지 않은 사항도 추가적으로 규율할 수 있다고 보아야 할 것이다(대판 1997.4.25, 96추244; 대판 2007.12.13, 2006추52).

반면 주민의 권리를 제한하거나 의무를 부과하는 조례의 경우, 법령이 정하고 있는 기준을 강화하는 것이 각 지방의 특수한 사정을 고려하여 자율적으로 정하는 것을 허용하는 것으로 해석되는 경우 추가조례 또는 초과조례가 허용된다는 견해도 있으나, 지방자치법 제28조 제1항 단서에 따라 규제적이거나 침익적인 조례의 경우에는 이에 대하여 법률의 명시적인 위임을 필요로 한다고 보아야 할 것이다(대판 1997.4.25, 96추251).*

㈐ 포괄수권

조례제정에 법령의 위임이 요구되는 경우에도 포괄적인 수권으로 족하고, 법규명령의 경우와 같이 그 위임의 내용, 목적, 범위 등을 구체적으로 정하여 위임해야 하는 것은 아니다. 왜냐하면 지방자치단체는 헌법에 의해 보장된 지방자치의 주체로서 주민의 선거에 의해 직접 선출됨으로 인하여 그 지역에서의 민주적 정당성을 가지고 있기 때문이다. 이 점에서 지방자치단체가 제정하는 조례는 법령의 범위안에서 자주적으로 행하여지는 것으로 국회가 제정하는 법률과의 관계에서 볼 때 국회입법원칙에 대한 중대한 예외로서 국가의 직접행정을 담당하는 행정부가 정립하는 법규명령과 법률과의 관계와는 다른 것이다. 따라서 특히 그 지역사무를 대상으로 하는 조례에 대하여 법률이 조례입법권을 위임하는 경우에 그 위임은 구체적일 것임을 요하지 아니하고, 단지 포괄적인 것으로 족하다 할 것이다.

[판례1] 조례에 위임할 사항에 있어서 위임입법의 한계

"지방자치단체는 헌법상 자치입법권이 인정되고, 법령의 범위 안에서 그 권한에 속하는 모든 사무에 관하여 조례를 제정할 수 있다는 점과 조례는 선거를 통하여 선출된 그 지역의 지방의원으로 구성된 주민의 대표기관인 지방의회에서 제정되므로 지역적인 민주적 정당성까지 갖고 있다는 점을 고려하면, 조례에 위임할 사항은 헌법 제75조 소정의 행정입법에 위임할 사항보다 더 포괄적이어도 헌법에 반하지 않는다고 할 것이다(헌재결 2004.9.23, 2002헌바76)."

* 행정고시(재경)(2006년), 5급공채(재경)(2012년), 변호사시험(2015년).

[판례2] 조례제정권에 대한 법률의 위임 정도

"법률이 주민의 권리의무에 관한 사항에 관하여 구체적으로 아무런 범위도 정하지 아니한 채 조례로 정하도록 포괄적으로 위임하였다고 하더라도, 행정관청의 명령과는 달라, 조례도 주민의 대표기관인 지방의회의 의결로 제정되는 지방자치단체의 자주법인 만큼 지방자치단체가 법령에 위반되지 않는 범위 내에서 주민의 권리의무에 관한 사항을 조례로 제정할 수 있다(대판 2014.12.24, 2013추81)."

[판례3] 법률의 위임 없이 주민의 권리를 제한하거나 의무를 부과하는 사항을 정한 조례의 효력(무효) / 법률이 조례에 포괄적으로 위임한 경우, 지방자치단체가 주민의 권리의무에 관한 사항을 조례로 제정할 수 있는지 여부(한정 적극)

"(구)지방자치법 제22조, 행정규제기본법 제4조 제3항에 따르면 지방자치단체가 조례를 제정할 때 내용이 주민의 권리 제한 또는 의무 부과에 관한 사항이나 벌칙인 경우에는 법률의 위임이 있어야 한다. 법률의 위임 없이 주민의 권리를 제한하거나 의무를 부과하는 사항을 정한 조례는 효력이 없다.

그러나 법률에서 조례에 위임하는 방식에 관해서는 법률상 제한이 없다. 조례의 제정권자인 지방의회는 선거를 통해서 지역적인 민주적 정당성을 지니고 있는 주민의 대표기관이다. 헌법 제117조 제1항은 지방자치단체에 포괄적인 자치권을 보장하고 있다. 따라서 조례에 대한 법률의 위임은 법규명령에 대한 법률의 위임과 같이 반드시 구체적으로 범위를 정하여 할 필요가 없다. 법률이 주민의 권리의무에 관한 사항에 관하여 구체적으로 범위를 정하지 않은 채 조례로 정하도록 포괄적으로 위임한 경우에도 지방자치단체는 법령에 위반되지 않는 범위 내에서 주민의 권리의무에 관한 사항을 조례로 제정할 수 있다(대판 2017.12.5, 2016추5162[조례안재의결무효확인])."

[판례] 청송군 도시계획 조례 제23조의2 제1항 제1호, 제2호가 국토계획법령이 위임한 사항을 구체화한 것으로 볼 수 있는지 여부(적극)

"비록 국토계획법이 태양광발전시설 설치의 이격거리 기준에 관하여 조례로써 정하도록 명시적으로 위임하고 있지는 않으나, 조례에의 위임은 포괄 위임으로 충분한 점, 도시·군계획에 관한 사무의 자치사무로서의 성격, 국토계획법령의 다양한 규정들의 문언과 내용 등을 종합하면, 위 조례 조항은 국토계획법령이 위임한 사항을 구체화한 것이다(대판 2019.10.17, 2018두40744[개발행위불허가처분취소])."

(라) 벌칙

조례로 벌칙을 정할 때에는 법률의 위임이 있어야 한다(지자법 28 ① 단서). 이에 따라 지방자치법은 "지방자치단체는 조례를 위반한 행위에 대하여 조례로써 1천만원 이하의 과태료를 정할 수 있다."고 규정하고 있다(지자법 34 ①).

(4) 행정법의 일반원칙 등

조례도 행정입법으로서 행정법의 일반원칙을 준수하여야 하고, 기본권을 존중하여야 하는 등 입법권의 일반적 한계를 준수하여야 한다.

[판례] 조례의 위임한계 준수 여부 판단기준

"(보조금 반환을 규정한 (구) 홍성군 보조금 관리조례 제20조가 법령의 위임범위를 벗어난 것인지가 문제된 사건에서) 특정 사안과 관련하여 법령에서 조례에 위임을 한 경우 조례가 위임의 한계를 준수하고 있는지 여부를 판단할 때는 당해 법령 규정의 입법목적과 규정 내용, 규정의 체계, 다른 규정과의 관계 등을 종합적으로 살펴야 하고, 수권 규정에서 사용하고 있는 용어의 의미를 넘어 그 범위를 확장하거나 축소하여 위임 내용을 구체화하는 단계를 벗어나 새로운 입법을 하였는지 여부 등도 아울러 고려하여야 한다(대판 2018.8.30, 2017두56193[보조금반환결정 등 처분 취소])."

☞ (구) 홍성군 보조금 관리조례 제20조는 (구) 지방재정법 시행령 제29조 제5항의 위임범위를 벗어났다고 할 수 없다고 본 사례이다.

[판례] 어느 시행령이나 조례의 규정이 모법에 저촉되어 무효인지 판단하는 기준

"어느 시행령이나 조례의 규정이 모법에 저촉되는지가 명백하지 않는 경우에는 모법과 시행령 또는 조례의 다른 규정들과 그 입법 취지, 연혁 등을 종합적으로 살펴 모법에 합치된다는 해석도 가능한 경우라면 그 규정을 모법위반으로 무효라고 선언해서는 안 된다. 이러한 법리는, 국가의 법체계는 그 자체 통일체를 이루고 있는 것이므로 상·하규범 사이의 충돌은 최대한 배제되어야 한다는 원칙과 더불어, 민주법치국가에서의 규범은 일반적으로 상위규범에 합치할 것이라는 추정원칙에 근거하고 있을 뿐만 아니라, 실제적으로도 하위규범이 상위규범에 저촉되어 무효라고 선언되는 경우에는 그로 인한 법적 혼란과 법적 불안정은 물론, 그에 대체되는 새로운 규범이 제정될 때까지의 법적 공백과 법적 방황은 상당히 심각할 것이므로 이러한 폐해를 회피하기 위해서도 필요하다(대판 2014.1.16, 2011두6264[손괴자부담금부과처분취소])."

[판례] 금산군 가축사육 제한구역 조례가 위임의 한계를 준수하고 있는지 여부(적극)

"(가축분뇨법 '위임조항'의 위임에 따라 닭의 가축사육제한구역을 '주거밀집지역으로부터 900m'로 규정한 '금산군 가축사육 제한구역 조례' 제3조 제1항 제1호 [별표 2] '주거밀집지역 설정에 따른 가축종류별 거리제한'이 위임조항의 위임범위를 벗어난 것인지가 문제 된 사안에서) 위 조례 조항으로 금산군 관내 일정한 범위의 지역에서 가축사육이 제한되더라도, 그로써 기존 축사에서의 가축사육이 곧바로 금지되는 것은 아니고 기존 축사의 이전을 명령하는 경우에는 1년 이상의 유예기간을 주어야 하며 정당한 보상을 하므로(가축분뇨법 제8조 제4항) 위 조례 조항이 기존 축사에서의 가축사육 영업권을 침해한다

고 보기 어려운 점, 위 조례 조항으로 신규 가축사육이 제한되더라도, 해당 토지를 종래의 목적으로 사용할 수 있다면 토지 소유자의 재산권을 침해하는 것으로 볼 수는 없는 점 등을 종합하면, 위 조례 조항은 위임조항의 '지역주민의 생활환경보전'을 위하여 '주거밀집지역으로 생활환경의 보호가 필요한 지역'을 그 의미 내에서 구체화한 것이고, 위임조항에서 정한 가축사육 제한구역 지정의 목적 및 대상에 부합하고 위임조항에서 위임한 한계를 벗어났다고 볼 수 없다(대판 2019.1.31, 2018두43996[건축복합민원허가신청서불허가처분취소])."

☞ 금산군은 가축분뇨법의 위임을 받아 2015.9.7. 금산군 조례 제1996호 일부 개정으로 '닭'의 가축사육제한구역을 개정 전 '주거밀집지역으로부터 400m'에서 '주거밀집지역으로부터 1,200m'로 확대하였으나, 이러한 확대는 과도하게 가축사육을 제한하는 것이어서 무효라는 취지의 판결이 선고되고 확정되었음. 이후 금산군은 2016.11.23. 금산군 조례 제2065호 일부 개정으로 '닭'의 가축사육제한구역을 '주거밀집지역으로부터 900m'로 축소함. 이에 대해, 헌법상 보장되는 지방자치단체의 포괄적인 자치권, 공익목적을 위한 토지이용·개발 제한의 법리, 이 사건 조례 조항의 개정 경위 등을 이유로 이 사건 조례 조항은 가축분뇨법에서 정한 위임한 한계를 벗어났다고 볼 수 없다고 보아, 이 사건 조례 조항이 모법의 위임범위를 벗어나 과도하게 가축사육을 제한하여 무효라고 판단한 원심 판결을 파기한 사례임

[판례] 청송군 도시계획 조례 제23조의2 제1항 제1호, 제2호가 상위법령의 위임한계를 일탈하였는지 여부

"… 위 조례 조항이 '고속도로, 국도, 지방도, 군도, 면도 등 주요도로에서 1,000미터 내'와 '10호 이상 주거 밀집지역, 관광지, 공공시설 부지 경계로부터 500미터 내'의 태양광발전시설 입지를 제한하고 있다고 하여 국토계획법령에서 위임한 한계를 벗어난 것이라고 볼 수 없다(대판 2019.10.17, 2018두40744[개발행위불허가처분취소])."

☞ 피고(청송군수)가 이 사건 조례 조항을 근거로 개발행위불허가처분을 한 사안에서, 이 사건 조례 조항은 태양광발전시설 설치의 이격거리를 획일적으로 제한하여 태양광발전시설 설치 가부 등에 관한 판단의 여지 자체를 봉쇄하는 것으로서 위임의 한계를 벗어나 무효이고, 그에 근거한 이 사건 처분 역시 위법하다고 본 원심 판결을 파기한 사례

[판례] 양주시 폐기물관리조례 제6조가 위임한계를 벗어났는지 여부(소극)

"양주시 폐기물관리조례 제6조는 폐기물관리법 제8조 제3항의 명시적인 위임에 따라 제정된 것으로, 제1항에서 청결유지명령의 내용을 수권 규정인 폐기물관리법 제8조 제3항의 문언과 동일하게 '필요한 조치'라고 규정하고 있고, 제2항 각호에서 청결유지명령의 대상이 되는 행위의 요건을 세분화·구체화하여 규정하고 있으므로, 위 조례 제6조가 수권 규정의 위임의 범위나 한계를 벗어나 법률유보의 원칙에 위배된다고 할 수 없다(대판 2020.6.25, 2019두39048[투기폐기물제거조치명령취소])."

[판례] 가락시장 청과부류 도매시장법인에 대하여 위탁수수료 상한을 달리 규정한 서울특별시 농수산물도매시장 조례 시행규칙조항 등이 가락시장 청과부류 도매시장법인의 평등권을 침해하는지 여부

"… 농수산물유통법과 농수산물도매시장제도의 위와 같은 입법목적과 취지, 도매시장 개설자의 권한 및 의무 내용 등에 비추어 볼 때, 도매시장의 개설자는 도매시장의 업무규정을 마련함에 있어 해당 시장의 규모나 현황, 거래에 미치는 영향력 등을 종합적으로 고려하여 그 적용범위 및 내용을 정할 수 있는 재량권을 가진다고 봄이 상당하다. 따라서 업무규정의 적용대상별로 그 규율 내용에 다소의 차이가 있더라도 그것이 재량권의 한계를 벗어나지 않은 한 불합리한 차별에 해당한다고 볼 수 없으므로 헌법상 평등의 원칙에 반하지 아니한다(대판 2021.7.8, 2019두36384[조례시행규칙무효확인])."

[판례] 독서실 열람실 내 남녀별 좌석을 구분 배열하도록 하고 그 위반 시 교습정지처분을 할 수 있도록 한 「전라북도 학원의 설립·운영 및 과외교습에 관한 조례」 제11조 제1호, 위 조례 시행규칙 제15조 제1항 [별표 3]이 과잉금지원칙에 반하여 독서실 운영자와 이용자의 헌법상 기본권을 침해하는지(적극)

"이 사건 조례 조항은 과잉금지원칙에 반하여 독서실 운영자의 직업수행의 자유와 독서실 이용자의 일반적 행동자유권 내지 자기결정권을 침해하는 것으로 헌법에 위반된다고 보아야 한다(대판 2022.1.27, 2019두59851[교습정지처분 취소])."

[판례] 위임명령의 법리는 조례가 법률로부터 위임받은 사항을 다시 지방자치단체장이 정하는 '규칙' 등에 재위임하는 경우에도 적용되는지 여부(적극)

"[1] 위임명령은 법률이나 상위명령에서 구체적으로 범위를 정한 개별적인 위임이 있을 때에 가능하고, … 적어도 위임명령에 규정될 내용 및 범위의 기본사항이 구체적으로 규정되어 있어서 누구라도 당해 법률이나 상위법령으로부터 위임명령에 규정될 내용의 대강을 예측할 수 있어야 한다. … 이러한 법리는 조례가 법률로부터 위임받은 사항을 다시 지방자치단체장이 정하는 '규칙' 등에 재위임하는 경우에도 적용된다.

[2] 서초구의회가 의결한 '시가표준액 9억 원 이하의 1가구 1개 주택을 소유한 개인에 대하여 지방세법이 정한 재산세의 세율을 표준세율의 100분의 50으로 감경하는' 내용의 '서울특별시 서초구 구세 조례 일부 개정 조례안'은 근거조항의 위임범위의 한계를 일탈하였다거나 조세법률주의, 포괄위임금지 원칙, 조세법률의 명확성 원칙, 지방세특례제한법의 절차, 조세평등주의 등에 위배되어 무효라고 볼 수 없다(대판 2022.4.14, 2020추5169[조례안의결무효확인])."

(5) 명확성 · 실현가능성

조례의 내용은 명확하고 실현가능하여야 한다.

Ⅴ. 조례의 효력발생

지방자치단체의 장은 지방의회가 의결한 조례안을 이송받으면 20일 이내에 공포하여야 한다(지자법 32 ②).

지방자치단체의 장이 제2항의 기간에 공포하지 아니하거나 재의요구를 하지 아니하더라도 그 조례안은 조례로서 확정된다(지자법 32 ⑤).

지방자치단체의 장은 확정된 조례를 지체 없이 공포하여야 한다. 제5항에 따라 조례가 확정된 후 또는 제4항에 따라 확정된 조례가 지방자치단체의 장에게 이송된 후 5일 이내에 지방자치단체의 장이 공포하지 아니하면 지방의회의 의장이 공포한다(지자법 32 ⑥).

조례는 특별한 규정이 없으면 공포한 날부터 20일이 지나면 효력을 발생한다(지자법 32 ⑧).

Ⅵ. 조례의 하자*

1. 조례의 하자와 그 효과

조례가 적법요건을 갖추지 못하면 그 조례는 하자(흠) 있는 위법한 조례가 된다. 위법한 조례는 무효이다(대판 2013.9.27, 2011추94). 조례도 법규범이기 때문에 처분법규가 아닌 한 그 자체로 취소소송의 대상이 되지 않기 때문이다.

2. 위법한 조례에 근거한 처분

위법한 조례는 무효이므로, 위법한 조례에 근거한 처분은 그 근거법이 없는 것이 되어 위법하다. 이 경우 처분의 하자는 중대하나 명백하다고 보기는 어려우므로, 그 하자는 취소사유가 된다고 보아야 할 것이다. 판례도 같은 입장이다.

[판례1] 처분권한의 근거 조례가 무효인 경우, 그 근거 규정에 기하여 한 행정처분이 당연무효인지 여부
"조례 제정권의 범위를 벗어나 국가사무를 대상으로 한 무효인 서울특별시행정권한위임조례의 규정에 근거하여 구청장이 건설업영업정지처분을 한 경우, 그 처분은 결과적으로 적법한 위임 없이 권한 없는 자에 의하여 행하여진 것과 마찬가지가 되어 그 하자가 중대하나, 지방자치단체의 사무

* 변호사시험(2017년).

에 관한 조례와 규칙은 조례가 보다 상위규범이라고 할 수 있고, 또한 헌법 제107조 제2항의 "규칙"에는 지방자치단체의 조례와 규칙이 모두 포함되는 등 이른바 규칙의 개념이 경우에 따라 상이하게 해석되는 점 등에 비추어 보면 위 처분의 위임 과정의 하자가 객관적으로 명백한 것이라고 할 수 없으므로 이로 인한 하자는 결국 당연무효사유는 아니라고 봄이 상당하다(대판 1995.7.11, 94누4615 전원합의체)."

[판례2] 조례가 법률 등 상위법령에 위배된다고 하여 그 조례에 근거한 행정처분의 하자가 당연무효사유에 해당하는지 여부

"일반적으로 조례가 법률 등 상위법령에 위배된다는 사정은 그 조례의 규정을 위법하여 무효라고 선언한 대법원의 판결이 선고되지 아니한 상태에서는 그 조례 규정의 위법 여부가 해석상 다툼의 여지가 없을 정도로 명백하였다고 인정되지 아니하는 이상 객관적으로 명백한 것이라 할 수 없으므로, 이러한 조례에 근거한 행정처분의 하자는 취소사유에 해당할 뿐 무효사유가 된다고 볼 수는 없다(대판 2009.10.29, 2007두26285)."

Ⅶ. 조례에 대한 통제*

1. 지방자치단체 장에 의한 통제**

(1) 재의요구와 지방자치법 제120조에 의한 제소

지방자치단체의 장은 지방의회로부터 이송받은 조례안에 대하여 이의가 있으면 20일 이내에 이유를 붙여 지방의회로 환부하고, 재의를 요구할 수 있다(지자법 32 ③).

한편 조례안의 재의요구에 대한 지방의회의 재의결에 대해서는 제32조에서는 별도의 소제기에 관한 규정이 없고, 지방자치법 제120조는 지방의회의 의결에 대한 지방자치단체의 장의 재의요구에 관하여 규정하면서, 지방자치단체의 장은 지방의회가 재의결한 사항이 법령에 위반된다고 인정되면 대법원에 소를 제기할 수 있도록 하고 있는데(지자법 120 ①, ③), 그렇다면 제32조에 의한 조례안의 재의결에 대하여 지방자치법 제120조 제3항에 의하여 대법원에 소를 제기할 수 있는가 하는 것이 문제이다. 생각건대 제120조 제1항이 지방의회의 의결사항을 제한하지 않고 있고, 조례안도 지방의회의 의결사항이라는 점, 제120조 제2항과 제32조 제4항의 재의결요건이 동일한 점을 고려하면 제120조 제3항에 의한 대법원의 제소가 가능하다고 볼 수 있다[판례]. 지방자치법 제120조 제3항에 의한 소송은 독립한 공법상의 법주체인 지방자치단체의 지방의회(의결기관)와 지

* 사법시험(2004년), 입법고시(2009년), 행정고시(재경)(2006년), 행정고시(일반행정)(2008년), 5급공채(행정)(2014년).

** 5급공채(행정)(2015년).

방자치단체의 장(집행기관) 상호간의 권한에 관한 다툼이므로 전형적인 기관소송에 속한다.

[판례] 지방자치단체장의 재의요구에도 불구하고 지방의회가 조례안을 재의결하였을 경우, 지방자치단체장이 (구)지방자치법 제98조 제3항에 따라 법령위반을 이유로 제소할 수 있는지 여부

"(구)지방자치법 제19조 제3항은 지방의회의 의결사항 중 하나인 조례안에 대하여 지방자치단체의 장에게 재의요구권을 폭넓게 인정한 것으로서 지방자치단체의 장의 재의요구권을 일반적으로 인정한 (구)지방자치법 제98조 제1항에 대한 특별규정이라고 할 것이므로, 지방자치단체의 장의 재의요구에도 불구하고 조례안이 원안대로 재의결되었을 때에는 지방자치단체의 장은 지방자치법 제98조 제3항에 따라 그 재의결에 법령위반이 있음을 내세워 대법원에 제소할 수 있는 것이다(대판 1999.4.27, 99추23)."

(2) 감독청의 재의요구에 따른 지방의회의 재의결에 대한 지방자치단체장의 소송(지자법 192 ④)

지방자치단체의 장은 감독청의 재의요구(지자법 192 ①, ②)에 따라 지방의회가 재의결한 사항이 법령에 위반된다고 판단되면 재의결된 날부터 20일 이내에 대법원에 소를 제기할 수 있다(지자법 192 ④).

이 경우의 소송은, 감독청의 재의요구에 따라 지방의회가 재의결한 것이지만, 그 제소 요건상 제120조 제3항의 소송과 동일하므로 기관소송으로 보아야 할 것이다(다수설). 감독청의 재의요구에 따른 것이라는 점에서 이를 감독소송의 일종으로 보는 견해도 있다.[5)]

(3) 감독청의 제소지시에 따른 지방자치단체장의 소송(지자법 192 ⑤, ⑥)

감독청의 재의요구에 따라 지방의회가 재의결한 사항이 법령에 위반된다고 판단됨에도 불구하고 해당 지방자치단체의 장이 소를 제기하지 않으면 시·도에 대해서는 주무부장관이, 시·군 및 자치구에 대해서는 시·도지사(제2항에 따라 주무부장관이 직접 재의 요구 지시를 한 경우에는 주무부장관)가 그 지방자치단체의 장에게 제소를 지시할 수 있다. 이에 따라 지방자치단체의 장은 제소지시를 받은 날부터 7일 이내에 제소하여야 한다(지자법 192 ⑤, ⑥).

이 소송은, 감독청의 제소지시가 있다고 하더라도, 다투어지고 있는 것은 감독청의 권한행사가 아니라 지방의회의 재의결에 따른 지방자치단체의 장의 권한이므로, 기관소송으로 이해하는 것이 타당하다. 이에 대하여는 지방자치단체장이 감독청의 제소를 대신한 것이라 하여 특수한 형태의 소송으로서의 성질도 있다는 견해도 있다.[6)]

---

5) 정하중, 행정법개론, 873면.
6) 홍정선, 신지방자치법, 651면.

2. 감독청에 의한 통제*

(1) 감독청의 재의요구

지방의회의 의결이 법령에 위반되거나 공익을 현저히 해친다고 판단되면 시·도에 대하여는 주무부장관이, 시·군 및 자치구에 대하여는 시·도지사가 재의를 요구하게 할 수 있고, 재의요구를 받은 지방자치단체의 장은 의결사항을 이송받은 날부터 20일 이내에 지방의회에 이유를 붙여 재의를 요구하여야 한다(지자법 192 ①).

시·군 및 자치구의회의 의결이 법령에 위반된다고 판단됨에도 불구하고 시·도지사가 제1항에 따라 재의를 요구하게 하지 아니한 경우 주무부장관이 직접 시장·군수 및 자치구의 구청장에게 재의를 요구하게 할 수 있고, 재의 요구 지시를 받은 시장·군수 및 자치구의 구청장은 의결사항을 이송받은 날부터 20일 이내에 지방의회에 이유를 붙여 재의를 요구하여야 한다(지자법 192 ②). 이는 2021년 법개정을 통하여 신설된 것으로서, 시·도지사가 감독권을 행사하지 않는 경우에 장관이 직접 시장·군수·구청장에게 감독권을 행사할 수 있도록 하기 위한 것이다.

(2) 재의결에 대하여 감독청이 직접 제기하는 소송(지자법 192 ⑤, ⑦)

감독청의 재의요구에 따라 지방의회가 재의결한 사항이 법령에 위반된다고 판단됨에도 불구하고 해당 지방자치단체의 장이 소를 제기하지 않으면 시·도에 대해서는 주무부장관이, 시·군 및 자치구에 대해서는 시·도지사(제2항에 따라 주무부장관이 직접 재의 요구 지시를 한 경우에는 주무부장관)는 직접 제소할 수 있다. 이 경우 감독청은 제6항의 기간(재의결된 날부터 20일에 제소지시기간 7일을 더한 기간)이 지난 날부터 7일 이내에 제소할 수 있다(지자법 192 ⑤, ⑦).

이 소송을 기관소송으로 보는 견해도 있으나, 이는 동일 법주체 내부기관간의 소송이 아니므로, 지방자치법상의 특수한 형태의 소송이라고 보아야 할 것이다.

[판례] 행정자치부장관에게 (구)지방자치법 제172조 제4항, 제6항에 따라 군의회를 상대로 조례안재의결무효확인의 소를 제기할 원고적격이 인정되는지(소극)

"지방의회 의결의 재의와 제소에 관한 (구)지방자치법 제172조 제4항, 제6항의 문언과 입법 취지, 제·개정 연혁 및 지방자치법령의 체계 등을 종합적으로 고려하여 보면, 아래에서 보는 바와 같이 (구)지방자치법 제172조 제4항, 제6항에서 지방의회 재의결에 대하여 제소를 지시하거나 직접 제소할 수 있는 주체로 규정된 '주무부장관이나 시·도지사'는 시·도에 대하여는 주무부장관을, 시·군 및 자치구에 대하여는 시·도지사를 각 의미한다고 해석하는 것이 타당하다(대판 2016.9.22, 2014추521 전원합의체[조례안재의결무효확인])."

* 5급공채(행정)(2023년).

☞ (행정자치부장관이 원고가 되어 강화군의회를 상대로 '강화군 도서지역 주민들에게 정주지원금을 지급하기로 하는 강화군의 조례안이 지방재정법 등에 위배된다'고 주장하면서 조례안재의결의 무효확인을 청구한 사건에서) (구)지방자치법 제172조에 따라 군의회를 상대로 조례안재의결 무효확인의 소를 제기할 수 있는 원고적격은 시·도지사에게 있을 뿐이고 행정자치부장관은 군의회를 상대로 한 소의 원고가 될 수 없다고 보아 소를 각하한 사안. 이와 같은 다수의견에 대하여, 지방자치법의 문언상 주무부장관도 군의회의 재의결에 대한 제소권을 갖는다고 볼 수 있고, 주무부장관에게 제소권한을 인정하지 아니하면 위법한 조례가 시행되는 것을 용인할 수밖에 없게 되므로 주무부장관에게는 군의회를 상대로 재의결무효확인의 소를 제기할 원고적격이 인정된다고 보아야 한다는 취지의 반대의견이 있었음

☞ 그러나 2021년 지방자치법이 전부개정되면서 제192조 제2항이 신설됨에 따라 이제는 장관이 시·군·구의회를 상대로 직접 제소할 수 있게 되었다.

(3) 재의요구 불응에 대하여 감독청이 직접 제기하는 소송(지자법 192 ⑧)

제192조 제1항 또는 제2항에 따라 지방의회의 의결이 법령에 위반된다고 판단되어 주무부장관이나 시·도지사로부터 재의요구지시를 받은 지방자치단체의 장이 재의를 요구하지 아니하는 경우(법령에 위반되는 지방의회의 의결사항이 조례안인 경우로서 재의요구지시를 받기 전에 그 조례안을 공포한 경우를 포함한다)에는 주무부장관이나 시·도지사는 제1항 또는 제2항에 따른 기간이 지난 날부터 7일 이내에 대법원에 직접 제소할 수 있다(지자법 192 ⑧).

이 소송은 감독청이 지방의회를 상대로 제기하는 소송으로서, 동일 법주체 내부기관간의 소송이 아니므로, 지방자치법상의 특수한 형태의 소송이라고 보아야 할 것이다. 그리고 공포된 조례안을 다투는 경우에는 피고가 지방자치단체의 장이라는 점에서 조례안에 대한 감독청의 소송은 특수한 형태의 규범통제소송이라고 이해된다.[7)]

3. 법원에 의한 통제*

주민은 조례에 근거한 처분에 대한 항고소송에서 간접적으로 조례의 위법을 다툴 수 있다(헌법 107 ②, 구체적 규범통제). 그러나 조례가 처분법규인 경우에는 직접 항고소송의 대상이 된다(두밀분교폐지조례, 대판 1996.9.20, 95누8003).

4. 헌법재판소에 의한 통제

조례의 제정도 헌법재판소법 제68조 제1항에서 말하는 '공권력'에 포함되므로 조례가 기본권을 직접 침해하는 경우에는 조례에 대한 헌법소원을 제기할 수 있다[헌재결 1995.4.20, 92헌마264,

---

* 입법고시(2009년).

7) 同旨: 홍정선, 행정법특강, 932면.

279(병합)].

5. 주민에 의한 통제

주민은 조례를 직접적으로 통제할 수는 없고, 지방자치법 제19조에 따라 조례의 제정개폐청구권을 행사하는 간접적인 방식만으로 통제할 수 있을 뿐이다.

제 2 절 집행기관

지방자치단체의 사무를 실현하는 집행기관으로는 지방자치단체의 장과 그 소속기관이 있다.

제 1 항 지방자치단체의 장의 지위

지방자치단체의 장으로는 특별시에 특별시장, 광역시에 광역시장, 특별자치시에 특별자치시장, 도와 특별자치도에 도지사, 시에 시장, 군에 군수, 자치구에 구청장이 있다(지자법 106).

Ⅰ. 지방자치단체의 대표기관

지방자치단체의 장은 당해 지방자치단체를 대표한다(지자법 114). 여기에서 대표는 지방자치단체가 행하는 사무를 대외적으로 대표한다는 것을 의미한다. 그 효과는 지방자치단체에 귀속된다.

Ⅱ. 지방자치단체의 집행기관(행정수반)

지방자치단체의 장은 그 지방자치단체의 사무와 법령에 따라 그 지방자치단체의 장에게 위임된 사무를 관리하고 집행(지자법 116)하는 지방자치단체의 집행기관이다. 지방자치단체의 장은 지방행정사무를 수행하는 행정청이다. 지방자치단체의 장은 지방자치단체의 사무를 총괄(지자법 114)하는 지방자치행정의 수반이다. 이러한 최고 행정청의 지위에 따라 지방자치단체의 장은 소속 직원을 지휘·감독하고 법령과 조례·규칙으로 정하는 바에 따라 그 임면·교육훈련·복무·징계 등에 관한 사항을 처리하는 권한을 가진다(지자법 118).

지방자치단체의 장은 자신의 책임하에 사무를 집행하는 독임제 행정청이다. 이는 지방자치단체 사무집행의 효율성을 제고하고 그 책임소재를 분명히 하기 위하여 요구되는 조직원리라고 할 수 있다.

Ⅲ. 국가행정기관

지방자치단체의 장은 지방자치단체의 기관이지만, 예외적으로 법령에 의하여 국가사무를 위임받아 수행하는 범위 내에서는 국가행정기관으로서 사무를 수행하는 것이 된다.

제 2 항 지방자치단체의 장의 신분

Ⅰ. 신분의 발생과 소멸

지방자치단체의 장은 주민의 보통·평등·직접·비밀선거로 선출한다(지자법 107). 지방자치단체의 장의 임기는 4년으로 하며, 3기 내에서만 계속 재임(再任)할 수 있다(지자법 108).

지방자치단체의 장은 ① 임기만료(지자법 108), ② 사임(지자법 111), ③ 퇴직사유의 발생(지방자치단체의 장이 겸임할 수 없는 직에 취임할 때, 피선거권이 없게 될 때, 지방자치단체의 폐치·분합으로 지방자치단체의 장의 직을 상실할 때, 지자법 112)으로 그 신분을 상실한다.

Ⅱ. 직무의 위임·위탁·대행·대리

1. 직무의 위임·위탁

지방자치단체의 장은 조례나 규칙으로 정하는 바에 따라 그 권한에 속하는 사무의 일부를 보조기관, 소속 행정기관 또는 하부행정기관에 위임하거나(지자법 117 ①) 관할 지방자치단체나 공공단체 또는 그 기관(사업소·출장소를 포함한다)에 위탁할 수 있고(지자법 117 ②), 조사·검사·검정·관리업무 등 주민의 권리·의무와 직접 관련되지 아니하는 사무를 법인·단체 또는 그 기관이나 개인에게 위탁할 수 있다(지자법 117 ③).

2. 직무의 대행·대리

(1) 폐치·분합에 따른 대행

지방자치단체를 폐지하거나 설치하거나 나누거나 합쳐 새로 지방자치단체의 장을 선거하여야 하는 경우에는 그 지방자치단체의 장이 선거될 때까지 시·도지사는 행정안전부장관이, 시장·군수 및 자치구의 구청장은 시·도지사가 각각 그 직무를 대행할 자를 지정하여야 한다. 다만, 둘 이상의 동격의 지방자치단체를 통·폐합하여 새로운 지방자치단체를 설치하는 경우에는 종전의 지방자치단체의 장 중에서 해당 지방자치단체의 장의 직무를 대행할 자를 지정한다(지자법 110).

(2) 권한대행·대리

지방자치단체의 장이 궐위된 경우, 공소 제기된 후 구금상태에 있는 경우 또는 의료법에 따른 의료기관에 60일 이상 계속하여 입원한 경우에는 부지사·부시장·부군수·부구청장이 그 권한을 대행한다(지자법 124 ①).

지방자치단체의 장이 그 직을 가지고 그 지방자치단체의 장 선거에 입후보하면 예비후보자 또는 후보자로 등록한 날부터 선거일까지 부단체장이 그 지방자치단체의 장의 권한을 대행한다(지자법 124 ②).

지방자치단체의 장이 출장·휴가 등 일시적 사유로 직무를 수행할 수 없으면 부단체장이 그 직무를 대리한다(지자법 124 ③).

제 3 항 지방자치단체의 장의 권한

Ⅰ. 지방자치단체의 대표권 및 사무총괄권

지방자치단체의 장은 당해 지방자치단체를 대표하고 사무를 총괄하는 권한을 가진다(지자법 114).

Ⅱ. 지휘·감독권·임면권 등

지방자치단체의 장은 하부행정기관(자치구가 아닌 구의 구청장, 읍장·면장, 동장)에 대하여 지휘·감독권을 가진다(지자법 133). 시·도지사는 위임사무에 관하여 시·군 및 자치구를 지도·감독한다(지자법 185).

지방자치단체의 장은 소속 직원(지방의회의 사무직원은 제외한다)을 지휘·감독하고 법령과 조례·규칙으로 정하는 바에 따라 소속 직원에 대한 임면권을 가진다(지자법 118).

Ⅲ. 주민투표부의권

지방자치단체의 장은 주민에게 과도한 부담을 주거나 중대한 영향을 미치는 지방자치단체의 주요 결정사항 등에 대하여 주민투표에 부칠 수 있다(지자법 18).

Ⅳ. 재무에 관한 권한

지방자치단체의 장은 지방채발행권(지자법 139 ①)·예산안편성권(지자법 142 ①) 등의 재무에 관한 권한을 가진다.

Ⅴ. 지방의회에 대한 권한

지방자치단체의 장은 지방자치단체의 최고집행기관으로서 최고의결기관인 지방의회의 활동에 대하여 다양한 견제권한을 행사할 수 있다. 이와 같은 권한으로는 의회출석·진술권(지자법 51 ①), 지방의회의 임시회의 소집요구권(지자법 54 ③), 지방의회에 제출할 안건의 공고권(지자법 55), 의안의 발의권(지자법 76 ①), 조례안 공포권(지자법 32 ②), 재의요구권(지자법 32 등) 및 선결처분권(지자법 122) 등이 있다. 이하에서는 재의요구권과 선결처분권에 관해서만 설명하기로 한다.

1. 재의요구권*

지방자치단체의 장의 지방의회에 대한 재의요구로는 ① 조례안에 대한 재의요구(지자법 32 ③), ② 법령에 위반한 지방의회의결에 대한 재의요구(지자법 120 ①), ③ 예산상 집행불가능한 의결에 대한 재의요구 등(지자법 121 ①, ②), ④ 주무부장관이나 시·도지사의 요구에 의한 재의요구(지자법 192 ①)가 있다.

2. 선결처분권**

(1) 의의

지방자치단체의 장은 지방의회가 지방의회의원이 구속되는 등의 사유로 제73조에 따른 의결정족수에 미달될 때와 지방의회의 의결사항 중 주민의 생명과 재산 보호를 위하여 긴급하게 필요한 사항으로서 지방의회를 소집할 시간적 여유가 없거나 지방의회에서 의결이 지체되어 의결되지 아니할 때에는 선결처분(先決處分)을 할 수 있다(지자법 122 ①).

지방자치단체의 장의 선결처분권은 지방의회의 협력을 기대하기 어려운 예외적인 경우에 지방자치단체의 장에게 인정되는 일종의 긴급권이다.

(2) 요건

선결처분권을 행사하려면, 먼저 ① 지방의회가 지방의회의원이 구속되는 등의 사유로 제73조

* 사법시험(2004년).
** 행정고시(2004년).

에 따른 의결정족수에 미달되어야 하는데, 여기에는 의원의 사직 등의 사유로 의결정족수를 미달하게 하는 경우도 포함된다 할 것이다. 그 다음으로 ② 지방의회의 의결사항 중 주민의 생명과 재산보호를 위하여 긴급하게 필요한 사항으로서 지방의회를 소집할 시간적 여유가 없거나 지방의회에서 의결이 지체되어 의결되지 아니하는 경우이어야 한다.

(3) 절차

선결처분은 지체 없이 지방의회에 보고하여 승인을 받아야 한다(지자법 122 ②). 지방의회에서 제2항의 승인을 받지 못하면 그 선결처분은 그때부터 효력을 상실한다(지자법 122 ③). 지방자치단체의 장은 제2항이나 제3항에 관한 사항을 지체 없이 공고하여야 한다(지자법 122 ④).

Ⅵ. 규칙제정권*

1. 의의와 성질

지방자치법은 "지방자치단체의 장은 법령이나 조례의 범위에서 그 권한에 속하는 사무에 관하여 규칙을 제정할 수 있다(지자법 29)."고 규정하고 있다. 규칙은 이와 같이 지방자치법 규정에 따라 지방자치단체의 장이 그 권한에 속하는 사항을 정하는 법형식을 말한다.

규칙은 조례와 더불어 자치입법의 한 형식이고, 행정기관인 지방자치단체의 장이 제정한다는 점에서 행정입법이다.

규칙은 원칙적으로 법규범으로서 대외적인 구속력을 가진다. 다만 규칙으로 행정내부적인 사항을 규율하는 경우처럼 대외적인 구속력이 없는 규칙도 있을 수 있다.

2. 법적 근거

규칙은 조례와 더불어 행정입법이지만, 조례는 행정기관이기는 하지만 주민들을 대표하는 지방의회가 제정하는 법이지만 규칙은 법령이나 조례에 의한 사무를 집행하기 위하여 필요한 사항을 정하는 것이라는 점에서 내용상 차이가 있다.

이에 따라 규칙제정에 반드시 법적 근거가 요구되는가와 관련하여, 지금까지는 ① 규칙은 법령이나 조례에 의한 사무를 집행하는 데 필요한 사항을 규정하는 것이므로 지방자치법 제29조에 따라 법령 또는 조례의 위임이 필요하다는 견해[8]와 ② 규칙의 종류를 법령 또는 조례의 위임에 따라 제정되는 위임규칙과 지방자치단체의 장이 직권으로 제정하는 직권규칙으로 나누면서, 전자

---

* 행정고시(재경)(2007년).

8) 김성수, 개별행정법, 401면 이하.

의 경우에는 위임입법의 법리가 적용되고 후자의 경우는 적용되지 않는다는 견해(다수설)[9]가 있었다. ③ 그러나 2021년 법개정으로 '법령이나 조례의 범위에서 그 권한에 속하는 사무에 관하여 규칙을 제정할 수 있'으므로, 지방자치단체의 장은 법령이나 조례의 위임이 없더라도 이들을 집행하는 데 필요한 사항을 규정할 수 있다고 보아야 할 것이다. 다만 규칙으로 새로운 사항을 정하기 위해서는 별도의 위임이 필요하다고 보아야 할 것이다.

3. 규칙의 제정대상 및 한계

(1) 규칙의 제정대상*

규칙은 '법령이나 조례의 범위에서 그 권한에 속하는 사무'에 관하여 제정할 수 있다. 여기에는 자치사무와 위임사무가 모두 포함될 수 있다.

그러나 (i) 기관위임사무의 경우에는, 조례로 정하도록 하는 별도의 규정이 없는 한, 조례의 제정대상이 아니라 규칙의 제정대상이 될 뿐이다(대판 2014.2.27, 2012추145). (ii) 다만 개별 법령에서 기관위임사무를 조례로 정하도록 위임하고 있는 경우에 한하여 조례를 제정할 수 있다(대판 2009.12.24, 2007추141). (iii) 기관위임사무는 조례에 의하여 재위임할 수는 없고, (구)정부조직법 제5조 제1항 및 행정위임위탁규정 제4조에 의하여 위임기관의 장의 승인을 얻은 후 지방자치단체의 장이 제정한 규칙이 정하는 바에 따라 재위임하는 것만이 가능하다(대판 1995.11.14, 94누13572)."

(2) 한계

규칙은 '법령이나 조례의 범위에서' 제정할 수 있으므로, 상위법령이나 조례에 반할 수 없다(법률우위의 원칙). 시·군 및 자치구의 조례나 규칙은 시·도의 조례나 규칙을 위반해서는 아니 된다(지자법 30).

논란이 있겠지만, 규칙이 법령이나 조례를 집행하기 위하여 필요한 사항을 정하는 것인 한, 규칙 제정에 별도의 법령이나 조례의 위임이 요구되지 않는다. 다만 새로운 사항을 정하려면 별도의 법적 근거가 필요하다(법률유보의 원칙). 이 경우 법령이나 조례의 위임은, 포괄적 위임이 가능한 조례의 경우와는 달리, 구체적인 위임이 필요하다고 보아야 할 것이다(특별수권의 원칙).

(3) 효력발생 및 보고

규칙은 특별한 규정이 없으면 공포한 날부터 20일이 지나면 효력을 발생한다(지자법 32 ⑧).

규칙을 제정하거나 개정하거나 폐지할 경우 공포예정 15일 전에 시·도지사는 행정안전부장관에게, 시장·군수 및 자치구의 구청장은 시·도지사에게 그 전문(全文)을 첨부하여 각각 보고하여

* 변호사시험(2017년), 사법시험(2016년).

9) 예컨대, 김남진/김연태, 행정법 II, 132면; 김동희, 행정법 II, 91~92면; 홍정선, 행정법특강, 899면 등.

야 하며, 보고를 받은 행정안전부장관은 이를 관계 중앙행정기관의 장에게 통보하여야 한다(지자법 35).

제 4 항 보조기관 등

Ⅰ. 보조기관

지방자치법은 집행기관의 장을 보조하는 보조기관으로 특별시·광역시 및 특별자치시에 부시장, 도와 특별자치도에 부지사, 시에 부시장, 군에 부군수, 자치구에 부구청장(부단체장)을 두도록 규정하고 있다(지자법 123 ①).

부단체장은 해당 지방자치단체의 장을 보좌하여 사무를 총괄하고, 소속 직원을 지휘·감독한다(지자법 123 ⑤).

부단체장은 지방자치단체의 장이 궐위되거나, 공소 제기된 후 구금상태에 있거나, 의료법에 따른 의료기관에 60일 이상 계속하여 입원한 경우에는 지방자치단체의 장의 권한을 대행한다(지자법 124 ①). 또한 지방자치단체의 장이 그 직을 가지고 그 지방자치단체의 장 선거에 입후보한 경우에도 예비후보자 또는 후보자로 등록한 날부터 선거일까지 부단체장이 그 지방자치단체의 장의 권한을 대행한다(지자법 124 ②). 부단체장은 지방자치단체의 장이 출장·휴가 등 일시적 사유로 직무를 수행할 수 없으면 그 직무를 대리한다(지자법 124 ③).

지방자치단체는 보조기관으로서 그 사무를 분장하기 위하여 필요한 행정기구와 지방공무원을 둘 수 있는데, 이 경우 행정기구의 설치와 지방공무원의 정원은 인건비 등 대통령령으로 정하는 기준에 따라 그 지방자치단체의 조례로 정한다(지자법 125 ①, ②).

Ⅱ. 소속행정기관

지방자치단체는 소관 사무와 관련하여, ① 소방기관·교육훈련기관·보건진료기관·시험연구기관 및 중소기업지도기관 등의 직속기관(지자법 126), ② 특정 업무를 효율적으로 수행하기 위한 사업소(지자법 127), ③ 외진 곳의 주민의 편의와 특정지역의 개발 촉진을 위한 출장소(지자법 128), ④ 소관 사무의 일부를 독립하여 수행하는 합의제 행정기관(지자법 129) 및 ⑤ 자문기관(지자법 130)을 소속행정기관으로 둘 수 있다.

Ⅲ. 하부행정기관

1. 일반 하부행정기관

하부행정기관이란 지방자치단체의 장에 소속하여 그의 지휘·감독을 받으면서 지방자치단체의 사무를 지역적으로 분담하여 수행하는 행정기관을 의미한다.

지방자치법은 하부행정기관으로 자치구가 아닌 구에 구청장, 읍에 읍장, 면에 면장, 동에 동장을 두도록 하고 있다. 이 경우 면·동은 행정면·행정동을 말한다(지자법 131).

자치구가 아닌 구의 구청장은 일반직 지방공무원으로 보하되, 시장이 임명한다(지자법 132 ①). 읍장·면장·동장은 일반직 지방공무원으로 보하되, 시장·군수 또는 자치구의 구청장이 임명한다(지자법 132 ②).

자치구가 아닌 구의 구청장은 시장, 읍장·면장은 시장이나 군수, 동장은 시장(구가 없는 시의 시장을 말한다)이나 구청장(자치구의 구청장을 포함한다)의 지휘·감독을 받아 소관 국가사무와 지방자치단체의 사무를 맡아 처리하고 소속 직원을 지휘·감독한다(지자법 133).

지방자치단체는 조례로 정하는 바에 따라 자치구가 아닌 구와 읍·면·동에 소관 행정사무를 분장하기 위하여 필요한 행정기구를 둘 수 있다(지자법 134).

2. 제주특별자치도의 하부행정기관

제주특별자치도 설치 및 국제자유도시 조성을 위한 특별법에 의하여 제주도에는 제주특별자치도가 설치되었다(제주특별법 7 ①). 제주특별자치도는 지방자치법 제2조 제1항 및 제3조 제2항의 규정에 불구하고 그 관할구역 안에 지방자치단체인 시와 군을 두지 아니하고(제주특별법 10 ①), 지방자치단체가 아닌 시(행정시)를 두도록 하고 있다(제주특별법 10 ②).

이에 따라 제주특별자치도에는 도지사의 하부행정기관으로 행정시에 도지사가 임명하는 시장과 부시장을 둔다(제주특별법 11 ①, ②; 14 ①, ②). 행정시장은 도지사의 지휘·감독을 받아 소관 국가사무 및 지방자치단체의 사무를 맡아 처리하고 소속직원을 지휘·감독하고(제주특별법 11 ⑤), 행정시의 부시장은 행정시장을 보좌하여 사무를 총괄하고, 소속직원을 지휘·감독한다(제주특별법 14 ③).

제 3 절 교육·학예에 관한 기관

지방자치법은 지방자치단체의 교육·과학 및 체육에 관한 사무를 분장하기 위하여 별도의 기관을 두도록 하고, 이에 필요한 사항은 따로 법률로 정하도록 규정하고 있다(지자법 135). 이는 교육·과학 및 체육사무 일부의 전문성·자주성·특수성 등을 고려하여 그 일부 권한을 지방자치단체와는 별도의 기관에 분권(특수행정분권)한다는 취지이다. 이에 따라 제정된 (구) 지방교육자치에 관한 법률은 교육·학예에 관한 별도의 기관으로 교육위원회와 교육감을 두고 있었지만, 2016년 법 개정으로 교육위원회 관련 규정이 삭제되어 현재는 지방의회가 교육에 관한 사항을 의결하는 것으로 하였다.

한편 지방자치단체의 교육·학예에 관한 사무는 특별시·광역시 및 도(시·도)의 사무로 한다고 하여(교육자치법 2) 교육자치는 광역지방자치단체에 한하여 인정된다.

제 1 항 교육감

1. 지위

교육감은 시·도의 교육·학예에 관한 사무의 집행기관으로, 교육·학예에 관한 소관 사무로 인한 소송이나 재산의 등기 등에 대하여 해당 시·도를 대표한다(교육자치법 18 ①, ②).

법령에 다른 규정이 없는 한, 국가행정사무 중 시·도에 위임하여 시행하는 사무로서 교육·학예에 관한 사무는 교육감에게 위임하여 행하는데(교육자치법 19), 교육감이 국가행정사무를 위임받아 수행하는 한도 내에서는 국가의 행정기관의 지위에 있게 된다.

교육감은 주민의 보통·평등·직접·비밀선거에 따라 선출되고(교육자치법 43), 임기는 4년이며, 교육감의 계속 재임은 3기에 한정한다(교육자치법 21).

2. 권한

(1) 사무집행권

교육감은 교육·학예에 관한 ① 조례안의 작성 및 제출에 관한 사항, ② 예산안의 편성 및 제출에 관한 사항, ③ 결산서의 작성 및 제출에 관한 사항, ④ 교육규칙의 제정에 관한 사항, ⑤ 학교, 그 밖의 교육기관의 설치·이전 및 폐지에 관한 사항, ⑥ 교육과정의 운영에 관한 사항, ⑦ 과학·기술교육의 진흥에 관한 사항, ⑧ 평생교육, 그 밖의 교육·학예진흥에 관한 사항, ⑨ 학교체육·보건 및 학교환경정화에 관한 사항, ⑩ 학생통학구역에 관한 사항, ⑪ 교육·학예의 시설·설비 및 교구(敎具)에 관한 사항, ⑫ 재산의 취득·처분에 관한 사항, ⑬ 특별부과금·사용료·수수료·분담금 및 가입금에 관한 사항, ⑭ 기채(起債)·차입금 또는 예산 외의 의무부담에 관한 사항, ⑮ 기금의 설치·운용에 관한 사항, ⑯ 소속 국가공무원 및 지방공무원의 인사관리에 관한 사항, ⑰ 그 밖에 해당 시·도의 교육·학예에 관한 사항과 위임된 사항을 관장한다(교육자치법 20).

(2) 교육규칙제정권

교육감은 법령 또는 조례의 범위 안에서 그 권한에 속하는 사무에 관하여 교육규칙을 제정할 수 있다(교육자치법 25 ①).

(3) 사무의 위임·위탁

교육감은 조례 또는 교육규칙으로 정하는 바에 따라 그 권한에 속하는 사무의 일부를 보조기관, 소속교육기관 또는 하급교육행정기관에 위임하거나(교육자치법 26 ①), 조사·검사·검정·관리 등 주민의 권리·의무와 직접 관계되지 아니하는 사무를 법인·단체 또는 그 기관이나 개인에게 위탁할 수 있다(교육자치법 26 ③).

교육감은 교육규칙으로 정하는 바에 따라 그 권한에 속하는 사무의 일부를 해당지방자치단체의 장과 협의하여 구·출장소 또는 읍·면·동(특별시·광역시 및 시의 동을 말한다)의 장에게 위임할 수 있다. 이 경우 교육감은 해당사무의 집행에 관하여 구·출장소 또는 읍·면·동의 장을 지휘·감독할 수 있다(교육자치법 26 ②).

(4) 직원임용권 등

교육감은 소속 공무원을 지휘·감독하고 법령과 조례·교육규칙으로 정하는 바에 따라 그 임용·교육훈련·복무·징계 등에 관한 사항을 처리한다(교육자치법 27).

(5) 재의요구 및 제소권

교육감은 교육·학예에 관한 시·도의회의 의결이 법령에 위반되거나 공익을 현저히 저해한다고 판단될 때에는 그 의결사항을 이송받은 날부터 20일 이내에 이유를 붙여 재의를 요구할 수 있다. 교육감이 교육부장관으로부터 재의요구를 하도록 요청받은 경우에는 시·도의회에 재의를 요구하여야 한다(교육자치법 28 ①).

제1항의 규정에 따른 재의요구가 있을 때에는 재의요구를 받은 시·도의회는 재의에 붙이고 시·도의회 재적의원 과반수의 출석과 시·도의회 출석의원 3분의 2 이상의 찬성으로 전과 같은 의결을 하면 그 의결사항은 확정된다(교육자치법 28 ②).

제2항의 규정에 따라 재의결된 사항이 법령에 위반된다고 판단될 때에는 교육감은 재의결된

날부터 20일 이내에 대법원에 제소할 수 있는데(교육자치법 28 ③), 이 소송은 지방의회의 재의결에 따라 교육감이 하는 소송이므로 기관소송으로 보아야 할 것이다.

한편 교육부장관은 재의결된 사항이 법령에 위반된다고 판단됨에도 해당교육감이 소를 제기하지 않은 때에는 해당교육감에게 제소를 지시하거나 직접 제소할 수 있는데(교육자치법 28 ④), 해당교육감은 제소 지시를 받은 날부터 7일 이내에 제소하여야 하고(교육자치법 28 ⑤), 교육부장관은 제5항의 기간이 지난 날부터 7일 이내에 직접 제소할 수 있다(교육자치법 28 ⑥). 제28조 제4항 및 제5항에 의한 소송은 교육부장관의 제소지시에 따라 교육감이 하는 소송이므로 기관소송으로 보아야 할 것이며, 제28조 제4항 및 제6항에 의한 소송은 교육부장관이 직접 제소하는 것이므로 일종의 기관소송이 아니라 교육자치법이 규정하는 특수한 형태의 소송으로 보아야 할 것이다.

(6) 선결처분권

교육감은 소관 사무 중 시·도의회의 의결이 필요한 사항에 대하여 ① 시·도의회가 성립되지 아니한 때(시·도의회의원의 구속 등의 사유로 지방자치법 제73조의 규정에 따른 의결정족수에 미달하게 된 때를 말한다) 또는 ② 학생의 안전과 교육기관 등의 재산보호를 위하여 긴급하게 필요한 사항으로서 시·도의회가 소집될 시간적 여유가 없거나 시·도의회에서 의결이 지체되어 의결되지 아니한 때에는 선결처분을 할 수 있다(교육자치법 29 ①).

제1항의 규정에 따른 선결처분은 지체 없이 시·도의회에 보고하여 승인을 얻어야 하고(교육자치법 29 ②), 시·도의회에서 승인을 얻지 못한 때에는 그 선결처분은 그 때부터 효력을 상실한다(교육자치법 29 ③).

3. 보조기관 및 소속교육기관

(1) 부교육감

교육감 소속하에 국가공무원으로 보하는 부교육감 1인(인구 800만명 이상이고 학생 150만명 이상인 시·도는 2인)을 둔다(교육자치법 30 ①).

부교육감은 해당 시·도의 교육감이 추천한 사람을 교육부장관의 제청으로 국무총리를 거쳐 대통령이 임명한다(교육자치법 30 ②).

부교육감은 교육감을 보좌하여 사무를 처리한다(교육자치법 30 ③).

부교육감의 교육감 권한대행·직무대리에 관하여는 지방자치법 제124조의 규정이 준용된다(교육자치법 31).

(2) 기타 보조기관

교육감 소속하에 기타 필요한 보조기관을 둘 수 있는데, 그 설치·운영 등에 관하여 필요한 사항은 대통령령으로 정한 범위 안에서 조례로 정한다(교육자치법 30 ⑤).

(3) 소속 교육기관

교육감은 그 소관 사무의 범위 안에서 필요한 때에는 대통령령 또는 조례로 정하는 바에 따라 교육기관을 설치할 수 있다(교육자치법 32).

4. 하급교육행정기관

시·도의 교육·학예에 관한 사무를 분장하기 위하여 1개 또는 2개 이상의 시·군 및 자치구를 관할구역으로 하는 하급교육행정기관(교육지원청)을 둔다(교육자치법 34 ①).

교육지원청에 교육장을 두되 장학관으로 보하고, 그 임용에 관하여 필요한 사항은 대통령령으로 정한다(교육자치법 34 ③).

교육장은 시·도의 교육·학예에 관한 사무 중 ① 공·사립의 유치원·초등학교·중학교·고등공민학교 및 이에 준하는 각종학교의 운영·관리에 관한 지도·감독과 ② 그 밖에 조례로 정하는 사무를 위임받아 분장한다(교육자치법 35).

제 2 항 지방교육행정협의회·교육감협의체

지방자치단체의 교육·학예에 관한 사무를 효율적으로 처리하기 위하여 지방교육행정협의회를 설치한다(교육자치법 41 ①).

한편 교육감은 상호 간의 교류와 협력을 증진하고, 공동의 문제를 협의하기 위하여 전국적인 협의체를 설립할 수 있다(교육자치법 42 ①).

제 6 장 지방자치단체의 사무

제 1 절 사무일원론과 사무이원론

Ⅰ. 사무일원론과 사무이원론의 개념

지방자치단체의 사무에 대하여는 사무일원론과 사무이원론의 대립이 있다.

이원론은 지방자치단체가 수행하는 사무를 자치사무와 위임사무로 구분한다. 위임사무는 다시 지방자치단체에 위임된 단체위임사무와 지방자치단체의 특정기관(통상은 지방자치단체의 장, 지자법 115 참조)에 위임된 기관위임사무로 구분한다.

반면 일원론은 지방자치단체가 수행하는 사무는 모두 지방자치단체의 사무로 이해한다. 다만 일원론의 입장에서도 지방자치단체가 수행하는 사무는 임의적 사무(freiwillige Aufgabe)와 의무적 사무(Pflichtaufgabe)로 구분되고, 의무적 사무는 다시 지시로부터 자유로운 사무(Pflichtaufgabe ohne Weisung)와 지시에 따르는 사무(Pflichtaufgabe nach Weisung)로 구분된다.

Ⅱ. 지방자치법 규정

지방자치법 제13조 제1항은 "지방자치단체는 관할 구역의 자치사무와 법령에 따라 지방자치단체에 속하는 사무를 처리한다."고 하여, 지방자치단체의 사무를 '자치사무'와 '법령에 따라 지방자치단체에 속하는 사무'로 구분하고 있다. 따라서 지방자치법은 사무이원론을 취하고 있다고 할 수 있다.

제 2 절 사무배분과 사무처리의 기본원칙

Ⅰ. 자치사무의 판단기준으로서의 지역성

헌법은 지방자치단체에게 '주민복리에 관한 그 지역의 모든 사무'에 대한 처리권한을 보장하고 있으므로, 어떠한 사무가 자치사무인가 국가사무인가 하는 것은 그 사무의 '지역성(Örtlichkeit)'이 중요한 판단기준이 된다. 따라서 법률에서 그 사무의 주체를 국가로 할 것인지 아니면 지방자치단체의 장으로 할 것인지를 정할 때에는 지역과의 밀접한 관련성이 있는지의 여부를 최우선적으로 고려하여야 한다.

반면에 지방자치단체를 넘어서는 범국가적인 이해관계 또는 전국적 통일성 등이 요구되는 사무는 국가사무로 볼 수 있을 것이다.

Ⅱ. 지방자치법상 사무배분의 기본원칙

1. 중복배제의 원칙

국가는 지방자치단체가 행정을 종합적·자율적으로 수행할 수 있도록 국가와 지방자치단체 간 또는 지방자치단체 상호 간의 사무를 주민의 편익증진, 집행의 효과 등을 고려하여 서로 중복되지 아니하도록 배분하여야 한다(지자법 11 ①).

2. 보충성의 원칙

국가는 제1항에 따라 사무를 배분하는 경우 지역주민생활과 밀접한 관련이 있는 사무는 원칙적으로 시·군·구의 사무로, 시·군·구가 처리하기 어려운 사무는 시·도의 사무로, 시·도가 처리하기 어려운 사무는 국가의 사무로 각각 배분하여야 한다(지자법 11 ②).

3. 포괄적 배분의 원칙

국가가 지방자치단체에 사무를 배분하거나 지방자치단체가 사무를 다른 지방자치단체에 재배분하는 때에는 사무를 배분 또는 재배분 받는 지방자치단체가 그 사무를 자기의 책임하에 종합적으로 처리할 수 있도록 관련 사무를 포괄적으로 배분하여야 한다(지자법 11 ③).

Ⅲ. 사무처리의 기본원칙

지방자치단체는 사무를 처리할 때 주민의 편의와 복리증진을 위하여 노력하여야 한다(지자법 12 ①).

지방자치단체는 조직과 운영을 합리적으로 하고 규모를 적절하게 유지하여야 한다(지자법 12 ②).

지방자치단체는 법령을 위반하여 사무를 처리할 수 없으며, 시·군 및 자치구는 해당 구역을 관할하는 시·도의 조례를 위반하여 사무를 처리할 수 없다(지자법 12 ③).

Ⅳ. 국가사무의 처리제한

지방자치단체는, 법률에 이와 다른 규정이 있는 경우를 제외하고는, 국가사무 중 ① 외교, 국방, 사법(司法), 국세 등 국가의 존립에 필요한 사무, ② 물가정책, 금융정책, 수출입정책 등 전국적으로 통일적 처리를 할 필요가 있는 사무, ③ 농산물·임산물·축산물·수산물 및 양곡의 수급조절과 수출입 등 전국적 규모의 사무, ④ 국가종합경제개발계획, 국가하천, 국유림, 국토종합개발계획, 지정항만, 고속국도·일반국도, 국립공원 등 전국적 규모나 이와 비슷한 규모의 사무, ⑤ 근로기준, 측량단위 등 전국적으로 기준을 통일하고 조정하여야 할 필요가 있는 사무, ⑥ 우편, 철도 등 전국적 규모나 이와 비슷한 규모의 사무, ⑦ 고도의 기술이 필요한 검사·시험·연구, 항공관리, 기상행정, 원자력개발 등 지방자치단체의 기술과 재정능력으로 감당하기 어려운 사무를 처리할 수 없다(지자법 15).

[판례] 국가하천에 관한 사무가 국가사무에 해당하는지 여부(원칙적 적극) 및 지방자치단체가 비용 일부를 부담한다고 하여 국가사무의 성격이 자치사무로 바뀌는 것인지 여부(소극)

"[1] … (구)지방자치법 제11조(현 제15조)는 "지방자치단체는 다음 각호에 해당하는 국가사무를 처리할 수 없다. 다만 법률에 이와 다른 규정이 있는 경우에는 국가사무를 처리할 수 있다."라고 정하고 있는데, 그 제4호에서 국가하천을 '전국적 규모나 이와 비슷한 규모의 사무'로서 지방자치단체가 처리할 수 없는 국가사무의 예로 정하고 있다. 하천법은 국가하천의 하천관리청은 국토교통부장관이고(제8조 제1항), 하천공사와 하천의 유지·보수는 원칙적으로 하천관리청이 시행한다고 정하고 있다(제27조 제5항).

위와 같은 규정에 따르면, 국가하천에 관한 사무는 다른 법령에 특별한 정함이 없는 한 국가사무로 보아야 한다. 지방자치단체가 비용 일부를 부담한다고 해서 국가사무의 성격이 자치사무로 바뀌는 것은 아니다.

[2] (갑 지방자치단체장은 국토교통부장관과 수중보 건설 사업시행 위치를 변경하면서 수중보 건설비용 일부와 운영·유지비용 전부를 갑 지방자치단체가 부담하도록 하는 협약을 체결하였는데, 이후 갑 지방자치단체가 협약의 무효 확인과 위치 변경에 따라 지출한 실시설계비 및 이에 대한 지연손해금을 부당이득으로서 반환할 것을 청구한 사안에서) (구)지방자치법 제122조 제2항, 제123조, 제141조, 하천법 제8조, 제27조, 제59조, 제61조 제1항, 제3항, 하천법 시행령 제74조, 제75조의 내용·체계, 입법 취지와 수중보 건설사업 지점으로 최초 채택되었던 지점에 사업을 시행할 경우 전액 국고 부담으로 할 수 있었는데도, 자발적으로 군수가 추가 공사비 등을 부담하는 방법을 제안하여 이를 반영한 변경지점에 대한 타당성 재조사를 거쳐 협약을 체결한 점, 수중보로 인한 실질적인 경제적 이익은 대부분 지방자치단체와 그 주민들에게 귀속될 것으로 보이는 점 등을 종합하면, 갑 지방자치단체에 수중보 건설비용 일부와 운영·유지비용 전부를 부담하도록 한 협약이 위법·무효라고 볼 수 없다고 한 사례(대판 2020.12.30, 2020두37406[협약무효확인등청구의소])."

제 3 절 자치사무와 위임사무

제 1 항 자치사무

Ⅰ. 개념과 종류

자치사무는 지방자치단체의 자치권이 미치는 그 지역의 사무로서 원칙적으로 그 사무의 수행여부(Ob)·수행시기(Wann)·수행방법(Wie)을 지방자치단체가 국가의 간섭 없이 자기책임으로 정하고 수행할 수 있는 사무를 말한다.

자치사무의 종류를 사무수행의 임의성 여부에 따라 지방자치단체가 사무수행 여부를 스스로 정할 수 있는 '임의적 자치사무'와 법령 등에 의하여 의무적으로 수행하여야 하는 '의무적 자치사무'로 구분하기도 한다.

Ⅱ. 자치사무의 특성

1. 사무처리의 자율성

자치사무는 지방자치단체가 헌법이 보장하는 자치권에 근거하여 수행하는 사무이므로 원칙적으로 그 사무의 수행여부·수행시기·수행방법을 지방자치단체가 자율적으로 결정할 수 있다.

다만 의무적 자치사무의 경우에는 사무수행 여부는 법령 등에 의하여 정해지는 것이므로 수행시기나 방법 등에 대해서만 자율성이 인정된다고 할 수 있다.

2. 법적 근거

자치사무는 지방자치단체의 사무이므로 그 사무를 수행하는 데 헌법 제117조 제1항 및 지방자치법 제28조 제1항의 일반수권만으로도 충분하므로 별도의 법령의 근거가 필요 없다. 따라서 자치사무에 대한 법적 근거로는 조례나 규칙으로 충분하다. 다만 의무적 자치사무는 법령에 의하여 정해지게 될 것이다.

3. 사무수행비용 부담

사무의 귀속주체와 비용부담의 주체는 상호 결부되어야 한다는 견연성(牽連性)의 원칙(Konnexitätsprinzip)에 따라 지방자치단체는 그 자치사무의 수행에 필요한 경비를 지출할 의무를 진다(지자법 158 1문). 지방재정법도 "지방자치단체의 관할구역 자치사무에 필요한 경비는 그 지방자치단체가 전액을 부담한다."고 규정하고 있다(지방재정법 20).

4. 입법형식

자치사무는 지방자치단체의 사무이므로 조례 또는 규칙의 제정대상이 될 수 있다.

5. 지방의회의 관여

자치사무는 지방자치단체의 고유사무이므로 자치사무의 수행에 대하여 지방의회의 관여가 허용된다. 이와 관련하여 지방자치법은 지방자치단체의 사무에 대한 지방의회의 행정사무 감사권 및 조사권(지자법 49)·출석·답변요구권(지자법 51 ②) 등을 규정하고 있다.

6. 자치사무에 대한 감독[1)]

자치사무는 감독권자인 국가 또는 광역지방자치단체의 지시에서 자유로운 사무이므로, 감독권자는 자치사무의 수행이 적법한지의 여부에 대해서만 감독권을 행사할 수 있는 것이 원칙이다(합법성감독). 예컨대 지방자치법은 지방자치단체의 장의 위법·부당한 명령·처분에 대한 감독청의 시정조치권과 관련하여 '자치사무에 관한 명령이나 처분에 대하여는 법령을 위반하는 것에 한하도록' 하고 있고(지자법 188 ⑤), 행정안전부장관이나 시·도지사의 자치사무에 대한 감사의 경우에도 '법령위반사항에 대하여만 실시하도록' 하고 있다(지자법 190 ①).

---

1) 지방자치단체의 사무수행에 대한 감독에는 ① 행정의 합법성을 보장하기 위한 합법성감독(법적 감독, Rechtsaufsicht)과 ② 합목적적으로 수행되고 있는지에 관한 합목적성감독(전문감독, Fachaufsicht)이 있다.

Ⅲ. 자치사무의 내용

1. 지방자치법 제13조의 규정

지방자치법 제13조는 제1항에서 "지방자치단체는 관할 구역의 자치사무와 법령에 따라 지방자치단체에 속하는 사무를 처리한다."고 규정하면서, 제2항에서는 7가지의 영역에 걸쳐 지방자치단체의 사무를 예시하고 있다.

2. 자치사무의 범위 및 예시규정

먼저 지방자치법 제13조 제1항은 '자치사무'와 '법령에 따라 지방자치단체에 속하는 사무'를 지방자치단체의 사무로 규정하여 자치사무와 단체위임사무를 구분하지 않고 지방자치단체의 사무를 규정하고 있다. 나아가 제2항에서는 지방자치단체 사무의 범위를 정하면서 ① 지방자치단체의 구역, 조직, 행정관리 등에 관한 사무, ② 주민의 복지증진에 관한 사무, ③ 농림·상공업 등 산업진흥에 관한 사무, ④ 지역개발과 주민의 생활환경시설의 설치·관리에 관한 사무, ⑤ 교육·체육·문화·예술의 진흥에 관한 사무, ⑥ 지역민방위 및 지방소방에 관한 사무들을 나열하고 있는데, 이는 일종의 예시규정이다. 따라서 제13조 제2항에 열거된 사무들은 원칙적으로는 자치사무이지만, 자치권제한의 한계를 준수하는 것인 한, 필요에 따라 법률로써 이를 국가사무로 규정할 수도 있다.

3. 전권한성의 원칙에 따른 자치사무의 추정

지방자치권보장은 지방자치단체에게 주민복리에 관한 그 지역의 모든 사무에 대한 처리권한을 보장해 주는 것을 내용으로 한다. 이를 보편성 또는 전권한성의 원칙이라고 한다. 즉 어떤 사무가 지방자치단체의 사무인가 하는 것은 법률에 따로 규정되는 것이 아니라 오히려 따로 법률의 규정이 없더라도 주민의 복리에 관한 그 지역의 모든 사무가 자치사무가 된다는 것이다.

따라서 지방자치법 제13조 제2항에 열거되지 아니한 사항으로 법률에서도 그 사무에 관한 별도의 규정이 없는 경우에는, 그 지역과의 관련성이 있는 사무인 한, 전권한성의 원칙에 따라 우선적으로 지방자치단체의 사무로 보아야 할 것이다.

Ⅳ. 지방자치단체 간 자치사무의 배분

1. 지방자치단체 간 사무배분의 기준

광역지방자치단체(시·도)와 기초지방자치단체(시·군·자치구) 사이에는 어떻게 사무배분을 하여야 하는지가 문제이다.

지방자치단체의 자치권은 기초지방자치단체에게 우선적으로 인정되는 것이므로, 그 지역에 관한 사무인 한, 전권한성의 원칙에 따라 기초지방자치단체의 사무로 보아야 한다.

그러나 기초지방자치단체를 넘어서는 범지역적인 이해관계가 있거나(광역적 사무), 기초지방자치단체의 행정력이나 재정력을 능가하여 광역지방자치단체가 보충적으로 처리하여야 할 필요가 있거나(보충적 사무), 기초지방자치단체 사이를 조정하거나 국가와 기초지방자치단체를 연결해주는 경우(조정적 사무)에는 광역지방자치단체에서 수행하는 것이 합리적일 것이다.

2. 지방자치법상의 기준

(1) 사무배분기준

㈎ 시·도(특별시·광역시·특별자치시·도·특별자치도)

① 행정처리 결과가 2개 이상의 시·군 및 자치구에 미치는 광역적 사무
② 시·도 단위로 동일한 기준에 따라 처리되어야 할 성질의 사무
③ 지역적 특성을 살리면서 시·도 단위로 통일성을 유지할 필요가 있는 사무
④ 국가와 시·군 및 자치구 사이의 연락·조정 등의 사무
⑤ 시·군 및 자치구가 독자적으로 처리하기에 어려운 사무
⑥ 2개 이상의 시·군 및 자치구가 공동으로 설치하는 것이 적당하다고 인정되는 규모의 시설을 설치하고 관리하는 사무(지자법 14 ① 1호)

㈏ 시·군·자치구

제1호에서 시·도가 처리하는 것으로 되어 있는 사무를 제외한 사무. 다만, 인구 50만 이상의 시에 대하여는 도가 처리하는 사무의 일부를 직접 처리하게 할 수 있다(지자법 14 ① 2호).

(2) 기초지방자치단체 우선의 원칙

시·도와 시·군 및 자치구는 사무를 처리할 때 서로 겹치지 아니하도록 하여야 하며, 사무가 서로 겹치면 시·군 및 자치구에서 먼저 처리한다(지자법 14 ③).

제 2 항 단체위임사무

Ⅰ. 개념

단체위임사무란 국가 또는 광역지방자치단체의 사무를 법령의 위임에 따라 지방자치단체에

위임하여 처리하는 사무를 말한다.

지방자치법상 단체위임사무는 법령에 따라 지방자치'단체'에 속하는 사무(지자법 13 ①), 지방자치'단체'가 위임받아 처리하는 국가사무(지자법 185 ①), '시·군 및 자치구'가 위임받아 처리하는 시·도의 사무(지자법 185 ②)로 표현되고 있으나, 실제로 단체위임사무의 예를 찾아보기는 어렵다.

Ⅱ. 단체위임사무의 특성

1. 사무의 성격

단체위임사무는 위임자가 속한 국가 또는 상급지방자치단체의 사무이지, 위임받은 지방자치단체의 사무가 아니다. 따라서 지방자치단체가 단체위임사무를 처리함에 있어서 위임자의 지시에 따라야 하지만, 그 사무처리에 있어 지방자치단체의 자율성이 어느 정도 인정되기도 한다.

2. 법적 근거

단체위임사무를 수임하는 지방자치단체는 사무수행의무를 부담하게 될 뿐 그 사무의 권한은 위임자에게 있다. 따라서 지방자치단체에게 사무를 위임하는 경우에는 법적 근거를 요한다.

3. 사무수행비용 부담·손해배상책임

사무의 귀속주체와 비용부담의 주체는 상호 결부되어야 한다는 견연성(牽連性)의 원칙에 따라 단체위임사무의 수행에 소요되는 비용은 위임자가 부담하여야 한다. 지방자치법도 "국가사무나 지방자치단체사무를 위임할 때에는 이를 위임한 국가나 지방자치단체에서 그 경비를 부담하여야 한다(지자법 158 단서)."고 규정하고 있다.

단체위임사무의 수행에 있어 불법행위로 인하여 손해가 발생하면 사무의 위임자인 국가 또는 광역지방자치단체가 사무의 귀속주체로서 배상책임을 부담한다. 그러나 국가배상법 제6조에 따라 비용부담자인 지방자치단체도 배상책임을 부담하게 된다.

4. 입법형식

단체위임사무는 위임자의 사무이지 자치사무는 아니라는 점에서 논리적으로는 조례의 제정대상으로 할 수 없으나, 단체위임사무를 위한 별도의 입법형식이 없고, 또한 지방자치법 제28조 제1항이 단체위임사무와 자치사무의 구분 없이 '지방자치단체의 사무에 관하여 조례를 제정할 수 있다'고 규정하고 있으므로, 해석상 단체위임사무도 조례의 제정대상이 될 수 있다고 할 수 있다.

5. 지방의회의 관여 *

단체위임사무의 수행에 대해서는 지방의회의 관여가 허용된다. 왜냐하면 단체위임사무는 자치사무는 아니지만 '지방자치단체'의 사무이기 때문이다. 지방자치법도 지방자치단체의 사무에 대한 지방의회의 행정사무 감사권 및 조사권(지자법 49 ①)에 관하여 규정하고 있다.

6. 위임자의 감독

자치사무는 위임자의 지시에서 자유로운 사무이므로, 위임자는 자치사무의 수행이 적법한지의 여부에 대해서만 감독권을 행사할 수 있는 것이 원칙이다(합법성감독).

그러나 단체위임사무는 위임자의 사무이므로 위임자는 단체위임사무의 수행에 대하여 합목적성의 통제까지 할 수 있다. 예컨대 지방자치법은 지방자치단체의 장의 위법·부당한 명령·처분에 대한 감독청의 시정조치권을 규정하면서 '자치사무'에 관하여만 '법령을 위반하는 것에 한하도록' 하고 있다(지자법 188 ⑤).

제 3 항 기관위임사무

I. 개념

기관위임사무란 국가 또는 광역지방자치단체의 사무를 법령의 위임에 따라 지방자치단체의 장이 위임받아 처리하는 사무를 말한다. 여기에서 기관위임은 기관차용(Organleihe)이라고도 하는데, 국가 등의 사무가 '지방자치단체'가 아니라 '지방자치단체의 장'에게 위임되는 것을 말하는 것으로, 즉 국가 등의 사무를 지방자치단체의 '특정기관(통상은 지방자치단체의 장)'을 차용하여 수행하는 것을 의미한다.

지방자치법상 기관위임사무는 지방자치'단체의 장'이 위임받아 처리하는 국가사무(지자법 185 ①), '시·군 및 자치구의 장'이 위임받아 처리하는 시·도의 사무(지자법 185 ②)로 표현되고 있다. 지방자치단체가 수행하는 위임사무는 거의 기관위임사무인데, 이와 관련하여 지방자치법 제115조는 "시·도와 시·군 및 자치구에서 시행하는 국가사무는 시·도지사와 시장·군수 및 자치구의 구청장에게 위임하여 수행하는 것을 원칙으로 한다. 다만, 법령에 다른 규정이 있는 경우에는 그러하지 아니하다."고 규정하여 위임사무는 원칙적으로 기관위임사무로 수행됨을 규정하고 있다.

---

* 행정고시(2001년).

Ⅱ. 기관위임사무의 특성

1. 사무의 성격

기관위임사무는 위임자가 속한 국가 또는 광역지방자치단체의 사무이지, 위임받은 지방자치단체의 사무가 아니다. 지방자치단체의 장은 기관위임사무를 수행함에 있어서는 위임자의 지위에서 수행하는 것이고, 위임자의 지시나 감독에 엄격하게 기속된다.

2. 법적 근거

기관위임사무를 수임하는 지방자치단체는 사무수행의무를 부담하게 될 뿐 그 사무의 권한은 위임자에게 있다. 따라서 기관위임사무의 경우에는 법적 근거를 요한다.

이와 관련하여 정부조직법 제6조 제1항은 "행정기관은 법령으로 정하는 바에 따라 그 소관사무의 일부를 보조기관 또는 하급행정기관에 위임하거나 다른 행정기관·지방자치단체 또는 그 기관에 위탁 또는 위임할 수 있다."고 규정하고 있는데, 이는 기관위임에 대한 일반적인 법적 근거라 할 수 있다.

3. 사무수행비용 부담·손해배상책임*

기관위임사무의 수행에 소요되는 비용도 견련성(牽連性)의 원칙에 따라 위임자가 부담하여야 한다. 지방자치법도 "국가사무나 지방자치단체사무를 위임할 때에는 이를 위임한 국가나 지방자치단체에서 그 경비를 부담하여야 한다(지자법 158 단서)."고 규정하고 있다.

기관위임사무의 수행에 있어 불법행위로 인하여 손해가 발생하면 위임자인 국가 또는 광역지방자치단체가 사무의 귀속주체로서 배상책임을 부담한다. 그러나 국가배상법 제6조에 따라 비용부담자인 지방자치단체도 배상책임을 부담하게 된다.

4. 입법형식

기관위임사무는 위임자의 사무이므로 논리적으로는 지방자치단체의 장의 권한에 속하는 사무를 정하는 규칙의 제정대상이라고 할 수 없다. 그러나 기관위임사무를 위한 별도의 입법형식이 없고, 또한 지방자치법 제29조가 위임사무와 자치사무의 구분 없이 '법령 또는 조례의 범위에서 그 권한에 속하는 사무에 관하여 규칙을 제정할 수 있다'고 규정하고 있으므로, 해석상 기관위임사무도 규칙의 제정대상이 될 수 있다고 할 수 있다. 다만, 이론적으로는 불합리한 것이지만, 법령이 기관위임사무에 대하여 조례로 정하도록 규정하고 있는 경우에는 조례의 제정대상이 될 수

* 사법시험(2004년).

도 있다.

5. 지방의회의 관여

기관위임사무의 수행에 대해서는 원칙적으로 지방의회의 관여가 허용되지 않는다. 왜냐하면, 단체위임사무가 '지방자치단체'의 사무인 것과는 달리, 기관위임사무는 위임자의 사무이기 때문이다.

다만 지방자치법은 "지방자치단체 및 그 장이 위임받아 처리하는 국가사무와 시·도의 사무에 대하여 국회와 시·도의회가 직접 감사하기로 한 사무 외에는 그 감사를 각각 해당 시·도의회와 시·군 및 자치구의회가 할 수 있다. 이 경우 국회와 시·도의회는 그 감사결과에 대하여 그 지방의회에 필요한 자료를 요구할 수 있다(지자법 49 ③)."고 하여 기관위임사무에 대하여 지방의회의 예외적인 관여를 허용하고 있다.

6. 위임자의 감독

기관위임사무는 위임자의 사무이므로 위임자는 기관위임사무의 수행에 대하여 합법성의 통제는 물론 합목적성의 통제까지 할 수 있다.

제 4 항 자치사무와 위임사무의 특성 비교

이상에서 살펴본 자치사무·단체위임사무·기관위임사무의 특성을 비교해 보면 다음 표와 같다.

	자치사무	단체위임사무	기관위임사무
사무처리의 자율성	자율적 처리 가능	어느 정도의 자율성 인정	자율성 없음
사무의 성격	지자체 사무	위임자 사무	위임자 사무
법적 근거	불요 (지자법 28 ① 단서의 경우 필요)	필요	필요
비용부담	지자체 부담	위임자 부담	위임자 부담
손해배상책임	지자체 부담	위임자·지자체 부담	위임자·지자체 부담
입법형식	조례·규칙	조례	규칙
지방의회의 관여	허용	허용	부인(예외 지자법 49 ③)
위임자의 감독	합법성감독	합법성 및 합목적성 감독	합법성 및 합목적성 감독

제 5 항 자치사무와 기관위임사무의 구별*

Ⅰ. 구별기준의 문제

지방자치법 제13조 제2항은 지방자치단체의 사무를 예시하고 있을 뿐, 개별적인 사무가 자치사무인지 기관위임사무인지를 판단할 수 있는 구체적인 기준을 정하고 있는 규정은 없다. 이에 따라 어떠한 기준에 의하여 자치사무와 기관위임사무를 구별할 것인지가 문제된다.

Ⅱ. 학설

이에 관해서는 ① 개별법령에서 사무권한의 주체를 국가기관의 장으로 규정하고 있으면 국가사무이고 별도의 권한위임규정에 의하여 이 사무가 지방자치단체의 장에게 위임되었으면 기관위임사무이며, 개별법령에서 사무권한의 주체를 지방자치단체의 장으로 규정하고 있는 경우에는 자치사무로 보아야 한다는 견해[2)]와 ② 개별법령에서 사무수행의 주체를 지방자치단체의 장으로 규정하고 있는 경우에도 개별법령의 취지와 내용을 판단하여 국가주도적으로 처리되어야 할 사무인 경우에는 기관위임사무, 지방자치단체가 자율적으로 처리할 수 있는 사무인 경우에는 자치사무로 보는 견해[3)]가 있다.

Ⅲ. 판례

대법원은 법령에서 사무권한의 주체를 지방자치단체의 장으로 규정하고 있는 경우에도 "법령상 지방자치단체의 장이 처리하도록 하고 있는 사무가 자치사무인지 아니면 기관위임사무인지를 판단하기 위해서는 그에 관한 법령의 규정 형식과 취지를 우선 고려하여야 하지만, 그 밖에 그 사무의 성질이 전국적으로 통일적인 처리가 요구되는 사무인지, 그에 관한 경비부담과 최종적인 책임귀속의 주체가 누구인지 등도 함께 고려하여야 한다."는 입장이다.

[판례1] 법령상 지방자치단체의 장이 처리하도록 하고 있는 사무가 자치사무인지 기관위임사무인지를 판단하는 방법

"법령상 지방자치단체의 장이 처리하도록 하고 있는 사무가 자치사무인지 아니면 기관위임사무인지를 판단하기 위해서는 그에 관한 법령의 규정 형식과 취지를 우선 고려하여야 하지만, 그 밖에

* 변호사시험(2017년), 변호사시험(2018년), 행정고시(재경)(2010년), 5급공채(2019년).

2) 홍정선, 행정법특강, 905면 이하.

3) 김남진/김연태, 행정법 II, 116면.

그 사무의 성질이 전국적으로 통일적인 처리가 요구되는 사무인지, 그에 관한 경비부담과 최종적인 책임귀속의 주체가 누구인지 등도 함께 고려하여야 한다.

(구) 교원 등의 연수에 관한 규정(2011.10.25. 대통령령 제23246호로 개정되기 전의 것) 제18조에 따른 교원능력개발평가 사무와 관련된 법령의 규정 내용과 취지, 그 사무의 내용 및 성격 등에 비추어 보면, 교원능력개발평가는 국가사무로서 각 시·도 교육감에게 위임된 기관위임사무라고 보는 것이 타당하다(대판 2013.5.23, 2011추56)."

"지방자치법, 지방교육자치에 관한 법률 및 사립학교법의 관련 규정들의 형식과 취지, 임시이사 선임제도의 내용과 성질 등을 앞에서 본 법리에 비추어 살펴보면, 사립 초등학교·중학교·고등학교 및 이에 준하는 각종 학교를 설치·경영하는 학교법인의 임시이사 선임에 관한 교육감의 권한은 자치사무라고 보는 것이 타당하다(대판 2020.9.3, 2019두58650[임시이사선임처분취소청구의소])."

[판례2] '교육감의 담당 교육청 소속 국가공무원인 도교육청 교육국장 및 그 하급자들에 대한 징계의결요구 신청사무'와 '공립·사립학교의 장이 행하는 학교생활기록부 작성에 관한 교육감의 지도·감독 사무'가 기관위임 국가사무인지 여부

"[1] 교육공무원 징계사무의 성격, 권한의 위임에 관한 교육공무원법령의 규정 형식과 내용 등에 비추어 보면, 국가공무원인 도교육청 교육국장 및 그 하급자인 장학관, 장학사에 대한 징계는 국가사무이고, 그 일부인 징계의결요구의 신청 역시 국가사무에 해당한다. 따라서 교육감이 담당 교육청 소속 국가공무원인 도교육청 교육국장 및 그 하급자들에 대하여 하는 징계의결요구 신청 사무는 기관위임 국가사무라고 보아야 한다.

[2] 전국적으로 통일적 처리를 요하는 학교생활기록의 작성에 관한 사무에 대한 감독관청의 지도·감독 사무도 국민 전체의 이익을 위하여 통일적으로 처리되어야 하므로, 공립·사립학교의 장이 행하는 학교생활기록부 작성에 관한 교육감의 지도·감독 사무는 국립학교의 장이 행하는 학교생활기록부 작성에 관한 교육부장관의 지도·감독 사무와 마찬가지로 국가사무로서, 시·도 교육감에 위임된 사무이다(대판 2015.9.10, 2013추517)."

[판례3] 지방자치단체의 골재채취법상 골재채취업등록 및 골재채취허가사무의 법적 성질(=기관위임사무)

"골재채취법상 … 골재채취업등록 및 골재채취허가사무는 전국적으로 통일적 처리가 요구되는 중앙행정기관인 건설교통부장관의 고유업무인 국가사무로서 지방자치단체의 장에게 위임된 기관위임사무에 해당한다고 할 것이다(대판 2004.6.11, 2004추34)."

Ⅳ. 결어

생각건대 헌법상 지방자치권보장의 관점에서 법령상 사무권한의 주체가 지방자치단체의 장으로 규정하여 수행하는 사무는 원칙적으로 자치사무로 보아야 한다. 반대로, 자치권의 본질적 내용을 침해하지 않는 한, 법령으로 국가가 수행하는 사무로 규정하고 있는 사무는 원칙적으로 국가사무로 보아야 할 것이다.

이러한 관점에서 법령상 자치사무로 규정되어 있는 것을 기관위임사무로 해석하는 대법원의 해석방법은 헌법상 지방자치권 보장의 의미를 오해하고 있는 것이라고 생각한다. 다만, 예외적으로, 법령상 지방자치단체의 장이 사무주체인 경우에도 이 사무가 다른 법령상 국가(또는 광역지방자치단체)사무와 연계된 사무로서 다른 법령상의 국가(또는 광역지방자치단체)사무를 집행하는 데 그치는 사무인 경우에는 기관위임사무로 볼 여지는 있다. 하지만 이는 올바른 입법례는 아니다.

[판례] 대판 2017.10.12, 2016추5148[시정명령취소청구의소][4)]

이 판례는 서울특별시장이 지구단위계획을 수립하여 도시관리계획으로 결정·고시하면 강남구청장은 그 내용을 국토이용정보체계에 등재하여 일반 국민이 볼 수 있도록 하여야 하는데(국토계획법 50, 32 ⑤, 토지이용규제법 8 ⑧, ⑨), 서울시장은 구청장이 이를 이행하지 않자 지방자치법 제169조 제1항에 따라 시정명령을 하였고, 강남구청장은 제2항의 제소권을 근거로 시정명령의 취소를 구하는 소송을 제기하였는데, 제1항은 시정명령만 규정하고 있고 제2항은 취소·정지처분에 대한 제소만을 규정하고 있어서, 제1항에 따른 시정명령에 대하여 제2항을 근거로 한 제소는 규정되어 있지 않아 허용되지 않으므로 각하한 사례이다.

이 판결에서 구청장의 '국토이용정보체계에 등재'사무는 구청장이 사무권한의 주체로 규정되어 있다는 점에서, 토지이용규제법만 보면 자치사무라 할 수 있지만, 국토계획법과의 연계에서 보면, '지구단위계획의 수립과 국토이용정보체계에의 등재'를 하나의 사무로 볼 수 있고, 이 경우 후자의 사무는 구청장의 권한이라기보다는 '서울시장의 계획수립통지에 따른 구청장의 등재의무'라는 점에서 서울시장의 '기관위임사무'로 볼 여지가 크다고 판단된다. 그렇다면 이 사건에서 서울시장은, 제169조의 시정명령이 아니라, 제170조의 이행명령을 했어야 했고, 구청장은 제170조 제3항에 따라 제소했어야 했다고 판단된다.

제 6 항 공동사무

공동사무란 국가와 지방자치단체가 공동으로 수행하는 사무를 말한다. 공동사무는 국가와 지

4) 아래 지방자치단체에 대한 행정적 통제, 시정명령 참조.

방자치단체가 공동으로 사무수행권한을 가지는 경우로서 주로 국가와 지방자치단체 모두 이해관계를 가지는 경우, 국가와 지방자치단체의 협력이 필요한 경우, 공동의 지원이나 후원 등이 필요한 경우 등에 공동사무를 인정할 필요성이 있다.

현행법상 공동사무의 유형으로는 ① 국가와 지방자치단체가 동일한 사무에 대한 수행권를 공동으로 가지는 경우(예: 관리·감독권 또는 시정조치권 등의 권한을 공동으로 가지는 경우), ② 국가와 지방자치단체가 공동으로 사무수행권을 가지되 일정 기준에 따라 수행권의 행사범위가 다른 경우(예: 구역지정권을 공동으로 행사하되 일정 면적 이상의 지정권은 국가가, 그 이하의 지정권은 지방자치단체가 가지는 경우), ③ 국가와 지방자치단체가 공동으로 지원하는 경우(예: 국가와 지방자치단체 모두 동일 사무에 대하여 재정지원을 하도록 하는 경우)가 있다. 엄밀히 말하면 ②의 경우는 각각 다른 사무에 대한 권한을 행사하는 것이므로 공동사무라 할 수 없다. 따라서 공동사무가 문제가 되는 것은 ①과 ③ 유형이다.

이와 같은 공동사무에 대해서는 국가에 의한 자치권 침해 또는 잠식이라는 관점에서 공동사무의 개념에 부정적인 견해들이 일반적이다.

그러나 지방자치단체의 입장에서 국가의 재정·인력·기술 등의 지원이 필요한 경우로 한정한다면, 공동사무의 개념을 인정하더라도 자치권 침해의 문제는 발생하지 않을 것이다. 요컨대 지방자치의 발전을 위하여 유용한 방향이라면 공동사무의 개념에 부정적일 필요는 없다고 본다.

제 7 장 지방자치단체 상호간의 관계

지방자치단체 상호간의 관계는 지방자치단체 상호간의 협력과 분쟁조정으로 나누어서 살펴볼 수 있다.

먼저 지방자치단체는 그 지역의 사무를 자기책임으로 처리하는 것이 원칙이지만, 경우에 따라서는 여러 지방자치단체들이 협력하여 사무를 처리할 필요성이 발생하기도 한다. 다른 한편으로 지방자치단체는 자치권이 보장되므로, 사무처리과정에서 분쟁이 발생할 수도 있다.

지방자치법은 이러한 지방자치단체 상호간에 필요한 협력과 갈등의 해결을 위하여 제8장에서 여기에 필요한 제도적 장치들을 마련하고 있다.

제 1 절 지방자치단체 상호간의 협력

Ⅰ. 협력의 원칙과 방식

지방자치단체는 다른 지방자치단체로부터 사무의 공동처리에 관한 요청이나 사무처리에 관한 협의·조정·승인 또는 지원의 요청을 받으면 법령의 범위에서 협력하여야 한다(지자법 164 ①). 이 규정은 법령의 범위 안에서 협력할 수동적인 의무를 넘어서 지방자치단체 상호간의 관계가 기본적으로 협력의 관계를 원칙으로 하고 있음을 규정하고 있는 것이다.

한편 2021년 지방자치법 전부개정에서 "관계 중앙행정기관의 장은 지방자치단체 간의 협력 활성화를 위하여 필요한 지원을 할 수 있다(지자법 164 ②)."는 조항이 신설되었다. 이는 지방자치단체 상호간의 협력에 대한 국가의 협조 역할을 명문화한 것이다.

지방자치단체의 협력은 다양한 방식으로 행하여질 수 있겠으나, 지방자치법은 협력방식으로 ① 사무위탁, ② 행정협의회의 구성, ③ 지방자치단체조합의 설립, ④ 지방자치단체의 장 등의 협의체의 설립을 통한 협력방식을 규정하고 있다.

Ⅱ. 사무의 위탁

지방자치단체나 그 장은 소관 사무의 일부를 다른 지방자치단체나 그 장에게 위탁하여 처리하게 할 수 있다(지자법 168 ①). 사무의 위탁은 소관사무의 일부에 대해서만 가능한데, 이는 소관사무를 전부 위탁하게 되면 사무집행에 대한 관할권 자체가 변경되는 것이어서 지방자치단체의 자치고권 자체를 부정하는 것이 되기 때문이다. 사무위탁의 성질은 일종의 공법상의 계약이라고 보는 것이 일반적인 견해이다.[1)]

Ⅲ. 행정협의회

지방자치단체는 2개 이상의 지방자치단체에 관련된 사무의 일부를 공동으로 처리하기 위하여 관계 지방자치단체 간의 행정협의회를 구성할 수 있다(지자법 169 ①).

행정협의회는 다수의 지방자치단체가 상호간에 이익이 되는 공동의 사무를 처리하기 위하여 설립한 임의적 협의체라고 할 수 있다. 이와 관련하여 지방자치법은 "행정안전부장관 또는 시·도지사는 공익상 필요한 경우에 관계 지방자치단체에 대하여 행정협의회를 구성하도록 권고할 수 있다."고 규정하고 있다(지자법 169 ③).

지방자치법은 "지방자치단체의 장은 시·도가 구성원이면 행정안전부장관과 관계 중앙행정기관의 장에게, 시·군 또는 자치구가 구성원이면 시·도지사에게 이를 보고하여야 한다(지자법 169 ① 2문)."고 규정하고 있지만, 행정협의회는 반드시 동급의 지방자치단체들로만 구성되어야 하는 것은 아니다.

Ⅳ. 지방자치단체조합

지방자치단체의 종류와 관련하여, 보통지방자치단체 외에 특정한 목적을 수행하기 위하여 필요하면 따로 특별지방자치단체를 설치할 수 있는데(지자법 2 ③), 지방자치단체조합은 2개 이상의 지방자치단체가 하나 또는 둘 이상의 사무를 공동으로 처리하기 위하여 설립한 공법인(지자법 176 ①, ②)으로서 일종의 특별지방자치단체이다.

지방자치단체조합의 대표적인 예로는 과거 수도권의 광역폐기물처리를 위하여 서울특별시, 인천광역시, 경기도가 주체가 되어 설립한 수도권매립지운영관리조합을 들 수 있다.

시·도가 구성원인 지방자치단체조합은 행정안전부장관, 시·군 및 자치구가 구성원인 지방자치단체조합은 1차로 시·도지사, 2차로 행정안전부장관의 지도·감독을 받는다(지자법 180 ①).

---

1) 이기우, 지방자치행정법, 319면.

Ⅴ. 지방자치단체의 장 등의 협의체

지방자치단체의 장이나 지방의회의 의장은 상호간의 교류와 협력을 증진하고, 공동의 문제를 협의하기 위하여 ① 시·도지사, ② 시·도의회의 의장, ③ 시장·군수 및 자치구의 구청장, ④ 시·군 및 자치구의회의 의장의 구분에 따라 각각 전국적 협의체를 설립할 수 있다(지자법 182 ①). 그리고 제1항 각 호의 전국적 협의체가 모두 참가하는 지방자치단체 연합체를 설립할 수 있다(지자법 182 ②).

이 규정에 따라 현재 대한민국 시·도지사협의회, 전국시장·군수·구청장협의회, 전국시·도의회의장협의회, 전국시·군·자치구의회의장협의회 등 지방 4대 협의체가 구성되어 있다. 그러나 전국적 협의체가 모두 참가하는 지방자치단체 연합체는 아직 설립되지 않고 있다.

협의체나 연합체는 지방자치에 직접적인 영향을 미치는 법령 등에 관한 의견을 행정안전부장관에게 제출할 수 있으며(지자법 182 ④), 지방자치와 관련된 법률의 제정·개정 또는 폐지가 필요하다고 인정하는 경우에는 국회에 서면으로 의견을 제출할 수 있다(지자법 182 ⑥).

제 2 절 지방자치단체 상호간의 분쟁조정

Ⅰ. 분쟁조정제도

지방자치단체 상호 간 또는 지방자치단체의 장 상호 간에 사무를 처리할 때 의견이 달라 다툼이 생기면 다른 법률에 특별한 규정이 없으면 행정안전부장관이나 시·도지사가 당사자의 신청에 따라 조정할 수 있다(지자법 165 ①). 이는 일차적으로 행정부 내에서 지방자치단체 상호간의 분쟁을 신속하고 효과적으로 처리하기 위한 것이다.

Ⅱ. 분쟁조정절차

분쟁조정절차는 분쟁의 당사자인 지방자치단체의 신청으로 개시된다(지자법 165 ① 본문).

다만 그 분쟁이 공익을 현저히 해쳐 조속한 조정이 필요하다고 인정되면 당사자의 신청이 없어도 직권으로 조정할 수 있다(지자법 165 ① 단서). 그러나 이 경우에는 그 취지를 미리 당사자에게 알려야 한다(지자법 165 ②).

행정안전부장관이나 시·도지사가 제1항의 분쟁을 조정하려는 경우 관계 중앙행정기관의 장과의 협의를 거쳐 제166조에 따른 지방자치단체중앙분쟁조정위원회나 지방자치단체지방분쟁조정위원회의 의결에 따라 조정을 결정하여야 한다(지자법 165 ③).

행정안전부장관이나 시·도지사는 제3항에 따라 조정을 결정하면 서면으로 지체 없이 관계 지방자치단체의 장에게 통보하여야 한다(지자법 165 ④).

Ⅲ. 조정결정의 이행 및 비용부담

조정결정을 통보받은 지방자치단체의 장은 그 조정 결정 사항을 이행하여야 한다(지자법 165 ④).

조정 결정 사항 중 예산이 필요한 사항에 대하여는 관계 지방자치단체는 필요한 예산을 우선적으로 편성하여야 한다(지자법 165 ⑤).

행정안전부장관이나 시·도지사는 제3항의 조정 결정에 따른 시설의 설치 또는 서비스의 제공으로 이익을 얻거나 그 원인을 일으켰다고 인정되는 지방자치단체에 대해서 그 시설비나 운영비 등의 전부나 일부를 행정안전부장관이 정하는 기준에 따라 부담하게 할 수 있다(지자법 165 ⑥).

행정안전부장관이나 시·도지사는 제4항부터 제6항까지의 규정에 따른 조정 결정 사항이 성실히 이행되지 아니하면 그 지방자치단체에 대하여 제189조를 준용하여 이행하게 할 수 있다(지자법 165 ⑦).

[판례1] [1] 자치사무가 다른 지방자치단체나 그 주민의 보호할 만한 가치가 있는 이익을 침해하는 경우, 분쟁조정 대상 사무가 될 수 있는지 여부(적극)

[2] 자치사무에 관하여 분쟁조정결정이 있었으나 지방자치단체가 조정결정을 성실히 이행하지 않은 경우, 지방자치단체의 장에 대하여 조정결정사항의 이행을 위한 직무이행명령을 할 수 있는지 여부(적극)

"[1] (구)지방자치법 제148조 제1항, 제3항, 제4항의 내용 및 체계에다가 지방자치법이 분쟁조정 절차를 둔 입법 취지가 지방자치단체 상호 간이나 지방자치단체의 장 상호 간 사무처리 과정에서 분쟁이 발생하는 경우 당사자의 신청 또는 직권으로 구속력 있는 조정절차를 진행하여 이를 해결하고자 하는 데 있는 점, 분쟁조정 대상에서 자치사무를 배제하고 있지 않은 점 등을 종합하면, 지방자치단체의 자치사무라도 당해 지방자치단체에 내부적인 효과만을 발생시키는 것이 아니라 그 사무로 인하여 다른 지방자치단체나 그 주민의 보호할 만한 가치가 있는 이익을 침해하는 경우에는 지방자치법 제148조에서 정한 분쟁조정 대상 사무가 될 수 있다.

[2] (구)지방자치법 제148조 제7항, 제170조 제1항에 의하면, (구)지방자치법 제148조에서 정한 분쟁조정 대상 사무가 될 수 있는 자치사무에 관하여 분쟁조정결정이 있었음에도 조정결정사항을 성실히 이행하지 않은 지방자치단체에 대하여는 제148조 제7항에 따라 제170조를 준용하여 지방

자치단체를 대표하는 지방자치단체의 장에 대하여 조정결정사항의 이행을 위하여 직무이행명령을 할 수 있다(대판 2016.7.22, 2012추121)."

[판례2] 지방자치단체 또는 지방자치단체의 장 상호 간 분쟁에 대한 조정결정에 대한 불복 방법 및 별도로 분쟁조정결정 자체의 취소를 구하는 소송을 대법원에 제기할 수 있는지 여부(소극) / 분쟁조정결정에 대하여 항고소송을 제기할 수 있는지 여부(소극)

"(구)지방자치법 제148조 제4항, 제7항, 제170조 제3항의 내용과 체계, (구)지방자치법 제148조 제1항에 따른 지방자치단체 또는 지방자치단체의 장 상호 간 분쟁에 대한 조정결정(이하 '분쟁조정결정'이라 한다)의 법적 성격 및 분쟁조정결정과 이행명령 사이의 관계 등에 비추어 보면, 행정자치부장관이나 시·도지사의 분쟁조정결정에 대하여는 후속의 이행명령을 기다려 대법원에 이행명령을 다투는 소를 제기한 후 그 사건에서 이행의무의 존부와 관련하여 분쟁조정결정의 위법까지 함께 다투는 것이 가능할 뿐, 별도로 분쟁조정결정 자체의 취소를 구하는 소송을 대법원에 제기하는 것은 지방자치법상 허용되지 아니한다. 나아가 분쟁조정결정은 상대방이나 내용 등에 비추어 행정소송법상 항고소송의 대상이 되는 처분에 해당한다고 보기 어려우므로, 통상의 항고소송을 통한 불복의 여지도 없다(대판 2015.9.24, 2014추613)."

Ⅳ. 분쟁조정위원회

지방자치단체 상호간의 분쟁조정과 행정협의회의 협의사항의 조정에 필요한 사항을 심의·의결하기 위하여 행정안전부에 지방자치단체중앙분쟁조정위원회와 시·도에 지방자치단체지방분쟁조정위원회를 둔다(지자법 166 ①).

제 3 절 지방자치단체에 대한 국가의 협력

Ⅰ. 상호협력의무

지방자치법은 2021년 지방자치법을 전부개정하면서 제9장의 제목을 종전의 "국가의 지도·감독"에서 "국가와 지방자치단체 간의 관계"로 수정하고, "국가와 지방자치단체는 주민에 대한 균형적인 공공서비스 제공과 지역 간 균형발전을 위하여 협력하여야 한다(지자법 183)."는 '국가와 지방자치단체의 협력 의무'를 제9장의 맨 처음 조문으로 신설하였다. 이는 지방자치를 위하여 국가와 지방자치단체가 서로 협력하여야 한다는 것을 기본원칙으로 천명한 것이다.

Ⅱ. 국가의 협력(지도 · 지원)

한편 지방자치법은 "중앙행정기관의 장이나 시·도지사는 지방자치단체의 사무에 관하여 조언 또는 권고하거나 지도할 수 있으며, 이를 위하여 필요하면 지방자치단체에 자료의 제출을 요구할 수 있다(지자법 184 ①). 국가나 시·도는 지방자치단체가 그 지방자치단체의 사무를 처리하는 데에 필요하다고 인정하면 재정지원이나 기술지원을 할 수 있다(지자법 184 ②). 지방자치단체의 장은 제1항의 조언·권고 또는 지도와 관련하여 중앙행정기관의 장이나 시·도지사에게 의견을 제출할 수 있다(지자법 184 ③)."고 하여 지방자치단체에 대한 국가의 지도와 지원에 관한 규정을 두고 있다.

이와 같은 국가의 지도와 지원은 넓은 의미에서는 지방자치단체에 대한 국가의 감독수단이라고 할 수 있다. 헌법상 지방자치단체의 자치권보장·전권한성의 원칙·보충성의 원칙 등의 관점에서 그 지역사무는 해당 지방자치단체가 수행하는 것이 원칙이다. 따라서 국가의 기본적 역할은 이와 같은 사무수행을 지도하고 후원하는 것이 되어야 한다. 이와 같은 지도·후원은 지방자치단체에 대한 친화적 자세의 원칙의 관점에서 국가감독의 기본원칙이 되어야 한다. 지방자치법 제184조는 이와 같은 원칙을 천명한 것으로 이해하여야 하고, 이러한 점에서 2021년 법개정으로 제3항의 지방자치단체의 의견제출권을 신설하게 된 것이다.

Ⅲ. 중앙지방협력회의

국가와 지방자치단체 간의 협력을 도모하고 지방자치 발전과 지역 간 균형발전에 관련되는 중요 정책을 심의하기 위하여 중앙지방협력회의를 둔다(지자법 186 ①).

지방자치법은 중앙지방협력회의의 구성과 운영에 관한 사항을 따로 법률로 정하도록 하고 있고(지자법 186 ②), 이에 따라 중앙지방협력회의의 구성 및 운영에 관한 법률(중앙지방협력회의법)이 제정되었다.

중앙지방협력회의(협력회의)는 ① 국가와 지방자치단체 간 협력, ② 국가와 지방자치단체의 권한, 사무 및 재원의 배분, ③ 지역 간 균형발전, ④ 지방자치단체의 재정 및 세제에 영향을 미치는 국가 정책, ⑤ 지방자치 발전에 관한 사항을 심의한다(중앙지방협력회의법 2). 협력회의는 대통령, 국무총리, 기획재정부장관, 교육부장관, 행정안전부장관, 국무조정실장, 법제처장, 특별시장·광역시장·특별자치시장·도지사·특별자치도지사, 대한민국시도의회의장협의회, 대한민국시장·군수·구청장협의회, 대한민국시·군·자치구의회의장협의회의 대표자 및 그 밖에 대통령령으로 정하는 사람으로 구성하고, 의장은 대통령, 부의장은 국무총리와 대한민국시도지사협의회의 대표자가 공동으로 한다(중앙지방협력회의법 3 ①, ②). 국가 및 지방자치단체는 협력회의의 심의 결과를 존중하고 성실히 이행하여야 하며, 심의 결과에 따른 조치 계획 및 이행 결과를 협력회의에 보고하여야 한다(중앙지방협력회의법 4 ①, ②).

Ⅳ. 행정협의조정위원회

중앙행정기관의 장과 지방자치단체의 장이 사무를 처리할 때 의견을 달리하는 경우 이를 협의·조정하기 위하여 국무총리 소속으로 행정협의조정위원회를 둔다(지자법 187 ①).

행정협의조정위원회는 지방자치단체와 중앙행정기관의 소통을 할 수 있는 제도이다. 이를 통하여 지방자치단체는 자신의 이해관계를 중앙행정기관에 알리는 기회로 삼을 수 있다는 점에서 지방자치단체의 참여의 한 형태로 볼 수도 있을 것이다.

제 8 장 지방자치단체에 대한 통제

지방자치단체에 대한 통제는 그 유형별로 ① 입법적 통제(국회에 의한 통제), ② 사법적 통제(법원 및 헌법재판소에 의한 통제), ③ 행정적 통제(중앙정부 및 광역지방자치단체에 의한 통제·지방자치단체 내부적 통제), ④ 주민에 의한 통제로 구분하여 볼 수 있다.

제 1 항 입법적 통제

국가의 입법적 통제는 국회가 법률의 제·개정 또는 예산심의·국정감사·국정조사 등을 통하여 지방자치단체의 권한행사를 통제하는 것을 말한다.

이 가운데 기본적인 것은 법률에 의한 통제인데, 즉 국회는 법률로써 지방자치단체의 권한행사를 형성할 수도 있고 제한할 수도 있다. 그러나 제도적 보장의 관점에서 이와 같은 법률에 의한 통제가 자치권보장의 본질적인 내용을 침해해서는 안 되고, 그 밖에도 비례원칙·공익원칙 등 자치권제한의 한계를 준수하여야 할 것이다.

제 2 항 사법적 통제

국가의 사법적 통제는 지방자치단체의 권한행사의 적법성·합헌성에 대한 법원 및 헌법재판소의 심사를 통한 통제를 말한다.

Ⅰ. 법원에 의한 통제

1. 행정소송

지방자치단체의 권한행사에 대한 법원에 의한 통제수단으로는 항고소송·당사자소송·기관소송·민중소송이 있다.

2. 기관소송

특히 지방자치단체 기관 상호간에 권한에 대한 다툼이 있는 경우에는 기관소송을 제기하여 권한침해를 통제할 수 있다.

기관소송이란 국가 또는 공공단체의 기관 상호간에 있어서의 권한의 존부 또는 그 행사에 관한 다툼이 있는 때에 이에 대하여 제기하는 소송을 말한다. 다만, 헌법재판소법 제2조의 규정에 의하여 헌법재판소의 관장사항으로 되어 있는 소송(권한쟁의심판)은 기관소송에서 제외한다(행소법 3 4호).

현행법상 기관소송의 예로는 지방자치법 제120조 제3항, 제192조 제4항 등에 의한 소송 및 지방교육자치에 관한 법률 제28조 제3항에 의한 소송을 들 수 있다.

Ⅱ. 헌법재판소에 의한 통제

1. 권한쟁의심판

헌법재판소법은 헌법재판소의 관장사항으로 권한쟁의심판을 규정하고 있고(헌재법 2 4호), 권한쟁의심판으로 ① 국가기관 상호간의 권한쟁의심판, ② 국가기관과 지방자치단체 간의 권한쟁의심판, ③ 지방자치단체 상호간의 권한쟁의심판을 규정하고 있다(헌재법 62 ①). 이에 따라 지방자치단체의 권한행사에 대하여 국가 또는 타 지방자치단체는 권한쟁의심판을 통하여 권한침해행위를 통제할 수 있다.

2. 헌법소원

지방자치단체의 공권력 행사 또는 불행사로 기본권이 침해된 자는 헌법소원심판을 청구할 수 있다(헌재법 68 ①).

다만 지방자치단체는 행정주체로서 국민의 기본권을 보장하여야 할 의무를 부담하는 것이지 기본권을 향유할 수 있는 주체가 될 수 없다고 보아야 할 것이므로, 그 기본권 주체성이 부인되어 헌법소원심판을 청구할 수 없다(헌재결 1998.3.26, 96헌마345).

제 3 항 행정적 통제

Ⅰ. 통제기관에 따른 행정적 통제

행정적 통제는 행정부 내에서의 통제를 말하는 것으로서, 이를 통제기관에 따라서 ① 중앙정부에 의한 통제, ② 광역지방자치단체에 의한 통제, ③ 지방자치단체 내부적 통제로 구분해 볼 수 있다(통제기관에 따른 분류). 지방자치단체 내부적 통제는 집행기관과 의결기관 상호간의 통제를 의미한다.

Ⅱ. 사무유형에 따른 행정적 통제

한편 행정적 통제수단으로서 국가나 광역지방자치단체는 지방자치단체의 사무수행을 통제하기 위하여 감독권을 행사할 수 있는데, 이와 같은 감독에는 지방자치단체의 사무수행이 적법한지의 여부만을 통제할 수 있는 합법성 감독(법적 감독)과 사무수행의 시기·방법·정도 등까지도 통제할 수 있는 합목적성의 감독(전문감독)이 있다. 사무의 성질에 따라 감독권이 미치는 범위나 정도가 다르므로, 이를 사무유형별로 나누어 검토할 필요가 있다(사무유형에 따른 분류).

1. 자치사무에 대한 감독

(1) 감독청

광역지방자치단체(시·도)에 대하여는 주무부장관이, 기초지방자치단체(시·군·구)에 대하여는 시·도지사가 감독청이 된다(지자법 188 ①, 192 ①).

(2) 법적 근거와 한계

자치사무에 대한 국가 등의 감독은 자치권에 대한 침해이므로 침해유보의 관점에서도 반드시 법적 근거가 요구된다. 자치사무에 대한 감독의 일반적인 법적 근거로는 지방자치법 제188조, 제190조, 제192조를 들 수 있다.

자치사무에 대한 감독은 사무수행의 적법성 여부만을 통제하는 합법성 감독에 그친다. 이는 헌법 및 법률에 의하여 지방자치단체의 자치사무에 대한 자치권이 보장되고 있기 때문이다.

(3) 감독수단

1) 조언·권고

중앙행정기관의 장이나 시·도지사는 지방자치단체의 사무에 관하여 조언 또는 권고하거나 지도할 수 있으며, 이를 위하여 필요하면 지방자치단체에 자료의 제출을 요구할 수 있다(지자법 184 ①).

2) 보고·감사[1]

행정안전부장관이나 시·도지사는 지방자치단체의 자치사무에 관하여 보고를 받거나 서류·장부 또는 회계를 감사할 수 있다(지자법 190 ①). 지방자치법은 자치사무에 대한 감독은 합법성 감독으로 제한된다는 점을 분명히 하기 위하여 감사는 법령위반사항에 대하여만 실시하고, 이 경우 행정안전부장관 또는 시·도지사는 감사를 실시하기 전에 해당 사무의 처리가 법령에 위반되는지 여부 등을 확인하도록 하고 있다(지자법 190 ①, ②).

그 밖에도 지방자치단체의 사무수행에 대한 감독수단으로 일정한 사항을 감독청에게 보고하도록 규정하고 있다(예: 지자법 7 ①, 21 ⑫, 35, 149 ② 등).

3) 승인유보

㈎ 의의

승인유보란 지방자치단체의 행위에 감독청의 승인·동의 등을 요구하는 것을 말한다(예: 지방자치법 제176조 제1항에 따른 지방자치단체조합의 설립에 대한 감독청의 승인). 승인유보는 지방자치단체의 사무에 대하여 감독청이 사전적·예비적 관여와 통제를 하는 감독수단의 하나이지만, 다른 한편으로는 감독청과 지방자치단체 간의 협력수단이기도 하다.

㈏ 법적 근거

지방자치단체는 자치사무에 대하여 자치고권을 가지므로 감독청의 승인유보를 일반적인 형식으로 규정하는 것은 자치권에 반한다. 따라서 이에 관한 일반적인 규정은 없고, 개별적인 사안에 따라서 개별적으로 규정되는 것이 일반적이다[예: 지방자치법상 자치구가 아닌 구 등의 폐치분합에 대한 행정안전부장관의 승인(지자법 7 ①)].

㈐ 승인의 법적 효력

사전적 승인을 요하는 행위에 있어서의 승인은 지방자치단체의 특정한 행위에 대한 효력발생요건이다. 따라서 지방자치단체의 특정한 공법상·사법상의 기본행위가 존재하여야 하며 기본행위가 무효이거나 불성립인 경우에 국가의 승인이 있다 하더라도 지방자치단체의 행위는 효력을 발생하지 않는다.

---

1) 감사에 관하여 상세는 졸고, 지방자치단체에 대한 감사의 법적 문제, 지방자치법연구 제5권 제2호, 2005. 12, 11면 이하 참조.

기본행위는 있으나 감독청의 승인을 받지 않은 행위는 원칙적으로 무효이다. 다만 감독청의 승인이 지방자치단체의 특정행위를 절대적으로 금지하려는 취지가 아닌 경우에는 반드시 무효로 된다고 볼 수 없을 것이다.

감독청의 승인행위가 있으면, 감독청도 스스로 한 승인을 자유롭게 취소·철회할 수 없다고 보아야 할 것이다. 승인에 따른 법적 안정성과 신뢰보호를 고려하여야 하기 때문이다. 따라서 승인의 취소·철회에 대해서는 수익적 행정행위의 취소·철회에 관한 법리가 그대로 적용된다고 보아야 할 것이다.

4) 재의요구명령과 제소 *

㈎ 재의요구명령

지방의회의 의결이 법령에 위반되거나 공익을 현저히 해친다고 판단되면 시·도에 대하여는 주무부장관이, 시·군 및 자치구에 대하여는 시·도지사가 재의를 요구하게 할 수 있고, 재의요구를 받은 지방자치단체의 장은 의결사항을 이송받은 날부터 20일 이내에 지방의회에 이유를 붙여 재의를 요구하여야 한다(지자법 192 ①).

시·군 및 자치구의회의 의결이 법령에 위반된다고 판단됨에도 불구하고 시·도지사가 제1항에 따라 재의를 요구하게 하지 아니한 경우 주무부장관이 직접 시장·군수 및 자치구의 구청장에게 재의를 요구하게 할 수 있고, 재의 요구 지시를 받은 시장·군수 및 자치구의 구청장은 의결사항을 이송받은 날부터 20일 이내에 지방의회에 이유를 붙여 재의를 요구하여야 한다(지자법 192 ②). 이는 2021년 법개정으로 신설된 것으로서, 시·도지사가 감독권을 행사하지 않는 경우에는 장관이 직접 시장·군수·구청장에게 감독권을 행사할 수 있도록 한 것이다.

이러한 감독청의 지방자치단체에 대한 재의요구명령은 실질적으로는 지방자치단체의 장이 지방의회의 의결에 이의를 제기하는 것이므로 지방자치단체 기관 상호간의 통제문제로 볼 수도 있으나, 형식적으로는 감독청이 지방자치단체의 장에게 재의를 요구하는 것이므로 지방자치단체에 대한 국가의 감독 및 통제수단으로 작용하는 것이다.

감독청의 재의요구명령은 지방자치단체의 자치권을 침해하는 것이지만, 재의결권은 여전히 지방의회에 있으므로 자치권의 본질적인 내용을 침해하는 것이라고 할 수는 없다.

제1항 또는 제2항의 요구에 대하여 재의한 결과 재적의원 과반수의 출석과 출석의원 3분의 2 이상의 찬성으로 전과 같은 의결을 하면 그 의결사항은 확정된다(지자법 192 ③).

㈏ 지방자치단체의 장의 제소

지방자치단체의 장은 제3항에 따라 재의결된 사항이 법령에 위반된다고 판단되면 재의결된 날부터 20일 이내에 대법원에 소를 제기할 수 있다. 이 경우 필요하다고 인정되면 그 의결의 집

* 변호사시험(2018년), 입법고시(2009년), 행정고시(재경)(2007년), 행정고시(일반행정)(2008년).

행을 정지하게 하는 집행정지결정을 신청할 수 있다(지자법 192 ④). 이 소송은 일종의 기관소송이다.

(다) 감독청의 제소지시 및 직접 제소

주무부장관이나 시·도지사는 재의결된 사항이 법령에 위반된다고 판단됨에도 불구하고 해당 지방자치단체의 장이 소를 제기하지 아니하면 시·도에 대해서는 주무부장관이, 시·군 및 자치구에 대해서는 시·도지사(제2항에 따라 주무부장관이 직접 재의 요구 지시를 한 경우에는 주무부장관)가 그 지방자치단체의 장에게 제소를 지시하거나 직접 제소 및 집행정지결정을 신청할 수 있다(지자법 192 ⑤). 여기에서 감독청의 제소지시에 따라 지방자치단체의 장이 제기하는 소송은 일종의 기관소송으로 볼 수 있다. 한편 감독청이 직접 제소하는 경우 이 소송을 기관소송으로 이해하는 견해도 있으나, 이는 동일 법주체 내부기관간의 소송이 아니므로, 지방자치법상의 특수한 형태의 소송이라고 보아야 할 것이다.

지방의회의 의결이 법령에 위반된다고 판단되어 주무부장관이나 시·도지사로부터 재의요구지시를 받은 지방자치단체의 장이 재의를 요구하지 아니하는 경우(법령에 위반되는 지방의회의 의결사항이 조례안인 경우로서 재의요구지시를 받기 전에 그 조례안을 공포한 경우를 포함한다)에는 주무부장관이나 시·도지사는 제1항 또는 제2항에 따른 기간이 지난 날부터 7일 이내에 대법원에 직접 제소 및 집행정지결정을 신청할 수 있다(지자법 192 ⑧). 이 경우 감독청의 직접 제소에 의한 소송은 감독청이 지방의회를 상대로 제기하는 소송으로서, 동일 법주체 내부기관간의 소송이 아니므로, 지방자치법상의 특수한 형태의 소송이라고 보아야 할 것이다.

한편 제1항 또는 제2항에 따른 지방의회의 의결이나 제3항에 따라 재의결된 사항이 둘 이상의 부처와 관련되거나 주무부장관이 불분명하면 행정안전부장관이 재의요구 또는 제소를 지시하거나 직접 제소 및 집행정지결정을 신청할 수 있다(지자법 192 ⑨).

[판례] (구)지방자치법 제172조 제8항(현행 제192조 제9항)의 규정 취지

"이는 주무부처가 중복되거나 주무부장관이 불분명한 경우에 행정안전부장관이 소송상의 필요에 따라 재량으로 주무부장관의 권한을 대신 행사할 수 있다는 것일 뿐이고, 언제나 주무부장관의 권한행사를 배제하고 오로지 행정안전부장관만이 그러한 권한을 전속적으로 행사하도록 하려는 취지가 아니다(대판 2017.12.5, 2016추5162[조례안재의결무효확인])."

5) 시정명령과 취소·정지*

(가) 시정명령

지방자치단체의 사무에 관한 그 장의 명령이나 처분이 법령에 위반되거나 현저히 부당하여

* 사법시험(2004년), 행정고시(일반행정)(2008년), 행정고시(재경)(2010년), 5급공채(2022년), 변호사시험(2024년).

공익을 해친다고 인정되면 시·도에 대하여는 주무부장관이, 시·군 및 자치구에 대하여는 시·도지사가 기간을 정하여 서면으로 시정할 것을 명할 수 있다(지자법 188 ① 전단).

주무부장관은 지방자치단체의 사무에 관한 시장·군수 및 자치구의 구청장의 명령이나 처분이 법령에 위반되거나 현저히 부당하여 공익을 해침에도 불구하고 시·도지사가 제1항에 따른 시정명령을 하지 아니하면 시·도지사에게 기간을 정하여 시정명령을 하도록 명할 수 있고(지자법 188 ②), 시·도지사가 제2항에 따른 기간에 시정명령을 하지 아니하면 제2항에 따른 기간이 지난 날부터 7일 이내에 직접 시장·군수 및 자치구의 구청장에게 기간을 정하여 서면으로 시정할 것을 명할 수 있다(지자법 188 ③). 이는 2021년 법개정을 통하여 신설된 것으로, 시·도지사가 감독권을 행사하지 않는 경우 장관이 직접 시장·군수·구청장에게 감독권을 행사할 수 있게 한 것이다.

시정명령은 '지방자치단체의 장'에 대한 것이므로, 지방의회에 대해서는 시정명령을 할 수 없다.

시정명령은 '지방자치단체의 사무'에 대한 것으로 자치사무와 단체위임사무를 대상으로 한다. 그러나 기관위임사무는 지방자치단체의 사무가 아니므로 시정명령의 대상이 아니다[판례1].

시정명령은 자치사무에 대한 경우에는 합법성 감독의 관점에서 '위법한 명령이나 처분'만을 대상으로 한다(지자법 188 ⑤). '법령위반'에는 재량권의 일탈·남용도 포함된다는 것이 대법원의 입장이다[판례2,3]. 단체위임사무에 대한 경우에는 위법뿐만 아니라 부당통제도 가능하다.

자치사무에 대한 시정명령은 독립한 공법인인 지방자치단체에 대한 것으로서 행정외부적인 법적 규율에 해당하므로 행정쟁송법상의 처분에 해당한다. 다만 단체위임사무에 대한 시정명령은 행정내부적 행위이므로 처분성이 없다고 보아야 할 것이다.

[판례1] 기관위임사무가 시정명령의 대상이 되는지 여부

"… (구)지방자치법 제169조 제2항 소정의 소를 제기할 수 있는 대상은 자치사무에 관한 명령이나 처분의 취소 또는 정지에 한정된다.

교원능력개발평가 사무와 관련된 법령의 규정 내용과 취지, 그 사무의 내용 및 성격 등을 앞서 본 법리에 비추어 보면, 교원능력개발평가는 국가사무로서 각 시·도 교육감에게 위임된 기관위임사무라고 봄이 타당하다. 따라서 이 사건 시정명령은 기관위임사무에 관하여 행하여진 것이라 할 것이어서, 자치사무에 관한 명령이나 처분을 취소 또는 정지하는 것에 해당하지 아니한다. 결국 이 사건 시정명령은 (구)지방자치법 제169조 제2항 소정의 소를 제기할 수 있는 대상에 해당하지 아니하므로, 이 사건 소 중 이 사건 시정명령에 대한 취소청구 부분은 지방자치법 제169조의 규정에 비추어 허용되지 아니한다 할 것이다. 이 부분 소는 부적법하다(대판 2013.5.23, 2011추56)."

[판례2] [1] (구) 초·중등교육법 시행령상 교육부장관과의 사전 협의가 교육부장관의 적법한 사전 동의를 의미하는지 여부(원칙적 적극)

[2] 교육부장관이 교육감의 '자치사무'에 대한 명령이나 처분에 대하여 취소하거나 정지하려면 법령 위반 사항이 있어야 하는지 여부(적극) 및 이때 법령에 위반되는 경우의 의미

"[1] … 자율형 사립고등학교 제도의 성격, 자사고 지정을 취소하는 과정에서 교육감의 재량을 절차적으로 통제할 필요가 있는 점, (구) 초·중등교육법 시행령 제91조의3의 개정이유 등에 비추어 볼 때, (구) 초·중등교육법 시행령 제91조의3 제5항에서 말하는 교육부장관과의 사전 협의는 특별한 사정이 없는 한 교육부장관의 적법한 사전 동의를 의미한다. …

[2] 지방교육자치에 관한 법률 제3조, (구)지방자치법 제169조 제1항에 따르면, 시·도의 교육·학예에 관한 사무에 대한 교육감의 명령이나 처분이 법령에 위반되거나 현저히 부당하여 공익을 해친다고 인정되면 교육부장관이 기간을 정하여 서면으로 시정할 것을 명하고, 그 기간에 이행하지 아니하면 이를 취소하거나 정지할 수 있다. 특히 교육·학예에 관한 사무 중 '자치사무'에 대한 명령이나 처분에 대하여는 법령 위반 사항이 있어야 한다. 여기서 교육감의 명령이나 처분이 법령에 위반되는 경우란, '명령·처분이 현저히 부당하여 공익을 해하는 경우', 즉 합목적성을 현저히 결하는 경우와 대비되는 개념으로서, 교육감의 사무 집행이 명시적인 법령의 규정을 구체적으로 위반한 경우뿐만 아니라 그러한 사무의 집행이 재량권을 일탈·남용하여 위법하게 되는 경우를 포함한다(대판 2018.7.12, 2014추33[자율형사립고등학교행정처분직권취소처분취소청구])."

[판례3] (구)지방자치법 제157조 제1항에서 정한 지방자치단체장의 명령·처분의 취소 요건인 '법령위반'에 '재량권의 일탈·남용'이 포함되는지 여부(적극)*

"[다수의견] (구)지방자치법 제157조 제1항 전문 및 후문에서 규정하고 있는 지방자치단체의 사무에 관한 그 장의 명령이나 처분이 법령에 위반되는 경우라 함은 명령이나 처분이 현저히 부당하여 공익을 해하는 경우, 즉 합목적성을 현저히 결하는 경우와 대비되는 개념으로, 시·군·구의 장의 사무의 집행이 명시적인 법령의 규정을 구체적으로 위반한 경우뿐만 아니라 그러한 사무의 집행이 재량권을 일탈·남용하여 위법하게 되는 경우를 포함한다고 할 것이므로, 시·군·구의 장의 자치사무의 일종인 당해 지방자치단체 소속 공무원에 대한 승진처분이 재량권을 일탈·남용하여 위법하게 된 경우 시·도지사는 (구)지방자치법 제157조 제1항 후문에 따라 그에 대한 시정명령이나 취소 또는 정지를 할 수 있다(대판 2007.3.22, 2005추62 전원합의체).

㈏ 취소·정지

지방자치단체의 장이 정해진 기간에 시정명령을 이행하지 아니하면 시·도에 대해서는 주무부

* 행정고시(재경)(2010년).

장관이, 시·군 및 자치구에 대해서는 시·도지사가 시정명령의 대상이었던 명령이나 처분을 취소하거나 정지할 수 있다(지자법 188 ① 후단).

주무부장관은 시·도지사가 시장·군수 및 자치구의 구청장에게 제1항에 따라 시정명령을 하였으나 이를 이행하지 아니한 데 따른 취소·정지를 하지 아니하는 경우에는 시·도지사에게 기간을 정하여 시장·군수 및 자치구의 구청장의 명령이나 처분을 취소하거나 정지할 것을 명하고, 그 기간에 이행하지 아니하면 주무부장관이 이를 직접 취소하거나 정지할 수 있다(지자법 188 ④). 이 조항도 2021년 법개정으로 신설된 것으로, 시·도지사가 감독권을 행사하지 않는 경우 장관이 직접 시장·군수·구청장에게 감독권을 행사할 수 있도록 하는 취지이다.

자치사무에 관한 명령이나 처분의 시정명령, 취소 또는 정지는 법령을 위반하는 것에 한한다(지자법 188 ⑤). 따라서 단체위임사무의 경우에는 법령에 위반하는 경우뿐 아니라 부당한 경우도 취소·정지의 사유가 된다.

지방자치법 제188조에 따른 자치사무에 관한 명령이나 처분에 대한 취소 또는 정지는 자치행정이 법령의 범위 내에서 행하여지도록 감독하기 위한 규정이므로 그 대상이 처분으로 제한되지 않는다[판례].

> [판례] [1] 자치사무에 관한 명령이나 처분에 대한 취소 또는 정지의 적용대상이 항고소송의 대상이 되는 행정처분으로 제한되는지 여부(소극)
> [2] 지방의회의원에 대하여 유급 보좌 인력을 두는 것이 국회의 법률로 규정하여야 할 입법사항인지 여부(적극)
>
> "[1] … (구)지방자치법 제169조 제1항은 지방자치단체의 자치행정 사무처리가 법령 및 공익의 범위 내에서 행해지도록 감독하기 위한 규정이므로 적용대상을 항고소송의 대상이 되는 행정처분으로 제한할 이유가 없다.
>
> [2] 지방의회의원에 대하여 유급 보좌 인력을 두는 것은 지방의회의원의 신분·지위 및 처우에 관한 현행 법령상의 제도에 중대한 변경을 초래하는 것으로서 국회의 법률로 규정하여야 할 입법사항이다(대판 2017.3.30, 2016추5087[직권취소처분취소])."

㈐ 지방자치단체의 장의 제소

지방자치단체의 장은 제1항, 제3항 또는 제4항에 따른 자치사무에 관한 명령이나 처분의 취소 또는 정지에 대하여 이의가 있으면 그 취소처분 또는 정지처분을 통보받은 날부터 15일 이내에 대법원에 소를 제기할 수 있다(지자법 188 ⑥).

이 소송은 감독청의 감독권행사(취소·정지처분)에 대한 지방자치단체장의 불복소송으로 보아야 하므로 항고소송으로 보는 것이 타당하다.[2]

---

2) 同旨: 홍정선, 행정법특강, 936면.

[판례] '시정명령'에 대하여 대법원에 그 취소를 구하는 소송을 제기할 수 있는지 여부(소극)*

"… (구)지방자치법 제169조 제2항은 '시·군 및 자치구의 자치사무에 관한 지방자치단체의 장의 명령이나 처분에 대하여 시·도지사가 행한 취소 또는 정지'에 대하여 해당 지방자치단체의 장이 대법원에 소를 제기할 수 있다고 규정하고 있을 뿐 '시·도지사가 (구)지방자치법 제169조 제1항에 따라 시·군 및 자치구에 대하여 행한 시정명령'에 대하여도 대법원에 소를 제기할 수 있다고 규정하고 있지 않으므로, 이러한 시정명령의 취소를 구하는 소송은 허용되지 않는다(대판 2017.10.12, 2016추5148[시정명령취소청구의소])."

☞ 서울특별시장이 지구단위계획을 수립하여 도시관리계획으로 결정·고시하면 강남구청장은 그 내용을 국토이용정보체계에 등재하여 일반 국민이 볼 수 있도록 하여야 하는데(국토계획법 50, 32 ⑤, 토지이용규제법 8 ⑧, ⑨), 서울시장은 구청장이 이를 이행하지 않자 (구)지방자치법 제169조 제1항에 따라 시정명령을 하였고, 강남구청장은 제2항(현행 제6항)의 제소권을 근거로 시정명령의 취소를 구하는 소송을 제기하였는데, 제1항은 시정명령만 규정하고 있고 제2항(현행 제6항)은 취소·정지처분에 대한 제소만을 규정하고 있어서, 제1항에 따른 시정명령에 대하여 제2항(현행 제6항)을 근거로 한 제소는 규정되어 있지 않아 허용되지 않으므로 각하한 사례임

이 판결에 대해서는 ① 지방자치단체의 장의 부작위(등재의무의 불이행)도 시정명령의 대상이 될 수 있는지 의문이고, ② '국토이용정보체계에 등재'사무는 지구단위계획과의 연계사무라는 점, 권한이 아닌 의무인 점을 고려하면 전체적으로 서울시장의 권한에 속하는 사무로서 '기관위임사무'로 보는 것이 합리적이라 판단됨

[판례] 시장·군수·구청장은 해당 지역·지구 등의 지정행위가 유효한 경우에만 중앙행정기관의 장 또는 지방자치단체의 장의 통보에 따라 이를 국토이용정보체계에 등재할 의무가 있는지 여부(적극)

"토지이용규제법의 목적과 입법 취지, 관련 규정의 내용과 체계 등에 비추어 보면, '다른 법령의 위임에 따라 총리령, 부령 및 자치법규에 규정된 지역·지구 등'은 국토교통부장관이 그 지역·지구 등의 명칭과 근거 법령을 관보에 고시하여야만 지역·지구 등으로서 효력이 있고, 중앙행정기관의 장 또는 지방자치단체의 장은 이에 근거하여 특정한 지역·지구 등의 지정행위를 할 수 있다. 나아가 국토이용정보체계에 지역·지구 등 지정에 관한 내용을 등재하는 것은 해당 지역·지구 등 지정행위가 유효한 것을 전제로 그 효력 발생일부터 국민들이 그에 관한 내용을 알 수 있도록 하기 위한 것이므로, 시장·군수·구청장은 '다른 법령의 위임에 따라 총리령, 부령 및 자치법규에 규정된 지역·지구 등'의 경우 그 명칭과 근거 법령이 국토교통부장관 고시에 포함되어 있어 해당 지역·지구 등의 지정행위가 유효한 경우에만 중앙행정기관의 장 또는 지방자치단체의 장의 통보에 따라 이를 국토이용정보체계에 등재할 의무가 있다고 보아야 한다(대판 2019.10.18, 2017다202968[매매대금반환])."

---

* 5급공채(2019년).

2. 단체위임사무에 대한 감독

(1) 감독청·법적 근거·감독권의 범위

지방자치단체나 그 장이 위임받아 처리하는 국가사무에 관하여 시·도에서는 주무부장관의, 시·군 및 자치구에서는 1차로 시·도지사의, 2차로 주무부장관의 지도·감독을 받는다(지자법 185 ①). 시·군 및 자치구나 그 장이 위임받아 처리하는 시·도의 사무에 관하여는 시·도지사의 지도·감독을 받는다(지자법 185 ②).

'지방자치단체가 위임받아 처리하는 사무'는 단체위임사무를 의미하므로, 지방자치법 제185조는 단체위임사무에 대한 감독권의 일반적인 법적 근거이다. 그 밖에도 단체위임사무에 대한 감독권의 법적 근거로는 지방자치법 제188조, 제192조를 들 수 있다.

단체위임사무는 자치권이 인정되는 자치사무가 아니라 위임자의 사무이므로 이에 대해서는 합법성 감독뿐 아니라 합목적성의 감독도 가능하다.

(2) 감독수단

1) 조언·권고

중앙행정기관의 장이나 시·도지사는 지방자치단체의 사무에 관하여 조언 또는 권고하거나 지도할 수 있으며, 이를 위하여 필요하면 지방자치단체에 자료의 제출을 요구할 수 있는데(지자법 184 ①), 단체위임사무도 지방자치단체의 사무이므로 이 조항의 적용을 받는다.

2) 보고·감사

단체위임사무의 경우 지방자치법에는 그 감독수단으로 보고에 관한 규정은 없지만, 위임사무에 대한 감독권(지자법 185)을 근거로 감독청은 필요한 범위 내에서 보고를 받을 수 있다고 볼 것이다.

감사와 관련하여 지방자치법은 지방자치단체에 대한 감사절차를 규정하면서 '제185조에 따른 주무부장관의 위임사무 감사'를 규정하고 있어(지자법 191 ② 1호) 단체위임사무에 대한 감사가 가능하다.

3) 재의요구명령과 제소

지방의회의 의결이 법령에 위반되거나 공익을 현저히 해친다고 판단되면 시·도에 대하여는 주무부장관이, 시·군 및 자치구에 대하여는 시·도지사가 재의를 요구하게 할 수 있는데(지자법 192), 이와 같은 재의요구명령 및 이에 따른 제소에 관한 지방자치법 제192조의 규정은 단체위임사무에도 적용된다.

4) 시정명령

지방자치단체의 사무에 관한 그 장의 명령이나 처분이 법령에 위반되거나 현저히 부당하여 공익을 해친다고 인정되면 시·도에 대하여는 주무부장관이, 시·군 및 자치구에 대하여는 시·도지사가 기간을 정하여 서면으로 시정할 것을 명하고, 그 기간에 이행하지 아니하면 이를 취소하거나 정지할 수 있다(지자법 188). 이와 같은 시정명령 및 이에 따른 취소·정지에 관한 지방자치법 제188조의 규정은 단체위임사무에도 적용된다.

다만 자치사무에 관한 명령이나 처분에 대하여는 법령을 위반하는 것에 한하고(지자법 188 ⑤), 자치사무에 관한 명령이나 처분의 취소 또는 정지에 대하여는 대법원에 소를 제기할 수 있지만(지자법 188 ⑥), 단체위임사무에 대한 시정명령은 단체위임사무에 관한 명령이나 처분이 부당한 경우에도 가능하고, 감독청의 시정명령은 감독청의 권한에 속하는 사항에 관한 것으로 내부적 행위에 불과하여 처분성이 인정되지 않으며, 따라서 감독청의 취소·정지에 대해서는 대법원에 제소할 수 없다.

3. 기관위임사무에 대한 감독

(1) 감독청·법적 근거·감독권의 범위

지방자치단체나 그 장이 위임받아 처리하는 국가사무에 관하여 시·도에서는 주무부장관의, 시·군 및 자치구에서는 1차로 시·도지사의, 2차로 주무부장관의 지도·감독을 받는다(지자법 185 ①). 시·군 및 자치구나 그 장이 위임받아 처리하는 시·도의 사무에 관하여는 시·도지사의 지도·감독을 받는다(지자법 185 ②).

'지방자치단체의 장이 위임받아 처리하는 사무'는 기관위임사무를 의미하므로, 지방자치법 제185조는 기관위임사무에 대한 감독권의 일반적인 법적 근거이다. 그 밖에도 기관위임사무에 대한 감독권의 법적 근거로는 지방자치법 제189조가 있다.

기관위임사무는, 단체위임사무와 마찬가지로, 자치권이 인정되는 자치사무가 아니라 위임자의 사무이므로 이에 대해서는 합법성 감독뿐 아니라 합목적성의 감독도 가능하다.

(2) 감독수단

1) 조언·권고

기관위임사무에 대하여는 지방자치법에 조언·권고에 관한 규정이 없지만, 조언이나 권고는 비권력적인 행위라는 점, 위임사무에 대한 감독청의 일반적인 감독권(지자법 185, 행정위임위탁규정 6 참조)에 조언·권고 등이 포함될 수 있다는 점에서 얼마든지 가능하다고 볼 것이다.

2) 보고·감사

단체위임사무와 마찬가지로, 기관위임사무의 경우에도 지방자치법에 별도의 보고에 관한 규정은 없지만, 위임사무에 대한 감독권(지자법 185)을 근거로 감독청은 필요한 범위 내에서 보고를 받을 수 있다고 볼 것이다.

감사와 관련하여서도, 단체위임사무와 마찬가지로, 지방자치법이 '제185조에 따른 주무부장관의 위임사무 감사'를 규정하고 있어(지자법 191 ② 1호) 기관위임사무에 대한 감사가 가능하다.

3) 시정명령

지방자치법 제188조에 규정된 시정명령은 '지방자치단체의 사무', 즉 자치사무와 단체위임사무에만 적용될 뿐, 기관위임사무에는 적용되지 않는다. 기관위임사무에 대한 시정명령이나 취소·정지 등의 감독권행사는 위임사무에 대한 일반적인 감독권 규정(지자법 185, 행정위임위탁규정 6)을 근거로 할 수 있을 것이다. 그러나 지방자치법 제188조의 경우와는 달리 시정명령 등에 대한 대법원에의 제소는 허용되지 않는다.

4) 이행명령과 제소 *

(가) 이행명령

한편 지방자치법은 기관위임사무에 대한 감독수단으로 이행명령을 규정하고 있다. 즉 지방자치단체의 장이 법령의 규정에 따라 그 의무에 속하는 국가위임사무나 시·도위임사무의 관리와 집행을 명백히 게을리하고 있다고 인정되면 시·도에 대하여는 주무부장관이, 시·군 및 자치구에 대하여는 시·도지사가 기간을 정하여 서면으로 이행할 사항을 명령할 수 있다(지자법 189 ①).

주무부장관은 시·도지사가 제1항에 따른 이행명령을 하지 아니하는 경우 시·도지사에게 기간을 정하여 이행명령을 하도록 명할 수 있고(지자법 189 ③), 시·도지사가 제3항에 따른 기간에 이행명령을 하지 아니하면 제3항에 따른 기간이 지난 날부터 7일 이내에 직접 시장·군수 및 자치구의 구청장에게 기간을 정하여 이행명령을 할 수 있다(지자법 189 ④). 이는 2021년 법개정으로 신설된 것으로 시·도지사가 감독권을 행사하지 않는 경우 장관이 직접 시장·군수·구청장에게 감독권을 행사할 수 있도록 한 것이다.

이행명령은 '법령의 규정에 따라 지방자치단체의 장의 의무에 속하는 국가위임사무나 시·도위임사무', 즉 기관위임사무를 대상으로 하는 것으로, 지방자치법 제189조는 자치사무나 단체위임사무에는 적용되지 않는다.

* 5급공채(2019년).

[판례] 교육감의 신청 없이 교육부장관이 장학관 등에 대하여 한 징계의결요구의 효력/교육부장관이 지방교육자치법, 지방자치법에 따라 할 수 있는 '행정상 필요한 조치'에 교육감의 징계의결요구신청 없이 징계의결요구를 하는 것이 포함되는지 여부

"(구) 교육공무원법(2012.12.11. 법률 제11527호로 개정되기 전의 것) 제51조 제1항의 규정 내용과 입법 취지 등을 종합하여 보면, 교육부장관은 교육감의 신청이 있어야만 교육장 및 시·도 교육청에 근무하는 국장 이상인 장학관 등에 대하여 징계의결을 요구할 수 있고, 이러한 교육감의 신청 없이 교육부장관이 한 징계의결요구는 효력이 없다. 그리고 지방교육자치에 관한 법률 제3조, (구) 지방자치법 제170조 제2항에 따르면, 교육부장관은 교육감이 직무이행명령을 이행하지 아니하면 지방자치단체의 비용부담으로 대집행하거나 행정상·재정상 필요한 조치를 할 수 있지만, 교육감의 징계의결요구신청은 의사의 진술에 해당하고 이러한 의사의 진술을 명하는 직무이행명령을 이행하지 않았다고 하여 법령의 근거 없이 의사의 진술이 있는 것으로 의제할 수는 없는 점을 고려할 때, 교육부장관이 할 수 있는 행정상 필요한 조치에 교육감의 징계의결요구신청 없이 곧바로 징계의결요구를 하는 것이 포함된다고 볼 수 없다(대판 2015.9.10, 2013추524)."

(나) 대집행 등

주무부장관이나 시·도지사는 해당 지방자치단체의 장이 제1항의 기간에 이행명령을 이행하지 아니하면 그 지방자치단체의 비용부담으로 대집행하거나 행정상·재정상 필요한 조치(이하 "대집행등")를 할 수 있다. 이 경우 행정대집행에 관하여는 행정대집행법을 준용한다(지자법 189 ②).

주무부장관은 시·도지사가 제1항에 따른 이행명령을 하지 아니하는 경우 시·도지사에게 기간을 정하여 이행명령을 하도록 명할 수 있고(지자법 189 ③), 시·도지사가 제3항에 따른 기간에 이행명령을 하지 아니하면 직접 시장·군수 및 자치구의 구청장에게 기간을 정하여 이행명령을 하고, 그 기간에 이행하지 아니하면 주무부장관이 직접 대집행등을 할 수 있다(지자법 189 ④).

주무부장관은 시·도지사가 시장·군수 및 자치구의 구청장에게 제1항에 따라 이행명령을 하였으나 이를 이행하지 아니한 데 따른 대집행등을 하지 아니하는 경우에는 시·도지사에게 기간을 정하여 대집행등을 하도록 명하고, 그 기간에 대집행등을 하지 아니하면 주무부장관이 직접 대집행등을 할 수 있다(지자법 189 ⑤).

(다) 지방자치단체의 장의 제소

지방자치단체의 장은 제1항 또는 제4항의 이행명령에 이의가 있으면 이행명령서를 접수한 날부터 15일 이내에 대법원에 소를 제기할 수 있다. 이 경우 지방자치단체의 장은 이행명령의 집행을 정지하게 하는 집행정지결정을 신청할 수 있다(지자법 189 ⑥).

이에 대하여 ① 기관소송으로 보는 견해, ② 감독청의 명령에 대한 불복소송이라는 점에서

항고소송으로 보는 견해, ③ 특수한 형태의 소송으로 보는 견해 등이 있는데, ④ 이 소송의 대상은, 자치사무에 대한 감독청의 감독'처분'과는 달리, 위임사무에 대한 감독청의 명령인데, 이는 행정내부기관 간의 행위라는 점에서 처분이 아니다. 그러나 지방자치법은 독립한 법인인 지방자치단체에 대한 명령이라는 점에서 별도로 이에 대한 소송을 허용하고 있다고 보아야 하므로, 이 소송은 특수한 형태의 소송으로 보는 것이 타당하다.

이행명령은 기본적으로 '기관위임사무'에 대한 명백한 부작위(또는 해태)에 대하여 사무의 이행을 확보하기 위한 감독수단이다. 따라서 기관위임사무의 성질상 '수임기관이 기관위임사무의 관리와 집행을 명백히 게을리 한 경우' 위임기관이 이행명령을 발령할 수 있는 것이다. 그런데 판례는 ① 이행명령과 이에 대한 제소 제도를 '위임사무의 관리·집행에 관한 양 기관 사이의 분쟁을 합리적으로 해결하고 사무집행의 적법성과 실효성을 보장하는 것'으로 오해하면서, ② 이행명령의 요건을 '법령상 기관위임사무를 수행할 의무의 존재'라고 오판하고 있다. 이행명령은 기관위임사무의 '적법성'을 보장하기 위한 수단이 아니라 '기관위임사무의 이행'을 보장하기 위한 것이고, 이에 대한 지방자치단체의 장의 제소는 '분쟁을 조정'하기 위한 것이 아니라, 대법원으로 하여금 위임기관의 이행명령이 수임기관에게 합목적성의 합리적 범위를 벗어나 지나치지 않은지를 판단하게 하기 위한 것이라고 보아야 한다.

[판례] 직무이행명령 및 이에 대한 이의소송 제도의 취지 및 직무이행명령의 요건 중 '법령의 규정에 따라 지방자치단체의 장에게 특정 국가위임사무나 시·도위임사무를 관리·집행할 의무가 있는지' 여부의 판단대상(=법령상 의무의 존부)과 이를 판단하는 방법

"직무이행명령 및 이에 대한 이의소송 제도의 취지는 국가위임사무나 시·도위임사무의 관리·집행에서 위임기관과 수임기관 사이의 지위와 권한, 상호 관계 등을 고려하여, 수임기관인 지방자치단체의 장이 해당 사무에 관한 사실관계의 인식이나 법령의 해석·적용에서 위임기관과 견해를 달리하여 해당 사무의 관리·집행을 하지 아니할 때, 위임기관에는 사무집행의 실효성을 확보하기 위하여 수임기관인 지방자치단체의 장에 대한 직무이행명령과 그 불이행에 따른 후속 조치를 할 권한을 부여하는 한편, 해당 지방자치단체의 장에게는 직무이행명령에 대한 이의의 소를 제기할 수 있도록 함으로써, 위임사무의 관리·집행에 관한 양 기관 사이의 분쟁을 대법원의 재판을 통하여 합리적으로 해결하고 사무집행의 적법성과 실효성을 보장하려는 데 있다. 따라서 직무이행명령의 요건 중 '법령의 규정에 따라 지방자치단체의 장에게 특정 국가위임사무나 시·도위임사무를 관리·집행할 의무가 있는지' 여부의 판단대상은 문언대로 법령상 의무의 존부이지, 지방자치단체의 장이 사무의 관리·집행을 하지 아니한 데 합리적 이유가 있는지 여부가 아니다. 법령상 의무의 존부는 원칙적으로 직무이행명령 당시의 사실관계에 관련 법령을 해석·적용하여 판단하되, 직무이행명령 이후의 정황도 고려할 수 있다(대판 2020.3.27, 2017추5060[직무이행명령취소청구])."

제 4 항 주민에 의한 통제

주민에 의한 통제는 지방자치행정에의 주민참여의 문제이기도 하다. 즉 의사결정과정·집행과정·감사 등의 사후적 통제과정 등에 주민들이 참여함으로써 지방자치행정을 통제하는 것을 의미한다.

제 3 편

공무원법

제1장 개 설

제 1 절 공무원제도에 대한 헌법규정

공무원은 국가 또는 지방자치단체의 기관구성자로서 직접 공무를 집행하는 중요한 역할을 수행한다. 이에 헌법은 제7조 제1항에서 "공무원은 국민 전체에 대한 봉사자이며, 국민에 대하여 책임을 진다."고 하고, 제2항에서는 "공무원의 신분과 정치적 중립성은 법률이 정하는 바에 의하여 보장된다."고 규정하고 있다.

이를 통하여 헌법은 공무원의 임명과 공직의 운영이 정권을 장악한 특정집단의 이해관계에 의하여 이루어지는 전근대적인 엽관제를 지양하고 정치적 중립성과 능률성을 요소로 하는 직업공무원제(Berufsbeamtentum)를 선언한 것으로 이해할 수 있다.

제 2 절 직업공무원제도의 보장

Ⅰ. 직업공무원제도의 헌법적 제도보장

헌법은 직업공무원제도라는 용어를 명시적으로 사용하고 있지는 않지만 공무원의 신분과 정치적 중립성을 법률이 정하는 바에 의하여 보장한다고 규정하고 있다. 이는 공무원이 정권을 장악한 특정 정치집단과 관계없이 행정을 전문적 관점에서 일관성 있게 그리고 능률적으로 수행할 수 있도록 보장한다는 것을 의미한다.

헌법재판소 역시 "헌법이 '공무원은 국민 전체에 대한 봉사자이며, 국민에 대하여 책임을 진다. 공무원의 신분과 정치적 중립성은 법률이 정하는 바에 의하여 보장된다.'고 명문으로 규정하고 있는 것은 바로 직업공무원제도가 국민주권원리에 바탕을 둔 민주적이고 법치주의적인 공직제도임을 천명하고 정권담당자에 따라 영향받지 않는 것은 물론 같은 정권하에서도 정당한 이유 없이 해임당하지 않는 것을 불가결의 요건으로 하는 직업공무원제도의 확립을 내용으로 하는 입법의 원리를 지시하고 있는 것으로서 법률로써 관계규정을 마련함에 있어서도 헌법의 위와 같은 기속적 방향제시에 따라 공무원의 신분보장이라는 본질적 내용이 침해되지 않는 범위 내라는 입법의 한계가 확정되어진 것이라고 할 수 있다(헌재결 1989.12.18, 89헌마32, 33(병합))"고 하여 헌법이 직업공무원제도를 보장함과 동시에 공무원제도보장의 입법적 한계를 분명히 하는 것임을 명시하고 있다.

Ⅱ. 직업공무원제도의 내용

1. 공무원의 정치적 중립성

공무원이 정치적 집권세력의 영향을 받지 않고 능률주의와 성과주의에 의한 공정한 직무를 집행하고 이에 따르는 정당한 평가를 받기 위해서는 공무원의 정치적 중립성이 확립되어야 할 필요가 있다[판례].

그러나 정치적 중립성을 이유로 공무원의 일반적인 정치적 기본권이 무조건 제한될 수는 없다. 공무원도 국민의 한사람으로서 정치적 기본권을 향유하는 주체이므로 공무원의 정치적 중립성을 보장하기 위한 공무원의 기본권제한은 필요한 최소한도에 그쳐야 한다.

또한 공무원도 그 직급과 역할에 따라 정치적 중립성의 정도도 각각 다르게 결정될 수 있다.

원칙적으로 공무원의 정치적 중립성은 공무원의 정치적 기본권을 제한하는 것보다는 공무원에 대한 정치세력이나 집권세력의 부당한 침투를 방지하는 데 역점이 두어져야 한다.

[판례] 공무원의 정치적 중립성의 필요성

"공무원에 대한 정치적 중립성의 필요성에 관하여, 공무원은 국민전체에 대한 봉사자이므로 중립적 위치에서 공익을 추구하고(국민전체의 봉사자설), 행정에 대한 정치의 개입을 방지함으로써 행정의 전문성과 민주성을 제고하고, 정책적 계속성과 안정성을 유지하며(정치와 행정의 분리설), 정권의 변동에도 불구하고 공무원의 신분적 안정을 기하고, 엽관제로 인한 부패·비능률 등의 폐해를 방지하며(공무원의 이익보호설), 자본주의의 발달에 따르는 사회경제적 대립의 중재자·조정자로서의 기능을 적극적으로 담당하기 위하여 요구되는 것(공적 중재자설)이라고 일반적으로 설명하고 있는바, 결국 위 각 근거를 종합적으로 고려하여 공무원의 직무의 성질상 그 직무집행의 중립성을 유지하기 위하여 필요한 것이라고 할 수 있다(헌재결 1995.5.25, 91헌마67 반대의견 중에서)."

2. 공무원의 신분보장

공무원의 신분보장은 공무원이 공무에 전념하면서 공정하고 능률적인 직무집행을 할 수 있도록 하기 위한 것이다. 이를 위하여 국가공무원법 제68조와 지방공무원법 제60조는 "공무원은 형의 선고·징계 또는 이 법에서 정하는 사유가 아니면 본인의 의사에 반하여 휴직·강임 또는 면직을 당하지 아니한다."고 규정하고 있다.

Ⅲ. 공무원법의 구조

1. 공무원법과 행정의 법률적합성원칙

공무원법은 공무원의 근무관계라는 행정내부에서의 관계를 규율하는 내부법(Innenrecht)으로서의 성격이 강하다. 이에 대해서 종래의 특별권력관계이론은 공무원의 근무관계를 특별권력의 하나로 보고 그 관계를 행정규칙으로 규율하기도 하였다. 그러나 실질적 법치주의가 정착되게 됨에 따라 행정조직이나 공무원법관계에도 법적 근거가 요구되게 되었다. 행정조직법정주의의 요구와 더불어 공직에 취임하려는 국민의 입장에서 보면 공무담임권과 직업의 자유를 실현하기 위하여 공무원관계도 명확하게 법적으로 규율될 것이 필요하다. 또한 공무원에게 불리한 처분을 하거나 신분에 변동을 초래하는 행위는 더 이상 특별권력의 행사가 아니며 공무원의 기본권을 침해하는 행위이므로 법에 적합하도록 행사되어야 한다.

2. 공무원법의 법원

현재 우리나라에서 공무원법관계를 규율하는 법원으로는 기본법적 성격을 가지는 국가공무원법과 지방공무원법이 있다.

우선 국가공무원의 경우에는 기본법인 국가공무원법을 근간으로 하여 공무원연금법, 공무원임용령, 공무원임용시험령, 공무원 징계령 등이 있다. 또한 공무원법관련 개별법령으로는 경찰공무원법, 경찰공무원 임용령, 경찰공무원 교육훈련규정, 경찰공무원 징계령, 교육공무원법, 교육공무원임용령, 외무공무원법, 소방공무원법, 공무원보수규정, 군인사법, 군무원인사법, 법관징계법 등이 있다. 이외에도 국회법, 정부조직법, 법원조직법, 검찰청법, 감사원법 등의 법률에도 공무원법관련 법원에 관한 규정들이 포함되어 있다.

또한 지방공무원에 대하여는 지방공무원법관계법의 기본법으로서 지방공무원법이 있으며 지방공무원 임용령, 지방공무원 징계 및 소청 규정 등이 있다. 지방공무원관계법에는 조례나 규칙과 같은 자치법규도 중요한 법원으로 등장한다.

3. 공무원의 종류

(1) 일반적인 개념

공무원은 국민의 직접선거에 의하거나 임용권자에 의하여 임용되어 국가 또는 지방자치단체의 업무를 담당하는 자를 총칭한다. 공무원의 종류는 다양한 기준에 의하여 분류할 수 있으나 일반적으로 국가공무원과 지방공무원, 경력직공무원과 특수경력직공무원, 공무원법상의 공무원과 형법상의 공무원, 정치적 공무원과 비정치적 공무원 등으로 구별할 수 있다.

(2) 국가공무원과 지방공무원

국가공무원은 국가에 의하여 임용되어 국가사무를 수행하며, 지방공무원은 지방자치단체에 의하여 임용되어 지방자치단체의 사무를 수행한다.

그러나 이러한 구별은 하나의 원칙이며, 지방자치단체에는 국가공무원을 둘 수도 있고(지자법 125 ⑤), 국가가 지방자치단체에 위임한 사무의 경우에는 지방공무원이 국가사무를 수행할 수도 있다.

(3) 경력직공무원과 특수경력직공무원

국가공무원과 지방공무원은 공무원이 담당하는 과제의 내용, 임용요건, 신분보장 등의 차이에 따라서 경력직공무원과 특수경력직공무원으로 구별된다. 이하에서는 국가공무원을 예로 설명하기로 한다.

경력직공무원이라 함은 실적과 자격에 의하여 임용되고 그 신분이 보장되며 평생토록 공무원으로 근무할 것이 예정되는 공무원을 말하며, 여기에는 ① 일반직공무원(기술·연구 또는 행정 일반에 대한 업무를 담당하는 공무원)과 ② 특정직공무원(법관, 검사, 외무공무원, 경찰공무원, 소방공무원, 교육공무원, 군인, 군무원, 헌법재판소 헌법연구관, 국가정보원의 직원, 경호공무원과 특수 분야의 업무를 담당하는 공무원으로서 다른 법률에서 특정직공무원으로 지정하는 공무원)이 있다(국가공무원법 2 ②).

특수경력직공무원이란 경력직공무원 외의 공무원을 말하며, 여기에는 ① 정무직공무원으로서 ⑴ 선거로 취임하거나 임명할 때 국회의 동의가 필요한 공무원, ⑵ 고도의 정책결정 업무를 담당하거나 이러한 업무를 보조하는 공무원으로서 법률이나 대통령령(대통령비서실 및 국가안보실의 조직에 관한 대통령령만 해당한다)에서 정무직으로 지정하는 공무원과 ② 별정직공무원(비서관·비서 등 보좌업무 등을 수행하거나 특정한 업무 수행을 위하여 법령에서 별정직으로 지정하는 공무원)이 있다(국가공무원법 2 ③).

(4) 공무원법상의 공무원, 형법상의 공무원 등

국가공무원법과 지방공무원법에 의한 요건과 절차에 따라서 일반적으로 임용되는 공무원을 공무원법상의 공무원이라고 부른다.

그러나 이러한 공무원법상의 공무원개념은 경우에 따라서 확장되기도 하는데, 그 대표적인 것이 국가배상법상의 공무원이다. 국가배상법상의 공무원은 피해자의 권리구제를 두텁게 하기 위하여 넓은 의미로 파악하여 국가공무원법·지방공무원법상의 공무원뿐 아니라 널리 공무를 위탁받아 이에 종사하는 자를 포함한다고 보는 것이 통설·판례의 입장이다.

또한 형법상의 공무원은 원래 사법상의 고용관계에 불과한 개인이지만 직무집행의 공정성을 보장하기 위하여 일정한 위법행위를 형법상 공무원에 관련되는 범죄행위로 보는 경우도 있다(예: 국민연금법 제40조는 "공단의 임직원은 형법 제129조부터 제132조까지의 규정을 적용할 때 공무원으로 본다."고 규정하고 있다).

(5) 정치적 공무원과 비정치적 공무원

헌법이 공무원의 정치적 중립성을 법률이 정하는 바에 의하여 보장하고 있으므로 원칙적으로 공무원은 비정치적 공무원이다. 그러나 공무원은 임명직 이외에 선거직공무원도 있으며 장·차관과 같이 행정적 업무 이외에 정치적·정책적 과제를 수행하는 경우도 있다.

따라서 일정한 범위의 공무원에게는 정치활동이나 정당에 가입하는 것이 허용되는데, 이러한 정치적 공무원으로는 ① 대통령, ② 국무총리, ③ 국무위원, ④ 국회의원, ⑤ 처의 장, ⑥ 각 원·부·처의 차관, ⑦ 정무차관, ⑧ 제1호 내지 제3호·제5호 및 제6호에 규정된 공무원의 비서실장 및 비서관과 전직대통령의 비서관, ⑨ 국회의장·국회부의장 및 국회의원의 비서실장·보좌관·비서관 및 비서와 교섭단체의 정책연구위원이 있다(국가공무원법 제3조 제3항의 공무원의 범위에 관한 규정 2).

4. 공무원법관계의 성질

(1) 실질적 법치주의의 보편화

공무원의 근무관계는 종래의 특별권력관계이론에 따라 공무원에 대한 국가의 포괄적인 명령권과 징계권이 인정되는 것으로 보았으나, 실질적 법치주의가 보편화되면서 오늘날 공무원에 대한 권리제한은 일반국민에 대한 권리제한과 마찬가지로 법률의 형식을 필요로 하는 것이 원칙이라는 것이 일반화되었다.

현행 국가공무원법이나 지방공무원법은 공무원관계의 성립·변경·소멸을 수반하는 행정청의 행위를 법률적으로 규율하고 특히 공무원의 신분상 불이익을 수반하는 행위에 대하여는 행정쟁송을 통하여 이를 구제받을 수 있도록 하고 있다.

(2) 공무원과 기본권제한

실질적 법치주의가 보편화되면서 공무원도 일반국민과 마찬가지로 헌법 제37조 제2항에 의하여 공공복리·질서유지·안전보장 등을 이유로 기본권을 제한받을 수 있다. 그러나 이미 언급한 바와 같이 이러한 기본권제한은 반드시 법률의 근거가 있어야 한다. 헌법 제33조 제2항은 헌법적으로 공무원인 근로자의 경우 법률이 정하는 자에 한하여 단결권·단체교섭권 및 단체행동권을 인정함으로써 법률을 통하여 공무원의 노동3권을 제한하고 있다. 또한 국가공무원법은 공무원의 정당가입이나 정치활동을 제한 또는 금지하고 있다. 특히 군인·군무원의 경우 군사법원에 의한 재판을 받으며, 국가배상법상 이른바 중복적 의미의 배상이 금지된다. 또한 대통령령인 군인의 지위 및 복무에 관한 기본법 시행령에 따라서 집단행위의 금지·영리행위 및 겸직금지·대외발표 및 활동의 제한·정치행위의 제한·내무생활의 의무·외출·외박·휴가의 제한 및 보류 등과 같이 기본권이 제한되기도 한다.

[판례] 대한법률구조공단의 임직원이 국가공무원법 제66조 제1항의 의무를 부담하는지 여부(소극)

"…국가공무원법 제66조 제1항이 "공무원은 노동운동이나 그 밖에 공무 외의 일을 위한 집단 행위를 하여서는 아니 된다. 다만 사실상 노무에 종사하는 공무원은 예외로 한다."라고 규정하면서 사실상 노무에 종사하는 공무원의 경우 위와 같은 의무를 부담하지 않도록 하여 국가공무원법 제66조 제1항의 의무를 모든 공무원이 일률적으로 부담하여야 하는 의무로 규정하지 않은 것도 같은 취지에서 이해할 수 있다.

대한법률구조공단(이하 '공단'이라 한다)은 경제적으로 어렵거나 법을 몰라서 법의 보호를 충분히 받지 못하는 사람에게 법률구조를 할 목적으로 설립된 특수목적법인으로 그 임직원의 직무에는 공공성, 공익성이 인정되고, 소속 변호사의 경우 특정직 공무원인 검사에 준하여 급여를 받기는 하나, 공단 임직원의 지위나 직무 성격을 헌법과 법률에서 보장하는 국가공무원과 같은 정도의 것으로 규정하고 있다고 보기 어렵고, <u>법률구조법 등에서 공단 임직원에게 국가공무원법 제66조 제1항을 직접 적용한다고 규정하고 있지도 않으므로, 공단 임직원이 국가공무원법 제66조 제1항의 의무를 부담한다고 볼 수는 없다.</u> 따라서 <u>법률구조법 제32조의 "공단의 임직원은 형법이나 그 밖의 법률에 따른 벌칙을 적용할 때에는 공무원으로 본다."라는 규정을 근거로 공단 임직원에게 국가공무원법 제84조의2, 제66조 제1항을 적용하는 것은 이들의 구체적인 법적 지위에 대한 고려 없이 이들에 대한 권리를 지나치게 제한하는 것으로서 부당하다</u>(대판 2023.4.13, 2021다254799)."

제 2 장 공무원법관계의 변동

제 1 절 공무원법관계의 발생

공무원관계는 법률의 규정, 계약, 선출 등 다양한 원인에 의하여 발생하지만, 대부분은 임명권자의 임명행위에 의하여 발생하는 것이므로, 이하에서는 임명에 의한 경력직공무원법관계의 발생을 중심으로 설명한다.

Ⅰ. 임용과 임명

공무원법관계의 발생은 임명 이외에도 임용에 의하여 이루어지기도 하므로 임명과 임용의 개념이 명확히 구분될 필요가 있다.

일반적으로 ① 좁은 의미로 임용이란 신규채용·승진임용·강임·전직 또는 전보 등을 가리키기도 하고, ② 넓은 의미로 신규채용·승진임용·전직·전보·겸임·파견·강임·휴직·직위해제·정직·복직·면직·해임 및 파견을 의미하기도 한다.

이렇게 보면 임용이란 공무원법관계를 발생·변경·소멸시키는 일체의 행위를 의미하므로 좁은 의미에서 공무원법관계의 발생원인의 하나인 임명보다는 상당히 넓은 개념이라고 할 수 있다.

Ⅱ. 임명에 의한 공무원법관계의 발생

1. 임명의 의의

임명은 특정인에게 공무원의 신분을 설정할 목적으로 이루어지는 임명권자의 형성적 행위이다. 공무원 임명행위의 성질에 대하여는 견해의 대립이 있지만 공무원의 임명으로 인하여 공무원 신분관계 및 공무원으로서의 권리와 의무가 포괄적으로 형성된다는 점에 있어서는 이견이 없다.

2. 임명행위의 성질

(1) 임명행위의 법적 성질

공무원 임명행위의 법적 성격에 대해서는 단독적 행정행위설, 쌍방적 행정행위(협력을 요하는 행정행위)설, 공법상 계약설 등이 제기되고 있다.

(i) 우선 임명권자의 임명의사와 임용신청자의 임용희망의사가 그 가치에 있어 대등하다고 보기 어렵다는 점에서 공법상 계약설은 문제가 있다고 판단된다. 한편 단독적 행정행위설은 공무원의 임명행위가 임명권자의 단독적 행위에 의하여 이루어진다는 점을 강조하고 있지만, 임명행위에는 상대방의 임용의사가 필수적으로 요구된다는 점에서 쌍방적 행정행위설이 타당하다.[1)]

(ii) 한편 (구) 국가공무원법에는 '계약직 공무원'에 관한 규정이 있었다. 계약직 공무원의 임명행위의 법적 성질은 공법상 계약으로 이해되었다. 따라서 계약직 공무원의 임용과 관련된 법적 분쟁은 당사자소송의 대상으로 보았다(대판 1996.5.31, 95누10617).

그러나 2012년 12월 법개정을 통하여 직종 체계의 구분과 인사행정의 합리성을 도모하기 위하여 계약직 공무원에 관한 규정을 삭제하고 계약직을 업무성격에 따라 일반직 또는 별정직에 통합하였다. 이에 따라 현행 국가공무원법은 일정기간을 정하여 근무하는 공무원(임기제공무원)의 임용에 관한 규정(국가공무원법 26조의5)을 신설하였고, 공무원임용령에는 임기제공무원의 임용절차와 근무기관에 관한 규정을 두고 있다(공무원임용령 22조의4, 22조의5). 임기제공무원의 임용에 관하여는 계약에 의한다는 규정이 없어 그 임명행위의 법적 성질은 쌍방적 행정행위로 보아야 할 것이다.

(2) 협력을 결여한 임명행위의 효력

공무원의 임명에 있어서 상대방의 임용의사와 같은 협력은 필수적인 것이므로 상대방의 신청이나 동의 등의 필요한 협력이 결여된 공무원의 임명행위는 무효라고 보아야 한다.

(3) 임용거부

판례는 재임용을 거부하는 취지로 한 임용기간만료의 통지는 대학교원의 법률관계에 영향을 주는 것으로서 항고소송의 대상이 되는 처분이고[판례1], 경우에 따라서는 신규임용중단조치도 항고소송의 대상이 되는 처분에 해당된다고 보고 있다[판례2].

---

1) 김동희, 행정법요론, 714면; 박균성, 행정법강의, 1176면 이하; 홍정선, 행정법특강, 947면.

[판례1] 대학교원의 임용권자가 재임용을 거부하는 취지로 한 임용기간만료의 통지가 행정소송의 대상이 되는 처분에 해당하는지 여부

"기간제로 임용되어 임용기간이 만료된 국·공립대학의 조교수는 교원으로서의 능력과 자질에 관하여 합리적인 기준에 의한 공정한 심사를 받아 위 기준에 부합되면 특별한 사정이 없는 한 재임용되리라는 기대를 가지고 재임용 여부에 관하여 합리적인 기준에 의한 공정한 심사를 요구할 법규상 또는 조리상 신청권을 가진다고 할 것이니, 임용권자가 임용기간이 만료된 조교수에 대하여 재임용을 거부하는 취지로 한 임용기간만료의 통지는 위와 같은 대학교원의 법률관계에 영향을 주는 것으로서 행정소송의 대상이 되는 처분에 해당한다(대판 2004.4.22, 2000두7735 전원합의체)."

[판례2] 대학교원의 신규채용에 있어서 유일한 면접심사 대상자로 선정된 임용지원자에 대한 교원신규채용 중단조치가 항고소송의 대상이 되는 행정처분에 해당하는지 여부

"… 유일한 면접심사 대상자로 선정된 임용지원자에 대한 교원신규채용업무를 중단하는 조치는 교원신규채용절차의 진행을 유보하였다가 다시 속개하기 위한 중간처분 또는 사무처리절차상 하나의 행위에 불과한 것이라고는 볼 수 없고, 유일한 면접심사 대상자로서 임용에 관한 법률상 이익을 가지는 임용지원자에 대한 신규임용을 사실상 거부하는 종국적인 조치에 해당하는 것이며, 임용지원자에게 직접 고지되지 않았다고 하더라도 임용지원자가 이를 알게 됨으로써 효력이 발생한 것으로 보아야 할 것이므로, 이는 임용지원자의 권리 내지 법률상 이익에 직접 관계되는 것으로서 항고소송의 대상이 되는 처분 등에 해당한다(대판 2004.6.11, 2001두7053)."

3. 임명의 요건*

(1) 결격사유

공무원의 결격사유를 규정하고 있는 국가공무원법 제33조(지방공무원법 31)의 각호의 어느 하나에 해당하는 자는 공무원으로 임용될 수 없다. 이러한 결격사유는 공무원의 당연퇴직사유이기도 하다(국가공무원법 69, 지방공무원법 61).

[판례] 국가공무원이 금고 이상의 형의 집행유예를 받아 당연퇴직한 후 형법 제65조에 따라 형의 선고가 효력을 잃게 된 경우, 이미 발생한 당연퇴직의 효력에 영향이 있는지 여부

"(구) 국가공무원법(2002.12.18. 법률 제6788호로 개정되기 전의 것) 제69조는 "공무원이 제33조 각 호의 1에 해당할 때에는 당연히 퇴직한다."고 규정하고, 같은 법 제33조 제1항 제4호는 결격사유 중의 하나로 '금고 이상의 형을 받고 그 집행유예의 기간이 완료된 날로부터 2년을 경과하지 아

* 5급공채(행정)(2018년).

니한 자'를 들고 있다. 같은 법 제69조에서 규정하고 있는 당연퇴직제도는 같은 법 제33조 제1항 각호에 규정되어 있는 결격사유가 발생하는 것 자체에 의하여 임용권자의 의사표시 없이 결격사유에 해당하게 된 시점에 당연히 공무원 신분을 상실하게 하는 것이고, 당연퇴직의 효력이 생긴 후에 당연퇴직사유가 소멸한다는 것은 있을 수 없으므로, 국가공무원이 금고 이상의 형의 집행유예를 받은 경우에는 그 이후 형법 제65조에 따라 형의 선고가 효력을 잃게 되었다 하더라도 이미 발생한 당연퇴직의 효력에는 영향이 없다(대판 2011.3.24, 2008다92022)."

(2) 성적요건

공무원의 임용은 시험성적·근무성적, 그 밖의 능력의 실증에 따라 행한다(국가공무원법 26, 지방공무원법 25). 공무원은 신규채용의 경우 공개경쟁채용시험으로 채용하고(국가공무원법 28 ①, 지방공무원법 27 ①), 특수한 경우에는 경력경쟁채용시험에 의하여 채용할 수 있다.

(3) 요건결여의 효과*

① 국가공무원법 등이 정한 결격사유는 공무원으로 임용되기 위한 절대적인 소극적 요건이라고 보아야 하므로, 결격사유에 해당하는 경우 그 임명행위는 당연무효이다(다수설). 판례도 같은 입장이다(대판 1987.4.14, 86누459). 취소사유로 보는 견해도 있다.[2] ② 성적요건이 결여된 경우 임명행위는 취소할 수 있는 행위가 된다고 보면 될 것이다. ③ 다만 임용요건이 결여된 공무원이 행한 직무행위는 상대방에 대한 신뢰보호나 행정법관계의 안정성을 위하여 사실상의 공무원(de facto Beamten)이론에 의하여 유효한 것으로 보아야 할 경우도 있을 것이다.

[판례] 임용 당시 구 군인사법 제10조 제2항 제5호에 따른 임용결격사유가 있는데도 장교·준사관 또는 하사관으로 임용된 경우, 임용행위가 당연무효인지 여부(적극)

"[1] 구 군인사법(1989.3.22. 법률 제4085호로 개정되기 전의 것) 제10조 제2항 제5호는 금고 이상의 형을 받고 집행유예 중에 있거나 그 집행유예기간이 종료된 날부터 2년이 지나지 않은 자가 장교·준사관 및 하사관으로 임용될 수 없도록 정하고 있다. 임용 당시 구 군인사법 제10조 제2항 제5호에 따른 임용결격사유가 있는데도 장교·준사관 또는 하사관으로 임용된 경우 그러한 임용행위는 당연무효가 된다(대판 2003.5.16, 2001다61012 등 참조).

[2] … 과거 소년이었을 때 죄를 범하여 형의 집행유예를 선고받은 사람이 장교·준사관 또는 하사관으로 임용된 경우에는, 구 군인사법 제10조 제2항 제5호에도 불구하고 소년법 제67조 제1항 제2호와 부칙 제2조에 따라 그 임용이 유효하게 된다.

* 변호사시험(2013년), 사법시험(2011년), 5급공채(재경)(2013년).

2) 김남진/김연태 행정법 II, 212면 이하.

… 소년법 제67조에서 정하고 있는 '소년이었을 때 범한 죄'인지는 실제 생년월일을 기준으로 판단하여야 하고, 형의 집행유예 등 선고 이후에 가족관계등록부의 출생연월일이 실제 생년월일에 따라 정정되었다면 그와 같이 정정된 출생연월일을 기준으로 소년이었을 때 범한 죄인지 여부를 판단하여야 한다(대판 2019.2.14, 2017두62587[퇴역대상자지위확인등])."

4. 임명의 형식

공무원의 임명은 임용장 또는 임용통지서와 같은 서면의 형식을 통하여 이루어지는 것이 일반적이다. 그러나 이러한 서면의 교부는 임명행위의 효력발생요건은 아니고 다만 공무원 임명을 확인하는 행위로서의 의미를 가질 뿐이다.

5. 임명의 효력발생

도달주의원칙에 따라 공무원의 임용에 대한 의사표시가 공무원에게 도달되어야 효력이 발생한다. 이와 관련하여 공무원임용령은 "공무원은 임용장이나 임용통지서에 적힌 날짜에 임용된 것으로 본다(공무원임용령 6 ①)."고 규정하면서, "임용할 때에는 임용일자까지 그 임용장 또는 임용통지서가 임용될 사람에게 도달할 수 있도록 발령하여야 한다(공무원임용령 6 ③)."고 규정하고 있다.

제 2 절 공무원법관계의 변경

공무원이 공무원으로서의 신분을 유지하면서 공무원법관계의 내용이 일시적 또는 영구적으로 변경되는 것을 공무원법관계의 변경이라고 한다. 이는 공무원직위를 다른 직위로 변경하는 행위와 공무원에게 직위를 부여하지 않는 변경으로 구분할 수 있다.

Ⅰ. 다른 직위로의 변경

1. 상급직위로의 변경(승진)

승진이란 동일한 직렬 안에서 하위직급에 있는 공무원을 바로 상위직급에 임용하는 것을 말한다. 따라서 직렬이 서로 다른 상위직급으로는 승진할 수 없다. 승진은 직급에 따라 다소 차이가 있다. 즉 1급공무원에의 승진은 바로 하급공무원 중에서, 2급 및 3급 공무원에의 승진은 동일직군 내의 바로 하급공무원 중에서 각각 임용 또는 임용제청한다(국가공무원법 40조의2 ①).

2. 동위직급 내의 변경(전직 · 전보 · 복직)

(1) 전직

전직(轉職)이란 직렬을 달리하는 임명을 말한다(국가공무원법 5 5호). 예컨대 행정사무관을 외무사무관원으로 임명하는 경우이다. 전직은 상호간에 직렬을 달리하는 변경행위이므로 원칙적으로 전직시험에 의하여야 한다. 다만 대통령령 등으로 정하는 전직의 경우에는 시험의 일부 또는 전부를 면제할 수 있다(국가공무원법 28조의3).

(2) 전보

전보(轉補)란 같은 직급 내에서의 보직 변경 또는 고위공무원단 직위 간의 보직 변경(제4조제2항에 따라 같은 조 제1항의 계급 구분을 적용하지 아니하는 공무원은 고위공무원단 직위와 대통령령으로 정하는 직위 간의 보직 변경을 포함한다)을 말한다(국가공무원법 5 6호).

임용권자 또는 임용제청권자는 소속 공무원의 전보를 실시할 때에는 해당 공무원이 맡은 직무에 대하여 전문성과 능률을 높이고, 창의적이며 안정적인 직무수행이 가능하도록 하여야 한다(공무원임용령 44).

다만 안정적인 직무수행을 위하여 공무원은 특별한 경우를 제외하고는 해당 직위에 임용된 날부터 원칙적으로 3년 이내(정부조직법 제2조 제3항 본문에 따라 실장 · 국장 밑에 두는 보조기관 또는 이에 상당하는 보좌기관인 직위에 보직된 3급 또는 4급 공무원, 연구관 및 지도관과 고위공무원단 직위에 재직 중인 공무원의 필수보직기간은 2년 이내)에 다른 직위에 전보될 수 없다(공무원임용령 45 ①).

(3) 복직

복직(復職)이란 휴직, 직위해제, 정직 중이거나 강등으로 직무에 종사하지 못한 공무원을 직위에 복귀시키는 것을 말한다(공무원임용령 2 2호).

3. 하위직급에로의 변경(강임)

강임(降任)이란 같은 직렬 내에서 하위 직급에 임명하거나 하위 직급이 없어 다른 직렬의 하위 직급으로 임명하거나 고위공무원단에 속하는 일반직공무원(제4조 제2항에 따라 같은 조 제1항의 계급 구분을 적용하지 아니하는 공무원은 제외한다)을 고위공무원단 직위가 아닌 하위 직위에 임명하는 것을 말한다(국가공무원법 5 4호).

임용권자는 직제 또는 정원의 변경이나 예산의 감소 등으로 인하여 직위가 폐직되거나 강등되어 과원이 된 때 또는 본인이 동의한 경우에는 소속공무원을 강임할 수 있다(국가공무원법 73조의4 ①). 제1항에 따라 강임된 공무원은 상위 직급 또는 고위공무원단 직위에 결원이 생기면 우선 임용된다. 다만, 본인의 동의에 의하여 강임된 공무원은 본인의 경력과 당해 기관의 인력사정 등을 고려하여 우선 임용될 수 있다(국가공무원법 73조의4 ②).

4. 이중직위의 부여 등

(1) 겸임

직위와 직무 내용이 유사하고 담당 직무 수행에 지장이 없다고 인정하면 대통령령으로 정하는 바에 따라 경력직공무원 상호 간에 겸임하게 하거나 경력직공무원과 대통령령으로 정하는 관련 교육·연구기관, 그 밖의 기관·단체의 임직원간에 서로 겸임하게 할 수 있다(국가공무원법 32조의3).

(2) 파견

국가기관의 장은 국가적 사업의 수행 또는 그 업무 수행과 관련된 행정 지원이나 연수, 그 밖에 능력 개발 등을 위하여 필요하면 소속 공무원을 다른 국가기관·공공단체·국내외의 교육기관·연구기관, 그 밖의 기관에 일정 기간 파견근무하게 할 수 있으며, 국가적 사업의 공동 수행 또는 전문성이 특히 요구되는 특수 업무의 효율적 수행 등을 위하여 필요하면 국가기관 외의 기관·단체의 임직원을 파견받아 근무하게 할 수 있다(국가공무원법 32조의4 ①). 파견권자는 파견 사유가 소멸하거나 파견 목적이 달성될 가망이 없으면 그 공무원을 지체 없이 원래의 소속 기관에 복귀시켜야 한다(국가공무원법 32조의4 ②).

Ⅱ. 불이익한 직위로의 변경(휴직·직위해제·정직·강임)

1. 휴직

휴직이란 공무원으로서의 신분을 유지하면서도 당해 직위로부터 일정기간 동안 공무원의 근무를 해제하는 행위를 말한다. 휴직에는 임용권자가 행하는 직권휴직(국가공무원법 71 ①)과 당해 공무원의 의사에 의한 의원휴직(국가공무원법 71 ②)이 있다.

휴직 중인 공무원은 신분은 보유하나 직무에 종사하지 못한다(국가공무원법 73 ①). 휴직 기간 중 그 사유가 없어지면 30일 이내에 임용권자 또는 임용제청권자에게 신고하여야 하며, 임용권자는 지체 없이 복직을 명하여야 한다(국가공무원법 73 ②). 휴직 기간이 끝난 공무원이 30일 이내에 복귀 신고를 하면 당연히 복직된다(국가공무원법 73 ③).

2. 직위해제 *

(1) 의의 및 법적 성질

직위해제란 공무원 자신에게 그 직위를 보유할 수 없는 일정한 귀책사유가 있어 직위를 부여하지 아니하는 것을 말한다. 직위해제로 인하여 공무원은 공무원으로서의 신분은 유지하나 직위해제는 본인의 귀책사유로 인한 제재적 의미를 가지는 보직해제행위이므로 복직이 법적으로 보장되지 않는다는 점에서 휴직과 구별된다. 그리고 직위해제는 직위해제사유로 인하여 당해 공무원이 계속 직무를 담당하기 곤란하기 때문에 예방적으로 당해 공무원에게 잠정적으로 직무에 종사하지 못하도록 하는 것이라는 점에서 공무원의 비위행위에 대하여 징벌적 제재로서 가해지는 징계와는 그 성질이 다르다(대판 2003.10.10, 2003두5945)."

(2) 사유 및 직위의 재부여

임용권자는 ① 직무수행 능력이 부족하거나 근무성적이 극히 나쁜 자, ② 파면·해임·강등 또는 정직에 해당하는 징계 의결이 요구 중인 자, ③ 형사 사건으로 기소된 자(약식명령이 청구된 자는 제외한다), 또는 ④ 고위공무원단에 속하는 일반직공무원으로서 제70조의2 제1항 제2호부터 제5호까지의 사유로 적격심사를 요구받은 자, ⑤ 금품비위·성범죄 등 대통령령으로 정하는 비위행위로 인하여 감사원 및 검찰·경찰 등 수사기관에서 조사나 수사중인 자로서 비위의 정도가 중대하고 이로 인하여 정상적인 업무수행을 기대하기 현저히 어려운 자에게는 직위를 부여하지 않을 수 있다(국가공무원법 73조의3 ①).

직위를 부여하지 아니한 경우에 그 사유가 소멸되면 임용권자는 지체없이 직위를 부여하여야 한다(국가공무원법 73조의3 ②).

[판례] [1] 직위해제의 의미 / 요건 및 효력 상실·소멸시점 등을 해석하는 방법
[2] 국가공무원법 제73조의3 제1항 제3호의 목적 및 요건충족 여부 등을 판단하는 방법
[3] 국가공무원법 제73조의3 제2항과 관련하여 '중징계의결이 요구 중인 자'는 징계의결이 이루어질 때까지로 한정되는지 여부(적극)

"[1] 국가공무원법 제73조의3 제1항에서 정한 직위해제는 당해 공무원이 장래에 계속 직무를 담당하게 될 경우 예상되는 업무상의 장애 등을 예방하기 위하여 일시적으로 당해 공무원에게 직위를 부여하지 아니함으로써 직무에 종사하지 못하도록 하는 잠정적인 조치로서, 임용권자가 일방적으로 보직을 박탈시키는 것을 의미한다. 이러한 직위해제는 공무원의 비위행위에 대한 징벌적 제재인 징

* 5급공채(일반행정)(2011년), 5급공채(2020년).

계와 법적 성질이 다르지만, 해당 공무원에게 보수·승진·승급 등 다양한 측면에서 직간접적으로 불리한 효력을 발생시키는 침익적 처분이라는 점에서 그것이 부당하게 장기화될 경우에는 결과적으로 해임과 유사한 수준의 불이익을 초래할 가능성까지 내재되어 있으므로, 직위해제의 요건 및 효력 상실·소멸시점 등은 문언에 따라 엄격하게 해석해야 하고, 특히 헌법 제7조 제2항 및 국가공무원법 제68조에 따른 공무원에 대한 신분보장의 관점은 물론 헌법상 비례원칙에 비추어 보더라도 직위해제처분의 대상자에게 불리한 방향으로 유추·확장해석을 해서는 안 된다.

[2] 국가공무원법 제73조의3 제1항 제3호는 파면·해임·강등 또는 정직에 해당하는 징계의결(이하 '중징계의결'이라 한다)이 요구 중인 자에 대하여 직위해제처분을 할 수 있음을 규정하였는바, 이는 중징계의결 요구를 받은 공무원이 계속 직위를 보유하고 직무를 수행한다면 공무집행의 공정성과 그에 대한 국민의 신뢰를 저해할 구체적인 위험이 생길 우려가 있으므로 이를 사전에 방지하고자 하는 데 목적이 있다. 이러한 직위해제제도의 목적 및 취지는 물론 이로 인한 불이익의 정도와 침익적 처분의 성질에 비추어 보면, 단순히 '중징계의결 요구'가 있었다는 형식적 이유만으로 직위해제처분을 하는 것이 정당화될 수는 없고, 직위해제처분의 대상자가 중징계처분을 받을 고도의 개연성이 인정되는 경우임을 전제로 하여, 대상자의 직위·보직·업무의 성격상 그가 계속 직무를 수행함으로 인하여 공정한 공무집행에 구체적인 위험을 초래하는지 여부 등에 관한 제반 사정을 면밀히 고려하여 그 요건의 충족 여부 등을 판단해야 한다.

[3] 국가공무원법 제73조의3 제2항은 직위해제처분을 한 경우에도 그 사유가 소멸되면 지체 없이 직위를 부여하여야 함을 명시하였다. 이는 같은 조 제1항 제3호의 요건 중 하나인 '중징계의결이 요구 중인 자'의 의미 및 '중징계의결 요구'의 종기에 관한 해석과 관계된다. … 관련 규정의 문언 내용·체계에 비추어 보면, '중징계의결이 요구 중인 자'는 국가공무원법 제82조 제1항 및 공무원 징계령 제12조에 따른 징계의결이 이루어질 때까지로 한정된다고 보는 것이 타당하다(대판 2022.10. 14, 2022두45623[공무원보수지급])."

(3) 대기명령·훈련·직권면직

임용권자는 제1항제2호(직무수행 능력이 부족하거나 근무성적이 극히 나쁜 자)에 따라 직위해제된 자에게 3개월의 범위에서 대기를 명한다(국가공무원법 73조의3 ③).

임용권자 또는 임용제청권자는 제3항에 따라 대기 명령을 받은 자에게 능력 회복이나 근무성적의 향상을 위한 교육훈련 또는 특별한 연구과제의 부여 등 필요한 조치를 하여야 한다(국가공무원법 73조의3 ④).

임용권자는 제73조의3 제3항에 따라 대기 명령을 받은 공무원이 그 기간에 능력 또는 근무성적의 향상을 기대하기 어렵다고 인정된 때에는 징계위원회의 동의를 얻어 직권으로 면직시킬 수 있다(국가공무원법 70 ① 5호, ②). 직위해제의 하자는 직권면직에 승계되지 않는다는 것이 판례의 입장이다[판례].

> [판례] 직위해제의 하자가 면직처분에 승계되는지 여부
>
> "… 원고는 직위해제 처분에 대하여 소정기간내에 소청심사청구나 행정소송을 제기한 바 없고, 그 후의 면직처분에 대한 불복의 행정소송에서(설사 본건 직위해제처분이 원고주장대로 사실조사도 없이 행한 것이라 하더라도 이것만으로 당연무효의 처분이라고 볼 수 없고 취소사유에 불과하다)직위해제처분의 취소사유를 들어 다시 위법을 주장할 수 없다(대판 1970.1.27, 68누10)."

(4) 관련문제: 직위해제처분의 효력상실, 협의의 소익

직위해제처분은 그 근로자로서의 지위를 그대로 존속시키면서 다만 그 직위만을 부여하지 아니하는 처분이므로 직위해제한 후 그 직위해제 사유와 동일한 사유를 이유로 징계처분을 하였다면 뒤에 이루어진 징계처분에 의하여 그 전에 있었던 직위해제처분은 그 효력을 상실한다.

직위해제처분에 기하여 발생한 효과는 당해 직위해제처분이 실효되더라도 소급하여 소멸하는 것이 아니므로, 직위해제처분에 따른 효과로 승진·승급에 제한을 가하는 등의 법률상 불이익이 있는 경우에는 이러한 법률상 불이익을 제거하기 위하여 그 실효된 직위해제처분에 대한 구제를 신청할 협의의 소익이 인정된다.

> [판례] 직위해제한 후 동일한 사유로 징계처분을 한 경우, 직위해제에 대한 구제를 신청할 이익이 있는지 여부(한정 적극)
>
> "… 직위해제처분에 기하여 발생한 효과는 당해 직위해제처분이 실효되더라도 소급하여 소멸하는 것이 아니므로, 인사규정 등에서 직위해제처분에 따른 효과로 승진·승급에 제한을 가하는 등의 법률상 불이익을 규정하고 있는 경우에는 직위해제처분을 받은 근로자는 이러한 법률상 불이익을 제거하기 위하여 그 실효된 직위해제처분에 대한 구제를 신청할 이익이 있다(대판 2010.7.29, 2007두18406)."
>
> ☞ (노동조합 인터넷 게시판에 국민건강보험공단 이사장을 모욕하는 내용의 글을 게시한 근로자에 대하여 인사규정상 직원의 의무를 위반하고 품위를 손상하였다는 사유로 직위해제처분을 한 후 동일한 사유로 해임처분을 한 사안에서) 근로자는 위 직위해제처분으로 인하여 승진·승급에 제한을 받고 보수가 감액되는 등의 인사상·급여상 불이익을 입게 되었고, 위 해임처분의 효력을 둘러싸고 다툼이 있어 그 효력 여하가 확정되지 아니한 이상 근로자의 신분을 상실한다고 볼 수 없어 여전히 인사상 불이익을 받는 상태에 있으므로, 비록 직위해제처분이 해임처분에 의하여 효력을 상실하였다고 하더라도 근로자에게 위 직위해제처분에 대한 구제를 신청할 이익이 있음에도, 이와 다르게 본 원심판결에 법리오해의 위법이 있다고 한 사례

그러나 행정청이 공무원에 대하여 새로운 직위해제사유에 기한 새로운 직위해제처분을 한 경우, 그 이전 직위해제처분의 취소를 구할 소의 이익(협의의 소익)이 없다.

[판례] 행정청이 공무원에 대하여 새로운 직위해제사유에 기한 직위해제처분을 한 경우, 그 이전 처분의 취소를 구할 소의 이익이 있는지 여부(소극)

"행정청이 공무원에 대하여 새로운 직위해제사유에 기한 직위해제처분을 한 경우 그 이전에 한 직위해제처분은 이를 묵시적으로 철회하였다고 봄이 상당하므로, 그 이전 처분의 취소를 구하는 부분은 존재하지 않는 행정처분을 대상으로 한 것으로서 그 소의 이익이 없어 부적법하다(대판 2003. 10.10, 2003두5945)."

그리고 직위해제처분에는 처분의 사전통지 및 의견청취 등에 관한 행정절차법 규정이 적용되지 않는다.

[판례] 국가공무원법상 직위해제처분에 처분의 사전통지 및 의견청취 등에 관한 행정절차법 규정이 적용되는지 여부(소극)

"국가공무원법상 직위해제처분은 (구) 행정절차법 제3조 제2항 제9호, (구) 행정절차법 시행령 제2조 제3호에 의하여 당해 행정작용의 성질상 행정절차를 거치기 곤란하거나 불필요하다고 인정되는 사항 또는 행정절차에 준하는 절차를 거친 사항에 해당하므로, 처분의 사전통지 및 의견청취 등에 관한 행정절차법의 규정이 별도로 적용되지 않는다(대판 2014.5.16, 2012두26180)."

3. 정직

정직은 공무원의 신분은 유지하되 일정기간 동안 직무에는 종사하지 못하게 하는 것을 말한다. 정직은 파면·해임·강등·감봉·견책(譴責)과 더불어 징계처분의 하나이다(국가공무원법 79). 정직의 기간은 1월 이상 3월 이하의 기간으로 하고 정직처분을 받은 자는 그 기간 중 보수는 전액을 감한다(국가공무원법 80 ③).

4. 강임

강임(降任)이란 같은 직렬 내에서 하위 직급에 임명하거나 하위 직급이 없어 다른 직렬의 하위 직급으로 임명하거나 고위공무원단에 속하는 일반직공무원(제4조 제2항에 따라 같은 조 제1항의 계급 구분을 적용하지 아니하는 공무원은 제외)을 고위공무원단 직위가 아닌 하위 직위에 임명하는 것을 말한다(국가공무원법 5 4호).

제 3 절 공무원법관계의 소멸

공무원법관계의 소멸이란 공무원의 신분이 해소되어 더 이상 공무원으로서의 법률관계가 존재하지 않게 되는 것을 말한다. 공무원법관계의 소멸은 당연퇴직으로 인한 경우와 면직에 의한 경우로 구별할 수 있다.

I. 당연퇴직*

1. 의의

당연퇴직은 법이 정한 일정한 사유의 발생으로 별도의 처분 없이 당연히 공무원관계가 소멸되는 것을 말한다. 이에 따라 판례는 당연퇴직의 인사발령을 하더라도 이는 퇴직사실을 알리는 관념의 통지에 불과하여 항고소송의 대상이 되는 처분에 해당하지 않는다고 보고 있다.

> [판례] 당연퇴직의 효력발생 및 당연퇴직처분이 행정소송의 대상인 행정처분인지 여부**
>
> "국가공무원법 제69조에 의하면 공무원이 제33조 각 호의 1에 해당할 때에는 당연히 퇴직한다고 규정하고 있으므로, 국가공무원법상 당연퇴직은 결격사유가 있을 때 법률상 당연히 퇴직하는 것이지 공무원관계를 소멸시키기 위한 별도의 행정처분을 요하는 것이 아니며, 당연퇴직의 인사발령은 법률상 당연히 발생하는 퇴직사유를 공적으로 확인하여 알려주는 이른바 관념의 통지에 불과하고 공무원의 신분을 상실시키는 새로운 형성적 행위가 아니므로 행정소송의 대상이 되는 독립한 행정처분이라고 할 수 없다(대판 1995.11.14, 95누2036)."

※ 참고: 아래 판례는 국가공무원법이 아니라, 사립학교법상 당연퇴직에 관련된 것으로, 교원소청심사위원회를 피고로 동 위원회의 결정(최초의 처분)을 다툰 것이다. 이 판례에서 대법원은 당해 처분의 근거로 든 사유는 사립학교법의 관련 규정의 해석상 당연퇴직사유로 되지 않는다고 보았다.

> [판례] 재직중인 학교의 장에게 사립학교법 제54조의3 제1항 제1호의 사유가 발생한 경우 당연퇴직 되는지 여부(소극)
>
> "사립학교법 제54조의3 제1항 제1호 및 관련 규정의 형식과 내용, 침익적 행정행위의 근거가 되는 행정법규의 해석원칙과 '임명'이라는 용어의 일반적인 사용례, 교원의 지위는 헌법 제31조 제6항

* 5급공채(재경)(2013년).
** 사법시험(2011년).

에 의하여 특별하게 보장되고 사립학교법 제56조 제1항에서도 이를 확인하고 있는 점 등을 고려하면, 사립학교법 제54조의3 제1항 제1호는 학교의 장에 새로 임명될 수 없는 사유를 규정한 것으로 해석될 뿐, 이미 학교의 장으로 재직하고 있는 사람에게 그와 같은 사유가 발생하였다고 하여 그와 같은 사정만으로 학교의 장에서 당연퇴직된다고 볼 수 없다(대판 2018.2.28, 2016두64982[교원소청심사위원회결정취소])."

2. 사유

당연퇴직의 사유는 ① 국가공무원법 제33조 각 호의 어느 하나에 해당하는 경우 또는 ② 임기제공무원의 근무기간이 만료된 경우이다(국가공무원법 69). 그 밖에도 ③ 사망·정년, ④ 국적상실이 있다.

Ⅱ. 면직

1. 의의

면직이란 임용권자의 처분으로 공무원법관계를 소멸시키는 것을 말한다. 임용권자의 처분이라는 별도의 행위가 요구된다는 점에서 당연퇴직과 차이가 있다. 면직에는 공무원의 자발적 의사에 의하여 이루어지는 의원면직과 임용권자의 의사에 의하여 이루어지는 강제면직이 있다.

2. 의원면직*

(1) 의의

의원면직이란 공무원의 사직의 의사표시에 따라 임용권자가 행하는 공무원법관계를 종료시키는 처분을 말한다. 따라서 의원면직의 법적 성질은 상대방의 신청을 요하는 쌍방적 행정행위(협력을 요하는 행정행위)이다.

사직의 의사표시는 정상적인 의사작용에 의한 것이어야 한다. 이와 관련하여 판례는 '사직서의 제출이 강압에 의하여 의사결정의 자유를 박탈당한 상태에서 이루어진 것이라면 그 의사표시가 무효로 될 것이나, 그렇지 않고 의사결정의 자유를 제한하는 정도에 그친 경우라면 그 성질에 반하지 아니하는 한 의사표시에 관한 민법 제110조의 규정을 준용하여 그 효력을 따져보아야 할 것'이라는 입장이다. 이와 같은 무효의 경우가 아니라면, 비록 사직원 제출자의 내심의 의사가 사직할 의사가 아니었다고 하더라도, 비진의 의사표시에 관한 민법 제107조는 그 성질상 사인의 공법행위에는 준용되지 아니하므로, 사직의 의사표시가 외부적으로 표시되면 그 의사는 표시된 대로

* 5급공채(2022년).

효력을 발하는 것으로 본다[판례1].

공무원이 한 사직의 의사표시는 의원면직처분이 있기 전까지 철회 또는 취소할 수 있다[판례2].

[판례1] 사직의 의사표시의 효력

"공무원이 사직의 의사표시를 하여 의원면직처분을 하는 경우 그 사직의 의사표시는 그 법률관계의 특수성에 비추어 외부적·객관적으로 표시된 바를 존중하여야 할 것이므로, 비록 사직원제출자의 내심의 의사가 사직할 뜻이 아니었다고 하더라도 진의 아닌 의사표시에 관한 민법 제107조는 그 성질상 사직의 의사표시와 같은 사인의 공법행위에는 준용되지 아니하므로 그 의사가 외부에 표시된 이상 그 의사는 표시된 대로 효력을 발한다.

사직서의 제출이 감사기관이나 상급관청 등의 강박에 의한 경우에는 그 정도가 의사결정의 자유를 박탈할 정도에 이른 것이라면 그 의사표시가 무효로 될 것이고 그렇지 않고 의사결정의 자유를 제한하는 정도에 그친 경우라면 그 성질에 반하지 아니하는 한 의사표시에 관한 민법 제110조의 규정을 준용하여 그 효력을 따져보아야 할 것이나, 감사담당 직원이 공무원에 대한 비리를 조사하는 과정에서 사직하지 아니하면 징계파면이 될 것이고 또한 그렇게 되면 퇴직금 지급상의 불이익을 당하게 될 것이라는 등의 강경한 태도를 취하였다고 할지라도 그 취지가 단지 비리에 따른 객관적 상황을 고지하면서 사직을 권고·종용한 것에 지나지 않고 그 공무원이 그 비리로 인하여 징계파면이 될 경우 퇴직금 지급상의 불이익을 당하게 될 것 등 여러 사정을 고려하여 사직서를 제출한 경우라면 그 의사결정이 의원면직처분의 효력에 영향을 미칠 하자가 있었다고는 볼 수 없다(대판 1997.12.12, 97누13962)."

[판례2] 민법 제107조의 준용 여부 및 사직 의사표시의 철회 또는 취소가 허용되는 시한

"이른바 1980년의 공직자숙정계획의 일환으로 일괄사표의 제출과 선별수리의 형식으로 공무원에 대한 의원면직처분이 이루어진 경우, 사직원 제출행위가 강압에 의하여 의사결정의 자유를 박탈당한 상태에서 이루어진 것이라고 할 수 없고 민법상 비진의 의사표시의 무효에 관한 규정은 사인의 공법행위에 적용되지 않는다는 등의 이유로 그 의원면직처분을 당연무효라고 할 수 없다.

공무원이 한 사직 의사표시의 철회나 취소는 그에 터잡은 의원면직처분이 있을 때까지 할 수 있는 것이고, 일단 면직처분이 있고 난 이후에는 철회나 취소할 여지가 없다(대판 2001.8.24, 99두9971)."

(2) 명예퇴직

의원면직의 특수한 형태로 명예퇴직제도가 있다. 명예퇴직이란 공무원으로서 20년 이상 근속한 자가 정년 전에 자진하여 퇴직하는 것을 말하며, 이 경우 예산의 범위 안에서 명예퇴직수당을 지급할 수 있다(국가공무원법 74조의2 ①).

3. 강제면직

강제면직은 임용권자의 일방적인 면직처분에 의하여 공무원관계를 소멸시키는 행위이다. 강제면직에는 징계면직과 직권면직이 있다.

(1) 징계면직

징계면직은 공무원이 법령상의 의무를 위반한 경우 징계책임에 의거하여 국가공무원법 등이 정한 징계절차에 따라 이루어지는 면직을 말한다. 이러한 징계면직에는 파면과 해임의 두 가지가 있다. 해임의 경우에는 파면과는 달리 연금이 지급된다.

(2) 직권면직

임용권자는 공무원이 ① 직제와 정원의 개폐 또는 예산의 감소 등에 따라 폐직 또는 과원이 되었을 때, ② 휴직 기간이 끝나거나 휴직 사유가 소멸된 후에도 직무에 복귀하지 아니하거나 직무를 감당할 수 없을 때, ③ 제73조의3 제3항에 따라 대기 명령을 받은 자가 그 기간에 능력 또는 근무성적의 향상을 기대하기 어렵다고 인정된 때, ④ 전직시험에서 세 번 이상 불합격한 자로서 직무수행 능력이 부족하다고 인정된 때, ⑤ 병역판정검사·입영 또는 소집의 명령을 받고 정당한 사유 없이 이를 기피하거나 군복무를 위하여 휴직 중에 있는 자가 군복무 중 군무를 이탈하였을 때, ⑥ 해당 직급·직위에서 직무를 수행하는데 필요한 자격증의 효력이 없어지거나 면허가 취소되어 담당 직무를 수행할 수 없게 된 때 또는 ⑦ 고위공무원단에 속하는 공무원이 제70조의2에 따른 적격심사 결과 부적격 결정을 받은 때에는 직권으로 면직시킬 수 있다(국가공무원법 70 ①).

제 3 장 공무원의 권리와 의무

공무원법관계도 '법관계'이므로 공무원과 관련된 권리의무관계이다. 따라서 공무원은 일정한 권리를 행사할 수 있고 또한 의무를 부담한다.

과거에는 공무원관계를 특별권력관계의 하나로 보아 공무원에 대한 국가의 일방적인 지배권만을 인정하고 공무원의 권리는 존재하지 않는 것으로 보았으나, 오늘날 이러한 특별권력관계론이 극복되면서 공무원도 일정한 범위의 권리가 인정된다는 것이 보편화되었다.

그럼에도 공무원법관계의 특수한 성격과 국민 전체에 대한 봉사자라는 지위에 비추어 공무원에게는 다양한 의무를 부담시키고 있다.

제 1 절 공무원의 권리

Ⅰ. 신분상의 권리

1. 신분보장권

공무원의 신분은 법률이 정하는 바에 따라 보장된다(헌법 7 ②). 이에 따라 국가공무원법과 지방공무원법은 "공무원은 형의 선고, 징계처분 또는 이 법에서 정하는 사유에 따르지 아니하고는 본인의 의사에 반하여 휴직·강임 또는 면직을 당하지 아니한다."고 규정하고 있다(국가공무원법 68, 지방공무원법 60).

다만, 1급 공무원과 국가공무원법 제23조에 따라 배정된 직무등급이 가장 높은 등급의 직위에 임용된 고위공무원단에 속하는 공무원은 그러하지 아니하다(국가공무원법 68 단서, 지방공무원법 60 단서).

2. 직위보유권

공무원은 임용되면 법령에서 정하는 경우를 제외하고는 자신에게 적합한 일정한 지위를 부여

받을 권리와 자신에게 부여된 권리를 법에서 정한 사유와 절차에 의하지 아니하고는 박탈당하지 않을 권리를 갖게 되는데, 이를 직위보유권이라고 한다. 그러나 직위보유권은 공무원이 자신이 원하는 특정한 지위를 보유할 수 있도록 요구하는 권리를 뜻하는 것은 아니다. 그 이유는 공무원의 임용과 승진 등의 문제는 일반적으로 법령에서 규정한 요건을 충족시켜야 하며 국가의 재정적 여건이나 공무원의 수급사정 등 여러 가지 여건을 고려하여 결정되기 때문이다.

3. 직무수행권 · 제복착용권

공무원은 법령에 규정된 내용에 따라서 직무를 수행할 수 있는데, 이와 같은 직무수행권은 직무수행에 대한 권한(Kompetenz)을 의미하는 것으로, 엄격하게 말하면 공무원의 주관적 권리(Recht)는 아니다. 이러한 공무원의 직무집행을 방해하는 행위는 공무집행방해죄, 위계에 의한 공무집행방해죄로서 형법상 범죄를 구성한다(형법 136, 137). 공무집행방해죄가 이른바 국가적 법익에 관한 죄로 규정된 것은 공무원의 직무수행권이 공무원의 개인적 공권에 대한 침해라기보다는 국가나 지방자치단체의 공무수행권을 침해하는 것이기 때문이다.

한편 복제가 있는 공무원은 제복을 착용할 권리가 있다(예: 군인, 경찰공무원). 이와 같은 제복착용권은 과거에는 권리가 될 수 있었지만 오늘날에는 국민에게 공무수행자임을 외관을 통하여 식별할 수 있도록 알리는 서비스의 기능 또는 의무로서의 성격이 더 강하다.

4. 행정구제청구권(소청 및 행정소송)

(1) 행정공무원의 경우

행정기관 소속 공무원의 징계처분, 그 밖에 그 의사에 반하는 불리한 처분이나 부작위에 대한 소청을 심사·결정하게 하기 위하여 인사혁신처에 소청심사위원회를 둔다(국가공무원법 9 ①). 국회, 법원, 헌법재판소 및 선거관리위원회 소속 공무원의 소청에 관한 사항을 심사·결정하게 하기 위하여 국회사무처, 법원행정처, 헌법재판소사무처 및 중앙선거관리위원회사무처에 각각 해당 소청심사위원회를 둔다(국가공무원법 9 ②).

국가공무원법 제75조에 따른 처분사유 설명서를 받은 공무원이 그 처분에 불복할 때에는 그 설명서를 받은 날부터, 공무원이 제75조에서 정한 처분 외에 본인의 의사에 반한 불리한 처분을 받았을 때에는 그 처분이 있은 것을 안 날부터 각각 30일 이내에 소청심사위원회에 이에 대한 심사를 청구할 수 있다(국가공무원법 76 ①).

국가공무원법 제75조에 따른 처분, 그 밖에 본인의 의사에 반한 불리한 처분이나 부작위에 관한 행정소송은 소청심사위원회의 심사·결정을 거치지 아니하면 제기할 수 없다(국가공무원법 16 ①)(필요적 전심절차). 제1항에 따른 행정소송을 제기할 때에는 대통령의 처분 또는 부작위의 경우에는 소속 장관(대통령령으로 정하는 기관의 장을 포함한다)을, 중앙선거관리위원회위원장의 처분 또는 부작위의 경우에는 중앙선거관리위원회사무총장을 각각 피고로 한다(국가공무원법 16 ②).

(2) 교원의 경우

각급학교 교원의 징계처분과 그 밖에 그 의사에 반하는 불리한 처분(교육공무원법 제11조의4제4항 및 사립학교법 제53조의2제6항에 따른 교원에 대한 재임용 거부처분을 포함한다. 이하 같다)에 대한 소청심사를 하기 위하여 교육부에 교원소청심사위원회를 둔다(교원의 지위 향상 및 교육활동 보호를 위한 특별법 7 ①).

교원이 징계처분과 그 밖에 그 의사에 반하는 불리한 처분에 대하여 불복할 때에는 그 처분이 있었던 것을 안 날부터 30일 이내에 심사위원회에 소청심사를 청구할 수 있다(교원의 지위 향상 및 교육활동 보호를 위한 특별법 9 ①).

5. 고충심사청구권(고충심사처리제도)

고충심사처리제도는 공무원이 인사·조직·처우 등 각종 직무 조건과 그 밖에 신상 문제와 관련한 고충에 대하여 상담신청 또는 심사를 청구하거나 성폭력이나 성희롱을 신고할 수 있도록 하고 그 심사결과에 따라 그 고충의 해소를 도모하기 위한 일종의 공무원민원처리제도이다(국가공무원법 76조의2).

공무원의 고충을 심사하기 위하여 중앙인사관장기관에 중앙고충심사위원회를, 임용권자 또는 임용제청권자 단위로 보통고충심사위원회를 두되, 중앙고충심사위원회의 기능은 소청심사위원회에서 관장한다(국가공무원법 76조의2 ④).

고충심사결정은 항고소송의 대상이 되는 처분이 아니다(대판 1987.12.8, 87누657).

Ⅱ. 재산상의 권리

1. 보수청구권

(1) 보수의 의의와 법적 근거

공무원은 국가에 대하여 근로를 제공하므로 그 근로의 대가에 대하여 적절한 보수를 청구할 권리를 가진다. 보수란 봉급과 그 밖의 각종 수당을 합산한 금액을 말한다. 다만, 연봉제 적용대상 공무원은 연봉과 그 밖의 각종 수당을 합산한 금액을 말한다(공무원보수규정 4 1호).

국가공무원법은 보수에 관하여 ① 봉급·호봉 및 승급에 관한 사항, ② 수당에 관한 사항, ③ 보수의 지급방법, 보수의 계산, 그 밖에 보수 지급에 관한 사항을 대통령령으로 정하도록 하고 있고(국가공무원법 47 ①), 이에 따라 공무원보수규정과 지방공무원보수규정이 제정되어 있다.

[판례] 공무원이 국가를 상대로 실질이 보수에 해당하는 금원의 지급을 구하기 위한 요건

"[1] 공무원이 국가를 상대로 실질이 보수에 해당하는 금원의 지급을 구하려면 공무원의 '근무조건 법정주의'에 따라 국가공무원법령 등 공무원의 보수에 관한 법률에 그 지급근거가 되는 명시적 규정이 존재하여야 하고, 나아가 해당 보수 항목이 국가예산에도 계상되어 있어야만 한다.

[2] (공무원연금공단이 공익법무관으로 재직하다가 퇴직한 갑 등에 대하여 퇴직일시금 산정기준이 되는 기준소득월액에 공무원보수 관계 법령 등에 근거가 없는 특정업무경비가 포함되어 퇴직급여가 과다하게 산정·지급되었다는 이유로 퇴직급여 중 과오지급액을 환수하기로 하는 내용을 결정·통지한 사안에서) 갑 등에게 지급된 특정업무경비는 보수에 해당한다고 볼 수 없을 뿐만 아니라, 실비변상적 성질의 급여로서 비과세소득에 해당하므로, (구) 공무원연금법상 퇴직일시금 산정기준이 되는 기준소득월액에 포함된다고 볼 수 없다(대판 2018.2.28, 2017두64606[퇴직금환수처분취소소송])."

"(국가공무원인 갑 등이 국가가 직장보육시설을 설치하거나 지역의 보육시설과 위탁계약을 맺어 보육을 지원하지 아니하고 있으므로 (구) 영유아보육법 제14조 제1항에 따라 보육수당을 지급할 의무가 있다고 주장하면서 국가를 상대로 보육수당의 지급을 구한 사안에서) 국가공무원법령에 위 보육수당에 관한 지급 근거가 없을 뿐 아니라, (구) 영유아보육법 제14조 제1항을 국가공무원법 제46조 제5항에 정한 '그 밖의 법률에 따른 공무원의 보수에 관한 규정'에 해당한다고 볼 수도 없으며, 위 보육수당이 국가예산에 별도로 계상되어 있지도 아니하므로, 갑 등이 (구) 영유아보육법 제14조 제1항에 근거하여 곧바로 보육수당의 지급을 구하는 것은 공무원의 '근무조건 법정주의'와 항목이 계상된 국가예산에 근거한 공무원 보수 지급의 원칙에 반하여 허용될 수 없다(대판 2016.8.25, 2013두14610[보육수당지급])."

(2) 보수의 성격

공무원의 보수는 근로의 제공에 대한 반대급부의 성격과 공무원의 안정적인 생계를 보장하는 생활급의 성격을 모두 가진다. 국가공무원법도 보수를 정함에 있어 직무의 곤란성과 책임의 정도(근로의 반대급부의 관점)뿐 아니라 표준생계비나 물가수준 등(생활급의 관점)도 아울러 고려하도록 하고 있다(국가공무원법 46 ②).

(3) 보수청구권의 성질·압류의 제한·시효

공무원의 보수청구권은 공법상의 근무를 원인으로 하여 발생하는 것이므로 공법상의 청구권이다. 따라서 이에 대한 분쟁은 당사자소송에 의하여야 한다[판례].

공무원의 보수청구권은 생계보장적 급부의 성격을 가지고 있으므로 보수청구권의 압류는 원

칙적으로 보수금액의 2분의 1 이상을 초과하지 못한다(국세징수법 42).

보수청구권의 소멸시효에 대해서 과거 판례는 민법 제163조 제1호에 의하여 3년으로 본 경우도 있으나(대판 1966.9.20, 65다2506), 공권인 보수청구권은 사권인 급료와는 그 성격이 다른 것이므로, 국가재정법 제96조 및 지방재정법 제82조에 따라 5년으로 보아야 할 것이다.

[판례] 공무원연금관리공단이 퇴직연금 중 일부 금액에 대하여 지급거부의 의사표시를 한 경우 미지급 퇴직연금의 지급을 구하는 소송의 성격(=공법상 당사자소송)

"공무원연금관리공단이 퇴직연금 중 일부 금액에 대하여 지급거부의 의사표시를 하였다고 하더라도 그 의사표시는 퇴직연금 청구권을 형성·확정하는 행정처분이 아니라 공법상의 법률관계의 한 쪽 당사자로서 그 지급의무의 존부 및 범위에 관하여 나름대로의 사실상·법률상 의견을 밝힌 것에 불과하다고 할 것이어서, 이를 행정처분이라고 볼 수는 없고, 그리고 이러한 미지급 퇴직연금에 대한 지급청구권은 공법상 권리로서 그 지급을 구하는 소송은 공법상의 법률관계에 관한 소송인 공법상 당사자소송에 해당한다(대판 2004.12.24, 2003두15195)."

2. 연금청구권

(1) 의의

공무원연금청구권이란 공무원의 퇴직·사망·재해 등으로 인하여 더 이상 공무원으로서의 근무관계를 지속하기 어려운 경우 본인 또는 유족이 법률이 정하는 바에 따라서 국가에 일정한 급여를 청구할 수 있는 권리를 말한다. 공무원연금제도는 공무원의 생계보장을 위한 사회보험제도 중의 하나라고 할 수 있다.

국가공무원법은 공무원이 질병·부상·장해·퇴직·사망 또는 재해를 입으면 본인이나 유족에게 법률로 정하는 바에 따라 적절한 급여를 지급하도록 규정하고 있고(국가공무원법 77 ①), 이 제도를 구체화하기 위하여 공무원연금법이 제정되어 있다. 한편 전문적이고 체계적인 공무원 재해보상제도의 발전을 위하여 2018.9.21. 종래 공무원연금법에 규정되었던 공무원 재해보상제도(요양·재활·장해·간병, 재해유족급여)를 분리하여 따로 공무원 재해보상법을 제정하여 운용하게 되었다.

(2) 연금의 성격·압류 등 금지·시효 등

연금은 공무원 자신이 임명된 날이 속하는 달로부터 퇴직한 날의 전날 또는 사망한 날이 속하는 달까지의 분을 월별로 납부하는 기여금과 국가 또는 지방자치단체가 부담하는 부담금으로 구성된다. 따라서 연금의 성격은 보험적 성격과 더불어 국가의 사회보장제도의 성격을 동시에 갖는다고 볼 수 있다.

연금은 사법상의 급여와는 달리 공무원 및 유족의 사회보장적 급여로서의 성질을 가지는 것이므로, 급여를 받을 권리는 양도, 압류하거나 담보에 제공할 수 없다. 다만, 연금인 급여를 받을 권리는 이를 대통령령이 정하는 금융기관에 담보로 제공할 수 있고, 국세징수법, 지방세기본법, 그 밖의 법률에 따른 체납처분의 대상으로 할 수 있다(공무원연금법 39 ①).

한편 공무원연금법은 고의·중과실, 진단불응 및 형벌 등 급여권자에게 급여가 제한되는 사유를 규정하고 있다(공무원연금법 63, 64, 65).

[판례] 공무원연금법 제64조 제1항 제3호 중 '금품 수수'는 '금품을 주거나 받는 행위'라고 해석하여야 하는지 여부(적극)

"공무원연금법 제64조 제1항 제3호는 공무원이 금품 및 향응 수수, 공금의 횡령·유용으로 징계 해임된 경우에는 퇴직급여 및 퇴직수당의 일부를 감액하여 지급한다고 정하고 있다. … 위 조항의 문언과 입법 취지, 관련 법령의 내용과 체계 등을 종합하여 보면, 위 조항 중 '금품 수수'를 '금품을 주거나 받는 행위'라고 해석함이 타당하다(대판 2018.5.30, 2017두46127[퇴직급여등제한지급처분취소])."

공무원연금법에 따른 급여를 받을 권리는 그 급여의 사유가 발생한 날부터 5년간 행사하지 아니하면 시효로 인하여 소멸한다(공무원연금법 88 ①). 잘못 납부한 기여금을 환부받을 권리는 퇴직급여 또는 유족급여의 지급결정일부터 5년간 행사하지 아니하면 시효로 인하여 소멸한다(공무원연금법 88 ②).

(3) 공무원으로 근무한 임용 결격자가 퇴직급여 등을 청구할 수 있는지 여부*

판례는 임용 당시 공무원임용결격사유가 있었다면 그 임용행위는 당연무효이므로 임용결격자가 공무원으로 임용되어 사실상 근무하여 왔다고 하더라도 공무원연금법 소정의 퇴직급여 등을 청구할 수 없다는 입장이다.

[판례] 임용 결격자가 공무원으로 임용되어 사실상 근무하여 온 경우, 공무원연금법 소정의 퇴직급여 등을 청구할 수 있는지 여부(소극)

"공무원연금법에 의한 퇴직급여 등은 적법한 공무원으로서의 신분을 취득하여 근무하다가 퇴직하는 경우에 지급되는 것이고, 임용 당시 공무원임용결격사유가 있었다면 그 임용행위는 당연무효이며, 당연무효인 임용행위에 의하여 공무원의 신분을 취득할 수는 없으므로 임용결격자가 공무원으로 임용되어 사실상 근무하여 왔다고 하더라도 적법한 공무원으로서의 신분을 취득하지 못한 자

* 변호사시험(2013년), 사법시험(2011년).

로서는 공무원연금법 소정의 퇴직급여 등을 청구할 수 없고, 또 당연퇴직사유에 해당되어 공무원으로서의 신분을 상실한 자가 그 이후 사실상 공무원으로 계속 근무하여 왔다고 하더라도 당연퇴직 후의 사실상의 근무기간은 공무원연금법상의 재직기간에 합산될 수 없다(대판 2003.5.16, 2001다61012)."

3. 실비변상권

공무원은 보수 외에 대통령령 등으로 정하는 바에 따라 직무 수행에 필요한 실비 변상을 받을 수 있다(국가공무원법 48 ①).

공무원이 소속 기관장의 허가를 받아 본래의 업무 수행에 지장이 없는 범위에서 담당 직무 외의 특수한 연구과제를 위탁받아 처리하면 그 보상을 지급받을 수 있다(국가공무원법 48 ②).

Ⅲ. 공무원노동조합설립·운영권

국가공무원법 제2조 및 지방공무원법 제2조에서 규정하고 있는 공무원(다만, 국가공무원법 제66조 제1항 단서 및 지방공무원법 제58조 제1항 단서에 따른 사실상 노무에 종사하는 공무원과 교원의 노동조합 설립 및 운영 등에 관한 법률의 적용을 받는 교원인 공무원은 제외)은 노동조합을 설립할 수 있는데, 이 경우 국회·법원·헌법재판소·선거관리위원회·행정부·특별시·광역시·도·특별자치도·시·군·구 및 특별시·광역시·도·특별자치도의 교육청을 최소 단위로 한다(공무원노조법 2, 5).

공무원노동조합과 그 조합원은 정치활동을 하여서는 아니 된다(공무원노조법 4).

노동조합에 가입할 수 있는 사람의 범위는 ① 일반직공무원, ② 특정직공무원 중 외무영사직렬·외교정보기술직렬 외무공무원, 소방공무원 및 교육공무원(다만, 교원은 제외), ③ 별정직공무원, ④ ①부터 ③까지의 어느 하나에 해당하는 공무원이었던 사람으로서 노동조합 규약으로 정하는 사람이다(공무원노조법 6 ①).

노동조합의 대표자는 그 노동조합에 관한 사항 또는 조합원의 보수·복지, 그 밖의 근무조건 관하여 국회사무총장·법원행정처장·헌법재판소사무처장·중앙선거관리위원회사무총장·인사혁신처장(행정부를 대표한다)·특별시장·광역시장·도지사·특별자치도지사·시장·군수·구청장(자치구의 구청장) 또는 특별시·광역시·도·특별자치도의 교육감 중 어느 하나에 해당하는 사람(정부교섭대표)과 각각 교섭하고 단체협약을 체결할 권한을 가진다. 다만, 법령 등에 따라 국가나 지방자치단체가 그 권한으로 행하는 정책결정에 관한 사항, 임용권의 행사 등 그 기관의 관리·운영에 관한 사항으로서 근무조건과 직접 관련되지 아니하는 사항은 교섭의 대상이 될 수 없다(공무원노조법 8 ①).

Ⅳ. 공무원직장협의회 설립 · 운영권

국가기관, 지방자치단체 및 그 하부기관에 근무하는 공무원은 공무원의 근무환경 개선, 업무능률 향상 및 고충처리 등을 위한 직장협의회를 설립할 수 있다. 협의회는 기관 단위로 설립하되, 하나의 기관에는 하나의 협의회만을 설립할 수 있다(공무원직협법 1, 2, 5).

제 2 절 공무원의 의무

공무원은 국민 전체에 대한 봉사자이고 직접 공익을 실현하는 행정업무를 담당하고 있다는 점에서 각종 의무를 부담한다. 이와 같은 공무원의 의무는 공정하고 적정한 행정업무수행을 보장하기 위한 것이다.

과거에는 특별권력관계이론에 따라 공무원의 의무가 법적 근거 없이도 부과될 수 있었으나, 오늘날에는 공무원법관계에도 법률의 유보를 비롯한 법치주의원칙이 전면적으로 적용된다는 것이 일반화됨에 따라 공무원에게 부과되는 의무도 반드시 법적 근거를 요한다.

Ⅰ. 공무원법상의 의무

1. 선서의무

공무원은 취임할 때에 소속 기관장 앞에서 대통령령 등으로 정하는 바에 따라 선서하여야 한다. 다만, 불가피한 사유가 있으면 취임 후에 선서하게 할 수 있다(국가공무원법 55).

2. 성실의무

모든 공무원은 법령을 준수하며 성실히 직무를 수행하여야 한다(국가공무원법 56).

성실의무는 공무원에게 부과된 가장 기본적인 중요한 의무로서 최대한으로 공공의 이익을 도모하고 그 불이익을 방지하기 위하여 전인격과 양심을 바쳐서 성실히 직무를 수행하여야 하는 것을 그 내용으로 한다(대판 1989.5.23, 88누3161; 대판 2017.11.9, 2017두47472). 공무원법상 공무원의 성실의무는 경우에 따라 근무시간 외에 근무지 밖에까지 미칠 수도 있다(대법원 1997.2.11, 96누2125).

[판례] [1] 국가공무원법 제56조에서 정한 성실의무의 내용

[2] 국가적인 사업 추진이 특정 상장회사의 사업에 대한 지원으로 이어지고 국가가 그 회사의 사업을 홍보까지 하는 경우, 지원 활동을 결정하는 공무원이 부담하는 성실의무의 내용

[3] 행정기관이 보도자료를 작성할 때 주의할 사항

"[1] 국가공무원법 제56조는 "모든 공무원은 법령을 준수하며 성실히 직무를 수행하여야 한다." 라고 규정하고 있다. 이러한 성실의무는 공무원에게 부과된 가장 기본적이고 중요한 의무로서 최대한으로 공공의 이익을 도모하고 그 불이익을 방지하기 위하여 전인격과 양심을 바쳐서 성실히 직무를 수행하여야 하는 것을 내용으로 한다.

[2] 정책을 수립·시행하는 고위 공무원이 국가적인 사업을 추진하는 경우에, 당시 정부의 정책, 산업 분야의 경제적 영향 등 다양한 정책적 요소에 대한 고도의 전문적 판단이 요구되므로 상당히 폭넓은 재량이 인정되며, 그 사업 추진 결과가 기대에 미치지 못한다고 하여 그 사유만을 징계사유로 삼기는 어렵다. 그렇지만 그러한 사업추진이 주식시장에 상장된 특정 회사의 사업에 대한 지원으로 이어지고 나아가 국가가 그 회사의 사업을 홍보까지 하는 경우에는 특혜 시비를 낳을 수 있고, 더욱이 부적정한 상장회사에 대한 지원은 주식시장의 혼란, 정부 및 국가정책에 대한 신뢰를 크게 떨어뜨릴 우려가 있으므로, 그 지원 활동을 결정하는 공무원은 지원 대상 사업의 타당성, 공익성 및 실현가능성, 해당 회사의 재정상태 및 경영의 투명성 등에 관하여 객관적 검증을 거친 후, 신뢰할 수 있는 사업에 대하여 신중하게 지원 여부 및 지원 방법을 결정함으로써, 정부의 정책과 행정에 대한 공적 신뢰를 유지하고 공공의 이익을 도모할 수 있도록 주의를 기울여야 하며, 이는 공무원에게 부과된 가장 기본적이고 중요한 의무인 성실의무의 내용을 이룬다.

[3] 행정기관이 제작하는 보도자료는 국민의 알 권리를 보호하기 위한 차원에서 작성되어야 한다. 국정을 홍보하기 위하여 보도자료를 작성하는 과정에서 행정기관의 의견을 개진하거나 정책의 타당성 등을 옹호하는 것이 부당하다고 할 수는 없지만, 행정기관이 알고 있는 객관적인 사정과 달리 해당 사항의 긍정적인 측면만을 부각하거나 불확실한 점이 있음에도 과장되거나 단정적인 표현을 사용하여 국민이 해당 사항에 관하여 잘못된 인식을 가지도록 하여서는 아니 된다. 특히 증권거래 등 일반인들에게 영향을 미칠 수 있는 정보가 보도자료에 포함되는 경우에, 국민으로서는 마치 그 정보가 행정기관의 검증을 거치거나 합리적 근거에 기초한 것으로서 공적으로 인정받았다고 인식하게 되고 실질적으로 해당 정보가 주식시장에 공시되는 것과 유사한 결과를 초래하므로, 담당 공무원은 해당 정보의 진실성 여부 및 주식시장에 미칠 파급효과 등에 관하여 보다 면밀히 살펴 사실과 다르거나 오해를 낳을 수 있는 정보가 보도자료에 담기지 아니하도록 할 주의의무를 부담한다(대판 2017.12.22, 2016두38167[강등처분취소])."

3. 법령준수의무

모든 공무원은 법령을 준수하며 성실히 직무를 수행하여야 한다(국가공무원법 56). 행정의 법률적합성원칙상 공무원의 법령준수의무는 공무원의 가장 기본적인 의무라고 할 수 있다. 공무원의 법령위반행위는 그 행위의 무효·취소를 가져올 수 있으며, 위반행위를 한 공무원 개인은 손해배상책임·구상책임·징계책임을 부담하게 될 수도 있다.

4. 복종의무

(1) 의의

공무원은 직무를 수행할 때 소속 상관의 직무상 명령에 복종하여야 한다(국가공무원법 57). 이는 공무원의 조직이 관료제의 특성에 따라서 상하위계조직으로 구성되어 있어 상관의 지시나 명령이 집행되지 아니하면 업무의 집행과 효율성을 기대하기 어렵기 때문이다.

(2) 직무명령의 형식과 성질

소속 상관의 직무명령(Dienstbefehl)은 상급공무원이 소속 하급공무원에 대하여 직무상 발하는 명령을 말한다.

직무명령은 일회적인 명령의 형식을 띨 수도 있고 반복적으로 이루어지는 경우에는 행정규칙의 형태로 발령될 수도 있다. 말하자면 법령의 특별한 규정이 없는 한 직무명령은 그 형식에 제한이 없다.

직무명령은 대외적인 구속력은 갖지 못하며 대내적으로 관계공무원만을 구속한다.

직무명령은 상급공무원이 하급공무원에 대하여 직무상 발하는 명령이므로 상급행정관청이 하급행정관청에게 업무의 지침으로서 발하는 훈령과 구별된다.

(3) 직무명령의 적법성과 복종의 한계

직무명령도 행정작용의 하나이므로 행정의 법률적합성원칙과 행정법의 일반원칙을 준수하여야 한다. 물론 직무명령은 법적 근거나 법률의 위임을 필요로 하는 것은 아니지만 법령의 내용에 저촉되는 경우에는 위법을 면할 수 없다. 또한 직무명령이 비례의 원칙 등에 위반되는 경우에도 역시 위법하다.

이와 관련하여 공무원이 위법한 직무명령에 복종하여야 하는가 하는 것이 문제인데, 이는 공무원에게 직무명령의 위법성에 대한 심사권을 인정할 수 있는가 하는 문제이기도 하다. 먼저 직무명령의 형식요건(주체·형식·절차요건)은 비교적 명백한 것이므로 문제가 없다. 따라서 이 문제는 결국 실질적 요건(내용요건)에 대한 심사권이 인정되는가 하는 것이다.

이에 대해서는 ① 계층적 조직체계나 법령해석의 혼란을 이유로 실질적 요건에 대한 심사를 부정하는 견해, ② 공무원의 법령준수의무를 들어 실질적 요건에 대한 심사권을 긍정하는 견해, ③ 행정의 법률적합성의 원칙과 행정조직체계의 통일성을 고려한 절충설이 있다. 판례는 절충설의 입장으로 보인다[판례].

생각건대 공무원에게는 법령준수의무가 있으므로 원칙적으로 상관의 명령의 실질적 요건에 대한 심사권과 복종 여부에 대한 결정권이 인정된다고 보아야 할 것이다. 다만 위법 여부에 대하여 논란이 있는 경우도 있을 수 있고 이 경우에 까지 복종의무가 없다고 보기는 어려우므로, 절충설의 취지에 따라, 명령의 위법성이 중대하거나 명백한 경우에 한하여 복종의무가 없다고 보는 것이 타당하다고 생각된다.

[판례1] 상관의 위법 명령에 대한 하관의 복종의무 유무

"공무원이 그 직무를 수행함에 즈음하여 상관은 하관에 대하여 범죄행위 등 위법한 행위를 하도록 명령할 직권이 없는 것이며, 또한 하관은 소속상관의 적법한 명령에 복종할 의무는 있으나 그 명령이 대통령 선거를 앞두고 특정후보에 대하여 반대하는 여론을 조성할 목적으로 확인되지도 않은 허위의 사실을 담은 책자를 발간·배포하거나 기사를 게재하도록 하라는 것과 같이 명백히 위법 내지 불법한 명령인 때에는 이는 벌써 직무상의 지시명령이라 할 수 없으므로 이에 따라야 할 의무가 없다(대판 1999.4.23, 99도636)."

[판례2] 군인이 상관의 지시와 명령에 대하여 헌법소원 등 재판청구권을 행사하는 것이 군인의 복종의무에 위반되는지 여부(원칙적 소극)

"[1] [다수의견] … 군인이 일반적인 복종의무가 있는 상관의 지시나 명령에 대하여 재판청구권을 행사하는 경우에는 재판청구권이 군인의 복종의무와 외견상 충돌하는 모습으로 나타날 수 있다.

그러나 상관의 지시나 명령 그 자체를 따르지 않는 행위와 상관의 지시나 명령은 준수하면서도 그것이 위법·위헌이라는 이유로 재판청구권을 행사하는 행위는 구별되어야 한다. … 상관의 지시나 명령을 준수하는 이상 그에 대하여 소를 제기하거나 헌법소원을 청구하였다는 사실만으로 상관의 지시나 명령을 따르지 않겠다는 의사를 표명한 것으로 간주할 수도 없다. 종래 군인이 상관의 지시나 명령에 대하여 사법심사를 청구하는 행위를 무조건 하극상이나 항명으로 여겨 극도의 거부감을 보이는 태도 역시 모든 국가권력에 대하여 사법심사를 허용하는 법치국가의 원리에 반하는 것으로 마땅히 배격되어야 한다.

따라서 군인이 상관의 지시나 명령에 대하여 재판청구권을 행사하는 경우에 그것이 위법·위헌인 지시와 명령을 시정하려는 데 목적이 있을 뿐, 군 내부의 상명하복관계를 파괴하고 명령불복종 수

단으로서 재판청구권의 외형만을 빌리거나 그 밖에 다른 불순한 의도가 있지 않다면, 정당한 기본권의 행사이므로 군인의 복종의무를 위반하였다고 볼 수 없다(대판 2018.3.22, 2012두26401 전원합의체[전역처분등취소]).

한편 공무원의 복종의무와 관련하여 지방공무원법은 상관의 직무상 명령에 대하여 의견을 진술할 수 있다는 단서규정을 두고 있다(지방공무원법 49 단서). 이는 공무원의 법령준수의무의 이행과 소신 있는 직무수행을 위한 것이다. 이와 같은 취지에서 국가공무원법에는 이러한 단서규정이 없지만 국가공무원도 상관의 직무상 명령에 대한 의견진술권을 가진다고 볼 것이다.

적법하거나 단순위법·부당한 직무명령에 대해서 공무원이 불복종하는 경우에는 해당 공무원은 징계책임을 부담할 수 있다. 공무원법은 공무원법 또는 공무원법에 따른 명령에 위반한 경우를 징계사유로 규정하고 있기 때문이다(국가공무원법 78 ① 1호).

5. 직장이탈금지의무

공무원은 소속 상관의 허가 또는 정당한 사유가 없으면 직장을 이탈하지 못한다(국가공무원법 58 ①). 공무원이 직장이탈의무에 위반한 경우에는 역시 징계의 대상이 될 수 있다(국가공무원법 78 ① 2호).

6. 친절·공정의무

공무원은 국민 전체의 봉사자로서 친절하고 공정하게 직무를 수행하여야 한다(국가공무원법 59). 이러한 친절공정의무도 역시 그 법적 성격이 문제될 수 있으나 국가공무원법상 규정된 의무로서 법적 의무이며 위반시에는 징계의 대상이 될 수 있다(국가공무원법 78 ① 2호).

7. 종교중립의 의무

공무원은 종교에 따른 차별 없이 직무를 수행하여야 한다(국가공무원법 59조의2 ①). 공무원은 소속 상관이 제1항에 위배되는 직무상 명령을 한 경우에는 이에 따르지 아니할 수 있다(국가공무원법 59조의2 ②).

8. 비밀엄수의무

(1) 비밀엄수의 원칙

공무원은 재직 중은 물론 퇴직 후에도 직무상 알게 된 비밀을 엄수하여야 한다(국가공무원법 60). 공무원이 이러한 의무를 위반하는 경우에는 징계책임을 부담하는 이외에 경우에 따라서는 형법상 피의사실공표죄(형법 126)나 공무상 비밀누설죄(형법 127)에 따라서 처벌의 대상이 된다.

(2) 예외

(i) 공무원 또는 공무원이었던 자가 그 직무에 관하여 알게 된 사실에 관하여 증인이나 감정인으로서 심문을 받을 경우에는 소속기관의 장의 승인을 받은 사항에 관해서만 진술할 수 있다(형소법 147, 177, 민소법 306).

(ii) 공무원이 직무상 지득한 비밀이라 하더라도 정보공개법에 의하여 공개대상정보에 해당하는 경우에는 이 법이 정하는 절차에 따라 공개되어야 한다. 다만 정보공개법 제9조의 비공개대상정보에 해당하는 경우에는 그 공개가 제한될 수도 있을 것이다.

(iii) 국회로부터 공무원 또는 공무원이었던 자가 증언의 요구를 받거나, 국가기관이 서류제출을 요구받은 경우에 증언할 사실이나 제출할 서류의 내용이 직무상 비밀에 속한다는 이유로 증언이나 서류제출을 거부할 수 없다. 다만, 군사·외교·대북관계의 국가기밀에 관한 사항으로서 그 발표로 말미암아 국가안위에 중대한 영향을 미친다는 주무부장관(대통령 및 국무총리의 소속기관에서는 당해 관서의 장)의 소명이 증언등의 요구를 받은 날로부터 5일이내에 있는 경우에는 그러하지 아니하다(국회에서의 증언·감정 등에 관한 법률 4 ①).

9. 청렴의무*

공무원은 직무와 관련하여 직접적이든 간접적이든 사례·증여 또는 향응을 주거나 받을 수 없다(국가공무원법 61 ①). 또한 공무원은 직무상의 관계가 있든 없든 그 소속 상관에게 증여하거나 소속 공무원으로부터 증여를 받아서는 아니 된다(국가공무원법 61 ②).

공무원이 이러한 청렴의무에 위반하는 경우에는 징계사유가 되며 경우에 따라서는 형법상 뇌물에 관한 죄로 처벌될 수 있다(형법 129−135).

10. 품위유지의무

공무원은 직무의 내외를 불문하고 그 품위를 손상하는 행위를 하여서는 아니 된다(국가공무원법 63). 일반적으로 공무원의 품위손상행위의 예로는 도박·축첩·알코올중독 등을 들 수 있다. 공무원이 품위유지의무에 위반하는 행위를 한 경우에는 징계사유가 된다(국가공무원법 78 ① 3호).

[판례1] '품위' 및 품위유지의무의 의미 / 품위손상행위에 해당하는지 판단하는 방법

"(세월호 사건에서) … '품위'는 공직의 체면, 위신, 신용을 유지하고, 주권자인 국민의 수임을 받은 국민 전체의 봉사자로서의 직책을 다함에 손색이 없는 몸가짐을 뜻하는 것으로서, 직무의 내외

* 행정고시(1997년).

를 불문하고, 국민의 수임자로서의 직책을 맡아 수행해 나가기에 손색이 없는 인품을 말한다. 이와 같은 국가공무원법 제63조의 규정 내용과 의미, 입법 취지 등을 종합하면, 국가공무원법 제63조에 규정된 품위유지의무란 공무원이 직무의 내외를 불문하고, 국민의 수임자로서의 직책을 맡아 수행해 나가기에 손색이 없는 인품에 걸맞게 본인은 물론 공직사회에 대한 국민의 신뢰를 실추시킬 우려가 있는 행위를 하지 않아야 할 의무라고 해석할 수 있다. 구체적으로 어떠한 행위가 품위손상행위에 해당하는가는 수범자인 평균적인 공무원을 기준으로 구체적 상황에 따라 건전한 사회통념에 따라 판단하여야 한다(대판 2017.11.9, 2017두47472[정직처분취소]).”

[판례2] [1] 공무원들의 릴레이 1인 시위, 언론기고, 내부 전산망 게시, 피켓전시 등이 '공무 외의 일을 위한 집단행위'에 해당하는지(소극)

[2] 위와 같은 행위가 국가공무원법 제63조의 품위유지의무를 위반한 것인지(적극)

“[1] 국가공무원법 제66조 제1항 본문에 규정된 '공무 외의 일을 위한 집단행위'란 '공익에 반하는 목적을 위한 행위로서 직무전념의무를 해태하는 등의 영향을 가져오는 집단적 행위'라고 제한하여 해석하여야 한다. … 이 사건 행위 중 릴레이 1인 시위, 릴레이 언론기고, 릴레이 내부 전산망 게시는 모두 후행자가 선행자에 동조하여 동일한 형태의 행위를 각각 한 것에 불과하고, 앞서 판시한 바와 같은 행위의 집단성이 있다고 보기 어렵다 … .

[2] 공무원이 외부에 자신의 상사 등을 비판하는 의견을 발표하는 행위는 … 국민들에게는 그 내용의 진위나 당부와는 상관없이 그 자체로 행정청 내부의 갈등으로 비춰져, 행정에 대한 국민의 신뢰를 실추시키는 요인으로 작용할 수 있는 것이고, 특히 그 발표 내용 중에 진위에 의심이 가는 부분이 있거나 그 표현이 개인적인 감정에 휩쓸려 지나치게 단정적이고 과장된 부분이 있는 경우에는 그 자체로 국민들로 하여금 공무원 본인은 물론 행정조직 전체의 공정성, 중립성, 신중성 등에 대하여 의문을 갖게 하여 행정에 대한 국민의 신뢰를 실추시킬 위험성이 더욱 크다고 할 것이므로, 그러한 발표행위는 공무원으로서의 체면이나 위신을 손상시키는 행위에 해당한다 할 것이다(대법원 2007.7.13. 선고 2006두12364 판결 참조).

이 사건 행위로 인하여 국민들로 하여금 국가인권위원회 소속 공무원들 전체의 공정성, 청렴성 등을 의심케 하여 행정에 대한 국민의 신뢰를 실추시킬 우려가 있다고 보아, 이 사건 행위는 국가공무원법 제63조의 품위유지의무를 위반한 것으로서 징계사유에 해당한다. … (대판 2017.4.13, 2014두8469[정직처분등취소]).”

11. 영리영업 및 겸직금지의무

공무원은 공무 외에 영리를 목적으로 하는 업무에 종사하지 못하며 소속 기관장의 허가 없이 다른 직무를 겸할 수 없다(국가공무원법 64 ①). 제1항에 따른 영리를 목적으로 하는 업무의 한계는 대통령령 등으로 정한다(국가공무원법 64 ②).

12. 정치운동금지의무

공무원은 국민 전체에 대한 봉사자로서 정치적 중립성을 지켜야 하므로(헌법 7 ②), 정치적 공무원을 제외한 모든 공무원들은 정치운동이 금지된다.

이에 따라 공무원은 정당이나 그 밖의 정치단체의 결성에 관여하거나 이에 가입할 수 없다(국가공무원법 65 ①). 또한 공무원은 선거에서 특정 정당 또는 특정인을 지지 또는 반대하기 위하여 ① 투표를 하거나 하지 아니하도록 권유 운동을 하는 것, ② 서명 운동을 기도·주재하거나 권유하는 것, ③ 문서나 도서를 공공시설 등에 게시하거나 게시하게 하는 것, ④ 기부금을 모집 또는 모집하게 하거나, 공공자금을 이용 또는 이용하게 하는 것, ⑤ 타인에게 정당이나 그 밖의 정치단체에 가입하게 하거나 가입하지 아니하도록 권유 운동을 하는 것을 하여서는 아니 된다(국가공무원법 65 ②). 그리고 공무원은 다른 공무원에게 제1항과 제2항에 위배되는 행위를 하도록 요구하거나, 정치적 행위에 대한 보상 또는 보복으로서 이익 또는 불이익을 약속하여서는 아니 된다(국가공무원법 65 ③). 제3항 외에 정치적 행위의 금지에 관한 한계는 대통령령 등으로 정한다(국가공무원법 65 ④).

공무원이 정치운동금지의무를 위반하면(정치운동죄) 3년 이하의 징역과 3년 이하의 자격정지에 처해진다. 정치운동죄의 공소시효는 10년이다(국가공무원법 84).

13. 집단행위의 금지의무

(1) 의의

공무원은 공익과 국민 전체를 위하여 봉사하는 직무를 수행하므로 노동3권을 행사함에 있어서도 일정한 제한을 받을 수 있다. 헌법도 제33조 제2항에서 공무원인 근로자는 법률이 정하는 자에 한하여 단결권·단체교섭권·단체행동권을 가진다고 규정하여 노동3권을 행사할 수 있는 공무원의 범위를 법률로 제한할 수 있도록 하고 있다. 다만 공무원의 노동3권을 제한하는 법률은 필요한 최소한도 내의 제한으로써 비례의 원칙을 엄격하게 준수하여야 할 것이다.

(2) 집단행위금지대상인 공무원의 범위

공무원은 노동운동이나 그 밖에 공무 외의 일을 위한 집단 행위[1]를 하여서는 아니 된다. 다만, 사실상 노무에 종사하는 공무원은 예외로 한다(국가공무원법 66 ①). 여기에서 사실상 노무에 종사하는 공무원의 범위는 대통령령 등으로 정한다(국가공무원법 66 ②).

1) '공무 외의 일을 위한 집단행위'에 관해서는 위 품위유지의무 관련 판례(대판 2017.4.13, 2014두8469) 참조.

대통령령으로 정하는 특수경력직공무원의 경우에도 국가공무원법 제66조가 적용되지 않으므로(국가공무원법 3 ②), 이들에게는 집단행위금지의무가 없다.

그리고 공무원노조법에 따른 공무원의 노동조합의 조직, 가입 및 노동조합과 관련된 정당한 활동에 대해서도 국가공무원법 제66조 제1항 본문 및 지방공무원법 제58조 제1항 본문이 적용되지 아니한다(공무원노조법 3 ①).

한편 제2조 제1호·제2호에 따른 교원은 특별시·광역시·특별자치시·도·특별자치도 단위 또는 전국 단위로만 노동조합을 설립할 수 있는데(교원노조법 4 ①), 교원의 노동조합은 어떠한 정치활동도 해서는 안 된다(교원노조법 3). 그리고 노동조합과 그 조합원은 파업, 태업 또는 그 밖에 업무의 정상적인 운영을 방해하는 어떠한 쟁의행위도 금지된다(교원노조법 8).

(3) 벌칙

공무원이 집단행위금지의무에 위반하면 다른 법률에 특별히 규정된 경우 외에는 1년 이하의 징역 또는 1천만원 이하의 벌금에 처한다(국가공무원법 84조의2).

Ⅱ. 다른 법률상의 의무

1. 공직자윤리법상의 의무

공직자윤리법은 공무원법상의 공무원의 청렴의무를 보다 구체화하여 ① 공직자의 재산등록의무와 공개의무(공직자윤리법 3, 10, 10조의2), ② 재산신고의무(공직자윤리법 11), ③ 선물의 신고의무(공직자윤리법 15), ④ 취업제한의무(공직자윤리법 17)를 규정하고 있다.

2. 부패방지권익위법상의 의무

부패방지권익위법은 공직자의 청렴의무(부패방지권익위법 7)를 규정하고, 제7조에 따라 공직자가 준수하여야 할 행동강령을 대통령령·국회규칙·대법원규칙·헌법재판소규칙·중앙선거관리위원회규칙 또는 공직유관단체의 내부규정으로 정하도록 하고 있다(부패방지권익위법 8 ①). 공직자가 공직자 행동강령을 위반한 때에는 징계처분을 할 수 있다(부패방지권익위법 8 ③).

3. 병역공개법상의 의무

대통령, 국무총리, 국무위원, 국회의원, 국가정보원의 원장·차장 등 국가의 정무직 공무원 등을 포함하여 병역공개법 제2조 각호에 규정된 공직자는 본인과 본인의 배우자(신고의무자와의 혼인기간 중에 현역 복무를 마친 사람 등 대통령령으로 정하는 사람으로 한다) 및 18세 이상인 직계비속의 병역사항을 신고(정보통신망 이용촉진 및 정보보호 등에 관한 법률에 따른 정보통신망을 이용하여 신고하는 경우를 포함한다)하여야 한다(병역공개법 2, 3).

4. 청탁금지법상의 의무

청탁금지법은 공직자 등에 대한 부정청탁 및 공직자 등의 금품 등의 수수를 금지하고 있다. 구체적으로 공직자등은 사적 이해관계에 영향을 받지 아니하고 직무를 공정하고 청렴하게 수행하여야 하고, 직무수행과 관련하여 공평무사하게 처신하고 직무관련자를 우대하거나 차별해서는 아니 된다(청탁금지법 4).

부정청탁을 받은 공직자등은 그에 따라 직무를 수행해서는 아니 되고, 부정청탁을 받았을 때에는 부정청탁을 한 자에게 부정청탁임을 알리고 이를 거절하는 의사를 명확히 표시하여야 한다(청탁금지법 6, 7).

공직자등은 직무 관련 여부 및 기부·후원·증여 등 그 명목에 관계없이 동일인으로부터 1회에 100만원 또는 매 회계연도에 300만원을 초과하는 금품등을 받거나 요구 또는 약속해서는 아니 되고, 이 경우 소속기관장에게 지체 없이 서면으로 신고하여야 한다(청탁금지법 8, 9).

공무원이 외국인이나 외국단체로부터 일정한 가액 이상의 선물을 받았다면, 그 선물을 반환하였는지 여부와 관계없이 신고의무를 부담하고, 이와 달리 선물의 반환에 따라 신고의무가 면제 또는 소멸된다고 해석할 법령상 근거가 없다(대판 2023.3.30, 2022두59783).

[판례] 직무와 관련된 공식적인 행사에서 주최자가 참석자에게 '통상적인 범위'에서 제공하는 숙박을 수수가 금지되는 금품 등의 범위에서 제외하고 있는 구 부정청탁 및 금품등 수수의 금지에 관한 법률 제8조 제3항 제6호에서 '통상적인 범위'의 의미 및 공직자 등에게 제공된 숙박이 통상적인 범위 내에 있는지 판단하는 방법

"…구 청탁금지법 제8조 제3항 제6호는 직무와 관련된 공식적인 행사에서 주최자가 참석자에게 '통상적인 범위'에서 제공하는 숙박을 수수가 금지되는 금품등의 범위에서 제외하고 있다. 여기에서 '통상적인 범위'라고 함은 사회통념상 일상적인 예를 갖추는 데 필요한 정도를 의미하는 것으로, 공직자등에게 제공된 숙박이 통상적인 범위 내에 있는지 여부는, 숙박이 제공된 공식적인 행사의 목적과 규모, 숙박이 제공된 경위, 동일 또는 유사한 행사에서 어떠한 수준의 숙박이 제공되었는지 등을 종합적으로 고려하여 판단하여야 할 것이다.

그런데 원심판결의 이유와 기록에 의하여 알 수 있는 다음과 같은 사정에 비추어 보면, 원고에게 제공된 3박 4일간의 H 호텔 숙박이 주최자가 참석자에게 제공하는 통상적인 범위의 숙박에 해당한다고 본 원심의 판단을 수긍하기 어렵다(대판 2023.3.30, 2022두59783)."

제 4 장 공무원의 책임

제 1 절 서설

Ⅰ. 의의와 종류

공무원의 책임이란 공무원의 직무집행행위가 헌법이나 하위법령에 위반하여 위법하거나 또는 부당하게 집행된 경우에 이에 대하여 일정한 불이익한 처분을 받을 지위를 말한다. 다시 말해서 공무원의 책임은 공무원의 위법·부당한 행위에 대하여 공무원이 부담하는 각종 법적인 책임을 의미한다.

공무원의 책임에는 광의로는 징계책임이나 변상책임과 같은 행정법상의 책임·형사법상의 책임·민사법상의 책임이 있다. 이 가운데 행정법학에서는 행정법상의 책임이 중심이 되므로 이에 대해서는 별도의 목차로 설명하기로 하고, 형사법상의 책임과 민사법상의 책임은 여기에서 간략하게 언급하기로 한다.

Ⅱ. 형사법상의 책임

형사법상의 책임이란 공무원의 행정법상의 의무위반행위가 형사법이나 행정법령이 규정하는 범죄에 해당되어 당해 공무원이 이에 대하여 부담하는 책임을 말한다.

Ⅲ. 민사법상의 책임

민사법상의 책임이란 공무원이 직무상 법령에 위반하는 행위를 하여 타인에게 손해를 입힌 경우 피해자에 대하여 민사법상 불법행위책임을 지는 것을 말한다.

이와 관련하여 공무원의 직무상 불법행위로 인하여 손해가 발생한 경우 국가배상법에 따라 국가 또는 지방자치단체가 피해자에게 배상책임을 지는 것 이외에 공무원 자신도 피해자에 대하여 민사상 손해배상책임을 부담하는지가 문제인데, 이 문제는 국가배상책임의 성질과 관련된 문제로, 대법원은 공무원에게 고의 또는 중과실이 있는 경우에는 공무원 개인도 피해자에 대한 배상책임이 있다는 입장이다(대판 1996.2.15, 95다38677 전원합의체).

제 2 절 행정법상의 책임

공무원의 행정법상의 책임으로는 징계책임과 변상책임이 있다.

Ⅰ. 징계책임

1. 징계의 의의

징계란 공무원의 위법·부당한 행위에 대하여 행정내부의 질서를 유지하기 위하여 공무원에 대하여 법적 제재로서 벌을 가하는 것을 말한다. 이와 같이 의무위반에 대하여 가하여지는 벌을 징계벌이라고 하고, 징계벌을 받게 되는 지위를 징계책임이라 한다.

(1) 징계의 법적 성질

징계벌은 ① 행정 내부적인 제재라는 점에서 범죄행위에 대하여 국가의 형벌권을 발동하는 형벌과는 구별된다. ② 또한 징계벌은 공무원을 대상으로 가하여진다는 점에서 국가가 일반통치권에 기하여 국민의 행정법상 의무위반에 대한 제재로서 가하는 행정벌과도 구별된다.

공무원의 위반행위가 징계사유뿐만 아니라 형법상의 범죄행위에 해당하는 경우, 양자는 그 목적과 내용이 상이하므로, 징계벌과 형사벌이 동시에 과하여 질 수 있으며, 이는 일사부재리의 원칙에 반하는 것이 아니다[판례1].

일사부재리의 원칙에 따라 동일한 징계원인으로 중복적인 제재를 할 수는 없다. 그러나 직위해제와 징계처분은 그 성질이 상이하므로 징계사유가 직위해제사유도 되는 경우에는 징계사유로 징계처분을 받았더라도 직위해제를 할 수 있다[판례2].

[판례1] 관련 형사사건의 유죄확정 전에도 비위 공무원에 대하여 징계처분을 할 수 있는지 여부

"공무원에게 징계사유가 인정되는 이상 관련된 형사사건이 아직 유죄로 확정되지 아니하였다고 하더라도 징계처분을 할 수 있다(대법원 1998.6.12. 선고 98두6807 판결 등 참조) (대판 2001.11.9, 2001두4184)."

[판례2] 어느 사유로 인하여 징계를 받았으나 그것이 직위해제사유로 평가될 수 있는 경우 이를 이유로 새로이 직위해제를 하는 것이 일사부재리나 이중처벌금지의 원칙에 저촉되는지 여부

"직위해제는 징벌적 제재인 징계와는 그 성질을 달리하는 것이어서 어느 사유로 인하여 징계를 받았다 하더라도 그것이 직위해제사유로 평가될 수 있다면 이를 이유로 새로이 직위해제를 할 수도 있는 것이고, 이는 일사부재리나 이중처벌금지의 원칙에 저촉되는 것이 아니다(대판 1992.7.28, 91다30729)."

(2) 징계와 법치주의

징계벌의 성격과 관련하여 과거에는 공무원의 근무관계를 특별권력관계로 이해하고 따라서 징계행위는 특별권력관계 내부에서의 제재조치에 불과하여 이에는 별도의 법적 근거를 요하지 않는 것으로 보았다.

그러나 특별권력관계론이 극복됨에 따라 공무원에 대한 징계권행사도 법률유보의 최하한인 침해유보에 따라 법적 근거가 필요하게 되었다. 따라서 공무원을 징계함에 있어서는 징계사유, 징계의 내용, 징계절차, 징계에 대한 불복 등을 규정한 법률적 근거가 마련되는 것이 요구된다.

현행법상 징계에 대한 법적 근거로는 일반법적 성격의 국가공무원법과 공무원 징계령, 지방공무원법과 지방공무원 징계 및 소청규정이 있으며, 특별규정으로 경찰공무원 징계령·교육공무원 징계령·소방공무원 징계령·법관징계법·검사징계법 등이 있다.

2. 징계의 사유

징계사유는 징계를 규정하고 있는 각 법령마다 다소 차이가 있는데, 아래에서는 대표적으로 국가공무원법의 경우를 설명한다.

(1) 내용

(i) 국가공무원법상 공무원의 징계사유는 ① 국가공무원법 및 동법에 따른 명령을 위반한 경우, ② 직무상의 의무(다른 법령에서 공무원의 신분으로 인하여 부과된 의무를 포함한다)를 위반하거나 직무를 태만히 한 때, ③ 직무의 내외를 불문하고 그 체면 또는 위신을 손상하는 행위를 한 때이다. 공무원이 징계사유의 어느 하나에 해당하는 때에는 징계의결의 요구를 하여야 하고 징계의결의 결과에 따라 징계처분을 하여야 한다(국가공무원법 78 ①).

(ii) 이러한 징계사유의 발생은 객관적으로 발생한 것으로 족하며 당해 공무원의 고의 또는 과실을 요하는 것은 아니다.

(iii) 공무원으로 임용되기 전의 행위도 징계사유가 될 수 있다.

[판례1] 교사 임용 전의 뇌물공여행위가 교사로서의 위신 또는 체면을 손상시켰다는 것을 사유로 한 징계처분이 적법한지 여부(적극)

"… 원고가 장학사 또는 공립학교 교사로 임용해 달라는 등의 인사청탁과 함께 금 1,000만 원을 제3자를 통하여 서울시 교육감에게 전달함으로써 뇌물을 공여하였고, 그후 공립학교 교사로 임용되어 재직중 검찰에 의하여 위 뇌물공여죄로 수사를 받다가 기소되기에 이르렀으며 그와 같은 사실이 언론기관을 통하여 널리 알려졌다면, 비록 위와 같은 뇌물을 공여한 행위는 공립학교 교사로 임용되기 전이었더라도 그 때문에 임용후의 공립학교 교사로서의 체면과 위신이 크게 손상되었다고 하지 않을 수 없으므로 이를 징계사유로 삼은 것은 정당하다(대판 1990.5.22, 89누7368)."

[판례2] 교육감이 자치사무로 보아 사무를 집행하였는데 사후에 기관위임사무임이 밝혀진 경우, 기존에 행한 사무의 구체적인 집행행위가 징계사유에 해당하는지 여부

"교육감의 학교생활기록의 작성에 관한 사무에 대한 지도·감독 사무는 기관위임 국가사무에 해당하지만, 지방자치법 제169조에 규정된 취소처분에 대한 이의소송의 입법 취지 등을 고려할 때, 교육감이 위와 같은 지도·감독 사무의 성격에 관한 선례나 학설, 판례 등이 확립되지 않은 상황에서 이를 자치사무라고 보아 사무를 집행하였는데, 사후에 사법절차에서 그 사무가 기관위임 국가사무임이 밝혀졌다는 이유만으로는 곧바로 기존에 행한 사무의 구체적인 집행행위가 위법하다고 보아 징계사유에 해당한다고 볼 수는 없다(대판 2014.2.27, 2012추213; 대판 2015.9.10, 2013추517)."

(2) 징계사유의 시점

징계사유는 당해 공무원의 재직 중에 발생한 것이어야 한다. 공무원(특수경력직공무원 및 지방공무원 포함)이었던 사람이 다시 공무원으로 임용된 경우에 재임용 전에 적용된 법령에 따른 징계사유는 그 사유가 발생한 날부터 이 법에 따른 징계 사유가 발생한 것으로 본다(국가공무원법 78②).

3. 징계의 종류

국가공무원법상 징계는 파면·해임·강등·정직·감봉·견책으로 구분되어 있다(국가공무원법 79). 이 가운데 파면과 해임은 공무원법관계의 배제를 내용으로 하는 배제징계이고, 강등·정직·감봉·견책은 의무위반행위의 방지를 위하여 신분적 이익의 일부를 일시적으로 박탈하는 교정징계이다.

(1) 파면

파면은 공무원의 신분을 박탈하여 공무원법관계를 배제하는 징계처분이다. 파면처분을 받은 자는 처분을 받은 때로부터 5년이 지나지 아니하면 다시 공무원에 임용될 수 없다(국가공무원법 33 7호). 또한 공무원이 재직 중 징계에 의하여 파면된 때에는 대통령령이 정하는 바에 의하여 퇴직급여 및 퇴직수당의 일부를 줄여 지급한다(공무원연금법 65 ① 2호).

(2) 해임

해임도 파면과 같이 공무원의 신분을 박탈하여 공무원법관계의 배제하는 징계처분이다. 해임처분을 받은 자는 처분을 받은 때부터 3년이 지나지 아니하면 다시 공무원에 임용될 수 없다(국가공무원법 33 8호). 해임의 경우에는 파면과는 달리 공무원연금법에 의하여 퇴직급여나 퇴직수당의 감액의 불이익이 없다.

(3) 강등

강등은 1계급 아래로 직급을 내리고(고위공무원단에 속하는 공무원은 3급으로 임용하고, 연구관 및 지도관은 연구사 및 지도사로 한다) 공무원신분은 보유하나 3개월간 직무에 종사하지 못하며 그 기간 중 보수는 전액을 감하는 징계처분이다(국가공무원법 80 ①). 강등처분을 받은 자는 직무에 종사하지 못하는 3개월이 끝난 날부터 18개월(공무원보수규정 별표 13의 봉급표를 적용받는 공무원에게는 적용하지 아니한다) 동안 보수에 있어 승급이 제한된다(국가공무원법 80 ⑥, 공무원보수규정 14 ① 2호).

(4) 정직

정직이란 공무원으로서의 신분을 보유하면서도 일정기간 직무에 종사하지 못하도록 하는 징계처분이다. 정직은 1월 이상 3월 이하의 기간으로 하고 정직처분을 받은 자는 보수는 전액을 감한다(국가공무원법 80 ③). 정직처분을 받은 자는 정직처분의 집행이 끝난 날부터 18개월 동안 보수에 있어 승급이 제한된다(국가공무원법 80 ⑦, 공무원보수규정 14 ① 2호).

(5) 감봉

감봉이란 공무원의 보수를 감하는 것을 내용으로 하는 징계처분이다. 감봉은 1월 이상 3월 이하의 기간 동안 보수의 3분의 1을 감한다(국가공무원법 80 ④). 감봉처분을 받은 자는 감봉처분의 집행이 끝난 날부터 12개월 동안 보수에 있어 승급이 제한된다(국가공무원법 80 ⑦, 공무원보수규정 14 ① 2호).

(6) 견책

견책(譴責)은 전과에 대하여 훈계하고 회개하게 하는 징계처분이다(국가공무원법 80 ⑤). 견책을 받은 자는 견책의 집행이 끝난 날부터 6개월 동안 보수에 있어서 승급이 제한된다(국가공무원법 80 ⑦, 공무원보수규정 14 ① 2호).

(7) 불문경고 *

1) 의의 및 법적 성질

공무원관계에서 공무원에게 가하여지는 징계처분으로서 가장 경미한 처분인 '견책' 대신에 '불문경고조치'가 행하여지는 경우가 있다. 이러한 불문경고의 법적 성질은 국가나 해당 지방자치단체의 '공무원징계령 시행규칙' 및 관련 규정의 내용에 따라 다를 수 있다.

2) 처분성

대법원은 어떠한 처분의 근거가 행정규칙에 규정되어 있다고 하더라도 이로 인하여 상대방의 권리의무에 직접 영향이 있으면 항고소송의 대상이 되는 행정처분에 해당한다고 보고 있다[판례1].

> [판례1] 행정규칙에 근거한 처분이라도 상대방의 권리의무에 직접 영향을 미치는 경우 항고소송의 대상이 되는 행정처분에 해당하는지 여부(적극)
>
> "항고소송의 대상이 되는 행정처분이란 원칙적으로 행정청의 공법상 행위로서 특정 사항에 대하여 법규에 의한 권리 설정 또는 의무 부담을 명하거나 기타 법률상 효과를 발생하게 하는 등으로 일반 국민의 권리의무에 직접 영향을 미치는 행위를 가리키는 것이지만, <u>어떠한 처분의 근거가 행정규칙에 규정되어 있다고 하더라도, 그 처분이 상대방에게 권리 설정 또는 의무 부담을 명하거나 기타 법적인 효과를 발생하게 하는 등으로 상대방의 권리의무에 직접 영향을 미치는 행위라면, 이 경우에도 항고소송의 대상이 되는 행정처분에 해당한다고 보아야 한다</u>(대판 2012.9.27, 2010두3541)."

이에 따라 행정규칙에 의한 '불문경고조치'가 비록 법률상의 징계처분은 아니지만 이로 인하여 일정한 불이익이 발생하는 경우에는 항고소송의 대상이 되는 행정처분에 해당한다고 보고 있다[판례2].

---

* 행정고시(일반행정)(2009년).

[판례2] 행정규칙에 의한 징계처분이 항고소송의 대상이 되는 행정처분에 해당한다고 한 사례

"행정규칙에 의한 '불문경고조치'가 비록 법률상의 징계처분은 아니지만 위 처분을 받지 아니하였다면 차후 다른 징계처분이나 경고를 받게 될 경우 징계감경사유로 사용될 수 있었던 표창공적의 사용가능성을 소멸시키는 효과와 1년 동안 인사기록카드에 등재됨으로써 그 동안은 장관표창이나 도지사표창 대상자에서 제외시키는 효과 등이 있다는 이유로 항고소송의 대상이 되는 행정처분에 해당한다(대판 2002.7.26, 2001두3532[견책처분취소])."

3) 불문경고와 징계와의 관련성

① 공통점

징계나 불문경고는 공무원의 비위사실을 원인으로 하는 점, 공무원의 법적 지위에 직접적인 영향을 준다는 점에서 항고소송의 대상이 되는 처분이라는 점이 공통된다.

② 차이점

국가공무원법 및 지방공무원법은 징계의 종류를 파면, 해임, 강등, 정직, 감봉, 견책으로 구분하고 있고, 징계의 종류별로 일정한 법적 효과를 규정하고 있으며, 징계처분을 받은 공무원은 그 처분을 받은 날 또는 집행이 종료된 날로부터 일정한 기간 동안 승진임용 또는 승급을 할 수 없도록 규정하고 있다(국가공무원법 79, 80; 지방공무원법 70, 71). 이와 같이 징계는 법률에 근거하고 법률에 의하여 효과가 발생하지만, 불문경고는 행정규칙에 근거하고 징계와 같은 효력을 발생하지 않으며 행정규칙의 내부적 구속력을 근거로 일정한 법적 효과가 발생한다는 점에서 차이가 있다.

③ 결론

공무원법은 징계의 종류를 파면, 해임, 강등, 정직, 감봉, 견책으로 구분하고 있어 불문경고는 법률에 의한 징계는 아니지만, 실제로는 견책의 감경된 징계처분으로서의 성격을 가지고 있다고 할 수 있다.

4. 징계절차

공무원이 징계사유에 해당하면 징계 의결을 요구하여야 하고 그 징계 의결의 결과에 따라 징계처분을 하여야 한다(국가공무원법 78 ①).

(1) 징계의결요구권자의 징계의결요구

1) 징계의결요구권자

징계 의결 요구는 5급 이상 공무원 및 고위공무원단에 속하는 일반직공무원은 소속 장관이, 6급 이하의 공무원은 소속 기관의 장 또는 소속 상급기관의 장이 한다. 다만, 국무총리·인사혁

신처장 및 대통령령 등으로 정하는 각급 기관의 장은 다른 기관 소속 공무원이 징계 사유가 있다고 인정하면 관계 공무원에 대하여 관할 징계위원회에 직접 징계를 요구할 수 있다(국가공무원법 78 ④).

2) 징계의결요구의 법적 성질*

공무원이 징계사유에 해당된다고 인정되면 징계의결요구권자는 징계의결을 요구하여야 하므로, 징계의결요구는 기속행위이다.

[판례] 소속 공무원의 구체적인 행위가 징계사유에 해당하는 것이 명백한 경우에 소속 지방자치단체장이 관할 인사위원회에 징계를 요구할 의무를 지는지 여부

"지방공무원의 징계와 관련된 규정을 종합해 보면, 징계권자이자 임용권자인 지방자치단체장은 소속 공무원의 구체적인 행위가 과연 지방공무원법 제69조 제1항에 규정된 징계사유에 해당하는지 여부에 관하여 판단할 재량은 있지만, 징계사유에 해당하는 것이 명백한 경우에는 관할 인사위원회에 징계를 요구할 의무가 있다(대판 2007.7.12, 2006도1390)."

3) 징계의결요구의 시효

징계의결등의 요구는 징계 등 사유가 발생한 날부터 다음 각 호의 구분에 따른 기간이 지나면 하지 못한다(국가공무원법 83조의2 ①).

1. 징계 등 사유가 다음 각 목의 어느 하나에 해당하는 경우: 10년
   가. 「성매매알선 등 행위의 처벌에 관한 법률」 제4조에 따른 금지행위
   나. 「성폭력범죄의 처벌 등에 관한 특례법」 제2조에 따른 성폭력범죄
   다. 「아동·청소년의 성보호에 관한 법률」 제2조 제2호에 따른 아동·청소년대상 성범죄
   라. 「양성평등기본법」 제3조 제2호에 따른 성희롱
2. 징계 등 사유가 제78조의2 제1항 각 호의 어느 하나에 해당하는 경우: 5년
3. 그 밖의 징계 등 사유에 해당하는 경우: 3년

비위사실이 계속적으로 행하여진 일련의 행위인 경우 그 징계시효의 기산점은 일련의 행위 중 최종의 것을 기준하여야 하여야 할 것이다(대판 1986.1.21, 85누841).

(2) 징계위원회의 징계의결

1) 징계위원회

공무원의 징계처분 등(징계처분, 징계부가금 부과처분 또는 징계부가금 감면처분)을 의결하게 하기

* 5급공채(행정)(2016년).

위하여 대통령령 등으로 정하는 기관에 징계위원회를 둔다(국가공무원법 81 ①). 징계위원회는 공무원에 대한 징계의 의결을 담당하는 합의제행정기관이다. 징계위원회로는 중앙징계위원회와 보통징계위원회가 있다(공무원 징계령 2).

2) 의결절차

징계위원회는 징계의결요구서를 접수한 날로부터 30일(중앙징계위원회의 경우는 60일) 이내에 징계의결등을 해야 한다. 다만, 부득이한 사유가 있을 때에는 당해 징계위원회의 의결로 30일에 한하여 그 기한을 연기할 수 있다(공무원 징계령 9 ①).

징계위원회가 징계처분을 함에 있어서는 원칙적으로 징계등 혐의자를 출석시켜 그의 의견을 청취하여야 한다. 다만, 징계위원회는 징계등 혐의자가 진술을 위한 출석을 원하지 않을 때에는 출석 진술 포기서를 제출하게 하여 기록에 첨부하고 서면심사만으로 징계의결등을 할 수 있다(공무원 징계령 10 ①, ③).

징계위원회는 출석한 징계등 혐의자에게 혐의내용에 관한 심문을 행하고 필요하다고 인정할 때에는 관계인의 출석을 요구하여 심문할 수 있다(공무원 징계령 11 ①). 징계위원회는 징계등 혐의자 또는 대리인에게 진술 기회를 주어야 하고, 진술 기회를 주지 아니한 결정은 무효이다(국가공무원법 81 ③; 13 ①, ②). 징계등 혐의자는 의견서 또는 구술로써 자기에게 이익이 되는 사실을 진술하거나 증거를 제출할 수 있다(공무원 징계령 11 ②).

징계위원회는 위원 5명 이상의 출석과 출석위원 과반수의 찬성으로 의결하되, 의견이 나뉘어 출석위원 과반수의 찬성을 얻지 못한 경우에는 출석위원 과반수가 될 때까지 징계등 혐의자에게 가장 불리한 의견에 차례로 유리한 의견을 더하여 가장 유리한 의견을 합의된 의견으로 본다(공무원 징계령 12 ①).

징계위원회가 징계의결 등(징계의결 또는 징계부가금 부과 의결. 여기에서는 징계부가금 감면 의결을 포함한다)을 하였을 때에는 지체 없이 징계 등 의결서 또는 별지 제3호의3서식의 징계부가금 감면 의결서의 정본을 첨부하여 징계의결 등의 요구자에게 통보하여야 한다. 징계의결 등의 요구자와 징계처분 등의 처분권자가 다를 때에는 징계처분 등의 처분권자에게도 징계의결 등의 결과를 통보하여야 한다(공무원 징계령 18).

(3) 징계권자의 징계

공무원의 징계처분등은 징계위원회의 의결을 거쳐 징계위원회가 설치된 소속 기관의 장이 하되, 국무총리 소속으로 설치된 징계위원회(국회·법원·헌법재판소·선거관리위원회에 있어서는 해당 중앙인사관장기관에 설치된 상급 징계위원회를 말한다. 이하 같다)에서 한 징계의결 등에 대하여는 중앙행정기관의 장이 한다. 다만, 파면과 해임은 징계위원회의 의결을 거쳐 각 임용권자 또는 임용권을 위임한 상급 감독기관의 장이 한다(국가공무원법 82 ①).

[판례1] 교육기관 · 교육행정기관 · 지방자치단체 또는 교육연구기관의 장이 징계위원회에서 징계의결서를 통보받은 경우, 법정 시한 내에 이를 집행할 의무가 있는지 여부

"교육공무원 징계령 제17조 제1항이 징계처분권자가 징계위원회로부터 징계의결서를 받은 경우에는 받은 날로부터 15일 이내에 집행하여야 한다고 규정하고 있는 점, 교육공무원의 징계에 관한 사항을 징계위원회의 의결사항으로 규정한 것은 임용권자의 자의적인 징계운영을 견제하여 교육공무원의 권익을 보호함과 아울러 징계의 공정성을 담보할 수 있도록 절차의 합리성과 공정한 징계운영을 도모하기 위한 데 입법 취지가 있는 점, 징계의결서를 통보받은 징계처분권자는 국가공무원법 제82조 제2항에 의하여 징계의결이 가볍다고 인정하는 경우에 한하여서만 심사 또는 재심사를 청구할 수 있는 점 등 교육공무원의 징계에 관한 관련 규정을 종합하여 보면, 교육기관 · 교육행정기관 · 지방자치단체 또는 교육연구기관의 장이 징계위원회에서 징계의결서를 통보받은 경우에는 징계의결을 집행할 수 없는 법률상 · 사실상의 장애가 있는 등 특별한 사정이 없는 이상 법정 시한 내에 이를 집행할 의무가 있다(대판 2015.9.10, 2013추524)."

[판례2] 징계처분이 위법한 경우 및 사회통념상 현저하게 타당성을 잃었는지 판단하는 방법

"(세월호 사건에서) 공무원인 피징계자에게 징계사유가 있어서 징계처분을 하는 경우 어떠한 처분을 할 것인가는 징계권자의 재량에 맡겨져 있다. 그러므로 징계권자가 재량권을 행사하여 한 징계처분이 사회통념상 현저하게 타당성을 잃어 징계권자에게 맡겨진 재량권을 남용하였다고 인정되는 경우에 한하여 그 처분을 위법하다고 할 수 있다.

공무원에 대한 징계처분이 사회통념상 현저하게 타당성을 잃었는지는 구체적인 사례에 따라 직무의 특성, 징계의 원인이 된 비위사실의 내용과 성질, 징계에 의하여 달성하려고 하는 행정목적, 징계양정의 기준 등 여러 요소를 종합하여 판단할 때 징계내용이 객관적으로 명백히 부당하다고 인정할 수 있는 경우라야 한다. 징계권자가 내부적인 징계양정기준을 정하고 그에 따라 징계처분을 하였을 경우 정해진 징계양정기준이 합리성이 없다는 등의 특별한 사정이 없는 한 당해 징계처분이 사회통념상 현저하게 타당성을 잃었다고 할 수 없다(대판 2008.6.26, 2008두6387; 대판 2011.11.10, 2011두13767 등 참조) (대판 2017.11.9, 2017두47472[정직처분취소])."

(4) 재심사청구

징계의결등을 요구한 기관의 장은 징계위원회의 의결이 가볍다고 인정하면 그 처분을 하기 전에 다음 각 호의 구분에 따라 심사나 재심사를 청구할 수 있다. 이 경우 소속 공무원을 대리인으로 지정할 수 있다(국가공무원법 82 ②).

1. 국무총리 소속으로 설치된 징계위원회의 의결: 해당 징계위원회에 재심사를 청구
2. 중앙행정기관에 설치된 징계위원회(중앙행정기관의 소속기관에 설치된 징계위원회는 제외한다)의 의결: 국무총리 소속으로 설치된 징계위원회에 심사를 청구
3. 제1호 및 제2호 외의 징계위원회의 의결: 직근 상급기관에 설치된 징계위원회에 심사를 청구

(5) 징계부가금

국가공무원법 제78조에 따라 공무원의 징계 의결을 요구하는 경우 그 징계 사유가 ① 금전, 물품, 부동산, 향응 또는 그 밖에 대통령령으로 정하는 재산상 이익을 취득하거나 제공한 경우 또는 ② 국가재정법에 따른 예산 및 기금 등을 횡령·배임·절도·사기 또는 유용한 경우에는 위 징계사유로 취득하거나 제공한 금전 또는 재산상 이득(금전이 아닌 재산상 이득의 경우에는 금전으로 환산한 금액)의 5배 내의 징계부가금 부과 의결을 징계위원회에 요구하여야 한다(국가공무원법 78조의2 ①).

제1항에 따라 징계부가금 부과처분을 받은 사람이 납부기간 내에 그 부가금을 납부하지 아니한 때에는 처분권자(대통령이 처분권자인 경우에는 처분 제청권자)는 국세강제징수의 예에 따라 징수할 수 있다. 이 경우 체납액의 징수가 사실상 곤란하다고 판단되는 경우에는 징수 대상자의 주소지를 관할하는 세무서장에게 징수를 위탁한다(국가공무원법 78조의2 ④).

(6) 퇴직을 희망하는 공무원의 징계사유 확인 등

임용권자 또는 임용제청권자는 공무원이 퇴직을 희망하는 경우에는 제78조제1항에 따른 징계사유가 있는지 및 제2항 각 호의 어느 하나에 해당하는지 여부를 감사원과 검찰·경찰 등 조사 및 수사기관(이하 "조사 및 수사기관")의 장에게 확인하여야 한다(국가공무원법 78조의4 ①).

제1항에 따른 확인 결과 퇴직을 희망하는 공무원이 파면, 해임, 강등 또는 정직에 해당하는 징계사유가 있거나 다음 각 호의 어느 하나에 해당하는 경우(제1호·제3호 및 제4호의 경우에는 해당 공무원이 파면·해임·강등 또는 정직의 징계에 해당한다고 판단되는 경우에 한정한다) 제78조제4항에 따른 소속 장관 등은 지체 없이 징계의결등을 요구하여야 하고, 퇴직을 허용하여서는 아니 된다(국가공무원법 78조의4 ②).

1. 비위(非違)와 관련하여 형사사건으로 기소된 때
2. 징계위원회에 파면·해임·강등 또는 정직에 해당하는 징계 의결이 요구 중인 때
3. 조사 및 수사기관에서 비위와 관련하여 조사 또는 수사 중인 때
4. 각급 행정기관의 감사부서 등에서 비위와 관련하여 내부 감사 또는 조사 중인 때

관할 징계위원회는 제2항에 따라 징계의결등이 요구된 경우 다른 징계사건에 우선하여 징계의결등을 하여야 한다(국가공무원법 78조의4 ④).

5. 징계에 대한 권리구제*

(1) 소청

1) 의의

소청이란 공무원의 징계처분, 그 밖에 그 의사에 반하는 불리한 처분이나 부작위에 대한 불복신청을 말한다(국가공무원법 9 ①). 소청은 소청을 전담하는 소청심사위원회에서 심리·결정하는 항고쟁송으로서 행정심판의 일종이다.

2) 소청심사위원회**

소청심사는 합의제 행정기관인 소청심사위원회가 한다. 소청심사위원회는 행정기관 소속 공무원의 소청의 경우는 인사혁신처에, 국회·법원·헌법재판소 및 선거관리위원회 소속 공무원의 소청의 경우는 국회사무처·법원행정처·헌법재판소사무처 및 중앙선거관리위원회사무처에 각각 둔다(국가공무원법 9 ①, ②).

3) 절차

소청심사위원회는 소청을 접수하면 지체 없이 심사하여야 한다. 소청심사위원회는 심사를 할 때 필요하면 검증·감정, 그 밖의 사실조사를 하거나 증인을 소환하여 질문하거나 관계 서류를 제출하도록 명할 수 있다(국가공무원법 12 ①, ②).

소청심사위원회가 소청 사건을 심사할 때에는 국회규칙, 대법원규칙, 헌법재판소규칙, 중앙선거관리위원회규칙 또는 대통령령으로 정하는 바에 따라 소청인 또는 제76조 제1항 후단에 따른 대리인에게 진술 기회를 주어야 한다. 진술 기회를 주지 아니한 결정은 무효로 한다(국가공무원법 13 ①, ②).

소청 사건의 결정은 재적 위원 3분의 2 이상의 출석과 출석 위원 과반수의 합의에 따르되, 의견이 나뉘어 출석 위원 과반수의 합의에 이르지 못하였을 때에는 과반수에 이를 때까지 소청인에게 가장 불리한 의견에 차례로 유리한 의견을 더하여 그 중 가장 유리한 의견을 합의된 의견으로 본다(국가공무원법 14 ①).

소청심사위원회는 원칙적으로 소청심사청구를 접수한 날부터 60일 이내에 이에 대한 결정을 하여야 한다. 다만, 불가피하다고 인정되면 소청심사위원회의 의결로 30일을 연장할 수 있다(국가공무원법 76 ⑤).

소청심사위원회의 결정은 처분 행정청을 기속한다(국가공무원법 15).

소청심사위원회의 취소명령 또는 변경명령 결정은 그에 따른 징계나 그 밖의 처분이 있을 때

---

* 사법시험(1999년), 사법시험(2008년), 행정고시(일반행정)(2009년), 5급공채(행정)(2016년).

** 사법시험(2009년).

까지는 종전에 행한 징계처분 또는 징계부가금 부과처분에 영향을 미치지 아니한다(국가공무원법 14 ⑦).

소청심사위원회가 징계처분 또는 징계부가금 부과처분(징계처분 등)을 받은 자의 청구에 따라 소청을 심사할 경우에는 원징계처분보다 무거운 징계 또는 원징계부가금 부과처분보다 무거운 징계부가금을 부과하는 결정을 하지 못한다(국가공무원법 14 ⑧).

(2) 행정소송

소청심사위원회의 결정에 대하여 불복하는 공무원은 행정소송을 제기할 수 있다. 행정소송의 대상은 원처분주의에 따라 원징계처분이며, 소청심사위원회의 결정은 그 결정에 고유한 위법사유가 있는 경우에 한하여 행정소송의 대상이 될 수 있다(행소법 19 단서).

징계처분 등에 관한 행정소송은 소청심사위원회의 심사·결정을 거치지 아니하면 제기할 수 없다(국가공무원법 16 ①). 즉 소청심사위원회의 소청절차는 행정소송의 필요적 전심절차이다.

제1항에 따른 행정소송을 제기할 때에는 대통령의 처분 또는 부작위의 경우에는 소속 장관(대통령령으로 정하는 기관의 장을 포함한다. 이하 같다)을, 중앙선거관리위원회위원장의 처분 또는 부작위의 경우에는 중앙선거관리위원회사무총장을 각각 피고로 한다(국가공무원법 16 ②).

(3) 재징계의결의 요구

처분권자(대통령이 처분권자인 경우에는 처분 제청권자)는 ① 법령의 적용, 증거 및 사실 조사에 명백한 흠이 있는 경우, ② 징계위원회의 구성 또는 징계의결 등, 그 밖에 절차상의 흠이 있는 경우 또는 ③ 징계양정 및 징계부가금이 과다한 경우로 소청심사위원회 또는 법원에서 징계처분 등의 무효 또는 취소(취소명령 포함)의 결정이나 판결을 받은 경우에는 다시 징계의결 등을 요구하여야 한다. 다만, ③의 사유로 무효 또는 취소(취소명령 포함)의 결정이나 판결을 받은 감봉·견책처분에 대하여는 징계의결을 요구하지 아니할 수 있다(국가공무원법 78조의3 ①).

Ⅱ. 변상책임

변상책임이란 공무원의 의무위반행위로 인하여 국가나 지방자치단체에게 재산상의 손해를 발생시키는 경우 이에 대하여 공무원이 부담하는 재산상의 책임을 말한다. 변상책임에는 회계관계직원 등의 변상책임과 국가배상법상의 구상책임이 있다.

1. 회계관계직원 등의 변상책임

국가회계법(28)·물품관리법(45)·군수품관리법(28, 29)은 회계관계공무원 등·물품관리공무원 등·물품출납공무원 등의 책임에 관하여는 따로 법률로 정하도록 하고 있는데, 이에 따라 제정된 것이 회계관계직원 등의 책임에 관한 법률이다. 동법은 회계관계직원 등의 변상책임에 관한 일반법이다.

(1) 변상책임의 유형

회계직원책임법상 회계관계직원의 변상책임의 유형으로는 ① 회계관계직원이 고의 또는 중대한 과실로 법령이나 그 밖의 관계 규정 및 예산에 정하여진 바를 위반하여 국가, 지방자치단체, 그 밖에 감사원의 감사를 받는 단체 등의 재산에 손해를 끼친 경우의 변상책임, ② 현금 또는 물품을 출납·보관하는 회계관계직원이 선량한 관리자로서의 주의를 게을리하여 그가 보관하는 현금 또는 물품이 망실되거나 훼손된 경우의 변상책임이 있다(회계직원책임법 4 ①, ②).

(2) 통지의무

중앙관서의 장(국가재정법 제6조에 따른 중앙관서의 장), 지방자치단체의 장, 감독기관의 장 또는 해당 기관의 장은 제4조제1항 또는 제2항에 따른 변상책임이 있는 손해가 발생한 경우에는 지체 없이 기획재정부장관과 감사원에 알려야 한다(회계직원책임법 7).

(3) 변상판정

변상의 판정은 감사원에 의한 판정과 소속장관 또는 감독기관의 장에 의한 판정의 두 가지가 있다.

1) 감사원의 변상판정

감사원은 감사 결과에 따라 따로 법률에서 정하는 바에 따라 회계관계직원 등에 대한 변상책임의 유무를 심리하고 판정한다(감사원법 31 ①).

2) 소속장관 등의 변상판정

중앙관서의 장, 지방자치단체의 장, 감독기관의 장 또는 해당 기관의 장은 회계관계직원이 제4조에 따른 변상책임이 있다고 인정되는 경우에는 감사원이 판정하기 전이라도 해당 회계관계직원에 대하여 변상을 명할 수 있다(회계직원책임법 6 ①).

제1항의 경우 중앙관서의 장, 지방자치단체의 장 또는 감독기관의 장은 필요하다고 인정되면 대통령령으로 정하는 바에 따라 기관별·직위별로 위임 한도액의 범위에서 해당 기관 또는 직위에 있는 사람에게 변상명령의 조치를 하게 할 수 있다(회계직원책임법 6 ②).

제1항 또는 제2항에 따라 변상명령을 받은 회계관계직원은 이의가 있으면 감사원장이 정하는 판정청구서에 의하여 감사원에 판정을 청구할 수 있다(회계직원책임법 6 ③).

2. 국가배상법상의 구상책임

국가배상법에 의하여 공무원이 직무상 불법행위로 타인에게 손해를 입혀 국가나 지방자치단체가 배상책임을 지게 되는 경우 공무원에게 고의 또는 중과실이 있으면 국가나 지방자치단체가 그 공무원에 대하여 구상할 수 있으므로(국배법 2 ②), 이 경우 공무원은 국가나 지방자치단체의 구상권 행사에 응하여야 하는 구상책임을 부담한다.

또한 공공의 영조물의 설치나 관리상의 하자로 인하여 타인에게 손해가 발생하여 국가나 지방자치단체가 배상책임을 지게 되는 경우 공무원이 손해의 원인을 제공한 경우에는 국가 또는 지방자치단체는 그 공무원에 대하여 구상권을 행사할 수 있으므로(국배법 5 ②), 이 경우에도 공무원은 국가 등의 구상권행사에 응하여야 하는 구상책임을 부담한다.

제 4 편

경찰행정법

제1장 서 론

제 1 절 경찰법 개설

제 1 항 경찰의 개념

Ⅰ. 제도적 의미의 경찰개념

제도적 의미의 경찰이란 조직법상 경찰조직에 속하는 행정기관의 전체 체계를 말한다. 조직적 의미의 경찰이라 부르기도 한다. 제도적 의미의 경찰의 범위는 정부조직법과 경찰법령에서 정해진다. 정부조직법 제34조 제5항은 "치안에 관한 사무를 관장하기 위해 행정안전부장관 소속으로 경찰청을 둔다."고 규정하고 있는데, 경찰청과 그 소속기관(시·도경찰청, 경찰서 등)의 총체가 바로 제도적 의미의 경찰이다. 한편 제주특별법(2006.7.1.시행)의 시행과 더불어 제주특별자치도에 자치경찰제가 도입되었고, 종전의 경찰법이 폐지되고 2021.1.1. 국가경찰과 자치경찰의 조직과 운영에 관한 법률(경찰법)이 제정되어 2021.7.1.부터 시행되면서 광역지방자치단체에도 자치경찰제가 도입되었으므로, 이와 같은 제도에 따른 자치경찰이나 자치경찰제도도 제도적 의미의 경찰에 속한다.

Ⅱ. 형식적 의미의 경찰개념

형식적 의미의 경찰이란 실질적인 성질을 불문하고 제도적 의미의 경찰이 관장하는 모든 사무를 말한다. 행정조직법정주의의 원리에 비추어 경찰은 다만 법률이 정한 바에 따라 임무를 수행하여야 하기 때문에 경찰사무의 근거와 한계는 법률이 정한 바에 따른다고 할 것이므로(정부조직법 34 ⑤, 경찰법 3, 경직법 2), 형식적 경찰개념은 제도적 의미의 경찰의 사무범위와 관련하여 중요한 의미를 갖는다.

Ⅲ. 실질적 의미의 경찰개념

실질적 의미의 경찰은 국가활동의 내용상의 성질을 기준으로 학문적으로 정립된 개념이다. 오늘날의 지배적인 견해에 따르면, 경찰이란 '공공의 안녕과 공공의 질서를 위협하는 위험으로부터 개인이나 공중을 보호하거나, 공공의 안녕이나 공공의 질서에 대한 장해(교란)의 제거를 목적으로 하는 국가적 활동'으로 정의되고 있다. 실질적 의미의 경찰은 직접 (사회) 공공의 안녕과 질서를 유지하고 그에 대한 위험 또는 장해를 예방 또는 제거함을 목적으로 하는 것으로 현상유지(사회질서유지)라는 소극목적을 위한 작용이다. 실질적 의미의 경찰은 제도적 의미의 경찰에 의해서만 수행되는 것은 아니며, 다른 행정기관에 의해서도 수행될 수 있다.

제 2 항 경찰법의 개념

Ⅰ. 경찰법의 개념

경찰은 경찰조직의 위험방지 및 질서유지를 목적으로 하는 국가활동이므로, 경찰법은 이와 같은 경찰의 조직과 활동을 규율하는 법으로 정의할 수 있다.

Ⅱ. 경찰법의 종류

경찰법은 일반경찰법과 특별경찰법으로 구분할 수 있다. 일반경찰법이란 경찰에 관한 일반법으로서 국가경찰과 자치경찰의 조직 및 운영에 관한 법률(경찰법)과 경찰관직무집행법이 있다. 특별경찰법이란 특별법상으로 규정된 실질적 경찰 관련법으로서 건축법·식품위생법·산림보호법 등에 규정된 경찰규정 등을 들 수 있다.

제 3 항 경찰의 종류

Ⅰ. 국가경찰과 지방자치단체경찰

국가경찰이란 국가사무로서의 경찰사무를 수행하기 위하여 국가가 설치·유지하는 경찰을 말하며, 지방자치단체경찰이란 지방자치단체사무로서의 경찰사무를 수행하기 위하여 지방자치단체가 설치·유지하는 경찰을 말한다. 이 분류는 경찰행정의 권한(조직·인사·경비부담 등)을 기준으로 한 것으로, 입법례에 따라서는 국가경찰을 원칙으로 하는 경우(독일·일본)도 있고, 국가경찰 외에 지방자치단체경찰을 두는 경우(미국)도 있다. 우리나라는 제주특별법의 시행과 더불어 제주특별자치도에 자치경찰제가 도입되어 시행되고 있다.

Ⅱ. 행정경찰과 사법경찰

행정경찰은 본래적 의미의 경찰로서 사회공공의 안녕과 질서의 유지를 위한 행정작용을 말한다. 이에 대하여 사법경찰은 범죄의 수사, 범인의 체포 등을 위한 작용을 말한다. 우리나라에서는 행정경찰과 사법경찰을 구분하지 아니하고 일반경찰기관이 양자를 모두 관장하도록 하고 있다(경찰법 3, 경직법 2, 형소법 197). 사법경찰은 형사사법권의 일환으로서 검사의 지휘를 받아 형사소송법의 규정에 따라 행하여진다는 점에서 그것은 실질적 의미의 경찰과는 다르다. 조직상으로는 사법경찰도 일반경찰기관의 권한으로 되어 있다는 점에서 이를 형식적 의미의 경찰이라고 할 수 있다.

Ⅲ. 평시경찰과 비상경찰

경찰기관에 의한 분류로서, 일반경찰기관이 일반경찰법령에 의하여 행하는 경찰작용을 평시경찰이라고 하고, 비상시 특별경찰법령에 의하여 행하는 경찰작용을 비상경찰이라고 한다.

제 2 절 경찰조직법

제 1 항 경찰조직의 유형[1]

Ⅰ. 국가일반경찰조직

1. 중앙경찰관청

(1) 경찰청장

치안에 관한 사무를 관장하게 하기 위하여 행정안전부장관 소속으로 경찰청을 두며(경찰법

1) 우리나라의 경찰 조직은 "중앙집권적 국가경찰"이며, 예외적으로 제주특별시자치도에 "자치경찰"이 설치되어 있다. 한편, 경찰권도 행정권의 일부이므로, 대통령을 수반으로 하는 정부에 속한다(헌법 66 ④). 따라서 경찰권은 대통령과 국무총리의 통할 하에서 이루어진다. 참고로 국가경찰공무원(이하 경찰공무원)의 계급은 치안총감(治安總監), 치안정감(治安正監), 치안감(治安監), 경무관(警務官), 총경(總警), 경정(警正), 경감(警監), 경위(警衛), 경사(警査), 경장(警長), 순경(巡警)으로 구분된다(경공법 3).

12), 경찰청장은 치안총감으로 보한다(경찰법 14 ①). 경찰청장은 국가경찰위원회의 동의를 받아 행정안전부장관의 제청으로 국무총리를 거쳐 대통령이 임명한다. 이 경우 국회의 인사청문을 거쳐야 한다(경찰법 14 ②). 경찰청에 국가수사본부를 두며, 국가수사본부장은 치안정감으로 보한다(경찰법 16 ①).

(2) 해양경찰청장

해양에서의 경찰사무는 종래 경찰청 소관이었으나, 1996.8.8. 정부조직법 개정으로 해양수산부의 신설과 동시에 해양수산부장관 소속으로 해양경찰청을 설치하면서 해양경찰청의 소관사무가 되었었다(정부조직법 44 ②).

그러다가 2014.11.19. 법개정으로 해양경찰청은 폐지되고 종래 여기에서 수행하던 해양경찰 기능은 국무총리 소속으로 신설된 국민안전처가 맡게 되었었다(정부조직법 22조의2, (구)국민안전처와 그 소속기관 직제 3). 이에 따라 국민안전처의 하부조직으로 해양경비안전본부를 두고, 본부장은 치안총감으로 보하였었다((구)국민안전처와 그 소속기관 직제 4, 19).

그 후 새로운 정부의 탄생과 더불어 2017.7.26. 법개정으로 국민안전처가 폐지되고 행정안전부로 통합되면서, 종래대로 해양수산부장관 소속으로 해양경찰청이 부활하였다(정부조직법 44 ②). 해양경찰청에는 청장 1명과 차장 1명을 두되, 청장 및 차장은 경찰공무원으로 보한다(정부조직법 44 ③).

2. 시·도

(1) 시·도경찰청장

경찰청의 사무를 지역적으로 분담·수행하게 하기 위하여 특별시·광역시·특별자치시·도·특별자치도(이하 "시·도")에 시·도경찰청을 둔다(경찰법 13). 시·도경찰청에 시·도경찰청장을 두며, 시·도경찰청장은 치안정감·치안감 또는 경무관으로 보한다(경찰법 28 ①). 시·도경찰청장은 경찰청장이 시·도자치경찰위원회와 협의하여 추천한 사람 중에서 행정안전부장관의 제청으로 국무총리를 거쳐 대통령이 임용한다(경찰법 28 ②). 시·도경찰청장은 국가경찰사무에 대해서는 경찰청장의 지휘·감독을, 자치경찰사무에 대해서는 시·도자치경찰위원회의 지휘·감독을 받아 관할구역의 소관 사무를 관장하고 소속 공무원 및 소속 경찰기관의 장을 지휘·감독한다. 다만, 수사에 관한 사무에 대해서는 국가수사본부장의 지휘·감독을 받아 관할구역의 소관 사무를 관장하고 소속 공무원 및 소속 경찰기관의 장을 지휘·감독한다(경찰법 28 ③). 제3항 본문의 경우 시·도자치경찰위원회는 자치경찰사무에 대해 심의·의결을 통하여 시·도경찰청장을 지휘·감독한다. 다만, 시·도자치경찰위원회가 심의·의결할 시간적 여유가 없거나 심의·의결이 곤란한 경우 대통령령으로 정하는 바에 따라 시·도자치경찰위원회의 지휘·감독권을 시·도경찰청장에게 위임한 것으로 본다(경찰법 28 ④).

한편, 경찰사무를 지역적으로 분담하여 수행하게 하기 위하여, 시·도경찰청장 소속으로 경찰서를 둔다(경찰법 13). 경찰서에 경찰서장을 두며, 경찰서장은 경무관, 총경 또는 경정으로 보한다(경찰법 30 ①).

(2) 지방해양경찰청장

해양경찰청장의 관장사무를 분장하기 위하여 해양경찰청장 소속으로 지방해양경찰청을 두고, 지방해양경찰청장 소속으로 해양경찰서를 둔다(해양경찰청과 그 소속기관 직제 2 ②).

3. 특별경찰관청

특별경찰관청이란 특정 영역에 대하여 경찰권한을 가진 행정기관으로서 조직상으로는 경찰관청에 속하지 아니하는 행정청을 말한다. 특별경찰관청은 주로 주무부장관, 외청의 장, 지방자치단체의 장, 특별행정기관의 장이 된다.

4. 경찰의결·협의·자문기관

(1) 국가경찰위원회

국가경찰행정에 관하여 제10조제1항 각 호의 사항을 심의·의결하기 위하여 행정안전부에 국가경찰위원회를 둔다(경찰법 7 ①). 위원은 행정안전부장관의 제청으로 국무총리를 거쳐 대통령이 임명한다(경찰법 8 ①).

국가경찰위원회는 ① 국가경찰사무에 관한 인사, 예산, 장비, 통신 등에 관한 주요정책 및 경찰 업무 발전에 관한 사항, ② 국가경찰사무에 관한 인권보호와 관련되는 경찰의 운영·개선에 관한 사항, ③ 국가경찰사무 담당 공무원의 부패 방지와 청렴도 향상에 관한 주요 정책사항, ④ 국가경찰사무 외에 다른 국가기관으로부터의 업무협조 요청에 관한 사항, ⑤ 제주특별자치도의 자치경찰에 대한 경찰의 지원·협조 및 협약체결의 조정 등에 관한 주요 정책사항, ⑥ 제18조에 따른 시·도자치경찰위원회 위원 추천, 자치경찰사무에 대한 주요 법령·정책 등에 관한 사항, 제25조제4항에 따른 시·도자치경찰위원회 의결에 대한 재의 요구에 관한 사항, ⑦ 제2조에 따른 시책 수립에 관한 사항, ⑧ 제32조에 따른 비상사태 등 전국적 치안유지를 위한 경찰청장의 지휘·명령에 관한 사항, ⑨ 그 밖에 행정안전부장관 및 경찰청장이 중요하다고 인정하여 국가경찰위원회의 회의에 부친 사항을 심의·의결한다(경찰법 10 ①).

(2) 시·도자치경찰위원회

자치경찰사무를 관장하게 하기 위하여 특별시장·광역시장·특별자치시장·도지사·특별자치도지사(이하 "시·도지사") 소속으로 시·도자치경찰위원회를 둔다(경찰법 18 ①).

시·도자치경찰위원회는 ① 자치경찰사무에 관한 목표의 수립 및 평가, ② 자치경찰사무에 관한 인사, 예산, 장비, 통신 등에 관한 주요정책 및 그 운영지원, ③ 자치경찰사무 담당 공무원의 임용, 평가 및 인사위원회 운영, ④ 자치경찰사무 담당 공무원의 부패 방지와 청렴도 향상에 관한 주요 정책 및 인권침해 또는 권한남용 소지가 있는 규칙, 제도, 정책, 관행 등의 개선, ⑤ 제2조에 따른 시책 수립, ⑥ 제28조 제2항에 따른 시·도경찰청장의 임용과 관련한 경찰청장과의 협의, 제30조 제4항에 따른 평가 및 결과 통보, ⑦ 자치경찰사무 감사 및 감사의뢰, ⑧ 자치경찰사무 담당 공무원의 주요 비위사건에 대한 감찰요구, ⑨ 자치경찰사무 담당 공무원에 대한 징계요구, ⑩ 자치경찰사무 담당 공무원의 고충심사 및 사기진작, ⑪ 자치경찰사무와 관련된 중요사건·사고 및 현안의 점검, ⑫ 자치경찰사무에 관한 규칙의 제정·개정 또는 폐지, ⑬ 지방행정과 치안행정의 업무조정과 그 밖에 필요한 협의·조정, ⑭ 제32조에 따른 비상사태 등 전국적 치안유지를 위한 경찰청장의 지휘·명령에 관한 사무, ⑮ 국가경찰사무·자치경찰사무의 협력·조정과 관련하여 경찰청장과 협의, ⑯ 국가경찰위원회에 대한 심의·조정 요청, ⑰ 그 밖에 시·도지사, 시·도경찰청장이 중요하다고 인정하여 시·도자치경찰위원회의 회의에 부친 사항에 대하여 심의·의결한다(경찰법 24①, 25 ①).

(3) 경찰공무원인사위원회

경찰공무원의 인사에 관한 중요 사항에 대하여 경찰청장 또는 해양경찰청장의 자문에 응하게 하기 위하여 경찰청과 해양경찰청에 경찰공무원인사위원회를 둔다(경공법 5 ①).

5. 경찰집행기관

경찰집행기관이란 경찰행정관청에 의하여 결정된 의사를 대외적으로 집행하는 기관으로서 통상 경찰공무원 개개인을 가리킨다. 경찰집행기관은 통상적인 경찰업무를 집행하는 일반경찰집행기관과 특수한 업무를 수행하는 특별경찰집행기관(예: 헌병)으로 구별할 수 있다.

Ⅱ. 제주자치도 자치경찰기관

자치경찰사무를 처리하기 위하여 제주자치도에 국가경찰과 자치경찰의 조직 및 운영에 관한 법률 제18조에 따라 설치되는 제주특별자치도자치경찰위원회(자치경찰위원회) 소속으로 자치경찰단을 둔다(제주특별법 88 ①). 자치경찰은 ① 주민의 생활안전활동에 관한 사무, ② 지역교통활동에 관한 사무, ③ 공공시설 및 지역행사장 등의 지역경비에 관한 사무, ④ 사법경찰관리의 직무를 행할 자와 그 직무범위에 관한 법률에서 자치경찰공무원의 직무로 규정하고 있는 사법경찰관리의 직무, ⑤ 즉결심판에 관한 절차법 등에 따라 도로교통법 또는 경범죄 처벌법 위반에 따른 통고처분 불이행자 등에 대한 즉결심판 청구 사무를 처리한다(제주특별법 90).

제 2 항 청원경찰 · 경비 · 소방서

Ⅰ. 청원경찰

청원경찰이란 ① 국가기관 또는 공공단체와 그 관리 하에 있는 중요 시설 또는 사업장, ② 국내 주재 외국기관, ③ 그 밖에 행정안전부령으로 정하는 중요시설, 사업장 또는 장소의 장 또는 경영자가 경비를 부담할 것을 조건으로 경찰의 배치를 신청하는 경우에 그 기관·시설 또는 사업장 등의 경비를 담당하게 하기 위하여 배치하는 경찰을 말한다(청원경찰법 2).

한편, 청원경찰은 청원주와 배치된 기관·시설 또는 사업장 등의 구역을 관할하는 경찰서장의 감독을 받아 그 경비구역만의 경비를 목적으로 필요한 범위에서 경찰관직무집행법에 따른 경찰관의 직무를 수행한다(청원경찰법 3). 청원경찰 업무에 종사하는 사람은 형법이나 그 밖의 법령에 따른 벌칙을 적용할 때에는 공무원으로 본다(청원경찰법 10 ②). 판례는 국가나 지방자치단체에 근무하는 청원경찰의 근무관계를 공법상의 근무관계로 보고 있다.

[판례] 국가나 지방자치단체에 근무하는 청원경찰에 대한 징계처분에 대한 불복방법

"(수원시장의 원고에 대한 파면처분의 취소를 구한 사건에서) 국가나 지방자치단체에 근무하는 청원경찰은 국가공무원법이나 지방공무원법상의 공무원은 아니지만, 다른 청원경찰과는 달리 그 임용권자가 행정기관의 장이고, 국가나 지방자치단체로부터 보수를 받으며, 산업재해보상보험법이나 근로기준법이 아닌 공무원연금법에 따른 재해보상과 퇴직급여를 지급받고, 직무상의 불법행위에 대하여도 민법이 아닌 국가배상법이 적용되는 등의 특질이 있으며 그 외 임용자격, 직무, 복무의무 내용 등을 종합하여 볼 때, 그 근무관계를 사법상의 고용관계로 보기는 어려우므로 그에 대한 징계처분의 시정을 구하는 소는 행정소송의 대상이지 민사소송의 대상이 아니다(대판 1993.7.13, 92다47564)."

Ⅱ. 경비

경비업이란 시설경비업무·호송경비업무·신변보호업무·기계경비업무·특수경비업무·혼잡·교통유도경비업무의 전부 또는 일부를 도급받아 행하는 영업을 말한다(경비업법 2 1호). 경비업은 법인만이 할 수 있고(경비업법 3), 또한 경비업을 하려면 그 법인의 주사무소의 소재지를 관할하는 시·도경찰청장의 허가를 받아야 한다(경비업법 4).

Ⅲ. 소방서

소방사무는 위험방지라는 측면에서 경찰사무의 한 부분이지만, 소방기관은 일반경찰기관으로부터 분리되어 있다. 소방기본법상 소방사무는 기본적으로 광역지방자치단체의 사무이다. 소방행정청으로 시·도지사와 소방본부장·소방서장이 있다. 소방본부장 또는 소방서장은 그 소재지를 관할하는 시·도지사의 지휘와 감독을 받는다(소방기본법 3 ②). 소방집행기관으로 소방대가 있다(소방기본법 2 5호).

제 3 항 경찰공무원법

Ⅰ. 개관

1. 경찰공무원법의 의의

경찰공무원법이란 경찰행정을 행하는 인적 요소인 경찰공무원의 근무관계를 규율하는 법을 말한다.

2. 경찰공무원법의 법원

국가경찰공무원법의 법원으로는 일반법으로서 경찰공무원법이 있으며, 그 외에도 경찰공무원 임용령, 경찰공무원 승진임용 규정, 경찰공무원 징계령, 경찰공무원 교육훈련규정, 경찰공무원 복무규정 등이 있다.

제주자치도 자치경찰공무원에 관해서는 제주특별법이 적용되는데, 경찰공무원법의 여러 규정들을 준용하고 있다(제주특별법 119 ①).

Ⅱ. 경찰공무원의 기본권 보장 및 한계

경찰공무원도 일반국민과 마찬가지로 모든 기본권이 보장된다. 다만 ① 경찰공무원은 법률이 정한 바에 따라 정당가입이나 정치활동이 제한되고(헌법 7 ②), ② 일정한 경우 국가배상이 제한되며(헌법 29 ②), ③ 법률로 인정된 자를 제외하고는 노동조합결성·단체교섭 및 단체행동을 할 수 없고(헌법 33 ②), ④ 그 외에도 헌법 제37조 제2항에 의하여 법률로써 기본권이 제한될 수도 있다.

Ⅲ. 경찰공무원의 지위 형성

1. 경찰공무원의 임용권자

① 총경 이상의 경찰공무원은 경찰청장 또는 해양경찰청장의 추천을 받아 행정안전부장관 또는 해양수산부장관의 제청으로 국무총리를 거쳐 대통령이 임용한다. 다만, 총경의 전보, 휴직, 직위해제, 강등, 정직 및 복직은 경찰청장 또는 해양경찰청장이 한다(경공법 7 ①). ② 경정 이하의 경찰공무원은 경찰청장 또는 해양경찰청장이 임용한다. 다만, 경정으로의 신규채용, 승진임용 및 면직은 경찰청장 또는 해양경찰청장의 제청으로 국무총리를 거쳐 대통령이 한다(경공법 7 ②). ③ 제주자치도의 도지사는 소속 자치경찰공무원의 임명·휴직·면직과 징계를 행하는 권한을 가진다(제주특별법 107).

2. 경찰공무원의 임용

국가경찰공무원의 경우 ① 경정 및 순경의 신규채용은 공개경쟁시험으로 한다(경공법 10 ①). ② 경위의 신규채용은 경찰대학을 졸업한 사람 및 대통령령이 정하는 자격을 갖추고 공개경쟁시험으로 선발된 사람(경위공개경쟁채용시험합격자)으로서 교육훈련을 마치고 정하여진 시험에 합격한 사람으로 한다(경공법 10 ②). ③ 제주자치도 자치경찰공무원의 경우에는 신규임용은 공개경쟁시험에 의하여 행하도록 규정하고 있다(제주특별법 110 ①).

3. 경찰공무원의 지위 소멸

(1) 당연퇴직

당연퇴직이란 임용권자의 의사와는 관계없이 법이 정한 일정한 사유가 발생하면 당연히 공무원관계가 소멸되는 것을 말한다.[2] 당연퇴직의 인사발령을 하더라도 이는 퇴직사실을 알리는 관념

---

2) 헌재결 2002.8.29, 2001헌마788, 2002헌마173(병합).

의 통지에 불과하여 항고소송의 대상이 되는 처분에 해당하지 않는다.[3] 국가경찰공무원이 경찰공무원법 제8조 제2항 각 호의 어느 하나에 해당하게 된 경우에는 당연히 퇴직한다. 다만, 같은 항 제4호는 파산선고를 받은 사람으로서 채무자 회생 및 파산에 관한 법률에 따라 신청기한 내에 면책신청을 하지 아니하였거나 면책불허가 결정 또는 면책취소가 확정된 경우만 해당하고, 같은 항 제6호는 형법 제129조부터 제132조까지, 성폭력범죄의 처벌 등에 관한 특례법 제2조, 아동·청소년의 성보호에 관한 법률 제2조 제2호 및 직무와 관련하여 형법 제355조 또는 제356조에 규정된 죄를 범한 사람으로서 자격정지 이상의 형의 선고유예를 받은 경우만 해당한다(경공법 27). 제주자치도 자치경찰공무원의 결격사유에 관해서는 경찰공무원법 제27조가 준용된다(제주특별법 119 ①).

한편, 경찰공무원은 정년에 달하면 당연 퇴직하는데, 국가경찰공무원의 정년에는 연령정년과 계급정년 2종류가 있다. 경찰공무원의 연령 정년은 60세이며(경공법 30 ① 1호), 계급정년은 치안감(4년), 경무관(6년), 총경(11년), 경정(14년)이다(경공법 30 ① 2호). 자치경찰공무원의 연령정년은 60세로 한다(제주특별법 117).

(2) 면직

1) 의원면직

의원면직이란 경찰공무원의 사직의 의사표시에 따라 임용권자가 행하는 공무원법관계를 종료시키는 처분을 말한다. 법적 성질은 상대방의 신청을 요하는 행정행위이며, 사직의 의사표시는 정상적인 의사작용에 의한 것이어야 한다.[4]

2) 강제면직

강제면직은 임용권자의 일방적인 면직처분에 의하여 공무원관계를 소멸시키는 행위이다. 강제면직에는 징계면직과 직권면직이 있다.

징계면직이란 경찰공무원이 공무원법상 요구되는 의무를 위반할 때, 그에 대하여 가해지는 제재로서, 징계처분에 의한 파면과 해임을 의미한다.

임용권자는 경찰공무원이 ① 국가공무원법 제70조 제1항 제3호부터 제5호까지의 규정 중 어느 하나에 해당될 때, ② 경찰공무원으로는 부적합할 정도로 직무 수행능력이나 성실성이 현저하게 결여된 사람으로서 대통령령으로 정하는 사유에 해당된다고 인정될 때, ③ 직무를 수행하는 데에 위험을 일으킬 우려가 있을 정도의 성격적 또는 도덕적 결함이 있는 사람으로서 대통령령으로 정하는 사유에 해당된다고 인정될 때, 또는 ④ 해당 경과에서 직무를 수행하는 데 필요한 자격증의 효력이 상실되거나 면허가 취소되어 담당 직무를 수행할 수 없게 되었을 때에는 직권으로 면직시킬 수 있다(경공법 28 ①).

---

3) 대판 1992.1.21, 91누2687.

4) 대판 1997.12.12, 97누13962.

제 2 장 경찰작용법

제 1 절 경찰작용의 근거*

제 1 항 법률유보의 원칙

경찰작용은 대부분이 권력적이고 침익적 작용이므로, 법률유보의 최하한인 침해유보의 관점에서 개인의 자유와 재산을 침해하는 경찰작용에는 반드시 법률의 근거가 필요하다.

경찰작용의 법적 근거의 방식에는 법기술상 ① 일반수권조항에 의한 방식, ② 경찰관 직무집행법상의 개별적 수권에 의한 방식, ③ 특별경찰법상의 개별적 수권에 의한 방식으로 구분할 수 있다.

제 2 항 일반수권조항**

Ⅰ. 일반수권조항의 의의

일반수권조항이란 경찰 관련법에서 경찰권한을 특정하지 아니하고 포괄적인 형태로 경찰권한을 수권하는 조항을 말한다.

경찰권 발동의 근거법은 가능한 한 그 요건과 유형을 명확하고 상세하게 규정하는 것이 바람직하나, 사회생활관계의 복잡성과 과학기술의 발전으로 인하여 공공의 안녕과 질서에 대한 위해나 이미 발생한 장애에 대하여 경찰권을 발동할 수 있는 일반조항을 두는 것이 어느 정도는 불가피하다고도 할 수 있다.

이와 관련하여 독일은 각주의 경찰법이 통일경찰법초안 제8조 제1항에 따라 "공공의 안녕과 질서에 대한 구체적인 위험이 있는 경우에 경찰은 필요한 조치를 취할 수 있다."는 일반수권조항

* 5급공채(일반행정)(2013년).

** 입법고시(2009년), 행정고시(2003년), 행정고시(재경)(2006년).

을 규정하고 있는데, 실제로 이 조항은 실질적 의미의 경찰개념의 발전에 결정적인 역할을 하여 왔다. 그러나 일반수권조항이 '공공의 안녕', '위험' 등 불확정개념을 그 요건으로 하는 점에 대해서 명확성의 원칙에 반한다는 비판도 있다.

Ⅱ. 일반수권조항의 인정여부

현행 경찰관 직무집행법 제2조는 경찰의 직무범위를 규정하면서 제7호에서 "그 밖에 공공의 안녕과 질서유지"를 직무의 하나로 규정하고 있는데, 이에 대해 동 규정을 일반수권조항으로 볼 수 있는지가 문제된다.[1)]

1. 학설

(1) 긍정설

경찰관 직무집행법 제2조 제7호를 일반수권규정으로 인정하여, 개별법상의 특별수권조항이 없는 경우에 보충적으로 적용할 수 있다고 한다. 아울러 일반수권조항을 통한 권력남용의 문제는 비례원칙 등을 통하여 억제할 수 있다고 한다.[2)]

(2) 부정설

경찰작용은 권력적이고 침해적인 성격을 갖고 있기 때문에, 그 수권형식은 개별적 수권방식이 되어야 하고, 일반수권조항은 명확성의 원칙에 반하기 때문에 허용될 수 없다고 한다. 즉 경찰관 직무집행법 제2조 제7호는 임무규정에 불과하며 수권규정이 아니라는 견해이다.[3)]

(3) 입법필요설

이 견해는 일반수권조항의 필요성은 인정하고 있으나, 경찰관 직무집행법 제2조 제7호는 임

1) 경찰관 직무집행법 제2조(직무의 범위) 경찰관은 다음 각호의 직무를 행한다.
   1. 국민의 생명·신체 및 재산의 보호
   2. 범죄의 예방·진압 및 수사
   2의2. 범죄피해자 보호
   3. 경비·주요 인사(人士) 경호 및 대간첩작전수행
   4. 치안정보의 수집·작성 및 배포
   5. 교통 단속과 교통 위해(危害)의 방지
   6. 외국 정부기관 및 국제기구와의 국제협력
   7. 그 밖에 공공의 안녕과 질서유지
2) 김남진/김연태, 행정법 II, 275면; 류지태/박종수, 행정법신론, 976면.
3) 박윤흔/정형근, 최신행정법강의(하), 313면.

의규정에 불과하기 때문에, 별도의 입법적인 조치를 통하여 일반수권조항을 두어야 한다고 강조하고 있다.[4)]

2. 판례

판례는 청원경찰의 불법개축행위 단속을 정당한 공무집행에 속한다고 하고 있는데, 이에 관하여 긍정설은 판례가 경찰관 직무집행법 제2조를 일반수권조항으로 보고 있다고 이해하나, 판례는 단순히 불법건축행위의 단속이 청원경찰의 직무범위에 속한다는 것을 판시하였을 뿐 구체적으로 어떤 수권규정에 근거하고 있는지는 언급하지 않았다는 점에서 경찰관 직무집행법 제2조를 일반수권조항으로 보는 입장이라고 할 수 없다는 반론이 있다.[5)]

> [판례] 청원경찰관의 직무집행을 방해한 경우 공무집행방해죄의 성립여부
>
> "경찰관직무집행법 제2조 규정에 비추어 보면 군 도시과 단속계 요원으로 근무하고 있는 청원경찰관이 허가없이 창고를 주택으로 개축하는 것을 단속하는 것은 그의 정당한 공무집행에 속한다고 할 것이므로 이를 폭력으로 방해하는 소위는 공무집행방해죄에 해당된다(대판 1986.1.28, 85도2448)."

3. 결어

경찰의 충실한 위해방지업무를 위해서는 일반수권조항의 필요성을 부인하기는 어렵다. 그러한 점에서 개별법상의 특별수권조항이 존재하지 않는 경우에는 일반수권조항이 보충적으로 적용된다고 보는 것이 바람직하다.

다만 경찰관 직무집행법 제2조는 경찰관의 직무의 범위를 정한 것이지, 경찰권한의 수권규범은 아니므로, 동법 제2조 제7호를 일반수권조항으로 보기는 어렵다고 판단된다. 일반수권조항을 인정하기 위해서는 이와는 별도의 조항이 필요하다고 판단되므로, 입법필요설이 타당하다.

제 3 항 경찰관 직무집행법상의 개별적 수권조항

경찰관의 직무집행에 관한 일반법인 경찰관 직무집행법은 공공의 질서유지와 개인의 권익보호를 위하여 빈번하게 이루어지는 전형적인 직무를 유형화하여 규정하고 있다. 이를 표준적 직무행위 또는 표준처분이라 부른다.

경찰관 직무집행법상 표준적 직무행위로는 불심검문 · 보호조치 · 위험발생의 방지 · 범죄의 예방과 제지 · 위험방지를 위한 출입 · 사실의 확인 · 정보의 수집 · 국제협력 · 경찰장비의 사용 등이 있

4) 정하중, 행정법개론, 1108면 이하; 홍정선, 행정법특강, 1008면 이하.

5) 정하중, 행정법개론, 1109면.

다(경직법 3－8의3, 10).

Ⅰ. 불심검문

1. 의의

불심검문이란 범죄행위와 관련이 있다고 판단되는 사람을 정지시켜 질문·동행요구 또는 흉기소지 여부를 조사하는 것을 말한다(경직법 3).

2. 질문

경찰관은 수상한 행동이나 그 밖의 주위 사정을 합리적으로 판단하여 볼 때 어떠한 죄를 범하였거나 범하려 하고 있다고 의심할 만한 상당한 이유가 있는 사람 또는 이미 행하여진 범죄나 행하여지려고 하는 범죄행위에 관한 사실을 안다고 인정되는 사람을 정지시켜 질문할 수 있다(경직법 3 ①). 질문을 받은 사람은 그 의사에 반하는 답변을 강요당하지 않는다(경직법 3 ⑦).

경찰관이 질문하기 위하여 정지를 명하였는데 상대방이 이에 응하지 않거나 질문도중에 현장을 떠나려 하는 경우에 어느 정도의 물리력을 행사할 수 있는지가 문제된다. 상대방의 의사를 제압하지 않는 정도의 물리력의 행사, 즉 정지를 위하여 길을 막아서거나 팔을 붙잡는 정도는 허용된다고 보는 것이 일반적인 견해이다.[6]

3. 동행요구(임의동행)

불심검문을 하는 장소에서 질문을 하는 것이 그 사람에게 불리하거나 교통의 방해가 된다고 인정될 때에는 질문하기 위하여 가까운 경찰관서로 동행할 것을 요구할 수 있다(경직법 3 ② 1문). 여기에서의 동행은 임의동행으로서 동행을 요구받은 사람은 경찰관의 동행요구를 거절할 수 있으며(경직법 3 ② 2문), 경찰관은 물리력을 행사할 수 없다.

동행요구의 절차에 있어 경찰관은 질문하거나 동행을 요구할 경우 자신의 신분을 표시하는 증표를 제시하면서 소속과 성명을 밝히고 그 목적과 이유를 설명하여야 하며, 동행을 요구하는 경우에는 동행장소를 밝혀야 한다(경직법 3 ④). 또한 경찰관은 동행한 사람의 가족이나 친지 등에게 동행한 경찰관의 신분, 동행 장소, 동행 목적과 이유를 고지하거나 본인으로 하여금 즉시 연락할 수 있는 기회를 주어야 하며, 변호인의 도움을 받을 권리가 있음을 알려야 한다(경직법 3 ⑤). 한편, 경찰관은 동행한 사람을 6시간을 초과하여 경찰관서에 머물게 할 수 없다(경직법 3 ⑥).

---

6) 김동희, 행정법 II, 208면; 김성수, 개별행정법, 212면; 박균성, 행정법강의, 1363면; 박윤흔/정형근, 최신행정법강의(하), 351면; 정하중, 행정법개론, 1110면; 홍정선, 행정법특강, 1001면.

4. 흉기소지여부의 조사

경찰관은 질문을 할 때 흉기를 가지고 있는지를 조사할 수 있다(경직법 3 ③). 불심검문을 당한 자는 형사소송에 관한 법률에 따르지 않고는 신체를 구속당하지 않는다(경직법 3 ⑦).

5. 불심검문의 성질

불심검문이 행정상 즉시강제에 해당하는지에 대하여 견해가 대립된다. ① 긍정설은 불심검문이 어느 정도의 신체적 접촉이 불가피하고 또한 소지품을 검사하며, 질문에 응하지 않고 달아나는 경우에는 추적하여 도주할 수 없는 정도로 신체의 일부에 물리적 실력을 가할 수 있다는 점에서 즉시강제의 성질을 가진다고 한다.[7] ② 부정설은 불심검문을 당한 자는 답변을 강요당하지 않으며, 동행요구를 거부할 수 있고, 상대방의 신체에 대한 강제력이 행사되는 경우에도 그것은 관련 정보수집에 필요한 한도에서 부수적으로만 인정될 수 있기 때문에 즉시강제라기보다는 일종의 행정조사에 해당한다고 한다.[8] ③ 불심검문은 반드시 긴급을 요하는 것이라든지 상대방의 의무가 전제되어 있는 것으로 보기 어렵다는 점에서 이를 일종의 행정조사로 보는 견해가 타당하다.

Ⅱ. 보호조치 등*

1. 의의 및 성질

경찰관은 수상한 행동이나 그 밖의 주위 사정을 합리적으로 판단하여 볼 때 다음 각 호의 어느 하나에 해당하는 것이 명백하며 응급구호가 필요하다고 믿을 만한 상당한 이유가 있는 사람(이하 구호대상자)을 발견하였을 때에는 보건의료기관이나 공공구호기관에 긴급구호를 요청하거나 경찰관서에 보호하는 등 적절한 조치를 할 수 있다(경직법 4 ①).

1. 정신착란을 일으키거나 술에 취하여 자신 또는 다른 사람의 생명·신체와 재산에 위해를 끼칠 우려가 있는 사람
2. 자살을 시도하는 사람
3. 미아·병자·부상자 등으로서 적당한 보호자가 없으며 응급구호가 필요하다고 인정되는 사람. 다만, 본인이 구호를 거절하는 경우는 제외한다.

긴급구호를 요청받은 보건의료기관이나 공공구호기관은 정당한 이유 없이 긴급구호를 거절할 수 없다(경직법 4 ②).

---

* 입법고시(2001년).

7) 박윤흔/정형근, 최신행정법강의(하), 362면.

8) 김동희, 행정법 II, 209~210면; 정하중, 행정법개론, 1111면 이하; 홍정선, 행정법특강, 1001면.

구호대상자가 휴대하고 있는 무기·흉기 등 위험을 일으킬 수 있는 것으로 인정되는 물건은 경찰관서에 임시로 영치(領置)하여 놓을 수 있다(경직법 4 ③).

경찰관서에서의 보호기간은 24시간을, 임시영치기간은 10일을 초과할 수 없다(경직법 4 ⑦).

보호조치 가운데 강제성을 띤 보호조치와 임시영치는 사전에 의무부과행위 없이 이루어진다는 점에서 행정상 즉시강제의 성질을 가진다.

2. 절차

경찰관이 긴급구호나 보호조치를 하였을 때에는 지체 없이 구호대상자의 가족, 친지 또는 그 밖의 연고자에게 그 사실을 알려야 하며, 연고자가 발견되지 아니할 때에는 구호대상자를 적당한 공공보건의료기관이나 공공구호기관에 즉시 인계하여야 한다(경직법 4 ④). 이 경우에는 즉시 그 사실을 소속 경찰서장이나 해양경찰서장에게 보고하여야 한다(경직법 4 ⑤). 보고를 받은 소속 경찰서장이나 해양경찰서장은 대통령이 정하는 바에 따라 구호대상자를 인계한 사실을 지체 없이 당해 공공보건의료기관 또는 공공구호기관의 장 및 그 감독행정청에 통보하여야 한다(경직법 4 ⑥).

Ⅲ. 위험발생의 방지

1. 의의 및 성질

경찰관은 사람의 생명 또는 신체에 위해를 미치거나 재산에 중대한 손해를 끼칠 우려가 있는 천재(天災), 사변(事變), 인공구조물의 파손이나 붕괴, 교통사고, 위험물의 폭발, 위험한 동물 등의 출현, 극도의 혼잡, 그 밖의 위험한 사태가 있을 때에는 ① 그 장소에 모인 사람, 사물(事物)의 관리자, 그 밖의 관계인에게 필요한 경고를 하거나, ② 매우 긴급한 경우에는 위해를 입을 우려가 있는 사람을 필요한 한도에서 억류하거나 피난시키거나, ③ 그 장소에 있는 사람, 사물의 관리자, 그 밖의 관계인에게 위해를 방지하기 위하여 필요하다고 인정되는 조치를 하게 하거나 직접 그 조치를 할 수 있다(경직법 5 ①).

경찰관서의 장은 대간첩 작전의 수행 또는 소요(騷擾) 사태의 진압을 위하여 필요하다고 인정되는 상당한 이유가 있을 때에는 대간첩 작전지역이나 경찰관서·무기고 등 국가중요시설에 대한 접근 또는 통행을 제한하거나 금지할 수 있다(경직법 5 ②).

위험발생방지조치 가운데 사전에 의무부과행위 없이 행하여지는 억류·피난 기타 조치 등은 행정상 즉시강제에 해당한다고 볼 것이다.

2. 절차

경찰관이 위험발생방지조치를 취한 때에는 지체 없이 이를 소속경찰관서의 장에게 보고하여야 하며(경직법 5 ③), 보고를 받은 경찰관서의 장은 관계 기관의 협조를 구하는 등 적절한 조치를 하여야 한다(경직법 5 ④).

Ⅳ. 범죄의 예방과 제지

경찰관은 범죄행위가 목전(目前)에 행하여지려고 하고 있다고 인정될 때에는 이를 예방하기 위하여 관계인에게 필요한 경고를 하고, 그 행위로 인하여 사람의 생명·신체에 위해를 끼치거나 재산에 중대한 손해를 끼칠 우려가 있는 긴급한 경우에는 그 행위를 제지할 수 있다(경직법 6).

사전에 의무부과행위 없이 행하여지는 제지행위는 행정상 즉시강제에 해당한다고 볼 것이다.

[판례] 경찰관 직무집행법 제6조에 따른 경찰관의 제지 조치가 적법한지 판단하는 기준

"경찰관은 형사처벌의 대상이 되는 행위가 눈앞에서 막 이루어지려고 하는 것이 객관적으로 인정될 수 있는 상황이고 그 행위를 당장 제지하지 않으면 곧 인명·신체에 위해를 미치거나 재산에 중대한 손해를 끼칠 우려가 있는 상황이어서, 직접 제지하는 방법 외에는 위와 같은 결과를 막을 수 없는 급박한 상태일 때에만 경찰관 직무집행법 제6조에 의하여 적법하게 그 행위를 제지할 수 있고, 그 범위 내에서만 경찰관의 제지 조치가 적법하다고 평가될 수 있다(대판 2021.11.11, 2018다288631[손해배상(기)])."

Ⅴ. 위험방지를 위한 출입

1. 일반출입

경찰관은 경찰관직무집행법 제5조 제1항·제2항 및 제6조에 따른 위험한 사태가 발생하여 사람의 생명·신체 또는 그 재산에 대한 위해가 임박한 때에 그 위해를 방지하거나 피해자를 구조하기 위하여 부득이 하다고 인정하면 합리적으로 판단하여 필요한 한도에서 다른 사람의 토지·건물·배 또는 차에 출입할 수 있다(경직법 7 ①).

2. 다수인의 출입장소에의 출입

흥행장(興行場), 여관, 음식점, 역, 그 밖에 많은 사람이 출입하는 장소의 관리자나 그에 준하는 관계인은 경찰관이 범죄나 사람의 생명·신체·재산에 대한 위해를 예방하기 위하여 해당 장소

의 영업시간이나 해당 장소가 일반인에게 공개된 시간에 그 장소에 출입하겠다고 요구하면 정당한 이유 없이 그 요구를 거절할 수 없다(경직법 7 ②). 경찰관은 대간첩 작전 수행에 필요한 때에는 작전지역에서 제2항에 따른 장소를 검색할 수 있다(경직법 7 ③).

3. 절차

경찰관이 위의 필요한 장소에 출입할 때에는 그 신분을 표시하는 증표를 제시하여야 하며, 함부로 관계인의 정당한 업무를 방해하여서는 아니 된다(경직법 7 ④).

4. 성질

일반출입은 경찰관 직무집행법 외에도 식품위생법상의 출입·검사(식품위생법 22), 총포·도검·화약류 등의 안전관리에 관한 법률상의 출입·검사(총포화약법 44) 등이 있다.

이에 대해서, ① 일반적으로는 위험방지를 위한 출입을 즉시강제로 보고 있지만, ② 이와 같은 출입이나 검사가 목전의 급박한 위험을 제거 또는 방지하기 위한 경우를 제외하고는 대부분 수인하명을 전제로 한 직접강제라고 보는 견해[9]도 있다. ③ 일률적으로 판단하기는 어렵지만, 대부분의 출입·검사가 위험방지 또는 단속을 위하여 예고 없이 행하여지는 점 등을 고려하면, 즉시강제로 보더라도 별 무리는 없다고 생각된다.

Ⅵ. 사실의 확인 등

1. 사실확인

경찰관서의 장은 직무 수행에 필요하다고 인정되는 상당한 이유가 있을 때에는 국가기관이나 공사(公私)단체 등에 대하여 직무 수행과 관련된 사실을 조회할 수 있다. 다만, 긴급한 경우에는 소속 경찰관으로 하여금 현장에 나가 해당 기관이나 단체의 장의 협조를 받아 그 사실을 확인하게 할 수 있다(경직법 8 ①).

2. 출석요구

경찰관은 미아를 인수할 보호자, 유실물을 인수할 관리자, 사고로 인한 사상자 또는 행정처분을 위한 교통사고 조사에 필요한 사실을 확인하기 위하여 필요하면 관계인에게 출석하여야 하는 사유·일시 및 장소를 명확히 적은 출석 요구서를 보내 경찰관서에 출석할 것을 요구할 수 있다(경직법 8 ②).

---

9) 정하중, 행정법개론, 1115면.

Ⅶ. 정보의 수집과 국제협력

1. 정보의 수집 등

경찰관은 범죄·재난·공공갈등 등 공공안녕에 대한 위험의 예방과 대응을 위한 정보의 수집·작성·배포와 이에 수반되는 사실의 확인을 할 수 있다(경직법 8의2 ①).

2. 국제협력

경찰청장 또는 해양경찰청장은 이 법에 따른 경찰관의 직무수행을 위하여 외국 정부기관, 국제기구 등과 자료 교환, 국제협력 활동 등을 할 수 있다(경직법 8의3).

Ⅷ. 경찰장비의 사용 등

1. 경찰장비의 사용

경찰장비란 무기, 경찰장구, 최루제와 그 발사장치, 살수차, 감식기구, 해안 감시기구, 통신기기, 차량·선박·항공기 등 경찰이 직무를 수행할 때 필요한 장치와 기구를 말한다(경직법 10 ②).

경찰관은 직무수행 중 이와 같은 경찰장비를 사용할 수 있으나, 다만, 사람의 생명이나 신체에 위해를 끼칠 수 있는 경찰장비에 대하여는 필요한 안전교육과 안전검사를 실시하여야 한다(경직법 10 ①). 또한 경찰장비를 함부로 개조하거나 임의의 장비를 부착하여 일반적인 사용법과 달리 사용함으로써 다른 사람의 생명·신체에 위해를 끼쳐서는 아니 된다(경직법 10 ③). 위해성 경찰장비는 필요한 최소한도에서 사용하여야 한다(경직법 10 ④)

2. 경찰장구의 사용

경찰장구란 경찰관이 휴대하여 범인검거와 범죄 진압 등의 직무수행에 사용하는 수갑, 포승(捕繩), 경찰봉, 방패 등을 말한다(경직법 10조의2 ②).

경찰관은 현행범이나 사형·무기 또는 장기 3년 이상의 징역이나 금고에 해당하는 죄를 범한 범인의 체포 또는 도주 방지, 자신이나 다른 사람의 생명·신체에 대한 방어 및 보호, 공무집행에 대한 항거(抗拒) 제지를 위하여 필요하다고 인정되는 상당한 이유가 있을 때에는 그 사태를 합리적으로 판단하여 필요한 한도에서 경찰장구를 사용할 수 있다(경직법 10조의2 ①).

3. 분사기 등의 사용

경찰관은 범인의 체포 또는 도주 방지, 또는 불법집회·시위로 인하여 자신이나 다른 사람의 생명·신체와 재산 및 공공시설안전에 대한 현저한 위해의 발생을 억제하기 위하여 부득이한 경우 현장책임자의 판단으로 필요한 최소한의 범위에서 분사기(총포화약법에 따른 분사기와 최루 등의 작용제) 또는 최루탄을 사용할 수 있다(경직법 10조의3).

4. 무기의 사용

무기란 사람의 생명 또는 신체에 위해를 끼칠 수 있도록 제작된 권총·소총·도검 등을 말한다(경직법 10조의4 ②).

경찰관은 범인의 체포, 범인의 도주 방지, 자신이나 다른 사람의 생명·신체의 방어 및 보호, 공무집행에 대한 항거의 제지를 위하여 필요하다고 인정되는 상당한 이유가 있을 때에는 그 사태를 합리적으로 판단하여 필요한 한도에서 무기를 사용할 수 있다. 다만, 형법에 규정된 정당방위와 긴급피난에 해당하는 때 등의 경우를 제외하고는 사람에게 위해를 끼쳐서는 아니 된다(경직법 10조의4 ①). 한편 대간첩·대테러 작전 등 국가안전에 관련되는 작전을 수행할 때에는 개인화기 외에 공용화기를 사용할 수 있다(경직법 10조의4 ③).

5. 경찰착용기록장치의 사용

경찰착용기록장치란 경찰관이 신체에 착용 또는 휴대하여 직무수행 과정을 근거리에서 영상·음성으로 기록할 수 있는 기록장치 또는 그 밖에 이와 유사한 기능을 갖춘 기계장치를 말한다(경직법 제10조의5 ②).

경찰관은 직무 수행을 위하여 필요한 경우에는 필요한 최소한의 범위에서 경찰착용기록장치를 사용할 수 있다(경직법 제10조의5 ①).

경찰관이 경찰착용기록장치를 사용하여 기록하는 경우로서 이동형 영상정보처리기기로 사람 또는 그 사람과 관련된 사물의 영상을 촬영하는 때에는 불빛, 소리, 안내판 등 대통령령으로 정하는 바에 따라 촬영 사실을 표시하고 알려야 한다(경직법 제10조의6 ①).

6. 성질

대부분의 문헌들은 경찰장비 등의 사용을 즉시강제의 수단의 예로 설명하고 있으나, 이와 같은 장비들이나 총기는 사전 의무부과나 경고 없이 사용하기는 어렵다고 판단되므로 직접강제의 수단으로 보아야 할 것이다.[10)]

---

10) 정하중, 행정법개론, 1117면.

제 4 항 특별경찰법상의 개별적 수권조항

경찰관 직무집행법 이외에도 수많은 개별법률에서는 공공의 안녕과 질서에 대한 위해방지작용에 관한 규정을 두고 있다. 이러한 특별법에 의한 위해방지작용은 부분적으로는 조직법상의 경찰기관에 의하여 이루어지도 하나, 대부분은 일반행정기관에 의하여 이루어진다. 특별법이 적용되는 범위 내에서는 경찰관 직무집행법의 적용이 배제된다.

특별경찰법의 예로는 교통안전 및 교통질서를 위한 경우(도로교통법·선박법·항공안전법 등), 영업분야의 위해방지를 위한 경우(식품위생법·공중위생관리법·풍속영업의 규제에 관한 법률 등), 환경보호를 위한 경우(산림자원의 조성 및 관리에 관한 법률·야생생물 보호 및 관리에 관한 법률 등) 등을 들 수 있다.

제 2 절 경찰작용의 유형

제 1 항 경찰명령

경찰명령이란 경찰행정목적으로 제정된 경찰상 법규명령을 말한다. 경찰명령은 위해방지를 위하여 불특정다수의 사건과 불특정다수인을 규율하는 명령 또는 금지를 그 규율대상으로 한다. 이와 같이 경찰명령은 일반적·추상적 규율로서 개별적·구체적 규율인 경찰처분과 구별된다. 경찰명령은 또한 외부적 효력을 갖는 법규범으로서 원칙적으로 내부적 효력을 갖는 경찰상의 규칙과도 구별된다.

경찰명령의 법적 문제는 법규명령의 경우와 같다.

제 2 항 경찰처분

I. 의의

경찰처분은 경찰목적으로 경찰행정청이 발하는 행정행위를 말한다. 경찰처분은 특정한 사안에 대하여 특정한 사람을 대상으로 하는 개별·구체적인 규율인 경우가 일반적이나, 특정한 사안에 대하여 불특정다수를 대상으로 하는 일반·구체적인 일반처분의 형식을 취하는 경우도 있다. 경찰처분의 대표적인 유형으로는 경찰하명과 경찰허가가 있다.

Ⅱ. 경찰하명

경찰하명은 경찰목적을 위하여 개인에게 특정한 작위·부작위·급부·수인의 의무를 부과하는 경찰처분을 말한다.

경찰하명을 넓은 의미로 파악하여 경찰명령에 의한 하명(법규하명)까지 포함하는 견해도 있으나, 법규명령과 행정행위는 서로 구분되는 행정작용이라는 점에서 경찰하명은 행정행위인 하명만을 의미한다고 보아야 할 것이다.

경찰하명은 그 내용에 따라 작위하명, 부작위하명, 급부하명, 수인하명으로 분류될 수 있다. 따라서 상대방은 경찰하명에 따라 작위·부작위·급부·수인의무를 부담하게 되는데, 이와 같이 경찰하명에 의하여 부과되는 의무를 경찰의무라고 한다.

경찰하명의 법적 문제는 행정법총론에서 설명한 행정행위로서의 하명의 경우와 같다.

Ⅲ. 경찰허가

경찰허가란 법령상 예방적 통제를 목적으로 규정된 잠정적인 금지를 특정한 경우에 해제함으로써, 적법하게 일정한 행위를 할 수 있게 해주는 경찰상의 행정행위를 말한다. 실정법에서는 허가라는 용어 이외에 면허·인가·승인·지정 등의 용어로 표현되기도 한다.

경찰허가는 위해방지를 목적으로 법령상의 잠정적인 금지를 해제함으로써 개인의 자연적 자유를 회복시켜 주는 행위라는 점에서 특정인에게 권리 또는 포괄적 법적 지위 등을 설정하는 특허와 구별된다. 또한 경찰허가는 예방적 금지를 해제시키는 행위라는 점에서 사회적으로 유해한 행위이기 때문에 억제적으로 금지된 행위를 예외적으로 적법하게 할 수 있게 해주는 예외적 승인과도 구별된다.

경찰허가의 법적 문제는 행정법총론에서 설명한 행정행위로서의 허가의 경우와 같다.

Ⅳ. 경찰조사

경찰조사란 경찰행정기관의 정책결정이나 직무수행상 필요한 정보나 자료를 수집하기 위하여 현장조사·문서열람·자료제출요구 등을 행하는 활동을 말한다.

행정조사에는 강제적인 성격의 권력적인 행정조사와 임의적인 방법에 의한 비권력적인 행정조사가 있는데, 권력적인 조사의 경우 과거 행정상 즉시강제의 한 유형으로 다루어지기도 하였으나, 최근에는 이를 독립적인 행정작용의 한 유형으로 고찰하는 것이 일반적인 경향이다.

경찰조사는 일반적으로 조사 그 자체를 목적으로 하는 것이 아니라, 궁극적으로 일정한 경찰작용을 사전적으로 보조하기 위하여 행하여진다는 점에서 급박한 위험의 제거를 통하여 행정목적을 달성하는 경찰상 즉시강제와 구별된다고 하는 것이 일반적인 설명이다.

그 밖에 경찰조사에 관한 내용은 행정조사에서 설명한 내용과 같다.

제 3 절 경찰작용의 한계*

제 1 항 법치행정원리상의 한계

경찰작용도 행정작용이므로 행정의 법률적합성의 원칙상 침익적인 경찰권 발동에는 반드시 법률의 근거가 필요하다(법률유보). 아울러 경찰권 발동은 법률의 범위 내에서 이루어져야 한다(법률우위). 따라서 법률에 근거하지 않거나 법률이 정하는 범위를 벗어나는 침익적인 경찰권 행사는 위법한 것이 된다.

제 2 항 행정법의 일반원칙상의 한계

Ⅰ. 의의

경찰작용은 행정의 법률적합성의 원칙을 준수하는 것 이외에도 행정법의 일반원칙을 준수하여야 한다.

Ⅱ. 경찰소극의 원칙

경찰소극의 원칙이란 경찰권은 소극적으로 위험방지·질서유지를 위해서만 발동될 수 있다는 원칙을 말한다. 따라서 경찰권이 이와 같은 소극목적을 넘어 적극적인 복리증진을 위하여 행사되는 경우 경찰권의 한계를 벗어난 것으로 위법한 것이 된다. 경찰소극의 원칙은 실질적 의미의 경찰개념에서 나오는 한계라고 할 수 있다.

Ⅲ. 경찰평등의 원칙

경찰평등의 원칙이란 경찰권 발동에 있어서 성별·종교·사회적 신분·인종 등을 이유로 불합

* 행정고시(일반행정)(2008년), 5급공채(일반행정)(2013년).

리한 차별을 하여서는 안 된다는 원칙을 말한다. 이는 헌법상 평등원칙을 경찰행정법영역에 적용한 것이다.

Ⅳ. 경찰비례의 원칙

1. 의의

경찰비례의 원칙이란 경찰권을 발동하는 경우 공공의 안녕과 질서유지라는 경찰목적과 이를 위한 수단 사이에는 합리적인 비례관계가 있어야 한다는 원칙을 말한다. 비례원칙은 헌법적 근거를 가지는 헌법원칙으로서 모든 행정영역에 적용되는 법원칙이다.

2. 법적 근거

경찰관 직무집행법 제1조 제2항은 "이 법에 규정된 경찰관의 직권은 그 직무수행에 필요한 최소한도 내에서 행사되어야 하며 이를 남용하여서는 아니된다."고 하여 경찰비례의 원칙을 명문화하고 있다. 이러한 의미에서 경찰비례의 원칙은 실정법상의 원칙이기도 하다.

3. 내용

경찰권의 발동으로 사용되는 경찰수단(예: 보호조치·위험발생방지)은 경찰목적(공공의 안녕과 질서)의 달성에 적합한 것이어야 하고(적합성의 원칙), 적합한 수단 중에서 최소의 침해를 가져오는 것이어야 하며(최소침해의 원칙), 또한 달성하고자 하는 공익이 침해하게 되는 사익보다 우월하여야 한다(상당성의 원칙).

[판례] 경찰관이 불법적인 농성을 진압하는 과정에서 특정한 경찰장비를 필요한 최소한의 범위를 넘어 관계 법령에서 정한 통상의 용법과 달리 사용함으로써 타인의 생명·신체에 위해를 가한 경우, 그 직무수행은 위법하다고 보아야 하는지 여부(원칙적 적극)

"구 경찰관 직무집행법 제1조 제2항은 "이 법에 규정된 경찰관의 직권은 그 직무수행에 필요한 최소한도 내에서 행사되어야 하며 이를 남용하여서는 아니 된다."라고 규정하여 경찰비례의 원칙을 명시적으로 선언하고 있다. 이는 경찰행정 영역에서의 헌법상 과잉금지원칙을 표현한 것으로서, 공공의 안녕과 질서유지라는 공익목적과 이를 실현하기 위하여 개인의 권리나 재산을 침해하는 수단 사이에는 합리적인 비례관계가 있어야 한다는 의미를 갖는다.

경찰관이 구체적 상황에 비추어 인적·물적 능력의 범위 내에서 적절한 조치라는 판단에 따라 범죄의 진압 및 수사에 관한 직무를 수행한 경우에는 그러한 직무수행이 객관적 정당성을 상실하여 현저하게 불합리한 것으로 인정되지 않는 한 이를 위법하다고 할 수는 없다. 한편 불법적인 농성

진압의 경우 진압의 필요성, 농성의 태양 및 장소의 상황 등에서 예측되는 피해 발생의 구체적 위험성의 내용 등에 비추어 볼 때 농성 진압을 계속 수행할 것인지 여부 및 그 방법 등이 현저히 합리성을 결하여 위법하다고 평가할 수 있는 때에 그 직무집행이 법령을 위반한 것이라고 할 수 있다.

… 경찰관의 직무수행 및 경찰장비의 사용과 관련한 재량의 범위 및 한계를 고려해 보면, 불법적인 농성을 진압하는 방법 및 그 과정에서 어떤 경찰장비를 사용할 것인지는 구체적 상황과 예측되는 피해 발생의 구체적 위험성의 내용 등에 비추어 경찰관이 재량의 범위 내에서 정할 수 있다. 그러나 그 직무수행 중 특정한 경찰장비를 필요한 최소한의 범위를 넘어 관계 법령에서 정한 통상의 용법과 달리 사용함으로써 타인의 생명·신체에 위해를 가하였다면, 불법적인 농성의 진압을 위하여 그러한 방법으로라도 해당 경찰장비를 사용할 필요가 있고 그로 인하여 발생할 우려가 있는 타인의 생명·신체에 대한 위해의 정도가 통상적으로 예견되는 범위 내에 있다는 등의 특별한 사정이 없는 한 그 직무수행은 위법하다고 보아야 한다(대판 2022.11.30, 2016다26662,26679,26686[손해배상(기)]).”

[판례] 위해성 경찰장비인 살수차와 물포의 사용 범위 및 방법 / 경찰관이 직사살수의 방법으로 집회나 시위 참가자들을 해산시키기 위해서 적법한 절차에 따른 해산명령을 시행한 후에 직사살수의 방법을 사용할 수 있는지 여부(적극)

“위해성 경찰장비인 살수차와 물포는 필요한 최소한의 범위에서만 사용되어야 하고, 특히 인명 또는 신체에 위해를 가할 가능성이 더욱 커지는 직사살수는 타인의 법익이나 공공의 안녕질서에 직접적이고 명백한 위험이 현존하는 경우에 한해서만 사용이 가능하다고 보아야 한다.

또한 위해성 경찰장비인 살수차와 물포는 집회나 시위 참가자들을 해산하기 위한 목적의 경찰장비이고 경찰관이 직사살수의 방법으로 집회나 시위 참가자들을 해산시키는 것은 집회의 자유나 신체의 자유를 침해할 우려가 있으므로 적법절차의 원칙을 준수하여야 한다. 따라서 경찰관이 직사살수의 방법으로 집회나 시위 참가자들을 해산시키려면, 먼저 집회 및 시위에 관한 법률 제20조 제1항 각호에서 정한 해산 사유를 구체적으로 고지하는 적법한 절차에 따른 해산명령을 시행한 후에 직사살수의 방법을 사용할 수 있다고 보아야 한다. 경찰청 훈령인 ‘물포운용지침’에서도 ‘직사살수’의 사용요건 중 하나로서 ‘도로 등을 무단점거하여 일반인의 통행 또는 교통소통을 방해하고 경찰의 해산명령에 따르지 아니하는 경우’라고 규정하여, 사전에 적법한 ‘해산명령’이 있어야 함을 요구하고 있다(대판 2019.1.17, 2015다236196[손해배상(기)]).”

☞ 원고들은 2011.11.10. 한미FTA저지범국민대회 집회에 참가하였다가 경찰에 의한 직사살수 방식에 의해 발사된 물대포를 맞고 상해를 입었다는 이유로 국가를 상대로 위자료를 청구한 사안에서, 원심은 이 사건 직사살수가 적법한 해산명령 없이 필요 최소한의 범위를 넘어서 이루어진 것으로 위법하고 피고는 그로 인해 상해를 입는 등으로 정신적 고통을 당한 원고들에게 위자료를 지급할 의무가 있다고 판단하면서, 원고들의 청구를 일부 인용한 제1심판결의 판단을 그대로 원용하여 피고의 항소를 기각하였는데, 대법원은 이러한 원심의 판단이 타당하다고 판단하여 상고기각한 사례

Ⅴ. 경찰공공의 원칙*

1. 의의

경찰공공의 원칙이란 경찰권은 공공의 안녕과 질서의 유지를 위해서만 발동될 수 있고, 이와는 직접적인 관계가 없는 개인의 사적 생활에 대해서는 원칙적으로 관여할 수 없다는 원칙을 말한다. 공공의 안녕 및 질서유지와 관계가 없는 개인의 사적 생활은 사생활불가침의 원칙·사주소불가침의 원칙·민사관계불관여의 원칙으로 나누어서 설명하는 것이 일반적이다.

2. 사생활불가침의 원칙

사생활불가침의 원칙이란 경찰권은 공공의 안녕과 질서에 관계가 없는 개인의 사생활영역에는 개입할 수 없다는 원칙을 말한다. 사생활은 헌법상 보호되는 기본권이기도 하다. 따라서 경찰은 정당한 이유 없이 함부로 개인의 사생활을 침해할 수 없다. 그러나 개인의 사생활이 공공의 안녕과 질서에 중대한 위험을 가져올 수 있는 경우에는 경찰개입의 대상이 된다.

3. 사주소불가침의 원칙

사주소불가침의 원칙이란 경찰이 사인의 주소 내에서 일어나는 행위에 대해서는 개입할 수 없다는 원칙을 말한다. 일반적으로 사주소란 사회와 직접적인 접촉이 없는 개인의 거주장소를 말하며, 여기에는 주택뿐 아니라 연구실·사무실 등도 포함된다. 사주소라도 다수인이 출입하는 장소(예: 흥행장·여관·음식점)는 사주소로 보기 어렵고, 따라서 경찰권발동의 대상이 된다(경직법 7 ②). 사주소는 불가침이 원칙이지만, 사주소 내의 행위가 공공의 안녕이나 질서에 직접 중대한 장해를 가져오는 경우(예: 과도한 소음·악취의 발생행위)에는 경찰개입이 가능하다.

4. 민사관계불간섭의 원칙

경찰은 개인의 민사관계에 개입할 수 없다. 다만 민사상의 행위가 특정 당사자의 이해관계를 넘어 공공의 안녕과 질서에 직접 위해를 가하게 되는 경우에는 경찰개입이 가능하다. 한편, 민사상의 거래에 경찰상 허가를 요하는 경우도 있다(예: 총포화약법 21).

---

* 입법고시(2009년), 행정고시(일반행정)(2006년).

Ⅵ. 경찰책임의 원칙*

1. 의의

경찰책임의 원칙이란 경찰권은 원칙적으로 공공의 안녕과 질서의 위해에 대하여 책임이 있는 자(경찰책임자 또는 교란자)에게 발동되어야 한다는 원칙을 말한다. 모든 국민은 자신의 행위 또는 자신이 지배하는 물건으로 인하여 공공의 안녕과 질서에 위해가 발생하지 않도록 하여야 할 경찰상의 의무를 부담하며, 이러한 의무를 위반하여 위해를 발생시키면 경찰책임자가 되어 경찰권 발동의 대상이 된다.

경찰의무위반으로 인한 경찰책임에는 행위책임과 상태책임이 있으며, 경우에 따라서는 이러한 행위책임과 상태책임이 복합된 형태로 나타나기도 한다. 예외적으로 긴급상태에서 위해방지를 위하여 경찰상 위험발생과 무관한 자에게 경찰권이 발동되는 경우도 있다.

2. 행위책임

(1) 의의

행위책임이란 개인, 즉 자연인이나 법인이 자신의 행위를 통하여 공공의 안녕과 질서에 대한 위해를 야기함으로써 발생되는 경찰책임을 말한다.

행위책임은 경찰법상 공공의 안녕과 질서에 대한 위해를 직접 야기하는 사람의 행위와 관련된 것이다.

행위책임은 적극적인 작위를 통하여 발생하기도 하지만 경우에 따라서는 작위의무가 존재함에도 불구하고 부작위로 인하여 야기되는 경우도 있다.

행위책임은 민사법상의 책임이나 형사상의 책임과는 달리 행위자의 의사능력, 행위능력 및 과실여부와 관계없는 객관적 책임을 의미한다. 또한 행위책임은 자신의 보호·감독 하에 있는 자(보호·감독자의 지시에 종속하는 자)의 행위에 의하여 위해가 발생된 경우에도 인정된다.

(2) 행위책임의 귀속

행위책임이 인정되려면 행위와 발생된 경찰상의 위해 사이에 인과관계가 있어야 하는데, 인과관계의 존부 판단과 관련하여 학설상 조건설, 상당인과관계설, 직접원인제공설 등이 있다.

경찰법상 행위책임은 야기된 객관적인 상태가 문제되는 것이므로 고의·과실과 같은 책임의 조건은 문제되지 아니하고, 또한 민법상의 상당인과관계와는 달리 경찰상 위험에는 예측하기 어려운 예외적인 위험도 있기 때문에 조건설이나 상당인과관계설만으로는 해결하기 어렵다.

* 입법고시(2002년), 행정고시(일반행정)(2010년).

따라서 공공의 안녕과 질서에 대한 위해를 직접 발생시키는 행위만이 경찰책임의 대상이 된다는 직접원인제공설이 타당하고, 이 견해가 오늘날의 지배적인 견해이다. 이 견해에 따르면, 원칙적으로 발생된 위험에 대한 직접적인 원인을 야기하는 자만이 경찰책임을 부담하고 결과발생의 간접적인 원인은 경찰책임과 관련 없는 것으로 배제된다. 다만 직접적으로 위해의 원인을 야기하지는 않았더라도 객관적으로 볼 때 직접원인자의 행위를 의도적으로 야기한 것으로 판단되는 목적적 원인제공자도 행위책임자로서 경찰책임을 부담한다(예: 상점광고로 많은 사람이 모여 교통장해를 야기한 경우 모여든 군중은 직접적 원인자로서, 그리고 상점주인은 목적적 원인제공자로서 경찰권발동의 대상이 된다).

3. 상태책임

(1) 의의

상태책임은 물건의 지배관계를 중심으로 하는 경찰책임이다. 즉 공공의 안녕과 질서에 대한 위해가 개인의 행위가 아니라 물건의 상태로부터 발생하는 경우, 이러한 물건을 점유 또는 소유하거나 일정한 권리를 행사하는 자가 부담하는 경찰책임을 상태책임이라 한다.

이러한 상태책임은 물건의 소유자나 점유자 등의 주관적인 책임과는 관계없이 물건의 상태로부터 발생하는 객관적인 위해에 관련되는 것이다. 따라서 자동차의 소유자는 본인의 자동차를 빌린 제3자가 자동차를 불법주차하여 도로교통에 위해를 발생시킨 경우 경찰법상의 상태책임을 부담하게 된다.

상태책임이 인정되려면 물건의 상태와 발생된 위험 사이에 인과관계가 있어야 하는데, 이 경우 인과관계 역시 행위책임의 경우와 같이 직접원인제공설에 따라 판단하면 될 것이다.

(2) 상태책임의 주체

상태책임의 주체는 물건의 소유권자 기타 정당한 권리자이다. 소유권자가 물건을 양도하거나 권리를 포기하면 상태책임이 종료된다. 다만 포기의 경우 소유권자가 여전히 행위책임을 부담하는 경우에는 상태책임이 사후에 소멸될 수도 있다.

한편 정당한 권리자 이외에 물건에 대한 사실상의 지배권을 행사하는 자가 있는 경우 이들도 상태책임을 부담하게 되는데, 이 경우 정당한 권리자도 상태책임을 부담한다. 다만 자신의 처분권이 법적·사실적으로 미치지 않는 범위(예: 도난·압류 등)에서는 상태책임이 없다. 물건의 소유자 등이 고의로 물건에 대한 소유권이나 지배권을 포기하여 이른바 '주인 없는 물건'으로부터 공공의 안녕과 질서에 대한 위해가 발생하는 경우에는 상태책임자로서의 책임을 상실하지 않는다.

(3) 상태책임의 범위

상태책임은 원칙적으로 객관적인 경찰책임이므로 그 원인과 방식과는 무관하게 인정된다. 따라서 물건의 소유권자 등은 원인에 관계없이 자신의 물건의 상태로 인한 위험에 대하여 책임을 부담한다. 따라서 소유자 등에게 예상할 수 없거나 위해를 방지할 수 없는 예외적인 상황에서 위험이 발생하는 경우(예: 전쟁 중 폭격으로 인한 건물붕괴 위험 또는 유조차 전복으로 인한 지하수오염 위험이 발생한 경우)에도 원칙적으로 소유자 등은 상태책임을 부담한다.

4. 다수의 책임자의 경우

(1) 다수의 행위책임자

경찰상 위험이 다수의 행위에 의하여 발생한 경우(다수의 행위책임자), 경찰행정청은 재량에 따라 행위책임자 모두에게 또는 그 중 일부에 대해서만 경찰권을 발동할 수 있다.

이 경우 원칙적으로 위험이나 장해를 가장 신속하고 효과적으로 제거할 수 있는 자에게 경찰권이 발동되어야 한다. 일반적으로 장소적으로나 시간적으로 위험에 가장 근접해 있는 자가 경찰권발동의 대상이 될 것이다.

(2) 다수의 상태책임자

다수의 상태책임자가 있는 경우에도 경찰행정청은 재량에 따라 경찰권발동의 대상을 선택할 수 있다. 경찰행정청은 물건의 소유권자 기타 정당한 소유자에게 또는 사실상의 지배권자에게 또는 양자 모두에게 경찰권을 발동할 수 있다. 경찰권의 발동은 경제적인 이행능력이 있는 자에게 우선적으로 발동되는 것이 합리적이겠으나, 부득이한 경우 그렇지 않은 자에게도 발동될 수 있다.

(3) 책임자의 경합

행위책임과 상태책임이 경합되는 경우 행위책임자가 우선적으로 경찰권발동의 대상이 된다는 견해가 있으나, 이 경우에도 경찰행정청의 적법·타당한 선택재량권 행사에 따라 결정되어야 할 것이다.

(4) 상환청구

경찰권발동의 대상이 된 책임자는 그렇지 않은 다른 책임자에게 비용의 일부의 상환을 요구할 수 있을 것인가 하는 것이 문제이다.

이에 대해서는 ① 민법상 연대책임자 간의 책임분담에 관한 규정과 법리를 유추적용하여 비용상환청구가 가능하다는 견해(긍정설),[11] ② 다수의 책임자는 연대채무자로서 책임을 지는 것이 아니라 각각 책임을 지는 것이므로 민법상 연대채무 간의 구상규정을 유추적용 할 수 없다는 점에서 비용상환청구가 불가능하다는 견해(부정설),[12] ③ 각 행위자에게 부과된 의무내용이 동일하지 않은 경우에는 다른 경찰책임자에게 비용상환청구권이 인정되지 않지만, 각 행위자 등에게 부과되어 있는 의무내용들이 서로 동일한 경우에는 민법상의 연대채무자간의 내부구상권은 유추적용될 수 있다는 견해(절충설)[13]가 있다. ④ 다수의 행위자들은 각각의 경찰책임을 부담하는 것이라는 점, 그리고 경찰권의 발동으로 책임자가 정해지는 것으로 보아야 하는 점에서 부정설이 타당하다.

5. 행정기관의 책임 *

행정기관의 행위나 그들이 사용하고 있는 물건에 의하여 경찰상 위험이 발생한 경우 경찰행정청은 이 행정기관에 대하여 경찰권을 발동할 수 있는가 하는 것이 문제이다.

이에 대하여는 부정설이 지배적인 견해이다. 경찰행정청이 다른 행정기관에 대하여 경찰권을 발동하는 것은 다른 행정기관의 관할권을 침해하는 것이 되며 이는 결국 다른 행정기관의 상급기관으로서의 지위를 가지게 되기 때문이라는 것이다. 따라서 경찰행정청은 다른 행정기관이 경찰상 위해를 야기하더라도 적극적으로 경찰권을 발동할 수 있는 것이 아니라 단순한 위해야기에 대한 경고나 통보 등으로 경찰권행사가 제한된다.

그러나 소수설로서 모든 국가기관의 활동이 동가치적으로 볼 수 없기 때문에 다른 행정기관의 임무수행과 경찰상의 목적을 비교형량하여 후자의 이익이 더 큰 경우에 개입이 제한적으로 허용된다는 긍정설도 있다.[14]

6. 경찰책임의 승계 **

(1) 의의

경찰책임의 승계는 원래의 행위책임자 또는 상태책임자에게 부과된 경찰책임이 상속인이나 물건의 양수인에게 이전되는 것을 말한다.

원래 경찰책임은 일신전속적인 성격의 국가작용이므로 타인에게 이전되는 것은 원칙적으로

* 5급공채(일반행정)(2013년).

** 사법시험(2000년).

11) 박균성, 행정법강의, 1378~1380면.

12) 홍정선, 행정법특강, 1017~1018면.

13) 류지태/박종수, 행정법신론, 1010면.

14) 류지태/박종수, 행정법신론, 1004면 이하 참조.

인정되지 않는다. 승계가 부인될 경우 경찰작용의 실효성을 담보하기 어렵다는 문제가 있다. 즉 경찰책임의 승계가 인정되지 않으면 이전의 책임자에게 발하여진 경찰하명 등을 취소하고 다시 동일한 내용의 경찰하명을 상속인이나 양수인에게 발하여야 하는데, 이는 공공의 안녕과 질서에 대한 위해를 신속히 제거해야 하는 경찰행정작용의 이념에 부합하지 못하는 것이며, 경찰책임자로 하여금 자신의 재산을 양도하여 경찰처분 등을 회피할 수 있는 길을 열어주는 것이 될 수도 있다. 이에 따라 오늘날 경찰책임의 승계가능성이 논의되고 있다.

(2) 행위책임의 승계

이에 대하여는 ① 행위책임은 원칙적으로 특정인에 대한 것이므로 승계가 인정되지 않는다는 견해(승계부정설)가 다수설이다. 다만 상속은 포괄적인 승계이므로 행위책임도 원칙상 상속인에게는 승계된다고 보아야 할 것이다. ② 한편 경찰하명에 의하여 부과된 의무가 비대체적 성격을 가지면 승계가능성이 부인되고, 대체적 성격을 가지면 승계가 인정된다는 견해도 있다.[15] ③ 생각건대 공공의 안녕과 질서를 깨뜨리는 행위책임은 특정인의 고유한 행위에 따른 책임이므로 위험을 야기한 자에게만 문제된다고 보아야 할 것이라는 점에서 승계부정설이 타당하다.

(3) 상태책임의 승계

상태책임의 승계에 대하여는 승계긍정설, 신규책임설, 개별검토설 등이 대립되고 있다.

① 승계긍정설: 지배적인 견해로 상태책임은 물건의 상태와 관련된 책임이기 때문에 승계가 원칙적으로 인정된다는 견해이다.[16]

② 신규책임설: 상태책임은 물적 책임이므로 물건의 양수인은 양수 후에 경찰상 위해가 계속되는 한 상태책임을 진다고 하면서도, 이 경우 양수인이 상태책임을 지는 것은 양도인의 상태책임이 승계되어서가 아니라 경찰상 위해가 있는 물건을 소유 또는 지배하고 있기 때문에 새로이 상태책임을 지는 것이라고 보는 견해이다. 이 설은 이 경우에도 양도인은 상태책임을 면하는 것이 아니라 여전히 상태책임을 부담한다고 본다.[17]

③ 개별적 판단설: 포괄승계와 특별승계, 구체적 책임의 승계와 추상적 책임의 승계를 구분하여 개별적으로 판단하여야 한다는 견해이다. 이 견해는 포괄승계·구체적 책임의 경우에만 승계가 된다는 견해이다.[18]

④ 상태책임은 물건의 상태와 관련된 것이므로 승계긍정설이 타당하다.

---

15) 정하중, 행정법개론, 1127면.
16) 홍정선, 행정법특강, 1019~1020면
17) 박균성, 행정법강의, 1381~1382면.
18) 김남진/김연태, 행정법 II, 286면.

7. 경찰상 긴급상태

(1) 의의

경찰상의 긴급상태(polizeilicher Notstand)란 공공의 안녕이나 질서에 대한 위험의 극복을 위해 원래의 경찰책임자가 아닌 제3자에게 예외적으로 경찰권이 발동되는 상태를 말한다.

이러한 경찰상 비책임자인 제3자에 대한 경찰권발동은 제3자의 신체와 재산 등에 대한 상당한 정도의 침해를 수반하는 것이므로, 이 경우 경찰권을 발동함에 있어서는 비례의 원칙을 준수하여야 하며 가능한 한 법적 근거가 요구된다. 또한 제3자가 이로 인하여 재산상의 손실을 입은 경우에는 법률이 정하는 바에 따라 손실보상을 해 주어야 한다.

(2) 요건

경찰상 긴급상태로 인한 경찰권발동의 요건으로는 ① 공공의 안녕과 질서에 대한 위해가 이미 발생하였거나 또는 임박하여야 하고, ② 경찰책임자에 대한 경찰권발동이 불가능하거나 무의미하여야 하며, ③ 이상의 요건이 충족되더라도 비례원칙상 제3자인 경찰비책임자에 대한 경찰권발동이 기대가능한 것이어야 하고, ④ 이 경우 경찰권의 발동은 법적 근거가 있어야 하고 제3자가 입게 되는 손실에 대한 보상규정이 있어야 한다.

제 5 편

공물법 · 영조물법 · 공기업법

제 1 장 공물법

제 1 절 개설

Ⅰ. 공물의 의의

공물은 관습법을 포함하여 법령이나 국가, 지방자치단체 등의 행정주체에 의하여 직접 공적 목적에 제공된 물건을 말한다. 공물의 개념을 나누어 고찰하면 다음과 같다.

1. 물건

공물은 물건이다. 따라서 행정주체에 의하여 공적 목적에 제공되는 인적·물적 시설의 종합체인 영조물(예: 국공립학교, 도서관 등)과 구별된다. 영조물 중 물적 시설은 공물이다.

공물에는 유체물뿐 아니라 무체물이나 집합물도 포함된다.[1] 전기, 유수(流水), 대기 등의 무체물도 관리가 가능하므로 직접 공적 목적에 제공된 경우에는 공물로 볼 수 있다. 집합물이란 다수의 공물이 집합하여 하나의 일체로 취급되는 물적 시설(예: 도서관, 공원, 도로 등)인데, 이 경우 다수의 공물을 분리하여 별도로 고찰하는 것은 사실상 불가능하며, 무의미하다.

2. '직접' 공적 목적에 제공된 물건

공물은 그 사용가치에 의하여 직접 공적 목적에 제공된 물건으로, 재정재산과 구별된다. 재정재산(예: 국유의 임야, 광산 등)은 재산상의 가치나 수익을 통해 간접적으로 공적 목적에 기여하는 물건이다.

3. '행정주체에 의하여' 공적 목적에 제공된 물건

공물은 국가, 지방자치단체 등의 행정주체에 의하여 공적 목적에 제공된 물건으로, 이 때 공적 목적에의 제공은 공용지정이라는 법적 행위를 통하여 이루어진다. 사인이 자신의 물건을 사실

1) 김동희, 행정법Ⅱ, 261면; 박균성, 행정법강의, 1235면; 정하중, 행정법개론, 1153면.

상 공적 목적으로 제공하고 있는 것만으로는 공물이 될 수 없고, 그 물건에 대하여 공용지정이 있으면 공물이 된다.

Ⅱ. 공물의 종류

1. 목적에 의한 분류

공물은 그 목적에 따라 ① 공물 중 직접 일반 공중의 공동사용에 제공되는 '공공용물'(도로·공원·하천·항만·영해·해빈 및 이들의 부속물건, 국유재산법과 공유재산 및 물품관리법(공유재산법)상의 공공용재산), ② 행정주체가 직접 자신의 사용에 제공한 '공용물'(관공서의 청사·교도소·소년원·등대 등 일반행정용의 공용물, 관사 등 공무원용의 공용물, 병기·요새·연병장 등 군용의 공용물 등), ③ 공공용 또는 공용에 제공되는 것은 아니지만, 중요문화재, 천연기념물과 같이 그 물건 자체의 보존을 목적으로 하는 '공적 보존물(=보존공물)'로 분류할 수 있다.

이상의 세 가지 공물은 그 구체적인 목적의 차이로 인하여 법적 성질, 성립 절차 및 이용 관계 등에 있어서 차이가 있다. 예컨대, 공공용물은 공용물보다 공법적 특수성이 강하다. 이에 비하여 공적 보존물은 공익적 관점에서 물건 자체의 보존을 목적으로 하기 때문에 그 한도 내에서 공법적 특수성을 갖는 데 그친다.

2. 성립과정에 의한 분류

공물은 그 성립과정의 차이에 따라 ① 자연적 상태에서 이미 공적 목적에 제공될 수 있는 실체를 갖추고 있는 '자연공물'(예: 하천, 해변 등)과 ② 행정주체가 인공을 가하여 공적 목적에 제공함으로써 비로소 공물이 되는 '인공공물'(예: 도로, 광장, 정부의 청사 등)로 분류할 수 있다.

3. 소유권의 귀속주체에 따른 분류

공물은 그 소유권자를 기준으로 ① 물건의 소유권이 국가에 있는 '국유공물(예: 국유의 도로, 항만 등)', ② 지방자치단체에 있는 '공유공물'(예: 지방자치단체 소유의 사무용 건물), ③ 사유지상의 도로나 사유의 중요문화재와 같이 소유권은 사인에게 있으나, 행정주체에 의하여 공적 목적에 제공되는 '사유공물'(예: 공도(公道)로 지정된 사인소유의 토지)로 구분할 수 있다.

4. 소유권자와 관리주체의 관계에 따른 분류

공물의 소유권자와 공물의 관리주체의 동일성 여부를 기준으로 ① 공물의 관리주체와 소유권자가 동일한 '자유공물'(예: 국가소유의 사무용 건물)과 ② 공물의 관리주체 이외의 자가 그 물건의 소유권을 갖고 있는 '타유공물'(예: 국가가 사무용 건물로 임차한 사인소유의 건물)로 구분할 수 있다.

5. 공물의 관리가 법정되어 있는지 여부에 따른 분류

이는 공공용물에 한정된 분류방법이다. 공공용물은 그 관리를 위한 공물관리법의 제정 여부에 따라 ① 국가하천이나 지방하천 또는 고속도로·일반국도·특별시도·광역시도·지방도·시도·군도·구도(區道)와 같이 하천법이나 도로법 등 공물관리법이 적용되거나 준용되는 '법정(法定)공물'과 ② 소하천 등과 같이 공물관리법이 관리의 대상으로 하지 않거나, 특정 광장과 같이 국가 등이 설치하여 공공용에 제공하고 있으나 아직 이를 관리하기 위한 공물관리법이 제정되지 않은 '법정외(法定外)공물'로 구분된다.

6. 예정공물

장래에 어떠한 물건을 공적 목적에 제공할 것임을 정하는 의사표시를 공물의 예정이라고 하며, 그 물건을 '예정공물'이라 한다(예: (구) 하천법(2015.8.11. 법률 제13493호로 개정되기 전의 것) 제11조에 따른 하천예정지). 공용지정은 있었으나 형체적 요소를 갖추지 못하여 현실적으로 공용되고 있지 않은 물건도 예정공물에 해당한다고 본다. 예정공물은 공물에 준하여 취급한다.

[판례] 예정공물의 법적 지위

"이 사건 토지에 관하여 도로구역의 결정, 고시 등의 공물지정행위는 있었지만 아직 도로의 형태를 갖추지 못하여 완전한 공공용물이 성립되었다고는 할 수 없으므로 일종의 예정공물이라고 볼 수 있는데, … 예정공물인 토지도 일종의 행정재산인 공공용물에 준하여 취급하는 것이 타당하다고 할 것이므로 (구) 국유재산법(1994.1.5. 법률 제4698호로 개정되기 전의 것) 제5조 제2항이 준용되어 시효취득의 대상이 될 수 없다(대판 1994.5.10, 93다23442)."

제 2 절 공물의 성립과 소멸*

Ⅰ. 공물의 성립

특정한 물건이 공물로서의 성질을 취득하는 것을 공물의 성립이라 한다. 공물의 성립요건은 공공용물·공용물·공적 보존물에 따라 차이가 있다.

* 행정고시(재경)(2008년).

1. 공공용물의 성립

(1) 형체적 요소

공공용물이 성립하기 위해서는 그 물건이 일반공중의 사용에 제공될 수 있는 형체적 요소가 필요하다. 이는 주로 자연공물이 아닌 인공공물에서 문제된다. 자연공물은 자연적 상태 그대로 일반공중의 사용에 제공될 수 있으므로 형체적 요소를 갖추기 위한 특별한 행위가 별도로 필요하지 않으나, 인공공물은 토지 기타의 물건에 공사를 시행하여 일정한 시설을 갖추어 일반공중이 사용할 수 있는 형태를 갖추어야 한다. 이러한 형체적 요소를 갖추지 못한 물건은 공물로 지정되어도 예정공물에 지나지 않는다.

(2) 공용지정(의사적 요건)

1) 의의

공공용물이 성립하기 위해서는 공용지정이 필요하다. '공용지정(Widmung)'이란 어떠한 물건을 공적 목적에 제공한다는 것과 이로 인하여 특별한 공법상의 이용질서가 적용된다는 것을 선언하는 법적 행위를 말한다. '공용개시'라고도 한다.

2) 공용지정의 형식

(가) 법령에 의한 공용지정

어떠한 물건이 법령상 정하고 있는 요건을 충족함에 따라 당연히 공법상의 특별한 지위에 놓이게 되는 경우를 말한다. 공법적인 지위를 설정하는 법령에는 형식적 의미의 법률(예: 하천법 2 3호 가목, 나목, 다목), 법규명령(예: 하천법 2 3호 라목), 자치법규 그리고 관습법이 포함된다.

> [판례] 자연상태의 하천이 행정재산이 되기 위한 요건
>
> "하천이 통상 자연적 상태에 의하여 공물로서의 성질을 가진다고 하더라도, 그 종적 구간과 횡적 구역에 관하여 <u>행정행위나 법규에 의한 공용지정이 이루어져야 비로소 국가가 공공성의 목적과 기능을 수행하기 위하여 필요한 행정재산이 된다</u>고 할 것이다(대판 1999.5.25, 98다62046)."

(나) 행정행위에 의한 공용지정

행정행위에 의한 공용지정(예: 도로법 제25조에 의한 도로구역의 결정고시, 하천법 제10조에 의한 하천구역의 결정 등)은 공용지정 중 가장 일반적이고 중요한 형식이다. 이는 직접 물건의 성질이나 상태를 규율하고, 간접적으로 물건의 소유자, 사용자 또는 관리인에게 법적 효과를 발생시키는 물적 행정행위의 성질을 가진다.

[판례] 도로가 행정재산이 되기 위한 요건

"구 국유재산법(2009.1.30. 법률 제9401호로 전부 개정되기 전의 것)상 행정재산은 국가 소유의 재산으로서 그 종류로는 공용재산, 공공용재산, 기업용재산이 있고, 공공용재산은 국가가 직접 그 공공용으로 사용하거나 사용하기로 결정한 재산을 말하며(구 국유재산법 제4조 제2항), 그 중 도로와 같은 인공적 공공용 재산은 법령에 의하여 지정되거나 행정처분으로써 공공용으로 사용하기로 결정한 경우 또는 행정재산으로 실제로 사용하는 경우의 어느 하나에 해당하여야 비로소 행정재산이 되는 것이다. 특히 도로는 도로로서의 형태를 갖추고, 도로법에 따른 노선의 지정이나 인정의 공고 및 도로구역 결정·고시를 한 때 또는 국토계획법이나 도시정비법이 정한 절차를 거쳐 도로를 설치하였을 때에 공공용물로서 공용개시행위가 있다고 할 수 있다(대판 2013.6.27, 2011두22419 [사업시행인가처분일부취소])."

(3) 권원의 취득

공용지정을 위하여 행정주체는 그 물건에 대한 정당한 권원(=처분권)을 가지고 있어야 한다. 행정주체는 자신이 소유하고 있는 토지 등의 물건에 대하여는 임의로 공용지정을 할 수 있으나, 타인의 소유에 속하는 물건에 대하여는 법률에 특별한 규정이 없는 한 먼저 그 물건에 대하여 매매계약이나 공용수용 등에 의하여 소유권을 획득하거나 그에 대한 지상권·임차권 등 기타의 제한적 처분권을 취득하거나 소유권자의 동의를 얻어야 한다.

아무런 권원 없이 행한 공용지정은 위법한 것으로 소유자는 손해배상·부당이득반환 또는 결과제거로서 원상회복을 청구할 수 있다. 다만, 사인의 부지가 이미 사실상 도로 등 공용에 제공되고 있어 원상회복의 기대가능성이 없는 경우가 발생할 수 있다.

[판례] 권원 없이 타인의 토지를 도로로 점유하고 있는 경우 부당이득의 성립 여부

"지방자치단체가 도시계획법 또는 도로법상의 수용절차 등 적법한 보상절차를 밟지 아니하고 토지를 도로부지로 점유하고 있다면 위 도로가 일반국도로 노선이 지정되었고 도로법의 적용을 받는 도로인지의 여부에 관계없이 토지소유자와의 사이에서는 법률상 원인 없이 이를 점유사용하고 있는 것이라 할 것이고, 도로를 구성하는 부지에 관하여는 도로법 제5조에 의하여 사권의 행사가 제한된다고 하더라도 이는 도로법상의 도로에 관하여 도로로서의 관리, 이용에 저촉되는 사권을 행사할 수 없다는 취지이지 부당이득반환청구권 행사를 배제하는 것은 아니다(대판 1993.8.24, 92다19804)."

[판례] 권원 없이 타인의 토지를 도로로 점유하고 있는 경우 원상회복청구권의 행사 여부

"도로를 구성하는 부지에 대하여는 사권을 행사할 수 없으므로 그 부지의 소유자는 불법행위를

원인으로 하여 손해배상을 청구함은 별론으로 하고 그 부지에 관하여 그 소유권을 행사하여 인도를 청구할 수 없다(대판 1968.10.22, 68다1317).”

[판례] 토지의 원소유자가 토지의 일부를 도로부지로 무상 제공한 경우 특정승계인의 부당이득반환 청구권 행사 여부

“토지의 원소유자가 토지의 일부를 도로부지로 무상 제공함으로써 이에 대한 독점적이고 배타적인 사용수익권을 포기하고 이에 따라 주민들이 그 토지를 무상으로 통행하게 된 이후에 그 토지의 소유권을 경매, 매매, 대물변제 등에 의하여 특정승계한 자는 그와 같은 사용·수익의 제한이라는 부담이 있다는 사정을 용인하거나 적어도 그러한 사정이 있음을 알고서 그 토지의 소유권을 취득하였다고 봄이 상당하므로 도로로 제공된 토지 부분에 대하여 독점적이고 배타적인 사용수익권을 행사할 수 없고, 따라서 지방자치단체가 그 토지의 일부를 도로로서 점유·관리하고 있다고 하더라도 그 자에게 어떠한 손해가 생긴다고 할 수 없으며 지방자치단체도 아무런 이익을 얻은 바가 없으므로 이를 전제로 부당이득반환청구를 할 수 없다(대판 1998.5.8, 97다52844).”

(4) 공용지정의 하자

공용지정이 법령의 형식에 의하여 행하여지는 경우에 하자 있는 공용지정은 무효에 해당한다.

공용지정이 행정행위의 형식에 의하여 행하여지는 경우에는 중대명백설에 따라 하자가 중대하고 명백한 경우에는 무효이고, 그 외의 경우에는 취소사유가 된다고 할 것이다.

하자있는 공용지정으로 권리가 침해된 자는 이를 항고소송으로 다툴 수 있으나, 이미 당해 물건이 공용에 제공되고 있는 경우에는 사정판결을 할 수도 있을 것이다.

2. 공용물의 성립

공용물이 성립하기 위해서는 ① 먼저 형체적 요소가 필요하다. ② 공용물의 경우 공용지정이 필요한가에 대해서는, 이를 긍정하는 견해도 있으나,[2] 공용물은 행정주체가 자기의 사용에 제공하는 물건이므로 공용지정을 필요로 하지 않는다는 것이 통설이다.[3] ③ 행정주체는 당해 물건에 대하여 정당한 권원을 가져야 한다.

3. 공적 보존물의 성립 *

공적 보존물은 ① 일정한 형체적 요소를 갖추는 것 외에 ② 직접 법령의 규정 또는 법령에

* 행정고시(재경)(2008년).

2) 홍정선, 행정법특강, 1036면.

3) 김동희, 행정법Ⅱ, 270면; 박균성, 행정법강의, 1242면; 정하중, 행정법개론, 1159면.

근거한 공용지정이 필요하다. ③ 공적 보존물은 물건 자체의 보존에 목적이 있으므로 그 물건에 대한 권리의 본질을 해치는 것이 아니다. 그러나 공적 보존물로 지정되는 경우에는 공물로서 일정한 제한을 받기 때문에 관련 법률은 그 지정의 취지를 관보에 고시하고, 지체 없이 소유자 등에게 통지하도록 규정하고 있다[문화유산의 보존 및 활용에 관한 법률(문화유산법) 28 ①].

Ⅱ. 공물의 소멸*

공물이 공물로서 성질을 상실하는 것을 공물의 소멸이라고 한다. 공물은 일반적으로 형체적 요소의 소멸과 공적 목적에의 제공을 폐지시키는 법적 행위인 '공용폐지(Entwidmung)'에 의하여 소멸된다. 공물의 소멸사유도 공물의 성립과 같이 공공용물·공용물 및 공적 보존물에 따라 차이가 있다.

1. 공공용물의 소멸

(1) 자연공물

① 지배적인 견해는 자연공물이 공용지정 없이 자연적 상태로서 당연히 공물로서의 성질을 취득하는 것이라면 자연적 상태에서 영구확정적으로 멸실되면 행정주체의 공용폐지라는 별도의 의사표시가 없어도 당연히 공물로서의 성질을 상실한다는 입장이다.[4] ② 반면에 판례는 자연공물의 경우에도 형체적 요소가 소멸되었다고 할지라도 공용폐지가 있어야 비로소 공물로서의 성질이 소멸된다는 입장이다. ③ 자연공물이 가지는 공익성을 고려하면 판례의 입장이 타당하다.

[판례1] 자연공물인 국유하천부지의 소멸요건

"국유 하천부지는 자연의 상태 그대로 공공용에 제공될 수 있는 실체를 갖추고 있는 이른바 자연공물로서 별도의 공용개시행위가 없더라도 행정재산이 되고 그 후 본래의 용도에 공여되지 않는 상태에 놓여 있더라도 국유재산법령에 의한 용도폐지를 하지 않은 이상 당연히 잡종재산으로 된다고는 할 수 없으며…(대판 2007.6.1, 2005도7523)."

[판례2] 자연공물인 빈지의 소멸요건

"빈지는 만조수위선으로부터 지적공부에 등록된 지역까지의 사이를 말하는 것으로서 자연의 상태 그대로 공공용에 제공될 수 있는 실체를 갖추고 있는 이른바 자연공물이고, 성토 등을 통하여 사실상 빈지로서의 성질을 상실하였더라도 국유재산법령에 의한 용도폐지를 하지 않은 이상 당연히 시효취득의 대상인 잡종재산으로 된다고 할 수 없다(대판 1999.4.9, 98다34003)."

* 5급공채(재경)(2012년).

4) 김동희, 행정법Ⅱ, 271면; 김철용, 행정법(Ⅱ), 366면.

(2) 인공공물*

인공공물은 공용폐지에 의하여 공물의 성질을 상실한다.

그러나 인공공물에 있어서 그 형체가 영구확정적으로 멸실되어 그 회복이 사회관념상 불가능하게 된 경우에 별도로 공용폐지 없이 공물의 성질을 상실하는지 여부에 대하여는 ① 인공공물이 사회관념상 회복이 불가능할 정도로 형체적 요소를 상실하면 공물로서의 성질을 상실한다는 견해[5]와 ② 형체적 요소의 소멸은 다만 공용폐지의 사유가 될 뿐이라는 견해[6]의 대립이 있다. ③ 판례는 공물의 성질이 상실되었다고 보려면 형체적 요소가 상실되는 것 뿐 아니라 적어도 묵시적 공용폐지가 있었다고 인정될 수 있어야 한다는 입장이다. ④ 생각건대 공물이 가지는 공익적 성격을 고려하면 형체적 요소가 상실되었다 하더라고 어떠한 방식으로든 공용폐지의 의사표시가 있어야 한다는 점에서 판례의 입장이 타당하다.

공용폐지의 의사표시는, 법령에서 공용폐지의 명시적 의사표시를 필요로 한다면 이에 따라야 하고(예: 자연공원법 8, 도로법 39), 법령상 특별한 규정이 없는 경우에는 법률관계를 명확히 할 필요가 있다는 점에서 원칙적으로 명시적인 공용폐지의 의사표시가 있어야 하지만, 예외적으로 주변의 사정을 보아 객관적으로도 공용폐지에 대한 의사가 존재함을 추측할 수 있는 경우에는 묵시적 의사표시가 있는 것으로 볼 수 있을 것이다.

[판례1] 공용폐지의 의사표시 방법 및 그에 대한 입증책임

"공용폐지의 의사표시는 명시적 의사표시뿐만 아니라 묵시적 의사표시이어도 무방하나 적법한 의사표시이어야 하고, 행정재산이 본래의 용도에 제공되지 않는 상태에 놓여 있다는 사실만으로 관리청의 이에 대한 공용폐지의 의사표시가 있었다고 볼 수 없고, 원래의 행정재산이 공용폐지되어 취득시효의 대상이 된다는 입증책임은 시효취득을 주장하는 자에게 있다(대판 1999.1.15, 98다49548)"

[판례2] 공물의 공용폐지에 관하여 국가의 묵시적 의사표시가 있는지 여부의 판단 기준

"공물의 공용폐지에 관하여 국가의 묵시적인 의사표시가 있다고 인정되려면 공물이 사실상 본래의 용도에 사용되고 있지 않다거나 행정주체가 점유를 상실하였다는 정도의 사정만으로는 부족하고, 주위의 사정을 종합하여 객관적으로 공용폐지 의사의 존재가 추단될 수 있어야 한다(대판 2009.12.10, 2006다87538)."

* 사법시험(2012년).

5) 김남진/김연태, 행정법Ⅰ, 361면; 홍정선, 행정법특강, 1040면.

6) 김동희, 행정법Ⅱ, 271~272면; 박윤흔/정형근, 최신행정법강의(하), 428면; 정하중, 행정법개론, 1161면.

2. 공용물의 소멸

① 공용물은 형체적 요소의 소멸이나 행정주체의 사실상 사용의 폐지에 의하여 소멸하며, 별도의 공용폐지를 필요로 하지 않는다는 것이 다수설이다. ② 반면에 판례는 공용물의 소멸에도 명시적 또는 묵시적 공용폐지가 필요하다는 입장이다. ③ 공용물의 공익성을 고려하면 판례의 입장이 타당해 보인다.

[판례] 행정재산이 본래의 용도에 사용되지 않는 것을 공용폐지의 묵시적 의사표시로 볼 수 있는지의 여부

"행정재산에 대한 공용폐지의 의사표시는 명시적이든 묵시적이든 상관이 없으나 적법한 의사표시가 있어야 하고, 행정재산이 사실상 본래의 용도에 사용되지 않고 있다는 사실만으로 용도폐지의 의사표시가 있었다고 볼 수는 없으므로 행정청이 행정재산에 속하는 1필지 토지 중 일부를 그 필지에 속하는 토지인줄 모르고 본래의 용도에 사용하지 않는다는 사실만으로 묵시적으로나마 그 부분에 대한 용도폐지의 의사표시가 있었다고 할 수 없다(대판 1997.3.14, 96다43508)"

3. 공적 보존물의 소멸*

공적 보존물은 행정주체의 지정해제의 의사표시에 의하여 공물의 성질을 상실한다. 행정주체는 공적 보존물이 그 가치를 상실한 경우 또는 공익상의 특별한 사유가 있을 경우에는 그 지정을 해제할 수 있다(문화유산법 31, 전통사찰의 보존 및 지원에 관한 법률 5).

공적 보존물의 형체적 요소가 멸실되는 경우에 공물로서 성질을 상실하는지 여부에 관하여는 ① 형체적 요소의 소멸로 공물로서의 성질을 상실한다는 견해[7]와 ② 형체적 요소의 소멸은 다만 공용폐지의 사유가 될 뿐이라는 견해[8]가 대립된다. ③ 공적 보존물은 물건 자체의 보존에 목적이 있으므로 형체적 요소가 소멸되면 공물의 성질을 상실한다고 볼 수도 있겠으나, 공적 보전물의 경우 복원가능성이 존재하며 이를 위하여 공물로서의 성질을 유지할 필요도 있다고 생각된다. 나아가 문화유산법 제31조가 문화재의 지정을 해제할 필요가 있을 때 문화유산위원회의 심의를 거쳐 지정을 해제하도록 규정하고 있는 취지를 고려하면, 공적 보존물의 형태적 요소의 소멸을 공적 보존물의 당연소멸사유로 보는 것은 적절치 않아 보인다.

* 행정고시(재경)(2008년).

7) 홍정선, 행정법특강, 1041면.

8) 박균성, 행정법강의, 1244면; 정하중, 행정법개론, 1163면.

제 3 절 공물의 법적 특색*

Ⅰ. 개설

공물은 직접 공적 목적에 사용되는 것이므로 이에 필요한 범위 내에서 공법적 규율을 받는다. 그런데 공법적 규율과 관련하여 공물에는 공법만 적용되는 것인지, 아니면 사법이 원칙적으로 적용되나 공적 목적의 달성을 위하여 필요한 범위 내에서만 공법이 적용되는 것인지가 문제이다.

Ⅱ. 공물상의 권리의 성질

1. 공소유권설

이 설은 공물이 가지는 공공성을 중시하여 공물에 대한 사법의 적용을 배제하고 공물에 대한 사권의 성립을 전적으로 부정하며 오로지 공물을 공법의 적용을 받는 공소유권의 대상으로만 보는 입장이다. 공소유권설은 오토 마이어(Otto Mayer)에 의하여 주장되었으며, 프랑스 행정법상의 '공물법제(domaine public)'는 공소유권설에 기초하고 있다.

2. 사소유권설

이 설은 공물도 사법의 적용을 받고 사권의 대상이 되는 것이 원칙이나, 공물이 공적 목적에 제공되는 한도 내에서 사법의 적용 및 사권의 행사가 제한된다는 입장이다. 현재 우리나라와 독일·일본의 통설적인 견해이다.

3. 결어

공물법제가 위 두 학설 중 어느 것을 채택할 것인가는 입법정책적으로 결정될 문제이다. 그러나 공물은 사소유권의 대상이 될 수 있는 물건인데 공적 목적에서 여기에 일정한 공법상의 제한을 가하는 것이므로 사소유권설이 타당하다.

도로법은 제4조에서 "도로를 구성하는 부지, 옹벽, 그 밖의 물건에 대하여는 사권을 행사할 수 없다. 다만, 소유권을 이전하거나 저당권을 설정하는 경우에는 사권을 행사할 수 있다."고 규정하여 사소유권설에 입각하고 있다. 한편 하천법은 종래 "하천은 국유로 한다."고 규정하여 공소유

---

* 사법시험(2008년).

권설에 기초하고 있었으나, 2007.4.6. 개정된 하천법은 제4조 제2항에서 ① 소유권을 이전하는 경우, ② 저당권을 설정하는 경우, ③ 하천점용허가를 받아 그 허가받은 목적대로 사용하는 경우를 제외하고 하천을 구성하는 토지와 그 밖의 하천시설에 대하여는 사권을 행사할 수 없도록 규정하여 사소유권설에 입각하고 있다고 할 수 있다.

Ⅲ. 공물의 실정법상 특색

공물은 직접 공적 목적에 제공된 물건으로 그 목적 달성에 필요한 범위 내에서 개별법이 규정하는 바에 따라 사법규정이 배제되고 특수한 공법적 규율을 받는다. 공물에 관한 일반법으로는 국유공물에 관한 국유재산법과 공유공물에 관한 공유재산법이 있고, 그 외에도 개별법으로 하천법, 도로법, 문화유산법 등이 있다. 이하에서는 실정법이 규정하는 공물에 대한 공법적 특색 중 공통적인 것만 살펴본다.

1. 융통성의 제한(처분 등의 제한)

공물은 그 목적 달성에 필요한 범위 내에서 사법상 거래(예: 매매, 증여, 저당권·지상권 등의 설정)의 대상에서 제외되는 경우가 많은데, 이를 불융통성이라 한다. 융통성이 제한되는 정도는 공물의 종류에 따라 달라진다.

① 국유재산법 및 공유재산법은 국·공유재산에 사권설정을 원칙적으로 금지하고(국유재산법 11 ②, 공유재산법 19 ①), 그 용도나 목적에 장애가 되지 않는 범위에서 그 사용이나 수익을 허용하고 있고(국유재산법 30 ①, 공유재산법 20 ①), ② 도로법은 도로를 구성하는 토지 기타의 물건이 사소유권의 대상이 됨을 전제로 하고, 직접 도로의 목적달성을 방해할 우려가 있는 사권의 설정 및 행사를 제한하고 있으며(도로법 4), ③ 문화유산법은 국가지정문화유산에 사권의 설정이나 이전을 인정하는 전제 하에, 국가지정문화유산의 소유자가 변경된 경우 국가유산청장에게 신고하도록 하고 있다(문화유산법 40 ①).

[판례] 지방의회의 의결을 거치지 않은 지방자치단체의 중요 재산 처분행위의 효력(무효)

"구 지방자치법(2021. 1. 12. 법률 제17893호로 전부 개정되기 전의 것, 이하 '구 지방자치법'이라 한다) 제39조 제1항 제6호에서는 지방의회의 의결사항으로 '대통령령으로 정하는 중요 재산의 취득·처분'을 규정하고, 구 지방자치법 시행령(2021. 12. 16. 대통령령 제32223호로 전부 개정되기 전의 것, 이하 '구 지방자치법 시행령'이라 한다) 제36조 제1항에서는 위 '중요 재산의 취득·처분이란 공유재산 및 물품 관리법 시행령 제7조 제1항에 따른 중요 재산의 취득·처분을 말한다.'고 규정한다.

… 구 공유재산 및 물품 관리법 시행령(2022. 4. 20. 대통령령 제32601호로 개정되기 전의 것, 이하 '구 공유재산법 시행령'이라 한다) 제7조 제1항은 구 공유재산법 제10조 제1항에 따른 관리계획에 포함되어야 할 사항에 대해 규정하면서 제2호 (나)목으로 '토지 처분의 경우 1건당 토지 면적이 5천㎡(시·군·자치구의 경우에는 2천㎡) 이상인 토지'로 정하고 있다. … 따라서 지방의회 의결을 받아야 하는 중요 재산의 취득·처분에 해당함에도 지방의회의 의결을 받지 아니한 채 중요 재산에 관한 매매계약을 체결하였다면 이는 강행규정인 지방자치법령에 위반된 계약으로서 무효가 된다(대판 2024.7.11, 2024다211762)."

2. 강제집행의 제한

공물이 민사집행법에 의한 강제집행의 대상이 될 수 있는지에 대하여는 견해가 나뉜다. ① 부정설은 공물에 대한 강제집행이 실현된다면 공물의 목적을 저해할 우려가 있으므로 이를 인정할 수 없다는 입장이다. ② 이에 대하여 긍정설은 공물이라는 이유만으로 당연히 강제집행의 대상에서 제외되는 것은 아니고, 강제집행의 가능성은 융통성을 기준으로 판단하여야 한다는 입장이다. 국유공물과 공유공물은 일반적으로 융통성이 제한되어 있으므로 강제집행의 대상이 될 수 없으나, 사유공물은 융통성이 인정되므로 강제집행이 가능하다고 한다. 현재 긍정설이 통설이다.[9)]

민사집행법 제192조는 "국가에 대한 강제집행은 국고금을 압류함으로써 한다."고 규정하여 국유공물에 대한 강제집행을 인정하고 있지 않다. 사유공물은 강제집행에 의한 소유권의 취득 이후에도 공물로서의 제한은 여전히 존속한다.

3. 시효취득의 제한*

사유공물은 시효취득의 대상이 될 수 있다. 그러나 공법상의 제한은 여전히 존속한다.

한편 국유공물·공유공물도 시효취득의 대상이 되는지에 대하여는 ① 융통성이 있으면 시효취득의 대상이 될 수 있다는 입장(제한적 시효취득설), ② 공물에 대한 완전한 시효취득도 가능하다는 입장(완전시효취득설)도 있으나, ③ 공물의 존재목적 및 이를 위한 관리와 민법이 정하는 기간 동안 소유의 의사로 평온·공연하게 점유한다는 것이 양립될 수 없으므로 공물은 시효취득의 대상이 될 수 없다고 보는 입장(부정설)이 일반적이다.[10)] ④ 판례도 부정설을 취하고 있다. ⑤ (구) 국유재산법 및 (구) 지방재정법은 국·공유재산의 종류를 가리지 않고 "민법 제245조의 규정에도 불구하고

* 사법시험(2001년), 5급공채(재경)(2012년).

9) 김남진/김연태, 행정법 II, 391면; 김동희, 행정법 II, 275~276면; 박윤흔/정형근, 최신행정법강의(하), 438면; 정하중, 행정법개론, 1165면 이하.

10) 정하중, 행정법개론, 1166면 이하.

시효취득의 대상이 되지 않는다."고 하였으나, 헌법재판소는 국·공유 일반재산(과거 잡종재산)을 시효취득에서 배제시키는 조항들을 위헌으로 판결하였다(헌재결 1991.5.13, 89헌가97; 헌재결 1992.10.1, 92헌가6, 7(병합)). 이에 따라 현행 국유재산법(7 ②)과 공유재산법(6 ②)은, 일반재산은 제외하고, 행정재산은 시효취득의 대상이 되지 않는다고 규정하고 있다.

> [판례1] 자연공물의 시효취득 대상 요건
>
> "자연의 상태 그대로 공공용에 제공될 수 있는 실체를 갖추고 있는 이른바 자연공물은 자연력 등에 의한 현상변경으로 공공용에 제공될 수 없게 되고 그 회복이 사회통념상 불가능하게 되지 아니한 이상 공물로서의 성질이 상실되지 않고 따라서 시효취득의 대상이 되지 아니한다(대판 1994.8.12, 94다12593)."

> [판례2] 행정재산의 시효취득 대상 여부
>
> "행정목적을 위하여 공용되는 행정재산은 공용폐지가 되지 않는 한 사법상 거래의 대상이 될 수 없으므로 취득시효의 대상도 될 수 없다(대판 1983.6.14, 83다카181)."

> [판례3] 묵시적으로 공용폐지된 행정재산의 시효취득 인정 사례
>
> "학교 교장이 학교 밖에 위치한 관사를 용도폐지한 후 재무부로 귀속시키라는 국가의 지시를 어기고 사친회 이사회의 의결을 거쳐 개인에게 매각한 경우, 이와 같이 교장이 국가의 지시대로 위 부동산을 용도폐지한 다음 비록 재무부에 귀속시키지 않고 바로 매각하였다고 하더라도 위 용도폐지 자체는 국가의 지시에 의한 것으로 유효하다고 아니할 수 없고, 그 후 오랫동안 국가가 위 매각 절차상의 문제를 제기하지도 않고, 위 부동산이 관사 등 공공의 용도에 전혀 사용된 바가 없다면, 이로써 위 부동산은 적어도 묵시적으로 공용폐지 되어 시효취득의 대상이 되었다고 봄이 상당하다(대판 1999.7.23, 99다15924)."

4. 공용수용의 제한

공물이 공용수용의 대상이 될 수 있는지가 문제된다. ① 부정설은 공물을 수용에 의하여 다른 공적 목적에 제공하는 것은 공물 본래의 목적에 배치되는 것이므로 공물을 다른 공적 목적에 제공하기 위해서는 공용폐지가 선행되어야 한다는 입장이다. 부정설이 다수설이다.[11] ② 이에 대하여 긍정설은 공물은 원칙적으로 공용수용의 대상이 될 수 없지만 보다 중요한 공익사업에 제공할 필요가 있는 예외적인 경우에는 수용의 목적물이 될 수 있다는 입장이다. 즉, 공용폐지가 선행되지 않고도 공용수용의 대상이 될 수 있다고 본다. ③ 판례는 긍정설의 입장이다.

11) 김동희, 행정법Ⅱ, 278면; 정하중, 행정법개론, 1167면.

[판례] 지방문화재로 지정된 토지의 수용대상 여부

"토지수용법은 제5조의 규정에 의한 제한 이외에는 수용의 대상이 되는 토지에 관하여 아무런 제한을 하지 아니하고 있을 뿐만 아니라, 토지수용법 제5조, 문화재보호법 제20조 제4호, 제58조 제1항, 부칙 제3조 제2항 등의 규정을 종합하면 구 문화재보호법(1982. 12. 31. 법률 제3644호로 전문개정되기 전의 것) 제54조의2 제1항에 의하여 지방문화재로 지정된 토지가 수용의 대상이 될 수 없다고 볼 수는 없다(대판 1996.4.26, 95누13241)."

5. 공물의 범위결정 및 경계확정

행정주체 또는 공물의 관리청은 공용지정을 통하여 공물의 범위 또는 경계를 일방적으로 정하는 처분을 할 수 있는 것이 일반적이다(예: 도로구역의 결정 및 고시(도로법 25), 하천구역의 결정(하천법 10) 등). 공물의 범위나 경계를 정하는 것은 공물에 대한 소유권의 범위를 결정하는 것이 아니고, 공적 목적에 제공될 공물의 구체적인 범위를 확정하는 행위이다.

6. 공물과 상린관계(相隣關係)

공적 목적을 달성하여 위하여 관련 법률에서는 공물에 인접한 토지·물건에 대하여 여러 가지 제한을 가하는 규정을 두고 있는 경우가 많다(예: 도로법상의 접도 구역(도로법 40) 및 도로보전입체구역(도로법 45) 등에 대하여 일정한 행위를 제한·금지하거나 일정한 작위의무를 부과하는 것 등). 이와 같은 특별한 규정이 없는 경우에는 민법의 상린관계에 관한 규정(민법 216 이하)이 유추적용 된다고 할 것이다.

7. 공물의 설치·관리상의 하자로 인한 손해배상

공물의 설치나 관리상의 하자로 인하여 타인에게 손해가 발생한 경우에는 민법이 아닌 국가배상법 제5조에 따라 국가나 지방자치단체는 그 손해를 배상하여야 한다.

8. 공물의 등기

자연공물은 등기 없이도 법률의 규정에 의하여(민법 187) 국유로 되는 경우가 많다(공유수면법 2). 그러나 이러한 특별규정이 없으면, 공물인 부동산에 대하여도 부동산등기법에 의한 등기를 하여야 한다.

제 4 절 공물의 관리와 공물경찰

Ⅰ. 공물의 관리

1. 의의

공물법은 공물의 관리기관·관리방법·관리권의 내용 등을 정하고 있다. 이에 따라 공물주체는 공물의 유지·수선·보관 등을 행하고, 이에 필요한 공용부담을 과하며, 공물을 일반공중의 이용에 제공하거나 점용허가를 하고, 공물의 목적달성에 대한 장해사유의 예방 및 제거 등의 행위를 수행한다. 여기에서 공물주체가 공물의 목적을 달성하기 위하여 행하는 일체의 작용을 '공물의 관리'라 한다.

2. 공물관리권 *

(1) 의의 및 성질

공물을 관리하는 공물주체의 권한을 '공물관리권'이라 한다. 공물관리권의 성질과 관련하여서는 ① 공물관리권이 소유권 그 자체의 작용에 불과하다고 보는 소유권설과 ② 공물관리권이 소유권과는 관계없이 공물주체의 공법적 권한에 속하는 물권적 지배권으로 보는 공법상 물권적 지배설이 있는데, ③ 통설과 판례는 공법상 물권적 지배설을 취한다.

> [판례] 도로부지의 소유권 취득 여부와 관계없이 도로 관리청의 도로무단점용자에 대한 변상금 부과 여부
>
> "도로법의 제반 규정에 비추어 보면, 같은 법 제80조의2의 규정에 의한 변상금 부과권한은 적정한 도로관리를 위하여 도로의 관리청에게 부여된 권한이라 할 것이지 도로부지의 소유권에 기한 권한이라고 할 수 없으므로, 도로의 관리청은 도로부지에 대한 소유권을 취득하였는지 여부와는 관계없이 도로를 무단점용하는 자에 대하여 변상금을 부과할 수 있다(대판 2005.11.25, 2003두7194)."

(2) 공물관리권의 행사 형식

공물관리권은 법령의 형식(예: 공물관리규칙)으로 행사할 수도 있고, 법령에 근거한 개별구체적인 형식으로서 행정행위(예: 공물의 사용허가)나 사실행위(예: 도로 등의 공사)등 다양한 형식으로 행사할 수도 있다.

---

* 사법시험(2008년).

(3) 공물관리권의 내용

1) 공물의 범위결정

공물주체는 공물관리권에 근거하여 공물의 범위를 결정할 수 있다(예: 하천구역의 결정(하천법 10), 도로구역의 결정(도로법 25) 등). 공물의 범위결정은 이미 성립된 공물의 범위를 확정하는 확인행위로서, 공용지정과는 다르다.

2) 공용부담특권

공물주체는 공물의 유지 및 관리 등을 위하여 필요한 경우에는 타인의 토지에 출입하거나 일시 사용하거나 기타 필요한 조치 등을 취할 수 있다(도로법 81, 하천법 75).

3) 공물의 유지 · 수선 · 보존

도로 또는 하천의 유지 · 개축 · 수선, 항만시설의 개축 · 보수 · 준설, 문화재의 수리 등이 이에 해당한다. 이 경우에 공물관리에 필요한 대장(臺帳)을 작성하여 보관하고 비치하는 경우가 많다(예: 도로대장의 작성 및 보관(도로법 56), 하천시설에 대한 관리대장의 작성 및 보관(하천법 15) 등).

4) 공물목적에 대한 장해의 방지 · 제거

도로구조의 보전을 위한 차량운행의 제한(도로법 77), 하천의 보전 등을 위한 하천사용의 금지 및 제한(하천법 46, 47) 등이 그 예이다.

5) 공공목적에의 공용 등

공물을 일반공중의 사용에 제공하거나 특정인을 위하여 그 사용권 또는 점용권(예: 도로점용허가, 하천점용허가) 등을 설정하는 작용으로, 공물관리권의 주된 내용을 이루고 있다.

6) 사용료 및 변상금의 부과 · 징수

공물에 대한 사용 또는 점용허가를 받아 이를 사용 또는 점용하는 자에게 그 사용료 등을 징수한다. 공물의 점용허가를 받지 않고 무단으로 점용한 자에게는 그 제재처분으로서 변상금을 부과 한다(도로법 72).

[판례] 국유재산 점용 · 사용허가를 받지 아니한 채 국유재산을 사용한 자에 대하여 국유재산법에 따른 사용료를 부과할 수 있는지 여부(소극)

"(구) 국유재산법(2016.3.2. 법률 제14041호로 개정되기 전의 것) 제32조 제1항에 의하면 행정재산을 사용허가한 때에는 대통령령으로 정하는 요율과 산출방법에 따라 매년 사용료를 징수하고, 공유수면 관리 및 매립에 관한 법률 제13조 제1항에 의하면 공유수면관리청은 점용 · 사용허가나 공유수면의 점용 · 사용협의 또는 승인을 받은 자로부터 대통령령으로 정하는 바에 따라 매년 공유수면

점용료 또는 사용료를 징수하여야 한다.

따라서 국유재산에 대한 사용료 또는 점용료를 부과하기 위해서는, 국유재산의 점용·사용을 허가하였거나 그에 관한 협의 또는 승인이 있었던 경우라야 한다(대판 2017.4.27, 2017두31248[사용료부과처분취소])."

3. 공물관리자

공물의 관리는 공물주체가 스스로 행하는 것이 원칙이다. 그러나 예외적으로 공물관리권을 타인에게 위임하여 공물주체가 아닌 자가 공물의 관리자로 되는 경우도 있다(예: 국가하천의 보수에 관한 공사와 유지·관리를 시·도지사에게 행하게 하거나(하천법 27 ⑥ 단서), 국도의 수선 및 유지에 관한 업무를 시·도지사에게 행하게 하는 것(도로법 23, 31) 등).

4. 공물관리와 비용부담

공물관리에 소요되는 비용은 공물주체가 부담하는 것이 원칙이나, 국가가 관리하는 공물의 관리비용의 전부 또는 일부를 지방자치단체(도로법 87 ①) 또는 관리청이 아닌 자에게 부담시키거나(도로법 92), 지방자치단체가 관리하는 공물의 관리비용을 전부 또는 일부를 다른 지방자치단체에게 부담시키는 경우(도로법 87 ②)도 있다.

5. 공물설치·관리상의 손해배상 및 손실보상

공물의 설치·관리상의 하자로 인하여 타인에게 손해가 발생한 경우에는 사무의 귀속주체인 국가 또는 지방자치단체가 그 손해를 배상하여야 한다(국배법 5). 그러나 비용부담자와 관리자가 다른 경우에 양자 모두 배상책임이 있다(국배법 6).

한편, 공물의 설치·관리를 위하여 타인의 재산에 손실을 입힌 경우에는 그 손실을 보상하여야 한다(도로법 97, 99, 하천법 76, 77). 하천법은 하천구역(지방하천의 하천구역 제외)의 결정 또는 변경으로 그 지역 안의 토지를 종래의 용도로 사용할 수 없어 그 효용이 현저하게 감소한 토지 또는 그 토지의 사용 및 수익이 사실상 불가능한 토지의 소유자에게 매수청구권을 인정하고 있다(하천법 79 ①).

Ⅱ. 공물경찰

1. 의의

공물경찰이란 경찰행정청이 공물과 관련하여 발생되는 공공의 안녕과 질서에 대한 위해를 예방하고 제거하기 위하여 행하는 작용을 말한다. 공물이 일반공중의 사용에 제공되면서 공공의 안녕과 질서에 대한 위해를 야기할 수 있는데, 이러한 한도에서 공물은 경찰권발동의 대상이 된다 (예: 위해방지를 위한 도로통행의 금지 또는 제한조치).

2. 공물관리와 공물경찰과의 구별

동일한 공물에 공물관리권과 공물경찰권이 경합하여 행사되는 경우 이를 구분하는 것이 쉽지 않다. 그러나 공물관리와 공물경찰은 그 목적·권력적 기초·발동범위·위반행위에 대한 제재 및 강제수단이 서로 다른 별개의 작용이다.

(1) 목적

공물관리는 적극적으로 공물 본래의 목적을 달성하기 위하여 행하여지는 작용이나, 공물경찰은 소극적으로 공물과 관련하여 발생되는 공공의 안녕과 질서에 대한 위해를 방지하는 것을 목적으로 하는 작용이다.

(2) 권력적 기초

공물관리는 공물주체가 공물에 대하여 가지는 지배권인 공물관리권의 행사로, 공물경찰은 일반경찰권의 행사로 행하여진다.

(3) 권한행사범위

공물관리권에 의해서는 공물의 독점적인 사용권 설정이 가능하나, 공물경찰권에 의해서는 공물에 대한 일시적인 사용허가만이 가능하다.

(4) 위반행위에 대한 제재 및 강제수단

공물관리관계에서는 의무를 위반하거나 의무의 불이행이 있는 자에 대하여 원칙적으로 그 사용관계를 배제할 수 있음에 그치고, 법률에 특별한 규정이 없는 한 제재를 과하거나 행정상의 강제집행을 할 수 없다(다만, 민사상의 강제는 가능하다). 공물경찰관계에서는 의무위반 또는 의무의 불이행이 있는 경우에 행정벌을 과하거나 행정상의 강제집행을 할 수 있다.

3. 공물관리와 공물경찰과의 관계

공물관리와 공물경찰은 개념적으로 구별 가능하나, 현실적으로 동일한 공물에 대하여 양자가 경합적으로 행사되는 경우도 적지 않다(예: 도로관리청이 도로의 구조를 보전하고 운행의 위험을 방지하기 위하여 필요하다고 인정하면 차량의 운행을 제한할 수 있는 공물관리작용(도로법 77)과 경찰서장이 도로에서의 위험을 방지하고 교통의 안전과 원활한 소통을 확보하기 위하여 필요하다고 인정할 때에 도로의 통행을 금지하거나 제한하는 공물경찰작용(도로교통법 6)이 경합하는 경우). 이 경우 공물관리와 공물경찰과의 관계가 문제되는데, 권한이 경합되더라도 개념상 양자는 구분되어야 하며, 양자의 작용은 별개의 작용으로서 서로 독립된 효력을 갖기 때문에 상호 권한은 존중되어야 한다. 그러나 이들 작용은 경우에 따라 국민에게 불필요한 이중부담을 줄 수도 있으므로, 가능한 한 내부적인 협의·조정을 통하여 국민에 대하여 가급적 단일의 작용으로 행사되어야 할 것이다.

제 5 절 공물의 사용관계*

Ⅰ. 의의

공물의 사용관계란 공물의 사용에 관하여 공물주체와 사용자와의 사이에 발생하는 법률관계를 의미한다. 공공용물은 일반 공중의 사용에 직접 제공하는 것을 목적으로 하기 때문에 여러 가지 형태의 사용관계가 성립한다. 이하에서는 공공용물의 사용관계를 중심으로 살펴본다.

Ⅱ. 종류

공물의 사용관계는 그 사용방법을 기준으로 하여 일반사용과 특별사용으로 구분된다. 일반사용(Gemeingebrauch)이란 일반 공중이 공물을 그 본래의 목적에 따라 자유로이 사용하는 것이고, 특별사용(Sondernutzung)이란 일반사용의 범위를 넘어서는 사용을 말한다. 특별사용은 다시 그 사용의 법적 성질에 따라 허가사용, 특허사용, 관습상의 특별사용, 행정재산의 목적 외 사용으로 구분된다.

1. 일반사용(Gemeingebrauch) **

(1) 공공용물의 일반사용

1) 의의

공공용물은 일반 공중의 사용에 제공함을 그 본래의 목적으로 하는 것이므로, 누구든지 타인의 공동사용을 방해하지 않는 한도에서는 행정청의 허가 기타 특별한 행위가 필요하지 않고 당연히 이를 자유로이 사용할 수 있는데, 이를 '공공용물의 일반사용'이라 한다(예: 도로의 통행, 공원에서의 산책 등). 일반사용은 '보통사용' 또는 '자유사용'이라고 부르기도 한다.

---

* 5급공채(행정)(2017년).

** 행정고시(재경)(2011년), 변호사시험(2021년).

2) 법적 성질

공공용물의 일반사용의 법적 성질에 관하여는 반사적 이익설과 공권설로 나뉜다. ① 반사적 이익설은 공물의 일반사용에 있어서 공물이 일반 공중의 사용에 제공된 결과 그 반사적 이익으로서 사용의 자유를 누리는 것에 불과하고, 일반사용에 대한 개인의 권리가 설정되는 것은 아니라고 보는 입장이다. 독일의 종래 통설이었다. ② 공권설은 공물의 일반사용상의 이익을 단순한 반사적 이익으로 보지 않고, 공법상의 권리 또는 법률상 보호되는 이익으로 본다. 공물주체는 공공용물의 성립과 더불어 관련 법률에 따라 이를 일반사용에 제공할 의무를 가지며, 일반사용은 공익뿐만 아니라 사용자의 구체적인 이익을 아울러 실현하기 때문에 그 권리성이 인정된다고 한다.[12] ③ 공공용물은 일반 공중의 사용에 제공함을 그 본래의 목적으로 하는 것이므로 이 범위 내에서 일반사용권이 인정되어야 한다는 점에서 공권설이 타당하다.

공물의 일반사용권에 대한 행정청의 위법한 침해에 대해서는 공법상의 배제청구권이 인정되고, 또한 그로 인하여 발생된 손해에 대하여는 국가배상을 청구할 수 있을 것이다.

한편, 공물의 일반사용에 대한 권리는 행정주체와의 관계에서 인정되는 공법상의 권리이나, 그것은 일상생활을 하는데 필수적인 것이므로 민법상으로도 보호된다고 할 것이다. 예컨대 도로의 일반사용이 제3자에 의하여 방해된 경우에는 일반사용권을 근거로 하여 민법상의 방해배제나 손해배상을 청구할 수 있다[판례1].

판례는 예외적으로 공공용재산의 성질상 특정개인의 생활에 직접적이고 구체적인 이익을 부여하고 있는 특별한 사정이 있는 경우라면 도로의 용도폐지처분에 대하여 다툴 수 있는 법률상 이익이 있다는 입장이다[판례2].

[판례1] 도로의 일반사용에 대한 민법상의 보호

"일반 공중의 통행에 제공된 도로를 통행하고자 하는 자는, 그 도로에 관하여 다른 사람이 가지는 권리 등을 침해한다는 등의 특별한 사정이 없는 한, 일상생활상 필요한 범위 내에서 다른 사람들과 같은 방법으로 도로를 통행할 자유가 있고, 제3자가 특정인에 대하여만 도로의 통행을 방해함으로써 일상생활에 지장을 받게 하는 등의 방법으로 특정인의 통행 자유를 침해하였다면 민법상 불법행위에 해당하며, 침해를 받은 자로서는 그 방해의 배제나 장래에 생길 방해를 예방하기 위하여 통행방해 행위의 금지를 소구할 수 있다고 보아야 한다(대판 2011.10.13, 2010다63720)."

[판례2] 도로용도폐지처분의 취소를 구할 법률상 이익이 있는 자

"일반적으로 도로는 국가나 지방자치단체가 직접 공중의 통행에 제공하는 것으로서 일반국민은 이를 자유로이 이용할 수 있는 것이기는 하나, 그렇다고 하여 그 이용관계로부터 당연히 그 도로에

12) 정하중, 행정법개론, 1173면 참조.

관하여 특정한 권리나 법령에 의하여 보호되는 이익이 개인에게 부여되는 것이라고까지는 말할 수 없으므로, 일반적인 시민생활에 있어 도로를 이용만 하는 사람은 그 용도폐지를 다툴 법률상의 이익이 있다고 말할 수 없지만, 공공용재산이라고 하여도 당해 공공용재산의 성질상 특정개인의 생활에 개별성이 강한 직접적이고 구체적인 이익을 부여하고 있어서 그에게 그로 인한 이익을 가지게 하는 것이 법률적인 관점으로도 이유가 있다고 인정되는 특별한 사정이 있는 경우에는 그와 같은 이익은 법률상 보호되어야 할 것이고, 따라서 도로의 용도폐지처분에 관하여 이러한 직접적인 이해관계를 가지는 사람이 그와 같은 이익을 현실적으로 침해당한 경우에는 그 취소를 구할 법률상의 이익이 있다(대판 1992.9.22, 91누13212)."

3) 일반사용의 내용과 한계

일반사용의 내용과 한계는 공공용물의 종류에 따라 당해 공물의 공용목적과 관련법령 등에 의하여 정해지는데, 이 경우 사용의 자유를 본질적으로 침해하여서는 안 된다.

한편, 일반사용은 공공의 필요에 따라 공물관리권 또는 공물경찰권에 의하여 제한될 수 있다.

[판례] 공공용물에 대한 일반사용이 적법한 개발행위로 제한되는 불이익이 특별한 손실인지 여부

"일반 공중의 이용에 제공되는 공공용물에 대하여 특허 또는 허가를 받지 않고 하는 일반사용은 다른 개인의 자유이용과 국가 또는 지방자치단체 등의 공공목적을 위한 개발 또는 관리·보존행위를 방해하지 않는 범위 내에서만 허용된다 할 것이므로, 공공용물에 관하여 적법한 개발행위 등이 이루어짐으로 말미암아 이에 대한 일정범위의 사람들의 일반사용이 종전에 비하여 제한받게 되었다 하더라도 특별한 사정이 없는 한 그로 인한 불이익은 손실보상의 대상이 되는 특별한 손실에 해당한다고 할 수 없다(대판 2002.2.26, 99다35300)."

4) 인접주민의 고양된 일반사용*

도로와 같은 공공용물에 인접하여 거주하거나 토지를 소유하고 있는 자, 즉 인접주민은 공공용물에 대한 공간적인 관계를 근거로 일반인의 일반사용의 범위를 넘어서서 사용할 필요성이 있다(예: 물건의 적재·하적을 위하여 차량을 주차시키거나, 건물의 수리·증축 등을 위하여 보도에 일시적으로 건축자재를 적치하는 등의 행위). 이러한 일반인의 일반사용을 넘어서는 공공용물의 인접주민의 사용을 '인접주민의 고양된 일반사용'이라 한다.

이러한 인접주민의 고양된 일반사용은 지역관습과 공동체가 수용할 만한 범위 내에서 필요한 범위까지 보장되어야 하는데, 이를 테면 자신의 토지나 건물 등의 적절한 이용을 위하여 불가피한 사용에 해당하여야 하고, 당해지역의 관행과 합치되어야 하며, 일반공중의 사용과 조화

* 사법시험(2003년).

되어야 한다. 이를 넘어서는 사용은 특별사용에 해당되어 관할 행정청의 별도의 허가를 필요로 한다.

[판례] 인접주민의 공물에 대한 고양된 일반사용권의 보유여부 판단방법

"공물의 인접주민은 다른 일반인보다 인접공물의 일반사용에 있어 특별한 이해관계를 가지는 경우가 있고, 그러한 의미에서 다른 사람에게 인정되지 아니하는 이른바 고양된 일반사용권이 보장될 수 있으며, 이러한 고양된 일반사용권이 침해된 경우 다른 개인과의 관계에서 민법상으로도 보호될 수 있으나, 그 권리도 공물의 일반사용의 범위 안에서 인정되는 것이므로, 특정인에게 어느 범위에서 이른바 고양된 일반사용권으로서의 권리가 인정될 수 있는지의 여부는 당해 공물의 목적과 효용, 일반사용관계, 고양된 일반사용권을 주장하는 사람의 법률상의 지위와 당해 공물의 사용관계의 인접성, 특수성 등을 종합적으로 고려하여 판단하여야 한다. 따라서 구체적으로 공물을 사용하지 않고 있는 이상 그 공물의 인접주민이라는 사정만으로는 공물에 대한 고양된 일반사용권이 인정될 수 없다(대판 2006.12.22, 2004다68311)."

인접주민은 행정권에 의하여 자신의 고양된 일반사용권이 침해된 경우에는 공법상의 방해배제청구권을 행사할 수 있고, 그로 인하여 손해가 발생된 경우에는 국가배상청구권을 행사할 수 있다. 또한 인접주민의 고양된 일반사용권이 제3자에 의하여 침해된 경우에는 민법상의 방해배제청구권과 손해배상청구권을 행사할 수 있다.

한편, 인접주민은 도로 등의 폐지, 변경 또는 보수작업 등으로부터 야기되는 방해에 대하여 보상 없이 수인하여야 하나, 재산권을 침해하여 수인한도를 넘는 손실을 발생시키는 경우에는 그에 대한 손실보상을 청구할 수 있을 것이다.

5) 사용료

공공용물의 일반사용은 사용료를 징수하지 않는 것이 원칙이므로, 예외적으로 사용료를 징수하기 위해서는 법령 또는 조례에 따라야 한다(예: 지자법 156). 사용료가 징수되는 경우라도 일반사용권을 본질적으로 침해할 정도로 고액이어서는 안 된다.

(2) 공용물의 일반사용

공용물은 직접 행정주체 자신의 사용에 제공함을 목적으로 하므로, 일반사용의 대상이 되지 않는다. 이에 대하여 다수설은 공용물의 경우에도 예외적으로 그 본래의 목적에 반하지 않는 범위에서 일반사용이 허용된다고 하고 있으나(예: 국공립학교 구내의 자유통행 또는 국공립학교 운동장의 사용 등), 이 경우에도 공물주체의 명시적 또는 묵시적 허가에 의한 사용으로 보는 것이 합리적이

므로, 공용물에는 일반사용이 허용되지 않는다고 보아야 할 것이다.[13]

2. 허가사용(Gebraucherlaubnis)

(1) 공공용물의 허가사용

1) 의의

공공의 안녕과 질서에 대한 위해를 방지하거나 사용관계의 조정을 위하여 공공용물의 사용을 일단 금지시키고 그 후에 선별적으로 행정청의 허가를 받아 사용할 수 있도록 하는 것을 '공공용물의 허가사용'이라 한다.[14]

2) 성질

허가사용은 공물의 자유사용에 대한 상대적 금지를 해제하는 행위로서, 공물사용권을 설정받아 사용하는 특허사용과 구별된다.

허가사용의 전제가 되는 상대적 금지는 타인의 공동사용관계를 조정하거나 사회공공의 질서에 대한 장해를 방지하기 위한 것이므로, 이러한 제한 또는 금지할 필요가 없으면 그 사용을 허가하여야 한다. 따라서 공공용물의 사용허가는 기속행위이다. 다만, 법률의 규정에 따라 재량행위로 규정하고 있는 경우도 있다(예: 집시법 10).

허가사용에 의하여 상대방이 누리는 이익은 반사적 이익이다. 혹자는 행정청의 허가거부를 다툴 수 있다는 점에서 이를 개인적 공권으로 보고 있으나,[15] 허가에 의하여 누리는 이익(적법하게 영업할 수 있는 지위의 회복)과 허가신청의 거부에 의하여 침해되는 이익(영업의 자유)은 구별되는 것이므로, 반사적 이익으로 보는 것이 타당하다.

3) 허가사용의 내용

허가사용의 구체적인 내용은 공물의 종류, 관계 법령등과 공물규칙이 정하는 바에 따라 다르다. 다만, 허가사용은 공물의 일시적 사용에 국한되며, 그 범위를 넘어서 공물의 계속적 점용인 경우에는 공물의 특허사용으로 보아야 한다.

4) 사용료

공공용물의 사용허가는 상대방에게 이익을 주는 경우가 많으므로, 이에 따라 상대방에게 사

---

13) 김동희, 행정법Ⅱ, 285면.

14) 다수인의 사용관계의 조정을 위한 금지를 해제하거나(예: 도로구역 안에서의 공작물의 신설을 위한 도로의 일시적 점용허가(도로법 61 ①), 하천에서의 죽목의 운송허가(하천법 33 ①) 등), 위해방지를 위한 금지를 해제하는 것(예: 차마의 운전자는 원칙적으로 보행자전용도로를 통행할 수 없으나, 시·도경찰청장이나 경찰서장이 특히 필요하다고 인정하는 경우에 보행자전용도로를 통행할 수 있는 것(도로교통법 28 ②) 등).

15) 정하중, 행정법개론, 1177면; 홍정선, 행정법특강, 1052면.

용료의 지급의무 등을 내용으로 하는 부담을 과하는 것이 일반적이다. 이를 이행하지 않는 경우에는 강제징수가 인정될 수도 있고, 상대방이 사용료부과에 대하여 불복하는 경우에는 행정쟁송이 인정된다.

(2) 공용물의 허가사용

직접 행정주체가 사용하는 공용물은 원칙적으로 허가사용의 대상은 되지 않으나, 예외적으로 그 목적에 반하지 않는 범위에서 허가사용이 가능하다(예: 관청의 운동장의 사용허가).

3. 특허사용 *

(1) 의의

공물관리권에 의하여 특정인에 대하여 특별한 공물사용의 권리를 설정해 주는 것을 '공물사용권의 특허'라고 하고, 이에 따른 공물의 사용을 '공물의 특허사용'이라 한다. 실정법상 허가라고 하는 경우도 많다(예: 도로점용허가(도로법 61), 하천부지 또는 유수의 점용허가(하천법 33) 등). 특허사용은 독점적·배타적인 것이 아니라 그 사용목적에 따라서는 일반사용과 병존이 가능하다.

> [판례] 도로의 특별사용 여부에 관한 판단 기준 **
>
> "도로법 제40조에 규정된 도로의 점용이라 함은 일반공중의 교통에 공용되는 도로에 대하여 이러한 일반사용과는 별도로 도로의 지표뿐만 아니라 그 지하나 지상 공간의 특정 부분을 유형적, 고정적으로 특정한 목적을 위하여 사용하는 이른바 특별사용을 뜻하는 것이므로, 허가없이 도로를 점용하는 행위의 내용이 위와 같은 특별사용에 해당할 경우에 한하여 도로법 제80조의2의 규정에 따라 도로점용료 상당의 부당이득금을 징수할 수 있고, 도로의 특별사용은 반드시 독점적, 배타적인 것이 아니라 그 사용목적에 따라서는 도로의 일반사용과 병존이 가능한 경우도 있고, 이러한 경우에는 도로점용 부분이 동시에 일반공중의 교통에 공용되고 있다고 하여 도로점용이 아니라고 말할 수 없다(대판 1998.9.22, 96누7342)."

(2) 성질

공물사용권의 특허의 성질에 대하여는 종래 공법상 계약설과 상대방의 협력을 요하는 행정행위설(쌍방적 행정행위설)이 대립되어 왔다. 구체적으로 어느 행위의 유형에 속하는 것인지는 실정법의 규정방식에 따라 결정될 것이지만, 일반적으로 특허는 쌍방적 행정행위로 이해되고 있다.

또한 특허행위는 특정인을 위하여 일반인에게 인정되지 않는 특별한 공물사용권을 설정하여

* 법원행정고시(2008년), 사법시험(2008년), 사법시험(2011년), 사법시험(2012년).

** 5급공채(행정)(2017년).

주는 설권적 행위로서 특별한 법률상 제한이 없는 한, 재량행위의 성격을 갖고 있다는 것이 일반적인 견해와 판례의 입장이다.

[판례1] 도로점용허가의 법적 성질

"구 도로법(2015.1.28. 법률 제13086호로 개정되기 전의 것) 제61조 제1항에 의한 도로점용허가는 일반사용과 별도로 도로의 특정 부분에 대하여 특별사용권을 설정하는 설권행위이다. 도로관리청은 신청인의 적격성, 점용목적, 특별사용의 필요성 및 공익상의 영향 등을 참작하여 점용허가 여부 및 점용허가의 내용인 점용장소, 점용면적, 점용기간을 정할 수 있는 재량권을 갖는다(대판 2019.1.17, 2016두56721, 56738[도로점용료부과처분취소])."

[판례2] 공유재산인 도로의 점용에 관하여 우선 적용될 법령 및 그 경우 공유재산법 제13조가 적용되는지 여부(소극)

"[1] 공유재산법은 공유재산 및 물품의 취득, 관리·처분에 대한 사항 일반을 규율하는 일반법의 성격을 지니는 반면, 도로법은 일반 공중의 교통에 제공되는 시설이라는 도로의 기능적 특성을 고려하여 그 소유관계를 불문하고 특수한 공법적 규율을 하는 법률로서 도로가 공유재산에 해당하는 경우 공유재산법보다 우선적으로 적용되는 특별법에 해당한다.

[2] 도로법령은 구 공유재산법 제13조에 대한 특별 규정이므로, 도로의 점용에 관해서는 도로법령의 규정들이 우선적으로 적용되고 구 공유재산법 제13조는 적용되지 않는다.

[3] (갑 교회가 지구단위계획구역으로 지정되어 있던 토지 중 일부를 매수한 후 교회 건물을 신축하는 과정에서 서울특별시 을 구 소유 국지도로 지하에 지하주차장 진입 통로를 건설하고 지하공간에 건축되는 예배당 시설 부지의 일부로 사용할 목적으로 을 구청장에게 위 도로 지하 부분에 대한 도로점용허가를 신청하였고, 을 구청장이 위 도로 중 일부 도로 지하 부분을 2010.4.9.부터 2019.12.31.까지 갑 교회가 점용할 수 있도록 하는 내용의 도로점용허가처분을 하자, 갑 교회가 위 도로 지하 부분을 포함한 신축 교회 건물 지하에 예배당 등의 시설을 설치한 사안에서) 예배당, 성가대실, 방송실과 같은 지하구조물 설치를 통한 지하의 점유는 원상회복이 쉽지 않을 뿐 아니라 유지·관리·안전에 상당한 위험과 책임이 수반되고, 이러한 형태의 점용을 허가하여 줄 경우 향후 유사한 내용의 도로점용허가신청을 거부하기 어려워져 도로의 지하 부분이 무분별하게 사용되어 공중안전에 대한 위해가 발생할 우려가 있으며, 위 도로 지하 부분이 교회 건물의 일부로 사실상 영구적·전속적으로 사용되게 됨으로써 도로 주변의 상황 변화에 탄력적·능동적으로 대처할 수 없게 되는 등 위 도로점용허가는 비례·형평의 원칙을 위반하였다(대판 2019.10.17, 2018두104[도로점용허가처분무효확인등])."

(3) 내용

공물사용의 특허를 받은 자는 공물사용권을 취득하고, 법령 또는 특허행위에 의하여 부과된 의무를 지게 된다. 그 권리 · 의무는 일반적으로는 다음과 같은 특징을 가진다.

1) 공물사용권

① 공물사용권은 공권이므로 공익상 제한을 받게 되고, 침해되는 경우에 이를 행정쟁송으로 다툴 수 있다[판례1]. ② 또한 공물사용권은 공물주체에 대하여 공물의 특별한 사용을 청구할 수 있는 채권의 성질을 갖는다고 보는 것이 통설과 판례의 입장이다[판례2]. 다만, 실정법 중에서는 공물사용권이 물권의 성격을 갖는다는 명문의 규정을 두고 있는 경우가 있다(예: 어업권(수산업법 16 ②), 광업권(광업법 10 ①), 댐사용권(댐건설법 29) 등).

[판례1] 제3자가 하천부지점용허가처분의 취소를 구할 법률상 이익이 있는지 여부

"하천부지점용허가처분의 직접 상대방이 아닌 제3자로서 그 취소의 소를 제기하기 위한 법률상 이익이 있다고 하기 위해서는, 그가 먼저 하천부지점용허가를 받아 점용허가 기간중에 있거나 또는 하천법 제28조 소정의 동의를 요하는 이해관계인에 해당되거나 아니면 경합하여 하천부지점용허가 신청을 한 경우에 해당됨으로써 위 점용허가처분으로 인하여 그의 권리, 이익이 침해되는 결과가 초래되었다고 볼 수 있는 경우이어야 한다(대판 1993.10.8, 93누5017)."

[판례2] 하천점용허가권의 성질

"하천의 점용허가권은 특허에 의한 공물사용권의 일종으로서 하천의 관리주체에 대하여 일정한 특별사용을 청구할 수 있는 채권에 지나지 아니하고 대세적 효력이 있는 물권이라 할 수 없다(대판 1990.2.13, 89다카23022; 대판 2015.1.29, 2012두27404)."

③ 공물사용권은 경제적 가치와 수익성을 갖고 있는 권리로서 재산권적 성질을 갖고 있고, 그러한 범위에서 민법 기타 사법의 적용을 받는다. 이에 따라 공물사용권은 원칙적으로 이전성이 인정되나, 다만, 이전할 경우에 행정청에 이를 신고하도록 하는 경우가 있다(하천법 5, 도로법 106).

④ 또한 제3자에 의한 공물사용권의 침해는 민법상의 불법행위를 구성하므로 민사상 손해배상 및 방해배제청구를 할 수 있다.

2) 공물사용권자의 의무

① 공물관리자는 공물의 특허사용의 대가로 점용료 등의 사용료를 징수할 수 있다. 법률에 사

용료에 대한 규정이 없는 경우에도 징수할 수 있다는 것이 다수설이다.[16] 특허사용이 오로지 공익을 위한 사용인 경우에는 사용료를 감면할 수 있다(도로법 68, 하천법 37 ⑤ 참조). 사용료납부의무는 공의무의 성질을 가지므로, 행정상 강제징수의 대상이 된다(도로법 69, 하천법 67).

[판례] 도로관리청이 점용료 감면에 관한 재량을 갖는지 여부 및 감면사유로 규정된 것 이외의 사유를 들어 점용료를 감면할 수 있는지 여부

"도로점용허가를 받은 자가 구 도로법 제68조의 감면사유에 해당하는 경우 도로관리청은 감면 여부에 관한 재량을 갖지만, 도로관리청이 감면사유로 규정된 것 이외의 사유를 들어 점용료를 감면하는 것은 원칙적으로 허용되지 않는다(대판 2019.1.17, 2016두56721, 56738)."

② 공물사용권자는 특허에 의한 공물사용으로 인한 장해의 예방이나 제거에 필요한 시설을 설치할 의무를 부담할 수 있다. 그리고 특허로 인하여 기존의 권리를 침해하는 경우 이해조정의 관점에서 손실보상의무를 부담할 수 있다(하천법 34, 35).

③ 공물에 정착하는 공작물의 설치를 내용으로 하는 공물사용권을 특허하는 경우에는 사용자에게 공물의 유지·수선 및 원상회복의무를 부과하거나(도로법 73, 하천법 48), 그 비용을 부담할 의무를 부과할 수 있다(도로법 91, 하천법 60).

3) 특허사용관계의 종료*

공공용물의 특허사용관계는 ① 공물의 공용폐지 및 형체적 요소의 소멸, ② 공물사용권의 포기, ③ 기한의 도래 및 해제조건의 성취, ④ 특허의 철회 및 취소 등의 사유로 소멸된다.

4. 관습법에 의한 특별사용

(1) 의의

공물사용권은 공물주체의 특허에 의하여 성립되는 것이 원칙이나, 때로는 관습법에 의하여 성립되는 경우도 있다(예: 하천의 용수권).

[판례] 관습법에 의한 공유하천의 용수권 성립여부

"공유하천으로부터 용수를 함에 있어서 하천법 제25조에 의하여 하천관리청으로부터 허가를 얻어야 한다고 하더라도 그 허가를 필요로 하는 법규의 공포시행 전에 원고가 위 화덕상보에 의하여 용수할 수 있는 권리를 관습에 의하여 취득하였음이 뚜렷하므로 위 하천법의 규정에 불구하고 그 기득권이 있는 것이다(대판 1972.3.31, 72다78)."

* 감정평가사시험(2009년).

16) 예컨대, 정하중, 행정법개론, 1181면; 홍정선, 행정법특강, 1056면 등.

(2) 성립

관습법에 의한 공물사용권이 성립하기 위해서는 ① 그 사용이 '오랜 기간에 걸친 동일한 관행'에 의하여 한정된 범위의 사람에 대한 특별한 이익으로 인정되고, ② 그 이용이 일반인으로부터 정당한 사용으로 인식되어야 한다(법적 확신).

(3) 성질

관습법에 의한 공물사용권의 성질은 관습에 의하여 정해지나, 실정법에서 그 내용을 제한할 수 있다(수산업법 40 참조). 관습법에 의한 공물사용권도 공권이며, 재산권의 성질도 갖는다. 또한 공공용물은 일반공중의 이용에 제공함을 목적으로 하므로, 관습법에 의한 공물사용권이 현저히 침해되지 않는 범위에서 동일한 공물에 대하여 타인이 새로운 사용권을 취득하더라도 이를 권리침해로 볼 수 없다.

5. 행정재산의 목적 외 사용*

(1) 의의

국 · 공유재산 중 행정재산(국 · 공유의 공물)은 직접 행정목적에 제공된 재산이므로, 이를 대부 ·매각 · 교환 · 양여 또는 신탁 등을 할 수 없는 것이 원칙이다(국유재산법 27, 공유재산법 19 ①). 그러나 행정재산도 그 용도 또는 목적에 장애가 되지 않는 범위에서 예외적으로 사용을 허가할 수 있는데(국유재산법 30, 공유재산법 20), 이러한 허가에 따른 행정재산의 사용관계를 '행정재산의 목적 외 사용'이라 한다(예: 관공서건물의 일부에서의 다과점 · 구내서점 등의 영업허가).

행정재산의 목적 외 사용에 대하여 개별법에 규정이 없는 경우에는 국유재산법과 공유재산법의 규정이 적용된다. 공공용물의 목적 외 사용에 대하여는 하천법 제33조, 도로법 제61조 및 제63조, 도시공원 및 녹지 등에 관한 법률 제24조 등에서 규정하고 있으므로, 국유재산법과 공유재산법이 적용되는 대상은 대부분 공용물이다.

(2) 성질**

① 사법관계설은 오로지 사용자의 사적 이익을 도모한다는 이유로 사법상의 계약관계로 보지만, ② 대다수의 견해인 공법관계설은 사용관계의 발생 또는 소멸은 행정행위에 의하여 이루어지므로 공법관계로 본다.[17] ③ 과거 국유재산법은 행정재산의 사용허가에 관하여 일반재산의 대부

* 5급공채(일반행정)(2011년), 5급공채(2020년).

** 사법시험(2007년).

17) 김남진/김연태, 행정법Ⅱ, 413면; 김동희, 행정법Ⅱ, 296면; 김철용, 행정법, 892면.

(貸付)에 관한 규정을 준용하고 있어서, 당시의 다수설과 판례는 사법관계설의 입장을 취하였다. 그러나 현행법은 행정재산의 목적 외 사용을 관리청의 허가에 의하도록 하고 있고, 상대방의 귀책사유가 있는 경우나 공공목적을 위하여 취소·철회할 수 있도록 하며, 사용료의 일방적 부과 및 그에 대한 강제징수를 규정하고 있으므로, 공법관계설이 타당하다. ④ 판례 역시 행정재산의 목적 외 사용을 특허에 의한 공법관계로 본다.

[판례] 행정재산의 사용·수익허가의 성질[18] 및 이에 대한 허가신청 거부 시 행정처분 해당여부

"국유재산 등의 관리청이 행정재산의 사용·수익에 대한 허가는 순전히 사경제주체로서 행하는 사법상의 행위가 아니라 관리청이 공권력을 가진 우월적 지위에서 행하는 행정처분으로서 특정인에게 행정재산을 사용할 수 있는 권리를 설정하여 주는 강학상 특허에 해당한다(대판 2006.3.9, 2004다31074).

행정재산의 사용·수익허가처분의 성질에 비추어 국민에게는 행정재산의 사용·수익허가를 신청할 법규상 또는 조리상의 권리가 있다고 할 것이므로 공유재산의 관리청이 행정재산의 사용·수익에 대한 허가 신청을 거부한 행위 역시 행정처분에 해당한다(대판 1998.2.27, 97누1105)."

(3) 허가기간

행정재산의 사용허가기간은 5년 이내이다. 다만 행정재산으로 할 목적으로 기부를 채납한 재산에 대하여 기부자 또는 그 상속인 기타의 포괄승계인에게 사용을 허가한 때에는 사용료의 총액이 기부를 채납한 재산의 총액에 달하는 기간 이내로 한다(국유재산법 35 ①).

(4) 허가의 취소 또는 철회

관리청은 상대방의 귀책사유가 있는 경우나 국가 또는 지방자치단체가 직접 공용 또는 공공용으로 사용하기 위하여 필요하게 된 경우에는 그 허가를 취소하거나 철회할 수 있다(국유재산법 36 ①, ②).

[판례] 국유재산법 제36조 제1항 제2호에서 사용허가 취소사유로 정한 '사용허가 받은 재산을 다른 사람에게 사용·수익하게 한 경우'에 해당한다고 한 사례

"(국유지에 지어진 무허가 미등기 건물을 양수하여 건물의 부지로 국유지를 무단점용하고 있던 갑이 위 건물을 '본인의 주거용'으로만 사용하겠다며 위 국유지의 사용허가를 신청하자 관리청인 시장이 갑에게 한시적으로 국유지 사용허가를 하였는데, 현장조사에서 갑이 위 건물을 다른 사람들에게 임대하여 식당 등으로 사용하고 있는 사실을 파악하고 '갑이 위 건물 임대를 통해 위 국유지를

18) 2009년 국유재산법의 개정으로 사용·수익허가는 '사용허가'로 그 명칭이 변경되었다.

다른 사람에게 사용·수익하게 하여 국유재산법 제30조 제2항을 위반하였다'는 사유로 갑에게 위 사용허가를 취소하고 국유지를 원상회복할 것을 명하는 처분을 한 사안에서) 갑은 위 건물을 본인의 주거용으로만 사용하겠다는 뜻을 밝혀 위 국유지의 사용허가를 받고도 위 건물을 제3자에게 임대함으로써 시장이 사용허가 당시 예정하였던 목적과 취지에 반하여 건물 임차인으로 하여금 건물의 점유·사용에 수반하여 국유지를 사용·수익하게 하였으므로 위 건물 임대는 국유재산법 제36조 제1항 제2호에서 사용허가 취소사유로 정한 '사용허가 받은 재산을 다른 사람에게 사용·수익하게 한 경우'에 해당한다(대판 2020.10.29, 2019두43719[사용허가취소처분등취소청구])."

(5) 변상금의 징수 *

국·공유재산을 무단으로 사용하거나 점유한 자에 대하여 그 재산에 대한 사용료나 대부료의 100분의 120에 상당하는 변상금을 징수한다(국유재산법 72 ①, 공유재산법 81 ①). 변상금부과는 처분이므로 항고소송의 대상이 된다. 변상금 징수권은 공법상의 권리로서 민사상 부당이득반환청구권과 법적 성질을 달리하므로, 국가나 지방자치단체는 무단점유자를 상대로 변상금 부과·징수권의 행사와 별도로 국·공유재산의 소유자로서 민사상 부당이득반환청구의 소를 제기할 수 있다.

[판례1] 변상금부과의 법적 성격(=처분)

"… 변상금의 부과는 관리청이 공유재산 중 일반재산과 관련하여 사경제 주체로서 상대방과 대등한 위치에서 사법상 계약인 대부계약을 체결한 후 그 이행을 구하는 것과 달리 관리청이 공권력의 주체로서 상대방의 의사를 묻지 않고 일방적으로 행하는 행정처분에 해당한다. 그러므로 만일 무단으로 공유재산 등을 사용·수익·점유하는 자가 관리청의 변상금부과처분에 따라 그에 해당하는 돈을 납부한 경우라면 위 변상금부과처분이 당연 무효이거나 행정소송을 통해 먼저 취소되기 전에는 사법상 부당이득반환청구로써 위 납부액의 반환을 구할 수 없다(대판 2013.1.24, 2012다79828)."

[판례2] 국유재산의 무단점유자에 대하여 변상금 부과·징수권의 행사와 별도로 민사상 부당이득반환청구의 소를 제기할 수 있는지 여부

"국유재산의 무단점유자에 대한 변상금 부과는 공권력을 가진 우월적 지위에서 행하는 행정처분이고, 그 부과처분에 의한 변상금 징수권은 공법상의 권리인 반면, 민사상 부당이득반환청구권은 국유재산의 소유자로서 가지는 사법상의 채권이다. …

이처럼 (구) 국유재산법(2009.1.30. 법률 제9401호로 전부 개정되기 전의 것, 이하 같다) 제51조 제1항, 제4항, 제5항에 의한 변상금 부과·징수권은 민사상 부당이득반환청구권과 법적 성질을 달리하므로, 국가는 무단점유자를 상대로 변상금 부과·징수권의 행사와 별도로 국유재산의 소유자로

* 사법시험(2008년), 사법시험(2016년).

서 민사상 부당이득반환청구의 소를 제기할 수 있다. 그리고 이러한 법리는 … 국유재산 중 잡종재산(현행 국유재산법상의 일반재산에 해당한다)의 관리·처분에 관한 사무를 위탁받은 한국자산관리공사의 경우에도 마찬가지로 적용된다(대판 2014.7.16, 2011다76402 전원합의체)."

"국유재산법 제72조 제1항, 제73조 제2항에 의한 변상금 부과·징수권은 민사상 부당이득반환청구권과 법적 성질을 달리하는 별개의 권리이므로, 변상금 부과·징수권을 행사하였다 하더라도 이로써 민사상 부당이득반환청구권의 소멸시효가 중단된다고 할 수 없다(대판 2014.10.30, 2014다44932)."

[판례3] 사용대차계약에 해지사유가 인정되지 않는 이상 이와 다른 전제에 선 변상금 부과처분이 위법하다고 한 사례

"(갑 학교법인이 구황실과 사용대차계약을 체결하여 구황실재산 토지를 무상으로 학교부지로 사용하여 왔는데, 위 토지의 관리·처분에 관한 사무를 위탁받은 한국자산관리공사가 1992년에 위 토지의 관리청이었던 용산구청장이 변상금을 부과·고지함으로써 무상사용의 의사표시를 철회하였다는 이유로 갑 법인에 (구) 국유재산법 제72조 등에 따라 변상금을 부과한 사안에서) 용산구청장이 종전 변상금 부과처분을 할 당시 사용대차계약 체결 후 상당한 시간이 지났다는 사정만으로 갑 법인이 위 토지를 사용·수익하기에 충분한 기간이 경과한 것으로 볼 수 없다고 본 원심판단이 정당하고, 사용대차계약에 해지사유가 인정되지 않는 이상 이와 다른 전제에 선 한국자산관리공사의 변상금 부과처분은 위법하다(대판 2018.6.28, 2014두14181[변상금부과처분취소])."

[판례4] 무단점유 해당 여부에 관한 판단기준 / 무단점유에 대한 변상금의 산정기준

"[1] 사용·수익허가 없이 행정재산을 유형적·고정적으로 특정한 목적을 위하여 사용·수익하거나 점유하는 경우 공유재산 및 물품관리법(이하 '공유재산법'이라 한다) 제81조 제1항에서 정한 변상금 부과대상인 '무단점유'에 해당한다고 봄이 타당하고, 반드시 그 사용이 독점적·배타적일 필요는 없으며, 점유 부분이 동시에 일반 공중의 이용에 제공되고 있다고 하여 점유가 아니라고 할 수는 없다.

서울광장조례에서 정한 바에 따라 광장사용신고 및 서울특별시장의 사용신고 수리를 거치지 않은 채 서울광장을 무단사용한 경우에는 공유재산법상 변상금 부과대상인 무단점유에 해당한다고 보아야 한다. 즉, 서울광장조례의 서울광장 "사용" 정의규정에 따라 변상금 부과대상인 무단점유인지에 관한 판단이 달라진다고 볼 수는 없다.

[2] 서울광장 사용료 기준은 서울광장의 사용·수익허가 또는 사용신고 수리에 적용되는 기준일 뿐이고, 이를 서울광장의 무단점유에 따른 변상금 산정·부과에 적용할 수는 없다고 보아야 한다. 서울광장의 무단점유에 따른 변상금은 공유재산법령에서 정한 '무단점유면적 × 해당 공유재산의 면적단위별 평정가격 × 무단점유기간/연 × 사용요율 × 120%'의 계산식에 실제 무단점유면적과 공유재산법 시행령 제14조 제1항의 위임에 따라 서울특별시 공유재산 및 물품관리 조례 제22조에서 정

한 사용요율을 적용하여 산정 · 부과하여야 한다(대판 2019.9.9, 2018두48298[시유재산변상금부과처분취소청구])."

☞ 주간에는 서울광장에서 대형 천막이 설치된 자전거를 세워놓고 1인 시위를 하고, 야간에는 서울특별시청사 부지에 텐트를 설치한 후 취침한 원고에 대하여 무단점유를 이유로 한 변상금이 부과된 사안에서, 원심이 변상금 부과대상인 '무단점유'에 해당한다고 판단한 것은 적절하나, '서울광장'을 무단점유한 부분에 대하여 '서울광장 사용료 기준'을 그대로 적용하여 변상금을 산정 · 부과하여야 한다고 판단한 것은 위법하므로 파기환송한 사례

제 2 장 영조물법

제 1 절 개설

Ⅰ. 영조물의 개념*

영조물이란 일정한 행정목적수행의 효율성과 합리성을 도모하기 위하여 설치된 인적·물적 종합시설(예: 국공립의 교육·의료·보건·체육·문화시설 등)을 말한다.[1]

Ⅱ. 영조물의 종류

① 관리주체를 기준으로 ⑴ 국가의 영조물(예: 국립대학·교도소), ⑵ 지방자치단체의 영조물(예: 시립병원), ⑶ 특수법인영조물(예: 적십자병원)로 분류된다.

② 영조물이용의 강제성 여부를 기준으로 ⑴ 임의사용 영조물(예: 국립도서관·국립병원), ⑵ 강제사용 영조물(예: 국공립 초등학교 입학)로 분류된다.

③ 영조물을 이용할 수 있는 인적 범위를 기준으로 ⑴ 공용영조물(예: 공무원만 이용 가능한 영조물), ⑵ 공공용영조물(예: 일반사인도 이용 가능한 영조물)로 분류된다.

④ 영조물의 법인격의 유무를 기준으로 ⑴ 법인영조물과 ⑵ 비법인영조물로 분류된다.

---

* 사법시험(1994년).

1) 공기업과의 구분에 대해서는 공기업법 부분 참조.

제 2 절 영조물의 이용관계

Ⅰ. 이용관계의 의의 및 성질

영조물의 이용관계란 영조물의 이용에 관한 영조물주체와 영조물이용자 간에 법관계를 말한다.

종래 영조물 이용관계를 특별권력관계의 한 종류로 이해하였으나, 오늘날에는 종래의 특별권력관계라는 관념이 수정되면서, 여기에도 법치주의가 적용된다고 보는 것이 일반적이다.

영조물의 이용관계는 공법적인 경우뿐만 아니라 사법적인 경우도 있고, 경우에 따라서는 공·사법이 혼합적인 경우도 있다.

Ⅱ. 성립

임의사용 영조물(예: 국립도서관)의 이용관계는 영조물주체와 이용자 간의 공법상 계약 또는 사법상 계약에 의해 성립하는 것이 보통이다. 강제사용 영조물의 이용관계(예: 감염병자의 강제입원)는 행정권의 일방적인 행위인 행정행위에 의하여 성립한다.

모든 사인은 헌법 제11조에 따라 평등한 이용허가청구권을 갖지만, 이용허가청구권은 무제한적인 것이 아니고 각 영조물의 본질에 비추어 합리적인 범위에서 제한이 따를 수 있다(예: 공립고등학교 입학에 중학교졸업 등의 자격요구, 수용인원초과로 인한 도서관 입장 거부).

Ⅲ. 이용관계의 종류

1. 일반이용(통상이용)

일반이용이란 자유로운 이용 또는 공법상 이용의무에 근거하여 이용하는 것이다. 이용권은 법령에 의하여 인정될 수 있다. 법령에 이용권에 관한 규정이 없으면 영조물이용자는 영조물주체를 상대로 이용허가에 대한 무하자재량행사청구권을 가진다고 볼 것이다.

일반이용은 모든 자가 이용할 수 있다는 의미에서 공개적인 이용(예: 국립병원의 이용)과 특정의 물적·인적 특징을 통하여 특별한 자에게만 이용되는 제한이용(예: 국립학교 입학)이 있다.

2. 특별이용

영조물의 특별이용은 영조물의 목적상 이용하도록 정해진 인적 범위에 속하지 않는 사람들이 사용하거나, 영조물을 그 목적과 다르게 사용하는 경우를 말한다. 영조물목적에 적합한 이용의 경우에도 특별이용은 가능하다.

공물의 특별사용과는 달리, 영조물의 특별이용의 경우에는 일반적으로 이용관계의 근거나 내용에 대한 법적 근거가 요구되지 않는다. 따라서 원칙적으로 특별이용에 대한 이용허가청구권뿐만 아니라 이용허가에 대한 무하자재량행사청구권도 가지지 않는다고 볼 것이다.[2)]

Ⅳ. 이용자의 법적 지위

1. 이용자의 권리(영조물이용권)

영조물이용권이란 영조물의 이용자가 법령이 정하는 바에 따라 영조물주체에 대하여 영조물의 이용을 청구할 수 있는 권리를 말한다.

영조물이용권의 성질은 이용관계의 근거법령의 형식이 공법적인가 사법적인가에 따라, 공권인지 사권인지 여부가 결정된다. 만약 영조물이용권의 성질이 공권이라면, 이는 개인적 공권으로서의 이용권이 되고, 공권의 성립요건을 갖추지 못한 이용자의 이익은 반사적 이익에 불과하다. 영조물이용권은 영조물주체에 대하여 채권적인 성질을 가진다.

2. 영조물주체의 권리

(1) 영조물규칙제정권 · 명령 · 징계권

영조물주체는 영조물의 목적수행을 위한 필요한 범위에서 영조물규칙을 제정할 수 있고, 이에 근거하여 필요한 명령을 발할 수 있다. 또한 영조물이용자가 그의 의무를 위반하는 경우에 영조물이용의 질서를 유지하기 위하여 제재를 가할 수 있다.

영조물규칙은 그 성질이 행정규칙이라는 것이 일반적인 견해이다. 이에 따라 영조물규칙은 영조물의 내부 또는 영조물이용자만 구속하며(내부효), 영조물주체는 특별히 법률의 수권이 없어도 법령의 범위 안에서 그 목적달성에 필요한 한도 내에서 이용조건 등을 정할 수 있다고 이해되고 있다. 그러나 영조물 이용관계는 행정내부가 아닐 뿐 아니라, 특별권력관계에도 전면적으로 법치주의가 적용되므로, 영조물규칙도 영조물 이용관계를 규율하는 법으로 이해하여야 할 것이다.

(2) 이용조건 설정 · 변경권

이용조건은 법령 또는 영조물규칙의 형식으로 설정된다. 영조물 이용관계의 계속 중에도 영

2) 同旨: 홍정선, 행정법특강, 1064면.

조물주체는 법령 개정이나 영조물규칙의 변경에 의하여 이용조건을 변경할 수 있다(대판 1989.7.11, 87누1123).

(3) 이용대가징수권

영조물주체는 영조물을 이용한 대가로서 이용자로부터 이용료(예: 국·공립학교의 수업료)를 징수할 수 있다.

V. 종료

영조물의 이용관계는 이용목적의 달성(예: 국공립병원의 퇴원), 이용관계로부터 임의탈퇴(예: 국공립학교의 자퇴), 영조물주체로부터의 배제(예: 국공립도서관의 이용금지), 영조물의 폐지(예: 국공립도서관의 폐관) 등의 사유로 종료된다.

제 3 장 공기업법

제 1 절 공기업의 개념과 종류

I. 공기업의 개념

1. 공기업의 개념에 관한 학설

공기업은 실정법상의 용어가 아니고 강학상의 개념이다. 문헌상으로는 공기업의 개념과 관련하여 ① 주체만을 기준으로 하는 견해와 ② 주체와 공익목적을 동시에 기준으로 하는 견해가 있지만, ③ 대체로는 공기업의 개념을 주체, 공익목적, 수익성을 동시에 기준으로 하여 파악하고 있다.

이에 따르면 공기업이란 국가 또는 지방자치단체가 직접적으로 국민과 주민의 생존을 배려하기 위하여 경영하는 수익성을 추구하는 기업이라고 할 수 있다.

2. 공기업의 개념적 요소

(1) 공기업의 주체는 '국가 또는 지방자치단체 및 이들에 의하여 설립된 법인'이다.

(2) 공기업은 '사회의 공익실현'을 그 수행목적으로 하는 기업이다.

(3) 이를 위하여 공기업은 '국민과 주민에게 생존배려를 위하여 필요한 재화와 역무의 제공'을 사업의 내용으로 하여야 한다(공역무의 제공).

(4) 공기업은 '수익성, 즉 영리추구'도 목적으로 한다(수익성).

3. 공기업과 영조물

① 공기업과 영조물은 모두 국가나 공공단체에 의해 설치·경영·관리·유지되고, 그 작용이 비권력적인 행정작용이며, 공적 목적을 위한 것이라는 점에서 유사한 점이 있으나, ② 영조물은 공익실현만을 직접적인 목적으로 하나 공기업은 공익실현 외에 영리추구도 주요 목적으로 한다는 점, 영조물은 계속적으로 서비스를 제공하는 것이나 공기업은 계속적인 경우 외에 일시적으로 사업을 수행하는 경우도 있다는 점 등에서 차이가 있다. 그러나 공기업과 영조물이 항상 명백하게

구분될 수 있는 것은 아니다.

Ⅱ. 공기업의 종류

1. 경영주체에 따른 분류

(1) 국영기업

국영기업이란 국가가 직접 자기의 경제적 부담에 의하여 관리 · 경영하는 공기업을 말한다(예: 철도사업, 우편사업). 국가형 공기업 또는 정부기업이라고도 한다. 국영기업의 법적 지위는 행정기관의 일종이다. 국영사업은 일반적으로 국가의 일반예산에서 분리되어 특별회계에 의하여 운영된다.

(2) 공영기업

공영기업은 지방자치단체가 자기의 경제적 부담으로 설치 · 경영하는 공기업을 말한다(예: 지방공기업법상의 지방직영기업). 지방공기업법은 지방직영기업의 경우 제2조에 해당하는 사업마다 특별회계를 설치하도록 규정하고 있고(지방공기업법 13), 지방직영기업의 경영상의 효율성을 높이기 위하여 그 특별회계에서 그 경비를 해당 기업의 수입으로 충당하는 독립채산제방식을 취하고 있다(지방공기업법 14).

(3) 국영공비기업 또는 공영국비기업

국영공비기업 또는 공영국비기업은 국가와 지방자치단체의 협력에 의하여 수행되는 공기업을 말한다. 전자는 지방자치단체가 전부 또는 일부의 경비를 부담하고 국가가 경영하는 공기업이고(예: 국가가 시행하는 농지개량사업의 비용 일부를 관계 지방자치단체가 부담하는 경우), 후자는 국가가 전부 또는 일부의 경비를 부담하고 지방자치단체가 경영하는 기업을 말한다.

(4) 특수법인기업

특수법인기업은 국가 또는 지방자치단체에 의한 급부행정을 기업의 형태에 의하여 실현하기 위하여 설립된 공법인으로서 회계상으로 뿐만 아니라 조직법상으로도 국가 또는 지방자치단체로부터 분리되어 독립한 법인격을 가지는 공기업을 말한다. 특수법인은 이 한도 내에서 여전히 행정주체이지만, 국 · 공영기업의 법인격이 국가 또는 지방자치단체에 있는 데 반하여, 특수법인기업은 법률에 의하여 그 공기업에 직접 법인격이 부여된다는 점에서 국 · 공영기업과 차이가 있다. 이는 행정조직에 따르는 인사 · 예산 · 회계 등의 엄격한 제한을 배제하고 경영의 능률성을 제고하기 위하여 설립된 것이라는 데 그 의의가 있다.

공공기관운영법상의 공기업 또는 지방공기업법에 의한 지방공사·공단(예: 서울특별시의 도시철도공사·시설관리공단)이 이러한 특수법인기업에 해당한다.

공공기관운영법의 적용대상인 특수법인기업은 각각 개별법에 의하여 설립되는데, 한국도로공사, 한국토지주택공사 등이 이에 해당한다(예: 한국도로공사법, 한국토지주택공사법). 지방공사와 지방공단은 조례에 의하여 설립된다(지방공기업법 49 ②, 76 ②).

2. 독점 여부에 따른 분류

공기업은 특정 사업에 대한 독점권의 유무에 따라 독점형 공기업과 비독점형 공기업으로 구분할 수 있다.

대체로 공기업의 독점권이 인정되는 경우로는, 성질상 당연히 국가에 독점시켜야 할 경우(화폐의 발행(한국은행법 47)), 기업으로서는 수지가 맞지 않고 공공성이 강하며 전국적으로 통일될 필요가 있는 경우(우편사업(우편법 2)), 공익적 관점에서 사영(私營)을 허용하는 것이 부적절한 경우(수도사업(수도법 12)) 등을 들 수 있다.

제 2 절 공기업의 특수성

1. 공기업의 개설

(i) 국영기업의 개설은 반드시 법률의 근거를 필요로 하지 않고, 대통령령으로 정하는 바에 따라 예산의 범위 내에서 이를 자유로이 할 수 있다(정부조직법 4). 다만, 당해 사업을 독점사업으로 하거나, 그 이용을 강제하거나 또는 지방자치단체가 비용을 부담하도록 하는 경우 등에는 법률의 근거를 요한다고 보아야 할 것이다.

(ii) 지방자치단체가 지방공기업을 개설하고자 할 때에는 그 설치·운영에 관한 기본사항을 조례로 정하여야 한다(지방공기업법 5).

(iii) 특수법인기업은 특별법(예: 한국석유공사법, 한국토지주택공사법, 대한석탄공사법 등)에 의하여 설립되는 경우가 대부분이며, 상법상 주식회사의 형태로 설립되는 경우(예: 한국감정원)도 있다. 지방자치단체가 지방공사나 지방공단을 설치하고자 할 때에는 그 설립·업무운영에 관한 기본적 사항을 조례로 정하도록 하고 있다(지방공기업법 49 ②, 76 ②).

2. 공기업의 조직

(i) 국영기업이나 공영기업은 국가와 지방자치단체가 직접 설립하여 운영하는 공기업이므로, 국·공영기업의 조직은 행정조직의 일부를 구성한다. 따라서 국·공영기업의 경영을 담당하는 인적 요소는 원칙적으로 공무원이고, 기업의 목적을 위하여 공용되어 있는 물적 요소는 공물이며, 국·공영기업에는 사기업과는 다른 법적 규율이 적용된다. 이와 같이 국·공영기업의 조직은 행정조직의 일부로서 일반 행정조직에 있어서의 공법상의 제약이 국·공영기업에 그대로 적용되는 결과, 기업의 효율적 운영에 지장을 주는 경우가 있다.

(ii) 한편 특수법인기업의 경우에는 국가나 지방자치단체의 조직과는 별도의 법인으로 설립·운영되는 것이므로, 조직법상으로는 국가 등으로부터 독립적이고, 또 특수법인기업의 경영을 담당하는 인적 요소는 원칙적으로 공무원이 아니며, 기업의 목적을 위하여 공용되어 있는 물적 요소는 원칙적으로 공물이 아니다. 그러나 특수법인기업도 넓은 의미에서 행정조직의 일부이므로, 사기업과 다르게, 공공기관운영법 및 각 특수법인기업의 근거법과 지방공기업법에서 특별한 규정을 두고 있다. 예컨대 특수법인기업의 기관장은 주무기관의 장의 제청으로 대통령이 임명하고(공공기관운영법 25), 지방공사·공단의 사장과 감사는 지방자치단체의 장이 임명하도록 규정하고 있다(지방공기업법 58 ③).

3. 공기업의 예산회계

(i) 행정주체의 직영공기업은 당해 사업이 행정기관에 의하여 행정작용의 일부로 행하여지므로, 그 예산회계도 국가나 지방자치단체의 예산회계의 일부로서 다른 행정작용과 같이 국가재정법상의 제한을 받는다. 그러나 이 경우에도 그 기업이라는 특성을 감안하여 경영의 능률성이나 합리성을 확보하기 위하여 특별회계를 두어(국가재정법 4 ③), 회계상 특례를 인정하고 있다. 예컨대 특별회계에 의하여 경영되는 공기업은 국가회계법과 지방공기업이 정하는 바에 따라 사업의 경영성과 재정상태를 명백히 하기 위하여 재산의 증감 및 변동을 그 발생사실에 따라 회계처리하는 기업회계의 원칙(국가회계법 11, 지방공기업법 16, 64조의2)과 공기업의 합리적인 운영을 위하여 독립채산제(정부기업예산법 3, 지방공기업법 14 ①)를 채택하고 있으며, 또한 일정 한도의 이익금을 적립금 또는 준비금으로서 자기를 위하여 보유할 수 있는 자기처분제를 도입하고 있다(정부기업예산법 21, 지방공기업법 37).

(ii) 특수법인기업은 국가 또는 지방자치단체로부터 독립한 기업이므로, 일반행정기관에 대한 국가재정법과 국가회계법상의 원칙이나 절차는 적용되지 않는다. 다만, 특수법인기업은 그 자본금의 일부 또는 전부를 국가가 출자한 것이고 그 적정한 회계관리는 공기업의 성과와 직결되므로, 공공기관운영법과 지방공기업법은 특수법인기업의 예산과 회계에 관한 규정을 두고 있다.

4. 공기업의 경영

(i) 공기업의 경영은 당해 기업의 목적을 효율적으로 달성하고 경제원칙에 적합하도록 행하여야 한다. 행정주체직영기업은 일반행정조직에 의하여 직접 경영되기 때문에 그 경영관리의 방식은 일반행정의 운영방식과 크게 다르지 않다. 다만, 우정사업운영에 관한 특례법은 사업의 경영합리화를 도모하고자 특례를 정하고 있다.

(ii) 국가의 특수법인기업의 경영관리에 관한 기본적 사항은 공공기관운영법이 정하고 있으나, 그 구체적인 내용은 각 공기업의 사업내용 및 성질에 따라 다르다. 특수법인기업은 책임경영체제의 확립을 위하여 자율적 운영이 보장되지만(공공기관운영법 3), 해당 사업의 공익성 및 공기업은 넓은 의미의 행정조직을 구성한다는 점에서, 그 경영에 대하여 정부의 일정한 관여가 인정된다.

5. 공기업의 보호

먼저 공기업은 공익사업을 수행하는 주체라는 점에서, 국·공영기업은 물론 특수법인기업 등도 각종 부담금을 징수하거나, 토지를 수용·사용하는 등의 공용부담특권이 인정되는 경우가 있다(예: 우편법 5).

공기업이 수행하는 사업이 그 성질상 반드시 당해 공기업에 의하여 수행되어야 하는 경우에는 법률에 의하여 당해 공기업에 독점권이 보장되기도 한다. 이러한 독점권의 인정은 주로 국·공영기업에서 찾아볼 수 있다(예: 우편법 2).

공기업은 공공사무의 수행이라는 공익목적을 위하여 존재하는 것이라는 점에서 조세감면(조세특례제한법 72 이하), 국·공유재산의 무상이용(국유재산법 34), 타 재산과의 교환(국유재산법 54), 보조금의 교부(보조금법 17), 손해배상책임의 제한 또는 면제(우편법 39, 40) 등 다양한 재정 및 세제상의 지원을 하고 있다.

공기업의 원활한 업무수행을 위하여 공기업에 의한 서비스 및 재화의 공급의 대가로서의 수수료나 사용료[1]의 체납이 있는 경우에 당해 공기업에 강제징수권이 인정되기도 한다(수도법 68, 우편법 24).

그 밖에도 공기업의 정상적인 활동과 기능을 침해하는 경우에 공기업에게 이러한 침해행위에 대하여 일정한 벌을 과하는 권한이 인정되기도 하는데, 이를 특히 공기업벌이라 한다.

---

1) 수수료와 사용료에 관한 일반적 규정으로 행정기본법 제35조가 있다.
행정기본법 제35조(수수료 및 사용료) ① 행정청은 특정인을 위한 행정서비스를 제공받는 자에게 법령으로 정하는 바에 따라 수수료를 받을 수 있다.
② 행정청은 공공시설 및 재산 등의 이용 또는 사용에 대하여 사전에 공개된 금액이나 기준에 따라 사용료를 받을 수 있다.
③ 제1항 및 제2항에도 불구하고 지방자치단체의 경우에는 「지방자치법」에 따른다.

6. 공기업에 대한 감독

공기업은 공공복리와 밀접하게 관련되고 국가나 지방자치단체에 의하여 그 자본이 투자된 것이므로, 공기업의 경영에 대한 감독이 필요하다. 그러나 공기업의 감독으로 인하여 기업경영의 자율성과 책임성이 본질적으로 침해되어서는 안 될 것이다. 공기업 중 행정주체직영기업은 일반행정조직 내부에서의 감독관계가 그대로 적용되므로, 이하에서는 특수법인기업의 감독을 중심으로 살펴보고자 한다.

(1) 행정청에 의한 감독

1) 기획재정부장관 등에 의한 감독

공공기관운영법상 기획재정부장관에게는 특수법인기업의 경영실적평가권(공공기관운영법 48 ①), 비상임이사 및 감사에 대한 해임 또는 해임건의권(공공기관운영법 35 ②), 각 특수법인기업의 예산편성에 적용되는 경영지침결정권(공공기관운영법 50) 등이 인정된다.

2) 감사원에 의한 감독

국가 또는 지방자치단체가 자본금의 2분의 1 이상을 출자한 법인의 회계는 감사원의 필요적 검사사항이므로(감사원법 22 ① 3호), 대부분의 특수법인기업의 회계는 감사원의 검사대상이 되며, 그 임원 및 직원의 직무는 감사원의 감찰대상이 된다(감사원법 24).

(2) 기타

① 국회의 국정감사·국정조사·대정부질문, 예산심의와 결산, 공기업관계법률의 제정·개폐, 공기업 경영실적평가의 국회보고 등이나 ② 법원의 재판도 넓은 의미에서는 공기업에 대한 감독수단이라고 할 수 있다.

제 3 절 공기업의 이용관계

Ⅰ. 의의

개인이 공기업으로부터 역무·재화를 공급받고, 시설을 이용하는 법률관계를 '공기업의 이용관계'라 한다.

공기업의 이용관계에는 일시적 이용관계와 계속적 이용관계가 있다. 일시적 이용관계(예: 공중전화 이용)는 대부분 사법상의 계약관계에 해당하며 1회적인 행위로 종료되기 때문에 특별한 문제가 없으나, 계속적 이용관계(예: 수도공급)는 계속적으로 역무·재화를 공급받고 시설을 이용하는 관계라는 점에서 법적으로 특히 중요한 의미를 가진다.

Ⅱ. 법적 성질

1. 학설

① 공법관계설은 공기업이 직접 사회공공의 이익을 위하여 행하는 것이므로 그 이용관계를 공법관계로 보는 견해이지만, ② 공기업은 사인이 경영하는 사업과 본질적인 차이가 없고, 단순히 기업의 경영주체가 행정주체라는 이유만으로 다른 법적 취급을 하는 것은 타당하지 않으므로, 공기업의 이용관계는 원칙적으로 사법관계로 보아야 할 것이다(사법관계설). 다만, 실정법상 특별한 규정이 있거나, 명문의 규정이 없더라도 공기업의 목적에 비추어 특수한 공법적 규율을 할 필요가 있는 경우에는, 그 한도에서 공기업의 이용관계는 공법관계에 해당된다고 할 것이다.

2. 성질

(1) 사법관계(원칙)

공기업의 이용관계는 일반적으로 기업자와 이용자 사이에 사법상의 계약에 의하여 성립한다. 계약의 구체적인 형태는 기업자가 약관에 의하여 획일적이고 정형적인 이용조건을 정하고, 이에 대하여 이용자가 합의하는 형식으로 이루어진다(예: 철도사업법 11, 전기사업법 16조의2 ③). 공기업의 이용관계에는 사법과 사법원리가 적용되고, 이에 대한 쟁송은 민사소송절차에 의한다.

[판례] 전화가입계약의 성질(＝사법관계)

"전화가입계약은 전화가입희망자의 가입청약과 이에 대한 전화관서의 승락에 의하여 성립하는 영조물 이용의 계약관계로서 비록 그것이 공중통신역무의 제공이라는 이용관계의 특수성 때문에 그 이용조건 및 방법, 이용의 제한, 이용관계의 종료원인 등에 관하여 여러가지 법적 규제가 있기는 하나 그 성질은 사법상의 계약관계에 불과하다고 할 것이므로, 피고(서울용산전화국장)가 전기통신법시행령 제59조에 의하여 전화가입계약을 해지하였다 하여도 이는 사법상의 계약의 해지와 성질상 다른 바가 없다 할 것이고 이를 항고소송의 대상이 되는 행정처분으로 볼 수 없다(대판 1982.12. 28, 82누441)."

(2) 공법관계

① 법령이 공기업의 공익적 목적을 위하여 특별한 규정을 두고 있거나(예: 이용대가의 부과·징수에 대한 행정쟁송(지자법 157 ⑤)이나 행정상 강제징수(수도법 68, 우편법 24)에 관한 규정을 두고 있는 경우), ② 관계법령 전체의 합리적 해석에 따라 특수한 공법적 규율을 하는 것이 타당하다고 인정되는 경우(예: 이용관계가 순전히 경제적 급부를 내용으로 하는 것이 아니라 윤리적 성질을 가진 경우와, 이용관계가 경제적 급부를 내용으로 하더라도 그 공공성이 강하여 사인의 영리사업과 동일시 할 수 없는 경우 등)는 공법관계에 속한다고 할 수 있다. ③ 다만, 공기업관계가 공법관계인 경우라도 그 전체가 일률적으로 공법관계에 속하는 것이 아니라, 그 일부는 공법적 성질을 가지면서 다른 일부는 사법적 성질을 갖는 공·사법혼합관계인 경우도 있다(예: 국민임대주택의 임대차관계에서 주택건설자인 지방자치단체와 임차인의 관계는 사법관계이나, 임대료 등에 관한 관계는, 예컨대 강제징수가 가능하므로(주택법 91) 공법관계임).

> [판례] 수도료납부관계의 성질(=공법관계)
>
> "수도법에 의하여 지방자치단체인 수도사업자가 수도물의 공급을 받는 자에 대하여 하는 수도료의 부과징수와 이에 따른 수도료의 납부관계는 공법상의 권리의무관계라 할 것이므로 이에 관한 소송은 행정소송절차에 의하여야 한다(대판 1977.2.22, 76다2517)."

3. 성립

① 공기업의 이용관계는 공기업주체와 이용자 사이의 합의로 이루어지는 것이 원칙이며, 이 경우에 계약은 통상 사법상의 계약으로 이루어진다. 계약은 명시적(예: 우편물 발송계약) 또는 묵시적(예: 우체통에 우편투입)으로 이루어질 수 있다.

② 공기업의 이용관계는 예외적으로 합의 외의 방법에 의하여 성립하는 경우가 있다. 이러한 유형으로는 (1) 공기업의 이용을 위한 계약이 강제되는 경우(계약강제)(예: 국·공립병원의 예방접종), (2) 독점적으로 경영되고 있는 공기업의 이용이 사실상 강제되고 있는 경우(사실상의 이용강제)(예: 수도·전화·철도), (3) 법률의 규정에 의하여 당연히 이용관계가 설정되는 경우(예: 하수도의 이용), (4) 행정작용에 의하여 이용이 강제되는 경우(예: 감염병환자의 강제격리)가 있다.

4. 내용

(1) 일반적 특색

공기업의 이용관계는 원칙적으로 기업주체와 이용자 사이의 합의에 의하여 성립하는 당사자관계이나, 그 공기업의 이용조건이 법령·조례 또는 공기업규칙에 의하여 정형화·획일화되어 있는 부합계약인 경우가 일반적이다. 또한 공기업의 공익적 목적상 관련 법령에서 사법관계와는 다른 특수한 규정을 두고 있는 경우가 있다(예: 공급의무, 수수료의 강제징수 등).

(2) 이용자의 권리

1) 공기업이용권

공기업이용권이란 공기업의 이용관계가 성립된 경우에 공기업주체에 대하여 역무 또는 재화의 공급이나 시설의 이용을 청구하는 권리이다. 공기업이용권은 법령상 특별한 규정이 있거나 관계법령의 합리적인 해석에 따라 공권으로 해석될 수 있는 경우를 제외하고는 사권의 성질을 갖고, 채권적 성질을 가지며, 일신전속적인 것 외에는 이전성이 인정된다.

공기업이용권은 헌법상 평등원칙에 따라 합리적인 사유가 없는 한 모든 이용자에게 평등한 것이어야 한다.

2) 기타

① 공기업의 이용과 관련하여 손해를 받은 이용자는 손해배상을 청구할 수 있다. 다만, 공기업의 원활한 경영을 위하여 관계법령에서 공기업주체의 손해배상책임을 제한하거나 부인하는 규정을 두고 있는 경우가 있다(우편법 38－45).

② 기업주체의 위법한 행위로 공기업이용권을 침해당한 이용자는 행정쟁송(공법관계인 경우) 또는 민사소송(사법관계인 경우)을 제기하여 구제를 받을 수 있다.

(3) 공기업주체의 권리

1) 이용조건설정권

공기업주체는 이용자의 이용시간·이용방법·이용료·이용장소 등의 이용조건을 정하거나 변경할 권리를 가진다. 이를 '이용조건설정권'이라 한다. 공기업의 이용조건은 법령이나 조례에서 정해질 수도 있고, 법령이나 조례의 범위에서 공기업규칙의 형식으로 정해질 수도 있다.

2) 이용대가징수권

공기업주체는 공기업을 이용한 자에게 이용의 대가(사용료, 수수료)를 징수할 수 있다. 이용대가는 조례 또는 공급규정에서 정하며, 공급규정은 통상 주무관청의 승인을 받도록 하고 있다. 공급대가는 획일·정형적으로 정해지는 것이 일반적이지만, 경영상의 이유 또는 사회정책적인 이유에서 합리적인 차이를 두기도 한다(예: 누진요금, 체증·체감요금). 이용대가의 부과·징수에 대한 불복수단으로 행정쟁송을 규정하거나(지자법 157 ⑤) 행정상 강제징수를 예정하고 있는 경우 이용대가징수권은 공권의 성질을 가진다.

5. 종료

이용목적의 완료(예: 우편물 배달), 이용관계에서 임의탈퇴(예: 이용자의 중단신청), 이용관계에서 배제(예: 공기업주체의 해지권행사), 공기업의 폐지 등에 의하여 공기업의 이용관계는 종료된다.

제 4 절 특허기업

Ⅰ. 특허기업의 개념

1. 의의

특허기업의 개념은 강학상의 개념이다. 특허기업은 협의로는 사인이 행정청으로부터 특허를 받아 경영하는 기업(예: 여객자동차운송사업, 해상운송사업), 즉 특허처분기업만을 말하고,[2] 광의로는 협의의 특허기업뿐만 아니라 법령에 의하여 직접 설립되어 운영되는 특수법인기업(예: 한국조폐공사, 한국토지주택공사)을 포함한다.[3] 일반적으로 특허기업은 협의의 특허기업을 의미한다.

2. 특허기업과 공기업의 구별

국·공영기업은 국가 및 지방자치단체의 행정조직을 통해 운영되고, 그 소속직원의 신분은 공무원이다. 반면에 특허기업은 사기업이라는 점에서 행정조직 및 공무원법과는 무관하다.

특수법인기업은 국가나 지방자치단체가 직접 경영에 참여하는 기업형태인데, 특허기업은 행정주체가 특허나 감독 등의 방식으로 경영에 개입하는 기업형태이다.

Ⅱ. 특허기업의 특허

1. 특허의 의의

특허기업의 특허는 국가나 지방자치단체가 공익사업의 독점경영권을 사인에게 설정하여 주는 형성적 행정행위이다. 이는 특정 공익사업의 경영권을 대상으로, 행정주체가 사인을 상대방으로 하여 행하는 행정행위이다.

---

2) 김남진/김연태, 행정법Ⅱ, 450면.

3) 김도창, 일반행정법론(하) 395면; 이상규, 신행정법론(하), 418면.

2. 성질

(1) 쌍방적 행정행위

특허기업의 특허는 상대방의 협력(신청)을 요하는 쌍방적 행정행위이다.

(2) 형성적 행정행위

특허기업의 특허는 형성적 행정행위이다. 형성대상과 관련하여 ① 특허를 기업경영을 위한 각종의 권리·의무의 총체, 즉 포괄적 법률관계를 설정하는 설권행위로 보는 포괄적 법률관계 설정설,[4] ② 공익사업의 특허를 특정인에게 사업의 독점적 경영권을 설정하여 주는 행위로 보는 독점적 경영권 설정설,[5] ③ 특허기업의 특허를 영업금지의 해제로 보는 허가설[6] 등이 있다. ④ 특허기업 특허의 핵심은 공익을 위하여 특정사업을 독점적으로 경영하도록 하는 데 있으므로 독점적 경영권설정설이 타당하다고 본다.

(3) 재량행위

특허기업의 특허는 일반적으로 재량행위이다. 특허의 대상이 되는 사업은 통상 고도의 공익성이 요구되는 사업으로 행정청은 공익적 관점에서 특허 여부에 대하여 재량권을 가진다고 볼 것이다.

3. 법규특허와 특허처분

특허기업을 광의로 이해하는 견해에 따르면 특허기업의 특허는 법률에 의한 특허(법규특허)와 행정행위에 의한 특허(특허처분)로 구분한다. 그러나 특허기업을 협의로 이해하는 다수설에 따르면 특허의 형식은 행정행위에 의한 것만 가능하다.

Ⅲ. 특허기업과 허가기업

1. 공통점

특허기업의 특허(예: 여객자동차운수사업법에 따른 버스사업면허)와 허가기업의 허가(예: 식품위생법에 따른 단란주점영업허가)는 ① 법률행위적 행정행위라는 점, ② 상대방의 신청을 요하는 행정행위라는 점, ③ 수익적인 행위라는 점, ④ 특허나 허가 없이 경영하면 제재 내지 처벌을 받는 점,

4) 김동희, 행정법Ⅱ, 323~324면; 김성수, 개별행정법, 769면.
5) 정하중, 행정법개론, 1205면 이하; 홍정선, 행정법특강, 1073면.
6) 이상규, 신행정법론(하), 413면 참조.

⑤ 국가에 의한 감독·통제가 따른다는 점에서 공통점을 갖고 있다.

2. 차이점

(1) 목적

일반적으로 허가기업의 허가는 소극적인 경찰상의 목적으로 금지를 해제하는 것이나, 특허기업의 특허는 적극적으로 공익실현목적으로 행하여진다.

(2) 대상사업

허가기업의 허가는 기본적으로 개인의 자유권적 기본권(영업의 자유·건축의 자유 등)을 실현하는 것을 내용으로 하는 사익사업(예: 영업, 건축 등)을 대상으로 하나, 특허기업의 특허는 생활에 필수적인 각종 재화나 서비스의 공급·제공 등과 관련된 공익사업(예: 전기, 도시가스)을 대상으로 한다. 물론 양자의 구분이 명확한 것은 아니지만, 개인의 기본권실현의 측면과 공익성의 측면에 따라 개별적으로 판단하여야 할 것이다.

(3) 행위의 성질

1) 명령적 행위·형성적 행위

허가기업의 허가는 상대적 금지를 해제하여 자연적 자유를 회복해주는 명령적 행위이나 특허기업의 특허는 권리를 설정해 주는 형성적 행위라는 점에서 차이가 있다.

최근에는 허가는 단순한 자연적 자유의 회복에 그치는 것이 아니라 헌법상의 자유권을 적법하게 행사할 수 있게 해 주는 일정한 법적 지위의 설정행위라는 점에서 형성적 행위로서의 성질을 가진다는 견해도 있으나, 형성적 행위를 구체적인 권리나 능력을 설정하는 행위로 이해한다면 허가가 이와 같은 형성적 성질을 가지고 있다고 보기는 어렵다. 요컨대 허가는 헌법이 보장하는 영업의 자유를 적법하게 행사할 수 있게 해주는 것에 그치고 새로운 권리를 설정해주지 않는다는 점에서 독점적 경영권을 설정해주는 특허기업의 특허와 구별되는 것이다.

2) 기속행위·재량행위

허가기업의 허가는 자연적 자유의 회복이라는 점에서 허가요건이 갖추어지면 반드시 허가를 하여야 하는 기속행위이지만, 특허기업의 특허는 새로운 권리를 설정한다는 점에서 특허 여부에 대해서는 행정청이 공익적 견지에서 재량적 판단을 하게 되는 재량행위임이 원칙이다.

(4) 이익의 성질(반사적 이익·법률상 이익)

허가기업의 허가는 자연적 자유의 회복이므로 허가를 통하여 얻게 되는 이익은 단순한 반사적 이익에 불과하다. 반면에 특허기업의 특허는 특정인에게 특정한 권리를 설정하는 행정행위이므로 특허를 통하여 얻게 되는 이익은 법률상 이익이다.

(5) 보호·감독

허가기업에 대하여는 공공의 안녕과 질서에 대한 위해가 발생하지 않는 한 행정권이 개입하지도 않고 국가에 의한 보호나 특권도 부여하지 않는 것이 일반적이다. 특허기업에 대하여는 공공복리를 위하여 여러 가지 의무(예: 사업개시의무, 역무제공의무) 및 감독(예: 사업계획의 요구, 사업의 조정, 공급조건의 통제)이 행하여지고, 이러한 기업의 육성을 위하여 보호 및 특권(예: 공용부담특권, 공물사용권)을 부여하기도 한다.

Ⅳ. 특허기업의 법률관계

1. 특허기업자의 권리와 특권

(1) 독점경영권

특허기업자는 특허기업의 특허에 의하여 특허기업 경영권을 가지는데, 이를 '기업경영권'이라 한다. 기업경영권은 공권으로, 특허기업자는 기업경영권을 침해하는 국가나 지방자치단체의 위법행위에 대하여 행정쟁송으로 다툴 수 있다. 그러나 특허기업자와 제3자 간의 관계는 원칙적으로 사법관계이다. 다만, 예외적으로 법률상 특허기업자에게 부여된 공법상 특권의 행사와 관련된 것은 공법관계이다(예: 특허기업에 의한 타인의 토지의 수용·사용).

(2) 공용부담권

공익을 위하여 특허기업자에게 타인의 토지의 수용·사용·출입·장애물제거 등의 공용부담권이 인정되기도 한다(예: 전기사업법 87 이하).

(3) 공물사용권

기업경영을 위하여 공물사용이 필요한 경우에는 공물사용권이 부여된다. 특허기업자는 공물사용에 관하여 사전에 공물관리자의 허가를 받아야 하며, 공물관리자는 정당한 사유 없이 공물사용을 거부하지 못한다(예: 전기사업법 92).

(4) 경제상 보호

특허기업자는 그 사업성과를 보장하기 위하여 각종 경제상의 보호를 받는데, 그 주요 수단으로는 세금 감면, 보조금 교부, 국·공유지의 무상대부나 양여, 정부출자 등을 들 수 있다.

(5) 행정벌에 의한 보호

특허기업을 방해하거나 그의 시설을 파괴하는 자를 처벌함으로써 특허기업을 보호한다(예: 전기사업법 102).

2. 특허기업자의 의무

(1) 기업경영의무

특허기업은 공익사업이므로 특허를 받은 자는 그것을 일정한 기간 내에 개시하여야 할 '기업개시의무'(예: 전기사업법 9 ①)와 개시된 사업을 국가의 허가가 없는 한 휴지·폐지 없이 계속하여야 할 '기업계속의무'(예: 여객자동차 운수사업법 16)를 부담한다.

(2) 지시·감독을 받을 의무

특허기업자는 기업경영과 관련하여 주무관청으로부터 각종의 감시·감독을 받고 이에 응하여야 할 의무를 부담한다. 그 구체적인 내용으로는 ① 기업의 실태파악을 위한 감시(예: 자료의 보고·제출), ② 기업활동내용의 감독(예: 가스공급제한명령), ③ 기업종료에 관한 감독(예: 기업의 양수·양도 또는 합병의 인가) 등을 들 수 있다. 이러한 의무부과는 침익적인 것이므로 법령의 근거를 요한다.

(3) 기타

① 특허기업자는 법령이나 특허처분에서 정하는 바에 따라 재화나 역무를 제공하거나 설비를 대여하여야 하고, ② 법령이나 특허처분에 의한 독점적 이익을 누리는 대가로 특허료를 납부하여야 하며, ③ 특허기업에 제공되고 있는 물건의 융통성에 제한을 받고, ④ 특허기업자는 국가 등에 의한 그 기업시설의 매수에 응하여야 하는 의무 등이 있다.

V. 특허기업의 이전·위탁 및 종료

1. 특허기업의 이전

'특허기업의 이전'은 특허기업자가 그 기업경영권을 타인에게 이전하는 것을 말한다. 특허기업은 공익의 실현을 목적을 하는 것이므로 일반적으로 특허기업의 이전에는 제한이 따른다. 예컨대 특허기업이 양도나 합병을 할 경우 주무관청의 인가(예: 전기사업법 10 ①)나 신고(예: 여객자동차 운수사업법 14 ①)가 요구된다.

2. 특허기업의 위탁

'특허기업의 위탁'은 특허기업자가 기업경영권을 가지면서, 운영·관리권만을 타인에게 위임·위탁하는 것을 말하고, 이는 다시 임의위탁과 강제관리로 나눌 수 있다. 임의위탁은 특허기업자가 감독행정청의 인가를 받거나 신고하여 당해 특허기업의 전부 또는 일부를 타인에게 위탁하는 경우이고(예: 여객자동차 운수사업법 14), 강제관리는 일정한 사유가 발생한 경우에 특허기업자의 의사에 관계없이 법원 또는 감독행정청이 타인으로 하여금 당해 특허기업을 경영하게 하는 경우이다.

3. 특허기업의 종료

특허기업은 직접 공익을 위한 것이므로 임의로 폐지할 수 없다. 그러나 기업자의 의사에 의하는 임의종료(예: 사업의 폐지·회사의 해산) 또는 법정종료(예: 특허의 실효·특허기한의 만료·특허의 철회) 사유가 있으면 특허기업은 종료하게 된다. 임의종료의 경우에는 관할행정청에의 신고나 관할행정청의 인가가 요구되기도 한다.

제 6 편

공용부담법

제1절 개설

Ⅰ. 공용부담의 개념

공용부담이란 특정한 공익사업의 수요를 충당하거나 특정한 물건의 효용을 보존하기 위하여 특정한 개인에게 강제적으로 부과되는 공법상의 부담을 말한다.

1. 목적

공용부담은 적극적으로 공공복리의 실현을 목적으로 한다. 그러므로 재정목적을 위한 조세의 부담, 경찰목적을 위한 경제적 부담은 공용부담이 아니다.

2. 주체

원칙적으로 행정주체(국가, 지방자치단체)가 공용부담의 주체가 된다. 예외적으로 사인(공기업이나 특허기업)도 법률에 근거하여 행정주체로부터 공용부담을 명할 수 있는 권한을 부여받기도 한다. 이러한 권리를 공용부담특권이라고 한다.

3. 객체

공용부담은 개인에게 부과되는 부담이다. 따라서 국가나 지방자치단체 상호간의 부담(유지·유지비부담)은 공용부담이 아니다. 개인이 지는 부담이라도 일반 개인의 지위에서가 아니라 국가 또는 공공단체의 기관의 지위에서 지는 부담(예: 공무원의 의무)이나, 공익사업의 경영자로서 지는 부담(예: 특허기업의 경영의무) 또는 공기업이나 공물의 이용자로서 지는 부담(예: 수수료·사용료 등의 납부의무) 등 일반 개인의 지위와는 다른 지위에서 지는 부담은 공용부담이 아니다.

4. 내용

강제적인 수단에 의해 경제적인 부담을 부과하는 것을 내용으로 한다. 당사자의 의사에 관계없이 법률의 명시적 규정이나 법률에 근거한 행정행위에 의하여 부담이 부과된다. 개인의 노력의 제공도 금전적 가치를 가진다면 이는 공용부담이 된다. 경제적 부담만을 그 내용으로 하므로 비경제적인 내용인 윤리의무는 제외된다.

Ⅱ. 공용부담의 법적 근거

공공필요에 의한 재산권의 수용·사용 또는 제한 및 그에 대한 보상은 법률로써 하되, 정당한 보상을 지급하여야 한다(헌법 23 ③). 따라서 공용부담은 당사자에게 의무를 부과하는 것이므로 반드시 법률에 근거가 있어야 한다. 공용부담에 관한 일반적인 법률로는 토지보상법·지방자치법이 있고, 그 외에도 국토계획법·도로법·하천법·철도사업법·도시 및 주거환경정비법 등 다수의 개별법이 있다.

Ⅲ. 공용부담의 유형

공용부담은 내용에 따라 인적 공용부담과 물적 공용부담으로 구분된다.

1. 인적 공용부담

인적 공용부담이란 특정인에게 일정한 작위·부작위 또는 급부의무를 부과하는 부담을 말한다. 이는 대인적 성질을 가지므로 원칙적으로 타인에게 이전되지 않는다. 인적 공용부담에는 ① 부담금, ② 노역·물품부담, ③ 부역·현품부담, ④ 시설부담, ⑤ 부작위부담 등이 있다.

2. 물적 공용부담

물적 공용부담이란 특정한 재산권에 대하여 일정한 제한 또는 침해를 가하는 부담을 말한다. 이는 재산권 자체에 부착되는 대물적 성질이 강하므로 재산권의 이전과 더불어 타인에게 이전된다. 물적 공용부담에는 ① 공용제한, ② 공용수용, ③ 공용환지·공용환권이 있다.

제 2 절 인적 공용부담

Ⅰ. 인적 공용부담의 의의

인적 공용부담이란 일정한 특정한 공익사업의 수요를 충당하거나 특정한 물건의 효용을 보존하기 위하여 법률에 근거하여 특정한 사람에게 일정한 작위·부작위 또는 급부의무가 부과되는 부담을 말한다.

Ⅱ. 인적 공용부담의 종류

인적 공용부담은 부담근거에 따라 ① 일정 범위의 개인에게 그 능력에 따라 부과하는 일반부담, ② 특정 공익사업과 특별한 관계에 있는 자에게 그 관계에 근거하여 부과하는 특별부담(특별부담은 다시 공익사업과의 관계에 따라 수익자부담·원인자부담·손상자부담 등으로 나눌 수 있다), ③ 우연히 특정 공익사업의 수요를 충족시킬 수 있는 자에게 부과하는 우발부담으로 분류할 수 있다.

인적 공용부담은 그 내용에 따라 부담금, 노역·물품, 부역·현품, 시설부담, 부작위부담 등으로 분류할 수 있다.

Ⅲ. 인적 공용부담의 내용

1. 부담금

(1) 부담금의 개념

1) 의의

부담금이란 행정주체가 특정의 공익사업과 특별한 이해관계가 있는 당사자에게, 그 사업에 필요한 경비의 전부 또는 일부를 부담하게 하는 공법상의 금전급부의무를 말한다. 부담금관리 기본법(부담금관리법) 제2조는 부담금을 "법률에 따라 금전적 부담의 부과권한을 부여받은 자가 분담금, 부과금, 기여금, 그 밖의 명칭에도 불구하고 재화 또는 용역의 제공과 관계없이 특정 공익사업과 관련하여 법률에서 정하는 바에 따라 부과하는 조세 외의 금전지급의무"로 정의하고 있다.

부담금은 개인의 재산권을 침해하는 것이므로 부담금의 설치에는 법률의 근거를 요한다. 부담금법은 "부담금은 별표에 규정된 법률의 규정에 의하지 아니하고는 설치할 수 없다(부담금관리법 3)."고 하여 부담금의 설치에 법률의 근거가 필요함을 명시하고 있다.

[판례] 총포·도검·화약류 등의 안전관리에 관한 법률 제58조 제1항 제3호에 따른 회비가 공법상 부담금에 해당하는지 여부(적극)

"어떤 공과금이 부담금에 해당하는지 여부는 명칭이 아니라 실질적인 내용을 기준으로 판단하여야 한다. 부담금 부과에 관한 명확한 법률 규정이 존재한다면 반드시 별도로 부담금관리 기본법 별표에 그 부담금이 포함되어야만 부담금 부과가 유효하게 되는 것은 아니다.

총포·도검·화약류 등의 안전관리에 관한 법률 제58조 제1항 제3호에 따른 회비는 부담금관리 기본법 별표에 포함되어 있지는 않으나, 공법상 재단법인으로서 총포·화약안전기술협회의 법적 성질과 회비의 조성방법과 사용용도 등을 위 법리에 비추어 살펴보면, 국가 또는 공공단체가 일정한 공행정활동과 특별한 관계에 있는 자에 대하여 그 활동에 필요한 경비를 조달하기 위하여 부담시키는 조세 외의 금전지급의무로서 공법상 부담금에 해당한다고 보아야 한다(대판 2021.12.30, 2018다241458[채무부존재확인]).”

2) 구별

부담금은 공법상의 금전급부의무인 점에서 조세 및 수수료·사용료[1]와 동일하지만, ① 부담금은 특정 공익사업의 경비에 충당하기 위하여 특정 사업과 특별한 관계가 있는 자에게만 부과되는데 반하여, 조세는 특정사업과 관계없이 국가 또는 지방자치단체의 재정상의 수입목적을 위하여 일반인에게 부과된다는 점에서 차이가 있고, ② 부담금은 특정 공익사업의 경비에 충당하기 위하여 당해 사업의 이용과 관계없이 부과되나, 수수료·사용료는 행정주체가 제공한 서비스의 대가로 이용자에게 부과되는 점에서 차이가 있다.

(2) 유형

부담금은 사업의 종류에 따라 도시계획부담금, 환경개선부담금, 도로부담금, 하천부담금, 농지개량부담금 등이 있고, 그 원인에 따라 수익자부담금, 원인자부담금, 손상자부담금으로 구분된다. 또한 현대국가의 새로운 행정수요에 원활하게 대처하기 위하여 특별부담금이라는 새로운 유형의 부담금제도가 인정되고 있다.

1) 수익자부담금

수익자부담금이란 특정 공익사업의 시행으로 인하여 특별한 이익을 받는 자에게 그 이익의 범위 내에서 사업경비의 일부를 부과하는 부담금이다(예: 지자법 155).

2) 원인자부담금

원인자부담금이란 특정 공익사업이 필요하게 된 원인을 조성한 자에게 부과하는 부담금이다(예: 도로법 91, 수도법 71).

[판례] 도시개발사업 시행자와 건축물 소유자 중 하수도법에서 정한 원인자부담금을 부담할 자

“… 원인자부담금은 공공하수도의 신설·증설을 야기한 환경오염의 원인자에게 그 비용을 부담시키고자 하는 데 근본 취지가 있고, (구) 하수도법(2011.11.14. 법률 제11084호로 개정되기 전의 것)에 규정된 (원인자부담금의 부과사유인) 타행위는 그 의미 자체가 공공하수도 공사를 필요하게 만드는 행위를 뜻하는 것으로 이해되므로, 도시개발사업의 경우 공공하수도 확대를 야기한 실질적 원인

1) 수수료는 행정서비스를 제공하는 데 대한 것이고, 사용료는 공공시설 및 재산 등의 이용 또는 사용에 대한 것이다(행정기본법 35 ①, ②).

자는 특별한 사정이 없으면 당해 개발사업의 시행자이지 그 사업지구 내 부지를 분양받아 건축물을 신축한 건축물 소유자라고 할 수 없다. 따라서 도시개발사업의 사업시행자가 하수도법상 '타행위'에 해당하는 사업으로 조성한 토지에 그 사업계획에서 정해진 규모 및 용도에 따라 건축물이 건축된 경우에는 원인자부담금은 사업시행자가 부담하는 것이 원칙이고, 당해 건축물이 원래 사업에서 예정된 범위를 초과하는 등의 특별한 사정이 없으면 건축물 등 소유자는 따로 원인자부담금을 부담하지 않는다고 보아야 한다(대판 2012.10.11, 2010두7604)."

[판례] 수도법상 상수도원인자부담금은 부과처분일 당시 법령에 따라 산정해야 하는지 여부(원칙적 적극)

"수도법 제71조 및 수도법 시행령 제65조에서 정한 상수도원인자부담금은 해당 지방자치단체의 조례에서 그 산정시점에 관하여 특별히 정함이 없는 한, 부과처분일 당시 적용되는 법령에 따라 이를 산정하여야 한다(대판 2022.4.28, 2021두58837[채무부존재확인])."

3) 손상자부담금(=손괴자부담금)

손상자부담금이란 특정의 공익시설을 손상한 자에게 그 시설의 유지나 수선비 등의 경비 전부 또는 일부를 충당하기 위해 부과하는 부담금이다. 과거 구 도로법 제67조는 손궤자부담금을 규정하고 있었으나, 현행법은 원인자의 비용부담에 관한 규정만을 두고 있다(도로법 91). 손상자부담금은 광의의 원인자부담금에 속한다고 볼 수 있을 것이다.

4) 특별부담금

특별부담금은 특별한 공적 과제를 위한 재정에 충당하기 위하여 특정집단에게 과업과의 관계 등을 기준으로 부과되고 공적기관에 의한 반대급부가 보장되지 않는 금전급부의무를 말하는 것인데, 이러한 부담금은 특정과제의 수행을 위하여 별도로 지출·관리된다. 따라서 특별부담금은 일반적인 국가재정수요의 충당을 위하여 일반 국민으로부터 그 담세능력에 따라 징수되는 조세와 구별된다(헌재결 1999.10.21, 97헌바84).

일반적으로 특별부담금은 그 성격에 따라 ① 일정한 과제의 수행에 필요한 재정경비를 조성하는 것을 목적으로 한 '재정충당 특별부담금'과 ② 법상의 명령이나 금지에 의하여 직접 규제하는 대신에 금전의 부담을 지워 간접적으로 일정한 국가목적의 달성을 유도하는 기능을 가진 '유도적 특별부담금'으로 나눌 수 있다(헌재결 2003.1.30, 2002헌바5).

(3) 부과·징수

부담금의 부과·징수권은 당해 사업주체에게 있는 것이 원칙이다. 다만, 국영공비사업과 같이 사업주체와 비용부담자가 다른 경우에는 비용의 부담주체인 공공단체가 부과·징수권을 갖는다고 본다.

부담금의 부과는 개인의 재산권을 침해하는 것이므로 법률의 근거가 필요하다. 따라서 부담금 부과의 근거가 되는 법률에는 부담금의 부과 및 징수주체, 설치목적, 부과요건, 산정기준, 산정방법, 부과요율 등이 구체적이고 명확하게 규정되어야 한다(부담금법 4).

부담금은 설치목적을 달성하기 위하여 필요한 최소한의 범위에서 공정성 및 투명성이 확보되도록 부과되어야 하며, 특별한 사유가 없으면 하나의 부과대상에 이중으로 부과되어서는 아니 된다(부담금법 5 ①).

부담금은 공법상 금전급부의무이므로 불이행시에는 행정상 강제징수 절차에 의하여 징수하게 되는데, 강제징수를 위해서는 법률의 근거를 필요로 한다(예: 도로법 94, 하천법 67).

부담금부과처분은 행정처분이므로 이에 대하여 불복이 있는 경우에는 행정쟁송절차에 따라 다툴 수 있다.

[판례1] 도시개발사업의 시행자(창원시장)가 개발사업을 통하여 조성·개발된 공동주택건설용 토지의 지상에 공동주택을 건설·분양한 자(무동1차지역주택조합)에게 학교용지부담금을 부과·징수할 수 있는지 여부(적극)

"[도시개발사업의 시행자(창원시장)가 공동주택건설용 토지를 조성·개발하고, 주택사업자(무동1차지역주택조합)가 그 토지를 확보한 뒤 위 도시개발사업에서 정한 인구수용계획의 범위 내에서 공동주택을 건설하여 분양한 경우 「학교용지 확보 등에 관한 특례법」에 따른 학교용지부담금의 부과대상자가 문제된 사건] 관계 규정의 내용과 그 해석 등에 비추어 보면, 경상남도지사로부터 학교용지부담금의 부과·징수 권한을 위임받은 피고(창원시장)는 이 사건 주택사업을 시행하고 이 사건 공동주택을 분양한 원고(무동1차지역주택조합)에게 학교용지부담금을 부과·징수할 수 있다. 이 사건 공동주택을 건설하기 위한 토지는 피고(창원시장)가 시행자인 이 사건 개발사업을 통하여 조성·개발되었고, 이 사건 공동주택의 분양이 이 사건 개발사업에서 예정한 인구수용계획의 범위 내에서 이루어졌다고 하더라도 마찬가지다(대판 2024.9.27, 2023두56347)."

[판례2] [1] 기반시설부담금 납부의무자의 환급신청거부결정이 처분인지 여부(적극) 및 행정청의 환급 거부대상이 지체가산금인 경우 달리 보아야 하는지 여부(소극)

[2] 기반시설부담금 부과처분이 처분 당시에는 적법하였고 지체가산금도 정당하게 징수한 후 납부의무자에게 환급사유가 발생한 경우, 행정청이 당초 정당하게 징수한 지체가산금까지 납부의무자에게 환급하여야 하는지 여부(소극) 및 이때 행정청이 납부의무자에게 환급할 부담금의 환급범위

[1] 기반시설부담금 부과처분을 할 당시에 이미 납부의무자에게 (구) 기반시설부담금에 관한 법률(2008.3.28. 법률 제9051호로 폐지, 이하 '법'이라 한다) 제8조 제4항과 제5항에서 정한 공제사유가 있었음에도 행정청이 해당 금액을 공제하지 않은 채 기반시설부담금 부과처분을 하였다면, 그 부과처분의 상대방인 납부의무자는 행정청의 공제의무 불이행을 위법사유로 주장하면서 취소소송을 제기하여 권리구제를 받을 수 있다. 납부의무자가 적법하게 부과된 기반시설부담금을 납부한 후에 법 제8조 제4항, 제5항, 제17조 제1항에서 정한 환급사유가 발생한 경우에는 증명자료를 첨부하여 행정청에 환급신청을 할 수 있고, 이에 대하여 행정청이 전부 또는 일부 환급을 거부하는 경우에, 납부의무자가 환급액에 관하여 불복이 있으면 환급 거부결정에 대하여 취소소송을 제기하여 권리구제를 받을 수 있게 하는 것이 행정소송법 및 기반시설부담금 환급 제도의 입법 취지에도 부합한다. 따라서 납부의무자의 환급신청에 대하여 행정청이 전부 또는 일부 환급을 거부하는 결정은 행정청이 공권력의 주체로서 행하는 구체적 사실에 관한 법집행으로서 납부의무자의 권리·의무에 직접 영향을 미치므로 항고소송의 대상인 처분에 해당한다고 보아야 한다. 행정청의 환급 거부대상이 기반시설부담금 그 자체가 아니라 그 납부지체로 발생한 지체가산금인 경우에도 달리 볼 것은 아니다. …

[2] 법 제16조 제2항에 따른 지체가산금은 납부의무자가 부과된 기반시설부담금의 납부의무 이행을 지체하는 경우에 부담하는 지연배상금의 성질을 띤 것으로 납부기한이 경과함으로써 당연히 발생한다. 기반시설부담금 부과처분에 처분 당시부터 위법사유가 있어 부과처분이 당연무효이거나 부과처분을 소급적으로 취소하는 경우에는 지체가산금도 그 기초를 상실하는 것이어서, 행정청이 납부의무자에게 기반시설부담금과 함께 지체가산금도 환급할 의무가 있다고 보아야 한다.

그러나 기반시설부담금 부과처분이 처분 당시에는 적법하였고 납부의무자의 납부의무 이행지체에도 정당한 사유가 없어 행정청이 지체가산금을 정당하게 징수하였던 경우에는, 그 후 납부의무자에게 법 제17조 제1항, 시행령 제15조 제2항 각호의 환급사유가 발생하였더라도 행정청이 당초 적법하게 부과·징수하였던 기반시설부담금의 전부 또는 일부를 납부의무자에게 환급하여야 할 의무가 그때 비로소 성립하는 것일 뿐(행정청의 환급결정에는 당초 적법하였던 기반시설부담금 부과처분을 장래를 향하여 일부 취소하는 결정의 의미가 포함되어 있는 것으로 보아야 한다), 그러한 사정만으로 행정청이 당초 정당하게 징수한 지체가산금까지 납부의무자에게 환급하여야 할 의무가 발생한다고 볼 수는 없다. 따라서 이러한 경우에는 행정청이 납부의무자에게 법 제17조 제1항, 제2항, 시행령 제15조 제2항, 제4항에 따라 부담금환급금과 그에 대한 법정이자에 해당하는 환급가산금을 지급할 의무가 있을 뿐이라고 보아야 한다(대판 2018.6.28, 2016두50990[가산금반환])."

2. 노역(勞役)·물품(物品)의 부담

노역·물품의 부담이란 특정 공익사업을 위한 노동력 또는 물품 그 자체의 급부의무를 말한다. 여기에서 노동력의 납부의무를 노역부담이라 하고, 물품의 납부의무를 물품부담이라고 하는데, 노역부담은 천재지변 등의 긴급한 사정이 발생한 경우에 법률에 근거하여 사인에게 노동력의 제공을 명하는 인적 공용부담이고(도로법 83, 소방기본법 24), 물품부담은 긴급한 필요가 있는 경우에 법률에 근거하여 물품의 제공을 명하거나, 타인에 의한 물품사용을 수인하게 하는 부담이다.

노역·물품부담은 부역·현품과 달리 금전으로 대납이 허용되지 않는다. 따라서 천재지변 등의 재난이나 불가피한 사정이 존재하는 경우에 한하여 예외적으로 부과된다. 이에 대한 일반법은 존재하지 않고, 개별법에서 일부 규정되어 있다.

물품부담은 우발부담(偶發負擔)이므로 그 부과로 인한 손실에 대하여는 보상되어야 한다.

3. 부역(夫役)·현품(現品)의 부담

부역·현품의 부담이란 특정 공익사업의 수요를 충족시키기 위하여 노역·물품 또는 그에 갈음한 금전 중에서 선택적으로 납부할 의무를 부담시키는 것을 말한다. 부역은 노역과 금전 중에서 선택하는 급부의무이고, 현품은 물품과 금전 중에서 선택하는 급부의무이다. 노역이나 물품의 공용부담은 노역이나 물품 그 자체가 납부의무의 대상이나, 반면에 부역·현품은 금전을 선택적으로 납부할 수 있다는 점에서 차이가 있다.

이는 과거 농촌에서 공용부담의무자의 편의를 위하여 금전 대신 노역이나 현품을 급부하도록 하기 위한 것이었으나, 오늘날 그 의의는 거의 없다고 할 것이고, 현행법상 그 예를 찾기가 어렵다.

4. 시설부담

공익사업의 수요를 충족하기 위하여 또는 공물의 효용증대를 위하여, 당해 사업과 관계있는 특별한 당사자나 우발적으로 이러한 수요를 충족할 수 있는 지위에 있는 자에게 일정한 시설을 완성하게 하는 의무를 부과하는 인적부담이다. 이는 다른 인적 부담과는 달리 시설의 공사 그 자체를 목적으로 하는 점에서 차이가 있다.

시설부담의 불이행에 대하여 대체적 작위의무인 경우에는 대집행으로 그 이행을 강제할 수 있으나, 그 외의 의무인 경우에는 행정벌 또는 이행강제금으로 그 이행을 확보할 수밖에 없다.

5. 부작위부담

사인에게 특정한 공익사업을 위하여 부과하는 부작위의무를 말한다. 부작위부담은 특정한 공익사업을 위한 것이라는 점에서 경찰상 금지와 그 목적이 다르다. 부작위부담의 유형으로는 국가의 독점사업을 위하여 사인에게 동종의 사업을 금지하는 경우(예: 우편법 2 ②)와 개인의 사생활보호를 위하여 일정한 행위(예: 우편물의 개봉·훼손 등)를 금지하는 경우(예: 우편법 48)가 있다.

이러한 부작위부담은 대부분 법령에 의하여 직접 부과되는 것이 보통이나, 예외적으로 행정처분으로 부과되는 경우도 있다. 부작위부담의 불이행에 대하여는 행정상 강제집행이 인정되지 않고, 벌칙이 가해지는 것이 일반적이다.

제 3 절 공용제한

Ⅰ. 공용제한의 개념

공용제한이란 특정 공익사업이나 특정 공익목적을 위하여 개인의 재산권에 대하여 가해지는 공법상의 제한을 말한다.

공용제한의 목적은 공익사업수행이나 특정 공익목적의 수행이다. 따라서 경찰목적의 제한(예: 위험건축물의 사용금지 등)이나 재정상의 목적을 위한 제한(예: 강제징수를 위한 재산압류로 인한 처분제한 등)은 제외된다.

공용제한은 개인의 재산권에 가해지는 공법적인 제한으로, 물적 공용부담에 해당한다. 인적 공용부담의 의무는 당해 의무자에게 전속되어 타인에게 이전되지 않으나 공용제한의 의무는 당해 재산권과 더불어 이전된다.

공용제한의 대상이 되는 재산권은 동산, 부동산, 무체재산권 등이며, 특히 부동산 중 토지에 대한 공용제한을 공용지역이라고 부르기도 한다.

Ⅱ. 법적 근거

공용제한은 개인의 재산권의 침해를 가져오므로, 반드시 법률의 근거가 필요하다. 공용제한에 관한 일반법은 없으며, 개개의 단행 법률에서 공용제한에 관한 규정이 존재한다(예: 국토계획법 76, 도로법 4 등).

Ⅲ. 공용제한의 유형

공용제한은 ① 내용을 기준으로 작위의 공용제한(예: 도로법 35)·부작위의 공용제한(예: 도로법 40 ③)·수인의 공용제한(예: 도로법 81)으로 구분할 수 있고, ② 행태를 기준으로 공물제한·부담제한·사용제한으로 구분할 수 있다.

1. 공물제한

사인 소유인 토지나 물건이 공물로 제공되고 있는 경우에, 공물의 목적달성에 필요한 한도 내에서 가해지는 공법상의 제한을 말한다. 공물제한은 사유공물(私有公物)에서 주로 문제된다.

공물제한의 유형으로는, ① 사유재산이 공용이나 공공용에 제공되어 있기 때문에 소유권행사에 대하여 가해지는 공법상의 제한(도로법 4)과 ② 사유재산의 보존 그 자체가 공적 목적을 수행하는 경우(공적 보존물의 경우)에 가해지는 공법상의 제한[예: 문화유산의 수출이나 반출금지의 제한(문화유산법 39)]으로 구분할 수 있다.

2. 부담제한

(1) 개념

부담제한이란 직접적으로 공적 목적에 제공되고 있지 않은 재산권의 주체에게 공익사업의 수행을 위하여 공법상의 작위·부작위·수인의 의무를 부과하는 것을 말한다. 다시 말하면 특정 물건이 사인의 완전한 지배권 아래에 놓여있지만, 공적 사업의 관리 또는 보호를 위하여 필요한 범위에서 행정주체가 그 물건에 대하여 일정한 제한을 가하는 것이다.

(2) 유형

1) 내용에 따른 분류

부담제한은 내용에 따라 ① 시설설치·공작물개축의무 기타 작위의무를 부과하는 작위부담(예: 도로법 40 ④), ② 사업시행에 장해가 되는 건축·토지의 형질변경·식수 등의 일정한 행위를 제한·금지하는 부작위부담(예: 도로법 40 ③), ③ 당해 공익사업을 위하여 사업자에 의한 토지형질의 변경, 공작물제거 기타 재산권에 대한 침해행위를 수인하여야 하는 수인부담(문화유산법 44 ④)으로 분류할 수 있다.

2) 목적에 따른 분류

㈎ 계획제한

계획제한이란 도시관리계획, 수도권정비계획 등 행정계획의 목적달성을 위하여 재산권에 가해지는 제한이다(예: 국토계획법 79－81).

㈏ 사업제한

사업제한이란 공익사업의 수행을 위해 타인의 재산권에 가하는 제한으로, 이에 대한 예로는 사업시행에 장애가 될 건축행위 등에 제한이나 금지(도로법 40 ③), 일정한 작위의무(도로법 40 ④) 및 수인의무의 부과(토지보상법 11)를 들 수 있다.

3. 사용제한(공용사용)

(1) 의의

사용제한이란 공익사업을 수행하기 위하여 필요로 되는 타인소유의 토지·물건 등 재산권에 대하여 공법상의 사용권을 설정하고, 당사자에게 이러한 사용을 수인하게 하는 것을 말한다. 공용사용이라고도 한다.

(2) 근거

공용사용은 사인의 재산권을 침해하는 것이므로 법률의 근거가 있어야 한다(헌법 23 ③, 37 ②). 토지보상법은 공익사업을 위한 공용사용의 일반적 근거규정을 두고 있고(토지보상법 19, 38), 기타 개별법에서도 공용사용을 규정하고 있다(예: 도로법 81).

(3) 유형

㈎ 일시적 사용

일시적 사용은 공익사업을 위하여 타인의 토지에 일시적으로 출입하는 경우이다(도로법 81, 전기사업법 87).

㈏ 계속적 사용

계속적 사용은 공익사업의 주체에 의한 사용이 장기간에 걸쳐 행해지는 경우이다(예: 전선설치를 위한 토지 위의 공중사용). 계속적 사용은 사인의 재산권에 대한 중대한 침해행위이므로, 공용수용과 동일한 절차에 따라 그 사용권이 설정되는 것이 원칙이다. 공용사용은 개인의 재산권에 대한 사용권을 강제로 설정하는 것이므로 법적 근거가 있어야 하고, 정당한 보상이 지급되어야 한다. 토지보상법은 공용사용에 대한 보상을 규정하고 있고, 개별법도 원칙적으로 보상규정을 두고 있다. 예컨대 지하철 건설 등을 위하여 타인의 토지의 지하 부분을 사용하는 경우에도 보상하되, 그 보상액은 당해 토지의 이용가치, 지하의 깊이 및 토지이용을 방해하는 정도 등을 고려하여 결정하도록 하고 있다(도시철도법 9).

Ⅳ. 공용제한과 손실보상

1. 손실보상

개인에게 발생한 손실이 특별한 희생에 해당하는 때에는 정당한 보상을 하여야 한다(헌법 23 ③). 토지보상법은 공용사용으로 인한 보상기준에 관하여 규정하고 있다(토지보상법 71, 72).

2. 개발제한구역의 경우

(1) 의의

국토교통부장관은 도시의 무질서한 확산을 방지하고 도시주변의 자연환경을 보전하여 도시민의 건전한 생활환경을 확보하기 위하여 도시의 개발을 제한할 필요가 있거나 국방부장관의 요청이 있어 보안상 도시의 개발을 제한할 필요가 있다고 인정되면 개발제한구역의 지정 또는 변경(또는 해제)을 도시·군관리계획으로 결정할 수 있다(국토계획법 38 ①, 개발제한구역법 3).

종래 개발제한구역은 (구) 도시계획법에 규정되어 있었으나, 국토계획법이 "개발제한구역의 지정 또는 변경에 필요한 사항은 따로 법률로 정한다(국토계획법 38 ②)."고 규정함에 따라 현재에는 개발제한구역법에 규정되어 있다.

(2) 법적 성질

개발제한구역이 지정되면 당해 구역에서는 일부 행위들을 제외하고 건축물의 건축 및 용도변경, 공작물의 설치, 토지의 형질변경, 죽목(竹木)의 벌채, 토지의 분할, 물건을 쌓아놓는 행위 또는 국토계획법상의 도시·군계획사업의 시행을 할 수 없는 등의 제한이 따른다(개발제한구역법 12 ①). 이와 같은 개발제한구역제도는 전형적인 공용제한(계획제한)에 해당한다.

(3) 개발제한구역의 지정과 손실보상

1) 과거의 논의

① 문제

손실보상과 관련하여 문제가 되는 것은 주로 계획제한의 경우이다. 특히 개발제한구역의 지정과 관련하여 (구) 도시계획법에서는 아무런 보상규정을 두지 않아서, 이와 같은 도시계획법이 헌법 제23조 제3항에 위배되어 위헌인가 하는 것과 보상규정이 없더라도 손실보상이 가능한가 하는 것이 논란의 대상이 되었다.

② 학설

이에 대하여 학설은 ① 개발제한구역의 지정으로 인한 손실은 특별한 희생에 해당되어 보상을 하여야 한다는 견해와 ② 특별한 희생에 해당하지 않는다는 견해들로 나뉘어 논란이 있었다.

③ 대법원의 입장

이와 관련하여 대법원은 그와 같은 제한으로 인한 토지소유자의 불이익은 공공의 복리를 위하여 감수하지 아니하면 안 될 정도의 것이라고 하여 손실보상규정이 없는 것이 위헌은 아니라는 입장이다. 대법원은 대체로 경계이론에 입각하고 있다고 할 수 있다[판례1]

[판례1] 개발제한구역 지정에 관한 도시계획법 제21조의 위헌 여부

"도시계획법 제21조의 규정에 의하여 개발제한구역 안에 있는 토지의 소유자는 재산상의 권리행사에 많은 제한을 받게 되고 그 한도 내에서 일반 토지소유자에 비하여 불이익을 받게 됨은 명백하지만, '도시의 무질서한 확산을 방지하고 도시주변의 자연환경을 보전하여 도시민의 건전한 생활환경을 확보하기 위하여 또는 국방부장관의 요청이 있어 보안상 도시의 개발을 제한할 필요가 있다고 인정되는 때'(도시계획법 제21조 제1항)에 한하여 가하여지는 그와 같은 제한으로 인한 토지소유자의 불이익은 공공의 복리를 위하여 감수하지 아니하면 안 될 정도의 것이라고 인정되므로, 그에 대하여 손실보상의 규정을 두지 아니하였다 하여 도시계획법 제21조의 규정을 헌법 제23조 제3항, 제11조 제1항 및 제37조 제2항에 위배되는 것으로 볼 수 없다(대판 1996.6.28, 94다54511)."

④ 헌법재판소의 입장

헌법재판소는 우리 헌법은 재산의 수용·사용 또는 제한에 대한 보상금을 지급하도록 규정하면서 이를 법률이 정하도록 위임함으로써 국가에게 명시적으로 수용 등의 경우 그 보상에 관한 입법의무를 부과하고 있다는 입장이다.

헌법재판소는 개발제한구역제도와 관련하여 제도 그 자체는 원칙적으로 합헌인데, 다만 일부 토지소유자에게 사회적 제약을 넘는 가혹한 부담이 발생하는 예외적인 경우에 대하여 보상규정을 두지 않은 것에 위헌성이 있으므로 이를 완화하는 보상규정을 두어야 한다고 하면서 보상입법을 촉구하는 헌법불합치결정을 하였다[판례2]. 보상입법과 관련하여 헌법재판소는 지정의 해제 또는 토지매수청구권 제도와 같이 금전보상에 갈음하거나 기타 손실을 완화할 수 있는 제도를 보완하는 등 여러 가지 다른 방법을 사용할 수 있다고 하였다. 헌법재판소는 분리이론과 불가분조항이론에 입각하고 있는 것으로 판단된다.

[판례2] 도시계획법 제21조의 위헌 여부

"도시계획법 제21조에 규정된 개발제한구역제도 그 자체는 원칙적으로 합헌적인 규정인데, 다만 개발제한구역의 지정으로 말미암아 일부 토지소유자에게 사회적 제약의 범위를 넘는 가혹한 부담이 발생하는 예외적인 경우에 대하여 보상규정을 두지 않은 것에 위헌성이 있는 것이고, 보상의 구체적 기준과 방법은 헌법재판소가 결정할 성질의 것이 아니라 광범위한 입법형성권을 가진 입법자가 입법정책적으로 정할 사항이므로, 입법자가 보상입법을 마련함으로써 위헌적인 상태를 제거할 때까지 위 조항을 형식적으로 존속케 하기 위하여 헌법불합치결정을 하는 것인바, …

입법자가 도시계획법 제21조를 통하여 국민의 재산권을 비례의 원칙에 부합하게 합헌적으로 제한하기 위해서는, 수인의 한계를 넘어 가혹한 부담이 발생하는 예외적인 경우에는 이를 완화하는 보상규정을 두어야 한다. … 재산권의 침해와 공익간의 비례성을 다시 회복하기 위한 방법은 헌법

> 상 반드시 금전보상만을 해야 하는 것은 아니다. 입법자는 지정의 해제 또는 토지매수청구권 제도와 같이 금전보상에 갈음하거나 기타 손실을 완화할 수 있는 제도를 보완하는 등 여러 가지 다른 방법을 사용할 수 있다(헌재결 1998.12.24, 89헌마214, 90헌바16, 97헌바78(병합) 전원재판부)."

2) 개발제한구역의 지정 및 관리에 관한 특별조치법의 제정

이상의 헌법재판소의 헌법불합치 결정에 따라 2000.7.1. 개발제한구역의 지정 및 관리에 관한 특별조치법이 제정되었고, 동법은 존속 중인 건축물 등에 대한 특례(13), 취락지구에 대한 특례(15), 주민지원사업 등(16), 생활비용보조(16조의2), 토지매수청구권(17)에 관한 규정을 두게 되었다.

그러나 토지매수청구를 비롯한 특례 및 지원규정은 금전보상의 변형된 형태로서 손실을 보상하기 위한 것이라기보다는 손실을 완화하기 위한 제도로 보아야 할 것이다.

제 4 절 공용수용

제 1 항 공용수용의 의의 및 협의취득

Ⅰ. 공용수용의 의의

공용수용이라 함은 공익사업을 시행하기 위하여 공익사업의 주체가 법령이 정하는 바에 따라 타인의 토지 등을 강제적으로 취득하고 그로 인한 손실을 보상하는 물적 공용부담제도를 말한다.

Ⅱ. 협의취득

공익사업을 위한 토지취득은 토지 등의 소유자의 의사에 반하는 강제취득인 공용수용 이외에도 공용수용의 주체와 소유자 사이의 협의를 통해서도 이루어질 수 있다. 협의취득은 법률의 근거가 없는 경우에도 사법상 매매의 수단에 의해서도 가능하지만, 공익사업의 주체와 토지 등의 소유자 사이에 합의가 원만히 이루어지는 경우 공익사업에 필요한 토지를 신속하게 취득할 수 있는 등의 장점이 있으므로, 토지보상법은 협의취득을 공식적인 법제도로 규정하고 있다.

공용수용 이전의 협의취득절차는 의무적인 것은 아니며 공익사업의 주체가 이 절차를 거칠 것인지의 여부를 결정한다. 공익사업의 주체는 협의에 의하여 취득되지 못한 토지 등에 한하여 공용수용절차를 개시할 수 있다. 그리고 협의절차를 거친 경우에는 공용수용절차에서 의무적인 공용수용절차로 되어 있는 협의절차를 거치지 않아도 된다.

협의에 의한 토지 등의 취득을 위해서는 먼저 사업시행자는 토지조서와 물건조서를 작성하여 서명 또는 날인을 하고 토지소유자와 관계인의 서명 또는 날인을 받아야 하고(토지보상법 14 ①), 공익사업의 개요, 토지조서 및 물건조서의 내용과 보상의 시기·방법 및 절차 등이 포함된 보상계획을 공고 및 열람하도록 하여야 하며(토지보상법 15 ①), 토지 등에 대한 보상에 관하여 토지소유자 및 관계인과 성실하게 협의한 후(토지보상법 16), 협의가 성립되면 토지소유자 및 관계인과 계약을 체결하여야 한다(토지보상법 17). 통설은 이 계약의 성질을 공법상 계약으로 보나, 판례는 (구) 토지보상법상의 협의취득계약을 사법상 계약으로 보았다(대판 1984.5.29, 83누635).

제 2 항 공용수용의 법적 근거

공용수용은 재산권을 침해하는 행위이므로 법률의 근거가 있어야 한다(헌법 23 ③). 현행법상 공용수용에 관한 일반법은 토지보상법이고, 그 외에도 도로법, 하천법 등 개별법령에서 공용수용에 관한 규정을 두고 있다.

제 3 항 공용수용의 당사자

Ⅰ. 공용수용의 주체(수용권자)

공용수용의 주체란 토지 등에 대한 수용권자를 말한다. 사업시행자가 국가인 경우에는 국가가 수용권자라는 것에 대하여는 이견이 없으나, 사업시행자가 국가가 아닌 공공단체 또는 사인인 경우에는 수용권자가 국가인지 아니면 사업시행자인지에 관하여 견해의 대립이 있다.

1. 국가수용권설

이 설은 수용권은 수용의 효과를 발생시킬 수 있는 능력을 말하는데, 이러한 수용권은 국가만 가질 수 있고, 사업시행자는 국가에 대하여 수용청구권을 가지고 있음에 불과하다는 견해이다.

2. 사업시행자수용권설

이 설은 공용수용의 주체는 사업시행자라는 견해이다. 즉 수용권을 수용의 효과를 향수할 수 있는 능력으로 보고, 이에 따라 사업시행자를 수용권자로 본다. 이 견해가 다수설이다.

3. 국가위탁권설

이 설은 수용권은 국가에 속하며, 국가는 사업인정을 통하여 수용권을 사업시행자에게 위탁한 것이라는 견해이다.

4. 결어

이 문제는 토지보상법이 공용수용의 효과를 발생시키는 자, 즉 수용재결을 할 수 있는 자를 국가로 하고 있고, 그 수용의 효과를 향수하는 자를 사업시행자로 규정하고 있는데 기인하는 것이다. 생각건대, 수용의 본질은 공익사업을 시행하기 위하여 보상을 전제로 재산권을 강제로 취득하는 데 있으므로, 공익사업의 주체이며 보상을 행하고 재산권을 취득하는 사업시행자를 수용권자로 보는 다수설의 견해가 타당하다.

Ⅱ. 공용수용의 상대방(피수용자)

'피수용자'란 수용의 목적물인 재산권의 주체를 말한다. 피수용자는 수용할 토지 또는 물건의 소유자와 그 토지 또는 물건에 대하여 소유권 이외의 권리를 가진 자(관계인)를 포함한다.

토지보상법상 토지소유자 및 관계인이 피수용자가 된다. 토지보상법상 '토지소유자'란 공익사업에 필요한 토지의 소유자를 말하고, '관계인'이란 사업시행자가 취득하거나 사용할 토지에 관하여 지상권·지역권·전세권·저당권·사용대차 또는 임대차에 따른 권리 또는 그 밖에 토지에 관한 소유권 외의 권리를 가진 자나 그 토지에 있는 물건에 관하여 소유권이나 그 밖의 권리를 가진 자를 말한다(토지보상법 2 4호, 5호).

제 4 항 공용수용의 목적물(대상)

Ⅰ. 목적물의 종류

토지보상법상 토지의 수용 또는 사용의 대상이 되는 것은 ① 토지 및 이에 관한 소유권 외의 권리, ② 토지와 함께 공익사업을 위하여 필요한 입목(立木), 건물, 그 밖에 토지에 정착된 물건 및 이에 관한 소유권 외의 권리, ③ 광업권·어업권 또는 물의 사용에 관한 권리, ④ 토지에 속한 흙·돌·모래 또는 자갈에 관한 권리이다(토지보상법 3).

Ⅱ. 목적물의 제한

공용수용은 공익사업을 위하여 타인의 특정한 재산권을 법률의 힘에 의하여 강제적으로 취득하는 것이므로 수용할 목적물의 범위는 비례원칙상 사업을 위하여 필요한 최소한도에 그쳐야 한다

(대판 1987.9.8, 87누395). 또한 물건 자체의 성질상 수용이 불가능하거나 제한되는 것도 있다. ① 치외법권을 가지는 외국대사관 등의 부지·건물과 ② 공익사업에 수용 또는 사용되고 있는 토지 등은 특별히 필요한 경우가 아니면 다른 공익사업을 위하여 수용 또는 사용할 수 없다(토지보상법 19 ②).

이와 관련하여 공물이 공용수용의 대상이 될 수 있는지 논란이 있다. ① 부정설은 공물을 수용에 의하여 다른 공적 목적에 제공하는 것은 공물 본래의 목적에 배치되는 것이므로 공물을 다른 공적 목적에 제공하기 위해서는 공용폐지가 선행되어야 한다는 입장이다(다수설). ② 이에 대하여 긍정설은 보다 중요한 공익사업에 제공할 필요가 있는 예외적인 경우에는 공용폐지가 선행되지 않고도 공용수용의 대상이 될 수 있다고 본다. ③ 판례는 긍정설의 입장이다.

Ⅲ. 목적물의 확장

공익사업에 필요하지 않은 토지 등을 수용하는 것은 원칙상 인정되지 않는다. 그러나 예외적으로 토지 등의 소유자 또는 사업시행자의 이익을 위하여 공익사업에 필요한 토지 이외의 토지가 수용의 대상이 될 수 있다. 이와 같이 일정한 사유로 인하여 공익사업에 필요한 토지 이외의 토지를 수용하는 것을 확장수용이라 한다. 확장수용에는 잔여지수용(토지보상법 74), 공용사용에 대한 수용청구(토지보상법 72), 입목 등의 이전대상 물건의 수용(토지보상법 75 ① 단서)이 있다.

제 5 항 공용수용의 절차

현행법상 공용수용의 절차는 크게 법률수용과 행정수용으로 나눌 수 있다.

법률수용이란 공용수용권이 직접 법률에 의하여 설정되는 것으로서 수용권자가 국가나 공공단체에 한정되고 긴급한 필요가 있을 때에만 예외적으로 인정되는 것이다(예: 도로법 83). 이 경우에는 별도의 절차가 필요 없고 수용자의 통지에 의하여 또는 보상금액의 결정을 조건으로 즉시 수용의 효과가 발생한다.

행정수용은 공용수용권이 법정절차를 거쳐 특별한 행정행위에 의하여 설정되는 경우이다. 행정수용이 공용수용의 통상적인 절차이다. 행정수용은 소정의 절차를 모두 거치는 보통절차와 그 중 일부 절차를 생략하는 약식절차로 나뉜다.

이하에서는 토지보상법상 공용수용의 보통절차를 설명한다. 이는 통상 ① 사업인정, ② 토지·물건조서의 작성, ③ 협의, ④ 재결·화해의 4단계를 거쳐 진행된다.

Ⅰ. 사업인정*

1. 의의

사업인정이란 특정사업이 그 사업에 필요한 토지를 수용 또는 사용할 수 있는 공익사업이라는 것을 인정하고, 사업시행자에게 일정한 절차를 거쳐 그 사업에 필요한 토지를 수용 또는 사용할 권리를 설정하여 주는 행위를 말한다. 토지보상법은 사업인정을 "토지 등을 수용 또는 사용할 사업으로 결정하는 것"이라고 정의하고 있다(토지보상법 2 7호). 사업인정의 권한은 국토교통부장관에게 있다(토지보상법 20 ①).

2. 법적 성질

(1) 행정행위

사업인정에 대해서는 토지수용절차의 한 단계를 이루는 내부행위에 불과하다고 보는 견해도 있을 수 있으나, 사업인정으로 인하여 사업시행자 및 토지소유자 등에게 구체적이고 일정한 법적 효과가 발생하므로 사업인정은 행정행위이고, 따라서 항고소송의 대상이 되는 처분이다(대판 1988.12.27, 87누1141).

> [판례] 토지보상법 제20조에서 정한 사업인정의 법적 성격 및 효력
>
> "토지보상법 제20조 제1항, 제22조 제3항은 사업시행자가 토지 등을 수용하거나 사용하려면 국토교통부장관의 사업인정을 받아야 하고, 사업인정은 고시한 날부터 효력이 발생한다고 규정하고 있다. 이러한 사업인정은 수용권을 설정해 주는 행정처분으로서, 이에 따라 수용할 목적물의 범위가 확정되고, 수용권자가 목적물에 대한 현재 및 장래의 권리자에게 대항할 수 있는 공법상 권한이 생긴다(대판 2019.12.12, 2019두47629[영업휴업보상등])."

(2) 형성행위

사업인정이 형성행위인지 아니면 확인행위인지에 관하여 학설이 대립되고 있다. ① 형성행위설은 사업인정을 사업시행자에게 사업인정 후 일정한 절차를 거칠 것을 조건으로 수용권을 설정하여 주는 형성행위라고 보는 견해(다수설 및 판례)이고, ② 확인행위설은 사업인정을 특정한 사업이 토지를 수용할 수 있는 사업에 해당한다는 것을 확인하고 선언하는 확인행위라고 보는 견해이다. ③ 사업인정은 공용수용·사용권을 설정하는 것이라는 점에서 형성행위설이 타당하다.

---

* 행정고시(일반행정)(2005년).

[판례] 사업인정의 법적 성질 및 사업인정을 하기 위한 요건

"사업인정이란 공익사업을 토지 등을 수용 또는 사용할 사업으로 결정하는 것으로서 공익사업의 시행자에게 그 후 일정한 절차를 거칠 것을 조건으로 일정한 내용의 수용권을 설정하여 주는 형성행위이므로, 해당 사업이 외형상 토지 등을 수용 또는 사용할 수 있는 사업에 해당한다고 하더라도 사업인정기관으로서는 그 사업이 공용수용을 할 만한 공익성이 있는지의 여부와 공익성이 있는 경우에도 그 사업의 내용과 방법에 관하여 사업인정에 관련된 자들의 이익을 공익과 사익 사이에서는 물론, 공익 상호간 및 사익 상호간에도 정당하게 비교·교량하여야 하고, 그 비교·교량은 비례의 원칙에 적합하도록 하여야 한다(대판 2011.1.27, 2009두1051)."

(3) 재량행위

사업인정에 있어서 토지보상법 제4조 각 호의 공익사업에의 해당 여부는 요건판단의 문제이므로 법에 기속되어야 한다고 보아야 한다. 다만 그 요건을 판단함에 있어 고도의 전문적·정책적 판단이 필요한 경우에는 행정청에 판단여지가 인정될 수는 있다.[2)]

그러나 당해 사업이 공익사업에 해당한다고 하더라도(요건충족), 그 사업을 인정하는 것이 공공의 필요에 부합하는지에 대해서는 모든 관련 사정을 종합하여 판단하여야 하는 것이므로, 사업을 인정할 것인지 말 것인지는 행정청의 재량행위라고 보아야 한다.[3)] 판례도 같은 취지이다(위 대판 2011.1.27, 2009두1051 참조).

[판례] 사업인정이 행정청의 재량행위인지 여부

"광업법 제87조 내지 제89조, 토지수용법 제14조에 의한 토지수용을 위한 사업인정은 단순한 확인행위가 아니라 형성행위이고 당해 사업이 비록 토지를 수용할 수 있는 사업에 해당된다 하더라도 행정청으로서는 그 사업이 공용수용을 할 만한 공익성이 있는지의 여부를 모든 사정을 참작하여 구체적으로 판단하여야 하는 것이므로 사업인정의 여부는 행정청의 재량에 속한다(대판 1992.11.13, 92누596)."

3. 사업인정의 요건*

토지보상법은 사업인정의 요건을 명시적으로 규정하고 있지 않다. 그러나 토지보상법상 사업인정처분이 행해지기 위해서는 동법 제4조 각 호에 해당하는 공익사업이어야 하고, 그 사업의 공공필요성이 인정되어야 하며(헌법 23 ③), 사업시행자에게 해당 공익사업을 수행할 의사와 능력이

* 사법시험(2007년).

2) 정하중, 행정법개론, 1250면.

3) 김동희, 행정법Ⅱ, 394면; 박균성, 행정법강의, 1302면; 홍정선, 행정법특강, 1100면 이하.

있어야 한다(위 대판 2011.1.27, 2009두1051 참조).

4. 사업인정의 절차

(1) 협의 및 의견청취

국토교통부장관은 사업인정을 하려면 관계 중앙행정기관의 장, 시·도지사 및 중앙토지수용위원회와 협의하여야 하며, 미리 사업인정에 이해관계가 있는 자의 의견을 들어야 한다(토지보상법 21).

(2) 사업인정의 고시

국토교통부장관은 사업인정을 하였을 때에는 지체 없이 그 뜻을 사업시행자, 토지소유자 및 관계인, 관계 시·도지사에게 통지하고 사업시행자의 성명이나 명칭, 사업의 종류, 사업지역 및 수용하거나 사용할 토지의 세목을 관보에 고시하여야 한다(토지보상법 22 ①).

5. 사업인정의 효력발생

사업인정은 사업인정이 고시된 날로부터 효력을 발생한다(토지보상법 22 ③). 사업인정을 고시하게 되면 수용할 목적물의 범위가 확정되고, 수용권자에게는 그 목적물의 권리자에게 대항할 수 있는 공법상의 권리가 발생한다(대판 1988.12.27, 87누1141).

이와 관련하여 토지보상법은 사업인정고시에 따른 부수적 효과로서 관계인의 범위제한(토지보상법 2 5호 단서)·형질변경금지 및 건축제한 등(토지보상법 25)·출입조사권 발생(토지보상법 27) 등을 규정하고 있다.

한편, 사업인정처분에 불가쟁력이 발생한 경우 사업인정의 하자를 이유로 후행행위인 재결처분을 다툴 수 있는지 여부에 대하여 판례는 부정적인 입장을 취하고 있다.

> [판례] 사업인정과 수용재결 사이에 하자의 승계가능성
>
> "사업인정처분 자체의 위법은 사업인정단계에서 다투어야 하고 이미 그 쟁송기간이 도과한 수용재결단계에서는 사업인정처분이 당연무효라고 볼 만한 특단의 사정이 없는 한 그 위법을 이유로 재결의 취소를 구할 수는 없다(대판 1992.3.13, 91누4324)."

6. 사업인정의 실효

사업인정은 ① 사업시행자가 제22조 제1항에 따른 사업인정고시가 된 날부터 1년 이내에 제28조 제1항에 따른 재결신청을 하지 아니한 경우에는 사업인정고시가 된 날부터 1년이 되는 날의 다음 날에 사업인정은 그 효력을 상실한다(토지보상법 23 ①).

② 사업인정고시가 된 후 사업의 전부 또는 일부를 폐지하거나 변경함으로 인하여 토지 등의 전부 또는 일부를 수용하거나 사용할 필요가 없게 되었을 때에는 사업시행자는 지체 없이 사업지역을 관할하는 시·도지사에게 신고하고, 시·도지사는 이에 대한 신고를 받으면 사업의 전부 또는 일부가 폐지되거나 변경된 내용을 관보에 고시하여야 한다. 이에 따라 당해 고시일로부터 그 고시된 내용에 따라 사업인정의 전부 또는 일부는 그 효력을 상실한다(토지보상법 24).

Ⅱ. 토지조서·물건조서의 작성·보상계획의 공고·열람·보상액 산정·협의

사업인정을 받은 사업시행자는 토지조서 및 물건조서의 작성, 보상계획의 공고·통지 및 열람, 보상액의 산정과 토지소유자 및 관계인과의 협의 절차를 거쳐야 한다. 이 경우 제14조부터 제16조까지(협의에 의한 취득 또는 사용) 및 제68조(보상액의 산정)를 준용한다(토지보상법 26 ①).

1. 토지조서·물건조서의 작성

토지 및 물건조서는 공익사업을 위해 수용 또는 사용할 필요가 있는 토지 및 그 토지위에 있는 물건의 내용을 기재하는 사업시행자가 작성하는 문서이다. 사업시행자는 토지조사와 물건조서를 작성하여 서명 또는 날인을 하고 토지소유자와 관계인의 서명 또는 날인을 받아야 한다(토지보상법 26 ①, 14 ①).

사업인정고시가 된 후에는 토지소유자나 관계인이 토지조서 및 물건조서의 내용에 대하여 열람기간 이내에 이의를 제기하는 경우를 제외하고는 작성된 토지조서 및 물건조서의 내용에 대하여 이의를 제기할 수 없다. 다만, 토지조서 및 물건조서의 내용이 진실과 다르다는 것을 입증할 때에는 그러하지 아니하다(토지보상법 27 ③).

작성절차상 하자가 있는 조서에 근거하여 내려진 재결이 위법한가에 대하여 판례는 토지조서 작성상의 하자만으로는 수용재결의 취소사유가 되지 않는다고 한다.

> [판례] 토지조서 작성상의 하자의 효과
>
> "토지수용을 함에 있어 토지소유자 등에게 입회를 요구하지 아니하고 작성한 토지조서는 절차상의 하자를 지니게 되는 것으로서 토지조서로서의 효력이 부인되어 조서의 기재에 대한 증명력에 관하여 추정력이 인정되지 아니하는 것일 뿐, 토지조서의 작성에 하자가 있다 하여 그것이 곧 수용재결이나 그에 대한 이의재결의 효력에 영향을 미치는 것은 아니라 할 것이므로 토지조서에 실제 현황에 관한 기재가 되어 있지 아니하다거나 실측평면도가 첨부되어 있지 아니하다거나 토지소유자의 입회나 서명날인이 없었다든지 하는 사유만으로는 이의재결이 위법하다 하여 그 취소를 구할 사유로 삼을 수 없다(대판 1993.9.10, 93누5543)."

2. 보상계획의 공고·열람

사업시행자는 제14조에 따라 토지조서와 물건조서를 작성하였을 때에는 공익사업의 개요, 토지조서 및 물건조서의 내용과 보상의 시기·방법 및 절차 등이 포함된 보상계획을 전국을 보급지역으로 하는 일간신문에 공고하고, 토지소유자 및 관계인에게 각각 통지하여야 하며, 제2항 단서에 따라 열람을 의뢰하는 사업시행자를 제외하고는 특별자치도지사, 시장·군수 또는 구청장에게도 통지하여야 한다(토지보상법 26 ①, 15 ①).

3. 보상액 산정

사업시행자는 토지 등에 대한 보상액을 산정하려는 경우에는 감정평가법인등 3인(제2항에 따라 시·도지사와 토지소유자가 모두 감정평가법인등을 추천하지 아니하거나 시·도지사 또는 토지소유자 어느 한쪽이 감정평가법인등을 추천하지 아니하는 경우에는 2인)을 선정하여 토지 등의 평가를 의뢰하여야 한다(토지보상법 26 ①, 68 ①).

4. 협의

(1) 협의의 의의

협의에는 사업인정 전의 협의(토지보상법 16)와 사업인정 후의 협의(토지보상법 26)가 있다. 수용절차로서의 협의는 후자를 의미한다.

협의절차는 의무적인 것으로서 협의를 거치지 않고 재결을 신청하는 것은 위법하다. 다만, 사업인정 이전에 협의절차를 거쳤으나 협의가 성립되지 않고 사업인정을 받은 사업은 토지조서 및 물건조서의 내용에 변동이 없다면 협의절차를 거치지 않을 수 있다. 그러나 이 경우에도 사업시행자 또는 토지소유자 및 관계인이 협의를 요구한 때에는 협의하여야 한다(토지보상법 26 ②).

(2) 협의의 성질 *

① 사법상 계약설은 협의는 사업시행자가 토지소유자 및 관계인과 법적으로 대등한 지위에서 행하는 임의적 합의이므로 수용권의 행사가 아닌 사법상의 매매계약의 성격을 갖는다고 한다. ② 이에 대하여 공법상 계약설은 협의는 수용권의 주체인 사업시행자가 그 토지 등의 권리를 취득하기 위하여 기득의 수용권을 실행하는 방법에 불과한 것이므로 공법상의 계약이라고 한다. ③ 공법상 계약설이 통설이나, 판례는 사법상 계약으로 보고 있다.

---

* 5급공채(행정)(2015년).

[판례] (구) 공공용지의취득및손실보상에관한특례법상 협의취득의 성질

"(구) 공공용지의취득및손실보상에관한특례법(2002.2.4. 법률 제6656호로 폐지되기 전의 것)은 사업시행자가 토지 등의 소유자로부터 토지 등의 협의취득 및 그 손실보상의 기준과 방법을 정한 법으로서, 이에 의한 협의취득 또는 보상합의는 공공기관이 사경제주체로서 행하는 사법상 매매 내지 사법상 계약의 실질을 가진다(대판 2004.9.24, 2002다68713)."

(3) 협의의 효과

협의가 성립되면 공용수용절차는 종결되고 수용의 효과가 발생한다. 즉, 사업시행자는 수용의 개시일까지 보상금을 지급 또는 공탁하고(토지보상법 40), 피수용자는 그 개시일까지 토지·물건을 사업시행자에게 인도 또는 이전함으로써(토지보상법 43), 사업시행자는 목적물에 대한 권리를 취득하고 피수용자는 그 권리를 상실한다(토지보상법 45). 이 경우 사업시행자가 토지·물건을 취득하는 것은 재결에 의한 원시취득이 아닌 승계취득이다. 따라서 사업시행자는 이전의 소유자의 권리 위에 존재하던 부담과 제한들을 그대로 승계 받는다.

(4) 협의성립의 확인

사업시행자는 협의가 성립된 경우에 사업인정의 고시가 있는 날로부터 1년 이내에 당해 토지소유자 및 관계인의 동의를 얻어 관할 토지수용위원회에 협의성립의 확인을 신청할 수 있다(토지보상법 29 ①). 사업시행자가 협의가 성립된 토지의 소재지·지번·지목 및 면적 등 대통령령으로 정하는 사항에 대하여 공증을 받아 협의 성립의 확인을 신청하였을 때에는 관할 토지수용위원회가 이를 수리함으로써 협의 성립이 확인된 것으로 본다(토지보상법 29 ③). 협의의 확인은 재결로 간주되며, 사업시행자, 토지소유자 및 관계인은 그 확인된 협의의 성립이나 내용을 다툴 수 없다(토지보상법 29 ④).

Ⅲ. 재결

1. 재결의 의의 및 성질

재결은 수용에 관한 협의가 성립되지 않은 경우에 행하는 공용수용의 종국적인 절차로서, 사업시행자로 하여금 토지의 소유권 또는 사용권을 취득하도록 하고 사업시행자가 지급하여야 할 보상액을 결정하는 형성적 행정행위이다.

2. 재결의 신청

제26조에 따른 협의가 성립되지 아니하거나 협의를 할 수 없을 때(제26조 제2항 단서에 따른 협의 요구가 없을 때를 포함한다)에는 사업시행자는 사업인정고시가 된 날부터 1년 이내에 관할 토지수용위원회에 재결을 신청할 수 있다(토지보상법 28 ①).

3. 재결신청의 청구

재결의 신청은 사업시행자만이 가능하다. 그러나 수용절차의 조속한 종결에 대하여는 피수용자도 중요한 이해관계가 있으므로 토지보상법에서는 토지소유자와 관계인에 대하여 재결신청의 청구제도를 인정하고 있다.

사업인정고시가 된 후 협의가 성립되지 아니하였을 때에는 토지소유자와 관계인은 서면으로 사업시행자에게 재결을 신청할 것을 청구할 수 있다(토지보상법 30 ①). 사업시행자는 청구를 받았을 때에는 그 청구를 받은 날부터 60일 이내에 관할 토지수용위원회에 재결을 신청하여야 한다(토지보상법 30 ②).

사업시행자가 제2항에 따른 기간을 넘겨서 재결을 신청하였을 때에는 그 지연된 기간에 대하여 소송촉진 등에 관한 특례법 제3조에 따른 법정이율을 적용하여 산정한 금액을 관할 토지수용위원회에서 재결한 보상금에 가산하여 지급하여야 한다(토지보상법 30 ③)."

[판례] 사업시행자가 재결실효 후 60일 내에 재결신청을 하지 아니하였지만, 재결실효 후 토지소유자 등과 사업시행자 사이에 보상협의절차를 다시 하기로 합의한 데 따라 그 협의가 진행된 기간 동안은 재결신청을 지연하였다고 볼 수 없는지 여부(적극)

" … 지연가산금은 사업시행자가 정해진 기간 내에 재결신청을 하지 아니하고 지연한 데 대한 제재 및 토지소유자 등의 손해를 보전하는 성격을 아울러 가지는 것이라고 보아야 한다. 따라서 사업시행자가 재결실효 후 60일 내에 재결신청을 하지 아니하였지만, 재결신청을 지연하였다고 볼 수 없는 특별한 사정이 있는 경우에는 그 해당 기간 동안은 지연가산금이 발생하지 않는다고 보아야 한다. 재결실효 후 토지소유자 등과 사업시행자 사이에 보상협의절차를 다시 하기로 합의한 데 따라 그 협의가 진행된 기간은 그와 같은 경우에 속한다고 봄이 타당하다(대판 2017.4.7, 2017두30825[수용보상금증액등]."

4. 재결기관(토지수용위원회)

토지 등의 수용과 사용에 관한 재결을 하기 위하여 국토교통부에 중앙토지수용위원회를 두고,

시·도에 지방토지수용위원회를 두는데(토지보상법 49), 이들은 합의제 행정기관이다.

중앙토지수용위원회는 ① 국가 또는 시·도가 사업시행자인 사업과 ② 수용하거나 사용할 토지가 둘 이상의 시·도에 걸쳐 있는 사업의 재결에 관한 사항을 관장하고, 그 외의 사업에 관한 것은 지방토지수용위원회는 관장한다(토지보상법 51).

5. 재결의 절차·내용·형식

(1) 재결의 절차

재결신청을 받은 토지수용위원회는 지체없이 이를 공고하고, 공고일로부터 14일 이상 관계서류의 사본을 일반인이 열람할 수 있도록 하며, 그 열람기간 중에 토지소유자 또는 관계인은 의견을 제시할 수 있다(토지보상법 31). 토지수용위원회는 열람기간이 지났을 때에는 지체 없이 해당 신청에 대한 조사 및 심리를 해야 하며(토지보상법 32 ①), 심리를 시작한 날부터 14일 이내에 재결을 하여야 한다. 다만, 특별한 사유가 있을 때에는 14일의 범위에서 한 차례만 연장할 수 있다(토지보상법 35).

(2) 재결의 내용

토지수용위원회가 재결할 내용은 ① 수용하거나 사용할 토지의 구역 및 사용방법, ② 손실보상, ③ 수용 또는 사용의 개시일과 기간, ④ 그 밖에 이 법 및 다른 법률에서 규정한 사항이며(토지보상법 50 ①), 사업시행자, 토지소유자 또는 관계인이 신청한 범위에서 재결하여야 한다. 다만, 제1항 제2호의 손실보상의 경우에는 증액재결을 할 수 있다(토지보상법 50 ②).

[판례] 관할 토지수용위원회가 토지에 관하여 사용재결을 하는 경우, 재결서에 사용할 토지의 위치와 면적, 권리자, 손실보상액, 사용 개시일 외에 사용방법, 사용기간을 구체적으로 특정하여야 하는지 여부(적극)

“[1] 공익사업을 위한 토지 등의 취득 및 보상에 관한 법령이 재결을 서면으로 하도록 하고, ‘사용할 토지의 구역, 사용의 방법과 기간’을 재결사항의 하나로 규정한 취지는, 재결에 의하여 설정되는 사용권의 내용을 구체적으로 특정함으로써 재결 내용의 명확성을 확보하고 재결로 인하여 제한받는 권리의 구체적인 내용이나 범위 등에 관한 다툼을 방지하기 위한 것이다. 따라서 관할 토지수용위원회가 토지에 관하여 사용재결을 하는 경우에는 재결서에 사용할 토지의 위치와 면적, 권리자, 손실보상액, 사용 개시일 외에도 사용방법, 사용기간을 구체적으로 특정하여야 한다.

[2] (지방토지수용위원회가 갑 소유의 토지 중 일부는 수용하고 일부는 사용하는 재결을 하면서 재결서에는 수용대상 토지 외에 사용대상 토지에 관해서도 ‘수용’한다고만 기재한 사안에서) 위 재결 중 사용대상 토지에 관한 부분은 토지보상법 제50조 제1항에서 정한 사용재결의 기재사항에 관한 요건

을 갖추지 못한 흠이 있음에도 사용재결로서 적법하다고 본 원심판단에 법리를 오해한 잘못이 있다 (대판 2019.6.13, 2018두42641[수용재결취소등])."

☞ 사용대상 토지에 관하여 토지보상법에 따라 사업시행자에게 사용권을 부여함으로써 송전선의 선하부지로 사용할 수 있도록 하기 위한 절차가 진행되어 왔더라도, 재결서에는 수용대상 토지 외에 사용대상 토지에 관해서도 '수용'한다고만 기재되어 있는 경우, 재결에 의하여 피고에게 설정하여 주고자 하는 사용권이 피고의 주장과 같은 '구분지상권'이라거나 사용권이 설정될 토지의 구역 및 사용방법, 사용기간 등을 특정할 수 있는 내용이 전혀 기재되어 있지 않아서 재결서만으로는 토지소유자인 원고가 이 사건 토지 중 어느 부분에 어떠한 내용의 사용제한을 언제까지 받아야 하는지를 특정할 수 없고, 재결로 인하여 토지소유자인 원고가 제한받는 권리의 구체적인 내용이나 범위 등을 알 수 없어 이에 관한 다툼을 방지하기도 어려우므로 재결 중 사용대상 토지에 관한 부분은 토지보상법 제50조 제1항이 규정하는 사용재결의 기재사항에 관한 요건을 갖추지 못한 흠이 있다고 보아야 한다고 판단하여 원심을 파기환송한 사례

(3) 재결의 형식

토지수용위원회의 재결은 서면으로 하고, 재결서에는 주문 및 그 이유와 재결일을 적고, 위원장 및 회의에 참석한 위원이 기명날인한 후 그 정본을 사업시행자, 토지소유자 및 관계인에게 송달하여야 한다(토지보상법 34).

6. 재결의 효과

토지수용위원회의 재결이 있으면 공용수용의 절차는 종결되고, 일정한 조건 아래 수용의 효과가 발생한다. 즉, 사업시행자는 보상금의 지급 또는 공탁을 조건으로 수용의 개시일에 토지에 대한 권리를 원시취득하고(토지보상법 40, 45), 피수용자가 의무를 이행하지 않는 경우에는 대집행 신청권이 발생한다(토지보상법 89). 피수용자는 수용물건의 인도·이전의 의무를 지고, 손실보상청구권 및 환매권을 취득한다. 재결은 수용의 시기까지 사업시행자가 보상금을 지급하거나 공탁하지 않으면 그 효력을 상실한다(토지보상법 42 ①). 사업시행자는 재결의 효력이 상실됨으로 인하여 토지소유자 또는 관계인이 입은 손실을 보상하여야 한다(토지보상법 42 ②).

7. 재결에 대한 불복[4)] *

(1) 이의신청과 재결

1) 이의신청

중앙토지수용위원회의 재결에 이의가 있는 자는 중앙토지수용위원회에, 지방토지수용위원회

* 사법시험(2010년).

4) 이에 관한 상세는 행정상 손실보상(보상액결정에 대한 불복절차) 참조.

의 재결에 이의가 있는 자는 해당 지방토지수용위원회를 거쳐 중앙토지수용위원회에 이의를 신청할 수 있다(토지보상법 83 ①, ②). 이의신청은 재결서의 정본을 받은 날부터 30일 이내에 하여야 한다(토지보상법 83 ③). 토지보상법상의 이의신청은 행정심판의 일종(특별행정심판)이다.

2) 이의신청에 대한 재결

중앙토지수용위원회는 제83조에 따른 이의신청을 받은 경우 제34조에 따른 재결이 위법하거나 부당하다고 인정할 때에는 그 재결의 전부 또는 일부를 취소하거나 보상액을 변경할 수 있다(토지보상법 84 ①).

3) 이의신청에 대한 재결의 효력

제85조 제1항에 따른 기간 이내에 소송이 제기되지 아니하거나 그 밖의 사유로 이의신청에 대한 재결이 확정된 때에는 민사소송법상의 확정판결이 있은 것으로 보며, 재결서 정본은 집행력 있는 판결의 정본과 동일한 효력을 가진다(토지보상법 86 ①).

(2) 행정소송

1) 행정소송의 제기

사업시행자, 토지소유자 또는 관계인은 재결에 불복할 때에는 재결서를 받은 날부터 90일 이내에, 이의신청을 거쳤을 때에는 이의신청에 대한 재결서를 받은 날부터 60일 이내에 각각 행정소송을 제기할 수 있다(토지보상법 85 ①).

2) 소송의 대상(원처분주의와 재결주의)

토지보상법 제85조 제1항은 '제34조에 따른 재결에 불복할 때'와 '이의신청을 거쳤을 때' 각각 행정소송을 제기할 수 있다고 규정하여 원처분(수용재결)에 대하여 행정소송을 제기할 수 있다.

여기에서 '이의신청을 거쳐 제기하는 행정소송'의 경우에 소송의 대상이 원처분인가 재결인가 하는 것이 문제인데, 원처분주의의 예외를 인정할 만한 사정이 있다고 보기 어려우므로, 원처분을 대상으로 하여야 하고, 이의신청에 대한 재결은 재결 그 자체에 고유의 위법사유가 있는 경우로 한정된다고 보아야 할 것이다. 판례도 같은 입장이다.

3) 보상금증감청구소송

토지보상법 제85조 제1항에 따라 제기하려는 행정소송이 보상금의 증감에 관한 소송인 경우 그 소송을 제기하는 자가 토지소유자 또는 관계인일 때에는 사업시행자를, 사업시행자일 때에는 토지소유자 또는 관계인을 각각 피고로 한다(토지보상법 85 ②). 이는 수용재결 자체를 다투는 것이 아니라, 수용재결 중 보상금에 관한 결정과 관련하여 보상액의 증액 또는 감액을 다투는 것으로서 이를 보상금증감소송이라고 부르기도 한다. 이는 형식적 당사자소송에 해당한다.

Ⅳ. 화해

토지수용위원회는 그 재결이 있기 전에는 그 위원 3명으로 구성되는 소위원회로 하여금 사업시행자, 토지소유자 및 관계인에게 화해를 권고하게 할 수 있다(토지보상법 33 ①). 화해가 성립되어 화해조서에 서명 또는 날인이 된 경우에는 당사자 간에 화해조서와 동일한 내용의 합의가 성립된 것으로 본다(토지보상법 33 ③).

제 6 항 공용수용의 효과

공용수용의 효과로 사업시행자는 수용의 개시일에 수용목적물에 대한 권리를 원시취득하고, 피수용자는 수용목적물의 인도·이전의무를 지고 손실보상청구권과 환매권을 가진다. 손실보상 및 수용목적물의 인도·이전의 효과는 재결이 성립됨으로써 발생하고, 수용목적물에 대한 권리의 득실 및 피수용자의 환매권에 관한 효과는 수용의 개시일에 발생한다.

Ⅰ. 사업시행자의 권리취득

1. 권리의 원시취득

사업시행자는 수용의 개시일에 수용목적물에 대한 소유권을 취득하는데, 이는 원시적 취득으로서, 수용의 개시일에 수용의 목적물에 대한 이전의 모든 권리는 소멸함과 동시에 사업시행자에게 새로운 권리가 발생한다(토지보상법 45 ①). 권리취득의 효과는 대물적인 것으로 모든 권리자에게 발생한다. 따라서 이 경우에 사업시행자가 취득하는 소유권은 어떠한 부담이나 하자도 없는 완전한 소유권이므로, 민법상의 하자담보책임과 같은 문제는 발생하지 않는다.

사업시행자가 취득하는 토지소유권은 민법상의 권리이나, 공용수용과 같은 '법률의 규정에 의한 부동산물권의 취득'에는 민법상의 형식주의가 적용되지 않으므로, 등기를 하지 않아도 수용의 개시일에 권리를 취득한다. 다만, 취득한 소유권을 타인에게 처분하기 위하여는 등기가 필요하다(민법 187).

2. 피수용자의 토지·물건의 이전의무와 대집행

토지소유자 및 관계인과 그 밖에 토지소유자나 관계인에 포함되지 아니하는 자로서 수용하거나 사용할 토지나 그 토지에 있는 물건에 관한 권리를 가진 자는 수용 또는 사용의 개시일까지 그 토지나 물건을 사업시행자에게 인도하거나 이전하여야 한다(토지보상법 43). 사업시행자는 수용의 개시일에 토지나 물건의 소유권을 취득하므로, 인도의무의 이행은 수용의 효과발생의 조건이 아니다.

특별자치도지사, 시장·군수 또는 구청장은 토지나 물건을 인도하거나 이전하여야 할 자가 고의나 과실 없이 그 의무를 이행할 수 없을 때 등에는 사업시행자의 청구에 의하여 토지나 물건의 인도 또는 이전을 대행하여야 한다(토지보상법 44 ①). 또한 의무를 이행하여야 할 자가 그 정하여진 기간 이내에 의무를 이행하지 아니하거나 완료하기 어려운 경우 또는 그로 하여금 그 의무를 이행하게 하는 것이 현저히 공익을 해친다고 인정되는 사유가 있는 경우에는 사업시행자는 시·도지사나 시장·군수 또는 구청장에게 대집행을 신청할 수 있고, 이 경우 신청을 받은 시·도지사나 시장·군수 또는 구청장은 정당한 사유가 없으면 이에 따라야 한다. 다만, 사업시행자가 국가나 지방자치단체인 경우에는 직접 대집행을 할 수 있다(토지보상법 89).

3. 위험부담의 이전

토지수용위원회의 재결이 있은 후 수용하거나 사용할 토지나 물건이 토지소유자 또는 관계인의 고의나 과실 없이 멸실되거나 훼손된 경우 그로 인한 손실은 사업시행자가 부담한다(토지보상법 46). 이것은 보상금을 지급받을 토지소유자 등의 권리를 멸실 또는 훼손의 위험부담으로부터 보호하려는 것이다.

Ⅱ. 손실보상

공용수용은 공익사업의 수요를 충족시키기 위하여 타인의 토지 등 재산권을 강제로 취득하는 것이므로, 그로 인한 피수용자의 손실에 대하여는 당연히 정당한 보상을 지급하여야 한다. 손실보상의 원칙과 내용에 관해서는 행정상 손실보상에서 이미 설명하였으므로, 여기에서는 생략하기로 한다.

제7항 환매권*

Ⅰ. 의의

환매권이란 공익사업을 위해 취득된 토지가 당해 사업에 필요 없게 되었거나 현실적으로 이용되지 않는 경우에 원래의 토지소유자가 환매대금을 지급하고 환매의사를 표시함으로써 사업시행자로부터 토지소유권을 되찾을 수 있는 권리를 말한다. 환매요건만 성취하면 사업시행자의 매각의사 없이도 토지를 환매할 수 있다. 토지보상법상 환매권은 법정환매권이라는 점에서, 약정

* 감정평가사시험(2008년), 사법시험(2017년).

환매권인 민법상 환매권과 다르다.

Ⅱ. 근거

1. 이론적 근거(인정배경)

환매권을 인정하는 이론적 배경에 대해서는 견해가 나뉜다.

① 토지소유자의 감정의 존중에서 찾는 견해는 수용재결취득은 피수용자의 의사에 반하여 강제적으로 소유권을 박탈한 것이므로 정당보상이 주어졌다 하더라도 수용목적물에 대한 감정상의 손실이 남아 있게 되는데 공익상의 필요가 소멸한 때에는 원소유자에게 돌려주어 감정상의 손실을 존중해주기 위해서 환매권이 인정된다는 견해로 전통적인 다수설이다.[5]

② 공평의 원칙에서 찾는 견해는 공익상의 필요가 소멸한 때에는 원소유자의 의사에 따라 그 토지의 소유권을 회복시켜 주는 것이 공평의 원칙에 부합한다고 보며 대법원의 입장이다.

[판례] 환매권의 인정취지

"토지수용법 제71조 제1항의 취지는 토지 등의 원소유자가 사업시행자로부터 토지 등의 대가로 정당한 손실보상을 받았다고 하더라도 원래 자신의 자발적인 의사에 기하여 그 토지 등의 소유권을 상실하는 것이 아니어서 그 토지 등을 더 이상 당해 공공사업에 이용할 필요가 없게 된 때, 즉 공익상의 필요가 소멸한 때에는 원소유자의 의사에 따라 그 토지 등의 소유권을 회복시켜 주는 것이 공평의 원칙에 부합한다는 데에 있으므로 기업자가 소정의 절차에 따라 취득한 토지 등이 일정한 기간 내에 그 취득목적사업인 공공사업의 폐지 변경 등의 사유로 그 공공사업에 이용될 필요가 없어졌다고 볼 만한 객관적 사정이 발생하여야 기업자의 주관적인 의사와는 관계없이 환매권자가 토지 등을 환매할 수 있다(대판 1993.12.28, 93다34701)."

③ 헌법의 재산권의 존속보장에서 찾는 견해는 헌법 제23조 제1항의 재산권의 존속보장은 공익이라는 필요에 의해 헌법 제23조 제3항의 가치보장으로 전환하였으나, 이후 공익성의 필요가 소멸한 때에는 재산권의 존속보장으로 다시 환원하여야 하며 이를 위해 환매권이 인정된다고 보는 견해로, 근래 유력설이다.[6] 헌법재판소도 환매권은 헌법의 재산권 내용에 포함된 권리라고 하여 이 견해를 지지하였다.

---

5) 김동희, 행정법 II, 413면; 박윤흔/정형근, 최신행정법강의(하) 579면; 이상규, 신행정법론(하), 669면.

6) 박균성, 행정법강의, 1322면; 정하중, 행정법개론, 1270면; 홍정선, 행정법특강, 1116면.

> [판례] 환매권의 법률적 성질
>
> "헌법 제23조의 근본취지에 비추어 볼 때, 일단 공용수용의 요건을 갖추어 수용절차가 종료되었다고 하더라도 그 후에 수용의 목적인 공공사업이 수행되지 아니하거나 또는 수용된 재산권이 당해 공공사업에 필요없게 되었다고 한다면, 수용의 헌법상 정당성과 공공필요에 의한 재산권 취득의 근거가 장래를 향하여 소멸한다고 보아야 한다. 따라서 수용된 토지 등이 공공사업에 필요없게 되었을 경우에는 피수용자가 그 토지 등의 소유권을 회복할 수 있는 권리 즉 환매권은 헌법이 보장하는 재산권의 내용에 포함되는 권리라고 보는 것이 상당하다(헌재결 1998.12.24, 97헌마87)."

④ 생각건대 위 견해는 모두 환매권의 인정배경으로 나름의 타당성이 있으나, 이론적인 관점에서는 재산권의 존속보장의 실현을 위한 것이라는 견해가 보다 설득력이 있다고 생각된다.

2. 법적 근거(실정법상 근거)

환매권은 반드시 법적 근거를 요하는가, 아니면 법적 근거가 없더라도 헌법상 재산권보장규정에 근거하여 인정될 수 있는가 하는 것이 문제인데, 독일의 경우 환매권에 관한 명문의 규정이 없더라도 기본법상 재산권보장규정에 의하여 환매권이 인정될 수 있다고 하지만, 우리나라 판례는 법령상 명문의 규정 없이는 환매권을 인정하지 않는 입장이다(대판 1998.4.10, 96다52359).

현행 실정법상으로는 토지보상법 외에 택지개발촉진법 등에서 환매에 관한 규정을 두고 있다. 이하에서는 토지보상법상의 환매권에 관하여 설명하기로 한다.

Ⅲ. 법적 성질

환매권의 법적 성질에 대하여는 공권설과 사권설이 대립하고 있다. ① 공권설은 환매제도를 공법적 수단에 의해 상실된 권리를 회복하는 제도로, 공법상 주체인 사업시행자에 대하여 사인이 가지는 공법상 권리라고 한다. ② 이에 대하여 사권설은 환매는 환매권자 자신의 이익을 위해서 환매의 의사를 표시함으로써 토지를 재취득하는 것이라는 점, 환매권의 행사는 공익성의 소멸을 그 요건으로 하고 있으므로 사업시행자는 더 이상 수용권의 주체로서의 지위를 갖지 않는다는 점에서 환매권을 사법상 권리로 본다.[7] ③ 판례는 사권설의 입장이다. ④ 생각건대 환매는 공용수용이라는 공법적 원인으로 인한 상태를 다시 원상으로 회복하는 것이라는 점에서 환매권은 공권이라고 보아야 할 것이다.

---

7) 박윤흔, 최신행정법강의(하), 630면.

[판례] 징발재산환매권의 법적 성질

"징발재산정리에관한특별조치법 제20조 소정의 환매권은 일종의 형성권으로서 그 존속기간은 제척기간으로 보아야 할 것이며, 위 환매권은 재판상이든 재판외이든 그 기간 내에 행사하면 이로써 매매의 효력이 생기고, 위 매매는 같은 조 제1항에 적힌 환매권자와 국가 간의 사법상의 매매라 할 것이다(대판 1992.4.24, 92다4673)."

Ⅳ. 환매의 요건

토지보상법은 "공익사업의 폐지·변경 또는 그 밖의 사유로 취득한 토지의 전부 또는 일부가 필요 없게 된 경우 토지의 협의취득일 또는 수용의 개시일(취득일) 당시의 토지소유자 또는 그 포괄승계인(환매권자)은 다음 각 호의 구분에 따른 날부터 10년 이내에 그 토지에 대하여 받은 보상금에 상당하는 금액을 사업시행자에게 지급하고 그 토지를 환매할 수 있다(토지보상법 91 ①)."고 규정하고 있다.

1. 사업의 폐지·변경으로 취득한 토지의 전부 또는 일부가 필요 없게 된 경우: 관계 법률에 따라 사업이 폐지·변경된 날 또는 제24조에 따른 사업의 폐지·변경 고시가 있는 날
2. 그 밖의 사유로 취득한 토지의 전부 또는 일부가 필요 없게 된 경우: 사업완료일

1. 환매권자

환매권자는 취득일 당시의 토지소유자 또는 그 포괄승계인이다(토지보상법 91 ①). 따라서 지상권자 또는 기타 소유권자가 아닌 권리자는 환매권이 없다. 또한 환매권은 양도될 수 없다.

2. 환매의 목적물

환매의 목적물은 토지소유권이다. 따라서 토지에 대한 소유권 이외의 권리 및 토지 이외의 물건(예: 건물·입목·토석) 등은 환매의 대상이 되지 않는다. 수용한 토지의 일부분도 환매의 목적물이 될 수 있다(토지보상법 91 ①).

3. 환매권의 발생요건 및 행사기간

환매권이 발생하려면 ① 관계 법률에 따라 사업이 폐지·변경된 날 또는 사업의 폐지·변경 고시가 있는 날 또는 사업완료일부터 10년 이내에 공익사업의 폐지·변경 또는 그 밖의 사유로 인하여 취득한 토지의 전부 또는 일부가 필요 없게 된 경우(토지보상법 91 ①) 또는 ② 취득일부터 5년 이내에 토지의 전부를 해당 사업에 이용하지 않았을 경우(토지보상법 91 ②)이어야 한다. 전자

의 경우에 필요성의 판단은 객관적·합리적으로 이루어져야 한다.

[판례] 협의취득이 당연무효인 경우, 협의취득일 당시의 토지소유자가 토지보상법 제91조 제1항에서 정한 환매권을 행사할 수 있는지 여부(소극)

"도시계획시설사업의 시행자로 지정되어 그 도시계획시설사업의 수행을 위하여 필요한 토지를 협의취득하였다고 하더라도, 시행자 지정이 처음부터 효력이 없거나 토지의 취득 당시 해당 도시계획시설사업의 법적 근거가 없었던 것으로 볼 수 있는 등 협의취득이 당연무효인 경우, 협의취득일 당시의 토지소유자가 소유권에 근거하여 등기 명의를 회복하는 방식 등으로 권리를 구제받는 것은 별론으로 하더라도 토지보상법 제91조 제1항에서 정하고 있는 환매권을 행사할 수는 없다고 봄이 타당하다(대판 2021.4.29, 2020다280890[소유권이전등기])."

[판례] 토지보상법 제91조 제1항에 규정된 환매권 발생요건 중 '당해 사업'이 토지보상법 제20조 제1항에 의한 사업인정이 있었던 경우로만 한정되는지 여부(소극)

"당해 사업에 대하여 토지보상법상 사업인정이나 구 토지수용법이나 토지보상법상 사업인정으로 의제되는 도시계획시설사업 실시계획인가가 이루어졌다면 사업인정이나 실시계획인가의 내용에 따라 '당해 사업'을 특정할 수 있다(대판 2010.9.30, 2010다30782 등 참조). 그러나 사업인정을 전제하지 않고 있는 구 손실보상특례법에 따라 협의취득하거나 토지보상법 제14조에 따라 사업인정 전에 사업시행자가 협의취득한 경우에는 사업인정의 내용을 통해 당해 사업을 특정할 수 없으므로, 협의취득 당시의 제반 사정을 고려하여 협의취득의 목적이 된 공익사업이 구체적으로 특정되었는지 살펴보아야 한다(대판 2021.9.30, 2018다282183[손해배상(기)])."

[판례] '당해 사업' 및 취득한 토지의 전부 또는 일부가 '필요 없게 된 때'의 의미와 협의취득 또는 수용된 토지가 필요 없게 되었는지 판단하는 기준

"[1] 토지보상법 제91조 제1항에서 정하는 '당해 사업'이란 토지의 협의취득 또는 수용의 목적이 된 구체적인 특정 공익사업을 가리키는 것이고, 취득한 토지의 전부 또는 일부가 '필요 없게 된 때'란 사업시행자가 취득한 토지의 전부 또는 일부가 취득 목적사업을 위하여 사용할 필요 자체가 없어진 경우를 말하며, 협의취득 또는 수용된 토지가 필요 없게 되었는지는 사업시행자의 주관적인 의사를 표준으로 할 것이 아니라 당해 사업의 목적과 내용, 협의취득의 경위와 범위, 당해 토지와 사업의 관계, 용도 등 제반 사정에 비추어 객관적·합리적으로 판단하여야 한다.

[2] (갑 지방자치단체가 도시계획시설(주차장) 사업('주차장 사업')을 시행하면서 사업부지에 포함된 을 등의 각 소유 토지를 협의취득한 후 공영주차장을 설치하였고, 그 후 위 토지를 포함한 일대 지역이 재정비촉진지구로 지정되어 공영주차장을 폐지하는 내용이 포함된 재정비촉진지구 변경지정 및 재정비

촉진계획('재정비 촉진계획')이 고시되었으며, 이에 따라 재정비촉진구역 주택재개발정비사업('재개발 사업')의 사업시행인가가 고시되었는데, 을 등이 목적사업인 주차장 사업에 필요 없게 되어 위 토지에 관한 환매권이 발생하였다고 주장하며 갑 지방자치단체를 상대로 환매권 상실로 인한 손해배상을 구한 사안에서) 공영주차장을 폐지하기로 하는 내용이 포함된 재정비 촉진계획이 고시되거나 위 토지 등에 관한 재개발 사업의 사업시행인가가 고시되었다고 하더라도, 공영주차장이 여전히 종래의 주차장 용도로 사용되는 동안은 주차장으로서의 효용이나 공익상 필요가 현실적으로 소멸되었다고 볼 수 없으므로, 재정비 촉진계획의 고시나 재개발 사업의 사업시행인가 고시만으로 위 토지가 객관적으로 주차장 사업에 필요가 없게 되었다고 단정하기 어렵고, 나아가 위 재개발 사업은 토지보상법 제4조 제5호의 공익사업으로서 '지방자치단체가 지정한 자가 임대나 양도의 목적으로 시행하는 주택의 건설 또는 택지의 조성에 관한 사업'에 해당한다고 볼 수 있다(대판 2019.10.31, 2018다233242 [손해배상(기)])."

위의 ①의 경우에는 관계 법률에 따라 사업이 폐지·변경된 날 또는 사업의 폐지·변경 고시가 있는 날 또는 사업완료일부터 10년 이내에, ②의 경우에는 취득일부터 6년 이내에 행사하여야 한다(토지보상법 91 ①, ②).

환매권자는 사업시행자로부터 환매할 토지가 생겼다는 통지를 받은 날 또는 사업시행자가 공고한 날부터 6개월이 지난 후에는 제91조 제1항 및 제2항에도 불구하고 환매권을 행사하지 못한다(토지보상법 92 ②).

[판례] 환매권 행사기간의 의미

"토지보상법 제91조 제1항에서 환매권의 행사요건으로 정한 "당해 토지의 전부 또는 일부가 필요 없게 된 때로부터 1년 또는 그 취득일로부터 10년 이내에 그 토지를 환매할 수 있다"라는 규정의 의미는 취득일로부터 10년 이내에 그 토지가 필요 없게 된 경우에는 그때로부터 1년 이내에 환매권을 행사할 수 있으며, 또 필요 없게 된 때로부터 1년이 지났더라도 취득일로부터 10년이 지나지 않았다면 환매권자는 적법하게 환매권을 행사할 수 있다는 의미로 해석함이 옳다(대판 2010.9. 30, 2010다30782)."

4. 환매가격

환매가격은 환매권자가 지급받은 보상금에 상당하는 금액이다(토지보상법 91 ①). 여기서 보상금의 상당금액이란 토지의 완전한 소유권을 취득하기 위해서 사업시행자가 지급한 토지의 소유권과 토지소유권외의 권리에 대하여 지급한 보상금의 합산액을 말하며, 환매권 행사 당시까지의 법정이자를 가산한 금액을 말하는 것은 아니다(대판 1994.5.24, 93누17225).

토지의 가격이 취득일 당시에 비하여 현저히 변동된 경우 사업시행자와 환매권자는 환매금액에 대하여 서로 협의하되, 협의가 성립되지 아니하면 그 금액의 증감을 법원에 청구할 수 있다(토지보상법 91 ④).

5. 환매권의 대항력

환매권은 부동산등기법이 정하는 바에 의하여 공익사업에 필요한 토지의 협의취득 또는 수용의 등기가 된 때에는 제3자에게 대항할 수 있다(토지보상법 91 ⑤). 즉, 환매목적물이 제3자에게 처분된 때에도 '공공용지로 취득하였다는 내용이 포함된 등기'가 있으면 환매권자는 제3자로부터 환매를 받을 수 있다.

[판례] 토지보상법 제91조 제5항에서 정한 '환매권은 부동산등기법이 정하는 바에 의하여 공익사업에 필요한 토지의 협의취득 또는 수용의 등기가 된 때에는 제3자에게 대항할 수 있다'의 의미

"토지보상법 제91조 제5항은 '환매권은 부동산등기법이 정하는 바에 의하여 공익사업에 필요한 토지의 협의취득 또는 수용의 등기가 된 때에는 제3자에게 대항할 수 있다'고 정하고 있다. 이는 협의취득 또는 수용의 목적물이 제3자에게 이전되더라도 협의취득 또는 수용의 등기가 되어 있으면 환매권자의 지위가 그대로 유지되어 환매권자는 환매권을 행사할 수 있고, 제3자에 대해서도 이를 주장할 수 있다는 의미이다.

(甲 지방자치단체가 도로사업 부지를 취득하기 위하여 乙 등으로부터 토지를 협의취득하여 소유권이전등기를 마쳤는데, 위 토지가 택지개발예정지구에 포함되자 이를 택지개발사업 시행자인 丙 공사에 무상으로 양도하였고, 그 후 택지개발예정지구 변경지정과 개발계획 변경승인 및 실시계획 승인이 고시되어 위 토지가 택지개발사업의 공동주택용지 등으로 사용된 사안에서) 택지개발사업의 개발계획 변경승인 및 실시계획 승인이 고시됨으로써 토지가 도로사업에 더 이상 필요 없게 되어 협의취득일 당시 토지소유자였던 乙 등에게 환매권이 발생하였고, 그 후 택지개발사업에 토지가 필요하게 된 사정은 환매권의 성립이나 소멸에 아무런 영향을 미치지 않으며, 위 토지에 관하여 甲 지방자치단체 앞으로 공공용지 협의취득을 원인으로 한 소유권이전등기가 마쳐졌으므로, 乙 등은 환매권이 발생한 때부터 제척기간 도과로 소멸할 때까지 사이에 언제라도 환매권을 행사하고, 이로써 제3자에게 대항할 수 있다(대판 2017.3.15, 2015다238963)."

6. 공익사업의 변환과 환매

(1) 의의

공익사업의 변환이란 국가·지방자치단체·공공기관운영법 제4조에 따른 공공기관 중 대통령령으로 정하는 공공기관이 사업인정을 받아 공익사업에 필요한 토지를 협의취득하거나 수용한 후

해당 공익사업이 토지보상법 제4조 제1호부터 제5호까지에 규정된 다른 공익사업으로 변경된 경우 별도의 새로운 협의취득이나 수용절차 없이 그 토지를 변경된 공익사업에 이용하도록 하는 제도를 말한다(토지보상법 91 ⑥).

공익사업이 다른 공익사업으로 전환되는 경우에도 환매권자에게 환매한 후 전환된 사업의 시행을 위하여 다시 새로운 협의취득이나 수용절차를 거치는 것이 원칙이나, 이러한 번거로운 절차를 피함으로써 행정력의 낭비와 공익사업의 지연을 방지하기 위하여 공익사업의 전환제도를 인정하고 있는 것이다.

(2) 요건

① 사업시행자가 국가·지방자치단체·공공기관의 운영에 관한 법률 제4조에 따른 공공기관 중 대통령령으로 정하는 공공기관이어야 한다.

이와 관련하여 변환된 공익사업의 시행자가 변환되기 전의 사업시행자와 동일하여야 하는지의 여부가 문제되는데, 이에 대하여 판례는 사업시행자가 동일하지 않은 경우에도 공익사업의 변환을 인정하고 있다.

[판례] 공익사업의 변환은 사업주체가 동일한 경우에만 인정되는지 여부

"'공익사업의 변환'이 국가·지방자치단체 또는 정부투자기관이 사업인정을 받아 토지를 협의취득 또는 수용한 경우에 한하여, 그것도 사업인정을 받은 공익사업이 공익성의 정도가 높은 토지수용법 제3조 제1호 내지 제4호에 규정된 다른 공익사업으로 변경된 경우에만 허용되도록 규정하고 있는 토지수용법 제71조 제7항 등 관계법령의 규정내용이나 그 입법이유 등으로 미루어 볼 때, 같은 법 제71조 제7항 소정의 '공익사업의 변환'이 국가·지방자치단체 또는 정부투자기관 등 기업자(또는 사업시행자)가 동일한 경우에만 허용되는 것으로 해석되지는 않는다(대판 1994.1.25, 93다11760)."

② 처음 사업인정을 받은 사업에서 토지보상법 제4조 제1호부터 제5호까지에 규정된 다른 공익사업으로 변환하는 것이어야 한다.

[판례] 토지보상법 제91조 제6항에 정한 공익사업의 변환이 인정되는 경우, 환매권 행사가 제한되는지 여부(적극)*

"토지보상법 제91조 제6항에 정한 공익사업의 변환은 같은 법 제20조 제1항의 규정에 의한 사업인정을 받은 공익사업이 일정한 범위 내의 공익성이 높은 다른 공익사업으로 변경된 경우에 한하여 환매권의 행사를 제한하는 것이므로, 적어도 새로운 공익사업에 관해서도 같은 법 제20조 제1항의 규정

* 사법시험(2017년).

에 의해 사업인정을 받거나 또는 위 규정에 따른 사업인정을 받은 것으로 의제하는 다른 법률의 규정에 의해 사업인정을 받은 것으로 볼 수 있는 경우에만 공익사업의 변환에 의한 환매권 행사의 제한을 인정할 수 있다(대판 2010.9.30, 2010다30782)."

(3) 효과

토지보상법이 정한 바에 따르는 공익사업으로 변환된 경우 환매권 행사기간은 관보에 해당 공익사업의 변경을 고시한 날부터 기산한다(토지보상법 91 ⑥). 이를 통하여 환매권의 발생요건 중 취득일의 기산일이 공익사업의 변경을 고시한 날로 연기됨으로써 사업시행자는 환매·재협의 또는 재수용이라는 절차의 번거로움을 피할 수 있게 되지만, 환매권자의 환매권행사는 그만큼 제한되는 결과가 발생하게 된다.

(4) 공익사업변환제도의 위헌성

토지보상법 제91조 제6항((구) 토지수용법 71 ⑦)에 대하여는 헌법상 재산권보장과 관련하여 위헌성이 제기되었으나, 헌법재판소는 합헌으로 결정하였다.

[판례] 공익사업의 변환제도가 헌법에 위반되는지 여부

"이 사건 심판대상조항은 공익사업의 원활한 시행을 확보하기 위한 목적에서 신설된 것으로 우선 그 입법목적에 있어서 정당하고 나아가 변경사용이 허용되는 사업시행자의 범위를 국가·지방자치단체 또는 정부투자기관으로 한정하고 사업목적 또한 상대적으로 공익성이 높은 토지수용법 제3조 제1호 내지 제4호의 공익사업으로 한정하여 규정하고 있어서 그 입법목적 달성을 위한 수단으로서의 적정성이 인정될 뿐 아니라 피해최소성의 원칙 및 법익균형의 원칙에도 부합된다 할 것이므로 위 법률조항은 헌법 제37조 제2항 이 규정하는 기본권 제한에 관한 과잉금지의 원칙에 위배되지 아니한다(헌재결 1997.6.26, 96헌바94)."

V. 환매의 절차

사업시행자는 환매할 토지가 생겼을 때에는 지체 없이 그 사실을 환매권자에게 통지하여야 한다. 다만, 사업시행자가 과실 없이 환매권자를 알 수 없는 때에는 대통령령으로 정하는 바에 따라 공고하여야 한다(토지보상법 92 ①). 사업시행자의 통지·공고는 환매권 행사의 요건이 아니고 법률상 당연히 인정되는 환매권 행사의 실효성을 보장하기 위한 것이다. 따라서 사업시행자의 통지나 공고 없이도 토지소유자는 환매권을 행사할 수 있다.

사업시행자의 환매에 관한 통지나 공고가 있는 때에는 통지를 받은 날 또는 공고한 날로부터

6개월이 지나면 환매권은 소멸한다(토지보상법 92 ②).

제 5 절 공용환지 · 공용환권

제 1 항 공용환지

Ⅰ. 의의

공용환지란 토지의 효과적인 이용의 증대를 위하여 일정구역 안의 토지의 구획이나 형질을 변경한 후 권리자의 의사와 무관하게 토지에 대한 권리를 강제적으로 교환·분합하는 것을 말한다. 공용환지는 물적 공용부담의 한 종류이다. 현행법상 도시개발법상 도시개발사업(도시개발법 40), 농어촌정비법상의 농업생산기반 정비사업(농어촌정비법 37) 등에 공용환지 방식이 이용되고 있다. 이하에서는 도시개발법상 공용환지를 설명한다.

Ⅱ. 도시개발법상 공용환지

1. 환지계획

환지계획은 도시개발사업이 완성되었을 때 토지소유자들에게 기존의 토지 대신 새로운 토지를 배분하는 것에 관한 계획이다. 환지계획에 의하지 않은 환지처분은 무효가 된다(대판 2000.2.25, 97누5534). 즉, 환지처분은 환지계획에 따라 행해져야 한다.

2. 환지예정지의 지정

(1) 의의

환지예정지는 환지처분이 행해지기 전에 종전의 토지를 대신하여 사용하거나 수익하도록 지정된 토지를 말한다. 도시개발사업의 공사가 완료되려면 상당한 시일이 걸리므로, 환지예정지의 지정은 환지처분이 있을 때까지 잠정적으로 환지계획에 의한 환지에 종전의 토지의 사용·수익을 인정해 주는 것이다.

(2) 환지예정지의 지정 및 그 효과

환지예정지가 지정되면 종전의 토지의 소유자와 임차권자등은 환지예정지 지정의 효력발생일부터 환지처분이 공고되는 날까지 환지 예정지나 해당 부분에 대하여 종전과 같은 내용의 권리를 행사할 수 있으며 종전의 토지는 사용하거나 수익할 수 없다(도시개발법 36 ①).

[판례1] 환지예정지로 지정된 토지의 소유자가 환지의 인가 및 고시가 있기 전에 행한 처분의 효력

"토지구획정리 지구내에 있는 어떤 토지가 다른 토지의 환지예정지로 지정되었다 하더라도 그 토지의 소유자는 환지의 인가와 고시가 있을 때까지는 그 소유권을 상실하는 것은 아니므로 이를 처분할 수 있다(대판 1963.5.15, 63누21)."

[판례2] [1] 집단환지 방식의 도시개발사업의 의미

[2] 집단환지 방식의 도시개발사업에서 환지예정지 지정처분의 성격

[3] 집단환지 방식으로 도시개발사업과 집합건물 건설사업이 혼합되어 진행되는 경우, 건설사업주체가 집단환지예정지에서 시행될 주택건설사업과 관련하여 토지소유자들로부터 사업부지에 관한 개별적인 토지사용승낙을 받아야 하는지 여부(원칙적 소극)

"[1] 집단환지 방식의 도시개발사업이란 도시개발법 시행규칙 제27조 제9항에 근거하여 환지 방식의 도시개발사업과 집합건물(특히 공동주택) 건설사업이 혼합되어 진행되어, 도시개발사업의 시행자가 선정한 별도의 사업주체가 도시개발사업의 시행으로 조성된 일단의 토지에 곧바로 집합건물 건설사업을 시행할 수 있도록 하는 한편, 종전 토지의 토지소유자들에게는 그 일단의 토지에 대한 공유지분을 배분하여 그 공유지분을 집합건물 건설사업주체에게 매도하거나 출자하여 매매대금을 지급받거나 신축주택을 분양받도록 하는 방식으로 시행되는 사업방식을 말한다.

[2] 도시개발법 제35조 제1항, 제36조 제1항, 제42조 제1항, 제6항 등에 따르면, 종전의 토지에 대한 권리 소멸과 환지에 대한 권리 취득이라는 법률상 권리변동은 환지처분에 의해서 발생하며, 환지예정지 지정처분은 토지소유자로 하여금 환지계획상 환지로 정하여진 토지를 환지처분이 공고되기 전까지 임시로 사용·수익할 수 있게 하는 한편, 종전의 토지를 사용·수익할 수 없게 하는 처분에 불과하다.

이처럼 토지소유자가 환지예정지 지정처분의 효과로서 환지예정지를 임시로 사용·수익하는 것은 도시개발사업의 시행에 지장이 없는 범위 내에서 허용되는 것인데, 집단환지 방식의 경우 토지소유자가 개별 필지를 환지예정지로 지정받는 것이 아니라 집합건물 건설사업의 부지로 사용될 일단의 토지의 공유지분을 환지예정지로 지정받는 것이므로, 집단환지 방식에서 환지예정지 지정처분은 집단환지대상자인 토지소유자로 하여금 장래 환지처분이 공고되면 집단환지예정지의 공유지분을 취득할 잠정적 지위에 있음을 알리는 것에 불과할 뿐, 토지소유자가 집단환지예정지의 공유지분에 관하여 현실적으로 사용·수익하거나 그 밖의 방법으로 권리행사를 할 수 있는 지위를 설정하여 주는 것은 아니다.

[3] 집단환지 방식의 사업특성과 환지예정지 지정처분의 임시적·잠정적 성격을 고려하면, 집단환지 방식으로 도시개발사업과 집합건물 건설사업이 혼합되어 진행되는 경우에는 집단환지의 공유지분을 배분받게 되는 토지소유자들이 집합건물 건설사업주체에게 공유지분을 개별적으로 매도·출자하거나 사용승낙을 하는 것이라기보다는 원칙적으로 도시개발사업의 시행자에 의해서 집단환지 전체에 대한 권리가 일괄적으로 행사됨을 전제로 한다고 볼 수 있다. 이러한 전제에 따르면 특별한 사정이 없는 한 토지소유자는 집단환지를 신청함으로써 이러한 사업진행 방식에 동의하는 것으로 볼 수 있고, 환지예정지 지정처분이 있더라도 토지소유자들이 집단환지예정지에서 시행될 주택건설사업과 관련하여 건설사업주체에게 집단환지의 공유지분에 대한 사용권원을 부여하는 개별적인 토지사용승낙의 의사표시를 하여야 하는 것은 아니다(대판 2018.3.29, 2017두70946[주택건설사업계획승인처분취소])."

(3) 환지예정지 지정처분에 대한 불복

환지예정지 지정처분은 처분으로서 항고소송의 대상이 되나, 환지처분이 일단 공고되어 효력을 발생하게 되면 환지예정지 지정처분은 그 효력이 소멸되는 것이므로, 환지처분이 공고된 후에는 환지예정지 지정처분에 대하여 그 취소를 구할 법률상 이익은 없다(대판 1999.10.8, 99두6873).

3. 환지처분

(1) 의의

환지처분은 사업시행자가 환지계획구역의 전부 또는 그 구역 내의 일부 공구에 대하여 공사를 완료한 후 환지계획에 따라 환지교부 등을 하는 처분이다. 환지를 지정하지 않았거나 종전의 토지와 환지 사이에 불균형이 있어 이를 금전으로 청산하는 것도 광의의 환지처분에 포함된다.

(2) 환지처분의 효과

환지계획에서 정하여진 환지는 그 환지처분이 공고된 날의 다음 날부터 종전의 토지로 보며, 환지계획에서 환지를 정하지 아니한 종전의 토지에 있던 권리는 그 환지처분이 공고된 날이 끝나는 때에 소멸한다(도시개발법 42 ①).

제28조에 따른 환지 계획에 따라 환지처분을 받은 자는 환지처분이 공고된 날의 다음 날에 환지계획으로 정하는 바에 따라 건축물의 일부와 해당 건축물이 있는 토지의 공유지분을 취득한다. 이 경우 종전의 토지에 대한 저당권은 환지처분이 공고된 날의 다음 날부터 해당 건축물의 일부와 해당 건축물이 있는 토지의 공유지분에 존재하는 것으로 본다(도시개발법 42 ④).

체비지는 시행자가, 보류지는 환지 계획에서 정한 자가 각각 환지처분이 공고된 날의 다음 날에 해당 소유권을 취득한다. 다만, 제36조 제4항에 따라 이미 처분된 체비지는 그 체비지를 매입한 자가 소유권 이전 등기를 마친 때에 소유권을 취득한다(도시개발법 42 ⑤).

(3) 환지처분의 변경

환지처분은 사업시행자가 환지계획구역의 전부 또는 그 구역 내의 일부 공구에 대하여 공사를 완료한 후 환지계획에 따라 환지교부 등을 하는 처분으로서 일단 공고되어 그 효력을 발생하게 된 이후에는 환지 전체의 절차를 처음부터 다시 밟지 않은 한 그 일부만을 따로 떼어 환지처분을 변경할 수는 없고(대판 1993.5.27, 92다14878), 그러한 절차를 밟지 아니하고 한 환지변경처분은 무효이다(대판 1998.2.13, 97다49459). 즉, 판례는 환지처분을 불가분의 처분으로 보고, 환지확정처분의 일부취소를 구하는 소송의 소의 이익을 인정하지 않는다.

(4) 환지처분에 대한 불복

환지처분은 그에 의하여 직접 토지소유자 등의 권리의무가 변동되므로 이를 항고소송의 대상이 되는 처분이라고 볼 수 있다(대판 1999.8.20, 97누6889).

환지처분은 환지계획에 따라 행해져야 하므로, 환지계획과는 별도의 내용을 가진 환지처분은 있을 수 없다. 따라서 환지계획의 내용에 의하지 아니하거나 환지계획에 없는 사항을 그 내용으로 하는 환지처분은 무효이다(대판 2000.2.25, 97누5534).

새로운 환지처분이 적법하게 이루어지면 환지예정지지정처분의 효력은 소멸되므로 그 때부터는 환지예정지지정처분이 무효라는 확인을 구할 법률상 이익이 없어지고, 당초의 환지처분이 환지계획의 내용에 따르지 아니하여 무효이면 시행자는 환지계획변경 등의 절차를 거쳐 다시 환지처분을 할 수 있고, 이러한 새로운 환지처분이 적법하게 이루어지면 당초의 환지처분이 무효라는 확인을 구할 법률상의 이익도 없어진다(대판 2002.4.23, 2000두2495).

제 2 항 공용환권

I. 의의

공용환권이란 토지의 효용을 증진하기 위하여 일정한 지구 내의 토지의 구획·형질을 변경하여 권리자의 의사와 무관하게 종전의 토지 또는 건축물에 관한 소유권 등의 권리를 강제적으로 변환시키는 것을 말한다. 공용환지가 원칙상 토지에 대한 권리로 바꾸어 주는 것인데 비하여, 공용환권은 토지나 건축물에 대한 권리로 바꾸어 주는 일종의 입체적 환지방식이라는 점에서 공용환지와 차이가 있다. 공용환권 역시 물적 공용부담의 한 종류이다.

현행법상 도시개발사업, 도시 및 주거환경정비사업 등에서 공용환권 방식을 도입하고 있다. 이하에서는 도시 및 주거환경정비법상의 공용환권을 설명한다.

Ⅱ. 도시 및 주거환경정비법상 공용환권

1. 사업시행의 인가

사업시행자(제25조 제1항 및 제2항에 따른 공동시행의 경우를 포함하되, 사업시행자가 시장·군수등인 경우는 제외한다)는 정비사업을 시행하려는 경우에는 제52조에 따른 사업시행계획서에 정관등과 그 밖에 국토교통부령으로 정하는 서류를 첨부하여 시장·군수등에게 제출하고 사업시행계획인가를 받아야 하고, 인가받은 사항을 변경하거나 정비사업을 중지 또는 폐지하려는 경우에도 또한 같다(도시정비법 50 ①).

(i) 사업시행인가의 법적 성질과 관련하여 이를 강학상 인가로 볼 것인지 특허로 볼 것인지 논란이 있다.[8] (ii) 판례는 ① 도시환경정비사업조합이 수립한 사업시행계획의 인가는 강학상 인가이지만[판례1], ② 토지 등 소유자가 직접 시행하는 도시환경정비사업에서 토지 등 소유자에 대한 사업시행인가는 강학상 특허라고 하고 있다[판례2]. (iii) 이러한 판례의 입장은 이미 행정주체인 공공조합이 수립한 계획에 대한 인가와 인가와 더불어 행정주체의 지위가 부여되는 인가에는 차이가 있다고 보기 때문이라고 생각된다.

[판례1] 도시환경정비사업조합이 수립한 사업시행계획을 인가하는 행정행위의 법적 성질(=인가)

"(구) 도시 및 주거환경정비법(2007.12.21. 법률 제8785호로 개정되기 전의 것)에 기초하여 도시환경정비사업조합이 수립한 사업시행계획은 그것이 인가·고시를 통해 확정되면 이해관계인에 대한 구속적 행정계획으로서 독립된 행정처분에 해당하므로(대법원 2009.11.2.자 2009마596 결정 참조), 사업시행계획을 인가하는 행정청의 행위는 도시환경정비사업조합의 사업시행계획에 대한 법률상의 효력을 완성시키는 보충행위에 해당한다(대판 2010.12.9, 2010두1248)."

[판례2] 토지 등 소유자가 직접 시행하는 도시환경정비사업에서 토지 등 소유자에 대한 사업시행 인가의 법적 성질(=특허)

"[1] … 토지 등 소유자들이 직접 시행하는 도시환경정비사업에서 토지 등 소유자에 대한 사업시행인가처분은 단순히 사업시행계획에 대한 보충행위로서의 성질을 가지는 것이 아니라 (구) 도시정비법상 정비사업을 시행할 수 있는 권한을 가지는 행정주체로서의 지위를 부여하는 일종의 설권적 처분의 성격을 가진다.

8) 박균성, 행정법강의, 1338~1339면 참조.

[2] 도시환경정비사업을 직접 시행하려는 토지 등 소유자들은 시장·군수로부터 사업시행인가를 받기 전에는 행정주체로서의 지위를 가지지 못한다. 따라서 그가 작성한 사업시행계획은 인가처분의 요건 중 하나에 불과하고 항고소송의 대상이 되는 독립된 행정처분에 해당하지 아니한다고 할 것이다(대판 2013.6.13, 2011두19994).”

“도시환경정비사업을 직접 시행하려는 토지 등 소유자가 작성한 사업시행계획에 대한 정비구역 내 토지 등 소유자 4분의 3 이상의 동의는 이러한 설권적 처분의 절차적 요건에 해당한다(대판 2015.6.11, 2013두15262).”

사업시행인가는 수익처분으로서 원칙적으로 행정청의 재량행위에 속하므로, 처분청은 공익상 필요 등에 의하여 필요한 범위 내에서 부담을 부과할 수 있다는 것이 판례의 입장이다.

[판례] 주택재건축사업시행 인가의 법적 성질(=재량행위) 및 이에 대하여 법령상의 제한에 근거하지 않은 조건(부담)의 부과가능성

“주택재건축사업시행의 인가는 상대방에게 권리나 이익을 부여하는 효과를 가진 이른바 수익적 행정처분으로서 법령에 행정처분의 요건에 관하여 일의적으로 규정되어 있지 아니한 이상 행정청의 재량행위에 속하므로, 처분청으로서는 법령상의 제한에 근거한 것이 아니라 하더라도 공익상 필요 등에 의하여 필요한 범위 내에서 여러 조건(부담)을 부과할 수 있다(대판 2007.7.12, 2007두6663).”

2. 공용환권의 시행

(1) 분양신청

대지 또는 건축물에 대한 분양을 받고자 하는 토지 등 소유자는 분양신청기간 이내에 대통령령이 정하는 방법 및 절차에 의하여 사업시행자에게 대지 또는 건축물에 대한 분양신청을 하여야 한다(도시정비법 72 ③).

(2) 관리처분계획*

1) 관리처분계획의 의의

관리처분계획이란 정비사업 시행자가 분양신청기간이 종료된 때 수립하는 대지 및 건축시설에 관한 관리 및 처분에 관한 계획을 말한다. 도시정비법상 관리처분계획은 공용환권계획에 해당한다.

---

* 5급공채(2022년).

2) 관리처분계획의 성립과 효력발생

사업시행자는 제72조에 따른 분양신청기간이 종료된 때에는 분양신청의 현황을 기초로 다음 각 호의 사항이 포함된 관리처분계획을 수립하여 시장·군수등의 인가를 받아야 하며(도시정비법 74 ①), 시장·군수등이 제2항에 따라 관리처분계획을 인가하는 때에는 그 내용을 해당 지방자치단체의 공보에 고시하여야 한다(도시정비법 78 ④).

㈎ 조합총회의 의결

시행자가 조합인 경우 관리처분계획은 조합총회의 의결을 거쳐야 한다(도시정비법 45 ① 10호). 조합총회의 의결은 처분이 아니므로, 항고소송의 대상이 되지 않는다. 관리처분계획안에 대한 조합총회 결의는 공법행위(공법상 합동행위)이므로, 조합원은 조합총회의 의결에 대하여 조합을 상대로 민사소송이 아니라 공법상 당사자소송으로 다투어야 한다.

[판례] 도시정비법상의 주택재건축정비사업조합을 상대로 관리처분계획안에 대한 조합 총회결의의 효력을 다투는 소송의 법적 성질(=당사자소송)

"도시 및 주거환경정비법(이하 '도시정비법')상 행정주체인 주택재건축정비사업조합을 상대로 관리처분계획안에 대한 조합 총회결의의 효력 등을 다투는 소송은 행정처분에 이르는 절차적 요건의 존부나 효력 유무에 관한 소송으로서 그 소송결과에 따라 행정처분의 위법 여부에 직접 영향을 미치는 공법상 법률관계에 관한 것이므로, 이는 행정소송법상의 당사자소송에 해당한다.

도시정비법상 주택재건축정비사업조합이 같은 법 제48조에 따라 수립한 관리처분계획에 대하여 관할 행정청의 인가·고시까지 있게 되면 관리처분계획은 행정처분으로서 효력이 발생하게 되므로, 총회결의의 하자를 이유로 하여 행정처분의 효력을 다투는 항고소송의 방법으로 관리처분계획의 취소 또는 무효확인을 구하여야 하고, 그와 별도로 행정처분에 이르는 절차적 요건 중 하나에 불과한 총회결의 부분만을 따로 떼어내어 효력 유무를 다투는 확인의 소를 제기하는 것은 특별한 사정이 없는 한 허용되지 않는다(대판 2009.9.17, 2007다2428 전원합의체)."

☞ 도시정비법상의 주택재건축정비사업조합을 상대로 관리처분계획안에 대한 총회결의의 무효확인을 구하는 소를 민사소송으로 제기한 사안에서, 그 소는 행정소송법상 당사자소송에 해당하므로 행정법원의 전속관할에 속한다고 한 사례

㈏ 시장·군수의 인가

시장·군수의 인가는 사업시행자의 관리처분계획의 효력을 완성시키는 보충행위로서 강학상 인가에 해당한다(대판 2001.12.11, 2001두7541). 따라서, 인가에 하자가 없다면, 기본행위의 하자를 이유로 인가처분의 취소 또는 무효확인을 구할 협의의 소익이 인정되지 않는다(대판 2001.12.11, 2001두7541). 인가의 대상은 정비조합의 관리처분계획이다. 따라서 정비조합은 시장·군수의 인가

의 거부에 대하여는 항고소송을 제기할 수 있다.

3) 관리처분계획의 성질과 효력

관리처분계획의 법적 성질은 정비사업 완료 후에 행할 이전고시의 내용을 미리 정하는 것으로 총회의 결의 후 인가를 통하여 확정되는 구속적 행정계획으로 보아야 하고, 관리처분계획이 인가·고시를 통해 확정되면 이해관계인에 대한 구속적 행정계획으로서 항고소송의 대상이 되는 처분에 해당하게 된다.

판례는 관리처분계획을 조합이 행한 처분으로 보고 있다(대판 1996.2.15, 94다31235). 따라서 관리처분계획을 다투고자 하는 자는 조합을 피고로 하여야 한다. 다만, 정비사업의 대상이 된 토지 또는 건축물에 대한 소유권 등의 존부 및 그 귀속에 관한 개인 상호간의 분쟁은 민사소송의 대상이 된다.

[판례] 도시 및 주거환경정비법상 주택재건축정비사업조합의 법적 지위(=행정주체) / 주택재건축정비사업조합이 행정주체의 지위에서 수립하는 관리처분계획의 법적 성격(=행정처분) 및 이에 관하여 조합이 갖는 재량권의 행사 방법

"도시 및 주거환경정비법(이하 '도시정비법')에 따른 주택재건축정비사업조합(이하 '재건축조합')은 관할 행정청의 감독 아래 도시정비법상의 주택재건축사업을 시행하는 공법인(도시정비법 제38조)으로서, 그 목적 범위 내에서 법령이 정하는 바에 따라 일정한 행정작용을 행하는 행정주체의 지위를 갖는다. 재건축조합이 행정주체의 지위에서 도시정비법 제74조에 따라 수립하는 관리처분계획은 정비사업의 시행 결과 조성되는 대지 또는 건축물의 권리귀속에 관한 사항과 조합원의 비용 분담에 관한 사항 등을 정함으로써 조합원의 재산상 권리·의무 등에 구체적이고 직접적인 영향을 미치게 되므로, 이는 구속적 행정계획으로서 재건축조합이 행하는 독립된 행정처분에 해당한다. 재건축조합이 행정주체의 지위에서 수립하는 관리처분계획은 행정계획의 일종으로서 이에 관하여는 재건축조합에 상당한 재량이 인정되므로, 재건축조합은 종전의 토지 또는 건축물의 면적·이용상황·환경 그 밖의 사항을 종합적으로 고려하여 대지 또는 건축물이 균형 있게 분양신청자에게 배분되고 합리적으로 이용되도록 그 재량을 행사해야 한다(대판 2022.7.14, 2022다206391[손해배상(기)])."

(3) 환권처분(관리처분)

1) 환권처분의 의의 및 성질

환권처분이란 환권계획에 따라 권리의 변환을 행하는 것을 말한다. 도시정비법상 환권처분은 이전고시 및 청산에 의하여 행하여진다.

2) 이전고시

(가) 이전고시의 의의

이전고시는 준공인가의 고시 또는 공사완료의 고시로 정비사업의 시행이 완료된 이후 관리처분계획에서 정한 사항을 분양받을 자에게 대지 또는 건축물의 소유권을 귀속시키는 처분을 말한다. 도시정비법상의 이전고시는 (구) 도시재개발법상의 분양처분에 해당한다.

이전고시는 환권처분의 성질을 가지며 행정소송법상의 처분으로 항고소송의 대상이 된다.

[판례] 도시재개발법에 의한 재개발사업에 있어 분양처분(=현재 도시 및 주거환경정비법의 이전고시)의 법적 성질

"도시재개발법에 의한 재개발사업에 있어서의 분양처분은 재개발구역 안의 종전의 토지 또는 건축물에 대하여 재개발사업에 의하여 조성되거나 축조되는 대지 또는 건축 시설의 위치 및 범위 등을 정하고 그 가격의 차액에 상당하는 금액을 청산하거나, 대지 또는 건축 시설을 정하지 않고 금전으로 청산하는 공법상 처분으로서, 그 처분으로 종전의 토지 또는 건축물에 관한 소유권 등의 권리를 강제적으로 변환시키는 이른바 공용환권에 해당한다(대판 1995.6.30, 95다10570)."

(나) 이전고시의 효과

이전고시가 있으면 공용환권이 행해진다. 즉, 대지 또는 건축물을 분양받을 자는 대지 및 건축물의 소유권 이전의 내용이 사업시행자에 의해 해당 지방자치단체의 공보에 고시된 날의 다음 날에 종전의 소유권을 상실하고, 그 대지 또는 건축물에 대한 소유권을 취득한다(도시정비법 86 ②).

제 7 편

건축행정법

제 1 장　건축행정법의 개념

제 1 절　건축행정법의 의의

건축행정법은 학문적으로나 실무적으로 그 개념이 제대로 정립되어 있지 않고, 여기에 포함되는 내용도 공간에 대한 각종 계획법과 이용규제법, 건축물에 대한 건축행위규제법 등 상당히 방대하다는 점에서 가장 어려운 행정법 각론분야라고 할 수 있을 것이다.

건축행정법(Baurecht)은 기본적으로 ① 건축계획법(Bauplanungsrecht)과 ② 건축질서법(Bau-ordnungsrecht)으로 구성되어 있다. 건축계획법은 공간계획을 중심으로 하는 토지이용규제·개발 등에 관한 법으로 좁게는 토지이용을 위한 각종 공간계획법을 의미하고, 넓게는 토지 등의 이용·개발 등에 관한 법을 포함하는 의미이며, 건축질서법은 건축물(Bauwerk) 자체의 안전을 위한 각종 규제에 관한 법을 의미한다. 이에 따라 건축행정법을 정의해 보면, 건축행정법이란 공간계획(Raumplanung)을 포함한 토지의 이용·개발 등에 관한 법 및 건축물의 안전을 위한 건축행위규제에 관한 법이라 할 수 있다.

독일의 경우에는 건축법전(Baugesetzbuch: BauGB)에서 건축계획에 관한 규정과 건축질서에 관한 규정을 모두 두고 있는 반면에, 우리나라의 경우에는 건축계획과 관련된 별도의 법률들(예: 국토계획법)이 존재하고, 건축법은 건축질서에 관한 규정들만 두고 있다. 이와 같이 우리나라의 건축행정법은 계획법과 질서법이 분법화되어 있어 건축행정법이라는 개념이 일반화되어 있지 않다. 오히려 우리나라에서 건축법은 건축질서법만을 의미하는 것으로 이해하는 것이 일반적이고, 통상 토지공법(또는 토지행정법, 공간정서법, 지역개발행정법, 부동산공법 등)이라는 이름으로 이를 건축계획법이나 건축질서법을 포함하는 넓은 의미에서 토지의 소유·이용·개발·규제에 관한 공법적 규율을 총괄하는 개념으로 이해하고 있다.

제 2 절 건축행정법의 구성

건축행정법의 구성내용을 어떻게 파악하는가에 대해서는 확립된 기준이 정립되어 있지 않다. 본서에서는 건축행정법을 크게 ① 건축계획법과 ② 건축질서법으로 구분한다.[1)]

건축계획법은 건축공간에 관한 각종 계획·정비·개발 그 밖의 이용규제 등에 관한 내용을 포함하고 있는 법으로 여기에는 (1) 종합계획에 관한 법(예: 국토계획법), (2) 전문계획에 관한 법(예: 항만법)이 있고, 그 밖에도 (3) 도시정비에 관한 법(예: 도시정비법), (4) 토지이용규제 및 개발에 관한 법(예: 토지이용규제 기본법, 기업도시개발 특별법), (5) 부동산에 관한 법(예: 공간정보관리법, 부동산 가격공시에 관한 법률, 종합부동산세법) 등이 있다.

건축질서법은 건축물의 안전 등과 같은 질서유지를 위하여 건축물의 건축행위를 규제하는 내용을 포함하고 있는 법으로 가장 대표적인 것이 건축법이다.

1) 혹자는 토지공법의 구성내용을 토지의 소유·이용·개발·보전·관리·공적 토지취득·개발이익의 환수·조세 등으로 분류하기도 한다(류해웅, 토지공법론, 58면 이하).

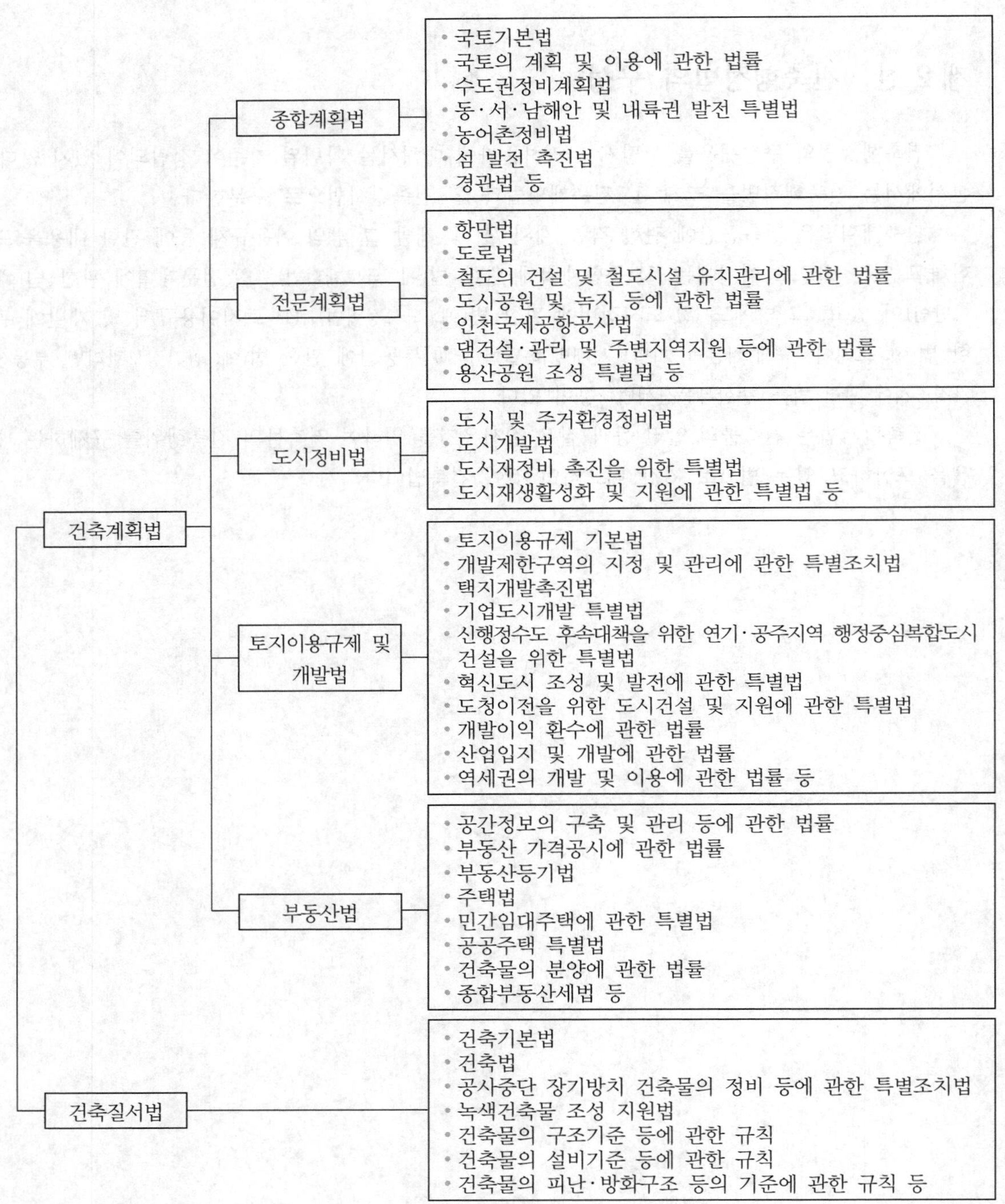
종합계획법
· 국토기본법
· 국토의 계획 및 이용에 관한 법률
· 수도권정비계획법
· 동·서·남해안 및 내륙권 발전 특별법
· 농어촌정비법
· 섬 발전 촉진법
· 경관법 등
전문계획법
· 항만법
· 도로법
· 철도의 건설 및 철도시설 유지관리에 관한 법률
· 도시공원 및 녹지 등에 관한 법률
· 인천국제공항공사법
· 댐건설·관리 및 주변지역지원 등에 관한 법률
· 용산공원 조성 특별법 등
도시정비법
· 도시 및 주거환경정비법
· 도시개발법
· 도시재정비 촉진을 위한 특별법
· 도시재생활성화 및 지원에 관한 특별법 등
건축계획법
토지이용규제 및 개발법
· 토지이용규제 기본법
· 개발제한구역의 지정 및 관리에 관한 특별조치법
· 택지개발촉진법
· 기업도시개발 특별법
· 신행정수도 후속대책을 위한 연기·공주지역 행정중심복합도시 건설을 위한 특별법
· 혁신도시 조성 및 발전에 관한 특별법
· 도청이전을 위한 도시건설 및 지원에 관한 특별법
· 개발이익 환수에 관한 법률
· 산업입지 및 개발에 관한 법률
· 역세권의 개발 및 이용에 관한 법률 등
부동산법
· 공간정보의 구축 및 관리 등에 관한 법률
· 부동산 가격공시에 관한 법률
· 부동산등기법
· 주택법
· 민간임대주택에 관한 특별법
· 공공주택 특별법
· 건축물의 분양에 관한 법률
· 종합부동산세법 등
건축질서법
· 건축기본법
· 건축법
· 공사중단 장기방치 건축물의 정비 등에 관한 특별조치법
· 녹색건축물 조성 지원법
· 건축물의 구조기준 등에 관한 규칙
· 건축물의 설비기준 등에 관한 규칙
· 건축물의 피난·방화구조 등의 기준에 관한 규칙 등

▌건축법의 구성▐

제 2 장 토지공개념

제 1 절 개설

Ⅰ. 토지공개념의 유래

토지는 사유재산제도가 보장되는 자유민주주의적 시장경제질서에서 사적 재산으로서의 성격을 가지면서도, 다른 한편으로 토지의 유한성과 비대체성이라는 특성 때문에 사회적·공공적 성격이 강조되기도 한다.

우리나라는 1970년부터 급속한 경제성장과 도시화가 이루어지면서 토지가 개인재산으로 가장 유리하다는 인식이 사회 저변에 확산되었다. 이에 따라 토지에 대한 투기나 토지가격의 급등 등의 부작용이 사회적으로 매우 심각한 문제가 되었다. 이에 1978년 정부가 부동산투기를 근절시키겠다고 하면서 토지이용 및 소유에 관한 고정관념을 공개념으로 유도하겠다고 한 데에서 토지공개념이라는 용어가 유래하게 되었다.

Ⅱ. 토지공개념의 의의

토지공개념은 그 개념이 모호하고 불확정적이어서 확립된 정의는 없다. 그러나 토지공개념은 토지에 대한 개인소유권을 부인하는 극단적인 개념이 아니라, 토지는 유한자원으로서 인류 전체의 공유재산이라는 특성이 있다는 점에서 그 공공성과 그에 따른 공적 규제를 강조한 개념으로 이해될 수 있을 것이다. 요컨대 일반적으로 토지공개념은 토지를 보다 공공복리에 적합하도록 이용하게 하기 위하여 토지에 대한 공적 규제를 강화하는 것을 의미한다.

Ⅲ. 토지공개념의 근거

토지공개념의 이론적 근거로는 헌법의 사회국가원리와 토지재산권의 사회기속성을 들 수 있다.

사회국가원리는 실질적인 자유와 평등을 실현하는 것을 핵심적인 내용으로 하는 헌법이념이다.[1] 토지공개념은 빈부의 격차, 계층 간의 갈등을 심화시키는 토지소유와 이용에 대하여 적절한 공법적 규제를 함으로써 사회적 정의를 실현하는 것을 내용으로 하는 것이라는 점에서 사회국가원리는 토지공개념의 중요한 이론적 근거가 된다.

또한 토지공개념은 사회국가원리에 따라 토지가 갖는 공공성, 유한성, 자연성 등 토지의 특성과 이러한 토지의 특성으로 발생되는 토지이용의 불균형 등을 시정하기 위하여 토지재산권자에게 다른 재산권에 비하여 보다 강한 사회적 구속을 받도록 하는 것을 의미한다. 따라서 토지공개념은 재산권 행사는 공공복리에 적합하여야 한다는 재산권의 사회기속성이 토지재산권에 강화되어 표현된 것이라고 할 수 있다.

제 2 절 토지공개념의 입법화와 변천

I. 토지공개념의 입법내용

토지소유의 편중현상, 지가상승, 부동산투기 현상이 사회적 문제가 되면서 부동산에 대한 규제 필요성이 대두되었다. 특히 부동산 문제에 대해서는 세제를 통한 규제에 일정한 한계가 있음에 따라 1989년 토지공개념에 입각한 세 개의 법률(택지소유상한에 관한 법률·개발이익환수에 관한 법률·토지초과이득세법)이 제정되었다.

1. 택지소유상한제

택지소유상한제란 1가구가 전국 6대 도시 내에 소유하고 있는 택지를 일정 한계 이상 소유하지 못하도록 하는 제도였다. 구체적인 택지소유의 상한기준은 ① 서울특별시 및 직할시(광역시) 지역의 택지:660㎡(약 200평), ② 제1호외의 시지역의 택지:990㎡(약 300평), ③ 제1호 및 제2호 지역외의 지역의 택지:1,320㎡(약 400평)이다. 이를 초과하여 택지를 취득하려면 택지취득의 허가를 받아야 하며, 가구별 소유상한을 초과하는 가구별 택지에 대해서는 초과소유부담금이 부과되었다.

2. 토지초과이득세제

토지초과이득세는 유휴 토지로부터의 초과이윤의 50%를 세금으로 징수하는 제도이다. 토지초과이득세의 본질은 지가상승으로 얻어지는 전형적인 불로소득에 대한 과세를 강화할 목적으로

1) 허영, 한국헌법론, 161면 이하.

유휴토지를 차별적으로 중과세하는 데 있었다.

종래 정부는 투기억제와 지가안정을 위한 수단으로 양도소득세제[2]를 활용하였는데, 토지를 매각하지 않고 계속 보유하는 경우 양도소득세는 토지수급조절을 위한 수단으로는 한계가 있어 유휴토지, 공한지,[3] 기업의 비업무용토지 등 건축물이 지어져 있지 않은 유휴지의 공급을 촉진하여 지가안정을 유도하기 위하여 토지초과이득세제가 도입된 것이다.

(구) 토지초과이득세법은 제8조에서 개인소유토지 중 과세대상이 되는 유휴토지를 규정하고 있고, 제9조에서는 법인소유토지 중 과세대상이 되는 유휴토지를 규정하고 있었다. 특히 제8조 제1항 제13호에서는 임대에 쓰이고 있는 토지는 유휴토지의 범위에 포함시키면서 대통령령이 정하는 토지는 제외하고 있고, 동조 제5항에서 유휴토지 등의 판정기준에 관하여 필요한 사항은 대통령령으로 정하도록 하고 있었다.

또한 제11조 제2항에 따르면 '과세기간 종료일의 지가와 과세기간 개시일의 지가는 대통령령이 정하는 기준시가'에 의하도록 되어 있었다.

제26조에 따르면 토지초과이득세가 부과된 유휴토지 등을 양도함에 있어서 발생한 소득에 대한 양도소득세의 일부를 공제하도록 한다. 공제범위는 100분의 40부터 100분의 80까지이고, 전부 공제해주는 대상은 없었다.

3. 개발부담금제

개발부담금제란 토지개발 후의 수입에서 제반 개발비용을 공제하고 남은 금액의 일정 부분을 부담금으로 환수하는 제도이다.

개발이익환수에 관한 법률은 '개발이익'을 '개발사업의 시행이나 토지이용계획의 변경, 그 밖에 사회적·경제적 요인에 따라 정상지가 상승분을 초과하여 개발사업을 시행하는 자나 토지 소유자에게 귀속되는 토지 가액의 증가분'으로 정의하고, 이러한 개발이익을 ① 개발사업의 시행자에게 귀속하는 개발이익과 ② 토지소유자에게 귀속하는 개발이익으로 구분하여, 사업시행자의 개발이익에 대하여 개발부담금을 부과하도록 하였다.

개발부담금의 부담률은 법 제정 당시에 개발이익의 100분의 50이었는데, 현재에는 개발이익의 100분의 20(지목변경이 수반되는 사업 등의 경우는 100분의 25)으로 규정되어 있다(개발이익환수법 13).

---

2) 양도소득세란 토지나 건물 등을 팔았을 때 판 금액에서 살 때의 금액을 뺀 양도차액에 대해 부과하는 세금.
3) 도시 내의 택지 중에 지가상승만을 기대하고 토지투기를 위하여 장기간 방치되고 있는 택지.

Ⅱ. 토지공개념 3법에 대한 위헌소원

1. 택지소유상한에 관한 법률에 대한 위헌소원[4)]

헌법재판소는 택지소유상한에 관한 법률의 위헌소원에 대하여 ① 예외 없이 200평을 초과하는 택지를 취득할 수 없게 한 것은 필요한 정도를 넘는 과도한 제한이라는 점, ② 법 시행 이전부터 택지를 소유하고 있는 개인에 대하여 일률적으로 소유상한을 적용하도록 한 것은 필요한 정도를 넘는 과도한 침해이자 신뢰보호원칙 및 평등원칙에 위반한다는 점, ③ 기간의 제한 없이 고율의 부담금을 계속적으로 부과하는 것이 재산권에 내재하는 사회적 제약에 의하여 허용되는 범위를 넘는다는 점, ④ 매수청구 후에도 부담금을 부과하는 것이 과잉금지원칙에 위반되어 재산권을 과도하게 침해하는 것이라는 점에서 위헌결정을 하였다.

2. 토지초과이득세법에 대한 위헌소원[5)]

헌법재판소는 토지초과이득세법에 대하여 ① 국민의 납세의무의 성부 및 범위와 직접적인 관계를 가지고 있는 중요한 사항인 기준시가의 산정방법을 전적으로 대통령령에 위임한 토지초과이득세법 제11조 제2항은 조세법률주의 또는 헌법 제75조의 취지에 위반된다는 점, ② 토지취득 당시와 비교하여 오히려 지가가 하락한 때에 대비한 보충규정을 두지 않고 있는 것은 사유재산권의 보장에 위반된다는 점, ③ 50%의 단일 비례세로 규정한 것은 자칫 가공이득에 대한 과세가 되어 원본잠식으로 인한 재산권 침해의 우려가 있다는 점, ④ 토지초과이득세 과세대상인 유휴토지와 관련하여 아무런 기준이나 범위에 제한도 없이 '대통령령이 정하는 토지'를 유휴토지 등의 범위에서 제외할 수 있도록 규정한 것은 포괄위임이라는 점, ⑤ 토지를 양도할 경우 토지초과이득세의 납부세액 중 일부만을 양도소득세에서 공제하도록 규정한 것은 중복과세라는 점에서 헌법에 합치되지 않는다는 결정을 하였다.

3. 개발이익환수에 관한 법률에 대한 위헌소원[6)]

헌법재판소는 95헌바37사건에서는 개발부담금산정에 공제되는 개발비용을 어디까지로 할 것이냐는 입법재량에 속하므로 합헌이라고 결정하였으나, 95헌바 35사건에서는 대통령령이 정하는 경우에만 실제 매입가격을 기준으로 부과개시시점의 부과대상토지의 가액을 산정하게 한 것은 국민의 재산권을 제약하는 개발부담금 납부의무의 존부와 범위를 결정하는 요소가 되는 개시시점 지가의 산정방법을 구체적인 기준이나 원칙을 정함이 없이 포괄적으로 대통령령에 위임한 것으로

---

4) 헌재결 1999.4.29, 94헌바37 외 66건(병합).
5) 헌재결 1994.7.29, 92헌바49, 52(병합).
6) 헌재결 1998.5.28, 95헌바37; 헌재결 1998.6.25, 95헌바35, 97헌바81, 98헌바5·10(병합).

서, 헌법 제75조가 규정하는 위임입법의 한계를 일탈하였다고 하여 위헌으로 결정하였다.

Ⅲ. 토지공개념제도의 변천

1. 택지소유상한제의 변천(1998년 법률 폐지)

1997년 이른바 IMF사태 이래 어려운 경제여건 하에서 택지의 초과소유부담금은 개인·기업 등 택지소유자의 경제적 부담을 가중시킨다는 것이 문제가 되었다. 이러한 문제점을 해소하고 택지거래의 활성화를 도모하는 것이 경제위기의 극복에 도움이 된다는 그 당시의 정책적 판단에 따라 택지소유상한에 관한 법률은 1998.9.19.에 폐지되었다. 이에 따라 택지소유상한제는 폐지되어, 농지를 제외하고 자유롭게 토지를 취득하고 보유할 수 있게 되었다.

2. 토지초과이득세제의 변천(1998년 법률 폐지)

토지초과이득세는 미실현개발이익을 환수함으로써 민원이 많았고, 시행초기부터 난관에 부딪혔다. 이 와중에 1994.7.29. 토지초과이득세법에 대하여 헌법재판소의 헌법불합치결정이 있었고, 정부는 위헌적 요소를 제거하기 위하여 1994.12.22. 동법을 전면개정하였다.

그러나 1997년말 IMF 이후 토지시장이 침체되어 전국의 토지가격도 계속 하향·안정세를 보이자 토지초과이득세법은 더 이상 존치할 필요가 없다고 판단하여 1998.12.28. 동법을 폐지하였다.

이에 따라 사실상 공공사업 주변지역에서 발생한 개발이익이나, 사회적·경제적 영향에 의한 지가상승 이익을 직접 환수하는 제도적 장치는 없어졌고, 오로지 처분시 양도소득세에만 의존하게 되었다.

3. 개발부담금제의 변천

개발이익환수에 관한 법률은 토지공개념 3법 가운데 유일하게 지금까지 존속하고 있다. 하지만 거의 해마다 법이 개정되고 있다.

1993.6.11. 법개정을 통하여 지목[7]변경으로 발생할 수 있는 지가상승이익을 환수할 수 있도록 하고, 1997년 두 차례의 법개정을 통하여 개발부담금이 완화 또는 경감되었다. 그리고 1998.9.19.에는 헌법재판소의 위헌결정을 시정하여 개발부담금 산정시 매입가격으로 부과개시시점의 지가를 산정할 수 있는 사유를 구체화하고, 1997년 IMF 이후 경제의 어려움으로 자금난이 심화되고 개발사업이 위축됨에 따라 1999년 12월 31일까지 한시적으로 개발부담금을 부과유예 하였다가, 2000.

7) 지목이란 토지를 효율적으로 관리하기 위하여 토지의 주된 용도에 따라 연속되어 있는 토지 위에 선을 그어서 경계를 만든 후 그 용도에 따라 지적공부인 토지대장 또는 임야대장에 등록한 토지의 구분을 말한다. 이에 대한 종류로는 전, 답, 과수원, 목장, 임야, 염전, 공장, 학교, 도로, 철도, 하천, 공원, 유원지, 종교용지 등이 있다.

1.1.일부터는 발생된 개발이익의 50%에서 25%로 인하하여 부과하는 것으로 개정하였다.

그 후 개발사업자의 부담을 완화하여 개발사업을 활성화한다는 목적으로 2001.12.31. 부담금관리기본법 부칙 제2조에 의하여 비수도권은 2002년부터, 수도권은 2004년부터 개발부담금을 징수하지 않도록 하였다. 그러나 2005년 8·31 부동산대책을 통하여 부담금을 재부과하기로 하고 부담금관리기본법이 개정되면서 2006.1.1.부터 재부과하고 있다.

한편 개발부담금은 2014.1.14. 개발이익환수에 관한 법률 개정에 따라 개별입지사업과 계획입지사업의 경우로 나누어 전자의 경우는 현행대로 25%로 하고, 후자의 경우는 20%로 인하되었다.

Ⅳ. 소결

토지공개념은 이를 구체화한 3법 가운데 2개의 법률이 폐지되고, 개발부담금도 완화되면서 크게 후퇴하였다. 그러나 헌법재판소는 토지공개념 자체를 위헌 또는 헌법불합치로 결정한 것은 아니라, 이를 구체화한 법률의 일부규정이 위임입법의 원칙, 기본권의 본질적인 내용의 보장, 조세법률주의 기타 헌법의 일반원칙에 위반한다고 판단한 것뿐이다.

따라서 토지공개념은 재산권행사의 공공복리적합의무를 규정한 헌법 제23조 제2항, 국토와 자원에 대한 국가의 보호의무를 규정한 헌법 제120조 제2항, 산지 기타 국토의 이용·개발과 보전을 위하여 필요한 제한과 의무를 과할 수 있게 규정한 헌법 제122조의 규정을 구체화하는 건축행정법 분야의 지도이념으로서 여전히 작용하고 있다고 보아야 할 것이다.

제 3 장 건축계획법

제 1 절 공간계획의 기본체계

공간계획에 관하여는 여러 단행법률에서 규정하고 있지만, 기본적인 공간계획으로는 국토기본법에 의한 국토계획과 국토의 계획 및 이용에 관한 법률에 의한 광역도시계획 및 도시·군계획이 있다.

과거에는 국가 전체 공간의 마스터플랜에 해당하는 국토건설종합계획이 있고, 이를 바탕으로 전국을 5개의 용도지역으로 나누어 지정하는 국토이용계획이 있었으며, 국토이용계획에서 도시지역으로 용도가 지정된 지역에 대한 도시계획이 있었다. 도시계획은 다시 도시의 종합적인 마스터플랜에 해당하는 도시기본계획과 이를 구체화하여 공간활용에 대한 구속적인 획정을 하는 도시계획으로 구분되었다.

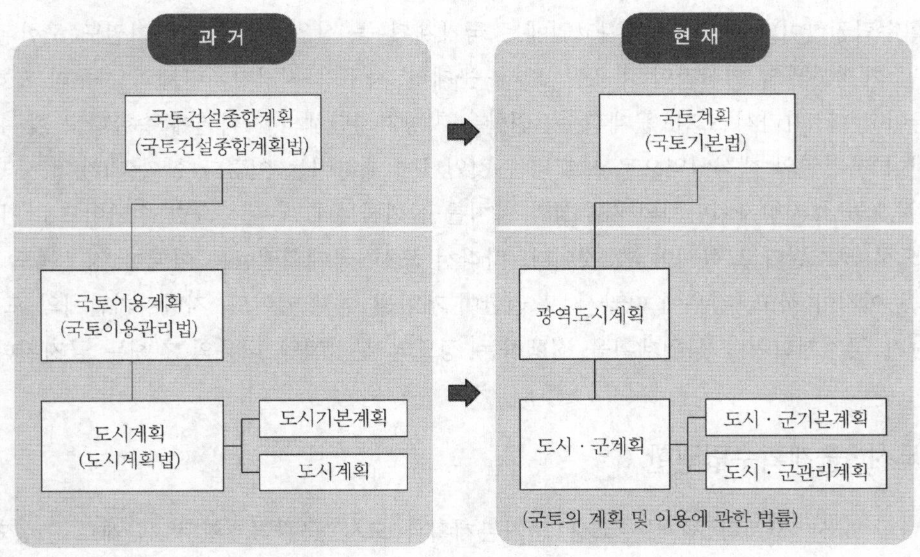

그러나 이와 같이 도시지역은 도시계획법이, 비도시지역은 국토이용관리법이 관리하는 이원적인 체계로 운영하다가, 2000년 들어 준농림지역의 난개발이 문제되면서 (구) 국토건설종합계획법을 국토기본법으로, (구) 국토이용관리법과 (구) 도시계획법을 통합하여 국토의 계획 및 이용에 관한 법률로 하는 새로운 법제정을 통하여 비도시지역에서도 도시계획기법을 도입하는 현행 법제가 마련되게 되었다.

제 2 절 계획고권

Ⅰ. 계획고권의 개념

헌법 제117조 제1항은 "지방자치단체는 주민의 복리에 관한 사무를 처리하고 재산을 관리하며, 법령의 범위 안에서 자치에 관한 규정을 제정할 수 있다."고 규정하여 지방자치단체의 자치권을 보장하고 있는데, 일반적으로 이를 제도적 보장이라고 이해하고 있다.

제도적 보장에 따라 지방자치단체에게는 각종 자치고권(高權)들이 보장되는데, 그 중 하나가 계획고권(計劃高權)이다.

지방자치단체의 계획고권이란 지방자치단체가 국가의 지시에 엄격하게 구속되지 않으면서 고유의 정치적·행정적 형성권 내지 결정권에 따라 자치적으로 자기지역을 건설하거나 토지이용에 관하여 획정(劃定)할 수 있는 권한을 말한다. 따라서 계획고권의 핵심적 내용은 지방자치단체의 도시·군계획수립권한이다. 이러한 계획고권에는 국가계획 등 상위계획에의 참여권도 포함된다.

오늘날 계획고권의 핵심적인 내용인 '도시·군계획' 사무가 지방자치단체의 사무라고 하는 데에는 이론이 없다. 따라서 도시·군계획수립권한은 지방자치단체의 자치권에 속한다고 할 수 있다. 다만 이것이 자치권의 핵심영역으로 보호되는 것인가에 대하여는 이렇다 할 논의가 없지만, 도시·군계획은 오늘날 지방자치단체의 자주성과 자치를 실현하는데 매우 중요한 수단이므로 자치권의 핵심영역으로 보호된다고 하여야 할 것이다. 따라서 도시·군계획권한은 어떠한 경우에도 지방자치단체에 주어져야 하고, 경우에 따라서 그 권한이 제한될 수는 있어도, 지방자치단체의 도 시·군계획이 단지 국가계획이나 상위계획을 집행하는 정도의 본질적인 내용의 침해는 금지된다.

Ⅱ. 도시·군계획수립권한

우리나라 도시·군계획 체계는 도시·군기본계획과 도시·군관리계획의 2단계로 구성되어 있다. 도시·군기본계획이란 특별시·광역시·특별자치시·특별자치도·시 또는 군의 관할 구역에 대하여 기본적인 공간구조와 장기발전방향을 제시하는 종합계획으로서 도시·군관리계획 수립의 지침이 되는 계획이고(국토계획법 2 3호), 도시·군관리계획이란 특별시·광역시·특별자치시·특별자치도·시 또는 군의 개발·정비 및 보전을 위하여 수립하는 토지 이용, 교통, 환경, 경관, 안전, 산업, 정보통신, 보건, 복지, 안보, 문화 등에 관한 계획이다(국토계획법 2 4호).

도시·군기본계획의 수립은 '수립과 확정'으로 구분되어 있다. 도시·군기본계획은 원칙적으로 특별시장·광역시장·특별자치시장·특별자치도지사·시장 또는 군수가 수립한다(국토계획법 18 ①). 도시·군기본계획의 수립이나 변경은 특별시장·광역시장·특별자치시장 또는 특별자치도지사가 확정한다(국토계획법 22 ①). 시장 또는 군수가 도시·군기본계획을 수립하거나 변경하는 경우 도지사의 승인을 받아야 한다(국토계획법 22조의2 ①).

도시·군관리계획의 수립은 '입안과 결정'으로 구분되어 있다. 도시·군관리계획은 특별시장·광역시장·특별자치시장·특별자치도지사·시장 또는 군수가 입안한다(국토계획법 24 ①). 예외적으로 국토교통부장관(국토계획법 24 ⑤)이나 도지사(국토계획법 24 ⑥)도 입안할 수 있다. 도시·군관리계획은 시·도지사가 직접 또는 시장·군수의 신청에 따라 결정한다(국토계획법 29 ①). 예외적으로 국토교통부장관 또는 해양수산부장관이 결정하는 경우도 있다(국토계획법 29 ②).

도시·군계획과 관련하여 원칙적으로 지방자치단체의 장에게 수립권한을 인정하고 있는 점에서 지방자치단체의 계획고권이 인정되고 있다고 할 수 있다. 그러나 도시·군관리계획의 입안과 관련하여 예외적이지만 국토교통부장관이나 도지사에게 입안권을 인정하고 있는 점, 일정한 경우 국토교통부장관 등의 도시·군관리계획결정권을 인정하고 있는 점은 헌법상 계획고권의 보장의 관점에서 문제가 있다고 생각된다. 아울러 용도지역·용도지구·용도구역의 지정은 도시·군관리계획으로 결정하도록 되어 있는데, 지정권자가 국토교통부장관과 시·도지사로 되어 있어, 국가가 도시·군관리계획으로 지방자치단체의 계획을 결정한다는 문제, 시장이나 군수는 지정권자에서 제외되고 있는 문제도 계획고권의 관점에서 시정되어야 할 점이라고 생각된다.

제 3 절 계획의 적합의무

공간계획은 끊임없는 상황변화에 적응하여 보다 나은 결정을 하는 것을 목적으로 하므로 지속적이고도 반복적인 피드백(feed back, Rückkoppelung)과정을 전제로 한다. 이러한 점에서 공간계획은 상호간의 일정한 체계를 갖출 것이 요구된다. 이를 위해서는 하위계획이 상위계획에 부합되어야 하고 상위계획이 하위계획을 고려하여야 하는데 이를 계획의 적합의무(Anpassungsphlicht)라고 한다.

이와 관련하여 국토기본법 제8조는 "국토종합계획은 다른 법령에 따라 수립되는 국토에 관한

계획에 우선하며 그 기본이 된다."고 규정하고 있고, 국토계획법 제4조도 "도시·군계획은 특별시·광역시·특별자치시·특별자치도·시 또는 군의 관할 구역에서 수립되는 다른 법률에 따른 토지의 이용·개발 및 보전에 관한 계획의 기본이 된다."고 하여 이들 계획이 모든 공간계획의 기본이 된다고 규정하고 있다. 그리고 동법은 광역도시계획 및 도시·군계획은 국가계획에 부합되어야 하고, 도시·군기본계획은 광역도시계획에 부합되어야 한다고 하여 계획 간의 적합의무를 규정하고 있다(국토계획법 4 ②, ③).

이하에서는 공간계획의 기본체계를 구성하는 국토기본법과 국토의 계획 및 이용에 관한 법률의 주요내용을 살펴보기로 한다.

제 4 절 국토기본법

Ⅰ. 국토계획의 의의

국토계획이란 국토를 이용·개발 및 보전할 때 미래의 경제적·사회적 변동에 대응하여 국토가 지향하여야 할 발전방향을 설정하고 이를 달성하기 위한 계획을 말한다(국토법 6 ①). 국토계획은 국가계획으로서 최상위의 공간계획이다.

Ⅱ. 국토계획의 구분

1. 국토종합계획

국토 전역을 대상으로 하여 국토의 장기적인 발전 방향을 제시하는 종합계획으로, 국토종합계획은 초광역권계획, 도종합계획 및 시·군종합계획의 기본이 되며, 부문별계획과 지역계획은 국토종합계획과 조화를 이루어야 한다(국토법 6 ② 1호, 7 ①).

2. 초광역권계획

지역의 경제 및 생활권역의 발전에 필요한 연계·협력사업 추진을 위하여 2개 이상의 지방자치단체가 상호협의하여 설정하거나 지방자치법 제199조의 특별지방자치단체가 설정한 권역으로, 특별시·광역시·특별자치시 및 도·특별자치도의 행정구역을 넘어서는 권역(초광역권)을 대상으로 하여 해당 지역의 장기적인 발전 방향을 제시하는 계획을 말한다(국토법 6 ② 1의2).

3. 도종합계획

도 또는 특별자치도의 관할구역을 대상으로 하여 해당 지역의 장기적인 발전 방향을 제시하는 종합계획으로, 도종합계획은 해당 도의 관할구역에서 수립되는 시·군종합계획의 기본이 된다(국토법 6 ② 2호, 7 ②).

4. 시·군종합계획

특별시·광역시·특별자치시·시 또는 군(광역시의 군은 제외한다)의 관할구역을 대상으로 하여 해당 지역의 기본적인 공간구조와 장기 발전 방향을 제시하고, 토지이용, 교통, 환경, 안전, 산업, 정보통신, 보건, 후생, 문화 등에 관하여 수립하는 계획으로서 국토계획법에 따라 수립되는 도시·군계획을 말한다(국토법 6 ② 3호).

5. 지역계획

특정 지역을 대상으로 특별한 정책목적을 달성하기 위하여 수립하는 계획으로, 다시 ① 수도권 발전계획(수도권에 과도하게 집중된 인구와 산업의 분산 및 적정배치를 유도하기 위하여 수립하는 계획), ② 지역개발계획(성장 잠재력을 보유한 낙후지역 또는 거점지역 등과 그 인근지역을 종합적·체계적으로 발전시키기 위하여 수립하는 계획), ③ 그 밖에 다른 법률에 따라 수립하는 지역계획으로 구분된다(국토법 6 ② 4호, 16).

지역계획은 국토종합계획을 특정 지역에 대하여 보다 구체적으로 수립하는 계획이다. 계획의 수립주체에 지방자치단체의 장도 포함되어 있으나, 지역계획은 국가계획이다.

지역계획은 그 수립대상지역이나 내용에 있어 광역도시계획과 중복될 수 있다는 점에서 문제가 있다.

6. 부문별계획

국토 전역을 대상으로 하여 특정 부문에 대한 장기적인 발전 방향을 제시하는 계획으로(국토법 6 ② 5호), 이는 '특정 부문'에 대한 계획으로서, 특정시설의 설치를 내용으로 하는 전문계획(Fachpalnung)과는 다른 것이다.

제5절 국토의 계획 및 이용에 관한 법률

Ⅰ. 광역도시계획

광역도시계획이란 광역계획권의 장기발전방향을 제시하는 계획을 말한다(국토계획법 2 1호). 광역계획권은 국토교통부장관 또는 도지사가 지정할 수 있다(국토계획법 10 ①).

광역도시계획은 광역계획권이 지정되어야 수립될 수 있고, 광역계획권은 둘 이상의 광역지방자치단체의 구역을 대상으로 지정될 수 있다는 점에서 국가계획에 속한다.

광역도시계획은 ① 광역계획권이 같은 도의 관할 구역에 속하여 있는 경우에는 관할 시장 또는 군수가 공동으로, ② 광역계획권이 둘 이상의 시·도의 관할 구역에 걸쳐 있는 경우에는 관할 시·도지사가 공동으로, ③ 광역계획권을 지정한 날부터 3년이 지날 때까지 관할 시장 또는 군수로부터 광역도시계획의 승인 신청이 없는 경우에는 관할 도지사가, ④ 국가계획과 관련된 광역도시계획의 수립이 필요한 경우나 광역계획권을 지정한 날부터 3년이 지날 때까지 관할 시·도지사로부터 광역도시계획의 승인 신청이 없는 경우에는 국토교통부장관이 수립한다(국토계획법 11 ①).

시·도지사가 광역도시계획을 수립하거나 변경하려면 국토교통부장관의 승인을(국토계획법 16 ①), 시장 또는 군수가 수립하거나 변경하려면 도지사의 승인을 받아야 한다(국토계획법 16 ⑤).

Ⅱ. 도시·군계획

도시·군계획이란 특별시·광역시·특별자치시·특별자치도·시 또는 군(광역시의 관할 구역에 있는 군은 제외한다)의 관할 구역에 대하여 수립하는 공간구조와 발전방향에 대한 계획으로서 도시·군기본계획과 도시·군관리계획으로 구분한다(국토계획법 2 2호).

도시·군계획은 지방자치단체의 계획고권에 따라 원칙적으로 지방자치단체가 수립권한을 가지는 지방자치단체의 계획이다.

1. 도시·군기본계획

(1) 의의

도시·군기본계획이란 특별시·광역시·특별자치시·특별자치도·시 또는 군의 관할 구역에 대하여 기본적인 공간구조와 장기발전방향을 제시하는 종합계획으로서 도시·군관리계획 수립의 지침이 되는 계획을 말한다(국토계획법 2 3호).

도시·군기본계획((구) 도시계획법상 도시기본계획)은 도시계획입안의 지침이 되는 것에 불과하여 일반 국민에 대한 직접적인 구속력이 없는 비구속적 계획이다(대판 2002.10.11, 2000두8226).

(2) 도시·군기본계획의 수립권자

도시·군기본계획은 지방자치단체의 계획이므로 특별시장·광역시장·특별자치시장·특별자치도지사·시장 또는 군수가 수립한다(국토계획법 18).

(3) 도시·군기본계획의 승인

시장 또는 군수는 도시·군기본계획을 수립하거나 변경하려면 대통령령으로 정하는 바에 따라 도지사의 승인을 받아야 한다(국토계획법 22조의2 ①).

2. 도시·군관리계획

(1) 의의

도시·군관리계획이란 특별시·광역시·특별자치시·특별자치도·시 또는 군의 개발·정비 및 보전을 위하여 수립하는 토지 이용, 교통, 환경, 경관, 안전, 산업, 정보통신, 보건, 복지, 안보, 문화 등에 관한 ① 용도지역·용도지구의 지정 또는 변경에 관한 계획, ② 개발제한구역, 도시자연공원구역, 시가화조정구역, 수산자원보호구역의 지정 또는 변경에 관한 계획, ③ 기반시설의 설치·정비 또는 개량에 관한 계획, ④ 도시개발사업이나 정비사업에 관한 계획, ⑤ 지구단위계획구역의 지정 또는 변경에 관한 계획과 지구단위계획을 말한다(국토계획법 2 4호).

도시·군관리계획은 도시·군기본계획을 구체화하여 토지이용이나 건축의 구체적인 내용에 관하여 구속적으로 확정하는 계획이다. 따라서 도시·군관리계획((구) 도시계획법상의 도시계획)의 결정은 특정 개인의 권리 내지 법률상의 이익을 개별적이고 구체적으로 규제하는 효과를 가져오는 행정청의 처분이라 할 것이다(대판 1982.3.9, 80누105).

(2) 도시·군관리계획의 입안권자

(i) 특별시장·광역시장·특별자치시장·특별자치도지사·시장 또는 군수는 관할 구역에 대하여 도시·군관리계획을 입안하여야 한다(국토계획법 24 ①).

도시·군관리계획은 지방자치단체의 계획이므로 원칙적으로 지방자치단체가 입안권자이어야 한다. 다만 아래와 같이 예외적으로 국토교통부장관과 도지사에게도 입안권이 인정되고 있다. 그러나 국가나 상급지방자치단체가 예외적으로라도 도시·군관리계획의 입안권을 가지는 것은 계획고권의 관점에서 문제가 있다고 할 것이다.

(ii) 국토교통부장관은 ① 국가계획과 관련된 경우, ② 둘 이상의 시·도에 걸쳐 지정되는 용

도지역·용도지구 또는 용도구역과 둘 이상의 시·도에 걸쳐 이루어지는 사업의 계획 중 도시·군관리계획으로 결정하여야 할 사항이 있는 경우 또는 ③ 특별시장·광역시장·특별자치시장·특별자치도지사·시장 또는 군수가 제138조에 따른 기한까지 국토교통부장관의 도시·군관리계획 조정 요구에 따라 도시·군관리계획을 정비하지 아니하는 경우에는 직접 또는 관계 중앙행정기관의 장의 요청에 의하여 도시·군관리계획을 입안할 수 있다(국토계획법 24 ⑤).

(iii) 도지사는 ① 둘 이상의 시·군에 걸쳐 지정되는 용도지역·용도지구 또는 용도구역과 둘 이상의 시·군에 걸쳐 이루어지는 사업의 계획 중 도시·군관리계획으로 결정하여야 할 사항이 포함되어 있는 경우 또는 ② 도지사가 직접 수립하는 사업의 계획으로서 도시·군관리계획으로 결정하여야 할 사항이 포함되어 있는 경우에는 직접 또는 시장이나 군수의 요청에 의하여 도시·군관리계획을 입안할 수 있다(국토계획법 24 ⑥).

(3) 입안제안

주민(이해관계자를 포함한다)은 ① 기반시설의 설치·정비 또는 개량에 관한 사항과 ② 지구단위계획구역의 지정 및 변경과 지구단위계획의 수립 및 변경에 관한 사항, ③ 개발진흥지구 중 공업기능 또는 유통물류기능 등을 집중적으로 개발·정비하기 위한 개발진흥지구 또는 제37조에 따라 지정된 용도지구 중 해당 용도지구에 따른 건축물이나 그 밖의 시설의 용도·종류 및 규모 등의 제한을 지구단위계획으로 대체하기 위한 용도지구로서 대통령령으로 정하는 개발진흥지구의 지정 및 변경에 관한 사항, ④ 도시·군계획시설입체복합구역의 지정 및 변경과 도시·군계획시설입체복합구역의 건축제한·건폐율·용적률·높이 등에 관한 사항에 대하여 도시·군관리계획의 입안권자에게 도시·군관리계획의 입안을 제안할 수 있다(국토계획법 26 ①).

판례는 국토계획법에 규정된 도시·군관리계획의 입안제안과 관련하여 입안을 요구할 수 있는 법규상 또는 조리상의 신청권을 인정하면서 이러한 신청에 대한 거부행위의 처분성을 인정하고 있다(대판 2004.4.28, 2003두1806).

(4) 도시·군관리계획의 결정권자

(i) 도시·군관리계획은 시·도지사가 직접 또는 시장·군수의 신청에 따라 결정한다. 다만, 지방자치법 제198조에 따른 서울특별시와 광역시 및 특별자치시를 제외한 인구 50만 이상의 대도시(대도시)의 경우에는 해당 시장(대도시 시장)이 직접 결정하고, 시장 또는 군수가 입안한 지구단위계획구역의 지정·변경과 지구단위계획의 수립·변경에 관한 도시·군관리계획은 해당 시장 또는 군수가 직접 결정한다(국토계획법 29 ①).

(ii) ① 제24조 제5항에 따라 국토교통부장관이 입안한 도시·군관리계획, ② 제38조에 따른 개발제한구역의 지정 및 변경에 관한 도시·군관리계획, ③ 제39조 제1항 단서에 따른 시가화조정

구역의 지정 및 변경에 관한 도시·군관리계획은 국토교통부장관이 결정하고, ④ 제40조에 따른 수산자원보호구역의 지정 및 변경에 관한 도시·군관리계획은 해양수산부장관이 결정한다(국토계획법 29 ②).

Ⅲ. 용도지역·용도지구·용도구역

토지이용을 규제하는 유형으로는 크게 용도규제방식과 계획방식으로 구분할 수 있다. 우리나라는 토지의 용도를 규제하는 용도지역제를 중심으로 하고 있고, 독일은 계획제도를 중심으로 하고 있다.

용도지역제는 토지를 각각의 용도에 따라 일정한 지역·지구·구역 등으로 구분함으로써 토지의 이용형태를 규제하는 제도이다. 예컨대 용도지역제의 경우 지정된 용도에 부합하는 경우에는 토지이용 등이 허용된다. 계획제도의 경우 관련 계획이 수립되어야만 토지이용이 가능해진다는 점에서 용도지역제에 비하여 보다 엄격하게 토지이용이 제한된다.

용도지역·용도지구·용도구역이 지정되면 건축물의 건축제한이나 사업제한 등의 일정한 행위제한이 따른다(국토계획법 제6장).

1. 용도지역

용도지역이란 토지의 이용 및 건축물의 용도, 건폐율, 용적률, 높이 등을 제한함으로써 토지를 경제적·효율적으로 이용하고 공공복리의 증진을 도모하기 위하여 서로 중복되지 아니하게 도시·군관리계획으로 결정하는 지역을 말한다(국토계획법 2 15호).

용도지역의 지정(또는 변경)은 국토교통부장관, 시·도지사 또는 대도시 시장이 도시·군관리계획으로 결정한다. 용도지역으로는 ① 도시지역(주거지역·상업지역·공업지역·녹지지역), ② 관리지역(보전관리지역·생산관리지역·계획관리지역), ③ 농림지역, ④ 자연환경보전지역이 있다(국토계획법 36 ①).

2. 용도지구

용도지구란 토지의 이용 및 건축물의 용도·건폐율·용적률·높이 등에 대한 용도지역의 제한을 강화하거나 완화하여 적용함으로써 용도지역의 기능을 증진시키고 경관·안전 등을 도모하기 위하여 도시·군관리계획으로 결정하는 지역을 말한다(국토계획법 2 16호).

용도지구의 지정(또는 변경)은 국토교통부장관, 시·도지사 또는 대도시 시장이 도시·군관리계획으로 결정한다. 용도지구로는 ① 경관지구, ② 고도지구, ③ 방화지구, ④ 방재지구, ⑤ 보호지구, ⑥ 취락지구, ⑦ 개발진흥지구, ⑧ 특정용도제한지구, ⑨ 복합용도지구, ⑩ 그 밖에 대통령령으로 정하는 지구가 있다(국토계획법 37 ①).

3. 용도구역

용도구역이란 토지의 이용 및 건축물의 용도·건폐율·용적률·높이 등에 대한 용도지역 및 용도지구의 제한을 강화하거나 완화하여 따로 정함으로써 시가지의 무질서한 확산방지, 계획적이고 단계적인 토지이용의 도모, 혁신적이고 복합적인 토지활용의 촉진, 토지이용의 종합적 조정·관리 등을 위하여 도시·군관리계획으로 결정하는 지역을 말한다(국토계획법 2 17호).

용도구역으로는 개발제한구역(국토계획법 38)·도시자연공원구역(국토계획법 38조의2)·시가화조정구역(국토계획법 39)·수산자원보호구역(국토계획법 40)이 있다.

Ⅳ. 도시·군계획시설

기반시설이란 ① 도로·철도·항만·공항·주차장 등 교통시설, ② 광장·공원·녹지 등 공간시설, ③ 유통업무설비, 수도·전기·가스공급설비, 방송·통신시설, 공동구 등 유통·공급시설, ④ 학교·운동장·공공청사·문화시설 및 공공필요성이 인정되는 체육시설 등 공공·문화체육시설, ⑤ 하천·유수지(遊水池)·방화설비 등 방재시설, ⑥ 장사시설 등 보건위생시설, ⑦ 하수도·폐기물처리 및 재활용시설, 빗물저장 및 이용시설 등 환경기초시설로서 대통령령으로 정하는 시설을 말한다(국토계획법 2 6호). 이러한 기반시설 중 도시·군관리계획으로 결정된 시설을 도시·군계획시설이라 한다(국토계획법 2 7호).

지상·수상·공중·수중 또는 지하에 기반시설을 설치하려면 그 시설의 종류·명칭·위치·규모 등을 미리 도시·군관리계획으로 결정하여야 한다(국토계획법 43 ①).

도시·군계획시설에 대한 도시·군관리계획의 결정(도시·군계획시설결정)의 고시일부터 10년 이내에 그 도시·군계획시설의 설치에 관한 도시·군계획시설사업이 시행되지 아니하는 경우 그 도시·군계획시설의 부지로 되어 있는 토지 중 지목이 대(垈)인 토지의 소유자는 대통령령으로 정하는 바에 따라 특별시장·광역시장·특별자치시장·특별자치도지사·시장 또는 군수 등에게 그 토지의 매수를 청구할 수 있다(국토계획법 47 ①).

도시·군계획시설결정이 고시된 도시·군계획시설에 대하여 그 고시일부터 20년이 지날 때까지 그 시설의 설치에 관한 도시·군계획시설사업이 시행되지 아니하는 경우 그 도시·군계획시설결정은 그 고시일부터 20년이 되는 날의 다음날에 그 효력을 잃는다(국토계획법 48 ①).

[판례] [1] 민간사업자의 도시계획시설 사업시행자 지정요건으로서 토지소유자의 동의가 유효하기 위한 전제 조건

[2] 도시계획시설결정 이전에 동의를 받은 경우, 그 동의가 무효인지 여부(원칙적 소극)

[3] 국토계획법상 영리 목적시설이 기반시설에 포함될 수 있는지 여부(한정 적극) / 도시계획시설결정을 하거나 실시계획인가처분을 할 때 행사하는 재량권이 재량통제의 대상이 되는지 여부(적극)

[4] 실시계획인가처분의 법적 성격 및 실시계획인가처분시 행사하는 재량권의 한계

"[1] 국토계획법이 민간사업자가 도시·군계획시설(이하 '도시계획시설')사업의 시행자로 지정받기 위한 동의 요건을 둔 취지는 민간사업자가 시행하는 도시계획시설사업의 공공성을 보완하고 민간사업자에 의한 일방적인 수용을 제어하기 위한 것이다. 이러한 입법 취지에 비추어 보면, 사업시행자 지정에 관한 토지소유자의 동의가 유효하기 위해서는 동의를 받기 전에, 그 동의가 사업시행자 지정을 위한 것이라는 동의 목적, 그 동의에 따라 지정될 사업시행자, 그 동의에 따라 시행될 동의 대상 사업 등이 특정되고 그 정보가 토지소유자에게 제공되어야 한다.

[2] 도시계획시설사업 사업시행자 지정을 위한 동의를 받기 위하여 토지소유자에게 제공되어야 할 동의 대상 사업에 관한 정보는 … 일반적으로 도시계획시설결정 및 그 고시를 통해 제공되므로 토지소유자의 동의는 도시계획시설결정 이후에 받는 것이 원칙이라고 할 수 있다.

그런데 … 도시계획시설결정 이전에 받은 동의라고 하더라도, 동의를 받을 당시 앞으로 설치될 도시계획시설의 종류·명칭·위치·규모 등에 관한 정보가 토지소유자에게 제공되었고, 이후의 도시계획시설결정 내용이 사전에 제공된 정보와 중요한 부분에서 동일성을 상실하였다고 볼 정도로 달라진 경우가 아닌 이상, 도시계획시설결정 이전에 받은 사업시행자 지정에 관한 동의라고 하여 무효라고 볼 수는 없다.

[3] 국토계획법상 … 기반시설을 조성하는 행정계획 영역에서 행정주체가 가지는 광범위한 재량, 현대 도시생활의 복잡·다양성과 질적 수준 향상의 정도 등을 고려하면, 어떤 시설이 국토계획법령이 정하고 있는 기반시설에 형식적으로 해당할 뿐 아니라, 그 시설이 다수 일반 시민들이 행복한 삶을 추구하는 데 보탬이 되는 기반시설로서의 가치가 있고 그 시설에 대한 일반 시민의 자유로운 접근 및 이용이 보장되는 등 공공필요성의 요청이 충족되는 이상, 그 시설이 영리 목적으로 운영된다는 이유만으로 기반시설에 해당되지 않는다고 볼 것은 아니다.

다만 행정주체가 기반시설을 조성하기 위하여 도시·군계획시설결정을 하거나 실시계획인가처분을 할 때 행사하는 재량권에는 한계가 있음이 분명하므로, 이는 재량통제의 대상이 된다.

[4] 도시계획시설사업에 관한 실시계획인가처분은 해당 사업을 구체화하여 현실적으로 실현하기 위한 형성행위로서 이에 따라 토지수용권 등이 구체적으로 발생하게 된다. 따라서 행정청이 실시계획인가처분을 하기 위해서는 그 실시계획이 법령이 정한 도시계획시설의 결정·구조 및 설치기준에 적합하여야 함은 물론이고 사업의 내용과 방법에 대하여 인가처분에 관련된 자들의 이익을 공익과 사익 간에서는 물론, 공익 상호 간 및 사익 상호 간에도 정당하게 비교·교량하여야 하

며, 그 비교·교량은 비례의 원칙에 적합하도록 하여야 한다(대판 2018. 7.24, 2016두48416[수용재결취소등]).”

Ⅴ. 지구단위계획

1. 지구단위계획의 의의

지구단위계획은 도시·군계획 수립대상지역의 일부의 토지이용을 집중적으로 규제하기 위한 일종의 지구상세계획제도이다.

지구단위계획은 용도지역제를 보완하기 위하여 채택되고 있는 제도이다. 용도지역제는 토지의 적성에 맞게 용도를 지정하고 토지의 용도에 따라 허용되는 행위와 금지되는 행위를 법령에서 상세히 규정함으로써 토지이용의 혼란과 비효율성을 사전에 배제할 수 있다는 장점이 있는 반면, 부적절한 용도구분이나 잦은 용도개폐 등으로 인하여 용도의 혼재나 난개발 등의 부작용이 발생할 수 있다는 단점이 있다.

지구단위계획은 이와 같은 용도지역제의 문제점을 보완하기 위한 제도로, 환경개선이나 미관증진 등이 필요한 지구를 특정하여 지구단위계획을 수립하고 그 지구 내에서는 수립된 지구단위계획에 부합되도록 건축을 제한함으로써 해당 지구의 토지이용을 체계적으로 관리하기 위한 것이다.

현행법은 지구단위계획을 “도시·군계획 수립 대상지역의 일부에 대하여 토지 이용을 합리화하고 그 기능을 증진시키며 미관을 개선하고 양호한 환경을 확보하며, 그 지역을 체계적·계획적으로 관리하기 위하여 수립하는 도시·군관리계획”으로 정의하고 있다(국토계획법 2 5호).

2. 연혁

지구상세계획제도는 종래 (구) 도시계획법에 의한 ‘상세계획구역’과 (구) 건축법에 의한 ‘도시설계제도’로 이원화되어 있었다. 그러다가 2000년 도시계획법 전면개정에 따라 양 제도가 일원화되면서 ‘지구단위계획’제도로 전환되게 된 것이다.

지구단위계획은 2002년 국토의 계획 및 이용에 관한 법률이 새로 제정되면서 다시 이원화해서 제1종지구단위계획(종래의 지구단위계획)과 제2종지구단위계획(계획관리지역 또는 개발진흥지구를 체계적·계획적으로 개발 또는 관리하기 위하여 용도지역의 건축물 그 밖의 시설의 용도·종류 및 규모 등에 대한 제한을 완화하거나 건폐율 또는 용적률을 완화하여 수립하는 계획)으로 구분하였다((구) 국토계획법 49). 제2종지구단위계획은 계획관리지역 또는 개발진흥지구로서 개발수요가 많은 지역에 대하여는 건폐율·용적률 등을 다른 지역보다 완화하여 적용할 수 있도록 하되, 제2종지구단위계획구역으로 지정하여 토지의 효율적 이용을 도모하고 고밀도개발에 따른 기반시설부족, 환경훼손 등을 방지할 수 있도록 하기 위한 것이었다.

그러나 지구단위계획을 제1종과 제2종으로 구분함에 따라 도시지역과 계획관리지역의 개발수단으로만 인식하는 문제를 해소하기 위하여 2011년 법개정을 통하여 제2종지구단위계획제도가 폐지되면서 현재와 같이 지구단위계획을 일원화하여 규정하게 되었다.

3. 지구단위계획의 수립·내용 등

지구단위계획을 수립하기 위한 지구단위계획구역은 국토교통부장관, 시·도지사, 시장 또는 군수가 지정한다(국토계획법 51). 지구단위계획구역 및 지구단위계획은 도시·군관리계획으로 결정한다(국토계획법 50).

지구단위계획구역의 지정목적을 이루기 위하여 지구단위계획에는 다음 각 호의 사항 중 제2호와 제4호의 사항을 포함한 둘 이상의 사항이 포함되어야 한다. 다만, 제1호의2를 내용으로 하는 지구단위계획의 경우에는 그러하지 아니하다(국토계획법 52 ①).

1. 용도지역이나 용도지구를 대통령령으로 정하는 범위에서 세분하거나 변경하는 사항

1의2. 기존의 용도지구를 폐지하고 그 용도지구에서의 건축물이나 그 밖의 시설의 용도·종류 및 규모 등의 제한을 대체하는 사항

2. 대통령령으로 정하는 기반시설의 배치와 규모
3. 도로로 둘러싸인 일단의 지역 또는 계획적인 개발·정비를 위하여 구획된 일단의 토지의 규모와 조성계획
4. 건축물의 용도제한, 건축물의 건폐율 또는 용적률, 건축물 높이의 최고한도 또는 최저한도
5. 건축물의 배치·형태·색채 또는 건축선에 관한 계획
6. 환경관리계획 또는 경관계획
7. 보행안전 등을 고려한 교통처리계획
8. 그 밖에 토지 이용의 합리화, 도시나 농·산·어촌의 기능 증진 등에 필요한 사항으로서 대통령령으로 정하는 사항

지구단위계획구역에서 건축물(일정 기간 철거가 예상되는 경우 등 대통령령으로 정하는 가설건축물은 제외)을 건축 또는 용도변경하거나 공작물을 설치하려면 그 지구단위계획에 맞게 하여야 한다. 다만, 지구단위계획이 수립되어 있지 아니한 경우에는 그러하지 아니하다(국토계획법 54).

지구단위계획구역의 지정에 관한 도시·군관리계획결정의 고시일부터 3년 이내에 그 지구단위계획구역에 관한 지구단위계획이 결정·고시되지 아니하면 그 3년이 되는 날의 다음날에 그 지구단위계획구역의 지정에 관한 도시·군관리계획결정은 효력을 잃는다(국토계획법 53 ①).

Ⅵ. 개발행위허가

1. 개발행위의 허가

개발행위란 ① 건축물의 건축 또는 공작물의 설치, ② 토지의 형질 변경(경작을 위한 경우로서 대통령령으로 정하는 토지의 형질 변경은 제외한다), ③ 토석의 채취, ④ 토지 분할(건축물이 있는 대지의 분할은 제외한다) 또는 ⑤ 녹지지역·관리지역 또는 자연환경보전지역에 물건을 1개월 이상 쌓아 놓는 행위로서 대통령령으로 정하는 행위를 말한다(국토계획법 56 ①).

개발행위를 하려는 자는 특별시장·광역시장·특별자치시장·특별자치도지사·시장 또는 군수의 허가(개발행위허가)를 받아야 한다. 다만, 도시·군계획사업(다른 법률에 따라 도시·군계획사업을 의제한 사업을 포함한다)에 의한 행위는 그러하지 아니하다(국토계획법 56 ①).

개발행위에 대한 허가는 종래 (구) 도시계획법 시행규칙에서 허가기준이나 절차 등이 규정되어 있었는데, 2000년 도시계획법을 전면개정하면서 법률에 규정되었다. 개발행위허가는 (구) 도시계획법에서는 도시지역에 한정하여 적용되었는데, 현행 국토계획법에서는 국토의 난개발을 방지하기 위해서 그 실시지역을 전국토로 확대하였다.

2. 개발행위의 기준

특별시장·광역시장·특별자치시장·특별자치도지사·시장 또는 군수는 개발행위허가의 신청 내용이 다음 각 호의 기준에 맞는 경우에만 개발행위허가 또는 변경허가를 하여야 한다(국토계획법 58 ①).

1. 용도지역별 특성을 고려하여 대통령령으로 정하는 개발행위의 규모에 적합할 것. 다만, 개발행위가 농어촌정비법 제2조 제4호에 따른 농어촌정비사업으로 이루어지는 경우 등 대통령령으로 정하는 경우에는 개발행위 규모의 제한을 받지 아니한다.
2. 도시·군관리계획 및 제4항에 따른 성장관리계획의 내용에 어긋나지 아니할 것
3. 도시·군계획사업의 시행에 지장이 없을 것
4. 주변지역의 토지이용실태 또는 토지이용계획, 건축물의 높이, 토지의 경사도, 수목의 상태, 물의 배수, 하천·호소·습지의 배수 등 주변환경이나 경관과 조화를 이룰 것
5. 해당 개발행위에 따른 기반시설의 설치나 그에 필요한 용지의 확보계획이 적절할 것

3. 개발행위허가의 성질*

개발행위허가가 기속행위인지 재량행위인지에 대해서는 논란이 있다. 생각건대 개발행위는 가급적 억제하여야 한다는 점에서 보면 개발행위허가를 예외적 승인으로서 재량행위로 볼 여지도

* 사법시험(2013년), 변호사시험(2024년).

충분하다. 하지만 개발행위 자체가 절대적으로 금지되는 것은 아니고, 국토계획법의 취지도 개발행위허가요건을 비교적 엄격하게 규정하고 있을 뿐 허가요건에 맞는 경우에는 허가를 발급한다는 취지로 해석되므로, 원칙적으로 기속행위로 보아야 할 것이다.[1] 다만 건축허가와 같이 '중대한 공익상의 필요'가 있는 경우에는 법이 정한 허가기준을 충족하더라도 허가를 하지 않을 수 있는데, 이 경우 '중대한 공익상의 필요'는 불문의 허가요건으로 보아야 하므로, 이 때문에 개발행위허가가 재량행위로 되는 것은 아니다.

다만 판례는 개발행위허가를 재량행위로 보고 있는데, 그 이유는 불확정개념으로 규정된 허가요건의 판단에 재량이 인정된다는 것이다. 그러나 요건판단에는 재량이 인정될 수 없고, 다만 행정청의 고도의 전문적·기술적 판단 등이 요구되는 매우 제한된 경우에만 판단여지가 인정될 수 있을 뿐이라는 점에서 판례의 판단에는 오류가 있다고 할 것이다.

[판례1] 토지의 형질변경행위를 수반하는 건축허가를 재량행위로 본 판례

"… 국토계획법 제56조 제1항 제2호의 규정에 의한 토지의 형질변경허가는 그 금지요건이 불확정개념으로 규정되어 있어 그 금지요건에 해당하는지 여부를 판단함에 있어서 행정청에게 재량권이 부여되어 있다고 할 것이므로, 국토계획법에 의하여 지정된 도시지역 안에서 토지의 형질변경행위를 수반하는 건축허가는 결국 재량행위에 속한다(대판 2010.2.25, 2009두19960)."

[판례2] [1] 국토계획법이 정한 용도지역 안에서의 건축허가 요건에 해당하는지 여부가 재량판단의 영역에 속하는지 여부(적극) 및 그에 대한 사법심사의 대상과 판단기준

[2] 개발행위허가와 관련하여 재량권의 일탈·남용 여부 심사방법 / 행정청의 당초 예측이나 평가와 다른 내용의 감정의견이 제시되었다는 사정만으로 행정청의 판단을 위법하다고 할 수 있는지 여부(소극)

"[1] 국토계획법이 정한 용도지역 안에서의 건축허가는 건축법 제11조 제1항에 의한 건축허가와 국토계획법 제56조 제1항의 개발행위허가의 성질을 아울러 갖는데, 개발행위허가는 허가기준 및 금지요건이 불확정개념으로 규정된 부분이 많아 그 요건에 해당하는지 여부는 행정청의 재량판단의 영역에 속한다. 그러므로 그에 대한 사법심사는 행정청의 공익판단에 관한 재량의 여지를 감안하여 원칙적으로 재량권의 일탈이나 남용이 있는지 여부만을 대상으로 하고, 사실오인과 비례·평등의 원칙 위반 여부 등이 그 판단 기준이 된다.

[2] 환경의 훼손이나 오염을 발생시킬 우려가 있는 개발행위에 대한 행정청의 허가와 관련하여 재량권의 일탈·남용 여부를 심사할 때에는, 해당지역 주민들의 토지이용실태와 생활환경 등 구체적 지역 상황과 상반되는 이익을 가진 이해관계자들 사이의 권익 균형 및 환경권의 보호에 관한 각

1) 同旨: 박균성, 행정법강의, 1413면 이하; 정하중, 행정법개론, 1325면.

종 규정의 입법 취지 등을 종합하여 신중하게 판단하여야 한다. … 이 경우 행정청의 당초 예측이나 평가와 일부 다른 내용의 감정의견이 제시되었다는 등의 사정만으로 쉽게 행정청의 판단이 위법하다고 단정할 것은 아니다(대판 2017.3.15, 2016두55490[건축허가신청반려처분취소])."

다만 개발제한구역 안에서의 개발행위허가는 원칙적으로 금지된 개발행위에 대하여 예외적으로 허가해 주는 예외적 승인으로서 그 법적 성질은 재량행위로 보아야 할 것이다. 이에 대해서는 판례의 입장도 같다.

[판례] 개발제한구역 내에서의 건축물의 건축 등에 대한 예외적 허가의 법적 성질(=재량행위)

"개발제한구역 내에서는 구역 지정의 목적상 건축물의 건축, 공작물의 설치, 토지의 형질변경 등의 행위는 원칙적으로 금지되고, 다만 구체적인 경우에 위와 같은 구역 지정의 목적에 위배되지 아니할 경우 예외적으로 허가에 의하여 그러한 행위를 할 수 있게 되며, 한편 개발제한구역 내에서의 건축물의 건축 등에 대한 예외적 허가는 그 상대방에게 수익적인 것으로서 재량행위에 속하는 것이라고 할 것이므로 그에 관한 행정청의 판단이 사실오인, 비례·평등의 원칙 위배, 목적위반 등에 해당하지 아니하는 이상 재량권의 일탈·남용에 해당한다고 할 수 없다(대판 2004.7.22, 2003두7606)."

4. 미허가자 등에 대한 원상회복 명령

특별시장·광역시장·특별자치시장·특별자치도지사·시장 또는 군수는 개발행위허가를 받지 아니하고 개발행위를 하거나 허가내용과 다르게 개발행위를 하는 자에게는 그 토지의 원상회복을 명할 수 있다(국토계획법 60 ③).

[판례] 개발행위허가를 받지 않고 토지의 형질을 변경한 자 외에 이러한 토지를 양수한 자에 대하여 국토계획법 제133조 제1항에 따라 원상회복 등의 조치명령을 할 수 있는지 여부(원칙적 소극)

"개발행위허가를 받지 아니하고 토지의 형질을 변경한 경우 행정청은 그 토지의 형질을 변경한 자에 대하여만 국토계획법 제133조 제1항에 의하여 원상회복 등의 조치명령을 할 수 있고, 명문의 규정이 없는 한 이러한 토지를 양수한 자에 대하여는 원상회복 등의 조치명령을 할 수 없다고 봄이 상당하다(대법원 2007.2.23, 선고 2006도6845 판결 등 참조)(대판 2021.11.25, 2021두41686[원상회복시정명령처분취소])."

5. 개발행위에 따른 공공시설 등의 귀속

개발행위허가(다른 법률에 따라 개발행위허가가 의제되는 협의를 거친 인가·허가·승인 등을 포함한다. 이하 이 조에서 같다)를 받은 자가 행정청인 경우 개발행위허가를 받은 자가 새로 공공시설을 설치하거나 기존의 공공시설에 대체되는 공공시설을 설치한 경우에는 국유재산법과 공유재산 및 물품 관리법에도 불구하고 새로 설치된 공공시설은 그 시설을 관리할 관리청에 무상으로 귀속되고, 종래의 공공시설은 개발행위허가를 받은 자에게 무상으로 귀속된다(국토계획법 65 ①).

개발행위허가를 받은 자가 행정청이 아닌 경우 개발행위허가를 받은 자가 새로 설치한 공공시설은 그 시설을 관리할 관리청에 무상으로 귀속되고, 개발행위로 용도가 폐지되는 공공시설은 국유재산법과 공유재산 및 물품 관리법에도 불구하고 새로 설치한 공공시설의 설치비용에 상당하는 범위에서 개발행위허가를 받은 자에게 무상으로 양도할 수 있다(국토계획법 65 ②).

[판례1] 행정청인 사업시행자가 새로 설치할 공공시설에 필요한 토지를 적법하게 취득하지 않은 채 공공시설을 설치하여 국가 또는 지방자치단체가 이를 점유·사용하고 있는 경우 국토계획법 제65조 제1항, 제99조가 적용되는지 여부(소극) 및 국유지인 경우에도 같은 법리가 적용되는지 여부(적극)

“국토계획법 제65조 제1항, 제99조는 행정청인 사업시행자가 도시·군계획시설사업의 시행으로 새로이 설치할 공공시설에 필요한 토지를 사법상의 계약이나 공법상의 절차에 따라 취득하여 여기에 공공시설을 설치하고 사업을 마친 경우에 적용된다. 이때 종래 공공시설의 관리청과 새로 설치되는 공공시설의 관리청이 일치하는지 여부는 문제 되지 않는다.

그러나 사업시행자가 공공시설에 필요한 토지를 적법하게 취득하지 않은 채 여기에 공공시설을 설치하여 국가 또는 지방자치단체가 이를 점유·사용하고 있는 경우에는 국토계획법의 위 규정들이 적용되지 않는다. 이러한 해석은 공공시설의 설치에 필요한 토지가 국유지인 경우에도 마찬가지이다(대판 2018.10.25, 2017두56476[변상금부과처분취소]).”

[판례2] [1] 서울주택도시공사가 국토계획법 제65조에서 정한 행정청에 해당하는지 여부(적극)
[2] 국토계획법 제65조에서 정한 ‘신·구 공공시설 무상귀속·양도 제도’가 적용되는 개발사업의 의미

“[1] (서울주택도시공사가 기존 위례중앙로 지하에 입체교차로를 설치하는 도시·군계획시설사업을 시행하는 경우에 국토계획법 제99조, 제65조 제1항에 의한 종래의 공공시설 무상귀속 제도가 적용되는지가 다투어진 사건에서) 서울주택도시공사가 새로 공공시설을 설치하거나 기존의 공공시설에 대체되는 공공시설을 설치하기 위하여 개발행위허가를 받거나 도시·군계획시설사업의 실시계획인가를 받아 개발사업의 시행자가 된 경우에는 국토계획법 제65조 제1항에서 정한 ‘개발사업의 시행자가 행정청인 경우’로 볼 수 있다.

[2] 국토계획법 제65조 제1항, 제2항은 개발행위허가를 받는(의제되는 경우를 포함한다) 모든 개발사업에 대하여 적용되는 것이 아니라, 넓은 면적의 사업구역을 대상으로 하는 이른바 ‘단지형 개

발사업'에 한하여 적용되는 것이며, 종래의 공공시설이 해당 개발사업의 시행으로 용도가 폐지되는 경우에 해당할 때 사업시행자에게 무상으로 귀속되거나 양도될 수 있는 대상이 된다고 보아야 한다(대판 2019.8.30, 2016다252478[부당이득금])."

☞ 원심은, ① 원고 서울주택도시공사가 국토계획법 제65조 제1항에서 정한 '행정청'에 해당하고, ② 피고 대한민국 소유의 이 사건 토지의 지상에 설치되어 있는 기존의 도로(위례중앙로)와 이 사건 토지의 지하에 새로 설치하는 입체교차로가 국토계획법상 공공시설에 해당한다는 이유만으로 원고가 시행하는 입체교차로 설치 사업이 국토계획법 제99조, 제65조 제1항이 적용되는 개발사업에 해당하고, 이 사건 토지가 개발사업의 시행자인 원고에게 무상으로 귀속된다고 판단하였음

※ 유사판례: 대판 2022.2.11, 2017두63245[점용료부과처분취소]

[판례3] 택지개발사업지구 내 토지가 무상귀속 대상인 종래의 공공시설에 해당하려면 실시계획 승인 이전에 적법하게 행정재산으로 된 경우라야 하는지 여부(적극) / 지목이 도로이고 국유재산 대장에 행정재산으로 등재되었다가 용도폐지되었다는 사정만으로 당연히 무상귀속 대상인 종래의 공공시설에 해당하는지 여부(소극) 및 이에 관한 증명책임의 소재(=사업시행자)

"[1] 택지개발촉진법 제25조, 국토계획법 제65조에 의하면, 택지개발사업의 시행으로 기존의 공공시설에 대체되는 시설을 설치한 경우에 종래의 공공시설은 사업시행자에게 무상으로 귀속된다. 여기에서 무상귀속의 대상이 되는 종래의 공공시설에는 국유재산법상 행정재산도 포함되고, 무상귀속의 대상이 되는 종래의 공공시설인지는 택지개발사업실시계획의 승인 시점을 기준으로 판단하여야 하므로, <u>택지개발사업지구 내의 어느 토지가 무상귀속의 대상이 되는 종래의 공공시설에 해당하기 위해서는 택지개발사업실시계획 승인 이전에 이미 적법하게 행정재산으로 된 경우라야 한다.</u>

그런데 국유재산법상의 행정재산이란 국가가 소유하는 재산으로서 직접 공용, 공공용 또는 기업용으로 사용하거나 사용하기로 결정한 재산을 말하고(국유재산법 제6조 제2항 참조), 그 중 도로와 같은 인공적 공공용 재산은 법령에 의하여 지정되거나 행정처분으로써 공공용으로 사용하기로 결정한 경우 또는 행정재산으로 실제로 사용하는 경우의 어느 하나에 해당하여야 비로소 행정재산이 되는데, 특히 도로는 도로로서의 형태를 갖추고 도로법에 따른 노선의 지정 또는 인정의 공고 및 도로구역 결정·고시를 한 때 또는 도시계획법 또는 도시재개발법에서 정한 절차를 거쳐 도로를 설치하였을 때에 공공용물로서 공용개시행위가 있으므로, 토지의 지목이 도로이고 국유재산대장에 등재되어 있다는 사정만으로 바로 토지가 도로로서 행정재산에 해당한다고 할 수는 없다. 이는 국유재산대장에 행정재산으로 등재되어 있다가 용도폐지된 바가 있더라도 마찬가지이다. 그러므로 <u>택지개발사업 시행지구 내에 있는 토지가 지목이 도로이고 국유재산대장에 행정재산으로 등재되었다가 용도폐지되었다는 사정만으로는 당연히 무상귀속 대상인 종래의 공공시설에 해당한다고 할 수 없고</u>, 대상 시설에 해당한다는 점은 사업시행자가 증명하여야 한다(대판 2016.5.12, 2015다255524[부당이득금])."

[판례4] 현황도로인 이 사건 토지가 국토계획법상 공공시설에 해당하여 무상양도의 대상이 되는지 여부(적극)

"(도로개설사업의 시행자인 갑 공사가 기존에 도로로 사용되던 국가 소유 토지의 폭을 확장하고 아스팔트 포장을 하여 기존 도로를 대체하는 새로운 도로를 설치하였는데, 기존 도로가 국유재산법상 공공용재산으로서 국토계획법 제65조 제1항에 따라 사업시행자인 갑 공사에 무상으로 귀속되는 '공공시설'에 해당하는지 문제된 사안에서) 위 토지는 사업 실시계획 인가 및 변경인가를 받을 때까지 법령에 의하여 도로로 지정되거나 행정처분에 의하여 공공용으로 사용하기로 결정된 적은 없으나 불특정 다수의 사람과 차량이 통행하는 도로인 행정재산으로 실제 사용하는 경우에 해당하므로, 국유재산법 제6조 제2항 제2호의 '공공용재산'으로서 국토계획법 제65조 제1항에 따라 사업시행자인 갑 공사에 무상으로 귀속되는 같은 법 제2조 제13호의 '공공시설'에 해당한다(대판 2019.2.14, 2018다262059[부당이득금])."

☞ 도시계획시설사업 시행자인 원고(한국토지주택공사)가 현황도로의 토지 소유자인 피고(대한민국)를 상대로 위 토지가 국토계획법상 '공공시설'로서 무상양도의 대상인데도 피고가 법률상 원인 없이 보상금 상당의 이익을 얻었다는 이유로 부당이득반환을 청구하는 사안에서, 현황도로가 공공용재산으로서 구 국토계획법상 공공시설에 해당한다는 이유로 무상양도의 대상이 된다고 판단하여 피고의 상고를 기각한 사례

[판례5] 구 도시정비법 제65조 제2항의 입법취지 및 정비기반시설의 소유권 귀속에 관한 소송이 행정소송법 제3조 제2호에서 정한 당사자소송에 해당하는지 여부(적극)

"위와 같은 구 도시정비법 제65조 제2항의 입법 취지와 구 도시정비법(제1조)의 입법 목적을 고려하면, 위 후단 규정에 따른 <u>정비기반시설의 소유권 귀속에 관한 국가 또는 지방자치단체와 정비사업시행자 사이의 법률관계는 공법상의 법률관계로 보아야 한다. 따라서 위 후단 규정에 따른 정비기반시설의 소유권 귀속에 관한 소송은 공법상의 법률관계에 관한 소송으로서 행정소송법 제3조 제2호에서 규정하는 당사자소송에 해당한다</u>(대판 2018.7.26, 2015다221569[유상매수의무부존재확인])."

제 4 장 도시정비법

제 1 절 도시정비법제 개관

도시정비에 관한 법률로 일반법으로서 도시개발법, 도시 및 주거환경정비법이 있고, 이 법률들을 통한 도시재정비사업을 촉진하는 의미에서 도시재정비 촉진을 위한 특별법(도시재정비법)이 제정되어 2006.7.1.부터 시행되고 있다.

오늘날 옛 산업지나 일부 주거지가 황폐화되고 있고 이로 인하여 일부 낙후된 지역이나 저소득층의 주거지가 분리되는 등 도시가 파편화되는 현상이 발생하고 있다. 이러한 문제에 대응하기 위하여 논의되는 것이 도시재생이다. 도시재생이란 산업구조의 변화, 신도시·신시가지 위주의 도시 확장 등 다양한 원인으로 인해 상대적으로 쇠퇴하고 있는 기성시가지에 새로운 기능을 도입 또는 창출함으로써 도시를 물리·환경적, 경제적, 생활·문화적으로 재활성화 또는 부흥시키는 창조적 작업으로서 도시재개발, 도시재활성화 등을 포함하는 광의의 개념이다.

도시재생과 관련하여 전국적으로 문제가 되고 있는 것은, 도시빈민층이 도시 전역에 광범위하게 산재하고 있는데, 기존의 시장위주의 물리적 도시정비방식으로는 이와 같은 저소득층의 주거환경개선이 어렵다는 점이다. 이 문제를 해결하기 위해서는 기존의 법제만으로는 도시재생사업을 추진하기 어렵기 때문에 이에 관한 별도의 특별법 제정이 불가피하다는 논의가 있었다. 이에 따라 도시쇠퇴지역의 재생을 위하여 2013.6.4. 도시재생 활성화 및 지원에 관한 특별법(도시재생법)이 제정되어 2013.12.5.부터 시행되었다.

제 2 절 도시개발법

I. 목적

이 법은 도시개발에 필요한 사항을 규정하여 계획적이고 체계적인 도시개발을 도모하고 쾌적한 도시환경을 조성하기 위하여 제정된 것이다(도시개발법 1).

Ⅱ. 도시개발구역의 지정

1. 도시개발구역의 정의

도시개발구역이란 도시개발사업을 시행하기 위하여 제3조와 제9조에 따라 지정·고시된 구역을 말한다(도시개발법 2 ① 1호).

2. 도시개발구역의 지정권자

도시개발구역의 지정권자는 원칙적으로 ① 특별시장·광역시장·도지사·특별자치도지사(시·도지사)와 ② 인구 50만 이상의 대도시의 시장(대도시 시장)이다(도시개발법 3 ①).

다만 ① 국가가 도시개발사업을 실시할 필요가 있는 경우, ② 관계 중앙행정기관의 장이 요청하는 경우, ③ 공공기관의 장 또는 정부출연기관의 장이 일정규모 이상으로서 국가계획과 밀접한 관련이 있는 도시개발구역의 지정을 제안하는 경우 등에는 국토교통부장관이 도시개발구역을 지정할 수 있다(도시개발법 3 ③).

시장(대도시 시장 제외)·군수 또는 구청장(자치구의 구청장)은 대통령령으로 정하는 바에 따라 시·도지사에게 도시개발구역의 지정을 요청할 수 있다(도시개발법 3 ④).

3. 개발계획의 수립

지정권자는 도시개발구역을 지정하려면 해당 도시개발구역에 대한 도시개발사업의 계획(개발계획)을 수립하여야 한다. 다만, 제2항에 따라 개발계획을 공모하거나 대통령령으로 정하는 지역에 도시개발구역을 지정할 때에는 도시개발구역을 지정한 후에 개발계획을 수립할 수 있다(도시개발법 4 ①).

개발계획에는 도시개발사업의 시행방식, 토지이용계획, 교통처리계획, 환경보전계획, 도로·상하수도 등 주요 기반시설의 설치계획, 재원조달계획 등의 사항이 포함되어야 한다(도시개발법 5 ①).

광역도시계획이나 도시·군기본계획이 수립되어 있는 지역에 대하여 개발계획을 수립하려면 개발계획의 내용이 해당 광역도시계획이나 도시·군기본계획에 들어맞도록 하여야 한다(도시개발법 5 ②).

4. 도시개발구역지정과 해제

지정권자는 도시개발구역을 지정하거나 제4조제1항 단서에 따라 개발계획을 수립한 경우에는 대통령령으로 정하는 바에 따라 이를 관보나 공보에 고시하고, 대도시 시장인 지정권자는 관계 서류를 일반에게 공람시켜야 하며, 대도시 시장이 아닌 지정권자는 해당 도시개발구역을 관할하는 시장(대도시 시장 제외)·군수 또는 구청장에게 관계 서류의 사본을 보내야 하며, 지정권자인 특별자치도지사와 관계 서류를 송부받은 시장(대도시 시장 제외)·군수 또는 구청장은 해당 관계 서류를 일반인에게 공람시켜야 한다. 변경하는 경우에도 또한 같다(도시개발법 9 ①).

도시개발구역의 지정은 다음 각 호의 어느 하나에 규정된 날의 다음 날에 해제된 것으로 본다(도시개발법 10 ①).

1. 도시개발구역이 지정·고시된 날부터 3년이 되는 날까지 제17조에 따른 실시계획의 인가를 신청하지 아니하는 경우에는 그 3년이 되는 날
2. 도시개발사업의 공사 완료(환지 방식에 따른 사업인 경우에는 그 환지처분)의 공고일

[판례] 도시개발구역 지정이 해제된 것으로 간주되는 경우

"도시개발구역으로 지정되면 법 제9조 제5항 등에 의하여 토지소유자의 건축 등 일정한 행위가 제한되는 점, 법 시행령 제15조 제1항에서 시행자가 지정되지 아니한 상태에서 도시개발구역이 지정·고시되는 경우를 예정하고 있음에도 이 사건 조항에서 도시개발구역의 지정해제를 의제하면서 그러한 경우의 예외를 규정하지 아니한 점 등을 종합하여 보면, 이 사건 조항은 도시개발사업이 초기부터 지연되어 토지소유자 등의 재산권 행사가 지나치게 장기간 제약되는 것을 방지하려는 데에 그 입법 취지가 있다고 할 것이므로 도시개발구역이 지정·고시된 날부터 3년이 되는 날까지 법 제17조에 따른 실시계획의 인가 신청이 없으면 이 사건 조항에 따라 도시개발구역의 지정이 해제된 것으로 간주된다고 보아야 하고, 그 사이에 도시개발사업 시행자가 지정되지 아니하였다고 하여 달리 볼 것은 아니다(대판 2016.2.18, 2015두3362)."

Ⅲ. 도시개발사업의 시행자

도시개발사업의 시행자는 다음 각 호의 자 중에서 지정권자가 지정한다. 다만, 도시개발구역의 전부를 환지 방식으로 시행하는 경우에는 제5호의 토지 소유자나 제6호의 조합을 시행자로 지정한다(도시개발법 11 ①).

1. 국가나 지방자치단체
2. 대통령령으로 정하는 공공기관

3. 대통령령으로 정하는 정부출연기관
4. 지방공기업법에 따라 설립된 지방공사
5. 도시개발구역의 토지 소유자
6. 도시개발구역의 토지 소유자가 도시개발을 위하여 설립한 조합
7. 수도권정비계획법에 따른 과밀억제권역에서 수도권 외의 지역으로 이전하는 법인 중 과밀억제권역의 사업 기간 등 대통령령으로 정하는 요건에 해당하는 법인
8. 주택법 제4조에 따라 등록한 자 중 도시개발사업을 시행할 능력이 있다고 인정되는 자로서 대통령령으로 정하는 요건에 해당하는 자
9. 건설산업기본법에 따른 토목공사업 또는 토목건축공사업의 면허를 받는 등 개발계획에 맞게 도시개발사업을 시행할 능력이 있다고 인정되는 자로서 대통령령으로 정하는 요건에 해당하는 자

9의2. 부동산개발업의 관리 및 육성에 관한 법률 제4조 제1항에 따라 등록한 부동산개발업자로서 대통령령으로 정하는 요건에 해당하는 자

10. 부동산투자회사법에 따라 설립된 자기관리부동산투자회사 또는 위탁관리부동산투자회사로서 대통령령으로 정하는 요건에 해당하는 자
11. 제1호부터 제9호까지, 제9호의2 및 제10호에 해당하는 자(제6호에 따른 조합은 제외한다)가 도시개발사업을 시행할 목적으로 출자에 참여하여 설립한 법인으로서 대통령령으로 정하는 요건에 해당하는 법인

지정권자는 제1항 단서에도 불구하고 다음 각 호의 어느 하나에 해당하는 사유가 있으면 지방자치단체나 대통령령으로 정하는 자를 시행자로 지정할 수 있다. 이 경우 도시개발사업을 시행하는 자가 시·도지사 또는 대도시 시장인 경우 국토교통부장관이 지정한다(도시개발법 11 ②).

1. 토지 소유자나 조합이 대통령령으로 정하는 기간에 시행자 지정을 신청하지 아니한 경우 또는 지정권자가 신청된 내용이 위법하거나 부당하다고 인정한 경우
2. 지방자치단체의 장이 집행하는 공공시설에 관한 사업과 병행하여 시행할 필요가 있다고 인정한 경우
3. 도시개발구역의 국공유지를 제외한 토지면적의 2분의 1 이상에 해당하는 토지 소유자 및 토지 소유자 총수의 2분의 1 이상이 지방자치단체등의 시행에 동의한 경우

Ⅳ. 실시계획의 작성 및 인가

시행자는 대통령령으로 정하는 바에 따라 도시개발사업에 관한 실시계획을 작성하여야 한다.

이 경우 실시계획에는 지구단위계획이 포함되어야 한다(도시개발법 17 ①).

시행자(지정권자가 시행자인 경우는 제외한다)는 제1항에 따라 작성된 실시계획에 관하여 지정권자의 인가를 받아야 한다(도시개발법 17 ②).

Ⅴ. 도시개발사업의 시행방식

도시개발사업은 시행자가 도시개발구역의 토지등을 수용 또는 사용하는 방식이나 환지 방식 또는 이를 혼용하는 방식으로 시행할 수 있다(도시개발법 21 ①).

도시개발사업은 순환개발방식으로도 가능하다. 즉 시행자는 도시개발사업을 원활하게 시행하기 위하여 도시개발구역의 내외에 새로 건설하는 주택 또는 이미 건설되어 있는 주택에 그 도시개발사업의 시행으로 철거되는 주택의 세입자 또는 소유자를 임시로 거주하게 하는 등의 방식으로 그 도시개발구역을 순차적으로 개발할 수 있다(도시개발법 21조의2 ①).

시행자는 도시개발사업에 따른 세입자등의 주거안정 등을 위하여 제6조에 따른 주거 및 생활실태 조사와 주택수요 조사 결과를 고려하여 대통령령으로 정하는 바에 따라 임대주택 건설용지를 조성·공급하거나 임대주택을 건설·공급하여야 한다(도시개발법 21조의3 ①).

1. 수용 또는 사용방식에 따른 사업시행

(1) 토지 등의 수용 또는 사용

시행자는 도시개발사업에 필요한 토지 등을 수용하거나 사용할 수 있다(도시개발법 22 ①). 제1항에 따른 토지 등의 수용 또는 사용에 관하여 이 법에 특별한 규정이 있는 경우 외에는 토지보상법을 준용한다(도시개발법 22 ②).

(2) 이주대책

시행자는 토지보상법으로 정하는 바에 따라 도시개발사업의 시행에 필요한 토지 등의 제공으로 생활의 근거를 상실하게 되는 자에 관한 이주대책 등을 수립·시행하여야 한다(도시개발법 24).

(3) 원형지의 공급과 개발

시행자는 도시를 자연친화적으로 개발하거나 복합적·입체적으로 개발하기 위하여 필요한 경우에는 대통령령으로 정하는 절차에 따라 미리 지정권자의 승인을 받아 ① 국가 또는 지방자치단체, ② 공공기관, ③ 지방공사, ④ 제11조 제1항 제1호 또는 제2호에 따른 시행자가 복합개발 등을 위하여 실시한 공모에서 선정된 자 또는 ⑤ 원형지를 학교나 공장 등의 부지로 직접 사용하는 자에게 원형지를 공급하여 개발하게 할 수 있다. 이 경우 공급될 수 있는 원형지의 면적은 도시개발구역 전체 토지 면적의 3분의 1 이내로 한정한다(도시개발법 25조의2 ①).

2. 환지 방식에 의한 사업시행

(1) 환지 계획의 작성 및 인가

시행자는 도시개발사업의 전부 또는 일부를 환지 방식으로 시행하려면 환지설계, 필지별로 된 환지명세, 필지별과 권리별로 된 청산대상 토지명세, 체비지 또는 보류지의 명세, 입체환지를 계획하는 경우에는 입체환지용 건축물의 명세와 공급방법·규모에 관한 사항 등이 포함된 환지 계획을 작성하여야 한다(도시개발법 28 ①).

행정청이 아닌 시행자가 제28조에 따라 환지 계획을 작성한 경우에는 특별자치도지사·시장·군수 또는 구청장의 인가를 받아야 한다(도시개발법 29 ①).

(2) 입체 환지

입체 환지란 환지방식으로 도시개발사업을 시행하면서 건축물의 일부 공간 및 토지공유지분의 형태로 환지하는 것을 말한다. 일반적인 환지는 토지만을 대상으로 하는 평면적 환지인데, 입체 환지는 건축물과 부지를 동시에 환지의 대상으로 한다는 점에서 입체적 환지라고 할 수 있다. 입체환지는 도시계획사업을 추진하면서 이에 대한 다양한 요구를 수용할 수 있다는 점에서 유용한 제도라고 할 수 있다.

시행자는 도시개발사업을 원활히 시행하기 위하여 특히 필요한 경우에는 토지 또는 건축물 소유자의 신청을 받아 건축물의 일부와 그 건축물이 있는 토지의 공유지분을 부여할 수 있다. 다만, 토지 또는 건축물이 대통령령으로 정하는 기준 이하인 경우에는 시행자가 규약·정관 또는 시행규정으로 신청대상에서 제외할 수 있다(도시개발법 32 ①).

입체 환지를 받으려는 토지 소유자는 환지신청 기간 이내에 대통령령으로 정하는 방법 및 절차에 따라 시행자에게 환지신청을 하여야 한다(도시개발법 32 ⑤).

시행자는 입체 환지로 건설된 주택 등 건축물을 제29조에 따라 인가된 환지 계획에 따라 환지신청자에게 공급하여야 한다. 이 경우 주택을 공급하는 경우에는 주택법 제54조에 따른 주택의 공급에 관한 기준을 적용하지 아니한다(도시개발법 32조의3 ①).

[판례] 입체환지의 의미 / 도시정비법상 토지 등 소유자가 분양받은 대지 또는 건축물에 관하여 입체환지에 관한 규정이 준용되는지 여부(원칙적 적극)

"도시개발법 제32조에서 규정하는 입체환지는 시행자가 도시개발사업을 원활히 시행하기 위하여 환지의 목적인 토지에 갈음하여 토지 또는 건축물 소유자의 신청을 받아 건축물의 일부와 건축물이 있는 토지의 공유지분을 부여하는 것을 말하는데, 도시 및 주거환경정비법(이하 '도시정비법')상 이전고시는 종전 부동산과 새로운 부동산 사이에 형태상 일치가 존재하지 않는 점, 새로 취득하는 부동산이 건물과 부지의 지분이라는 점, 그리고 그것이 토지 등 소유자의 신청에 기초한다는 점에서 도시개발법상 입체환지와 유사하므로, 도시정비법상 토지 등 소유자가 분양받은 대지 또는 건축물에 관하여는 도시정비법에서 특별히 규정하는 내용을 제외하고는 원칙적으로 도시개발법상 환지에 관한 법리, 그중에서도 특히 입체환지에 관한 규정이 준용될 수 있다(대판 2016.12.29, 2013다73551[근저당권설정등기말소청구의소])."

(3) 보류지 · 체비지

보류지(保留地)란 환지계획에서 환지로 정하지 않고 보류한 토지를 말하고, 체비지(替費地)란 해당 사업에 필요한 재원을 확보하기 위하여 사업주가 토지소유주로부터 취득하여 처분할 수 있는 토지를 말한다.

시행자는 도시개발사업에 필요한 경비에 충당하거나 규약·정관·시행규정 또는 실시계획으로 정하는 목적을 위하여 일정한 토지를 환지로 정하지 아니하고 보류지로 정할 수 있으며, 그 중 일부를 체비지로 정하여 도시개발사업에 필요한 경비에 충당할 수 있다(도시개발법 34 ①).

(4) 환지 예정지의 지정 및 지정효과

시행자는 도시개발사업의 시행을 위하여 필요하면 도시개발구역의 토지에 대하여 환지 예정지를 지정할 수 있다. 이 경우 종전의 토지에 대한 임차권자 등이 있으면 해당 환지 예정지에 대하여 해당 권리의 목적인 토지 또는 그 부분을 아울러 지정하여야 한다(도시개발법 35 ①).

환지 예정지가 지정되면 종전의 토지의 소유자와 임차권자 등은 환지 예정지 지정의 효력발생일부터 환지처분이 공고되는 날까지 환지 예정지나 해당 부분에 대하여 종전과 같은 내용의 권리를 행사할 수 있으며 종전의 토지는 사용하거나 수익할 수 없다(도시개발법 36 ①).

(5) 환지처분

시행자는 지정권자에 의한 준공검사를 받은 경우(지정권자가 시행자인 경우에는 제51조에 따른 공사 완료 공고가 있는 때)에는 대통령령으로 정하는 기간에 환지처분을 하여야 한다(도시개발법 40 ④).

환지 계획에서 정하여진 환지는 그 환지처분이 공고된 날의 다음 날부터 종전의 토지로 보며, 환지 계획에서 환지를 정하지 아니한 종전의 토지에 있던 권리는 그 환지처분이 공고된 날이 끝나는 때에 소멸한다(도시개발법 42 ①). 제1항은 행정상 처분이나 재판상의 처분으로서 종전의 토지에 전속하는 것에 관하여는 영향을 미치지 아니한다(도시개발법 42 ②). 제28조에 따른 환지 계획에 따라 환지처분을 받은 자는 환지처분이 공고된 날의 다음 날에 환지 계획으로 정하는 바에 따라 건축물의 일부와 해당 건축물이 있는 토지의 공유지분을 취득한다. 이 경우 종전의 토지에 대한 저당권은 환지처분이 공고된 날의 다음 날부터 해당 건축물의 일부와 해당 건축물이 있는 토지의 공유지분에 존재하는 것으로 본다(도시개발법 42 ④).

제 3 절 도시 및 주거환경정비법

Ⅰ. 목적

이 법은 도시기능의 회복이 필요하거나 주거환경이 불량한 지역을 계획적으로 정비하고 노후·불량건축물을 효율적으로 개량하기 위하여 제정된 것이다(도시정비법 1).

Ⅱ. 정비사업

정비사업이라 함은 도시기능을 회복하기 위하여 정비구역에서 정비기반시설을 정비하거나 주택 등 건축물을 개량 또는 건설하는 다음 각 목의 사업을 말한다(도시정비법 2 2호).

가. 주거환경개선사업: 도시저소득 주민이 집단거주하는 지역으로서 정비기반시설이 극히 열악하고 노후·불량건축물이 과도하게 밀집한 지역의 주거환경을 개선하거나 단독주택 및 다세대주택이 밀집한 지역에서 정비기반시설과 공동이용시설 확충을 통하여 주거환경을 보전·정비·개량하기 위한 사업

나. 재개발사업: 정비기반시설이 열악하고 노후·불량건축물이 밀집한 지역에서 주거환경을 개선하거나 상업지역·공업지역 등에서 도시기능의 회복 및 상권활성화 등을 위하여 도시환경을 개선하기 위한 사업

다. 재건축사업: 정비기반시설은 양호하나 노후·불량건축물에 해당하는 공동주택이 밀집한 지역에서 주거환경을 개선하기 위한 사업

Ⅲ. 기본방침·기본계획·정비계획의 수립 및 정비구역의 지정·고시

(i) 국토교통부장관은 도시 및 주거환경을 개선하기 위하여 10년마다 도시 및 주거환경 정비를 위한 국가 정책방향 등을 포함한 기본방침을 수립하고, 5년마다 그 타당성을 검토하여 그 결과

를 기본방침에 반영하여야 한다(도시정비법 3).

(ii) 특별시장·광역시장·특별자치시장·특별자치도지사 또는 시장은 정비사업의 기본방향 등이 포함된 도시·주거환경정비기본계획(기본계획)을 10년 단위로 수립하여야 한다(도시정비법 4 ①).

(iii) 특별시장·광역시장·특별자치시장·특별자치도지사·시장 또는 군수(광역시의 군수는 제외하며, 이하 "정비구역의 지정권자")는 기본계획에 적합한 범위에서 노후·불량건축물이 밀집하는 등 대통령령으로 정하는 요건에 해당하는 구역에 대하여 제16조에 따라 정비계획을 결정하여 정비구역을 지정(변경지정을 포함한다)할 수 있다(도시정비법 8 ①). 정비구역의 지정권자는 정비구역을 지정하거나 변경지정하려면 지방도시계획위원회의 심의를 거쳐야 한다(도시정비법 16 ①). 정비구역의 지정권자는 정비구역을 지정(변경지정 포함)하거나 정비계획을 결정(변경결정 포함)한 때에는 정비계획을 포함한 정비구역 지정의 내용을 해당 지방자치단체의 공보에 고시하여야 한다. 이 경우 지형도면 고시 등에 대하여는 토지이용규제 기본법 제8조에 따른다(도시정비법 16 ②).

Ⅳ. 정비사업의 시행

(i) 주거환경개선사업은 ① 제24조에 따른 사업시행자가 정비구역에서 정비기반시설 및 공동이용시설을 새로 설치하거나 확대하고 토지등소유자가 스스로 주택을 보전·정비하거나 개량하는 방법, ② 제24조에 따른 사업시행자가 제63조에 따라 정비구역의 전부 또는 일부를 수용하여 주택을 건설한 후 토지등소유자에게 우선 공급하거나 대지를 토지등소유자 또는 토지등소유자 외의 자에게 공급하는 방법, ③ 제24조에 따른 사업시행자가 제69조 제2항에 따라 환지로 공급하는 방법, ④ 제24조에 따른 사업시행자가 정비구역에서 제74조에 따라 인가받은 관리처분계획에 따라 주택 및 부대시설·복리시설을 건설하여 공급하는 방법 또는 이를 혼용하는 방법으로 한다(도시정비법 23 ①).

(ii) 재개발사업은 정비구역에서 제74조에 따라 인가받은 관리처분계획에 따라 건축물을 건설하여 공급하거나 제69조 제2항에 따라 환지로 공급하는 방법으로 한다(도시정비법 23 ②).

(iii) 재건축사업은 정비구역에서 제74조에 따라 인가받은 관리처분계획에 따라 주택, 부대시설·복리시설 및 오피스텔(건축법 제2조 제2항에 따른 오피스텔)을 건설하여 공급하는 방법으로 한다(도시정비법 23 ③).

Ⅴ. 사업시행자

(i) 제23조 제1항 제1호에 따른 방법으로 시행하는 주거환경개선사업은 시장·군수등이 직접 시행하되, 토지주택공사등을 사업시행자로 지정하여 시행하게 하려는 경우에는 제15조 제1항에

따른 공람공고일 현재 토지등소유자의 과반수의 동의를 받아야 한다(도시정비법 24 ①). 또한 제23조 제1항 제2호부터 제4호까지의 규정에 따른 방법으로 시행하는 주거환경개선사업은 시장·군수등이 직접 시행하거나 토지주택공사등을 사업시행자로 지정하여 시행할 수 있다(도시정비법 24 ②).

(ii) 재개발사업은 조합이 시행하거나 조합이 조합원의 과반수의 동의를 받아 시장·군수등, 토지주택공사등, 건설업자, 등록사업자 또는 대통령령으로 정하는 요건을 갖춘 자와 공동으로 시행하거나 토지등소유자가 20인 미만인 경우에는 토지등소유자가 시행하거나 토지등소유자가 토지등소유자의 과반수의 동의를 받아 시장·군수등, 토지주택공사등, 건설업자, 등록사업자 또는 대통령령으로 정하는 요건을 갖춘 자와 공동으로 시행할 수 있다(도시정비법 25 ①).

(iii) 재건축사업은 조합이 시행하거나 조합이 조합원의 과반수의 동의를 받아 시장·군수등, 토지주택공사등, 건설업자 또는 등록사업자와 공동으로 시행할 수 있다(도시정비법 25 ②).

Ⅵ. 조합의 설립

1. 조합의 설립 및 추진위원회의 구성*

조합을 설립하려는 경우에는 제16조에 따른 정비구역 지정·고시 후 추진위원회 위원장(이하 "추진위원장")을 포함한 5명 이상의 추진위원회 위원(이하 "추진위원")에 관한 사항과 제34조 제1항에 따른 운영규정에 관한 사항에 대하여 토지등소유자 과반수의 동의를 받아 조합설립을 위한 추진위원회를 구성하여 국토교통부령으로 정하는 방법과 절차에 따라 시장·군수등의 승인을 받아야 한다(도시정비법 31 ①). 한편 판례는 조합설립추진위원회 구성승인처분을 인가로 보고 있다[판례].

[판례] 조합설립추진위원회 구성승인처분의 법적 성질 및 구성승인처분을 다투는 소송 계속 중 조합설립인가처분이 이루어진 경우 구성승인처분에 대하여 취소 또는 무효확인을 구할 법률상 이익이 있는지 여부

"(구) 도시정비법(2009.2.6. 법률 제9444호로 개정되기 전의 것) 제13조 제1항, 제2항, 제14조 제1항, 제15조 제4항, 제5항 등 관계 법령의 내용, 형식, 체제 등에 비추어 보면, 조합설립추진위원회(이하 '추진위원회') 구성승인처분은 조합의 설립을 위한 주체인 추진위원회의 구성행위를 보충하여 그 효력을 부여하는 처분으로서 조합설립이라는 종국적 목적을 달성하기 위한 중간단계의 처분에 해당하지만, 그 법률요건이나 효과가 조합설립인가처분의 그것과는 다른 독립적인 처분이기 때문에, 추진위원회 구성승인처분에 대한 취소 또는 무효확인 판결의 확정만으로는 이미 조합설립인가를 받은 조합에 의한 정비사업의 진행을 저지할 수 없다. 따라서 추진위원회 구성승인처분을 다투는 소송 계속 중에 조합설립인가처분이 이루어진 경우에는, 추진위원회 구성승인처분에 위법이 존

* 5급공채(행정)(2017년).

재하여 조합설립인가 신청행위가 무효라는 점 등을 들어 직접 조합설립인가처분을 다툼으로써 정비사업의 진행을 저지하여야 하고, 이와는 별도로 추진위원회 구성승인처분에 대하여 취소 또는 무효확인을 구할 법률상의 이익은 없다고 보아야 한다(대판 2013.1.31, 2011두11112)."

제1항에 따라 추진위원회의 구성에 동의한 토지등소유자(이하 "추진위원회 동의자")는 제35조 제1항부터 제5항까지의 규정에 따른 조합의 설립에 동의한 것으로 본다. 다만, 조합설립인가를 신청하기 전에 시장·군수등 및 추진위원회에 조합설립에 대한 반대의 의사표시를 한 추진위원회 동의자의 경우에는 그러하지 아니하다(도시정비법 31 ②).

2. 조합의 설립인가

시장·군수등, 토지주택공사등 또는 지정개발자가 아닌 자가 정비사업을 시행하려는 경우에는 토지등소유자로 구성된 조합을 설립하여야 한다. 다만, 제25조 제1항 제2호에 따라 토지등소유자가 재개발사업을 시행하려는 경우에는 그러하지 아니하다(도시정비법 35 ①).

재개발사업의 추진위원회(제31조제4항에 따라 추진위원회를 구성하지 아니하는 경우에는 토지등소유자를 말한다)가 조합을 설립하려면 토지등소유자의 4분의 3 이상 및 토지면적의 2분의 1 이상의 토지소유자의 동의를 받아 정관, 정비사업비와 관련된 자료 등 국토교통부령으로 정하는 서류, 그 밖에 시·도조례로 정하는 서류를 첨부하여 시장·군수등의 인가를 받아야 한다(도시정비법 35 ②).

재건축사업의 추진위원회(제31조제4항에 따라 추진위원회를 구성하지 아니하는 경우에는 토지등소유자를 말한다)가 조합을 설립하려는 때에는 주택단지의 공동주택의 각 동(복리시설의 경우에는 주택단지의 복리시설 전체를 하나의 동으로 본다)별 구분소유자의 과반수 동의(공동주택의 각 동별 구분소유자가 5 이하인 경우는 제외한다)와 주택단지의 전체 구분소유자의 4분의 3 이상 및 토지면적의 4분의 3 이상의 토지소유자의 동의를 받아 제2항 각 호의 사항을 첨부하여 시장·군수등의 인가를 받아야 한다(도시정비법 35 ③).

3. 총회개최 및 의결사항

조합에 조합원으로 구성되는 총회를 두고, 총회는 조합장이 직권으로 소집하거나 조합원 5분의 1 이상(정관의 기재사항 중 제40조 제1항 제6호에 따른 조합임원의 권리·의무·보수·선임방법·변경 및 해임에 관한 사항을 변경하기 위한 총회의 경우는 10분의 1 이상으로 한다) 또는 대의원 3분의 2 이상의 요구로 조합장이 소집하며, 조합원 또는 대의원의 요구로 총회를 소집하는 경우 조합은 소집을 요구하는 자가 본인인지 여부를 대통령령으로 정하는 기준에 따라 정관으로 정하는 방법으로 확인하여야 한다(도시정비법 44 ①, ②).

총회는 정관변경, 자금 및 비용 등에 관한 사항, 정비사업비의 사용, 시공자·설계자·감정평가업자·정비사업전문관리업자의 선정 등, 조합임원의 선임 및 해임, 정비사업비의 조합원별 분담 내역, 사업시행계획서의 수립 및 변경, 관리처분계획의 수립 및 변경 등에 관한 사항을 의결한다(도시정비법 45 ①).

4. 관련 판례 *

(1) 조합설립인가의 법적 성질

조합설립인가에 관하여는 (i) 그 법적 성질이 강학상 인가인지 특허인지 논란이 있다.[1)] (ii) 판례는 이와 같은 조합설립의 인가는 사인들의 조합설립행위에 대한 보충행위로서의 성질(인가)을 갖는 것이 아니라, 조합에 대하여 도시정비법상 정비사업을 시행할 수 있는 권한을 갖는 행정주체(공법인)로서의 지위를 부여하는 일종의 설권적 처분(특허)의 성격을 갖는다고 보고 있다[판례].

[판례] 도시정비법 등 관련 법령에 근거하여 행하는 조합설립 인가처분의 법적 성격

"(구) 도시정비법(2007.12.21. 법률 제8785호로 개정되기 전의 것) 제16조 제1항, 제18조 제2항에 의하면, 주택재개발사업조합은 정비구역 내 토지 등 소유자 5분의 4 이상의 동의를 얻어 정관 및 건설교통부령이 정하는 서류를 첨부하여 시장·군수의 인가를 받아야 하고, 조합설립인가처분을 받은 후 30일 이내에 주된 사무소의 소재지에서 대통령령이 정하는 사항을 등기함으로써 법인으로 성립하며, 이러한 절차를 거쳐 설립된 주택재개발사업조합은 관할 행정청의 감독 아래 정비구역 안에서 구 도시정비법상 주택재개발사업을 시행하는 목적 범위 내에서 법령이 정하는 바에 따라 일정한 행정작용을 행하는 행정주체의 지위를 갖는다. 따라서 조합설립인가처분은 단순히 사인들의 조합설립행위에 대한 보충행위의 성질을 갖는 것이 아니라, 구 도시정비법상 정비사업을 시행할 수 있는 권한을 갖는 행정주체(공법인)의 지위를 부여하는 일종의 설권적 처분의 성격을 갖는다(대판 2012.4.12, 2010다10986)."

"재개발조합설립인가신청에 대한 행정청의 조합설립인가처분은 단순히 사인의 조합설립행위에 대한 보충행위로서의 성질을 가지는 것이 아니라 법령상 일정한 요건을 갖추는 경우 행정주체로서 공법인의 지위를 부여하는 일종의 설권적 처분의 성질을 가진다(대판 2023.8.18, 2022두51901[주택재개발정비사업조합설립인가처분취소])."

---

* 사법시험(2014년), 5급공채(행정)(2017년).

1) 홍정선, 행정법특강, 210면, 1129면 이하 참조.

(2) 조합설립결의를 다투는 방법

설립인가가 설권적 처분으로서의 성격을 가진다는 점에서, 조합설립결의를 다투는 경우, ① 조합설립 인가처분이 있기 전이라면 민사소송으로 조합을 상대로 조합설립결의의 무효를 다투어야 하겠지만, ② 설립인가처분이 있고 난 후에는 행정청을 상대로 조합설립 인가처분의 취소 또는 무효확인을 구하는 항고소송의 방법에 의하여야 한다. 이 경우 조합을 상대로 조합설립결의의 효력을 다투는 확인의 소는 확인의 이익이 없어 허용되지 않는다[판례].

> [판례] 조합설립인가처분이 있은 후에 조합설립결의의 하자를 이유로 그 결의만을 대상으로 무효 등 확인의 소를 제기하는 것이 허용되는지 여부(소극)
>
> "일단 조합설립 인가처분이 있은 경우 조합설립결의는 위 인가처분이라는 행정처분을 하는 데 필요한 요건 중 하나에 불과한 것이어서, 조합설립 인가처분이 있은 이후에는 조합설립결의의 하자를 이유로 조합설립의 무효를 주장하는 것은 조합설립 인가처분의 취소 또는 무효확인을 구하는 항고소송의 방법에 의하여야 할 것이고, 이와는 별도로 조합설립결의만을 대상으로 그 효력 유무를 다투는 확인의 소를 제기하는 것은 확인의 이익이 없어 허용되지 아니한다 할 것이다(대판 2009.10.15, 2009다30427)."

(3) 처분에 관한 조합총회결의의 효력을 다투는 방법 *

조합을 상대로 관리처분계획과 같은 처분[판례1]에 관한 조합총회결의의 효력을 다투는 것은 처분의 위법 여부에 직접 영향을 미치는 공법상의 법률관계를 다투는 것이므로 행정소송법상 당사자소송을 제기하여야 한다[판례2].

이 경우 관리처분계획 등에 관한 행정청의 인가가 있으면, 관리처분계획과 같은 처분에 관한 조합총회결의의 효력을 다투려면 총회결의의 하자를 이유로 하여 행정처분의 효력을 다투는 항고소송의 방법으로 관리처분계획 등의 취소 또는 무효확인을 구하여야 한다. 이 경우 총회결의부분만을 대상으로 그 효력을 다투는 확인의 소를 제기하는 것은 허용되지 않는다[판례3].

> [판례1] 관리처분계획의 법적 성질(=처분)
>
> "재건축조합이 행정주체의 지위에서 도시정비법 제48조에 따라 수립하는 관리처분계획은 정비사업의 시행 결과 조성되는 대지 또는 건축물의 권리귀속에 관한 사항과 조합원의 비용 분담에 관한 사항 등을 정함으로써 조합원의 재산상 권리·의무 등에 구체적이고 직접적인 영향을 미치게 되므로, 이는 구속적 행정계획으로서 재건축조합이 행하는 독립된 행정처분에 해당한다(대판 1996.2.

* 5급공채(2022년).

15, 94다31235 전원합의체, 대판 2007.9.6, 2005두11951 등 참조) (대판 2009.9.17, 2007다2428 전원합의체).”

[판례2] 주택재건축정비사업조합을 상대로 사업시행계획 또는 관리처분계획안에 대한 조합 총회결의의 효력을 다투는 소송의 법적 성질(=행정소송법상 당사자소송)

“행정주체인 재건축조합을 상대로 사업시행계획 또는 관리처분계획에 관한 조합 총회결의의 효력 등을 다투는 소송은 행정처분에 이르는 절차적 요건의 존부나 효력 유무에 관한 소송으로서 그 소송결과에 따라 행정처분의 위법 여부에 직접 영향을 미치는 공법상 법률관계에 관한 것이므로, 이는 행정소송법상의 당사자소송에 해당한다(대판 2009.9.17, 2007다2428 전원합의체 참조) (대판 2010.2.25, 2007다73598).”

[판례3] 관리처분계획 등에 대한 관할 행정청의 인가·고시가 있은 후에 총회결의의 하자를 이유로 그 결의 부분만을 따로 떼어내어 무효 등 확인의 소를 제기하는 것이 허용되는지 여부(소극)

“주택재건축정비사업조합이 도시정비법 제48조에 따라 수립한 관리처분계획에 대하여 관할 행정청의 인가·고시가 있게 되면 관리처분계획은 행정처분으로서 효력이 발생하게 되므로, 총회결의의 하자를 이유로 하여 행정처분의 효력을 다투는 항고소송의 방법으로 관리처분계획의 취소 또는 무효확인을 구하여야 하고, 그와 별도로 행정처분에 이르는 절차적 요건 중 하나에 불과한 총회결의 부분만을 따로 떼어내어 효력 유무를 다투는 확인의 소를 제기하는 것은 특별한 사정이 없는 한 허용되지 않는다(대판 2009.9.17, 2007다2428 전원합의체 참조) (대판 2012.3.29, 2010두7765).”

Ⅶ. 사업시행계획인가

사업시행자(제25조 제1항 및 제2항의 규정에 의한 공동시행의 경우를 포함하되, 사업시행자가 시장·군수인 경우 제외)는 정비사업을 시행하고자 하는 경우에는 제52조에 따른 사업시행계획서에 정관 등과 그 밖에 국토교통부령이 정하는 서류를 첨부하여 시장·군수에게 제출하고 사업시행계획인가를 받아야 한다. 인가받은 내용을 변경하거나 정비사업을 중지 또는 폐지하고자 하는 경우에도 또한 같다. 다만, 대통령령이 정하는 경미한 사항을 변경하고자 하는 때에는 시장·군수에게 이를 신고하여야 한다(도시정비법 50 ①).

[판례] 사업시행계획에서 정한 사업시행기간이 도과된 경우, 사업시행계획 및 그에 기초하여 이루어진 사업시행의 법적 효과가 소급하여 효력을 상실하여 무효로 되는지 여부(소극)

“도시정비법에 따라 설립된 정비사업조합에 의하여 수립된 사업시행계획에서 정한 사업시행기간

> 이 도과하였더라도, 유효하게 수립된 사업시행계획 및 그에 기초하여 사업시행기간 내에 이루어진 토지의 매수·수용을 비롯한 사업시행의 법적 효과가 소급하여 효력을 상실하여 무효로 된다고 할 수 없다(대판 2016.12.1, 2016두34905[사업시행계획무효확인])."

사업시행계획인가의 법적 성질에 관하여는 논란이 있으나, 판례는 ① 도시환경정비사업조합이 수립한 사업시행계획의 인가는 강학상 인가이지만(대판 2010.12.9, 2010두1248), ② 토지 등 소유자가 직접 시행하는 도시환경정비사업에서 토지 등 소유자에 대한 사업시행인가는 강학상 특허라고 하고 있다(대판 2015.6.11, 2013두15262).

사업시행자(시장·군수등 또는 토지주택공사등은 제외)는 사업시행계획인가를 신청하기 전에 미리 총회의 의결을 거쳐야 하며, 인가받은 사항을 변경하거나 정비사업을 중지 또는 폐지하려는 경우에도 또한 같다(도시정비법 50 ⑤). 지정개발자가 정비사업을 시행하려는 경우에는 사업시행계획인가를 신청하기 전에 토지등소유자의 과반수의 동의 및 토지면적의 2분의 1 이상의 토지소유자의 동의를 받아야 한다(도시정비법 50 ⑦).

Ⅷ. 관리처분계획의 인가

관리처분계획이란 정비사업 시행자가 분양신청기간이 종료된 때 수립하는 대지 및 건축시설에 관한 관리 및 처분에 관한 계획을 말한다. 관리처분계획은 재산권에 대한 구체적인 권리관계에 변동을 가져오는 것으로서 항고소송의 대상이 되는 처분임은 이미 언급하였다.

사업시행자는 제72조에 따른 분양신청기간이 종료된 때에는 분양신청의 현황을 기초로 다음 각 호의 사항이 포함된 관리처분계획을 수립하여 시장·군수등의 인가를 받아야 하며, 관리처분계획을 변경·중지 또는 폐지하려는 경우에도 또한 같다. 다만, 대통령령으로 정하는 경미한 사항을 변경하려는 경우에는 시장·군수등에게 신고하여야 한다(도시정비법 74 ①).

1. 분양설계
2. 분양대상자의 주소 및 성명
3. 분양대상자별 분양예정인 대지 또는 건축물의 추산액(임대관리 위탁주택에 관한 내용을 포함한다)
4. 일반 분양분, 기업형임대주택, 임대주택, 그 밖에 부대시설·복리시설 등에 해당하는 보류지 등의 명세와 추산액 및 처분방법. 다만, 기업형임대주택의 경우에는 제30조 제1항에 따라 선정된 기업형임대사업자의 성명 및 주소(법인인 경우에는 법인의 명칭 및 소재지와 대표자의 성명 및 주소)를 포함한다.
5. 분양대상자별 종전의 토지 또는 건축물 명세 및 사업시행계획인가 고시가 있은 날을 기준

으로 한 가격(사업시행계획인가 전에 제81조제3항에 따라 철거된 건축물은 시장·군수등에게 허가를 받은 날을 기준으로 한 가격)

6. 정비사업비의 추산액(재건축사업의 경우에는 「재건축초과이익 환수에 관한 법률」에 따른 재건축부담금에 관한 사항을 포함한다) 및 그에 따른 조합원 분담규모 및 분담시기
7. 분양대상자의 종전 토지 또는 건축물에 관한 소유권 외의 권리명세
8. 세입자별 손실보상을 위한 권리명세 및 그 평가액
9. 그 밖에 정비사업과 관련한 권리 등에 관하여 대통령령으로 정하는 사항

시장·군수의 인가는 사업시행자의 관리처분계획의 효력을 완성시키는 보충행위로서 강학상 인가에 해당한다(대판 2001.12.11, 2001두7541).

한편 도시정비법 제74조 제1항 제5호의 '사업시행인가 고시일'은 '최초 사업시행계획 인가 고시일'을 의미한다(대판 2015.11.26, 2014두15528; 대판 2018.7.26, 2017두33987).

[판례] 구 도시정비법 제69조 제1항 제6호에 규정된 '관리처분계획의 수립'에 관리처분계획의 주요 부분을 실질적으로 변경하는 것이 포함되는지 여부

"법령의 규정체계, 취지와 목적 등에 비추어 살펴보면, 구 도시정비(2015.9.1. 법률 제13508호로 개정되기 전의 것) 제69조 제1항 제6호에서 정한 "관리처분계획의 수립"에는 경미한 사항이 아닌 관리처분계획의 주요 부분을 실질적으로 변경하는 것이 포함된다고 해석함이 타당하고, 이러한 해석이 죄형법정주의 내지 형벌법규 명확성의 원칙을 위반하였다고 보기 어렵다(대판 2019.9.25, 2016도1306[업무상배임 등])."

Ⅸ. 건축물 등의 사용·수익의 중지 및 철거 등

제78조 제4항에 따른 관리처분계획인가의 고시가 있은 때에는 종전의 토지 또는 건축물의 소유자·지상권자·전세권자·임차권자 등 권리자는 제86조에 따른 이전고시가 있는 날까지 종전의 토지 또는 건축물을 사용하거나 수익할 수 없다. 다만, ① 사업시행자의 동의를 받은 경우 또는 ② 토지보상법에 따른 손실보상이 완료되지 아니한 경우에는 그러하지 아니하다(도시정비법 81 ①).

[판례] 토지보상법 제78조 등에서 정한 주거이전비 등의 지급절차가 이루어지지 않은 경우, 주택재개발정비사업의 시행자가 종전 토지나 건축물을 사용·수익하고 있는 현금청산대상자를 상대로 부당이득반환을 청구할 수 있는지 여부(소극)

"(구)도시 및 주거환경정비법 제49조 제6항(현 제81조 제1항)은 '관리처분계획의 인가·고시가 있은 때에는 종전의 토지 또는 건축물의 소유자·지상권자·전세권자·임차권자 등 권리자는 제54조의 규정에 의한 이전의 고시가 있은 날까지 종전의 토지 또는 건축물에 대하여 이를 사용하거나 수익할 수 없다. 다만 사업시행자의 동의를 받거나 제40조 및 토지보상법에 따른 손실보상이 완료되지 아니한 권리자의 경우에는 그러하지 아니하다.'고 정한다. 이 조항은 토지보상법 제43조에 대한 특별 규정으로서, 사업시행자가 현금청산대상자나 임차인 등에 대해서 종전의 토지나 건축물의 인도를 구하려면 관리처분계획의 인가·고시만으로는 부족하고 구 도시정비법 제49조 제6항 단서에서 정한 대로 토지보상법에 따른 손실보상이 완료되어야 한다.

…

구 도시정비법 제49조 제6항 단서에서 정한 토지보상법에 따른 손실보상이 완료되려면 협의나 수용재결에서 정해진 토지나 건축물 등에 대한 보상금의 지급 또는 공탁뿐만 아니라 주거이전비 등에 대한 지급절차까지 이루어져야 한다. 만일 협의나 재결절차 등에 따라 주거이전비 등의 지급절차가 이루어지지 않았다면 관리처분계획의 인가·고시가 있더라도 분양신청을 하지 않거나 철회하여 현금청산대상자가 된 자는 종전의 토지나 건축물을 사용·수익할 수 있다. 위와 같이 주거이전비 등을 지급할 의무가 있는 주택재개발정비사업의 시행자가 종전 토지나 건축물을 사용·수익하고 있는 현금청산대상자를 상대로 부당이득반환을 청구하는 것은 허용되지 않는다(대판 2021.7.29, 2019다300477[부당이득금])."

※ 유사판결: 대판 2023.8.18, 2021다249810

[판례] 주택재개발사업의 사업시행자가 현금청산대상자나 세입자로부터 정비구역 내 토지 또는 건축물을 인도받기 위해서는 협의나 재결절차 등에 의하여 결정되는 주거이전비 등도 지급하여야 하는지 여부(적극)

"사업시행자가 현금청산대상자나 세입자에 대해서 종전의 토지나 건축물의 인도를 구하려면 관리처분계획의 인가·고시만으로는 부족하고 구 도시정비법 제49조 제6항 단서(현 제81조 제1항)에서 정한 토지보상법에 따른 손실보상이 완료되어야 한다.

… 그러므로 주택재개발사업의 사업시행자가 공사에 착수하기 위하여 현금청산대상자나 세입자로부터 정비구역 내 토지 또는 건축물을 인도받기 위해서는 협의나 재결절차 등에 의하여 결정되는 주거이전비 등도 지급할 것이 요구된다. 만일 사업시행자와 현금청산대상자나 세입자 사이에 주거이전비 등에 관한 협의가 성립된다면 사업시행자의 주거이전비 등 지급의무와 현금청산대상자나 세입자의 부동산 인도의무는 동시이행의 관계에 있게 되고, 재결절차 등에 의할 때에는 주거이전비 등의 지급절차가 부동산 인도에 선행되어야 한다(대판 2021.6.30, 2019다207813[부동산인도청구의 소])."

제 4 절 도시재정비촉진을 위한 특별법

Ⅰ. 목적

이 법은 도시의 낙후된 지역에 대한 주거환경의 개선, 기반시설의 확충 및 도시기능의 회복을 위한 사업을 광역적으로 계획하고 체계적·효율적으로 추진하기 위하여 제정된 것이다(도시재정비법 1).

Ⅱ. 재정비촉진지구의 지정

1. 재정비촉진지구의 정의

재정비촉진지구란 도시의 낙후된 지역에 대한 주거환경의 개선, 기반시설의 확충 및 도시기능의 회복을 광역적으로 계획하고 체계적·효율적으로 추진하기 위하여 지정하는 지구를 말한다. 이 경우 지구의 특성에 따라 다음 각 목의 유형으로 구분한다(도시재정비법 2 1호).

가. 주거지형: 노후·불량 주택과 건축물이 밀집한 지역으로서 주로 주거환경의 개선과 기반시설의 정비가 필요한 지구

나. 중심지형: 상업지역, 공업지역 등으로서 토지의 효율적 이용과 도심 또는 부도심 등의 도시기능의 회복이 필요한 지구

다. 고밀복합형: 주요 역세권, 간선도로의 교차지 등 양호한 기반시설을 갖추고 있어 대중교통 이용이 용이한 지역으로서 도심 내 소형주택의 공급 확대, 토지의 고도이용과 건축물의 복합개발이 필요한 지구

2. 재정비촉진지구 지정의 신청

시장(서울특별시·광역시 및 특별자치시를 제외한 인구 50만 이상 대도시의 시장에 대하여는 재정비촉진사업이 필요하다고 인정되는 지역이 그 관할지역 및 다른 시·군·구에 걸쳐 있는 경우로 한정)·군수·구청장(자치구의 구청장)은 특별시장·광역시장 또는 도지사에게 재정비촉진지구의 지정을 신청할 수 있다(도시재정비법 4 ①).

3. 재정비촉진지구의 지정

특별시장·광역시장 또는 도지사는 재정비촉진지구의 지정을 신청받은 경우에는 관계 행정기관의 장과 협의를 거쳐 지방도시계획위원회의 심의를 거쳐 재정비촉진지구를 지정한다(도시재정비

법 5 ①).

4. 재정비촉진지구 지정의 요건

재정비촉진지구는 다음 각 호의 어느 하나 이상에 해당하는 경우에 지정할 수 있다(도시재정비법 6 ②).

1. 노후·불량 주택과 건축물이 밀집한 지역으로서 주로 주거환경의 개선과 기반시설의 정비가 필요한 경우
2. 상업지역, 공업지역 등으로서 토지의 효율적 이용과 도심 또는 부도심 등의 도시기능의 회복이 필요한 경우
3. 주요 역세권, 간선도로의 교차지 등 양호한 기반시설을 갖추고 있어 대중교통 이용이 용이한 지역으로서 도심 내 소형주택의 공급 확대, 토지의 고도이용과 건축물의 복합개발이 필요한 경우
4. 제2조 제2호 각 목에 따른 여러 사업을 체계적·계획적으로 개발할 필요가 있는 경우
5. 그 밖에 대통령령으로 정하는 경우

Ⅲ. 재정비촉진계획

1. 재정비촉진계획의 수립

시장·군수·구청장은 토지 이용에 관한 계획, 인구·주택 수용계획, 기반시설 설치계획, 공원·녹지 조성 및 환경보전 계획, 교통계획, 경관계획, 재정비촉진구역 지정에 관한 사항, 기반시설의 비용분담계획 등의 사항을 포함한 재정비촉진계획을 수립하여 특별시장·광역시장 또는 도지사에게 결정을 신청하여야 한다. 이 경우 재정비촉진지구가 둘 이상의 시·군·구의 관할지역에 걸쳐 있는 경우에는 관할 시장·군수·구청장이 공동으로 이를 수립한다(도시재정비법 9 ①).

제1항에도 불구하고 시·군·구 간의 협의가 어려운 경우나 제5조 제3항에 따라 특별시장·광역시장 또는 도지사가 직접 재정비촉진지구를 지정한 경우에는 특별시장·광역시장 또는 도지사가 직접 재정비촉진계획을 수립할 수 있으며, 같은 조 제4항에 따라 특별자치시장, 특별자치도지사 또는 대도시 시장이 직접 재정비촉진지구를 지정한 경우에는 특별자치시장, 특별자치도지사 또는 대도시 시장이 직접 재정비촉진계획을 수립한다(도시재정비법 9 ②).

2. 재정비촉진계획의 결정

특별시장·광역시장 또는 도지사가 시장·군수·구청장으로부터 재정비촉진계획의 결정을 신

청받은 경우나 시·도지사 또는 대도시 시장이 직접 재정비촉진계획을 수립한 경우에는 관계 행정기관의 장과 협의하고 해당 시·도 또는 대도시에 두는 지방도시계획위원회 심의 또는 건축위원회와 지방도시계획위원회가 공동으로 하는 심의를 거쳐 결정하거나 변경하여야 한다. 다만, 대통령령으로 정하는 경미한 사항을 변경하는 경우에는 그러하지 아니하다(도시재정비법 12 ①).

Ⅳ. 재정비촉진사업의 시행

1. 정의

재정비촉진사업이란 재정비촉진지구에서 시행되는 다음 각 목의 사업을 말한다(도시재정비법 2 2호).

가. 도시 및 주거환경정비법에 따른 주거환경개선사업, 재개발사업 및 재건축사업, 빈집 및 소규모 주택 정비에 관한 특례법에 따른 가로주택정비사업, 소규모재건축사업 및 소규모재개발사업

나. 도시개발법에 따른 도시개발사업

다. 도시재생 활성화 및 지원에 관한 특별법에 따른 주거재생혁신지구의 혁신지구재상사업

라. 공공주택 특별법에 따른 도심 공공주택 복합사업

마. 전통시장 및 상점가 육성을 위한 특별법에 따른 시장정비사업

바. 국토의 계획 및 이용에 관한 법률에 따른 도시·군계획시설사업

2. 사업시행자

재정비촉진사업은 제2조 제2호 각 목의 관계 법령에 따른 사업시행자가 시행한다. 다만, 제2조 제2호 가목에 따른 사업은 도시 및 주거환경정비법에도 불구하고 토지등소유자의 과반수가 동의한 경우에는 특별자치시장, 특별자치도지사, 시장·군수·구청장이 재정비촉진사업을 직접 시행하거나 한국토지주택공사나 지방공사를 사업시행자로 지정할 수 있다(도시재정비법 15 ①).

우선사업구역의 재정비촉진사업은 관계 법령에도 불구하고 토지등소유자의 과반수의 동의를 받아 특별자치시장, 특별자치도지사, 시장·군수·구청장이 직접 시행하거나 총괄사업관리자를 사업시행자로 지정하여 시행하도록 하여야 한다(도시재정비법 15 ②).

Ⅴ. 지원

도시재정비 촉진을 위한 특별법은 재정비촉진사업의 원활한 시행을 위하여 건축규제의 완화

등에 관한 특례(도시재정비법 19)·주택의 규모 및 건설비율의 특례(도시재정비법 20)·도시개발사업의 시행에 관한 특례(도시재정비법 21)·지방세의 감면(도시재정비법 22)·과밀부담금의 면제(도시재정비법 23)·특별회계의 설치(도시재정비법 24)와 같은 특례 및 지원규정을 두고 있다.

제 5 절 도시재생 활성화 및 지원에 관한 특별법

Ⅰ. 기존 도시정비법률의 문제점 및 특별법의 제정

도시재생과 관련된 기존의 법률들은 시대적 여건에 따라 단편적·개별적으로 제정·통합되어 왔다. 그런데 상위계획과의 연계 없이 개별 사업단위의 문제해결방식을 취하여 온 결과, 불필요한 사업 중복·개별법에 의한 산발적 추진·관련법간의 일관성 부족 등의 문제가 발생하였다.

특히 공공재원이 부족하고 공공부문 지원에 대하여 명목적으로만 규정되어 있다는 점도 문제이다. 구체적으로는 도시재정비법상 특별회계에 관한 규정은 있으나 적립액이 미미하여 제대로 기능을 못하고 있고, 기반시설 설치 등에 관한 공공지원에 대한 기준이 없어 실제로는 예산상의 문제로 대규모 재정비촉진사업 진행시 기반시설 확보가 어려운 실정이다.

그리고 거의 대부분의 도시재정비사업이 사업성에 의존한 민간개발 위주로 이루어지고 있고, 아파트 위주의 재정비사업으로 인하여 도시경관이 획일화되는 등의 문제도 있다.

이러한 문제를 해결하기 위해서는 도시정비를 위한 통일적 법제를 마련하여 종합적이고 체계적으로 도시재생을 추진할 수 있도록 하는 것이 바람직하지만, 단기적으로는 특히 도시낙후지역에 대한 도시재생을 위하여 공공의 역할을 정립하고 공공지원책을 마련하는 것을 내용으로 하는 특별법의 제정이 꾸준히 요구되었다.

이에 따라 현행 제도로는 도시재생에 필요한 각종 물리적·비물리적 사업을 시민의 관심과 의견을 반영하여 체계적·효과적으로 추진하기 어려우므로, 계획적이고 종합적인 도시재생 추진체제를 구축하고, 물리적·비물리적 지원을 통해 민간과 정부의 관련 사업들이 실질적인 도시재생으로 이어지도록 하기 위하여 도시재생 활성화 및 지원을 위한 특별법이 제정되게 되었다.

이 법이 제정됨으로써 기존 법제를 통한 기존의 도시정비 및 개발사업을 그대로 유지하면서도 도시쇠퇴지역에 대한 환경개선과 이에 대한 별도의 지원이 가능해지게 되었다. 다만 이 법의 효과적 시행을 위해서는 ① 도시재생계획(국가도시재생기본방침－도시재생전략계획－도시재생활성화계획) 및 도시재생선도지역의 지정이 체계적·합리적으로 이루어져야 하고, ② 도시재생법에 별도의 규정은 없지만, 기존 도시·군계획과의 조화도 필요하다. ③ 그리고 무엇보다도 국가의 재정지원이 관건인데, 특히 특별회계가 유명무실해지면 이 법의 제정이 사실상 의미가 없어진다는 점에서 특별회계가 효과적으로 운용될 수 있도록 하여야 한다.

Ⅱ. 특별법의 주요내용

1. 도시재생의 정의

도시재생이란 인구의 감소, 산업구조의 변화, 도시의 무분별한 확장, 주거환경의 노후화 등으로 쇠퇴하는 도시를 지역역량의 강화, 새로운 기능의 도입·창출 및 지역자원의 활용을 통하여 경제적·사회적·물리적·환경적으로 활성화시키는 것을 말한다(도시재생법 2 ① 1호).

2. 국가도시재생기본방침의 수립

국가도시재생기본방침이란 도시재생을 종합적·계획적·효율적으로 추진하기 위하여 수립하는 국가 도시재생전략을 말한다(도시재생법 2 ① 2호).

국토교통부장관은 도시재생 활성화를 위한 국가도시재생기본방침을 10년마다 수립하여야 하며, 필요한 경우 5년마다 그 내용을 재검토하여 정비할 수 있다(도시재생법 4 ①).

국가도시재생기본방침은 국토기본법 제6조 제2항 제1호에 따른 국토종합계획의 내용에 부합하여야 한다(도시재생법 4 ②).

3. 도시재생위원회의 설치

도시재생에 관한 정책을 종합적이고 효율적으로 추진하기 위하여 국무총리 소속으로 도시재생특별위원회를 두고, 도시재생전략계획과 도시재생활성화계획의 심의 등을 위해 지방자치단체에 지방도시재생위원회를 둘 수 있다(도시재생법 7, 8).

4. 도시재생지원기구 등의 설치

도시재생전략계획 및 도시재생활성화계획의 수립 지원, 도시재생사업시행의 지원, 전문가 육성·파견 등을 위해 도시재생지원기구(중앙)와 도시재생지원센터(지방)를 설치한다(도시재생법 10, 11).

5. 도시재생전략계획의 수립

도시재생전략계획이란 전략계획수립권자가 국가도시재생기본방침을 고려하여 도시 전체 또는 일부 지역, 필요한 경우 둘 이상의 도시에 대하여 도시재생과 관련한 각종 계획, 사업, 프로그램, 유형·무형의 지역자산 등을 조사·발굴하고, 도시재생활성화지역을 지정하는 등 도시재생 추진전략을 수립하기 위한 계획을 말한다(도시재생법 2 ① 3호).

전략계획수립권자는 도시재생전략계획을 10년 단위로 수립하고, 필요한 경우 5년 단위로 정비하여야 한다(도시재생법 12 ①).

여기에서 전략계획수립권자란 특별시장·광역시장·특별자치시장·특별자치도지사·시장 또는 군수(광역시 관할구역에 있는 군의 군수는 제외한다)를 말한다(도시재생법 2 ① 4호).

6. 도시재생활성화계획의 수립

도시재생활성화계획이란 도시재생전략계획에 부합하도록 도시재생활성화지역[2]에 대하여 국가, 지방자치단체, 공공기관 및 지역주민 등이 지역발전과 도시재생을 위하여 추진하는 다양한 도시재생사업을 연계하여 종합적으로 수립하는 실행계획을 말하며, 주요 목적 및 성격에 따라 다음 각 목의 유형으로 구분한다(도시재생법 2 ① 6호).

가. 도시경제기반형 활성화계획: 산업단지, 항만, 공항, 철도, 일반국도, 하천 등 국가의 핵심적인 기능을 담당하는 도시·군계획시설의 정비 및 개발과 연계하여 도시에 새로운 기능을 부여하고 고용기반을 창출하기 위한 도시재생활성화계획

나. 근린재생형 활성화계획: 생활권 단위의 생활환경 개선, 기초생활인프라 확충, 공동체 활성화, 골목경제 살리기 등을 위한 도시재생활성화계획

전략계획수립권자는 도시재생활성화지역에 대해 도시재생활성화계획을 수립할 수 있고, 구청장 등은 도시재생활성화지역에 대해 근린재생형 활성화계획을 수립할 수 있다(도시재생법 19).

7. 도시재생사업의 시행

(1) 도시재생사업의 정의

도시재생사업이란 다음 각 목의 사업을 말한다(도시재생법 2 ① 7호).

가. 도시재생활성화지역에서 도시재생활성화계획에 따라 시행하는 다음 어느 하나의 사업

1) 국가 차원에서 지역발전 및 도시재생을 위하여 추진하는 일련의 사업
2) 지방자치단체가 지역발전 및 도시재생을 위하여 추진하는 일련의 사업
3) 주민 제안에 따라 해당 지역의 물리적·사회적·인적 자원을 활용함으로써 공동체를 활성화하는 사업
4) 도시 및 주거환경정비법에 따른 정비사업 및 도시재정비 촉진을 위한 특별법에 따른

---

2) "도시재생활성화지역"이란 국가와 지방자치단체의 자원과 역량을 집중함으로써 도시재생을 위한 사업의 효과를 극대화하려는 전략적 대상지역으로 그 지정 및 해제를 도시재생전략계획으로 결정하는 지역을 말한다(도시재생법 2 ① 5호).

재정비촉진사업

5) 도시개발법에 따른 도시개발사업 및 역세권의 개발 및 이용에 관한 법률에 따른 역세권개발사업

6) 산업입지 및 개발에 관한 법률에 따른 산업단지개발사업 및 산업단지 재생사업

7) 항만 재개발 및 주변지역 발전에 관한 법률에 따른 항만재개발사업

8) 전통시장 및 상점가 육성을 위한 특별법에 따른 상권활성화사업 및 시장정비사업

9) 국토의 계획 및 이용에 관한 법률에 따른 도시·군계획시설사업 및 시범도시(시범지구 및 시범단지를 포함한다) 지정에 따른 사업

10) 경관법에 따른 경관사업

11) 빈집 및 소규모주택 정비에 관한 특례법에 따른 빈집정비사업 및 소규모주택정비사업

12) 공공주택 특별법에 따른 공공주택사업

13) 민간임대주택에 관한 특별법에 따른 공공지원민간임대주택 공급에 관한 사업

14) 그 밖에 도시재생에 필요한 사업으로서 대통령령으로 정하는 사업

나. 혁신지구에서 혁신지구계획 및 시행계획에 따라 시행하는 사업(이하 "혁신지구재생사업"이라 한다)

다. 도시재생전략계획이 수립된 지역에서 제26조의2에 따라 도시재생활성화지역과 연계하여 시행할 필요가 있다고 인정하는 사업(이하 "도시재생 인정사업"이라 한다)

(2) 도시재생사업의 시행자

도시재생사업 중 다른 법률에서 사업시행자에 대하여 별도로 규정하지 아니한 사업의 경우에는 지방자치단체, 대통령령으로 정하는 공공기관, 지방공기업, 도시재생활성화지역 내의 토지 소유자, 마을기업·사회적기업·사회적협동조합 등 지역 주민 단체 중에서 전략계획수립권자 또는 구청장등이 사업시행자를 지정할 수 있다(도시재생법 26 ①).

(3) 도시재생인정사업

전략계획수립권자는 도시재생전략계획이 수립된 지역으로서 제4조 제3항 제6호에 따른 기초생활인프라의 국가적 최저기준에 미달하는 지역 또는 제13조 제4항 각 호의 요건 중 2개 이상을 갖춘 지역에서 도시재생활성화지역과 연계하여 시행할 필요가 있는 ① 빈집 및 소규모주택 정비에 관한 특례법에 따른 빈집정비사업 및 소규모주택정비사업, ② 공공주택 특별법에 따른 공공주택사업, ③ 민간임대주택에 관한 특별법에 따른 공공지원민간임대주택 공급에 관한 사업, ④ 도시재생기반시설 설치·정비 사업, ⑤ 도시의 기능을 향상시키고 고용기반을 창출하기 위하여 필요한 건축물의 건축, 리모델링, 대수선, ⑥ 도시재생전략계획의 효과를 제고하기 위하여 대통령령으로 정하

는 사업 중 어느 하나에 해당하는 사업을 도시재생사업으로 인정할 수 있다(도시재생법 26조의2 ①).

(4) 도시재생총괄사업자

전략계획수립권자 또는 구청장등은 도시재생사업을 체계적이고 효율적으로 추진하기 위하여 ① 공공기관의 운영에 관한 법률에 따른 공공기관 중 대통령령으로 정하는 기관, ② 지방공기업법에 따른 지방공사, ③ 도시재생사업을 시행할 목적으로 설립한 법인으로서 지방자치단체, 제1호 또는 제2호에 해당하는 자가 총 지분의 100분의 50을 초과하여 출자한 법인 중 어느 하나에 해당하는 자를 도시재생 총괄사업관리자로 지정할 수 있다(도시재생법 26조의3 ①).

8. 도시재생활성화를 위한 지원

국가 또는 지방자치단체는 도시재생활성화를 위해 도시재생기반시설의 설치·정비에 필요한 비용 등에 대하여 그 비용의 전부 또는 일부를 해당 사업 또는 업무를 수행하는 자에게 보조하거나 융자할 수 있다(도시재생법27 ①).

전략계획수립권자는 도시재생활성화 및 도시재생사업의 촉진과 지원을 위하여 도시재생특별회계를 설치·운용할 수 있다(도시재생법 28 ①).

국토교통부장관은 도시재생활성화를 위해 관련 정보 및 통계를 개발·검증·관리하는 도시재생종합정보체계를 구축하여야 한다(도시재생법 29 ①).

국가 및 지방자치단체는 도시재생 활성화를 위하여 필요한 경우에는 도시재생사업의 시행자에 대하여 조세특례제한법 및 지방세특례제한법에서 정하는 바에 따라 법인세·소득세·취득세·등록면허세 및 재산세 등의 조세를 감면할 수 있다(도시재생법 31 ①).

전략계획수립권자 또는 구청장등은 도시재생사업의 촉진을 위해 건폐율, 용적률, 주차장 설치기준 및 높이 제한 등의 건축규제에 대한 예외를 둘 수 있다(도시재생법 32).

9. 도시재생선도지역의 지정

도시재생선도지역이란 도시재생을 긴급하고 효과적으로 실시하여야 할 필요가 있고 주변지역에 대한 파급효과가 큰 지역으로, 국가와 지방자치단체의 시책을 중점 시행함으로써 도시재생 활성화를 도모하는 지역을 말한다(도시재생법 2 ① 8호).

국토교통부장관은 도시재생이 시급하거나 도시재생사업의 파급효과가 큰 지역을 직접 또는 전략계획수립권자의 요청에 따라 도시재생선도지역으로 지정할 수 있고(도시재생법 33 ①), 전략계획수립권자 및 구청장등은 제33조에 따라 지정된 도시재생선도지역에 대하여 도시재생전략계획의 수립 여부와 관계없이 도시재생활성화계획을 수립할 수 있다(도시재생법 34 ①).

10. 특별재생지역

도시재생법은 2018.4.17. 개정을 통하여 새로 특별지역재생에 관한 제7장을 신설하였다. 특별재생지역이란 재난 및 안전관리 기본법에 따른 특별재난지역으로 선포된 지역 중 피해지역의 주택 및 기반시설 등 정비, 재난 예방 및 대응, 피해지역 주민의 심리적 안정 및 지역공동체 활성화를 위하여 국가와 지방자치단체가 도시재생을 긴급하고 효과적으로 실시하여야 할 필요가 있는 지역을 말한다(도시재생법 2 ① 8의2호).

국토교통부장관은 「재난 및 안전관리 기본법」에 따른 특별재난지역으로 선포된 지역 중 대규모재난피해가 발생한 일부 지역을 전략계획수립권자의 요청에 따라 특별재생지역으로 지정할 수 있고, 이 경우 특별재생지역은 제13조 제4항에도 불구하고 도시재생활성화지역으로 지정된 것으로 본다(도시재생법 35 ①). 전략계획수립권자는 제35조에 따라 지정된 특별재생지역에 대하여 도시재생전략계획의 수립 여부와 관계없이 도시재생활성화계획(특별재생계획)을 수립할 수 있다(도시재생법 36 ①).

11. 혁신지구의 지정 등

한편 2019.8.27. 법개정에 따라 혁신지구의 지정 등에 관한 제8장이 신설되었다. '도시재생혁신지구(혁신지구)'란 도시재생을 촉진하기 위하여 산업·상업·주거·복지·행정 등의 기능이 집적된 지역 거점을 우선적으로 조성할 필요가 있는 지역으로 이 법에 따라 지정·고시되는 지구를 말한다(도시재생법 2 ① 6의2). 전략계획수립권자는 제13조 제4항 각 호의 요건 중 2개 이상을 갖춘 지역의 전부 또는 일부에 대한 도시재생사업의 계획(혁신지구계획)을 확정하거나 승인을 받아 혁신지구를 지정할 수 있다(도시재생법 41).

제 5 장 부동산법

제 1 절 개설

부동산법은 부동산에 관한 법을 총칭하는 개념으로, 보다 엄격하게는 이를 다시 부동산공법과 부동산사법으로 구분할 수 있다. 우리나라에서는 건축행정법을 토지공법이라고 부르는 경우가 보다 일반적인데, 토지공법을 부동산공법과 같은 개념으로 사용하는 경우도 있다.

그러나 본서는 건축행정법을 공간계획을 중심으로 하는 토지이용·개발에 관한 건축계획법과 건축규제에 관한 법으로 보므로, 부동산법은 건축계획법 가운데 부동산에 관한 행정법으로 이해한다. 이렇게 볼 때, 부동산법에는 공간정보의 구축 및 관리등에 관한 법률, 부동산 가격공시에 관한 법률, 감정평가 및 감정평가사에 관한 법률, 부동산 거래신고 등에 관한 법률, 부동산등기법, 주택법, 건축물의 분양에 관한 법률, 종합부동산세법을 비롯한 부동산세법 등의 법률이 포함된다.

이하에서는 이 가운데 부동산 가격공시에 관한 법률에 의한 부동산가격공시제와 부동산 거래신고 등에 관한 법률에 의한 부동산 거래신고와 토지거래허가에 관하여 살펴본다.

제 2 절 부동산가격공시

종래 지가공시 및 토지 등의 평가에 관한 법률이 2005.1.14. 전부개정되면서 부동산가격공시 및 감정평가에 관한 법률로 개명되었다.

지가공시 및 토지 등의 평가에 관한 법률에 의한 공시지가제도는 종래의 다원화된 평가기준, 즉 (구) 국토이용관리법상 기준지가·(구) 소득세법상 기준시가·(구) 지방세법상 과세시가표준액·(구) 감정평가에 관한 법률상 토지감정시가를 일원화하기 위한 것이었다. 2005년 개정된 부동산가격공시 및 감정평가에 관한 법률은 세부담의 형평성을 제고하기 위하여 주택에 대한 토지·건물 통합 과세를 내용으로 하는 부동산 보유세제 개편에 따라 현행 공시지가제도 외에 토지와 건물의 적정가격을 통합평가하여 공시하는 주택가격공시제도를 도입하고, 각 중앙행정기관별로 분산되어 있는 부동산가격의 평가체계를 일원화하였다.

그러나 부동산 가격공시 및 감정평가에 관한 법률에는 부동산 가격공시에 관한 사항과 감정평가사 및 감정평가사의 업무에 관한 사항이 함께 규정되어 있어 국민에게 오해를 초래할 수 있다는 문제가 있어 2016.1.19. 전부개정을 통하여 이를 부동산 가격공시에 관한 법률(부동산공시법)과 감정평가 및 감정평가사에 관한 법률로 분법하였다.

Ⅰ. 지가의 공시

1. 표준지공시지가

(1) 표준지공시지가의 의의

표준지공시지가라 함은 이 법의 규정에 의한 절차에 따라 국토교통부장관이 조사·평가하여 공시한 표준지의 단위면적당 가격을 말한다(부동산공시법 3 ①).

표준지공시지가는 토지시장의 지가정보를 제공하고 일반적인 토지거래의 지표가 되며, 국가·지방자치단체 등이 그 업무와 관련하여 지가를 산정하거나 감정평가법인등이 개별적으로 토지를 감정평가하는 경우에 그 기준이 된다(부동산공시법 9).

(2) 표준지공시지가의 조사·평가 및 공시

국토교통부장관은 토지이용상황이나 주변환경 그 밖의 자연적·사회적 조건이 일반적으로 유사하다고 인정되는 일단의 토지 중에서 선정한 표준지에 대하여 매년 공시기준일 현재의 단위면적당 적정가격을 조사·평가하고, 제24조의 규정에 따른 중앙부동산가격공시위원회의 심의를 거쳐 이를 공시하여야 한다(부동산공시법 3 ①).

(3) 표준지공시지가에 대한 이의신청

1) 이의신청

표준지공시지가에 대하여 이의가 있는 자는 표준지공시지가의 공시일부터 30일 이내에 서면(전자문서 포함)으로 국토교통부장관에게 이의를 신청할 수 있다(부동산공시법 7 ①).

국토교통부장관은 제1항에 따른 이의신청 기간이 만료된 날부터 30일 이내에 이의신청을 심사하여 그 결과를 신청인에게 서면으로 통지하여야 한다. 이 경우 국토교통부장관은 이의신청의 내용이 타당하다고 인정될 때에는 제3조에 따라 해당 표준지공시지가를 조정하여 다시 공시하여야 한다(부동산공시법 7 ②).

2) 행정소송과의 관계

판례는 표준지공시지가를 항고소송의 대상이 되는 처분으로 보고 있다. 따라서 판례에 의하면 이의신청 결과에 불복하는 자는 항고소송을 제기할 수 있다.

다만 판례는 이의신청절차를 행정소송의 필요적 전심절차로 보고 있는데[판례], 필요적 전심절차로 하려면, 예외적 행정심판치주의를 규정하고 있는 행정소송법 제18조 제1항 단서를 고려해서 이에 대한 명문의 규정을 두는 것이 바람직하다.

[판례] 개별토지 가격결정의 효력을 다투는 소송에서 표준지의 공시지가를 다툴 수 있는지 여부

"표준지로 선정된 토지의 공시지가에 불복하기 위하여는 (구) 지가공시및토지평가에관한법률(1995.12.29. 법률 제5108호로 개정되기 전의 것) 제8조 제1항 소정의 이의절차를 거쳐 처분청을 상대로 그 공시지가결정의 취소를 구하는 행정소송을 제기하여야 하는 것이고, 그러한 절차를 밟지 아니한 채 개별토지 가격결정의 효력을 다투는 소송에서 그 개별토지 가격산정의 기초가 된 표준지 공시지가의 위법성을 다툴 수 없다(대판 1998.3.24, 96누6851)."

(4) 표준지공시지가의 적용

제1호 각 목의 자가 제2호 각 목의 목적을 위하여 지가를 산정할 때에는 그 토지와 이용가치가 비슷하다고 인정되는 하나 또는 둘 이상의 표준지의 공시지가를 기준으로 토지가격비준표를 사용하여 지가를 직접 산정하거나 감정평가법인등에 감정평가를 의뢰하여 산정할 수 있다. 다만, 필요하다고 인정할 때에는 산정된 지가를 제2호 각 목의 목적에 따라 가감(加減) 조정하여 적용할 수 있다(부동산공시법 8).

1. 지가 산정의 주체
   가. 국가 또는 지방자치단체
   나. 「공공기관의 운영에 관한 법률」에 따른 공공기관
   다. 그 밖에 대통령령으로 정하는 공공단체
2. 지가 산정의 목적
   가. 공공용지의 매수 및 토지의 수용·사용에 대한 보상
   나. 국유지·공유지의 취득 또는 처분
   다. 그 밖에 대통령령으로 정하는 지가의 산정

(5) 표준지공시지가의 성질

1) 학설

표준지공시지가의 성질에 관하여는 ① 개별공시지가의 산정기준이 되는 일반·추상적 규율이

라는 입법행위설,[1] ② 일반적인 토지거래의 지표가 되는 데 불과한 대외적 구속력이 없는 행정계획의 일종이라는 행정계획설,[2] ③ 지가정보를 제공하는 사실행위에 불과하다는 사실행위설, ④ 구체적인 권리의무관계에 영향을 미치고 이의신청의 대상이 된다는 점에서 행정행위로 보는 행정행위설, ⑤ 법규명령의 성질을 가지는 고시의 성질에 준하는 것이므로 행정행위는 아니지만 처분성은 인정된다는 법규명령적 성질을 갖는 고시설[3] 등의 학설이 대립되고 있다.

2) 판례

위에서 언급한 바와 같이, 판례는 "표준지로 선정된 토지의 공시지가에 불복하기 위하여는 부동산공시법 소정의 이의절차를 거쳐 처분청을 상대로 그 공시지가결정의 취소를 구하는 행정소송을 제기하여야 하는 것"이라고 하여 표준지공시지가의 처분성을 인정하고 있다(대판 1998.3.24, 96누6851).

3) 결어

표준지공시지가는 그 자체로 국민의 권리의무관계에 직접적인 영향을 미치지 않으므로 처분성을 인정하기 어렵다. 표준지공시지가는 원칙적으로 토지거래의 지표가 되고 토지감정평가의 기준이 되는 것이므로 행정내부적인 일반·추상적 규율, 즉 일종의 행정규칙으로 보아야 할 것이다.

다만 표준지공시지가가 국민의 권리의무관계에 직접적인 영향을 미치는 경우에는 예외적으로 처분성이 인정될 수는 있을 것이다. 이와 관련하여 판례는 표준지공시지가가 보상금 산정의 기준이 되는 경우 수용보상금증액청구소송에서 '선행처분으로서 그 수용대상 토지가격산정의 기초가 된 비교표준지공시지가결정'의 위법을 독립한 사유로 주장할 수 있다고 보고 있다(대판 2008.8.21, 2007두13845).

한편 표준지로 선정된 토지에 대하여 해당 토지의 공시지가를 개별공시지가로 보는 경우(부동산공시법 10 ② 2문)에는 처분성이 인정되는데, 이는 표준지공시지가의 처분성이 아니라 개별공시지가의 처분성이 인정되는 것으로 보아야 할 것이다.

2. 개별공시지가

(1) 개별공시지가의 의의

개별공시지가란 공시지가의 공시기준일 현재 관할구역 안의 개별토지의 단위면적당 가격을 말한다(부동산공시법 10 ①).

---

1) 홍정선, 행정법특강, 1148면 이하.
2) 김성수, 개별행정법, 675면; 류지태/박종수, 행정법신론, 1164면; 정하중, 행정법개론, 1339면 이하.
3) 박균성, 행정법강의, 1419면 이하.

(2) 개별공시지가의 결정·공시 등

시장·군수 또는 구청장은 국세·지방세 등 각종 세금의 부과, 그 밖의 다른 법령에서 정하는 목적을 위한 지가산정에 사용되도록 하기 위하여 제25조에 따른 시·군·구부동산가격공시위원회의 심의를 거쳐 매년 공시지가의 공시기준일 현재 관할 구역 안의 개별토지의 단위면적당 가격을 결정·공시하고, 이를 관계 행정기관 등에 제공하여야 한다(부동산공시법 10 ①). 다만, 표준지로 선정된 토지, 조세 또는 부담금 등의 부과대상이 아닌 토지 그 밖에 대통령령이 정하는 토지에 대하여는 개별공시지가를 결정·공시하지 아니할 수 있다. 이 경우 표준지로 선정된 토지에 대하여는 당해 토지의 공시지가를 개별공시지가로 본다(부동산공시법 10 ②).

시장·군수 또는 구청장이 개별공시지가를 결정·공시하는 경우에는 당해 토지와 유사한 이용가치를 지닌다고 인정되는 하나 또는 둘 이상의 표준지의 공시지가를 기준으로 토지가격비준표를 사용하여 지가를 산정하되, 당해 토지의 가격과 표준지공시지가가 균형을 유지하도록 하여야 한다(부동산공시법 10 ④).

시장·군수 또는 구청장은 개별공시지가를 결정·공시하기 위하여 개별토지의 가격을 산정할 때에는 그 타당성에 대하여 감정평가법인등의 검증을 받고 토지소유자, 그 밖의 이해관계인의 의견을 들어야 한다. 다만, 시장·군수 또는 구청장은 감정평가법인등의 검증이 필요 없다고 인정되는 때에는 지가의 변동상황 등 대통령령으로 정하는 사항을 고려하여 감정평가법인등의 검증을 생략할 수 있다(부동산공시법 10 ⑤).

국토교통부장관은 지가공시 행정의 합리적인 발전을 도모하고 표준지공시지가와 개별공시지가와의 균형유지 등 적정한 지가형성을 위하여 필요하다고 인정하는 경우에는 개별공시지가의 결정·공시 등에 관하여 시장·군수 또는 구청장을 지도·감독할 수 있다(부동산공시법 10 ⑦).

(3) 개별공시지가의 효력

개별공시지가는 국세·지방세 등 각종 세금의 부과, 그 밖의 다른 법령에서 정하는 목적을 위한 지가산정에 사용되는데(부동산공시법 10 ①), 여기에서 다른 법령에서 개별공시지가가 지가산정에 사용되는 경우로는, 공직자윤리법에 의한 등록재산의 가액산정(공직자윤리법 4 ③), 소득세법에 의한 기준시가의 산정(소득세법 99 ①), 지방세법에 의한 부동산 등의 시가표준액의 산정(지방세법 4 ①), 농지법에 의한 농지보전부담금의 부과(농지법 38 ⑦), 상속세 및 증여세법에 의한 부동산 등의 평가(상속세 및 증여세법 61 ①) 등이 있다.

(4) 개별공시지가에 대한 이의신청

1) 이의신청

개별공시지가에 대하여 이의가 있는 자는 개별공시지가의 결정·공시일부터 30일 이내에 서면으로 시장·군수 또는 구청장에게 이의를 신청할 수 있다(부동산공시법 11 ①).

시장·군수 또는 구청장은 제1항의 규정에 따라 이의신청기간이 만료된 날부터 30일 이내에 이의신청을 심사하여 그 결과를 신청인에게 서면으로 통지하여야 한다. 이 경우 시장·군수 또는 구청장은 이의신청의 내용이 타당하다고 인정될 때에는 제10조에 따라 해당 개별공시지가를 조정하여 다시 결정·공시하여야 한다(부동산공시법 11 ②).

2) 행정소송과의 관계

판례는 개별공시지가의 처분성을 인정하고 있다. 따라서 개별공시지가결정이나 이의신청 결과에 불복하는 자는 항고소송을 제기할 수 있다.

[판례1] 토지초과이득세 등의 산정기준이 되는 개별토지가격결정이 항고소송 대상이 되는 행정처분인지 여부

"시장·군수 또는 구청장의 개별토지가격결정은 관계법령에 의한 토지초과이득세, 택지초과소유부담금 또는 개발부담금 산정의 기준이 되어 국민의 권리나 의무 또는 법률상 이익에 직접적으로 관계되는 것으로서 행정소송법 제2조 제1항 제1호 소정의 행정청이 행하는 구체적 사실에 관한 법집행으로서의 공권력행사이므로 항고소송의 대상이 되는 행정처분에 해당한다(대판 1994.2.8, 93누111)."

[판례2] 개별공시지가에 대하여 이의가 있는 자의 불복방법

"… 부동산 가격공시 및 감정평가에 관한 법률이 이의신청에 관하여 규정하고 있다고 하여 이를 행정심판법 제3조 제1항에서 행정심판의 제기를 배제하는 '다른 법률에 특별한 규정이 있는 경우'에 해당한다고 볼 수 없으므로, 개별공시지가에 대하여 이의가 있는 자는 곧바로 행정소송을 제기하거나 부동산 가격공시 및 감정평가에 관한 법률에 따른 이의신청과 행정심판법에 따른 행정심판 청구 중 어느 하나만을 거쳐 행정소송을 제기할 수 있을 뿐 아니라, 이의신청을 하여 그 결과 통지를 받은 후 다시 행정심판을 거쳐 행정소송을 제기할 수도 있다고 보아야 한다(대판 2010.1.28, 2008두19987)."

3) 하자의 승계

판례는 선행 개별공시지가와 후행 과세처분은 서로 별개의 독립된 처분으로 보고 있고, 따라서 원칙적으로 양 행위간의 하자의 승계를 인정하지 않는 것이 기본입장이다. 그러나 '위법한 개별공시지가를 기초로 한 과세처분 등 후행 행정처분에서 개별공시지가결정의 위법을 주장할 수 없도록 하는 것은 수인한도를 넘는 불이익을 강요하는 것'이므로, '개별공시지가결정 그 자체를 처분으로 보아 행정소송으로 그 위법 여부를 다툴 수 있음'은 물론 '이를 기초로 한 과세처분 등 행정처분의 취소를 구하는 행정소송에서도 선행처분인 개별공시지가결정의 위법을 독립된 위법사유로 주장할 수 있다'고 보고 있다(대판 1994.1.25, 93누8542).

(5) 개별공시지가의 성질

1) 학설

개별공시지가의 성질에 관하여는 ① 개별공시지가는 행정내부적으로만 효력을 가지는 일반·추상적 규율이라는 입법행위설,[4] ② 개발부담금 등의 부과처분의 기준이 되는 행정내부적인 구속력만 가지는 행정계획의 일종이라는 행정계획설, ③ 개별공시지가 그 자체로는 아무런 법적 효과도 가지지 아니하는 사실행위라는 사실행위설, ④ 구체적인 권리의무관계에 영향을 미치는 것으로서 행정행위 또는 일반처분으로 보는 행정행위설,[5] ⑤ 법규명령의 성질을 가지는 고시의 성질에 준하는 것이므로 행정행위는 아니지만 처분성은 인정된다는 법규명령적 성질을 갖는 고시설[6] 등의 학설이 대립되고 있다.

2) 판례

앞서 살펴본 바와 같이, 판례는 개별토지가격결정이 관계법령에 의한 개발부담금 등의 산정기준이 되어 국민의 권리의무관계에 직접적으로 관계된다는 점에서 항고소송의 대상이 되는 처분에 해당한다고 보고 있다(대판 1993.1.15, 92누12407; 대판 1994.2.8, 93누111).

3) 결어

개별공시지가는 개인에게 부과되는 각종 납부의무의 직접적인 산정기준으로서 납부의무를 형성하므로 국민의 구체적인 권리의무관계에 직접적인 영향을 미치는 행정행위로서의 성질을 가진다고 보아야 할 것이다. 따라서 개별공시지가결정에 처분성을 인정하는 판례의 입장은 타당하다.

---

4) 홍정선, 행정법특강, 1151면.
5) 김성수, 개별행정법, 677면; 정하중, 행정법개론, 1341면.
6) 박균성, 행정법강의, 1421면 이하.

Ⅱ. 주택가격의 공시

1. 단독주택가격의 공시

(1) 표준주택가격의 공시

국토교통부장관은 용도지역, 건물구조 등이 일반적으로 유사하다고 인정되는 일단의 단독주택 중에서 선정한 표준주택에 대하여 매년 공시기준일 현재의 적정가격(표준주택가격)을 조사·평가하고, 제24조에 따른 중앙부동산가격공시위원회의 심의를 거쳐 이를 공시하여야 한다(부동산공시법 16 ①).

(2) 개별주택가격의 공시

시장·군수 또는 구청장은 제25조에 따른 시·군·구부동산가격공시위원회의 심의를 거쳐 매년 표준주택가격의 공시기준일 현재 관할 구역 안의 개별주택가격을 결정·공시하고, 이를 관계행정기관 등에 제공하여야 한다(부동산공시법 17 ①). 다만, 표준주택으로 선정된 단독주택, 그 밖에 대통령령으로 정하는 단독주택에 대하여는 개별주택가격을 결정·공시하지 아니할 수 있다. 이 경우 표준주택으로 선정된 주택에 대하여는 해당 주택의 표준주택가격을 개별주택가격으로 본다. (부동산공시법 17 ②).

(3) 준용

표준주택가격공시에는 표준지 공시지가에 관한 조사·평가 및 공시 등, 조사협조, 열람 등, 이의신청, 타인토지에의 출입 등에 관한 규정들이 준용되고(부동산공시법 16 ⑦), 개별주택가격에 대한 이의신청 및 개별주택가격의 정정에 대해서는 개별공시지가에 대한 이의신청과 정정에 관한 규정이 준용된다(부동산공시법 17 ⑧).

(4) 단독주택가격공시의 성질

표준주택가격의 성질은 표준지공시지가의 성질과 유사하고, 개별주택가격의 성질은 개별공시지가의 성질과 유사하다.

2. 공동주택가격의 공시

국토교통부장관은 공동주택에 대하여 매년 공시기준일 현재의 적정가격(공동주택가격)을 조사·산정하여 제24조에 따른 중앙부동산가격공시위원회의 심의를 거쳐 공시하고, 이를 관계행정기관 등에 제공하여야 한다. 다만, 대통령령이 정하는 바에 따라 국세청장이 국토교통부장관과 협의하여 공동주택가격을 별도로 결정·고시하는 경우를 제외한다(부동산공시법 18 ①).

공동주택가격의 공시에는 표준지공시지가에 관한 조사협조, 열람 등, 이의신청, 타인토지에의 출입 등에 관한 규정이 준용된다(부동산공시법 18 ⑧).

공동주택가격의 성질은 개별주택가격의 경우와 유사하다.

3. 주택가격 공시의 효력

표준주택가격은 국가·지방자치단체 등이 그 업무와 관련하여 개별주택가격을 산정하는 경우에 그 기준이 된다(부동산공시법 19 ①).

개별주택가격 및 공동주택가격은 주택시장의 가격정보를 제공하고, 국가·지방자치단체 등이 과세 등의 업무와 관련하여 주택의 가격을 산정하는 경우에 그 기준으로 활용될 수 있다(부동산공시법 19 ②).

제 3 절 부동산 거래신고와 토지거래허가

종래 부동산의 거래에 대해서는 부동산 거래신고에 관한 법률상 부동산 거래신고, 외국인토지법상 외국인의 토지취득 신고·허가, 국토계획법상 토지거래허가로 제도가 분산·규정되어 있었는데, 2016.1.19. 이를 일원화하여 새로 부동산 거래신고 등에 관한 법률(부동산거래법)을 제정하여 2017.1.20.부터 시행하고 있다. 이 법은 부동산거래신고(제2장), 외국인의 토지취득 특례(제3장), 토지거래허가(제4장), 부동산 정보관리(제5장)을 규정하고 있는데, 이하에서는 부동산 거래신고와 토지거래허가를 살펴보기로 한다.

Ⅰ. 부동산 거래신고

1. 부동산 거래의 신고

부동산등의 매수인과 매도인(거래당사자)은 ① 부동산의 매매계약, ② 택지개발촉진법, 주택법 등 대통령령으로 정하는 법률에 따른 부동산에 대한 공급계약, ③ '제2호에 따른 계약을 통하여 부동산을 공급받는 자로 선정된 지위' 또는 '도시정비법 제74조에 따른 관리처분계획의 인가 및 빈집 및 소규모주택 정비에 관한 특례법 제29조에 따른 사업시행계획인가로 취득한 입주자로 선정된 지위'의 매매계약을 체결한 경우 그 실제 거래가격 등 대통령령으로 정하는 사항을 거래계약의 체결일부터 30일 이내에 그 권리의 대상인 부동산 등의 소재지를 관할하는 시장·군수 또는 구청장에게 공동으로 신고하여야 한다. 다만, 거래당사자 중 일방이 국가, 지방자치단체, 대통령령으로 정하는 자의 경우("국가 등")에는 국가 등이 신고를 하여야 한다(부동산거래법 3 ①).

제1항에도 불구하고 거래당사자 중 일방이 신고를 거부하는 경우에는 국토교통부령으로 정하는 바에 따라 단독으로 신고할 수 있다(부동산거래법 3 ②).

공인중개사법 제2조 제4호에 따른 개업공인중개사가 같은 법 제26조 제1항에 따라 거래계약서를 작성·교부한 경우에는 제1항에도 불구하고 해당 개업공인중개사가 같은 항에 따른 신고를 하여야 한다. 이 경우 공동으로 중개를 한 경우에는 해당 개업공인중개사가 공동으로 신고하여야 한다(부동산거래법 3 ③).

제1항부터 제3항까지에 따라 신고를 받은 신고관청은 그 신고 내용을 확인한 후 신고인에게 신고필증을 지체 없이 발급하여야 한다(부동산거래법 3 ⑤).

2. 신고내용의 검증과 조사

국토교통부장관은 제3조에 따라 신고받은 내용, 부동산공시법에 따라 공시된 토지 및 주택의 가액, 그 밖의 부동산 가격정보를 활용하여 부동산거래가격 검증체계를 구축·운영하여야 하고, 신고관청은 제3조에 따른 신고를 받은 경우 제1항에 따른 부동산거래가격 검증체계를 활용하여 그 적정성을 검증하여야 한다. 신고관청은 제2항에 따른 검증 결과를 해당 부동산의 소재지를 관할하는 세무관서의 장에게 통보하여야 하며, 통보받은 세무관서의 장은 해당 신고 내용을 국세 또는 지방세 부과를 위한 과세자료로 활용할 수 있다(부동산거래법 5 ①, ②, ③).

신고관청은 제3조, 제3조의2 또는 제8조에 따라 신고 받은 내용이 누락되어 있거나 정확하지 아니하다고 판단하는 경우에는 국토교통부령으로 정하는 바에 따라 신고인에게 신고 내용을 보완하게 하거나 신고한 내용의 사실 여부를 확인하기 위하여 소속 공무원으로 하여금 거래당사자 또는 개업공인중개사에게 거래계약서, 거래대금 지급을 증명할 수 있는 자료 등 관련 자료의 제출을 요구하는 등 필요한 조치를 취할 수 있다(부동산거래법 6 ①).

Ⅱ. 토지거래허가

1. 토지거래계약허가제의 의의

토지거래계약허가제란 국토의 이용 및 관리에 관한 계획의 원활한 수립과 집행, 합리적인 토지 이용 등을 위하여 특정한 지역 안에서의 토지거래계약에 관하여 관할행정청의 허가를 받도록 하는 제도를 말한다(부동산거래법 10, 11).

이 제도는 종래 (구) 국토계획법 제10장에 규정되어 있었는데, 부동산거래법의 제정으로 동법

제4장으로 이동하게 되었다.

2. 토지거래계약 허가구역의 지정

국토교통부장관 또는 시·도지사는 토지의 투기적인 거래가 성행하거나 지가가 급격히 상승하는 지역과 그러한 우려가 있는 지역으로서 대통령령으로 정하는 지역에 대해서 5년 이내의 기간을 정하여 제11조 제1항에 따른 토지거래계약에 관한 허가구역으로 지정할 수 있다. 이 경우 토지거래계약 허가구역이 둘 이상의 시·도의 관할 구역에 걸쳐 있는 경우에는 국토교통부장관이, 허가구역이 동일한 시·도 안의 일부지역인 경우에는 시·도지사(다만, 국가가 시행하는 개발사업 등에 따라 투기적인 거래가 성행하거나 지가가 급격히 상승하는 지역과 그러한 우려가 있는 지역 등 대통령령으로 정하는 경우에는 국토교통부장관)가 지정한다(부동산거래법 10 ①).

토지거래계약 허가구역의 지정은 항고소송의 대상이 되는 처분이다.

[판례] 토지거래허가구역의 지정에 대하여 항고소송을 제기할 수 있는지 여부

"국토계획법의 규정에 의하면, 같은 법에 따라 토지거래계약에 관한 허가구역으로 지정되는 경우, 허가구역 안에 있는 토지에 대하여 소유권이전 등을 목적으로 하는 거래계약을 체결하고자 하는 당사자는 공동으로 행정관청으로부터 허가를 받아야 하는 등 일정한 제한을 받게 되고, 허가를 받지 아니하고 체결한 토지거래계약은 그 효력이 발생하지 아니하며, 토지거래계약허가를 받은 자는 5년의 범위 이내에서 대통령령이 정하는 기간 동안 그 토지를 허가받은 목적대로 이용하여야 하는 의무도 부담하며, 같은 법에 따른 토지이용의무를 이행하지 아니하는 경우 이행강제금을 부과당하게 되는 등 <u>토지거래계약에 관한 허가구역의 지정은 개인의 권리 내지 법률상의 이익을 구체적으로 규제하는 효과를 가져오게 하는 행정청의 처분에 해당</u>하고, 따라서 이에 대하여는 원칙적으로 항고소송을 제기할 수 있다(대판 2006.12.22, 2006두12883)."

3. 토지거래계약허가

(1) 의의

토지거래계약이란 허가구역에 있는 토지에 관한 소유권·지상권(소유권·지상권의 취득을 목적으로 하는 권리를 포함한다)을 이전하거나 설정(대가를 받고 이전하거나 설정하는 경우만 해당한다)하는 계약을 말하는데, 토지거래계약을 체결하거나 허가받은 사항을 변경하려는 당사자는 공동으로 대통령령으로 정하는 바에 따라 시장·군수 또는 구청장의 허가를 받아야 한다(부동산거래법 11 ①).

(2) 성질

1) 허가인지 인가인지 여부

① 학설

토지거래계약허가의 법적 성질(허가인가 인가인가)에 관하여는 ① 토지거래라는 자연적 자유를 금지하였다가 허가기준에 합치하는 경우 해제함으로써 자연적 자유를 회복해 주는 것이라는 의미에서 강학상 허가로 보는 견해(허가설),[7] ② 토지거래계약허가는 제3자간의 법률행위의 효력을 완성시켜주는 것이라는 점에서 인가로 보는 견해(인가설),[8] ③ 무허가 토지거래계약의 경우 처벌이 따르는 점에서 허가의 성질이 있고, 효력이 부인된다는 점에서 인가의 성질도 있다는 점에서 토지거래계약허가는 허가와 인가의 양면성을 가진다고 보는 견해(허가·인가양면설)[9]가 있다.

② 판례

판례는 토지거래계약허가를 허가로 보는 것은 입법취지를 넘어선 지나친 해석으로 보면서, 동 허가는 이른바 유동적 무효[10]인 법률행위의 효력을 완성해 주는 인가로서의 성질을 가진다고 보고 있다.

[판례] 토지거래계약허가의 법적 성질

"(토지거래계약)허가가 규제지역 내의 모든 국민에게 전반적으로 토지거래의 자유를 금지하고 일정한 요건을 갖춘 경우에만 금지를 해제하여 계약체결의 자유를 회복시켜 주는 성질의 것이라고 보는 것은 위 법의 입법취지를 넘어선 지나친 해석이라고 할 것이고, <u>규제지역 내에서도 토지거래의 자유가 인정되나 다만 위 허가를 허가 전의 유동적 무효 상태에 있는 법률행위의 효력을 완성시켜 주는 인가적 성질을 띤 것이라고 보는 것이 타당하다</u>(대판 1991.12.24, 90다12243)."

③ 결어

생각건대 ① 사인 간의 토지거래계약을 행정청이 허가를 통하여 규제하는 취지는 부동산투기나 급격한 지가상승과 같은 사회적 문제를 방지하고자 하는 것이라 판단되고, ② 인가는 타인의 법률행위의 효력발생요건으로서 무인가행위는 원칙적으로 무효이지만 행정강제나 행정벌의 대상이 되지는 않는데, 무허가 토지거래계약의 경우에는 의무불이행에 따른 제재조치가 부과되거나 징역형 또는 벌금형과 같은 행정벌에 처해질 수 있다는 점을 고려하면, 토지거래계약허가는 강학상 허가로 보아야 할 것이다.

---

7) 박균성, 행정법론(하), 800면.
8) 정하중, 행정법개론, 1330면.
9) 홍정선, 행정법특강, 1144면 이하.
10) 유동적 무효의 의미에 관해서는 아래 '(3) 효과' 부분의 판례 참조.

2) 기속행위

토지거래계약허가는 토지거래라는 자연적 자유를 회복시켜주는 의미가 있으므로, 그 허가요건을 갖춘 경우에는 반드시 허가를 해 주어야 한다는 의미에서 기속행위로 보아야 할 것이다. 이에 대해서는 판례도 같은 입장으로 보인다.

[판례] 인근 주민들의 혐오시설설치 반대가 토지거래계약 불허가 사유가 되는지 여부

"토지거래계약 허가권자는 그 허가신청이 (구)국토이용관리법 제21조의4 제1항 각 호 소정의 불허가 사유에 해당하지 아니하는 한 허가를 하여야 하는 것인데, 인근 주민들이 당해 폐기물 처리장 설치를 반대한다는 사유는 국토이용관리법 제21조의4 규정에 의한 불허가 사유로 규정되어 있지 아니하므로 그와 같은 사유만으로는 토지거래허가를 거부할 사유가 될 수 없다(대판 1997.6.27, 96누9362)."

(3) 효과

허가를 받지 아니하고 체결한 토지거래계약은 그 효력이 발생하지 아니한다(부동산거래법 11 ⑥). 이와 관련하여 판례는 토지거래계약의 무효를 확정적 무효와 유동적 무효로 구분하면서, ① 허가를 받기 전에 체결한 매매계약은 처음부터 그 허가를 배제하거나 잠탈하는 내용의 계약일 경우에는 확정적으로 무효이고, ② 허가받을 것을 전제로 한 계약일 경우에는 허가를 받게 되면 그 계약은 소급하여 유효한 계약이 되고 이와 달리 허가를 받지 못하게 된 때에는 무효로 확정되므로 허가를 받기까지는 유동적 무효라고 하고 있다.

[판례] 토지거래허가지역 내의 토지에 대하여 허가 없이 체결된 매매계약의 확정적 무효와 유동적 무효

"(구)국토이용관리법상의 규제지역 내의 토지에 대하여 관할 도지사의 허가를 받기 전에 체결한 매매계약은 처음부터 그 허가를 배제하거나 잠탈하는 내용의 계약일 경우에는 확정적으로 무효로서 유효하게 될 여지가 없으나, 이와 달리 허가받을 것을 전제로 한 계약일 경우에는 허가를 받을 때까지는 법률상의 미완성의 법률행위로서 소유권 등 권리의 이전에 관한 계약의 효력이 전혀 발생하지 아니함은 확정적 무효의 경우와 다를 바 없지만, 허가를 받게 되면 그 계약은 소급하여 유효한 계약이 되고 이와 달리 허가를 받지 못하게 된 때에는 무효로 확정되므로 허가를 받기까지는 유동적 무효의 상태에 있다고 보아야 할 것이며, 이러한 유동적 무효 상태에 있는 계약을 체결한 당사자는 쌍방이 그 계약이 효력이 있는 것으로 완성될 수 있도록 서로 협력할 의무가 있다고 할 것이다(대판 2000.4.7, 99다68812)."

(4) 토지이용에 관한 의무

토지거래계약을 허가받은 자는 대통령령으로 정하는 사유가 있는 경우 외에는 5년의 범위에서 대통령령으로 정하는 기간에 그 토지를 허가받은 목적대로 이용하여야 한다(부동산거래법 17 ①).

(5) 이행강제금

시장·군수 또는 구청장은 제17조 제1항에 따른 토지의 이용 의무를 이행하지 아니한 자에 대하여는 상당한 기간을 정하여 토지의 이용 의무를 이행하도록 명할 수 있고, 제1항에 따른 이행명령이 정하여진 기간에 이행되지 아니한 경우에는 토지 취득가액의 100분의 10의 범위에서 대통령령으로 정하는 금액의 이행강제금을 부과한다(부동산거래법 18 ①, ②).

4. 이의신청

제11조에 따른 처분에 이의가 있는 자는 그 처분을 받은 날부터 1개월 이내에 시장·군수 또는 구청장에게 이의를 신청할 수 있다(부동산거래법 13 ①).

5. 불허가처분을 받은 토지에 관한 매수청구

제11조 제1항에 따른 허가신청에 대하여 불허가처분을 받은 자는 그 통지를 받은 날부터 1개월 이내에 시장·군수 또는 구청장에게 해당 토지에 관한 권리의 매수를 청구할 수 있다(부동산거래법 16 ①).

6. 무허가거래에 대한 제재

(1) 의무위반에 대한 제재처분 등

국토교통부장관, 시·도지사, 시장·군수 또는 구청장은 ① 제11조에 따른 토지거래계약에 관한 허가 또는 변경허가를 받지 아니하고 토지거래계약 또는 그 변경계약을 체결한 자, ② 제11조에 따른 토지거래계약에 관한 허가를 받은 자가 그 토지를 허가받은 목적대로 이용하지 아니한 자 또는 ③ 부정한 방법으로 제11조에 따른 토지거래계약에 관한 허가를 받은 자에게 제11조에 따른 허가 취소 또는 그 밖에 필요한 처분을 하거나 조치를 명할 수 있다(부동산거래법 21).

(2) 벌칙

제11조 제1항에 따른 허가 또는 변경허가를 받지 아니하고 토지거래계약을 체결하거나, 속임수나 그 밖의 부정한 방법으로 토지거래계약 허가를 받은 자는 2년 이하의 징역 또는 계약 체결

당시의 개별공시지가에 의한 해당 토지가격의 100분의 30에 해당하는 금액 이하의 벌금에 처한다(부동산거래법 26 ②). 판례는 여기에서 '허가를 받지 아니하고 토지거래계약을 체결'하는 것을 '처음부터 허가를 배제하거나 잠탈하는 내용의 계약을 체결하는 경우'로 보고 있다.

[판례] "허가 없이 토지 등의 거래계약을 체결하는 행위"의 의미

"(구)국토이용관리법 제31조의2 제1호와 그 제21조의3 제1항의 취지는 같은 법 소정의 규제구역 내에 있는 토지 등에 대한 어떠한 내용의 거래계약도 허가 없이 체결하는 것을 금지하고 이를 위반한 자를 처벌하고자 하는 것은 아니고 처음부터 허가를 배제하거나 잠탈하는 내용의 거래계약의 체결을 금지하는 것이고, 같은 법 제31조의2 소정의 벌칙적용대상인 '허가 없이 토지 등의 거래계약을 체결하는 행위'라 함은 이와 같이 처음부터 허가를 배제하거나 잠탈하는 내용의 계약을 체결하는 행위를 가리키고, 허가받을 것을 전제로 한 거래계약을 체결하는 것은 여기에 해당하지 않는다(대판 1992.4.24, 92도245)."

제 6 장 건축질서법

제 1 절 개관

건축질서법은 건축물의 안전과 같은 건축질서유지를 위하여 건축물의 건축행위를 규제하는 내용을 포함하고 있는 법을 말한다.

건축질서법에는 건축행위에 대한 직접적인 규율을 내용으로 하는 건축법·건축물의 구조기준 등에 관한 규칙·건축물의 설비기준 등에 관한 규칙·건축물의 피난·방화구조 등의 기준에 관한 규칙·시설물의 안전관리에 관한 특별법 등이 있고, 그 밖에도 건축질서를 유지 또는 유도하기 위한 녹색건축물 조성 지원법·건축물 에너지효율등급 인증에 관한 규칙 등이 있으며, 건설산업이나 건설환경의 건전성 및 건축문화의 발전을 위한 건축사법·건설산업기본법·건설기술진흥법·건설기계관리법 등도 넓게는 건축질서법에 포함된다고 볼 수 있을 것이다.

건축질서법은 건축물의 건축행위에 대한 규제법이 중심을 이루고, 여기에 가장 대표적인 것이 건축법이므로, 이하에서는 건축규제와 관련된 건축법의 주요내용을 살펴보기로 한다.

제 2 절 건축법의 목적과 구성

Ⅰ. 건축법의 목적

건축법은 건축물의 대지·구조·설비 기준 및 용도 등을 정하여 건축물의 안전·기능·환경 및 미관을 향상시킴으로써 공공복리의 증진에 이바지하는 것을 목적으로 한다(건축법 1).

Ⅱ. 건축물의 용도

건축물의 용도는 단독주택·공동주택·제1종 근린생활시설·제2종 근린생활시설·문화 및 집회

시설·종교시설·판매시설·운수시설·의료시설·교육연구시설·노유자(노유자: 노인 및 어린이)시설·수련시설·운동시설·업무시설·숙박시설·위락(慰樂)시설·공장·창고시설·위험물 저장 및 처리 시설·자동차 관련 시설·동물 및 식물 관련 시설·자원순환 관련 시설·교정(矯正)시설·국방·군사 시설·방송통신시설·발전시설·묘지 관련 시설·관광 휴게시설·그 밖에 대통령령으로 정하는 시설 등 28종으로 구분하되, 각 용도에 속하는 건축물의 세부 용도는 대통령령으로 정한다(건축법 2 ②).

Ⅲ. 건축법의 구성

건축법은 총 10장 113개조로 구성되어 있다. 제2장(건축물의 건축)에서는 건축허가·건축신고·건축허가의 제한·용도변경·착공신고·건축물의 사용승인·건축시공·건축물의 공사감리 등을 규정하고 있고, 제3장(건축물의 유지와 관리)에서는 건축물의 유지관리[1]·건축지도원·건축물대장 등을 규정하고 있으며, 제4장(건축물의 대지와 도로)·제5장(건축물의 구조 및 재료 등)·제6장(지역 및 지구의 건축물)·제7장(건축설비)에서는 건축물의 안전을 위하여 건축시 준수하여야 하는 사항으로 대지와 도로의 관계·건축선에 따른 건축제한·건축물의 피난시설과 용도제한·건축물의 내화구조와 방화 벽·건축물의 마감재료·건폐율과 용적률·건축물의 높이제한·건축설비기준·온돌 및 난방설비 등의 시공·승강기 등을 규정하고 있고, 제8장(특별건축구역 등)에서는 도시나 지역의 일부를 특별건축구역으로 지정하는 경우 이에 대한 특례규정들을 규정하고 있으며, 제8장의2(건축협정)에서는 건축협정의 체결·인가·관리·변경·폐지 및 그에 따른 특례를 규정하고 있고, 제8장의3(결합건축)에서는 결합건축의 대상지와 절차 및 관리에 대해 규정하고 있으며, 제9장(보칙)에서는 감독·위반건축물에 대한 조치·이행강제금·건축분쟁조정 등을 규정하고 있고, 제10장(벌칙)에서는 행정형벌·양벌규정·과태료를 규정하고 있다. 이하에서는 주요내용만 간추려 설명하기로 한다.

제 3 절 건축물의 건축

Ⅰ. 건축허가

1. 건축 관련 입지와 규모의 사전결정

건축법 제11조에 따른 건축허가 대상 건축물을 건축하려는 자는 건축허가를 신청하기 전에

1) 2019.5.1. 건축물관리법이 제정되어 2020.5.1.에 시행됨에 따라, 건축법의 유지·관리에 관한 건축법 규정들은 모두 삭제되고, 현재 건축물의 유지·관리에 관하여는 건축물관리법 제12조 이하에서 규정하고 있다.

허가권자에게 그 건축물을 해당 대지에 건축하는 것이 건축법이나 다른 법령에서 허용되는지에 대한 사전결정을 신청할 수 있다(건축법 10 ①).

제1항에 따른 사전결정을 신청하는 자는 건축위원회 심의와 도시교통정비촉진법에 따른 교통영향평가서의 검토를 동시에 신청할 수 있다(건축법 10 ②).

허가권자는 제1항과 제2항에 따른 신청을 받으면 입지, 건축물의 규모, 용도 등을 사전결정한 후 사전결정 신청자에게 알려야 한다(건축법 10 ④).

사전결정은 예비결정에 해당한다.

2. 건축허가

건축물을 건축하거나 대수선하려는 자는 특별자치시장·특별자치도지사 또는 시장·군수·구청장의 허가를 받아야 한다. 다만, 21층 이상의 건축물 등 대통령령으로 정하는 용도 및 규모의 건축물을 특별시나 광역시에 건축하려면 특별시장이나 광역시장의 허가를 받아야 한다(건축법 11 ①).

허가권자는 다음 각 호의 어느 하나에 해당하는 경우에는 이 법이나 다른 법률에도 불구하고 건축위원회의 심의를 거쳐 건축허가를 하지 아니할 수 있다(건축법 11 ④).

1. 위락시설이나 숙박시설에 해당하는 건축물의 건축을 허가하는 경우 해당 대지에 건축하려는 건축물의 용도·규모 또는 형태가 주거환경이나 교육환경 등 주변 환경을 고려할 때 부적합하다고 인정되는 경우
2. 국토의 계획 및 이용에 관한 법률 제37조 제1항 제4호에 따른 방재지구 및 자연재해대책법 제12조 제1항에 따른 자연재해위험개선지구 등 상습적으로 침수되거나 침수가 우려되는 대통령령으로 정하는 지역에 건축하려는 건축물에 대하여 일부 공간에 거실을 설치하는 것이 부적합하다고 인정되는 경우

3. 건축허가의 법적 성질

(i) 건축허가는 건축의 자유라는 기본권실현의 측면에서 요건만 갖추면 허가를 발급하여야 하는 기속행위이다. 이에 따라 제11조 제1항의 건축허가는 기속행위이다.

(ii) 문제는 제11조 제4항의 경우인데, 법문의 표현대로라면, 제4항의 건축허가는 재량행위라고 볼 수 있다.[2)]

(iii) 그런데 건축법은 위험방지 등의 공익실현을 위하여 일정한 요건을 통하여 건축허가를 제한하고 있는 것이라는 점을 고려하면, 제4항 제1호와 제2호에 규정된 건축물에 대한 건축이 주변환경이나 위험방지 차원에서 부적합하다고 인정되는 경우라면 건축허가를 하지 말아야 하는 것이

2) 홍정선, 행정법특강, 1156면.

지, 그럼에도 불구하고 건축허가 여부를 재량을 결정할 수 있다는 것은 논리적이지 못하다. 따라서 법문의 표현이 '~할 수 있다'고 규정되어 있다 하더라도 제4항의 허가를 기속행위로 이해하여야 할 것이다.

4. 건축허가의 취소 등

허가권자는 제1항에 따른 허가를 받은 자가 다음 각 호의 어느 하나에 해당하면 허가를 취소하여야 한다. 다만, 제1호에 해당하는 경우로서 정당한 사유가 있다고 인정되면 1년의 범위에서 공사의 착수기간을 연장할 수 있다(건축법 11 ⑦).

1. 허가를 받은 날부터 2년(산업집적활성화 및 공장설립에 관한 법률 제13조에 따라 공장의 신설·증설 또는 업종변경의 승인을 받은 공장은 3년) 이내에 공사에 착수하지 아니한 경우
2. 제1호의 기간 이내에 공사에 착수하였으나 공사의 완료가 불가능하다고 인정되는 경우
3. 제21조에 따른 착공신고 전에 경매 또는 공매 등으로 건축주가 대지의 소유권을 상실한 때부터 6개월이 지난 이후 공사의 착수가 불가능하다고 판단되는 경우

제4조제1항에 따른 건축위원회의 심의를 받은 자가 심의 결과를 통지 받은 날부터 2년 이내에 건축허가를 신청하지 아니하면 건축위원회 심의의 효력이 상실된다(건축법 11 ⑩).

Ⅱ. 건축신고

1. 건축신고

제11조에 해당하는 허가 대상 건축물이라 하더라도 다음 각 호의 어느 하나에 해당하는 경우에는 미리 특별자치시장·특별자치도지사 또는 시장·군수·구청장에게 국토교통부령으로 정하는 바에 따라 신고를 하면 건축허가를 받은 것으로 본다(건축법 14 ①).

1. 바닥면적의 합계가 85제곱미터 이내의 증축·개축 또는 재축
2. 국토의 계획 및 이용에 관한 법률에 따른 관리지역, 농림지역 또는 자연환경보전지역에서 연면적이 200제곱미터 미만이고 3층 미만인 건축물의 건축. 다만, 지구단위계획구역 또는 방재지구 등 재해취약지역으로서 대통령령으로 정하는 구역에서의 건축은 제외한다.
3. 연면적이 200제곱미터 미만이고 3층 미만인 건축물의 대수선
4. 주요구조부의 해체가 없는 등 대통령령으로 정하는 대수선
5. 그 밖에 소규모 건축물로서 대통령령으로 정하는 건축물의 건축

2. 건축신고의 법적 성질

① 대법원은 종래 건축신고를 수리를 요하지 않는 신고로 보았고, 따라서 신고를 수리한 행위가 있더라도 이는 항고소송의 대상이 되는 처분이 아니라고 하였다(대판 1999.10.22, 98두18435).

② 그러나 대법원은 2010.11.18. 선고 2008두167 전원합의체 판결에서 건축신고가 반려될 경우 당해 건축물의 건축을 개시하면 시정명령, 이행강제금, 벌금의 대상이 되거나 당해 건축물을 사용하여 행할 행위의 허가가 거부될 우려가 있어 불안정한 지위에 놓이게 되므로, 건축신고의 반려행위는 항고소송의 대상이 된다고 하여 종전의 입장을 변경하였다.

③ 나아가 대법원은 2011.1.20. 선고 2010두14954 전원합의체 판결에서 건축법 제14조 제2항에 의한 인허가의제 효과를 수반하는 건축신고는 행정청이 그 실체적 요건에 관한 심사를 한 후 수리하여야 하는 이른바 '수리를 요하는 신고'라고 하였다.

3. 신고의 효력상실

제14조 제1항에 따라 신고를 한 자가 신고일부터 1년 이내에 공사에 착수하지 아니하면 그 신고의 효력은 없어진다(건축법 14 ⑤).

Ⅲ. 건축허가 제한 등

국토교통부장관은 국토관리를 위하여 특히 필요하다고 인정하거나 주무부장관이 국방, 국가유산의 보존, 환경보전 또는 국민경제를 위하여 특히 필요하다고 인정하여 요청하면 허가권자의 건축허가나 허가를 받은 건축물의 착공을 제한할 수 있다(건축법 18 ①).

특별시장·광역시장·도지사는 지역계획이나 도시·군계획에 특히 필요하다고 인정하면 시장·군수·구청장의 건축허가나 허가를 받은 건축물의 착공을 제한할 수 있다(건축법 18 ②).

제18조 제1항이나 제2항에 따른 건축허가제한은 국토관리·국방 등의 중대한 공익상의 필요가 있으면(요건규정) 허가가 제한될 수도 있음(효과규정)을 규정한 것으로 이해되므로, 이 경우 제한은 재량행위라고 판단된다. 즉 요건규정이 충족되더라도 허가를 제한할 수도 있고 하지 않을 수도 있다고 본다.

제1항이나 제2항에 따라 건축허가나 건축물의 착공을 제한하는 경우 제한기간은 2년 이내로 한다. 다만, 1회에 한하여 1년 이내의 범위에서 제한기간을 연장할 수 있다(건축법 18 ④).

Ⅳ. 용도변경

1. 용도변경의 원칙

건축물의 용도변경은 변경하려는 용도의 건축기준에 맞게 하여야 한다(건축법 19 ①).

> [판례] 용도변경된 건축물을 사용하는 행위가 건축법상의 용도변경행위에 포함되는지 여부(적극) 및 적법한 용도변경절차를 마치지 아니한 위법상태의 법적 성격을 판단하는 기준이 되는 법령
>
> "건축법상의 용도변경행위에는 유형적인 용도변경행위뿐만 아니라 용도변경된 건축물을 사용하는 행위도 포함된다. 따라서 적법한 용도변경절차를 마치지 아니한 건축물은 원상회복되거나 적법한 용도변경절차를 마치기 전까지는 그 위법상태가 계속되고, 그 위법상태의 법적 성격은 특별한 사정이 없는 한 그 법적 성격 여하가 문제 되는 시점 당시에 시행되는 건축법령에 의하여 판단되어야 한다(대판 2017.5.31, 2017두30764[건축이행강제금부과처분취소])."

2. 시설군(施設群)

시설군은 ① 자동차 관련 시설군, ② 산업 등의 시설군, ③ 전기통신시설군, ④ 문화 및 집회시설군, ⑤ 영업시설군, ⑥ 교육 및 복지시설군, ⑦ 근린생활시설군, ⑧ 주거업무시설군, ⑨ 그 밖의 시설군으로 분류되고 각 시설군에 속하는 건축물의 세부 용도는 대통령령으로 정한다(건축법 19 ④).

3. 용도변경 허가 또는 신고

제22조에 따라 사용승인을 받은 건축물의 용도를 변경하려는 자는 다음 각 호의 구분에 따라 국토교통부령으로 정하는 바에 따라 특별자치시장·특별자치도지사 또는 시장·군수·구청장의 허가를 받거나 신고를 하여야 한다(건축법 19 ②).

1. 허가 대상: 제4항 각 호의 어느 하나에 해당하는 시설군에 속하는 건축물의 용도를 상위군(제4항 각 호의 번호가 용도변경하려는 건축물이 속하는 시설군보다 작은 시설군을 말한다)에 해당하는 용도로 변경하는 경우
2. 신고 대상: 제4항 각 호의 어느 하나에 해당하는 시설군에 속하는 건축물의 용도를 하위군(제4항 각 호의 번호가 용도변경하려는 건축물이 속하는 시설군보다 큰 시설군을 말한다)에 해당하는 용도로 변경하는 경우

제4항에 따른 시설군 중 같은 시설군 안에서 용도를 변경하려는 자는 국토교통부령으로 정하

는 바에 따라 특별자치시장·특별자치도지사 또는 시장·군수·구청장에게 건축물대장 기재내용의 변경을 신청하여야 한다. 다만, 대통령령으로 정하는 변경의 경우에는 그러하지 아니하다(건축법 19 ③).

[판례] 건축법 제19조 제2항에 따라 관할 행정청의 허가를 받거나 신고해야 하는 용도변경에서 국토계획법 제54조를 위반한 경우 시정명령과 그 불이행에 따른 이행강제금 부과처분을 할 수 있는지 여부(적극) 및 건축법 제19조 제3항에 따라 건축물대장 기재 내용의 변경을 신청해야 하거나 임의로 용도변경을 할 수 있는 경우, '국토계획법상 지구단위계획에 맞지 아니한 용도변경'이라는 이유로 시정명령과 그 불이행에 따른 이행강제금 부과처분을 할 수 있는지 여부(소극)

"… 건축법 제19조 제7항에 따라 국토계획법 제54조가 준용되는 용도변경 즉, 건축법 제19조 제2항에 따라 관할 행정청의 허가를 받거나 신고하여야 하는 용도변경의 경우에는 국토계획법 제54조를 위반한 행위가 곧 건축법 제19조 제7항을 위반한 행위가 되므로, 이에 대하여 건축법 제79조, 제80조에 근거하여 시정명령과 그 불이행에 따른 이행강제금 부과처분을 할 수 있다. 그러나 국토계획법 제54조가 준용되지 않는 용도변경 즉, 건축법 제19조 제3항에 따라 건축물대장 기재 내용의 변경을 신청하여야 하는 경우나 임의로 용도변경을 할 수 있는 경우에는 국토계획법 제54조를 위반한 행위가 건축법 제19조 제7항을 위반한 행위가 된다고 볼 수는 없으므로 '국토계획법상 지구단위계획에 맞지 아니한 용도변경'이라는 이유만으로 건축법 제79조, 제80조에 근거한 시정명령과 그 불이행에 따른 이행강제금 부과처분을 할 수는 없다(대판 2017.8.23, 2017두42453[이행강제금부과처분취소])."

Ⅴ. 착공신고 등

제11조·제14조 또는 제20조 제1항에 따라 허가를 받거나 신고를 한 건축물의 공사를 착수하려는 건축주는 국토교통부령으로 정하는 바에 따라 허가권자에게 공사계획을 신고하여야 한다(건축법 21 ①).

제1항에 따라 공사계획을 신고하거나 변경신고를 하는 경우 해당 공사감리자(제25조 제1항에 따른 공사감리자를 지정한 경우만 해당)와 공사시공자가 신고서에 함께 서명하여야 한다(건축법 21 ②).

건축주는 건설산업기본법 제41조를 위반하여 건축물의 공사를 하거나 하게 할 수 없다(건축법 21 ⑤).

Ⅵ. 건축물의 사용승인

건축주가 제11조·제14조 또는 제20조 제1항에 따라 허가를 받았거나 신고를 한 건축물의 건축공사를 완료[하나의 대지에 둘 이상의 건축물을 건축하는 경우 동(棟)별 공사를 완료한 경우를 포함한다]한 후 그 건축물을 사용하려면 제25조 제6항에 따라 공사감리자가 작성한 감리완료보고서(같은 조 제1항에 따른 공사감리자를 지정한 경우만 해당된다)와 국토교통부령으로 정하는 공사완료도서를 첨부하여 허가권자에게 사용승인을 신청하여야 한다(건축법 22 ①).

허가권자는 제1항에 따른 사용승인신청을 받은 경우 국토교통부령으로 정하는 기간에 ① 사용승인을 신청한 건축물이 이 법에 따라 허가 또는 신고한 설계도서대로 시공되었는지의 여부와 ② 감리완료보고서, 공사완료도서 등의 서류 및 도서가 적합하게 작성되었는지의 여부에 대한 검사를 실시하고, 검사에 합격된 건축물에 대하여는 사용승인서를 내주어야 한다. 다만, 해당 지방자치단체의 조례로 정하는 건축물은 사용승인을 위한 검사를 실시하지 아니하고 사용승인서를 내줄 수 있다(건축법 22 ②).

건축주는 제2항에 따라 사용승인을 받은 후가 아니면 건축물을 사용하거나 사용하게 할 수 없다. 다만, ① 허가권자가 제2항에 따른 기간 내에 사용승인서를 교부하지 아니한 경우 또는 ② 사용승인서를 교부받기 전에 공사가 완료된 부분이 건폐율, 용적률, 설비, 피난·방화 등 국토교통부령으로 정하는 기준에 적합한 경우로서 기간을 정하여 대통령령으로 정하는 바에 따라 임시로 사용의 승인을 한 경우에는 그러하지 아니하다(건축법 22 ③).

제 4 절 건축물의 유지·관리

Ⅰ. 건축물의 유지·관리

관리자는 건축물, 대지 및 건축설비를 건축법이나 녹색건축물 조성 지원법 규정에 적합하도록 관리하여야 한다(건축물관리법 12 ①). 다중이용 건축물 등 대통령령으로 정하는 건축물의 관리자는 건축물의 안전과 기능을 유지하기 위하여 정기점검을 실시하여야 한다(건축물관리법 13 ①). 그밖에도 특별자치시장·특별자치도지사 또는 시장·군수·구청장은 긴급점검을 요구하거나(건축물관리법 14), 소규모 노후 건축물 등을 점검할 수 있다(건축물관리법 15). 점검결과에 따라 건축물의 안전성 확보를 위하여 필요하다고 인정되는 경우 관리자는 건축물의 안전성 결함의 원인 등을 조사·측정·평가하여 보수·보강 등의 방안을 제시하는 진단을 실시하여야 한다(건축물관리법 16 ①).

Ⅱ. 건축물대장

특별자치시장·특별자치도지사 또는 시장·군수·구청장은 건축물의 소유·이용 및 유지·관리 상태를 확인하거나 건축정책의 기초 자료로 활용하기 위하여 ① 제22조 제2항에 따라 사용승인서를 내준 경우, ② 제11조에 따른 건축허가 대상 건축물(제14조에 따른 신고 대상 건축물을 포함한다) 외의 건축물의 공사를 끝낸 후 기재를 요청한 경우 그 밖에 대통령령으로 정하는 경우에 해당하면 건축물대장에 건축물과 그 대지의 현황을 적어서 보관하여야 한다(건축법 38 ①).

제 5 절 위반건축물 등에 대한 조치

Ⅰ. 허가취소·시정명령 등의 조치

허가권자는 이 법 또는 이 법에 따른 명령이나 처분에 위반되는 대지나 건축물에 대하여 이 법에 따른 허가 또는 승인을 취소하거나 그 건축물의 건축주·공사시공자·현장관리인·소유자·관리자 또는 점유자에게 공사의 중지를 명하거나 상당한 기간을 정하여 그 건축물의 해체·개축·증축·수선·용도변경·사용금지·사용제한, 그 밖에 필요한 조치를 명할 수 있다(건축법 79 ①).

[판례] [1] 건축허가를 받은 자가 건축허가가 취소되기 전에 공사에 착수한 경우, 착수기간이 지났다는 이유로 건축허가를 취소할 수 있는지 여부(원칙적 소극) 및 이는 허가권자의 위법한 공사중단명령으로 공사에 착수하지 못한 경우에도 마찬가지인지 여부(적극)

[2] 건물 신축을 위한 준비행위에 해당하는 작업이나 공사를 개시한 것만으로 건물의 신축공사에 착수하였다고 볼 수 있는지 여부(소극)

"[1] (구) 건축법(2014.1.14. 법률 제12246호로 개정되기 전의 것) 제11조 제7항은 건축허가를 받은 자가 허가를 받은 날부터 1년 이내에 공사에 착수하지 아니한 경우에 허가권자는 허가를 취소하여야 한다고 규정하면서도, 정당한 사유가 있다고 인정되면 1년의 범위에서 공사의 착수기간을 연장할 수 있다고 규정하고 있을 뿐이며, 건축허가를 받은 자가 착수기간이 지난 후 공사에 착수하는 것 자체를 금지하고 있지 아니하다.

이러한 법 규정에는 건축허가의 행정목적이 신속하게 달성될 것을 추구하면서도 건축허가를 받은 자의 이익을 함께 보호하려는 취지가 포함되어 있으므로, 건축허가를 받은 자가 건축허가가 취소되기 전에 공사에 착수하였다면 허가권자는 그 착수기간이 지났다고 하더라도 건축허가를 취소하여야 할 특별한 공익상 필요가 인정되지 않는 한 건축허가를 취소할 수 없다. 이는 건축허가를 받은 자가 건축허가가 취소되기 전에 공사에 착수하려 하였으나 허가권자의 위법한 공사중단명령으로 공사에 착수하지 못한 경우에도 마찬가지이다.

[2] 건물의 신축 공사에 착수하였다고 보려면 특별한 사정이 없는 한 신축하려는 건물 부지의 굴착이나 건물의 축조와 같은 공사를 개시하여야 하므로, 기존 건물이나 시설 등의 철거, 벌목이나 수목 식재, 신축 건물의 부지 조성, 울타리 가설이나 진입로 개설 등 건물 신축을 위한 준비행위에 해당하는 작업이나 공사를 개시한 것만으로는 공사 착수가 있었다고 할 수 없다(대법원 2017.7.11, 2012두22973)."

Ⅱ. 직접강제와 행정조사

허가권자는 제1항에 따른 시정명령을 하는 경우 국토교통부령으로 정하는 바에 따라 건축물대장에 위반내용을 적어야 한다(건축법 79 ④). 허가권자는 이 법 또는 이 법에 따른 명령이나 처분에 위반되는 대지나 건축물에 대한 실태를 파악하기 위하여 조사를 할 수 있다(건축법 79 ⑤).

Ⅲ. 관허사업의 제한

허가권자는 제1항에 따라 허가나 승인이 취소된 건축물 또는 제1항에 따른 시정명령을 받고 이행하지 아니한 건축물에 대하여는 다른 법령에 따른 영업이나 그 밖의 행위를 허가하지 아니하도록 요청할 수 있다(관허사업의 제한). 다만, 허가권자가 기간을 정하여 그 사용 또는 영업, 그 밖의 행위를 허용한 주택과 대통령령으로 정하는 경우에는 그러하지 아니하다(건축법 79 ②). 제2항에 따른 요청을 받은 자는 특별한 이유가 없으면 요청에 따라야 한다(건축법 79 ③).

Ⅳ. 이행강제금

1. 이행강제금의 부과

허가권자는 제79조 제1항에 따라 시정명령을 받은 후 시정기간 내에 시정명령을 이행하지 아니한 건축주등에 대하여는 그 시정명령의 이행에 필요한 상당한 이행기한을 정하여 그 기한까지 시정명령을 이행하지 아니하면 다음 각 호의 이행강제금을 부과한다. 다만, 연면적(공동주택의 경우에는 세대 면적 기준)이 60제곱미터 이하인 주거용 건축물과 제2호 중 주거용 건축물로서 대통령령으로 정하는 경우에는 다음 각 호의 어느 하나에 해당하는 금액의 2분의 1의 범위에서 해당 지방자치단체의 조례로 정하는 금액을 부과한다(건축법 80 ①).

1. 건축물이 제55조와 제56조에 따른 건폐율이나 용적률을 초과하여 건축된 경우 또는 허가를 받지 아니하거나 신고를 하지 아니하고 건축된 경우에는 지방세법에 따라 해당 건축물에 적용되는 1㎡의 시가표준액의 100분의 50에 해당하는 금액에 위반면적을 곱한 금액 이하의 범위에서 위반내용에 따라 대통령령으로 정하는 비율을 곱한 금액
2. 건축물이 제1호 외의 위반 건축물에 해당하는 경우에는 지방세법에 따라 그 건축물에 적용되는 시가표준액에 해당하는 금액의 100분의 10의 범위에서 위반내용에 따라 대통령령으로 정하는 금액

허가권자는 영리목적을 위한 위반이나 상습적 위반 등 대통령령으로 정하는 경우에 제1항에 따른 금액을 100분의 100의 범위에서 해당 지방자치단체의 조례로 정하는 바에 따라 가중하여야 한다(건축법 80 ②).

2. 요건과 절차

허가권자는 제1항에 따른 이행강제금을 부과하기 전에 제1항에 따른 이행강제금을 부과·징수한다는 뜻을 미리 문서로써 계고하여야 한다(건축법 80 ③).

허가권자는 제1항에 따른 이행강제금을 부과하는 경우 금액, 부과 사유, 납부기한, 수납기관, 이의제기 방법 및 이의제기 기관 등을 구체적으로 밝힌 문서로 하여야 한다(건축법 80 ④).

3. 반복부과

허가권자는 최초의 시정명령이 있었던 날을 기준으로 하여 1년에 2회 이내의 범위에서 해당 지방자치단체의 조례로 정하는 횟수만큼 그 시정명령이 이행될 때까지 반복하여 제1항에 따른 이행강제금을 부과·징수할 수 있다(건축법 80 ⑤).

4. 강제징수

허가권자는 제79조 제1항에 따라 시정명령을 받은 자가 이를 이행하면 새로운 이행강제금의 부과를 즉시 중지하되, 이미 부과된 이행강제금은 징수하여야 한다(건축법 80 ⑥).

허가권자는 제3항에 따라 이행강제금 부과처분을 받은 자가 이행강제금을 납부기한까지 내지 아니하면 지방행정제재·부과금의 징수 등에 관한 법률에 따라 징수한다(건축법 80 ⑦).

5. 이행강제금 부과에 관한 특례

허가권자는 제80조에 따른 이행강제금을 다음 각 호에서 정하는 바에 따라 감경할 수 있다. 다만, 지방자치단체의 조례로 정하는 기간까지 위반내용을 시정하지 아니한 경우는 제외한다(건축

법 80조의2 ①).

1. 축사 등 농업용·어업용 시설로서 500제곱미터(수도권정비계획법 제2조 제1호에 따른 수도권 외의 지역에서는 1천제곱미터) 이하인 경우는 5분의 1을 감경
2. 그 밖에 위반 동기, 위반 범위 및 위반 시기 등을 고려하여 대통령령으로 정하는 경우(제80조 제2항에 해당하는 경우는 제외)에는 100분의 75의 범위에서 대통령령으로 정하는 비율을 감경

허가권자는 법률 제4381호 건축법개정법률의 시행일(1992년 6월 1일) 이전에 이 법 또는 이 법에 따른 명령이나 처분을 위반한 주거용 건축물에 관하여는 대통령령으로 정하는 바에 따라 제80조에 따른 이행강제금을 감경할 수 있다(건축법 80조의2 ②).

제 8 편

환경행정법

제 1 장 개 요

제 1 절 환경행정법의 법적 기초

제 1 항 환경행정법의 헌법적 기초

헌법은 "모든 국민은 건강하고 쾌적한 환경에서 생활할 권리를 가지며, 국가와 국민은 환경보전을 위하여 노력하여야 한다(헌법 35 ①).", "환경권의 내용과 행사에 관하여는 법률로 정한다(헌법 35 ②).", "국가는 주택개발정책 등을 통하여 모든 국민이 쾌적한 주거생활을 할 수 있도록 노력하여야 한다(헌법 35 ③)."고 규정하여 환경권을 기본권으로 보장하고 있다. 즉 헌법은 ① 환경의 기본권성, ② 국가와 국민의 환경보전의무, ③ 환경권법률주의, ④ 쾌적한 주거생활에 대한 국가의 의무를 규정하고 있다.

이러한 환경권은 인간의 존엄권이나 행복추구권 또는 인간다운 생활을 할 권리에서 도출된 파생적 기본권으로서 복합적 성격을 가진다고 할 수 있다. 즉 환경권은 한편으로는 각 개인이 소극적으로 공권력이나 제3자의 환경침해를 배제할 수 있는 자유권적 기본권의 성격을 가지며, 다른 한편으로는 적극적으로 국가에 대하여 쾌적한 환경을 조성·유지하여 줄 것을 요구하는 사회권적 기본권의 성격을 가지고 있다. 또한 일정한 지역이나 일정한 계층의 사람들이 차별취급당하지 아니할 권리라는 측면에서 평등권적인 성격을 가지기도 한다.

환경권침해에 따른 항고소송에서의 원고적격과 관련하여 환경침해배제청구권은 자유권적 기본권으로서의 성질을 가지므로 헌법상 환경권의 침해에 근거하여 원고적격이 인정될 수 있지만, 쾌적한 환경조성권과 같은 적극적인 사회권적 기본권은 환경권의 내용과 행사가 법률을 통하여 구체화되는, 즉 입법형성을 필요로 하는 기본권이므로(헌법 35 ②), 원고적격은 기본적으로 법률의 규정에 의하여 인정된다고 할 것이다.

제 2 항 환경행정법의 법원

환경행정법의 법원(法源)으로서는 헌법·법률·명령·자치법규·국제법규 및 조약 등 성문법원과 불문법원이 있으나 법률이 가장 중요한 법원이 되고 있다. 우리나라에 환경에 대한 인식이 사회적으로 확산되고 일반화된 것은 비교적 최근의 일이다. 그러면서 환경에 관한 법률들이 짧은 시간 내에 집중적으로 증가하게 되었다. 오늘날 우리나라의 환경법률들은 결코 그 양이 적지 않으며, 또한 점점 더 양적으로 증가하면서 그 내용도 복잡해지고 있는 추세이다.

현행 환경행정법제는 환경정책기본법을 기본법으로, ① 환경오염규제를 위한 것으로 가축분뇨의 관리 및 이용에 관한 법률, 실내공기질 관리법, 대기환경보전법, 먹는물관리법, 소음·진동관리법, 물환경보전법, 대기관리권역의 대기환경개선에 관한 특별법, 악취방지법, 화학물질관리법, 인공조명에 의한 빛공해 방지법, 잔류성오염물질 관리법, 토양환경보전법, 폐기물관리법, 폐기물의 국가 간 이동 및 그 처리에 관한 법률, 해양환경관리법 등이 있고, ② 환경보호 또는 보전을 위한 것으로 남극활동 및 환경보호에 관한 법률, 독도 등 도서지역의 생태계 보전에 관한 특별법, 생물다양성 보전 및 이용에 관한 법률, 습지보전법, 야생생물 보호 및 관리에 관한 법률, 자연환경보전법, 지속가능발전 기본법 등이 있으며, ③ 그 밖에도 환경보전이나 보호를 지원·유지·유도 등을 하기 위한 것으로 건설폐기물의 재활용촉진에 관한 법률, 녹색제품 구매촉진에 관한 법률, 물의 재이용 촉진 및 지원에 관한 법률, 자원의 절약과 재활용촉진에 관한 법률, 환경개선비용 부담법, 환경교육의 활성화 및 지원에 관한 법률, 환경기술 및 환경산업 지원법, 환경보건법, 환경분야 시험·검사 등에 관한 법률, 환경분쟁 조정 및 환경피해 구제 등에 관한 법률, 환경영향평가법 등이 있다.

제 2 절 환경행정법의 기본원칙*

제 1 항 사전배려원칙(Vorsorgeprinzip)

환경법의 지도원칙으로서 사전배려원칙은 적절한 예방조치를 통하여 환경에 대한 침해가 발생하지 않거나 혹은 환경침해가 불가피한 경우라 하더라도 가능한 한 최소한에 머물러야 한다는 원칙을 말한다.

사전배려원칙은 단순히 환경정책상의 요구에 그치는 것이 아니라, 여러 환경관련 법률에서 명시적으로 규정되기도 한다(예: 환경기본법 8).

---

* 입법고시(2001년).

사전배려원칙은 환경침해를 사전에 예방하고 피해나 위험한 상황이 발생하지 않도록 하거나 불가피한 경우 이를 최소화하는 것을 목적으로 하는 것이라는 점에서 현재 자연현상의 존속을 보장하는 것을 내용으로 한다. 이러한 의미에서는 사전배려원칙에는 존속보호원칙이 포함된다고 할 수 있다.

제 2 항 존속보호원칙(Bestandsschutzprinzip)

사전배려의 원칙에서 파생된 원칙의 하나로 인정되는 존속보호원칙은 환경을 현 상태 그대로 보전하여야 한다는 원칙을 말한다. 다시 말하자면 존속보호원칙은 현 상태를 악화시키는 환경침해를 제거하고 환경을 현재의 상태(status quo)대로 유지하여야 한다는 악화금지(Verschlechterungs-verbot)원칙으로 이해되고 있다.

존속보호원칙의 법적 근거로는 자연생태계의 보호와 복원 및 동식물의 보전을 규정하고 있는 자연환경보전법 제3조와 생태·경관보전지역에서의 행위제한을 규정하고 있는 자연환경보전법 제15조, 그리고 배출시설의 허가 제도를 규정하고 있는 대기환경보전법 제23조, 물환경보전법 제33조, 폐기물의 투기를 금지하고 있는 폐기물관리법 제8조 등을 들 수 있다.

이러한 존속보호원칙은 앞선 사전배려원칙과 밀접한 관련성을 가지고 있다. 즉 사전배려원칙은 환경의 현상유지가 전제되어야 하기 때문에 존속보호원칙은 사전배려를 위한 최소한의 원칙이라고 보아야 할 것이다.

제 3 항 원인자책임원칙(Verursacherprinzip)

원인자책임원칙은 환경침해에 대하여 원인을 제공하거나 직접적인 피해를 야기한 자가 원상회복, 침해의 제거 또는 이에 필요한 비용을 부담하여야 한다는 원칙을 말한다. 원인자책임원칙은 과거에 단순히 원인자에 대한 비용귀속의 원칙(Kostenzurechnungsprinzip)으로 이해되었으나 오늘날은 이에 머물지 않고 환경정의의 실현을 위하여 환경침해에 대한 실질적 책임을 부담하는 원칙으로 보고 있다.

따라서 원인자책임원칙을 실현하는 법적 수단으로는 환경침해자에 대한 비용부담을 명하는 재정하명이나 환경부담금(Umweltabgaben)의 형태가 주류를 이루지만, 이 외에도 사업활동의 금지나 행정행위의 부관, 대집행의 실행, 행정벌 등 다양한 수단이 고려될 수 있다.

환경정책기본법 제7조는 원인자책임원칙을 명시적으로 규정하고 있다. 이 원칙을 구체화하고 있는 규정으로는 환경개선비용 부담법 제9조의 환경개선부담금, 대기환경보전법 제35조의 배출부과금을 들 수 있다.

제 4 항 공동부담원칙(Gemeinlastprinzip)

환경침해에 대한 책임귀속원칙으로서 원인자책임원칙 외에도 공동부담원칙을 들 수 있다. 공동부담원칙에 따르면 환경침해에 대하여 침해를 제거하거나 이에 필요한 비용을 부담하는 주체는 이에 대한 원인을 제공하는 자가 아닌 일반 국민인 납세자이다. 따라서 환경부담금도 원인자부담금의 원칙에 따르면 특별부담금(Sonderabgabe)의 형태로서 특별한 재정적 책임을 야기한 자에 대하여 제한적으로 부과되나, 공동부담원칙에 의하면 전체국민이 환경세(Umweltsteuer)의 형태로 부담하게 된다.

그러나 환경법의 영역에서 환경침해로 인한 실체적 책임의 귀속은 원칙적으로 원인자부담원칙에 의하며 공동부담의 원칙은 오로지 보충적으로 적용되는 데 그친다. 다시 말하자면 환경침해에 대한 원인제공자를 찾을 수 없다거나 혹은 원인자에게 비용 등을 부담시키는 것이 현실적으로 불가능한 경우에 한하여 공동부담의 원칙에 따라 국가 또는 일반 국민이 책임을 부담할 뿐이다.

제 5 항 협력의 원칙

협력의 원칙이란 환경보호와 이를 위한 법제정 및 법집행과정에서 국가와 개인이 서로 협력하여야 한다는 원칙을 말한다. 협력의 원칙은 일반적으로 다음의 두 가지 요소를 바탕으로 한다. 하나는 환경행정권을 공공부문과 민간부문에 어떠한 기준을 가지고 배분할 것인가를 결정하는 것이며, 다른 하나는 행정주체가 환경행정을 일방적이 아닌 협력적인 방식으로 수행하도록 하는 것이다.

이러한 원칙을 규정하는 실정법으로는 환경보전시책에 참여하고 협력할 책무를 규정하고 있는 환경정책기본법 제5조·제6조, 배출시설의 오염물질을 자가측정하는 것을 규정하고 있는 대기환경보전법 제39조 등을 들 수 있다.

제 2 장 환경행정의 행위형식

제 1 절 개요

환경행정의 전통적인 행위수단으로는 명령, 금지, 인허가 및 의무위반에 대한 제재수단으로 허가의 철회, 행정강제, 행정벌 등을 들 수 있다. 그러나 현대 환경행정은 종래의 소극적인 규제 중심의 행정에서 적극적인 관리 중심의 행정으로 변화하고 있으며, 이에 따라 환경계획이나 환경영향평가와 같은 사전적 수단의 중요성이 강조되고 있다. 아울러 환경부담금, 행정지도 및 협상과 같은 간접적이고 유도적인 수단들이 적극적으로 활용되고 있다.

제 2 절 환경계획

Ⅰ. 의의

환경문제는 여러 가지 요인이 복합적으로 작용하는 영역이므로 특정한 개별적인 수단만을 가지고는 효과적인 목적을 달성하는데 한계가 있다. 따라서 미래에 대한 예측을 바탕으로 환경보전의 목표를 설정하고 이러한 목표를 실현하기 위하여 다양한 행정수단을 통합·조정하는 작용으로 환경계획이 필요하게 된다. 환경계획은 특히 환경법의 기본원칙인 사전배려를 통한 환경의 관리와 통제를 가능하게 하는 중요한 수단으로 인식되고 있다.

Ⅱ. 종류

1. 환경정책기본법상의 환경계획

환경정책기본법상 환경계획으로는 환경부장관이 수립하는 국가환경종합계획(환경기본법 14)·

시·도지사가 수립하는 시·도 환경계획(환경기본법 18)·시장·군수·구청장이 수립하는 시·군·구의 환경계획(환경기본법 19)이 있다.

2. 분야별 환경보전계획

분야별 환경보전계획으로는 ① 공공폐수처리시설기본계획(물환경보전법 49 ①), ② 자연환경보전기본계획(자연환경보전법 8) 등이 있다.

3. 공간계획상의 환경보전

국토법상의 국토계획, 국토계획법상의 도시·군관리계획과 같은 공간계획들도 환경보호 및 보전에 관한 중요한 사항들을 내용으로 하고 있다는 점에서 환경계획에 속한다고 할 수 있다.

제 3 절 환경기준

Ⅰ. 의의

환경기준이란 국민의 건강을 보호하고 쾌적한 환경을 조성하기 위하여 국가가 달성하고 유지하는 것이 바람직한 환경상의 조건 또는 질적인 수준을 말한다(환경기본법 3 8호).

이러한 환경기준은 ① 환경영향평가에 있어서 평가기준이 되고(환경영향법 7 ②), ② 총량규제의 기준 및 근거가 되며(대기환경보전법 22, 물환경보전법 4), 그리고 ③ 배출시설의 설치의 제한기준(대기환경보전법 23 ⑧, 물환경보전법 33 ⑦)이 된다.

Ⅱ. 환경기준의 설정

국가는 생태계 또는 인간의 건강에 미치는 영향 등을 고려하여 환경기준을 설정하여야 하며, 환경 여건의 변화에 따라 그 적정성이 유지되도록 하여야 한다(환경기본법 12 ①). 환경기준은 대통령령으로 정한다(환경기본법 12 ②). 특별시·광역시·특별자치시·도·특별자치도는 해당 지역의 환경적 특수성을 고려하여 필요하다고 인정할 때에는 해당 시·도의 조례로 제1항에 따른 환경기준보다 확대·강화된 별도의 환경기준(지역환경기준)을 설정 또는 변경할 수 있다(환경기본법 12 ③).

Ⅲ. 환경기준의 유지

국가 및 지방자치단체는 환경에 관계되는 법령을 제정 또는 개정하거나 행정계획의 수립 또는 사업의 집행을 할 때에는 제12조에 따른 환경기준이 적절히 유지되도록 ① 환경 악화의 예방 및 그 요인의 제거, ② 환경오염지역의 원상회복, ③ 새로운 과학기술의 사용으로 인한 환경오염 및 환경훼손의 예방, ④ 환경오염방지를 위한 재원의 적정 배분을 고려하여야 한다(환경기본법 13).

제 4 절 환경영향평가

Ⅰ. 의의

환경영향평가(Umweltverträglichkeitsprüfung)는 특정한 시설의 설치가 자연환경과 인간의 생활환경에 미치는 생태학적·환경적 영향을 분석하여 이러한 시설설치의 타당성 여부를 사전적으로 심사하는 제도이다.

우리나라의 환경영향평가제도는 과거 환경정책기본법에 규정되어 있었으나, 1993.6.11. 환경영향평가법이 제정되어 독립적인 법적 근거를 갖게 되었다. 이후 환경·교통·재해 등에 관한 영향평가법을 통하여 교통·재해·인구영향평가 등 서로 다른 평가재도와 통합·운영되어 왔으나, 평가제도 상호간에 중복현상이 발생되거나 또는 각종 영향평가서 작성에 과다한 시간·비용·인력이 소요되는 등 문제점이 제기되어, 2008.3.28. 전면 개정된 환경영향평가법(환경영향법)에서는 다른 평가제도들을 분리하고 환경영향평가제도만을 규정하게 되었다.

동법은 환경영향평가를 전략환경영향평가·환경영향평가·소규모 환경영향평가로 구분하고 있다.

Ⅱ. 전략환경영향평가

1. 의의

전략환경영향평가란 환경에 영향을 미치는 상위계획을 수립할 때에 환경보전계획과의 부합 여부 확인 및 대안의 설정·분석 등을 통하여 환경적 측면에서 해당 계획의 적정성 및 입지의 타당성 등을 검토하여 국토의 지속가능한 발전을 도모하는 것을 말한다(환경영향법 2 1호).

2. 대상

도시·산업입지·에너지·수자원·하천·관광단지·산지·특정지역 개발에 관한 계획, 항만·도로·철도·공항의 건설에 관한 계획, 개간 및 공유수면의 매립에 관한 계획, 체육시설·폐기물처리시설·국방·군사시설의 설치에 관한 계획, 토석·모래·자갈·광물 등의 채취에 관한 계획 등을 수립하려는 행정기관의 장은 전략환경영향평가를 실시하여야 한다(환경영향법 9 ①).

Ⅲ. 환경영향평가

1. 의의

환경영향평가란 환경에 영향을 미치는 실시계획·시행계획 등의 허가·인가·승인·면허 또는 결정 등을 할 때에 해당 사업이 환경에 미치는 영향을 미리 조사·예측·평가하여 해로운 환경영향을 피하거나 제거 또는 감소시킬 수 있는 방안을 마련하는 것을 말한다(환경영향법 2 2호).

2. 대상

도시·산업입지·에너지·수자원·하천·관광단지·산지·특정지역 개발사업, 항만·도로·철도·공항의 건설사업, 개간 및 공유수면의 매립사업, 체육시설·폐기물처리시설·국방·군사시설의 설치사업, 토석·모래·자갈·광물 등의 채취사업 등을 하려는 자는 환경영향평가를 실시하여야 한다(환경영향법 22 ①).

Ⅳ. 소규모 환경영향평가

1. 의의

소규모 환경영향평가란 환경보전이 필요한 지역이나 난개발이 우려되어 계획적 개발이 필요한 지역에서 개발사업을 시행할 때에 입지의 타당성과 환경에 미치는 영향을 미리 조사·예측·평가하여 환경보전방안을 마련하는 것을 말한다(환경영향법 2 3호).

2. 대상

① 보전이 필요한 지역과 난개발이 우려되어 환경보전을 고려한 계획적 개발이 필요한 지역으로서 대통령령으로 정하는 지역(보전용도지역)에서 시행되는 개발사업이면서 ② 환경영향평가 대상사업의 종류 및 범위에 해당하지 아니하는 개발사업으로서 대통령령으로 정하는 개발사업인

사업을 하려는 자는 소규모 환경영향평가를 실시하여야 한다(환경영향법 43 ①).

그러나 ① 재난 및 안전관리 기본법 제37조에 따른 응급조치를 위한 사업, ② 국방부장관이 군사상 고도의 기밀보호가 필요하거나 군사작전의 긴급한 수행을 위하여 필요하다고 인정하여 환경부장관과 협의한 개발사업 또는 ③ 국가정보원장이 국가안보를 위하여 고도의 기밀보호가 필요하다고 인정하여 환경부장관과 협의한 개발사업은 소규모 환경영향평가 대상에서 제외한다(환경영향법 43 ②).

[판례] 환경영향평가법령상 사업계획 면적의 개념

"환경영향평가법 시행령 제59조 [별표4] 제1호 다목에서의 '사업계획 면적'은 소규모 환경영향평가의 대상을 판정하는 기준이 된다. 개발사업의 입지의 타당성과 개발사업이 환경에 미치는 영향을 미리 조사·예측·평가하여 환경보전방안을 마련하고자 하는 소규모 환경영향평가 제도의 취지를 고려하면, '사업계획 면적'이란 개발사업이 이루어지는 전체 면적으로서, 사업자가 해당 개발사업의 사업계획을 수립·시행하기 위하여 관계법령상 행정청의 인·허가를 받아야 할 필요가 있는 모든 토지 면적의 총합을 의미한다고 봄이 타당하다(대판 2020.7.23, 2019두31839[건축허가취소처분취소])."

V. 환경영향평가의 하자*

1. 절차상의 하자

환경영향평가를 실시하여야 할 사업에 대하여 환경영향평가를 거치지 아니하였음에도 승인 등 처분을 한 경우 그 하자는 중대하고 명백하여 당연무효사유에 해당한다[판례1].

한편, 환경영향평가를 시행함에 있어서 승인기관의 장이 환경부장관과의 협의를 거치지 않고 사업에 대한 승인을 하는 경우에는 당해 승인처분은 절차상의 하자로 위법한 처분이 된다. 그런데 승인기관의 장이 환경부장관과의 협의를 거쳤으나 협의내용을 사업계획에 반영시킴이 없이 승인을 한 경우에 승인처분의 위법성 여부에 대하여 판례는 협의는 동의가 아니라는 입장에서 승인기관의 장의 협의를 거친 이상 그 의견에 반하는 처분을 하였다고 하여 그 처분이 위법하다고 할 수 없다고 판시하였다[판례2].

[판례1] 환경영향평가 대상 사업에 대하여 환경영향평가를 거치지 아니하였음에도 승인 등 처분을 한 경우, 그 처분의 하자가 행정처분의 당연무효사유에 해당하는지 여부

"… 환경영향평가를 거쳐야 할 대상사업에 대하여 환경영향평가를 거치지 아니하였음에도 불구하고 승인 등 처분이 이루어진다면, 사전에 환경영향평가를 함에 있어 평가대상지역 주민들의 의견

* 사법시험(2015년), 입법고시(2006년).

을 수렴하고 그 결과를 토대로 하여 환경부장관과의 협의내용을 사업계획에 미리 반영시키는 것 자체가 원천적으로 봉쇄되는바, 이렇게 되면 환경파괴를 미연에 방지하고 쾌적한 환경을 유지·조성하기 위하여 환경영향평가제도를 둔 입법 취지를 달성할 수 없게 되는 결과를 초래할 뿐만 아니라 환경영향평가대상지역 안의 주민들의 직접적이고 개별적인 이익을 근본적으로 침해하게 되므로, 이러한 행정처분의 하자는 법규의 중요한 부분을 위반한 중대한 것이고 객관적으로도 명백한 것이라고 하지 않을 수 없어, 이와 같은 행정처분은 당연무효이다(대판 2006.6.30, 2005두14363)."

[판례2] 환경부장관의 환경영향평가에 대한 의견에 반하는 처분을 하였다고 하여 그 처분이 위법하다고 할 수 없다고 한 사례

"내무부장관이 이 사건 변경처분을 함에 있어서 피고(환경부장관)와의 협의를 거친 이상, 환경영향평가서의 내용이 환경영향평가제도를 둔 입법 취지를 달성할 수 없을 정도로 심히 부실하다는 등의 특별한 사정이 없는 한, 내무부장관이 피고의 환경영향평가에 대한 의견에 반하는 처분을 하였다고 하여 그 처분이 위법하다고 할 수는 없다(대판 2001.7.27, 99두2970)."

2. 내용상의 하자

판례는 반면 환경영향평가서의 내용상의 하자가 있는 경우에 그 하자가 환경영향평가제도를 둔 입법취지를 달성할 수 없을 정도로 심히 부실한 경우에는 당해 사업계획의 승인처분의 위법사유가 되나, 그 정도의 것이 아닌 부실의 경우에는 당해 승인 등 처분에 재량권의 일탈·남용의 위법이 있는지 여부를 판단하는 하나의 요소로 됨에 그칠 뿐, 그 부실로 인하여 당연히 당해 승인 등 처분이 위법하게 되는 것은 아니라고 판시하였다.

[판례] 환경영향평가의 내용이 부실한 경우, 그 부실로 인하여 해당 승인 등 처분이 위법하게 되는지 여부

"환경영향평가법령에서 정한 환경영향평가를 거쳐야 할 대상사업에 대하여 그러한 환경영향평가를 거치지 아니하였음에도 승인 등 처분을 하였다면 그 처분은 위법하다. 그렇지만 그러한 절차를 거쳤다면, 비록 그 환경영향평가의 내용이 다소 부실하다 하더라도, 그 부실의 정도가 환경영향평가제도를 둔 입법 취지를 달성할 수 없을 정도이어서 환경영향평가를 하지 아니한 것과 다를 바 없는 정도의 것이 아닌 이상, 그 부실은 해당 승인 등 처분에 재량권 일탈·남용의 위법이 있는지 여부를 판단하는 하나의 요소로 됨에 그칠 뿐, 그 부실로 인하여 당연히 해당 승인 등 처분이 위법하게 되는 것이 아니다(대판 2001.6.29, 99두9902, 대판 2006.3.16, 2006두330 전원합의체 등 참조)(대판 2015.12.10, 2011두32515)."

한편, 환경영향법상의 환경영향평가제에 의하여 보호되는 주민의 환경상의 이익은 행정소송법 제12조의 법률상 이익으로서 하자있는 환경영향평가에 따른 승인 등의 처분에 대하여는 당해 지역의 주민은 취소소송 등을 제기하여 이를 다툴 수 있다고 할 것이다.

[판례] 환경영향평가에 관한 규정의 취지 및 환경영향평가대상지역 안의 주민들이 당해 처분과 관련하여 갖고 있는 환경상 이익이 개별적으로 보호되는 직접적·구체적 이익인지 여부

"환경영향평가에 관한 자연공원법령 및 환경영향평가법령의 규정들의 취지는 집단시설지구개발사업이 환경을 해치지 아니하는 방법으로 시행되도록 함으로써 집단시설지구개발사업과 관련된 환경공익을 보호하려는 데에 그치는 것이 아니라 그 사업으로 인하여 직접적이고 중대한 환경피해를 입으리라고 예상되는 환경영향평가대상지역 안의 주민들이 개발 전과 비교하여 수인한도를 넘는 환경침해를 받지 아니하고 쾌적한 환경에서 생활할 수 있는 개별적 이익까지도 이를 보호하려는 데에 있다 할 것이므로, 위 주민들이 당해 변경승인 및 허가처분과 관련하여 갖고 있는 위와 같은 환경상의 이익은 단순히 환경공익 보호의 결과로 국민일반이 공통적으로 가지게 되는 추상적·평균적·일반적인 이익에 그치지 아니하고 주민 개개인에 대하여 개별적으로 보호되는 직접적·구체적인 이익이라고 보아야 한다(대판 1998.4.24, 97누3286)."

Ⅵ. 환경영향평가업의 등록과 업자의 준수사항

환경영향평가등을 대행하는 사업(이하 "환경영향평가업"이라 한다)을 하려는 자는 환경영향평가사 등의 기술인력과 시설 및 장비를 갖추어 환경부장관에게 등록을 하여야 한다(환경영향법 54 ①).

환경영향평가업자는 다른 환경영향평가서등의 내용을 복제하여 환경영향평가서등을 작성하거나 환경영향평가서등과 그 작성의 기초가 되는 자료를 거짓으로 또는 부실하게 작성하지 아니할 것 등 법이 정한 사항을 준수하여야 한다(환경영향법 56 ①).

[판례] '환경영향평가서 등을 부실하게 작성한 경우'에 해당하는 경우

"[1] (환경영향평가법 제54조와 동법 시행령 제68조의) 제2종 환경영향평가업자 제도는 … 제2종 환경영향평가업자에 대하여도 위 업무에 관하여 제1종 환경영향평가업자에 준하는 법령상 의무와 책임을 부담하도록 하려는 취지이다. 제2종 환경영향평가업자는 그 업무에 관하여 제1종 환경영향평가업자와 같은 정도의 주의의무를 가진다.

[2] 환경영향평가업자가 환경영향평가서 등을 작성하면서 통상적인 주의로 확인할 수 있음에도 불구하고 멸종위기야생동·식물 및 천연기념물 등을 누락하여 환경영향평가서 등의 검토·협의기관이 적절하게 검토하기 어렵게 하거나 환경영향평가서 등의 신뢰를 크게 떨어뜨렸다면, 구 환경영향

평가법령에 규정된 '환경영향평가서 등을 부실하게 작성한 경우'에 해당한다.

[3] 환경영향평가서 등이 부실하게 작성되었는지 판단할 때에는 환경영향조사가 시행된 지점 또는 지역의 조사환경 및 조건 등을 고려하여 같은 업무 또는 분야에 종사하는 평균적인 관련 전문가에게 요구되는 통상적인 주의의무를 기준으로 하면 족하다(대판 2023.2.2, 2019두36025[업무정지처분취소])."

제 5 절 환경부담금

환경부담금이란 환경침해행위에 대하여 부과하는 일체의 공법상의 금전적 부담을 의미한다. 환경부담금의 부과목적은 ① 환경보호를 위한 재원마련과 ② 경제적 유인이나 동기부여를 통하여 환경보호를 유도하는 데 있다.

환경부담금의 이론적 근거는 환경침해에 대하여 원인을 제공하거나 직접적인 피해를 야기한 자가 원상회복, 침해의 제거 또는 이에 필요한 비용을 부담하여야 한다는 원인자책임원칙이다. 환경정책기본법 제7조(오염원인자 책임원칙)는 환경부담금의 일반적인 법적 근거를 규정하고 있다. 환경부담금의 유형으로는 배출부과금(대기환경보전법 35, 물환경보전법 41), 환경개선부담금(환경개선비용 부담법 9) 등이 있다.

제 3 장 환경분쟁조정

Ⅰ. 의의

국가 및 지방자치단체는 환경오염 또는 환경훼손으로 인한 분쟁 기타 환경관련분쟁이 발생한 경우에 그 분쟁이 신속하고 공정하게 해결되도록 필요한 시책을 마련하여야 한다(환경기본법 42). 국가 및 지방자치단체는 환경오염 또는 환경훼손으로 인한 피해를 원활하게 구제하기 위하여 필요한 시책을 마련하여야 한다(환경기본법 43).

환경분쟁의 알선·조정 및 재정 및 중대의 절차 등을 규정함으로써 환경분쟁을 신속·공정하고 효율적으로 해결하여 환경을 보전하고 국민의 건강 및 재산상의 피해를 구제하기 위하여 환경분쟁 조정법이 제정되어 시행되고 있다.

Ⅱ. 정의

환경분쟁이란 환경피해에 대한 다툼과 환경기술 및 환경산업 지원법 제2조 제2호에 따른 환경시설의 설치 또는 관리와 관련된 다툼을 말한다(환경분쟁 조정법 2 2호).

환경피해란 사업활동, 그 밖에 사람의 활동에 의하여 발생하였거나 발생이 예상되는 대기오염, 수질오염, 토양오염, 해양오염, 소음·진동, 악취, 자연생태계 파괴, 일조 방해, 통풍 방해, 조망 저해, 인공조명에 의한 빛공해, 지하수 수위 또는 이동경로의 변화, 하천수위의 변화, 그 밖에 대통령령으로 정하는 원인으로 인한 건강상·재산상·정신상의 피해를 말한다. 다만, 방사능오염으로 인한 피해는 제외한다(환경분쟁 조정법 2 1호).

조정이란 환경분쟁에 대한 알선·조정·재정 및 중재를 말한다(환경분쟁 조정법 2 3호).

Ⅲ. 환경분쟁조정위원회

① 환경분쟁의 조정(다만, 건축법 제2조 제1항 제8호의 건축으로 인한 일조 방해 및 조망 저해와 관

련된 분쟁의 조정은 그 건축으로 인한 다른 분쟁과 복합되어 있는 경우 또는 지하수 수위 또는 이동경로의 변화와 관련된 분쟁: 공사 또는 작업(지하수법에 따른 지하수의 개발·이용을 위한 공사 또는 작업 제외)으로 인한 경우 또는 하천수위의 변화와 관련된 분쟁: 하천법 제2조 제3호에 따른 하천시설 또는 수자원의 조사·계획 및 관리에 관한 법률 제2조 제4호에 따른 수자원시설로 인한 경우), ② 환경피해와 관련되는 민원의 조사, 분석 및 상담, ③ 분쟁의 예방 및 해결을 위한 제도와 정책의 연구 및 건의, ④ 환경피해의 예방 및 구제와 관련된 교육·홍보 및 지원, ⑤ 그 밖에 법령에 따라 위원회의 소관으로 규정된 사항에 따른 사무를 관장하기 위하여 환경부에 중앙환경분쟁조정위원회를 설치하고, 특별시·광역시·특별자치시·도 또는 특별자치도에 지방환경분쟁조정위원회를 설치한다(환경분쟁 조정법 4, 5).

중앙조정위원회는 위원장 1명을 포함한 30명 이내의 위원으로 구성하며, 그 중 상임위원은 3명 이내로 하며, 지방조정위원회는 위원장 1명을 포함한 20명 이내의 위원으로 구성하며, 그 중 상임위원은 1명을 둘 수 있다. 그리고 위원회 위원의 임기는 2년으로 하며, 연임할 수 있다(환경분쟁 조정법 7).

Ⅳ. 분쟁조정

1. 통칙

조정을 신청하려는 자는 제6조에 따른 관할 위원회에 알선·조정·재정 또는 중재 신청서를 제출하여야 한다(환경분쟁 조정법 16 ①).

위원회의 위원장은 조정신청을 받으면 당사자에게 피해배상에 관한 합의를 권고할 수 있다(환경분쟁 조정법 16조의2 ①).

위원회는 조정신청이 적법하지 아니한 경우에는 적절한 기간을 정하여 그 기간 내에 흠을 바로 잡을 것을 명할 수 있다. 위원회는 신청인이 제1항에 따른 명령에 따르지 아니하거나 흠을 바로잡을 수 없는 경우에는 결정으로 조정신청을 각하한다(환경분쟁 조정법 17 ①, ②).

① 민법 제32조에 따라 환경부장관의 허가를 받아 설립된 비영리법인이고, ② 정관에 따라 환경보호 등 공익의 보호와 증진을 목적으로 하는 단체이며, ③ 그 밖에 대통령령으로 정하는 요건에 해당하는 환경단체는 중대한 자연생태계 파괴로 인한 피해가 발생하였거나 발생할 위험이 현저한 경우에는 위원회의 허가를 받아 분쟁 당사자를 대리하여 위원회에 조정을 신청할 수 있다(환경분쟁 조정법 26 ①).

2. 알선

위원회에 의한 알선은 3명 이내의 위원이 행한다(환경분쟁 조정법 27 ①).

알선위원은 알선으로는 분쟁 해결의 가능성이 없다고 인정할 때에는 알선을 중단할 수 있다. 알선절차가 진행중인 분쟁에 대하여 조정·재정 또는 중재신청이 있으면 그 알선은 중단된 것으로 본다(환경분쟁 조정법 29 ①, ②).

3. 조정

중앙조정위원회는 환경오염으로 인한 사람의 생명·신체에 대한 중대한 피해, 제2조제2호의 환경시설의 설치 또는 관리와 관련된 다툼 등 사회적으로 파급효과가 클 것으로 우려되는 분쟁에 대하여는 당사자의 신청이 없는 경우에도 직권으로 조정절차를 시작할 수 있다(환경분쟁 조정법 30 ①). 시·도지사, 시장·군수·구청장 또는 유역환경청장·지방환경청장은 제1항에 따른 직권조정이 필요하다고 판단되는 분쟁에 대해서는 중앙조정위원회에 직권조정을 요청할 수 있다(환경분쟁 조정법 30 ②).

조정은 3명의 위원으로 구성되는 위원회에서 행한다(환경분쟁 조정법 31 ①).

조정은 당사자 간에 합의된 사항을 조서에 적음으로써 성립한다. 조정위원회가 제1항에 따른 조서를 작성하였을 때에는 지체 없이 조서의 정본(正本)을 당사자나 대리인에게 송달하여야 한다(환경분쟁 조정법 33 ①, ②).

조정위원회는 당사자 간에 합의가 이루어지지 아니한 경우로서 신청인의 주장이 이유 있다고 판단되는 경우에는 당사자들의 이익과 그 밖의 모든 사정을 고려하여 신청 취지에 반하지 아니하는 한도에서 조정을 갈음하는 결정을 할 수 있다(환경분쟁 조정법 33의2 ①).

조정위원회는 해당 조정사건에 관하여 당사자 간에 합의가 이루어질 가능성이 없다고 인정할 때에는 조정을 하지 아니한다는 결정으로 조정을 종결시킬 수 있다(환경분쟁 조정법 35 ①).

4. 재정

재정의 종류로는 ① 원인재정(환경피해를 발생시키는 행위와 환경피해 사이의 인과관계 존재 여부를 결정하는 재정)과 ② 책임재정(환경피해에 대한 분쟁 당사자 간의 손해배상 등의 책임의 존재와 그 범위 등을 결정하는 재정)이 있다(환경분쟁 조정법 35의3).

재정은 5명의 위원으로 구성되는 위원회에서 행한다. 다만, 다수인의 생명·신체에 중대한 피해가 발생한 분쟁이나 제2조 제2호에 따른 환경시설의 설치 또는 관리와 관련된 다툼 등 사회적으로 파급효과가 클 것으로 우려되는 사건으로서 대통령령으로 정하는 사건의 재정은 10명 이상의 위원으로 구성되는 재정위원회에서, 대통령령이 정하는 경미한 사건의 재정은 3명의 위원으로 구성되는 재정위원회에서 할 수 있다(환경분쟁 조정법 36 ①).

지방조정위원회의 재정위원회가 한 책임재정에 불복하는 당사자는 재정문서의 정본이 당사자에게 송달된 날부터 60일 이내에 중앙조정위원회에 책임재정을 신청할 수 있다(환경분쟁 조정법 42 ①). 재정위원회가 제35조의3 제1호에 따른 원인재정을 하여 재정문서의 정본을 송달받은 당사자는 이 법에 따른 알선, 조정, 책임재정 및 중재를 신청할 수 있다(환경분쟁 조정법 42 ②). 재정위원회가 책임재정을 한 경우에 재정문서의 정본이 당사자에게 송달된 날부터 60일 이내에 당사자 양쪽 또는 어느 한쪽으로부터 그 재정의 대상인 환경피해를 원인으로 하는 소송이 제기되지 아니하거나 그 소송이 철회된 경우 또는 제1항에 따른 신청이 되지 아니한 경우에는 그 재정문서는 재판상 화해와 동일한 효력이 있다. 다만, 당사자가 임의로 처분할 수 없는 사항에 관한 것은 그러하지 아니하다(환경분쟁 조정법 42 ③).

재정이 신청된 사건에 대하여 소송이 진행 중인 때에는 수소법원은 재정이 있을 때까지 소송절차를 중지할 수 있다(환경분쟁 조정법 45 ①). 재정위원회는 제1항에 따른 소송절차의 중지가 없는 경우에는 당해 사건의 재정절차를 중지하여야 한다. 다만, 제4항에 따라 원인재정을 하는 경우는 제외한다(환경분쟁 조정법 45 ②). 재정위원회는 재정이 신청된 사건과 같은 원인으로 다수인이 관련되는 같은 종류의 사건 또는 유사한 사건에 대한 소송이 진행 중인 경우에는 결정으로 재정절차를 중지할 수 있다(환경분쟁 조정법 45 ③).

환경분쟁에 대한 소송과 관련하여 수소법원은 분쟁의 인과관계 여부를 판단하기 위하여 필요한 경우에는 중앙조정위원회에 원인재정을 촉탁할 수 있다. 이 경우 제16조 제1항에 따른 당사자의 신청이 있는 것으로 본다(환경분쟁 조정법 45 ④).

제4항에 따라 진행되는 원인재정 절차에 필요한 비용 중 제63조 제1항에 따라 각 당사자가 부담하여야 하는 비용은 「민사소송비용법」에 따른 소송비용으로 본다(환경분쟁 조정법 45 ⑤).

[판례] [1] 재정문서의 송달을 공시송달의 방법으로 할 수 있는지 여부
[2] 재정문서의 정본이 당사자에게 송달되지 않은 경우, 이에 대하여 청구이의의 소를 제기할 수 있는지 여부

“[1] 환경분쟁 조정법 제40조 제3항, 제42조 제2항, 제64조 및 민사소송법 제231조, 제225조 제2항의 내용과 재정문서의 정본을 송달받고도 당사자가 60일 이내에 재정의 대상인 환경피해를 원인으로 하는 소송을 제기하지 아니하는 등의 경우 재정문서가 재판상 화해와 동일한 효력이 있으므로 재정의 대상인 환경피해를 원인으로 한 분쟁에서 당사자의 재판청구권을 보장할 필요가 있는 점 등을 종합하면, 환경분쟁 조정법에 의한 재정의 경우 재정문서의 송달은 공시송달의 방법으로는 할 수 없다.

[2] 청구이의의 소는 채무자가 확정된 종국판결 등 집행권원에 표시된 청구권에 관하여 실체상 사유를 주장하여 집행력의 배제를 구하는 것이므로 유효한 집행권원을 대상으로 한다. 그런데 환경분쟁 조정법에 의하면 재정위원회가 재정을 한 경우 재정문서의 정본이 당사자에게 송달된 것을 전제로 그날부터 60일 이내에 당사자가 재정의 대상인 환경피해를 원인으로 하는 소송을 제기하지 아니하는 등의 경우에 재정문서는 재판상 화해와 동일한 효력이 있으므로, 재정문서의 정본이 당사자에게 송달조차 되지 않은 경우에는 유효한 집행권원이 될 수 없고, 따라서 이에 대하여 집행력의 배제를 구하는 청구이의의 소를 제기할 수 없다(대판 2016.4.15, 2015다201510)."

5. 중재

중재는 3명의 위원으로 구성되는 위원회에서 한다(환경분쟁 조정법 45조의2 ①). 중재는 양쪽 당사자 간에 법원의 확정판결과 동일한 효력이 있다(환경분쟁 조정법 45조의4). 중재와 관련된 절차에 관하여는 이 법에 특별한 규정이 있는 경우를 제외하고는 중재법이 준용된다(환경분쟁 조정법 45조의5).

6. 국가배상법과의 관계

국가배상법을 적용받는 분쟁으로서 이 법에 따른 조정절차를 거친 경우(제34조 및 제35조 포함)에는 국가배상법에 따른 배상심의회의 심의·의결을 거친 것으로 본다(환경분쟁 조정법 62).

제 9 편

재무행정법

제 1 장 재무행정법의 의의

재정이란 국가 또는 지방자치단체가 그 존립과 활동을 유지하는데 필요한 재원을 취득하고, 이를 관리(관리·운용·지출)하는 작용을 말한다. 재정을 재무행정이라고 부르기도 하는데, 이에 따라 재무행정에 관한 공법을 재무행정법이라 한다.

제 2 장 재무행정법의 기본원칙

Ⅰ. 재정의회주의

재정의회주의란 국가의 재정작용은 민주국가 및 법치국가원리에 따라 국회가 제정한 법률과 국회의 통제 아래 이루어져야 한다는 원칙을 말한다. 동 원칙은 조세법률주의(헌법 59), 국회·지방의회의 예산심의·확정의 원칙(헌법 54, 지자법 47 ① 2호, 140－151), 결산심사의 원칙(헌법 99, 지자법 47 ① 3호, 150) 등으로 구체화된다.

Ⅱ. 엄정관리주의

엄정관리주의란 국가나 지방자치단체의 재산은 멸실되거나 훼손되지 않도록 엄정하게 관리되어야 한다는 원칙을 말한다.

Ⅲ. 건전재정주의

건전재정주의란 국가나 지방자치단체의 재정이 수입과 지출 사이에 균형을 이루어 적자를 방지하여야 한다는 원칙이다. 이는 기채제한(헌법 58, 지자법 139 ①)과 보증제한(국가재정법 92 ①) 등을 통해 구체화된다.

제 3 장 재정작용의 형태

Ⅰ. 재정권력작용

1. 재정상 행정입법(재정명령)

재정상 행정입법이란 재정행정기관이 재정목적을 위해 발하는 일반·추상적인 명령으로, 재정명령이라고도 한다. 재정명령은 당해 목적이 재정을 위한 것으로 한정된 행정입법이므로 행정입법에 관한 원리들이 여기에도 그대로 적용된다.

2. 재정상 행정행위(재정처분)

재정상 행정행위란 재정행정기관이 재정상의 목적을 위해 발하는 행정행위를 말한다. 재정처분이라고도 한다.

Ⅱ. 재정관리작용

1. 의의 및 성질

재정관리작용은 국가나 지방자치단체의 수입·지출이나 재산을 관리하는 작용으로, 본질적으로 사법상의 재산관리작용과 다르지 않다. 다만 관리주체가 행정주체이고 공적 목적을 위한 것이기 때문에 국가재정법, 국·공유재산법 등에서 특별한 공법적 감독 또는 제한에 관한 규정을 두고 있다.

2. 종류

재정관리작용에는 그 내용에 따라서 재산관리인 물품회계와 수입·지출관리인 현금회계로 나눌 수 있다. ① 재산의 관리란 국가 또는 지방자치단체가 소유하는 채권·동산·부동산 등의 재산을 관리하는 작용을 말하고, ② 수입·지출의 관리란 국가나 지방자치단체의 예산·회계에 관한 작용을 말한다.

제4장 재정상 실효성 확보수단

Ⅰ. 재정벌

1. 의의와 종류

재정벌이란 국가나 지방자치단체가 부과한 재정상의 의무위반에 대한 제재로서 일반통치권에 근거하여 과하는 벌을 말한다. 재정벌은 행정벌의 일종이므로, 재정벌에 대해서는 행정벌에 관한 법리가 그대로 적용된다.

재정벌은 행정벌의 경우처럼 ① 재정형벌과 ② 재정질서벌로 나눌 수 있지만, 현행 재정벌은 대개가 재정형벌로 되어 있다.

2. 내용상 특수성

① 재정벌은 국가나 지방자치단체의 수입의 확보를 목적으로 하기 때문에 종래에는 벌금·과료와 같은 금전벌이 부과되는 것이 원칙이었으나. 근래에는 자유형을 병과하도록 규정하고 있는 예(관세법 275)가 많다. ② 재정형벌에 대하여는 법령에 특별한 규정이 없으면 형법총칙이 적용된다(형법 8). 다만 범죄의 성립·처벌과 관련하여 고의·과실을 요구하지 않는다거나 감독자나 법정대리인도 처벌하는 등 형법총칙의 적용을 배제하는 규정을 두는 경우가 있다(예: 조세범 처벌절차법, 관세법, 인삼산업법 등).

3. 과형절차상 특수성

① 재정질서벌로서 과태료는 질서위반행위규제법이 정하는 바에 따라 부과하고, ② 재정형벌은 최종적으로 형사소송법이 정하는 절차에 의하여 과한다. 특히 ③ 재정범의 특수성을 고려하여 재정범의 처벌절차는 형사소추에 선행하여, 조세범 처벌절차법, 관세법, 지방세법 등의 관계 규정에 따라 조사·통고처분·고발로 이루어진다.

(1) 조사

세무공무원과 세관공무원은 사법경찰관리(형소법 197)로서 조세 또는 관세에 관한 범칙사건을 적발하는 데 필요한 조사권을 가진다(조세범 처벌절차법 8, 관세법 290, 291, 294). 이러한 조사는 ① 강제조사와 ② 임의조사로 구분되는데, 강제조사의 경우에는 원칙적으로 법관의 영장이 필요하다(조세범 처벌절차법 9, 관세법 296).

(2) 통고처분

1) 의의

지방국세청장 또는 세무서장은 조세범칙행위의 확증을 얻었을 때에는 대통령령으로 정하는 바에 따라 그 대상이 되는 자에게 그 이유를 구체적으로 밝히고 ① 벌금에 해당하는 금액 ② 몰수 또는 몰취에 해당하는 물품 ③ 추징금에 해당하는 금액이나 물품을 납부할 것을 통고하여야 한다. 다만, 몰수 또는 몰취에 해당하는 물품에 대해서는 그 물품을 납부하겠다는 의사표시를 하도록 통고할 수 있다(조세범 처벌절차법 15 ①, 관세법 311).

2) 효과

통고처분을 이행할지는 범칙자의 자유로운 판단에 따른다. 만약 통고내용을 이행하였다면, 그것은 확정판결과 같은 효력을 가지며, 일사부재리의 원칙이 적용된다(조세범 처벌절차법 15 ③, 관세법 317).

3) 불응

통고처분을 이행하지 않으면 통고처분의 효력이 소멸되고, 관할 행정청의 고발에 따라 정식 형사재판절차로 이행(移行)된다. 따라서 통고처분은 항고소송의 대상이 되는 처분이 아니다(대판 1962.1.31, 4294행상40).

(3) 고발

조세범과 관세범에 대해서는 원칙적으로 국세청장·지방국세청장·세무서장·관세청장·세관장의 고발이 없으면 검사는 공소를 제기하지 못한다(대판 1971.11.30, 71도1736). 범칙자가 통고를 받은 날로부터 15일 이내(관세는 10일)에 그 내용을 이행하지 아니할 때에는 국세청장 등은 고발절차를 밟아야 한다. 그러나 통고처분의 이행기간이 경과하여도 고발절차를 취하기 전에 통고대로 이행하면, 고발을 하지 못한다(조세범 처벌절차법 17 ②).

Ⅱ. 재정상 강제집행

1. 의의

재정상 강제집행이란 재정상 의무의 불이행이 있는 경우에 권한을 가진 행정기관이 의무자의 신체나 재산에 실력을 가하여 의무의 이행을 강제하거나 의무가 이행된 것과 같은 상태를 실현하는 작용을 말한다.

2. 종류

재정상 강제집행의 수단으로는 ① 대집행, ② 직접강제, ③ 이행강제금(집행벌), ④ 강제징수로 나눌 수 있고, 그 중 일반적으로 활용되는 것은 강제징수이다. 강제징수는 다시 국세징수법상 강제징수와 관세법상 강제징수로 구분하여 살펴볼 수 있다.

(1) 국세징수법상의 강제징수

국세징수법에 의한 강제징수 절차는 ① 독촉 ② 재산압류 ③ 압류재산의 매각 ④ 청산의 4단계로 되어 있다(국세징수법은 이중에서 압류·매각·청산의 3단계를 강제징수라 한다). 이들은 모두가 결합하여 1개의 법적 효과를 완성하는 관계에 있으므로 선행행위의 위법은 후행행위에 승계된다.

(2) 관세법상의 강제징수

관세법은 관세의 특수성에 비추어 다음과 같은 특별한 강제징수절차를 규정하고 있다.

1) 법정담보

관세미납물품은 법률상 당연히 관세의 담보가 되며, 다른 공과금과 채권에 우선하여 관세에 충당된다(관세법 25).

2) 특별담보

세관장은 일정한 사유가 있는 경우에는 관세에 대한 특별담보를 제공 또는 맡길 수 있다(관세법 218).

3) 관세미납물품의 유치·예치

세관장은 여행자 또는 우리나라와 외국 간을 왕래하는 운송수단에 종사하는 승무원의 휴대품으로 필요한 허가 등의 조건이 갖추어지지 않은 것을 유치할 수 있으며, 또한 여행자 또는 승무원의 물품으로서 수입할 의사가 없는 물품은 세관장에게 신고하여 일시 예치시킬 수 있다(관세법 206).

Ⅲ. 재정상 즉시강제 및 조사

1. 재정상 즉시강제의 의의 및 종류

재정상 즉시강제란 조세 또는 관세의 포탈을 방지하기 위하여 급박한 필요가 있거나, 미리 의무를 명하여서는 목적을 달성할 수 없는 경우에 직접 사인의 신체 또는 재산에 실력을 가하여 재정목적을 달성하는 권력적 사실행위를 말한다. 이는 재정상의 목적으로 이루어지는 행정상 즉시강제이다.

재정상 즉시강제의 수단은 대인적 강제·대물적 강제·대가택 강제로 나눌 수 있다. ① 대인적 강제의 예로는 범칙혐의자나 참고인의 심문·수색, ② 대물적 강제의 예로는 물건의 압수·수색 또는 영치, ③ 대가택강제의 예로는 가옥·창고의 임검(臨檢)·수색 등을 들 수 있다.

2. 재정상 조사

재정상 조사란 궁극적인 재정목적을 적정하게 실현하기 위하여 필요한 자료·정보 등을 수집하기 위하여 행하는 권력적 조사활동을 말한다. 이러한 재정상 조사는 그 대상에 따라 ① 대인적 조사(조사대상이 사람인 경우로서 각종 세법에 의한 질문(소득세법 170, 부가가치세법 74 등) 또는 수색(조세범 처벌절차법 8) 등), ② 대물적 조사(조사대상이 물건인 경우로서 장부의 검사, 물건의 검사·수거 등), ③ 대가택 조사(타인의 가택이나 사무소·창고 등의 건물에 출입하여 조사·수색 등을 하는 것으로서 대물적 조사와 병행되는 경우가 많다)로 구분할 수 있다.

재정상 즉시강제나 재정상 조사에 있어서의 법적 근거의 문제, 영장의 필요성 여부의 문제, 개인의 권리구제의 문제 등은 행정상 즉시강제·조사 일반의 경우와 동일하다.

Ⅳ. 기타의 수단

일반행정법에서 살펴본 바 있는 금전상 제재(예: 과징금·가산세·부당이득세), 제재처분(예: 인가·허가 등의 거부·정지·취소), 공표 등은 역시 재무행정법상의 실효성확보수단으로서 의미를 갖는다.

제 5 장　조　세

Ⅰ. 조세의 개념

조세란 국가 또는 지방자치단체가 그 경비에 충당할 수입을 취득할 목적으로 과세권에 의하여 일반국민에게 부과·징수하는 금전급부의무를 말한다.

Ⅱ. 조세법의 기본원칙

1. 조세법률주의(조세와 법률의 유보)

(1) 의의

조세법률주의란 조세의 부과·징수는 반드시 국회가 제정한 법률에 따라야 한다는 원칙을 말한다. 헌법 제38조는 "모든 국민은 법률이 정하는 바에 의하여 납세의 의무를 진다."고 규정함과 동시에 헌법 제59조는 "조세의 종목과 세율은 법률로 정한다."고 규정하여 이 원칙을 분명히 하고 있다.

(2) 목적

조세법률주의는 법치주의를 실현하는데 그치는 것이 아니라, 국민의 재산권을 보호하는 동시에 국민생활의 법적 안정성과 예측가능성을 보장하기 위한 것이다(헌재결 1994.6.30, 93헌바9).

(3) 내용

① 헌법이 법률로 정하도록 한 사항은 조세의 종목과 세율뿐이지만(헌법 59), 납세의무자·과세물건·과세표준·과세시기·과세방법 등도 모두 법률로 정하여야 할 것이다. ② 조세법을 집행할 때에도 법을 엄격하게 해석·적용하여야 한다(대판 2000.3.16, 98두11731).

(4) 조세법률주의의 예외

1) 지방세의 특례

지방세의 일반법인 지방세기본법에서는 지방세의 세목·과제표준·세율 등에 관하여 법률이 정하는 범위에서 조례로 정하도록 하고 있다(지방세기본법 5). 이는 지방자치단체의 조세고권을 보장하기 위한 것이다.

2) 관세의 특례

관세도 조세의 일종이므로 그 부과·징수는 법률에 의하는 것이 원칙이다. 그러나 경우에 따라서는 관세율에 있어서 긴급관세(관세법 65)·할당관세(관세법 71) 등을 인정하여 기본세율을 중심으로 일정 비율을 가감하여 부과할 수 있는 권한을 부여하기도 한다.

(5) 영구세주의

조세에는 ① 조세를 매년 의회의 의결을 거쳐서 부과·징수하는 일년세주의와 ② 법률의 개폐가 없는 한 당해 법률에 근거하여 매년 계속해서 과세할 수 있게 하는 영구세주의가 있다. 헌법규정은 분명치 않으나, 통설은 해석상 조세법률주의를 규정하는 헌법 제59조는 영구세주의를 채택한 것으로 본다.

2. 조세평등의 원칙(공평부담의 원칙)

(1) 의의 및 근거

조세평등의 원칙은 모든 국민이 능력에 따라 균등하게 조세를 부담하는 것을 의미한다. 이는 헌법 제11조의 평등원칙으로부터 도출되는 것이라고 할 수 있다.

(2) 내용

조세평등의 원칙은 급부능력에 따른 과세와 평등한 과세를 내용으로 한다. 즉, ① 세금납부는 최소한의 인간다운 삶의 보장에 필요한 주거비·의복비·식비 등을 제외하고 급부능력이 있는 경우에 가능하여야 한다. ② 그리고 급부능력이 동일한 자에게는 동일한 과세가 이루어져야 한다.

(3) 조세평등원칙의 구현

1) 입법상의 평등조세

조세법령은 조세부담이 국민들 사이에 공평하게 배분되도록 제정되어야 한다. 즉, 납세자들의 담세력에 따른 부담이 이루어지도록 세심한 배려가 있어야 한다.

2) 실질과세의 원칙

실질과세의 원칙은 과세물건의 명목상의 귀속 여하에 관계없이 사실상 과세물건이 귀속된 자를 납세의무자로 하여 조세를 부과하는 것을 의미한다. 국세기본법은 "과세의 대상이 되는 소득·수익·재산·행위 또는 거래의 귀속이 명의일 뿐이고 사실상 귀속되는 자가 따로 있을 때에는 사실상 귀속된 자를 납세의무자로 하여 세법을 적용한다(국세기본법 14 ①)". 그리고 "세법 중 과세표준에 관한 규정은 소득·수익·재산·행위 또는 거래의 명칭이나 형식과 관계없이 그 실질내용에 따라 적용한다(국세기본법 14 ②)."고 규정하여 실질과세의 원칙을 분명히 하고 있다.

3. 조세비례의 원칙

비례원칙은 헌법적 지위를 갖는 행정법의 일반원칙으로 조세행정에도 당연히 적용된다.

4. 조세안정의 원칙(조세와 법적 안정성)

(1) 명확성의 원칙

세금의 부과·징수는 침익적 행정이므로, 법적 근거가 요구되고 법의 의미와 내용이 명확하여야 한다. 따라서 세법은 요건규정에서의 판단여지나 효과규정에서의 재량의 여지를 가능한 한 축소하여야 하고, 최대한 명확하게 규정하여야 한다.

(2) 소급과세금지의 원칙

모든 국민은 소급입법에 의하여 재산권을 박탈당하지 않아야 하므로(헌법 13 ② 참조), 과세는 소급적으로 부과될 수 없다. 국세기본법 제18조 제2항은 국세를 납부할 의무가 성립한 소득·수익·재산·행위 또는 거래에 대하여는 그 성립 후의 새로운 세법에 의하여 소급하여 과세하지 아니한다고 규정하여 조세법에 있어서의 소급금지의 원칙을 선언하고 있다(대판 1997.9.5, 97누7493).

(3) 유추해석금지의 원칙

조세행정은 기본적으로 침익적 행정이므로 조세법의 해석·적용은 엄격하여야 한다. 국가기관(세무행정청·법원)은 세법을 납세자에게 불이익하게 확대해석하거나 유추해석해서는 안 되며, 다만 수익적인 유추해석은 허용된다.

(4) 신뢰보호의 원칙

조세행정에서 과세행정기관의 법해석이나 과세관행은 중요한 의미를 가지게 되므로, 다른 행정영역에 비하여 신뢰보호의 필요성이 더욱 강하게 요구된다. 국세기본법 제18조 제3항은 "세법의 해석 또는 국세행정의 관행이 일반적으로 납세자에게 받아들여진 후에는 그 해석 또는 관행에 의한 행위 또는 계산은 정당한 것으로 보며 새로운 해석이나 관행에 의하여 소급하여 과세되지 아니 한다."고 하여 신뢰보호를 명문화하고 있다.

5. 사회국가원리

사회적 법치국가에서 조세는 국가의 재정확보의 목적뿐만 아니라 경제적 약자의 보호·배려, 동등한 경제상의 기회배려, 납세자의 가족의 보호 등도 함께 고려하여야 한다.

Ⅲ. 조세의 부과

1. 과세권자

국세의 과세권자는 세무서장 및 세관장이고(국세기본법 2), 지방세의 과세권자는 지방자치단체의 장이다(지방세법 2).

2. 과세요건

조세를 부과할 수 있는 요건을 과세요건이라고 하는데, 납세의무자, 과세물건, 과세표준, 세율로 이루어진다. 납세의무자를 인적 과제요건이라고 하고, 과세물건, 과세표준, 세율을 물적 과세요건이라고 한다.

3. 조세의 부과처분

조세의 부과란 과세물건에 대하여 과세표준과 세율을 적용하여 납세의무자가 납부해야 할 납부금액과 납부기일을 확정하는 과세관청의 행정행위를 말하며, 이는 재정하명의 성질을 가진다.

조세의 부과처분은 납세고지서가 상대방에게 도달(고지)함으로써 효력이 발생하는 것이 원칙이다.

Ⅳ. 조세의 징수

1. 조세의 징수방법

국세는 세무관서 또는 세관장이, 지방세는 시장·군수·구청장이 납세의 고지를 하고, 납세의무자가 고지에 의해 지정된 기한·장소에 부과받은 세액을 납부함으로써 징수절차가 종료된다. 이는 보통징수절차이다.

보통징수 외에 수입원(收入源)에서 직접 징수하는 원천징수가 있는데, 이는 조세징수의 편의를 도모하기 위하여 급여·이자·이익배당 등을 지급하는 사람에게 일정한 세율에 따르는 조세액을 징수하여 납부하게 하는 제도이다. 이는 원천징수의무자인 사인에게 조세징수를 위탁하는 것이다.

그 외에도 예외적인 징수방법으로는 예외징수(또는 변태징수)가 있는데, 여기에는 ① 이미 확정된 납부기한의 이익을 박탈하여 그 납부기한 전에 징수하는 납부기한 전 징수제도(국세징수법 9, 지방세징수법 22)와 ② 일정한 사유가 있는 경우 납부기한을 연장하거나 납부고지를 연장하는 제도가 있다(국세징수법 13·14, 지방세징수법 25).

조세가 체납된 경우에 행정권의 강제력에 의하여 납세의무자의 재산에 실력을 가하여 조세를 강제징수할 수 있다. 행정상 강제징수는 행정상 강제집행에서 설명한 바와 같다.

2. 조세감면

조세감면이란 특별한 사유가 있는 경우에 납세의무자의 신청에 의하여 납세의무의 전부 또는 일부를 면제하는 것이다. ① 일부면제를 감세, ② 전부면제를 면세라고 한다.

3. 조세채권의 확보

조세징수를 확보하기 위하여 조세의 강제징수, 조세우선징수, 납세의무자의 확장 등의 제도가 있다. 여기서는 강제징수 이외의 조세채권의 확보수단에 대하여 설명한다.

(1) 조세의 우선징수

국세 및 강제징수비는 다른 공과금과 채권에 우선하여 징수되며(국세기본법 35 ① 본문), 지방세와 그 가산금·강제징수비는 공과금과 채권에 우선하여 징수된다(지방세기본법 71 ①). 관세미납물건은 법률상 당연히 관세의 담보가 되며(법정담보), 그에 의한 관세의 징수는 다른 조세, 그 밖의 공과금 및 채권에 우선한다(관세법 3 ①).

(2) 납세의무의 확장

조세채무는 기존의 납세의무자가 이행하여야 한다. 그러나 조세의 수입을 확보하기 위하여 기존의 납세의무자 외의 자에게 납세의무가 확장되는 경우가 있고, 이에는 ① 상속·합병(국세기본법 23, 24), ② 연대납세의무(국세기본법 25), ③ 제2차 납세의무(국세기본법 40) 등이 있다.

(3) 납세담보

납세담보는 조세채권을 보전하기 위하여 국가가 제공받는 공법상의 담보를 말한다. 이는 인적 담보와 물적 담보로 구분되는데, 인적 담보는 납세의무자 이외의 타인의 납세보증서를 제공받는 것으로서 타인의 재산에까지 조세징수의 우선순위를 확보하는 것이고, 물적 담보의 종류에는 납세자 또는 제3자의 담보목적물을 제공받아 조세채권을 보전하는 방법이다. 국세를 담보의 기간에 납부하지 아니하면 그 담보로써 국세를 징수하며(국세징수법 22), 납세담보권의 이행은 행정상 강제집행절차에 따른다.

Ⅴ. 납부의무의 소멸

납부의무는 ① 납부, ② 충당, ③ 부과의 취소, ④ 제척기간의 만료, ⑤ 소멸시효의 완성에 의하여 소멸된다(국세기본법 26).

Ⅵ. 세무조사*

1. 세무조사의 의의 및 성질

세무조사란 국세의 과세표준과 세액을 결정 또는 경정하기 위하여 질문을 하거나 해당 장부·서류 또는 그 밖의 물건을 검사·조사하거나 그 제출을 명하는 것을 말한다(국세기본법 2 21호).

세무조사는 행정기관이 정책을 결정하거나 직무를 수행하는 데 필요한 정보나 자료를 수집하기 위하여 현장조사·문서열람·시료채취 등을 하거나 조사대상자에게 보고요구·자료제출요구 및 출석·진술요구를 행하는 활동(행정조사기본법 2 1호)이라는 점에서 행정조사의 한 종류로 설명되고 있다.

2. 세무조사 관할 및 대상자 선정

세무조사는 납세지 관할 세무서장 또는 지방국세청장이 수행한다(국세기본법 81조의6 ①).

세무공무원은 ① 국세청장이 납세자의 신고 내용에 대하여 정기적으로 성실도를 분석한 결과 불성실 혐의가 있다고 인정하는 경우, ② 최근 4과세기간 이상 같은 세목의 세무조사를 받지 아니한 납세자에 대하여 업종, 규모 경제력 집중 등을 고려하여 대통령령으로 정하는 바에 따라 신고 내용이 적정한지를 검증할 필요가 있는 경우 또는 ③ 무작위추출방식으로 표본조사를 하려는 경우에 정기적으로 신고의 적정성을 검증하기 위하여 대상을 선정(정기선정)하여 세무조사를 할 수 있다. 이 경우 세무공무원은 객관적 기준에 따라 공정하게 그 대상을 선정하여야 한다(국세기본법 81조의6 ②).

세무공무원은 제2항에 따른 정기선정에 의한 조사 외에 ① 납세자가 세법에서 정하는 신고, 성실신고확인서의 제출, 세금계산서 또는 계산서의 작성·교부·제출, 지급명세서의 작성·제출 등

* 변호사시험(2018년), 사법시험(2014년).

의 납세협력의무를 이행하지 아니한 경우, ② 무자료거래, 위장·가공거래 등 거래 내용이 사실과 다른 혐의가 있는 경우, ③ 납세자에 대한 구체적인 탈세 제보가 있는 경우 또는 ④ 신고 내용에 탈루나 오류의 혐의를 인정할 만한 명백한 자료가 있는 경우, ⑤ 납세자가 세무공무원에게 직무와 관련하여 금품을 제공하거나 금품제공을 알선한 경우에도 세무조사를 할 수 있다(국세기본법 81조의6 ③).

세무공무원은 과세관청의 조사결정에 의하여 과세표준과 세액이 확정되는 세목의 경우 과세표준과 세액을 결정하기 위하여 세무조사를 할 수 있다(국세기본법 81조의6 ④).

3. 세무조사의 사전통지·연기신청 및 결과통지

세무공무원은 세무조사를 하는 경우에는 조사를 받을 납세자에게 조사를 시작하기 15일 전에 조사대상 세목, 조사기간 및 조사 사유, 그 밖에 대통령령으로 정하는 사항을 통지하여야 한다. 다만, 사전에 통지하면 증거인멸 등으로 조사 목적을 달성할 수 없다고 인정되는 경우에는 그러하지 아니하다(국세기본법 81조의7 ①).

세무조사와 관련하여 판례는 세무조사결정을 항고소송의 대상이 되는 처분이라고 보고 있다. 다수설은 이와 같은 판례의 입장을 지지하고 있다.[1]

[판례] 세무조사결정이 항고소송의 대상이 되는 행정처분에 해당하는지 여부(적극)

"부과처분을 위한 과세관청의 질문조사권이 행해지는 세무조사결정이 있는 경우 납세의무자는 세무공무원의 과세자료 수집을 위한 질문에 대답하고 검사를 수인하여야 할 법적 의무를 부담하게 되는 점, 세무조사는 기본적으로 적정하고 공평한 과세의 실현을 위하여 필요한 최소한의 범위 안에서 행하여져야 하고, 더욱이 동일한 세목 및 과세기간에 대한 재조사는 납세자의 영업의 자유 등 권익을 심각하게 침해할 뿐만 아니라 과세관청에 의한 자의적인 세무조사의 위험마저 있으므로 조세공평의 원칙에 현저히 반하는 예외적인 경우를 제외하고는 금지될 필요가 있는 점, 납세의무자로 하여금 개개의 과태료 처분에 대하여 불복하거나 조사 종료 후의 과세처분에 대하여만 다툴 수 있도록 하는 것보다는 그에 앞서 세무조사결정에 대하여 다툼으로써 분쟁을 조기에 근본적으로 해결할 수 있는 점 등을 종합하면, <u>세무조사결정은 납세의무자의 권리·의무에 직접 영향을 미치는 공권력의 행사에 따른 행정작용으로서 항고소송의 대상이 된다</u>(대판 2011.3.10, 2009두23617)."

제1항에 따른 통지를 받은 납세자가 천재지변이나 그 밖에 대통령령으로 정하는 사유로 조사를 받기 곤란한 경우에는 대통령령으로 정하는 바에 따라 관할 세무관서의 장에게 조사를 연기해 줄 것을 신청할 수 있다(국세기본법 81조의7 ②).

1) 이동식, 세무조사 결정통지의 처분성, 행정판례연구, 제17권 제1호(2012.6), 143면 이하.

제2항에 따라 연기신청을 받은 관할 세무관서의 장은 연기신청 승인 여부를 결정하고 그 결과를 조사 개시 전까지 통지하여야 한다(국세기본법 81조의7 ③).

세무공무원은 세무조사를 마쳤을 때에는 그 조사 결과(연기 결정시 연기한 기간을 포함)를 서면으로 납세자에게 통지하여야 한다. 다만, 납세관리인을 정하지 아니하고 국내에 주소 또는 거소를 두지 아니한 경우 등 대통령령으로 정하는 경우에는 그러하지 아니하다(국세기본법 81조의12).

4. 세무조사의 한계

세무조사도 행정작용이므로 적법요건을 갖추어야 한다. 특히 내용요건과 관련하여 비례원칙을 비롯한 행정법의 일반원칙을 준수하여야 한다.

이와 관련하여 국세기본법은 적정하고 공평한 과세를 실현하기 위하여 필요한 최소한의 범위에서 세무조사를 하여야 하고, 다른 목적 등을 위하여 조사권을 남용해서는 안 되며(국세기본법 81조의4 ①), 조세탈루의 혐의를 인정할 만한 명백한 자료가 있는 경우 등 일정한 경우를 제외하고는 같은 세목 및 같은 과세기간에 대하여 재조사를 할 수 없도록 하고 있다(국세기본법 81조의4 ②). 또한 세무조사기간도 조사대상 세목·업종·규모, 조사 난이도 등을 고려하여 최소한이 되도록 하여야 하고(국세기본법 81조의8 ①), 구체적인 세금탈루 혐의가 여러 과세기간 또는 다른 세목까지 관련되는 것으로 확인되는 경우 등 대통령령으로 정하는 경우를 제외하고는 조사진행 중 세무조사의 범위를 확대할 수 없다(국세기본법 81조의9 ①).

Ⅶ. 조세행정상 권리보호

위법·부당한 조세의 부과·징수처분으로 인한 권리구제와 관련하여, 조세행정은 특히 전문성·기술성·대량성을 주요 특징으로 하기 때문에, 그 분쟁의 효율적인 해결을 위하여 다음의 특칙을 두고 있다.

1. 과세전적부심사(課稅前適否審査)

과세전적부심사는 ① 세무관서가 세금고지 전에 과세할 내용을 납세의무자에게 미리 알려주고, ② 이에 이의가 있는 납세의무자는 과세전적부심사를 청구하도록 하여, ③ 심사결과 납세의무자의 주장이 타당한 경우에 세금고지 전에 시정하는 제도이다. 이는 세금고지 전에 납세의무자의 권익이 부당하게 침해되지 않도록 하고, 민원을 축소하며, 조세행정을 실질적으로 향상시킴으로서 국민의 신뢰성을 높이기 위한 것이다. 즉, 위법·부당한 과세처분에 대한 사전예방적 구제제도이다.

적부심사청구를 할 수 있는 자는 ① 세무조사 결과에 대한 서면통지나 ② 그 밖에 대통령령이 정하는 과세예고 통지를 받은 자이며, 청구기간은 통지를 받은 날부터 30일 이내이다. 적부심사청구는 당해 세무서장이나 지방국세청장에 대하여 하되, 법령과 관련하여 국세청장의 유권해석을 변경하여야 하거나 새로운 해석이 필요한 경우 등에는 국세청장에게 하여야 한다(국세기본법 81조의15 ②).

세무서장, 지방국세청장 또는 국세청장은 각각 국세심사위원회의 심사를 거쳐 결정을 하고 그 결과를 청구를 받은 날부터 30일 이내에 청구인에게 통지하여야 하고(국세기본법 81조의15 ④), 세무서장 등은 청구가 이유 있다고 인정되는 경우에는 상대방의 청구를 채택하거나 일부 채택 또는 재조사하는 결정을 한다(국세기본법 81조의15 ⑤ 2호).

[판례] 과세관청이 과세예고 통지를 하지 아니함으로써 납세자에게 과세전적부심사의 기회를 부여하지 아니한 채 과세처분을 한 경우, 과세처분이 위법한지 여부

"과세전적부심사 제도가 가지는 기능과 이를 통해 권리구제가 가능한 범위, 제도가 도입된 경위와 취지, 납세자의 절차적 권리 침해를 효율적으로 방지하기 위한 통제방법 등을 종합적으로 고려하면, 국세기본법령이 과세예고 통지의 대상으로 삼고 있지 않다거나 과세전적부심사를 거치지 않고 곧바로 과세처분을 할 수 있는 예외사유로 정하고 있는 등의 특별한 사정이 없는 한, 과세관청이 과세처분에 앞서 필수적으로 행하여야 할 과세예고 통지를 하지 아니함으로써 납세자에게 과세전적부심사의 기회를 부여하지 아니한 채 과세처분을 하였다면, 이는 납세자의 절차적 권리를 침해한 것으로서 과세처분의 효력을 부정하는 방법으로 통제할 수밖에 없는 중대한 절차적 하자가 존재하는 경우에 해당하므로, 과세처분은 위법하다.

국세기본법 제81조의15 제2항 각 호는 긴급한 과세처분의 필요가 있다거나 형사절차상 과세관청이 반드시 과세처분을 할 수밖에 없는 등의 일정한 사유가 있는 경우에는 과세전적부심사를 거치지 않아도 된다고 규정하고 있는데, 과세관청이 감사원의 감사결과 처분지시 또는 시정요구에 따라 과세처분을 하는 경우라도 국가기관 간의 사정만으로는 납세자가 가지는 절차적 권리의 침해를 용인할 수 있는 사유로 볼 수 없고, 처분지시나 시정요구가 납세자가 가지는 절차적 권리를 무시하면서까지 긴급히 과세처분을 하라는 취지도 아니므로, 위와 같은 사유는 과세관청이 과세예고 통지를 생략하거나 납세자에게 과세전적부심사의 기회를 부여하지 아니한 채 과세처분을 할 수 있는 예외사유에 해당한다고 할 수 없다(대판 2016.4.15, 2015두52326[법인세등부과처분취소])."

2. 행정쟁송(행정심판과 행정소송)

(1) 의의

조세의 부과·징수에 관한 분쟁은 1차적으로 행정심판에 의하고, 이에 불복하는 경우에는 행

정 소송의 제기를 통해 다툴 수 있다. 조세심판에 관한 법원(法源)으로는 국세기본법·관세법·지방세법 등이 있다.

(2) 불복고지

이의신청, 심사청구 또는 심판청구의 재결청은 결정서에 그 결정서를 받은 날로부터 90일 이내에 이의신청인은 심사청구 또는 심판청구를, 심사청구인 또는 심판청구인은 행정소송제기를 할 수 있다는 내용을 적어야 한다(국세기본법 60 ①).

(3) 행정심판

(구) 국세기본법은 국세의 부과·징수에 대한 행정심판을 ① 국세청장에 대한 심사청구와 ② 국세심판소에 대한 심판청구의 필요적 이심제로 하고 있었다. 또한 심사청구를 하기 전에 세무서장 또는 지방국세청장을 상대로 하는 이의신청을 제기할 수 있도록 하였다.

그러나 납세의 신속한 사법적 권리구제를 위하여 1999.8.31. 개정된 국세기본법에서는 국세에 관한 처분 등에 불복하는 경우 그 절차를 심사청구와 심판청구 중 하나만 거치면 행정소송을 제기할 수 있도록 하고(국세기본법 55 ①, ②), 동일한 처분에 대하여 심사청구와 심판청구를 중복하여 제기할 수 없으며(국세기본법 55 ⑨), 다만 당사자가 원하는 경우에는 심사청구 또는 심판청구 전에 이의신청을 할 수 있도록 하였다(국세기본법 55 ③).

[판례] 과세처분에 관한 불복절차에서 불복사유가 옳다고 인정하고 이에 따라 필요한 처분을 하였을 경우, 동일 사항에 관하여 특별한 사유 없이 이를 번복하고 다시 종전의 처분을 되풀이할 수 있는지 여부(소극)

"구 국세기본법(2016.12.20. 법률 제14382호로 개정되기 전의 것)은 제81조에서 심판청구에 관하여는 심사청구에 관한 제65조를 준용한다고 규정하고, 제80조 제1항, 제2항에서 심판청구에 대한 결정의 효력에 관하여 제81조에서 준용하는 제65조에 따른 결정은 관계 행정청을 기속하고, 심판청구에 대한 결정이 있으면 해당 행정청은 결정의 취지에 따라 즉시 필요한 처분을 하여야 한다고 규정하고 있으며, 제65조 제1항 제3호에서 심사청구가 이유 있다고 인정될 때에는 그 청구의 대상이 된 처분의 취소·경정 결정을 하거나 필요한 처분의 결정을 한다고 규정하고 있다. <u>과세처분에 관한 불복절차에서 불복사유가 옳다고 인정하고 이에 따라 필요한 처분을 하였을 경우에는 불복제도와 이에 따른 시정방법을 인정하고 있는 위 법 규정의 취지에 비추어 동일 사항에 관하여 특별한 사유 없이 이를 번복하고 다시 종전의 처분을 되풀이할 수는 없다</u>(대판 2019.1.31, 2017두75873[법인세부과처분취소])."

1) 이의신청

이의신청은 대통령령으로 정하는 바에 따라 불복의 사유를 갖추어 처분을 하거나 하였어야 할 세무서장에게 하거나 당해 세무서장을 거쳐 관할 지방국세청장에게 하여야 한다(국세기본법 66 ① 본문). 이의신청은 임의적인 절차로(국세기본법 55 ③), 처분이 있은 것을 안날(처분의 통지를 받은 때에는 그 받은 날)로부터 90일 이내에 하여야 하고(국세기본법 66 ⑥, 61 ①), 세무서장 또는 관할 지방국세청장은 이의신청을 받은 날로부터 30일 내에 결정하여야 한다(국세기본법 66 ⑦). 이의신청에 대한 결정에 불복하는 자는 심사청구를 할 수 있다(국세기본법 61 ②).

2) 심사청구

심사청구는 해당 처분이 있음을 안 날(처분의 통지를 받은 때에는 그 받은 날)부터 90일 이내에 하여야 한다(국세기본법 61 ①). 그리고 이의신청을 거친 후 심사청구를 하려면 이의신청에 대한 결정의 통지를 받은 날로부터 90일 이내에 하여야 한다(국세기본법 61 ②).

심사청구는 대통령령으로 정하는 바에 따라 불복의 사유를 갖추어 해당 처분을 하였거나 하였어야 할 세무서장을 거쳐 국세청장에게 하여야 하고(국세기본법 62 ①), 국세청장은 국세심사위원회의 의결에 따라 심사청구를 받은 날부터 90일 이내에 결정하되, 다만 심사청구기간이 지난 후에 제기된 심사청구 등 대통령령으로 정하는 사유에 해당하는 경우에는 그러하지 아니하다(국세기본법 64 ①, 65 ②)

[판례] 세무서장을 거치지 않고 직접 국세청장의 심사를 요청한 조세부과처분 심사청구의 적법성 여부

국세기본법 제62조 제1항에 따르면 심사청구는 대통령령이 정하는 바에 의하여 불복의 사유를 갖추어 당해 처분을 하거나 하였어야 할 세무서장을 거쳐 국세청장에게 하도록 규정되어 있는바, 이 취지는 청구인의 이익을 위하여 처분세무서장으로 하여금 재도의 고려를 할 기회를 주는데 있다 할 것이니 청구인이 스스로 이를 포기하고 바로 국세청장의 심사를 요청하는 이상 그 심사청구는 적법하다(대판 1985.5.28, 83누435).

3) 심판청구

심판청구는 해당 처분이 있음을 안 날(처분의 통지를 받은 때에는 그 받은 날)부터 90일 이내에 하여야 한다(국세기본법 68 ①). 이의신청을 거친 후 심판청구를 하는 행위의 청구기간에 관하여는 제61조 제2항(심사청구의 기간)을 준용한다(국세기본법 68 ②).

심판청구는 대통령령으로 정하는 바에 따른 불복의 사유를 갖추어 그 처분을 하였거나 하였어야 할 세무서장이나 조세심판원장에게 제출하여야 한다. 이 경우 심판청구서를 받은 세무서장은 이를 지체 없이 조세심판원장에게 송부하여야 하고(국세기본법 69 ①), 조세심판원장은 원칙적으로

조세심판관회의의 심리를 거쳐 결정하는데(국세기본법 78 ① 본문), 그 결정은 관계 행정청을 기속하며, 심판청구에 대한 결정이 있으면 해당 행정청은 결정의 취지에 따라 즉시 필요한 처분을 하여야 한다(국세기본법 80 ②).

또한 조세심판에는 불고불리의 원칙과 불이익변경금지의 원칙이 적용된다(국세기본법 79).

[판례] 재조사결정의 취지에 따른 후속 처분이 심판청구를 한 당초 처분보다 청구인에게 불리한 경우, 국세기본법 제79조 제2항의 불이익변경금지원칙에 위배되어 후속 처분 중 당초 처분의 세액을 초과하는 부분이 위법한지 여부(적극)

"심판청구에 대한 결정의 한 유형으로 실무상 행해지고 있는 재조사결정은 재결청의 결정에서 지적된 사항에 관해서 처분청의 재조사결과를 기다려 그에 따른 후속 처분의 내용을 심판청구 등에 대한 결정의 일부분으로 삼겠다는 의사가 내포된 변형결정에 해당하고, 처분청의 후속 처분에 따라 내용이 보완됨으로써 결정으로서 효력이 발생하므로, 재조사결정의 취지에 따른 후속 처분이 심판청구를 한 당초 처분보다 청구인에게 불리하면 국세기본법 제79조 제2항의 불이익변경금지원칙에 위배되어 후속 처분 중 당초 처분의 세액을 초과하는 부분은 위법하게 된다(대판 2016.9.28, 2016두39382)."

(4) 행정소송

1) 필요적 심판전치

국세기본법 제55조(불복)에 규정된 위법한 처분에 대한 행정소송은 행정소송법 제18조(행정심판과의 관계) 제1항 본문·제2항 및 제3항에도 불구하고 이 법에 따른 심사청구 또는 심판청구와 그에 대한 결정을 거치지 아니하면 제기할 수 없다(국세기본법 56 ②).

2) 제소기간

이 경우의 행정소송은 행정소송법 제20조(제소기간)의 규정에 불구하고 심사청구 또는 심판청구에 대한 결정의 통지를 받은 날부터 90일 이내에 제기하여야 한다(국세기본법 56 ③ 본문).

3) 감사원의 심사

국세기본법 제55조 제1항 제2호의 심사청구를 거친 처분(감사원법에 의하여 심사청구를 한 처분이나 그 심사청구에 대한 처분)의 경우에는 국세기본법에 의한 심사청구 또는 심판청구를 거친 것으로 보고 행정소송을 제기할 수 있다(국세기본법 56 ⑤).

4) 소의 대상

판례는 과세처분에 대하여 경정처분이 있는 경우, 증액처분의 경우는 증액경정처분이 소의 대상이라 하고, 감액처분의 경우에는 감액 후 존속하는 처분이 소의 대상이라 한다(대판 1987.12.22, 85누599).

3. 과오납금반환청구

(1) 의의

과오납금이란 법률상 조세로서 납부해야 할 원인이 없으나 납부되어 있는 금전을 의미한다. 이는 일종의 부당이득이므로 그의 납부자는 당연히 반환청구권을 가지고, 국가 또는 지방자치단체는 이를 반환하여야 할 의무를 진다(국세기본법 51).

다만, 과세처분 등 행정처분에 의하여 과오납이 발생한 경우에는 그 행정처분이 취소되기 까지 그 납부는 법률상의 원인에 의한 것이므로 반환청구권은 발생하지 않는다고 보아야 할 것이다.

(2) 과오납금의 발생

세금의 과오납은 ① 위법·부당한 과세처분에 의하여 납부한 후에 당해 과세처분이 취소·변경된 경우, ② 과세처분이 무효인 경우, ③ 납세자의 착오로 세금을 초과납부하거나 이중납부한 경우 등에 발생한다.

(3) 과오납금의 결정 및 처리*

세무서장은 납세의무자가 국세·가산금 또는 강제징수비로서 납부한 금액 중 잘못 납부하거나 초과하여 납부한 금액이 있거나 세법에 따라 환급하여야 할 환급세액(세법에 따라 환급세액에서 공제하여야 할 세액이 있을 때에는 공제한 후에 남은 금액)이 있을 때에는 즉시 그 잘못 납부한 금액, 초과하여 납부한 금액 또는 환급세액을 국세환급금으로 결정하여야 한다(국세기본법 51 ①).

이와 관련하여 판례는 납세의무자의 환급청구권이 국세환급금결정에 의하여 비로소 확정되는 것이 아니므로, 국세환급결정이나 이 결정을 구하는 신청에 대한 환급거부결정 등은 납세의무자가 갖는 환급청구권의 존부나 범위에 구체적이고 직접적인 영향을 미치는 처분이 아니어서 항고소송의 대상이 되는 처분이 아니라고 하고 있다(대판 2010.2.25, 2007두18284). 이와 같은 판례의 입장은 '대법원 1989.6.15. 선고 88누6436 전원합의체판결' 이후 지금까지 계속되고 있는 것인데, 당시 소수의견은 납세자의 권리보호를 위하여 그 결정을 항고소송으로 다툴 수 있어야 한다는 입장이었다.

---

* 사법시험(2014년).

> [판례] 국세환급금 및 국세가산금 결정이나 환급 거부 결정이 항고소송의 대상이 되는 처분인지 여부
>
> "[다수의견] 국세기본법 제51조 및 제52조 국세환급금 및 국세가산금결정에 관한 규정은 이미 납세의무자의 환급청구권이 확정된 국세환급금 및 가산금에 대하여 내부적 사무처리절차로서 과세관청의 환급절차를 규정한 것에 지나지 않고 그 규정에 의한 국세환급금(가산금 포함)결정에 의하여 비로소 환급청구권이 확정되는 것은 아니므로, 국세환급금결정이나 이 결정을 구하는 신청에 대한 환급거부결정 등은 납세의무자가 갖는 환급청구권의 존부나 범위에 구체적이고 직접적인 영향을 미치는 처분이 아니어서 항고소송의 대상이 되는 처분이라고 볼 수 없다.
>
> [소수의견] 납세자의 신청에 대한 세무서장의 환급거부결정이 직접 환급청구권을 발생하게 하는 형성적 효과가 있는 것이 아니고 확인적 의미밖에 없다고 하더라도 국세기본법 제51조의 규정을 위반하여 납세자에게 환급할 돈을 환급하지 아니하므로 손해를 끼치고 있는 것이라면 납세자가 행정소송으로 그 결정이 부당하다는 것을 다툴 수 있다(대판 1989.6.15, 88누6436 전원합의체[국세환급거부처분취소])"

결정한 금액은 ① 납세고지에 의하여 납부하는 국세, ② 체납된 국세 및 강제징수비, ③ 세법에 따라 자진납부하는 국세 등에 충당하고(국세기본법 51 ②), 이에 남은 금액은 국세환급금의 결정을 한 날로부터 30일 이내에 납세자에게 지급하여야 한다(국세기본법 51 ⑥).

(4) 환급금결정 취소에 따른 세무서장의 반환청구

세무서장이 국세환급금의 결정이 취소됨에 따라 이미 충당되거나 지급된 금액의 반환을 청구하는 경우에는 국세징수법의 고지·독촉 및 강제징수의 규정을 준용한다(국세기본법 51 ⑨). 이는 국세를 착오환급 내지 과다환급한 경우와 관련하여 그 존부 내지 금액을 확정하는 권한과 임의의 이행이 없는 경우의 강제징수권·자력집행권을 모두 납세지 관할 세무서장에게 부여함으로써 착오환급 내지 과다환급한 환급세액을 효율적으로 징수할 수 있도록 특별히 그 환수절차를 마련한 것이라는 데 의의가 있다(대판 2016.2.18, 2013다206610).

> [판례] 세무서장이 착오환급한 환급세액에 대하여 민사소송의 방법으로 부당이득반환을 구할 수 있는지 여부
>
> "[1] (구) 법인세법 제72조의 결손금 소급공제에 의하여 법인세를 환급받은 법인이 후에 결손금 소급공제 대상 법인이 아닌 것으로 밝혀진 경우 납세지 관할 세무서장은 착오환급한 환급세액을 (구) 국세기본법 제51조 제7항에 따라 강제징수할 수 있을 뿐이고, 민사소송의 방법으로 부당이득반환을 구할 수는 없다.
>
> [2] (구) 법인세법상 결손금 소급공제는 일정한 중소기업을 대상으로 특별히 조세정책적 목적에

서 인정된 제도로서 납세자의 신청에 기하여 관할 세무서장이 이월결손금의 발생 등 실체적 요건 및 절차적 요건의 충족 여부를 판단하여 환급세액을 결정함으로써 납세자의 환급청구권이 비로소 확정되므로, 결손금 소급공제 환급결정은 납세자의 권리·의무에 직접 영향을 미치는 과세관청의 행위로서 행정처분에 해당한다. 따라서 과세관청은 결손금 소급공제 환급결정을 직권으로 취소한 이후에야 비로소 납세자를 상대로 착오환급 내지 과다환급한 환급세액을 강제징수할 수 있다(대판 2016.2.18, 2013다206610[부당이득금반환])."

(5) 환급가산금

세무서장은 국세환급금을 충당하거나 지급할 때에는 대통령령으로 정하는 국세환급가산금 기산일부터 충당하는 날 또는 지급결정을 하는 날까지의 기간과 금융회사 등의 예금이자율 등을 고려하여 대통령령으로 정하는 이자율에 따라 계산한 금액(국세환급가산금)을 국세환급금에 가산하여야 한다(국세기본법 52 ①).

(6) 과오납금반환청구소송*

과오납금반환청구소송의 성질에 대하여는 ① 과오납금반환청구권은 공법상 법률관계에 의하여 발생된 것이기 때문에 이에 관한 소송은 공법상 당사자소송이 되어야 한다는 견해(공법상 당사자소송설, 다수설)와 ② 과오납금반환청구권의 성질이 사권이라는 데 그 근거를 두어, 민사소송으로 다루어야 한다는 견해(민사소송설)가 있다. ③ 종래 판례는 민사소송설의 입장이었으나, '대법원 2013.3.21. 선고 2011다95564 전원합의체 판결'에서 납세의무자에 대한 국가의 환급세액 지급의무는 부가가치세법령에 의하여 그 존부나 범위가 구체적으로 확정되고 조세 정책적 관점에서 특별히 인정되는 공법상 의무이므로 국가에 대한 납세의무자의 부가가치세 환급세액 지급청구는 민사소송이 아니라 당사자소송의 절차에 따라야 한다고 그 입장을 변경하였다[판례]. 이에 대해서는 환급세액 지급청구의 법적 성질을 민법상 부당이득반환청구로 구성하는 것도 가능하다는 반대의 견도 있다. ④ 생각건대 과오납금반환청구권은 공법상의 부당이득반환청구권의 성격을 가지고 있으므로 공법상의 당사자소송설 및 판례의 입장이 타당하다.

[판례] 부가가치세 환급세액 지급청구가 당사자소송의 대상인지 여부

"[다수의견] 부가가치세법령의 내용, 형식 및 입법 취지 등에 비추어 보면, 납세의무자에 대한 국가의 부가가치세 환급세액 지급의무는 그 납세의무자로부터 어느 과세기간에 과다하게 거래징수된 세액 상당을 국가가 실제로 납부받았는지와 관계없이 부가가치세법령의 규정에 의하여 직접 발생하는 것으로서, 그 법적 성질은 정의와 공평의 관념에서 수익자와 손실자 사이의 재산상태 조정을

* 사법시험(2014년).

위해 인정되는 부당이득 반환의무가 아니라 부가가치세법령에 의하여 그 존부나 범위가 구체적으로 확정되고 조세 정책적 관점에서 특별히 인정되는 공법상 의무라고 봄이 타당하다. 그렇다면 납세의무자에 대한 국가의 부가가치세 환급세액 지급의무에 대응하는 국가에 대한 납세의무자의 부가가치세 환급세액 지급청구는 민사소송이 아니라 행정소송법 제3조 제2호에 규정된 당사자소송의 절차에 따라야 한다.

[소수의견] 권리의 법적 성질에 공법적인 요소가 있다는 이유만으로 반드시 당사자소송의 대상으로 삼아야 할 논리필연적 당위성이 존재한다고는 볼 수 없다. 오히려 부가가치세 환급세액은, 사업자가 매입 시 지급한 부가가치세(매입세액)가 매출 시 받은 부가가치세(매출세액)보다 많을 때, 국가는 사업자가 더 낸 부가가치세를 보유할 정당한 이유가 없어 반환하는 것으로서 그 지급청구의 법적 성질을 민법상 부당이득반환청구로 구성하는 것도 가능하다(대판 2013.3.21, 2011다95564 전원합의체)."

제10편

경제행정법

제 1 장 경제행정법

Ⅰ. 경제행정법의 의의

경제행정법은 경제활동영역에서의 행정법관계를 규율하는 법으로 정의할 수 있다. 일반적으로 경제법은 경제적 활동을 규율하는 법으로 여기에는 사법관계의 규율과 공법관계의 규율이 모두 포함되어 있다. 따라서 경제행정법이란 경제법 가운데 경제분야의 행정에 관한 법이라고 할 수 있다.

Ⅱ. 경제행정법의 법원

경제행정에 관하여는 일반법이 없고, 경제행정에 관한 다수의 개별법이 존재한다. 대표적으로는 금융위원회의 설치 등에 관한 법률, 기업활동 규제완화에 관한 특별조치법, 독점규제 및 공정거래에 관한 법률(공정거래법), 물가안정에 관한 법률(물가안정법), 보조금 관리에 관한 법률(보조금법), 보험업법, 부정경쟁방지 및 영업비밀보호에 관한 법률, 소비자기본법, 은행법, 중소기업기본법 등이 있다.

제 2 장 경제행정의 내용

경제행정은 그 내용에 따라 ① 행정주체가 개인의 경제활동을 감독·규제하는 경제규제, ② 적극적으로 국민의 경제활동을 일정한 방향으로 유도하기 위한 경제지도(경제유도) 및 ③ 사기업 등에 대하여 직접 재정적 급부(보조금·융자·보증 등) 또는 조세의 감면을 통하여 경제활동을 직·간접적으로 지원하는 경제촉진(경제조성)으로 구분할 수 있다.

제 3 장 경제행정의 행위형식과 수단

행정주체는 경제행정의 목적을 달성하기 위하여 명령·금지·허가·인가와 같은 전통적인 권력적 행위형식뿐만 아니라 경제활동을 보호·육성하기 위하여 행정계획·공법상 계약·행정지도 등의 비권력적 행위형식 등 다양한 수단들을 활용하고 있으며, 많은 경우 사법상의 행위형식도 적극적으로 사용하고 있다.

Ⅰ. 법령에 의한 직접적 규율

법령이나 자치법규에서 직접 국민의 경제활동을 규제하기도 한다(예: 폭리를 목적으로 한 매점매석행위의 금지(물가안정법 7), 부당한 공동행위 및 불공정거래행위의 금지(공정거래법 40, 45) 등). 그리고 법령 등에서는 직접 행정벌을 규정하기도 하고, 위반행위의 법적 효력을 무효로 규정하기도 하며(공정거래법 40 ④), 위반행위로 인하여 얻은 경제적 이익을 박탈하기 위하여 과징금 부과를 규정하기도 한다(공정거래법 38, 43, 50).

Ⅱ. 행정행위

행정행위는 경제행정법에 있어서도 주요한 행위형식으로, 그 법적 효과에 따라 하명·허가·인가·특허 등이 있다.

Ⅲ. 행정계획

경제행정은 소극적인 사회질서의 유지작용뿐만 아니라 적극적인 사회형성작용이라는 점에서 행정계획은 경제행정영역에서 매우 중요한 수단으로 활용되고 있다. 경제계획에는 국민경제전반에 관한 계획도 있고, 특정 산업 또는 물자에 관한 계획(예: 수출진흥계획·석유수급계획 등)이 있다. 경제계획은 대체적으로 행정내부에 구속력을 가지며, 국민에 대하여는 유도적 또는 정보제공적 성격을 갖는 행정계획이 많다(예: 중소기업진흥계획·수출진흥계획 등).

Ⅳ. 행정지도

행정지도는 상대방의 협력 하에 일정한 행정목적을 달성하려는 것으로, 특히 경제행정의 분야에서 많이 활용되고 있다. 그런데 현실적으로 경제행정분야는 국가 등의 지원에 의존하는 경우가 많은 등 행정주체의 영향력이 크기 때문에, 행정지도가 비권력적 행위라 하더라도 실제로 사실상의 구속력을 동반하는 경우도 많다는 점, 비권력적 사실행위이기 때문에 행정지도에 대한 행정구제가 상당히 어렵다는 점 등의 문제가 있다.

Ⅴ. 공법상 계약

경제행정에 있어서는 국가 등의 행정주체가 우월한 지위에서 공권력을 행사하여 경제과정에 개입하기도 하지만, 경제행정상의 일정한 목적을 달성하기 위하여 사인과 대등한 당사자로서 계약을 체결하기도 한다. 이와 같은 공법상 계약은 급부 행정영역, 특히 자금지원행정에서 유용하게 사용된다.

1. 보조금지급의 법적 성질*

행정주체의 보조금지급의 법적 성질이 공법상 계약인지에 관하여 논란이 있는데, 보조금지급의 법적 근거가 되는 보조금법의 규정이 행정청이 보조금의 교부 여부를 결정하고(보조금법 17), 그리고 일정한 경우에는 행정청이 보조금교부의 결정을 취소할 수 있다고 규정하고 있는 점(보조금법 30) 등을 고려할 때, 동법상의 보조금 교부의 법적 성질은 협력을 요하는 행정행위로 보는 것이 타당하다고 생각된다[판례]. 한편 보조금의 지급과 관련하여 이를 보조금지급결정(제1단계)과 보조금지급(제2단계)으로 구분하는 경우, 제1단계는 행정처분이고, 제2단계에서 지급계약을 체결하는 경우 이를 공법상 계약으로 볼 수는 있을 것이다(2단계론).

[판례] 보조금관리법에서 '반환하여야 할 보조금에 대하여는 국세징수의 예에 따라 이를 징수할 수 있다'고 규정한 것이 민사집행법에 의한 강제집행과 국세체납처분에 의한 강제징수 중에서 선택할 수 있도록 허용한 규정인지 여부

"(피고가 강제집행면탈죄로 기소된 형사사건에서) (구) 「보조금의 예산 및 관리에 관한 법률」(보조금관리법) 제30조 제1항, 제31조 제1항에 의한 보조금의 교부결정취소 및 보조금 반환명령은 행정처분이고 그 처분이 있어야 반환의무가 발생하는 것이므로, 반환받을 보조금에 대한 징수권은 공법상의 권리로서 사법상의 채권과는 그 성질을 달리한다. 따라서 (구) 보조금관리법 제33조가 '반환하여야 할 보조금에 대하여는 국세징수의 예에 따라 이를 징수할 수 있다'고 규정한 것은 보조금의 반환에 대하여는 국세체납처분의 예에 따라 강제징수할 수 있도록 한 것뿐이고, 이를 민사집행법에 의한 강제집행과 국세체납처분에 의한 강제징수 중에서 선택할 수 있도록 허용한 규정이라고 볼 것은 아니다(대판 2012.4.26, 2010도5693)."

2. 민간투자법상 실시협약의 법적 성질

사회기반시설에 대한 민간투자법은 공법상 계약의 하나인 실시협약을 규정하고 있는데(제2조 제7호), 실시협약이란 주무관청과 민간투자사업을 시행하고자 하는 자 간에 사업시행의 조건 등에 관하여 체결하는 계약을 말한다. 이러한 실시협약을 통하여 계약대상의 명기, 시설의 운영과 사업시행에 관한 일반적 규정, 계약당사자의 주된 의무 및 부수적인 의무, 자금조달 및 수익금의 분배, 사고시의 제3자에 대한 배상책임, 채무불이행에 따르는 책임, 운영과정에서 제3자의 활용문제, 사정변경에 따르는 계약의 변경가능성, 계약의 해지에 관한 규정 등이 포함될 수 있다.

실시협약의 법적 성질에 대해서는 사법상 계약설과 공법상 계약설이 대립되고 있다.

① 사법상 계약설은 주무관청과 협상대상자가 대등한 지위에서 실시협약의 각 조건들을 합의

---

* 5급공채(행정)(2014년).

하여 협약이 체결되며 협약과정에 별도로 주무관청의 행정작용이 필요한 것은 아니라는 점 등을 들어 사법상 계약의 성질을 가진다고 보고 있다.

② 그러나 실시협약에 의한 사업시행에는 민간투자법 등이 정한 절차를 준수하여 하고, 주무관청이 인정한 사업만 수행이 가능하며, 관리운영권의 처분 등에 주무관청의 승인이 필요하고, 사업에 대한 주무관청의 포괄적 감독명령권이 존재하는 등의 공법상의 제한이 따르고 있다는 점에서 이를 공법상 계약으로 보는 견해(공법상 계약설)가 다수설이다.[1)] 민간투자사업은 기본적으로 공익사업이기 때문에 여기에는 일정한 공법적 규율이 가해진다는 점에서 공법상 계약설이 타당하다.

③ 한편 이와 관련하여 서울고등법원도 "민간투자법의 시행을 위하여 타인의 토지에 출입 등을 할 수 있고, 국·공유재산을 무상으로 사용할 수 있으며, 토지 등을 수용 또는 사용할 수 있으므로 사업시행자 지정의 효력을 가진 실시협약의 체결을 단순한 사법적, 일반적 계약관계라고 할 수 없다"라고 판시하여 실시협약을 공법적 효력을 가진 계약으로 보고 있다(서울고판 2004.6.24, 2003누6483).

Ⅵ. 사법형식에 의한 행정작용

국가 등의 행정주체는 경제행정영역에서 사법형식으로 그 사무를 수행하는 경우가 많다. 사법형식에 의한 행정작용은 행정의 사법상 보조작용(물품조달·공사도급 등)·영리적 경제활동(행정기관의 영리 목적의 기업활동) 및 행정사법(전기·수도공급 등과 같이 공행정주체가 사법형식에 의한 공행정업무의 직접적 수행) 등으로 나눌 수 있다.

1) 김성수, 민간투자사업의 성격과 사업자 선정의 법적 과제, 공법연구 제36집 제4호(2008.6), 한국공법학회, 474면 이하.

참고문헌

강구철, 강의 행정법Ⅰ, 학연사, 1991.
김기표, 신행정심판법론, 한국법제연구원, 2003.
김남진, 행정법Ⅰ, 법문사, 1997.
______, 행정법Ⅱ, 법문사, 2001.
김남진/김연태, 행정법Ⅰ, 법문사, 2024.
______, 행정법Ⅱ, 법문사, 2024.
김대인, 행정계약법의 이해, 경인문화사, 2007.
김도창, 일반행정법론(상), 청운사, 1993.
______, 일반행정법론(하), 청운사, 1993.
김동희/최계영, 행정법Ⅰ, 박영사, 2024.
김동희, 행정법Ⅱ, 박영사, 2021.
______, 행정법요론, 박영사, 2010.
김성수, 일반행정법, 홍문사, 2021.
______, 개별행정법, 법문사, 2004.
김재광, 전자정부법, 한국법제연구원, 2010.
김종보, 새로운 재건축 · 재개발이야기, 한국도시개발연구포럼, 2003.
김중권, 김중권의 행정법, 법문사, 2023.
______, 행정법 기본연구Ⅰ, 법문사, 2008.
______, 행정법 기본연구Ⅱ, 법문사, 2009.
______, 행정법 기본연구Ⅲ, 법문사, 2010.
김철수, 헌법학개론, 박영사, 2001.
김철용, 행정법, 고시계사, 2024.
김향기, 행정법개론, 탑북스, 2023.
류지태/박종수, 행정법신론, 박영사, 2021.
류해웅, 토지공법론, 삼영사, 2008.
박균성, 행정법강의, 박영사, 2024.
______, 행정법론(상), 박영사, 2024.
______, 행정법론(하), 박영사, 2024.
______, 행정법연습, 삼조사, 2015.
박균성/함태성, 환경법, 박영사, 2023.
박수혁 역, 독일행정법, 사법발전재단, 2010.
박윤흔, 최신행정법강의(상), 박영사, 2004.
______, 최신행정법강의(하), 박영사, 2004.
박윤흔/정형근, 최신행정법강의(상), 박영사, 2009.
______, 최신행정법강의(하), 박영사, 2009.

박정훈, 행정법의 체계와 방법론, 박영사, 2005.
______, 행정소송의 구조와 기능, 박영사, 2006.
법원행정처, 법원실무제요(행정), 2003.
법제처/국무총리심판위원회, 행정심판의 이론과 실제, 2003.
사법연수원, 행정구제법, 2010.
서울고등법원 재판실무개선위원회, 행정소송실무편람, 한국사법행정학회, 1998.
석종현, 일반행정법(하), 삼영사, 2005.
성낙인, 헌법학, 법문사, 2024.
송동수/석종현, 일반행정법총론, 박영사, 2022.
오준근, 행정절차법, 삼지원, 1998.
유명건, 실무행정소송법, 박영사, 1998.
유상현, 한국행정법(상), 환인출판사, 1996.
______, 한국행정법(하), 환인출판사, 2000.
유해웅, 신수용보상법론, 부연사, 2009.
______, 부동산제도, 부연사, 2006.
______, 부동산공법론, 탑북스, 2011.
이기우, 지방자치행정법, 법문사, 1991.
______, 지방자치이론, 학현사, 1996.
이기우/하승수, 지방자치법, 대영문화사, 2007.
이상규, 신행정법론(상), 법문사, 1996.
이석선, 판례행정소송론, 한국사법행정학회, 1986.
이시윤, 신민사소송법, 박영사, 2013.
이철환, 행정구제법, 전남대학교 출판부, 2009.
정태용, 국토계획법, 한국법제연구원, 2003.
______, 건축법해설, 한국법제연구원, 2006.
정하중, 행정법개론, 법문사, 2020.
정형근, 행정법, 도서출판 정독, 2024.
최우용, 지방자치법 강의, 동아대학교 출판부, 2008.
최정일, 행정법의 정석 Ⅰ, 박영사, 2009.
______, 행정법의 정석 Ⅱ, 박영사, 2009.
한견우, 현대행정법신론 1, 세창출판사, 2014.
______, 현대행정법신론 2, 세창출판사, 2014.
함인선, 주민소송, 전남대학교 출판부, 2008.
허　영, 한국헌법론, 박영사, 2024.
홍정선, 신지방자치법, 박영사, 2022.
______, 행정법특강, 박영사, 2024.
______, 행정법원론(상), 박영사, 2024.
______, 행정법원론(하), 박영사, 2024.
홍준형, 행정법, 법문사, 2017.

사항색인

수험정보색인

[변호사시험]

[사법시험]

[5급 공개경쟁채용시험(행정고시)]

[입법고시]

[법원행정고시]

[감정평가사시험]

판례색인

[헌법재판소]

[기 타]

저자 약력

연세대학교 법과대학 및 동 대학원 졸업(법학사, 법학석사)
독일 튀빙엔(Tübingen)대학교 법과대학 박사과정 졸업(법학박사)
독일 뮌스터(Münster)대학교, 튀빙엔(Tübingen)대학교 법과대학 방문교수

한국비교공법학회 회장, 한국지방자치법학회 회장 역임
행정법과 법치주의학회 회장 · 한국공법학회 · 한국행정법학회 · 한국지방자치법학회 · 한국토지공법학회 · 한국비교공법학회 · 한국국가법학회 등 이사 역임

중앙행정심판위원회 위원 · 부산광역시 행정심판위원회 위원 · 울산광역시 행정심판위원회 위원 · 대통령소속 지방분권촉진위원회 및 지방자치발전위원회 실무위원 · 부산광역시 지방토지수용위원회 위원 · 부산고등검찰청 검찰시민위원회 위원 · 부산지방검찰청 검찰시민위원회 위원 · 한국연구재단 인문사회연구본부 사회과학단 전문위원 · 대한민국시도지사협의회 자문위원 · 감사연구원 자문위원회 자문위원 · 법제처 행정법제 혁신 자문위원회 분과위원장 · 대통령소속 자치분권위원회 특별위원회 위원 · 지방자치단체 중앙분쟁조정위원회 위원 · 행정안전부 자치분권 사전협의자문단 위원 · 행정안전부 지방자치단체 특례심의위원회 위원 · 법제처 국가행정법제위원회 위원 · 법제처 법령해석심의위원회 위원 · 외교부 국제기구분담금 심의위원회 위원 · 국회입법지원위원 등 역임

대통령 표창, 홍조근정훈장

사법시험, 변호사시험, 공무원시험 등 각종 시험위원

연세대학교 법학전문대학원 교수(행정법 · 지방자치법 · 건축행정법 담당)

주요 저서 · 논문

Gemeindliche Planungshoheit und überörtliche Planungen(Peter Lang, 1998)
북한의 법체계, 9인 공저(집문당, 2004)
지방자치법주해, 58인 공저(박영사, 2004)
Kommunalrecht und Kommunalpraxis in Deutschland und Korea, Volker Ronge(Hrsg.)(Trier 2005)
법학개론, 9인 공저(법원사, 2002)
법학입문, 11인 공저(박영사, 2011)
도시재생 실천하라, 28인 공저(미세움, 2014)
행정법강론(제11판, 박영사, 2025)
행정법 강론 사례연습(제5판, 박영사, 2024)

지방자치단체의 계획고권과 국가의 공간계획
지방자치단체간의 갈등완화를 위한 계획법상의 원칙
국가의 직무감독소홀로 인한 국가배상책임
건축허가의 법적 성질에 관한 소고
기업도시에서의 사인을 위한 토지수용의 법적 문제
지방자치단체에 대한 감사의 법적 문제
갈등관리수단으로서의 공법상의 조정
Umweltschutz in der Risikogesellschaft
지방자치단체 국정참여의 공법적 과제
행정법상 신고의 법리
행정심판과 행정절차제도와의 조화방안
행정심판 재결의 실효성 강화방안
공기업의 재정건전성 보장을 위한 법적 방안
탈원전을 위한 공론화위원회의 공법적 과제
독일 연방주의와 연방주의개혁의 우리나라 지방분권개헌에의 시사점
에너지법제의 평가와 과제
헌법상 지방자치권의 제도적 보장을 위한 수단으로서 지방자치단체 헌법소원 외 다수

제11판
행정법 강론

초판발행 2014년 3월 30일
제11판발행 2025년 2월 10일

지은이 김남철
펴낸이 안종만·안상준

편 집 한두희
기획/마케팅 조성호
표지디자인 이수빈
제 작 고철민·김원표

펴낸곳 (주) 박영사
서울특별시 금천구 가산디지털2로 53, 210호(가산동, 한라시그마밸리)
등록 1959. 3. 11. 제300-1959-1호(倫)
전 화 02)733-6771
f a x 02)736-4818
e-mail pys@pybook.co.kr
homepage www.pybook.co.kr
ISBN 979-11-303-4897-1 93360

copyright©김남철, 2025, Printed in Korea

* 파본은 구입하신 곳에서 교환해 드립니다. 본서의 무단복제행위를 금합니다.

정 가 75,000원